文革史料叢刊第四輯

第二冊（二）

李正中　輯編

只有不漠視、不迴避這段歷史，中國才有希望，中華民族才有希望！忘記歷史意味著背叛！

——摘自「文革史料叢刊・前言」

蘭臺出版社

巴金先生说在文革
受尽火与血磨炼
的人是不会沉默的

八十又五叟
李正中

著名中國古瓷與歷史學家、教育家。
李正中　簡介

祖籍山東省諸城市，民國十九年（1930）出生於吉林省長春市。
北平中國大學史學系肄業，畢業於華北大學（今中國人民大學）。
歷任：天津教師進修學院教務處長兼歷史系主任（今天津師範大學）。
天津大學冶金分校教務處長兼圖書館長、教授。
天津社會科學院中國文化研究中心主任、研究員。
現任：天津文史研究館館員。
天津市漢語言文學培訓測試中心專家學術委員會主任。
香港世界華文文學家協會首席顧問。
（天津理工大學經濟與文化研究所供稿）
為加強海內外學術交流，應邀赴日本、韓國、香港、臺灣進行講學，
其作品入圍德國法蘭克福國際書展和美國ABA國際書展。

文革五十周年祭

百萬紅衛兵打砸搶燒殺橫掃五千年中華文史精華　可惜

中國知識分子慘遭蹂躪委曲求全寧死不屈有氣節　可敬

國家主席劉少奇無法可護窩窩囊囊死無葬身之地　可歎

內鬥中毛澤東技高一籌讓親密戰友林彪墜地身亡　可悲

2016年李正中於5.16敬祭

前言：忘記歷史意味著背叛

文學巨匠巴金說：

應該把那一切醜惡的、陰暗的、殘酷的、可怕的、血淋淋的東西集中起來，展覽出來，毫不掩飾，讓大家看得清清楚楚，牢牢記住。不能允許再發生那樣的事。不再把我們當牛，首先我們要相信自己不是牛，是人，是一個能夠用自己腦子思考的人！

那些魔法都是從文字遊戲開始的。我們好好地想一想、看一看，那些變化，那些過程，那些謊言，那些騙局，那些血淋淋的慘劇，那些傷心斷腸的悲劇，那些勾心鬥角的醜劇，那些殘酷無情的鬥爭……為了那一切的文字遊戲！……為了那可怕的十年，我們也應該對中華民族子孫後代有一個交代。

要大家牢記那十年中間自己的和別人的一言一行，並不是讓人忘記過去的恩仇。這只是提醒我們要記住自己的責任，對那個給幾代人帶來大災難的「文革」應該負的責任，無論是受害者，或者害人者，無論是上一輩或是下一代，不管有沒有為「文革」舉過手點過頭，無論是造反派、走資派，或者逍遙派，無論是鳳或者是牛馬，讓大家都到這裡來照照鏡子，看看自己為「文革」做過什麼，或者為反對「文革」做過什麼。不這樣，我們怎麼償還對子孫後代欠下的那一筆債，那筆非還不可的債啊！

（摘自巴金《隨想錄》第五冊《無題集・紀念》）

我高舉雙手讚賞、支持前輩巴老的呼籲。這不是一個人的呼籲，而是一個民族對其歷史的反思。一個忘記自己悲慘歷史和命運的民族，就是一個沒有靈魂的民族，沒有希望的民族，沒有前途的民族。中華民族要真正重新崛起於世界之林，實現中華夢，首先必須根除這種漠視和回避自己民族災難的病根，因為那不意味著它的強大，而恰恰意味著軟弱和自欺。這就是我不計後果，一定要搜集、編輯和出版這部書的原因。我想，待巴老呼籲的「文革紀念館」真正建立起來的那一天，我們才可以無愧地向全世界宣告：中華民族真正走上了復興之路……。

當本書即將付梓時刻，使我想到蘭臺出版社出版該書的風險，使我內心感動、感激和感謝！同時也向高雅婷責任編輯對殘缺不全的文革報紙給以精心整理、校對，付出辛勤的勞累致以衷心得感謝！

感謝忘年交、學友南開大學博導張培鋒教授為拙書寫「序言」，這是一篇學者的呼喚、是正義的伸張，作為一個早以欲哭無淚的老者，為之動容，不覺潸然淚下：「一夜思量千年事，人生知己有一人」足矣！

李正中於古月齋

2014年6月1日文革48周年紀念

序言：中國歷史界的大幸，也是國家、民族之大幸

張培鋒

李正中先生積三十年之功，編集整理的《文革史料叢刊》即將出版，囑我為序。我生於1963年，在文革後期（1971-1976），我還在讀小學，那時，對世事懵懵懂懂，對於「文革」並不瞭解多少，因此我也並非為此書寫序的合適人選。但李先生堅持讓我寫序，我就從與先生交往以及對他的瞭解談起吧。

看到李先生所作「前言」中引述巴金老人的那段話，我頓時回想起當年我們一起購買巴老那套《隨想錄》時的情景。1985年我大學畢業後，分配到天津大學冶金分校文史教研室擔任教學工作，李正中先生當時是教務處長兼教研室主任，我在他的直接領導下工作。記得是工作後的第三年即1987年，天津舉辦過一次大型的圖書展銷會（當時這樣的展銷會很少），李正中先生帶領我們教研室的全體老師前往購書。在書展上，李正中先生一眼看到剛剛出版的《隨想錄》一書，他立刻買了一套，並向我們鄭重推薦：「好好讀一讀巴老這套書，這是對「文革」的控訴和懺悔。」我於是便也買了一套，並認真讀了其中大部分文章。說實話，巴老這套書確實是我對「文革」認識的一次啟蒙，這才對自己剛剛度過的那一個時代有了比較深切的瞭解，所以這件事我一直記憶猶新。我記得在那之後，李正中先生在教研室的活動中，不斷提到他特別讚賞巴金老人提出的建立「文革紀念館」的倡議，並說，如果這個紀念館真的能夠建立，他願意捐出一批文物。他說：「如果不徹底否定「文革」，中國就沒有希望！」我這才知道，從那時起，他就留意收集有關「文革」的文獻。算起來，到現在又三十年過去了，李先生對於「文革」那段歷史「鍾情」不改，現在終於將其裒輯付梓，我想，這是中國歷史界的大幸，也是國家、民族之大幸！

前兩年，我有幸讀到李正中先生的回憶錄，對他在「文革」中的遭遇有了更為真切的瞭解。「文革」不僅僅是中國知識分子的受難史，更是整個民族、人民的災難史。正如李先生在「前言」中所說，忘記這段歷史就意味著背叛。李先生是歷史學家，他的話絕非僅僅出於個人感受，而是站在歷史的高度，表現出一個中國知識分子的真正良心。

就我個人而言，雖然「文革」對我這一代人的波及遠遠不及李先生那一代人，但自從我對「文革」有了新的認識後，對那段歷史也有所反思。結合我個人現在從事的中國傳統文化教學與研究來看，我覺得「文革」最大的災難在於：它對中華優秀傳統文化做出了一次「史無前例」的摧毀（當時稱之為「破四舊，立新風」，當時究竟是如何做的，我想李先生這套書中一定有非常真實的史料證明），從根本上造成人心

的扭曲和敗壞，並由此敗壞了全社會的道德和風氣。「文革」中那層出不窮的事例，無不是對善良人性的摧殘，對人性中那些最邪惡部分的激發。而歷史與現在、與未來是緊緊聯繫在一起的，當代中國社會種種社會問題、人心的問題，其實都可以從「文革」那裡找到根源。比如中國大陸出現的大量的假冒偽劣、坑蒙拐騙、貪汙腐化等現象，很多人責怪說這是市場經濟造成的，但我認為，其根源並不在當下，而可以追溯到四十年前的那場「革命」。而時下一些所謂「左派」們，或別有用心，或昧了良心，仍然在用「文革」那套思維方式，不斷地掩飾和粉飾那個時代，甚至將其稱為中國歷史上最文明、最理想的時代。我現在在高校教學中接觸到的那些八十年代、九十年代後出生的年輕人，他們對於「文革」或者絲毫不瞭解，或者瞭解的是一些經過掩飾和粉飾的假歷史，因而他們對於那個時代的總體認識是模糊甚至是錯誤的。我想，這正是從巴金老人到李正中先生，不斷呼籲不要忘記「文革」那段歷史的深刻含義所在。不要忘記「文革」，既是對歷史負責，更是對未來負責啊！

記得我在上小學的時候，整天不上課，拿著毛筆——我現在感到奇怪，其實就連毛筆不也是我們老祖宗的發明創造嗎？「文革」怎麼就沒把它「革」掉呢？——寫「大字報」，批判「孔老二」，其實不過是從報紙上照抄一些段落而已，我的《論語》啟蒙竟然是在那樣一種可笑的背景下完成的。但是，僅僅過去三十多年，孔子仍然是我們全民族共尊的至聖先師，「文革」中那些「風流人物」們今朝又何在呢？所以我認為，歷史是最公正、最無情的，是不容歪曲，也無法掩飾的，試圖對歷史進行歪曲和掩飾其實是最愚蠢的事。李正中先生將這些「文革」時期的真實史料拿出來，讓那些並沒有經歷過那個時代的人們真正認識和體會一下那場「革命」的真實過程，看一看那所謂「革命」、「理想」造成了怎樣嚴重的後果，這就是最好的歷史、最真實的歷史，這也就是巴老所說的「文革紀念館」的一個重要組成部分啊！我非常讚成李正中先生在「前言」中所說的，只有不漠視、不回避這段歷史，中國才有希望，中華民族才有希望！

是為序。

中華民族最黑暗的年代「文革」48周年紀念於天津聆鍾室

〔注〕張培鋒：現任南開大學文學院教授博士班導師

古月齋叢書6　文革史料叢刊　第四輯

天津向何处去？

——必須批判夺权小組方向、路綫錯誤

·本报观察員·

天津向何处去？是沿着毛主席的革命路綫把天津市的无产阶級文化大革命进行到底呢，还是反其道而行之，使天津市的文化大革命夭折呢？这是兩个天津之命运，这是当前天津市兩个阶級、兩条道路、兩条路綫激烈决战的焦点。这是摆在天津市无产阶級革命派面前的一个不可迴避，必須肩負起来的严峻的政治任务。一切机会主义者，妄图在兩者之間寻求一条安适而輕松的道路，不管其用心何等“善良”，态度何等“公允”，其实质都是投降主义的，都必定是葬送革命而落得背叛革命的下场！

为什么說当前天津市路綫斗爭是天津問題的焦点呢？因为路綫問題是一个根本的問題。我們党的历史和我国革命的历程証明，只有在以毛主席为代表的无产阶級革命路綫的指引下，我們才能战胜一切强大的敌人，革命才能乘胜前进。反之，背离了毛主席的革命路綫，革命就会遇到挫折遭到失敗。我国无产阶級文化大革命同样証明了这个顚扑不破的眞理。难道資产阶級反动路綫不是用以鎮压革命群众維护資产阶級司令部的嗎？我們之所以必須批判資产阶級反动路綫，就是因为舍此就不能用毛主席的革命路綫来武裝亿万革命群众，也就不能彻底摧毁以刘、邓为首的隐蔽在党內的資产阶級司令部。从这个意义上說，我們通过路綫斗爭就能揭露出隐藏在党內的資产阶級代表人物。陈再道就是这样跳出来的一个混进軍內的反革命修正主义分子。

掌握了天津党、政、軍大权的天津夺权領导小組执行的是毛主席的革命路綫嗎？他們是忠于以毛主席为首的党中央的嗎？不，不是的。近半年的实踐証明，肖思明、解学恭等人背离了毛主席的革命路綫，而且越走越远，已經滑到非常危險的边緣了。按照他們的路綫走下去，天津市的資产阶級司令部就根本不能彻底摧毁，天津市的文化大革命就只能葬送。因此，以大联合筹委会为代表的天津市革命造反派奋起与他們方向、路綫錯誤进行斗爭是完全正确的。这就是当前天津市斗爭的实质。

但是，肖、解等人以及刘政之流却一直矢口否认他們的方向、路綫錯誤，而且变本加厉地鎮压天津市的革命造反派。近一个时期，天津市上空密布烏云，天津城內腥风血雨，大型武斗、血案的不断发生的根本原因就在这里。

請看！在夺权小組領导下的公安局正在实行資产阶級专政。这里既是专政机关的公安局，又是軍事机关的軍管会，还是群众組織的公安造总。这个一头三面的机构实則是鎮压天津市文化大革命的宪兵队。在內，他們对原政法公社造江楓資产阶級反动路綫反的一般革命群众实行人人过关的政治高压政策。而保守起家的公安造总却成为公安局唯一的当然“左派”。在外，公安造总对革命造反派进行跟踪拍照，用云梯去抹刷掉革命的大标語，甚至用消防車、大板斧去参加武斗，他們还公然整革命造反組織的黑材料。軍管会逮捕的都是些什么人呢？对于社会流氓坏蛋他們不感兴趣，却专門无理拘留大联合筹委、反复辟联絡站的革命群众。他們根本不执行六·六《通令》，他們判断武斗的根据是五代会有理，反复辟有罪。因此，天津的革命造反派踫歌为：“軍管大門朝南开，有理不保别进来。”

請看！作为专政的喉舌的《天津日报》和电台。这兩处自軍管以来，对內部的造反派均实行打击压制的政策。电台的造反派几乎被压垮，至今沒有合法地位。报社的造反派則整风达四十余天之久，原来的造反派負責人被批被斗被撤換。这样，他們便把报社和电台变成了馴服听命的工具。軍管以后的《天津日报》是一张什么报紙？它是一张派别报，只吹嘘地报导和刊載五代会組織的活动和文章。而拒五代会外革命造反派于門外。它根本不是一张党报，它狗胆包天竟敢篡改中央社論和新华社消息，竟敢使地方压过中央，它还敢于砍掉主席語录！它是一张吹捧××軍負責人的报紙！而且夺权小組还用报社极大量地印刷鎮压革命造反派的东西。它实在恶不可赦，红革会革命小将因此才查封了它！封得有理！一千个有理，一万个有理！

請看！夺权小組支持的都是什么組織。他們支持新冶金、一商革联、河老八、鉄联总、六四一东风、发电九一五、天拖红旗、天工思想兵等这些典型的保守組織，甚至他們还吹捧这些保守組織是响当当的造反派！他們虽然不敢公开支持由反革命分子张淮三亲自操纵的保黑市委的野战兵团，但是在暗地里却眉来眼去，找各种籍口把他們拉入工代会。

請看！他們又是怎样地对待革命造反派。二、三月份，他們在普遍地支持保守派同时，把許多革命造反組織打得抬不起头来，甚至散布各种流言蜚語，挑撥各革命組織之間关系使之割裂，然后分而消之，更甚者打成反动組織。中央接见以后，他們表面上有所收斂，实际上是笑里藏刀。表面上笑容可掬，实际上則千方百計地搞你。当这軟招失敗后，他們便来硬的，給造反派无理定罪。（例如五月六日給天工“八·二五”的四条，五月十五日給天工“八·二五”的八条）組織大規模的圍剿，五月十七日工代会就組織了一百三十七輛汽車的小保队伍，高喊着“打倒八·二五”，“取締八·二五”的反动口号。他們还搞政治陷害事件，五·一二事件就是早就予謀好了的陷害反修錦輪厂红卫兵联合指揮部、机車車輛厂毛泽东主义红卫兵、劳二半“八·一八”和天工“八·二五”、鉄地总、鉄联委等造反派的重大事件。这些他們都失敗了，便又施以分化瓦解的手段，搞蚕食政策。最近他們甚至公开站出来攻击反复辟联絡站，攻击大联合筹委会。把斗爭的矛头直接对准群众組織。他們甚至还派密探打入內部。此外，他們在六月份，还动用郊区武裝部围剿下乡劳动的革命造反派学生，挑起农民斗学生，六、七月份起，他們效法成都、武汉等地鎮压革命造反派的办法，又操纵了軍工系統的群众組織，綁架毒打鎮压革命造反派，3527厂事件，六〇九厂事件就屬此例。此外，他們还用“鎮反論”来压制革命造反派。这一切都慘敗了，他們又把老修正主义分子李立三和閻达开說成是革命造反派的后台，加革命造反派于莫須有之罪名，等等等等，手段是应有尽有，“高招”一个接一个。一言以蔽之，他們的政策是：順我者存，逆我者亡。

請看！夺权小組領导下的五代会。这个五代会大方向不抓，但却精通武斗，其裝备有过于武汉的“百匪”，群众誉之为“武打会”。这个五代会专門搞五代会外的造反派，围攻、造謠，公开地在中学红代会的报紙上造天工“八·二五”扒房，偷二亩地黃瓜的謠言。对內只搞一言堂，开除十八所造反派就是典型事例。这个五代会的眞正的革命造反派实际上只是起陪衬作用。这个五代会，实际是夺权小組的御用工具。中央接见后，他們本应改弦易张，但是却更倒行逆施，因此不能如中央指示的那样眞正做到加强扩大，到如今，大专红代会已經散攤子，中学红代会也支撑不起来了。許多眞正的革命造反派已經站到大联合筹委会一边了。

請看！这个夺权小組又是如何对待眞正支持革命左派的三十八軍和北京海司空司部队以及后字253部队的。他們把××軍捧上天。小保們成天喊叫“天津××軍就是好”、“天津駐軍就是好”的口号，到处张貼这样的标語，甚至貼到38軍軍管会的門上，更令人作嘔的竟喊出××軍万岁，天津駐軍首长万岁的口号。××軍的負責人，对此泰然自若，听之任之，暗喜于心。这难道不是挑撥軍队之間的关系嗎？然而人間却有这样奇怪的邏輯，当看革命造反派根据天津的现实提出38軍、北京海司、空司是支左模范这个口号时，郑三生却暴跳如雷，說这是对抗解放軍。实际上呢？駐在六四一厂的38軍經过长时間的調查，正公开表态支持六四一大联合时，刘政这家伙却匆匆跑去要把六四一的老保組織东风总部拉入工代会，因此便挑起了大型的万人武斗，38軍的同志竟被东风一伙暴徒进行了惡性毒打。这个时候，刘政却摆出一副不偏不倚实际上是袒护东风总部的态度。在天津鋼厂同一时間也发生了类似性质的事件。这难道不是××軍負責人排除异己，唯我独尊嗎？我不支左，也不許你支左，这或許就是刘政之流的对待友軍的态度。

再請看！夺权小組正在阻碍和压制着天津广大革命造反派彻底揭开天津市阶級斗爭盖子。周总理在四月十日讲道：要追查万曉塘之死。同时教导我們，只有把万张反党集团挖深了，天津的主要矛盾才能解决。但是解学恭、郑三生等人，却設置种种障碍，阻止群众追查万曉塘之死，他們还动用公安造总、河老八这些王牌軍大力地围攻追查万曉塘之死的革命的大字报，郑三生甚至竟敢断言万曉塘是自杀的，企图在天津城建立这个說法的权威。但是这并不能压制住群众。于是解学恭、郑三生又站出来制造反革命輿論，他們說：最近兩个月来有（为万曉塘）翻案的趋势……如說：万曉塘的死是謀杀的，这种种是为“万曉塘翻案。”他們还說：“說（万曉塘）是病死的，不是自杀，是想給他翻案。”他們企图用这些把革命造反派恫吓住。就是由于来自夺权小組的阻力，至今万张反党集团的揭发工作不能深入，万曉塘之死也不能弄清。

看！夺权小組是怎样对待以毛主席为首的党中央的呢？中央的讲話对他們有利的，他們就大讲特讲，大印特印，甚至想把自己糊起来，摆出我就是党中央的姿态，大树特树自己的威信，拉大旗作虎皮，吓唬群众，甚至歪曲中央首长的讲話，企图以此来鎮压革命群众。伯达同志的五八讲話，本来是从爱护革命小将出发的，正如伯达同志在“六·二八”讲話中所說：“我对八·二五的讲話是滿腔热情的，是誠恳的，是为了他們好。”但是夺权小組却把“五八”讲話印了几十万、几百万份，用火車发放到全国各地，甚至連越南都发到，企图在全国、全世界把一个小小的八·二五搞臭。在天津，他們違背伯达同志首先向八·二五传达的指示，急急忙忙向五代会传达“五八”指示，接着便組織規模空前的对八·二五的圍剿，妄图一棍子把八·二五打死。但是当中央讲話对他們不利，或者他們认为不能用来压制群众时，他們便采取或者封鎖，或者拒不执行的办法。对总理关于追查万鬼之死的指示，他們便取抗拒之态，对伯达“六·二八”指示，他們就根本不向五代会外的造反派进行传达，虽然天工八·二五一再邀請他們传达“六·二八”指示。而且对五代会內的传达口徑也不一致。这难道不是封鎖嗎？有时，他們还篡改中央指示来压制革命造反派，关于三五二七事件与六〇九厂事件，伯达同志的讲話，并沒有指名批評武斗双方的哪一方，但是夺权小組便在伯达同志讲話前按照他們的看法加了一个按語，把伯达同志和革命造反派对立起来。而更不能令人容忍的是，他們竟敢于冒天下之大不韙，捏造中央讲話，动員保守势力对革命造反派进行屠杀。六〇九厂事件中，他們就捏造了一个伯达同志关于保卫六〇九厂的指示。夺权小組是忠于以毛主席为首的党中央嗎？ （下轉第六版）

·6·　紅　天工八·二五　1967年8月25日

盧山出現的这一場斗爭，是一場阶級斗爭，是过去十年社会主义革命过程中資产阶級与無产阶級两大对抗阶級的生死斗爭的繼續。在中国、在我党，这一类斗爭，看來还得斗下去　至少还要斗二十年，可能要斗半个世紀，总之要到阶級完全灭亡，斗爭才会止息。

毛泽东

打倒彭德怀，保卫毛主席！

“中国共产党八屆八中全会关于以彭德怀为首的反党集团的决議”公布了，《紅旗》杂志以“从彭德怀的失败到中国赫魯曉夫的破产”为題的十三期社論发表了！这是全国人民政治生活中的大事，对当前正在开展的无产阶級文化大革命有着重大的意义。

当前我国无产阶級文化大革命取得了一个又一个的伟大胜利，举国上下正掀起了一个对党内最大的一小撮走資本主义道路当权派大批判的高潮，两个阶級、两条道路、两条路綫的决战进入了一个新的阶段，彻底摧毀資产阶級司令部的时候到来了！

在这时，我們把彭德怀揪出来示众，就是为了誓死保卫毛主席，为了彻底摧毀資产阶級司令部，彻底肃清党内最大的走資本主义道路当权派散布在各个領域各方面的影响和流毒，为了把无产阶級文化大革命进行到底！正如《决議》所指出的那样：“坚决粉碎以彭德怀为首的右傾机会主义反党集团的活动，不但对于保卫党的总路綫是完全必要的，而且对于保卫党的以毛泽东同志为首的中央的領导、保卫党的团結、保卫党和人民的社会主义事业，都是完全必要的。”

对彭德怀的斗爭是彻底摧毀以中国的赫魯曉夫为首的資产阶級司令部的斗爭的重要組成部分。彭德怀是一个混进党內的資产阶級分子，是一个老牌的机会主义分子，是一个大阴謀家、大野心家、大軍閥。他一貫地反对毛主席、反对毛泽东思想、反对毛主席的无产阶級革命路綫。他实际上是高、饒反党集团的头头，是中国的赫魯曉夫的代理人，是以中国赫魯曉夫刘少奇为首的資产阶級司令部中的反党急先鋒。1959年，国际上帝国主义、現代修正主义和各国反动派結成反动的“神圣联盟”，掀起了反华高潮，国內地富反坏右和牛鬼蛇神蠢蠢欲动，反革命修正主义分子彭德怀在中国赫魯曉夫刘少奇的支持和包庇下，在党的盧山会議上，糾集了黃克誠、张聞天、习仲勛、周小舟等反党分子，向以毛主席为首的党中央发动了极为猖狂的进攻；叫嚷要改变党的总路綫，要改組党中央的領导，恶毒地攻击总路綫是“‘左’傾冒險主义”，大躍进是“升虛火”、“发高燒”，人民公社“办早了”、“搞糟了”。把轰轰烈烈的建設社会主义的伟大群众运动誣蔑为“头腦发热”“小資产阶級的狂热性”。一再叫嚷“要发生匈牙利事件”，“要請苏联红軍来”，妄图和赫魯曉夫里应外合顛复我国无产阶級专政。而中国的赫魯曉夫刘少奇也亲自打起“反左”的旗子，来攻击三面红旗，反对毛主席。但是，在以毛泽东同志为首的党中央領导下，率領全党打退了他們的猖狂进攻。党的盧山会議粉碎了以彭德怀为首的反党集团的篡党阴謀，夺了他們的权，罢了他們的官。然而他們并不甘心，无时无刻不在伺机反扑。在大毒草《海瑞罢官》出籠的同时，中国的赫魯曉夫刘少奇在1962年1月27日的扩大的中央工作会議上，公然为彭德怀鳴冤叫屈，說什么：“这几年重复了党的历史上残酷斗爭，无情打击的錯誤。”又說什么：“仅仅以彭德怀同志的那封信看，信中所說的一些具体情况，不少是符合事实的。”后来还說什么：“盧山会議反右傾是不对的，搞得全国后遺症，中央要負責。”甚至在八屆十中全会上中国的赫魯曉夫刘少奇还要让彭德怀“重当国防部长”。在黑司令刘少奇的鼓动和支持下，彭德怀便伙同他的狗妻浦安修写了洋洋八万字的翻案书，矢口否认他在盧山会議上的罪恶，否认他提出了一条系統的右傾机会主义的反党綱領，說自己“就写了一封信”，“給主席做参考的。”恶毒地攻击主席“竟把問題提到如此十分严重，如此十分尖銳，提到离开现实情况的高度原則。……因此，它將要造成难以估計的損失，……甚至引起党內外一段时間的混乱。”呸！閉上你們的狗咀！刘少奇、彭德怀这群历史上的小丑，眞是不到黃河心不死，不见棺材不落泪。我們毛主席的红小兵不是好惹的。我們将和全国无产阶級革命派团結一致，集中火力，集中目标，高举革命的批判大旗，发扬痛打落水狗的彻底革命精神，从政治上、思想上、理論上把彭德怀及其后台刘少奇批倒、批臭，使其永世不得翻身！

对彭德怀的斗爭是无产阶級文化大革命的深入发展。红旗杂志第十二期社論的发表，敲响了軍內一小撮走資派的丧钟！武汉地区无产阶級文化大革命的实踐証明，随着无产阶級文化大革命的深入发展，一小撮走資派已瀕临山穷水尽，日暮途穷的絕境，他們为了挽救其行将灭亡的命运，必然会以十倍的瘋狂百倍的仇恨进行垂死的挣扎。那些党內的走資派会千方百計利用他們的势力和影响，勾結軍內一小撮走資派，殘酷地鎮压无产阶級革命派，妄图再次把轰轰烈烈的文化大革命打下去。我們毛主席的红小兵永远紧跟伟大統帅毛主席干革命，继续发扬舍得一身剮敢把皇帝拉下馬的大无畏的革命精神，在今后的无产阶級文化大革命中，要把党內一小撮走資本主义道路当权派揭露出来，从政治上、思想上把他們斗倒斗臭。同样，也要把軍內一小撮走資本主义道路当权派揭露出来，从政治上和思想上把他們斗倒斗臭。

但是那些反动保守势力及其后台党內軍內“走資派”总想阻止无产阶級文化大革命向前发展。他們和运动初期一样，仍然揮舞“反革命”的大棒，把对党內軍內“走資派”进行斗爭和对解放軍支左工作中缺点錯誤进行正常批評的革命造反派再次打成“反革命”，通过鎮压革命造反派把无产阶級文化大革命运动打下去。但是这是妄想。革命造反派永远高举“拥軍爱民”大旗，眞正热爱、拥护解放軍。我們无产阶級革命派无限信仰、崇拜、忠于毛泽东思想，心最明，眼最亮，党內軍內“走資派”打着紅旗反紅旗的阴謀詭計騙不了我們，党內軍內“走資派”血腥鎮压和屠杀吓不倒我們。

在紀念八·二五革命风暴一周年之际，我們全体八·二五战士要更高地举起毛泽东思想伟大紅旗，为誓死保卫党中央，保卫毛主席、保卫林付主席、保卫毛主席的革命路綫而英勇战斗，为把我市无产阶級文化大革命进行到底而貢献出我們的一切力量！

·縉 旧·

天津向何处去？

（上接第五版）根本不是！他們对中央是阳奉阴违，两面三刀。他們把中央是摆在从属于他們的地位上的！

够了！够了！这些消极的例子就够触目惊心的了。难道这些还构不成夺权小組的方向路綫的錯誤嗎？难道这些錯誤还是微不足道的嗎？但是夺权小組也太无自知之明了。我們原本是誠懇地希望他們能够正視自己的錯誤，从而改正錯誤的，因此，我們曾多次利用各种內部方式向他們讲了我們的意见。但是他們充耳不聞，文过飾非。不但沒有改过之意，反而倒打一耙，更加倒行逆施。因此釀成了目前天津生产受到严重破坏，人民的生命财产受到严重威胁的局面。我們本来不愿公开我們这些意见的，是夺权小組逼迫着我們这样做的。

革命的同志們，革命造反派的战友們，如果任夺权小組这样下去，天津將向何处去呢？天津市的无产阶級文化大革命非但不能进行到底，而且整个天津就会有复辟的危險。我們伟大的領袖毛主席說：**“現在的文化大革命，仅仅是第一次，以后还必然要进行多次。……革命的誰胜誰負，要在一个很长的历史时期內才能解决。如果弄得不好，資本主义复辟将是随时可能的。”**天津的现实正在啓发着我們領会主席的这一伟大教导。

正因为如此，“天津批刘邓、砸万张、反复辟联络站”，几个月来在大搞批刘邓砸万张的同时，对夺权小組的方向路綫錯誤进行了有力的斗爭，现在大联合筹委会正在坚持这个斗爭。这个斗爭的性质决不是什么反李派与保李派的斗爭，也不是五代会內外的斗爭，更不是大联合筹委会与五代会的斗爭。这个斗爭是以大联合筹委会为代表的天津市百万革命造反大軍对夺权領导小組的方向路綫錯誤的斗爭。这个斗爭的有力开展及其必然的胜利就保証天津市的无产阶級文化大革命沿着我們伟大領袖毛主席的革命路綫胜利前进，进行到底！

现在天津市的文化大革命正处在两个阶級、两条道路、两条路綫激烈决战关头。天津向何处去？这决不能取决于夺权小組几个人的意志，**“虎踞龙盘今胜昔，天翻地复慨而慷。”“天若有情天亦老，人間正道是沧桑。”**历史的車輪滚滚向前，一个毛泽东思想的天，毛泽东思想的地，用毛泽东思想武装起来的几百万革命人民的新天津已經出现在地平綫上了！让我們五代会內外的革命造反派团結起来，联合起来，伸开双手，迎接新天津到来前的这场更大的阶級斗争风暴吧！

八·二五战士永远和全市造反派心連心！

编者按：在我們八·二五革命风暴一周年之际，全市的无产阶级革命派写来了大批賀信和充滿革命激情和战斗友誼的詩歌、文章。革命的深情厚誼，战友的鼓舞鞭策，是使我們継續发揚革命造反精神，把无产阶級文化大革命进行到底的巨大力量！我們八·二五战士永远是工农革命派、是全市、全国革命造反派的小学生！下面我們选登的就是来稿的一部分。

渤海在向你們欢呼，
海河在向你們致敬。
"八·二五"的战友啊，
你們为革命建立了不朽的功勛！
你們前进的步伐，
响彻着鋼鉄般的强音；
你們的冲鋒号角，
激蕩我們工人造反派的心。
看！你們迎着那飄舞的战旗啊，
"八·二五"三个金色大字是多么雄勁有力！
你們高举着她，闖过了多少急流險灘，
你們高举着她，战胜了多少鬼怪魅魍；
多少"庞然大物"在你們战旗下聞风丧胆，
多少"虎皮英雄"在你們战旗下向隅而泣！
"八·二五"，你永远是我們亲密的战友，
"八·二五"，你永远是党內、軍內"走資派"的死敌！

贊"八·二五"紅卫兵

百貨大楼造反总部战士　谭火

"八·二五"，虎头龙腰的"八·二五"啊，
你們眞是一群英勇无敌的小老虎！
是你們，揮枪跃馬，
冲垮"冀氏王朝"的白色恐怖；
是你們，以笔当枪，
杀得万、张之流六神无主；
是你們迎头痛击，
粉碎了李鬼的反革命逆流；
是你們，血战沙场，
拚出了一条"反复辟"的血路！
在那天空黑云滚滚的日子里，
在那海河恶浪滔滔的日子里，
那一小撮披着人皮的魔鬼，
向"八·二五"和全市造反派举起了屠刀。
是你們，和全市革命造反派一起，
昂头挺胸，頂着逆流上，迎着风暴凳，
粉碎了"走資派"一次又一次地反扑，
冲垮了"小保們"一次又一次地围剿。
你們牢記住毛主席的伟大教导，
把"造反有理"的大旗举得更高、更高！
你們不愧为毛主席的红小兵，
你們是无产阶級文化大革命的急先鋒。
在腥风血雨中，
你們前进，再前进，
在刀光劍影中，
你們把战旗高擧，再高擧！
为了捍卫毛主席的革命路綫，
你們不怕坐牢，不怕流血，不怕牺牲！
"八·二五"的紅心哪，
向着北京，向着毛主席，
"八·二五"紧紧地和工农兵結合在一起，
用鮮血和生命迎接紅日东升！
你們常說："干革命靠的是毛泽东思想"，
你們常說："有了毛泽东思想就无坚不摧"！
你們靠毛泽东思想和全市革命派团結在一起，
打得万、张之流落花流水。
我們要关心国家大事，
冲啊，"八·二五"！把刘、邓黑司令部彻底搗毀！
我們要把无产阶級文化大革命进行到底，
杀呀，"八·二五"！消灭一切害人的魔鬼！
全世界无产者联合起来，
把旧世界彻底砸爛，
让全球普照毛泽东思想的光輝！

向英雄的八·二五紅卫兵小将們致敬

亲愛的八·二五战友們：

在天津市无产阶級文化大革命兩条道路，兩条路綫决战的关鍵时刻，我們又战斗在一起了。我們641厂大联合的战士向你們学习，向你們致敬！向你們致以战斗的敬礼！

战友們，在天津市文化大革命中，你們永远站在斗爭的最前列，对天津市党、政、軍內一小撮走資本主义道路的当权派发动了总攻击，你們迎着二月黑风，頂着三月逆流，把万张反党集团，李雪峰之流打了个落花流水，不愧为革命小将，为我們无产阶級文化大革命作出了貢献！大方向全然正确。你們永远是我們学习的榜样。

毛主席說：**"敌人是不会自行消灭的，无論是中国的反动派，或是美国帝国主义在中国的侵略势力，都不会自行退出历史舞台。"** 天津市党、政、軍內一小撮走資本主义道路的当权派的配合中国的赫魯曉夫刘少奇的瘋狂反扑糾集社会上的保守势力，企图扼杀革命造反派至于死地而后快。在这个反革命的逆流中，又是你們八·二五战士团結了全市革命造反派坚决响应江青同志的"文攻武卫"的号召，給保守势力以迎头痛击。"海內存知己，天涯若比鄰。"我們六四一大联合战士永远和八·二五战友心連心，在我厂7.26，7.27东匪制造了反革命事件后，是你們八.二五战士向我們伸出了友誼之手，使我們回忆起了在三月逆流中我大联合在极端困难的条件下是你們給了我們大力支持，在五.四、五.五武斗我們来到支左时，又是你們和全市革命造反派誓做我們的坚强后盾。艰苦的岁月，斗爭的历程，教育了我們，使我們深刻的体会到团結就是力量。革命造反派联合起来，反革命打不破我們，我們却要打破反革命。

"六月天兵征腐恶，万丈长纓要把鯤鵬縛。"

革命的战友們，我們641厂大联合战士从阶級斗爭战場上站起来了，揩淨身上的血迹，誓与天津市广大革命造反派团結战斗胜利在一起，奋起千鈞棒，坚决击退天津党、政、軍內走資派的猖狂反扑。

打倒陈再道！
刘政不支左，就叫他灭亡！
向站在最前列的八.二五战士学习致敬！
革命造反派联合起来，誓把无产阶級文化大革命进行到底！
毛主席的革命路綫胜利万岁！
我們伟大的領袖毛主席万岁！万岁！万万岁！

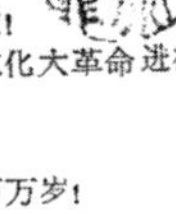

六四一厂大联合

前进！英勇的天工八·二五紅卫兵！

我們伟大的領袖毛主席教导我們說：「这个軍队具有一往无前的精神，它要压倒一切敌人，而决不被敌人所屈服。不論在任何艰难困苦的場合，只要还有一个人，这个人就要継續战斗下去。」一年前，从資产阶級反动路綫白色恐怖中冲杀出来的天工八·二五紅卫兵，遵循着毛主席这一伟大教导，冲破阻障，經过磨礪，愈战愈强，現在已經鍛炼发展成为一支英勇坚强的队伍。

天工八·二五紅卫兵最热爱毛主席，他們牢記毛主席「对反动派造反有理」的伟大教导，造反！造反!!!发扬了大无畏的无产阶級革命造反精神，跟着伟大統帅毛主席，在无产阶級文化大革命中，和[illegible]的雄鷹，和資产阶級反动路綫进行了搏斗，和中国的赫魯曉夫以及天津万张反革命修正主义集团进行英勇的斗争。天工八·二五紅卫兵和全市革命造反派用鮮血和生命保卫了毛主席的无产阶級革命路綫，用鮮血和生命保卫了伟大的无产阶級专政。邢台的革命造反派被打成「反革命」的时候，是誰英勇的站出来支持邢台的革命造反派？是天工八·二五紅卫兵！塘沽的革命造反派受[illegible]的时候，是誰英勇的站出来支持塘沽的革命造反派？是天工八·二五紅卫兵！天津革命造反派被压制的时候，是誰首先站出来冲破这种压制？还是天工八·二五紅卫兵！

天工八·二五紅卫兵最热爱解放軍。我們在和天工八·二五紅卫兵共同战斗中，深深的体会到，他們是最相信解放軍，最依靠解放軍，他們和解放軍是心連心的。但是，有一些家伙造謡說「天工八·二五把矛头指向解放軍。」我們要这些家伙睁开眼睛看看！是誰最支持六四一厂軍管会？是誰最支持天鋼軍管会？是天工八·二五紅卫兵！破坏解放軍的崇高声誉的是天津党內、軍內一小撮走資派以及他們支持的保守組織中的坏头头。我們决不允許把种种莫須有的罪名强加到天工八·二五紅卫兵的头上！

天工八·二五紅卫兵在天津市兩个阶級、兩条道路、兩条路綫决战的关鍵时刻，斗争最勇敢。我們强烈要求××軍負責人必須立即克服过去对天工八·二五紅卫兵的錯誤立場。毛主席教导我們：「紧紧地和中国人民站在一起，全心全意地为中国人民服务，就是这个軍队的唯一宗旨。」天工八·二五紅卫兵的战友們，我們后字二五三部队革命造反总司令部全体造反战士，誓作你們的坚强后盾，永远和你們同呼吸，共命运，风雨同舟。永远同你們团結在一起，战斗在一起，胜利在一起！

党內最大的一小撮走資本主义道路当权派是沒有冻僵的毒蛇，天津万张反革命修正主义集团阴魂还不散，他們[illegible]近死亡，总要做垂死的挣扎。我們「总司」全体造反战士，怀着对毛主席、党中央的无比忠誠，誓与全国、全軍的无产阶級革命派并肩战斗，彻底清算中国赫魯曉夫[illegible]的滔天罪行，砸爛万张反革命修正主义集团，誓死保卫毛主席，誓死保卫林付主席，誓死保卫中央文革，誓死保卫毛主席的革命路綫！奋起毛泽东思想的千鈞棒，把党內、軍內一小撮走資派揪出来，痛打「落水狗」，在政治上、思想上、理論上彻底把他們批深、批透、斗倒、斗臭，叫他們遺臭万年，永世不得翻身。让毛泽东思想伟大红旗，在全世界、全中国处处飄扬，高高飄扬！永远飄扬！

前进！英勇的天工八·二五红卫兵！

中国人民解放軍后字二五三部队革命造反总司令部
一九六七年八月二十日

·8·　天工八·二五　1967年8月25日

在英雄的武漢战友之中

——記天津市大联合筹委赴汉慰問演出队

同志亲，手足情，全国革命造反派一家人。根据我們伟大导师毛主席的教导：**"你們要关心国家大事，要把无产阶級文化大革命进行到底！"**天津市无产阶級革命派十分关心武汉地区英雄的战友們。天津市无产阶級革命派大联合筹委会应全市革命造反派的要求于八月三日派出了由七十余人組成的赴武汉慰問演出队，向英雄的战友們表达天津市无产阶級革命派对他們的坚决支持和亲切慰問。中国人民解放軍后字253部队造反总司令部也参加了慰問演出队。

为了一个共同的革命目标走到一起来了

在首都红代会中央戏剧学院毛泽东思想战斗队的热情帮助和接待后，八月五日我們到达江城武汉。受到武汉三镇革命战友的热烈欢迎，战友們兴奋地送来中央首长有关武汉地区文化大革命的指示，詳細地介绍了武汉斗争情况。我們一起深刻地体会到"革命方知北京近，造反更觉毛主席亲"。为了安排我們的演出和生活，鋼二司文艺革司的战友們廢寝忘食的操劳，他們身体消瘦了，同志們劝他們休息，他們总是說："我們都是来自五湖四海，为了一个共同的革命目标走到一起来了。……一切革命队伍的人都要互相关心，互相爱护，互相帮助。我們感謝你們的支持，感謝全国革命造反派的支持。毛主席給我們撑腰，我們要給毛主席争气！"

天大地大不如毛主席的恩情大

八月六日至八月十日我們先后向鋼二司总部鋼二司新革大、鋼工总新汽运一站、鋼工总武儲662庫区、鋼工总新武船联司、公安联司、423部队《红联》、鋼9·13红卫紗厂分部、鋼二司新院等單位的战友进行了慰問演出。所到之处，都可看到"热烈欢迎天津市无产阶級革命派大联合慰問演出队"大幅标語。演出前英雄的战友总是再次的对天津市无产阶級革命派大联合的战友們表示热烈的欢迎。演出时，台上台下心心相連，自始至終洋溢着战斗的友情。演出后，战友們久久不愿离开。一次演出之后，一位解放軍握着一个队員的手說："你們毛泽东思想宣传队很好。我們愿意你們多演出一些节目，使我們更多的学习一些毛泽东思想。"鋼工总新汽运一场战斗队的一位勤务員說："演得有劲看了痛快，說出了我們心里話。""都是支左的节目。"现在全国造反派支持我們，我們有决心把武汉地区文化大革命搞好。"八月八日在武汉測繪的一次全国各地造反派欢聚在一起，热烈庆祝毛泽东思想伟大胜利演出中，我們天津演出的笛子獨奏"老黄口学十六条"相声"打倒陈再道！坚决支持武汉造反派"等节目使整个会场沸騰起来，受到战友們的热烈欢迎。每次演出之后，战友們总是夹道敲鑼打鼓的欢送，送了一程又一程，直到无法再追上我們的汽車为止。革命造反派的战友无不深深感到"天大地大不如毛主席的恩情大，河深海深不如阶級友爱亲。"

为保卫无产阶級江山而战

武汉地区文化大革命形势一派大好，是东风压倒西风，在毛主席党中央的亲切关怀下，在无限忠于毛泽东思想的中国人民解放軍配合下，英雄的武汉地区造反派粉碎了以陈再道为首的8201一小撮坏头头的叛乱，在全国无产阶級革命派强大政治攻势下，基本上摧垮了"百匪"。"三鋼、三新、三联"为代表的无产阶級革命派获得了解放。被打成反革命組織，强迫解散的"工总"翻案了。轉移外地坚持斗争的战友陆续赶回武汉"抓革命促生产"，正在武汉流传的歌儿是："天亮了！解放了！公鷄下蛋了，'工总'翻案了！陈大麻子完蛋了！"

革命人民喜笑顔开，干劲倍增，正在迅速恢复和加强革命組織，为保卫党中央，为保卫毛主席，为保卫毛主席的革命路綫而战，斗志昂扬乘胜追击。但"百匪"和"公檢法"中一小撮坏头头仍不甘心失败，四处造謠，继续蒙蔽一部分群众逃往农村，在市內組織暗杀队，負隅頑抗、现在武汉地区的战友們一手拿枪，一手拿笔和解放軍紧紧地团结在一起，为无产阶級江山而战！

全国革命造反派支持武汉造反派，他們也很关心天津市的革命战友們，他們要求永远和我們团结、战斗、胜利在一起！把史无前例的无产阶級文化大革命进行到底，夺取文化大革命的最后胜利！

·本报記者·

八·二五战士永远和工农相結合

毛主席的革命路綫节节胜利的今天，我們全体八·二五战士满怀革命的激情，向全市革命造反派的工人致敬，向你們学习，并永远当你們的小学生！

历史的車輪滚滚向前，文化大革命的烈火越燒越旺，是誰高举着革命的火把把資产阶級的頑固堡壘一个个摧毁了呢？不是别人，正是工人阶級、是革命的工农大众。工人阶級最勇敢，斗争最坚决。他們最忠于毛主席，最忠于毛主席的革命路綫。在文化大革命中，他們不怕打击、不怕围攻、不怕打成"反革命"，頑强的頂了"五月反革命大围剿"，今天又一次胜利地打退了党內、軍內一小撮走資本主义道路当权派一手策划的反革命武力大反扑。阶級斗争的实践証明："革命的領导阶級是工人阶級"，如果离开了这种革命的根本力量，离开了由我們伟大領袖毛主席亲自統帅下的工人阶級的領导，要实现文化大革命的彻底胜利是根本不可能的。

在无产阶級文化大革命中，知識分子和革命小将首先觉悟起来。他們由学校杀向社会，煽革命之风，点革命之火，为文化大革命立下了不朽的功勋。但是，知識界。正如毛主席所教导的：**"然而知识分子如果不和工农群众相結合，則将一事无成。"**"五四"青年运动是这样，今天文化大革命也是这样。不是有一些知識分子由于反对和打击革命造反派的工农群众而跑到資产阶級营壘里去了嗎？不是也有一些知識分子由于脱离了工农群众，被資产阶級当权派戴上了个"左"派的高帽，走上机会主义的道路了嗎？正如列宁所說的：**"我們的'左派共产主义者'就是这样的，他們在口头上（当然他們的信念也是如此）是小資产阶級无情的敌人，而在实际上，却只是帮助小資产阶級，只是为小資产阶級效劳，只是表現小資产阶級的**观，如果不很好的和工农群众相結合，不在工农群众中得到鍛炼和改造，就同样有被革命洪流淘汰的危險。

誰最害怕革命造反派的工人群众呢？誰最害怕知識分子和工农群众相結合呢？是党內最大的一小撮走資本主义道路的当权派，是那些混进党里、軍队里的一小撮資产阶級代表人物。他們不承认"反复辟联络站"，就是鎮压革命的工人运动。他們扬言："打倒八．二五""取締八·二五"，就是要妄图切断我們和工人革命造反派的联系。我們呢？就要針鋒相对，紧紧的和工农群众相結合。工人是鋼筋，我們是"水泥"。鋼筋和水泥結合起来就成了"鋼筋混凝中央，就能使我們国家永不变色。用这个鋼墙鉄壁保卫毛主席的革命路綫，毛主席的革命路綫就无往而不胜。

八·二五的战士們，我們在一年多来的文化大革命中，已和工农群众結下了牢不可破的战斗友誼，让我們再接再励和革命的工农群众并肩战斗吧！只要我們始終高举毛泽东思想伟大红旗，牢牢掌握斗争的大方向，并能和工农群众紧密結合，百折不撓地共同战斗，我們就能战胜一切反动派，我們就一定能取得最后胜利！

·本报評論員·

簡訊

▲八月十一日在人民大会堂陈伯达同志讲話提到：毛主席亲自領导的文化大革命一年来已經取得了伟大的輝煌的胜利。这个大革命的胜利震动了整个世界。几亿群众从过去各种矛盾中醒过来了，这是世界历史上一次最新的革命。这个革命的胜利是中国无产阶級对资产阶級的胜利、对地主阶級及一切剝削阶級的胜利、是对现代修正主义的胜利。这个运动的出发点是相信群众、尊重群众、相信群众自己教育自己。这是毛主席提出的路綫，这是过去領导革命的路綫，也是这次文化大革命的路綫，毛主席的群众路綫。

▲天津红卫化工厂革联和全国及天津民建，工商联等革命造反組織联合举办《彻底清算刘少奇与反动資本家王光英的反革命罪行》大型展覽，已于八月十二日展出。受到全国全市无产阶級革命派的热烈欢迎。为推进对党内头号走資派的大批判新高潮将做出有力的貢献。

▲八月十六日新疆红二司革命派战友和他們的毛泽东思想宣传队来我天工八·二五为全市无产阶級革命派进行了精彩表演和热情谈心。他們表示要互相支援，共同战斗，彻底揪出党内、軍内一小撮走資派，把无产阶級文化大革命进行到底。

▲我天工八·二五为紀念我红卫兵誕生一周年举办的《毛主席革命路綫胜利万岁》展覽会，将于八月二十五日展出。展覽共分七个部分，突出的表现了在毛主席革命路綫指引下我天工红卫兵（八·二五）的成长壮大和天津市无产阶級革命派所进行的彻底批判資产阶級反动路綫、击退資本主义复辟逆流，直搗刘、邓黑司令部的战斗历程。展覽館中陈設有雕象，照片、图画和实物。其中有我們伟大領袖毛主席身穿軍装揮手的全身石膏象。入口有我們林彪副統帅的題詞及周总理兩次接见我天工红卫兵（八·二五）的巨幅照片。在准备过程中，我八·二五战士得到天津市无产阶級革命派河北艺师八·一八革命到底，工艺美校等革命战友的大力支援和帮助。

▲八月十八日晚天津市无产阶級革命派大联合筹备委員会及其全体红卫兵革命小将，迎着胜利的曙光，满怀革命的豪情，在我們伟大的紅司令毛主席接见红卫兵一周年这个光輝的日子里，全市无产阶級革命派欢聚一堂，隆重紀念这个光輝的节日。参加大会的还有北京、武汉、四川、河南、内蒙、新疆等地的革命战友及后字二五三总司的解放軍同志。盛装心揚，英姿颯爽的红卫兵小将高举着火炬举行了游行。

更刊启事

根据广大工农革命造反派的建議，自本期起，《红卫兵》报更名为《天工八·二五》报。特此声明。

天津工学院《紅卫兵》报編輯部

在万众一心高呼：
林付统帅永远健康中
却死无葬身之地！
没有头脑的中国老百姓，
是可怜？还是可悲？
我建议：快到广場跳"忠字
舞"，高唱："文化大革命就是好！
这就是中国优秀文化—草
根文化！！！"忠字舞"就是典型代表

煤炭工业战线上的无产阶级革命派的战友们，广大职工群众们：

在我们伟大领袖毛主席亲自发动和领导的无产阶级文化大革命中，你们同以中国的赫鲁晓夫为代表的党内一小撮走资本主义道路当权派进行了英勇的斗争，取得了伟大的胜利。同时，你们克服了重重困难，坚持"抓革命，促生产"，在煤炭生产战线上，也取得了成绩。你们不愧为无产阶级革命派的坚强战士！

正在两个阶级、两条道路、两条路线大决战的关键时刻，一些地方和矿区的党内一小撮走资本主义道路当权派，不甘心自己的灭亡，还在垂死挣扎，他们勾结社会上的牛鬼蛇神，蒙蔽一部分群众，挑起武斗，制造白色恐怖，捣毁设备，大搞停工停产，妄图破坏社会主义建设，破坏无产阶级文化大革命。无产阶级革命派和广大革命群众对此必须高度警惕，坚决粉碎阶级敌人的这个阴谋。

"抓革命，促生产"是毛主席的伟大号召。毛主席亲自主持制订的"十六条"指出："无产阶级文化大革命，就是为的要使人的思想革命化，因而使各项工作做得更多、更快、更好、更省。"煤炭工业战线上的革命派，一定要不折不扣地执行毛主席的这个最高指示，做"抓革命，促生产"的模范。

煤炭是工业的粮食。煤炭生产，关系到我国社会主义建设，关系到工农业生产，关系到实现毛主席备战、备荒、为人民的伟大战略。关系到城乡人民生活、关系到无产阶级文化大革命的胜利进行，煤炭工业战线上的革命派，要以国家主人翁的高度责任感，顾大局，识大体，坚决把煤炭生产促上去。

党中央号召你们：

紧紧掌握斗争的大方向，把斗争的矛头对准以中国的赫鲁晓夫为代表的党内一小撮走资本主义道路的当权派，从政治上、思想上、理论上，把他们批深、批透、斗倒、斗臭。同时，搞好本单位的斗批改。

要严格区分和正确处理两类不同性质的矛盾。革命群众组织之间的意见分歧，都是人民内部矛盾，只能用"四大"的方法和团结——批评——团结的公式去解决，决不能用压服和武斗的方法去解决。

正在武斗和停产的煤矿，应当立即停止武斗，恢复生产。离开生产岗位的职工同志，应立即返回原单位参加生产。在矿职工应该热情欢迎他们。无产阶级革命派和革命职工，必须把国家利益、工人阶级利益放在第一位，决不做亲者痛、仇者快的事情。凡是坚持下井，坚持生产，作出成绩的职工，不论属于那个群众组织，或者未参加组织，都应当给予表扬和适当奖励。

一切受蒙蔽的群众和犯错误的干部，应当迅速觉醒，改正错误，回到毛主席的革命路线上来，同无产阶级革命派团结起来，共同对敌，在"抓革命，促生产"中立新功。

党中央号召你们，坚持"上井抓好革命，下井抓好生产"，坚持就地闹革命、业余闹革命、节约闹革命"。坚持八小时工作制，生产时间不离开生产岗位，不在生产岗位上搞辩论，不因观点分歧而影响生产，要自觉地遵守无产阶级的革命秩序，保护国家财产，发展煤炭生产，鼓足革命干劲，多快好省地完成国家计划。

当前，一个以彻底摧毁资产阶级司令部为中心任务的革命大批判的新高潮正在兴起。煤炭工业战线上的无产阶级革命派和广大革命职工，要高举毛泽东思想伟大红旗，活学活用毛主席著作，在革命大批判中，积极地推进革命的大联合和革命的"三结合"，切实搞好本单位的斗批改，在中国人民解放军的支援下，为夺取革命和生产的双胜利，奋勇前进！

在伟大的毛泽东思想的旗帜下，团结起来！

在毛主席的无产阶级革命路线指引下，联合起来！

祝你们在抓革命促生产中取得新的更大的胜利！

我们伟大的领袖毛主席万岁！万岁！万万岁！

中共中央　国务院　中央军委　中央文革小组

（此信可以在煤矿中张贴，并散发）　一九六七年八月十五日

（上接第三版）一定量才好，其他好追上去。现在已经到八月中旬了，今天已经八月十日，我们希望第四季度要赶上去。

文化大革命一年多了，抓业务的部门要管生产，今天戚本禹同志发现了这个问题。戚本禹同志建议很好，这也是他的创造，让他们两派业务组都下去考察，业务组下去有好处，两派业务员都要下去，你们一去，两派不在一个矿，不要把观点带下去，下去要帮他们抓革命、促生产，

八月十日接见煤炭部和煤炭系统各群众组织代表时

周总理重要指示摘录

戚本禹同志昨天到煤炭部，高举毛泽东思想伟大红旗，响应毛主席"抓革命，促生产"的号召，了解了情况，提出了革命措施。现在，煤炭产量下降到这种情形，不管煤炭部的或矿院的，都是搞煤的，看到这种情形，都会难过。煤炭计划产量比大跃进时低得多，本来完成计划是很有潜力的。这一年来的文化大革命，煤炭部领导涣散，不抓业务，当然，我们领导也有关系，没抓你们。产量一直下降，七月份下降，八月份更低了，连完成计划一半都不到了。这样，只够动力运输用煤，甚至影响发电，其他都不能动了。不管在学校、机关，还有个岗位，不抓革命、促生产，把煤炭生产促上去，怎能行呢？首先铁路运输、公路运输是交通命脉，没有这个，就要影响生产，影响战备和援外。第二就是煤炭，煤炭是动力嘛！当然，石油也是动力，但还是煤炭使用面最广。第三是钢铁，有了钢铁，就有了物质基础。有了以上三个就好了，其他即使低了一下，少了一些，以后也可以补上。唯有这三个没有办法补上。当然，现在减产，还有另一个原因，运输也有问题。即使产出来，运不出去也不行，也不好再生产。或者，运到卸不下，也不行。铁路运输本身要煤，大多数是蒸汽机车，因此运输和煤炭生产有相互关系的。当然，煤炭生产主要还是本身的问题。钢铁和木材材料有了，就好办了，因此，这三种，总要有（下接第二版）

铁道部群众组织

关于"抓革命、促生产"保证铁路交通运输正常生产的协议

（一）在毛泽东思想的指导下，遵照毛主席的革命路线，在反对刘邓反动路线，打倒党内一小撮走资本主义道路当权派，打倒吕正操，打倒武竞天的总目标下，召开各派联席会议，成立大联合委员会。

（二）在无产阶级文化大革命中实行群众自己教育自己，自己解放自己，自己管理自己。

（三）铁路系统以外各学校、各单位不得干预铁路群众的文化大革命。

（四）铁路系统所属各单位和全国铁路工作的，包括工人、职员、学生一律都要回到本工作单位、学校去，抓革命，促生产，保证铁路交通运输畅通。

（五）铁路系统内外任何人、任何单位都必须按规定买票乘车，不得例和无票乘车。

（六）只用文斗，绝对禁止武斗，禁止抓人、打人；凡是妨碍交通的事都不能做。

（七）坚决贯彻执行中共中央、国务院、中央军委、中央文革小组关于维护交通运输正常生产的各项命令，任何人、任何组织都不得违反。

（上接第四版）行，由双方同意的什部长搞，两不行由司局长搞，有革命派参加；3.没有业务班子，象煤炭部派军代表，成立三结合的革命委员会筹备小组，革命委员会筹备小组是大联合、三结合的基础；4.各部门业务班子难办的，各部门协商，部长，部长不行，副部长、司局长，革命派代表参加成立业务班子。

1967.8.25　　　　第四版

陈伯达同志、谢付总理重要讲话摘录

——八月十九日接见铁道部各派代表

陈伯达同志：

……铁路是交通运输、是伟大祖国国民经济的大动脉。党中央、毛主席极其关心铁路的交通运输，希望铁路系统的同志们高举毛泽东思想伟大红旗，保护这个大动脉。建议、希望这两派还有几个小派达成一个协议 拟了一个草案，请大家讨论，希望你们自己来解决。……

谢富治同志：

我完全赞同陈伯达同志的讲话。去年年底毛主席就跟我讲 这场革命不要怕，工业两个方面注意，一是煤炭 一是铁路运输 煤炭是工业的粮食，铁路是工业的动脉，确实也是国家经济、国防的大动脉。我们全个铁路战线上的革命职工在毛主席、林付主席、中央文革小组的领导下 工作很好。最近一些地区武斗有些发展了，这是由于党内一小撮走资派，没有改造好的地富反坏右，为了转移我们的斗争目标，我们所有革命派要紧紧掌握斗争大方向，我们是对准中国的赫鲁晓夫，彻底批判他，打倒刘邓陶彭罗陆杨反革命集团，把他们批深批透，他们代表的是修正主义。我们要大立毛泽东思想，我们要大立毛主席的革命路线。当前革命进入了一个大联合时期，要实现革命的大联合、三结合 就要实现抓革命促生产，实行文斗反对武斗。铁道部业务监督小组的工作在周总理关心下，工作是好的。最近受武汉地区的影响，武汉地区反革命分子陈再道 这是军队中的败类，针对毛主席、林付主席，搞武装叛乱性的事件。中国人民解放军只有一个武汉的陈再道，所有人民解放军大多数可以信赖，我们要依靠解放军、我们要拥护解放军、支持解放军，包括军管会在内 不要听信什么谣言，两派要搞革命的大联合，这是伟大领袖毛主席提出来的，凡是革命的要大联合，我们要和一小撮走资派决裂，我们要和保守派决裂，和四川的产业军决裂和武汉的百万雄师决裂。虏派 京派要搞大联合，不要搞一个工铁筹，又一个工铁筹。要保证八小时工作，八小时外搞辩论，伯达同志亲自起草了一个七条 可以念一下。（七条见第三版）……

刚才七条中 其中一条特别重要，铁路系统学校、工厂、铁路科研机关，要统统回本单位闹革命 不要到铁道部来闹革命，这个意见不但是我和伯达同志的意见，而是伟大领袖毛主席、林付主席、中央文革的意见。

李富春付总理重要讲话摘录（八月二十一日）

抓革命促生产，精简国家机构，干部、学生要和工农相结合的方向问题还是要作到的。煤炭部先走，铁路交通也要下去，冶金部矿山、鞍钢、包钢、太钢、武钢、有色金属要下去，其次，一机、八机、化工、建材、一轻。当前首先希望铁道交通学习煤炭部，以后冶金、一轻、建材、一机、八机。目前情况，各部抓革命、促生产任务不同，文化大革命进展不同，如何下法，我们不作具体安排，由各部及各革命组织大家协商。第一，协商如何抓革命、促生产，特别是业务班子。可有以下四种形式：1 计委经委业务小组；2. 下面各部核心部长不

（下接第三版）

續

井冈山

紅色工交

红代会北京师范大学《井冈山》

工交口革命造反联络委员会《红色工交》

联合版　1967年8月26日　星期六

最 高 指 示

混进党里、政府里、军队里和各种文化界的资产阶级代表人物，是一批反革命的修正主义分子，一旦时机成熟，他们就会要夺取政权，由无产阶级专政变为资产阶级专政。这些人物，有些已被我们识破了，有些则还没有被识破，有些正在受到我们信用，被培养为我们的接班人，例如赫鲁晓夫那样的人物，他们现正睡在我们的身旁，各级党委必须充分注意这一点。

打倒余秋里，保衛毛主席的革命路綫

社论

余秋里，这个党內走資本主义道路的当权派，經过革命造反派的长期艰苦斗爭，冲破重重阻力，終于把他揪出来了！这是战无不胜的毛泽东思想的伟大胜利，是毛主席革命路綫的伟大胜利！

余秋里，长期以来打着“紅旗”反紅旗，自詡为“毛主席司令部的紅干将”，恬不知耻地胡说：“我是总理的接班人”。拉大旗作虎皮，包着自己去吓唬別人，撕开他的虎皮，原来是一个地地道道的反党、反社会主义、反毛泽东思想的反革命修正主义分子，是赫魯晓夫式的个人野心家和阴謀家，是刘邓在工交战綫复辟資本主义的一員干将，是埋在毛主席身边的一顆定时炸弹。

就是这个余秋里，疯狂反对我們伟大領袖毛主席，恶毒攻击毛泽东思想，反对活学活用毛主席著作，大搞“余秋里語录”，公然同毛主席分庭抗礼，真是罪該万死！

就是这个余秋里，攻击毛主席的亲密战友林彪同志，反对中央文革中央，下压地方，弄虛作假，把石油系統搞成針插不进，水泼不进的“独立王国”。在大庆推行刘少奇的假共产主义，严重沾污了大庆紅旗。在大庆黑展覽中，突出刘邓，大树个人权威，貶低毛主席。

就是这个余秋里，长期同反党篡軍的大头目賀龙勾結在一起，近几年又同反革命修正主义集团的头子彭真狼狈为奸，妄图为刘邓黑司令部篡夺国家經济領导大权。

就是这个余秋里，貪污腐化，道德敗坏，灵魂丑恶，欺压羣众，被称为“今日的黄世仁”。

就是这个余秋里，在无产阶級文化大革命中，頑固地站在資产阶級反动立場上，“打击一大片，保护一小撮”，竭力包庇工交、計划口一小撮走資派。伙同三反分子谷牧炮制《关于工矿企业文化大革命汇报提綱》，是彭真复辟資本主义的《二月提綱》的翻版，阴謀篡夺工交系統无产阶級文化大革命的領导权，扼杀工矿企业的无产阶級文化大革命。

就是这个余秋里，在二月逆流中，充当了工交口自上而下的資本主义反革命复辟逆流的急先鋒；在七月，又紧密配合刘少奇的新反扑，赤膊上陣，凶相毕露地威胁揭发他三反罪行的革命派：“誰揭发，誰負責”，并抛出所謂“七点說明”的反革命宣言書，进行反攻倒算。

当余秋里的問題暴露出来后，中央領导同志对他一再耐心教育，多次批評帮助，希望他改正錯誤，迅速回到毛主席的无产阶級革命路綫上来。可是余秋里，不仅頑固不化，坚持錯誤，毫无悔改之意，反而一次又一次地向毛主席的革命路綫和革命羣众疯狂反扑，是可忍，孰不可忍！

三反分子余秋里，罪恶累累，罄竹难書。我們无产阶級革命造反派压抑不住心头的怒火，憤怒地高呼：“打倒余秋里，坚决打倒余秋里！”

我們革命造反派，为了保卫毛主席，保卫毛泽东思想，保卫毛主席的革命路綫，誓把无产阶級文化大革命进行到底，必須高举革命大批判的旗帜，彻底摧毁刘邓資产阶級司令部，彻底清算刘邓彭薄十七年来在工交、計划口推行的反革命修正主义路綫，痛打落水狗薄一波；同时，坚决粉碎余秋里的新反扑，彻底清算余秋里的罪行，决不讓今天的余秋里成为来日的柯西金。我們，用毛泽东思想武装起来的革命造反派，心最紅，骨最硬，刀山敢上，火海敢闖，誓与余秋里血战到底，不获全胜，决不收兵！

李富春同志关于批斗余秋里的指示

八月二十三日晚，富春同志在国务院会議室，接見了紅代会北师大《井岡山》、地院《东方紅》、北石《北京公社》、北石《大庆公社革命造反总部》、鋼院《延安公社》、矿院《革命到底兵团》等革命组织的小将。就批斗余秋里問題作了重要指示。摘要如下：

一、革命派批判余秋里是应該的，我坚决支持你們的革命行动！

二、余秋里由你們先安排批判。計委《紅委会》、石油部《东方紅》、北石《大庆公社》，看看他們改的态度如何？他們参加你們的批判，你們应当欢迎。如果他們眞正改正錯誤，也可以联合批判。

三、小将們要求余秋里在八月三十日前交出認罪書。富春同志說：“好”！并当場要秘書通知余秋里。

四、小将們提出：希望到总后勤部了解余秋里同彭德怀、賀龙、黄克誠等人的黑关系。富春同志說：“你們可以找邱会作同志”。

五、小将們提出：联絡員单恒，支持保守组织，多次篡改总理和富春同志的指示，要求撤換。富春同志当即表示：“我同意你們的意見”。

坚决粉碎余秋里的七月新反扑

余秋里这个龐然大物被打落下水了，但是落水狗总是要作最后掙扎，伺机进行反扑，妄想爬上岸来咬人。

二月逆流他跳了上来，充当了工交口复辟資本主义的急先鋒，已經被我們革命派打得丢盔卸甲，以失敗而告終。

六月开始，正当我們向党內最大的一小撮走資本主义道路当权派发起全面总攻击的时候，余秋里錯誤估計了形势，認为有机可乘，又发动了一場規模更大、为时更长、猖獗更甚的新反扑。余秋里的这次新反扑，与刘少奇及其在党、政、軍內的代理人最近发动的新反扑，配合得如此紧密，絲絲入扣。这是当前两个阶級、两条道路、两条路綫进入决战的关鍵时刻，阶級敌人在作最后垂死掙扎。我們革命派切不可麻痺大意，切不可怯懦畏縮，一定要发揚痛打落水狗的彻底革命精神，抓住余秋里的黑手，彻底揭露，坚决回击，杀它个人仰馬翻，片甲不留。

六月——反扑的序幕

六月，余秋里为他的七月新反扑大造輿論，策动計委保守势力《紅委会》等的少数头头，一唱一和，緊密配合，从六月九日开始，整整一个月，連篇累牍地抛出大肆攻击計委革命造反公社的大字报。

这些大字报归結起来，一个意思。那就是：“余秋里是毛主席司令部的人”，不能打，不能揭，不能批；革命派“几个月全力搞余秋里”，“炮打了无产阶級司令部”，“大方向錯了”。一句話，革命派就得下台。相反，他們的“大方向始終是正确的”，“保余秋里就是保对了”，应由他們上台。經过一翻上竄下跳，余秋里認为时机已經成熟，六月二十日，經他与計委《紅委会》等的少数头头，在劳动部开会密謀以后，从七月一日开始，就赤膊上陣了。

七月反扑的“动员令”和“宣言书”

七月一日，余秋里突然通知計委革命派，他七月三日願意来听取批判。一貫抗拒、逃避羣众批判的余秋里，竟一反常态，主动找上門来，岂非怪事！（下转第四版）

•2• 联合版 1967年8月26日 星期六

余秋里疯狂反对毛主席，反对毛澤东思想，罪該万死

——余秋里罪行之一——

毛主席是当代最伟大的馬克思列宁主义者，是全世界无产阶級的伟大領袖，是我們心中最紅最紅的紅太阳。毛泽东思想是无产阶級的久經考驗的眞理，是全世界革命人民的命根子。余秋里这个党內走資本主义道路的当权派，赫魯晓夫式的野心家、阴謀家，竟敢疯狂反对我們伟大的領袖毛主席和光焰无际的毛泽东思想！

1．大搞"余秋里语录"，公然同毛主席分庭抗礼。林彪同志說："我国是一个伟大的无产阶級专政的社会主义国家，有七亿人口，需要有一个統一的思想、革命的思想、正确的思想，这就是毛泽东思想"。并且一再号召我們要活学活用毛主席著作，"大树毛泽东思想的絕对权威"。而余秋里却反其道而行之，長期以来，在石油工业系統大树他个人的权威，大搞"余秋里語录"，公然同毛主席分庭抗礼。

一九五九年，林彪同志主持中央軍委工作以后，号召全軍开展学习毛主席著作的羣众运动。一九六○年四月，在"大庆战报"的报头上，就开始大登特登余秋里語录（見图一）。一九六一年上半年，余秋里、康世恩的两本"語录"就出籠了，即《部长对天然油企业、炼油企业的指示摘录》和《部首长指示摘要整理》，公然号召要把余、康的語录"作为地質工作者的座右銘"来学。

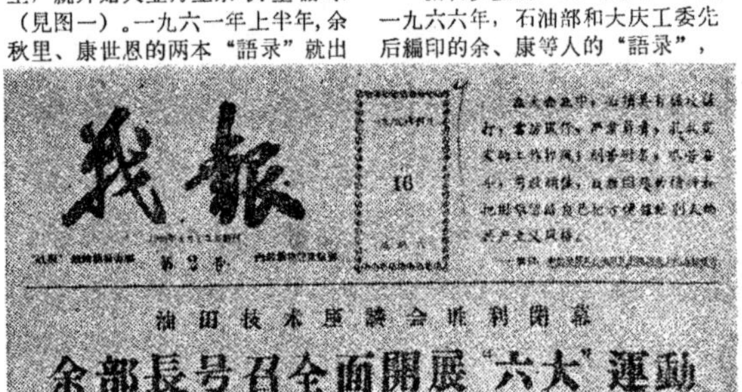

（图　一）

一九六二年到一九六四年，又出了余、康的几本"語录"，即《部首长指示摘录及勘探技术政策汇编》（一九六二年二月），《部首长指示摘要整理》（一九六二年十一月），《余部长、康付部长对鑽井質量及"三基"工作方面的有关指示摘录》（一九六四年四月）等。

一九六五年八月，解放軍总政治部出版了《毛主席語录》。紧接着，石油系統又抛出了一本又一本余、康語录：什么《部首长对大庆油田开发工作的指示摘要整理》啦（一九六五年十月）；什么《石油工业八年发展情况参考資料》啦（一九六六年二月）；什么《学习材料》啦（一九六六年四月）；什么《一九五八年以来石油部領导同志关于石油院校工作指示的摘录》啦（一九六六年七月），等等。都是地地道道的余秋里、康世恩的"語录"。例如，經过康世恩布置編写，石油部党委討論同意，正式发給局、厂长会議学习的所謂《石油工业八年发展情况参考資料》，共收集了余秋里、康世恩等人一九五八年到一九六五年的語录一百三十多条，其中余秋里的語录九十一条，占百分之六十七；康世恩的語录二十二条，占百分之十六。每一条語录的后面都注上了出处和余、康等人的姓名，同毛主席語录的編印形式一样。

更恶劣的是，一九六六年九月，文化大革命已进入高潮，革命师生对石油部推行的資产阶級反动路綫冲击越来越强烈时，余秋里、康世恩还布置編写了一本余、康"語录"，准备印发給全体机关职工，作为同革命小将"辯論"的"武器"。后因害怕羣众识破他們的阴謀，只印了几十本发給領导干部。

据初步查明，从一九六一年到一九六六年，石油部和大庆工委先后編印的余、康等人的"語录"，已不下十种。去年十月，全国出現批判資产阶級反动路綫的高潮后，余秋里、康世恩作賊心虛，多次紧急布置下面彻底清査，收回銷毁。但是，罪証是烧不絕的，我們現在已經掌握了近十种版本的余、康"語录"。从已經掌握的几种"語录"的內容看，有不少是打着"紅旗"反紅旗，竭力販卖修正主义貨色。甚至在"語录"中还公然吹捧中国的赫魯晓夫刘少奇。（見图二）

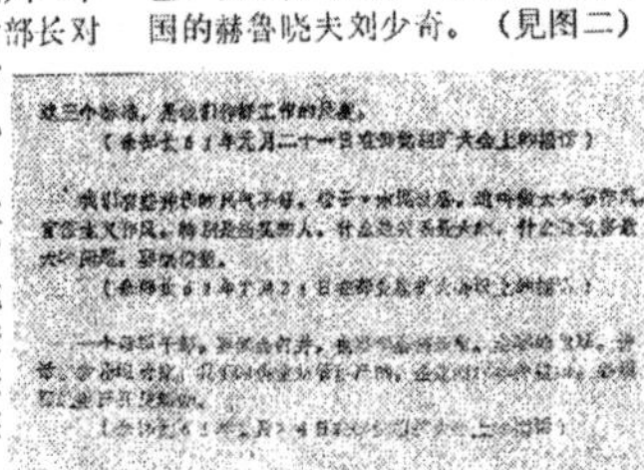

（图　二）

几年来，在石油工业系統，不仅大肆編印发行"余秋里語录"，而且在工厂、企业和学校到处张貼余秋里語录。前几年，北京石油学院和大庆等单位的办公室里，不貼毛主席語录，却到处张貼余秋里語录；石油七厂，把余秋里炮制的十五个"严"字的語录，写成了二百多米长的特大标語；有的企业还把余秋里語录印在工作証上，印在奖状上，有的还譜成了語录歌；大庆工委甚至发出通知，把余秋里的"語录"和講話等規定为各級干部"长期的、經常的、反覆的学习文件"，要各級干部"每年認眞学习几次"。大庆采油三部，竟把背誦余秋里語录規定为評奖的首要条件，不会背的不能当紅旗手，背得好的可評一等奖，一个月十二元；背不好的只能評二等奖，一个月八元；不会背就評不上奖金。不仅如此，石油部有时还要派人下去检查企业职工对余、康等人黑貨学习的情况。例如：一九六三年秋，石油部一个检查团到新疆石油管理局考問一个工人說："你的崗位在那里？"工人斬釘截鉄地回答："党需要我在那里，那里就是我的崗位！"检查团竟說："不对！"工人逼得滿头大汗，答不上来。检查团又問："你的斗爭对象是什么？"工人滿怀阶級仇恨地回答："是地、富、反、坏、右，美帝、苏修！"检查团很不滿意地說："又不对！"并且荒謬絕伦地說："余部长敎导我們，石油工作者的崗位在地下，斗爭对象是油层！"公然用余秋里的修正主义黑貨来代替毛泽东思想的普遍眞理，是可忍，孰不可忍！

余秋里对編印和张貼他的語录，一直是十分欣賞的。在他的办公室里，就放着石油部編印的他的两本"語录"；在余秋里三次审查的大庆黑展覽上，也陈列着余秋里的一本"語录"；在大庆黑展覽的說明詞中，也大量引用余秋里語录；在全部展覽中，悬挂毛主席語录只有二十一条，而悬挂的余秋里語录却达二十三条。一九六四年，九二三厂把余秋里的"严、細、准、狠"四个字在墙上刷成大标語，不久，根据康世恩电話指示，又加了"快、猛"二字。余秋里到九二三厂发現以后，大发雷霆說："我可就講了严、細、准、狠四个字，誰要是随便增加，我可不承認"，指示立即把"快、猛"二字涂掉。一九六六年一月，余秋里出差四川期間，还授意随行的四川省委付秘書长和四川日报記者，注意記录他一路的言論。事后，四川省委果然編出一本"余秋里同志談話記录摘要"，經余秋里同意以后，印发給四川省地委以上干部学习。

余秋里醉心于搞他的語录，已經到了无以复加的地步。但是，对編印毛主席語录和毛主席著作出版的工作，却消极抵制。一九六五年十一月，总理在計划会議上的报告中，指示計委把毛主席在經济方面的論述編印一本語录。在这以后，余秋里的語录曾經一本又一本地大批出籠，而对总理指示要編印的毛主席語录，余秋里却至今未予理睬。文化大革命以后，广大革命羣众造了閻王殿压制毛主席著作出版的反，中央文革决定大量出版毛主席著作和毛主席語录，但在編制一九六七年計划的整个过程中，余秋里从来沒有召开会議討論过如何安排落实出版毛主席著作所需要的紙张和塑料等物資問題，因而造成塑料安排很不落实。今年初，有关单位革命羣众到計委来造反，余秋里又躲在中南海，不肯亲自出面积极解决。一直到国家計委无产阶級革命派夺权以后，在造反派的监督协助下，經过同有关单位造反派共同研究，从各方面采取有效措施，才最終解决了这个問題。

由于余秋里在石油部一貫大树特树个人权威，多次公开号召下面"要紧跟毛主席，紧跟部党组"，听任和縱慂一些人对他进行无耻吹捧和歌功頌德，长期以来，在石油系統出現了各种各样的奇談怪論。例如：一些部領导人，就曾經公开吹捧說："毛泽东思想与石油工业具体实践相結合，这就是以余秋里为首的部党组的思想"，"在以余秋里为首的部党组領导下工作，就不会犯錯誤"，"我們是多么幸福"；有的部領导人甚至胡說："所謂听党的話，不能直接听党中央、毛主席的話，要听部党组的話"，等等。毛主席的最高指示，余秋里有时可以几个月甚至一年多不向下传达，而余秋里的黑貨，却往往要求不过夜就传达到各局、厂的最基层。明目张胆地把余秋里当成偶象加以崇拜。

2．大量印发黑帮头子彭眞恶毒攻击毛主席的黑话。一九六三年十二月，在余秋里、康世恩汇报大庆会战經驗的会上，黑帮头子彭眞插話，恶毒攻击毛主席說："大家常喊毛泽东万岁！毛泽东万岁！喊是喊，心里是不是那么样啊？"还攻击說："十全十美的人是沒有的"，"人都是有錯誤缺点的，一个人沒有缺点錯誤，那是吹牛皮，根本沒有"。这些攻击毛主席的黑話，余秋里竟讓人加以整理，并送彭眞亲自修改以后，加上着重点，連同汇报材料印发給石油工业系統的領导干部学习（見图三）。文化大革命开始，余秋里、康世恩慌忙下令全部收回銷毁。据彭眞的秘書张道一揭发，在另一天汇报会上，彭眞还插話恶毒地攻击毛主席說："毛主席的錯誤能拉一火車"，"人老了总是要死的，毛主席也是一样"，余秋里听了，也泰然处之。眞是混蛋透頂，这是我們革命造反派絕对不能容忍的。（下转第三版）

余秋里瘋狂反对毛主席，反对毛泽东思想，罪該万死

（上接第二版）

另外，据石油部羣众揭发，一九六四年五月，余秋里陪同彭眞到大庆“視察”时，彭眞也曾恶毒攻击毛主席說：“西北高原好比是人民，喜馬拉雅山好比是我們的党，珠穆朗瑪峰好比是毛主席为首的党中央，沒有西北高原，你珠穆朗瑪峰站在那里去”，“不要象鑽天楊一样，孤另另的”。这些明目张胆恶毒攻击毛主席的黑話，余秋里听了，不仅不加以痛斥，反而在各种場合，大捧特捧黑帮头子彭眞。余秋里同彭眞是一丘之貉。

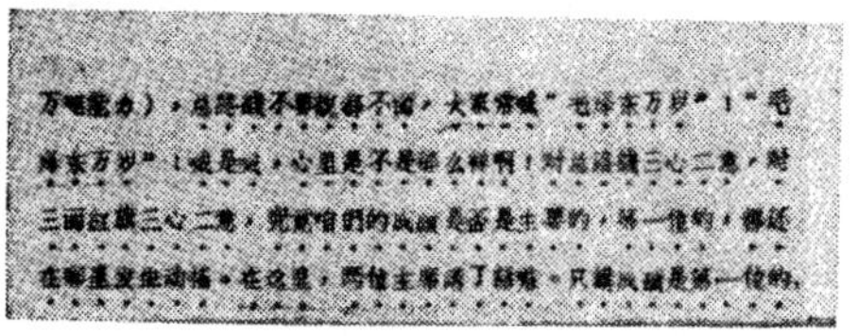

（图　三）

3．多次販卖彭眞的反党黑貨。余秋里不仅一再容忍黑帮头子彭眞对毛主席的恶毒攻击，而且多次积极販卖彭眞的反党黑貨。一九六五年夏，余秋里在人大会堂传达毛主席关于长期計划的指示，会上，黑帮头子彭眞和罗瑞卿都插話，大肆宣揚他們制造的反对毛主席指示的一个謬論：“不要把毛主席战略性的指示，当成战术去理解和执行”（意思是可以不全部和立即貫彻执行）。余秋里在最后講話时，也照样濫調了一翻，回到机关传达时，还一再强調說：“主席的指示是战略”。一九六五年九月，彭眞为了对抗毛主席，大叫大嚷“眞理面前人人平等”，余秋里亦步趋亦，在十月份計划会議上，也多次叫喊：“在眞理面前大家是平等的”，“眞理对一切人都是平等的”。并且把这句黑話，塞进了他在計划会議上的書面报告，讓其流毒全国。

4，瘋狂反对学习毛主席著作的群众运动。一九六〇年以来，在林彪同志的号召下，全国人民逐步开展了活学活用毛主席著作的羣众运动。对于这样一个用毛泽东思想武装人民，促进人的思想革命化的根本战略措施，余秋里恨得要命，一次又一次地进行反对和攻击。一九六一年三月十五日，刘少奇、邓小平为了扼杀刚刚兴起的学习毛主席著作的羣众运动，以中央名义批发了中宣部閻王殿“关于毛泽东思想和領袖革命事跡宣传工作中一些問題的检查报告”，恶毒攻击“在毛泽东思想宣传工作中，存在着庸俗化、簡单化”、“牵强附会”、“簡单生硬”的現象。对于这样一个彻头彻尾的黑报告，以余秋里为首的石油部党组，不仅不予抵制，反而违反中央文件不准自行轉发的規定，密切配合刘、邓，急急忙忙于三月二十九日翻印了三百余分，轉发給石油部各司、局和各厂、矿，以扼杀石油系統学习毛主席著作的羣众运动。一九六三年十一月，余秋里又学着閻王殿的口吻，在一次会議上指責学习毛主席著作“不要搞得太庸俗化了”。一九六四年秋，余秋里在××会战区按照刘少奇的規格搞“四清”，工委宣传部召开了一次学习毛主席著作的講用会，他知道后，大发雷霆，当晚就指令工委副書記把这个宣传部长訓斥了一頓，誣之为“搞典型的形式主义”，是“和四清运动唱对台戏”。一九六六年一月，余秋里在四川出差，一路上只講抓耕牛，抓肥料，不講人的思想革命化，随行的四川省委副秘書长也感到不对劲，建議他講講如何高举毛泽东思想伟大紅旗，活学活用毛主席著作的問題，余秋里不但不接受，反而不耐煩地說：“咳！这些事大家都知道，不用講了”。一直到一九六六年十二月，在計划会議上，有的同志建議余秋里在每次会前组织大家学习毛主席語录，余秋里还狂妄地說：“不讀毛主席語录就是不突出毛泽东思想嗎？”堅持在会前不讀毛主席語录。請看！余秋里这些恶毒言行，同反革命修正主义分子陆定一、周揚之流有什么区别？

5．反对毛主席关于政治挂帅的教导。毛主席早就指出：“政治工作是一切经济工作的生命线”，政治是统帅，是灵魂，“没有正确的政治观点，就等于没有灵魂”。并且多次批評所謂“經济好就是政治好”，“生产好就是政治好”的謬論。而余秋里在一九六三年八月制定的《石油部工作条例》（草案）中，却同毛主席的指示大唱反調，胡說什么：“石油工业的一切工作，都必須从生产出发，都要以搞好生产为标准，这是我們全部工作的核心，也是一切工作的集中表現”。并且在許多場合，一再宣揚政治必須落实到生产业务上的反革命修正主义謬論，說什么：“政治工作必須从生产实际出发，搞好生产是我們的目的”；“政治挂帅要挂到生产上，挂到鑽头上”；“如果机关党委工作离开了业务，就会失去灵魂”；“企业的好坏，要看生产是否搞好了”；“两耳不聞窗外事，一心只抓生产事，这就是最大的突出政治”；等等。康生同志今年四月十三日在軍委扩大会議上講話中指出：反对政治挂帅，要經济挂帅，业务挂帅，这不是一般的問題。“这是一个貫彻执行馬克思列宁主义，毛泽东思想，还是反馬克思列宁主义　反毛泽东思想的原則問題”。在这个問題上，余秋里同新老修正主义者和刘、邓、彭、薄等反革命修正主义分子是一脉相承的。

6．反对毛主席关于以阶级斗争、两条道路斗争为纲的教导。早在一九六〇年，余秋里就在大庆一次技术座談会上大肆販卖邓小平的黑貨，大講“不管白貓、黑貓、抓住老鼠就是好貓”。一九六二年十月，毛主席在党的八届十中全会上作了“关于社会主义社会的矛盾、阶級和阶級斗爭”的报告，向全党发出了**“千万不要忘记阶级斗争”**的号召，并一再强調指出：各項工作必須以阶級斗爭和两条道路斗爭为綱，**“阶级斗争，一抓就灵”**。而在一九六三年八月由余秋里主持制定的《石油部工作条例》（草案中，却提出“加强基层建設，必須以‘五好’为綱，抓住‘五好’这个中心……。”因此，在石油工业系統，大搞脱离阶級斗爭的所謂“成績人人有份，个个受到不同程度的表揚”的“評功摆好”运动。一九六三年底，余秋里在关于大庆会战經驗介紹的报告中，曾經大吹大擂这种“評功摆好”好得很，揚言：“如果你是个泥人，是个木头人，（通过評功摆好）也能够被感动”。一直到一九六六年初，在筹办大庆黑展覽时，有人向余秋里提出，“評功摆好”中央已經批評过，是否不要展出了，余秋里不仅不听，反而大发脾气說：“怕什么，我們又沒有偷人家的”，堅持把它塞进展覽，繼續向全国宣揚。明目张胆地同毛主席关于以阶級斗爭为綱的一系列指示相对抗。

7．反对毛主席提出的“三八作风”。毛主席早就提出，要培养“三八作风”，近几年，又向全国发出了各部門都要实行**“四个第一”、“三八作风”**的伟大号召，明确指出：**“看来不这样做是不行的，是不能振起整个工业部门（还有商业部门，还有农业部门）成百万成千万干部和工人的革命精神的”。**而余秋里却炮制了一个“三老”、“四严”、“四个一样”的所謂石油工业的作风，实質上是党內头号走資派刘少奇馴服工具論的翻版。一九六三年十二月，他在一次报告中，公然吹嘘說：“‘三老’‘四严’、‘四个一样’，一旦成为风气，就会产生巨大的物質力量”。大叫大嚷“三老”、“四严”、“四个一样”的作风“神圣不可侵犯”。在一九六四年局、厂长会議上，大肆宣揚充滿修正主义的所謂十五个严字的严字万能論，胡說什么：“严，就会出干劲；严，就可以出責任心；严，就可以力；严，就可以出規格；严，就可以出高标准；严，就可以出好产品；严，就可以出技术；严，就可以出办法；严，就可以出好风气；严，就可以使自由主义、个人主义沒有市場；严，就可以把歪风邪气打倒；严，就可以避免錯誤；严，就可以保証思想上、政治上一致；严，就可以保証行动上一致；严就可以保証团結”。甚至胡說什么“历史上凡是好的、有战斗力的軍队，包括国民党能打仗的軍队，都是因为严”。特别严重的是，在这次局、厂领导干部会議結束时，为了会餐的需要，他們还布置将余秋里的“三老、四严”語录和毛主席“三八作风”的語录，連夜制成大标語，对称地挂在石油部机关食堂的墙上。第二天，余秋里就在这条“語录”下，得意洋洋地向大家祝酒、会餐。一直到一九六六年十月前后，×××××鑽井队同西城区糾察队还曾經在这块“語录”前拍照留念（見图四）。当有人向他提出“严”字当头不符合毛泽东思想的意見，余秋里不但不听，反而拍桌大叫說：“什么人說的，开除他！石油部不許有这样的人。”

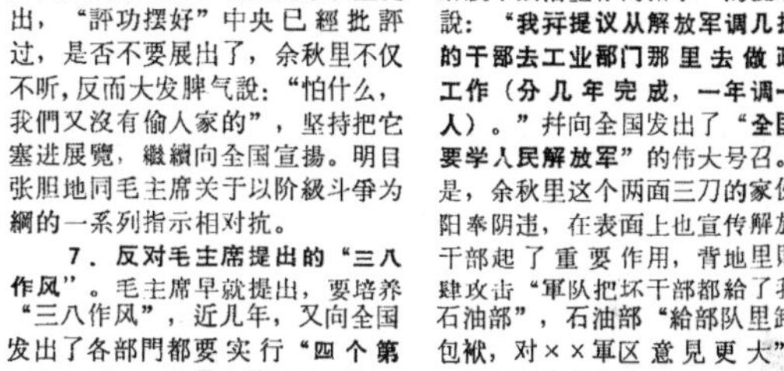

（图　四）

8．反对毛主席关于“全国学人民解放军”的伟大号召。一九六三年十二月，毛主席在“关于学习解放軍政治工作的指示”的批示中說：**“我并提议从解放军调几批好的干部去工业部门那里去做政治工作（分几年完成，一年调一批人）。”**并向全国发出了**“全国都要学人民解放军”**的伟大号召。但是，余秋里这个两面三刀的家伙却阳奉阴违，在表面上也宣传解放軍干部起了重要作用，背地里則大肆攻击“軍队把坏干部都給了我們石油部”，石油部“給部队里卸小包袱，对××軍区意見更大”。一直到文化大革命时期，余秋里的心腹、大庆工委副書記宋振明还向下布置說：“余部长对一九六〇年轉业軍官最恼火，你們一部（指大庆采油一部）最多，要把这些人当作重点”。明目张胆地借运动之机出战斗打击、排挤解放軍干部，眞是令人不能容忍。

林副主席教导我們：**毛主席是我们党的最高领袖，毛泽东思想是永远的普遍眞理。谁反对毛主席，反对毛译东思想，不论他地位多高、资格多老、功劳多大，都要全党共诛之，全国共讨之。**为了保卫毛主席，保卫毛泽东思想，对余秋里这样一个三反罪行累累的家伙，我們必須奋起千鈞棒，坚决把他打倒！

国家计委革命造反公社宣传组
石油部机关革造《揪余兵团》
北京石油设计院《红旗兵团》

·4· 联合版 1967年8月25日 星期六

难得的反面教材

——評《余秋里問題专刊》

「北京石油设计院 红旗兵团」
「紅代会石油学院 大公革总」

最近，社会上流传着一种两分錢一张的保余小报「余秋里問題专刊」，流毒甚广，影响极坏，很有揭露、批判之必要。

这个小报，是为了配合三反分子余秋里的七月新反扑，在余秋里的幕后操縱下，由国家計委「紅委会」和石油部「东方紅」等保余势力，东拉西扯、七拼八凑搞出来的。

这个小报，在头版头条，就喊出了这样一个荒謬絕伦的口号：「打倒薄一波，解放余秋里」。薄一波是工交口最大的走資派，是反革命修正主义分子，必須坚决打倒。我們打倒薄一波，是为了保卫毛主席，保卫毛泽东思想，保卫毛主席的革命路綫，保証社会主义江山永不变色。而小报的炮制者們，他們要打倒薄一波，却不是为了这个崇高目的，而仅仅是为了解放一个三反分子余秋里。尤其令人不解的是，打倒薄一波，怎么能救得了余秋里，余秋里不仅没有蒙受过薄一波的任何迫害，而且备受薄賊的宠爱，两个傢伙各有各的賬。打倒薄一波也跑不了余秋里。如果說，打倒薄一波，就能解放余秋里，按此推理，打倒薄一波，岂不是可以解放工交口大大小小的走資派了嗎?!这眞是混蛋邏輯。我們一直認为，薄一波是工交口最大的走資派，余秋里是薄一波靠边站以后主管工交口工作的另一个最大走資派，两人是一丘之貉。因此，「打倒薄一波，解放工交口」和「打倒余秋里，解放工交口」，这才是革命的、正确的口号。

这个小报，采用了极为卑劣、笨拙的手法，为余秋里开脫，为余秋里翻案。手法之一，迴避要害和实質問題。余秋里大搞「余氏語录」，同我們心中最紅最紅的紅太阳毛主席分庭抗礼；疯狂反对毛泽东思想；疯狂反对林副主席；疯狂反对中央文革；积极推行刘、邓反革命修正主义路綫；同彭眞、賀龙、李井泉等的黑关系，等等。他們对这些要害問題避而不談，却抓住一些鷄毛蒜皮，当作旗幟，大做文章。手法之二，顚倒是非，混淆黑白。例如，他們故意篡改历史，把毛主席一九六二年对「工业七十条」的批評說成是一九六三年；把余秋里在九二三厂搞四清时推行的「搬石头」的反动路綫，說成是发动羣众的正确方針，等等。手法之三，大事化小，小事化了。例如，他們把余秋里对陈伯达同志的一系列恶毒攻击，說成是說話不当的小問題，甚至根本就不是攻击，而是尊敬，等等。总之一句話，他們是以核实之名，行开脫罪責、評功摆好之实。經「紅委会」等保守组织的少数头头一「核」再「核」，余秋里的滔天罪行，最后仅仅剩下这么一句抽象的話：「余秋里同志是有缺点錯誤的，特别是在文化大革命中頑固执行了資产阶級反动路綫」。看！說得何等輕松！

这个小报，还大談所謂「敢革敢保」，「革和保是有阶級性的」。这个問題提的对，「革」和「保」的确有阶級性，問題在于你站在什么立場上，革什么，保什么？十分遺憾，「紅委会」等保守组织的少数头头，长时間以来，一貫从右的方面来曲解毛主席的革命路綫，曲解毛主席的干部政策，对于余秋里这样一个三反罪行累累的走資派，不仅自己不敢革，而且千方百計地攻击革命造反派，压制别人革。在两个阶級、两条道路、两条路綫决战的关鍵时刻，他們不保卫毛主席，不保卫毛泽东思想，不保卫毛主席的革命路綫，却去死保一个屡教不改，頑固坚持錯誤的三反分子余秋里。几个月来的事实，已經把他們保守派的面目暴露无遺。現在，他們企图把这个革命的口号接过去，加以歪曲，作为保余的盾牌，那是枉費心机。

根据上面的事实，不难看出，「余秋里問題专刊」的要害，是配合余秋里向革命造反派进行反攻倒算，是資本主义复辟的訊号，我們必須百倍提高警惕，坚决给以迎头反击。「**搬起石头打自己的脚，这是中国人形容某些蠢人的行为的一句俗话。**」現在，「余秋里問題专刊」的阴謀已經被彻底戳穿，我們奉劝編导先生，可以休矣！

坚决粉碎余秋里的七月新反扑

（上接第一版）

七月三日，計委、石油部、大庆展覽館的革命派，开会清算余秋里在大庆黑展覽中的罪行，余秋里除同往常一样，在人証物証面前，拒不認罪以外，公然来了个歇斯底里的大发作，面对广大革命羣众，咬牙切齿地揮舞拳头，高声叫嚷："我是毛主席司令部的紅干将"，"我是一向全面地、系統地、坚决地貫彻毛主席的指示"，甚至威胁說："誰揭发（我的錯誤）誰負責"。

七月八日，也就在党內最大的走資派刘賊抛出那个反攻倒算的"認罪書"的前夕，余秋里抛出了他的所謂"七点說明"，全盘否定他反对中央文革的一系列滔天罪行，全面推翻了去年十二月份林副主席、周总理、陈伯达、康生、江青等同志对他的严厉批評，把矛头直指中央文革。

从此以后，一直到八月十八日，計委革命派十三次电話通知余秋里到羣众中来接受批判，都被余秋里断然拒絕。看，余秋里的囂张气焰到了何等程度！

一股翻案风

在余秋里的策动下，計委《紅委会》等的少数头头刮起了一陣翻案风。他們挖空心思，从六月二十九日开始到八月上旬，抛出了一批又一批所謂余秋里問題的"調查核实"材料，甚至公开出版所謂"二分錢解放余秋里"、为余秋里翻案的小报——《余秋里問題专刊》。

这些所謂"調查核实"材料，不是采取迴避要害和实質，就是采取大事化小、小事化了或顚倒是非、詭辯揑造的手法，妄图为余秋里評功摆好，开脫罪責。但是，事实是抹杀不了的。例如，余秋里大搞"余氏語录"，公然同毛主席分庭抗礼，疯狂反对毛泽东思想等罪行，他們就一个字也不提及了；关于农业机械化問題，他們就不敢面对金星大队是个假典型，余秋里包庇王任重，欺騙毛主席和周总理这一鉄的事实。

七月十二日，他們認为"形势大好"，在計委公布了他們于六月二十九日給总理、陈伯达、康生、李富春和江青同志的"关于余秋里同志問題的报告"。这个报告，通篇为余秋里歌功頌德，把余秋里的罪行，一笔勾銷，統統說成是認识問題和作风問題。并且攻击造反派对余秋里的揭发、批判是断章取义，无限上綱，政治陷害。誣蔑革命造反派是被"政治扒手"、"叛徒"和"薄一波的喉舌"操縱的等等。

余秋里的滔天罪行，鉄証如山，他妄图策动少数保守势力为自己翻案，搞垮造反派的组织，只不过越发暴露了他的頑固立場和向革命造反派进行反攻倒算的恶毒用心。

全面复辟的宣言书

在发动几陣密鑼紧鼓的攻势以后，余秋里得意忘形，認为时机已到。七月十三日，他策动計委《紅委会》等保守组织的少数头头，抛出了一个"关于一九六八計划編制工作的严正声明"。这个声明是全面复辟資本主义的宣言書。在这个声明中，他們公然无視富春同志的領导，胡說什么："如果誰想抛开小計委、抛开余秋里同志，想要在計划工作上取而代之，誰就是夺毛主席、党中央的权。这是絕对不能允許的"。这个声明还說："在編制計划期間，运动和工作的时間如何安排，革命造反派如何监督計划业务等問題，应当由、也只能由主持計委日常工作的余秋里同志和計委党组出面"，否則"我們一概不予承認，坚决反对"。这就是說，計委的业务大权，甚至运动大权，业务监督大权，都得立即交还給余秋里。不但要交还給余秋里，甚至还要交还給小計委和計委党组內早已靠边站了的走資派林乎加、賈庭三、宋劭文、薛暮桥和大坏蛋刘明夫等人。这不是全面复辟資本主义是什么？这不是把无产阶級文化大革命的成果付之东流又是什么？总理在今年三月曾經明确指出："全面結合，全面复职、全面恢复，这就是資本主义复辟……甚至設想恢复旧的領导秩序，恢复原状，造反派回到无权的地位，这不等于毛主席領导的十个月文化大革命一場空了嗎？这是絕对不許可的"。計委《紅委会》等抛出的、这个"严正声明"，是一个难得的反面教材，它給人們提供了一个資本主义即将在計委全面复辟的信号，它使人們深刻認识到余秋里操縱下的《紅委会》等保余组织，一个多月来上竄下跳，大肆攻击革命造反派的眞实目的。它也告訴我們，阶級斗爭是不以人們意志为轉移的，不是东风压倒西风，就是西风压倒东风，切切不可書生气十足，等閑視之。

无产阶級文化大革命，是关系我国和世界人民革命的头等大事，决不能半途而废，文化大革命已經取得的成果，决不允許付之东流。为了保卫毛主席，保卫毛泽东思想，保卫毛主席的革命路綫，我們必須坚决粉碎余秋里的新反扑，把工交、計划口的文化大革命进行到底！

《计委革命造反公社》

* * *

揪斗三反分子余秋里

横扫石油部一小撮走資派

〔**本报讯**〕八月二十一日，首都一百多个单位的无产阶級革命派近万人，在北京石油学院批斗了三反分子余秋里，石油部走資派康世恩、徐今强（原石油部付部长，現化工部代部长）张定一、周文龙等也被一一揪上台陪斗，这次大会大长了革命造反派的志气，大灭了保余派的威风。眞是大快人心！

余秋里长期躲在中南海，对抗总理和富春同志的指示，拒不接受羣众的批判。最近一个时間，余秋里竟然猖狂地向毛主席的革命路綫发动新反扑，革命造反派无不憤慨万分。十九日晚，国家計委革命造反公社、紅代会北师大井岡山等三十多个革命组织，近四千名战士，在中南海北門冒雨集会，誓把三反分子余秋里揪出中南海。这一革命行动，立刻得到了富春同志的支持，他同意把余秋里交給革命造反派批判。革命造反派經过艰苦奋战，終于把余秋里揪了出来，胜利地召开了批斗大会。这是毛主席革命路綫的伟大胜利，这是战无不胜的毛泽东思想的伟大胜利。革命造反派决心乘胜追击，誓把无产阶级文化大革命进行到底。

你們在六月二十四日和七月四日的两张大字报說明对一切剝削压迫工人、农民、革命知識分子和革命党派的地主阶級、資产阶級、帝国主义修正主义和他們的走狗表示憤怒和声討，說明对反动派造反有理。我向你們表示热烈的支持。

摘自《毛主席给清华附中红卫兵的一封信》

社論 再立新功

天安门上出太阳，太阳就是毛主席。

一九六六年八月十八日是我们红卫兵最幸福、最难忘的日子！这一天，我们伟大领袖毛主席身穿草绿色军装，面带慈祥的笑容在天安门上接见了我们红卫兵小将！

山在欢呼，海在欢笑，红旗飞舞，人群似潮。毛主席登上天安门，东方红的乐曲驟然响起，毛主席向我们招手致意，千万颗红心飞向毛主席，两眼含着激动的泪花，“毛主席万岁”的欢呼声震天动地！毛主席呀毛主席，红卫兵小将日日夜夜想念您！

敬爱的毛主席，您老人家最相信群众，最依靠群众，最尊重群众的首创精神。当红卫兵这一新生事物刚从东方地平线上出现，您就是最热烈、最坚决地支持了这一新生事物。您老人家带上红卫兵的红袖章，红卫兵运动在全国兴起。

毛主席给我们撑腰，我们给毛主席争气。

电光闪闪，凱歌动地，大江南北，长城内外，千百万红卫兵小将，高举鲜红鲜红的大旗，从资产阶级反动路线的白色恐怖中冲杀出来，以英雄的姿态登上历史舞台。

革命就是无罪，造反就是有理！我们红卫兵，天不怕，地不怕，神不怕，鬼不怕，挥动无产阶级的铁扫帚，上扫九天残云，下斗四海恶浪，大破资产阶级的四旧，大立无产阶级的四新！扫尽旧世界的污泥浊水，让光焰无际的毛泽东思想普照大地！

“砍头不要紧，只要主义眞，中国不变色，死了也甘心”我们红卫兵以大无畏的革命精神横扫群魔，力挽狂瀾，大造了党內一小撮走资本主义道路当权派的反，把他们杀得落花流水，人仰马翻！

“舍得一身剐，敢把皇帝拉下马”我们红卫兵小将和广大工农兵一起，同仇敌忾，万丈长缨直捣资产阶级司令部，终于揪出了中国的赫鲁晓夫、党內最大的走资本主义道路的当权派！

忆往昔，峥嵘岁月稠，看今朝，革命风雷激。在过去的一年里，红卫兵以气壮山河的英

产阶级文化大革命立下了不朽功勋！当前，一个对党內最大的走资派的革命大批判风暴正席卷全中国，震撼全世界！我们红卫兵一定坚决执行伟大统帅毛主席的命令：“你们要关心国家大事，要把无产阶级文化大革命进行到底。”誓作革命大批判的先锋，拿起笔，作刀枪，指点江山，激扬文字，把党內最大的走资本主义道路的当权派从政治上、思想上、理论上彻底批倒、批臭！

我们一定遵循林副统帅的教导，加强“革命性、科学性、纪律性”，在革命大批判中，在不断改造客观世界的同时，改造主观世界，破私立公，永远跟着毛主席，在大风大浪中奋勇前进！把自己鍛炼成为无产阶级革命事业的接班人！

“风樯动，龟蛇静，起宏图”红旗十二、十三期社论的发表，敲响了军內一小撮走资派的丧钟，发出了彻底摧毁资产阶级司令部的动员令，把文化大革命推向了一个新的高潮。红卫兵战友们，让我们更高地举起毛泽东思想的伟大红旗在保卫毛主席、保卫林副主席、保卫毛主席的司令部、保卫中央文革的战斗中阔步前进，再立新功！

打倒軍內走資派

级斗爭的惊涛駭浪中自然而然地形成的以工人阶级为主体的“天津无产阶级革命派大联合筹委会，同党內军內大大小小的走资派浴血博斗之际，毛主席“炮打司令部”的大字报，《红旗》十二、十三期社论发表了。她的发表宣判了党內走资派的死刑，敲响了军內走资派的丧钟。以中国赫鲁晓夫刘少奇为首的资产阶级司令部就要完蛋了！一个举国上下的，高举毛泽东思想伟大红旗，从政治上、思想上、理论上把党內、军內的走资派彻底批深、批透、批倒、批臭的文化大革命新高涨开始了！

可是，“帝国主义者和国內反动派决不甘心于他们的失败，他们还要作最后的挣扎。”最近，资产阶级司令部的黑司令刘少奇，又抛出了假“检查”，眞反扑的反革命宣言书；大阴谋家大野心家大军阀彭德怀、罗瑞卿还在伺机反扑，武汉的陈再道也迫不急待地跳了出来，狗胆包天，炮打无产阶级司令部；天津“支左”军管会的老爷们，顽固地站在资产阶级反动立场上，纵容姑息保守派，不断挑起大规模武斗，疯狂围剿革命派……。革命造反派的战友们，“我们务必不要松懈自己的警惕性。”

（下转第三版）

井岡山

第三十六期　（共四版）

河北大学井岡山兵团《井岡山》編輯部　一九六七年八月二十六日

第二版　　井　冈　山　　一九六七年八月二十六日

是捍卫毛澤东思想还是打着“紅旗”反紅旗

当前，举国上下，无产阶级革命派正以横扫千军如卷席之势，掀起了彻底批判党內最大的一小撮走资本主义道路的当权派的新高潮。红旗杂志十二期社论发表了！它大大地鼓舞了全国无产阶级革命派的斗志，敲响了党內军內一小撮走资本主义道路当权派的丧钟，宣判了他们的死刑！

全国无产阶级革命派，集中火力，集中目标，集中智慧向党內、军內一小撮走资本主义道路的当权派猛烈开火，无产阶级文化大革命的新高潮开始了！

十六条明確指出：这次运动的重点是整党內那些走资本主义道路的当权派。因此，把矛头对准谁的问题是大是大非问题，是方向路线的问題。天津“支左”和军管会的主要負责人自介入天津地区文化大革命以来，究竟把矛头对准了谁？是按照毛主席教导支持左派，还是借支左之名，行鎮压革命派之实；是捍卫毛泽东思想，还是打着红旗反红旗？这些原则问题，不可不辯论清楚。

复辟資本主义的輿論准备

伟大领袖毛主席教导我们：“凡是要夺取政权，总要先造成輿论，总要先做意识形态的工作，革命的阶级是这样，反革命的阶级也是这样”。李雪峰来津后，扶植保守势力，大搞资本主义复辟，鎮压了天津日报內的造反派，把天津日报办成了复辟资本主义的一言堂。在李雪峰掀起的这股资本主义复辟逆流当中，天津支左和军管会的主要负责人也不甘寂寞，充当了李雪峰复辟资本主义的急先锋，他们利用他们所掌握的一部分军权，盗用中国人民解放军的崇高威信，干了一系列卑鄙可耻的勾当！

“支左”发表的三·一二声明，是违反毛泽东思想的声明。胡说什么李雪峰是“革命的领导干部”，河老八、公安造总是“无产阶级革命派”把以工人阶级为主体的几十万反复辟大军说成是一股逆流”，其用心何其毒也！

四月份中央首长接见天津代表时，明确指出：反李雪峰不是逆流，也不是反革命逆流。狠狠地给了刘政之流一记响亮的耳光！但是，他们并不悔悟，反而沿着错误的道路越滑越远。支左“四·三”和“四·二五”声明就是他们死不悔改的见证。

中央首长在接见天津代表时指出：捍卫毛泽东思想野战兵团是保守组织，是张淮三一手操办起来的。天津支左和军管会理应老老实实承认支持野战兵团的严重错误，痛改前非，但是，他们却匆匆忙忙抛出了一个“四·三声明”说什么“解放军支持野战兵团是谣言”玩弄了一个“此地无银三百两，隔壁王二不曾偷”的鬼把戏。眞是不打自招，欲盖弥彰。我们不禁要问，是谁在塘沽支持了“七野”，现在为什么又有许多野战兵团的变种加入了工代会？事实具在，铁证如山，赖是赖不掉的！

至于“四·二五声明”更是一张纵容保守派挑起武斗，诬蔑造反派的被迫绝食斗争为非法的骗人书。是抹煞两个阶级、两条道路、两条路线的斗争，造谣惑众，颠倒黑白，鎮压造反派反革命宣言书。

我们要问：批刘邓、砸万张有什么罪？反李雪峰有什么罪？反复辟有什么罪？彻底改组五代会有什么罪？保皇派挑起武斗，造反派被迫自卫又有什么罪？刘政之流只许他们自己放火，不许革命造反派点灯！不是么？工农学的李树芝，是一个出身好，立场坚定的无产阶级革命派，就是因为她在主义兵袭击时进行了自卫而横遭军管会的非法逮捕。其罪名是什么“阶级报复”，原因是她公爹在五一年被鎮压。

事实是，五一年鎮压李树芝公爹时，李树芝只有八岁。六二年与其爱人结婚。男方又隐瞞了其父被鎮压的历史。在四淸运动中，李树芝得知后，又主动向有关单位揭发了这一问題。所有这些，是有案可查的，我们要问问刘政们，这叫什么阶级报复？这是哪家的阶级报复？眞是可笑！可气！可恨！也许刘政之流与其儿媳妇的关系是最为密切的吧？不然，阶级报复的结论又从何而来呢？如果要溯本求源，那么，你刘政才是一个十足的地主阶级的余孽！

扶植保守势力，分化瓦解造反派队伍

毛主席号召中国人民解放军要坚决地支持左派群众。但是天津支左、军管会的主要负责人却反其道而行之，站在反动的资产阶级立场上，实行资产阶级专政，将轰轰烈烈的文化大革命运动打下去，颠倒是非，混淆黑白，围剿革命派，压制不同意见，实行白色恐怖，自以为得意，长资产阶级的威风，灭无产阶级的志气，又何其毒也！他们介入天津文化大革命以后，就一屁股坐在保守派一边，把河老八、公安造总封为当然左派，谁若一反对他们，就是“冲击解放军”“破坏三结合”，就是“反革命”等等。河老八私设公堂。毒刑考打革命群众不下千人，河老八无视中央权威，勾结社会上牛鬼蛇神，五月六日对我井冈山兵团大洗劫，将我兵团几百名战士的财物劫抢一空，这一切，军管会、支左不但不过问，反而千方百计庇护河老八之流，把罪名强行加在造反派头上！

对待造反派，刘政之流采取了一打一拉、挑拨离间、非法鎮压、密秘逮捕的种种法西斯恐怖手段。

三月份，我河大井冈山兵团被打成反革命组织，在刘政们的操纵下，什么“砸烂井冈山”“分化瓦解井冈山”“揪出井冈山后台”的反革命声浪一时甚嚣尘上，但是，英雄的井冈山人是摧不垮！压不倒！打不烂的！在战无不胜的毛泽东思想伟大红旗的指引下，井冈山人照样昂首阔步！依然顶天立地！

四月初，中央首长接见天津代表，我河大井冈山代表应邀出席了会议。中央首长对革命造反派的关怀和支持，使刘政之流陷入了极端恐慌的境地，他们这些四处碰壁的苍蝇已经感到了冬天的威胁。于是，他们一计不成又生一计，看到狼牙大棒不顶用了，又赶忙换上橄榄枝。他们突然出人意外地出现在我们的赴京代表面前，假惺惺地说：“对你们学校，我们从沒表过态”“你们是造反派”等等曾几何时，黄鼠狼去给鸡拜年，狗嘴里吐出过象牙来！！眞是金石为开，阿弥陀佛罗！

刘政们的大棒、胡罗卜政策破了产，于是他们又在革命造反派之间搬弄是非，挑拨离间，什么这个组织有“后台”，那个组织有“黑手”等等，妄图分裂造反派的队伍。

在“七六”、“七七”大血案发生后，刘政们不辞辛苦地来往于工矿造反总部、工农学野战兵团、河大井冈山之间，演了一场可耻的丑剧。他们对河大井冈山说：“我们相信你们沒有坏人，同学们是通情达理的，我们不能和他们（工矿、工农学）谈，他们是不讲理的。”而对工矿的战士们说：“这次事件……是河大井冈山把你们拉进去的。”“河大井冈山是挑起者，是急先锋，指挥是李勇，幕后操纵者是白金生，我们要把广大群众和个别头头区别开来。”对工农学的战士又说什么“这次事件主要是工矿和井冈山，你们工农学是卷进去的，我们对你们和他们是有区别的。”

跳梁小丑只值得人们嗤之以鼻，革命的同志们，你们看刘政象个什么货色？

图穷匕首现，刘政们在黔驴技穷之后，只好撕掉遮羞布赤膊上阵了，他们不仅出布告，捏造罪名，非法逮捕造反派，而且秘密逮捕了许多无辜的革命小将。

但是，我们要奉告刘政一句，革命造反派就是软硬不吃，坐牢不怕，杀头不惜的硬骨头！

假鎮反之名，行鎮压文化大革命之实

几个月来，刘政们为了蒙混过关，施使了种种毒计。这次文化大革命的重点，是整党、政、军內一小撮走资本主义道路的当权派，而刘政们把文化大革命搞成了鎮反运动，根本扭转了运动的大方向，这是李雪峰之流在天津复辟资本主义的一个组成部分。在这股反革命逆流中，全市造反派受到了极大的压抑，塘沽的造反派几乎全部被取缔，天津政法公社遭到了鎮压，广大战士人人过关，个个检查，刘政之流所施手段卑鄙狠毒，不下于当年的希特勒！你反对李雪峰吗？你就是地富反坏右。你批判刘邓、砸万张吗？你就是地富反坏右……是非在天津是混淆的，历史在天津是颠倒的。但是，终有一天，革命造反派要把这个颠倒了的历史再重新颠倒过来！

“鎮压地富反坏右”，我们要问刘政们，谁是地富反坏右？是谁纵容、利用、收拢地富反坏右、流氓、阿飞破坏社会秩序，破坏无产阶级文化大革命？是你们！刘政们！不是吗，被你们纵容的3527厂造总决策人王勋，出身富农、当过国民党军官，张洪泰当过阎锡山的扫荡队，臧培良是个流氓，陪同3527厂驻军审问考打我井冈山、工矿企业造反总部、工农学野战兵团战士的张文清是个土匪，这些是地地道道的地富反坏右！刘政们，你们敢把这些情况上报中央吗？你们不敢！因为你们是幕后操纵者，你们深知，他们完蛋，你们也跑不了！

刘政们，善恶到头终有报，你们阴谋耍弄的越多，罪恶越大，将来失败得就越惨！一切狡猾的人，不照科学态度办事的人，……都是沒有好结果的。

流血惨案的罪魁祸首

武斗，是那些党政军內一小撮走资派，当着他们混不下去的时候，为了保存自己，欺骗他们操纵的保守组织挑起的！因此，必须按照江青同志的指示，揪出武斗的后台，严加惩处！

在刘政们的支持下已经崩溃了的保守组织在二月黑风中又重新复活起来。他们向革命造反派进行了猖狂反朴。特别是近两个月来，血案迭起，武斗频繁，造反派为了捍卫毛主席的革命路线，流出了鲜血，甚至牺牲了生命，天工八·二五小将血染大毕庄，开创了农民打学生的恶劣先例。天施铁牛卫东彪战士血染马场道，是刘政之流一手策划的。

七·六、七·七大武斗，本来是3527厂造总一小撮坏头头挑起的，他们抢了河大井冈山的摩托车，砸工矿的汽车，打伤绑架了我们的战友。军管会在我们的数次请求下，非但不管，反而为3527造总出谋划策。刘政等人的讲话就是他们策划武斗的铁证。

武斗中驻厂军代表于政委、鲍连长亲自指挥，并不断与军管会支左联系。十几名解放军战士帮助运硫酸，难道这不是铁的事实吗？参与武斗的解放军战士是受蒙蔽的，是无罪的，他们觉醒之时，就是刘政之流灭亡之日。

近日来，武汉广大造反派揪出陈再道，刘政之流慌了手脚，进一步垂死挣扎，武装河老八、新冶金、公安造总等保守组织，使他们法西斯化，成了天津的“百万雄师”。

七月三十日，刘政之流亲自操纵了一次工代会法西斯化的彪形大汉进行游行．每人安全帽一顶，狼牙棒一根，到了和平路以后，把劳二半、天拖的广播台砸抢一空，十几名工人学生被打得血肉模糊，目不忍视。

（下转第四版）

刘政两面三刀恶毒陷害井岡山

我河北大学井冈山兵团从诞生的那一天起，就受到刘政之流卑鄙的政治陷害，阴险的组织摧残，非人的经济封锁。

他们刮阴风放暗箭，无中生有，大造谣言，诬我井冈山写信私通刘子厚，故意混淆视线，制造內乱，妄图把年轻的井冈山扼杀在摇篮中。

他们指使河老八施展造谣的贯技，大造反革命舆论，说什么"杜心波坐阵井冈山"，"刘子厚阴魂不散"，叫我们抓黑手，揪后台，阴谋把我们束缚在家中打内战。

但是富有造反精神的井冈山战士，时刻关心着天津的文化大革命，看透了李雪峰之流复辟资本主义的阴谋，在二月十六日拟定了八点声明，三条标语，尖锐地指出，大联合必须以革命左派为核心，革命干部必须到群众中经受鍛炼和考验。

刘政之流对此怕得要死，恨得要命。面对这座快要暴发的火山，他们开辟了三条战线。

一是亲自出马，拉大旗做虎皮，软硬兼施，采用种种高压政策。

他们假惺惺地说："关于给刘子厚的信，沒有什么大问题，希望你们放心，信在八·一八手中，我们是从八·一八那里看到的"(这纯属政治陷害）。"对你们学校的两方面，我们都关心，八·一八以夺权筹委会的名义发表的'紧急呼吁'是破坏大联合的铁证，犯了严重的方向性、路线性的错误，现在对你们的看法是不错的，我始终认为你们是造反起家的"。"河大运动还得靠你们。"接着造谣说："目前形势，国际任务很紧，形势逼人"要我们识大体顾大局，顶住'逆流'，敢于参加反'逆流'的斗爭。"

但是，我井冈山人凭着战无不胜的毛泽东思想越发感到天津的大联合存在着严重的问题，眼看火山就要暴发了，于是"支左"便匆匆忙忙地跳出来，发表臭名昭著的"三·一二"声明，并毫不隐讳地放风说："这个声明就是针对你校情况写的"。

二是以解放军的崇高威信拉拢、收买、分化、瓦解我井冈山。河大"造反公社"就是刘政之流苦费心机、奴化教育的产物。他们交给这些"革命的阿斗"们的唯一的任务就是狠杀"回马枪"，分化、瓦解 攻击、诬蔑我井冈山，他们高举双手向河老八学习，以换取几个喇叭头和几份铅印的造谣中伤出卖灵魂的传单。

三是出谋策划，操纵河老八摧垮、砸烂井冈山。

"支左"的主要负责人曾屡屡发表谈话，充当河老八的军师参谋，说什么："井是一个保守组织，它的前途只有两个，一是承认错误，改变立场……和你们联合，二是摧垮、解散"。并进一步献策说："对井冈山要尽快地分化，""当前井冈山到处造谣要给以还击，""他往哪里你往哪里"，并指责河老八无能："宣传工具多，但是利用不上"，"让他们暴露掌握敌情"。

按照这些黑指示，河老八干了一系列卑鄙的龌龊勾当。

他们首先泡制了刘子厚的假自供，换版数次，铅印几十万分，全国发行，诬蔑陷害我井冈山人。

他们派出大批的特务，带好手表照相机，买好月票，到处跟踪盯哨，大整黑材料，大拉黑名单。

他们到处制造反革命舆论说："河大井冈山是反革命组织，必须摧垮"，"不摧垮、砸烂井冈山是对毛主席犯罪"。"河大井冈山八点声明，是最早掀起天津反革命逆流的宣言书"。

刘政之流和河老八就是这样狼狈为奸，大做黑交易，刘政们为河老八加凳，河老八为刘政们卖力。河老八的整风表演就是刘政之流精心策划的滑稽戏，正如刘政之流所说："有利于解放军和亮相的干部。"它的不象样子的整风公告就是刘政之流捞取政治资本的敲门砖，河老八保住"左派"桂冠的挡箭牌。

他们说："反对或支持李雪峰涉及到对毛主席的态度问题"。于是河老八发声明、写标语："反对李雪峰就是不相信毛主席，就是反革命。"

这一切都未征服我井冈山人，我们在按照毛主席所指引的方向胜利前进着！

四月十日，中央首长的指示为这股"反革命逆流"彻底平了反，我井冈山又重新获得了解放

想当初那些摧垮井冈山的英雄们，忽而又一反常态，刘政之流对我们的代表说："对你们学校我们从沒表过态"【多么滑稽！三月二十日他们就对河老八说过，我们第一个支持的你们；三月十五日就说过，首长接见你们（河老八）最多。】"你们是造反派。""你们应该进红代会"等等。

但是，井冈山并沒有被眼前的利益所收买，积无数次的经验，我们看透了刘政之流两面三刀的鬼把戏，我们沒有忘记毛主席的谆谆教导："你们要关心国家大事，要把无产阶级文化大革命进行到底！"

刘政之流的种种阴谋鬼计破产了，继之而来的便是惨无人道的武力抢劫和经济封锁。

五月六日，河老八血洗了井冈山。我们要"支左"的老爷们去看一看现场，他们却贵体难移，不肯动身。

接着河老八冻结了我们的一切经费开支，连同教师的工资和学生的助学金在內，甚至丧失了起码的人道主义，撤走了卫生室的校医，我们井冈山战士有病不能看。更令人不能容忍的是，他们剥夺了我们的四大民主的自由，连写大字报的笔墨纸张，贴大标语的浆糊都沒有了。（此后，全靠外单位工人造反派的支持。）

面对河老八这种严重的反革命行径，我们派代表与"支左"交涉，但是刘政之流非但坐而不管，反而把我们的代表骗到河老八的巢穴，遭受非人的毒刑拷打。

我们要问刘政之流，你们专的哪家的政？！

井冈山战士为了保卫毛主席，死都不怕，还怕困难吗？在全市革命造反派的援助下，我们粉碎了刘政之流伙同河老八一小撮坏头头的经济封锁，井冈山照样披荆斩棘，勇往直前。

这些，刘政之流看在眼里，恨在心中。

他们黔驴技穷，于是，又祭起造谣惑众的"法宝"，疯狂围剿我井冈山。

他们开大会声讨井冈山，制造了有名的北站"五·一二"政治陷害案也加上井冈山，他们诬陷井冈山冲击解放军，打砸军管会，把井冈山描绘成一群青面獠牙，十恶不赦的暴徒。

事实证明，刘政这些泥足巨人既无眞理，又无群众，只能靠鼠窃狗偷，造谣度日。

他们迫使某些革命组织，"断绝与井冈山的联系"；他们用高官厚禄收买无知的青少年和流氓阿飞打入井冈山，整理黑材料、黑名单，妄图对我井冈山人大逮捕大镇压；他们怂恿郊区农民到处造谣生事，败坏我井冈山的名誉。

由天津当局一手策划纵恿的"七·六"，"七·七"政治大血案过后，又是刘政披挂上马，公开跳出来，采取资产阶级政客的卑鄙手段，颠倒是非，混淆黑白，陷害我井冈山。并且犹如小丑跳梁，来往于工矿总部，工农学革命造反野战兵团河大井冈山之间，播弄是非挑拨离间，妄图割断我井冈山与工人革命造反派的血肉关系，其用心何其毒辣阴险！

小小的井冈山成立不到半年，却遇上多少急流，碰到多少险滩！

为什么刘政之流对井冈山这样恨？

是因为井冈山牢牢把握了批刘邓，砸万张、反复辟的大方向！是因为井冈山在粉碎李雪峰之流所掀起的资本主义复辟逆流的斗爭中，不怕流血牺牲，英勇奋战！是因为井冈山和广大的工人革命造反派结成了牢不可破的战斗友谊！是因为井冈山为捍卫毛主席的无产阶级革命路线做出了应有的贡献！

"敌军围困万千重，我自岿然不动。"几只嗡嗡叫的苍蝇，无损我井冈山半根毫毛！"梅花欢喜漫天雪，冻死苍蝇未足奇。"井冈山将永远高举造反有理的大旗，顶天立地！让天津市党政军內一小撮走资派在钢铁战士面前发抖吧！

胜利属于毛主席的红小兵，属于战无不胜的毛泽东思想！

井冈山《六·八战团》

* *

打　倒　軍　內　走　資　派

（上接第一版）

值得注意的是，党內最大的走资派在组织上的指挥权虽然沒有了，可是，这个资产阶级司令部及其在各地区、各部门的代理人，他们还在利用力所能及的影响，蒙蔽一部分群众，纠合保守势力，进行疯狂反扑。黑司令沒指挥权了，黑干将、黑爪牙可能还有指挥权；组织上沒指挥权了，政治上、思想上、理论上他们还有一定的势力，一定的影响；党內走资派垮了，军內走资派由于受到无产阶级文化大革命冲击较晚，还正在虎视眈眈。林彪同志说："笔杆子，枪杆子，夺取政权靠这两杆子。"在无产阶级文化大革命中，把党內走资派揭露出来，斗倒斗臭。同样，也要把军內一小撮走资派揭露出来，斗倒斗臭。资产阶级搞复辟抓枪杆子，无产阶级反复辟也必须抓枪杆子，否则，革命人民就要遭殃，巩固无产阶级专政就谈不上，造反派的头颅就要落地，祖国的大地就要改变颜色。天津的万晓塘、张淮三反革命修正主义分子被揪出来了，可是军內还有他们的同伙。如果不打倒军內走资派，我们就不能从万张反党集团手里把权夺回来。

林彪同志最近说："武汉的问题是全国问题，以前我正愁沒题目作文章，现在要大作文章。"无产阶级司令部和资产阶级司令部，无产阶级军事路线和资产阶级军事路线在军內决战的时候到来了！

"一从大地起风雷，便有精生白骨堆。"天津"支左"军管会的老爷们，不论你们伪装善男信女的鬼术多么"高明"，也绝对欺骗不了用战无不胜的毛泽东思想武装起来的革命造反派。几个月来的铁的事实证明，你们在天津市"三支""两军"工作中犯了严重的方向性、路线性错误，背离毛主席的无产阶级革命路线已经愈来愈远，阻挠批刘邓，限制砸万张，诬蔑反复辟，扶植保守势力，镇压造反派。欺上瞒下阳奉阴违，软硬兼施，妄图把轰轰烈烈的文化大革命打下去，实现资本主义复辟，何其毒也！

毛主席教导我们，一切内外黑暗势力的猖獗，"不但表示了这些黑暗势力的还有力量，而且表示了它们的最后掙扎，表示了人民大众逐漸接近了胜利。"革命造反派的战友们，发扬"勇敢战斗，不怕牺牲"的精神，打倒军內走资派，狠狠地打，把彭德怀、罗瑞卿及其在各地区的代理人统统打入十八层地狱，让他们永世不得翻身。按照我们伟大统帅毛主席的战略布署，夺取新的胜利，把无产阶级文化大革命进行到底！

第四版　　井　冈　山　　一九六七年八月二十六日

葫蘆里裝的是什麽藥？

——評“支左”对河老八的批評

据悉，前几天胡昭衡及“支左”代表对自称天津的北航红旗赫赫有名的大“左派”河老八“批评”起来了，批评的内容大致是：组织“文攻武卫”联络站，不符合大方向影响抓革命促生产；和保守组织来往密切“是”实用主义和机会主义思想“作怪”，不然到头来洗也洗不清。……

令人疑惑不解的是一向爱屋及乌把河老八吹捧得天花乱墜的天津“支左”一小撮人，为什么竟然对自己的唯一“左派”批评起来了？这个闷葫芦到底装的是什么药呢？

我苦苦思索方解其意，原来“支左”的先生们在施展贯术，故弄玄虚，以批评为幌子，给自己的“左派”出谋献计，涂脂抹粉，宣染贴金。批评之中，给老八遮了羞，并抬高了身价，借以保住自己御口亲封的大“左派”的桂冠，到头来，也显得自己有眼有珠，认得“左派”，立场鲜明，脸色自然添光加艳。难怪河老八一小撮人对这种意味深长的“批评”手舞足蹈，感恩不尽。粤妙就在这里，你不服气，咱就打开葫芦看看。

自天津驻军介入文化大革命后，扶植保守势力，打击陷害造反派，妇孺皆知，致使河老八一小撮人有恃无恐，手持棍棒气枪，到处寻衅闹事，接连挑起武斗，打人行凶，早已成了天津“百万雄师”的集中营。十几个臭名昭著的保守组织，诸如天拖“红旗”天钢“新冶金”之流停工寄住在河老八门下已有一月之久。他们伙同老八挖陷井，拉电网，修地道，日日操练，夜夜辛苦，严重地破坏了抓革命促生产，背离了当前斗争的大方向，你们却视而不见，早也不说，晚也不说，偏偏河老八的一小撮坏头头，一切安排就绪，训练纯熟，才不慌不忙地跳出来假惺惺地“批评”两句，实在是乌司昭之心，路人皆知。

“和保守组织，来往密切是实用主义和机会主义思想作怪”。是仅和保守组织来往密切吗？是实用主义和机会主义思想作怪吗？不是，根本不是。众听周知，河老八与社会上的保守势力，休戚与共，本是一路貨色，不过河老八更为“铁杆”“滑头”而已。尽管河老八一小撮坏头头，凭着自己的“三寸不烂之舌”，欺上瞒下，竭力摆出一付“当然左派”的架势，也往往破綻百出，扮演不象。社会上流传的一首童谣一针见血，说得恰到好处：“鱼找鱼，虾找虾，保守组织都找河老八”。而“支左”的先生们却独出心裁地用“接近”、“来往”有意把它和保守派分开，似乎老八依然是“左派”，只不过有点“实用主义、机会主义思想作怪”，如此而已。“支左”的先生们，深谋远虑，惟恐自己的“左派”将来洗不清，“批评”之中，为老八遮羞，借以抬高它的身价，委实是“高明”！

联想到河老八的假整风，“支左”的先生们百般嘱咐大“左派”，“要高姿态，承认点错误，我们也主动、好说话”，岂不令人深省吗？几个月的斗争实践证明，“支左”的先生们是一小撮伪君子，今日的乔装打扮，絲毫不能说明你们有改变态度的决心，相反，它不过是一出可怜尴尬的滑稽戏罢了。

苍　松

一九六七年八月十一日

是捍卫毛泽东思想还是打着“紅旗”反紅旗

（上接第二版）

天钢，六四一军管会相继被砸，支持造反派的军代表被打被扣，十余名造反派的战友被保皇派活活打死，这是为什么？就是因为天钢的驻军支持造反派，六四一的驻军支持造反派，而刘政之流则一直支持“老保”新冶金和六四一的东风总部。在天钢、六四一军管会表态支持造反派后，刘政等仍不死心，并亲自到六四一活动，进一步暗中支持保守派。以至使保守派丧心病狂，发展到油田破坏，钢厂停工的严重地步。更严重的是，在六四一的武斗中，刘政公然对抗党中央，调集了小站的农民！

八月九日，６０９厂春雷兵团里一小撮暴徒，在刘政之流的操纵下，勾结全市保守势力，封锁了京津公路，公开截拦搜捕、扣押天津工人、八·二五等革命造反派战友数百人，汽车数十辆，挑起了駭人听闻的“八·九”大武斗，有组织、有计划、有步驟地向全市革命造反派开始了血腥大屠杀。他们施放毒气，摧泪弹，烟幕弹，开动装甲的推土机，用硫酸、砖头、石块、大刀、长矛置革命造反派战友于死地，并且动用六门土炮，小口径和汽枪进行灭绝人性的屠杀，顿时无数造反派战士倒在血泊之中，六四一大联合战士赖桂德当场壮烈牺牲。

血染北洋桥，气壮九重天，我相继牺牲的十二名战友就是对刘政之流血的控诉。

欠账是要还的！不管你们多么狡猾，也逃脱不了人民的审判！

对抗党中央，打着“紅旗”反紅旗

打着“红旗”反红旗，这是党内、军内走资派的一个重要特点。他们为了复辟资本主义，往往披着马列主义的外衣，把党中央的正确方针政策接过来，加以歪曲。变成他们修正主义的一套。对于他们的这一手，我们必须提高警惕。用毛泽东思想的望远鏡和显微鏡观察分析，透过现象看本质。

“抓革命，促生产”这是伟大领袖毛主席的号召，但是刘政之流则公然纵容保守势力挑起武斗和罢工，六四一、天钢的生产遭破坏，政治上和经济上的损失是无法计算的，天拖几百名保守派投到河老八门下，专门从事打砸抢的勾当，而天拖的造反派铁牛卫东彪虽然在几百名保皇小丑罢工的条件下，仍然月月超额完成生产任务。同志们看看，一个是工代会外的造反派，一个是工代会内保皇派，谁个忠于毛主席难道还不明显吗？又是谁在纵容保皇派这样干？还不很清楚吗？

五代会内外百万造反派按照总理、康老的指示，对万晓塘之死大兴调查研究。以便除尽万张爪牙。而刘政之流却公然说这是为万张翻案。谁个包庇万张，眞是不打自招！

联动是全国有名的反动组织，而在天津从政治上批臭联动的行动却遭到百般刁难。甚至有的驻军首长子女就是联动分子。同志们想一想到底谁包庇联动。谁对抗中央？

六·六通令严禁武斗，而自称为天津北航红旗的河老八打遍天津各个角落，天津的武斗哪一次少过河老八？而刘政们对此装聋作哑，岂能逃脱人民的懲罚！

七月十三日中共中央关于禁止挑动农民进城参加武斗的通知，下达已二十多天了，刘政们竟公然不予铅印张贴，这说明了什么问题？六四一武斗事件又有数以万计的小站农民参加。近日来又大刮经济主义黑风，有许多农民手持凶器，停工进城，参加武斗，又说明了什么？

更令人不能容忍的是：七月三十一号，刘政们又以纪念八一建军节为名，不知从那里收买了一个老太婆田××，在会上大呼：“天津驻军首长万岁！”“胡市长万岁！”“五代会首长万岁！”等反革命口号，天津支左负责人坐在台上泰然处之，心领神受，眞是死不要脸！正告刘政，凡是反对毛主席。对抗党中央的人，不管地位多高，权利多大，不管他带枪还是不带枪。都要统统打倒！

不是不报，时候不到，时候一到，一切都报！刘政们，陈再道之流就是你们的前车之鉴。

簡短的結束語

在人类历史的长河中，有多少妄图倒行逆施的丑角。他们是也曾会宣嚣一时，但是到头来却落得个身败名裂的下场！

想当初，赫鲁晓夫在苏共二十二大大反斯大林的时候，刘少奇、彭德怀、罗瑞卿顽固坚持资产阶级反动路线。企图篡党篡军、反对毛主席、反对林付主席的时候；武汉的陈再道气势凶凶把矛头对准以毛主席为首的无产阶级司令部的时候，他们是何等的张牙舞爪不可一世，但是，曾几何时，这些庞然大物却被历史的车轮碾得粉碎，成了遗臭万年的狗屎堆！

“浪子回头金不换”，刘政们，尽管你们在支左工作中犯了非常严重的方向路线的错误。只要你们猛回头我们革命造反派仍然不咎既往，欢迎你们。如果你们执迷不悟，愿意抱着花岗岩脑袋进棺材，那么，就請吧！

“天若有情天亦老，人间正道是沧桑。”革命造反派必胜！毛泽东思想伟大红旗必将在全中国、全世界高高飘扬，永远飘扬！

河北大学《井冈山兵团》

三湾支队

六七年八月三日

毛主席登上天安門

——纪念毛主席首次接见红卫兵小将一周年

毛主席登上天安门，
万里晴空飘彩云，
含笑招手送春意呵，
无限关怀暖人心。
载歌载舞擎《语录》，
红卫兵小将表决心：
刀山火海无所惧，
革命到底不变心！

毛主席登上天安门，
红旗漫卷扫残云，
伟大领袖指方向呵，
千军万马朝前奔。
文化革命开新宇，
帝修反坏丧胆魂，
祖国建设大飞跃，
铁打江山万年春。

《匕首》《旱天雷》纵队

一九六七年八月十八日

井岡山頌

井冈山，云中立，
钢铁战士志多奇，
大海捉鱉嫌水浅，
九霄揽月笑天低。
立场坚定方向准，
大风浪里路不迷，
誓把革命干到底，
步步紧跟毛主席。

险峯、旱天雷

108期 本期六版
1967.5.26
红代会外交学院
革命造反兵团
动态组

毛主席最新指示

我们相信群众，依靠群众的觉悟，才能达到群众的解放，现在这个文化大革命是个深入灵魂的斗争。能不能，就看能不能过社会主义这一关，这一关是最后的风俗城，躲不了大斗争。

坐在北京听汇报不行，只有依靠群众，相信群众，闹到底，准备革命革到自己头上来，党政领导、党员、负责同志，应当有这个准备，现在要从把革命闹到底，从这方面锻炼自己，改造自己，这样才能跟上，不然就只能靠在外面。

不要把我们的军队搞乱了，解放军内部的问题，可以就一个省、一个省地来谈判。

公安机关是无产阶级专政的一把刀子，掌握得好就能打击敌人，保卫人民，掌握不好就容易伤害自己。这把刀子要是被坏人掌握了，那就更加危险。所以公安工作只能由党委直接领导，不能由业务部门垂直领导。

毛主席关于科学试验指示

我讲的科学试验主要是讲自然科学。社会科学、政治经济学、军事科学是不能搞科学实验的。历史、政治法则不能搞科学试验。战争不能搞科学实验。辩证法、矛盾法则是说得出来的，军事运动不能搞实验室，社会科学的一部分，在一定意义上也可以说科学实验。

毛主席谈关于正面教员和反面教员

革命的政党、革命的人民，总是要反复地经受正反两个方面的教育，经过比较和对照，才能够锻炼得成熟起来，才能赢得胜利的保证。我们中国共产党人，有正面教员，这就是马克思、恩格斯、列宁、斯大林。也有反面教员，这就是蒋介石、日本帝国主义者，美帝国主义者和我们党内犯"左"倾机会主义路线错误的人。如果只有正面教员，而没有反面教员，中国革命是不会取得胜利的。轻视反面教员的作用，就不是一个彻底的辩证唯物主义者。

毛主席说：当年是扶不起来的天子，"两年一保再保、五年保不住了"

——据可靠消息是毛主席最近说的。

中央文革王力、关锋、戚本禹十二日在京的座谈会纪要

大家共同分析，研究了干扰大批判的因素：

(1)内战。(2)会议多，特别是在北京开的会议很多。

(3)人员外流；(4)参考的资料少；(5)思想重视不够；(6)武斗。

会上大家又谈了大批判的经验：

(1)大批判要和活学活用毛主席著作相结合。

(2)大批判要和当前国内、国际形势相结合。

(3)大批判与本单位的形势相结合。

(4)大批判与专业化相结合。

(5)普遍与重点相结合。

中共中央　国务院　中央军委、中央文革小组

关于派遣调查组通知

南京军区，江苏省革委会、省革命群众组织：

中共中央、国务院、中央军委、中央文革小组决定派出一个调查组，前往调查了解南京和江苏省无锡、苏州等地文化大革命运动中的一些问题；如何制止武斗，冲击军区、抢夺武器问题，动员农民入城参加武斗等。调查组由三名干部、红旗战士、新华社记者、国务院联络员和北航红旗革命小将，共三十八人，由刘[illegible]同志带队，请你们协助[illegible]这项工作。

中共中央、国务院

中央军委　中央文革小组　1967.8.15

总理关于对敌斗争的新指示

总理说：如果抓到敌特，一定要做到"五不"，"一判"、"边不"、不打、不骂、不杀、不冲、不轻。"一判"，判处为界，以大使馆门口为界。

又同时强调，我们这次是对中共政府外交部的革命群众的指示；国际关系准则不能违背，要坚持原则，按照指示办事。"

编一本新语录

八月十一日周总理对北京卫戍区说：学习毛主席著作要学习我们伟大领袖毛主席亲密战友林副主席的著作，要活学活用，特别是近一年来，近两年来毛主席在文化大革命中所作的重要指示。这些语录上都没有，请同志们注意。能不能我们卫戍区编辑部编一本。在文化大革命中，我们伟大领袖毛主席、还有林副主席、还有中央文革，也编辑出一本。

简讯

▲目前湖南造反派利用工联"和"湘江风雷"内战打得很凶，并用了新式机枪、60炮等武器。

▲[illegible]武斗[illegible]，把[illegible]打得很凶。

第二版

戚本禹同志对矿院東方紅革命到的重要指示。

1. 石院大庆公社在余秋里同志问题上犯了严重右倾错误。
2. "打倒薄一波、解放余秋里"的口号是错误的。
3. "余秋里问题专刊"是错误的。（由计委红色会、大庆公社、石油部东方红合办）
4. 现在保余秋里为时过早。

总理第五次接見广西双方代表

（8月24日凌）

总理说："军区支左错了！柳州军区支持联指，支持错了，[illegible]了正作。"[illegible]军区意在这个方向错误，[illegible]要做区革命[illegible]。[illegible]总理说："[illegible]区们方向错了[illegible]"总理说："[illegible]"[illegible]

[illegible]们说："[illegible]支持联指，[illegible]在广西[illegible]，你们老多做得不好，[illegible]总理说[illegible]真的接[illegible]。[illegible]要做两边的工作。

反华小丑滚蛋

廿日凌晨，零[illegible]分，[illegible]反华小丑莫宗卡在二[illegible]路[illegible]之后[illegible]把戏，妄图逃脱罪责，[illegible]装疯作哑，在战[illegible]，建立了火线临时指挥部[illegible]。[illegible]写完之后，[illegible]又写上"认罪书"三字，[illegible]他要挑起更大政治事件的阴谋。[illegible]厉声说："你今天很不老实，[illegible]决不允许你横行霸道，[illegible]是中华人民共和国的国土，[illegible]反华的人绝没有好下场！"

这是毛泽东时代[illegible]

解放军报社公告

第一号公告（八月廿四日）

《解放军报》临时编辑组成立。组长：肖力，付组长：王素之，组员：[illegible]。陈伯达同志指示[illegible]组织工作，保证明天出好报。8.23

第二号公告（八月廿四日）

根据陈伯达同志八月廿三日晚的指示，三军造反派组成协助组，协助临时编辑组出好报。陈伯达同志批示：这样做很好，是毛泽东思想的高风格。8.24

第三版　　外交 184号

△ 密切注视北京形势 警惕黑手破坏第4次大批判

最近江青同志、谢付总理九次提醒北京的革命造反派要警惕黑手，这个指示是多么及时、多么英明！从目前北京的一些迹象来看，黑手又在活动，又在企图破坏毛主席的战略部署，破坏第四次大批判，我们提供几个线索，希望北京各造反派密切注意：

1、最近联动活动猖狂，八月十八日，他们假借打派，在天安门广场毒打北京和外地的造反派，据说有一人被打死。

2、据说最近连续发生武斗，如八月二十一日钢校发生武斗打死一名学生，八月二十三日女十中发生武斗、物季里力学发生武斗 有三名教师被刺，这些武斗的发生严重冲击了大批判的开展。

3、据悉现在有人想转北京华区，这是明显的挑动、造混乱，转移斗争的大方向。

4、最近有人突然端出大字报，扬言已改选"516红卫兵团"，其实与(红卫兵团)闻仁东在活动，这是有意在蒙蔽群众。

5、最近中央首长有三讲了不要搞两派，不要搞宗派主义，但是现在有人不但不听，反而在各校去扩大谈北京两派斗争，企图把学生中的两派带到工人中去，分裂工人运动。

△ 戳穿刘少奇的八个大阴谋

——师大一附中革命派八月十九日与刘平平谈话

问：现在全国掀起一个批判刘少奇的高潮，在这场大批判中，希望你能和刘少奇划清界线，揭发刘贼，为大批判贡献力量，希望你能像林付主席所说"读毛主席的书、听毛主席的话、照毛主席的指示办事，做毛主席的好战士。"现在就希望你谈谈刘前段的一些情况。

刘平平：刘少奇与我们是七月十八日不许出来的，我们和刘少奇王光美是隔离的，刘少奇被中南海造反派和解放军看管，他们希望我们不要出来，在中南海可以看大字报学习。王光美被监督劳动，刘少奇我们不知道，那时候只知道刘少奇向造反派交出"认罪书"时，他说，他这封信知没有错，没有写检查，他说到造反派是毛主席让去的，没有阴谋，他的讲话是戚本禹整理的，没错。他对八·一八和新八·一八的事情很感兴趣，写认罪书时他和王光美讨论，是写新八·一八好呢，还是八·一八好呢？他写好之文，先把"认罪书"给我们看了。

△ 关于聂元梓

（聂元梓在八月廿一日被迫于北大哲学楼传达）

江青：你是北京两大派斗争的总后台。

伯达：如果北京市发生武斗，你（指聂元梓）要负责。

聂元梓：我不是，如果是……下乡劳动去。

戚本禹：赖是赖不掉的。

从政治.思想.理论上把刘少奇批倒斗臭！

封面刻字双色套印作者具有美术天才。文珍藏

1967
3月 27日
第 18 期

批刘贼专刊
第 2 册

戰斗報

工代会、工农兵商场、毛泽东思想战斗团《风雷激》

最高指示

人民靠我们去组织。中国的反动分子，靠我们组织起人民去把他打倒。凡是反动的东西，你不打，他就不倒。这也和扫地一样，扫帚不到，灰尘照例不会自己跑掉。

敌人是不会自行消灭的。无论是中国的反动派，或是美国帝国主义在中国的侵略势力，都不会自行退出历史舞台。

坚决彻底埋葬刘氏王朝

革命的战友们，同志们：

让我们高举起毛泽东思想的伟大革命批判旗帜，迎头痛击中国赫鲁晓夫—刘少奇又一新反扑吧！坚决彻底埋葬刘氏王朝！积极响应党中央号召，全国无产阶级革命派动员起来，集中火力，集中目标进一步深入地，广泛地从政治上、思想上、理论上对党内最大的一小撮走资本主义道路的当权派，开展革命的大批判。中国的赫鲁晓夫刘少奇继七月九日抛出一份，名为检查，实为反扑的大毒草以后，现在又抛出了一份所谓的检查，他更加疯狂地把矛头指向我们伟大领袖毛主席，指向以毛主席为代表的无产阶级司令部、指向战无不胜的毛泽东思想、指向无产阶级革命派，他丧心病狂地攻击以毛主席为代表的无产阶级革命路线，他明目张胆地篡改历史、捏造事实，颠倒黑白，妄图为自己翻案。戚本禹同志给他揭发出第一个问题，“为什么你要在抗日战争爆发前夕，大肆宣扬活命哲学 投降哲学 叛徒哲学，指使别人投降变节，要他们投降国民党，叛变共产党，公开发表“反共启事”？这个叛徒集团的总头目刘少奇在他所谓检查第一个问题里面谈到：“一九三六年三月，我什么为党中央的代表团到达天津当时北方局组织部长柯庆施同志，向我提出一个问题说北京监狱中有一批同志，他们的刑期多数已经坐满，但不履行一个手续不能出狱。柯问我：是否能履行一个手续？我当时反问柯，你的意见如何？柯说，可以让狱中同志履行一个手续。我即将此种情况写信报告陕北党中央决定。不久得到党中央的答复，交由柯庆施同志办理。当时党中央日常工作是张闻天处理，据张闻天交待他当时没有报告毛主席，也没有在会议上讨论，就擅自作了答复，当时我不知道狱中殷鉴同志、其余的人都不认识，也不知道有多少人以后如何办理的我也不知道……他们具体履行什么手续我未过问，最近我看了造反报，才知道他们登了“反共启事”。对这件事我负一定的责任，请看，这个大叛徒总头目—刘少奇，上推党中央，下陷害柯庆施同志，不接触思想，不谈事实，不交待活命哲学，投降哲学、叛徒哲学 就这样所谓检查回答了戚本禹同志揭发出来的第一个问题。从这个大叛徒集团的总头目的代言人张闻天反革命修正主义分子自己交代就清楚地看到刘少奇的丑恶嘴脸。

张闻天自己交代"一九三六年三月刘少奇作为党中央的代表到达北方局。不久刘少奇给我写信一封，他说，白区干部很缺乏北京监狱最近传来的消息《何梅协定》以后，监狱当局准备离北京想早一些处理这批犯人，监狱里的人，只要履行一个反共不发表的简单手续，就可以出狱。来信还附寄来狱中干部三条请求条件，刘少奇要求我在请求书上签字，让狱中人知道中央同意这样办的。我当时，很相信刘少奇的意见，于是私自写信签字表示同意刘少奇的意见。我没有把此事汇报给毛主席，也没有在中央会议上特别讨论一下"。

这个大叛徒集团的总头目刘少奇，他还鬼弁地说，我请示了党中央，不久就得到党中央的答复。是哪一家的党中央？得到哪家党中央的答复？这不是你刘少奇命令你的同伙张闻天在请求书上签字表示中央知道也同意这样办理的又是什么呢？你说的党中央决不是以我们伟大领袖毛主席为代表的党中央。就是刘少奇，他还在这个所谓的检查里恶毒地污蔑陷害柯庆施同志"是柯庆施同志向我提出来的……由柯庆施同志办理的等等！"这纯粹是胡说八道！当时徐冰对孔祥祯讲过、"这是党中央的指示（按 实际是叛徒集团的黑司令就是你刘少奇），外边需要干部，要什么为组织上的任务去完成就是在你刘少奇得力打手徐冰的授意下，孔祥祯又通过了魏梦玲，向狱中写了第一封信。大叛徒薄一波等人收到后，一面积极策划让另一个叛徒杨献珍起草"反共启事"，另一方面，腰挟党组织，向你刘少奇提出"三项要求"即①自首出狱的责任要由党负 ②自首出狱后不受歧视，③自首出狱后要按正式党员立即分配工作。就是你刘少奇把薄一波的"三项要求 写信附在信里面给当时的党中央也就是以叫为首的党中央总书记张闻天，你和张闻天串通相互勾结后，张闻天就背着以毛主席为首的党中央，擅自在"三项要求"书上签了字。这是你，刘张之流一手策划的罪恶勾当。现在，这个大叛徒集团的总头目刘少奇却胡说什么 "他们具体履行了什么手续我未过问"。这完全骗人的鬼话。这个不知道，那个未过问。那么你刘少奇给党中央写信的内容是什么呢？信中附带的"三项要求"是什么？你写信内容里也有"反共启事"问题"三项要求"里都提到自首出狱问题，难道你刘少奇都健忘了吗？事实胜于你刘少奇的鬼辩。

大叛徒集团的总头目刘少奇对刘格平同志的打击就是铁的证明七七事变后，刘格平同志昂首阔步地出狱后，立即向有关组织反映过这批叛徒自首问题，一九五六年"八大"前后，他又向组织反映这一问题，当即引起了大叛徒刘澜涛的恐慌，他马上找到了薄一波密谋说"刘格平又进攻了"于是，他们就立即找到了总后台刘少奇订立了"攻守同盟"。这时你刘少狗对刘澜涛薄一波等说："不要怕，你们开一个名单，存中央备案即可，以后有人查，就说中央知道了。"刘澜涛听后欣喜若狂，积极照办。不久撤销了刘格平同志的民族委员会付主任的职务，调宁夏后又打成"反党分子"。请看这个大叛徒集团的总后台，阶级立场是何等的鲜明啊！他爱的是叛徒、是资本家、是地富反坏右、是党内走资本主义道路的当权派，恨的是威武不屈、坚韧不拔，在敌人铡刀面前、机枪面前高呼"毛主席万岁"、"中国共产党万岁"，正义凛然，慷慨就义的中华民族优秀的儿女，毛主席的好战士。恨的是无产阶级革命派、毛主席的红小兵！让我们再看看刘少狗在天津的代理人，万晓塘呢也是如此，他长期包庇宋氏三兄弟，重用提拔、结党营私、招降纳叛，在四清运动中，忠实地贯彻彭真的反动精神把运动引入歧途，他对群众在运动中斗争批判的党内走资本主义道路当权派一一的握手赔礼道歉，并说"我不在家，他们斗了你们，你们受委屈了！"在文化大革命中挑动群众斗群众疯狂地镇压无产阶级革命派和毛主席的红小兵，其目的就是为了保护自己过关，待机东山再起。再看看我市党内走资本主义道路的当权派，宋世会、桑雨奎更是如此猖狂，他们在四清查党运动中贯彻执行了一条形"左"实右的路线，打击一大片保护一小撮，互相勾结、狼狈为奸，全体参加查党的以人、因体弱多病、有一般缺点错误的同志被迫退党，不给登记的14

人，受各种处分的8人占全体参加右党人数的36%，却保护了桑开奎，周淋璧，宋凯会自己过了关。在文化大革命中同样也是和万咛反革命集团一样，疯狂地镇压群众运动，打击无产阶级革命派。我们这样联系起来一看，不就昭然若揭了吗？他们原来都是一丘之貉。

这个大判徒集团的总后台，刘少奇，还胡说什么："最近看了造反报，才知道他们登了"反艾启事"，这件事我有一定责任"。你只是有一定的责任吗？我们正告你刘少狗，这是两个阶级，两条道路，两条路线的大决战，这是以毛主席为代表的无产阶级司令部同以你刘少狗为代表的资产阶级司令部大搏斗，是你死我活的阶级斗争。毛主席教导我们说："在中国在我党，这一类的斗争，看来还得斗下去，至少要斗二十年，可能要斗半个世纪，总之要到阶级完全灭亡，斗争才会止息"。二者必居其一。为此，我们无产阶级革命派，早就下定了决心，不把你刘少狗这个资产阶级的黑司令，从政治上、思想上、理论上彻底批深、批透、批倒、批臭，誓不罢休，死不瞑目。

最后让我们共同高呼

打倒~~刘邓陶~~！

打倒万咛反革命修正主义集团！

打倒~~宋凯会~~、~~桑也奎~~、~~周淋璧~~

无产阶级文化大革命胜利万岁！

毛主席的革命路线胜利万岁！

伟大的领袖毛主席万岁，万万岁！

红心向党战斗队队员— 陈克安

最高指示

人民靠我们去组织，中国的反动分子，靠我们组织起人民去把他打倒，凡是反动的东西你不打，他就不倒，这和扫地一样，扫帚不到，灰尘照例不会自己跑掉。

战鼓隆々，万炮齐鸣

向党内最大走资本主义道路的当权派刘少奇猛烈开火！

我们伟大的导师，伟大领袖，伟大统帅，伟大舵手，毛主席亲自点燃的无产阶级文化大革命的熊々烈火，正在迎着胜利的东方越烧越旺，越燃越红。

这烈火，向征着我们胜利的前程。

这烈火，吓破了党内大々小々走资派的狗胆。

这烈火，宣判了中国的赫鲁晓夫——刘少奇的死刑。

这烈火，又燃起了我们无产阶级革命造反派内心气愤的火焰。

狗胆包天的刘少奇，竟胆敢在7月9日，7月26日两次抛出了所谓检查，认罪书，真令人气愤已极，刘少奇绝不是什么检查认罪书，我看却是地々道々的阶级本质大暴露，向我们心中最红最红的红太阳毛主席猖狂进攻的动员令。我们广大造反派一眼就识破了这条老狐狸的鬼花活，一针见血地打中了他的要害。我们必将更高的举起毛泽东思想的批判大旗，把这个白毛驴批深，批透，批倒，斗臭；奋起千钧棒，把这个老白毛打入十八层地狱，日誓笔伐和中国人民解放军一道，握紧枪杆子，笔杆子，把这条老狐狸消灭在无产阶级文化大革命的熊々烈火之中。

革命的同志们，战友们，让我们剥开刘少奇的画皮，看他到底是个什么东西？

一刘少奇是个地々道々的资产阶级的孝子贤孙：

众所周知，臭名远扬的白毛驴，根本丧失了一个共产党员的起码条件，是个纯脆的大流氓，竟不顾一切影响，先后六次娶妻其手段极为卑鄙无耻，最后爱上了资产阶级，大资本家吸血鬼，王槐青的女儿臭小姐：王光美多年来，他无限崇拜资产阶级的生活方式，利用职权过着花天酒地的贵族生活。不仅如此，他还无耻赞赏资本家剥削才能，因而在他剥削有功 剥削无罪的幌子下，使得一些臭资本家得意洋洋，连同他的大舅子王光英也要往上要职，刘少奇就是利用这样的职权大加培养资产阶级的孝子贤孙。

刘少奇还与冯定一唱一合，一对一答，唱一个腔调：他胡说什么："我们加入党，是看到个人问题，横竖解决了，先解决国家利益国家社会问题解决了，个人问题也解决了，随着大家利益的提高，个人利益也会提高，只要有贡献，社会一定有适当的报酬。"

看看这条老狐狸有多么阴险，他所说上述的话言外之意，就是参加革命入党，就是为了"解决个人问题"。他这样说的，也是这样干的，十几年来他窃据了中央要职，篡夺了我们党的，党，政，财文，军事的大权，在几个部门内部安插他的亲信及走卒，以解决他复辟资本主义的罪恶目的。刘少奇你真是瞎了狗眼黑了狼心，你的阴谋破产了，你的迷梦被汹涌澎湃的无产阶级文化大革命的群众运动惊醒了，你的狐狸尾巴再也无处躲藏了。

二刘少奇的三自一包，三和一少 三降一灭是彻头彻尾的大叛徒反动嘴脸。

远在抗日战争时期 恬不知耻的刘少奇拼命的宣扬活命哲学，投降哲学，叛徒哲学，在他的指使下，一九三六年竟有六十一个叛党变节分子 公开发表"反共启事"宣誓"坚决反共"这一点你不承认行吗？当抗日战争刚刚取得胜利后。你这个白毛驴又大肆宣扬投降主义路线，并极力鼓吹阶级斗争熄灭论，因此他就费尽心机，绞尽脑汁的着了一本臭名昭著的黑修养，妄图消弱人民的斗志，达到他复辟资本主义的罪恶目的，更令人气愤的是三年的自然灾害，全国人民渡荒时期，刘少奇这个中国的赫鲁晓夫勾结苏修帝国主义疯狂反华，制定了三自一包，三和一少，因而使社会上出现黑市场单干户等不良倾向，给我党带来一定的困难，这一点你不承认行吗？

三公开反对毛泽东思想与彭德怀，罗瑞卿等臭狗屎狼狈为奸：

彭德怀恶毒攻击我们心中的红太阳 胡说什么 毛主席著作只能

作参考，不能作为指导作战，训练部队的指针"。

罗瑞卿胡说什么："把毛主席的話当作最高指示，不符合国家的体制"。

刘少奇说："我认为主席所说的开调查会的方法是不够的，有时是说不适用了，这实际上是否认了主席的思想，这是极其错误的影响很坏，当时又过分相信光美的经验总结向全国北京推广经验；这就给许多同志很不好的印象"。够了，闭上你的狗嘴吧，你决不是什么否认，不否认毛泽东思想问题，而是公开反对毛泽东思想，完全站在资产阶级帝国主义一边与毛主席唱对台戏。

同志们：看，一根柳条上的三个王八都是一路货，他们恶毒到极点了，我们广大革命造反派是可忍，孰不可忍，你们如此狗急跳墙，疯狂攻击世界人民的导师，我们伟大领袖毛主席。告诉你们：小心狗头 我们不答应，一千个不答应，一万个不答应，永远不答应。你们胆敢反抗，必将碰个头破血流！

革命的同志们：战友们：阶级斗争的形势是复杂的，目前我们的形势是大好的，让我们团结起来，共同批判人民的敌人——刘少奇，把他拉下马，让他靠边站，把他打翻在地，再踏上亿万只脚，让他永世不得翻身！

消灭一切害人虫，全无敌！

最后让我们振臂高呼：

无产阶级文化大革命胜利万岁！

战无不胜的毛泽东思想万岁！

伟大的中国共产党万岁！

英雄的中国人民解放军万岁！

伟大的领袖毛主席万岁！万岁！万万岁！

反到底战斗队——張惠穩

彻底清算刘少奇修正主义路线的罪行

在伟大导师，伟大领袖，伟大统帅，伟大舵手，毛主席的英明领导下，我国社会主义建设取得了极其光辉灿烂的成就，建国十七年来，以毛主席为代表的无产阶级革命路线是占统治地位的，但是刘少奇这个党内最大的走资本主义道路的当权派长期以来，顽固地推行修正主义路线，与我们伟大领袖毛主席的无产阶级革命路线相对抗。他为了贯彻修正主义以达到他们在我国复辟资本主义罪恶目的，现在我们打开他的黑幕看一看吧。

一恶毒的攻击毛主席，反对毛泽东思想。

毛主席是当代最伟大的马克思列宁主义者，毛泽东思想是在帝国主义走向全面崩溃，社会主义走向全世界胜利的时代的马克思列宁主义。是全党全国一切工作的指导方针。

但是刘少奇长期以来，就是别有用心的打着各种幌子恶毒地攻击毛主席，反对毛泽东思想在一九四五年，党的"七大"确定毛泽东思想是我们党的指导思想，是党的一切工作的指导方针，但是在同年的八月，刘少奇在全国土地会议上的发言中，就反对毛主席，共产党使群众获得解放的正确提法，他借口要培养群众自己解放自己的观点，胡说什么："这是引导群众相信毛主席的共产党解放他们是错误的观点"。

刘少奇在"七大"后不久，就抹煞毛主席的正确领导对于中国革命取得胜利的决定作用，反对毛泽东思想。由此看来他在"七大"时表示拥护毛主席和毛泽东思想。完全是假心假意。这充分的表明，他是一个十足的伪君子，大阴谋家，大野心家。

一九五六年刘少奇，更为恶毒了一步，胆敢取消了"七大"党章规定的毛泽东思想是党的指导思想，是党的一切工作的指导方针。这种做法，曾经引起了广大党员的不满，但是刘少奇到处大讲："现在毛主席的威信已经很高了，不用在提了"。这个所谓取消的理由，正是刘少奇搞的鬼，这是具体反毛泽东思想的罪行。

一九六〇年林彪同志主持中央军委以来，一再号召要高举毛泽东思想伟大红旗，开展活学活用毛主席著作的群众运动，但是刘少奇公然同林彪同志大唱反调，更加疯狂地进行反对毛泽东思想的罪恶活动。

一九六一年，刘少奇在庆祝党的四十周年大会的讲话中仍然不提一句毛泽东思想，在讲到党的历史和党的伟大成就时仍然是打着各种幌子来贬低抹煞毛主席的正确领导。

一九六二年，在刘少奇，邓小平的直接主持下，召开了全国组织工作会议。这次会议完全違反了党的八届十中全会精神，不是按着毛主席的关于阶级矛盾的指示，而是他们自己另搞了一套什么"党员登记的作法，但是絕口不提毛泽东思想。这时有杨子文为首的反革命修正主义分子，按着最大的中国赫鲁少奇的指意，提出在党内教育中要学习黑修养，他的目的就是使我们的党变成修正主义的党

二反对学习毛主席著作，诬蔑学习毛主席著作是教条主义。

一九五九年我们的副统帅林彪同志在全军干部会议上的讲话中说："我们学习马克思列宁主义怎样学呢？我向同志们建议，主要是学习毛泽东同志的著作。毛泽东同志全面的创造性地发展了马克思列宁主义，综合了前人的成果，加上了新的内容，要好々的学习毛主席著作，学了就要用，这是一本万利的事情。但是刘少奇却完全与此相反，极力的反对学习毛主席著作。

多年来刘少奇在高级党校抓住了反革命修正主义分子杨献珍顽固地抵制和反对高级干部们学习毛主席著作。

一九六四年在全国范围内，掀起了活学活用毛主席著作的群众运动以后，刘少奇就更加仇视，更加猖狂地反对干部和群众学习毛主席著作。刘少奇他还胡说什么有的人在讲话中大段摘引毛主席著作的话，这是错误的，是教条的。

同年刘少奇在局中央机关高级干部作关于四清蹲点问题的报告中还直接攻击毛主席开调查会的方法，说什么在许多情况下开调查会的方法已经不行了，"要搞扎根串连"，"做一些秘密工作"。

在去年无产阶级文化大革命的高潮中，刘少奇的问题已在中央受到批判，但是他还说毛主席语录可以学，但是不要占过多的时间从以上事说明刘少奇就是这样明目张胆的一再的诬蔑和反对学习毛

主席著作的。

三　否认阶级斗争。

我们的党是按照马克思列宁主义毛泽东思想建立起来的。它的目的是在我国实现社会主义和共产主义，而刘少奇却主张发展资本主义，鼓吹阶级斗争熄灭论，否认了阶级斗争。

一九五六年，农业，手工业，私营工商业的社会主义改造，基本完成以后，刘少奇大肆鼓吹阶级斗争熄灭论，他说：现在我们的国家已经组成了。这个国的机构有两条任务，一条是实现专政，另一条是组织社会生活。第一条任务越来越小了，而不是越来越大了阶级斗争基本结束了。反革命分子少了，刑事犯少了。所以说第一条任务小了。今后的主要任务是组织社会生活。这显然是与毛主席的指示"帝国主义还存在，国内的反动派还存在，国内的阶级斗争就还存在。我们就现在的情况来看是没有阶级斗争了吗？不，而阶级斗争是很复杂的尖锐的，这更说明刘少奇是和毛主席的指导思想是对抗的。

四、推行任人唯亲的宗派主义干部路线。

毛主席教导我们，在使用干部的问题上，我们民族历史从来就有两个对立的路线，一个是任人唯贤的路线，一个是任人唯亲的路线前者是正确的路线，后者是不正确的路线，刘少奇在政治上反对毛主席而是推行修正主义，推行着与毛主席任人唯贤路线相对抗的任人唯亲的宗派主义路线。

刘少奇从三十年代以来就利用职权，重用了一些资产阶级分子投机分子，叛徒，把他们安置在重要的岗位上，篡夺了一部分党，政，军，权。

一九三六年，薄一波、安子文、刘澜涛、胡锡奎等一批人，得到刘少奇的两次指示、在狱中向敌人投降自首，并写了"反共启事"在"反共启事"中写着"坚决反共"还写着"感谢政府宽大为怀""从今后做一个忠实的国民"等等，并打上他们的手印。但是这些大叛徒们出狱后，刘少奇这个坏家伙利用职权为他们作了在狱中表现很好的鉴定（即组织结论）。刘贼，不管你的职位多高，但是在这次无产阶级文化大革命中把你们这群走资本主义道路的当权派大头目（包括过去的反党集团成员）一伙坏蛋，叛徒，揪出来了。

叛徒的大头头刘少奇为了包庇、重用叛徒们合法化早就有准备“七大”修改党章报告中，他就要写上，有自首变节行为的人也可以选为中央委员，后来，因为康生等同志坚决反对，没有成，但是刘贼的心不死，通过种种的手段、方法把他的一些亲信都安插到各个重要部门特别是叫安子文控制了中央组织部这个极端重要的部门在这些年当中他准备好了和推行了一整套修正主义干部路线，招降纳叛、结党营私，为复辟资本主义作了准备。

五限制从工农中选拔干部，竭力保护党内走资本主义道路的当权派：

毛主席教导我们“在多数情形下，一个伟大的斗争过程，其开始阶段，中间阶段和最后阶段的领导骨干，不应该是也不可能是完全统一的；必须不断的提拔，在斗争中产生的积极分子，来替换原有骨干中相形见绌的分子，或腐化了的分子。

刘少奇企图把干部队伍变成一个固定不变的特殊阶层，永远保持党内一小撮走资派所窃取的领导地位。

刘少奇不仅限制从工农中选拔干部，而且还限制吸收青年队的转业干部。在林彪同志主持军委工作以后，刘少奇在1964年底给各中央局组织部长讲话时，曾要各地限制吸收转业干部。

同志们想想吧，刘少奇在这几十年里他一直企图复辟资本主义在选拔干部上他胡说什么全国解放以来，我们干部队伍中，工农干部越来越少，要选拔大批大学毕业生，采取所谓“特别的办法”进行“特殊的培养”，作为各级党政领导干部的接班人。其结果是达到的目的工农干部越来越少，知识分子干部越来越多，这就是刘少奇推行修正主义干部路线的恶果。

我们伟大的领袖毛主席教导我们说、“你们要关心国家大事要把无产阶级文化大革命进行到底。”

当前无产阶级文化大革命进入了一个群众性的大批判，大斗争彻底批判以中国赫鲁晓夫为首的党内最大的一小撮走资本主义道路当权派的重要任务。就是高举毛泽东思想批判大旗。

我们一定要发扬痛打落水狗的彻底革命精神，彻底清算党内最大的走资本主义道路当权派、反党反社会主义反毛泽东思想的滔天罪行，肃清修正主义的流毒，从政治上、思想上、理论上把他们批倒、斗垮、斗臭，把无产阶级文化大革命进行到底。

最后让我们高呼：

誓死保卫毛主席！
坚决打倒反革命修正主义分子刘少奇！
彻底砸烂万张反党集团！
打倒宋景毅，打倒桑仁政！
无产阶级文化大革命万岁！
无产阶级专政万岁！
中国共产党万岁！
伟大领袖毛主席万岁万岁万万岁！

红卫闯将战斗队：吴一鸣清元

有才华却浪费青春十年
太可惜！谁之过？

毛主席語录

想要阻擋潮流的机会主义者虽然几乎到处都有，潮流总是阻擋不住的，社会主义到处都在胜利地前进，把一切絆脚石抛在自己的后头。

毛泽东

反復辟

河北省直 保定地区 反复辟联絡站联合主办 第七期 1967年8月28日 星期一

革命大联合的核心是在群众斗爭中形成的

人民日報 社论

坚决实行以左派为核心的最广泛的革命的大联合，这是向党内一小撮走資本主义道路当权派夺权斗爭取得胜利的重要保証，是从政治上、思想上、理論上对中国赫鲁晓夫进行大批判的重要条件。各地无产阶級文化大革命的經驗，充分証明了这一点。

最广泛的革命的大联合，要有一个核心。这个核心，就是經受了革命斗爭考驗、能够始終掌握革命斗爭大方向的坚定的无产阶級革命派。

目前，有少数革命群众組織的負責人，在夺权斗爭过程中或在夺权以后，对曾經同自己并肩战斗的革命組織，采取排斥和对立的态度，他們对实現革命大联合，提出了所謂"以我为核心"的口号。这种口号，是完全錯誤的。

革命大联合的核心，不是自封的，而是在阶級斗爭中自然而然地形成的。不管是这个革命群众組織，还是那个革命群众組織，不管是这个革命組織中的人，还是那个革命組織中的人，誰高举毛澤东思想伟大紅旗，最坚决貫彻毛主席的无产阶級革命路綫，正确地执行毛主席的无产阶級司令部制訂的各項政策，善于团結各个革命群众組織，最广泛地团結广大群众，誰就会得到群众的公认，成为革命大联合的核心。

少数革命群众組織的負責人，把自己或自己的小团体自封为"当之无愧"的、当然的"核心。在大联合中，他們要"以我为核心"，把其它經过斗爭考驗的革命群众組織都看成是"联合对象"，甚至要把兄弟組織压倒、压垮。这是个人主义的表現。这是山头主义、小团体主义的表現。这是违背革命大联合的，是违背无产阶級利益的。越是这样做，越不能成为核心，越要脫离广大群众，脫离自己所在的那个組織的群众。我們希望这些同志改正錯誤，抛弃"以我为核心"这个錯誤口号，高举我們伟大領袖毛主席教导我們的革命大联合的旗帜。

我們要高度警惕党內一小撮走資本主义道路当权派利用革命群众組織之間的矛盾，进行破坏。我們无論提出什么口号，都必須严肃地考虑到要符合无产阶級的利益，而不是违背无产阶級的利益。所有的无产阶級革命派，都要以大局为重，正确处理人民內部矛盾，时刻把斗爭矛头指向无产阶級的敌人。我們要高举毛澤东思想伟大紅旗，破私立公，促进、实現和巩固革命的大联合，建立和巩固无产阶級文化大革命的新秩序，把革命的大批判推向新高潮。

（轉自1967年8月19日《人民日报》）

八一總部宣告成立 政委田丰光荣出獄

【本报訊】八月十五日

市体育場紅旗如林，人山人海，在爆竹齐鳴，紙花飞午的欢乐气氛中，大会主席庄严宣告大会开始。

当"八一"总部的鮮紅大旗和巨牌出現在主席台上的时候，台上台下响起了长时間的雷鳴般的掌声！

会上，首先由八一总部刘希凱同志宣讀八一总部宣言，在宣讀中，刘希凱同志严正指出：八一总部的成立是时代的潮流，是革命发展的必然趋势，誰企圖阻挡便必将被历史車輪碾个稀巴烂！

接着，八一总部袁小明同志代表八一总部全体指战員及被关押在监獄中的八一政委田丰同志发了言。他說：田丰在獄中用絕食和馬輝之流进行了斗爭，他带信給我們說，你們要組織起来，坚持斗爭，我很好，不要担心！田丰同志身在牢房还这样关心我們，我們一定要学习他的斗爭精神，同馬輝之流展开不屈不挠的殊死斗爭，我們相信胜利一定是屬于我們眞正无产阶級革命派的，让我們用自己頑强的斗爭来迎接胜利的来临吧！

会上，中国人民解放軍4642部队退役代表也发了言，他說：八一新生是毛澤东思想的伟大胜利！是同馬輝死党血肉搏斗的結果，是两个阶級两条路綫斗爭的必然反映，我們一百个支持，一万个支持，坚定不移地支持，百折不扣地支持。我們誓与八一紅卫兵并肩战斗，彻底搗毁馬氏王朝，夺取文化大革命的最后胜利！

会議进行中間，許多单位把賀信送上了主席台，大家都爭先恐后地要求发言，但由于时間的关系，大会主席婉言宣布大会发言胜利結束。

在到会革命造反派的热烈掌声中，革命文艺大軍走上了主席台，为到会观众演出了短小精悍，活泼欢快的文艺节目，节目不断博得观众的长时間的掌声。

在欢快、活泼的气氛中大会胜利閉幕了！到会的革命造反派怀着激动的心情恋恋不舍地离开了会場！河北保定八一总部成立大会取得了良好的結果。

八一紅卫兵的新生是两条路綫斗爭的結果，是毛澤东思想的伟大胜利，让我們一千遍一万遍地高呼：**毛主席万岁！毛主席万万岁！**

【又訊】

"国际悲歌歌一曲，狂飇为我从天落"。

滚滚向前的革命洪流沿着毛主席指引的航道一浪高过一浪，保定古城响彻着一曲又一曲胜利的凱歌。

"'八一'总部政委田丰同志光荣出獄了！"狼牙山在欢呼，大清河在欢唱。消息传来人們奔赴相告，互相传送着一件振奋人心的大喜事，革命造反派的心沸騰了，整个古城沸騰了！河北軍区中一小撮走資派馬輝之流在滚滚革命洪流面前聞风丧胆。經过几个月的反复辟的斗爭，在鉄一般的事实面前，黑老鰲不得不释放被无理监禁半年之久的"八一"总部政委田丰等六同志。这是河北地区几个月反复辟斗爭的結果，这是毛主席革命路綫的又一伟大胜利！这是毛澤东思想的伟大胜利！

"把酒酹滔滔，心潮逐浪高。"

下午2时許，反复辟联絡站，"八一"总部的代表，代表保定地区六百万人民的心愿，代表保定几十万革命造反派的意志，全付武装到监獄去迎接田丰同志。他們首先見到了田丰同志。反复辟小将激动地給田丰同志献了花，八一战士含着泪花給田丰同志戴上了"八一"总部的袖章。老战友久别重逢怎能不激动？这些鉄錚錚的硬汉子面对着馬匪的审訊沒有屈服，面对着馬匪的刺刀脸不变色，心不跳，可是看見了久别六月之久的战友再也抑止不住內心的激动，互相拥抱着，流出了激动的泪花。

"把眼泪变成力量，把力量集中用在黑老鰲身上"这是田丰同志的声音，这是全体革命造反派的心声。同志們擦干了眼泪，共同高呼**"下定决心，不怕牺牲，排除万难，去爭取胜利。"**

"天生一个仙人洞，无限风光在险峰"

田丰同志住在哪里？其它五名革命闖将住在哪里？成了代表們急需了解的事情。在监獄造反派"政法公社"同志的带領下代表們参观田丰同志和其它五名同志的"住所"。一个又黑又小又矮被紧鎖着的窑洞出現在代表們眼前，这就是田丰同志被监禁的地方。在田丰同志住的牢門上有副动人心弦的对联。全文是：紅心向党。毛主席万岁，共产党万岁。在这里田丰同志大大坚持了学习毛选。用毛澤东思想武装了自己的头脑。

"民不畏死，奈何以死惧之"。在这个仙人洞里田丰同志磨炼了六月之久，为了彻底解放全市革命造反派田丰等六名同志进行了七十多个小时的絕食斗爭。滴水未进和馬輝在监獄中的别动队进行了多次面对面的辯論。馬匪之流对田丰等六名同志的正义斗爭，怕的要死，狠的要命，用鉄鏈和死型威胁田丰等六名同志他們叫嚣要"拿田丰开刀"。但是这些对于田丰同志等六名鋼鉄汉子只是徒劳。田丰同志坚持不屈不挠的斗爭，得到了监獄造反派政法公社和部分解放軍的同情。他們一致认为田丰同志不是什么"反革命"而是坚定的革命左派。政法公社的革命战士长期給田丰負責了警卫工作。

"今日长纓在手，何时縛住蒼龙？"

代表們在同河北軍区，4800部队同志交待完出獄手緒后，田丰等六名同志正式光荣出獄了！田丰等同志坐在汽車上精神煥发神采亦亦不住地向人們招手致意。汽車到那里，那里就是一片欢騰。在群众的护送之下田丰等六名同志安全地到了反复辟联絡站。反复辟、"八一"总部全体战士欢聚一堂，暢述着分别后的經历。他們感謝毛主席，感謝党中央，他們千遍万遍的高呼**毛主席万岁！万岁！万万岁！！**

田丰代表六名同志讲："我們今天出獄是毛主席給我們的第二次生命，毛主席給我們撑腰，我們一定給毛主席爭气。"另外他对革命小将，对他們的营救表示感謝。最后要求八一全体战士全力以赴和馬輝血战到底。

反复辟、八一总部全体战士，听了田丰的讲話无比激动，他們立下了鋼鉄誓言："为革命，头可断，血可流，毛澤东思想永不丢。"馬輝不投降就叫他彻底灭亡！"

但是**"帝国主义者和国內反动派决不甘心于他們的失敗．他們还要作最后的掙扎。"**

雄关漫道眞如鉄，而今迈步从头越！让我們高举革命的批判旗帜，去迎接新的胜利吧！

第二版　　反　复　辟　　一九六七年八月二十八日

砸烂黨氏王朝解放造反派

一切勾結帝国主义的軍閥、官僚、买办阶級、大地主阶級以及附屬于他們的一部分反动知識界，是我們的敌人。

打倒河北軍区走資派馬匪

馬輝与黑省委

河北軍区馬輝等一小撮早已与黑省委勾結在一起，狼狽为奸，鎮压文化革命运动，罪責难逃！

一九六六年九月十一日晚上，黑省委走資派王路明、宋长兴、刘英、郝田役等一小撮反革命修正主义分子，眼看文化大革命的熊熊烈火就要烧到黑省委、烧到自己头上，慌了手脚，急忙召开黑会，密謀策划如何鎮压群众运动。作为无产阶級专政柱石的河北省軍区如果是无产阶級司令部，就应当支持革命造反派，捍卫毛主席的革命路綫，抵制黑省委走資派的阴謀活动。但河北省軍区以馬輝为首的一小撮，却反其道而行之，不但不抵制黑省委的黑会，相反竟派政治部副主任路××参加黑会，并議定了一旦革命造反派来省委造反，軍区就派軍队鎮压的反动措施，妄想用武装保护党内走資派。

一九六六年九月間，刘子厚这个河北省党内最大的走資派第一次从天津来保定，害怕群众，拒不接見革命小将，不敢进省委大院，由馬輝把他安排在軍区招待所。馬輝除殷勤招待外还經常与刘子厚一起，听取其他反革命修正主义分子（如王路明等人）的秘密汇报，共同密謀策划如何对副革命群众的反革命勾当。

与此同时河北軍区以馬輝为首的一小撮为了随时和黑省委的走資派保持联系，特派軍区通訊处白××（处长）具体与省委办公厅的刘元生接洽，由通訊处的战士給省委安了两部直通軍区的专綫电話。这两部电話，一部安在南大院（即书記院）一部安在办公厅楼。一部直通軍区馬輝等一小撮"首长"，一部直通軍区的作战室。

一九六六年九月初，馬輝和刘子厚、李頡伯反革命修正主义分子共同策划省会撤离天津后在天津留用几所房子时，刘、李提議将２６６、２６４号大院及5号招待所留下（不交給天津），馬輝提出还要把利华大楼留下，作河北軍区招待所。結果把利华大楼留作軍区招待所后，軍区副参謀长馬××便曾公开向刘子厚、李頡伯、闆达开等走資派表示可以在此避难。当革命群众和紅卫兵小将到处找刘、李、闆等人时，他們果真在这个軍区招待所躲风了，多次躲藏在里边。天津市官办文革的黑材料，也曾在馬輝等一小撮的同意下，存放在这个"招待所里"。万晓塘事件，以死人压活人，刘、李、闆和馬輝等人也是在这个招待所的七楼指揮的。

一九六六年八月十九日，反革命修正主义分子李悅农給刘子厚往天津打电話，誣控保定市公安局一部分人支持李懋搞政变。刘子厚派李頡伯专程来保定，和馬輝等人共同密謀改組公安局。于２０日，李頡伯、馬輝、李悅农、楊磊之、陈子瑞、钟翔云等反革命修正主义分子在保定飯店召开黑会。会上李，頡伯向馬輝轉述了刘子厚建議必要时馬輝兼任保定市公安局問題。馬輝唯唯諾諾，唯命是听。

此后，刘子厚、李頡伯和馬輝这一小撮党內、軍內走資派为了作垂死挣扎，极力想把无产阶級专政工具变为資产阶級专政工具，还曾共同策划改組河北省公安厅。并决定由河北軍区的田××任公安厅副厅长，再抽一批亲信去公安厅工作、由省委組織部长、反革命修正主义分子宋长兴审查档案負責挑选。后来由于他們中大部被揪，这一阴謀未能实現。

一九六六年十一月份，省委大院两条路綫斗爭正在激烈的时候，革命小将到处寻找刘子厚等人，以馬輝为首的一小撮軍內走資派又让刘子厚、王路明这帮混蛋躲在保定的河北軍区招待所里，并让軍区副司令員袁×經常陪伴。十二月底，天津工学院毛澤东思想紅卫兵，在省委大門口靜坐九天九夜，要求見刘子厚，刘子厚这个坏蛋当时就被狗馬輝給藏在軍区里保护起来。

一九六六年十二月底，紀念申宪智烈士的大会上，馬輝等一小撮軍內走資派不顾广大革命造反派的强烈反对，硬叫反革命修正主义分子刘子厚、李悅农在大会上讲話，长走資派威风，灭造反派志气，会后，狗馬輝又指使受他把持的电台，陆續十八次反复播送刘、李的讲話录音，用心何其毒也！

一九六六年十二月底，揪刘子厚的吼声已經震天动地，揭刘子厚三反罪恶的大字报貼滿古城和省委大院，刘子厚是地地道道的走資派，已經清清楚楚，馬輝心里也是明明白白的，但就在刘子厚被揪前夕，馬輝还和刘子厚及河北軍区的其它首腦人物一起，在河北軍区与从北京軍区特来保定的楊勇、廖汉生等軍区反革命修正主义分子开黑会。楊勇及廖汉生等人回去不久，便被揪了出来。这次黑会的內容，馬輝必須老实交代。

一九六七年元旦社論发表后，馬輝在軍內一次学习动員会上說："現在大街上炮轟刘子厚的大字报很多，是左派嘛，不怕轟，越轟越坚强！""意思是說刘子厚是轟不垮、打不倒的。

一九六七年一月二十五日，刘子厚已被革命群众揪出来，河北軍区以馬輝为首的一小撮，协同大叛徒楊一辰竟还想蒙騙中央，以楊一辰名义給中央打电报企圖組織河北省临时常委会，刘子厚一面检查，一面工作，如获得中央批准，刘子厚即可重新上台，这个电报就是由河北軍区发出的。

河北軍区是地地道道的資产阶級司令部！馬輝是河北軍区內地地道道的走資派！

什么人站在革命人民方面，他就是革命派，什么人站在帝国主义封建主义官僚資本主义方面，他就是反革命派。

物　以　类　聚

解放战争时期，馬輝在土改工作中，曾因包庇坏人，反攻倒算，犯了严重錯誤，受到降級降职处分。但他劣根性不改，在四清工作中，又濫用职权，一再包庇四不清干部和文化革命中被群众揪出来的走資派楊順田。楊是淶源县东杏花村党支部书記。解放前楊給馬輝当过六年警卫員。后来，楊不愿干警卫工作，升干部又升不成，故想轉业回家。当时部队沒有轉业退伍安排，无法开給轉业証，馬輝便独断专行，亲筆給楊开了一封信，盖私人章，介紹楊順田回家，由地方安置工作，后来当上了村支部书記。

四清工作中，楊順田貪污粮款均在千斤千元以上，理应依法懲处。馬輝徇私忘公，极力为楊开脫，亲到淶源县去找县××团政委王洪儒（現保定付专員、大叛徒，馬輝曾唆使保守組織捧出来作"三結合"的对象人物）为楊說情。之后，仅让楊退脏百斤粮、百元款，敷衍了事。群众对此极为不滿，反映很大。

文化大革命中，楊順田又乘风作浪，自恃有馬輝撑腰，为非作歹，居然組織地、富、反、坏、牛鬼蛇神起来"造反"，为四不清干部翻案，毆打貧下中农，搞反革命复辟，經群众揭发和强烈要求，由县公安局将楊順田逮捕。楊将情况反映給黑主子馬輝，馬輝一方面給楊的家屬去信安慰，說："楊的問題不大，过一段时間，就回去了。"一方面又亲自出面找到保专公安处，让公安处"負責处理"。公安处急忙通知淶源县公安局，立刻把楊放了。

馬輝是什么人？站在什么立場上？为什么人說話？这不是很清楚了嗎！

"要特別警惕象赫魯晓夫那样的个人野心家和阴謀家"。

評馬匪一张"大字报"

一九六七年一月二十八日，馬輝等一小撮軍內走資派为了掩人耳目，在革命群众已經揪出刘子厚等反革命修正主义分子并游街示众后，也不得不以"中国人民解放軍河北省軍区"的名义，散发了一个題为"彻底打垮河北省委內以刘子厚为代表的一小撮走資本主义道路的当权派和坚持資产阶級反动路綫的頑固分子！罢他們的官！夺他們的权！"的空洞的表态性的传单。馬輝在二月十日，第一次以他个人的名义散发了一份題为"剝开画皮看阴魂，野心勃勃現原形——請看省委刘子厚等反革命修正主义分子在无产阶級文化大革命中的卑鄙伎俩"的大字报传单。馬輝在他的大字报里作了隔靴搔痒的"揭发"：一是为自己参予万晓塘事件推脫罪責，并借此撒了个弥天謊，胡說他从中央批准他为省委常委以来只参加过这一次常委会；二是"揭发"刘子厚曾让李頡伯找他說："軍区机关已迁保定，为了工作之便，省軍区可在天津大理道交际处挂个駐津办事处的牌子"；三是刘子诓向軍区要軍衣。就是这样三件鸡毛蒜皮的事！作为堂堂司令員、省委常委难道就知道刘子厚的这些"罪恶"事实嗎？他的大字报是真揭发还是假揭发，不是十分清楚的嗎？！

就在馬輝等一小撮貼出假惺惺的揭发刘子厚等反革命修正主义分子大字报后，河北軍区駐省委机关人員却背着省委紅色造反兵团让参加保守組織的待分配大学生整理刘、李、闆、王的材料（省委兵团早已成立起专案組搞着刘子诓一小撮的材料）。对待分配大学生讲，这是絕密工作，任何人不让知道。他們所以让保守派秘密整材料的目的，就是企圖为刘子厚等坏蛋翻案。从軍区一处长蔡××和付参謀长田××的个別談話中，完全暴露軍区的真情。蔡說："他們是不是能打倒，咱們把材料整出来看看。現在喊打倒，只是喊的問題……群众运动嘛，群众可以随便喊，我們部队是不行的。"田說："李雪峯打不倒，刘子厚就打不倒。"（这时中央已派李雪峯到天津）在一次批斗王路明大会的第二天，有人見到軍区蔡××，向蔡說"王路明这个反革命修正主义分子真坏，昨天晚上一点都不老实，叫他交待，他还发火！"这位蔡处长竟說"他沒有那事，他可不就不老实唄！"

請看，以馬輝为首的一小撮軍內走資派，在刘子厚等人未被揪出之前，是那样爱护备至，和他們一起出謀划策，对付革命群众，保护过关，三番五次把他們藏到軍区或軍区招待所里，安全避风。当刘子厚等人被揪出之后，又明一套暗一套，搞两面手法，这完全暴露馬輝一小撮保刘保自己的丑恶目的。联系到他們对待革命小将的态度就更露骨了。一·二一反革命事件时，有同志看到进城农民毆打革命小将的情景，气不过，給軍区打了两次电話，要求他們出来保护革命小将。第一次打电話，他們以"不介入地方文化大革命"为借口拒絕了。第二次打电話，他們气冲冲地說："难道让我們把农民都逮起来嗎？！"

从以上片断的材料可以看出，馬輝是地地道道的軍內走資派，我們要坚决打倒！胜利必将屬于我們！馬匪必敗！

（紅联軍）

"八一"新生贊

洪跋圪

千声霹靂撼九重，
猎猎紅旗閃古城，
驅散残雪春綠处，
威武"八一"頂天行！

忆昔敌魔咬牙响，
欲吞"八一"搖籃中。
雄姿何畏虎狼哮，
擎旗吶喊战奇峯。

横眉糞土刘李党，
巨手縛住拐子兵。
乐神欢击长腰鼓，
众笑齐贊建丰功！

落水之狗射毒箭，
妄抛臭錢誘蒼蝇。
火眼金睛鋼鉄汉，
戳透狐謀来示众！

北京之声震河北，
光輝夺权干革命。
"八一"战士跨大步，
群英高歌"东方紅"。

二月腥风卷地起，
黑云翻墨遮住城。
老鬶獰笑登舞台，
鐐铐囚車长街行！

馬龟岂知非得計，
悟空飞棒搗酣梦。
众志成城新"八一"，
亲离众叛孤司令！

雨袭山岩枝更俏，
反复辟人鉄骨硬。
何当凱歌宰黨会，
明旭赤日染天空！

一九六七年八月二十八日　反　复　辟　第三版

馬輝之流鎮压“八一”总部罪責难逃

重审“八一”大会記实（摘要）

时間：１９６７年８月６日
地点：保定市人民体育場
《保定地区无产阶級革命派重审“八一”大会》
主审：河北省直、保定地区反复辟联絡站（下簡称“审”）
被审：反革命修正主义份子李悦农（前保定地委书記）下簡称：“李”。
反革命修正主义份子陈子瑞（前地委副书記）下簡称：“陈”。
鎮压保定文化大革命的罪魁禍手钟翔云（前保定市长）下簡称：“钟”。

审：钟翔云交待！

钟：……九月十四日，陈子瑞在市委当面指示，要专門抓“八一”的工作。說什么也不让这个組織搞起来，这是个大事。这里黑地委也让軍分区汇报河北軍区，請示怎么办。

审：陈子瑞，刚才钟翔云讲的是不是事实？

陈：是事实，在九月十三日，李悦农把我叫到河北軍区招待所去开会，刘子厚給河北軍区肖副政委打电話，說：‘八一’不能让它成立，坚决不让成立，让肖副政委通过軍队系統来抓这事，让他馬上在軍区招待所开会，１３日７点的时候，我到軍区招待所以后，肖副政委、陈副司令員、田副参謀长、軍分区的刘长希也去了。

审，你参加了嗎？

陈：参加了。

审：上面大家听到了，钟翔云揭发了一个問题，黑省、地市委让軍分区請示軍区怎么办，陈子瑞也交待了，河北軍区馬輝肖副政委，軍分区刘长希等人，也参与这事件，并且在軍区召开了会。

审：李悦农！是上級不让成立嗎？

李：当时从我們来讲，主要是怕他們造反，我說的上級一个是指刘子厚，刘子厚不让成立，另外，叫刘长希請示河北軍区。

审：讲清楚刘长希是誰？

李悦农：刘长希是軍分区司令員，請示了河北軍区，北京軍区。北京軍区答应不让成立，这就是上級不让成立的根据。

审：“大家听到了沒有，表面上是一个穿軍装，一个不穿軍装，实际是一丘之貉。”

钟：听到要組織“八一”紅卫兵，黑地委就吓得要死，当中心任务抓这項工作。当时李悦农也亲自說过：“让这些人組織起来麻煩就大了，里边什么人都有，他們打着荣复軍的旗号，要鬧事誰也不敢惹他。”

审：“李悦农，讲过这話沒有？

李：“讲过这話”。

钟：省地市党政軍齐出动，威逼规劝。九月十七日，陈子瑞告訴市里說，上面答复了（沒見文件）荣复轉退軍人，不准成立地区紅卫兵組織，我們对“八一”的工作，还要大量去作，这时軍分区刘长希也直接参与了这个工作，陈子瑞上跑河北軍区（知道他专去过两次）下推市委直接指揮。九月二十日左右，河北軍区負責人（副政委，姓名忘了）也亲自到市委研究策划。确定地、市为主，部队参加，共同配合，作劝阻解散“八一”的工作，为此，刘长希还专門开了座談会。九月二十日，陈子瑞让市委下了通知，内容主要是：“荣复轉退軍人不准成立地区性組織，原成立的“八一”紅卫兵組織要解散。已参加“八一”紅卫兵的成員都回本单位。

陈：李悦农认为，“八一”紅卫兵不能让他們建立起来。这个事情要求軍区，通过部队来管，９月１３日晚上，馬上让我到軍区招待所去找肖副政委，他說：刘长希刘司令已去了，我到了軍区招待所以后，有肖副政委，李副司令員，田副参謀长（田丰春），軍分区参謀长在那儿开会。肖副政委說刘子厚来了电話，让我們負責解决“八一”成立的問題，你們簡单地把情況汇报一下。于是我說在当时“八一”紅卫兵有九个筹备委員，正在組織成立，印了袖章，刻了戳子，同时也印了传单，准备往下发，保定的荣复轉退軍人有五千来人，这是他們組織的对象。这时軍分区的管荣复軍人的参謀說：“这些人来自各个方面，情況是复杂的。我們軍分区也不掌握这种情況。”

介紹完这些情況后，肖政委說：“我們大家先商量一下”。他和田参謀长，李司令員一商量，都不同意他們建立。怎么办呢？一个就是借东风，軍分区負責做九个委員的工作。陈子瑞你們負責做其他荣复轉退軍人的工作，工作要做彻底，要一个一个地做．刘长希說：“我們的工作有困难，我們对这九个人誰也不认識，不熟悉，做这个工作有困难。”这时，肖付政委說：“这不算問題，經过做工作你們可以取得联系，以后就熟悉了。”当时大家沒意見了，就散会了。

回来后給李悦农做了汇报，李悦农当时說部队上抓起来就好了，他們說話他們听。即然他們組織嗎，咱們也要人，告訴地市委組織起来做这个工作，要下力量，要一个人一个人地做，按这个精神去作吧。１４号，市委开会以后，就分别做去了。１５号，李悦农問工作做的怎么样？我說才布置下去了。李悦农說：“你得赶紧整这个情況，在这个会上钟翔云作了汇报，在这个汇报会上有我，刘长希和軍分区的王副政委，軍区李司令員，田副参謀长，市武装部李部长，姜小流，雷永发，刘庆信。这个会主要是汇报情況。刘庆信汇报說：全市組織二百多人做八百人的工作，一个人一个人的作，結果大部分人表示不参加“八一”了，当时还有六十多个人坚决要参加，这就說明当时我們对“八一”进行了鎮压迫害，另外軍分区的刘长希，他就讲他們的工作情況，王副政委和田副参謀长把九名筹备委員都請到軍分区去，一个一个地談了，結果九个人有三个人表示不組織了，但是六个人坚决要組織。因为有很多人还要求参加，我們还要按原来的方案継续工作，这个时候，孙起如把这个情況向李悦农讲了，李悦农表示，你們作了大量工作，但是不能放松，以后工作越来越困难，越来越艰巨，就越要抓紧。

审：“李悦农，讲的对不对？”

李：“讲的对，就是这个情况。”

陈：李悦农又向省委作了汇报，刘子厚讲，这不行，还有这么多人要成立，还要继续作工作，刘子厚給肖副政委打电話，叫肖副政委继续抓，九月十八日李悦农又告訴我，叫我去軍区开个会，仍然是讲“八一”紅卫兵的問題，我和刘长希一块到了軍区，到后，河北軍区主要干部有肖副政委，李副司令員，田副参謀长，政治部主任一共九人等着开这个会，我們到后，肖副政委說：“昨天晚上軍区来电話，让继续抓住这个工作，不让其成立，軍区党委正式研究一下，我还得向省委汇报呢，这样吧，把材料整一下，不抓紧不行了。”最后肖副政委說：“我的意見是不建立了，軍委有个通知，荣复軍人不准建立組織。”

当时有六人发言，观政一致（三人沒发言），不同意成立，有三条：一是复轉軍人不准单独建立組織，过去軍委就有通知；二是复轉軍人有工作单位，参加本单位的紅卫兵就行了，不要单独建立“八一”紅卫兵。建立“八一”紅卫兵的造反对象是誰呢？在本单位造反对象是本单位的当权派，不要在外边建立了。这是第二条理由。

第三条理由既然叫“八一”紅卫兵，“八一”呢，表示軍事性质，軍队不介入文化大革命，如叫“八一”紅卫兵就算介入文化大革命，根据以上三条理由，我不同意“八一”紅卫兵的建立，爭取大家意見，也沒有别的意見。当时就决定不让“八一”紅卫兵成立。在研究办法时，刘长希提了三个意見，他說：

（１）复轉軍人对政府工作意見很大，要求解决实际問題（即生活問題）。

审：大家可以深思这个問題。

（２）他們說参加本单位的紅卫兵，本单位不願叫参加。

（３）可以做一些退休軍官的工作。如聊丁，就是退休軍官，在他們当中說話很有作用。

最后肖副政委說：“今后的工作，第一条按上一次会議布署去作；第二条，一方面工作，一方面解决实际問題。工作当中强調注意工作方法，不要强迫，要告訴他們为什么不让参加“八一”紅卫兵。第三条，可以扩大工作面，多作一些退休軍官的工作，由軍分区負責。第四条，通知各个单位吸收本单位荣轉軍人参加紅卫兵。”

审：革命造反战友們，大家可以考虑，根据陈子瑞讲的这些問題，大家可以看到什么問題呢？“八一”这个組織不但由黑省、地、市刘子厚、李悦农这一小撮的鎮压，而且遭受到河北省軍区、保定軍分区、市武装部以馬輝为首的一小撮老鱉的鎮压，拿枪的刘子厚和不拿枪的刘子厚共同阻挠“八一”紅卫兵的成立。大家可以深思，“八一”是由黑省、地、市委、軍区、軍分区、武装部派了大量武装人員进行了分化瓦解，而王拐子兵为什么沒有人去瓦解呢？而且要把他扶植起来呢？通过刚才三个人的交待，大家已彻底明白这个問題。“八一”自成立开始，就受到河北省、地、市委、省軍区、軍分区、市武装部一小撮人的鎮压，受到了重重阻力。

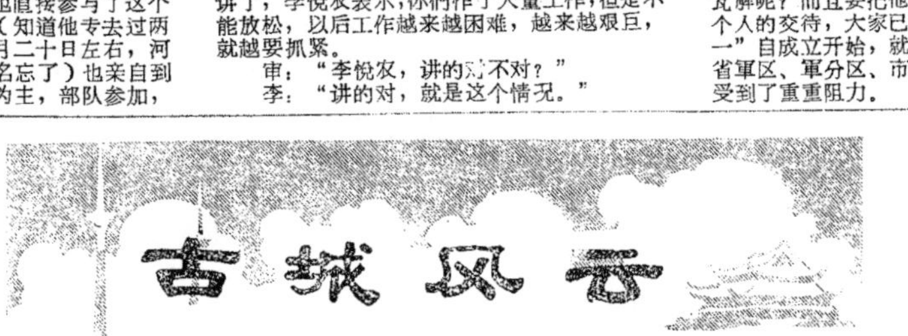

（續一）

奇怪的审判官

王云生同志被带上法庭，又开庭审判了。“啊……”王云生同志一进門惊愕地喊了出来。在审判席上，怎么竟然坐着参加过“一·二一”反革命事件的打手——淸苑县大夫庄和郭公营东文革的保皇兵。为什么无产阶級专政的审判厅被他們这些保皇兵掌握？为什么河北的公安机关向保皇兵大开方便之門，却横眉冷对造反派？为什么？一陣牙痛，打断了王云生同志这一連串的思索。王云生同志下意識地用舌头舔了舔失去門牙的牙床，王云生同志的門牙就是“一·二一”反革命事件中，被他們这几个人打掉的。王云生满腔怒火，心想：这些深受資产阶級反动路綫毒害、巩固执行刘邓資产阶級反动路綫、执迷不悟的保皇兵，为什么今天反来审我。王云生同志向他們质問道：“你們来是誰同意的？”这几个人說：“公安厅甄同志同意的。”甄××也来了，他厚着脸皮直言不諱地对王云生說：“我同意了。这是无产阶級专政的地方，沒有你质問的資格！”一看这般情景，那些保皇兵兴致全来了，七嘴八舌地問了起来，“你与反革命分子侯玉印有何关系！”“沒有关系。”干脆而簡练的回答，“我写过大字报，坚决要求給他平反。”“混蛋！”一句粗暴的駡声打断了王云生同志的話。“侯玉印是你的后台！”姓甄的好象喝醉了酒，眼睛紅紅的，腆着肚子大叫：“你都是跟誰有关系？”“凡是革命的都有联系。”王云生同志象发炮彈似的回答說。姓甄的見自己在保皇兵面前被王云生問得无言答对，便指着王的鼻子道：“你不老实就不談了！”王云生又紧跟一步：“拒絕提审！”姓甄的威胁說：“这……这……这样非把你判刑不可！”說完，就拉起保皇兵手挽手地退堂了。

过了几天，棉紡厂三个“一·二一”反革命事件的亲自参加者，通过公安厅总部，也来提审王云生同志。来人引誘地向王云生同志說：“如果你检查得好，馬上就可以上班！”这些家伙为了瓦解、打击造反派，眞是軟硬兼施，无所不用其极。王云生同志見此情景，便将計就計，用自己活生生的斗爭事实对这几个保皇兵展开了政治攻势。这些奇怪的审判官在王云生同志的教訓声中，一忽儿象发痴的愚人，傻呆呆瞪着失神的眼睛，一忽儿象輸光的賭徒，急火火，紧搔发热的头皮；公安厅总部那个姓甄的人，如同泄气的皮球，成了当然的被审者，受着历史的审判。

（待續）

作者：言射向　馬光軍

第四版　　反　复　辟　　一九六七年八月二十八日

血泪的控訴

震惊中原的“二·一一”片断

“墨写的謊言，决掩盖不了血写的事实”。河北的陈再道——馬輝之流一手策划的“二·一一”反革命事件，現已大白于天下。“以过去和現在的鉄鑄一般的事实来測将来，明若观火。”馬輝的日子不会太长了！血債是要用同物来偿还的。

所謂“八一”的“狗头軍师”——韓丁

我們还記得，在二·一一事件中，有个五十多岁的名叫韓丁的，曾被五花大綁，游街示众，逮捕入獄。一直关押了三个多月，到五月二十四日，才放出来。放出后，补发了三个月的退休金三百多元，并宣布工資以后照发。

經过了解，韓丁是一九三七年参加八路軍的老干部，韓丁的老伴是一九三九年参加八路軍的老干部。他們因为身体有病，一九六二年退休，住在街道上。文化大革命以来，韓丁为了捍卫毛主席的革命路綫，参加了“八一”紅卫兵。因为身体不好，参加活动不多。根本不是“八一”的負責人。去年十二月，革命学生靜坐向資产阶級反动路綫做斗爭，韓丁給学生买了几斤餅干。后来，跟这些同学去北京告李悦农的状。韓丁的这些行动，究竟有何罪？完全是革命行动。然而，二·一一反革命事件，却把韓丁逮捕了。韓丁被捕后的一段时間里，他的老伴，差不多天天在街道上被批斗。批斗她的积极分子都是些什么人呢？从前的小业主、資本家、地主分子和投机搗把分子。还有公安人員和街道上的当权派。韓丁的老伴上街买菜，在后面跟踪监視的就是一个小业主的臭婆娘。韓丁的小孩一出門，就被罵为小“黑八一”，不敢上街。不仅如此，在韓丁被释放前五天，他家还遭到搶劫。韓丁和老伴，直到現在每天晚上还不敢在家睡覚。这不是白色恐怖是什么？

所謂“八一”的“忠实干将”张勛

张勛是在“肃清八一流毒”中于三月初被捕的。五花大綁，由荷枪实弹的武装人員押解，跪着批斗。当場大会上王拐子兵的一个成員控訴张勛父亲是“伪軍长”，张勛本人是“国民党上校軍官”，“杀过三十六条人命，强奸了一百八十个妇女。給群众坐老虎凳，給小孩灌辣椒水，給妇女乳房上拴两个鉄鈴噹。”說的张勛簡直成了杀人的魔王。

經过初步調查，张勛的祖父和父亲，两代都是雇工，张勛自幼在鉄路上学徒。参加革命二十多年，一九六四年因病退休，在街道上担任党支部委員。他的弟弟在抗美援朝中犧牲了，他的两个妹妹都是国家干部。为什么逮捕张勛？就是因为张勛参加了“八一”，带領革命群众造了北市区区委书記的反。公安人員审訊张勛时就明目张胆地說：“你們斗爭书記，大方向完全錯了。”逮捕张勛之后，緊接着就把与张勛有关的“毛澤东思想造反公社”这个革命的群众組織摧垮了，有三十多名成員被围攻、批斗。他們白天不敢上街，晚上不敢在家睡覚，不敢投亲靠友。这难道不是白色恐怖嗎？张勛在北京工作的两个妹妹，听說哥哥被捕，赶来探望，也遭到围攻。张勛的母亲住在北京，听說儿子被打成反革命，当下气絕。张勛的妹妹，見哥哥被打成反革命，老母被气死，悲憤交加，得了精神病，长期未愈。到四月十七日，张勛才被释放，并不得不宣布张勛以后可以参加任何革命組織。张勛有什么罪？为什么无辜被捕？“革命无罪，造反有理。”在张勛身上，革命成了有罪，造反成了无理。这不是完完全全地顚倒了黑白嗎？

一个无辜老大娘的遭遇

在調查中发現，遭到迫害的不仅有这些老干部、教員，連街道貧下中农妇女，烈軍屬也不能幸免。北市区一些街道妇女組織了一个紅色造反团第三分团，因为北市区紅色造反团的一个負責人参加了“八一”，这个第三分团就成了“黑八一”。二·一一后，他們改名叫革命群众造反团，就說他是“黑八一”的变种，宣布是反动組織，叫他們自首登記，批斗“八一”成員时叫他們跪着陪綁。有的老太太被武斗十几次。城皇庙街五十八岁的老大娘田××貧农出身，是退休干部的家屬，因为参加了第三分团，被打成“黑八一”，“反革命”。二·一一后，一天夜間，被一群人闖到屋子里，不容穿好衣服，扔到院里雪堆上，拳打脚踢，打的渾身青肿。然后，叫这个老太太穿着单褂，光着脚，踩着冰雪，从城皇庙街走到保定飯店粉反指揮部，又从那里走到市公安局。双譜胡同六十八岁的烈屬芦××，参加造反团，叫他自首登記，按手印請罪。并把每月七块錢的救济費給卡了。这个年近七旬，把亲生骨肉献給国家的老大娘，只好带着十一岁的孩子，卖冰棍度日。

这血淋淋的事实，这无声的控訴，仅仅是河北地区自“二·一一”后資本主义复辟的一个縮影，一些片断。整个“二·一一”何止如此？！

长　征

阿Q的禁忌补遺

阿Q因为禁忌别人叫他懒子，常和别人打架，每打必以自己的失敗告終，常在鼻青臉肿之际，阿Q罵道：“总算被儿子打了！”这种办法謂之“精神胜利法”。

有人因为禁忌一个“鱉”字，把某报社排字車間的“鱉”字偷的一个不留，甚至将鑄字模也偷走，以防别人重鑄“鱉”字。偷“鱉”者何人？笔下姑隐其名。但偷“鱉”者“精神頗佳”，大可到黑老鱉那儿报功領尝，黑老鱉也可高枕无忧了：报社鱉字絕了种，我便不是老鱉了，一旦鱉字杜絕，再将“××，××是好同志”的标語刷了滿城，哈哈，胜利指日便到，那些捉鱉者就变成牛、鬼、蛇、神，“我手执鋼鞭将你打……”

祖傳秘方“精神胜利法”，后继有人，阿Q九死黄泉可以瞑目了。

紅　艺

短剑

軍队支持了保守派的原因（摘录）

——貴州省軍区支左工作座談会測記

支持了保守派有什么征兆

軍队如果支持錯了，該地区的形势必定緊张。告状的信件、武斗的电报紛紛向領导机关飞来。而当地部队抵触情緒还很大。上級机关指出他支持錯了，他听不进，有的痛哭流涕罵上級支持了牛鬼蛇神，甚至怀疑上面有走資本主义道路的当权派作怪；这时当地部队的領导往往处于“上批、下頂、內挤、外壓”的地位，灵魂受到触动，思想斗爭激烈。

为什么会支持保守派？

根本問題是資产阶級世界观的表現。具体原因大約有十多十少。

1、看枝节多，看大方向少。对革命派斗爭方法策略上的缺点錯誤上綱太高，认为是原則問題。对方向問題則視而不見。

2、从治安角度看問題多，从路綫斗爭看問題少。由于过去軍队不介入，对反动路綫危害感受不深，对两条路綫认識不清。因而从敌情、专政角度片面收集革命派的問題。

3、和地方領导联系多，和群众接近少。軍分区武裝部的領导干部和地方領导干部大多关系密切，軍队干部家屬又多是保守派，因而，主要是他們反映情况。不了解、不相信革命群众意見。

4、偏爱保守派多，接触革命派少。认为保守派听話，处处請示軍队，很合胃口。而革命派“不听話”看不順眼。

5、唯成份論多，看政治表現少。有的人用征兵条件来衡量誰是革命派。认为保守派党团員多，成份好；革命队伍不純被坏人操纵。有的甚至想調查成份，作为对付左派的主要方法。

6、主观主义多，科学分析少。把謠言当事实，現象当本质，偶然当經常，个别当普遍，过去（已改正了錯誤）当現在。似乎眞理可以不受实践的检驗。

7、老框框多，旧套套多，接受新事物少。总想循常規走路，对革命派的“过火”作法看不慣，反感大。

8、考虑当革命动力多，考虑当革命对象少。自以为是老革命当然的左派，固步自封，有的是四不进：学毛主席著作問題带不进，上級指示鉆不进，群众批評听不进，别人經驗学不进。

9、怕字多，敢字少。有的明知保守派不对，又怕革命派不純，怕担风险，不敢坚持眞理。有的甚至說：“支持保守派比支持反革命好！”有的搞折衷調和，培养“第三势力”。

10、私字多，公字少。根本問題是我字当头，怕犯錯誤，很少考虑国家变不变颜色。

泄露“天机”

編者按：奇文共欣尝，疑义相与析。此乃权威人士之密令一部也！今后陆續公諸于众。天机之所在，昭然若揭。黑白，好坏，善恶，不需多說，讀者自鉴。

△河北軍区卢克付政委說：无产阶級文化大革命的眞正左派是誰呢？是紅楼、胶片厂兵团、职工紅旗、东方紅、联总等。

△西郊是解放区，都联合了，形势很好。

△农大造反团把矛头指向軍区，搞絕食斗爭，要揪馬輝、曾美，說胜利了，实际連人都沒見到，馬輝、曾美是毛主席司令部的人，中央肯定的，这样的我們不保誰保呢？我代表河北軍区坚决要保，永远要保，保到底，如果他們能把馬輝、曾美揪出来的話，我这个兵就不当了，也可以說中央就錯了，（按：竟公开誣蔑、攻击党中央！眞是狗胆包天！）大家可以想一想，中央說馬輝、曾美是毛主席司令部的人，他們坚决要揪，我們认为只有牛鬼蛇神、地富反坏才这样干。（按：这純粹是对革命造反派的誣蔑！）他們这样干就是要翻天，我們貧下中农能答应嗎？

△軍区肖付政委讲：我們这一派（指联总、修楼派）是要大批判，坚持大方向，他們（指造反派）抓鱉，抓了半天是他爹，現在不是抓了他爹嗎？（笑）（按：前些日子保守派大喊誣蔑造反派口号的黑后台原来在这！）

《招魂曲》

調寄『大杂燴』

某日，一些『不知名的小人物』为棉一保皇三軍打人行凶事，前找某公解决問題，某公竟以大人物之身，效『鸡鳴狗盗之徒』，蹈李悦农之复轍，翻身跳墙，落荒而逃，惶惶然伤魂失魄。特为某公写《招魂曲》。

魂兮归来，某公呵你好痴呆，你道是几个小人物为着何来？还不是那天保儿打了造反派，抬着人找你把理裁。誰知你吓得魂飞云天外，翻高墙你把觔斗栽！

魂兮归来，何事由教你抓耳挠腮，和风苦雨愁鎖眉头声声哀，二月天你說拿使綁多厉害，誰想你今天变得这么乖，聞风便跑比兎子还快，丈八的高墙你不怕摔！

魂兮归来，偏这时候你开小差，你知道保儿时时要后台，怨不得保儿回回被打败，怎不拚死保你这王牌？誰知你跳墙摔没摔坏，嗳，反正是紙老虎原形露出来！

魂不归来兮，嗚呼哀哉！

宏　轶

續

造反有理

七机部916革命造反兵团宣传勤务部

1967年8月29日 星期二 第三十九、四十期 （共八版）

最高指示

在现在的情况下，修正主义是比教条主义更有害的东西。我們现在思想战綫上的一个重要任务，就是要开展对于修正主义的批判。

鉄証如山

刘賊少奇王妖光丑包庇叛国犯党紀国法难容

刘允若是1960年下半年来到我們单位的，到現在已經整整七年了。七年来，是誰狗胆包天，公开窝藏和包庇了叛国犯刘允若？是誰姑息养奸，縱容叛国犯刘允若干尽了坏事？是誰明目张胆地违反党綱、党章，采用阴謀的手段把叛国犯拉入了党內？这些混蛋不是别人，正是罪大恶极的中国赫魯曉夫刘少奇、大政治扒手王光美，以及他們的黑爪牙王秉璋（部长兼第一书記）刘有光（副部长兼第二书記、老叛徒）、张鈞（某院党委书記自首变节分子）等一小撮走資本主义道路的当权派。

列宁說的好：**“政治上采取誠实的态度，是有力量的表現。”**現在就让我們用事实来揭穿这个包庇叛国犯的大阴謀吧！

里通外国　阴謀投敌

刘犯早在苏联留学期間，即与一个政治面目不清的苏联女人打得火热，干着不可告人的勾当。1960年下半年刘犯回国后，一心想往苏联大使館跑，对于刘犯的这些罪恶活动，刘少奇、王光美、王秉璋、刘有光、张鈞这一小撮混蛋是十分清楚的。

如“61年5月20日在×局研究刘允若情况”的絕密文件中，記載了臭妖婆王光美关于刘允若情况的介紹說：

“他（刘允若）与苏联那个姑娘的关系，去年他在苏联时，曾来信告訴家中他要結婚，其父去了一封信，講明一些道理，要其愼重处理此問題，他回了一个信，說算了，不結婚了。去年回国，本来还要回去的，以后国家决定不回去了，他很后悔。他在苏联几年，受苏联的生活方式影响很深。現在他与苏联那个姑娘恋爱不是目的，其眞实目的是离开中国到苏联去生活，叫他去他就不回来了。其实他对那个苏联姑娘，以及那个姑娘对他都不是那样十分爱慕的”。

“刘允若去年六月份没有毕业回国，出乎他的意料之外，他一直不满，想尽一切办法再回到苏联去。如他曾經打听如何回苏联，和怎样去苏联駐京大使館”。

“其父去年去苏联时，他要跟着一起去，（給他）講明許多道理他不听，結果走时家中的人都没有到机場去送行，主要怕他去，在机場上取闹影响不好。由于没有同意他去，他私自找其父随行人員带了几封信，以后就不断給那个姑娘通信。……如通过內蒙自治区計委他姐姐（其思想个人主义与他差不多）給他来往轉信。”

刘允若与那个苏联女人通信是講爱情，还是講政治，还是誣蔑和丑化我們社会主义祖国？刘少奇、王光美这一小撮混蛋是完全了解的，如某院政治部60年十二月十三日上送給刘少奇、王秉璋、刘有光、张鈞等人的“关于刘允若同志的問題续报”中就摘录了刘允若与那个苏联姑娘来往信件的內容。如刘允若在11月4日的信上写道：“受尽了痛苦，我感到悲观失望，我不知道該怎么办？”那个苏联女人在11月25日的回信中写道：“我請求你，事物是没有尽头的，最后还有一个办法，就是找我們的大使館”。意思很明显，就是叫刘犯跑到苏联大使館叛国投敌。

1961年3月21日，刘犯又給那个苏联女人写了一封信，要求×院政治部主任楊亚中同意他发出，說：“我已决定永远与她保持联系，一定要达到目的，我就是死了，你們也不能割断我們的思想联系”，又說：“你們不让我通信，不如把我拉到刑場絞死，或干脆給我一粒子弹枪毙我好了，反正达不到目的我这样人活着还有什么意思，不如死了好”。“皇太子”耍威风，吓破了王秉璋、刘有光、张鈞的狗胆，×院政治部于61年3月25日赶快写了“关于刘允若同志的問題上报送給了黑司令刘少奇。

一封黑信

刘允若叛国投敌的心思越来越迫切，行动越来越露骨；刘少奇一看事情不妙，这样下去連他包庇叛国犯的嘴脸也会暴露，为了表白自己“无事不可对人言”，为了洗刷自己的包庇罪行，他要了个坦白地說假話的手法，于4月11日給中央某些領导同志和三反分子邓小平、彭

（下轉第二版）

揪出活样板　狠挖黑修根

·本报評論員·

霹靂一声震天响，毛主席亲自发动和領导的无产阶級文化大革命，把党內头号走資派、中国的赫魯曉夫——刘少奇揪出来了，把隐藏在阴暗角落里的用刘記黑《修养》、《叛徒哲学》精心培植起来的黑典型，里通外国犯、刘少奇的「皇太子」刘允若逮捕法办了。这是大快人心的好事，这是无产阶級文化大革命的伟大胜利！这是战无不胜的毛泽东思想的伟大胜利！

刘賊少奇的黑小子叛国案曾轰动北京市，震动全国，全国无产阶級革命派都十分关注这一触目惊心的「皇太子」叛国案的内情。我916战士带着对阶級敌人的无比憤恨，自今年一月份起，經历了七个月的深入調查研究，冲破了七机部党内一小撮走資派及其追随者設置的重重障碍，終于把刘犯問題的内幕揭开了。

刘允若是个什么东西？他是中国赫魯曉夫精心培植起来的一个灵魂极其丑恶、人前說人話，人后干鬼事的大流氓、是个没有一点民族气节，用刘氏「叛徒哲学」浸透灵魂的民族敗类，是个黑《修养》的活典型，一句話，他是刘賊精心培育的复辟資本主义的接班人。

毛主席早就英明地指出：**为了保証我們党和国家不改变顏色，我們不仅需要正确的路綫和政策，而且需要培养和造就千百万无产阶級革命事业的接班人。**

可是，党内头号走資派，中国的赫魯曉夫刘少奇及其伸进七机部的黑爪王刘死党，为了在中国实現資本主义的美梦，他們反革命的嗅觉也敏感的意識到培养修正主义的接班人，是达到他們篡党、篡軍、篡政，顛复无产阶級专政的极其重要步驟。因此，上呼下应，狼狽为奸，用臭名昭著的刘氏黑《修养》作理论依据，用腐朽的高級个人主义培养出的伪君子作为标准，在七机部积极培植和选拔修正主义的接班人。他們把大叛徒、反革命修正主义分子刘有光定为七机部部长接班人；变节分子、党内走資派張鈞，变节投敌、反革命修正主义分子董启強，黑帮走卒徐乃明定为七机部付部长接班人。就連六三年已經明文定性为「敌我矛盾」的里通外国犯刘允若，他們也无視党紀国法，包庇起来、采取組織措施，拉入党內，并在刘少奇直接授意下，提拔为政工干部。

毛主席教导我們：**「各种剝削阶級的代表人物，当着他們处于不利情况的时候，为了保护他們現在的生存，以利将来的发展，他們往往采取以攻为守的策略。或者无中生有，当面造謠；或者抓住若干表面現象，攻击事情的本质，……」**。七机部党内一小撮走資派王秉璋刘有光、張鈞之流正是这种狡猾的阶級敌人，在他們的黑主子被揪出来，在我916战士在江青同志的指示下，将里通外国犯逮捕法办之后，他們惊魂稍定，就又揮舞起鎮压革命群众的大棒，賊喊捉賊，把他們多年来积极追随刘少奇精心培植，百般包庇里通外国犯的罪行，死命地扣到对这一案件从无所聞，从无所見的916革命造反派头上，唆使其御用工具，开动宣傳机器，极尽造謠，誹謗之能事，竭力把我916革命造反兵团打成「刘少奇的御林軍」，把广大革命群众对中国赫魯曉夫的无比憤恨，引向我916革命造反派，以此达到栽赃陷害革命小将，破坏七机部无产阶級文化大革命，为党內头号走資派刘少奇及其追随者王刘死党开脫罪責的目的，其用心何其惡毒！何其卑鄙！

但是，誠如毛主席英明指出的**「搬起石头打自己的脚」**。中国的赫魯曉夫刘少奇及其追随者正是这样一批蠢人，他們对于革命人民的种种迫害，只能促进人民的更广泛更剧烈的革命，只能从反面进一步教育人民，使人民团結起来，把仇恨的怒火集中地指向中国的赫魯曉夫，他的臭妖婆王光美及其伸进七机部的黑爪王刘死党。我916革命造反派将坚决、彻底、干净地打垮刘賊的一切猖狂反扑，狠狠的揪住他們精心培植的活典型，把这一小撮人类社会渣滓的丑恶灵魂，反革命的可憎面目彻底地暴露在大庭广众之下，暴露在毛泽东思想的阳光下，将他們通通抛进历史的垃圾堆。

鉄証如山

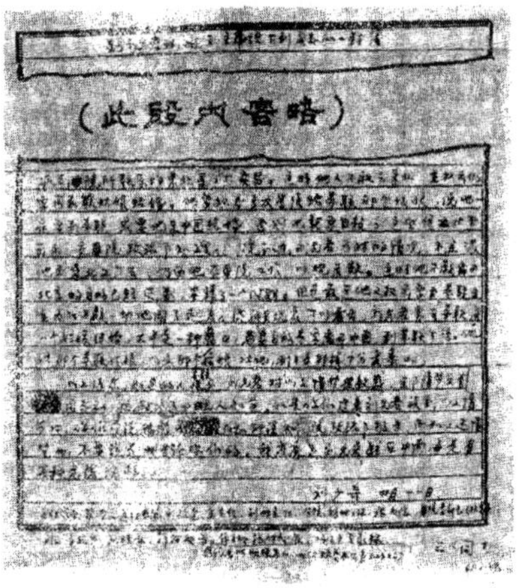

图1　刘少奇給三反分子邓小平、彭眞、楊尙昆的信

（上接第一版）眞、罗瑞卿、楊尙昆写了一封黑信（見图一）

黑信說："这是某院政治部关于刘允若（毛毛）的一个报告，現送上請你們看看。"

"刘允若近年来一直羡慕着苏联的某种生活方式，想留在苏联不回来，这次他沒有毕业就調回国，出乎他的意料之外，他一直不滿，想法再回到苏联去。他曾經打听过如何到苏联駐京大使館"。

"最近他又提出要到苏联去，并为此不顧一切地鬧了起来，从許多現象可以看出刘允若要去苏联同一个姑娘結婚，大半是一种借口，眞实目的是要离开中国，到苏联生活。事实上他对那个苏联姑娘，以及那个苏联姑娘对他，都不是那么十分爱慕的。

在这封黑信的最后，刘少奇又故弄玄虛地說："以上經过知道的人很少。刘允若对以上情况很敏感，全部情节只有×同志和×院政治部少数人知道。如果你們遇到以上情节时，你們可說根据×同志所談和×院政治部报告，而知上述情节的。不要說是我告訴你們的。我考虑刘允若駐（应为住）在中南海是有某种危险性的"。

刘少奇自以为打着"无事不可与人談"的旗帜就能掩盖与人談的动机实质了；刘少奇自以为做出坦白的样子，就可以堵塞和避免别人怀疑他包庇叛国犯了。但看看刘少奇1955年給刘允若的信中一段話"要取得人民对你的信任，首先要取得你的組织、你的同学們、以及一切熟悉你的人們的信任"，就不难看出刘少奇这封黑信的葫蘆里卖的是什么葯了。他明明知道刘允若与那个苏联女人并不是爱情关系，互相并"不是十分爱慕的"，如61年5月20日，刘少奇、王光美向中央办公厅某局介紹刘允若情况时，也承认："他（刘允若）对中国現实格格不入，一切看不慣，外国一切都好，每天回来收听西方广播、黄色歌曲、音乐，看十八世紀的小說，不看中国电影，看資本主义国家的东西"。

这就更可以看出刘少奇、王光美，完全知道刘允若的眞实目的是要离开中国，卖身投靠苏修，而不是什么"大半是"一种借口。

掩藏叛国犯面目的总計划

王秉璋、刘有光为了討好其黑主子刘少奇，61年4月11日，联名給反党篡軍分子罗瑞卿和三反分子梁必业、安东写了份报告（見三版图二之①）說："現送上刘允若（刘主席之子）目前思想表現情况报告一份。經研究我們认为积极教育，耐心帮助刘允若提高思想，不发生其它問題，并能好好工作，我院各級領导都負有責任。"报告中还提出了四条措施："一、由分院領导同志找刘允若耐心交談，着重从安慰、体贴，帮助他解决实际問題着手，給与适当的批評教育。一定要講究方法，不要給以刺激，根据情况必要时再由院領导（按：即王秉璋刘有光）直接向刘进行思想教育工作"。二、要着手挑选二～三人，能在工作、生活上与刘接近，針对其具体思想，从政治上、思想上进行帮助，从生活上給予照顧。三、为了防止万一发生意外問題（如自杀等）在加强思想教育的同时，要密切与×联系，采取一些必要的措施，有关情况应及时向他們反映报告。王秉璋、刘有光向三反分子罗瑞卿、梁必业、安东的这个报告就是秉承刘少奇旨意制定的包庇培养刘犯的总綱領，王、刘二人的报告不給别人，专送罗瑞卿、梁必业、安东，这不是偶然的巧合，而是充分証明他們早在1961年就看准了罗、梁、安是刘、邓黑司令部的干将，王秉璋、刘有光把报告送給他們，正如同小炉匠給座山雕送先遣图一样，就是要通过他們表白自己对刘少奇的耿耿忠心。

互送秋波

老叛徒刘有光，生怕下面不了解他的如意算盘而把刘犯給推出去，1961年初又急急忙忙地給×院領导下达了黑指示，說："我們（要对刘允若）很好的工作，使刘主席少费心"、"不能怕麻煩，这个釘子不能往外推"、"我分析这个人（刘允若）还不坏，八小时还干，还是在搞工作，还沒有到对立不干，还是照顧影响，还不到唱出来的程度。作法一、（刘允若）不愿意群众知道（他的罪行）暫就不叫群众知道……二、找他的熟人与他談，先交成朋友。三、找出路給他介紹一个对象。这是解决問題的基本方法。四、保持与××联系。家中与領导与其談話，口径要一致。目前采取半睜半閉眼睛的方法。五、我（老叛徒刘有光）再找楊尙昆談談。"

王秉璋、刘有光对刘犯这么重視，×院党委书記走資派张鈞自然心領神会了，立即把刘允若問題确定为×院政治部的一項政治任务，指定政治部主任楊亚中全力以赴，集中力量专門搞刘的工作。张鈞并在61年4月19日下了一道黑指示："一定在住地，最好本单位帮他（刘允若）找个对象，从实际上解决他的婚姻問題，光講道理，也难安定其思想。这个工作也要注意及早做好。"（見图二之②）

奴才們甘心当牛做馬，黑主子自然格外开恩。王秉璋、刘有光、张鈞这样大献殷勤，果然得到了刘少奇的赏识。1961年5月20日，刘少奇、王光美亲自接見了张鈞和保卫干事王义同。刘少奇对奴才們的努力很滿意，鼓励一番，又戴上了假面具，对奴才們做了五点黑指示："1.对他（刘允若）的处理由你們負責，不要怕我有什么不滿意，我是和你們站在一条战线上的。（原来他与王秉璋、刘有光、张鈞是一条线上的人）2.以組织教育为主，家庭配合教育，对他要求要严格，不能特殊（按：这是放屁，叛国犯不抓起来，还叫什么要求严格）。3.对与外国人通信的問題，要做为违犯紀律規定給予处理（按：明明是里通外国故意說成是违反紀律，奸险之至）。4.抓住他到×院时有一个保証，有这样的諾言，与苏联姑娘断絕联系，遵守紀律，好好工作。5.可以利用他的个人主义，鼓励他用在工作上，用在处理問題上試試看（按：这是典型的叛徒哲学和黑"修养"）。他有一套对付我們的斗爭方法，因此对他要軟硬結合。总之你們要大胆的搞，不要有顧虑。"

黑主子下了圣旨，奴才們自然肝胆涂地。张鈞馬上当面表示态度說："对刘允若的教育改造，这是我們应做的工作，把他教育改造好，使刘主席减少为他費心。回去后再詳細研究一下，如何加强其政治思想教育，提高其觉悟，开始从工作上入手，逐步严加管理，要从各方面做好工作，防其发生問題。另外，还要帮助他物色对象，創造更多的机会条件。"

安排了一个修正主义溫床

张鈞回来之后，刘有光还不放心，又补充說："你們研究一下，按照刘主席指示办。从政治上做說服教育工作。办法还是先用軟的（眞是自欺其人，他們何时何事对刘犯采取过硬的），不能簡单化，不能出問題。"

根据刘少奇、以及王秉璋、刘有光的黑指示，张鈞和政治部主任楊亚中亲自主持，于5月23日召开了会議，制定出《关于对刘允若同志的工作計划》上报給刘有光、王秉璋、其主要內容是：

一、加强政治思想教育，內容是：其本人（刘允若）在上海受苦的經历，其母为党的事业被敌人杀害，和革命先烈的英雄事跡，其父数十年来如一日对党、对无产阶級革命事业的英勇斗爭和伟大貢献（見三版图二之⑦），以逐步提高其觉悟，使其逐步轉变好。

二、加强共同对其进行工作……在刘現在业务組內战斗力不强，对他做工作确有困难，×部已研究决定……在本月29日成立×小組。要从各組抽調力量来完成这一工作。……确定抽他（刘允若）在这个組工作。这个組的人选共七至八人。其中做刘的工作的有組长×××，××（女）留苏生，党員，与刘关

（下轉第三版）

人物介紹

王秉璋—七机部部长，部党委书記。在文化大革命中被我九一六革命派揪了出来，他长期隐瞞恶霸地主家庭成分，一貫反党反社会主义反毛泽东思想，是刘少奇伸进七机部的黑爪牙，罗瑞卿的忠实走卒，地地道道的三反份子。

刘有光—原七机部第一副部长，包庇刘犯的主謀。他是刘少奇包庇下的六十一个大叛徒之一，反革命修正主义分子，一九六六年12月被我九一六革命派揪了出来。

张鈞—七机部×院党委书記。他是一个自首变节分子，王秉璋的忠实爪牙，鎮压无产阶級文化大革命的劊子手。

刘瑄—七机部×院院长，在刘犯問題上有一定錯誤。文化革命中开始执行了資产阶級反动路线，自六六年12月起站出来支持九一六革命造反派后，即被党內一小撮走資本主义道路当权派及其御用組织多次的残酷毆打，施行人身迫害，并篡改其挡案，进行政治陷害，打成「CC特务」，「叛党分子」。

楊亚中—七机部×院原政治部主任，后提升为党委副书記，包庇刘犯的核心人物。文化大革命中猖狂鎮压革命群众，去年八月被停职反省。

王义同—七机部×院政治部保卫处处长，上串下跳的小丑，王、刘御用組织的官儿团的核心人物。数年来他的主要任务就是跟在刘犯屁股后面轉，当刘的政治褓姆，由于他为刘犯涂脂抹粉，伪编历史，欺騙群众有功，深为主子賞识，刘少奇、王光美召見多次。自巴結刘犯后，从此官运亨通，青云直上，六二年还是一名普通的助理員，現在已是一个大名鼎鼎的保卫处长了。

鉄証如山

（上接第二版）

系尙好）×××，×××，郝××（女，23岁团員，能歌善舞，活动能力强，因她是北京人，同学多，本人亦未結婚）。要这五个人經常設法团結帮助他，同时，×××也可帮助他物色对象，創造实际条件（×某如不成，可帮助找）。”

“另外工作上专业对口，可利用他的个人主义，发揮其专长，多給他一些能够完成的工作，要求按时完成，加强其工作責任心，完成后适当表揚（在表揚时还要注意用鼓励或表揚式的批評）。

秉璋和有光保駕图

三、加强行政管理，严格組织紀律……

四、因他年已卅多，应帮他物色对象，創造更多机会条件。①現在他与民族歌舞团一团員，通过跳舞相识，关系看来两人还較接近，因此通过×××給他們一些方便，使两人經常接触，以便相互了解，建立感情；②内部通过这次組织調整，有意选择×××在一起与其接触，一方面使他們自然結合，如不成，×还可以为其帮助介紹选择。这一件工作很重要，这是从根本来解决刘的問題的一个方面。

五、生活給予适当的照顧，因其爱吃饅头，这个問題可以給予照顧，但方式上不使本人发觉是組织上給他的照顧，而是使他感到組內同志給他的照顧。这样既照顧刘在群众中的影响，又使本人不发觉，便于他与同志建立感情。另外如王××同志来后，宿舍要与刘住在一起，使其生活不孤单”。

大家看看，这叫什么教育工作計划！这那里是改造叛国犯的計划?!这是修正主义政治工作的标本，是黑《修养》的具体化，是一株不折不扣的大毒草，是培养修正主义苗子的溫床！

这个黑計划，一句不提光焰无际的毛泽东思想，不提活学活用毛主席著作，相反，却把中国的赫魯晓夫刘少奇捧上了天，胡說什么刘少奇数十年来如一日对党对无产阶級革命事业英勇斗爭和伟大貢献。

这个黑計划，抹杀了政治是阶級的政治，而用资产阶級的人性論代替阶級斗爭，强調什么照顧，孤单，感情，胡說什么，“思想教育与建立感情相結合”，“感情与政治相結合”，实际是站在资产阶級的立場上，鼓励他的叛国罪行。

这个黑計划，把我們单位的革命群众糟蹋得一个錢也不值。許多同志，不論工作或生活都是被安排为刘允若服务，滿足刘允若的私慾，为了发揮刘的个人主义积极性，可以随意調整組织，任意抽調人；为了滿足刘找对象，特意把女同志安排在他身边供他猎取，甚至把资产阶級的一套三角恋爱搬了过去。其肮脏齷齪的程度，眞令人看了做呕！

一句話，这个工作計划，根本不是什么监督改造叛国犯的計划，而是一个供“皇太子”滿足私慾、吃喝玩乐的計划。

迫不得已定为敌我矛盾

在刘少奇、王光美、王秉璋、刘有光、张鈞一小撮人的縱容包庇下，叛国犯刘允若的罪行发展得越来越严重。

刘允若与那个苏联女妖仍然继续联系着。仅从六一年十月到六二年四月，刘允若就与女方通了两次信，打了两次长途电話。六二年二月份，那个苏联女人托人給刘允若带来了信、糖、小鈡表等。捎来的糖，每块都有一个标志，說明是送給誰的。糖盒采用两层底的办法，夹层中間藏了很多信。这說明，該苏联女人是会用秘密工作手段的，女方所以这样做是有其政治目的的。刘犯看了女方来信后，又大闹起来了，要求批准他去苏联結婚，或者发邀請书叫女方来中国。

中国的赫魯晓夫刘少奇一看事情不妙，同王光美于六二年三月廿九日又接見了×院政治部主任楊亚中，保卫干事王义同等三人，作了一番黑指示，刘少奇說：“我最近抽空找他談一次，我要观察观察他的問題，看看他到底是什么問題。我要向他說明，你卅多岁不結婚，不乱搞男女关系，学习尙用心，这是好的；但……你违犯軍紀和各种規章制度。……同时，我再次告訴他，去苏联是不行的，两个月更不行……。女的不問政治是不可能的，万一，如她来了，我也不能見她，更不能住在我們家里，这样談了后他还可能检討，要断絕关系，好好工作。在談話时要以理服人，使其不走絕路，留有余地。”刘少奇又是滿篇混帳話，一付伪君子样儿，它的要害就是閉口不談刘允若的問題是什么性质，反而要来利用他的个人主义积极性。

根据刘老修的黑指示，×院于六二年四月六日又做了个教育計划，边奉承边央求地說什么：“劝其断絕关系，放弃个人主义打算，珍惜前途，继承父母革命精神，以党和人民的利益为重，从思想上感化他，启发其政治觉悟。”

眞是黑《修养》，黑《修养》，愈修养愈成为修正主义。在刘少奇、王光美、王秉璋、刘有光、张鈞等一小撮人縱容包庇下，刘允若狗胆越来越大，到了一九六三年竟然发展到恶毒地攻击我們伟大領袖毛主席，攻击伟大祖国人民的极其反动的程度。

据1963年他大妹揭发，“①去年十月刘允若主动找其大妹为其写了一封信給那个苏联女朋友。②刘允若对其妹講：中国人都会作假，特别是做政治工作的人，都是专作虛假的人。还說：中国沒有自由等。③他說：他对机关和家中的每一个人的弱点都抓住了，已經收集了不少的材料，准备着手写一本小說，再过二十年后，中国象現在的苏联一样了再发表。④他向他弟、

（下轉第四版）

图二文件編号說明：

①王秉璋、刘有光1961年4月11日給罗瑞卿、梁必业、安东的絕密报告。这个报告是在刘少奇的授意下制定的包庇窝藏叛国犯刘允若的总綱領。

②这是某院党委书記张鈞1962年4月14日在該院政治部的一分絕密报告上的批語。原文見“鉄証如山”。

③这是1963年1月10日某院上送的絕密报告中的一頁。由于在一月八日公安部汪东兴副部长召集某院有关領导干部談話时，已明确指出，刘允若的問題，是属于敌我問題。所以，在某院政治部的这份报告中，亦不得不承认刘的問題是属于敌我問題。

④、⑤为七机部政治部为了給“皇太子”选亲，东奔西走，四方拉线中的一份材料。××电影制片厂的复信中白紙黑字写着：“我們考慮不与該同志建立关系为宜”。

但七机部一小撮人为了討好刘家父子，根本无視对方組織意見。

⑥这是赵××同志（被安排与刘犯一起下連当兵）在1965年3月6日从連队写回的信，信中明确表示不同意在連队发展刘犯为預备党員，建議“回京后观察一段再发展較合适。但七机部某些当权派利慾薰心，一意孤行，硬要拉刘犯入党，图左下角为王义同代替党委副书記楊亚中的批示。（原文見第八版拉和鈷）

⑦王秉璋、刘有光1961年4月11日給三反分子罗瑞卿、梁必业、安东等人的黑信的附件（关于刘允若的培养教育計划）中的一頁。王、刘等人在文件中对刘少奇的吹捧讚，不遺余力，对这样的大毒草必須批判。

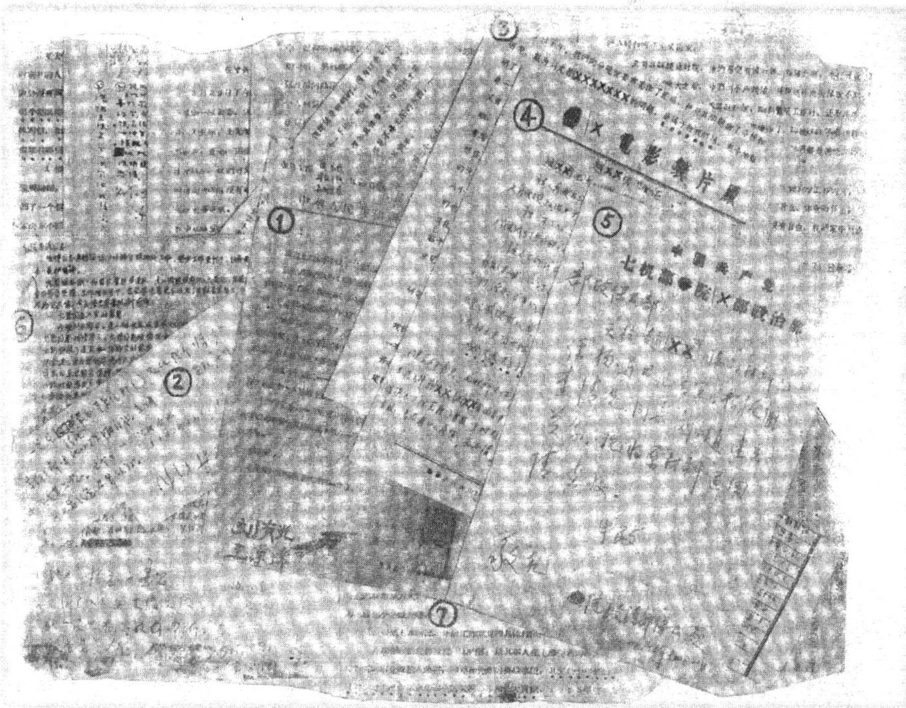

鉄証如山

（上接第三版）
妹大肆宣揚原子弹、氢弹威力和毁灭性如何强大，現代战爭很可怕。⑤他說，中国不出成果，是政治挂帅的結果。人家苏联不靠政治，不靠党团員的作用，成果一个接着一个”。（以上摘自×院政治部六三年一月十日的一分絕密报告）从这个揭发中看出，刘允若是一个极其反动的阶級敌人。他期待着在中国廿年后就会和現在的苏修一样，实現資本主义复辟，他仇恨我們的社会主义制度，他咒罵政治挂帅，他每句話每个字，对伟大領袖毛主席，对祖国人民都充滿了刻骨仇恨。

狐狸尾巴掩盖不住了，老妖婆王光美于六三年一月八日出馬召見了×部政委刘××，一室政指赵××，保卫干事王义同等人。王光美在談話中大肆吹捧刘少奇，說什么“刘主席看法正确，刘主席講过，刘允若不是思想問題，是政治問題”。王光美表面上也把刘允若大罵一通，說：“他是彻头彻尾的修正主义者，右派。他实质是反对他爸爸，反对我們社会主义。”老妖婆这一番談話，不仅把他們过去包庇刘允若的罪責推得一干二凈，而且把刘少奇吹捧为“老正确”把他打扮成社会主义的化身，一箭双雕，用心何其毒。在这个会議上，汪东兴付部长明确指出，刘允若問題的性质是敌我問題，要求：“对他（刘犯）要严加管理，应該叫他下放劳动。現在不要談爱人問題，入党問題，二，把他調离北京，放在其他地方工作，三，对他要考查一下看他有无泄露机密”。

刘少奇包庇叛国犯的大暴露

元月31日，×院根据汪东兴付部长意見，勉强提出两个处理刘允若的方案后，刘少奇的虛伪面貌就全部暴露了，什么“随便你們怎样处理”，什么“你們希望留这个人”，什么“不要怕我不滿意”等等，全变成了騙人的鬼話，2月8日，刘少奇，急急忙忙通过中央办公厅，传来黑命令：“两个方案暫不执行！”

短短八个字，完完全全暴露了包庇叛国犯的大头目的馬脚；是刘少奇包庇刘犯逃不脫賴不了的鉄証，它彻里彻外的暴露了刘老修伪君子假原則的丑恶嘴脸；彻底暴露了这个明里是人，暗里是鬼，既要包庇黑小子，又要沽名釣誉的假革命的丑恶灵魂！刘少奇就是七年来包庇叛国犯刘允若的总根子，魯迅說得好，“有这么一种人，既要做婊子，又要立碑坊”。用魯迅的話来照照刘少奇，实在再貼切也沒有了！刘少奇要包庇叛国犯、但又要伪装馬列主义者，伪装教子严格，向下面介紹情况等，又提出什么可以让刘劳动啦，鍛炼啦，但当公安部正式提出处理时，他就憋不住漏餡了，既不让下放劳动也不让調离北京。看来婊子就是婊子，立碑坊是立不住，立不长的。

缺德透頂，坏事作絕

既然刘允若問題已正式定为敌我矛盾，那就应該采用专政的办法，**“只許他們规规矩矩，不許他們乱說乱动”**。

但是，刘少奇、王光美、王秉璋、刘有光、张鈞一小撮人公然对抗毛主席的伟大教导，以及汪东兴同志的正确指示，王刘等人为了继续討好其黑主子刘少奇，变本加厉地縱容包庇叛国犯刘允若。

他們继续給刘允若大找对象。从女技术員，女医生，女演員，女工到小寡妇介紹一大批，供刘允若挑选。他們巴結刘允若的丑态，簡直难以言述。

六三年十二月二十三日×分院政治部的絕密文件“关于刘允若同志的情况续报”中写道：“在十一月份×指导員通过关系，給其（刘允若）介紹×医院一位女医生。刘說：那不成，我就討厌戴眼鏡的。后来，×指导員又通过××，×××二同志探他的口气，說，一室来了个女大学生，人才、思想作风都好，是党員，家庭社会关系无問題。刘认为在一个室工作不好”。后来，这个指导員还不死心，又将一个已有恋爱对象的女同志向刘犯介紹。

六四年四月二十五日，×院政治部的一分“絕密”报告中写道：“目前在其思想上考慮比較多的是婚姻問題。如上周因公上工厂×車間看到一位女同志，从外表看，比較喜欢，希望組织能帮助一下。为此，我們正准备通过有关领导进行了解，如果可能的話，尽量給予帮助”。

六四年七月二十七日，×院政治部的“絕密”报告写道：“我們又找了三个做医务工作的女同志照片征求他（刘允若）的意見，他看后說：我对做此工作的沒有好感”。

六四年七月底刘犯下連当兵以后，突然对××电影制片厂一个女演員赵××感兴趣了，于是又忙坏了这一小撮人，立即通知××公安部門进行調查。

更可笑的是，刘犯有一次流里流气地說道：“还是找个小寡妇好，小寡妇最懂得体贴丈夫”，保卫处长王义同（王这时已升官了）听了竟然信以为眞，急忙四处奔走，到处物色小寡妇。

够了，王秉璋、刘有光、张鈞这一小撮人把我党的政治工作，已經丑化的不象样子了。他們为了溜鬚拍馬，忠实地为其黑主子刘少奇效劳，什么龌龊事都可以干，早已丧失了共产党員的立場原則，甚至連起碼的道德品质都抛得一干二凈。

为了美化叛国犯，王秉璋、刘有光一小撮人还弄虛作假，硬往刘犯脸上涂脂抹粉，把叛国犯說成改恶从善了。某院政治部在六三年十二月十三日的“絕密”报告中說：“刘允若同志經过反修、五反、社会主义教育和国內大好形势的影响，都一次加深一次的刺痛了他的心，周圍的現实与他本人的思想不太吻合，因此思想斗爭比較激烈。在这种情况下，对苏联修正主义集团逐渐看清了；对苏联那个女朋友，現在看来也死心了；目前工作上和思想情緒上，从表面来看还是比較正常的。

这段話統統是說謊。事实上刘允若經过反修、五反、社会主义教育一点进步也沒有，他的思想仍然非常反动。他在六三年十二月写的三百零一个字的“社会主义思想小結”中說：“（我）一直对生活失去兴趣，整天恍恍惚惚，昏头昏脑……自己把自己比做一堆死灰…。人們說，工作做出成績来就会感到幸福，这句話对我不适用，因为我工作即使做出了什么成績，那就是上了×，我仍然是一堆死灰”。他在六四年七月更赤裸裸地說：“你們表面上看我好了点，但我現在实际沒有变，思想感到苦悶，一苦悶就看苏联色情小說，……看毛选看不下去，看了也解决不了我的思想問題”。看，这个混蛋反毛泽东思想到了何等猖狂地步！

更严重的是，刘犯在六四年一月二十五日写了一份所謂“二十条学习小結”，别有用心地吹捧他反动老子破坏农村四清运动的“后十条”，說什么“政策本身是这样具体，那样有說服力，我觉得，世界上任何一个国家共产党也制定不出这样一个文件。”王、刘死党对这样一个反动透頂的小結，如获至宝，馬上打印上报。还亲自批示：“經过这个学习，确有很大进步，应該予适当鼓励”。

刘允若的这些言行都是明目张胆地攻击我們伟大領袖毛主席，反对毛泽东思想，而王秉璋，刘有光、张鈞一小撮人却百般为他叫好，他們爱的是什么，恨的是什么，不是昭然若揭了嗎！

尤其不能令人容忍的是，当刘允若的罪行包不住的时候，他們竟采用下放当兵的办法，出卖党的原則，把叛国犯刘允若塞入党內，給他披上了共产党員的外衣（詳見本期第七版）。

史无前例的无产阶級文化大革命开始了。王秉璋、刘有光、张鈞等一小撮人害怕其黑主子刘少奇、王光美以及他們本人包庇縱容叛国犯刘允若的罪行被揭发出来，继续負隅頑抗，給刘犯种种机会，在群众中造成威信，压制革命群众。六五年五月卅一日，七机部政治部的机密文件中，还大肆吹捧里通外国犯，說什么“技术員刘允若（刘少奇主席之子——按：念念不忘刘記标籤）立場鮮明，观点明确，在声討大会上猛烈地向反党反社主义黑线黑邦开火，六六年六月二十三日，楊亚中在部、所負責同志会議上阴謀布置：“关于刘允若的問題，如果有人写大报，要做說服工作，不要联系刘主席…。”然而，烏云遮不住太阳。在毛主席革命路线的光輝照耀下，中国的赫魯晓夫刘少奇，大政治扒手王光美被亿万革命群众揪出来了，叛国犯刘允若被揪出来了。三反分子王秉璋、老叛徒刘有光、变节分子张鈞也被我916战士揪出来了。

刘少奇、王光美以及王秉璋、刘有光、张鈞等一小撮人，包庇叛国犯刘允若的罪行，鉄証如山，不容抵賴。現在，你們对党对人民所犯的滔天罪行、到彻底清算的时候了！

916一部《批刘賊》联絡站

十二道《金牌》

据初步了解，从六〇年到六四年，刘修少奇就刘允若問題就直接和間接給七机部王秉璋、刘有光等人下达了十二次「圣旨」，时間表如下：

第一次：一九六〇年十二月十二日通过××办公厅××来×院传达刘少奇的黑指示，并交給刘犯与苏联女人来往的几封信。

第二次：一九六一年三月二十四日通过××办公厅轉达刘少奇的黑指示。

第三次：一九六一年五月十七日刘少奇通过××部下达黑指示。七机部参加人：张鈞、王义同。

第四次：一九六一年五月二十日刘少奇等召見张鈞、王义同。

第五次：一九六二年三月二十九日刘少奇、王光美等召見楊亚中、张××、王义同。

第六次：一九六二年四月二十一日刘少奇通过××部下达黑指示。参加人：王义同。

第七次：一九六三年一月八日王光美等召見刘××、赵××、王义同。

第八次：一九六三年一月三十一日楊亚中向××部汇报情况。

第九次：一九六三年二月八日××部××电話向楊亚中轉达刘少奇黑指示。

第十次：一九六三年三月二十六日通过楊亚中轉达刘少奇黑指示。

第十一次：一九六三年五月二十九日王光美等召見楊亚中、王义同。

第十二次：一九六四年六月上旬刘少奇、邓小平参加了七机部首届党代会并給王秉璋、刘有光、张鈞之流下达黑指示。

炼紅心还是泥胎抹金

——評“修养”的活样板刘允若的《下連当兵以来的思想小結》

916《批修养》战斗队

上图照片为七机部政治部吹捧刘允若的“思想动态”

伟大領袖毛主席教导我們說：**“凡是錯誤的思想，凡是毒草，凡是牛鬼蛇神，都应該进行批判，决不能让他們自由泛濫。”**

党內头号走資本主义道路的当权派刘少奇所泡制的《修养》，背叛馬克思列宁主义的无产阶級专政学說，要人們脫离阶級斗爭去进行“自我修养”，使人們越“养”越“修”，越“修养”越成为修正主义，最后在中国复辟資本主义。子承父业，他的黑小子刘允若的《下連当兵以来的思想小結》（以下簡称《小結》）同样鼓吹脫离阶級斗爭，脫离轰轰烈烈的三大革命运动，脫离群众，去进行“自我修养”，是按《修养》的道路培养出来的活样板。

黑老子的《修养》，黑小子的《小結》，都是大毒草，必須彻底批判。讓我們看看《小結》是怎样来販卖《修养》中的黑貨。

宣揚黑《修养》，貶低伟大的毛泽东思想。

林彪同志說：“要把‘老三篇’作为座佑銘来学，哪一級都要学，学了就要用，搞好思想革命化。”刘允若这个大坏蛋去当兵却捧着他黑老子的《修养》来做为改造思想的座佑銘，說什么：“我认真地讀了《論修养》……认清了为什么要进行改造和怎样改造。”在一万五千字的《小結》中，沒有一处談到他在人民解放軍这个毛泽东思想的大学校里，怎样在广大干部、战士的影响和帮助下改造思想，取得进步的。相反，却連篇累贅地描述自己“閉門思过”，靠“自我修养”来改造思想。什么想到徐老，克服了半个“古来稀”，年大体衰的困难；什么想起童年，又重新拣起了艰苦朴素的革命传家宝，……完全是虛假和空談，全是假話。

毛主席教导說：**“我們共产党員应該經风雨，見世面；这个风雨就是群众斗爭的大风雨，这个世面就是群众斗爭的大世面。”**刘犯在《小結》中却宣揚他黑老子的脫离阶級斗爭的“修身养性”之道。他赤裸裸地說：“要‘苦其心志’，劳其筋骨，餓其体肤，空乏其身……。不这样……自私自利个人主义思想就不可能有所克服。”这样提一下，他感到不够劲，于是乎又不惜笔墨，大談其”体会。說：“……在施工中是什么支持着我呢？有多少是体力能支持的，有多少是精神的力量？我只知道，我全身的关节都不灵了，活动很困难，手指伸不直但也握不起拳头；有一次休息时我去上厠所，我蹲不下去，腿关节僵了，費了很大的事，受了些痛苦才勉强蹲下去，可是又立不起来了”等等。在作了这样一番精心的描绘之后，又画龙点睛地說：“这就是“苦其心志，劳其筋骨，餓其体肤，空乏其身……”，……就是这个支持着我”。这完全是牧师式的說教，完全是《修养》的典型写照。

毛主席說：**“因为我們是为人民服务的，所以，我們如果有缺点就不怕别人批評指出。……只要我們为人民的利益坚持好的，为人民的利益改正錯的，我們这个队伍就一定会兴旺起来。”**而刘犯在談到（自己认为）被“誤解”时，胡說什么：“按毛主席的話办：‘言者无罪，聞者足戒’，‘有則改之，无則加勉’。話虽这么說，可是一口气出不去”。但是，“我又讀了《論修养》……‘对待同志最能寬大容忍和委曲求全’；……这就是应該如何对待‘誤解’，讀了这段之后，我的心平靜下来了，我应該照这样去做。”看，刘允若这个混蛋

林彪同志說：“毛主席的話水平最高，威信最高，威力最大，句句是眞理，一句頂一万句。”而刘犯这个反动透頂的傢伙狗胆包天，把他黑老子的一片胡言乱語竟然拿来和我們伟大領袖毛主席的金光閃閃的語录分庭抗礼，用偷梁換柱的手法大肆攻击伟大的毛泽东思想，汚蔑毛主席的話不解决問題，反而处处捧出《修养》黑貨，宣揚《修养》是万灵葯膏，眞是何其恶毒也！

宣揚“吃小亏，占大便宜”的市儈哲学。

毛主席教导說：**“全心全意地为人民服务，……一切从人民的利益出发，而不是从个人或小集团的利益出发。”**还要我們学习**“白求恩同志毫不利己专門利人”**的共产主义精神。

党內头号走資本主义道路的当权派刘少奇却胡說什么：“吃小亏占大便宜是向相反方向发展的規律，……占小便宜吃大亏，吃点小亏占大便宜”。还胡說：“个人利益一定要照顧，沒有个人利益就沒有整体利益，……因此不是大公无私而是大公有私”。

刘犯在《小結》中，則将他身体力行其黑老子的一套私貨更具体化了，說：“我有意识地鍛鍊自己，……滋味是不好受，可是我能咬住牙，坚持下去。”虛伪地大談吃剩飯不吃油条的“体会”。說什么：“自己把吃剩飯也当作是思想意识的鍛鍊。”还煞有介事地說：“有一次吃油条，……我很想吃油条，……这是一次考驗。”接着又說：“桌上的剩飯我已經起带头作用，盛了一大碗，别人都吃油条了，……我的思想斗爭越来越激烈了，……就在这一刹那时間中，我考虑了好几十个問題，……这样一想，我突然感到有力量了，又去盛了一大碗小米飯。”少吃几根油条，在他看来是“吃了点小亏”，但后来經这么一吹噓就自然“占了大便宜”喏！这完全是他黑老子的高級个人主义的典型写照。在吃剩飯这点上，刘犯还进一步吹噓，“多吃了一碗小米飯，赢得了很宝貴的东西——在艰苦朴素的道路上向前迈了一大步。”这又是自欺欺人之談。就是这个黑《小結》的作者，下連当兵回来后，每星期六都要到高級飯館“湖北餐厅”去大吃一頓，平时經常不在食堂吃飯，这就是他所赢得的“艰苦朴素”作风！这不更暴露了刘犯为什么要在“油条”、“剩飯”上大做文章的伪君子之心了嗎？！

《小結》的最后，刘犯抑制不住由于欺騙而赢得“五好战士”“党員”桂冠的喜悅，道出了眞情：“下放鍛鍊中所得到的东西比失去的多得多。”的确，他失去了什么呢？又得到了什么呢？他“咬住牙”吃了点“小亏”，但却得到了“大便宜”这就是：在七机部党內一小撮走資派的庇护下，半年多的时間，刘犯从一个灵魂骯脏透頂的大坏蛋、被定性为“敌我矛盾”的里通外国犯，变成了一个披上了“共产党員”外衣的“模范”何其卑鄙也！

七机部內的一小撮走資本主义道路的当权派王秉璋、刘有光之流，对其黑主子的《修养》，从来是不惜工本，大量印刷，不分等級，人手一册，下通知、訂計划、提要求，列为党課必修。当毒草《小結》出籠后，王刘死党同样捧为“圣宝”，七机部的政治刊物《思想动态》为它出专門增刊，并冠以“連队熔炉炼紅心”的美名，上送下发。×部政治部在推荐这个《小結》时还加了个“按語”，要大家“以組为单位讀一讀，議一議，从中吸取一些营养。”吹捧它“很生动，讀起来很有味，很能启发人想問題。”他們甚至还把它发給当时在张家口地区参加“四清”的64年毕业生，叫花几天时間专門进行学习，立为写“四清”总結的样板。剛剛踏上工作崗位分配到七机部的65年毕业生第一堂課就是学习《小結》……。够了！由此我們不难看出七机部这一小撮党內走資本主义道路的当权派王刘死党，为了反对馬克思列宁主义，抵制伟大的毛泽东思想，疯狂地推銷黑《修养》和黑《小結》，企图将广大革命知识分子的思想革命化引入歧途，为在七机部复辟資本主打下思想基础，其用心多么阴险呵！

“金猴奋起千鈞棒，玉宇澄清万里埃。”讓我們无产阶級革命派高举革命的批判大旗，叫刘少奇和他的黑《修养》，它的活样板刘允若及其黑《小結》一起見鬼去吧！

談「包庇」

·一兵·

今年一月，刘允若叛国案东窗事发后，九一六兵团說，是刘少奇、王光美、及其黑爪王秉璋、刘有光之流包庇了这个里通外国犯。可是七机部党内一小撮走資派及其御用保守組织新九一五却恶狠狠地一再造謠說什么九一六包庇刘犯。对此，六月三日周总理明确指出：『刘允若是刘允若，九一六是九一六』，一下子把那一小撮人的政治陷害阴謀戳穿了。

究竟誰包庇呢？近查辭典，有了定义。包庇者，即对坏事，知情不揭，或揭而不尽；对坏人，匿藏不报。有了定义，辯論也就有了标准。是誰知道刘允若里通外国而不揭，或揭而不尽呢？不是九一六的战士，正是刘少奇、王光美、王秉璋、刘有光之流，正是那些昔日編写『絕密』报告，今日尙念念不忘搞垮九一六革命造反派的一小撮人。他們为什么如此呢？答案无他，只因他們与刘少奇站在一条线上！

看，政治部的鑑定是如何給刘犯乔装打扮的

刘允若，刘主席（应讀刘老修）之子，男，1933年（**按**：原文如此，应为1929年）生，65年5月入党，60年(归国的)留苏生。

生活表現不特殊，騎着一个很破的車子，穿的也不特殊，表面上看不出什么問題（**按**：一語道破了天机，說明政治部是知道刘允若有問題的，而且問題很大，性质严重；不过由于他們对刘、邓这样的“老干部”感情深　，善于保卫刘允若这样的“党”和“国家”的机密，因此‘群众从表面上看不出刘有什么問題），但政治上比較沉默，开会学习从不表示态度，每天回家，前些日子搬到分院住，給了一間房子，因晚上睡不着觉又回去了。

从苏联回国后政治上不开展，在历次政治运动中比較沉默，思想較落后，工作干劲不足，責任心不强，业务能力較差。64年下放連队后，轉变很大，进步很快，在連队入了党，对过去錯誤有了深刻的认识。在工厂劳动鍛炼期間及农村搞四清期間均表現突出，对主席著作感情深（**按**：此話含蓄巧妙令人叫絕，发人深思！从刘犯的“思想小結”中，只能看出他感情深的只是他黑老子的著作），并能以主席著作来改造思想，改进工作。文化大革命中，立場观点鮮明，在×部声討邓拓黑帮大会上发了言，并以自己怎样走革命的路亲身体会来駁斥黑帮，群众反映很好。

院政治部1966.6.5

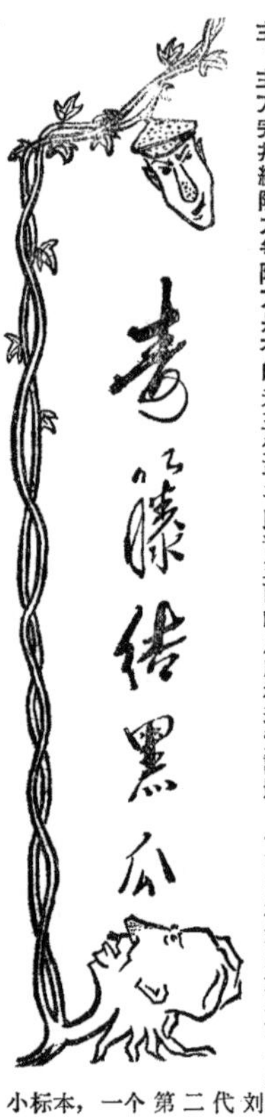

我們伟大領袖毛主席敎导我們說："在我国，虽然社会主义改造，在所有制方面說来，已經基本完成，……阶級斗争并没有結束。无产阶級和資产阶級之間的阶級斗爭，各派政治力量之間的阶級斗爭，无产阶級和資产阶級之間在意識形态方面的阶級斗爭，还是长时期的，曲折的，有时甚至是很激烈的。"中国的赫魯晓夫、党內头号走資本主义道路的当权派刘少奇，多年来将其反革命修正主义的毒手，伸向党、政、軍、民各个領域。在培养青年成为他实行資本主义反革命复辟方面，也毫不例外。他的二儿子刘允若从資产阶級个人主义发展成投敌叛国犯的过程，就是刘少奇的反动立場和腐朽没落的資产阶級世界观从理論到实践的罪恶縮影。

从一九四六年到一九六七年，刘允若直接間接受刘少奇、王光美的精心培植，被灌入一整套反党反社会主义反毛泽东思想的毒汁；又在苏修社会大染缸中生活六年，因而成为一个反革命修正主义分子，一个黑《修养》的小样板，一个卖国主义小标本，一个第二代刘少奇。

一、黑老子妄图复辟資本主义

黑小子恶毒攻击社会主义

毛主席敎导我們："凡是要推翻一个政权，总要先造成輿論，总要先做意識形态方面的工作。革命的阶級是这样，反革命的阶級也是这样"。长期以来，刘少奇疯狂反对光焰无际的毛泽东思想，反对毛主席关于社会主义社会阶級和阶級斗爭的理論，大肆鼓吹阶級調和論和阶級斗爭熄灭論，就是为反革命的阶級夺取无产阶級政权所造的輿論。

一九五六年，刘少奇在八大政治报告中公然同我們伟大領袖毛主席唱反調，胡說"中国社会主义和資本主义誰胜誰負的問題現在已經解决了"。这是鼓吹阶級斗爭熄灭論。

一九五七年三月，刘少奇在河南干部会上更露骨地說："如果我們講到非无产阶級思想，講到农民阶級(？)思想，講到地主阶級思想，是講过去的，是反映了那个阶級存在的时候"。这是取消意识形态領域內的阶級斗爭。

一九六二年，国內外阶級斗爭十分尖銳，激烈。毛主席再次强調千万不要忘記阶級斗爭，而刘少奇則再次抛出黑《修养》，鼓吹不要阶級斗爭，不要无产阶級专政，为在中国复辟資本主义大造輿論。

为了这些目的，刘少奇大量販卖苏修技术挂帅，物质刺激，只专不紅，和平演变等一套修正主义黑貨。

一九五二年，刘少奇就对我国留苏予备生講："中国現在是有錢，有劳动力，有机器設备，就是没有工程师"。

一九五五年，他写信告訴刘允若："把坚持学习放在第一位，把現在得多少分数放在第二位"。

一九五七年，他又講："我們的党員团員和革命知识分子，都要下苦功学习，认眞鉆研业务"，"只要学好一門专长，将来会成名成家，就有了一切"。

刘允若对其黑老子这一套跟得特别紧。他在一九六〇年以后講："地主阶級的子孙后代都死了还不算消灭阶級？那末只有劳动人民不受資产阶級影响了才算消灭阶級了嗎？"

一九六三年十二月二十一日，刘允若攻击我們农村政策說："楊州有一戶人家，有一百多亩田，……没有看到他們剝削过什么人，但是剝削过牲畜，他們家养了很多牛，拚命地让牛干活，象这样田多人口多，没有剝削别人，不划地主也要划富农"。

一九六三年刘允若胡說："中国的卫星上不去，是政治挂帅的結果；人家苏联不靠政治，不靠党团員作用，一个接着一个卫星上天"，"在苏联訂一个方案，只要几百卢布，几天就拿出来了"，"不講物质刺激是不行的。"

一九六二年，三反分子张爱萍来七机部放毒，給某些青年的所謂理想編了一套順口溜："老婆孩子在一起，卫生設备加煤气，两間房子收音机，洗洗涮涮有阿姨"。刘允若听后十分欣赏地說："这几句話倒反映了城市一般人的理想"。当时有同志說："这些东西在我們这里反映較严重，应当加强教育，抓得紧些。"刘允若一听就很反感，他說："那可不行，再抓紧就該把人逼上吊了！"

但是，刘氏黑父子这一套資本主义复辟梦想在中国是到处碰壁的。于是，刘允若就多次狂叫："在中国没有自由"，"我要自由自在地生活，……直到我生命的最后时刻"。他还着手收集我們社会主义社会的所謂"看不慣的現实"材料，准备写一本反党反社会主义的小說。他奸险地对他妹妹講："再过二十年，等中国象現在的苏联一样的时候再发表"。这就赤裸裸地暴露了刘氏黑父子在中国复辟資本主义的梦想。

二、黑老子吃小亏占大便宜

黑小子个人野心釣大魚

刘少奇极力宣揚"吃小亏占大便宜"的所謂"向相反方向发展規律"。他对黑小子刘允若說："說老实話，做老实人，干老实事，会吃亏，但最后不会吃亏……这样經过一个时期，就可能入团；再經过长期努力就可能入党"。

一九五五年，他在給刘允若的信中写道："我記得你去延安中学讀书之前，我就向你說过，在先生和同学們面前不要怕自己吃一点亏，……在你去苏联之前，我仍旧提出这点要你牢記"，"要取得人民对你的信任，……首先要取得你的組织，你的同学們，先生們以及一切熟悉你的人們的信任"，"人民不信任你，即使你学了什么本領也是没有用的"。

刘允若对其黑老子这一套也是身体力行、从不违背的。一九六四年七月，刘允若在公共汽車上要流氓被派出所拘留。七机部內王秉璋、刘有光、张鈞等一小撮走資本主义道路的当权派，既要为刘犯"保密"，又要为皇太子鍍金，决定遵照他們的黑主子黑后台的旨意，将刘允若送往連队"避风"加"鍛鍊"。刘允若一听，认为是送去"劳动改造"，就悲观地哀叹："这一下可完了！"心情十分沉重。为給皇太子解除疑虑，王秉璋等人决定派出室主任、党团骨干同刘犯一起下放，并让×院政治部主任楊亚中和保卫处长王义同对刘犯百般安慰，暗示，于是刘犯轉悲为喜地說："領导上把我当骨干呢！"一語道出了刘犯捞取政治資本往上爬的丑恶灵魂。

一到連队，刘犯就照其老子的指示，苦其心志，劳其筋骨，苦心"修养"起来。凡是别人能看見、或者能出头露面的事，他就去"吃点小亏"。

吃油条时，他硬着头皮去吃剩飯；

施工回来，他"劳其筋骨"去挑洗脸水；

連长上厕所时，他赶忙抱个水桶跟进去涮厕所；

缺少工具，他自己花錢买把鐮刀。

"亏"吃得可謂多矣！但其灵魂深处如何？請看刘允若的体会："做了点事，就要别人来表揚自己，不表揚就感到难受，又吃亏了。有时甚至自己表揚起自己来。在这种动机支配下，就会在有人看見时才做好事，没有人看見时，就不做"。

眞是"上天"不負有心人。"降大任"于斯人矣！請看"大便宜"随之而来。刘犯吹噓說："下放鍛鍊中所得到的东西要比失去的多得多！""当兵一年多，我这个落后分子，两次受奖，評上了五好战士，还入了党"。

刘少奇常說："要能上能下，下了还是要上的，下連当兵，将来会当連长、营长、团长……"。于是，刘允若下連当兵刚回来就嚷着要再回連队，他說："象我这个人到連队当个連排长是完全可以的"。有了本錢了。

刘少奇說："当农民亦一样，干得好，工作能力强，就会当生产队长、大队长、公社社长……"。于是，刘允若一九六五年跟王光美搞了几个月四清后回来，又叫要再回农村。他說："我在农村当个大队长、公社党委书記还不錯"。

父唱子随，狠子野心大暴露，这是黑《修养》从理論到实践的最深刻写照！

三、黑小子仗势欺人驕傲自大

黑老子用名利地位鼓励他

一九四七年，刘允若已同刘少奇共处了两年，近墨者黑，把旧社会在上海失业工人家中受的苦处忘的一干二淨；相反，背上了"高干子弟"的包袱，盲目自大，看不起群众，入团未被批准就同組织鬧对立，諷刺同学，辱駡团員。一九四九年，刘允若随同刘少奇进入北京，更是狂妄自大，不可一世。于是，刘少奇找他多次談話：

"毛毛，我經常找你談話是很不容易的啊！你知道，有很多干部要到别处工作，想找我談談。一等等了好几个月，都没等着，后来到底是等不及而走了"，"因为你是我的儿子，我有这样义务教育你，否則就害了你自己"。

看，刘少奇对干部，对党的工作是何等残忍！而对刘毛毛又何等亲切！为什么？"否則就害了你自己"，"因为你是我的儿子"！这是刘少奇助长刘允若盲目优越感和专門利己丑恶灵魂的大暴露，从这种专門利己主义出发，一九五四年，他利用职权之便，把滿脑資产阶級濫污的刘允若送到苏联留学了。

这个"皇太子"深受黑老子薰陶，更是仗势欺人，毫不利人。他到苏联之后，把帮助他的一个中国同学赶出了同住的房間，强令其他同学按照他自己的需要进行学习互助，"常常把同志当作敌人看待"。后来又感到所学专业不合意，常常到我国駐苏大使舘大吵大鬧。他写信給刘少奇說："别人越給我解释专业的重要性，我(越)感到煩得很"，"我去当小学教員，也不干什么×(专业)"，"在我生活中有什么？有的只是少談笑，寡言欢"，"我現在已經是呆若木鸡，是个活僵屍"。

刘少奇在他的黑儿子面前，收掉伪装，用专門利己，毫不利人的精神写信說："没有一門专业知认，則可能不論干什么都难以干好"，"孙中山原是学医的，并不妨害他后来成为伟大的政治家；魯迅原来也是学医的，并不妨害他后来成为伟大的文学家"；"你現在学完你的专业，难道会妨害你将来去干别的什么嗎？"

刘少奇就是用当伟大的政治家、伟大的文学家，党的領袖等等，去培植他的黑儿子的个人野心，眞是一付吕不韦式的政治投机商的黑心腸！

四、黑老子靡爛透頂

黑小子腐化墮落

刘少奇是一个滿身散发着資产阶級臭气的傢伙，他十分迷恋資产阶級荒淫无耻的生活。早在一九六二年，他就宣揚說："現在苏联的情况当然与那时不同，那里已經什么都变得很漂亮了。人民在一起常講生活，女人搽胭脂，抹口紅，戴宝石戒指……"。一九六〇年，他公然无耻地宣揚"共产共妻"，他說："康有为講男女同居不能超过一月，到期必須换人，其目的是消灭宗族关系"，"共产党員不宣传共产共妻是策略問題。相信家庭永世不灭是不对的。現在(家庭)不是生产、消费、教育单位，何必死保留生育单位不放？結果和生产力发展矛盾。要大解放，各方面有好处。"

(下轉第七版)

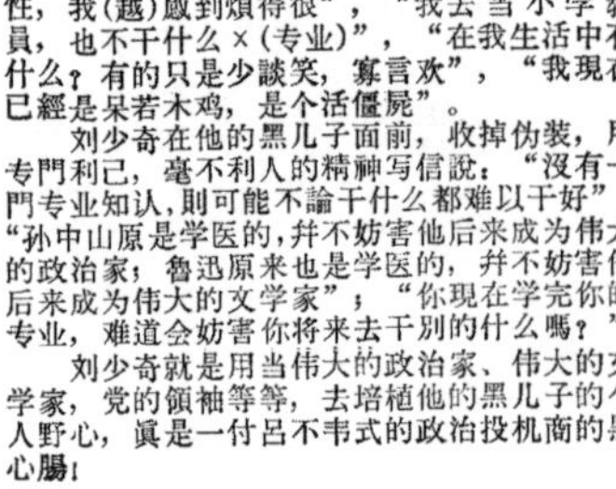

刘老修想当皇帝，天坛下梦求复辟；
黑小子精通修道，追赫秃叛国投敌。

拉和钩

叛国犯刘允若入党的秘密

九一六《紅云》战斗队

1965年5月12日，党内头号走资本主义道路当权派刘少奇及其臭妖婆王光美苦心培育的修正主义苗子刘允若，在王秉璋、刘有光等人的百般包庇和施放的烟幕掩护下，使出他老子黑《修养》中的“吃小亏，占大便宜”、“委曲求全”、“苦其心志，劳其筋骨，餓其体肤，空乏其身”、“假公济私”等諸般解数，在下放当兵期間，混进了中国共产党。

为了在其黑主子面前邀功封賞，为了蒙蔽七机部的群众，在刘犯入党后，王秉璋、刘有光們还不惜工本，派政工人員为刘犯炮制“思想小結”，并冠以“連队熔炉炼紅心”的美名，在全部性的刊物“思想动态”（1965.6.9）上以增刊（見图）形式大登特登，上报下发，要全体人員认眞学习。

这是在刘修記黑交易所里成交的一笔政治买卖。

早在1960年7月刘允若来到我部时，对政治气候很敏感，哪边风硬就往哪边倒，善于吹拍逢迎、攀高結貴的王秉璋、刘有光就拿刘少奇这个宝貝儿子当作进身之阶，計划把他拉入党內，然后担負“大任”，以博得他們的黑主子的欢心。可恨这位刘二公子太不爭气。虽然他和群众接触不多，关于他的活动和思想被王、刘及其追随者严格保密，但就凭当时在群众中传聞的刘少爷对中国妇女看不上眼，一心只要苏联洋女这一点，也决不会得到党員群众通过，何况后来刘犯叛国罪行已由公安部、中央办公厅通知王秉璋、刘有光等少数人后，王、刘死党也害怕承担把刘犯拉入党內的責任。既想把刘犯塞进党，又不承担責任还要註支部党員通过，怎样实現这笔不担风险，不要本錢的买卖呢？

在伟大的无产阶級文化大革命中，通过群众的揭发，和916兵团已取得的部份材料印証，这个謎底終于揭开了。

下放“避风”——保駕入党的起点

1964年7月6日晨8时，刘允若在五路公共汽車上耍流氓，被群众扭送到新街口派出所。此事发生后，王秉璋之流不仅未作处理，反而指使有关人員严格“保密”，以便“使他(刘犯)不感到有压力”。但是又怕紙里包不住火，万一传出去岂不有碍了他們的黑后台刘修的体面？于是，經过一番精心策划，一个送刘允若下放連队“避风”带鍍金的黑决定做了出来。为了不使刘公子感到这是对他的压力，还特别精选了几名骨干陪同下放。在临行前，7月17日上午9时40分，专門負責刘犯工作的院保卫处长王义同和刘允若娓娓长談了一个半小时。王义同根据刘少奇1961年5月20日关于刘允若問題的黑指示：“还可以利用他的个人主义，鼓励他用在工作上、用在处理問題上試試看”的精神，大談刘允若“进步的方面”，对他作了許多暗示和提出了“希望”。

一提起希望，刘允若这个极端敏感的黑《修养》样板，自然心領神会。果然，他向王义同提出了一連串問題：

“能否在部队提出入党申請？”

“不是部队人員能否发展入党？”

“入党申請书要坦白眞实地写出身經历，（这）与不暴露身份的矛盾如何解决？”

刘允若眞是不淸楚这些問題嗎？去連队当兵改造思想一定要先了解这些問題嗎？不，完全不是！刘允若提出这些問題完全是摸底。把这些黑話翻譯出来，就是：“如果我去連队苦干一場，你們能不能把我保駕入党？”“把我皇太子的招牌亮出来，是不是入党更方便一些？”

按照慣例，一般干部短期下放，是不能在下放单位发展入党的。这一点王义同很淸楚。可是这位来做刘犯工作的王义同，根据自己长期为刘少奇、王光美、王秉璋、刘有光听差的老經驗，揣摩他們的意图，深知把皇太子塞进党內是他們的予謀，因此，不顧党的組织原則，毫不犹疑地答复說：“可以考虑。”

就这样，一場用黑話进行的买卖党票的交易談妥了。

組織准备和輿論准备

刘允若果然沒有辜負他黑老子及其大小听差們的期望，他的个人主义被充分“鼓励”和“利用起来了。”行前，他抓紧时間練习打背包，作出积极要求“鍛炼”的样子。

在火車上，他“两次主动扫車廂”，他“拒絕睡臥舖”，裝摸作样地說：“还是給我一次鍛炼机会吧！”

到了連队后，他当天就“跟战士一起去菜地拔草，整理环境卫生”；他“主动”扫地、提水、掏茅坑，帮战士洗衣服、刷鞋子、擦面盆等等；紧急集合或行軍时，他不叫累，“不叫苦”；他“午睡前，躺在床上，还爭取时間看一段毛主席語录”，学习毛著后，又写出“心得笔記。”对于不知刘允若底細的連队干部和战士，刘犯的这些表現是

（下接第八版）

毒籐結黑瓜

（上接第六版）

刘少奇的腐朽沒落品质是人所共知的。他对一切黃色影片都大加讚尝，对美国影片《出水芙蓉》百看不厌，他在男女关系上喜新厌旧，未离先聚，最后同資产阶級臭婆娘、交际花、吉普女郎王光美臭气相投，撮合在一起。他在出国訪問中，对資本主义国家的“总統”的宮殿，豪华的摆設，妖艳的宮女，都神魂顚倒，垂涎三尺。

在刘少奇的薰陶下，刘允若同样是个大流氓。他在机关工作，几乎每天都要回家过資产阶級式的生活，收听西方和苏修广播，欣尝黃色音乐和苏美色情影片，看西方十八世紀的愛情小說，滿脑子金錢、女色、名利、地位。他在舞会上、公共汽車上耍流氓，曾經被公安派出所拘留。他对工作无所用心，想苏联女人想得“活着还不如死了好”，“不止一次地准备自杀，再过一分鈡就进入一个沒有痛苦和悲伤的世界。”完全是西方資产阶級思想浸透了骨髓的浪蕩公子角色。

为了滿足刘允若的流氓慾望，刘少奇、王光美以及他們在七机部的黑爪牙王秉璋、刘有光、张鈞之流，亲自出馬或指派政工干部，到处为刘允若物色女人。他們从女工到女技术員，从女护士到女医生，从話剧演員到电影演員，从年青姑娘到小寡妇，从本組本室到东北、云南，用私人介紹或組织名义，同时挑选一大堆女人照片供刘犯猎取，还把这一工作作为“政治工作的重要任务”，他們說得齷齪，想得骯脏，干得卑鄙，不顧起碼的社会主义道德，滥用职权为其出謀撮合，眞把党政工作糟蹋到了无以复加的程度了！

五、黑老子崇洋媚外 黑小子叛国投敌

刘少奇一貫崇洋媚外，大搞卖国主义，宣揚洋奴思想。全国解放后，他鼓吹要当“紅色买办”；以后又拜倒在苏修脚下，大搞民族投降主义。他声嘶力竭地吹捧苏修，胡說：“只有学习苏联，才能学到馬列主义。”一九五四年，他出卖党的独立原則，企图把中国留苏学生的党团組织关系交赫魯晓夫集团。一九六〇年，他奴顏婢膝地多次感謝苏修的“无私援助”，鼓吹同赫魯晓夫現代修正主义叛徒集团搞“团結”，并不打自招地供认，他和苏修領导集团的团結“是由共同理想和共同事业联系起来的。”“苏联的今天，就是我們（按：应为刘、邓）的明天”，他在十二月上旬在莫斯科三呼赫魯晓夫及其“苏共中央”“万岁”，眞是一付十足的洋奴才和儿皇帝丑态。

为把刘允若培养成苏修的奴才，以便刘少奇有朝一日在中国实現資本主义复辟后，使刘允若担任象阿朱別依那样的出卖民族利益的政治掮客角色，一九五五年，刘少奇写信給刘允若，大吹苏修，連飲食也吹上了天，他說：

“你現在是在一个新的环境中生活和学习，你应想办法去适应新的环境，要創造条件使生活过得更好些，以保証身体健康。苏联的飲食是很好的，它的营养价値比中国飲食要高得多。大多数到苏联去过的同志，回来都增加了体重，我最近两次去苏联，体重都增加了几个公斤。但在开始时对奶品和生魚我吃不慣，过一个时期吃慣了，覚得他們的味道很好。不要对苏联的飲食存成見，应习慣去吃苏联的有高度营养价値的飲食。”

在这里，刘少奇对苏修集团故意不給我国留学生作中国飲食、强奸中国习慣的大国沙文主义恶作剧逆来順受；把堂堂“六亿神州尽舜尧”的社会主义中国說得似乎連一个人也养不胖，眞是同赫禿驢攻击我国人民“喝淸水湯”的反动叫囂一唱一和。刘賊少奇的这种洋奴卖国思想，对刘允若影响极大，这个黑小子正十分沉醉于苏修特权阶层的西方資产阶級生活方式。从吃喝玩乐到汽車別墅，从黃色小說到靡靡之音，从流氓阿飞到特权阶层，从尔虞我詐到篡党篡政，莫不为之傾倒。后来，他竟同一个苏修女人勾結，从此迈出叛国投敌的第一步。

刘允若回国之后，已經变成了一个彻头彻尾的苏联修正主义洋貨色。他对伟大社会主义祖国的“一切都看不慣”，“对中国的現实格格不入”，“认为外国的一切都好”。請看刘少奇一九六一年五月十日供认：

“他在苏联几年，受苏联的生活方式影响很深。現在他与苏联那个女人恋愛不是目的，眞实目的是到苏联生活，叫他去他就不回来了。其实他对那个苏联姑娘，以及那个苏联姑娘对他都不是那样十分愛慕的。”

为投敌叛国，刘允若到处打听如何偷越国境，如何投奔苏联駐华大使館。1960年11月，又想趁其黑老子去苏联之机随机逃往苏联。在这些阴謀未逞之后，他找刘少奇的随行人員給那个苏联女人带信，通过他的妹妹用“北京航空学院”的假通信处作掩护，本人也多次写秘信、打长途电話，同那个苏联女人搞秘密联系，当这些非法活动被我公安部門和組织上制止时，他大耍无賴地說：“你們不准我通信是违背宪法的……”，“不如把我拉到刑場絞死”。

那个苏修女人十分不簡单。在一九六二年，正当赫魯晓夫修正主义集团疯狂反华，在报刊上連篇累牍地发表文章攻击我們伟大領袖毛主席和中国共产党时，她的活动也十分活跃。她通过××带給刘允若一包物品：一盒糖，一盘录音磁带、小鈡表、小說等。糖盒是特制的双层底，夹层中放有大量信件等。每块糖上都有特制标記，指明送給誰的。其中有一块注明叫刘允若“嚐嚐硬不硬”，并在糖的背面用俄文字母注明里面有信。小說是一般小說，但在其中插入了两頁活頁，一般人很难发現。活頁上印的是一个故事，說的是某国有一个叛国犯如何克服重重困难达到了目的，而且最后成了名，成了家。夹层中信件告訴叫刘允若“最后还有一个办法，就是找我們的（駐华）大使館”；并說：“听說在会上研究你的問題，我心神不安”；“如果你准备死的話，烧掉我的全部去信。”

这是刘允若叛国的鉄証。甚至王光美也不得不供认：“这个苏联女人是善于做秘密工作的。”

刘允若的叛国活动越来越猖狂。到一九六三年一月八日，××部专門研究了刘犯叛国案。該部×副部长指出：“他（刘犯）用对敌斗爭的手段来对付我們，这是非常恶劣的，应把他調离北京，放在其他地方工作，起碼叫他离开中南海。”七机部×院党委在×部汪副部长明确指出后，也不得不跟着說：“刘允若的問題是敌我性质的問題，不适合留在七机部工作（見第二图之③），也不适合在北京工作。建議将他調离北京。”并提出了两个处理方案。

但刘賊少奇及其在七机部的黑爪牙王秉璋、刘有光、张鈞却将刘犯包庇下来，并精心安排了将其下放連队“鍛鍊”，伪造历史，隐瞞罪行，欺騙强迫連队党支部将刘犯拉入了党內，并給他安排了×院政治部政工干部的职位。这一小撮党內走資本主义道路当权派包庇叛国犯的鉄証如山，罪責难逃，我們一定要彻底淸算！

毛主席教导我們：“对于我們的国家抱着敌对情緒的知識分子，是极少数。这种人不喜欢我們这个无产阶級专政的国家，他們留恋旧社会。一遇机会，他們就会兴风作浪，想要推翻共产党，恢复旧中国。……这后一条路綫，在实际上是不能实現的，所以他們实际上是准备投降帝国主义、封建主义和官僚資本主义的人。这种人在政治界、工商界、文化教育界、科学技术界、宗教界里都有，这是一些极端反动的人。”

刘允若以及包庇他的刘少奇、王秉璋、刘有光、张鈞等就是这种极端反动的人，我們一定把这一小撮人斗臭斗倒，叫他們永世不得翻身！

九一六《傲霜雪》战斗队

回京『汇报』 还是春节相亲

編者按： 刘老修的黑小子下連当兵去了，王秉璋、刘有光、张鈞等一小撮人把刘犯的一言一行，加以美化，吹捧得无以乎加，什么『炼紅心』啦，『有很大进步』啦，『根本轉变』啦，还要全体人員学习，这純粹是耍魔术。現在打开『絕密』文件箱，才看到他們暗地里搞些什么鬼。他們在群众中散播什么鍛炼心得、体会、小結，背地里却在买卖党籍，拉皮条。他們打长途电話欺騙部队，說什么要刘犯回京汇报工作，实則是来京相亲取乐。下面刊登王义同給刘允若的一封信，看看刘少奇让其黑小子下連当兵鍛鍊期間，关心的、想的和干的是些什么玩意儿。

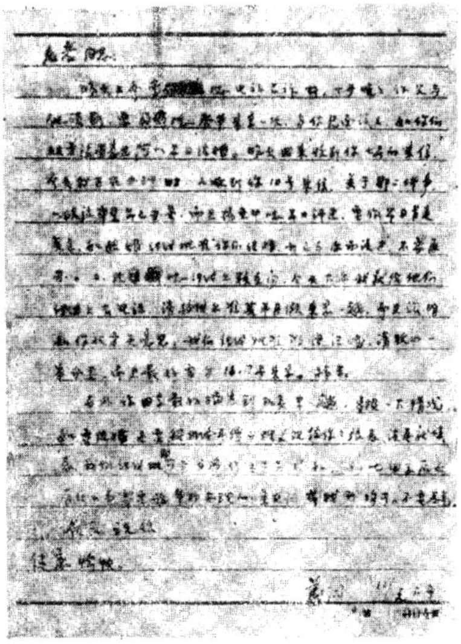

允若同志：

　　昨天上午李××同志电話告訴我，十号晚上你父与他談到，要××同志春节来京一次，与你見面談談，如你們双方沒有意見，可以早日結婚。昨天回来收到你七号的来信，今天我正在办理时，又收到你10号来信，关于那二件事，一、政治部审查早已办妥，而且楊亚中同志早已講过，要你早日肯定关系，如結婚，組织批准你們結婚，我已与你面談过，不需再办。二、給××同志組织上联系問題，今天下午我就給他們組织上去电話，請組织上准其半月假来京一趟，而且談明，如你双方无意見，我們組织批准順便結婚，請放心，一定办妥；而且最好要其16、7号来京。特告

　　另外，你回家最好抽空到机关来一趟，汇报一下情况。如要結婚，还要按組织手续办理（現給你两张表，談妥就塡表，我們組织批即可）。这样作各方面均好。好吧回家后还有什么事需要我帮助办理的来电話或找我均可，不要客气。

　　　　最后祝你

　健康愉快

　　　　　　　　　　义同　　12/元　下午

拉　和　鉆

（上轉第七版）

很能迷惑人的。

　　刘允若是眞进步了嗎？对于这一点，就連王秉璋、刘有光們也不得不承认：

　　“他受資产阶級修正主义影响較深，有其一整套的資产阶級的理論观点。从他两次学习心得笔記来看，不是他內心的东西，也不是他的（問題）的本质，并非对过去的思想、言論、生活、作风进行揭露和批判。再加之他善于使用两面手法，故此，我們还必須与××部队保持密切联系。”

　　——見院政治部1964年9月19日《关于刘允若同志情况的續报》（絕密）

　　王秉璋、刘有光明知刘允若在連队的所作所为全是假象，是演戏但他們不敢，也根本不可能，实际也沒有向部队介紹刘犯的眞实情况。相反，在1964年9月刘犯写信回七机部再次詢問入党問題时，×院党委付书記楊亚中让王义同代笔回信，对刘允若的弄虛作假大肆贊揚，重申“可以考虑入党”的諾言。1964年11月24日，楊亚中在給刘允若的信中，更是明显地表态說：

　　“你現在已經开始往好的方面轉变了，而且已到你彻底轉变的时候了。只有这样彻底轉变，你的入党問題，組織上才有考虑的余地。你不要着急，只有如此，你才有正确的入党动机。这些鍛炼，你按前几个月的情况，继续努力解决自己的立場，改造自己的人生观，有希望加入伟大的中国共产党。”

　　把王秉璋、刘有光們的这段話剝除伪装，說穿了，就是：

　　“刘允若，好样儿的，你这一段干得不賴；你过去的事儿（为了保密，且不說是什么事儿，反正你我清楚）就一笔勾銷了。只要你堅持象前几个月那样再‘修养’一些时間，你的入党問題，我們包了！”

　　刘允若看了这些信，自然心領神会。他在同年12月13日給楊亚中的复信中，第一句話就是：“来信收到。我一定牢記你給我提出的希望和要求。”最后一句則是：“这是我学习《論共产党員修养》之后的收获。”

　　瞧，刘允若和他的庇护者搭配得多么巧妙有趣，这些人又多么圓滑奸刁！一个說，你要入党，我們考虑；一个說，你要求我入党，我一定努力，好好学习《修养》。把他們的黑話放在一起一对照，这就充分暴露了一个削尖脑袋朝党里鉆，一个拼死卖力往党內拉的丑剧。

　　在七机部，为了把“皇太子”保送入党，王秉璋、刘有光們也紧张地忙碌着。

　　他們为刘犯編写假材料并不断給部队。

　　他們在年底派出干部处干事袁××等同志，以去部队“了解下放干部情况”为名，向該部政委提出刘犯入党問題。当部队表示对刘情况不了解，入党介紹人有困难时，他們要求部队将我部下放人員进行調整，把党員赵××同志調到刘犯所在的三排，要他和对刘犯历史情况一无所知的連长、付排长共同介紹刘犯入党。

　　当部队政委提出要七机部正式表态才能发展刘犯时，袁××立即赶回北京。1965年1月，袁××再次去××部队，轉达了七机部两級保票人的意見：“可以发展。”

　　到此，一場欺騙部队、保送皇太子入党的丑剧就全部准备就緒了！

群众的眼睛雪亮

　　1965年3月，刘犯入党問題被提上了連队党支部的議事日程。当时党小組沒有統一意見。赵××同志征求了連长、正付排长、下放干部王××、茹××、費××等同志的意見，一致认为考驗时間太短，**“回京后观察一段时間再发展較为合适”**。連队党支部支委会三月份第一次专門討論刘犯入党問題时，也一致认为回京后再发展較为合适。因此，赵××同志于三月六日、十六日、二十五日先后写信給七机部及有关同志。下面摘引其中一封信的一段：

　　“刘允若同志入党問題……我持不同意見。我也征求了几位同志的看法，他們基本同意我的意見，即回京后观察一段再发展較合适。因为尽管刘允若同志在下放期間表現很突出，但考驗时間毕竟太短，而且今后还有个工作环境、生活环境的变化問題。經得起环境变化考驗，（就說明）发展是愼重的，成熟的；（反之）經不起就是不愼重的。因为有分歧意見，我决定向北京請示。”

　　赵××同志是調来×院不到三个月的同志，对刘允若的已往表現并不清楚，更不用說刘的政治历史問題了。但群众的眼睛是雪亮的，他們怀疑刘的入党动机，怀疑刘的这些表現能否持久。

連队受騙了

　　可是对刘允若底細十分清楚的七机部王秉璋、刘有光、楊亚中等一小撮人急于向刘少奇邀功討好，不顧党的原則，把党章和群众意見撇在一边。1965年3月22日，王义同代替楊亚中批复（見第三版图二之⑥）說：

　　“楊主任意見：由部队根据其情况决定。

　　他的意見在下放回部前通过为预备党員为宜。”

　　1965年4月，七机部×院又給赵××同志写信，表示同意发展，但仍未将刘犯的历史情况作如实介紹。

　　就在这个“北京的意見”指导下，1965年5月12日，在刘犯下放回部前七天，連队召开了党支部大会。会上，刘犯按他老子关于如何“取得同志的信任”，在七机部一小撮党內走資本主义道路当权派的縱容和默許下，隐瞞了自己的重大历史問題和眞实思想，一把鼻涕一把眼泪地把他童年在上海流浪的生活拿来訴了一番苦，从此混进了党內。

　　伟大的无产阶級文化大革命揭开了刘允若入党的秘密，証明他根本不是什么“紅心”，而是同他老子一样是顆黑心。今年6月10日，×連連长李××同志給我916兵团战士赵××来信說：

　　“关于刘允若的入党問題，根据在我連下放情况，当时（他）的表現还是不錯的，所以我就做了他的介紹人。但現在来看，我們是受騙了，給党造成了損失。当时，对刘犯入党問題在組織处理上有些急，下放时間較短，特别是对他的社会关系、历史情况了解的是不太清楚”。

　　是的，連队的同志是受騙了，七机部的广大群众也受騙了。是誰欺騙了我們？是誰有意不把刘犯的社会关系、历史情况向党員群众如实介紹？是誰在包庇刘犯？

　　不是别人，就是七机部的部长王秉璋、刘有光，就是黑司令部的总头子刘少奇批准、策划和安排的这場損人利已的栽赃大騙局，是刘少奇指导和批准王秉璋、刘有光們制定的一系列假教育眞包庇的什么“对刘允若同志的帮助教育計划”、“工作計划”、“下放計划”等等；是王秉璋、刘有光們“为了使刘主席少費心”、“帮助（刘允若）要有阶級感情”，他“不愿意让群众知道，就不叫群众知道”，“目前采取半睜眼半閉眼的方法”（以上引語均見1961年5月6日王秉璋、刘有光等人研究刘允若情况时的記录）放手地縱容刘允若大搞里通外国的叛国活动。正因为有刘少奇在后边作主，有王秉璋、刘有光在中間出計，有楊亚中、王义同在前边跑腿卖力，才让一个“苏联貨”混进了我們伟大的中国共产党內。

周总理痛斥大反党分子高崗

——周恩来同志在关于高崗問題的座談会上的发言提綱

（一九五四年二月二十五日）

在这次关于高岗问题的座谈会上，根据高岗的发言及其自杀未遂的行为，并综合十三位同志的发言及其所揭发的材料，我们可以得出这样一个认识，即高岗的极端个人主义错误已经发展到分裂党的阴谋活动，以图实现其夺取党和国家领导权力的个人野心。在其野心被揭露和企图失败以后，他就走上自绝于党和人民的绝望的自杀的道路。

关于高岗的分裂党及夺取党和国家权力的阴谋活动，有如下事实：

一、在党内散布所谓“枪杆子上出党”，“党是军队创造的”，以制造“军党论”的荒谬理论，作为分裂党和夺取领导权力的工具。高岗硬说中国党内对党史有二元论，……企图以这种荒谬理论来煽动和影响一部分军队中的高级干部，并准备八大代表团，图谋夺取党的领导地位。

二、进行宗派活动，反对中央领导同志。

……

三、造谣挑拨，利用各种空隙，制造党内不和。高岗伪造中央领导同志提出政治局和书记处的所谓“名单”有某无某，污蔑中央领导同志不赞成某同志担任中央某部工作，不支持某同志在某省工作中的正确领导等等，以挑起党内的不和。他利用某同志错误地提出的关于中央政治局及中央各部名单的个人意见，制成各种流言，广为挑拨。他利用他已有的权位，寻找矛盾，逢甲说乙，逢丙说丁，或施挑拨，或行拉拢，或两者兼施。

四、实行派别性的干部政策，破坏党内团结，尤其是对干部私自许愿封官，以扩大自己的影响和企图骗取别人的信任。高岗的干部政策是无原则的有派别性的，他常常拉拢一部分人，企图在党内造成派别，破坏党的团结。尤其是他私自许愿，说要提某某同志为候补中委，提某某同志为政治局委员，说某某同志可为部长等；实为党章党纪所不许。

五、把自己所领导的地区看作个人资本和独立王国，高岗在任东北局书记时，对工作报喜不报忧，不愿意检讨，受不得批评。他来中央工作，认为是调虎离山，后来仍兼东北局书记时才放了心。高岗历来不愿中央及中央各部门对东北工作进行检查，一遇检查即利用检查人员的某些弱点大肆攻击，企图使人望而却步。

六、假借中央名义，破坏中央威信。高岗对中央政治局生活作了许多曲解，并散布许多流言蜚语，攻击别人，吹嘘自己，因而也影响了一些同志对他发生了一些错觉，破坏中央领导同志的威信。

七、剽窃别人文稿，抬高自己，蒙蔽中央。高岗为了便于夺取权力，就处心积虑地装璜自己卖弄自己，其办法不是自己努力学习，却是冒人之功，以为己功。高岗在讨论马林科夫报告时，有关商业问题的发言，完全是别人的发言文稿，竟窃为己有，以之蒙蔽中央。高岗在中央会议上许多发言提纲，不但是由旁人代笔，而且并非都由其本人授意起稿，亦非都由其本人仔细研究后才提出的，但高岗却图以此来骗取中央信任。高岗对马列主义懂得极少，而且在实际活动中，已经走到马列主义的反面，但却常宣传自己如何努力学习马列主义，以图扩大自己在同志中的影响。

八、在中苏关系上，播弄是非，不利中苏团结。高岗在东北时，未向中央请示，就与个别的苏联同志乱谈党内问题。在去苏回国后的个人谈话中，他也有不少播弄是非的话，并借此吹嘘，抬高自己。且有不少言论和观点，显然是不利于中苏团结的。

九、进行夺取党和国家权位的阴谋活动。从财经会议前后及从中央提出是否采取部长会议的国家制度和党中央是否添设副主席和总书记的问题后，高岗就迫不及待地进行夺取党和国家权位的活动。

除了上述分裂党和夺取权力的阴谋活动以外，根据同志们最近的揭露，高岗的私生活也是腐化的，完全违背共产主义者的道德标准。应当指出，这种私生活的腐化是资产阶级思想腐蚀我们党的表现的一个方面。我们必须反对并坚决抵制这种腐蚀。

从以上所举高岗的主要活动看来，高岗是如何卑鄙地从一个共产党员的二十多年革命生活中堕落到资产阶级个人野心家的泥坑里去，更如何卑鄙地企图按照他自己的资产阶级个人主义的面貌来改造我们的党和国家。

党中央政治局在这个时候，为了维护党的统一和团结，根据毛泽东同志的提议，召开四中全会，向全党敲起警钟，并向高岗指出他的错误的严重性，要其沉痛反省，停止一切坏的想法和做法，以免错上加错，自绝于党。

尽管四中全会采取了治病救人、等待觉悟的方针，尽管高岗在四中全会上及在四中全会后的座谈会上进行了两次表面的检讨，但在实际上，高岗是拒绝反省的。他仇恨党、仇恨同志们帮助他揭发错误，拒绝向党揭发他最丑恶最本质的东西，最后，竟不顾党和同志们的多次警告，终以自杀的可耻行为，自绝于党和自绝于人民。虽然由于同志们的阻止自杀未遂，但这实际上是叛变党的行为已昭然若揭，无可抵赖。

高岗之所以进行分裂党和企图夺取党和国家权力的阴谋，是有他的思想根源、社会根源和历史根源的。在长期的革命斗争中，……他的个人主义思想（突出地表现于当顺利时骄傲自满，狂妄跋扈，而在不如意时，则患得患失、消极动摇）和私生活的腐化却长期沒有得到纠正和制止，并且在全国胜利后更大大发展了，这就是他的黑暗的一面。高岗的这种黑暗面的发展，使他一步一步地变成为资产阶级在我党内的实际代理人。高岗在最近时期的反党行为，就是他的黑暗面的发展的必然结果，同时也就是资产阶级在过渡时期企图分裂、破坏和腐蚀我们党的一种反映。他的严重的罪恶的活动如非中央及时地加以发觉和坚决有力的加以制止，就可能使党和人民事业遭受重大损失。他的罪恶已经勾销了他对革命斗争所曾作过的局部贡献，证明他过去参加革命斗争的动机是不纯的。在他身上，资产阶级的个人野心完全压倒了共产党员所必须具有的为人民服务的始终不渝的耿耿忠心。

这是社会上的阶級斗爭。党内斗爭，反映了社会上的阶級斗爭。这是毫不足怪的。沒有这种斗爭，才是不可思議的。这个道理沒有講透，很多同志还不明白。一旦出了問題，例如一九五三年的高、饒問題，現在的彭、黃、張、周問題，就有許多人感觉惊奇。这种惊奇是可以理解的，因为社会矛盾是由隐到显的。人們对于社会主义时代的阶級斗爭的理解，是要通过自己的斗爭和实践，才会逐步深入的。特别是有一些党内斗爭，例如高饒，彭黃这一类斗爭，具有复杂曲折的性質。昨日还是功臣，今天变成祸首。怎么搞的，是不是弄錯了？人們不知道他們历史的变化，不知道他們历史的复杂和曲折。这不是很自然的嗎？应当逐步地，正确地向同志們講清楚这种复杂和曲折的性質。

毛泽东

《机关枪和迫击砲的来历及其他》
一九五九年八月十六日

高岗至今仍企图蒙混过关，在他的一九五四年二月二十四日的检讨中，妄想以仅仅承认反对中央个别领导同志进行宗派活动和非法活动及错误发展下去就会分裂党的说法，来掩盖他的分裂党以图夺取党和国家权力的全部阴谋活动，并避重就轻地以一时思想糊涂企图毁灭自己为词，诡辩他在阴谋暴露后更加仇恨党、仇恨同志的绝望的自杀行为。因此，对高岗目前的似乎有些悔罪的谈话，不能轻于置信，必须长期加以管教，沉痛认罪，彻底交待。沒有长期地考验，决不能相信他会丢掉他的长期发展的极端个人主义的思想和行动。

高岗的事件发展证明中央及时召开四中全会，通过关于增强党的团结的决议，直至高岗自杀前一直耐心地说服他认识和纠正自己的错误，是完全必须和完全正确的。中央决定把他的罪恶向全党高级干部宣布，将中央关于增强党的团结的决议向全党公布，并将四中全会决议的主要內容在报纸上公布，以便使党的高级干部、全党同志和全国人民分别地了解所需要了解的情况，以便在精神上有所准备，以便为维护党和人民的利益而加强自己的斗争。

从高岗的事件中应该吸取的教训是：一切骄傲情绪、自由主义、宗派主义、小团体主义、分散主义、地方主义、本位主义都应当受到批判。“军党论”的荒谬思想必须肃清。个人主义野心家必须防止。党内非法活动必须禁止。宗派性的干部政策必须反对。独立王国的思想必须消灭。党的统一领导和集体领导的原则必须坚持。党內民主及批评和自我批评必须发展，党内任何干部必须无例外地受到党的组织和人民群众的监督。共产主义的人生观必须确定。马列主义的教育必须加强。

进軍報　　红色工交

第 31 期　　1967年8月29日　　第 20 期

毛泽东思想哲学社会科学部 向资产阶级反动路线猛烈开火联络委员会 红卫兵联队　　首都工交口革命造反联络委员会　合办

第二版　　进軍报　紅色工交　　1967年8月29日

高岗绝不是死老虎

——必须从政治上思想上把大反党分子高岗斗倒斗臭

首都彻底粉碎彭高饶反党联盟联络站

高饶反党联盟是建国后被揭露出的党内第一个反革命集团。事实证明，高饶反革命联盟，实为彭高饶反革命联盟，彭德怀就是这个反党联盟的盟主，而高岗则是这个集团的另一个头子。这个反革命联盟与党内最大的一小撮走资本主义道路当权派是一丘之貉，他们的矛头都是指向以毛主席为首的无产阶级司令部，妄图篡党、篡政，实行资产阶级专政。

为了更深入地批判刘、邓、陶，必须把彭、高、饶反党联盟的另一个头子高岗的反党罪行进行彻底揭露。高岗虽死，但阴魂未散，他绝不是死老虎，他所散布的反革命修正主义流毒，必须彻底肃清。

一、疯狂反对毛泽东思想，大搞分裂党的阴谋活动

毛主席是当代最伟大的马克思列宁主义者，是全党、全军、全国人民的最高统帅，是全中国和全世界人民最最敬爱的伟大领袖。毛泽东思想是反对帝国主义和现代修正主义的最强大的思想武器。是全党、全军、全国一切工作的指导方针。是暴露一切牛鬼蛇神的照妖镜。正因为如此，我们的敌人总是首先把矛头指向我们的伟大领袖毛主席和战无不胜的毛泽东思想。高岗这个大野心家、大阴谋家、大反革命头子反对毛主席，反对毛泽东思想，其手段技俩卑鄙之极，疯狂恶毒之极。

早在一九四三年左右，高岗一伙就散布“南有广州，北有陕北，南有瑞金，北有照金，南有井冈山，北有永宁山，南有毛泽东，北有刘志丹”的反革命黑话，企图和以毛主席为首的党中央分庭抗礼。

一九四三年西北高干会议之后，高岗就命其黑爪牙编写《陕甘宁边区简史》这株大毒草，替他歌功颂德，树碑立传。一九五三年，高岗为了反党篡权的需要，由其忠实爪牙反革命分子习仲勋亲自决定在《党史资料》第五期上发表。这本《简史》篡改党史、军史，散布“陕北救中央”的反动谬论，胡说“高岗等同志根据敌强我弱的情况，提出了‘集中力量，各个击破敌人’的计划”，因而“打退了敌人，获得很大的发展”，保存了“仅存的最大的革命根据地”，把毛主席亲自指挥的直罗镇战斗的胜利完全归功于高岗。同时大树特树高岗的威信，把他誉之为“边区人民领袖”、“边区共产党领袖”……。在高岗眼里，根本沒有我们伟大领袖毛主席。

一九四二年，毛主席发出伟大号召，要干部和党员整顿三风（“反对主观主义以整顿学风，反对宗派主义以整顿党风，反对党八股以整顿文风”），而高岗却公然与毛主席唱对台戏，他召集边区党政军县团级以上干部会，历时三个多月，提出了“七整”——“整党、整军、整政、整民（指人民群众团体的领导机关）、整关（指党政军民之间的关系）、整财、整学”来和毛主席的“三整”相对抗。

一九四五年，高岗调到东北之后，又有一批党羽与其结成死党，自以为大权在握，就更加肆无忌惮地大搞分裂党的阴谋活动，为他篡夺党和国家的最高领导权力作各种准备。

高岗狂妄地把他和毛主席相提并论。他曾神秘而欣欣然地对他的亲信说：“中国的斯大林是谁？”言下之意就是“我高岗”。就是说取代毛主席职位的就是他，其狠子野心不是昭然若揭了吗！

为了达到其目的，高岗制造了一种反动透顶的“军党论”，他说中国共产党內对党史有“二元论”，他胡说中国共产党是两个党，即军队的根据地的党和白区的党，他自己则以军队的根据地的党的代表自居，一切权力都应当归他。同时，还说党的骨干是军队鍛炼的，即所谓“沒有枪杆子，就沒有党”，并把这一反动的谬论让其爪牙广为传播，并以此挑拨军队中的干部与党闹分裂，支持他篡党、篡政、篡军的反革命阴谋。公然与毛主席的“**党指挥枪，而绝对不允许枪指挥党**”的光辉思想相对抗。

一九四七年十二月，毛主席在《目前的形势和我们的任务》一文中明确指出：“**必须坚决地团结中农，不要损害中农的利益。**”“**对待富农和地主一般地应当有所区别。**”但是同年同时期高岗却授意李锐写了一篇《大进军》的文章，以高岗个人名义发表，公开和毛主席的土地改革政策唱反调。他竭力鼓吹“贫农打江山坐江山”的所谓“贫雇农路线”，打击中农，侵犯工商业；对富农和地主根本不区别对待，推行了一套形“左”实右的反革命路线。

早在一九四三年，毛主席就发出了“**组织起来**”的伟大号召。并且对陕甘宁边区当时群众中出现的“变工队”、“扎工队”等一类的农业劳动互助组织给了充分的肯定。但是高岗却反其道而行之。一九四八年到一九四九年，东北地区土地改革基本完成，有些地方出现了农业生产互助组织，这是翻身农民响应毛主席组织起来、发展生产的伟大号召而出现的农业集体化的萌芽。但是高岗却把这污蔑为空想的农业社会主义思想而加以反对，于是这一刚刚在东北出现的新生事物就被扼杀在摇篮里了。

一九五一年五月，高岗主持召开了东北城市工作会议，会议根据高岗的意见，通过了党对国营企业领导问题的决议。这个决议竭力鼓吹所谓厂长负责制（实际上是苏联一长制的翻版）。它规定工业企业的党委只有保证监督作用，只是保证生产行政任务的完成。竭力降低党的领导作用，把党的组织变成行政厂长的附属品。鼓吹工厂中的“党、政、工、团要尿到一个夜壶”，实际上是要把工业企业中的党、政、工、团统统纳入行政方面，取消党对工业企业的领导。并且还宣扬“生产就是政治”、“生产好就是政治好”的理论，主张企业中的一切工作只能围绕着生产进行。

一九五〇年九月，高岗在东北局干部会议上发表了《荣誉、地位、物质享受应当属于谁的》的讲话，这是一篇彻头彻尾的黑《修养》式的大毒草。他主张“荣誉”、“地位”、“物质享受”、“奖金”挂帅，并得出一个定律，“你对国家与人民贡献愈大，人民给你的荣誉、地位、物质待遇也就愈高，这是成正比例的。”并宣布“我们考核一切干部，党与非党的工厂管理人员，商业贸易人员，教育工作人员，政府工作人员，军队工作人员，党务工作人员等等，都要用这个标准，而不能用其他的标准”，这和两个赫鲁晓夫的腔调何其相似！

一九四九年，我们的伟大领袖毛主席就指出：“**在拿枪的敌人被消灭以后，不拿枪的敌人依然存在，他们必然地要和我们作拼死的斗争，我们决不可以轻视这些敌人。**”但是高岗却站在反动的资产阶级立场上，大加反对。一九五二年，他在《关于东北地区“三反”“五反”运动的基本总结》一文中胡说“三反”“五反”运动的收获是“便于党和政府更好地领导和团结资产阶级，发展我们的经济事业”，并大喊大叫：“数千年反动统治所遗留下来的污毒，将由此而清洗”。似乎“三反”“五反”运动之后，阶级斗争也从此告终。

二、公然反对毛主席，妄图篡权做“皇帝”

高岗这个大阴谋家，他除了反对毛泽东思想外，为了实现他篡权的野心，还大搞阴谋活动，直接把矛头指向我们最最敬爱的伟大领袖毛主席。

伟大的抗美援朝战争是在毛主席的英明领导和正确指挥下取得胜利的。但是高岗却散布流言蜚语，攻击毛主席，胡说什么：“中央开会时，主席对出兵朝鲜还下不了决心”，由于他和彭德怀“坚决主张出兵”，“主席才下了决心”。显而易见 他企图把功劳记在自己名下，并标榜自己，好象只有他关心朝鲜战争。他对彭德怀大加吹捧，说什么彭德怀“指挥得好，除了彭老总，沒有人能指挥这个战争。”以此贬低毛主席。

高岗反党的阴谋活动，到一九五三年达到顶点。中央调他到北京时，他很不满意，仍想在东北搞独立王国，进行反党活动，并且把矛头直接指向毛主席。他说调他到北京是“调虎离山”，他不想到北京来是“怕当范蠡”。实是影射攻击我们伟大领袖毛主席同历史上的越王勾践一样，“可共患难，不可同安乐”。高贼真是狗胆包天，罪该万死！高还对人说“到中央当个盛世才（抗战前国民党的新疆省主席，后由蒋匪调任伪中央农业部长）就不干。”

一九五三年中央财经会议时，高岗认为时机已到，就同饶漱石勾结起来，迫不及待地跳了出来，准备夺取党和国家的最高领导权。高岗及其党徒习仲勋、谭震林、陈正人、陈丕显、向明之流勾结一起，四出活动，会议期间经常在高岗家里进行秘密活动。并召开了一次所谓“上海会议”，把他的黑手伸入上海。他还利用各大区负责人在大区的头头中煽动反对中央，反对毛主席的情绪。经过长期密谋与策划，终于在财经会议后期，高岗、饶漱石授意谭震林等人联名写信给毛主席，要毛主席“休息”。

同年，中央政治局讨论主席外出后谁主持中央工作时，高岗迫不及待地提出“轮流坐庄”。中央曾提出是否增设副主席和总书记的问题时，他的野心原形毕露，公然提出自己要当党中央副主席。中央提出一九五四年召开党的八届代表大会时，高岗欣喜若狂，亲自出阵，搜罗党羽，封了很多“八大代表”，企图争取选票，并且利用这个时机改组中央政治局。为

【下转第三版】

1967年8月29日　进軍报　紅色工交　第三版

【上接第二版】了达到这个目的，同年十月他还亲自到南京、上海、杭州、广州、武汉等地进行阴谋活动。

但是，历史是无情的，党中央和毛主席在全国人民中的威信坚如盘石，不可动摇，高岗一伙大阴谋家，野心家，一群奸臣贼子在毛泽东思想的光辉照耀下，现出了原形，被历史的车轮碾个粉碎。

三、招降纳叛、结党营私、大搞独立王国

高岗这个大党阀，为了实现其篡党、篡政、篡军的野心，长期以来，招降纳叛，结党营私，培植他的私人势力范围，大搞独立王国。

早在陕甘宁边区的时候，他就把自己打扮成"正确路线的代表"，"陕北革命根据地的创始人"、"边区共产党和边区人民的领袖"，拼命吹嘘自己。他和习仲勋、马文瑞等人一起，借反对×××、×××等人的"左"倾错误之机，培植自己的势力，结成死党，把陕甘宁边区看成自己的"家天下"。

他的爪牙们极力吹捧高岗，说什么："高岗是系统的，完整的马列主义者"；宣扬"沒有陕北就沒有新中国"，"陕北是长征的落脚点"，"陕北救中央"等反动谬论，为高岗搞独立王国制造舆论。因此，高岗对他的党羽也是十分宠爱的。

一九四二年十月十九日到一九四三年一月十四日，高岗主持召开了陕甘宁边区"高干会议"，会上，高岗所作的报告——《边区两条路线斗争》，是他们进行反党活动的黑纲领，而他点名表扬的二十几名"优秀党员"——高岗、习仲勋、张秀山、王世太、贺晋年、刘景范、张邦英、马明方等就是他进行反党活动的得力干將。七届四中全会高岗的问题被揭露之后，高岗还对他的党羽大肆赞扬，并很知心地说："经过这次（指四中全会）的考验，证明马文瑞、习仲勋、刘景范对我是忠心耿耿的"。

一九四五年，高岗调到东北以后立即拉他的人马，占他的地盘，于是高岗又成了东北的土皇帝，采取"顺我者昌，逆我者亡"的政策，拉拢一批人打击执行正确路线的同志。

一九四六年林彪同志主持东北工作，高举毛泽东思想伟大红旗，坚决执行毛主席的指示，把主要力量放到农村，扩大和巩固农村根据地，壮大革命力量。但是高岗竭力反对林彪同志，坚持留在大城市，不愿去农村。

抗日战争刚刚胜利，蒋介石从峨嵋山上下来要"摘桃子"。在其美国主子的帮助下，大量调兵往东北，妄图抢夺人民的抗战胜利果实。毛主席早已英明地看到这一点，于是从延安派了二万名干部、八万名军队到东北接收。高岗为发展自己的势力，排挤关中的干部和部队，提出"新兵新枪，老兵老枪"的政策，使延安来的部队和干部不能获得好的装备。这一错误决定，遭到林彪同志的坚决反对。

高岗到东北后，首先把自己的亲信党羽安插在各重要岗位，控制领导权。如辽东、辽宁合并后，他立刻派张闻天任书记，辽南则派他的得力干將张秀山任书记，把贺晋年调到东北当军区副司令员等，全部控制了东北的党政军大权。后来，又把张秀山提为中央委员的候选人，把王鹤寿、张明远提为中央候补委员的候选人。在八大会议召开前，高岗就封了许多"八大代表"。同时经过高岗、习仲勋的策划准备把陈正人、马文瑞安插在中央组织部任副部长，同时叮嘱他们要起"中心作用"，为他篡党篡政作准备。

高岗除了安插他的老伙伴外，又在东北培植了一批新党羽。

一九三七年在抗大学习时才入党的赵去非，被高岗由一个省级副部长提升为副省长。薛光军由政策研究室职员，提升为东北局副秘书长。宋平由东北局工会副秘书长提升为工会副主席，一九五二年底，又将他调到中央任国家计委劳动工资局长，后又兼任劳动部副部长。在调宋平当劳动部副部长时，高岗对宋说："你到劳动部去要起点作用。"又对人说："有关劳动工资的问题宋平不签字我就不看"。一语道破了他结党营私的天机。

中国革命和建设的伟大胜利，是毛主席英明领导的结果，都是毛泽东思想的伟大胜利。但是高岗于一九四八年八月三日在内蒙干部会议上的讲话中却把反党分子、内蒙的土皇帝乌兰夫（即云泽）捧上了天，他说："在多年的曲折斗爭过程中，内蒙人民找到了他们自己真正的革命领袖——云泽同志。内蒙任何一个假仁假义的封建上层人物，在云主席的革命立场、光荣历史和工作成效的面前，迅速失去其影响"。"相信内蒙党和自治政府在云主席领导之下，全体党员紧紧团结在云主席的周围，一定能够克服困难，胜利前进"。他还说"内蒙党的任务，就是为全内蒙的劳动人民办事，办好事，只有这一条，别无其他"。这不是煽动乌兰夫对抗中央，搞独立王国吗！同时也可看出他企图控制内蒙的野心。

高岗一直主张东北搞独立的经济计划，独立的预算，独立的财政收支计划，独立的税收，独立的货币等等，抗拒中央统一领导。全国解放以后，他在干部中大肆散布"东北特殊论"，并且宣称：先把东北搞好了，打下了稳固的基础，才能爭取全国财政经济状况的好转等谬论。

高岗还利用他所掌握的宣传机器，替他作政治宣传，在他控制的《东北日报》上，头版头条发什么"高主席"如何如何的消息，在广播中，文艺节目中，大肆宣扬他个人，什么响应他的号召完成什么任务呀，什么响应他的号召开展什么运动呀，什么复信呀，批语呀，天天在各种宣传中出现，把他置于党中央毛主席之上，甚至根本不提党中央毛主席。他还让一些地方挂上自己的画象，游行时呼"高主席万岁！"

一九五三年，高岗调至北京任国家计委主席时，他又企图把计委变成他的独立王国。他把原中财委的权力统统掌握到自己手里。他不仅指挥财经各部，而且指挥其他各部。凡是与财经有关的工作，高岗都要去垄断。这样，实际上篡夺了国务院的权力。高岗企图通过财经工作，把国务院、周总理的权力都夺过去，甚至极其可耻地造谣，说毛主席对国务院的工作很不满意，要让他多抓这方面的工作，直接对毛主席、政治局负责；所以对中央一些具体问题的解決，都要征求他的意见，他点了头才能执行。他曾野心勃勃地说：国家计委各局的局长等于各部的部长或副部长，局长可以直接到有关部去过问工作。

高岗调北京后，他对东北仍不放手，他除了兼任东北局第一书记外，又把东北大权委托给他的"五虎上將"之一张秀山掌管，并提拔郭峰、赵德尊为东北局委员到东北局工作。

早在东北期间即与高岗挂上勾的大特务饶漱石，当他们先后调来北京后，阴谋活动更加频繁，甚至猖狂到在电话中商议反党机宜。这批狐群狗党终于在一九五三年中央财经会议和组织工作会议期间，开始向党中央发动了猖狂进攻，企图夺取党政军大权。

毛主席说："搞垮我们是不容易的，这是历史经验"。

彭、高、饶的猖狂进攻，终于遭到革命人民的迎头痛击，一个个被碰的头破血流。

四、里通外国、阴谋政变

在解放战爭时期，高岗就开始了里通外国的罪恶勾当。

高岗通过当时的苏联专家组长和入了苏联籍的中国人，把党和国家的机密，泄露给莫斯科。

从一九四九年到一九五三年间，高岗利用其忠实爪牙张闻天任我国驻苏大使之便，更频繁地干起里通外国的罪恶活动。沈越是高岗一手提拔起来的抚顺市委书记，他本来沒有病，高岗却批准他到苏联"休养"，通过他把一封亲笔信交给张闻天。同时他还通过中长铁路的苏联人写信给苏联领导人，用非法手段和苏联拉关系，甚至不惜污蔑我们伟大领袖毛主席。

一九五三年苏联贝利亚事件发生前后，高岗出国去苏联，回国后也不向中央汇报，而是找谭震林等人密谈，这里边大有阴谋。平时，他也不经中央同意，和苏联人乱谈党内问题和我国军事部署。其罪恶阴谋必须彻底清算。

五、腐败透顶的资产阶级生活作风

高岗是个地地道道的野心家、阴谋家、反革命修正主义分子，同时又是个不折不扣的土匪流氓。

高岗要才干沒才干，要麻子倒有一脸。他不读书，不看报，除了签自己的名字外，写不了几个字。他根本不懂什么是马列主义毛泽东思想。他常把别人的东西偷窃过来，据为己有，以自己的名义发表，改头换面欺骗党中央和毛主席，为自己捞取政治资本。如一九五三年，计委一个局长在学习会上讲了有关商业工作的意见，他就偷窃过来，当作自己的发言，更可恶的是还以他的名义送交毛主席。

对于中央的文件、指示他都懒得看，叫秘书念给他听。他的文稿都是别人写的，但他又要装模作样，摆出一付"老革命"的资态，装装门面。每次请人到他房子去的时候，他总在桌子上放高高的一堆书，自己坐在那里一动不动，似乎在很专心地学习，等到客人进屋招呼他时，他才作出猛悟的样子，一付典型的伪君子的面目暴露无遗！

高岗除了开会、听汇报以外，打麻将、打朴克、下象棋、跳舞、玩女人就成了他生活的主要内容。

高岗这个大流氓，早在陕北时，就经常跳舞玩乐。他曾要花六百万块钱给他舖地板。跳舞时，他专找长的漂亮的女孩子跳，任他随意糟踏，他在陕北边区十一个月，曾因道德败坏等被撤职两次。高岗这个坏蛋喜新厌旧，不知抛弃了多少个老婆。

到东北后，高的匪性不改。他的党羽李正亭、陈伯村之流为了讨好主子，常利用职权，为他物色女人，任其凌辱。出差带姘头随行，休养要女人陪睡。甚至卑鄙到让他老婆借作客为名，骗取女同志来他家任其奸污，真是罪该万死！

高岗与他的勤务员的关系完全是奴隶主与奴隶的关系，他一不顺心，开口就骂，动手就打，又何其毒也！

金猴奋起千钧棒，玉宇澄清万里埃。要扫除一切害人虫，全无敌。在毛主席亲自领导和指挥下，无产阶级文化大革命的烈火越烧越旺，造反派的战士越战越强。中国的赫鲁晓夫，地、富、反、坏、右的总代言人，一切牛鬼蛇神的总后台，彭高饶反党联盟和彭罗陆杨反革命修正主义集团的主帅刘少奇终于被揪出来了。让我们更高的举起毛泽东思想伟大红旗，掀起更大的革命大批判的风暴，把刘贼批深批透，批倒批臭，把彭高饶反党联盟及其后台刘邓陶一起埋葬！

第四版　　进军报　红色工交　　1967年8月29日

刘邓陶与彭高饒

首都彻底粉碎彭高饶反党联盟联络站

刘邓陶与彭高饶都是一丘之貉，反党、反社会主义、反毛泽东思想，企图颠复无产阶级政权的狼子野心，使他们结成了微妙的关系。

高岗这个大野心家、大阴谋家和党内另一个最大的走资本主义道路当权派邓小平是老相识。高岗就是在邓希贤(即邓小平)的“影响”下怀着“头戴金边帽，腰挎东洋刀”的卑鄙目的混入党内的。

大阴谋家、大野心家、大军阀彭德怀与高岗早有勾结，事实证明，高饶反党联盟实际上是彭高饶反党联盟，而彭德怀则是盟主。对彭德怀，高岗开口一个“彭老总”，闭口一个“彭老总”，而彭德怀对高岗则是“老高长，老高短”。高岗也毫不掩饰地说：“彭老总这个人从来不与人交往，就是常来找我谈谈。”一对野心家、两个阴谋家，反党篡位的“事业”把他们连在一起。一九五〇年彭德怀去朝鲜时，特地到东北找高岗密谈，共谋反党计划。一九五三年军委扩大会议上，彭德怀大放其毒，而他的发言便是与高岗、谭政商量讨论的。彭贼在报告时，高岗坐在台上，神气活现，俨然以军队的最高统帅出现。而彭贼也公开宣扬说：“这个报告得到高岗的帮助，才搞出来的。”吹捧高岗非常关心军队的现代化，并说什么，只有高岗担任总参谋长才最合适，以扩大高岗在军队中的影响。对彭德怀的党羽黄克诚，高岗也是拉拉扯扯，别有用心地说：“黄克诚生活非常扑素，但中央不表扬”。

但是，由于中国最大的走资本主义道路当权派刘少奇的包庇，致使这个高饶反革命集团的总头目彭德怀在一九五四年却漏了网。然而“他们既要反革命，就不可能将其真象隐蔽得十分彻底”。在一九五九年庐山会议上，彭德怀又勾结了黄克诚、张闻天、周小舟等一伙，结成死党，向毛主席和党中央再一次发动了猖狂的进攻。“蚍蜉撼树谈何易”！在我们伟大领袖毛主席的领导下，全党展开了反对右倾机会主义的斗争，把彭、黄、张、周等反革命修正主义分子揪了出来。这是毛泽东思想的伟大胜利。

一切阶级敌人绝不会甘心他们的灭亡，在一九六二年一月扩大的中央工作会议上，从阴沟里刮起了一股翻案风，中国赫鲁晓夫刘少奇公开为彭德怀开脱罪责，说彭德怀只是“高饶集团的余孽”，要为彭贼翻案。他说：“这几年重复了党的历史上‘残酷斗争、无情打击’的错误”，又说：“仅仅从彭德怀同志的那封信看，信中所说的一些具体情况，不少是符合事实的”。一九六四年七月，他在天津地委书记座谈会上说：“庐山会议反右倾是不对的，搞得全国后遗症，中央要负责。”为什么他如此拚命地为彭德怀卖力气？其实刘少奇早巳不打自招了。就在庐山会议上，刘少奇以批判彭德怀为名，说道：“与其你篡党，还不如我篡党。”廖廖几字，供出了他们之间的微妙关系。

陶铸在东北时，颇为高岗所赏识，说他很有才能。陶铸调到中南局后，高岗及其得力干将张秀山亲自找陶密谈。高岗说：“他们（指高岗集团分子们）都说我当党的副主席好，你看怎样？”陶铸回答：“你的实际经验最丰富。”高岗说：“你到中央，可以当个副总理。”并且把他拟用某人任中央某职等全部计划告诉了陶铸。当时任广东省委书记的×××把高岗同陶铸的黑关系向中央作了汇报。陶铸知道后，便多次以反“地方主义”、“宗派主义”为名对×××进行打击。一九五五年，陶铸在一次会议上大骂×××：“你不是老向中央告我的状，说我和高岗怎样怎样吗？他来找我谈过，我都向中央报告了，检查过了，这事早巳弄清楚了。我和他沒有什么关系！你还老是说，你还要怎样？！是什么目的？！”这个会是他和邓小平一起策划预谋的，邓小平参加了这个会，并且称赞陶铸是“正确”的，叫省委全体干部要团结在陶铸周围。会议之后，×××仍然不服，但是刘少奇却说：“你这个人，头上长付角似的。”污蔑×××好斗。一九五七年冬天，陶铸又发动了大反“地方主义”，把×××打成“地方主义”的头子，撤了他省委书记职务。但陶铸并未就此罢手，一九六二年，他又一次发动了大反“地方主义”，在会上质问×××：“你以后还翻案不翻案？”为此事他们还在党刊上发表文章，说×××是个人野心家，要给他严厉的处分。

为什么陶铸如此嚣张呢？因为有刘少奇的支持。在最后一次反“地方主义”时，有几个老同志挨了整。刘少奇对×××说：“给了你现在这个职位，这就很好。你就一辈子做这个职务就是了。”“不要再说怪话，你的任务就是团结地方同志，叫他们团结在陶铸的周围，团结在以陶铸为首的省委的周围。”

陶铸这个高岗的黑干将被刘少奇、邓小平一次又一次地保护过关，这次文化大革命开始前，邓小平又将他提拔到中央，这不足以说明彭高饶和刘邓陶是一丘之貉，同舟的盗贼吗？

一九三八年，刘少奇担任中原局书记时，饶漱石的死党、大叛徒向明当他的秘书，刘对向明的评价是“吃苦在前，享受在后的好干部。”这个向明正是彭高饶反党联盟中的第一号黑干将。

习仲勋是高岗的忠实干将，高岗自杀后，习仲勋走进屋子就掉下了泪水，可见其交往之深。高岗反党活动被中央发觉之后，周总理找习谈过话，了解高岗的情况。但是一天晚上习趁夜深人静之时，跑到高岗家，把总理的问话告诉了高岗。高岗一听，万分慌张，就找陈云，并要习去找彭德怀，共同商量对策。高岗第二次自杀之前，高岗的老婆李力群被迫写了一部分揭发材料，有些事情涉及到彭德怀、习仲勋、陈正人、谭震林、邓子恢等人。习仲勋看了，很不满意，要李力群学习张闻天的老婆，在高岗困难时期不要这样做。并威胁说：“你交这个文件还要不要脑袋了？”于是，李力群就把这些材料当着习的面烧掉了。

安子文是刘邓的一员干将，自首叛党，又受到刘少奇的保护爬上了中央组织部部长的职位。一九五二年，他提的中央政治局委员名单中，就有高岗。高岗同安子文的关系是很神秘的，表面上看来他们似乎还有点矛盾，实际上他们是“內线”勾结，这条“內线”就是安子文的弟弟，被高岗一手提拔起来的忠实爪牙安志文。安志文在他们之间勾通情况，传递消息，共谋反党。当高岗问题开始暴露，安子文即把消息告诉了他弟弟，使安志文投机漏网。一九五九年到一九六二党內两条路线斗争非常激烈，高岗的爪牙们和他的“领袖”彭德怀之流开始被揭发出来，这时，安子文活动更加频繁。一九五九年，他就到李力群家对她进行控制。一九六〇年十一月，一天晚上安子文和习仲勋还亲自跑到贾拓夫（高岗的爪牙之一）家里，安子文对贾说：“写检查嘛，把重要的写上去就行了，好好地把你的右倾思想挖挖根，不要拖得那么长……”，并且说：“你明天就到医院里去，把身体好好整整，出去走走，你想找谁谈话都可以。……以后中央有什么会议，凡是通知你的，你都应去，不要迴避。”第二天贾拓夫就进了医院，其实他并沒有病。可见这是安子文精心策划的阴谋。

由此我们不难看出，彭高饶反党联盟和刘邓陶、彭陆罗杨反革命修正主义集团，实际上是一伙。他们互相勾结，兴风作浪，一旦阴谋败露，诡计被揭穿，他们就千方百计，且战且退，利用他们各种大权，层层包庇。当实在沒有办法时，则不得不牺牲车马，来保其主帅，以待时机成熟，又起来兴风作浪。

（簡）（訊）

富春同志谈斗薄

斗争薄一波要挖他的历史根子，要挖痛。挖他是刘少奇包庇下来的叛徒，挖他投奔阎锡山把大叛徒宋劭文、牛佩琮、戎子和等搞到山西去，挖他抗战时期搞牺盟会、决死队中的罪行。薄一波的一套手法是阎锡山那里来的，以后和刘少奇、刘兰涛、安子文等大叛徒勾结起来，到处伸手。你搞他的具体问题他可以躲闪，你搞他的历史问题，他就沒有办法。

痛挖薄贼投靠閻匪的老底

我联委会揪叛徒联络组，最近又分别在交通部和北京展览馆剧场组织工交口广大革命造反派，召开大会小会就薄贼投奔阎锡山和借编写《监狱斗争》（风雨同舟）、《山西新军简史》等小说篡改历史等问题连续进行了面对面的斗争。

当造反派战士把薄贼一九三九年给梁化之（阎匪亲信）和阎匪的一封密电报即『弟在民国二十五年秋回晋，由化之同志介绍追随总座（阎匪）……』等大量铁的事实揭出之后，这个被阎匪称之为『粉红色分子』『其忠如犬，其驯如羊』的大叛徒，不得不低头认罪。大会小会连战连捷。

《中央机关摧资联委》成立

中直机关，国家机关，是国家机器的重要部分。在这里，刘、邓黑司令部把他们的黑爪牙伸进了政治、军事、外交、经济、文教等各个部门，程度不同地推行了修正主义路线，干扰毛主席革命路线。为了彻底铲除刘邓陶及其黑爪牙，最近中央各部委，工交、文教，农林、外事、新闻各界机关等一百〇八个造反派组织联合组成中共中央直属机关，中央国家机关无产阶级革命派彻底摧毁刘、邓资产阶级司令部联络委员会（简称《中央机关摧资联委》）开始战斗。

《彻底粉碎彭高饶反党联盟联络站》开始战斗

彭德怀、高岗、饶漱石反党联盟，同刘、邓、彭、薄等党内最大的一小撮走资本主义道路的当权派是一伙妄图篡党、篡政的大反革命集团。这个反党集团虽然在组织上已被粉碎，有的被罢了官，夺了权，但他们人还在，心不死；有的虽然人已死但阴魂未散。就是他们的党羽也未完全挖净。为了把这个反党集团从政治上、思想上、理论上批倒批臭，肃清其流毒，把他们的党羽彻底挖净，我们工交各部委造反派，毛泽东思想哲学社会科学部红卫兵联队和红代会经院东方红、钢院延安公社、电力学院东方红、北师大井冈山公社、科大东方红、新人大公社、农大东方红等三十九个革命造反派组织巳于七月二十二日成立了《彻底粉碎彭、高、饶反党联盟联络站》，并巳进行了大量的调查核对工作，投入了紧张的战斗。

馬克思主义的道理千条万緒，归根結蒂，就是一句話："造反有理"……根据這个道理，于是就反抗，就斗爭，就干社会主义。
毛泽东

社论

发扬"八·二六"革命造反精神 在大批判运动中立新功

革命的洪流汹涌澎湃，历史的车轮滚滚向前！

八·二六革命风暴，至今已整整一周年了。去年八月二十六日，中学革命小将高举"造反有理"的大旗，以新兴的不可抗拒的姿态登上了政治舞台、向天津黑市委发动了第一次攻击。顿时，一股红色的革命巨流席卷着天津城，冲击着天津黑市委。

八·二六革命风暴是号角，它吹响了天津市四百万人民向万张反党集团发动全面攻击的进军号；八·二六革命风暴是宣判书，它宣判了天津黑市委一小撮"走资派"的死刑。

在八·二六革命风暴的冲击下，黑市委面临着一场灭顶之灾。但是万张反党集团在最后复灭之前，以十倍的疯狂，百倍增长的仇恨，向革命小将反扑过来。他们张牙舞爪，造谣惑众，围攻谩骂，打击迫害，妄图把中学红卫兵小将扼杀在摇篮里。红卫兵革命小将面临着一场严峻的考验。在这个斗争的紧要关头，无数革命小将手擎红彤彤的毛主席语录本，心里背诵着毛主席教导："下定决心，不怕牺牲，排除万难，去争取胜利"毛主席的话给了我们力量，毛泽东思想给了我们方向。经过一年的艰苦奋斗，红卫兵小将终于取得了决定性的胜利，天津黑市委垮台了，中国的赫鲁晓夫垮台了，资产阶级司令部也崩溃了。这是毛泽东思想的伟大胜利，是毛主席革命路线的伟大胜利。

历史在前进，革命在飞跃。

当前，一股革命大批判的狂飚正滚滚而来。一场对党内最大的一小撮"走资派"及其在天津市的代理人万张的大批判，已经成了我们的当务之急。大批判，是当前革命的大方向，是两个阶级、两条道路、两条路线的决战。革命的红卫兵小将一定要作大批判的急先锋，一定要在这场大批判中发扬八·二六革命造反精神，立新功，建新劳。

毛泽东思想是我们进行大批判的根本，进行大批判就要拿出当年八·二六血战万张、痛击资产阶级反动路线的威风，英勇上阵。用毛泽东思想武装起来的革命小将天不怕，地不怕，心最红，眼最亮，任党内最大的一小撮走资本主义道路的当权派再狡猾、再阴险，也逃脱不了毛泽东思想的阳光，在革命造反派的面前必将遭到可耻的惨败，遗臭万年。

对于党内最大的一小撮走资本主义道路的当权派，我们革命小将既要藐视他们，又不能放松革命警惕性。无产阶级文化大革命的洪流滚滚向前，毛主席的革命路线取得了决定性的伟大胜利，天津和全国其它地方一样，一派大好形势。有战无不胜的毛泽东思想这一锐利武器，我们一定能战胜敌人，取得无产阶级文化大革命的最后胜利，这是毫无疑义的。但如果就此而放松革命警惕，给刘邓、万张以喘息的机会，则是极大的危险。他们虽然落水了，但还要伺机爬上岸来，疯狂反扑，进行最后的挣扎。我们必须发扬痛打落水狗的彻底革命精神，誓死捍卫无产阶级文化大革命的辉煌战果，誓死捍卫毛主席的无产阶级革命路线。

曾记否？八·二六杀声冲天，初露锋芒的革命小将，以大无畏的革命造反精神、锐不可挡的气势，威震天津城。八·二六的革命行动，得到了全市革命造反派的大力援助。全市革命造反派冲杀出来，汇集成一股不可阻挡的洪流。有力地冲击了万张反党集团。在革命的实践中，我们深深体会到，工农兵是无产阶级文化大革命的主力军，他们立场坚定，爱憎分明，我们要和他们紧密地结合在一起，从政治上、思想上、理论上把党内、军内一小撮走资本主义道路的当权派批倒斗臭，彻底摧毁资产阶级司令部！

革命大批判，也是活学活用毛主席著作的大课堂，可以更好地教育自己，改造自己头脑中的非无产阶级思想，努力把我们队伍中的小资产阶级思想引导到无产阶级轨道上来。纠正各种错误思想，打消"死老虎"论，克服因为胜利而滋长骄傲自满、斗志松懈的倾向，使我们的思想适应新形势的需要，永远革命。要学青松永不老，不作杨柳半年春。

"雄关漫道真如铁，而今迈步从头越。"中学革命小将们，让我们发扬八·二六革命造反精神，高举毛泽东思想伟大红旗，在大批判的沙场上，策马挥戈，再展雄姿，为把刘邓、万张批倒、批臭，为建立一个红彤彤的新天津，再立新功。

中学战报 衛东

天津市中学捍卫毛主席革命路线联络站《中學战报》編輯部
南开大学卫东紅卫兵《卫东》编辑部
一九六七年八月三十一日

第二版

联合版　1967.8.31

中学革命小将隆重集会
紀念『八·二六』革命风暴一周年

《本报讯》八月二十六日上午，中学革命小将和全市革命造反派在天津体育館隆重集会纪念八·二六革命风暴一周年。大会由中学"捍联"主持。天大八·一三、南大卫东、轻院红旗等大专院校革命造反派；后字二五三红总、市委五·一六兵团、新疆红二司等革命战友应邀参加了大会。

大会开始前、"造反有理"的歌声和欢迎兄弟造反派的掌声交织在一起，充分表现出了革命造反派兄弟般的友谊和钢铁般的团结。

上午九时，大会在东方红乐曲声中正式开始。大会执行主席首先讲话。他首先祝我们的伟大袖领毛主席万寿无疆！万寿无疆！他说，八.二六的革命风暴是我们革命造反派敲响了六·二一革命战鼓之后的又一次革命暴力行动，我们的革命行动好得很！八·二六风暴是调动一支千军万马的号角，八·二六风暴向万张反党集团发出了又狠又准的第一砲，八·二六风暴打开了天津市文化大革命的新局面，扭转了天津黑市委控制的文化大革命方向。我们革命造反者无不为之欢欣鼓舞。最后他说：让我们高举革命批判大旗，发扬八·二六革命造反精神，以更加旺盛的革命斗志，组成浩浩荡荡的革命大军投入对党内最大的一小撮走资派的大批判，为天津市革命的大批判、大联合、大夺权的斗争做出更大更新的贡献！

在群情激昂、同仇敌忾的口号声中，革命小将把万张的爪牙王培仁、周茹、沙小泉、王仁湫出来示众。想当初他们围攻小将，镇压革命，不可一世；看今朝狼狈不堪，威风扫地，大快人心。这时全场高呼：砸烂万张反党集团！声如雷鸣。无产阶级就是要专党内一小撮走资派的政，要扫除一切害人虫，全无敌。

接着，"捍联"代表发言，他号召全体"捍联"战士：要永远忠于党，忠于毛主席，忠于毛主席的革命路线，永葆革命造反的青春，在革命的大批判中建新功，立新劳。

大专院校的代表在发言中说：中学的红卫兵小将，在天津的无产阶级文化大革命中有着特殊的贡献，立下了不朽的功勋。他又说：你们永远是我们学习的榜样。我们向你们学习，向你们致敬！誓与你们团结在一起，战斗在一起，胜利在一起。让我们进一步发扬大无畏的革命造反精神，以新的、战斗的姿态积极投入大批判的新高潮。排除来自"左"的和"右"的两方面的干扰，最坚决地、最全面地、不折不扣地贯彻中央首长对天津文化大革命的指示，刹住武斗歪风。为加强、巩固和扩大五代会，为促成以左派为核心的最广泛的革命大联合，为建立天津革命委员会而战斗！战斗！战斗！！！

市委5·16兵团、市人委联等等单位代表联合发言。她彻底揭发了刘邓黑司令部在天津的分店万张反党集团的滔天罪行。

中国人民解放军后字二五三《红总》代表在热烈的掌声中发言。他说：在我们前进的道路上还有许多大大小小的急流险滩，革命并不是一帆风顺的，党内一小撮走资派以及天津市的万张反党集团虽然被我们打倒了，但是他们人还在，心不死，还在做垂死挣扎，正在进行猖狂反扑。我们切不可毫无准备、等闲视之。我们必须百倍提高警惕，牢牢掌握斗争大方向，把无产阶级文化大革命进行到底！

最后，雷鸣般的掌声把新疆红二司革命造反派代表送上了主席台。他在发言中指出：八·二六是天津革命造反派值得纪念的日子，是全国革命造反派为之欢欣、为之拍手称快的日子。八·二六革命造反精神万岁！大会最后高呼口号，表达了革命造反派一定要跟紧毛主席，将革命大批判进行到底，将无产阶级文化大革命进行到底的决心。

十时二十分，在"大海航行靠舵手"的歌声中，大会胜利结束。

天津中等学校紅卫兵捍衛毛主席革命路綫联絡站代表
在紀念八．二六革命风暴一周年大会上的发言

红卫兵战士们，革命造反派的战友们：

首先让我们共同敬祝，世界人民的伟大领袖，我们心中最红最红的红太阳毛主席万寿无疆！万寿无疆！！

今天，正当无产阶级文化大革命在全国取得决定性胜利的关键时刻，我们革命造反者聚集在这里，召开"纪念八·二六革命风暴一周年，发扬八.二六革命造反精神大会"，有着重大意义。

同志们，战友们！一年前的今天，我们京津两地的中学革命造反派，在光焰无际的毛泽东思想的光辉照耀下，在十六条和毛主席的《炮打司令部》大字报的鼓舞下，高举"造反有理"的大旗，发扬"舍得一身剐，敢把皇帝拉下马"的大无畏的革命造反精神，向刘邓在天津的黑爪牙——万张反党集团，发起了猛烈的攻击，揭开了天津市阶级斗争的盖子，敲响了万张反党集团的丧钟！八·二六的红色风暴激励着革命造反派的斗志，震撼着全市人民的心，而万张反革命修正主义集团和一切牛鬼蛇神却无不闻风丧胆，惊慌失措。

但是，"敌人是不会自行消灭的"，"他们决不会自行退出历史舞台"。当着革命的群众运动冲击着他们的反动统治时，他们就更加变本加厉地向革命造反派进行了猖狂反扑，用尽了各种卑鄙毒辣的手段，妄图将革命造反派置于死地，扑灭无产阶级文化大革命的熊熊烈火。他们煽动一些受蒙蔽的群众，调集了大批保守组织，殴打革命造反派，保护黑市委，并组织了八.二六事件辩论会指挥班子，开动了大量的宣传机器，印发了几十万份造谣传单，颠倒是非，混淆黑白，围攻革命派，挑动群众斗群众。霎时白色恐怖笼罩着天津城，万张反党集团气焰嚣张一时。但是，用毛泽东思想武装起来的中学革命造反派是摧不垮的，他们天不怕，地不怕，不怕围攻不怕流血，手里捧着红彤彤的毛主席语录，同全市革命造反派团结在一起，经过长期的艰苦斗争，终于在资产阶级反动路线的白色恐怖中，全力冲杀出来，把万张反革命修正主义集团揪出来了！这是毛泽东思想的伟大胜利！这是毛主席革命路线的伟大胜利！

八·二六风暴送来了九月的战鼓，八·二六风暴沉重地打击了资产阶级反动路线，八.二六风暴杀出了响噹噹的革命造反派！革命造反派的队伍，经过革命暴风雨的考验，更加坚强，更加壮大了！

同志们，战友们：今天的胜利只在万里长征途中走完了第一步，以后的路会更长，更艰难。

目前天津市的无产阶级文化大革命，正在两条路线的生死搏斗中胜利地发展着。最近，我们伟大的领袖毛主席指示我们：要关心象天津这样的工业城市。中央首长正在接见天津市赴京代表团，对天津的无产阶级文化大革命做了极其重要的最新指示，这是党中央毛主席对我们天津无产阶级革命造反派的最大关怀、最大鼓舞、最大支持。我们中学革命派要继续发扬八·二六革命造反精神，紧跟党中央毛主席的伟大战略布署，开展革命的大批判运动，誓将天津市的无产阶级文化大革命进行到底！

当前，彻底批判以党内最大的走资本主义道路的当权派刘少奇为首的资产阶级司令部，是斗争的大方向，这是无产阶级文化大革命的千年大计，万年大计。不开展革命的大批判，就会使无产阶级文化大革命半途而废，就是对无产阶级文化大革命的背叛，我们英雄的红卫兵小将，要高举毛泽东思想的批判旗帜，要当大批判的急先锋和红闯将，在革命的大批判运动中，重振"八·二六"的军威，作出新的贡献，完成历史赋予我们的光荣、艰巨的任务。

最近，中学红代会就要召开第一届第二次红卫兵代表大会，我们要通过这次大会，使广大中学革命造反派在毛主席的革命线路上紧密地团结起来、联合起来。我们要尽最大的努力为加强、巩固和扩大中学红代会而奋斗，形成以革命造反派为核心的最广泛的革命大联合，完成党中央毛主席交给我们的伟大历史任务！

在过去的一年里，我们虽然取得了伟大的成绩，但是以后的路更长，摆在我们面前的任务更光荣，更艰巨。任重而道远，我们要努力奋斗。

无产阶级革命派的同志们，英雄的红卫兵战士们，任务是艰巨的，前途是光明的，让我们继续发扬"八.二六"革命造反精神，为掀起革命的大批判高潮，在大批判中促进革命的大联合而继续努力奋斗吧！

毛主席的革命路线胜利万岁！

毛主席的红卫兵万岁！

伟大的领袖毛主席万岁！万岁！万万岁！！

（上接第二版）

在纪念"八·二六"革命风暴一周年之际，我们下定决心，紧跟伟大统帅毛主席的战略布署，乘革命东风，高举革命批判大旗，穷追猛打，直捣刘邓老巢，直捣万张老巢，彻底砸烂万张反党集团。毛主席他老人家给我们撑腰，我们要给他老人家争气！在当前两个司令部的决战时刻，要再展英姿，杀出新威风，坚决把刘邓黑贼及其在天津的大大小小爪牙打个落花流水，杀得片甲不留，叫他们永世不得翻身。

天津无产阶级革命派的战友们，全国无产阶级革命派支持你们，中央文革支持你们，敬爱的林付统帅支持你们，最最敬爱的伟大统帅毛主席支持你们！我们新疆革命造反派誓做你们的坚强后盾，誓做你们的忠实战友。

刘邓及万张之流的末日已经来临，毛主席的革命路线在全国取得了决定性的胜利。展望前方，"红旗映彩霞，祖国美如画"，毛泽东思想伟大红旗必将插遍祖国的每一寸土地！

联合版 1967.8.31　　　　第三版

八二六革命风暴

红代会二十一中八一红卫兵八二六支队

（一）

"钟山風雨起蒼黃，百万雄师过大江。"

无产阶级文化大革命的熊熊烈火燃遍全国，我们紧跟伟大统帅毛主席，高举"造反有理"的革命大旗，大造党内一小撮走资派的反，正如毛主席指出，这必然地会遭到一小撮反动派的猖狂反扑，但他们终将逃脱不了灭亡的命运，一九六六年八·二六的风暴不正雄辩地证明了这眞理吗？

（二）

我们中学的革命造反派，响应伟大领袖毛主席"炮打司令部"的伟大号召，在英雄八月的下旬要见万张反党集团的头子万晓塘，揭发他的罪行，他怕得要死，吓的要命，不仅不敢出面接见，反而从他的反动立場出发，把我们中学造反派当做仇敌，视如洪水猛兽，说什么"文化大革命在客观上是各种反动势力的总动员"，"是坏人闹事"等等，于是就以"维持秩序"，"保卫市委机关安全"，"保卫党和国家机密"为名，蒙蔽欺骗了市委、市人委、各局、处的部分干部组成了赤卫队，站在我们的对立面，阻挡我们造黑市委的反，他们要出了种种手腕，调来了大量工人"赤卫队"、中学"主义兵"，妄图鎮压革命造反派的革命行动。一場革命的冲锋与反革命的围剿在英雄的八月展开了。

压迫愈甚，其发必速。

八月二十六日，革命的洪流席卷了天津城，中学革命造反派和红卫兵小将首当其冲，高举着"造反有理"的大旗，为誓死保卫毛主席，天不怕、地不怕、神不怕、鬼不怕，围攻谩骂都不怕，对准万晓塘、张淮三这两个反革命修正主义分子重炮猛轰。

下午五点多钟，天津、北京中学的革命造反派、红卫兵战士来到市委门前，愤怒揭发天津黑市委，要求万晓塘立即出来。但是市委的老爷们，万晓塘、张淮三这些混蛋们在红卫兵面前原形毕露，他们调集了大量的保守组织把市委大楼围个水泄不通。防线层层，戒备森严。但是戒备和防线哪里挡得住忠于毛主席的红小兵？**"馬克思主义的道理千条万緒，归根結底就是一句話，造反有理。"**再大的困难，再多的障碍也挡不住用毛泽东思想武装起来的红卫兵战士。"万晓塘滚出来！""万晓塘滚出来！"的口号，一阵阵象一排排重炮打中了万氏老巢。红卫兵战士下定决心，不怕牺牲，排除万难，踢开障碍，冲进了大楼。不把万晓塘揪出来，誓不罢休！黑市委的干将们慌了手脚，于是大打出手，制造了骇人听闻的流血事件。红卫兵战士的血把鲜红的袖章染得通红！红卫兵鲜红的血教育了群众，"市委不革命就罢他娘的官"震天动地的口号响彻了海河两岸。

黑市委的老爷们一计不成又生一计，企图用"辩论"谩骂和围攻来保全其狗命。

他们为了把革命小将搞垮，专门建立了市委门前辩论领导小组，由万张反党集团干将李守真、李定等人组成，领导小组还下设宣传、辩论的专门班子。对于会场的布置，与会群众的组织，会议的发言都事先做了周密安排。有不少发言还是"赤卫队"或所谓队伍中的当权派冒充工人上台辩论。会场内安插了情报员在群众队伍中窥测动向，起哄闹事，会场外还设立了瞭望哨，跟踪盯哨，无所不用其极。市委里的头面人物有的亲临指挥，有的进行遥控。共分五线，第一线是李森荣之流在市委门前与红卫兵战士纠缠，第二线是王培仁、李定、周茹等万张干将在大楼内坐鎮，第三线是张淮三坐阵市人委，第四线是赵武成每隔十分钟听取一次辩论实况汇报，第五线则是万晓塘、刘子厚总指挥。然而这些算得了什么？**"敌軍圍困万千重，我自巋然不动。"**红卫兵战士高举着红彤彤的毛主席语录，手捧着无产阶级文化大革命的锐利武器——十六条，同万张反党集团进行了艰苦卓绝的斗争，大量事实把万张反党集团打得落花流水。反革命的围攻，鍛炼了无数坚定的革命左派。他们的种种迫害，使得红卫兵信心更加坚定！

八·二六的战鼓震天响！八·二六的红卫兵战士们用自己的鲜血，用对毛主席的一片赤胆忠心，用战无不胜的毛泽东思想，终于迎来了胜利的曙光！

（三）

八·二六的革命小将，从顽石下面，不屈不挠顽强地成长起来；八·二六的革命烈火不畏狂风暴雨红通通地燃烧；八·二六的炮声惊天动地，报道了万家王朝的灭亡；八·二六的战士用自己的铁拳敲响了万张修正主义集团的丧钟！英雄的八·二六组成了一曲胜利的凯歌，载着红卫兵的荣誉，编入了革命的史册！

纪念八·二六，就要以更加饱满的革命朝气，投入革命的大批判运动；纪念八·二六就要永远不忘战斗的历程，时刻准备击退资产阶级反动路线的反扑，以八·二六的大无畏精神誓死保卫毛主席的革命路线；纪念八·二六就要永葆革命青春，紧跟我们红司令毛主席的战略布署，在阶级斗争的风浪中顶风破浪，奋勇向前！

全国的革命造反派支持你們

——新疆紅二司革命派驻天津联絡站

八·二六是天津市革命造反派值得纪念的日子，是全国革命造反派为之欢欣、为之拍手称快的日子

一年前的今天，革命小将高举革命"造反有理"的大旗，在伟大的毛泽东思想的指引下，发扬了"舍得一身剐，敢把皇帝拉下马"的大无畏精神，起来造反了！八·二六的革命行动，揭开了天津市无产阶级文化大革命的盖子，吹响了向黑市委猛烈攻击的号角，敲响了万张反党集团的丧钟。

八.二六的革命行动大造了黑市委的反，大造了万张反党集团的反。这个反造得有理，就是有理！我们坚决支持！

八·二六的革命行动，震动了黑市委和他们的后台黑主子，他们吓得要死，怕得要命。便拚命扶植保守组织，施毒计，放暗箭，千方百计地围剿革命派，妄图把这一轰轰烈烈的革命行动鎮压下去。一条条刀光剑影，一阵阵血雨腥风，革命小将的鲜血染红了海河，浸透了街道，天津一片白色恐怖，万张反党集团群魔狂舞，甚嚣尘上。

毛主席教导我们说："**敌人是不会自行消灭的，无論是中国的反动派，还是美国帝国主义在中国的侵略势力，都不会自行退出历史舞台。**"为了挽救其失败的命运，他们乞灵于武力，公开对革命小将进行了疯狂的鎮压。

但是革命造反派是吓不倒、压不垮的。党中央和毛主席支持我们，革命造反派越战越强。顶着逆流，迎着风暴，不怕围攻，不怕坐牢，不畏强暴，终于从白色恐怖之中，在同资产阶级反动路线的大搏斗中冲杀出来了，这是光焰无际的毛泽东思想的伟大胜利，是毛主席革命路线的伟大胜利！

革命造反派，在两个阶级、两条路线、两条道路的惊心动魄的大搏斗中，经受了战斗的洗礼，经过艰苦的鍛炼和考验，更加坚强、壮大了。这是用毛泽东思想武装起来的千百万民众，浩浩荡荡的革命大军。这支大军将压倒一切敌人，取得无产阶级文化大革命的最后胜利。

"千钧霹雳开新宇，万里东风扫残云。"长城内外，东风浩荡，大河上下，捷报频传，革命的形势好得很，天津无产阶级文化大革命的形势好得很！

（下转第二版）

继承和发扬『八·二六』革命造反精神

天津一中組訓部队战士　王鳳宜

今天，在革命大批判的高潮中，在无产阶级文化大革命进入向党内最大的一小撮走资本主义道路当权派和他们在天津的代理人——万张反党集团发动总攻击、总清算的时刻，在两个阶级、两条道路、两条路线斗争的凯歌声中，在天津市革命大联合『三结合』迅速形成，向万张集团夺权之时，来纪念八·二六革命造反一周年，这是有重要意义的。

一年前的今天，在光辉的毛泽东思想指引下，你们冲破重重阻力，以『舍得一身剐，敢把皇帝拉下馬』的大无畏革命造反精神，大造了天津黑市委的反，揭开了天津市阶级斗争的盖子，敲响了万张反党宗派集团的丧钟。这个反造得好！好得很！这一行动大长了无产阶级革命派的志气，大灭了阶级敌人的威风。

毛主席教导我们：**『帝国主义者和国内反动派决不甘心于他們的失敗，他們还要作最后的挣扎。在全国平定以后，他們还会以各种方式从事破坏和捣乱，他們将每日每时企圖在中国复辟。』**党内最大走资派和万张反党集团及其爪牙已被揭露出来，这是毛泽东思想的伟大胜利。但他们的人还在，心不死，从政治上、思想上并未把他们斗倒、斗臭，他们正在作垂死挣扎，极力从各方面进行反抗破坏。对此，我们决不可以掉以轻心。**『宜将剩勇追穷寇，不可沽名学霸王。』**要巩固已取得的胜利，还要继续作艰苦的斗争。彻底地从政治上、思想上批判党内一小撮走资本主义道路当权派，是使我们党和国家永不变色的根本保证。为此，我们要高举革命批判大旗，活学活用毛主席著作，紧跟伟大领袖毛主席的战略布署，牢牢掌握斗争大方向，进一步掀起革命大批判高潮，痛打万张『落水狗』，彻底肃清他们在群众中的恶劣影响，从政治上、思想上把他们打倒。夺他们的权，夺取文化大革命的彻底胜利。继承和发扬八·二六革命造反精神，在革命大批判中再创新功。

第四版　　　联合版　1967.8.31

誓作中学革命小将的坚强后盾

南开大学卫东红卫兵　《宝塔山》

在亿万军民向党内最大的一小撮走资本主义道路当权派展开革命大批判、大斗爭的伟大新高潮中，我们全体卫东战士和中学红卫兵小将们一起，以无比自豪的心情来纪念“八·二六”这个光辉的日子。

一九六六年八月二十六日，英勇的天津市中学红卫兵小将们，在毛主席无产阶级革命路线的指引下高举起“造反有理”的伟大战旗，发扬了“舍得一身剐，敢把皇帝拉下马”的大无畏革命造反精神，同旧市委內一小撮走资本主义道路当权派万晓塘、张淮三之流，进行了顽强的斗爭，把这一小撮反革命修正主义分子搞得狼狈不堪、威风扫地。

中学红卫兵小将的革命首创精神和大无畏的革命造反精神，震动了天津城。天津市四百万人民爭夸中学红卫兵小将。

中学红卫兵小将是天津市无产阶级文化大革命的急先锋。你们为无产阶级文化大革命立下了不可磨灭的伟大功勋。

因此，万晓塘、张淮三反革命修正主义集团，对于中学红卫兵小将恨得要命，怕得要死。他们站在反动的资产阶级立场上，对中学红卫兵小将实行资产阶级专政，将大批有魄力有智慧的革命小将打成了“反革命”、“小牛鬼蛇神”。他们还挑动大批不明真相的受蒙蔽的群众，对中学红卫兵小将们进行疯狂的围攻，无耻的谩骂和骇人听闻的种种迫害，妄图扼杀刚刚兴起的红卫兵运动，扑灭天津市无产阶级文化大革命运动的熊熊烈火。

但是，用毛泽东思想武装起来的中学红卫兵小将是无敌的，是不可战胜的。阶级敌人的疯狂镇压、残酷迫害，激起了红卫兵小将们更加强烈、更加坚决的反抗。红卫兵小将们用生命和鲜血保卫毛主席、保卫毛主席的革命路线、保卫毛泽东思想。你们不愧为毛主席忠实的红小兵。你们是我们学习的榜样。

一年来，中学的红卫兵小将们和全市、全国的无产阶级革命派一起，英勇奋战，流血牺牲，把万晓塘、张淮三反革命修正主义集团及其总后台——党內最大的一小撮走资本主义道路当权派揪了出来，把他们顽固推行的资产阶级反动路线打得落花流水。这是无产阶级文化大革命的伟大胜利，是光焰无际的毛泽东思想的伟大胜利。

现在，我们的伟大统帅毛主席又率领全国亿万文化革命大军，对党內最大的一小撮走资本主义道路当权派展开大批判、大斗爭。革命的大批判是当前斗爭的大方向，是我们伟大领袖毛主席的战略部署。

中学红卫兵小将们，革命的战友们！在炮打资产阶级司令部的战斗中，你们是勇敢的闯将，在彻底摧垮资产阶级司令部的战斗中，你们要爭当革命大批判的急先锋。

战无不胜的毛泽东思想是无产阶级文化大革命的行动指南，是培养我们年青一代的阳光和雨露。

亲爱的战友们，我们要在革命大批判中，在阶级斗爭大风大浪中活学活用毛主席著作，用毛泽东思想改造我们的灵魂，大破资产阶级世界观，大立无产阶级世界观，大立毛泽东思想的绝对权威。

伟大的中国人民解放军是我国无产阶级专政和无产阶级文化大革命的可靠支柱，是我们红卫兵学习的光辉榜样。

亲爱的战友们，我们要更高地举起“拥军爱民”的伟大旗帜，要“相信和依靠人民解放军”，我们要虚心地向解放军学习。我们要热情地帮助解放军作好“三支”“两军”的工作。我们决不许阶级敌人动摇解放军的崇高威信。谁反对解放军，我们就坚决打倒他。

大胆地使用革命干部是当前无产阶级文化大革命中一个极其重要的方针性问题。

亲爱的战友们，我们要紧跟伟大统帅毛主席的伟大战略部署，要“相信和依靠干部的大多数”。

我们要热烈响应党中央号召，坚决支持革命干部站出来，大胆使用革命干部，让更多的革命干部挑重担。为加强、充实、扩大天津市的“三结合”而斗爭。

亲爱的战友们，我们要继承和发扬光大“八·二六”革命造反精神，用鲜血和生命捍卫毛主席的无产阶级革命路线。无论什么人，不管他资格多老，地位多高，后台多硬，只要他敢反对毛主席的革命路线，我们就坚决地造他的反，把他彻底打倒。

毛主席的红卫兵，有无限的生命力，是无产阶级革命事业欣欣向荣的象征。毛主席把无限的希望寄托在我们年青一代身上。

亲爱的战友们，让我们更高地举起毛泽东思想伟大红旗，紧跟毛主席的伟大战略部署，在革命大批判中，在彻底摧垮资产阶级司令部的伟大的战斗中，立新功！

“八·二六”革命造反精神万岁！

毛主席的红卫兵万岁！

战无不胜的毛泽东思想万岁！

毛主席的革命路线胜利万岁！

我们的红司令毛主席万岁！

将革命进行到底

紀念八·二六一周年

天津一中紅旗紅卫兵《八一》支队

送走了多少不眠的夜晚，
迎来了多少鏖战的白天……
“八·二六”那一幕幕激动人心的场面，
仍象发生在昨天。

以革命的名义回顾一下“八·二六”吧，
它可以使你丢掉幻想，斗志更坚！

你可曾记得，在一年前的今天——
革命小将的猛烈炮火，
动摇了万张的反革命政权。
“是谁搞的四项原则？”
“是谁制造了十六中事件？”
“你！万晓塘！
必须在二十四小时內出面！”

一天过去了！
八·二六的夜晚，
革命小将的血洒在黑市委吃人的楼前。
万晓塘始终沒有露面，
只是在“赤卫队”的大棒上，
仿佛露出了他那狰狞的嘴脸……

你可曾还记得，八·二六以后，
那几个通宵“辯论”的夜晚，
那几个到处围攻革命学生的白天……
马路上，喇叭高叫：“谁反市委谁就是反革命！”
市委前，标语满墙：“不许右派翻天！”

你也应该还记得：
辯论会上，有人在重复那位的“名言”：
“老革命犯了错误，你高兴什么？”
市委前后，有人在宣传着什么文章：
“推荐一篇讲话——谭立夫——八月二十日，在北工大院！”……

你不应该忘记：
围攻会上那一双双坚定的眼，
望着那北斗星在闪烁，心中热血沸腾，
看着红彤彤的语录本，胸中迸出誓言：
“毛主席呀毛主席，我们永远跟您干革命，哪怕刀山火海，海枯石烂心不变！”

……………
……………

今天，
也许你还在血战，
也许你已经掌权，
也许你认为一年的战斗只是万里长征的第一步，
也许你以为胜利已经到了自己身边；
也许你正在大批判中冲锋，
考顾着下一步该怎样作战，
也许你已在关心何时分配，
想的是扑克、鱼虫、书包、羊毛线……

警惕呀！同志！
刘邓贼心未死，
万张阴魂不散，
沒有冻僵的毒蛇还露着白齿！
要吃人的老虎时刻伺机扑向我们身边！

战斗吧，同志！
让我们挥笔做刀枪，
向走资派猛烈开战！
革命大批判的战场，
任我们纵马驰骋。
請牢记啊，“八·二六”的战友！
不搞革命的大批判，
就是对文化大革命的背叛！

历史的怒涛滚滚前进，
阶級斗爭的更大的新风暴，
是对革命小将更严峻的考验；
“八·二六”那难忘的日子，
今天最强烈地激动着革命派战士的心弦！
以革命的名义回顾一下“八·二六”吧！
它可以使你丢掉幻想，斗志更坚！
将革命进行到底，
用鲜血和生命，
捍卫毛主席的革命路线；
用顽强艰苦的战斗，
迎接英特纳雄耐尔的实现！

红色工交

首都工交口革命造反联絡委員会主办

第二十一期　一九六七年八月三十一日　星期四　本期共四版

无产阶級文化大革命，就是为的要使人的思想革命化，因而使各項工作做得更多、更快、更好、更省。

《中国共产党中央委員会关于无产阶級文化大革命的决定》

認清形势 狠抓革命 猛促生产 反对武斗

—中央首长講話摘录—

我們是在胜利前进的道路上，在胜利的形势下，这就是毛主席经常所說的“形势大好”。全国运动的发展是不平衡的，是波浪式地前进的。不只是全国是这样，北京也是这样。

有这么一种說法：全国处在反革命复辟的前夜，这是个別的人讲的。这种估計是錯誤的。我們說，无产阶級文化大革命经过一年取得了伟大的輝煌的胜利。

毛主席說，要相信群众、解放軍、干部的大多数。这是我們应当遵循的教导。不要被坏人利用，不要被坏人挑拨。

（陈伯达同志67.8.11在接见首都工代会、红代会代表时的讲话）

对形势应有个比較，沒有比較就看不出形势大好。为什么說現在形势比去年大好呢？去年这时，党内一小撮走資派还掌权，比較强硬，还能調度。現在呢？全瘫痪了，調不动了。

他們在組织操纵一部分人武斗，是有訓练的、专門消灭革命派的武斗。这是强还是弱呢？我认为是弱了。这一小撮沒办法調动正規軍，本身又处于瘫痪，所以只好在背后操纵起武斗，訓练少数人进行武斗。

主席在斗爭中总讲两个方面，分析形势充分想到对革命不利的方面，但是向来是滿怀信心的。我們应当滿怀信心，认眞領会主席思想和中央許多文件。你們不应当光是“闖将”，而应該是有勇有謀智勇双全的无产阶級革命左派。

（江青同志67.8.11接见首都工代会、红代会代表时的讲话）

停产是完全违背毛泽东思想的，是完全违反文化大革命的“抓革命，促生产”的方針的。你們派別的利益，小集团的利益，超过了国家的利益嗎？个人爭面子，不为国家，不为劳动人民的利益，这是完全錯誤的。

工厂是国家的財产，是劳动人民用血汗建設起来的。

希望你們××生产这面紅旗不要倒下去，当然也倒不了，倒了也有人扶起来。

彼此都是阶級兄弟，为什么不抓住党內走資本主义道路当权派？！

（总理67.7.26接见××、××赴京代表时的讲话）

党內一小撮走資本主义道路当权派正在施展阴謀。他們的一个阴謀是用武斗来破坏文斗，想用“武”化革命来代替文化革命；另一个阴謀是煽动停产，煽动罢工，甚至破坏交通。所以革命派要发动强大的攻势，举行示威游行，反对停产，反对武斗。

革命派就是要第一个强調文斗。他們武斗的时候，我們要反击，要自卫。但，不是說你們要打出去。有的地方用自卫口号把武斗扩大，我們也不贊成。那一派都不能打人。

武斗是一小撮走資本主义道路当权派所需要的，所欢迎的，所支持的，所煽动的。凡是革命派就要反对武斗。

武斗当中的罪魁祸首，我們将来要处理。打人的，杀人的，搶人东西的，象搶人手表的，将来都要处理。你別看他高兴一时，将来我們是要算賬的。

这次文化大革命好得很！不然的話，你还識別不了这些人的面貌。別看現在乱一点，但是文化大革命之后，馬上就有大治。这将是从来沒有过的好的局面。

（戚本禹同志67.8.9在煤炭工业部的讲话）

社论　群众路綫还是“專家”路綫

—二评《工业七十条》

办社会主义企业，走不走群众路线，搞不搞群众运动，这是工交战线上两个阶級、两条道路、两条路线斗爭的一个焦点，这是毛主席的无产阶級革命路线和反革命修正主义路线的根本分歧。

毛主席一貫教导我們：“什么工作都要搞群众运动，没有群众运动是不行的。”社会主义的经济建設是亿万群众的共同事业，办社会主义企业只有信任群众，依靠群众，放手发动群众，尊重群众的首創精神，才能办好。可是刘、邓、彭、薄等党內一小撮最大的走資派，頑固地站在資产阶級的反动立場上，只走“专家”路线，不走群众路线，疯狂地反对在工交战线上大搞群众运动。他們炮制的修正主义《工业七十条》就是一个反对群众运动的黑条条。

《工业七十条》竖起了两根大棒，反对在工交企业中大搞群众运动。一是：只依靠少数“权威”、“专家”来治厂；一是建立繁瑣的規章制度，对群众实行“管、卡、压”。美其名曰：建立生产秩序、搞好生产。实质上是疯狂地攻击大跃进的群众运动，对抗毛主席的《鞍钢宪法》，反对走群众路线。

一九五八年，毛主席就指出：“到现在，我们还有一些同志不愿意在工业方面搞大规模的群众运动，他们把工业战线上搞群众运动说成‘不正规’，贬之为‘农村作风’，‘游击习气’。这显然是不对的。”严肃地批判了以刘、邓为首的資产阶級司令部反对大搞群众运动的错誤立場。一九六〇年，毛主席在《鞍钢宪法》中再次肯定：办好社会主义企业的根本原则之一，是大搞群众运动。但是他們的贼心不死，利用一切机会对抗毛主席的批評，扼杀群众运动。邓小平在炮制《工业七十条》时，公开叫嚣：“条例中，不要写群众运动。……一讲群众运动，就会变成大轰大嗡。”主唱仆从，刘、邓在工交口的代理人薄一波胡說什么：“不能什么事情都搞群众运动。”公然誣蔑群众运动是“大轰大嗡”。刘、邓、彭、薄等一小撮走資派，为了复辟資本主义，改变社会主义企业的顏色，在他們所炮制的《工业七十条》中，用“专家”路线对抗群众路线，用少数“权威”、行政命令来代替伟大的群众运动。只依靠少数人冷冷清清办企业，无视群众的力量和智慧，把群众当作阿斗，对群众实行資产阶級专政。

一九五八年，毛主席曾指出：“应该作出这样一个总的规定，即是在多快好省地按计划按比例地发展社会主义事业的前提下，在群众觉悟提高的基础上，允许并且鼓励群众的那些打破限制生产力发展的规章制度的创举。”社会主义企业是需要有促进生产力发展的規章制度的，但还必須允許和鼓励职工群众对企业中一切阻碍生产力的規章制度进行不断的改革，以利社会主义经济的发展。毛主席在《鞍钢宪法》中又指出：社会主义企业必須实行“两参一改三結合”。而刘、邓、彭、薄等党內一小撮最大的走資派，却反其道而行之，他們炮制的《工业七十条》在所謂“经过三年大跃进，……問題是在沒有把必要的規章制度及时地系統地建立起来”的幌子下，大肆販卖苏修工业管理的一套框框制度。他們从反对工人参加企业管理出发，压制广大群众的革命积极性和首創精神，大搞“管人”的繁瑣哲学，大搞“卡人”的名目繁多的規章制度，把群众的手脚束縛得死死的。工人同志們一針見血地說：“他們不相信群众，只相信和依靠几个‘权威’的工程师、技术員。把工人踩在脚下，当牛馬，当奴隶。”

我們社会主义革命和建設的实践証明，只有遵照“人民，只有人民，才是创造世界历史的动力。”这个馬列主义的根本原理，沿着毛主席指示的关于办好社会主义企业的方向，相信群众、依靠群众，在工交企业中大搞群众运动，抓革命，促生产，只有这样才能促进生产力的高速度发展，才能保証社会主义企业永不变色。如果，像《工业七十条》所鼓吹的那样，只靠少数“专家”，靠繁瑣的規章制度，不仅不能推动生产力的发展，而且必然导致資本主义复活，使社会主义企业和平演变为資本主义的企业，成为刘、邓反革命修正主义的重要支柱。

宜将剩勇追穷寇，不可沽名学霸王。工交战线的无产阶級革命派的战友們，让我們奋起毛泽东思想的千鈞棒，彻底清算《工业七十条》炮制者反对大搞群众运动的罪行，坚决砸烂《工业七十条》中压制群众运动，对工人实行資产阶級专政的条条框框，把工交企业办成紅彤彤的毛泽东思想大学校。

第二版 紅色工交 1967年8月31日

砸烂《工业七十条》加在工人身上的鐐銬

工代会首都钢铁公司《东方红》

毛主席教导我們說："不破不立，不塞不流，不止不行。""破，就是批判，就是革命。破，就要讲道理，讲道理就是立，破字当头，立也就在其中了。"我們工人阶級高举毛泽东思想伟大紅旗，一九五八年以来大搞群众运动，大破洋框框，大破一切不合理的規章制度，使我国工业生产有了飞跃的发展。革命的群众运动好得很！但是刘、邓、彭、薄一小撮走資派却拼命地反对，在他們炮制的《工业七十条》和旧北京市委炮制的《工业十五条》中設置了許多框框制度，千方百計扼杀群众运动。

規定种种制度，妄图把工人引上资本主义的軌道

在党內最大的一小撮走資派的支持下，我厂走資派秉承其主子的意旨，根据《工业七十条》和《工业十五条》反动黑綱領，又进一步炮制了长达九十六万字的《二十二項大制度》这个"不許"，那个"不准"，处处以制度"卡"人，事事以制度"管"人，束縛工人手脚，压制群众的革命积极性。所有这些統統都是加在我們工人身上的手銬，脚鐐。他們的目的就要在中国搞一整套自上而下的修正主义的工业企业管理体制。这些家伙們对工人阶級在伟大的三面紅旗的照耀下煥发起来的大破大立的革命造反精神，恨得要死，怕得要命。他們磨好了刀，要大杀大砍群众的首創精神，公然誣蔑群众运动是"一轰而起""只求表面的轰轰烈烈"，攻击技术革命說："新技术是一夜推广，一夜推光"。他們所要求如在《工业七十条》中所規定的那样，就是要"使全体职工养成习慣，形成风气"，"愼重从事，先立后破"。說穿了，就是要我們全体职工依照他們的規定走路，养成甘当資产阶級反动路线的奴隶的习慣，实行"革命有罪，造反无理"的資产阶級专政。我厂走資派說："把《工业七十条》和我們实际工作中的经验，具体化为业务管理制度。""目的是要做到人人有章可守，事事有人負責，使各項业务工作，都能沿着纵横交錯的軌道活动，树立起正常的生产工作秩序。"他們所說的軌道就是走向資本主义的軌道，他們所要的秩序，就是資本主义的秩序。这是他們狼子野心的大暴露

竭力推广帝、修黑货，把工人当奴隶使用

我厂走資派在党內最大的一小撮走資本主义道路当权派的支持下，还把"英国生产率委員会专家赴美考察团"所写的《关于生产組织問題的报告》和一百多万字的《美国企业管理手册》捧若圣经，肉麻地吹捧道："看来資本家是多么聪明呀！"說什么"不如此，就不能实現我国的現代化"眞是可耻透頂！他們仿照美国資本家压榨工人血汗的毒辣手段，大搞技术定額測定，他們組织了上百人的測定队，天天跟在工人后面，一分一秒的記实，連上厕所，抽烟都不放过。继《二十二項大制度》出籠之后，又打着加强定額管理的幌子，搞出十万零八百多項定額标准，紧紧卡住了工人的脖子，完全把工人当做奴隶使用，眞是恶毒透頂。工人同志們憤慨地說："你能測定时間，但測不出我們的革命干劲。"

彻底砸烂套在工人身上的鐐铐

党內一小撮走資派为了扼杀群众运动，几年来，他們設了許多关卡，搞了种种的制度，給我們工人套上了一条条不准革命，不准造反的鐐銬。伟大的无产阶級文化大革命彻底宣判了他們阴謀的破产。我們用毛泽东思想武裝起来的工人最听毛主席的話，决心按照毛主席的教导，继续发揚大破大立的革命精神，大造刘、邓資产阶級反动路线的反，彻底埋葬反动的《工业七十条》和《工业十五条》，彻底砸烂党內走資派加在工人身上的鎖鏈。打破一切束縛生产的条条框框，狠抓革命，猛促生产。在工交战线上建立一个嶄新的，符合毛泽东思想的革命的新制度、新秩序，把社会主义企业办成一个紅彤彤的毛泽东思想的大学校。

* *

痛斥《工业七十条》大搞「专家」治厂

毛主席說："人民，只有人民，才是创造世界历史的动力。""人民群众有无限的创造力。"

中国的赫魯晓夫刘少奇及其同伙邓小平、薄一波之流，反对《鞍鋼宪法》中提出的大搞群众运动，极力鼓吹"专家"治厂。只相信少数工程技术人員，把广大工人踩在脚下，当作牛馬。

我厂党內走資本主义道路当权派在推行《工业七十条》时也大搞"专家"治厂，明文規定总工程师"对企业技术工作負全部責任"。"企业領导干部，必須听技术人員的意見，教育全体职工尊重技术人員的职权"。他們所重用和提拔的工程技术人員，是一些不突出政治、不突出毛泽东思想的"技术权威"。

工人要改革不合理的工艺、图紙，就象过五关、斬六将，眞难哪！技术权威象閻王，工人就象小鬼。他們設計的工具、工艺，不管用的上，用不上，貪大求洋，好象越洋越好，这样故弄玄虛地显示他們自己，不洋，怕别人看不起。工人提合理化建议，可就触犯了"权威"，这也不能改，那也不能动，非得按照他們的設計做。做出后实在沒法使用时，他們才不得不修改呢！

工人的合理意見，不管好不好，都被厂內走資本主义道路当权派打入冷宮，先进工艺、工具就推不广，工人做的工具都給丢了，而对洋工具，无論多么不实用，都視为珍宝。

《工业七十条》专家治厂的流毒，在我厂还沒有肃清，它反对广大工人作工厂的主人，而是把工人当作奴隶。这就是刘、邓、薄等一小撮人，妄图复辟資本主义，对工人实行資产阶級专政的鉄証。

人民机械厂红委会红色造反者工人 桂育鹏

* *

《工业七十条》中反对群众运动的黑条条

编者按：毛主席在《鞍钢宪法》中明确指出要"大搞羣众运动"，而大毒草《工业七十条》却反其道而行之。現将《工业七十条》（包括七十条出籠前的草稿）中有关反对大搞羣众运动的黑条条摘出来示众，供革命羣众进行批判。

一、用繁琐的规章制度"管人""卡人"

每个企业都要……建立和健全厂部、車間、工段、小組各級的行政領导責任制。（第四十八条）

建立和健全生产、技术、劳动、供銷、运输、財务、生活、人事等专职机构和专职人員的責任制。

（同上）

都要建立和健全每个工人的崗位責任制。

（同上）

企业中主要的責任制，应当通过規章制度明确地規定出来，企业要建立各个方面的制度。（第五十一条）

每个企业，都应当自上而下地和自下而上地加强监察工作，认眞检查各种責任制和各方面的規章制度的执行情况。（第五十二条）

对于……违反規章制度而造成損失的，应当……給予不同处分，直至提請法院給以刑事处分。（同上）

在经验还不成熟，新的規章制度还沒定出以前，原有的規章制度，应当继续执行，不应当匆忙地輕率地加以废除。（第五十三条）

企业的全体职工，都要认眞貫彻执行厂部的指示和命令。（第五十条）

要教育工人严格遵守設計图紙和工艺规程进行操作，不許违反。对于設計图紙和工艺規程，如果发現有不妥当的地方，……在沒有作出修改决定以前，一切人都必須遵守。（第十六条）

二、依靠少数人，走"专家"路线

总工程师……对企业的技术工作負全部責任，……在技术工作上，必須服从总工程师的指揮，企业中重要的技术文件，必須由总工程师签署。……教育全体职工尊重技术人員的职权……。（第十三条）

精密設备、关鍵設备和精密仪表，要制定特殊的維护、保养方法，由专門的技术人員或者高級技工掌握。（第十四条）

三、以"结合"为名，行反对大搞群众运动之实

許多企业，由于領导上还不善于依靠群众，把轰轰烈烈的群众运动同实行严格的責任制度和管理上的分工負責，很好地結合起来，以致責任制度废弛，生产秩序混乱。（条例草案的"指示"）

在我們的企业中，旣要有广泛的群众运动，又要有严格的規章制度，必須把这两方面更好地結合起来。（同上）

企业中群众性的政治运动和文化运动，要紧密結合生产。（《七十条》未定稿前的草稿第六十条）

四、把群众运动诬蔑成吃"老本"、拼"体力"、"一阵风"

在群众性的生产运动中，要保証职工有劳有逸，……保証生产有节奏地进行。不許采取拼体力、拼設备、吃"老本"的办法放"卫星"、搞"战役"。（《七十条》未定稿前的草稿第六十一条）

企业中的群众运动……要維护全厂統一的生产指揮系統，遵守規章制度，保持正常的生产秩序……不要"一陣风"，有头无尾。（同上第六十二条）

1967年8月31日　紅色工交　第三版

徹底肃清专家治港的流毒

上海工总司海港指挥部

我們伟大的領袖毛主席教导我們：**“我们历来主张革命要依靠人民群众，大家动手，反对只依靠少数人发号施令。”**又說：**“什么工作都要搞群众运动，没有群众运动是不行的。”**一九六〇年三月，毛主席又在《鞍鋼宪法》中，确定“大搞群众运动”为办好社会主义企业的五項基本原則之一。然而，党內最大的一小撮走資派刘、邓、彭、薄却公开对抗毛主席的指示，在《工业七十条》中大肆推行总工程师負責制，并通过他們在港务局的黑手，在上海港大搞专家治港，扼杀群众运动，造成了极其严重的恶果。

在三年大跃进中，上海港的广大职工高举毛泽东思想伟大紅旗，在总路线、大跃进、人民公社三面紅旗的光輝照耀下，意气风发，斗志昂揚，提出了豪迈的战斗口号：“来什么，干什么；来多少，干多少；干得快，干得好！”創造了万吨散貨不过班，万吨袋物不过天，江轮鉄駁不过半工班，港內駁船不过点等一个又一个惊人奇迹。一九六〇年全港吞吐量比一九五七年提高一点六倍，相当于解放前上海港吞吐量的三倍。技术革新、技术革命运动蓬勃兴起，群众提出了十四万多条合理化建议，攻下了許許多多的生产难关。如煤炭装卸作业，每年需化五十多万工班劳动力。后来工人創造了煤炭抓斗，大大提高了装卸效率，每年就可以节約三十多万工班。

《工业七十条》出籠后，交通部、上海市和上海港党內一小撮走資派，立卽积极推行。在这个黑綱領的庇护下，上海港党內一小撮走資派，网罗了一批資产阶級的所謂“专家”、“权威”，窃据了上海港的技术领导大权，实行資产阶級专政。

根据《工业七十条》的黑条条，他們規定技术工作由总工程师全面負責，大搞专家治港。群众的合理化建议、技术革新完全被少数“权威”所压制，群众的积极性和創造精神受到极其严酷的打击。如二区有个青年化了半年的时間，研究提出了改进吸粮机的建议，他滿腔热情地希望得到支持，可到了那些“权威”、“老爷”手里，却被置之不理，还駡他有精神病。三年大跃进中蓬勃发展起来的轰轰烈烈的群众“双革”运动，被他們搞得冷冷清清，群众建议寥寥无几。港口通过能力也被强制限定在××万吨以內，比大跃进期間实际通过能力降低了将近一半！

他們拜倒在資、修脚下，宣传洋奴哲学，貪大求洋，大力推行資、修的一套黑貨。无耻地吹捧什么資、修港口是上海港的榜样，以指导海港規划。如张华浜装卸区規划中建造了三线鉄路，因水陆中转貨物不多，除一线用外，二线很少用，三线根本沒用过。他們还完全模仿資本主义国家搞××、××、××大港区方案，万吨級的泊位排了近八十个，鉄路线多而乱，投資达几十亿。試問：我們是否有这么多的水陆中转物資？这么多的泊位集中在一起是否合乎备战要求？这完全是脫离实际，脫离群众，貪大求洋的資本主义黑貨。

这些所謂的“专家”、“权威”，在《工业七十条》中被奉若神明，要我們对他們“尊重”，“服从”，而有些不学无术，图拥虛名的所謂“权威”不仅在工作中鬧了不少笑話，更严重的是給国家带来很大損失。如张华浜装卸区造了几个碼头，使用不久后，就发現桩子断裂，碼头变形。“权威”們惊惶失措，紛紛前来“会診”，他們引经据典，仍然找不出断裂根源，更談不上补救措施。还是在广大工人同志和青年闖将的努力下，找到了損坏原因，并且創造了大型压桩工具，对碼头进行了加固，才挽回一場重大損失。又如，为了解决煤堆打洞，一区、六区工人曾搞了土打洞机，他們却开了紅灯說行不通。后由总工程师亲自动手，閉門造車，化了一年多时間，費了九牛二虎之力，搞了一个洋的。但这車一上煤堆，就翻車，結果只好报废了事。

现在，我們广大革命群众造了他們的反，夺了他們的权，我們还要把一切不适应社会主义发展的上层建筑統統革掉，集中火力把修正主义的黑綱領《工业七十条》彻底砸烂！把上海港办成一个紅彤彤的毛泽东思想的大学校。

簡訊

刘少奇是个大叛徒

据中央組织部革命造反派最近調查揭发，一九三二年刘少奇在滿州里被捕，曾向敌人自首叛变，当时化名为刘少犹。有关材料已拍成了照片。由此証明，中国赫秃子刘少奇不仅长期販卖活命哲学、叛徒哲学，而且他本身就是一个大叛徒。

中南海里斗刘贼

八月五日下午四时，中南海革命造反派在中南海內分三个战場再次斗爭了党內最大的一小撮走資派——刘、邓、陶。斗爭大会会場分别設在刘、邓、陶家的院子里，他們的臭妖婆也被揪出来陪斗。大会上，革命造反派叫刘、邓、陶认眞听天安門广場大会的批判发言，有时又把广播声音放小，质問他們一些問題。

八月七日，中央文革办事組王道明同志向揪刘战士介紹八月五日下午中南海革命造反派斗爭刘少奇的情况，他說：“我們代表了你們的心意，在中南海面对面狠狠地斗爭了刘賊，刘賊被斗得狼狈不堪、张口結舌，回答不出革命群众的責問，吓得滿头大汗，低头蹶屁股，連鞋都掉了，丑态百出。面对面斗爭刘賊的实况已拍成紀录片，不久即可放給大家看。”中南海革命造反派狠斗刘賊，大长了无产阶級革命派的志气，大杀了刘賊的嚣张气焰。

王力同志谈揪陈毅

八月七日，王力同志接見姚登山同志和外交部革命造反联絡站的代表时，談到了揪陈毅的問題。

当联絡站代表汇报到“攀险峰”攻击联絡站提出“打倒陈毅”的口号是方向路线錯誤时，王力同志說：“他們說你們方向、路线錯了，那陈毅的方向、路线倒对了？”王力同志又說：“我反对外交部革命造反总部的做法，鮮明地反对！”“說什么居然喊出打倒刘、邓、陈的口号，对他們来說，这成了罪过。为什么不能喊？文化革命革了一年了，竟在外交部出現这种怪現象，令人深思。”王力同志还說：“陈毅应該到群众中来接受批判，这是总理和中央文革的一致主张。”“文革小組对革命派总是支持的。你們有什么过火？我沒有看到有多少过火的地方。”“揪陈毅大方向当然对，他犯了錯誤，又不到群众中来接受批判作检查，就可以揪。一月份他检查了，后来他自己又翻了案，翻了后他不到群众中来，揪他有什么不对？不是革命行动，是反革命行动？！”王力同志还說：“革命不能半途而废，坚决支持你們，将革命进行到底。”“对外交部必須有鮮明的态度，这样陣线才能分明，坚决站在造反派一边，这样干部才敢出来亮相，让我們共同努力，把外交部办成彻底革命的外交部。”

抓革命，促生产，奔赴生产第一线

八月上旬，周总理、李富春副总理、戚本禹同志等中央首长連续对煤炭部作了一系列重要指示。八月十日，总理、富春和戚本禹等同志再次接見煤炭部《东方紅》和《井崗山》等組织的代表，正式宣布成立《煤炭部革命委員会筹备小組》，并当場排定了小組名单：軍代表王素同志任組长，原煤炭部副部长范文彩同志任副組长，成員有煤炭部《东方紅》五人、《井崗山》四人，矿院《革命到底兵团》一人、《东方紅》一人，还有从京西調来的工程师一人，共計十四人。为了抓好革命、促好生产，为了更快更好地把煤炭生产抓上来，根据中央首长的指示，革委会筹备小組积极安排，将大部分人員作为毛泽东思想宣传队派赴煤炭生产第一线，宣传毛泽东思想，参加劳动，并和那里的无产阶級革命派一起，就地鬧革命、业余鬧革命、节約鬧革命。第一批已于八月二十、二十一日出发。

坚决支持三军无产阶级革命派

斗薄批余批谷联委会、工交口革命造反联委会于八月二十二日发表声明，坚决支持三軍无产阶級革命派。声明說：“海直《紅联总》、空司《紅哨兵》、空直《紅尖兵》等三軍无产阶級革命派，是在向党內、軍內一小撮走資派的坚决斗爭中、在軍內两条路线的斗爭中杀出来的坚定的无产阶級革命派。他們高举毛泽东思想伟大紅旗，紧跟毛主席、紧跟林副主席和中央文革，立場坚定，旗帜鮮明，斗爭坚决。他們的斗爭大方向始終是正确的。我們斗爭薄一波批判余秋里批判谷牧联絡委員会、工交口革命造反联絡委員会全体革命造反派战士，坚决支持三軍无产阶級革命派的一切革命行动，坚决和三軍无产阶級革命派团結在一起、战斗在一起、胜利在一起，誓把无产阶級文化大革命进行到底！”

最坚决地支持大庆造反派

八月十四日下午，首都支援大庆地区无产阶級革命造反派联絡站的师大井崗山、地院东方紅、石油部联合总部、化工部紅战总部、計委造反公社和武汉鋼二司、河南二七公社等首都和全国在京的六百多个革命組织，在北京师范大学二七广場召开大会，憤怒声討大庆地区党內、軍內一小撮走資派操纵老保“斗联总”，鎮压革命造反派的滔天罪行。大会还发了通电，表示最坚决地支持大庆地区的无产阶級革命造反派“工总司”、“紅三司”等組织，与他們团結在一起，战斗在一起，胜利在一起。

张钦礼同志巡迴作报告

八月七日和八日上、下午，焦裕祿同志生前的亲密战友张欽礼同志，应建材部革命造反总部、化工部紅战兵团总部和地质部革命委員会的邀請，分别到建材部、化工部和地质部向无产阶級革命造反派作报告，憤怒控訴資产阶級反动路线迫害河南革命造反派的滔天罪行。

第四版　　紅　色　工　交　　1967年8月31日

斬断中国赫魯曉夫伸向兰考的黑手

——焦裕祿同志生前的亲密战友张欽礼同志的控訴

編者按：中国人民解放军是我们最最敬爱的伟大領袖毛主席亲手締造、亲自領导，由林副统帅直接指挥的人民子弟兵。她在全国人民和世界革命人民中享有极高的威信。在伟大的无产阶级文化大革命中，人民解放军在三支两军工作中作出了巨大的貢献。但是混进党里、军里的一小撮走资派，如反革命分子陈再道之流，利用了中国人民解放军的崇高威信，大肆鎮压革命派。焦裕祿同志的战友张欽礼同志，坚决和兰考县广大革命派一起大造一小撮走资派的反，因而遭到了陈再道之流的残酷迫害。在党中央和毛主席的英明領导和亲切关怀下，在河南革命造反派的英勇战斗下，张欽礼同志终于胜利来到北京，控诉了资产阶级反动路线的滔天罪行。本报特摘录刊登于后，推荐给读者。

兰考县是共产主义战士焦裕祿同志战斗过的地方。党和毛主席给予焦裕祿同志崇高的評价，林彪同志的題词："学习焦裕祿同志活学活用毛主席著作，一心为人民，一心为革命的伟大共产主义精神。"这是兰考县三十八万人民的无上光荣。

但是，党內一小撮最大的走资派刘少奇伸向河南的黑爪牙，却千方百计地企图砍掉毛主席和党中央树起来的这面红旗。我们无产阶级革命派坚决要保卫这面红旗，于是在兰考展开了两条路线的激烈的斗爭。

革命风暴

从去年七月开始，在兰考推行刘、邓资产阶级反动路线的情况是严重的。县委的革命造反派、革命干部被压的喘不过气来。九月初，北京中国人民大学的学生来了以后，给了我们很大的支援，我们并肩战斗了三个月，我们革命造反派，在战斗中成长和壮大，由少数变为多数。县委內，陣线分明，以县委第一书記周××为代表的，站在保守派一边，我和张××同志站在革命造反派一边。

在上海"一月风暴"的鼓舞下，我们于元月二十三日夺权。由于沒有经验，两三个小时就夺了几个小木头疙瘩。但是党、政、财、文的实权却沒有眞正夺到手，因此我们商议，要夺实权，要把县政府的工作管起来，要夺文化大革命的領导权。

一开始夺实权，可触动了一小撮走资派。他们说："你们这夺权法，是一种反革命行为，是暴乱，你们就是反革命"。元月二十八日，县委第一书記周××公开威脇群众说："谁是黑帮谁是红帮，明天就知道了。"他这一说，倒提高了我们的警惕。敌人在垂死挣扎时是不择手段的，我们在战略上要藐视敌人，而在战术上要重视敌人，这是毛主席的教导。于是我们连夜召开造反派会议，把革命造反派和革命干部分成三线，第一线在城里，第二线在城外，第三线到农村。如果第一线被抓，第二线就上，第二线被抓，第三线就上，这样就可以做到坚持斗爭。

元月二十九日天明，陈再道、何运洪这两个老贼果然派了三个连的兵力，把县城围得水泄不通，在制高点和路口，都架上机枪，随之，开始抓人。因为我们有一、二、三线的准备，他们只抓到了九个人。

我们先派代表交涉，要他们答复三个条件：第一，抓入监獄的革命造反派立即释放；第二，被打伤的人由他们负责医疗；第三，向革命群众道歉。他们毫不理睬，革命群众急了，一万多人把三百多人的连队挤到县委会院里，把司令员抓起来游街示众，革命群众人心振奋。

第二个回合

陈再道、何运洪之流并不甘心自己的失败，他们又增加了兵力。这时，有些同志由于沒有認破陈再道之流的走资派的眞面目，思想上动搖了，有的群众回了家。我们的人少了，右派暂时扩大了。过了二十多天，我们击退了他们第二次逮捕，接着他们又来第三次逮捕。这时退缩的同志更多了，第二、三线的干部都来到了第一线，县城落入了大包围圈，环境愈来愈困难。我们开了造反派服务员会议，会议决定：第一，坚持斗爭；第二，上北京告状；决不投降。

我们与他们周旋了二十六天才上北京告状。我们冲出了兰考县，先到山东曹县。这时，便衣偵察四五十人追上了我们。我们到了一个小小的村子，住在抗战时期的堡垒户中，这是咱们的根据地，是老关系。刚住下，保守派就包围了村子。我们分两路突围，冲出了他们的封鎖线，我们以为胜利了，思想上也有些麻痺，便高兴得大笑起来，谁知笑声在夜间传得很远，而且他们还设有第二道封鎖线，我们还是被逮捕了。他们把我捆了起来，投进汽车。他们怕兰考人民刧我们，不敢走兰考的土地，绕道民泉、杞县，然后转到兰考监獄。

监獄里的斗爭

二月二十八日上午九点，我被审讯。审讯室放了一个桌子，后面一个籐椅，主审人两条腿蹺在籐椅上，我一出来，他们就喊："张欽礼跪下！"我说："不能跪啊！文化革命要破四旧嘛！跪下就是四旧。"这就沒有跪下。他说："低头！"我说："低头说话不方便，不能低头，毛主席教导我们共产党员不能低下高贵的头"。他说："今天审讯你，叫你交待后台老板！"我说："沒有后台老板。"他拿个小本子给我看，上面写有刘建勛。他说："刘建勛是你的后台老板！"我说："我和刘建勛很熟识，在兰考一起工作过，文化大革命中，他沒有给我出主意……"他说："不行！你的后台老板比刘建勛还要大！"我想了一想说："我的后台就是毛主席！"他们审讯不成，就给了我一巴掌，打得我咀里直淌血。他们给我戴上脚鐐手銬，又用绳子把我的脖子和腰栓得紧紧的。

三月一日上午十点，监獄放风，我在四号牢房，八号牢房有个五十二岁的老同志，是中国人民志愿军某部高射炮师副师长，他们叫他"鋼杆合金保皇派"。保，是保我的。这个老同志性格很倔强。我看到他就喊："老刘，我给你敬礼嘍！敬礼再敬礼！"他拍拍手，我们俩就讲了话。牢房里是不准这样的，有个"六要六不准"。不准是他们定的，至于咱怎样，他们管不了。

他们在牢房里折磨造反派的同志，我便扒着牢门大声说："同志们听着，我读语录啦！""下定决心，不怕牺牲，排除万难，去争取胜利。"看守我的人不让我大声读，要我小声些，我质问他们："怕宣传毛泽东思想的声音高了，怕知道的人多了吧？是不是这个意思？"他无言对答。这次斗爭他们又沒有胜利。

三月五号，他们要拿我游街示众。公安局长到我监房，对我说："今天游街示众，要求你一个条件，到外边不许你讲话。"我说："这个可以，不过我也有三个条件：第一，让我穿上大衣，戴上帽子，衣冠整齐地同兰考人民见面；第二，不能拴绳子，不能带鐐銬。"他说："这都可以，第三个条件呢？"我说："第三个要自由演讲"。他当然不会答应这个条件，我说："既然协议不成，咱们各人采取各人的办法好啦！"他有办法，用绳子把我拴住，找了八个大个儿，两人一班，一出监獄就使劲地按我、掀我，从监獄门口到大礼堂才走了两百多公尺，就把我摔得头昏眼花，只听见有人说话，不知道在那里。就这样架着我走了四个小时，最后又把我拖回监獄。

过了一段时间，在一个公社集合了很多人，要我们去"肃清流毒"。社员站在外面，有一小撮人喊："打倒现行反革命分子张欽礼！"农民不举手，也不好好喊。我就对同伴说："我们还有群众。"到中午，有个农民拿了一包用报纸包着的东西到我跟前说："这就是你的流毒，交给你的流毒！"我打开一看，原来是六个鸡蛋。老保把鸡蛋抢了去，说这个农民有神经病，把他赶走了。从这以后，他们再也不叫我们游乡了，害怕群众把我们刧走。在监獄里也不能闲着，我们要与他们作斗爭。看守我们监獄的是两个班十六个人，有的很同情我们，我们向他们宣传文化大革命的意义和毛主席的革命路线，于是思想上越来越接近，十六个战士中有五个跟我们同一个观点，有一个炊事员后来成为忠实的无产阶级革命派战士。得到了解放军战士的支持，我们对胜利充满了信心。

"七一"那天，看守我的一个班长（跟我同一观点）给我送来一张纪念"七一"的人民日报，上面有毛主席像。我把毛主席像从报纸上剪下来，贴在监獄的墙上。我站在毛主席像前说："毛主席，今年我已经四十岁了，我跟着您老人家干了半辈子革命，下半辈子永远忠于您的思想，忠于您的革命路线"。班长对我讲："听说赴京代表团传来消息，河南部队支左不是支的左而是支的右"。七月二十六日，炊事员老王在给我送饃时说："饃里有个纸条，不要搞烂了啊！"我取出纸条，上面写着："据说中央要你，军区决定放你，全县人民拍手欢迎。最近几天造反派围着监獄，怕有人害你"。七月二十六日，班长送信给我说："老保要冲进监獄，把你暗害"。我说："那怎么办呢？"他说："我们掩护你逃出监獄。"

七月二十八日，我走出监獄，一辆小汽车飞速地向我驰来，分秒不失地将我护送到郑州，接着换上特別快车直奔北京。

幸福地来到红太阳身旁——北京

七月二十九日凌晨，我幸福地来到了我们心中最红最红的红太阳毛主席的身边——北京。当我坐车经过中南海时，我就叫车停一停，我久久地望着中南海，心中充滿无限感激与幸福的心情。

在西苑旅社，我与首都红代会的代表、河南二七公社的代表、兰考造反派的代表，还有河南的革命干部见了面，亲得不得了。二十九日我给兰考造反派写了信说："由中国人民解放军护送，现已安全到达了毛主席身边。"当日下午四点总理联络员老谢同志给我送信说，今夜十点二十分在人民大会堂，周总理、康生同志、杨成武同志、吳法宪同志、戚本禹同志、叶群同志、刘建勛同志接见我。听到这一振奋人心的好消息后，我非常激动。

在人民大会堂的会場里，左派的代表坐在左边，老保坐在右边。我想起过去读列宁全集时，其中彷彿提到布尔什维克坐在左边，而孟什维克坐在右边，左右派就是从这里来的。现在我们坐在左边，他们坐在右边很有意义。

首长们来了，坐在前边。刘建勛同志向我招手，让我坐在首长席上，我不好意思，他说："不要客气嘛！"杨成武同志腾出个坐位给我，我就坐在那儿了。杨成武同志问我："你的手叫谁打断了？耳朵也打聋了，现在人都在这里，你可以控诉他！"总理说："好，就控诉他。"总理给我一撑腰，我就敢于去控诉了。以后总理把我单独领到安徽厅休息室。总理问我："什么时候抓的你？"我回答："二月二十六日。"总理又问："什么时候放的？"我说："七月二十八日，共一百五十六天。"总理问："是谁抓你的？"我答："是开封军分区李××司令员、程××政委。"总理又问："他们这些人那个好一点，那个最坏，那个次坏。"我谈了自己的看法。总理接着说："既然如此，你要区别对待。"以后总理又了解了监獄里用刑的情况，最后无限关切地对我说："你们现在的地位变了！中央支持你们！你们不要以牙还牙，要高举毛泽东思想伟大红旗把无产阶级文化大革命进行到底！"

从休息室回到会場后，我说："有个事情需要讲明白，程××说逮捕我是中央批的，现在当着中央同志的面把这事澄清吧！"程说："把你的材料报到省军区何运洪那里去了。"总理问："何运洪来了吗？来了站起来。"何运洪站了起来，说："我报到武汉军区，是陈再道批准的。"这下子就把老根给刨出来了。陈再道血腥鎮压河南造反派，这是他万恶不赦的又一条罪状！我们坚决要向他讨还这笔血债！

就在这天晚上，忠于毛主席路线的河南省革命造反派胜利了，康生同志代表党中央和中央军委宣布改组河南军区，中央派空降师政委王新同志（曾在武汉立了一个大功）协助刘建勛工作。而且中央还决定改组河南驻军一军。

河南造反派彻底翻身了！这是毛泽东思想的伟大胜利，是毛主席革命路线的伟大胜利，是河南造反派的胜利，也是首都和全国的造反派的胜利。首都和全国的革命派战友，在最困难的时刻大力支援了我们，我代表毛主席的好学生焦裕祿同志战斗过的兰考县三十八万人民和兰考的革命造反派向他们致以无产阶级革命的崇高敬礼！

（本文是根据张欽礼同志在地质部革命委员会隆重纪念十六条发表一周年大会上的讲话稿摘编而成，文中小标题系本报所加）

本报地址：北京市国家經委大樓二樓七十九号　　电話：88，6132

毛主席語录

领导我們事业的核心力量是中国共产党。

指导我們思想的理論基础是馬克思列宁主义。

毛主席的第一张馬列主义大字报
“炮打司令部”是怎样产生的？

!!! 三建革委“消息”編輯部

前 言

本报第一期5月6日发表了“是誰第一个站出来揭发刘少奇？”的文章，第二期6月中旬发表了“丛中笑語”（下定决心，炮打司令部）的文章，不久接到全国各地讀者来信，紛紛要求发表这方面比較系統的材料。非常遺憾，由于我們精力和水平所限，不能滿足同志們的要求。現就我們知道的有确凿証据的材料公佈于众，以供无产阶級革命派和广大革命群众在彻底摧毁資产阶級司令部的革命大批判中参考。

重要性与时代背景

紅旗雜誌67年第13期社論指道：《炮打司令部》这张大字报，揭开了党内長期存在的无产阶級革命路綫和資产阶級反动路綫、无产阶級司令部和資产阶級司令部斗争的蓋子。使全党全国人民进一步明白了这一場无产阶級文化大革命的主要对象和主要任务。

毛主席高瞻远矚，看得远，看得准，准备这場史无前例的无产阶級文化大革命已經十几年了。毛主席写《炮打司令部》的时代背景，正是党中央召开决定中国和国际共产主义运动命运的八届十一中全会的时候，正是无产阶級同資产阶級、无产阶級司令部同資产阶級司令部激烈斗争的緊要关头，正是无产阶級文化大革命面临被党内一小撮走資派扼杀的危險的关鍵时刻。一句話：毛主席的大字报正写在阶級斗爭最尖銳最激烈的节骨眼儿上！

特好消息

△謝富治付总理在北京卫戍区学习毛主席著作积极分子大会上指示卫戍区編一本毛主席在文化大革命中的語录及中央文革首长的語录。卫戍区的同志欣然接受了这項光荣任务。△我国最近生产的2400匹馬力柴油机，經国家鑑定达到世界水平。这是毛泽东思想的伟大胜利！△江南蚕虫丰收：继連續四年之后，我国蚕茧生产今年又获丰收。估計全国总产量約比去年增长百分之十五。△国防工程南京长江大桥最后一片上悬樑于八月十六日举行架設合攏典礼。中央文革小組致电祝賀南京长江大桥鉄路部份合攏建成。这是文化大革命的碩果。

一个最严峻的大問題

中国走什么道路？是走社会主义道路？还是走資本主义道路？不仅是十七年来，从抗日战爭以后，我們的国家和我們的党，就存在着这个問題。从去年八月五日，毛主席写了第一张大字报到今年四月以来的大批判运动，是总的解决这个問題的时候了！吳晗的《海瑞罢官》，旧北京日报問題、翦伯贊、吳晗、邓拓……等問題都是文化大革命的前奏，是輿論准备。运动发展到今天就要向資产阶級司令部进行大搏斗、大决战，从而彻底解决中国走什么道路的問題。过去有些同志（包括在中央工作的一些同志）不十分理解这个問題。甚至去年毛主席提出，有的人（赫魯晓夫式的）正在被培养成为接班人，睡在我們身边，我們很多同志还不理解。当然还有很多同志是理解的。中央有很多同志感到中央第一个接班人是反对毛主席的，感到我們的共产党有分裂的危险，他們为中国的命运为国际共产主义运动的命运为党的命运担忧，他們暗中流下晶瑩的泪水。很高的負責同志也哭过好几次。但有很多同志不理解，甚至有的人在毛主席貼出《炮打司令部》的大字报的时候还不知道这张大字报說的是誰。

磨刀霍霍的資产阶級司令部

以刘、邓、陶、彭、罗、陆、楊这些人为首的資产阶級司令部，長期在党內形成一股反对毛主席的逆流。这些人有些是投敌叛党的大叛徒。刘少奇是头号叛徒，他于1932年在滿洲里被捕入獄变节。彭真也是大叛徒，他1926年6月在天津被捕后投降叛共，在北京第二监獄給敌人下了跪。陶鑄也是大叛徒，1933年他任中

（下轉第四版）

窮兇恶极，陈賊再道欲杀王力同志 千鈞一髮，解放軍营长舍身堵枪口

（本报武汉訊）土匪賀龙的死党陈再道是一个十恶不赦的反革命分子，自党的八届二中全会，他未当上中央委員以后，多年来，一直对党不满，对抗伟大統帅毛主席和伟大付統帅林付主席。在文化大革命中竟发展到对抗党中央和中央軍委，发动反革命叛乱的地步！七月廿日，反革命分子陈再道竟冒天下之大不韪，企图抢杀毛主席司令部的坚强指揮員王力同志！在揪斗王力同志时，陈再道下令枪杀王力，一个受蒙蔽的解放軍战士举枪来向王力同志瞄准，食指欲接枪栓，就在这千钧一髮之际，一位英雄的解放軍营长挺身而出，为捍卫中央无产阶級司令部，捍卫毛主席的革命路綫，堵住枪口！那位受蒙蔽的战士抬头一看，原来是自己的营長，他被营長的英雄壮举所感动！手也软了……！从而陈再道枪杀王力同志的阴謀未得逞！通过这位营长的事迹，我們可以得个結論：《我們应該相信和依靠人民解放軍》。反动的家伙只是个别人。

三建革委（相信依靠解放軍）宣传組

消息

革命大批判专刊 第4期67年9月
天津三建革命委員会主办
地址：天津市东风区六緯路十号路

苏修日暮途穷，党員日趋減少

据悉：苏修党內四分五裂极不稳定。伟大的列宁主义的党，变成修正主义的党，苏联和世界革命人民无不为之感到痛心！据悉：苏修在1966年吸收的党員減少了。苏修在这一年拒絕接受約三万六千人做正式党員和一万二千人申請做予备党員的要求。理由是这些人不够“修”的标准。去年苏修并开除了六万二千八百六十八名党員，主要原因是因为这些党員的思想和行动違背了柯西金和勃列日涅夫的沒有赫魯晓夫的赫魯晓夫主义。由于对苏修不滿有一万七千二百四十四人退出苏修党的組織。

据統計：目前苏修党員人数占全国人口的百分之五以下，看来苏修党已不得人心，日益走向灭亡。但是广大苏联人民和苏共党員是要革命的，我們中国革命派坚信：他們会起来造柯西金和勃列日涅夫一小撮反动头头的反的！

刘少奇——蒋介石

物以类聚，人以群分。人民公敌蒋介石身在台湾，混蛋刘少奇身在北京，可是他們心是紧紧貼在一起的，全国无产阶級革命派，奋起毛泽东思想的千鈞棒，痛打落水狗刘少奇，棒打在刘少奇的身上，却痛在蒋介石的心上了！蒋介石匪帮在其主子美帝，苏修的授意下，千方百計的破坏我們的无产阶級文化大革命，妄想撈稻草！在今年居然編印了《刘少奇語录》和我們伟大統帅毛主席語录相对抗！真是混蛋透頂！！这本“語录”和毛主席語录在外观上一样，內容也共三十三則，也有扉頁，并有刘少奇的狗照片。通过这本《刘少奇語录》可以說明：刘少奇——蒋介石是一丘之貉！是一对“老战友”

刘少奇的反我們是造定了！毛主席教导我們說：

“凡是敌人反对的，我們就要擁护；凡是敌人擁护的，我們就要反对。”

第 2 版　　**消　息**　　1967年9月

决不怜惜蛇一样的恶人

三建革委大批判战斗組

我們伟大領袖毛主席所写《炮打司令部》的大字报，彻底揭露了党內最大的走资本主义道路当权派的丑恶咀脸，并要求全党、全国人民"深醒"。是的！革命造反派的战友們，正当无产阶級文化大革命进入大批判的新阶段的时后，切切不和糊涂起来！的确，是值得我們深醒的！我們决不怜惜蛇一样的恶人！

伟大統帅毛主席对刘少奇为首的资产阶級司令部做了这样英明論断："从我們党和我們国家的整体来說，他們是不占統治地位的，但是必須打倒他們，才能巩固和强化无产阶級专政，防止資本主义复辟"。"必須打倒他們！"这是伟大統帅毛主席向全党全国人民发出彻底摧毁资产阶級司令部的伟大战斗号召！

毛主席的大字报宣判了党內最大 走資派刘少奇及其死党的死刑，反革命陣綫全面崩潰

可是，近几个月来，由于阶級斗爭的日趋尖銳，以刘少奇为首的资产阶級司令部中的大大小小走資派却个个矢口否认自己反党、反社会主义、反毛泽东思想的罪行。为自己翻案妄图东山再起。是可忍！孰不可忍？！

继刘賊两次（7月9日和×月×日）反扑的所謂"检查"之后，臭妖婆王光美于八月八日又抛出一篇臭名昭著的"检查"，这是一篇为自己为刘少奇全面翻案的大毒草！什么桃园經驗不是形"左"实右的典型，什么刘少奇沒說过"清宫秘史"是爱国主义的話，什么刘少奇在抗战胜利后提出"和平民主新阶段"如果沒通过党中央討論擅自提出是很大的錯誤……等等，等等，这一系列恶毒的言語眞是荒謬之极！反动之极！她伙同刘少奇把矛头直接指向党中央指向我們最最敬爱的領袖毛主席！眞是罪該万死，罄竹难书！

再看一看資产阶級司令部里大大小小牛鬼蛇神的反扑活动：陈再道在武汉搞反革命叛乱，欲杀死王力同志；新疆的王恩茂武力鎮压新疆[redacted]司，溫州发生反革命叛乱……諸如此类說么？說明中央軍委有黑手：这黑手是誰？就是徐向前和肖华之流！

徐向前的家在七月三十一日被清华井崗山紅卫兵小将抄了，从徐賊家中抄出徐賊保存的精緻相册，相册里竟有刘少奇的象片！在抄出的林彪同志的讲話中发現林彪的名子都被划上了十叉！可見徐賊对毛主席和林副主席的仇恨之深！徐賊早在一次中央会議上就提出：一、林彪做主席接班人是否适合；二、联动是否是反动組織；三、林彪要比主席去世早怎么办……眞是反动到极点！混蛋到极点！

八月十五日破坏全軍文化大革命的肖华在京西宾館被首都革命造反派揪斗了！从此揭开总政阶級斗爭盖子。毛主席对肖华有个意味深长的評語："肖华是扶不起来的天子！"

对待当前尖銳复杂的阶級斗爭切不可有半点和平观念和恐惧、保守、无政府主义思潮。

毛主席教导我們說："政治是不流血的战爭，战爭是流血的政治。""每个共产党員都应懂得这个眞理："枪杆子里面出政权。"

林彪付統帅說："文化大革命是个长期的任务。这中間有大战役，有小战役，要持續很长的时間。……这次是大战役，是对资产阶級和一切剝削阶級思想的总攻击。"刘少奇、邓小平之流人还在心沒死，国內地、富、反、坏、右及大小走資派还在蠢蠢欲动，国外帝、修、反还在磨刀，因此对这些蛇一样的恶人有半点可怜有半点和平观念都是对党对人民的极大犯罪！因此我們对敌人一定要有魯迅"痛打落水狗"的彻底革命精神，你不下狠心把他打死并且抛进水里，倒头来他会咬你，甚至丧你的命！那时你将会象东郭先生一样后悔莫及！林彪同志号召我們革命造反派不但要掌握住笔杆子，还要掌握住枪杆子，毛主席指示武装革命造反派，給延边、首都北航紅旗、北师大井崗山及河南二七公社发枪。这說明只有用笔杆子、枪杆子才能夺取、巩固、保卫无产阶級政权。

我們对于革命的領导干部要大胆解放，要坚决保他革命的一方面，坚决砲轰他錯誤的一方面。切不要保护他的錯誤，犯新的保守錯誤。与此同时也要反对"打倒一切，怀疑一切"的无政府主义思潮。

毛主席說："无政府主义是对机会主义的惩罰。"无政府主义是当前一小撮走資派和社会上的牛鬼蛇神用来挑动群众組織进行武斗、罢工破坏生产破坏文化大革命的罪恶手段！我們革命造反派要提高警惕！切勿上当！搞武斗伤害的是群众自己，損坏的是国家財产，这种亲者痛仇者快的事情是毛主席坚决反对的。我們要正确理解"文攻武卫"，"文攻武卫"是要我們排除消灭武斗的干扰，以便牢牢掌握斗爭的大方向！坚决反对以"武卫"为名行挑起"武斗"之实！

目前由于阶級斗爭激烈，某些个別地区动用了枪炮，死伤了一些革命同志，但从整个形势来看是大好的，革命的大批判正向纵深发展，軍队里的个别叛乱分子已經被揪出来。

对待解放軍应該相信、依靠、大力支持，对待他們当中个别人在支左方面所犯的局部錯誤要大胆提出热心帮助。革命造反派帮助解放軍改正支左錯誤是拥軍的表现，反之包庇他們的錯誤，提出"××駐軍就是好！"。"××駐軍首长万岁！"实际起了挑拨革命造反派与解放軍的血肉关系的坏作用。但我們也要警惕阶級敌人煽动保守組織以到处"抓陈再道"为名把斗争矛头指向伟大的中国人民解放軍。毛主席說："沒有一个人民的軍队，便沒有人民的一切。"沒有中国人民解放軍我們就沒有这场无产阶級专政下的文化大革命，因此目前开展"拥軍爱民"运动有特殊重要的意义。我們要高呼：爹亲娘亲不如毛主席亲，千好万好不如解放軍好！在这場阶級大搏斗当中，許多革命造反派战士为捍卫毛主席的革命路綫牺牲了宝貴的生命，他們不愧为毛主席的好战士！还有許多同志被一小撮走資派和頑固坚持資反路綫的人操纵的保守組織关进"监獄"，受到严刑拷打，但他們面不改色心不跳，高唱国际歌，高呼毛主席万岁！眞正体现了革命造反派的英雄本色。但也有极少数人在保守势力的反[illegible]面全枪口下退却了，不但写了供詞而且还出卖革命組織，放出去以后便洗手不干逃回老家避风了，当了消遥派。这种人实际是叛徒和逃兵，至少也是"叶公好龙"的人物！我們要做高尔基"海燕之歌"中的勇敢的海燕，决不可做胆小縮畏的企鵝。

我們革命造反派的战士要高举毛泽东思想伟大紅旗，牢記毛主席的伟大教导：革命的誰胜誰負，要在一个很长的历史时期內才能解决，如果弄得不好，資本主义复辟将是随时可能的。全体党員，全国人民，不要以为有一、二次，三、四次文化大革命，就可以太平无事了。千万注意，决不可丧失警惕！

我們要举起毛泽东思想的千鈞棒，痛打落水狗，决不怜惜蛇一样的恶人！

67年9月4日

鬼　話　集

按語：刘少奇、邓小平、彭眞、彭德怀……等都是资产阶級司令部的黑主子，都是蛇一样的恶人！他們虽然被革命造反派揪出来了，但决不是死老虎，虽然从組織上罢了他們的官，但必須从政治上、思想上、理論上罢他們的官！他們人还在，心不死，有时"装死躺下"，乘机就会咬你一口！下面刊登的是他們进行反攻倒算的鬼話，让我們用光焰无际的毛泽东思想把它們批倒批臭！

一、刘少奇、王光美：5月14日刘賊給毛主席写了一封信，說《"修养"的要害是背叛无产阶級专政》这篇文章是錯誤的，他拒不承认自已是反革命修正主义分子。由此可見那篇文章确实击中了刘賊的要害，否則他不会如此歇斯底里的狂叫。刘賊在×月×日第二次检查中疯狂反扑："桃园經驗当时是比較好的。不是'形左实右'的典型。""三年困难时期，我沒有攻击三面紅旗，……""在无产阶級文化大革命中我为什么提出和推行资产阶級反动路綫，我現在也不清楚为什么，也沒有看到一篇能够完全說清楚为什么的文章。在八届十一中全会上，批判了我的錯誤之后又有人犯同类性质的錯誤。可是他們也不知为什么？"他的臭妖婆王光美紧接着給他抹粉：刘少奇不是赫魯晓夫式的人物。"甚至胡說什么："打击一大片是蒯大富干的。"眞是鬼話連篇、臭气冲天！

二、邓小平：邓贼也很猖狂。他曾在中南海貼出一张大字报，胡說什么刘少奇不是反革命，要为他平反！他还叫嚣："我与彭罗陆楊沒有特殊关系。"在他的家庭黑会上，他无耻地說："我在党內几十年从来未搞过鬼，这点我是問心无愧的。""我从来沒有搞过宗派，沒有自已一个小摊摊。"邓賊把自己打扮成正人君子，妄图保其主子刘賊和自己蒙混过关，但是他結党营私，妄图在中国搞資本主义复辟的罪恶是賴不掉的！

三、彭德怀：彭賊这个大軍閥大党閥自59年庐山会議被罢官后一直对党中央毛主席怀恨在心，伙同刘少奇大搞翻案活动。在这次文化大革命当中他赤膊上陣，公然跳了出来，伙同西南局李井泉之流疯狂鎮压无产阶級革命派，破坏西南地区的文化大革命。在一次群众公审大会上，他矢口抵賴自己的反党罪行。他胡說什么："我沒有罪，只有錯。""我沒有反对过毛主席，我热爱毛主席。"我对庐山会議还保留我的看法，我給毛主席上书是反对刘少奇的。""我覚得我沒有野心……""沒有野心"眞是聒不知耻！彭賊！你篡党篡軍篡政，恶毒攻击三面紅旗的罪行是逃脫不了的，59年你在写給毛主席的反革命的所謂"意見书"之后秘密对你的同党张聞天說："我那信里有刺，刺他一下。"（指伟大領袖毛主席）这难道是你"热爱"毛主席嗎？；

四、彭眞：七月二十四日在北大斗爭大会上他死不认罪，他說："我不是一貫反对毛主席的，这个文化革命以来犯了錯誤。""四清我也是不贊成刘少奇的，我沒有破坏四清运动。""我跟罗、陆、楊沒有任何秘密勾結，沒有任何背着党的活动。""我与陆平沒有特殊关系。""国际飯店的会我一次也沒有去，也沒有管。""我沒有整积极分子。"更恶毒的是他竟然把广大群众对他的批斗說成是"逼、供、信"。眞是混蛋透頂！这个大叛徒是反革命"二月提綱"的制造者竟想逃之夭夭，肆意詆毁自己反党反毛泽东思想反社会主义的罪行，其結果只能是罪上加罪，死路一条！

五、王任重：反革命份子王賊和陈再道手制造了武汉反革命叛乱。"百万雄獅"的坏头头夏菊花（武汉杂技团头头）是王任重一手扶植起来的，夏并且是王的姘头。王賊曾写过万言翻案书准备交县长以上的干部为他翻案。他賊心不死，負隅頑抗，他說："《讀书笔記》連我老婆都沒让看，只記录当时的活思想，正因为我世界观沒改造好，記录下来，回过头来检查一下有什么不好。"他还說："我有严重錯誤，但不是三反分子。我相信毛主席的干部政策：一不杀头；二不坐牢；三有工作做；四有飯吃。我什么也不怕。"王还說："我本来写了几个检討，軍区本来答应印，等我检查一写好，軍区又不答应了。我有錯誤可以检討嘛！我幸好复制了一份，我写的还比較深刻呀！里面就是沒承认我是三反分子，要承认是三反，問題就解决了。"看土賊如此猖狂反扑，我們一定要奋起毛泽东思想的千鈞棒打退王賊的反扑。

六、陈再道：自陈賊在武汉搞反革命叛乱之后，八月七日解放軍駐京革命派批斗了陈賊。陈賊交待說："我犯了大罪，我反了党中央、反了林付主席，反了中央文革！"四月十六日江青同志在人大会堂的讲話严厉批評武汉軍区說："說成都和武汉的問題严重，应該冲一下。"而陈賊却說："当时我們对这个讲話有点感覚，我們感覚还沒有成都那么严重。"他还罵"三新"、"二司"革命派："这算什么鸡巴革命，他們这样搞，方向完全錯了！"在批斗会上陈賊拒不談問題的实质，却在那里大哭大叫，大耍无賴，似乎人們冤枉了他。他在"打倒混进革命队伍中的蔣介石陈再道！"的口号声中吓得发抖。

七、周揚：这个中宣部的活閻王一貫反党反毛泽东思想，文化大革命一开始便在新閻王陶鑄包庇下逃到天津，在万、张反党集团特殊照顾下吃得肥头大耳，逃避斗爭。但他終于沒有逃脫革命造反派对他的批斗。但他极不老实，在中央音乐学院革命师生揪斗他时他胡說什么："我从来沒有吹捧过三十年代。""我跟夏衍是有斗爭的。"甚至把他自己对抗毛主席两次批示的滔天罪行說成是"认識問題"。周揚是修正主义文艺黑綫的"祖师爷"，其罪行累累，妄图翻案只能是搬起石头砸自己的脚。

1967年9月　　消　息　　第 3 版

印发各同志参考。

毛澤东　七月十六日

彻底批判彭贼給毛主席的“意見书”！

三建革委大批判战斗組

毛主席教导說：“現在思想战綫上的一个重要任务，就是要开展对修正主义的批判。”

1958年大跃进是使我国人民思想革命化和改变一穷二白面貌的最最伟大胜利。許多人間奇蹟雄辯地証明：三面紅旗就是好！就是好！中国和世界革命人民无不为之拍手祝贺！这是光焰无际的毛泽东思想的伟大胜利！

可是国外帝、修、反和国內地、富、反、坏、右、资产阶級代表人物却对三面紅旗大唱反调，怕得要死，恨得要命。彭德怀就是这些嗡嗡叫的几只苍蝇的代表。他配合国內、外阶級敌人百倍疯狂地咒駡总路綫、大跃进、人民公社。“意見书”就是彭贼在59年芦山会議期間射向党中央毛主席的一支毒箭！他在“意見书”中打着紅旗反紅旗　先假惺惺地肯定一番大跃进的成績，然后大肆兜售反党黑貨！他恶毒攻击毛主席被“大跃进的成績和群众的热情所迷惑。”“容易犯左的錯誤。”“不少同志的脑子发起热来。”咒駡大跃进是‘违背客观規律’是‘小資产阶級的狂热性。’”咒駡人民公社是“还有一部分人吃不飽飯”，这些恶毒的語言和美帝、苏修是同工异曲！

彭賊在发出“意見书”之后，暗中对他同党张聞天說．“我在信中放了几根刺，要刺一下他。”（指毛主席）7月21日张贼便在全会上公开攻击党中央毛主席。这个鉄的事实充分証明了彭贼写“意見书”的反动目的。

彭德怀的意見书（供批判用）

主席：

这次庐山会議很重要的。我在西北小組有几次插言，在小組会还沒有讲完的一些意見，特写給你作参攷。但我这个簡单人类似张飞，确有其粗，而无其細。因此，是否有参攷值价請斟酌。不妥之处，煩請指示。

甲、一九五八年大跃进的成績是肯定无疑的。

根据国家計委几个核实后的指示来看，一九五八年較一九五七年工农业总产値增长了百分之四十八点四，其中工业增长了百分之六十六点一，农付业增长了百分之廿五（粮棉增产百分之三十是肯定的），国家財政收入增长了百分之四十三点五。这样的增长速度，是世界各国从来沒有过的，突破了社会主义建設速度的成規，特别是象我国經济基础薄弱，技术設备落后，通过大跃进，基本上証实了多快好省的总路綫是正确的。不仅是我国伟大的成就，在社会主义陣营也将长期的起积极作用。

一九五八年的基本建設，現在看来有些項目是过多过急了一些，分撒了一部分資金，推迟了一部分必成項目，这是一个缺点。基本原因是缺乏經驗，对这点体会不深，認識过迟，因1959年就不仅沒有把步伐放慢一点，加以适当控制，而且繼續大跃进，这就使不平衡現象沒有得到及时調整，增加了新的暂时的困难，但这些困难，終究是国家建設所需要的，在今后一两年內或者稍許长一点时間，就会逐步收到效益的。現在还有一缺門和薄弱环节，致使生产不能成套，有些物資缺乏十分必要的儲备，使发生了失調現象和出現新的不平衡就难以及时調整，这就是当前的困难所在。因此，在安排明年度（1960年）計划时，更应放在实事求是和稳妥可靠的基础上，加以认真攷虑。对一九五八年和一九五九年上半年有些基本建本項目实在无法完成的，也必須下最大決心暂时停止，在这方面必須有所舍，才能有所取，否則严重失調現象将延长，某些方面的被动局面难以摆脫，将妨碍今后四年赶英和超英的跃进速度。国家計委虽有安排，但因各种原因难于决断。

一九五八年农村公社化，是具有伟大意义的，这不仅使我国农民将彻底摆脫穷困，而且是加速建成社会主义走向共产主义的正确途径。禹然在所有制問題上，曾有一段混乱，具体工作出現了一些缺点錯誤这当然是严重的現象，但經过武昌、郑州、上海等一系列会議，基本上已經得到糾正，混乱情况基本上已經过去，已經逐步的走上按劳分配的正常軌道。

在一九五八年大跃进中，解决了失业問題，在我們这样人口众多的、經济落后的国家里、能够迅速得到解决、不是小事、而是大事。

在全民炼鋼鉄中，多办了一些小土高炉，浪费了一些资源（物力财力）和人力，当然是一笔較大損失。但是得到对全国地质作了一次規模巨大的初步普查，培养了不少技术人員，广大干部在这一运动中得到了鍛炼和提高。虽然付出了一笔学费（貼补二十余亿），即在这方面也是有失有得的。

仅从上逃几点来看，成績确是伟大的。但也有不少深刻的經驗教訓。认真地加以分析，是必要的有益的。

乙、如何总結工作中的經驗教訓．

这次会議，到会同志都正在探討去年以来工作中的經驗教訓，并且提出了不少有益的意見。通过这次討論，将会使我們党的工作得到极大好处，变某些方面的被动为主动，进一步体会社会主义經济法則，使經常存在着的不平衡現象，得到及时調整，正确的认识“积极平衡”的意义。

据我看1958年大跃进中所出現的一些缺点錯誤，有些是难以避免的。如同我們党三十多年来領导历次革命运动一样，在伟大成績中总是有缺点的，这是一个問題的两个方面。現时我們建設工作中所面临的突出矛盾是由于比例失調而引起各方面的紧张。就其性质看，这种情况的发展已影响到工农之間，城市各阶层之間和农民各阶层之間的关系，因此，也是具有政治性的。是关系到我們今后动员广大群众继續实現跃进的关鍵所在。

过去一个时期工作中所出現的一些缺点錯誤，原因是多方面，其客观因素是我們对社会主义建設工作不熟悉，沒有完整的經驗。对社会主义有計划按比例发展的規律体会不深，对两条腿走路的方針，沒有貫彻到各方面的实际工作中去。我們在处理經济建設中的問題时，总还沒有象炮击金門、平定西藏叛变等政治問題那样得心应手。另方面，客观形势是我国一穷（还有一部分人吃不飽飯，去年棉布平均每人还只十八尺，可縫一套单衣和两条褲叉）二白的落后状态，人民迫切要求改变現状。其次是国际形势的有利趋势。这些也是促使我們大跃进的重要因素。利用这一有利时机，适应广大人民要求，加速我們的建設工作，尽快改变我們一穷二白的落后面貌，創造更为有利的国际局面，是完全必要和正确的。

过去一个时期，在我們的思想方法和工作作风方面，也暴露出不少值得注意的問題。这主要是：

1.浮夸风气較普遍地滋长起来。过去北戴河会議时，对粮食产量估計过大。造成一种假象。大家都感到粮食問題已經得到解决，因此就可以騰出手来大搞工业了。在对发展鋼鉄的认识上，有严重的片面性，沒有认真地研究炼鋼，軋鋼和碎石設备，煤炭　矿石、炼焦設备、坑木来源、运輸能力、劳动力增加、购买力扩大、市場商品如何安排等等。总之，是沒有必要的平衡計划。这些也同样是犯了不够实事求是的毛病。这恐怕是产生一系列問題的起因，浮夸风气，吹遍各地区各部門，一些不可置信的奇迹也見之于报刊，确使党的威信蒙受重大損失。当时从各方面的报告材料看，共产主义大有很快到来之势，不少同志的脑子发起热来。在粮棉高产、鋼鉄加番的浪潮中，舖张浪費就随着发展起来，秋收粗糙，不計成本，把穷日子当富日子过。严重的相当大的一段时間，不容易得到真实情况，直到武昌会議和今年一月省市委书記会議时，仍然沒有全部弄清形势真象。产生这种浮夸风气，是有其社会原因的，值得很好的研究。这也与我們有些工作只有任务指标，而缺乏具体措施是有关系的。虽然主席去年就已經提示全党要把冲天干劲和科学分析結合起来，和两条腿走路的方針，看来是沒有为多数領导同志所領会。我也是不例外的。

2.小资产阶級的狂热性，使我們容易犯左的錯誤。在一九五八年的大跃进中，我和其他不少同志一样，为大跃进的成績和群众运动的热情所迷惑，一些左的傾向有了相当程度的发展，总想一步跨进共产主义，搶先思想一度占了上风，把党长期以来所形成的群众路綫和实事求是作风置諸脑后了。在思想方法上，往往把战略性的布局和具体措施，长远性的方針和当前步驟、全体与局部、大集体和小集体等关系混淆起来。如主席提出的“少种、高产、多收”、“十五年赶上英国等号召，都是属于战略性，长远性的方針，我們則缺乏研究，不注意研究当前具体情况，把工作安排在积极而又是稳妥可靠的基础上。有些指标逐級提高，层层加碼，把本来需要几年或者十几年才能达到的要求，变成一年或者几个月就要做到的指标。因此就脫离了实际，得不到群众的支持。諸如过早否定了等价交换法則，过早提出吃飯不要錢，某些地区认为粮食丰产了，一度取消統銷政策，提倡放开肚皮吃飯，以及某些技术不經鑑定就冒然推广，有些經济法則和科学規律輕易被否定等，都是一种左的傾向。在这些同志看来，只要提出政治挂帅，就可以代替一切，忘記了政治挂帅是提高劳动自觉，保証产品数量质量的提高，发揮群众的积极性和創造性，从而加速我們的經济建設。政治挂帅不可能代替經济法則，更不能代替經济工作中的具体措施。政治挂帅与經济工作中的确切有效措施，两者必須并重，不可偏重偏废。糾正这些左的現象，一般要比反掉右傾保守思想还是困难些，这是我們党的历史經驗所証明了的。去年下半年　似乎出現了一种空气，注意了反右傾，保守思想，而忽略了主观主义的方面。經过去年冬郑州会議以后一系列措施，一些左的現象基本上糾正过来了，这是一个伟大的胜利。这个胜利既教育了全党同志，又沒有損失同志們积极性。

現在对国內形势已基本上弄清楚了，特别是經过最近几次会議，党內大多数同志的认识已基本一致。目前的任务，就是团結一致，继續努力工作。我覺得，系統地总結一下我們去年下半年以来工作中的成績和教訓，进一步教育全党同志，甚有益处。其目的是要达到明辨是非，提高思想，一般地不去追究个人責任，反之，是不利于团結，不利于事业的。属于对社会主义建設的規律等問題的不熟悉方面，經过去年下半年以来的实綫和探討，有些問題是可以弄清楚的。有些問題再經过一段时間的学习摸索，也是可以学会的。属于思想方法和工作作风方面的問題，已經有了这次教訓，使我們較易覺醒和体会了。但要彻底克服，还是要經过一番艰苦努力的，正如主席在这次会議中所指出的：“成績伟大，問題很多，經驗丰富，前途光明。”主动在，全党团結起来艰苦奋斗，继續跃进的条件是存在的。今年明年和今后四年計划必将胜利完成，十五年赶上英国的奋斗目标，在今后四年內可以基本实現，某些重要产品也肯定可以超过英国。这就是我們伟大的成績和光明的前途。

順致

敬礼！

彭德怀

一九五九年七月十四日

祖国各地进行大批判，阶級敌人妄图大反扑！

北京

△北京东方紅大街等处架設革命大批判专栏，目前已形成长廊，大批判高潮正在兴起。

△北工大遊斗譚立夫：反动血統論鼓吹者反革命修正主义分子譚立夫于5月29日由北京公安局軍管会释放押送回北京工大、交工大东方紅总部管理。根据总部意見給他两天假日应于31日晚回校，但譚极不老实，直到6月2日还不返校。6月2日中午12点将譚揪回工大进行了遊斗。

△8月初我三建革命委員会接北京消息：北京建筑工程学院新八一負责人在抓斗刘少奇的高潮中，白天在西城区被一暴徒刺伤。这是刘贼新反扑的具体表現！

△根据江青同志意見京戏样板戏“沙家浜”要拍成电影。

△戚本禹同志肯定“欧阳海之歌”是闪耀毛泽东思想光輝的作品。基本上是好的，不要否定。金敬迈接受同志批評，作了修改，准备继續加工，把欧阳海按造反派来写。

△譚震林秘书吕伊波于5月2日突然死去，他写了一个揭发譚震林問題的提綱，还沒来得及揭发。

△林彪付統帅的女儿林豆豆最近貼出一张大字报，《重温鲁迅背华！》分量很重。別人問她情况，她說：“我媽媽知道！”

△彭德怀賊心不死，他还想要兵权。他和刘、邓、陶都不是死老虎！全国必須集中兵力把他們从政治上、理論上、思想上批倒斗臭！

△周总理在接見鉄道部代表时說：“你們……就是不看报嘛，我这么忙每天都看，我前几天接见了一批造反派，“打”字派。……就是不看报。这样下去很不好，要創造一个空气，首先要学毛选，人民日报社論，紅旗杂誌社論。

△全国第一张馬列主义大字报的作者之一李醒尘正式加入北大井岡山兵团，在声明中說：“新北大井岡山兵团是新北大的伟大希望。”

△八月十六日謝付总理对聶元梓同志說：“你担任市革委会工作，就不再担任紅代会工作了，并指示由韓爱晶、譚厚兰同志召集会議。

△蒯大富在清华传达总理八月十六日談話：宋任穷是毛主席、林付主席信任的，历史上沒什么問題。宋任穷在二、三月份也犯了严重錯誤。

上海

△上海市现已有70%基层单位实现革命的三结合，其中財貿系統走在最前头，目前上海革命派在革命委員会領导下掀起大批判高潮，上海外滩和南京路上革命大批判专栏琳瑯滿目，观众很多。批斗曹荻秋、陈丕显的电視大会已进行第九次。

△上体司和工总司交运系統联絡站之間的矛盾在市革委关心和双方努力之下已經得到妥善解决。7月16日双方发表联合声明，7月18日在体育宫共同召开会議，会后向刘少奇示威遊行，双方在声明中提出打內战的原因是阶級敌人从中挑拨。敌人冒充“体司”捉拿了“交运”头头进行欧打，又冒充“交运”头头毒打“体司”战士。望全国造反派提高警惕：防止阶級敌人挑起群众組織之間的武斗。

△在上海革委会的支持和张春桥同志亲自領导下，“砸烂二月提綱大会”将于最近在上海召开，会上准备将把大叛徒彭真，曹荻秋和三反分子陈丕显等揪来批斗。

△上海革命委員会扩大成員，楊富珍，陈中伟等已选为委員。

△上海文艺界揪斗的三反分子有巴金、周信芳，袁雪芬，郑君里、周而复、丰子凱、沈治然、沈浮、白楊、李是娥、于伶、黄綠汀、陈其五、許才、张瑞芳、叶以群、林放、刘大鈞、吳茵、桑怡、赵丹、张致祥、陈沸西、艾明之、周小燕、王云阶、[illegible]、[illegible]君、丁善德、吳晗、黄佐临、高重实、胡子、乔奇、周伯春、楊材杉、李俊民、郭绍虞、姚[illegible]等。

△反动艺人周信芳因他演黑戏《海瑞上疏》已被上海革命派斗臭，出門上汽車小孩都駡他，目前形成耗子过街人人喊打，他只好闊在家里。

△上海工总司在姚文元同志支持下从5月底开始整风，整风后加强了战斗力，在大批判中立新功。目前以上工总司为首組成上海工代会。

△八月十一日晚，上海革命派紅三司，公革会、上体司、同济东方紅等在上海召开近两万人的大会，批判市革委委員郭仁杰的搞分裂的反动言行。

天津

△天津各繁华街道相继出现革命大批判专栏，内容丰富，观众很多。

△天津业余作者造反总部最近揪出以天津旧作协“新港”編輯付主任芳栗等为首的日本文化特务組。这是一个日本“武德报社”勾結国民党中統特混入我地下党組織（城工部）的特务組織。共計揪出69名，分別混入我文化系統。望各界革命派协助追查归案。

△天津三建革委調查組揪出涉水揪出以原和平区委书記李杰、陈巨川等为首的叛徒集团。解放前夕这个地下党支部背叛共产党加入国民党。三建黑政治部主任孔兰山（三反分子）就是这个黑支部的一員。

△8月10日609厂保富兵团开白条搶走粮店面粉130袋；8月14日3527厂造总开白条搶走面粉140袋。这种破坏“六六”通令的行为遭到造反派和市民强烈反对。

△中学造反派紅革会自7月24日查封“天津日报”以后，受到广大革命造反派的支持。紅旗兵小將堅持要求天津日报軍管小組印发“新聞电訊”及中央電台社論。但都遭到軍管小組的拒絕，查封“天津日报”的原因是“天津日报”在7月28日沒有刊登王力、謝富治同志从武汉归来的照片，而且在报中删去了毛主席語录。这是近因，远因是因为“天津日报”成为五代会单方面的喉舌，攻击五代会外的革命造反派，美化五代会內的保守派。

△毛主席指示中央文革要关心天津問題。因此在八月中旬至目前中央首长陈伯达、謝富治、戚本禹同志已接見大联筹和五代会双方代表五次了。双方达成关于立即停止武斗的协議，并成立了制止武斗监督小組。

△五代会内一小撮保守派单方面多次撕毁“协議”。9月1日下午4点半工矿总部“伏虎团”董玉海同志被工代会中保守組織“鉄狄总”中的第三段村院“[illegible]”刺死。

△9月2日大联筹造反派在一宫为董玉海烈士召开了盛大的追悼会。

△最近天津[illegible]三[illegible]財貿系統向造反派做公开检查，承认犯了方向、路綫錯誤。表示支持一商紅联、二商筹委、銀行紅旗联总等造反組織。对保守組織一商，二商革联，銀行联委、粮司表示过去支持錯了，决定停止他們工代会活动，并回整风。

△八月三十一日工代会常委会临时执委会夺了工代会常委会的权，并声明开除保守势力控制的“公安造总”和市委“巴氏联委”。

重庆、四川

△八月二十一日早晨八点五十五分，四川新任軍区司令員张国华同志坐在床上，梁兴初座在阳台上，突然在离梁司令員的二十米处，一歹徒手执无声手枪向张、梁首长开了两枪，子弹打在床上的帐杆上，两枪均未击中，张、梁首长安全无恙。革命造反派战友，千万注意，决不可丧失警惕！

△我們伟大統帅毛主席关心四川的文化大革命继7848部队入川支左后，現又調三十八軍，十一軍入川支左。

三十八軍和十一軍是在解放战争、抗美援朝战争中屡建战功的英雄部队，向英雄的解放軍致敬！

△成都7848部队首长《政委》最近就很肯定，山城的反到底派是[illegible]革命造反派。

△目前重庆形势异常紧张，中央文[illegible]关于重庆問題的五条，[illegible]业軍之后，以軍工井岡山为首的[illegible]派和以[illegible]八一五为首的掌权派发生了激烈斗争，[illegible]派不承认[illegible]八一五的夺权，因为中央未承认。但重庆駐軍支持八一五。两派在斗争中动用新式武器，《自动、半自动，冲鋒枪、大炮》。重庆駐軍軍[illegible]因支持八一五在战斗中牺牲。

[illegible]重庆广大革命群众[illegible]派，[illegible]了[illegible]大字标語：“热烈欢迎英雄的三十八軍入川支左！”

△八月十五日，[illegible]毛主席的[illegible]关淼、[illegible]同志已去重庆。

△[illegible]罗品秀在运动中被打成反革命，被走資本主义道路的当权派逼得三次跳上断头山。現由于毛主席革命路綫的胜利，罗品秀第二次获得新生，現[illegible]出来，回公社控訴走資派和資产阶級反动路綫对她的迫害。

（上接第一版）

共福州市中心市委书記，同年在去上海途中被捕入獄，写了反共启事。这些叛徒披着老革命的外衣，篡党篡軍篡政，掌握了党中央机关的許多要害部門，象宣传部、組織部、办公厅都掌握在他們手里。原中央办公厅主任楊尚昆是个情报特务，他狗胆包天，竟然和反革命修正主义分子叶子龙一起在毛主席房间里安装偷听器，偷听国家核心机密！篡夺解放軍总参謀长职务的罗瑞卿則搞全軍大比武，妄想通过空軍司令员刘亚楼篡夺林彪同志所掌握的中央軍委大权。狗彭真在楊观柏收罗一批反动文人，把毛主席的，中央的文件做了一番系統的准备，編成黑材料，准备待机向党中央、毛主席反攻、这些黑材料就是他和中国赫魯晓夫上台后的秘密报告。政变后陈伯达同志怎么安排和其他一些无产阶級司令部的人怎么安排，都有周密的計划。62年伍少奇竟提出毛主席的調查研究过时了，不能下去蹲点的就靠边站吧！把矛头直接指向毛主席！資产阶級司令部磨刀霍霍，欲砍我项！他們所以如此猖狂是因为有国內、外的社会基础。国內有地、富、反、坏、右，資产阶級支持他們！党內有以彭德怀、黄克誠、张聞天为首的右傾机会主义反党联盟支持他們，国外有帝国主义、修正主义国家支持他們。他們有些人跟修正主义国家的头头有密切联系。

东方欲晓，心明眼亮

我們伟大的領袖毛主席凭着他那多年的阶級斗爭經驗早已看穿他們的阴謀！他老人家那时总是提这个問題，他出去到外省視察以后，就提出辛亥革命以后，蔡鍔在云南反对袁世凱提出中央如果发生修正主义怎么办？他在好几个会都再三提出这个問題。当时有的同志认为毛主席是說笑話，中央还能出修正主义嗎？毛主席再三警告，再三提醒，八届十中全会毛主席又提出阶級斗爭的伟大号召！毛主席发现刘少奇的修正主义錯誤第一个站出来帮助他，但刘賊公然抗拒，提出五不怕（不怕撤职，不怕开除党籍，不怕坐牢，不怕老婆离婚，不怕杀头。）毛主席一看这家伙是閻王爷拱手——没救了，才下定决心于去年八月五日在中南海貼出《炮打司令部》的大字报，并即时召开了八届十一中全会，进一步树立了毛泽东思想的絕对权威，确立了高举毛泽东思想伟大紅旗的林彪同志为全党的付統帅，进一步巩固了以毛主席为首的无产阶級司令部，敲响了以刘少奇为首的資产阶級司令部的丧钟！

落水狗沒有死

全国亿万革命群众奋起毛泽东思想的千鈞棒，痛打落水狗陈伯达，但这只落水狗并沒有死，他随时都会爬上岸来咬人。陈賊的两次所謂检查是反革命的宣言书！是向毛主席革命路綫反扑的信号弹！他所掌握的原中共中央办公厅是个反革命修正主义的黑窝子。原主任楊尚昆、付主任曾山、秘书室主任陈炳函（叛徒）田家英都是刘賊的死党！田家英反动气焰十分嚣张，他竟提出刘公还不造反哪？所謂刘公就是陈伯达！反了吧！还不反？田賊替主子着急了！由此可见敌人的反动气焰还是相当猖狂的！

毛主席在大字报里彻底揭露了党内最大的走資派的反革命修正主义丑恶面目，并大声疾呼：要全党全民“深挖”就是提高革命警惕性，防止落水狗上岸！防止陈賊反攻倒算！

为什么田家英煽动刘公造反，刘公他就不敢造反？因为我們有毛泽东思想所武装起来的亿万群众，因为我們有以毛主席为首的坚强的党中央，有林彪同志亲自指揮的中国人民解放軍。一句話：因为我們有毛泽东思想武起来的人，有党，有枪杆子！

我們要捍衛毛主席在《炮打司令部》这张大字报里的深切教导。高举批判大旗，痛打落水狗！不获全胜，决不收兵！

許多共产党人热心提倡封建主义和資本主义的艺术，却不热心提倡社会主义的艺术，豈非咄咄怪事。

——毛澤东

紅色宣傳

1967年9月 第八期 本期共四版

天津市宣传系統无产阶級革命派联合委員会主办

陳雲在天津曲艺界的罪恶活动

在一九六〇年至一九六二年期間，正当国内外阶級斗爭十分尖銳的时候，正当社会上的牛鬼蛇神大肆活跃，从各个方面向党、向社会主义发动猖狂进攻的时候，正在养病的陈云，对传統曲艺发生了浓厚的兴趣。先是在上海、苏州、杭州等地听了大量的評弹传統节目，一九六〇年下半年，陈云回到北京以后，又研究起京韻大鼓来。中国曲协曾为他組织了几場内部的京韻大鼓传統节目专場演出，中央人民广播电台也給他复制了京韻大鼓传統节目的录音，并且召集北京的京韻大鼓演員举行了座談。当陈云得知天津京韻大鼓"名演員"最多、风格流派也最全，于是一方面通过中央人民广播电台到天津来录制京韻大鼓的传統节目；一方面让他的秘书給天津市文化局打电話，索要有关天津曲艺方面的情况材料：（1）十几年来，天津市曲艺工作发展变化的概况；（2）天津市曲艺演員的花名册（其中包括姓名、性别、年龄、曲种、工資級別等項目）；（3）天津市曲艺学員的花名册；（4）天津市經常上演的曲艺节目；（5）天津市曲艺演出場所的分布情况。这五份材料搞出来之后，由文化局亲自派人送到北京去的。轉天，陈云的秘书楊××与去人同車来津，把王雪波、韓涛（当时是市委宣传部文艺处副处长）和王济（当时是市人民电台文艺部副主任）找到招待所，楊說："首长（指陈云，下同）現在正在养病，大夫让他每天欣賞一些文艺节目以調剂精神。首长在南方休养期間，要我們給他录制了許多評弹传統节目的录音，一年左右的时間几乎把評弹所有的传統节目都听遍了，而且每听完一部书，都找当地文化局长和演員談一次，提出具体的修改意見，修改之后首长还要听，还要提意見。最近，首长在北京又听了許多京韻大鼓传統节目的录音，对京韻大鼓作了系統的研究。听說京韻大鼓各种流派的名演員都集中在天津，我这次到天津来，就是要和天津市委宣传部、文化局以及人民电台挂上勾，希望你們也象上海、北京那样，指定几个专人負責为首长組织京韻大鼓传統节目的录制工作，把所有的京韻大鼓传統节目全部地录下来，由省公安厅八处負責陆續把胶带运送到北京去"。王雪波、韓涛当即表示："首长这么关心曲艺工作，对全国、对天津曲艺事业的发展将起到巨大的推动作用。陈付总理交給我們的任务，坚决保証完成"。并当場指定专人負責組织京韻大鼓演員挖掘传統节目，陆續到电台去录音；电台則指定文艺部党支部书记王××負責录制胶带的工作。这是一九六一年一月初的事。时隔不久，大概是一月底，陈云突然到天津来了，是专为听京韻大鼓传統节目而来的。为此，黑市委赶忙建立了一个以方紀、王雪波为首的专門班子，負責給陈云組织京韻大鼓传統节目专場演出。陈云在天津干部俱乐部小礼堂一連听了六場，共30多个节目，这些节目全部是当时舞台上久未公演的传統段子。每次演出，除方紀、王雪波必定到場以外，万張反革命修正主义集团的头子万晓塘、得力干将白樺、大叛徒娄凝先……等人也都去陪伴过。在陈云离津前一天的下午，接見了方紀、王雪波、石光（省曲艺工作室主任）等。他首先問了天津曲艺事业的一般概况，如天津有多少专业曲艺团体？有多少曲种？有多少曲艺演員？有多少曲艺演出場所？曲艺吸引的观众人次有多少？……等等。又問："爱听京韻大鼓現代节目的是些什么人？爱听京韻大鼓传統节目的又是些什么人？"当有人回答："一般說来，青年人比較喜欢听現代节目，上年紀的比較喜欢听传統节目"时，陈云听了馬上給予否定，他說："不見得吧！据我所知，上海、苏州、杭州的书館里，就有很多的青年观众去听传統书，而且听得很入神、很着迷。"并且进一步說："传統节目都經过了多少辈儿艺人的反复加工鍾炼，它的艺术性强，能抓住人，所以无論老年人还是青年人都喜欢听"。"有些現代节目艺术性就比較差，抓不住人。"他还举出具体例子說："我在苏州的一个书館里就曾經看到，当說书人說現代书目《苦菜花》时，观众都不注意听，有的吃东西，有的聊天，书館里秩序很乱，当說书人一改說传統书，馬上就把观众的注意力都吸引过来了，书館里靜得很，鴉雀无声……"。

接着，陈云对京韻大鼓的传統节目作了分析，他說："最近我在北京听了三、四十段京韻大鼓传統节目的录音，我以为大体上可分为以下四大类：

一类是詞意輕松的，如《大西廂》、《烏龙院》等段子的唱詞，都用的是北京的土話，很通俗，很风趣。

一类是曲調优美的，如小彩舞演唱的《剑閣聞鈴》，音乐唱腔就是优美。又如《鍾子期听琴》、《兪伯牙摔琴》、《南阳关》以及《丑末寅初》……等等，都从西皮二簧当中吸收了一些东西，曲調也很动听。还有小彩舞的《击鼓罵曹》，中間加了一段击鼓就很好，可惜只打了一分钟四十秒，如果再长一些，就更好了。

一类是节奏明快的，如《赵云截江》、《关黄对刀》、《战长沙》……等描写战爭場面的段子，都属于这一类。

还有一类是四平八稳的，象《华容道》。这种段子平平淡淡，最沒意思。

陈云在讲話中，一再强調："积极发展現代題材的曲艺节目当然是必要的，但是对传統节目絕不能忽視"，"传統节目艺术性强，能抓人。发展現代节目，也要先学习传統的技巧"。

他还問到："象《大西廂》这样的节目你們經常上演嗎？"当回答："最近几年不演了"。他就說："我看个别地方（如'大烟枪'等字句）稍加修改完全可以演嘛！"

他又說："听說京韻大鼓传統段子共有一百零八段，現在保留下来的只有几十段，其余的都失传了。希望你們天津把京韻大鼓所有的传統唱詞都汇集起来，編印成一本书，发行全国，供作各地文艺工作者演唱和研究之用"。

他还說："最近看到一本书，叫做《說书史話》，作者是陈汝衡。不久以前了解了一下，此人是上海某大学的教授，思想不怎么好，但他写了这么一本书，对于帮助讀者了解說书艺术的发展历史还是有好处的。""上海評弹团的团长吳宗錫（又名左弦），此人搞評弹工作时間不太长，但他对評弹很熟悉，而且有一定的馬列主义水平，不久前，写了一本《怎样欣賞評弹》的小册子，搞得不错。你們天津是不是組织力量編写一本介紹京韻大鼓源流发展和各种不同风格流派名老艺人艺术特点的书，如果能够出版这么一本书，倒是件很有意义的事。"

最后，陈云表示，他打算对京韻大鼓进行一番研究之后，再系統地、全面地研究研究西河大鼓。因为他认为，"西河大鼓的詞句通俗易懂，流传地区很广，华北、东北以及西北、华东的一部分地区，广大工农群众都很喜欢听"。

陈云在結束讲話之前还說："我在上海曾作过調查，听評弹的观众比戏曲观众要多好几倍，仅次于电影，可見曲艺在工农群众之中响影之大影响之深"。并一再嘱咐："天津市委和文化局要加强曲艺方面的工作"。

从陈云的上述讲話当中，可以明显地看出，他竟公然与我們心中最紅最紅的紅太阳——毛主席《在延安文艺座談会上的讲話》大唱反調，反对毛主席的革命文艺路綫。

毛主席教导我们说："文艺批评有两个标准，一个是政治标准，一个是艺术标准。""但是任何阶级社会中的任何阶级，总是以政治标准放在第一位，以艺术标准放在第二位的"。可是陈云在分析京韻大鼓传統节目的时候，根本不談这些节目所表現的內容，它表达了哪个阶級的思想感情？反映了哪个阶級的利益？而是单純地按照这些段子艺术上的特点分成"詞意輕松"的，"曲調优美"的，"节奏明快"的，和"四平八稳"的四大类，这是极其荒謬的，这是別有用心的。陈云是党和国家的領导人之一，难道他不懂得政治嗎？不！他是很懂得政治的。他之所以对这些传統段子的思想內容不作政治上的分析，是因为他认为这些歌頌帝王将相、才子佳人的段子，其思想內容都是符合党內最大的走資本主义道路当权派刘少奇进行資本主义复辟制造輿論准备所需要的。陈云把描写张生与崔鶯鶯偷情私会的《大西廂》这株大毒草竟然說成是"个别地方稍加修改完全可以演"的保留节目，不就是一个极其有力的証明嗎？

也許有的同志会說："陈云可能沒看过这些段子的唱詞吧！"不！陈云对京韻大鼓传統段子的唱詞是非常熟悉的，举几个例子就足以說明：（1）据陈云的秘书楊××說，陈云每次听录音都是一边看着唱詞一边听，而且每个节目至少都要听十几遍；（2）一九六一年一月，陈云来津观看京韻大鼓传統节目专場演出的第三天，紅桥区曲艺团林紅玉正在演唱《烏龙院》（又名《活捉三郎》）的时候，突然，陈云对坐在他身旁的方紀說："这里减掉了一段唱詞"。方紀对传統唱詞根本不熟悉，他也不知道究竟减掉了些什么，演出結束之后就去問林紅玉，才知道的确中間有一段唱詞由于演員认为太"粉"而沒有唱；（3）在《大西廂》的唱詞中，有一段是描述张生书房里挂的八幅画的。陈云对这八句詞都仔細地研究考証过，他曾不止一次地說："这八幅画应当按照春、夏、秋、冬、漁、樵、耕、讀的順序唱，可是由于轍韻的关系其中有两幅画的次序唱顚倒了"。从上面所举的几个例子中，不难看出陈云对京韻大鼓传統节目的唱詞熟悉到了什么程度？所以說，陈云对京韻大鼓传統段子的思想內容不作分析，絕不是因为他不熟悉传統节目的唱詞，而是由于他站在地主資产阶級的反动立場上，认为这些歌頌帝王将相、才子佳人的传統段子的思想內容都是无可非議的，都是应当予以肯定的。

京韻大鼓的传統节目，絕大部分是《三国演义》和《紅樓梦》的片断——《赵云截江》、《斩华雄》、《探晴雯》、《宝玉探病》等歌頌帝王将相、才子佳人的节目。京韻大鼓传統节目的音乐唱腔，也都是为了更好地表达帝王将相、才子佳人的思想感情而从京剧音乐中吸收了不少西皮二簧的腔調。刘宝全的唱腔是十足的封建士大夫的調調儿，白云鹏的唱腔則充滿了浓郁的"脂粉"气。京韻大鼓传統节目的唱詞，一种是文言的，沒有熟讀过古文的人根本听不懂，如《剑閣聞鈴》；一种是用北京小市民的語言堆砌成的，如《大西廂》。而陈云却认为京韻大鼓的传統节目"曲調优美"、"詞意輕松"，他的思想感情和欣賞趣味究属哪个阶級的，不就一清二楚了嗎？

毛主席教导我们说："我们的文学艺术都是为人民大众的，首先是为工农兵的，为工农兵而创作，为工农兵所利用的。"毛主席还说："要使文艺很好地成为整个革命机器的一个组成部分，作为团结人民、教育人民、打击敌人、消灭敌人的有力的武器，帮助人民同心同德地和敌人作斗争"。特別是曲艺，作为文艺战綫上的一支輕騎队，更应該充分发揮它的尖兵作用，更应当及时地紧密地配合党在各个时期的政治运动和中心任务，創作和演出反映現实生活和斗爭的节目。可是陈云，虽然也假惺惺地說了一句"积极发展現代題材的曲艺节目当然是必要的"，然而在"但是"的后面却大发謬論，說什么"对传統节目絕不能忽視"，并且把歌頌帝王将相、才子佳人的传統节目捧上了天，說什么传統节目"艺术性强"呀！ （下转第二版）

·2· 紅色宣傳 1967.9.

斬断刘少奇伸向汉沽盐場的黑手

我們以最憤怒的心情，来控訴刘少奇这个中国的赫魯晓夫和他的党羽反革命修正主义分子陆定一、周揚指使天津市的万张反党集团的干将白樺，通过天津市黑文联和天津作家协会伸向我們汉沽盐場的黑手，篡改我們汉沽盐場史，把一部盐工的血泪斗爭的历史，篡改成为資本家歌功頌德、写书立传的滔天罪行。

汉沽盐場史是在一九五八年底，社会主义教育运动中开始动手写的。由老工人口述，青年工人和部分学生記录整理，以短篇回忆录的形式，写出了一部二十多万字的初稿，交給了天津百花文艺出版社。

在一九六〇年全国第三次"文代会"上，周揚这个反革命修正主义分子，还曾提到汉沽盐場史，說它"即将出版"。但时隔不久，也就是汉沽盐場史就要排版时，周揚这个混蛋，秉承他主子刘少奇的黑意图，以文艺界"权威"、"祖师爷"的身份，說汉沽盐場史"沒有艺术性"，就将这一部記录我們盐工的血泪斗爭史打入"冷宫"。

天津的万张反党集团通过黑文联和作家协会，一次又一次地压我們，我們对文联和作协提过意見，但他們当做耳旁风，他們竟把我們的盐場史，放在文联办公室的暖气片上长达二年之久，沒人过問，直到我們最后忍无可忍，才把盐場史底稿要了回来，但那些底稿的紙全部变了顏色了。

那里有压迫，那里就有斗爭。这部盐工的阶級斗爭史被周揚这个混蛋压下去了，但我們盐工不答应，周揚胡說"沒艺术性"，盐工就是爱聽。因为它記录下盐工在旧社会的血泪、仇恨、斗爭、胜利，正好触痛了刘少奇复辟資本主义的黑心，所以这些傢伙才狠劲压我們。但这只能喚起我們的反抗。我們这部盐工斗爭史在全場工人帮助下，它的片断終于在电台上广播了。全場工人非常高兴，一次又一次地收听，一点又一点地提出修改意見。

盐場史的广播，一針見血地揭露了盐业資本家对盐工的残酷剝削和血腥鎮压，正好批駁了中国赫魯晓夫刘少奇的"剝削无罪，造反无理"的謬論。这一下可忙坏了反革命修正主义分子陆定一、周揚等人，他們給天津黑市委下令，让派专人来"帮助"搞盐場史，万张干将白樺也积极活动，由市文联的党組付书記孙振亲自带队，率領人馬到盐場来，說是"帮助"，倒不如說"篡改"更为确切。

天津黑文联走資本主义道路当权派、付书記孙振，帶着陆定一、周揚的黑指示，到了汉沽盐場。先看作品，后下結論，对每一篇都签上意見，結果到末尾，一篇一篇地全給否了。不是"可当作素材"，就是"应重新調查"。我們搞了几年的場史，就落了这么个結果。我們沒认識到这里面有文章，可是孙振这个傢伙却不然，他們想的却是刘少奇所提倡的"三名三高"，为自己狠捞成名成家資本，不然为什么十个人搞这一部所謂"帮助"的場史沒搞成，而其中却有一个人用这些場史的素材就已写成了一部二十万字的小說呢？而文联带队人孙振不但不制止，反而鼓励呢？

《盐海风云》（盐場史修改后的名字）初稿写成了，又送到天津百花文艺出版社。周揚唯恐万张集团办事不牢，完不成为他主子制造資本主义复辟的輿論，于是就迫不及待地亲自到了天津，看过場史后，說我們以盐工为主綫来写"太零散了"，"沒有典型性"，这样写无非是"妻离子散，残酷剝削，印象不深刻"等等。这是什么話！我們盐工在旧社会被压得喘不过气来，被挤干了骨髓，被迫妻离子散，家破人亡，誰家沒一本血泪帳啊！老盐工在回忆时，悲憤万分，讲的人、听的人、写的人，都怀着沉痛的阶級仇恨。可是在周揚眼里却不值一提，这不正是灌輸中国的赫魯晓夫刘少奇的"剝削合法論"嗎？周揚所說的"印象不深刻"，是哪个阶級的印象？**毛主席教导我们说："在阶级社会中，每一个人都在一定的阶级地位中生活，各种思想无不打上阶级的烙印。"**对我們这些盐工悲慘生活說"印象不深刻"的人，他站在什么阶級立場說話是很清楚的。他不让我們控訴旧社会的苦，篡改我們盐工的过去，妄想为他的主子复辟資本主义效劳。我們一定要打退阶級敌人的复辟！

周揚并且說："調查的人可能很气憤，写起来很憤慨，不好。"这眞是混帳話！对旧社会、对資本家气憤有什么不好？我們的阶級弟兄受帝国主义、資本家的残酷压榨，难道不該气憤嗎？应該！应該！这是我們的阶級仇恨。中国的赫魯晓夫刘少奇說什么："劳动人民不是反对剝削，而是欢迎剝削。"这是混帳透頂的邏輯！我們工人堅决反对！我們盐工是爱憎分明的。**毛主席教导我们说："一切危害人民群众的黑暗势力必须暴露之，一切人民群众的革命斗争必须歌颂之，这就是革命文艺家的基本任务。"**我們就是听毛主席的話，写盐工的苦、恨和斗爭。对于剝削阶級，我們一定要狠批。决不含糊！

周揚还說："写盐工的片断太零散了"、"应該搞几个資本家的調查"、"只写政治斗爭，不写經济斗爭不行"、"最好要写盐戶的五种关系"。周揚所說的"五种关系"就是：資本家与封建地主的关系；資本家与帝国主义的关系；資本家与反动政府的关系；資本家与資本家的关系；資本家与工人的关系。这就是他們篡改盐場史的方案。周揚让这样写，就是要为資本家树碑立传，秉承刘少奇的黑意旨，为資本主义复辟制造輿論。所謂写"經济斗爭"，就是要把盐工写成鼠目寸光，单純为了填飽肚皮，而不去写在党和毛主席領导下，盐工为了民族解放和阶級敌人展开你死我活的斗爭。

周揚所說写盐戶的五种关系，就是要写資本家受帝国主义、封建主义和国民党反动派的气，写資本家的"勤儉发家"，这不正是刘少奇的"剝削越多，功劳越大，就越光荣"的反动謬論嗎？如果按照这样写，盐場工人的阶級斗爭史就要面目全非，变成重新开张的"林家舖子"，一座再現的"不夜城"了！

周揚的黑指示通过万张干将白樺，传达到文联"帮助"搞盐場史的人們后，黑文联党內走資本主义道路当权派孙振，如获至宝，他的病也沒了，精神也足了，并对写盐場史的人們說："这是周揚同志提的意見，我們应該感到光荣。"于是就領旨出征，来到盐場，并向盐場党內走資本主义当权派作了传达。然后作出計划，走訪資本家，称之为什么"张老"、"李老"、"海老"，恭而敬之。在这次修改时，竟写了資本家的鬧花灯、赶庙会、办丧事，什么张家的"獅子"，李家的高蹺，什么資本家的小老婆如何抽大烟，她的"小脚"和"小紅鞋"等等。写时絲毫沒有批判的笔調，而是抱有欣賞的态度。修改这部場史时，孙振沒有让参加写場史的业余作者参加，而是少数人草草修改以后，就伙同盐場党內走資本主义道路当权派連夜通过，既不让业余作者参加，也不听一听老工人的意見，就把这部为資本家树碑立传、歌功頌德的盐場史，匆匆拿到天津，忙于出版，急着为中国的赫魯晓夫刘少奇制造反革命輿論。

偉大的領袖毛主席亲自发动和領导的这場史无前例的无产阶級文化大革命，才免于这部毒草泛滥成灾，才使我們更进一步认識到問題的严重性。这是反革命修正主义分子陆定一、周揚唆使天津万张反革命修正主义集团，来为他們的黑司令刘少奇制造复辟資本主义的輿論。

我們汉沽盐場的无产阶級革命造反派，一定要奋起毛泽东思想的千鈞棒，扫除一切害人虫，肃清中国赫魯晓夫刘少奇所販卖的一切修正主义流毒，保卫社会主义江山，捍卫偉大的毛泽东思想。

（工代会汉沽盐場无产阶級革命造反派联合指揮部）

陈云在天津曲艺界的罪恶活动

（上接第一版）"能抓人"呀！"无論老年人还是青年人都喜欢听"呀！而对現代节目則說什么"艺术性差"呀！"抓不住人"呀！貶得分文不值。尤其严重的是，他竟然让天津挖掘已經失传的京韻大鼓传統节目，并把传統唱詞汇集起来，編印成书，妄图使資本主义、封建主义的曲艺永远保留下来，流传下去，继續毒害我們的子孙后代。与此同时，还要天津編写"京韻大鼓发展史"，給刘宝全、白云鵬、小彩舞等忠实为地主資产阶級服务的奴仆树碑立传。由此可見，陈云对資本主义、封建主义的曲艺是多么关心，多么孝順啊！

为了使歌頌帝王将相、才子佳人的曲艺节目永远地占領我們社会主义的舞台陣地，陈云在上海、北京反复听了大量的評弹传統节目的录音之后，曾多次給上海評弹团的团长吳宗錫（即左弦）等人写信，对《珍珠塔》等評弹传統节目的主題思想、人物和情节，都提出了許多具体的修改意見。一九六一年五、六月間，反革命修正主义分子陆定一、周揚等坏家伙，在党内头号走資本主义道路当权派刘少奇的支持下，在北京新侨飯店召开了"文艺座談会"，在这次黑会上，他們把陈云写給上海評弹团的信作为大会的正式文件全部印发給参加会的代表們了。陆定一、周揚之流对陈云的信件如此重視，这不正說明陈云的立場观点和他們完全一致嗎？这不正說明他們是瘋狂反对毛主席的革命文艺路綫、积极推行反革命修正主义文艺路綫的同伙嗎？究竟他們之間是"不謀而和"，还是"謀而和"呢？他們之間有沒有組织上的联系？是需要认眞追查的。

一九六三年十二月，**毛主席指出："各种艺术形式——戏剧、曲艺、音乐、美术、舞蹈、电影、诗和文学等等，问题不少，人数很多，社会主义改造在许多部门中，至今收效甚微。许多部门至今还是'死人'统治着"。毛主席还说："许多共产党人热心提倡封建主义和资本主义的艺术，却不热心提倡社会主义的艺术，岂非咄咄怪事"。**陈云就是毛主席所批評的那种共产党人，而且是担任了党中央副主席、国务院副总理等重要职务的共产党人，他的一言一行，都在全国曲艺界产生了极其严重恶劣的影响。人們不禁要問，陈云在党中央和国务院是分管經济建設和財政貿易等方面工作的領导人，为什么在一九六〇年至一九六二年期間，正当我国遭受暫时經济困难、国內外阶級敌人联合进行反华反共大合唱的时刻，他突然对曲艺发生了濃厚的兴趣，并且在南方抓評弹，在北方抓京韻大鼓和西河大鼓这些在群众中有广泛影响的曲种呢？为什么他那样热心提倡資本主义和封建主义的曲艺，竭力为歌頌帝王将相、才子佳人的传統曲艺爭夺"地盘"呢？**毛主席教导我们说："凡是要推翻一个政权，总要先造成舆论，总要先做意识形态方面的工作。革命的阶级是这样，反革命的阶级也是这样"。**用光焰无际的毛泽东思想来照一下陈云的言与行，可以明显地看出，陈云之所以如此，其目的就是要挤掉无产阶級的文艺，来一个地主資产阶級文艺的大泛濫，用封建主义、資本主义的上层建筑，破坏我們社会主义的經济基础，挖社会主义的墙脚，为复辟資本主义作輿論上的准备。

"钟山风雨起苍黄，百万雄师过大江"。目前，全国文艺界正在結合本单位的斗批改，对中国的赫魯晓夫进行猛烈的总攻击，彻底清算旧中宣部、旧文化部的反革命修正主义文艺黑綫。与此同时，我們还必须以战无不胜的毛泽东思想为武器，彻底揭发和批判陈云在天津、乃至全国曲艺界犯下的种种罪行，彻底肃清他的恶劣影响，让我們的文艺舞台永远成为工农兵的舞台，让毛泽东思想的偉大紅旗永远飘揚在我們无产阶級的文艺陣地上！

天津市文化局毛泽东思想
紅旗造反团风雷战斗队

1967，9. 红色宣傳 ·3·

八月黑会后的天津文艺界

万张反党集团于1961年8月召开的文艺座談会——“八月黑会”，全面、系統地推行了反革命修正主义文艺黑綫、推銷周揚黑貨，經过三个多月的苦心經營，发出了全面反对毛主席所制定的无产阶級革命文艺路綫的总动員令，才在十一月底宣告收場。黑会后他們把天津文艺界完全推入修正主义的泥坑。

一、調整組織机构、实行艺人治团

万张为保証其黑綫的推行，黑会后立即調整組织，建立修正主义化的文艺队伍。57年反右整风后，他們为了裝璜門面曾从其他部門調来二百六十多名工农干部从事党政工作，以示加强无产阶級对文艺事业的領导。这批工农干部是他們推行文艺黑綫的最大阻力，黑会刚結束，便以“不懂艺术規律”、“不会做政治思想工作”等借口大批調走工农干部，仅62年就調出了一百卅多名。与此同时，他們到处搜罗“名演員”、招降納叛以充实其“文艺队伍”。61年底从邯鄲調来了豫剧演員、摘帽右派陈素貞，把陈的工資从400元提到600元。

在各剧团大搞“艺人治团”，資产阶級“权威”鮮灵霞、裘爱花、陈素貞等均被任命为付院（团）长。为了进一步把文艺团体的大权交給資产阶級分子，他們还叫各剧团建立凌駕于党委之上的掌握实权的艺委会，并决定把艺术院（团）中的党組织从起領导作用的党委改为只起保証监督作用的机关支部。同时还在“精減机构”、“加强业务战綫”的旗号下大量裁減党政干部，提出“院虚团实”的措施。到62年底連仅有的院长也分到所属各团去，后来白樺又提出“各团可只設一名团长兼党支部书記及一名干事，其他工作都交給艺人自己办”。同时却可以不受編制限制地“扩充艺术人員队伍”。万张反党集团还鼓吹学习上海越剧演員养“秀才”的“經驗”（即豢僱御用文人墨客）、鼓吹“养賢”，于是各院紛紛搜罗“秀才”。

62年、万张反党集团还在文艺界大刮单干风、提出要把“国营剧团一律改为自給自足的集体所有”、“艺人可以单干、可以流动跑碼头”等等。这不单是改变所有制的問題、而是意識形态領域中誰专誰的政的問題。以实现“权威”主演对剧团的完全統治。只是由于文艺界革命群众的堅决反对，这一阴謀才宣告破产。

二、“挖、整、創、移”，黑貨充斥舞台

毛主席在1944年就指出：“历史是人民创造的，但在旧戏舞台上（在一切离开人民的旧文学旧艺术上）人民却成了渣滓，由老爷太太少爷小姐们统治着舞台”。并指出这种历史的颠倒必须再颠倒过来。而万张反党集团却极力維护这种历史的顚倒，黑会刚收場他們就根据党內头号走資派刘少奇所发出的号令：“思想差、技术性强的戏也可以改改內容，把技术留下来，继承艺术成果”而抛出泛濫資封文艺，为資本主义复辟鳴罗开道的“挖、整、創、移”的反动方針，指令各剧团“翻箱倒柜”打着搶救遗产的旗号大挖毒草、白樺还說“誰把最有毒最有害的戏挖出来那就貢献最大”，各剧团都花费巨款派出专人，分赴全国各地去抄原始剧本，搞剧目索引、剧目綱要，搜集解放前的剧照，演出海报等等甚至还把一些遗老遗少、票友等請来当参謀。万张反党集团組织了挖毒草比賽的“传統戏展覽演出”，实在見不得人的色情戏就在內部演出、专供黑市委的老爷們欣賞。白樺到評剧院說“要搞本剧种的剧目……继承风格流派，好的坏的都学过来，你們可以試試搞个展覽演出、也可以搞內部演出”。評剧院搞了“传統剧目汇演”，其他剧团也組织了梆子“百戏演出”京剧“梅派专場”、“花脸专場”、“生戏专場”，曲艺团搞了“津門曲荟”、“笑的晚会”以及相声、京韻、时調、梅花等专場。禁戏、黑戏、不堪入耳的黄色相声“扒馬褂”“拉洋片”“托妻献子”等等都被“挖”出来登台上演。以致于周揚聞臭而来、大加贊賞說“天津的题材广泛、滿足各界人民要求”。掀起了大演旧戏以至毒戏之黑风。更恶毒的是有的剧团給新入伍的战士演“李香蓮”、“珍珠衫”、給解放軍演“挑女婿”、“薛平貴別窑”、“馬寡妇开店”、“桃花庵”等在我們无产阶級专政柱石中进行放毒。有的剧团給貧下中农演出侮辱劳动人民的坏戏“一疋布”、“猪八戒招亲”。

万张反党集团还組织剧团到外地巡迴放毒，62年被标榜为“以演現代戏为主”的評剧二团、打着“河北省紅旗单位”的招牌，南下巡迴五个月、演出二百多場、場場旧戏，其中以“啼笑姻緣”的演出場次最多。仅仅带出去的一个革命現代戏“刘胡兰”不但一場未演、还在中途就把这出戏的布景、服裝全部运回。竟在毛主席的故乡演出鬼戏“杜十娘（带活捉）”。当周揚一伙搞“全国一盘棋”演出海瑞戏时，白樺在天津搞了被周揚誉为“比海瑞罢官还好”的“五彩轎”。白樺說这戏“可以鼓舞今天人們的斗志”，道出了他們要鼓动牛鬼蛇神向党进攻的鬼胎。白樺一伙还指令各剧团根据各剧种特点选择“富有海瑞精神”的剧目如“强項令”、“楊继圣”等，当时評剧团就排演了“侯彩云罵父”“金針刺梁冀”“二度梅（罵鲁杞）”“賢女遗恨”等所謂三罵一恨。当蔣匪叫囂窜犯大陆时上演了“杀府逃国”，曲艺界还上演了以缺一（衣）少十（食）为題的对对联等节目。一时烏烟瘴气妖雾滚滚。

万张反党集团极端害怕宣传毛泽东思想的革命現代戏、揮舞起“保証质量”等四根棍子扼杀革命戏剧。

1.白樺打着“讲究质量、不要粗制濫造”的幌子限制現代的創作，胡說現代戏“重复得太多了”“大演現代戏不是大家一拥而上，一陣风把传統戏都丢掉”对現代戏的演出横加阻拦。更不能容忍的是老爷們在审查評剧一团排的“紅色桥樑”时硬要作者删去剧詞中的全部毛主席語录，充分暴露了这伙人反毛泽东思想的反动本质。

2.以“剧种特点”为借口阻止上演現代戏。白樺胡說“梆子适合演悲剧，越剧适合演才子佳人……有的可以反映历史为主”公然对抗毛主席提出的“**我们要求则是政治和艺术的统一，内容和形式的统一，革命的政治内容和尽可能完美的艺术形式的统一**

3.捏造观众要求。白樺說“传統戏对人民有深厚的影响”“群众有各人喜好”等等。白樺有意混淆阶級界綫，他在这里所謂的“人民”、“群众”无非是那些給旧戏、毒戏捧場叫好的遗老遗少社会渣滓。

4.白樺还抛出作家“分工論”。63年11月白樺在創作班上說“根据不同作者的特点要适当分工，有的搞現代，有的搞传統”。

他們为了彻底扼杀現代戏，完全控制各剧团上演剧目，于63年9月間把各剧团的創作人員都集中到托拉斯式的“創作班”去为“挖整創移”实命。在万张反党集团的“热心提倡”之下，評剧院直到1964年毛主席两次关于文艺問題的批示下达后仍在排演“夫人城”。在“挖整創移”反动方針下，天津市于58、59年一度出現的革命戏的幼芽残遭摧残。

三、实行三名三高、文艺界烏烟瘴气

万张反党集团为了使文艺队伍彻底演变为他的御用工具、拼命鼓吹“三名三高”（名作家名导演名演員、高工資高奖金、高稿酬）培养修苗、腐蝕文艺队伍。白樺說“剧团离开主演吃不了飯”“一个剧团还得靠主演……有了主演才能演好戏办好团”。他們围繞着主演配备演員美其名曰“成龙配套”、組织“风格流派”剧团，如以反革命分子厉慧良为主成立了长靠武生京剧团、以反动艺术“权威”鮮灵霞为主成立了唱工評剧团等等，李耕涛对厉慧良說“你再成立个厉家班我給你当后台老板”。他們給主演定高薪，把林玉梅的工資从二百元提到五百五拾元，鮮灵霞的工資是660元，周嘯天五年沒演出每月照拿750元。62年底各剧团实行分紅奖励，厉慧良的工資已高达950元而年終仍分得二千七百元。群众对此极为不滿、白樺还对群众訓斥。万张反党集团还在戏校中培养修苗，把学員分成三六九等給予不同待遇。对于专业創作人員除了实行高工資外还在62年五月宣布恢复上演稿費并追补58年以来取消的上演稿費。

万张反党集团还給資产阶級“权威”們封官加冕。鮮灵霞在62年除了被封为評剧院付院长外还被加上政协委員、市人民代表、剧协理事等官銜，对女流氓林××、韓俊卿等也是如此。尤其恶毒的是他們还要把这些“权威”拉入党內。白樺紧步彭眞后尘說“北京譚富英、李少春都入党了，天津演員为什么不可以吸收几个呢！”不久大流氓韓俊卿便披上了党員的外衣。他們极力排斥一般群众、白樺說“要发展主演入党，水鍋（烧水工人）老套发展几車也沒用”这就是万张反党集团所实行的修正主义的建党路綫。

万张反党集团为了制造三名三高人物在剧团中的特权地位、恢复了旧戏班中封建把头残酷压榨艺人的“十大款”（旧戏班的十条枷鎖）如恢复主演的“跟包”（剧团派专人伺候主演）、恢复“帮角”（专給一个主演伴奏或配戏的琴师、鼓师和主要小生，他們的工資远远高于其他乐师和演員）、恢复拜师收徒、私带徒弟等制度，白樺还要剧团管理組学习旧戏班的后台“座钟老板”的工作方法等。万张集团还派出要員到各剧团坐陣督战、李耕涛在小白花，李权超在評戏訓练队、娄凝先在曲艺团、白樺在子剧团、宋景毅在戏校、曹庶范在青年評剧团。在一些拜师收徒的大会上万张反党集团的大小头目竟然要我們的党团員給那些資产阶級分子、反革命分子下跪磕头、其用心何其恶毒！

八月黑会一結束，白樺一伙有的抓“整风”有的抓“鳴放”，继續让“权威”們“心情舒暢、出气自由”。实行三名三高政策的結果使“权威”們更加飞揚跋扈为所欲为，“主演养活剧团”的烂言又流行起来。厉慧良公然威胁党員說“京剧团的党支部是机关性质，主要是保証任务的完成。以后党团活动內容要告訴我，不然就不能达到保証作用。”党政干部对他們哄着捧着，不能稍予批評否則就“簡单粗暴”。剧团里根本談不上任何无产阶級的政治思想工作。对資产阶級分子实行投降主义，这就是白樺在黑会的总結中所說的“大家心情舒暢了、团結加强了，积极性正在逐步調动起来”的眞相。

这样，使文艺队伍中資产阶級思想泛濫。爭名爭利爭戏，要权要錢要鬧之风盛行。演一出戏从角色的挑选、广告上演員名字的排列以至于服裝的新旧好坏都要經过一番明爭暗斗。万张还为“权威”們規定每年演出場次、有的只有40場。这些精神貴族們又閒又富、終日养猫喂狗养猴，牛奶羊肝都成为飼料。有的青年演員追求港式生活。在日常业务活动方面根本不考虑如何表現工农兵、塑造英雄人物的形象而是追求学得一手“絕技”一举揚名成家。练习各种表現帝王将相、才子佳人生活的絕技之风盛行，什么水袖絕技、帽翅絕技以及翎子、髯髯、蝇帚、甩髮等等絕技五花八門应有尽有，有的还远道去南方拜师訪友学习絕技。

万张反革命修正主义集团在八月黑会后把文艺界变为他們从事反革命复辟的前哨陣地，白樺也因而立了汗馬功劳而于65年被万晓塘捧上付市长宝座。“**蚍蜉撼树谈何易**”曾几何时万张反党集团的巢穴被我市广大革命造反派揭得稀烂，其大小头目被揪出示众，他們复辟資本主义的美梦破灭了。“**宜将剩勇追穷寇**”我們无产阶級革命派必須乘胜追击夺回被反革命修正主义分子霸占的文艺陣地、肃清万张反革命集团的一切流毒，让伟大的毛泽东思想紅旗永远在天津文艺界的上空高高飄揚。

天津市評剧团毛泽东思想11.3革命造反队《缚蒼龙》战斗組

天津工学院毛泽东思想紅卫兵《主沉浮》兵团

白樺抗拒毛主席关于文艺的两个批示

万张反革命修正主义集团，通过他們的干将白樺在天津文艺界犯下的滔天罪行是罄竹难书的。在毛主席的伟大的文献“关于文学艺术的两个批示”公开发表的今天，我們在这里揭穿白樺篡改和抵制毛主席这两个批示的大阴謀。

（一）一九六三年十二月初到十二月三十一日，召开了“天津市戏曲界推陈出新座談会”。会議期間，毛主席的第一次批示已經下达，白樺在报告中只字不提这个意义十分重大的批示，相反地他报告的全部精神与毛主席批示精神大相径庭，依然大肆鼓吹周揚黑綫，并照此布置工作。公然与毛主席批示相对抗。直到十二月三十一日才由旧文化局长、党內走資本主义道路的当权派、白樺的走卒张映雪作了一次小規模的非正式传达，在这次传达中他們竟敢把毛主席的批示放在整个讲話的最后，作为附带談到的一个問題。令人更加不能容忍的是他們对毛主席的批示全文作了篡改。例如：毛主席說：“**社会主义改造在许多部门中至今收获甚微。**”被改成：“队伍人数不少，看来社会主义教育对他們收效甚微。”毛主席說：“**许多共产党人热心提倡封建主义和资本主义的艺术，却不热心提倡社会主义的艺术，岂非咄咄怪事。**”被篡改为：“有許多共产党人，对封建主义資本主义的戏剧热心提倡，对社会主义艺术沒有重視。”等等。这就充分暴露，他們如此篡改毛主席批示，用心何其毒也。

一九六四年一、二月間，白樺又在郑州道召开了文艺工作会議，在这次会上还积极传达了周揚与毛主席批示相对抗的，向党內最大的走資本主义道路的当权派刘少奇和邓小平汇报文艺工作的汇报材料，其內容就是以鼓吹成績来抵制毛主席批示的黑貨。

（二）一九六四年六月二十七日毛主席对文学艺术作了第二次批示。白樺等对此又采取了与第一次批示同样的作法，对这次重要批示仍然是恶毒地抵制和抗拒。只是在传达全国京剧会演的一些报告时（主要是反革命修正主义分子彭眞和周揚的报告），附带传达了一下。传达时，既未联系天津的工作，也未认眞布置討論。这样，就沒触及黑市委白樺等人販卖周揚反革命修正主义文艺黑綫的罪恶。特别是紧接着在我市戏曲界展开了一个所謂“横扫”的“运动”，大搞生活作风問題。当然，是横扫了戏曲界一些坏蛋，这是必要的，应該的。关于演員的生活作风問題，在北京会演时，是中央領导同志談到过的許多內容之一，但白樺等人面对毛主席对文艺界根本問題的严肃批評，不敢从文艺方針政策方面检查天津市的文艺工作，反而大张旗鼓地“目标向下”，大搞什么生活作风問題。很明显，这是怕揭露他們反对毛主席文艺路綫的罪恶，怕暴露他們反党反社会主义的丑恶面目，有意轉移目标。

据上所述，白樺对貫彻和吹捧周揚反革命修正主义文艺黑綫是不遗余力的。而对伟大領袖毛主席的重要指示，则恶毒地抵制和篡改。即使传达，也是以传达毛主席批示之名，行推行周揚黑綫，反对毛主席批示之实。我們必須揭穿他的大阴謀，彻底清算其反革命罪行。

天津市戏曲研究室《在险峰》革命造反队

·4· 紅色宣傳 1967,9,

剷除毒草《文明地獄》《大地囘春》

一九四九年一月十五日，天津解放了！我东亚毛紡厂全体革命职工終于盼来了我們心中最紅最紅的紅太阳毛主席，見到了我們最亲最亲的恩人共产党。可是，正当我們怀着憤怒的心情准备同我厂反动大資本家宋棐卿算总帐的时候，却来了資产阶級的孝子賢孙刘少奇。这个中国的赫魯晓夫，根本不管我們工人的死活，同他的臭妖婆王光美一道，一来就一头扎到大資本家宋棐卿的狗窩里，背着党中央和毛主席，干尽了反党反人民的罪恶勾当。他公开为反动大資本家歌功頌德，大肆宣揚"剝削有功"、"剝削有理"、"阶級斗爭熄灭論"等反动論調，在一次資本家座談会上，刘少奇公开为宋棐卿出謀划策說："你不要不承认剝削，不是不許你剝削，不是不叫你剝削，就是不要把少数人剝削死了，这样，以后可以让你更多的剝削，更大的剝削！"并且鼓励宋棐卿說："你們要好好干，幸福刚刚开始，无論到什么时候，到共产主义也好，都有你們的前途。該坐小汽車的还坐小汽車，也許那时不叫經理，但地位还是一样。"在刘少奇的包庇纵容下，反动大資本家宋棐卿更加肆无忌憚地向我們工人阶級反攻倒算，狂叫什么"我盖了許多工厂，养活了这許多人，最后还落个剝削，我不承认。"刘少奇这个混蛋听了，竟恬不知耻地劝解宋說："你宋先生不明白这个詞，'剝削'是从外国翻譯来的，在我們的共产党字典里可以找到，认为这个詞不好，可以换一个嘛！从現在来說，你剝削的越多越好，你現在一个东亚一千个工人，将来十个东亚，剝削一万个工人那就更好了。"这个反动的大資本家，在党內最大的走資本主义道路当权派刘少奇的重用下，竟当上了全国政协常委，国家財經委員会委員，刘少奇甚至不顧党紀国法，把党內的絕密文件《抗美援朝战报》送給宋棐卿，給我們党的事业造成了不可估量的损失。

刘少奇对反动資本家无限宠爱，而对我們工人阶級却恨得要命，怕得要死。刘少奇来到我厂，根本不和我們工人見面。在我厂广大革命职工的要求下，刘少奇不得不和臭妖婆王光美，从宋棐卿的狗窩里爬了出来。刘少奇这个狗胆包天的个人野心家，竟然把自己凌駕于我們伟大領袖毛主席之上，胡說什么"現在你們地位提高了，要是过去你們能見到我这样的人嗎？我在中国不数一，就数二。"看！这个中国的赫魯晓夫是多么猖狂！为了向資本家献殷勤，他竟让新社会的主人——工人阶級去向資本家屈服，說什么"你們应相信，宋經理能把工厂办好。""工人不要搗乱，資本家造不了反，工人也是听公司的。"几句話，就充分地暴露了刘少奇的反动嘴臉！

一九六二年，毛主席在党的八屆十中全会上就尖銳地指出：**"利用小说进行反党活动，是一大发明。凡是要推翻一个政权，总要先造成舆论，总要先做意识形态方面的工作。革命的阶级是这样，反革命的阶级也是这样。"**文艺斗爭是政治斗爭的直接反映。文艺界的牛鬼蛇神，按刘少奇的黑指示大写什么"反資揭資作品。"实际上是打着写"反資題材"的招牌，大肆美化資产阶級，宣揚阶級斗爭熄灭論，主张阶級合作，取消阶級斗爭，为他們在中国复辟資本主义鳴鑼开道。在这个罪恶目的下，周揚、韦君宜等反革命修正主义分子急忙行动，他們遵照刘少奇的旨意，跑到天津第三毛紡厂，勾結万张反革命修正主义集团及我厂党委內一小撮党內走資派，一手炮制了两株为反动資本家宋棐卿树碑立传的大毒草，即《大地回春》和《文明地獄》。

《大地回春》的創作由天津文艺界大叛徒袁靜直接指揮，由前第三毛紡厂党委宣传部长，隐瞞資本家出身、悪毒攻击毛泽东思想的王××主持，由混入党內、后被淸除出党的宋棐卿的大爪牙宋××和道德敗坏、現在劳改的坏分子苏××写成的。在这些混蛋們的笔下，資本家宋棐卿成了劳苦人民出身的"善人"，而我們工人阶級却被描写成了只为吃和穿而奔命的"群氓"。在这本书里，作者歪曲历史，抹煞阶級斗爭，并采用了极为下流无耻的偷梁換柱手法，把解放前为資本家效劳，残酷压迫剝削我們工人阶級的資本家走狗描写成工人領袖。这些所謂的工人領袖，一个名叫李××，此人是一貫道徒，长期隐瞞剝削历史的国民党員；另一个则是地主兼資本家出身、曾参加过国民党鋤奸組的阶級异己分子王××，这两个人都是万张爪牙。还有一个则是宋棐卿的亲信、姨兄弟高鑫斋的小舅子×××。这篇大毒草的出籠完全是大叛徒袁靜根据李××、王××他們口述整理后，由李××、王××最后审閱定稿而成的。

这株大毒草出籠以后，当时就遭到了解眞情的一些老工人的反对，有的工人气憤地說："他們解放前干了些什么？别往臉上貼金了。""資本家的狗腿子，整天算計人的宋××还能替工人說話？""沒有人性的流氓坏蛋苏××还能狗咀里吐出象牙来？"有的青年工人也反映："看不出党的領导，把工人写得成了光为錢的人，叫我們学习为錢奋斗的精神嗎？"更有的工人同志直接了当地說："什么大地回春，我看应大大回炉。"我們工人的話是对大毒草《大地回春》最有力的批判，也是对党內最大的走資本主义道路当权派刘少奇的憤怒控訴。然而，文艺界及我厂內一小撮走資派，根本不顧我們工人同志的强烈反对，不仅让这株大毒草到工人中放毒，而且还打算以此为兰本拍摄电影。但是，党內最大的走資派刘少奇看了以后还不过癮，认为他的崇拜人物宋棐卿写得还不够"高大"，貫徹他的黑指示还不够，复辟資本主义的輿論造的还不充分，就又派其得力打手周揚、韦君宜一伙来津让作协派人大量出版，发行全国，并在电台大肆广播，流毒甚广。

《文明地獄》同《大地回春》一样，都是为我厂反动大資本家宋棐卿树碑立传的大毒草。《文明地獄》这株大毒草完全是根据刘少奇来我厂做的一系列黑指示和他对謂"揭資"創作三条黑指示进行炮制的。这三条黑指示是：一、主要写資本家，二、只写历史上的反資題材，三、照顧統战关系。在这三条黑指示下，《文明地獄》这本黑书从一九三五年写起只写到解放前夕，突出資本家而又大大照顧資本家情面。为了絲毫不触动宋棐卿的尊严，竟故意把书中的总經理宋棐卿改为孙培卿，书中明明写的是我們"东亚毛紡厂"的事情，却故意把厂名改为"亚东"，并且在书的后記中絲毫沒有交待。这本黑书对資本家充滿了爱，用最漂亮的言辞去吹捧杀人不眨眼的大劊子手宋棐卿，什么孙总經理（即孙培卿）"端庄威严，象座泰山"啦，什么"滿面春风""躊躇滿志"啦，簡直到了令人肉麻的程度！更令人不能容忍的是竟絲毫不顧历史事实，为美化資本家凭空捏造起資本家的"文明"来。书中第五章大写孙培卿对一个敢于触犯厂規的工人的"寬容"，不仅不加責罰，反而調派更好的工作崗位，还加一半工資。在第七章写工人"鬧事"，四經理被包圍，孙培卿居然在电話中慨然答复工人提出的全部条件。小說結尾部分写工人們罢工，孙培卿竟未加以鎮压，只是偷偷往北京一走了事，如此等等。看！《文明地獄》对資本家如此美化，而把我們工人丑化的不象样子，书中把我們第三毛紡厂的工人描写成了愚昧、懦弱、萎靡不振，麻木不仁和任人宰割的"群氓"，甘愿忍受資本家的剝削，即使反抗一下也仅仅是为了一点"經济利益"。《文明地獄》写工人斗爭根本不多，并且尽是歪曲和誣蔑。例如最后一章，写工人罢工、目的是"三袋面一匹布"，当資本家被吓得逃往北京，二管家不得不答应条件时，斗爭也就胜利了，这純粹是胡說八道，这是对我們伟大的工人阶級的誣蔑和歪曲，这是我們絕对不能容忍的！

我們伟大的領袖毛主席教导我們：**"阶级斗争，一些阶级胜利了，一些阶级消灭了。这就是历史，这就是几千年的文明史"**。我們第三毛紡厂的历史就是反动大資本家宋棐卿剝削我們工人阶級，而我們工人阶級又組织起来，在党和毛主席的領导下同資本家浴血奋战的历史。历史是我們創造的，任何人想抹煞历史眞实为資本家树碑立传，都是絕对办不到的！

我們工人阶級是第三毛紡厂的主人，我們最有发言权。我們知道什么叫"苦"，什么叫"甜"。反动大資本家宋棐卿对我們工人阶級敲骨吸髓，撒压勒索，逼死了我們无数工人弟兄。解放前，資本家的規章如牛毛，男工和女工說一句話，被宋棐卿知道，就要被开除。宋棐卿这个杀人不見血的活閻王，只知道自己剝削賺錢，哪管工人的死活？他說什么"三条腿的蛤蟆沒处找，两条腿的人有的是"。他經常亲自与日本特务机关联系，同国民党警察局长李汉元联系，对我們工人实行残酷的鎮压，宋棐卿是一个双手沾滿我們工人阶級鮮血的大吸血鬼，决不象大毒草《大地回春》特别是《文明地獄》中所描写的資本家是那样地"善良"和"文明"。而刘少奇及其徒子徒孙們那样热心地为資本家歌功頌德，其用心何其毒也！

"金猴奋起千钧棒，玉宇澄清万里埃！"无产阶級革命派的战友們，让我們更高地举起毛泽东思想伟大紅旗，把那些为資本家树碑立传的《文明地獄》、《大地回春》等大毒草彻底砸烂！把刘少奇的反革命修正主义文艺黑綫彻底砸烂！让战无不胜的毛泽东思想伟大紅旗在文艺陣地上高高飄揚，永远飄揚！

天津市第三毛紡织厂毛泽东思想革命造反联合总部

越剧《鴻順里》吹捧刘少奇

解放十七年来，中国的赫魯晓夫刘少奇为了捞取政治資本，为了树立个人威信，借以抬高自己，贬低我們的伟大領袖毛主席，經常以「参观」、「視察」为名，四处奔走，大下黑指示，大作黑报告，企图与以毛主席为首的无产阶級司令部分庭抗礼。一九五八年刘少奇的「鸿順里」之行，就是他这种个人野心的又一次充分的大暴露。

一九五八年，在伟大領袖毛主席的英明領导下，在总路綫的光輝照耀下，全国人民意气风发、斗志昂揚，各行各业呈现出一派空前未有的大跃进局面。随着生产力的发展，生产关系也发生了变化，人民公社象一輪紅日出现在地平綫上，是我們伟大領袖毛主席第一个发現并支持了她，从此以后，人民公社化运动在全国轰轰烈烈地展开了。天津市街道居民紛紛組织起来，办起了工厂、食堂、托儿所等。走上了集体化道路。就在这个时候，刘少奇的黑手伸进了天津，他与臭妖婆王光美来到了鸿順里人民公社，借「参观視察」之机，大肆販卖其阶級斗爭、「取消无产阶級专政」、大搞物质刺激的「假共产主义」黑貨，疯狂地反对毛泽东思想。

刘少奇这一匆忙的行动，忙坏了党内一小撮走資派。为了給刘少奇树碑立传，另一个最大的走資派邓小平也不辞「劳苦」到鸿順里参观，彭眞、陆定一、周揚、刘子厚之流也相继来到鸿順里参观，万曉塘、张淮三等人更是受宠若惊，为了实现刘少奇提出的「共产主义大楼」的「設想」，亲自督办盖楼工作。主干将白樺、黎砂等人也紧步后尘，刘少奇視察刚一走，他們就急忙发出通知，让文艺界前往参观，赶排文艺节目。天津市越剧团走資派齐宝瓊参观回来以后，馬上提出要排演「鸿順里」，为了更好地給刘少奇作宣传，齐还让南方演員学北方話，让演員去体驗生活，排演的时間压得很紧，連舞工队同志做道具都来不及……时隔十天左右，越剧《鸿順里》在天津第一个問世了，現在让我們来看一看越剧《鸿順里》究竟是个什么貨色？

林彪同志指出：「毛泽东思想是当代馬克思列宁主义的頂峰，是最高最活的馬克思列宁主义。毛主席的书，是我們全軍各項工作的最高指示。毛主席的話，水平最高，威信最高，威力最大，句句是眞理，一句頂一万句。」可是越剧「鸿順里」却只字不提毛主席对人民公社的关怀和支持，只字不提学习毛主席著作，只字不提广大人民群众在毛泽东思想的光輝照耀下精神面貌的巨大变化，而是极力塑造一个「妇女主任」的形象，这个「妇女主任」正是最会給刘少奇溜須拍馬，最能阿諛奉承、上窜下跳的政治扒手张××的「形象」。这个「张××」极力推行刘少奇的「物质刺激」、「金錢挂帅」的修正主义黑指示，可是在舞台上她却成了主人，成了領导，成了「党」的化身，眞是豈有此理！

此外，剧中根本沒有表现阶級斗爭，而极力提倡資产阶級的「人性論」和「人类之爱」的反动观点。例如，在描写工人家属肖秀英的轉变时，是通过在她有病后，經过别人的亲切照顾因而受「感化」才提高了觉悟，参加了人民公社的。毛主席指出：**「在阶级社会里就是只有带着阶级性的人性，而沒有什么超阶级的人性」**。又指出：**「世界上决沒有无缘无故的爱，也沒有无缘无故的恨」**。既然肖秀英是工人家属，就可以通过学习毛主席著作、忆苦思甜等方式启发她的阶級覺悟，促使其轉变，而剧中却用小恩小惠、人情感化来代替政治思想工作，这不正是刘少奇所宣揚的阶級調和，取消阶級斗爭的論調嗎？

毛主席又教导我们：**「政治工作是一切经济工作的生命线。」**林彪同志也指出：「一定要把政治工作提在首要位置。人的一切行动都是要通过思想的，不做好思想工作，一切都搞不好。」而越剧「鸿順里」却閉口不談突出政治，公然叫嚷什么「业务第一」「技术第一」，在剧中大唱什么「干呀干呀加把劲，要把技术学得精」、「生产技术来掌握，妇女翻身万万年」，这些东西恰恰是刘少奇曾在「視察」鸿順里时所販卖的东西。刘少奇說过「光学文化不行，还要学技术，組织起来参加生产，学会了技术，就变成了有文化，又有技术的工人了。」「学会了技术，进工厂就有人要了。」他还出了两个口号：「一个是参加生产，一个是参加学习」，請看，越剧「鸿順里」所宣揚的东西和刘少奇的黑話簡直是如出一轍，是地地道道的反对突出无产阶級政治、反对毛泽东思想的黑貨。

更使人不能容忍的是，剧中为了大肆吹捧美化刘少奇，特意安排了記者采訪的場面，作者借記者的口把刘少奇「視察」捧上了天，說什么由于刘少奇的「視察」，使鸿順里「轰动了全国和全世界」，說鸿順里「为祖国做了一件光荣的事情」，这簡直是胡說八道，刘少奇的「視察」只不过是招搖撞騙，販卖修正主义黑貨之行罢了！必須徹底清算他的罪行！

就是这样一个为刘少奇树碑立传的「样板」戏，深得旧市委宣传部、旧文化局内的一小撮反革命修正主义分子們的欢心，戏刚一出来，馬上就通过了，并且大力組织居民看这出戏，以达到为其主子歌功頌德的目的。但对当时我团排演的其它几个现代戏却都被压下去了，为什么对《鸿順里》这么特殊优待、大开綠灯呢？其政治目的不是昭然若揭了嗎！

毛主席指出：**「凡是要推翻一个政权，总要先造成舆论，总要先做意识形态方面的工作。革命的阶级是这样，反革命的阶级也是这样。」**越剧「鸿順里」的演出給我們提出了一个严肃的政治問題：是維护以毛主席为首的无产阶級革命司令部的絕对权威呢？还是为刘少奇之流树立个人威信？这是两个阶級、两条道路斗爭的問題，我們无产阶級革命派决不允許刘少奇及其爪牙如此猖狂地进行反党反社会主义反毛泽东思想的罪惡活动，决不允許文艺界一小撮反革命修正主义分子利用文艺形式販卖刘少奇的黑貨，彻底批判一切为刘少奇歌功頌德的大毒草！

天津市越剧团井岡山造反团

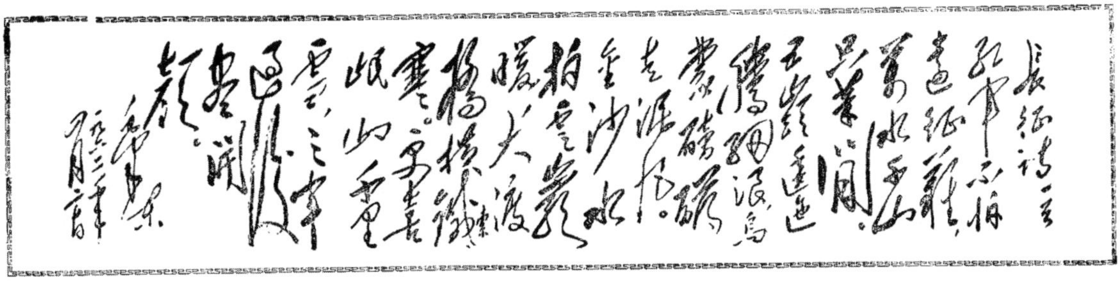

致我市工农兵文艺战士和文艺界革命派的一封公开信

无限忠于毛泽东思想的广大工农兵文艺战士们，

文艺界无产阶级革命派的战友们：

我們最最敬爱的伟大領袖毛主席亲自发动和領导的无产阶級文化大革命已經进行一年多了。現在我們胜利地召开了“砸烂天津黑文联，批斗文联党內走資本主义道路当权派的大会”。这个大会是高举毛泽东思想伟大紅旗的大会，是战斗的大会，团結的大会，胜利的大会。这个大会好得很！这是天津文联全面掀起深入批斗反革命修正主义分子和彻底砸烂反革命修正主义文艺黑綫高潮的前奏，这是天津文联革命造反派和工农兵相結合“开門批判”的开端，我們坚决高举毛泽东思想的伟大紅旗，在革命的大批判中，实行大联合，把文联无产阶級文化大革命推到一个嶄新的阶段。

十七年来，文艺領域里存在着一条与毛主席的革命文艺路綫相对抗的反革命修正主义文艺黑綫，党內头号走資本主义道路当权派刘少奇就是这条黑綫的总根子、总后台。这条又粗又长的黑綫通过万張反革命修正主义集团的干将白樺、周揚黑帮的干将方紀，緊緊地控制着天津文艺界。在天津文联，是党內走資本主义道路当权派陈因、孙振（雪克）、吳火、万力，以及資产阶級反动学术“权威”和反党作家王林、袁靜、楊潤身、馬达等人。这一伙反革命修正主义分子、反动学术“权威”，利用他們所窃踞的职权和所謂“作家”的头銜，通过被他們所控制的刊物、讲坛，以及精心炮制的毒草，大肆散布反党反社会主义反毛泽东思想的毒汁，疯狂地反对毛主席的革命文艺路綫，排斥、打击工农兵，反对文艺为工农兵服务，对工农兵业余作者实行資产阶級专政，把天津市的文艺界，作为他們复辟資本主义的前沿陣地。

1963年12月和1964年6月，我們最最敬爱的伟大領袖毛主席針对文艺界的严重問題，作了英明的批示。毛主席指出：**“这些协会和他们所掌握的刊物的大多数（据说有少数几个好的），十五年来，基本上（不是一切人）不执行党的政策，做官当老爷，不去接近工农兵，不去反映社会主义的革命和建设。最近几年，竟然跌到了修正主义的边缘。如不认眞改造，势必在将来的某一天，要变成像匈牙利裴多菲俱乐部那样的团体。”**

毛主席这一英明批示，彻底戳穿了文艺界党內一小撮走資本主义道路当权派、反革命修正主义分子复辟資本主义的阴謀，給了以刘少奇为总后台的反革命修正主义文艺黑綫以致命打击。天津市委万张反革命修正主义集团干将白樺等人，怕得要死，支持天津文联陈因、孙振、吳火、万力等一小撮反革命修正主义分子，公然对抗毛主席的批示，大搞假整风，矛头向下，企图蒙混过关，保护自己。

文化大革命初期，文联革命群众，响应毛主席的伟大号召，揪出了党內一小撮走資本主义道路当权派。但是，党內一小撮走資本主义道路当权派并不甘心退出历史舞台，他們操纵文联石氏文革，頑固执行資产阶級反动路綫。在对待群众上，把广大群众当成“阿斗”，用公开排队的方法压制群众的革命要求，并把十六个革命群众打成“反革命”；在干部問題上，他們“打击一大片，保护一小撮”。大肆制造白色恐怖，实行資产阶級专政。

今年1月，文联广大革命群众造了資产阶級反动路綫的反。但是，由于資产阶級反动路綫远沒有揭深揭透，党內一小撮走資本主义道路当权派和反动学术“权威”，他們人还在，心不死。这些家伙明目张胆地勾結、操纵文联內外保守势力，蒙蔽一些不明眞相的群众，仍然把斗爭矛头指向群众，把革命群众打成“反革命”，把革命造反組织打成“反动組织”、“地地道道的反革命組织”，变本加厉地推行資产阶級反动路綫，继續实行資产阶級专政，妄图扑灭革命的烈火，拚命保护这条反革命修正主义文艺黑綫，严重地阻碍了文联文化大革命的开展。为将无产阶級文化大革命进行到底，必须組织浩浩蕩蕩的革命大軍，調动一切积极因素，我們热烈希望受反动路綫蒙蔽的群众回到毛主席革命路綫上来，反戈一击，大杀回馬枪，同我們一起造党內走資本主义道路当权派的反，把他們揭深、批透、斗倒、斗臭！叫他們永世不得翻身！

同志們，革命的战友們！天津文艺界的阶級斗爭是十分尖銳、十分复杂的，斗爭是曲折的，甚至还会有多次的反复，但是，我們相信：只要我們高举毛泽东思想伟大紅旗，高举无产阶級革命的批判旗帜，在革命的大批判中，逐步巩固、发展革命的大联合，并实現革命的“三結合”，就一定能够胜利地完成天津文联斗批改的重大任务！

文艺界无产阶级革命派联合起来！

革命的文艺工作者必须和工农兵相结合！

无产阶级文化大革命胜利万岁！

我们最最敬爱的伟大领袖毛主席万岁！万岁！万万岁！

天津市工人业余文学创作社

天津市工农兵文艺革命造反团总部

干代会天津文联红旗

1967.7.17

砸烂旧天津作家协会　掀起文艺大批判的新高潮

一九六四年六月，我們最最敬爱的伟大領袖毛主席在全国文联和所属各协会整风时指出：**“这些协会和他们所掌握的刊物的大多数（据说有少数几个好的），十五年来，基本上（不是一切人）不执行党的政策，做官当老爷，不去接近工农兵，不去反映社会主义的革命和建设。最近几年，竟然跌到了修正主义的边缘。如不认眞改造，势必在将来的某一天，要变成象匈牙利裴多菲俱乐部那样的团体。”**

在万张反革命修正主义集团直接控制下的旧天津作协及其所主办的刊物《新港》，就是一个推行以周揚为首的文艺界反党黑綫，为复辟資本主义制造輿論准备的裴多菲俱乐部。

十多年来，旧天津作协在万张反革命修正主义集团的干将白樺和周揚黑帮的干将方紀的把持下，招降納叛，結党营私，糾集文艺界一切牛鬼蛇神，妖雾弥漫，群魔乱舞，向党向社会主义向毛泽东思想发起了一次又一次的猖狂进攻。在文艺領域內，正如《林彪同志委托江青同志召开的部队文艺工作座談会紀要》中指出的：“被一条与毛主席思想相对立的反党反社会主义的黑綫专了我們的政，这条黑綫就是資产阶級的文艺思想、現代修正主义的文艺思想和所謂三十年代文艺的結合。”他們竭力鼓吹其祖师爷周揚一伙的反动透頂的謬論，什么“写眞实”論、“現实主义广闊的道路”論、“現实主义深化”論、反“題材决定”論、“中間人物”論、反“火药味”論、“时代精神汇合”論，等等。为了排斥打击工农兵文艺，他們还提出了“創作需要才能”論、工农兵文艺是“豆芽菜”等等奇談怪論。就在这股資产阶級、現代修正主义文艺思想逆流的影响和控制下，天津文艺界毒草丛生，对毛主席、对党、对人民犯下了滔天罪行。

現在，文艺黑綫的总后台、中国的赫魯晓夫刘少奇被揪出来了！以周揚为首的反革命修正主义文艺黑綫破产了！

但是，**“敌人是不会自行消灭的。”**他們人还在，心不死。他們每时每刻都在伺机反扑，妄图东山再起，重新上台。我們无产阶級革命派，**“决不怜惜蛇一样的恶人”**，要用“痛打落水狗”的精神，对党內最大的一小撮走資本主义道路当权派，对万张反党集团，以及他們所支持的反革命修正主义文艺黑綫，进行大批判、大斗爭，从政治上、思想上、理論上彻底把他們批倒、批垮、批臭！让他們遗臭万年，永世不得翻身！

“喚起工农千百万，同心干”。

文艺界的革命大批判运动正在兴起。**“组织千千万万的民众，调动浩浩荡荡的革命军，是今天的革命向反革命进攻的需要。”**工农兵最有資格做批判家，他們是文化大革命的主力軍。广大革命文艺战士，同工农兵一起，正以高昂的斗志，更高地举起革命的批判大旗，决心掀起大批判、大斗爭的“狂飆”，把文艺界党內一小撮大大小小的走資本主义道路当权派和形形色色的資产阶級反动学术“权威”斗倒，斗垮，斗臭！彻底斩断万张反革命修正主义集团伸向天津文艺界的黑手，彻底鏟除反革命修正主义文艺黑綫，把他們所占領的一切文艺陣地通通夺回来！让毛泽东文艺思想的伟大紅旗永远高高飘揚！

短論

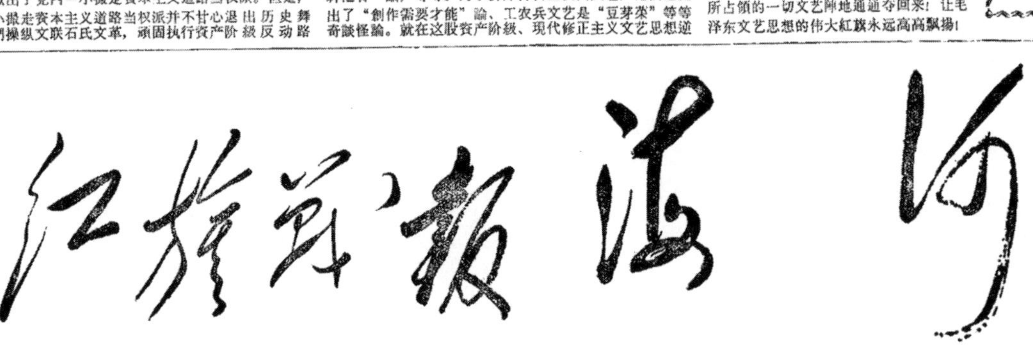

第10号　　1967年9月（共4版）　　第2号

干代会天津文联紅旗　　天津市工人业余文学創作社《海河》編輯部

·2· 红旗战报 海河 1967，9

必須彻底批判一貫炮制毒草的反党作家楊潤身

反党作家楊潤身，长期以来坚持资产阶級反动立場，大量散布反党言論，对社会主义制度大肆攻击，并且接連不断地炮制一系列毒草，屡教不改，十分頑固，是一个毒草专家。

楊潤身是带着小私有者的[illegible]和滿脑袋发家致富的资本主义思想参加民主革命的。全国解放前夕，又鉆入专业文艺队伍，成为狂热地追名求利、铜臭熏心的资产阶級分子。当社会主义革命步步深入的时候，楊潤身这个充满资本主义思想的新资产阶級分子，就对党的領导和社会主义道路，格格不入，千方百計地抵制和反对。他却还自命为是"农民利益"的"代表"，是站在"农民立場"上說話，实际上是代表农村中一小撮走资本主义道路的当权派、代表农村中资本主义自发势力說話，是坚决反对社会主义革命的地富阶級和牛鬼蛇神的代言人。他除了不断炮制毒草向党进攻之外，还在各种場合大量散布反党言論，特别是在我国暫时困难时期，更是公开上陣，气焰十分嚣张，大肆攻击三面紅旗，甚至直接把矛头指向党中央和毛主席。他叫嚣說："批評下边的多了，究竟中央要負多大的責任呢？"在他看来，我們的暫时困难不是由于自然灾害以及苏修对我們的趁火打劫等等，而是"应該中央負責任"！这是多么嚣张！他还旁敲側击地說："这几年搞成这样，究竟是战略性质問題，还是战术性质的問題？"什么是"战略性质的問題"呢？那就是說我們党所規定的整个路綫有"問題"，这不是明目张胆地对我們党所制定的总路綫加以否定嗎！这还不算，他更公开地宣揚"今不如昔"，认为公社化不如合作社，合作社不如单干。他恶毒地說："現在却說要尽快爭取恢复到一九五七年，但一九五七年比单干时的产量又怎么样？"他对三面紅旗，进行恶毒攻击，說什么"砸鍋卖鉄炼出来全是渣子"，"一盘磨也是一个工厂"，"挂个牌子就叫紅专大学呢"，"拔了玉米种山芋脫离群众到家了"，"这几年搞成这个样不觉得沒脸見农民了，党对不起农民，看了农村情况后，根本沒法写东西"。甚至公开地說："包产到戶到是个办法，只要能增产可以試試看。"这种步步倒退論，和党內最大走资本主义道路当权派刘少奇以及邓子恢之流鼓吹农村"四大自由"、大刮单干风完全是如出一轍，亦步亦趋。

更不能令人容忍的是，楊潤身竟公然把矛头指向我們伟大領袖毛主席。一九五九年他公开在群众中散布說："毛主席在徐水参观时，和公社、生产队的干部說：'打下的粮食吃不了怎么办？'我一听，坏了！毛主席的脑子也热了……"請看，这个狗胆包天的楊潤身，何等嚣张！何等狂妄！竟敢指名点姓地攻击毛主席"脑子热了"，这完全是帝、修、反的反动論調，是右傾机会主义分子的誣蔑与攻击。

由于楊潤身在历次运动中屡犯錯誤，一再受到党的严肃批評和紀律处分。对此，他不是认識錯誤努力改造自己，而是耿耿于怀，与党两条心，对党怀有强烈的不满和仇恨。在一次十七級以上干部学习会上，楊潤身竟公然說："党对我象后娘一样。"当即受到批判。他一看不妙，赶快改口說这是"說走了嘴"。其实完全不是什么"說走了嘴"，而是一下子泄露了自己反党的真心話！

"什么藤結什么瓜，什么阶級說什么話。"由于楊潤身在政治上是一个对党强烈不滿、对社会主义道路頑固反对的家伙，在創作上就必然是积极炮制毒草，散布反党反社会主义的毒素。楊潤身对反革命修正主义赵树理十分"崇拜"，因而，时常以"天津的赵树理"自居。赵树理是周揚反革命修正主义文艺的"标本"，是一个和党和社会主义大唱反調，专写"中間人物"、落后事物和誇大"阴暗面"的毒草能手，楊潤身在这一点上也是学的很像的，同样也是周揚反革命修正主义文艺的一个"标本"，而且其反党反社会主义的气焰更明显更露骨。

楊潤身在解放初期写的短篇小說《鞭子娘告状》，就是一篇丑化劳动人民、誣蔑党的領导、攻击新社会的毒草。它描写地主阶級气焰万丈，大搞反攻倒算，而我們的村、区、县等各級政权却不給群众撑腰，反而替地主說話，包庇与袒护地主。貧农鞭子娘到处去告状，到处碰壁，党政干部漠不关心，把新社会写得一片漆黑。而篇中鞭子爹、二寡妇等等貧农，又被写成是向地主阶級屈膝求和的窝囊废。完全是灭劳动人民志气，长地主阶級威风，真是何其毒也！

从一九五五年到一九五六年，在毛主席領导下掀起了农业合作化运动高潮，广大农民走上了社会主义道路，而楊潤身却站在以党內最大的走资派刘少奇为首的右傾机会主义路綫的立場上，面对农村的新高潮新局面，不是欢欣鼓舞，而是牢騷滿腹，十分抵触。楊潤身在小說《买牛記》和剧本《献馬》中，对农业合作化运动大肆誣蔑和歪曲，在毒草剧本《人間鬼戏》（刊于《新港》一九五六年十一月号）中，更将一場严肃的阶級斗爭写成为庸俗的四角恋爱，严重歪曲农村中两条道路、两个阶級的斗爭，鼓吹阶級調和論，散布资本主义思想毒素。剧中的貧农社員周鎖鎖对富农赵蝠蝠与投机倒把分子王心心，一口一个"蝠蝠哥"、"心心哥"，叫得令人肉麻，而对于这两个坏蛋破坏合作社，大挖社会主义墻脚，无耻地爭夺青年寡妇李俊梅，以便达到霸占大批磷灰土，大搞投机倒把、发財致富的阴謀詭計，却不加批判和斗爭，还认为这是他們的"自由"，最后以自己来娶李俊梅解决了这場敌我矛盾，鼓吹了阶級調和論，并恶毒攻击了合作化，大肆宣揚走资本主义道路。

在匈牙利事件发生前后，国际国内修正主义思潮泛濫，捲起了一股反党反社会主义的阴风，牛鬼蛇神猖狂叫嚣。此时，楊潤身也聞风而动，积极炮制毒草，配合阶級敌人向党进攻。楊潤身的特大毒草《探亲記》（电影剧本）就是在这个时候出籠的，它极不真实地虛构了一个老农民田老耕到北京去探望儿子的一段离奇的遭遇。他儿子从小受地主折磨，后来参加革命，立过不少功劳，是党的老干部，然而当革命胜利，进城工作，升为副局长之后，就完全变质忘本了，甚至"冷酷"到連亲生父亲都不认的地步，并詛咒父亲早早死去。最后，田老耕对党对社会主义伤心透頂，面对他的儿子和他过去相識的一些干部等人，拿着一条旧鞭子，大大教訓了一頓，然后揚长而去，以示断絕。这实际上是楊潤身站在资产阶級反动立場上，通过这个虛构的故事汚蔑共产党进城后就变质忘本，脫离群众，腐化堕落，六亲不认等等，和一九五七年的资产阶級右派言論如出一轍，毫无区别。剧本中把貧农出身經过流血斗爭的田副局长丑化得和国民党官僚一模一样，各种最坏的品质应有尽有，他虛假透頂，无論大小事，都公然在下級干部和外人面前滿口撒謊，是个典型的伪君子和两面派。他对群众的疾苦漠不关心，无动于衷，眼看着保姆的孩子病势垂危，无錢治疗，他却不借給錢，还說銀行存款拿不出来，就带着老婆、孩子坐小汽車到大飯店去吃喝玩乐。他一上班，不考虑工作，首先想到的就是邀請他那帮"独眼龙"、"鉄算盘"、"三八式儿"之流的"朋友"喝酒、打牌、跳舞，大肆揮霍，这就是他的全部生活乐趣！……楊潤身站在敌对立場上，把干部丑化成禽兽不如的坏蛋，而我們党似乎也不进行任何教育和斗爭，依然信任提拔。楊潤身还通过田老耕的經历，把人民的首都和社会主义生活描写得漆黑一团：火車上服务員蛮不讲理；机关收发員是个只知道摆架子、搞恋爱的"小官僚"；医院的工作人員对病人的死活漠不关心；商店售货員不为人民服务……总之，捏造种种"阴暗面"，蓄意誇大制造工农之間、城乡之間的矛盾。并竭力宣揚农民是养活党、支持党的"大恩人"，但革命胜利后，党却把农民忘掉了，等等。全面地攻击了党的領导、无产阶級专政与社会主义制度。而楊潤身竟还在这本毒草的"后記"中，得意地吹噓他只用了四天时間就写出了几万字的初稿，这正可見他反党积极性之强烈，炮制毒草之狂热，达到了废寝忘食的地步！

与此同时，楊潤身还抛出了另一株大毒草《李九九》（短篇小說），还特意在題目下标明"为紀念'七七'抗日战爭二十周年而作"，其实是完全捏造了一个离奇古怪的故事，肆意歪曲历史真实，歪曲党的抗日民族統一战綫政策，赤裸裸地宣揚资产阶級人道主义和阶級調和思想，鼓吹右傾投降主义，美化阶級敌人。它描写貧雇农李九九因为掩护共产党員，被地主周金章勾結国民党残杀了全家十口人，后来他杀了地主周金章投奔了解放区。三年之后，在一次反"扫蕩"前夕，村干部把一个有病的区干部李复生交給李九九負責保护。不料这个李复生正是地主周金章的独生子（他改名换姓，混进了革命队伍）。李九九不认識这个披着画皮的狼，滿腔热情地加以照顧；李复生却认出了自己的仇人，他的眼前出現了父亲的影子和声音，他已經咬牙切齿地准备举起鐮刀砍死李九九。这时，敌人来"扫蕩"了，险些被杀死的李九九，背起自己的仇人就往外冲。为了掩护李复生，李九九竟"慷慨"地让自己的受重伤的干儿子投水自尽，把干儿子的衣服剝下来换給李复生。以后，他們被敌人抓住了，敌人怀疑李复生是干部，李九九却挺身而出，声称李复生不是"八路軍"，而是自己的"儿子"，为了取得敌人的信任，他举起残废的右臂，亲手用鬼子的东洋刀砍下了自己的左臂，然后又背起李复生向山洞飞跑。而李复生也"感动"得充滿了"英雄"的感情，准备和日寇公开地拚命。……楊潤身把貧雇农李九九歪曲成为右傾投降主义的活典型，为了保护阶級敌人而不顧自己生命的安危，不惜牺牲自己的干儿子，甚至用刀砍下自己的手臂；同时，将那个充滿刻骨仇恨的阶級敌人李复生竟然美化成为英雄人物了。顚倒黑白，混淆是非，敌我不分，认敌为友，真是混蛋透頂！

在一九五八年全民大跃进高潮中，楊潤身在歌頌大跃进的幌子下歪曲与誣蔑大跃进。他写的剧本《革新》（天津日报一九五八年六月十二日）和《保管股长》（《剧本》月刊一九五八年八月号）就是丑化貧下中农、大写"阴暗面"和落后人物的黑貨。而写于一九五八年底的歌剧《紅根花》更是明目张胆地歪曲与誣蔑大跃进。它极力丑化党的領导和貧下中农群众，把一場洼改斗爭写得一团糟。高书記这个党的領导形象被写成是一个說話无人听、事事推不动的单枪匹馬、孤独可怜的家伙，焦头烂額，束手无策，根本得不到群众的拥护与支持。而以社主任常白年为首的一些干部和一批群众如"一把火"、"一根筋"、"刀片儿"等等，全是頑固落后，与党的号召一再对抗，甚至恶毒地辱駡党的領导和党的政策，攻击大跃进是"吹大話"、"砸砂鍋"、"阴阳灯"、"到明年連苜蓿菜也吃不上"，"砸了飯碗子"等等，真是猖狂至极！还公然鬧起退社风潮，反对洼改工程，反对总路綫方針。这是楊潤身反党情緒的大暴露，是咒駡总路綫和大跃进的大毒草！

到了一九五九年，当右傾机会主义思潮泛濫的时候，楊潤身又炮制了《螞蚱媳妇》、《誰的小騾車》、《程凤荣二三事》等毒草作品，大唱右傾机会主义和投降主义的濫調，往人民公社和劳动人民身上极力抹黑。

《螞蚱媳妇》写天津附近一个低洼地区的人民公社突然遇到洪水，为了保护城市、鉄路和公社的水利工程，需要暫时淹掉十二个村子。当妇女队长"螞蚱媳妇"动員群众搬家时，却遭到了一伙富裕中农（或新富农）的反对，这些人破坏粮棉統购統銷，"手里攥着几千斤粮食，窝着十几匹五福布"，他們害怕暴露出存粮存布，就威胁利誘螞蚱媳妇，坚决拒絕搬家。可是，在这些富裕中农的猖狂进攻面前，螞蚱媳妇不但不敢斗爭，却低三下四地替人家下保証，說什么："保証你們的粮食、存布露了面誰也不說啥"，"有一百石粮食也是自己的"，"俺眼下給你們立个保証书也可以"。这伙反动的富裕中农不理这一套，恶毒地駡她，啐她，将她一头搡倒，碰得头破血流，她却还滿脸带笑，苦苦哀求，不敢批評与斗爭。真令人气破肚子！請看，这就是楊潤身笔下的所謂"人民公社的积极分子"，这是明目张胆地为右傾投降主义者歌功頌德。

在《程凤荣二三事》（《新港》一九五九年四月号）中，楊潤身更把农村合作化、公社化运动写得一片漆黑。写群众与干部的多数都反对走社会主义道路，还大駡党的領导，猖狂地喊叫："党能吃天？能吞地？党在哪里？"甚至連乡党委副书記也主张散夥，资本主义势力嚣张到极点！而唯一的正面人物程凤荣則大受围攻与辱駡。这就是楊潤身对农村公社化运动的看法，大写社会主义道路的"黑暗面"，表現出地地道道的右傾机会主义立場。

由于楊潤身散布了大量右傾机会主义的反党言論，并炮制了不少毒草，因而在一九五九——一九六〇年的反右傾运动中，曾受到批判，并給予党紀处分。对他的大毒草《探亲記》、《李九九》等也曾作过一些公开批判。但楊潤身不但不接受教訓，认真改造，却继續坚持资产阶級反动立場，而且在黑市委和黑文联的一小撮走资本主义道路当权派的庇护之下，当一九六一年前后大刮"翻案"黑风的时候，又为他搞起"甄别"、"平反"，所以楊潤身炮制毒草的积极性又高涨起来，在一九六一——六四年間，不但写了一系列丑化貧下中农、美化"中間人物"、歪曲阶級斗爭的短篇小說如《石板板与李黑黑》、《公社社員》、《同行記》、《林林的婚事》、《高中毕业》等，还抛出了大毒草《姜喜喜》（电影剧本，发表于《电影文学》一九六三年五月号，以后六四年五月号又发表了"修改稿"。拍成电影后，又遵照周揚的黑指示，改头换面，把名字改为《山村会計》，在一九六六年春天上映了），它严重丑化劳动人民形象，把富农出身的坏分子以及一伙落后、頑固、反动的家伙描写得气焰十分嚣张，把干部与"正面人物"写成是阶級調和主义与阶級投降主义，大肆歪曲农村阶級斗爭面貌。主人公姜喜喜是貧农出身，参加过多年八路軍，却毫无革命軍人气节，成了一个到处出洋相的武訓式的小丑。他对待阶級敌人和坚持资本主义道路的敌对思想不是針鋒相对地进行批判与斗爭，而是迁就、妥协、說好話，嘻嘻哈哈，将严肃的阶級斗爭变成开玩笑。而富农赵有才及其老婆刘銀花，中农刘有壶及其老婆石头娘，以及刘鉄嘴等人，猖狂地攻击党和社会主义，誣蔑干部，一心要走资本主义道路，对这些反动的、錯誤的思想言論并无批判与揭露，仅在剧本末尾把赵有才的偷盗罪行点了一下。剧中把支书周志实、队长刘凤书及积极分子俊琴爹等都写成是阶級投降主义、調和主义者，用物质刺激来解决两种思想、两条道路的斗爭，特别是刘凤书认敌为友、阿諛奉承，对敌人总是笑脸相迎，直到坏分子被揭露后开群众大会时，也沒有对阶級敌人进行严肃的斗爭，还在会上大唱阶級調和的論調。这部毒草除了拍成电影之外，还曾被天津和外地的一些剧团改編上演，流毒甚广。

江青同志在談到电影問題时，就提到楊潤身編的大毒草《探亲記》，說这部电影"很坏"。又很气憤地說："难道我們农村的人都死絕了，就这么一个孤老头！"他的《探亲記》很坏！他的其他作品也同样很坏！他十几年来的創作，是由一条反党反社会主义的黑綫串起来的。

楊潤身是一个腐朽糜烂、充滿銅臭的坏蛋。他道德敗坏，乱搞男女关系，为此曾受到党的严肃处分。他既不学习馬列主义、毛泽东思想，又不深入生活，而以投机取巧的市儈态度，狂热地追求名利，沒有生活而硬要創作，粗制濫造，凭空虛构，追求低級趣味，胡編离奇古怪、荒唐庸俗的情节，加上他一貫反党反社会主义的情緒和丑化劳动人民的本領，毒草作品就源源而出。他拿着高薪金、高稿酬，尚不能滿足其爱財如命的"金錢慾"，为了多得一些錢，竟无耻地向編輯部爭稿费。当《探亲記》在《新港》上发表时，他嫌編輯部計算字数少，給的稿费低，竟大为不滿，直接追索，結果又补給他一部分稿费才算完事。守財奴楊潤身，在銀行里存大批存款，却大装穷鬼相，偷偷跑到北京中国剧协要求借錢花，想以貸款为名装进腰包完事。更可耻的是，在一九五八年公社化时，怕把他手中的"稿费"給"化"了去，于是一反平日爱財如命的作风，为其老婆大买狐皮大衣、大买縫紉机，縫紉机买来后，又东藏西躲，丑态百出。其灵魂真是丑死了！这完完全全是一个文艺界的投机商人，地地道道的新型资产阶級分子。

在无产阶級文化大革命中，楊潤身的表現也很坏，不但一直沒有检查自己的罪行，却继續采取他的那套投机手段，为资产阶級反动路綫拚命效劳，打击与对抗革命群众，妄图抵制对其罪行的批判与清算，狼子野心又一次彻底暴露！

毛主席教导我們說：**"凡是反动的东西，你不打，他就不倒。"**对于楊潤身的反党反社会主义罪行及其一系列毒草作品，必須彻底批判，彻底清算！

1967，9． 海河 红旗战报 ·3·

剝开資产阶級孝子賢孙周驥良的画皮

旧天津作协副秘书长周驥良是一个貨眞价实的阶級异己分子，一个地地道道的党內走資本主义道路的当权派，漏网的右派，政治扒手，文化騙子。在这次文化大革命中，他更是煽阴风，点邪火，妄图把水攪渾，蒙混过关。我們必須堅决剝开他的画皮，彻底清算他的累累罪行。

一、周氏財团的闊少，混进党內的阶級异己分子，漏网的右派。

周驥良的祖父周学熙是窃国大盗袁世凱的財政总长，北洋軍閥搜括的全国民脂民膏，几乎全部落入这只看家狗手里。这个北洋財閥的头子，垄断了开滦矿务、华新、启新、盐务等庞大工矿企业。对于这个罪恶的家世，周驥良經常无恥地吹嘘：周氏財团是凌駕于李烛尘之上的。充分暴露了这个大官僚資产阶級孝子賢孙的丑恶嘴臉。他的叔父是前天津市副市长、大資本家周叔弢。他的父母現在仍是以吃定息寄生的老吸血鬼。对于这个臭气冲天的家庭，周驥良經常眉飞色舞地夸耀：曹禺的剧本《雷雨》，写的就是他們周家的本事，剧中的周朴园，就是他爷爷周学熙。眞是恬不知恥。

周驥良曾在輔仁大学历史系就讀。他不只一次地炫耀自己与臭妖婆王光美同窗之誼：一个以交际花出名，一个以公子哥著称。这个在日本帝国主义者侵略中国时高喊“大东亚共荣圈万岁”的坏蛋，一九四五年日本一投降，便混入党內，成为旧北京市委反革命黑帮二头目刘仁的嘍囉。解放后，又得到老牌修正主义分子、大叛徒阿英的賞識，当上了《星报》副主編，曾以大江、东流、顾曲、周公等笔名，写了百余篇攻击、丑化解放軍，为資本家歌功頌德的毒草。

如《战宛城》。《战宛城》本是一出写曹操馬踏青苗、割須示众的旧戏。周驥良公开发表文章，认为在紀念“八一”建軍节时，为解放軍专演这出戏“是滿合适的”，因为，“原来曹操的軍队过去还是比較好的，可是一进城就不行了。”这是彻头彻尾的反党黑話，矛头直接指向了伟大的中国人民解放軍，居心多么阴险恶毒。

又如《一个不忘本的老人》。这是一篇訪問記，写一个捐房兴学的資本家，是《武訓传》的翻版。大肆描写这个資本家的“刻苦俭朴，劳动起家”，“閒一天，受不了”，“活到老，干到老”，以及多么仁义慈祥，等等。这一派胡言，和党內最大的走資本主义道路当权派、中国的赫魯晓夫刘少奇的“剝削光荣”的反革命謬論是一个腔門，完全暴露了他的反动的阶級本性。

周驥良在《星报》上还写了許多談旧戏的文章，什么《刀劈三关》，什么《四郎探母》等等。为蔣介石的干儿子、反革命大坏蛋厉慧良大唱贊歌；吹捧高級破鞋营慧珠是“火花中新生的涅槃凤凰”。肉麻之极，令人作呕。

周驥良的罪恶是深重的，只是因为他善观风色，慣于投机，几次政治运动都滑了过去。

二、汚辱伟大的領袖毛主席，恶毒攻击三面紅旗，为刘少奇、彭眞歌功頌德。

周驥良一貫和党两条心，用他自己的話說：“是两挂腸子”。最最不能令人容忍的是，他恶毒汚辱我們心中最紅最紅的紅太阳、我們最最敬爱的伟大領袖毛主席。他經常得意洋洋地說：“在家听老婆的，在外听毛主席的。”或說：“小事听老婆的，大事听党的。”他竟然敢于把毛主席和党与他老婆相提并論，眞是狗胆包天，罪該万死！

他对彭眞却非常崇敬，他不仅大談特談彭眞在天津搞地下工作的趣聞軼事，而且搜集材料，准备給彭眞写书立传。他的小說《我們在地下作战》（上集），就是歌頌敌人，美化叛徒，吹捧彭眞、刘仁的大毒草。他主持編写的工厂史，美化白区錯誤路綫，为刘少奇、彭眞歌功頌德。一九六三、一九六四年，毛主席两次对文艺工作的錯誤作了严厉的批判，刘少奇和毛主席唱对台戏，提出写“历史上的反資題材”，大刮“揭資”、实际上是为資本家树碑立传的妖风。周驥良这条小小的走狗，遵从主子的旨意，写了《从“林家鋪子”談起》所謂“揭資”、实际上是“媚資”的毒草。

在我国經济暫时困难时期，他这个从小吃牛奶面包长大的少爷羔子，被吓昏了头腦，頓时暴露出他对党不滿的凶相。他一方面大駡：“党在农村的威信丧失殆尽！”另一方面，他又大肆鼓吹活命哲学，叫嚣：“現在是自己掌握命运的时候！”于是，他为了保住自己这条狗命，推开工作，大搞“自留地”，拼命写书捞取稿費。极为卑鄙的是，他竟到某医院去检查身体，希望自己得一种可以不上班，但又不影响坐在家里写作的慢性病。检查的結果是：健康，正常。

他的小說《我們在地下作战》（上集）出版以后，得了五千元稿費。于是，他又再一次钱令智昏，打起一个长远的如意算盘：让他的老婆辞退了工作，专門在家侍候他，以便他有更多的时間搞《我們在地下作战》下集。周驥良的灵魂多么腐朽。

三、效忠周揚反革命文艺黑綫的一条小走狗，反对文艺工作者深入工农兵，扼杀工农兵文艺。

十几年来，周驥良主持旧天津作协的常务工作，忠实积极地貫彻周揚反革命修正主义文艺黑綫。作协的許多黑材料、黑报告，大部分由他起草炮制。更为突出的是，他反对文艺工作者深入火热的斗爭生活，改造思想；他对工农兵文艺，更是掄起板斧，大肆砍杀。

毛主席说：“**中国的革命的文学家艺术家，有出息的文学家艺术家，必须到群众中去，必须长期地无条件地全心全意地到工农兵群众中去，到火热的斗争中去**”。对于这一伟大的教导，周驥良是极力反对的。十几年来，他只下乡四次。

一次是五六年，郊区闹水灾，这个公子哥动了游山玩水的兴致，約了几个青年作者，借慰問灾区之名，乘专舟前往。他想那里一定是碧水千頃，微波蕩漾，輕舟徐进，悠哉美哉！然而那是灾区，浊流滚滚，波浪翻腾。堅持了一天，便龟縮而回。对此，《中国青年报》一九五六年八月三十一日发表文章，公开进行了批判。

二次是五八年，海河建闸，机关全体成員参加劳动，周驥良硬着头皮去了。但是，他既不会拿鍬，也不能抬土，只好拉小車，竟連绳子也拉不直，有人偷偷在后头将绳子解开，他还依然裝作拉的样子。尽管如此，还觉得过于“劳累”，竟屡次钻入帐篷睡大觉。引起广大同志不滿，外单位給他貼了大字报。

三次是六〇年，周驥良带队到北大港写村史，却一直住在区委，搜集所謂的素材。回市里时，为了留个“不可忘却”的紀念，买了一条大鲤魚。在向同伴总結这次下乡收获时說：“这次收获，就是买到这条大魚，等到家，孩子們一見准先不叫爸爸，而是喊：‘嚇，好一条大魚！’”暴露了此次下乡的眞相。

四次是六五年，迫不得已下乡四清。一到乡下，他就提出“保持正常生活状态”的意見，反对夜晚开会，不滿“三同”。每晚八点，准时睡觉，貧下中农給他編了一个歇后語：“周組长开会——八点准散！”

从以上的揭发，可以看出，周驥良的貴族老爷气味多么十足！

因此，他毒害工人业余作者，扼杀工农兵文艺，也就是很自然的了。他汚辱业余作者只会写小东西，是“豆芽菜，长不成大树”。他要业余作者放弃思想改造，去“钻”技巧，苦讀十八、十九世紀的外国名著。他大肆鼓吹大右派丁玲的“一本书主义”，說：“写出一本书来，墊在屁股底下坐着也比别人高。”他极力宣揚“写眞实”，“干预生活”，鼓动人們去揭露社会的“阴暗面”。他就是这样用名利思想，封、資、修一整套腐朽的文艺謬論，腐蝕毒害工人业余作者。他甚至在工人文学社的一次会議上，对工人业余作者大肆鼓吹苏修和大叛徒肖洛霍夫，說什么：“中国之所以沒有伟大的作家、伟大的作品，主要是中国人风格太低；苏联之所以有象肖洛霍夫这样的大作家，主要是苏联人风格高。”眞是混帐无恥！更恶毒的是，他逃避自己的罪責，大整工人业余作者的黑材料，一手扼杀了具有十年历史的天津工人业余文学創作社。

从以上簡要的揭发中，也可以看出周驥良这个資产阶級孝子賢孙的反动丑恶的嘴臉了。旧罪未清，他在这次文化大革命中又犯下了新的不可饒恕的罪行。他伙同旧文联党組副书記、反革命修正主义分子孙振和顽固堅持資产阶級反动路綫的思想反动、生活糜烂的文联前文革主任石英，把十多个革命群众打成“反革命”。当革命群众起来造反以后，他又阴謀組织保皇团，挑动群众斗群众，向无产阶級革命派反攻倒算。他的阴謀并未得逞，只是更加暴露了他的反动嘴臉。他的反动气焰还很嚣张，他人还在，心不死，时刻伺机反扑。我們必須提高革命警惕性，和他作堅决的斗爭，把他揭深、批透，斗倒、斗臭！

中国的赫魯晓夫刘少奇为大資本家树碑立传。
（宣传系統联委会画）

簡訊二則

一、七月十七日，天津文联紅旗、天津工人业余文学創作社、天津市工农兵文艺革命造反团总部，在天津市美术展覽館联合召开了“砸烂天津黑文联，批斗文联党內走資本主义道路当权派的大会。”在会上广大工农兵业余文艺战士和文联紅旗革命造反派，揭发和批判了天津文联党內走資本主义道路的当权派、反革命修正主义分子陈因、孙振、臭火、万力和資产阶級反动学术“权威”、反党作家袁靜、王林、楊潤身、馬达等。这个大会是高举毛泽东思想伟大紅旗的大会，是战斗的大会、团結的大会、胜利的大会。这是革命的文艺工作者与广大工农兵相結合进行斗批改的良好开端。

二、为庆祝中国人民解放軍建軍四十周年，天津市工农兵文艺革命造反团总部、天津市工人业余文学創作社、干代会天津文联紅旗等組织于七月二十四至七月三十日举办了电影、文艺演出宣传周。

批判孙振（雪克）的反革命修正主义文艺观

反革命修正主义分子孙振，不仅在工作中竭力推銷一整套的修正主义黑貨，不仅炮制了被文艺黑綫总头目周揚誉为写了“三級叛变”的大毒草《战斗的青春》，在理論上，他积极鼓吹的也完全是修正主义的一套。他借总結炮制毒草的經驗，在一九五九年一月号《新港》和一九五九年九月号《文艺月报》上，分别发表了《我写〈战斗的青春〉感到的几个問題》和《从〈战斗的青春〉的討論中所得到的体会》两篇毒文。声言他的反党本領并未在大毒草《战斗的青春》中充分发揮，很感遗憾地写道：“打个比喻，革命的現实主义与革命的浪漫主义相結合，就好比海燕的两个翅膀。这部作品的情况就好比：現实主义的翅膀沒有完全展开，而浪漫主义的翅膀就根本沒有伸出去，在这种情况下，就无法飞的更高。也可以說是創作思想还被一条繩索束縛着，不自由，不舒暢，不能海闊天空的飞翔歌唱。如果能够把这两个思想的翅膀完全解放开，振翼高飞，敢想敢写，那作品的面貌一定会大为改观了。”这一段話，充分暴露了孙振的阴险用心、反动嘴臉。这里不仅恶毒地歪曲了我們伟大領袖毛主席提出的革命的現实主义与革命的浪漫主义相結合的創作方法，他还感到：“創作思想还被一条绳索束縛着，不自由，不舒暢，不能海闊天空的飞翔歌唱。”矛头直接指向了光焰无际的伟大的毛泽东思想。他是在說，大毒草《战斗的青春》对叛徒的歌頌、对敌人的美化还不足，对英雄人物的丑化歪曲还不够，对刘少奇、彭德怀的歌功頌德还沒有尽够孝心，对毛主席的伟大人民战爭思想的貶低还沒有完全表露出来。眞是反动透頂。

孙振的反革命修正主义文艺思想的主要表現是“写眞实”。他声称：“敢不敢正視矛盾重重极端复杂的生活眞实，敢不敢大胆地表現这种生活眞实。”他不仅在創作实践中“大胆地表現这种生活眞实”，在理論上，他也是力加鼓吹。他讲：“就拿敌人来說吧，……他們也不是一种概念的化身。”“我們深深体会到我們面对着的敌人，并不那样无能，而是相当的厉害。这种厉害不光是敌人在軍事上占压倒优势，而且敌人有一套对付我們的办法。敌人的特务工作、情报工作相当高明，活动大胆而深入，武裝敌特敢于学习运用我們的活动方式，又善于收买利用叛徒汉奸和反动会道門組织，甚至敢于钻我們敌工工作和两面政策的空子跟我們斗。”“我們自己的人呢？一般的說，也是处于一种复杂状态中。”“在这样复杂的历史眞实面前，怎么办呢？是采取輕便的道路，回避其中的一些矛盾呢？还是迎上去，大胆地表現生活呢？我想如果能够把各种斗爭生活，集中鮮明的表現出来，一定会有很大的教育意义。”这是孙振炮制大毒草《战斗的青春》的絕好自白，解释的多么清楚啊！通过这一段自白，《战斗的青春》之所以歌頌叛徒、美化敌人，把敌人写得神出鬼沒，威风凛凛，岂不是不打自招了嗎？

其实，孙振的这种貨色也不是什么新鮮玩艺，是拣的他的祖师爷們的破烂。党內最大的走資本主义道路当权派刘少奇曾提出：“第一要眞实，不要加油加醋，不要戴有色眼鏡”，“不要怕反映黑暗东西”。反革命分子胡风，右派分子秦兆阳、冯雪峰，反革命修正主义分子胡乔木、周揚等等，就是极力否认社会主义文艺的阶級性、傾向性，而拼命鼓吹写“黑暗”，以达到他們阴謀推翻党的領导和无产阶級专政的罪恶目的。我們的伟大領袖毛主席早在一九四二年就痛斥了这种謬論，一針見血地指出：“**剝削无产阶級所谓‘黑暗’者其作品必定渺小。**”我們必須高举毛泽东思想的革命批判旗帜，全面地揭开孙振的画皮，彻底地把他批倒、斗臭！

·4· 红旗战报 海河 1967，9，

《鉄木前传》鼓吹的是資本主义道路

善于唠叨儿女情长和吹奏田园牧歌的孙犁，在一九五六年夏天抛出了毒草小說《鉄木前传》。孙犁在这株大毒草中借着反映农业合作化初期社会主义和資本主义两条道路的斗爭，大肆鼓吹富农經济，宣揚資本主义，为新富农树碑立传，为复辟資本主义鳴鑼开道。

翻开这本字数不多，装璜精緻的毒草小說，除了一些煩瑣的、自然主义的描写，剩下的，就是作者竭尽歪曲誇大之能事，描写老貧农黎老东滿怀激情地奔走在資本主义道路上；同时，以很多篇幅描写年靑的一代，六儿們，生活在"无忧的"但却是有毒的，培植资产阶級接班人的环境里。甚至在六十年代，打着反封建恋爱自由的旗号，宣揚淫蕩的无恥的资产阶級公子哥儿的生活方式。其結果：年老的貧农一代投降于地主富农阶級，奔走在发家致富的資本主义道路上；貧农的后代拜倒在美人的脚下，热衷于自由放蕩的生活，舒舒服服地变成资产阶級接班人。

一九五三年十二月，《中国共产党中央委員会关于农业生产互助合作的决議》正式发表时，农业生产合作社已經发展到一万四千多个。决議指出在近一年时間合作社要由一万四千多个发展到三万五千八百多个。結果，竟发展了十万个合作社，增加了七倍多。估計到一九五八年春天，将有农村一半人口加入半社会主义的合作社，在第二个五年計划的前半期，即在一九六〇年，农村基本完成半社会主义改造。

《鉄木前传》描写的是河北省平原地区。河北省农业合作化运动早在一九五二年就轰轰烈烈地开展起来了，当时，組织起来的农戶共有470万戶，占河北省总农戶的68.1%。一九五一年全省只有24个合作社，到一九五二年就增加到1067个合作社。

毛主席教导我們說：**"在中国农村中，两条道路的斗爭的一个重要方面，是通过贫农和下中农同富裕中农实行和平竞赛表现出来的。""贫农对于合作化最积极。许多中农要'再看一看'，……许多富裕中农对于合作化有很大的抵触情绪……"**

就是在农业合作化高潮中，孙犁抛出了大毒草《鉄木前传》，对抗毛主席制定的社会主义过渡时期阶級路綫，违背客观現实，极力宣揚貧农黎老东解放后千方百計地走資本主义道路，連富农、富裕中农也感到望尘莫及。眞奇怪，貧农黎老东在資本主义的跑道上，得了第一名。

下面仅就黎老东的表現看一看孙犁是如何宣揚資本主义的。

据作者介紹，"黎老东家里很穷，老婆死了，留下六个孩子"，"曾經下了狠心，把大孩子送到天津去学生意，把其余的几个，分別托靠給亲朋，自己背上手艺箱子，下了关东。""受了很多苦楚，結果还是空着手儿回来了。"解放了，"土地改革以后，黎老东因为是貧农，又是軍属，分得了較多較好的地。"因为"二儿子在解放战爭中犧牲了，領到一笔撫邺粮"。在天津"做生意的大儿子又捎来一些現款"。黎老东，这个在旧社会受尽艰辛的老貧农、軍烈属，突然忘本了，发財致富的念头一暴发，就不可收拾，闹得面目全非，失去眞象，成了农村走資本主义道路的"典型"了。

不是这样嗎？作者一本正經地写道："老人正在为新兴的家业操心。新近他把那匹老灰驴换成了一匹紅馬"；"买回几棵楡树槐树"，打了辆大車。"黎老东十分得意地說：'你知道，現在运銷很賺錢，車軲轆儿一动，就是大把的票子。'"老人很欣賞自己的家业，向老朋友傅老刚"詳細地說明了建設这所宅院的計划。又带着亲家去看猪圈。最后，推开北房門，叫亲家看馬。"甚至黎老东把自己的老朋友当作自己的僱工，自家"穿着大皮袄，在院里察看着，指点着"，而傅老刚却"穿着一件破旧的內衫，……辛勤地工作着。"在参观人眼里，"傅老刚的手艺，和黎老东的家业，被分別了出来。"对这种故意制造和誇大的悲剧，作者不仅不給与有力的譴責，反而誣蔑說群众也"关心"黎老东"发家致富的前途"，归罪于"传統习惯"。

党內最大的走资本主义道路当权派刘少奇极力鼓吹"三馬一犁一車"式的富农經济。

（宣传系統联委会画）

就是这个所謂的老貧农，对我們的政策可算是"吃透"了，"他是想多买几亩田地的，听說这年头田地总不牢靠，宅院到什么社会，終归是自己的，他就下了决心买宅子。"最后，在思想矛盾的烟幕下，終究逃不脫用强欺弱的手段，将一个年老的寡妇的房子弄到手。

就是这个假貧农，对于自己过去为日寇、白俄服务的一段历史，津津乐道，沙俄逃亡分子用俄語称他一声好，他至今念念不忘。

就是这个假貧农，談起往日以自己的劳动和技术为县城南关福聚銀号服务，不憤慨。反而"越談越高兴"，不以为辱，反以为荣，誇曰："老东家和我很合适。"

还是这个奴性十足的假貧农，誇他給地主婆打过轎車，当他儿子四儿告訴他："那辆車早分給貧农，裝大糞用了。"这时他不仅不感到高兴，反而火从心头起，給儿子一个报复。

也許作者会說，这些是表現貧农木匠对自己劳动的讚美。我們說，这种昔日的頌歌，与其說是欣賞自己的劳动技巧，不如說是对过去奴隶生活的留恋，是对于自己为剝削者服务、与剝削者略有瓜葛而感到驕傲，是对生活变革的不滿，是奴婢成性的表現！

既然对往日的剝削者有所留恋，又想自己从解放了的奴隶升为奴隶主，他对于新的社会、新的事物，当然会感到格格不入，处处有抵触。六儿与傅老刚女儿的婚事，早就扔到一边，不提了，甚至断絕了与"亲家"的关系；四儿宣传打井植树，批評村里有很多人认識不清，黎老东跳出大罵："就是他媽的你认識清楚，你少在外头給我惹禍吧"；四儿在家里挨老子压，抬不起头，自认"威信低"，黎老东立即回击，认为他在外边威信高，沒有"高了什么来"，說得明白些，沒有給他"高"出錢来；靑年团开会点了他家油，他就大罵："靑年团員成了穷人团"。

对于集体事业，这个忘本的老貧农，絲毫不感兴趣，上級号召打井，四儿准备从家里把拆日本炮樓检来的破鉄鍬拿去修理修理，黎老东破口大罵："他媽的，整个儿的六国反叛！……上級号召打井，我号召打車！"

黎老东的車子打成了，奔走在資本主义道路上。請看，在这条道上，作者頌揚的是誰的胜利的姿态：富农黎七儿的双套大車，赶在前面"，二流子、痴情儿"楊卯儿要到石門去办年貨，坐在他的車上。出了寨墙口，黎七儿搖动鞭子，把車放开，跟着跑了几步，然后一窜身，坐了上去。他回头望望六儿（黎老东的嬌子），六儿也照黎七儿的样子窜上了車。"最后，那个又要做婊子，又想立牌坊的小滿儿，"爬到六儿的車上去了"。

正象黎老东說的那样，"我們过日子，还得按照老理才行。"他希望的是在中国复辟資本主义，富农領头，他在后头紧追，一桌子旧社会的残渣。这就是所謂"老理"，也是作者說的"传統习慣"。

我們敬爱的領袖毛主席說：**"你是资产阶级文艺家，你就不歌颂无产阶级而歌颂资产阶级"**。一点不錯，资产阶級的文学家孙犁在这里歌頌的是資本主义，富农、貧农、二流子、婊子，并駕齐車疾駛在資本主义道路上。

就在出車前，錢迷酒醉之时，黎老东向富农分子黎七儿吐了眞情："七兄弟，我知道，在土改的那段日子里，你和我們有些隔膜。可是我一直并不认为你是一个富农……"假貧农的面目彻底暴露，他在給富农翻案。这是彻头彻尾的阶級投降主义。他还說："我就是佩服你。那些别的戶都倒下，就是你站起来得快。"对于这个不接受社会主义改造，努力复辟資本主义的富农分子，他却五体投地，讚不絕口，因为他們是一丘之貉。

毛主席教导我們說：**"工人阶级和共产党，在农村中，依靠什么人去团结中农，实现整个农村的社会主义改造呢？当然只有贫农。"**

孙犁明目张胆地同毛主席的阶級路綫唱反調，在貧农脸上抹黑，这不是明摆着的事实嗎！

一九五五年下半年是我国农村社会主义和資本主义两条道路斗爭取得决定性胜利的一年，可是就在同年上半年，还是阴云滿天，烏烟瘴气，一些有右傾机会主义思想的人，对群众走社会主义道路的积极性还很不理解。党內最大的走资本主义道路当权派早在一九五一年就胡說："农民是喜欢发財的"，"現在过早地国有化集体化是违背大多数人民的利益的"。在一九五三年，就是他下令大批解散合作社。

作为党內最大的走資本主义道路当权派的吹鼓手孙犁写的《鉄木前传》时代背景，正是合作化高潮前夕，他大肆鼓吹党內最大的走資本主义道路当权派宣揚的"三馬一犁一車"式的富农經济，目的在于"长期保存富农經济"。黎老东正是这样的理想人物。这位吹鼓手，企图通过表現"老貧农"发家致富的劲头，証明合作化是沒有群众基礎的，是不受农民欢迎的，象党內最大的走資本主义道路当权派說的那样，农民喜欢单干，从而达到否定群众走社会主义道路的积极性，阻止运动的迅速开展。这眞是痴心妄想！

《鉄木前传》于一九五六年抛出之后，特别是一九五九年印了单行本之后，为什么得到一小撮人的吹捧賞賞呢？

由于毛主席对于群众社会主义积极性的正确引导，一九五八年实現了人民公社化，集体經济进入了高級形式。也正在这个时候，现代修正主义的头子赫魯晓夫和中国的右傾机会主义分子彭德怀之流誹謗我們犯了"小資产阶級狂热病"，中国的赫魯晓夫、右傾机会主义的总后台刘少奇也胡說："人民公社办早了"，"不办要更好些"。資产阶級的御用文人孙犁之流，看自己的观点符合主子的心意，就毫无顾忌地抛出这棵大毒草，同社会主义总路綫唱反調。

毛主席指出：**"社会主义制度终究要代替资本主义制度，这是一个不以人们自己的意志为转移的客观规律。"**党內大大小小的走資本主义道路的当权派也好，他的吹鼓手也好，狼哭鬼嚎，終究是螳螂挡道，白費力气，社会主义的列車依旧轰轰烈烈地向前疾駛！

（工人业余文学社鑼鼓評論組）

腐朽透頂的精神貴族袁靜

——袁静丑史之二

袁靜不仅是一个投降变节，出卖党的組织情况的可恥叛徒，她还是一个地地道道的腐朽透頂的修正主义精神貴族。

袁靜的一生臭不堪聞。她本来是一个出身大資产阶級家庭的臭小姐，那时就已經是一个生活腐化、道德敗坏的臭名昭著的"大巴士"（即大破鞋）了。而后，她又成了一个十足的臭妖婆、官太太。她和大坏蛋孔厥、大叛徒娄凝先等的丑聞，早巳众所周知。

袁靜这个不齿于人类的狗屎堆的无恥經历，不能在这里一一列举，玷污紙张，但是她的貴族嘴臉，必須暴露在光天化日之下。她成年累月呆在小洋樓里，养兎喂鸡，种花植木，浓飾粉黛，讲吃讲穿，过着闊太太的生活，穿着高級的洋睡衣仰在床鋪上，接待登門拜訪她的人。她公开拒絕参加政治活动和党組织的会議。一九六三年"五反"运动期間，因为会議較多，她竟然叫嚷，"要記一笔帐，看一年开多少天会。"而到了一九六四年整风运动期間，她首先跳出来算这笔帐，矛头指向了我們的党。而在一九六一年八月天津黑市委召开的群魔乱舞的文艺黑会上，她却精神百倍，上竄下跳，煽风点火，攻击党对文艺工作的領导，叫囂資产阶級自由化，要求增加稿費……

更不能容忍的是，一九六三年十二月，我們最最敬爱的伟大領袖毛主席对文艺工作的錯誤作了严厉的批判，指出：**"许多共产党人热心提倡封建主义和资本主义的艺术，却不热心提倡社会主义的艺术，岂非咄咄怪事。"**一九六四年一月，市委召开文艺界学习会，传达毛主席的批示。袁靜这个高官厚祿，养尊处优，做官当太太，閉門炮制毒草的反动"权威"竟公然敢于抵制毛主席的批示，經常拒不参加会議。一次用专車去接她，結果她还大发牢騷。眞是狗胆包天，反动透頂。由于抵制毛主席的批示猖狂露骨，会議結束后，在向中央写的簡报稿上，点了她的狗名。但万张反党集团干将李定审查时，借口"袁靜是有影响的全国人物，报上去不好"，大笔一揮，把袁靜的反动言行全部抹掉了。

毛主席号召文艺工作者**"必须到群众中去，必须长期地无条件地全心全意地到工农兵群众中去，到火热的斗争中去"**。袁靜这个貴族太太，毫无工农兵的感情。一九六三年秋，她到楊柳青子牙河防汛前綫去，住了沒两天，偷着跑回天津。同去的人发現"丢"了袁靜，都很着急，到处找，找不見，到处問，不知道。而后她却招搖撞騙，在《天津日报》写了一篇洋洋灑灑的"通訊"，同时还发了她去防汛工地的消息。一九六四年她迫不得已下去"四清"，带着香水，在村子里更是丑态百出，裹着被子装病，实际是在被窝里偷着吃从城里带去的苹果、餅干等高級食品，被人当場揭发，影响极坏。在一个工厂里，她坐的摩托車漏了油，于是她掏出嶄新的一元一张的人民币擦油門，引起了工人同志的极大不滿。

袁靜一貫放蕩成性。直到一九六〇年去北京参加第三次文代会，在一个舞会上，她还涂脂抹粉，阴阳怪气，坐在舞池旁边。因为冷落，她忆起了自己的罗曼史，忽而神情恍忽起来，錯把一个同志看成她过去的老搭檔，糾纏道："你怎么不理我啦！不找我跳舞。你忘記过去我們……那一段了。"弄得那个同志啼笑皆非。

以上只是举例，也仅限于袁靜的精神貴族生活方面。对于这样一个从头到脚都霉烂了的老妖精，我們要高举革命批判的旗帜，彻底剖析她的反动丑恶的灵魂，展覽于众，揭深批透，斗倒斗臭！

红卫兵

干代会天津党校抗大公社动态组编印
1967.9.2. 第16期（内部参考）

最高指示

不是东风压倒西風，就是西風压倒东风，在路线問題上沒有調和的余地。

謝富治付总理 8月22日 在北师大的講話（摘录）

这个文化大革命，按照毛主席教导，就是先破后立，破中有立。这场文化大革命所谓破，就是"革"，就是打倒。以中国赫鲁晓夫刘少奇，以刘、邓、陶、彭、罗、陆相为代表的一套资本主义东西，修正主义的东西，不合乎毛泽东思想的这一切形形式式的，都要导致使我们这个国家變颜色的东西从政治上、思想上、理论上彻底打倒。

我们文化革命搞了一年多了，我们取得了伟大的胜利。第一年发动了，这是第二年，这是决定胜负的一年，要将资本主义的东西认真地深入地真正是从政治上、思想上、理论上彻底批判了，把它在各个领域彻底打倒，这个事情是个不好做的事情。正如我们的江青同志屡次讲的，比我们冲一冲，闯一闯，打打闹闹的困难的多。为什么我们特别現在提倡革命师大的同志们坐下来大批判，因为这件事情是比較用腦筋的事情，比較用思想的事情。

軍事、政治、经济、文化各个领域

简单地把这个人揪出来斗两下，那个东西比较容易，比较简单，但是要真正把它一切东西拿出来批判，把它的毒素彻底肃清，那就比较困难，要狠下功夫，那就必须坐下来，研究一些他们修正主义的东西，研究了许多马克思主义就是毛主席的思想，用革命的武器去批判他们修正主义的东西。

大学生在点革命之火，煽革命之風起了很大的作用，现在不是点火的时候，现在是坐下来批判，总有那么半年计划，从各个领域彻底批判，那天江青同志批评过我，北京的大学好象有点劲头不大，其实我们北京的大学，在我看来，还是劲头很大，但是，在我们的领导来讲作为某些方面来说，也有些不够的地方，就是狠抓大批判，有分量的，有質量的批判，大家把腦筋都用到这方面来做的不够。开起会来就是你告我的状……应该把炮火对准中国的赫鲁晓夫嘛，大家对大是大非没有多少语言，就是啊，你抢我的广播，我抢你的汽车，津津乐道，谁叫你这样抢的，谁也没讲，毛主席没讲，要始终抓大方向，特别是你们成立了革委会的院校，要起模范作用。

林付主席、中央文革都没讲

不要把我们的运动停留在运动初期阶段。最近人家送我一套刘少奇那些反动言论集，有那么多，每天都有可以批判的，要批判他那一套，要参考好多马克思主义毛泽东思想的许多书，才能批判。

不要去串联，也不要到外面去打架，也不要支持人家打架，订一个半年计划，在家里坐下来，重要就是读书，这样就是复课闹革命，就是革那个刘、邓、陶、彭、罗、陆相为代表的资本主义、修正主义的东西，这就是破，破了还要立。我们要搞教育改革，不要十年，也要两三年，而且現在就要开始，光破不立不行。需要同学们在这方面下功夫。把这件事做好了就是对全国革命最大的支援。还得附带说一点，最近撤解放軍的事情，我们要谨慎，我们要三依靠，三相信，要依靠，相信解放军，军队的事情他们解决。

总理关于对外斗争的指示

今后如果搞示威游行，一定要做到"五不""一划"。"五不"：不打、不砸、不烧、不冲、不抢。"一划"：划地为界，以大使馆门口为界。

22日深夜，陈伯达、江青等同志对冲英国代办处的革命群众电话指示如下："国际关系准则不可轻举妄动，按总理指示办事。"

丁国钰同志在首都大批判现场会议上的讲话

时间：1967.8.22. 地点：北师大

这个会还是开得好的，师大同志介绍了很多经验，对大批判很有帮助。特别是谢付总理给予很重要指示，国景方同志介绍了经验，有利于大批判。

会议不足的是，有的学校也搞得很好，或组织也搞得很好，没有机会介绍，今后不断交流。

根据中央首长的批评，大批判搞得不够好，通过交流使大批判更扎实的搞起来。谢付总理指示要有计划，这方面要不断努力。

师大经验很多，其中有几个问题，搞大批判关键在于领导。我们建议各级革命委员会，必须抓大批判，学习毛主席著作，在大批判中实现大联合。领导亲自抓，定要抓紧，抓而不紧，等于不抓。政治思想工作搞好，思想工作作好，大批判就轰轰烈烈地开展起来。形势座谈、广播、讲用会配合，其次就是组织工作。

这是从实践中来的，很宝贵了。回去以后，结合本单位，吸收别单位的经验，总结自己的经验，把大批判搞好，这就是我们的任务。希望红代会也搞这样的会。

抓紧大方向，把大批判搞好。

革命的大联合，工总司已经有四十万工人，别的行业已经分出了一，团结了百分之八十以上。我们这财贸有些问题，我想不大好联合，到上海给我破了，所有单位，财贸最好，联合百分之九十以上，有的虽然发生冲突，但处理好的，联合得好。上海工总司威信高，一般会，不是革委会，而是工总司召开会。

上海工作搞得好，局面稳定，就是工人登上政治舞台，拿起了命运成为文化大革命的主力军，处理了人民内部矛盾，搞好大联合。

干部问题做得好，解放干部，领导一提三结合，马上就学习，批判资产阶级反动路线，解放大批干部，不但解决，而且经过斗争的，主要靠干部自己解放自己，真正参加斗争，参加批判，做触及灵魂的检查。

更突出的印象是领导得好，首先高举毛泽东思想伟大红旗，跟中央跟得紧，跟得快。柯老在上海养成一种作风，就是书记的会不隔月传达到基层，闻风而动，雷厉风行。斗争性比较强。文汇报写社论特别快，有些人要冲，但有人睡在马路上保护，革命者就有革命的派头。

上海也到北京来了，我们到北京他们也到了，要学习他们那种作风，上海也发表社论。我们要把他们的好经验好作风，带到北京来开花结果。

敌情动向

△泸州八月九日晚发现飞机散发反动传单。泸州到纳溪有人对空发射信号弹。反动传单内容：煽动农民抗交公粮；有关陶铸问题；攻击我们伟大领袖毛主席。

△八月九日至十日，在凉山、越西两县两次发现用汽球散发反动传单，据说可能有空投特务，部队正在搜山。传单内容：攻击文化大革命。[illegible]署名反共救国军总部。

中国共产党依据馬克思列宁主义的科学，清醒地估計了国际和国內的形势，知道一切內外反动派的进攻，不但要必須打敗的，而且是能够打敗的。

文藝革命

天津市工农兵文艺革命联絡站主办

1967年9月5日 **第3期** 本期共四版

控訴刘少奇及其黑爪牙对我的残酷迫害

哲学社会科学部《718》革命联絡总部战士 王 健

一年前，在具有偉大划时代意义的党的八届十一中全会上，我們偉大統帅毛主席发表了威力无穷的《炮打司令部》的大字报。揪出了中国的赫魯曉夫刘少奇，取得了天翻地复的偉大胜利。这是毛澤东思想的偉大胜利，这是毛主席的无产阶級革命路綫的偉大胜利。我作为一个亲受刘少奇迫害的人，更是抑制不住内心的激动。我要千万次的高呼："毛主席万岁！万万岁！！"

二十年前，刘少奇利用他的权势和虛伪手段，对我这个参加革命部队不久的女青年进行了殘害，給我的身体和精神留下了难愈的創伤。在无产阶級文化大革命开始后，又受到他所提出和推行的資产阶級反动路綫的迫害。旧恨新仇，我怎能按得下这滿腔的怒火？大批判的号角吹响了，我要坚决站在毛主席的无产阶級革命路綫方面，揭露刘少奇对我摧殘的罪恶，控訴刘少奇的資产阶級反动路綫对我的迫害！

一九四二年，我开始走上了革命的道路。我怀着革命的激情，立志把自己的青春和全部生命献給偉大的民族解放战爭，献給壮丽的无产阶級革命事业。四五年春天到了解放区的前綫部队工作。

四八年二月，我有事从前綫到了当时中央所在地——平山。

这年三月間，突然有人要介紹我同刘少奇結婚。当时我感到非常突然，非常害怕，我和刘少奇素不相識，怎能談得上結婚呢！听說刘离过婚，更增加了我的顾虑，当时沒有答应。然而，刘少奇及其帮凶却不肯罢休。他們隐瞞了刘的經历和婚姻情况，大肆吹捧刘少奇，对我又騙又劝，我还是沒有答应。他們竟然用組織手段压我，說："让你給刘当护士，你干不干？"我說："如果組織这样分配，我服从。"他們又无耻地說："那他要和你結婚，你不願意，你有什么値得驕傲的呢？"这些狠毒狡猾的家伙，压我，逼我，我只好一再推脫，請求"千万不要很快結婚"，当时刘还假惺惺地欺騙我說："等一年再結婚也願意。"我剛稍稍放心了，但万万想不到，就在当天晚上，以請我吃飯为名，随后竟强迫我和他成婚。我当时精神上的紧張、恐惧、痛苦真是难以形容！

看！刘少奇为了满足他卑鄙无耻的个人欲望，竟然不擇手段，盗用組織名义，迫害一个革命的女青年。这就是这个滿口"修养"的衣冠禽兽的眞面目！

婚后，刘少奇为了使我成为他的"馴服工具"，便給我灌輸他的一套腐朽的資产阶級思想。他說："你和我結了婚，可以住好房子，吃好飯。"我听了很反感，觉得这是对我的侮辱。我說："前方战士和农民生活这样苦，差别大了不好。"他却說："到了共产主义社会也永远存在差别。"我不理解，問他："那么'各取所需'又应該怎样理解呢？"他說："人的能力不同，貢献就不同，因此需要也不同。貢献大的需要就多，永远不能搞平均主义。"他就是这样公开站在剝削阶級反动立場上，反对共产主义原则，鼓吹修正主义特权思想。我联想到他在婚姻方面的問題，怀疑他有享乐思想。我便直接問了他。这一下可刺到了他的痛处，他恼羞成怒地說："我过去吃了那么多的苦，还不該享受享受！"直接暴露了他的資产阶級人生观。毛主席教导我們，人的能力有大小，但只要有毫不利己，专門利人的精神，就可以成为一个有益于人民的人，可是刘少奇却完全相反，竟然販卖資产阶級享乐哲学。

刘少奇見我爱学习，他却从不向我宣傳偉大的毛澤东思想，从不介紹我学习毛主席著作，只叫我讀几本翻譯过来的馬列主义著作，他說："这几本书是普遍眞理，中国革命問題是特殊眞理。"这些話是对毛主席和毛主席著作的恶毒攻击。我們知道，毛澤东思想是当代馬列主义的頂峰，是当代最高最活的馬列主义。刘少奇竟敢把偉大的毛澤东思想排除于普遍眞理之外，眞是罪該万死。

他在我面前裝成一个大"理論家"，恬不知耻地把自己同馬克思相比，企图使我对他盲目崇拜。当我对他的黑文章——《論人的阶級性》提出質疑，指出这篇文章歪曲了人的阶級性，有二元論錯誤时，他蒙騙我說这是绝谬，頑固堅持他的修正主义謬論。

当时我感到象我这样的知識分子，应該継續到工农兵中去鍛炼改造。他却說："你在部队里那样艰苦的鍛炼，三年完全够了。"他假惺惺地夸我这样好，那样好，并說在中央工作，当助手，是組織信任，是光荣。接着他又說："你的主要任务就是把我照顾好，把家管好，学会怎样做人，別人才不会有意見。……"刘少奇就是这样花言巧語地企图把我籠絡在他的身边，使我脫离現实革命斗爭，充当他的"家庭奴隶"，供其驅使，眞是一副封建奴隶主的凶恶面孔！

刘少奇这个披着羊皮的豺狼，对我一向是阴一套，阳一套，他哄騙我說："我是眞心爱你的，永远也不会从我这方面发生变化。"但是，当他发現我对他不是卑躬屈膝，百依百順时，他的猙獰面目就暴露出来了，結婚不到一个月，他已同資产阶級分子王光美暗中勾搭上了。王当时在外事組，她善于逢迎拍馬，每逢星期六，她就去找刘少奇跳舞。我不会跳舞，就坐在旁边跟小孩讲故事。有一次，我和刘一起散步，路过王光美的房子，刘进屋就瞪着墙上王光美的大照片，連声說："很漂亮，很漂亮。"看，这个满口道德的伪君子搞的什么鬼花样！

从这时开始，刘少奇对我突然冷淡起来，为了想方設法抛弃我，就开始用各种手段迫害我。由于强迫結婚引起精神的苦悶，使我的身体有些不舒服。开始他还多次"安慰"我說："你沒有什么病，不要听医生的話。"这时他又突然改变了态度，授意他的走狗黄樹則硬說我有"精神病"，一再要我去东北"旅行治疗"。这个突然的决定，使我非常納悶，为什么結婚剛一个月，又不明不白地要我远走？我相信我沒有什么病。特别是这时听說偉大領袖毛主席正从陝北来平山，只有百多里地就到了。我非常高兴，多么迫切的想見到久久盼望的毛主席。他去見毛主席时我也要求去，但是刘少奇怕他干的丑事暴露，竟不許我去。趁毛主席到达以前，强迫把我弄走。就这样，我被迫离开平山，經过敌人封鎖綫，长途跋涉到了东北。經过五个医生檢查，他們都說我沒有病。我把医生的診断都写信告訴了刘，他一直沒有回信。过了十个月，即在一九四九年三月，他才在一封短信中通知我，他已与王光美結婚了。他这样迫害我还不够，还指使他的爪牙要把我打发到中苏或中朝的边境去"养病"，要置我于死地。刘少奇为了他的"威信"，为了掩盖他的丑事，他竟然要采取杀人灭口的手段，其用心何等狠毒、殘忍！

刘少奇对我的摧殘与迫害，几乎要把我逼瘋了，终于使我得了重病，日夜受着精神的痛苦和疾病的折磨。我原来健康的身体，得了一身慢性病，使我很长时期不能为党工作，給党增加了不少麻煩，这更增加了我的精神负担。

当我病重的时候，有人說我好不了了，有的医生不管治了。就在这生死关头，是偉大領袖毛主席救了我！我努力学习毛主席著作，特别是《为人民服务》、《論持久战》等重要論著，給了我重新生活的力量，給了我新的生命。毛主席教导："人总是要死的，但死的意义有不同。……为人民利益而死，就比泰山还重"。我是一个共产党員，我的一切都属于党，属于人民，我决不能白白地死去。不，我一定要堅强地活下去，継續跟着毛主席干革命。我遵照毛主席的教导，努力忘掉个人的一切，用全付精力同疾病作斗爭。当我处于最痛苦的时刻，我就反复朗誦毛主席的話："当着天空中出現烏云的時候，我們就指出：这不过是暫時的現象，黑暗即将过去，曙光即在前头。"光焰无际的毛澤东思想，照亮了我前进的道路，給予我战胜一切困难的勇气、信心和力量。終于，在毛澤东思想的光輝照耀下，由于党組織和同志們的关怀照顾，我逐漸摆脫病魔的糾纏，能够継續为党工作了。我这曾是朝气勃勃的青年，被刘少奇殘害成一个半死不活的病人，毛主席的光輝思想又把我从死亡綫上挽救过来。我禁不住从心底高呼："毛主席是我們心中最紅最紅的紅太阳！"我衷心祝願：毛主席万寿无疆！万寿无疆！万寿无疆！

一九六二年我被調到哲学社会科学部工作，一九六四年調到文学所任党总支宣傳干事。我調学部后，刘少奇的黑爪牙也向学部打了招呼，对我进行監視。学部一小撮走資派潘梓年、刘导生、关山复、張友漁、杨述等閻王，一貫积极貫徹刘少奇的修正主义黑綫，是刘少奇在学部的黑爪牙。

去年，偉大領袖毛主席亲自发动和領导的无产阶級文化大革命，也冲击到学部。广大革命群众冲鋒陷陣，揪出了一小撮走資派，揭开了阶級斗爭的盖子。

但是学部头号走資派、反共老手潘梓年和阶級异己分子、政治大扒手吳傳启，互相勾結，玩弄两面手法，冒充左派，在陶鑄的包庇下，窃取了学部运动的領导权。为了掩盖学部貫徹的修正主义黑綫，为了保护自己和一小撮走資派，貫徹陶鑄的黑指示，在学部大力推行刘少奇的"打击一大片、保护一小撮"的資产阶級反动路綫。他們把許多好的，比較好的和犯有一般錯誤的干部打成"黑帮"，特别是对他們抱有怀疑或不满的同志，都受到他們殘酷打击和迫害。

在仅有130人的文学所，被潘、吳关进"黑屋"集中管制，强迫"劳改"的即达34人，加上其他受到斗爭、抄家、剝夺政治权利的群众，其人数竟达60人之多，占全所总人数的将近一半！我仅仅是潘、吳执行的刘少奇資产阶級反动路綫的受害者之一。

潘、吳对于刘少奇叛徒集团的大叛徒賀致平却百般包庇、支持、窩藏，而賀致平又反过来死保潘、吳。他們結成私党，狼狽为奸。潘、吳正是通过賀致平的老婆××，操纵了文学所的运动。

由于我对潘、吳的政治面貌有所怀疑，使潘、吳怀恨在心，他們就指使大叛徒賀致平的老婆××对我这个普通的共产党員进行了长时期的殘酷政治迫害。

从运动开始，潘、吳就不是以人們对偉大的毛澤东思想的态度，而是以对他們的态度作为标准，划分左、中、右。由于我在談話中流露过对他們的怀疑，就被扣上"攻击左派"的帽子。

后来，我又說过，潘、吳領导运动我不放心，主張按《十六条》和林彪同志讲話精神揭他們的問題，这更使他們恼火。陶鑄保吳傳启的"四点指示"下达后，他們专門組織大家学习陶鑄"指示"，和潘梓年关于陶鑄"指示"的讲話，竟敢把陶鑄的"指示"与十六条相提并論，差不多学了半个月，硬要大家承认潘、吳是"坚定的革命左派"。有人甚至竟敢提出"誰反对吳傳启，就是反对毛主席"等反革命口号。我对此很气愤，始終不承认他們是左派，他們就竭力想整我。他們心里明明知道我是刘少奇的受害者，他們竟反誣我是"刘、邓司令部的人"是"刘少奇派来的"，还在群众中进行散布，故意挑动不明眞相的群众对我进行圍攻、斗爭。肆意侮辱我，大声叫我"刘夫人！""你还要跟刘少奇？"等等。这些恶意的嘲諷刺伤了我，但我努力克制了自己。我对他們說："你們是受了人家的蒙蔽和欺騙，我是受刘少奇迫害的。"

由于我在所內担任机要員，管理文件，他們怕群众掌握党的八届十一中全会文件的精神，千方百計想搞掉我。十一月初，終于在潘梓年指使下，把我赶出原办公室，并前后对我进行五次搜、抄、封。

当我受到迫害时，广大革命群众是同情我的。我永远忘記不了一月初在一次会上，我向群众憤怒控訴了刘少奇对我的殘酷迫害以后，很多同志对我表示非常同情，有个貧农出身的同志当場激动地喊："这簡直是地主压迫农奴！王健同志，我替你报仇！"眞是好同志啊！这出自阶級兄弟的肺腑之言，給了我多大的精神支持！可是，令人憤慨的是，在我控訴了刘少奇的罪恶后的第二天，潘、吳竟悍然宣布让我"隔离反省"，监督檢查，从此剝夺了我的一切政治权利和行动自由，至今尙未撤消。潘、吳究竟是什么人，难道还不清楚嗎！

在潘、吳的指使下，他們对我开了好几次斗爭会。

今年二月，他們組織了一次有潘、吳代表××参加的秘密审訊会，从下午四点起，一直把我斗到半夜两点多钟。当时我身体很坏，腸胃病复发，神經官能症加剧，以前动过手术的伤口也化膿出血，但我却一直被迫挨斗。他們十几次反复問我可能把材料轉給中央文革的什么人？別有用心地逼我交代认識什么中央負責同志。他們还强迫我写笔供，硬要我承认是刘邓司令部的人，不承认不行。我实在气急了，就对他們說："你們这样做，是帮助刘少奇継續迫害我！"这句話打中了斗爭会主謀者的要害，他們暴跳如雷，立时让两个人上来对我进行武斗，我堅持不屈，最后他們无可奈何，才放我回家。这时已是深夜。我的胸中燃燒着对刘少奇及其資产阶級反动路綫的仇恨的怒火，頂着刺骨的寒风，一步一摇，挣扎着移步往回家。

这样，前前后后一共斗了我七次，一次比一次厉害，我的病也越来越重了，不得不長期臥床治疗，至今就未痊愈。但是，我是一个共产党員，我不会屈服于任何压力，我永远跟着毛主席干革命，和革命群众一起，同罪大恶极的刘少奇及其黑爪牙堅决斗爭到底！

在大批判的怒潮中，刘少奇这个中国的赫魯曉夫已成了过街老鼠、人人喊打。頑固堅持資产阶級反动路綫、勾結刘少奇叛徒集团的干将、为非作歹的潘梓年、吳傳启也絕沒有好下場！不管刘少奇及其黑爪牙如何垂死挣扎，瘋狂反扑，归根結底，只能是搬起石头打自己的脚。

打倒刘少奇！

我們心中最紅最紅的紅太阳，我們偉大的領袖毛主席万岁！万岁！万万岁！！

“海瑞”在天津

——揭开河北梆子《五彩轿》的黑幕

·同心干·

一、一支毒箭——剖析《五彩轿》的反动实质

毛主席教导我們：“**凡是要推翻一个政权，总要先造成輿論，总要先做意識形态方面的工作。革命的阶級是这样，反革命的阶級也是这样。**”

一九五九年至一九六二年，我国遭受了連續三年的自然灾害，处于暫时的經济困难时期，国内外的阶級敌人认为时机已到，对我党进行了猖狂的进攻。妄图在我国实現資本主义复辟。以毛主席为首的党中央，坚决地打击了这股黑风逆流。五九年，罢了右傾机会主义分子彭德怀之流的官。但是，敌人是不会“**放下屠刀**”的，他們正如列宁所說的那样，“**以十倍的努力，瘋狂的热情，百倍增长的仇恨，来拚命斗爭，想恢复他們被夺去的天堂。**”

六一年，反革命“三家村”的急先鋒吳晗，破門而出，抛出了《海瑞罢官》这株大毒草，为罢了官的右傾机会主义分子鳴冤叫屈，撑腰打气，鼓励他們卷土重来，东山再起。于是乎，在刘、邓黑司令部的纵容扶植下，吳晗的“老兄老弟”們前呼后拥。一时，鼓吹所謂“海瑞精神”的“海瑞戏”便紛紛出籠，甚囂尘上了。

《五彩轎》这支射向党和社会主义的毒箭，便也在这一片密鑼紧鼓声中，粉墨登台。这支毒箭是河北梆子劇院一团李××等的“杰作”，是由反革命修正主义分子、前天津市市長李耕濤所一手策划炮制的，并得到了其“祖师爷”周揚之流的大力贊賞和推崇，得到了万、張反党集团的百般支持和庇护。它与《海瑞上疏》、《海瑞罢官》、《海瑞还朝》等組成了一整套“罵皇帝”、“罢官”、“失敗了再干”、“还朝”复辟的海瑞四部曲。

毛主席一針見血地指出：**《海瑞罢官》的要害問題是“罢官”。**同样《五彩轎》的要害問題也是“罢官”。在《五彩轎》这出戏中，海瑞这个因为“罵皇帝”而剛被“罢了官”的右傾机会主义分子的化身，一上場就为彭德怀之流塗脂抹粉，喊冤叫屈。把他們打扮成“耻附权門居显位，敢秉忠正济民忧”的“英雄好汉”。狂妄叫囂“严嵩纵有尤情劍，斬不断長江滾滾流。”鼓励他們“何惧风險”‘要“拚却这七品官”来与党“周旋”。在这里，这一小撮資产阶級代表人物，除继續宣揚其“不屈服，不丧气”的反革命骨气外，又鼓吹要改变手法来与党“周旋”。劇情的发展也充分地說明了《五彩轎》中的海瑞，已經不是《海瑞罵皇帝》中赤膊上陣的海瑞了，而是更阴險，更狡猾，慣于玩弄反革命两手来与党和人民頑抗的海瑞了。这是博得反革命两面派周揚所极力贊賞的。

这一小撮“失时鷺凤”——被罢了官的右傾机会主义分子，在形势对他們不利的时候，也不得不乔装打扮一番，“暂忍謙笑”。但是，他們是决不甘心自己的失败的，无时无刻不在妄想“一举神奇”，以实現資本主义复辟。他們对无产阶級专政恨之入骨，借海瑞这具僵尸之口，悪毒咒罵无产阶級专政为“岂可靠”的“冰山”，吹捧右傾机会主义分子为“傲霜雪”的“苍松”，梦寐以求实現資本主义反革命复辟的“春来”。劇終，更露骨地叫囂：“小心夫人的五彩花轎哇！”这是文艺界黑“祖师爷”的得力干将王朝聞所最欣賞的一句。用五彩花轎来影射无产阶級的江山，狼子野心何其毒也！

这一小撮資产阶級代表人物，通过海瑞来发泄他們对党对毛主席的刻骨仇恨，悪毒咒罵无产阶級专政，鼓励右傾机会主义分子和一切牛鬼蛇神发揚“海鋼鋒”的反革命精神，“失敗了再干”。并为其出謀划策，要他們改变斗爭策略，采取更阴險狡猾的手法来与党“周旋”，继續頑抗，妄图最終推翻无产阶級专政，实現資本主义复辟。这就是《五彩轎》的反动实质。

二、群魔狂舞——揪出《五彩轿》的幕后指使者和支持者

《五彩轎》是反革命修正主义分子李耕濤所一手策划炮制而成的，这个混进党里的資产阶級代表人物，出于其反革命本能，早就是“海瑞精神”的积极鼓吹者，是熱烈呼应吳晗反革命动員令的“老兄老弟”。六〇年，李耕濤就指使河北梆子劇院副院長王颖改編《海瑞劝本》（即《海瑞上疏》）。布署王颖继續搞連台合本戏《海瑞》。并让小百花劇团排演海瑞戏的《生死牌》。

六一年春，李耕濤收听了京劇《大紅袍》后，引起共鳴，十分贊賞，迫不及待的亲自給河北梆子劇院下命令：“火速！火速！”改編成河北梆子《五彩轎》排练演出。接受了改編任务的李××，不負所望，按七天限期完成，立即投入排练。这个正在“养病”的李耕濤，亲自进行初审，并在修改期間，用小轎車从小劇場把劇团的干部，演員接到他的住所开会，又出点子又打气。李耕濤一再提出：“海瑞表現得不够机智、剛毅、果断……，应該把这个人物提得更高一些，海瑞这个人一定要树立得高大，要有风度，要使人感到他有一种盛气凌人之感。”力图美化这个右傾机会主义分子的化身。李耕濤真是費尽心血，在其他人物身上，也出了不少黑主意，要把人称女閻罗的牛鬼蛇神馮蓮芳塑造成“一个很可爱的姑娘。”要把双手沾满劳动人民鮮血，大儲官的臭婆娘鄒夫人塑造得“端正大方”。甚至对道具、灯光、音乐等也鎗下功夫。李耕濤急不可耐的强調“要組織一切力量把这出戏搞出来”，于是陆續抽調人員，由李××、王××和×××集中力量，突击改編，終于在一九六一年七月，《五彩轎》这株大毒草在李耕濤一手策划炮制下登台表演了。

《五彩轎》一出籠，立刻引起了形形色色資产阶級代表人物的共鳴和贊賞。当时，文艺界的“祖师爷”周揚、林默涵和王朝聞正在天津开会贩卖黑貨，发現有了这么一株大毒草以后，兴高彩烈，当晚便由其干将白樺陪同看了《五彩轎》的演出。周揚极力贊揚：“《五彩轎》在‘海瑞’的劇目中，是比較好的。”认为：“《五彩轎》与《海瑞罢官》、《海瑞上疏》真是异曲同工，确有与他‘周旋’之妙处。”这就一語道破了《五彩轎》中海瑞反革命两面手法，正中了周揚之流的下怀。周揚亲自为之出謀划策曰：“目前海瑞的形象还不够高大，給人的印象不够深，还要突出他的机智果断。”并鼓励道：“怎么不去北京演？戏比北京的戏本不次，你們到北京演演去吧！”林默涵也立即帮腔：“我和刚本月刊社說說，有机会可把剧本发表了”。在周揚指使下，其忠实干将，反动学术权威王朝聞，进一步对这株大毒草进行具体帮助，加意培植，极力要把这支毒箭伪装得更隐蔽，磨炼得更鋒利。

周揚的虔誠信徒，天津黑市委宣傳部長、反革命修正主义分子白樺是《五彩轎》这株大毒草的积极推銷員，他秉承其“祖师爷”的意旨，恬不知耻地吹噓《五彩轎》是他所提出的反动的“挖、整、創、移”四字方針的“活样板”，“是天津的功績”，他以市委宣傳部名义命令百花文艺出版社加以出版，电台、电視台也一齐广播，天津日报社还让編輯亲自动手写了一篇詳細、肉麻的吹捧文章。

三、罪责难逃——揭露万张反党集团对《五彩轿》的假批判真包庇

我們最最偉大的領袖毛主席亲自发动和領导的无产阶級文化大革命，以雷霆万鈞之势，搗碎了党内一小撮走資本主义道路当权派妄图在中国复辟的美梦。一九六五年十一月，姚文元同志的“評新編历史劇《海瑞罢官》”的发表，剝开了海瑞戏的画皮。然而，万張反党集团却对《五彩轎》問題默不作声，并且扣压革命群众批判这株大毒草的稿件，妄图蒙混过关。直到六六年六月底，万張反党集团才被迫改变手法，决定“批判”《五彩轎》。耍弄上欺中央，下騙群众的假批判、真包庇之花招。

七月中旬，由黑市委“組織”（名为“組織”，实为“压制”）天津人民出版社三位同志所写批判《五彩轎》的初稿，交到了天津日报。万張反党集团的忠实干将、报社总編石坚看后，立刻給在北京开会的万曉塘、赵武成、白樺、王亢之、谷云亭等送了五份报样。黑市委委托白樺、王亢之出面，把文章的作者找到北京，亲自接談，做“工作”，貫徹黑“意图”。作者回津修改后的稿件，又再次送交張淮三，由这位万張反党集团二头目亲审后，再指使赵武成出面“定稿”。

反革命修正主义分子白樺，极力抹杀《五彩轎》出籠的时代背景，掩盖其反动实质，并力图将其从“海瑞戏”中割裂出来，以掩护万張反党集团与周揚文艺黑綫的罪悪关系。他在給写批判文章的作者做“工作”时一再表示，不同意《五彩轎》是“海瑞戏”反动“三部曲”之一的提法，他胡說：“这个戏是京劇《大紅袍》改編的，不是配合海瑞戏！”“李耕濤让改編《五彩轎》是为了挖掘傳統劇目。”詭辯：“这戏是坏戏，但不是反党反社会主义的……。这戏形象悪劣，但本身不是有心攻击党”。他要弄此地无銀三百两的伎倆說：“你說是‘三部曲’，好象天津与周揚有联系！”又自我掩飾：“戏是咱們写的，周揚发現了，来天津指导。”真是心怀鬼胎，不打自招。白樺一再威胁作者：“写批判文章要有根据！”，“你們說海瑞是影射右傾机会主义分子，有什么根据？”，“你們这样是否太牵强？”他又裝模作样地教訓作者：“（批判）应革命性与科学性相結合，不要扣帽子。”黑市委书記处书記王亢之也与白樺一唱一和，积极帮腔。

万張反党集团的二头目張淮三，更是心中有鬼，最怕漏了餡，被革命群众把这一串資产阶級代表人物都揪出来，并由此揭露天津黑市委的黑幕。他指使赵武成亲手把文章最后一段：“……把它（《五彩轎》）的主使者，支持者，制造者統統拉到光天化日之下来。”一笔勾銷，把天津日报发表的二篇鼓吹《五彩轎》的文章、出版社出过劇本等铁的事实也删掉，还說：“找这麻煩干嘛?!”真是一語点破了万張反党集团的天机。

关于点改編者的名的問題，黑市委大小头目多次研究，十分害怕革命群众从这里打开缺口，順藤摸瓜，于是，借口改編者是“小人物”，把改編者也保护了起来。

如此这般，不折不扣地按照万張反党集团的“意圖”一再修改后，在天津日报上发表的所謂“批判”文章中，《五彩轎》等“这四个海瑞戏”，充其量不过是“右傾机会主义，即修正主义思潮的产物”而已。这样的所謂“批判”，也就完全成了继續頑固执行彭真“二月提綱”，对抗中央六六年五月十六日《通知》这个偉大的馬列主义文献的产物了。

但是，紙是包不住火的，万張反党集团的这些鬼蜮伎倆决擋不住毛澤东思想的光輝，革命造反派終于冲破重重阻力，撕开层层黑幕“**金猴奋起千鈞棒，玉宇澄清万里埃**”！

毛主席教导我們：“**凡是錯誤思想，凡是毒草，凡是牛鬼蛇神都应进行批判，决不能让他們自由泛濫。**”

《五彩轎》这株大毒草，必須彻底批判，修正主义的文艺黑綫及其流毒，必須彻底消除。混进党里、政府里、軍队里和各种文化界的資产阶級代表人物，必須揪出示众，把它們打翻在地，再踏上一只脚，叫它們永世不得翻身！

革命的同志們，让我們在光焰无际的毛澤东思想的指引下，高举起革命的批判旗幟，奋勇前进吧！

楊柳青画店是誰家天下？

（上接第四版）被郭鈞看中，于是由原文化局局長張映雪亲自登門拜訪，出面說合。結果以：一，国家給藏两口棺材；二，将其女儿由西安調回天津安排工作；三，給养老費两千元作为交換条件，换来了一堆“帝王将相”、“才子佳人”、“封建迷信”、“发財致富”虫蝕腐朽的爛木头。

他們为了“搶救”封建主义、資本主义的破爛貨，在天津周圍“挖掘”还嫌不够，不惜投入大量人力，物力，于六二年成立所謂“楊柳青年画采风小組”的专門班子，先后七次跑到河北的丰潤，山东的济南、濰坊、江南的沪杭，东北的吉林等地进行“調查”、“收集”。他們收来了从“春宮画”到香烟盒画片的各种“古版”应有尽有，象描繪貴族小組玩乐的《十美放风箏》、散布淫乱的《翠屏山》、宣揚重男輕女的《趟叫哥哥》、地主資本家玩乐的《鬧龙舟》……就更多了。有的甚至不惜重金連墻皮一齐买来，真謂“挖”之深也！

郭鈞之流的“整”

他們的“整”就是把“挖”来的专为地主資本家服务的糟粕不批判、不消毒、原封不动或換湯不換药地塞給市場，甚至借古諷今来攻击社会主义、攻击无产阶級专政。当人民公敌蔣介石叫囂窜犯大陆时，他們抛出了《重耳走国》；当赫秃子訪問美国时，他們抛出了《六国封相》，把赫秃比作苏秦；当党内头号走資派刘少奇鼓吹“三自一包”时，他們抛出了《鸡鳴茅店月》，宣揚腐朽的“人为財死，鳥为食亡”的資产阶級思想；直至毛主席的两个批示下达后的六四年六月，还大量出版《三顧茅芦》、《黄鶴樓》、《六国封相》等毒草。

郭鈞之流的“創”

白樺、郭鈞之流虽然口头上也喊“創”，实际上他們因襲的却是旧中宣部閻“閻王”的衣鉢，只許按照他們的意图“創”，只許“抱殘守缺”、“頌古非今”。誰要越过雷池半步，他們就扣群“沒有傳統味”、“年味不濃”、“版味不够”、“缺乏装飾性”、“缺乏情趣”等等大棒，把作品扼杀。

我們偉大領袖毛主席树立了大寨这面紅旗，有的同志創作了一幅歌頌大寨人的年画，可是这帮老爷看了，悪狠狠地說：“画里那么多人，为什么只画了一只脚？”于是在“脚画少了”的罪名下把画“枪毙”了。又如一張表現天津六号門搬运工人造脚行头馬金龙的反，把他打翻在地的年画，白樺、郭鈞之流却討厌这个造反，于是用“排子車是木軲轆，与时代不符”的罪名又給掐杀了。真是：欲加之罪，何患无詞！

早在一九四二年，毛主席《在延安文艺座談会上的讲話》中就明确指出：文艺批評的标准“**任何阶級社会中的任何阶級总是以政治标准放在第一位，以艺术标准放在第二位的**”。可是郭鈞在他的《楊柳青年画創作中的若干問題》一文中，却宣揚艺术第一。关于“題材”論述中，他閉口不談宣傳毛澤东思想，不談政治，不談为那个阶級服务，只是追求“年画特点”、“紅火吉利”，要取材于“群众最熟悉的，流傳于民間的故事、傳說和戏曲。”否則就“受不到群众的欢迎。”这与周揚的“全民文艺”，刘少奇鼓吹的文艺“娛乐性”同出一轍。画店在白樺、郭鈞之流的把持下，把年画創作引入不突出无产阶級政治，不为工农兵服务，单純追求“民族风格”、“年味”、“版味”、“诗味”、“詩意”、“情趣”的資本主义修正主义歧途。于是在一些新年画創作中，把精力用于如何使印綫与刻綫人为地不重合，人为地使刷色不均匀以达到“版味濃”。为了“保持傳統”，画上的工农兵形象被极大地歪曲了，不管男女老幼一律是“娃娃臉”。例如被他們捧上天的《打猎图》，画面上老者“鶴发童顏”，少者“錦衣輕裘”，簡直是一幅地地道道的貴族打围的《行乐图》。

郭鈞之流的“移”

說穿了就是把楊柳青傳統中的“脂粉气”、“俗气”等糟粕移到新年画中，就是把旧形式填上新内容搞“套公式”的創作。例如《解放軍爱儿童》就是按旧年画《寿星老爱小孩》，把寿星老的位置換上解放軍。打着“移”的旗号任意走私。

楊柳青画店在白樺、郭鈞之流把持下，成了万張反党集团复辟資本主义的黑店，成了封建主义，資本主义、修正主义泛濫的場所。今天，我們无产阶級革命派，要奋起千鈞棒，砸烂万張反党集团和他們的一切黑店揪出黑后台，让毛澤东思想的光芒，普照天津！普照全中国！普照全世界！

1967年9月　　文　艺　革　命　　·3·

> 利用小說进行反党活动，是一大发明。凡是要推翻一个政权，总要先造成輿論，总要先做意識形态方面的工作。革命的阶級是这样，反革命的阶級也是这样。　　毛泽东

《铁木前传》——"刘記"反革命修正主义的文艺黑标本

长纓在手

孙犁的中篇小說《铁木前傳》发表后，天津百花文艺出版社和北京中国青年出版社，曾用几种不同版本一版再版；被一小撮反革命修正主义分子把持的国家报紙和杂志也連篇累牘肉麻地吹捧；周揚在河北的黑爪牙張承先、田間、远千里也在几次会議上一而再，再而三地推荐。

周揚、林默涵、夏衍之流把《铁木前傳》視为至宝，他們不仅将其譯成外文，流毒国外，还列入北京电影制片厂的改編計划，准备搬上銀幕。

一些修正主义国家也看中了《铁木前傳》，它們翻譯出版，发表文章，連連喝彩。《铁木前傳》是地地道道按照中国赫魯曉夫刘少奇的旨意精心炮制的，它是反革命修正主义文艺的活标本。

《铁木前传》出籠的政治背景

《铁木前傳》写于一九五六年夏天，同年在《新港》上发表。它的写作和在社会上流行，正是国内外阶級斗爭极为尖銳复杂的时期。一九五六年曾出現了国内外反共反人民的反革命逆流，一九五九年右傾机会主义分子在刘少奇的支持下，在国外帝国主义、修正主义的配合下，攻击三面紅旗，攻击社会主义制度，妄图顛复无产阶級专政。《铁木前傳》的出籠，正是适应反革命輿論准备的需要。

恶毒地丑化貧下中农 瘋狂地鼓吹資本主义

小說所描写的是农业合作化初期老解放区的农村。我們知道，在轰轰烈烈的土地改革运动之后，亿万贫苦农民在政治上經济上翻了身，但是一个重大的問題尖銳地提出来：是走社会主义道路，还是走資本主义道路？

我們偉大領袖毛主席堅定地指出："只有社会主义能够救中国。"毛主席号召五亿农民"組織起来"实行合作化，"在农村中消灭富农經济和个体經济制度，使全体人民共同富裕起来"。

中国的赫魯曉夫刘少奇拼命地反对毛主席的偉大号召，他公开叫嚣："中国农村富农經济还可以发展一个时期"，"現在富农是少了，不是多了"，"在农村我們宣傳劳动致富……就是劳动发財，农民是喜欢发財的。"他还胡說："現在过早的国有化、集体化是違背大多数人利益的，違背進步的"，"要搞合作化，条件不成熟"，"那是錯誤的、危險的、空想的社会主义"。《铁木前傳》正是适应刘少奇的需要，按刘的旨意瘋狂地鼓吹富农經济、鼓吹单干，拼命地反对农业合作化。

小說的主人公之一黎老东是个闖过关东的木匠，是个把儿子貢献給革命事业的軍、烈屬。这样的农民本应是坚持社会主义方向，坚决走社会主义道路的骨干力量。然而小說則把他写成发展富农經济、发展資本主义的"英雄"，写成一个"勤儉持家"、"劳动发財"的胜利者。

黎老东将富农黎七儿請到家中，让其子拜富农分子为师，并一口一个"我就佩服你"，对富农的投机倒把、破坏社会主义經济的反革命活动，他拍手称快，并决心傚法；他无耻地要求富农忘掉土改中的"隔膜"，向阶級敌人投降，并声明一直认为黎七儿的成份定高了，公开为富农翻案。黎老东为了发展富农經济，挖空心思置房买物，并且不擇手段地把房主老寡妇逼走；他为了賺錢，黑天白日赶制大車；为了发展資本主义，他把上級号召罵成"亡国反叛"，叫嚣"上級号召打井，我号召打車"；因为青年团开会用了他家一点灯油，他恶毒地把青年团罵成"穷人团"；投机倒把活动使他鬼迷心窍，轰轰烈烈的农业合作化运动使他"焦躁和不安"……这样顽固发展富农經济的家伙，挂着的头銜却是昔日的"老貧农"、"軍烈屬"。小說就是这样恶毒地告訴人們：勤儉能发家，劳动能发財，单干可以取得胜利，資本主义道路行得通，黎老东不正是个"榜样"嗎？它还居心險恶地作了如下"告誡"：农民是不愿走社会主义道路的，黎老东这样的农貧尚且如此，一般农民不是可想而知嗎？《铁木前傳》所体現的正是刘少奇那套"劳动致富"、"劳动发財"，"合作化条件不成熟"的反革命邏輯。

小說更为反动的地方在于，对于黎老东发展"三馬一犁一車"式的富农經济，对黎老东这样的新富农，新的剝削者，党不是与之斗爭，而是支持；群众不对反对，而是羡慕。这样一来就露骨地宣揚了刘少奇的"集体化是違背大多数人利益的"反革命謬論。黎老东发家的根本原因是：（一）二儿子犧牲，領到了一笔撫恤粮；（二）政府的照顾。作者竟把走資本主义道路的原因归結为烈士的鮮血、政府的支持，其用心何其毒也！黎老东要置房、要搞"三馬一犁一車"、"一宅一院"，村政府不仅不制止，反而大力支持，不許別人購置黎老东看中的宅院；黎老东要打的大車，揚言"車軲轆一响，就是大把的票子"，貧下中农不反对，反而无限羡慕。作者还写黎老东和黎七儿的大車，怎样引得人們流出垂涎。这是对貧下中农的极大誣蔑，是刘少奇富农經济論的艺术翻版。

小說似乎也写了木匠黎老东和铁匠傅老剛之間的矛盾，但是这是什么样的矛盾啊！把資本主义复辟和反复辟的斗爭歪曲为互相妒忌，友誼的不合，只是两个老人之爭，这就从根本上抹杀了两个阶級两条道路的斗爭。

小說的結尾，以黎老东和黎七儿的大車揚長而去，象征着富农經济的胜利；以傅老剛及其女儿的愁悵，暗示出合作社的前途并不光明。这个东尾是何等的反动，何等的恶毒！

宣揚資产阶級的腐朽糜烂的生活 誣蔑社会主义青年是垮掉的一代

毛主席还特別强調"青年是整个社会力量中的一部分最积極、最有生气的力量"。而小說《铁木前傳》却把青年人歪曲得不象样子。

在作者的筆下，意气风发的农村革命青年，完完全全变成了"垮掉的一代"。这些青年形象，简直是苏修作品中人物的翻版。作者津津有味描繪他們，正是利用这些形象去毒害貧下中农青年，达到他不可告人的目的。

黎老东的儿子六儿，他的身份是貧农的儿子、烈士的弟弟。在小說里他却是一个不务正业、专門拈花惹草的二流子，他整天飽食終日，从不劳动，专搞投机倒把生意。販卖花生，卖老豆腐，和流氓流伙开包子鋪，赶大車作买卖，"誰家的姑娘好看……他就特別到誰家去"。他和一个有夫之妇搞在一起，抓鴿子、玩鷹，黑天白日形影不离。就是这样一个二流子，作者却是狂热地歌頌，說什么"六儿是全村姑娘們十分喜欢的对象"，"誰要說六儿一个不好，姑娘們就会象有人指揮的合唱队一样"，异口同声地反对。作者这样歌頌資产阶級的糜烂生活，正是适应社会上的反动思潮，用性爱毒害我們的青年一代。

小說傾注了全部感情歌頌的另一个女青年小满儿，則是一个地地道道的社会滚子，是一个十足的流氓。这个专門勾引青年，散发着資本主义尸臭的資产阶級分子，在作者的筆下，竟以青年团員的面貌出現。作者在刻划这个人物时，寄予了无限的同情和爱怜。她的外貌是，招展的花枝，"地方的人尖儿"；她勤劳能干，賽过"最壮实的小伙子"；她的聪明，"象春天的薄冰，薄薄的窗紙"，"一指点就透"。在描写小满的"美丽"方面，那些糜烂的詞語简直不堪入耳，字里行間充斥着頹廢、沒落、庸俗的資产阶級感情。作者还故意安排了全村青年如何被她的"美丽"吸引得神魂顚倒的場面，写童养媳出身的貧农妇女如何爭风吃醋，写小满儿的吸引力如何比青年团强烈得多。作者不遺余力地歌頌資产阶級分子，挖空心思地丑化貧下中农青年形象，正是作者反动立場的大暴露。作者之所以精心描繪一个用漂亮外衣包着的小满儿这样一个資产阶級分子，正是想利用这顆糖衣炮彈，击中、毒害一批青年讀者，使之走上"和平演变"的道路。

小說里出場的青年完全是資产阶級糜烂生活的俘虏。专搞女人的楊卯儿，被小满儿搞得神魂顚倒的大壮，爭风吃醋的大壮女人，充满纏綿悱惻儿女之情的九儿，迷恋向往紙醉金迷生活的青年团干部鍋灶，所有的人物，都是資产阶級的紅男綠女，都是那么骯脏腐敗，通篇是坏人坏事，多角恋爱，勾心斗角，恋爱至上。低級、庸俗、下流的黄色描写，也統統抛了出来。是可忍，孰不可忍！

彻底砸烂"刘氏"文艺黑綫

《铁木前傳》所販卖的这套貨色，并非独創，而是从刘少奇、周揚和苏修那里批发来的。中国的赫魯曉夫刘少奇专門喜欢这种談情說爱、低級趣味的作品，他狂热地鼓吹《梅龙鎮》、《雷雨》，吹捧《出水芙蓉》，为香港电影大开綠灯，这种活动早就为《铁木前傳》这类毒草的流行开了营业执照。周揚之流所吹捧的苏修"爱和死是永恒的主題"則为《铁木前傳》的出籠提供了理論基础。而《铁木前傳》在文艺界一小撮反革命修正主义头头的关怀下，則不愧为一面反革命修正主义文艺的黑旗。

《铁木前傳》的写作和出版是配合一九五六年国内外反共反人民的风潮的，是配合一九五九年右傾机会主义分子向党进攻的。《铁木前傳》的出籠完全是按照中国的赫魯曉夫刘少奇的意旨精心炮制的。它狂热地鼓吹单干、鼓吹資本主义，誣蔑、丑化貧下中农，抹杀阶級斗爭，瘋狂地宣染資产阶級腐朽糜烂的貨色，毒害革命青年一代，配合阶級敌人的反扑，妄想瓦解社会主义經济基础，为党内最大的走資本主义道路当权派篡夺无产阶級領导权、复辟資本主义制造反革命輿論。

史无前例的无产阶級文化大革命，彻底粉碎了中国赫魯曉夫反革命篡权的阴謀。党内最大的走資本主义道路当权派刘少奇被揪出来了，反革命修正主义文艺标本一个一个被揪出示众了，在革命的大批判中，《铁木前傳》原形毕露。让我們高举起革命的批判旗帜，抓住要害，猛攻狠打，彻底砸烂反革命修正主义的"刘氏"文艺黑綫！

祖国各地

·北京·

△《毛澤东选集》第五卷已基本編排完毕，即将出版。五卷中选进了我們偉大領袖毛主席一九四九年九月二十一日到一九五七年十一月二十一日的部分著作。《毛澤东选集》五卷的出版是我国革命人民和世界革命人民政治生活中的特大喜事。

△首都出版界革命造反总部、音乐出版社长征战斗队共同編印的《毛主席詩詞歌曲选》和《紅軍不怕远征难（長征組歌）》即将出版。《革命样板戏唱腔选段》已編好，并經中央文革文艺組批准付印。

△大型七場民族舞劇《白毛女》首次演出成功。由中国歌舞剧院、北京电影乐团等五个单位联合演出。在排演过程中，按江青同志的意見，对原劇第四場作了彻底的修改，改为武装斗爭的情节，以突出毛主席的"枪杆子里面出政权"的偉大思想。

△中央文革文艺組非常重視中国杂技团的文化大革命，李英儒同志先后三次去中国杂技团作了重要指示。針对团内某些人的錯误，金敬迈、陆公达同志傳达了中央文革文艺組的决定；决定說："中国杂技团的个別人員，未經請示，擅自将馬戏队的动物作了破坏性的处理，这是一个錯誤，应該受到严励的批評。我們希望杂技团的革命同志們，把处理的动物立即弄回。继續进行訓练。"

（中国杂技团某些人，认为馬戏是"大毒草"，胡說什么："杂技不能反映毛澤东思想"。擅自破坏国家财产，将十九只狗送至中国科学院××研究所搞实驗；五只熊全部电死吃肉；还把駱駝、水牛、猴子、羊、馬之类全部处理了。最近，中国杂技团实現了大联合，收回了現有的动物，继續进行訓练。）

△首都出版界革命造反总部出版的刊物《风雷》第八期上刊登了十三部大毒草（文学作品）书目，如下：《青春之歌》（楊沫）；《上海的早晨》（周而复）；《紅旗譜》，《播火記》（梁斌）；《风雨桐江》（司馬文森）；《东方紅》（康濯）；《三家巷》、《苦斗》（欧阳山）；《清江壮歌》（馬識途）；《下乡集》（赵树理）；《紅色的安源》（工矿史）；《投枪集》、《春天集》（吳晗）。交給工农兵造反派批判。

·湖南·

△根据中央指示，在毛主席的故乡湖南韶山的大門——韶山車站建立毛主席塑像及反映毛主席青年时代的浮雕像。現已組織力量积极筹建。

·沈阳·

△劫夫同志为毛主席語录譜写的語录歌集即将出版，共包括三十七首歌，紅色封面、六十四开，印数为八十万册。

·长春·

△长春电影制片厂正在拍大型彩色艺术性紀录片《紅九连》；并在进行故事片《上甘岭》的修改工作。

△毒草影片《女跳水队員》是长影摄制的。是为帝、修、反服务，"五不要"影片的代表作。所謂"五不要"是"不要工农兵，不要毛主席，不要共产党，不要紅旗，不要天安門"，真是反动透頂。現长影已組織批判。

·四川·

△反动作家沙汀（前四川文联党組副书記、文联副主席）早在三十年代就瘋狂一个击魯迅先生，并是叛党投敌的阶級攻异己分子，現已被揪出。

·安徽·

△安徽省革命造反派，批判大毒草长篇小說《风雷》：《风雷》的作者陈登科露骨地图解了刘少奇形"左"实右的机会主义路綫，恶毒地攻击三面紅旗，攻击无产級阶专政，攻击战无不胜的毛澤东思想，《风雷》是中国的赫魯曉夫及其在安徽的代理人李葆华在安徽立的一块黑牌。

·广州·

△珠江电影制片厂《新珠影》战士积极响应偉大領袖毛主席的战斗号召，走出摄影棚，与广大工农兵，革命小将一起，高举革命批判的大旗'狠批反革命影片《逆风千里》，痛斥党内最大的一小撮走資本义义道路的当权派。《新珠影》报出专号刊登工农兵批判反革命影片《逆风千里》的文章。

·上海·

△所謂大跃进的产物——小提琴协奏曲《梁祝》是一株大毒草。《梁祝》曾被陆定一、周揚等反革命修正主义分子大肆吹捧，声揚国内外，为帝、修所贊賞。目前上海音院的革命派，正向这株大毒草猛烈开火，彻底連根拔掉。

△上海体司魯迅兵团在上海南京路上貼出了"彻底批判体育黑片"的大字报专栏，批判科教毒草片《小足球》、《跑的技术》、《中国武术》、《初学游泳》。

△上海科技界大批判联络站在上海淮海路貼出了"批判科教毒草电影"大字报专栏，批判科教毒草《不平靜的夜》《知識老人》等。

·天津·

△四川成都工人造反兵团毛澤东思想宣傳队七月下旬来津，为我市造反派进行了半个月的战地演出，受到我市造反派热烈欢迎。通过演出，大大增进了天津、成都两地造反派的战斗友誼。

兵团战士想念毛主席

1＝F　2/4
慢　深情

武装保卫成都

1＝D2/4
坚定有力

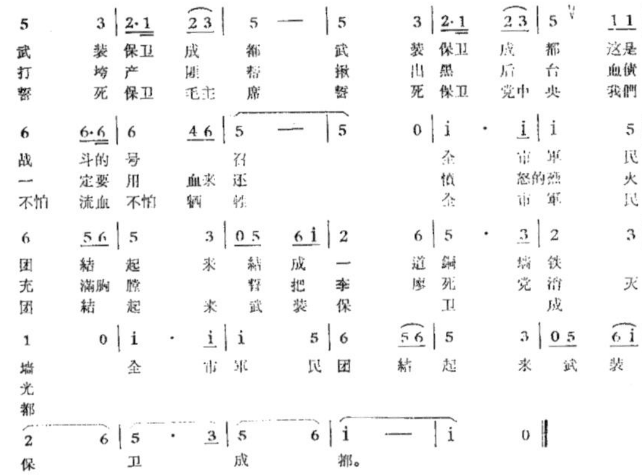

（四川成都工人造反兵团毛澤东思想宣傳队供稿）

楊柳青画店是誰家天下？

·倚天剑·

以万張反党集团干将白樺为首的一小撮反革命修正主义分子，长期把持着天津市文化系統的領导权，忠实地执行其“祖师爷”周揚的反革命修正主义文艺路綫，瘋狂抵制毛主席的革命文艺路綫，反对宣傳毛澤东思想，大量散布封、資、修毒素，为党內最大一小撮走資本主义道路的当权派复辟資本主义制造輿論。使天津市文艺界毒草丛生，群魔乱舞。

楊柳青画店就是他們开設的一个为資本主义复辟服务的黑店。

店小妖风大

楊柳青画店自建店以来，发展之速，“声望”之高、放毒之多、蔓延之广是罕見的。这是与白樺及其爪牙的“苦心經营”，及万張反党集团、旧中宣布、文化部、美协中的黑帮分子的支持和捧場分不开的。天津美术界的“把头”陈因是白樺的老部下，头号打手，他控制了美术創作，展覽的大权。白樺为了进一步控制美术出版大权，于是在陈因大力推荐下，乘北京通俗讀物出版社撤銷之机，把陈因的老同学郭鈞拉来天津任人美出版社和楊柳青画店“老板”，成了天津美术界第二号人物。而白樺在华北文联时就是周揚的老部下，掌握天津文化大权后又进一步投靠周揚，把天津納入周揚的“重点指导区”，自然周揚对白樺主管的楊柳青画店就倍加垂青了。画店成立后，黑帮邓拓、錢俊瑞、阿英之流就来画店开座談会，其后，美术界的牛鬼蛇神蔡若虹、华君武、王朝聞、吳作人、叶淺予、黃胄等更是接踵而来。楊柳青画店成了周揚、邓拓之流肆意放毒的場所。写文章，約画稿，作报告，下指示，拍电影，囂張一时。

拜倒在吸血鬼脚下

毛主席教导我們：**“无产阶級要按照自己的世界观改造世界，資产阶級也要按照自己的世界观改造世界。”**白樺、郭鈞之流为了复辟資本主义，打着挖掘“老艺人”的幌子四处搜罗牛鬼蛇神，扩充他們的队伍。为了达到这一目的，他們甚至把連續几代压榨工人的血統吸血鬼捧上“老艺人”的宝座，使他們逃避社会主义改造，并重新騎在工人头上作威作福。

像北京荣宝斋的掌柜、天津荣宝斋的經理張茂如就被他們作为鉴賞古物的“专家”挖来，封为画店門市部的主任，掌握經营大权。这个吸血鬼不但号令工人为他东跑西奔，而且在店內任意放毒、鼓吹单干。說什么：“这个买卖要是咱們几个人的，干一年够吃一輩子。”

又如楊柳青戴新記画店經理陆××也被他們說成是“老艺人”。陆过去单干，合营以后却拿着国家高薪在家“养病”，可是他手中儲存的画版宁可背卖給私人也不交給国家，若要使用他的画版还要出租貸我”。郭鈞之流美其名让徒弟和“名师”搞好关系，每当发薪都要徒弟把錢給这个吸血鬼送去。郭鈞之流对臭資本家可謂关怀备至。

为封、資、修傳宗續代

反革命修正主义分子白樺为了扩充自己的地盘，为封、資、修傳宗續代，于六〇年指示其爪牙郭鈞分两批招收大批艺徒。对这批青年进行了一列腐蝕，妄图使他們和平演变。

拜誰为师？

在入学考試时，白樺，郭鈞之流就用“当画家”，“拿稿费”、“出国”等物质刺激作誘餌拉青年上鈎。继而，在万張反党集团的“要为天津爭光”的反动口号下，白樺到处鼓吹“拜师收徒”。于是郭鈞便让青年艺徒拜一些开了几十年画店的老板、半生沉溺在画“春宫画”的人物为师。这些牛鬼蛇根神本不想傳授技艺，除了在青年中泛濫淫秽荒誕的毒素之外，就是拿艺徒作劳动力支来支去。更可恶的是，这些家伙故弄玄虛，故意半夜起床去画画，以博得艺徒們对他們服服貼貼，过年过节还要給他們送礼。

什么教材？

郭鈞为了培养一批为封、資、修服务的文艺苗子，特从报刊杂志中精选了二十四篇文章汇集成册，名曰《內部学习材料》，发給艺徒作为“教材”。这里有黑帮邓拓的文章，有資产阶級美术“权威”王朝聞、阿英的文章，而郭老板自己及所謂楊柳青年画专家、大扒手王××的文章最多。这本小册子是一株宣揚資产阶級美学观，为画店老板歌功頌德，吹捧“权威”，頌古非今，引誘青年向上爬的大毒草、大杂燴。

例如，为了給画店老板歌功頌德，把几百年来画工們辛辛苦苦創造出来的楊柳青年画艺术，顚倒黑白地归功于画店老板、一些臭資本家。

在这本小册子中，还避开画店老板为了从祖傳画版上更多地剝削画工、更多地榨取利潤而“珍藏”古版的实质不談，却硬給资本家貼金。胡說什么“是为了爱惜艺术”，“从战乱烽火中搶救出来”等等。

郭鈞之流还打着让徒工学习楊柳青年画“遗产”的旗号，把画店老板所鼓吹的那套“失了傳”的；为封、資、修服务的老古董——楊柳青年画口訣，作为教材让青年徒工学习。这套口訣是什么貨色呢？請看：

画貴人像訣：双眉入鬢，两目神精，
动作平稳，方是貴人。
画寒士（貧苦者）像訣：头小额窄，
口小耳薄，垂肩促肩，
两脚如跛。

白樺、郭鈞之流对这套頌揚地主阶級、丑化劳动人民的臭貨竟是如此留恋、欣賞！

什么样板？

白樺、郭鈞之流除了用“三名”、“三高”毒害青年艺徒之外，还把活的、死的“画家”“画师”捧作样板让艺徒学习，介紹成名成家的“捷徑”。他們把一个游手好閑的少爷，善于溜須拍馬，为慈禧画像而逐漸出名的奴才高××吹捧为“神童”、“民間”画师。还让青年拜中美合作所特务叶淺予为师，郭鈞并說：“叶先生爱吃螃蟹、对虾，你可以买点送去。”眞是混蛋透頂！

如何作画？

在白樺极力追求“尖子”的指导思想下，郭鈞把徒工关在屋里，不让他們接触工农兵，脫离三大革命运动，不让他們学习毛主席著作，只是作画。沒有題材，从唐詩中去找，沒有形象让看电影、画报、照片，純粹是閉門造車。

“挖、整、創、移”在楊柳青画店

六一年，周揚在北京搞了个文艺座談会，白樺就緊步主子后尘，同年八月在天津泡制了同样的座談会。会上，白樺“发展”了周揚的“搶救遺产”的黑綱領，在戏劇界提出了“挖、整、創、移”四字方針。此刻已“紅”得发紫的郭鈞就赶緊在他把持的人美出版社包括楊柳青画店积极仿效，大搞“挖、整、創、移”。

郭鈞之流的“挖”

郭鈞之流打着“搶救遺产”的招牌，大力收集“古版”、“古画”。大吸血鬼戴少臣手中有一批“古版”（下轉第二版）

更　正

本报第二期第三版“京劇《三条石》的出籠是一起反革命复辟事件”一稿中，左，第三十五行，“社会主义”，应去掉引号；第五十五行，一九六〇年，应改为一九六四年。右，第十九——二十六行中，四个一九六四年，均应改为一九六五年。

「全民文艺」的黑标本——《五朵金花》

无产阶級文化革命的英勇旗手江青同志针尖鋭地指出《五朵金花》：**“整个影片写了一男一女，别人都是陪衬談恋爱的，对少数民族不說他們进步、政治成长，精神面貌的变化，尽是吃渴談恋爱；情歌很有問題。”**

周、林、夏、陈反革命修正主义集团五九年四月初召开电影厂长会議，认为向国庆十年周“献礼”片中“缺少輕松愉快的”和“向資本主义国家发行的”片子。于是，陆定一提出拍一部云南山水人物风景片。

长影黑帮分子立即捡来此任务，并从外地調回王家乙（导演）、王春泉（摄影），哨速赶往北京，听候夏衍吩火。

×　×　×

云南省委內黑帮分子回电旧文化部，决定搞成故事片，并让公浦、季康写剧本。旧文化部“指示”：（1）要輕松愉快的喜剧；（2）談政治不多，不要太刺激人；（3）能向資本主义国家发行。并說：“这是战斗性任务”。

×　×　×

四月下旬，剧本初稿抛出，名为《朵朵金花》。王家乙留在北京听夏衍指点，王春泉带复写剧本回厂討論。亚馬也参加了审查。长影厂黑帮认为：（1）剧本太散，写十二朵金花太多，要压縮；（2）主要人物不突出，但片子不可能通过斗爭塑造，可从劳动方面塑造。

×　×　×

长影革命群众提出，这是一部香港也能拍的毒草里的毒草，要求停拍，但被拒絕。

×　×　×

影片于五月中旬开拍，十月中旬拍完。

×　×　×

《五朵金花》出籠后，先后在古巴，苏联、英国等几乎世界各国上映，頗为噪动。英国一資产阶級“艺术家”說：“这是中华人民共和国第一部不談政治的好影片。”

吉林省宣傳部长、三反分子宋振庭洋洋自得地說：“五朵金花轰动世界！”。刘少奇的秃儿子、里通外国的奸細刘允諾观后，要找片中女主角結婚。該片在修正主义的第二屆亚非电影节上获“最佳女演員奖”。

×　×　×

旧文化部立刻开动一切宣傳机器为《五朵金花》吗座，并展开了一場关于喜剧問題的討論，将《五朵金花》这支大烟花誉为“社会主义新喜剧的方向”。

（选自长影“电影資料”）

毛主席語錄

我们现在思想战线上的一个重要任务，就是要开展对于修正主义的批判。

※ ※ ※

如果要使革命进行到底，那就是用革命的方法，堅决徹底干淨全部地消灭一切反动勢力……。

井冈山

河北大学井岡山兵团《井岡山报》編輯部

第三十八期 共四版 67.9.8

毛主席对彭德怀的批判

“现在不是反左，而是反右，是右傾机会主义向党向六亿人民向轟轟烈烈的社会主义运动猖狂进攻的問題。”彭德怀、周小舟、张聞天等右傾机会主义分子“是混入党內的投机分子”，“他們在由資本主义到社会主义的过渡时期中，站在資产阶級立场上，密謀破坏无产阶級专政，分裂共产党，在党內組織派别，散布他們的影响，渙散无产阶級先鋒队，另立他們机会主义的党。这个集团的主要成分，原是高崗阴謀反党集团的重要成員，就是明証据之一。”他們“从来就不是无产阶級革命家，只不过是混到无产阶級队伍里来的資产阶級、小資产阶級民主派。他們从来不是馬克思列宁主义，只不过是党的同路人。”“請同志們拿孙中山国民党第一次代表会議宣言，和彭德怀在太行山抗日时期发表的那些观点比較一下，……我說彭德怀不如孙中山。”

（一九五九年）

“庐山出现的这一场斗爭，是一场阶級斗爭，是过去十年社会主义革命过程中資产阶級与无产阶級两大对抗阶級的生死斗爭的繼續。在中国，在我党，这一类斗爭，看来还得斗下去，至少还要斗二十年，可能要斗半个世紀。总之，要到阶級完全消灭，斗爭才会止息。”

（一九五九年八月十六日）

“近日右傾机会主义猖狂进攻，說人民事业这也不好，那也不好。全世界反华反共分子以及我国无产阶級內部、党的內部，过去混进来的資产阶級、小資产阶級投机分子，他們里应外合，一起猖狂进攻。好家伙，簡直要把个崑崙山脉推下去了。同志，且慢。国內挂着“共产主义”招牌的一小撮机会主义分子，不过拣起几片鷄毛蒜皮，当作旗帜，向着党的总路綫、大跃进、人民公社举行反击，真是“蚍蜉撼大树，可笑不自量”了。全世界反动派从去年起，咒駡我們，狗血噴头。照我看，好得很。六亿五千万人民的伟大事业而不被帝国主义及其在各国的走狗大駡而特駡，那就是不可理解的了。他們越駡得凶，我就越高兴。讓他們駡上半个世紀吧！那时再看，究竟誰敗誰胜？”

（一九五九年九月一日）

“彭和高，实际上的領袖是彭”，“他們的罪恶太大了。”

（一九六二年一月二十七日）

“高崗、饒漱石、彭德怀，是搞两面手法，彭德怀与他們勾結了。”

（一九六六年十月二十四日）

“刘少奇、高崗、彭德怀学习了苏联那一套。薪金制我是不贊成的。”“搞薪金制、搞軍銜制我从来就反对。搞供給制，过共产主义生活，是馬克思主义作风，与資产阶級对立，我看还是农村作风、游击习气好。二十二年的战爭都打胜了，为什么建設共产主义就不行了呢？为什么又搞工資制呢？这是向資产阶級讓步，是借农村作风和游击习气来貶低我們，結果发展了个人主义。”（井崗山炮兵）

追穷寇，起宏图

井岡山社论

风雷动，旌旗奋，是人寰。

举国上下，七亿神州漫卷西风，紧握长缨，向党內最大的一小撮走資本主义道路当权派展开了大批判，发动了总攻击。一个威震中外的“批判資产阶級”的壮观局面出现了！刘邓黑司令部及其資产阶級反动路綫已陷于土崩瓦解，革命形势一派大好！

革命的大批判，这是伟大統帥毛主席英明的战略布署。革命的大批判，这是保卫毛主席，捍卫毛主席的革命路綫，保卫以毛主席为首的无产阶級司令部，捍卫无产阶級专政的伟大战斗。革命的大批判，这是两个阶級、两条道路、两条路綫的大决战。革命的大批判，这是关系到中国革命和世界革命的前途和命运的大事。

毛主席說，“混进党里、政府里、軍队里和各种文化界的資产阶級代表人物，是一批反革命的修正主义分子，一旦时机成熟，他們就会要夺取政权，由无产阶級专政变为資产阶級专政。”以刘邓为首的“一批反革命的修正主义分子”，在波瀾壮闊的无产阶級文化大革命中，虽然已被广大革命羣众揪出来了，是落水狗了。但是，他們人还在，心不死；他們“老是在研究对付我們的策略，‘窥測方向’，以求一逞。”他們在“等待时机，‘反攻过去’。”他們在以十倍的瘋狂，百倍的仇恨，向无产阶級革命派猖狂反扑，妄图恢复他們被夺去的“天堂”。中国的赫魯晓夫拋出假認罪实反攻的“認罪書”，中国的赫魯晓夫及其在武汉的代理人公开反对无产阶級司令部的反革命暴乱，中国的赫魯晓夫在天津的代理人——党里、軍里的一小撮走資派，把刺刀提到議事日程上，歪曲“文攻武卫”的革命实質，操縱保守势力，血洗我造反派，大量残杀我“大联合”造反派战士，妄图将我造反派斬尽杀絕，为复辟資本主义扫清道路，这一切的一切，都証明了：“盘踞在大部分中国土地上的大蛇和小蛇，黑蛇和白蛇，露出毒牙的蛇和化成美女的蛇，虽然他們已經感觉到冬天的威胁，但是还沒有冻僵呢！”因此，我們一定要牢記毛主席的教导：“决不怜惜蛇一样的恶人。”必須用“痛打落水狗”的精神，对党內最大的一小撮走資本主义道路当权派进行大批判、大斗爭，从政治上、思想上、理論上彻底把他們批倒、批垮、批臭，打断“落水狗”的脊梁骨，讓他們遺臭万年，永世不得翻身！

要搞好革命的大批判，就必須敢字当头，繼續发扬无产阶級的革命造反精神，敢上天去横扫九霄残云，敢下海去征战四海恶浪，凝聚起对阶級敌人的深仇大恨，万炮猛轟，“鳴鼓而攻击”，集中目标，集中火力，痛打“落水狗”，横斩“未僵蛇”，埋葬“受伤虎”！

要搞好革命的大批判，就必須放手发动羣众，“組織千千万万民众，調动浩浩蕩蕩的革命軍”。毛主席說，“革命的战爭是羣众的战爭，只有动員羣众才能进行战爭，只有依靠羣众才能进行战爭。”革命的大批判，也是一场人民战爭。我們必須“喚起工农千百万，同心干”！

要搞好革命的大批判，就必須“武器要良”。战无不胜的毛澤东思想是我們批判資产阶級、批判旧世界最銳利的武器。我們必須高举毛澤东思想伟大紅旗，用毛澤东思想武装我們的头脑，运用毛澤东思想这个威力无比，所向披靡的思想武器，观察一切，分析一切，改造一切，将革命的大批判进行到底！

“天生一个仙人洞，无限风光在险峰。”讓我們高举更高举革命批判的大旗，紧跟伟大領袖毛主席，沿着毛主席开辟的紅色航道，去追穷寇，縛蒼龙，征魔恶，起革命的宏图！来换取毛澤东思想阳光普照的新天津！

彭德怀罪不容誅

彭德怀是混进党内的資产阶級代表人物，是一个大阴謀家、大野心家、大軍閥。他同王明、刘少奇、邓小平、高崗、彭眞、罗瑞卿、陆定一、杨尙昆等是一丘之貉，是我們最主要最危险的敌人。周总理揭发他：投机革命了三十二年（一九二八——一九五九年），就大反毛主席十六次。彭德怀罪不容誅，现将其主要罪行展示于众。

他瘋狂反对毛澤东思想，恶毒攻击世界人民的伟大領袖毛主席。他胡說什么：毛澤东思想“过时了，不适用了”，“什么都以毛主席思想为指針，都学习毛主席著作，其实，他写了那几本書，而且是过去的东西，今天情况不同了，这些东西不完全适用了，至多只能作参考。”

毛主席的話，水平最高，威力最大，句句是眞理，一句頂一万句。他却說：“毛主席的話，不是每句都管用的，毛主席不是神仙！”

他反对毛主席的阶級斗爭和无产阶級专政的学說，散布阶級斗爭熄灭論，說：“阶級对抗性質的矛盾不存在了，无产阶級专政以后容易犯官僚主义”，“我們党內总是‘左’的难糾正，右的比較好糾正，‘左’的一来，压倒一切，許多人不敢講話。”看！彭德怀何等恶毒。

他反对社会主义革命社会主义建設，恶毒攻击三面紅旗。他說：“大炼鋼铁得不償失”，“公社不如迟办点更好。”他誣蔑大跃进如果“再搞下去，鷄鴨猪都要絕种，还得从外国进口种子。”在他的所謂“意見書”中，把广大羣众建設社会主义的革命热情誣蔑为“小資产阶級的狂热性”，誣蔑以毛主席为代表的党中央“犯了‘左’的錯誤。”

他反对毛主席的无产阶級軍事路綫，堅持資产阶級修正主义的軍事路綫。

他反对毛主席的“党指揮枪，而决不容許

（下轉第四版）

1967年9月8日　　井岡山　　第二版

論修養是毒害青年的鴉片

党內最大的走資本主义道路的当权派，是資产阶級在我們党內的代理人。长期以来他利用“打进来，拉出去”的手段，对广大青年，对党、对我国进行着“和平演变”的罪恶活动。大毒草《修养》是毒害青年、腐蝕党、同我們党爭夺青年进行篡党篡政的工具。

一、《论修养》是毒害青年的糖衣炮弹

《論修养》是中国赫魯晓夫毒草中的一株最毒最毒的毒草。它使幼稚的沒改造好的青年步入歧途，甚至走上叛党反革命的道路！为什么《論修养》毒害最深呢？

第一、大毒草《修养》是打着紅旗反紅旗的活标本。它挂羊头，卖狗肉，披着馬列主义和毛澤东思想的外衣，販卖最反动的資本主义、修正主义的貨色。这样就能迷惑缺乏阶級斗爭經驗的青年，潜移默化，逐渐中毒；

第二、《修养》的作者，利用投机鑽营权术騙得高官，盗用了党和国家領袖的荣誉，招摇撞骗，蒙蔽和欺騙了羣众，使大毒草《修养》更增加了它的毒害性；

第三、大毒草《修养》利用了革命青年的“天眞烂漫”，利用了我們热爱党，热爱毛主席，追求眞理的阶級感情，利用了我們要求进步，要求入党的迫切心情，毒害了我們；

第四、大毒草还利用广大党員，終生为共产主义理想而献身的高尙情操，利用他們想成为一个具有高度的共产主义觉悟，高尙的共产主义道德的愿望，进行吸引毒害；

第五、《論修养》的毒害最深，还因为他适应了一些还沒有得到彻底改造的人，适应了某些人思想中資产阶級个人主义，給这些人找到了理論根据，挂上合法的招牌，使这些旧思想、旧意識如魚得水，如虎添翼。

可見，党內最大走資本主义道路的当权派，为了演变青年演变党，极力把自己打扮成馬列主义者，又挖空心思地利用我們青年的弱点进行拉拢腐蝕。这正是資产阶級糖衣炮弹的特点，也是我們最易受毒，最易上当的要害。所以在批判大毒草《修养》的同时，必須要同我們的思想改造紧密地联系起来。

二、一条走向絕境的“和平演变”之路

刘少奇在《論修养》中，給我們青年設下了一个迷魂陣——条和平演变的道路。

美妙动听的“大道理”騙你入門

《論修养》中每一問題都引經

牌。本来他在大毒草中販卖的是反毛澤东思想的修正主义黑貨，根本不懂得馬列主义的認識論，但他在文章一开头就胡扯了一大篇“認識与实践”的观点，以玄耀自己，吓唬羣众，本来他是引导人們进行資产阶級修养，成为資本家、地主的接班人，而他却美其名，叫大家“作馬克思和列宁的好学生”，本来，他的所謂修养論，不过是統治阶級“男盗女娼”的遮羞布，是腐敗的唯心主义“閉門思过”“修身养性”，是反动的，脫离革命实践的。而他又把这种“修养”美化成“共产党員的修养不能脫离羣众的革命实践”；本来他的論修养是充滿着資产阶級的官场作戏，尔虞我詐、竞爭和互相残害的，而刘少奇却把它美化为无产阶級高尙品德，所謂“共产主义美德”；本来大毒草《修养》是套在革命羣众頸上的精神枷鎖，是奴隶和叛徒的哲学，是阿斗的教課書，然而他却美其名为《共产党員的修养》。通篇美妙动听的“大道理”却充滿着害人的毒素，眞是口蜜腹剑。使我們沒有阶級斗爭經驗的青年，誤以为是“馬列主义”的入門。

“吃小亏占大便宜”的人生哲学使你越陷越深

受党內最大的走資本主义道路当权派的毒，不是沒有主观上的原因的。参加革命，要求入党，这是进步的表现，但是有些人抱着个人动机而入党，甚至入党后，也只是：在組織上入了党，在思想上幷沒有眞正入党或根本沒有入党。他們的思想中还保留了資产阶級的和小資产阶級的王国。《論修养》正是抓住了这个弱点，做为突破口宣扬什么“个人利益融化于党的利益之中”什么：“党允許党員在不违背党的利益的范围內，去建立他个人以至家庭的生活，去发揮他的个性和特长”这与毛澤东同志教导的“全心全意为人民服务”是根本对立的。也是与眞正的无产阶級革命战士的崇高理想极不相称的。在文化大革命中，成千上万的无产阶級革命造反派的战士，为了保卫毛主席，为了捍卫毛主席的革命路綫，不怕围攻，不怕陷害。臨危不惧、宁死不屈，这就有力地痛斥了刘少奇的反革命謬論。

但是，对于我們革命队伍中那些沒有改造好的人来說，刘少奇的謬論成了他們升官发財的生意經。他們可以暫时放棄一些个人利益，吃点小亏，而換得不断地高升，“不受苦中苦，难作人上人”最后騙取了党和人民的信任就可以高官厚祿、荣宗耀祖。在文化大革命中揪出来的中国赫魯晓夫，以及大大小小的反革命修正主义分子、变节分子都是这样的人物。

教給你一套市儈哲学

毒辣的市儈的生意經。它集一切剝削阶級投机权术之大成。使人們为了自己，不惜一切、不择手段，四面逢源，八面玲瓏。

为了欺騙党，他打扮成一个“虔誠的的殉道者”。一个“溫良恭俭讓”的馴服工具，所謂“革命的阿斗”。不是象毛主席教导的那样：“共产党員对任何事情都要問一个为什么，都要經过自己头腦的周密思考，想一想它是否合乎实际，是否眞有道理，絕对不应盲从，絕对不应提倡奴隶主义”，“单純建立在‘上級’观念的形式主义态度是不对的，盲目地表面上完全无異議地执行上級的指示，这不是眞正在执行上級的指示，这是反对上級指示或对上級指示怠工的最妙方法。”刘少奇所鼓吹的“絕对服从”、唯命是从百依百順，不过是投机取巧，騙取个人政治資本的鬼把戏。

为了欺騙羣众，《論修养》的作者又把自己打扮成一个道貌岸然的伪君子。他滿口的仁义道德，骨子里則是男盗女娼。本来他的灵魂深处是“一生富貴何所欺，胡不及时以行乐”，而在《論修养》中則大談特談《党性》《道德》，在羣众中装成“大人物”到处教育别人，訓斥别人。不知恥辱地自吹自己是“中国的列克思”，“在中国不是数一，就是数二的”人物。

为了演变党，党內的最大的走資本主义道路当权派长期隐藏下来。在党內鼓吹“党內和平””用反动的資产阶級人性論腐蝕党，演变党。他在共产党內鼓吹“爱人”强調“心”的共鳴。他要求一个共产党員必須能“寬恕”能“容忍”要“己所不欲，勿施于人”。他反对党內斗爭的阶級斗爭实質，主张在斗爭中要“最能寬大、容忍和委屈求全”，要“善于妥协”。他鼓吹所謂“同情心和怜悯心”要求党員之間要“将心比心”都不能做“亏心事”，都要有“高尙的自尊心和自爱心”毛主席教导我們：“在阶級社会中，每一个人都在一定的阶級地位中生活，各种思想无不打上阶級的烙印”。在阶級斗爭中，根本沒有脫离阶級的人，沒有超阶級的爱与恨，党內斗爭同社会的阶級斗爭一样，不是东风压倒西风，就是西风压倒东风。在党內鼓吹資产阶級人性論，是想把党演变成修正主义的党，法西斯党的阴謀詭計。

中国赫魯晓夫的市儈哲学流毒甚广，危害极深，已經腐蝕了經不起革命考驗，革命意志薄弱的人，有的墮落成为資产阶級代表人物。

千方百計为个人利益苦斗

大毒草《修养》，用各种各样的美丽辞藻，夸夸其談什么党員的“美丽的”“伟大的”“崇高的”共产主义理想，幷一本正經地說什的事业”。其实，对一切党內走資本主义道路当权派来說，都一律是騙人的鬼話，对他們来說，所謂“用自己的生命去殉自己的事业”，不过是不择手段，盗名窃誉，最后在中国复辟資本主义。“人皆可以为舜尧”不过是他們垂涎最高权力野心勃勃的暴露。

《論修养》中，打着为共产主义而奋斗的的招牌，实質不过是为个人利益地位苦斗。

历史注定的命运

大毒草《修养》，給人們設下的“和平演变”的道路，如同党內最大的走資本主义道路当权派所走过的道路一样，是一条死路！中国党內最大的走資本主义道路当权派刘少奇带着个人野心混入党內，利用“吃小亏，占大便宜的人生哲学騙得了党和国家的重要地位。但狐狸尾巴总是藏不住的，在这次我們伟大領袖毛主席亲自点燃，亲自領导的无产阶級文化大革命中，他終于被揪出来，罢了他的官，夺了他的权，专了他的政，成了人类的蟊賊，遺臭万年的狗屎堆。这是无产阶級文化大革命的胜利，是光焰无际的毛澤东思想的伟大胜利。

《論修养》作者滑稽戏是收场了，那些把中国赫魯晓夫和大毒草《修养》奉若神明，視若經典的人，有的已进了历史的垃圾堆；有的人因中毒，使得在文化大革命中犯了保守錯誤，至今沒觉醒过来，还站在刘邓資产阶級反动路綫上，反对毛主席的革命路綫！这是何等严重的教訓。在举国上下开展大批判的时候，这些受蒙蔽的人是触及灵魂回到毛主席革命路綫上来的时候了。

三、爭夺青年的实質

我們最敬爱的伟大領袖毛主席，在談到“和平演变”的危险性和反动性时說过：“如果讓地富反坏、牛鬼蛇神一齐跑了出来，而我們的干部則不聞不問，有許多人甚至敌我不分，互相勾結，被敌人腐蝕侵袭，分化瓦解，拉出去，打进来，許多工人、农民和知識分子也被敌人軟硬兼施，照此办理，那就不要很多时間，少則几年、十几年，多則几十年，就不可避免地要出现全国性的反革命复辟，馬列主义的党就一定会变成修正主义的党，变成法西斯党，整个中国就要改变顏色了。”毛澤东同志这一英明的論断，有力地說明了刘少奇打进党內进行“和平演变”夺取革命青年的实質。

总之，大毒草《論修养》罪状之一，就是它成为刘少奇使用糖衣炮弹，腐蝕青年进行“和平演变”的工具，是同党爭夺青年的工具，是毒害青年的“鴉片”。

第三版　井岡山　1967年9月8日

工代会中革命同志揭內幕

我是工代会的，３５２７厂事件后，派我和其他同志到３５２７厂去护展覧。其实生产車間不是主要的，机器可以上，是完整的，只是热合机两台坏了，听說原来就坏了，是放在那里修理，用来欺騙羣众很不好，参观的人是清楚的。經过在３５２７厂护厂逐漸認識到这样欺騙宣传对两方团結很不利。

3527厂八月初，好几个晚上出去捉人，把别人打的半死蒙着眼回来，蒙着眼送出场到外面，这些人还不知在什么地方挨了打。八月三日晚十点多，参加电信局武斗时，捉了七至八个人，听說在胜利桥捉的人，八月五日半夜又捉了一个，八月七日半夜又捉了十六至十七个，听說打了后用汽車扔在李七庄，这样做是不合乎毛主席思想的。八月九日夜，我們去了十余輛車开往６０９厂說护厂，但在那里却公开拦截八·二五的車和过路車，还捉人。这次仗工代会是有准备的，軍工系統有很多人不生产而备战，做了土炮、酸类、土枪，杀人武器，經常捉人，别人来就是围攻軍工厂。

八月十二日我們从６０９厂撤回来，还把俘虏带回来，是可我們对别人太狠，听起来人都要吓昏了。两个女人，一个怀了孕，还是照样抽打，男的有两个被活活打死。駐軍也知道这两个人，头身遍身是伤，不知是怎样处理的，３５２７厂和其他撤回来的几千人很多知道，事实永远弄不掉的，地上的血流在兰球场附近的房子里和洗澡塘附近的一个房子里，洗可以灭，３５２７厂的革命职工知道灭不了，这是和毛澤东思想相違背的，他們做的不对，象法西斯，捉来的人沒有一个把眼睛蒙的布敢打开，上厠所用人拉上。

最近几天，他們虐待俘虏，当有人提出意見，一小撮坏人就围攻，３５２７厂的革命羣众敢怒不敢言。从这些事情使我慢慢觉悟过，誰好誰不好。自八月十三日我逃出３５２７厂这个深渊罪窝，晚上沒有睡着，看了这些事情心里过不去。工代会成万的人不生产，抽出很多人練武，在軍工系統人最多，这是他們做垂死掙扎的表现。軍工系統有很多厂有土炮，大批的酸，浪费了大批的錢买安全帽、木棍，鉄器，杀人武器，修筑工事，在６０９武斗中，調动全市人馬，大批的运輸汽車，鎮压造反派，破坏国家軍工厂。

工代会为什么这样胆大，主要是刘政同志支持了保守組織，灭了造反派的威信，在６４１厂，天鋼問題处理上，在天大八一三南大卫东天工八二五等組織的压力下表了态，結果旗帜不鮮明，但在３５２７厂問題急（及）时，顚倒黑白，压倒一方，希望刘政同志立刻回到毛主席的革命路綫上来。八月十二日在３５２７厂活活打死了两名俘虏，听說这两名是軍工截車时捉的，在３５２７厂被軍工系統单位打死了。这两具尸体工代会怎样处理的，灭迹是灭不掉的，建議全市革命同志組織成調查团。要求中央，天津支左参加，保証不同观点的人有人身安全，四大自由。到３５２７厂去調查，听說３５２７厂只有一派，我認为３５２７厂造总有很多人是要革命的，他們会起来造反的，一定有人說出实話，工代会也有人說实話的，６０９厂里听說用汽車油烧死了两个，不知眞假，八月十一日晚有个工代会財貿系統的常委叫王勇，由于对工代会挑起的武斗不滿，向大联合反复辟告訴３５２７厂的活动情况被发现，結果打的半死，說他是奸細，这个人的行为感动了我。３５２７厂大部分的同志是好的。３５２７厂里死了两个人，我看見一个死尸，在洗澡塘附近的房子里，个子中小身材，年紀二十四岁，劳动人民，头上脑背部是很多伤，下嘴唇由于忍痛結果自己用牙咬烂了。听說打了一个多小时，后来动了一下，他們說装死，后来就牺牲了。另一个在兰球场附近房子里不讓人看。

全市眞正革命造反派联合起来，打垮資产阶級反动路綫的新反扑，爭取毛主席革命路綫胜利！

我們伟大領袖毛主席万岁！
万岁！万万岁！
中国共产党万岁！

工代会×××
八月十三日

信封里有一黄紙条，上有字样如下：

具（据）可靠消息：3527厂里，现还有十多人未放伤重，两尸体于十三日半夜由工代会江（娄）卫东的小車从３５２７厂东面后門偷偷运走，不知去向，怎样处理。因３５２７厂怕臭味，意見很大。

短评

刘政的屠刀　造反派的鮮血

“紅旗卷起农奴戟！黑手高悬霸主鞭”。

正当天津反复辟大軍高举批判大旗奋勇前进的时候，頑固地坚持資产阶級反动路綫的刘政之流，配合着中国赫魯晓夫的疯狂反扑，步武汉的陈再道，四川的李井泉，青海的赵永夫之流的后尘，歪曲“文攻武卫”的革命实質，操縱保守势力，向造反派举起了屠刀！继血洗全市造反派的“七·六”“七·七”惨案，血洗６４１“大联合”，血洗天鋼“紅色造反大队”等大惨案后，又于八月十日开始，制造了震惊津沽的残杀我造反派的６０９厂陷害案！我数千名战友倒在了血泊中，染紅了反复辟的道路！

而刘政們凭借着自己所窃踞的要职，顚倒是非，栽赃陷害，却把一切罪名都强加到我造反派头上，其用心何其毒也！

“僧是愚氓犹可訓，妖为鬼蜮必成灾。”

事实是无情的，羣众是伟大的，毛主席的革命路綫是深入人心的。本报刊登的“工代会同志揭內幕”就一針見血地戳穿了刘政們反革命的“庐山眞面目”！

刘政們手持屠刀，凶象毕露，这正显示了他們紙老虎的原形，“唯凶残者最怯弱”！它也将促使更多的羣众与之斗爭，去扫除这些害人虫！

“金猴奋起千鈞棒，玉宇澄清万里埃。”革命派战友們，同志們，丢掉幻想，奋起战斗吧！

刘政之流与三反分子李泽民狼狽为奸

天津駐軍“支左”联絡站成立半年多来，其中以刘政之流为首的一些負責人，頑固地站在反动的資产阶級立场上，长資产阶級威风，灭无产阶級志气，妄图将天津轟轟烈烈的无产阶級文化大革命打下去。刘政之流所以这样干，决不是偶然的，看一看刘政之流和三反分子、大地主阶級的孝子賢孙、鎮压革命运动的劊子手李澤民（河北大学党委书記，第一付校长）的曖昧关系及如何千方百計地包庇三反分子李澤民，确也发人深省。

李澤民原在冀中軍区历任敌工科长，付部长，部长等职，河北軍区首长孟庆山、王奇才原来都是李澤民的上級，刘政、朱彪是李澤民的老部下，他們关系极为密切，特别是在文化大革命运动中，来往更加頻繁。去年六月，文化大革命开始以后，广大革命师生造了李澤民的反，七八月間李澤民害怕的要命，根本不敢見羣众，于是就各方求援，不仅与津警司朱彪来往頻繁，八月間又找到河北軍区王奇才，回到学校，李借王的話，給师生干部定調子，說什么“我跟王政委談了，他說我不够四类，說‘你此，李澤民自持无恐，得意忘形。

去年十月至十二月中旬，我兵团战士揪出李澤民进行了批斗。此后，李借口养病住了第一中心医院，但李澤民賊心不死，不但不低头認罪，反而指使其爱人赵伦（原冀中干部，现天津师院付書記）串通天津拖拉机厂付厂长赵文斌（此人原是李澤民冀中老同事，目前已被造反派揪出）并又和刘政、朱彪接上关系。

自去年十二月份以来，赵文斌往来于刘政、朱彪和三反分子李澤民之間，次数达十二、三次之多。仅就其主要者公布于众，以示警告！

①六六年十二月。李澤民指使其爱人赵伦找到赵文斌家，然后赵文斌到警司找了朱彪，据悉是交换对李澤民的看法，朱彪認为：李澤民不够四类，而后赵文斌以看病人的名义到第一中心医院和李澤民串通共謀。

②春节后（即二月下旬）赵文斌先到常征（极右分子，曾被解放軍軍法处劳改二年）家，因赵和常也是冀中同事。后又到李澤民家密

③今年二月下旬（赵交待三月，可能时間有誤）赵又到李澤民家去，据赵交待，是动員李澤民“到羣众中去”后来李澤民問到朱彪的情况，赵答：“最近沒去，不大了解。”最后約定“一块去找朱彪。”

④今年二月二十五日晚八点，赵文斌驅車前往八一礼堂找朱彪，沒見到，又到新华南路朱彪家，交談一小时后，赵驅車前往河北大学，拉上三反分子李澤民又回到朱彪家，路上，司机朱魁珍問：“李澤民怎样？”赵答：“李澤民沒事。我了解他不是三反分子，朱彪也沒什么問題。”汽車把李澤民送到朱彪家里，司机把赵拉回天拖宿舍，就开車回厂了。朱彪等合伙匿藏三反分子李澤民事实俱在，朱彪等必須老实交待！

⑤三月三日下午一点，赵文斌再次乘小汽車到河北大学，赵从李澤民那里出来，手中拿一封李澤民給刘政的信，然后又开車到公安局，找刘政，約一小时后，赵文斌从公安局出来，开車回厂了。据悉，刘政也認为李澤民不够四类，曾拍民打成四类，将来我替他翻案。”眞不知天高地厚！你算老几！

⑥直到今年五月赵文斌还先到貴州路招待所找了魏鴻亮，而后又找朱彪一次。

上述事实，使我們更加清楚地懂得了：为什么河老八死保李澤民至今不悔？为什么李澤民那么待見河老八、赵文斌那么喜欢“紅旗公社”？而刘政又为什么对河老八、“紅旗公社”等老保組織如此偏爱，对天拖鉄牛卫东彪等革命派那么仇視？

鉄的事实告訴我們：混进党內的一小撮“走資派”，他們穷途末日之时，一定要通过他們广泛的社会联系，上窜下跳，操縱其御林軍的一小撮坚持錯誤不改的坏头头，串通一气，拼凑反革命的小联合，疯狂地鎮压革命造反派，而对着这种复杂、尖銳的阶級斗爭，我們革命造反派万万不可書生气十足，放松警惕，而应高举更高举毛澤东思想伟大紅旗，底彻戳穿他們的各种鬼把戏，坚决按照毛主席的教导：把这场伟大的无产阶級文化大革命进行到底！

《井崗山評論》

1967年9月8日　　井岡山　　第四版

国民党特务刘文与河大“八一八”的黑关系

原河北大学党委常委，宣传部长，万张反党集团爪牙反革命修正主义分子刘文（原名盧良輔）系国民党特务，“忠社”成員。刘文在一九四一年混入我党，与天津地下黑支部，张淮三之流，伙同反革命修正主义分子刘仁、大叛徒刘愼之干尽了坏事。

解放以后，刘文与张淮三关系极为密切，狐朋狗友，天生一对。刘文深受万晓塘，张淮三的重用。一九五六年肅反审干时，刘文是重点审干对象，但万晓塘是审干委員会主任，张淮三是市委組織部长，审干委員会副主任，万张反党集团利用职权，包庇了刘文，并加倍重用。在河北大学刘文是三反分子李澤民手下的大紅人，是李澤民在河大推行修正主义教育路綫的得力打手和复辟資本主义的忠实干将。在无产阶級文化大革命中，刘文与李澤民狼狽为奸，頑固推行資产阶級反动路綫，疯狂鎮压广大革命师生，犯下了滔天罪行。

然而，就是这样一个国民党特务，万张黑爪牙地地道道的反革命修正主义分子却得到河大八一八的百般包庇和多方保护。李雪峰来津以后，河大八一八成了“当然左派”，他們时刻不忘黑主子刘文，公然要树刘文为党委書記。刘文也得意忘形，与河大八一八秘密勾結，互相呼应，公然站出来“亮相”表示“坚决支持河大八一八的一切革命行动”。下边就把刘文在二月二十四日的“亮相”声明公布于众：

声　　明

我热烈拥护《紅旗》杂志第四期社論的发表，并积极响应党中央和毛主席的号召，要即刻勇敢地站出来和我校广大革命羣众和革命干部一道在河北大学革命造反联合指揮部（即八一八总部——編者）的領导和监督下，积极投身到我校火热的伟大的无产阶級文化大革命洪流中去。

河北大学毛澤东思想八一八紅卫兵始終把矛头指向省市委內一小撮走資本主义道路的当权派，大方向是正确的。它所发表的二月十三日和二月十九日两个声明，正确地体现了天津市无产阶級文化大革命运动的大方向，我表示积极支持河大毛澤东思想八一八紅卫兵的一切革命行动。

我在运动初期曾执行过資产阶級反动路綫，給河北大学无产阶級文化大革命造成严重損失，我写出检查，誠恳地希望我校革命同志进行批評和帮助，帮助我彻底地和資产阶級反动路綫决裂，坚定地站在毛主席革命路綫上来，“放下包袱，开动机器”，更好地在伟大的毛澤东思想指导下，在伟大的无产阶級文化大革命运动中改造自己的世界观，为社会主义革命和社会主义建設事业立新功。

刘　文

1967.2.24

刘文的声明是地地道道的反革命宣言書，是刘文与河大八一八互相勾結，串通一气，阴謀在河大大搞資本主义复辟的鉄証！“凡是敌人反对的，我們就要拥护；凡是敌人拥护的，我們就要反对。”国民党特务，万张爪牙，反革命修正主义分子刘文在“声明”中把臭名昭著的老保組織河大八一八捧上了天，不正告訴我們河大八一八是个什么組織了嗎？

河大八一八一个負責人龙××給刘文这样一封介紹信：刘文同志：今上午有天津人民广播电台同志前去了解情况，希接洽。

河大革命造反联合指揮部

龙××　　四月二十八日

看，他們对国民党特务，万张爪牙，反革命修正主义分子刘文是何等亲切！一口一个“同志”一口一个“希接洽”。河大八一八一小撮人究竟站在什么立场，不是很淸楚了嗎？

主子一“亮相”，奴才喜洋洋。經过一番精心策划，乔装打扮，河大八一八的“刘文同志”就要“上班”了，河大八一八的“好書記”就要粉墨登场了！这可是一件“大喜事”！“刘書記”之女盧××（河大八一八战士）忙給她北航的姐姐去信“报喜”，其姐姐接信后欢喜若狂，忙給她爸爸“鼓劲”。下面公布她給刘文一封信里的一段話：

“爸爸您好：今天我收到大妹妹的信……

八一八讓您到学校去研究上班的問題，您可以去嘛。然后談出自己的看法，千万不要躲躲閃閃……

67.2.4

够了！仅从以上鉄的事实足以看出：河大八一八一小撮决策人物死保国民党特务，万张反党集团黑爪牙，反革命修正主义分子刘文，妄图在河大复辟資本主义。

革命的根本問題是政权問題，有了权，就有了一切，沒了权，就丧失一切。河北大学的政权落在八一八一小撮决策人手里，落在反革命修正主义分子刘文手里，河大出现了全面的資本主义复辟！然而事情远非如此，还应提出一个特别重要的問題：河大八一八是刘文之流的“当然左派”，大专紅代会副組长，五代会的核心，夺权筹备小組副組长，位置极为重要。那么天津的政权将要落到何人之手？会不会落到国民党特务，万张反党集团的爪牙，反革命修正主义分子手里？全市造反派的战友們，深思呵，深思！警惕呵，警惕！

打倒国民党特务，万张反党集团爪牙，反革命修正主义分子刘文！

粉碎資本主义复辟的反革命逆流！

河大井崗山

《千鈞棒》战斗队

彭德怀罪不容誅

（上接第一版）

枪指揮党”的原則，妄图取消党对軍队的絕对領导。他只要軍队資产阶級正规化，反对軍队突出政治无产阶級革命化，妄图使无产阶級的革命軍队蜕变为資产阶級修正主义的軍队。

他与黃克誠、譚政等結成反党集团，飞扬跋扈，进行篡軍的阴謀活动。

林副主席指出：反革命政变的危险“国內外，国內是主要的。党內党外，党內是主要的。上层下层，上層是主要的，危险就是出在上層。”

他一心一意搞反革命政变，伙同高崗、饒漱石进行夺取党和国家最高权力的阴謀活动，妄图复辟資本主义。

一九五九年党的庐山会議上，他向党猖狂进攻，再次阴謀发动反革命政变。

他在赫魯晓夫修正主义集团的支持下，亲自挂帅，糾集了黃克誠、张聞天、习仲勛、周小舟等反党分子在庐山会議上抛出了反党“意見書”，把国內形势描写得漆黑一团，叫嚷要“发生匈牙利事件，要請苏联紅軍来。”公然把矛头指向以毛主席为首的党中央，胡説什么：“当权的沒有几个明白人。”他私下安排“班子”，跃跃欲試，准备上台。

他里通外国，在一九五一、五七、五九年，多次利用出国訪問的机会，同赫魯晓夫修正主义集团秘密勾結，串通一气。他一再表示支持赫魯晓夫修正主义集团大反斯大林，发动反革命政变。他吹捧赫修，説什么：“苏共二十大是个勇敢的大会”。“开得好。”“心有灵犀一点通”，赫魯晓夫对彭德怀也十分重看，宣称他是自己“最好的朋友”。

他一貫反党、反社会主义、反毛澤东思想，罪悪滔天，罄竹难書。

我們要奋起毛澤东思想的千鈞棒，打断彭德怀的脊梁骨，叫他永世不得翻身！

千鈞棒战斗队

一九六七年八月二十三

黔驢技穷

正当天津无产阶級革命派同仇敌愾，向以中国赫魯晓夫刘少奇为首的一小撮党內軍內走資派穷追猛打的时候，正当天津当局刘政之流陷于四面楚歌，面临灭頂之灾的时候，刘政之流不擇手段地刮阴风、放暗箭，縱容姑息保守組織的坏头头挑起大规模武斗，制造混乱，他們的阴謀日益被造反派看穿，难以逃脫历史懲罰。天津保守势力的大本营臭名昭彰的河大八一八一小撮坏头头，遵照主子的旨意，慌慌张张地，破門而出大喊起“打倒閻达开”来，一些不調查不分析的“革命”阿斗，諸如主义兵，小教公社之流，緊步河老八的后尘，察言观色，鸚鵡学舌，鬧得滿城风雨，果眞有什么新玩意嗎？

曾記得，在五六月份，造反派雄姿英发，李雪峰在天津搞資本主义复辟阴謀即将破产的时候，天津当局刘政之流觉得日子难过，就抛出了华北局老牌修正主义分子李立三，河老八一小撮人心領神会，上窜下跳，东跑西顚，大标語大字报貼滿大街小巷，无中生有，造謠中伤，硬説李立三是反复辟的后台，这种造謠誹謗的手法，委实是卑劣至极！

但是，无产阶級革命派凭着战无不胜的毛澤东思想，心明眼亮，刘政的阴謀，河老八的心血，象肥皂泡一样迎风破灭了。随着时間的流逝，李立三是反复辟后台的嗡嗡叫声再也听不見了。

而今，刘政之流又在閻达开身上大作文章，臭名远扬的河老八又空前活跃起来，重新打起誹謗誣蔑的破旗，为保其主子过关，陷害无产阶級革命造反派，不惜出卖灵魂，継承德国納粹头目戈培尔的“謠言只要重复多次，就能使人相信”的衣鉢，对革命造反派进行栽脏陷害。説什么“井崗山反李雪峰，閻达开曾面授机宜”，甚至三五二七厂的流血慘案，“閻达开也曾与井崗山密室共謀”。你看时間地点，人物对話，造得有鼻子有眼，不明眞象的人頗有迷惑性，明白底里的人透过白紙黑字一眼就看到了河老八一小撮坏头头的醜經的黑手，在干着不可告人的卑鄙勾当！

列宁教导我們：“吹牛撒謊是道义上的灭亡，它势必引向政治上的灭亡。”在天津市文化大革命波瀾壯闊，滚滚向前的今日，刘政之流，河老八一小撮坏头头抬出閻达开来，挖空心思的对革命造反派造謠誹謗，玩弄遮人耳目，轉移視綫的鬼把戏，正說明刘政之流內心空虛，黔驢技穷，如不悬崖勒馬，势必导致政治上的灭亡，而被历史无情地嘲弄！

·井崗一兵·

翘尾巴的将軍

刘政与李雪峰是一路貨色。

但是，这是不是説，刘政与李雪峰就一模一样呢？不然。他們之間不但面目不同，就是在「尾巴」上也有区别：李雪峰在天津是「夹着尾巴」做人的，而刘政却是「翘着尾巴」做人的，而且越翘越高，最近竟登上天津日报头版头条，当起「万岁」来了！

「翘尾巴」确实是十分得意的事，但是历史上最倒霉的却也都是「翘尾巴」的人，高崗、饒漱石便是一例。

其实，刘政将軍本应該在李雪峰事件上接受教訓的，李雪峰到天津来「夹着尾巴」支保，还被天津造反派轟了出去，难道你刘政翘着「尾巴」支保还会有好下场？

毛主席説：「我們大家都要割尾巴，我也劝你們割尾巴。」刘将軍道貌岸然，长了一个长尾巴，巳經不雅观了，可是还要翘，这就更难看了。希望刘将軍赶快割尾巴！

否則，我們就不客气了！

文化戰報

1967年9月10日　第十一期　本期共四版

天津市文艺界革命造反联络委员会主办

（地址：新华路164号）

人民靠我們去組織。中国的反动分子，靠我們組織起人民去把他打倒。毛泽东

活閻王周揚在津进行了哪些反党活动 （1958——1966）

續

天津市文化系統批判修正主义文艺黑綫联絡站

文艺黑綫的总头目，反革命修正主义分子周揚的黑手，早已伸向天津市，伸到了天津一些基层文化藝术部門。他和天津市万、张反革命集团及其干将白樺等一小撮反革命修正主义分子互相勾结，一直把天津市当做他們推行反革命修正主义文藝黑綫的“試驗田”；当做他們炮制毒箭，向党进攻，阴謀策划进行复辟的“基地”；当做他們匿迹藏身的“防空洞”。

天津市万张反革命集团及其干将白樺等一小撮反革命修正主义分子，和周揚緊密勾结，阴謀复辟，罪責难逃。連反革命修正主义分子周揚都說：“我就願意到天津去，天津和我关系好，合作地好。”

他們相互勾结，在天津的罪恶活动必須彻底揭发，彻底清算。現在我們把收集到的周揚在天津的一些活动情况，摘要地按时間顺序整理出来，供广大革命群众深入追查、揭发和批判的参考。

一九五八年

一九五八年八月，河北省召开“文艺理論工作会議”。八月四日，在这个会上周揚做了长篇讲話。題为“文艺理論、文艺批評工作的重要性”、“在新形势下面文艺理論批評工作的任务”及“百花齐放，百家爭鳴”。大放厥詞。

一九五九年

年初，周揚来津。

二月十四日，他参加了河北省委宣傳部为他召集的省、市文艺領导干部座談会，在会上他做了讲話。参加这次座談的有远千里、路一、白樺、方紀、王雪波等。

二月十六日，他参加了河北省委为他召集的省、市文学工作者座談会，在会上他做了讲話。参加这次座談的有梁斌、李盘文、方紀、娄凝先、袁靜、艾文会、万国儒等。

二月十七日，他参加了河北省委为他召集的省、市艺术工作者座談会，在会上他做了讲話。参加这次座談的有远千里、路一、白樺、方紀、陈因、郛鈞、王莘、赵大民等二十余人。

同年，五月，周揚又一次来津。同行的还有林默涵、張光年、刘白羽等人，住在天津睦南道１００号高級招待所。他們在津密謀起草周揚在一九五九年十二月《在全国文化工作会議上的报告》这个黑文件。

同年，周揚、張光年等，在方紀、王莘等陪同下，看了天津歌舞剧院外国毒草戏《貨郎与小姐》的預演。看后，周揚很高兴，对方紀、王莘說：“这种戏給人一种愉快、娛乐，那也很好嘛！”

一九六〇年

年初，周揚来津。和他同来的有：張光年、黎树、黎之（李曙光）和周揚的老婆苏灵揚　后林默涵和刘白羽也赶到天津来。周揚等住在云南路市委高級招待所。在津为周揚炮制“第三次文代会”的黑报告。同时，他們还酝釀把周揚一九五九年十二月在全国文化工作会議上做的黑报告改写成三篇文章。即《关于战争与和平問題》《关于批判遺产問題》《关于革命現实主义和革命浪漫主义相結合的問題》。在他們酝釀、炮制黑报告的过程中，看了陆定一在一个題名为“关于文艺界开展对修正主义思想的批判和对資产阶級文学艺术遗产的正确的估价的报告”上的大篇批語。其中有一段談到“在批判修正主义文艺时，同时要坚决执行統一战綫，对有益、无益、有害要划分，要分别对待，要遵守百花齐放、百家爭鳴政策，这方面不讲透，会犯“左”的錯誤，这点請你們写上一段。”……等等。

周揚等在他們在津炮制黑报告过程中，还有如下活动：

由远千里等省、市宣傳部主持，为他們安排了晚会活动，主要是看戏，都是帝王将相、才子佳人的节目。

方紀曾找周揚“訴苦”，方走后，周揚曾对張光年說：“剛才方紀来，說天津如果对他的批判（指一九五九年对方紀《来訪者》等文章的批判）象文艺报批判郭小川那样，他就接受的了！”

方之中在俱乐部請周揚、張光年等吃飯。参加的人还有远千里、方紀、娄凝先、袁靜等。在吃飯时，方之中提起对方紀的批判問題，意思是对方紀的批判有些过火。周揚听了，随即对远千里說：“这不是省委宣傳部长在么，你們研究一下嘛！”示意远千里包庇方紀。在休息时，袁靜把他自己写的《小黑馬的故事》《紅色交通員》等书，分别送給周揚、張光年。回来后，周揚对張光年說：“袁靜到天津好了，写这么多书！”

周揚在津期間，林铁、远千里、白樺、王亢之等都分别去看过他。林铁和远千里还曾一同找周长談一次。

二月十六日，周揚专門听取省委宣傳部对貫彻中央文化工作会議情况的汇报。

三月十七日，周揚在津对省、市文艺干部做了报告。这次报告会是由省委宣傳部远千里主持的。

一九六一年

八月下旬，周揚来津。同来的还有林默涵等多人。周揚在津主持召开“全国文科教材討論会”。

这次討論会，主要是討論“三本书”的編写。即：蔡仪主編的《文学概論》；唐弢主編的《現代中国文学史》和刘佛年主編的《教育学》。周揚主持的文科教材的編写，是按刘邓的黑旨意“未立不破”做为指导思想的，全面对抗毛主席“不破不立”的英明指示。这“三本书”是周揚抓的“重点”、都是反毛澤东思想的大毒草。《文学概論》是彻头彻尾的修正主义黑貨，是和毛主席文艺思想唱对台戏的；《現代中国文学史》是蓄意宣揚“三十年代”，为周揚“国防文学”翻案，大反毛主席《讲話》的黑貨；《教育学》是苏修凱洛夫教育学的翻版，是反毛主席教育思想的。在研究这“三本书”的編写提綱时，周揚都讲了許多黑話。

在津参加这“三本书”討論的人、《文学概論》組有蔡仪、叶以群、林默涵、王朝聞、馮至等；《現代中国文学史》組有唐弢、馮至、刘受松、王瑶、楊晦、袁水拍等；《教育学》組有刘佛年、戴××、張家祥、方銘等。天津参加該会討論的有李何林（文学史組）、梁寒冰（教育学組）等。

在此期間，周揚还有如下活动：

八月二十三日参加了省委宣傳部为他召集的省作家、艺术家座談会。参加这次座談的有远千里、孙来奎、楊燕春、方紀、李霽野、赵路、袁靜、韓俊卿等。会上，周揚做了讲話和插話，毒恶攻击大跃进“搞到荒謬的地步”“搞得行不通了！”；攻击党对文艺的領导是“簡单粗暴”不懂“双百”，并鼓动作家、艺术家起来反党。

八月二十五日，周揚参加了河北省文艺工作座談会召集的会議，参加的包括省、市文艺工作座談会全体数百人。周揚在会上讲了話，大放厥詞。

林默涵、袁水拍、李曙光等在津听取了周揚关于修改“文艺十条”和“关于文艺工作会議給中央的报告”的黑指示。周揚指示說：“在报告中要表現作家、艺术家的情緒，他們都激动得痛哭流涕，这一些要写进去。”

周揚等在津期間，省、市委宣傳部为他安排了多次晚会，远千里、白樺等陪同他活动。此間，周揚在看戏后，上台接見了反革命、坏分子厉慧良。并在看了河北梆子一团演出的海瑞戏《五彩轎》之后，大加贊賞，极力捧場。他們出于为右傾机会主义分子翻案的不可告人的目的，接見了作者，提出了修改意見。

一九六三年

秋季，周揚来津。在天津参加了省、市召开的下乡青年知識分子座談会，会議由胡昭衡主持，远千里、白樺也参加了。会議进行中反革命修正主义分子万曉塘也赶来了。会議結束时，周揚向万曉塘表示，他想来天津郊区参加四清，叫万曉塘考虑一下，去哪里好？万曉塘当时就向他介紹了南郊情况，并推荐他到南郊西右营張凤琴那里去。

一九六四年

二月，周揚来津。率領一批人，在津起草“黑文件”。同来的有林默涵、袁水拍等。在周揚主持下，經两个多月，炮制出題为“中央关于加强文艺工作的指示（草稿）”。

起草这个“黑文件”是由于毛主席一九六三年第一次批示，严厉批評文艺工作之后。一九六四年一月初，刘少奇假借中央名义召开“政治局”会議，討論“文艺問題”。会上，周揚做了汇报，刘、邓、彭分别做了黑指示，并决定由旧中宣部筹备召开全国性文艺工作会議。这个“黑文件”就是旧中宣部給中央的一个报告。同时，周揚还主持炮制另一个黑报告《关于文艺界的新气象》。这些，名义上是貫彻毛主席指示精神，实际上是对抗毛主席批示，貫彻刘、邓、彭的黑指示。这些活动，是周揚所謂在天津蹲点时在天津主持和組織的。

周揚这次来津，即由远千里、方紀陪同到南郊西右营，开始“四清蹲点”。在西右营时，周揚就住在張凤琴家。白樺、王亢之等曾专程前往看望。此間，周揚曾向方紀提出：要天津出点錢，在西右营盖几間房子，成立个俱乐部，好叫文化人下乡有个住的地方。方紀曾向白正式談过，白樺也表示同意。

周揚来津和下去“四清”前后，还有如下活动：

二月二十日，周揚参加了由他提出，由市委宣傳部組織的工人业余作者座談会。在天津俱乐部召开。参加的有远千里、白樺、方紀、李森荣等及萧湘昆、赵恩祿、刘中樞、王德奎等天津工人业余作者。在会上周揚作了讲話，胡說什么：“創作要强調写人，写人的社会关系，如工人家里都有兄弟姐妹，甚至丈母娘，这些都可以写。”而閉口不談写工人斗爭的英雄形象。

二月二十二日，周揚参加了省、市作家座談会，并讲了話。参加的有远千里、田亚夫、張庆田、白樺、方紀、陈因、孙犁、孙振、袁靜、王昌定、于雁軍等。

一九六四年春节，周揚和林铁、張承先、王亢之等在天津干部俱乐部接見省会文艺界。

春节期間，周揚由方紀、張映雪陪同，看了天津市京剧团厉慧良的《火燒望海楼》，看戏后，周揚上台，胡說：“应該把县官写得更好一些，反帝更坚决一些。現在写得过于动搖、軟弱。封建官吏也有反帝爱国、民族主义思想很强烈、很坚决的，象西哈努克，反对帝国主义不是很坚决嗎？”他还要了些資料，了解《火燒望海楼》的史实情况，借走了“曾文正公家书”和“文集”。

同年三月，周揚又由胡昭衡、方紀陪同看了天津市京剧团的現代戏《紫云山》（此剧严重地歪曲了貧下中农形象），看完戏后，說：“可以嘛！很有戏剧性。”

二、三月間，周揚还由远千里陪同，去遵化县，并对县委負責同志讲了話；去唐山，参加了正在召开的唐山地、县委宣傳部长座談会，会上周揚做了讲話；召开了唐山地区农村知識青年座談会，周揚在会上做了插話和讲話；接見了唐山文艺界并讲了話；召开了河北省农村文化俱乐部座談会，也在会上讲了話。因周揚准备在下乡青年問題上写文章，故由远千里安排活动、天津日报記者随同記录意見。

八月十五日，周揚在天津召开河北省文艺界負責人会議，会上他談了“文艺整风”問題，并提出要以天津市京剧团为試点，搞厉慧良的問題。这是他布置“假整风”，对抗毛主席一九六四年六月对文艺工作的第二次批示的活动。

（下轉第三版）

·2· 文化戰報 1967年9月10日

紙船明烛照天燒

彻底批判一批反动、淫秽、庸俗的传統相声

天津市文化系統批判修正主义文藝黑綫联絡站人民說唱团革命造反队

偉大領袖毛主席教导我們說："在現在世界上，一切文化或文学艺术都是屬于一定的阶級，屬于一定的政治路綫的。为艺术的艺术，超阶級的艺术，和政治并行或互相独立的艺术，实际上是不存在的。"

傳統相声，是半封建、半殖民地社会的畸形产物，它的絕大多数节目充滿了反动、淫秽、荒誕、庸俗、低級的毒素。它披着"喜剧艺术"的外衣，打着"引人发笑"的幌子，放肆地散播封建主义、資本主义的黑貨，公开頌揚剝削阶級和剝削制度，宣傳資产阶級及小市民的人生哲学。是不折不扣隶屬于資产阶級、封建阶級和資产阶級投降主义路綫的。这样的反动文艺，解放后根本沒有得到改造，相反，大量傳統毒草却一直在上演，截至一九六四年初，下达毛主席对文艺工作的批示之前，本市共有专业相声演員七十人，学員二十余人，除在曲艺演出中占据着优势地位外，还有三个区相声队整日专場演出。經常上演的傳統节目有一百二十余段，观众每日平均三千人次，电台也每日播送傳統相声，流毒甚广。盘踞在曲艺界的"走資派"，忠实奉行反革命修正主义文艺黑綫，借挖整傳統、继承遺产为名，保护了大量毒草节目。最令人不能容忍的是：这一小撮人为了扩大放毒市場，向其黑主子刘少奇及周揚一伙邀功請賞，总是不滿足于在大小剧場日常业务演出放毒，从而挖空心思开辟放毒的路子，极力发揮毒草的功能，以毒害更多的工农兵，招徠更多的遺老遺少，頑伪流杂。本报上期《傳統相声放毒的后台——侯苛一》中所作的揭发，就是本市万張反革命修正主义集团利用傳統相声搞資本主义复辟的铁的罪证！

毛主席教导我們：**"凡是錯誤的思想，凡是毒草，凡是牛鬼蛇神，都应該进行批判，决不能让它們自由泛濫。"**

为了彻底肃淸傳統相声专場大放毒中所散布的封、資、修毒素，以下根据不同节目的問題性质，进行严肃的批判。

一、攻击党、攻击社会主义制度，影射对現实不滿

毛主席教导我們：**"被推翻了的資产阶級采用各种方法，企图利用文艺陣地，作为腐蝕群众，准备資本主义复辟的溫床。"**一九六一、六二年，正值国家經济暂时困难时期，全国人民正在以毛主席为首的党中央正确領导下，发揚自力更生、艰苦奋斗的精神，战胜重重困难，在社会主义大道上闊步前进。而侯苛一和曲艺团的"走資派"赵魁英、王济等一伙却别有用心地放出《窩头論》、《老老年》、《卖五器》、《醋点灯》、《豆付房》等毒草，公开站在地主、資产阶級的反动立場上，嘲諷我們国家三年因自然灾害而带来的暂时困难，与党大唱反調。如《老老年》是当时久不上演的傳統节目，它露骨地宣揚今不如昔，頌揚反动統治下的"五谷丰登"年景，內容是甲向乙夸耀过去"老老年"如何好，东西便宜，买什么有什么，近而离奇到"下雨下香油，下雪下白面"（許多情节都是宣揚懶汉不劳而获的），最后說由于一个"制錢"能买倆小猪，所以沒人吃豆付，弄得豆付房掌柜不得不求亲告友找人来吃。乙問：沒人吃可以不做呀！甲說：不行，为的是剩下豆付渣好喂猪。乙又問：为什么不拿豆付喂猪呢？甲說：豆付太軟，猪吃了不上膘等等。当时市場上供应紧張，广大人民很少吃到豆付，相声中却說連猪都不吃它，这是何等的恶毒誣蔑！《豆付房》也是誹謗現实的。甲約乙去演"堂会"，并請演員吃飯，但所有的菜全是豆付做的，乙說：怕吃完了腿都軟啦！对困难时期各种代食进行了譏笑。《卖五器》是說一个沒落貴族要卖掉"銅、铁、錫、瓷、木"五件宝貝，叙說的結果都是些不值錢的破烂，充滿对落魄資产阶級的同情，为封建主义、資本主义大唱挽歌。《窩头論》是甲請乙吃窩头，并吟詩作賦，对窩头狂吹濫捧，乙提出吃好的，甲說沒錢。直接宣泄了对当时粮食供应紧張的不滿和对高价商品、高級飯館的羡慕。当演員用造作的語言說出："美哉窩窩兮，充我饥腸"，显然是旁敲側击地諷刺現实。《醋点灯》是宣揚小市民羡慕資产阶級生活的，作品抽調阶級分析地写他处处損人利己，向房东借錢，向資本家賒面，是資产阶級"好心"帮他的忙，而他却得寸进尺地去念丧歌。还說他用棒子面包餃子不粘摻上麻刀，吃过之后拉出来一棵绳子，演員竟現加台詞說："这倒不錯，人造麻绳！"整段是站在資产阶級立場上說明穷极生瘋，特别是收尾說正停电，用醋点油灯又点不着，影射当时一团漆黑，对社会主义現实进行了恶毒的攻击。

二、美化封建制度，頌揚地主、資产阶級，鼓吹"剝削有功"

这部分节目中，《白事会》、《卖寿木》、《交租子》是較为突出的代表。《白事会》是叙述乙父亲死时如何排場，最后說明："这是吳佩孚发丧"，不仅夸耀、贊揚了官僚資产阶級的殡葬仪式，还大力美化了双手沾滿革命人民鮮血的劊子手，为大軍閥吳佩孚唱贊歌（如背誦当时的輓联"終有大名垂宇宙，长留浩气护山河"等），这无疑是个极端反动的节目，而当时赵魁英、王济等却拼命为它找"积极意义"，胡說什么"介紹了一些旧风俗习惯，諷刺了兄弟、朋友之間的虛伪"等等　摘帽右派何迟也跟着叫囂："保留了旧殡葬仪式，有民俗学价值"。《卖寿木》是个具体鼓吹資本主义复辟的毒草节目，赤裸裸地美化資产阶級，介紹資产阶級的生意經，甲不仅异想天开开設了"拉屎公司"牟取暴利，而且想在自然灾害中（段子中說是瘟病）撈一把，高价出售棺材去装病死的人，因为卖不出去，他就学了卖估衣的吆喝法："对准了尺寸，你躺里头試試吧！"这样就全部卖了出去。段子中絲毫沒有揭发商人唯利是图的本质，只是欣賞他的鉆营方法和高妙的騙术，这不就是要革命人民背叛无产阶級都向資本家学习，都走資本主义道路嗎？結尾的处理，更是直接影射現实，說明生不如死，这是何等的反动！《交租子》更是露骨地吹捧地主阶級，甲自称是佃戶租地种，也欣賞式地揭发了一点地主的剝削手段，但一提起他們"老爷"作过大官时則兴高采烈，眉飞色舞，由于"无知"所以还說不上"老爷"的官銜，需要計算出門时打鑼的数字，把一个受剝削的农民如此糟塌，而对官僚、地主阶級却极力美化，这不正是維护贊揚封、資制度嗎？

以上这三棵毒草有个共同之处，那就是它們都在竭力配合刘少奇"剝削有功"的反动理論，鼓吹"人不为己天誅地灭"，整个說来就是活着要千方百計地弄錢，买房置地作大官，死后出大殡，看，这是多么反动的人生哲学，这样的节目在困难时期演出正是用来誣蔑現实的，說明无产阶級活着不如資产阶級舒服，死也不如資产阶級风光，这种妄想让地主資产阶級流芳百世的黑根就是中国赫魯曉夫所提倡的"把資本家带进社会主义""剝削越多，功劳越大"的反动謬論。此外，象美化淸朝皇帝乾隆，写統治阶級內部勾心斗角的《江南围》；頌揚地主阶級勤儉发家、节省致富的《看财奴》；把观众当"活財神"，拿演員当食品去供奉的三人相声《祭財神》及維护房东剝削，諷刺不守"法"房客的《揭瓦》等，都是印证"剝削有理，造反有罪"的黑样板，在两个阶級、两条道路斗爭激烈的时刻，放射出这样一批毒箭，严重地混淆了阶級界限，模糊了阶級观念，使人在說說笑笑中接受了阶級調合"合二而一"的黑貨，把无产阶級和資产阶級尖銳、复杂、长期的阶級斗爭忘掉，从而不知不觉滑到修正主义边緣去！

三、維护資本主义制度，破坏无产阶級专政，侮辱、丑化劳动人民

傳統相声在旧社会为迎合官僚資产阶級、軍閥、政客、地主以及投机商、暴发戶之流的需要，逐漸形成象《怯拉車》、《粥挑子》等維护地主資产阶級利益，嘲諷貧苦市民的节目，象《怯拉車》就是从城市資产阶級立場出发看待农民进城拉車的，整段是刻划农民如何愚蠢、"露怯"，鬧得有錢人都不雇他的車。他所以混不上飯吃，并不是那个罪恶的社会制度造成的，而是怨他"沒本事"，"楞头楞腦"。作品中又有意安排了一个精明强干的"車混子"，他"車新人也精神"，能說会道，随机应变，左右逢源，能討得"車座"的欢心，甚至撞了人也能巧言遮辯，使那些"耗財买臉"的大老板无可奈何。这样，就明显地贊揚了这一能为資产阶級服务的个别人物，而侮辱、丑化了大多数靠卖力气拉車吃飯的劳动人民。

这个毒草节目曾在郑州道高干自修班为侯苛一原封不动地演过，后来王济又支持×演員作了所謂的整理，整理稿虽然暴露了一下那个"車混子"的市儈面目，由于不敢接触社会本质，原有的毒素也都依然如旧，只是改头換面地販卖狗皮膏药而已。

《粥挑子》又名《卖面茶》，一个封建余孽曾說它是諷刺"君子固穷，小人穷思濫"的。甲一家人穷得吃不上飯，因而他老婆借买面茶去偷炸羔，引起了一場风波。这棵毒草把市井潑妇的无賴丑态作了淋漓尽致的描繪，露骨地宣揚了"人穷志短，馬瘦毛长"的資产阶級反动世界观，瘋狂地鼓吹"君子安貧，达人知命"的反动哲学，是相声老艺人在旧社会謾罵穷人取悅于达官貴人的救命稻草，这样反动透頂的节目，說一千，道一万，也不能容許它在社会主义舞台上演出啊！

《穷富論》也是个极端反动的毒草相声，解放后从未演出，也在"研究"的幌子下拿了出来，內容是甲乙爭比穷富，揚言要作到說穷最穷，說富最富，穷的穷到"說我穷，我真穷，穷的我上吊沒錢买麻绳"，富則富到"說我闊，我真闊，我家有翡翠餅子金鋼鉆的磨"，声嘶力竭地鼓吹两极分化，吹捧資产阶級，挖苦、嘲諷貧苦市民，是一本地主資产阶級反攻倒算的变天賬。

这类的毒草节目还有站在封建地主、資产阶級立場罗列为人处世中各种"病态"的《洋药方》，頌揚軍閥鎮压农民起义的《打白狼》，丑化劳动人民因念不起书在通信上产生笑話的《山西家信》和諷刺厨师傅偷东西的《造厨》等，都有意避开无产阶級和資产阶級之間針鋒相对的斗爭。在这里边沒有一点阶級对立，阶級矛盾，有的只是人与人之間的糾紛，只是富的"有錢能买鬼推磨"，穷的梦想一朝发財，陡然富貴，整个是鼓吹剝削阶級的反动人生哲学，是为巩固資产阶級专政而存在的，在无产阶級专政条件下，大肆泛濫这些毒草，就会直接破坏无产阶級专政，危害社会主义建設。

四、誨淫誨盜，宣揚資产阶級生活方式，充滿黃色趣味

毛主席教导我們：应当使文艺成为**"团結人民，教育人民，打击敌人，消灭敌人的有力武器"**，而侯苛一等一伙站在反动的地主資产阶級立場上，胆敢公开对抗毛主席的革命文艺路綫，用一些极端腐朽下流和充滿色情毒素的坏相声来麻痺广大人民的革命斗志，在文艺領域內拼命地制造資本主义复辟。这正是两个阶級爭夺思想陣地的大是大非！

这里，想就几个有代表性的节目作些簡略的批判。

《招女婿》又名《倒扎門》，甲自称是資产阶級的大管家，說有个年輕的"寡妇"要带着財产改嫁，乙財迷心窍，恳求甲为他撮合，演习了半天，都是把乙当作女的打扮，隐諭色情，最后甲說明对方是男"寡妇"，要續娶老婆，甲甚至說：要是女的有多少我就留下了！乙始罢休。这个毒草与专場中演的另一节目《福寿全》情节大致相似，都是所謂"吹大話賺財迷"的，而它們的共同点都是为地主資产阶級唱贊歌，頌揚他們"治家有道"，同时站在資产阶級立場上对乙（代表着貧苦市民阶层）进行侮辱、丑化。

《托妻献子》更是一棵臭不可聞的大毒草，它赤裸裸地宣揚旧社会的黃色新聞，美化乱搞男女关系的流氓无賴。当时，这棵毒草是打着"諷刺伪君子"的幌子出籠的，实际上是諷刺了些什么呢？还不是单純地暴露、欣賞、美化嗎？当說到乙出外，甲为他照顾家屬，乙离家八年回来后却有了两个三五岁的小孩时，是何等的黃色下流！侯苛一之流所以批准上演，正是看中了这样的糖衣炮彈，要用它来搞和平演变，向革命人民特别是青年一代进行資产阶級思想的溶化，以达到阶級滲透，为資产阶級爭夺接班人，敗坏社会主义道德的罪恶目的。

《杠刀子》是表現妓院生活的，夸耀一个妓女眼力好，能看出所有嫖客在哪行哪业作事，原因是她善于抓对方的特征，后来一个理发工人有意不露痕迹，使她頗費心思，最后还是抓住对方在手心上杠刀子这一特征，一語道破。这段相声恶意地美化資本主义社会，美化妓女，使这个出卖灵魂、苟且偷安的寄生虫成为"有眼光"的"正面"人物，她和嫖客的关系也是那样的亲密无間，不分彼此。总之，这些人整日一处鬼混的日子却是十分安閑自在的。这样的內容硬要拿来上演，不正是侯苛一、赵魁英一伙在留恋旧社会，梦想資本主义复辟嗎？在专場放毒后，他們懾于革命群众的压力，虽然不敢公开把臭不可聞的妓院生活端出来，但由于出于阶級偏好，对这一"有眼光"的女人还是无限欣賞，于是就安排演員进行了"整理"，把妓女的身份改成了酒館女老板，把嫖客改成顾客，其余一切照旧，就这样換湯不換药的继續放毒。我們說节目中妓女的"眼力好"，实际上也正是她本身的职业特征，她以此見机行事、敷衍周旋，这是她从卖淫生活中得来的"閱历"，又有什么可美化的！至于她所发現的各行业的特征，也只是用一些浮光掠影的生活現象制造笑料，象对理发工人的观察則是肆意的丑化，灌輸着在資本主义制度下产生的等級观念。对于劳动人民来說，生活中不自觉流露本行业的习慣动作，正是热爱劳动的表現，怎么能让他到妓院（或酒館）去当众出丑呢？所以說任凭怎么改头換面，也是一条毒性十足的毒蛇！

五、极端庸俗低級，形象丑恶，以佔便宜、打腦袋取胜，毒害人民身心健康

傳統相声中几乎每一段都充滿了低級庸俗的趣味，早为广大工农兵群众所摒弃，但由于文艺黑綫的头目周揚在他的总后台刘少奇的指使和支持下瘋狂地叫囂："文艺要起娛乐作用，要使人精神愉快。"这就使得曲艺界一小撮"走資派"和牛鬼蛇神有了护身符，他們扯起了"相声是笑的艺术"的破旗，胡說什么："一段好相声要使人从头笑到尾"，何迟甚至說："相声的笑，旣是手段，又是目的。"专場放毒中所演的大量庸俗低級的毒草节目，也都是在"引人发笑"的黑招牌下出籠的。象《拴娃娃》、《傻子学話》、《树沒叶》、《洪洋洞》、《搶三本》、《鈴鐺譜》等都是以倫理、两性关系逗乐的，宣揚了資产阶級人与人之間的关系。（下轉第四版）

1957年9月10日 文化戰報 ·3·

揪出中南地区党政軍內走資派的忠实保皇狗

——剝开中外杂技『名』演員『百万雄师』第三号头目夏菊花的丑惡画皮

窃取全国人民代表大会代表、武汉市文化局党委委員、武汉市杂技团党支部委員、舞台队队长的夏菊花，是刘少奇修正主义文艺路綫在全世界的吹鼓手，是一个弄虛作假的政治投机商，是一个卖身求荣的女流氓，是屠杀武汉无产阶級革命派的“百万雄师”第三号坏头头，是王任重、陈再道等反革命修正主义分子的頑固保皇狗

一朵黑花

解放以来，夏菊花頑固地站在資产阶級一边，为資本主义复辟效忠，是一朵大黑花。她得以馳名中外的絕技“頂碗”和柔术“叼花”是两株修正主义文艺的黑标本。

頂碗，整个节目談不上絲毫的无产阶級政治內容，除了“惊險”之外，还是“惊險”，“加高”之后，便是“再加高”，柔术，不仅是純技巧的表演，而且是近于裸体肉麻的黃色节目。这些东西，是資产阶級开心的玩艺，麻醉人民革命意志的鴉片。西方資产阶級老爷們狂热地贊揚她的艺术“給人以美的享受”，称“夏菊花小姐是杂技皇后”，国內文艺界的修正主义分子把她捧为“中国杂技的一个創举”。周揚黑帮帳下的干将謝添和反动权威何迟还急忙把她的“柔术”搬上銀幕。

国內外資产阶級如此拍手叫好，而工农兵群众則厌恶她的“艺术”。有一次为解放軍演出，当解放軍同志看到舞台上夏菊花穿一条三角褲，戴一个胸罩，弯腰蜷曲，扭怩作态时，大家一直低着头不愿看，只是为了紀律和礼貌才沒中途退場。

夏菊花是封建阶級文艺的忠实推行者。她公开宣揚說：“王任重同志的文章《一朵紅花》，是給我提出了更高的要求，也是我努力的方向。”有人問她如何建立社会主义新杂技，她很反感地說：社会主义？在杂技上怎么体現？”

当江青同志亲自抓的京剧改革开展以后，夏菊花还在舞台上表演为京剧已抛弃的旧程式——兰花手和走碎步，甚至在舞台上使用西方的透明披紗。

一个虛伪的人

夏菊花挂着全国学习毛著的“积极分子”头銜，但她平时根本很少学习毛主席著作。为了給夏菊花戴上学习毛著积极分子的桂冠，武汉市委《支部生活》一九六六年第九期刊登了夏菊花学习毛主席著作的照片，当《人民日报》記者找她拍照时，她竟連自己的《毛澤东选集》也找不到，后来，只好找工会借了一套《毛澤东选集》才拍了照。

夏菊花为了沽取为工农兵服务的美名，还无耻地制作假剧照。有一次为了表現上山下乡，专門找小河，夏菊花在淺淺的河水走着，拍了照。

夏菊花“有奶便是娘”，虽然她在旧社会受了一定的苦，但当解放后封建班主对她采取收买手段时，她便感恩不尽，百依百順替封建班主效劳，与夏家班主保持藕断絲連的关系。一九六三年，滑稽演員張炳卿的父亲死了，找夏菊花借了一百元，后来学雷鋒收集好人好事，夏菊花說是为了帮助同志主动地借給張的。《毛澤东思想哺育成长》的文章是《武汉晚报》三个記者給她炮制的。对这些，夏菊花竟受之不愧，心安理得，虛伪得可怜！

一个卑鄙的人

长期以来，夏菊花生活思想腐化。一九五六年到苏联索奇演出，竟在裸体象前照起相来。六二年經济困难时期，到厦門照怪象，一次就花了三十多元，一張明星照片就花去了二十元左右。听說含泪水照相眼睛是亮晶晶的，于是她就含着眼泪画眉毛，粘眼毛，塗口紅，拍了照。她穿着奇裝异服，打扮为貴妇人或嬌小姐，游山玩水，开心作乐的各种怪模怪样的照片近五百張。眞是令人作嘔！

夏菊花与杂技团走資派、党支部书記張奋，有着不可告人的暧昧关系。張奋在給夏菊花的信中肉麻地說：“哥哥头可断，血可流，菊花不能丟。”夏菊花在日記中对張奋这个已有孩子的有妇之夫，厚顏无耻地写道：“我喜欢他，爱他，特别的爱他，他永远是我心目中的人，爱他一輩子。”等等。共产主义战士雷鋒同志的日記中写的是：“要把有限的生命，投入到无限的为人民服务之中去。”而夏菊花的日記中却写着：“要想取得爱情，必須勇敢。”何其相异！

一只保皇狗

去年四月，杂技团开展了四清运动。在毛主席的二十三条的光輝照耀下，杂技团四清运动一开始就揭发出杂技团走資派張奋的大量問題，同时也牵扯到夏菊花的一些問題，王任重之流眼看革命群众运动的洪流就要冲到他們头上。于是，假文化革命之名，导演了一場鎮压杂技团四清运动的丑剧。夏菊花是这場丑剧中的劊子手。

四清运动一开始，夏菊花便上竄下跳，挑动群众对革命工作队員的不滿，破口大罵革命的四清运动是“烏烟瘴气”，“把水攪渾了”。

就是她，写大字报（一个国民党軍官帮她写的）混淆黑白，顚倒敌我，把革命群众打成反革命，在杂技团掀起了一股“誰反对夏菊花，就是反党”，“保卫夏菊花、保卫王任重、保卫省市委”的黑风。

就是她，与走資本主义道路当权派張奋狼狈为奸，一唱一和。張奋說：“有我張奋，就有你夏菊花！”夏菊花說：“張奋垮了台，我也垮了台！”

就是她，炮制了《夏菊花同志在帮助武汉市杂技团四清工作队整风会議上的发言》，得到了大小反革命修正主义分子的贊賞。王任重亲自为它写了发表在《光明日报》上的編者按。陶鑄亲自批准在中央人民广播电台連播三天。此文出現，剎时全国上下黑云滚滚，滿天阴风。多少革命左派慘遭鎮压，多少革命群众横受迫害！

她戴着“一朵紅花”和“学习毛主席著作的积极分子”的桂冠到处放毒，高唱“湖北省委就是好！”胡說：“反对王任重同志就是反对毛主席！”多次散布：“有人說我們是保皇党，是的，我們就是保皇党。是无产阶級的保皇党，'头掉了也要保”的反动謬論，为大抓南下“一小撮”兴风作浪，推波助瀾，得到了当时坐鎮北京的王任重的称贊。

去年批判資产阶級反动路綫时期，杂技团革命群众和革命学生对她进行了許多帮助，希望她能悬崖勒馬，站到毛主席革命路綫一边来。但夏菊花頑固不化，拒不接受革命群众的批判和帮助。今年又在武老譚的扶植下，对毛主席的革命路綫瘋狂反扑。她公然写大字报要收回革命群众抄走的資产阶級照片。革命群众說王任重打着紅旗反紅旗，她竟說：“运动后期看究竟誰打着紅旗反紅旗。”公开替王任重翻案。她对革命群众威胁說：“經过运动，那一个是好的，坏的，我看得更清楚了！”企图秋后算賬。

在这次武汉反革命暴乱中，夏菊花在陈大麻子的亲自指揮下，組織了“百万雄师”，自任头头，对无产阶級革命派进行血腥屠杀。

一年来，經过革命造反派战士的浴血奋战，夏菊花的旧后台反革命修正主义分子王任重被揪出来了，新后台三反分子陈再道又陷入了人民战爭的汪洋大海之中，夏菊花却死不回头，前一时期竟然面施粉黛，身着乳罩、三角褲，給百匪、劳改犯慰問演出，嘉奖杀人放火凶手，企图以肉色鼓士气，更大規模地对革命造反派战士进行屠杀，但这只是迴光返照，无济于事的做作。无产阶級文化大革命的烈火已成燎原之势，随着“百万雄师”的垮台，夏菊花曾一度潜逃长沙避风，但再狡猾的狐狸也逃不脫猎手的眼睛，終于七月底被革命造反派揪回武汉，夏菊花这个大黑花定将得到应有的下場！

电影簡訊

▲据悉，最近即将上映以下几部新拍摄的新聞紀录片：

《砲打司令部》（长紀录片）——該片拍攝了八月五日首都百余万文化革命大軍，隆重紀念毛主席第一張大字报发表一周年，憤怒声討刘少奇的滔天罪行大会实况。并詳細拍攝了中南海革命群众斗爭刘少奇、邓小平、陶鑄的实况。此片待中央文革再审通过后将在內部放映。

《毛主席走遍全国》——該片汇集了毛主席历来（从延安起）視察农村、工矿，同工人、貧下中农交談情景。目前正在紧張編制中。

《北京市革命委員会成立》（彩色紀录片）——估計九月可上映。

《世界人民热爱毛主席》——紀录了毛主席接見各国外宾以及外宾們在我国参观游覽革命圣地和学习毛主席著作的情景。

▲另悉，即将进行批判的毒草影片有以下几部：

①《刘賊訪緬》　②《怒潮》：为彭德怀树碑立傳的大毒草。

③《丽人行》：反革命修正主义分子田汉宣揚活命哲学、叛徒哲学的大毒草。

活閻王周揚在津进行了哪些反党活动

（上接第一版）

一九六五年

三月，周揚来津。接見了下乡知識青年先进人物。在会上他讲了話。万曉塘、胡昭衡在会上也做了插話。

四、五月，周揚在津“休息”。

四月，周揚由白樺、方紀、侯苛一等陪同看了天津市京剧团演出的《江姐》。在周揚看戏休息时，白樺曾向其主子周揚談了京剧团四清情况。白樺說：“厉慧良捕起来了，还沒有批判。”周揚說：“文艺界象厉慧良这样的人，恐怕是极个别的，让他劳动去算了。”白樺还說：“我們在这里四清搞了一年，整出了好多問題。过去我对于戏曲剧团的复杂性了解得很不够”。周揚說：“好嘛，你們把經驗好好总結总結。全国文艺单位，象你这样蹲点搞四清的还很少。”

五月，周揚在津把李曙光、林濶青、赵达等人召来，共同策划，为他修改在“文化部整风会議上的报告”。这是周揚为对抗毛主席一九六四年第二次批示在文化部开展“假整风”的一个“黑文件”。周揚指定由林濶青負責，根据他的“黑报告”进行删节整理。

八月，周揚又来津。同来的还有他老婆苏灵揚。在津由白樺、任朴等陪同，参观了“三条石博物館展覽”。并到“三条石”看了两个旧作坊的旧址。任朴向他介紹了三条石历史及工业发展状况。周对“三条石博物館展覽”做了一系列“黑指示”。曾說：“作坊很小，二、三十个工人，又都是同乡，誰都认識誰，共产党不好活动。”以此为借口，强調表現資本家剝削方式和工人自发斗爭，强調不能表現党的領导。

八月二十日，周揚在白樺等陪同下，看了天津市京剧团演出的京剧《三条石》。看完說：“演員不錯，剧本有問題。”

九月，周揚在津对电影剧本《三条石》作者任朴及武兆堤談話。白樺、王亢之也参加了。

九月二日，周揚由白樺、任朴等陪同，来到天津市京剧团，专門对京剧《三条石》做了談話。这次談話在座的有白樺、任朴、王雪波、丁元、林彥、謝国祥等。讲話中强調要大搞“反資題材”；强調“要写中国民族資产阶級的两面性”；强調“不要写党的領导”等等，大放厥詞，做了許多黑指示。

九月三日，周揚参加了市委宣傳部組織的文艺干部座談会，参加的人有白樺、任朴、陈因、張映雪、王雪波，王莘、孙振、欧阳吉、吳火、韩濤等。

九月四日，周揚参加了省委宣傳部召集的省、市作家座談会。

周揚此次来津，还在白樺陪同下到北大港六四一厂参观。另外，周揚还看了孙振等人写的“汉沽盐史”，并找孙振个别談話。

一九六五年，周揚离津返京之前，曾亲自到白樺、方紀家里去。

一九六六年

六月，无产阶級文化大革命已經轰轰烈烈地展开。周揚先在无錫避风，后他主动提出要到天津来。六月十五日，周揚到津。此后，党內最大的一小撮走資本主义道路的当权派刘、邓、陶和天津黑市委万張反革命集团相互勾結，对周揚百般包庇、保护，把天津当做周揚逃避群众斗爭的防空洞，使之消遙法外，长达半年之久，直到十二月，在中央文革，陈伯达同志多次催促，并限令交出的情况下，他們才把周揚从天津拿出来。从下面周揚在津的情况，可見他們包庇周揚，对抗中央，用心之良苦，罪悪之深重。

六月十五日，周揚由无錫到津，同来的还有他老婆苏灵揚，媬姆、外甥女等。天津黑市委热情接待，照常安排住常德道市委高級招待所。生活待遇照常，有七名服务人員和医务人員专門伺候他。出入有专車，还专門为他在招待所放映电影，对之照顧无微不至。

七月份，全国报刊点名批判周揚。周在津惊恐万分，急忙給陶鑄、張平化写信探风。信中說：“我恳切希望陶鑄同志、張平化同志能在适当的时候找我談一次話，給我开导、启发、帮助、拾救我……”等等。陶鑄見信不久，指使張平化亲自打电話給天津黑市委，要天津黑市委轉达周揚“好好养病，准备檢查”。跟着，万張反革命集团核心成員之一路达，在北京接受了党內头号走資本主义道路当权派刘少奇的“指示”，亲自跑回天津，面見周揚，轉达刘少奇三点指示：一、好好看报；二、继續好好养病；三、錯誤可以改正，准备檢查。周揚及其老婆苏灵揚听后，深受感动，痛哭流涕。从此，天津黑市委对周揚的“照顧”更加尽心。

八月份，天津市紅卫兵“扫四旧”运动和全国一样蓬勃兴起，周揚住在“招待所”里日夜不安。陶鑄怕周揚在天津被揪，急忙命令：“周揚安全由天津市委負責”。陶鑄还提出要周揚换地方，周揚不干，說：“还是天津好，天津我熟了。”天津黑市委，为保证周揚安全，一天雨夜，突然通知周揚“搬家”。当时佯說周揚去上海，神秘地把周揚轉到另一招待所，連招待所工作人員都不知他的去向。

以后，北京音乐学院革命师生，要到天津揪斗周揚老婆苏灵揚。陶鑄聞訊忙和天津黑市委策划，把苏灵揚用汽車轉移至京津公路“引河桥”，交北京来人揪回，以保证周揚不被暴露。

天津黑市委包庇周揚，压制不了革命群众的革命烈火。十一月份，交际处的革命群众知道周揚还在天津，非常气憤，貼出大字报，要揪斗周揚，赶走周揚。天津黑市委又慌了手脚，急忙在一天夜里把周揚秘密轉移至铁路系統的一个招待所里，为了“保密”連炊事員也不敢要了。陶鑄聞訊，急忙由旧中宣部派一名炊事員来，让周揚继續住下去。

十二月，在中央文革的指示下，在广大革命群众的压力下，党內最大的一小撮走資本主义道路的当权派和天津黑市委万張反党集团，再也保不住了，被迫交出周揚。这一昔日的龐然大物，已被广大革命群众打翻在地，現了原形。

天津黑市委和万張反革命集团，对抗党中央，和党內最大的一小撮走資本主义道路当权派相勾結，包庇周揚，罪責難逃，必須清算！

·4· 文化戰報 1967年9月10日

科教电影战綫上的阶級斗争

狠批《知識老人》、《小太阳》、《泥石流》等毒草片

毛主席教导我們說："凡是要推翻一个政权，总要先造成輿論，总要先做意識形态方面的工作。革命的阶級是这样，反革命的阶級也是这样。"

十七年来，电影界两个阶級、两条道路的斗爭始終尖銳、激烈地进行着，反革命修正主义分子周揚、夏衍、陈荒煤等不仅控制着故事片，而且还把罪恶的黑手伸进了科教片厂，恶毒地反对毛主席的革命文艺路綫，把科影厂搞得烏烟瘴气，毒草丛生。他們扛着"科学教育"这块招牌，大干其反党反社会主义反毛澤东思想的罪恶勾当，以宣傳科学知識为名，大肆販卖修正主义、封建主义、資本主义的黑貨。他們瘋狂地大搞名、洋、古、修，山水花草、鳥虫魚兽、奇趣鬼怪，赤裸裸提出科教片应該去掉"思想性"，强調"科学性"、"娛乐性"，胡說什么科教片的作用就是"給观众以有益的教育，增广知識和見聞，启发他們对于探求科学知識的兴趣"。更为恶毒的是他們还用借古諷今、含沙射影的手法，攻击社会主义制度和偉大領袖毛主席。他們明目張胆地反对文艺为工农兵服务，为无产阶級政治服务，公开提出大拍"雅俗共賞"、"全民文艺"的科学普及片。旧科影厂十几年来共拍摄和譯制了二百三十六部毒草和有严重問題的影片，紧密配合了国内外阶級敌人向党发动了一次又一次的猖狂进攻，其罪行眞是罄竹难书，遺恶无穷。

下面把几部重点毒草科教片的主要問題揭发如下：

《知識老人》上集出籠于一九六二年，下集出籠于一九六三年，这是一株极力贊揚資产阶級反动学术"权威"，鼓吹革命青少年为个人成名成家而努力奋斗的大毒草。影片一开始就通过"怪老人"散布什么："打开知識門，奥妙无穷尽，物理和化学，知識与天文，一切我都懂，能淺又能深"。极力夸張《知識老人》的淵博知識，公开反对我們偉大領袖毛主席的《实踐論》，瘋狂鼓吹"知識来自书本"。影片結尾竟說："只要热爱科学，热爱农业就能成为一个共产主义的接班人"这就是叫我們革命的青少年只去学习书本知識，不去学习毛主席著作，改造世界观，拜倒在資产阶級反动"专家""权威"的脚下，去做他們的接班人，这用心又何其毒也。

《小太阳》（采色）一九六三年六月出籠，是在周揚、夏衍、瞿白音之流的一片"創新"声中拍摄的。这部毒草片摄制时，正值苏修猖狂反华，国内外阶級斗爭十分尖銳、复杂，毒草炮制者，一开始就兴高采烈地叫嚷："春天来了！"接着又哀怨地說："可是祖国的北方还是一片冰天雪地。"这是十足的混帳話！祖国的北方正是我国偉大首都——北京，是党中央和毛主席居住的地方。影片把我国的北方刻划成一片冰天雪地，这不就是抱怨資本主义不能在我国复辟嗎？更为險恶的是，影片竟然攻击我們心中最紅最紅的紅太阳——毛主席。胡說什么一个太阳还不能带来春天。公然让另一个"小太阳"和太阳分庭抗礼，而这个小太阳造出后"冰也融了，雪也化了，小太阳的光輝給我們这儿带来温暖的春天。"这些黑話，連反革命修正主义分子夏衍都感到太露骨了。所以看过样片后連忙說："这部片子不要給总理看……"包庇过关。

《桂林山水》是挂着"无害"招牌所謂的"风景片"。出籠于一九五五年。当时，毛主席向全党全国发出了"农业合作化"的偉大号召，发表了光輝著作《关于农业合作化問題》。以毛主席为首的党中央及时地揭穿和粉碎了胡风反革命集团和高崗、饒漱石的反党联盟。級阶斗爭十分尖銳复杂。这部黑片却大拍所謂"澄清的江水，輕盈的渔筏，恬靜的山村，离奇的山峰"，妄图用游山玩水、釣魚散步来麻痹革命人民的斗志，使人們忘記尖銳复杂的阶級斗爭，忘記无产阶級专政，"舒舒服服"地滑进修正主义泥坑。它是一部宣揚刘少奇所提倡的阶級斗爭熄灭論的大毒草。

科影厂在該片之后紧接着又拍摄了《黃山》、《庐山》、《西湖》、《苏州园林》、《龙門石窟》、《錢塘江潮》、《阿拉木图——兰州》等"风景片"，以此抵制科教片为工农兵服务，为无产阶級政治服务。

《泥石流》拍摄于一九六五年，这时，我們偉大領袖毛主席已經对文艺界作了两次重要的批示，而旧中宣部、旧文化部和国家科委的一小撮反革命修正主义分子，胆敢和毛主席的两次批示相对抗，他們打着"为生产服务"的旗号，利用科教片反对毛澤东思想。《泥石流》正是以"讲科学"来向毛主席革命文艺路綫进攻的一个反面教材。当时，全国已經掀起活学活用毛主席著作的高潮，影片根本沒有反映。在考察队的帳篷里，竟連毛主席象都沒有。影片有意把泥石流描写得凶恶可怕，好象根本沒法制服它，还在解說詞中說："在山区建設中，遇到这种特大泥石流，以避开为宜。"显然是和刘少奇宣揚的逃跑主义、活命哲学唱一个調子。毛主席教导我們說："世間一切事物中，人是第一个可宝貴的。在共产党領导下，只要有了人，什么人間奇迹也可以造出来。"影片所表現的完全是和毛主席教导相違背的。影片中只看到泥石流一次又一次地暴发，毁灭村庄和田地、搞得很恐怖，对山区和边疆热火朝天的建設面貌和工农群众"与天奋斗""与地奋斗"的英雄气概做了肆意歪曲。

《任伯年的画》出籠于一九六一年，是旧上海科影厂修党委与黑画家程十髮一起阴謀策划，紧跟刘少奇，向党向社会主义射出的一支毒箭，是周揚反动的"全民文艺"論的黑样板。程十髮为这部毒草的出籠，費尽心机，曾說："这部影片要象任伯年的画一样高雅，清淡，音乐要配中国民族形式的二胡，讲解員要选女的，这样就可以把观众引入画中。"妄图把毒片打扮成美女毒蛇来腐蝕、毒害人民。任伯年是清朝的封建文人，他站在建封地主阶級的立場上，表現和歌頌什么捧着鳥籠的地痞流氓，"端庄富貴"的地主婆，情調腐朽的才子佳人以及什么王母仙姑、妖魔鬼怪等等。更恶毒的是影片借古諷今，指桑駡槐地反党反社会主义。例如影片用任伯年一百多年前画的《无谷风灯》影射当时我国遭受自然灾害，攻击人民公社的集体生产是"稀稀落落的麦穗"，社会主义制度是"即将熄灭的风灯"，其反动的政治目的眞是司馬昭之心，路人皆知。

該片出籠后，深受旧文化部的賞識，曾被送到香港去"展覽"。

三年自然灾害时期，国内外阶級斗爭十分尖銳复杂，也正是科影厂一小撮反革命修正主义分子反党活动空前狂热的时期，他們紧跟刘少奇和陆定一、周揚等制訂的反革命的"文艺八条"，推行"题材广闊論"。于一九六二年制定了洋名古修、奇趣鬼怪等三百个题材，这是一个令人触目惊心的反革命計划，只要列举一部分拟定的题目，就可以看出刘少奇等一伙的狼子野心了！什么《西瓜穿鋼板》、《植物奇談》、《动物大观园》、《鳥島》、《魔术师的秘密》、《哈哈鏡》、《京剧臉譜》、《睡猴》、《鸡蛋趣談》、《揚州八怪》、《画家八大山人》、《杂技团》、《曹雪芹手稿》、《人体旅行記》、《在考古学家的手上》、《阴阳五行学說》、《徐悲鴻》、《祖冲之》等，都是些烏七八糟的貨色。由于八届十中全会的召开，毛主席发出"千万不要忘記阶級斗爭"的偉大号召，給了文艺界一小撮反革命修正主义分子当头一棒，才使这批毒草片沒能出籠。此外，他們还大量譯制了苏修的黑片，如《在两个海洋的分界綫上》、《为技术的进步而奋斗》、《第一次宇宙飞行》、《迎接苏共二十一大》、《苏联的七年計划》等等，大肆宣揚赫魯曉夫修正主义，鼓吹在中国复辟資本主义。

以上提到的毒草"科教"片的出籠决非偶然，它是无产阶級和資产阶級在意識形态領域里的生死搏斗，是效忠于刘少奇和反革命修正主义文艺黑綫的，是为了反革命政变制造輿論准备的。这些毒片都在天津放映过，产生过較大影响，我們一定要用毛澤东思想这一銳利的武器，把这些毒草批臭、批透，肅清流毒！

（根据上海工农兵电影制片厂《紅旗公社》揭发材料整理）

战地簡訊

▲天津市文艺界革命造反联絡委員会与电影系統造反兵团、业余作者革命造反总部等革命組織于八月五日召开了砸烂反革命修正主义文艺黑綫大会，会上批斗了反动詩人田間、大毒草《紅旗譜》《播火記》的炮制者梁斌以及黑作家李滿天。专业和业余的文艺工作者对他們的反革命罪行进行了深刻的揭发和批斗。会后放映了批判影片《紅旗譜》。

▲天津音乐学院八一八和音中紅卫兵于八月十五日举行揭发反革命修正主义分子白樺的得力干将、天津音乐界的南霸天、假党員王莘（旧天津音协主席、天津文联党組成員、天津音乐学院付院长、前天津人民歌舞剧院院长）三反罪行的革命串联大会。八月二十六日該院又联合本市音乐界各造反組織召开了一次批斗大会，狗王莘威風扫地，造反派无不拍手称快。

▲紅卫文工团闖火海、九一九毛澤东思想宣傳队深入到楊村、北郊等地向农村广大解放軍战士、工人、貧下中农宣傳毛澤东思想，現已胜利归来。他們在紧張的劳动和演出中，还在战地創作和排演了許多新节目，受到了解放軍战士、工人、貧下中农的热烈欢迎。

紙船明烛照天烧

（上接第二版） 互相戏謔、嘲諷、謾駡，言詞粗野，不堪入耳，这类内容只能告訴听众怎样占便宜，它的所謂"技巧"也就在于駡得巧妙、迂迴罢了！至于《耍猴》、《学聾啞》、《拉洋片》、《酒令》等，都是靠嘲諷、耍弄生理缺陷和特征找笑的。《学聾啞》中甲乙学姑娘老太太、聾子打岔、啞叭說話等，内容极端庸俗，专靠着出怪相制造笑料。《酒令》是三人相声，各說一則，說不上来喝酒（即用竹板打头）結果总是乙"喝酒"，甲說錯一次还要滑不喝。这类节目处处宣揚以占便宜为荣，以被侮辱、耍笑为耻，大量販卖了資产阶級市儈哲学。

当然，这类节目的毒性也并也不单是庸俗低級、形象丑恶，它同样分别存在着以上四方面的問題，如《耍猴》中甲自称会跳舞，可以挣大錢，乙急着向他学，被甲把他当猴儿耍了一通。这同样是宣揚資产阶級"錢能通神"反动世界观的。《树沒叶》也有着同样的問題。再如《拉洋片》甲学拉洋片打人，乙不服，結果还是一再挨打，除了暴露江湖艺人的野蛮手段外，也粉飾了一些半封建、半殖民地社会的生活場景，这样的例子很多，就不一一例举了。

在我国連續遭受三年自然灾害期間，国内外阶級敌人和牛鬼蛇神蠢蠢欲动，中国赫魯曉夫狗胆包天，抛出了"阶級斗爭熄灭論"，鼓吹"三自一包"，"三和一少"，"三降一灭"（投降帝、修、反，消灭各国革命力量），就在他这个总后台的庇护支持下，文艺黑綫的头目周揚、夏衍等秉承主子的意旨，刮起一陣"全民文艺"的黑风，曲艺界一小撮"走資派"正是迎着这股妖风猖獗进行反党反社会主义活动的，从以上所談到的傳統相声放毒不难看出他們和周揚、刘少奇配合得多么紧密。毛主席教导我們："不破不立，不塞不流，不止不行"，让我們高举大批判的旗帜，彻底清除这股妖风的流毒，彻底打倒中国赫魯曉夫刘少奇，彻底砸烂反革命修正主义文艺黑綫！

刘·修·丑·聞

资、修反动影片

刘少奇响往資本主义的反动本质，同样也反映在艺术趣味上。他对美帝好萊塢出品的充滿庸俗、黄色鏡头的反动影片《出水芙蓉》速看四遍。他十分欣賞苏修的影片《一个人的遭遇》、《生者与死者》等等；对香港的反动影片他更是狂热的酷爱，什么《四美图》呀，《幸福的新娘》呀，《粉紅色的梦》呀，《不了情》呀，差不多毫无遺漏地一一过目。刘少奇为什么如此欣賞反动影片呢？王光美道出了其中的秘密，她說：『少奇不喜爱看打仗片，太刺激了，使人厌煩，他爱看輕松的片子。』

▲宠爱三反分子紅线女

三反分子紅綫女深受刘少奇寵爱，刘称贊她：『又漂亮，又能干，薪水又高。』反革命两面派陶鑄也捧她为『广州第一"宝"』。甚至在文化大革命中还夸奖她：『改造得不錯』。据揭发：紅綫女出身于商业地主家庭，曾任《眞善美》剧团班主，疯狂剝削艺人，与汉奸卖国賊大資本家过从甚密，她甚至勾結越南卖国賊吳庭艳，到西貢演唱献媚，丢尽了中国人民的脸。一九六〇年以来又抛出《李香君》、《关汉卿》等大毒草，疯狂攻击毛澤东思想，三反分子田汉計划炮制的大毒草《阮玲玉》，也是选定紅綫女担任主角的。她是地道的反革命修正主义文艺黑綫庇护下的反动艺术"权威"。

砸烂彭眞的反骨

▲赫鲁晓夫式的野心家、阴谋家

彭眞在晋察冀工作时，就培植个人势力，到处吹捧自己，他调到东北后，嘍囉們还到处吹捧他。一九四八年在华北局城工部时，机关所在地的墙壁上就到处贴着彭贼的語录。

一九五八年毛主席提出不担任国家主席职务之后，彭眞在旧北京市委对黑帮分子項子明等說：『我不是不能搞理論，我也是能搞理論的，但是中央的許多工作总得有人做。』看，这个大野心家竟恬不知耻地把自己和毛主席相提并論！

彭眞为了实现他篡党篡国的政治野心，不择手段地到处宣揚自己。在一九六五年国庆节前，令財政局撥款二十五万元印《北京画册》送給各国外宾。在这个画册中，竭力美化北京旧市委，好几处突出了彭眞。

彭眞的一群死党，也极力吹捧彭贼，邓拓就曾狂妄地宣揚过：『在北京要跟毛澤东思想，就得先跟彭眞思想。』这正是他們卑劣意图的大暴露。

▲一席盛宴李宗仁拍手叫绝

一九六五年十月，彭眞为宴請李宗仁，煞费心机，提前两个月就做准备，由北京飯店負責，找来各处名师，并請当年专为西太后做肉末燒餅及做菜子面[illegible]的老师傅前来'献絕'。

宴期那天，彭贼和他的臭老婆張洁清从早起来就分配警卫班打扫門厅，清水潑街，布置厅堂，宴会厅里的地毯三番五次更换。为这次服务的人員有北京飯店經理，还有科长一人，組长二人，特級老厨师四人，各方菜名厨师六人，专門刻蘿卜花的老师傅一人，服务人員五人，总共二十人。一位老师傅感慨地說：『我做了四十多年厨师工作了，从来还沒見过十五个人的宴会这样隆重排場！』

宴会进行中，杯盘交錯，一盘又一盘的山珍海味使李宗仁拍手叫'絕'，說：『我一生在国内外大小宴会参加过上万次，哪一次也不如今天吃的好，花色品种多，既美观又丰富多采。』特別是对用了五十多斤的名貴蘿卜刻的花朵，及魚、虾、蟹、飞禽等代替鲜花，更为欣賞，連声說：『大飽眼福，大飽眼福。』

彭贼这样做，也是为了抬高自己的身价，妄图盖过我們的偉大領袖毛主席和周总理，眞是狼子野心，十惡不赦！

最 高 指 示

你們要关心国家大事，要把无产阶級文化大革命进行到底！

成都工人革命造反兵团江电纵队《巴蜀烽火》
天津市一机系統革命筹备委員会《海河評論》 編輯部

关于目前天津形势的声明

正当武汉陈再道之流的反革命复辟阴謀被彻底粉碎，刘、邓的瘋狂反扑遭到迎头痛击的时刻，天津市党內、軍內一小撮“走資派”，不甘心于自己灭亡的命运，继續扶植一些頑固的保守組织，一再蓄意挑起大規模武斗，（如石油部641厂所发生的反革命暴乱事件，造成了严重的停工停产）。天津市革命造反派正面臨着一場新的急风暴雨的考驗。在这两个阶級、两条道路、两条路綫大决战的生死关头，我《巴蜀烽火》編輯部和《海河評論》編輯部发表联合声明如下：

1.天津駐軍自介入地方文化大革命以来，做了大量的工作，中央領导同志对此曾予以肯定。但自今年四月十日中央領导同志接見天津市各派代表并发表談話，作了重要指示之后，天津市負責“支左”工作的某些同志，并沒有按中央領导同志的指示精神办事，而是一意孤行，一錯再錯。他們对保守組织情投意合，对革命造反派則百般刁难，千方百計地进行压制，致使保守組织气焰嚣张，給天津市的无产阶級文化大革命造成了不应有的損失。对此，天津“支左”的某些决策人必須立即向天津市四百万人民作触及灵魂的公开检查，迅速扭轉局势，否則将步陈再道之流的后尘。

2.天津市公安局軍事管制委員会自成立以来，在刘政的主持下，积极扶植保守組织“公安造总”，致使专政机关成了鎮压群众革命运动的急先鋒，对此刘政必須作深刻检查。

3.以五代会实現无产阶級革命派的大联合，这个大方向无疑是正确的，我們坚决支持，但是业已組成的五代会，不是以革命造反派为核心，而是以保守势力为中坚，因此，必須按照中央指示精神进行改組。

4.五代会內外造反派，应在毛泽东思想的光輝指引下，求大同，存小异，消除分歧，迅速实現大联合，为无产阶級文化大革命建新功，立新劳。我們誓与全市广大革命造反派团結在一起，战斗在一起，胜利在一起。

5.4800部队、北京空軍部队及后字253部队是“支左”的模范，我們对他們的行动給予坚决支持，我們向他們学习，向他們致敬。

6.中央首长在北京接見天津各派代表，这是毛主席和党中央对天津市无产阶級文化大革命的巨大关怀。天津双方代表在中央首长的教导下业已达成的协議，我們坚决維护和支持，对于破坏协議的任何行动，我們表示坚决反对。

五代会內外革命造反派联合起来！
刘政不支左叫他靠边站！
中国人民解放軍万岁！
以毛主席为代表的无产阶級革命路綫胜利万岁！
我們心中最紅最紅的紅太阳毛主席万岁！万岁！万万岁！

十字軍的幽灵在游蕩

·巴 海·

近来經常有些手持大棒、腦頂头盔的队伍在街头狂嘯而过。活象中世紀欧洲封建主們煽起来向东方国家侵略的狗头十字軍。

十字軍东侵发生于十一世紀末，終結于十三世紀末。声势不算不大，結果却被西亚北非人民打得落花流水屁滾尿流。

时間在前进，馬克思列宁主义、毛泽东思想武装了世界人民，整个世界不断經历着革命的变革，十字軍暴徒的枯骨，早已无影无踪了。但是每当革命轉变关头，十字軍的幽灵往往被封建残余、資本主义孽根的反动傢伙們召喚于历史舞台，使十字軍的黑旗一次再一次地重新祭起。行将就木的剝削阶級企图由此招徕亡魂，希图免于一死；但是，每次重演，也总是以完蛋而告終。尽管如此，后来的剝削阶級并不死心，总是继續一次又一次的把十字軍的幽灵作为救命草。結果仍是逃不掉尸沉于人民革命的汪洋大海。

历史事件不需要逐代列举。廿世紀以来的历史事实是直接的見証人。邱吉尔妄图以反革命“十字軍”鎮压伟大的十月革命，結果十四国反共“十字軍”的征討行动变成了为資本主义制度送葬的行列。希特勒从邱吉尔之流的手中接过了反革命“十字軍”的大旗，依样画葫芦一番之后，他本人也被送上了历史的絞刑架！苏修叛徒集团篡夺領导权以后，重新拜倒于美帝国主义和梵蒂岡的宝座之前，充当新时代的反革命“十字軍”的旗手。可以断言，其命运将会比他們的先辈有过之而无不及。

同样，由于反革命阶級的本能，北洋軍閥和蔣介石王朝都曾乞求西方的这种“幽灵”，但也无助于延續他們的狗命。

历史是残酷无情的。当前，无产阶級文化大革命正进入两个阶級、两条道路、两种命运的关鍵时刻。剝削阶級的政治代表——混进党、政、軍內的“走資派”，一个一个地被揪了出来。全国軍民正在高举革命批判的大旗，进行大揭露大批判中，一小撮“走資派”困兽犹斗，垂死挣扎，祭起他西方同盟者惯撑的黑旗，不惜工本，大力扶植、組织、装备保守势力，充当破坏生产、破坏社会主义建設、破坏无产阶級文化大革命的打手。于是，六十年代的“十字軍”也竟然出現于天津街头了！他們以为这样作，似乎就可心安理得起来，似乎就可阻止无产阶級文化大革命的前进。不知，他們利令智昏到何等瘋狂的地步，但他們和保守組织的一小撮坏头头的下場，也可以断言：同他們的老子一样被送上断头台而已！

巴蜀烽火
海河評論
（合刊）

天津市一机筹委《海河評論》編輯部
成都工人革命造反兵团江电纵队《巴蜀烽火》編輯部
天津工农兵商場《11.27紅旗》

1967.9.10. 第3期 共四版

四川各派政治力量簡介

《成都工人革命造反兵团》：

是四川工人組织中造反最早、造反最坚决、造反最彻底的革命組织，从她誕生之日起，一直把矛头狠狠地对准李、廖死党，她是产业軍及一切保皇兵的死对头。她的成員大部分是产业工人及一部分街道工业工人；在发展过程中，吸收了其它財貿、卫生、文教战綫上的成員。在她成立时就具有大联合的雛型，她按系統、按部門归口为二百多个分团，拥有一百六十多万人。今年四川「二月黑风」中被打成反革命組织，三万多战士被捕入獄。后来毛主席給平了反，中央肯定了她的大方向是正确的。几次大风浪的鍛炼，使她更为成熟、老练，更向着革命的科学性、組织紀律性日臻完善的方向发展。

《川大八·二六》：

是学生組织中最有識力、最有魄力的紅卫兵組织，从她退出紅卫兵成都部队川大支部另树八·二六旗帜的前前后后，就和紅卫兵成都部队的右傾机会主义思潮进行了严肃激烈的斗爭，得到蓉城广大革命人民的拥戴，大批的中、小学生参加成立了中八·二六、小八·二六。她一直和成都工人革命造反兵团并肩作战。在「二月黑风」中被打成「反革命組织」，大批革命小将被捕入獄，后来毛主席給她平了反，得到中央肯定，目前正在发展壮大中。

《紅卫兵成都部队》：

是成都大专中学紅卫兵造反派的联合組织，他的广大战士对四川文化大革命作出一定的貢献，由于其領导班子存在着严重的右傾机会主义思想，在「二月黑风」中表現出妥协和动搖。中央关于处理四川十条下达后，紅成在李、廖死党二三綫人物幕后操纵下，大搞宗派分裂活动，对抗省革筹，炮打无产阶級司令部。这些錯誤行动遭到广大革命群众的批判抵制后，仍不觉醒，甚至发展到和产业軍暗地勾結，在蓉城被称为「二老产」。目前紅成广大战士已起来造反。

《重大八·一五》：

重大八·一五由于被李井泉的魔掌控制后，扶持了一批本来就不是真正的革命造反派的爪牙，从內部悄悄地篡夺了領导权，現在八·一五完全被绑在李、廖（志高）死党的战車上，成了可耻的御用工具。今年一月李井泉坐鎮重庆对八·一五策划了一場假夺权，真保权的丑剧，拼凑

（下转第三版）

（第二版）　巴蜀烽火 海河評論 合刊　1967年9月10日

最　高　指　示

人民解放軍应該支持左派广大群众。

石油部六四一厂軍管会給无产阶級革命派大联合全体战士的一封公开信

編者按：这里我們发表了中国人民解放军石油部641厂军事管制委員会在“7·27”事件之后，給該厂无产阶級革命派大联合全体战士的一封公开信。从这封信里，我們清楚地看出：派駐該厂的中国人民解放军，在支左工作中立場坚定，旗帜鮮明，真正按照我們的最高統帅毛主席“人民解放軍应該支持左派广大群众”的教导在执行任务，他們不愧为支左的一面紅旗，不愧为毛主席和林副主席的好战士，对于他們的行动，我們最坚决地、最热烈地予以支持，向他們学习，向他們致敬！

从这封信里，同志們不难看出：641厂无产阶級革命派大联合是不畏強暴、久經考驗的真正革命造反派。他們不怕牺牲，顶住逆流，与中国人民解放军肩并肩地为維护《六·六》通令而战斗。他們不怕艰难險阻，在极端困难的条件下，勇敢地挑起了“抓革命，促生产”的两副重担。他們是积极維护无产阶級权威的典范，是我們学习的榜样，我們坚决支持他們的一切革命行动，誓作他們的坚強后盾！

六四一厂“东风总部”一小撮暴徒罪责难逃！受蒙蔽的群众无罪，反戈一击有功。我們呼吁你們起来造总部一小撮坏头头的反，迅速地回到毛主席革命路线上来。

无产阶級革命派大联合的同志們，亲密的战友們：

你們辛苦了，軍事管制委員会全体軍代表，向你們致以最亲切的慰問！你們在当前两个阶級、两条道路、两条路綫的斗爭中，高举毛泽东思想伟大紅旗，紧紧掌握斗爭大方向，讲究政策和策略，为六四一厂无产阶級文化大革命，做出新的貢献。

当“东风总部”某些人煽动蒙蔽一些群众离开生产、工作崗位，集中大批特种車辆在二号院搞示威静坐，借此給軍管会施加压力的时候，**是你们无产阶级革命派先挑起了革命、生产两副重担，一方面加强做群众的政治思想工作，一方面组织革命造反派的战士，开赴生产第一线，昼夜顶班坚持了正常的生产，挽救了生产上的重大损失，粉碎了某些人罢工停产的阴谋；**

当“东风总部”某些人冲击軍管会，围攻軍代表，不让軍代表宣传毛泽东思想，党中央方針政策，强行剪断广播电綫，拆卸軍管会广播喇叭，搶走广播机器，集中数十人强搶軍管会小車的同时，**是你们无产阶级革命造反派的同志们，继续高举批判大旗，组织批斗，召开了批判大会，坚持了斗争的大方向；**

当“东风总部”某些人挑动一些不明眞相的拖拉机手，开动拖拉机在你們住房前后挑衅、示威，甚至压坏你們住房的台阶时，**你们仍然顾全大局，不开口，不还手，**当有的人用十七台拖拉机围住你們运輸車辆，在光天化日之下搶走紙和墨汁的时候，**你们仍然坚持说理斗争，牢牢掌握“要文斗，不要武斗”的大方向；**

当“东风总部”围困二号院，冲击軍管会，打伤軍代表，人人手执凶器，实行白色恐怖，挑起武斗，大肆捕捉你們負責人的时候，**你们一忍再忍不愿伤害自己的阶级弟兄，不使事态扩大，撤出了二号院，避免了群众间的武斗发生；**

在你們顾全大局、坚持大方向，坚决响应毛主席、党中央“**抓革命，促生产**”伟大号召，坚持正常生产的时候，有的人认为你們是軟弱可欺，集中大批群众，不仅把你們赶离生产、工作崗位，而且赶出了六四一厂，使生产全部癱痪，数千人的队伍无家可归。目前厂內一片白色恐怖，无产阶級权威被破坏，軍管会所属人員被监視，人身安全得不到保証，警卫人員手枪被搜走，机要部門被冲击，交通断絕，通訊中断……事态还在继續恶化。不管这一伙人怎么样造謠、惑众，顚倒黑白，混淆是非，这一切責任，“东风总部”某些人是推脫不了的。到头来自己搬起石头，总要砸在自己的脚上。

同志們，革命造反派的战友們，在这次事件发生的整个过程中，你們始終坚持了大方向，坚持了毛主席、党中央的方針、政策，实践証明，无产阶級革命派，最听毛主席的話，識大体，顾大局。你們紧跟毛主席，紧跟党中央，大方向完全正确。我們軍管会坚决地支持你們！和你們团結在一起，战斗在一起，胜利在一起！任何困难挫折，也改变不了我們的决心。

同志們，六四一厂走資本主义道路当权派和一小撮坏分子还在玩弄花招，继續蒙蔽群众。同志們，我們要牢記毛主席的教导：**“在困难的时候，要看到成绩，要看到光明，要提高我们的勇气。”**我們一定要用毛泽东思想武裝起来，提高阶級斗爭观念，提高两条路綫斗爭观念”提高警惕，坚持“文攻武卫”，加强內部团結，革命队伍里的每个同志都要互相关心，互相爱护，互相帮助，团結得象一个人一样，共同战斗。继續争取教育群众，团結一切可以团結的力量，孤立一小撮，彻底揭穿他們的阴謀鬼計。

同志們，前进的道路是曲折的，斗爭是复杂的！毛主席教导我們說：**“世界是在进步的，前途是光明的，这个历史的总趋势，任何人也改变不了。”**过去，我們为了維护毛主席的革命路綫，冲破了层层阻拦，从白色恐怖下冲杀出来，今天，任何急流險滩也阻挡不了我們前进的道路，胜利一定属于用毛泽东思想武裝起来的革命造反派。同志們，坚持斗爭，就是胜利，**下定决心，不怕牺牲，排除万难，去争取胜利！**让我們举起双手，迎接閃耀着毛泽东思想光輝的紅彤彤的六四一厂！

毛主席的革命路线胜利万岁！
伟大的中国共产党万岁！
战无不胜的毛泽东思想万岁！
伟大的导师，伟大的领袖，伟大的统帅，伟大的舵手毛主席万岁！万岁！万万岁！

中国人民解放軍石油部六四一厂軍事管制委員会

1967年7月31日

最　高　指　示

沒有一个人民的軍队，便沒有人民的一切。

英雄的4800部队战斗史簡介

英雄的中国人民解放軍4800部队是由毛主席和林付主席在文化大革命关鍵时刻，亲自从东北調来保定地区，执行文化大革命的支左及其他任务的。这支英雄的部队，在林副主席領导下，素有“鉄軍”之称，在抗美援朝初期，曾被毛主席亲自誉为“万岁軍”。这支光荣的“万岁軍”，抗美援朝胜利归国之后，威鎮东北。在文化大革命中，一般是不准动用这支部队的，而毛主席林副主席亲自下命令，火速的調动了这支“鉄軍”来到河北保定地区搞支左工作。

英雄的4800部队是井崗山的部队。在毛主席林副主席亲自領导下，在井崗山斗爭中屡建奇功；后編为第一軍团，由毛主席亲任政委，林副主席以24岁的青年将軍任第一軍团司令。作为长征的核心队伍，他們經历了万水千山，在长征中保卫了党中央毛主席，建立了大渡河、腊子口奇功，胜利地到达了陝北。

抗日战爭爆发后，这支英雄部队改編成为115师，由林副主席亲自領导，首战平型关歼灭了日本帝国主义精銳部队坂垣师团，威名大震。这是抗日战爭的第一次輝煌胜利，戳穿了日本侵略軍紙老虎的原形。以后林副主席去苏联，部队由罗荣桓和肖华同志領导，开辟了新的抗日根据地，轉战在苏魯豫冀边区。当时威震山东半岛，赫赫有名的老六团，就是这支部队的一部分。

解放战爭时期，这支英雄部队从山东分水陆两路出兵东北战場。由于林副主席用毛泽东思想武裝了这支部队，創造了“四快”、“一慢”、“一点两面”、“三三制”这套独特的新战术，打得国民党反动派焦头烂額，屁滚尿流。先后进行了四战四平、三下江南（松花江以南）、四保临江等战役，打垮了蔣介石的精銳部队，号称“王牌軍”的新一軍等全付美式装备的反动軍队。在辽沈战役中，就是这支英雄部队参加了聞名全国并胜利完成了几个激动人心的战斗任务，即塔山阻击战、錦州攻坚战、黑山阻击战和辽西歼灭战等赫赫有名的战役。

革命派的战友們，你曾讀过长篇小說“林海雪原”嗎？你可曾知道象孤胆英雄楊子荣，“智取威虎山”这样惊心动魄的故事就出現在4800部队里；那个英雄的“楊子荣排”就出在4800部队里；就是英雄的4800部队在东北大小兴安岭、长白山的林海雪原里才創造出这样的“智取威虎山”深山剿匪的英雄的凱歌。

辽沈战役的胜利反映了毛主席的战略思想的伟大胜利，林副主席对于毛主席的战略思想有极其深刻的領会和运用。他領导着这支英雄的部队坚决执行了毛主席的战略方針，辽沈战役胜利威震天下。恰当淮海战役鏖战正酣之际，毛主席又組织了平津战役，命令东北野战軍在辽沈战役結束后，不进行休整，迅速秘密进关，連續作战，配合华北野战軍出敌不意地对华北敌人实行了战略包围。英雄的4800部队进关后立即响应上級号召，接受了“解放天津，打好进关第一仗”的伟大光荣战斗任务。这支部队在楊柳青一带担任了主攻天津的任务，并首先攻进了天津市，尖刀連把紅旗插进了天津城头，攻克金鋼桥，活捉了天津蔣匪警备司令官陈长捷，宣告了华北最大的工业城市天津的解放。

由于1949年1月15日解放了天津市，斩断了北平敌軍的海上退路，在北平处于孤立无援的情况下，在我軍义正辞严地提出和平解放北平的办法下，迫使傅作义終于接受了我軍协議宣布北平全部和平解放，平津战役即告結束。英雄的4800部队为这一胜利树立了卓越功勛。

天津战役結束后，4800这支英雄部队遵照毛主席的指示，南下进軍，越黄河跨长江，轉战祖国大西南，走遍了十万大山和云貴高原，参加了广西剿匪，一直打到中越、中緬边境，解放了全中国。正当美帝国主义侵略朝鮮，把战火燒到我們伟大祖国鴨綠江边时，4800部队，这支祖国的英雄儿女組成的“鉄軍”。为了抗美援朝、保家卫国，发揚了爱国主义和国际主义精神，他們雄糾糾气昂昂地跨过鴨綠江。这支英雄的鉄軍一入朝就参加了一、二、三、四次战役，他們突破了三八綫，摧毁了敌人的防御力量，迫使美帝不得不坐下来談判，而4800首长就是和平談判的我方代表之一。

就在朝鮮战場上，英雄的4800部队为祖国、为人民創立了丰功伟績，用他們的鮮血和生命譜写了多少壮丽的詩篇！啊！亲爱的同志們！你們不是熟知上甘岭战役的参加者，你們熟悉“誰是最可爱的人”所报导的松谷峰战斗的事迹，捨身搶救朝鮮人民的志愿軍战士馬玉祥等可歌可泣的英雄事迹，就是出現在4800这支英雄部队里！这些創造惊天动地的壮丽事迹的英雄們是我們最可爱的人，而这些最可爱的人而今就在我們身旁。

1967年9月10日　巴蜀烽火 海河評論 合刊　（第三版）

反革命修正主义份子李井泉罪行录

李井泉与刘、邓、彭、賀、罗相互勾結进行篡党、篡政、篡軍的罪恶活动

李井泉为了实现其篡党、篡政、篡軍的阴謀，长期以来，与党內最大的一小撮走資本主义道路的当权派互相勾結，狼狽为奸。

刘少奇——李井泉

李井泉是刘、邓黑司令部的重要一員。他伙同刘少奇这个中国的赫魯晓夫，进行反党、反社会主义、反毛泽东思想的罪恶活动，由来已久。

抗日战爭胜利后，刘少奇抛出"和平民主新阶段"的投降主义路綫，公开与毛主席的革命路綫相对抗。李井泉即紧紧追随刘少奇，在晋綏干部中大肆贩卖刘少奇的黑貨。

一九四七年，以刘少奇为首的中央工作委員会駐在晋察冀边区，李井泉进一步同刘少奇結成一伙。在晋綏的土改和整党中，李井泉又全盘接受并推行了刘少奇形"左"实右的"搬石头"的經驗，对农村干部采取了打倒一切、一脚踢开的反动路綫，給晋綏的工作带来了极大的危害。

当李井泉的黑后台刘少奇担任国家主席的决定公布后，李井泉欢喜若狂，专門为此組织了一次跳舞会晚，进行"庆賀"。李井泉为了显示庆祝"盛况"，亲自下令"晚会未結束，一个也不准走"。一九五九年刘少奇来成都，李井泉为了討好他的黑后台，动員人力、物力，专門为其布置了一个"工业和科研产品展覽"，有关单位忙得不亦乐乎，才把它布置起来。結果李井泉陪同刘少奇、王光美来轉了一圈，展覽会即宣告結束。

进入社会主义改造时期以后，刘少奇竭力反对資本主义工商业的社会主义改造，竭力反对农业合作化。李井泉按照刘少奇的黑指示，在一九五六年初的一次省委扩大会議上說："公私合营是我們以付定息、发工資、安排工作等三項，換取了資本家的資产所有权，用人安排权、技术領导权这三权。"在社会主义三大改造完成后，刘少奇竭力主张阶級合作，取消阶級斗爭。李井泉就大肆散布刘少奇的阶級斗爭熄灭論。他說："在生产关系改变以后，要求生产力大大发展，工业部門的主要任务就是要搞好生产。"他只强調抓两条：一是技术，二是工資，根本不提阶級斗爭。

一九五七年，李井泉积极参与刘少奇提出的所謂"反冒进"的罪恶活动。他在一次工业座談会上說："56年計划冒了二十亿到三十亿，一冒上来就下不了台，都要錢，但錢又有限度。"又說："現在最恼火的是几十万人失业，几十万人受影响。"把形势描写得一团漆黑。

一九五八年，刘少奇大刮"浮夸风"，提倡"高产埂高产田"。李井泉就同刘少奇一唱一和，提倡"万斤亩"，他說："稻子每亩十万株，有一亿粒，亩产就是五千斤，翻一番就是一万斤。"

一九六〇年刘少奇和李井泉一起跑到成都量具刃具厂，大吹特吹"下放权力"、"小組管理"等修正主义黑貨，把这个厂的所謂"經驗"捧上了天。此后，李井泉秉承他的黑后台的旨意，又在工业企业公开推行"定包奖"，大搞物质刺激。同年秋天，四川省的党代会上，李井泉抛出"一条心、一股劲、一个样"的黑报告，公开反对毛泽东思想。这个报告送到刘少奇那里，刘少奇当即表示同意，并說：好！好！好！

一九六四年初，刘少奇提出要組织"托拉斯"，"按經济管理的原则"办企业的修正主义路綫。李井泉立即卖力地加以貫彻。在四川省的医药、盐业、烟草等行业都搞起了"托拉斯"。

"四清"运动中，李井泉紧紧追随刘少奇，卖力地推行刘少奇形"左"实右的机会主义路綫。一九六三年九月，刘少奇抛出他的后"十条"，与毛主席亲自制定的前"十条"相对抗。李井泉专門派他的心腹黄流参加这个黑文件的起草工作，并为其提供黑材料。其中关于团結百分之九十五以上的干部是团結95％以上群众的前提，就是李井泉提供，为刘少奇所采用的。一九六四年七月，刘少奇跑到武汉推銷其形"左"实右的黑貨，作了一个黑报告。当时王任重把記录稿寄到成都，李井泉如获"圣旨"，立即派专人送各地、市委书記传閱。八月，刘少奇跑到昆明贩卖他的机会主义黑貨。李井泉从昆明返回成都后，大肆传播臭名昭著的"桃园經驗"和"两种劳动制度、两种教育制度"那一套修正主义黑貨。李井泉精心泡制的"厂社結合"的办法，其目的就是把刘少奇两种劳动制度、两种教育制度等黑貨貫串起来，贩卖到整个四川和西南。

李井泉对刘少奇篡党的阴謀，知道得很清楚。他有一次透露：刘少奇亲自掌握一百多个司局长一級的干部，发現那个地方不行，就配上去。李井泉也十分害怕黑司令部的罪行被揭露出来。一九六五年广安县有一位同志写信給毛主席，揭发刘少奇領导四清方面的錯誤。这封信轉上来以后，李井泉为了保他的黑后台，立即加以扣押，并亲笔批上："为了維护党的团結，不要給毛主席轉上去（大意）。"李井泉所說的"党"就是刘、邓黑司令部那一党，李井泉所說的"团結"，就是刘、邓、李的团結。

这次无产阶級文化大革命中，李井泉更是始終坚持推行刘 邓反动路綫，更加露骨地反对毛主席的革命路綫。

邓小平——李井泉

李井泉和党內另一个最大的走資本主义道路当权派邓小平，早就是反党、反毛主席的同伙。

邓小平任西南局第一书記时，李井泉即在邓的手下工作。"八大"以后，邓小平窃踞了党內大权，李井泉与邓勾結更为紧密。李井泉原任川西区党委书記，以后担任四川省委第一书記，西南局第一书記，都是与邓小平的积极支持分不开的。

一九六二年中央召开的七千人大会上，李井泉受到毛主席的严厉批評后，邓小平害怕暴露了他的反党同伙，亲自跑出来保护李井泉过关。会上，有人向中央、毛主席写信揭发李井泉的罪行，邓小平又将这封信批給李井泉本人。李井泉每次到北京开会，首先到邓小平家密談，或与西南各省委书記一起到邓家里"拜訪"。去年八屆十一中全会时，李井泉还伙同廖志高、閻紅彥、賈启允到邓小平家里去了一次。李井泉到北京开会时，还經常到彭眞、賀龙那里去。前几年，李井泉到北京等地开会，每次都要带些礼品，送給邓、彭、賀、罗等人。

中央开会期間，李井泉經常与邓小平、罗瑞卿、陶鑄等人在一起打麻将。每天晚上在麻将桌旁聚会，这个麻将班子几年如一日。許多的反党活动，就是在这张麻将桌子上共同策划出来的。对此，邓小平还亲自說过一番黑話，他說：如果成立桥牌协会，我可以当"会长"。

自五八年以来，邓小平常来四川，每次自始至終都由李井泉亲自陪同。李井泉在四川搞"独立王国"，是与邓小平同謀策划的。一九六五年十一月，邓小平到重庆时，廖志高汇报四川隐瞞粮食××亿斤，邓小平大加称贊，赶忙对李、廖說："不多，这样一个大省，还可以多隐瞞一些，最好隐瞞××亿斤。"

李井泉敢于对毛主席的指示阳奉阴违，就是因为有邓小平这个黑后台。他对邓小平的黑指示从来是言听計从的。一九五九年，邓小平說：要把川豫鉄路快些修通。李井泉赶忙派閻秀峯去北京，要挟中央把川豫路列入計划，当时，富春同志不同意，李井泉却坚持要按邓小平的黑指示办，竟擅自下令从溫江等四个专区調二十万民工修路。

邓小平和李井泉二人的反党活动，从来都是互相呼应、互相包庇的。一九六五年有人向李井泉汇报，貴州省有几百万人的地区搞和平土改。李井泉大为不滿，他說："那些說法涉及到老西南局了（即邓小平）"。李井泉即指示派到貴州搞四清的干部赶快撤回来。到一九六五年底，經过邓小平、賀龙、李井泉等人的共同策划后，邓小平亲自出馬跑到貴州，宣布："貴州的問題一风吹"，把他們一伙的問題掩盖了下来。文化大革命开始以后，在去年四月中央工作会議上，李井泉发了言，邓小平即給他打招呼、递点子，要李井泉"以后注意不要随便說"。七月，穆欣同志的文章点了任白戈的名以后，陈伯达同志指示，罢任白戈的官。李井泉又伙同邓小平、陶鑄包庇任白戈，只让任白戈"請假检查"。十月中央工作会議上，邓小平的罪行已經进一步揭露，李井泉在会上就是不揭邓的問題。西南小組有的同志要求安排一两天时間专門揭邓小平的問題，也被李井泉拒絕了。中央工作会后，原定召开西南局委員会，揭发刘、邓的罪行，清算他們在西南的流毒，这个会也被李井泉无限期推迟了。李井泉就是这样保护他的黑后台的。

邓小平对李井泉的"关怀"，可說是无微不至。一九六五年十二月中央开会期間，邓的老婆卓琳专門为李井泉选购了几丈布。她还专門把李井泉的两个秘书找去，再三囑咐注意李井泉的身体，让他們向西南局汇报，減輕李井泉的工作。李井泉对邓小平的亲属，也大显殷勤。一九五六年邓小平把他的妹妹放到四川来，李井泉即把她安排在省委机关，一九六二年西南局成立不久，李井泉又把邓的弟弟安排到西南局机关，邓小平的另一个弟弟邓自力犯有右傾机会主义的严重錯誤，以李井泉为首的省委于一九六二年专門給他甄別，一九六六年春又一次平反。邓小平还有一个弟弟邓垦，曾参与一伙反党分子的罪恶活动。文化革命开展前夕，李井泉按邓小平的旨意，把他調离四川，后安排在武汉市任付市长。以上种种，証明李井泉和邓小平已經結成死党，难解难分了。

彭　真——李井泉

李井泉与反革命修正主义集团头子彭眞，早就是同党。过去，他經常吹捧彭眞"能干"。近几年来，他們之間来往更加密切，进行了一系列不可告人的勾当。

一九六一年下半年庐山会議上，毛主席明确指出：困难到此为止。李井泉却与彭眞一唱一和，公开反对毛主席这一英明論断。一九六二年二月，彭眞盗用中央书記处名义召开了一次电話会，他讲："日子过不下去了！老天爷不拥护总路綫，灾荒給了我們影响，要足够估計。"不久以后，李井泉在省委扩大会上提出了五条看法，把彭眞的黑指示具体化了。他說：一是农业大減产；二是建設規模搞的过头了；三是通貨澎涨；四是投机倒把发展；五是城市人民生活下降。說得一无是处，一团漆黑。于是采取了全綫潰退的右傾倒退措施。

一九六五年春，李井泉为了保护一小撮走資本主义道路的当权派，保护他的黑后台邓小平，在貴州刮起一股翻案风，事先，曾經給彭眞打过几次电話，共同进行策划。

李井泉在南充泡制出来的"政治技术推广站"，是大搞政治、技术"合二而一"，大反毛泽东思想的修正主义黑貨。这一主张是彭眞提出来的，李井泉亲自把它接过来加以推广，让它流毒全省。

一九六六年二月下旬，彭眞带着許立群、胡绳（二月黑提綱起草人）和他的老婆张洁清到成都。彭眞把他的二月黑"提綱"交給李井泉，两人在一起密謀策划。随后閻秀峯等人陪同到自貢、西昌等地活动。三月初，李井泉又与彭眞密談，彭眞为了继續隐藏李井泉这个反革命修正主义分子，他回到北京，又立即給李井泉打电話通风报信，要《四川日报》多登一登批判文章，說毛主席每天都在看地方报紙。彭眞黑帮被揭发时，李井泉急忙探听消息。李井泉又告訴他的老婆肖里，要她和张洁清（彭的老婆）断絕往来。

賀　龙——李井泉

李井泉与賀龙是老关系，长期以来，他們互相勾結，互相利用。抗战开始，李井泉原是賀龙部下的一个旅政委。有一次，关向应等同志商談揭发賀龙的問題，李井泉即向賀告密，博得賀的賞識。一九四四年关向应同志逝世后在賀的保举下，李井泉升为晋綏軍区政委，一九四五年又跃升为晋綏分局书記，当时，賀是晋綏軍区司令員。一九四八年，李井泉在土改和整风中，犯了严重錯誤。在解放区召开最后一次干部会議时，大家要李井泉回来作检查。賀龙知道后，跑了几百里路，专門指示不要李井泉回去。

进軍西南后，賀龙将李井泉安排为川西区党委书記，坐鎮川西。一九五〇年賀龙在川西区党委住了三、四个月。賀去重庆前夕，专門召集川西区党委的領导干部，給李井泉涂脂抹粉，說："李井泉脾气不好，对党是好的。"要区党委的人服从李的領导。一九五八年宝成鉄路通車，賀龙要讲話，李井泉即命令杜心源为其起草讲話稿，李井泉亲自修改定稿。賀龙为了給自己树碑立传，窃取反党資本，一九六〇年提出編写"一二〇师战史"，李井泉立即派出谷志标（省检察长）、杜世兴（交通厅付厅长）等人到北京参加編写工作，甚至不惜从省委档案室动用了晋綏分局的档案材料。

李井泉与賀龙之間，背着中央长期保持秘密联系。一九六四年冬中央工作会議，李井泉原打算晚几天去，以后忽然匆匆忙忙赶到北京，情緒很紧张，大家觉得很奇怪。以后有人透露，原来是賀龙給李井泉打了电話，說"主席要批評你"。李井泉經常通过賀龙等人"摸气候"，探听毛主席的意图，盗窃党的核心机密。李井泉的两个儿子长期住在賀的家里，八屆十一中全会期間李井泉到賀龙家里去了两三次。直到八屆十一中全会后，李井泉还給賀龙打电話，摸文化大革命的"底"。

去年"二月兵变"阴謀破产，賀龙随彭眞之后，于三、四月間从广州来到成都，进行了一系列不可告人的罪恶活动。賀到成都后，李井泉专門打电話叫云南的閻紅彥来成都与賀龙会面，又以参观为名，邀約了程子华、廖志高、黄新庭跟賀龙一起到自貢、威远、峨眉、官村壩等地活动。以后由李井泉和黄新庭陪同去西昌，黃带了参謀沿途觀察地形。賀龙在西昌时还指示李井泉要大力发展战馬，他說："西昌的馬是很有名的，打起仗来是不可少的。"四月下旬，賀龙、李井泉、廖志高一起跑到峨眉唐山鉄道学院，要唐院总結迁校經驗，准备开"現場会"。賀龙說："四月派工作組来，五月份总結、六月份开会。"李井泉也說："要开一个会，把城市里的大学通通撵走。"賀龙又补充說："你們撵川大，……要保留一个医学院在城市里。李井泉回到成都，就叫杜心源規划，把大学撵下去。他們为什么要这样做？当时，有人悄悄透露，是为了給"中央"騰房子。这里，就不难看出他們的葫芦里卖的是什么药！

罗瑞卿——李井泉

李井泉与黑帮头子罗瑞卿也勾結得很紧。抗战期間，罗任抗大教育长时，李井泉也曾在一起工作过。一九五九年，罗瑞卿任总参謀长后，常来四川活动。有一次罗回南充老家，李井泉也亲自陪同。李井泉在中央开会时，借打麻将为名，經常与罗瑞卿聚会。李井泉的老婆肖里和罗的老婆往来也十分密切。李井泉的儿子李明清原考入北京輕工业学院，罗瑞卿帮他轉入北京航空学院，一九六五年十二月，中央工作会議期間，李井泉亲自跑到罗瑞卿那里密談了一个多小时。

一九六六年一月，罗瑞卿被揪出来以后，罗的老婆突然坐专机到成都找肖里。李井泉从中央开会回来也就害起"病"来了。四月，彭眞黑帮問題揭开以后，李井泉"病"情加重。六月間，毛主席亲自召开政治局会議，通知李井泉出席。李井泉心怀鬼胎，借口"身体"不好，要李大章代他去开会。十月底，李井泉从北京开会回来，专門找人給躲在×地的肖里打了一次电話。事先，他亲笔写了一张条子，内容是："肖里，原来我与北京有往来的几家，今后不再来往，包括书信来往和送水果等。"并囑讲完电話后立即把条子銷毁。李井泉同北京的"几家"（即党內最大的一小撮走資本主义道路的当权派）是什么关系，不是昭然若揭了嗎？

（上接第一版）

了伪革联，把三反份子辛易之拉上台，还公开冒天下之大不韪，派出大批人員上京揪「陶鑄二世」，把矛头对准周总理和康生同志，又恶毒地攻击张国华、刘結挺同志，妄图把山城搞成一个对抗省革筹的资产阶級独立王国，从而把川东、川西連成一片，稳住李井泉的反动王朝残局。

《产业军》：

是西南党政軍內一小撮走資本主义道路当权派精心策划的一手泡制的反动組织，是臭名昭著「工糾」的变种。其总后台李井泉通过程子华（西南局书記）、楊超（省委书記）、王眞（市工交政治部主任）、丁旭（市工会主任）等在幕前幕后操纵指揮的。牠自从六六年十一月底成立以来网罗社会渣滓、牛鬼蛇神，把矛头指向革命群众，指向以毛主席的革命路綫，血腥鎮压革命造反派，挑起了震惊全国的四川历次大血案。在中央处理四川問題十条下达后，在革命造反派穷追猛打下已潰不成軍，但李、廖死党仍没有放弃这俱政治僵尸，現正蒙蔽大量群众逃往农村和山区打游击，企图以农村包围城市，并有部分头头逃往武汉与百匪勾結，企图伺机反扑。牠和反动的八一战斗兵团、貧下中农战斗軍、成电紅旗勾結在一起，合称「三軍一旗」。

（第四版）　巴蜀烽火 海河評論 合刊　1967年9月10日

四川几次大血案綜述

碧血染紅錦江水 丹心高照芙蓉城

——慘绝人寰的五·六132厂大血案调查报告

五·六大血案是党内最大的一小撮走資本主义道路当权派及其在四川的代理人李井泉勾結原成都軍区个别負責人，操纵产业軍继五·四川棉血案以后，有計划、有組织、有准备地对革命造反派进行血醒鎮压和屠杀的反革命事件！

这次事件数以千計革命造反派被打死打伤。

革命造反派的鲜血染紅了巴山蜀水！

大血案前夕

132厂是产业軍的一个頑固据点，血案前夕，他們作了如下准备：

5月4日从外地調来3000多名农民，分别都佩着木棒、鋤头和釘耙。

5月4日把家属、衣服被褥、貴重物品……等全搬到車間居住，并挖制作战工事。把大量的石块、砖头、石灰、毒气、汽油、枪支运往生活区38#39#大楼；产派成員制造了随身携带的鉄棒、鋼刀、鎯头，进行练兵操武，如摔跤、冲击人墙等，在厂区准备了大量的大米、饅头、麻餅、急救药品，并把所有的开水瓶打满开水，把做飯用的大鉄鍋运进厂区。

5月5日产业軍宣布全厂戒严。产派人員带上凶器，取下袖套，以左手系白手巾为記号，而且规定了行动暗号和暗語。

在进行上述物质准备的同时，大造反革命輿論：

"产业軍赴京代表5.1节上了天安門，毛主席和中央文革接见产业軍代表，并贈送紀念章。"

"首都紅代会坚决支持产业軍。"

"中央已經表态肯定成都工人革命造反兵团和川大8.26是反革命組织，是牛鬼蛇神收容所。"

"二月份抓的人不是多了，而是少了，过去整的材料不是黑材料，而是紅材料。"

"成都工人革命造反兵团11.19分团勾結川大8.26要血洗黄田垻，踏平132厂。"

"成都工人革命造反兵团11.19分团勾結首都紅代会搞阶級报复，要破坏工厂。"

"四月份首都紅代会冲进监獄，放出了大量牛鬼蛇神。"等等。

大血案导火线

5月4日132厂产业軍蛾帽战斗师发出最后通令："各駐厂紅卫兵（包括首都紅代会战士）限4小时离厂，否則自食其果。"

同日下午5.30分，兵团11.19分团全体战士1000余名在广場召开"抓革命，促生产"誓师大会，会后游行被产业軍糾集3000余名手持凶器的暴徒，冲散游行队伍，当場25人受重伤，6人被綁架关进39#大楼。

同日深夜12点至次日清晨，产业軍糾集2000余名人包围造反派居住較多的202楼宿舍，挨戶搜查，抓走北科大孙强、8.26、川医101、9.15战士三人关进39#大楼。

5月5日，兵团11.19分团勤务員孙冠賢去39°大楼找×××反映情况要求出面制止武斗，×××主任陈文英答应說："誰叫你們窝藏紅卫兵，这是造反中央規定，中央早就下通知要紅卫兵回校！"拒不处理。孙慘遭酷刑拷打，大便被打出，脊椎被打断昏倒在地。

同日中午，川医派来救护車，搶救伤員，遭无理阻拦护士遭毒打，伤員被劫往39#大楼，产业軍全部停产，对造反派大肆逮捕关进39#大楼。

同日晚，兵团11.19分团被迫背起伤員在厂外鉄道上过夜，产业軍对造反派家属进行血腥屠杀，大批家属被綁入39#大楼慘遭毒打。

为营救被关在39#大楼的同志和紅卫兵小将，兵团11.19分团5月6日上午集合回厂，聚集在38#、39#大楼周围，产业軍施放毒气，开枪射击，扔出手榴弹、开出架有机枪的大卡車当坦克，制造了震惊全国的5.6大血案。

在乱石和枪弹之下

5月6日中午12点，造反派1000余人赤手空拳步行回厂营救伤員被产业軍拦住去路挑起武斗，造反派20多人受伤倒地。

下午1.30产业軍和貧下中农战斗軍5000余人搬进生产区，严封厂門，控制38#、39#大楼，造反派派出代表三人前往交涉遭毒打。接着北地东方紅宣传車到現場要求产业軍停止武斗，并由首都紅代会同学組成代表团再次进厂談判，刚到厂門口，被乱石打回。

下午2.00，造反派4000多人从38#大楼进入厂区，被先有准备的产业軍用三角鉄棒和鋼刀乱打乱砍，当場重伤数十人，死亡十余人，部分尸体被产业軍搶走。

下午2.45分，造反派再次进入厂区，楼下产业軍逃走，造反派追赶，从厂后开出一辆十輪卡車，以高速度繞S形冲闖造反派，当时两个紅卫兵头部被碾烂死亡。造反派回撤退路被机枪封鎖，队伍被迫散开。

下午3.05，从39号大楼二楼第一个窗口向撤退人員打响了第一枪，38#大楼接着又发两枪，同时机枪向着人群打响了。造反派退路被封鎖，38#大楼放出毒气，北地东方紅战士李金华等六人中弹牺牲，多人受伤、中毒暈倒。

下午4.10，造反派隐蔽臥倒在厂外广場边，机枪继續扫射，从38#大楼扔出手榴弹、迫击炮架上屋頂，封鎖退路。部分中弹受伤伤員被产业軍拖入38#大楼后，又从窗口摔下，前往搶救伤員的护士也中弹牺牲。

晚上8.00造反派撤走。

晚上9.00产业軍由当权派、武装部长、保卫处长、駐厂×代表带领，以机枪冲鋒枪开路，向馬家場方向逃跑，潜入农村。

晚上12.00，成都开来9汽車解放軍进駐厂区，事件平息，次日7.00以后，造反派紛紛回厂。

留下的現場

产业軍从5月6日下午3.05分到8.15止，共用步枪子弹射击295发。

使用手榴弹1枚。

机枪連发扫射四次。

施放毒气二次。

打死45人，其中枪杀40人，爆破伤致死3人，鉄器打死二人；其中男36人，女9人。

重伤住院的2800人，輕伤不計其数。

产匪行凶現場到处留下血迹和脑浆，仅二車間外一草坪就有20多处，38#二楼到三楼的水泥台上，凝血达半寸厚。

在地洞、防空壕及暗处清出产匪使用的大量枪支弹药。仅一处就清出机枪17挺，步枪129支，还有手榴弹、八二炮等武器。

有产匪使用的鉄棍、鎯头、尖刀、鋼釬，有的上面滿布血迹。

有受害者被产匪扔在暗处的血衣、鞋襪等物。

有大量石块、石灰、鏹水和两瓶毒瓦斯及大量的弹壳。

有大量食物（大米、麻餅、面包，仅200斤一袋的大米就有31袋）餐具、急救药品和照明用烛。

中和暴乱

（五·一九大血案纪实）

一、血淹中和場

5月，麦收大忙季节，阴雨綿綿，成熟的庄稼要不失时机搶收起来。

5月18日川大东方紅八·二六向全市人民发出呼吁：不违农时杀向农村，帮助农民搶收搶种。这一倡議得到广大造反派战士的积极响应。

19日"双搶"大軍出发了。八·二六，成都工人革命造反团和其他革命造反派战士一行数千人分两路到三瓦窑和琉璃場参加"双搶"战斗。前往琉璃場的八·二六兵团和川大革命师生二千余人，到达胜利公社时，因雨太大，不便收割，遂改道向距琉璃場不远的中和場去宣传《中共中央关于处理四川問題的决定》。中午十二时队伍到达中和場，一边散发中央文件，一边高呼"坚决拥护十条"、"忠实执行十条"、"向貧下中农学习"、"向貧下中农致敬"、"热烈欢迎受蒙蔽产派群众回厂抓革命促生产！"等口号。

頓时，中和場突然紧张起来。

盘踞在中和的"三軍一旗"的暴徒和打手跳了出来。他們向宣传队伍扔石头、投砖块，歇斯底里地暴跳如雷。有些傢伙把《十条》刷刷地撕了，有的把《十条》踩在泥地里。狂呼"十条是大毒草！"、"黑十条是八·二六伪造的！"、"揪出江青的后台！"、"周总理受蒙蔽，反戈一击有理！"、"打倒叭儿驴！"、"打倒撬狗！"反革命口号比比皆是。

鑼声、钟声、呼喊声、暴徒的狂吠声，紧紧地交织在一起……商店忙着关門閉戶，地摊也在收撿，老老少少，慌慌张张地东钻西窜。手持凶器的"三軍一旗"向宣传队伍围堵上来……中和場就要爆炸了。

为了避免冲突带队的同志决定主动撤退，队伍在場口逗留了仅十五分钟，准备沿旧道返回成都。突然数以千計的手持鍘刀、鉄釬、釘耙、鋤头的"三軍一旗"围了上来。砖头、石块、木棒雨点般的飞向宣传队，队伍被逼在路旁的水田里。兵团、八·二六战士义愤塡膺准备突围……

一場血腥屠杀在进行着：

八·二六外文系分团战士肖顺义走在队伍后边，被几个产匪一陣乱棒打得血流滿面地倒在地上……

一群呲牙裂齿的产匪手持釘耙，猛追四十多岁的川大女教师，只听哎喲一声，两寸多长的五齿釘耙深深地陷进了她的背部，她跑了几步，一个踉蹌倒在地上，两个八·二六战士扶了她起来，泉涌般的鲜血直往外噴，她昏过去了……

中国科技大，一位女战士，为捍卫最高指示的尊严，她对着产匪揮舞的鉄棒，搖着手高喊："不要打，不要打！"可是灭絕人性的产匪照着她的头部狠狠一棒，这位英雄的首都紅代会战士昏迷地倒在污水沟里……

一群产匪把一个八·二六战士追逼在水田里，产匪反誣他破坏生产，劈头一釘耙打在他的头上，頓时脑浆迸濺，壮烈牺牲了。

川大历史系罗××头上被产匪打了一个大窍窿，鲜血直噴着……

造反派战士张风相見状怒不可遏，高声朗讀《十六条》"只許文斗，不許武斗"被产匪拦腰一棒打昏在水田里，立刻三支鋼釬向他戳去。成了血肉模糊的人，左臂骨折，右臀肌肉撕裂。全身六个窍窿，产匪又把他五花大綁起来。突然，一个血淋淋的巨人怒目圓睜挺立了起来。高大的英雄形象，把凶手吓得打哆嗦。

为保卫毛主席的革命路綫，兵团八·二六战士的鲜血，染紅了中和原野。

革命造反派的血决不会白流的！

二、血流二十里

"三軍一旗"流窜农村后，煽动和扶持了数以千計的农民集聚在中和場，搶占粮仓，伺机向城市反扑。

5月19日下午，产匪围截了兵团八·二六支农宣传队，仗其相对优势，把宣传队截为几段，采取各个围攻的手法，进行打杀。然后把活着的革命造反派战士，押持到匪巢，进行非法审訊：

年紀稍大的人被他們誣为"头头"，佩戴眼鏡的人被他們誣为"幕后指揮"，年輕力壮的则誣为"打手"、"干将"女同志被誣为"母撬狗"，十二三岁的革命小将被誣为"小鋼釬"。两千余男女老少，个个挨打，人人受伤，无一倖免。

产匪占据的粮庫，十几个荷枪实弹的匪徒，凶神恶煞的站着，門口架着机枪。兵团八·二六战士在寒光閃閃的刺刀下被带进了粮庫集中营的一个晒場垻……

戴着大口罩的外逃的党內走資本主义道路的当权派，在后面指手划脚。頑固追随走資本主义道路的打手公开跳了出来狂叫着："你狗日的造反也有今天"、"老子今天要你认得我"、"要死的，不要活的！"

一个个革命造反派战士被审訊、被拷打，有的双眼被撒上石灰，有的被五花大綁吊起来活活打死。打砸搶劫成性的产匪，把革命造反派战士的手表、錢、粮票洗劫一空。戴眼鏡的同志的眼鏡全部被砸烂。那天被产匪砸坏的眼鏡不下四百付。

关押在一个粮仓的几十名八·二六战士，齐声朗讀毛主席語录："下定决心，不怕牺牲，排除万难，去爭取胜利。"产匪吓破了胆，冲进来，把領讀的同志拖出来毒打。但另一个战士又領讀下去，产匪又把他拖了出去。造反派并沒有屈服，齐声唱起了《兵团八·二六战士想念毛主席》的歌声……

夜里，这些阴暗角落里的鬼蜮，开始把被拘押的革命造反派向其他巢穴轉移了。

一辆辆满載革命造反派的战士向仁寿县方向駛去。

一队拖了一里地多长的革命造反派队伍，他們赤手空拳被肩荷凶器的产匪軍押送，徒步径向仁寿县方向去"劳改"。他們拖着受伤的身体淋着冷雨，步履艰难地走着。从中和場到中兴場，再从中兴場到仁寿县的二十八小时中，兵团八·二六战士的鲜血一直淌流着。

三、反攻倒算的急先鋒

血！血！！殷紅的革命战士的鲜血，洒遍中和原野。

把兵团八·二六战士綁架押送去仁寿县的途中，对革命造反派全面反攻倒算开始了。

产匪七师师长試剂厂当权派；南光机械厂党委宣传部长王成仁，供应科长李自元，供应科支部书記张承德，五車間支部书記，都跳了出来认人了。他們揚言說："秋后算帐？等不到秋后了，現在就要算，一个一个的算！"革命造反派被吊在房樑上遭毒打！

川大八·二六战士，不少人在中和、中兴一带搞过四清，一些四清下台干部和牛鬼蛇神，念念不忘地对革命造反派进行反革命阶級报复。

請看这些傢伙是怎样进行反攻倒算的吧：

中兴公社四合大队，四清下台干部刘泽孝，认出了曾在該队搞过四清的八·二六战士周式中，咬牙切齿地罵道："你狗日的，老子今天把你认到了！"提起棒子追打了一里多路远。

中兴公社紅花大队的慣偷陈吉荣，因在四清中受过批評教育，怀恨在心，把曾在該队搞过四清的譚本文拖出毒打，至今肢体不能动弹。

在新兴公社凉水大队，搞过四清的八·二六战士晏家富，被該队坏傢伙五花大綁进行毒打。

够了！这种例子不胜枚举，五·一九事件中阶級敌人对革命派的反攻倒算已經是昭然若揭。

四、斗爭——失败，再斗爭——最后胜利

产匪軍玩尽了顚倒黑白、混淆是非的手法，大肆毁坏革命造反派的声誉，制造反革命輿論。

他們把被打死的兵团八·二六战士的遺体弄到中和、仁寿游行，开"追悼会"說是造反派打死了产业軍和貧下中农。

他們造謠說："八·二六和兵团在成都杀了产业軍和貧下中农几百人，切成碎块伙上石灰倒在望江楼河里"、"成都街上的血結了多厚一层"、"八·二六和兵团打烂了两架飞机，把川棉一厂的貴重仪器打得稀巴烂"等等。

革命造反派被送到仁寿县山区"劳改"时，他們勾結了县委內走資本主义道路的当权派，并欺騙农民說："这是成都逮来劳改的'反革命'和'杀人凶手'"。从此革命造反派战士开始了集中营中的牛馬生活。

一日三餐，三两蘸碗荳，加上一小撮水煮牛皮菜。鉄索套着脖子和胳膊去睡觉。已是遍体鳞伤的战人，也得去做沉重的活。晚上，挑动农民斗爭"反革命"和"凶手"。

用毛泽东思想哺育起来的兵团八·二六战士，任敌人如何残酷迫害和奴役，仍以頑强的毅力克服了疼痛和饥餓，积极地向貧下中农宣传毛泽东思想，和他們一起学习毛主席語录；向他們揭穿产匪和党內一小撮走資本主义道路的当权派誣蔑我兵团和八·二六的謠言；向他們宣传文化大革命的大好形势；宣传革命无罪，造反有理。这以后当地貧下中农对党內一小撮走資本主义道路的当权派，扣压中央关于处理四川問題决定的行为，非常憤怒。貧下中农对"兵团"、八·二六战士的态度改变了，亲切了。在万般无可奈何的情况下，5月22日仁寿县地区党委被迫宣讀了扣压半月之久的中央文件。我們胜利了！

經过几天的战斗，无产阶級的阶級感情把貧下中农社員和兵团、八·二六战士紧紧地联系在一起。5月24日被关押在仁寿县和眉山县"劳改"的革命造反派战士，在当地革命造反派的帮助下，在仁寿县駐軍的支持下，胜利突围，达到紅色根据地。

由产匪軍制造的五·一九暴乱，打死打伤成百上千的革命造反派战士。但是"战爭教育了人民，人民赢得了战爭"。五·一九暴乱，产匪軍充当了一个出色的反面教員，它教育了广大人民，喚醒了許多受蒙蔽的群众。

革命造反派越战越强，愈来愈多的人加入了我們的行列。

（待续）

伟大的导师　伟大的領袖

伟大的統帅　伟大的舵手

毛主席万岁！万岁！万万岁！

毛主席关于「拥軍爱民」的偉大指示

沒有一个人民的軍队，便沒有人民的一切。

×　×　×

人民解放軍应該支持左派广大群众。

×　×　×

要相信和依靠群众，相信和依靠人民解放軍，相信和依靠干部的大多数。

×　×　×

紧紧地和中国人民站在一起，全心全意地为中国人民服务，就是这个軍队的唯一的宗旨。

×　×　×

軍队中应当从每个指战員的思想上解决問題，使他們徹底認識拥政爱民的重要性。只要軍队方面做好了，地方对軍队的关系必会跟着改善。

×　×　×

軍队須和民众打成一片，使軍队在民众眼睛中看成是自己的軍队，这个軍队便无敌于天下，……

×　×　×

应該使每一个同志懂得，只要我們依靠人民，坚决地相信人民群众的創造力是无穷无尽的，因而信任人民，和人民打成一片，那就任何困难也能克服，任何敌人也不能压倒我們，而只会被我們所压倒。

彻底摧毁資产阶级司令部

社論

当前，摆在无产阶級革命派面前的中心任务，就是要从政治上、思想上、理論上徹底摧毁以中国赫魯曉夫刘少奇为首的資产阶級司令部。这个中心任务就是当前斗争的大方向，就是毛主席教导我們“要关心国家大事”的大事。

这是无产阶級文化大革命成败的关鍵，是兩个司令部、兩个阶級、兩条道路、兩条路綫的大决战，是国际共产主义运动中，馬克思列宁主义毛澤东思想同現代修正主义的大决战，是人类兩种前途，兩种命运的大决战。

徹底摧毁資产阶級司令部是当前无产阶級文化大革命新高潮的重要标志，活学活用毛主席著作，开展革命的大批判，是掀起文化大革命新高潮的关鍵。一切革命的人們都必須認清形势，抓住关鍵，紧跟毛主席的偉大战略部署积極投身到轟轟烈烈的大批判运动中，为徹底摧毁資产阶級司令部創建新的功勛。

这次无产阶級文化大革命的新高漲是繼“一月風暴”以后掀起的“八月風暴”，这風暴的轉折点是从武汉革命开始的。

中共中央、国务院、中央軍委、中央文革小組給武汉市革命群众和广大指战員的一封信中說：“你們的无产阶級文化大革命的胜利凱歌正在鼓舞着全国”。这是对当前全国无产阶級文化大革命形势的精辟分析。武汉革命給我們提供的經驗和教訓是：兩个司令部的对抗和斗爭，是无产阶級专政条件下兩个阶級、兩条道路、兩条路綫之間極其尖銳、極其复杂、極其深刻的斗爭的集中表現。

中国的赫魯曉夫刘少奇之流总是拼命进行垂死掙扎，千方百計地运用他們力所能及的影响，組織起一百倍瘋狂的“还乡团”，向革命力量进行反扑。他們利用各种方法，寻找种种借口，从无产阶級专政内部如人民武裝部門，公、檢、法部門中物色和搜罗一批“还乡团”的烏合之众，同他們所操縱的保守組織中一小撮坏头头，挑起武斗，大搞打、砸、搶、抄、抓，圍剿无产阶級革命派，对抗无产阶級文化大革命，阴謀推翻我們无产阶級司令部，用心何其毒也！

敌人的瘋狂，只能說明它的虛弱，他們的拼命掙扎只会使自己失败的更慘。但是，对于这一小撮敌人的罪恶行为，我們必須徹底揭露和坚决斗爭。我們不能大惊小怪，也不能天眞烂熳，即要战略上藐視敌人，也要从战术上重視敌人，只有这样，我們才能徹底摧毁資产阶級司令部。

林彪同志說：“資产阶級搞顚复活动，也是思想領先，先把人的思想搞乱，另一个是軍队，抓槍杆子，文武相配合，抓輿論，又抓槍杆子，他們就能搞反革命复辟。”这是一个非常重要的論点。

从全国揭發大量事实証明：反革命的步調的那么一致决不是偶然的，从总的方面說，刘少奇的兩份假檢查、眞反扑的認罪書，为資本主义复辟举起了招魂幡，在这面招魂幡的引导下，党內、軍內的大大小小鬼魂紛紛登場表演，彭德怀出場了，罗瑞卿出場了，徐向前出場了，陈再道出場了……，他們是資产阶級司令部在軍內的代表，他們妄想在中国制造匈牙利事件，一旦阴謀得逞，我們的国家就要变顏色，我們就会亡党、亡国、亡头！

但是应該指出中国人民解放軍是一个偉大长城，是无产阶級文化大革命的坚强柱石，是无产阶級革命派的强大靠山，是徹底摧毁資产阶級司令部、取得无产阶級文化大革命最后胜利的可靠保証。对于毛主席亲手締造、林副主席直接指揮的中国人民解放軍的热爱信賴，我們不能有絲毫动搖。

我們必須紧紧地依靠中国人民解放軍，打一場偉大的人民战爭，高举毛澤东思想偉大紅旗开展轟轟烈烈的革命的大批判运动，向資产阶級司令部，發动全面的总攻击，把党內一小撮走資派揭露出来，从政治上、思想上、理論上把他們斗倒、斗臭，徹底摧毁資产阶級司令部，保証无产阶級的鉄打江山，千秋万代，永不变色！

新天津

新天津战报編輯部

一九六七年九月十一日　星期一　第二期　共四版

·2· 新 天 津 一九六七年九月十一日 星期一

編 者 的 話

在目前的大批判的高潮中，讀讀姚文元同志的《反对懶惰，發揚干劲》很有好处。姚文元同志列举的文艺界的“懶”的表現，与大批判中存在的种种“懶”很相似，或干脆說是維妙維肖。我們希望一切革命的同志讀了这篇文章能干劲倍增，特别是消遙派的同志能奋然而起，投身到对刘邓黑司令部的大批判运动中来！

* * *

反对懶惰发揚干劲（摘要）

姚 文 元

什么是懶？懶的实質就是資产阶級个人主义在劳动态度上的表現。懶之后必有惰，資产阶級思想甚多的地方，一定有人懶于公事而勤于私事，懶于前进而甘于落后，懶于劳动而貪于享受，懶于学習而安于无知，懶于躍进而滿于爬行，懶于斗爭而屈于困难‘懶于社会主义而恋于資本主义。斯大林說得好，偉大的毅力只为偉大的目标而产生。沒有共产主义的理想，沒有牺牲个人的一切的决心，怎么能够有革命的干劲？

为个人打算所纏住，不敢投身到革命的洪流中来，就学不会革命的躍进的游泳术。魯迅除了最后十年之外，都是業余写作，但是他却那样勤奋地創作了、翻譯了几百万字作品，这就因为他有“俯首甘为孺子牛 的精神，为人民，为革命，毫不吝惜地把自己的生命全部傾注到严肃的劳动中。当别人說他有天才的时候，他回答說，“我那里有什么天才，我不玩，我把时間都用在工作上”。个人英雄主义的“劲”是不能持久的，真正的勤奋来自对人民对革命事業高度的、自覺的責任心。所以反懶就要反形形色色的个人主义和疲沓情绪，怀着滿腔革命热情，就一定能鼓足干劲，力爭上游。

文艺界中的“懶”表现在什么地方？表現頗多，一时难以备述。仅就耳聞目見，列举数条如下：

一曰勤于看戏游玩，而懶于动笔。

二曰清談。談話是很需要的，但經常把許多时間浪費在毫无意义的閑扯上，以至成为一种習慣，这就很不必要了。

……

五曰强調写作条件。馬克思能在长年累月靠典当、借債和恩格斯有限的匯款过活的極端困难的条件下写出《資本論》，而有的同志却非要明窗淨几，整天十分安宁并且要很高的稿費的条件下才能动笔，对照之下豈不慚愧！有人說，馬克思是馬克思，我是我，但这个“我”难道不能改变一下嗎？發奋剛强反掉头脑中的名利打算，克服一切困难去写作，白天沒有时間深夜里写，一次失败再来一次，九次失败再来十次非要写成功不可，有这样的决心一定能創造出更多更好的作品。

六曰安心于“写不出”。写不出文章原因很多，……讓日子在閑蕩中过去，以“写不出”来回答为什么写不出，这实际上是安于做“空头文学家”。

……希望大家一起来討論，把各种各样阻碍我們發揮革命干劲的“懶”擒掉，形成一种勤奋、刻苦、忘我的劳动态度，使我們全部的潛力都能充分發揮出来，实現創作上的大躍进！

浮萍樣的人

在当前阶級斗爭的大風大浪里，只有用毛澤东思想武裝起来的无产阶級革命派，才能頂住十二級的風暴，逆流而上；才能在万里征途中，一步一个脚印地登上无限風光的险峰。而那些墙上蘆葦，头重脚輕根底淺的人往往風吹兩面倒，随时随地都可能失足，以致于毁了自己。

是的，那些浮萍样的人，往往出于小資产阶級的狂热性而走向極端，时“左”时右，搖擺不定，他們不可能成为无产阶級革命家，只能是政治舞台上曇花一現的人物。

这种人，在个人受到压抑时，也能起来造反，斗爭，一旦取得胜利了，自己翻了身則以为革命到底而停滞不前；

这种人，总把自己看成“真理”的化身，老子天下第一，“唯我独左”，稍不順他意的人，就被斥为“修了”、“老保 ……以致于拉出一派队伍，另树一帜，以極“左”的言行，妄圖压倒对方；其实呢，一旦“我”一碰壁时便又丧心气餒起来，在革命的轉折关头，步履唯艰，畏縮不前，甚至于脆撒手不管，甘当逍遙派，成了謹小慎微的君子，胆小如鼠的懦夫。

这种人，好出風头，譁众取寵，見風轉舵，投机取巧，热衷于極“左”的詞句和口号，从不接近群众，深入实际，調查研究，扎扎实实的作些具体工作，哪里有便宜就往哪里鉆；

这种人，感情用事，不是重无产阶級感情，而是重私情，重小团体之情，講义气，講闊气，講排場，成天在外，“招兵买馬”，往往因此而陷于自發的盲目性；

这种人，在群众組織間的“内战”中，“敢”字当头，頗显“英雄”气槪，而对刘邓之流則視为“死老虎 ，兴味索然，往往因此而作出亲者痛、仇者快的事来，甚至被阶級敌人所利用；

凡此种种，难道是“革命造反派的脾气 嗎？絕对不是。这正是小資产阶級的脾气，它不利于革命的大联合，它攪乱阶級陣綫，轉移斗爭的大方向，助长无政府主义思潮，使組織性和紀律性渙散，从而为阶級敌人的复辟活动打开缺口，發展下去，即成为修正主义的禍根。

我們无产阶級革命派必須听毛主席的話，按毛主席的指示办事，只有一切符合毛澤东思想的言行才是真正的革命造反派的脾气。当前我們就要按照毛主席的教导，正确处理人民内部矛盾，牢牢掌握斗爭的大方向，在革命的大批判中作出新的貢献，全力以赴革党内一小撮走資派的命；与此同时，务必在自己灵魂深处鬧一番灭資兴无的革命，活学活用主席著作，夺头脑中“私”字的权，砸烂一切非无产阶級的思想，永葆革命青春。

“不管風吹浪打，胜似閑庭信步”，造反派战友們，迎着阶級斗爭的狂風暴雨，乘風破浪地前进吧！

·紅彤·

两條路綫斗爭還是三派勢力斗爭

——談談天津市革命派大聯合問題

天津市的无产阶級文化大革命已經进行一年多了。到現在，万张反革命修正主义集团黑幕还沒有完全徹底揭开，无产阶級革命派还未夺权，关鍵在哪里？

人民日报社論“关鍵在于大联合”中指出：“那些党内走資本主义道路的当权派，利用他們暂时还窃踞的各种职权，利用革命造反派内部的缺点和部分人的一些非无产阶級思想，进行分化瓦解，妄圖在革命造反派内部制造反对派，破坏革命造反派大团結、大联合从而达到保他們自己权力地位的目的。革命造反派的同志們：这是多么値得我們警惕的呀！今年一月以来的曲折道路，难道还不令人深醒嗎？

天津市几个大专院校的学生革命組織，就是在党内一小撮走資派的分化瓦解和挑动之下，混淆了阶級陣綫，使“八·二五、“八·一三”等革命組織大打起来，然后在一場混战之中；捧出了河老八，并且悄悄地窃取了領导权，以至使天津市的大专院校的左派队伍滑到十分危險的境地。这本来是一个慘痛的教訓，但是事到如今，这些革命組織还不引以为戒，当他們占有一定的地位时就都把自己看得一身潔白，是了不起的英雄，把对方看成要不得的狗熊，他們实际上在这个关鍵时刻，忘記了共同仇敌刘邓之流及其在天津的代理人——万张反革命修正主义集团。他們所想的是在以衞东、八·一三为一方，八·二五为一方，河老八为一方三派勢力的斗爭中如何获得胜利。因此无休止地糾纏在“你們保过省委”，“你們压制过造反派”等等問題上。实际上他們看到的是自己的一个小山头。他們提出有一个共同的論調：“×××我們可以联合，但是他們必須如何如何”一句話别人得向我靠攏，我就是左派，我就是核心。然而这种唯我核心論的灵魂往往被各种各样的借口所掩盖，他們宣揚的却是振振有詞貌似有理的一套“大道理”。

“我們还有原則分岐”！什么“原則分岐”？据我們所知，八一三、八二五、衞东等革命組織几乎都在向党内最大的一小撮“走資派”猛烈开火，把混进党内、軍内的一小撮“走資派”通通揪出来，这就是大原則，这就是团結、联合的基础，还有什么了不起的“原則”呢？人民日报社論說得好：“就是原則問題也要摆事实講道理，通过正常的討論和辯論求得解决，有些問題一时解决不了，也应当允許别人保留自己意見”。

“他們不承認錯誤”。左派队伍不可能十全十美 它必須会有这样和那样的錯誤，这种錯誤只能是他們通过对党内走資本主义道路的当权派的斗爭中，通过造反派之間的批評与自我批評教育自己，自己改正錯誤，决不能以“改正錯誤”来作为压倒对方的条件，因为这样必然会加深分岐，甚至被敌人利用。人民日报社論指出：“决不要抓住对方这样或那样的缺点不放，拚命‘上綱’，热衷于‘打内战”人为地制造对立，甚至导致武斗。”这就是說：大敌当前，革命造反派之間的分岐，一时解决不了，应該允許别人保留。

“我們要联合，但現在条件不成熟。”試問这里講的是什么“条件”，刘少奇还在伺机反扑，万张反革命修正主义集团的阴魂还未散，党内走資本主义道路的当权派一直在扶植保守勢力，伺机反扑，他們正在运用还被他們盘踞的专政机关，对造反派实行专政，他們利用了各种手段对造反派进行分化瓦解，拉一个打一个，这个拉不成就把你踢开再换一个，难道我們还要等到人头落地的时候才算“条件成熟”嗎？“他們沒有誠意，他們作小动作”。要求别人誠意，往往是自己缺乏誠意，专門监視别人做小动作的人，自己并沒有少做人家的小动作。这些都是非无产阶級思想泛濫的結果。也是因为离开了政治斗爭的大方向以后，内心空虛的表現，事情很清楚，他們所說的种种“大道理”說穿了只不过是一塊掩盖小資产阶級思潮的遮羞布而已。

由于革命小将在文化大革命中的特殊地位，他們的分裂，不能不严重影响天津市文化大革命的进展。“八·一三、“衞东”、“八·二五”等左派組織長期对立下去，只能使河老八之流的保守組織从中漁利，得不到孤立，更不可能瓦解，因此，我們衷心地希望，八·一三、衞东、八·二五等革命組織在毛澤东思想偉大旗帜下，迅速联合起来。夺取文化大革命的徹底胜利。

天拖鉄牛衞东彪兵团 評論員

一九六七年九月十一日　星期一　　新天津　　·3·

打倒中国的赫魯曉夫刘少奇

历史的见証

——从一次“視察”看劉少奇的叛徒咀臉

刘少奇根本不是什么“老革命”，而是假革命、反革命，是睡在我們偉大領袖毛主席身旁的赫魯曉夫！

一九五八年十二月，刘少奇帶着他的臭妖婆王光美到舟山进行所謂“視察”，并游覽普陀山。从普陀山返回时，他乘坐××艦。我和另一位同志接待他，在途中兩个多小时，大部分时間是听蝸蟻島公社的汇报，和我們仅仅談了十几分鐘。但是就在这十几分鐘中，他就放了不少毒，露骨地攻击我們偉大領袖毛主席。这充分說明了刘少奇这个反革命修正主义分子，不放过任何机会进行反革命活动。

刘少奇上艦后在会議室坐下，艦队某部司令員指着我向他介紹：“这是某部的政治部主任，某部就是原来的六艦队。”刘少奇听后，其他什么都不問，却板着面孔說：“你們这个六艦队和美国的六艦队比怎么样啊？”当时我們不理解他为什么問这样一个問題，現在才認識到他的心目中就是恐帝、崇帝、亲帝，因此美国帝国主义就成了他衡量一切的标准。我們回答：“毛主席說：‘一切反动派都是紙老虎。看起来，反动派的样子是可怕的，但是实际上并沒有什么了不起的力量。’从技术裝备上說，它占优势，但它在政治上腐敗，不得人心，士兵是少爷兵，怕死鬼。我們的战士是用毛澤东思想武裝起来的，政治上我們占絕对优势。”这位“大人物”听了毫无表情，而他的妖婆却在一旁嘻皮笑臉地諷刺說：“你真是三句話不离本行。”这阴险的妖婆，就是要我們作政治工作的离开宣傳毛澤东思想这个本行。其用心何其毒也！

接下去介紹艦史。我以万分激动和无限崇敬的心情，談到我們偉大領袖毛主席一九五三年二月二十四日曾乘坐过这条艦，并指着写“毛主席于一九五三年二月二十四日坐过此椅”的一张椅子介紹給他。我說：“水兵們十分爱护这张椅子，平时特别加以保养。外来参观的同志能在此椅子上坐一兩分鐘都覺得很荣幸。为了保存这张椅子，平时是沒有人坐的。”刘少奇却冷冷地說：“誰都可以坐嘛，反对个人崇拜嘛！”这个中国的赫魯曉夫，对水兵們出自內心对偉大領袖毛主席的爱戴，公开地誣蔑为“个人崇拜”，惡毒攻击毛主席，同赫禿完全一个腔調。以后，某部司令員向他介紹在大躍进的群众运动中所湧現出来的許多动人事例，和部队出現的新的精神面貌，他的臭妖婆，秉承这个党內头号走資本主义道路的当权派的旨意說：“××同志不要光談好的，还要談坏的。”他这次“視察”，正值党的八屆六中全会前夕，可見他这次“視察”是专門为了找“坏的”，来对抗毛主席提出的大躍进。

“凡是敌人反对的，我們就要拥护”。党內头号走資本主义道路的当权派刘少奇，一貫反对毛主席，反对以毛主席为代表的无产阶級革命路綫，我們必須与他来个針鋒相对，更加热爱毛主席，更加忠于毛澤东思想，更加忠于以毛主席为代表的无产阶級革命路綫，奋起毛澤东思想千鈞棒，徹底批倒中国的修正主义总后台、总根子——刘少奇。

海直《紅联总》供稿

怒斥「剝削有功」論

發电設备厂井岡山　工人　虎云

听到党內头号走資本主义道路当权派胡說什么資本家“剝削的越多，功劳越大，就越光荣。”頓时我胸中燃起了滿腔怒火，这不是明目张胆为資本家唱贊歌，为資本主义复辟鳴鑼开道嗎！

中国的赫魯曉夫刘少奇鼓吹“剝削有功，造反无理”的混蛋邏輯和我們偉大領袖毛主席的“革命无罪，造反有理”的光輝思想相对抗，罪該万死。刘少奇为人吃人的剝削制度高唱頌歌，充当剝削阶級的辯护士，无非是为了抹煞阶級斗爭，反对无产阶級专政，达到他在中国复辟資本主义的罪惡目的，讓千百万劳动人民重新过着牛馬不如的生活，重新讓資本家騎在劳动人民头上作威作福。其用心又何其毒也！

什么剝削有“历史功績”！呸！資本家的每个毛孔里都吸滿了劳动人民的血和泪，无数劳动人民活活的被折磨死。万惡的旧社会，資本家的殘酷剝削使得多少人民妻离子散，家破人亡，这就是剝削的“历史功績”嗎？

什么“劳动人民不是反对剝削，而是欢迎剝削”！真是他媽的反动透頂的謬論！吃人的旧社会，万惡的資本家，殘酷压迫剝削劳动人民，我們决不会忘記。“哪里有压迫哪里就有反抗”！工人阶級决不甘心作牛馬，起来斗爭了！毛主席教导我們：“地主阶級对于农民的殘酷的經济剝削和政治压迫，迫使农民多次地举行起义，以反抗地主阶級的統治。”刘少奇竟长期对抗偉大的毛澤东思想，这充分說明他根本不是什么“老革命”，而是假革命、反革命！

刘少奇无耻吹捧資产阶級，歌頌剝削制度，極力为在中国發展資本主义而到处奔走呼叫。

一九四九年刘少奇亲自到天津拜訪对外孝忠帝国主义，对內依附于国民党反动派的極端反动的大資本家宋棐卿。刘少奇看中了这个殘酷剝削工人，有“文明地獄”之称的东亞毛紡織厂（現天津第三毛紡織厂），看中了这个吸血鬼宋棐卿。刘少奇邀請宋棐卿开座談会。刘少奇大叫“剝削有功”說什么：“你是养工人的，你蓋的工厂越多，剝削的工人越多，就越好。”宋棐卿也跟着大喊：“他們鬧小穷，我鬧大穷，都穷，我蓋了工厂，养活了这么多工人，最后还落个剝削，我真不知道什么叫剝削。”看！他們一唱一和配合的多么默契，我們偉大領袖毛主席教导我們說：“几千年来总是說，压迫有理，剝削有理，造反无理。自从馬克思主义出来，就把这个旧案翻过来了。”中国的赫魯曉夫同反动資本家們如同出一轍，他們妄圖把这个被馬克思主义翻过来了的旧案又重新翻回去，这是白日作夢，一千个办不到，一万个办不到！

党內头号走資本主义道路当权派刘少奇！豎起你的狗耳朵听着！徹底清算你反党反社会主义反毛澤东思想的滔天罪行的时刻到了。我們无产阶級革命派要奋起毛澤东思想千鈞棒，痛打落水狗。从政治上、思想上、理論上把刘少奇批倒、斗臭，叫他永世不得翻身！

不許劉賊陷害柯老

內燃机厂遵义兵团　諸紅兵

炮声隆隆，凱歌陣陣，刘少奇的大叛徒集团終于被紅衛兵小将揪出来了，这是毛澤东思想的偉大胜利，这是无产阶級文化大革命的偉大胜利。

我們偉大領袖毛主席教导我們：“帝国主义者和国內反动派决不甘心于他們的失敗，他們还要作最后的掙扎。”刘少奇，这个可耻的叛徒正是这样，他公然借向中南海革命派做檢查的机会猖狂反扑，胡說什么：“一九三六年三月，我作为党中央的代表到达天津（当时党的北方局所在地），当时北方局的組織部长柯庆施同志向我提出一个问題，說北京监獄中有一批同志，他們的刑期多数已經坐滿，但不履行一个手續就不能出獄。柯问我是否可以履行一个手續。我反問柯：‘你的意見如何？’柯說：‘可以讓獄中同志办一个手續！’我即将此种情况写信报告陕北党中央，請中央决定。不久得到中央答复，交由柯庆施同志办理。当时党中央的日常工作是张聞天（又名洛甫）处理，据张聞天交待，他当时沒有报告毛主席，也沒有在会議討論，就由他擅自作了答复。……他們具体履行了什么手續，我未过问。最近看了造反报，才知道他們登了‘反共启示’，对这件事我負有一定責任。”

呸！这真是瞞天过海的弥天大謊！刘少奇狗胆包天，竟然陷害柯庆施同志，借以掩蓋他妄圖复辟資本主义的狼子野心，告訴你，办不到！一万个办不到！

刘少奇，我问你：

你为什么在北方局工作时，伙同你的走狗林枫、彭真一起排挤坚持毛主席革命路綫的柯庆施同志？

你为什么在一九四二年延安整風时，千方百計地将柯庆施同志打成“托派份子”企圖槍斃灭口？

你为什么乘柯庆施同志一九六四年在四川养病之机，打密电給三反分子李井泉企圖将柯老置于死地？

你为什么一九三七年至一九六二年先后八次在中央会議上包庇叛徒过关？

答案只有一个：因为你心里有鬼！因为你是叛徒的总后台！

叛徒們的“反共启示”果真与你无关嗎？那就看看反革命修正主义分子张聞天在一九六七年五月十九日的交待吧：“刘少奇当时連同他給我的信件一起寄来要我签字的，不是獄中干部提出有三个条件的請求書，而是刘少奇代为起草的我給獄中干部的信，信中表示他們履行出獄手續而出獄后，承認他們原来的党籍党令……”你所謂的出獄手續不就是指“反共启示”之类的东西嗎？然而你竟敢把它說成是柯庆施同志的主张，真是卑鄙可耻到極点了！

最近，中央文革指示說：柯庆施同志是好同志。华北地区一批叛徒变节自首問題与柯老无关。狠狠地給了刘少奇一記响亮的耳光，真是大快人心，革命造反派的同志們，讓我們团結起来，痛打刘少奇这个落水狗，讓他永世不得翻身！

·4· 新 天 津 一九六七年九月十一日 星期一

七首篇 “武斗”與“武卫”

游行队伍过来了。他們头带鋼盔，手拿大棒，杀气騰騰，人們望而生畏，都“敬而远之”。为什么紅旗变成了大棒呢？原来，是为了“武衛”。

据說，某厂的門前无人敢过，因为一不小心就会被从厂內飞出的石塊击中，或者硫酸燒伤，更有甚者，还会有被虜进厂內，慘遭毒打的危险。但是天津的“大人物”，对此并不加制止，因为他們是“武衛”。

据說，某校日夜習武，操練兵馬，苦学置敌于死地，圍城攻陣的战术。美其名也是为了“武衛”……。

啊啊！“武衛”名目如此之多，你也衛，他也衛。那么一定不会武斗了，天下一定会太平了！然而，正相反，在“武衛”的高潮中，带来了“武斗”的高潮！

这怎么理解？！

好理解！請您想想，是誰游行高举大棒？是誰准备了硫酸、土炮并經常向“异已者”开火？是誰无故扣压別人的汽車，挑起武斗？很明显，是那些頑固的保守势力，是那些“武斗”的“积極分子”。

并不奇怪，这些保守势力，在文斗中慘敗了，但他們并不甘心。刘少奇不是反扑了嗎？保守势力哪有不配合的道理！于是歪曲中央精神，以“武衛”之名行武斗之实，企圖訴諸武力，以挽救自己的失敗命运。

实在說，保守势力用文斗得不到胜利，用武斗也只能得到慘敗，不过經驗告訴我們：在他們的“武衛”喊得最响的时候，也是他們要杀人的时候！……（輕騎兵）

天津机械厂駐軍是公开表态支持“联合会”的，但是，長期以来却和老保“革总”眉来眼去，情誼綿綿，打击和压制革命造反派。

厂駐軍两面三刀 液联会怒贈对联

八月二十五日，厂駐軍听信了“革总”的假报汇，怒气冲冲地来到了“联合会”所屬液联会，硬說“液联会”揪打了鑽入“革总”的当权派唐××，硬讓“液联会”交出人来。

液联会再三解釋，駐軍不听，无奈，液联会协同駐軍乘車去唐家，原来，唐早已在家乘凉，好不清閑自在，并无揪斗之事。正是：“联合会忠言不入耳，革老保謊話句句真。”鑒于駐軍长期明支持，暗压制的作法，液联会贈对联兩付：

一曰：兩面三刀攝邪風
支保治左罪难逃
横批：靠边站。

二曰：胡吃悶睡不务正業
踻踻躂躂消遙自在
横批：于吆来的。

*　　*　　*

欢迎新战友

正値海河兩岸掀起革命大批判高潮之际，作为革命造反派喉舌的《新天津》誕生了，在毛澤东思想的光輝照耀下，她正茁壮地成长，愈来愈多的革命造反派为她增加新的血液。今天，我們热烈地欢迎六四一厂“大联合”、天鋼“联委”、天津工程机械制造厂“紅联会”等战友加入《新天津》，与我們風雨同舟，并肩战斗。“喚起工农千百万，同心干”无产阶級革命派的战友們，讓我們更高地举起革命批判的大旗，以光焰无际的毛澤东思想写下文化大革命的壮丽詩篇。

《新天津》編輯部

鉄牛卫东彪动态

1、八月三十一日，刘政接見了天拖鉄牛衛东彪兵团的代表时，承認了过去在支左工作中的部分錯誤，表示支持鉄牛衛东彪兵团。是眞是假尚須以今后的行动来証实。

2、八月三十日，天拖召开領导干部会議，号召革命領导干部起来革命，大胆領导生产。

3、自鉄牛衛东彪兵团宣傳部發出“掀起革命大批判高潮的动員令”以来，全体战士斗志昂揚，揮笔作刀槍，痛打落水狗，大批判战場一片胜利景象。天拖老保“紅旗公社”近日內外交困，日暮途穷，被迫“整風”但不敢开門。

五代会扶植老保 联合会赴会抗議

八月廿七日，五代会在广場开会，沒有通知工代会成員天机“联合会”，却讓非工代会的老保天机“革总”参加大会，这是明目张胆地扶植保守派压制造反派。

为此，天机“联合会”列队进入会場，参加会議并对会議主持者提出抗議。但是，五代会并不承認錯誤，并縱容小保“主义兵”，砸毁联合会汽車，毒打“联合会”队員，激起了“联合会”广大战士的極大憤怒，他們把冒充五代会的“革总”赶出了会場，并高呼革命口号，途經和平路，遊行回厂，沿途受到革命群众的热烈欢迎。之后，天机“联合会”照会天津夺权筹备小組和支左联絡站，对他們扶植保守派压制造反派的恶劣作法，提出強烈抗議。

海河風云

东风暴徒绑架軍代表 撕毁协議匪性改不了

六四一厂《东風》一小撮暴徒，匪性不改，在双方达成制止武斗协議后，墨迹未干，就出尔反尔，一次又一次地伸出黑手，明目张胆公开撕毁协議，更严重的是于八月二十七日晨，无視党紀国法，在光天化日之下，綁架了史貴祿等三名軍代表（四八〇〇部队）。値得注意的是，綁架軍代表的小車当晚到天津支左院內停留后才揪往北京。这一严重事件的發生，絕非偶然，完全是有組織、有計划、有后台的。人們不禁要問：为什么“东風”暴徒竟狗胆包天，敢在光天化日之下，在制止武斗协議签定之后不到三天，就如此猖狂？这是因为《东風》后面还有一只更粗更长的黑手。这些人物兩面三刀，明里是人，暗里是鬼，一貫和老保《东風》勾勾搭搭，干了許多見不得人的活动。对此，我們不得不提高警惕。

祖 国 各 地

北京消息：

△据毛澤东选集出版委員会最近消息，就出版毛选中提到有关人員現已是被打倒的对象，原文称“同志”再版时是否删去的問題請示中央，毛主席对此作了批示如下：这是历史材料，后来变动甚多不胜其改，以不改为宜，有些注釋可删去，正文不改。

△林彪女儿林豆豆貼出一张大字报《重炮猛轟肖华》份量很大，别人問她情況时她說：“我媽媽知道的”。

△八月二十七日下午，由外事系統无产阶級革命派联合委員会發起在人民大会堂召开“徹底清算陈毅罪行大会”。

△八月二十三日总理指示（外交部貼出的大字报）：今后凡是外事口方面的案子直接送总理閱，不再送陈閱。

△揪出反动組織“星星之火”的混蛋。

在“516黑衛兵团”猖狂活动的同时，一个联动組織“星星之火”又跳了出来，瘋狂地炮打中央文革。

8·1他們抛出一篇宣言，恶毒攻击中央文革，語言十分毒恶。宣言最后狂吠：“紅衛兵联合起来！炮轟中央文革！”

8·9“星星之火”又抛出一篇攻击中央文革的反动文章，胡說中央文革只依靠学生，不依靠工农兵。

武汉消息：

△八二〇一部队一小撮坏蛋，在陈再道反革命暴乱中，充当了急先鋒。据悉总理下命令指示要在五天內将八二〇一部队調离武汉并上繳全部武器。八二〇一部队調离已于八月三日遵命执行（营以上干部例外）調到××农場整訓劳动，中央軍委命令，将八二〇一部队番号取消，进行改編。

△八二〇一部队已繳械，槍枝被造反派接管，全部人員搞整訓，8199，7250負責保衛学校和工厂。

△公安“联司”已将綁架王力同志的坏蛋于文斌，楊道安逮捕归案。

湖南消息：

△目前湖南造反派內部“工联”和“湘江風雷”內战很激烈。

△清华并岡山和长沙造反派已武装起来，已解放邵阳城，这一仗很漂亮。

长春消息：

△中央八月十七日对吉林軍区3009，7311党委的“公开信”的批示發表以后，“长春公社”、全国及首都紅代会赴长全体战士在二十四日举行盛大集会，庆祝掀起拥軍爱民的新高潮。

△中央最近調64軍軍长何永發为吉林軍区司令員。

△8·17批示下达后，省、市委干部又有分化，团市委書記张柱国貼出大字报表示坚决和“长春公社”站在一起。

△目前在吉林省三千余名首都紅代会、武汉“鋼二司”、河南“二七公社”、青海“八·一八”、天大“八·一三”、哈工大“紅反团”表示支持“长春公社”。

温州消息：

△据悉浙江省軍区已改組，陈励耘被任命軍区司令員，南萍为政委。龙潛已經靠边站了。

△温州港务局殘匪一百余人，携带大批現金和槍支逃竄上海，被上海“工总”等包圍繳械。

温州港务局匪首陈障、蔣广、畏罪潛逃上海，已被上海人民逮捕归案。

成都消息：

△7343部队政委最近作报告說：“山城的反到底派是眞正的革命造反派。”

△据悉重大“8·15”最近由重庆运送兩車皮武器到成都，“警司”聞訊拦截，但火車提前到站，武器已全部被“紅成”轉移，后又有四十車皮“8·15”开往成都，并揚言八月二十五日踏平成都。

△八月廿一日张国华政委遇刺未遂。暴徒在张国华的房間中开的槍，打在蚊帳上，凶手未抓到。“八·二六”派对此事件进行了示威。

重 要 更 正

本报第一期第四版“关于天津鋼厂‘7·28’反革命事件調查报告”最后一节中：“希全市革命造反派密切注視大鋼‘紅色造反大队’的动态”应更正为：“希全市革命造反派密切注視‘新冶金’的动态。”

第六版“六四一厂“七·二七”流血大惨調案查报告”第二节中：“为了使阶級兄弟互相殘杀”应更正为：“为了不使阶級兄弟互相殘杀。”

特此說明請 大革命造反派原諒

《新天津》战报編輯部

井岡山

毛主席语录

马克思主义的道理千条万绪，归根结底，就是一句话："造反有理"。

首都"井冈山造反兵团"主办，第二期　一九六七，九，二十二出版

刘少奇叫王光美发出的两封黑信

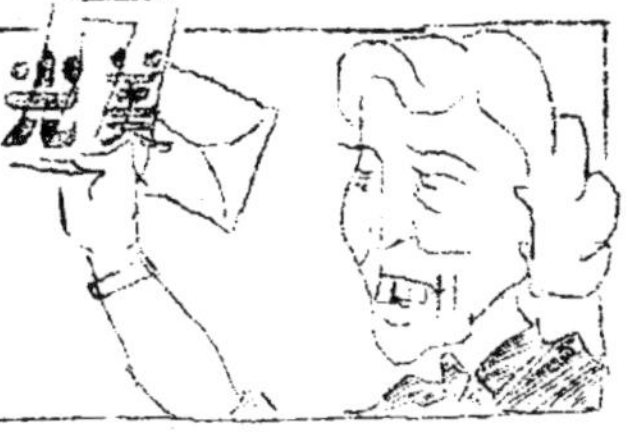

对外宣传的重要性，中国的赫鲁晓夫刘少奇，出于他反动的政治需要历来就很重视。他不仅通过彭真、胡乔木，姚溱，林默涵、张彦、罗俊等这根黑线控制了对外宣传，而且还叫他的心腹臭婆娘王光美，直接把他的反革命黑手伸向了对外宣传阵地。早在一九五三年和一九五四年，他就叫王光美两次给外文出版社（现外文局的前身）写信，"指示"翻译出版他的《论党》《论修养》等黑书，向全世界贩卖他的反革命修正主义货色。铁证如山，罪责难逃。

一，一九五三年王光美给外文出版社的第一封黑信

外文出版社：

三月九日你们少奇同志的信已收到，少奇同志要我转告你们"论党"与"论共产党员修养"两书可照上一版再版。"论国际主义与民族主义"一书中文版将有些修改，特送上一本修改本请照它修改英文本。

致以

敬礼

王光美

三月二十六日

二，一九五四年王光美的又一封黑信

外文出版社编辑部负责同志前寄来的《关于土地改革问题的报告》已经少奇同志修改过，特送还。同时，我们另送了一份给人民出版社，请他们再版时照改

致

敬礼

王光美

四月二十五日

△砲打中央文革，砲打周总理的反动组织《首都五·一六红卫兵团》在专政机关及地院，师大等造反派的努力和协助下，已基本破获了革命派砸了它的老巢，抄出大量恶毒攻击中央文革的黑材料，捉住其主要头目。现正乘胜追击，追查其后台。

△江青同志对文艺界五点指示：1.十月一日要出成果（二十个戏二十个电影）。2.创作出为儿童服务的戏。3.培养（一字不清）角演员。4要练嗓子，每天两小时。5音乐要改革。

刘少奇的小舅子、王光琦、对外贸易部，研究所处长前李宗仁的少将参谋，资阶级分子）在井冈山的揪下，九月五日晚被公安部逮捕，当公安部工作人员拿出逮捕证后，王光琦低溜地下了头，并在逮捕证上签了字。

陶铸的丑恶灵魂——铁杆保皇派的丑闻

一九六三年七月一日，广州中山纪念堂举行了处长以上的干部大会，庆祝党的生日，陶铸在会议上作了"报告"讲的天花乱坠，完后，陶拉开狼嘴脸嘿嘿两声，冷笑说："我从来没喊过毛主席万岁，今天也要喊毛主席万岁了"什么？听众大吃一惊，以为他得了神经病陶见势不妙乱呼一阵口号，慌慌张张下台擦汗去了。好一个自封毛主席司令部的人，原来是一个不喊毛主席万岁的大混蛋

△一九六三年春天，陶铸去安阳相洲，看到一个石碑上有宋朝秦少游的一首词，于是诗性大发作也跟着填起词来。陶本来是不会作的，生憋着硬写了以后，改了不知多少遍也改不成来。回来之后交给王匡改，王匡这个人对旧文章本是不懂装懂，对填词更是一窍不通，结果愈改愈坏，陶大发脾气，把王匡大骂一顿，说王匡低级庸俗。当时报纸上发表了胡乔木九首词，他赶快把他的词寄了去，请胡乔木修改，结果胡乔木给他作了很大变动，以后登在报上，陶十分感激，赶紧买两箱橘子到上海，以报改词之德。

掀起革命大批判高潮 摧毁资产阶级司令部

卖国投降的嘴脸——刘少奇访问印尼

△刘少奇访印尼期间，在许多地方看不到一张毛主席像，也看不到一张毛主席万岁的标语而到处布满了"刘少奇万岁"的大幅标语

△王光美这个下流货，在印尼干尽了打情骂俏之能事，竟在外交场合给苏加诺点烟，有一次苏加诺说："××怎么不爱说话？"王光美说："人家是司局长干部，不象我们这个小干部说错了没有关系"王光美真不知世界上有羞耻二字，竟然向苏加诺搞起暧昧。

△两次会谈中，对方谈到马菲，印尼联盟的问题，问中国的看法如何？刘少奇却说什么"做为一个民族吗，要团结是可以理解的，世界大同吗"。

周总理关于批斗谭震林问题的指示

对谭震林要进行批判，最近要把谭交给农林口革命造反派批斗。

電影革命

八一电影制片厂革命造反总部 《电影革命》 編輯部
第八期　1967年9月13日　本期共四版

庐山出現的这一場斗爭，是一場阶級斗爭，是过去十年社会主义革命过程中資产阶級与无产阶級两大对抗阶級的生死斗爭的继續。在中国，在我党，这一类斗爭，看来还得斗下去，至少还要斗二十年，可能要斗半个世紀，总之要到阶級完全灭亡，斗爭才会止息。

毛泽东

軍爱民　民拥軍
无产阶級革命派心連心

本报訊　九月二日，八一电影制片厂鑼鼓喧天，歌声蕩漾，掌声雷动，一片欢騰。来自大江南北、长白山下、湘江之滨的无产阶級革命派——武汉「三鋼」、吉林「长春公社」、湖南「工联」、长沙「工联」、及首都工代会北京邮票厂「革命造反总部」等无产阶級革命派战友与我「革命造反总部」「紅联」全体战士，欢聚一堂，最坚决最热烈地响应毛主席、党中央的伟大号召，高举「拥軍爱民」的旗帜，胜利地召开了「拥軍爱民」大会。

「拥軍爱民」是我們伟大領袖毛主席一貫的光輝思想，是我国人民和人民解放軍的光荣传統，是克敌制胜的无价之宝。在无产阶級文化大革命中，毛主席再次发出「拥軍爱民」的伟大号召，具有更新的內容，更伟大更深远的意义。它是推进无产阶級文化大革命的战略口号和强大动力，是在无产阶級文化大革命的新形势下正确处理軍队和革命群众之間关系的总原則，是取得无产阶級文化大革命胜利的根本保証。

傍晚七时半，「拥軍爱民」大会在雄壮的「东方紅」歌声中开始，首先由「总部」和「紅联」的代表致开幕詞。代表說：『今天，我們和武汉「三鋼」、吉林「长春公社」湖南「工联」、长沙「工联」、北京工代会邮票厂「革命造反总部」等无产阶級革命派欢聚一堂，这是毛主席革命路綫的伟大胜利。毛主席发出「拥軍爱民」的伟大号召，我們无产阶級革命派紧跟毛主席的战略部署，一定做爱民的模范。向地方无产阶級革命派学习，向参加大会的无产阶級革命派致敬。我們坚定不移地和战友們团結在一起，战斗在一起，胜利在一起。让我們在革命的大批判中，以痛打「落水狗」的精神，把党內最大的一小撮走資派斗垮斗臭，把反革命修正主义文艺黑綫批深批透。在革命的大批判中，搞好革命的大联合，三結合，将无产阶級文化大革命进行到底。』紧接着，武汉「三鋼」的代表发言：『毛主席教导我們說：「**没有一个人民的軍队，便没有人民的一切。**」中国人民解放軍是毛主席亲手締造，林付統帅亲自指揮的一支非常无产阶級化，非常战斗化的举世无双的人民軍队。这支軍队是无产阶級专政的坚强柱石，是无产阶級文化大革命的忠实保卫者，是无产阶級革命派的坚强后盾。在武汉发生的这場惊心动魄的阶級斗爭說明，人民解放軍是无限忠于毛主席，无限忠于党中央，无限忠于中央文革的。中国人民解放軍眞不愧为毛主席的好战士。我們坚决响应毛主席提出的「拥軍爱民」的伟大号召，坚定不移地相信中国人民解放軍。』「长春公社」战宣团代表說：『軍爱民，民拥軍，軍民团結一家人，試看天下誰能敵！』「**没有一个人民的軍队，便没有人民的**一切。」我「长春公社」的社員坚决支持今天的大会，这是个团結的大会，胜利的大会，是毛主席革命路綫胜利的大会。』湖南「工联」和长沙「工联」联合发言說：『我們湖南「工联」和长沙「工联」向你們学习，向你們致敬，并坚决和你們战斗在一起，团結在一起，胜利在一起。坚决做拥軍的模范，做紅色造反的尖兵，做工业生产的突击手，做毛主席的好工人。』

来自全国各地的无产阶級革命派，欢聚一堂，汇成了一股雄壮的革命鉄流。南北无产阶級革命派在艰苦的岁月里，互相支持，互相学习，用鮮血凝結成了牢不可破的战斗友誼。大会自始至終在「坚决支持地方无产阶級革命派！」「向解放軍学习！」「坚决支持紅卫兵革命小将！」「向解放軍致敬！」「无产阶級革命派团結在一起，战斗在一起，胜利在一起！」等激昂的口号声中进行。

会后，由武汉「鋼二司」毛泽东思想宣传队和「长春公社」宣传队演出了精彩的战斗节目。

盛大的拥軍爱民大会直到深夜三时，在高声朗讀最高指示：「**軍队須和民众打成一片，使軍队在民众眼睛中看成是自己的軍队，这个軍队便无敌于天下……。**」声中胜利結束。

千万注意，决不可丧失警惕！

本报評論員

在紅八月里，无产阶級革命派在光焰无际的毛泽东思想指引下，掀起的对党內最大的一小撮走資派的大揭发、大批判、大斗爭的新高潮中，为彭德怀树碑立传，妄图招魂翻案的反动影片《怒潮》，被揪出来示众了！

无产阶級革命派无不拍手称快，一致高呼，这是毛主席革命路綫的胜利。好得很！好极了！

《电影革命》紧跟伟大統帅毛主席的战略部署，高举革命的大批判旗帜，把为彭德怀翻案的大毒草《怒潮》列入八月批判的首要位置，从第七期起，将連續发表揭发批判《怒潮》的文章。为了发揚、痛打"落水狗"的彻底革命精神，彻底清算彭德怀勾結党內最大的一小撮走資派的反党、反社会主义、反毛泽东思想的滔天罪行，彻底肃清他們在各个領域所散布的修正主义流毒。我們組成联合調查小組，赴湘調查。同时，又約請平江县无产阶級革命派赴京控告小組的同志进行座談、揭发。我們一定要从政治上、思想上、理論上把彭德怀和为他翻案的《怒潮》批深、批透、斗倒、斗臭。

但是，八一厂的头号走資派陈播却胡說什么："到目前为止，我尚不認为《怒潮》是为彭德怀翻案的影片。"此外八一厂还有那么一小撮人看了我們第七期《电影革命》的批判文章后說：

"《怒潮》和吴自立沒有关系。"

"这些批判文章是反动路綫，強行上綱。"

"《怒潮》不是为彭德怀翻案的影片。"

"《怒潮》并不反动。"

……，等等。

我們不禁要問：为什么这些人与走資派的口径如此一致啊?！这些人的屁股坐到那里去了？难道反动影片《怒潮》果眞与彭德怀沒有关系嗎？不！絕不！

八月二十七日，《人民日报》发表了《彻底批判为彭德怀招魂的反动影片"怒潮"》和《"怒潮"是为大野心家彭德怀翻案的大毒草》两篇文章，我們認为，写的好极了，他們用大量事实和富有說服力的分析批判，把《怒潮》批駁得体无完肤。但，反党分子陈播一口咬定說："《怒潮》不是毒草。《人民日报》发表的这两篇文章，我还有不同的看法。"好一个頑固到底的走資派陈播，如此狂妄地对抗党中央的机关报《人民日报》，抵制革命群众的批判，眞是胆大包天，罪該万死！

毛主席教导我們："敌人是不会自行消灭的。无論是中国的反动派，或是美国帝国主义在中国的侵略势力，都不会自行退出历史舞台。"至今，刘少奇未向毛主席的革命路綫低头認罪，彭德怀对庐山会議还有"保留"，吴自立为彭招魂翻案，陈播贼心不死，負隅頑抗。

正如斯大林所說："从来没有过而且将来也不会有这样的事情：垂死的阶級自愿放弃自己的陣地而不企图組織反抗。"

八一厂的两个阶級、两条路綫的斗爭是異常尖銳复杂的。如不彻底挖掉反革命修正主义文艺黑綫，就意味着背叛无产阶級文化大革命，就是犯罪！对此，我們无产阶級革命派要在这錯綜复杂的阶級斗爭中，牢牢掌握斗爭的大方向，对准党內最大的一小撮走資本主义道路当权派和反革命修正主义文艺黑綫，向它們猛烈开火，杀它个人仰馬翻，打它个落花流水，叫它們永世不得翻身。

我們一定要严重注意資本主义复辟这个重要問題，不要忘掉这个問題，而要念念不忘。要念念不忘阶級斗爭，念念不忘无产阶級专政，念念不忘突出政治，念念不忘高举毛泽东思想伟大紅旗。不然的話，就是糊涂虫。不要在千头万緒，日理万机的情况下丧失警惕性。否則，一个晚上他們就要杀人，很多人头要落地，国家制度要改变，政权要变顏色，生产关系就会改变，由前进变成倒退。

我无产阶級革命派高举革命的大批判旗帜，坚决砸烂資产阶級反动路綫，彻底批判反革命修正主义文艺黑綫，决心与党內最大的一小撮走資派血战到底，不获全胜，决不收兵！

狗性总不大会改变的，……如果以为落水之后，十分可怜，则害人的动物，可怜者正多，便是霍乱病菌，虽然生殖得快，那性格却何等地老实。然而医生是决不肯放过它的。

鲁　迅

我們为什么要造《怒潮》的反

·湖南平江县赴京控告小組·

《怒潮》这株大毒草，是一九六二年由彭德怀的忠实干將、反革命分子吴自立，勾結党內一小撮走資派在我們平江拍摄的。这是对平江六十万老革命根据地人民的莫大侮辱，我們万分憤怒！

《怒潮》选择在平江編写和拍摄，决不是偶然的事，而是有着不可告人的黑內幕。早在一九五八年冬，老牌反革命修正主义分子彭德怀曾一度赤膊上陣，亲自到了平江，恬不知耻地說："南昌起义失败了，秋收起义也失败了，平江起义就胜利了"。要他手下的嘍囉們为平江起义树碑立传。嘍囉們秉承了主子的旨意，很快就办起了"平江起义"展覽館，編写了《平江革命斗爭史》、《平江革命爭斗回忆录》、《平江革命斗爭文献汇編》。大肆为彭賊歌功頌德。

一九五九年党的庐山会議，彻底揭发了彭、黄、张、周反党集团的滔天罪行，同时也給了党內最大的一小撮走資本主义道路当权派迎头一棒，打退了他們的猖狂进攻。于是，他們便乔装打扮，变得更加隐蔽、阴险、狡猾。一九六〇年彭德怀向毛主席写了假《投降书》，再一次欺騙毛主席。在刘、邓的庇护下，彭德怀賊心未死，以下乡"考察工作""改造思想"为名，又来到了湖南湘潭等地，极力寻找我农村工作的"阴暗面。"他抓住我国遇上自然灾害，經济处于暂时困难的机会，密切配合国际国內的反动派，再一次向毛主席和党中央抛出了"八万言书"恶毒地攻击我們伟大領袖毛主席，攻击毛泽东思想，攻击三面紅旗。企图东山再起，卷土重来为自己翻案、就在这个时期，湖南省委张平化继承反党分子周小舟的衣鉢，曾多次与彭德怀、张聞天、周小舟汇合于省委、省軍区里，阴謀策划，互相配合进行反党活动。并派出反党干將吴自立再一次来到平江。吴自立来到平江以后，招降納叛活动十分猖獗，又打起編写"平江革命斗爭史"这面破旗、將該材料、重新大量散发，流毒全国各地。但吴自立还感到不滿足，又找来了湖南文艺界败类未央作他助手，編写《平江怒潮》电影剧本。《平江怒潮》初稿是根据《平江革命斗爭史》、《平江革命斗爭回忆录》、《紅三軍团攻打长沙》等为彭賊歌功頌德的材料編写的。吴自立几次带着未央到北京，与刘志坚，钟期光、李六如、付钟等人密謀。这株大毒草由《平江怒潮》改为《湘江怒潮》最后定稿《怒潮》。并由刘志坚批准在六一年到平江实地拍摄。

我們和《怒潮》这株大毒草曾进行过尖銳的斗爭。当吴自立来平江編写《平江革命斗爭史》拍摄《怒潮》期間，我們曾提出过疑問：

1．中央沒有正式对平江地区起义斗爭作出历史結論之前，我們不能輕易編写斗爭史和拍摄电影。

2．《平江怒潮》和《紅三軍团攻打长沙》，牵涉到反党分子彭德怀，把他編写进去，肯定是錯誤的。

3．要編写这些革命斗爭史，必須上报毛主席和党中央批准，否則我們不能同意。但吴自立之流，利用他們的职权和地位，采取高压手段，竟說："全党的党史是从各地的党史的基础上产生的。各地編写出党史，就为中央編写党史积累了資料。有关历史牵扯到彭德怀，不能以此来抹杀他的功績。拍摄《怒潮》是經过上級批准的，不必顧虑……"，就这样被他們搪塞过去了。但是用毛泽东思想哺育成长起来的平江老革命根据地的人民总是想不通，我們回忆在編写《平江革命斗爭史》和《怒潮》的过程中，为什么他們要勾結高崗的俄文翻譯修正主义分子卢党如，叛徒騷奇勛，张怀一，右傾机会主义分子张平凱，反党分子邓兰菉，右派分子陈再历等牛鬼蛇神呢？为什么《怒潮》以《紅三軍团攻打长沙》等毒草作为依据呢？为什么吴自立硬要肯定彭德怀在平江起义的历史"功績"呢？为什么在拍摄《怒潮》期間，又要在群众中散布："这是彭德怀起义的地方"，"这是彭德怀点將的地方"、"这是彭德怀拴馬的地方""这是彭德怀駐营的地方"等等大量的流言蜚語呢？想到这些，我們感到問題非常明显了，便毅然决定起来造反，下定决心，彻底揭露《怒潮》这株大毒草。于是在一九六六年七月四日我們貼出了駁斥《怒潮》的大字报、揭露他們的黑內幕。由于这张大字报打中了他們的要害，他們便暴露出了猙獰的面目，对我們革命造反派进行残酷鎮压和迫害，把我們打成了"反革命"，平江县委一小撮走資派，派人拿着枪枝把我們监視起来，进行劳动改造。这群狗胆包天的家伙竟敢把历史顚倒过去，自以为得意，长資产阶級的威风，灭无产阶級的志气，何其毒也！千百万革命人民創造的光輝灿烂的革命历史，决不容許他們玷污。現在，被他們顚倒过去的历史，又被我們顚倒过来了。这是文化大革命的胜利！是毛泽东思想的伟大胜利！我們高呼：毛主席万岁！万岁！万万岁！！！

《怒潮》是一株反党，反毛主席，反毛泽东思想的大毒草。是为資产阶級野心家篡党篡軍篡国作輿論准备的。現在全国正在掀起对党內最大的一小撮走資派的大批判高潮，我們要发揚鲁迅"痛打落水狗"的精神，彻底把《怒潮》这株大毒草，批深，批透，使它暴露在光天化日之下。

反动影片《怒潮》是彭德怀的招魂曲

紅代会北京师大井岡山物教《遵义》战斗队

我們最最敬爱的伟大領袖毛主席教导我們："混进党里、政府里、軍队里和各种文化界的資产阶級代表人物，是一批反革命的修正主义分子，一旦时机成熟，他們就会要夺取政权，由无产阶級专政变为資产阶級专政。"老牌反革命修正主义分子，大阴謀家、大野心家、大軍閥彭德怀，就是混进我們党內、軍內的資产阶級代表人物，是党內最大的走資本主义道路当权派中国的赫魯晓夫在軍內的代理人。他混进革命队伍前，是一个鎮压革命运动、屠杀革命人民的大劊子手。混进革命队伍后的几十年里，彭德怀一貫站在資产阶級反动立場上，疯狂反对毛主席，反对毛泽东思想，反对毛主席的无产阶級革命路綫。一句話，他是一个老牌的反革命，是一个十恶不赦的人民死敌。一九五九年庐山会議上，这个罪大恶极的反革命分子，被以毛主席为首的无产阶級司令部揪了出来，对他进行了批判斗爭，罢了他的官。

中国的赫魯晓夫刘少奇通过他在各个領域里的代理人，勾結一批牛鬼蛇神，炮制出《燕山夜話》、《三家村札記》、《海瑞罢官》等大批毒草，为彭德怀翻案制造輿論。反动影片《怒潮》，也正是在这样一种政治气候下出籠的。

影片极力美化彭德怀，为彭德怀翻案

这部三易其名、八次修改的反动影片，采用了非常隐蔽的手法，来美化彭德怀，为彭德怀翻案。影片的炮制者虽然故意把地名隐去，又打起秋收暴动的幌子，但是，影片的外景完全是在平江实地拍摄的。剧作者彭德怀的死党、反党分子吴自立，在影片摄制过程中自始至終亲自督陣。从故事情节上看，国民党軍官的反正，攻进县城，这一切都告訴人們，影片所描写的不是别的，正是1928年的"平江起义"。

作者为什么要挂起秋收起义的幌子贩卖平江起义的私貨呢？奥妙就在这里。因为彭德怀一直把平江起义作为他的政治資本，把自己打扮成平江地区的革命領袖、平江人民的"救星"。1959年春，彭德怀在一次讲話中，竟然公开貶低我們伟大領袖毛主席所領导的秋收起义的伟大历史意义，公然篡改历史，說什么"广州暴动失败了，秋收起义就是打城市打不开，然后退到一个地方"，叫嚷"南昌起义不应該作为建軍节"极力夸大"平江起义"的作用，他胡說"1928年以前处于革命低潮，低潮就是海水的潮流退到不能再退了。革命来潮的信号就是平江起义"。

事实上，平江地区的革命烈火，完全是我們伟大領袖毛主席亲自点燃的。早在1922年，毛主席（当时是中共湘区委員会书記）就亲手創立了平江第一个党小組。后来在毛主席的領导下平（江）浏（阳）地区出現了汹涌澎湃的农民运动。正如**毛主席在《湖南农民运动考察报告》中所指出的：平江等县"差不多全体农民都集合在农会的組織中，都立在农会領导之下。农民既已有了广大的組織，便开始行动起来，于是在四个月中造成一个空前的农村大革命。"**1927年9月毛主席亲自領导了著名的秋收起义，建立了工农革命軍第一軍，又开創了举世聞名的井岡山革命根据地。

1928年3月，平江20万农民曾以春节鬧元宵为名举行了一次化裝扑城，这次"扑城"之役，由于违背了毛主席的伟大战略思想而失败了。这次农民暴动，吓破了湖南軍閥唐生智、何鍵之流的狗胆，急忙派彭德怀的湘軍独立五师第一团（彭是代理团长）到平江去鎮压农民运动。

1928年7月在井岡山革命根据地的直接影响和推动下，平江农民武装蓬勃发展，平江县已陷于我地方武装的包围之中，同时我党又派出干部在敌軍內部作了大量工作，在彭德怀的团內已經有了党的秘密組織——士兵委員会，曾利用一年沒有发軍餉的机会領导士兵鬧餉。彭德怀当时对群众的斗爭极为恐慌，同时又与大軍閥何鍵爭权夺利鬧狗咬狗的矛盾。因而，趁我党所領导的平江起义之机，带着"入股"的动机，参加了起义，混进了革命队伍。平江地区革命运动的功績，完全应归于我們伟大的領袖毛主席，而彭德怀只不过是一个走投无路混入革命队伍的投机分子。

（下轉第三版）

1967年9月13日　电 影 革 命　·3·

反动影片《怒潮》是彭德怀的招魂曲

紅代会北京师大井岡山物教《遵义》战斗队

（上接第二版）

但是，影片《怒潮》的炮制者，却挖空心思地为这个混入革命队伍的大野心家、大阴謀家、大軍閥涂脂抹粉，树碑立传。作者秉承彭德怀的旨意一心想把彭贼打扮成"对敌斗爭勇敢，是一个勇敢的农民儿子"。为此他又根据反革命修正主义文艺黑綫的"祖师爷"周揚"不要受眞人眞事的限制"的黑指示，故意把"三月扑城"和"平江起义"混淆起来。从影片描繪的情节来看，化装到龙王庙还願，頗有几分象三月的"化装扑城"，但是，进軍的路綫，炮位的安置，攻进城內，杀死閻紫剑，这一切則是彭德怀参加平江起义的再現。这样，作者就通过邱金这个人物的形象，极力美化彭德怀。出現在銀幕上的邱金，确实被描写成一个"勇敢"的闖将，是他"果断地"下了攻城的决心，并且取得了胜利，是他带着队伍"上了井岡山"。作者还煞费苦心地通过群众之口唱出什么"太阳"啊，"一条龙"啊，"帅旗"啊（最后一稿删去了），这不正是明目张胆地为彭德怀唱頌歌嗎？就这样，把一个双手沾滿革命人民鮮血的劊子手毫不費力地打扮成一个"对敌斗爭勇敢"、"勇敢的农民儿子"，美化成了平江人民的"大救星"。

特别値得指出的是，剧本在第三稿以后，也就是彭賊在庐山会議被罢官以后，作者作了三处重大的修改，一是增加了一个"为革命而投身国民党"又"为革命投奔共产党"，在扑城中起了关鍵作用的敌軍参謀黃維国，二是增加了罗大成坚持正确路綫而被"罢官"的情节，三是增加了漁鼓老人的一段恶毒的唱詞。

影片的炮制者正是借黃維国这个参謀，千方百計地为彭德怀当軍閥鎮压革命的罪恶行径进行辯护，費尽心机地又把他打扮成一个一心"为国"的英雄。在最后攝成的影片中，在每一个关鍵时刻都有黃維国出現，而且起了巨大的作用。

請看：

影片开始，北伐軍攻打县城是黃参謀揮手喊："开始！"后，开始冲鋒的。

閻紫剑开始大屠杀后，全城戒严，悬賞捉拿罗大成，是黃参謀将罗送出城的。

罗大成、黃維国来到山間。

黃維国警觉地环視了一下："罗先生……"将枪收入套內："請上路吧"

罗大成摘下帽子感激地："請問，貴姓呀？"

黃："我叫黃維国，两个月前我在紙业工会听过先生的演讲，我对先生十分欽佩！"

罗大成深情地看着。

作者正是通过这种巧妙的手法，借黃維国之口，把大軍閥彭德怀說成是深明大义，冒着生命危险救了共产党干部的勇士，成了共产党的恩人。这不是明目张胆地美化彭德怀又是什么？

另一段是，黃維国投奔邱金：

邱金："我就是邱金，你找我有什么事？"

黃："我是来投奔你們的。"

…………

黃："武汉政府叛变命，閻紫剑又抓了王特派員，打死了罗大成先生，国民党沒有希望了，我是个无知的青年，投身国民党，实指望能报国为民，沒想到他們背信弃义屠杀穷苦百姓，我走錯了路……"。

好一个"报国为民"！影片的炮制者正是通过这种恶劣的手法，把彭德怀这个屠杀革命群众的大劊子手的累累罪行，洗刷得一干二淨！接着，又让这个"报国为民"的"青年"，提供了重要的情报，取得了"扑城"的胜利。把这个黃参謀打扮得不仅沒有一絲一毫的罪过，而且是一个当之无愧的英雄。这不是肆无忌憚地往大阴謀家彭德怀脸上貼金又是什么？

影片的炮制者，苦心孤詣地通过邱金和黃維国来美化彭德怀，并不是他最終的目的。因为彭德怀这个老牌反革命分子在庐山会議上碰得头破血流了，被罢官革职了，于是乎，影片的炮制者从59年以后，又別有用心地安排了一場"罢官"的戏。这場戏与《海瑞罢官》有着异曲同工之妙，二者一配一搭，相得益彰，为被罢了官的彭德怀鳴冤叫屈，撫尸招魂。影片的炮制者把罗大成描写成一貫正确的典型，甚至在与上級党失掉联系的情况下，仍能坚持正确路綫。影片的炮制者故意在数千群众斗志昂揚要公审刘瑞甫的高潮中，安排了王怀志撤銷罗大成"党內外一切职务，明天就回区党委检討錯誤"这样一場冷戏。影片展示在观众面前的"党"的代表是一个"专横独断""昏庸霸道"的"老爷"，而罗大成則是"一切为了穷苦人民翻身求解放"、"深受群众拥戴"的"青天"。就是这样一个"大好人，却被"罢官"了。作者正是企图以此情此景来牵动观众的心弦，引起观众对被"罢官"者的同情，呼喚牛鬼蛇神起来为彭德怀叫屈鳴不平。此时的罗大成坚毅地說道："我可以去党委，工农自卫队不能解散！"这多么象海瑞被罢官时所說的"大丈夫頂天立地，岂可怕杀身之禍"，这不就是彭德怀被罢官后叫嚷的"我对庐山会議有保留"嗎？作者作了这样一番精心的刻划之后，还嫌不够。紧接着一支纏綿、忧伤，如泣如訴的招魂曲送进了观众的耳膜。作者在这里同反革命分子吳晗一样，采用了"借古諷今"的手法，为彭德怀翻案。你听：

"送君送到大路旁，
君的恩情永不忘，
农友乡亲心里亮，
隔山隔水永相望。"

这和《海瑞罢官》中群众送"海青天"时所唱的：

"天寒地冻风蕭蕭，
去思牵心千万条，
海父南归留不住，
万家生佛把香烧。"

又是何等的相似啊！这不正說明影片的炮制者同吳晗一样，向彭德怀暗送秋波寄予了一厢情意难分难解嗎？紧接着，影片給彭德怀打气，鼓动他东山再起，什么"死里逃生闊革命，枪林弹雨把敌杀。"什么"风里浪里你行船，我执梭标望君还。"这不是明目张胆地叫彭德怀不要怕"枪林弹雨"在"风里浪里"継續行他的"贼船"，告訴他牛鬼蛇神們正在"望君还"盼着他东山再起嗎？

至此，我們也就不难理解，为什么在第八稿的剧本中又增加了漁鼓老人的一大段唱，什么：

"昔日猛虎去学道，
虎入深山乍迂猫，
猫儿曾把虎道教，
猛虎得道反伤猫，
…………………。"

这是在罵蔣介石嗎？不是！如果是罵蔣介石，为什么在以前的七稿中都沒有呢？这正是到了61年和62年，牛鬼蛇神紛紛出籠，群魔乱舞的气候下，作者再也按捺不住他对党的刻骨仇恨，选择了这样一个場合，借漁鼓老人之口，向党向毛主席放出的一支毒箭。他把彭賊比作教"虎"学道的"猫"，而今天"虎"得了道却反过来"伤猫"，借此恶毒地攻击庐山会議上毛主席对彭贼的严肃斗爭，把矛头直接指向了我們最最敬爱的伟大領袖毛主席，眞是反动透頂！

毛主席說："利用小說进行反党活动，是一大发明。"反动影片《怒潮》正是通过曲折、隐晦的故事情节，采用化整为零的手法，借邱金的勇敢善战，黃維国的深明大义，罗大成的一貫正确而被罢官，来美化彭德怀，为彭德怀翻案，进行反革命活动的。与其它毒草所不同者，就是作者采用的手法更加隐蔽，因而它的毒性也就更大。

影片疯狂地攻击毛主席的革命路綫，为彭德怀的"左"倾盲动主义翻案

一九二七年，由于蔣介石的叛变和陈独秀的投降主义，大革命失敗了。在这样一个关鍵时刻，我們伟大領袖毛主席，根据中国革命的性质和敌我力量的分析，正确地指出：**"因为强大的帝国主义及其在中国的反动同盟軍，总是長期地占据着中国的中心城市，………必須把落后的农村造成先进的巩固的根据地，造成軍事上、政治上、經济上、文化上的伟大的革命根据地，借以反对利用城市进攻农村区域的凶恶敌人，借以在長期战斗中逐步地爭取革命的全部胜利。"**毛主席所領导的秋收起义和向井岡山的伟大进軍，具有划时代的意义。从此为中国革命开辟了新的航道。这是毛主席对馬列主义的天才发展。这不仅是中国人民夺取全国胜利的唯一正确的道路，而且也是全世界无产阶級和被压迫人民爭取眞正解放的康庄大道。

"左"傾盲动主义极力反对毛主席关于向农村进軍，实行"**工农武装割据**"，以农村包围城市最后夺取全国胜利的正确路綫，頑固地推行夺取中心城市，和敌人死打硬拼的盲动主义路綫。彭德怀是一个怀有个人野心的大軍閥，二八年平江起义混入革命队伍后，仍然一心想打出地盘、扩大实力，因而完全陷入了"左"傾盲动主义的泥坑。他一貫主张并带头攻打城市，直到遵义会議以前，他始終是"左"傾盲动主义的积极推行者。彭德怀的多次冒险攻城均以失敗而告終，給革命带来了重大损失。

但是，影片《怒潮》的作者，出于美化彭德怀，为彭德怀翻案的险恶用心，在影片中竭力宣揚这条錯誤的"左"傾盲动主义路綫，精心地安排了一个攻打城市并且取得了胜利的場面。作者呕尽心血把故事情节和人物的活动完全集中到攻打城市上，并以最后的胜利将全剧推到了高潮而結束。这是向毛主席的革命路綫的猖狂进攻！

影片所极力鼓吹的作为全剧高潮的攻城是个什么貨色呢。**毛主席說："敌强我弱，原是客观地存在的现象，可是人們不願意想一想，一味只讲进攻，不讲防御和退却，在精神上解除了防御的武装，因而把行动引到錯誤的方向"。**影片所宣揚的，恰恰就是这种錯誤的东西。影片公开表明的时間是一九二七年，这时革命正处在低潮，总的来看，处在战略防御的阶段。但是，作者却偏偏要写攻打城市。影片的攻城，不仅从路綫上看是极端錯誤的，就是从具体战役来看，也是一个典型的冒险行动。

黃維国："閻紫剑正在調动兵力，准备血洗刘家桥。"

长生："来了就跟他拼！"

邱金："你就知道拼。"

长生："那你說怎么办？"

邱金思索、走动。

邱金走到窗前思索，长生让黃維国坐下，苏大嫂倒水。

邱金："黃参謀，现在城里情况怎样？"

黃維国："城內非常空虛。"

邱金决然地："好！"轉身。

就这样，一个"攻城"的行动就决定了。这不是典型的盲动主义是什么？

影片的作者所以要下这样大的功夫宣揚这条"左"傾盲动主义路綫，而且故意編造出攻城的胜利，这是包藏着禍心的。說穿了，就是要从历史上为彭德怀这个老机会主义者翻案。更加令人不能容忍的是，影片的炮制者，竟敢冒天下之大不韪，把这条錯誤路綫强加到我們最最敬爱的伟大領袖毛主席身上，說这是"毛委員指示的"，这里作者一方面打着紅旗反紅旗为彭贼翻案，又直接攻击了毛主席，眞是恶毒已极，是可忍，孰不可忍！

金猴奋起千鈞棒，玉宇澄淸万里埃

今天在无产阶級文化大革命的凱歌声中，在毛泽东思想的阳光照耀下，反动影片《怒潮》这株大毒草原形毕露了。让我們以战无不胜的毛泽东思想为武器，发揚"痛打落水狗"的精神，把《怒潮》这株大毒草連根剷除，把彭德怀这条老狗和他的黑后台中国的赫魯晓夫徹底斗倒斗垮斗臭，把它們統統扔进历史的垃圾堆。**要扫除一切害人虫，全无敌。**

（本报略有删节）

紧握枪杆把国保　揮起笔杆批毒草

4641部队战士痛斥反动影片《怒潮》

李振东：《怒潮》是为彭德怀歌功頌德的毒草影片。作者有意把平江起义和秋收起义相提幷論，把平江起义說得比秋收起义的意义还伟大，眞是顚倒黑白，歪曲历史。影片开始說是一九二六年，后来又說是一年之后（一九二七年），乍看起来平江起义比秋收起义还要早，其实平江起义比秋收起义要晚一年（一九二八年）。

影片中的敌閻团长說了这样一句話：“現在我才深深懂得国民革命必須喚起民众。”象这样一个国民党反动軍官，竟然知道“革命”要依靠“民众”？这是作者强加的。

崔学夏：作者有意篡改历史，影片中以扑城最后取得胜利，来为彭德怀的“左”傾盲动主义，攻打城市的錯誤路綫歌功頌德。

从影片的名字《怒潮》来看，作者要为彭德怀翻案，企图掀起一場风波洶涌的“怒潮”。

李振东：毛主席教导我們：“**凡是要推翻一个政权，总要先造成輿論，……。革命的阶級是这样，反革命的阶級也是这样。**”这部影片是在一九六二年，正当国内外阶級敌人猖狂进行反共反华的形势下出籠的，他們为推翻无产阶級专政，搞資本主义复辟大造輿論，把一小撮反共反华的反革命逆流說成是“怒潮”。

影片为彭德怀树碑立传，把一个历史上一貫站在資产阶級反动立場上，一貫执行錯誤路綫，反对我們伟大領袖毛主席正确路綫的大野心家，大阴謀家，描写成一貫正确，这是有意貶低我們伟大領袖毛主席。

张爱国：歌詞中，提到“猛虎学道”的故事，如果不了解这段历史背景，就看不出什么問題。当初，我看电影时，还以为虎是国民党，猫是人民。可是連系庐山会議一分析，才知道它含沙射影攻击毛主席。他們把彭德怀比喻为又善良，又有道德的“君子”，对我們伟大的領袖毛主席，却大肆辱駡，是可忍，孰不可忍！

刘永安：影片的作者，他們以为这样做很隐蔽，自鳴得意，但是終究躲不过毛泽东思想的照妖鏡，影片《怒潮》是彻头彻尾的反党反社会主义反毛泽东思想的一株大毒草，已經被揪出来了。这部影片中的主人翁罗大成，实际上写的是彭德怀，罗大成被罢官那場戏，和庐山会議上彭德怀被罢官結合起来看，作者的用心就十分淸楚了，他就是在为彭德怀鳴冤叫屈。

李振东：这部影片把平江写成是革命的搖籃，平江起义也就成了革命的前奏。

吳自立这个家伙是一个兵痞、流氓，他是六四年定的反党分子。

崔学夏：吳自立想通过影片动員大家为彭德怀翻案，把我們軍队作为彭等反党篡軍，复辟資本主义服务的工具。这决不是小問題，弄不好千百万人头要落地。我們解放軍战士一定要紧握枪杆子，保卫毛主席的革命路綫。

离开了时代背景，看《怒潮》就要受蒙蔽，以前我一直以为是部好片子。和我一样的人可能不少，这部影片流毒很广，后果是很严重的，我們必須把它批深，批臭，批透。彻底消毒。

王德俊：为什么作者不写成功了的秋收起义，偏要写失敗了的平江起义，把平江起义写得比秋收起义还要高？六二年是我們国家处于困难时期，牛鬼蛇神紛紛出籠，《怒潮》就在这时抛了出来，决不是巧合。

文化大革命中揪出了刘少奇，軍內有彭德怀，罗瑞卿，刘志坚等人。我們确实要好好学习毛主席著作，要不然就不能紧跟毛主席，林付主席。

我們解放軍战士，非但要紧握枪杆子，保卫毛主席，保卫革命的成果，还要拿起笔杆子，对刘、邓、彭德怀、罗瑞卿、吳自立这些人，口誅笔伐，把他們打翻在地，永世不让翻身，不然旧社会又会重新压在我們工农的头上。

刘永安：毛主席教导我們要每事問，这就是要我們用阶級的观点去看待一切，分析一切。《怒潮》是一部反动透頂的影片，它完全为党內最大的一小撮走資本主义道路当权派，复辟資本主义的政治目的服务。我們革命战士，一定要高举毛泽东思想伟大紅旗，把他們的阴謀戳穿，把他們批深、批倒、批透、批臭。

影片《怒潮》的插曲是反党的黑歌

·紅代会河北北京师院“东方紅”战斗队·

毛主席教导我們：“凡是要推翻一个政权，总要先造成輿論，总要先做意識形态方面的工作。革命的阶級是这样，反革命的阶級也是这样。”

影片《怒潮》的出籠，正是为着配合社会上十分尖銳十分激烈的阶級斗爭为反党老手彭賊向我們伟大的党、伟大的領袖毛主席进行猖狂反扑而射出的一支毒箭。《怒潮》一方面声嘶力竭为彭德怀大唱贊歌，另一方面又用最恶毒的語言咒駡毛主席和以毛主席为首的党中央。这里我們要着重指出的是影片《怒潮》里的插曲，它打着为剧情渲染气氛的幌子，实际上是指桑駡槐，影射現实，露骨地替彭德怀鳴冤叫屈，妄图为彭德怀东山再起制造輿論。

《怒潮》里的插曲露骨地把矛头指向庐山会議对彭德怀的批判斗爭。关于“猛虎学道”一段唱詞，就是这样。这一段唱詞出現在当时代表大地主阶級利益蔣介石的部下閻紫剑叛变革命之后。閻紫剑的叛变，是中国以蔣介石为代表的大資产阶級对北伐革命的反革命政变，他們和中国共产党的矛盾是革命和反革命的矛盾，是針鋒相对，水火不相容的。而影片插曲却完全掩盖这一叛变的政治內容，抽去它的阶級本质，把这一叛变比成什么“猛虎学道”，大駡什么“猛虎得道反伤猫”，“无义之人莫相交”，把反革命政变說成是“忘恩負义”，把革命与反革命的斗爭歪曲为个人的爭权夺利。难道这只是一般的对历史評价的錯誤嗎？不！它的阴险用心是以隐晦的描写影射今天无产阶級对資产阶級的殊死斗爭，明目张胆地用历史类比手法攻击庐山会議，借題发揮，恶毒攻击以毛主席为代表的党中央。在庐山会議上，我們夺了彭德怀的权，罢了彭德怀的官，粉碎了彭德怀反党集团的猖狂进攻，粉碎了他們篡党、篡軍、篡国，妄图复辟資本主义的阴謀，这是毛泽东思想的伟大胜利，是以毛主席为代表的革命路綫的胜利，是全国人民的大喜事，而他們却駡成是“忘恩負义”，什么“忘恩負义”？面对着豺狼只有战斗，面对着阶級敌人的疯狂进攻只有針鋒相对，不是你死就是我活，严酷的阶級斗爭不正是这样教导我們嗎？庐山会議，以毛主席为代表的党中央和彭德怀反党集团的斗爭，是两个阶級、两条道路、两条路綫，两个司令部的殊死斗爭，毛主席說：“**庐山出現的这一場斗爭，是一場阶級斗爭，是过去十年社会主义革命过程中資产阶級与无产阶級两大对抗阶級的生死斗爭的继續。**”彭德怀根本不是什么猫，他从来就是一只混入党內的吃人“豺狼”，一个大野心家，大阴謀家，一个地地道道的反革命修正主义分子，几十年来，他一貫坚持資产阶級反动立場，反对毛主席，反对伟大的毛泽东思想，反对毛主席的无产阶級革命路綫。历史上，他是“左”傾冒险主义立三路綫和王明路綫的支持者和追随者，解放后，高、饒反党联盟，彭、黃、张、周反党集团，是他挂帅，他是以中国赫魯晓夫为首的資产阶級司令部在軍內的代理人，是不折不扣的埋在党內、軍內的定时炸弹。对这样一个大坏蛋，我們就是要夺他的权、罢他的官，否则，就是对人民，对历史的犯罪！

《怒潮》的插曲，幷不只是恶毒的咒駡，它还表达了对彭德怀反党集团的深情的慰藉和期待。影片《送别歌》是这一內容的集中表現，請看：“送君送到大路旁，君的恩情永不忘，农友乡亲心里亮，隔山隔水永相望；送君送到大树下，心里几多知心話，死里逃生鬧革命，枪林弹雨把敌杀！半間屋前川水流，革命的友誼才开头，那有利刀能劈水，那有利剑能斬愁！”等等。表面看来这似乎是表現平江一带人民对刚刚被罢了官的罗大成的眷恋之情。实际上是借罗大成之尸还彭德怀之魂，借謳歌历史上的机会主义分子罗大成，謳歌今天的机会主义分子彭德怀，借对影片中被罢官、夺权的机会主义分子罗大成的怀念，表現对現实中被罢官、夺权的机会主义分子彭德怀的怀念。所謂“君的恩情永不忘”，“永相望”等，根本不是平江人民的声音，而是作者及其一小撮反革命修正主义分子，牛鬼蛇神的心声。这和《海瑞罢官》里海瑞罢官后的一段唱詞何其相似，难道这只是偶然的巧合嗎？更恶毒的是曲中結尾：“风里浪里你行船，我执梭标望君还”，这不正是彭德怀死党們的一种“东山再起”的反革命杀机的明显吐露嗎？也正是在这以后不久，彭德怀就抛出了他的八万言的翻案书，继續猖狂反对毛主席。这就不难看出影片《怒潮》是为誰拍的，里面的黑歌是为誰唱的。因此，在打倒彭賊的同时必須彻底批判《怒潮》，批判影片里这支黑插曲，让这些骯脏的垃圾統統見鬼去吧！

革命的同志們，让我們高举革命的批判旗帜，組成浩浩蕩蕩的革命大軍，在斗爭、批判彭賊的同时砸烂为彭德怀树碑立传的《怒潮》，拔掉这支企图使彭賊东山再起的招魂幡。誓死保卫以毛主席为代表的革命路綫，誓死保卫以毛主席为首的无产阶級司令部，保卫无产阶級专政，坚决击敗反党野心家彭德怀及其黑后台的猖狂反扑，把无产阶級文化大革命进行到底！

东方红

天津大专紅代会河北财經学院东方紅公社

第52期　1967年9月14日　（本期四版）

在我們的面前有两类社会矛盾，这就是敌我之間的矛盾和人民内部的矛盾。这是性質完全不同的两类矛盾。

毛泽东

用革命的大批判統帅大辯論

社论

在当前的革命大批判高潮中，我院兴起了一场对干部和教职工的空前大辩论，好得很！

革命和要革命的干部和教职工是进行我院无产阶级文化大革命的一支重要队伍。必须通过大批判，彻底砸碎他们身上的精神枷锁，把他们真正从资产阶级反动路綫下解放出来，大胆地使用他们，把他们推向革命大批判的第一綫，使他们在大批判中，发挥自己的聪明才智，冲锋陷阵，立新功或将功补过。

只有把广大干部和教职工真正解放出来，发动起来，才能更深入更广泛的开展革命的大批判；才能使鲁林一伙成为过街老鼠，彻底孤立起来，才能促使我院革命“三结合”的建立；才能把我院的无产阶级文化大革命进行到底。

把我院广大干部和教职工解放出来，大胆使用革命干部这是我院斗批改的一个重要组成部分，是把我院无产阶级文化大革命进行到底的一个关鍵。不这样做，我东方红公社的权就有重新丧失的危险，资本主义就有在我院复辟的可能。

正确的对待广大干部和教职工，这不仅仅是一个策略问题，重要的是对待毛主席的干部路綫的问题，是对待无产阶级文化大革命的問題，是对待无产阶级专政的问题。一句话，是对待我们伟大领袖，对待光焰无际的毛泽东思想的问题。

正确的还是错误的对待广大干部和教职工，是“打击一大片，保护一小撮”还是打击一小撮，团结一大片的分水岭；是无产阶级革命派和资产阶级反动派的试金石。你是无产阶级革命派么？你就必然地坚持毛主席的干部路綫，狠狠地打击一小撮，勇敢地团结一大片。你是资产阶级反动派么？你就必然地打击广大干部和教职工，保护一小撮走资派和牛鬼蛇神。

总之，当前我院对干部和教职工的这场大辩论，是如何对待广大干部和教职工的一个态度问题，是如何对待毛主席的干部路綫的态度问题，也是对我们每个战斗队，每个同志的一场严峻的考验

轰轰烈烈的无产阶级文化大革命已经进行了一年多了，而我院广大干部和教职工一直没有发动起来，根子在那里？根子就在党内最大的走资本主义道路的当权派和他安插在我院的黑爪牙鲁林一伙身上。长期以来，他们推行一条资产阶级反动的干部路綫，对广大干部和教职工进行了无情的打击和残酷的迫害。尤其在无产阶级文化大革命中，一方面他们亲自出马，一方面操纵一时受他们蒙蔽的教职工中的保守组织，对广大干部和教职工进行打击和陷害。这就是问题的根子。而有些同志，则把压制广大干部和教职工的根源归结为革命小将和东方红公社总部的负责人。这是错误的。总部的负责人，在对待干部和教职工问题上可能有些错误，在某种程度上妨碍了对干部和教职工的发动，但这与鲁林一伙压制广大干部和教职工有本质的不同。一个是工作上的错误和缺点，一个是本质的反动。因此，我們每个战斗队，每个同志，都要抓住要害，抓住本质，千万不要闹到“人妖颠倒是非淆，对敌慈悲对友刁”的地步。

怎样才能解放出广大干部和教职工，怎样才能使我院当前这场辩论深入发展，那就要抓住斗争的大方向，抓住大批判，以革命的大批判统帅这场大辩论。把矛头指向党内最大的走资派和鲁林一伙，把矛头指向在干部问题上的资产阶级反动路綫，把它批深批透，批倒批臭。在此同时，对教职工中的保守组织自觉或不自觉的执行的资产阶級反动路綫也要进行批判。

这是因为：

一、革命的大批判是斗争的大方向，必须牢牢的抓住，才不至于使这场大辩论走向邪路。

二、鲁林一伙是我院广大师生员工的主要敌人，必须把矛头指向他们，把他们批倒批臭，使广大干部和教职工认识到压制他们的是鲁林一伙，进而对他们产生强烈的阶級仇恨，放弃对他们的丝毫幻想。

三、教职工中的保守组织在无产阶级文化大革命中，自觉和不自觉的执行了资产阶級反动路綫，起了压制教职工的作用。对它自觉不自觉的所执行的资产阶級反动路綫进行批判，使大家明白，特别使保守组织中的广大教职工明白，它是地地道道的保守组织，进而划清界限。

总之，要想使这场大辩论沿着正确的轨道进行，真正把广大干部和教职工解放出来，就必须掀起大批判的高潮，用革命的大批判统帅这场大辩论。

革命的同志们，积极行动起来，勇敢的参加这场大辩论，把矛头指向党内最大的走资派刘少奇和鲁林一伙，把矛头指向资产阶級反动路綫，特别是在干部问题上的资产阶級反动路綫，掀起大批判的高潮，把广大干部和教职工解放出来，使他们成为革命大批判中的一支重要力量。

拥軍公約

“没有一个人民的軍队，便没有人民的一切。”

“相信和依靠人民解放军。”

9月2日我河北财经学院毛泽东主义红卫兵，东方红公社社员及广大革命师生员工，隆重地举行了“拥军爱民”誓师大会。大家一致表示坚决响应毛主席“拥军爱民”的伟大号召，在任何时候，任何情况下，坚决“相信和依靠人民解放军”。并通过了“拥军公约”。

我们坚决积极响应我们的伟大导师、伟大领袖、伟大统帅、伟大舵手毛主席的“拥军爱民”的伟大号召，我们全体毛泽东主义红卫兵、东方红公社战友及广大革命师生一定坚决“相信和依靠人民解放军”，在任何时候，任何情况下，都不动摇对人民解放军的坚定信念。为了加强军民团结，取得文化大革命彻底胜利，特定拥军公约如下：

一、在毛泽东思想的光辉照耀下，按照毛主席的伟大战略部署，坚决和伟大的中国人民解放军团结在一起，战斗在一起，胜利在一起！紧紧掌握斗争的大方向，深入开展革命大批判，坚决把中国党内的一小撮走资派，从政治上、思想上、理论上批深批透，斗倒斗臭。在无产阶级文化大革命中立新功！把无产阶級文化大革命进行到底！

二、坚决拥护人民解放军，依靠人民解放军，向人民解放军学习。有情况，主动向解放军反映，有问题，立刻找解放军商量，和他們紧密团结，相互配合，帮助解放军完成“三支”“两军”的伟大任务。

三、学习解放军活学活用毛主席著作的经验，学习他們坚持四个第一，大兴三八作风。高举毛泽东思想伟大红旗，为革命而掌好权用好权。

四、如果有些意见不一致，一定按照毛主席指示的“团结——批评——团结”的原则，以使错误的一方，改正错误，达到新的团结。

五、提高革命的警惕性，及时的识破敌人的阴谋诡计，坚决不把矛头对准人民解放军，保证在任何情况下不冲击和进驻任何军事机关，不侵犯解放军所拥有的任何武器装备和物资。

六、在可能的条件下，尽量协助中国人民解放军，完成备战的艰巨而光荣的革命任务！

军民团结如一人，试看天下谁能敌，让帝、修、反及国内外一切反动派在我们面前发抖吧。永远的发抖吧，他們必定在发抖中灭亡！

河北财经学院东方红公社委员会

更坚定地紧跟毛主席的伟大战略部署　更深刻地狠批走资本主义道路当权派

战火熊熊，杀气腾腾，刀光剑影，旗帜鲜明，大批判专栏林立财经园中

【本报訊】最近党中央负责同志向全国无产阶级革命派发出了重要的战斗号令，这一战斗号令传到我院，毛泽东主义红卫兵革命小将、东方红公社社员及革命师生們一致热烈地表示坚决响应党中央的伟大号召，坚定地紧跟毛主席的伟大战略部署，紧紧掌握斗争的大方向，搞好革命大批判，从政治上、思想上、理论上批倒、批臭以中国赫鲁晓夫为首的党内最大的一小撮走资本主义道路的当权派，搞好本单位的斗批改，把无产阶级文化大革命进行到底！

连日来，毛澤东主义红卫兵和东方红公社各战斗队采取了最迅速、最有效的具体措施，热烈响应党中央的伟大号召，他们开动脑筋，人人动手，不顾劳累，搭起了既不怕风，又不怕雨的广阔、坚固的大批判阵地，于是，大批判专栏象雨后春笋般地林立於财经园，革命的大批判专栏就象一把把锋利的匕首直刺党内最大的走资派的要害，象一面面照妖镜，把党内最大的走资派照得无处躲藏，陷入『人民战争』的汪洋大海中。

革命的大批判专栏，是无产阶級革命派在文化大革命运动中的一个发明创造，我院革命大批判专栏的踊跃出现，标志着我院革命大批判运动进入一个更深入更广泛的新阶段。

我院的大批判专栏是学习和宣传毛澤东思想的课堂，是向以党内最大的走资派为首的资产阶級司令部的猛烈攻击的辽阔战场。我院大批判专栏作到了千字文，诗配画，使严肃的政治、思想、理论的斗争同群众喜闻乐见的形式统一起来了，是人人爱办，人人受教育的好课堂。

在革命的大批判高潮中革命小将更高地举起毛泽东思想伟大紅旗，在节约闹革命的原则下，发挥出每个人的聪明智慧，贡献出每个人的最大力量，把革命的大批判搞得扎实，深入，誓把中国的赫鲁晓夫及其在各个战綫上的代理人批深、批透、批倒、批臭，夺取无产阶級文化大革命的彻底胜利！

·2· 东方红 1967年9月14日 星期四

在大批判运动中掀起活学活用毛主席著作的新高潮

最近我院东方红公社召开了在革命的大批判运动中活学活用毛主席著作的讲用会。会上由几个战斗队分别介绍了他们在对以中国的赫鲁晓夫为首的走资派大批判高潮中，活学活用毛主席著作的成绩、体会和经验。他们在深入开展对中国的赫鲁晓夫的大批判中，抓紧对毛主席著作的学习，以毛泽东思想为最锐利的武器，对准中国的赫鲁晓夫开火，进行大揭露、大批判，这是把中国的赫鲁晓夫批倒、批透、批臭的根本保证，是在大批判中大立毛泽东思想的绝对权威的根本保证。他们的作法、经验，值得我们学习，他们给我们树立了榜样。

在深入开展的群众性的革命大批判运动中，要把中国的赫鲁晓夫及其在一切领域里的资产阶级代理人批倒、批透、批臭，必须活学活用毛主席著作，高举毛泽东思想伟大紅旗。

无产阶級文化大革命揭发出来的阶級斗争事实告诉我们：在无产阶級专政下，阶級斗争的特点就是阶級敌人钻进我们党内，进行篡党篡政，把无产阶級专政变为资产阶级专政。被无产阶級革命派揪出来的中国的赫鲁晓夫就是适应着阶級斗争的这个特点，肩负着资产阶级的使命，混入党内，窃取了领导职位，大肆贩卖资本主义、修正主义的黑货。他几十年如一日地反对战无不胜的毛泽东思想，竭尽全力要把我们的党变成修正主义的党，力图在全国实行资产阶级专政。

是我们伟大的领袖毛主席全面、系统、科学地阐述了阶级、阶級矛盾、阶級斗争的学说，一针见血地指出在社会主义条件下"存在着社会主义同资本主义两条道路的斗争，存在着资本主义复辟的危险性。"近几年，毛主席又着重指出：我们在无产阶級专政条件下的革命的主要对象是党内一小撮走资本主义道路的当权派。在无产阶級文化大革命中，广大的无产阶級革命派正是遵循着毛主席的这些英明教导，揪出了中国的赫鲁晓夫，摧毁了以中国赫鲁晓夫为首的资产阶级司令部。这个胜利是无产阶級革命派活学活用毛主席著作的结果，是战无不胜的毛泽东思想的伟大胜利。

在文化大革命中，中国的赫鲁晓夫的资产阶级司令部被摧毁，罢了他的官，夺了他的权。但是他们过去利用职权，打着紅旗反紅旗，利用所窃据的宣传阵地制造反革命舆论，他们在政治、思想上的流毒仍然存在，因此，必须通过大揭露、大批判把他们从政治上、思想上批倒、批透、批臭，使其今后不再欺骗群众。文化大革命所取得的节节胜利的事实证明，只有掌握了毛泽东思想这个最锐利的武器，才能所向披靡，攻无不克，战无不胜，才能取得无产阶級文化大革命的彻底胜利。因此在革命的大批判运动中，必须活学活用毛主席著作，高举毛泽东思想伟大紅旗，才能彻底批透、批倒、批臭中国的赫鲁晓夫，肃清其流毒！

在革命的大批判运动中，活学活用毛主席著作，要按毛主席的指示锻炼和改造自己成为无产阶级革命事业的接班人。

史无前例的无产阶级文化大革命，是一场阶級斗争的暴风雨，这场斗争触及了每个人的灵魂，它促使人们在重大的政治问题面前，表明爱憎，决定取舍。我们无产阶級革命派要用毛泽东思想这面镜子，在无产阶級文化大革命的大风雨中，在这伟大的革命实践中促使自己的思想革命化，锻炼和造就成坚强的无产阶級革命事业的接班人。

无产阶級文化大革命的根本问题就是政权问题。为了巩固无产阶級专政，必须选择最忠实於无产阶級革命的人去掌权。我们伟大领袖毛主席总结了国际共产主义运动的经验和教训，为了防止资本主义在中国复辟，提出了培养造就无产阶級革命事业接班人的五项条件。毛主席给我们青年一代指明了前进的方向。当前，在与以中国的赫鲁晓夫为首的资产阶级司令部进行大批判，大决战的时刻，我们无产阶级革命派，要按照毛主席提出的无产阶級接班人的五项条件，在无产阶級文化大革命这个最好的大学校里，把自己锻炼成为无产阶級革命事业的可靠接班人。

在革命的大批判运动中，活学活用毛主席著作，就是要大立毛泽东思想的绝对权威。

无产阶級文化大革命，是毛主席对社会主义革命的伟大创举。它的目的是要挖掉修正主义的根子，巩固和发展社会主义制度；是要打倒党内一小撮走资本主义道路的当权派，打倒资产阶级反动权威，打倒一切牛鬼蛇神；是要大破一切剥削阶級的旧思想、旧文化、旧风俗、旧习惯。是要大立无产阶級权威，无产阶級新思想、新文化、新风俗、新习惯。"一句话，就是要大立毛泽东思想。"在文化大革命中，无产阶級革命派，在同党内走资派的斗争中、在同资产阶级反动路綫、同一切反动的资产阶級思想的斗争中，都深深感到了毛泽东思想的巨大无穷威力，体会到要想取得胜利，必须有战无不胜的毛泽东思想作武器，因此无限热爱毛泽东思想的感情与日俱增。无产阶級文化大革命所取得的一切伟大胜利都说明，是战无不胜的毛澤东思想照亮了无产阶級文化大革命前进的道路，是光焰无际的毛主席著作指导了无产阶級文化大革命，无产阶級文化大革命就是高奏毛澤东思想凯歌的伟大的革命运动。

让我们在对中国的赫鲁晓夫的革命大批判高潮中，在我院掀起一个更高的活学活用毛主席著作的新高潮，大树毛澤东思想的绝对权威。"让毛澤东思想占领一切阵地，用毛澤东思想来改变整个社会的精神面貌，让毛澤东思想这个伟大精神力量，变成伟大的物质力量。"吧！

—本报评论员—

万张培植假劳模的罪行必须彻底清算

万张反革命修正主义集团在培养"劳模"上，推行了一整套修正主义路线，他们猖狂地反对突出无产阶级政治，诋毁战无不胜的毛泽想东思，极力宣扬技术挂帅、物质刺激。出于他们反革命的需要，他们甚至将一批社会渣滓、牛鬼蛇神也封为"劳模"，利用这些人，要弄资产阶级的弄虚作假，招摇撞骗阴谋权术，积极为复辟资本主义奔走呼号。长期以来，万张反革命修正主义集团在培养"劳模"上所犯下的反党反社会主义反毛泽东思想的滔天罪行，必须加以彻底揭露、彻底批判、彻底清算！

积极鼓吹"业务挂帅""技术第一"大搞"物質刺激"

毛主席教导我们："政治工作是一切经济工作的生命线。"林付主席也强调指出："政治是基础，什么工作都要政治挂帅。"

万张反革命修正主义集团，遵循党内最大的走资本主义道路的当权派的"党必须特别培养精通生产技术和其他各种专门业务和知识的干部"黑指示，在社会主义建设中，培养"劳模"积极主张"技术挂帅"，实行"技术决定一切"。直接与毛主席与林付主席的指示相对抗。他们疯狂地叫嚷："生产是一切之本。"胡说"技术水平低，技术力量不足是天津工业生产落后的主要原因。"评选"劳模"的条件都是什么能够"刻苦钻研技术"，"刻苦钻研业务"，"刻苦学艺"，必须在"从事科学理论研究，编译国内外科学技术资料"上"做出重要贡献"云云……。真是露骨到了极点，可恶亦复可憎！

在社会主义建设中，评选出的"劳模"应该是活学活用毛主席著作的模范，是高举毛泽东思想伟大红旗"抓革命促生产"的模范。不学毛主席著作，不掌握毛泽东思想，技术再高，本领再大，也不能很好地为人民服务。

万张反革命修正主义集团猖狂地反对战无不胜的毛泽东思想，在"劳模"评选条件中，只字不提活学活用毛主席著作，突出毛泽东思想。"技术"、"业务"充满了整个条文，他还声嘶力竭地叫嚷："少讲点政治挂帅，多讲点实际问题。"万张这样反对政治挂帅。就是反对毛泽东思想挂帅。他们妄图以生产代替政治，胡说："政治挂帅要落实到生产上"，这就更加暴露出自己是毛泽东思想的叛徒，是无产阶级专政不共戴天的仇敌。

在万张反革命修正主义路线的指导下，走白专道路的修正主义苗子被他们视若神明，看成宝贝。某电梯厂一技术员，一心想搞出点"名堂"，他自己整天关在小屋子里，群众关系很坏，不知花了多少功夫，据说搞出一种所谓世界水平的电梯，一下就被万张誉为"市特級劳动模范"，爬上了"专家"的宝座。某纱厂一女工在同伴中为了赌气、出风头，"苦"练功夫，在一次"接綫"比赛中，名列前茅，就被万张看中。又如某卷烟厂除梗女工刘××因为除梗"技术"高，某体育用品厂张××因为缝球比别人好，都被万张封为"劳模"。

万张反革命修正主义集团，对"劳模"大搞物质刺激。尤其在暂时经济困难时期，更为嚣张。他们凭借职权，不顾中央规定，动用"奇缺"物资，把大批棉大衣、绒衣、制服等"奖励"给"劳模"。平时一个"劳模"仍可得到一笔不小的"奖金"，有月奖、季度奖，一年还要有"物质奖"。

林彪同志指出："建设我们的国家，有两条路线，一条象苏联那样片面地只注意搞物质，搞机器，搞机械化，搞什么物质刺激，另一条就是毛主席领导我们走的路线，除搞机械化，更重要的是搞革命化，用革命化领导机械化。"

万张反革命修正主义集团走的就是苏修的路线，他们大肆鼓吹"政治挂帅要把物质利益放在首要地位。"散布"物质奖励刺激干劲"等反革命谬论，大搞"奖金制""钞票挂帅"，与毛主席领导我们走的路线针锋相对，这就不难看出，万张集团反革命修正主义的本来面目。

处心积虑地网罗社会渣滓牛鬼蛇神，推行修主义組织、干部路綫

我们的伟大领袖毛主席指出，"混进党里、政府里、軍队里和各种文化界的资产阶級代表人物，是一批反革命的修正主义分子，一旦时机成熟，他们就会要夺取政权，由无产阶级专政变为资产阶級专政。"

万张反革命修正主义集团，在培养"劳模"上，推行了一条修正主义的组织路线和干部路线，他们不看出身，不看政治挂帅，甚至将一批"社会渣滓"、"牛鬼蛇神"、"地富反坏右"、"蜕化变质分子"也封为"劳模"，並将他们拉入党内，使他们掌握基层领导权。万张这样做，就是为了培植私人党羽，为复辟资本主义建造社会基础。

万张反革命修正主义集团的头子之一张淮三，曾公开叫嚷："提拔工程师，看人家技术，别受政治限制。这又不是提拔党政干部，技术称职主要看技术，管他什么历史问题，只要不是现行反革命、破坏分子，应当什么，就是什么，不要受級别限制。不是几个，几十个，而是成百地提。"更为露骨的，他还说："不管有港台关系，还有杀父之仇，以及历史反革命分子或是嫌疑分子，只要有突出技术成就的象就可以提拔。"在这里张淮三凶毕露，显出狰狞的面目，他们就是要弄"技术第一""技术决定一切"的权术，为自己的反革命修正主义的组织路线与干部路线服务。不正是这样吗，技术高，就可以当"劳模"，就可以得到"提拔"他们为"社会渣滓"、"地富反坏"，

下转第三版

1967年9月14日 星期四 东方红 ·3·

万张培植假劳模的罪行必須彻底清算

（上接第二版）

“牛鬼蛇神”、“资产阶級分子”大开方便之门。就这样，一群披着“技术”外衣的坏家伙钻进了我們队伍内部，当上了“市特級劳动模范”，当上了“人大代表”。有的已被提拔为基层党委书记、市委书记。他們和党内一小撮走资本主义道路的当权派勾结起来，向工人阶級实行残酷的资产阶級专政，真是触目惊心！

看一下事实吧，事实会清楚地无情地宣判万张的罪行。

一个富农分子张××，由于技术高，万张反革命修正主义集团千方百计地要把他提拔起来。把“劳模”的称号送给他，但张××是个典型的金钱主义者，他怕当上“劳模”影响挣钱（原计件工资制），则公开拒绝，万张反革命修正主义集团及其爪牙，厂内一小撮走资本主义道路的当权派就用金钱引诱。后来又要千方百计地将他拉入党内，在填写“入党申请书”时，张说：“我不填”。看！这个富农分子气焰是多么嚣张，公开发泄对我党的不满情绪。但是万张及其爪牙对张却百般纵容，不惜丧失党的原则，让别人给这个家伙把表填好。这是对我们伟大的中国共产党的莫大侮辱！1959年“五一”节，我们的伟大领袖毛主席来到天津。这是天津市四百万人民的最大幸福。全市人民欢欣鼓午，都是多么希望能够见到我们心中最紅最紅的红太阳，千言万语倾吐不尽对他老人家的无限感激，千歌万曲唱不尽对他老人家的无限热爱。但是当有人把请贴送到张××手中时，他却说：“我不去，我还得回家呢！”别人告诉他毛主席接见代表。这个富农分子、牛鬼蛇神，狗胆包天，说：“不管谁接见，也要回家。”真是猖狂到了极点。张××这样无视我们伟大领袖毛主席的绝对权威，我们绝不允许他这样干。但是万张反革命修正主义集团对此不闻不问，仍然让他当“劳模”，是可忍，孰不可忍！毛主席教导我们，世上绝没有无缘无故的爱，也没有无缘无故的恨。一小撮地富反坏，牛鬼蛇神，贼心不死，进行绝望的挣扎是出于他们的反动阶級本性。对他们，我们只能实行无产阶级专政，只许他们老老实实，不许他们乱说乱动。万张反革命修正主义集团对阶級敌人倍加重用，充当他们的保护伞、代理人，这就赤裸裸地暴露出自已反革命的真面目。

例子何止一个，比比皆是。在万张的反革命修正主义路线的保护伞下，一群乌七糟八的人物就这样钻进了“劳模”的队伍。

某卷烟厂“劳模”刘××其未婚夫现在台湾，刘仍怀念在心，故至今虽已四十多岁，还未结婚。其兄是个日本特务，前一二年与刘还有联系。

“劳模”田××有两个父亲，前父是个地主，后一个父亲是个把头（生父）。据田的邻居介绍，其父解放前还有参加过特务组织的怀疑。

“劳模”卢×，其祖父是个臭名远扬的巫神，其父与其祖父品质均很恶劣。卢×从小就受着封建毒素的熏陶，养成一身投机取巧、弄虚作假、招摇撞骗、吹吹拍拍仗势欺人的恶劣作风，是个名副其实的扒手。群众对其十分憎恨，骂他是个“工贼”。

“劳模”李××出身把头家庭，社会关系极为复杂，她为了学得技术，当上“劳模”，不惜跪倒在资本家脚下，低三下四，具有一付典型的奴才相。

“劳模”孙××参加过国民党，其兄是个日本特务。

“劳模”王××从小跟着他姨母生活，其姨母是个资本家。

“劳模”司××57年曾因盗窃国家资材受过处分。

“劳模”李××其父参加过三青团，其祖父参加过青帮。

……

只以上几例就不难看出，万张反革命修正主义集团，在社会主义建设中，根本不是依靠工人阶級、贫下中农，而是处心积虑地培植一批资产阶级分子，並对这些人关怀备至、不惜代价地扶植他们。

如天津电子仪器厂李××原在一被服厂工作，后来被万张送到天津大学“深造”，1963年，没有及格就毕了业。被分配到中国的赫鲁晓夫在天津搞“半工半读”试点的天津市“‘紅旗’厂”（即电子仪器厂），该厂在中国的赫鲁晓夫的直接控制之下，另一个老牌修正主义分子李立三也亲自作指导，指使万张把该厂作为复辟资本主义的试验田。

万张把李分配到电子仪器厂，就是要在这里培养自己修正主义的接班人。在64年四清时，李就被提拔为该厂党委书记。

平时，李××出出进进经常乘坐市委的小汽车，李的家离市里远，万张就派人把她的小孩特意送到市妇联托儿所，找专人看管，小孩生病，市妇联就打电话找来有名的医生会诊，真是出师动众，好不一般。孩子死了，儿童医院对李说，“我们没有完成市委交给我们的任务”李甚为不满，恶声载道，说什么“要不是搞四清，孩子死不了”。

又如食品一厂田××，原来住平房，爬上“劳模”后，就住上了一楼；当上“商业系统全国模范”后，就住二楼大间，万张还美其名曰这是为了“雅观”，说是一个“劳模”经常有汽车接去开会，如果住在小平房里，显得小气，不成“体统”。

万张对这些资产阶级分子，真是“体贴入微”。

在政治上更是百般重用，大力扶植。

一小撮资产阶级分子，不但当上了“劳模”有的还骗得了人大代表的称号，他们窃居了基层领导权，当上了党委书记、厂长，他们同一小撮大大小小的走资派勾结起来，残酷地对工人阶级、广大劳动群众实行资产阶级专政，充当万张复辟资本主义的得力干将。

弄虛作假，招謠撞騙极力捞取政治資本。

毛主席教导我们说：“凡是要推翻一个政权，总要先造成舆论，总要先做意识形态方面的工作。革命的阶级是这样，反革命的阶级也是这样。”

万张反革命修正主义集团为复辟资本主义大造反革命舆论十分猖狂，真是挖空心思、不遗余力。

万张反革命修正主义集团说：“工人阶级的代表就是‘劳模’，就是‘标兵’。要最大限度地发挥他们的政治作用。”

所谓“发挥他们的政治作用”，说穿了，不是别的，就是要让他们挂着“劳模”这个招牌，去招谣撞骗为自己捞取政治资本。为复辟资本主义大造反革命舆论准备。

要想能骗人，就必须精心打扮一番，美化一番。一小撮钻进“劳模”队伍的牛鬼蛇神，经过万张苦心打扮，俨然也成了官冕堂皇的人物。不然招谣撞骗就不会有市场。

就看一下他们弄虛作假，招谣撞骗的“本领”吧：

某构件厂卢×被万张封为“市特等劳模”，但他是一个不劳动的“模范”，整天出去游游逛逛，与其主子胡混。据统计1964年全年他劳动了128天，1965年只劳动了88天。

他还被封为“革新的模范”，其实卢×是一个窃夺别人革新成果的“模范”。工人们说的好，卢×对革新是“张明就出题　各方来协作，笔杆来整理　功劳归自己”。通过大协作，工人們创造出了“电动大锤”、“五头点焊机”等新机器，都被卢×记在自己的账上。当“五头点焊机”还未制成功之前，卢×就私自到处宣扬，为了讨好主子，胡说已经投产，背着工人，将张淮三偷偷领到车间，献媚取宠。卢×将机器搬来，讲得天花乱坠。卢×将自己同机器拍入电影、电视镜头，到处炫耀，为自己捞取政治资本。甚至有的只要沾上他的一点边，功劳就得归于他。

这样一个道德败坏，利欲熏心的家伙，却被万张封为“河北省学习毛主席著作标兵”。卢×这个家伙，吹嘘自己能够“活学活用”、“灵魂深处闹革命”，真是一派胡言，不知天下尚有羞耻之事！实际上，毛主席的书他连翻都不翻，书摆在外面，只是为了装装门面，由于经常不动，上面尘土都老厚了。

万张反革命修正主义集团，还嫌将这个家伙美化的不够，还要把他树为天津的“卢铁人”，指使爪牙捏造材料，要弄骗人权术，千方百计地要把卢×“树”起来，好为自己效劳。

另一个“劳模”田××，她的所谓“五点”经验，更是离奇，据说，连她自己也“背诵”不下来。

她的“五点”经验，可谓赫赫有名，什么“用阶级分析的方法了解人；用一分为二的观点对待人；用毛泽东思想武装人；用阶级感情关心人；依靠骨干帮助人。”真是富丽堂皇，好不平凡。

其实田××不用说用毛泽东思想了解、对待、武装、关心、帮助别人，就是她自己也根本没想用毛泽东思想武装起来。

田“能说会道”，有一套献媚取宠的“本领”，对上司，阿谀奉承，拍马迎合；对群众，则是极端傲慢、盛气凌人，排斥异已，作风极坏。

那么，她的一套“经验”究竟是怎样得来的呢？原来所谓“经验”纯粹是在万张反革命修正主义集团指使下炮制出来的。

万张反革命修正主义集团为了把田培养起来，指使爪牙先是捏造材料，登报、广播，四处宣扬，制造舆论，骗得有人来登门取经，然后他們就强迫工人背诵田的所谓“经验”，让工人练习“讲演”向来访人“介绍”。由于不是事实，所以免不了出丑，现原形。如“经验”第一条写道：“我们车间有个老工人叫陈桂琴，……过去，她的生产任务一直完成的不好，开会也不愿意参加，还爱和别人吵咀，不少人对帮助她进步没有信心。”“我和小组骨干们聊天，也经常提起陈桂琴，感到有些对她的看法不全面，我知道她过去当过丫头，是个受苦的人，对旧社会有深刻的阶级仇恨，对这样的阶級姐妹，我们应非常当关心她，帮助她。”

“经验”说：“结果在我的建议下，用我们组里的一个骨干把陈桂琴换到我们组里来。”“自此以后，我們便帮助她，启发阶級觉悟，忆苦思甜，终于使陈桂琴流下了眼泪，讲述自己的家史，並且是每讲一次对自己做一次检查，找出缺点、努力克服。”

真是“动人”。但事实是：陈桂琴在旧社会根本也没受过苦，相反，生活而是极为奢侈腐化，不久前，还交出了不少金银首饰。陈也没有那样“突出的进步”，只是因为田的假“经验”已经吹了出去，把陈也就推上了虎背，骑虎难下了。在日报社记者采访时，也只得装模作样，诉起“苦”来，不过只是没有“感动”，反而倒引起听众的哄堂大笑。

其实田××也不会有那样的高尚风格，真的会是为了帮助陈而把她调到自己小组。倘若如此，厂内一小撮走资派也不会同意。因为田“名声在外”，但是骗不了本厂职工，广大职工对田十分不满，对一小撮走资派虚报成绩捞取政治资本极为愤慨。田的小组里就有一职工曾当众愤怒地揭露了田××这个假“劳模”的本相，一小撮走资派勃然大怒，唯恐暴露出去，赶忙把这一职工从小组调走。另有两个职工，也是因为爱给田提意见，都被从田的小组排挤走了。所以所谓在田的“建议下”，用组里的“一个骨干，把陈桂琴调到”组里来，根本不是事实，纯系捏造。

这就是田××所谓能用毛泽东思想“对待人”、“武装人”、“关心人”、“帮助人”的真象。

万张反革命修正主义集团，指使爪牙弄虛作假、招谣撞骗，手段很高，办法也很多。

又如某机车车辆厂一“劳模”孙××，据报道，“试制成功了二十多种新产品”，“还实现了二百五十多项技术革新”。这完全是一小撮走资派加在孙××头上的荣誉。这个厂的走资派，一心一意想“树”起一个“劳模”，起初找了一个青年，但他很不“争气”，屡次偷人家东西，名誉保持不住，很快就垮台了。这使他们很“伤心”，于是就想出了一个“妙”计，找一个快要退休的老年工人，把他“树”起来，将来一退休，名誉仍可保住，招牌也就挂来了。计策真是“高明”！

孙××已年近60，对领导百般顺从。在上级工会向该厂索取模范事迹材料时，该厂走资派就让工程师拿出革新记录、新产品记录，一项一项地查。查到一项，不管是谁搞的，都统统加在孙的身上。所以孙也就成了“革新二百五十多项”，“还试制成功了二十多种新产品”的“了不起”的“劳模”。

毛主席早就指出：“帝国主义者和国内反动派决不甘心于他们的失败，他们还要做最后的挣扎。在全国平定以后，他们也还会以各种方式从事破坏和捣乱，他們将每日每时企图在中国复辟。这是必然的，毫无疑义的，我们务必不要松懈自己的警惕性。”

万张反革命修正主义集团不择手段地将一批牛鬼蛇神抬上政治舞

（下转第四版）

·4·　　東方紅　　1967年9月14日　星期四

詞　二　首

浪　淘　沙

革命的大批判

天兵战犹酣，
凱歌频传，
七亿人民大批判。
帝修反想动中华，
岂非枉然？

举宝书四卷，
心紅志坚，
批臭刘修除毒患。
喜看河山红烂漫，
万载不变！

满　江　紅

毛主席的英明部署

英明部署，
开创革命新征途。
七亿人，
高举雄文，
笔伐口诛。
摧垮黑色司令部，
誓埋葬大小赫秃。
手不软痛打落水狗，
贼尽除。
政治上，
思想上，
理论上，
全批臭。
满園尽朝晖，
万代千秋。
最高指示普天照，
革命烈火遍乾坤，
帝修反统统都滚蛋，
赤全球。

《桃园经验》外篇

刘少奇的臭婆娘，资产阶級分子王光美在河北抚宁编造了她那一套臭名昭著的《桃园经验》之后，又跑到新城县高镇大队继续兜售她那一套形"左"实右的黑货，拚命叫卖。

在四清运动"清经济"阶段，她又"创造"了一个"新经验"：利用农民春节期間回家团聚除夕习惯，把村里的所有干部，不问青红皂白，不管问题大小，全都召集在一起。让他們一同"学习"，一起揭发，一块坦白。并规定：谁坦白的问题多就放谁回家，谁坦白的不好就别想回家过春节，别想吃饭，别想睡觉，好不寻常！这个臭经验美其名曰："上大学"。

王光美为了使她的"新发现"的"功劳"传扬四海，"上大学"，不仅在高鎮强制推行，还在四清工作队内介绍推广，可笑亦复可憎！

我們伟大领袖毛主席亲自主持制定的《二十三条》中明确指出："这次运动的重点是整党内那些走资本主义道路的当权派。"而王光美却千方百计煞费苦心地为刘少奇的"打击一大片，保护一小撮"的资产阶級反动路綫奔走呼号，其狼子野心不是昭然若竭了吗？！

由于"上大学"，使得干部人人过关，人人自畏；由于逼、供、信，把问题搞的乱七八糟，真假难分。结果，把大批好的和比较好的革命干部搞得灰溜溜，从而却保护了一小撮"走资派"，给党的政策及农业生产带来了极大损失和极恶劣的影响，何其毒也！

无产阶级革命派的同志們，让我们奋起毛泽东思想的千钧棒，把刘少奇及其臭婆娘王光美连同他们的一切黑货砸它个稀巴烂，统统抛到历史的垃圾堆！

王秉仁

刘　修　与　赫　秃

一天黄昏，日薄西山，西风萧瑟，在向资路旁的一个臭水池边，赫秃正在钓王八、刘修从向资路上走来，一见如故。刘修与赫秃聊起家常，转抄如下：

赫秃：老刘，你也来了，这样快就赶到了？

刘修：我是走小道来的，当然比你快啦！

赫秃：（忽然想起）上次开会时，我忘了问你，你是什么出身呀？

刘修：我是"革命"地主，我爱人是"红色"资本家。

（说完胸有成竹一笑）

赫秃：（高傲地）我是血统工人阶级。

刘修：（忙说）紅色资本家和工人阶级全是一家人嘛！嘿，嘿！

赫秃摸着光头想了一会才转过弯来，暗自后悔，当初我怎么没有想起这一着呢？可是赫秃并不甘拜下风，又问：你凭什么起家？

刘修：当初安源煤矿大罢工，出头露面的是李立三，埋头苦干的就是我了。

赫秃：（忙说）原来咱们还是同行，我也是矿工，当初在蹲拉屎（也可译顿巴斯）也干过一阵。

赫秃这两着没有问倒刘修，于是搬出了近几年的"功业"说："六二年我的'三和一少'还是当代'共产主义'的创举吧！"

刘修：（不甘落后）老兄，我的"三自一包"比起你的国营农场变个体农庄"前进"速度还快得多吧！

赫秃：我的言论集有八斤半。

刘修：（不以为然地）我的'修养'周游西方世界，谁不赞叹？！（洋洋自得）我是当代的刘茨基，（忙改）不，不，我是当代的刘克思。

赫秃经过这几着大感吃惊，原来"强中自有强中手，能人背后有能人"，看来这小子有两手，我要是独占鳌头看来恐怕不行了，干脆心一横，忍痛割爱，平分秋色吧！于是对刘修说，前面还有一乌龟池，你去钓吧！

刘修得此肥缺，欣喜若狂，向乌龟池扬长而去。

过不了几天，我們就会看到刘修在乌龟池边钓龟了。

选自期刊《井冈山》

（上接第三版）

台以后，利用他们大造反革命與论，为复辟资本主义鸣锣开道。为达此目的，他們开动了全部宣传机器，报纸、广播、摄影、文艺，疯狂地到处叫卖，拚命地宣扬，将一小撮牛鬼蛇神抬上了天，把他們美化成"无产阶级硬骨头"，有"中国工人的革命骨气"，能够"无所畏惧""为人民服务忠心耿耿"，"想到全国、想到全世界革命"，"心中有杆紅旗"，能够"活学活用毛主席著作"，"是我们学习的榜样"。真是肉麻到了极点。同时还给他们拍电影、为他们画相、编剧，让他們上主席台、到处做报告、讲演，甚至欺骗中央、叫他們出国访问。极力抬高他們的"身价"，为他們大树"威望"，万张这样干的目的，是为自己捞取政治资本，讨取主子——中国赫鲁晓夫的欢心，最终达到复辟资本主义，建造自己的"天堂"。

万张爪牙，对一小撮走资派的意图都是心领神会。他們把"推荐""劳模"作为讨好主子，向上爬的阶梯。如某公司一走资派，见自己单位没有"树"起一个"劳模"，昼夜不安，于是找天津日报社、求石×帮助"整理"材料，派心腹去"蹲点"，挖掘"成绩"。食品一厂一走资派则毫不掩饰地说："田××（劳模）保不住，我这书记也保不住了。"並威胁工人说："今后不准给田××提意见。""如果你再坚持自己意见的话，那就要遭围攻了。真是卑鄙可耻！

主子培植奴才的目的，是为了让奴才忠实地为自己效劳，充当自己的保皇党，奴才得到主子的赏识，自然保主子十分卖力。一小撮披着"劳模"外衣的牛鬼蛇神就这样同党内一小撮走资派勾結起来，他們狼狈为奸，干尽了坏事。

假"劳模"在他們的主子万张反革命修正主义集团为他們广泛开放的市场里大力贩卖修正主义臭货，积极为其主子所鼓吹的"技术挂帅""业务第一"的修正主义謬论编造"事实根据"，为复辟资本主义奔走呼号。

电子仪器厂李××就经常向徒工灌输个人奋斗、苦钻业务、不问政治的思想毒素。说什么："在学习上要多得几个一百分，在技术上要多学几种技术，这样才能有前途"。甚至以现身说法向徒工讲："跟资本家学技术必须手急眼快，打不还手，骂不还口。"真是无耻到了极点。万张反革命修正主义集团对李"出色"的"能力"称赞不绝，把李树为"标杆"，大张旗鼓地号召学徒走"李××式的道路"做"李××式的大学生"。主子与奴才互相勾结，大肆兜售修正主义私货，真是甚嚣尘上。

史无前例的无产阶级文化大革命运动，吓破了万张的狗胆，他們心魂未定，马上组织人马，疯狂地镇压革命，妄图一举扑灭革命的烈火。英雄的市十六中革命小将贴出了《给全市革命青年的一封公开信》以后，万张反革命修正主义集团刽子手的真面目就更加暴露无遗了。

一小撮假"劳模"充当了万张镇压无产阶级文化大革命的帮凶、刽子手，干尽了肮脏的勾当。

在万张的授意下，他們欺骗了受蒙蔽的群众组织了反动组织"野战兵团"，野蛮地破坏文化大革命运动，对革命群众组织极尽围攻、谩骂、打、砸、抢、抄、抓之能事，犯下了不可饶恕的滔天罪行。

一小撮假"劳模"是野战兵团的核心人物他們直接受万张的指挥，并经常在一起密谋策划。

在十六中事件中，万张把一小撮假"劳模"派上了"第一线"。

为了孤立、瓦解、打击十六中革命小将，万张反革命修正主义集团使出了极其卑鄙的伎俩。他們利用"劳模"的一点"影响"，让一小撮假"劳模"召开座谈会、辩论会，向来进行串联的不明真象的学生和群众灌输麻醉剂，迷糊汤，他們无耻地俨然以工人的身份大讲市委是"革命"的，肉麻地吹捧黑市委，替万张歌功颂德。对十六中革命小将进行诽谤和诬蔑，说什么："反市委是错误的"，"十六中大部分学生是好的，少数是被坏人利用的。"妄图诋毁革命小将的革命造反的巨大影响，真是卑鄙可耻到了极点。

一小撮保皇分子，为保主子，整天无耻地到处游说，赤裸裸地暴露出自己保皇的丑恶明脸。

万张反革命修正主义集团，为了扑灭革命的火焰，派出大量工作队去镇压革命，他们组织了几十个"有影响"的劳模到学校去镇压学生运动，在那里有黑市委中万张的干将坐阵。他们还经常茵集在一起，共同策划新的阴谋。劳模田××因镇压学生运动"有功"，得到了万张的奖赏。万张的忠实干将马瑞华，授意让财贸政治部赵××总结"经验"，赵於是又派出总工会宣传部李××、市商业局工会主席王××，河东区公安局则派出便衣"公安员"去食品一厂充当田的"参谋"，田的黑"经验"则由"市委文革"办公室付主任吴×和秘书李×审阅搞成市委正式文件发到各区工委、党组等，妄图进一步策动大规模的破坏活动，只是在革命人民面前，他们的劣笨伎俩未能得逞。

反革命修正主义分子万晓塘畏罪自杀后，一小撮假"劳模"对主子的丧命悲伤不已，他们披麻带孝地把主子的尸体一直送至北仓火化场。劳模李××还命令电子仪器厂在当天下午全厂停产为万晓塘开"追悼会"，并亲自写了"悼词"借机为万张歌功颂德，充当以死人治活人的刽子手。

一小撮假"劳模"在文大化革命运动中扮演了极可耻的保皇角色，是一堆不齿於人类的狗屎堆。

树倒猢狲散。万张反革命修正主义集团企图靠拚凑一群牛鬼蛇神做为复辟资本主义的得力骨干。梦想变天的阴谋破产了。一小撮假"劳模"在无产阶級文化大革命运动中现了原形，让他们抱着主子的僵尸哭泣去吧，历史将无情地嘲弄这批无耻的保皇党徒。

东方紅公社统109支队

山鷹

1967年 9 月15日　第五期　本期四版
天津市革命文艺联絡站山鷹报編輯部編印
地址：天津重庆道116号　电話：3.2005

我們的文学艺术都是为人民大众的，首先是为工农兵的，为工农兵而創作，为工农兵所利用的。

——毛泽东

毛主席的革命文艺路綫胜利万岁！

一条嶄新寬闊的道路

·紅　刃·

文化大革命的浪潮，迅速地冲刷着一切旧时代留下的污泥浊水，广大的工农兵群众高举毛泽东思想的批判大旗，以主人翁的战斗姿态走上了文艺陣地，天津市工农兵文艺公社就是在向旧文艺的斗爭中成长壮大起来的，他們抛开了一切資产阶級的“专家”“学者”，以工农兵独特的脚步，开辟了一条嶄新寬闊的道路。

画展是有力的战斗武器

繁华热闹的濱江道两边，經常陈列着数百幅漫画。辛辣的諷刺，鋭利的笔鋒，把刘少奇的丑恶的嘴脸，骯髒的灵魂暴露无遺，使群众看了气憤塡膺，怒不可抑。大大地鼓舞了工农兵的革命斗志，向刘少奇射出了有力的一箭。

工农兵的美术作品受到了革命造反派的热烈欢迎，但也遭到了保守势力的悪毒攻击，什么“粗陋不堪”、“不懂艺术”、“难登大雅之堂”、“应景画”等等，竭尽誹謗之能事。但这又何以为奈呢，工农兵是生活的主人，最懂得艺术，他們最有权力讲話；而那些“知艺术”、“通創作”的名士风流，只不过是資产阶級的唯唯諾諾的奴仆和走卒。

文艺公社的战士們为了表現对主席的无限热爱，对毛泽东思想的无比忠誠，发揮了工农兵的智慧和天才，創造出“毛主席語录画”展的形式，生动有力地宣传了毛泽东思想，开辟了毛泽东时代工农兵文艺的又一新天地。目前毛主席語录画展已移到北京，在中央文革的支持下，和北京、上海的作品一起在北京美术展覽館展出，受到全国各地的热烈欢迎。

工农兵是文艺舞台的主人

才子佳人，帝王将相統治文艺舞台的时代一去不复返了。工农兵的文艺百花在毛泽东思想的光輝照耀下欣欣向荣，一片昌盛。

海河两岸齐集着数千个文艺战綫上的英雄好汉，他們是生产上的能手，也是向旧文艺开火的先鋒，如今在“工农兵文艺公社”的主办下，他們欢聚一堂，举行大型文艺会演。

精采的节目是投向刘少奇的鋒利的匕首。

优秀的演出表現了对毛主席的无比忠誠。

工农兵文艺公社为了让毛泽东思想占領一切陣地，先后举办了十場文艺会演，集合了一百多个毛泽东思想宣传队，演出了批刘邓、砸万张和歌頌毛主席，歌頌毛主席的壮大，充分体現了毛泽东文艺思想的伟大胜利。

以前万张反党集团秉承周揚的黑旨意，在职工会演中利用“三名三高”培养修正主义的尖子。利用“演出费”、“补助金”，以及奖励“手风琴”和“衣料”等阴險手段，对革命职工进行腐蝕和拉攏。現在工农兵起来造反了，他們奋起毛泽东思想的千鈞棒，把裴多菲俱乐部砸个稀巴烂，什么金錢厚祿，什么名誉地位都滚他媽的蛋！

在斗爭中成长

工农兵文艺公社在一月风暴中冲杀出来了，他們豪迈的宣布：“工农兵是文艺的主人，文艺陣地是毛泽东思想的陣地。”革命的造反精神吓坏了旧文联的走資派。他們声嘶力竭地狂叫：“还是回去干活吧”，“业余的，回去促生产吧”，气焰十分嚣张。甚至鄙視工农兵，說什么“一切权力归文艺界造反派”，“文联群众能自己解放自己”。如狼嚎、犬吠，不可一世。力图把工农兵文艺压下去，把这支刚刚在白色恐怖中誕生的工农兵文艺大軍掐死在搖籃里，狼子野心，何其毒也。但用毛泽东思想武装起来的工农兵不是好惹的。他們一眼識破了文联走資派及反动学术“权威”之所以如此猖狂，实际上是周揚为首的文艺黑綫的阴魂未散，万张的黑根子未断。因此他們奋力反击，打退了旧文联走資派的猖狂进攻，并且越战越强，在斗爭中成长壮大。

工农兵文艺公社在革命的大批判中作出了巨大的貢献，愿他們在毛泽东思想的伟大紅旗指引下，取得更輝煌的成果，走向更灿烂的明天。

工农兵是文艺界斗批改的主力軍

·本报評論員·

“钟山风雨起蒼黃，百万雄师过大江。”

当前文艺界和其他战綫一样，正在向刘少奇推行的修正主义文艺黑綫进行着大搏斗，展开着极其尖鋭复杂的阶級斗爭。

十几年来，以周揚、夏衍为首的修正主义文艺黑綫，在刘少奇这个总后台的支持下，把整个文艺界搞得烏烟瘴气。他們几乎占据了文艺界各个要害部門，安插了大大小小的赫魯晓夫，反革命修正主义分子；培植一大批資产阶級的反动“权威”，反动“学閥”，利用文艺陣地猖狂地反对毛泽东思想，大放其毒。为資本主义复辟大造輿論，为帝王将相，才子佳人大唱頌歌，为帝修反招魂。

我們伟大的領袖毛主席早就指出：**“文化部是帝王将相、才子佳人、洋人死人部。”**六四年主席又一次尖鋭地指出：**“这些协会和它们所掌握的刊物的大多数（据说有少数几个好的），十五年来，基本上（不是一切人）不执行党的政策，做官当老爷，不接近工农兵，不去反映社会主义的革命和建设。最近几年，竟然跌到了修正主义的边缘。如不认真改造，势必在将来的某一天，要变成象匈牙利裴多菲俱乐部那样的团体。”**无数鉄的事实証明了毛主席的英明論断。被刘少奇把持的文艺界早已經不是无产阶級的陣地了。这群資产阶級老爷們一貫仇視无产阶級专政，仇視毛主席提出的文艺为工农兵服务的方針，仇視广大的工农兵群众。并极力歪曲、污蔑、咒駡工农兵。专工农兵的政，对工农兵犯下了滔天罪行！

今天工农兵向他們算总帐的时候到了！工农兵誓死要夺回文艺大权，建立起眞正工农兵的文艺陣地。

毛主席早在二十多年前，就斬釘截鉄地說：**“我们的文学艺术都是为人民大众的。首先为工农兵的，为工农兵而创作，为工农兵所利用的。”**这个文艺**“为什么人的问题，是一个根本问题，原则问题。”**同时又强调指出：**“历史是人民创造的，必须使工农兵占据舞台，把被颠倒了的历史再颠倒过来，恢复历史的本来面目。”**当前我們就是要遵循着主席的教导去完成这一伟大、光荣而艰巨的历史任务。不把修正主义文艺黑綫批深、批透、斗臭、搗毁，工农兵不彻底占領文艺陣地，誓不罢休！因此文艺界斗批改的大旗誰来扛？文艺界大权誰来掌？工农兵文艺誰来創建？回答是：只有工农兵！所以正当无产阶級革命派高举毛主席文艺路綫的批判大旗向修正主义文艺黑綫展开全面地殊死斗爭的关鍵时刻，我們大声疾呼：文艺界的斗批改必須与工农兵相結合！工农兵是无产阶級专政的国家主人，工农兵是无产阶級革命的主力軍，工农兵是推动历史前进的动力，工农兵，也只有工农兵才能担当起无产阶級文化大革命的历史使命。工农兵眼最亮，心最紅，阶級感情最鮮明，主席思想工农兵最精通，不怕刀山险，不惧火海烧，无私无畏勇敢坚定。工农兵是頂天立地的英雄！工农兵本来就是文化艺术的当然主人！

因此工农兵必須杀进文艺界修正主义的黑窝，打它个人仰馬翻，杀它个屁滚尿流，高高举起毛主席革命文艺的大旗，永作文艺界的眞正主人！

文艺界的斗批改，如果沒有工农兵，如果不与工农兵相結合，其結果是不可想象的。不难設想，文艺界关起門来搞斗批改，那怎么能解决文艺为工农兵服务的問題呢？沒有工农兵的文艺界，怎么能創造出工农兵的文艺呢？又怎么能說这是工农兵的文艺陣地呢？誠然，工农兵不仅要杀进文艺界，还要把文权夺回到工农兵手中来，这是工农兵占領文艺界的先决条件，也是工农兵改造旧文艺界的根本保証。因此文艺界的斗批改，要不要与工农兵相結合，是一个具有根本的方向的問題。誰否认这一点，誰就是否认毛主席的文艺路綫，誰就是否认工农兵是文艺的主人，誰就要犯絕大的錯誤！

文艺界斗批改不与工农兵相結合就要导致文艺界无产阶級文化大革命半途夭折！

于此，摆在文艺界每个人面前的一个重大問題，一个实际考驗，就是对待与工农兵相結合进行文艺界斗批改的态度，是欢迎、拥护还是抵制、反对；是主动地眞心实意地与工农兵相結合，还是打击、仇視。这将鮮明地表現出你站在什么立場上，是革命、不革命或反革命的标志。

相信文艺界的无产阶級革命派必将迅速地与工农兵緊密团結起来，把文艺界的斗批改推向一个嶄新的阶段，为无产阶級文化大革命作出新的貢献！

与此同时，也必須淸楚地看到：工农兵杀进文艺界之日，便是修正主义文艺路綫彻底完蛋之时。因此这群牛鬼蛇神，一定以百般的瘋狂，千方百計反对和破坏工农兵占領文艺陣地。**“敌人是不会自行消灭的，无论是中国的反动派，还是美国在中国的侵略势力，都不会自行退出历史舞台。”**不管他們有多少錦囊妙計，也不管他們玩什么花招，历史已无情地宣判他們的死刑：我們严正警告：若有顽抗者，必遭灭頂之灾！

由于十几年来文艺界**“问题不少”“人数很多”**一直被反革命修正主义文艺黑綫統治着，所以革命左派的力量，是弱小的，即使目前，文艺界的阶級队伍还比較混乱，因此必須通过与工农兵相結合进行斗批改的过程中，在大革命的洪流中，在同刘少奇的反革命修正主义文艺黑綫作斗爭的大风大浪中，鍛炼一支坚强的，工农兵为主体的革命左派的文艺队伍。永远閃烁毛泽东思想光輝的文艺新軍。工农兵有了自己的文艺大軍，无产阶級文艺陣地必将永葆革命的靑春！

毛主席文艺路綫万岁！

刘少奇包庇小姨夫投敌叛国

常言道"物以类聚，人以群分"。

曾經名噪一时的"老革命"、"国家元首"赫鲁少奇，居然包庇纵容小姨夫投敌叛国，恐怕过去是人們所不曾料想的，但这的的确确就发生在我們眼前——廿世紀六十年代。

刘少奇的第六任妖婆王光美，有个妹妹叫王光平（别名刘莉），此人丈着姐姐是元首夫人，竟然也混入党內，并且当上了天津血研所的党支部书記。王光平五一年十二月，同塘沽人张凡結婚，于是，这位王光美的妹夫张凡，便凭着刘少奇这条显赫的裙带关系，青云直上。正如俗話所說："一人得道，鸡犬升天。"张凡在血研所，不仅得到当权派的巴結重用，另眼相待，而且，他能够多次进京会見刘少奇，得到刘少奇、王光美的賞識，于五五年保送他去苏联进修。

张凡本来就是个灵魂丑恶的傢伙，在苏联进修的六年中，步步陷入修正主义腐朽、享乐的資产阶級生活里，終于在六〇年十一月毕业前夕突然"失踪"——公开叛国，投入苏修的怀抱。

对张凡这样一个可耻的叛徒，不要說是用毛泽东思想武裝起来的无产阶級战士，就是一个有起碼民族自尊心的人，也会斥之一鼻，无情的譴責这种背叛祖国的罪恶行径。对待叛徒的这种仇恨心情一般人是都会有的。可是，让我們看看作为中华人民共和国主席的刘少奇是怎样对待这件事情的吧！

王光美听說自己的妹夫一去不复返了，着急起来，她用自己特有的耍娇手段去"請示"刘少奇，求他出个好主意。这个貫以"委曲求全"、"忍辱負重"而出卖原则的"专家"，果然义不容辞，掏出了拿手妙計。刘少奇亲自指示王光平，要用"家庭的感情来感化"张凡，使其回心轉意，返回祖国。这位中国最大的叛徒集团的总头目，以为叛徒也是懂得"人情"，是可以用天伦之乐，夫妻之情感化过来的。但是，事实給刘皇帝最响亮的一季耳光。张凡不但沒"感化"，且在他背叛祖国一年之后，竟提出退出中国国籍，加入苏联国籍，还娶了一个洋老婆。这个沒有灵魂的走尸，可恥的坏蛋，哪还有一釘点儿中国人的气息。

但是刘皇帝仍不死心，他看王光平爭取了一陣沒有結果，于是亲自出馬，在六二年五月十八日，即在张凡叛国一年半之后，以中华人民共和国主席的名义，給张凡写了一封信。現在照录如下：

> 张凡同志：
>
> 苏联不批准你們加入苏籍是对的，你們是中国公民，我不批准你們退出中国籍。我已調閱你在苏学习档案，你們表現是好的，望你回到祖国，把从苏联学习的先进技术科学供献于祖国的社会主义建設。不必輕信于一些无稽之談。至于在苏犯的錯誤，我已决定免于处分。
>
> 中华人民共和国主席　刘少奇
>
> 1962年5月18日

这封信完全暴露了刘少奇不要灵魂、"委曲求全"、"忍辱負重"的叛徒哲学和叛徒咀脸。刘少奇把信发出了，但他还怕叛徒张凡收不到，又指示大使館再发出內容相同的信。刘少奇对一个叛国已两年，干尽卖国勾当的无恥之徒能亲亲热热称呼"同志"，但駐苏大使館在給张凡的信中却把"同志"二字合理的硬删掉了。为此，这个叛徒还很恼火，在給刘少奇的复信中还特别提到这一点。把叛徒当作同志，是这位"老革命家"政治水平低？或认識不清，一时疏忽嗎？否。实际上刘少奇同张凡乃一丘之貉！

在这封信里，刘少奇把张凡在苏联迷恋資产阶級生活方式，喝酒、跳舞、搞女人，以及对我們伟大祖国的恶毒攻击和污蔑統統称之为"表現很好"，把同志們对张凡的背叛行为的斗爭和譴責一概称之为"无稽之談"，并要免除对他的处分。更使人气愤的是，"堂堂国家元首"竟带头为苏修涂脂抹粉，吹捧和美化修正主义，現出一付卑躬屈节、奴顏婢膝的奴才象，完全丧失了民族气节、党的立場和国家的尊严。

看看这封信到叛徒手中的反映吧！

张凡接到了"国家主席"的信，感激零涕，六二年十月一日赶紧写了一封吹捧刘少奇的回信。信的头一句就是"敬爱的刘主席"，接着就是："……您在百忙中能抽时間給我以指示，这体現了……对我們慈母般的关怀，从內心的深处使我感到十分溫暖，这是我离开祖国后第一次感到不是一个人孤独地生活着，您的指示給我增加了巨大的力量……"够了，一个叛徒，干尽了破坏祖国荣誉的勾当，不受譴責，不受懲罰，反而从"国家元首"那儿得到支持、鼓舞，增加了巨大的力量。那末，这个所謂的"国家元首"其中扮演了什么角色？是个什么东西？不就昭然若揭了嗎！

值得向讀者交待的是，这个叛国分子张凡并沒听"元首"的归劝，至今还一直住在苏联。至于刘少奇的小姨子王光平也早已同一个比自己小許多岁的男人結婚了。不过刘少奇和张凡之間的勾搭却从未停止，直到一九六五年他們还保持着通訊的联系。

原来刘少奇就是个大叛徒头子，所以，他如此百般爱护小叛徒张凡就一釘点儿也不奇怪了！

把「电影皇帝」崔嵬拉下馬

将》《野猪林》是怎么出籠的？

崔嵬导演的《青春之歌》《楊門女将》《野猪林》是怎么出籠的？它們又是代表哪个阶級的利益。

毛主席指出："**利用小说进行反党活动，是一大发明。凡是要推翻一个政权，总要造成舆论，总要先做意识形态方面的工作。革命的阶级是这样，反革命的阶级也是这样。**"

（1）《青春之歌》的出籠从始至終得到旧北京市委、旧文化部、旧中宣部的关照，一些資产阶級的代表人物更是呕心瀝血，煞费心机地为它的出籠扫淸道路。

为了保証电影不比小說"遜色"，旧北京市委組织了有廖沫沙，李琪等人参加的剧本审查小組。接着是得到林默涵，夏衍的支持，在全国物色一个"革命劲头"加"小資产阶級情調"扮演林道静的演員。拍摄北京外景时，旧市委王昆仑亲自出馬，在現場指揮，并断絕交通。影片完成后，于1959年8月20日旧市委、旧中宣部联合审查，8月30日彭眞又亲自带領部、局长20多人审查。……

在改編《青春之歌》座談会上崔嵬狗胆大肆攻击我們伟大的領袖毛主席，正是他反革命面目的暴露。崔嵬說什么"毛主席《在延安文艺座談会上的讲話》对小資产阶級知識分子的批評太多了。""我就不同意那种做法：对小資产阶級走一步，打一个耳光了。我这次就要冒这个风险，找一个特别的演員演林道靜。这个人要有革命劲头，也要有小資产阶級情調。"

崔嵬所以如此胆大妄为，要"冒这个风险"就是因为有彭眞作为后台，是他站在資产阶級反动立場上把自己引向死胡同，他常对摄制組的人說："彭眞說的，不要怕写小資产阶級。"

毛主席說"小資产阶級出身的人們总是經过种种方法，也經过文学艺术的方法，頑强地表現他們自己，宣传他們自己的主张，要求人們按照小資产阶級知識分子的面貌来改造党，改造世界……依了你們，实际上就是依了大地主大資产阶級，就有亡党亡国的危险。"

毛主席这段話就是崔嵬拍摄《青春之歌》的鉴定。

崔嵬出色地培植《青春之歌》这株毒草出籠，为彭眞反党集团立下了汗馬功劳。

（2）**《杨门女将》**在时間上，它几乎和《海瑞罢官》同时出籠。一个是为"海青天"被"罢官"鳴不平，一个是請"楊家将"出来挂帅主持"朝政"，很明显这是把矛头对准庐山会議，对准了以毛主席为首的党中央，它要翻庐山会議的案。若看一看彭眞对《楊門女将》分鏡头剧本的三点意見就更清楚了。（这三点意見是由陈克寒电話传达給摄制組。）

这三点意見是：

①影片中誰侵略誰不清楚；

②去掉"数郎"的情节，四郎是叛徒不好数。

③到底是佘太君挂帅还是穆桂英挂帅？应該佘太君挂帅。

这就不难看出，在这个时期，彭眞要影片强調誰侵略誰，就是原鏡头剧本对"外侵"点得不突出，修改后把敌人写得"銳气方张"正是影射国际上帝、修反华大合唱。这样就更有利突出"楊家"的功績。

大搞"海瑞"戏，和"楊家"戏，不是沒有目的的。

崔嵬說："我要为中国电影在拍戏曲片上闖出一条新的道路来。彭眞很支持我。"这就是崔嵬反革命面目的自供状。

（3）在《楊門女将》之后，接着崔嵬又拍摄了一出和《海瑞罢官》遙相呼应的坏戏《野猪林》。影片通过为林冲鳴不平，借林冲的嘴，极力为被罢了官的彭德怀伸屈喊寃。并暗示他們拿起刀，东山再起，大干一場。这个戏在电影上两次出籠，第一次是反右斗爭以后，由上海厂拍成故事片，第二次就是这次，在"庐山会議"以后拍成戏曲片，这个戏1965年刘少奇指使文化部一再要上演，其用心何在，不能不发人深思。邓拓曾和汪洋說"中国党內有一个問題沒有很好解决，就是有人說話不算話"这是很露骨地把矛头指向我們伟大領袖毛主席和党中央，是煽动右傾机会主义分子起来"造反"，这就是这个时期他們大量抛出所謂"官逼民反""逼上梁山"的戏的目的。

在这个时期，崔嵬还把"桃花扇""司馬貌告天""玲瓏女"（海瑞戏）"謝瑤环""李慧娘""李大保吊孝""陈三两爬堂""忠王李秀成"一部又一部作为自己的拍摄規划或者推荐給别人，同时他大量翻閱戏曲节目，到全国各地挑选，可拍的戏。这到底是为什么？仅仅因为崔嵬是"戏曲片"迷嗎？不是的。他是借戏駡党。下面我們仅簡单地以崔嵬对"司馬貌告天"的一段构思說明这个問題。崔嵬說："拍摄的时候，我要让司馬貌站在三张桌子上，状紙从上面一直长长地拖到地下，一直告到玉皇大帝那儿，以此鳴屈喊寃，告天世上之不平。"好一个"天世上之不平"，崔嵬哪儿来的怨气，他的矛头所向是那么恨毒，那么刻骨，这不正是彭眞門下食客的一付嘴脸嗎。

二、崔嵬的"四要五不要"

《青春之歌》和《楊門女将》在香港"打响"以后，一九六二年香港"文汇报"以大紅标題在头版位置上写了一篇《当今电演皇帝——崔嵬》的文章，对崔嵬大肆吹捧。

資产阶級用一顆"电影皇帝"的炮弹打中了崔嵬，使他可以出卖党、出卖国家。一九六二年在国际修正主义逆流大泛濫之时，在文艺界，周揚、夏衍、陈荒煤、崔嵬等人首当其冲，打着"外汇价値論""革命作品不能出口"販卖中国的赫鲁晓夫——刘少奇"三和一少"的貨色。在一年內拍摄了"野猪林""战洪州"两部影片。

崔嵬不惜丧权辱国，拿原則作交易，在一九六二年以后拼命为香港資本家拍摄"四要五不要"的反动影片。

五不要：一不要毛主席，二不要共产党，三不要工农兵，四不要天安門，五不要紅旗。

四要：一要滿台美人，二要家庭伦理，三要女儿情长，四要打抱不平。

是可忍，孰不可忍。崔嵬为了投靠資本家，連毛主席，共产党，工农兵都不要，要什么呢？对崔嵬这种卖国、卖党的罪恶可以容忍嗎？

更可恥的是，在香港放映影片，片头要改为"大鵬影业公司出品""繁华影业公司出品"的字幕，而崔嵬的大名依然保留在資本家办的"影业公司"下面。

崔嵬如此效忠于資本家，所以在"电影皇帝"之后，崔嵬又被捧为"电影大师""电影美术家""中国二君子"称号。在这时崔嵬为了使自己卖国合法化，也开动了宣传机器，說什么：影片"出国就是政治""爭取外汇，給国家增加收入就是政治。国家用低价的东西在香港爭取外汇，可我們《楊門女将》就賺了六十万美元，这就是突出地表現了政治"他还說"要为香港多拍些片子，要拍年青的戏曲演員的戏，还要拍年老的名角名旦的戏。不仅在国內闖出一条路子来，在国外也要闖出一条路子来""香港要的就是我崔嵬的名字。"

难怪台湾的反动派也要到香港看《楊門女将》；难怪一个三十年前认識崔嵬的一个香港反动文人說崔嵬"士别三日有刮目相看之感"。

1、十几年来不深入工农兵

毛主席指出"十五年来，基本上（不是一切人）不执行党的政策，做官当老爷，不去接近工农兵，不去反映社会主义的革命和建設"。

崔嵬就是一个"不深入工农兵""做官当老爷"的人物。他說"我这么大的岁数，还能拍几部戏？都下去电影厂关門算了。"他还說"导演不一定用更多的时間下去生活，因为他在拍戏的时候也就下去生活了。"他跟另一个导演說："拍一部电影可以旅行两个月，世界上最好的职业莫过于拍电影。"

崔嵬的所謂"拍戏的时候也就下去生活了"是欺人之談。在新疆拍《天山紅花》他住在一天12元的高級旅館，住了七个月，根本不下去生活。有一場戏拍摄地点离旅館120公里，工作人員都住在山沟里，崔嵬和个别創作人員每天小轎車往返接送。上山时别人扛着器材，他却騎着馬。在北大荒拍《北大荒人》时，正値我国經济遭到暂时困难，崔嵬等人在那里每天都要吃好的，大家都說他們"三日一小宴，五日一大宴"，崔嵬更是吃遍北大荒的特产：猴头、熊掌、馬哈魚子，狗肉……。在北大荒一个农場住了几个月連影片故事发生的地点"雁窝岛"一次都沒去。在大寨拍摄"大寨人"时从沒有跟大寨人同吃，同住、同劳动，他怕在大寨吃苦，从北京带去大批食品，有点心、糖果、瓜子、香腸，在大寨他吃的是单为他做的小灶飯。崔嵬无論在那个摄制組都沒劳动过，都沒跟当地群众搞好过关系。

2、崔嵬对工人及工作人员的态度

崔嵬和工作人員的关系，就象老子对儿子，奴隶主对奴隶的关系。他可以随便駡人，开除人，他的理論根据就是"我不拍片子你們吃什么"。所以在厂里他可以横行霸道，横冲直闖，誰个敢触犯他，过去有人說："全厂怕汪洋，汪洋怕崔嵬"他就是如此霸道。崔嵬还一貫使用"順者昌、逆者亡"的高压手段。在拍《青春之歌》时，化粧員因为一个粧的問題和崔嵬頂了，就惹下一場大禍，把化粧員开除出摄制組。拍《北大荒人》时，摄影助理呂振昌因为沒听他支配，就召集一伙人开会整他，不让呂上厕所，去时还得两个人押着，从外县回厂后就将呂开除。崔嵬辱駡外单位协助我們拍电影的解放軍、农民、学生更是不胜枚举。

3、利慾熏心，貪生怕死。

崔嵬的生活观就是要名要利，电影院的大头照片要挂在最中間，不失"皇帝"身份，影片字幕、崔嵬的名字要突出，片子要长，拍完片子要大力宣传崔嵬的牌子、要报社給他写文章，要助理捧他拍片經驗。有了名，还得有利，拍片子錢給少了不行。《战洪州》給他三百元，他拍桌子駡"这是打发叫花子"，汪洋馬上給他加二百元。拍故事片要稿酬上千元，給少了就駡街。总之，"三名""三高"人物的特权他无一不是既得利益者，就这样，他还常常发牢騷："房子越住越小，汽車越坐越大"。在北影他最支持汪洋的"独立經営，自負盈亏"的主张，他說："影片固定售价不符合电影生产的規律，不能发展生产，不能促进創作干部的积极性"公开提倡票房价値論。

崔嵬也是个怕死鬼，1963年7月《小兵张嘎》摄制組在白洋淀被洪水圍困，正在洪峰危急时，崔嵬不是带領全組人員和白洋淀人民一起战斗，而是拍回一封"呼救"电报，文化部的反革命修正主义領导集团馬上通知河北省防汛指揮部搶救"国宝"——崔嵬。崔嵬这时不顧全組人員特别是十个从北京带去的小演員的安危，不顧摄制組一些同志的阻劝，自己带着四个創作干部乘小火輪择命而逃，这就是在緊急关头时崔嵬活命哲学的暴露。

飞　鳴　鏑

1967年9月15日　山鷹　·3·

我們是响噹噹的革命造反派

——寄武汉革命造反派

（散文詩）　何紅堡

我們是人民的儿女，我們是响噹噹的革命造反派！战无不胜的毛泽东思想是我們的武器，伟大的毛主席是我們的統帅，我們天不怕、地不怕、鬼不怕、神不怕，一顆紅心为人民，“杀，杀，杀！”死也要杀出一个紅彤彤的新世界来！我們是人民的儿女，我們是响噹噹的革命造反派！

× × × ×

我們的前輩为了砸烂旧世界，曾把革命造反的大旗高高举起。他們，有的受酷刑慷慨就义，有的被砍头面色不改，有的用胸膛扑灭敌人机枪的毒火，有的用熾热的生命把敌人的碉堡炸开。斗爭、斗爭、再斗爭！人倒、紅旗不倒！这面用我們亲人鮮血染紅的革命造反大旗，毛主席又亲自交到我們手里来！毛主席啊、毛主席！我們对着您慈祥的眼睛向您宣誓：我們一定把这面紅旗一代传一代，直传到万代千秋、千秋万代！我們是人民的儿女，我們是响噹噹的革命造反派！

× × × ×

毛主席啊毛主席！我們千言万語也說不完对您的无限敬仰、无限崇拜、无限热爱，是您把苦难重重的祖国引向光明，是您領导饥寒交迫的奴隶站了起来，是您把馬克思列宁主义发展到最高峰，是您把全世界推进到一个灿烂輝煌的新时代，毛主席啊毛主席！我們一生一世讀您的书，您的书是无产阶級革命的科学；我們一生一世听您的話，您的話句句是眞理；我們一生一世照您的指示办事，您的指示最英明最正确最深刻；我們一生一世作您的好战士——作一个永不退色的雷鋒、王杰、陈里宁和欧阳海！海枯石烂，我們对您的忠心永不变，誰要反对您啊，就敲碎他的脑袋！我們是人民的儿女，我們是响噹噹的革命造反派！

× × × ×

毛泽东思想的灵魂，就是革命、就是造反，当今的时代、就是革命造反的大时代，党內最大的走資派正在猖狂反扑，我們不反等待何时？！党內最大的走資派正在流我們阶級弟兄的鮮血啊，我們不反等待何时？！让走资派“老爷們”把造謠、誣蔑、抵抗、鎮压的法宝抛出来吧！让走資派“老爷們”把“百万雄师”“野战兵团”“产业軍”“联动”……都放出籠吧！来儿只百孔千疮的紙老虎有何惧哉！听着，党內最大的走資派！“蚍蜉撼树談何易”，伟大的毛主席是光芒万丈的紅太阳，战无不胜的毛泽东思想是无边无际的汪洋大海，而你，不过是一杯骯髒的粪土，一洼污穢的臭水，你胆敢再乱說乱动就彻底把你葬埋。听着，党內最大的走資派！你那“老革命”“理論家”的画皮已經剝掉了！从你嘴里說出的話，不过是蚊虫吸人鮮血之前的“声明”；用你手写出的文字，不过是蒼蝇爬过的痕迹；把你比作蚊虫和蒼蝇，甚至都污辱了牠們，因为牠們只能传染伤寒和霍乱，而沒想要把时代的列車朝后开！听着，党內最大的走資派！你还要較量一番嗎？那么来吧！我們不会手軟的。来吧！連你那些徒子徒孙一起来吧！我們管把你們全部、彻底、干淨烧死在人民战爭的火山火海！我們为人民而斗爭，斗爭就是幸福，我們是人民的儿女，我們是响噹噹的革命造反派！

× × × ×

我們是人民的儿女，我們是响噹噹的革命造反派！战无不胜的毛泽东思想是我們的武器，伟大的毛主席是我們的統帅，我們天不怕、地不怕、鬼不怕、神不怕，一顆紅心为人民，“杀，杀，杀！”死也要“杀”出一个紅彤彤的新世界来！我們是人民的儿女，我們是响噹噹的革命造反派！

一九六七·七·廿八·于海河畔

西江月

斥刘少奇《认罪书》

·向东·

名为检查认罪，　实則疯狂反扑。
外貌涂粉又施朱，　內心凶似餓虎！
推得干干淨淨，　装作糊里糊涂，
狗虽落水不服輸，　狼子野心暴露！
不可“費厄泼賴”，　莫忘蛇与农夫，
中国赫秃比蛇毒，　对敌怎施仁恕？！
我們必須战斗，　人人口伐笔誅，
胸中滿怀阶級仇，　杀得他万劫难复。

一九六七·八·十五

天津京剧团积极排演《智取威虎山》

江青同志亲自領导的京剧革命，給新时代文艺开辟了一条嶄新光輝的历程。天津京剧团革命造反团也受到了巨大的鼓舞，决心赶排样板戏——智取威虎山，为京剧革命作出貢献。

計划一定，全团即动。但是困难也接踵而来。首先沒有剧本，沒有道具，对剧情也十分生疏。但是困难吓不倒革命造反派。他們派人上京，得到了北京京剧团的大力支持，一夜之間把“智取威虎山”給录了音；又打长途电話給上海，上海京剧院革命造反派馬上滿腔热情地寄来了剧本。沒有布景，美术研究所給了大量的帮助。乐队不够，天津乐团馬上派人来帮助。造反派齐心协力，一方有难，多方支援，使造反团的同志干劲倍增，他們加紧赶排，晝夜奋战，只用了一个星期，就成功地排出了革命样板戏：“智取威虎山”。紧接着又作了多次的修改，使之更加精炼，更加符合革命造反派的需要。

現在天津京剧团革命造反团的同志們正在北京演出，受到了北京工代会，紅代会和中央文革以及各机关的革命造反派的热烈欢迎。他們决心百尺杆头更进一步，以便更好地为工农兵服务。

革命造反派贊

天津化肥实驗厂工人　董印芳

看那黑里透紅的脸庞，
看那肌肉发达的肩膀，
多象当年的紅軍战士。
他們来自学校，
他們来自厂房。
为了一个革命目标，
同奏一曲乐章。
他們是生产崗位上的模范，
他們是革命战場上的闖将。
他們手里紧握着鉄錘、鋼釺，
心里怀着一輪不落的太阳。
他們高举着革命造反的大旗，
向刘賊及其爪牙决一死战。
流血算得了什么，
棍棒只能使胆小鬼发慌。
为了毛主席的革命路綫。
革命造反派愿把青春献上。

《新时代的狂人》的凱歌

在江青同志亲自領导下，京剧革命的丰碩成果象春雷一样震动着整个艺术舞台。无产阶級的文艺百花已經到了盛开的时节。

天津人民話剧院的革命造反派排演的《新时代的狂人》就是这万紫千紅中的一顆灿烂的奇葩。它满怀激情地歌頌了陈里宁同志的革命造反精神，它傾泻了对中国的赫魯晓夫——刘少奇滿腔憤恨。《新时代的狂人》一經排出立刻受到了广大的工农兵革命造反派的热烈欢迎。演出期間，不論是在剧場，还是在工地，到处是口号連天，一片沸騰，充滿了革命的豪情。国际共产主义战士——美国朋友李敦白，八十二岁高齡的安·路·斯特朗和美国著名作家爱博斯坦以及許許多多的来自亚非拉和世界各地的国际友人也兴致勃勃地观看了演出，并給予了很高的評价。正象李敦白同志所說：“这那里是演戏，你們是在战斗！同志們，你們把現实搬到舞台上了，我很感动！也很感到亲切，因为我們都有亲身的經历。”爱博斯坦同志也說：“我觉得看这个戏，不象看帝王将相，才子佳人那样的戏，离开了翻譯不懂，因为这个戏所說的是我們亲眼看到的，亲身經历过的。这个戏成功的演出是毛泽东思想的伟大胜利！”是的，工农兵走上了艺术舞台，工农兵成了艺术舞台的主人，这是只有在毛泽东思想的光輝照耀下，才能出现的奇迹。人民話剧院11.3革命造反队把无产阶級革命造反派的光輝形象編排出来，搬上舞台，是因为他們牢牢記住毛主席的指示：“我們的文学艺术都是为人民大众的，首先是为工农兵的，为工农兵而創作，为工农兵所利用。”并反复学习毛主席《在延安文艺座談会上的讲話》的結果。但是任何成績也不是一帆风順得来的。天津人民話剧院11.3造反派在創作和演出过程中克服了許多困难。由于他們认識到文学艺术的源泉，来源于現实生活，来源于火热的阶級斗爭。于是他們深入北京紅卫医院，和水暖工以及护士医生同吃同住同劳动。并且不顾保守势力的威协坚定地和造反派生活在一起，战斗在一起。經过日夜奋战，終于由五个过去在剧院里不出名的“小人物”只用了三四天就写出了这个充滿战斗气息的剧本。《新时代的狂人》的上演是对陈里宁同志无产阶級革命精神的贊誉，也是对天津人民話剧院11.3战士革命造反精神的眞实写照。

《新时代的狂人》在京津两地上演四十余場，观众达五万余人，战果显赫，成績輝煌，这是毛泽东思想的伟大胜利，是文化革命中的一曲胜利的凱歌。

新疆民謠（一）

（本报記者闖力搜集）

“保保”最怕大字报，
这也抄来那也抄，
抄来好整黑材料。
黑材料，一套套，
想要换頂烏紗帽。
呸！办不到！

新疆民謠（二）

造反派，发传单，
保皇兵，心里跳。
要上一张偷着瞧；
唉，又是“打倒王恩茂”！
嘴儿翘，双脚跳，
一生气，撕掉了！

首都文艺界大黑帮分子政历簡介

田汉：黑帮头目，男，69岁，前剧协主席，是文艺界黑綫总头目周揚的大将。田汉在一九三二年混入共产党內。一九三五年就向蔣介石国民党投降，当了无耻的叛徒，并在南京大演反共、反人民的戏。从三十年代到六十年代，田汉一貫反人民、反革命、罪行累累。

阳翰笙：又名华汉，男，65岁，家庭出身商人，本人成份学生，一九二四年参加工作，一九二五年混入党內。任前中国文联付主席兼秘书长、黑党組书記等职。反党分子阳翰笙是黑帮头子周揚的大将，一貫反党、反社会主义、反毛泽东思想罪行很多。

阿英：原名錢杏邨，男，65岁，家庭出身手工业者，本人成份学生，一九二六年混入党內，是反动資产阶級文艺家，窃踞前中国文联付秘书长职务。

吕驥：58岁，家庭出身小土地出租者，本人出身自由职业。一九三五年参加中国共产党。一九四九年起先后任中华全国音乐工作者协会，中国音乐家协会主席。

陶鈍：男，66岁，家庭出身地主，本人成份学生，一九二五年参加国民党，一九三一年混入共产党。一九三九年参加工作，一九五五年窃踞前曲协付主席，《曲艺》付主編等領导职务和工作。陶鈍是周揚、阳翰笙反革命黑帮的忠实走卒。

贺敬之：男，44岁，前中国戏剧家协会书記处书記。賀敬之是周揚閻王殿、反革命修正主义黑帮的一員干将、漏网的胡风分子，是漏网的大右派。

贾芝：53岁，家庭出身地主，本人成份学生，一九三八年参加工作。原任中国民間文艺研究会秘书长、《民間文学》付主編、中国科学院文学研究所民間文学組組长。他长期打着紅旗反紅旗，反党罪行很多。

赵寻：男，48岁，家庭出身工商业。前中国剧协党組付书記。赵寻是周揚閻王殿反革命修正主义黑帮的一員干将。他原是剧协武汉分会付主席，武鋼宣传部付部长。一九五七年因写反党作品和鼓吹修正主义文艺理論而受到批判。一九六一年他大搞翻案活动。由于他是反对党的領导、大刮翻案风的急先鋒，受到閻王殿周揚、林默涵的賞識。一九六二年調到北京升了官。同黑帮头目田汉勾結，在剧协实行資产阶級专政。

李超：黑帮干将，男，51岁。家庭出身地主，是前剧协秘书长、党組副书記、书記处书記、剧协外委会付主任、艺委会付主任。李一貫反党、反社会主义、反毛泽东思想。是彻头彻尾的反革命修正主义分子，是漏网的大右派。李十几年来犯下了滔天的罪行。

张雷：男，中农家庭（土改前为破落地主，土改时划成中农，张参加工作后隐瞞为貧农）学生成份，四〇年入党，前中国文联学习处长、联絡部长等职。小說《变天記》的作者。是一个三反分子。

吴晓邦：男，一九〇六年生，家庭出身地主。一九四五年参加工作。一九四九年混入党內，前中国舞协付主席。是黑帮分子。

冯牧：男，48岁，早在延安魯艺的时候，他就是周揚的得意門徒。多年来在政治上、文艺上一貫坚持反动的資产阶級立場，拒絕思想改造。一九六〇年調到《文艺报》任編輯委員、付主編等职。

侯金镜：男，47岁，前《文艺报》付主編。自一九五五年把持《文艺报》和作家协会創作室以来，犯下了一系列反党、反社会主义、反毛泽东思想的滔天罪行。

点 鬼 台

資产阶級新貴族——欧阳山

欧阳山是作协广东分会主席、党組书記，是反党、反毛泽东思想的周揚黑帮里的一員主将。长期以来他把持着华南文艺領导大权，干尽了反革命的勾当。他的代表作“三家巷”、“苦斗”，是全面宣揚資产阶級、修正主义思想的大毒草，是三十年代反动文艺的翻版，他竭力歪曲革命历史的眞实，不表現以毛主席为代表的正确路綫，专写机会主义的錯誤路綫；大肆宣揚革命斗爭“毀灭”个人幸福，宣揚阶級調和、人性論、人道主义和資产阶級腐朽的爱情至上等等修正主义的反动思想。让小資产阶級的公子哥儿周炳冒充“无产阶級革命者”，让他和阶級敌人和平共处，和官僚地主的子女长期鬼混，肆意美化地主資产阶級，丑化劳动人民，并且用大量不堪入目的色情描写，腐朽透頂的“风俗画”，和各种卑鄙下流噱头去迎合小市民的低級情趣；以庸俗恶劣的資产阶級艺术趣味去麻醉、毒害青年，恶果极其严重。

在經济困难时期，他又接連射出了毒草短篇小說《乡下奇人》、《在軟席臥車里》、《驕傲的姑娘》、《金牛和笑女》等毒箭，对党和社会主义制度发动了全面的猖狂进攻。

欧阳山靠他写的反党作品騙来的大批稿費，在陶鑄的包庇之下，一直过着极其腐朽的資产阶級生活，单从衣、食、住、行方面举几个例子，便可見一斑。

衣：欧阳山夏穿綢緞，冬穿呢絨，还专要进口貨，不要国产貨。他和老婆五九年做的两件皮大衣，价值千元以上。但仍不滿足，六一年又做了日本呢大衣。經济困难时期，他大搞物资囤积，一家三口人，据不完全統計，竟囤积毛毯21条，呢絨衣服136件，毛綫26捆，桌布46块，布料衣服255件，棉被十七床，毛綫衣39件，帽子22頂，手錶七块，电視机一架，收音机（两架半导体）三架，席子7张，云紗3卷，棉衣13件，綫毯25床，袜子39双，毛巾22条，牙刷两大捆，衣架65个，布料116块等等。完全象个投机商人。

食：經济困难时他囤积各种罐头达一百多个，直到六五年都沒有吃完。欧阳山是个酒鬼，专飲高級酒，六三年他搬家时，遺下的空酒瓶竟达一百多个。他一家三口，每天菜金十元，相当于十戶五口之家的用度。

住：他在德坭路强为自己造了一幢住房，在建筑期間，他經常坐小汽車去工地要求这要求那。他居然无耻地說国产浴缸、瓷盆不够“白”，要国家花外汇从香港进口外国貨，結果他的住房造价高达两万元。

行：作协有一辆小汽車，他出入必乘坐，买香烟、理发、逛花市、看球賽、看戏、淸明“拜山”都坐車。有人說“欧阳山是寸步不行。”

他常說：“我有很多很多錢，不知怎么办。”有一次在北京买皮大衣，价格昂貴，别人劝他不要买，他說：“怕什么，我有錢。”这和肯洛霍夫的无耻言論如出一轍。从作品到行动，欧阳山是个实实足足資产阶級新貴族，是腐朽透頂的修正主义分子。

冒牌“作家”——狗万力

万力是天津万张反革命集团干将，經反革命分子白樺提拔，这个不学无术的狗东西竟然当上了“新港”文学月刊付主編兼編輯部主任。七年来，他把“新港”办成了毒草园，向党和毛主席射出了一支支毒箭，成了周揚复辟資本主义的重要輿論陣地。由于他反党有功，周揚誇奖他說：“万力这小子有两下子，‘新港’办的不錯。”据不完全統計，七年来“新港”发表的所謂“作品”，百分之七十五都是毒草。

反革命修正主义分子狗万力，本来沒有一点写作能力，沒把持“新港”之前，他写的东西根本沒人登，几年也发表不了一两千字的“作品”。后来当了主編，一方面与别的刊物搞商业性的交換发表自己的东西，另一方面在自己办的“新港”上用各种笔名（如吉九章、吉边章、謝九思、施百胜、张寅、张訪、石千、辛立村等）炮制毒草。用这种可恥的下流手段发表出来的“历史的风浪”、“武当山上”、“当天空出現烏云的时候”、“鷂山脚下”、“李大剑的故事和传說”、“后草屯”等，无一不是攻击毛主席的人民战爭思想，丑化人民軍队，美化叛徒和敌人的坏“作品”。可是，他利用职权，私改稿费等級，为自己增添稿费，眞是卑鄙之极。

文联的广大群众，早就向这个冒牌貨进行斗爭，但是由于万张集团和白樺的庇护反而步步升官，除把持“新港”外，还混上了文联党組成員、党支部书記、人民代表、政协委員，用他自己話說“是文联的实力派人物。”他素常盛气凌人，說一不二，把“新港”搞成个人的独立王国，誰也不能碰一下。这个地主的狗崽子，在生活上也是頹废透頂，他每天无所事事，除了喝酒、吃肉，就是領头打麻将、玩朴克，完全是一付地主老財的派头。現在天津文联的革命群众，已經把这个冒牌貨，反革命分子狗万力揪出来了，正在乘胜追击，彻底淸算他的罪恶！

文艺簡訊

△天津业余作者革命造反总部、財貿系統毛泽东思想紅宣兵、文艺界革命造反联絡委員会等組织从七月廿一日起在中心广場主席台举办了“打倒刘邓陶、砸烂万张反党集团，工农兵文艺战斗周”。节目緊密配合火热的斗爭現实，战斗气氛浓，反映效果良好。一次演出結束，一个工人握着工作人員的手說：“节目太好了，說出了我們造反派的心里話！”一位老大娘感慨地說：“从前看节目，沒有工农兵来演，这回，工农兵可眞上舞台了。”

△由小百花联合总部、文联东方紅、业余作者革命造反总部、工农兵文艺公社、文艺联委等五十余革命組织在曙光影院召开了“批斗白樺及文艺界諸鬼群魔大会”。白樺、赵大山、吳火、万力、袁靜等拉上台示众。大长革命造反派志气，狠灭反革命修正主义分子威风。

△由东大“八·一八”、戏剧研究室、梆子一团紅旗公社、南大卫东、文艺联委、业余作者革命造反总部等組织主办的“批判《五彩轎》大会”正在緊张筹备之中，会刊亦在編輯之中，不日即和广大革命群众見面。

△中央乐团革委会成立后，接中央文革指示，正积极領导創作新的大型交响乐“海港”，瞿希賢同志参加了創作組。

△人民文学出版社揪出叛徒、变节分子、国民党特务等十八名，計有馮雪峰、王任叔（巴人）、楼适夷等。又訊：原戏剧出版社付社长派超也是个大叛徒，他于三二年在上海被捕，后轉苏州反省院，卖身投敌。

△最近又有一批較好的国产复映故事片将陆續恢复发行。有些地方已加刪剪。这些影片是：《槐树庄》、《小兵张嘎》、《分水岭》、《海鷹》、《鸡毛信》、《突破烏江》、《椰林怒火》、《崑崙山上一棵草》、《特别快車》、《紅軍桥》、《小哥儿俩》、《路边新事》、《苦菜花》、《朝阳沟》。另外，还有三部外国影片也将恢复发行。

△毒草电影《紅日》、《革命家庭》、《紅海激浪》、《舞台姐妹》从八月下旬开始，将陆續拿出批判示众。

△中央直屬文艺系統各口革命委員会和联合办公室筹备小組成立。中央文革文艺組委托一些同志参加筹备工作。各口革命委員会筹备小組和“联办”，是协助中央文革文艺組工作的群众性的新型的革命的权力筹备机构。它的职权是：把旧文化部和旧文联的权力，除行政工作外，全部接过来。

“元首夫人”

（长篇連載）

·不爭春·

第二回 居心叵測打入革命营垒 刘禿鍾情二人臭味相投

“四海翻腾云水怒，五洲震盪风雷激。要扫除一切害人虫，全无敌。”重溫过主席的英明教导，书归正传。

上回书說到王光美乃是个資产阶級臭小姐，本来打起小就是个根底不正的人物，只不过她隐蔽起毒蛇的牙齿，装扮成一付美女的样子罢了。

一九四五年，伟大領袖毛主席，領导着中国人民浴血苦战八年，終于打败了日本帝国主义。对于中华民族来說，这是个重大的历史轉折点。可是，王光美此时正狂热地同美国人与蔣介石的軍官勾搭，整天生活在紅灯綠酒之中，她关心的是香水、口紅、高跟鞋和地位显赫的男人。

不巧不成书，就是在这个时候，黑帮头子彭眞（当时的北方局书記）派他的亲信崔毓黎（原北京市付市长，黑帮分子）到北平开展所謂学运工作。在一次宴会上，崔毓黎瞧見一位身着白色綢連衣裙的女子，在人群中穿来过去十分活跃。她見到外国人，便伸出手让人家握，然后用她在教会学校里学来的外国話哇里哇拉沒休止地談，到十分热情的时候，外国人便抓起她的手嗅了又嗅，她則瞇細着眼，得意的微笑着。

崔毓黎悄悄問王光杰的老婆：“这位小姐是誰？”

“喲，你連她也不认識”，王光杰的老婆十分惊訝地說，“不就是光杰的妹妹王光美嘛，輔仁的交际花，北平的名流，还沒結婚，正在……。”

“噢——”崔毓黎若有所思地嗯了一声，停了一会儿他接着說，“外語讲的不錯。”

“敢情是”，王光杰的老婆說，“外国神父嘴对嘴教的嘛！”

这时候，王光美象一陣旋风似的轉到崔毓黎跟前来了。王光杰的老婆多少知道一点儿崔毓黎的来历，于是赶紧上前把崔毓黎介紹給这位千金小姐。从此，王光美就算与地下組织有所接触了。

一九四六年初，在北平成立了“軍事調处执行部”。当时在学委会工作的任斌（原北京市委組织部付部长，黑帮分子）怀着不可告人的目的，通过崔毓黎，以“軍調部”需要英文翻譯为借口，突然将王光美弄进“軍調部”当我方顧員。

王光美当时的穿着，不要說同“軍調部”我方工作人員不能类比，連蔣帮的那些涂着口紅、穿着旗袍裙、高跟鞋、戴着船形帽的女軍官見了都只伸舌头。我方工作人員，一般不单独行动，以防敌特的迫害。可唯独王光美可以独来独往，她整天騎着嶄新的风头女車，梳着“飞机式”的头髮，穿着束腰敞胸的綢衫，寬大而短小的花裙，雪白的火箭皮鞋，耀眼的項鍊、金錶、戒指，再加上扑鼻的香风，几乎都把她当成美帝和蔣帮哪位大官的姨太太。連国民党軍統局的狗特务都让她三分。

王光美在“軍調部”还摆着一付臭架子，見了我方的一般人員她連理也不理，但是同美帝和蔣帮的那些特务們却是有說有笑，打打鬧鬧，亲如家人似的。当然，王光美見了我方人員并不是都不爱讲話的。譬如，她見了領导干部便完全换了一付模样。据說，有一次王光美穿身黑色的“布拉吉”，半躺在沙发上，一面醉心地讀着歌德的“少年維特之煩惱”，一面又把一顆顆的紫葡萄送到嘴里吃着。这时，有个大人物进来，瞧見她一下便愣怔住了。

那位大人物目瞪口呆地結結問道：“莫……莫非您是光……光美嗎？”

王光美仰起脸，随便瞧了一眼那位大人物已經花白的头髮，和那大蒜头似的酒糟鼻，又把脸低下来，有气无力地說：“您……您怎么晓得的？”

“噢！”那位大人物哈哈笑道，“我当然知道，嘿嘿，那么有名的人物，当然知道囉！”

王光美也許覚得这人太貧气，不再理他。那位大人物索性坐在她对面，用一双餓狼看小鸡那样貪婪的目光，从她赤露的脚豆望到那蓬乱的头髮。王光美感覚到了对方的目光，但她又裝着不理会的样子，但不知为什么她心里多少有点儿惱火：“瞧他那鬼模样，也不照照鏡子，滿脸象蒼蝇拉的粪，快入土的人了，还那样瞧人家，簡直是黃鼠狼想吃天鵝肉！”

王光美在心里虽然这样想，可表面上还是裝出一付媚态，这已經形成本能了，光美見了男人总是要情不自禁地显示自己的娇媚的

那位大人物呆呆望了半天，終于开口道：“您多大年紀了？”

王光美瞟了他一眼，低低的問：“您問这个干啥？”

“嘿嘿！”那位大人物又笑起来，“随便問問嘛！”

“那……您看呢？”光美唇边挂上一絲微笑問。

“十……十九！”

“喲！”王光美把身子直坐起来，用手絹握住嘴咯咯地笑了好久，“我都快老了，可您……眞有意思！”

这时候，外面来人把那位大人物叫走了。过了一会儿，×××走进来，他坐在光美跟前，問道：“妳知道刚才跟妳說話的是誰嗎？”

“誰晓得呀！”光美眨着她那动手术割成的双眼皮說。

“妳呀，”那人在光美肩上輕輕拍了一下說，“从延安来的，刘少奇！”

“噢喲，”光美惊叫起来，“他就是少奇呀，嘿嘿，怪不得說話那么有风趣呢！我一看就知道不是个一般人。他……”光美还想說什么，可終于忍住沒有再說下去。

×××好象猜透了王光美的心事，他接着說下去：“他的夫人比他小二十六岁，是个护士，听說要打离婚！”

“这么年輕的女人还不能討他欢心呀？”王光美刚把話說出，觉着脸儿有点发燃，赶紧低下头。

“哎，妳孫憷呀，”×××接着說，“一个小护士怎么能配得上少奇同志，水平相差太远，彼此不能理解呀，哪来的感情；何况少奇同志，是党的領袖之一，将来就是中国数一数二的人物，他的夫人不說留洋也得是大学生！”

“可……可也是，”光美仍旧低着头說，“一个小护士，哪能了解象他这样的人！”（本回未完待续）

如果要使革命进行到底，那就是用革命的方法，坚决彻底干净全部消灭一切反动势力……。

山鷹通訊

1967.9.15.第2号（内部資料 注意保存）
天津革命文艺联絡站山鷹报动态組編

毛主席的最新指示

軍队支左有很大好处，就是使軍队本身受到教育。他們从实际斗爭中体会到这个問題，支左不仅支革命群众，支左派組織，不但看到社会各方面存在两条路綫斗爭；同时也能看到軍队存在两条路綫斗爭，看到阶級斗爭也反映到軍队里边，軍队支左也同样把問題暴露在社会上。从而加强軍队，提高我們軍队的思想水平。

林彪同志7.25在天安门城楼上关于武汉問題的讲话

这个行动，一定会使右派很快分化，物极必反，武汉問題不只武汉問題，以前我正愁沒題做文章，現在他們給我們出个題目，我們要大作文章，将坏事变成好事。

戚本禹同志对揪刘工作指示

七月廿六日凌晨三点卅分，中央文革戚本禹同志亲临揪刘絕食陣地，同建工八一，政法公社，十四中鉄軍，建材部八一及安徽、武汉、湖南、广西等地的揪刘絕食战士进行了亲切的談話。

戚本禹同志认为：揪刘絕食是革命行动。大方向是对的。但是方式应当改变，从今天起絕食应該停止。

戚本禹同志說：揪刘你們就在这里呆着吧！挺好的电影都拍了，他出来不出来，由群众决定，你們在外面写勒令书、組織批判会，你們是很有办法的嘛，你們千万别冲中南海，你們可以喊口号，叫他出来，发通輯令。他（指刘少奇）在认罪书里，說他八月五日才知道犯錯誤了。这是假的，这是批判的要害，七月廿九日（指去年刘贼在人大会堂的讲話）的讲話也要大力批判，对照着，在这儿下功夫。

中央文革同志认为：一定要把刘少奇揪出中南海，也一定能把刘少奇揪出中南海，交給无产阶級革命派斗倒斗臭。

戚本禹同志还认为：八一团和新八一团联合起来，并建議叫毛泽东——八一兵团。

无产阶級革命派联合起来，跟毛主席的战略布署，把揪斗批刘少奇高潮推向更高潮。

据悉：七月廿七日上午有摄影記者乘坐紅旗牌敞蓬小汽車来回进行于揪刘火綫上，拍摄影片。主要是拍摄革命場面的紀录片。

武汉急电

本报駐武汉記者报导：

△武汉鋼二司号召全体战士，下基础厂矿支持左派（中央首长已有类似讲話）現全体战士已作好准备，即将奔赴各地支左。

△八月一日武汉造反派渡江庆祝“八一”，結果死伤数百人，已查死者二百余名。鋼二司紅水院牺牲十六名战士。据初步調查，这里有百匪破坏。同时，陈再道之流贼心不死。此事正在調查中。

△現在百匪头目有不少到处逃窜，轉入农村、四川、江西、湖南、武汉市內也有一些轉入地下。各工厂造反派战士正在大力生产，而百匪拒不上班。

△武汉造反派，鋼二司各总部，紛紛响应江青同志号召“文攻武卫”，大家迅速武装起来，持枪值班巡邏，維持革命秩序。

△武汉支左部队，派出解放軍战士到鋼二司司令部，鋼二司各总部帮助保卫工作。

△各地赴武汉造反派极多，現在他們大都深入基层，帮助健全工总組織。

四川急电

本报駐重庆記者报导：

重庆“八一五”派与“反到底”派的武斗已完全升級到現代化战爭。双方除飞机外的各种現代化武器，如坦克、榴弹砲、輕重机枪、軍艦，都已动用，甚至使用了四筒高射砲等援助越南的战爭物质。

重庆市中心許多建筑物和大批民房被毁，許多房屋被烧。現交通断絕，商店关門，工厂停工，市民紛紛外出逃难！

上海急电

本报駐上海联絡处来电：

上柴联司已被上海广大革命造反派摧垮。上柴联司自成立那天起，便把矛头对准了工总司，公革会和上海市革命委員会，大方向全然錯了。这次事件是因写上柴联司綁架和殴打解放軍引起的。上柴联司及支联站的头头均被广大革命造反派揪送无产阶級专政机关法办。

全国形勢分析

七月卄五日下午林付主席对上了天安門的革命小将蒯大富說：武汉的問題是全国的問題，以前我正愁沒題目作文章，現在要大作文章，把坏事变成好事。右派斗爭很快分化，物极必反。估計最近一个月将是全国矛盾最激化的时期。

[redacted]一、地方各省市政权将逐个解决。目前成都較好〔以前造反派就提出武裝保卫成都的正确口号，后来张国华去成都又給造反派予支持〕武裝亦証明湖北即将很快解决〔喊“打倒陈再道”时，林付主席都已举手〕湖南軍区业已改組，四十七軍进駐軍区（支持造反派的）領导全省文化大革命。总理也为“湘江风雷”正式平反，恢复名誉，恢复組織。

二、武汉問題

①武汉的反革命事件的爆发使陣綫更加分明，利于尽快解决。

②武汉反革命事件的爆发及解决了一隐大患，使我国南北交通要地东西交通咽喉重新牢固地掌握在无产阶級造反派手中。

③武汉反革命事件的爆发及解决切断了四川、安徽、河南、湖北老保的联系，給老保以致命的打击。〔当然老保也在千方百計地沟通这种关系，目前大規模武斗在长江沿綫——无锡、常州、鎮江、馬鞍山、蕪湖、九江、武汉、重庆、泸州等……集中表現。便有力地說明老保全国反革命“大联合”的野心。〕

④武汉反革命事件的爆发及解决給揪出軍內拿枪的刘、邓、陶打了一个缺口，給挖掉毛主席、林付主席身边的定时炸弹創造了有利条件。打倒徐向前！打倒叶剑英！

⑤它有力地雄辯地說明了資本主义复辟是随时可能的。給那些急于自行車、手表、收音机的人，急于48.05元，滿脑子“太平无事”的人及对徐、叶抱有幻想的人敲起警钟。

三、全国将有一个武斗高潮。相当于国內革命。反革命的“大串联”—“百万雄师”、“产业軍”等流窜全国。最近全国有名的保守組織聚于芦山密会。江青同志7月22日提出“文攻武卫”的口号，肯定也会被老保接过去。請看7月25日重庆武斗放炮8发，子弹1700发，造反派死伤甚多，北京軍区所轄石家庄、张家口、秦皇島，同时于23日发生大屠杀〔据了解×××是徐向前的部下，于17日去张家口密会，于9月底拿下张家口〕江苏、无锡、常州、鎮江，机枪在扫射，江西仅南昌在造反派手中，〔口号：“守城不守楼”——斗爭艺术已提高了一步〕，大量“百匪”、“老产”流窜江西，老保用大炮轰火車……請看黑司令部里的人狗急跳墻。

四、全国这种情况是有組織、有計划的。蒯問王力“全国老保如此步調一致，口号一致中央里面是否有黑手？”王力答：“有”。幷說：“現在四方面軍大部分听中央的話了，但是还有人听徐向前的話，如陈再道、許世发、韓先楚（福建）。当前全国的主要矛盾是軍內两个司令部的斗爭。徐向前、賀龙是大山头，各地暴乱和他們的原来的軍队有直接关系。中央的意思是大作文章，通过武汉反革命事件揭开軍內两个司令部的阶級斗爭盖子。北京大街上已經貼出“誓死保卫林付主席”“誰反对林付主席就打倒誰！”的大标語。

27日22时清华井崗山总部貼出了大量标語“揪出陈再道的后台——徐向前！”“誓死保卫林付主席！”等。最近中央分配体院斗賀龙，北航、地质斗彭德怀，北航斗刘志坚等。都給人，幷叫快斗，可想而知。

五、总政。25日在天安門上王力同志讲：“总政眞够喰，肖华还不止予”，叶群讲“总政眞够喰，把我們累死了”，徐賀在各軍区，各軍兵种都安插了人，总政里是刘志坚、李曼村、謝鏜忠、李伟等人。他們拚命拉肖华，肖从前在許多方面是跟着跑的“滑到危险的边緣”，想不到1月4日中央将刘志坚点出来，徐謊了手脚，通过楊勇将肖华推出，把邱会作推出，企图混战一場。林付主席及时扭轉了这个局面。但肖一直不让揭发总政的盖子，肖华、陈其通、魏傳毓（軍艺院长）也保李曼村、謝鏜忠。于是三軍炮轰肖华时，中央表示默认。使肖华老实一些，轰到一定程度，主席来卡住，使不要过限。去掉肖华的障碍后，积极揭总政盖子，要向上抓黑手。总理最近接見一些反肖华派（第一次反肖华是徐向前搞的，李曼村、謝鏜忠等人，这些人是坏傢伙，自然群众是要革命的）。幷支持三軍。王力、叶群也讲“总政眞够喰”种种跡象（还有很多）都表明要揭总政阶級斗爭盖子，誰阻挡这个誰就要犯錯誤。中央肯定不会支持。513冲派在客观上阻挡，所以处处受压。×××讲“要疯狂地保肖华”是愚蠢的。肖华是个不高举毛泽东思想紅旗的毛主席司令部的人，干了很多事情是很差劲的。

六、三軍領导人領会了中央指示精神的。空司紅尖兵，空政紅愚公的父亲所闡明的观点是正确的。但下边有的也干了許多差劲的事。軍校造反派看到了两个司令部的斗爭，但一直不注意斗爭艺术，往往在客观上事与愿违，所以应該逐步搞高，

（下轉第三版）

1967年9月15日 山鹰 三版

王力同志脫險記

7月20日王力同志被"百匪"搶走后，7月20日、21日連續两天竟被抓到軍区示众，8201部队一小撮混蛋用手枪威逼王力同志收回四点指示，王力同志英勇不屈，坚决不答应。这些混蛋們竟扯下王力同志的帽徽和領章，把衣服撕得乱七八糟，然后把王力同志按倒在地上跪着，肚皮敞开，狠狠地毒打，直打到遍体鳞伤，一只眼睛被打肿了，最后昏倒。

这时，早已埋伏在軍区里的4199部队的一个偵察营提出让王力同志休息一下，才把王力同志送下去，此时王力同志的血压高达180，由8199部队政委出面打保票，才把8201部队支开。

此后，8199部队悄悄地把王力同志送到8199部队师部（在洪山脚下），可是当晚8201有人把消息透露給"百匪"了，頓时，"百匪"包围了8199师部，三司也参加了，这时只要有一人透露一点风声就完了，8199部队政委亲自找来一个連队，作了动員說服工作，这个連队战士都通了，齐声表示：我們在，王力在！此时百匪要冲进来，駐洪山的8201部队高射炮部队也揚言："就是用直升飞机运，老子也要打他下来！"猖狂已到极点。

正在这千鈞一发的关头，8199部队政委亲自保卫王力同志躲在深阴沟里，他們全身都被刑棘刺伤了，王力同志此时血压还在180以上。

此后又赶忙把王力同志护送到一軍車上（周总理亲自嘱咐了8199这个司机，要他把牌子换了）。向孝感飞馳，沿路高呼：打倒王力！打倒王力！踏平工总！鎮压反革命！周围百匪馬上鼓掌欢迎，車到孝感后，周总理亲自在孝感等着，立即护送到专机上，王力同志脫险了！

飞机刚离开地面两分钟，百匪就赶到飞机場了，危险啊！

首都造反派对天津局势的态度

△北京政法学院革命委員会，首都紅代会政法公社发表了关于天津政法公社的声明。声明指出：天津政法公社是天津市公安局中从資产阶級反动路綫中冲杀出来的革命造反派組織，但是，他們被天津市党政軍內一小撮走資派颠倒是非，混淆黑白，采用造謠污蔑，謊报軍情等卑鄙手段而打成反动組織，因此强烈要求彻底平反，恢复政治名誉。

△首都紅代会北京石油学院大庆公社，发表关于天津形势的声明。声明坚决支持天工八·二五、劳二半八·一八等組織的一切革命行动。声明认为反复辟联絡站为天津市文化大革命做出了卓越貢献，誓与大联合筹委生死与共。声明还表示：紅革会查封天津日报好得很。

首都大专紅代会作战部声明，坚决支持六四一厂大联合。

百匪匪首簡介

王克文： 市委付书記、付市长，是个疯狂鎮压革命的譚氏人物。（匪司令）

辛　甫： 市委組織部长，有严重的政治历史問題。（匪政委）

夏菊花： 三反分子王任重的一朵黑花姘头。（第三号人物）

馬学礼： 人造劳模、鉄杆保皇分子。（原职工联合会头目）

朱早第： 时传祥式的工賊。

王玉珍： "三名"人物，因唱黑歌剧《紅湖赤卫队》出名的。

（上接第二版）

看清我軍、我国最危险是軍內的黑司令部。尽管賀龙在軍內似乎"沒执行資产阶級反动路綫"，但还要把他斗倒、斗臭。否則武汉就是前車之鉴（8201是賀龙的嫡系，徐立清专为他配备少将师长），此外，罗的公安部队"公、检、法"在全国支持老保，阴謀政变复辟。

当前三軍在各方面都是"冲派"，并牵連到一筹級冲的造反派。这需要一些有理、有利、有节的斗爭，抓大方向，注意司令部斗爭，空軍在王脫险問題是有功的，在武汉空軍轉变最快（总理作了工作），支持造反派最坚决：8199部队轉后并馬上包围8201繳了他們的械。

七、最近北京市革委会指示：

①不要宣传复課鬧革命，要宣传大批判。

②現在不要批判高教六十条。

目前几天不但是这样做的，而且調子叫得高，为什么？在全国要尽快解决权，解决軍內司令部的斗爭与此是統一的。即未夺权而应該夺权的省市、自治区、各单位、部門要尽快夺权，无产阶級革命派夺权的省市、部門的任务是巩固和帮助未夺权而应該夺权地方，以上問題一目了然了。

蒯問周总理毕业問題，总理說："我一定想个圆滿的解决办法"，在目前好多学校都不考虑毕业、复課的問題，他們派人外出建立联絡站，宣传"文攻武卫"的武装斗爭，加强調查研究，并有的已派人去。×××、×××去短期学习軍事組織常識。遵照林付主席指示"大作文章"。

四 版　　山　鹰　　1967年9月15日

北 京 消 息

▲根据周恩来总理、谢富治副总理指示，于八月十一日下午一点在人民大会堂召开了批斗陈毅大会。

▲北京最近出现比联动更坏的組織——高干子弟辯論团。

▲据悉周恩来总理和姚文元同志在解决江西問題。江青同志抓揪刘邓問題。

▲北京第二外国語学校于八月五日烧了印度駐中国大使館。

▲中国人民解放軍各总部、国防科委、陸、海、空三軍直属机关，文体单位及在京直属机关于八月四日、五日第一次批斗陈再道、钟汉华之流后，又由八月七日晚七时半到八日凌晨七时半，第二次斗爭了陈再道及其帮兇钟汉华，至使这帮混蛋低头认罪。

▲徐向前是陈再道的后台。最近謝問王力同志：“最近全国老保步調如此一致，中央是否有黑手？”王力同志說：“有，全国軍区大部份听中央的，有少数听徐向前的，例如：陈再道（武汉）、許世友（南京）、韓光楚（福建）当前是軍內两个司令部的斗爭，徐向前是个大叛徒。”

▲綁架王力同志的兇手牛怀龙、蔡炳臣，已受到公安部門传訊来京。“百匪”作战司司长和密秘联絡員，已被捕来京。

▲据悉徐向前和陈再道有直通电話，这次武汉反革命事件就是徐用直通电話指示陈再道干的。

▲首都紅代会清华井崗山兵团于7月31日抄了反革命修正主义分子徐向前的家。

▲江青同志对电影工作者說：“赶快到中南海西門去把揪刘少奇的活动拍成彩色影片。

▲反革命修正主义分子李立三上吊自杀，公安部門已将其狗老婆逮捕。

▲和謝富治副总理、王力同志一起去武汉解决問題的余立金同志，被任命为武汉軍区司令員，刘建勛同志任第一政委兼河南軍区司令員。

▲最近文艺界无产阶級革命派批判資产阶級反动学术权威——梅兰芳。

▲8月8日凌晨建工八一团火綫指揮部发表最最紧急呼吁。介紹了八一团主要負責人賈健在景山附近路上突然被几个人殴打的政治謀杀事件，头部受重伤，血流如注，馬上入院搶救。

▲7月24日凌晨，北师大井崗山几十个紅卫兵战士，到新桥飯店捉拿了二名日本特务。在紅卫兵解放軍及我公安战士面前低头认罪，从間諜身上搜出已拍照的胶卷12卷，內有我国的海港、工厂、仓庫、桥梁、大字报、地形……。

天津赴京汇报代表团双方
关于立即坚决、彻底制止武斗的协议

毛主席、党中央、中央文革小組对天津文化大革命极为关心，中央負責同志做了重要指示。我們坚决拥护，立即照办。我們通过平等协商，活学活用毛主席著作，为坚决执行“六·六”通令，正确处理人民內部矛盾，达成如下协議：

一、坚持文斗，不用武斗。互不围攻。不抓人，不打人，不互相抄家。不私設公堂。不拦路，不截車，不扒車。不搶刼国家財产和私人財物。已抓的人必須立即释放。立即拆除一切武斗工事。現用于武斗的火枪、土炮、小口径步枪、汽枪、手枪、雷管、炸葯、梭标、匕首、大刀、木棍、鉄器、砖头、石灰、催泪弹、烟雾弹、燃烧弹以及汽油、六六粉、三酸等化学物品，必須立即封存，或者交回原仓庫。对于专业打人組織必須立即解散。以保証人身安全。

医疗部門对于各方伤員要一視同仁，不得因观点不同而拒絕治疗。保証救死扶伤工作正常进行。群众組織必須保証医疗人員正常工作。对于搶占或控制的医院，不論任何方面，都一律撤出。

二、一律不許調动队伍和动用生产車輛参加武斗。双方集会、游行要互不干扰。双方集結的各部門人員应立即撤回原单位，**抓革命、促生产。**每个生产单位、建設单位和交通运輸单位都必須有具体措施，保証完成国家計划。对擅自离开生产崗位者，进行教育，屡教不改者，以曠工論处。被迫在外的革命群众，由軍管会負責护送回厂。

三、不开枪，不夺枪，不冲击軍事机关，不冲无产阶級专政的一切机关。群众組織与軍事、专政机关发生爭論問題，軍事、专政机关应指派专人与群众組織代表协商解决。

专政机关必須走群众路綫。群众組織应协助专政机关維持好无产阶級文化大革命的秩序。維持好社会治安和交通秩序。

四、絕不允許以任何借口挑动农民进城武斗。违者对首恶分子严加懲处。

上述协議，由天津市公安局軍管会、天津市革命委員会筹备小組、双方群众組織，組成监督小組，負責监督执行。

在执行本协議中发生的問題，由监督小組民主协商解决，避免矛盾上交。特殊問題解决不了，上报中央，按中央指示处置。

本协議由签字之日起生效。望各群众組織对本协議广泛宣传，不得阳奉阴违。

我們完全同意双方达成的上述协議。

天津市革命委員会筹备小組　楊銀生　江　楓

一九六七年八月十八日凌晨四时于北京

紅色工交

首都工交口革命造反联絡委員会主办

第二十三期　一九六七年九月十五日　星期五　本期共四版

中国人民决不怜惜蛇一样的恶人，……象蛇一样的恶人为什么要怜惜呢？

《将革命进行到底》

毛主席和中央首长
痛斥反革命修正主义分子薄一波

反党反社会主义的，有地区的，如甘肃汪锋；有部门，地质部何长工；个人，薄一波、李范五。

毛主席在汇报会上的讲話
（一九六六年十月二十四日）

工交系統也有东西可革，有薄一波的东西，应該以高屋建瓴，势如破竹之势，彻头彻尾地打破旧的东西，树立馬列主义、毛泽东思想。……薄一波不仅是錯誤路线，而且是两面派，明一套，暗一套，毛主席的指示从来不执行。

林彪同志在中央政治局常委会议上的讲话
（一九六六年十二月三日）

薄一波，不仅在执行資产阶級反动路线的时候，他对无产阶級文化革命进行坚决抵制，而且进行了一些破坏的問題，这已经有很多的事实，就是在对大庆，对石油系統，他的态度就是存心不良，就是不喜欢这面紅旗，不喜欢毛主席所号召全国人民学习的这面紅旗。

周总理在北京工人体育館接见全国石油系统
在京革命造反派时的讲话（一九六七年元月八日）

中財委时，陈云負責，薄一波是助手。薄一波的思想很乱，基本上是右的。陈云思想有一条线，一貫是右的，是明朗的，一直是右的，而薄一波是一忽儿左，一忽儿右，早晚市价不同。

薄一波的野心是要把经委、計委、建委弄在一起，他做经济統帅，他在主席面前，总說富春同志的坏話，富春同志身体不好，这不就是画龙点睛，不就是他了嗎？

周总理接见国家机关工交系统夺权单位
革命造反派代表的讲话
（一九六七年二月一日）

薄一波是坚决推行資产阶級反动路线的，不但在院校，而且在机关、各部文化大革命中，是全面推行資产阶級反动路线的。

文化大革命前，在領导工交系統工作中，有一系列錯誤，是修正主义路线的錯誤。例如：一九五三年財经会议，一九五六年反冒进，一九五八年浮夸风，在一九六二年七千人大会后，薄一波和陈云一道，把形势估計很严重，大吹冷风。

薄一波是反对以毛主席为代表的革命路线的，是坚决执行刘少奇、邓小平路线的。如托拉斯，物資集中管理，半工半读制度，《七十条》等。《七十条》是薄一波主持起草的，实际上把毛主席提出的群众路线，破除迷信，政治挂帅，打破洋框框，走中国自己的道路等等重要指示，在《七十条》中完全被否定了。《七十条》恢复了苏联一套修正主义路线，强調集中管理、責任制、物质刺激等一系列的修正主义东西。实际上是打着紅旗反紅旗的，是系統的錯誤，是修正主义的錯誤。

薄一波历史上是同安子文、楊献珍等一块登报反共自首的。……作风上阳奉阴违，看风使舵，随机应变，今天讲的話，明天就不算数。

把这些联系起来想一想，看看薄一波是一个什么人？是无产阶級革命家还是資产阶級当权派？自然是資产阶級当权派。薄一波这人还是个野心家，想伸手，他不滿足于经委工作，还向計委和建伸手。

李富春同志接见国家经委××等四人的讲话
（一九六六年十二月二十九日）

斗薄一年　連战連捷　战果輝煌

工交口革命造反派口誅筆伐痛打薄賊“落水狗”

我联委会于九月二日中央决定罢薄一波官一周年的前夕，再次召开斗薄万人大会。

广大革命造反派坚决表示，认眞总结交流批斗经验，牢牢掌握斗爭大方向，狠斗薄贼及其死党，进一步掀起更大规模的群众性的大批判的新高潮，誓把工交口无产阶级文化大革命进行到底！

〔**本报讯**〕工交口广大无产阶級革命造反派紧跟毛主席的伟大战略部署，自去年九月三日中央决定罢了反革命修正主义分子薄一波的官以来，**“发扬勇敢战斗、不怕牺牲、不怕疲劳和连续作战的作风”**，高举毛泽东思想伟大紅旗，口誅笔伐，憤怒声討薄賊反党罪行，深刻揭发批判了薄一波、陶魯笳及工交系統一小撮走資派在工交战线推行的一条反革命修正主义路线。战斗一年，連战連捷，战果輝煌。

为了热烈欢庆我們造反派战斗一年的胜利，我联委会于九月二日中央决定罢薄一波官一周年的前夕，再次召开了斗薄万人大会，痛打薄賊“落水狗”，进一步发起对薄賊及其死党的总攻击，掀起更大規模的群众性的大批判新高潮。

在大批判大斗爭中，广大革命造反派越战越强，取得了很大的胜利。据統計从今年四月开始至八月底为止，共召开了大、中、小型批斗会四十多次，有数十万名无产阶級革命群众与反革命修正主义分子薄一波进行了面对面的斗爭。在批斗过程中，充分发揮了工人阶級主力軍的作用，先后有四百多个工矿企业，四十余万职工，投入了对薄賊的大批判运动。各单位普遍举行了控訴会、声討会，并充分运用了大字报、漫画、广播和各种文艺形式，口誅笔伐，使薄賊陷入了人民战爭的汪洋大海之中。

在大批判大斗爭过程中，我联委会广大革命造反派組织，坚持高举毛泽东思想伟大紅旗，坚持运用“人民战爭”的战略战术，放手发动群众，注意了加强調查研究、材料核实工作，不断总結交流批斗经验，开动一切宣传机器，口誅笔伐，大揭大批。一年来就薄一波追随其刘、邓黑主子疯狂地反对伟大領袖毛主席，反对毛泽东思想；恶毒地攻击总路线、大跃进、人民公社；伙同刘少奇策划自首叛变，結成叛徒集团；借办托拉斯复辟資本主义；积极炮制和頑固推行修正主义黑綱領《工业七十条》；在劳动工資制度方面推行修正主义黑貨；对抗《二十三条》，破坏工交系統四清运动；到处伸手抓权篡权；反对学大庆，学解放軍；投靠閻匪搞“牺盟会”“决死队”的罪行，以及对抗毛主席的革命路线，破坏无产阶級文化大革命等問題，已经全面地展开了批判和斗爭。在大量鉄的事实面前，薄賊无法抵賴，不得不低头认罪。

“宜将剩勇追穷寇，不可沽名学霸王。”目前工交各部委广大造反派組织，在认眞总結交流前一段批斗经验的基础上，一个大办大字报专栏，更广泛更深入地进行大批判的新高潮，正波瀾壮闊地开展起来。

第二版　　紅　色　工　交　　1967年9月15日

薄贼攻击毛主席反对毛泽东思想罪恶滔天

毛主席是当代最伟大、最杰出的馬克思列宁主义者，是中國和世界革命人民的伟大导师、伟大領袖、伟大統帅、伟大舵手！

毛泽东思想全面地继承、发展和捍卫了馬克思列宁主义，是当代馬克思列宁主义的頂峰，是中国和世界人民革命的指針！

但是反革命修正主义分子薄一波，对毛主席、对毛泽东思想，有着刻骨的仇恨。他一貫追随其黑主子刘少奇、邓小平，恶毒地攻击毛主席，猖狂地反对毛泽东思想。

居心險恶，把中国的赫魯曉夫刘少奇，与我們偉大領袖毛主席相提并論，极力吹捧刘少奇，貶低、攻击毛主席。

一九六三年二月，薄一波在经委党組会上說：“中央有具体人的，特别是少奇、小平同志讲的，对全党来說，和毛主席讲的分量差不多，基本要无条件执行……。”

在一九六四年十月全国計划会议上，薄一波吹棒刘少奇說“十五年来的决定从哪儿来的呢？主要是两位主席提的方針，政策，……。”

一九六四年十二月中央工作会议后，薄一波私自印发了《两位主席的讲話》記录稿。在整理記录时特意叫秘书“尽量把刘主席的讲話搞得完整些！”

一九六六年七月三十日，党的八屆十一中全会的預备会议已经进行多天，刘少奇的資产阶級反动面目已经彻底暴露，而薄一波在接見地院两位同学时，竟然还明目张胆地把刘少奇跟毛主席并提，說什么“一个人成长，受点委曲不算什么，也有好处，比如主席、少奇同志”。

領导我們伟大的党、伟大的国家的，是我們最最敬爱的伟大領袖毛主席。薄一波却别有用心地宣揚“两位主席”，并要大家无条件执行刘、邓的黑指示，这是明目张胆地吹捧和宣揚党內最大的一小撮走資派，为他們篡党、篡政、篡軍，实現資本主义复辟鳴鑼开道。

公然叫嚷“对毛主席的指示也可以提不同意見”，放肆地煽动反对毛主席。

在一九六五年七月三十日党組会上，說什么“以后印的主席讲話等，我們这里局长、副局长都可以看一看，問題在于研究”。接着更露骨地煽动說：“有不同意見还可以提”。

他还曾经对其走卒、三反分子李哲人讲：“主席不願找我們談話，因为我們和主席唱的是一个調子，沒有味道”。公开表示要和毛主席大唱反調。甚至在一次讲話中狂妄地叫囂說：“对毛主席也可以怀疑。”

薄一波对毛主席的批評，置若罔聞，极端仇視。他的秘书在清理文件过程中，发現有毛主席的亲笔信，建议将信件放到办公桌玻璃板下，以便经常閱看深省。但却引起薄一波的勃然大怒，恶狠狠地嚷道：“不要，放在一边！”

毛主席的話，句句是眞理。林彪同志指示我們：“对毛主席的指示，我們理解了要执行，不理解也要执行。对毛主席的指示，我們就是要坚决执行，坚决照办。”但反革命修正主义分子薄一波却要“研究”，“提不同意見”，甚而肆无忌憚地狂吠“对毛主席也可以怀疑”，对毛主席的批評积仇宿怨，怀恨心头。是可忍，孰不可忍！

配合“四大”家族攻击毛澤东思想“次頂峯”“次活”“过时”“太簡单”

个腔調，反对把毛泽东思想看作是当代馬列主义的頂峰，是最高最活的馬列主义。他在一次党組会上大嚷大叫地說：“什么頂峰，难道还有次頂峰？什么最高最活，难道还有次高次活？”明目张胆地向毛泽东思想挑战！

毛泽东思想是永远顚扑不破的眞理，可是薄一波在一九六四年九月九日的党組会上，却說“选集是过去时期的”，“毛选上的那些是历史文献，在当时起了作用”。恶毒地誣蔑伟大的毛泽东思想“过时”了。

薄一波对苏修的《政治经济学》却頌揚备至地說“这本书虽然有些問題，但还是一本好书嘛！我們現在写都写不出来。毛主席也沒有总結出这方面的东西嘛！”

一九六〇年上海会议时，毛主席写了“十年总結”的光輝文件，薄一波却恶毒地攻击說：“主席写的这个东西內容太簡单，东西不多！”

伪装革命，鎮压无产阶級文化大革命，反对革命小将高呼“毛主席万岁！”

去年六月二十日，薄一波带着中央工交政治部的一个副主任去輕工业学院鎮压革命学生运动，由于其反革命面目尙未被識破，革命小将以为是毛主席派他来支持革命派的，便怀着对毛主席无限热爱，无限感激的心情，高呼：“毛主席万岁！毛主席万万岁！”薄一波却再也隐藏不住他的兇恶咀脸，把扇子一搖，恶狠狠地嚷道：“不要吵，我要看大字报！”“不要喊了，喊‘毛主席万岁’就能打倒黑帮嗎？”反革命修正主义分子薄一波是何等地仇恨我們心中最紅最紅的紅太阳毛主席啊！

薄一波竭力詆毁光焰无际的毛泽东思想，大肆吹捧苏修破烂貨。相形之下，其所爱所憎不是经緯分明，反革命修正主义咀脸不是昭然若揭了嗎？

“蚍蜉撼树谈何易”！烏鴉的翅膀怎能遮住太阳，阶級敌人的恶毒誣蔑岂能有損于伟大的战无不胜的毛泽东思想！用毛泽东思想武装起来的无产阶級革命派，必将反革命修正主义分子薄一波从政治上、思想上、理論上批深批透，让他永无翻身之日！

国家经委井岗山总部
全国物委劲松战斗队

* *

一个反革命的批注

——薄一波鼓吹單干、攻击人民公社的鉄証

一九六二年六月初，反党分子馬洪給薄一波送来了青海湟中、陕西三原、甘肃张掖三个县农业生产情况的所謂調查材料。这些材料，把当时的农村情况描繪得一团漆黑，說什么粮食大量减产，人口、牲口大量減少，情况在继续恶化，需要很长的时間才能恢复；同时，附了一封信，反映陕西省一些負責人企图瓦解人民公社集体经济、鼓吹单干的意見。

反革命修正主义分子薄一波对这些材料极为欣賞，认为“这两个材料好，可以看出許許多多問題”。他看了这些材料之后，曾找馬洪面談，他說：“許多农民要单干，是因为农村人民公社办得不好，农民要单干，你有什么法子呢！”“为了尽快地恢复生产，也可以让农民单干嘛！”

薄一波对这个材料十分重視，仔細閱读，又划杠杠，又加批注。前前后后批注共达二十三处之多。他看了这个材料之后，一股对党对社会主义的强烈仇恨再也隐藏不住了。他用了极其恶毒的語言，疯狂地攻击和咒罵人民公社。請看！下面就是薄一波的一部分批注：

马洪的调查材料	薄一波的批注
青海省湟中县的农业生产情况（一九六二年五月十二日）……………………	这两个材料好。可以看出許許多多問題。
粮食产量下降，主要是农业生产力遭受严重破坏。	
人口减少。…………。	——到那里去了？
牲口减少。…………。	——死了？吃了？
水浇地减少。………。	——破坏了
陕西省三原县农业生产情况	
（一）三原县……减产的原因：一是群众吃不飽；二是地力被掠夺，……；三是耕畜大量死亡，……。	三不飽但又逼迫用他。
一九六一年全县产粮××××万斤，征购××××万斤，返銷××××万斤。征购和銷售的数量基本相等。	——脫了褲子放屁。群众苦了。
有的农民說：“政府限制我的肚子，我就不能多打粮。政府不让庄稼人吃飽，政府也收不到粮食。”	——反抗

上述馬洪的調查材料和薄一波的批注，完全是一派反党的黑話！

馬洪的农村調查，是一个反革命的調查，是向党、向毛主席射出的一支毒箭！这个反革命調查材料中所反映的，根本不能代表眞正貧下中农的意見，而是地富反坏右牛鬼蛇神反党反社会主义的狂吠！

薄一波的批注，是一个反革命的批注。它同馬洪的反革命調查一样，是向党、向毛主席射出的一支毒箭！薄一波出于反革命的本能，一面对我国人民遭受的暫时困难幸灾乐祸，一面又支持和煽动地富反坏右牛鬼蛇神，起来“反抗”政府，推翻无产阶級专政，实現資本主义复辟。薄一波的这些批注，是他反对大跃进、反对人民公社，阴謀复辟資本主义的鉄証！是他反党、反社会主义、反毛主席的鉄証！

国家经委《井岗山》总部
中央工交政治部《把风雷》纵队

1967年9月15日　紅　色　工　交　第三版

大叛徒薄賊投靠大軍閥閻匪

叛党投敌　誓为蒋帮效劳

大叛徒薄一波于一九三一年，在北平被捕，关押在伪北平軍人反省院，为獄中党支部負責人之一。当时，獄中有人提出要举行爭取无条件释放的絕食斗爭，而薄一波却认为这个行动过“左”，是“白牺牲”，坚决反对絕食斗爭。以后，在爭取下鐐、看报、改善伙食的絕食斗爭中，薄一波又恬不知耻地动員大家复食并自己带头复食，还恶毒地指責拒絕复食的人为“反支部”、“反党”，甚至把反对他們的人开除了党籍。

早在刘少奇給他們黑指示叫他們叛变自首出獄前，薄一波就有意自首出獄。他在监獄中就与閻匪大特务梁化之有来往，薄一波自己承认，为了活动出獄，曾給郭挺一（叛徒）等人写信，要他們筹划一两千元大洋。大軍阀閻錫山知道后，即說“可以，一两千元不要他們負担，我負担就行了。”閻匪就派郭挺一携带巨欵和亲笔信前往北平进行上层活动。并到獄中与薄一波密謀。

一九三六年，正值抗日热潮高涨和国民党內部勾心斗角矛盾加深之际，这是当时白区监獄斗爭，爭取无条件释放极为有利的时机。但是，作为当时北方局书記的刘少奇，却炮制了一整套叛徒哲学，出卖共产党員的灵魂，不但不指示獄中党員开展爭取无条件出獄的斗爭，相反却迎合国民党大特务头子陈立夫所炮制的“反省政策”和“破案留根”的反动阴謀，背着我們伟大領袖毛主席，与当时党的总书記张聞天狼狈为奸，多次向獄中的党組织发出了“反共自首出獄”的叛党指示。刘少奇的这一叛党黑指示，正中薄一波的叛徒心意，如获至宝，积极执行，并对獄中不同意自首的人采取威胁、利誘、压服、打击等卑鄙手段，对不怕坐牢，不怕杀头，坚决反对自首的刘格平等同志威逼說：“这是組织命令、軍事命令，只能执行，不能討論。如果不出来，就是不服从組织决定，就要开除党籍，成为历史的罪人”。并气势凶凶地叫嚷：“誰

怕上当，誰别干；大家都不干，我一个人也干！”随后，薄一波和楊献珍就首先跑到敌人那里去索取自首书，写“反共启事”，在取得敌人同意后，便在自首书上签名，按手印。在薄一波的带头下，紧接着安子文、刘瀾涛等九个叛徒也先后在敌人的自首书上按了手印。

更令人不能容忍的是，薄一波等这帮叛徒，还在国民党的匪旗和独夫民賊蒋介石的狗头象下，举行反省典礼，聆听敌人反省院长的訓話，向敌人奴顏婢膝地鞠躬宣誓，說“感謝院方教导，我們已经改过自新，今后决不为共产党利用，坚决反共，为国效劳。”当敌人管理員大声問他們：“悔过自新是不是眞心誠意了？”薄一波等叛徒竟厚顏无耻地大声回答：“是眞心誠意。”最后各举保人，逐一向敌人鞠躬，按手印，領取了写有“改过归正，反省自新”字样的出獄証件，成了不齿于人类的狗屎堆，党和人民的可耻的叛徒。就在一九三六年的八月底九月初，在国民党的《华北日报》上刊登了薄一波等叛徒变节自首的“反共启事”，上面写着：“幸蒙政府宽大为怀，不咎既往，准予反省，現已誠心悔悟，願在政府領导之下，坚决反共，作一个忠实国民，以后决不参加共产党組织及作任何反动行为，并望有为青年，俟后莫受其煽惑……”。眞是无耻之极，反动透頂！这是一个公开背叛党、背叛人民的反共宣言书。这就是刘少奇、薄一波之流叛党投敌的鉄証。

投靠阎匪　积极“拥蒋亲阎反共”

根据刘少奇“这是千載难逢的好机会，为什么不回山西！”的黑指示，薄一波出獄后，即由郭挺一陪同前往太原，投靠閻匪。薄一波早在二十年前一次干部座談会上，就曾不打自招地說：“我和閻錫山是同乡，相距十几里路。尤其我与梁化之（閻匪亲信、大特务）有最密切的封建关系，既为同乡，又是同学，那时（指坐牢时）我准备找出路……我借这个关系写了一封信給梁化之，梁就派人找我回山西。閻錫山认为我合乎他的新干部标准，特别使梁化之滿意的是我們出獄时候在报紙上登了一个启事，履行了手续。所以閻錫山对这一点感到滿意，认为我們不但不是共产党員，而且是履行了手续，登了报，是反共的”。这一段自白，就是薄一波投靠閻匪的鉄証。

更其卑劣的是，薄賊为了取得閻匪的信任，还特意把登載反共启事的报紙亲自送給郭挺一看，作为“介紹信”、“投降书”。眞是无耻之尤，可恶可恨！

薄一波一回到太原，郭、梁即安排薄在督軍府謁見閻匪。閻匪对薄賊的忠順投奔表示“十分欢迎，极端滿意”。薄一波投靠閻錫山以后，深受閻匪重用，青云直上，很快就爬上了閻匪秘书、专員等要职。此时，薄賊表面上打着統一战线的幌子，而骨子里却根据刘少奇的指示，竭力推行王明的投降主义路线，在山西大肆招降納叛，結党营私，为刘修招兵买馬，发展个人势力，并利用“牺盟会”、“决死队”蒙騙革命青年，积极推行“拥蒋、亲閻、排共”的反动政策，进行反共反人民的罪恶活动。对党和人民犯下了滔天罪行。

由于薄賊对閻匪竭尽忠誠，胜如鷹犬，效劳“有功”，閻匪对薄賊也就倍加賞識，格外器重，致使他們反共反人民的罪恶的主奴关系达到了水乳交融的程度。

一九三九年，薄賊在給大特务梁化之的一封密电中就对他那狗奴才的心灵做了淋漓尽致的自我描述，他說：“弟自民国二十五年秋回晋，由化之同志介紹追随总座（閻匪），离开十余年生活之共产党，和鉴于总座忠貞謀国，有抗战复兴之宏图，是以竭智尽忠，赴湯蹈火，在所不辞”。而閻匪对薄一波等一伙死心塌地的走狗，自然是无限欣慰，其評价是：“粉紅色分子，甘言諂媚，其忠如犬，其馴如羊，有奴如此，为人主者未有不喜”。这些鉄的事实，最清楚不过地說明了薄一波就是蒋閻匪帮的忠实走卒，其反革命面目暴露无异。

历史不容篡改

长期以来，薄一波为了掩盖他們的叛党投敌和反党反人民的罪恶历史，从一九五三年开始，先后炮制了反党回忆录“山西新軍简史”，反党小說《风雨同舟》、《监獄斗爭》和《王若飞出獄前后》等反党作品，竭力吹捧刘少奇白区工作的“丰功伟績”，把他們这些叛徒乔装成“英雄”，把他們反党反人民的罪恶历史說成是一貫“正确”的无产阶級“政治家”、“軍事家”的历史，恶毒地反对党反对我們伟大領袖毛主席。是可忍，孰不可忍！我們无产阶級革命派，必須奋起毛泽东思想的千鈞棒，把薄一波等炮制的反党小說，連同他們主子刘氏的叛徒哲学砸个稀巴烂！彻底肃清其流毒！

彻底粉碎刘少奇薄一波叛徒集团联络组

蚍蜉撼树談何易

一九六三年底我們伟大的領袖毛主席就向全国发出了「工业学大庆」的伟大号召。一九六四年周总理在人大三届一次会议上又对大庆油田的成績和经验作了高度的評价，他說：「大庆是活学活用毛泽东思想的典范；大庆是学习和运用解放軍政治工作经验的典范；大庆是貫彻执行社会主义建設总路线的典范；大庆的道路，就是按照毛泽东思想办企业的中国式的道路。」

但是反革命修正主义分子薄一波对毛主席和党中央的这些指示恨得要命，怕得要死，处处予以抵制、歪曲、对抗。早在大庆会战刚开始时，他就对大庆的广大革命职工百般刁难，多方指責，大泼涼水，企图把大庆油田扼杀在搖籃里。毛主席向全国发出「工业学大庆」的伟大号召后，薄一波极端仇視，十分反感。公开抵制和歪曲这一号召，竟胡說什么「眞是后宫佳丽三千人，三千宠爱在一身啊！」并对其他部門說，不要因为說大庆好，你們以为「自己就六宮粉黛无顏色了」。公然把矛头直接对准我們伟大的領袖毛主席，眞是罪大恶极！

一九六四年初，中央批转了大庆经验，明确指出：「大庆油田的经验在全国各行业具有普遍的意义」，并决定在报刊上宣传大庆。薄一波对中央这一指示口头上表示贊成，暗地里却大唱反調，并秉承其黑主子刘、邓的旨意，伙同旧中宣部的「閻王」們，公然規定在报导大庆时「不作总的报告，不作总的評价，分量不要太多了」，不准提「劳动不計时間，不計报酬」，不准提「不依靠洋人」，「不要去刺激修正主义」「不能登第一版」。并且把已经排好版的关于介紹大庆经验的两本小册子和已经印好了的画頁扣压下来不准发行。薄一波反对和破坏党中央关于宣传大庆的决定，鉄証如山，罪恶滔天。

大庆油田的建成是大庆广大革命职工活学活用毛主席著作的結果，是光焰无际的毛泽东思想的伟大胜利。但是薄一波对战无不胜的毛泽东思想却怕得要命，他說：「联系到报导大庆的社論，不要勉强引用毛主席的話。如果引証，也要少引，也可以甚至不引。」

另外对大庆展覽，他也百般挑剔，横加指責，不許說「大庆是中国工业化的道路」，不許說「走企业革命化的道路」等等。

反革命修正主义分子薄一波反对大庆紅旗，罪該万死！

石油部机关革命造反联合总部

第四版　　紅色工交　　1967年9月15日

薄賊在苏联卖国投敵現丑記

反革命修正主义分子、大叛徒薄一波，不仅是刘、邓在工交系統推行反革命修正主义路线的代理人，而且是刘、邓在外交战线上积极推行“三降一灭”卖国投降主义路线的忠实干将。一九六〇年五月，薄一波率领中国共产党的工作者代表团，在結束对波兰的訪問后途经莫斯科停留期間，向苏修諂媚討好，屈膝投降的罪恶活动，就是鉄証。

奴颜婢骨　委屈求全

一九六〇年五月，正是苏修领导集团准备利用布加勒斯特会议大規模反华的前夕。薄一波，这个苏修的奴才，竟然不顾当时的政治气候，利用途经莫斯科的机会，拜倒在苏修脚下，大搞投降主义的外交路线。

薄一波到莫斯科时，苏修当局为了对我們党的这个代表团表示冷遇，公然违反兄弟党礼宾对等的慣例，仅派了一名苏共中央联絡部的副部长去机場应酬，以傲慢的大国沙文主义和老子党的态度对我进行歧辱。而薄一波这个奴才，竟卑躬屈膝，厚颜无耻地向这位苏修联絡部的副部长乞求“停留几天再走”，“希望参观几个工厂，看看苏联的发展情况。”薄贼唯恐对方拒絕，还进一步表示“想了解和学习一些苏联搞生产专业化的经验。”

对薄贼这一要求，不仅苏方感到突然，就連我駐苏使館也感到莫明其妙。因为国内事先并未安排这个代表团停留和参观。而且在当时的政治气氛下，凡是由党和政府领导人率领，去第三国訪問的代表团，一般均不在苏停留，只是在莫斯科办个換机手续。如有特殊任务，需要在苏停留或参观，也要经过中央同意，由使館事先联系。可是，反革命修正主义分子薄一波，竟然狗胆包天，背着以毛主席为首的党中央，私自和苏修勾搭，眞是罪不可赦。

苏修分子虽然对薄一波的要求勉强同意，但在具体安排上仍是冷眼相待，应付了事，在莫斯科仅給薄一波看了两个不伦不类的所謂专业工厂，而且只派了一名苏共中央联絡部搞生活接待的翻譯为薄贼带路兼陪同。这簡直是对我們伟大的中华人民共和国和中国共产党不能容忍的侮辱。而薄一波这个甘当苏修奴才的民族败类，竟然不顾我堂堂中华人民共和国和伟大的中国共产党的尊严，抛开自己中共中央政治局候补委員和国务院副总理的身份，听任苏修一名小小的翻譯的摆布，逆来顺受，給伟大的七亿中国人民丢尽了丑。

低三下四　谄媚苏修

薄一波，这个长期以来推崇苏修工业管理体制的吹鼓手，賴在莫斯科乞求参观究竟目的何在呢？无非是想在他苏修祖师爷那里学道求经，为在我国創办托拉斯，实現資本主义复辟鳴鑼开道。这在他参观莫斯科奥尔忠尼启則机床厂时，同該厂厂长的談話中暴露得非常清楚。

談話中，苏修厂长应薄贼要求，大吹特吹苏修二十一大制定的七年計划，竭力宣揚生产专业化和全苏机床行业大搞协調生产，建立直线供求关系的优越性，并大肆販卖苏修在工业企业实行物质奖励的黑貨。薄一波对苏修分子的介紹，听得津津有味，欣喜若狂，公然表示：“你們的经验很好，中国以后也要走你們的道路”，“你們的許多有益的经验，都值得我們学习”等等，眞是佩服得五体投地。显然，苏修所搞的一套，也正是薄贼要在中国搞的一套。接着，这位苏修厂长又大吹他們对我国大連机床厂的所謂无私援助，薄贼听后赶忙肃然起立，低头哈腰，向这位小小的苏修厂长表示感谢，胡說什么：“对你們国际主义的无私援助，中国人民世世代代都要表示感謝。”临别时，这位厂长破例地拿出了两件該厂用废料生产的玩具，一个价值几十戈比的人造卫星模型，一架供小孩弹打的八音琴，奉贈薄贼。对苏修这种极为寒酸的犒賞，薄贼竟如获至宝，并向苏修分子吹捧：“你們的人造卫星上天，为世界人民立了一大功。”同时还夸奖这位厂长“生財有道。”看！这个修正主义的忠实門徒，竟然不惜抛弃政治原则，当着苏修分子的面，公开为赫禿驢招謠撞骗的王牌人造卫星歌功頌德，为苏修工厂的生財之道拍手叫好，这和中国的赫魯晓夫一九六〇年多訪苏时对苏修的吹捧：“你們为我們生产了許多成套設备，提供了大批設計資料，派遣了优秀专家，并且为我們培养了許多技术干部和技术人材，……請允許我在这里代表中国政府和中国人民对你們这种国际主义援助，表示衷心地感謝和崇高的敬意”，“苏联永远是我們的良师益友”的腔調有什么两样？可見，薄贼和他的总后台刘少奇完全是一丘之貉，都是地地道道的卖国主义和投降主义者。

投降卖国　甘当奴才

一九六〇年春，正是以赫魯晓夫为首的苏修领导集团，大肆宣揚所謂“戴維營精神”，期待开成美苏英法四国首脑会议，并准备在莫斯科隆重接待世界人民公敌，前美国总統艾森豪威尔，企图再次和美帝国主义头目握手言欢，搞第二次“戴維營精神”的阴謀即将破产的前夕。当时苏修集团这种公开出卖苏联和世界革命人民的罪恶勾当，遭到我国和世界各国人民，包括苏联广大革命人民在內的强烈反对，苏修集团处于內外交困的狼狽境地。正在这时，发生了美国U-2間諜飞机侵犯苏联領空，被苏修武装部队击落的事件。这一事件給了赫禿驢一記响亮的耳光，打乱了他們期待第二次“戴維營精神”的黃粱美梦。在这种形势下，赫修集团为了掩人耳目，逃避世界各国革命人民的譴責，施展反革命的两面手法，匆匆忙忙地把被击落的U-2飞机残骸运往莫斯科展覽，作为給自己开脱罪行和伪装拒絕四国首脑会议及艾森豪威尔訪苏的挡箭牌。对赫禿驢一手扮演的这一出贼喊捉贼的丑剧，薄一波作为当时的中共中央政治局候补委員和国务院副总理应該是一清二楚的。但薄一波这个民族败类，为了給其苏修主子投降美帝的叛变行为涂脂抹粉，竟不顾我对外斗争的需要和自己的身份，公然要求参观U-2飞机。薄贼的这一要求，当即博得苏修当局的重視，并作为一个重要节目安排前往。很明显，这是苏修集团求之不得的，何况是薄贼亲自送貨上門，从而使苏修集团未付任何代价就捞到了一笔官方人士支持他們“眞投降、假反帝”的政治資本。这是为苏修集团的政治宣传效劳，地地道道的卖国投降的反革命行径。更令人气愤的是，薄贼到了現場后，对这架为苏修投降外交遮羞的所謂U-2飞机残骸看得特别仔細，还恬不知耻地一再向苏修讲解人員連連称贊“打的好，打的好”。可是当他詢問“是用什么武器打的”时，对方却拒不回答，給他吃了“閉門羹”，引起周围苏联观众的譏笑；在大庭广众之中給伟大的七亿中国人民丢脸。

苏修当局为了进一步捞取政治資本，还在薄一波即将回国之前，专門起草了一份塔斯社的对外电訊，夸耀苏修对中国过境代表团給予了“友好的接待”，并由陪同薄贼参观的那位翻譯，当着薄贼的面簡单地唸了一下，薄贼即連忙点头同意。这份电訊还在薄一波离开莫斯科后，于一九六〇年五月二十九日，通过苏修的官方喉舌《眞理报》和《消息报》做了正式报导。

×　　×　　×

薄一波这次出国活动，虽然只在苏停留了几天，但他的諂媚討好苏修的丑态和屈辱卖国的言行，已经完全暴露了他是一个不折不扣的推行“三降一灭”修正主义外交路线的得力干将，和刘少奇、邓小平一样，是长期隐藏在我們党內的最大卖国主义者和投降主义者，是赫魯晓夫在中国党內的代理人。我們无产阶級革命派就是要奋起毛泽东思想的千鈞棒，彻底粉碎刘、邓“三降一灭”的反革命外交路线，让光焰无际的毛泽东思想普照全中国，普照全世界！

一机部《红战联》

（簡訊）

▲八月中旬，我斗薄批余批谷联委会又批准华北电力設計院紅色造反总部、工代会鉄道部鉄路专业設計院紅旗战斗兵团、北京大庆展覽館险峰兵团等六个革命組织为联委会正式会員。到目前为止，联委会已有九十七个会員組织（某些单位有几个革命組织参加联委会，現实現了大联合，此处統計即按联合后的一个組织計算）。

▲八月二十二日，应我《工交口革命造反联委会》、《斗薄批余批谷联委会》的邀請，《三軍》海直《紅联总》、軍艺《五·一六》的代表来到計委大楼七楼会议室，詳細介紹了軍內两条路线斗爭的情况，受到了热烈的欢迎。参加会议的两个联委会所属各革命組织的代表一致表示要向《三軍》无产阶級革命派学习。

▲煤炭部机关《东方紅公社》根据中央指示，已抽調百分之五十的战士，組成十五个毛泽东思想宣传队，分赴生产第一线，八月下旬已先后到达目的地，有的队已经深入下矿。宣传队一到，立即开展宣传工作，张貼「中共中央、国务院、中央軍委、中央文革小組給煤炭工业战线职工的信」和「紧紧掌握斗爭大方向」等大标語，受到基层广大革命群众的热烈欢迎。第一批計划在基层时間为三至六个月。

▲交通部机关革联总部大部分战士和交通部在京单位造反派战友数百人組成的毛泽东思想宣传队，坚决响应党中央的号召，坚决貫彻毛主席关于「抓革命，促生产」的伟大战略方針，于九月六日、七日分别出发，分赴上海、南京、武汉、重庆、黄埔、湛江等港口和航运中心。全体战士在出发前，反复学习最高指示，纷纷表示决心，誓作抓革命促生产的模范，用鲜血和生命保卫毛主席的无产阶級革命路线。

▲鉄道部軍管会毛泽东思想宣传队，八月下旬开始已相继开赴郑州、汉口、长沙、衡阳、广州等地。他們宣传毛主席抓革命，促生产的指示；貫彻中央的四条命令和中央首长的指示；千方百計地协助当地革命造反派抓革命促生产，保証鉄路运输。第一批出发人員占鉄道部机关革命造反联絡总站全体战士的三分之一。同时有部直属单位革命造反派战士四百余人一起前往。

▲九月七日，地质部革命委員会召开九省无产阶級革命派抓革命促生产交流经验座談会。参加单位有青海八一八、河南二七公社、湖北鋼工总等革命組织。

本报地址：北京市国家经委大楼二楼十七九号　电话：86 4179

最高指示

人民靠我们去组织。中国的反动分子，靠我们组织起人民去把他打倒。凡是反动的东西，你不打，他就不倒。这也和扫地一样，扫帚不到，灰尘照例不会自己跑掉。

民航风雷

中国民航无产阶级革命造反派　《民航风雷》编辑部　第二期　一九六七年九月十七日

毛主席和中央首长谈关于陶鑄的問題

陶铸问题很严重，陶铸是邓小平介绍到中央来的，这个人很不老实，邓小平说还可以。陶铸在十一中全会以前，坚决执行了刘邓路线，在红卫兵接见上，在报纸和电视里照片有刘邓鏡头是陶铸安排的。

陶铸指导下的几个部都垮了。那些可以不要，搞革命不一定非要部门，教育部管不了，文化部也管不了，红卫兵一来就能管。在中南局宣传毛泽东思想是假的，沒这回事，树立自己的威信，打倒中央，希望你们开会能把陶铸揪出来才好呢！

（抄中宣部里的一张大字报）

“现在批判陶铸……这是对的！”

“批判资产级阶反动路线要把方向指正了，要指向制定反动路线的刘、邓，进一步指向继续执行反动路线的陶铸，进一步指向彭、罗、陆、杨反党集团。”

（周总理六七年一月八日接见农林口部分师生和人大紅卫兵时的講話）

“不要不分青红皂白，反对一切，排斥一切，打倒一切。陶铸的错误之一就是在中南海接见会上讲，除主席、林副主席不能怀疑外，其他都可以怀疑，他企图把毛主席、林副主席孤立起来。”

（周总理一九六七年二月一日接见工交系統革命造反派代表时的講話）

“陶铸到中央来，并沒有执行以毛主席为代表的无产阶级革命路线，实际上是刘、邓路线的坚决执行者！刘、邓路线的推广同他是有关系的。后来变本加厉！”

“比如你们到中南去，你们了解很多情况，的确是有后台的！这个后台老板就是陶铸。他在北京接见你们那个态度是完全错误的！他是文化革命小组顾问，但对文化革命问题从来未跟我们商量过，他独……（江青插话：独断专行）他独断专行，他不但背着文革小组，而且背着中央。”

（陈伯达同志一九六七年一月四日在人大会堂接見赴广州专𢫬王任重革命造反团时的講話）

“陶铸在刘、邓路线推行时是坚决执行刘、邓路线的。……可是十一中全会后，也还是继续执行刘、邓资产阶级反动路线，他和王任重领导着中南局出现了许多事件，是典型的反动事件。在武汉逮捕了大批群众，逮捕革命群众在其他地方还沒有发现过……。”

“他的世界观，他的思想不能接受毛泽东思想，因为他是资产阶级的世界观，他坚持资产阶级世界观，他就不能接受无产阶级世界观。我们中央文革小组批评他，在常委批评他，但他沒能够触及灵魂。”

“陶铸从八届十一中全会就表演，这几个月表演的够瞧的了。……这些人在资产阶级民主革命时跑到我们党内来，也许资产阶级民主革命可以过关，但到了社会主义革命就过不了，……我们社会主义要经过好多阶段，沒收官僚资本变成社会主义企业的关他过了，三反五反他也马马虎虎过关了，五九年反对彭德怀，不是直接反对他，他也马马虎虎过关了，社会主义革命，……不可能设想很快就沒有斗争了，剝削阶级总是企图死灰复燃……。到了无产阶级文化大革命。这个时候，社会主义这个大关，很多人，相当多的就过不了。当然，相当多也还是一小撮。”

（陈伯达同志六七年一月十日在人大会堂接見有关代表时的講話）

“在文革小组，中央常委面前，毛主席面前，前几次帮助他（陶铸）、批评他，他都采取两面派。有时很左，实际是形“左”实右。”

（康生同志六七年一月十日在人大会堂接見有关代表时的講話）

“陶铸在刘、邓占统治地位的时候，就是忠实地执行刘、邓路线的，他的屁股就是坐在那一边的。在几个重大问题上：在派工作组问题上，把革命群众打成反革命问题上，在所谓恢复党团组织问题上，他就是执行了刘、邓路线。刘、邓路线被批判了，刘少奇、邓小平一边站了。陶铸还继续执行刘、邓路线，千方百计阻止对刘、邓路线的批判，继续压制革命。”

（王力同志六七年一月九日晚对新华社革命群众的講話）

“《人民日报》有两条路线，一条是陈伯达同志执行的以毛主席为代表的革命路线，一条是陶铸，×××执行的以刘、邓为代表的资产阶级反动路线。”

（王力、关鋒同志六七年一月十七日在《人民日报》全体大会上的講話）

評論　斬断刘少奇伸向民航的黑手

今天本报登出了中国赫鲁晓夫刘少奇在五六年给民航的黑指示，这是他疯狂反党、反社会主义、反毛泽东思想的又一鉄的罪证。

毛主席教导我们：“世界上一切革命斗争都是为着夺取政权，巩固政权，而反革命拼死同革命势力斗争，也完全是为着维护他们的政权。”刘少奇这个反革命为篡夺党和国家的领导权，在中国复辟资本主义，就把魔爪伸进了在国防、国民经济和国际交往方面占有重要地位的民航。他多次亲自出马，赤膊上阵。在民航为资本主义起死回生大念生意经、和平经、修字经。竭力鼓吹要赚点錢，要和平点，要全面向苏修学习。要在民航推行一条彻头彻尾的修正主义路线，把社会主义民航变成资本主义的航空公司。

所以这个黑指示的实质，就是抹杀阶级斗争，反对无产阶级政治，取消无产阶级专政。一句话，这个黑指示是民航大搞修正主义的动员令，是民航复辟资本主义的黑纲领。

十几年来，民航总局邝任农等人对刘少奇的黑指示一直视为珍宝，奉若神灵，忠实、积极贯彻执行。他们象勤快的货郎一样东奔西跑，到处吆喝：“为贯彻执行以上指示：我们从组织制度上、技术设备上、思想教育上，采取了一系列的措施。”**“我们担心的不是突出政治，而是生产上不去，生产不好一切都是空的。”“千条万条，经济核算第一条。”不仅如此，而且还到外国去传经，胡说什么：“民航最容易赚錢，是赚錢的摇錢树，根据我国民航经验就是这样。”**

正是由于邝任农等人苦心经营，把民航搞成了对外利润挂帅，互相竞争，大搞资、修的经营，对内搞物质刺激，培养高薪阶层，造成民航修正主义思想严重泛滥。这充分说明了刘少奇的黑指示在民航的流毒极深，影响极广。

“有错误就得批判，有毒草就得进行斗争。”全民航的革命造反派战友们，革命的同志们，立即行动起来，高举革命批判大旗，掀起轰轰烈烈的大批判群众运动，打一场漂亮的人民战争，集中火力、集中目标，把刘秃的黑指示从政治上、思想上、理论上批倒批臭，斩断其魔爪，肃清其流毒，使民航沿着毛主席所指引的社会主义航道胜利前进！

·本报评论员·

第2版　　　　民航风雷

彻底斬断刘邓陶伸向民航的黑手

民航系統无产阶級革命造反派在京召开大会

本报讯：“唤起工农千百万，同心干。”在举国上下掀起轰轰烈烈的革命大批判的新高潮中，在与邝、刘重开战的一片喊杀声中，民航的无产阶级革命造反派联合起来了：九月十日，在首都召开了“彻底砸烂刘、邓、陶伸向民航的黑手大会”。会前在民航总局大楼前举行了声势浩大的游行，“打倒刘、邓、陶！重炮猛轰邝任农！烈火猛烧刘锦平！打倒张西三！解放全民航！”的口号声响彻云霄。它表达了民航红色造反者誓死保卫毛主席和誓把民航的无产阶级文化大革命进行到底的坚强决心。

参加大会的有：一〇一厂《无产阶级革命造反总部》；京管局的革命群众；总局《红旗》总部；民航一〇三厂《红航》、《东方红》造反团；一〇一厂技校《红色风暴》；一三〇中学《井岗山》；民航机专《红总》，还有来自首都工代会、红代会中的兄弟单位代表。

大会在雄壮的《东方红》歌声中，在一片“毛主席万岁！”的欢呼声中宣布开始。

代表们在大会的发言中，都严正指出新中国的民航自成立以来，刘少奇的黑手就伸进来了，多次给民航作黑指示，而其徒子徒孙罗瑞卿、薄一波之流秉承其主子的旨意，接踵而来，向民航发了一系列的黑指示。这些黑指示都是资本主义复辟的黑纲领，我们无产阶级革命造反派一定要奋起毛泽东思想的千钧棒，把它们彻底砸烂并肃清其流毒。大家一致认为：以邝任农为首的民航总局党委是忠实地执行了这一系列的黑指示的。不但在文件中、讲话中反复运用，而且在实际工作中身体力行。用他自己的话说：“为了贯彻刘主席的指示，我们从组织制度上、技术设备上、思想教育上采取了一系列的措施。”因此，这些年来民航的资、修货色自由泛滥，使民航滑到了资本主义的边缘。

会上，京管局和一〇一厂的无产阶级革命造反派的代表都以大量的事实控诉了刘贼黑指示在民航引起的严重恶果。民航京管局革命造反派代表说：“由于邝、刘热衷于物质刺激，因而使得北京管理局工资悬殊，两极分化。有的月薪在170元以上（在58年以前月薪在6～700元以上），而一般工人月薪只有30～40元。有的住着宽敞的楼房，过着五机一枪的生活。一般的工人却30～40人住在一间阴暗潮湿的房子里，患关节炎者竟达60％。”

一〇一厂无产阶级革命造反派代表说：“由于多年来鼓吹业务第一，突出资产阶级政治，因而民航几年来驾机投敌的政治事件多次发生，政工干部要求到外国使舘避难，新型资产阶级知识分子业已产生。乘务员、飞行员奇装异服，一身衣服竟达800余元。

在会上，各单位的代表还以血和泪控诉了刘、邓资产阶级反动路线在民航所犯下的滔天罪行。

北京管理局的革命同志说：“在二月份资本主义复辟逆流中，北京管理局现有职工××人，其中受批判的就有400余人，斗争、停职、抄家、拘留反省的就有100余人。

总局红旗战士也愤怒控诉了邝任农在二月黑风中对红旗战士进行残酷的镇压，把《红旗》总部打成非法组织，并且对抗中央军委十条命令，至今不给平反的滔天罪行。

在大会上控诉的还有至今还被剥夺四大权利的一〇三厂造反派，以及盗用卫戍司令部的名义而被总局一小撮坏蛋非法逮捕和审讯达二月之久，至今不予平反的机专革命干部黄能基同志。

最后，大会主持人在概述民航的阶级斗争情况后，情绪激昂地说：“我们不把邝任农忠实地推行刘少奇那套修正主义的东西批倒批臭，毛泽东思想的绝对权威就树立不起来，民航就要沿着修正主义的道路滑下去，民航广大革命造反派就不能得到彻底解放。”

“独有英雄驱虎豹，更无豪杰怕熊罴。我们红色造反者顶着恶浪，明知山有虎，偏向虎山行，坚决斩断刘贼伸向民航的黑手，誓与邝任农决一死战，邝任农不投降就叫他灭亡！”顿时掌声雷动，口号震天。

最后，大会在《大海航行靠舵手》的歌声中胜利结束。

江青同志談

反动組織“首都5.16兵团”

（摘自九月五日在接见安徽双方代表时讲话）

这是由于，首先由于党內走资本主义道路的当权派；另外，还有社会上的地、富、反、坏、右；还有美国特务，苏修特务，日本、国民党特务等等，他们总是要破坏的。有这么一些黑手藏到背后，你们不容易识破，他是以极“左”的面目或右的面目来破坏以毛主席为首的党中央，这个是绝对不允许的，而且他也注定要失败的。同志们想想，允许不允许？（答：不允许）目前拿北京来说，就有这么一个东西，我说它是“东西”，就是因为它是反动组织，就是反革命组织，叫“5.16”。他人数不多，这个表面上也是青年人，这些青年人我看是上当的，少数是资产阶级分子，对我们有刻骨仇恨的。多数是青年，他们利用了青年人思想上不稳定，而眞正是幕后操纵的人是很坏的人。中央的“九条”“五条”下去都反对嘛！如果按“九条”好好办下去，就不至于反复。有反复了，但反复也好嘛！“5.16”是以极“左”面目出现的，它集中目标反对总理，实际上，我们每个人的黑材料他们都整了，什么时候都可以向外抛的。但我们不怕，心里沒有鬼，怕什么？他们吃饱饭沒事干，不干革命干这个，你爱怎么干就怎么干，我是不怕。他们过去就整过我的黑材料，有一个专案组在上海去搜集材料，去拿来了，我也沒有过问，一大箱，也不知是些什么东西。现在有的地方成立“特档”，特别档案，这也都是以小的手法，见不得人的，（姚文元插话：都是小丑。）是小丑。从右的方面，就是今年一、二月间有一股风，反对文化大革命。但是目前，象“5.16”，反对中央，或者以极“左”的面目来反总理，这是很典型的，是反革命组织。要提高警惕，对美蔣特务、苏修特务，还有地、富、反、坏、右，他们不会老老实实的，他们千方百计作垂死的挣扎，那么我们就要提高警惕，识别他。做宣传，向群众宣传，使群众觉悟。就是把他们孤立起来。他们就是见不得人的一小撮。反对从极“左”、从右边来反对以毛主席为首的党中央的领导班子。这个问题，我劝同志们提高警惕。

触目惊心

（上接第3版）

錢，过的是吃、喝、玩、乐的资产阶级生活，严重地脱离劳动人民。象这些人，那里还能为人民服务呢？！

可是这些高薪阶层人物，却受到邝任农等人百般重用，爱护备至，甚至掌握了要害部门。

这仅仅是民航的一角，但就这一角，问题多么严重！多么触目惊心！正如毛主席所指出的，“照此办理，那就不要很多时间，少则几年、十几年，多则几十年，就不可避免地要出現全国性的反革命复辟，马列主义的党就一定会变成修正主义的党，变成法西斯党，整个中国就要改变颜色了。请同志们想一想，这是多么危险的情景啊！”

北京管理局　革命群众

天津红代会民航机专《红总》欧阳海战团

简讯

▲姚文元同志的文章《评陶铸的两本书》发表后，民航无产阶级革命造反派无不为之叫好。连日来，认真地组织了学习讨论。十四日晚民航机专《红总》等革命组织召开了声讨陶铸罪行大会。

▲日夜奋战在揪邝、张火线上的红色造反者，他们用大字报这种极其有用的新式武器，向党内最大的一小撮走资派猛烈开火。对民航顽固坚持资产阶级反动路线的邝任农揭露无遗。

▲九月五日，民航系统革命造反派发表坚决支持《长春公社》的严正声明。

▲九月五日，揪邝、张火线指挥部发表了为将民航无产阶级文化大革命进行到底的《严正声明》。

▲九月十三日，由石家庄革命造反派《鲁迅公社》来民航机专作了精彩的演出。

▲本月十五日晚武汉《中学红联》毛泽东思想宣传队与机专《红总》等造反派组织举行了联欢晚会，在会上武汉战友表演了富有革命造反精神的文艺节目。受到了热烈的欢迎。

祖国各地

上海：

纺织工业超额完成上半年计划，总产值完成了计划的101％，比去年同时期增长4.34％。同时试制成功45种新产品和7387种新花样。

内蒙：

乌达跃进矿的革命造反派抓革命促生产成绩显著，用不到一月的时间恢复了生产。七月份完成了生产任务，八月七日又创造了日产原煤2211吨的今年最高水平。

萍乡：

萍乡煤矿产量正在逐步上升，现已日产两万吨，而且还在不断增加。

触目惊心

党内最大的走资派刘少奇为实现资本主义复辟，把黑手伸进了民航。他极力反对毛主席"政治挂帅"的最高指示，鼓吹"利润挂帅"，"物质刺激"，"技术第一"。在邝任农等人的积极贯彻下，给民航造成了极其严重的恶果。

"物质刺激"一瞥

机长每人每月公里费（每飞行一公里的补助费）收入，以五六年为例：

	平均（元）	最高（元）
北京	304	492
成都	345	492
乌鲁木齐	556	651
广州	320	541
上海	262	402

基本工资100～200元，加上公里费，机长每人每月收入可达500～600元。"物质刺激"使一些人一味地追求錢，錢，錢。不少人为公里费而飞行，甚至有的人为了拿公里费不愿当干部，不愿飞专机（因为专机飞的次数少于班机）。

"高薪阶层"一角

物质刺激和高薪制，使那些技术权威、老旧人员，薪高俸厚，有的成了"万元富翁"；发财致富思想泛滥，不少人"为万元而奋斗"。

存款概况（64年京管局富翁概况）：

10万元　边××（地主家庭出身，房租收入几千元，月工资252元，竟被拉入党内，提为航行处长.）

万元以上　6～7人

5～6千元以上　在老机长中相当普遍。

糜烂生活一斑

这些特殊阶层，拿了人民的錢，一味追求资产阶级生活方式，挥霍人民血汗。如：

有的人，过"五一"节一次竟买40元錢的酒；

有的人，一次买150元的高级糖；

有的人，不懂音乐，却因与售货员赌气，竟买了100元的一支黑管（西乐器），扔在家里沒用；

有的人，甚至花100元錢接个吻，眞是荒唐透顶，下流已极。

有些人，西装革履（800～1200元一套），带着墨鏡、草帽，手持文明棍，游山玩水，还要女护士陪同，等等。

一般的有五机（电视机、照相机、电唱机、收音机、縫纫机），一枪（猎枪）一杆（钓鱼杆）。如京管局有一幢只有24家飞行员住的大楼，就有电视机十一部，被誉为"电视大楼"。

这些新生的特殊阶层，满脑子里装的是

（下转第2版）

邝任农顽固推行刘少奇黑指示
鉄証如山　罪責难逃

1956年2月刘少奇把他的黑手伸进了民航，当面向民航总局局长邝任农、副局长沈图下达了建設民航的黑指示。这个黑指示，只字不提政治挂帅，反对毛主席"政治工作是一切经济工作的生命线"的伟大教导，而提倡的是修正主义的"金錢挂帅"，搞资本主义竞爭，这个黑指示是民航复辟资本主义的黑纲领。

对刘贼的黑指示，邝任农不折不扣地在民航推行，而绝非某些人标榜邝任农的所谓"邝局长在民航是抵制刘少奇的黑指示的"。邝任农、沈图亲自领教刘贼黑指示以后，立即传达，广为布置贯彻执行。一九五九年邝任农说："为了贯彻执行以上的（刘少奇）指示，我们从组织上、技术设备上、思想教育上采取了一系列的措施。"这难道还不足以说明邝任农效忠刘贼、执行刘贼黑指示的决心吗？岂但如此，1962年1月，邝任农在他亲自起草的《民航省（区）局专业飞行工作暂行规定》上，毫不隐晦地说："大跃进以来，在党的建設社会主义总路线的指引下，遵照党中央和毛主席关于我国社会主义经济建設按农、轻、重次序，'大办农业、大办粮食'的方針和刘主席在1956年关于民航应着重发展航空专业的指示，民航的航空专业队伍和航空专业、业务有了很大的发展，航空专业的技术和业务经营也有了显著的进步，取得了成绩，积累了经验。"在这里邝任农把毛主席的伟大方針和刘贼的黑指示相提并论，不是明目张胆地吹捧黑指示，贬低伟大的毛泽东思想，自我表白了他对刘贼的一片忠心诚意吗？

1964年8月总局党委召开了五次全体会议，刘贼的黑指示居然被列为会议文件之一，进一步讨论落实，眞是唯恐贯彻不力。

1965年林副主席提出突出政治的五项原则，全国上下掀起了活学活用毛主席著作的群众运动的新高潮，毛泽东思想成为一切工作的指針。就在这时候，邝任农仍对刘贼的黑指示念念不忘，珍惜不舍，极力推行。1965年总局党委第二次全会关于《改进专业航空工作》的决议第一条便写道："认眞贯彻刘主席关于发展专业航空的指示"，并且贯彻刘贼黑指示还要"树立雄心壮志"，"要发挥主观能动性"。邝任农在民航拚命地顽固推行刘贼黑指示，疯狂地诋毁毛泽东思想，反对毛泽东思想的面目不就昭然若揭了吗？邝任农忠实执行刘少奇的黑指示，鉄证如山，罪责难逃！

首都红代会
民航一〇一厂技校
《红色风暴》

刘少奇对民航的黑指示

编者按：刘少奇这个大野心家为了把民航变成其篡党、篡国的工具，便于一九五六年二月给走马上任不久的民航总局局长邝任农面授机宜，大作黑指示.这个黑指示是刘贼及其代理人在民航全面复辟资本主义的黑纲领，这是刘贼在民航进行反革命复辟的铁证。

刘贼在这个黑纲领中大放和平烟幕，取消无产阶级专政；鼓吹"利潤挂帅"、"赚錢第一"的资本主义生意经；吹捧苏修，提倡各方面向苏修学习；疯狂地反对毛泽东思想，反对突出政治，竭力把新中国民航变成一个修正主义的航空公司。

然而对这样一个彻头彻尾反毛泽东思想的黑纲领，邝任农却心领神会，奉若神灵，身体力行，忠实贯彻，致使刘贼的黑货在民航泛滥成灾，十几年来整个民航被搞得乌烟瘴气，毛主席革命路线横遭践踏，得不到贯彻。

为了在民航树立毛泽东思想的绝对权威，为了要紧跟毛主席的伟大战略部署，彻底摧毁资产阶级司令部，掀起革命大批判的新高潮，把刘贼从政治上、思想上批倒、批臭，斩断刘贼伸向民航的黑手，本报現将刘贼黑纲领揪出来示众，望广大革命同志彻底给以批判。

1956年2月21日下午（3:10～6:20），邝任农、李平、沈图向刘少奇和王首道同志汇报了民航的工作情况，在汇报过程中，刘少奇对民航工作作了重要指示。现将当时记录整理如下：

专业航空：专业航空要搞起来，现在力量很少，要安排先后，缓急，主要要看重工业、交通、磁測、攝影，这里适合中央又多、又快、又省、又好方针的，先满足工业、交通、水利航測，再安排一些农业、林业，林业可以比工业缓一点做。

研究一下航空下雨的事情，可派人去苏联学习，各方面都要去学，专业航空有前途。

磁測和照相能不能一起搞，专业航空赚一点錢应该，磁測、航測、照相可以收些錢，快，多，又省，比地面人工又要省得多。

采用什么机型，这种机型在战时怎样利用，航空专业人家已有了成就，要很快地学，新技术要迎头赶上去。

民航是否要发展：民航要不要发展和发展多大。中国是个大国，必须发展民用航空，这一点是肯定的。同时，中国又是一个强国，沒有强大的空军是不行的，强大的空军必须有强大的民用航空。民航和空军基本上是一回事。不打仗搞经济工作，打起仗来就搞空军工作，所以要密切结合起来，训练使用机場、飞机类型都要密切结合，但要有一点分别，就是不要都穿军装到机場，不要太雄纠纠、气昂昂了，要和平一点。军队来的干部不穿军装同样是光荣的。建設计划要同空军结合起来，要在发展方针下订出计划，是否能平衡要很好算一算，平衡不来，由国家补贴你们，只要说出理由。

飞机要制造。凡是国内能生产的东西，不要到国外去买。经济平衡，这个原则来平衡。飞机国内制造，飞机发动机国内修理贵一点，不要算那賬，要从国家经济上打算盘。民航财务收支要平衡，要从这个原则出发，如果你们努力，眞正做到了提高劳动生产率，降低成本，厉行节约之后，收支平衡不了，就说出理由，国家补贴多少。扣到运价上不一定合理，运价高了，利用少，要空飞，如空飞就不如降低运价，沒有鉄路的地方贵一点也是合理的。几年来民航是包本的，今后爭取基本上平衡，有可能。

飞机要下决心由国内自己制造，不到外国去买，生产贵一点也不要紧，现在我们可以制教练机，要利用生产率，再设法改制专业航空机的性能，大运输机也要国家制造，向×××提出定货是适当的，如生产少量有困难，可多

（下转第4版）

民航局在文化革命中
究竟站在那一边

以邝任农、刘锦平为首的民航总局党委，自文化大革命以来疯狂地镇压民航系统的革命造反派。不仅如此，他们还利用民航的特殊地位，大力支持地方上的反动组织、保守组织，残酷地镇压地方革命造反派和红卫兵小将。邝任农、刘锦平顽固地站在资产阶级反动立場上，实行资产阶级专政，企图将我们伟大领袖毛主席亲自点燃的无产阶级轰轰烈烈的文化大革命运动打下去，罪责难逃。现将民航各地支右情况公布如下：

一、民航成都管理局

1、民航成都管理局与前成都军区密切配合。当前成都军区在前一段大力支持产业军，疯狂镇压革命造反派时，成都管理局某些负责人也充当了前成都军区支持产业军、镇压革命派的急先锋。他们不但让李井泉、廖志高等黑帮到机場避难，开黑会，而且还配合军区大肆宣扬产业军是左派，川大8.26是反动组织等等。当中央军委十条命令下达后，成都管理局营业处何××竟说：“成都离中央远，中央的十条是不了解情况。”还说“对十条想不通”。

2、五月十日首都红代会奉总理指示，将被产业军打死的北京地质学院一同志骨灰和一些伤员运往机場送回北京。半路被产业军拦截，红代会的同志冒险加大油门，冲破产业军阻拦和避开追赶来到机場。当成都管理局内革命群众对是否应该保护首都红代会革命小将这个问题上争论不休时，付局长李××竟要把汽车交给产业军，把护送骨灰的首都红代会五个同志赶走。后来还是造反派干部、革命群众冒着生命危险冲出机場，将此事通知了首都红代会驻成都联络站后才解决的。

3、利用机場为产业军大开方便之门，让产业军自由出入机場，对每个旅客进行非法搜查。

4、在成都市内阶级斗争异常激烈的日子里，革命群众要求成都管理局把救护车派进城去为被产业军打死打伤的川大8.26等造反派拉伤员，付局长不同意开车，并下令任何车辆都禁止开出。完全站在产业军的一边，镇压革命造反派。

5、利用机場窝藏李井泉。66年9月，正当革命造反派揪李井泉之时，李来到机場，当时机場戒备森严，成都管理局派出空勤服务员专门招待李井泉。李住在六号楼招待所，怕被人发现，放下所有窗帘，高级轿车也停放在秘密处。李大章、廖志高也和李井泉同来机場开秘密会和居住。当时群众意见很大。川大8.26革命小将并写了一张“土皇帝在机場避难”的大字报，揭露民航局利用机場窝藏李井泉。身为局长的毛凯还无耻地在全局职工大会上讲：“李井泉没有在这里住过，仅到机場来开过会，即使是这样也是报告总局的。”这是窝藏李的鉄证。

二、内蒙古区局

1、内蒙古区局支持保守组织红卫军。3月18日乌兰夫等一小撮人策划召开十万人反革命政变大会，民航积极准备参加，并欲派代表上主席台。内蒙区局政治部主任郭留银准备好了三架飞机为大会散发三万张传单，大队长付传金、刘广湘亲自出马带队执行任务，政治部主任郭留银亲自指挥，并于3月17日预先派出一架飞机视察地形完毕后，三万张传单都装上了飞机（三架）待命起飞。后由于中央指示，大会禁止召开，阴谋才未得逞。以李天佑同志为首的中央代表飞抵内蒙后，立即表态，传单才未能得以散发。

2、国务院、中央军委接管民航的三条命令规定，民航与地方不串连，但内蒙区局竟有人（李文清等人）参加呼和浩特市内保守组织游行。(已受到空军接管组的批评)

3、内蒙区局上述支右行为，局党委已承认，并于六月份作了检查。

三、武汉航空站

湖北省局开始支持造反派，今年四月民航总局政委刘锦平到武汉将广州管理局副局长兼湖北省局局长、政委停职反省后，航站立即转而支持“百万雄师”，七月武汉反革命暴乱事件时，民航机場完全为陈再道之流和“百万雄师”所控制。

四、新疆区局

新疆乌鲁木齐站支持保守组织“一、三司”。“一、三司”让空军散发传单，新疆空军坚决支持革命造反派“红二司”，拒绝保守组织“一、三司”这一要求，“一、三司”转而要求民航散发，民航一口答应，派飞机散发。空军得此消息立即向民航提出严厉警告后，民航才停止散发。

五、河南民航站

利用飞机为“公安公社”、“十大总部”散发传单，反对«二·七公社»。

六、长春民航站

派飞机为保守组织“黑二保”空投面包，面包内夹有匕首和供弹弓使用的滚珠和螺母等，公然支持保守组织制造武斗，屠杀革命造反派。

七、民航窝藏黑帮分子

66年8～9月间，上海管理局利用机場窝藏曹荻秋、李葆华、魏文伯等人，成都管理局窝藏了李井泉、廖志高等人，北京管理局窝藏了赵林、王任重等人。

八、广州机场8-10事件

8月10日广州开往北京班机原定六点半起飞，由于情况紧张，民航决定提前到六点起飞，把五十余名外宾留在机場，当时并有人向旅客开炮，打伤乘客一人。这件影响航班正常飞行的严重事故，造成了极坏的国际影响。

北京工代会民航一〇一厂
无产阶级革命造反总部

不必奇怪

毛主席号召伟大的人民解放军支左，而民航却滥竽充数，独出心裁，全都支保，真乃是「一枝红杏出墙头」。

「功」归谁人？「争」、「夺」是不行的。湖北省局局长因为支持造反派而被罢官，转而支持「百万雄师」，这一铁的事实已无可非议，说明：这一批「功」应记在邝任农、刘锦平之流的账上。

林副主席说：「支左的人首先自己是左派」，依此推论，邝、刘何许人不就……、所以民航全都支保，就不必奇怪了。

最高指示

在我国社会主义革命取得基本胜利以后，社会上还有一部分人梦想恢复资本主义制度，他们要从各个方面向工人阶级进行斗争，包括思想方面的斗争。

刘“老板”拉生意

在毒草影片“林家舖子”里，林老板“拉生意”有方，趁上海人逃难到北京之际，利用本店小百货多的特点，搞了个“一元货”。为了招揽顾客，特派人抬着牌子，敲着破烂叫喚，“林源记出售一元货，价廉物美，要买趁早啊！”果然，“林源记”门庭若市，生意兴隆。

“心有灵犀一点通”。资产阶级在党内最大的代理人刘少奇，“修养”多年，深通赚錢之道。1956年在给民航的黑指示中，亲授“拉生意”的“妙”法，说：“要宣传，要登广告。”林老板以“小百货”多而取胜。刘老板则要用民航飞机的优越性和“鉄路、轮船等，在速度、票价上作比较。”大搞资本主义竞争。

主令仆从，民航党内一小撮走资派秉承刘老板的黑旨意，竭力推行，大显神通。

他们拨出巨额宣传费，不仅大登广告，还不惜工本，精心制作大量台历、月历，图片、扇子之类。画面上大印美女风景、花鸟鱼虫。大书“利用航空迅速安全”，大讲坐飞机“迅速、便利、舒适、安全”的好处。他们把这些散发着资产阶级臭气毒菌的东西，广为散发，招揽乘客。

他们打着“组织民航客货源”的幌子，四出游说，凭三寸不烂之舌，“说服”托运单位，把已经装上火车、轮船的货物卸下来，给飞机运输，以“增加民航的客货源”，以便“扭转民航的亏损”。这就是刘老板“要宣传，要登广告”的恶果。

搞资本主义竞争，挖社会主义墙脚。在这一点上来说，善于拉生意搞竞争的林老板也不得不向刘老板甘拜下风。

民航总局«红旗»
莽崑崙支队

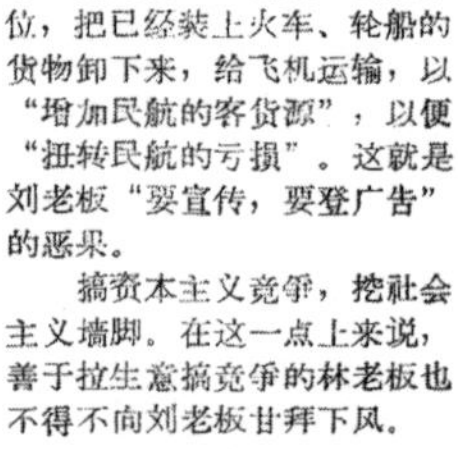

刘少奇对民航的黑指示

（上接第3版）

订一点，交货时间可以长一些，飞机制造不制造，制造多少，这不是民航局和×××可以解决的，要由中央来决定。

民航学校：民航学校要搞，需要办的，多一点也需要，同空军商量，好好规划一下，训练来不及，同空军商量是否调两个师，还可以考虑，每年招收新兵时，要把民航的需要数打在里头，加以训练，这些人政治上要可靠，有点文化程度，要专业的大学生可以提出计划。

航线：航线要研究，有的可以调整一下，如将来到苏联去，可以考虑走北京—酒泉—乌鲁木齐这条线为主，经蒙古到苏联，现在走的这条线为辅，旅客运输要特别注意安全。

要宣传：民航是近代专业，要宣传，要登广告，在广告上和鉄路、轮船等在速度、票价上作一比较，新事业，新品种，要大喊大叫，让大家知道。当然做宣传，散广告，不夸大，不騙人，实事求是，搞经济工作，要象搞经济工作的样子。

（民航局曾于1956年2月26日印发）

毛主席詩詞(二首)

漁家傲 反第一次大"围剿"

一九三一年春

萬木霜天紅爛漫，　二十萬軍重入贛，
天兵怒气冲霄漢。　風煙滾滾來天半。
霧滿龍岡千嶂暗，　喚起工農千百萬，
齊聲喚，　同心干，
前頭捉了張輝瓚。　不周山下紅旗亂。

清平乐 六盤山

一九三五年十月

天高云淡，　六盤山上高峰，
望斷南飛雁。　紅旗漫卷西風。
不到長城非好漢，　今日長纓在手，
屈指行程二萬。　何時縛住蒼龍？

社论

喚起工農千百万

"虎踞龙盤今胜昔，天翻地复慨而慷。"

經过一年多来的浴血奋战，我們即将迎来天津的新曙光，面对着天津城內外一派大好形势，我們永远不会忘記革命造反派患难与共，战火紛飞的日日夜夜。血写的历史，将永远喚醒我們工农千百万，念念不忘阶級斗爭。因为一切反动势力在行将就木之前必然要狂吠、哀嚎，为了一条狗命，它們必然相互勾結，进行垂死挣扎。不是嗎？赫魯少奇和柯西金，万鬼的阴魂和张賊的黑心，……正死心塌地的結成神圣同盟，伺机反扑，以恢复它們失去的天堂，我們务必要提高革命的警惕性。

历史已經証明："沒有工人阶級的領导，革命就要失敗，有了工人阶級的領导，革命就胜利了。"在当前两个阶級、两条道路、两条路綫大搏斗，大交鋒的关鍵时刻，作为工人阶級革命造反派，我們要紧跟毛主席的战略布署，奋勇向前，这就需要用我們的丹心，用我們的血肉去筑成鋼鉄般的长城，一支支革命造反大軍，在革命的大批判中联合起来，从而主宰天津市文化大革命的命运。当然，天大八一三、卫东、劳二半、天工八·二五等广大的紅小兵充当了文化大革命的急先鋒，他們在大革命中所立下的不朽功勳是任何人也不能抹杀的。但是，应該指出，"广大的工农兵，革命的知識分子和革命的干部是这場文化大革命的主力軍。"我市在前一阶段文化大革命中，工农兵和革命小将結合得还不够紧密，有时出現学生运动工人的現象，今天，我們必須加以克服。既是工人阶級就必須做到毛主席所說的：**"最有远見、大公无私、最富于革命的徹底性。"**只有将无产阶級文化大革命进行到底，中国才有前途，世界才有光明。这就要求我們发揚痛打落水狗的精神，发揚革命的韌劲，严防右傾机会主义、左傾盲动主义思潮的侵蝕，掀起革命大批判的高潮，从政治上、思想上，理論上把赫魯少奇及其大小叭儿狗彻底批倒、批垮，批透，批臭。

当前，我們高兴地看到，五代会內外，以工人阶級为主体的无产阶級革命派的大联合正在形成，新冶金、六四一厂"东风"之流的一小撮坏头头已四面楚歌，愈来愈多的参加保守組織的群众已經覚醒，大杀回馬枪，愈来愈多的革命干部已在挺身而出，这是毛主席革命路綫的伟大胜利。但是，"阶級敌人对我們的大联合怕得要死，恨之入骨。他們千方百計地破坏这种大联合。"烈士的鲜血难道还不足以証明这一点嗎！

我們队伍中的有些人，是从資产阶級反动路綫的白色恐怖中冲杀出来的老造反派，今天却为形形色色的資产阶級思潮所腐蝕，以至掉轉枪口对准曾經一度跟自己风雨同舟的战友的胸膛，这难道还不令人深思嗎？

有些人，欣賞"实用主义"，不管黑猫，白猫，只要能捉老鼠就是好猫。原則問題，抛在脑后，枝节問題，爭辯不休。順我者存，逆我者亡。他們不是以毛泽东思想作为联合基础，而是讲意气，重感情，拉拉拍拍，相互吹捧。这样的"团結"是多么危险啊！

有些人，各霸山头，招兵买馬，将老造反成績看作发展自己組織的"資本"，他們根本不是眞正的无产阶級革命派，而是地地道道的机会主义者，朝三暮四，变幻无穷，他們忘記了无产阶級革命路綫，忘記了天津四百万人民的利益。他們将一切成績归功于"我"，只能当"头头"，不能当战士。这种小团体主义难道不为革命的人民所唾弃嗎？

一句話，这些人滿脑子的个人主义，成天叫喊："造反，造反"，但就是不造自己头脑里的"私"字的反，把自己看作打天下的英雄好汉，把别人看作无能的"庸人"。他們往往为"公理正义的美名、正人君子的徽号，溫良敦厚的假脸，流言公論的武器，吞吐曲折的文字"，所迷惑，甚至中了敌人的詭計，上了敌人的当，使自己都成了高貴的紳士。我們不能不給这些人猛击一掌，大吼一声，"同志，你走錯了路。"

正如魯迅先生所說："千万不可忘了那叭儿狗，因为叭儿狗能今天跟了黑狗这样叫，明天跟了白狗那样叫，黑夜的时候还能在暗中猛不防的咬人家一口。"

当然，我們更不能忘記要痛打落水狗，切不可书生气十足。狗性总不会改变的，如果以为落水以后，十分可怜，則自己有可能被它一口吞吃。

高举革命批判的大旗，彻底摧垮刘邓資产阶級司令部，这是最大的原則問題，是头等的国家大事，是压倒一切的中心任务。五代会內外的无产阶級革命派必須从这个最大的原則出发，以国家利益为重，以世界人民的利益为重，在大方向一致的前提下，形成以工人阶級为主体，以革命左派为核心的大联合，**"喚起工农千百万，同心干"**，在当前革命的大批判中更高地举起毛泽东思想伟大紅旗，相信和依靠群众，相信依靠解放軍，相信依靠干部的大多数，为人民創立新功。

让釘銹变成砸烂白宫的鋼錘，要撕碎克里姆林新沙皇的画皮，掏出刘邓的狼心狗肺，把一切反动派統統踩在脚底！揚起头来向宇宙宣告：

新天津是我們的！

紅彤彤的新世界属于我們的！

新天津

《新天津》編輯部

1967年9月20日　第三期　共四版

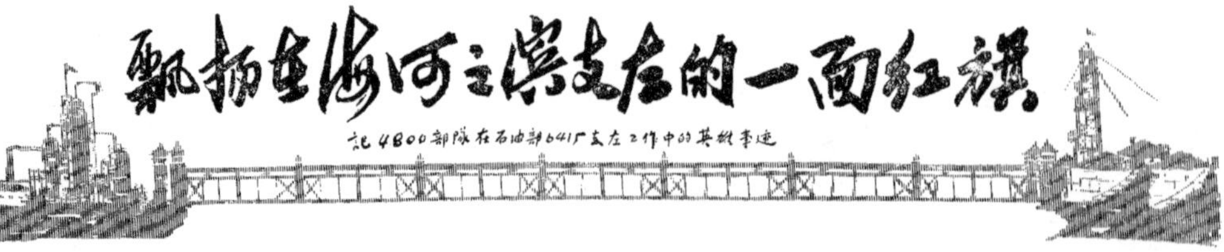

飘扬在海河之滨支左的一面红旗

記4800部隊在石油部641厂支左工作中的英雄事迹

鮮紅的历史　英雄的業迹

英雄的4800部队是我們伟大領袖毛主席和林付統帅在井崗山亲自建立的部队，一向有“鉄軍”之称。几十年来，她在伟大領袖毛主席的領导下，在林彪同志的指揮下，以“金戈鉄馬，气吞万里如虎”的英雄气概，以“横扫千軍如卷席”之势，南征北战，所向披靡！百战百胜，屡建奇功。在第一次国內革命战爭的艰苦岁月里，这支“鉄軍”，在伟大領袖毛主席的統帅下，燃起了井崗山的烽火，升起了瑞金城头的紅旗；在震惊世界的二万五千里长征中，这支“鉄軍”，爬雪山、过草地，冲过天险大渡河，創建了夺取雅关腊子口的奇蹟；在伟大的抗日战爭中，这支“鉄軍”創造了“首战平型关”的英雄业迹，大长了中华民族志气，大灭了日本鬼子的威风；在伟大的解放战爭中，这支“鉄軍”馳騁东北战場，四保四平，三下江南，打垮蔣介石的“王牌軍”，在辽沈战役中，参加塔山阻击、錦州攻堅、辽西歼灭等战斗，創立了光輝的赫赫有名的战功；在抗美援朝战爭中，这支“鉄軍”，雄糾糾，气昂昂，跨过鴨綠江，把美帝国主义打得落花流水，一敗涂地，戳穿了美帝紙老虎，在上甘岭战役中創造了无数可歌可泣的英雄事迹，为中国人民和世界人民作出了卓越的貢献，建立了不朽的功勛。

“生命譜成动地詩，热血写下英雄篇。”他們在革命斗爭的每一个关鍵时刻，都用自己的生命和鮮血保卫了毛主席，保卫了党中央，保卫了毛主席的无产阶級革命路綫。这支“鉄軍”的每一頁斗爭史，都閃耀着紅彤彤的毛泽东思想的光輝。

永葆革命青春　为人民立新功

在伟大的史无前例的无产阶級文化大革命中，英雄的4800部队堅决响应伟大統帅毛主席的“人民解放軍应該支持左派广大群众”的伟大号召，高举毛泽东思想的伟大紅旗，堅定地站在无产阶級革命派一边，在支左工作中取得了巨大成績，作出了新的貢献，为人民大立了新功，永葆革命的青春。特别是他們在石油部641厂軍管工作中，立場堅定，旗帜鮮明，支持革命派，保护革命派，与无产阶級革命派並肩战斗，风雨同舟，患难与共，用鮮血凝結了战斗的情誼，在革命群众中享有崇高的威信，被誉为：“支左的紅旗，爱民的模范，亲密的战友，光輝的榜样。”在一小撮走資派及其操纵的保守組織坏头头掀起的反动逆流中，他們大义凛然，英勇无畏，堅持原則，堅持眞理，不怕流血牺牲，不管风吹浪打，我自巋然不动，“围攻毆屌无所惧，生生死死为革命。”表現了无限忠于毛主席、忠于党中央、忠于毛主席革命路綫的崇高精神，他們用鮮血和生命保护了无产阶級革命派，用鮮血和生命捍卫了毛主席的革命路綫，为支左工作树立了榜样。你瞧，那飘揚在海河之濱支左的紅旗，为什么那样鮮紅？那样夺目？因为它是用英雄的解放軍的鮮血染紅的，它閃耀的是毛主席革命路綫的灿烂光輝！

带着毛澤东思想进厂

英雄的4800部队是在五月十一日奉中央命令到641厂实行軍管的。他們带着毛泽东思想进厂，事事按照毛主席教导办事，深入群众，进行調查研究，紧紧抓住两条路綫斗爭这条綱，抓本质看主流，看大方向，正确地識别左派，正确地对待群众，堅决依靠和支持无产阶級革命派。

“641厂无产阶級革命造反派大联合”（簡称“大联合”）是从資产阶級反动路綫的白色恐怖中冲杀出来的革命造反組織，在“一月革命”风暴中夺了厂工委內一小撮“走資派”的党、政、財、文大权，勇敢地挑起了革命、生产两付重担，取得了很大成績，但由于缺乏經驗，学习的不够，在掌权、用权过程中犯了一些缺点錯誤，党內一小撮走資派不甘心失敗，煽风点火，大肆攻击，扶植保守势力，蒙蔽不明眞象的群众，連續挑起武斗，制造混乱，破坏革命生产秩序，进行反攻倒算，妄图实現反夺权。为了維护文化大革命和生产秩序，中央决定对641厂实行軍管。一小撮“走資派”和保守派头头却趁机大肆造謠，說什么“大联合夺权夺錯了，所以才軍管。”並威胁“大联合”的造反派：“放聪明点，赶快把权交出来吧！”妄想通过軍管来达到其反夺权的目的。眞是瞎了狗眼认錯人！英雄的部队支持的是眞正的革命派，絕对不会支持保守派！

軍管会的指战員刚进駐641厂，就遇到两种截然不同的态度：保守組織的头头，欺騙蒙蔽群众，說什么“軍管会是我們請来的，我們胜利了，大联合完蛋了！”到处张貼标語，敲鑼打鼓，夹道欢迎，好不热鬧！他們把軍代表拉进办公室，扛行李，拿背包，又点烟，又倒茶，假献殷勤，拉拉扯扯，並以“介紹情况”“汇报”为名，吹嘘自己，攻击革命造反派。而“大联合”部分战士的态度却与此相反，有的人对軍管的意义认识不足，脑子轉不过来，他們說：“我們是造反派夺权，月月完成了国家生产計划，为啥还要軍管？”看到保守派那样“热烈欢迎”軍代表，联想到原××駐軍个别負責人支持保守派，有的造反派，对軍管会产生了一些怀疑。苦大仇深的造反派老工人哭着对軍代表說：“你們要支持保守派，我們国家就要变顏色，我們不答应！”

一面是“热情欢迎”，一面是敬而远之。这就是軍管会进厂时的情形。面对这种复杂的情况，他們用毛泽东思想进行了分析，透过現象看本质，不为表面現象所迷惑，保持了淸醒的政治头脑，他們把这一切看在眼里，記在心里，把行李搬到对自己“冷淡”的造反派战士宿舍去住，和他們促膝交談，了解情况，不带任何框框，深入調查研究，听取各方面的意見。有时为了弄淸一个問題，跑几十里路到生产現場找工人訪問。有的造反派战士最初由于对軍代表有怀疑，态度生硬，甚至和軍代表吵起来。但是軍代表毫不計較，而且更加热情耐心地帮助造反派学习毛主席著作，並同大家一起劳动，互相打成一片。造反派战士逐慚感到軍代表可敬可亲，很快就消除了怀疑，建立了感情，有事找軍代表商量，相信和依靠解放軍。造反派給軍管会送了对联：“造反派的貼心人，保守派的眼中釘。”横联是“旗帜鮮明”。

用毛澤东思想支援武装革命造反派

軍管会来到641厂，就大树毛泽东思想的絕对权威，用毛泽东思想去武装革命造反派和革命群众，掀起活学活用毛主席著作的群众运动新高潮，軍代表到各基层单位做动員报告，宣传毛主席的伟大革命实践，积极地宣传毛泽东思想，向广大群众介紹了解放軍活学活用毛主席著作的先进經驗，亲自輔导召开毛主席著作讲用会，亲自談体会，为广大群众树立了活学活用毛主席著作的榜样。

供应处有些年青学徒工不太专心工作，解放軍就主动和他們生活、劳动在一起，了解他們的活思想，共同学习《老三篇》，对照自己，开展破私立公的思想革命，这些同志在解放軍的帮助下，思想觉悟有很大提高，积极投入到抓革命，促生产的斗爭中去。在解放軍的帮助下，“大联合”及各联委掀起了活学活用毛主席著作的热潮，开展整风运动，整頓思想，整頓作风，总結經驗教訓，堅持眞理，修正錯誤，不断克服队伍中的风头主义、小团体主义、山头主义、无政府主义、个人主义等等錯誤傾向，用毛泽东思想来武装头脑，使“大联合”的队伍不断巩固，更加革命化、战斗化。革命造反派的工人說：“解放軍給我們带来了战无不胜的毛泽东思想，这是对我們革命造反派的最大帮助，最大支持！”

突出两条路綫斗爭，正確地識别左派，帮助左派

軍管会在进厂以前，党內一小撮“走資派”及保守派头头，就大造輿論，攻击革命造反派，把許多罪名强加在造反派头上，污蔑“大联合打砸搶起家”，“牛鬼蛇神掌权”“右派翻天”，“大联合的大方向完全錯了。”軍管会进厂后，狠抓两条路綫斗爭的綱，通过无产阶級文化大革命各个关鍵时刻的表現，是站在毛主席革命路綫一边，还是站在資产阶級反动路綫一边？是“革”还是保？来判断一个群众組織是革命造反組織，还是保守組織。地质指揮所軍管小組对該单位群众組織通过調查研究，进行細致的分析，根据大量的事实肯定：“大联合”所属“毛主席路綫战斗兵团”是革命造反組織。因为她是从反动路綫白色恐怖中冲杀出来的，在“一月革命”风暴中，堅决剎住了反革命經济主义黑风，勇敢地夺了“走資派”的党、政、財、文大权，挑起革命、生产两付重担，深入批判資产阶級反动路綫，在新的形势下，它高举批判大旗，为促进革命大联合、革命的“三結合”而努力。这就是它的本质和主流。在前进的道路上虽然存在这样那样的缺点錯誤，但它敢于自我批評，检討錯誤，不断革命，不断前进。她对毛主席的革命路綫，对战无不胜的毛泽东思想无限热爱，她的大方向是正确的。因此，軍管小組堅决支持“毛主席路綫战斗兵团”的一切革命行动。同时，又积极热情地用毛泽东思想帮助他們克服缺点錯誤，牢牢掌握斗爭大方向。有一阶段，这个兵团有的造反派由于学习不够，不能很好地掌握党的政策，正确地对待受蒙蔽而参加保守組織的群众，軍代表就和他們一起学习《关于正确处理人民內部矛盾的問題》，学习“无产阶級不但要解放自己，而且要解放全人类”等最高指示，对照检查自己，克服了对受蒙蔽犯錯誤的同志歧視和急燥粗暴等缺点錯誤，团結了大多数群众。

在革命的大批判中，管子站的造反派主动提出和不同观点的群众联合起来开展批判，肃淸資产阶級反动路綫的流毒。軍管会发現这个苗头后，及时总結經驗，树立典型，推动了大批判的深入开展。造反派的工人說：“解放軍帮助我們牢牢掌握斗爭大方向，沿着毛主席开辟的航道前进，这就是支左。”軍管会对革命派严格要求，发現缺点錯誤就及时批評指出，帮助无产阶級革命派掌好权、用好权，这是对造反派的最大爱护。开始有些同志想不通，說什么“解放軍为啥要捅我們的疼处？”“为啥老抓我們的小辮子？”並怀疑是不是支持造反派。但通过斗爭实践，大家认識到：“解放軍用战无不胜的毛泽东思想帮助我們克服缺点錯誤，是对人民負責，对毛主席革命路綫負責，是对我們最大的爱护，最大的支持。”

积極帮助革命派抓革命，促生产

軍管会进厂后，积极帮助革命造反派，响应毛主席“抓革命，促生产”的伟大号召，勇挑革命、生产两付重担，以革命統帅生产，出色完成了各項生产任务。軍代表說：“搞不好‘抓革命促生产’，我們就对不起毛主席。”

五月下旬，运輸处造反兵团的战士和广大革命群众，經过連續几昼夜的苦战，提前完成了搶运原油的任务。“大联合”召开庆祝大会，当时軍管会还未公开表态，但派了軍代表到会热烈祝

（下轉第三版）

一九六七年九月二十日　　新　天　津　　·3·

軍代表和我們心連心

六四一厂革命造反派大联合战士　王植檀

七月二十六日下午，我厂保守組織《东风》一小撮坏头头制造了大規模的反革命暴乱，对我“大联合”战士进行残酷的屠杀。当时我正在軍管会院子里，《东风》一伙暴徒冲了进来，一个暴徒指着我大叫：“他就是指揮‘5.4’‘5.5’武斗的王植檀。”于是几个暴徒猛扑过来，举起鉄棍劈头盖脑地向我头部打来。

正在这时，站在我旁边的軍管会朱代表，一个箭步冲上来，用身子挡住我，並用他的双手护着我的头。几根鉄棍猛地打下来，朱代表的手臂当場就被打得不能动弹，鮮血直流，手表也被砸得粉碎，当时虽然是打在軍代表身上，我却感到比打在我身上还痛千倍、万倍。杀人不眨眼的暴徒，沒等我說一句話，推开軍代表，棍棒象雨点一样打在我身上、头上，直到我昏迷过去。……

在《东匪》的地下监獄里，每当想起这件事，心里就久久不能平静，解放軍的英雄形象在我眼前屹立。我用毛主席的話“**下定决心，不怕牺牲，排除万难，去爭取胜利。**”来鼓励自己，坚持与《东风》一小撮坏头头进行斗爭，坚信我們的事业是正义的，我們一定会取得最后胜利。

《东风》一小撮坏头头在释放我时，耍尽了花招。他們先把我轉移到一个单独的房子里，对我进行恐吓、威胁；另一方面却向外放出謠言，說我已經放出来了，想把我置于死地。后来軍管会知道我的下落，立刻派了三个軍代表来到关我的房間，严正地和“东风”交涉。三位軍代表一直陪着我，寸步不离，还告訴我外面的大好形势，鼓励我继續战斗，他們說：“只要有我們在，就有你在。”軍管会譚代表亲自二次給“支左”发电报。在强大的压力下，“东风”一小撮坏头头的阴謀破产了，不得不最后释放我。

八月五日凌晨两点，在厂軍代表的护送下，我終于离开《东风》匪徒設立的地下监獄，胜利地回到了战友們身边。每当回忆起这次斗爭的經历，胸中就涌起一股說不出的感情。在暴徒的大刀、长矛、鋼鞭的严刑拷打之下，我沒有流过一滴眼泪，但是当回到亲人們身旁的时候，特别是看見了和我們心連心的軍代表时，我的眼泪再也忍不住了。喊一千遍、一万遍“毛主席万岁！”也表达不了我的心情。

革命派战士都是硬骨头

——贈“大联合”全体战友

38軍駐石油工業部641厂軍代表　周知　作

天不怕，地不怕，
神不怕，鬼不怕，
脑袋砍掉碗大个疤！
为保卫毛主席革命路綫，
为了文化革命开紅花，
洒血断头又算个啥？；
烏云罩，响雷炸，
刀光閃，黑风刮，
万馬齐暗似天蹋！
革命派战士都是頂天柱，
高举造反大旗猛冲杀。
杀！杀！杀出一个紅彤彤的新天下！
狂风吹，恶浪打，
繞暗礁，过山峽，
喝几口海水胆更大！
革命派战士都是硬骨头，
火海刀山也敢下，
誓死保卫毛主席他老人家！
举战旗，跨战馬，
紅象章，胸前挂，
革命派战士最听毛主席的話
联合起来齐战斗，
誓把反动路綫全摧垮。
让毛泽东思想永远永远放光华！

飄揚在海河之濱支左的一面紅旗

（上接第二版）賀，表揚了运輸造反兵团搶运原油的战士，說他們“在这場战斗中表現了工人阶級的优良品质。”給造反派以极大鼓舞和支持。

解放軍急革命派之所急，帮革命派之所需。六月下旬，由于某些原因，生产任务有完不成的危險，軍代表和革命造反派一样，心里很着急，他們到运輸造反兵团做政治思想工作，調动广大群众的积极性，並以身作則，亲临生产第一綫，在公路上协助指揮調动車輛，他們飯不吃，覺不睡，一直干到夜間两点多才回去，体現了解放軍吃大苦、耐大劳的英雄本色。在苦战中，軍代表关心群众生活，把飯菜送到現場，端到司机手里，司机感动的流出了眼泪，說：“你們眞是人民的好子弟兵！”更加激发了工人同志的革命干劲，他們說：“解放軍支持我們，我們一定要給毛主席爭气。”在軍民团結一致、共同努力下，終于完成了搶运任务，使全厂上半年国家計划超額完成。軍管会表态后，保守組織的一小撮坏头头，煽动大批不明眞象的群众进行停产罢工，为了使油田生产不遭受損失，軍管会积极帮助“大联合”动員組織人員，到生产前綫进行突击，全力以赴把生产重担挑起来。当某20井发生井噴时，軍代表奔赴現場，与造反派战士及革命群众战斗在一起，不怕苦，不怕累，奋不顾身地搶救，經过两天两夜的英勇奋战，終于制止了井噴。造反派的工人感动地說：“解放軍打仗是英雄，在油田上战斗更是好汉。有英雄們作榜样，我們刀山火海也敢闖。”

旗帜鲜明地站在无产阶級革命派一边

641厂軍管会高举毛泽东思想伟大紅旗，遵照毛主席的教导，經过两个多月艰苦細致的調查研究，全面了解了各群众組織的历史和現状，了解他們在两条路綫斗爭中的表現，以两条路綫斗爭为綱，根据大量的事实，于七月十四日公开表态，旗帜鮮明、毫不含糊地坚决支持“大联合”下屬的革命造反派。这一革命行动受到广大无产阶級革命派和革命群众的热烈贊揚，激动得热泪盈眶，一遍又一遍地高呼：“人民解放軍万岁！”“毛主席的无产阶級革命路綫胜利万岁！”“毛主席万岁！万岁！万万岁！”

但是，軍管会这一革命行动，却遭到党內一小撮“走資派”和保守組織“东风”总部一小撮坏头头的疯狂攻击。他們撕下了“拥护軍管会”的假面具，声嘶力竭地攻击軍管会，造謠中伤，污蔑軍管会是“刘邓的黑爪牙”、“高級保皇派”“××解放軍”、“王××（軍管会主任）是鎮压群众运动的劊子手。”“驅逐641厂的烏云”等等，更恶毒的是，他們竟于7月17日煽动三千多名不明眞象的工人进行大罢工，到軍管会所在地二号院靜坐示威，給軍管会施加压力，几次剪断軍管会的广播綫，搶走喇叭，不让解放軍向群众讲明事实眞相，宣传毛泽东思想。这些暴徒还搶走軍管会的小車，每天开着拖拉机在軍管会院內横冲直闖。在“7.26”反革命暴乱中，“东风”暴徒疯狂毒打、围攻、游斗軍代表（伤势很重，現仍住院）多次冲进軍管会，抓人打人，搶劫枪枝、設备、器材和文件材料，手持棍棒、长矛、大刀的暴徒日夜包围监視軍管会，大搞白色恐怖，对解放軍实行資产阶級专政，眞是猖狂到了极点。但是英雄的解放軍指战員，面对这一小撮坏蛋的謾罵、围攻、毒打，大义凛然，英勇不屈，他們义正詞严地痛駁保皇小丑的无恥讕言，豪壮地說：“毛主席交給我們的支左任务，掉脑袋也要去完成，我們就是要和革命派站在一起，流血牺牲在所不惜！”在他們被欧打、游斗时，振臂高呼：“誓死捍卫毛主席的革命路綫！”“毛主席万岁！”有个汪代表被暴徒們打得吐血，遍体鱗伤，被推到水溝里，还高呼：“毛主席万岁！”許多群众都被感动得流下热泪。

用鮮血和生命保护革命造反派

人民軍队爱人民。在这次“东风”制造的反革命暴乱中，解放軍把个人生死置之度外，奋不顾身地用自己的鮮血和生命保护革命派，搶救革命派，出現了許多可歌可泣、惊心动魄的場面。7月26日下午“东风”一伙暴徒疯狂地血洗“大联合”，“大联合”战士王植檀被打倒在地，一个暴徒掄起鉄棍朝王植檀的头部打来，被旁边一位姓朱的軍代表看見了，他眼疾手快，挺身而出，不顾一切，一个箭步跨过去，揚起手臂挡住鉄棍，只听“卡嚓”一声，手表被砸的粉碎，胳膊流出了鮮血！軍代表負了重伤，但他仍然用自己的身体保护被打倒在地的王植檀，宁肯自己被暴徒打得粉身碎骨，也要保护革命造反派！用生命保护无产阶級革命派，就是捍卫毛主席的革命路綫！“浩歌正气动天地，英雄肝胆照日月。”这是多么崇高的无产阶級的英雄气概！

在“东风”总部一小撮坏头头制造的白色恐怖中，解放軍指战員无所畏惧，不顾暴徒們的监視、跟踪、盯梢，尽一切可能从“东风”魔爪中搶救阶級弟兄。很多被打得奄奄一息的造反派战士，跑到解放軍那里，得到无微不至的关心，解放軍同志給他們打針、吃药、治伤、端水端飯，細心照料，並冒着生命危險，千方百計地把他們从“虎口”中搶救出来。最近，“东风”的革命群众徐国貴，由于大造“东风”一小撮坏头头的反，被严刑拷打，受尽折磨，当他冲破罗网，被解放軍营救出来时，热泪盈眶地說：“是毛主席救了我，解放軍救了我，把我救出了火炕。解放軍眞比亲人还要亲！我要永远跟随毛主席干一輩子革命。”

通过几个月的共同战斗，641厂軍管会的指战員与革命造反派建立了血肉相連、魚水相依的关系。当“大联合”遭到暂时挫折时，軍管会写信鼓励造反派战士，信中說：用毛泽东思想武装起来的革命派任何急流險灘也阻挡不了我們前进！解放軍的支持和关怀給了“大联合”的造反派战士巨大的鼓舞和力量，使大家誓死捍卫毛主席革命路綫的决心更加坚定了。革命派战士說：“解放軍支持我們，眞是把心都掏出来了！我們一定要把无产阶級文化大革命进行到底！为了保卫毛主席，掉了脑袋也要干到底！不获全胜，死不瞑目！”

軍民团結如一人，試看天下誰能敌

“东风”总部一小撮坏头头，千方百計妄想搞垮高举毛泽东思想伟大紅旗、坚决支持革命左派的641厂軍管会。但是，“蚍蜉撼大树，可笑不自量。”在革命造反派和人民解放軍的坚决斗爭下，他們的阴謀一个个地被粉碎了，遭到了可恥的失败。“霜打青松松更青，血染紅旗旗更紅。”英雄的4800部队641厂軍管会，經过血与火的战斗洗礼，天津市支左的一面紅旗更加鮮艳、更加耀眼地高高飄揚在海河两岸的上空！

我們伟大領袖毛主席向全国发出了“拥軍爱民”的伟大号召，641厂大联合的革命造反派热烈响应，坚决执行，立即掀起了“拥軍爱民”的高潮，紛紛表示要永远学习解放軍，坚决拥护解放軍，相信和依靠解放軍，永远和解放軍团結在一起，战斗在一起，胜利在一起！把无产阶級文化大革命进行到底！

“軍民团結如一人，試看天下誰能敌！”

641厂“拥軍”战斗队　本报記者

枪斃反动影片《两訪》

天拖鉄牛衛东彪兵团 向东飞

伟大領袖毛主席教导我們說：**“我們現在思想战綫上一个重要任务，就是要展开对修正主义的批判。”**

中国的《刘白毛訪問印尼》和苏联的《赫禿訪問美国》是两部极端反动的影片，是国际共产主义运动中現代修正主义分子叛卖世界革命的两个活标本，是使世界革命人民进一步认清現代修正主义丑恶本质的生动的反面教材，是两棵必須彻底批深、批臭的大毒草。

在这两部影片中，刘白毛和赫禿大肆販卖修正主义的黑貨，充分暴露了他們反共、反人民、出卖世界革命人民根本利益的叛徒嘴脸。

在刘少奇和王光美的直接策划下炮制的大毒草《訪問印尼》中刘白毛把自己打扮成一付正人君子、“伟大領袖”的模样，极力貶低我們伟大領袖、我們心中的紅太阳毛主席的崇高威望，突出他和他的臭妖婆王光美。当他看到雅加达的馬路上悬挂着他和王光美及苏加諾的巨幅狗象和“刘少奇万岁”的横幅标語时，不但不制止、不反对，反而眉开眼笑，得意洋洋，眞是狗胆包天！刘白毛的篡党的狼子野心，是有其历史根源的。1941年在华东党校的一次讲話中他就野心勃勃的說过：“外国出了个馬克思，中国为什么不能出个刘克思？”在他看来挂他的狗象是理所当然的，喊他“万岁”他是受之无愧的了。呸！刘白毛你算老几？！毛主席是全世界革命人民最最伟大的領袖，是我們心中最紅最紅的紅太阳，我們要千遍万遍地高呼毛主席万岁，世世代代永远高呼毛主席万岁！刘白毛你又算个屁泥！

刘白毛訪問印尼根本不宣传战无不胜的毛泽东思想，不讲阶級斗爭，不讲武裝夺取政权，不讲无产阶級专政，反而大肆鼓吹与資产阶級的“和平”、“团結”，拚命宣揚“和平过渡”等謬論，这和赫禿子訪問美国时在联合国讲坛上所販卖的“四年內实行全面裁軍、消毁武器、解散軍事院校，看誰能为人民建設更多的住宅、使更多的人为和平服务”等“和平共处”、“和平竞賽”的論調多么合拍，有什么两样？由于刘白毛在印尼散布了大量的“和平过渡”、“武装斗爭条件不成熟”等謬論，使兄弟党放弃了已有的武裝，在反革命鎮压时束手待斃，致使部分領导人和成千上万的革命者慘遭杀害。印尼革命受到极大的損失。这雄辯地証明了刘白毛是地地道道的修正主义分子、反动派的帮凶，世界革命的叛徒！

在《訪問印尼》中刘白毛把自已裝扮得道貌岸然、人模狗样，带着他的臭妖婆、頂风臭万里的交际花王光美，出入宴会、舞厅、宮庭內院，大搞“夫人外交”，纵容“烂桀花”王光美卖弄风騷和鎮压人民的劊子手警察总监照象，和大流氓苏加諾拥抱、跳舞、暗送秋波、丑态百出，給中国人民丢尽了脸！刘白毛对印尼人民冷若冰霜，毫无感情，却和資产阶級的“上层人物”右派軍人代表、大劊子手納苏蒂安握手言欢，刘白毛和印尼資产阶級統治集团头面人物眉来眼去的亲爱劲比起赫魯晓夫和艾森豪維尔的关系来更是有过之而无不及。刘白毛非常欣賞資产阶級的生活方式，整天和那些达官貴人們跳舞、喝酒、玩兰花，沉醉于腐朽糜烂的資产阶級生活中，他还恬不知耻地說：“我当了九天总統。”这一語道破了刘白毛丑恶骯脏的灵魂及其篡党篡政的狼子野心。

毛主席說：**“要特别警惕象赫魯晓夫那样的个人野心家和陰謀家篡夺党和国家的各級領导。”**

刘白毛就是中国的赫魯晓夫，是埋在毛主席身边的定时炸弹，是我們无产阶級最危险的敌人。

我們无产阶級革命派要時刻牢記毛主席的伟大教导，更高地举起革命的批判旗帜，彻底摧毁資产阶級司令部，把埋在党內的大大小小的定时炸弹連同国际共产主义运动中大大小小的赫魯晓夫統統揭露出来，把他們斗倒、斗垮、斗臭，再踏上千万只脚，让他們永世不得翻身，保証我們无产阶級的国家永远鮮紅，让整个世界成为紅彤彤的毛泽东思想普照的新世界！正是：

赫魯晓夫刘白毛，
一丘之貉修字号，
叛卖世界大革命，
“两訪”留作万世标。

无产阶級革命派，
手捧雄文鏟毒草，
碰壁蒼蝇空抽泣，
五洲四海紅旗飘。

司馬昭之心路人皆知

成語新用

“司馬昭之心，路人皆知”这句成語，出自《三国志·高貴乡公曹髦传》注引《汉晋春秋》。

三国时代，魏国司馬懿杀死曹爽，曹氏政权逐漸轉成司馬氏政权，以后司馬懿的儿子司馬师、司馬昭相继执政。司馬昭做了相国，更加专横跋扈，大肆屠杀曹氏集团中的人。他威逼年輕的魏帝曹髦封他为晋公，但当曹髦封他为晋公时，他却假惺惺地辞謝不受，其实司馬昭的阴謀还想曹髦让位給他当皇帝，曹髦知道这个阴謀气憤地罵道：“司馬昭之心，路人皆知也。”曹髦认为与其坐着等死，还不如早下手跟他拚一場；于是便带着人去进攻司馬昭，結果却被司馬昭手下的人杀死了。曹髦死后，司馬昭做賊心虛，怕人咒罵，又假意立曹奐做皇帝。后来他的儿子司馬炎废魏帝曹奐，建立了西晋王朝，做了晋武帝。

后来人們就引用“司馬昭之心，路人皆知”这句成語，比喻阴謀家的野心巳經暴露无疑，人人都看得清楚，人人都知道。专用于貶斥意。例如：“（国民党反动派）假統一之名，行独霸之实。弃团結之义，肇分裂之端。司馬昭之心，固巳路人皆知矣。”（《毛泽东选集》第二卷，716頁）

一年多来，在汹涌澎湃的文化大革命的洪流中，赫魯少奇的狼子野心巳暴露无疑了。当然，这条落水狗必然要作垂死掙扎。不久之前，刘少奇就提出了什么“老革命遇到了新問題”，还假借“检查”之名，胡說什么：“不清楚为什么”“提出和推行資产阶級反动路綫”，妄图掩盖他一貫疯狂反对我們伟大領袖毛主席，阴謀篡党夺权，复辟資本主义的罪恶事实。但是，“司馬昭之心，路人皆知”，刘賊的狼子野心不是早巳暴露在光天化日之下了嗎？

刘少奇这个政治阴謀家，为了篡党夺权，几十年来，一直疯狂地誣蔑、攻击毛主席。早在一九三五年一月具有伟大历史意义的遵义会議上，确立了以毛主席为首的党中央正确領导，毛主席就巳成为全党公认的伟大領袖。然而刘賊在一九四一年却一再叫嚣：“全党領袖沒有实际形成”，阴謀否定毛主席是我們党的伟大領袖。更于一九四七年，含沙射影地攻击毛主席，胡說什么：“世界上沒有十全十美的領导者，古今中外都沒有。如有，那是裝腔作势，猪鼻子里插葱装象”。这是何等的恶毒呀！

解放后，刘賊更变本加历地疯狂攻击毛主席。胡說什么：“領袖不是自封的……”、“馬克思、恩格斯、列宁、斯大林、毛主席都犯过錯誤”等讕言，並利用被苏修破坏我国建設及連續三年的自然灾害，他亲自对农民及干部說：“毛主席犯了錯誤”，将造成暂时困难的原因說成是“三分天害，七分人禍。”甚至公然煽动“反对毛主席只是反对个人。”直到这次文化大革命开展之后，刘賊又在万人大会上疯狂叫嚣：“写了拥护党中央，反对毛主席的标語的人，还不能做結論”，“应該加以保护”，公然为反革命份子壮胆。一九六三年，刘賊在訪問印尼后，恬不知耻的說：“我当了九天总統。”由此看来，刘少奇根本不是什么“老革命遇到了新問題”，而是一个地地道道的老反革命，几十年如一日的反对毛主席。提出和推行資产阶級反动路綫也正是为了复辟資本主义，这不是昭然若揭了嗎！

（劲 草）

大批判动态

▲天津鏈軌板厂魯迅兵团、发电設备厂井岡山造反团，一个多月以来，奋起了大批判的千鈞棒，口誅笔伐，向党內最大“走資派”开火，大批判专栏遍布全厂，論文、詩歌、宣传画、詩画配合应有尽有，內容丰富多采，掀起了大批判高潮。

▲天津拖拉机厂鉄牛卫东彪兵团和新华书店一一三等組織組成了工学干革命大批判联絡站，革命派联合起来展开了大批判运动。並在厂內食堂、車間、办公室都搞了大批判陣地，大字报琳琅滿目，质量越来越高。

▲天津內燃机厂遵义兵团，一个轰轰烈烈的大批判高潮已經形成，总部負責人亲赴大批判第一綫，各分团分設大批判专栏，人人动手，口誅笔伐，向党內最大走資派猛烈开火。

▲天津机械厂联合会，从八月下旬进入了大批判的高潮，联合会的負責人以身作則，带头写批判文章，各联絡站一齐动手，大批判专栏遍布全厂，人人动手，口誅笔伐，向党內最大“走資派”及其同伙发动了总攻击。

参考消息

▲江青同志九月一日談聶元梓問題：聶元梓同志在文化大革命中有两大功劳：第一张大字报是其中之一，另外她揭发了安子文叛国集团。但是聶元梓背了两个包袱，压得喘不过气来，但你們要給她改正的机会。

▲最近，中央文革办事組通知說：在目前情况下，陈里宁同志不宜于到社会上作报告。对群众提出陈里宁的問題，我們将作进一步調查。

▲周总理在九月二日接見国务院財貿系統各派組織时說：「姚登山去外貿部讲話是錯誤的，煽动性很大，我当时批評了他，他自己提出了打倒刘、邓、陈。」

▲周总理最近談：「現在有人还夺解放軍的枪，这是非法的，不允許的，誰要搶‘卫戍区的枪’，我当場要把头头逮捕一两个，这是中央的決定，中央文革的決定。」

▲八月三十日上午九点二十分总理联絡員电話传达富春关于批判余秋里的指示：每周可以批判两次：

一、計委革命造反公社一派星期三，計委紅委会星期六。

二、每次不超过三小时。

三、只許文斗，不許武斗。

四、批完后按时送回国务院，不許扣人。

▲打倒英帝：英帝于八月二十日在伦敦砸毁我駐英代办处，打伤十一人，重伤三人，烧毁我代办处房屋。

▲九月四日总理、伯达、康生、江青、楊成武、张春桥、姚文元接見清华、北航、北大、师大、地质、鋼院、石油、輕工，人大等院校負責人。許多同志要求談林杰問題，江青同志让姚文元同志談这个問題。姚文元同志讲：「林杰、赵易亚、穆欣是反党集团。叶剑英、徐向前是「五·一六兵团」的后台，王乃英（林杰的老婆）是特务。」关于批判林杰問題，首长认为符合大方向，但不要大規模的搞。

▲大扒手林杰揪出来以后，林杰的老婆王乃英公然跳了起来，在九月四日跑到中宣部貼大字报，竟敢将矛头指向中央文革。企图轉移革命群众的視綫。

▲中央文革办事組电話通知要从政治思想上組織上把肖华批倒批臭，肖华是反革命两面派。

凡是要推翻一个政权，总要先造成舆論，总要先做意識形态方面的工作。革命的阶級是这样，反革命的阶級也是这样。

文艺战报

首都批资联络总站 特刊
文艺分站《文艺战报》 1967年10月3日

社论

庆胜利 立新功

——庆祝中华人民共和国十八周年国庆

战鼓响、红旗飘。在无产阶级文化大革命的凯歌声中，我们胜利地迎来了伟大祖国诞生十八周年纪念日！红心跳跃，热泪盈眶；千言万语道不完心里话，千歌万诗唱不尽胸中情。千言万语，万语千言，汇成一句话：毛主席万岁！万万岁！

东方红，太阳升，中国出了个毛泽东。十八年来，在伟大领袖毛主席的统帅下，英雄的中国人民高举毛泽东思想伟大红旗，大破大立，大冲大杀，在政治、经济、文化、军事各个领域里，夺得了震惊世界的辉煌战果。我们的战果，大长世界革命人民的志气，使得他们欢欣鼓舞；我们的战果，大灭一小撮帝修反的威风，使他们胆颤心惊！看吧！一个毛泽东思想阳光普照的红彤彤的新中国正象巨人般屹立在东方。日从东方出，日出漫天红，伟大的社会主义祖国，正在推动着世界革命的车轮滚滚向前。

由我们伟大领袖毛主席亲自发动和领导的无产阶级文化大革命，犹如大海的怒涛汹涌澎湃，把以中国赫鲁晓夫刘少奇为首的资产阶级司令部冲得个落花流水，革命形势一片大好，越来越好！从文化领域中的大批判开始的无产阶级文化大革命，经过一年激动人心的战斗，现在正胜利地进入对党内最大的一小撮走资派的群众性的大批判。拿起笔，做刀枪，革命的工农兵和红卫兵小将在革命大批判运动中争建新功。人民战争席卷全国。这场大批判具有重大的政治意义，它是无产阶级革命派夺权斗争的深入发展，是清除修正主义毒素的重大步骤。它不仅会彻底摧毁以中国赫鲁晓夫刘少奇为首的资产阶级司令部，而且会荡涤我们头脑中的一切非无产阶级思想。经过这场群众性的革命大批判，，必须进一步树立伟大领袖毛主席的绝对权威，树立毛泽东思想的绝对权威，树立毛主席革命路线的绝对权威。毛泽东思想是全党、全军和全国一切工作的指导方针，有了毛泽东思想便有了人民的一切。展望前程，经过革命大洗礼的社会主义中国将永葆鲜红，越来越红！

最近，毛主席对大联合作出了新的指示：**在工人阶级内部，没有根本的利害冲突。在无产阶级专政下的工人阶级内部，更没有理由一定要分裂成为势不两立的两大派组织。**毛主席的伟大号召，传遍了大江南北，长城内外。革命大联合的洪流奔腾起来了！欢庆的锣鼓响彻了大地，千万封喜报映红了天空。革命的大联合成了一股不可抗拒的历史潮流！这股潮流，是对党内一小撮走资派的沉重打击。这股潮流，是对小资产阶级派性的猛烈冲击。这股潮流，将调动亿万革命群众，组成浩浩荡荡的大军，保证无产阶级文化大革命沿着毛主席的无产阶级革命路线迅跑。我们每一个革命战士，都为这个潮流的到来而热烈欢呼，都为这个潮流的发展而贡献自己的全部力量！

"组织千千万万的民众，调动浩浩荡荡的革命军，是今天的革命向反革命进攻的需要。"今天，我们的革命大军正在高唱凯歌埋葬刘家王朝。革命的大联合推动了革命的大批判，革命的大批判又将继续巩固和加强革命的大联合。一场向以中国赫鲁晓夫刘少奇为首的资产阶级司令部的总攻击已经开始，革命的战友们，在欢庆光辉节日之际，让我们高举毛泽东思想伟大红旗，巩固发展革命大联合，深入开展革命大批判，肩靠肩，手携手对准党内最大的一小撮走资派猛烈开火！

"我们正在做我们的前人从来没有做过的极其光荣伟大的事业。
我们的目的一定要达到。
我们的目的一定能够达到。"

把陶铸的黑"样板戏"揪出来示众！

——剖析"中南区戏剧观摩演出大会"的几株毒草

一九六四年七月，在无产阶级文化革命的伟大旗手、我们敬爱的江青同志的直接领导下，冲垮了刘邓文艺黑线的重重阻碍，"全国京剧革命现代戏会演"在北京隆重举行。这次大会演，攻破了旧京剧这个最顽固的艺术堡垒，推动了整个戏剧战线的社会主义革命。这是江青同志所建树的不朽的历史功勋，是光焰无际的毛泽东思想的伟大胜利。

在戏剧革命取得辉煌胜利的形势下，中南地区党内最大的走资派陶铸迫不及待地跳了出来，大耍反革命的两面派手法，极力破坏戏剧革命。他把自己打扮成革命现代戏的"倡导者"，于一九六五年二月对中南地区的戏剧工作者作了题为"一定要演好革命现代戏"的讲话，题目很好听，但其内容却是对江青同志指导演出的样板戏《红灯记》大肆贬低和污蔑。接着，又兴师动众，在同年七、八月间策划了一场"中南区戏剧观摩演出大会"，抬出了好几出戏作为黑"样板"来对抗江青同志树起的革命样板戏。对于这次毒草丛生的"观摩演出"，陶铸在"总结报告"里曾经拍着胸脯叫嚷："我今天代表中南局在此宣布，这次会演的剧目，没有一个是毒草"。真是"此地无银三百两"，他做贼心虚，已经不打自招了。

"假的总是假的，伪装应当剥去"，我们来解剖几株毒草，看看陶记"会演"究竟是些什么货色吧。

《朝阳》（话剧）

中国的赫鲁晓夫于一九六四年八日在广西壮族自治区直属机关和地方负责干部会上宣扬两种教育制度。一九六五年三月又在全国农村半农半读会议期间大肆放毒，掩盖教育战线尖锐复杂的阶级斗争，鼓吹"半农半读本身就是阶级斗争"，广西壮族自治区话剧团编演的话剧《朝阳》就是适应其反革命修正主义政治需要而炮制出笼的。

这部话剧借描写南方某城市一所"半工半读"学校的"成长"过程，吹捧刘少奇反革命修正主义的教育黑线，把资产阶级教育的"双轨制"粉饰成社会主义的半工半读教育制度，颠倒黑白，混淆是非，以对抗毛主席的无产阶级教育的革命路线。

中国的赫鲁晓夫一再兜售自己的修正主义黑货："我想我们国家应该有二种主要的教育制度和工厂农村的劳动制度，一种是表现在全日制的学校教育制度，小学、中学、大学整天都是读，一种半工半读的学校教育制度和一种半工半读的工厂劳动制度。"话剧《朝阳》也操着同中国的赫鲁晓夫同样的腔调："要这么认识，半工半读与全日制是两种不同类型的社会主义教育制度"，把腐朽的资产阶级教育"双轨制"吹嘘成"一种新生事物"，甚至不遗余力地贩卖刘少奇的"生意经"，什么"要做到以工养读，减少国家和家庭负担"呀，什么"半工半读学校培养出来的……是能攻打科学堡垒的人材"呀，什么"又是普通劳动者，又是科学家，这就是我们学生的奋斗目标"呀，……。什么"家"，什么"人材"，就是闭口不谈毛泽东思想挂帅，不要思想革命化，不谈兴无灭资，不讲批判资产阶级。这样的"半工半读"是彻头彻尾彻里彻外的修正主义货色。

这株毒草一出来，反革命两面派陶铸就大捧特捧，把它吹嘘成"敢于大胆接触矛盾"的"样板"。陶铸说："话剧《朝阳》所以能够比较深刻地揭示矛盾，……绝不是偶然的"，是"作者具有为党的事业忠心耿耿的精神无所畏惧""解放思想"了的结果。这一说泄露了"天机"，原来陶铸肯定《朝阳》，是因为毒草敢于赤裸裸、明目张胆地贩卖刘少奇反革命修正主义的私货，为其"忠心耿耿"，死命效力。什么"无所畏惧"、"解放思想"统统都是黑话，目的要鼓动大小牛鬼蛇神跳将出来占据社会主义舞台，为复辟资本主义制度制造舆论准备。

《山乡风云》（粤剧）

这是公开对抗毛主席人民战争光辉思想，阴谋破坏戏剧革命的一株大毒草。**（下转三版）**

·2·　文艺战报　1967年10月8日

吹捧陶铸的三株毒草

陶铸是党内最大的走资本主义道路当权派之一，是中国赫鲁晓夫在中南地区的头号代理人，是赫鲁晓夫式的个人野心家，是典型的反革命两面派。陶铸在篡党、篡政的过程中，为了制造反革命舆论，为了捞取政治资本，或亲自出马，或假手喽罗，炮制了一批吹捧他们毒草。现将其中三株，揪出示众如下：

《红花岗畔》回忆录，一九五九年北京工人出版社出版，作者欧阳山是个反党分子。解放后靠了陶铸的势力，爬上了华南文联主席、广东文联主席、作协广东分会主席等宝座，横行霸道，不可一世，成了广东文艺黑帮的总头目，成了陶铸豢养的一条穷凶极恶的看家狗。

《红花岗畔》写的是一九二七年十二月十一日的广州起义。当时的陶铸，正在反动军阀张发奎的部队里"吃粮当兵"。这个政治投机商，看到有利可图，想当政治暴发户，于是从国民党工兵营里逃出来，欲钻进起义队伍。可是，他上午九时刚到主力部队，下午就遇上起义部队总指挥、当时的中央委员广东省委书记张太雷同志牺牲。这下子吓坏了这个胆小鬼陶铸，赶紧化装逃到反动军阀陈铭枢的副官家里藏了起来。几天后，还不放心，于是又化装逃回了湖南老家。

就是这样一个对广州起义丝毫没有贡献的陶铸，欧阳山却偏要在《红花岗畔》里无中生有，捏造史实，无耻地往陶铸脸上贴金。他在前记里写道："张太雷同志担任总指挥"陶铸同志当时也参加领导警卫团的起主行动。"呸！他竟把大叛徒、胆小鬼陶铸和英勇的革命先烈张太雷同志相提并论，真是不知人间有羞耻事！再看后面，更让人肉麻，什么"青年军官陶铸亲手去搬动那些一捆捆的步枪"，甚而至于把陶铸说成使人"激动的"、"钢铁般的人们"的代表！书中有一处是这样描述的："由党派到警卫团工作的青年军官陶铸站在他们（指叶挺等）旁边，用手指示着珠江沿岸一带的地方。"又一处写道："她（书中一人）看见警卫团的战士正在跑步向观音山方向开过去，为首的正是蔡申熙和陶铸同志。"这几段伪造历史的文字，不禁使人想起了陶铸那句自我吹嘘的"名言"："我基本上是个无产阶级革命家"。然而，历史就是历史，谎言终是谎言。欧阳山这本吹捧陶铸的黑书，只不过是在这个"南霸天"的脸谱上增加了一道令人发笑的油彩而已！

《小城春秋》长篇小说，一九五六年十二月作家出版社出版，作者高云览，是个大叛徒，曾经参加过中国社会主义青年团，第一次国内革命战争失败后，逃亡海外，最后成了南洋"巨丰轮船公司"的资本家。

《小城春秋》写的是一九三〇年五月由机会主义分子陶铸、罗明、王德合谋的厦门劫狱事件。这是一次在李立三"左"倾机会主义路线指导下的危害革命的错误行动。这次错误行动，完全违背了毛主席的革命路线，结果遭到严重的失败，给党带来了极大的损失。可是，小说作者为了障人耳目，竟然把事件发生的时间改为一九三六年，而且处心积虑、费尽笔墨为陶铸歌功颂德，树碑立传。小说不惜篡改历史，把陶铸执行的错误路线当成正确路线来颂歌，把陶铸这个大叛徒、大政治投机商说成是"成功领导劫狱事件"的"英雄"。

小说出笼之后，陶铸欣喜若狂，到处标榜他是"劫狱事件的领导者"，到处吹嘘"武装劫狱行动是对的"。高六览的同伙叛徒张楚琨在再版序中，干脆赤膊上阵，毫无掩饰地说："由罗明、王德、陶铸等六位同志组织破监委员会，指定陶铸同志负责组织与领导。在地下党的领导下，破监斗争取得了非凡的胜利"，"消灭敌人二十余名，我党方面却无一伤亡。群众说'共产党真有本领，来无踪，去无影'。"破监的政治影响极大。"实际上，在当时白区严重白色恐怖的形势下，采取这样的冒险军事行动，根本得不到群众的拥护和支持。张楚琨笔下的"共产党真有本领"，不过是"陶铸真有本领"的同义语吧了！

小说篡改历史，可是历史却回过头来无情地嘲弄了小说的作者和吹捧者。毛泽东思想的阳光把陶铸照得原形毕露，革命群众眼睛雪亮，陶铸那里是什么"未犯过错误的"的"一贯革命"的"基本上"的"无产阶级革命家"，而是一个地地道道的老牌机会主义者，可耻的政治投机商，十足的假革命、反革命。

《三家巷》《苦斗》是所谓五卷长篇小说《一代风流》的前二卷，一九六〇年、一九六三年作家出版社出版，作者欧阳山。

《三家巷》《苦斗》写的是第一次国内革命战争前前后后广州、上海地区的革命斗争。书中把周炳这个假冒工人的资产阶级知识分子，吹捧成在无产阶级革命斗争中"屡建奇功"的"一代风流"。这是对工人阶级伟大形象的严重歪曲。书中还三次提到陶铸，把他写成是广州起义中的"领导者"和"英雄"，这是对革命历史的公然篡改，这是对大叛徒的无耻美化。陶铸为了让人知道，周炳这个人物是有他的影子在其中的，曾经拐弯抹角地对人说："我女儿在上海念书，有人问她《三家巷》里的周炳是不是你爸爸？我告诉她，你爸爸没那么漂亮！"大毒草《三家巷》《苦斗》出笼后，陶铸说是"一流作品"，鼓励欧阳山把《一代风流》写下去。当革命群众纷纷起来批判这两部毒草时，陶铸公开为欧阳山撑腰说："有我陶铸在，欧阳山就不会倒。"但是，无产阶级文化大革命的疾风暴雨来临了，陶铸这个"南霸天"倒台了，欧阳山的利用小说反党的累累罪行，必将受到彻底的清算！

北京语言学院红旗
北京外语学院红旗《同心干》

陶铸与红线女

臭名昭著的广东粤剧院副院长红线女，是「南霸天」陶铸的中实爪牙，是文艺界的资产阶级反动「权威」，也是一个彻头彻尾的反革命修正主义分子。

中南地区头号党内走资本主义道路的当权派陶铸曾一再吹嘘广州有「两宝」：第一就是红线女，第二是《羊城晚报》。陶铸为了使红线女成为进行反革命复辟活动的挡箭牌，不遗余力地要把她树为一块黑「样板」。六四年，陶铸对文艺界讲话时叫喊：「红线女也下决心到农村去，我支持，搞出个样板来。」还说：「弱不经风的红线女都下农村去了，谁还不能下乡？」而事实上，红线女下乡后，根本没与社员实行「三同」，而是专门有个机关干部伺候她，供其「使唤」。更有甚者，陶铸竟然胡说什么红线女「可以说是老革命了。」真是把这个名为「红线女」实为资产阶级文艺路线的黑线女」捧到了九霄云外！陶铸借吹捧红线女，大肆贩卖资本主义的黑货，妄图诱骗文艺工作者走红线女的反动道路，猖狂抵制毛主席关于文艺工作者要与工农相结合的教导，其复辟资本主义的狼子野心不是昭然若揭了吗？

陶铸不仅在政治上吹捧红线女，还从生活上给她种种养尊处优的特权。三年困难时期，陶铸这个自称为「中南最大的」人物竟亲自批准了红线女买肉可以不凭证，充分供应。并振振有词地说：「他们有钱，你不叫他们吃，他们的钱往哪里花呢？」这种奴颜婢膝地为资产阶级特权分子辩护的逻辑真是混蛋透顶！

更加令人不能容忍的是，有一年，国家收购珠宝，红线女伪装积极，自愿出卖价值三万余元的一颗大钻石和一个镶钻石的十字架。事后有人对陶铸说，红线女是「被迫」出卖珠宝的。陶铸听后，大动肝火，不加调查地大笔一挥下令追查此事的责任，并让人将原「珠宝」「追回」交还红线女。甚至公然叫嚷：「我宁可不要一个共党产员，而要一个红线女」这哪里还有一丝一毫共产党员的气味呢？这不说明陶铸与红线女之间有着一种维妙维肖的关系吗？

解放前，红线女一直在香港电影界里鬼混，一九五五年被陶铸「争取」回来后，怀着不可告人的目的投靠了陶铸一小撮党内走资派，被培养成一个披着「共产党员」外衣，为资本主义复辟大造舆论的「急先锋」。而陶铸所以在政治、生活上对红线女「关怀备至，视若珍宝」，其目的就在于利用她来为复辟资本主义鸣锣开道。无怪乎他们俩人打得是如此火热了。

无独有偶。中国的赫鲁晓夫刘少奇对红线女同样是倍加欣赏的，说她「很有前途」，还亲自请她到家里吃饭。物以类聚，人以群分。从这里不是也可以清楚地看出刘少奇和陶铸本来就是狼狈为奸的一丘之貉了吗！

红代会外语学院红旗《起宏图》

陶铸爱什么「才」？

陶铸钻到中宣部以后，多次为反革命修正主义文艺黑线的总头目周扬涂脂抹粉，开脱罪责。他说：「周扬有才华，因为没有好的领导才犯了错误。」

这纯粹是胡说八道！我们说，周扬的倒台，是他一贯坚持反党反毛泽东思想的反动立场的必然结果，而决不是因为有才华没有好的领导！「才华」在我们看来是有阶级性的，有革命的才华，也有反革命的才华。周扬有的是反革命的「才华」，是为刘、邓黑司令部服务的，在中国复辟资本主义的「才华」，是处处对抗毛主席和毛主席革命路线的「才华」，周扬的这种「才华」，无产阶级非但不需要，还要彻底把他批倒斗臭，使之永世不得翻身！

「鱼恋鱼，虾恋虾，王八专找癞蛤蟆」，狗陶铸对周扬的反革命「才华」如此赞不绝口，眷恋惋惜，正好表明他们俩是一丘之貉，是一对货真价实的反革命两面派。

红代会人大三红哨兵

1967年10月8日　　文艺战报　　·8·

砸烂这本黑家谱

——批判反动影片《革命家庭》

根据陶承的《我的一家》，由电影界"老头子"夏衍与资产阶级反动权威水华改编的电影《革命家庭》，是一本疯狂反对毛主席的革命路线，公然篡改革命历史，拼命为王明机会主义路线树碑立传的黑家谱。

《革命家庭》的历史背景是第二次内革命战争时期。毛主席指出这时期"我们的工作重点是在乡村，在乡村聚集力量，用乡村包围城市，然后取得城市。"但是"左"倾机会主义者却极力反对主席这一伟大的战略号召，以毛主席为首的革命路线与以瞿秋白、李立三和王明为代表的"左"倾机会主义路线在党内形成了尖锐的对立。影片的编导竟然歪曲历史，颠倒黑白，大唱"城市工作中心论"，把大革命失败后的革命低潮描写成革命形势不断高涨，以便为机会主义路线开脱罪责。影片中描写的一九二七年汉阳年关暴动，就是"左"倾盲动主义的标本。在汉阳县委召开的准备年关暴动的会上，被标榜为"革命者"的江梅清等人，竟然对"左"倾盲动主义路线没有丝毫的抵制，甚至，当敌人嗅到了罢工暴动计划，联络站和县委机关报的被破坏时他们不但不及时采取措施，制止这种错误的行动，反而要提前三天罢工，结果使这次暴动遭到了严重失败。影片不但不批判这种错误行动，却以大量篇幅为机会主义错误路线唱赞歌，把执行"左"倾盲动主义路线的江梅清美化为"英勇的共产党员"。

夏衍之流，还把突出代表"左"倾错误路线的一九三〇年的"五一"飞行集会，作为全片的高潮来处理，把小资产阶级的狂热性吹捧为无产阶级的革命精神，把"左"倾机会主义路线给白区工作带来的惨重失败美化为"很大胜利"、"推动了全国革命形势高潮"。

影片中江梅清一家和地下工作者缩在大城市里，文质彬彬地进行什么"工会工作"、"议会斗争"，在白色恐怖下，他们只是从这个城市转到另个城市，从这个机关转移到另个机关，几个人在机关里转上转下，不知搞的什么名堂，既看不见他们发动群众，也不见他们搞武装斗争，看见的就是豪华的公馆，是娇柔造作的娇小姐小莲、是多愁善感的贵妇周莲，是打扮得小少爷般的小清……影片里既没有尖锐激烈的两条路线斗争，也没有轰轰烈烈的革命战争。就是这些老爷太太少爷小姐式的"革命家"躲在豪华的大厦里写写文件，溜到街巷里贴几条标语，散发几张传单，一遇风险，便东奔西窜，各自逃命，也竟然取得了"革命的胜利"，岂不是欺人之谈。毛主席教导我们说：**"革命不是请客吃饭，不是做文章，不是绘画绣花，不能那样雅致，那样从容不迫，文质彬彬，那样温良恭俭让。革命是暴动，是一个阶级推翻一个阶级的暴烈的行动。"**这是无数历史事实证明了的颠扑不破的真理，周扬、夏衍之流奉其黑主子的指示，妄想麻痹人民斗志、取消武装斗争，走"议会斗争"的道路，更是痴心妄想！

影片里根本没有革命斗争的战斗气息，而充满着资产阶级人情味。《革命家庭》渲染革命使得这个家庭失去亲人、失去幸福。通片贯穿的是江梅清一家子的"骨肉之情"。怪不得夏衍刚刚听说要拍《我的一家》就急忙支持说："这个作品写一个妈妈带着几个孩子，很有戏，很好、动人。"真是臭味相投！周莲这个只晓得丈夫、儿子、小家庭的中间人物被夏衍美化为革命母亲；而江梅清这个"革命者"临死前留下的遗嘱却是："要是我真的死了，你们……好好的……活下去。"这个禁使们我想起了苏修的活命哲学。无怪乎苏修吹捧《革命家庭》"在争取各国人民之间的和平与友谊的积极斗争中作出了自己的贡献"，并授予它银质奖章。

影片开拍不久，康生同志就曾严励地批评说："《我的一家》作者有个人吹嘘，不符合历史事实，当时我在上海，怎么不知道这个事？"可是周扬、夏衍之流狗胆包天，竟然以换汤不换药的手法，将片名改为《革命家庭》，阴谋对抗康老。周扬还公开叫嚷："我认为这部影片是正确的！只是还不够动人。"

当摄制组的革命群众提出这部影片是歌颂王明"左"倾机会主义路线的时候，夏衍之流为了拼命美化王明路线，竟胡说什么："路线是错误的，共产党员是英勇的，有些牺牲的同志还是被称为烈士的嘛！"为机会主义路线的执行者大唱颂歌。夏衍为什么如此卖力地为王明翻案？原来他们的黑主子刘少奇早在一九三七年三月四日给党中央的一封信中就疯狂地吹捧王明路线，狂叫什么："王明路线还是有成绩……"，胡说："革命的胜利是从城市到农村，还是从农村到城市，其结果都是一个样，这不是原则问题。"等等，无怪乎刘贼看过《革命家庭》以后欣喜若狂，赞不绝口，因为他与王明是一丘之貉，都是老牌的机会主义者。夏衍就是利用《革命家庭》大肆鼓吹机会主义路线，为其主子刘贼效忠。

让我们高举毛泽东思想伟大红旗，彻底批判反动影片《革命家庭》，砸烂这本王明机会主义路线的黑家谱！

红代会财金八·八《浪遏飞舟》

（上接一版）

毛主席说：**"革命战争是群众的战争，只有动员群众才能进行战争，只有依靠群众才能进行战争。"**《山乡风云》根本不去表现我们党如何组织群众，依靠群众，用人民的革命武装来战胜反革命武装。而是歪曲党的地下斗争，把攻破一个反动的山寨的功劳，完全归之于"独胆英雄"式的人物刘琴的身上，归之于敌人内部的恶棍黑牛的所谓"起义"上，甚至不惜以丑化人民解放军指战员的形象来突出刘琴的个人的作用。

刘琴，剧中主角，是我人民解放军的一个连长，被歪曲描写成一个剑侠小说中的"女侠"，周旋在地主恶霸，太太小姐当中，妖艳轻狂，全身散发着资产阶级的臭气。剧中男主角黑牛，是一个流氓、恶棍。他为反动地主保镖，认贼作父，为虎作伥。

然而，就是这些人，被剧本美化为人民解放事业的"英雄"。这是对我伟大的中国人民解放军的最大诬蔑，是对毛主席军事路线的莫大歪曲！

《山乡风云》是陶铸抵制戏剧革命的"黑样板"。企图以此来压倒江青同志亲自树立的革命"红样板"戏《红灯记》，破坏江青同志亲自领导的戏剧革命。

《山乡风云》按照陶铸的"第一是革命现代戏，第二要好看"（即惊险，传奇，唱作念打能迎合某些观众的低级趣味）的黑标准。极力"照顾"反动权威红线女等的"所长"，精心炮制。

毒草一出笼、陶铸就亲自出马，拚命吹捧："粤剧没有好剧本，就数你这一个了。""《山乡风云》说明粤剧革命现代戏过关了"。为了抬高《山乡风云》他又恶毒贬低《红灯记》说："《红灯记》也还是个尝试，并不是不能超的"。《红灯记》不是没有缺点的。"反革命修正主义分子林默涵也说："《山乡风云》的成功标志着戏剧另一个顽固堡垒粤剧也被攻克了"。"《红灯记》虽然很好，但不能把它作为框框，北有《红灯记》，南有《山乡风云》，也很好吗！"狼子野心，昭然若揭！

《山乡风云》出笼后，立即遭到革命群众的尖锐批判，在中南区的会演上又遭到许多戏剧工作者的批评。陶铸一听气急败坏，动员起大小宣传机器，对毒草大写吹捧文章，并搬出修正主义的纪律来压制革命群众的批评。陶铸亲自下令要珠影把这棵毒草立即拍成电影，并组织到北京、上海巡回演出，中南各剧团也竞相争演电台播送，灌制唱片……弄得乌烟瘴气，好不嚣张！

但是我们敬爱的江青同志看了《山乡风云》之后，当即对毒草进行了严肃的批判。江青同志指出："多少好题材，你们不选，为什么单选这个戏来演？剧本的真实性如何？"并指示剧团："回去之后要向有关领导反映、不必这样急急忙忙拍电影，至要至要，谨慎谨慎。"张春桥同志也对它提出了严厉的批评。陶铸竟无视这些正确意见，一手遮天，坚持不作修改，直到一九六二年十月仍然全部扣压革命群众批判《山乡风云》的稿件，负隅顽抗，真是狗胆包天！

《电闪雷鸣》（话剧）

剧本写老工人的雷凯忠为了掌握新技术，像小学生一样，从头学习、勤勤苦苦，终于掌握了电机的"高深原理"，克服了人和技术的矛盾，完成了生产任务，最后被提升为工程师。

毛主席教导我们："在社会主义社会还存在着阶级和阶级斗争"。《电闪雷鸣》公开反对毛主席这一伟大科学论断，抹煞和取消阶级、阶级斗争，一味宣扬人和技术的矛盾、鼓吹"把阶级觉悟落实到刺刀尖和球拍子上"、"政治落实到业务"的修正主义谬论。宣扬技术决定一切，掌握科学文化高于一切。什么无产阶级政治、什么阶级斗争、什么无产阶级专政都可一概不要了，只要有了"高深原理"，社会主义建设便可大功告成，共产主义就能来到了。《电闪雷鸣》百分之百地贩卖赫鲁晓夫修正主义的滥货！

为了衬托雷凯忠，这出戏还突出描写了两个"中间人物"，青年工人丁强终日陷于小家庭的圈子，老工人秦满常则是"一把茶壶、一张躺椅"退坡保守，停步不前。这是对工人阶级的歪曲和丑化。《电闪雷鸣》是一株不折不扣的大毒草，陶铸却把它捧上了天，他一夸雷凯忠"很可爱、很高大，给人的教育十分深刻"；二夸《电闪雷鸣》是"优秀"的"革命现代戏"。真是王八爱乌龟，十足暴露出陶铸的反革命修正主义嘴脸。

《补锅》（湖南花鼓戏）

这是一出新"才子佳人"戏。剧中男女主角"知识青年"刘兰英和青年补锅匠李小聪实际上是两个披着"革命"外衣的小资产阶级分子，谈情说爱、酸不溜丢、摇首弄姿、庸俗已极。而"劳动模范""养猪能手"刘大娘，则被写成了一个"中间人物"，一脑子封建等级观念，陈腐不堪。这出戏的中心情节是刘兰英与李小聪帮刘大娘"认识""看不起补锅这行业是错误的"，好收下补锅匠做女婿，成全他们的"良姻美缘"。剧本宣传的，不外是旧才子佳人戏中"愿天下有情人皆成眷属"那一套腐朽不堪的货色。

《补锅》在中南戏剧观摩演出时，就受到不少革命戏剧工作者的批判，指出：《补锅》是新才子佳人戏。陶铸一听，火冒三丈。他为了压制正确的批评意见，保护这株毒草，竟自称"补锅派"并厚颜无耻地叫嚷："世界上有男的，有女的，就会有恋爱，正大光明的恋爱为什么不可以？""志趣相同，互相爱慕，那是很自然的。"给这对才子佳人奉上"革命的爱""阶级的爱"的桂冠。他还得意洋洋地说："不怕不识货，就怕货比货"，"看了《补锅》就不想看《拾玉镯》了。"真是妙极了！新才子佳人胜过老才子佳人，原来陶铸心目中的革命现代戏不过是那些腐烂货色的花样翻新，改头换面罢了。

（下转四版）

苏修文坛上的两面黑旗

苏联反动诗人特瓦尔朵斯基是一个耍弄反革命两面派的老行家，一个地地道道的老叛徒。他是苏修叛徒集团豢养的一条忠实的老哈巴狗。叶夫杜申科是在赫鲁晓夫集团庇荫下繁殖起来的"第四代"的典型代表，是反斯大林的急先锋。这是苏修黑色文坛上的"新产品"。今天，在文化大革命大批判的高潮中，在对苏修文艺的战斗中，我们把苏修百丑图里的这一老一少的反革命嘴脸揭出来示众！

老叛徒特瓦尔朵夫斯基

老叛徒特瓦尔朵斯基一开始创作活动，就是用反革命两面派的手法攻击苏维埃政权。他的《走社会主义之路》和《春草国》就是歪曲农业集体化的大毒草。一九四六年他抛出长诗《瓦西里·焦尔金》，一年后，《路旁之家》也接着出笼。在这两篇里，他拼命宣扬战争恐怖，渲染战争残酷，丑化苏军战士，鼓吹活命哲学，污蔑伟大的反法西斯战争。

一九五四年，他的新毒草《山外青山天外天》还没有写完，就受到苏联第二次作家代表大会的吹捧。这篇黑货从一九五〇年开始泡制到一九六〇年出笼，前后共十年，可见这叛徒为赫鲁晓夫修正主义集团卖命，真是"呕心沥血"。

《山外青山天外天》是一组又杂的黑诗。特瓦尔朵夫斯基在这篇黑货里别出心裁地美化赫鲁晓夫的假共产主义。他采用"旅行日记"形式，把他的"见闻"、"感受"编成肉麻的赞歌。夸耀乌拉尔的"建设"，颂扬西伯利亚安加拉河上的"工程"，为赫秃复辟资本主义的"工程"喝采，为苏修叛徒集团的群魔涂脂抹粉，其阿谀、谄媚，求宠的丑态，十足地表现了哈巴狗的狗性。

另一方面，他不遗余力地大肆诽谤斯大林时代，把这样一个光辉的时代描绘为"凄凄惨惨"的黑暗世界，把伟大的马克思列宁主义者斯大林同志谩骂为"蔑视法律的暴君"和"严酷无情的独裁者"。他反对"个人迷信"来攻击无产阶级专政和社会主义制度。

《焦尔金游地府》是一九六三年在《消息报》上抛出来的又一株大毒草。这完全是为了配合苏联修正主义集团反对"个人迷信"的政治需要而炮制的。

特瓦尔朵夫斯基像一个巫师，耍弄了一套鬼魂术：让主人公焦尔金身受重伤昏迷之时去游历了一趟阴曹地府。焦尔金在死人的世界里竟看到有各方面严密的组织、许多部门，以及毫不松懈的纪律制度，甚至有劳改营。那里的工作人员都是"形式主义的"、"官僚主义的"和有着"僵死不化的态度"。

这是极其荒诞的虚构和捏造。把一个没有光亮的、死气沉沉的世界拿来影射列宁所缔造的、斯大林加以巩固和发展的社会主义苏联。"地府"里的"组织"、"部门""纪律和制度"以及"工作人员"都是暗指斯大林时代的社会，把社会主义制度说成为"官僚机构"，这是对无产阶级专政和社会主义制度的恶毒攻击和污蔑。其目的就是为柯西金、勃列日涅夫之流全面推行赫鲁晓夫的修正主义路线开辟道路。

这株毒草的出笼竟使苏修统治集团和各国反动派手舞足蹈。苏修统治集团为这个大叛徒连连封官加冕，把他封为苏修中央候补委员，苏修作家协会理事，《新世界》杂志的主编。特瓦尔朵夫斯基受宠若惊，摇尾气怜，利用《新世界》杂志竭力宣传赫鲁晓夫修正主义纲领，鼓吹反斯大林的黑作品。"喧赫一时"的反斯大林小说《伊凡·杰尼索维奇的一天》就是在这个杂志上兜售出来的。

群魔乱舞，表面喧嚣一时，他们的日子长不了。在苏修法西斯专政下，英勇的苏联工人阶级曾经给予有力的还击。莫斯科一个叫科洛夫的工人就曾写过一首诗反对《焦尔金游地府》。他们必将受到苏联人民的审判。

反斯大林急先锋叶夫杜申科

叶夫杜申科是在赫秃精心"培植"下，钻出来的"新品种"——"苏共二十大的产儿"，是苏修堕落的"第四代"头目，一个臭名远扬的下流诗人。他是以猖狂反对斯大林同志发家的。南斯拉夫都说他在苏联诗歌中搞了一场"政变"。这是一场资本主义复辟的"政变"。

叶夫杜申科对苏维埃政权怀有刻骨的仇恨。他的祖父和外祖父都曾因叛国罪而被捕。他十五岁就开始放毒，他"一直隐蔽在抒情诗的领域里"，这是一个隐蔽的反革命分子。斯大林去世后，他大肆活动，为了迎合赫鲁晓夫修正主义集团的需要，猖狂地攻击斯大林同志，大写政治黑诗。一九六二年十月在《真理报》上抛出反斯大林，辱骂霍查和影射攻击我国的大毒草《斯大林的继承者们》。在这篇黑货里，他颠倒黑白，把斯大林时代诽谤为"暴政"的时代，"忘记人民的福利"的时代。叶夫杜申科之流，对马克思列宁主义思想，对斯大林所继承的社会主义制度，怕得要死，恨之入骨。他们竟对已经逝世的斯大同志倍加侮辱，唯恐斯大林的革命精神永存，他们竟要使"哀悼的哨兵——增加一倍、两倍。"为的是不让"斯大林起来，还有和斯大林相连的过去"。并咒骂斯大林说：

"他把许多继承者
　　在人间留下。
斯大林把自己的命令
　　下达给恩维尔·霍查。
棺材里的电话通向何处？
不，——斯大林没有投降。
　　他认为死——可以弥补。
我们从陵墓里
　　把他搬开。
但是怎样才能从斯大林继承者
　　们身上
　　把斯大林搬出?!"

伟大的马列主义者斯大林同志虽然逝世了，英雄的革命的苏联人民一定继承列宁的事业继续前进！光辉的马列主义思想是一切被压迫人民求解放的真理，是任何反动派封闭不了的，哪里有压迫，哪里就有斗争。这绝不是苏联叛徒集团"增加一倍两倍"的"哨兵"所能看守得住的。阶级斗争的客观规律证明，苏修这一小股反动逆流，必将为汹涌澎湃的世界革命的洪流所淹没。

《布拉茨克水电站》是一九六五年抛出的，在这篇里，叶夫杜申科吹捧"二十大"，继续攻击斯大林时代，污蔑肃反"扩大化"，为已被镇压的机会主义分子，叛国分子，反革命分子喊冤叫屈，他把这些牛鬼蛇神扮成"英雄"，为他们招魂，疯狂地攻击无产阶级专政。这个反斯大林的急先锋，为了配合赫鲁晓夫的裁军叫嚣，在他的黑诗《俄罗斯在裁军》中，无耻地鼓吹"没有炸弹，没有仇恨，没有军队"的世界。这是勾结美帝，出卖世界革命的反革命宣言书。

这个把灵魂廉价卖给美帝的叛徒，在他一九六六年去美国时，战争贩子麦克纳马拉对倍加赏识，大加"赞扬"。麦克纳马拉亲临叶夫夫杜申科的朗诵会，对他的反华政治黑诗，大加"喝采"，一主一奴，一唱一拍，合作得多么"亲密"，这个反华小丑的叛徒嘴脸不是暴露无遗了吗？

特瓦尔朵夫斯基和叶夫杜申科都是反斯大林的急先锋。前者虽然已是一条筋骨软弱，力不从心的老狗，然而为主子卖命绝不怠慢；后者是"身强力壮"的阿飞，到处咧着大嘴叫骂无比。毛主席教导我们："凡是错误的思想，凡是毒草，凡是牛鬼蛇神，都应该进行批判，绝不能让他们自由泛滥"。今天，在无产阶级文化大革命风暴里，在大革命大批判的高潮中，让我们挥起革命的铁扫帚，把苏修文艺界的牛鬼蛇神统统扫进历史的垃圾！

红代会北京师院井岗山《反修兵》

（上接三版）

陶铸如此酷爱《补锅》，视为掌上明珠，这难道不是他那丑恶灵魂的又一次大暴露吗？

《打铜锣》（湖南花鼓戏）

《打铜锣》是一个写"中间人物"的戏。剧中正面形象蔡九是一个满脑子旧意识，贪怀好说，丧失原则，图慕虚荣的"中不溜儿"人物。林十娘则是一个带着"几千年个体农民的精神负担"，自私自利，损公肥己，见利就捞，耍泼撒野的"赖大嫂"式的人物。正如《纪要》所指出的："有些作品，不写英雄人物，专写中间人物，实际上是落后人物，丑化工农兵形象。"

毒草上市，陶铸跳出来为其拍掌叫好，并为之作"护法"，陶铸说："我们并不是说中间状态的人物一概不能成为一出戏的主角，有一些剧目把中间状态的人物列为主角，也不是不可以的，。这里，"中间状态"应该读作"中间人物"。撕下陶铸的面纱，原来是个狂热鼓吹"中间人物"论的毒贩子。

《彩红》（广东山歌剧）

《彩虹》是一株《第四十一式》的毒草。剧本照猫画虎地编排了这样一个故事：第二次国内革命战争时期，在闽粤边境的一个地下联络站里，彩虹为了掩护交通员雁姐，开枪杀死了叛徒——自己的丈夫胡标。戏里极力渲染彩虹对胡标的"夫妻爱"，写她"朝编竹箩到日暮，夜织焦虑到天光"地盼"标哥""快些回家乡"。当雁姊怀疑胡标是叛徒时，彩虹非但不引起警觉，反而满腹冤屈替胡标辩白："他为革命多辛苦，千山万水走得勤"，"标哥入党数年久，你莫冤屈自家人"，什么"白玉蒙尘还是玉""好人又怎怕人疑心"，完全丧失了革命立场，为叛徒唱赞歌，而最后彩虹却又莫名其妙地杀死了胡标。这与《第四十一》里马特柳逦最后开枪打死"蓝眼睛白匪"上尉"真有异曲同工之妙！《彩虹》就是苏修洋毒草的翻版。

《彩虹》这样一株毒草，被陶铸视若珍宝不仅调来会演，而且封为会演中"思想性较高""艺术性也高""非常好看"的革命现代戏。真是物从其类，陶铸本人就是一个向蒋介石屈膝"自首"过的叛徒，他如此宠爱宣扬叛徒哲学的《彩虹》，不正是说明了这个中南最大的走资派从来就是和胡标之类的叛徒沆瀣一气的吗？

除了上面揪出的几出坏戏之外，在这次陶铸的"会演"中，还有为中国的赫鲁晓夫树碑立传的《地下火焰》，丑化劳动人民、歪曲贫下中农形象的《打牌坊》，攻击我国社会主义革命的《一抓就灵》等等毒草。

这一切难道不是有力地说明了陶铸的"会演"是一次牛鬼蛇神大集会、是一场打着"红旗"反红旗的政治大骗局吗？陶铸吹捧的"样板戏"根本就不是无产阶级的革命现代戏，而是一些从封建主义、资产阶级、修正主义的垃圾堆里扒出来的破烂货。陶铸就是妄图用这些乌七八糟的东西来冒充革命现代戏，从而把戏剧革命拉入歧途，破坏江青同志亲自领导的戏剧革命，以反革命修正主义的文艺黑线来对抗毛主席的无产阶级革命文艺路线。

历史是无情的。反革命两面派的丑恶嘴脸必然要暴露在光天化日之下。陶铸妄想借"会演"来掩饰他破坏戏剧革命的罪恶，却偏偏暴露了他是一名扼杀革命现代戏的刽子手；妄想借这个"会演"做"虎皮"，捞取政治资本，却又偏偏勾划出了他那一副反革命真面目，正是："机关算尽太聪明，反误了卿卿性命"。

红代会北京师院井岗山红飚

毛主席语录

坚决地将一切反革命分子镇压下去，而使我们的革命专政大大地巩固起来，以便将革命进行到底，达到建成伟大的社会主义国家的目的。

造反有理

（第 15 号）
天津日报无产阶级革命大联合造反总部编印
一九六七年十月十二日

本市“高举毛泽东思想伟大红旗，坚决镇压反革命宣判大会”会场。

会场一角。

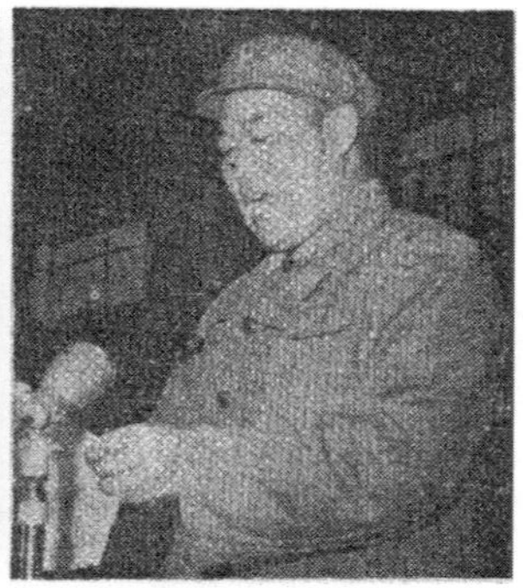

刘政同志在宣判大会上讲话。

评论 群众的专政

又一批坏蛋判决了！人民扬眉吐气，敌人对这些人间的蛆虫，就是要坚决打击，决不宽特务，什么现行反革命，犯，什么杀人犯，什么流统统见「鬼」去吧！坐牢

要扫除一切害人

一切阶级敌人[illegible]我们大革命的种种破坏阴谋，样一个又一个地破灭了。

但是，正和伟大领袖们的，**「帝国主义者和决不甘心于他们的失败要作最后的挣扎」**——

美帝、苏修、蒋匪，这预感到中国文化大革命对胁，拼死命地要破坏我们命。他们在我国派遣特务坏右，网罗与人民为敌到义道路当权派从事种种行捣乱破坏，妄图颠覆我专政。同时，他们为逃避采取了更加隐蔽的手法。这就是敌情。

我们必须要有这个敌所以，我们不仅要检氓、盗窃等刑事犯罪分子惕敌人的政治破坏阴谋，蒋、苏修特务和现行反革政治犯，使他们无藏身之

对于混进群众组织里群众组织应[illegible]来处政是群众的专政。我们不机关捉人。专政机关只能求和协助，抓极少数的人的坏头头，要靠这个组理。只要广大的革命群形形色色的坏人，必然化日之下。

伟大领袖毛主席教

的铜墙铁壁是什么？百万真心实意地拥护这是真正的铜墙铁壁打不破的，完全打不破打不破我们，我们却命。」——

在人民群众的铜墙犯者，必将碰得头破血

本市又

坚决镇压地富

刘政同志指

眞学习，深刻领

会，紧跟毛主席的伟大战略部署，把文化大革命运动推向一个新的阶段

指出，当前，我市文化大革命形势空前大好。我們对毛主席的最新指示，要认

依法判处一批反革命分子

反坏右 巩固无产阶級专政

了！
敌人丧魂落魄。
虫，社会的渣滓，
不宽容。什么美蒋
命，什么叛国投敌
么流氓盗窃犯……
坐牢去吧！
人虫，全无敌。
我们无产阶级文化
谋，都象肥皂泡一
了。
领袖毛主席教导我
者和国内反动派
失败，他們还
这些妖魔鬼怪，
对他们的巨大威
们的文化大革
务，网罗地富反
到底的走资本主
种阴谋活动，进
我们的无产阶级
避人民的打击，
。
个敌情观念。
要检举、揭发流
分子，更要高度警
谋，检举、揭发美
反革命分子等各种
身之地。
织里的坏人，革命
来处理。因为，专
们不能光依靠专政
只能根据群众的要
的人。一个组织里
组织的群众来处
群众都动员起来，
然都会暴露在光天
教导我们：「**眞正**
？**是群众，是千**
护革命的群众。
壁，什么力量也
不破的。反革命
却要打破反革
铁壁面前，敢来
流，一败涂地。

我们伟大领袖毛主席教导我们说：“**有反必肃。**”对那些特务分子、反革命分子和重大刑事犯罪分子，我们就是要镇压！就是要专政！绝不允许这些敌人在我们无产阶级专政的国家里胡作非为！十一日上午九时，中国人民解放军天津市公安局军事管制委员会在人民体育场，再次召开“高举毛泽东思想伟大红旗，坚决镇压反革命宣判大会”。

在毛主席最新指示的指引下，全市各单位、各系统的革命大联合基本形成了，大批判的新高潮出现了。在这样的大好形势下，又一次开这样的宣判大会，我们无产阶级革命派真是从心眼里拥护。你看吧，到会的六万余名革命群众、郊区和天津专区来的农民代表和驻天津陆海空三军指战员，情绪多么激愤，又是多么欢欣鼓舞！当十六名罪恶滔天的反坏分子，分三批押上台以后，与会群众个个义愤填膺，愤怒地高呼：“加强无产阶级专政，坚决镇压国内外阶级敌人的破坏活动！”“坚决镇压地富反坏右的破坏活动，维护革命秩序！”“依靠群众，加强无产阶级专政！”当宣布这些罪犯的罪恶事实时，大家的肺都要气炸了，恨不得挥起拳头砸烂他们的狗头。最后，军管会代表庄严宣布对十六名坏蛋分别判处死刑立即执行，无期徒刑和有期徒刑，这时全场革命群众无不拍手称快，“坚决拥护军管会的判决！”“无产阶级专政万岁！”“我们伟大的领袖毛主席万岁！”的口号声，响彻云霄！

会上，市公安局军管会庄严宣判：对美蒋派遣特务段云鹏、杀人犯刘永奎、反革命强奸犯陈荣洲、流氓杀人犯马文奎，依法判处死刑，立即执行。对现行反革命张志玲、叛国投敌犯李立昌、反革命阶级报复犯崔森、现行反革命安贻林、现行反革命曹永麟、反革命刘文波、反革命贪污犯吕淑敏、流氓犯李瑞连、流氓杀人犯孟庆祥、流氓杀人犯王群生、流氓杀人犯王双生、流氓杀人犯庄增新等十二名罪犯分别依法判处无期徒刑或有期徒刑。

宣判完毕，被判死刑的四名罪大恶极的罪犯，被绑赴刑场，立即枪决。被判无期徒刑和有期徒刑的十二名罪犯，押回监狱，进行劳动改造。

紧接着，革命群众的代表登上主席台讲话，表示坚决拥护军管会的严正判决，要按照毛主席的教导，积极揭发检举一切阶级敌人的破坏阴谋，把隐藏在阴暗角落的坏人揪出来，实行专政！保卫无产阶级文化大革命的成果，保卫

市革命委员会筹备小组成员、市公安局军管会主任刘政同志讲了话。他说，当前，我市无产阶级文化大革命形势空前大好。但是，正如毛主席教导我们的：“**敌人是不会自行消灭的**”，“**帝国主义者和国内反动派决不甘心于他們的失敗，他們还要作最后的挣扎。**”在两个阶级、两条道路、两条路线的生死大搏斗中，党内一小撮走资派，美蒋特务，苏修特务，地富反坏右分子和流氓盗窃分子，他们互相呼应，兴风作浪，要阴谋、放暗箭，妄图从右的方面或从极“左”的方面破坏和分裂以毛主席为首的无产阶级司令部；破坏和分裂伟大的中国人民解放军。他们造谣惑众，挑拨离间，挑动武斗，搞打、砸、抢、抄、抓，他们拦路抢劫，行凶杀人，奸污妇女，无恶不作，疯狂地进行阶级报复，破坏生产，破坏国家财产，破坏无产阶级文化大革命。对于这一小撮罪大恶极、死心塌地的特务分子，现行反革命分子和流氓盗窃分子，我们就是要严加惩处，坚决镇压。

他说，今日的天下是无产阶级专政的天下。我们要严正警告一切阶级敌人：只许你们规规矩矩，不许你们乱说乱动。坦白从宽，抗拒从严。如果你们胆敢向无产阶级专政挑衅，必将被无产阶级专政的铁拳砸得粉身碎骨！今天我们宣判的这批美蒋特务分子，反革命分子和刑事犯罪分子，就是你们这些跳梁小丑的可耻下场！

他说，我们一定要牢记毛主席的教导，千万不要忘记阶级斗争，千万不要忘记无产阶级专政。一定要加强敌情观念，提高革命警惕性，识破阶级敌人的阴谋诡计，严防他们混水摸鱼。专政是群众的专政，革命群众一定要积极地勇敢地检举揭发阶级敌人的一切破坏活动。积极协助无产阶级专政机关，把那些挑动武斗的幕后操纵者，把那些杀人、放火，进行特务活动现行反革命分子揪出来，实行专政，依法惩处。

最后号召，毛主席视察华北、中南和华东地区以后，对无产阶级文化大革命运动做了极为重要、极为正确、极为适时的指示。我们要认真学习，深刻领会，把毛主席的最新指示溶化在血液里，落实在行动上，紧跟毛主席的伟大战略部署，把无产阶级文化大革命运动推向一个新的阶段。

出席大会的有天津市革命委员会筹备小组成员和天津驻军负责人胡昭衡、郑三生、刘政等同志。

为民除害

“判处死刑，立即执行！”军管会代表全市四百万人民对罪大恶极的四名反革命分子段云鹏、刘永奎、陈荣洲、马文奎，作出了庄严的判决！

这时，参加公审大会的全场六万多名革命群众，一齐挥动红彤彤的毛主席语录，高呼：“无产阶级专政万岁！”“毛主席万岁！万万岁！”

宣判结束，解放军战士立即把这帮已经吓得魂不附体的罪犯，押上了刑车。

嘟！嘟！八辆三轮摩托车在前边开道，全副武装的解放军随车押送，直奔刑场。

想当初，这些双手沾满了人民鲜血的刽子手，反动气焰多么嚣张！

看今朝，任凭他会飞檐走壁，任凭他狡猾多端，都不能逃出人民的法网，都不能逃出光焰无际的毛泽东思想的阳光！

他们伏法了！大快人心！大快人心！真是大快人心！

人们从清早起就等候在马路两边，要亲眼看看这些人民敌人在临死前的狼狈相！

从人民体育场出来，一路上，沿着马场道、吴家窑大街，一直到卫津路，几里长的马路两边，连房顶上、阳台上、窗口上，都站满了人，有的路口是里三层外三层，挤得水泄不通！他们当中，有工人、红卫兵小将，有售货员、街道居民，从几岁的娃娃到白发苍苍的老人，都来了！

刑车走到那里，那里的群众就向解放军欢呼！他们欢呼无产阶级专政强大威力！

押送犯人的解放军，枪上膛，刀出鞘，站在车上，威风凛凛！迎着欢呼的群众，他们心情更加激动！他们怀着对阶级敌人的深仇大恨，怀着对伟大领袖毛主席的无限忠诚，一路上反复大声背诵最高指示：“**对敌人要狠，要压倒它，要消灭它**”。不断高呼：“为天津市四百万人民除害！”“为受害的阶级弟兄报仇！”“毛主席的革命路线胜利万岁！”

解放军战士的口号，说出了广大革命群众的心里话，成千上万的群众一再用热烈的掌声，来迎送他们。

十点正，浩浩荡荡的车队押着犯人到达了刑场。当战士们把这帮臭狗屎从车上拖下来时，他们已经吓得面如土色，魂飞出窍！

这帮罪犯跪在地下，不，是跪在人民的面前，接受人民的处决！四名解放军战士接受四百万人民的庄严委托，举起了步枪，把枪口对准了他们的脑袋。只见指挥者一挥手中的小红旗，砰！砰！……几声枪响，这些罪该万死的敌人，受到了人民的严厉惩罚！得到了应有的下场！

“杀得好！杀得好！”人们齐声称快！

“**六月天兵征腐恶**”。执行枪决的战士们完成了任务，胜利归来时，一路上精神饱满地高唱着：“……**我們这个队伍完全是为着解放人民的，是彻底地为人民的利益工作的**……”战士们走到那里，那里的群众就鼓掌欢迎他们，向他们慰问，向他们致敬！人们为子弟兵在文化大革命中立下了新功而感到鼓舞！为无产阶级专政有这样坚强的柱石而感到自豪

坚决镇压反革命　巩固无产阶级专政

《天津日报》大联合总部编印　一九六八年六月廿四日

坚决镇压反革命分子，巩固无产阶级专政！

◁　我中国人民解放军战士和公安人员押着十六个反革命犯罪分子进入会场，广大人民群众无不拍手称快，振臂高呼："坚决镇压地富反坏右！"

坚决拥护公安局军管会的严正判决！

▷　宣判结束了。被判处死刑的四个反革命分子，立即被我人民解放军战士和公安人员绑赴刑场，执行枪决。

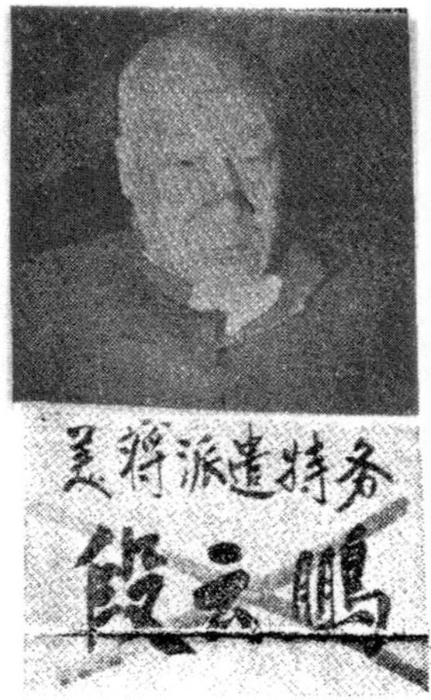

美蒋派遣特务段云鹏，男，六十三岁，河北省[illegible]县人。段犯为历史反革命，是京、津一带有名的「飞贼」。该犯自一九四六年充当特务以来，多次逮捕我革命同志，并图谋暗杀「军调部」我方谈判代表。段匪一九四九年逃台湾，被提升为匪保密局「平津行动组」少校组长、特员。解放后四次接受美蒋特务头子的派遣，潜入京、津等，网罗反革命分子五十余人，积极搜集我党、政、军情报，阴谋破坏我工厂、仓库等。段匪多次搜集我们伟大领袖毛主席和其他中央首长的住址、行踪，妄图进行暗害。段匪云鹏罪大恶极，依法判处死刑，立即执行。

反革命强奸犯陈荣洲，男，三十六岁，天津市人。南[illegible]区正营村农业社员。该犯流氓盗窃成性，先后六次被拉，判过三年徒刑。今年三月二十六日，又在咸水沽医院等进行流氓活动，被群众扭送派出所。经教育后，当晚令回家，途中强行奸污女教师×××。陈犯在向押胡间，跑，被抓回。特别严重的是，其在拘押期间，竟恶毒地骂我们伟大领袖毛主席，反革命气焰十分嚣张，罪大恶[illegible]，依法判处死刑，立即执行。

流氓杀人犯马文奎，男，十八岁，天津市人，住和平区官沟街。捕前系湾兜中学学生。一贯流氓盗窃，打架斗殴，文化大革命以来，多次结伙进行盗窃活动。今年[illegible]月[illegible]五日，在中心广场是结伙杀死印染机械制配厂青年工人张[illegible]志有的主犯。依法判处死刑，立即执行。

杀人犯刘永奎，男，五十四岁，天津市人。捕前住唐家口新村。本市运输服务二社工人。该犯流氓成性。从一九六五年以来，刘犯多次猥亵其养女，今年三月，其养女声言要告发该犯，引起刘怀恨。于三月二十一日晚，乘其妻张玉荣母女熟睡之际，用斧头将张砍死，又将其养女砍了两斧。该犯罪大恶极，依法判处死刑，立即执行。

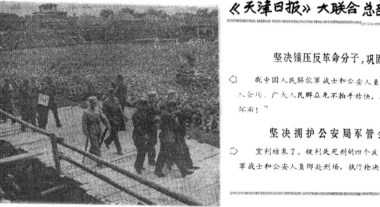

现行反革命分了**张志玲**，男，二十六岁，河北省保定市人，捕前系河东区卫国道中学教员。张犯思想极端反动，在文化大革命运动中，大量书写反动信件，恶毒污蔑我们的伟大领袖毛主席，恶毒攻击三面红旗。张犯多次企图投靠修正主义国家使馆，竟于一九六六年十二月十二日叛国投敌。依法判处无期徒刑。

叛国投敌犯**李立昌**，男，二十二岁，河北省武安县人。住和平区何兴村大街，系天津市电气焊厂徒工。极端仇视社会主义制度，多次企图叛国投敌，均未得逞。于一九六六年六月二十六日夜，逃往外籍轮船，至某地被我查获。依法判处无期徒刑。

反革命阶级报复犯**崔森**，男，五十四岁，河北省武清县人，反动资本家。住河西区绍兴道，捕前无职业。历史上有人命案，曾被管制三年。文化大革命中又进行阶级报复。关押期间继续顽抗，依法判处无期徒刑。

反革命犯**刘文波**，男，五十七岁，河北省枣强县人，富农出身。捕前住红桥区北营门西马路，无职业。刘犯对党和人民有刻骨仇恨，文化大革命中，反动气焰更加嚣张，竟给蒋该死写信，恶毒攻击我们伟大领袖毛主席。依法判处刘犯有期徒刑二十年。

现行反革命分子**安贻林**，男，三十岁，河北省赞皇县人。捕前住河北大学冀县分校农场。一九五七年被定为右派分子，曾污蔑我们伟大领袖毛主席，文化大革命中公开书写反革命标语。拘押期间，仍喊反动口号，猖狂已极。依法判处有期徒刑二十年。

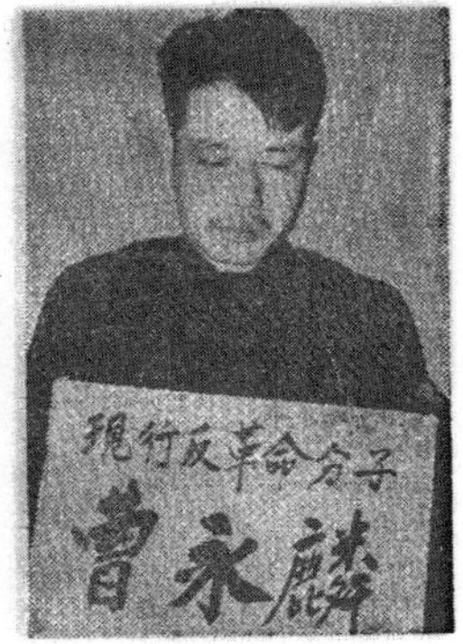

现行反革命分子**曹永麟**，男，三十八岁，天津市北郊区人，地主出身，匪三青团员，基督教徒。住和平区鞍山道。捕前任王家台小学副校长。思想极端反动。文化大革命中，疯狂反扑，殴打革命群众，喊反革命口号，公然恶毒辱骂我们伟大领袖毛主席。判处有期徒刑二十年。

反革命贪污犯**吕淑敏**，女，四十岁，天津市人，反动资本家，住红桥区大丰路。自任顺发猪肉门市部售货员以来，先后贪污盗窃一万六千元。文化大革命中，其罪行暴露，吕犯则疯狂进行阶级报复，烧毁赃款，殴打革命群众，反动气焰十分嚣张。依法判处吕犯有期徒刑二十年。

流氓犯**李瑞連**，男，三十四岁，北京市通县人，系新生玛钢厂留用员工。住和平区建设路。曾因盗窃被判刑六年。文化大革命期间，大搞流氓活动，今年六月曾在百货大楼附近诱奸女青年二人，并唆使女青年卖淫，他从中得款挥霍。李犯严重破坏了社会治安，依法判处有期徒刑二十年。

杀害张志有的伙犯**孟庆祥**，男，16岁，天津市人，吴家窑中学学生，住和平区荣吉街。自幼盗窃，是流氓集团"南市九兄弟"的老六，经常聚众斗殴，在杀害张志有事件中，向马犯文奎提供杀人凶器，鼓动斗殴行凶，依法判处有期徒刑十五年。

杀害张志有的伙犯**王群生**，男，17岁，无职业，住南开区二道街。经常打架斗殴，是杀害张志有事件的挑起者，依法判处有期徒刑十五年。

杀害张志有的伙犯**王双生**，男，17岁，住南开区二道街，捕前是大费家胡同小学学生。多次进行流氓盗窃活动，在杀害张志有事件中，首先用刀刺伤张志有，依法判处有期徒刑十年。

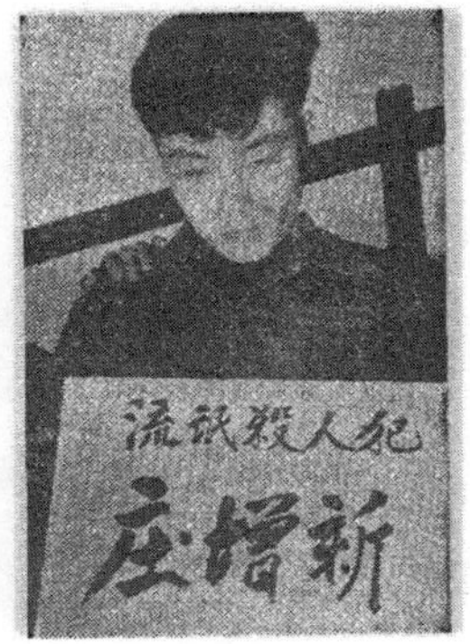

杀害张志有的伙犯**庄增新**，男，二十岁，河北大城县人。住和平区官沟街，捕前是和平区房产公司培训班徒工、经常进行流氓盗窃活动。在杀害张志有事件中，其将张志有摔倒毒打，使张志有失去自卫能力，致遭惨杀。但其坦白认罪较好。依法从宽判处有期徒刑五年。

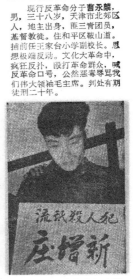

世界观的转变是一个根本的转变

毛泽东

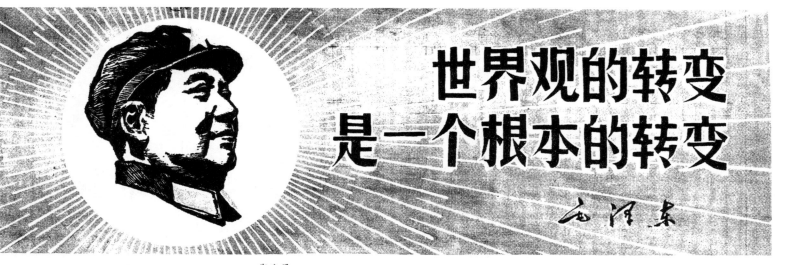

毛主席的論述

我們同資产阶級和小資产阶級的思想还要进行長期的斗爭。不了解这种情况，放棄思想斗爭，那就是錯誤的。凡是錯誤的思想，凡是毒草，凡是牛鬼蛇神，都应該进行批判，决不能讓他們自由泛濫。

——《毛主席語录》第18頁

一个嶄新的社会制度要从旧制度的基地上建立起来，它就必須清除这个基地。反映旧制度的旧思想的殘余，总是長期地留在人們的头脑里，不愿意輕易地退走的。

——《毛主席語录》第30頁

毫无疑問，我們应当批評各种各样的錯誤思想。不加批評，看着錯誤思想到处泛濫，任凭它們去占領市場，当然不行。有錯誤就得批判，有毒草就得进行斗爭。

——《毛主席語录》第48頁

社会經济制度变了，旧时代遺留下来殘存于相当大的一部分人們头脑里的反动思想，亦即資产阶級思想和上層小資产阶級思想，一下子变不过来。要变須要时間，并且須要很長的时間，这是社会上的阶級斗产党員。

——《一九五七年夏季的形势》

必須善于把我們队伍中的小資产阶級思想引导到无产阶級革命的軌道，这是无产阶級文化大革命取得勝利的一个关鍵問題。

轉引自《人民日报》一九六七年六月二十五日編者按

工人阶級要在阶級斗爭中和向自然界的斗爭中改造整个社会，同时也就改造自己。工人阶級必須在工作中不断学习，逐步克服自己的缺点，永远也不能停止。

——《关于正确处理人民内部矛盾的問題》

人民也有缺点的。无产阶級中还有許多人保留着小資产阶級的思想，农民和城市小資产阶級都有落后的思想，这些就是他們在斗爭中的負担。我們应該長期地耐心地教育他們，帮助他們摆脫背上的包袱，同自己的缺点錯誤作斗爭，使他們能夠大踏步的前进。

——《在延安文艺座談会上的講話》

为了充分适应新社会的需要，为了同工人农民团結一致，知識分子必須繼續改造自己，逐步地抛棄資产阶級的世界观而树立无观。世界观的轉变是一个

馬恩列斯的論述

共产主义革命就是同傳統的所有制关系实行最徹底的决裂；毫不奇怪，它在自己的发展进程中要同傳統的观念实行最徹底的决裂。

——馬克思、恩格斯：《共产党宣言》

革命之所以必需，不仅是因为没有任何其他的办法能推翻統治阶級，而且还因为推翻統治阶級的那个阶級，只有在革命中才能抛掉自己身上的一切陈旧的肮脏东西，才能建立社会的新基础。

——馬克思、恩格斯：《德意志意識形态》

在工人阶級和資产阶級旧社会之間并没有一道万里長城，革命爆发的时候，情形并不象一个人死的时候那样，只要把死尸抬出去就完事了。旧社会灭亡的时候，它的死尸是不能裝进棺材、埋入坟墓的。它在我們中間腐烂发臭并且毒害我們。

——列宁：《全俄中央执行委員会莫斯科代表苏維埃，工农联席会議》

……在革命已經爆发、鬧得热火朝天的时候，什

社会經济制度变了，旧时代遗留下来残存于相当大的一部分人們头脑里的反动思想，亦即資产阶級思想和上層小資产阶級思想，一下子变不过来。要变須要时間，并且須要很长的时間，这是社会上的阶級斗爭。党内斗爭，反映了社会上的阶級斗爭。这是毫不足怪的。沒有这种斗爭，才是不可思議。

——（一九五九年八月十六日）

人民的觉悟不是容易的，要去掉人民脑子中的錯誤思想，需要我們做很多切切实实的工作。对于中国人民脑子中的落后的东西，我們要去扫除，就象用扫帚打扫房子一样。从来沒有不經过打扫而自动去掉的灰尘。

——《抗日战爭胜利后的时局和我們的方針》

共产党員一定要有朝气，一定要有坚強的革命意志，一定要有不怕困难和用百折不撓的意志去克服任何困难的精神，一定要克服个人主义、本位主义、絶对平均主义和自由主义。否則就不是一个名符其实的共

为了充分适应新社会的

結一致，知識分子必須繼續改造自己，逐步地抛棄資产阶級的世界观而树立无产阶級的、共产主义的世界观。世界观的轉变是一个根本的轉变，现在多数知識分子还不能說已經完成了这个轉变。

——《关于正确处理人民内部矛盾的問題》

无产阶級和革命人民改造世界的斗爭，包括实现下述的任务：改造客观世界，也改造自己的主观世界……世界到了全人类都自觉地改造自己和改造世界的时候，那就是世界的共产主义时代。

——《实践論》

为了爭取最后勝利，为了巩固扩大抗日民族統一战綫，就要改造全国国民的精神，把一切不好的东西，錯誤的东西統統去掉。自私自利，貪生怕死，貪污腐化，萎靡不振……这些东西要統統去掉。

——《在延安各界庆祝五一国际劳动节大会上的講話》

……在革命已經爆发、鬧得热火朝天的时候，什么人都来参加革命，有的是由于单純的狂热，有的是为了赶时髦，有的甚至是为了貪圖祿位，在这时候做一个革命家是不难的。无产阶級在勝利以后，要費极大力气，可以說要用千辛万苦的代价，才能从这种蹩脚的革命家手里"解放"出来。

——列宁：《共产主义运动中的"左派"幼稚病》

我們应当坚决地同一切資产阶級思想作斗爭，不管它披着怎样时髦而华丽的外衣。

——列宁：《政治鼓动和"阶級观点"》

旧社会遺留下来的旧的习气、习惯、傳統和偏見是社会主义最危險的敌人。这些傳統和习气控制着千百万劳动群众，它們有时籠罩着无产阶級各阶層，有时給无产阶級专政的存在造成极大的危險。

——斯大林：《关于俄共（布）第十三次代表大会的总結》

遼聯戰報

辽宁革命造反派大联合委員会主编
一九六七年十月二十一日　星期六
第36期　（本期四版）

以毛主席的最新指示"斗私，批修"为纲

辽联大办毛泽东思想学习班

〔**本报訊**〕在毛主席的"斗私，批修"偉大方針指引下，辽联掀起了活学活用毛主席著作群众运动的新高潮。广大无产阶級革命派决心以"斗私，批修"为綱，亮私心，斗"私"字，在无产阶級文化大革命运动中，作出新的貢獻。

辽联和辽联所属的各級革命群众組織以最大的热情、最大的决心、最大的干勁，聞风而动，雷厉风行，广泛深入地宣傳和学习了毛主席"斗私，批修"的偉大指示和林彪同志的重要講話。紧接着又召开了政治工作会議和"热烈欢呼坚决执行毛主席最新最高指示大会"以及举办了形势討論会等，从而大大地推动了各革命群众組織的学习和宣傳活动。东北工学院、沈阳药学院、机电学院等毛澤东思想紅卫兵革命小将还举行了盛大的游行。厂矿和各机关的革命造反派利用大字报、广播等各种宣傳形式，开展了广泛深入的宣傳。通过学习和宣傳，使广大革命造反派和革命群众明确了开展"斗私，批修"的重要性和迫切性，以及偉大的现实意义和深远的历史意义，为进一步学习和貫徹毛主席的最新最高指示，掀起"斗私，批修"高潮打下了良好的思想基础。

毛澤东思想学习班象雨后春笋般地开办起来了。从辽联到辽联的各系統、各单位的革命群众組織都已經办和正在办。这些毛澤东思想学习班，大体上有以下特点：

自觉革命的决心大，行动快。毛澤东思想紅卫兵沈阳总部的革命小将走在"斗私，批修"最前列，他們的行动最快，决心最大。沈阳二十三个大专院校的毛澤东思想紅卫兵小将于十月十三日在南站广場隆重召开毛澤东思想学习班开学典礼大会。在大会上革命小将一致表示：誓作斗私的模范，批修的先鋒，用毛澤东思想去同自己头脑中的"私"字作斗爭，在灵魂深处鬧革命，彻底夺自己头脑里"私"字的权。用毛澤东思想去批修正主义，去同党内一小撮走資派作斗爭。用斗私去保証批修的胜利进行，用批修去推动革命的大联合和革命的三結合，誓把无产阶級文化大革命进行到底。第一輕工业系統革命造反派大联合委員会不仅行动快，而且决心也很大，他們經过多次討論，一致表示：一定要紧跟毛主席的偉大战略部署，紧紧掌握革命斗爭的大方向，深挖猛揪刘邓伸向一輕系統的一小撮走資派，把他們斗倒、斗臭，把一輕系統办成紅彤彤的毛澤东思想大学校。

大学习、大总結、大提高。以"斗私，批修"为綱，总結前一阶段文化大革命运动的經驗教訓，进一步認清形势，明确今后奋斗的方向。沈阳劳改分局联合兵团的革命造反派紧跟毛主席的偉大战略部署，剛过国庆节就召开了"斗私，批修"大会，随后又举行"首屆毛澤东思想学习班开学典礼"大会。他們边学边总結，回顧了一年多来的斗爭历程，一致認为，千胜利万胜利，归根結底，是毛澤东思想在我局的偉大胜利。今后要把毛主席的指示印在脑海里，溶化在血液中，落实在行动上，大树特树毛主席的絕对权威，大树特树毛澤东思想的絕对权威，誓把我局办成紅彤彤的毛澤东思想大学校。卫东区革命造反派大联合委員会，在学习中总結了前段运动的經驗教訓，同时进一步明确了今后的任务，他們决心把本区的走資派从政治上、思想上、理論上彻底批深批透。

开展自我教育。在学习中，紧密結合当前斗爭的实际，带着在革命的大联合和革命的"三結合"等方面遇到的問題，活学活用"老五篇"等光輝著作，运用"团結——批評和自我批評——团結"的公式，进行自我教育。团省委革命造反联合总部、紅旗区革命造反派大联合筹委会等单位的革命造反派在学习中用毛澤东思想之"矢"，射資产阶級小資产阶級思想之"的"，去亮"私"心，斗"私"字，主动誠懇地作自我批評。他們檢查了小資产阶級的派性、小团体主义、无政府主义等非无产阶級思想，促进了思想革命化。

毛澤东思想是斗私批修最強大的武器

——記辽联首屆政工會議

△辽联首届政治工作会议开幕式

通讯

毛主席最新指示的下达，犹如平地一声春雷，革命造反派战友焦渴的心头幸福地接受着这甘美的雨露的滋润。

辽联广大造反派战士如饥似渴地读着毛主席的最新指示，顿时精神焕发，干劲倍增。决心响应毛主席的伟大号召“**要斗私，批修，要拥軍爱民，要抓革命促生产，促工作，促战备，把各方面的工作做得更好，把无产阶级文化大革命进行到底。**”

在一片胜利的凯歌声中，十月六日下午二时，辽联首届政工会议隆重开幕了。她集中地反映了我辽联广大战士的迫切心愿，她突出地体现了我辽联广大战士紧跟毛主席的伟大战略部署。这是毛泽东思想的又一新胜利。

亲切的关怀，巨大的鼓舞

大会进行期间，中央调查小组的同志给予极大的重视，亲临大会，做了多次重要指示。

十月八日，下午一时三十分，中央调查小组亲临大会指导，分别在两个小组听取了讨论，事后并与辽联常委进行了亲切的座谈。当他听取了辽联常委有关会议的目的、任务和计划的汇报后说：“好嘛！这个会开得对呵！”并对会议工作提出了具体意见，还说以后经常来。代表们心里暖呼呼的，一致表示：“决心不辜负中央调查小组的希望，把这次会议开好。”

十三日，秘书处下通知说，明日要听中央调查组柴部长报告，大家兴奋地议论了很久。次日清晨，省委礼堂就被围得水泄不通。后来大会只好在室外安了广播才满足了大家的要求。

柴部长首先向大家问好。接着柴部长说：“这次大会应该是以‘斗私，批修’为纲的大会，首先把毛主席的最新指示学透，以毛主席最新指示为武器来总结前一阶段运动中的经验教训，以毛主席的最新指示为最高标准，制定执行、贯彻最新指示的具体措施，使我们紧跟毛主席的伟大战略部署，胜利前进！

我希望这次大会应该是大树特树毛泽东思想绝对权威的大会，而不是小资产阶级派性的大会；是贯彻毛主席革命路线的大会，而不是宗派主义的大会；是在毛泽东思想基础上促进大联合的大会，而不是促进分裂的大会；是一个放手发扬民主的大会，而不是不发扬民主的大会；是贯彻、执行中央方针、政策的大会，而不是违背中央方针、政策的大会。我们希望你们的会议通过这一方面，取得胜利成功。”

接着，柴部长又谈了当前的大好形势，并对各项工作做了极重要指示。他的讲话被一阵阵暴风雨般的掌声所打断。

曹部长的讲话，着重在拥军爱民方面。他强调了拥军爱民的重大意义，特别指出：“一切革命组织千万要提高警惕，严防阶级敌人挑拨军民关系，必须高举拥军的旗帜，协助、帮助人民解放军做好三支、两军工作。”曹部长的语重心长的讲话使全体代表深受感动。

当报告结束时，代表们涌上前去，争着和中央调查组同志热烈握手，一阵阵掌声，口号声震天动地。毛主席派来的人分外亲；毛主席的声音暖人心。让我们千万遍地高呼：毛主席万岁！万万岁！

十月十四日上午十时，解放军报社、红旗杂志编辑部两位记者来大会了解情况，并同我们做了较长时间的交谈，给代表们以很大鼓舞。

毛主席著作是宝中宝

会议一开始，与会的近三百名代表就下定决心，要把这次政工会议开好。一致指出：要开好这次会议必须高举毛泽东思想伟大红旗。所以每人都把毛主席著作带的足足的。有的代表被褥丢失了，可是他把毛主席的宝书紧紧带在身边。

中央（67）313号文件发表后，代表们闻风而动。十日早四时就听了传达报告，他们说，只要是毛主席的声音，觉可以不睡，饭可以不吃，早听到一分钟也是莫大的幸福啊。

会议期间代表们反复学习了毛主席的最新指示，直到背的滚瓜烂熟。盲人同志也不怕困难，刻苦学习，做到把毛主席指示溶化在血液里，落实在行动上。

针对实际情况，大家又反复学习了《关于纠正党内的错误思想》等光辉著作。代表们一致认为，只有针对性地学习，才能取得“立竿见影”的效果。

为斗私战团的大字报叫好

十月十一日，九组《斗私战团》贴出了一张名为《触触各级头头的灵魂》的大字报。这张大字报以毛主席最新指示“**要斗私，批修**”为纲，狠斗私字，猛触灵魂，擂起向私字开火的战鼓，给大会增添了新的色彩。

《斗私战团》的同志以自己亲身经历，总结了私字的二十种表现，深刻地揭露了我们队伍中某些领导人的非无产阶级思想，并给予了尖锐的批评。这张大字报在代表中引起了强烈反响。十二日第八组《斗私批修火线战团》马上贴出《为斗私战团大字报叫好》的大字报，对《斗私战团》的革命行动表示坚决支持。大字报写道“九组斗私战团的大字报，写得何等好啊！他们抓住了‘**斗私，批修**’这个纲，狠斗私字，狠触灵魂，指出了大会的方向”。并且下了决心，要做到“暴露私字不怕丑，自我革命不怕痛，向私字开火。向九组学习，向九组看齐！”

紧接着，东工《红五四战团》，辽联与会的常委和工作人员也纷纷写大字报叫好，并表示要向九组同志们学习。

通过这张大字报，代表在狠斗“私”字方面上了一堂生动教育课，打了一个漂亮的“斗私”仗。让我们更多地运用起大字报这个锐利武器，向私字猛烈开火。

众人拾柴火焰高

会议进入了讨论阶段。会上会下，会前会后，到处是激烈的争论，时时人声鼎沸，一場人民战争开始了。

与会代表人人争先恐后地发言，畅谈了文化大革命的大好形势，客观地总结了前阶段辽联的成绩，尖锐地指出了辽联存在的缺点和错误。到目前为止，已对机关革命化，斗批改（东北局问题），大联合，拥军爱民等问题进行了充分地讨论。

事实证明，用毛泽东思想武装起来的革命造反派就是心明眼亮，观点明确，旗帜鲜明。他们将在毛泽东思想的基础上统一起来。并将做出今后的斗争任务的周密、细致的计划安排，誓把辽联办成毛泽东思想大学校，为辽沈地区文化大革命做出卓越贡献。

△中央调查组柴部长在辽联首届政治工作会议上讲话

社论

我辽联的广
席为首的无产阶
就办。国庆节后
为纲，如雨后春
心：誓把辽联办
以「斗私，
阶级文化大革命
想学习班办好。
林彪同志说
产阶级文化大革
毛泽东思想同「
民群众相结合的
毛泽东思想-旦
就可以保证我们
义革命和社会主
泽东思想学习班
帅。我们必须攻
条件下进行革命
动的经验教训，
用毛主席的「老
「矢」，射资产
底朝上，让「公
斗争的实际问题
示，认清形势，
进一步发展和巩
班，大立毛泽东

巨大的支援

誓把辽联办成毛泽东思想大学校

在中华人民共和国成立十八周年庆祝大会上，林副统帅代表毛主席为首的无产阶级司令部发出了战斗号令：「我们要响应毛主席的伟大号召，用『斗私，批修』这四个字为纲，加强对军队干部、地方干部和红卫兵的思想教育。要开办各种学习班，中央办，地方办，各个革命群众组织也可以办，把全国办成毛泽东思想大学校。」大无产阶级革命派，对毛主席的最新指示，对毛主级司令部的战斗号令，闻风而动，雷厉风行，说办，[illegible]辽联常委到各个组织，纷纷以「斗私，批修」[illegible]办起毛泽东思想学习班。六十万战士一个决成毛泽东思想的大学校！批修」为纲，办好毛泽东思想学习班，是推动无产胜利前进的重大战略措施。我们决心要把毛泽东思[illegible]运动，为亿万群众所掌握，就成为不可战胜的物质力量，的无产阶级专政永不变色，就可以使我国的社会主义建设沿着毛泽东思想的道路胜利前进！」办好毛，根本的根本，关键的关键，就是用毛泽东思想挂「斗私，批修」为纲，以毛主席关于无产阶级专政的理论、路线、方针和政策为武器，总结前一段运进一步加深对无产阶级文化大革命的理解。活学活[illegible]」和关于改造世界观的论述，用毛泽东思想之[illegible]级、小资产阶级思想之「的」，把「私」字斗个大放光彩，促进思想革命化。要紧密结合当前[illegible]学习毛主席最新发出的一系列极为重要的指明[illegible]任务，推动革命的大批判和本单位的斗批改，固[illegible]命的大联合和革命的三结合。通过大办学习思想，使毛泽东思想在我们的头脑里深深扎根，把活学活用毛主席著作的群众运动推向更加普及、更加深入、更加踏实的新阶段。

办学习班，必须发扬造反派的革命精神，雷厉风行，说干就干。有什么具体问题，大家想办法，一边学习一边解决。没有经验，大家来创造，「从战争学习战争」。强调客观条件，等着别人给创造经验，四平八稳，是什么事情也办不成的。

办好毛泽东思想学习班，要坚持以自我教育为主，自我批评为主，小组讨论为主。每个学员都是学生，又都是先生。自己提出问题，自己解决问题，自己亮「私」字，自己去批判。同时也要抓住一些共同性的思想问题，当前运动中的一些关键性问题，进行大鸣、大放、大讨论。做到团结、紧张、严肃、活泼。使学习班造成一个既有集中又有民主，既有纪律又有自由，既有统一意志，又有个人心情舒畅，生动活泼，那样一种政治局面。

头头带头斗私，是办好学习班的重要一环。毛主席说：「**要告訴革命造反派的头头和紅卫兵小将們，现在正是他們有可能犯错誤的时候。**」辽联首届政治工作会议，就是贯彻毛主席的这一指示，首先解决头头的「斗私，批修」问题，搞好思想革命化。头头的问题解决的好，就可以为广大战士做出榜样。

学习班应该吸收已经站出来和即将站出来的革命领导干部参加。造反派可以进一步帮助革命干部，革命干部也可以用自己犯错误的经验教训教育造反派。这样，不仅有利于办好学习班，又有利于促进革命的三结合。

办学习班，应该艰苦奋斗，「节约闹革命」，并且要同当前的运动、生产全面安排。学习班一定要办好，革命大批判、斗批改要深入展开，生产、工作也要照常进行。这就需要充分依靠群众，发动群众，群策群力，统一安排。在毛泽东思想伟大红旗的指引下，以「斗私，批修」为纲，以革命为动力，夺取革命、生产的新胜利！

战斗的友谊 热情的赞颂

当旅大毛泽东主义红卫兵大中院校总指挥部成立一周年时，辽联、沈总派出了毛泽东思想宣传队，远道赶去旅大，同旅大红色造反者共庆这个战斗的、光荣的节日。旅大红色造反者为热烈地欢迎辽联、沈总代表，早就抽出人员做了安排。"誓与辽联的战友风雨同舟！""坚决支持辽联的一切革命行动！""辽联战友我们热烈地欢迎您！"等标语贴满了辽联、沈总毛泽东思想宣传队的驻地。旅大工总司、大中院校总指挥部和建委红联总的战友，为了给辽联安排吃住，作了极大努力。使辽联、沈总同志们感到在旅大如同在家一样。

现在，旅大到处传颂着辽联、沈总与旅大红色造反者互相支援的佳话。旅大市第一尊巨型毛主席塑像就要竣工了，旅大红色造反者永远忘不了辽联给予的支援。当旅大红色造反者决定建造毛主席塑像的时候，在修建中遇到了困难，辽联战士路经旅大听说这件事，就马上把自己已经塑好的巨型石膏模像赠给了旅大战友。在施工期间，辽联不仅派出了优秀工人，而且还送去大批原料。旅大缺少白水泥，辽联就把仅有一点准备塑毛主席塑像用的白水泥送去。今天巨型的毛主席塑像就要竣工了。这是战无不胜的毛泽东思想的伟大胜利。是辽联——旅大造反者的战斗友谊的结晶。让我们永远珍惜这种战斗友谊，发扬这种战斗友谊！让那些企图破坏我们战斗友谊的人，在我们面前发抖吧！

于重

社员和革命干部响应毛主席关于"**抓革命，促生产**"的伟大号召，高举战无不胜的毛泽东思想伟大红旗，发挥了冲天的干劲，我大队**在春耕夏锄两大战役胜利的基础上**，粮食大丰收的好年景已展现在面前。

"喜看稻菽千重浪，遍地英雄下夕烟"。社员个个心花怒放，笑逐颜开，看见金黄色的大豆，无边无际的稻浪，怎能不高兴呢！由文化大革命运动所焕发出来的劲头怎能不足呢！大家都有着一个共同的目的！要把"三秋"这个仗打好，把胜利的丰收果实收到手里来。

然而地富反坏及社会上的牛鬼蛇神，他们是不希望贫下中农过好日子的，到处煽风点火放毒气，说什么："这次文化大革命没搞好，工厂都停产了，工人不上班了，财产损失大了，以后造反派非要下乡抢粮不可，今年非挨饿不可。"就这样兴风作浪，迷惑不明真象的社员，造成人心慌慌。但是，不管阶级敌人要什么花招，用毛泽东思想武装起来的广大贫下中农眼睛是最锐利的，一眼看穿敌人的阴谋诡计，紧抓时间，"**只争朝夕**"地进行秋收工作。但由于今年粮食大幅度的增产，人力仍感不足。正在这关键时刻，辽联所属单位金属研究所、自动化研究所和林土研究所等造反派，把我们的困难看成他们的困难，把我们的事看成他们的事，派来支援我们劳动。他们不怕脏，不怕累，不动社员东西，以忘我的劳动完成了八百亩的割地任务，一千二百亩的拣地任务，拣回七千斤左右的粮食，有力地支援了国家的经济建设，对"**备战，备荒，为人民**"做出了重要贡献。

辽联的战士们跟我们相处的时间虽短，但却同我们广大贫下中农建立了深厚的阶级感情，给我们留下了深刻的印象。有的同志把地里的豆粒一个一个拣回生产队里来，这种工作认真，踏踏实实的劳动，无时无刻不在鼓舞着我们，使我们进一步明确粮食的重要意义。阶级敌人妄想破坏生产，使粮食白白地糟蹋的阴谋诡计象肥皂泡一样地破灭了。

"战地黄花分外香"

我们感到丰硕的果实无比香甜，一定要牢记毛主席的教导："**戒骄，戒躁**"，永远听毛主席的话，进一步贯彻"**抓革命，促生产**"的伟大方针，高举毛泽东思想伟大红旗乘胜前进。

展望未来，形势越来越美好，社会主义铁打的江山千秋万代永远是属于我们的。我们可爱的新农村必将风展红旗如画，到处闪耀着光芒万丈的红彤彤的毛泽东思想的光辉！

沈阳市东陵区桃仙公社于山大队
毛泽东思想红卫兵革命造反团

为实现和維护"九·九"协議做出新的貢献

·洪晓巍·

到十月十九日，"九·九"协议已经签订四十天了。四十天来，由于毛主席和中央首长的亲切关怀，中央调查小组的有效监督，解放军广大指战员的积极工作，辽联、八三一造反派战士的积极努力，广大革命群众（包括无联站的大多数群众）的协助和支持，"九·九"协议得以初步贯彻。大型武斗事件基本杜绝，武斗凶器已陆续大批上缴，生产、交通逐步恢复，市场供应正在好转。这是制止武斗的良好开端，是伟大的毛泽东思想又一胜利。

但是，这一胜利却触痛了一小撮走资派及靠武斗起家的无联站的一小撮坏头头。他们预感到自己末日的来临，预见到自己下场的可悲，于是便密谋于暗室，点火于基层，阴谋重新挑起大规模武斗，以阶级弟兄的生命和鲜血换取他们在政治上所不能得到的东西。不是吗?！他们扬言："只承认四条，八条，十条，不承认什么十二条"；不是吗?！他们又在秘密地制造凶器，不是吗?！在"九·九"协议达成后的四十天内，制造一起又一起骇人听闻的流血事件，拦截殴打游行群众的是他们；杀害回厂"**抓革命，促生产**"的沈一工校战友的是他们，綁架、殴打东工七·二二战团战士的是他们，綁架、殴打监督小组辽联代表的是他们，手持凶器抢劫我辽联广播器材的还是他们……。他们在制造这一系列严重事件的同时，还大叫大嚷："**沈阳正处在大战的前夜**"，为挑起大规模武斗做舆论准备。这些历历在目的血的事实说明了什么？预示着什么？它说明了一小撮走资派及无联站中一小撮坏头头决不甘心于他们的失败，他们正在伺机反扑，大有一触即发的可能性。广大的革命造反派战友们，要警惕啊！

可是，乌云终究是遮不住毛泽东思想的光辉，谬论终将被真理所战胜。一小撮走资派及无联站中一小撮以武斗为营生的坏头头的阴谋，绝不会得逞。因为我们有战无不胜的毛泽东思想，有高举毛泽东思想伟大红旗的中央调查组，有广大的为制止武斗而日夜战斗着的解放军指战员，有经历了浴血奋战的广大革命造反派战士和英勇的红卫兵小将。而更重要的是，经过几个月的亲身体验和血淋淋的事实的教育，广大革命群众已从中悟出了一条真理：在无产阶级专政的条件下，武斗只能伤害自己的阶级弟兄，而碰不着走资派一根毫毛，武斗只能破坏生产，破坏"四大"的进行，破坏文化大革命，使亲者痛，仇者快。它是资产阶级反动路线的组成部分。因此，武斗已成过街老鼠，人人喊打。一小撮走资派及别有用心的坏头头要想蒙骗群众继续参与武斗，实际已成为一种妄想。

我们辽联革命造反派全体战士，一定要遵循伟大领袖毛主席的"**要用文斗，不用武斗**"的教导，切切实实地、不折不扣地宣传、贯彻、执行"九·九"协议，做执行"九·九"协议的模范。我们对待"武斗"，也同对待其他乱子一样，"**一是不怕，二是反对**"。针锋相对，寸步不让。但是，这决不意味着以武斗压服武斗，不是他给我一拳，我非得还他一脚不行，他打死我们一个，我们非打死他们一个不可。如果这样做，正好上了他们的当。针锋相对，就是透过武斗这一表面现象，看清其问题实质，抓住其要害，狠狠地揭露，痛快淋漓地批判，从政治上、思想上把这种武斗歪风和思潮，批透，批臭，要狠狠打击挑起武斗的坏头头，斩断在幕后策划和制造武斗的黑手。这样，则其阴谋必破产无疑。

通过一个月的实践证明，中央调查组是高举毛泽东思想伟大红旗的，是坚持原则的，完全可以信赖。我们必须正确对待中央调查组，支持他们的一切革命行动。同时，要及时地、如实地反映情况，全力协助和支持他们的工作。敌人用各种卑鄙手段不能夺取的政治资本，用武斗也是枉然。让我们共同携起手来，齐心协力，煞住武斗歪风，搞好生产，以新的战斗姿态，迎接辽宁的新曙光。

对于一再挑起武斗的无联站的一小撮坏头头及其幕后操纵者，我们再次严正提出警告：你们在政治上的破产，靠武斗也无从挽救。摆在你们面前的只有一条路，**那就是老老实实执行"九·九"**协议，放下屠刀，改邪归正。如再一意孤行，只能拉紧你们脖子上的绞索，到时候革命的人民是要同你们算账的！

一九六七年十月二十一日 星期六　　選聯戰報　　·3·

高举毛泽东思想伟大红旗 彻底摧毁资产阶级司令部

黄火青与刘、邓、陶 恶毒攻击毛主席

刘少奇

“清华有一个人贴了反动标語：‘拥护党中央，反对毛主席’，同学就揍他了，一揍他就揍怕了，如果保护他一下，保护他的自由，让他活动，让他多写几条反动标語，多发表反动言論，这并不妨碍大局。”

“世界上沒有十全十美的領导者，古今中外都沒有。如有那就是装腔作势，猪鼻子里插葱装象。”

“官越大，眞理越少，官做得越大，眞理也越少。大官如此，小官也是如此。”

“老的不行嘛！不要站（占）着茅房不拉屎，要下台，要让位，不能摆老資格。我們不是青紅幇，青紅幇还很开明嘛！上海的大青紅幇头子黄金荣，他的徒弟蔣介石，黄金荣老了，主动地把坐位让給了蔣介石。”

邓小平

“現在不能說大家都敢講話了。要人敢講話，講出来比秘密起来好。有人公开提，要打倒毛主席，講出来，知道有人要打倒毛主席，有什么坏处？将来可以不算数，改了，不算；不改，为什么不可以批評他。”

“人人都有主观主义，毛主席也有。大家不同意他去游泳（指泳长江），他非要去。”

“領导人不可能百分之百正确，不可能一点缺点和錯誤也沒有。”

“毛主席一个很大的特点，就是善于接受教訓。”

“凡是办不到的，不管原来是那个人說的，站不住就改，顾面子是顾不住的。今天顾住了，明天就顾不住。”

陶鑄

“广大人民群众……，以‘东方紅，太阳升’……以太阳来歌頌我們的党和領袖。但是，又有誰說过太阳毫无缺点呢？……总还是有人批評太阳的某些过失。……而且大家都知道并且也都指出过，太阳本身还有黑点。”

“毛主席万岁！唉！其实人总是要死的，总不能活到万岁的！”

“我过去从来沒有喊过毛主席万岁！”

“我講的目的是要使同志們……相信共产党和毛主席。当然，不相信也可以保留，可以看五年、十年再說。”

黄火青

“毛主席是不能活一万岁的，因此，寄托在毛主席一万岁这条上面是靠不住的。”

“錯了都是下边的，对了都是你的，多咎你都是正确的　那还行呀！”

“毛主席接見了一千多万人，肯定影响了交通运輸，将来工人、农民也要求接見，看你怎么办？”

按：毛主席不仅是我們，而且是全世界人民心中最紅最紅的紅太阳，他把全世界革命人民的心統統照亮，正因为这样，所以党内大大小小的走資派，十分仇恨，串通一气，恶毒攻击。刘邓說“世界上沒有十全十美的領导者，古今中外都沒有。”“領导人不能百分之百正确”。黄火青就說：“錯了都是下边的，对了都是你的，多咎你都是正确的，那还行呀！”陶鑄說：“人总是要死的，总不能活到一万岁的！”黄火青便說：“毛主席是不能活到一万岁的，因此，寄托在毛主席一万岁这条上是靠不住的！”狼子野心，何其恶毒！他們配合得多么紧密啊！誰反对毛主席我們就打倒誰！

瘋狂反对毛澤东思想

刘少奇

在七大党章总綱中規定：“中国共产党以毛澤东思想，作为自己一切工作的指針”。刘少奇伙同邓小平竟在八大党章总綱中篡改成：“中国共产党以馬列主义作为自己行动的

邓小平

团中央写过一个关于学习毛主席著作运动的报告，送中央請求批轉各地，报告送到邓小平手里，邓說：“整篇都是毛澤东思想，馬列主义不能丢，不一定轉发了”。

陶鑄

“要注意只講毛澤东思想，不講馬列主义，就会变成无源之水。在反对現代修正主义的斗爭中，我們要高举馬列主义大旗”。

“和尙也天天念經，你們

黄火青

“把毛澤东思想和馬列主义并列提，不要丢掉馬列主义光提毛澤东思想”。

“在提法上把毛澤东思想同馬列主义分裂开来，形式上提高了，

黄火青死跟刘邓彭

黄火青在重大历史关头，都沒有站在毛主席这一边，而是紧跟刘、邓、彭。黄火青与刘、邓、彭、薄、安的关系，是一条黑綫，黄火青就是这条黑綫中的干将之一。黄火青早在延安时，就投靠了彭眞。他們之間勾結的很紧。那时彭眞任中央党校副校长，黄火青任党校秘书长，在一九四二年整风时，一唱一合，大搞逼、供、信，害了很多干部。解放后，經常吹捧彭眞工作認眞，精力充沛，一到北京就去彭眞家探“风”。他还为彭眞树碑立传。他在一九六六年三月，也就是在六二年中央指出有些人通过写小說进行反党活动和彭眞抛出“二月提綱”以后，他的秘书吳方写小說《女童工》时，他指示“彭眞一九二五年在天津做过一段地下工作，你写的时侯可以联系一下这段历史”。当彭眞被揪出后，黄火青在东北局一次会議上，对彭眞的問題根本不作揭发。在作的表态式发言中只字不提彭、罗、陆、楊的罪行。就連秘书在他的发言稿上加的：“彭眞就是睡在毛主席身边的赫魯晓夫式人物”一句話，也被他删掉。可見他們的关系是有鬼的。

黄火青是刘少奇的忠实爪牙。一九四九年刘少奇到天津时，要調头等干部到工会工作，于是黄火青就被选上了天津市总工会主席。事后，刘少奇在华北职工代表大会上說：“在北京我讓彭眞当工会主席。在天津，我讓黄火青当工会主席”。黄火青按刘少奇的旨意，搞了个所謂《劳資关系三十二条》。在資本主义工商业社会主义改造中，他积极貫彻了一条反革命修正主义路綫，大肆販卖刘少奇的黑貨。他为了討好刘少奇，还把刘少奇的大舅子王光英捧上了天。在經济上，使王光英由一个不出名的小厂商一跃而成为拥有五亿元資本的大資本家。在政治上把王光英捧为天津市政协副主席，全国人大代表，給代上“紅色資本家”的头銜，并企图把王光英拉入党內，称王光英为“国舅”，还叫他的秘书給王光英起草在全国人代大会上的发言稿，以討得刘少奇的欢心。一九五六年一苏修分子到天津时，黄火青讓王光英出席陪宴，并与苏修分子拥抱合影。黄火青向苏修分子說：王是改造好的資本家，苏修分子則表示：回国以后，我一定要告訴全国人民，在中国我和一个已經改造好的資本家拥抱过。借以抬高王光英的身价。黄火青在領袖威信問題上，大作文章，同刘少奇一唱一合，恶毒地破坏毛主席的威信，說：少奇同志历来是提倡党的領袖的个人威信的。“七大”以前他就宣传毛泽东同志的威信，起草党章时，在刘少奇同志提議下，写了一条以毛泽东思想为指导。那时彭德怀同志是反对的。后来“八大”党章上沒有写以毛泽东思想为指导，彭德怀又提議写上去。“七大”他反对写上。“八大”他又主张写上，其实在說反話。我們的回答是：“七大”必要，“八大”不必要。一九六×年四月十七日刘少奇給黄火青写了亲笔信，大意是：前曾約定去辽宁，理因为……怕气候不适，故改去……　特此奉告。一九六六年十月，街上出現

党以馬列主义作为自己行动的指南”。

一九六〇年一月由旧中宣部起草，經刘邓批准，以中央名义批轉的团中央《关于开展毛澤东著作的学习运动的提法問題的請示》黑文件，規定不准提“学习馬克思列宁主义、毛澤东思想”，只准提“学习馬克思列宁主义、毛澤东著作”。

“党員課本要通俗一点，不要摘引毛主席的話就当課本上的話說”。

丢，不一定轉发了”。

“在青年中，四季都搞毛选学习不行”。

“不是說毛主席发展了馬列主义嗎，别的书你都不讀，你知道发展了什么？”

一九六六年二、三月間，团中央为满足广大青年的要求，曾請示邓小平給青年普遍发《毛主席語录》，邓第一次不同意，当第二次請示时，邓竟借口說：“《五卷》快出来了，等《五卷》出来再編新的”。千方百計地抵制《毛主席語录》的出版和毛澤东思想的傳播。

“和尙也天天念經，你們共产党員不也天天讀毛主席著作”。

“我叫你們不登毛主席詩詞”。“不懂为什么要登。”

“报头不登語录，可以多登一条消息”。

提高了，实际上降低了。眞理超过了标准，就是荒謬”。

一九六六年十月，有人向他汇报儿童学习《毛主席語录》，黄火青竟鄙視地說：“那还不是跟我小时候念《三字經》一样”。

一九五九年四月八屆七中全会，毛主席講了十二个問題，黄火青只傳达了十个問題，毛主席講的关于“打破封鎖”問題（这是毛主席不指名的批評刘、邓等人封鎖毛主席的声音），竟被他删掉。

一九六二年毛主席在八屆十中全会上关于《阶級、形势、矛盾》这个具有偉大历史意义的講話，黄火青只引用了几句，根本不向下傳达。

黄火青反对广大工农群众学毛著，竟下令“不准翻印毛主席語录”，甚至不准印毛主席在报紙上发表的文章。

按：毛澤东思想是全世界革命人民行动的指南，力量的源泉。人們掌握了毛澤东思想，就天不怕、地不怕，刀山敢上，火海敢闖，从而，使得党內走資派无处藏身。因此，党內走資派对毛澤东思想怀着刻骨仇恨，瘋狂反对。对毛澤东思想，刘賊喊“不准提”，邓修喊“不轉发”，而黄老狗便叫嚷“不单提毛澤东思想”。陶鑄污蔑讀毛主席的书为“和尙念經”，黄火青就污蔑为念《三字經》。刘、邓对宣傳毛澤东思想进行篡改，而黄賊便进行封鎖。对毛主席著作邓修不让出版，陶賊不准报头刊登，而黄火青便下令“不准翻印”。看！他們瘋狂反对毛澤东思想，配合得多么巧妙啊！誰反对毛澤东思想我們就砸烂誰的狗头！

极力宣揚阶級斗爭熄灭論

刘少奇	邓小平	陶鑄	黄火青
“改变生产資料私有制为社会主义公有制这个极其复杂和困难的历史任务，现在我国已經基本完成了。我国社会主义和資本主义誰战胜誰的問題，现在已經解决了。” “資产阶級已經没有什么生产資料，没有工厂了，而且多数依靠工人阶級吃飯，当然还拿定息，已不是原来的資产阶級，是政治思想要改造的資产阶級。” “总而言之，工商业者只要同共产党合作，跟着人民政府，一心一意地搞社会主义，不論是老、病或者有其他的困难問題，国家都負責到底，包到底。”	“前一段干的是革命，现在革命任务已基本完成了，今后的任务就是搞建設。现在阶級矛盾基本上解决了。” “阶級消灭了，就变成了人民内部矛盾。人民内部矛盾不能用阶級斗爭的办法来解决，否則非犯錯誤不可。” “还要多做工作，統战部門的同志还要很热心。现在很可能这个时候党外人士，各民主党派感覺到我們冷一些，……还多来往，他們应該参与的事情，吸收他們参加，……这对我們有益处，……不要搞得那么太单純。”	“我們中国的历史进入了一个新的时代了”，敌人可以“立地成佛”，“反革命殘余已經基本肃清”，“国内敌我矛盾已經解决”，阶級矛盾已經基本解决了”。 “忽視了个人利益的一面，是我們工作中存在的极大危險”，“最近期間出现的一些地下工厂应該对他們加强領导，……具体帮助，使其合法化”。“要发揮个人积极性。”	“实行全行业公私合营时，許多人（指資产阶級）表示，反对資本主义‘死了心了’对社会主义‘定了心了’。……在全行业合营以后，一般都能守职尽責。” “經过今年的社会主义改造高潮，我国社会主义和資本主义誰战胜誰的問題已經解决。今后是彻底完成社会主义改造問題。” “我国国内的阶級斗爭已基本結束，人民内部矛盾相对地突出起来。” 对資产阶級右派向党猖狂进攻，黄火青不让反攻，說：“要稳住这条战綫，别吓跑了資产阶級的人們，不要开辟第二个战場。”

按：毛主席教导我們說：“在我国，巩固社会主义制度的斗爭，社会主义和資本主义誰战胜誰的斗爭，还要經过一个很长的历史时期”。然而，刘邓陶和黄火青却与毛主席的指示大唱反調，极力宣揚“阶級斗爭熄灭論”，为資产阶級涂脂抹粉。刘邓陶說阶級斗爭“已經基本解决了”，黄火青便說“已基本結束”。刘賊吹捧資产阶級“不是原来的資产阶級”，邓修說矛盾“不能用阶級斗爭办法来解决”，黄火青便紧跟着吹捧：資产阶級“对社会主义‘定了心了’”。对待資产阶級，刘少奇鼓吹“包到底”，邓小平叫嚷要“热心”，陶鑄喊要“具体帮助”，而黄火青便宣揚“要稳住这条战綫，别吓跑了資产阶級”。看！他們遙相呼应，全是鼓吹資本主义复辟的一套鬼話。我們一定要把党內大大小小的走資派，揭深、揭透，批倒，批臭！誓把无产阶級文化大革命进行到底！

辽宁，现因为……怕气候不适，故改去……，特此奉告。一九六六年十月，街上出现了揭发刘、邓的大字报，黄火青則惊慌失措，极端仇視地說：刘少奇、邓小平的大字报都上街了，如何是了。

黄火青还极力吹捧邓小平。邓小平早就蛻化变质了，黄火青明知道邓小平是老独立王国人物，但他还不止一次的說，中央許多重大决策，前几年都出自邓小平。“这个总书記眞是高明，了不起，簡单几句話就解决了大問題。”这是吹捧邓小平，否定毛主席。

黄火青不仅在政治上极力吹捧刘、邓、彭，而在生活上也是关怀备至。刘、邓、彭等人每次来辽宁，黄火青都是热情迎送，吃、住、玩、行，安排的非常周到。中央建工部刘秀峰的老婆来沈阳住两个月，仅吃西瓜一項，就給他們报銷一千多元。薄一波的女儿来湯崗子“疗养”黄火青也是备加关怀，亲自給鞍山市委书記打电話，讓好好照顧。彭眞有一年到鞍山，黄火青怕影响彭眞睡早覺，便下令全市每天早晨上班的汽笛都不讓响了。刘少奇陪同外賓来沈阳，黄欧东陪同参观工业展覽館时，唯恐累坏了刘，参观不久就要安排休息。因为打乱了原来的安排計划，出了点缺点，就令公安部門检查，把刘少奇在館內走的路程，用皮尺量出来，甚至連樓梯的寬度也要計算出来，还要把結果上报。相反的对中央坚持毛主席革命路綫的領导同志的接待則另是一样。如头几年，我們偉大領袖毛主席的亲密战友林彪同志要来辽宁时，以黄火青为首的辽宁省委及有关市委，則多方阻撓，百般刁难，长时期不解决住处，当林付主席要动身来时，房子还没有修理好。周总理一次来沈阳，生活很簡朴，提出几不吃，連茶叶都是自己带的，可是总理走后，却以招待总理为名，报銷过去揮霍浪費的开支，仅香油一項就报銷五十斤。总理根本不抽烟，却报銷了不少条香烟。前几年中央軍委有的領导同志来，有时还吃不飽飯。一九六五年×××同志在沈阳搞“四清”，春节没回北京，和工作队一起在辽宁大厦学习，为了节約开支，在房間里开会，竟遭到服务員的围攻，特別使人气愤的是，竟給喝几天前剩下的酸牛奶。

对刘、邓、彭的黑指示，他跟的很紧，聞风而动。黄火青早在天津工作时，就按照刘少奇的旨意，伙同邓小平、彭眞、楊尙崑、李維汉等人，共同泡制了一篇《改造資本主义工商业和資本家的体会》的大毒草。来辽宁以后，繼續为刘、邓、彭向党进攻提供炮彈。刘少奇抓林业，黄火青就叫調研室抓林业調查。六五年彭眞提出群众工作要活跃，黄火青就要工会作調查报告。毛主席发动文化大革命后，黄火青还在执行彭眞的黑指示，从北京回来就組織刘宝田等病号抓中学教育。刘、邓、彭需要什么，黄火青就送什么。他从不給毛主席写报告，而积极給刘、彭送报告。如四清蹲点报告，营口市干部处理报告，沈阳自行車厂职工代表大会报告，落改、技术協作和工人生活調查、煤炭調查等报告。

在四清运动中，极力抵制《二十三条》，极力推行刘少奇形“左”实右的反动路綫，积极販卖彭眞的黑貨。大量印发、学习王光美的所謂桃园“蹲点經驗”，宣揚刘少奇的《后十条》。对毛主席亲自主持制定的《前十条》和《二十三条》，没有很好学习討論。大力传播彭眞的講話。黄火青还講：“彭眞这个人很聪明，他不講示，是不敢講这些話的”。对彭眞解释《二十三条》的黑話，到处放录音，发文件。黄火青还把刘少奇的《后十条》奉为圣旨，大講《后十条》还要修改，竟把它排在《前十条》的前面印装成册，广为发行，一再指示按《双十条》办事。黄火青明知《二十三条》是糾正刘少奇形“左”实右的，但还在講：《二十三条》是总結前段經驗，……并不是說已經发生了很大偏差，不是說要糾偏。他在所謂蹲点工作中也极力按照刘少奇的主张，大搞扎根串連进行秘密工作，实行人海战术，包办代替。在他蹲点的新城子大队，仅有八百多戶，就派一百零八名工作队員，号称一百单八将。他們还篡改毛主席关于“四清”运动重点的指示。前书記处书記王良，提出以清經济为重点的修正主义口号，变四清为一清，明目张胆的对抗毛主席提出的四清运动以整党內走資本主义道路当权派为重点的指示。

中共辽宁省委机关革命造反联絡总部《抓鬼》战斗队

·4· 遵照战报 一九六七年十月二十一日 星期六

受西南土皇帝李井泉、宜宾地委反革命修正主义分子牟海秀和四〇一走资派李森、李汉友操纵的“产派”保守组织——四〇一“红工联”，在四川宜宾参加了镇压革命造反派的“二月镇反”和“五月暴乱”失败后，四〇一走资派竟对抗“中共中央关于处理四川问题的决定”和毛主席“抓革命，促生产”的伟大号召，煽动蒙蔽“红工联”中广大群众逃离生产岗位，返回东北。在四个月中无一人返川，使四〇一党内走资派逃脱群众的批判，四〇一工程无法复工，使三线建设受到严重损失。在八月底，为继续蒙蔽群众，继续对抗毛主席的革命路线，“红工联”的几个坏头头竟在辽宁阜新又打起了“红工联”的破旗，负隅顽抗。

一支坚强的毛泽东思想宣传队

——四川宜賓地区支左部队做受蒙蔽群众思想工作側記

編者按：四川宜宾地区经过两个阶级、两条道路、两条路线的一番生死搏斗，毛主席的革命路线取得了彻底胜利。无产阶级革命派队伍空前壮大，保守组织分崩离析，纷纷解体。然而，阶级敌人是决不甘心自己的失败的。一小撮走资派操纵着《四〇一红工联》的少数坏头头蒙蔽了部分不明真象的支援内地工人弃川逃回阜新、沈阳、清河等地妄图伺机反扑、东山再起。这里刊出的文章，如实地记述了四川宜宾支左部队在辽联电力系统革命造反派的配合下，运用毛泽东思想做受蒙蔽群众工作的片断。

事实生动地说明，毛泽东思想的威力是无穷的。宜宾支左部队，坚决响应毛主席“**人民解放軍应該支持左派广大群众**”的伟大号召，紧紧地抓住了阶级斗争、两条路线斗争这个纲；对受蒙蔽的广大群众做耐心的思想政治工作，使他们大杀回马枪，回到毛主席的革命路线上来，在三支两军工作中做出了极其巨大的成绩。

宜宾军区的解放军同志说得好：支左就是要带着观点，带着毛主席革命路线的观点。他们所以在支左中取得了广大左派群众的信任和支持，有效地分化瓦解了保守组织，就是因为他们立場坚定、旗帜鲜明。

要支持左派吗？首先你自己必须是左派，只有左派才能有左派的感情、思想和语言。这样的支左是真正的支左，这样的支左工作才是真正好得很！

向解放军学习，向解放军致敬！

千里迢迢 奔赴东北

九月初，一支毛泽东思想宣传队（成员：宜宾军分区解放军干部两名，一中红旗革命小将两名，四〇一红旗战士数名），受宜宾革命委员会筹备小组（现已成立革命委员会）、宜宾军分区的指示和四川省革筹、成都军区的派遣，在水电部军管会、部机关、电力建设总局革命造反派和各地革命造反派的大力支持下，千里迢迢奔赴东北，向四〇一红工联广大群众宣传毛泽东思想，帮助他们回到毛主席的革命路线上来，动员职工返川“抓革命，促生产”。

宣传队向沈阳军区汇报后，在辽联电力总团、东北电力建设局革命造反联络部的协助下，很快地投入战斗。

“政策和策略是党的生命，各級领导同志务必充分注意，万万不可粗心大意。”

“我們应当相信群众，我們应当相信党，这是两条根本的原理。如果怀疑这两条原理，那就什么事情也做不成了。”

“敌我之間和人民內部这两类矛盾的性質不同，解决的方法也不同。”

毛主席的教导，是宣传队的行动指南。在分析了形势之后，首先对沈阳、开原等地受蒙蔽的阶级兄弟以大会、小会、座谈会等形式，大讲宜宾地区两个阶级、两条路线的斗争。大力宣传“中共中央关于处理四川问题的决定”和“中共中央关于宜宾地区刘结挺等同志的平反通知”等中央文件。同时一针见血地把四〇一走资派操纵“红工联”的真相揭露出来。并反复交待政策，还组织反戈一击的同志以自己的经历现身说法走访串联。通过耐心地说服教育，使群众明白了事实真相。对“红工联”的坏头头及走资派产生了仇恨，迅速地回到毛主席的革命路线上来。

但是，“红工联”的核心还在阜新。艰巨复杂的斗争将在后面。

一場两条路綫的激烈斗爭

“敌人是不会自行消灭的。”辽宁阜新是“红工联”的大本营，党內走资派和“红工联”中一小撮坏头头利用（棒子队）一方面压制內部，防止群众反戈；一方面对付即将来阜的毛泽东思想宣传队。

在“红工联”军心动荡，互相猜疑的时刻，毛泽东思想宣传队来到阜新。经过几天的摸底串联，使部分群众提高了认识，大胆造反，反戈一击，退出“红工联”。这使几个坏头头吓破了胆，他們撕掉一切伪装，赤膊上阵，欲想挑拨群众和解放军的关系，阻止职工返川，经过一番密谋后，抛出一张“海报”要军代表给“红工联”作“报告”。

为争取和教育我们的阶级兄弟，揭露走资派，打击坏头头，经过研究，军代表决定去作报告。

九月二十七日上午九点，两名解放军同志健步进入会場，在一阵阵口号声后会场肃然。首先由廖昭平同志（宜宾军分区干部）逐字逐句地宣读《中共中央关于处理四川问题的决定》和“中共中央有关‘抓革命，促生产’的指示以及成都军区的‘平反通知’等有关文件。下面群众这时自言自语说：“这些我们过去都不知道。”接着李相友同志（宜宾军分区参谋）立場坚定、旗帜鲜明地向职工同志讲述了四川宜宾地区文化大革命的曲折过程，无情地揭露了牟海秀和军分区个别负责人扶植“红工联”等保守势力，进行“二月镇反”和“五月暴乱”的真相。进而批判四〇一走资派操纵“红工联”破坏文化大革命，破坏“抓革命，促生产”的滔天罪行。一再说明广大群众对党对毛主席对解放军是无比热爱的。但是，党內走资派为了保自己蒙蔽大家，扭转斗爭的大方向，使职工同志站错了队。这个责任全在走资派身上，广大职工同志们应该猛醒，起来造他们的反，摆脱“红工联”的控制，回到毛主席的革命路线上来，尽快返回四川“抓革命，促生产”。

观点来的。你们由四川返回东北，是上了走资派的当，站错了队而引起的，所以动员返川，首先要讲两条路线的斗爭。‘红工联’这个组织是被走资派操纵的，广大群众是要跟毛主席干革命的，一旦弄清真相必然起来造反，红工联的分化是谁也控制不了的”。接着，一个受毒颇深的群众说：“我看‘红工联’是革命组织。红旗派听说都是牛鬼蛇神、地富反坏”。李参谋耐心地解释：“‘红工联’是走资派李森、李汉友等人操纵起来的，始终将矛头指向革命造反派，顽固地执行资产阶级反动路线，大方向是错误的。但是工人同志站错了队不要紧，毛主席说：‘**犯错誤是难免的，只要認眞改了，就好了**’。工人同志只要觉悟了，站过来就好了嘛。我们现在支持的红旗派是从白色恐怖中杀出来的革命造反派，他们斗爭大方向是正确的。地富分子和地富子女是两回事，家庭出身不能选择，走什么政治路线要靠自己。只要他们站在毛主席革命路线上，就应该欢迎他们革命。而出身好但站错了队，对抗毛主席的革命路线，就不能算革命造反派。看一个组织好坏，要从两条路线斗爭来区分，要看大方向。”

听了这番话，有的工人直点头，感觉有理。但还有些想不通，提问道：“我们从东北到西南，不认识李井泉，怎么能保李井泉呢？我们也斗过李森，也喊打倒李井泉，这是不是大方向，而红旗派搞打、砸、抢就沒有错误吗？”李参谋又耐心地说：“工人同志不保李井泉，但是走资派利用我们工人对党对毛主席对解放军的热爱心情，暗中操纵保守组织，扭转斗爭大方向，打击造反派，给造反派戴上‘牛鬼蛇神’、‘反革命’的帽子，工人上了当，站错了队，客观上起了保的作用。工人同志想批斗李森，可是‘红工联’的头头就不然了，他们搞假夺权，夺权后大印还由李森的老婆掌

众斗群众，坏人一个沒打着，双方打的都是阶级兄弟”。

坏头头李国华恼羞成怒，直嗓门威胁嚷叫说：“这不是四川，也不是北京，这是阜新，你再说说我们是什么组织？”李参谋沉着对答：“四川在中央十条下达后形势现在大好，造反派彻底翻身。北京是我们伟大的领袖毛主席居住的地方，形势更好。在阜新，毛主席的革命路线也必将取得彻底胜利。我刚才已经说了，‘红工联’是走资派操纵的保守组织，我们殷切地希望广大工人同志起来反戈一击，和红旗同志一起造反。”这个坏头头看威胁不成，急忙打断李参谋的话，似乎满有理地说：“毛主席的最新指示你学了吗？工人阶级內部沒有利害冲突，红工联要和红旗派谈判搞大联合”。李参谋看了看这个气极败坏的小丑，仍然面对群众耐心解释说：“毛主席讲的话是有阶级性的，大联合是有原则的，是革命的大联合。‘红工联’是反动路线的产物，是保守组织。红旗派是站在毛主席的革命路线上的革命造反派。毛主席指示我们，在路线斗爭上沒有调合的余地，这两个组织怎么能搞联合呢？无原则的联合就是老保翻天。工人阶级內部不应该分为势不两立的两大派组织，这是走资派挑拨形成的，是资产阶级反动路线造成的。‘红工联’中广大群众觉悟了以后，大造走资派和坏头头的反，调转政治方向，回到毛主席的革命路线上来，就可以成为革命派。红旗派欢迎和红工联中的广大群众搞革命的大联合。”

明白了，群众明白了。一个老工人气愤地说：“李国华你算老几，天天说大联合，不让我们退出‘红工联’，这回我不上当了，我坚决退出，和红旗派站在一起”。

时间已是午后三点多了，几个坏头头搬起石头反砸了自己的脚，本想显示威风，实质上暴露了凶相，工人同志陆续离开了会場。有个老工人和几个家属也看不下去了，对台前的几个坏头头说：“有意见以后再提行不行，解放军同志还沒有吃午饭哩”。这几个顽固分子拒不理采，仍想继续蛮干。但当他们回头环视了一下冷落的会場，剩下的工人也在交头接耳，显然对几个坏头头这种作法表示不满。这时门外贴出一张“警告”的大字报：“红工联坏头头围攻解放军达四小时之久，我红旗驻阜分队提出警告，如不听告，我们将采取革命行动”。一个小头目见势不妙感到孤立，慌忙喊叫散会。

毛主席的革命路綫威力无穷！

抓两个阶级、两条路线的斗爭，是解决一切矛盾的总纲。毛泽东思想宣传队在工作中划清两类不同性质的矛盾，依靠群众，及时组织反戈群众，同时耐心帮助一般干部和工人。摆事实、讲道理，揭发內幕，互相串联谈心里话。使走资派、坏头头彻底孤立。通过摸底串联，将觉悟了的群众组织成立红旗驻阜分队，掌握走资派的动向，打乱坏头头的阴谋。经过一个阶段的艰苦耐心工作，毛主席的革命路线被广大群众所

的大本营，党內走资派和“红工联”中一小撮坏头头利用阜新的形势，在返回东北后更加强对“红工联”的內部资产阶级专政，继续蒙蔽群众。走资派李森公然叫嚣“中央十条现在不能学，学了有人要反戈，不利于大联合”。“红工联”的坏头头华文忠也威胁群众说：“愿意跟“红工联”干的就登记，我们当反革命也干到底，不愿意干的你就反戈回四川去。”坏头头李国华伙同四川来的“宜红总”的几个漏网分子，一个多月精心策划，大造谣言，拢络人心，妄图东山再起，伺机反扑。

沈阳、开原“红工联”广大群众彻底反戈的消息传到阜新后，四〇一的走资派和几个坏头头慌了手脚，匆忙蒙蔽一些青年，成立所谓“文攻武卫”队命，促生产”。

李参谋越讲精神头越大，广大群众边听边思考，心怀越来越明朗，会場曾有几次骚动均被老工人自发地制止了。几个坏头头感到弄巧成拙，于是就煽动地说：“你今天的讲话是不符合实际情况的，谁有意见都可以提。”刹时间，几个坏头头全跳出来了。看来，一場予谋围攻解放军的場面要出现了。一个小头目歇斯底里大发作，大声质问说：“你们动员返川是带着观点来的，想分化我们，这是妄想！”李参谋手持红彤彤的《毛主席語录》和中央文件，笑颜悦色地面对群众说：“不错，我们是带着毛泽东思想和解决四川问题的十条决定来的，是带着毛主席革命路线的然了，他们搞假夺权，夺权后大印还由李森的老婆掌管。口头上喊打倒李井泉，暗中却派小汽车送李井泉的女儿开黑会。红旗派一成立就把矛头指向党委，冲破官办文革，查封黑材料，这是革命行动。眞正搞打砸抢的是红工联。二、三、四月份在现場打了多少人，砸了和红工联不同观点的所有组织，五月份大批制造武斗工具，改制土坦克、抢了国家大批粮食、肉类，还跑出现場五十多里以外去打造反派，这些事是铁证如山。”

这些话，句句打动了工人同志的心。有的职工低声说：“当权派号召打牛鬼蛇神嘛，不去就是不听组织的话，不热爱党。是呀，是站错了队，这就是群段的艰苦耐心工作，毛主席的革命路线被广大群众所掌握，“红工联”这支顽固的保守组织迅速土崩瓦解。要革命的群众成批反戈，回到毛主席革命路线上来。从十月四日起，脫离宜宾现場长达四个月之久的职工同志，开始分批返川。响应毛主席的伟大号召：“**抓革命，促生产**”。这是中国人民解放军“三支”“两军”工作中的新功劳，是战无不胜的毛泽东思想的伟大胜利。

电力总团东北电力建設局革命造反联絡部

沈阳供水公司革命职工排除万难安全供水

沈阳市供水服务公司广大革命职工，高举毛泽东思想伟大红旗，「**抓革命，促生产**」，战胜了重重困难，冲破了层层障碍，粉碎了阶级敌人的破坏阴谋。始终坚持「**抓革命，促生产**」保证了全市工业生产用水和三百万人口生活用水的需要，为沈阳市胜利地开展文化大革命，做出了贡献。

沈阳市供水公司广大革命职工是怎样坚持「**抓革命，促生产**」的呢？

第一，高举毛泽东思想伟大红旗，提高了革命警惕性，破私立公，一切从人民利益出发。党內一小撮走资派，为了挽救自己复灭的命运，勾结社会上的牛鬼蛇神，蒙蔽一部分群众，大搞武斗，阴谋制造全市性的停水，妄图破坏生产和建设，造成全市性的混乱，以达到破坏无产阶级文化大革命的罪恶目的。八月中旬，一批暴徒手持匕首冲入××水源，强令工人关闭供水闸门，并扬言如不关闭就要你的命。坚持在生产第一线的职工同志们发出了豪言壮语：「要命可以，停止供水办不到！」针锋相对地与暴徒展开了斗争。

第二、坚决贯彻执行**毛主席「抓革命，促生产」的伟大方針**。全公司三个群众组织，虽然观点不同，但大多数群众在促生产上是一致的，在社会上武斗歪风猖狂的时候，三个群众组织各自发表声明，决不参与武斗，坚持生产。广大职工认识到自己生产岗位的重要性，不考虑个人安危，而考虑的是全市人民生活和生产用水的需要，下定决心坚守生产岗位，就是在社会上武斗最紧张的八、九月份，生产第一线的工人出勤率仍然达到百分之九十五以上。一年一度的水源设备大修理，需要大量人力，他们采取在短时间內停产突击的办法，于八月十七日公司组织三派职工四百多人，对××水源的设备全面检修，提前完成了任务。

第三、相信革命干部，革命干部要以身作则，敢字当头。越是困难的地方，干部越敢于带头，亲自与群众共同战斗，风雨同舟，生死与共，不断向群众进行思想政治工作，给群众增强了信心和勇气。八月中旬，全市武斗此起彼伏，枪声不断，流弹横飞，满城拦路抢劫车辆，司机人身安全受到严重威胁，水质消毒用的氯气，公司司机冒生命危险进行抢运，抓生产的几位公司领导干部，亲自随车运送。水源井都比较偏僻，生产工人上夜班有很多困难，水厂领导干部亲自与工人一起値班，做思想政治工作，鼓舞士气，为坚持生产起了很大作用。

第四、关心职工生活，帮助解决具体困难。越是在困难的时候，越应关心群众生活。社会上的武斗不断升级，打、砸、抢、抄歪风盛行一时，闹得人心惶惶。公司针对这种情况，对职工家中财物和上下班路上的安全，均采取了相应的措施，从而保证了正常进行生产。

目前，该公司的生产形势越来越好，生产秩序已经基本恢复正常，为进一步贯彻「**抓革命，促生产**」的伟大方针，做出新的贡献。

他們不管我們管，他們不干我們干

果品公司系统辽联、八三一、大联筹三个革命群众组织实现了革命的大联合，紧跟毛主席的伟大战略部署，狠抓革命，猛促生产，在搞好革命的大批判，完成繁重的国庆节市場水果供应后，又本着**毛主席「不違农时」**的教导，全力以赴为水果冬贮工作奋斗。

水果贮存是件十分艰巨而光荣的政治任务。它关系到水果丰产能否丰收的问题，是关系我市我省今冬明春的水果供应好坏和支持各兄弟省市的大事。由于任务重，时间短，不但要求数量多，更要求质量好。今年的水果冬贮工作，由于公司內走资派的挑动，有的人撂挑不管，企图破坏水果公司供应和贮存。在这关鍵时刻，辽联、八三一派广大战士，以**毛主席教导的「只争朝夕」的革命精神**，挺身而出及时揭穿走资派破坏生产和冬贮的阴谋，担起抓革命、促生产的两副重担，认眞学习毛主席著作，提高了认识，坚决表示：「他们不管我们管，他们不干我们干！」经过充分讨论，组成了生产班子——「生产管委会」。为了加强对冬贮工作的领导，成立了「冬贮指挥部」，并召开了冬贮誓师动员大会，划分了采购、运输、检斤、保管等六个小组分兵把口。

辽联，八三一派还抽调一百五十多名战士奔赴×××冬贮第一线。各地采购大军积极努力，冬贮貨源基本落实，计划贮各种水果×千吨左右。辽南苹果从十月二日业已开始到貨，截至十日止到貨量已完成计划的六分之一。主要苹果品种有红黄元帅，香蕉、国光、金星等二十多个品种，各种梨也正着手运进。

辽联、八三一广大战士个个精神饱满、斗志昂扬，日夜坚守岗位，除白天工作外，夜间还组织了护場队，站岗、放哨，负責全面「四防」安全工作。

辽联、八三一战士主动挑重担的革命精神了，推动公司广大革命职工的干劲，果品公司已出现新的革命秩序，掀起了促生产的新高潮。

辽联、八三一战士要乘胜前进，作抓革命的闯将，当促生产的模范！

辽联果品公司通訊組

省教育厅紡織厅勝利完成今年設計任务

省教育厅设计室设计人员，认眞贯彻执行**毛主席「抓革命，促生产」的伟大方針**，夺得了革命生产双胜利。到九月末已完成五十七个设计项目，七万一千七百平方米，占全年计划的百分之九十五点二。

目前，他们正再接再励，乘胜前进，准备在短时间內，把余下的三个项目三千六百平方米的设计任务全部完成。

省纺织厅设计室设计人员，在文化大革命中坚持活学活用毛主席著作，妥善地安排了革命、生产，取得了一个又一个的胜利。到八月末，已完成了今年任务。他们还主动承担了有关部门委託的制图任务。四季度除集中力量搞好革命的大批判外，还可承担各单位委託的设计任务。

旅大紅色造反者向海港进軍

十月，旅大市毛泽东主义工总司、毛泽东主义红卫兵大中院校总指挥部等革命造反派组织，坚决响应毛主席的伟大号召，誓做「**抓革命，促生产**」的模范。他们决心大干二十天，攻下五十万吨卸貨任务，彻底解决港口堵塞问题。

十月十一日下午，旅大红色造反者在港口举行了数千人的誓师大会。他们高呼口号：「奋战二十天，攻下五十万吨卸貨任务，向党中央、毛主席报喜！」「红色造反者坚决支援海港前线，打一場人民战争，坚决完成五十万吨卸貨任务！」我辽联和沈总数十名战士，打着红旗参加了誓师大会并讲了话。辽联代表说：「我们辽联广大革命造反派战士，坚决同旅大红色造反者团结、战斗、胜利在一起！把汗水流在一起，支援海港完成战斗任务。」会場高呼：「热烈欢迎辽联战友同我们一起劳动！」

会后，几千人的劳动大军，纷纷进入港內。有的上船卸貨，有的分库码垛，有的运输。整个港口人群如流，车辆如梭。辽联、毛泽东思想红卫兵沈阳总部的战士们负责搬运橡胶，他们个个生龙活虎，汗流满面，干劲十足。目堵这一动人場面的旅大红色造反者，无不拍手称赞。他们说：辽联、沈总眞不愧是我们并肩战斗的战友！当辽联、沈总战士完成了卸完二十吨貨物的任务，返回驻地时，沿途群众不断用热烈的掌声欢迎他们。

編后話

从本报今天选登的革命造反派“**抓革命，促生产**”的几则消息里，可以看出**毛主席“抓革命，促生产”的伟大号召**的无穷威力。无产阶级革命派就是把国家利益、人民利益摆在第一位，对毛主席的指示坚决照办！供水公司的同志说得好：“要命可以，停止供水办不到！”这就是革命战士为了人民利益，不畏强暴的豪言壮语。水果公司的同志怀着“你们不管，我们管；你们不干，我们干”的革命英雄气概，勇敢地担起“**抓革命，促生产**”的两副担子，以实际行动回击走资派及他们挑动破坏生产的阴谋。革命造反派就是迎着困难上，那里任务重，就冲向那里，旅大红色造反者向海港进军就是很好的例证。

无产阶级革命派就是要把无产阶级文化大革命中焕发出来的冲天干劲，用到促生产上，誓当抓革命的闯将，又作促生产的先锋。

文藝革命

天津市工农兵文艺革命編輯部主办

1967年12月25日　**第5期**　本期共四版

我們的文艺，旣然基本上是为工农兵，那末所謂普及，也就是向工农兵普及，所謂提高，也就是从工农兵提高。

江靑同志关于当前文艺革命的讲話

（十一月十二日晚八时）

十一月十二日晚八时陈伯达、康生、江靑、楊成武、張春桥、戚本禹、姚文元、吳法宪等同志接見了文艺界部分代表，江靑等同志对当前文艺革命的問題作了系統的重要指示。

江靑同志：我沒有什么更多的話跟同志們讲，我觉得对不住同志們，很长的时期沒有听听同志們的意見，同志們对我們有什么不滿和有什么意見，我們是能諒解的，因为同志們不了解我們的情况。文化大革命以前，我的精力，虽然我是半殘廢，但是全心全力在搞戏剧革命，音乐革命，跟同志們在一块，因为这是很細致很严肃的工作，它不是一天两天，一个月、两个月可以办到的，正如今天电影界的同志們、小将們談到的，它有一个矛盾，因为它要立起来，不仅內容是革命的，而且又要在艺术上站得住，否則，人家就会复辟。对这个問題，过去我是跟有些人反复讲过的，这需要很大的精力。自从进行文化大革命以后，由于工作性质变了，我的精力似乎全部用在别的方面了。所以你們搞的戏剧革命，音乐、电影，我就不能象过去几年那样，跟大家在一起，这一点說淸楚，希望大家諒解，不諒解也沒什么关系。但是在文化界，自从主席《在延安文艺座談会上的讲話》开始，那时，因为我不是做文化工作，只是打遭遇战。进城初期，遵照毛主席的教导，想为工农兵、想为无产阶級革命路綫，想树立两支队伍，一支是創作队伍，一支是評論队伍，評論队伍可以評好，也可以評坏，但是因为在这条战綫上，人家专了我們的政，他們用各种办法，不执行毛主席的革命路綫和文艺路綫，而我們也有一个认識过程。也有一个工作崗位的問題。主席在这方面很注意。而我只不过是一个流动的哨兵，只有这次文化大革命，才能解决这些問題。九日和十二日，听了一些文艺界同志們，革命小将們的发言，我觉得发言的水平，还是比較高的，第一能指出不平衡，事实上也是不平衡，能够认識到阶級斗爭的客观情况是不平衡的，当然有些地方搞得好一些，有的地方較差一些，有些地方看起来很和平，实质上是一潭死水。針对这些情况，不能說一律沒搞好，一律都打乱，我看都打乱，这不妥，象新影这样单位、象芭蕾舞剧团是属于沒有眞正的搞好革命的大联合、三結合。当然也就不能够坐下来搞斗批改、大批判了，这样的单位，再乱一下是有好处的，我們要乱敌人！要乱敌人!!有些单位，搞得比較好，搞了革命的大联合，也搞了革命的三結合，就要全力以赴搞斗、批、改，和大批判。但总的是要树立一支革命队伍，树立一支革命的队伍在文艺界有这样一个問題，文艺界阶級队伍很复杂，但一个人不能决定自己的出身，主要看个人表現，毛主席教导我們說：首先要看成份的，但不唯成份，大多数青年、革命小将，是会跟毛主席革命路綫走的，大多数干部与党員，觉悟了，是会跟毛主席革命路綫走的，这一点是要滿怀信心的。搞革命的大联合，最重要的是双方做自我批評，双方組織都混杂了坏人，最好是不要这个組織去揪别的組織的，要由他們自己組織的人去調查研究，淸理出去，要多做自我批評，这样就容易联合了。否則每天吵架，坏人就会利用。在这个方面，我的水平很低，主席最近有很多指示，要好好学，不多說了。但是属于人民內部矛盾的問題，最好多做自我批評，少批評人家，属于敌我矛盾性质的問題，可以又斗又批。新影厂搞了一个現代革命京剧集錦，（我是批評你們）你們原来是好意，花了功夫，但对这几个戏的主題思想、艺术性在哪里都沒摸透，昨晚我看了很不安心，你們是否能补拍一下？（回答：能！）我知道你們是花了功夫的，不是在舞台上拍的，但是如果这样，放到全国去，工农兵沒沒看过戏的，不懂，我們对这几个戏是摸透了，不要急着放映，你們討論一下，看怎么办。新影現在归宣傳口管，由伯达同志負責，具体工作由姚文元同志管。文艺界比較复杂，从你們发言和交来的材料看，搞深了、搞透了沒有？我看沒有。敌人很狡猾，一套一套的班子，你搞了他一套，他又有一套，对文艺界的問題要愼重，要深入調查研究，对敌人，要稳、准、狠，对自己不要老打內战，对朋友不要老打內战，这样容易被敌人利用，他們就乘机溜了，这一点我們要識破他們。北京市京剧一团譚元寿，他就很急，說沒有搞出戏来，这个心情可以諒解的。但如果象过去那样搞出来，很粗糙，人家还是要打倒我們的。我們这八个样板戏，已經占領了舞台，把資产阶級帝王将相赶下了舞台，赶下了銀幕。虽然芭蕾舞、交响乐方面还有許多缺点、錯誤需要探討，但这在世界上也是震动的。不能性急，象芭蕾舞团改白毛女，过分性急，搞的很粗糙，站不住，当然，我也有責任，沒有时間和你們一块搞。但我相信，一定能搞好。是不是你們自己組織起来，认眞組織起来工作，目前已經是十一月中旬了，到春节前还有三个月，在不平衡的单位，是否把队伍先树立起来，对敌人狠斗、狠批、批倒批臭，否則，創作思想很混乱，不能搞創作，当然目前这个时期，有些单位，运动搞得不好的，要乱一下，搞得好的，就不要再乱了。目前，有的单位乱一下，乱敌人，不是乱我們自己，这完全是应該的。把矛盾掩盖起来，这不是好办法，我們不怕乱，但大联合、三結合搞的比較好的单位，就不要再乱了，要有分析。要有无产阶級革命者的风格。頂得住。我今天因为也累了，又沒有准备，談了这些意見，也不完整，錯了，同志們批評。以后我們再座談。

还有一个問題，十七年和五十天的問題，革命小将的見解是很好。十七年要算，五十天也要算、三十年代也要算，这个根子长得很，有一个小将讲得很好，（我記不淸名字了）有些人用批判五十天来抵制批判十七年，这实质上是包庇十七年，包庇三十年代，同时把毛主席的革命路綫和毛主席文艺路綫分割开来，这也是了。当然，对三十年代、对十七年、对五十天，要一分为二。三十年代有以魯迅为首的左派，十七年也有很多左派，五十天那就更多了，工作队实际上是保护十七年，保护三十年代，甚至二十年代。所以，我觉得今天跟那天（九日）革命小将的发言，水平是高的，我現在只讲这一点，我的身体不太好。

陈伯达同志：江靑同志談得很好，針对当前文艺界的問題，都談到了，系統的談到了，可以用录音在北京放，全国放，让文艺界的同志座談討論，使文艺界大进一步，看大家同意不同意。（鼓掌）

江靑同志：关于参軍的問題，（指編入軍队系統的文艺团体）你們不要着急，林副主席已經下命令，請軍委办事組，由楊成武同志負責，挑选几个軍、师一級的干部来管这事，所以，不要急，天天想着参軍啊，参軍啊，把别的都忘了。

（根据录音整理）

江靑同志对批判《武訓画傳》的指示

一九五一年五月二十日偉大領袖毛主席亲自为《人民日报》写了《应当重視电影〈武訓傳〉的討論》的社論。社論发表了不久，旧文联接連召开了三次关于《武訓傳》問題的座談会，会上江靑同志对批判《武訓傳》做了指示，同周揚之流进行了尖銳的斗爭。江靑同志說：“党与个人要分开，党从来沒有提倡过武訓，你們把某某人某某人說了，作为資本捧得要死”。

在这次会上，江靑同志对配合电影《武訓傳》放映出版的毒草連环画《武訓画傳》（李士釗編，孙之儁繪，上海万业书局出版）也提出了尖銳的批判。江靑同志指出：“《武訓画傳》把人民画得丑极了。”“李士釗等把陶行知作招牌是别有用意。”（注：陶吹捧过武訓。）“把大劊子手（注：指淸朝皇帝、北洋軍閥、蔣介石之流）捧武訓作資本，捧武訓是别有用心。”江靑同志一針見血指出：“人家向我們大張旗鼓进攻。”“借尸还魂……激烈的阶級斗爭中，企图挽救已經死亡了的国民党社会。人家大張旗鼓，做了很多准备工作，挖空心思，我們做得很不够。”江靑同志当时曾指出要揭露画傳編繪者的用意。江靑同志热情号召大家投入战斗。

在同一时期，在人民日报社召开的一次有王朝聞、朱丹等参加的小型会上，江靑同志又对批判《武訓画傳》作了指示。五月二十八日还特派通訊員另給王朝聞送去了有关武訓的材料。但是反革命修正主义分子王朝聞的狗胆包天，他在六月三日《人民日报》发表的《〈評武訓画傳〉的創作作风》一文，却把阶級敌人“企图恢复已經死亡的国民党社会”这一严肃尖銳的阶級斗爭，归結为“作风”問題，公然对抗最高指示，篡改江靑同志对批判《武訓画傳》的指导精神。

（轉自《紅色美术》）

·2·　文 艺 革 命　1967年12月25日

《东进序曲》就是資本主义复辟的序曲

反动影片《东进序曲》是一株露骨地美化阶級敌人，丑化我軍形象，抹煞阶級斗爭，宣揚(阶級)投降主义的大毒草。这一点特别明显地表現在影片不惜用大量的篇幅精心泡制了一个“革命軍閥”周明哲的形象上，影片把这个国民党軍閥描写成不仅是一个“一心一意抗日救国”的爱国者，而且是一个“正直”、“讲义气”、“有民族气节”的人物，并且是我新四軍轉危为安的护身符。他的戏在影片中最連貫，他就是編导者在共黑主子授意下竭力贊美的主人公。

周明哲一出場，影片編导就安排他“被迫”从配合新四軍作战的火綫上撤走时写了一个紙条，“非我不义，实出无奈，日后請客当面解釋，周明哲即刻。”首先給周明哲的形象勾画了一个“守信用、讲义气”的輪廓。

接着在招待院內陈秉光、林毅与周明哲的一段对話，則进一步把周明哲描繪成是一个“宁可去当老百姓，也决不干坏事”，“关心国家民族”的“正直的好人”有民族气节”的人物請看下面的一段对話吧：

林毅：刘大麻子怕未必放得过你。

周明哲：我周明哲不是那种低三下四的人，我一心一意抗日救国，走得正、坐得稳，他敢拿我怎么样？……实在沒有办法，我也只好隐身告退，解甲归田，去作一个安分守己的老百姓。

陈秉光：周大哥这样想，又把国家民族置于何地呢？

周明哲：你让我再多想想。

編导者还嫌对周的美化不够，怕观众不能領会，于是干脆就用陈秉光（政委）之口給周明哲下一个正式的結論：“你为人注重信义，讲究节气，我素来敬佩。”

編导者竟让一个新四軍政委去对一个国民党軍閥表示欽佩，这純粹是丑化我軍形象抹煞阶級斗爭、宣揚阶級投降，眞是反动透頂。

毛主席教导我們：“**一切勾结帝国主义的军阀、官僚、买办阶级、大地主阶级以及依付于他们的一部份反动知识界，是我们的敌人。**”

对于周明哲这样的軍閥，影片本应透过他“道貌岸然”的外衣，掀开他“抗日”的外衣，把他压迫人民，剝削人民的眞正本质揭露出来，充分地揭露压迫与被压迫、剝削与被剝削的阶級矛盾，可是在編导者笔下，周明哲即不压迫士兵、也不欺压百姓，他們之間是和平共处、亲如一家，在这里剝削阶級与被剝削阶級的关系不是尖銳的对立，而是互相融洽，合二而一，大肆宣揚了阶級調合論。

編导者不但沒有揭露周明哲的阶級本质，反而混淆視听，把周的阶級本质仅仅归結为一个信奉“明哲保身”是非不淸的問題。为了使观众接受这种本末倒置、抹煞阶級本质的观点，編导者又借陈秉光之口来說話：“可視你对周圍环境視若不見、听若不聞，因而黑白不分，是非不淸。你认为自己不偏不倚，与世无爭，实际上却是屈服于黑暗，怕見光明，你想小心謹愼明哲保身以处世，效果却是于国于民于人于己都不利，結果是終日郁郁寡观，心情不能舒暢……。”

这一段話，表面上是对周明哲的批評，而实质上是企图掩盖周的阶級本质。以至周明哲讀后，倍加感叹地說：“天下人知我者，陈秉光也。”

以上对周明哲的口头上的正式肯定，編导者还嫌不够，于是又独出心裁地安排了让林毅（共产党員）舍身救周，中彈負伤的情节。安排了周明哲在賀老五鬧堂抓陈秉光时挺身而出，慷慨陈詞把他的同僚頑匪罵得淋漓尽至。还是这个周明哲竟敢在桥头打响之后，抗令不遵，对共产党仁义至尽……如此等等。編导者費尽心机竟把周明哲儼然以“英雄”的形象出現在观众面前。

毛主席教导我們：“**无论是中国的反动派或是美帝国主义在中国的侵略势力，都不会自行退出历史舞台。**”

历史的眞实也正是这样，尽管割据地方的軍閥和蔣介石的嫡系有矛盾，但他們反共反人民的本质是一样的。为了阶級的利益或由于阶級本能的驅使，他們甚至会拚命頑抗，与人民为敌到底。

在这个問題上，影片《东进序曲》完全和毛主席的教导大唱反調，它公然歪曲历史，抹煞封建軍閥頑固的反共反人民的本质，把周明哲这个軍閥写得通情达理，立場很容易轉变，所以他的起义也就似乎很自然。根本沒有絲毫来自人民方面的压力，甚至連他与国民党嫡系的矛盾也仅仅是促使他起义的导火綫，从整个影片的描写来看，周的起义，是他的“心向着共产党”的一貫立場的进一步发展。你看，周明哲一出場就主动配合新四軍作战，为了保护新四軍的談判代表，他甚至不惜和同僚动武，你看，新四軍的政委也和他称兄道弟，推心至腹，亲如一家。这个軍閥和人民之間那里还有什么阶級界限？他的起义又哪里会有半点被迫之意？

在周明哲起义后，編导者为了进一步掩盖他的阶級本质，混淆阶級陣营，他們首先安排了一的新四軍指战員欢迎周明哲“加入 革命大家庭个热烈場面，并让周大发感慨，說什么，“我作了二十年瞎子，今天才算睜开了眼睛。”就这样在新四軍孟司令的“事情已經过去啦 一句話之下周明哲的罪恶的軍閥史被一笔勾銷了。这也眞太簡单了！

影片《东进序曲》的編导者所使用的恶毒手法，就是他們是打着描写抗日統一战綫的招牌来大肆販卖这些美化阶級敌人、抹煞阶級斗爭的黑貨的。我們必須彻底揭穿他們打着紅旗反紅旗的罪恶阴謀。

毛主席教导我們：“**民族斗争，说到底是一个阶级斗争问题。**”

正是因为这样，所以尽管在抗日战爭时期在民族矛盾上升为主要矛盾的情况下 剝削阶級中有一部份人，有可能和我們結成統一战綫共同抗日，但我們决不能离开阶級观点来看待（民族）抗日統一战綫。

事实上，在抗日統一战綫中，不同的阶級是抱着完全不同的目的来抗日的。共产党和共产党所領导的八路軍、新四軍的抗日是为了打倒帝国主义，为了解放受压迫、受剝削的全国人民，是彻底地为着人民和民族的利益的。他們才是眞正的爱国者。

剝削阶級之所以参加抗日，則不过是为了和日本帝国主义爭夺剝削、压迫人民的特权，他們之間的矛盾，不过是分赃不匀的矛盾，对于官僚、地主、軍閥而言，无論他們是主战还是主和或投降，其目的都是为了維护他們对中国人民的統治，他們的剝削阶級本质是共同的，他們之間的分歧不过是在企图維持自己的統治地位时所使用的方法和策略不同而已。难道蔣介石和汪精卫有什么本质不同嗎？（下接第四版）

《播　火　記》——

宣揚“人类之爱”和阶級投降主义的活标本

——河大井冈山

大毒草《播火記》是宣揚“人类之爱”和阶級投降主义的活标本。它配合一九六二年国内外反华浪潮，极力兜售从党内走資派那里販运来的“人类之爱”和阶級投降主义的貨色，为中国赫魯曉夫調和阶級斗爭，削弱无产阶級专政在中国复辟資本主义充当了急先鋒。

毛主席教导我們：“**世界上绝没有无缘无故的爱，也没有无缘无故的恨，至于所谓‘人类之爱’，自从人类分化成为阶级以后，就没有过这种统一的爱。**”他还指出：“**在阶级社会里，也只有阶级的爱。**”但是梁斌却公然对抗毛主席，歪曲历史事实，篡改一九三二年高蠡地区阶級斗爭历史，鼓吹“人类之爱”，宣揚阶級調合論，为刘少奇的“工农与地主資本家抛开私人仇怨”，去互相“調解”、“让步”、“道歉”的阶級投降主义制造理論根据。

在《播火記》里根本看不到农民对地主的斗爭，看到的却是农民与地主之間超阶級的相亲相爱。

請看大悪霸地主馮老兰的狗奴才，破落地主李德才的臭老婆病重时，朱老忠的老婆对这个地主婆的无限深情的描写：

“貴他娘是个好心人，看到母女（李德才老婆和女儿）两人的处境，由不得鼻子发酸，流出泪来，說：‘妹子，甭难受了，好好养着身子，如若好了咱們比亲姐妹还亲，如若不好，我把珍儿当我亲閨女看待，你放心！’貴他娘見不得这么可怜的人，眞的，她是同情了她們。”

在这里，那种被毛主席所批判的超阶級的爱实現了，老貧农和地主婆姐妹相称，相依为命，感情是何等深厚！但当时高蠡地区的阶級斗爭形势是怎样的呢？

一九三二年高蠡地区先干旱后水淹，庄稼几无收成，作为当地农民主要副业的手工土布紡織业，在日帝洋紗洋布的排斥下遭到致命打击，銷路閉塞，价落千丈，陷于絕境。淋硝盐这門副业，也在国民党稅务局的极力盘剝，大盐商排挤之下濒于絕境。其他苛捐杂稅，拉丁攤款，高利貸逼得农民当房典地，卖儿鬻女。在地主、国民党反动派的压榨下，高蠡地区的农民紛紛奋起反抗。抗租抗稅，反洋貨，反盐巡，反官盐局的斗爭屡屡出現。

梁斌却置历史事实于不顧，狗胆包天，妄加篡改，其宣揚阶級調合主义，“人类之爱”的丑恶嘴臉不就昭然若揭了嗎？

作者梁斌怀有叵側之心，为了充分宣揚阶級調合主义，渲洩其对党、对毛主席革命路綫，对貧下中农的刻骨仇恨，恶毒地把雇农、貧农写成匐匍在地主脚下的奴才。馮大有这个扛了一輩子活的老长工，在馮老兰、馮貴堂面前唯唯諾諾，言听計从，甘心受地主奴役压迫。他对地主不但不反抗，并且对食其肉、喝其血、騎在他脖子上的地主馮老兰感恩戴德。当紅軍汇聚鎖井鎮，馮老兰父子吓得如履薄冰，手足无措，竟然狗急跳墻，兽性大发 破口大罵馮大有“巴不得盼着当家的家破人亡 。这时，馮大有“懾起眼睛說：‘哪里，我也姓馮，靠着大河有水吃，靠着大树有柴燒，馮家大院里有个財主，我馮大有吃了什么亏’。”毛主席說：“**没有贫农，便没有革命，若否认他们，便是否认革命，若打击他们，便是打击革命。**”梁斌通过以上这段曲曲折折、躲躲闪闪的文字，恶毒地丑化貧雇农，否认他們的革命性，其反革命丑恶嘴臉暴露无遺！

另一个老长工也被描写成馮大有一样的人物。他甚至被描写成在革命低潮时吓得跪在地上，最后并出卖了自己的同志。

极其恶毒的是，梁斌还捏造所謂“革命者”的“三分钟动摇”，极力为阶級投降主义寻根立据，頌揚叛徒哲学。

作品中主要人物共产党員、紅軍战士严志和，战斗中受重份昏迷过去，醒来之后爬行回家，当他爬到河边渡口时，听到老水手“站住！干什么的？”的喊声，作品中有这样一段描写：

“严志和心上一惊，慢慢把头低下去，合紧眼睛，抖索起来。这时他的心灰成一个，麻木了，不再有什么意思，不再有什么知觉了，爬在地上一动也不动，象是死过去一样。他眞的失望了……”

这一段告訴人們，如果严志和遇到的不是个慈祥的老水手，而是凶恶的敌人，他一定会屈膝磕头，乞求投降饒命的。

恶毒至极，凶相毕露的是对朱老星这个老貧农、紅軍战士遭遇敌人时的一段描写：

“到了这个时候，朱老星只好装着哀求的样子，敗着步儿要走。”

当敌人严刑拷打，开庭审訊他时，他（朱老星）又搖搖头，心里說：“招认也是死，不招认也是死，死也要死在党內，不能死在党外！”这是一支射向我們偉大領袖毛主席的一支毒箭，我們不禁要問：倘若招认就能免死，朱老星将擇何而从？那答案只有一个：投降敌人，叛变革命，以求苟活。这是貨眞价实的刘少奇叛徒哲学、活命哲学。毛主席教导我們說：“**为人民利益而死，就比泰山还重。**”梁斌公开反对人民为革命利益而死，宣揚叛徒哲学，对抗毛主席指示，絕无好下場！

历史证明，我国人民忠实地遵循着毛主席的革命路綫，拿起枪杆子，和敌人展开了針鋒相对的生死斗爭，不怕牺牲，排除万难，終于取得了我国革命事业的最后胜利。梁斌在《播火記》中所宣揚的党內最大走資派麻痹人民革命斗志的“人类之爱”的謬論和阶級投降主义、右傾机会主义路綫彻底破产了，让我們永远跟紧毛主席革命路綫，奋起毛澤东思想的千鈞棒，砸烂《播火記》，把梁斌和党内最大走資派扫进历史垃圾堆里去！

1967年12月25日　　文艺革命　　·3·

歌頌工人阶級，还是美化資产阶級？

——在电影《三条石》的創作中兩个司令部的斗爭

天工八·二五《紅旗》

前　言

毛主席教导我們："**凡是要推翻一个政权，总要先造成輿论．总要先做意识形态方面的工作．革命的阶级是这样，反革命的阶级也是这样。**"作为文艺宣傳最有力武器的电影，历来就是无产阶級与資产阶級激烈爭夺的陣地。无产阶級要利用它来宣傳光焰无际的毛澤东思想、动員群众、教育群众，而資产阶級則要利用它傳播腐朽不堪的封建主义、資本主义与修正主义的毒菌，去毒害人民，去麻痹革命人民的斗志以便为复辟資本主义效劳。

建国以来，党内最大的走資本主义道路的当权派刘少奇，指使他的死党周揚、夏衍、陈荒煤之流，篡夺了电影界的領导权。用一条反党反社会主义反毛澤东思想的黑綫，专无产阶級的政，在他們的把持下，电影界群魔乱舞，毒草从生。

一九六三年十二月，我們的偉大領袖毛主席对文艺界作了重要批示，严肃批判文艺界存在的严重問題，指出："**许多共产党人热心提倡封建主义和资本主义的艺术，却不热心提倡社会主义的艺术，岂非咄咄怪事！**"毛主席的这个批示，敲响了文艺界一小撮反革命修正主义分子和牛鬼蛇神的丧钟。

一九六四年六月，毛主席对文艺界問題作了第二次批示，进一步指出文艺界十五年来基本上不执行党的政策，最近几年竟然跌到了修正主义的边緣。毛主席的批示，再一次沉重地打击了刘邓黑司令部，使他們恐慌万状。在党內最大的走資本主义道路的当权派刘少奇、邓小平的策划下，由周揚出面，在文化部、文联搞了一个假整风的大阴謀。刘少奇并假惺惺地提出："現代題材要占压倒优势，要占作品的百分之八十以上，'帝王将相'也搞，但要少搞些。"以此掩人耳目。其实是以演現代戏为名，行保护封建糟粕之实。并打着紅旗反紅旗，借演現代戏，极力美化資产阶級，暴露所謂"社会的阴暗面"。就这样，"三条石'——这个天津工人阶級发祥地，是資产阶級殘酷无情的压迫剝削工人阶級的历史見证，却被刘邓黑司令部作为美化資产阶級、丑化工人阶級的电影題材。

一、周扬之流为什么一眼看中小说《三条石》

一九六四年十一月，反革命修正主义分子周揚紧跟其黑主子刘少奇在各制片厂厂长会議上假惺惺地声称："过去我們沒有执行社会主义的文艺路綫，現在要搞反資（即：反对資本主义）題材的作品"。但是这些資产阶級的代表人物，当眞也要"反資"嗎？当眞要"立地成佛"了嗎？还是让我們看看他們的葫芦里到底卖的是什么药吧！周揚接着揚言："反資題材必须写中国民族資产阶級，'三条石'解放前主要是資本家的活动，'三条石'是重工业，有近百年的历史，一直到解放前还发展不起来，主要是帝国主义压迫它，所以中国重工业在解放前发展不起来，电影是否应有暗示和体現。"这一語道破了周揚之流的全部內心世界：原来他要求写的是資本家如何受"压迫"，如何被"阻止"，又如何"发展不起来"；让人們同情它，怜憫它，进而达到为資本家树碑立傳的可耻目的，而在这点上，原先发表的、严重歪曲历史的毒草小說《三条石》恰与周揚的黑主意不謀而合。周揚一見傾心，欢喜若狂，立刻派出狗妻苏里揚为小說《三条石》鳴鼓招魂，說什么："小說《三条石》有些缺点，但是一本反資好小說。""写了工人受剝削的生活，写了中国民族資产阶級的原始积累，写了資本家与資本家的傾軋。"而小說中所謂"工人受剝削的生活"又是怎样的呢？！它煞費苦心地吹捧資本家如何給工人"恩小惠"；工人德子为資本家"通风报信"；恶毒地謾罵工人"自私自利"、"屈辱偷生"，为資本家"出庭作证"等等，等等。对于这些，周揚、苏里揚之流欣賞不已。正象苏里揚所說的"老紀头（小說中一个逆来順受，沒有阶級觉悟的人）这个人物也可以写，工人中有的阶級觉悟高，有斗爭性，但也有这样的人物。"小說中老紀最后和資本家吵架，就是反抗，是爆炸，这很有戏。"总而言之，他們要写的不是工人阶級的血泪史，不是工人阶級的斗爭史，而是鼓吹民族資产阶級的"发家不易"；資本家之間大魚吃小魚的可怜；他們要的不是无产阶級的英雄形象，而是"自私"、"懦弱"的所謂"中間人物"，从周揚之流对小說《三条石》的吹捧，就十分清楚地暴露了其以"反資"为名，行美化資产阶級、丑化工人阶級之实。

二、伯达同志一笔勾出电影《三条石》创作红线，给周扬一伙以迎头痛击。

一九六五年二月陈伯达同志途經天津，在听了天津黑市委关于电影《三条石》創作的所謂"汇报"以后，一眼便看穿了周揚之流在这里所要弄的全部反革命阴謀，識破了貫穿在电影《三条石》創作中假"反資"，眞"頌資"的一条反革命修正主义文艺黑綫。当时伯达同志立即給周揚一伙以坚决的回击，对电影《三条石》的創作作了极为重要的指示。再一次提出了并捍卫了毛主席的革命文艺路綫。伯达同志指出："'三条石'是个好題材，是眞正的中国民族工业。《三条石》电影必须写三代或四代，如四代有困难，至少写三代。"伯达同志一笔勾出了电影《三条石》光閃閃的創作紅綫，它彻底埋葬了周揚之流的黑綫。这条紅綫就是以三条石工人百年来的革命斗爭史和血泪史为主綫，生动地描繪出并热情地歌頌中国工人阶級在毛澤东思想的撫育和中国共产党的領导下，一代一代不断成长的高大的英雄形象。并从而暴露出中国資产阶級对工人阶級进行殘酷剝削和压榨的猙獰面目。告訴人們：中国民族工业的发展史就是一个激烈的阶級斗爭史，中国的工人阶級从它誕生的那一天起，就从来沒有一天停止过对資产阶級的斗爭与反抗；中国的資产阶級从它出世的那一天起，双手就沾滿了中国工人阶級的鮮血。教育人們牢記阶級苦，不忘血泪仇，让那些"阶級斗爭熄灭論"的鼓吹者見鬼去吧！而"千万不要忘記阶級斗爭"这一顚扑不破的眞理将永放光芒！

伯达同志这一指示，明确了电影《三条石》必须以"写工人"为主要題材，而不是象周揚之流所提出的主要是"写資本家"，表現資本家；必须以"斗爭"为主綫，而不是单純去写"压迫"和"屈辱"；必须突出毛主席的革命路綫，而不是修正主义的投降路綫；必须是眞正的"反資"，而不是什么"歌資"。伯达同志这一指示，一針見血地刺中了周揚之流的要害，周揚及其狐朋狗党对此狠得要死，怕得要命，无时无刻不在百般抵制，伺机反扑。两个阶級、两个司令部的斗爭在电影《三条石》的創作中激烈地进行着。

三、狗周扬百般抵制伯达指示，再次抛出黑纲领。

伯达同志来津之后，同年九月，狗周揚携其狗妻苏里揚也来到天津，到津后厥詞大发，黑話連篇，极力詆毀陈伯达同志正确指示，抛出了为資产阶級辯护的黑綱領——即所謂"《三条石》創作的最低綱領和最高綱領"。提出什么电影創作的"最低綱領要有人物、有故事、站得住；最高綱領要突出資本家的四大矛盾。"而在这所謂的"四大矛盾"中，周揚除了装模作样地提了一句"資产阶級与工人阶級的矛盾"外，却兴致勃勃地大談特談什么"中国民族資产阶級和帝国主义的依附和矛盾，中国民族資产阶級和官僚資本主义間的依附和矛盾，資本家与資本家的矛盾。"并且更加露骨地說："这几个矛盾能写出来，中国民族資产阶級两面性也就出来了，写这几个矛盾，我的中心意思是要写出中国重工业为什么发展不起来，你們如果写不出来，有所暗示也行，帝国主义和官僚資本主义是阻碍中国民族工业发展，中国民族資本家还是要摆脫帝国主义的压迫。"周揚这一段黑話，实际上是絕妙的自供，原来他所以喋喋不休地談一大堆"矛盾"共"中心意思"就是要让人們知道：解放前資本家的日子也是不好过的呀！他們的"剝削"也是不容易的呀！他們受"压制"，受"阻碍"，他們也是要"摆脫帝国主义"的呀！等等、等等，总而言之，中国的資本家是"美"的，是"善"的，不能触动半根毫毛，試問：这与刘少奇的"剝削"有功"論又有什么区别？在这里，黃揚之流設想的十分"美妙"，他們企图以此"四大矛盾"作为一把尖刀，直接刺入电影《三条石》剧本，砍断写"三代或四代"工人阶級革命斗爭史和血泪史的这条創作紅綫，从而达到抵制陈伯达同志正确指示和美化資产阶級的双重目的，把电影《三条石》搞成一部美化資产阶級的"样板"，为复辟資本主义效劳，試看，周揚之流公开抗拒毛主席革命文艺路綫的气焰有何等囂張，其反革命修正主义的悪毒用心又有何等阴險狡猾呀！

周揚之流尽管对电影《三条石》創作作了如此細膩的"原則"指示，但仍放心不下，又对創作中的每一細节，做了逐字推敲和耐心誘导，一再叮嘱"資本家很难写，不象地主，不能枪毙，还存在，很难处理，不要写成汉奸，""資本家他自己也不能掌握自己的命运，注意这一点。""电影剧本写資本家打着小旗欢迎解放軍进城，要写得誠恳些。"等等。周揚这个資产阶級的孝子賢孙，唯恐資本家受一点"委屈"，叮嘱的眞是苦口婆心，体貼的眞是无微不至。在这里再一次暴露了周揚之流借"反資"之名，行"頌資"之实的罪恶目的。

四、狗周扬千方百计抹煞党的领导，绞尽脑汁歪曲工人形象：

毛主席教导我們說："**中国共产党是全中国人民的领导核心。没有这样一个核心，社会主义事业就不能胜利。**"因此阶級敌人也最害怕和憎恨党的領导，反革命修正主义分子周揚在对电影《三条石》的創作所发表的讲話中声称："关于写党的領导比較麻煩"，"'三条石'只要写出党的影响在工人中的发展就行了"，又說："是否可以不写工会，我想沒有党，就去写工人阶級的自发斗爭，主要是經济斗爭引起的。"

（下接第四版）

·4·　　文艺革命　　1967年12月25日

魯迅先生談梅兰芳

倘若白昼明烛，要在北京城內寻求一張不象那些闊人似的縮小放大挂起挂倒的照像，則据鄙陋所知，实在只有一位梅兰芳君。……

我在先只讀过《紅樓梦》，沒有看見“黛玉葬花”的照片的时候，是万料不到黛玉的眼睛如此之凸，咀唇如此之厚的。我以为她該是一幅瘦削的痨病臉，現在才知道她有些福相，也象一个麻姑。……

…………

我們中国的最偉大永久的艺术是男人扮女人。

异性大抵相爱。太监只能使别人放心，決沒有人爱他，因为他是无性了，——假如我用了这“无”字还不算什么語病。然而也就可見虽然很难放心，但是最可貴的是男人扮女人了，因为从两性看来，都近于异性，男人看見“扮女人”，女人看見男人扮”，所以这就永远挂在照像館的玻璃窗里，挂在国民的心中。外国沒有这样的完全的艺术家，所以只好任凭那些捏鍾凿，調采色，弄墨水的人們跋扈。

我們中国的最偉大最永久，而且最普遍的艺术也就是男人扮女人。

——《論照相之类》
一九二四年十一月十一日

崇拜名伶原是北京的傳統。辛亥革命后，伶人的品格提高了，这崇拜也干淨起来。先只有譚叫天在剧坛上称雄，都說他技艺好，但恐怕也还夾着一点势利，因为他是“老佛爷”——慈禧太后賞識过的。虽然沒有人給他宣傳，替他出主意，得不到世界的名声，却也沒有人来为他編剧本。我想，这不来，是带着几分“不敢”的。

后来有名的梅兰芳可就和他不同了。梅兰芳不是生，是旦，不是皇家的供奉，是俗人的寵儿，这就使士大夫敢于下手了。士大夫是常要夺取民間的东西的，将竹枝詞改成文言，将“小家碧玉”作为姨太太，他一沾他們的手，这东西也就跟着他們灭亡。他們将他从俗众中提出，罩上玻璃罩，做起紫檀架子来。教他用多数人听不懂的話，緩緩的《天女散花》，扭扭的《黛玉葬花》，先前是他做戏的，这时却成了戏为他而做，凡有新編的剧本，都只为了梅兰芳，而且是士大夫心目中的梅兰芳。雅是雅了，但多数人看不懂，不要看，还觉得自己不配看了。

士大夫們也在日見其消沉，梅兰芳近来頗有些冷落。

因为他是旦角，年紀一大，势必至于冷落的嗎？不是的，老十三旦七十岁了，一登台，滿座还喝采。为什么呢？就因为他沒有被士大夫据为己有，罩进玻璃罩。

名声的起灭，也如光的起灭一样，起的时候，从近到远，灭的时候，远处倒还留着余光。梅兰芳的游日，游美，其实已不是光的发揚，而是光在中国的收斂。他竟沒有想到从玻璃罩里跳出，所以这样的搬出去，还是这样的搬回来。

他未經士大夫帮忙时候所做的戏。自然是俗的，甚至于猥下，肮髒，但是潑辣，有生气。待到化为“天女”高貴了，然而从此死板板，矜特得可怜。看一位不死不活的天女或林妹妹，我想，大多人是倒不如看一个漂亮活动的村女的，她和我們相近。

然而梅兰芳对記者說，还要将别的剧本改得雅一些。

——《略談梅兰芳及其他》
一九三四年十一月一日

但梅兰芳先生却正在說中国戏是象征主义，剧本的字句要雅一些，他其实倒是为艺术而艺术，他也是一位“第三种人”。

——《同上》

进行无产阶級教育革命

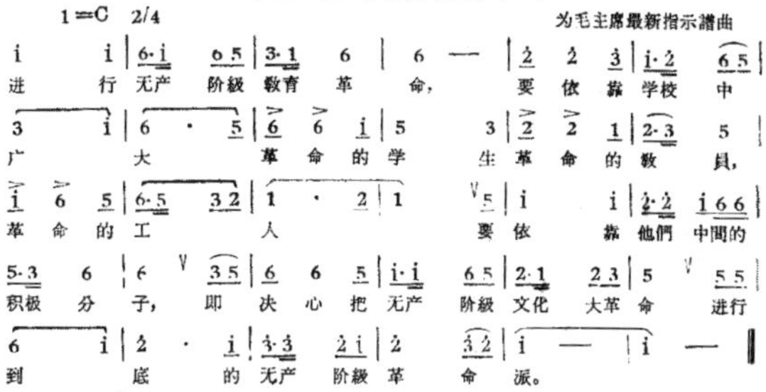

（河北艺师八一八毛澤东思想宣傳队譜曲）

《东进序曲》就是資本主义复辟的序曲

（上接第2版）

毛主席教导我們：**“爱国主义的具体內容，看在什么样的历史条件下来决定。有日本侵略者和希特勒的‘爱国主义’，有我们的爱国主义。对于日本侵略者和希特勒的所谓‘爱国主义’共产党员是必须坚决反对的。”**

在上述这段話中，毛主席明确地告訴我們，爱国主义是有阶級內容的。

官僚、地主、軍閥爱的是什么国？他們爱的是帝国主义的国、爱的是地主、資产阶級的国对于我們无产阶級专政的偉大祖国，他們不但不管，而且恨得要死。他們所标榜的那种超阶級的所謂“民族气节”純粹是騙人的鬼話。

影片《东进序曲》給一个軍閥加上的“一心一意抗日救国”的桂冠，这并不是什么新发明。早在一九五〇年中国的赫魯曉夫，党內最大的走資本主义道路的当权派刘少奇就把大肆吹捧光緒皇帝，說这个皇帝“为了国家，为了百姓”，“用尽了心机，受尽了悶气”，“只要国事有办法，身体倒不在乎”的卖国主义影片《淸宮秘史》捧为“爱国主义”影片。《东进序曲》所鼓吹的有“爱国”的軍閥的謬論，不过是这个党內最大的走資本主义道路当权派的謬論的翻版而已。

历史上的周明哲果眞是“一心一意抗日救国”的嗎？让我們看一看历史的眞象究竟怎样。

《东进序曲》是以一九四〇年新四軍郭村战斗时的談判为背景的，影片中的江州二刘影射的是那时的魯苏皖边区游击总指揮李明相和副总指揮李长江，而周明哲則是二李手下的第二纵队司令（眞名为顏秀五），此人不但不是什么“一心一意抗日救国”的爱国者，而是一个地地道道汉奸，在抗日战爭后期，他和李长江（影片中的刘玉坤）一起率部投降日寇并被日寇封为伪軍副总司令。

这些历史，編导者并非不知，但为了美化軍閥，他們竟然不顾历史眞实，无中生有地精心泡制一个“爱国軍閥”的形象，这正好暴露了他們想通过影片为阶級敌人树碑立傳，为資本主义复辟鳴鑼开道的罪恶意图。

这部影片拍摄于一九六二年，我們在了解了它的反动政治內容之后，再联系一九六二年国內外的阶級斗爭形势，就可以清楚地看到，它是适应阶級敌人的需要而出籠的。一九六二年蔣介石匪邦正大肆叫嚣反攻大陆，国內外的牛鬼蛇神一齐出籠，掀起了反共反华大合唱，《东进序曲》在这时候出籠，正是代表这些牛鬼蛇神发言，它的矛头是直接指向无产阶級专政和社会主义制度，只不过是采取了打着“紅旗”反紅旗的更为隐蔽的手段。阶級斗爭的經驗告訴我們，社会主义革命愈深入，阶級敌人向我們进攻所取采的方式就会愈隐蔽，我們要提高革命警惕，千万不要上他們的当。为了保卫党、保卫社会主义，我們必须高举毛澤东思想的偉大紅旗，彻底剝下他們的画皮、把他們暴露在光天化日之下，使他們的阴謀永远不能得逞。

天津工学院八二五紅卫兵
批刘邓联絡站“紅旗兵团”

歌頌工人阶級，还是美化資产阶級？

（上接第三版）在这里，周揚的用心很明显，极力排除党的領导，企图把受压迫最深重的三条石工人队伍描写成一支沒有組織沒有領导的“群氓”，甚至还要描写工人如何去信仰宗教，如何“落后”。总之，按周揚的意图，工人的“阴暗面”暴露得越多越好，而資本家的“进步性”写得越生动，越細致越好，这就是他的地地道道的反革命邏輯。

为了掩人耳目，周揚也喊什么要写“工人与資本家的矛盾”，可是实际上却极力迴避这一根本矛盾，大搞阶級投降，大搞阶級調和。說什么：“資本家做地雷并不积极，国民党还抓人，工人也不愿給国民党搞地雷、軍火，和資本家是一致的。”周揚这段話的意图很清楚：你們看，資本家与工人根本就沒有什么矛盾，不要小題大作，工人不必恨資本家，工人与資本家完全可以合作嘛！周揚还悪毒地攻击工人的罢工斗爭，說什么搞“斗爭”就是“簡单化”，鼓吹“現在年青人簡单，应該写出复杂来，以复杂性教育靑年”。更加使人憤慨的是，他竟敢把矛头指向我們心中最紅最紅的紅太阳毛主席，狂吠“我們拥护毛主席也是有条件的，因为他正确。”眞是猖狂已极！周揚只字不提阶級斗爭，只字不提光焰无际的毛澤东思想，却一味高唱什么“复杂性”。到底什么是周揚的复杂性呢？无非是資本家的“善良”和“疾苦”，工人的“懦弱”和“无知”，无非是他的阶級投降的謬論，无非是要让我們的国家变顏色，要千百万人头落地！这就是周揚之流的最終目的。

通过以上事实，完全可以說明一点，电影《三条石》已經成了刘少奇、周揚、夏衍、苏里揚等一伙反革命修正主义分子复辟資本主义的工具，他們企图以解放前三条石工人殘遭剝削和压迫的血泪史为招牌，干其反党反社会主义反毛澤东思想的卑鄙勾当，以“反資”为名，行“歌資”、“頌資”之实，妄图把我們社会主义的銀幕变成修正主义的破烂攤的罪悪目的。

“金猴奋起千钧棒，玉宇澄清万里埃。”偉大的无产阶級文化大革命的风暴的到来，宣告刘邓黑司令部正在加紧泡制的毒草电影《三条石》的計划破产！被顚倒的历史又被顚倒过来了！那些妄图顚倒历史的蠢驴終将被人民抛进历史的垃圾堆！

附录：电影剧本《三条石》出籠的前前后后

▲一九六四年十一月，由周揚、苏里揚（周揚之妻，中宣部文艺处副处长）、刘白羽、陈裉煤等，根据刘邓黑司令部的意旨，为了对抗毛主席对于文艺界两次重要的批示，在北京飯店召开了各制片厂厂长会議。会上，周揚假惺惺地說：“社会主义的文艺界主要是搞‘反資’（即反資本主义）”，“故現在要搞‘反資’子材的作品”，“要求各厂拿出大的力量，要在一九六五年一定要拿出影片来，創作中有困难，可找中宣部，中宣部可以解决。”随即由周揚狗妻苏里揚亮出“大地春回”，“海河紅浪”两本所謂“反資”小說，要各厂改編成电影剧本。各厂嘍罗們蜂拥而上，轉眼便瓜分一空，正在这时，旁边閃出反革命修正主义刘白羽，他旁敲側击地說：“天津有三条石展覽館，內容很丰富。”話虽不多，但意味深长。称心的奴才会看眼色，长影走資派袁小平，領悟了主子們的全部意图，立刻携带任朴（天津黑市委文艺处处长）所作小說《三条石》返回长影。該小說严重歪曲历史，丑化工人阶級，美化資产阶級。

▲一九六四年十二月袁小平回到长春，立即布置了任务，选中其忠实爪牙武兆堤負責导演。

▲一九六五年一月上旬，由周揚狗妻苏里揚出面，又在北京召見小嘍罗武兆堤大肆贊揚毒草小說《三条石》，并确定“要根据这个小說改成电影”，决定由任朴改編，武兆堤协助。

▲随后，又由苏里揚在北京接見了任朴等人，参加的还有胡苏、沈蓉、魯韌、徐庄。在会上，苏里揚傳达主子意图，大发謬論，說什么：“揭露資产阶級作品还沒有，要大力写，各电影厂今年都要有这方面的題材，并限令电影《三条石》最好三、四个月改过来，年底完成影片，明年年初便可和观北見面。”

▲一月下旬，任朴、武兆堤来到天津，向天津黑市委作了汇报，黑与委听此消息，欢喜若狂，滿口答应。这样便正定与万張黑綫挂上了鈎，并动笔写第一次草稿。

▲一九六五年九月初，反革命修正主义分子周揚、苏里揚从北戴河回到天津，对京剧《三条石》、文联党委以及任朴等做了多次黑指示，提出所謂“《三条石》創作的最低和最高綱領”，直接对抗陈伯达同志对电影《三条石》創作的正确指示。任、武之流在主子周揚的授意之下，再行修改剧本

▲一九六六年五月，伟大的无产阶級文化大革命的烈火由我們伟大的領袖毛主席点燃起来！革命的形势尤如暴风驟雨，迅猛异常。反革命修正主义分子周揚之流泡制毒草影片《三条石》的計划宣告破产。

红旗战报

天津文联紅旗　（第 27 号）

河北省宣教系統紅联軍文联紅色造反团　（第 18 号）

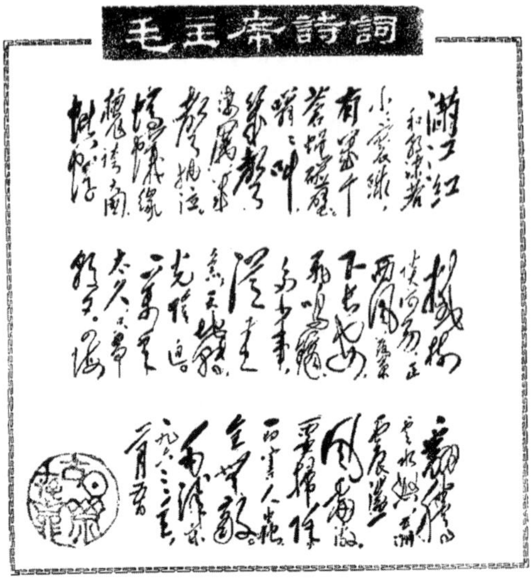

揭开内幕，打倒方纪！

反革命修正主义分子方紀，二十余年来，以炮制毒草聞名于文坛。其毒草之多，毒性之大，在全国文艺界也是少有的。他是一名地地道道的反党反社会主义反毛泽东思想的文艺黑綫的突出代表人物，早就应該从文艺界把他清除出去。

但是长时期以来，有一个奇怪的現象为革命群众所不能理解。这就是：在历次政治运动中，在全国性革命群众批判方紀的毒草的斗爭中，他不仅安然无事，一次又一次地滑了过去，却反而飞黄騰达，青云直上，一再受到提拔重用，其原因究竟在哪里？

这个謎的黑幕，直到这次史无前例的无产阶級文化大革命中，才彻底揭开。正如我們伟大領袖毛主席亲自主持制定的《二十三条》中所指出的：**“那些走资本主义道路的当权派，有在幕前的，有在幕后的。”“支持这些当权派的人，有的在下面，有的在上面。”“在上面的，有在社、区、县、地、甚至有在省和中央部门工作的一些反对搞社会主义的人。”**原来，方紀是有中国党內最大的走资派刘少奇作为总后台，上有陆定一、周揚等一小撮反革命修正主义分子的包庇，下有黑市委万张反党集团的大头目万晓塘以及主管文教的书記王亢之，还有旧河北省委內一小撮走資派作他的靠山。方紀就是在他們的竭力袒护、包庇之下，长期以来逍遙法外，屡教不改，作恶多端。

一九五〇年二月，方紀拋出了宣揚爱情至上、否定党的領导和群众力量的大毒草《让生活变得更美好吧》，当即受到《人民日报》的点名批判。方紀对此极为不滿，大駡这是“文艺界的粗暴批評和教条主义”，写信給旧中宣部副部长胡乔木，极力为自己辯解。而反革命修正主义分子胡乔木，为了保护方紀过关，从信中摘录了一段辯解性的詞句作为方紀的“检討”发表了，使他搪塞过关。有了胡乔木的庇护，方紀不但不接受教訓，反而对群众的批判极为反感，嗤之以鼻。不久以后，竟把这篇毒草略加修飾，收进短篇集《不連續的故事》出版。而且在《后記的后記》中公开抗拒党报的批評。同时，又拋出了大毒草、长篇小說《老桑树下的故事》，对冀中人民的抗日战爭和土改运动，进行了严重的歪曲。因此再次受到革命群众在《光明日报》等报刊上的点名批評。可見，方紀的反党气燄何等囂张！

反胡风运动的蓋子揭开以后，有不少材料和文件暴露了方紀和胡风反革命集团的密切关系，証明他是一个胡风分子的密友。但是他在反胡风斗爭开始时，不揭发胡风反革命集团的內情，更不交代自己和胡风集团的关系。等到中央公安部派人到津办案时，方紀虽然十分慌张，但是由于受到当时反胡风运动的主要領导成員、市委宣传部部长王亢之和当时审干組长、公安局局长万晓塘的包庇，把許多揭发方紀的材料压了下来，密而不宣，还不让方紀在群众中和干部中公开检查。加上方紀大耍两面派手法，由胡风分子的密友搖身一变而为反胡风的“功臣”。結果不仅輕易过了关，而且不久竟被提升为市委宣传部的副部长。

从此，方紀就更加无法无天了！一九五八年反右斗爭刚刚結束，正当全国大跃进到来之时，方紀竟迫不及待地拋出特大毒草《来訪者》，为香港反动报刊提供大肆反华反共的炮弹。当即又受到了姚文元同志和全国广大革命群众的严厉批判。方紀几經作祟，仍觉此关难过，众怒难平。正在方紀的这个患难关头，文艺黑綫的总头目周揚公然出来为他保駕了。說什么“受到公开批判，不一定要公开检査”。而在当时天津黑市委控制的报刊上，也根本按兵不动，不发表批判《来訪者》的文章，对方紀毫不触动。这样就又保护方紀混了过去。

但是广大群众的革命斗爭性并未被一小撮反革命修正主义分子完全压下去，南开大学中文系革命师生遵循伟大領袖毛主席的教导：**“凡是错误的思想，凡是毒草，凡是牛鬼蛇神，都应该进行批判，决不能让它们自由泛滥。”**在一九五九年春，就方紀的《来訪者》等一系列毒草写出了《論方紀小說創作的傾向》的长篇批判文章。但竟被以万晓塘为首的天津黑市委长期扣压，不予发表。到了該年年底，在革命群众的压力下，旧河北省委不得不决定发表南开大学的这篇文章。但是天津黑市委主管文教的书記王亢之怒气冲冲地叫嚷：“不要无情打击，残酷斗爭”。不久，旧河北省委宣传部又传出話說：对方紀可以批評，但不要点名。周揚也亲自出来为方紀解圍，說什么“方紀的問題提不到修正主义吧”，“方紀还年輕嘛，写了些錯誤作品难免嘛！”因此，当有人向万晓塘反映說：“方紀的問題比較严重，群众意見很大，认为这样的人作市委宣传部副部长不太合适”时，万晓塘也就不以为然地說：“哼！管文艺嘛！”而且給其脫身之計，“叫他不要老在家里‘閉門思过’了，让他到工厂跑跑，写十篇劳模特写，来代替检査吧！”王亢之更赤裸裸地为方紀打抱不平，說什么：“大家不要揪住方紀不放，他不是也写了許多好作品嗎？”明目张胆地为方紀涂脂抹粉，否定对方紀的批判。全国作协內以周揚的心腹干将刘白羽为首的一小撮人，也秉承周揚的旨意，千方百計地为方紀开脫罪責，出謀划策，几次想把方紀調离“困境”，安置晋京宦途。就这样，在周揚、刘白羽、万晓塘、王亢之以及旧河北省委的压制之下，一个全国性的革命群众批判方紀的运动，被扼杀下去了。方紀根本沒有认眞检査，也就安然无事地过了关，下了楼。而且又摆起部长的架势，乘着小汽車到工厂去听听汇报，看看車間，就在《天津日报》上連續发表大篇大篇的“特写”，使方紀的名字在报刊上不断出現。这实际上就是給受批判的方紀恢复“名誉”，大树威信。同时，通过方紀的“特写”借以美化和吹嘘在万晓塘領导下的所謂“成績”，增添万晓塘的政治資本。好一場互惠有利的反革命政治交易！

事情还不止于此。到了一九六一年前后，以党內最大的走資派刘少奇为首，在全国大刮“翻案风”的时候，旧省、市委又大搞积极为方紀“平反”、“恢复名誉”的勾当。到了这个时候，假装沉默一时的方紀，腰板硬了起来，猖狂叫囂：“在什么地方，什么范圍給的批評，应該在什么地方，什么范圍給予平反道歉！”那个原来对方紀搞假批判的旧河北省委，也就露出了眞包庇的面目，制定了一个为方紀彻底“平反”的計划，并要到各地去“消除影响”，还亲自登門道歉。万张反党集团的头目則派出爪牙，为方紀的“平反”大造輿論，最后总算做到了使这个周揚手下的紅人初步滿足的要求！

于是，方紀又精神抖擻，重新拋头露面，继續推行反革命修正主义文艺黑綫，参予阶級敌人向党猖狂进攻，更积极地为周揚黑帮和万张反党集团卖力效劳了。他这次一出場，就伙同万张反党集团干将白樺接連召开了文艺工作座談会（一九六一年八月）和天津創作会議（一九六三年三月）等几次黑会，全面地推行周揚反革命修正主义文艺黑綫。方紀为周揚效劳，周揚更对他格外賞識与重用，不时委以出国重任。短短几年之中，方紀有时以“中国作家代表团团长”身份，有时以“亚非作协常設局代表”名义，出訪印尼、錫兰、蒙古等国家，可謂名噪一时。在国內屡受批判的方紀，竟成了国际文化活动中的一名“风流人物”。怪不得万张反党集团要提拔他当主管文教的副市長了。而方紀在創作上也不死心，对几次受批判不服气，野心勃勃地妄想在創作上打开一个“新局面”，决心創作一部为資产阶級知識分子歌功頌德、树碑立传的四部曲長篇小說《同时代人》。方紀自觉地为資产阶級服务，已經到了死心塌地的地步。而这又得到了万晓塘的支持，給了他两年創作假。对此，方紀簡直要感激涕零了！几次念念不忘地說：“晓塘同志是很能理解人的！”一句話，就泄露了方紀是受万张反党集团重用的人物。

到了一九六六年春，由我們伟大領袖毛主席亲自发动和領导的无产阶級文化大革命开始在全国掀起的时候，万张反党集团为了貫彻刘、邓、彭一手策划的《二月提綱》，又将方紀和白樺一起安插为文教領导小組成員，并指定他写批判《三家村扎記》和《燕山夜話》的文章，让他捞取政治資本，冒充“革命派”。可見万张反党集团对方紀的重視！但是就連这种裝模作样的假批判，方紀也不愿意写，他的反动立場是多么地坚定呵！

当无产阶級文化大革命的烈火越燒越旺，終于燒到方紀头上的时候，开始吓得魂不附体、惊恐万状的这个方紀，后来却又在天津某些“大人物”的保护之下，操纵一部份不明眞相的群众，混淆黑白，顚倒是非，竟然把他这个为万张一貫重用的人物，打扮成了所謂反万张集团的“英雄”。方紀也大施“拉大旗作为虎皮，包着自己，去吓唬别人”的手腕。甚至被一些人从“防空洞”里推出来，声嘶力竭地树为什么“革命的領导干部”。眞是表演尽了各种丑戏！

………

这就是方紀这个罪恶累累，一貫反动的毒草“专家”，周揚黑帮在天津的代理人，为什么解放以来能够長时期地活动在文艺舞台上，虽經多次批判，不但不倒，反而“官运亨通”的眞相！

历史的辯証法是无情的。一些幕前或幕后的走資派，尽管一次又一次地包庇了方紀这个文艺黑綫的重要代表人物（他自己也不打自招地供认：“在天津要找文艺界的資产阶級代表人物，也就是我够格……”），但是当伟大的无产阶級文化大革命揭开了事情的眞相，清除了刘少奇、周揚、万张反党集团以及盘踞在旧河北省委內曾經包庇过方紀之流的一小撮走資派，“茕茕孑立”的方紀，也就无处躲藏了，終于被广大革命群众揪到了光天化日之下。从而使彻底清算方紀的全部罪行的战斗，进入了一个新阶段。这对全天津市、全河北省以至全国文艺界，是一件大快人心的好事。

但是揪出了方紀，并不等于就打倒了方紀。在今后的战斗中，我們一定要更高地举起毛泽东思想的伟大紅旗，以**“斗私，批修”**为綱，紧紧依靠广大工农兵群众，和文艺界的革命造反派，眞正从政治上、思想上和理論上，把方紀这个文艺黑綫的重要代表人物二十余年来在天津市、河北省以至全国所散布的一整套反毛泽东思想的文艺謬論，及其一系列的反党反社会主义的毒草，批深批透，批倒批臭。

我們的决心下定了：坚决打倒方紀！誰再想包庇方紀，就和他一块完蛋！

我们的目的一定要达到。

我们的目的一定能够达到。

·2· 红旗战报 全无敌 1968,1.

略論方紀的反党創作道路

方紀是个“杂家”。“三家村”黑店掌柜邓拓曾提出《欢迎“杂家”》的口号。所謂“杂家”，据邓拓說就是“有广博的知識”、“杂七杂八地包罗万象”的人，“旧时代知名的学者，程度不等地都可以說是杂家”。很清楚，所謂“杂家”就是那些沒有改造好的資产阶級分子、地主阶級分子及这些阶級的知識分子。“欢迎‘杂家’”这个口号，是“三家村”为了支持剝削阶級分子篡夺政权而提出的，方紀正是这样一个“杂家”。方紀这个“杂家”，凭着他的反革命两面派的手段，已經窃踞文艺界領导职务多年，并利用他所窃踞的領导权，疯狂地进行复辟資本主义的罪恶活动。

毛主席教导我們：**社会主义社会还存在着阶级和阶级斗争，“无产阶级要按照自己的世界观改造世界，资产阶级也要按照自己的世界观改造世界。”**方紀这个資产阶級的代表人物，頑固地站在剝削阶級的反动立場上，长期以来，力图以資产阶級世界观改造我們的党，以資产阶級、修正主义的文艺，为資本主义复辟鳴鑼开道。关于这一点，方紀曾不只一次地自我表述过，宣称他就是为剝削阶級而“一直战斗”过来的。一九五五年他曾写了一首公开为他外祖母——一个地主婆子歌功頌德的《献詩》，副題是“紀念我的外祖母”；一九五六年，这首詩作为代序收进了他的毒草《訪苏詩文集》中。在“詩”中，他竟把这个地主婆子比作“祖国的化身”，声称就是“为了你”——这个地主婆了，才“一直战斗”着。一九五七年，正是政治战綫和思想战綫上的社会主义革命深入开展，阶級斗爭异常激烈的时候，方紀又写了小說《园中》，公开招供他总是有“一种无名的寂寞和恐惧，象从心灵里順着毛孔全身散发出来”，是一个奴性十足的、几十年如一日的在王爷府里当“花把式”的怪异的老头子的“踢拖踢拖的脚步声”，給了他“不可缺少的安慰”，带来了“安心”和“溫暖”，他說：

> 这声音对我具有这样大的魅力！象是幼年时候，半夜里忽然醒来，在那一所空得可怕的大房子里，周围的黑暗仿佛一群魔影，一齐压上身来，想要叫喊，却喘不出气，这时，外祖母的宽大而柔和的手掌，輕輕拍在我身上。
>
> 这还使我想到延安时候，冬夜，风刮得延河里的冰冻裂开来，带着尖銳的呼嘯，沿河床一直响到远方的山谷；狼吼叫着，就在窗子外面；这时，我听到了夜半楊家岭的钟声。
>
> 我永远不能忘記，在我过去的生活中，当感到夜的寂寞和恐惧，这手掌，这钟声，給我的安慰和鼓励，……現在，又是这脚步声音……已經成了这几年来我生活中不可缺少的安慰。

这里，充分暴露了方紀的沒落阶級的阴暗的心理。更不能容忍的是，他竟然把一个怪异的老头子的脚步声和延安楊家岭党中央的钟声相比拟，居心是何等险恶！

方紀的世界观究竟属于哪一家？他又是为哪一个阶級而“战斗”？这些問題，从他的自述中不是已經十分清楚了嗎？

下面，我們仅从創作方面，按照历史的进程，来揭露批判方紀所走过来的道路——一条彻头彻尾的反党的道路。

一、抗日战爭时期，方紀拋出了毒草小說《意識以外》，向党发动猖狂进攻。

毛主席教导我們：**“你是资产阶级文艺家，你就不歌颂无产阶级而歌颂资产阶级；你是无产阶级文艺家，你就不歌颂资产阶级而歌颂无产阶级和劳动人民：二者必居其一。”**

在伟大的抗日战爭年代里，中国人民在伟大領袖毛主席的英明領导下，以无比的勇敢、智慧和积极性，进行了一場挽救中华民族危亡的抗日战爭，在世界人民面前，充分表明：**“我们中华民族有同自己的敌人血战到底的气概，有在自力更生的基础上光复旧物的决心，有自立于世界民族之林的能力。”**这是何等可歌可泣的时代啊！人民唱着《东方紅》这支歌頌我們伟大領袖毛主席、歌頌光荣的中国共产党的歌曲，浴血战斗，爭取伟大的胜利。

但是，在抗日战爭最艰苦的年代里，混进革命队伍里的阶級敌人，从内部向党发动了猖狂的进攻。在延安，丁玲、王实味、肖軍、罗烽、艾青等老牌右派分子和反革命分子，拋出了《三八节有感》、《在医院中》、《野百合花》、《論同志的‘爱’与‘耐’》、《还是杂文时代》、《了解作家，尊重作家》等等一系列反党小說和杂文。就在这一股反党逆流中，当时在丁玲主持的《解放日报》副刊工作的方紀，也不甘落后，紧紧跟上。方紀配合丁玲等人向党进攻，于一九四二年三月在肖軍主办的《文艺月报》上发表了短篇小說《意識以外》。这篇毒草，描写一个女革命者的革命工作和个人理想的矛盾和痛苦。她原来是个文艺工作者，当时因为革命的需要，調到医院作护士。她不安于护理工作，对周围环境不滿，內心十分抑郁。但她表面上却积极工作，經常工作十六个小时以上，还担任着党的、行政的、学习的小組长，让人看来象个“布尔什維克”。但是，她的个人理想和革命工作的矛盾，越来越尖銳，內心的痛苦折磨着她，仿佛病了似的。当深夜独步的时候，她“审視自己的心灵深处”，“揭开自己心幕的最后一层，她发現自己是那么討厌护理工作”，觉得“离开这儿，病也許就会好”。于是，她“恐惧地望着医院的大門，阴森森的……慘淡的月光，照着黑石門上鐫刻着的大白字，阴森森地张望着，禿了頂的老柳树，拖着怕人的黑影，在寒风里发出凄厉的怒号……使她发出慘叫。后来，她眞的病了，时常昏迷，常常梦囈……”在方紀看来，革命工作“摧残”“扼杀”了个人的理想和幸福，他攻击党沒有滿足資产阶級的个人主义与个性解放的要求。在方紀的笔下，革命根据地多么冷酷、阴森可怕啊！那里的人們，“所有的面孔似乎都一个样，象是用同一模型翻印出来的塑象；滞呆、平板、沒有任何表情”，机械地工作着。于是，方紀大声疾呼：“职业和事业的分裂是人的生命的分离，……是人生最深的痛苦”。方紀就是用如此恶毒的声音来控訴党，控訴革命。这篇毒草，充分暴露了方紀的資产阶級世界观是何等反动！

一九四二年五月，毛主席发表了光輝的《在延安文艺座談会上的讲話》，对文化战綫上的两条路綫的斗爭作了最完整、最全面、最系統的历史总結，是馬克思列宁主义世界观和文艺理論的继承和发展。毛主席在这篇划时代的伟大著作中，对当时延安出現的反党逆流和形形色色的資产阶級反动文艺思想进行了极其深刻的批判。毛主席尖銳地指出：**“也有这样的一种人，他们对于人民的事业并无热情，对于无产阶级及其先锋队的战斗和胜利，抱着冷眼旁观的态度，他们所感到兴趣而要不疲倦地歌颂的只有他自己，或者加上他所经营的小集团里的几个角色。这种小资产阶级的个人主义者，当然不愿意歌颂革命人民的功德，鼓舞革命人民的斗争勇气和胜利信心。这样的人不过是革命队伍中的蠹虫，革命人民实在不需要这样的‘歌者’。”**方紀就是革命队伍中的一条蠹虫！一九四二年六月，延安《解放日报》对方紀的毒草进行了公开批判。但方紀頑固坚持他的反动的資产阶級立場，沒有遵照毛主席的伟大教导去彻底改造思想，沒有从严重的反党錯誤中引出教訓，相反，他怀恨在心，在反党的道路上，他迈的步子越来越大，越滑越深，越走越远了。

二、解放战爭时期，方紀炮制了《副排长謝永清》和《人民的儿子》等毒草，歪曲、丑化伟大的人民解放軍。

毛主席教导我們：**“沒有一个人民的军队，便沒有人民的一切。”**中国人民解放軍是我們伟大領袖毛主席亲手締造、林副主席亲自指揮的举世无比的人民的武裝，为中国人民的解放事业創建了丰功伟績。一九四七年，正当伟大的中国人民解放軍向国民党反动势力英勇进攻的时候，方紀炮制了小說《副排长謝永清》和《人民的儿子》，对解放軍指战員极尽歪曲、丑化之能事。在《副排长謝永清》中，副排长謝永清被描写成一个目无領导，无組织、无紀律的調皮蛋。他胳膊負了伤，忽然要求去休养，又要驴子又要担架，三番五次地和营首长无理取鬧，耍賴皮；而营首长竟然带着欣賞和包庇的态度任他捣乱，随意滿足他的无理要求，甚至停止主持战斗部署会議而专門去听他大吵大鬧，还向別人介紹道：“……謝永清人倒是好人，就是調皮。”而这个“好人”，“一閑下来，淨和人家鬧架，今个偷了伙夫的菜，明天拿了通訊員的鞋子，要么就是埋怨伙食不好，嫌衣服太破，还老叨唠着让我給弄个老婆，你看，就是这么个搗蛋貨！”在方紀的笔下，謝永清根本不是一个在毛泽东思想哺育、党的培养下的有高度阶級觉悟的解放軍指战員，而是一个不折不扣的兵痞！这不是对伟大的人民解放軍的严重歪曲和丑化又是什么？

方紀这种敌視中国人民解放軍的反动思想，同样还表現在小說《人民的儿子》中。这篇毒草，所写的“聰明、勇敢、工作一向积极負責”的队列參謀刘德明，竟是一个具有浓厚的軍閥思想，不管群众紀律，“一向就是大紀律不犯、小錯誤不断”的人物。在一次执行紧急战斗任务中，粗暴蛮横地拉住一个患病的青年农民，非让人家当向导，还一手提枪，一手抓衣服，逼着人家带路。那青年叫道：“这还象八路軍哩！”一轉身就跑了。刘德明竟然下令“拿枪打”；而他的通訊員竟也“不加思索地”“砰！砰！”两枪就把那个青年农民打死了。事后，刘德明还“极力想找出原諒自己的理由”，认为“是执行革命任务，才犯紀律的啊”。部队为了挽回影响，整頓軍紀，决定召开公审大会，就地执行枪决。結果是由死者家屬和大片群众跪在台下为之求情，才免于枪决，改判半年徒刑。从这篇毒草中，可以清楚地看到，方紀把解放軍指导員的形象糟踏成什么样了了。无独有偶，方紀出于他的反动阶級本能，在写于一九四八年的长篇小說《老桑树下的故事》中又一次公开暴露了他仇視共产党和人民武裝的反动思想。这部毒草在写到共产党員、县农会委員魏民时，是这样丑化的：

> ……老桑树底下来了一个黑大汉，穿一身黑粗布衣裳，棉袄长到可以盖住屁股，头上箍一块发灰了的白羊肚手巾，脚下是两道粱的酒鞋，敞着怀，怀里夹个白布小包袱，手里提着盒子枪，进村就找村长。人們一看这个穿扮，就觉得新鮮；又一听口音，不象本地人，心里想：这要不是土匪，就准是八路。

听听方紀恶狠狠、咬牙切齿的咒駡：“这要不是土匪，就准是八路。”他竟然把毛主席亲手締造、林副主席亲自指揮的伟大的人民的軍队和土匪等同起来，用心是多么阴毒！

毛主席教导我們：**“对于革命的文艺家，暴露的对象，只能是侵略者、剝削者、压迫者及其在人民中所遗留的恶劣影响，而不能是人民大众。”**接着又說：**“除非是反革命文艺家，才有所谓人民是‘天生愚蠢的’，革命群众是‘专制暴徒’之类的描写。”**反革命修正主义分子方紀，不正是这样的“反革命文艺家”么！

三、建国初期，方紀与資产阶級和封建残余势力相配合，向年輕的无产阶級专政发动了一場猛烈的进攻。

推翻旧的社会制度，建立新的社会制度，这是一場惊天动地的伟大的斗爭。中国人民在中国共产党和伟大領袖毛主席的英明領导下，終于推翻了压在头上的三座大山，建立了中华人民共和国。現实生活証明，中国的唯一的出路就是社会主义，而不能是資本主义。但是对于社会主义制度，那些抱着敌对情緒的知識分子，如方紀之流，是极端仇視，时刻梦想复辟資本主义的。当时，土地改革和鎮压反革命运动正在全面展开，資产阶級同封建残余势力相勾結，向年輕的人民共和国发动了疯狂的进攻。方紀与之相配合，发表了小說《秋收时节》、《让生活变得更美好吧》、《老桑树下的故事》等一系列毒草。

写于一九四九年三月的《秋收时节》，对土改后的农村极尽歪曲丑化之能事，公然为一个富农婆子鳴冤叫屈。富农婆子小立娘对土改极为不滿，大哭大叫道：“土地改革，革了我十亩，十亩，十亩好地，我的心尖子地啊！”“过不了啊！”“起早恋晚，累死累活，就落这么点粮食啊！交了公粮，我家又吃什么？吃什么？”甚至叫这个富农婆子在全村大会上，眼泪汪汪地大訴其“苦”：“……自从共产党一来，穷人越过越好，我的日子就越过越不好过！早先我是財主，共产党来了实行合理負担；我地多，他实行累进税；我出租地，他要減租；我放帐，他要減息；我僱做活的，他又要增工資！这几年，又是土改，又是复查，又是平分，接二連三，就把我这財主日子折騰干了！其实呀，我省俭細相，我扣扣索索，日子过的死門拉戶的……我不知道那是不好么？可是那时候，唉，就想自己过財主，……这会儿……我还能过好日子么？要不我就难受，要不我就啼哭！”这是什么声音！这是为被推翻的反动阶級公开地进行反攻倒算！这是为被推翻的剝削阶級公开地鳴冤叫屈！这是为地富阶級公开地歌功頌德！令人不能容忍的是，方紀这个反动家伙却让群众“听她靜靜地說下去”，

（下转第三版）

1968,1. 红旗战报 全无敌 ·3·

略論方紀的反党創作道路

（上接第二版）而且人們不但不进行斗爭，反而“望着她，忍不住笑了”。这不是明明向剝削阶級屈膝投降嗎？方紀的这篇毒草，是鼓吹阶級投降主义的艺术标本，他大肆宣揚中国赫魯晓夫的“剝削有功”論，胡說地富是“勤儉起家”，站在地富阶級孝子賢孙的反动立場上，恶毒攻击党所領导的伟大的土改运动。

写于一九五〇年二月的小說《让生活变得更美好吧》，把一个作风不正派的姑娘的作用夸大得远远超过党和群众的力量，宣揚了腐朽沒落的弗洛伊特主义，否定党的領导。这个作风不正派的姑娘小环外号叫“一枝花”，土改时，由于貧农团里沒有她，村里的年轻人就“都提不起劲来”。参軍时，虽然党支部“号召党員起带头作用”，可是青年們“你看我，我看你”，誰也不报名，党員大群直截了当地拒絕了支部的动員。直到支部說服了小环，由她带头去动員，“参軍运动才轰轰烈烈地开展起来”，小环起了巨大的决定性作用。她是这样动員的，“东家出来，西家进去，沒有一点留难”：

“你不报名还等什么？”小环問。
“等你哩！”
“我来了……”
“你来了我就去……”

更为荒謬的是，在欢送参軍的大会上，支部书記竟然把参軍的光荣不是归功于党，而是归功于这个小环，他說：“今天开这个会，是咱全村人民的光荣，可是这个光荣首先是属于小环的。”

对于这篇毒草，一九五〇年三月《人民日报》曾經点名批判，方紀却认为这是“文艺界的粗暴批評和教条主义”。甚至写信給胡风分子阿壠，大罵《人民日报》是“不可理喻”的。还写信給旧中宣部副部长胡乔木，进行辯解。反革命修正主义分子胡乔木为了保护方紀过关，把方紀的信摘录发表了一段。不久以后，方紀把这篇毒草略加修飾，收进了短篇集《不連續的故事》，並在“后記的后記”中反击对他的严正批評。

《不連續的故事》还有四篇，即《一个人怎样会变得聪明起来》、《仇恨和解了》、《懶人不是生就的》、《人心是块坏肉嗎？》。其中描写的貧雇农，都是一些怪异的人，傻、懶、落后、自私、狭隘、頑固等等，都是一些觉悟极低的可怜虫。充分暴露了方紀对貧下中农的仇視。

方紀炮制的长篇小說《老桑树下的故事》，是在一九五〇年出版的，这部黑书，对冀中人民的抗日战爭和土改运动大肆污蔑和歪曲。一个卖杂面的缺乏阶級觉悟的何根造，糊里糊涂地当上了农会主任，入了党，当了老桑树下的支部书記。一个地主阶級分子，一貫欺压农民的何文祥，因为能說会道混进了党組织，而且当了村长。解放了的老桑树村，政权实际上掌握在地主阶級手里，大地主何恩元照样过好日子，农民仍然受苦受难。党的組织是混乱的，支书何根造是抱着“千里做官，为了吃穿”的自私目的参加革命，立場动搖，和大地主何恩元談話，被几句硬話和“发紅的眼睛”吓住了，从此就害怕起地主来。在艰苦的“反扫蕩”斗爭中，他“怕死”，就“躲到区里去”。在以后的减租等斗爭中，他都是采取妥协、退让或是避开的态度。方紀所写的这个支部书記，就是这样自私、怕事和怕死。党員赵大山也是滿身的缺点和錯誤，强迫命令的作风，办事违犯党的政策，粗暴簡单，和小霞的关系不正常等等。加上阶級异己分子何文祥的兴风作浪，为所欲为，党支部完全渙散了。而后派来搞土改平分的党員干部竟然把支委都扣压起来，让地主分子当貧农团主席，險些让地主分子和落后群众把赵大山用驴拉死。方紀把革命根据地的发展过程写得十分阴暗、混乱、低沉，充滿了失敗、凄凉和苦难，对党的領导、党的組织和革命群众、革命干部大加歪曲和丑化，把冀中人民革命斗爭历史涂抹得一片漆黑。这部毒草出籠之后，在《光明日报》、《大公报》等报刊上，受到了讀者的严正批判。

毛主席告誡我們：“对于我们的国家抱着敌对情绪的知识分子，是极少数。这种人不喜欢我们这个无产阶级专政的国家，他们留恋旧社会。一遇机会，他们就会兴风作浪，想要推翻共产党，恢复旧中国。这是在无产阶级和资产阶级两条路线、社会主义和资本主义两条路线中间，顽固地要走后一条路线的人。”方紀正是“頑固地要走后一条路綫的人”，是“极少数”中的一个，是个极端反动的家伙。

四、反右前，方紀向党瘋狂进攻；反右后，又炮制毒草，向伟大的反右派斗爭反攻倒算。大跃进时，他攻击大跃进，污辱伟大領袖毛主席，为中国的赫魯曉夫歌功頌德。

当国民經济恢复以后，我国社会主义改造进一步深入开展，随着党提出了社会主义工业化和对农业、手工业、资本主义工商业进行社会主义改造的总路綫，不甘心死亡的资产阶級加紧了对社会主义力量的进攻。苏共“二十大”以后，国际修正主义大出籠大泛濫。这种情况直接影响到我国文艺界，使党內外的一些资产阶級分子活跃起来。

就在资产阶級右派分子向党猖狂进攻的前后，方紀也异常活跃，积极配合了右派分子向党的进攻。

一九五六年，方紀出版了《訪苏詩文集》，在这本黑书中，大肆販卖修正主义黑貨，宣揚资产阶級人性論和阶級斗爭熄灭論。胡說什么“人是为了美好和幸福才生到这个世界上来的”，“人們生活着、劳动着、創造着一切，并且为了爭取人的地位斗爭着，这就形成了人的历史”。他还胡說什么苏联人是“精神上完全解放了的人”，“阶級社会的斑痕在他們的身上消灭殆尽了”，“这使得任何旧制度的复辟永远不可能了……”等等。

在稍后出版的散文集《长江行》中，同样販卖一整套修正主义的东西。大肆宣揚资产阶級的“人类之爱”，胡說什么“我們时代的整个生活——我們之所以团結、胜利，不就是因为那样——关心人嗎？”和我們伟大領袖毛主席的教导：“世上决沒有无缘无故的爱，也沒有无缘无故的恨。至于所谓‘人类之爱’，自从人类分化成为阶级以后，就沒有过这种统一的爱。”公开唱反調。

一九五七年，正是我国政治战綫和思想战綫上的社会主义革命深入展开，无产阶級与资产阶級之間的阶級斗爭异常激烈的时期，方紀在五月至七月之間，一口气就炮制出了《园中》、《晚餐》和《开会前》等毒草小說。

《园中》写一个怪异的老头子，解放前在王爷府里当“花把式”，是一个地位卑賤的奴仆，但却几十年如一日，对王爷和王爷府的一切都忠心耿耿，心甘情愿充当封建貴族阶級的忠实而卑微的奴仆。解放了，王爷逃了，王爷府作了机关，“花把式”还把前王爷府的一切“都看作象自己家的东西，一草一木，不能任何人乱动；以至人們怀疑他：是不是王爷有意留下替他照看东西的”。就是这样一个奴性十足的人物，被方紀歌頌备至，是这个老头子的“踢拖踢拖的脚步声”，使作品中的“我”——一个党的領导干部“消除了寂寞和恐惧”，成为这个心灵空虛和阴暗的延安老干部生活中“不可缺少的安慰”。这正是方紀资产阶級反动世界观处于尖銳的阶級斗爭中而感到阴暗恐惧的眞实写照。

《晚餐》写一个党的領导干部和一群资本家一起吃喝，津津有味地大談各种“吃經”，“找到了一种共同語言”，阶級界綫，政治原则，全丢到九霄云外。这是方紀向资本家屈膝投降，鼓吹阶級調和的鉄証。

《开会前》更是为资本家歌功頌德，树碑立传。小說描写在一次首都十五万人民欢迎某屆中国人民赴朝慰問团的大会上，一个大资本家捐出了一架飞机。方紀对于这种所謂的“特别的貢献”，感动得神魂顚倒。当资本家捐出了飞机以后，方紀无恥地贊頌道：

……这时，人們也許以为是誰首先发出了掌声，于是，整个会場，十五万人——三十万只手，响起来一陣掌声。这一陣掌声是那么大，那么响，象风暴，象海潮，滚过会場；而且显得那么眞切而热烈。

这里，无需多作分析，方紀那副资产阶級孝子賢孙的丑恶嘴脸不是昭然若揭了嗎！

一九五七年，毛主席亲自領导无产阶級革命大軍，击敗了右派分子向党的进攻。就在反右斗爭刚刚结束的时候，方紀又于一九五七年十二月炮制了大毒草《来訪者》，公然为右派分子翻案。小說《来訪者》写一个右派分子康敏夫，偶然在戏园里見到一个曲艺女演員，一見钟情，随后就是到处拼命追逐，終于同居，結婚，他把她当作个人独占的玩艺儿。女演員忍受不住，离开了他，以至他两次自杀，最后找到党委机关的負責干部，带着疯狂、絕望的情緒开始了他所謂的“控訴”。方紀不仅同情、怜惜这个右派分子，为他辯护，涂脂抹粉；社会环境也被描写的充滿混乱和丑恶，烏烟瘴气，一团漆黑；在无产阶級专政下的新社会里，那个被管制的老鴇和坏分子王掌柜依然横行霸道，为非作歹，使女演員过着黑暗的非人的生活。这是一篇对社会主义的控訴书，表露了方紀对党、对社会主义制度、对无产阶級专政的刻骨仇恨，向刚刚結束的伟大的反右派斗爭进行反攻倒算。

这篇大毒草一出籠，立即受到了广大革命群众的严正批判。姚文元同志在《文艺报》发表了《論〈来訪者〉的思想傾向》，一針見血地指出这是篇毒草，是“对社会主义的控訴”。

这篇大毒草完全投合了国內外阶級敌人的需要，不久，香港的一家反动报紙就轉載了，并加了“按語”，对中国共产党和我国社会主义制度大肆誣蔑和誹謗。

一九五九年十月，方紀抛出了他的长詩《大江东去》，以古代周穆王駕着八匹駿馬在天空奔馳的形象来比拟我們的伟大領袖毛主席和大跃进，在詩中对毛主席和柯庆施同志大肆歪曲和丑化，无比荒謬、恶毒！

也是在这一年，方紀为歌頌刘少奇、吹捧万张反革命修正主义集团的紀录片《城市公社紅旗飘》写了解說詞，并在《电影艺术》和《天津日报》上发表。

毛主席教导我們：“敌人是不会自行消灭的。无论是中国的反动派，或是美国帝国主义在中国的侵略势力，都不会自行退出历史舞台。”方紀这个彻头彻尾的反革命修正主义分子，虽然多次受到批判，不仅不低头认罪，却阴謀积蓄他反动的阶級仇恨；在他反革命的胸腔中，一系列頑固的复辟资本主义的罪恶計划又在积极进行制定了。

五、一九六一年以后的几年中，国内外阶級斗爭更加尖銳，方紀认为时机已到，竟計划炮制《程門立雪》、《曹雪芹》、《同时代人》和《滿江紅》等毒草，瘋狂向党进攻。

一九五九年一月，赫魯晓夫修正主义集团召开了苏共第二十一次代表大会。赫魯晓夫在会上对我国总路綫、人民公社、大跃进，进行了恶毒的誣蔑和攻击。在赫魯晓夫修正主义集团的支持下，以彭德怀为首的自命为海瑞的右傾机会主义反党集团，在庐山会議上，提出了一个彻头彻尾的修正主义綱領，梦想推翻以毛主席为首的党中央无产阶級司令部，把我国拉回资本主义的黑暗道路上去。特别是一九六一年到一九六二年，国內资本主义势力和封建势力向社会主义发动进攻达到了高潮。現代修正主义在联合美帝国主义和各国反动派，加紧对我国我党进行封鎖、包围、誣蔑、渗透、顚覆。妖魔鬼怪紛紛出籠，修正主义逆流泛濫一时。在一九五九年的反右傾运动中，广大革命群众展开了对方紀的严正批判，但被万张反党集团的大头目万晓塘以及文艺黑帮总头目周揚等人包庇过了关，一九六〇年又給他平了“反”。方紀的反动气焰更加嚣张起来。在方紀被批判作检查时，万晓塘亲自下命令解放方紀，让他写十来篇特写代替检査。六〇年五月以后，方紀就在《天津日报》上連續发表几篇特写，为万张反党集团歌功頌德。

一九六二年，方紀炮制了毒草小說《程門立雪》，写京剧演員程硯秋和他的私生女儿之間的悲欢，这和《来訪者》是一类貨色，未公开出籠。

他还准备写关于清代作家曹雪芹的悲剧小說《曹雪芹》，写岳飞遇害的剧本《滿江紅》，都是借古諷今，为复辟资本主义鳴鑼开道。

一九六三年，方紀妄图在創作上开創天地，决心創作一部名为《同时代人》的四部曲长篇小說，写五四以来知識分子走过来的道路，声称水平要超过《青春之歌》，为资产阶級知識分子树碑立传。万晓塘等人为了满足方紀的勃勃野心，批准了他两年創作假，方紀着手写了八万字，后因陪同主子周揚搞所謂“四清”蹲点，才中断了。

以上我們按照时間顺序，簡略地論述了方紀在創作上所走过来的反党道路。文中所涉及的毒草，并非方紀黑貨的全部，仅是举例而已。而方紀的創作，也只是他反党活动的一个組成部分。就是从这一个方面，也足可以看出方紀反党的罪恶是多么严重。我們必須高举毛泽东思想的伟大批判旗帜，对反革命修正主义分子方紀进行全面而深入的揭发，彻底批判，堅决打倒！

·4· 江旗战报 全无敌 1968,1.

大字报选

方紀·胡风·周揚

胡风是一个凶恶的反革命集团的头子。方紀是胡风的密友。

方紀和胡风称兄道弟，书来信往。就是在方紀所控制的《天津日报》文艺副刊上，发表了胡风的反动长詩《时間开始了》中的两章《欢乐頌》和《光荣贊》，为胡风大造影响。胡风不胜感激，写信給"方紀兄"："感謝你的热心，稿一到就发表了。"

方紀和胡风反革命集团的"軍师"阿壠（陈亦門）也是交往融恰，非同寻常。阿壠发表在《文艺学习》上的大毒草《論傾向性》，就是方紀修改过的。当《論傾向性》受到《人民日报》的点名批判，阿壠写了个假检查，妄图蒙混过关，方紀却写信給阿壠說："不能躺下"，"必須战斗"，"以求生存"。阿壠得到方紀的鼓励，反革命气焰更加嚣张起来。

一九五一年底文艺整风时，文协内部就阿壠的《論傾向性》、芦甸的《女难》、鲁藜的《生活》等毒草及这些人的堕落生活展开了批判，方紀当时是文委負責人之一，对他們百般保护。因此胡风分子路翎在写給胡风的信中說："关于芦甸兄的那些消息……領导上轉了个弯，他也含蓄了些，滑过去了。"这段黑話暴露了方紀包庇胡风反革命集团的真相。

一九五五年反胡风运动的盖子揭开以后，有不少材料暴露了方紀和胡风反革命集团的密切关系，但他受到当时反胡风运动的主要領导成員、市委宣传部部长王亢之和当时市干組长、公安局局长万晓塘的庇护，把許多揭发方紀的材料压了下来，密而不宣。不仅沒让方紀在群众和干部中公开检查，反而把这个胡风的密友捧上了反胡风"功臣"的宝座，方紀随之竟被提升为市委宣传部副部长了。

周揚是反革命修正主义文艺黑綫的"祖师爷"，方紀是周揚黑帮在天津的代理人。方紀疯狂地推行周揚的反革命修正主义文艺黑綫，把天津文艺界演变为象匈牙利裴多菲俱乐部那样的团体。

方紀是周揚的心腹紅人。一九五七年反右斗爭时，丁陈反党集团的干将柳溪，經过天津文联群众的斗爭，交代了丁玲、陈企霞的反党阴謀活动，从而为突破丁陈反党集团打开了缺口。方紀就是利用这些材料，捞取了一笔政治資本，用他自己的話說："帮了周揚一个大忙，使周揚一統了文艺界的天下。"以后，周揚的許多反革命阴謀活动，方紀都是积极参加了的。如一九五七年的攻击魯迅，把三十年代周揚等人在王明右傾机会主义路綫指导下提出的資产阶級反动口号"国防文学"說成是正确的，誣蔑魯迅提出的无产阶級革命口号"民族革命战爭的大众文学"是包藏着阴謀分裂活动等等，明目张胆地与毛主席关于魯迅的英明論断相对抗，否定了以魯迅为旗手的新文化的正确方向，树立周揚的領导地位。再如，圍攻柯庆施同志提出的"写十三年"的主张。等等。

周揚和方紀狼狽为奸，互相包庇。一九五八年方紀写了大毒草《来訪者》，向伟大的反右斗爭反攻倒算，对社会主义进行"控訴"，受到姚文元等同志的批判，就是周揚保护方紀过关的，說什么"受到公开批判，不一定要公开检查。"一九五九年对方紀的批判，也是周揚解圍的，說什么"方紀的問題，提不到修正主义吧！"还說什么"方紀还年輕嘛，写了些錯誤作品难免嘛！"方紀对主子当然是感激涕零了。他大肆吹捧周揚，为周揚歌功頌德、树碑立传。在文化大革命初期，他百般压制革命群众揭发批判周揚。周揚得病，方紀探望以后，心情沉重，眼泪汪汪地說："中国文艺界不能沒有周揚呀！"一句話，方紀和周揚的黑关系暴露无遺了。

从以上简单举例，可以看出方紀和胡风、和周揚是一种什么关系：是一种反革命的黑帮关系。必須彻底清算！

方紀和鬼

方紀和鬼結下了不解之緣。

諸如，他热心提倡鬼戏。

方紀利用他所窃踞的天津文艺界的領导职权，疯狂地推行以周揚为代表的反革命修正主义文艺黑綫，許多部門被"死人"統治，牛鬼蛇神充斥舞台。特别是一九六一、六二年，国内資本主义势力和封建势力向社会主义进攻达到了高潮。現代修正主义者联合美帝国主义者和各国反动派，加紧进行反华活动。妖魔鬼怪紛紛出籠，修正主义逆流泛滥一时。方紀这条刘邓資产阶級黑司令部的忠实走狗，为中国赫魯晓夫在我国复辟資本主义制造反革命輿論准备，极力鼓吹上演鬼戏。一天，方紀和大叛徒娄凝先一同到中国大戏院去看反革命坏分子厉慧良演的《钟馗嫁妹》，一边看，一边贊美：

"厉慧良的钟馗形象美，造型美，钟馗和大鬼小鬼，一忽儿变换这样一个画面，一忽儿又变换一个新的画面。一次变换就是一个美的造型。"眞是贊不絕口。

又如，他大肆宣揚鬼事。

一九六三年秋天，方紀在陪同一位印尼共負責文化工作的同志游香山时，大談鬼的故事。后来受到外事部門的严厉批評，质問方紀："是不是唯物主义者？是不是共产党員？"

方紀根本就不是一个唯物主义者，也不是一个共产党員。他是一个混进党内的資产阶級代表人物，是一个反革命修正主义分子。

方紀就是一个恶毒地反党反社会主义反毛泽东思想的厉鬼！

我們要奋起毛泽东思想的千鈞棒，扫除一切害人虫，打倒恶鬼方紀！

方紀和酒

方紀是一个酒徒。

方紀这个地主資产阶級的孝子賢孙，經常酗酒，借此发洩他对党对社会主义的不滿，充分暴露了他的沒落阶級的阴暗心理。

終于，在一九五七年，当右派向党猖狂进攻的时候，他紧敲反党的鑼鼓，在《文汇报》上抛出了一篇毒草《文学和酒》。

在《文学和酒》这篇毒草中，方紀說在一次旅途中，一个旅客談起了文学和酒的关系，历代文人如何喜欢喝酒，以后又发展为嗜好鴉片等等。話犹未尽，吃飯的时候，这个旅客却大喊大叫起来："两杯白兰地，大杯！"大肆喝将起来。

"醉翁之意不在酒"，方紀是借着談文学和酒的关系，发洩他的反党情緒，恶毒攻击党的文艺批評。方紀这个反革命修正主义分子，多年来炮制了大量毒草，多次受到公开批判，他一直心怀不滿。你不是說文人离不开酒嗎？你自己喝的更凶；什么文艺批評，你指責作家，你更坏！这就是方紀写《文学和酒》的险恶用心。他曾公开抗拒党报对他的批評，他罵道："什么批評家，都是雨后狗屎苔！"姚文元同志高举毛泽东思想伟大紅旗，曾对方紀的反党反社会主义的罪恶活动提出过尖銳批判，方紀則声称要和姚文元同志"算总賬"，实际上就是向毛主席革命文艺路綫"算总賬"，反党气焰何等嚣张！

也是在《文学和酒》这篇毒草中，方紀自我招供說：生活"觉得无聊"，就讀苏軾的詞："明月几时有，把酒問靑天。不知天上宮闕，今夕是何年……"充分暴露了方紀对社会主义現实生活的敌对情緒。

还是在《文学和酒》这篇毒草中，方紀别有用心地說："王国維自杀的原因，并不是因为鴉片癮的緣故。"时隔七年，一九六四年他在农村"四清"时，一边酗酒，一边說："把身子扎到酒缸里自杀該多美啊！"表明他和現实生活格格不入。

酒徒方紀，对党对社会主义就是如此仇恨，这是一个不折不扣的反党分子！

打倒反革命酒徒方紀！

斥方紀的反党"童心"

方紀曾經为大叛徒袁靜写的一本毒草《小黑馬的故事》写了一篇序言，鼓吹資产阶級的"童心論"，妄图取消儿童文学为无产阶級政治服务的战斗作用，取消用光焰无际的毛泽东思想去武装青少年一代，反对用共产主义精神去教育儿童，反对对儿童进行阶級教育，使儿童文学成为封、資、修的貨色，为复辟資本主义做輿論准备。

方紀拾起"童心論"这块破旗，目的就是为了反党。这在他《〈不尽长江滚滚来〉后記》中說得再清楚不过了。他写道：

> 完全打开一个人的心灵，象儿童那样，带着幻想和希望去看夜間的天空，来看待生活，看待人，是不容易的。

他又說：

> 作家却有权利这样要求自己，他应該不只是一个熟諳生活的"世故老人"，还应該对生活永远保持着孩子的童心——在成年人看来，肥皂泡是空的，但孩子却能从里面看見一个美丽的世界！

方紀是在明目张胆地煽动牛鬼蛇神起来反党，向无产阶級夺权。他恶毒汚蔑社会主义現实生活就象"肥皂泡"一样，"是空的"；他鼓动文艺工作者不应該只是"一个熟諳生活的'世故老人'"，要"干予生活"，揭露社会主义的"阴暗面"。方紀只怕别人不明白他的反党用心，干脆直截了当地說：

> 在我們国家里，今天所发生的一些事情——尽管还有些令人不愉快的，但就連这些在内，不都是值得作家予以最敏銳的注意……

这是方紀的心里話，当前的社会主义的沸騰生活，是"令人不愉快的"。方紀反党的狼子野心不是昭然若揭了嗎！

反革命修正主义分子方紀就是在为中国的赫魯晓夫篡党篡国的反革命阴謀制造輿論准备，煽阴风，点鬼火，他說：

> 但是，作家的心灵却关閉着，还沒有完全打开，"犹抱琵琶半遮面"……

这篇毒草是在反右派斗爭前夕出籠的，方紀站在反动的右派立場上，向党向社会主义射出了这支毒箭。

他是一个漏网的大右派。現在，革命群众已經把他揪出来了！把他的反革命嘴脸暴露在光天化日之下，彻底清算他的滔天罪行，把他批倒斗臭！

我們現在思想战綫上的一个重要任务，就是要开展对于修正主义的批判。

毛泽东

紅旗戰報

天津文联紅旗編印

1968年1月　第29号　共4版

方紀的大毒草《来訪者》出籠前后

一、方紀历来充当資产阶級右派的喉舌，是一个地地道道的漏网大右派。

反革命修正主义分子，前天津市委宣传部副部长方紀（原名馮驥），长期以来霸占天津文艺界大权，窃踞天津文联党組书記、天津作家协会主席、《新港》文学月刊主編、天津文学研究所所长等要职，积极推行中国赫魯晓夫及其在文艺界的代理人周揚一伙反革命修正主义文艺黑綫，使解放以来天津文艺界弄得烏烟瘴气，妖雾弥漫，跌到了修正主义泥坑中去。

方紀不仅是周揚黑帮的一員重要干将，还是周揚在天津文艺界的一名忠实代理人。而且，在历史上曾和胡风反革命集团关系密切，是丁（玲）、陈（企霞）反党集团及其他一些反革命分子、右派分子、反动人物的知心密友。自从1935年混入革命队伍以后，方紀頑固地坚持资产阶級反动立場，在几个不同的历史时期，在阶級斗爭最尖銳最复杂的严重关头，他都和文艺界的反动逆流联系在一起，参加了牛鬼蛇神的反党大合唱，并炮制了一系列反党、反社会主义、反毛泽东思想的毒草作品，其中有的作品甚至被国内外的阶級敌人所利用，作为他們反华反共反人民的炮弹。

早在延安时期，当丁玲、王实味、肖軍、罗烽、艾青之流向党发动猖狂进攻，抛出了一系列的反革命小說和杂文时，方紀也不甘落后，緊步跟上，于1942年在延安《文艺月报》上抛出了一篇大毒草《意識以外》（短篇小說），与丁玲的反动小說《在医院中》相互呼应，密切配合，向党疯狂进攻。1942年5月，毛主席在《在延安文艺座談会上的讲話》中对这股反党逆流和各种反动的资产阶級文艺思潮进行了极其深刻的批判。同年6月，延安《解放日报》上也公开批判了方紀的大毒草《意識以外》。但是，方紀并沒有认眞接受批評，彻底改正錯誤，却继續頑固不化地坚持他的资产阶級反动立場，严重地违背了毛主席的教导，对抗毛主席提出的革命文艺路綫，在这以后的二十多年中接連不断地炮制了大量的反党大毒草。

解放战爭期間，方紀于1947年写出了恶毒詆毁和歪曲汚蔑伟大的人民軍队的毒草作品《副排长謝永清》和《人民的儿子》。解放初期，方紀陆继抛出了一批歪曲丑化土改后农村生活的小說，其中，写于1949年3月的《秋收时节》，大肆宣揚地富是“勤俭起家”，“剝削有理”，并高唱阶級調和，合二而一論，为中国赫魯晓夫的篡党篡国制造輿論准备。接着，方紀在1950年2月又抛出了一篇宣揚資产阶級爱情至上主义，恶毒攻击党的領导和革命群众的大毒草《让生活变得更美好吧》。这株大毒草在《人民文学》上一出籠，立即在《人民日报》上受到严厉批評。而方紀却认为这是“文艺界的粗暴批評和教条主义”，并与胡风分子阿壠糾合一起，大駡《人民日报》的批評是“不可理喻”的。后来，由于旧中宣部副部长、反革命修正主义分子胡乔木的包庇，方紀这才蒙混过了关，即便如此，方紀对此事还极为不滿。不久，方紀公开撰文替这篇毒草辯护，对抗党报的批評，竟然把这篇毒草收入短篇集《不連續的故事》內出版了，继續放毒。与此同时，方紀于1950年又抛出了另一部严重歪曲冀中人民抗日战爭和土改运动的长篇小說《老桑树下的故事》。这部长篇小說出籠后，曾在《光明日报》等报刊上受到讀者的严正批評，但方紀却依然死不悔悟，屡教不改，坚持他的資产阶級反动立場。就在1956年国内外修正主义思潮泛濫的时候，方紀的《訪苏詩文集》出籠了。这是一本地地道道宣揚苏共修正主义政治綱領的大毒草，它完全抹杀阶級矛盾和阶級斗爭，反对无产阶級专政，大肆鼓吹資产阶級人性論，以及所謂“干預生活”，即“揭露阴暗面”的修正主义反动文艺理論。实际上，方紀早已成为名副其实的苏修反动文艺的吹鼓手了。

1957年，当全国人民轰轰烈烈地进行反右派斗爭，政治战綫和思想战綫上的社会主义革命深入展开，无产阶級与资产阶級之間的阶級斗爭异常激烈的时期，方紀在5月至7月之間，却炮制了小說《园中》、《晚餐》、《开会前》，12月又炮制了小說《来訪者》。这是方紀与当时资产阶級右派紧密配合，迫不及待地抛出的反党反社会主义集束手榴弹。在这一系列毒草作品中，方紀完全站在资产阶級反动立場上，紧随中国赫魯晓夫，大肆鼓吹“剝削有功”，为资产阶級涂脂抹粉，歌功頌德，眞是达到了登峰造极、无以复加的地步！尤其是方紀的特大毒草《来訪者》，正是在伟大的反右派斗爭刚刚結束，社会主义大跃进刚刚开始时急不可待地抛出来的，其反党反社会主义本质的露骨和大胆，令人触目惊心，所以馬上就受到广大工农兵革命群众的憤怒批判。現已查明方紀的《来訪者》这篇大毒草就是在中国赫魯晓夫及其在文艺界的代理人周揚、林默涵之流的慫慂鼓动之下，是同文艺界一小撮牛鬼蛇神刘白羽、周而复、章靳以等，共同密謀，合伙抛出来的一株反党反社会主义的特大毒草，一篇资产阶級右派向党反攻倒算的宣言书！

二、《来訪者》是一篇对党对社会主义的控訴书，是資产阶級右派向党反攻倒算的宣言书。

《来訪者》（发表于《收获》1958年第3期）的反党反社会主义的毒焰，在反右派斗爭取得胜利以后我国文坛上可謂名列前矛。方紀在《来訪者》中描写一个和右派分子毫无二致的极端个人主义者康敏夫，偶然在戏园里对一个曲艺女演員一見钟情，然后就不顾一切地奔波于旅途，到处追逐，为了占有她的身体和心灵，甚至不惜給她那位毒蛇一样的养母下跪求情。他們同居了，結婚了，他把爱人当作自己的私有物，个人独占的玩艺儿，一切听凭他的主宰，不許她再上园子去演出，不許她再为观众服务，不許她去发展艺术工作能力。女演員忍受不住，又毅然离开了他，他好象整个生命就要完結似的跑去找她，結果碰壁挨頂，他竟走向自杀。沒有死了，从医院里出来后，他又去糾纏追逐，还未能达到目的。他就完全自暴自弃，放蕩胡为了，以至于第二次自杀，又未遂。然后又找到党委领导机关的干部，带着疯狂、絕望的情緒大肆控訴起來。康敏夫是一个思想腐朽反动，灵魂丑恶自私，行为卑鄙无耻的极端利己主义者和唯我主义者，然而，方紀在小說里不但沒有对他进行严厉批判，反而处处流露出对他的同情与怜惜，这实际上美化了康敏夫，为資产阶級极端个人主义者涂脂抹粉。而且方紀这篇作品中所描写的人物年代和社会环境都是违反生活眞实的，是对社会主义现实生活的严重歪曲和汚蔑。不仅把主人公康敏夫写成象三十年代的公子哥儿，浪蕩子弟一模一样，各級党政組织完全不聞不問；而且写1956年前后的沈阳、天津等大城市里，戏园子中还依然是腐败而下流的混乱风气，烏七八糟，不堪入目。在无产阶級专政下的新社会里，那个被管制的养母和显然是流氓坏分子的王掌柜依然横行霸道，为非作歹，使女演員过着黑暗的非人的生活。在方紀笔下，新社会竟被描写成充滿混乱和丑恶，烏烟瘴气和一团漆黑，这就从根本上否定了党的領导，否定了社会主义新現实，否定了无产阶級专政。更加严重的是，方紀不仅滿腔同情康敏夫，实质上，这篇作品也就成了康敏夫对党对社会主义的“控訴书”，控告新社会使他堕落，就象资产阶級右派分子所攻击的：“新社会把人变成鬼”。就是这样，方紀用自己的作品具体地发揮了資产阶級右派对我們党的誹謗和攻击，不仅构成了一株反党反社会主义的特大毒草，而且成为資产阶級右派向党反攻倒算的宣言书。

三、大毒草《来訪者》一出籠，博得西方“自由世界”与香港反动报刊的热烈喝彩，并被作为它們大肆反华反共的宣传資本。

姚文元同志在1958年7月第16期《文艺报》上极其尖銳地指出：“《来訪者》是一篇丑化社会主义社会和美化极端个人主义者的作品。这篇作品有毒。这篇作品很值得仔細加以分析。因为它表面上不同于《本报內部消息》一类的直接誣蔑、攻击党的領导的作品。《来訪者》表面上是在‘批判’康敏夫，……但整篇作品的环境却是这样阴沉黑暗，康敏夫又被写成那样一个多情的反封建的‘勇士’，实际上形成了对社会主义社会的控訴，在讀者心上引起一种对新生活的非常阴暗的怀疑情緒。全部小說的中心思想，对讀者感情上所引起的效果，和作品中无力的、抽象的結論形成一个奇怪的、十分不調和的矛盾。外国有些受修正主义思想影响的作品，特别是在那一类的电影中，也看到过类似的方法。表面上，作品中是在反对法西斯，揭露法西斯的兽行和战爭的残暴，但实际上，由于把光明的社会主义社会写得那么腐败，把人和人的关系写得那么卑鄙，把战爭的創伤（所謂‘阴暗面’）写成生活中支配一切的力量，作品的基调就变成了对社会主义的歪曲和悲观絕望的宿命論。这类作品的特点是給讀者一种难以忍受的精神上的重压，用沒落的資产阶級那种对人生的虛无絕望的感情来折磨讀者，瓦解讀者生气勃勃的共产主义精神。它从有些个人色彩很重的环节（主要是爱情）下手，用资产阶級人性論来代替无产阶級的阶級論，用个人主义来篡夺共产主义。”（詳見《論〈来訪者〉的思想傾向》一文）从姚文元同志这段文章里可以看出，《来訪者》在政治上就是一篇对社会主义社会的控訴书，它宣揚腐朽堕落的資产阶級极端个人主义，反对无产阶級专政，来瓦解社会主义，篡夺共产主义。从所謂艺术手法上，方紀则完全承袭西方反动透頂的資产阶級作家慣用的描写“个人反抗”、“个人英雄”的那一套破烂貨，亦即是西方“自由世界”风靡一时的“垮掉的一代”的典型手法，或則是苏修阿飞青年“作家”修正主义黑貨罢了。正因为这样，方紀的大毒草《来訪者》一出籠，完全投合了国內外阶級敌人的需要，博得国际上帝、修、反一片喝彩叫好。正如毛主席所說：“**凡是敌人反对的，我们就要拥护；凡是敌人拥护的，我们就要反对。**”正当全国革命群众义憤塡膺，狠批痛斥方紀的大毒草《来訪者》的时候，来自西方“自由世界”和香港反动报刊的一片狂热的喝彩贊揚，却是甚嚣尘上。《来訪者》出籠不久，香港的一家反动报紙就馬上轉載，并加上編者按語，替方紀大唱贊歌，称頌大毒草《来訪者》是一部“描写大陆人与人之間的小說”，“揭发大陆阴暗面的小說”，攻击我們伟大的社会主义祖国充滿了“一片冷酷、骯髒、荒淫、恐怖、疯狂，干部凭权势凌辱女演員，流氓横行”，并且恶毒汚蔑我們光荣伟大的中国共产党对此“熟視无睹”，趁机进行反华反共的反革命政治宣传。最后，这家反动的香港报紙还大肆表揚方紀这位自命为反右派的“功臣”在反右派斗爭之后，居然“自己也良心发現了”，为方紀进一步反党反社会主义撑腰壮胆，吶喊助威。不久，英帝国主义分子也翻譯出版了一部我国資产阶級右派分子和反动作家的所謂“文学作品选集”，书名《苦果》，其中方紀的《来訪者》与臭名昭著的右派分子刘宾雁的《本报內部消息》、王蒙的《組织部新来的年輕人》等大毒草，均被英帝国主义者奉为至宝，列入“优秀杰作”，成为帝、修、反对我国进行大肆汚蔑和恶毒攻击的子弹，是可忍，孰不可忍！（下转第二版）

·2· 红旗战报 1968，1．

方紀的大毒草《来訪者》出籠前后

（上接第一版）

四、《来訪者》原稿明目張胆地宣揚了“輪流执政”等臭名昭著的右派言論，妄图替章罗联盟翻案。

《来訪者》写成于1957年12月，发表于1958年5月24日出版的第3期《收获》上。这篇稿子（以下简称原稿），是前《收获》主編、反动“权威”章靳以个人約来的。来稿日期为1958年4月2日。《收获》編輯部审閱后，对該稿在政治上提出了一些問題，并对章靳以明确表示过此稿应作退稿处理。稿签上提出的問題，主要內容是：

①康敏夫是一个生活在新社会里而觉得“人們快乐，我痛苦；人們相爱，我憎恨”的人。作者似在揭露、否定他，实际却是非常同情他。而康敏夫如作品所写又是一个具有右派灵魂的人。这是一个大問題。

②康敏夫說：“‘輪流执政’也好，我來。”他讲，輪到他，他便要“毁了他們”（指她的养母、王掌柜）。他又說，现在“他們折磨她”，“不是在‘执政’”嗎？又說，“要在从前，……我可以得到她。只要我有錢……”联系作品中所写康敏夫对市委的不滿，以及新社会让那些坏人为所欲为等情节，那康敏夫是把我們新社会跟“她媽媽”、“王掌柜”之流看成一致的了。康敏夫口中“輪流执政”，矛头是指向誰呢？

③那个女艺人，被写成是一个“进步人物”，但她对她的“媽媽”（老鸨）却一点沒仇恨，反而給予同情。那末，“她”究竟又是怎样一个人物呢？

④总之，作者把新社会写成旧社会，加以攻击；对一个右派人物寄予极大同情；写一个“进步人物”，竟让她对应予专政的坏人大讲“人情”；作者又援用章罗联盟提出的“輪流执政”口号，等等，这些問題都值得考虑。

由此可見，《来訪者》原稿，写成于1957年12月，那时反右派斗争已在全国范围內取得了伟大的胜利，然而，这位披着共产党員外衣的“作家”方紀在思想深处依然与资产阶級右派分子沆瀣一气，臭味相投，竟然胆大妄为，力图替章罗联盟翻案，公开宣揚了臭名昭著的“輪流执政”等极端反动的謬論。毛主席教导我們說：**“无产阶级和资产阶级之间的阶级斗爭，各派政治力量之间的阶级斗爭，无产阶级和资产阶级之间在意识形态方面的阶级斗爭，还是长时期的，曲折的，有时甚至是很激烈的。无产阶级要按照自己的世界观改造世界，资产阶级也要按照自己的世界观改造世界。在这一方面，社会主义和资本主义之间谁胜谁负的问题还沒有真正解决。”**就在反右派斗爭刚刚結束时候，方紀急不及待地拋出了《来訪者》等一系列大毒草，决不是偶然的。这是方紀资产阶級丑恶灵魂的大暴露，是方紀资产阶級右派面目的大暴露，是方紀蓄謀已久的反党野心的大暴露！

五、《来訪者》是方紀与文艺界一伙牛鬼蛇神林默涵、徐迟、章靳以之流共同密謀拋出的一支反党大毒箭。

据方紀給《文汇报》編輯部的信（該信未寄出）自供，《来訪者》的“故事也是确有其事、其人的。……事情发生在去年大鳴大放期間，我写这故事已是反右斗爭以后，到了十二月。当时經过反右派斗爭，看清了资产阶級知识份子的丑恶灵魂，因而想起这件事，想通过它来表現右派分子的思想根源和精神状态，是如何的反动和丑陋。”这是一个絕好的招供。披着共产党員外衣的方紀开宗明义地表白就是要描写资产阶級右派分子。不管方紀口头上說要表現右派分子“如何的反动和丑陋”，作品中却对右派分子滿怀同情，极尽美化歌頌之能事，这是明摆着的事情。毛主席教导我們說：**“你是资产阶级文艺家，你就不歌颂无产阶级而歌颂资产阶级；你是无产阶级文艺家，你就不歌颂资产阶级而歌颂无产阶级和劳动人民：二者必居其一。”**而方紀从他的自己創作实践反复証明他历来是一个不折不扣为资产阶級大唱讚歌的吹鼓手。

方紀在1956年与前《詩刊》副主編、资产阶級現代派“詩人”徐迟交往特别頻繁，两人結伴同游，先在长江流域溯源而上，寻幽探胜，然后又去云南昆明、西双版納等地，游山玩水，儼然有如中国赫魯晓夫所倡导的“坐着小轎車下乡”的“作家”老爷。在这为时半年多的旅途中，方紀与徐迟是臭气相投，引为“知友”，可謂推心置腹，无話不談。而方紀对老牌资产阶級現代派“詩人”更是五体投地，推崇备至，胡說什么党員作家远远不如资产阶級現代派“詩人”徐迟，竟然“号召”党員作家要向非党“作家”徐迟“学习”。而方紀自旅行以后陆續拋出的《不尽长江滚滚来》（詩集）、《长江行》（散文集）、《大江东去》（长詩），以及《生活之于詩》、《文学和酒》等一系列毒草，无一不是在与徐迟这个资产阶級現代派“詩人”吟詩酬答、切磋琢磨之下炮制出来的。而方紀的特大毒草《来訪者》，更无例外，徐迟是积极参与炮制的。从沒談題材，一直到小說結构，情节安排，以及最后結尾，徐迟都是积极地替方紀出謀划策，献呈妙計的。《来訪者》原稿刚写成，方紀首先捧給徐迟“审讀”，并且遵照徐迟的意見进行了修改补充。关于这一点，方紀一向直言不諱，自己在給章靳以的信中也已作了供认。方紀伙同老牌资产阶級現代派“詩人”徐迟炮制反党大毒草《来訪者》，罪証确凿，是怎么也賴不掉的。

前《收获》主編、反动“权威”章靳以，是周揚黑帮及其在上海的忠实代理人之一。他窃踞上海作协要职，独占《收获》宣传陣地，曾在他的阴謀策划之下，通过《收获》拋出了大量毒草作品。章靳以和方紀同样都是周揚黑帮中的重要干将，在反党反社会主义方面，可以說是志同道合，密切合作的。就在章靳以的独断专行下，方紀的毒草小說《园中》在《收获》1957年第3期上出籠了。接着方紀的另一篇特大毒草《来訪者》，又在《收获》1958年第3期上拋了出来。当《收获》編輯部就《来訪者》原稿指出了上述一系列严重的政治錯誤，建議此稿应作退稿处理以后，章靳以却完全不以为然，反而大肆吹嘘方紀“也写过不少战斗性較强的作品”，又是什么“天津市委宣传部长”要职等等，一方面借以压制群众的批評斗爭，另一方面却替方紀开脫罪責。然而，章靳以毕竟是一个老奸巨滑的反动文人，善于施展权术，耍弄阴謀的。章靳以立即給方紀通风报信，密商对策，务使这株特大毒草《来訪者》照样出籠。于是，方紀按照章靳以定下的框框，就《来訪者》原稿作了一些“修改”。方紀在1958年4月7日給章靳以的复信中，真是感恩戴德地写道：“謝謝你的意見，我都尽可能的照改了。去掉了那些枝节，文字也做了一番删削。但最主要的，是换了一个結尾。这个結尾，是原先就有的，徐迟看过后写的，也都是实有的事。后来，写了先前的那个。稿子一写出，便觉得必須换过。現在是换了，但你看，怎样？我想至少比先前的，要不那么生硬，更近情理，更清楚一些。只是又多了二千字。……”其实，方紀在《来訪者》的修改稿（即在《收获》上发表的定稿）上，只不过是把原稿中康敏夫讲的一些实在太露骨的右派言論，諸如“輪流执政”之类字句删去了；此外还换了一个由老牌资产阶級現代派“詩人”徐迟設計的結尾。所謂“修改”，只是运用偷梁换柱的手法，将表面上太露骨的字句删去了，但其反党的实质却是原封不动地保留下来了。当《收获》編輯部一些同志认为《来訪者》修改稿依然是一篇换湯不换药的具有严重政治錯誤的作品时，章靳以却执意孤行，不顾群众的批評意見，摆出一副反动学阀的凶恶嘴脸，坚持非要采用方紀的大毒草《来訪者》修改稿不可。就是这样，方紀的大毒草《来訪者》終于在章靳以、徐迟之流共同密謀下，在1958年5月24日第3期《收获》上拋出来了。

六、大毒草《来訪者》受到公开批判，反动学阀章靳以惊恐万状，黑掌柜孔罗蓀立即受命炮制并拋出了假批判的“文章”。

《来訪者》一出籠，《收获》編輯部立即收到許多讀者来信，指責《来訪者》是一株反党反社会主义的大毒草。同年6月16日，《文汇报》在“讀书与出版”副刊上发表了两封讀者来信，对《来訪者》加以严厉批評，指出这是一篇歪曲現实、攻击社会主义社会的坏小說，一致表示万分憤慨，要求对它展开严肃批判。接着，7月7日《文汇报》在“讀书与出版”副刊上又发表了天津师范学院中文系七个人联名写的一篇批評文章，題名《一篇歪曲現实的小說》，指出《来訪者》就是一株反党大毒草。《文汇报》在刊发上述这篇批評文章时，在編者按語中提到該报最近“陆續又收到十余篇讀者来稿，其中有些是經过集体討論写成的……絕大多数讀者都认为它是一篇严重歪曲現实的小說……”广大工农兵和革命群众遵照毛主席教导：**“凡是错误的思想，凡是毒草，凡是牛鬼蛇神，都应该进行批判，决不能让它们自由泛滥。”**一致憤怒声討大毒草《来訪者》，表示不将大毒草彻底剷掉，誓不罢休。

在来自全国各地工农兵和革命群众的憤怒声討中，中国赫魯晓夫及其在文艺界的代理人周揚黑帮中大小头目一見情势不妙，无不惊慌万状，不知所措。然而，惊魂稍定，他們立刻开动宣传机器，組织无耻的御用文人，大造輿論，进行反扑，妄图把广大革命群众的批評斗爭压下去。于是，就在中国赫魯晓夫及其在文艺界的代理人周揚黑帮的直接控制下，一場假批判、真包庇的丑剧开始扮演起来了。

前《收获》主編、反动“权威”章靳以，面对着雪片似的讀者批評稿件，不免万分紧张。章靳以立即召来了上海文艺界黑掌柜、作协党內走资派孔罗蓀，密室私議，共商对策。最后，章靳以拿出了一大批讀者来信，要求孔罗蓀亲自出馬，就《来訪者》写一篇所謂“批評文章”。黑掌柜孔罗蓀自然对此唯命是从，立即炮制了一篇題为《〈来訪者〉是一篇对新社会的控訴书》的“批評文章”，不久就在1958年7月24日出版的《收获》第4期上出籠了；同时，这一期《收获》还刊发了两篇讀者来信，显然是作为陪衬，裝飾門面，敷衍搪塞，妄图把这一場在意识形态領域內的严肃的政治思想斗爭草草結束。

然而，由反动“权威”章靳以导演的，毕竟是一場“假批判”的丑剧。尽管黑掌柜孔罗蓀以所謂“左”派“評論家”的姿态出現，裝出一副咄咄逼人的凶相，叫嚷什么“控訴书”呀，什么“大毒草”呀，……只不过是危言聳听，吓唬一下普通讀者而已。从骨子里說，章靳以、孔罗蓀和方紀都是周揚黑帮中的一些大小嘍囉。他們都是一丘之貉。孔罗蓀居然自命“左派”，舞文弄墨，指手划脚，大放厥詞，足以暴露他自己在这一場賊喊捉賊的丑剧中充当了一名跳梁小丑而已。事实果然不是这样嗎？同年8月上海旧市委召开扩大会議期間，前上海市委宣传部副部长、三反分子周而复談到对《来訪者》的“批評”时，当面对孔罗蓀有所斥責。不久，方紀从武汉来到上海，周而复又責令孔罗蓀亲自登門拜訪，負荆請罪。看，主子一声喝令，孔罗蓀立即趋奉如仪，赶到錦江飯店，向方紀寒暄問候，极尽奴顏婢膝之媚态。而方紀则在他的黑后台周揚黑帮及其爪牙周而复之流的包庇下，摆出一副官老爷的臭架子，心中就有余憤，一面对广大讀者的批評斗爭极为不滿，妄图进行反攻算倒，一面又极力替自己辯解，揚言：“《来訪者》是反右时写的，是一件真事，原意是企图反映一个反右的片断，……”但在方紀这位官老爷面前，黑掌柜孔罗蓀早已吓得魂不附体，只好唯唯諾諾，一言不发，据孔本人交代，“当时我沒有和他爭辯”。方紀最后在談話中认为“批評”提得太高了，特别是对“控訴书”很不以为然。他說，“这样一来，不是变成反社会主义了嗎？”对方紀这样变本加厉的猖狂反扑，这位自命为“左派評論家”的孔罗蓀，却不敢回言，岂不是十十足足的假“左”派、真右派嗎！

黑掌柜孔罗蓀既受到三反分子周而复的当面訓斥，又被官老爷方紀吓唬了一頓，深怕在这場狗咬狗的勾心斗角中得罪了他的主子，于是馬上一反他的“左派”姿态，为包庇《来訪者》这一株大毒草愿效犬馬之劳。仅就这一点就充分証明他就是一个形“左”实右的政治投机家。曾几何时，到1959年，孔罗蓀編选《文学散論》（毒草集）时，就对上面自己的那篇“批評文章”作了一些“修改”，即是把一些所謂“措辞尖銳”的地方都作了“修改和删削”。据孔本人交代，主要有：

①将原題目《〈来訪者〉是一篇对新社会的控訴书》，改为《〈来訪者〉是一篇不真实的作品》。

②开头和結尾删去了一些“比較尖銳”的文字，如原文第一段：“在思想上引起了强烈的反感，不仅是由于这篇小說里散发着一种腐朽的、霉烂的气息，令人噁心，更主要的是这篇小說严重的歪曲了現实，踐蹋了新社会。”收集时，改为“令人感到十分气悶”。还将一段对写真实的“批評”的字句，都删掉了。接着，还删去了一些“重要”的句子，如：“从整篇作品所反映的思想感情看来，就是一篇对新社会的控訴书，充滿了对立的情緒。”则改为：“……是阴暗的、不健康的，而且充滿着对立的情緒。”最后一节中，連“一株毒草”这几个字眼也都就删去了。

③改稿中，又加了一段为方紀涂脂抹粉的話，說他解放以来写了不少“出色的反映現实的作品”等等，簡直是欺人之談，无耻透頂！

綜上所述，由三反分子周而复、反动“权威”章靳以，以及黑掌柜孔罗蓀之流共同策划的假批判、真包庇的罪恶勾当，岂不是昭然若揭了嗎？

七、周揚黑帮大小头目林默涵、刘白羽之流，为包庇方紀出謀策划，千方百計地施加压力，妄图鎮压革命群众的批判斗爭。

当《文汇报》首先披露了讀者对大毒草《来訪者》的

（下轉第三版）

1968.1. 红旗战报 ·3·

方紀的大毒草《来訪者》出籠前后

（上接第二版）

批判文章后，周揚黑帮的重要干将、方紀的狐群狗党黃鋼（前中国影协书記，三反份子）第二天就向方紀通风报信，并且蛮横无理地譴責上述讀者批評文章“标題很凶，口气也凶”，借以对他的死党方紀挨批表示“很关心”。方紀的另一位知心密友——周揚黑帮重要干将、前中国作协秘书长郭小川，聞訊后也匆匆赶来天津，除了百般撫慰以外，替方紀解脫“困境”出了不少主意。于是，6月間，方紀晋京亲謁閻王殿，求告二閻王林默涵，經过共同密謀后，决定搬出閻王殿黑靠山，滥用权势，向上海宣传机构施加压力，以便一举扑灭革命群众反对大毒草《来訪者》严肃的政治斗爭。就这样，由林默涵亲自向当时上海旧市委宣传部副部长、三反分子周而复发出航信，下达书面“指示”，同时附去了方紀給周而复的第一封信和轉交《文汇报》編輯部的信。（詳見附件）在这些信里，方紀頑固地坚持反动立場，有恃无恐地搬出閻王殿和旧作协黑后台，大发淫威，进行恫吓；并且，还厚顏无恥地自报“天津市委宣传部副部长”身分，强詞夺理地要求周而复“能掌握一下”，“編輯部根据文章，也可根据作者的情况，来选择适当的批評稿件。……能否向文汇报打一个招呼？”可是，发信的当天晚上，林默涵又和刘白羽一商量，老奸巨滑的黑参謀刘白羽认为“給文汇报的信还是不轉为好”，并立即向方紀“呵責”：“啊呀！这怎么行呢？林默涵同意发信也不行，快追回来！”方紀就遵命立即給周而复写了第二封信，除轉达林默涵、刘白羽黑指示以外，仍然坚持要求周而复根据方紀前信已表明的“态度”，就“上海报刊可能出現的批評，內部掌握一下”。信末再次强調《来訪者》“这篇东西沒写好，动机和效果有出入；思想虽是积极的，艺术上却沒有达到，这种事情常有，但还是自己的修养不够所致。”这完全是一派反革命黑話，不值一駁。尽管方紀这两封信所提出的要求，周而复一看来头大，不折不扣地遵命照办了，但是，由于革命群众的压力，周而复終于被迫交出了方紀的上述两封黑信。事后，上海旧市委宣传部内部刊物《思想动向》第37期不得不将方紀原信公开刊登，旧中宣部《宣教动态》也予以轉載。这就是中国赫魯晓夫及其在文艺界的代理人周揚黑帮包庇反革命修正主义分子方紀的最大罪証。但是，就在这时又获悉香港反动报刊轉載了大毒草《来訪者》，大肆反华反共，激起了革命群众无比憤慨。虽然，周揚黑帮重要干将、前《文艺报》主編、三反分子张光年也安慰方紀“不要太脆弱了”，并出主意說：“你写个检查，我在《文艺报》給你发表。”张光年最近交代說：“这本来就是保护他（方紀）的意思。”替方紀解圍，然而方紀对此还不滿意，仍然不肯俯心认罪，拒絕公开检討。眼看此关难过，众怒难平，于是大头目周揚出来替方紀解圍，胡說什么：“受到公开批判，不一定要公开检査。”就这样保护方紀混了过去。

但是，广大群众的革命斗爭性并未被周揚反革命黑帮完全压下去。他們遵照毛主席关于**“凡是毒草，凡是牛鬼蛇神，都应该进行批判”**的教导，不屈不挠地进行斗爭。南开大学中文系革命师生在伟大的毛泽东思想和大跃进精神鼓舞下，曾就方紀的《来訪者》等一系列毒草写出了《論方紀小說創作的傾向》长篇批判文章，于1959年春送往天津旧市委要求审查和发表，但竟被以万晓塘为首的旧市委书記处长期扣压，不予发表。直到年底，《河北日报》刊出了南大上述批評文章后，旧市委控制下的《天津日报》和《新港》文学月刊才不得不予以轉載，无非应付形势，裝点門面而已。自此以后，革命群众虽然对方紀进行严厉批判从未間断，但是，从閻王殿周揚黑帮，一直到天津万张反党集团黑头目万晓塘之流，却对方紀百般包庇，竭力袒护，报刊上再也看不見批判方紀的文章了，一个由革命群众发起的全国性批判运动，就这样被中国赫魯晓夫和周揚黑帮这一伙反革命修正主义分子扼杀了。

八、中国赫魯曉夫和天津万張反革命修正主义集团，伙同周揚黑帮大刮“翻案风”，为方紀大搞“平反”，向党瘋狂反扑。

綜上所述，周揚黑帮、万张反党集团，不仅竭力包庇方紀，压制革命群众对方紀的批判，而且在1961年前后，以中国赫魯晓夫为首，在全国大刮“翻案风”的时候，方紀那些在中央和省、市的黑后台，立即一拥而起，又积极替方紀大搞“平反”、“恢复名誉”等花招，企图完全否定革命群众对方紀的严肃批判，极尽顛倒黑白、混淆是非之能事。

积极为方紀“平反”，保护方紀的，除他的主子周揚外，在北京有林默涵、刘白羽等人，在天津有万张反党集团大头目万晓塘和旧市委文教书記王亢之，在河北旧省委中有黑帮张承先、远千里、朱子强，在华北局则有反革命修正主义分子黄志刚、梁寒冰等人。方紀在上述这一小撮人的支持下，腰板硬了起来，竟猖狂地揚言：“在什么地方，什么范围批評，还得在什么地方，什么范围平反、道歉！”河北旧省委制定了一个所謂彻底“平反”計划，并要到各地去“消除影响”；在周揚和万晓塘的压力下，前省委宣传部部长朱子强、副部长远千里等人还亲自登門道歉。周揚黑帮、万张反党集团为方紀“恢复名誉”大造輿論，发表了方紀的大块文章。这样一来，方紀这头落水狗又爬到岸上，果然精神抖擻，重新搖头摆尾，继續推行反革命修正主义文艺黑綫，积极参予阶級敌人向党猖狂进攻，为周揚黑帮和万张反党集团卖力效劳。曾几何时，方紀受周揚、刘白羽等的派遣，几次委以出国任务，赴蒙古、印尼、錫兰等国，成为亚非作家活动中一名“风流人物”。1965年，万张反党集团安排文教副市长人选时，曾将方紀这个周揚黑帮重要干将列入，呈报上級。由此可見，方紀不仅是受万张反党集团竭力包庇，而且还是受万张反党集团提拔重用的人物。

总之，对方紀的大毒草《来訪者》的批判，是解放以来我国文艺战綫上的阶級斗爭中一个比較重要的事件。大毒草《来訪者》出籠前后，以姚文元同志为代表的坚持毛主席文艺路綫的革命同志和以周揚为首的反革命修正主义分子之間的斗爭，就是两个阶級、两条道路、两条路綫的斗爭，就是以毛主席为代表的无产阶級革命路綫和以刘少奇为代表的反革命修正主义路綫的斗爭。归根到底，是社会主义和资本主义誰战胜誰的斗爭，是资产阶級复辟和无产阶級反复辟的斗爭。尽管中国赫魯晓夫及其在天津的代理人万张反党集团，伙同周揚黑帮大小嘍囉，如何疯狂地鎮压革命群众的批判斗爭，竭力袒护、百般包庇方紀**“利用小说进行反党活动”**的滔天罪行，但是，**“蚍蜉撼树谈何易”**，在这場史无前例的无产阶級文化大革命中，他們的罪恶目的已宣告彻底破产了！方紀这个漏网的资产阶級大右派、反革命修正主义分子的丑恶嘴脸，也早已彻底暴露在光天化日之下！**“宜将剩勇追穷寇，不可沽名学霸王。”**我們文艺界无产阶級革命派战士們，决心在光焰无际的毛泽东思想照耀下，乘胜追击，彻底砸烂反革命修正主义文艺黑綫及其总后台，彻底清算方紀一贯反党反社会主义和破坏文化大革命的滔天罪行，不获全胜，誓不收兵！

附录（括弧中的黑体文字，为編者所加）：

方紀給周而复的第一封信

（1958年6月18日）

今天在新影厂遇黄鋼同志，（**周扬安插在全国影协书记处的一名重要干将，现已揪出，为三反分子，但仍要弄权术，煽阴风，点邪火，勾结牛鬼蛇神，操纵群众组织，破坏影协文化大革命，罪行累累，戚本禹同志在最近谈话中曾将他公开点名进行批判。**）他告訴我昨天（六月十七日）文汇报的《图书評論》上，有讀者来信批評《来訪者》……据黄鋼同志說，标題很凶，口气也凶，（**对人民要热爱，对敌人要憎恨，对你们这伙反革命修正主义分子就是要实行专政，越凶越好。**）对作者却并不了解。（**作者何必如此谦虚？你方纪从1942年以来一贯以炮制毒草闻名于文坛，其毒草之多，毒性之大，在全国文艺界可谓名列前矛，怎能说对你并不了解呢？**）他很关心我，看了批評立刻去看了文章，他也认为文章是有缺点的，作者只通过来訪者讲了事情本身，沒有讲清楚自己的观点。（**毛主席教导我们说：“资产阶级、小资产阶级，他们的思想意识是一定要反映出来的。一定要在政治问题和思想问题上，用各种办法顽强地表现他们自己。要他们不反映不表现，是不可能的。”方纪在《来访者》中对右派分子那么满注热情和怜悯，难道说你那反动透顶的资产阶级立场观点还没有讲清楚吗？这完全是鬼话！**）我同意这样的意見。（**原来他的狐群狗党黄钢甘当帮凶，作方纪的辩护士呀！**）关于这篇文章，（**应为大毒草，以下均同。**）在刊物出版前我就有信給靳以同志，并提出請你把文章再看一遍，（**查阅原信，根本沒有这一回事，堂堂的宣传部副部长也在扯谎，大概并非仅有这一次吧！**）后来来不及了，这事想你已知道。小川（**即周扬黑帮重要干将，前中国作协秘书长郭小川，他和方纪是知心密友，一起进城开辟他们天津的文学基地。1958年郭的大毒草《望星空》几乎与方纪同时受到公开批判，可谓患难之交矣！**）去天津时，我同他說了；（**应为密室私议，共商对策。**）从这次来北京，也同默涵說了。（**应为求告阎王殿，聆听黑指示。**）这篇文章构思是不成熟的，沒有表达出自己的想法，（**文章构思经过深思熟虑，切磋琢磨，作者意图早已跃然纸上，怎么说还没有表达出来？**）而拿出去又仓促，（**求名得利，如蝇逐臭！**）考虑也不够，以后发现，来不及了，致造成今日之錯。（**多么轻描淡写！**）

我想，既然文章发表了，（**应为出笼！**）有錯誤是应該批評的，（**纯属冠冕堂皇之词！**）但希望能掌握一下，（**作者写信的唯一目的全在于此！**）編輯部根据文章，也可根据作者的情况，来选择适当的批評稿件（**左一个“掌握一下”呀，右一个“选择适当”呀，放你的狗屁！毛主席教导我们说，“有错误就得批判，有毒草就得进行斗争。”**）不知你意如何？能否向文汇报打一个招呼？（**好一个招呼！图穷匕首现，原来是要控制宣传机器，让它跟着周扬黑帮的指挥棒转！**）我有一封說明情况（**应为反革命诡辩**）的信附上，望能轉文汇报参考，（**应为遵命照办**）不知这样做使不使得？

方紀

方紀給文汇报編輯部的信

（1958年6月18日）

……这篇文章是有缺点的，主要是对时代背景交代不清楚，对那个大学生的批判不够有力，以致沒有在故事中完全表現出作者的观点；和开头結尾作者对事情的处理有距离。（**纯属狡辩，替自己开脱罪责。**）至于文中作者的身份，并非虛拟，我自己現在天津市委宣传部工作。（**这里信上原用括弧括起来，注明是“副部长”，后写信人自己涂掉。毛主席说：“共产党不靠吓人吃饭，而是靠马克思列宁主义的真理吃饭。”请看，方纪却如此自我扩张，装腔作势，向报社进行恫吓要挟，岂不是一个十十足足的国民党官老爷吗？**）故事也是确有其事、其人的。（**方纪真不愧为胡风的忠实门徒，念念不忘其“到处是生活”的反动理论。**）关于日光灯的一段話，（《思想动向》注：一封讀者的批評信里提到：“小說的整个气氛是极其阴沉、灰暗的。作者在小說开头就把党委机关的接待室写成是一个不見阳光的十分阴暗的地方，党委机关点的日光灯也被作者說成是‘毫无一点火气，蒼白’，甚至‘照得人改变了顏色’”。）完全是个人对这灯的感想的发抒（还是解放天津时，初入城的那一夜晚，坐在报館編輯部里时的感想），与文章完全无关。（**岂有此理！**）事情发生在去年大鸣大放期間，我写这故事已是反右斗爭以后，到了十二月。当时經过反右派斗爭，看清了資产阶級知識分子的丑恶灵魂，（**不，这就是你方纪最好的自我写照！**）因而想起这件事，想通过它来表現右派分子的思想根源和精神状态，是如何的反动和丑陋。（**毛主席教导我们说：“我们的文学艺术都是为人民大众的，首先是为工农兵的，为工农兵而创作，为工农兵所利用的。”而方纪却与毛主席唱对台戏大唱反调，在反右斗争刚刚结束时，就热衷于描写资产阶级右派分子，除了表露蓄谋已久的反党野心以外，岂不是在与周扬黑帮修正主义叫嚷的“干预生活”、“揭露阴暗面”的反动口号吗！**）但因为思考不成熟，（**不，因为你情不自禁，必然更顽强地把资产阶级思想表现出来。**）最初写时，又只是想把故事記录下来，預备以后用的。（**专门搜集阴暗落后事物，以便成为日后反党的炮弹。**）写出以后，摆了很久沒有动它。后来編輯催稿，我很不慎重地拿去发表了。在刊物出版前，就想到了文章的缺点，曾想在清样上修改，（**枝节修改，无关反党宏旨。**）但来不及了，以致造成今日之錯。

文章发表出去，讀者是有权利批評的。（**口头上说得何等漂亮！**）但希望一方面能根据文章本身，同时也根据作者的情况。（**不管你资格多老，官职多大，地位多高，你反对毛泽东思想，就砸烂你的狗头，一点也不留情。**）对于个别的和傾向性的錯誤，对于偶然的和一貫性的錯誤，应分别对待。（**请问你方纪二十多年来一贯反党成性，炮制大量毒草，难道还是个别的，偶然的错误吗？你这个漏网大右派、老牌修正主义分子，我们一点儿也没有把你看错！**）不知你們意見如何？我不为自己文章的錯

（下轉第四版）

·4· 红旗战报 1968，1.

工　农　兵　批　判　文　选

——怒斥孙振（雪克）的大毒草《战斗的青春》

〔按〕一場群众性的革命大批判运动蓬勃开展起来了。在这場大批判中，广大工农兵群众以极大的热情投入了战斗，从而使运动出現了一个前所未有的生动活泼的局面。

这是毛泽东思想的伟大胜利！工农兵群众最爱讀毛主席的书，最愿听毛主席的話，所以嗅觉最灵敏，眼光最銳利，对什么是香花，什么是毒草，分得最清，看得最明。本期发表的上海工人同志批判周揚死党、原天津文联党組副书記、反革命修正主义分子孙振（雪克）的大毒草《战斗的青春》的文章，就充分地說明了这一点。这是战斗的强有力的文艺批判，是匕首，是投枪，是手榴弹，是毛泽东思想的千鈞棒，向着中国的赫魯晓夫及其爪牙嘍囉勇猛地冲杀过去，所向披靡！

我們为工农兵参加到大批判的战斗中来而热烈欢呼！革命的文艺工作者只有和工农兵群众結合起来，一道进行战斗，才能在文化革命中发揮战斗的作用。工农兵群众和革命的文艺工作者一起，高举毛泽东思想的伟大紅旗，一定能够取得文艺界文化大革命的彻底胜利！

叛徒的辯护士

——一評《战斗的青春》

《战斗的青春》是一株販卖刘少奇叛徒哲学，为叛徒歌功頌德、树碑立传的大毒草。作者孙振对叛徒的美化，眞是費尽了心机，用尽了心血。

叛徒胡文玉不但"生得魁伟俊秀"，姿态"英俊瀟洒"，知識丰富"又有才干"；而且成了叛徒之后还能继續干革命。

看，胡文玉叛变革命被敌人放出来后，当他听到"部队垮了，干部死的死，逃的逃"的时候，这个叛徒竟然感到"这一下对他是再严重不过的打击"，他"几天几夜，吃不下飯，睡不着"觉。他"呆呆地看着"汉奸报紙上登着我軍"冀中主力全部被歼"的大字标题，"渾身象潑上了一盆凉水，从头頂直冷到脚"。魚目不能混珠，是非岂容混淆！叛徒就是叛徒，哪有为革命而担忧的叛徒！

书里不仅要人們相信叛徒可以继續干革命，还要人們相信叛徒也能把革命工作干好。

看，胡文玉叛变革命以后，还"踏踏实实地整頓了几个村的工作"。他自己觉得"工作的确有成績"，連"許凤和县委都很滿意"。眞是荒唐透頂！中国的赫魯晓夫是叛徒哲学的吹鼓手，他不仅提出"自首过的人，可以当中央委員"，而且也提拔了彭眞、刘瀾涛、安子文等大叛徒当上了中央委員；甚至公然为叛徒叶青辯护过。《战斗的青春》如此卖力地朝叛徒臉上貼金，正是为了推銷刘氏叛徒哲学的破烂貨。

胡文玉叛变革命以后，作者为了夸大这条癩皮狗的作用，竟然用游击队一次又一次地遭到极为惨重的失败和牺牲作为反衬，来歌頌叛徒是怎样忠心耿耿地为敌人效劳的。这样写，难道仅仅是为了描写叛徒对敌人的忠心嗎？难道仅仅是为了說明叛徒对革命带来的危害嗎？不，决不是这样的。叛徒是敌人最凶恶的帮凶，他死心塌地为敌人卖命，虽然会对革命事业带来一些損害，但叛徒究竟不过是一条断了脊梁骨的癩皮狗，一堆令人嗤之以鼻的臭狗屎。在革命过程中出現一两个叛徒是并不奇怪的，地球照样运轉，历史照样前进，革命事业一定要胜利。作者这样写，正是暴露了他蓄意美化叛徒，恣意詆毁革命人民武裝力量的反革命黑心。

雪克的爱和憎

——二評《战斗的青春》

毛主席指出："**反动时期的资产阶级文艺家，把革命群众写成暴徒，把他们自己写成神圣，所谓光明和黑暗是颠倒的。**"雪克（孙振）就是这样的反动作家。他把叛徒美化成"神圣"而又"光明"，而把革命人民和游击队則极力丑化，加以攻击。

《战斗的青春》一开头，就把党領导下的枣园区写得一塌糊涂：区委书記的要职交給叛徒胡文玉，打进来的特务成为区委会的核心人物；而且整个区委会也是意見分岐十分严重的。

书中贯穿着[illegible]人民的武装力量一敗再敗的黑綫：胡文玉叛变以前，游击队处处打敗仗，是因为在內部隐藏着大大小小的汉奸、特务；而在胡文玉叛变以后，游击队还是处处打敗仗，則是因为这个叛徒神通广大，料事如神。这不仅是对历史的歪曲和对游击队的污蔑，更是对毛主席的人民战爭思想最露骨的攻击。

《战斗的青春》結尾是以三个女主角的牺牲而告終的，而最后一章的标題却是"胜利是我們的"。看！雪克对革命者眞有不共戴天之仇，只有革命英雄死掉，才是胜利。他唯恐放毒不够，又在"后記"里进一步大放厥詞，說什么英雄人物如果活下来，那是"出乎意料"的，是"好事做过了分寸"。眞是混蛋透頂！按照他的邏輯，英雄人物死掉了，而那个双手沾滿血濆的特务赵青逃避了人民对他的审判，继續去干反革命勾当，这才是"意料之中"的，这才是"好事做得恰如其份"。雪克的爱和憎是何等的强烈，何等的明显。

雪克反对毛泽东思想，就打倒他！

——三評《战斗的青春》

毛主席教导我們："**你是资产阶级文艺家，你就不歌颂无产阶级而歌颂资产阶级；你是无产阶级文艺家，你就不歌颂资产阶级而歌颂无产阶级和劳动人民：二者必居其一。**"雪克在大毒草《战斗的青春》里为大叛徒胡文玉歌功頌德，极尽其美化、辯护之能事，还嫌不够，于是精心安排了两場戏，这两場戏是雪克反革命面目的大暴露，是雪克反毛泽东思想眞面目的大暴露。

这两場戏，其一曰：許凤看黑《修养》。河头崗一战之后，"女英雄"許凤捧起黑《修养》大讀起来，"书里的話，眞是又新鮮，又明白"，居然使这位"英雄"忘記了这是硝烟弥漫的战場，忘記了你死我活、鮮血淋淋的阶級斗爭，想起那"相亲相爱"的"幸福"生活来。"越看越放不下，越看心里越豁亮"，眞"恨不得一口吞下去"……够了！够了！雪克对他的黑主子中国赫魯晓夫吹捧得如此肉麻，岂不是司馬昭之心——路人皆知嗎！

这两場戏，其二曰：許凤"照毛主席的指示办事"。岳村伏击战前，"許凤执意要打"，連李鉄的劝阻，上級的指示，也不要听。許凤居然还"激动地拍拍放在桌上的《論持久战》和《抗日游击战爭的战略問題》說：听他的，还是听毛主席的！？"結果，打了一个"十分突然的遭遇战"，搞了半天，还是"打了自己人"。这里，雪克公然把矛头指向我們心中最紅最紅的紅太阳，指向战无不胜的毛泽东思想，是可忍，孰不可忍！

无須多說，雪克早已撕破他"老革命"的伪裝，明明白白地告訴你：他就是站在中国赫魯晓夫一边，反对毛主席的；他就是站在资产阶級反动路綫的反革命立場上，反对毛主席的无产阶級革命路綫和軍事路綫的；他就是黑《修养》的忠实卫道士，反对光焰无际的毛泽东思想的。至此，雪克为什么要竭力美化叛徒，为叛徒树碑立传，而大肆攻击革命人民和革命战爭的原委也就昭然若揭了。君不見大談黑《修养》的那一伙人，无一不是毛泽东思想的大叛徒嗎！

（上无二厂批黑线联络站狂飙战斗组）

方紀的大毒草《来訪者》出籠前后

（上接第三版）

眼辯护，（**此地无银三百两！**）我已开始认識到它，（**虚晃一招！**）并向全国作协和中宣部的負責同志談过了。（**搬出阎王殿黑靠山，以便进行恫吓威胁。**）我对自己写出和发表出这样的作品，感到很痛心。（**言不由衷！**）我当从中吸取教訓。（**还是革命群众给你作一个鉴定：屡犯错误、屡受批判、屡教不改的不可救药分子。**）

以上仅是說明文章作者的情况和认識，供你們参考。

方　紀

方紀給周而复的第二封信

（1958年6月19日）

今天經由默涵同志发一封航信（**即第一封信**）給你，并附有我給文汇报的信。（**请看，二阎王亲自替方纪发信，此事何等重要！**）晚上默涵和白羽談了一下，（**共同密谋**）觉得給文汇报的信还是不轉为好。因为那样会給人一种"不許批評"或者"害怕批評"的印象，反而有点尴尬。（**还是黑参谋刘白羽主意高人一等，反党手段巧妙而又隐蔽，不使其反党面目赤裸裸暴露出来。**）昨天我写那信，当时是因为黄鋼同志的关心和建議，我又觉得自己……不妨先表一表态，（**眞是丑态毕露！**）就写了。其实，暫时不发表也可以，等再多听点意見，认識更深刻些，再写文章。（**进行反攻倒算！**）另外，我想《收获》还会收到讀者意見的，等我到上海时，看看，研究一下，或者在《收获》上表示一点意見，（**注意，这里不写公开检查，而是一点意见，何等轻松愉快！**）效果会更好些。（**力争蒙混过关！**）至于在这期間，上海报刊可能出現的批評，就請你根据我已表明的态度，（**也就是阎王殿所定下的框框。**）內部掌握一下。（**千嘱咐，万嘱咐，就是要三反分子周而复扑灭革命群众对大毒草《来访者》的批评斗争。**）总之，这篇东西沒写好，动机和效果有出入；（**完全是谬论！毛主席教导我们说："我们是辩证唯物主义的动机和效果的统一论者。……检验一个作家的主观愿望即其动机是否正确，是否善良，不是看他的宣言，而是看他的行为（主要是作品）在社会大众中产生的效果。"警告你，方纪，你想替自己的大毒草《来访者》进行诡辯，开脱罪责，可以休矣！**）思想虽是积极的，（**完全替自己涂脂抹粉！**）艺术上却沒有达到，这种事情常有，（**方纪上述这种谬论，即所谓"立場是对的，心是好的，……只是表现不好，结果反而起了坏作用"，早在1942年就被毛主席驳斥得体无完肤。今天，方纪居然还搬出这一套破烂货来欺骗人，那完全是徒劳的。**）但还是自己的修养不够所致。（**不必客气，你方纪数十年来反党修养，实在是很够很够的。**）

这事麻煩你了，到上海再泥首面謝。

方　紀

（轉抄自中共上海旧市委宣传部編印的內刊《思想动向》1958年7月28日第37期）

造反有理

（第二十三号）

天津日报无产阶级革命大联合造反总部编印

一九六八年一月二十七日

毛主席语录

坚决地将一切反革命分子镇压下去，而使我们的革命专政大大地巩固起来，以便将革命进行到底，达到建成伟大的社会主义国家的目的。

评论 恶有恶报

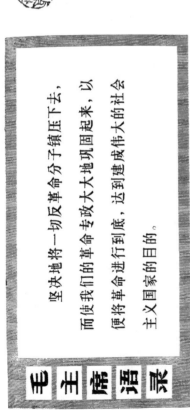

善有善报，恶有恶报，不是不报，时间不到，时间一到，一定全报。

看，又一批害人虫，不是又完蛋了吗！

危害人民的绝没有好下场。

形形色色的牛鬼蛇神、衣冠禽兽，让他们暴露一下也不错。一个大的革命运动的兴起，总会有一些坏人跳出来捣乱。乌龟王八蛋浮上来了，人们就看清了它们的丑恶面目，恰好聚而歼之。这不正能为民除害吗！

但是，**“凡是反动的东西，你不打，他就不倒。”**这就需要我们高度警惕，要警惕坏人捣乱。不管是戴着什么面具的坏人，我们都能善于辨别，一眼看穿。不仅能看到在光天化日下作恶的坏人，而且能看清在阴暗角落里作恶的坏人。

我们要具有这样的火眼金睛，就要把障眼的资产阶级、小资产阶级派性搞掉。一个人只要有派性，就不可能用阶级观点看问题，就会混淆是非，不分黑白，认敌为友，视友为敌，成了掩护阶级敌人的“防空洞”。这是多么危险的啊！

打倒派性，增强党性，擦亮眼睛，环顾左右，就能看到问题，如有坏人在旁，定能把他揪出示众。不管他本来是你这一派的人，也能唾之里，决不留情。因为，真正要分派，就只有革命和反革命两派。而一切混进革命派队伍里的坏人，都是地地道道的反革命派。

我们的伟大领袖毛主席教导我们：**“不管什么地方出现反革命分子捣乱，就应当坚决消灭他。”**对于社会上的，以及混进我们队伍里的坏人，必须坚决镇压。

现在，有必要兴起一个群众性的检举坏人的活动。谁个杀人放火，谁个盗窃、抢劫国家和个人财产等等，等等，凡干过坏事的，凡是坏人，一定不能放过他，一定要向革命组织检举，向专政机关检举，让他们受到应得的制裁！这是我们应尽的责任，这是我们革命的义务。

各类坏蛋你们听着！不要以为干了坏事没人知道。革命群众的眼睛是雪亮的，你们决不能逃脱人民的巨掌。当群众性的检举活动全面展开的时候，就是你们彻底暴露的日子。现在，摆在你们面前的唯一出路，就是坦白自新。不然，以身试法，那就来吧！看你们脑袋有多硬，人民手中的子弹等着你们！

奋起毛泽东思想千钧棒 猛

本市今日又镇压

伟大红旗，提高革命警惕性，粉碎阶级敌人

刘政、韓德富同志号召：全市无产阶

本刊讯 **“六月天兵征腐恶，万丈长缨要把鲲鹏缚。”**我市广大无产阶级革命派，在夺取无产阶级文化大革命全面胜利新的战斗中，遵循伟大领袖毛主席**“千万不要忘记阶级斗争”**的伟大教导，对一小撮[illegible]文化大革命、[illegible]反革命活动的美蒋特务、杀人犯、现行反革命分子、流氓强奸犯，坚决进行打击，予以制裁。今天上午，市公安局军事管制委员会在人民体育馆召开了“高举毛泽东思想伟大红旗，坚决镇压反革命宣判大会”，对八个案件的十九个犯罪分子分别判处了死刑、死刑缓刑、无期徒刑和有期徒刑。

当宣布大会开始时，全场革命群众手举红彤彤的毛主席语录振臂高呼“坚决镇压反革命，巩固无产阶级专政！”“无产阶级专政

在犯罪后主动投案自首，根据坦白从宽，抗拒从严的政策，免予刑事处分，当场宣布释放。

天津市革命委员会常委、市公安局军管会主任刘政同志在宣判大会上讲了话。他说，我们伟大的领袖毛主席亲自发动、亲自领导的无产阶级文化大革命，取得了决定性的胜利。全国是一片大好形势，天津市也是一片大好形势。全市无产阶级革命派和广大革命群众，紧跟毛主席的伟大战略部署，更高地举起毛泽东思想伟大红旗，以“**斗私，批修**”为纲大办毛泽东思想学习班。毛主席的最新指示得到进一步的贯彻，革命的大批判、革命的大联合和三结合得到了进一步的巩固和发展。

他说：在两个阶级、两条道路、两条路线的激烈大搏斗中，混党内一小撮死不悔改的走资派和社会

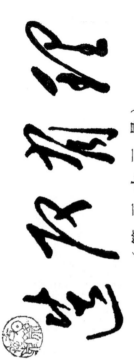

全面落实毛主席的最新指示
要更高地举起毛泽东思想
无产阶级革命派，
级敌人一切阴谋，

猛压一批反坏分子
猛扫一切害人虫

举毛泽东思想伟大红旗，坚决镇压反革命宣判大会”，对八个案件的十九个犯罪分子分别判处了死刑、死刑缓期二年执行和有期徒刑。

当宣布大会开始时，全场革命群众手举红彤彤的毛主席语录振臂高呼“坚决镇压反革命，巩固无产阶级专政！”“无产阶级专政万岁！”“伟大领袖毛主席万岁！万岁！万万岁！”等口号，喊声震天动地，使一小撮阶级敌人，失魂落魄，吓得屁滚尿流。大长了无产阶级革命派的威风。

大会由天津市公安局军事管制委员会副主任韩德富同志主持。并首先在大会上讲话。他说：天津市公安局军事管制委员会，遵照我们伟大领袖毛主席的教导及全市无产阶级革命派和广大革命群众的要求，召开坚决镇压反革命的第三次宣判大会，以维护无产阶级文化大革命的秩序，加强无产阶级专政，这是战无不胜的毛泽东思想的伟大胜利！

他说，在全市无产阶级革命派鼓足干劲、力争上游、再接再厉，夺取无产阶级文化大革命全面胜利的时刻，混进内部的一小撮叛徒、特务、党内顽固不化的走资派，社会上没有改造好的地、富、反、坏、右分子，以及美、蒋、日、苏修特务，互相配合，造谣言、放暗箭，窃取情报，进行阶级报复，拦路抢劫，强奸妇女，杀人放火，无恶不作，妄图破坏无产阶级文化大革命，颠复无产阶级专政，复辟资本主义。为了保卫无产阶级文化大革命的胜利成果，保卫新生的红色革命政权，就必须坚决镇压阶级敌人的破坏活动。毛主席教导我们说：“**为了维护社会秩序和广大人民的利益，对于那些盗窃犯、诈骗犯、杀人放火犯、流氓集团和各种严重破坏社会秩序的坏分子，也必须实行专政。**”只有坚决镇压反革命分子和一小撮罪恶严重的刑事犯，才能保障人民生命财产的安全，才能排除干扰，使无产阶级文化大革命沿着毛主席指引的航向胜利前进！

韩德富同志最后说：我们要更高地举起毛泽东思想伟大红旗，保持高度的阶级斗争观念，提高革命警惕性，协助专政机关大力加强无产阶级专政，对猖狂破坏无产阶级文化大革命、破坏社会主义建设的阶级敌人，要彻底清查，坚决处理，保证无产阶级文化大革命的顺利进行。

当被宣判的一批不齿于人类的狗屎堆被押上大会会场时，全场革命群众个个咬牙切齿，人人磨拳擦掌。吓得这群乌龟王八蛋面如土色，魂不附体。真是臭不可闻，恶腐冲天。

当市公安局军事管制委员会的代表庄严地宣读了宣判书以后，被判处死刑的反革命分子和杀人犯被绑上刑车，押赴刑场，执行枪决。其他罪犯分别被判刑。李犯嘉勤，参与丁犯等人犯罪活动，但众，紧跟毛主席的伟大战略部署，更高地举起毛泽东思想伟大红旗，以“**斗私，批修**”为纲大办毛泽东思想学习班。毛主席的最新指示得到进一步的贯彻，革命的大批判、革命的大联合和三结合得到了进一步的巩固和发展。

他说：在两个阶级、两条道路、两条路线的激烈大搏斗中，混在内部的一小撮叛徒、特务，党内一小撮死不悔改的走资派和社会上没有改造好的地、富、反、坏、右以及美、蒋、日、苏修特务，流氓盗窃分子，狼狈为奸，无恶不作。他们破坏生产和交通设施，阴谋颠复无产阶级专政，复辟资本主义。他们拦路行劫，强奸妇女，甚至行凶杀人，进行阶级报复，他们破坏了人民享有的民主权利，破坏了无产阶级革命新秩序，破坏了无产阶级文化大革命。

伟大领袖毛主席教导我们说：“**坚决地将一切反革命分子镇压下去，而使我们的革命专政大大地巩固起来。以便将革命进行到底，以达到建成伟大的社会主义国家的目的。**”伟大的无产阶级文化大革命，是无产阶级专政条件下的革命。我们绝不允许阶级敌人破坏这场伟大的革命运动，绝不允许阶级敌人进行颠复活动，绝不允许阶级敌人搞资本主义复辟。对于一小撮疯狂地破坏无产阶级文化大革命的反革命分子和刑事犯罪分子，我们就要坚决镇压，绝不宽容。我们严厉地警告那些地富反坏右分子，美蒋特务，苏修特务，日本特务，以及流氓分子和社会渣滓，只许他们老老实实，不许他们乱说乱动。今日之天下，是无产阶级专政的天下，我们的政策是坦白从宽，抗拒从严。如果他们竟敢向无产阶级专政挑战，我们就坚决地打击，坚决地制裁，坚决地镇压。今天宣判的十九名罪犯，就是他们的可耻的下场。最后，刘政同志号召无产阶级革命派和全市广大革命群众，一定要牢记伟大领袖毛主席的教导，**千万不要忘记阶级斗争**，千万不要忘记无产阶级专政。一定要加强敌情观念，提高革命警惕性，擦亮眼睛，识破阶级敌人的阴谋诡计，严防他们挑拨离间，混水摸鱼，同他们进行毫不留情的斗争。一定要积极协助无产阶级专政机关，把那些破坏生产、杀人、放火，进行特务活动的现行反革命分子揪出来，实行专政，依法惩处。春节就要到来了，阶级敌人可能在我们欢渡节日的时候，乘机进行捣乱和破坏。一切无产阶级革命派和广大革命群众，要提高革命警惕，自觉地遵守革命秩序，自觉地维护革命秩序。

革命群众代表也在会上讲了话，表示坚决拥护市公安局军管会的严正判决。

参加宣判大会的还有天津市革命委员会常委和中国人民解放军天津驻军负责人。

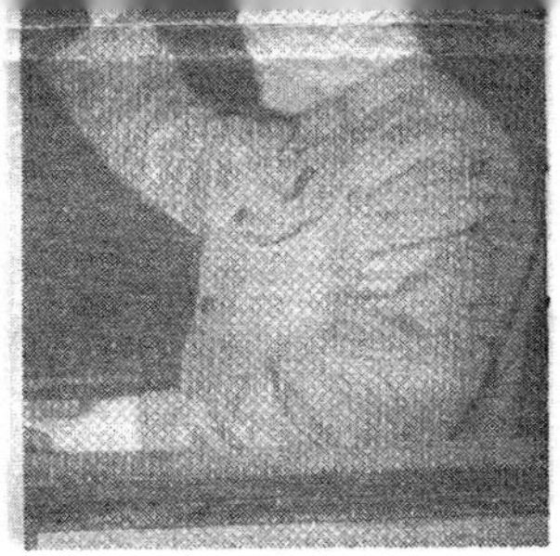

天津市革命委员会常委、天津市公安局军管会主任刘政同志在大会上讲話。

天津市公安局軍管会副主任韓德富同志在大会上讲話。

宣判結束后，广大革命群众手举红彤彤的毛主席语录高呼：“无产阶级专政万岁！”

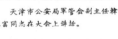

选报剪辑 《天津日報》1968年1月27日

堅决鎮压反革命　巩固无产阶级专政

强奸抢劫杀人犯**吕长陵**，男，二十二岁，河北省文安县人，天津市第二养老院服务员。吕犯自幼偷窃，流氓成性，屡教不改。一九六五年，强奸哑叭少女一人。一九六六年五月又强奸一哑叭妇女未遂。更为严重的是，吕犯见本单位女护士马天申经常一人在医务室值夜班，即蓄谋强奸、抢劫。一九六六年九月十日发薪后，吕犯于晚八时许闯入医务室，从背后掐住马的脖子。马奋力反抗呼救。吕犯强力将马摔倒，双手抓住马的头，猛力向地上连续撞击，直至马的颅底骨碎裂死亡。吕犯残杀马天申后，又搜掏了马的衣服口袋，才仓惶逃去。吕犯强奸妇女，抢劫财物，杀人致死，罪大恶极，依法判处其死刑，立即执行。

报复杀人犯**周静敏**，女，五十一岁，河北省昌黎县人，住本市和平区多伦道。周犯静敏，道德败坏，长期进行流氓活动。邻居妇女尹淑兰曾对她提出批评，其流氓行为毫无收敛。一九六六年八月，红卫兵大破"四旧"，横扫牛鬼蛇神时，尹再次对周犯进行揭露。周犯怀恨在心，蓄意报复，于同年八月二十八日，趁尹午睡之机，手持菜刀闯入尹的屋内，猛砍尹的头部、面部和上肢。尹极力抵抗，夺门而出，周犯又追上，抓住尹的头发，将尹摔倒，举刀乱砍，将尹颅骨砍碎，脑浆外溢身死。周犯道德败坏，行凶杀人，民愤极大，依法判处其死刑，立即执行

流氓杀人犯**马金明**，男，二十岁，河北省冀县人，本市河西区房屋修建工程处工人，住河西区挂甲寺范家大街。马犯流氓成性，经常打骂欺压群众。曾与邻居口角，持刀行凶，幸被群众强力制止。无产阶级文化大革命以来，疯狂破坏革命秩序。一九六七年九月二十七日下午，与其弟口角，其姐夫李正齐进行劝解，遭到马犯打骂。李正齐的哥哥李正刚上前劝解，马犯竟用三角刮刀连刺李正刚的右肩和胸部。将李刺伤倒地。随后，又猛刺李正齐的面部、胸部、四肢十二刀。李正齐当场被刺死，李正刚经急救脱险。马犯流氓成性，杀人致死，罪大恶极，依法判处死刑，立即执行。

流氓、轮奸犯**李德林**，男，二十七岁，河北省武清县人，住河北区宙纬路，某厂工人。该犯率领流氓暴徒，以"扫氓"为名，猖狂地进行流氓犯罪活动，经常无照驾驶汽车，横冲直撞，挥刀鸣笛，肆意殴打革命群众，抢劫、盗窃国家财产。公然手持凶器，牵着狼狗，入户绑架妇女，甚至在公共场所当众强行绑架。一九六七年七、八月份，被这伙暴徒绑架的妇女有十余人。对妇女进行了严重凌辱。强行脱光她们的衣服，带头用棍棒、钢丝鞭进行灭绝人性的毒打残害，用皮鞭套在脖子上和揪着头发在地上拖拉。还强迫这些妇女裸体躺在桌子上，施以更残无人道、不堪言状的手段进行蹂躏和摧残。这伙暴徒将女青年摧残后，竟用匕首威逼轮奸。

受害妇女被摧残后，身心受到极大伤害。罪犯李德林，实属罪大恶极，依法判处死刑，立即执行。

流氓、轮奸犯**史若璞**，男，二十二岁，河北省宁河县人，住和平区花园路，某厂工人。该犯伙同李犯率领流氓暴徒，以"扫氓"为名，猖狂地进行流氓犯罪活动，经常无照驾驶汽车，横冲直撞，挥刀鸣笛，肆意殴打革命群众，抢劫、盗窃国家财产。公然手持凶器，牵着狼狗，入户绑架妇女，甚至在公共场所当众绑架。一九六七年七、八月份，被这伙暴徒绑架的妇女有十余人。对妇女进行了严重凌辱。强行脱光她们的衣服，施以更残无人道不堪言状的手段进行蹂躏的摧残。这伙暴徒将女青年李××摧残后，竟用匕首威逼轮奸。

受害妇女被摧残后，身心受到极大伤害。罪犯史若璞，实属罪大恶极，依法判处死刑，立即执行。

反革命、抢劫犯**丁铮**，男，二十一岁，北京市人，住和平区锦州道，津塘公路木材厂工人。一九六七年，丁铮等六犯合伙偷窃卧车一辆，由丁犯驾驶开往塘沽，将一行人撞伤，疾速驶去，至军粮城，又将农业社员田吉柱撞成重伤，在群众拦阻下，才被迫将田送到医院，六犯匿名逃窜，田吉柱经抢救无效死亡。六犯为逃避罪责，连夜将车开往外县，妄图弃车灭迹。行到途中，六犯手持刮刀、匕首等凶器，连续抢劫了五个过路行人的钱财。丁犯还经常无照驾驶汽车，横冲直撞，曾撞伤一人，并与他人结伙于深夜闯入第一木杂厂，殴打值班人员，抢走手表、自行车等物。犯罪后，又与反革命组织的成员密谋逃往国外，叛国投敌，罪行极为严重，念其有悔罪表现，依法判处其死刑，缓期二年，强迫劳动，以观后效。

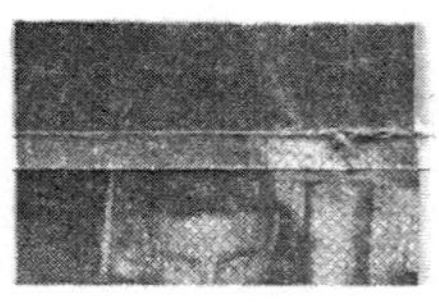

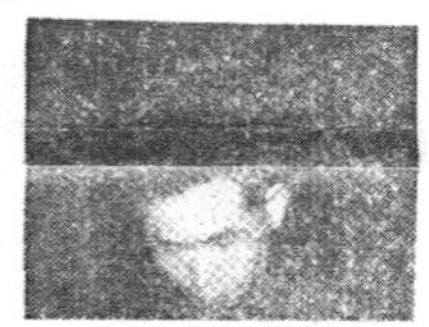

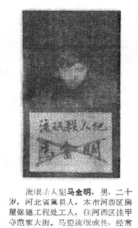

流氓，轮奸犯**张德起**，男二十四岁，天津市人，住南开区南丰路，某厂工人。该罪犯积极伙同李、史二罪犯绑架、摧残妇女。该犯残无人道的踩着妇女身体，让伙犯百般蹂躏，并两次轮奸被害女青年李××。张犯罪行十分严重，依法判处死刑，缓期二年，强迫劳动，以观后效。

流氓犯**刘银国**，男，二十岁，天津市人，住河西区挂甲寺，某厂技校学生。该犯积极伙同李、史二罪犯绑架、摧残妇女。并残无人道的用皮鞭套在被害妇女脖子上，在地上拖拉，揪住被害妇女的头往柱子上撞，使用不堪言状的手段蹂躏、摧残妇女，罪行十分严重，依法判处死刑，缓期二年，强迫劳动，以观后效。

流氓犯**王金喜**，男，二十二岁，山东省阳信县人，住河东区唐家口张贵庄道，工农机械厂徒工。该犯经常打架斗殴，倒卖赃物，一贯流氓成性，曾受过拘留处分。王犯积极参与李、史二罪犯绑架、残害妇女的罪恶活动，手段毒辣，除用皮鞭毒打被绑架妇女外还使用了一些残无人道、不堪言状的罪行手段，进行摧残蹂躏。罪行十分严重。该犯被捕后，态度极不老实，扬言报复，依法判处无期徒刑。

流氓犯**岳文雄**，男，二十岁，河南省安阳县人，住河北区金家窑大街，某厂技校学生。该犯在参与李、史二罪犯绑架、摧残妇女犯罪活动中，除毒打拖拉外，用烟头烫乳房等，还使用了不堪言状的蹂躏手段，罪行严重，依法判处有期徒刑二十年。

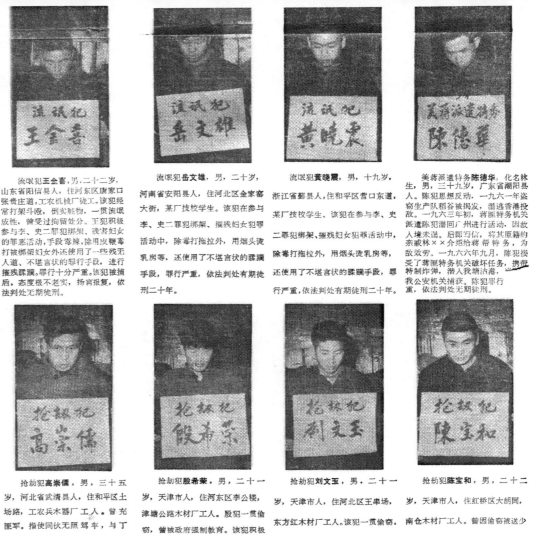

流氓犯**黄晓震**，男，十九岁，浙江省鄞县人，住和平区营口东道，某厂技校学生。该犯在参与李、史二罪犯绑架、摧残妇女犯罪活动中，除毒打拖拉外，用烟头烫乳房等，还使用了不堪言状的蹂躏手段，罪行严重，依法判处有期徒刑二十年。

美蒋派遣特务**陈德华**，化名林生，男，三十九岁，广东省潮阳县人。陈犯思想反动，一九六一年盗窃生产队稻谷被揭发，潜逃香港投敌。一九六三年初，蒋匪特务机关派遣陈犯潜回广州进行活动，因故入境未逞。后即写信，将其原籍的亲戚林××介绍给蒋帮特务，为敌效劳。一九六六年九月，陈犯接受了蒋匪特务机关破坏任务，携带特制炸弹，潜入我塘沽港，我公安机关捕获。陈犯罪行重，依法判处无期徒刑。

现行反革命犯**徐凤平**，男，六十岁，渔业资本家，天津市人，住塘沽区北塘东一面街。徐犯思想极端反动，对我党和社会主义制度怀有刻骨阶级仇恨。合作化高潮时，恶毒辱骂我们伟大领袖毛主席。经屡次教育，死不悔改。在无产阶级文化大革命运动中，反动气焰十分嚣张，竟恶意毁辱我们最最敬爱的伟大领袖、我们心中最红最红的红太阳毛主席的画像，以发泄其反动的阶级仇恨。徐犯罪行极为严重，依法判处有期徒刑二十年。

拦路强奸犯**王昌禄**，男，五十一岁，山东省临清县人，河北省第二劳改队留用员工。王犯一贯不务正业，流氓成性。解放前，曾充蒋匪军班长。一九五一年拦路强奸妇女，畏罪潜逃。一九五四年又拦路强奸妇女，被判刑八年。刑满释放后，继续进行流氓活动，又两次被拘留教育，毫不悔改。王犯到付庄车站一带进行流氓活动，遇到妇女牛××，便尾随搭讪，行至僻静处，猛然抱住牛××，强行将牛掀倒，欲行强奸。王犯罪行严重，依法判处有期徒刑二十年。

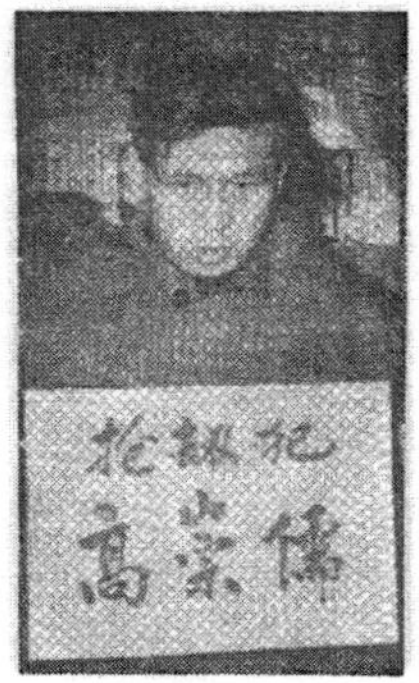

抢劫犯**高崇儒**，男，三十五岁，河北省武清县人，住和平区土场路，工农兵木器厂工人。曾充匪军。指使同伙无照驾车，与丁犯等犯罪后，策划逃跑。逃跑途中主张拦路抢劫，亲自殴打被劫人，罪行严重，依法判处无期徒刑。

抢劫犯**殷希荣**，男，二十一岁，天津市人，住河东区李公楼，津塘公路木材厂工人。殷犯一贯偷窃，曾被政府强制教育。该犯积极参与丁犯等人路劫，持刀搜身，罪行严重，依法判处有期徒刑十五年。

抢劫犯**刘文玉**，男，二十一岁，天津市人，住河北区王串场，东方红木材厂工人。该犯一贯偷窃，曾被政府强制教育。该犯积极参与丁犯等人路劫，持刀搜身，罪行严重，依法判处有期徒刑十五年。

抢劫犯**陈宝和**，男，二十二岁，天津市人，住红桥区大胡同，南仓木材厂工人。曾因偷窃被送少年犯管教所教育。该犯积极参与丁犯等人路劫，但捕后认罪态度较好，从宽判处有期徒刑五年。

这是大海的怒涛，一切妖魔鬼怪都被冲走了。社会上各种人物的嘴脸，被区别得清清楚楚。

毛泽东

天津新文艺

天津市市級文艺系統常务委員会
天津新文艺編輯部　第24号　（共4版）　1968年3月

砸烂天津旧曲协
貫彻执行的修正主义組织路綫

“一从大地起风雷，便有精生白骨堆。”

正当一九六二年刘邓黑司令部阴謀搞資本主义复辟囂张猖獗，牛鬼蛇神横行霸道，戏剧、曲艺舞台毒草紛紛出籠的时候，文化局及曲艺界的党內走資本主义道路的当权派出于反革命的需要，在万张反党集团及其干将白樺、周揚在天津的代理人方紀的大力支持下，迫不及待地成立了中国曲艺工作者协会天津分会，旧曲协是一个不折不扣的裴多菲俱乐部式的团体，实行的是一条彻头彻尾的刘少奇的反革命修正主义組织路綫。

文化局走資本主义道路当权派楊循（旧曲协主席）及其爪牙刘瑞森（旧曲协副秘书长），伙同曲艺界走資本主义道路的当权派赵魁英（旧曲协副主席、秘书长）及王焚（旧曲协副秘书长），按照旧中国曲协的口径，为曲协会員規定了三条标准：1.資历（就是为封建主义、資本主义服务的时間越长，放毒越多越好）；2.艺术造詣（就是为封、資、修服务的表現技巧）；3.社会影响（就是在遺老遺少心目中的地位）。具备了这三个条件就可以被吸收为会員。說穿了其实就是一条，有“名”有“艺术”就要。至于政治面目、思想觉悟、历史情况等則无需考虑。于是，反动党团骨干、匪国民党軍官、日本翻譯、反坏分子、封建把头、旧社会的遺老遺少等形形色色的牛鬼蛇神就都成了曲协会員，甚至成为副主席、常务理事和理事。

被文化局及曲艺界的走資本主义道路的当权派封为副主席的张寿臣，是一个封建余孽、反动艺术“权威”、相声界封建門戶的門长，十七年来利用說传統相声放了大量的毒，严重歪曲現实，并一貫发展封建势力，抵制党的領导。在六二年国內外阶級敌人蠢动时，他炮制了相声封建家譜，妄图恢复昔日对相声界的垄断，为資本主义复辟做輿論准备。他还是一个天主教徒，經常散布資产阶級唯心論，在旧曲艺界和社会上都有着极为恶劣的影响。副主席駱玉笙（小彩舞）是一个資产阶級分子、反动艺术“权威”，曲艺界“三名”、“三高”的典型。解放前与大恶霸袁文会及一些大資本家姘靠，并利用带班演出等方式，从中盘剝，欺压低层艺人，过着驕奢淫侈的生活。解放后一直受着文艺黑綫的保护和重用，仍是演員中的特权阶层，是一个“三开”、“三靠”人物。十七年来到处放毒，腐蚀青年，干尽了坏事。

象张寿臣、小彩舞这种放了一辈子毒，为資产阶級、封建阶級服务卖尽力气，靠資产阶級、封建阶級吹捧起家，在旧社会就耀武揚威的曲霸，让他們当曲协的副主席，曲协分会是誰家的天下，是哪个阶級专政，不是就很清楚了嗎！

再看看走資派們为曲协所选中的常务理事和理事又是些什么人？

常务理事王济是个三反分子，解放前做过匪国民党青年軍机枪班长，是个双手沾滿我解放軍战士鮮血的劊子手。解放后一貫堅持反动立場，是曲艺放毒的急先鋒，有大量三反罪行。陈亚南是曲艺界的封建把头，杂技界的一霸，是欺压、剝削艺人的“兄弟剧团”里有名的“五虎”之一。理事中搜罗了思想极端反动的評书艺人顾存德（文化大革命前被开除出文艺界），相声封建把头、班主、匪国民党員常連安，馬戏封建把头、班主王永庆，思想反动、道德败坏、屡教不改的赵××，伪軍“杜部队”的黑参謀陈××，旧社会曲艺票友、資产阶級遺老周××，反动資本家小老婆×××等等，不一而足。

至于按照那三条資产阶級的政治标准被吸收为曲协会員的，就更是混蛋王八蛋无奇不有。这里面有匪国民党少将、中校軍官、反动党团骨干、日本翻譯、白脖土匪队长、一貫道小道首、反动文人、汉奸文人、大盐商、封建把头、曲棍、刚摘帽的右派分子、男女流氓等等地富反坏右分子。杂技团共吸收了十四个会員，全部是地富反坏。

旧曲协筹委会討論准备吸收的会員名单时，有人曾提出反对意見，不同意吸收某些人。如和平区曲艺相声演員尹寿山、紅桥区曲艺团相声演員楊少奎，解放前就搞封建把持，在南市、鳥市两处，控制曲艺演出場地，与流氓勾結，欺压、剝削艺人，民憤极大。解放后在反霸斗爭中被清洗出文艺界，但由于文艺黑綫的保护，以后又混了进来，被走資派敬为“老艺人”。天津市杂技团的曾国珍，解放前曾任匪国民党某鉄路局运輸处长、少将軍官，是个历史反革命。荣××当过日本鬼子的翻譯。对以上四人，筹委会已决定不予吸收，但赵魁英、刘瑞森出于复辟需要，竟推翻筹委会决定，擅自将这四人吸收为会員。

这样，一个以党內走資派为代表，以形形色色的牛鬼蛇神为骨干的反革命裴多菲俱乐部就形成了。

在这个裴多菲俱乐部里，还設立了所謂的“艺术委員会”、“創作委員会”，于一九六三年間猖狂活动，流毒甚广。走資派們利用这个所謂的学术研究团体，給牛鬼蛇神、遺老遺少提供了“用武”之地。让他們名正言順的大續封建家譜，大拉封建关系，大挖大演毒草节目，大論风格流派，大肆散布对党对社会主义的不滿，为資本主义复辟大刮妖风，大造輿論。

毛主席教导我們：**“凡是要推翻一个政权，总要先造成舆论，总要先做意识形态方面的工作。革命的阶级是这样，反革命的阶级也是这样。”**文化局及曲艺界的走資派們糾集这批牛鬼蛇神的队伍，积极推行反革命修正主义文艺黑綫，他們的罪恶目的就是利用曲艺这个阶級斗爭的有力工具，来为他們实現資本主义复辟制造輿論，为他們进行反革命夺权做好思想准备和組织准备。但是在无产阶級专政下的社会主义时代，他們的美梦是永远不会实現的。毛主席亲自发动和領导的无产阶級文化大革命，使这一小撮走資派及他們的反革命黑班底彻底完蛋了！我們要奋起毛泽东思想的千鈞棒，彻底砸烂旧曲协这个裴多菲俱乐部，彻底批判旧曲协所推行的反革命修正主义組织路綫，把混进曲艺界的坏人一个一个地揪出来示众，連根鏟除文艺黑綫在曲艺界的統治，将无产阶級文化大革命进行到底！

（曲协《挖黑綫》战斗队）

1968年3月 第二版　　天津新文艺

彻底清算白樺、方紀在曲艺界的罪行

天津曲艺界在解放前长期为官僚买办、地主、資本家、洋奴、汉奸、特务、地痞流氓、遺老遺少等形形色色的牛鬼蛇神服务，效忠于反动統治阶級；解放后，这套为封、資服务的班子、曲目、演出方式，在以周揚为代表的反革命修正主义文艺黑綫的庇护下，根本沒有得到改造，許多毒人、毒曲被"包"了下来，不少封建余孽、反动"权威"、曲棍、坏分子被封为"三名""三高"人物。十几年来，曲艺界的走資派和各式各样的坏人勾結起来，在阶級斗爭的关鍵时刻，呼风喚雨，推涛作浪，干尽了坏事。这条黑綫确乎是又粗又长，它的根子深得很！

毛主席教导我們：**"中国人民除了记住自己的朋友以外，还应当牢牢地记住自己的敌人和敌人的朋友。……凡是劝说人民怜惜敌人、保存反动势力的人们，就不是人民的朋友，而是敌人的朋友了。"**

这里，揭发、批判一些周揚文艺黑綫在天津的代理人白樺、方紀在曲艺界的罪恶活动。

支持、贊揚曲艺界的毒人、毒事

反革命修正主义分子白樺、方紀的修正主义曲目方針"挖、整、創、移"，經曲艺界走資派赵魁英、王济忠实貫彻，尽性发揮，起到了极其恶劣的影响，一时曲艺舞台上，毒草丛生，妖雾弥漫，帝王将相、才子佳人、叛徒妓女、侠盗鬼狐紛紛出籠，把各曲艺团体淪为复辟資本主义的輿論工具。白樺、方紀对曲艺的放毒活动和成立裴多菲俱乐部式的团体——旧曲协分会，是积极支持、纵容的。对曲艺界大量的毒人、毒曲、毒事，他們也是听之任之，甚至直接出面贊揚、鼓吹的。这說明曲艺界的一切还是适合白樺、方紀一伙搞資本主义复辟需要的。所以他們出于阶級本能，支持那些放毒活动。因为他們都是在忠实地奉行刘邓黑司令部的旨意。方紀炮制的臭名昭著的大毒草《来訪者》写的就是曲艺界的事。他津津有味地欣賞、宣揚、美化資产阶級分子、旧艺人，为右派分子鳴冤叫屈。他的反动立場、阶級爱憎是很鮮明的。这篇毒草在曲艺界同样有着恶劣的影响，必須肃清它的流毒！

何迟在曲艺界的罪行，同样与方紀有着直接的关系。当时，何迟是戏曲界的一面黑旗，他的毒草作品和一系列反党活动还不是經方紀发放的通行証嗎？直到一九五七年反右斗爭中何迟被广大革命群众揪出来后，方紀还說过："《买猴》毕竟还刻划了一个市儈形象嘛！"（見一九五八年初《天津日报》）还想为这棵大毒草涂脂抹粉！白樺对这个右派分子更是爱护备至，一九六一年把何迟从农場調回来，为他摘掉右派帽子，安排在戏研室炮制反党毒草，并参加了曲艺界传統相声座談和"笑的晚会"等复辟資本主义活动。

"在野政治家"关心曲艺的起因

一九六一年以来，方紀这个自称在反右傾中被白樺整下来的"在野政治家"，突然关心起曲艺界来了。什么原因呢？这要从一九六一年一月底陈云来津听传統京韵大鼓談起！

陈云来津听传統京韵，这是在曲艺界复辟資本主义的号角，是一次有組织、有計划地大規模放毒、反对毛主席革命文艺路綫的罪恶活动。特别是在国家暂时困难时期，这样的内部放毒就是为大量毒草曲目公开出籠制造輿論准备，配合了国内外阶級敌人向党进攻。陈云是以評弹界"高参"著称的，他在养病期間想起"研究"京韵大鼓，又从北京曲艺界那里得知天津所謂的名演員多，为資产阶級吹捧起来的风格流派多，毒草曲目多，于是就专程来津"点火"。具体是由白樺、方紀接待的，当陈云問起天津曲艺界情况时，方紀督伙同旧文化局副局长王血波、艺术处处长李秉謙及石光、刘瑞森等人向陈汇报，这次汇报是以方紀为主的，談了队伍和上演曲目的情况。从方紀为陈云組织节目和亲自陪同观摩来看，对这次复辟活动是极力支持的。石光与刘瑞森做的具体工作，但挑选演員、确定节目以及印发节目单、演員介紹等，无一不經方紀审定。甚至陈云提出要听美化士大夫阶級荒淫纵欲的《三笑》时，方紀同意找閻秋霞演唱。当时，方紀一方面以中央"首长"关心曲艺为荣，另一方面也深为自己过去对曲艺抓得少而遺憾，所以每天演出时都坐在陈云旁边，又让刘瑞森坐在他背后，以备陈云提出問題时好回答。方紀不仅对那些大毒草如《剑閣聞鈴》、《馬鞍山》、《徐母駡曹》、《探晴雯》等大感兴趣，对这种集中专場放毒的方式也表示滿意。所以送走陈云之后文化局搞"曲艺优秀节目汇报演出"时（一九六一年三月），他和白樺就不仅支持，而又亲临现場喝采助威，这时方紀已从陈云、刘瑞森和参与放毒演員嘴里得知了不少毒関。如陈云說："京韵大鼓分为四类：《剑閣聞鈴》是曲調优美的，《大西厢》是詞意輕松的，《华容道》是四平八稳的……"又說《大西厢》中几幅画的季节顚倒了等。于是方紀也能評論林紅玉与小嵐云的《鬧江州》有什么不同了，也知道什么京韵专場几个演員是"各有各的特点"了。陈云在津期間曾对白樺、方紀以往不抓曲艺提出了批評。至此，他們才看清了传統曲艺大有挖头，特别是天津的曲艺"不数一也数二"了。以后白樺、方紀就一直在遙控着曲艺界，什么"时調专場"、"紀念'七一'优秀曲艺节目展覽演出"，及大規模地赴京、赴东北演出，……都是由他們批准的，白樺、方紀和大叛徒娄凝先都是积极支持曲艺界反党放毒的。为了进京放毒达到"高水平"，他們把演員集中在当时的渤海大楼，每日絞尽脑汁，"精选"毒草，刻意加工。白樺、娄凝先不断亲临現場，面授机宜。审查节目时白樺場場必到，甚至連字幕的字体也提出了修正主义的标准要求，并指定赵魁英、王济等于一九六一年八月中旬率演出团进京，可見他們对这次大規模的反党活动是何等重視！

白樺、方紀大树黑样板，传統京韵泛滥成灾

一九六一年六月旧中国曲协給天津旧文化局拍电报，要天津去人研究組织传統京韵专場演出，这足以說明天津曲艺界放毒影响之大。搞各曲种专場演出正是由此开始的，特别是抓住京韵传統节目专場演出，調动各团的京韵演員挖掘传統，还让少年学員继承刘（宝全）白（云鹏）派所謂的艺术，眞是毒上加毒。这也正是白樺、方紀的剧目黑方針"挖、整、創、移"在曲艺界造成的恶果。对此，白樺、方紀是沾沾自喜的，亲自批准了传統京韵专場进京放毒。为什么单在六月份去呢？原来是为給旧中宣部周揚一伙閻王召开的文艺座談会喝采助威，树黑样板。旧中国曲协副主席、反革命修正主义分子陶鈍对赴京代表刘瑞森說："現在全国各地的宣传部长、文化局长都在这儿，可以招待他們看，如果陈云同志在北京，我們就請他来看，不知天津有什么意見？"当时刘瑞森就跑到新侨飯店找到正在北京开这个黑会的方紀、王血波，向他們作了汇报。方紀說："中国曲协怎么安排就怎么做！"刘瑞森在向白樺和市文化局走資派請示后，这笔骯髒交易就成功了！由刘瑞森抽調各团演員带队到北京后，在旧文联礼堂演出两場，陈云都看了。反革命修正主义分子齐燕銘、荣高棠、阳翰笙等，演出結束后还上台接見演員并合了影。反革命修正主义分子荣高棠还說他和白云鹏是同乡，都是霸县堂二里的人，他也爱好白派京韵大鼓等。最后，在白樺、方紀、陶鈍等人的筹划、支持下，传統京韵大鼓終于打进"教育楼"，为各地宣传部长演出了一場，这是明目张胆地对抗毛主席的革命文艺路綫，妄图在全国树起曲艺传統放毒的黑样板！看！他們对传統曲艺扩大市場是何等地竭尽心力！

演出期間，刘瑞森又一次去新侨飯店看方紀、王血波，方高兴地說："你来得正好，有件事非你不可，这次会上（即指周揚一伙召开的黑会）印发了《陈云同志对曲艺工作的意見》，主要是对評弹方面的，他在津时不是对京韵大鼓也提过不少意見嗎？你快把記录整理出来，咱們也印发出去。"还特别囑咐："要快，河北省曲艺工作室石光也整理过一分，可以借来参考。"方紀为什么对印发陈云的"指示"如此之关心呢！这足以說明他对曲艺放毒寻找論据是何等的迫切！

在白樺、方紀支持下建立了裴多菲俱乐部式的曲协分会

陈云在津期間，曾向方紀等人交代了編写京韵大鼓史、搞京韵传統唱詞汇編等任务，中心精神就是继承传統，发揚技巧，"让老艺人坐在沙发上把自己的艺术經驗談出来"。这样一些为复辟資本主义制造輿論准备的活动由誰来作呢？自然要建立个专門的机构——中国曲协天津分会和曲艺研究室，这正是赵魁英一伙企图垄断曲艺界蓄謀已久的黑計划，在陈云来津点火，方紀黑手的支持下，一触即发。首先由赵魁英、刘瑞森炮制出建立这个裴多菲俱乐部式团体的請示报告，这个报告是通过白樺、方紀等人审定的，后来王亢之批准的，正副主席和理事名单也是通过了白樺、方紀的，同时，刘瑞森还向方紀作过口头的請示汇报。一九六二年五月，白樺还批准了文化局走資派搞大規模旧曲艺放毒反党的黑計划《举办第一届"津門曲荟"》，并责成楊循具体抓"曲荟"的筹备工作。

也正是由于筹建曲协与白樺、方紀有着直接的关系，所以一九六二年十月"津門曲荟"期間，旧曲协分会正式开张时，方紀代表旧市委宣传部亲临祝賀，还讲了話，在长达一小时的讲話中，閉口不提曲艺工作者如何学习毛主席著作，用毛泽东思想改造世界观，到工农兵中去进行脫胎换骨的改造，却为旧曲艺和旧曲艺队伍大唱贊歌，公开与毛主席的革命文艺路綫大唱反調，胡說什么："过去对曲艺抓的不多，总象是欠了帐似的。""但从整个曲艺工作上說，心里还是很舒暢，……特别是最近两年进一步貫彻党的'百花齐放，百家爭鳴'方針以来，曲艺界表现的非常活跃，許多专場的演出，对天津曲艺界、文艺界起了很好的影响，其它地方对我們反映也不坏，要承认，許多年来天津曲艺界是取得了很大的成績。"看！方紀把周揚文艺黑綫統治下的曲艺界美化到何等程度！一九六一至六二年是曲艺放毒反党的最高峰，方紀竟說：这两年取得了"很大的成績"，还說什么"其它地方对我們反映也不坏"。什么阶級、什么人的反映？还不是牛鬼蛇神、遺老遺少！方紀对曲艺界为封、資、修服务的队伍美化成什么"有比較好的基础"，眞是混淆是非，顚倒黑白！接着，方紀就大談"在現有基础上提高"問題，朝什么方向提高？就是向修正主义"提高"，向資本主义倒退。胡說什么："'津門曲荟'传統节目有七十多个，沒有动的有三十六个，……好象对旧的方面着重了些，多了些。""曲荟"是一次反党高峰，放出大量的传統毒草，这完全配合了社会上阶級敌人紛紛出籠向党进攻的政治需要，而方紀对这样一次反党活动却含胡其詞地說什么"好象对旧的方面着重了些"。后边，他又不厌其煩地胡說："在貫彻百花齐放、百家爭鳴中，一方面总要不违犯毛主席提出的六条政治标准，只要不违犯这六条标准就可以演，可以唱；另一方面，究竟眼睛向前看呢还是向后看？貫彻双百，继承发揚优秀东西目的究竟为什么？"这里，方紀打着紅旗反紅旗，假惺惺地說什么"为工农兵服务，建設无产阶級文学艺术"，而当談到为什么新段子"政治性很高，艺术性缺乏"时，方紀不是在政治标准第一的前提下来談艺术标准，而把新作品中的問題只归結为"对新社会不熟悉"，并吹捧传統相声《打牌論》，說什么"郭××刻划得非常深刻"，对这类毒草的缺点也只归結为"术語听不懂"。

方紀讲話中还鼓吹曲艺演員是"个体劳动者"，"往往会有小資产阶級感情"，并美化曲协分会是"在共产党領导下，曲艺界自愿結合的团体"，对于資本主义势力大刮单干风也只說成是"往往很多事情总是向后看"。那么朝什么方向走呢？只有按照方紀所謂的"提高"向修正主义迈进一步！

常氏相声专場的黑靠山

一九六一年底，在天津居然办起了为封建家族树碑立传的常連安一家相声专場，由常連安祖孙三代同台放毒，这是公开搞封、資复辟。常連安是个什么人？他是旧艺人当中的特殊阶层，解放前他已經变成封建班主兼資本家，还参加过国民党，解放后坚持反动立場，拒不登記，反右中有右派言論，几次被走資派包庇过关，就是这样一个封建余孽、資产阶級分子。在阶級斗爭的紧要关头，他跳了出来，借"一家子凑在一块聚会"为名，行封、資复辟之实，常連安是多么梦想恢复他失去的天堂啊！所以当原文教部副部长、坏分子鲁获提議"你們一家子可以搞个相声专場"时，他就欣喜若狂，立时鼓动曲艺团走資派积极筹划，于是在赵魁英、王济、刘瑞森上窜下跳竭力奔走下，很快就从旧市委宣传部部长白樺和原文化局副局长楊循那里領取了通行証，决定在音乐厅公演了。对于这样一个恢复封建家族統治的活动，当时竟提出让文化局出名主办，文化局走資派考虑到"不合适"，所以才定为"天津市曲艺团主办"，由文化局积极支持。刘瑞森出头以文化局名义专电向海政文工团、甘肃电台說唱团、济南前卫文工团調来常××等六人，为了給这次反党放毒活动增添色彩，刘还根据常家的推荐，調来前卫的舞蹈演員常××（常連安五女）报幕，一时报紙大登广告，宣传报道，印节目单，充分暴露了赵魁英一伙是封建余孽的孝子賢孙！作为文艺界的領导人之一的方紀，对这事也是与鲁获同样負有点火的責任，这两个家伙从进城初期就以"对常家比較了解"的領导干部在曲艺界出現，方紀对常家是百般維护的，特别是与常宝堃关系較好，常宝堃一九五一年参加第一屆赴朝慰問团也是得到方紀支持的，常死后，方、鲁对常連安一家就更以"烈属"看待，多年来他們已形成常氏一家的保护人。早在一九五七年，电台曲艺团就在播音中搞"相声之家"的活动，借口"紀念常烈士"吹捧常連安一家。

在常氏相声专場放毒期間与結束后，曾在原登瀛楼由常連安出面請客，方紀、鲁获都应約出席了，他們以"党的領导"身分出現，为常氏一家捧場助威，怪不得常連安在宴会上說："現在我們常家什么都有了，就是还沒有党員，这要靠領导上多'培养'。"看！常連安竟明目张胆地将了方紀之流一軍。常連安为捞取政治資本，想让子女不經过立場、世界观的刻苦改造就入党，那当然只有靠白樺、方紀这类反革命修正主义老爷們强拉硬拽了！

常氏专場中，方紀最大問題是給这个在旧社会有着种种罪行的封建家族定調子，說什么："你們可称是'相声世家'嘍！""相声有沒有流派？你們是不是常派相声啊？"就这样，使赵魁英一伙想为常家挂的牌匾合法化了！于是这个为資产阶級小市民服务的"相声之家"，一跃而成为为封、資、修传宗接代的"相声世家"。新华社天津分社記者李××竟以"相声世家"的标題写长篇报道在各报发表，以大量篇幅公开为封建家族张目，吹捧他們在社会主义舞台上泛滥的毒草节目。

打倒周揚在天津的代理人白樺、方紀！

打倒封建班底的黑根子白樺、方紀！

（曲艺研究室斗批改战斗組）

天津新文艺

1968年3月 第三版

揭开“津門曲荟”的内幕

毛主席教导我們：**“凡是要推翻一个政权，总要先造成舆论，总要先做意识形态方面的工作。革命的阶级是这样，反革命的阶级也是这样。”**

一九六二年十月由市文化局与旧曲协筹委会主办的第一届“津門曲薈”，是在万張反革命修正主义集团干将白樺和前副市长、大叛徒娄凝先直接領导下搞起来的，是旧曲艺界大挖大放传統毒草，有組织、有計划反党反社会主义反毛泽东思想的最高峰。当时，白樺、方紀等曾阴謀策划一年一度地搞下去，妄图长期霸占曲艺舞台，腐蝕、毒害革命人民。白樺与旧文化局副局长楊循还指使、鼓动旧《天津日报》、《天津晚报》加强对这次反党活动的报道、評論，还指定曲协分会副秘书长王焚具体負責宣传工作，旧曲艺团走資派赵魁英、王济也积极联系报社、电台，为这次反党活动扩大市場十分卖劲。“曲薈”从籌备时白樺就指示报社派記者亲临現場，明为采訪，实为督陣。据不完全統計，“曲薈”中《天津晚报》共发报道及評論十九篇，《天津日报》共发七篇，其中《天津晚报》发的几篇特写，按照走資派的指示，为这次复辟活动大唱贊歌。現在，就让我們看看他們鼓吹的都是些什么吧：如当年九月二十四日发表的《曲不离口，弦不离手》中，竟把反革命文艺黑綫統治下的旧曲艺界和这次反党活动美化成“天津曲坛呈現了百花爭妍，万紫千紅的迷人景色……”下面还記下了一段旧曲艺界走資派闡述“意义”的話：“举办一届‘曲薈’，是为了更进一步貫彻双百方針，繁荣曲艺創作、演出活动，发揚艺术风格、流派，检閱队伍，交流經驗，开展艺术研究和評論活动，更好活跃我市人民文化生活，将是曲艺界一次盛会。”公开反对毛主席的革命文艺路綫，借“双百”为名，行复辟之实。在发表的七幅照片中，突出了曲艺放毒中的“老少三輩”，把为封、資服务的老艺人王××、刘××、馬××等与中年演員和少年学員放到一块，借传艺鼓吹青少年努力继承传統，做資产阶級接班人。为曲艺界走資派津津乐道的就是河北大学高××、謝××吹捧刘派京韵大鼓的《鼓王传薪火，曲薈放琼花》和南开大学华××写的《色采繽紛的“津門曲薈”》。走資派和牛鬼蛇神們欣喜若狂地說：“知識界关心曲艺了。”他們請这些人看节目、座談、拉关系、約稿子，阴謀借資产阶級教授之口，为毒草包上糖衣。这二稿中具体介紹了美化統治阶級，鼓吹复仇主义的《刺湯勤》，和宣揚才子佳人哀伤忧怨、无聊情趣的《双玉听琴》、《大西廂》等。中国曲协秘书长，老右派王亚平也赶来擂鼓助陣，在旧《天津日报》上发表了吹捧文章。这些稿件中公开宣揚中国赫魯晓夫所提倡的“全民文艺”黑貨，販卖刘修对遺产的“全盘继承論”，对抗毛主席“**推陈出新**”的伟大指示。

这些評論中，还极力吹捧京韵大鼓三大流派刘、白、张，为封、資、修招魂。由于在“曲薈”期間举办了为曲艺祖师爷树碑立传的“紀念刘宝全逝世二十周年”活动，搞了座談和专場演出，旧文化局、曲协的走資派不仅专門发了消息，还請华××介紹刘派艺术，他在《鼓王刘宝全》一文中，对这个資产阶級艺术家，用尽了恭維贊揚的詞句，对其在旧社会个人奋斗成名成家的道路給予充分肯定和极高的評价，左一个“鼓王”，右一个“刘老”，好不知羞！最不能令人容忍的是他竟以見証人身分把刘宝全生前在同仁堂乐家和汉奸周大文家录制《馬头調》的丑事也拿来宣揚，公开美化汉奸、資本家的腐朽寄生生活，并为他們藏有这分“財富”贊叹不止，眞是一副地道的奴才相！

对京韵大鼓白（云鵬）派的吹捧，当时更为盛行。白派，是以說唱才子佳人的紅楼故事起家的，旧社会反动統治阶級曾用来消磨人民的斗志。戕害了不少青少年。由于大叛徒娄凝先的賞識，楊循等更是煞費心机地抬高白派及其传人，以达到用生离死別情节和纏綿悱惻的曲調麻醉、毒害革命人民的罪恶目的。《天津晚报》在配合传統京韵专場发表的《美韵佳曲，荟萃一堂》中，竟以“四全齐美”为题，贊揚閻秋霞“辛勤挖掘”的《宝玉娶亲》、《太虚幻境》，并乘机宣揚旧社会白、閻师徒同台的“軼聞”，对資本主义充滿了留恋、欣賞和希望。

张派京韵大鼓，自张小軒一九四三年死后早已絕迹舞台，由于走資派一直想凑齐京韵的三大流派，妄图为它传宗接代。“曲薈”前，自称张派传人的宋××（流散艺人，当时在养老院）到資产阶級代表人物小采舞家去閒聊，被曲艺界走資派发現后如获至宝，拉他参加了“曲薈”放毒，演唱了《单刀会》、《华容道》等。《天津晚报》在《弦外催佳曲》一文中，竟把宋××称为“出土珍品”，庆幸他的出現“推翻了多年来认为张派后继无人，絕响舞台的說法”。十月七日在《美韵佳曲，薈萃一堂》一文中，又称贊他演唱如“大江东去，一泻千里”。《天津晚报》还在走資派的指使下，发表了美化資本主义的毒草訪問記《张派京韵大鼓鉤沉》，盛贊宋××的放毒是“枯木逢春吐异彩”，由于全篇都是回忆旧社会张小軒的“艺术”和处境，以及宋学习歌頌帝王将相、才子佳人毒草的过程，实在难以收尾，所以使得記者又一次跑到养老院重訪宋××，想让他談一些热爱党、热爱毛主席的話，好成为全文“点睛”之笔，誰知宋××不領会这种“意图”，于是又让訪問人代庖，說什么：“除了研究张派大鼓之外，珍貴的材料还是老人对党对社会主义的爱戴和他那热誠而又朴素的心。”这确实是个“漂亮”的底，因为它販卖的是打着紅旗反紅旗的黑貨！

其余如对单弦的不同流派、风格，对反动艺术“权威”小采舞及参加放毒的封建余孽，杂七杂八人物都大肆吹捧，称贊他們“钻研艺术，一絲不苟”，“广開博采，汲取养料”，就是閉口不提毛泽东思想！一小撮走資派利用窃踞的职权，在“曲薈”期間，他們竭力吹捧毒人、毒曲，鼓吹刘、白、张，贊揚名、老、杂，拼命为反革命复辟作輿論准备，对来自工农兵对文艺黑綫的批評却怕得要死，恨得要命，千方百計加以抵制。这笔帐我們一定要向白樺、方紀一伙及其总后台彻底清算！

（延　文）

十七年来天津市各曲艺团上演的毒草和有严重問題的相声目录

我們的伟大領袖毛主席教导說：**“我们的文学艺术都是为人民大众的，首先是为工农兵的，为工农兵而创作，为工农兵所利用的。”**

为了狠批天津曲艺界十七年来的反革命修正主义文艺黑綫，針对一九六五年前全市相声节目上演情况，写成这分材料。

这里，充滿大量毒素的传統节目是从解放后就一直上演的，在所謂的新节目中也貫串着一条黑綫，这些毒草所以能长期在曲艺舞台上出現，就是因为白樺、方紀、赵魁英等一伙秉承刘邓黑司令部的意旨，推行周揚文艺黑綫，在曲艺界搞資本主义复辟的恶果。这笔帳，我們一定要彻底清算！

传統部分（1949——1964年初）

批三国　宣揚不懂装懂，自以为是，容易被用来攻击現实。

文章会　美化封建文人，諷刺劳动人民，宣揚“学而优則仕”。

三字經*　甲乙互相戏謔、謾罵，易被用来攻击現实。

写对子*　甲自我吹嘘，为資本主义唱贊歌，馬三立整理本歪曲現实。

窝头論　站在資产阶級立場上借宣传粗粮細作，吹捧窝头，影射現实。

五行詩*　宣揚“金木水火土”，从父子、夫妻关系找笑，极端庸俗、下流。

讲四书　歪讲古书制造笑料，向观众灌輸封建毒素。

白字会　美化地主、資产阶級，丑化劳动人民。

酒　会　（三人相声）宣揚迷信，用互相逗鬧、打腦袋找笑，陈腐、庸俗。

八扇屏　吹捧古人、死人，頌古非今。

夸住宅　吹捧官僚资产阶級住宅的豪华，陈設的讲究，菲薄劳动人民。

反八扇　贊美地主資产阶級，鼓吹“剝削有理”。
（有的演員与《夸住宅》合併演出）

戏　魔　借戏名宣揚地主資产阶級腐朽、墮落的生活方式。

戏迷药方　甲用旧戏名对乙戏謔、侮辱，为封、資招魂。

开粥場　美化資产阶級对穷人“施捨”，宣揚不劳而获的剝削混世哲学。

地理图　借背誦旧地名卖弄技巧，是“无害”論的黑标本。

报菜名　借背誦菜名宣揚資产阶級生活，易于用于攻击現实。

打白狼*　美化統治阶級为民“剿匪”，誣蔑农民的革命斗爭。

白事会　頌揚官僚資产阶級的殡葬仪式，有的还用来誣蔑鎮反运动。

卖五器　同情封建貴族的沒落，为統治阶級唱挽歌，渲染德寇瓦德西，丧失民族尊严。

洋药方*　站在地主資产阶級立場看待人間的病态，顚倒黑白，攻击現实。

戏　迷　欣賞資产阶級听京剧入迷的丑态，借以宣揚帝王将相、才子佳人。

鬧公堂　宣揚封建制度，渲染黄色糾紛，制造荒誕情节和低級趣味。

戏剧杂談　宣揚旧京剧表現形式，“覌腐朽为神奇”，对抗京剧革命。

山东二簧　美化旧戏，为封、資文艺招魂。

关公战秦琼　借軍閥点戏諷刺不懂裝懂瞎指揮风，是一支反党毒箭。

学电台　模仿旧社会电台播唱及报商业广告，鼓吹資本主义复辟。

卖挂票　夸耀資本主义制度下的畸形現象，鼓吹个人至上，成名成家。

学墜子　模仿为封、資服务的节目和流派腔調，宣揚陈腐的哭腔。（学戏墜子形象恶劣，宣揚野蛮的江湖气）

黄鹤楼　宣揚戏混子抬扛长能耐的丑恶嘴脸。

珍珠衫　歪唱黄色評戏，丑态百出。

汾河灣　宣揚帝王将相，形象恶劣。

全德报　提倡封建道德，美化地主阶級，庸俗、低級。

捉放曹　通过歪唱无理取鬧，庸俗无聊。

忘　詞　提倡演員忘詞随机应变，欺騙观众。

文昭关　宣揚美化叛徒伍子胥的旧戏。

杂学唱　欣賞、留恋为封、資服务的旧戏曲。

学聋哑*　諷刺生理缺陷，以占便宜为荣，形象丑恶。

学山东話　美化旧社会，宣揚資产阶級之間的虚伪、世俗关系。

找堂会　以“錢”、“吃”为中心，露骨宣揚资产阶級世界观，影射現实。

交租子*　美化地主、官僚，丑化农民，宣揚“剝削有理”。

拉洋片*　宣揚旧社会江湖卖艺的野蛮、强横，甲模仿拉洋片打乙头，残酷。

扯拉車*　維护、贊美資本主义制度，侮辱劳动人民。

卖布头　宣揚旧社会叫卖声，美化小商人，替資本主义招魂。

訓　徒　（三人相声）鼓吹封建关系和个人至上，浸无边际的吹嘘、夸大个人作用。

扒馬褂　（三人相声）宣揚无利不早起，尔虞我詐、互相利用的人与人之間的关系。

倫貨話　甲乙竟相逗鬧占便宜，庸俗透頂。

反正話　以占便宜为荣，充滿剝削意識和小市民趣味。

相　面　宣揚騙术，美化旧制度，低級庸俗。

大　审　借暴露旧司法界黑暮喊冤叫屈，易于影射現实。

論捧逗　暴露旧社会人与人之間的虚伪关系，頌揚自吹自擂，妄自尊大。

数来宝　模仿乞丐如何吹捧資本家，鼓吹資本主义复辟。

对对子　用陈腐对联互相戏逗，有影射現实处。

鈴鐺譜　宣揚封、資生活知识，用父子、夫妻关系找笑。

醋点灯*　宣揚資产阶級损人利己的恶劣品质，影射对現实不滿。

保　鏢　頌揚封建制度，維护統治者的利益。

梦中婚　站在資产阶級立場上嘲弄“穷人发財，如同受罪”，影射現实。

揭　底*　肯定“剝削有功”，宣揚流氓斗殴及小市民无賴作风。

送　妆　歌頌官僚資产阶級，侮辱劳动人民像东西。

哭当票　从生理现象和旧社会人与人之間关系找笑。

打牌論　宣揚賭徒病态心理，暴露賭場的混乱，腐蝕青年学坏。

罵寿全*　为資产阶級唱贊歌，嘲諷貧苦市民“要錢不要臉”。

托妻献子*　宣揚黄色新聞，极端庸俗、色情。

朱夫子　維护封建制度，鼓吹“万般皆下品，唯有讀书高”的反动哲学。

卖寿木　美化資产阶級，宣揚剝削之道。

师付經　宣揚唸經騙术，荒誕迷信。

偷娃娃　低級庸俗，宣揚“有子万事足”的封建思想。

拴娃娃*　宣揚地主阶級的寄生生活，鼓吹为地主剝削传宗接代。

門头沟*　頌揚地主阶級，极端庸俗下流。

粥挑子*　宣揚“人貧志短”“小人穷思濫”的反动哲学。

財迷回家　借落魄資产阶級財迷心窍，鼓吹不劳而获的剝削思想。

单口相声部分（1953——1964經常上演）

巧嘴媒婆　諷刺生理缺陷，庸俗、丑恶。

打油詩　維护科举制度，提倡“吃小亏占大便宜”和宿命論。

庸　医　宣揚江湖騙术，形象丑恶。

扛刀子　美化妓女“眼力好”，宣揚妓院糜烂生活。
（有整理本，妓院改酒館，換湯不換药）

掄弦子　嘲諷盲人，渲染恐怖情节，形象恶劣。

山东斗法　維护封建制度，荒誕、迷信。

五人义　頌揚资产阶級的“慷慨”和“明智”。

偷斧子　宣揚和尚唸經后偷东西如何巧妙，庸俗、丑恶。

（下转第四版）

1968年3月 第四版

天津新文艺

斗臭鉆进曲艺界的毒蛇——小采舞

小采舞（本名駱玉笙）——这个早在三十年代在上海、南京被地主、資本家、軍閥、政客吹捧起来，四十年代又在天津与汉奸、恶霸、反动派同流合污的坏蛋、曲艺臭“明星”，是一条鉆进曲艺界的毒蛇！这个“狐魅精灵”，解放后一直受着周揚反革命修正主义文艺黑綫和天津万张反革命修正主义集团的庇护、重用。拼命地把她捧上曲艺界“祖师婆”的宝座，以进一步网罗牛鬼蛇神，为反革命复辟做好輿論准备。使旧天津市曲艺团成为刘邓及其代理人在天津文艺界的一个据点。十七年来，为党內最大走資本主义道路当权派的复辟阴謀搖旗吶喊，干尽了坏事。

臭 人、臭 史

在旧社会被資产阶級封为“金喉歌王”的小采舞，是个典型的“三开”、“三靠”人物。从一九三六年来津初期，她就通过南京的反动軍閥刘跃亭，投靠了大流氓头子陈友发，在当时的“租界”站住了脚跟，靠陈友发的势力，很快就和反动資本家辛德貴勾結在一起，成为小梨园的“台柱子”。三八年后又投靠了汉奸恶霸袁文会，甘作袁的姘妇，靠袁的势力欺压同行，作威作福，是曲艺界的特殊阶层。日寇投降后，又和国民党的官員一起鬼混。至于她投靠的地主、資产阶級更是数不清有多少。正是由于她能在不同时期依附反动势力作自己的黑靠山，通过卖身投靠与卖艺投靠，效忠于帝国主义、封建主义、官僚資本主义，积极为反动政治服务，所以成为旧曲艺界赫赫一时的头面人物。这个表面上道貌岸然，端着資产阶級貴妇人臭架子的小采舞，实际是一个灵魂极端丑恶、骯髒的坏家伙，她身上的每一个毛孔都滲透着劳动人民的血汗，都充溢着剝削阶級虛伪、自私的毒液，早在三十年代末她就为反动軍閥、旧官僚送曲上門，靠組织艺人上“堂会”剝削同行；抗战胜利前后，在北京銀光、凤凰厅等处演出时，她和資本家、把头勾結一起，拿高价包銀，“加錢”，残酷压榨劳动人民，过着荒淫无耻的生活，从灵魂到肉体都骯髒透了！

为了追求臭名髒利，巩固“金喉歌王”的地位，一九四八年她还伙同国民党官員許季华帶班去上海淘金，在高士滿游艺場大演《剑閣聞鈴》、《紅梅閣》等毒草节目，实現了她做老板的美梦。她靠着能唱一些歌頌帝王将相、才子佳人的酸腔軟調，能哼几口一唱三叹的二簧大鼓，不仅博得了国民党要員、反动文人和脑滿腸肥的資本家的欢心，还和一些反动的京剧艺人如李万春、言慧珠等拉上了黑关系。在小采舞的努力下，旧曲艺和她演唱的京韵大鼓便成了封建主义、資本主义的混血儿，对麻痺当时人民斗志，巩固反动統治，起了相当大的恶劣作用。

和走資派、右派分子結成黑勢力

解放后，小采舞为了找新的靠山，很快地就和混进党內的資产阶級代表人物赵魁英勾結在一起（赵当时負責审查駱的問題，实际是包庇了她，压制了群众），早在一九五二年伟大的三反五反运动中，赵魁英就因腐化堕落受到党紀处分，小采舞和赵魁英出于复辟資本主义的需要，于一九五三年竟在周揚文艺黑綫在天津的代理人方紀与右派分子何迟的支持下，公开結成夫妻，方紀等还把赵魁英調到天津市曲艺团当团长，让这一对資产阶級代表人物“名正言順”勾結在一起，大肆販卖封、資、修黑貨，十几年来，把旧曲艺团当成他們为刘邓、万张搞反革命复辟制造輿論准备的工具。周揚文艺黑綫和万张反革命修正主义集团对小采舞这員反党干将是极为賞識的，封她为副团长、市人民代表、市妇联委員、省政协委員和中国曲协常务理事、天津曲协副主席等，还是出席历次全国文代会的当然成員。文艺黑綫把她奉为“三名”“三高”人物，享受着文艺三級的高薪待遇。对此，她仍不满足，自认为“过去和刘宝全掙一样的錢，現在却不如侯宝林、高元鈞”（侯、高都是文艺一級），就这样，在一九六三年底評薪时，旧市委书記处竟指定給她升为文艺二級，在群众中造成极坏的影响。

小采舞是一个思想反动、道德敗坏、生活糜烂透頂的坏家伙，解放后她一直和大右派吳祖光的老婆、“二流堂”堂嫂新凤霞勾結在一起，书来信往，亲密无間，进行着不可告人的勾当。她和赵魁英把吳、新在黑綫卵翼下的臭名誉、地位及其物质生活条件当成追求的目标，一九五三年中国評剧院演出現代戏《志愿軍的未婚妻》时，小采舞、赵魁英竟以“不象評戏”为名給新凤霞去信，指責她“改革得失去了你原来的演唱特点”，并一再突出轉达小采舞的四叔（封、資老朽）的話，什么：“四叔最爱听凤霞的評戏，这次听着也不是味啦”等等。这封信为新凤霞、吳祖光提供了反党的炮弹，他們立即把这封“朋友提意見”的信投到彭眞一伙操纵的旧《北京日报》发表了。看！他們一伙就是这样仇視、攻击革命現代戏，并想让我們的革命文艺去迎合遺老遺少、社会渣滓的口味，公开詆毀毛主席的革命文艺路綫，眞是反动之极！一九五七年小采舞还在旧《天津日报》发表文章，攻击党“搶救遺产下手晚啦”，应当把評书老艺人陈士和的死当成“教訓”，同右派分子何迟一个鼻孔出气！就是这样一个反动艺术“权威”，万张反革命修正主义集团还曾几次拉她入党，多年来一直是“培养对象”。充分暴露了他們反革命的組织路綫。

鼓吹死人、古人、瘋狂地向党放射毒箭

在国家三年自然灾害时期，小采舞上竄下跳，十分活跃。在一九六〇年全国第三次文代会上，她就在远千里、路一等人的支持、鼓动、决定下，炮制毒草《臥薪尝胆》，在編写、演唱中，曾修改了十次，并观摩了毒草話剧《胆剑篇》以吸收毒汁。京韵大鼓《臥薪尝胆》，打着“发揚发憤图强，自力更生精神”的幌子，借古諷今，攻击党和社会主义，鼓吹“君子报仇，十年不晚”，配合国內外阶級敌人向党进攻。这棵毒草出籠后，不仅受到大小走資派和牛鬼蛇神的赏識，居然还参加了一九六二年五月旧曲艺团“紀念毛主席《讲話》发表二十周年演出”和反党放毒最高峰——第一屆“津門曲薈”，眞是猖狂到极点！最令人不能容忍的是在一九六一年七月党的四十周年生日时，小采舞竟演唱了吊唁死人的《祭晴雯》和宣揚“士为知己者死”的《伯牙摔琴》，在舞台上哀悼亡灵，大哭死人，影射攻击我們光荣、伟大、正确的中国共产党，为蔣匪帮和被推翻的反动阶級招魂，用心何其毒也！眞是十恶不赦！当时，小采舞曾两次随曲艺演出团到北京及东北各地放毒，妄想在全国各地树黑样板。在长春演出时，由于原吉林省委宣传部长、反革命修正主义分子宋振庭的支持、贊揚，还由长影把大毒草《剑閣聞鈴》、《丑末寅初》拍成艺术資料片，想让这些皇帝哭老婆、封建文人观賞景物的反动內容和小采舞那套为封、資服务的音、容流传后世，遺害无穷。

树“小派”，大刮妖风

在文艺黑綫大搞继承传統，发揚不同的风格流派时，旧文艺界群魔乱舞，妖风弥漫，小采舞也跳了出来，鼓吹自己在京韵大鼓演唱上有继承，有創造，别树一帜。赵魁英等也替她吹嘘：“是融合了刘（宝全）白（云鹏）派特长，結合自身条件，又吸收兄弟剧种唱腔，冶炼而成的。”于是旧中国曲协和市文化局走資派在鼓吹刘、白、张（小軒）、崔（子明，滑稽大鼓）同时，又积极策划树起“小派”，旧曲艺界走資派甚至叫喊：“难道活着的演員都不能成一派么！”“小（采舞）派是不是一个独立的流派啊！”看！他們对資产阶級臭“权威”是何等忠心耿耿，对为封、資、修服务的流派风格传宗接代、扩大影响，又是何等的尽心竭力！他們完全拜倒在反动艺术“权威”小采舞的脚下，妄图把毒人、毒曲、毒腔、毒調树起来，去更好地为封、資、修服务！也正是这样，一小撮走資派才迫不及待地让剛出学校門戴着紅領巾的少年学員拜小采舞为师，继承所謂的駱派艺术，从十二、三岁就演唱《紅梅閣》、《剑閣聞鈴》一类凄凉哀怨、黄色下流的毒草节目。小采舞还让学員到后台和她家里去“学习”，恢复旧社会“帶徒弟”的封建制度，到外地演出也带着学員作随从，資产阶級派头十足，处处要学員伺候，甚至让学員斟茶、点烟、梳头、穿衣，并向学員灌輸了大量封、資、修毒素，严重地奴役、腐蝕、毒害了我們的青年一代，充分暴露了她剝削阶級的丑恶本质。

砸烂黑綫，斗臭黑人

在文艺黑綫的保护下，小采舞长期养尊处优，过着驕奢淫侈的生活，不去接近工农兵，鍛炼、改造自己。困难时期仅和赵魁英下高級飯館，买高价商品，就化費数千元之多。她还倒卖鉆戒，从中牟利，而一九六三年抗洪救灾时，她經过一再动員才拿出了一百元，眞是混蛋透頂！

就是这样一个反动艺术“权威”，直到一九六四年开展社会主义教育运动，当群众起来揭发她的罪行时，万张反革命修正主义集团还是百般維护，把她和厉慧良、韓俊卿等都列为“保护对象”，可以不参加运动，不接受群众的批判，群众对她提意見也只能是“背对背”，因之，被包庇过关。旧市委书記处文教书記王亢之还在一次文化局汇报工作会議上說：“曲艺团的小采舞、李××都是全国曲艺界第一把交椅了吧！他們每天演一場受不了，对他們的演出場次要控制。”关怀、照顾得眞是无微不至。一九六五年曲艺团开展四淸运动后，在革命群众的压力下，由工作队指定两名干部帮助小采舞写了一个很不象样子的检查，就又一次被保下了楼。以旧文化局走資派张映雪为首的工作队，对这个資产阶級臭“权威”极尽美化之能事，說她在旧社会是受压迫的，听她的唱腔就說明“妇女在最低层”了！把一場尖銳、复杂、激烈的阶級斗爭只說成是“认識問題”。张映雪还准备在运动后期把她留在曲艺研究室当“艺术顾問”，旧市委王亢之、白樺也提名让她出席省政协会議。看，他們对这个資产阶級反动艺术“权威”可算是爱护备至，替她想得多周到啊！

“借问瘟君欲何往，纸船明烛照天烧。”

在史无前例的无产阶級文化大革命中，无产阶級革命派才眞正把这条鉆入革命文艺队伍的毒蛇揪了出来！在伟大的毛泽东思想旗帜下，广大革命群众奋起直追，坚决要把小采舞和她的黑后台一个一个的批倒斗臭，把他們送进历史的垃圾堆！

（千鈞棒）

十七年来天津市各曲艺团上演的毒草和有严重問題的相声目录

（上接第三版）

黄半仙　諷刺农民生理缺陷，提倡侥倖成功。

滿汉斗　（中篇·常演的单段有《江南图》、《参皇上》、《見屈原》等）維护封建制度，宣揚統治阶級內部互相傾軋。

連升三級　提倡科举制度，宣揚撞大运“一步登天”，影射現实。

珍珠翡翠白玉湯　美化封建帝王，替統治阶級唱贊歌。

小神仙　提倡江湖騙术，宣揚唯心論。

化蜡簽　暴露資产阶級內部互相傾軋，宣揚金錢万能的反动世界观。

古董王　美化統治阶級，贊揚他耍笑劳动人民的恶作剧。

飞笔点太平　贊揚封建官僚王羲之，頌古非今。

大师兄鬧衙門　（赵魁英改編）丑化义和团領袖，把政治斗爭庸俗化。

新編节目部分（1955——1965）

恋爱漫談（1954）　鼓吹資产阶級自由，宣揚腐朽、堕落的思想感情和黄色趣味。

离婚前奏曲（王命夫作　1955）揭露社会主义阴暗面，歪曲革命干部形象。

学越剧（1955）　为才子佳人戏涂脂抹粉，鼓吹腐蝕革命人民的靡靡之音。

买　猴（何　迟作　1954）　恶毒攻击党，把社会主义說成一团漆黑。

开会迷（何　迟作　1954）　詆蔑社会主义制度，謾罵党的領导。

孕妇調査表（何　迟作　1954）　无中生有制造荒誕情节反党反社会主义。

十点钟开始（何　迟作　1955）　借諷刺只說空話不求实际攻击党的領导。

找对象（徐　澄作　1955）　宣揚流氓犯罪，同情坏分子的“不幸”，詆蔑社会主义。

王金龙祝英台（陈长馨作　1955）　丑化党的干部，歪曲工人生活，鼓吹“全民文艺”。

誰是皂王爷（徐　澄作　1965）　攻击党的領导有“十大罪状”，是一支反党毒箭。

死里逃生（1956）　詆蔑社会主义制度，丑化革命干部。

大办喜事（1956）　用不着边际的夸大，歪曲党的干部形象。

釣　魚　宣揚小市民信口开河，困难时期演出影射現实。

新旧婚姻　歪曲婚姻法，散布和平主义情調，侮辱妇女。

妙語惊人（1957）　脫离阶級斗爭談語言的运用，庸俗低級。

方言論（李世瑜作　1957）　攻击推广普通話，宣揚狹隘地域观念。

滿載而归（1957）　宣揚旧演員的資产阶級生活方式。

我的历史（1957）　用影片名編造故事，东拼西凑，极不严肃。

柳堡的故事（1957）　宣揚毒草影片，歪曲革命斗爭。

天津地名（1957）　用拼凑地名散播資产阶級低級趣味。

孩子問題（馬三立等作　1957）　歪曲計划生育的伟大意义，发洩对社会主义不滿。（另有《为了爱人幸福》、《祝您健康》、《五千金》等，情节大同小异。）

精打細算（馬三立整理　1957）　丑化革命干部，攻击社会主义工資制度。

百花盛开（王家齐等作　1958）　为文艺黑綫鼓掌喝采，販卖田汉的反动理論。

学习光复道（1958）　吹捧假劳模，突出中間人物。

不同风格（1959）　鼓吹資本主义文艺，抵制毛主席的革命文艺路綫。

昨　天（赵　忠等作　1959）　揭露劳动人民“心灵的創伤”，歪曲党的領导。

杂談空城計（侯宝林、董凤桐作　1959）　借古諷今，攻击現实。

光复道上紅旗飄（1959）　吹捧刘少奇“全面組织人民經济生活”的修正主义黑貨。

双丰收（1959）　美化中間人物，歪曲干部下放政策。

理　发（1960）　脫离无产阶級政治，片面提倡“服务态度”。

美名远揚（1962）　鼓吹个人名利至上，歪曲現实。

高人一头的人（何　迟作　1963）　歪曲革命干部，攻击社会主义制度。

注：1.传統部分中带＊者是1960年后挖掘上演的，其余是解放后一直經常上演的。
2.有些內部放毒或只在专場演过一、二次的未包括在內，未公演的毒草也沒計算，另作揭发、批判。
3.有些存在一般問題的新、旧节目未列入，問題过于重复的也作了取舍。
4.所列举的节目只是点了一下問題的性质，供批判时参考。

（曲艺研究室斗批改战斗組）

本报地址：天津市烟台道50号　　电話：3，3736

没有广泛的人民民主，无产阶级专政不能巩固，政权会不稳。没有民主，没有把群众发动起来，没有群众的监督，就不可能对反动分子和坏分子实行有效的专政，也不可能对他們进行有效的改造，他們就会继續搗乱，还有复辟的可能。这个問題应当警惕，也希望同志們好好想一想。

毛泽东

红旗战报

天津文联紅旗战报編輯部

1968年5月　第60号　共4版

沿着伟大舵手毛主席指引的航向乘胜前进

——热烈欢呼中共中央《通知》发表两周年

两年前，由我們伟大領袖毛主席亲自主持制定的中共中央一九六六年五月十六日《通知》，是一个光輝的馬克思列宁主义历史文件，是一个指导无产阶級文化大革命的划时代的伟大文献，是一个在社会主义条件下，无产阶級和广大革命群众向資产阶級和一切剝削阶級进軍的伟大战斗号令！

两年来，我国无产阶級革命派、亿万革命群众和紅卫兵小将，遵照毛主席在《通知》中提出的在无产阶級专政下继續进行革命的理論、路綫、方針和政策，沿着我們伟大舵手毛主席指引的航向，披荆斬棘，浴血奋战，粉碎了資产阶級反动路綫的重重抵抗，揭穿了叛徒、特务、走資派等一小撮阶級敌人的种种阴謀，使史无前例的无产阶級文化大革命，在政治上、思想上、組织上取得了决定性的伟大胜利。

毛主席在《通知》中指出：**全党必须“高举无产阶级文化革命的大旗，彻底揭露那批反党反社会主义的所谓‘学术权威’的资产阶级反动立场，彻底批判学术界、教育界、新闻界、文艺界、出版界的资产阶级反动思想，夺取在这些文化领域中的领导权。而要做到这一点，必须同时批判混进党里、政府里、军队里和文化领域的各界里的资产阶级代表人物，清洗这些人，有些则要调动他们的职务。”**

“混进党里、政府里、军队里和各种文化界的资产阶级代表人物，是一批反革命的修正主义分子，一旦时机成熟，他们就会要夺取政权，由无产阶级专政变为资产阶级专政。这些人物，有些已被我们识破了，有些则还没有被识破，有些正在受到我们信用，被培养为我们的接班人，例如赫鲁晓夫那样的人物，他们现正睡在我们的身旁，各级党委必须充分注意这一点。”

两年来无产阶級文化大革命的实践，充分証实了毛主席的英明預見。

在政治上，我們取得了伟大的胜利。两年来，在以毛主席为首、林副主席为副的无产阶級司令部領导下，在《通知》的鼓舞和指引下，亿万革命群众，向无产阶級的敌人发动了持續的猛烈进攻，摧毁了隐藏在我們党內的以中国赫魯晓夫为首的資产阶級司令部，揪出了党內一小撮走資派、一批反革命修正主义分子、叛徒、特务和反革命两面派，粉碎了他們妄图顚覆我国无产阶級专政、复辟資本主义的罪恶阴謀。大量确凿的事实証明，中国赫魯晓夫等党內一小撮最大的走資派，是代表国民党反动派、帝国主义、資产阶級和地、富、反、坏、右利益的反革命黑帮。他們之中，有相当一部分人，是国民党反动派的残渣余孽。中国赫魯晓夫，这个党內头号走資派刘少奇，就是多次跪倒在帝国主义和国民党反动派脚下的可恥的叛徒。党內另一个最大的走資派邓小平以及陶鑄、彭德怀、彭眞、譚震林、罗瑞卿、陆定一、楊尙昆、安子文等等，都是隐藏在我們党內的形形色色的叛徒、特务和反革命修正主义分子。他們这些家伙，钻进了党內，窃据了重要崗位。他們是睡在我們身边的赫魯晓夫，是埋在我們身边的定时炸弹，是社会主义条件下无产阶級最危险的敌人。一旦时机成熟，他們就要夺取政权，就要在中国重演苏联和一些被修正主义叛徒集团統治的国家复辟資本主义的历史悲剧，就要把新中国拉回到国民党反动派統治下的黑暗时代。在这場尖銳、激烈、你死我活的斗爭中，在这場一个阶級推翻另一个阶級的惊心动魄的斗爭中，我們在政治上取得了极其伟大的胜利。这在世界无产阶級革命斗爭的历史上，将会永远閃耀着不灭的战斗光輝。

在思想上，我們取得了伟大的胜利。无产阶級文化大革命的群众运动，以从来不曾有过的深度和广度，对一小撮阶級敌人展开了革命的大批判。无产阶級就是要压倒資产阶級，对他們决不能讲什么“平等”。正如毛主席在《通知》中所指出的：**“无产阶级对资产阶级斗争，无产阶级对资产阶级专政，无产阶级在上层建筑其中包括在各个文化领域的专政，无产阶级继续清除资产阶级钻在共产党内打着红旗反红旗的代表人物等等，在这些基本问题上，难道能够允许有什么平等吗？”**

两年来，亿万革命群众参加了革命的大批判。他們在《通知》的鼓舞和指引下，高举毛泽东思想革命批判的大旗，极其深刻地揭露和批判了党內一小撮最大的走資派及其在各地区、各部門的代理人所犯下的反党、反社会主义、反毛泽东思想的滔天罪行，极其有力地批判了他們的反革命修正主义路綫，批判了資产阶級和一切剝削阶級的旧思想、旧文化、旧风俗、旧习惯。

亿万群众所进行的革命大批判，大大促进了毛泽东思想的大普及，群众活学活用毛泽东思想的热情，从来也沒有像今天这样高涨。人們的精神面貌发生了巨大的变化。用毛泽东思想武装起来的无产阶級革命事业的一代新人，正在激烈的斗爭中迅速涌現出来。党內一小撮走資派不仅在組织上被打倒了，而且还要在政治上、思想上、理論上被彻底打倒，彻底批臭。革命的大批判，不仅巩固了无产阶級在政治上、經济上的統治地位，并且使无产阶級在思想上进一步取得了統治地位。

在組织上，我們也取得了伟大的胜利。在无产阶級革命派和广大革命群众实行革命的大联合的基础上，出現了嶄新的实行革命“三結合”的革命委員会。群众中涌現出来的无产阶級优秀分子，直接参加国家管理，使各級領导班子成为革命的、有无产阶級权威的、密切联系群众的、朝气蓬勃的权力机构。这种把无产阶級专政的基础力量（革命群众代表）、坚强柱石（人民解放軍代表）、領导骨干（革命干部代表）紧密結合在一起的革命委員会，进一步加强了軍民的团結，軍政的团結，干群的团結，强化了无产阶級专政，防止了資本主义复辟的可能。

毛主席早就教导我們：**“没有广泛的人民民主，无产阶级专政不能巩固，政权会不稳。没有民主，没有把群众发动起来，没有群众的监督，就不可能对反动分子和坏分子实行有效的专政，也不可能对他们进行有效的改造，他们就会继续捣乱，还有复辟的可能。这个问题应当警惕，也希望同志们好好想一想。”**

随着文化大革命的逐步取得全面胜利，各級革命委員会的建立、健全和发展，发动广大人民群众参加的无产阶級专政，将越来越发揮出巨大的革命威力。

两年来，我們取得决定性的巨大胜利。千胜利，万胜利，一切胜利都是光焰无际的毛泽东思想的伟大胜利，都是毛主席的无产阶級革命路綫的伟大胜利！一切伟大胜利，都应当归功于我們的伟大領袖毛主席！

天津文联和天津文艺界的广大无产阶級革命派，在《通知》的光輝指引下，經过两年来的披荆斬棘，英勇战斗，終于和全市无产阶級革命派一起，把中国赫魯晓夫在天津的代理人万张反革命修正主义集团揪了出来，把江枫、王亢之、白樺、方紀、孙振之流揪了出来。江枫、王亢之、白樺、方紀、孙振之流，本来是万张反革命修正主义集团的黑干将，是一批国民党反动派在天津文化界的代理人。他們本身就是叛徒、特务、胡风分子、右派分子、反革命修正主义分子。但是，他們却洗去万张的印記，换上反万张的标签，蒙蔽一些群众，大肆招搖撞騙，积极組织万张反革命修正主义集团的第二套班子，結成一伙反革命死党，編导演出反革命黑戏，密謀召开反革命黑会，操纵策划砸文联紅旗的严重反革命阶級报复事件，疯狂进行反革命复辟活动。他們的罪恶活动，彻底暴露了他們的反革命眞面目，曾經欺騙一时的画皮，被剝开了，撕碎了，他們原来是一批猙獰的恶鬼，是一批无产阶級最危险的死敌。天津文艺界的无产阶級革命派，深刻地揭露和批判了他們的反党、反社会主义、反毛泽东思想的滔天罪行，揭露和批判了他們推行周揚反革命修正主义文艺黑綫、炮制大量毒草的罪行，揭露和批判了他們在天津文艺界招降納叛，結党营私，网罗牛鬼蛇神，培植反革命爬虫，把天津文艺界变成他們藏污納垢、为所欲为的独立王国的滔天罪行。

当前，天津市文化界的无产阶級文化大革命，和全国无产阶級文化大革命一样，革命的洪流，汹涌澎湃，冲决一切障碍，奔騰向前。但是，在夺取无产阶級文化大革命全面胜利的关鍵时刻，两个阶級、两条道路、两条路綫的斗爭，表現得更加复杂和深刻，我們的斗爭任务，也就更加艰巨而光荣。因此，必須遵照毛主席的伟大教导，戒驕戒躁，乘胜前进。必須高举毛泽东思想革命批判大旗，持久地深入地进行革命大批判。必須彻底批判来自右的和极“左”的方面的資产阶級反动思潮，必須坚决反对右傾机会主义、右傾投降主义、右傾分裂主义，彻底粉碎右傾翻案妖风。

我們天津市文艺界无产阶級革命派和革命群众，决心更高地举起毛泽东思想伟大紅旗，在天津市革命委員会的正确領导下，在中国人民解放軍的强大支持下，同全市无产阶級革命派一起，紧跟毛主席的伟大战略部署，更好地学习毛主席在《通知》中提出的在无产阶級专政下继續进行革命的理論、路綫、方針和政策，坚决貫彻执行毛主席的无产阶級革命路綫，向无产阶級的敌人发起猛烈进攻，发揚勇猛追击、痛打“落水狗”的革命战斗精神，斬黑綫，破黑网，挖黑根，搗黑窝，把隐藏在文化界的阶級敌人，一个一个揪出来，統統不漏地挖出来！把周揚反革命修正主义文艺黑綫、黑网彻底砸烂，批倒批臭！把万张反革命修正主义集团及其第二套班子，彻底打倒，彻底批臭！誓把“一批、三查”运动进行到底！把天津文化界的无产阶級文化大革命进行到底！让毛泽东思想的伟大紅旗在天津市文化陣地上高高飄揚，永远飄揚！

“雄关漫道眞如铁，而今迈步从头越。”在我們滿怀胜利希望，以高昂的战斗精神隆重紀念《通知》发表两周年的时候，让我們为全面完成人类历史上第一次无产阶級文化大革命的历史任务而努力奋斗吧！新的胜利在前面召喚我們，让我們奋勇前进！

·2· 1968,5. 毛主席万岁 红旗战报

打倒国民党分子孙振

去年十一月，在天津召开的密謀已久的反革命黑会彻底破产了。

这个黑会，是由一小撮頑固不化的走資派、叛徒、特务、現行反革命分子和牛鬼蛇神阴謀策划的。这一小撮阶級敌人疯狂地把矛头直接指向以毛主席为首、林副主席为副的无产阶級司令部，指向伟大的举世无双的中国人民解放軍和新生的革命委員会，妄图篡夺无产阶級的大权。

在无产阶級文化大革命夺取全面胜利的凱歌声中，以毛主席为首、林副主席为副的无产阶級司令部和伟大的中国人民解放軍彻底粉碎了阶級敌人的反革命夺权阴謀，这是毛泽东思想的又一伟大胜利。阶級敌人的夺权迷梦已化作泡影，策划反革命黑会的一小撮阶級敌人已陷入“人民战爭”的汪洋大海之中，成了过街老鼠，人人喊打；策划黑会的一員大将孙振，也被广大革命人民群众揪出来，扔进了历史的垃圾堆。

孙振这个披着共产党員外衣的国民党分子、大叛徒、大特务、大流氓、周揚反革命文艺黑綫的干将，是个彻头彻尾的反革命修正主义分子，是个暗藏多年的老反革命分子。但是，这样一个大叛徒、大特务、大流氓、大毒草专家、老反革命分子，解放十几年来不仅一直逍遙法外，而且青云直上，受到文艺黑綫总头目周揚垂青，到得万张反革命修正主义集团的头目万张的賞識，成为名噪一时的“大作家”、天津文艺界的“領导干部”，这完全是周揚黑帮、万张反革命修正主义集团招降納叛、結党营私的結果。**“假的就是假的，伪装应当剝去。”**現在，让我們揭开孙振的画皮，把他的一部反革命罪恶历史公布在广大革命人民群众面前，叫孙振这个国民党分子遺臭万年，永世不得翻身！

美化叛徒，为反革命复辟大造輿論

孙振是河北省献县的一个大叛徒、大特务，早在二十年前，就被刘青山、张子蕃这两个反党反社会主义的大貪污犯包庇了下来。后来孙振又到全国文联投靠周揚死党阳翰笙，积极推行周揚反革命文艺黑綫。孙振（笔名雪克）的大毒草《战斗的青春》，就是在大叛徒阳翰笙的“鼓励”下炮制出籠的。这部黑书，是叛徒孙振反动历史的眞实写照，是一个叛徒丑恶龌龊的內心世界的自白，是中国赫魯晓夫叛徒哲学的艺术标本。它是美化、歌頌叛徒，誣蔑人民軍队，反对毛主席的人民战爭伟大思想，歌頌現代修正主义叛徒哲学，宣揚国民党反动哲学的大毒草。这部大毒草一出籠，立即受到了反革命修正主义文艺黑綫总头目周揚的推崇和贊揚。周揚在天津多次接見孙振，当面称贊他在小說中写了党的領导干部“三級叛变”是“有意义”的，敢于写“領导上的叛变”，对“青年一代是有好处的”。眞是：叛徒写黑书，黑帮捧叛徒！物以类聚，人以群分。《战斗的青春》这株大毒草，适应了資产阶級和一切剝削阶級以及国民党反动派的反革命政治需要。黑书出籠以后，反革命修正主义文艺黑綫总头目周揚贊揚这株大毒草的黑令一下，全国各地的文艺黑綫、黑网就都蠢动起来。在上海，周揚的死党、叛徒陈其五，一九五九年亲自出馬抓話剧《战斗的青春》的改編工作。他指使上海戏剧学院的反动学术“权威”把黑书改編成黑戏，在上海演出，甚至还到东北、北京以及沪宁路沿綫許多城市巡回演出，以扩大其流毒和影响。混进文艺队伍的国民党中統特务艾明之，也赶忙把这株大毒草改編成电影剧本《許风》，准备搬上銀幕，在更大范圍內放毒。全国各地刮起了改編、公演这出黑戏的妖风。然而，全国广大工农兵革命群众对这株大毒草四处放毒是难以容忍的，他們紛紛来信强烈要求批判，但都被周揚黑帮及其在各地的代理人鎮压下去了。

反革命文艺黑綫总头目周揚为什么如此賞識孙振的“写領导上的叛变”呢？就是因为大毒草《战斗的青春》特别美化了一小撮鉆进党里、政府里和文化界里篡夺了領导权的大叛徒；就是因为孙振充当了一小撮党內最大的走資派、老叛徒、老特务、老反革命的辯护士。孙振和这一小撮国民党分子“心有灵犀一点通”，所以周揚等老反革命发現了孙振这样一条忠实走狗后，才如此惊喜若狂。周揚說什么孙振的大毒草《战斗的青春》“对青年一代有好处”，这是周揚一伙狼子野心的大暴露。他們妄想通过大毒草《战斗的青春》来欺騙毒害青年一代，使广大革命青年不能識破中国赫魯晓夫和周揚一伙的叛徒眞面目，从而实現他們篡党篡政、在中国实行資本主义复辟的目的。

伟大領袖毛主席教导我們說：**“以中国最广大人民的最大利益为出发点的中国共产党人，相信自己的事业是完全合乎正义的，不惜牺牲自己个人的一切，随时准备拿出自己的生命去殉我们的事业”，“无数革命先烈为了人民的利益牺牲了他们的生命”**，这就是伟大、光荣、正确的中国共产党和广大共产党員的革命本质。但是，在中国革命史上也出現过象陈独秀、中国赫魯晓夫、陶鑄、孙振之流的大大小小的叛徒。对于这样一小撮无耻地跪倒在帝国主义和一切反动派脚下，从狗洞里爬出来的軟骨头，出卖党的利益和革命利益的败类，广大共产党員和革命人民群众是深恶痛絕，嗤之以鼻的。革命事业需要的是在革命斗爭的烈火中鍛炼出来的大无畏的坚强战士。这样的战士，生为革命战斗，死为革命献身，生的伟大，死的光荣。要革命，必然会有牺牲，但我們絕不会被牺牲所吓倒。不管反动派怎样残酷，**“中国共产党和中国人民并沒有被吓倒，被征服，被杀绝。他们从地下爬起来，揩干淨身上的血迹，掩埋好同伴的尸首，他们又继续战斗了。”**这是敢于同帝国主义及其走狗战斗，敢于同一切残暴敌人战斗的大无畏的无产阶級革命战士的誓言。这样的战士是聳入云霄的高山，那些可耻的叛徒却不过是一抔黃土。

蠢蠢欲动，为早已复灭的蔣家王朝招魂

天津是中国赫魯晓夫妄图在中国复辟資本主义的桥头堡，是周揚反革命文艺黑綫的黑据点。万张反革命修正主义集团是一伙国民党分子，是中国赫魯晓夫这个大陆上的蔣介石在天津的忠实代理人。孙振来天津以后，深受万张反革命修正主义集团重用，被任命为天津音乐学院（原中央音乐学院）党委书記、天津文联党組副书記等要职。他对于“物质刺激”，腐蝕青年，炮制毒草，大办裴多菲俱乐部等一整套修正主义的黑名堂样样精通，在工作中拚命貫彻，大搞反革命复辟活动。

一九五八年，在我們伟大的領袖毛主席亲自制定的党的社会主义建設总路綫的光輝照耀下，国民經济出現了蓬蓬勃勃的大跃进局面，我国农村出現了人民公社这一嶄新的社会組织形式。人民公社化的实現，使农业集体化跃进到一个新的阶段，加速了农村資本主义势力的灭亡。人們在改造客观世界的同时，也改造主观世界，共产主义精神蔚成风气。全国到处出現了蓬勃兴旺的气象，形势是一派大好。

就在这个时期，身为天津音乐学院党委书記的孙振，却大唱反調，疯狂地攻击三面紅旗。他恶毒地誣蔑人民公社“糟糕”，使他“敗兴”，胡說什么农村“景气可不如以前了”，大跃进“违反价値規律”，把矛头直接指向了我們伟大的領袖毛主席和毛主席的无产阶級革命路綫。这和当时国际上帝、修、反对我們的恶毒誣蔑和疯狂攻击，唱的是一个調子。

在我国国民經济三年暫时困难时期，由于孙振的反动阶級本质决定，他又錯誤地估計了形势，利令智昏，认为时机已到，便赤膊上陣，杀气騰騰地向党进攻。

孙振为了糾集反动势力向党进攻，同时还猖狂地向我們伟大領袖毛主席領导的反右斗爭反攻倒算，妄图为右派翻案。他公然对右派分子高呼“同志”；与右派分子謝文放、柳溪过从甚密，暗中勾結，进行反革命活动。大右派柳溪居然成了孙振的座上客，可以随便登堂入室，吃飯、住宿，深夜密談。他恶毒攻击党和广大革命群众对右派实行专政，是“逮住了蝲蛄，攥出屎来”。这是孙振反革命嘴脸的又一次大暴露。孙振所希望的右派早日“抬起头来”，不只是給他們換个工作崗位而已，因为换个地方，这一小撮敌人也逃不脫无产阶級专政的巨掌。他所說的让右派分子“抬起头来”之日，也就是他們反革命复辟之时。孙振的一系列活动，是为国民党反动派复辟資本主义，糾集势力，招兵买馬，是为反革命夺权进行組织准备。

我們伟大的导师毛主席敎导我們：**“必须懂得，沒有肃清的暗藏的反革命分子是不会死心的，他们必定要乘机捣乱。”**当时，国际上帝、修、反掀起一股反华逆流，蔣匪也蠢蠢欲动，叫囂要竄犯大陆。就在这个时候，孙振这个暗藏的国民党分子，又一次恶毒地把矛头指向以毛主席为首的无产阶級司令部和毛主席的革命路綫，妄图与窃踞台湾的国民党反动派里应外合，实現其反革命复辟的野心。在一九六一年，万张反革命修正主义集团和周揚死党在天津召开的臭名昭著的郑州道“八月黑会”上，孙振凶相毕現，特别囂张。他恶毒誣蔑毛主席的无产阶級革命路綫是“‘左’傾錯誤”，使他“头一次感到这样可怕”，叫囂要向三面紅旗“算总賬”。他疯狂地进行反革命煽动，胡說我們伟大的党“民主作风丢掉了”，“不尊重群众了”等等，妄图离間七亿人民与我們伟大領袖毛主席和伟大的中国共产党的骨肉关系。

一九五九年庐山会議上，反党分子彭德怀一再叫嚷：“如果不是中国的工人农民好，早就要发生匈牙利事件。”时隔两年，孙振在郑州道“八月黑会”上，竟狗胆包天，公然重弹起彭德怀同样的鬼話，叫囂：“中国的农民实在好，在匈牙利就不知怎么样了。”

图穷匕首見。孙振梦寐以求的，就是妄图在我国出現一場“匈牙利事件”，顚覆无产阶級专政，复辟資本主义。这个国民党分子，磨刀霍霍准备行动了，他要“上山打游击了”。在这里，孙振仇視无产阶級专政的咬牙切齿之声，张牙舞爪的凶相，不是完全毕露了嗎？孙振的这些黑話，是一个暗藏的国民党分子的自供，道出了一切阶級敌人反革命的复仇心理，代表了帝、修、反的利益。伟大統帅毛主席敎导我們說：**“帝国主义者和国内反动派决不甘心于他们的失败，他们还要作最后的挣扎。”**在我国遇到暫时經济困难时期，一小撮阶級敌人乘机搗乱，也正是他們最后挣扎的表現。

万张反革命修正主义集团，实质上就是国民党反动派在天津的代理人，孙振就是万张反革命修正主义集团的干将。当有人揭发孙振的問題时，反革命修正主义分子、万张反革命修正主义集团的重要干将白樺却批示道：“如已检查就算了”。孙振和万张反革命修正主义集团都是資产阶級和一切剝削阶級的代表人物，都是国民党反动派的别动队；因为反动阶級的共同利益，必然使他們互相勾結，狼狽为奸，进行反革命复辟活动。

赤膊上陣，瘋狂进行反革命夺权

伟大領袖毛主席最近敎导我們：**“无产阶级文化大革命，实质上是在社会主义条件下，无产阶级反对资产阶级和一切剝削阶级的政治大革命，是中国共产党及其领导下的广大革命人民群众和国民党反动派长期斗争的继续，是无产阶级和资产阶级阶级斗争的继续。”**毛主席这一英明指示，最深刻地概括了无产阶級文化大革命的伟大意义，最精辟地闡明了无产阶級文化大革命的阶級內容。在这場伟大的政治大革命的风暴面前，一小撮頑固不化的走資派、叛徒、特务和牛鬼蛇神，一方面感到他們末日的来临，但不甘心自行退出历史舞台，他們仍在負隅頑抗，窺測方向，伺机反扑；另一方面，新的革命形势也逼得一些阶級敌人，伪裝起来。正如伟大导师列宁讲的：**“马克思主义在理论上的胜利，逼得它的敌人装扮成马克思主义者，历史的辯证法就是如此。”**同样，毛主席革命路綫的伟大胜利，光焰无际的毛泽东思想的无比威力，无产阶級文化大革命的节节胜利，也逼得敌人披着画皮，打着“紅旗”反紅旗，搞复辟阴謀。万张反革命修正主义集团的死党，广大工农兵的死敌孙振，也由于其反革命的需要，摘去了万张的印記，挂上了“反万张”的招牌，自封为“工农兵的代表”，煽阴风，点邪火，竭力破坏文化大革命，策划反革命夺权。

孙振于一九六七年六月十二日和十五日，写給其党羽的两封黑信，就集中暴露了他进行反革命夺权的野心。他在信中提出了要“建立工农兵文艺革命委員会”的意見，还指使其党羽要为“夺权的观点制造輿論”。他还写道：“为了扩大影响，是否考虑与全国各省市已經占优势的或正在坚持斗爭的工农兵业余文艺工作者联合发表呼吁和宣言，互相支持，造成声势。这一切搞好，夺权才能得到广泛的支持。”他在黑信中，出謀划策，大讲黑話。他指揮其党羽要打着“大批判”的幌子，“讲我們的道理”。这是进行反革命夺权的黑話，其实质，就是在“大批判”的招牌底下，兜售反革命夺权的黑貨。

（下转第三版）

红旗战报　毛主席万岁　1968,5.　·3·

揭穿阴謀炮制京剧《战斗的青春》的黑幕（北京通訊）

大叛徒、大特务雪克（孙振）炮制的大毒草《战斗的青春》是为中国赫魯晓夫刘少奇反动的叛徒哲学歌功頌德的一个艺术标本。它极其恶毒地丑化、污蔑革命軍队和革命人民，疯狂地反对伟大的人民战争，狂热地美化叛徒、特务和汉奸走狗，道出了一切叛徒、特务的心声，抒发了他們出卖无产阶級革命事业的反革命感情，适应了中国赫魯晓夫鼓吹叛徒哲学的政治需要，因此，它一出籠就得到资产阶級司令部的热烈贊賞，博取了社会上牛鬼蛇神的喝彩叫好。并先后改編成話剧、电影剧本，广为上演，流毒各地。

中国戏曲研究院的一小撮反革命修正主义分子张庚、晏甬、任桂林之流，也摸到了气候，赶忙派人在几十本长篇小說中“探矿”，找到这株大毒草后，他們如获至宝，欣喜若狂，赶忙請示了閻王殿就动手改編起来，参加反革命大合唱，为复辟资本主义鳴鑼开道。

具体执行改編“任务”的馬少波曾对黑党委分工負責抓剧作的任桂林明确表示：“这个戏可以写”，“对这个戏很有兴趣”。他的“积极性”是很高的。

上馬之后，馬少波特別卖力气。他亲去天津与大叛徒、大特务孙振面談，得到了孙振的热情支持。孙振給他和任桂林的来信中写道：“听說您們要改編拙作《战斗的青春》，很高兴！关于交換改編意見的問題，我很愿意向您們請教。过些日子我可能到北京有事，那时当趋訪，面談一切。”孙振亲来研究院“趋訪”，任桂林两次三番找孙振登門回謝，而馬少波則不辞“辛劳”跑到孙振的家乡——河北献县去“深入生活”，进行“采訪”。

为了“出色”地完成“任务”，馬少波还把文艺黑綫的总头目、反革命两面派周揚的一段黑話抬了出来，做为改編黑戏的“指导思想”。周揚說：“是不是不敢写內部矛盾？敢于写，敢于犯錯誤。錯了当然要检討。写領导叛变　敢于写复杂的斗爭。青年人头脑簡单，接班人不頂用……”馬少波对此黑話是心領神会的。有周揚撑腰，馬少波干起来，胆子就更大了，信心就更足了！

特别值得我們注意的是：周揚一九六五年九月到天津再次肯定了《战斗的青春》这本黑书，而馬少波一伙也就在一九六五年九月动手炮制《战斗的青春》这出黑戏了。配合得可謂紧密！馬少波精心設計了几分提綱。什么人物姓名、年岁、职业、时間地点，就連情节梗概，場次安排也略具輪廓。有些簡短的“精彩”对話，也录以备忘。他去献县进行“采訪”作了詳細記录，記載了当年献县一带的斗爭形势，当地流行的民歌民謠，以及醖釀中的主題思想、人物形象，甚至連某角色用何种行当扮演也有了設想。

大叛徒、大特务孙振从其反革命政治立場出发，在大毒草《战斗的青春》里，秉承中国赫魯晓夫的黑旨意，篡改历史，顚倒黑白，抹煞和攻击伟大領袖毛主席的英明領导，无耻地吹捧刘少奇的黑《修养》和彭德怀的“丰功伟績”。馬少波阴謀炮制黑戏，同样也是吹捧刘少奇、彭德怀之流，不遺余力地为其歌功頌德。早在胶东时，馬少波就对中国赫魯晓夫刘少奇祟拜得五体投地，每每拿刘氏黑《修养》对照检查，以求“上进”。一九五八年又炮制黑戏《安源大罢工》为刘賊树碑立传。党的庐山会議以后，又培植反党大毒草《孙安动本》为被罢了官的刘賊在軍內的代理人彭德怀鳴寃叫屈。馬少波和孙振之流一样，是中国赫魯晓夫的孝子賢孙，刘邓资产阶級司令部的忠实走狗。

黑书《战斗的青春》还大肆販卖中国赫魯晓夫的叛徒哲学，美化叛徒、特务。馬少波对此是“心有灵犀一点通”。他的入党介紹人之一罗竹风，就是一个从敌人狗洞里爬出来的大叛徒。一九三五年罗竹凤出卖了我們七个革命同志，換来了自己一条狗命，重新钻进革命队伍。在一九三九年又把馬少波“介紹”入党。解放以后，他們之間一直书信往来，过从甚密。馬少波对于叛徒、特务和自首变节分子有着极其微妙的难言之隐。无怪乎，他要把原小說中成了叛徒的区委书記，改写成区长，改头換面，乔装打扮。并为其設想了从“动搖　退縮以至走上背叛革命的道路”的整个过程。

我們伟大領袖毛主席对修改京剧《沙家浜》剧本的指示：**“要突出武装斗争，体现人民战争思想，要加强正面英雄人物形象。”**京剧革命的英勇旗手，我們敬爱的江青同志在《談京剧革命》这篇閃耀着毛泽东思想光輝的重要讲話中也指示：一定要树立起先进的革命英雄人物来，“要考虑坐在哪一边？是坐在正面人物一边，还是坐在反面人物一边？”江青同志亲自創造的震撼世界的八个革命样板戏，是大写工农兵革命英雄形象的杰出典范，永远成为我們学习的榜样。

孙振頑固地“坐在反面人物一边”，恶毒地污蔑抗日根据地的革命人民和革命軍队，丑化党的各級領导，鼓吹反动透頂的资产阶級人性論、阶級調和論。馬少波同样也是“坐在反面人物一边”。只要我們看看他准备塑造为“忠心耿耿的地工形象”賓洛殿就完全清楚了。賓洛殿在小說中是一个吃喝嫖賭，无所不为的坏蛋，整天跟汉奸特务在一起鬼混，和鬼子的姘头打得非常火热。但在鬼子面前却装疯卖傻，低声下气，丢尽了中国人民的脸，是个地地道道的民族败类。而小說的結尾部分，却給他头上加了一个发光的桂冠，让他作为“內綫”配合我大部队作战而“英勇牺牲”了，并被追认为“中共正式党員”。馬少波大費笔墨，准备写賓洛殿如何打入敌人內部为我們传递情报，如何在鬼子审訊时，用“幽默的手法对付敌人”，直到最后，又如何通过这个“內綫”攻下据点，歼灭了敌人等等，等等。还設想用京剧行当里的“黑头”去扮演这个角色。这个人物何以引起馬少波如此浓厚的兴趣呢？从政治方面讲，塑造所謂“忠心耿耿的地工形象”，可以推銷兜售中国赫魯晓夫的“白区工作經驗”，迎合鼓吹叛徒哲学的反革命需要，取悅于刘邓资产阶級司令部。从生活方面讲，馬少波对賓洛殿之类的人物比較熟悉，有深刻感受。他的狗父馬英忱就酷似小說中的賓洛殿。馬英忱早年在北洋軍閥吳佩孚和馮玉祥、吉鴻昌手下当中級軍官，后来回到家乡山东掖县一带組织反动的封建帮会，是青帮“三番子”的头头，带着“三番子”的一批徒子徒孙为非作歹，作害当地百姓。馬少波却吹嘘他的狗父“少年从軍，为人喜交游，重义气，揮霍无度，但尙标榜清廉”，“好打抱不平”，是一个“民族主义者”。有一年，馬英忱在北京破获了一件无头命案，轰动全城，当时的伪大总統曹錕“亲赠宝刀一把，上鎸‘替天行道，除暴安良’八字，并賜名‘魯侠’，贈額一面，題曰：‘任侠风尙’。”据說后来有人把这件事編成传奇故事，流传一时。馬少波一提起此事，也是眉飞色舞，津津乐道。他在黑戏里，要重新塑造賓洛殿，明明是借尸还魂，为他的狗父树碑立传。

其它人物如县委书記周明，馬少波声言要“突出正面写”，要把他改成区委书記，不再是个病号。还要把右傾机会主义分子、县委副书記潘林身上所謂“正确”的东西，加到周明身上。毛主席說过：**“在路线问题上沒有调和的余地。”**馬少波居然从右傾机会主义分子身上发現了所謂“正确”的东西，公开对抗最高指示，眞是狗胆包天！

孙振在毒草小說中，大肆渲染革命战爭的恐怖，宣揚和平主义和活命哲学，馬少波則要在黑戏里加强“敌人的大参观团”。日寇在我冀中平原实行灭絕人性的“三光政策”，組织“参观团”，宣揚其恶迹，搞反革命宣传。馬少波对这个“参观团”很感兴趣，要加强描写，把屁股牢牢地坐到敌人一边，充分暴露出了他的丑恶嘴脸。

在馬少波的“构思提綱”里，把小說的許多主要情节如日寇“扫蕩”、区委书記叛变、許凤被捕、攻打据点等几乎原封不动地采用了。在場次安排上还参照了反革命修正主义分子陈其五在上海一手抓起来的同名話剧本，几个重要关目也完全一样。

一九六五年十一月，姚文元同志的重要文章《評新編历史剧〈海瑞罢官〉》吹响了无产阶級文化大革命的进軍号，亿万革命群众奋起毛泽东思想的千鈞棒，向资产阶級司令部发起猛烈的冲击。馬少波等一伙如丧家之犬，在慌乱中将黑戏《战斗的青春》忍痛割爱，这棵反党反社会主义反毛泽东思想的大毒草才未能出籠。

孙振、馬少波之流，在革命洪流的冲击下，或者暂时装作可怜相，或者装死躺下，但他們一旦有机可乘，还会卷土重来的。**“切不可书生气十足，把复杂的阶级斗争看得太简单了。”**我們要坚决把孙振、馬少波这些坏家伙打翻在地，把他們炮制的大毒草《战斗的青春》小說和京剧，批倒批臭，批得他們遺臭万年，永世不得翻身！

打倒国民党分子孙振

（上接第二版）

在孙振一伙的长期策划下，一个反革命夺权的严重政治事件終于发生了。去年十一月在天津召开的反革命黑会，就是孙振之流蓄謀已久的、公开对抗中央无产阶級权威，妄图篡夺无产阶級政权的反革命黑会。**“搬起石头打自己的脚”**，敌人的反革命夺权阴謀，被以毛主席为首、林副主席为副的无产阶級司令部彻底击潰了，黑会破产了。孙振这个暗藏的国民党分子，終于落入了革命人民的法网。这是一切阶級敌人的可耻下場。

孙振一伙所策划的反革命政权的雛型“工农兵文艺革命委員会”，到底是什么貨色呢？只要看一看它的主要成員，就知道他們葫芦里卖的是什么药了。所謂的“工农兵文艺革命委員会”，就是由河北省深泽县大叛徒集团总头日之一王亢之，胡风分子、大右派方紀，大叛徒、大特务孙振，反革命修正主义分子、大流氓李超等周揚死党、万张反革命修正主义集团干将和一小撮走资派、坏蛋、現行反革命分子組成的。这是一个地地道道的反革命集团。这个反革命集团，上有变色龙作黑后台，下有小爬虫当嘍罗，叛徒、特务、汉奸、流氓和牛鬼蛇神应有尽有。他們代表的是资产阶級和一切剝削阶級的利益，是代表国民党反动派和万张反革命修正主义集团的利益。他們是代表中国赫魯晓夫向以毛主席为首、林副主席为副的中国共产党及其領导下的广大革命人民群众夺权，代表资产阶級向无产阶級夺权，这是名副其实的反革命夺权！我們一千个不答应！一万个不答应！用鮮血取得的革命果实，决不能輕易丧失掉。我們必須**“针锋相对，寸土必争”**，用战斗来保卫人民得到的权利。

天津市解放前是帝、資、封、国民党反动派的巢穴。解放后，虽然經过了肃反、反右等几次大的斗爭，但是在万张反革命修正主义集团长期控制下，不仅一小撮暗藏的阶級敌人如孙振之流被包庇潜伏下来，而且在两个阶級、两条道路、两条路綫的激烈斗爭中，也还产生了一小撮新型的反革命分子。伟大領袖毛主席教导我們：**“阶级斗争并沒有结束。无产阶级和资产阶级之间的阶级斗争，各派政治力量之间的阶级斗争，无产阶级和资产阶级之间在意识形态方面的阶级斗争，还是长时期的，曲折的，有时甚至是很激烈的。”**解放十几年来和无产阶級文化大革命中阶級斗爭的事实証明，毛主席这一科学英明的論断，天才地、創造性地闡明了在社会主义条件下阶級斗爭的規律。我們**“千万不要忘记阶级斗争”**，否則就会吃大亏、上大当，就有亡党、亡国的危险。无产阶級文化大革命以来，阶級斗爭的現实就是一部活教材，反革命黑会就是一个反革命复辟的典型，黑会的策划者孙振，就是一个活生生的反面教員。

联系孙振的罪恶活动，剖析他的反革命丑恶嘴脸，可以使我們非常清楚地看到阶級敌人是何等猖獗，何等毒辣，何等狡猾！阶級斗爭又是多么复杂，多么尖銳，多么深刻啊！我們千万不要书生气十足，敌人并沒有睡大觉。只要有阶級存在，阶級敌人总是要寻找时机向我們进攻的，这是阶級斗爭的客观規律，过去、現在、将来都是如此。万张反革命修正主义集团被打倒了，万张集团第二套班子又拼凑起来了。“树欲靜而风不止”，阶級斗爭就是如此，你不斗敌人，敌人就斗你。我們的方針就是針鋒相对，打一場“人民战爭”，把万张的死党，把国民党反动派的残渣余孽，把一切牛鬼蛇神統統揪出来，把他們扫进历史的垃圾堆。

“要扫除一切害人虫，全无敌。”

·4· 1968,5. 毛主席万岁 红旗战报

彻底砸烂帝王将相局和裴多菲俱乐部（浙江通訊）

浙江省彻底砸烂旧省文化局、文联的战斗打响了！

彻底砸烂帝王将相局——旧省文化局！

彻底砸烂裴多菲俱乐部——旧省文联！

浙江省級文化系統的无产阶級革命派和革命群众坚决响应无产阶級司令部的战斗号令，正向浙江反革命修正主义文艺黑綫、黑网的顽固堡垒——旧省文化局、文联，猛烈开火！他們举行誓师大会，紛紛写大字报，义愤塡膺，同声斥責旧省文化局、文联中一小撮反革命修正主义分子，十多年来秉承中国赫魯晓夫、陆定一、周揚以及旧浙江省委一小撮走資派的黑旨意，把文艺界变成复辟資本主义前哨陣地的滔天罪行。

盘踞在旧浙江省文化局、文联的一小撮反革命修正主义分子，他們挂着共产党員的招牌，但是并不代表工人阶級，而是代表国民党反动派的利益，代表帝国主义、資产阶級和地、富、反、坏、右利益的混入党内的資产阶級代表人物，是一批国民党分子。

就是这一小撮反革命修正主义分子和他們的黑主子——旧浙江省委內一小撮走資派，他們点兵选将，把疯狂攻击以毛主席为首的无产阶級司令部的女干将，血債累累的老叛徒，三十年代的反动学术“权威”、老寄生虫，在反右派斗爭中被罢了官的周揚黑帮分子，国民党反动軍官，封建余孽、大戏霸，攻击文化革命先驅魯迅的三十年代反动文人等等，委派在旧省文化局、文联的各个重要部門，控制全省文化界的党、政、財、文大权。

——旧浙江省委內一小撮走資派，他們把反共女将捧到戏剧教育的权威宝座上，大搞所謂戏曲“黄龙洞风格”，頑固堅持和发展女人演男人的六十年代怪現象，疯狂地抵制和反对无产阶級司令部三令五申要改革女子越剧的英明指示。

就是这一小撮反革命修正主义分子和他們的黑主子——旧浙江省委內一小撮走資派，他們把国民党反革命別动队——演剧四队的核心人物安插在要害崗位上。

就是这一小撮反革命修正主义分子和他們的黑主子——旧浙江省委內一小撮走資派，他們把臭名昭著的大右派連提五級，让其一夜之間成为“三名三高”人物。

他們这一小撮資产阶級代表人物，国民党反动派在浙江省文化界的代理人，就是这样地招降納叛，結党营私，拚凑了一套套黑班子，**“組成了一个暗藏在革命阵营的反革命派别，一个地下的独立王国”**。

反革命修正主义的組织路綫，保証了反革命修正主义文艺黑綫的貫彻。

窃踞浙江省文化界領导大权的这一小撮反革命修正主义分子，他們策动和指使黑干将、黑爪牙精心炮制《斗詩亭》、《人小志大》、《丰收紅旗飘》、《烏江恨》、《于謙》、《胭脂》、《西园記》、《亮眼哥》、《战斗的青春》、《郑恩鬧殿》、《斗爭在继續中》、《楊立貝》（即《血碑》）、《山花烂漫》等大毒草，大演鬼戏、叛徒戏、妓女戏，配合国内外阶級敌人，恶毒地攻击总路綫、大跃进、人民公社三面紅旗，为反党野心家彭德怀鳴“冤”叫“屈”，为中国赫魯晓夫阴謀复辟資本主义大造反革命輿論，妄图顚覆无产阶級专政，把矛头指向以毛主席为首的无产阶級司令部。

他們策动和指使黑干将、黑爪牙从《东海》、《俱乐部》等杂志上射出《空中飞人》、《归来》等等一支又一支的毒箭，丧心病狂地把矛头指向伟大領袖毛主席。

他們策动和指使黑干将、黑爪牙大演丑化工农兵的音乐舞蹈，大搞“西湖文化”，“乘凉晚会”，大肆販卖封、資、修文艺，腐蝕群众。

他們策动和指使黑干将、黑爪牙拍摄美化国民党反动派、大喝阶級調和論的极其反动的影片《特赦》，博得黑帮分子罗瑞卿的大肆贊揚，并公然让它在全国大放其毒。

他們还和公检法中的一小撮反革命修正主义分子狼狽为奸，蓄意陷害文化革命英勇旗手、无产阶級司令部的負責同志，制造触目惊心的反革命事件，疯狂地炮打无产阶級司令部，是可忍，孰不可忍！

更为令人发指的，是这个旧省文化局、文联，疯狂地抵制、攻击和反对我們伟大領袖毛主席一九六三年和一九六四年关于文学艺术的两个伟大批示。毛主席的这两个批示，击中了中国赫魯晓夫以及陆定一、周揚之流利用文艺搞資本主义复辟的要害，从政治上判处了以中国赫魯晓夫为总后台的反革命修正主义文艺黑綫的死刑，也从政治上判处了浙江反革命修正主义文艺黑綫的中枢——旧文化局、文联的死刑。旧浙江省委內一小撮走資派及其在文艺界的代理人，不甘心自己的灭亡，严密封鎖和百般抗拒毛主席的伟大批示。他們甚至狂妄地叫嚣說：“中央文化部是中央文化部，浙江文化局是浙江文化局，具体問題具体分析。”“有人說（省）文化局是帝王将相局，我不贊成。中央文化部由毛主席作結論，浙江要浙江党作結論。”这一小撮反革命修正主义分子狂犬吠日地把矛头直指伟大領袖毛主席，眞是罪該万死！他們糾集省文艺界的一批黑干将、黑爪牙，借传达毛主席两个批示为名，大放厥詞，大肆攻击毛主席的批示。他們匆忙召开戏曲、电影、出版、群众文化、文学等一系列黑会，为旧省文化局、文联“摆好評功”，并在旧文化局、文联及所属单位，导演了一場假整风、眞包庇的丑剧，等等，他們反对毛主席的伟大批示到了何等猖狂的地步！

旧浙江省文化局十十足足是个毛主席早就尖銳批評的那种帝王将相、才子佳人局，旧浙江省文联地地道道堕落成为毛主席早就严正警告的那种裴多菲俱乐部。对于它們，就是要彻底砸烂！文艺界的大权一定要夺回来！这就是历史的宣判！

无产阶級文化大革命的滚滚洪流，将把旧浙江省文化局、文联中藏了那么久、钻得那么深的資产阶級代表人物，国民党反动派的残渣余孽，一个一个、一批一批地冲刷出来。但是，这潭污泥浊水毕竟年月久长，沉渣、浮叶还沒有完全打扫干淨。阶級斗爭的盖子还沒有完全揭开。阶級敌人人还在，心不死。当着彻底清理文艺队伍的烈火燃烧起来时，他們在惶恐之中却扮出一副“革命”的面孔，大肆叫嚷无产阶級革命派在搞“資反路綫”，妄图滑过去；当广大革命派战士向反革命修正主义文艺黑綫、黑网进攻时，他們就赶紧化整为零，以守为攻，收綫縮网，装出一副可怜相，大喊“我不懂戏，不管戏”，“我与上面沒有联系”，以便窥測方向，伺机反扑；当无产阶級革命派内部出現一些意見分歧时，他們就千方百計削尖腦袋，钻进革命派队伍，拨弄是非，分化瓦解革命营垒，妄图組织另一套黑班子，以待东山再起。阶級斗爭的实践反复表明，阶級敌人是极端狡猾，极端阴险毒辣的；在把他們彻底打垮以前，复辟和反复辟、夺权和反夺权的斗爭将会一直激烈进行。

浙江省文化界无产阶級革命派和革命群众，目前正在更高地举起毛泽东思想的革命批判大旗，以光輝灿烂的毛主席的革命文艺路綫这个最銳利的武器，去检驗一切，去剖析一切，去批判一切。从政治上、思想上将封、資、修的黑貨批倒批臭，眞正地彻底地砸烂旧省文化局、文联。

浙江省文艺界无产阶級革命派和革命群众，把“三忠于”作为彻底砸烂旧省文化局、文联的强大动力，把彻底砸烂旧省文化局、文联作为“三忠于”的实际行动。他們坚决遵照毛主席的伟大教导，以阶級斗爭为綱，大反右傾，狠下决心，彻底砸烂反革命文艺黑綫、黑网，为夺取无产阶級文化大革命全面胜利而英勇战斗！

剷除《来訪者》的姊妹篇《程門立雪》

伟大領袖毛主席非常英明地指出：**“利用小说进行反党活动，是一大发明。凡是要推翻一个政权，总要先造成舆论，总要先做意识形态方面的工作。革命的阶级是这样，反革命的阶级也是这样。”**中国赫魯晓夫，是混入党內的資产阶級和一切剝削阶級以及国民党反动派的最大的代表人物，基于他的簒党簒国的反革命狼子野心，指使他在文艺界的代理人周揚一伙，大抓意識形态方面的工作，极力为反革命复辟制造輿論准备。胡风分子、周揚死党、万张干将、反革命修正主义分子方紀，是中国赫魯晓夫在文艺上最忠实的代言人之一，是一个疯狂复辟資本主义的急先鋒。

众所周知，方紀在一九五七年十二月炮制了一篇为資产阶級右派分子翻案，向伟大的反右派斗爭进行反攻倒算的反党反社会主义反毛泽东思想的大毒草《来訪者》，孰不知他还炮制了《来訪者》的姊妹篇大毒草《程門立雪》，只是未能出籠而已。

大毒草《程門立雪》，写一个名旦角（程艳秋）有一个最得意的弟子(李世济)，也就是他的私生女，本来师徒关系十分諧和，后来因为他的这个弟子的父亲，也就是这个名旦角的好友，在一次反党的上书中不經他同意替他签了名，而且还是签的第一名，再加上有人离間师徒关系，因而这个名旦角就断絕了和他的弟子的来往。以后，在一次出国演出途中，这个名旦角一路之上教另一个名演員（紅綫女）唱一段戏，这一段戏就是他的弟子准备演出时唱的，他名教那个名演員，实际上是教他的弟子，因为他的弟子一直站在包厢外边偸着学。回国以后，他的弟子一直希望和他重归旧好，他也有此愿望，但适逢反右派斗爭开始，他“怕”沾染是非，仍拒絕和他的弟子重新和好。后来，在他临終之前，他的弟子才得以和他見面；并在他瞑目时，释却前嫌……

很清楚，大毒草《程門立雪》实际上是继《来訪者》之后，方紀頑固坚持反革命的立場，又一次恶毒地向党向社会主义提出“控訴”，“控訴”社会主义造成了这一对师徒（即父女）的生离死别，疯狂攻击解放以后在伟大領袖毛主席領导下所进行的历次政治运动，把矛头指向了以毛主席为首的无产阶級司令部，指向了光焰无际的毛泽东思想，指向了我們心中最紅最紅的紅太阳毛主席。你看，在方紀的笔下，本来是一对很好的师徒，师是徒最崇敬的师，徒是师最得意的徒，师与徒之間的关系十分諧和，就是因为政治运动，离間了他們的关系，甚至“断絕”了来往。在他們师徒来說，这是不得已而为之，他們互相之間还是怀着无限深情，希望重归旧好，无奈反右派斗爭展开了，使他們不得不继續“断絕”来往。……这里，无需多作說明，方紀的反党眞面目不是昭然若揭了嗎！

大毒草《来訪者》是向伟大的反右派斗爭进行反攻倒算的，是为右派分子及一切牛鬼蛇神翻案的；同样，在大毒草《程門立雪》中，那一对师徒（实即父女）的所謂“悲离”而不能“欢合”，甚至“死别”的“悲剧”，在方紀看来，不也是因为反右派斗爭等政治运动的开展嗎？《来訪者》和《程門立雪》，就其反革命的实质，可謂是异曲同工，如出一轍。

还必須指出：第一，《程門立雪》的炮制，是在一九五九年方紀因为写了大毒草《来訪者》等受了批判以后。伟大領袖毛主席教导我們：**“阶级敌人是一定要寻找机会表现他们自己的。他们对于亡国、共产是不甘心的。不管共产党怎样事先警告，把根本战略方针公开告诉自己的敌人，敌人还要进攻的。”**方紀正是利用炮制大毒草《程門立雪》来发洩他对党对社会主义的刻骨仇恨，向党向社会主义疯狂进攻。他把一对父女（一个資产阶級分子和他的私生女）的“生离死别”（也如方紀的同党、反革命修正主义分子楊潤身炮制的“修到家了”的大毒草电影《探亲記》中那一对父子的“生离死别”一样），归罪于我們的社会主义制度，恶毒地把矛头指向党，誣蔑我們党造成了人与人之間的关系是“六亲不认”。第二，当时，正是以彭德怀为首的右傾机会主义反党集团被以毛主席为首的无产阶級司令部击潰，取得了反右傾斗爭的伟大胜利，罢了自命为“海瑞”的彭德怀等右傾机会主义分子的官。但是斗爭还在继續。伟大領袖毛主席指出：**“庐山出现的这一場斗争，是一場阶级斗争，是过去十年社会主义革命过程中资产阶级与无产阶级两大对抗阶级的生死斗争的继续。在中国，在我党，这一类斗争，看来还得斗下去，至少还要斗二十年，可能要斗半个世纪，总之要到阶级完全灭亡，斗争才会止息。”**果然，过了不久，为彭德怀翻案的《海瑞罢官》破門而出，天津文艺界紧相呼应，在方紀、白樺、李耕涛、王亢之等反革命修正主义分子的一手策划下，演出了《五彩轎》，博得周揚的好評，說：“很好”，“是海瑞戏中較好的一出”。《程門立雪》和《海瑞罢官》、《五彩轎》一样，是为右傾反党集团翻案服务的，是为中国赫魯晓夫复辟資本主义制造輿論准备的，它們是同一条黑藤上的一串大毒瓜。

因此，在我們猛斗方紀，狠批《来訪者》的同时，也要把《程門立雪》拿出来示众，也要把它連根拔除！

对于马克思主义的理论，要能够精通它、应用它，精通的目的全在于应用。

毛泽东

中学红卫兵

天津市中等学校紅卫兵代表大会常务委員会机关报

第 23 期　1968年5月13日　星期一

社论 "忠"在根本上，"用"在大节上

最近，各区红代会陆续召开和准备召开红卫兵学毛著积极分子代表大会，这本身就是毛泽东思想的伟大胜利，是无产阶级革命派在以毛主席为首的无产阶级司令部的领导下击垮了刘邓资产阶级司令部的结果。

当前，世界革命进入了一个伟大的新时代，进入了毛泽东思想的新时代。我们伟大的领袖毛主席集中了中国优秀的历史遗产，集中了世界人类的最高智慧，集中了中国和世界历次革命的经验，把马克思主义发展到了一个崭新的阶段。几十年来中国革命历史和世界革命历史都证明了，毛泽东思想是在帝国主义走向全面崩溃，社会主义走向全世界胜利的时代的革命人民克敌致胜的法宝，是最高最活的马克思列宁主义。作为世界革命根据地的中国人民，尤其是我们毛主席的红卫兵，学好用好毛泽东思想是责无旁贷的国际主义义务，是世界革命赋予我们的伟大历史使命。

我们红卫兵小将在阶级斗争的暴风雨中扑向了涛涛的海浪，在史无前例的文化大革命中投入了阶级斗争的漩涡，在狂风骤雨，惊涛骇浪的洗礼中度过了有生以来最有纪念意义的两个春天。在这两年中，充满着烟与火，撕与杀，血与汗，充满着压制与反抗，充满着两个阶级，两条路线拚杀搏斗的峰烟。在这场阶级斗争的大风浪中，我们每个毛主席的红卫兵都深深体会到：紧跟毛主席就是大方向，紧跟毛主席就是胜利。所以，广大的红卫兵小将怀着对我们伟大领袖毛主席的无限崇拜的心情，大搞"忠"字化运动，突出一个"忠"字，狠抓一个"用"字，"忠"在根本上，"用"在大节上。

"忠"在根本上，就是在两个阶级，两条路线，两个司令部的斗争中坚决站在以毛主席为首的无产阶级司令部一边，坚决站在毛主席的革命路线一边，紧跟毛主席的伟大战略部署，坚决砸烂刘邓的黑司令部及刘邓推行的资产阶级反动路线，彻底批判刘邓在全国各个战线上的一切流毒。这就是对毛主席最大的"忠"，最根本的"忠"。

"用"在大节上就是在两个阶级，两条路线，两个司令部斗争的风浪中，用毛泽东思想明察是非，分清黑白，坚决地、毫不妥协地顶住刘邓司令部煽起的黑风恶浪，在关键时刻，敢于挺身而出捍卫毛主席的革命路线，捍卫以毛主席为首的无产阶级司令部，不怕迫害、压制，不怕被打成反革命，不怕流血，不怕牺牲，自觉地以毛泽东思想为武器，大造以刘邓为首的走资派的反，大造他们推行的资反路线和鼓动的资产阶级反动思潮的反。在当前就是要紧跟毛主席反对右倾机会主义，反对右倾分裂主义，反对右倾投降主义的部署，坚决击退为走资派、牛鬼蛇神、地富反坏右，为资反路线，为刘邓黑司令部翻案的逆流，用自己的鲜血和生命誓死保卫文化大革命的成果，誓死保卫无产阶级司令部。这就是革命的大节，只有在大节上活学活用毛主席著作，我们红卫兵才能成为无产阶级革命事业的接班人，才能掌好无产阶级的红色政权，把革命进行到底。

要作到"忠"在根本上，"用"在大节上是件很不容易的事，需要经过艰苦的革命锻炼才能达到。因为毛泽东思想代表着无产阶级的根本利益，以无产阶级的革命原则指挥着广大革命人民勇往直前，向共产主义迈进；而以刘邓为首的资产阶级司令部则以黑《修养》，资产阶级的人生哲学妄图把历史车轮拉向资产阶级方向，实行资本主义复辟。适合于资产阶级口味和利益的旧习惯势力是他们最好的助手。在这两条路线的激烈斗争中，往往有些人由于资产阶级小资产阶级的世界观，由于反动的社会思潮的冲击，就站不稳立场，自觉不自觉的站错了队，作出了不忠于毛主席的错事，犯了背离毛主席革命路线的错误。

存在这种小资产阶级的弊病，就不可能"忠"在根本上，"用"在大节上。正如毛主席指出的：**"知识分子在其未和群众的革命斗争打成一片，在其未下决心为群众利益服务并与群众相结合的时候，往往带有主观主义和个人主义的倾向，他们的思想往往是空虚的，他们的行动往往是动摇的。"**

所以我们青年学生，必须下决心和工农结合，下决心为无产阶级的利益奋斗终生，在阶级斗争的风浪中，狠学狠用"老三篇"，彻底改造世界观，用毛泽东思想把小资产阶级思想引导到无产阶级革命的轨道上来。同时必须在阶级斗争中，在革命的实践中努力学习，深刻领会毛主席著作，用毛泽东思想分析周围的一切。正如毛主席教导我们的：**"马克思、恩格斯、列宁、斯大林的理论，是'放之四海而皆准'的理论。不应当把他们的理论当作教条看待，而应当看作行动的指南。不应当只是学习马克思列宁主义的词句，而应当把它当成革命的科学来学习。不但应当了解马克思、恩格斯、列宁、斯大林他们研究广泛的真实生活和革命经验所得出的关于一般规律的结论，而且应当学习他们观察问题和解决问题的立场和方法。"**

我们应当按毛主席的指示办事，努力学习毛泽东思想这门把人类引向光明的革命科学，用这门科学武装自己的头脑，应用到阶级斗争、生产斗争、科学实验的伟大的革命运动中去。用毛主席著作这一战无不胜的思想武器，向着一切不符合毛泽东思想的旧习惯、旧势力和这些腐朽势力的总代表刘邓黑司令部进行猛烈地冲击，不停顿地进攻。这样我们就会"用"在大节上，就会"忠"在根本上。

现在，一些"忠"字化的崇拜运动是群众创造的，是广大革命群众对毛主席无限热爱的表现，对此我们要热情支持，积极引导。把群众的热情引导到努力学习毛主席著作，积极开展思想斗争，改造世界观上去，引导到"忠"在根本上，"用"到大节上去。决不允许杨成武之流把群众对毛主席的无限忠诚引导到形式主义的邪路上去，这实质上是阉割主席思想的灵魂，破坏伟大的"忠"字化运动。所以必要的形式是有益的，而形式主义是极端错误的。只要我们拚命地"忠"在根本上，"用"在大节上，我们的群众性的学毛著运动就能健康地发展，就能产生推动历史前进的巨大的物质力量。

我们这次活学活用毛泽东思想积极分子代表大会就是要高举"**对反动派造反有理**"的大旗，为"忠"在根本上的革命造反派大喊大叫；为坚决站在毛主席革命路线一边坚决反对刘邓资产阶级反动路线的革命造反派大喊大叫；为一直紧跟毛主席伟大战略部署的革命造反派大喊大叫；就是要为顶黑风、战恶浪，与"大联筹"殊死搏斗，誓死捍卫"三红"的革命的红卫兵战士大喊大叫。只有这种革命的战士，只有这种在关键时刻能挺身而出保卫毛主席、保卫毛主席的革命路线的人才能成为学毛著积极分子。那种唯唯喏喏的谨小慎微的君子，那种修养式的市侩，那种逍遥两年积极几天的亡党亡国派，那种右倾思想严重的，坚持资产阶级反动路线立场的人，那种坚持"大联筹"反动思潮死不悔改的人是绝对不能充当积极分子的。讲评、推选积极分子的过程，是两条路线激烈斗争的过程，是否定还是肯定文化大革命的斗争过程。讲评、推选要上下结合。我们各级领导要把这个问题切实注意起来，决不可粗心大意。

让我们高举起"**对反动派造反有理**"的大旗迎接天津市红卫兵首次活学活用毛泽东思想积极分子代表大会的胜利召开吧！

.发揚"五·四"革命傳統　遵循毛主席"五·七"教导

坚决走与工农相結合的道路

本报讯　五月五日中学红代会在体育馆举行大会，纪念"五·四"和"五·七"这两个光辉的日子。

与会者代表了全市红卫兵和革命学生的雄心壮志。个个群情激昂，一致表示：坚决沿着毛主席指引的方向，到农村去！到边疆去！誓作革命事业的可靠接班人。

我们伟大领袖毛主席是革命青年的最伟大的导师，给我们指出了最光明的方向。社会主义革命时期毛主席又英明地指出：**"一切可以到农村中去工作的这样的知识分子，应当高兴地到那里去。农村是一个广阔的天地，在那里是可以大有作为的。"**并发出了光辉的"五·七"指示。毛主席极大的丰富和发展了青年运动方向上的马克思列宁主义。

这次毕业分配是一项重大的政治工作，两年的文化大革命是一个青年政治生活中关键重要的两年，因此作好政治思想工作，发动群众作好毕业总结是个严肃的问题！

毕业分配是个必定要做的工作，但当前中学运动仍然要以"一批三查"为主。一切人，尤其是毕业生，在未到新的岗位前都要努力搞好本单位的斗、批、改，把文化大革命进行到底，尽到一个彻底的无产阶级革命派的职责。

天津市革命委员会委员，驻军首长王元和同志出席了大会并作了重要指示。

下乡知识青年鄢玉娥同志也出席了大会并作了极为生动的报告，受到热烈的欢迎。

会上收到了许多革命同学的决心书，一致表示坚决走与工农群众相结合的道路，到农村去！到边疆去！到最艰苦、最需要的地方去！

中学红卫兵　　毛主席万岁

1968年5月13日　第二版

到农村去！到边疆去！

紧跟毛主席寸步不离

天津延安中学全体毕业生

我们伟大的领袖毛主席一直非常关心我们青年的成长，对我们青年寄予无限的希望。给我们指出了前进的方向，毛主席说：“**青年应该把坚定正确的政治方向放在第一位。**”他老人家还说：“**看一个青年是不是革命的，拿什么做标准呢？拿什么去辨别他呢？只有一个标准，这就是看他愿意不愿意、并且实行不实行和广大的工农群众结合在一块。愿意并且实行和工农结合的，是革命的，否则就是不革命的，或者是反革命的。**”一九五五年，毛主席又发出了战斗号召：“**一切可以到农村中去工作的这样的知识分子，应当高兴地到那里去。农村是一个广阔的天地，在那里是可以大有作为的。**”在毛主席这一光辉思想照耀下，无数革命青年，满怀革命的豪情壮志，带着宝书，打起背包，冲破重重阻力，坚定地走和工农相结合的道路，上山下乡，奔赴内地，奔赴边疆。他们在三大运动中发挥了巨大的作用，已经成为我国社会主义革命和社会主义建设中的一支重要突击力量。我们坚决向他们学习，以他们为榜样。在此我延安中学全体毕业班的同学表示决心，我们无限忠于毛主席，无限忠于战无不胜的毛泽东思想，无限忠于毛主席的革命路线！

坚决响应我们伟大统帅，我们的红司令的伟大号召，坚决走与工农相结合的道路！我们认为，一个青年能够听毛主席的话，上山下乡，在大风大浪中经风雨见世面，做一个“有社会主义觉悟的劳动者，”这就是对伟大领袖毛主席最大的“忠”，这就是革命的大节。如果是留恋城市、家庭、贪图个人享受，背离毛主席的革命路线甘做修正主义的俘虏，这就是对毛主席的最大不忠，就是对革命的叛变，我们每个同学都面临着严峻的考验！我们的伟大领袖毛主席在这场伟大的无产阶级文化大革命运动中，对延安中学的军训经验，给予了满腔热情的肯定与支持，发出了著名的“三·七”指示，给予我们极大的鼓舞，极大的鞭策，极大的教育。毛主席他老人家给我们撑腰！我们一定给毛主席他老人家争气！一定心怀一个“忠”字，坚定地走上山下乡的道路，沿着毛主席指引的革命航道奋勇前进！

我们要牢记毛主席“**千万不要忘记阶级斗争**”的教导，努力提高阶级斗争和路线斗争觉悟，把正确对待上山下乡问题，提到阶级斗争的纲上来认识，提到两条路线斗争的纲上来认识。党内最大的走资本主义道路的当权派，疯狂地反对毛主席关于知识分子和工农相结合，认真改造世界观的伟大指示，到处“封官许愿”，散布了大量的毒素，贩卖“吃小亏，占大便宜”的生意经，妄图把知识青年引进资本主义、修正主义的泥坑。我们要更广泛地、更深入地掀起革命大批判的高潮，彻底揭露中国赫鲁晓夫，及其在天津的代理人万张反革命修正主义集团和我校顽固不化的走资派狗王江反对毛泽东思想，破坏知识青年上山下乡的阴谋活动，彻底批判他们一整套的修正主义货色！并且提高革命的警惕性，向敢于破坏上山下乡运动的阶级敌人发动猛烈的，持久的进攻！让他们一切阴谋活动彻底破产！

同志们，战友们，紧跟毛主席前进，就是胜利！让我们在上山下乡的宽广的革命大道上前进吧！让我们在与工农相结合的道路上，在革命的大风大浪中，锤炼一颗永远忠于毛主席，永远忠于毛泽东思想，永远忠于毛主席的革命路线的赤胆忠心吧！

坚决响应毛主席伟大号召　到工农群众中去

战鼓咚咚，军号齐鸣。天津市中学红代会向我们发出了“响应毛主席伟大号召，到工农群众中去”的革命倡议，我为这个倡议拍手叫好！热烈欢呼！坚决响应！

最最敬爱的伟大领袖毛主席教导我们：“**一切可以到农村中去工作的这样的知识分子，应当高兴地到那里去。农村是一个广阔的天地，在那里是可以大有作为的。**”毛主席指示我照办，毛主席挥手我前进，紧跟毛主席的伟大战略部署是我的第一生命，我就是要打起背包走天下，到边疆去！到工农群众中去！到最艰苦的地方去！

“**忆往昔峥嵘岁月稠**”，看今朝任重而道远。

在毛主席“**对反动派造反有理**”的革命大旗下我们大造特造了天津黑市委的反，向万张反革命修正主义集团展开了猛烈的进攻，和党内一小撮走资派进行了坚决的斗争。在红八月，我们大破四旧，大立四新，横扫一切牛鬼蛇神。在毛主席无产阶级革命路线的指引下，我们与疯狂反扑的万张反革命修正主义集团的死党，与以“大联筹”为代表的资产阶级反动思潮进行了针锋相对的斗争，捍卫了“三红”，紧跟毛主席的伟大战略部署，粉碎了阶级敌人复辟资本主义的阴谋，用浴血奋战的革命到底的精神迎来了红色政权的诞生……

我们要坚决以“**斗私，批修**”为战斗武器，狠批中国赫鲁晓夫刘少奇“大公有私”“吃小亏，占大便宜”“追求物质刺激，当官做老爷”的修正主义路线，不把它批深、批臭誓不罢休！在无产阶级文化大革命中，我经受了锻炼和考验，现在我坚决要求到边疆去！到祖国最需要的地方去！到最艰苦的地方去！忠不忠，看行动，我坚决听毛主席的话：“**不要吃老本、要立新功。**”坚决以实际行动执行和捍卫毛主席的革命路线，给中国赫鲁晓夫刘少奇以迎头痛击！

现在我要“站好最后一班岗”，积极参加学校的无产阶级文化大革命，搞好“一批三查”。一旦祖国需要，就立即打起背包走天下！

“**雄关漫道真如铁，而今迈步从头越。**”“**不到长城非好汉。**”我坚决沿着毛主席指明的航向前进！走和工农群众相结合的道路，坚定不移向前进！

四十二中六六年高中毕业生　**郭天岭**

听毛主席的話　上山下乡干革命

我们最最敬爱的伟大领袖毛主席教导我们说：「**一切可以到农村中去工作的这样的知识分子，应当高兴地到那里去。农村是一个广阔的天地，在那里是可以大有作为的。**」农村是火热的阶级斗争战场，是三大革命运动的广阔的大课堂。到农村去，走与工农群众相结合的道路，在阶级斗争的大风大浪中活学活用毛泽东思想，改造自己，这是把我们青年造就成为无产阶级革命事业可靠接班人的唯一正确途径。能不能按照毛主席的教导，走与工农群众相结合的道路，这是两个阶级、两条道路、两条路线、两种世界观的斗争；也是鉴别我们是真革命，还是假革命的重要标志。我们是毛主席的红卫兵，无限热爱毛主席！无限忠于毛主席！毛主席怎样说，我们就怎样做！我们坚决响应伟大领袖毛主席的号召，我们强烈要求到农村去！到内蒙古去！到祖国最需要的地方去！在阶级斗争的大风大浪里把我们锻炼成为一个真正的无产阶级革命事业的接班人！忠不忠，看行动！

天津六十一中红卫兵战士　黄文卓、刘振媛、王惠珍、杨学和、冯雪琴

心中的太阳永放光芒

在无产阶级文化大革命向着全面胜利大踏步前进的道路上，英雄的红卫兵小将高举“**对反动派造反有理**”的伟大红旗，怀着对伟大领袖毛主席的无限忠诚，为人民大立新功。天津机械工业学校红卫兵战士刘文广同志就是一个突出的代表。

在震动全市，闻名全国的《政师“八·九”——“八·十”反革命事件》中，刘文广同志为捍卫毛主席在天津工作的战略部署，被一小撮万恶的“大联筹”匪徒夺去了一只眼睛。

失去了一只眼睛，这对于一个没经过更多战斗锻炼的青年是个多么严峻的考验啊！一只眼睛残废了，无数不可避免的困难挤到他面前：工作、生活、前途……如何对待？怎样回答？“‘大联筹’一小撮阶级敌人夺去了我一只眼睛，但他夺[illegible]红卫兵忠于毛主席的红心，只要人在，有战无不胜的毛泽东思想作武器，我们就会无往而不胜！”刘文广同志向毛主席立下了响亮的誓言，他正以自己的实际行动表达着对毛主席的一片忠诚。

刚失去眼睛的一些日子，“政师保卫战”的鏖战情景总是浮现在他的眼前……

在四面重围的政师大楼中，二百余名红卫兵为了捍卫毛主席的革命路线已经战斗了几十小时。“大联筹”一小撮阶级敌人为了达到破坏天津文化大革命的罪恶目的，用现代化的小口径步枪、马枪向赤手空拳的红卫兵小将大打出手了。硫酸浇在我们战友的身上，子弹不断从战士身边飞过，烈火带着充满毒气的烟雾直向楼上扑来。

“**下定决心，不怕牺牲，排除万难，去争取胜利。**”毛主席的声音一遍遍在战士们的耳边回响，在与敌搏斗的分分秒秒中，一想起毛主席就充满了力量。

面对着“大联筹”一小撮暴徒的猖狂进攻，刘文广丝毫没有退却。就在他坚守在三楼楼道的时候，一个恶魔开枪了，一颗枪弹击中了他的右眼。一阵难以忍受的疼痛压下来，他只觉得天旋地转，什么也看不见了。“**不论在任何艰难困苦的场合，只要还有一个人，这个人就要继续战斗下去。**”他暗暗地咬着牙，坚持战斗。战友们看到他的眼球晶体已经流出来了，不由热泪盈眶。大家硬拉着他去休息，他就是不肯。剧烈的疼痛使他昏迷过去，在昏迷中，闯进楼上来的暴徒还不断用皮鞭抽打着他……

（下转第四版）

中学红卫兵　毛主席万岁　1968年5月13日　第三版

解学恭同志谈“一批三查”和反右倾

（一九六八年五月四日）

根据社论指示精神更加明确了我们要突出什么：（1）就是要把毛主席的最新指示全面落实，化为行动。这场斗争的性质毛主席已经讲得很清楚了：**无产阶级文化大革命，实质上是在社会主义条件下，无产阶级反对资产阶级和一切剥削阶级的政治大革命，是中国共产党及其领导下的广大革命人民群众和国民党反动派长期斗争的继续，是无产阶级和资产阶级阶级斗争的继续。**

这是指导文化大革命的根本理论，把文化大革命的实质点出来了，通过“一批三查”落实毛主席的最新指示是完全对的，这个还要坚持贯彻下去，一批就是批刘邓、万张反革命修正主义集团；三查就是要查叛徒、特务，顽固不化的走资派和没有改造好的地富反坏右！这是摆在我们面前一个非常紧要的大问题，必须通过斗争来实现！

（2）把矛头对准谁的问题是个原则问题。要把矛头狠狠地对准刘邓、万张、没有改造好的地、富、反、坏、右，把他们批深、批透，肃清其流毒，把隐藏下来的叛徒、特务、国民党反动派统统揪出来，这是四百万人民的中心任务！

不准把矛头对准群众和革命的群众组织。现在摆在革命委员会面前的问题，就是必须要紧紧把握斗争的大方向，把矛头对准阶级敌人，坚持毛主席的革命路线，保卫毛主席的革命路线。反对从右的方面或极“左”的方面干扰毛主席的革命路线。两条路线的斗争就是要防止“左”、右干扰，反对右倾！批判大联筹为代表的资产阶级反动思潮，要提高一步，把实质问题搞清楚，到底反动在什么地方。当前，右倾翻案是主要危险，全国是这样，天津也不例外。从现象来看是这样，从全面来讲松懈、麻痹、懈怠是个大问题，能否把文化大革命进行到底是个严肃问题，因为取得了决定性胜利，打倒了一些走资派，就容易产生松懈的思想，这是断送文化大革命的危险思想！

各级革委会中，站出来的干部，在阶级觉悟、路线觉悟上确实存在不少问题，如何正确对待自己，正确对待群众，正确对待运动，正确对待革命造反派这是个大问题，这方面要多做工作。“结合”的同志中，大多数是好的。“怕”字当头的，有种种原因，是属于认识问题。极少数的人，执行了资反路线，不检查、或检查了不改，对革命造反派采取错误的态度，口是心非，可能混进了两面派。

当前天津必须把反三右主义，击退右倾翻案妖风的旗帜高高地举起来。《延安精神永放光芒》中明确提出右倾翻案的问题，①就是不准为党内走资派、叛徒、特务、没有改造好的地、富、反、坏、右翻案；②就是不准为资反路线翻案。这个问题有共性，总的来讲是斗争矛头的问题，主要的是对敌人要恨，要抓批判，要反右倾，这样运动会前进。各级革命委员会统统要查一次右倾，究竟是站在哪个阶级上，是将革命进行到底还是半截革命。没有落后的群众，只有落后的领导。这样把战斗的司令部再整顿一下前进方向就明确了。

我们的政策都有了，就是不准对群众乱揪斗，有些“条条”好，但不能束缚群众，包庇敌人，如前些时候出的“八条”大家（常委）都同意了。有的地方提出不同意，如第五条，如果是明确了的地、富、反、坏、右就不要什么上报批准，群众可以干。打击谁的问题不够明确，原意是讲群众组织负责人，不准打击革命造反派，群众组织负责人查出来确实是坏人的才可揪斗，要防止打击革命造反派。

现阶段和敌人作斗争不能靠轰啊，嗡啊的办法，经过历次运动，公开的敌人已经揪出来了，隐藏的敌人还未全揪出来。有的隐藏得很深，这不是一朝一夕能解决的，要发动广大群众揪出敌人！

为资反路线翻案，为走资派、地、富、反、坏、右翻案现象看了不少了，一个正确东西要坚持下来，必须反右、反极“左”。它不翻案就没有斗争了，革委会（市的）混进了变色龙、小爬虫，中央帮助发现了，下面是否也混进了变色龙、小爬虫，这一点应该注意。敌人随时都要放暗箭，要阴谋，有时话不用多，稍点一下就够呛。现在是和国民党反动派继续斗争，这些家伙不会不动。最近街上贴了骂八一三、卫东的大标语，这种现象不正常，要防止上敌人的当。

敌人从经济方面搞破坏，在革命、生产之间作文章，有些干部可以搞生产，但就有人散布：你少伸手，以前就不突出政治现在又来了。有的人一想，也对，反正办学习班不会犯错误，干脆自己办学习班，生产不管不抓。生产搞不上去，反过来影响革命，给文化大革命抹黑。有的人一碰到困难就放担子。

在政治经济领域都存在着尖锐、激烈、复杂的斗争。社论提出两个“善于”，就是要视别敌人，有的人看起来表面是人，背后却搞鬼，极“左”地干扰毛主席的革命路线，右的也在干扰毛主席的革命路线。必须和右的、极“左”的作斗争。

当前放松了对刘邓、万张的批判和对敌斗争。把精力放在这个、那个群众组织上面，就要犯方向性、路线性错误。不能那么搞，不能对准革命群众组织。群众组织里混进了坏人，自己揪出来就立了一功，好象是从我组织里揪出了坏人就糟啦，把坏人和组织联在一起，那不对！

（根据记录整理，未经本人审阅）

读者来信

迎头痛击右倾翻案风，誓死捍卫无产阶级文化大革命的伟大成果！

編者按：

什么是右傾翻案？表现形式是什么？对于这个問題，各校革命师生有不同的认識和理解，本报21期座談紀要发表了部份学校师生的看法，今天刊登的十六中《举紅旗》的来信，对反三右提出了許多不同的看法和认識，这对于我們全面理解反右傾，全面认識当前的形势是很有益的。希望各校师生积极展开討論和爭論。

毛主席教导我們：**“革命时期情况的变化是很急速的，如果革命党人的认识不能随之而急速变化，就不能引导革命走向胜利。”**用毛泽东思想分析和总結运动中出现的新动向，随时弄清楚各阶級在想什么，干什么，弄清楚各种思潮的发展趋势，弄清楚阶級敌人采取的新策略。这样，才能把握阶級斗爭的新特点，看清形势的本质，明确斗爭的方向。

中央首长“三·二四”、“三·二七”等一系列重要指示，是以毛主席为首的无产阶级司令部向我们发出的战斗动员令。正如江青同志指示的：“目前在全国，右倾翻案是主要危险。”

毛主席告诉我们，无产阶级专政条件下革命的主要对像是混入无产阶级专政机构内部的资产阶级代表人物、是党内一小撮走资本主义道路的当权派。这一小撮党内走资派集中地代表了叛徒特务和地富反坏右复辟资本主义的反革命意愿。党内一小撮走资本主义道路的当权派同广大工农兵，革命干部，革命知识分子的矛盾是主要矛盾。毛主席的这一教导是无产阶级文化大革命的精髓，不懂得这一点，就是不懂得无产阶级文化大革命。在伟大领袖毛主席亲自发动的无产阶级文化大革命中，广大无产阶级革命派奋起毛泽东思想千钧棒，把这些乌龟王八蛋打翻在地，踢进了阴沟。他们要翻案、要复辟，首先是要否定文化大革命，否定革命造反派。这一小撮阶级敌人深知，不把文化大革命和革命造反派的案翻过来，他们自己的案也休想翻过来。当前刮起的这股右倾翻案风，主要的，也就是翻文化大革命的案。在这股妖风中，他们拼命地攻击毛主席的革命路线，企图否定两年来文化革命的伟大成果，否定中央文革的伟大功绩，否定革命造反派。依靠谁，团结谁，打击谁这是路线问题。党内一小撮走资派要翻案，妄图变天的狼子野心始终在无产阶级文化大革命和革命造反派的身上打主意。他们依靠保守派，否定革命造反派，排挤革命造反派，打击革命造反派，就是从根本上否定毛主席的革命路线，否定文化大革命，就是搞右倾翻案！面对着阶级敌人的猖狂反扑，我们的方针是针锋相对，迎头痛击！誓死捍卫无产阶级文化大革命的伟大战果！

正象江青同志所说：“右倾不是苗子，已有行动了。”在我们学校，这样的例子不是罕见的：

一、由于旧党支部的某些负责干部进了革委会，有的人在下面扬言运动初期保党支部就是保对了！还有人无视旧党支部积极推行修正主义教育路线和建党路线的严重问题，把旧党支部誉为“红线”。更有甚者，竟说什么：“这文化大革命把干部们都整了一顿，这叫干嘛呢？”在这些人眼里：空前广泛深入的革命群众运动不见了，毛主席的革命路线没有了，有的只是一片乱糟糟。这难道不是典型的右倾翻案思潮吗？

二、我校走资派金××曾猖狂地说：“你们运动初期整我是反动路线！”还说什么：“你们要我陪斗，我要和你们辩论！”面对这些情况，有人却说：“右倾翻案在我校只有可能性，没有现实性。”当一小撮别有用心的人公开为走资派金××张目，说什么“开大会让金××陪斗不符合政策”时，有的负责干部却强调说：“这也是一派人的意见，革委会要考虑考虑。”有的领导干部，上不报市革委会批准，下不经群众通过，就被塞进了革委会，并担任了重要负责工作。这些怪现象都说明了什么？

三、林彪同志在一九六七年八月九日的讲话中指出：“阶级成份是必须注意的，不注意会犯错误，但不能唯成份论，主要看政治表现，看站在什么路线上。在现实的阶级斗争中，站在那一边，这是个立场问题，是个首要问题，其他都是附带问题。”

六七年二月逆流中，中学里一小撮被走资派操纵的顽固保守势力也乘机跳了出来，他们死抱着反动血统论不放，借口“不准攻击红卫兵”，大肆否定广大群众批判资产阶级反动路线的大方向，大喊“主义兵的大方向就是正确”，甚至猖狂地攻击中央文革，为“联动”翻案，企图否定革命造反派。

现在，运动发展到了整顿阶级队伍的阶段，在这个问题上，比较多地谈到了成份出身，这是完全必要的。但是有的人却想借此机会重新祭起“联动”的破旗，别有用心地把反动血统论轻描淡写为“唯成份论”，并且歪曲林彪同志八、九讲话的精神，说什么当时提出纠正唯成份论的倾向是“因为那时候这些人造反，得利用他们”，说“这是一个策略”。他们把党的阶级路线说成是要利用某些人，把党的政策和策略混为一谈，说什么“历史利用了造反派”企图否认造反派，翻过去的案。这种论调即是所谓“造反派只能打天下，不能坐天下”的谬论的思想基础之一。这难道不是典型的右倾翻案思潮吗？

有些同志，听了毛主席司令部发动文化大革命第五回合战役的动员令毫不激动，泰然处之，不肯动脑筋想一想如何理解中央指示精神，如何紧跟毛主席伟大战略部署；不肯认真考虑哪些是右倾翻案的主要内容，反而在那里胡说什么：“什么‘左’呀、右呀的，右是右，极‘左’也是右，管他是‘左’是右，谁反对毛主席就打倒谁。”从这些言论中哪里找得到半点路线觉悟？！同志呀！没有路线斗争观念，阶级斗争观念就是抽象的，不彻底的。千万糊涂不得！在毛主席革命路线和资产阶级反动路线进行生死决斗的关键时刻，对于敌人的猖狂反扑，我们万万不可掉以轻心。反右倾，反翻案是毛主席的又一伟大战略部署；反右倾、反翻案就是要使广大革命群众充分认识到无产阶级文化大革命的伟大成绩和深远意义，进一步认识到中央文革的伟大功勋；反右倾、反翻案就是要进一步巩固无产阶级革命派在两条路线斗争中浴血奋战得来的天下；反右倾、反翻案就是使广大革命群众进一步认识到毛主席革命路线的伟大胜利，（下转第四版）

中学红卫兵　毛主席万岁

1968年5月13日　第四版

周总理对外交部的重要指示

（一九六八年四月一日）

翻案风有各种形式，极"左"也可以为二月逆流翻案，因为极"左"是同右合作的，是保护右的。现在，反右是主要方面，要反右倾保守主义，右倾分裂主义。

目前，有些学校分两派闹，这不好，都是革命群众组织，应该联合起来，不联合，只会对走资派有利，对革命不利。要边斗边批边改嘛！斗批改，要在斗中批改，要又斗又批又改，不能斗了再批再改，要斗到什么时候啊？要斗光了再改吗？黄河什么时候清？清只能是相对的。

要击退为二月逆流翻案风。去年二月逆流牵涉到外交部就是想完全复原。二月逆流的特点，是把矛头对准毛主席亲自发动的文化大革命，对准以毛主席为首，以林副主席为副的无产阶级司令部，对准坚决执行无产阶级路线的中央文革。当时二月逆流要恢复刘少奇为代表的资产阶级司令部的旧秩序，为资本主义复辟开辟道路，复辟资本主义。去年外交部有没有二月逆流的影响？有的，不能说没有影响。有人说外交部内部没有，这话不通。陈总犯了错误，自己检查了。陈总的错误就影响到外交部，而且外交部本身也有这种思想。一月夺权我们说只能夺文化革命领导权和业务监督权，我一直坚持这一点。但是如果超过了，象去年八月份极"左"要夺外交大权，就错了。（指大联筹）你们批判了，做得很对。但是部党委想一切都恢复旧秩序，就错了，我是一向反对的。当时青黄不接，要是按一月夺权的范围，向革命方向走，就会顺利，这是我的主观愿望。但是事情不是以人的意志而转移的。有右倾思想的人，想维持、恢复旧秩序，当时说服外交部联络站，领导文化大革命，监督业务，联络站同意了。这样部党委就抓恢复工作，没有秩序怎么工作？但只是恢复了党委对工作的领导，其他没有恢复。各司长按工作需要，有时让司长、副司长出面，但司内仍是按革命办法工作的。党委批文件，监督小组可以提不同意见，决定权在中央，这是新秩序，在司、部级的干部会上，我就听到不少司、局长有抵触情绪。当然，批判上有些过火的语言，革命总有点过火，不能文质彬彬，要经过考验。但极"左"方面不满足，所以从五、六月份开始起了变化，香港、缅甸问题来了。去年的"二·七"通知（给使馆的）是毛主席、林副主席亲自批准的，我写得还比较缓和呢！中央文革把通知强化了，提得更严格了："驻外使馆不能搞四大。"极右要复辟搞二月逆流，同时产生出极"左"来，这不矛盾，有右就有极"左"，就有形"左"实右。五、六月份有了土壤，七、八、九月就大闹特闹了，我这指国内。在国外使馆早就闹了，不执行"二·七"指示。二月逆流的结果，必然产生极"左"思潮、极"左"行动，后来批极"左"，右的又起来了。

十月份主席讲形势大好，发表了主席一系列最新指示。我们没想中央各部如何改革，这是右的，又有反复了。江青同志"九·五"讲话，是反极"左"的，"九·一"讲话点了《五·一六》的名，那是一个秘密的反动组织。还有姚文元同志的文章，也批判极"左"，九月二十六日江青同志讲话称赞革命，批判极"左"。去年二月份，有右的逆流，七、八月份又有极"左"。按道理，有了反复，应该有经验了。应该走正确的路了，应该站在毛主席的革命路线上了。但是不行，广大革命群众组织的头头，经验不够，背后还有坏人、叛徒、特务，死不悔改的走资派，还有社会上未改造好的地、富、反、坏、右、牛鬼蛇神要兴风作浪，还有内部的小爬虫。到十月份江青同志在文艺战线上的讲话，谈到五十天和十七年的问题，只批五十天就是包庇十七年、刘邓陶文艺黑线。如"三名"、"三高"等等，更不用说三十年代了。那是文艺组背着江青同志搞的右倾的东西。当时，内部就有右倾的东西，包括我们领导下的不少部门，右倾也滋长了。今年一、二月份，又起来了。本来极"左"，在外地比北京晚一些，湖南的"省无联"九月份出现，十月份指出了湖南极"左"有三条黑线，他们不听，今年一月才搞出来。外地有些地方极"左"的时间更长些，同时右的又来了，还是先从中央开始出现的，九十一人的大字报就是代表作。

九十一人大字报，为二月逆流翻案，要恢复旧秩序，首先为陈总评功摆好。在这以前，阿尔及利亚使馆领先贴出大字报，欢迎陈老总不检查就回部工作。第二，九十一人大字报是保自己，有二十多个武官当时没签上名，感到很遗憾，现在又可能感到很庆幸。当然后头是否还有人值得研究，但要实事求是。九十一人大字报是外交部为二月逆流翻案的代表作，要彻底批判。用什么标准呢？要高举毛泽东思想伟大红旗，坚定地站在毛主席革命路线上，坚持两条路线斗争，斗私批修。右倾机会主义就是修正主义的根苗，保自己就是私。

九十一人大多数是认识上的错误，极少极少是坚持资产阶级反动路线死不悔改的，但绝大多数经过这次批判会提高觉悟前进一步的。但是要防止又来一个极"左"抬头，去年我讲过批极"左"要防右。我讲这话是主席的话，是主席在总结党内两条路线斗争时讲的。反"左"防右，有人理解为反"左"时不要手软。这是不对的，从来没有这个意思。现在反右倾保守主义、右倾分裂主义、右倾投降主义，必须防止极"左"翻案。他要翻案是不允许的，有人翻案也不怕。什么叫右倾保守主义？就是恢复旧秩序、旧官，这是办不到的。文化大革命已经进行两年了，今天报上登了主席最高指示：**"国家机关的改革，最根本的一条，就是联系群众。"**要接受群众的教育，右倾保守就是脱离群众站在官僚主义立场上不作群众的小学生。要反对右倾分裂主义。

希望二月份开始的这次已经进行了一个半月的斗争，不要再出现摇摆了，要能够照毛主席的革命路线向前发展，要按毛主席教导，**"抓革命，促生产"**，要不断提高毛泽东思想和业务水平，否则就不符合主席教导。

迎头痛击右倾翻案风，誓死捍卫无产阶级文化大革命的伟大成果！

（上接第三版）把文化大革命的案钉得铁铁的，在广大群众的思想中钉得铁铁的，使得几年，几十年以至于几百年以后，如果有谁想要否认无产阶级文化大革命，想要翻案，都会遭到无限忠于伟大领袖毛主席，无限忠于毛主席革命路线的广大革命人民的迎头痛击。反右倾、反翻案是关系到百年千年的大计！

我们不会忘记，在苏联，正是由于没有象我们这样广泛深入地进行群众性的马列主义思想教育，在斯大林逝世以后，赫鲁晓夫利用斯大林生前的某些缺点错误，大搞翻案，全盘否定了伟大的马列主义者斯大林的功绩，把社会主义的苏联拉上了资本主义道路。面对这一事实，难道我们不应当吸取教训吗？

文化大革命刚刚搞了不到两年，运动还没有结束，就有人迫不及待地跳出来，企图否认文化大革命，否认中央文革的伟大功勋，否认革命造反派，企图翻案。而我们不少同志，头脑中也或多或少地存在着各种各样的右倾思想，对于毛主席在无产阶级专政条件下，继续革命的理论，对于毛主席在文化大革命中的一系列方针政策还存在着各种各样的模糊认识，甚至是错误认识。值得注意的是，这些模糊认识和错误认识如果不及时肃清，便成为右倾翻案的土壤。一遇到党内一小撮走资派来自右的方面的煽动，就会随声附合，充当党内一小撮走资派右倾翻案，攻击和否定文化大革命的力量。这难道不是最大的危险吗？在这紧要关头，中央首长向我们疾呼：目前在全国，右倾翻案是主要危险！第五个战役在一定意义上来说，就是保卫无产阶级文化大革命伟大胜利的战役。无限忠于毛主席革命路线的无产阶级革命战士，在这个时刻要挺身而出，为保卫伟大领袖毛主席，为捍卫毛主席的无产阶级革命路线，为保卫中央文革猛打猛冲！

天津十六中《举红旗》

心中太阳永放光芒

（上接第二版）

每想到这些，刘文广就禁不住热血沸腾，对一小撮阶级敌人的仇恨就空前高涨。他反复思索着这场斗争的经过，为什么"大联筹"如此猖狂？为什么对我们捍卫毛主席革命路线的红卫兵小将如此仇恨？他一遍遍的学习毛主席的教导：**"在拿枪的敌人被消灭以后，不拿枪的敌人依然存在，他们必然地要和我们作拚死的斗争，我们决不可以轻视这些敌人。"**眼前的事实不就清楚地说明了这点吗？想到这里，他就在病床上躺不下去了。

在资产阶级反动思潮猖狂泛滥的时候，战友们为了继续与"大联筹"做斗争，暂时撤离学校。我们的战士睡地面，枕砖头，铺废纸，在极端艰难的条件下，为保卫毛主席进行了多么坚强的斗争啊！刘文广为了鼓励战友们战斗到底，总是乐观地对待着自己面临着的双眼失明的危险。他跟大家说："要把革命的红旗打下去！无产阶级革命派终究要胜利，阶级敌人如此疯狂地表演，正说明了他们完蛋的末日已经不远了。"每当战友们关切地问候他时，他总是说："不要紧，不要紧！"短短一年多的无产阶级文化大革命使刘文广经受多大锻练啊，伟大的毛泽东思想在刘文广心中迸发出最灿烂的火花。

自从毛主席发出革命的红卫兵要实现革命的大联合后，怎样对待"大联筹"中的受蒙蔽群众，怎样与他们联合起来，共同对敌？这个问题尖锐地摆在刘文广的面前。一些战友对联合一时想不通，就找到他，猜想他也一定不同意联合。出乎意料的是，刘文广表示要坚决联合。他把自己在这个问题上的斗争和学习最新指示的体会讲给大家："**在工人阶级内部，没有根本的利害冲突**。那些群众虽然参加了'大联筹'，但他们是受蒙蔽的，他们也是要革命的。我们应当帮助他们反戈一击……"对大联筹刻骨仇恨的刘文广都这样讲，更何况我们！战士们纷纷表示，紧跟、再紧跟毛主席的战略部署，为机校革命大联合做出新贡献。

失去了一只眼睛，这对于一个懦夫简直是致命的打击，但是对我们英勇的红卫兵小将，却是前进道路上的新起点。眼睛残废后，有时刘文广向暖瓶内灌水也灌不准，滚热的水浇到脚面上，这还算小事。今后的生活怎么办？每当一些私心杂念涌上来的时候，他就以毛主席**"斗私，批修"**的锐利武器和头脑中的私字坚决斗争。林副统帅教导我们："从为自己、为私的观点出发来看世界，就是从资产阶级的观点来看世界，而不是从无产阶级的观点上来看世界。"半年多来，他从来不和谁抱怨自己怎么样、怎么样；而总是情绪饱满地鼓舞大家战斗。

在全面开展"一批、三查"的运动中，他不辞辛苦地到工厂、学校去控诉"大联筹"的罪恶，反复地宣传毛泽东思想，宣传正确地对待受蒙蔽的群众。他以自己对毛主席的无限忠诚，在阶级斗争的风浪中，努力活学活用毛主席著作，迅速地成长着。

刘文广同志失去了一只眼睛，但是，他更加看清了在社会主义条件下，尖锐、复杂、激烈的阶级斗争，毛泽东思想在他心中放射着灿烂的光芒！

天津机械工业学校革命委员会宣传组

欢迎批评、欢迎来稿　　本报地址：和平区湖南路（六十一中内）电话3局3059

你们要关心国家大事，要把无产阶级文化大革命进行到底！

毛泽东

中学红卫兵

天津市中等学校紅卫兵代表大会常务委員会机关报

第 25 期　1968年5月27日　星期一

高举五·一六《通知》大旗奋勇前进！

天津市中学紅代会常务委員会

（一九六八年五月十六日）

伟大领袖毛主席亲自主持制定的"中共中央一九六六年五月十六日《通知》"，吹响了无产阶级文化大革命的进军号，粉碎了党内一小撮最大的走资本主义道路的当权派，以刘少奇、邓小平为首的资产阶级司令部妄图破坏无产阶级文化大革命，在中国复辟资本主义的阴谋。这一伟大的历史文件提出了无产阶级文化大革命的理论、路线、方针和政策，创造性地发展了马克思列宁主义，解决了无产阶级专政下继续革命的问题。

毛主席亲自发动和领导的震撼世界的无产阶级文化大革命如急风暴雨，迅猛异常地开展起来，无情地摧毁了帝、修、反妄图使中国改变颜色的黄粱美梦，开辟了国际共产主义运动的新纪元，使国际共产主义运动发展到一个新阶段。世界革命的中心，国际共产主义运动的中心转移到中国，我们可以自豪地说："当今世界的希望在中国"。这是时代赋予我们的最光荣、最艰巨的历史使命。我们伟大的领袖毛主席是当代最伟大的天才，是当代人类解放的救星，两年来无产阶级文化大革命的战斗历程最雄辩地证明了这一伟大的真理。

毛主席在"五·一六"《通知》中最英明、最科学地指出："**混进党里、政府里、军队里和各种文化界的资产阶级代表人物，是一批反革命的修正主义分子，一旦时机成熟，他们就会要夺取政权，由无产阶级专政变为资产阶级专政。这些人物，有些已被我们识破了，有些则还没有被识破，有些正在受到我们信用，被培养为我们的接班人，例如赫鲁晓夫那样的人物，他们现正睡在我们的身旁，各级党委必须充分注意这一点。**"我们革命的红卫兵遵照毛主席的教导，高举"革命无罪，造反有理"的大旗，大造了党内一小撮走资本主义道路当权派的反，大造了资反路线的反，把斗争的矛头狠狠地指向党内一小撮最大的走资派，刘邓黑司令部，及其在天津的代理人万张反革命修正主义集团。在"六·二一"、"八·二六"、"九·一八"这些战斗的日子里，我们不睡觉，不吃饭，不怕围攻，不怕打击，不怕打成反革命，同万张反革命修正主义集团进行了殊死的斗争，用鲜血和生命捍卫了毛主席的无产阶级革命路线。在无政府主义反动思潮大泛滥的时候，"大联筹"以极"左"的面目出现，妄图动摇以毛主席为首，以林副主席为副的无产阶级司令部的领导，把矛头指向伟大的中国人民解放军，指向新生的红色政权——革命委员会，在这个严重时刻，我们广大革命的红卫兵战友们，紧跟毛主席的伟大战略部署，同极"左"思潮进行了坚决的斗争，我们冒着生命的危险到和平路去宣传毛泽东思想，击退了以"大联筹"为代表的资产阶级反动思潮的进攻，以实际行动捍卫了"三红"。

毛主席教导我们："**帝国主义者和国内反动派决不甘心于他们的失败，他们还要作最后的挣扎。在全国平定以后，他们也还会以各种方式从事破坏和捣乱，他们将每日每时企图在中国复辟。这是必然的，毫无疑义的，我们务必不要松懈自己的警惕性。**"当前，全国无产阶级文化大革命形势一片大好，天津市的形势也同全国一样一片大好，而且越来越好。在这一片大好形势下，阶级敌人是不会甘心于他们失败的，他们还要做垂死的挣扎，他们在社会上又刮起了一阵右倾翻案的黑风，妄图为资产阶级反动路线翻案，为党内一小撮走资派翻案，为地、富、反、坏、右翻案，把斗争的矛头指向"三红"。右倾机会主义，右倾分裂主义，右倾投降主义是当前运动的最大危险。在无产阶级文化大革命进入夺取全面胜利的今天，有些人的休战、厌战情绪，和平麻痹思想，以为成立了革命委员会后就可以高枕无忧的思想以及巨大的旧的社会习惯势力是右倾机会主义思潮泛滥的土壤。原"大联筹"执行的是形"左"实右的资反路线，它的要害是反对"三红"替万张反革命修正主义集团翻案，替地、富、反、坏、右翻案。有人借口反对右倾机会主义、右倾分裂主义、右倾投降主义而替"大联筹"翻案是极端错误的，是别有用心的，是绝对不允许的！

参加过保守组织，一度犯过保守错误和参加过"大联筹"的群众绝大多数是受蒙蔽的，是认识问题，应当努力学习毛主席最新指示，提高路线觉悟，坚定地站在毛主席的革命路线一边，不要感情用事，否则就会被阶级敌人利用，继续犯错误，成为文化大革命的阻力。值得注意的是有些参加过保守组织、犯过保守错误的人，一直不承认自己的错误，对本单位的造反派抱着敌视的态度，有的甚至认为自己保对了，说什么："我保过的干部是革命干部，已经进到革命委员会当上主任了。"有些执行过资反路线的干部，对以前的错误没有充分的认识进入革委会当上了主任或副主任，对造反派冷眼相待，打击报复，对保过他的人情投意和，倍加任用。这不是地地道道的右倾翻案又是什么？我们奉劝那些犯过错误而又坚持不改的极少数人，回头是岸，否则死路一条。那些对造反派打击报复的干部，必须老老实实地检查自己的错误，回到毛主席的无产阶级革命路线上来，正确对待群众，正确对待自己，否则，我们会重新造你的反，罢你的官，夺你的权！否定革命小将就是否定无产阶级文化大革命！

对待当前的反对右倾机会主义、右倾分裂主义、右倾投降主义的斗争，抱什么态度是如何对待文化大革命的原则问题，立场问题。革命的红卫兵战友们，要满怀战斗豪情，积极地献身于这场斗争中去。有的人对这场斗争抱着漠不关心，无动于衷的态度是极端错误的，我们希望这些同志要很快地猛醒过来、投入到这场斗争中来。

同志们，现在的文化大革命，仅仅是第一次，以后还必然要进行多次。毛主席经常教导我们说："**革命的谁胜谁负，要在一个很长的历史时期内才能解决。如果弄得不好，资本主义复辟将是随时可能的。全体党员，全国人民，不要以为有一二次，三、四次文化大革命，就可以太平无事了。千万注意，决不可丧失警惕。**"我们决不辜负世界革命人民对我们的希望，要努力改造自己，坚决走与工农相结合的道路，在阶级斗争的大风浪里锻炼自己，改造自己，做彻底的无产阶级革命派，将中国革命和世界革命进行到底！

（天津市中学红代会常务委员会在"天津市纪念五、一六《通知》制定两周年大会"上的发言）

中学红卫兵　　毛主席万岁　　1968年5月27日　第二版

牢牢掌握斗争大方向，乘胜前进！

本报编辑部

蓬勃开展的无产阶级文化大革命正沿着伟大舵手毛主席所指引的航向，乘胜前进。

但是无产阶级文化大革命越接近全面胜利，两条道路、两条路线的斗争就越是复杂尖锐。一小撮阶级敌人的翻案复辟活动从来都没有停止过，在无产阶级革命派取得节节胜利的情况下，他们又从右的方面跳了出来，妄图否定毛主席亲自指挥的五大战役，否定文化大革命的伟大成果。

在这保卫文化大革命伟大成果的关键时刻，在这保卫以毛主席为首、林副统帅为副的无产阶级司令部的关键时刻，中央首长向我们发出了一系列的战斗号令，指明了方向。

中央首长二·二一接见天津代表的讲话揭开了全国反右斗争的序幕，指出革命委员会建立之后，要抓阶级斗争，要把混进革命队伍中的变色龙、小爬虫揪出来。中央首长的三月讲话向全国人民发出了全面进行反对右倾翻案斗争的战斗号令，进一步指出："目前在全国，右倾翻案是主要危险。"

当前我市正在开展的"一批三查"运动就是向这些负隅顽抗的阶级敌人发起的主动进攻战，就是对右倾翻案的反击战。我们广大红卫兵战士积极投入了这场斗争，揪出了混进革命队伍中的坏人，取得了很大成绩。但也有不少人至今还很不理解，有的甚至站到了对立面，自觉与不自觉地迎合了阶级敌人右倾翻案的需要。他们把"一批三查"理解为单纯地揪地富反坏右，而对于混进革命队伍中，特别是红色政权中的两面派，却丧失警惕。认识不到他们进行翻案复辟的危险性，看不到各种思潮的发展趋势，看不到当前右倾翻案的主要形式，看不到阶级敌人采取的新策略。同志啊，要警惕，这就是右倾保守思想。

请看：有的走资派赤膊上阵，大叫什么："我是黑市委抛出来的，你们打我是受黑市委的利用，受黑市委蒙蔽的。"一些混入革委会的变色龙、小爬虫也利令智昏，他们凶相毕露公然向革命小将反攻倒算，叫喊什么："你们过去打我，没打倒，现在还得向我承认错误"，"别看你们当初闹得欢，到头儿来还得听我的。"甚至说什么："谁笑到最后，谁就笑得最好！"多么露骨的右倾翻案。也有一些犯过错误的干部至今对毛主席的革命路线仍然很不理解。他们一进革命委员会，就渐渐地把文化大革命中得到的经验教训忘掉了，不注意发挥革命群众的作用，看不惯革命小将的造反行动，地位刚刚转变就听不进群众的意见，把群众正常的提意见与反"三红"、极"左"思潮混同起来，把革命群众过激的言论与阶级敌人的恶毒攻击混同起来，重复资产阶级反动路线的旧辙，在当前这股右倾翻案风中，为自己执行资产阶级反动路线的错误翻案。我们红卫兵小将坚决按照毛主席的干部政策办事，对犯错误的干部实行"**惩前毖后，治病救人**"的政策。但是如果拒绝改造自己的世界观，掉转头来打击革命群众，充当右倾翻案的角色，那么矛盾的性质就会逐步地起变化，从非对抗性矛盾转化为对抗性矛盾。到那时，我们就会再次造你的反，夺你的权。对那些变色龙、小爬虫我们则坚决地揪出来，把他们打翻在地，再踏上一只脚。

当前刮起的这股右倾翻案风是有一定的社会基础和思想基础的，在我们队伍中也有一股严重的右倾保守势力在抬头，他们对目前要"反右防'左'"这一点很不理解，认为反"大联筹"就是当前反右倾的全部内容，不知道阶级敌人总是变换不同的手段，不知道阶级敌人总是在利用时髦的思潮进行复辟活动。我们说，对于"大联筹"的反动思潮，我们要坚决彻底地批判，决不允许任何人以任何借口为"大联筹"翻案，但也决不允许某些别有用心的人借批判资产阶级反动思潮为资产阶级反动路线翻案，为右倾机会主义翻案。不是有些犯过保守错误至今没有深刻认识的人说什么："中学红代会四·一八声明是大毒草"，"支左联络站的八条是定框框，是毒草"吗？不是有人认为"六六年反市委也没什么材料，只不过碰对了。"甚至还有人说什么"六六年反市委时你们也有反'三红'的思想，只不过没暴露而已。"散布"一保到底就是胜利"的思想，因为"反正95%以上都是好的，到头儿来怎么也能保对几个。"多么罕见的蹩脚逻辑，这些人没有丝毫的路线觉悟，没有丝毫的阶级分析观点，这些难道不是否定无产阶级文化大革命成果的右倾翻案思潮吗？

在我们研究运动的新动向，分析当前阶级斗争新形势的时候，也有一些糊涂人不以为然，他们说"什么左啊右啊的'左'也是右，右也是右，你就反呗，哪儿哪么多事？"不错，"左"倾和右倾的实质都是一样，都是搞资本主义复辟。但是，形"左"实右决不等于形"左"倾实右倾。所以有"左"、右之分就是因为表现形式不同，采取的方式也不同。在无产阶级专政条件下，混进党内的一小撮走资本主义道路的当权派是最危险的敌人，广大工农兵群众、广大革命干部和革命的知识分子同党内一小撮走资本主义道路的当权派的矛盾是主要矛盾。右倾机会主义否认这一点，保护资产阶级司令部，而"左"倾机会主义虽然在口头上承认这一点，但在实际上，却打着炮打资产阶级司令部的幌子，炮打无产阶级司令部。我们分析"左"倾还是右倾，决不是玩弄概念游戏，而是为着认清新形势下阶级斗争的规律性，做到毛主席教导的那样："**当某一客观过程已经从某一发展阶段向另一发展阶段推移转变的时候，须得善于使自己参加革命的一切人员在主观认识上也跟着推移转变。**"从而永远做革命的促进派。

当我们分析当前出现的右倾思潮的时候，有人便慌慌忙忙地跑出来，说什么："你们这是把矛头对准群众。"我们认为，在无产阶级专政条件下，一般地情况，走资派是不会只身跳出来的，他们总是千方百计地利用群众中某些偏见和落后的习惯势力的影响，利用极"左"和右两种表现形式不同的反动思潮的变换，操纵这一部分群众或那一部分群众，进行翻案活动。在群众中出现的一些怪现象背后，往往都伸有走资派的黑手。因此，指出一些表现于群众之中的怪现象，批判这种东西的实质，就是要引起革命群众的注意，提高警惕把躲在阴暗角落的鬼魅揪出来。这样做怎能说是对准群众呢？必须指出，党内走资派总是极力地把两种思想、两条路线的斗争歪曲成为一部分群众整另一部分群众，妄图挑起群众之间的对立与不满，分裂革命队伍，转移视线，掩护自己的罪恶活动，这是一个大阴谋，必须彻底揭穿。

江青同志指出，"右倾不是苗子，已有行动了，已经有好几个月了。"无产阶级文化大革命的第五个战役已经打响，这是能不能保卫文化大革命伟大成果的关键，是能不能继续将文化大革命进行到底的关键。在当前反右倾翻案的斗争中，我们要注意以下几个问题：

一、必须始终把矛头对准社会主义条件下无产阶级最危险的敌人——党内一小撮走资本主义道路的当权派。现在他们的活动更隐蔽了，更狡猾了，他们大搞两面派手法，伺机反扑。在这种情况下，我们不但要进一步提高和公开的敌人作斗争的本领，而且要提高和隐蔽的敌人作斗争的本领。只有这样，才能在复杂的情况下，撕掉他们的伪装，揭开他们的画皮，把他们打翻在地，同时必须把矛头对准一小撮叛徒、特务以及地、富、反、坏、右，如果对他们心慈手软，就是对毛主席的不忠，就是右倾机会主义。

必须严格区分两类不同性质的矛盾。把少数坏人和犯过错误的群众区别开来。不允许借口所谓"群众的过激行动"而扩大打击面。在彻底批判"大联筹"反动思潮的过程中，要引导受蒙蔽的群众，自己教育自己，自己起来揪出幕后黑手，批倒批臭，同反动思潮划清界线，并肃清其流毒。

二、要深入持久地开展革命的大批判，在前一阶段的"一批、三查"运动中，某些单位出现了重查轻批的现象。毛主席教导我们说："**不破不立，破，就是批判，就是革命。破就是讲道理，讲道理就是立，破字当头，立也就在其中了。**"在极其剧烈的阶级斗争中，各个阶级的代表人物，各种不同思想，都还会登台表演。那些没落阶级的代表人物，还会采取不同的伪装，采取两面派手法进行欺骗。开展革命大批判就是要批判右倾机会主义和形"左"实右的反动思想，批判各种反马克思列宁主义、反毛泽东思想的反动流派，批判资产阶级及其一切剥削阶级意识形态的各种表现。只有这样，才能使无产阶级在思想上进一步取得统治地位，使无产阶级革命派不仅在组织上打倒一小撮走资派，而且在政治上、思想上、理论上把他们彻底打倒，从而巩固政治上、经济上的胜利。

三、毛主席教导我们说："**办学习班是个好办法，很多问题可以在学习班得到解决。**"在"一批、三查"运动中，要坚持开办毛泽东思想学习班，狠抓两个阶级、两条路线斗争教育。在当前反击右倾翻案的斗争中，要抓住各种右倾思想的苗子，深入学习毛主席关于无产阶级文化大革命的理论、方针、路线、铲除思想上右倾翻案的土壤，提高路线斗争的觉悟。

四、毛主席教导我们："**谁是我们的敌人，谁是我们的朋友，这个问题是革命的首要问题，也是文化大革命的首要问题。**"依靠谁，团结谁，打击谁是路线问题。在当前反右倾的斗争中，要坚定不移地依靠两年文化大革命中冲杀出来的无产阶级革命派。决不能抽掉两条路线斗争的观点，来看听不听话，服从不服从领导。要允许犯过错误的革命造反派改正错误。我们要坚持无产阶级党性的原则，团结大多数，坚持两个阶级、两条道路、两条路线的斗争。在这个大是大非的问题上，决不能搞调合，搞折衷。但在同时，我们也要严防阶级敌人接过对派性要进行阶级分析的革命口号，搞资产阶级、小资产阶级派性，分裂革命队伍。

五、必须抓好形势教育，要经常把运动中出现的新动向，新成就，新经验，新问题，用毛泽东思想进行分析和总结。揭示新情况下运动发展的规律性、发现代表前进方向的新事物，充分估计这些新成就的伟大政治意义和深远影响，了解运动中出现的新矛盾，看清摆在我们面前的新任务，清楚地看到运动前进的步伐，看到运动的主流。这样才能不失时机地把运动推向前进。

（下转第三版）

中学红卫兵　毛主席万岁　1968年5月27日　第三版

斗志松懈的情绪要不得

——谈同学中的几种不良现象

·卫党·

在无产阶级文化大革命向着全面胜利勇猛前进的大好形势下，在我们红卫兵、革命学生的队伍里，产生了一些值得注意的现象。

一些同学对于面临的“一批三查”、“上山下乡”、“反三右”等重大政治任务毫不关心，他们无心搞运动，而闭门思过地进行起“思想斗争”来。

也有一些人，在过去的两年中，紧跟毛主席，以实际行动捍卫了毛主席的革命路线，他们不愧为革命的闯将；但是现在，他们中的一些人却在向终日逍遥派“看齐”，向坐岸观潮派“靠拢”了。

这是些什么东西？这是斗志松懈、停滞不前的情绪；这是小资产阶级革命不彻底性劣根发作；这是阶级敌人从右的方面向我们进攻，在我们队伍中的反映。它的要害，就是取消阶级斗争，抹煞两条路线斗争的界限，在敌人的猖狂进攻面前解除武装。

这些人认为“运动没有什么搞头了！”运动果真没有搞头了吗?!这种麻痹、松懈思想本身就应该批判，就应该大搞特搞！敌情大有，运动怎能没有搞头？

那些顽固不化的万张死党，那些变色龙小爬虫，那些国民党的残渣余孽“**决不甘心于他们的失败**”，正在互相迎合地刮起一股右倾翻案风，向我们进攻。他们叫嚣什么“万张打不倒，即使打倒了，也还有后来人！”什么“我是革命干部，打我错了！”敌人如此猖狂，运动怎能没有搞头？

当我们队伍中的小资产阶级思想一抬头，敌人就乘虚而入，什么“参加运动最吃亏，最倒霉”，什么“逍遥派最正确，最幸福”，妄图使所有革命战士都坠落为貌似逍遥、实为间接助敌的亡党亡国派。他们则伺机反扑，以求一逞；当我们的一些同学对“**和工农相结合**”的大方向暂时有些动摇时，他们就呼风唤雨、造谣生事，煽动对上山下乡、支边支农的抵触情绪，以破坏瓦解运动，对于这些，怎能说没有搞头了？

同志，敌人没睡觉，我们松懈不得！

毛主席教导我们说：“**千万不要忘记阶级斗争！**”

将学习班办成“静座班”、“闲聊班”的现象，要根本扭转！

不抓革命大批判，不开一次批斗走资派会议，不见一张大字报的冷清局面，要彻底打破

不以阶级斗争为纲去统帅“上山下乡、支边支农”的任务，而空口高喊什么“全都去我就去”的情况，要狠狠批判！

革命越接近胜利，敌人就越猖獗，我们就越要提高警惕，“**绝不可稍微松懈自己的战斗意志。**”

同志们，以““**斗私，批修**”为纲，克服斗志松懈的情绪，牢牢掌握大方向，向敌人发动不停顿的主动进攻，夺取文化大革命的最后胜利！

牢牢掌握斗争大方向，乘胜前进！

（上接第二版）

六、要继续发扬无产阶级专政条件下的大民主。要“**善于把党的政策变为群众的行动，善于使我们的每一个运动，每一个斗争，不但领导干部懂得，而且广大的群众都能懂得，都能掌握**”，要把少数人的调查和广大的群众性的批判结合起来。对于当前形势的认识和理解不同是正常的现象，对于这些不同的意见，要在毛泽东思想指导下，用摆事实，讲道理的方法进行讨论与辩论，决不能压制或扣大帽子，以形成朝气蓬勃、生动活泼的政治局面。历史的车轮滚滚向前，历史为“大联筹”复辟资本主义的罪恶定下了铁案，以“大联筹”为代表的资产阶级反动思潮正在受到彻底的批判。在反对右倾翻案的过程中，我们要防止极“左”思潮抬头，也绝不允许其重新抬头，谁要是不自量力，妄图为“大联筹”翻案，决没有好下场！

无产阶级文化大革命群众运动的威力是不可抗拒的。在夺取无产阶级文化大革命的全面胜利的关键时刻，我们要继续高举革命造反大旗，发扬无产阶级彻底革命精神，向着一切阶级敌人，向着旧世界，不停顿地发起进攻，放开眼界看未来，坚定不移向前进。让我们高举毛泽东思想伟大红旗，奋勇前进！

本报启事

本报自六月份起，由天津市邮局统一发行。六月份只限另售（可到附近报刊亭购买），七月份起可以订阅（六月份办理七月份订阅手续）。各学校，并欢迎各机关、厂矿、单位统计好份数（集体订和个人订），到附近邮局办理订阅手续。个人单独去订不办理。

自办理订阅后，每期仅有少数量另售。本报编辑部概不办理订阅、另售和赠阅。

本报每周一期（周五出版）。订阅价格：每月九分（增刊和加版不再收费）。

历史的教训

（上接第四版）并“承认”他对农业不能令人满意的情况应负责。一直支持赫鲁晓夫的国防部长布尔加宁接替他的职务任部长会议主席，朱可夫则升为国防部长。

赫鲁晓夫乘机放肆打击接近马林科夫的人。拖出四八年列宁格勒事件，说是保安部长阿巴古莫夫捏造的而予以处决。书记夏塔林等也被无缘无故撤职。

搞掉莫洛托夫

赫鲁晓夫的狐群狗党逐步安插在重要部门。现在剩下莫洛托夫是最大的障碍了。

忠心耿耿于斯大林的莫洛托夫，是第一流的外交家。杜勒斯咬牙切齿地称他为“老锤子”，托洛斯基骂他是“石墩子”。

赫鲁晓夫在五五年五月跑到贝尔格莱德。在南斯拉夫，这个叛徒背叛国际共产主义运动，宣扬和平过渡，诋毁斯大林，发表了臭名远扬的贝尔格莱德宣言。赫鲁晓夫的修正主义言行，遭到莫洛托夫的反对。

赫鲁晓夫回国后，中央全会展开了斗争，赫鲁晓夫通过其死党早就拉拢了多数，莫洛托夫的外交政策被否定。不久莫洛托夫被撤职。

赫鲁晓夫为二十大的召开铺平了道路。反动透顶的秘密报告沫星四射地作了出来，他以反对所谓“个人迷信”为借口，大反斯大林，大反马列主义，并鼓吹“三和”的谬论。

国际共产主义运动最英明的舵手毛主席五六年及时正确地看清了这股妖雾，指出：“**斯大林执政期间根本方针和路线是正确的，不能用对待敌人的方法来对待自己的同志。**”

赫鲁晓夫的猖狂反扑

赫鲁晓夫的狼子野心昭然若揭，人们逐步看清了他。马林科夫、莫洛托夫、卡冈诺维奇等在主席团内联合起来和他算总账。在五七年六月二十一日召开的主席团特别会议上，通过七比四的投票，赫鲁晓夫被罢免。

他动员所有的力量进行猖狂反扑。二十一日一夜之间，他把各处的中央委员都弄到莫斯科来，死心塌地支持他的朱可夫出动军用飞机帮助运送。这些人大多数是赫鲁晓夫一手培养的心腹，他早就准备了这一手。

赫鲁晓夫狡辩说，既然主席团是中央委员会的领导机构，那就要看中央委员会是否准备接收这种领导。新的中央委员们——特权贵族、特权阶层的代表人物、修正主义分子以所谓“多数”把马林科夫等打成反党集团，开除中央委员会。

五八年赫鲁晓夫撕去一切伪装，自命为部长会议主席。他五三年认为马林科夫不应担任双重职务，现在举起手来狠狠掺了自己一记耳光。

赫鲁晓夫早已伙同勃列日涅夫、柯西金之流全力倾注在国际共产主义运动中推行反革命修正主义路线。

阴险狡猾的赫鲁晓夫从斯大林逝世起，用六个月的时间篡得第一书记，用五年时间篡得政府首脑。不可一世，狂妄一时。

伟大的划时代的第三个里程碑

但是，十月革命的车轮岂容倒转，在光焰无际的毛泽东思想的照耀下，赫鲁晓夫及其后继人不过是一些妄想扭转历史潮流的小丑而已。

从六二年开始，经过不到两年的大论战，赫鲁晓夫就原形毕露，被抛进历史的垃圾堆。

世界人民伟大的革命导师毛主席充分注意了整个苏联的历史经验，解决了在无产阶级专政下进行革命，防止资本主义复辟的理论和实践问题，使马列主义从列宁主义阶段发展到光辉灿烂的毛泽东思想的新阶段，这是马克思主义发展史上的第三个伟大的划时代的里程碑。当前的无产阶级文化大革命，是使我们党和国家永不变色的可靠保证，这是毛主席在理论上和实践上对国际共产主义运动的最伟大的贡献。

（转载自：山东机械学校《挺进报》第93期，本报有删节）

中学红卫兵　　毛主席万岁　　1968年5月27日　第四版

历史的教训

—赫鲁晓夫是怎样上台的

最高指示

要特别警惕象赫鲁晓夫那样的个人野心家和阴谋家，防止这样的坏人篡夺党和国家的各級領导。

本报编者按：

在五·一六《通知》中，毛主席深刻地指出：**“混进党里、政府里、军队里和各种文化界的资产阶级代表人物，是一批反革命的修正主义分子，一旦时机成熟，他们就会要夺取政权，由无产阶级专政变为资产阶级专政。这些人物，有些已被我们识破了，有些则还没有被识破，有些正在受到我们信用，被培养为我们的接班人，例如赫鲁晓夫那样的人物，他们现正睡在我们的身旁，各级党委必须充分注意这一点。”**

在我们伟大领袖毛主席的英明统帅下，无产阶级文化大革命已进入了夺取全面胜利的阶段。在纪念伟大的历史文献五·一六《通知》发表两周年的时候，揭露赫鲁晓夫篡权的黑幕，是有很大意义的。

十月革命时赫鲁晓夫还不是共产党员

篡权后为自己吹牛皮树碑立传的赫鲁晓夫，在惊天动地的十月革命时代，还远远游离于革命之外。在顿涅茨矿区做机械师，这就是他的所谓矿工出身。一九一八年十月革命胜利后混入党内，他二十四岁。在三年国内战争时期，他是低级政工人员，凭着他那一套施诡计要阴谋的手腕，爬得很快，不久被任为鲍曼地区党委书记，又从那里调至莫斯科任某区委书记。三二年被提为莫斯科市委第二书记，当时卡岗诺维奇任第一书记，布尔加宁任市长。三四年，卡岗诺维奇任中央书记处书记时他升任市委第一书记并挤进中央委员会。

装一副拥护革命的面目

三五年起，斯大林进行了大规模的肃消反革命的工作。

当时正是第二次世界大战前夕，钻进党内的反革命资产阶级代表人物阴谋通过暗杀破坏进行颠复。在他们指使庇护下，外国间谍、反革命分子混入党的领导机构疯狂活动。斯大林的最亲密战友基洛夫被暗杀。

这实质上是两个阶级、两条道路的斗争在党内的反映。伟大的马列主义者斯大林坚持无产阶级专政，在实际上解决了很大一批钻进党内的反革命资产阶级代表人物，例如托洛茨基、季诺维也夫、加米涅夫、拉狄克、布哈林、季可夫之流，粉碎了资本主义复辟，为卫国战争的胜利打下了基础。

五六年，赫鲁晓夫在秘密报告中拍案大骂斯大林“病态似的疑神疑鬼”，是“俄国历史上最大的独裁者”，“伊凡雷帝式的暴君”，那么他当时是怎样的呢？

披着革命外衣的赫鲁晓夫多次歌颂斯大林是：“伟大的常胜元帅”，“进步人类的灯塔”，“攻击斯大林就等于攻击人类的精华”，“就等于攻击我们的全体”。

赫鲁晓夫经常煽起斯大林的疑心，设法把成为他向上爬的障碍的人清除出去。长有一张投机商嘴巴的赫鲁晓夫被补充为政治局委员，任乌克兰的负责人，

“斯大林格勒人的灵魂”的画皮

四一年六月二十二日，德国法西斯背信弃义地向苏联发动侵略。苏联人民在斯大林的领导下开始了神圣的卫国战争。

希特勒的军队窜入乌克兰的时候，赫鲁晓夫是前线军事委员会一个普通的委员。他篡权后的传记中吹捧他“指挥大规模的战役”，但却讲不出在哪里指挥了哪一次战役，是进攻还是防守。

四二年秋，在斯大林的英明指挥下，英勇的苏联红军与德寇在斯大林格勒进行了人类历史上无与伦比的空前苦战，取得了转折人类历史的辉煌胜利。当代最伟大的马克思列宁主义者毛主席对此作了高度评价：**“斯大林格勒的红军战士做出了有关全人类命运的英雄事业。他们是十月革命的儿女，十月革命的旗帜是不可战胜的。”**

当时谁也没听到赫鲁晓夫的什么“功绩”，过了十几年后，居然发现在斯大林格勒战役中“十分经常地听到赫鲁晓夫的声音”，赫鲁晓夫变成了“斯大林格勒人的灵魂”。赫鲁晓夫给自己脸譜上涂的油彩简直紫得发黑。

谁做斯大林的继承人

卫国战争结束后，赫鲁晓夫潜伏在斯大林身边窥察时机，装出最拥护斯大林的样子，耍尽手腕，取得斯大林及其战友的信任。当四八年八月日丹诺夫突然死去时，这一个阴谋家削尖脑袋挤进了中央委员会书记处。

他打着马列主义旗号，开始贩卖修正主义黑货。他针对安得列也夫的农业政策，提出荒谬的农业城的计划，这个不学无术的混蛋，企图使所有农村连根拔起，然后三五成群地编入农业城市。这种存心破坏社会主义建设的措施引起了灾难性的后果。他再一次受到党的最高监督人马林科夫等的谴责。

他随机应变，又把全部精力转向据他说是马林科夫忽视了的党的组织工作。乘机结党营私，网罗心腹。

一九五三年三月五日，列宁的亲密战友、伟大的无产阶级革命家，中国人民的亲密朋友斯大林不幸逝世。

赫鲁晓夫任治丧委员会主席。

谁做斯大林的继承人？在斯大林周围工作的马林科夫、贝利亚、莫洛托夫、伏罗希洛夫、布尔加宁、卡冈诺维奇等，他们不少人是在十月革命中，在卫国战争中为人民立下了不朽功勋的老布尔什维克，在人民中享有很高的威望。

篡权的第一步

斯大林逝世后，马林科夫任中央第一书记和部长会议主席。贝利亚、莫洛托夫、布尔加宁、卡岗诺维奇担任副主席，莫洛托夫任外交部长，贝利亚任内务部长。当然，他们都在中央主席团（政治局）内。

当时提出了“集体领导”的口号，赫鲁晓夫利用这一机会混水摸鱼。他挑拨离间，游说于中央委员会的成员之间。提出不要使马林科夫负担过重，应该不担任双重职务，以保证集体领导。这种冠冕堂皇的议论迷惑欺骗了大家，马林科夫不得不在当权十六天后辞去第一书记职务。中央委员会的领导机构进行了改组。这时，党的书记处成员有赫鲁晓夫、苏斯洛夫、波斯别洛夫、夏塔林、伊格纳托夫。很自然，党的事务落到了黑手最长的赫鲁晓夫身上，他有双重职务——主席团委员、书记处成员。

接着，赫鲁晓夫召回了被斯大林四六年撤职的朱可夫，这个过去的苏联元帅是艾森豪威尔的好朋友，最近，苏修炮制的反斯大林的影片中大肆吹嘘他在卫国战争中的作用。朱可夫是赫鲁晓夫篡权的最忠实的共谋者，在赫鲁晓夫所要的一切阴谋诡计中，他一直站在赫鲁晓夫一边。

处决贝利亚

五三年六月，东柏林事件后，党和国家的第二把手贝利亚突然被指控为叛国。在既没有交付法庭办理也没有犯罪证据的情况中，立即被枪决。接着把各种各样的罪名一古脑儿都加给了他。

于是，他的名次到升第三位：马林科夫、莫洛托夫、赫鲁晓夫、伏罗希洛夫、布尔加宁、卡岗诺维奇、米高扬。

于是，在处决贝利亚二个月后（五三年九月），他为自己篡得第一书记的头衔。

当中央其他负责同志在政府各部门中诚恳工作时赫鲁晓夫在党内拉拢一批个人野心家，打击一批忠于马列主义的同志，报复一批曾经反对过他的人。典型事例是五一年批评过他农业城计划的巴吉罗夫被以莫须有的罪名处死。

打下马林科夫

赫鲁晓夫象粪坑里的蛆一样，一刻也不安宁。

五四年，赫鲁晓夫提出了一份不能令人满意的农业报告，为在中央委员会内煽起斗争打下基础。接着他突然从袖子里掏出一份开荒计划：二年内得到三千万亩土地，解决粮食问题。他的诱惑性的好主意得到了采纳，但是这项巨大的工程却引起了各部门经济的不平衡。立即需要大力发展重工业以生产大批拖拉机，这就与马林科夫的增加生产消费品的主张发生矛盾。

马林科夫自然成为攻击目标，因为他的计划妨碍了重工业而妨碍了拖拉机。

六月，一种新的用字母排列主席团名单的方法被采用了，马林科夫不再名列第一。

五五年二月，在最高苏维埃会议上，宣读了用马林科夫名义写的辞职文件，理由是缺乏行政经验。 （下转第三版）

《中学红卫兵》通讯地址：湖南路（六十一中内）　电话：3·3059　（零售：二分）

对广大人民群众是保护还是镇压，是共产党同国民党的根本区别，是无产阶级同资产阶级的根本区别，是无产阶级专政同资产阶级专政的根本区别。

毛泽东

中学红衛兵

天津市中等学校紅卫兵代表大会常务委員会机关报

第 27 期　1968年6月7日　星 期 五

文化大革命“五大回合”的站队問題

——××同志最近在北京市革命委员会毛泽东思想学习班上的讲话

（根据录音整理，未經首长审閲）

伯达同志所讲的五个回合，我建议大家好好回忆一下，已经过去了的历史，检查一下自已的思想深处，看自己究竟是站在那一边的人，要实事求是，要科学地分析自己，这个标准没有别的，就是毛泽东思想。

有人说，第一个回合我没参加，我不知道。我认为这不是事实，这是粗笨的回避术，第一个回合是我们用伟大的历史文件《五·一六通知》击毁了反革命的《二月提纲》，揪出了彭、罗、陆、杨，怎么不知道呢？你对待姚文元所编写的《评新编历史剧〈海瑞罢官〉》是什么态度？有什么看法？你对待邓、吴、廖抛出的《三家村札记》《燕山夜话》和以后吴晗在人民日报的所谓公开检査以及吴冷西的那个按语是什么态度，是什么看法？这难道不是参加了战斗吗？至于《二月提纲》的内容你们当时可能不知道，但当时报纸上所一度鼓吹的要搞“纯学术批判”要“不涉及政治问题”，不让提庐山会议的斗争，这终归我们都看到了吧，这个理论有什么认识？是什么感情？难道不是在不知不觉地站队了吗？我们的《五·一六通知》出来以后，你又有什么看法？这难道不是在测量我们在对待两个司令部的态度吗？所以，我还要劝大家，冷静些，客观些，要敢于正视现实，要勇于回顾历史，你究竟是站在那一边的问题。在今天我们自己是应该很清楚的了，过去不自觉的站错了，今天大胆承认，能够正视错误，坚决地改正过来就是了，这是主席最新指示中一再教导的嘛！

至于第二个回合问题，我想这里不少同志也是站错队的吧！第二个回合是打倒刘、邓、陶为主题的战役。我们这些同志都不能说不清楚了吧！这时文化大革命已经进入了轰轰烈烈的群众运动阶段，这是都知道的。这个战役站在那一边的标准，就是看你如何对待以刘少奇为首的所抛出的一条资产阶级反动路线，来镇压群众运动，把革命者打成反革命，把反革命一小撮用他这条反动路线保护起来。同志们，这是很恶毒的一手了！当时他在群众中的代理人，最明显的就是大家所知道的谭立夫了，还有什么高干造反团，后来发展成为“联动”分子了，他们蒙蔽人的最得力一手，就是反动的血统论和把他自己打扮成党的化身，不体现毛主席的崇高威信，助长搞独立王国那一套，随便对群众施行资产阶级专政，这是一个很猖狂的垂死反扑了，所以，我们伟大的领袖毛主席从外面视察回来，一看到他们这样的对待群众运动，于是就写了一张轰动全世界的大字报，大家还记得叫什么名字吗？（众答：炮打司令部）对，这是一张二十世纪六十年代最高水平的革命创举，这说明毛主席是多么相信群众啊！在对待炮打司令部和对待刘少奇所抛出的资产阶级反动路线上面，你当时是什么态度？是站在那一边的问题。扮演的是什么角色，这不是又一次站队的问题吗？

以后第三个战役就是反击“二月逆流”了。这是一股小小的反革命逆流，是黑干将谭震林借口保护老干部，企图为打翻在地的刘少奇进行招魂而掀起的。这是一次由刘少奇出谋，由谭震林黑干将以及由他们在各地方的代理人出面所发起的一阵小反扑，结果被我们击败了。这一次是从右的方面向我们党、向我们伟大领袖发起的一次反扑。可是好多人，却被他们拉住了腿，被卷了进去，充当了“二月逆流”的一个打手，有的人因为一月风暴中挨了斗，就和群众记下了仇，所以，“二月逆流”一来，他当然是跳出来了，结果又站错了队，客观上是跟着刘少奇、谭震林来反对我们伟大领袖毛主席的，是有罪的。当然，你受蒙蔽是无罪的，这是一分为二的观点。

第四个战役，就是击退王、关、戚这伙人了。他们本来就是刘、邓、彭真的人，在第一个回合后，败阵后被留下来的 这个主席心中有数，但为了挽救一个人，主席还是用了他们。但是他们的本性是没有变，见右的不行，就来极“左”的一套，他们在北京、在全国各地玩了很多花样，利用群众对他们不了解，到处招摇撞骗，混淆革命与反革命的界限，把矛头直指我们伟大的解放军，企图夺取军权，压垮我们，他们在北京搞了一个“五·一六”兵团作为自己的代理人，在明处支持一些革命派来作为立足点，在背后尽扶植些叛徒、特务、走资派，搞两面手法，企图从“左”方面复辟，这一手实际上也是很笨的，他们表面极“左”，实质上是不折不扣的“右”，都是为了给主子翻案的。所以，被中央文革，特别是江青同志识破了，把他们一个个地揪了出来，这是大好事嘛！这是中央自己搞出来的嘛！主席一贯教导我们的时间不到，一切不报，时间一到，一切都报。结果就是把王、关、戚这一伙小爬虫给报了。在这一回合中，我们有些人，不善于识破那些伪装着的左派而实际上是右派、是敌人，结果上了当，信了人家，又站错了队，干出了些犯罪的事情。这难道在我们这里是没有吗？我看也是有的。起码有些人从感情上是一度同情过这些假左派真右派，是同情这些小爬虫的吧？

第五回合就是我们现在所进行着的反右倾翻案，反右倾分裂的伟大运动。同志们，你们应该承认了吧，阶级敌人是十分狡猾的了，他们见明的不行，就来暗的，看左的不行，又来右的，总之，都是一个目的，就是反对以我们伟大领袖为首的无产阶级司令部，挽回他们已经失去的“天堂”，最近主席根据敌人表现的材料，认为时间到了，于是就果断地把潜藏在我们内部的杨、余、付之流揪了出来，这是非常英明的决定。现在我们该看清楚，这些人是在搞什么鬼了吧！杨、余、付的问题，是王、关、戚的问题的继续。只不过这三个家伙，他们是从右的方面，利用我们工作中的一些缺点进行为“二月逆流”翻案罢了。杨、余、付是王、关、戚这些小爬虫的黑后台，他看见王、关、戚被揪出来了，于是就出于他们反革命野心的本性，直接跳了出来，杨指使付崇碧到中央文革三次去抓人，让余这个大叛徒夺空军的权，煽动社会上的一股右派势力，攻击谢富治同志，这是很露骨的。杨成武这个人，林副主席讲话中已经说了他的政治品德很坏，打击别人，抬高自已，在总参树立自己的绝对权威。他登了一篇“大树特树”的文章，就认为了不起，自作聪明，认为舆论造得差不多了，于是直接跳出来夺中央的权，结果弄得个身败名裂。主席的两点英明决定，就是他们的下场。在这个战役中，我们在座有些同志是又一次站错了队的。

这次站错队的原因，在很大程度上是敌人利用了派性，他们抓住了我们有些群众组织的头头，私字当头，不肯承认自己的错误，于是他們就引大家向右转，迎合一部分右倾保守人的思潮，利用有些人在去年“二月逆流”时站错了队而没有真正从思想上转过来的特点，抓住我们有些新干部没经验，犯了些错误，进而为已经搞臭了的“二月逆流”翻案，为谭震林翻案，他们这种野心很多群众是不知道的，所以就只看到本单位造反派的一些支节问题，再加之派性发作，老毛病就又犯了，开始为自己在“二月逆流”中的错误辩护，结果滑向了右倾机会主义的道路，又站到刘邓陶那条线上去了，作了谭、杨、余、傅右倾复辟的打手，起到了攻击以毛主席为首的无产阶级司令部的作用，这就是所谓又一次受蒙蔽的问题。我们这里还有一部分人，是思想方法问题。他们只看到了王、关、戚搞的极“左”面目，于是就把什么都看成是极“左”的了，已经承认的错误，自己又推翻不认帐，应有的革命行动都说成是极“左”，逐步滑向否认革命造反派的全部功绩的地步，有的人就干脆颠倒了历史，把保守的说成是真造反，把造反的说成保守的，整个否认了这场文化大革命，这是不少见的了。

你们有些人认识所以会经常反复，站过来了又站过去了，就是因为没有用毛泽东思想来分析运动，来分析群众，没有树立马列主义、毛泽东思想正确对待群众的革命观点，所以在我们的思想斗争上，就常常被机会主义所战胜，结果每一次都站错了队，每次都受了蒙蔽。对于文化大革命所进行两年来，所经历的每个曲折，五个大战役，每一个中国籍的人都参战了。毛主席说，目前我们进行的文化大革命，是国共两党战争的继续嘛！不过我们每一个战役是跟国民党、蒋介石及我们党内的代理人作拼死斗争罢了。这五个战役中，你站在那一边的问题，严格说来就是对待国共两党的态度问题。目前，我们所进行着的大反为“二月逆流”翻案的妖风问题，是有很重要的历史意义的，是大是大非问题，是对待“三忠于”“四无限”的实践和体现的问题。你思想上倾向为“二月逆流”翻案，不论是自觉的还是不自觉的，其实质就是支持杨、余、付，支持谭震林帮了国民党的忙，认识不到这一点，你就会躺在“受蒙蔽无罪”的安乐椅上睡大觉，结果掉头还不知道是怎么掉的。这就是要讲的要大家全面用这五个回合来检验自己，正确地对待自己，不要再不服气了。不要再闹派性了，要向自己头上猛击一掌，再转不过弯来，就会由量变到质变，由长期的顽固，走向人民的反面，背叛伟大领袖毛主席的革命路线，老是不回来，那就非垮台不可！江青同志已经说过，通过这次反击右倾翻案的反革命逆流，我们应该在这个大方向一致的基础上联合起来，天派的从天上降下来，地派的从地下钻出来，各反各的派性，各斗个人的私字，在毛泽东思想的基础上联合起来，彻底击退敌人的猖狂进攻，防止刘邓死党在以后的日子里再行形形色色的反扑！

（转载自：一九六八年五月二十九日《武汉红代会》报）

中学红卫兵　　毛主席万岁　　1968年6月7日　第二版

一切想着毛主席　一切服从毛主席
一切紧跟毛主席　一切为着毛主席

深入开展革命大批判，推动下乡上山工作

本报讯　六月一日，市革委会办公室下乡上山办事组和中学红代会在西南楼中学联合召开了《高举毛泽东思想伟大红旗，开展革命大批判推动下乡上山工作现场会》，本市一百五十八所中学负责毕业分配工作的革命干部、革命教师、红卫兵代表和各区下乡上山办公室及红代会分会的代表一千多人参加大会。

今年毕业生的分配工作，是在全国人民夺取无产阶级文化大革命全面胜利的大好形势下进行的。广大的毕业生，经历了两年文化大革命的锻炼和考验，经过了尖锐、复杂、剧烈的两个阶级、两条道路、两条路线斗争的锻炼和考验，在毛泽东思想的光辉照耀下，政治觉悟、阶级斗争和路线斗争觉悟比以往任何一届都高，这是做好这次毕业生分配工作的一个最有利的条件。我市中学在市革委会的领导下，紧跟毛主席的伟大战略部署，乘胜前进，正在深入开展"一批三查"运动，积极投入了反三右和击退右倾翻案妖风的斗争，以"一批三查"推动各项工作的开展。

在现场会上，西南楼中学介绍了他们以战无不胜的毛泽东思想为武器，开展群众性的革命大批判，推动下乡上山工作的经验和体会。他们的经验是：抓革命大批判，就是抓教育的根本。革命大批判，就是最大的政治，是下乡上山工作的思想基础。通过大批判，通过开办突出"忠"字的各种类型毛泽东思想学习班，同学们比较普遍地受到了毛主席革命路线的教育，树立和巩固无限忠于毛主席革命路线的决心，坚决走和工农相结合的革命方向。当下乡上山工作和知识青年到内蒙古插队落户的任务刚下来后，他们学校领导班子在思想上也是不一致的，感到任务多、头绪多、担子重，到底应该先抓什么？工作重心是什么？抓思想教育和当前阶级斗争怎么结合？由于校革委会狠抓了领导班子的思想革命化，通过充分讨论，在毛泽东思想的基础上统一了各个领导成员的思想。决定以"一批、三查"为推动这项工作的动力。大家认识到动员青年下乡上山也是两个阶级、两种思想、两条路线斗争，是毛主席伟大战略部署的重要组成部分，都是突出无产阶级政治，所以完全可以结合起来进行。搞不搞革命大批判，是对毛主席、对毛泽东思想、对毛主席革命路线忠不忠的问题，是对毛主席伟大战略部署紧跟不紧跟的问题。他们遵照毛主席"**阶级斗争，一抓就灵**"和"**不破不立。**"的教导，以"**斗私批修**"为纲，以毛泽东思想学习班为战场，革命大批判为动力，毛泽东思想为武器，对全体毕业生进行了大发动、大宣传，积极地开展了革命大批判活动。由于狠抓了革命大批判，狠抓了对中国赫鲁晓夫在毕业生分配工作上的反革命修正主义路线的批判，狠抓了对下乡上山工作中反映出来的错误思想的批判，使同学们进一步明确了毛主席指出的知识分子必须同工农相结合的方向，坚定了革命小将走和工农相结合的决心，誓死走与工农相结合的光明大道。

知识青年走同工农相结合的道路是培养无产阶级接班人的重要途径。是大是大非问题，绝不是单纯为了走几个人的问题。指导思想明确了，认识统一了，革命大批判搞得轰轰烈烈，毕业生和家长的思想工作做得扎扎实实，全校毕业生同学精神面貌焕然一新，全校报名去内蒙的同学人数占全体毕业生总数的百分之九十以上。

实践证明，只要高举毛泽东思想伟大红旗，突出无产阶级政治，深入开展群众性的革命大批判，就能纲举目张，排除一切干扰，把知识青年的革命热情引导到毛主席的革命路线上来，不吃老本，立新功。

西南楼中学三、四班张永琴同学在会上讲了她是如何做家长艰苦细致思想工作的，由于她活学活用毛主席著作，以先进人物为榜样，首先解决了自己的思想问题，又以战无不胜的毛泽东思想做通了家长的工作，得到了全家人的热情支持。

市革委会委员、驻军首长王元和同志出席了大会并作了重要指示。

步步紧跟毛主席　上山下乡干革命

——向"无限忠于毛主席革命路綫的好干部"門合同志学习

为有牺牲多壮志，敢教日月换新天。

在无产阶级文化大革命一派大好形势下，在我们伟大的红色军队里，又出现了一个无产阶级伟大的共产主义战士——门合同志。他在炸药发生意外爆炸时，临危不惧，奋不顾身，为抢救二十七位阶级兄弟光荣献出了自己的生命。

我们是毛主席的红卫兵，必须紧跟毛主席的伟大战略部署。学习门合同志无限忠于党，无限忠于人民，无限忠于毛主席，无限忠于毛泽东思想，无限忠于毛主席的无产阶级革命路线。以他的光辉誓言，做为我们战斗的誓言："一切想着毛主席，一切服从毛主席，一切紧跟毛主席，一切为着毛主席。"

我们必须牢牢掌握斗争的大方向，紧跟毛主席的伟大战略部署。坚决响应毛主席的伟大号召，到农村去，到边疆去，到祖国最需要、最艰苦的地方去！这是革命的需要，党的需要，人民的需要，战略的需要！

红卫兵战友们，考验我们的时刻到来了，"上山下乡"、"支农支边"也是毛主席伟大战略部署的一个重要组成部分。这是衡量我们每个红卫兵战士是真革命，还是假革命，是真忠于毛主席，还是假忠于毛主席的试金石。

两年来的文化大革命，使我们得到了锻炼，经受了考验。在"上山下乡"的问题上，我们应该牢记毛主席的教导："**什么叫工作，工作就是斗争。……越是困难的地方越是要去，这才是好同志。**"而决不能等闲视之，更不能做"逍遥派"。

在这紧要关头，阶级敌人必定要钻出来，利用我们队伍中某些同志的无政府主义思潮，造谣、诬蔑、讽刺、打击。革命的同学们要提高警惕，决不要上敌人的当。

门合同志为抢救阶级兄弟，奋不顾身，挺身而出，把自己的生命也献给了革命。我们要向门合同志学习，以"**斗私，批修**"为纲，克服重重困难，冲破种种障碍，只要党一声令下，打起背包就出发，做一个永远忠于毛主席的红卫兵小将。

天津四十八中**红三兵**

发扬无产阶级彻底革命精神，迎头痛击右倾翻案妖风

彻底砸烂万张反革命修正主义集团

本报讯　六月一日，十八中革委会、长征中学革委会联合召开了《高举毛泽东思想伟大红旗坚决击退右倾翻案妖风，批斗万张反革命修正主义集团大会》，大会揪斗了万张反党集团的二头目大叛徒张淮三、干将和爪牙马瑞华、王金鼎、周茹、桑仁政、沙小泉、王仁、李汝修、张建龙等。这些昔日不可一世的庞然大物，在用毛泽东思想武装起来的革命小将面前变成了不齿于人类的狗屎堆。

大会指出，我市无产阶级革命派经过两年来的浴血奋战，揪出了中国赫鲁晓夫在天津的代理人——万张反革命修正主义集团，这是毛主席革命路线的伟大胜利，这是无产阶级革命造反派的伟大历史功勋。

但是，"**在人类历史上，凡属将要灭亡的反动势力，总是要向革命势力进行最后挣扎的**"万张反党集团从它被打倒时起，就从未停止过翻案复辟的阴谋活动。目前，万张的"后来人"们正在相互勾结起来，歇斯底里地为资反路线翻案，大刮右倾翻案妖风，妄图颠覆无产阶级专政，为刘邓万张翻案，复辟资本主义。

大会还揭发了镇压中学运动的刽子手，万张爪牙周茹在在九、一八大会前后的罪行和十八中工作队长桑仁政、张建龙的滔天罪行。

大会指出：当前阶级敌人刮起的右倾翻案风是主要危险。为资反路线、为资反思潮翻案都是为刘邓、为万张翻案，是我们决不允许的！大会怒斥了为资反路线和资反思潮翻案的乌龟王八蛋们：你们这些早已被革命抛入历史垃圾堆里的社会渣滓，怎能挡住历史车轮前进。"沉滓究竟不过是沉滓"，最后彻底垮台就是你们的下场。

中学红代会常委会代表发言，对大会表示坚决支持。他说，这次大会是无产阶级革命派向万张反党集团发起连续的、不停顿进攻的大会，是坚决反击万张反党集团右倾翻案的大会，是团结的大会，是战斗的大会。谁如果自己不斗万张，也不让别人斗，谁就是最大的右倾，甚至可能堕落成为万张的走狗。十八中、长征中学驻军代表也先后发言，对大会表示坚决支持。

最后，大会在《大海航行靠舵手》的歌声中胜利结束。

中学红卫兵　　毛主席万岁　　1968年6月7日　第三版

社论

革命的群众运动万岁！

轰轰烈烈的文化大革命已经进行两年了。两年来，千百万革命群众响应党中央和毛主席号召，高举“**对反动派造反有理**”大旗，向党内最大的一小撮走资派，向万张反党集团发起猛烈地总攻击。其势锐不可挡，迅猛异常，一切叛徒、特务、走资派、牛鬼蛇神都被他们杀得落花流水，刘邓黑司令部及其在各处的分店都被冲得断墙塌壁，他们杀红了万里江天，建立了一个又一个革命委员会。广大的人民群众在文化大革命中立下了不朽的功勋，他们是文化大革命历史的创建者。

革命委员会的建立是广大革命群众血和汗浇灌出的成果，是群众运动的伟大胜利，是毛主席革命路线的伟大胜利。但是，并不是说成立了革命委员会执行的路线就都是毛主席的革命路线了。这里，仍然存在着两条路线的尖锐斗争。正如毛主席所说的，阶级矛盾，阶级斗争，总会反映到我们党内来的。因此，“**党内不同思想的对立和斗争是经常发生的。**”资产阶级、小资产阶级思想还总是企图干扰毛主席的革命路线。

斗争一直围绕在群众的问题上。毛主席的革命路线是让群众自己教育自己，自己解放自己的路线。而一部分干部虽然经过了两年文化革命，但由于自己的资产阶级世界观没有得到根本改造，实际上直到现在仍然反对这条路线。他们被结合以后，仍然用过去的态度对待群众，定下许多条条框框，束缚群众手脚，有的竟又抬出国民党的“训政”来对待群众，甚至压制、打击有不同意见的革命造反派，制造白色恐怖，挑动右倾分裂，起到了外部的阶级敌人起不到的作用。

目前，天津市各级革命委员会，基本已经建立。是发动群众大搞群众运动，还是压制群众也严重地摆在了我们的面前。有许多单位作的很好，他们坚持了毛主席的群众路线，保护和充分发挥群众的积极性，“一批、三查”得到了顺利地开展；但也有一些单位，对群众的态度是错误的，因此危害了我们的革命事业。

他们有的成立秘密专案小组，根本不让群众了解情况，他们根本不相信或不愿意相信“**群众是真正的英雄，而我们自己则往往是幼稚可笑的**”这条马克思主义的真理，只相信他们自己；他们不习惯或根本不同意群众运动，而只愿意几个人在密室策划，圈子缩得越小越好，有的连学生委员都不许参加，好象非如此不能掌握政策，非如此不能抬高他们的身价。这样挫伤和压制了广大群众的积极性，把运动搞得冷冷清清。

他们有的大喊要依靠纯四代会观点，压制不同意见。这是极端错误的，这种提法就是分裂革命队伍的提法，就是右倾分裂主义。我们要按主席的教导：要相信和依靠群众，要依靠把无产阶级文化大革命进行到底的无产阶级革命派。第一要依靠四代会中的广大革命群众，也要依靠参加过大联筹、红革会而有了正确认识的广大革命群众。**我们一定要相信这一点，即劳动人民中的缺点和错误，是能够经过适当的政治工作使他们加以克服或者改正的。**要相信这一部分群众，相信他们大多数是革命的，要让他们自己教育自己，现在绝大部分群众都已经有了认识，就应该和他们团结起来，共同对敌，只有这样才能调动浩浩荡荡的革命大军，只有这样才能搞起生气勃勃的群众运动，只有这样才能把一切阶级敌人陷入到群众运动的汪洋大海之中。

有些人不但不相信、不依靠这部分群众，而且大整、特整这部分参加过红革会或不属于“纯”四代会观点的四代会内革命造反派，他们抓住群众运动中的某些缺点错误，无限上纲，把参加过红革会的群众一概说成是阶级本性，把给解放军提过意见的四代会的一些组织打成“反三红”，是更恶毒的“大联筹”。少数单位竟把四代会内的造反组织都否得一塌糊涂，不但否了现在的成绩，而且否定历史功勋。不但否定历史功勋，而且要重新打成反革命。对支左联络站的八条，解学恭的五·五讲话根本不传达不执行，搞独立王国，重新执行资产阶级反动路线。这样使广大的革命群众都处于人人自危的状态，很多人都讲，以后再也不干了，以后再也不要有自己的观点了。这样使运动冷冷清清，无人过问。这样的单位虽然是极少数，但它起着很坏的作用，必须尽快加以解决。

一声惊雷，毛主席的最新指示发表了，“**对广大人民群众是保护还是镇压，是共产党同国民党的根本区别，是无产阶级同资产阶级的根本区别，是无产阶级专政同资产阶级专政的根本区别。**”伴随着一声惊雷而来的必定是一场更加猛烈的暴风雨，更加波澜壮阔的群众运动必将会轰轰烈烈地开展起来。他们将用主席这条颠扑不灭真理去衡量革命委员会和她的一切成员，是共产党还是国民党，是无产阶级还是资产阶级，是无产阶级专政还是资产阶级专政，都要在他们面前经受检验。是无产阶级专政，群众必定拥护，是资产阶级专政，群众必定反抗，是无产阶级革命者，群众必定支持，是资产阶级代表人物，群众必定反对以致打倒。那种叶公式的人物，那种压制不同意见制造白色恐怖的人物，那种否定革命造反派否定群众运动的人物，必将会被群众运动的洪流冲刷的干干净净，成为不齿于人类的狗屎堆。凡是镇压群众运动的人都没有好下场！革命的群众运动万岁！

关于目前反“三右一翻”答讀者問

问：形势大好，又存在右倾翻案的严重危险，如何理解？

答：大好形势之下存在右倾翻案的严重危险，这是阶级斗争的必然反映，是正常的现象。

我们看形势，一要看发展，二要看主流。人类史上没有先例的文化大革命已经取得了决定性的胜利，刘邓黑司令部被摧毁了；亿万人民群众最广泛地动员起来，对刘邓反革命路线进行了空前的革命大批判；全国各省、市、自治区革委会的普遍成立，难道不正是形势大好的重要标志吗？我们坚信：在我们最高统帅毛主席的领导下，文化大革命的全面胜利就要到来了。

但是，我们也决不能因为形势大好，就看不到阶级斗争。要知道，阶级敌人是一时一刻也不会甘心他们的失败的。“他们一有机会就要搞翻案，妄想为资反路线翻案，为党内最大的一小撮走资派翻案，为被打倒的阶级敌人翻案。”。这股右倾翻案风确实是存在的，不足为怪。我们必须用战斗来反击敌人的进攻。

问：右倾翻案是普遍现象吗？

答：江青同志说：“目前在全国，右倾翻案是主要危险。”我们认为，在天津，在各单位这种危险都是普遍地存在的。革命派的同志们切不可掉以轻心。

高举毛泽东思想伟大红旗的中央文革指出了右倾翻案的危险，就是告诉我们面临死亡的阶级敌人正在做垂死的挣扎，它们又采取新的手段，从右的方面向我们进攻，我们必须提高路线斗争觉悟，充分认识阶级斗争的规律性，迎头痛击这股逆流。

有些糊涂人说：“哪儿那么多翻案的，干嘛这么紧张？”同志，正是由于在极个别单位，一小撮死不悔改的走资派已经翻了案，资反路线已经翻了案，已经复了仇，因此才提醒其他单位足够重视这种危险。任何事物的发展都是由量变到质变的，走资派的案没有翻过来并不等于没有翻过来的危险，如果在大多数单位都已经翻了案，那就不单单是危险，而是资本主义复辟了！

被打倒的阶级敌人时刻都在企图翻案，**这是必然的，毫无疑义的**，他们从右的方面企图翻案，这是当前的普遍规律。敌人在磨刀，我们也要拿起刀来。

问：目前反“三右一翻”斗争，是不是对准群众？

答：关于这个问题本报二十五期编辑部文章中已发表了看法。必须强调指出，要翻案的决不是群众（群众是没有什么案可翻的！），而是那些乔装打扮的阶级敌人，我们目前“反三右一翻”的斗争就是要透过现象看清本质，揪出巧妙伪装的黑手，彻底粉碎这些敌人的右倾翻案阴谋，这决不是对准群众。

正如列宁所指出的一样：“**我们代表工人群众同工人贵族的斗争，为的是要争取工人群众；我们同机会主义和社会沙文主义的领袖们作斗争，为的是争取整个工人阶级**”，进行“反三右一翻”斗争必须把矛头紧紧指向搞翻案活动的一小撮敌人，指向刘邓黑司令部，同时最广泛地团结大多数群众。只有真正团结了大多数，才能狠狠地打击一小撮阶级敌人，只有真正孤立打击了一小撮，才能最广泛地团结绝大多数群众。

问：“参加保守组织的人犯错误是出于对党和毛主席的热爱，参加大联筹的人犯错误是出于反动阶级本性”，这种说法对吗？

答：这种论调直接对抗毛主席**要坚决相信大多数群众是好的**这一教导，必须彻底批判！

第一，它把参加保守组织的群众和参加大联筹的群众对立起来，认为这两部分群众受蒙蔽的性质不一样，这实际上是在迎合着阶级敌人右倾翻案的需要，分裂我们的革命队伍。

第二，保守组织和反动流派组织大联筹都是被万张死党操纵，为刘邓万张翻案直接效劳的，就其本质来说都是反对三红，复辟资本主义。同时也必须指出，保守组织是刘邓、万张利用“奴隶主义”来蒙蔽群众的，大联筹是刘邓万张利用“无政府主义”来蒙蔽群众的，二者形式不同，但是性质都是一个。受蒙蔽无罪，反戈一击有功，**站队站错了，只要站过来就是了**，这些组织中的绝大多数群众都是热爱党热爱毛主席的，是要革命的。我们定要识破阶级敌人的右倾分裂阴谋，团结起来，共同战斗，把矛头狠狠地对准一小撮阶级敌人！

第三，**除了沙漠，凡有人群的地方，都有左、中、右，一万年以后还会是这样。**不加任何阶级分析地把参加保守组织的人都说成是出于对党和毛主席的热爱，都说成是革命的，这就会使其中的黑手、坏头头受到保护或逃之夭夭；同样，笼统地把参加大联筹的人都说成是出于反动本性，都说成是反革命，这也必然会扩大打击面，整了一般群众，保护了少数坏人。

（下转第四版）

中学红卫兵　　毛主席万岁　　1968年6月7日　第四版

門合同志豪言壯語

无限忠于毛主席！无限忠于毛泽东思想！无限忠于毛主席的革命路线！

▲一切想着毛主席，一切服从毛主席，一切紧跟毛主席，一切为着毛主席。

▲跟着毛主席，永远闹革命；
跟着毛主席，世界一片红。

▲学习最新指示，刻苦认真；
宣传最新指示，分秒不停；
执行最新指示，完全彻底；
捍卫最新指示，坚定不移。

▲学习毛泽东思想一字一句不能怀疑，执行毛泽东思想一点一滴不能走样；宣传毛泽东思想一分一秒不能放松；捍卫毛泽东思想一丝一毫不能动摇。

▲毛主席的著作，字字活学活用；
毛主席的教导，句句牢记心间；
毛主席的指示，条条落实照办；
毛主席的战略部署，步步紧跟。

▲毛主席的著作要天天学，一天不学问题多，两天不学走下坡，三天不学没法活。

▲毛主席著作要学一点，用一点，学了不用，等于耕地不播种。

▲时刻为毛主席革命路线放好哨，站好岗，掌好舵，打好仗。

完全彻底为人民

▲生为人民生，死为人民死。

▲我们要干一辈子革命，改造一辈子思想，当一辈子人民的牛，拉一辈子革命的车，一直拉到共产主义。不能高兴就当牛，不高兴就坐车。

▲完全彻底为人民服务就是最大的幸福，将革命进行到底就是最大的前途。

▲“完全”“彻底”地为人民服务，就是一心为“公”。就是七亿中国人民这个“公”，就是三十亿世界人民这个“公”。

坚定不移支持左派

▲支左，为了使国家不变颜色。这问题，那问题，使国家不改变颜色是最根本的问题。这重要，那重要，使国家不改变颜色最重要。

▲干一辈子革命，支持一辈子左派。

千支援，万支援，用毛泽东思想武装左派是最大的支援；千重要，万重要，帮助左派落实毛主席的最新指示最重要。

▲一字不拉地听毛主席的话，一步不拉地紧跟毛主席的伟大战略部署，才能支好左。

破私立公，改造世界观

▲用毛泽东思想改造一切，最根本的是改造人的思想，解决世界观的问题。只有突破了思想改造这一关，才算用到了根本上，才能一通百通。

▲不打倒私字，就不能真正实现无产阶级的胜利；

不打倒私字，就不能成为彻底的无产阶级革命派。

要打倒私字，就必须刻苦学习毛主席著作；

要打倒私字，就必须在灵魂深处闹革命。

▲只有破除了私心，才能坚定不移地按照毛主席的革命路线办事；

只有破除了私心，才能热爱左派，和他们建立深厚的阶级感情；

只有破除了私心，才能看到左派的长处更坚定地支持他们；

只有破除了私心，才能克服资产阶级派性，确立无产阶级党性。

▲活着为革命，生命泰山重；活着为个人，不如一颗针。

突出政治，用毛泽东思想建设连队

▲革命是我们的本分，用毛泽东思想武装人的头脑是我们的天职。

▲突不突出政治，是干不干革命的问题；突不突出政治，是搞不搞阶级斗争的问题；突不突出政治，是关系到革命事业成功和失败的问题。

▲任务越繁重，环境越艰苦，部队越分散，越要突出政治，越要用毛泽东思想掌握方向，指导行动。

▲要群众相信你，你首先要相信群众；要和群众知心，你首先要和群众交心。

▲既敢于领导群众起来革命，也敢于发动群众起来对自己进行批评和监督。

▲干部的行动就是无声的命令，重要的是按毛主席的话去干。干，就能带动人；干，最有说服力。

关于目前反“三右一翻”答讀者問

（上接第三版）

对资反路线、资反思潮都要狠狠批判，对受两种思潮影响的群众都要团结，有认识的都要依靠。

问：什么叫右倾分裂主义，在天津的表现？

答：右倾分裂主义是在革命队伍内部的一种表现，就是广大的革命群众按毛主席的伟大战略部署前进的时候，一部分人由于本身利益和受右倾机会主义思潮的影响以及受坏人蒙蔽不愿意或跟不上中央的指示精神，看不到运动的新问题和新动向，自己不跟中央也不让别人跟，阻止不了时就分裂革命队伍，破坏革命委员会和军民团结，破坏中央的战略部署。

现在，天津市就有那么一部分人不是把斗争矛头指向阶级敌人，指向“三查”对象，而是把矛头指向：四代会内非“纯”四代会观点即所谓走第三条道路的群众，许多中学把四代会内的许多具有这种观点的打成不挂牌大联筹，并且大整特整。解学恭同志多次指出竟也不予理采，这就是典型的右倾分裂主义。也有些人为资反路线翻案把矛头指向革命造反派，原来承认的错误也拒不承认，而把一些造反派，否得一塌糊涂，这也是右倾分裂的典型。在现在从各单位来看，主要问题，不是造反派不团结或排斥犯过保守错误的群众的问题，而是一些人完全依靠保守势力否定造反派的问题，所以这是右倾分裂主义而不是左倾关门主义。这种作法就是企图分裂我市革命的大联合和三结合。阶级敌人是千方百计挑动右倾分裂的，对于阶级敌人的这种表现我们要拭目以待。

问：有人说：“保守组织里好人多，造反组织里坏人多”你们看法如何？

答：这是刘邓颠倒历史的诬蔑。革命造反派对毛主席和党中央感情最深厚，他们最理解毛主席亲手发动的这场政治大革命，他们最坚定地站在毛主席一边，为了保卫毛主席他们刀山敢上，火海敢闯，天不怕，地不怕，围攻不怕，打击不怕，为了挖出毛主席身边的定时炸弹，为了不使中国复辟资本主义，他们拚出全力，甚至献出了生命。他们大部分大方向一直正确，紧跟毛主席，和大联筹反动思潮作了拚死的斗争。但也有一部分受了极“左”思潮的影响，犯了严重错误，但这和走资派、牛鬼蛇神反“三红”有本质的区别。有些组织虽然混进了一些坏人，但如果不起决定作用就不能把此组织否定。

这种论调是刘邓路线的教科书中传下来的，是妄想把造反派否掉而为资反路线，为万张、刘邓翻案的，必须给以彻底批判。

问：右倾翻案在天津的主要表现是什么？

答：和全国一样，正如《人民日报》《解放军报》在热烈欢呼四川省革命委员会成立的社论中指出的：为资反路线翻案，为党内最大的一小撮走资派翻案，为被打倒的阶级敌人翻案。在天津就是为万张反党集团翻案，主要的途径在现在就是通过为资反路线翻案。

本报編輯部

豪言壯語

怕困难，怕革命，不敢斗争，不敢胜利，不是战斗着过活，而是得过且过，这是缺乏无产阶级坚定性的表现。一个共产党员有这种思想，那是可耻的。

——焦裕禄

我愿在暴风雨中——艰苦的斗争中锻炼自己，不愿在平静的日子里度过自己的一生。

——雷锋

我把无产阶级同帝国主义的斗争比做一局棋。党是举棋的人，当党摆我在任何地方，我都要做一个勇敢的「小兵」，吃掉敌人的「车」、「马」、「士」，和同志一起为党争来胜利。

——王杰

本　报　启　事

本报自六月份起，由天津市邮局统一发行。六月份只限另售（可到附近报刊亭购买），七月份起可以订阅（六月份办理七月份订阅手续）。各学校，并欢迎各机关、厂矿、单位统计好份数（集体订和个人订），到附近邮局办理订阅手续。个人单独去订不办理。

自办理订阅后，每期仅有少数量另售。本报编辑部概不办理订阅、另售和赠阅。

本报每周一期（周五出版）。订阅价格：每月九分（增刊和加版不再收费）。

《中学红卫兵》通讯地址：湖南路（六十一中内）　电话：3·3059　（零售：二分）

革命的或不革命的或反革命的知识分子的最后分界，看其是否愿意并且实行和工农民众相结合。

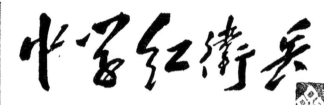

毛泽东

中学红衛兵

天津市中等学校紅卫兵代表大会常务委員会机关报

第 28 期　1968年6月14日　星期五

毛主席送毛岸英住劳动大学时的谈话

毛岸英是毛主席的儿子，他在苏联住过莫斯科大学，最近才从苏联回来。毛主席对他說：**“你住过苏联的大学，还沒有住过边区劳动大学，劳动大学的校长就是×××，劳动大学就在吳家枣园，那里的学生，都是爱劳动的人民，你去学习，对你有很大的帮助。”**毛岸英愿意去。毛主席說：**“去很好，还要带点学費去。”**毛主席給了一斗米，叫毛岸英背上走，走到吳家棗园，累得他滿头大汗。

毛岸英剛到吳家棗园，×××說：“你是个洋学生，咱一个字也不識，学什么呀？”毛岸英說：“我是个小学生，啥事也不懂的，你不要客气，我爸爸叫我来，向你学习。”

原載陝甘宁边区《群众报》，《人民日报》一九四六年十一月十五日转载

注：毛岸英同志在抗美援朝战争中壮烈牺牲。

社论

永远对反动派造反有理

——向门合同志学习

在大反“三右”，粉碎阶级敌人右倾翻案妖风，夺取文化大革命全面胜利的大进军中，我们伟大统帅毛主席和他的亲密战友林副主席向我们发出了学习门合同志的伟大号召，全市几十万红卫兵战士和革命师生闻风而动，迅速掀起了学习“无限忠于毛主席革命路线的好干部”门合同志的新高潮。

门合同志的一生是“一切想着毛主席”的一生；

门合同志的一生是“一切服从毛主席”的一生；

门合同志的一生是“一切紧跟毛主席”的一生；

门合同志的一生是“一切为着毛主席”的一生。

门合同志无限忠于毛主席，无限忠于毛泽东思想，无限忠于毛主席的革命路线。他“学习毛泽东思想一字一句不怀疑”，他“执行毛泽东思想一点一滴不走样”，他“捍卫毛泽东思想一丝一豪不动摇”。在两条路线的激烈斗争中，在历次重大的阶级搏斗中，门合同志总是最自觉、最坚决、最勇敢地站在毛主席革命路线一边。毛主席怎么说，他就怎么做！

用毛泽东思想，门合同志坚决回击了右派分子的猖狂进攻；

用毛泽东思想，门合同志戳穿了中国赫鲁晓夫“三自一包”复辟资本主义的罪恶阴谋；

用毛泽东思想，门合同志大造了彭德怀、罗瑞卿这些“庞然大物”所推行的资产阶级建军路线的反；

用毛泽东思想，门合同志武装了自己的头脑，有了高度的路线斗争觉悟。

毛泽东思想，使门合无所畏惧；

毛泽东思想，使门合无往而不胜！

门合同志的精神是当今时代的精神，集中到一点就是高举“**对反动派造反有理**”的大旗，永远向旧世界冲杀的伟大精神！

《人民日报》评论员指出：“在无产阶级专政条件下，两条路线的斗争，是阶级斗争的集中表现。路线斗争是最深刻的阶级斗争，路线斗争觉悟是最根本的阶级觉悟。是不是紧跟毛主席的革命路线，是能不能将无产阶级文化大革命进行到底、保证我们的国家永不变色的关键问题，是衡量一个人是不是真正的无产阶级革命派的重要标志。”

忠于毛主席决不是口头的、抽象的。我们学习门合同志，就是要学习他对毛主席革命路线的无限忠诚，就是要努力活学活用毛泽东思想，不断地提高路线斗争觉悟，就是要使自己象门合一样，在两条路线的激烈斗争中，敢于革命，敢于造反，敢于“顶”一切不符合毛泽东思想的东西！

有这么一些人，他们对于党中央、毛主席的声音，对于无产阶级司令部的命令很不重视，甚至采用实用主义的态度，符合他们自身利益的他们就听，影响他们自身利益的，他们就自觉与不自觉地对抗。但是，对于他的直接上级，对于能撤他的职，罢他的官，最能触动他个人利益的“顶头上司”却是奴性十足，不管正确、错误都一概点头称是，全盘接受。这种人在门合同志“凡是不符合毛泽东思想的东西，我就要顶”的伟大形象面前显得何等的渺小！

有些革命造反派的头头，在过去受资反路线压迫、打击的时候，“敢”字当头，奋不顾身，高举着“**对反动派造反有理**”的大旗，杀向了万晓塘、张淮三之流的黑司令部；在反动的资产阶级思潮猖狂泛滥的时候，他们中的大部分人坚定地站在毛主席革命路线一边，坚决反击了这股反动思潮的进攻。

两年来的战斗使他们心明眼亮，心红胆壮，他们敢字当头，闯劲十足，不愧为文化大革命中涌现出来的革命小闯将，不愧为忠于毛主席革命路线的红卫兵！目前，各级革命委员会普遍地建立起来了，这些小闯将们从资反路线统治时的受压地位逐渐上升为掌权地位了。值得指出的是，其中有些同志掌权了，地位变了，就产生了“革命到头了”的思想，开始躺在过去的“荣誉椅”上睡大觉了，他们身上的“敢”字、“闯”字一天天消失了，他们身上敢于造反的浓厚“小将味”渐渐地淡漠了，他们开始求稳、怕乱了。这些同志忘掉了自己受资反路线迫害的情况，忘掉了“**造反有理**”的根本思想，忘掉了毛主席的无产阶级革命路线和资产阶级反动路线还在继续拼死搏斗，这是何等的危险！同志，这就是最大的右倾思想，这就是阶级敌人右倾翻案的土壤！警惕啊，同志！

“我们要干一辈子革命，改造一辈子思想，当一辈子人民的牛，拉一辈子革命的车，一直拉到共产主义，不能高兴就当牛，不高兴就坐车。”这是门合同志以他光辉的一生实现了的豪言壮语。我们学习门合同志，不仅要学习他敢于革命，敢于“**对反动派造反**”的大无畏精神，而且要学习他永远革命，永远大造旧世界反的彻底革命精神。

“**宜将剩勇追穷寇，不可沽名学霸王**”，我们一定要以门合同志为榜样，继续发扬红卫兵小将的革命精神，继承“六·二一”、“八·二六”、“九·一八”的传统，永远更高地举起“**对反动派造反有理**”的大旗，不断地、持久地、不停顿地向旧世界发动进攻，在夺取文化大革命全面胜利的斗争中再立新功！

向门合同志学习！

永远对反动派造反有理！

中学红衛兵　　毛主席万岁

1968年6月14日　第二版

逆刘邓、万張之道而行

我们现在思想战线上的一个重要任务，就是要开展对于修正主义的批判。

毛泽东

刘少奇等党内一小撮最大的走资派长期以来疯狂反对伟大领袖毛主席的“**知识分子和工农民众相结合**”的这条革命化道路。刘少奇污蔑我们革命青年不愿意到农村去，向我们革命青年散布“万般皆下品，唯有读书高”的剥削阶级思想，他胡说什么：“如果让城市的初中毕业生到农村去是当农民，他们是不大愿意去的，如果下乡以后仍有书读，半工半读或半农半读，他们可能就愿意下乡了。”他还瞎说什么：“如果说，你下乡还可以读书，还可以升学，又种地又升学，那他们就高兴了，只要他们下了乡，有地种又有书读，我看大多数城市的青年是愿意去的。”这简直是对我们知识青年的极大污蔑，对毛主席革命路线的极大歪曲。毛主席教导我们说：“**真正的革命者必定是愿意并且实行和工农民众相结合的。**”“**一切可以到农村中去工作的这样的知识分子，应当高兴地到那里去。农村是一个广阔的天地，在那里是可以大有作为的。**”毛主席的话是放之四海而皆准的真理，对毛主席的指示，我们一千个照办，一万个执行，和工农群众相结合这条革命化大道我们走定了，并坚决走到底。我们是象刘少奇所说的那样不愿意下乡当农民吗？我校的大好形势给了刘少奇当头一棒，充分驳斥了刘少奇的这种反动谬论。

当我校接到毕业生去内蒙的消息以后，还没来得及作动员报告，红卫兵小将、革命同学的申请书、报名书就象雪片似的飞到革委会。有的同学咬破中指，用自己的鲜血写下了对毛主席的一片忠心，有的同学一再提出申请，要求第一批到内蒙去。在革委会的领导下，几天之内报名人数就达到了百分之八十三。刘少奇，我们要质问你，如果我们不愿意到农村去，我们学校能出现这样的大好形势吗？同学们能咬破中指写血书吗？这是你所意料不到的，你也根本意料不到。用毛泽东思想武装起来的人，在文化大革命中锤炼出来的革命小将，是觉悟最高，毛泽东思想学得最好，跟毛主席最紧，对你们这一小撮敌人最狠，立场最坚定，旗帜最鲜明的无产阶级革命派。刘少奇所说的“高兴”，无非就是剥削阶级的“万般皆下品，唯有读书高”白专道路那一套；所说的“愿意”、“不愿意”是对我们革命小将，对革命形势的错误估计。我们认为：听毛主席的话，照毛主席的指示办事，走与工农相结合的道路是我们最最高兴的事情，是我们最大最大的幸福。

我们——用毛泽东思想武装起来的革命小将，从来就没有从“我”字出发的“愿意不愿意”的习惯，只要是毛主席的指示，党的需要，祖国人民的需要，我们就一百个、一千个、一万个愿意去执行、去照办！

西南楼中学三年二班全体战士

◇✢◇　◇✢◇　◇✢◇　◇✢◇

粉碎刘少奇的市侩哲学

多少年来，中国的赫鲁晓夫一直在用他的资产阶级世界观改造世界。他经常向青年们散布他的臭名昭著的《黑经》上的修身养性论，散布他的“吃小亏占大便宜”的市侩哲学。他胡说什么“不能没有个人利益，个人利益结合起来就是集体利益。在社会主义条件下，一心一意为个人利益的人是搞不到个人利益的，一心一意为人民服务反而有个人利益，只顾一头，反而倒有两头。”看！这是多么肮脏的灵魂！他还胡说过：“我劝你们回乡后……认真地种三、五年地，……你们有文化，农民没有，跟群众关系搞得好，具备三条，就能当乡、县、省干部，也可以到中央，那就看各个人的本事了。”刘少奇所宣扬的是些什么！我们无产阶级的核心是“公”字，资产阶级的核心是“私”字，“私”字是万恶之源，“私”字是“修”字之根。刘少奇用资产阶级的“私”字来腐蚀我们知识青年，妄想使我们变修，搞复辟，这真是白日作梦！伟大领袖毛主席教导我们要一心为公，到农村是要与工农群众相结合，而刘少奇却宣扬一心为私，到农村去当官，向上爬，搞个人名利，明目张胆地对抗毛主席的光辉思想，对抗毛主席的革命路线，妄图把知识青年引向三脱离的泥坑，使青年们脱离无产阶级政治，脱离劳动人民，脱离实际，企图堵塞知识青年走与工农相结合的正确道路。刘少奇这个资产阶级的代表人物，为了复辟资本主义，无孔不入，千方百计地在知识青年下乡上山问题上向我们无产阶级进攻。伟大领袖毛主席亲自发动和领导的史无前例的无产阶级文化大革命，摧毁了中国赫鲁晓夫在青年运动上所推行的修正主义路线，为我们广大知识青年同工农相结合，开辟了广阔的道路，这是毛主席无产阶级革命路线的伟大胜利！

毛主席热爱我热爱，毛主席支持我支持，毛主席指示我照办，毛主席挥手我前进！到农村去！到边疆去！到祖国最需要的地方去！到离家最远、最艰苦的地方去！

西南楼中学初二、一全体战士

让“大公有私論”见鬼去吧

毛主席教导我们：“**世界观的转变是一个根本的转变。**”在上山下乡问题上的公与私的斗争，就是两个阶级、两条道路、两条路线的斗争。林彪同志教导我们：“我们就是需要为公的人。为公也有不同的阶级性。我们所说的公，是人民的公，无产阶级的公，社会主义和共产主义的公。”无数革命先烈和时代的英雄，都以惊天动地的业迹，说明了只有无私才能无畏。

而中国赫鲁晓夫却大搞什么“公私溶化”，鼓吹什么“大公有私”论，这完全暴露了他的资产阶级世界观。他极力宣扬什么“共产党员在个人利益与党的利益不发生矛盾的情况下，也可以想到个人利益”等资产阶级利己主义的思想，和毛主席的大公无私的思想是根本对抗的。这种大公有私论在同学头脑中的流毒也是很深的。比如在上山下乡问题上，有的同学找了许多借口，强调家庭困难，并认为家里有困难而不上山下乡是理所应当的。认为应该响应毛主席的号召，但也得考虑我家里怎样怎样。这种思想实际上就是“大公有私”论的表现。还有的同学说什么：“我的身体不好，只要让我做别的工作我一定做好。”这还不是“大公有私”论吗？请问：一个事事时时处处，先想到个人利益，满脑子个人主义的人，难道能把一切献给党和人民吗？现在毛主席向我们发出了走与工农相结合的道路，让我们用自己的双手，建设自己的国家。多流点汗都不能做到，难道还能把一切，甚至生命献给党和人民吗？在这考验每个人是革命不革命或假革命的关键时刻，当了逃兵的人，难道需要他去牺牲生命时，而脸不变色心不跳吗？不能，绝对不能。

我们要大喝一声：同志，该猛醒了，你已经和中国赫鲁晓夫走到一条黑道上去了！

让中国赫鲁晓夫的“大公有私”论见鬼去吧？我们将坚定地走毛主席指出的和工农相结合的道路、公字化的道路！

西南楼中学应届毕业生
尤明娟

千头万緒抓什么？

本报評論員

随着无产阶級文化大革命向着全面胜利的深入进展，越来越多的工作挤在了我們面前。

回避这接連而来的事情，把“一批、三查”运动抛在一边，把評选活学活用毛泽东思想积极分子工作甩在脑后，把各項工作对立起来，而单純地拼凑到农村、到边疆去的名額，能够收到所謂“精力集中”、“重点突出”的效果嗎？經驗教訓回答：非但不能、反而更加糟糕！

千头万緒抓什么？正在为各校广泛传播的西南楼中学以“一批、三查”为动力，推动下乡上山工作的經驗告訴我們：就是要深入开展革命大批判，破字当头，批字带路。

毛主席經常說：“**不破不立。破，就是批判，就是革命。破，就要讲道理，讲道理就是立，破字当头，立也就在其中了。**”請同志們想一想；長期以来，刘邓、万张之流在青年走什么道路的問題上，頑固地推行了一条脱离无产阶級政治、脱离劳动人民，脱离实际的资产阶級反动路綫。他們的“劳心治人”、“讀书做官”論，对青年一代毒害很深。对其流毒，不彻底肃清，“**卑贱者最聪明！高贵者最愚蠢**”的崇高思想，怎能树立？

在刘邓、万张的所謂“多种”准备的幌子下，将广大无限忠于毛主席革命路綫的劳动人民子女，斥責为“群氓”，将他們排除在高中、大学門外，为资产阶級专家老爷們培植修正主义苗子大开綠灯。对其罪行，不彻底清算，“一切献給毛主席”的紅心，怎能放射光芒？

在刘少奇的“吃小亏占大便宜”誘餌的引惑下，一些青年总是迷醉于画中人的生活，在农村广闊的天地上，唯唯諾諾，摇摇晃晃，成了历史上来往匆匆的过客。刘少奇还呲牙咧嘴地說：“种三五年地”，“搞好和群众的关系”，就可以争取“当社长、当乡长、当县长”，“成为中央委員”，恶語音犹在耳。对其謬論，不彻底批判，大公无私的共产主义精神，怎能变为改造世界的物质力量？

中国赫鲁晓夫罪恶滔天。单是破坏知識青年与工农相結合方面，我們就可以摆上一千条、一万条的罪状。

綱举目张。西南楼中学广大革命师生所以能在下乡上山的道路上，迈出了坚定的一步，正是由于他們狠抓革命大批判，瞄准刘邓、万张罪行和同学头脑中“私”字这两个活靶子的結果。

千头万緒抓什么？破字当头，批字带路！西南楼中学这样做了，其他学校也应該这样做！

中学红卫兵　毛主席万岁　1968年6月14日　第三版

一切想着毛主席　一切服从毛主席
一切紧跟毛主席　一切为着毛主席

向门合同志学习

毛主席教导我们说：**“成千成万的先烈，为着人民的利益，在我们的前头英勇地牺牲了，让我们高举起他们的旗帜，踏着他们的血迹前进吧！”**

在夺取无产阶级文化大革命全面胜利的关键时刻，我们伟大领袖毛主席和他的最亲密的战友我们的副统帅林副主席亲自批准，由中共中央，中央军委，中央文革发布命令，追授门合同志以“无限忠于毛主席革命线路的好干部”的光荣称号，这是毛主席和林副主席对我们全国军民的最大关怀，最大教育，最大鼓舞，最大鞭策。

英雄的门合同志，是无产阶级司令部为我们树立的光辉榜样，他二十年如一日，无限忠于毛主席，无限忠于伟大的毛泽东思想，他是毛主席革命路线最忠实、最坚强、最勇敢的捍卫者。我是革命战士一定要学习门合同志，象门合那样，“一切想着毛主席，一切服从毛主席，一切紧跟毛主席，一切为着毛主席”。象门合那样，“时刻为毛主席的革命路线放好哨，站好岗，打好仗。”

在无产阶级专政条件下，两个阶级、两条道路的斗争突出地表现为路线斗争。所以我们要不断提高路线斗争觉悟，坚定地站在毛主席革命路线一边，才能完成毛主席交给我们“三支”、“两军”的伟大任务。学习门合同志决不能做口头革命派，要做真正的无产阶级革命派，做到象李文忠说的那样，“毛主席挥手我前进”。

最近毛主席又给我们指出了新的战斗纲领，**“对广大人民群众是保护还是镇压，是共产党同国民党的根本区别，是无产阶级同资产阶级的根本区别，是无产阶级专政同资产阶级专政的根本区别。”**学习了这一指示和门合同志的事迹，我深深地认识到，毛主席的无产阶级革命路线就是最彻底的群众路线，代表了无产阶级的根本利益。我们在“三支”“两军”工作中要密切联系群众，始终支持广大革命人民群众，保护广大革命人民群众，打击一切阶级敌人。紧跟毛主席的伟大战略部署，全面落实毛主席一系列的最新指示，在夺取无产阶级文化大革命的全面胜利的伟大斗争中，为人民立新功。

组训十六团解放军一战士

学习门合，永远忠于毛主席

我怀着万分激动的心情，对来自无产阶级司令部的声音，对门合同志的英雄事迹，读了又读，学了又学，我深深地感到：无产阶级司令部的这一伟大号召，是对我们毕业生进行毕业思想教育，搞好毕业分配工作的最大关怀，最大鼓舞，最大鞭策。是为我们即将走向工作岗位的青年学生把自己锻炼成无产阶级革命事业接班人树立的光辉榜样。

带着问题学英雄，学了英雄见行动。对照门合，仔细地检查了自己的思想。通过检查发现在进行毕业教育中，自己有很多的私心杂念。

首先，在我思想深处，特别希望组织在分配上给我“照顾”。认为在运动中我是从资产阶级反动路线的白色恐怖中冲杀出来的无产阶级革命派，在捍卫“三红”，捍卫毛主席的革命路线的斗争中，我作出了新的贡献。应该把我分配在工作环境好，工资待遇高的地方。否则，让我到艰苦的地方去，就是让无产阶级革命派吃了亏。在这种”照顾”思想的指导下，单纯争取早日毕业的思想，不想好好干的念头，在自己的头脑中开始活跃起来。

门合同志说：**“革命不是作官，而是为人民服务。”“当一辈子人民的牛，拉一辈子革命的车。”**我和门合同志一对照，感到格外惭愧，这共产主义战士的豪言壮语，给了我斗私批修的冲天干劲。给我增添了继续革命的巨大力量。

以英雄门合为榜样，我又学习了毛主席的有关光辉著作，使我充分认识到毕业分配工作也有水火不相容的两条路线的激烈斗争。

中国赫鲁晓夫极力宣扬“我们的培养目标是当干部，当工程师，当教授。”我校走资派也多次反复向我们推销，说：“我校要把你们培养成技术员、科室干部”我校的一些牛鬼蛇神，资产阶级学术权威，在毕业分配时极力向我们宣扬“宁南勿北，宁近勿远”的反动论调。

一目了然，他们的目的就是妄图把我们培养成脱离工农，高踞于群众之上的，只能指手划脚的资产阶级官老爷和精神贵族，就是企图让我们去接他们复辟资本主义的班。中国赫鲁晓夫及其代理人的培养目标，是地地道道的修正主义货色。这也完全确定了他们的分配路线，是资产阶级反动路线。

毛主席曾明确指示：要把青年培养成**“具有社会主义觉悟的有文化的劳动者”**最近，以毛主席为首的无产阶级司令部又向我们毕业生发出了“面向农村，面向边疆，面向基层，面向工矿”的伟大号召，这是毛主席给我们毕业生指出的无限光明的道路，是我们在毕业思想教育中必须坚持的毛主席革命路线的根本方向。通过学习毛泽东思想，对照门合同志的英雄事迹，我的眼睛亮了，方向明了。自己深深地认识到，在过去两年的无产阶级文化大革命中，自己竖持了毛主席的革命路线，今天，在进行毕业分配中，更应该站在毛主席的革命路线一边，坚定不移，誓死捍卫毛主席的革命路线。

今后，我决心在进行毕业思想教育时，积极的投入革命的大批判，象门合那样，时刻为毛主席的革命路线放好哨，站好岗，打好仗。永远沿着毛主席的无产阶级革命路线奋勇前进！

塘沽盐校六七年应届毕业生　**綦田声**

无限忠于毛主席的革命路綫是最大的忠

天津机械工业学校革命委員会

我们机校无产阶级革命派，满怀着对英雄门合同志的无限敬仰，正迅速掀起一个学英雄的高潮，结合当前尖锐复杂的阶级斗争实践，在斗争中学，在斗争中捍卫毛主席的无产阶级革命路线。

我们伟大领袖毛主席早就指出：**“不是东风压倒西风，就是西风压倒东风，在路线问题上没有调合的余地。”**无产阶级革命路线和资产阶级反动路线的区别，就是社会主义和资本主义，革命和反革命的区别。在尖锐复杂的阶级斗争中，路线问题就是这样重要，脱离了毛主席的革命路线就是十足的糊涂虫，就会站到阶级敌人一边。门合同志在路线斗争问题上，为我们作出了光辉的榜样。

在无产阶级文化大革命中，我们红卫兵小将满怀着对伟大的毛泽东思想无限忠诚，为了捍卫毛主席的无产阶级革命路线，同党内最大的一小撮走资派刘邓陶的资产阶级反动路线进行了殊死搏斗。我们从刘邓、万张设置的重重白色恐怖中冲杀出来，坚决大造了旧市委内、校内一小撮走资本主义道路当权派的反，以“九·一八”的正义战鼓，宣告了市委一小撮走资派的死刑，在错综复杂的斗争实践中，凭着对毛泽东思想的无比忠诚，我们看穿了阶级敌人从右或极“左”方面动摇无产阶级司令部的罪恶企图；在右倾思潮大肆泛滥的“二月逆流”中，在极“左”思潮、无政府主义妖风四起时，我们坚定地站在毛主席革命路线一边，同代表资产阶级反动思潮的流派组织“大联筹”进行了坚决斗争，以鲜血和生命捍卫了毛主席的无产阶级革命路线。斗争实践告诉我们：忠于毛主席就是要忠在毛主席无产阶级革命路线这个大节上，只有这样，才能使无产阶级专政永远坚强，永不动摇！

从门合同志的斗争实践中，从我们红卫兵小将紧跟红司令，在文化大革命的两年冲杀中，我们最最深切的体会到：千忠于，万忠于，无限忠于毛主席的革命路线就是最大的忠！向门合同志学习，学千条，学万条，学习门合同志无限忠于毛主席革命线路是第一条！离开了路线斗争，忘记了阶级斗争，就会被敌人利用，脑袋掉了，还不知怎么掉的。

当前，无产阶级文化大革命已经进入了夺取全面胜利的关键时刻，阶级敌人全线崩溃的末日已经来到了。也正是在这个时候，他们会以十倍的仇恨、百倍的疯狂，妄图恢复他们失去的天堂；也正是在这个时候，阶级敌人交替使用右的和极“左”的手法，从右的方面，向无产阶级革命派猖狂反扑，极力煽动右倾翻案妖风。

和全国一样，我校顽固不化的走资派，不齿于人类的狗叛徒，从来没有停止过他们的翻案活动。面对着这股逆流，我们在亲人解放军的全力支持下，毫不留情地进行了回击，坚决打击了一小撮阶级敌人，广泛地将受“大联筹”资产阶级反动思潮蒙蔽的群众团结在毛主席革命路线上。

“宜将剩勇追穷寇，不可沽名学霸王。”我校广大革命师生决心以门合同志为光辉榜样，以“四个一切”为指南，在路线斗争中，以实际行动保卫毛主席的无产阶级革命路线，在阶级斗争的大风浪中把灵魂铸成一个鲜红的忠字！

中学红卫兵　　毛主席万岁　　1968年6月14日　第四版

肖 思 明 同 志

在天津市革命委员会毛泽东思想学习班上的讲话

一九六八年六月六日

天津驻军陆、海、空三军，介入天津市无产阶级文化大革命已经一年多了。

今年，全市在紧抓革命大批判的基础上，实现了一片红。随着阶级斗争的深入发展，阶级斗争更加尖锐、激烈、复杂。在这种情况下，又向我们“三支”，“两军”人员提出了新的课题，也就是当好“四员”（毛泽东思想宣传员，人民的勤务员，战斗员，人民群众的学员）的问题上，如何适应发展了的形势的需要，条件要求更高了。从领导到“三支”、“两军”的每一个人都在新的情况下，缺乏经验，缺乏实际斗争的体验，正是摸索的过程。

在实现了一片红的大好形势下，“三支”、“两军”如何工作？如同去年一月一样，感到是个新问题。虽然一片红已经三个月了，下面有些经验，但领导既无感性知识，又无理性知识。我们领导天天深思苦想，这只能到实践中去。

在一片红以后，也做了一些工作，为了这个工作，进行了若干次整风，整顿思想，不断总结，不断提高。在新的形势下，在阶级斗争尖锐、激烈、复杂的情况下，不总结就不能解决问题。要克服停滞不前的情绪。

如何正确对待群众是个根本问题、立场问题，而不是方法问题。

如何正确对待群众有三个新问题：

1、如何正确对待参加“三结合”的干部和群众组织的代表。怎样支持他们这是个新问题。

2、对待群众组织，如何发挥他们的作用，如何帮助他们、支持他们，这也是个新课题。譬如，有的基层“革联会”要办成工会一样的组织。这方面没听到你们讲（指学习班上的发言），我们就老是考虑这个问题。

3、如何正确对待犯过错误的群众，对犯有这样或那样错误的群众，如何做工作。

去年有一段就是解决“群众冲我们怎么办？”要及时地抓住活思想，群众冲几下有什么要紧，对战士要进行教育。

现在阶级斗争更加尖锐、激烈了，要团结一切可以团结的力量，共同对敌。

我们对（各级）革命委员会，就是八个字：“爱护、支持、帮助、捍卫。”

这都是新问题，没有实践知识也支持不好。你们都是我们的老师，要求你们参加革委会的同志们，向“三支”、“两军”部队提出宝贵的意见，使解放军成为真正的“支柱”。你们相信解放军，首先应该相信我们能够接受你们的意见。因为我们是为人民服务的。这个要求是诚心诚意的，这完全是同志式的要求。

不敢给部队提意见，倒是个新问题，要提到阶级斗争的角度来认识。

（根据记录整理，未经本人审阅）

大叛徒刘少奇在东北是怎样叛变的？

刘少奇的狗老婆王光美是美国、日本、国民党打进我们组织内的特务，是搞战略情报的。邓小平是个逃兵、陶铸是大叛徒、彭德怀是里通外国的奸细、彭真是大叛徒、谭震林是大叛徒。贺龙投降国民党、罗瑞卿是没有参加共产党的特务、陆定一是大叛徒大特务、杨尚昆是里通外国的奸细、安子文是大叛徒。

刘少奇不仅指使其黑爪牙叛党投敌，而且他本人就是一个被捕后叛变的大叛徒。一九二五年他在湖南投降国民党，一九二七年在武汉投降汪精卫，一九二九年在沈阳投降日本，一九三六年又投降国民党蒋介石。

一九二九年七月间，刘少奇等人在奉天（沈阳）组织了所谓“国际反帝日”示威，这一次“左”倾冒险主义行动，致使大量的党组织暴露给敌人，许多革命同志遭到无谓的牺牲。这是刘少奇到东北后对革命的第一次大叛卖。接着，发生了“中东路事件”，刘少奇不顾许多同志的反对，同省委核心中的几个“左”倾机会主义者一起提出了所谓“以武装保卫苏维埃为中心任务”的错误路线。此后在许多次省委扩大会议上，刘少奇顽固地推行李立三路线，许多同志提出贯彻毛主席的以农村为根据地、发展游击战争、建立红色政权的正确路线，而刘少奇却置若罔闻，强行抵制，强调什么“东北工业发展、产业工人多，必须以城市工作作为中心”，甚至只字不提推翻帝国主义、大军阀、大地主的反动统治，而狂热地鼓吹反革命经济主义，胡说什么“城市工作重心是组织赤色工会，以经济斗争为主。”这充分暴露了刘少奇资产阶级大工贼的丑恶嘴脸！

一九二九年八月十日，满洲省委又按照李立三路线组织了奉天（沈阳）纱厂工人大罢工，反动统治当局采取了血腥镇压的手段，由于叛徒的出卖和组织的大暴露，致使满洲省委遭到了空前破坏，省委主要成员刘少奇、孟坚、丁群（丁君羊）、唐宏经、任向祯等均被捕。

这些人被捕后，在敌人面前供出了自己的政治身份，丧失了共产党人的气节，进行了极其反动的“反省自新”活动，成了可耻的叛徒！由于刘少奇“悔过”得好，深得反动当局的赏识，反动当局竟“破格”地单独给刘少奇调换牢房，反动当局的一些重要人物也多次召见刘贼，与刘贼进行密谈，在敌人的关照下，刘少奇等大叛徒在狱中住了不到两个月就被释放出来。

刘贼出狱后，向党、向人民隐瞒了其可耻的叛徒的面目，并且继续顽固地贯彻李立三的“左”倾冒险主义路线。

解放后，刘少奇为了掩盖他的这一段叛徒历史，继续投机革命、结党营私、招降纳叛。他伙同大叛徒安子文之流，操纵中央组织部门的一小撮走资派，一方面不择手段，到各省市的机要档案部门和资料部门盗窃有关档案，毁证灭迹；另一方面用拉拢收买、建立攻守同盟、破格提拔等手法来拉拢他的同案人和知情者，如把叛变二次的杨一辰介绍入党，提升为中央候补委员、河北省副省长的要职；把叛变三次的孟××安插在国际关系研究所任所长，并怂恿继续里通外国，叛变投敌，是可忍，孰不可忍！

以刘少奇为首的这一批叛徒、特务、死不悔改的家伙，长期潜伏下来，把持了我党的重要领导岗位，一旦时机成熟，他们就要进行资本主义复辟。

今天，我们广大的无产阶级革命派终于把头号大叛徒刘少奇揪出来了！这是战无不胜的毛泽东思想的伟大胜利！是无产阶级文化大革命的光辉成果！我们一定要彻底批臭刘少奇的叛徒哲学、活命哲学，把以刘少奇为首的叛徒集团抛进历史的垃圾堆！

最高指示

我們的責任，是向人民負責。

致 讀 者

据反映，某些学校宣传组不给本校师生办理本报的订阅工作。为便利红卫兵战友和革命师生按期、准时看到本报，上述学校的同志可自行“串联”，满三十人以上者，可到市红代会开证明，到邮局办理订阅手续。

本报编辑部

本 报 启 事

本报自六月份起，由天津市邮局统一发行。六月份只限另售（可到附近报刊亭购买），七月份起可以订阅（六月份办理七月份订阅手续）。各学校，并欢迎各机关、厂矿、单位统计好份数（集体订和个人订），到附近邮局办理订阅手续。个人单独去订不办理。

自办理订阅后，每期仅有少数量另售。本报编辑部概不办理订阅、另售和赠阅。

本报每周一期（周五出版）。订阅价格：每月九分（增刊和加版不再收费）。

欢迎批评　欢迎来稿　《中学红卫兵》通讯地址：湖南路（六十一中内）　电话：3·3059　（零售：二分）

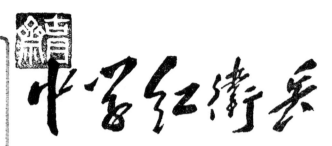

谁是我们的敌人？谁是我们的朋友？这个问题是革命的首要问题，也是文化大革命的首要问题。

毛泽东

中学红卫兵

天津市中等学校紅卫兵代表大会常务委員会机关报

第 29 期　1968年6月21日　星期五

社论

坚决反对右倾分裂主义，坚决打击阶級敌人的右倾翻案活动！

全市各校以反右倾翻案为主攻方向的“一批、三查”运动正在深入进行，一小撮叛徒、特务、走资派、地富反坏右牛鬼蛇神的翻案活动，一个个被揭穿，一个个被广大革命群众揪出来示众了，为资产阶级反动路线翻案的妖风现在也受到广大的无产阶级革命派的坚决抵制和坚决地镇压。革命形势好得很。

但是阶级敌人是不甘心于他们灭亡的，**他们老是在研究对付我们的策略，“窥测方向”，以求一逞**。他们总是把革命的口号接过来，抹杀其实质，阉割其灵魂，塞上自己的反革命黑货。招谣过市，欺骗广大群众，分裂革命队伍，就是这一小撮阶级敌人右倾翻案的手段之一。当中央提出大反右倾翻案以后，它们的阴谋进一进被揭穿，这一小撮敌人就千方百计地散布这不适合天津的具体情况，这是假的；拚死命阻止群众听到中央的声音。待到中央一再指出，群众呼声剧烈，市革委会几次布置，他们感到封锁不住了的时候，就摇身一变，也大喊反右倾的口号，妄图继续挑动群众斗群众，保护他们自己。但是无产阶级革命派的眼光是雪亮的，一眼看穿了他们的阴谋伎俩，按照中央的这些指示，无产阶级革命派坚决毫不留情地揭发了一小撮阶级敌人的阴谋鬼计，彻底批判了他们的种种反革命谬论，团结了一切可以团结的力量，坚决打击这一小撮阶级敌人。这样，这一小撮阶级敌人实在混不下去了，就蒙蔽一部分群众，大搞分裂活动，对坚持按中央指示办事的广大无产阶级革命派进行猖狂地反扑，并且以恶人先告状之能事反咬一口，把坚决批判他们的种种谬论，坚持革命原则的革命派骂成右倾分裂主义者，把他们分裂革命队伍的罪恶嫁祸于广大群众，所以右倾分裂成了现在运动中的一个很严重的问题。

什么叫右倾分裂呢？所谓右倾分裂就是阶级敌人利用右倾思潮进行的分裂活动。要进行右倾翻案就要为资反路线翻案，要为资反路线搞翻案就要否定无产阶级革命造反派，这就是最大的分裂活动，在有些学校这种右倾分裂活动是严重的。在这些学校，广大无产阶级革命派坚决抵制和打击这种翻案活动，是坚持了无产阶级革命派的派性，坚持和捍卫了毛主席的革命路线，执行和捍卫了无产阶级司令部的命令，这决不是右倾分裂，而是反对右倾分裂的最有效的办法。要统一，必须统一在中央指示的原则之下，如果统一了而和中央指示矛盾，或出入很大，那就是最大的分裂，因为这样，实际上就是分裂于中央领导之外，这种分裂是最危险的。

有些人有一种奇怪的逻辑，他们对阶级敌人妄图为资产阶级反动路线翻案的活动置若罔闻，而对广大革命群众来个否定又否定，对反击这股妖风的革命行动却瞪大了眼睛盯着，指指点点地说：“这不是右倾分裂吗？”我们要向这些人大喝一声：“你站错了队，你在文化大革命的第五大回合中站错队了。你的立场错了，你没有按中央指示办事！”这种人无法理解什么是真正的右倾分裂；也无法真正理解这种分裂如何阻碍着“一批、三查”运动的深入开展。

怎样才能克服右倾分裂主义，把“一批、三查”运动进行到底？

让阶级敌人不挑拨离间吗？这不可能。“**帝国主义者和国内反动派决不甘心于他们的失败，他们还要作最后的挣扎。在全国平定以后，他们也还会以各种方式从事破坏和捣乱，他们将每日每时企图在中国复辟。**”他们一定会利用人民内部的矛盾，挑拨离间，兴风作浪，实现他们的阴谋。

让人民内部不产生矛盾吗？让大家对一系列重大问题不进行原则争论吗？回避矛盾的实质吗？让群众之间以前没有情绪，和以后不产生情绪吗？这都是傻瓜和书呆子的想法，这是第五大回合的战斗，这是文化大革命全面胜利之前的决死斗争，矛盾一定要产生，争论一定要激烈地继续，群众之间的情绪也不会朝夕就能消除。

唯一的办法，就是领导机关——各级革命委员会坚决地执行中央指示精神，坚决依靠广大群众，明察阶级斗争的新动向，分清敌我友，分清主要敌人和次要敌人。这样方向对头了，政策得力了，敌人的分裂阴谋就不能得逞，就可以因势利导夺取胜利。因此敌人阴谋能否得逞，第五回合斗争的成败，在很大程度上决定于各级革命委员会的方向和路线。

各级革命委员会应该怎样作呢？我们认为：

第一、必须对当前的“反三右一翻”的认识统一到人民日报社论和中央一系列指示精神的原则之下。即第五回合的斗争主要是反击阶级敌人利用右倾机会主义思潮进行翻案的斗争。在天津市就是为万张反党集团为首的一小撮阶级敌人翻案，主要途径就是为资反路线翻案，要实现这种翻案活动必须打下一直和他们作顽强斗争的无产阶级革命派。这是阶级斗争的一系列的连锁反映，这是第五回合阶级斗争的全部内容。对于这点各级革命委员会必须统一认识，明确表态，广泛宣传，使广大群众都统一起来。否则，态度暧昧，看法不一，有的甚至歪曲回避问题的实质。好像第五回合的斗争不是反右而还是反“左”，有的更巧妙的“左”右不分都可以解决问题。这样就容易被阶级敌人制造混乱，混水摸鱼，分裂我们的革命队伍。

第二，把矛头始终狠狠地对准敌人。这是斗争的大方向问题，是最根本的问题。“**在工人阶级内部，没有根本的利害冲突。**”而工人阶级和广大人民群众却和一小撮叛徒、特务、走资派、牛鬼蛇神有着不共戴天的深仇大恨，在对待这些敌人的时候，工人阶级和广大的人民群众的利害关系是一致的，所以集中精力狠狠打击这一小撮阶级敌人的翻案复辟活动，对他们发动连续不停顿的进攻乃是统一我们的队伍，防止右倾分裂坚决打击敌人的最有效措施。

在这里必须强调指出，在有些单位，阶级敌人利用群众中的一些偏激情绪，和社会上的右倾机会主义思潮，不是把矛头指向了一小撮阶级敌人，而是指向了广大受蒙蔽的群众，还有极少数单位指向犯过错误的革命造反派。这就很容易给阶级敌人以搞分裂的机会，这是很危险的！在这种情况下，革命委员会必须按照毛主席的：“**对广大人民群众是保护还是镇压，是共产党同国民党的根本区别，是无产阶级同资产阶级的根本区别，是无产阶级专政同资产阶级专政的根本区别。**”这一最新指示，深刻检查自己的工作，坚决依靠无产阶级革命派广泛发动群众，向着利用群众中的一些偏激情绪和社会上右倾思潮进行翻案和分裂活动的阶级敌人给予坚决地打击。

“**当着他们的反动倾向尚能影响群众时，我们应当向着接受他们影响的群众进行揭露的工作，打击他们在群众中的政治影响，使群众从他们的影响之下解放出来。**”这样才能即打击了阶级敌人的翻案活动，又不伤害广大群众。只有这样才能有效地克服右倾分裂，调动起浩浩荡荡的革命大军。

第三，必须相信和依靠广大的革命群众。尤其是对犯过错误的造反派要多下功夫。这是路线问题。就是相信依靠广大群众还是相信依靠一小部分人的问题。这里存在着一个对犯错误的群众是不是能相信和依靠的问题。对犯过保守错误的群众有了认识能不能依靠呢？我们说：“完全可以。”对犯过极“左”错误的群众有认识能不能依靠呢？我们说：“完全可以。”这两部分群众大多数都是好的，这两部分群众占参加运动同学的很大一部分，如果把这部分都排斥了，群众是发动不起来的。必须指出的是各校对犯过保守错误而有认识的群众基本上还是团结相信和依靠了，而对犯过极“左”错误的群众相信和依靠的不够，尤其是对犯过极“左”错误的革命造反派相信和依靠的不够，必须尽快克服这种现象，以利于团结广大革命群众，彻底孤立一小撮阶级敌人。

第四：这些方向，路线解决了，就希望各级革命委员会的同志们，克服资产阶级小资产阶级派性，坚持党性掌权，不要有点和自己意见不一致就闹意气，搞分裂，要相信广大的革委会的委员是能按中央指示办事的，要坚决维护革命委员会的团结，在坚持原则的基础上，尽量避免一切无原则纠纷，这也是防止右倾分裂很重要的方面。

敌人不可怕，无非一小撮，只要我们能按中央指示办事，方向明，路线正确，政策得当，执行得力，我们就能够克服右倾分裂主义，我们就能够狠狠地打击一小撮敌人右倾翻案活动。我市的“一批、三查”运动就能够健康地深入开展。

喜看稻菽千重浪　遍地英雄下夕烟

短评

在文化大革命节节胜利的凯歌声中，农业战线一派丰收景象。我市将有一批红卫兵战友和革命师生走向夏收第一线，支援郊区人民公社与天夺粮。

“季节不等人。”我们的同志到夏收战场后，要遵照我们伟大领袖毛主席教导：“**发扬勇敢战斗、不怕牺牲、不怕疲劳和连续作战（即在短期内不休息地接连打几仗）的作风。**”与贫下中农共同战斗，打一个夏收漂亮仗。

我们到农村去，一方面是为了支援夏收生产；另外，这也是我们长期在城市生活的知识青年向贫下中农学习的大好时机。

两年来文化大革命的历史，再一次说明了工农是革命的主力军。毛主席教导我们说：“**没有贫农，便没有革命。**”我们要学习贫下中农无限忠于毛主席，无限忠于毛泽东思想，无限忠于毛主席的无产阶级革命路线；学习贫下中农热爱劳动、热爱集体的高贵品质。

夏季丰收，不能单单看成是农业生产的丰收，而要看成是文化大革命的丰硕成果；是贫下中农执行毛主席：“**抓革命，促生产**”指示的结果。

“**千万不要忘记阶级斗争。**”目前，正是我们夺取无产阶级文化大革命全面胜利的关键时刻，阶级敌人必定要进行垂死的挣扎，千方百计地进行破坏活动，当前阶级敌人刮起的右倾翻案妖风就是最有利的说明。我们一定要提高革命警惕性，严防阶级敌人破坏夏收的一切罪恶活动，并且准备用汗水、鲜血以至于生命保卫夏收战果！

“**喜看稻菽千重浪，遍地英雄下夕烟。**”让我们做抓革命的闯将，促生产的模范，在夏收战场上打一场漂亮仗！

中学红卫兵　　毛主席万岁　　1968年6月21日　第二版

“六·二一”造反精神永放光芒

十六中　立新功

在毛主席的无产阶级革命路线的指引下，亿万军民正沿着伟大舵手毛主席所开辟的航道乘风破浪，奋勇前进。“六·二一”这个无产阶级革命派的战斗节日来到了。

“忆往昔峥嵘岁月稠”

两年前的“六·二一”，毛主席亲自点燃的无产阶级文化大革命的烈火照亮我们前进的道路，毛主席的四卷雄文，给予我们无穷的力量。“要革命，要造反，决不让毛主席身边留下定时炸弹。”革命小将吼声震天，谁要反对毛主席，反对毛泽东思想我们就坚决造他的反，夺他的权，专他的政，把他打翻在地，再踏上一只脚。《给全市革命青年的一封信》吹响了埋葬万张反革命修正主义集团的战斗号角，革命的烈火燃烧起来了。

“对广大人民群众是保护还是镇压，是共产党同国民党的根本区别，是无产阶级同资产阶级的根本区别，是无产阶级专政同资产阶级专政的根本区别。”

革命造反派的猛烈进攻，吓慌了黑市委老爷们的狗胆，出于他们的反动阶级本性，对“六·二一”革命行动进行了疯狂的镇压。

“高天滚滚寒流急”，霎时间，黑云压城，“反革命”“反党分子”的大帽子铺天盖地而来，面对白色恐怖，革命小将没有被吓倒，没有被征服，我们热泪盈眶，仰望着毛主席他老人家的画像，一遍又一遍地朗读着最高指示，一遍又一遍地高唱“抬头望见北斗星，心中想念毛泽东。”我们怀着对毛主席、毛主席革命路线无限忠诚的红心，写下了钢铁誓言：“海可枯，石可烂，忠于毛主席的红心永不变。”

二十世纪六十年代的遵义霞光在闪亮，毛主席他老人家力挽狂澜，拨正船头，指明航向，彻底粉碎了资产阶级反动路线，把我们一批批被打成“反革命”的革命造反派解放出来，我们欢呼，我们跳跃，“革命方知北京近，造反倍觉毛主席亲。”毛主席啊毛主席，您是我们最亲最亲的亲人！

在毛主席光辉思想指引下，我们高举“六·二一”革命火炬，埋葬了万张反党集团，又发扬“六·二一”革命造反精神，痛击了“大联筹”反动思潮，用鲜血和生命捍卫了“三红”，迎来了无产阶级文化大革命夺取全面胜利的大好形势。

毛主席啊，毛主席，翻开革命斗争的史册那一页不闪烁着您光辉思想的结晶，革命的历程使我们深深体会到“六·二一”的革命火炬是您光辉思想点燃的，如今已成为燎原的烈火，红彤彤的新天津，经过战斗的洗礼，屹立在首都的大门旁。

革命取得胜利之际，就是敌人灭亡之时。我们伟大导师毛主席教导我们说：“**帝国主义者和国内反动派决不甘心于他们的失败，他们还要作最后的挣扎。**”万张反党集团他们人还在，心不死，以十倍的疯狂向无产阶级反扑。他们遥相呼应，推波助澜，又掀起了右倾翻案妖风，否定无产阶级专政，否定文化大革命，否定毛主席的革命路线，为自己翻案，为资产阶级反动路线翻案，为党内大大小小的走资派翻案。阶级斗争无时无刻不围绕在一个“权”字上，他们否这否那，翻这翻那最后还是要夺取我们的政权，变无产阶级专政为资产阶级专政，搞资本主义复辟。一些反革命的两面派，怀着不可告人的鬼胎，削尖脑袋拼命往红色政权里钻，这些反革命两面派是一切阶级敌人新形势下的新代表，他们本身就是党内的走资派，国民党的残渣余孽，两面派是最危险的敌人。

第五个回合的战斗已经打响，伟大领袖毛主席再一次给我们指明了方向。面对阶级敌人的猖狂反扑，我们绝不能等闲视之，一旦让他们得逞，我们的胜利果实就会得而复失。在这个关键时刻，也将考验和锻炼各个新生的红色政权，是否能代表广大革命群众的利益、坚决打击敌人。

我们纪念“六·二一”，就是要发扬“六·二一”的革命造反精神，继续紧跟毛主席，紧跟毛主席的伟大战略部署，投入到当前的第五个回合的战斗中去。团结一切可以团结的力量，组成浩浩荡荡的革命大军，坚决肃清革命队伍内部的“三右”主义，向阶级敌人进行不停顿的进攻。

我们要高举“六·二一”革命造反大旗，向门合同志那样，对毛主席、对毛主席革命路线，自觉的忠，彻底的忠，做彻底的无产阶级革命派。用战斗来纪念“六·二一”。革命征途，任重而道远，我们要让“六·二一”革命造反精神永放光芒，紧跟毛主席的伟大战略部署，在阶级斗争的大风大浪中，奋勇前进。

“六·二一”烽火已燎原

十八中　战犹酣

“六月天兵征腐恶，万丈长缨要把鲲鹏缚”。

在那英雄的六月里，我们革命小将点燃了“六·二一”烽火。

马克思主义的道理千条万绪，归根结底，就是一句话：“造反有理”。

我们天不怕，地不怕，神不怕，鬼不怕，高举“**对反动派造反有理**”的大旗，向着黑市委继续猛烈开火，擂起了“八·二六”战鼓，掀起了“九·一八”风暴。

我们紧跟毛主席的伟大战略部署，彻底批判资产阶级反动路线，打倒万张反党集团，掀起了“一月革命风暴”，痛击“二月逆流”，粉碎各种反动思潮的进攻，英勇捍卫了“三红”，迎来了文化大革命夺取全面胜利的今天。

昔日作威作福不可一世的庞然大物，如今成了不齿于人类的狗屎堆。

“六·二一”烽火已燎原。

“不管共产党怎样事先警告，把根本战略方针公开告诉自己的敌人，敌人还要进攻的。”当前的一股右倾翻案妖风就是阶级敌人向我们进攻的新手段。翻案就是复辟，为资反路线翻案就是阶级敌人右倾翻案的主要途径和重要方面。

大叛徒张淮三叫嚣：“万张打不倒”，被打倒的阶级敌人嚎叫：“红卫兵整我是资反路线，要给我平反！”变色龙、小爬虫们公然叫嚷：“你们过去反市委就有反‘三红’的因素”……看！他们的反革命气焰是何等的嚣张！

历史就是历史，历史决不容颠倒！走资派就是走资派，地富反坏右就是地富反坏右，执行过反动路线就是执行过反动路线，执行毛主席的革命路线，就是执行毛主席的革命路线，这个大是大非决不能混淆，这个铁案谁也翻不了！

他们为资产阶级反动路线翻案，为一小撮走资派翻案，为被打倒的阶级敌人翻案，就是要否定文化大革命，就是炮打无产阶级司令部。

无产阶级文化大革命群众运动所建立的历史功勋是灿烂辉煌的、不可磨灭的。

那些自不量力，猖狂反扑、妄图否定文化大革命的阶级敌人，不管他们怎样进行罪恶的阴谋活动，不管他们怎样掀起右倾翻案妖风，到头来，只能被无情的历史车轮辗得粉身碎骨！

让我们发扬“六·二一”的革命造反精神、反右倾，反投降，反分裂，反翻案，为人民再立新功！

编后

让革命烈火烧得更猛烈吧！

在夺取无产阶级文化大革命全面胜利的凯歌声中、又迎来了战斗的“六·二一”。

两年前，毛主席的光辉思想点燃了无产阶级文化大革命的熊熊烈火，千百万革命小将热血沸腾，高举：“**对反动派造反有理**”的大旗，点燃了“六·二一”的烽火，打响了杀向万张反革命修正主义集团的第一炮！从此，天津市文化大革命的洪流滚滚向前，冲过激流、险滩，从胜利走向新的胜利！

“**革命的谁胜谁负，要在一个很长的历史时期内才能解决。如果弄得不好，资本主义复辟将是随时可能的。**”无产阶级革命派的胜利，逼得一小撮阶级敌人采取了更狡猾、更隐蔽的手段，进行翻案活动，否定文化大革命的伟大成果，以达到复辟资本主义的目的。广大的无产阶级革命派迎头痛击了并将继续痛击阶级敌人的右倾翻案妖风！

事物的发展是要经过矛盾斗争的，无产阶级文化大革命的全面胜利也是要经过艰苦斗争才能取得的。要永远发扬革命造反精神，造资产阶级的反！造修正主义的反！革命造反精神一刻也不能松劲！

让革命烈火烧得更猛烈吧！

燎原烈火

南开中学红卫兵团部　王金升

我们伟大领袖毛主席亲自发动的史无前例的无产阶级文化大革命已经胜利开展两周年了。两年来，我们无产阶级革命派在伟大领袖毛主席的指引下，经过无数艰难曲折，克服“左”右干扰，紧跟毛主席伟大战略部署，夺取了无产阶级文化大革命的决定性胜利。

忆往昔，冲杀鏖战炼赤胆；看今朝，东风浩荡起宏图。

一九六六年六月二十一日，我们无产阶级革命派心怀对毛主席的赤胆忠心，高举“**对反动派造反有理**”的大旗，以大无畏的革命造反精神，大造了万张反党集团的反，大造了党支部工作队所执行的资反路线的反，大造了我校走资派杨志行的反，这一革命壮举好得很！

红旗举处歌声朗，百万大军伐万张。

我们和十六中的革命战友手挽手，肩并肩，冒着流血牺牲的危险，向万张反党集团发起了猛烈的冲击，把斗争矛头狠狠地对准了党内一小撮走资本主义道路的当权派。“告全市人民书”“坚决支持十六中革命行动”等一张张革命大字报象排排重型炮弹射向阶级敌人的心脏，这群鬼魅魍魉在革命的照妖镜下露出了他们本来的狰狞面目。这时万张反党集团预感到自己必将灭亡的命运，就慌忙地指使工作队及各校基层支部对我们革命造反派进行了空前的围剿。什么“反对党支部就是反党”，就是“立场问题”啊，什么“小右派”、“反革命”“小牛鬼蛇神”等等帽子满天飞舞，围攻造反派的大字报贴满校园。有的人还利用工人阶级的崇高威信，搞什么“工人阶级说话了”，蒙蔽群众，转移矛头。革命派到处遭到围攻。我们行动受监视，饭吃不好，觉睡不安，有的被强迫反省，检查，有的被罢官、撤职。可是那些老保们却蹬着我们的脖子钻进了官办文革，恬不知耻地当上了文革主席。颠倒是非，混淆黑白，大有黑云压城城欲摧之势。无产阶级文化大革命面临着被扼杀的危险。在那白色恐怖的岁月里，我们是多么想念伟大领袖毛主席啊！我们多么想见一见我们伟大领袖毛主席啊！每当这个时候，我们就把毛主席语录拿出来读，毛主席好象就在我们身边。毛主席啊毛主席，是您把我们劳动人民从苦海里拯救出来，我们怎么会反对您呢？反对您的不是我们，而是万张反党集团！我们根本不是什么“反革命”，而是心红胆赤的无产阶级革命派！我们的事业是正义的！我们一定能够胜利！

春雷一声震天响，驱散乌云见太阳。

毛主席亲自主持制定的十六条发表了，它象灯塔，照亮了文化大革命的万里航程。我们无不为之欢欣鼓舞，奔走相告，我们饱含幸福的热泪，一千遍一万遍的高呼：毛主席万岁！毛主席万万岁！

毛主席指示我照办，毛主席挥手我前进！在毛主席的英明领导下，我们造反派从资产阶级反动路线的残酷迫害中冲杀出来了！我们胜利了！猖獗一时的资反路线被打得落花流水，一个群众性的轰轰烈烈的大批判运动的高潮蓬勃兴起。

现在有一些别有用心的人妄想为资反路线翻案，妄图否定革命造反派，否定红卫兵小将的功勋，这是绝对不能允许的。在此，我们严正警告这批蠢驴：搞右倾翻案决无好下场！

红卫兵战友们，让我们紧跟毛主席，乘胜前进！彻底击溃右倾翻案妖风，在“一批、三查”中为人民立新功！

中学红卫兵　毛主席万岁　1968年6月21日　第三版

高举毛泽东思想伟大红旗，全面落实毛主席最新指示，深入开展革命大批判，把“一批、三查”运动进行到底

——解学恭同志在“一批、三查”运动第二次經驗交流大会上的讲話

（根据記录整理，未經本人审閱）

一九六八年六月十四日

同志们：

首先让我们共同敬祝全世界人民的伟大导师，我们心中最红最红的红太阳毛主席万寿无疆！万寿无疆！万寿无疆！

敬祝毛主席的亲密战友，我们的副统帅林副主席身体健康！永远健康！永远健康！

今天这个大会，开得很及时，很重要。在会上，介绍了五个基层单位开展革命大批判的典型经验，目的是想通过这个大会，推动革命大批判更加深入、更加广泛、更加持久地开展，更加稳、准、狠地打击一小撮阶级敌人，落实毛主席最新指示和毛主席对《北京新华印刷厂军管会发动群众开展对敌斗争的经验》的批示，使我们天津市“一批、三查”运动更加健康、顺利地发展。

当前，天津市的无产阶级文化大革命和全国一样，形势一派大好。在伟大的毛泽东思想的光辉照耀下，在中国人民解放军坚决支持和积极热情地帮助下，整个革命形势正象“**百万雄师过大江**”的时候一样，革命洪流汹涌澎湃，奔腾向前。

自五月初第一次“一批、三查”运动经验交流大会到现在的一个多月的时间里，全市无产阶级文化大革命又取得了新的进展和显著成绩。其中最突出的是革命大批判的群众运动进入了一个新的阶段。主要标志是：（1）各级革命委员会在学习最新指示，大反右倾的基础上，狠抓了革命大批判，较好地解决了“重查轻批”的思想，基本上克服了“只查不批”的现象，摆正了批和查的关系，进一步认识了革命大批判的深远意义。比如，有的同志说：“不搞革命大批判就是不紧跟毛主席的伟大战略部署，就是右倾。”从而加强了对革命大批判的领导，更加自觉地以革命大批判推动“一批、三查”运动，推动各项工作。（2）一个革命大批判的人民战争已经初步形成。在前一阶段大型批判会的带动下，革命大批判已经逐步在车间、班组、商店等各基层单位开展起来。广大群众意气风发、斗志昂扬，面对面的向阶级敌人进行斗争，投入革命大批判的战斗行列，充分发挥了人自为战、班自为战的威力。正如有的工人说：“过去我是观战的，现在我是参战的。”（3）初步做到了革命大批判的“三个结合”。即：革命大批判和当前阶级斗争形势相结合，革命大批判和本单位斗、批、改相结合，革命大批判和当前进行的各项工作任务相结合。比如：有的通过批判修正主义的办厂路线，推动了改革旧行政机构，实现组织革命化；有的通过批判“物质刺激”、“奖金挂帅”，推动了思想革命化；有的通过批判“阶级斗争熄灭”论提高了阶级斗争观念等等。充分发挥了“三个结合”专题批判的巨大威力。

革命大批判，促进了活学活用毛泽东思想群众运动的新高潮。全市各种类型的毛泽东思想学习班进一步巩固和发展，参加学习班的人数已达到应参加人数的百分之九十一以上。各级革命委员会抓学习班，普遍摆到了首要位置，办学习班更加自觉、更加普遍、更加经常，较好地落实了毛主席的最新指示，很多问题在学习班得到了解决。广大革命群众以学习班为基本阵地，以门合同志为光辉榜样，在斗争中活学活用毛主席最新指示，大大增强了阶级斗争观念，大大提高了路线斗争觉悟。

革命大批判，使广大革命群众进一步认清了中国赫鲁晓夫及万张反革命修正主义集团等一小撮阶级敌人的丑恶面目，清查出一批隐藏较深的叛徒、特务和反革命分子。比如，有的医院，揪出了被万张反革命修正主义集团包庇下来的美国间谍、国民党少将；有的工厂挖出了十多年来，年年活动的一个比较完整的国民党区分部；还有的从敬老院中挖出了国民党中校特务。截至六月十日止，据不完全统计，共计清查出敌人约×××××。

革命大批判，改变了人们的精神面貌，促进了工业生产大幅度上升，逐月增长。五月份工业总产值比四月份又增长百分之二十一点四。现在，大幅度增产厂，已不是个别的，全市已经有六百六十四个企业达到或超过一九六六年同期水平。例如邮电器材二厂（原中天电机厂），总产值，二月份是三十万，三月份六十三万，四月份八十万，五月份达到了一百〇五万。又如五一手表厂，三月份生产三千块手表，四月份生产一万一千块，五月份生产二万块。天津港口吞吐量，五月份比四月份增长百分之四十六点八，达到了建港以来最高水平。农业生产也呈现出一片大好景象。八十万亩大田长势良好，稻田插秧进度很快，目前已插百分之八十以上。

总之，一个深入、广泛、持久的革命大批判的伟大群众运动已经初步形成，“一批、三查”运动正在向纵深发展。

“**宜将剩勇追穷寇，不可沽名学霸王。**”在当前的大好形势下，我们必须继续紧跟毛主席的伟大战略部署，在伟大领袖毛主席最新指示的光辉照耀下，以门合同志为榜样，坚持毛主席的无产阶级革命路线，落实毛主席对《北京新华印刷厂军管会发动群众开展对敌斗争的经验》的批示，乘胜前进，巩固和发展大好形势，夺取无产阶级文化大革命的全面胜利。下面讲三个问题，供同志们参考：

一、坚决贯彻毛主席的无产阶级革命路线，把“一批、三查”运动进行到底。

伟大领袖毛主席教导我们说：“**无产阶级文化大革命，实质上是在社会主义条件下，无产阶级反对资产阶级和一切剥削阶级的政治大革命，是中国共产党及其领导下的广大革命人民群众和国民党反动派长期斗争的继续，是无产阶级和资产阶级阶级斗争的继续。**”毛主席这一最新指示是总结丰富的阶级斗争实践，对无产阶级文化大革命的伟大意义和阶级内容所作的最深刻的概括。我们天津市开展的“一批、三查”运动是符合毛主席这一最新指示的，是符合中央首长“二·二一”以来一系列指示的，是紧跟毛主席伟大战略部署的重大措施，是斗争的大方向。三个多月的阶级斗争实践，充分证明了“一批、三查”运动势在必行，非搞不可，我们一定要下定决心，毫不动摇，抓住不放，一抓到底。

要深入开展“一批、三查”运动，向阶级敌人展开主动地、全面地、持久地进攻，首先必须反掉右倾保守思想。这是大会上几个单位介绍的一条共同的重要经验。必须明确认识，无产阶级文化大革命越是接近全面胜利，两个阶级、两条道路、两条路线的斗争越是复杂，越是深刻。阶级敌人决不会甘心于他们的失败，他们必然地要和我们作拚死的斗争。万张反革命修正主义集团、变色龙、王亢之、李超、方纪等一小撮顽固不化的走资派、叛徒、特务、国民党反动派残渣余孽、反革命两面派以及社会上没有改造好的地、富、反、坏、右分子，他们呼风唤雨，推涛作浪，紧相呼应，密切配合，阴谋进行翻案活动：妄图为资产阶级反动路线翻案，为党内最大的一小撮走资派和万张反革命修正主义集团翻案，为被打倒的阶级敌人翻案。右倾翻案和反右倾翻案，是资产阶级复辟和无产阶级反复辟斗争的一个重要表现。彻底粉碎阶级敌人掀起的右倾翻案妖风，是一场捍卫毛主席、捍卫毛泽东思想、捍卫毛主席革命路线、捍卫无产阶级文化大革命的你死我活的阶级大搏斗。对阶级敌人这种反革命的狂妄企图，对阶级斗争这种新形势、新特点、新动向，我们决不能视而不见，充耳不闻，心慈手软，无动于衷。我们必须发扬无产阶级革命派的彻底革命精神，保持革命的朝气和坚强的战斗意志，坚持毛泽东思想的高度原则性，反掉右倾思想，提高路线斗争觉悟，深入开展“一批、三查”运动。只有这样，才能彻底粉碎右倾翻案妖风。

当前，在我们深入开展“一批、三查”运动的关键时刻，伟大领袖毛主席和他的亲密战友林副主席，亲自给全国军民树立了门合同志这样一个在无产阶级专政条件下继续革命的光辉榜样。我们要提高路线斗争觉悟，就要认真地向门合同志学习。学习他“一切想着毛主席，一切服从毛主席，一切紧跟毛主席，一切为着毛主席”，学习他时刻为毛主席的革命路线“放好哨、站好岗，打好仗”。学习门合同志，最根本的一条，就是要学习他无限忠于毛主席革命路线的崇高品质。在无产阶级专政条件下，两条路线的斗争是阶级斗争的集中表现。路线斗争是最深刻的阶级斗争，路线斗争觉悟，是最根本的阶级觉悟。学习门合同志，很多单位创造了很好的经验，他们把学习门合同志，同两个阶级、两条道路、两条路线斗争的实际结合起来，同本单位无产阶级文化大革命的实际结合起来，同个人的思想实际结合起来，大破“私”字、大立“公”字，改造世界观，促进思想革命化。坚决反对右倾保守思想，把眼睛擦得亮亮的，把路线斗争觉悟提得高高的，把政治嗅觉炼得灵灵的。把坚决捍卫毛主席的革命路线，坚决排除来自右的和极“左”的方面的资产阶级反动思潮的干扰，坚决粉碎右倾翻案妖风，作为“一切紧跟毛主席”的实际行动。

二、高举革命批判的大旗，打一场革命大批判的“人民战争”。

毛主席教导我们：“**我们现在思想战线上的一个重要任务，就是要开展对于修正主义的批判。**”革命大批判是毛主席的伟大战略部署，是贯穿整个无产阶级文化大革命的基本内容。搞不搞革命大批判，是关系着能不能将无产阶级文化大革命进行到底的根本问题，是关系着新生的革命委员会能不能巩固和发展的大问题，（下转第四版）

中学红卫兵　　毛主席万岁

1968年6月21日　第四版

（上接第三版）是关系着能不能用毛泽东思想培养一代新人的大问题，是关系着中国革命和世界革命的前途和命运的大事。

我们要更高地举起毛泽东思想伟大红旗，狠抓阶级斗争，深入开展革命大批判，继续反对右倾机会主义、右倾分裂主义、右倾投降主义，彻底粉碎右倾翻案妖风，主动地、持续地向一小撮阶级敌人发动猛烈的进攻。深入开展革命大批判，就要抓住阶级斗争、两条路线斗争这条纲，从两条路线的大是大非出发，批判以中国赫鲁晓夫为代表的反革命修正主义路线，批判右倾机会主义和形“左”实右的反动思潮，批判各种反马克思列宁主义、反毛泽东思想的反动流派，批判无政府主义、山头主义、宗派主义，批判资产阶级以及一切剥削阶级意识形态的各种表现，把革命大批判进行到底，为无产阶级文化大革命的全面胜利从思想上扫清道路。

当前，继续深入开展革命大批判，重点要放在基层，每个车间、班组、课堂、班级、科室、街道、家庭，都要成为革命大批判的战场，狠批中国赫鲁晓夫及万张反革命修正主义集团的反革命修正主义路线，彻底肃清反革命修正主义流毒，让光焰无际的毛泽东思想占领一切思想阵地，让毛泽东思想的伟大红旗，在各条战线上高高飘扬，永远飘扬。

根据几个单位介绍的经验，要搞好革命大批判，必须抓好下面五个问题：

（一）毛泽东思想是革命大批判的灵魂和根本。

要搞好革命大批判，就必须活学活用毛泽东思想，就必须用毛泽东思想武装头脑，这是几个单位搞好革命大批判共同的根本经验。林副主席教导我们：“毛泽东思想是反对帝国主义的强大的思想武器，是反对修正主义和教条主义的强大的思想武器。”在革命大批判中，不论工人还是干部，有文化还是没文化，只要掌握了毛泽东思想这个强大的思想武器，就能心明眼亮，就能透过现象看到本质，彻底揭露中国赫鲁晓夫及万张反革命修正主义集团等党内一小撮走资派的丑恶嘴脸。不管他们如何阴险狡猾，都能把他们从政治上、思想上、理论上批深批透，斗倒斗臭。革命大批判的根本目的，是大破资产阶级思想，大立无产阶级思想；大破修正主义，大立毛泽东思想。我们一定要继续大办、特办、办好各种类型的毛泽东思想学习班，以毛泽东思想学习班为基本阵地，在斗争中学，在斗争中用，使革命大批判的战场成为活学活用毛泽东思想的大课堂。

（二）阶级教育是开展革命大批判的思想基础。

林副主席指示我们：“不懂得什么是阶级，不懂得什么是剥削，就不懂得革命。”只有进行阶级教育，才能激发广大革命群众爱憎分明的深厚的阶级感情，才能产生对一小撮阶级敌人进行革命大批判的强烈愿望，带着深厚的阶级感情，走上革命大批判的战场，把对阶级敌人的刻骨仇恨，变成对敌人进攻的强大力量。只有这样，革命大批判才能深入持久地开展下去。进行阶级教育，主要是今昔对比、忆苦思甜。这样才能用亲身的感受，真正理解什么是社会主义，什么是资本主义；什么是毛主席的革命路线，什么是修正主义路线。才能自觉地把认识水平，提到两个阶级、两条道路、两条路线斗争的高度，才能自觉地把批修和斗私紧密结合起来，狠斗私心，破私立公，彻底改造世界观，从思想上筑起防修、反修的钢铁长城。

（三）“三个结合”是深入开展革命大批判的关键问题。

要做到深入持久地开展革命大批判，必须解决“三个结合”，进行专题批判。这就要把革命大批判同当前阶级斗争形势紧密结合起来，把革命大批判同本单位斗、批、改紧密结合起来，把革命大批判同当前工作任务紧密结合起来。要对中国赫鲁晓夫及万张反革命修正主义集团在各条战线、各个领域内推行的修正主义路线开展专题批判：在工厂，要批判“剥削有功”、“物质刺激”、“专家办厂”、“利润挂帅”、“资本主义经营方式”；在农村，要批判“三自一包”、“四大自由”、“工分挂帅”；在学校，要批判“修正主义教育路线”。一切工作都要用革命大批判引路。做到学习毛主席一段教导，抓住阶级敌人一条罪状，批臭一个反动谬论，肃清一股流毒，提高一步阶级觉悟。

（四）班组革命大批判，是开展革命大批判的基本形式。

开展班组革命大批判，是阶级斗争形势发展的需要，是革命大批判深入发展的需要，是夺取无产阶级文化大革命全面胜利的需要，是适应广大群众要求，应运而生的新事物。班组大批判的普遍发展，是群众性革命大批判运动向深入、持久发展的一个重要标志。从几个单位介绍的经验来看，班组大批判有很多优越性。它是革命大批判的主要战场，是活学活用毛泽东思想的大课堂。班组批判，是大型、中型批判的基础。每个班组，集中一段时间，批判一个专题，集中大量的材料，系统起来，就能进一步为车间、工厂进行大、中型批判提供炮弹，把大、中、小型批判密切结合起来。

班组批判有利于广泛发动群众、组织群众，最大限度地调动群众的革命积极性。人人动脑、个个动手、口诛笔伐，人人都当批判家，男女老少齐上阵，大字报、小字报、批判栏、批斗会，形式多种多样，互相穿插，密切配合，使敌人陷入“人民战争”的汪洋大海之中。

班组批判有利于主动、持久向阶级敌人进攻。班组为战场，机动灵活，不受时间、地点限制，业余时间批，班前班后批，可以随时随地向阶级敌人发起主动进攻。

班组批判有利于对阶级敌人实行群众专政。班组批判立足于基层，扎根于群众。广大革命群众对于阶级敌人做到人人监督、时时监督、事事监督，从各个方面、各个角落彻底揭发阶级敌人的罪恶活动。结合当前阶级斗争的新形势、新动向、新特点、新问题，及时发现阶级敌人的阴谋诡计，随时给予迎头痛击。不管阶级敌人耍什么鬼花招，玩什么鬼把戏，都瞒不过广大群众的眼睛，逃不过广大群众的批判斗争。

（五）正确处理批和查的关系，是“一批、三查”运动健康发展的重要保证。

批和查的正确关系应该是：“以批带查、以查促批、批查结合、步步深入。”以批带查，才能在增强阶级斗争观念和路线斗争觉悟的基础上，挖出真正的阶级敌人。另一方面。以查促批，把查出的坏人做为活靶子，又能丰富革命大批判的内容。只有批查结合得好，才能做到批得深，查得透，使运动健康发展，步步深入。

三、团结一切可以团结的革命力量，稳、准、狠地打击一小撮阶级敌人。

毛主席最近教导我们：**“对广大人民群众是保护还是镇压，是共产党同国民党的根本区别，是无产阶级同资产阶级的根本区别，是无产阶级专政同资产阶级专政的根本区别。”**毛主席这一最新指示，指明了革命委员会建设的根本方向，是向阶级敌人进攻的强大思想武装，是夺取无产阶级文化大革命全面胜利的指路明灯，对于巩固和加强无产阶级专政具有极其伟大的历史意义。**对广大人民群众是保护还是镇压**，历来是革命和反革命的分水岭。历来是毛主席的革命路线和中国赫鲁晓夫的资产阶级反动路线斗争的焦点。

我们要坚决执行毛主席的革命路线，坚决保护人民群众，坚决镇压一小撮阶级敌人。

保护人民群众，就要坚决相信和依靠人民群众，放手发动群众，尊重群众的首创精神。相信和依靠群众，首先要坚决依靠**“决心把无产阶级文化大革命进行到底的无产阶级革命派”**。要象门合同志那样，誓死捍卫毛主席的革命路线，坚决支持无产阶级革命派，争取同盟军，团结一切可以团结的革命力量，放手发动广大人民群众，向一小撮阶级敌人发动猛烈进攻。相信和依靠群众，就要尊重群众的首创精神。毛主席一再教导我们**“人民群众有无限的创造力”**。在无产阶级文化大革命中，新生事物层出不穷。各级革命委员会要善于发现新生事物的苗头，热情支持、培养，使之茁壮地成长。如何对待新生事物，也是对待群众的根本态度问题。相信和依靠群众，就要用毛泽东思想武装群众，善于引导群众沿着毛主席的革命路线前进。要正确对待革命群众的缺点和错误，毛主席教导我们说：**“对于人民的缺点是需要批评的，……但必须是真正站在人民的立场上，用保护人民、教育人民的满腔热情来说话。如果把同志当作敌人来对待，就是使自己站在敌人的立场上去了。”**

保护人民群众，就要坚决落实毛主席对《北京新华印刷厂军管会发动群众开展对敌斗争的经验》的批示精神，严格区分两类不同性质的矛盾，掌握党的方针政策，稳、准、狠地打击一小撮阶级敌人。我们一定要向广大人民群众反复宣传毛主席的政策和策略思想，用党的政策武装群众，严格区分两类不同性质的矛盾，关键问题是看能否正确对待犯有严重错误但不是阶级敌人的人。对于他们既要从严要求，又要注意团结。从严要求，就是要他们彻底交待干过的坏事和政治历史问题，老老实实地接受革命群众的揭发和批判，同阶级敌人划清界限，揭发阶级敌人；注意团结，就要在毛泽东思想原则的基础上，正确地运用从团结的愿望出发，经过批评或者斗争，达到新的团结的公式，对他们进行艰苦细致的思想工作，去教育他们，争取他们，团结他们，而不是把他们推向敌人一边去。

保护人民群众，就必须坚持毛泽东思想的高度原则性，牢牢掌握革命斗争大方向，稳、准、狠地打击一小撮阶级敌人。要稳、准，狠地打击一小撮阶级敌人，就必须把斗争矛头紧紧对准中国赫鲁晓夫及万张反革命修正主义集团等党内一小撮顽固不化的走资派和叛徒、特务、一切反革命分子。要稳、准、狠地打击一小撮阶级敌人，就必须认真开展“一批、三查”运动，做好清理阶级队伍工作，把党内一小撮顽固不化的走资派彻底批倒批臭，把隐藏在阴暗角落里的叛徒、特务和一切反革命分子统统挖出来。要稳、准、狠地打击一小撮阶级敌人，就要运用党的策略武器，对一小撮阶级敌人，既要狠狠打击，又要分化瓦解，指明出路。这就要发动群众狠批、狠揭、狠斗，在狠狠打击的前提下实行**“坦白从宽，抗拒从严”**的政策，区别对待，充分发挥党的政策的强大威力。狠狠地打击一小撮阶级敌人，就是对广大人民群众最大的保护。这样做就是坚持毛主席的无产阶级革命路线。

保护人民群众，在当前，就要彻底粉碎右倾翻案妖风，警惕右倾分裂。必须明确认识，翻案是一小撮阶级敌人在搞翻案，分裂是一小撮阶级敌人在制造分裂。斗争矛头必须紧紧对准一小撮阶级敌人，无论什么时候，决不能以任何借口把斗争矛头对准人民群众，决不能以任何借口把斗争矛头对准犯有这样或那样缺点错误的群众组织和群众。要紧跟毛主席的伟大战略部署，警惕阶级敌人分裂我们的革命队伍，动摇和颠复新生的革命委员会。要巩固和发展革命的大联合，支持和爱护、巩固和发展新生的革命委员会。坚决支持和拥护人民解放军，坚决维护中国人民解放军的崇高威望。

同志们！在无产阶级文化大革命一派大好形势下，我们要更高地举起毛泽东思想伟大红旗，坚决贯彻、全面落实毛主席一系列最新指示，以门合同志为榜样，紧跟毛主席的伟大战略部署，增强阶级斗争观念、提高路线斗争觉悟，要密切注视阶级斗争的新形势、新动向，经常研究阶级斗争的新特点、新问题，坚决反对右倾机会主义、右倾分裂主义、右倾投降主义、彻底粉碎右倾翻案妖风，用战斗来巩固和发展大好形势，夺取无产阶级文化大革命的全面胜利。

深入开展革命大批判，彻底粉碎右倾翻案妖风！

认真清理阶级队伍，稳、准、狠地打击一小撮阶级敌人！

坚决把“一批、三查”运动进行到底！

无产阶级文化大革命全面胜利万岁！

毛主席的无产阶级革命路线胜利万岁！

无产阶级专政万岁！

伟大的中国人民解放军万岁！

战无不胜的毛泽东思想万岁！

我们伟大的领袖毛主席万岁！万岁！！万万岁！！！

欢迎批评　欢迎来稿　《中学红卫兵》通讯地址：湖南路（六十一中内）　电话：3·3059　（零售：二分）

毛主席语录

无产阶级文化大革命，实质上是在社会主义条件下，无产阶级反对资产阶级和一切剥削阶级的政治大革命，是中国共产党及其领导下的广大革命人民群众和国民党反动派长期斗争的继续，是无产阶级和资产阶级阶级斗争的继续。

造反有理

（增　刊）

天津日报无产阶级革命大联合造反总部编印

一九六八年六月二十四日

⇦图为大会会场

无产阶级专政万

鎮压敌人　保护人民　是紅色政权的神圣职責

本市今日召开镇反宣判大会　判处一批害人虫

刘政同志号召无产阶级革命派和广大革命群众一致动员起来，掀起一个摆敌情、查线索、大揭发、大检举、大清理、大批判的对敌斗争高潮，把无产阶级文化大革命进行到底。

本刊讯　伟大领袖毛主席教导我们说："坚决地将一切反革命分子镇压下去，而使我们的革命专政大大地巩固起来，以便将革命进行到底，达到建成伟大的社会主义国家的目的。"中国人民解放军天津市公安机关军事管制委员会，今天上午在民园体育场召开了"高举毛泽东思想伟大红旗，坚决镇压反革命分子宣判大会"。会上，分别宣判了二十六名现行反革命分

天津市革命委员会常委、市公安机关军管会主任刘政同志在宣判大会讲了话。他说：在毛主席和党中央的亲切关怀下，全市无产阶级革命派和广大革命群众，特别是工人阶级，高举毛泽东思想伟大红旗，紧跟毛主席的伟大战略部署，通过大办、办好各种类型的毛泽东思想学习班，全面落实毛主席一系列最新指示，取得节节胜利。革命步步深入，生产蒸蒸日上，形势一片大好。

坚

今天，天津市

求，依法镇压了一

社会伟大领袖毛主

命，主义条件下，

期斗是中国共产党

革命争的继续，是

包庇分子、坏分子

度和下来的帝国主

无产无产阶级专政

革命人民的伟大导

新生阶级司令部，

破坏的红色政权。

行阶生产建设、破

样的级报复，妄图

害人虫，就

不镇压他们

不镇压他们

不镇压他们

一小撮阶

我们伟大领

决镇压一小撮阶级敌人，就是对广大人民群众最有效的保护

·本刊评论员·

市公安机关军事管制委员会，根据广大革命群众的要
批作恶多端的害人虫，真是大快人心！
主席教导我们说，「**无产阶级文化大革命，实质上是在**
，无产阶级反对资产阶级和一切剥削阶级的政治大革
党及其领导下的广大革命人民群众和国民党反动派长
无产阶级和资产阶级阶级斗争的继续。」这一小撮反
，统统都是中国赫鲁晓夫和万张反革命修正主义集团
主义和国民党反动派的残渣余孽。他们对社会主义制
政有着刻骨的仇恨。他们竟然丧心病狂地辱骂全世界
导师、我们心中最红最红的红太阳毛主席，恶毒地攻击
，攻击无产阶级专政的坚强柱石中国人民解放军，攻击
。这些反动透顶的家伙，出于反革命的罪恶目的，恣意
肆无忌惮地扰乱革命秩序，甚至纵火、杀人，疯狂进
颠复无产阶级专政，真是罪恶滔天，恶贯满盈。对这
得镇压，坚决镇压！
，走资派、牛鬼蛇神就会翻案复辟！
，社会主义江山就要改变颜色！
，千百万革命群众就会人头落地！
级敌人决不能施仁政！
袖毛主席最近指示我们：「**对广大人民群众是保护还是镇压，是共产党同国民党的根本区别，是无产阶级同资产阶级的根本区别，是无产阶级专政同资产阶级专政的根本区别。**」我们无产阶级专政，对广大人民群众就是坚决地保护，而毫不留情地镇压一切阶级敌人，正是最有效地保护了广大人民群众。因此，「**不管什么地方出现反革命分子捣乱，就应当坚决消灭他。**」

对于一小撮阶级敌人，必须狠狠打击，同时也要分化瓦解，指明出路。充分发挥党的「坦白从宽，抗拒从严」政策的威力。

当前，我市形势空前大好，正处在夺取无产阶级文化大革命全面胜利的关键时刻。但是我们必须牢记毛主席的伟大教导：「**我们决不可因为胜利，而放松对于帝国主义分子及其走狗们的疯狂的报复阴谋的警惕性**」，敌人不会甘心于他们的灭亡。无产阶级文化大革命越是接近全面胜利，阶级斗争就越是复杂，越是深刻。我们还应该特别看到，天津曾经长期受帝国主义、封建主义和国民党反动派的统治，解放后又深受中国赫鲁晓夫及其在天津的代理人万张反革命修正主义集团的影响，在他们的庇护下，窝藏了不少坏人。我们对敌斗争任务，还是十分艰巨，十分繁重的。

我们要紧跟毛主席的伟大战略部署，坚决反对右倾机会主义、右倾分裂主义、右倾投降主义，彻底粉碎右倾翻案妖风。我们要进一步发动群众，掀起一个揭敌情，查线索，大揭发，大检举，大清理，大批判的对敌斗争高潮，把公开的或暗藏的阶级敌人统统挖出来，实行无产阶级专政，把「一批、三查」运动进行到底，夺取无产阶级文化大革命的全面胜利！

岁！群众的专政万岁！

子和刑事犯罪分子以死刑、死刑缓期两年执行、无期徒刑和有期徒刑，并根据镇压与宽大相结合的政策，对一名主动坦白，协助破案的罪犯，实行从宽处理，免予刑事处分，当场宣布释放。这是无产阶级文化大革命的伟大胜利！这是战无不胜的毛泽东思想的伟大胜利！这次宣判大会大长了广大革命群众的志气，狠狠地打击了阶级敌人的反动气焰，显示了无产阶级专政的巨大威力。

当宣布大会开始，全场革命群众手捧红彤彤的《毛主席语录》，不断振臂高呼："高举毛泽东思想伟大红旗、坚决镇压反革命！""无产阶级专政万岁！""中国人民解放军万岁！""伟大领袖毛主席万岁！万岁！万万岁！"口号声震天动地 一小撮阶级敌人吓得屁滚尿流，失魂落魄；广大革命群众扬眉吐气，拍手称快。

市公安机关军事管制委员会副主任韩德富同志首先在大会上讲话。他说，市公安机关军管会，遵照伟大领袖毛主席的教导，根据广大人民群众的要求，今天召开宣判大会，对一小撮罪大恶极的现行反革命分子和刑事犯罪分子实行制裁，坚决镇压！

他接着说，这一小撮顽固不化的走资派、叛徒、特务、反革命分子、国民党反动派的残渣余孽，他们的人还在，心不死，每时每刻企图夺回失去的"天堂"。他们同美、蒋、日、苏特务及社会上没有改造好的地富反坏右互相呼应，紧密配合，丧心病狂地辱骂我们心中最红最红的红太阳毛主席，肆无忌惮地大反"三红"，千方百计地破坏文化大革命，妄图颠覆无产阶级专政，实现资本主义复辟。他们的罪行累累，罄竹难书，真是千刀万剐，死有余辜。

伟大领袖毛主席教导我们："**一切反动势力在他们行将灭亡的时候，总是要进行垂死挣扎的。**"韩德富同志说，广大无产阶级革命派，牢记毛主席"**千万不要忘记阶级斗争**"的伟大教导，用毛泽东思想武装我们的头脑，把一切公开的或暗藏的阶级敌人统统揪出来，批倒斗臭，实行无产阶级专政。

当把被宣判的这批不齿于人类的狗屎堆押上大会会场时，全场革命群众个个咬牙切齿，人人磨拳擦掌，会场又一次响起了雷鸣般的口号声，"坚决镇压反革命！""坚决镇压地富反坏右！""无产阶级专政万岁！"吓得这群乌龟王八蛋面色如土，魂不附体，真是恶气熏天，臭不可闻！

当市公安机关军管会代表庄严地宣读了判决书以后，被处死刑的反革命分子和刑事犯罪分子被绑上刑车，押赴刑场，执行枪决。其他罪犯分别被判刑。孙犯吉安 参与马犯行抢，但犯罪后主动坦白、协助破案，根据坦白从宽，

他接着说，但是，正如毛主席教导的："**帝国主义者和国内反动派决不甘心于他们的失败，他们还要作最后的挣扎**"，"**他们也还会以各种方式从事破坏和捣乱，他们将每日每时企图在中国复辟。**"无产阶级文化大革命越是接近全面胜利，阶级敌人就越是要作垂死挣扎，两个阶级、两条道路、两条路线的斗争也就越是复杂，越是深刻。当前右倾翻案与反右倾翻案，是资产阶级复辟与无产阶级反复辟斗争的一个重要表现。今天公判的这一批坏蛋，就是右倾翻案的急先锋。

伟大领袖毛主席教导说："**无产阶级文化大革命，实质上是在社会主义条件下，无产阶级反对资产阶级和一切剥削阶级的政治大革命，是中国共产党及其领导下的广大革命人民群众和国民党反动派长期斗争的继续，是无产阶级和资产阶级阶级斗争的继续。**"中国赫鲁晓夫和万张反革命修正主义集团，就是国民党反动派在我们党内的代理人。我们同他们的斗争就是同国民党反动派长期斗争的继续。今天宣判的王金琦等反革命分子，就是被他们长期包庇下来的帝国主义和国民党反动派的残渣余孽。我们必须再接再厉，乘胜前进，把这场政治大革命进行到底，不获全胜，决不收兵。

伟大领袖毛主席最近教导我们："**对广大人民群众是保护还是镇压，是共产党同国民党的根本区别，是无产阶级同资产阶级的根本区别，是无产阶级专政同资产阶级专政的根本区别。**"革命委员会是无产阶级的红色政权。镇压敌人，保护人民，是红色政权的神圣职责。坚决镇压敌人，就是对人民的最大保护。

毛主席教导说："**无产阶级专政是群众的专政。**"刘政同志要求各革命群众组织和广大革命群众，积极主动配合无产阶级专政机关，对敌人实行专政。他要求各级无产阶级专政机关，在对敌斗争中要坚决执行毛主席的指示，依靠群众对敌人专政。只有充分发动群众，依靠群众，走群众路线，才能布下天罗地网，筑成铜墙铁壁，充分发挥无产阶级专政的威力，战胜一切敌人。最后，刘政同志说，全市无产阶级革命派、广大革命群众、革命干部和红卫兵小将，一致动员起来，更高地举起毛泽东思想伟大红旗，掀起一个揭敌情、查线索、大揭发、大检举、大清理、大批判的对敌斗争高潮，把公开的或暗藏的阶级敌人统统挖出来，实行无产阶级专政，把无产阶级文化大革命进行到底，使无产阶级的铁打江山永不变色！

革命群众代表也在会上讲了话，表示坚决拥护军管会的严正判决。

市革委会部分常委 委员和中国人民解放

坚决镇压反革命　巩固无产阶级专政

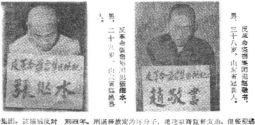

现行反革命杀人犯**邢道亨**，男，二十五岁，剥削阶级出身，天津市人，曾任天津市土城小学教员。邢犯秉于反动阶级立场，在任小学教员期间，竟利用人民教育的讲坛，公开散布反动言论，恶毒地污蔑我们伟大领袖，攻击社会主义制度，妄图将青少年引上资本主义邪路。邢犯流氓成性，经常向学生灌输淫乱思想，进行腐蚀、毒害。更严重的是他利用职权奸污、猥亵幼女五人，严重摧残青少年的身心健康。在伟大的无产阶级文化大革命运动中，革命师生对邢犯进行了揭发，邢犯怀恨在心，疯狂的进行阶级报复，大搞右倾翻案，妄图实现资本主义复辟。该校开展"一批、三查"运动后，在校革命委员会的领导下，广大革命师生进一步对邢犯展开了批判斗争，邢犯不仅不低头认罪，反而负隅顽抗，反动透顶，竟胆敢于今年五月二日手持凶器，杀死该校革命委员会主任胡文惠（女）同志，实属罪大恶极。判处死刑，立即执行。

现行反革命犯**刘殿臣**，男，六十四岁，小业主出身，伪职员成份，河北省深县人，刘犯系匪三青团员。解放前在日伪、蒋匪河北省高等法院任职，积极效忠敌人，镇压人民。解放后，一贯坚持反动立场，幻想变天。一九六七年五月，当我市无产阶级文化大革命进入两个阶级、两条道路、两条路线斗争十分激烈的时刻，刘犯认为复辟时机已到，疯狂地进行反革命破坏活动，公然篡改《东方红》和《大海航行靠舵手》等革命歌曲，书写极为恶毒的反动诗词，竟然胆敢将攻击的矛头指向我们最最敬爱的伟大领袖和无产阶级司令部，恶毒地污蔑社会主义制度。刘犯将上述反革命宣传品，向天津市革筹小组，以及机关、企业、事业单位，大量投递散发，真是疯狂到了极点。刘犯在作案期间，采取了极其狡猾、隐蔽的手法，竭力消灭犯罪痕迹，由于广大革命群众的眼睛是雪亮的，终将其捕获归案。实属罪大恶极，判处死刑，立即执行。

现行反革命杀人犯**李养和**，男，六十二岁，官僚出身，反动资本家成份。李犯曾任伪职，依仗日伪势力，一贯剥削欺压工人。解放后顽固坚持反革命立场，抗拒社会主义改造，隐匿枪支，进行破坏活动，被两次扣押教育，但李犯毫不悔改，继续与人民为敌。无产阶级文化大革命中，红卫兵小将将其揪斗。李犯对此恨之入骨，怀疑邻居赵雅珍（街道居民代表、工人家属）向红卫兵小将检举其罪行，即蓄意进行反革命阶级报复。一九六六年八月二十九日晨，乘赵不备，持斧向赵头部猛砍，见赵未死，又猛掐脖子，狠打头部。赵极力反抗，大声呼救，附近群众闻声赶来，奋勇上前，将李犯扭送公安机关。李犯纯属阶级报复，罪大恶极，判处死刑，立即执行。

反革命、恶霸、流氓犯**马云卿**，男，六十三岁，恶霸分子。马犯解放前是天津市芦庄子一带的大恶霸，依仗日寇和大汉奸袁文会的势力，欺压群众、敲诈勒索，任意强奸妇女，无恶不作。曾残暴地霸占刘某一家三代四个妇女，毒打刘的父母，逼死刘的妻子，抢走钱财，迫使刘的侄媳离婚，造成一家妻离子散、家破人亡的悲惨恶果。解放后顽固坚持反革命立场，一贯与人民为敌，猖狂地进行破坏活动，更严重的是，恶毒辱骂我们的伟大领袖，煽动群众，妄图颠覆无产阶级专政，真是反动透顶。马犯还变本加厉地进行流氓犯罪，先后对七名幼女进行了灭绝人性的奸污和猥亵，严重地摧残了幼女的身心健康。实属罪大恶极，判处死刑，立即执行。

反革命盗窃集团犯**朱文桐**，男，四十一岁，河北省静海县人。

反革命盗窃集团犯**赵传生**，男，二十九岁，山东省济阳县人。

反革命盗窃集团犯**高廷珍**，男，五十岁，山东省信阳县人。

反革命盗窃集团犯**王福均**，男，二十二岁，山东省信阳县人。

反革命盗窃集团犯**张继水**，男，二十九岁，山东省临邑县人。

反革命盗窃集团犯**赵敬书**，男，三十八岁，山东省冠县人。

反革命盗窃集团首犯朱文桐，一贯流氓成性，唆使娼妇卖淫，被公安机关拘留教育，但死不悔改。一九六七年流窜来津后，勾结牛鬼蛇神赵传生、高廷珍、王福均等十三人，组成反革命盗窃集团。朱犯采取各种卑鄙手段，进行操纵拉拢，出谋划策，坐地分赃。当天津市革命委员会成立前夕，朱犯竟操纵指挥该集团四出活动，三个多月的时间，连续作案百余起，盗窃自行车四十八辆，以及衣服、被褥、布匹、生产工具等财物千余件。有的群众被洗劫一空，许多工厂企业被盗，造成人心惶惶不安，致使革命和生产受到严重影响。我市革命委员会成立后，该集团的破坏活动更为嚣张，甚至一夜连续作案多起。更为严重的是，朱犯大肆散布反革命言论，恶毒攻击、诬蔑我们最最敬爱的伟大领袖，攻击和诬蔑伟大的中国人民解放军，反动气焰嚣张已极，是一个死不悔改的反革命分子。判处死刑，立即执行。

伙犯赵传生，是该集团的骨干分子，一贯盗窃，屡教不改。赵犯竟敢从劳教场所外逃，在德州勾结王犯福均、张犯继水盗窃大量财物后窜来天津，又与朱犯文桐合谋，组成集团。亲自率领伙犯，盗窃自行车二十五辆及大量其他财物，罪行极为严重，依法判处死刑，缓期二年执行，强迫劳动，以观后效。

伙犯高廷珍，被斗富农分子，是该集团骨干。高犯对我党怀有刻骨的阶级仇恨。被监督劳动期间，外逃流窜，大搞投机倒把，扰乱社会主义秩序。在无产阶级文化大革命中，被红卫兵揪斗，怀恨在心，潜来天津合伙组成盗窃集团。被捕后反对学习红色宝书，是个地地道道的反革命分子。依法判处无期徒刑。

伙犯王福均，是该集团骨干分子，一贯盗窃，屡教不改，流窜到德州与赵犯传生等盗窃大量财物后，逃来天津，亲自率领伙犯到塘沽、南郊等地作案破坏，活动十分嚣张。严重的是被捕后公然呼喊反动口号，极其恶毒地攻击我们的伟大领袖，攻击无产阶级文化大革命，罪行非常严重，依法判处有期徒刑二十年。

伙犯张继水，是该集团骨干分子，剥削阶级出身，好逸恶劳，一贯盗窃。一九五八年以来，被拘留两次，劳教三年，判刑四年。刑满释放定为坏分子，遣送原籍监督劳动。但张犯逃避监督，窜入德州，与赵犯传生等盗窃大量财物后流窜来津，除疯狂进行盗窃外，还到外地流窜作案，实属屡教不改的坏分子。依法判处有期徒刑二十年。

伙犯赵敬书，一贯不务正业，进行盗窃。一九六六年被判处管制，遣送原籍。赵犯坚持与人民为敌，抗拒改造，外逃流窜作案，并多次到公安机关无理纠缠，进行闹事，恶毒的攻击无产阶级专政，反动气焰十分嚣张。一九六七年秋，赵犯参与该集团，除参与盗窃外，是该集团的主要销赃犯之一。依法判处有期徒刑十年。

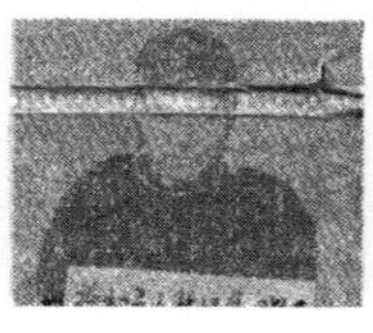

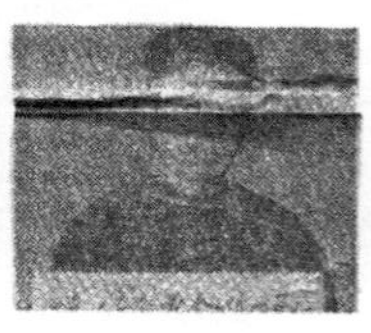

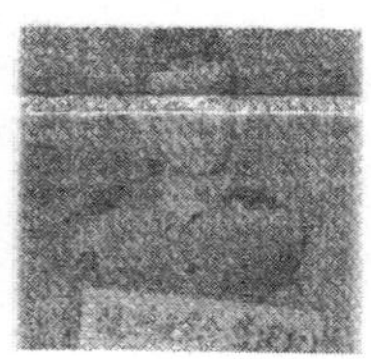

抢劫杀人、轮奸集团首犯：**馬全立**，男，十七岁，天津市人。

抢劫杀人、轮奸集团骨干：**赵恩广**，男，十八岁，河北省靜海县人。

抢劫杀人、轮奸集团犯：**孙志来**，男，十八岁，河北省宁河县人。

抢劫杀人、流氓轮奸集团首犯马全立，染有流氓、偷窃恶习。一九六七年以来，马犯与赵犯恩广、孙犯志来、孙犯吉安等结成流氓集团，经常出入公共场所进行流氓活动。从六七年十一月至六八年一月在南开文化宫持械行抢，连续作案多起。用匕首刺伤李××，对女青年×××进行严重侮辱、猥亵。造成附近群众惶恐不安，严重地破坏了社会秩序。更为严重地是，在我市公判大会的次日，即一月二十九日晚九时许，马犯又伙同赵犯恩广、孙犯志来、孙犯吉安在同上地点，将工人李××和女青年×××拖入一屋内，抢走该二人所带钱财，轮奸并肆意蹂躏了×××，对李连刺七刀，致成重伤。严重破坏了无产阶级文化大革命秩序。罪行非常严重，民愤极大。判处死刑，缓期二年执行，强迫劳动，以观后效。

赵犯恩广是该集团骨干分子，两次行抢，行凶杀人，轮奸妇女，判处无期徒刑。

孙犯志来持械抢夺财物，用暴力协助马、赵二犯轮奸妇女，并百般蹂躏妇女，判处有期徒刑二十年。

孙犯吉安，男，二十岁。该犯参与行抢，本应严惩，但事后主动坦白，协助破案，从宽处理，免予刑事处分。

现行反革命集团首犯丁子英，男，三十九岁，河北省沧县人。

现行反革命集团骨干**朱家齐**，男，二十七岁，河北省青县人。

现行反革命集团犯**謝润先**，男，三十二岁，河北省吴桥县人。

现行反革命集团犯**丁子龙**，男，二十六岁，河北省沧县人。

现行反革命集团首犯丁子英思想极端反动，解放后多次进行反革命活动，曾密谋组织反革命集团未逞，受到处分，毫无悔改。又书写反动文章数篇，恶毒攻击、诬蔑社会主义制度。一九六二年蒋匪叫嚣窜犯大陆时，丁犯认为时机已到，积极网罗了朱犯家齐、谢犯润先、丁犯子龙组成反革命集团，制订了反动“纲领”，书写反革命宣传材料，阴谋推翻中国共产党的领导，颠覆无产阶级专政。一九六五年九月[illegible]日，丁犯子英在谢犯家中秘密集会，成立以丁犯子英为首的“领导核心”，做了反革命分工，研究了反革命行动计划，事后进行了实际操练演习。丁犯罪行实属严重，依法判处无期徒刑。

反革命集团骨干朱家齐，思想反动，一九六〇年与刘××等四人组成反革命集团“人民党”，任“主席”，拟定了反动纲领。一九六一年又组成反动“[illegible]社”，任“社长”。一九六二年又和丁犯子英等勾结，组成反革命集团，出谋划策，积极参加反革命活动，依法判处有期徒刑二十年。

反革命集团犯谢润先思想反动，一九六二年参加丁犯子英为首的反革命集团，将其家作为活动基地，积极主动书写反革命宣传材料，依法判处有期徒刑十五年。

反革命集团犯丁子龙思想反动，一九六二年参加反革命集团，积极参加各种活动，伙同丁犯子英拟订“军事训练”等反革命活动计划，在丁犯子英指使下，积极扩充反革命势力。首犯丁子英被逮捕后，丁犯子龙与其姐合谋烧毁反动文章，消灭罪证，妄图逃避惩罚。依法判处有期徒刑十年。

反革命犯**王金琦**，男，四十三岁，天津市西郊区梨园头村人。

王犯系被斗地主分子，其父母均被我判处管制，其兄、岳父、内兄等已被我镇压，对我党怀有刻骨仇恨。解放前，王犯依仗匪势，敲诈勒索，毒打群众，横行霸道；经常带领敌人搜捕我方人员；纠合匪还乡团，破坏我重要军事设施。更严重地是从一九四五年至一九四八年间，密报和带领还乡团匪首郭志清及匪军，抓捕我民兵队长、指导员和土改斗争积极分子七人，其中三人被杀。解放后，王犯隐瞒罪行，混入工厂，一贯坚持反动立场，破坏生产设施。罪行极为严重，判处死刑，缓期二年执行，强迫劳动，以观后效。

反革命犯**张云华**，男，六十三岁，山东省东阿县人，官僚资产阶级出身，伪军官成份。张犯解放前历任蒋匪校级军官、匪中统局济南调查室通讯组副组长等反动要职多年，罪行累累。解放后，张犯顽固坚持反动立场，进行破坏活动，被劳动改造。一九五一年又进行反革命活动，被判刑八年。张犯刑满释放后，继续与人民为敌，投机倒把，雇工剥削，经常散布淫乱思想，教唆青年进行流氓活动。更为严重的是，恶毒地辱骂我们伟大领袖。罪行实属严重，判处无期徒刑。

现行反革命犯**王德海**，男，二十二岁，职员出身，学生成份。

王犯德海思想极端反动。特别是其兄被劳教，其外祖父在无产阶级文化大革命中被群众斗争畏罪自杀后，对我党更加仇视，公然于一九六七年十月、十一月间连续书写内容极为反动的标语，张贴于卫生学校和桂林路，恶毒攻击无产阶级专政和我们的伟大领袖。更为严重的是同年十一月八日晚在该校木质结构的行政楼地下室，用煤油等易燃物两处纵火，妄图烧毁大楼。罪行严重，民愤极大。判处有期徒刑二十年。

现行反革命犯**邢力軍**，男，二十七岁，资本家出身，学生成份。

邢犯力军思想极为反动，对我党怀有刻骨仇恨。自一九五四年以来，连续书写九本反动日记和数篇反动文章。特别是其父因反革命罪被判刑后，竟敢恶毒的咒骂我们的伟大领袖和战无不胜的毛泽东思想，疯狂地攻击社会主义制度和党的各项方针政策。对无产阶级文化大革命极力破坏，书写反动文章，肆无忌惮的反对光焰无际的毛泽东思想。罪恶严重，判处有期徒刑二十年。

现行反革命犯**王雨林**，五十八岁，资本家。

王犯系一贯道点传师。解放后继续进行反革命活动，被判处管制。但王犯坚持反革命立场，抗拒改造。无产阶级文化大革命中，对红卫兵和革命群众的革命行动极为仇视，公开进行破坏，当众装神作怪，用极其恶毒的词句，诬蔑攻击我们的伟大领袖。被革命群众揪斗时，企图行凶报复，反动气焰非常嚣张。罪行严重，判处有期徒刑二十年。

现行反革命犯**郭景山**，男，四十五岁，反动资本家。

郭犯在解放前参加青帮，曾充匪国民党九区一分部监察委员，积极效忠蒋匪，系历史反革命分子。解放后一贯坚持反动立场，一九五八年因勾结反革命分子，煽动群众，破坏合作社，被判处管制三年。在管制期间，抗拒改造，散布反动言论。郭犯长期保藏其母在一九五二年“三五反”时畏罪自杀的血衣，自杀当天的日历等物，幻想变天，进行阶级报复。在无产阶级文化大革命期间，红卫兵抄出郭犯上述反革命罪证，郭犯竟敢疯狂殴打红卫兵小将。罪行严重，判处有期徒刑二十年。

反革命奸淫幼女犯**馬家冀**，男，六十四岁，地主出身，伪警官成份。

马犯曾充日伪、蒋匪警官代理科长等反动要职多年，积极效忠敌人。解放后一贯坚持反动立场，编写反动文章，恶毒诬蔑攻击社会主义制度和党的各项方针政策，两次判刑改造。释放后，监改期间，继续坚持与人民为敌，猖狂地进行流氓活动。从一九六五年夏开始，马犯施展流氓手段，毫无人性地奸淫幼女一人，猥亵幼女二十余人，严重地摧残了幼女的身心健康。罪行严重，民愤很大。判处有期徒刑二十年。

蒋匪派遣特务王會，别名李玉生，男，四十七岁，河南省襄城县人。王犯幼年到日本，一九六〇年投靠蒋匪驻日本特务机关，经过训练，接受搜集我军事、政治、经济等情报和破坏工厂，发展特务组织等任务，被派遣来到天津，积极与匪特联系。假作自首后，骗得宽大处理，安置了工作，王犯即以合法身份进行破坏活动，经常散布反动言论，恶毒地污蔑我社会主义制度，攻击党的方针、政策，不断借故殴打工人，威胁干部，扬言杀人。无产阶级文化大革命开展后，王犯预感到末日来临，即筹措巨款和粮票，阴谋逃往国外，继续进行反革命勾当，在逃跑途中被我抓获。被捕后仍恶毒辱骂共产党，反动气焰非常嚣张，罪行极为严重，依法判处无期徒刑。

流氓诈骗犯**张德芳**，女，二十六岁，天津市人。

张犯流氓成性，一九六一年以来，伪造六个名字，冒充中共党员，共青团总支书记、委员等职，以各种流氓手段，到处招摇撞骗，诈骗财物，进行流氓活动。曾被我公安机关教育多次。一九六三年以来两次被集中劳动教育，但仍恶习不改，继续大肆进行流氓活动，腐蚀工人、干部、教员达二十余人。甚至对有的人用卑鄙手段进行要挟、控制，造成严重恶果。实属屡教不改，判处有期徒刑十年。

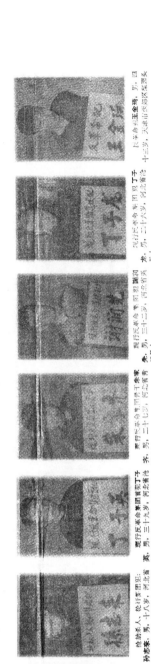

不破不立。破，就是批判，就是革命。破，就要講道理，講道理就是立，破字当头，立也就在其中了。

毛泽东

天津新文藝

天津市市級文艺系統委員会

天津新文艺編輯部　第74号　（共4版）　1968年7月

揭开“全国連环画評奬大会”的黑幕

天津人民美术出版社革命大批判小組

毛主席教导我們說：“**在現在世界上，一切文化或文学艺术都是属于一定的阶級，属于一定的政治路綫的。为艺术的艺术，超阶級的艺术，和政治并行或互相独立的艺术，实际上是不存在的。**”

連环画是一种深受广大工农兵群众和青少年讀者欢迎的普及讀物，特别是对青少年讀者影响很大。可是，由于被反革命修正主义文艺黑綫专了政，我国十几年来出版的連环画絕大部分是封、資、修大毒草，每年总印数竟达数千万册！充当了为复辟資本主义制造輿論的得力工具，为販卖刘少奇的“无害文艺”黑貨，做出了“卓越的貢献”。因此，获得了一小撮走資派的“关怀”，他們的黑手也就进一步伸进連环画的領域。党內另一个最大走資派邓小平就曾表示：“自己很关心連环画事业，建議派一个副部长来专門抓这一工作。”旧中宣部常务副部长胡乔木也說：“連环画应改变‘杂粮’的地位，現在上至中央首长，高級知識分子，下至家庭妇女都喜爱連环画，連环画实际上已經是全民的讀物了……”。

这样一来，盘踞在旧中宣部、旧文化部、旧全国美协以及一些美术出版单位的走資派更是肆无忌惮地利用他們窃踞的权力，大量出版毒草书，疯狂向党进攻，为复辟資本主义制造輿論。在这一系列活动中，最系統、最恶毒的莫过于一九六三年召开的所謂“全国連环画評奖大会”。現在，我們要彻底揭露这次大会的实质，把那些見不得人的罪恶勾当，暴露在毛泽东思想的阳光下，供广大革命群众进行批判！

这个大会是在一九六三年十二月毛主席对文艺界第一个批示下达后不几天，即十二月廿六日召开的，这是美术界的一小撮反革命修正主义分子調动全国的美术界黑綫、黑网，明目张胆地对抗毛主席的批示，頑固地推行修正主义文艺黑綫，疯狂反对毛主席的革命文艺路綫的一次罪恶活动。

这次活动名为：“检閱建国以来的优秀連环画，鼓励繁荣連环画創作”，实质上是修正主义文艺黑綫大展覽，鼓动、奖励混入美术界的国民党残渣余孽，叛徒、特务及沒有改造好的地、富、反、坏、右，利用連环画这个陣地疯狂向社会主义进攻，大树封、資、修黑样板，企图把为广大群众和青少年喜爱的这种艺术完全推上修正主义道路。

首先让我們来看看这次大会是誰召开的？这次大会完全是由旧中宣部、旧文化部、旧全国美协的一些反革命修正主义分子和北京人美、上海人美、天津人美、辽宁人美四家黑店的走資派策划召开的。

这次大会的評审委員又是些什么人呢？主任委員是中美合作所的少将特务叶浅予，委員是一批反革命修正主义分子，反动“权威”，如华君武、王朝聞、罗工柳、力群等，以及四个美术黑店的走資派。

由这些人召开、控制的大会，难道不是一个地地道道的大黑会嗎？

再来看看他們的所謂評审条件，是什么建国以来的“优秀书目”，什么“深受群众欢迎，在群众中有影响的”，什么在編繪形式上有“創新、独到之处”的。凡是符合上列条件均可評奖。他們就是閉口不提伟大的毛泽东思想，不提阶級和阶級斗爭，不提为工农兵服务和为社会主义革命和社会主义建設服务。

离开这些重大的原则問題，离开阶級和阶級斗爭，这些“优秀书目”只能是一些毒草、黑样板；离开阶級分析空談什么“深受群众欢迎”，实际上是販卖所謂“全民文艺”的黑貨。离开毛泽东思想和无产阶級的政治标准，什么創新、立异，只能是为資产阶級形式主义的破烂大开綠灯。

事实上就是这样，他們根据这些評奖条件評选出来的所謂优秀作品，完全都是毒草、坏书，有的是恶毒地把矛头指向我們的伟大領袖的，如《八百鞭子》；有的是宣传王明“左”倾机会主义路綫的，如《革命的一家》、《紅旗譜》等等；有的是恶毒攻击与丑化农业合作化运动的，如《沱江的早晨》；有的是典型的才子佳人，宣揚色情的，如《西廂記》、《胭脂》等等。

据現在初步的审查，当时得奖的80种书目，其中有60余种是明显的毒草和有严重錯誤的連环画。

从这个簡单的数字就可以看出这次所謂的“評奖大会”是一个地地道道的放毒大会。

从这些富有代表性的毒草連环画中也可以看到十几年来坏书泛濫的一个縮影。

为了树起这些黑样板，奖励这些毒草的炮制者，策划召开大会的反革命修正主义分子們，紧跟中国赫魯晓夫的黑指示，大搞“物质刺激”、“奖金挂帅”，大肆推行“三名三高”政策，給毒草炮制者分别发了三百元、一百五十元、五十元的奖金，还奖給了端砚、金笔、本本等一大堆实物。

从以上揭露出来的黑帮們策划的黑活动，和他們树起来的黑样板，不难看出，这是一次地地道道反党反社会主义反毛泽东思想的黑会。

旧天津美术出版社的走資派，反革命修正主义分子郭鈞、安明阳在这次黑会中，扮演了极其可耻的角色，他們是大会的头面人物，也是整个华北地区征集評奖工作的負責人，他們在这次活动中，大显反革命本領，犯下了滔天罪行！

郭鈞、安明阳为了在这次大会上显示他們历年来在出版社为复辟資本主义制造輿論的所謂成績，向其主子請功，为了显示他們有“創新、独

《誰唱得最好》

到”之处，在参加評奖前，他們糾集了手下的国民党残余势力，沒有改造好的地、富、反、坏、右，黑綫黑网人物，集中力量突击毒草。郭鈞鼓励他們手下这帮人說：“我們要形式取胜，风格多样也好嘛！百花齐放嘛！”安明阳公然鼓吹販卖周揚之流“熟悉什么就写什么，画什么”的反动謬論。他們所謂以“形式取胜”，“百花齐放”，实质是抽掉百花齐放的阶級內容，以形式取胜之名，行販卖封、資、修黑貨之实。

对这些黑貨的炮制，他們是“一杆子插到底”，表示“特殊的关怀”。反复强調要創“新”，要“大胆”，“不落俗套”。当創作人員接受了他們錯誤的指导思想，創作出大批“怪”作品，如《甘蔗田》、《誰唱得最好》、《宝船》、《布克奇遇》、《胭脂》、《初出茅芦》、《八百鞭子》等等所謂“出奇制胜”的东西时，他們欣喜若狂，說什么：“行！出版社拿这些东西出去就是站得住，以后能全出这些东西才好呢”，看！眞是到了利令智昏的程度。

（下轉第二版）

1968年7月 第二版

敬祝毛主席万寿无疆

天津新文艺

揭开"全国連环画評奖大会"的黑幕

（上接第一版）

这些被郭鈞、安明阳吹捧为創"新"的作品到底是些什么东西呢？宣揚了一些什么呢？請看：

《誰唱得最好》打着暴露美国社会黑暗，控訴不合理制度的旗号，实质上是美化资产阶級，宣揚了人道主义，合二而一，抹煞阶級斗爭，歪曲美国劳动人民和黑人形象，把美国劳动人民描繪成任凭资产阶級凌辱的毫无斗爭性的可怜虫。作者的創作素材和形象完全照搬修正主义国家的画报，以及资本主义国家电影里的一套破烂，不少篇幅对资产阶級生活方式作了津津乐道的描繪。这是一部西方资产阶級生活方式大展覽的毒草。本来这本书是不列入評奖书目之內的，当郭鈞、安明阳知道作者在画这样一个题材和看了部分草稿之后，认为大有可为，再三鼓励、肯定，說："作者大胆使用这一形式应鼓励，这是成功的！"一再嘱咐好好画，爭取拿个奖。画完后，果然破例出了三十开狭长的怪开本，还印好紙，封面上加塑料亮油的精装本。作为五本重点評奖书之一送到北京，結果沒有被評上。郭鈞很恼火，据理力爭，回津后对作者說："你这本书北京有些'专家'，像罗工柳等人还是欣賞的。最后华君武說：'这本书是儿童連环漫画，不能算連环画，如果要算的話，那末张乐平的《三毛流浪記》也应該評奖了，干脆下次全国儿童讀物評奖时再評吧'。"

郭鈞、安明阳根本沒有指出这本毒草的反动性，和追求形式的资产阶級創作傾向，反而鼓励作者不要泄气，妄图塞进全国儿童讀物評奖会里去。同时郭鈞还提醒作者："你画的美国人不像美国人，像匈牙利人，你手头美国資料太少了，应設法找一些美国画报看看"。安明阳也提出："你画的反面人物凶相毕露，缺乏性格，不够典型……"。

他們对这本毒草沒有一絲一毫的批判，反而嫌宣揚美国生活方式不够，反面人物不够含蓄。一句話还不够毒！从这里可以看出郭鈞、安明阳內心深处的爱和憎了。

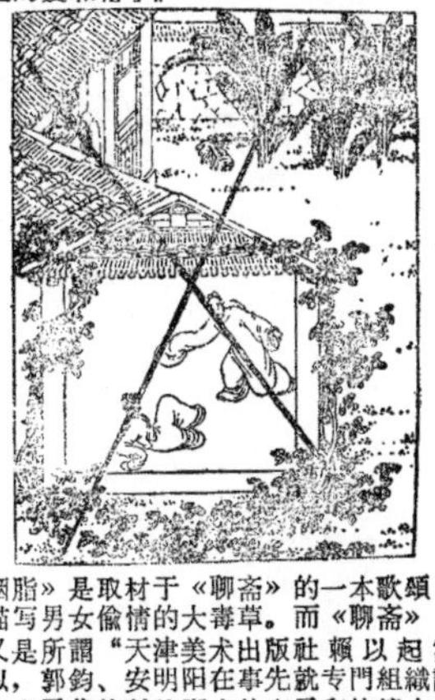

《胭脂》

《胭脂》是取材于《聊斋》的一本歌頌"清官"、描写男女偷情的大毒草。而《聊斋》（連环画）又是所謂"天津美术出版社賴以起家"的。所以，郭鈞、安明阳在事先就专門組織討論选题，指定了集体討論脚本的班子和执笔人，并先后七八次組織討論脚本，最后由他們审定。还为了"看人下菜碟"，强調作者善于画古装仕女而特选这个故事令其改編。他們极力鼓励作者从仿古、复古的破烂里去搞所謂"創新"，并特地批准作者倒鎖在資料室的书庫里翻閱春宫画《金瓶梅》木版插图，从中找启发。試問：从这种黄色、淫秽的书刊中能找到一些什么东西？而該书竟被評上全国三等奖！但是郭鈞还不满足，散布什么："論技巧，功夫都是不錯的。"借以引誘作者继續往这条黑胡同里走。

还有一本怪得出奇的歌頌帝王将相的《初出茅芦》連环画，画面上人物的脑袋都不知道安在哪儿。新华书店曾經几次提出要退貨，因为讀者普遍反映，看不懂，找不到张三和李四。就是这样的一本书却被郭鈞、安明阳吹捧为："連环画'創新'中的一朵难得的鮮花"，什么"作者学习了汉砖、仿鉄画等优秀的民族遺产，加以概括、提炼"；什么"学习戏曲表演艺术中的精华加以揉合，集各家之所长，自成一格，不落俗套……"竭力予以美化。但是事后向作者了解，她根本沒有借鑑汉砖、仿鉄画，而是从一本比亚兹萊的裝飾画里学来的洋玩意儿，眞是风馬牛不相及。在評奖时为了使这朵"难得的鮮花"評上奖，郭鈞眞是費了九牛二虎之力，回津后还恬不知恥地說："有分歧，爭！爭得面紅耳赤，斗爭很激烈……"。最后終于在郭鈞的"斗爭"下获得了三等奖而流毒全国。

郭鈞、安明阳除了突击一批以怪取胜的毒草以外，还专門指派反革命胡风分子、国民党上尉、变节投敌分子、反动文人从历年出版的毒草中挑出一批天津及外地著名黑帮、黑綫黑网人物的大毒草送去参加評奖，其中有反党作家楊潤身的《老宝貝和刺儿梅》，反革命修正主义分子、白樺的黑干将任朴的《八百鞭子》，反共老手老舍的《宝船》，旧文化部办公厅主任×××改編的《沱江的早晨》，变节投敌分子、反动文人厉××編的《呼风喚雨的人們》，板桥农場劳改分子张×画的《創业史》，現行反革命分子张鶯画、胡风分子編文的《甘蔗田》等等。

《八百鞭子》是反革命修正主义分子任朴在彭德怀猖狂向党向毛主席进攻的时候炮制的大毒草，中心內容是写打大臣、罵皇帝，实质是《海瑞罵皇帝》一类的貨色，矛头是指向我們伟大領袖毛主席和以毛主席为首的党中央的，是一部极端反动的作品。

《呼风喚雨的人們》是变节投敌分子厉××在一九五九年国內外牛鬼蛇神大肆反共反华反人民的时候炮制的，是一株宣揚苏美合作，幻想苏美合作改变我国政治气候的修正主义大毒草。

《創业史》是歪曲农业合作化，丑化貧下中农，美化富农，抹杀阶級斗爭，鼓吹中国赫魯晓夫的"和平經济竞賽"的反动謬論，把两条道路的斗爭写成两个阶級和平生产竞爭的大毒草。

其他一些送去評奖的，也无不是这样的一些毒草，为了使这些毒草能够評上奖，郭鈞还調动了大批人力来搞什么"評介"工作。在撰写书評时，根本不提伟大的毛泽东思想，不提无产阶級政治标准，单純地强調"艺术"，搞那种"旱地拔葱"、"揪着头发上天"的吹嘘手法，千方百計地为那些毒草涂脂抹粉。說什么："蒼劲的綫条"，"飽满的构图"，"和諧的韻律"，"富有詩意的节奏"，"留下一个美妙的遐想"等等。更恶劣的是为了吹捧一部分連环画文字脚本，竟然叫一个反革命胡风分子陈××来执笔写"书評"，她就用了那枝写了不少反党文章的黑笔，为一些毒草脚本，大肆吹捧，毒上加毒。經过她的"美化"之后，終于使一大批坏书評上了奖！如《八百鞭子》得了文字二等奖，楊潤身的《老宝貝和刺儿梅》得了文字三等奖，《沱江的早晨》得了文字三等奖，《創业史》得了繪画二等奖，《胭脂》《初出茅芦》《布克奇遇》等得了繪画三等奖。

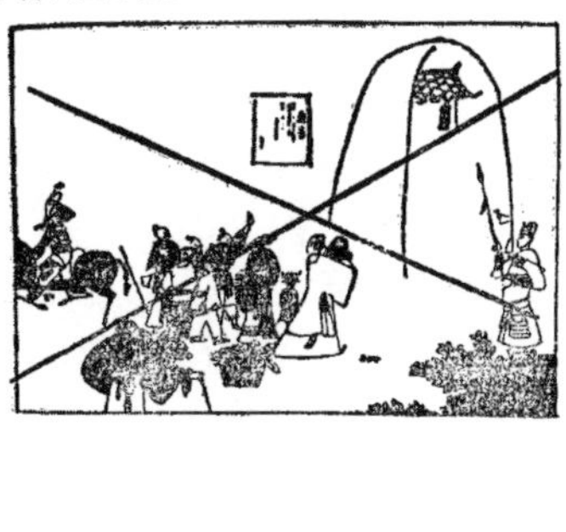

《初出茅芦》

毛主席教导我們說："要使文艺很好地成为整个革命机器的一个組成部分，作为团結人民、教育人民、打击敌人、消灭敌人的有力的武器，帮助人民同心同德地和敌人作斗爭。"

而郭鈞、安明阳却拋出了这一大批毒草来腐蝕人民，毒害人民，歌頌敌人，帮助敌人来瓦解我們社会主义国家的經济基础。其用心何其毒也！

除此以外，再来看看这次創作队伍的問題：

像《甘蔗田》的作者张鶯是一个政治流氓、現行反革命分子（已逮捕）。她的罪行，郭鈞、安明阳是了解的，为了給旧天津美术出版社爭"光"，完全不顾党紀国法，把她抬出来为自己爭名夺誉。

《創业史》的作者是个在农場劳动教养的留用人員。郭鈞明知作者有問題不符合評奖条件，但竟然"指示"工作人員采用掐头去尾，隐瞞事实的恶劣手法去騙取全国二等奖的席位。

特别应該强調指出的：这次得奖者中有两个天津"专业画家"还分别被評上一个"三等奖"、一个"劳动奖"，所謂"专业画家"就是沒有正式工作，整天在家画画，依靠稿酬生活的走资本主义道路的单干戶。郭鈞、安明阳对他們非但不予抵制，反而在平时給予各种物质条件来鼓励和支持他們合法的存在，最后还給評上奖，这不是明目张胆地号召干部向他們学习这种"劳动"嗎？这难道不是公开提倡走资本主义道路？！这种大胆的"独創"在全国也是罕見的。

获得"劳动奖"的，还有我社的变节投敌分子，炮制了无数毒草的厉××和死保狗方紀、狗孙振的小爬虫孙世涛。

这些毒草和作者有問題的情况，当时都是得到旧市委宣传部签发的"通行証"而送到北京的。

美术界的这批反革命修正主义分子和天津黑市委为什么如此賞識与奖励这些牛鬼蛇神呢？其目的完全是为了鼓动这批与人民为敌的反动分子，更猖狂地向党向社会主义进攻，为实現资本主义复辟竭力尽忠。

郭鈞、安明阳得了这么多奖，使旧天津美术出版社由全国老五一跃而为全国老三，眞是趾高气揚，不可一世。临发奖时，还亲自带队去北京領取黑帮的犒賞。旧文化部副部长胡愈之，旧全国文联副主席阳翰笙都到会讲話，还有全国各地美协負責人和获奖代表共二百余人到会。旧《美术》杂志和《光明日报》都发表了消息与报导，还拍了紀录影片，規模之大，实属少見。

郭鈞、安明阳的"努力"得到了旧中宣部、旧文化部、旧全国美协的如此重視，也正好满足了天津黑市委內最大的走資派万晓塘的黑心願："天津是全国第三大城市，但文艺不像第三的样子，应迎头赶上。"于是黑市委为了"表彰"郭鈞、安明阳的"努力"，在天津中苏友协又搞了一次发奖大会，由旧天津美协主席、反动"权威"馬达主持，反革命修正主义分子、黑市委宣传部部长白樺亲临"訓話"，除了北京发的一大堆奖金、奖品以外，郭鈞又另附赠每人一套《农村連环画庫》。《天津晚报》还发专刊吹捧。

毛主席教导我們："千万不要忘記阶級斗爭"，全国連环画評奖就是一次触目惊心的阶級斗爭，是全国美术界的黑帮黑綫人物，向毛主席的革命路綫发动的一次猖狂进攻。我們必須清算他們的滔天罪行！我們一定要和全国美术界的无产阶級革命派一道，奋起毛泽东思想千鈞棒，彻底砸烂周揚伸向美术界的黑綫黑网！我們必須彻底清算郭鈞、安明阳所犯下的一切罪行！不获全胜，决不收兵！

天津新文艺　敬祝毛主席万寿无疆　1968年7月 第三版

看王亢之白樺方紀等是怎样包庇魯扬的

天津戏校革委会大批判战斗組

魯揚問題曾經是聞名全市的文化局四大公案之一，由于万张反革命修正主义集团的統治，这个問題长期得不到解决，成为万张干将、周揚死党王、白、方之流包庇袒护坏人的一个典型。

魯揚何許人也？他是天津市戏剧学校罪行累累的走資本主义道路当权派，一个十恶不赦的反革命修正主义坏分子。他长期隐瞞富农兼資本家的出身成分，混入革命队伍，从一开始就对我們伟大的党和伟大領袖毛主席怀着刻骨的阶級仇恨。入城之后，此人投入大右派何迟的怀抱，成为何迟手下一名得力的心腹干将。反右斗爭中，他靠玩弄反革命两面派手法，不但蒙混过关，而且为万张集团干将和周揚死党王、白、方所賞識，于一九五八年接任了何迟的戏校校长的职务。这个反革命修正主义分子上任后，果然不負所望，利用他窃踞的职权，变本加厉地推行其黑主子的反革命修正主义文艺黑綫和教育路綫，招降納叛，結党营私，把社会主义的艺术学校变成了藏垢納污、复辟資本主义的黑据点。与此同时，魯揚更赤膊上陣，疯狂从事反党活动，他所炮制的大毒草《蒯徹裝疯》，肆无忌憚地为罢了官的高饒反党集团鳴冤叫屈（此书出版了单行本）；他所炮制的大毒草《狄青风雪夺征衣》，更把矛头直接指向我們的伟大領袖毛主席，恶毒地誣蔑党和毛主席不关心“边疆三軍”的死活，妄图在我們的軍队中散布不滿情緒，毁我长城，用心至为险毒！与此同时，魯揚大量兜售反党言論，他攻击总路綫、大跃进“步子走快了”；詆毁大炼鋼鉄“簡直是胡来”；他还睜着眼睛說瞎話：“小麦既然超过了美国，为什么吃不到白面？”尤其露骨的是，一九五九年，我党罢了大野心家彭德怀的官，挖掉了党内的一大隐患，正当革命人民拍手称快的时候，魯揚这个反革命修正主义分子，却配合中国赫魯晓夫刮起的翻案妖风，跳出来大放厥詞，他狂吠：“从历史上看，哪一个皇帝取得政权，得了天下，那些有功之臣都得被杀掉，不然的話，皇帝的天下也就保不住了。”在这里，魯揚的反革命气焰达到了无以复加的地步，他撕去了伪裝，露出了赤裸裸的猙獰面目，他比反动影片《怒潮》中的含沙射影更进一步，竟公然把全国人民心中最紅最紅的紅太阳比作“残酷地”杀戮“功臣”的封建皇帝，真是反动透頂，是可忍，孰不可忍！

不但如此，魯揚还是个披着人皮的禽兽，他利用职权，以最卑鄙的手段，奸污并长期霸占戏校女学員×××达五年之久。女方怀孕之后，魯揚为了消灭罪証，竟慘无人道地让她楼上楼下、前院后院，拼命奔跑，以便墜胎。其道德之敗坏，手段之卑劣，不堪言状。

就是这样一个五毒俱全、十恶不赦的反革命修正主义坏分子，却长期逍遥法外，人們不禁要問，其故何在？現在我們仅就这个問題揭发万张干将、周揚死党王、白、方以及文化局一伙走資派是怎样千方百計包庇魯揚的。

由于魯揚的反革命修正主义面目日益暴露，戏校革命师生从一九五九年起，就对魯揚的滔天罪行进行了揭发斗爭，并有人写信給中央监委，对其进行控告。在中央监委、河北省监委摧办和戏校革命师生的压力下，旧市委监委、市委宣传部、旧文化局党委才不得不派人进校調查魯揚的問題。×××經过調查，基本上肯定了魯揚的男女关系問題，这下可触怒了这个戏校的“魯霸天”。他不仅与女方訂立攻守同盟，还亲往文化局走資派王雪波、韓涛、黎砂家中进行密謀，对×××肆意攻击。每次“拜訪”，黎、王、韓都把魯視为知己，热情接待，并异口同声地說：“你沒有和×发生关系就好，有林彦（魯的臭婆娘）作証，我們就更相信了。”从而把問題压了下来，不予解决。一九六二年五月，戏校革命师生向狗方紀写信揭发魯揚問題。狗方紀見信，慌了手脚，立即把信交給心腹任朴密謀对策。任朴看过，在检举材料上“批示”：“关于魯揚同志的問題，最好由王雪波同志，或由雪波、建章同志直接向魯揚同志談談，一可了解魯揚同志的意見，二可促使他对这些問題，自觉地采取主动态度，加以解决。”这是在給魯揚通风报信！暗示魯揚主动采取对策。任朴又将信呈交白樺，白更是迫不及待地“批示”道：“此事不管真相如何，看来已經发生了严重的不良影响。望你們能及早和魯揚同志談談，請他郑重考虑老师和同学的反映，不要弄得滿城风雨，造成更大的不良結果。”表面上名正言順，冠冕堂皇，实际上只不过在修辞上比任朴更为策略，手段更为狡猾罢了！白樺比任朴高明之处在于：他意識到如果魯揚保不住，“泥菩薩过河”也就难保自身了！

在白樺、任朴的“批示”下，旧文化局党委黎、王、韓之流，果然和魯揚作了私下談話。在六三年白樺主持的所謂研究魯揚問題的会上，旧文化局党委明目张胆地对魯揚进行包庇。說什么“戏校几年的成績还是主要的，魯揚在戏校有一定威信，别人去了也不行”等等。临了，为了遮人耳目，草草了事，竟以給这个十恶不赦的三反分子魯揚以“警告处分”，来应付局面。与此同时，白樺之流还密謀要提魯揚为文化局艺术处处长，这样一来既使魯揚逃避了戏校革命师生的审判，又加官晋級，真可謂“关怀备至”。可惜这个如意算盘，因故未能得逞。于是白樺又使了一个“走馬換将”的花招，将在曲艺团也混不下去了的另一名爪牙赵魁英調到戏校，接替魯的职务，而将魯揚調到剧本創作班任副主任，保护起来。

由于有黑綫的包庇，魯揚这个三反分子凶焰万丈，大搞右傾翻案，他精心炮制了一个臭名昭著的“万言翻案书”，凭着資产阶級詭辯的詭辯术，不但把罪行推个一干二淨，而且反咬一口，把矛头指向戏校革命师生和調查組的同志。魯揚又写了一封信，連同翻案书，一并呈交“市委宣传部白樺同志并轉市委书記处亢之同志”。信中說：“您对戏校的工作一直是很关心的，曾不断对我們提出許多指示，要求……都給我們启发帮助很大。因此每当工作迂到一些困难时，总想找您談談……”又說“为了把問題談清楚些，能有机会当面和領导汇报也是我所期望的。”毛主席教导我們說：“**以伪装出現的反革命分子，他們給人以假象，而将眞象蔭蔽着。但是他們旣要反革命，就不可能将其眞象蔭蔽得十分彻底。**”仅从魯揚这封黑信中，他們的馬脚不是已經露出来了嗎！他們之間的黑关系不是眞相大白了嗎？什么“当面汇报”，是領取黑指示！

于是，一本厚厚的翻案书，一封长长的黑信，还有一大堆假旁証，一并交到了宣传部艺术处。任朴、韓涛精心看后，如获至宝。馬上由韓涛起草，任朴修改，作了一个“批語”，并向上轉呈。“批語”中写道：“白、方、侯、李部长：魯揚同志反映的意見，我們都看过了。經我們研究，感到魯揚同志的态度还是好的，是心平气和的，是摆事实讲道理的，想帮助組織闊清問題。”眞是荒謬絕伦！魯揚在“万言书中”歪曲事实，颠倒黑白，恶毒地反誣戏校革命师生和調查組的同志，妄图把水攪渾，蒙混过关。而任朴、韓涛却說成是“摆事实讲道理，心平气和，想帮助組織闊清問題”。一付狼狽为奸、蓄意偏袒的丑态，跃然紙上。白樺更是一字不漏地精心閱讀了魯揚的“万言书”。不但多次加批，而且在二十七处划上鉛笔道，定为重点，肯定魯揚的翻案依据。其卷首批語是：“从此件看来，党委应检查研究党委的工作方法及那位同志是否也有些缺点”。提党委是虛，指責×××是实。他还恶狠狠地对戏校革命师生批道“要查一下×××的为人历史。”当魯揚写到×××同志給他貼和×××問題的大字报时，白樺竟凶神般地批道：“这样的大字报，根本就不应該叫貼。”这眞是打在魯揚的身上，疼在白樺之流的心上！

六四年五反运动开始，白樺之流怕从魯揚的严重的道德敗坏問題打开缺口，暴露魯揚的全部問題；更怕魯揚的問題暴露后，会牽扯整个黑綫黑网，因此，他一方面让韓涛把了解魯揚問題的同志从五反办公室調出；一方面又不辞劳苦，亲临創作班，利用职权，压制給魯揚提意見的人。白樺說什么：“你們創作人員就是搞創作的，互相提提意見就算了。”王雪波則更进一步肯定：“魯揚沒有什么問題。”与此同时，韓涛在白樺的指示下，調侯××到戏校任联絡員。名义上是“指导”五反运动，实际上是鎮压革命师生，保护魯揚过关。韓涛除了向侯××面授机宜，不让他接触戏校学生以外，还密告魯揚：“赶紧检查，下楼算了，还有任务等着你呢。”魯揚則“心有灵犀一点通”，果然不几天，就連夜赶出来一份假检查。“检查”那天，李麦、韓涛亲临戏校坐鎮，异口同声地說：“检查的不坏，水平还是高的嘛。”經白樺批准，魯揚不仅一帆风順地“下了楼”，并且轉天就到北京观摩去了，魯揚問題就这样不了了之。

但戏校广大革命师生在毛泽东思想的光輝照耀下，識破了他們的圈套，继續与其进行坚决斗爭。白樺等人見赵魁英虽願意为他們卖力，包庇魯揚，但发觉这条走狗，很难应付局面，就又要弄了慣用的把戏，将忠实干将赵珂調到戏校。并对赵珂讲：“对魯的問題要党內处理，在部分党員和熟悉魯揚問題的少部分人中处理。”赵珂忠实执行这个黑指示，果然偸偸摸摸地在极少部分人中对魯揚进行了所謂批判，妄图用一个与魯揚罪行差距很大的所謂“处分”草草了事，但就是这样一个“处分”也被王、白、方拖延下来。

伟大的四清运动开始了，戏校革命师生在毛主席亲自主持制定的“二十三条”的光輝照耀下，一致认为魯揚是党內走資派，强烈要求将魯揚揪回戏校批斗；加之魯揚妹妹也揭发了魯揚的道德敗坏、流氓成性問題，眞相大白于天下，但白樺之流，仍舍不得抛出这条走狗，他們将魯揚調到郊区去搞四清，以此让其逃避运动。侯××更是卖力，亲自提名决定让魯揚这个三反分子当上了四清工作队“副队长”，疯狂对抗“二十三条”。这一来，更加激起了戏校革命师生的愤慨，要求揪魯揚的呼声更为强烈。这时白樺竟亲自跳了出来，按捺不住对革命师生的仇恨，大发淫威地說：“魯揚不就是男女关系問題嗎？这有什么了不起！放到双清整党时再搞，先搞四清！”无情地鎮压戏校革命师生，眞是反动透頂！

毛主席最近教导我們說：“**对广大人民群众是保护还是鎮压，是共产党同国民党的根本区别，是无产阶級同資产阶級的根本区别，是无产阶級专政同資产阶級专政的根本区别。**”万张反革命修正主义集团，王、白、方，黎、王、韓之流，鎮压的是广大革命群众，保护的却是三反分子魯揚，其反动立場何等鮮明，又何等頑固！他們那付国民党反动派、資产阶級老爷的凶狠面目，不是活灵活現的暴露无遺了嗎！

在毛主席亲自領导的史无前例的无产阶級文化大革命中，王、白、方之流面临灭頂之灾，为了保他們自己，才被迫不得不抛出魯揚。一九六六年七月，大叛徒王亢之突然下調令，通过旧市委监委和組織部火速将魯揚調回戏校，用以搪塞革命师生。但到这时，他們仍然“不到黃河不死心”，命李麦、张映雪把持的四清工作团和赵珂把持的戏校工作队，将魯揚与广大革命师生隔离开来，不让我們和他进行面对面的斗爭。在生活上更是多方照顾，体貼入微，早晨有人陪着散步，晚上有人陪着淋浴乘凉。甚至“批斗”时，还要由三十余名基干民兵进行保护，生怕损伤魯揚一根汗毛！

（下轉第四版）

1968年7月 第四版

敬祝毛主席万寿无疆

天津新文艺

鏟除毒草相声《买猴》

大毒草相声《买猴》，是右派分子何迟向党射出的一支恶毒透頂的毒箭。它出籠于一九五六年。当时，正是我們国家在生产資料所有制方面的社会主义改造取得决定性胜利的一年，被打倒了的阶級敌人，并不甘心于他們的失敗，他們千方百計地进行反扑，妄图恢复他們失去的天堂，阶級斗爭是十分尖銳、复杂的。《买猴》就是在这样的政治气候下，应运而生的。它为資产阶級向党反扑搖旗吶喊、鳴鑼开道，为阶級敌人的反革命复辟阴謀，制造了輿論。它的出籠，赢得了社会上牛鬼蛇神的一片喝采，同时也遭到了广大革命人民群众的憤怒抗議与抵制。

右派分子相声演員馬三立等坏傢伙，一見《买猴》出籠，如获至宝。迫不及待地利用各种場合，一切机会，借題发揮，大肆攻击社会主义，四处放毒，造成极为恶劣的影响。

在《买猴》中，根本不去反映我們伟大的国家在以毛主席为首的中国共产党的領导下，一片欣欣向荣的大好形势，而是連篇累牍的去指摘、挑剔我們社会主义国家商业部門的所謂"問題"，把商业部門描写成一片混乱，极尽其歪曲、汚蔑之能事。

在《卖猴》中做为一个"典型"出現的一位科长級的"領导"，是个什么样子的人物呢？——无能、昏憒、官僚主义、文牍主义，只知开会、盖图章的糊涂虫。做为我們国家一般干部的另一个"典型""馬大哈"又是什么样子呢？——上班除了迟到就是早退，毫无組織紀律性，一个沒有头脑的白痴，一个不懂政治的奴隶主义者。这难道就是我們国家商业部門的"領导"和一般"干部"嗎？这不是恶毒的詆毁又是什么？眞是反动透頂！

右派分子攻击我們党是"外行"，不能領导"內行"，《买猴》則运用反革命艺术手法，誇张、虛构，无中生有地把我們商业部門的領导描写成既沒有政治，又不懂业务的官老爷，把在他領导下的商业部門描写得一团漆黑，为右派分子五七年向党的进攻，敲响了开台鑼鼓，制造了反革命輿論。这个事实再一次証明了毛主席的英明論断："**凡是要推翻一个政权，总要先造成輿論，总要先做意識形态方面的工作。革命的阶級是这样，反革命的阶級也是这样。**"

砸烂反党相声《买猴》！

砸烂为反革命夺权制造輿論的反动相声《买猴》！

* * * * *

鏟除毒草相声《郊游記》

相声《郊游記》是一篇恶毒攻击社会主义制度和党的領导的大毒草。它是当年大右派何迟写的大毒草《統一瘸》的學生兄弟。《郊游記》一开头就把"集体化"做为諢号，强行按在一个領导干部头上，露骨地反映了阶級敌人对于在社会主义新社会里，广大革命人民群众自觉地团結在党和毛主席周圍，形成一个前所未有的有組織有紀律的革命化的大家庭这一光輝事实的刻骨仇恨。这是思想意識形态領域里的严重的阶級斗爭！資产阶級无时无刻不在思念他們失去的天堂，梦想捲土重来，重新实行資产阶級自由化，继續过他們解放前那种騎在人民头上作威作福，为所欲为，花天酒地，奢侈糜烂的生活，这就是《郊游記》的政治要害。

毛主席教导我們說："**凡是要推翻一个政权，总要先造成輿論，总要先做意識形态方面的工作。革命的阶級是这样，反革命的阶級也是这样。**"資产阶級和被推翻了的反动統治者，为了达到复辟的目的，大肆制造反革命輿論。他們极尽颠倒黑白，无中生有之能事，請看他們的誹謗有多么恶毒：他們把諢号叫"集体化"的这个領导，描写成一个愚昧无知的人，接着，又用肆意歪曲的手法，說这个領导强令群众"飯量必須一般大"，"休息一律盘膝而坐"，"年紀大也得爬树"，这难道是事实嗎？！这不是恶毒誣蔑又是什么？！請看！我們的敌人已經墮落到了何等地步！他們的唯一法宝就只剩下造謠誣蔑了！

在这篇大毒草中还有一段这样写道："老头子不下河，就用手給推下去"，"老同志！黃继光烈士为了集体，堵住了敌人的机关枪口，难道你下趟河就不行嗎？"眞是混蛋透頂，反动之极！他們感到肆意丑化已不能尽致，竟敢采用极其卑劣的手法，公开誣蔑英雄的人民志願軍的烈士，借以发洩他們对抗美援朝烈士們的国际主义、爱国主义精神的极端仇恨，是可忍，孰不可忍！

这篇浸潤着剧毒的大毒草，必須連根拔掉，批臭、斗倒，彻底砸烂。

鏟除毒草相声《釣魚》

毛主席教导我們："**凡是錯誤的思想，凡是毒草，凡是牛鬼蛇神，都应該进行批判，决不能让它們自由泛濫。**"毒草相声《釣魚》出籠于一九六一年，群众艺术館編，百花文艺出版社出版。它是以小市民庸俗的生活笑料，来販卖反党反社会主义黑貨的坏作品。在我市广大群众中甚至在儿童中也广为流传。至今什么："二他媽媽！"、"我可赶上这拨儿啦！"等等的极为庸俗的話还能听到，流毒甚广！

这株毒草的出籠不是偶然的，当时正値我国三年自然灾害时期，我們伟大領袖毛主席号召全国人民奋发图强，自力更生，克服暫时困难。而中国赫魯晓夫却大唱"三降一灭"、"三自一包"濫調，疯狂对抗毛主席的革命路綫，大搞資本主义复辟。阴风起，毒草生，黑相声《釣魚》的炮制者便在这时跳了出来，抛出这株大毒草，以諷刺一个不会釣魚的人說大話、吹牛，結果什么都沒有得到反而搭进了东西，（相声中說什么魚竿、糖餅等等）含沙射影地攻击三面紅旗，恶毒地嘲笑我們党和伟大領袖毛主席提出的自力更生的方針。并以最后到魚市买魚来攻击我們"吹牛"后，只能求助"外援"，影射只能依靠外国才行，眞是恶毒极了！反动极了！

黑相声《釣魚》是和反党黑作品《燕山夜話》中的《两則外国寓言》几乎同一时間出籠的，一个"相声"、一个"杂文"，两棵毒草遙相呼应。实际它們是一个籐上的两个黑瓜。現在我們要斬断黑籐，砸烂黑瓜，把反动透頂的黑相声《釣魚》批倒批臭，彻底肃清它的流毒。

本版批判毒草相声文章为群众艺术館供稿

鏟除毒草相声《挨个》

伟大領袖毛主席教导我們說：**凡是錯誤的思想，凡是毒草，凡是牛鬼蛇神，都应該进行批判，决不能让它們自由泛濫。**

相声『挨个』刊登在群众艺术館『海河說唱』一九五七年第三輯上，这是一篇恶毒歪曲和攻击社会主义制度的大毒草。它一开头就宣揚什么：『每个人都有每个人的爱好』，来散布腐朽而反动的資产阶級人生观。随后，矛头一轉，抓住当时由于生产的不断发展，人民购买力的大大提高，在购买一些用品时自觉地遵守秩序而排队，这一无可非議的現象，大做文章，对我們社会主义制度和劳动人民大肆进行歪曲、誣蔑和攻击。它把我国社会主义經济市場描繪成物品『奇缺』，把人民描繪成一群『見什么就搶购什么，用不了就高价轉售』的投机倒把商。并且疯狂到公开地进行煽动的地步，作品中恶狠狠地叫囂：『我希望大家为挨个事业而奋斗！明天起一律五点半起床，大家到街上去搶！搶吧！』这不是明目张胆地在配合当时国内右派分子向党向社会主义猖狂进攻，以适应帝国主义及各国反动派和蔣匪帮颠复我国无产阶級专政的需要，妄图『匈牙利事件』也在我国出現嗎？相声『挨个』散布的流毒，至今尚未批判，而它所代表的仇視社会主义制度的反动势力至今也还沒有死心。我們必須奋起毛泽东思想千鈞棒，把它砸个稀巴烂，彻底肃清其流毒和影响！

看王亢之白樺方紀等是怎样包庇魯揚的

（上接第三版）

現在要問王、白、方之流何以对一个魯揚如此輕怜痛惜，煞費苦心，拼死保护达八年之久？伟大的无产阶級文化大革命揭开的阶級斗爭盖子，終于使这个問題眞相大白，原来魯揚的問題并不是一个孤立的現象，正如中央首长"二·二一"讲話中指出的："陆定一、周揚，他們有一条黑綫，在全国有一个相当的黑网。一个方紀受批判，各地方都动起来，北京、上海的一些人都在为他奔走。"天津文艺界也是这样，一个魯揚被揭发，便牽一发而动全身，慌煞了上上下下的走資派，他們生怕革命群众从魯揚身上打开这个重要的缺口，事情鬧大了，就会直搗他們的老巢，把整个黑綫、黑网掀出来。这里，我們不妨看看赵珂当时的叫囂："魯揚本身就是一条又粗又长的黑綫，得把他往上推的口堵死。"好一个"把口堵死"！可見王、白、方之流所以兴师动众、千方百計包庇魯揚，就是保他們自己，保万张，保周揚，保刘邓，一句話，就是要保住国民党反动派的代理人，以便时机成熟，发动政变，复辟資本主义。全部問題的实质尽在于此！

正告王亢之、白樺、方紀、黎砂、王雪波、韓涛等一小撮混蛋，你們的黃粱美梦是作不成的！你們的罪恶阴謀是永远不会得逞的！用毛泽东思想武装起来的广大革命人民群众，坚决砸烂反革命修正主义文艺黑綫、黑网，斗倒斗臭反革命黑帮，不获全胜，决不收兵！

本报地址：天津市烟台道50号　电話：3.3736　訂閱处：全市各大邮局　（每份二分）

天津新文艺

天津市市級文艺系統委員会

天津新文艺編輯部　第73号　（共四版）　1968年7月

我們的文学艺术都是为人民大众的，首先是为工农兵的，为工农兵而創作，为工农兵所利用的。　毛泽东

江青同志及伯达、康生、春橋、文元同志

接見鋼琴伴唱《紅灯記》演員等革命文艺战士时的讲話

时間：一九六八年六月三十日晚十一时三十分——七月一日凌晨一时十五分。

地点：人民大会堂福建厅。

江青同志：明天是“七·一”，是党四十七周年生日，我們决定把你們創作的鋼琴伴唱《紅灯記》作为給党的献礼，我想明天开始全国播送。我們几个人刚刚考虑了半天，认为还是叫鋼琴伴唱好，这样能突出鋼琴，能打破迷信，把鋼琴放在前面，使鋼琴得到解放，鋼琴在西洋乐器中是个大問題，可以說这是推陈出新，作品是第一关，演奏是再創造。殷承宗同志过去在革命歌曲方面也做了些試驗，但总觉不能充分发揮鋼琴，过去搞那些民間小調小气，太狹隘。这次听了我觉得鋼琴完全可能在民族歌剧（指京剧）上得到充分的发揮，鋼琴的音域很广，很有表現力，这次录音我听了觉得很好，很好听，整个音乐很宽广，很雄伟，尤其“刑場”那一段比过去好多了。当然还有可以琢磨的余地，但目前有这样的成績，我是很滿意的。这个发展前途是很大的，是否可以这样說，这对西洋乐器的革命，对主席的洋为中用的思想的体現，是有很重大意义的。它为西洋乐器，为交响音乐开辟了一条新的道路，也为祖国的戏剧伴奏开辟了一条新的道路。这是无产阶級革命文艺的新品种。

姚文元同志插話：最近不是有一个大毒草叫《新时代的狂人》嗎？我們无产阶級有自己的香花。

江青同志：我想了好几年了，想要有一个交响乐团和一个京剧团合起来，用交响乐队来伴奏京剧，（对殷承宗說）你們这个团应該有这个任务。回去和同志們商量一下，我們先搞一个，七、八、九还有三个月，在你搞鋼琴的基础上配器，把《紅灯記》搞成乐队伴奏，“十·一”拿出来，来得及来不及？保持京剧的文場武場。最难的問題，还是打击乐器的問題，你們可以考虑一下，是保留京剧的打击乐呢？还是用西洋乐器，把京剧的打击乐表現出来，用西洋乐器来表現，我觉得还是有可能的。你們乐队可以下到乐池去，乐队中也可以給京剧的打击乐和胡琴、月琴等留出一个地方来。我看你們以后演《紅灯記》就可以用交响乐队伴奏，一天用胡琴，一天用提琴，一天用鋼琴，这样交响乐团也可以打开另外一条路子来。这样省得你們整天考虑化妆啊，动作啊！听說你們《沙家浜》改得乱七八糟的，（文元，他們加了好多动作）（殷承宗向江青同志汇报，已恢复江青同志审查时的原样）我們不要搞現代派，中央乐团和中国京剧团要合起来。

你們現在还吵不吵？过去我們搞戏，吵得一塌糊涂，阿甲这个人很坏，是历史反革命，也是現行反革命，你們把他斗够了沒有？他的老婆也很坏。中国京剧院不要那个院字，什么学院不学院，那些混蛋王八蛋都要把它打掉。所以我們考虑叫中国京剧团，可以分一队二队……你們那里（指中国京剧团）人才多，要尽量帮助他們改造，只要不是現行反革命，公安六条的。象袁世海这样的人，我們都保了，他在《紅灯記》上，我是給他記了一功的，他态度一直比李少春好，当然，也不是包庇他，他的問題还是要交待清楚的。我們考虑了你們来信提到的两个名字，《紅灯記》京剧团和中国京剧团比較起来，还是中国京剧团对外国来說名字更响亮一些。当然《紅灯記》京剧团也是有紀念意义的。他們（指譚元寿等）就叫北京京剧团，如果你們同意的話，明天是党的生日，就算我們中央文革給你們正式命名。我还想文化革命以后再抓二十部戏，二十部电影，这是我的志愿。《紅嫂》那个戏的底子是好的，我想把它改好，可以要于会咏同志搞，主要是本子搞坏了，但是还是有底子的，不练功不行的。

（在放鋼琴伴唱《紅灯記》录音，听到“做人要做这样的人”一段时）江青同志說：他們到底为什么，这个拖腔很好。（在听“雄心壮志冲云天”一段时）江青同志說：“斗志更坚”的“坚”字过門鋼琴还可以发揮，把“坚”字更突出。

（当錢浩梁汇报《平原游击队》的創作情况，向江青同志要一个音乐設計和一个导演时）

江青同志：音乐設計可以叫殷承宗同志去，导演袁世海可以嘛！还可以搞一个集体，同意你們把《平原游击队》先立起来再說。

江青同志还問：李少春的民憤大嗎？我估計是会有的。李少春前一阶段給我写了一封信。承认他是张×的干儿子，并且承认错誤，要求愿意工作，我沒有理他，他大概想当导演。这个人还是有办法的，他比阿甲好，但他的問題要交待清楚，你們回去可以让群众討論一下。《紅灯記》第六場“赴晏”出場时要唱四句。明天是党的生日，我們考虑两个献礼作品：一个是油画《毛主席去安源》，一个是鋼琴伴唱《紅灯記》。我想这还是有质量的，你們的录音录得很好，电台的同志工作得很好，录音质量高。《毛主席去安源》这幅画思想水平相当高，艺术水平也不錯。我这里有二十张，如果你們要的話我可以送給你們每人一张。一定还会有很多的好創作我們沒有发現。我們这两个創作对全国也是一个推动，名字一定要登，不署名是陶鑄的“发明”，不然連个責任制都沒有了。

（江青同志詳細詢問了北京各个乐队和鋼琴演奏人員情况，江青同志对各种乐器都很熟悉）

江青同志：名次排列，我看一次可以把錢浩梁、刘长瑜放在前面，一次把殷承宗放在前面。你們（指錢、刘）应該謙虚点。他有很大的創造。你（对殷）将来就搞作曲吧！也可以搞集体創作，你要調到京剧中去二年，一些老戏的唱片应該让他听。如《罗成叫关》的娃娃調，还有各种流派，我可以买些唱片送給你。現在你接触到是二簧、西皮等，象大段的反二簧、慢板、反西皮还沒接触到。以后可以搞一下《海港》。鋼琴伴唱《紅灯記》还要继續搞完。

江青同志对电台同志說：把群众的反映收集起来，报导一下。

文元同志：这是无产阶級文化大革命出現的新品种，（对《人民日报》同志）我們应該积极支持，大力宣传。

江青同志：我看就叫《鋼琴伴唱〈紅灯記〉》好，这样突出鋼琴。

康生同志：突出鋼琴較好，这样能破除迷信。

殷承宗請示江青同志說：我回去先搞一个小的創作班子。

江青同志：好！把《紅灯記》先搞起来。

最后江青同志說：你們大胆試驗吧！什么都可以試驗，有棍子打来我給你們頂着。

伯达、康生、文元等同志：我們一起給你們頂着。

接見到此結束，首长再一次和同志們亲切握手，时間七月一日凌晨一时十五分。

（根据記录整理，未經首长审閱）

1968年7月 第二版

敬祝毛主席万寿无疆

天津新文艺

革命的香花盛开在海河之畔

【本报讯】凱歌陣陣声入云，捷报頻頻传四方。正当全国亿万軍民同声欢庆伟大的中国共产党成立四十七周年、用战斗来迎接无产阶級文化大革命的全面胜利的光輝日子里，我們伟大領袖毛主席的阳光雨露哺育下的革命艺苑鮮花竞放，接連閃射出絢丽夺目的异采。鋼琴伴唱《紅灯記》胜利誕生了！革命油画《毛主席去安源》同广大工农兵見面了！捷报传来，海河两岸，万众沸騰；广大的革命文艺战士更是喜气洋洋，欢欣鼓午。人們一致贊揚这是两枝閃烁着毛泽东思想灿烂光輝的艺术之花，是无产阶級新文艺在江青同志亲自培育和关怀下取得的丰碩成果，是毛主席革命文艺路綫的又一輝煌胜利。

七月十三日，市革命委員会文教組在第一工人文化宫举行了大会，隆重庆祝革命文艺战綫上的嶄新成就。市革委会和市文代会、本市艺术院团及革命美术工作者代表在会上讲了話，热烈欢呼毛主席文艺为工农兵服务和“古为今用，洋为中用”光輝思想的伟大胜利。在这次大会上，除展出了我市革命美术工作者临摹的革命油画《毛主席去安源》外，并由天津东方紅歌午剧院、天津戏校和天津市京剧团等三个单位的革命文艺战士，联合演出了鋼琴伴唱《紅灯記》，受到了与会群众的热烈欢迎。这些革命文艺战士，自从听到鋼琴艺术成功地登上京剧午台，实現了为工农兵服务的伟大理想的消息后，便以只爭朝夕的革命精神，通力合作，进行了紧张而又愉快的工作。为了坚决执行我們伟大領袖毛主席的“**抓革命、促生产、促工作、促战备**”的伟大方針；为了紧密配合文艺界当前的斗爭，用事实来粉碎中国赫魯晓夫及其在文艺界的代理人疯狂压制无产阶級革命文艺的罪恶企图；同时为了尽快地滿足我市广大工农兵群众的渴望，一周来，他們发揚了共产主义的协作风尙，抱着向首都革命文艺工作者学习的滿腔热情，到北京赶抄乐譜，吸取經驗，不顾天气的炎热和战斗的劳碌，一遍又一遍地对照录音进行排练，为了把这一革命文艺的新品种演出得更臻完美，更好地发揮教育人民、鼓舞人民的作用，他們虛心地听取了許多工农兵群众和革命文艺工作者的意見，精益求精，反复改进，終于以最短的时間、最快的速度，在这次大会上作了首次成功的演出，让革命文艺的新花在海河之畔欣欣然吐出芬芳。

在整个排演和准备过程中，很多文艺单位的革命群众，也都群策群力，給予了热情的支持。天津音乐学院的同志們把最好的鋼琴取出来，象欢送亲人入伍一样，打扮得煥然一新，让这一西洋乐器整裝投入为无产阶級和劳动人民服务的战斗行列。

在大会上，东方紅歌舞剧院还演出了革命芭蕾舞剧《白毛女》。通过这次大会，我市文艺界广大革命文艺战士，更加意气风发，斗志昂揚，进一步坚定了为工农兵服务、为无产阶級政治服务的鋼鉄信念，他們决心跟着毛主席，干一輩子革命，改造一輩子思想，为工农兵服务一輩子；首先是在当前的“一批三查”运动中，在彻底摧毁周揚反革命文艺黑綫黑网、夺取无产阶級文化大革命全面胜利的战斗中，更好地为人民立新功，让社会主义的文艺陣地永远响彻着毛泽东思想的胜利凱歌！

永远高唱东方紅

——热烈祝賀天津东方紅歌舞剧院革命委員会成立

·本报編輯部·

“东方紅，太阳升，中国出了个毛泽东。”在毛泽东思想的灿烂阳光照耀下，天津东方紅歌舞剧院革命委員会成立了！这是經市革命委員会批准成立的天津文艺界第一个革命委員会。这是东方紅歌舞剧院全体革命文艺战士，經过两年多的英勇奋战所贏得的巨大胜利，也是天津文艺界的一件大喜事！这是毛主席无产阶級革命路綫的又一曲凱歌！

我們怀着深厚的无产阶級感情，向在突破周揚反革命文艺黑綫、黑网战斗中做出很大貢献的东方紅歌舞剧院无产阶級革命派，向人民解放軍駐院毛泽东思想宣传队，致以文化大革命的崇高敬礼！

“大海航行靠舵手，干革命靠毛泽东思想。”在我們伟大領袖毛主席亲自发动和領导的史无前例的无产阶級文化大革命中，无限忠于毛主席的“歌舞东方紅”革命小将，高举“**对反动派造反有理**”的大旗，冲垮了資产阶級反动路綫的重重阻力，从肖云翔等党內一小撮死不悔改的走資派手中，夺回了被窃取多年的歌舞剧院領导大权。“歌舞东方紅”革命小将紧跟毛主席的伟大战略部署，在彻底摧毁万张反革命修正主义集团，迎接天津新曙光的激烈战斗中，他們勇于用自己的鮮血捍卫“三紅”，粉碎反动思潮的猖狂进攻。“歌舞东方紅”革命小将坚决执行毛主席的革命路綫，全面落实毛主席一系列最新指示，牢牢掌握斗爭大方向，披荆斬棘，勇往直前，把斗爭矛头始終指向中国赫魯晓夫及其在天津的代理人万张反革命修正主义集团，指向周揚死党王亢之、白樺、方紀等一小撮反革命修正主义分子，一次又一次給敌人以沉重的打击。在反复曲折的斗爭中，他們手捧四卷宝书，頂恶浪，战黑风，經受住严重的考驗，和全市无产阶級革命派一道，砸烂了黑会、黑戏，揪出变色龙，横扫小爬虫，粉碎了阶級敌人翻案复辟、妄图进行反革命夺权的狼子野心，在我市文化界惊心动魄的阶級大搏斗中，立下了显赫的战功。

“一切想着毛主席，一切紧跟毛主席，一切服从毛主席，一切为着毛主席。”“歌舞东方紅”革命小将最爱讀毛主席的书，最听毛主席的話。毛主席的最新指示他們坚决照办，毛主席的伟大战略部署他們步步紧跟，这就是他們无往而不胜的根本保証。

人民解放軍駐院毛泽东思想宣传队，高举毛泽东思想伟大紅旗，坚决支持革命左派，广泛深入地宣传毛泽东思想，坚决捍卫毛主席的革命路綫，狠狠打击了阶級敌人的疯狂反扑，在“支左”工作中做出了显著的成績。

伟大領袖毛主席最近教导我們：“**无产阶级文化大革命，实质上是在社会主义条件下，无产阶级反对资产阶级和一切剝削阶级的政治大革命，是中国共产党及其领导下的广大革命人民群众和国民党反动派长期斗争的继续，是无产阶级和资产阶级阶级斗争的继续。**”建立了革命委員会，这只是“**万里长征走完了第一步**”，我們希望东方紅歌舞剧院革命委員会永远高举毛泽东思想伟大紅旗，戒驕戒躁，发揚党的紧密联系群众的作风，相信和依靠广大革命群众，經常地主动地接受革命群众的批評和监督，坚决保护人民，严格区分两类不同性质的矛盾，搞好清理队伍的工作，深入开展一批三查，把那些叛徒、特务、国民党反动派的残渣余孽和一切反革命分子統統挖出来，巩固无产阶級专政。

阶級敌人决不甘心于他們的失败，他們还要作最后的掙扎。当前，右傾翻案和反右傾翻案，是資产阶級复辟和无产阶級反复辟的一个重要表現。我們要加强敌情观念，坚决鎮压敌人，粉碎“三右一翻”妖风，深入持久地开展革命大批判，把党內最大的一小撮走資派和他們在天津文化界的代理人揭深批透，斗倒斗臭，让革命大批判的熊熊烈火把周揚反革命文艺黑綫、黑网統統烧成灰烬。

雨露滋潤禾苗壮，万物生长靠太阳。无产阶級革命派战友們，我們要高举毛泽东思想伟大紅旗，以門合同志为榜样，大办毛泽东思想学习班，紧跟毛主席伟大战略部署，活学活用毛主席一系列最新指示，巩固和发展革命委員会，拥护和支持人民解放軍，为毛主席的革命路綫放好哨、站好崗、打好仗，将我市文化界无产阶級文化大革命进行到底，造就一支无限忠于毛主席革命文艺路綫的无产阶級文艺大軍。

当前，我們在对一小撮阶級敌人的斗爭中，在革命大批判的基础上，巩固、建全和发展革命的大联合，开始建立革命委員会是适宜的。建立了革命委員会，对敌斗爭就有了更坚强的指揮部，我們各方面的工作就一定会做得更好。“**看万山红遍，层林尽染**”，我們确信，在毛主席一系列最新指示指引下，在市革命委員会正确領导下，在人民解放軍支持帮助下，我市級文艺系統各单位必将陆續建立起革命委員会来，这个日子已經不远了。

“**宜将剩勇追穷寇，不可沽名学霸王。**”战友們，让我們紧跟着伟大統帅毛主席，永远高唱东方紅，向着无产阶級文化大革命的全面胜利，昂首闊步，高歌猛进！

天津新文艺　　敬祝毛主席万寿无疆　　1968年7月　第三版

天津市革命委員会文件

津革复（68）321号

最　高　指　示

革命委員会的基本經驗有三条：一条是有革命干部的代表，一条是有軍队的代表，一条是有革命群众的代表，实現了革命的三結合。

天津市革命委員会
关于东方紅歌舞剧院成立革命委員会的批示

天津市革命委員会同意天津东方紅歌舞剧院广大革命群众和中国人民解放軍天津駐軍駐院毛泽东思想宣传队的意見，成立天津东方紅歌舞剧院革命委員会，革命委員会由韓其和、馬連元、蒙建农、王宝林、姚志英、朱春洪、张全荣、楊国民九名同志（暫空一名）組成。主任委員暫缺，由韓其和同志、馬連元同志任副主任，韓其和同志为第一副主任。

我們热烈地祝賀天津东方紅歌舞剧院革命委員会的成立。这是毛泽东思想的伟大胜利！是毛主席革命路綫的伟大胜利！

天津东方紅歌舞剧院的无产阶級革命造反派和广大革命群众，在史无前例的无产阶級文化大革命中，高举“对反动派造反有理”的大旗，冲鋒陷陣，把斗爭的矛头指向中国赫魯晓夫及其在天津的代理人万张反革命修正主义集团和周揚及其在天津文化界的代理人王亢之、白樺、方紀以及剧院內的肖云翔等一小撮反革命修正主义分子。你們的斗爭大方向是正确的，作出了应有的貢献。这是紧跟伟大領袖毛主席战略部署的結果，这是紧跟以毛主席为首、林副主席为副的无产阶級司令部的結果。

中国人民解放軍駐天津东方紅歌舞剧院毛泽东思想宣传队，积极执行了伟大領袖毛主席和林副主席的指示，在支左工作中取得了很大的成績。

毛主席教导我們：“**夺取全国胜利，这只是万里长征走完了第一步。……中国的革命是伟大的，但革命以后的路程更长，工作更伟大，更艰苦。**”当前阶級斗爭非常尖銳，非常激烈，非常复杂，因此革命委員会成立后，必須保持高度的革命警惕性，不断地揭露阶級敌人的阴謀詭計，坚决粉碎右傾翻案妖风，坚决反对右傾机会主义、右傾投降主义和右傾分裂主义，象保护我們的眼睛一样，保护新生的权力机构——革命委員会。

我們希望：革命委員会成立后，本着林副主席“大海航行靠舵手，干革命靠毛泽东思想”的教导，要狠抓活学活用毛主席著作，破私立公，搞好思想革命化，狠抓革命的大批判，把革命大批判更持久、更深入地开展下去；继續深挖隐藏的敌人，严格区别两类不同性质的矛盾，团結一切可以团結的力量，稳、准、狠地打击一小撮阶級敌人，把一切叛徒、特务、反革命分子統統地挖出来。

我們希望，本着毛主席，“**国家机关的改革，最根本的一条，就是联系群众**”的教导，革命委員会要同人民群众保持最广泛的、經常的、密切的联系，使革命委員会深深地扎根群众之中，成为革命的、有无产阶級权威的、朝气蓬勃的战斗指揮部。

宜将剩勇追穷寇，不可沽名学霸王。新的战斗的路还很长。希望东方紅歌舞剧院广大革命群众戒驕戒躁，永葆战斗的青春，在夺取无产阶級文化大革命的全面胜利的战斗中立新功。

天津市革命委員会

一九六八年七月四日

在七月十一日东方紅歌舞剧院革委会成立大会上
王元和同志的重要讲话

（根据記录整理，未經本人审閱）

无产阶級革命派的战友們！革命的同志們：

首先让我們共同祝愿中国人民和世界革命人民的伟大領袖，我們心中最紅最紅的紅太阳毛主席，万寿无疆！万寿无疆！万寿无疆！

祝愿毛主席的最亲密的战友，我們的副統帅，林副主席身体健康！永远健康！永远健康！

毛主席教导我們說：“**在需要夺权的那些地方和单位，必须实行革命的‘三结合’的方针，建立一个革命的、有代表性的、有无产阶级权威的临时权力机构。这个权力机构的名称，叫革命委员会好。**”

东方紅歌舞剧院革命委員会在无产阶級革命派和全院革命群众的共同努力下，經过广泛的酝酿討論和充分的民主协商，今天已經胜利地誕生了。

东方紅歌舞剧院革命委員会的成立，是东方紅歌舞剧院无产阶級革命派，經过两年英勇奋战，冲鋒陷陣，把以王亢之、白樺、方紀、肖云翔等一小撮反革命修正主义分子，打得落花流水，取得决战胜利以后，在我市开展轰轰烈烈的一批三査运动的战鼓声中，在我們文化界向以周揚为代表的文艺黑綫展开全面进攻并取得很大胜利的大好形势下胜利誕生的。因此，东方紅歌舞剧院革命委員会的誕生，是无产阶級文化大革命的伟大胜利，是毛主席的无产阶級革命路綫的伟大胜利，是战无不胜的毛泽东思想的伟大胜利，是东方紅歌舞剧院的大事，也是天津文化界的一件大事，在这里，我代表天津市革命委員会和天津駐軍陆海空支持左派联絡站，向你們表示热烈的祝賀，最坚决的支持，并向你們致以无产阶級文化大革命的战斗敬礼。

两年来，东方紅歌舞剧院的无产阶級革命派和革命群众，在毛主席亲自发动、亲自領导的史无前例的无产阶級文化大革命运动中，发揚了无产阶級革命造反精神，在冲杀資产阶級反动路綫的斗爭中，在向万张反革命修正主义集团的斗爭中，在向周揚文艺黑綫黑网和它在天津的代理人王、白、方之流的斗爭中，特别是在揭露和突破“二黑一砸”的斗爭中，东方紅歌舞剧院做出了很大成績，对天津市，特别是对文化界的无产阶級文化大革命，做出了应有的貢献。你們坚决地执行了毛主席的无产阶級革命路綫，紧跟毛主席的伟大战略部署，革命斗爭的大方向是正确的。

經过两年来的英勇斗爭，在东方紅歌舞剧院終于夺了一小撮走資派的权，建立了无产阶級的紅色政权——革命委員会。

革命委員会是在革命群众运动中涌現出来的新事物。毛主席教导我們說：“**‘三结合’的革命委员会，是工人阶级和人民群众在这次文化大革命中的一种创造。**”我們要热情地爱护，积极地帮助，坚决地支持，勇敢地捍卫革命委員会。对待革命委員会的态度，实质上是对待无产阶級文化大革命的态度。

在革命委員会成立以前，是一場无产阶級革命派向党內一小撮走資派夺取政权的斗爭，在革命委員会成立之后，还存在着无产阶級巩固政权和資产阶級顚复政权的斗爭。所以我們千万不要忘記阶級斗爭。要提高阶級警惕性，加强阶級斗爭观念，警惕阶級敌人的阴謀破坏。对于革命委員会在成长过程中出現的某些缺点和錯誤，要善意地提出批評，帮助她不断发展和完善。

参加革命委員会的工作的同志們，要坚决貫彻执行毛主席的无产阶級革命路綫，模范地执行毛主席的最新指示，严格要求自己，正确对待自己，正确对待群众，經常开展批評和自我批評。密切联系群众，和广大革命群众战斗在一起，学习在一起，劳动在一起，生活在一起，“**既当‘官’，又当老百姓。**”謙虛謹愼，戒驕戒躁，不断地用毛泽东思想武装自己的头脑，在改造客观世界的同时，改造自己的主观世界。既做革命的动力，又做革命的对象。使革命委員会眞正成为革命化的領导班子。

目前天津市和全国各兄弟省市一样，形势一片大好，而且越来越好。特别是“二·二一”中央首长在北京接見了天津市无产阶級革命派以后，天津市以文化界、公检法为重点，在全市范围內开展了“一批三査”运动，向中国赫魯晓夫及其在天津的代理人万张反革命修正主义集团，叛徒、特务、頑固不化的走資派和一切反革命分子，发起了主动的猛烈的进攻。大揭文化界、公检法的阶級斗爭盖子，挖出了万张反革命修正主义集团的死党，揪出了混进革命委員会內部的反革命两面派，清査出一批隐藏的阶級敌人，革命步步深入，生产蒸蒸日上，取得了輝煌战果。无产阶級革命派朝气蓬勃，斗志昂揚，正在向阶級敌人继續展开更猛烈的进攻。現在的革命形势如江河直下，一泻千里，气势磅礴，不可阻挡，运动正在健康地向纵深发展。

文化界的运动，在突破黑会、黑戏的基础上，在毛主席最新指示的指引下，集中地向周揚及其在天津文化界的代理人王亢之、白樺、方紀为代表的一小撮阶級敌人，发起了总攻击，全面地开展了“一批三査”运动和革命的大批判。也清出了以王、白、方为首的反党反社会主义的黑綫人物，以及被他們网罗在文化界的一批叛徒、特务、反革命分子和沒有改造好的地、富、反、坏、右分子，同样取得了輝煌的战果。

毛主席教导我們說：“**夺取全国胜利，这只是万里长征走完了第一步。……中国的革命是伟大的，但革命以后的路程更长，工作更伟大，更艰苦。**”

东方紅歌舞剧院，是一个較大的，在社会上有影响的文艺演出单位，是宣传毛泽东思想的一个重要的陣地。因此，希望你們一定要高举毛泽东思想伟大紅旗，坚决按毛泽东思想办事，坚持无产阶級的高度原則性，深入开展革命大批判，牢牢掌握革命斗爭的大方向，紧跟毛主席的伟大战略部署，认眞貫彻毛主席的最新指示和党的方針政策，团結一切可以团結的力量，把矛头对准一小撮頑固不化的走資派、叛徒、特务和一切反革命分子。戒驕、戒躁、謙虛、謹愼，同全市、全文艺系統的无产阶級革命派和广大人民群众一起，把“一批三査”运动进行到底，把无产阶級文化大革命进行到底。

（口号从略）

1968年7月 第四版

敬祝毛主席万寿无疆

天津新文艺

揪出电视屏幕后面的黑手

——把破坏革命芭蕾舞剧《白毛女》电視轉播工作的現行反革命分子俞煒批倒斗臭

伟大領袖毛主席教导我們：**“帝国主义者和国内反动派决不甘心于他们的失败，他们还要作最后的挣扎。在全国平定以后，他们也还会以各种方式从事破坏和捣乱，他们将每日每时企图在中国复辟。这是必然的，毫无疑义的，我们务必不要松懈自己的警惕性。”**

正当全国軍民怀着无限崇敬的心情，热烈庆祝伟大領袖毛主席的光輝著作《在延安文艺座談会上的讲話》发表二十六周年之际，天津电視台文艺組编导、漏网右派分子、周揚文艺黑綫的小爬虫俞煒公开跳了出来，利用电視这个无产阶級专政的重要工具，狗胆包天，疯狂地反对光焰无际的毛泽东思想，反对毛主席的革命文艺路綫，詆毁閃烁着毛泽东思想光輝的革命样板戏，为周揚反革命修正主义文艺黑綫翻案，甚至公开汚蔑我們的伟大領袖毛主席，犯下了不可饒恕的滔天罪行，是可忍，孰不可忍！

恶毒污蔑伟大領袖毛主席 反对光焰无际的毛泽东思想

今年五月二十五日，为庆祝毛主席光輝著作《在延安文艺座談会上的讲話》发表二十六周年，經市革命委員会批准，天津电視台轉播天津东方紅歌舞剧院演出的革命現代芭蕾舞剧《白毛女》，并向祖国首都播送。在演出前，举行了批斗天津文艺界反革命修正主义分子白樺、方紀、黎砂的大会，电視台进行了轉播。当发言人說到“把白樺、方紀这些烏龟王八蛋扫进历史垃圾堆里去！”这句話时，按电視轉播的慣例，本应切出白樺、方紀等人的狼狽象，但担任这次电視轉播的文艺組編导、漏网右派分子俞煒却狗胆包天，竟在电視屏幕上映出了我們伟大領袖毛主席的画象，这是对世界人民的伟大导师、我們的伟大領袖毛主席的公开汚蔑，是对我們心中最紅最紅的紅太阳毛主席肆无忌惮的攻击，眞是惡毒透頂！然而，当合唱队高唱《东方紅》乐曲时，电視屏幕上却又不播出我們的伟大領袖毛主席的画象，而出現了长达53秒钟的黑画面，这不是明目张胆地反对伟大領袖毛主席嗎？这和写反动标語有何区别？眞是反动之极！猖狂之极！

林副主席指出：毛泽东同志是当代最伟大的馬克思列宁主义者。毛泽东思想是当代馬克思列宁主义的頂峰，是最高最活的馬克思列宁主义。在无产阶級文化大革命中，广大革命群众怀着对伟大領袖毛主席无限热爱、无限敬仰、无限崇拜、无限忠誠的无产阶級感情，每天都要面对毛主席象，祝愿毛主席万寿无疆！高唱頌歌《东方紅》，这表达了亿万革命群众对毛主席的无限热爱。因此，在电視节目中，也成了不可缺少的內容。我們中国人民和世界革命人民都深深懂得：最响亮的歌是《东方紅》，最伟大的領袖是毛泽东。毛主席的健康，是中国人民和世界人民的最大幸福，有毛主席領导我們，我們就无往而不胜，世界就会一片紅。而狗俞煒竟胆敢反对我們的伟大領袖毛主席，可見其反革命气焰是何等的嚣张！

林副主席教导我們說：毛主席的話，水平最高，威信最高，威力最大，句句是眞理，一句頂一万句。因此，国內外一切反动派，最害怕战无不胜的毛泽东思想，他們既要反对革命，就总是首先反对毛泽东思想。帝、修、反在中国的代理人大叛徒刘少奇就曾狂叫什么：“馬克思列宁主义，毛泽东思想，到底是‘是’还是‘非’，要研究一番才知道。”大叛徒陶鑄也狂喊：“报头不登語录，可以多登一条消息。”狗俞煒竭力为其主子效命，电視轉播芭蕾舞剧《白毛女》时，他竟把全剧每場之間的放之四海而皆准的毛主席語录完全砍掉了。更令人气憤的是：当軍代表发現轉播中的这个严重的政治問題时，立刻打电話严肃地提出：“为什么不播毛主席語录？”而狗俞煒却坚持說：“东方紅歌舞剧院选的語录不合适。”并狂妄地对軍代表說：“要加你决定吧！你在家里处理吧！”眞是混蛋透頂！可恶已极！

美化阶級敌人，丑化工农兵英雄形象

狗俞煒的一連串反革命行为，証明他是蓄謀已久的。在轉播革命現代芭蕾舞剧《白毛女》时，他公开地篡改了戏的主题思想，悍然丑化革命农民的英雄形象。誰都知道，革命样板戏是我們敬爱的江青同志高举毛泽东思想伟大紅旗，率領革命文艺工作者，艰苦奋战，頂逆流，战恶浪，在同周揚反革命黑帮的激烈搏斗中創造出来的。在革命現代芭蕾舞剧《白毛女》中，突出了阶級斗爭和武装斗爭，突出了党的領导，也突出了劳动人民对地主阶級的压迫和剝削的反抗精神，塑造了貧下中农和八路軍战士的光輝形象，表現了革命农民敢于斗爭、敢于胜利的革命精神。它形象地說明：**“地主阶级对于农民的残酷的经济剝削和政治压迫，迫使农民多次地举行起义，以反抗地主阶级的统治。……在中国封建社会里，只有这种农民的阶级斗争、农民的起义和农民的战争，才是历史发展的眞正动力。”**而俞煒这个反动傢伙，站在刘少奇、周揚反革命文艺黑綫的立場上，通过他的黑手播送出去的却完全相反。他曾企图在序幕中，一开始就突出反面人物。他的設計是：在地主黃世仁初見喜儿并心生歹意时，就給黃世仁特写或近景鏡头，妄图以此作为伏笔，展开整个戏的情节，（后因一个摄象机发生故障，其阴謀才沒有得逞）并以黃世仁搶去喜儿，破坏大春和喜儿的爱情做为全剧的主綫来进行轉播。这和文艺黑綫总头目之一林默涵咒駡革命現代芭蕾舞剧《白毛女》“火药味太浓了，武裝斗爭太突出了”，“楊白劳、喜儿太革命了，反抗性太强了！”“加强大春和喜儿的爱情关系是合情合理的”等等謬論不是一脉相承嗎？企图用他們所謂的“爱”和“死”是永恒的主题的反动謬論来反对宣传毛主席关于阶級斗爭、武裝斗爭的伟大思想，狗俞煒这样做，不是继承周揚反革命黑帮的衣鉢、为周揚反革命修正主义文艺黑綫翻案又是什么呢？

毛主席教导我們說：**“世上决沒有无缘无故的爱，也沒有无缘无故的恨。”**狗俞煒的爱和恨在这次电視轉播中做了充分的“表演”。他站在反动的阶級立場上，极力歪曲和丑化革命农民和八路軍战士的英雄形象，对楊白劳、喜儿、大春和赵大叔等革命农民面对敌人屠刀，敢于反抗，敢于斗爭，敢于胜利的英雄形象不去頌揚，不去表現，而对万恶的地主分子黃世仁、老妖婆及其走狗穆仁智，作威作福的丑态却細致地刻划，极尽宣揚之能事，这不正好暴露了狗俞煒是在为哪个阶級服务嗎？

閃烁着毛泽东思想灿烂光輝的英雄人物楊白劳、喜儿、大春和赵大叔是革命农民的代表，他們是地主阶級的掘墓人。狗俞煒和他的黑主子一样，对这些英雄人物怕得要死，恨得要命。他搬来了周揚黑帮的旨意，不但不用大鏡头、好画面和好角度去歌頌这些英雄人物，反而极力丑化他們，扼杀他們不畏强暴、敢于斗爭、敢于反抗地主阶級的革命造反精神，用心极为恶毒！

例如：第一場，穆仁智强迫楊白劳在契上按手印时，狗俞煒在鏡头中把坏蛋穆仁智处理为前景，形象高大；而把楊白劳处理为背景，形象矮小。特别是在楊白劳举起扁担打黃世仁和穆仁智的場面时，电視轉播本应給楊白劳正面的大鏡头，但是俞煒却在电視屏幕上把楊白劳处理成挨打的画面，恶毒地丑化了楊白劳的英雄性格。同样，喜儿在楊白劳牺牲后，悲憤交加，地下党員赵大叔指引大春去参加八路軍等情景，狗俞煒都未給大鏡头予以表現。其它場关鍵的地方如：第二場喜儿对地主婆奋起反抗，怒打黃世仁，把一盘子苹果摔在地上的場面；第五場八路軍解放了楊各庄，貼出了打土豪分田地的布告，軍民欢騰的場面；第六場喜儿在奶奶庙突然发現仇人黃世仁和穆仁智时，追打他們的場面；第八場革命农民高举着“鎮压恶霸地主黃世仁”的横幅标語，喜儿烧掉卖身契等等場面，这些都是塑造英雄人物性格和深入地揭示主题思想的重要情节和关鍵地方，而在狗俞煒的手下，都未給予細致和突出的表現。

特別是第八場，斗爭恶霸地主黃世仁时，慘遭迫害的喜儿狠狠地打了黃世仁一个咀巴子，这是一个多么激动人心、多么使人解恨的場面啊！这个場面集中地表現了貧下中农对地主阶級不共戴天的阶級仇恨。亿万劳动人民千年的仇要报，万年的冤要申，如今，革命农民在毛主席和共产党的領导下，通过武装斗爭，打倒了地主阶級，得到了解放。喜儿这一巴掌，包含着多么丰富的阶級斗爭的內容啊！可是，狗俞煒却故意不給喜儿大鏡头，更不去表現黃世仁、穆仁智在革命人民的鉄拳下吓得面如土色、体似篩糠的狼狽象；相反，狗俞煒却把許多好的鏡头和好的角度用来表現黃世仁等一些烏龟王八蛋欺压农民、凌辱我們的阶級姐妹的丑恶形象和罪恶活动。这不是明目张胆地长地主阶級的威风，灭劳动人民的志气嗎？这不是公开地利用电視屏幕来扼杀喜儿的革命性和反抗性、为周揚文艺黑綫进行翻案嗎？

毛主席教导我們說：**“你是资产阶级文艺家，你就不歌颂无产阶级而歌颂资产阶级；你是无产阶级文艺家，你就不歌颂资产阶级而歌颂无产阶级和劳动人民：二者必居其一。”**狗俞煒的爱憎，在对待革命芭蕾舞剧《白毛女》的正面和反面人物的問題上暴露得十分清楚。事实証明，他不愧是周揚反革命文艺黑綫上的小爬虫，不愧是右傾翻案的一名小嘍囉。

狗俞煒为了篡改芭蕾舞剧《白毛女》的主题思想，抽掉阶級斗爭和武装斗爭这条綱，他不仅在砍掉毛主席語录和突出反面人物等問題上大作文章，而且还在一些細节問題上也煞费苦心地耍弄反革命伎倆。如他在分場字幕上采取了偷樑換柱的手法，把每場揭示中心內容的題目砍掉，換成了每場戏的地点，从而抽掉了每場字幕的强烈的阶級斗爭內容。請看下面两种字幕的对照表：

剧場的分場字幕		篡改后的电視字幕
第一場：	逼 債	楊白老家
第二場：	在黃家	黃世仁家
第三場：	逃出虎口	蘆葦塘边
第四場：	喜儿搏斗在深山	荒 山
第五場：	解放楊各庄	村 头
第七場：	山洞里相迂太阳出来了	山 洞
第八場：	斗爭恶霸地主	广 場

狗俞煒企图給人造成一种他只重艺术、不重政治的假象，其实他很重視政治，他重視的是資产阶級的政治。他非常害怕听到“解放”、“太阳出来了”、“斗爭恶霸地主”这些字眼，因此，他都給恶毒地砍掉了，从而发泄他对劳动人民的刻骨仇恨。

在轉播过程中，北京电視台曾两次来长途电話质問：“你們誰的导演？”“不要总突出反面人物，要突出正面人物。”我台軍代表和有关工作人員也一而再、再而三地向俞煒提出批評，而俞煒完全置这些批評于不顾，继續倒行逆施，犯下了不可饒恕的罪行。

地主資产阶級的孝子賢孙，周揚文艺黑綫的吹鼓手

狗俞煒借电視轉播《白毛女》大反伟大領袖毛主席、大反光焰无际的毛泽东思想、大反毛主席的革命文艺路綫，极力丑化工农兵英雄形象是偶然的事情嗎？不是的。

毛主席教导我們說：**“以伪装出现的反革命分子，他们给人以假象，而将眞象蔭蔽着。但是他们既要反革命，就不可能将其眞象蔭蔽得十分彻底。”**

狗俞煒坚持反动立場是由来已久的。他出身于官僚資产阶級的家庭，从小就打上了反动的阶級烙印。早在中学时代，他就恶毒地咒駡伟大的中国共产党，崇拜美帝国主义，羡慕美国的生活方式。解放以后，他的資产阶級反动立場不仅沒有得到絲毫的改造，反而变本加厉，继續坚持其反动立場。

1957年，狗俞煒借我們党整风的机会，向党发起了猖狂进攻，被中央人民广播电台广大革命群众定为右派分子。后来，被广播事业局的走資派、三反分子××包庇下来，定为中右，下放劳动，逃避了革命群众的监督。

俞煒在政治思想上是反动的，他在文艺思想上，也必然是反动的。长期以来，他一直是周揚反革命修正主义文艺黑綫的吹鼓手和复辟資本主义的馬前卒。十几年来，俞煒在中央人民广播电台和天津人民广播电台、天津电視台工作期間，所編导、播出的戏剧、文学、歌曲和电影絕大部分是歌頌資产阶級、宣揚修正主义的毒草。

毛主席教导我們說：**“利用小说进行反党活动，是一大发明。”**俞煒則是利用电視屏幕这个陣地进行反党活动的。

他十几年来的所謂艺术活动，就是忠实貫彻执行周揚文艺黑綫的历史，他就是周揚文艺黑綫、黑网上的一个小爬虫。这次，他利用电視屏幕公开恶毒地汚蔑伟大領袖毛主席，砍掉毛主席語录，詆毁、篡改閃耀着毛泽东思想光輝的革命样板戏，直接对抗毛主席的无产阶級革命文艺路綫，就是他的資产阶級反动立場、反动世界观的必然反映。狐狸的尾巴是藏不住的，**“假的就是假的，伪装应当剝去。”**在史无前例的无产阶級文化大革命中，俞煒这个地主資产阶級的孝子賢孙、周揚文艺黑綫上的小爬虫終于被广大革命群众揪出来了，这是战无不胜的毛泽东思想的伟大胜利！是毛主席革命路綫的伟大胜利！

目前，正当我市文化界广大无产阶級革命派，在突破“二黑”的基础上，高举毛泽东思想伟大紅旗，滿怀战斗豪情，向周揚文艺黑綫、黑网发动总攻击的关鍵时刻，狗俞煒竟敢赤膊上陣，明目张胆跳出来为即将被彻底摧毁的周揚反革命修正主义文艺黑綫翻案。这正象毛主席所教导的：**“敌人是不会自行消灭的”**，**“一切反动势力在他们行将灭亡的时候，总是要进行垂死挣扎的。”**我們一定要提高革命警惕性，高举毛泽东思想伟大紅旗，紧跟毛主席的伟大战略部署，坚决反对右傾机会主义、右傾分裂主义、右傾投降主义，彻底粉碎右傾翻案妖风，把“一批三查”运动进行到底，把文艺界的无产阶級文化大革命进行到底！

（天津电視台无产阶級革命派）

本报地址：天津市烟台道50号　电話：3.3736　訂閱处：全市各大邮局　（每份二分）

伟大導师 伟大領袖
伟大統帅 伟大舵手

敬祝

毛主席万寿无疆！

中学红衛兵

天津市中等学校
红卫兵代表大会常务委员会机关报
第33期 1968年7月19日 星期五

社论

紧跟毛主席在大风大浪中前进！

两年前，东方的巨人，我们七十三岁高龄的毛主席以无产阶级革命家的无限生命力，傲游于万里长江的涛涛激浪中，**胜似闲庭信步**。这一壮举把全国震动了，把世界震动了！毛主席他老人家如此健康，这是我们全中国、全世界革命人民的最大自豪！最大幸福！

毛主席教导我们说：“**长江，别人都说很大，其实，大，并不可怕。美帝国主义不是很大吗？我们顶了他一下，也没有啥。所以，世界上有些大的东西，其实并不可怕。**”

我们的伟大领袖毛主席“与天奋斗，与地奋斗，与人奋斗”，几十年如一日，统帅千军万马，带领全国军民，**横扫千军如卷席**，建立了新中国，取得了社会主义革命和社会主义建设的伟大胜利。

几十年的历史早已证明了这样一条颠扑不破的真理：紧跟毛主席，革命就会胜利；稍微离开了毛主席，革命要受挫折；完全脱离了毛主席，革命必遭失败。

当今的时代是阳光灿烂的毛泽东思想新时代，紧跟伟大领袖毛主席是时代对我们的要求，是无产阶级文化大革命夺取全面胜利的需要，是国际共产主义运动赋予我们的神圣职责。

“**大风大浪也不可怕，人类社会就是从大风大浪中发展起来的。**”红卫兵就是一支在暴风骤雨中诞生，在大风大浪中成长的革命生力军。资产阶级老爷指责我们“年幼无知”，“什么也不懂”，骂我们是“乳臭未干”的“毛孩子”。先生们，你们只说对了一半，对于你们那套腐朽、没落的处事哲学，对于你们那套利己主义的反动逻辑，我们确实不懂、不会；但是，我们却深深懂得：紧跟毛主席，永远紧跟毛主席；我们知道，毛主席的光辉思想就是指导革命的伟大思想，毛泽东思想的鲜艳旗帜就是“**对反动派造反有理**”的伟大旗帜！就是在这光辉思想的统帅下，就是在这伟大旗帜的指引下，我们——毛主席的最忠实的红卫兵“杀”上了硝烟弥漫的战场，扑向了阶级斗争的惊涛骇浪！有最高红司令给我们撑腰，红卫兵就是无所畏惧！就是敢造反动派的反，就是敢在阶级斗争的大风大浪中击水，紧跟伟大领袖毛主席前进！

凭着这一条，砸烂了刘邓、万张的黑司令部！

凭着这一条，颠倒的历史恢复了真面目，被人看不起的“小人物”掌了大权！

凭着这一条，小将们立下了战功，杀出了军威，使红卫兵的响亮名字扬溢着革命的激情，充满着战斗的召唤！

“**你们青年人朝气蓬勃，正在兴旺时期，好象早晨八、九点钟的太阳。希望寄托在你们身上。**”毛主席他老人家最关心我们，并给我们青年一代指出一条和工农相结合的历史必由之路。走和工农相结合的道路，就是要在三大革命的坎坷征途上迈进，就是要在阶级斗争的狂风暴雨中搏击海浪，就是要在充满火药味的战场上拼杀，就是要在泥土和汗水中翻滚！艰苦的工作摆在面前，我们就要敢于承担！我们决不做胆小蠢笨的企鹅；我们要做呼唤雷雨的海燕！我们也决不做小资产阶级的半截子革命家，我们要做永远紧跟毛主席破浪前进的无产阶级彻底革命派！

毛主席他老人家旺盛的革命豪情，永远革命的精神，无论是在艰苦的岁月，还是在取得重大胜利的日子，都极大地鼓舞着我们，教育着我们，鞭策着我们！有些人却不然，年纪轻轻，如果说一直没有消遥，但参加文化大革命方才二年余，革命意志却衰退的要命，他们或者在困难面前畏缩不前，或者在成绩面前躺倒不干，小资产阶级的动摇性，革命不彻底性，在他们身上表现的特别突出。

（下转第四版）

中学红卫兵　　毛主席万岁　　1968年7月19日　第二版

突出无产阶級政治

搞好毕业教育、毕业按排

本报讯　毕业安排，毕业分配，必须突出无产阶级政治。市革命委员会七月十六日在第一工人文化宫召开大会，对中学毕业生进行毕业教育动员。两千多名各校毕业生代表、校革命委员会负责同志参加了大会。

市革命委员会常委、天津驻军负责人杨银声同志出席了大会并讲了话。

大会在雄壮的《东方红》歌声中开始，大家共同学习最高指示：**"一切可以到农村中去工作的这样的知识分子，应当高兴地到那里去。农村是一个广阔的天地，在那里是可以大有作为的。"** **"掌握思想教育，是团结全党进行伟大政治斗争的中心环节。如果这个任务不解决，党的一切政治任务是不能完成的。"**

天津延安中学代表首先在大会上发言，生动地介绍了他们学校毕业教育、毕业分配的经验。延安中学革命师生首先进行革命大批判，狠批中国赫鲁晓夫及校内走资派散布的种种谬论。狠批了"读书做官"论，上山下乡"升官图"，"大公有私"论，"吃小亏，占大便宜"的生意经。还继续批判了"三为私"（学生为私而学，教师为私而教，家长为私而供）。通过革命大批判和深入细致的政治思想工作，许多班级百分之九十五的同学报了名，一致表示："红心交给毛主席，毛主席指向那里就奔向那里。"

西南楼中学代表也在大会上介绍了他们学校开展革命大批判，促进思想革命化，搞好毕业教育和毕业分配工作经验。

市革委会常委、市中等学校毕业生分配领导小组负责人王占瀛讲话。讲话中传达了市革委会关于毕业分配的几点意见（全文另发）。

中学红代会常委会代表在大会上发言，他强调指出，毕业分配和毕业按排工作要突出政治，红卫兵小将要与刘邓、万张的修正主义分配路线的余毒作坚决斗争，坚决听毛主席的话，走与工农相结合的道路。

最后，市革委会常委、天津驻军首长杨银声同志讲话。他强调指出，毕业教育，毕业安排，是一项非常严肃的政治任务：是两条道路、两条路线、两个阶级、两种思想的斗争，各级革命委员会必须予以足够重视。并对怎样做好这一工作，做了指示。

大会在《大海航行靠舵手》的歌声中胜利结束。

短评

毛泽东思想的伟大胜利

七月十六日召开了天津市中等学校毕业安排、毕业教育动员大会，这个大会开得好！是无产阶级革命派的伟大胜利！是毛泽东思想的伟大胜利！

大会高举毛泽东思想伟大红旗，突出无产阶级政治，对毕业教育、毕业安排作了适时的较全面的布置。大会批判了过去某些人所推行的一套重任务、重分配，轻教育、轻政治（无产阶级政治）的错误路线，进一步宣告了这条错误路线的破产。

在市革委会的直接领导下，成立了「三结合」的毕业生分配领导小组和毕业安排办公室，来处理毕业安排和毕业教育工作。万张反党集团留下来的旧班子——安置办公室靠边站了，这是战无不胜的毛泽东思想伟大胜利！

毕业安排工作中始终存在着激烈的阶级斗争。万张反党集团余毒影响还很深，影响还很大。我們「**切不可书生气十足，把复杂的阶级斗争看得太简单了**」。

会上批判了某些人背着市革委会，违背中央指示精神，采用临时工等错误作法，并采取了果断的措施。企图继续推行万张那套反革命修正主义路线的人必然要遭到可耻的失败。对万张反党集团还抱有幻想的人，也只有把希望、等待化成幻想，徒劳。因为今天是无产阶级革命派掌握红色政权，而不是万张反党集团当权。

同志們，有毛主席的英明领导和关怀，有市革委会的正确领导和撑腰作主，我們一定会取得最后的胜利！

天津市中学毕业生分配领导小组关于高举毛泽东思想伟大红旗

全面进行毕业教育和毕业生按排的几点意見

（根据王占瀛七月十六日讲话记录整理，未经本人审阅，以正式文件为准）

一、全面进行毕业教育工作

毛主席教导我们说：**"掌握思想教育，是团结全党进行伟大政治斗争的中心环节。如果这个任务不解决，党的一切政治任务是不能完成的。"**

进行毕业教育工作必须高举毛泽东思想伟大红旗，突出无产阶级政治，以**"斗私批修"**为纲，提高广大毕业生的阶级斗争觉悟和路线斗争觉悟。经过全面毕业教育，在提高认识的基础上，达到使毕业生提高思想觉悟，自觉地服从祖国需要，到最艰苦的地方去，坚决走和工农相结合的道路。在全面进行毕业教育工作的基础上实行："统一安排，自愿报名，群众评议，领导批准"的原则。这次毕业生的安排工作大部分是到农村，到边疆。少数分配到工厂或其他地方的毕业生也要通过毕业教育，使他们具有到农村、边疆、到最艰苦的地方去的高标准的思想觉悟。

二、进行毕业教育必须从革命大批判入手

毛主席教导我们说：**"不破不立。破，就是批判，就是革命。破，就要讲道理，讲道理就是立，破字当头，立也就在其中了。"**

遵照毛主席的伟大教导，毕业教育工作，必须搞好革命的大批判，必须认识清楚：毕业教育、毕业按排工作是一项极重要的政治思想工作。各级革命委员会必须根据无产阶级司令部的指示，遵照毛主席的指示：**"毕业生分配是个普遍问题，不仅有大学，且有中小学。"**去做，无产阶级司令部发出的**"面向农村，面向边疆，面向工矿，面向基层"**的分配指示，我们要坚决贯彻执行。我们要高举革命批判大旗，狠批中国赫鲁晓夫所执行的"大公有私"论，"吃小亏占大便宜"，追求物质刺激，做官当老爷的反革命修正主义教育路线，狠批中国赫鲁晓夫在天津市的代理人万张反党集团所推行的反革命修正主义教育路线，狠抓两条路线的斗争。

通过革命的大批判，使广大毕业生提高阶级斗争和路线斗争觉悟，坚定不移地沿着毛主席的革命路线奋勇前进。

我们还要遵照毛主席**"办学习班是个好办法，很多问题可以在学习班得到解决"**的教导去做，延安中学、西南楼中学的经验告诉我们，进行毕业教育必须开展革命的大批判，以教学班为基础，举办各种类型的毛泽东思想学习班，通过"斗私，批修"活学活用毛主席著作。根据延安中学、西南楼中学的经验，进行毕业生教育工作还必须进行忆苦思甜教育和路线斗争教育，通过忆苦思甜教育和路线斗争教育，进一步肃清"万般皆下品，唯有读书高"的遗毒，进一步促进广大毕业生的思想革命化。开展革命大批判要把批万张反党集团和本单位的走资派结合起来。在进行全面毕业教育工作的基础上，要搞好毕业鉴定，在毕业鉴定过程中，要以自我鉴定为基础，群众评议，领导审查，做好此项工作。

三、在毕业教育、毕业分配工作上要相信群众，依靠群众，放手发动群众

遵照伟大领袖毛主席的教导：**"我们应当相信群众，我们应当相信党，这是两条根本的原理。如果怀疑这两条原理，那就什么事情也做不成了。"**在毕业教育、毕业安排的工作上必须充分地敢于发动群众，依靠群众，相信群众。只有这样才能把毕业教育、毕业分配工作搞得轰轰烈烈、扎扎实实。

四、做好毕业生的安排工作

毕业生的安排工作是很重要的政治任务，我们必须高举毛泽东思想伟大红旗，突出无产阶级政治，在全面进行毕业教育工作的基础上进行毕业生的全面安排。

要严防为分配而分配的单纯的任务观点，必须做好细致的、艰苦的政治思想工作，要严防"简单从事"和"强迫命令"。对毕业生的分配必须是统筹兼顾，全面安排。要彻底砸烂刘邓万张所推行的反革命修正主义路线。

在天津市文化大革命以前，万张集团对毕业生分配是一个欺骗，一个哄，一个物质刺激。还有一个值得注意的，必须彻底砸烂的，就是积极的、好的走了，但不报名的、落后的却留下安排工厂，安排到国营企业。因此必须全面安排，统筹兼顾。

为了做好安排工作，从现在开始，立即停止招收固定工和临时工。这是常委会通过的。（热烈鼓掌）。

应根据本市所需要的固定工、临时工，市革委会经济计划组和劳动部门造出计划经市革委会批准，纳入到毕业生分配工作中。并且把这个"底"要交给大家（鼓掌）。自愿报名，群众评议，根据个人具体情况进行审批。（鼓掌）。

五、关于今年学校放暑假的问题

七月三日，中央四大权威发出通知，毛主席批示"照办。"根据这个精神，市革委会将发出关于执行这个通知的通知。主要内容有四点：

（一）放假时间：七月二十日起到九月一日开学。

（二）高中、中专和大学不放假。为了搞好毕业教育和毕业安排工作，根据以上精神，对六六年初中应届毕业生没有分配的同学不放假，继续进行毕业教育和毕业安排工作。六七、六八年初中毕业生放假。小学和初中的教职员工不放假，继续进行本单位斗批改。

（三）对放假的同学要组织适当的活动。

（四）小学一律放假。

根据以上精神，对六六、六七年高中和六六年初中毕业生，从现在开始集中半月时间进行毕业教育工作，在全面毕业教育的基础上，进行统筹兼顾、全面安排，力争九月底以前完成。

在分配工作上，六六、六七年高中毕业生和六六年初中毕业生属于农业户口的应根据"社来社去"的精神，在进行毕业教育的基础上，动员他们回村参加农业生产。城市户口的毕业生，原籍在农村并且有直系亲属的也动员回乡安家落户，要取得原生产队同意，在政治上要同等对待。

毕业生教育和毕业生安排工作是一项繁重的政治思想工作，市革委会对这项工作是很重视的，现已成立市中等学校毕业生领导小组，要求各区革委会要把这项工作提到日程上来，有专人负责。为了便于联系，市中等学校毕业生领导小组设在青年宫，有事可去商量。

毕业教育、毕业安排不仅是各校的事，并要求工代会、农代会、中学红代会及有关部门要紧密配合，并做好毕业生家长的思想工作。

总之，在进行毕业教育、毕业安排的工作上要高举毛泽东思想的伟大红旗，要突出毛主席的无产阶级革命路线，相信群众，依靠群众，放手发动群众，把这个工作做好，出现一个生动活泼的局面。

中学红卫兵　毛主席万岁

1968年7月19日　第三版

狠抓阶級斗爭，把无产阶級文化大革命进行到底！

——潘复生同志在黑龙江省革命委员会上的讲话（摘要）

一、当前我省阶級斗爭的新形势

综观全省大好革命形势，令人欢欣鼓舞。但是，按照毛主席的最新指示，向阶级敌人发动全面进攻的这场战役，还仅仅是开始。无产阶级文化大革命越是接近全面胜利，两个阶级、两条道路、两条路线斗争，越是复杂、深刻。资产阶级复辟和无产阶级反复辟的斗争，比过去任何时候都更加激烈。目前阶级敌人阴谋复辟的最集中的表现形式，是大刮右倾翻案妖风。以党内一小撮走资派为代表的各种反革命势力，相互勾结，利用保守势力，拼凑翻案集团，有组织、有计划地进行反革命复辟活动。

阶级敌人进行翻案活动的主要特点是：

（一）施展反革命两面派伎俩，打进来，拉出去。

阶级敌人有的把自己打扮成“革命左派”，打进来，直接掌权；有的派进来亲信和保守势力，暗中操纵；有的以假检讨欺骗群众，求得“结合”，篡夺领导权。……

阶级敌人利用经济贿赂、美人计等手段，腐蚀群众组织负责人和革命干部。……

（二）大造翻案舆论，迷惑群众。

毛主席说：“**凡是要推翻一个政权，总要先造成舆论，总要先做意识形态方面的工作。革命的阶级是这样，反革命的阶级也是这样。**”今年一季度，全省反革命标语，反革命传单及其他政治案件，比去年四季度增长一点三倍，而四月份又超过了一季度的总和。三反分子杨易辰指使他的亲信，到处为其“评功摆好”，制造翻案舆论，流毒全省。……有的走资派借无产阶级革命派斗私批修之机，极力进行攻击、诬蔑，否定无产阶级革命派的历史功绩；有的以谈“活思想”，“亮私心”为名，恶毒攻击伟大领袖毛主席，全盘否定无产阶级文化大革命。

（三）既夺笔杆子，又夺枪杆子。明火执仗，大搞反革命暴乱。

阶级敌人一方面从社会舆论上下毒手，另一方面把黑手插入民兵队伍。妄图把民兵武装变成他们反革命的工具。有的甚至组织武装暴乱，公开搞武装反夺权。……

（四）扶植保守势力，瓦解革命群众组织。

有的以反“派性”为名，进行分化瓦解；有的借贯彻“十二条协议”之机，复活保守组织；有的通过“改选”的手段，把无产阶级革命派打下去。齐齐哈尔市模具厂走资派纠合保守势力，通过重新“选举”，把无产阶级革命派全部搞掉，实现反革命复辟。

（五）残酷打击无产阶级革命派，大搞阶级报复。

凡是被走资派篡权的单位，都搞疯狂的阶级报复，这已经成了一条规律。……

（六）腐蚀青少年，培养反革命接班人。

阶级敌人一方面直接唆使其子女进行反革命活动；另一方面腐蚀、拉拢社会青少年，为其反革命阴谋服务。……

上述事实说明：“**帝国主义者和国内反动派决不甘心于他们的失败，他们还要作最后的挣扎。**”而最后地彻底地解决国内外反革命势力，我们还得准备花一个应有的时间。乘胜前进，夺取无产阶级文化大革命的全面胜利。

二、对当前阶級斗爭規律、特点的认識問題

目前，阶级敌人所以能够刮起这股右倾翻案妖风，一方面是阶级敌人的本性所决定的，是阶级斗争的规律的反映；另一方面是在我们队伍中，存在着右倾机会主义、右倾分裂主义、右倾投降主义。有些人所以产生右倾，一个根本的原因，是对毛主席制定的无产阶级专政条件下进行革命的理论、路线、方针和政策，不认真学习，对很多问题不进行阶级分析，认识上不了“纲”，在关键时刻立场不稳，迷失方向。因此，必须带着这些问题，进一步学习毛主席最新指示，认清无产阶级文化大革命的性质、阶级内容、主要对象和动力等问题，提高阶级斗争、路线斗争的觉悟。

（一）关于无产阶级文化大革命的性质和阶级内容问题。

伟大领袖毛主席最深刻地指出：“**无产阶级文化大革命，实质上是在社会主义条件下，无产阶级反对资产阶级和一切剥削阶级的政治大革命，是中国共产党及其领导下的广大革命人民群众和国民党反动派长期斗争的继续，是无产阶级和资产阶级阶级斗争的继续。**”毛主席这一光辉教导，最精辟、最科学地概括了无产阶级文化大革命的性质和阶级内容，是夺取无产阶级文化大革命全面胜利的最强大的思想武器。

为什么说这场无产阶级文化大革命实质上是政治大革命，是两个党、两个阶级斗争的继续呢？认真分析一下我省社会阶级情况、党组织和革命队伍的情况，我们就会更深刻理解毛主席这一英明论断的伟大深远意义。

……

经过这次无产阶级文化革命，暴露了许多人的问题。集中起来，大致可以分为四部分：

第一部分是解放战争以前参加革命的，其中大部分是好的和比较好的，但有一些人是搞民主革命的，打倒帝国主义、封建主义、官僚资本主义，他们赞成，但是打倒民族资产阶级，他们就不赞成了。搞土改分田地，他们拥护，搞社会主义集体所有制，他们就不拥护了。这一批人就是所谓“老革命”，他们的世界观没有改造，有些就是走资派。

第二部分是解放以后才进党的人，一部分人当了干部，甚至当上了县委书记、地委书记，其中有些人世界观还是资产阶级的，有的本来就是投机分子，他们要搞的不是社会主义，而是资本主义。

第三部分是解放时我们留用的日伪机构的人员、国民党人和包下来的资产阶级分子，其中有些就是叛徒、特务。由于走资派的包庇，不少人混入党内，有的爬上了领导岗位。

第四部分是建国后我们吸收的资产阶级知识分子，其中不少人是资本家、地主、富农子弟。这部分人不是都坏，但有一些是反革命分子。

这四部分人的阶级基础是地主、富农、资产阶级。作为阶级来说，它们是灭亡的阶级，但是人还在心不死，我们和他们的斗争，就是同国民党反动派长期斗争的继续，是同资产阶级斗争的继续，是无产阶级反对资产阶级和一切剥削阶级的政治大革命，是一个阶级推翻另一个阶级的大革命。

从以上阶级状况的分析中，可以明显看出，目前出现的右倾翻案妖风不是偶然的，是有它的社会基础和阶级根源的。实质上就是国民党反动派和共产党，资产阶级和无产阶级在新的条件下又一次大较量。是以党内一小撮走资派为总代表，同一切反动势力勾结起来，向无产阶级发动的又一次大反扑。他们翻土改的案，翻镇反的案，翻反右派的案，翻四清的案，翻批判资产阶级反动路线的案，翻斗争走资派的案。他们公开叫嚣“土改错了”，“镇反错了”，“反右派错了”，“四清错了”，“斗走资派错了”，“你们执行了资产阶级反动路线”等等。一句话，就是妄图来一次历史的全面的大否定。……在全面大翻案中，重点是给他们的代理人党内一小撮走资派翻案，他们深知，只有给走资派翻了案，重新上了台，翻其他的案才有可能。

革命的性质和阶级内容，是革命的根本问题，是决定革命对象、动力和任务的出发点，是制定党的路线、方针和政策的根据。但是，有些同志对于这个根本问题，认识很不全面，理解很不深刻，在阶级敌人疯狂翻案活动面前，或者充耳不闻，视而不见；或者轻敌麻痹，消极厌战；或者就事论事，认识上不了纲，挂不上线；或者思想上寄于同情，行动上给以支持，这显然是右倾机会主义、右倾投降主义的表现。

（二）关于无产阶级专政条件下革命的对象问题

毛主席教导我们说：“**谁是我们的敌人？谁是我们的朋友？这个问题是革命的首要问题，也是文化大革命的首要问题。**”

“敌人”这个概念，不同的革命历史时期，有着不同的内容。在我国无产阶级专政条件下，谁是我们的敌人？党内一小撮走资派，混进党内的叛徒、特务、反革命分子，社会上的地、富、反、坏、右分子都是我们的敌人，都是无产阶级文化大革命的对象。而党内一小撮走资派则是最危险最主要的敌人，他们是革命的主要对象。……

但是有些人恰恰就在这个革命的首要问题上，违背了毛主席的教导，思想仍然停留在民主革命阶段。他们只能识别民主革命阶段的敌人，不能识别无产阶级专政条件下打着红旗反红旗的阶级敌人。一提到革命对象，就是地、富、反、坏、右，对于毛主席指出的“**无产阶级专政条件下革命的主要对象是混入无产阶级专政机构内部的资产阶级代表人物，是党内一小撮走资本主义道路的当权派**”长期很不理解，感情上通不过，恨不起来，斗不下去。总觉得他们是多年的“老革命”、“老上级”，一下子成了敌人想不通，甚至找各种理论根据，替走资派辨护。什么“出身好”，什么“没有功劳还有苦劳”，什么“和特务、叛徒挂不上线就不是走资派”，什么“应当一律按人民内部矛盾处理”，等等，立场完全站到敌人那方面去了。

党内一小撮走资派有的本身就是国民党反动派的残渣余孽，有的在资产阶级思想侵蚀下和平演变，背叛了无产阶级，背叛了革命。他们是资产阶级在革命队伍内部的别动队，是国民党反动派在共产党内的代理人。他们是代表国民党反动派的利益，是代表帝国主义、资产阶级和地、富、反、坏、右利益的反革命黑帮。如果不把他们彻底打倒，“**那就不要很多时间，少则几年、十几年，多则几十年，就不可避免地要出现全国性的反革命复辟，马列主义的党就一定会变成修正主义的党，变成法西斯党，整个中国就要改变颜色了**”。因此，党内一小撮走资派同无产阶级、广大革命群众的矛盾是主要矛盾，是对抗性的矛盾。对党内一小撮走资派，不做阶级分析，不看他们站在那个阶级立场上，执行什么路线，走什么道路，代表那个阶级的利益，看不清他们的反动阶级本质和危害，敌我不分，认敌为我，这是有些人所以犯右倾机会主义、右倾投降主义错误的一个根本原因。怎样才算把党内一小撮走资派彻底打倒？有些人不看他们的社会基础，不看他们在群众中的影响，以为从组织上夺了权就算打倒了，这是十分错误的。事实证明，不从政治上、思想上、理论上夺权，组织上的夺权是不巩固的。有的走资派所以能够重新上台，大搞阶级报复，一个重要原因，就是没有在群众中把他们彻底批倒、批臭。这是一个深刻的教训。因此，我们不仅要在组织上夺他们的权，更重要的是从政治上、思想上、理论上把他们彻底批深、批透，斗倒、斗臭。要把他们批得比当年的托洛茨基还要臭，彻底肃清他们在各个领域里的修正主义流毒，使他们永远不能复辟。

（三）关于无产阶级文化大革命的动力问题

在任何一个革命阶段中，都必须弄清革命对象和革命动力，即依靠谁，团结谁，打击谁这个根本问题。这“**乃是认清一切革命问题的基本的根据**”。无产阶级文化大革命要坚定地依靠最富于革命彻底性的工人阶级和一向艰苦奋战的最革命的贫下中农，特别要依靠无限忠于毛主席，“**决心把无产阶级文化大革命进行到底的无产阶级革命派**”。毛主席的群众路线就是无产阶级的阶级路线。依靠群众，就是依靠无产阶级革命派作为骨干和桥梁，去团结教育绝大多数干部和群众，彻底孤立、狠狠打击一小撮阶级敌人。无产阶级革命派对毛主席感情最深，紧跟毛主席的伟大战略部署，最坚决执行毛主席的革命路线，他们始终代表着运动的大方向。打击他们，就是打击革命；否定他们，就是否定革命。革命委员会如果不依靠无产阶级革命派，那就不是无产阶级的革命委员会，而是资产阶级的专政工具了。

但是，在依靠谁这个问题上，并不是所有人都很清楚的。回顾两年来的文化大革命过程，在对待无产阶级革命派的态度上大体有三种人：第一种是坚定依靠无产阶级革命派，始终和无产阶级革命派战斗在一起，胜利在一起；第二种是在一个时期或在某些问题上执行了资产阶级反动路线，但在伟大领袖毛主席教导下，在斗争实践中，经过群众帮助，先后站到毛主席的无产阶级革命路线上来，坚决依靠无产阶级革命派；

（下转第四版）

中学红卫兵　　毛主席万岁　　1968年7月19日　第四版

紧跟毛主席在大风大浪中前进！

（上接第一版）这些人和我们伟大领袖毛主席永不疲倦的革命精神比起来是多么渺小！同志们，红卫兵战友们，我们要做彻底的革命派，不能做革命的同路人，更不能拉历史的列车倒退。我们要永远紧跟毛主席踏遍三山五岳，游遍江河湖海，建造赤旗的世界！

在新形势下，保持和发扬革命造反精神，对每个红卫兵小将，对每个无产阶级革命派都是一个新的课题。

在文化大革命即将取得全面胜利的关键时刻，阶级敌人同我们要作最后的挣扎，他们妄图进行翻案活动，妄图否定伟大的群众运动，否定无产阶级革命派的历史功勋，否定伟大的文化大革命，否定以毛主席为首的党中央的领导，这一万个办不到，十万个办不到！文化大革命的历史不容颠倒，我们用鲜血和生命取得的伟大成果，要用鲜血和生命来保卫，在文化大革命的"第五个回合"中再立新功！

对毕业生进行全面的毕业教育和毕业安排，是文化大革命深入发展的需要，是毛主席的伟大战略部署。毕业教育、毕业安排，是一场重要的教育革命，在这个问题上的阶级斗争也就表现的尤其突出，我们忠告某些人：决不可书生气十足，被某些人的谎言假象迷了心窍。一定要敢破、敢立、敢革命、敢造反，"杀"出个红彤彤的毕业分配路线！

抓好清理阶级队伍，实行"**精兵简政**"这两件工作是当前工作的中心。

其他一切工作，都要服从这个中心，在这个中心指导下进行。中央"七·三"指示，有一部分年级要放假。放假是为了更好地更集中地搞好本单位斗批改，搞好清理阶级队伍的工作！不放假的年级，无论是进行毕业教育、毕业安排，还是进行其他工作都要和这个中心紧密结合起来！

对于毕业教育工作，只要认真进行毛泽东思想的教育，对清理阶级队伍，也是有助的。领导部门就是要在这些实际斗争中做好"**精兵简政**"的工作。

保守主义，是革命的大障碍、大阻力。

有保守思想的人，对人类不但没有什么贡献，相反总是要让历史停滞不前。他们用僵化的观点来看问题。他们根本不懂什么阶级斗争，不懂得事物发展的动力是斗争。他们自己不向旧世界进行斗争，还害怕别人进行斗争，他们只许说好，不许提问题。甚至是顶头"上司"就是最高指示，毛泽东思想、毛主席的指示全然置于一边！

有保守主义的人，保这、保那，保半天，保一大堆虱子、臭虫，可笑矣！

对保守主义必须进行彻底的批判，否则清理阶级队伍，实行"**精兵简政**"的指示都无法贯彻落实。毕业分配工作也将被复旧、复古断送。

学游泳有个规律，摸到了规律就容易学会。大江大河的风浪越大，我们就越要在那里学习游泳的本领；阶级斗争越复杂，我们就越要投身到阶级斗争中经受战斗的磨炼。我们在阶级斗争的大风大浪中游泳就要寸步不离地紧跟毛主席，**就要敢字当头，不怕疲劳，不怕"喝水"，熟悉阶级斗争的"水性"，掌握阶级斗争的游泳术，从而驾驭它，运用它，到达胜利的彼岸！**

有毛主席领航，我们就心明眼亮！

有毛主席撑腰，我们就浑身是胆！

让我们永远紧跟伟大领袖毛主席，在阶级斗争的大风大浪中前进，再前进！

狠抓阶級斗争，把无产阶級文化大革命进行到底！

（上接第三版）第三种是对无产阶级革命派抱着实用主义、机会主义的态度，时而"依靠"时而不依靠。在无产阶级革命派受孤立时不依靠，占优势时"依靠"。甚至有的对无产阶级革命派进行打击报复。对无产阶级革命派的态度，是不同阶级立场的反映。这个问题始终是区分无产阶级革命家还是资产阶级革命家的分水岭，是真依靠群众还是假依靠群众的试金石。有些同志在运动初期犯了资产阶级反动路线的错误，现在如果还不接受教训，不依靠无产阶级革命派，还会犯路线错误，……

（四）关于对复辟和反复辟的阶级斗争规律的认识问题

有人对无产阶级革命派夺权后，阶级斗争不断出现的反复，感到不可理解。其实，这并没有什么奇怪，从历史上看，任何国家的任何阶级，夺取政权以后，都要经过多次的反复才能稳定。……无产阶级革命是消灭一切剥削制度的革命，比资产阶级革命深刻得多，无产阶级专政的历史又比较短，复辟和反复辟的斗争更是不可避免的。资本主义在苏联和东欧一些社会主义国家全面复辟，就是有力的证明。我国无产阶级文化大革命前，十七年来的社会主义革命，始终贯穿着资产阶级复辟和无产阶级反复辟的斗争。在无产阶级文化大革命中，复辟和反复辟的斗争更加激烈。……目前正在经历着以翻案和反翻案为主要形式的资产阶级复辟和无产阶级反复辟的尖锐斗争……从以上这些反复辟斗争中，使我们认识到：

第一，阶级敌人决不甘心于他们的失败，革命越是接近全面胜利，敌人越要疯狂地垂死挣扎。阶级敌人"**对于亡国、共产是不甘心的**"。他们总是按着"**捣乱，失败，再捣乱，再失败，直至灭亡**"的规律进行反扑，但是有些人不懂得这个规律，往往是"敌人捣乱我应付，敌人失败我麻痹"，特别是在胜利时，容易冲昏头脑。在革命委员会成立以后，有些人就认为"政权到手，革命到头，大局已定，问题不大"，整天抓生产、忙业务，追求所谓"正常秩序"。有些人对阶级斗争松懈厌战，求稳怕乱。有人"身居战场闻不到火药味"，只听到捷报的锣鼓声，听不见敌人霍霍磨刀声。这是极其危险的右倾投降主义倾向。阶级斗争规律告诉我们：革命越是接近全面胜利，我们越要保持清醒的头脑。决不能被纷纭复杂的表面现象所迷惑，在敌人的疯狂反扑面前，"**我们务必不要松懈自己的警惕性。**"

第二，阶级敌人所以能够进行复辟活动，有其内外、上下、左右的联系，就是说，还有某些人支持他们。支持他们的人，有在幕前的有在幕后的；有的在上面，有的在下面。在下面的就是地、富、反、坏、右分子和资产阶级分子；在上面的有走资派的同伙及其黑后台。如李范五的反革命复辟翻案集团就是由反革命两面派、特务、叛徒和右派分子凑合成的；他们还从革命委员会内部寻找到他们的代理人，为他们作复辟的内应；并从上级领导机关中找到了联系和支持。……因此，在考察当前右倾翻案的各种现象时，必须全面地联系起来，决不能把复杂的阶级斗争看得简单化。

第三，在革命取得决定性胜利的条件下，采取反革命两面派手法，是阶级敌人向我们进攻的主要手段。反革命两面派的特点就是"**阳奉阴违，口是心非，当面说得好听，背后又在捣鬼**"。他们凭着反革命的敏感，随着政治气候的变化，不断改变表面的颜色。他们善于接过革命的口号，加以歪曲，蒙蔽群众：时而"左"的要命，时而右的出奇；反"左"时比谁反的都"欢"，反右时比谁叫得都"响"。"**但是他们既要反革命，就不可能将其真象隐蔽得十分彻底**"。只要我们掌握了毛泽东思想这个政治最好的望远镜和显微镜，用阶级和阶级斗争观点，阶级分析的方法，去观察一下，分析一下，任何反革命两面派都是不难识破的。我们"**必须研究他们的策略**""**善于辨别那些伪装拥护革命而实际反对革命的分子，把他们从我们各个战线上清洗出去**"。

总之，复辟和反复辟的斗争，是阶级斗争的必然规律，但在不同情况下表现出来。在当前，右倾翻案是阶级敌人复辟的主要形式和基本特点，而反革命两面派则是这场反复辟斗争中最危险的敌人。我们必须自觉地认识和掌握阶级斗争规律，取得战胜敌人的主动权。

解决上述问题的关键，是解决各级革命委员会成员的问题，尤其要解决干部的认识问题。广大革命干部经过这次无产阶级文化大革命的严峻考验和广大群众的教育、帮助，深刻地触及了他们的灵魂，世界观得到了进一步改造，阶级斗争和路线斗争觉悟有显著提高。正如毛主席最近又一次教导那样"**要相信百分之九十以上的干部是好的和比较好的。犯了错误的人，大多数是可以改的。**"但是由于我们的干部很多是小资产阶级和剥削阶级出身，过去对毛泽东思想学习很差，再加上反革命修正主义毒害较深，对社会主义革命缺乏思想准备，自觉革命精神较差。有些人运动中虽然受了程度不同的触动，但思想问题解决得不透，观点和感情还是旧的。怕、怨、难的思想仍较严重。有的地、县、社原班人马"一锅端"入革委会，分工依然如故，办事还是老规章、老办法、老作风，有些人在"老关系、旧感情"的支配下，看不清右倾翻案的实质是资产阶级复辟，以致为走资派的翻案活动推波助澜。归根结底，就是有些人的世界观没有得到彻底改造，所以就不能和走资派完全划清界限，就不能和资产阶级反动路线完全划清界限，就不能和自己的错误完全划清界限；也就不能正确对待无产阶级文化大革命，正确对待群众，正确对待自己。因此，教育干部深刻理解这场无产阶级文化大革命的伟大意义和阶级内容，斗私批修，彻底改造世界观，这是无产阶级文化大革命取得全胜的一个关键问题。无论参加工作不久的知识分子出身的干部，还是参加工作较久的老干部，都必须活学活用毛泽东思想，进行脱胎换骨的改造，在世界观上来个根本的转变，做彻底革命的无产阶级革命家。

欢迎批评　　欢迎来稿　　本报通讯地址：湖南路（六十一中内）　　电话：3·3059　　订阅处：全市各大邮局、部分报刊亭（集体去订）

我们面前的工作是很艰苦的，我们的经验是很不够的。因此，必须善于学习。

毛泽东

革命职工報

天津市革命职工代表会議常务委員会

1968年7月21日　第27期　共四版

学北京　赶上海　夺取革命生产双胜利

关于响应市革委会的号召，学北京，赶上海，无限忠于毛主席，鼓干劲，爭上游，夺取革命、生产新胜利的决定

天津市革命职工代表会议常务委员会

在史无前例的无产阶级文化大革命运动中，用战无不胜的毛泽东思想武装起来的北京、上海工人阶级，高举毛泽东思想伟大紅旗，紧跟毛主席的伟大战略部署，充分发揮了主力軍的作用，在狠抓根本，狠抓阶级斗爭，开展革命大批判，清理阶级队伍，宣传、捍卫毛主席革命文艺路綫，巩固、发展革命大联合和新生的革命委員会，以及“**抓革命，促生产**”等方面，取得了一个又一个的伟大胜利，創造了許多先进經驗，对全国的无产阶级文化大革命作出了重大貢献，为我們天津市工人阶級树立了学习的榜样。

伟大領袖毛主席教导我們：“**我们面前的工作是很艰苦的，我们的经验是很不够的。因此，必须善于学习。**”

天津市的工人阶级和广大无产阶级革命派，在以毛主席为首、林副主席为副的无产阶级司令部的亲切关怀下，在北京、上海和各兄弟省市工人阶级和广大无产阶级革命派的热情支持下，革命、生产和各項工作也取得了很大的成績。但是，天津市工代会的工作，离毛主席对我們的要求和期望，还差得很远很远；与北京、上海相比，差距还很大很大。我們要牢記毛主席的教导：“**虚心使人进步，骄傲使人落后，我们应当永远记住这个真理。**”认真克服一切故步自封、骄傲自滿、夜郎自大的思想情緒，虛心地向北京、上海工人阶级学习，“**拜他们做老师，恭恭敬敬地学，老老实实地学。**”

我們坚决响应市革命委員会的号召，立即在全市革命职工中，开展一个学北京，赶上海，夺取革命、生产双胜利的比学赶帮群众运动。我們的口号是：“学北京，赶上海，无限忠于毛主席，鼓干劲，爭上游，夺取革命、生产新胜利！”为此，特作如下决定：

（一）向北京、上海工人阶级学习，无限忠于毛主席，无限忠于毛泽东思想，无限忠于毛主席的革命路綫，狠抓根本不轉向，掀起更大規模的活学活用毛泽东思想的群众运动，继续大力办好毛泽东思想学习班。特别要努力学习北京針織总厂等单位和上海兄弟单位的先进經驗，把活学活用毛泽东思想放在高于一切、大于一切、先于一切、重于一切的地位，在斗爭中学，在斗爭中用，在“用”字上狠下功夫，进一步促进全市工人队伍的思想革命化，真正作到：“一切想着毛主席，一切服从毛主席，一切紧跟毛主席，一切为着毛主席。”

（二）向北京、上海工人阶級学习，从两条路綫的大是大非出发，以基层为重点，以班組为基础，更加深入地开展革命的大批判，把以中国赫魯晓夫为首的党内最大的一小撮走资派及其在天津的代理人万张反革命修正主义集团，和各单位挖出来的阶级敌人揪出来，批倒批臭。要进一步純洁和巩固自己的阶級队伍，做好清理阶級队伍工作，团結和爭取同盟軍，要严格区别敌我矛盾和人民内部矛盾，向阶级敌人发起主动、持久的进攻。特别要反复深入地学习北京新华印刷厂发动群众开展对敌斗爭的先进經驗，进一步放手发动群众，依靠誓将无产阶级文化大革命进行到底的无产阶级革命派，依靠广大革命群众和忠于毛主席革命路綫的革命干部，团結一切可以团結的力量，稳、准、狠地打击一小撮阶级敌人，把我市的“一批、三查”运动进行到底。

（三）向北京、上海工人阶级学习，坚定不移地貫彻执行毛主席“**抓革命、促生产**”的伟大方針，突出无产阶级政治，以革命带动生产。广泛发动群众，认真克服一切右傾保守思想，在生产領域中深入开展两条路綫的斗爭。大找差距，大挖潜力，調动一切积极因素，大鼓干劲，大赶先进，大力开展技术革新和技术革命，开展比学赶帮的群众运动，掀起一个狠抓革命，猛促生产的新高潮，为全面超額完成国家計划而奋斗。

（四）学习北京、上海工人阶级和广大革命文艺战士宣传、捍卫毛主席的革命文艺路綫，向反革命修正主义文艺黑綫发起不断进攻的彻底革命精神，以江青同志为光辉榜样，坚决貫彻执行毛主席“**为工农兵而创作**”和“**古为今用，洋为中用**”的伟大方針，誓死捍卫毛主席的革命文艺路綫。

（五）向北京、上海工人阶级学习，在斗爭中不断巩固和发展按系統、按行业、按班組的革命大联合和革命三結合。拥护、支持、捍卫新生的革命委員会。及时、准确、全面地落实以毛主席为首、林副主席为副的无产阶级司令部的一切战斗号令和方針政策。把我市工人阶级队伍建設成为无限忠于毛主席、无限忠于毛泽东思想、无限忠于毛主席革命路綫的朝气蓬勃的革命大軍，把工代会建設成为紅彤彤的毛泽东思想大学校，誓把无产阶级文化大革命进行到底！

北京、上海工人阶級在无产阶级文化大革命的每一个重要阶段，都紧跟毛主席的伟大战略部署，創造了丰富經驗，給我們树立了学习的榜样。我們在学习北京、上海工人阶級先进經驗时，要和总結本市、本系統、本单位的經驗教訓相結合；把学习北京、上海工人阶級的先进經驗和学习其他省市先进經驗相結合，从而使我們的各項工作不断“**有所发现，有所发明，有所创造，有所前进。**”夺取无产阶级文化大革命的全面胜利。

鼓干劲爭上游紧跟毛主席伟大战略部署 发展大好形势夺取文化大革命全面胜利

本市十一个单位革命职工座談表示，决心在学北京赶上海的群众运动中作出貢献

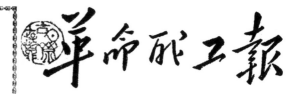

本报讯　“市革命委员会发出的关于学北京，赶上海，夺取革命、生产双胜利的号召太适时了，说出了我们全市革命职工的心里话，代表了我们的心愿。”日前，在市工代会《革命职工报》召开的“学北京，赶上海，无限忠于毛主席，鼓干劲，争上游，夺取革命、生产新胜利”座谈会上，大家异口同声地这样说。参加这次座谈会的有六四一厂、天津麻纺织厂、天津衡器厂、第一印刷厂、天津铁路分局等十一个单位的革委会和革职会的负责同志。大家在座谈会上畅谈了学北京，赶上海的重大意义，纷纷表决心，找差距，一致提出：（下转第四版）

革命职工报

敬祝毛主席万寿无疆

1968年7月21日　第二版

社论

唤起工农千百万，同心干

两年来的伟大的无产阶级文化大革命的群众运动，像大海的怒涛，像暴风骤雨，把隐藏在我们党内的以中国赫鲁晓夫为首的资产阶级司令部冲垮了，清洗出隐蔽在革命队伍中的一小撮叛徒、特务、死不悔改的走资派和反革命分子，涤荡了旧社会遗留下来的污泥浊水，粉碎了他们妄图颠覆我国无产阶级专政、复辟资本主义的罪恶阴谋，摧毁了产生修正主义的社会基础。

无产阶级文化大革命群众运动所建立的伟大历史功勋，是灿烂辉煌的，不可磨灭的。无产阶级文化大革命群众运动的胜利是不可抗拒的。

我市无产阶级革命派，高举毛泽东思想伟大红旗，以毛主席一系列最新指示为纲，清理阶级队伍的斗争，已经取得了巨大胜利，并继续向纵深发展。工代会《关于清理阶级队伍工作的几点意见》发表以后，更进一步激发了广大工人阶级和无产阶级革命派的革命豪情，使发动群众的工作，提高到了一个新阶段，使清理阶级队伍的革命群众运动推向了一个新高潮。

如何更好地把工代会《关于清理阶级队伍工作的几点意见》为群众所掌握、并付诸于实施呢？如何打好这一场革命的战争呢？

毛主席教导我们说：“**革命战争是群众的战争，只有动员群众才能进行战争，只有依靠群众才能进行战争。**”

如何对待群众，如何对待革命的群众运动，是鉴定一个人是否执行毛主席革命路线的试金石，是毛主席革命路线与资产阶级反动路线的分水岭。

相信群众，依靠群众，放手发动群众，把党的政策交给群众，充分发挥群众组织的作用，以班组为战场，从两条路线的大是大非出发，用革命的大批判推动清理阶级队伍的工作，而又通过清理阶级队伍工作促进革命的大批判生动活泼的发展，这是我们清理阶级队伍的方向。依靠广大革命群众，才能使清理阶级队伍工作做的更及时、更全面、更深刻、更彻底，从而就能更有效地打击一小撮阶级敌人。而那种单单依靠少数人搞神秘化，依靠手头的一点死档案，那一定搞不出什么名堂，是肯定不能把这场政治斗争进行到底的。

相信群众，依靠群众，放手发动群众，满腔热情地欢迎和支持革命的群众运动，这就是执行毛主席革命路线，这是无产阶级革命家的本性。

不相信群众，不依靠群众，对群众不放手，害怕革命的群众运动，这就是执行资产阶级反动路线，这是右倾机会主义分子、资产阶级革命家的本性。

因此，作为工人阶级和无产阶级革命派、革命的干部，必须无限忠于毛主席的革命路线，坚决执行毛主席的革命路线，要牢牢记住毛主席的教导：“**而如果真正忘记了我党的总路线和总政策，我们就将是一个盲目的不完全的不清醒的革命者，在我们执行具体工作路线和具体政策的时候，就会迷失方向，就会左右摇摆，就会贻误我们的工作。**”

目前我市清理阶级队伍的战斗形势非常好，这是一场极为严肃的阶级斗争。我们同一小撮叛徒、特务、反革命分子、死不改悔的走资派及没有改造好的地、富、反、坏、右分子的斗争，是一场尖锐、复杂的、你死我活的斗争，是一个阶级推翻另一个阶级的革命。正如毛主席最新指示所深刻的指出的那样：“**无产阶级文化大革命，实质上是在社会主义条件下，无产阶级反对资产阶级和一切剥削阶级的政治大革命，是中国共产党及其领导下的广大革命人民群众和国民党反动派长期斗争的继续，是无产阶级和资产阶级阶级斗争的继续。**”这个斗争的胜利，必将进一步巩固和发展无产阶级文化大革命的胜利，巩固和发展新生的革命委员会，巩固和发展无产阶级专政。

各级革命职工委员会和一切忠于毛主席革命路线的干部，要立即行动起来，在革委会领导下，在中国人民解放军的大力支持下，勇敢地负起责任来，团结一切可以团结的力量，调动一切积极因素，充分发挥各级工代会的政治作用，组织作用和宣传作用，稳、准、狠地打击一小撮阶级敌人。

“唤起工农千百万，同心干”，将“一批、三查”运动进行到底，夺取无产阶级文化大革命的全面胜利。

全面落实毛主席的一系列最新指示 坚定不移地貫徹执行党的方針政策

本市各系统、各区、局大力宣传、深入贯彻市工代会《关于清理阶级队伍工作的几点意见》。

本报讯正当我市无产阶级革命派和广大革命群众，紧跟毛主席伟大战略部署，深入开展“一批、三查”运动，夺取无产阶级文化大革命全面胜利的时候，天津市工代会于七月十二日召开了全委扩大会议，公布了《关于清理阶级队伍工作的几点意见》。

会后，各系统、各区、局雷厉风行、闻风而动，层层召开各种会议进行传达贯彻。全市无产阶级革命派和广大革命群众在革命委员会的领导下，在人民解放军毛泽东思想宣传队的大力支持下，以毛主席最新指示为纲，立即掀起了一个大学习、大宣传、大发动的高潮。

“几点意见”与广大群众见面之后，群情激动，意气风发。大家说：这个“意见”提得好，提得及时，它说出了我们工人阶级的心里话，文件的公布大长了无产阶级革命派的志气，大灭了一小撮阶级敌人的威风。我们无产阶级革命派坚决拥护，认真执行。

毛主席教导我们说：“**善于把党的政策变为群众的行动，善于使我们的每一个运动，每一个斗争，不但领导干部懂得，而且广大的群众都能懂得，都能掌握，这是一项马克思列宁主义的领导艺术。**”市工代会全委扩大会议结束后，各系统、各区、局和各基层单位迅速召开全委会议学习讨论，传达贯彻，使工代会《关于清理阶级队伍工作的几点意见》迅速与广大人民群众见面。

十二日下午，工代会河西分会召开了全委会议，认真学习和讨论了市工代会“几点意见”，并着重讨论了清理阶级队伍的重大意义，会上做出宣传贯彻决定，以最大的决心，最快的速度，大张旗鼓的掀起一个声势大、规模广，深入人心的宣传活动。次日就召开了全区性的宣传贯彻大会，充分发挥工代会的政治作用，组织作用和宣传作用。全面落实毛主席一系列最新指示，坚决贯彻市革命委员会第三次扩大会议决议，使党的方针政策迅速为广大群众所掌握。

为进一步广泛宣传，大造声势，做到家喻户晓，铁路系统三千多名革命职工顶着炎炎的烈日在市区主要街道组织游行宣传，一些基层单位的毛泽东思想宣传队连夜赶排了文艺节目，利用一切机会到广大群众中、家属中进行宣传演出，基本上做到了家喻户晓，人人皆知。石油工业部六四一厂革命委员会、革职会、人民解放军驻厂毛泽东思想宣传队召开常委扩大会议，深入学习讨论这个意见，一致认为这是当前对敌斗争的需要，是“一批、三查”运动深入发展的需要。在统一认识的基础上，结合本厂的实际情况提出了具体贯彻措施。

毛主席教导我们说：“**政治路线确定之后，干部就是决定的因素。**”市工代会《关于清理阶级队伍工作的几点意见》首先得到各级革命委员会和人民解放军支左部队主要负责同志的高度重视，热情支持，在宣传贯彻“几点意见”中，各系统、各区、局革命委员会，毛泽东思想宣传队负责同志都亲自研究讨论，组织贯彻。一商局革委会负责同志和驻军首长、革职会成员亲自到工代会共同研究贯彻情况，在革命委员会领导下，充分发挥革命群众组织的作用。

多数系统、区、局按照毛主席“**办学习班，是个好办法，很多问题可以在学习班得到解决**”的伟大教导，迅速举办了各种类型的毛泽东思想学习班，学习党的方针政策，提高政策水平，为深入宣传贯彻“几点意见”训练干部。工代会红桥分会在区革委会领导下和区支左联络站大力支持下，举办了短期学习班。这个学习班采取了两个三结合一个狠抓，即学习《关于清理阶级队伍工作的几点意见》与学习市革命委员会第三次扩大会议决议和学习北京新华印刷厂的经验三结合；参加人员，革命委员会成员、革职会成员、支左人员三结合。狠抓落实，总结经验。同时把清理阶级队伍与开展班组革命大批判结合起来，逐步做到以班组为战场进行清理阶级队伍。

纺织局系统举办了局、公司、直属厂三级革委会、革职会负责人一百余人的学习班，在学习班上一方面按照毛主席历来关于对敌斗争的一系列方针政策，认真学习讨论了工代会“几点意见”统一思想，统一认识；另一方面结合当前形势和本单位对敌斗争情况开展斗私批修，许多同志对前一段斗争中存在的缺点问题展开了自我批评，从而对清理阶级队伍的重大意义和掌握党的政策的重要性进一步提高了认识，表示回去后一定要大力宣传贯彻工代会“几点意见”，坚决贯彻毛主席的无产阶级革命路线，严格区分两类不同性质的矛盾，团结一切可以团结的力量，稳、准、狠地打击一小撮阶级敌人。

一商局学习班，一开课就着重学习了清理阶级队伍的重大意义，以毛主席一系列对敌斗争的政策为武器逐条逐句深入细致的学习和讨论了“几点意见”，提出了主观认识和具体问题。他们认为凡是清理对象都属于敌我性质矛盾。但清理对象不等于都是打击对象，而打击对象一定是清理对象。为使“几点意见”更加明确，更加完善，更加符合毛泽东思想，该局正在发动群众在执行中结合本系统的具体情况和特点酝酿提出补充意见。

毛主席教导我们说：“**要‘抓紧’。就是说，党委对主要工作不但一定要‘抓’，而且一定要‘抓紧’。**”为使《关于清理阶级队伍工作的几点意见》迅速与广大群众见面，市工代会在印刷一厂、天津日报广大革命职工的努力奋战下连日来已印出八十多万份学习材料，发到各系统、各区、各局基层单位。对离市较远的几个区，工代会部分常委委员专程驱车将材料送上门，广大无产阶级革命派受到很大感动、并纷纷表示一定要上下结合、同心协力、打好这一场政治仗，夺取无产阶级文化大革命全面胜利。

革命职工报　敬祝毛主席万寿无疆　1968年7月21日　第三版

在红桥区革委会贯彻市工代会《关于清理阶级队伍工作的几点意见》大会上

XX同志代表红桥区革委会政治部、区支左联络站的讲话

无产阶级革命派的战友们，革命的同志们：

首先让我们共同敬祝全世界人民心中最红最红的红太阳，我们最最敬爱的伟大领袖毛主席万寿无疆！万寿无疆！万寿无疆！

敬祝毛主席的亲密战友，我们的副统帅林彪同志身体健康！永远健康！永远健康！

“钟山风雨起苍黄，百万雄师过大江。”

同志们：

当前全国和天津市的形势一派大好，我区全体军民意气风发，斗志昂扬，为争取全面胜利而英勇奋斗。在这样大好形势下，天津市工代会作出《关于清理阶级队伍工作的几点意见》这对于当前“一批、三查”运动开展群众性的对敌斗争，深挖敌人，落实党的政策团结一切可以团结的力量，最大限度的孤立一小撮阶级敌人，有着很重要的指导意义。所提的几点意见我们认为很正确，很及时，很重要。

因此，我代表区革命委员会和区驻军支左联络站，表示坚决的支持！并号召全区军民大力的贯彻落实。并希望全区各级革命委员会，革命职工委员会，三支两军人员都要认真学习，在全区范围内掀起一个大宣传、大学习、大落实的高潮，把对敌斗争，落实党的政策，提到一个新的水平，夺取更大的胜利。下边讲三点意见，只供参考，如有错误，个人负责，并请同志们批评指正。

（一）团结起来，共同对敌

无产阶级文化大革命是亿万革命人民联合起来向党内一小撮走资派和叛徒、特务，以及没改造好的地、富、反、坏、右，国民党残渣余孽，进行斗争的一场深刻地政治大革命。这场斗争非常尖锐、非常激烈、非常复杂。运动初期，中国赫鲁晓夫又推行了资反路线，挑动群众斗群众。运动中一小撮阶级敌人，用反革命两面派的手法，混进革命群众组织，蒙蔽了一些群众。利用资产阶级、小资产阶级派性、和无政府主义思潮，制造混乱、制造分裂、挑起武斗，以使其混水摸鱼，达到其反革命的目的。

群众运动，无疑是合理的，这样伟大的运动，出现这样或那样的缺点或错误，也是难免的，有些青年和红卫兵小将，由于缺乏斗争经验，受敌人欺骗蒙蔽一时识不破敌人的阴谋上了当，也是可以理解的。只要是认真接受教训和坏人划清界限就行啦。

不要怕自己组织中抓出坏人，坏人就根本不是你那个组织的人，他是混进去的。真正的无产阶级革命派还怕在原来自己组织里抓出坏人。怕揭出坏人对原来自己的组织不利，对个人不利，这是错误的，是根本立场问题。把个人利益，小团体利益，放在无产阶级利益之上，对坏人，对阶级敌人放之不管，有意无意纵容姑息这就是立场问题。

不要企图在原来对立面组织中抓几个坏人，以此压制原对立面，否定一个革命的群众组织。毛主席教导我们：“**除了沙漠，凡有人群的地方，都有左、中、右，一万年以后还会是这样。**”我们说一个组织混进了坏人没有什么奇怪的。谁如果这样想、这样做、也是错误的，就是把矛头指向群众，就是违背毛主席的教导，其中少数人受敌人欺骗蒙蔽，做了一些坏事，犯有严重的立场错误，但还不是敌我矛盾，既要严格要求，又要注意团结。

联合起来，共同对敌，是革命的最大利益，最高原则。清理阶级队伍，是毛主席的伟大战略部署。是革命的需要，是夺取无产阶级文化大革命全面胜利的需要。

有许多单位联合起来，共同对敌。把阶级敌人一个一个的揪了出来，有少数单位对敌斗争，清理阶级队伍至今战果甚微。有的甚至看着阶级敌人不搞，而去搞资产阶级派性、搞分裂，这难道能说是对毛主席忠诚吗？能说你是对无产阶级事业忠诚吗？我们应该联合起来，共同对敌，这是最大的原则。

不能让一部分人民去压迫另一部份人民，革和保的问题是历史问题。历史是不能否定的，否定就是翻案。因此，两派应该多做自我批评，认真从中吸取教训。但是我们绝不能支持一派群众，去压迫另一派群众。让一派群众占上风而让另一派受压制，要知道受蒙蔽是无罪的。我们无产阶级革命派，特别是工人阶级有千条理由，万条理由联合起来共同对敌。没有一条，半条理由搞分裂、搞小团体主义、宗派主义，看着阶级敌人而不管。

（二）严格区分两类不同性质的矛盾

认真贯彻落实毛主席对敌斗争的政策和策略和一系列最新指示。

如何区分两类不同性质的矛盾，市工代会的《意见》讲的也很具体，其精神我认为是符合毛泽东思想的，符合毛主席一贯教导的，这方面我就不多讲了。大家要很好的学习，并结合毛主席最新指示和五·一九批示及新华印刷厂的经验结合起来。

下面就如何搞好对敌斗争，严格区分两类不同性质矛盾，讲几点：

保护人民、镇压敌人，是红色政权的根本目的。只有真正落实党的政策，才能真正保护人民、镇压敌人。因此，保护人民、镇压敌人是红色政权——革命委员会的根本职责和首要目的。

毛主席教导我们：“**对广大人民群众是保护还是镇压，是共产党同国民党的根本区别，是无产阶级同资产阶级的根本区别，是无产阶级专政同资产阶级专政的根本区别。**”

我区执行党的政策，绝大多数单位是好的，在运动中，不少单位，不断总结经验教训，使斗争策略和艺术水平不断提高。在前一段时间里，有少数单位和个别机关，不注意党的政策，不讲斗争策略，是十分错误而有害的。尤其值得注意的，至今还有少数单位，随便打人，扩大批斗面，随便抄家、私设公堂、变相体罚、搞喷气式，甚至把矛头对准另一派群众，这就不能不引起我们高度的注意。就是真正的坏人，也是要用文斗，不用武斗，而我们有些同志把属于人民内部矛盾的一些人也打了，这样怎么能行？我们这样做，敌人最高兴，最欢迎。真正的敌人可能未打倒，而我们的朋友和同盟者却吃了我们的子弹，因此我们一定要加强学习，提高执行政策的自觉性。如我们不区别对待、分化瓦解敌人、重查轻批的思想，就是单纯军事观点。敌人最怕区别对待，分化瓦解的，最怕政治攻势，最怕从政治上打击的。打他几下，不能压服他、搞臭他，不能使广大群众受到教育，提高觉悟。不分表现和态度好坏，一律对待，宁“左”勿右，宁推勿拉的作法是错误的。不注意一切可以团结的力量，那是孤家寡人的政策。要进一步发动群众，调查研究，绝不允许以感情代替政策。严格区分两类不同性质的矛盾，有时是很难做好而又必须做好的工作。怎样才能区分好呢？要认真学习毛主席的教导和上级有关政策，并进一步发动群众，调查研究、弄清性质、批判核实。政策不落实，不走上轨道就不能夺取革命的彻底胜利。

有少数单位，以派性代替党性；以感情代替政策，运动中支持自己的一律视为同志，反对过自己的千方百计打成反革命、坏头头不惜捏造事实，这是一个极其危险的行动，如不纠正就要垮台。

（三）充分发挥革命群众组织的作用，加强无产阶级队伍的建设

一、首先工代会和各级革职会，要把自己的队伍清理好，要团结一切可以团结的力量，清理出混进去的坏人。自己队伍不建设好，怎么能打仗？

二、要充分发挥群众组织的作用，特别在当前清理阶级队伍中，一定要动员群众、突出群众、发挥群众组织的作用。各级革职会，要认真学习研究贯彻的措施，总结经验教训。

三、各片、各条口可以开办革职会学习班，和各级革职会挂上钩，和学习第三次市革委会扩大会议决议精神，落实政策结合起来。

四、各基层单位要普遍学习、宣传，用大字报、大标语、广播等，贯彻市工代会几点意见，领会精精，作到家喻户晓。

五、及时总结、交流经验、使对敌斗争落实党的政策，不断取得新的胜利。区工代会予计七月下旬召开一次清理阶级队伍工作经验交流会。希望各单位、各片和各条口，都能总结出自己的经验，树立自己的典型。最后让我们共同高呼：」

打倒刘邓陶！
砸烂万张反革命修正主义集团！
无产阶级文化大革命全面胜利万岁！］
无产阶级专政万岁！
战无不胜的毛泽东思想万岁！
毛主席的革命路线胜利万岁！
伟大的中国共产党万岁！
伟大领袖毛主席万岁！万岁！万万岁！

大办毛泽东思想学习班深入贯彻“几点意见”

市工代会第二商业局系统委员会

东风浩荡，凯歌阵阵。无产阶级文化大革命的滚滚洪流正在冲决一切障碍，奔腾向前，我第二商业局系统的无产阶级文化大革命同全市、全国一样形势一片大好，而且越来越好。在全面落实毛主席一系列最新指示的高潮中，市工代会召开了全委扩大会议，这个大会开的好！开的及时！在会上公布的《关于清理阶级队伍工作的几点意见》的文件好的很，这一文件是高举毛泽东思想伟大红旗的，是符合毛主席的无产阶级革命路线的，是充分体现了广大无产阶级革命派利益的，是指导当前清理阶级队伍工作的有力武器。因此，我第二商业局系统广大无产阶级革命派决心在毛主席一系列最新指示的指引下，在市工代会和局革命委员会的领导下，在中国人民解放军驻二商局毛泽东思想宣传组的大力支持下，以北京新华印刷厂无产阶级革命派为榜样，大办特办办好各种类型的毛泽东思想学习班，充分讨论，贯彻落实市工代会提出的《关于清理阶级队伍工作的几点意见》，迅速掀起一个对敌斗争的新高潮。一九六八年七月十二日下午局系统委员会召开了全委扩大会。会上认真学习和讨论了市工代会《关于清理阶级队伍工作的几点意见》，重点的讨论了清理阶级队伍的重大意义。会后局系统各市公司、区公司、基层立即举办了不同类型的毛泽东思想学习班。市百货公司系统立即举办了区公司、批发部一级的毛泽东思想学习班，参加学习的双革会成员五百多人，市公司一级双革会成员也同时深入到各区公司、批发部同大家一起学习。截至15日已向市百系统广大职工普遍传达了市工代会《关于清理阶级队伍工作的几点意见》的文件，并把这一文件发到每一个革命职工的手里进行普遍学习。

市化工公司、煤建公司、药材公司、友谊公司、医药公司、五金交电公司、纺织品公司、修配服务公司也举办了不同类型的毛泽东思想学习班，在学习班上广大无产阶级革命派认真学习讨论了毛主席的一系列最新指示。结合学习北京新华印刷厂对敌斗争的经验，逐条逐句的讨论了市工代会《关于清理阶级队伍工作的几点意见》的文件，同时认真讨论了当前清理阶级队伍工作的重大意义。按照各公司系统的具体情况制订了进一步宣传、贯彻、落实市工代会《关于清理阶级队伍工作的几点意见》的规划。局系统委员会准备在本月中旬、下旬召开两次关于清理阶级队伍工作经验交流会。

无产阶级革命派的战友们，让我们更高地举起毛泽东思想伟大红旗，立即行动起来，团结一切可以团结的力量，稳、准、狠地打击一小撮阶级敌人，誓夺无产阶级文化大革命的全面胜利！

革命职工报

敬祝毛主席万寿无疆

1968年7月21日 第四版

雷励风行 闻风而动
迅速落实市工代会扩大会議精神

七月十二日市工代会召开全委扩大会议公布了《关于清理阶级队伍工作的几点意见》这个消息，就象长了翅膀、立刻传遍了全市。

我河西分会闻风而动，当天下午就召集了全委会议，学习讨论这个文件。大家热情地称赞：这个文件好得很！它大长了无产阶级的志气，大灭了阶级敌人的威风！这个文件，是我市一百万革命职工活学活用毛泽东思想的重要收获，它充分体现了我市广大无产阶级革命造反派坚决把"一批、三查"运动进行到底，誓夺无产阶级文化大革命全面胜利的雄心壮志！

与会同志一致认为：这个意见的制定是当前阶级斗争的需要，是全面落实毛主席历来一系列对敌斗争的政策和策略的具体措施。毛主席最近教导我们："**无产阶级文化大革命，实质上是在社会主义条件下，无产阶级反对资产阶级和一切剥削阶级的政治大革命，是中国共产党及其领导下的广大革命群众和国民党反动派长期斗争的继续，是无产阶级和资产阶级阶级斗争的继续。**"清理阶级队伍，深入开展"一批、三查"运动，把隐藏在革命队伍内部的一小撮阶级敌人统统揪出来，彻底摧毁中国赫鲁晓夫复辟资本主义的社会基础。这对于巩固和发展无产阶级文化大革命的胜利，巩固和发展革命的大联合，巩固和发展新生的革命委员会，加强无产阶级专政，建设一支无限忠于毛主席，无限忠于毛泽东思想，无限忠于毛主席革命路线的阶级队伍有着极其重大的意义。同时在讨论中进一步认识到在这场政治大革命中严格掌握党的方针政策，正确区别和处理两类不同性质矛盾，团结一切可以团结的力量，稳、准、狠地打击一小撮阶级敌人，这是毛主席历来对敌斗争的政策。大家在讨论中指出：这场政治大革命越是接近全面胜利，阶级斗争越是尖锐、复杂、激烈，阶级敌人也越是垂死挣扎，他们随时变换不同的颜色，忽而极"左"，忽而极右，拼命把水搅浑，妄图扰乱阶级阵线，我们一定要百倍提高革命警惕。

各级工代会是革命群众大联合的战斗组织，是毛主席无产阶级革命路线的产物。在文化大革命中，过去我们曾紧跟伟大统帅毛主席，坚持毛主席的无产阶级革命路线，创建了历史功勋；今天，我们要继续发扬革命造反派的光荣战斗传统，紧跟毛主席的伟大战略部署，充分发挥工代会的政治作用、组织作用和战斗作用，勇敢地挑起清理阶级队伍的重担，认真贯彻市工代会"几点意见"，稳、准、狠地打击一小撮阶级敌人，持续地、猛烈地向敌人发起不断的进攻，坚决把"一批、三查"运动进行到底！

全委会并决定，立即召开全区各级革职会全体委员会，传达贯彻市工代会《关于清理阶级队伍的几点意见》，接着举办有各级革职会负责同志参加的短期毛泽东思想学习班，深入领会和掌握党的方针政策，落实毛主席的一系列最新指示。

为了使市工代会扩大会议精神迅速与广大革命职工见面，为了把政策尽快交给广大革命群众，全委会结束后，大家连晚饭也顾不得吃，连夜翻印文件材料。

十三日，在河西工人俱乐部召开了全区性"高举毛泽东思想伟大红旗，贯彻市工代会扩大会议精神大会"，全区各基层单位革职会成员共一千多人出席了大会，会上，我区分会负责同志传达了市工代会的文件，并结合我区情况做了宣传贯彻部署。区革委会主任王玉璞同志在大会上讲了话，代表区革命委员会对这个大会表示坚决支持！并号召我区各级革命委员会，坚决支持各级革职会作好清理阶级队伍的工作。会场上群情激动，斗志昂扬，区所属工交、财贸、文教、卫生等各系统纷纷给大会来信来稿，表示决心对市、区工代会大会的支持！在区革命委员会的领导下和区支左联络站的大力支持下于十六日开办了以学习贯彻市工代会"几点意见"为中心的毛泽东思想学习班。所有参加学习班的同志情绪饱满，斗志昂扬，决心以毛主席最新指示为纲，迅速落实市工代会《关于清理阶级队伍工作的几点意见》，更加广泛的发动和依靠广大革命群众，把清理阶级队伍这场政治大革命进行到底。

天津市革命职工代表会议常务委员会
河西区分会政宣组

鼓干劲争上游紧跟毛主席伟大战略部署
发展大好形势夺取文化大革命全面胜利

本市十一个单位革命职工座談表示，决心在学北京赶上海的群众运动中作出貢献

（上接第一版）在学北京，赶上海的群众运动中，我们工人阶级要打先锋，充分发挥主力军作用，发展大好形势，夺取无产阶级文化大革命的全面胜利。在座谈中，大家一致认为，战斗、生活在我们最最敬爱的伟大领袖毛主席和他的亲密战友林副主席身边的北京工人阶级，和具有光荣革命传统的上海工人阶级，在战无不胜的毛泽东思想的指引下，始终高举毛泽东思想伟大红旗，紧跟毛主席的伟大战略部署，全面落实毛主席的一系列最新指示，深入持久地开展革命大批判，清理阶级队伍，巩固、发展革命大联合和革命三结合，狠抓革命，猛促生产，充分发挥了工人阶级的主力军作用，为全国特别是为我们天津市工人阶级作出了学习的榜样。大家表示，一定要"**拜他们做老师，恭恭敬敬地学，老老实实地学。**"当前，市革委会发出号召，市工代会做出决定，号召全市工人阶级和广大无产阶级革命派向北京、上海工人阶级和广大无产阶级革命派学习，提得非常适时。在我市无产阶级文化大革命一派大好形势下，在夺取无产阶级文化大革命全面胜利的关键时刻，进一步虚心向先进的兄弟地区学习，具有重大意义，对我市无产阶级文化大革命运动肯定会起到推动作用。这是发展革命大好形势，巩固已取得的成绩，夺取革命、生产双胜利的重要步骤。

在座谈会上，大家一致认为，我们与北京、上海的差距，千条差距，万条差距，最最根本的一条，就差在活学活用毛泽东思想，紧跟毛主席的伟大战略部署，迅速全面落实毛主席一系列最新指示上。要向北京、上海的工人阶级学习，最最根本的就是要学习他们跟毛主席最紧，落实毛主席指示最快，对毛主席最忠的赤胆忠心。天津衡器厂、第一印刷厂的同志都说，不管在任何情况下，都狠抓根本不转向，这是北京、上海工人阶级最好的经验。我们要很好地学习，真正做到在阶级斗争和两条路线斗争中活学活用毛泽东思想，不断提高自己的阶级斗争和路线斗争觉悟。这是根本的根本，要狠抓，抓住不放。

伟大领袖毛主席最近教导我们："**对广大人民群众是保护还是镇压，是共产党同国民党的根本区别，是无产阶级同资产阶级的根本区别，是无产阶级专政同资产阶级专政的根本区别。**"六四一厂的同志结合学习北京新华印刷厂等先进单位的经验，深有体会地说，北京新华印刷厂发动群众开展对敌斗争的经验就是好，为我们清理阶级队伍树立了好榜样。我们学习了这一先进经验，进一步放手发动广大革命群众，正确处理了两类不同性质的矛盾，团结了一切可以团结的力量，矛头直接对准了一小撮阶级敌人，揪出了破坏我厂无产阶级文化大革命，挑动群众斗群众的黑手，原来就是一个长期隐藏在革命队伍内部的大叛徒，稳、准、狠地打击了阶级敌人，进一步巩固和发展了革命大联合和革命三结合。参加座谈的同志还认为，要以北京新华印刷厂和上海的先进单位为榜样，深入开展革命大批判，开展对敌斗争，团结一切可以团结的力量，清理好阶级队伍，稳、准、狠地打击一小撮阶级敌人，把隐藏在各个角落里的叛徒、特务和一切反革命分子统统挖出来，把"一批、三查"运动进行到底。

座谈会上，大家还谈到，北京、上海的工人阶级在文化大革命中一直是肩挑革命和生产两副重担，既是革命的闯将，又是生产的模范，坚决贯彻和捍卫了伟大领袖毛主席"**抓革命，促生产**"的伟大方针，出色地完成了各项任务。我们天津市的工人阶级要向北京、上海的工人兄弟学习，正确处理革命和生产的关系，坚决按照毛主席**政治是统帅，是灵魂**的伟大教导，以革命统帅生产，狠抓经济领域里的两个阶级、两条道路、两条路线的斗争，批臭中国赫鲁晓夫和万张反革命修正主义集团所推行的"物质刺激""专家治厂"等一系列修正主义黑货。按照市革命委员会的要求，迅速在全市掀起一个大找差距，大挖潜力，大鼓干劲，大赶先进，开展比学赶帮的群众运动。经常注意向北京、上海学习的天津铁路分局、天津麻纺织厂的负责同志深有感触地说，我们学习了北京、上海的先进经验，以革命大批判开路，狠批了修正主义办企业的路线，生产面貌焕然一新，生产指标月月、旬旬上升。有很多车间、班组的生产指标超过了历史最高水平。

参加座谈会的同志，绝大部分是各单位革职会的代表。他们在谈到学习北京、上海工人阶级的先进经验时，还特别提出要学习人家充分发挥革命群众组织作用的经验。大家一致认为，各级革命职工委员会应该象北京的工代会和上海的工总司那样，充分发挥革职会的作用，为巩固和发展新生的各级革命委员会贡献自己的力量。

最后，大家还一致表示，回到各单位，立即把市革命委员会的号召和工代会的决定，向广大革命职工进行宣传，同时组织广大革命职工找差距，订措施，迅速掀起一个学北京，赶上海，夺取革命、生产双胜利的群众运动，狠抓革命，猛促生产，夺取无产阶级文化大革命的全面胜利。

通　　知

天津市工代会接待组于一九六八年七月二十一日迁至和平区滨江道（原青年宫内）办公。

接待时间：每日上午九点——十二点。
下午两点半——六点。
每周三、六下午学习，星期日休息。
电话：3·4522。

天津市工代会接待组

更　　正

本报第二十六期一版一栏三十二行"……走资派、叛徒、……批倒批臭；实行无产阶级专政。"应为"……走资派，叛徒、……批倒批臭，实行无产阶级专政。"

一版二栏十行"3、把胁从者同首恶分子加以区别。"误为"3、把协从者同首恶分子加以区别"。

三版，"天津市工代会……队伍……"误为"天津市工代会……伍队……。"

六版，王一同志讲话一文二栏十二行"……是有首恶与胁从、………胁从不同，……。"误为"…是有首恶与协从、……协从不同，……。"二十六行"反对通供信"，误为"反对通供信"。特此更正。本报编辑部

本报通讯地址：天津市解放路120号　电话3局1233　本市各邮局订阅　（零售：二分）

中共中央文件

中发(68)111号

毛主席的重要批示

林、周及文革各同志：

請考虑可否把此件轉发各地，并加上几句督促話。

毛泽东

七月十八日

中共中央 国务院 中央軍委 中央文革

关于转发湖南驻军支左领导小组《宣传贯彻“七·三”布告情况》的通知

各省、市自治区革命委员会(革筹小组)、军管会，各大军区、省军区、各野战军：

根据伟大领袖毛主席的批示，现将湖南省驻军支左领导小组关于宣传“七·三”布告的情况报告转发给你们，望参照执行。

“七·三”布告是毛主席的伟大战略部署。广泛、深入地向群众宣传“七·三”布告，造成浩大的声势，是分清敌我，团结、教育和保护广大革命群众，彻底孤立阶级敌人，揭露和打击一小撮叛徒、特务、死不悔改的走资派和没有改造好的地、富、反、坏、右分子的反革命破坏活动的一项极其重要的措施。望你们立即检查一下宣传工作的情况，没有抓紧的要抓紧，领导不得力的要迅速加强。此种宣传，应当同拥军爱民联系起来，同当地开展对敌斗争的具体情况联系起来，同清理本地本单位的阶级队伍、开展革命大批判等项工作结合起来，力求深入人心，家喻户晓。

新华社及各分社，应及时把各地宣传“七·三”布告情况及问题发展，登内部的《文化革命动向》，不登报。

一九六八年七月十九日

毛主席最新指示

大学还是要办的，我这里主要说的是理工科大学还要办，但学制要缩短，教育要革命，要无产阶级政治挂帅，走上海机床厂从工人中培养技术人员的道路。要从有实践经验的工人农民中间选拔学生，到学校学几年以后，又回到生产实践中去。

《中学红卫兵》编辑部关于坚决贯彻执行“七·三”布告的宣传口号：

（一）紧跟毛主席的伟大战略部署，坚决贯彻执行“七·三”布告！

（二）坚决贯彻执行“七·三”布告，彻底粉碎右倾翻案妖风！

（三）“七·三”布告是毛主席的伟大战略部署！

（四）誓做广西无产阶级革命派的坚强后盾！

（五）誓死保卫以毛主席为首、林副主席为副的无产阶级司令部！

（六）誓死捍卫钢铁长城！

（七）革命的红卫兵永远忠于毛主席，永远忠于毛泽东思想，永远忠于毛主席的无产阶级革命路线！

（八）我们红卫兵的红司令毛主席万岁！万万岁！

热烈欢呼毛主席最新指示坚决走与工农相結合的道路

毛主席的最新指示，指明了教育革命的方向和教育革命的全部内容，指出了教育革命的深远意义。这一最新指示，是毛主席对马克思列宁主义在教育学说和青年运动方向上的又一伟大发展。是当代教育革命的伟大方针，是迅速地把我国建设成为一个强大的社会主义国家的根本措施，是根本改变工人和学生的差别、农民和学生的差别、工人和农民的差别的重大贡献。毛主席这一伟大的最新指示敲响了以中国赫鲁晓夫为代表的资产阶级教育路线的丧钟，彻底冲垮了几千年来“劳心者治人，劳力者治于人”的反动思想的罗网，解放了中国的新文化、新发明、新创造。毛主席这一伟大的最新指示雄辩地向全世界宣告：中国在反修、防修方面又向前迈进了一大步。

多少年来，中国赫鲁晓夫一伙顽固地推行了一整套的资产阶级教育路线，疯狂地反对毛主席的无产阶级教育路线，使解放十几年的新中国在文化教育、创造发明上仍然受着奴役，没有彻底地翻身。统治学校的是资产阶级知识分子，他们向青年灌输的是科学家、工程师、金钱，他们传授青年的学习方法就是脱离实际的啃书本、记公式、背单词。血气方钢的青年被他们折磨的暮气沉沉，百病俱全。他们培养出来的“人材”就是和他们一样的资产阶级的毫无知识的“知识分子”。但是，在刘邓、万张的庇护下，就是这样的一群人，从学校出来以后就只凭着一张分文不值的毕业证书，而摆出“技术员”的臭架子骑在最有实践知识的工人、农民的头上指指划划，束缚着劳动人民的手脚。是可忍，孰不可忍！就这样，多少工农群众的发明创造被他们打成简单化而治于死地，多少先进的经验被他们打成庸俗化而封为禁品！他们只知道崇洋、学洋，简直没有一点中国人的气味，纯粹是一群奴才、粪土！

毛主席教导我们说：**“群众是真正的英雄”**！还有什么人比工农群众更有智慧呢？世界上哪样事情的办成是离开了工农群众呢？这个过去一直被颠倒的历史如今被彻底地颠倒过来了！他们就要大干特干了，中国的前途无比辉煌！世界的前途无比辉煌！

同学们，红卫兵战友们！毛主席这一伟大的最新指示对我们当前的毕业分配工作来说，恰如雪中送炭，雨中送伞，给我们指明了方向，使我们心明眼亮。毛主席他老人家对我们青年寄予了无限的希望，他说：**“世界是你们的，也是我们的，但是归根结底是你们的。”**又说：**“农村是一个广阔的天地，在那里是可以大有作为的。”**毛主席的号召就是我们的最大决心，我们要做好一切准备，到农村去，到边疆去，到工矿去，到基层去，到祖国最需要的地方去，滚一身泥巴，沾一身油污，老老实实地向工人学习，向贫下中农学习，向一切有实践经验的人学习。我们要进行脱胎换骨的改造，彻底地改造世界观，认真地**斗私批修**，自觉地把自己锻炼造就成为无产阶级革命事业的接班人！

（红代会塘沽分会）

中学红衛兵

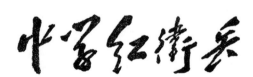

天津市中等学校红卫兵代表大会常务委员会机关报

第34期　1968年7月26日　星期五

中学红卫兵　　毛主席万岁　　1968年7月26日　第二版

社论

誓死捍卫鋼鉄长城

——紀念中国人民解放軍建軍四十一周年

伟大的中国人民解放军，是我们伟大领袖毛主席亲手缔造的、林副主席亲自指挥的、举世无双的人民军队！人民解放军推翻了压在中国人民头上的三座大山，用枪杆子为无产阶级夺得了政权！无数优秀的中华儿女用鲜血和生命，写下了人民解放军的光辉史篇。在社会主义的今天，解放军又成为无产阶级专政的坚强柱石，社会主义祖国的钢铁长城！

在“三支”“两军”工作中，伟大的人民解放军高举毛泽东思想伟大红旗，在文化大革命中建立了新的不朽的功勋，为光辉灿烂的解放军史又增添了新的一页！没有伟大的人民解放军，就没有今天的文化大革命的伟大胜利！

有这样伟大的军队，是全体红卫兵的幸福，是全国人民的幸福，也是世界革命人民的幸福和希望。

一年多来，天津驻军“三支”“两军”部队，高举毛泽东思想伟大红旗，坚决地执行了毛主席的革命路线，和无产阶级革命派一道，同各种公开的和隐蔽的阶级敌人作了坚决的斗争，取得了伟大的战果！

一年多来，我们毛主席的红卫兵和亲人解放军，结下了最深厚的战斗情谊，尤其是在刘邓资反路线和“大联筹”资反思潮猖狂泛滥时，是毛主席的革命路线把我们紧紧地连在一起！这种友谊是克敌制胜的动力。

今天，正当全国全市一派**百万雄师过大江**，夺取文化大革命全面胜利的大好形势下，来迎接和庆祝中国人民解放军建军四十一周年，具有特别重大的意义。

我们号召全市红卫兵以最快的速度、最大的规模，掀起一个拥军的新高潮，在毛泽东思想的基础上，军民、军政紧密地团结起来，为夺取文化大革命的全面胜利**做**出最大贡献！

“向解放军学习”，是最大的拥军、最好的拥军。解放军是毛泽东思想大学校，是活学活用毛主席著作的最好榜样。

我们要学习他们无限忠于毛主席的深厚的阶级感情，学习他们长期地、如饥似渴地学习毛主席著作的精神，学习解放军的三八作风，增强无产阶级的革命性、科学性、组织纪律性，学习解放军做政治思想工作的经验和办法，从政治上、思想上、组织上发展和巩固红卫兵组织，使红卫兵真正成为青年学生中的骨干先锋，成为解放军坚强的后备军。

在实践斗争中，解放军同志出现一些缺点、错误是难免的，有些分歧意见是正常的，在毛泽东思想的指导下，实行诚恳地批评和自我批评也是“**拥军爱民**”的好办法。正如林副主席指出的：“批评和自我批评，可以推动党向前进，这是我们党向前发展所依靠的规律”。各级红卫兵组织，都要主动地征求解放军同志对我们工作的意见，更好地改进工作。同时对解放军在工作中的缺点、错误，诚恳地指出，共同讨论，共同商量，这是文化大革命前进的动力。我们坚决反对象林副主席指出的那种人：“有一种很庸俗的人，尽给人吹吹拍拍，看到别人犯了错误也不说，这是害死人的，把很多干部害了。”真正的无产阶级革命派和红卫兵战友们，要做名符其实的拥军派！

同志们，阶级敌人对伟大的中国人民解放军恨得要死，怕的要命，他们必然地会拼死命地从各方面反对伟大的中国人民解放军，妄图动摇这钢铁长城。当着极“左”思潮被视破以后，一小撮阶级敌人又会变换手法，从右的方面来破坏伟大的中国人民解放军，这是尤其应该警惕的。敌人硬的手段被我们粉碎了，又用软的手法，用捧的手法，骗的手法，进行反革命的勾当，我们的同志在这个时刻应提高革命警惕性。保持戒骄、戒躁的作风，保持清醒的头脑，警惕这一小撮阶级敌人挑拨离间，破坏军民关系、军民团结，破坏解放军的威信，揭露他们的阴谋，把他们揪出来示众。

文化大革命已经发展到夺取全面胜利的关键时刻，党内一小撮走资派和阶级敌人刮起了一股翻案妖风，妄图为资反路线翻案，为刘邓、万张翻案，为他们自己翻案，这是绝对办不到的。我们要坚决反对右倾机会主义、右倾投降主义、右倾分裂主义，在文化大革命中再立新功。

毛主席、党中央向我们发出了新的战斗令，抓好清理阶级队伍和实行精兵简政这两项工作，中学比其他战线，更艰巨、更复杂。我们要彻底打倒资产阶级知识分子统治我们学校的现象，就必须抓好、做好这两项工作。否则，让一批国民党反动派残渣余孽，地、富、反、坏、右分子和一切剥削分子混入我们学校教职员工中，而我们的机构臃肿庞大对他们不闻不问，或很不得力，那么中学的文化大革命就有夭折的危险。

我们其他的工作无论是毕业教育还是放假，都不能离开这两个中心工作。不管任务多大，多艰巨，我们有战无不胜的毛泽东思想，有伟大的中国人民解放军的帮助，文化革命一定能取得最后的胜利。

“**军民团结如一人，试看天下谁能敌？**”让我们军民、军政，解放军、红卫兵手挽手，心贴心，沿着毛主席指引的方向继续前进，夺取文化大革命的全面胜利！

高举毛泽东思想伟大红旗，做好毕业生思想教育工作的体会

天津延安中学革命委员会

毛主席教导我们：“**学制要缩短，教育要革命．资产阶级知识分子统治我们学校的现象，再也不能继续下去了。**”一年多来，我校广大革命师生，按照毛主席所指出的方向，向中国赫鲁晓夫所推行的修正主义路线发动了一次又一次的猛烈进攻。在教育思想、教育体制、师生关系、教学内容、教学方法，以及招收新生等方面，进行了一系列的改革，坚定地走上了无产阶级政治建校的道路。

最近，以毛主席为首、林副主席为副的无产阶级司令部向广大的毕业生发出了“面向农村，面向边疆，面向工矿，面向基层”的伟大战斗号令，我们又紧跟毛主席的伟大战略部署，高举革命批判的大旗，狠批中国赫鲁晓夫在毕业分配问题上所推行的修正主义教育路线。向剥削阶级遗留下来的旧思想、旧文化、旧风俗、旧习惯进行了猛烈地冲击。在毕业分配工作中打了一场两个阶级、两条道路、两条路线的硬仗，通过这场战斗，大大促进了思想革命化。全校七百余名毕业生绝大多数向毛主席写了决心书，纷纷表示：听毛主席的话，走革命化的路，服从革命，服从需要，服从分配，坚决到农村去，到边疆去，到祖国最需要的地方去。首批126名支边战士和根据毛主席“社来社去”的教导回乡参加农业生产的61名战士，怀着对毛主席的无限忠心，满怀革命的豪情壮志，奔赴了新的战斗岗位。

我们的体会是：

批得深透　改有劲头

我们伟大领袖毛主席教导我们说：“**我们现在思想战线上的一个重要任务，就是要开展对于修正主义的批判。**”

长期以来，在毕业分配问题上一直存在着两个阶级、两条道路、两条路线的激烈斗争。中国赫鲁晓夫及其在学校的代理人出自他们复辟资本主义的狼子野心，极力宣扬“读书作官”论，散布“万般皆下品，唯有读书高”，“劳心者治人，劳力者治于人”的剥削阶级思想，贩卖“大公有私”论，“吃小亏占大便宜”等修正主义黑货。于是在毕业分配上就出现了重上层，轻基层；重城市，轻边疆；重工业，轻农业的现象。妄图把青年一代变成高踞于工农群众头上的精神贵族，成为“私”字当头的修正主义苗子，为他们复辟资本主义效劳出力。

中国赫鲁晓夫所推行的一整套修正主义路线流毒甚广，影响颇深，危害极大。人们头脑中的旧的传统习惯势力，还很顽强，在毕业分配工作中要贯彻“四个面向”的伟大方针，首先必须狠批中国赫鲁晓夫的修正主义货色。因此，我们在广大革命师生中点燃了革命大批判的熊熊烈火。

我们针对中国赫鲁晓夫荒谬反动的言论，引导革命师生反复学习毛主席的教导。毛主席说：“**看一个青年是不是革命的，拿什么做标准呢？拿什么去辨别他呢？只有一个标准，这就是看他愿意不愿意、并且实行不实行和广大的工农群众结合在一块。**”广大革命师生深刻地认识到：培养什么人，走什么路，这是关系我们党和国家命运的重大问题，这是无产阶级革命事业的百年大计、千年大计、万年大计。而中国赫鲁晓夫疯狂地反对毛主席这一光辉指示，妄图把青年一代引向修正主义歧途。经过学习，广大革命师生识破了中国赫鲁晓夫复辟资本主义的狼子野心，激起了对中国赫鲁晓夫的深仇大恨，杀上了大批判的战场。我们以班组作战为主，小、中、大会结合，从教师到干部，从学生到家长，人人口诛笔伐，个个愤怒声讨，他们“**指点江山，激扬文字**”，写出了上千张大字报、小字报，组织了上百次的大小批判会。

（下转第三版）

中学红卫兵　　毛主席万岁　　1968年7月26日　第三版

高举毛泽东思想伟大红旗，做好毕业生思想教育工作的体会

（上接第二版）从政治上、思想上、理论上对修正主义毕业分配路线进行了大揭发、大控诉、大批判，在这群众性的广泛揭发、控诉、批判的基础上，我们又层层剥皮，转入了专题批判。共分六个专题，即“读书做官”论；下乡上山的“升官图”；“大公有私”论；“吃小亏占大便宜”的生意经，以及中国赫鲁晓夫所散布的留恋城市贪图安逸的资产阶级思想。有的还继续批判了“三为私”（学生为私而学；教师为私而教；家长为私而供）的学习目的。

在专题批判时，我们采取了一学、一批、一肃清的方法。即学透毛主席的一段教导，批中国赫鲁晓夫一个谬论，肃清头脑中一股流毒。把批修和斗私紧紧地结合起来。这样批修才能批到点上，斗私才能斗到要害处。在批判中国赫鲁晓夫散布的留恋城市、贪图安逸的资产阶级思想时，我们反复组织大家学习了毛主席的教导：“**社会主义制度的建立给我们开辟了一条到达理想境界的道路，而理想境界的实现还要靠我们的辛勤劳动。**”狠批中国赫鲁晓夫的：“你们好好在乡里搞，将来还可以当干部，也可以进城。”以及我校走资派所散布的黑话，狠斗自己毕业分配时要求离家近点，工作轻点的好逸恶劳，留恋城市的错误思想。

实践证明这样批判作用大，效果好。通过革命的大批判，使广大革命师生、家长大大提高了路线斗争觉悟，对下乡上山的伟大政治意义有了明确的认识。认识到下乡上山，走与工农相结合的道路，就是贯彻保卫毛主席的革命路线的革命行动，就是紧跟毛主席闹革命。有了高度的路线斗争觉悟，有了革命的大节，其他思想问题就会迎刃而解。一连有一位同学在大批判之前曾表示：“离开天津市二百公尺我也不去。”通过大批判，他认识到能不能听毛主席的话，服从革命需要，下乡上山走与工农相结合的道路，是关系到自己走什么路，当什么样的接班人的问题，他表示要坚定地紧跟毛主席干革命，毅然决然服从分配，满怀革命激情奔赴内蒙参加农业建设。有些出身于剥削阶级家庭的学生，也表示要走社会主义道路，紧跟毛主席闹革命，不做资产阶级的接班人。纷纷要求下乡上山。

革命的家长们参加了革命的大批判，也纷纷表示坚决支持自己子女走毛主席所指引的革命道路，有的家长在斗私批修会上说：“我原来舍不得叫孩子去边疆，怕孩子受不了那种苦，现在看来是中了中国赫鲁晓夫的毒，我懂得了艰苦锻炼是爱，娇生惯养是害。”通过大批判，广大学生的思想面貌焕然一新，觉悟大大提高。纷纷写大字报，向毛主席献忠心，表决心。有一个教学班，共计六十七人，在搞大批判前只有十几个人表决心到边疆去，通过一段时间的大批判，很快增加到六十一人。他们纷纷表示，要坚决听毛主席的召唤，走与工农相结合的道路，以实际行动彻底砸烂修正主义毕业分配制度，创造出崭新的闪烁着毛泽东思想光辉的毕业分配制度。

敢于破旧　勇于立新

我们伟大领袖毛主席亲自主持制定的《十六条》中强调指出：“**改革旧的教育制度，改革旧的教学方针和方法，是这场无产阶级文化大革命的一个极其重要的任务。**”通过革命的大批判，我们深深地认识到：中国赫鲁晓夫在毕业分配问题上，不仅从思想上散布了大量修正主义毒素，而且制定了修正主义的毕业教育制度、毕业考试制度、毕业鉴定制度和毕业分配制度。这一整套的旧制度，是修正主义教育路线的重要组成部分。它极力维护修正主义教育路线的统治地位、极力地维护资产阶级知识分子统治我们学校的现象，它顽固地对抗着毛主席的革命教育路线。“**只有破坏旧的腐朽的东西，才能建设新的健全的东西**”，所以，要彻底摧垮修正主义教育路线，必须彻底砸烂这整套的旧制度，创造出闪耀着毛主席教育思想光辉的崭新制度。

革命委员会在这场轰轰烈烈，史无前例的无产阶级教育大革命中，遵循毛主席的教导，坚决依靠广大革命的学生、革命的教师、革命的工人，打“人民战争”，敢于支持革命师生的首创精神，敢于为新生事物大喊大叫。

毛主席教导我们：“**现在的考试，用对付敌人的办法，搞突然袭击，出一些怪题、偏题，整学生，这是一种考八股文的方法，我不赞成，要完全改变。**”长期以来，中国赫鲁晓夫极力封锁抵毁毛主席这一光辉指示，极力维护修正主义的考试制度，使其成为资产阶级知识分子统治我们的学校束缚革命师生的一条枷锁，使其成为培养资产阶级接班人的御用工具。所以，旧的考试制度必须彻底砸烂。但是要什么样的考试？我们分析了学生在毕业分配上的种种活思想，举办了以教学班为单位的毛泽东思想学习班。在学习班里，广大革命师生以斗私批修为纲，开展“三忠于”“四无限”活动。以无限忠于毛主席革命路线的好干部门合同志为榜样，以毛主席的“老三篇”、《青年运动的方向》为武器，破私立公，在头脑里爆发革命。并邀请了解放军同志大讲忠字化的经验，对同学进行无限忠于毛主席的思想教育，邀请了已经下乡的知识青年讲走与工农相结合道路的体会，对同学进行四个面向，坚决服从革命需要的教育，在学习班里，革命师生遵照毛主席“**开展谈心活动，这个方法很好**”的教导，广泛地开展了谈心活动，进行斗私互助，形成了人人做思想工作的生动局面。在学习班里，同学大量的活思想得到了解决，大大促进了思想革命化。许多同学经过学习，发出钢铁般的誓言：“先烈浴血创业绩，后辈誓死保江山，一切为了毛主席，海枯石烂心不变。”

家长的思想工作也是不可忽视的一环。绝大部分家长对修正主义教育路线十分痛恨，坚决支持子女走毛主席指出的革命化大道。但是，千百年来，由于封、资、修、剥削阶级思想的影响，家长总是把子女看成是自己的私有财产，说什么“养儿防老”，因此，当支边支农的消息传到社会上以后，引起了一些反映，这些活思想直接影响着“四个面向”的落实，影响着革命青年走毛主席指引的革命大道。在做好学生思想政治工作的同时，我们采用三种形式向家长进行了大量的思想政治工作。一是召开家长座谈会、讲用会互相促进。二是组织骨干登门拜访，促膝谈心。三是组织学生成立毛泽东思想宣传队。通过这三个渠道，对家长做了大量的细致的思想政治工作。针对有的家长认为下乡上山“没出息”，我们大讲下乡上山就是捍卫毛主席的革命路线，是青年的革命之路；针对有的家长认为“养儿防老”，我们大讲“养儿防修”；针对有的家长认为儿女不能吃苦，我们就大讲艰苦创业；针对有的家长溺爱子女，我们大讲革命的接班人要在大风大浪中锻炼成长。通过这大量的细致的思想工作，许多家长提高了对知识青年下乡上山的认识，加深了对毛主席无产阶级毕业分配路线的阶级感情。在斗私批修会上，不少家长愤怒地控诉了中国赫鲁晓夫的修正主义毕业分配路线对自己、对子女的毒害，狠斗了自己的私心杂念，向毛主席表示了决心。他们无限深情地说：“孩子是我生的，是毛主席他老人家培养大的。所以孩子是党的、是人民的。没有毛主席，就没有孩子的今天。我们跟毛主席，跟定了。”有一位同学的爸爸、姐姐全在新疆工作。原来她妈妈想让女儿也去新疆，既是支援边疆，又能和亲人团聚。这位家长参加了斗私批修会之后，认识到这是中了中国赫鲁晓夫“大公有私”论的毒，立即狠斗了私心，表示坚决支持女儿服从革命的需要，到内蒙插队落户。在女儿即将出发时，这位老妈妈还向女儿赠送毛主席语录，勉励她要在农村这个广阔的天地里，立新功，为毛主席争光。

在这坚实的思想工作的基础上，我们把在无产阶级文化大革命中经受了考验和锻炼，促进了思想革命化，并经群众评定准予毕业的一批青年分配到内蒙，参加了农村的社会主义建设。尚未分配的同学，也个个斗志昂扬，整装待发。怎样进行考试呢？全校展开了一场激烈的讨论，毛主席说：“**我主张题目公开，由学生研究，看书去做。……考试可以交头接耳、无非自己不懂问了别人懂了。懂了就有收获，为什么要死记硬背呢，人家做了我抄一遍也好。可以试试点。**”毛主席这一教导，给我们指出了方向，使我们统一了思想，我们按照毛主席的教导进行了“试点。”我们根据毛主席“**从群众中集中起来又到群众中坚持下去，以形成正确的领导意见，这是基本的领导方法**”的教导，和广大革命师生一起学习，一起讨论，通过讨论，首先明确了考试的目的是“**为了转变学生的思想**”，是为了提高觉悟。然后集中了群众的智慧，制定了毕业考试方案。这次毕业考试要求每个毕业生写一篇毕业论文，通过这篇文章，检查学生两年来在文化大革命中活学活用毛泽东思想的情况，检查用毛泽东思想分析问题，解决问题的能力。我们根据毛主席的教导拟定了阶级斗争、活学活用毛泽东思想和知识青年走与工农相结合的道路等三个方面的十个题目，任学生选作一题。题目公开，可以就考试的问题和同学、教师、解放军、家长共同研究、讨论。可以开讨论会，也可以翻阅毛主席著作，党的文件，中央首长报告、报刊、杂志。在校内外答卷相结合，限一定时间完成。评定的时候，由自己读，小组同学进行讨论评议，选择优秀的在排、连、全校进行讲用。这样，试卷的评定过程实际上成了小组、排、连的活学活用毛泽东思想讲用会，斗私批修的战场，向阶级敌人进攻的阵地。

毛主席教导我们“**如果你能应用马克思列宁主义的观点，说明一个两个实际问题，那就要受到称赞，就算有了几分成绩。被你说明的东西越多，越普遍，越深刻，你的成绩就越大。**”根据毛主席这一教导和理论联系实际的原则，评定成绩。

通过“试点”，完全证明毛主席的关于考试的指示是切实可行的。通过考试每位同学都受到了一次深刻的毛泽东思想教育，深刻的阶级教育，大大提高了政治觉悟，大大推动了教育革命的进展，大家一致认为这样的考试“好得很！”

其次，我们还改革了毕业鉴定制度。旧的毕业鉴定制度大搞智育第一，大搞关门主义，神密主义。分数是鉴定的标准，教师是“官”学生是“阿斗”，使学生成为唯唯诺诺循规蹈矩的奴隶。通过学习批判，我们遵照毛主席的“**让群众自己起来革命，自己教育自己，自己管理自己，自己解放自己**”的教导把鉴定工作完全交给群众去搞。先搞自我鉴定，然后由小组同志根据在无产阶级文化大革命中的表现加评定。

（下转第四版）

中学红衛兵　毛主席万岁　1968年7月26日　第四版

她是支农大軍的普通一員

天津市革命委员会委员、中学红代会常委、延安中学红卫兵战士姜颉，和她的战友们，奔向了内蒙古草原，踏上了与工农相结合的征途。她的行动，给我们，尤其是红卫兵的头头，树立了先进的典型。

四月份，以毛主席为首、林副主席为副的无产阶级司令部，向我们毕业生发出了"面向农村，面向边疆，面向工矿，面向基层。"的伟大号召。姜颉闻风而动。就在她看到中共中央"四四"文件的当天晚上，她连夜赶到学校，向同学们即时地传达了无产阶级司令部的声音，并和同学们一起写出了决心书，表示坚决听毛主席的话，到农村去，到边疆去，走与工农相结合的道路。

但是，由于万张反革命修正主义集团及本校走资派，在上山下乡问题上推行的"一个欺骗、一个哄、一个物质刺激"的影响，一些同学认为，别看姜颉这么积极，可她"官"这么"大"，准走不了。

当"官"就不能上山下乡，当普通农民，普通牧民吗？姜颉久久地思考着这个问题。她想到了，在过去，刘邓、万张篡改毛主席关于"**知识分子必须与工农相结合**"的光辉思想，把上山下乡做为扩大三大差别，颠复无产阶级专政手段的滔天罪行。她想到了，新生的红色政权——革命委员会的成员要"**既当'官'，又当老百姓**"。没有丝毫权利脱离群众，没有丝毫权利向群众发号施令。只有一个责任，就是要更坚决、更积极地听毛主席的话，到农村去，到边疆去。

她决心以实际行动，粉碎"当'官'的就可以留城市一辈子"的逻辑。她的看法得到了市革命委员会的大力支持。市革委会批准了她到内蒙插队的要求。愿望实现了，姜颉是多么激动啊！同学们是多么佩服她啊！忆往昔，在那峥嵘的岁月，姜颉和同学们一起，发出以教学班为基础实现革命大联合的倡议，光荣地得到了伟大领袖毛主席的推荐，……在文化大革命的五大回合战役中，姜颉不愧为革命的闯将，今天，在与工农相结合的道路上，她又迈出了坚实的一步，这是向着彻底革命化迈进的一步！

临行之际，市革委会负责同志和姜颉及被一起批准赴蒙的市革委会委员、十六中红卫兵李慧明进行了座谈。她们互相勉励：永远相信群众，依靠群众，和群众一起，与天奋斗，与地奋斗，与人奋斗！

列车起动了，火车头带着车厢向着可以大有作为的广阔天地前进。姜颉激动地和战友们一起向毛主席庄严宣誓：一辈子向贫下中农学习，一辈子和贫下中农在一起，当一辈子革命的牛，拉一辈子革命的车，一直拉到共产主义！

·钟红兵·

高举毛泽东思想伟大红旗，做好毕业生思想教育工作的体会

（**上接第三版**）做到了把自我鉴定变成个人活学活用毛泽东思想的小结，把小组评定会变成斗私批修讲用会，谈心互助会。

改革旧的毕业分配制度。当前毕业教育和毕业分配的主要方向是面向农村，面向边疆，下乡上山，走与工农相结合的道路，这是伟大领袖毛主席给知识青年指出的革命的康庄大道。每一个革命青年都应坚决响应，坚决照办，一切服从毛主席，听从毛主席的召唤，自觉地站出来让党挑选。可是在过去下乡上山的动员工作中，强调的不是革命的自觉，而是等待"自愿"，"双通"，"三满意"。经过持续的革命大批判，经过忠于毛主席学习班的学习，广大同学路线斗争觉悟大大提高。认识到，走下乡上山的革命道路，是青年思想革命化的重要措施，就是忠于毛主席的革命路线，就是捍卫毛主席的革命路线。于是，对"自愿"、"双通"有了反感。有的说："下乡上山，就是紧跟毛主席闹革命，难道愿意跟就跟，不愿意跟就可以不跟吗？难道黄继光堵枪眼时，刘胡兰走向敌人的铡刀时，董存瑞手托炸药包拉导火索时，门合同志扑向炸药包时也必须搞什么'双通'吗？"经过大家的热烈讨论，一致认为在知识青年下乡上山工作中，片面强调什么"自愿""双通"，实际上是在逃避艰苦细致的思想政治工作，是在向"私"字让步，在向旧习惯势力妥协投降。这是对毛主席革命路线的不忠。我们应当坚信毛泽东思想的强大无比的威力，要在思想政治工作中，打主动仗、进攻战。只要经过大量艰苦细致的思想工作，真正用毛泽东思想武装广大的学生，家长的头脑，他们一定会自觉自愿地执行毛主席的革命路线的。

"大海航行靠舵手，干革命靠毛泽东思想"经过大量的政治思想工作，许多班级百分之九十五的同学全报了名，一致表示"红心永向毛主席，生命交给党安排，毛主席指向哪里，就奔向哪里。"在这个思想基础上，我们根据各方面的条件，批准了第一批到内蒙插队落户的名单。这一批经过无产阶级文化大革命锻炼和考验的革命小将，愉快地服从了分配，高高兴兴地奔赴了新的战斗岗位。必须强调指出，分配绝对不能排斥艰苦细致的政治思想工作。我们的分配，是建立在大量的思想政治工作的基础上的。是建立在广大学生高度自觉的基础之上的。自觉，来自于光焰无际的毛泽东思想。不去热情地宣传毛泽东思想，而单靠行政命令去分配，势必事与愿违，适得其反。

摆对位置　狠抓灵魂

林副主席教导我们："一定要把政治工作摆在首要地位。人的一切行动，都是要通过思想的，不做好思想工作，一切都搞不好。"

在进行毕业教育过程中，革委会有些成员产生了这样一种活思想，认为这次毕业分配，时间紧，任务大，可得多动员几批啊！因而在工作开始的几天，心里总是想谁可以走，谁不能走，把工作重点放在了少数人身上。解放军同志发现了这种急于完成任务，忽视政治思想工作的倾向之后，立即组织我们反复学习毛主席"**掌握思想教育，是团结全党进行伟大政治斗争的中心环节。如果这个任务不解决，党的一切政治任务是不能完成的。**"的教导和林副主席提出的"四个第一"，狠批了单纯军事观点，大家认识到，单纯地抓人头，就是单纯业务观点，就是中国赫鲁晓夫推行的"业务第一""升学第一"的修正主义路线。所以，在毕业分配中，必须从始至终坚持"四个第一"，把突出无产阶级政治，狠抓毕业生世界观的转变，把出什么人？接什么班放在第一位。这样做的本身，就是大破修正主义的毕业分配路线，大立毛主席的无产阶级革命毕业分配路线。这样，工作的位置摆正了，工作方向就对头了。我们便及时研究了狠抓根本的工作计划，制定了大办以革命大批判为中心的毛泽东思想学习班的作战计划。明确地提出了在毕业分配工作中，要做到"三突出"：突出政治，突出革命大批判，突出"**教育要革命**"。

毛主席教导我们说："**进行无产阶级教育革命，要依靠学校中广大革命的学生，革命的教员，革命的工人，要依靠他们中间的积极分子，即决心把无产阶级文化大革命进行到底的无产阶级革命派。**"根据毛主席的教导我们首先狠抓了教师在毕业分配工作中的活思想。积极帮助他们克服工作上的畏难情绪和认清这项工作的深远意义。许多教师说："在毕业分配工作中，贯穿着两条路线的激烈斗争，我们要为保卫毛泽东思想而战斗，为捍卫毛主席的革命路线而战斗。"因此广大教师，积极带领学生搞革命大批判，对学生、家长做了大量细致的思想政治工作。成为这项工作的骨干力量。同时也使广大革命教师，受到一次深刻的毛泽东思想的教育，促进了思想革命化。

最高指示

我们的责任，是向人民负责。……如果有了错误定要改正，这就叫向人民负责。

致讀者

一、上期（三十三期）本报第二版《毛泽东思想的伟大胜利》一文，第三行应为"是无产阶级革命派的伟大胜利！"；《全面进行毕业教育和毕业生安排的几点意见》一文，倒数第十五行应为"在政治上要同等对待。"

二、本报二十七期《文化大革命"五大回合"的站队问题》（转载自五月二十九日《武汉红代会报》）一文，据北京革委会办事组七月十九日《通告》，此文纯系造谣。

由于我們思想觉悟不高，政治责任心不强，以至发生上述錯誤。在此，向讀者检查。

另外，据《北京日报》談，前些日子在各校、各单位广泛流传中央某首长的《斗私批修辅导报告》一文，也是政治谣言。

望革命同志警惕，追查政治谣言，并更好地监督本报。

本报编辑部

欢迎批评　欢迎来稿　本报通讯地址：湖南路（六十一中内）　电话：3·3059　订阅处：全市各大邮局、部分报刊亭（集体去订）

> **毛主席语录**
>
> 大学还是要办的，我这里主要说的是理工科大学还要办，但学制要缩短，教育要革命，要无产阶级政治挂帅，走上海机床厂从工人中培养技术人员的道路。要从有实践经验的工人农民中间选拔学生，到学校学几年以后，又回到生产实践中去。

革命职工報

天津市革命职工代表会議常务委員会

1968年7月30日　第28期　共四版

从上海机床厂看培养工程技术人员的道路

（调查报告）

★

《人民日报》编者按：我们向全国的无产阶级革命派的同志们，向广大的工人、贫下中农、青年学生、革命知识分子、革命干部们推荐这个调查报告。这篇报告生动地描写了无产阶级文化大革命在一个方面即工程技术人员的队伍方面引起的伟大变革，显示了社会主义新事物强大的生命力。这篇报告题名为《从上海机床厂看培养工程技术人员的道路》，但它同时也提出了学校教育革命的方向。

毛主席最近深刻地指出：**“大学还是要办的，我这里主要说的是理工科大学还要办，但学制要缩短，教育要革命，要无产阶级政治挂帅，走上海机床厂从工人中培养技术人员的道路。要从有实践经验的工人农民中间选拔学生，到学校学几年以后，又回到生产实践中去。”**

毛主席的伟大号召，是我们将无产阶级教育革命进行到底的战斗纲领。是反修防修的百年大计。全国各级革命委员会，工厂、学校和其它战线上一切真正的无产阶级革命派的同志，要坚决执行毛主席的无产阶级教育路线，批判修正主义的教育路线，打破旧的资产阶级的教育制度，要坚决走毛主席指出的同工农兵结合的道路，把教育革命进行到底。

科学研究部门和领导单位，也应当好好读一读这个报告。这对于进一步批判中国赫鲁晓夫的反革命修正主义科技路线，是一个锐利的武器。

无产阶级文化大革命的伟大历史意义，它在各个方面产生的有深远意义的影响，现在才刚刚显示出来。无产阶级文化大革命也必然为我国新的工业革命准备条件。人民群众的伟大创造力量，将不断创造出为资产阶级庸人和右倾保守主义者所意想不到的奇迹。奉劝那些患有近视症但还不是顽固不化的走资派的人们把眼光放远一些，奉劝那些轻视工农、自己以为很了不起的大学生放下架子，迅速赶上亿万革命人民前进的雄伟步伐。　（新华社北京二十一日电）

像解放军那样无限忠于毛主席

（本报编辑部）

在无产阶级文化大革命即将夺取全面胜利的大好形势下，迎来了伟大的中国人民解放军建军四十一周年。我们怀着深厚的无产阶级感情来纪念我们伟大的中国人民解放军光荣的战斗的胜利的节日。

中国人民解放军，是我们伟大领袖毛主席亲手缔造的，是林彪同志直接指挥的伟大军队，是用毛泽东思想武装起来的真正掌握在人民手里的举世无双的最强大的革命军队。

毛主席说：**“枪杆子里面出政权。”**

四十一年来，在我们伟大统帅毛主席的率领下，在战无不胜的毛泽东思想指引下，中国人民解放军走过了极其艰难曲折、极其光荣伟大的路程。依靠伟大的人民解放军，打败了日本侵略者，推翻了代表帝国主义、封建主义和官僚资本主义的国民党反动统治，建立了无产阶级专政的伟大国家。并粉碎了国内外阶级敌人武装进攻和颠复破坏阴谋，英勇地保卫了社会主义祖国，支援了世界各国人民的革命斗争。

在我们伟大领袖毛主席亲自发动和领导的史无前例的无产阶级文化大革命中，依靠伟大的人民解放军，我们才能够在七亿人口的中国放手发动群众，开展大民主，向党内一小撮走资派开展夺权斗争，把中国赫鲁晓夫为首的资产阶级司令部打得落花流水，并摧毁了他们妄图在中国复辟资本主义的社会基础，取得了无产阶级文化大革命的决定性胜利。

中国人民解放军四十一年来，所取得的震惊世界的丰功伟绩，是毛主席无产阶级军事路线的伟大胜利。是毛泽东思想的伟大胜利。

毛主席说：**“没有一个人民的军队，便没有人民的一切。”**在无产阶级夺取政权的年代里是这样，在无产阶级专政条件下，也是这样。伟大的中国人民解放军，对毛泽东思想学得最活、领会最深、用的最好。在两个阶级、两条道路、两条路线的斗争中，最忠实、最坚定、最彻底地执行和保卫毛主席的无产阶级革命路线和军事思想。

在无产阶级文化大革命中，人民解放军、驻天津陆海空三军，高举毛泽东思想伟大红旗，坚决执行以毛主席为首、以林副主席为副的无产阶级司令部的命令，坚决执行毛主席的无产阶级革命路线，在“三支”、“两军”工中作，立场坚定、旗帜鲜明，建立了新的功勋。

当中国赫鲁晓夫及其在天津的代理人万张反革命修正主义集团推行资产阶级反动路线，广大无产阶级革命派受压制、遭迫害的时候，人民解放军挺身而出，最坚决最有力地支持无产阶级革命派，粉碎了资产阶级反动路线。保卫了无产阶级文化大革命。

当阶级敌人煽动资产阶级派性利用资产阶级反动思潮，破坏毛主席伟大战略部署的时候，人民解放军，从政治思想上支援无产阶级革命派，帮助无产阶级革命派用毛泽东思想武装自己的头脑，自觉地克服无政府主义、小团体主义等错误倾向，提高了广大革命群众的政治思想水平和斗争水平，促进了革命派的大联合，促进了革命的三结合，建立了革命的新秩序。

在我市革命委员会诞生以后，在战无不胜的毛泽东思想指引下，依靠人民解放军更加巩固和强化了无产阶级专政。粉碎了阶级敌人的右倾翻案妖风，深入开展了“一批、三查”运动，向一小撮阶级敌人展开了猛烈的进攻，取得对敌斗争的节节胜利。

（下转第四版）

革命职工报

敬祝毛主席万寿无疆

1968年7月30日　第二版

紧跟毛主席偉大战略布署　全面貫彻落实"七·三"布告

全市无产阶級革命派和广大革命群众立即行动起来，以最快速度、最高热情、最大决心宣傳　貫彻"七·三"布告

本报讯　天津市革命委员会于二十五日下午在第一工人文化宫召开"贯彻毛主席'七·一八'重要批示动员大会"。各系统、区、局及部分基层单位革命委员会负责人，四代会委员共两千多人。天津市革命委员会和天津驻军支左联络站主要负责人解学恭、肖思明、郑三生、杨银生、刘政、王一、韩德富等同志出席了大会。到会同志怀着对伟大领袖毛主席无限热爱的深厚无产阶级感情共同敬祝毛主席万寿无疆！万寿无疆！万寿无疆！

敬祝林副主席身体健康！永远健康！永远健康！

大会开始由市革命委员会值班常委史津立同志宣读毛主席"七·一八"重要批示和"七·三"布告。

解学恭同志做了宣传贯彻"七·三"布告的动员报告。王凤春同志代表四代会表示了贯彻"七·三"布告的决心。最后肖思明同志做了重要讲话。

解学恭同志报告指出：在全国亿万军民夺取无产阶级文化大革命全面胜利的关键时刻，我们伟大领袖毛主席亲自批发了中共中央、国务院、中央军委、中央文革七月三日布告。七月十八日毛主席对湖南驻军支左领导小组关于宣传贯彻"七·三"布告情况汇报作了重要批示，中共中央、国务院、中央军委、中央文革小组，根据伟大领袖毛主席的批示发了关于"转发湖南驻军支左领导小组宣传贯彻'七·三'布告情况汇报"的通知，这是当前全国人民政治生活中的一件极其重要的大事。我们各级革命委员会和各级革命群众组织、"三支"、"两军"部队全体指战员、全市无产阶级革命派、红卫兵小将、广大革命群众和革命干部，都要高度重视，认真学习，坚决拥护，坚决照办。

我们市革命委员会全委会召开了扩大会议，有四代会的正副组长参加了。会议讨论了"七·三"布告和毛主席重要批示，我们一致认为，正如中央批示中所讲的，"七·三"布告是毛主席的伟大战略部署，是以毛主席为首、林副主席为副的无产阶级司令部发出了新的进军号令；是团结和保护广大人民群众稳、准、狠地打击一小撮阶级敌人，加强无产阶级专政的锐利武器；是保证我们乘胜前进，发展大好形势，夺取无产阶级文化大革命全面胜利的革命的战略措施。它极大的支持和鼓舞了全国无产阶级革命派和广大革命群众。给了一小撮阶级敌人最沉重的打击。大长了广大革命群众的志气，大灭了一小撮阶级敌人的威风。毛主席亲自批发的"七·三"布告和中央根据毛主席重要批示发出的"七·一九"通知，我们革命委员会根据常委会讨论布告和毛主席的批示对基本精神理解，认为这个布告和毛主席的批示他的精神是团结教育保护广大革命群众。团结教育保护广大群众，彻底孤立狠狠打击一小撮阶级敌人，这是具有普遍和深远意义的，我们根据毛主席和党中央的指示，广泛地、深入地宣传"七·三"布告，必将大大推动我市开展的革命大批判，对敌斗争和清理阶级队伍的工作，也就是说大大推动"一批、三查"运动更加深入、更加健康的发展，广泛深入地宣传毛主席的批示和"七·三"布告必将更加密切军民关系、军政关系，拥军爱民运动更加深入地开展下去；必将进一步提高广大革命群众阶级斗争觉悟和路线斗争觉悟，巩固革命的大联合和革命的三结合；必将进一步推动我市"**抓革命，促生产**"的更大新高潮。深入宣传毛主席的批示和"七·三"布告，将使我市"一批、三查"运动沿着毛主席的航线不断前进。所以从根本上来说，宣传贯彻"七·三"布告和我们当前的各项工作不是矛盾的，是一致的。那种把二者对立起来的想法和作法是不对的。

市革命委员会对宣传贯彻"七·三"布告，前一段没有抓紧，这主要责任在我们领导上，尤其是我个人，为什么出现这种情况呢？主要是我们对毛主席批发的"七·三"布告重要意义理解不深，认识不足。简单的认为"七·三"布告是对广西发的布告，没有认为这是伟大领袖毛主席的伟大战略部署。同时也觉得天津的形势是很好的，革命委员会成立以来，没有发生过象广西那样的严重事件，在思想上存在着危险的自满情绪。这说明我们对毛主席的伟大战略部署还跟的不紧。说明我们对中央指示缺乏深入的学习和领会。

现在我们伟大领袖毛主席督促我们啦！我们要急起直追，迎头赶上去，这是我们对伟大领袖毛主席的态度问题。对以毛主席为首、林副主席为副的无产阶级司令部的态度问题。

当前我们天津的文化大革命形势是一片大好。各条战线如万马奔腾，各项工作如千花集锦，"一批、三查"运动清理阶级队伍开展对敌斗争正在乘胜前进，向纵深发展，精兵简政正在进入高潮。教育革命和条条战线的斗批改空前规模广泛开展，市革命委员会关于学北京赶上海夺取革命生产双胜利的号召，已经得到广泛的响应，正在推动革命生产阔步前进。同时也必须看到，随着革命的深入发展阶级斗争更加复杂、更加深刻。一小撮阶级敌人途穷路末进行垂死挣扎，他们到处煽风点火，挑拨离间，制造谣言，大搞右倾翻案妖风，妄图动摇新生的革命委员会，妄图动摇强大的柱石伟大的人民解放军。

"七·三"布告中指出的六条在我们天津都有程度不同的存在着。比如，在天津市现在没有发生那种大型的武斗，但零星的武斗一直断断续续，前几天在京津公路上发生了武斗有一段时间使京津公路交通断绝，这是不平常的事情。有的单位甚至现在还在制造武斗工具，土枪、土炮；有的现在还隐藏武器、武斗工具，有相当数量的土炮、土枪、大刀片、匕首、长茅、硫酸都还没有上交。在我们天津也有人到外地去搞串连活动，外地也仍然有人到天津搞串连活动，也抄转了一些这里告急，那里搞武斗，这里打死人，那里大派消灭小派，企图煽动群众，挑起武斗。

在交通运输这一方面，特别是水上运输现在情况并不是好的，发现抢劫现象，抢菜、抢西瓜，甚至混入了一些流氓盗窃分子乘机进行破坏活动。

有的把查抄资本家的物资窃据为己有直到现在也不交出。有的非法侵占了公家和个人的物资，在武斗中间拿走的现在还据为己有拒不交出。

上山下乡青年、支边支内倒流返津的人员，现在虽然大部分走了，但是还有那么一部分不走。

进入夏季以来重大的刑事案件有所发生。还有其他情况，所有这些都严重干扰毛主席的伟大战略部署，干扰革命的大联合和革命的三结合，障碍着"一批、三查"运动，所以我们决不能骄傲自满。不能认为"七·三"布告和天津没有关系或关系不大。

毛主席批转的"七·三"布告针对的是广西问题，但是我们必须认识到毛主席对这个布告亲自批发到全国它就具有普遍的意义，深远的意义。这不是局部的问题。

坚决贯彻执行中央"七·三"布告就要紧跟毛主席的伟大战路部署；就能进一步推动我们全面落实毛主席的最新指示，巩固和发展革命的大联合和革命的三结合；加强军政团结、军民团结；夺取无产阶级文化大革命全面胜利，把无产阶级文化大革命沿着毛主席的航向乘胜前进，取得彻底胜利。

坚决贯彻执行"七·三"布告，是忠于毛主席、忠于毛泽东思想、忠于毛主席革命路线的重要表现。**我们必须以最快的速度、最高的热情、最大的决心积极宣传、认真落实"七·三"布告。**现在我就如何宣传贯彻"七·三"布告提出以下几点意见，供同志们参考执行。执行中有什么意见、改进、补充，希望及时得到反应，以便我们贯彻落实"七·三"布告。

一、在宣传贯彻"七·三"布告，要求我们立即在全市范围内开展起一个轰轰烈烈的、声势浩大的，宣传落实"七·三"布告活动。要发动广大革命群众采取各种形式进行宣传，比如开办各种类型的毛泽东思想学习班，讲用会、座谈会、宣传队、文艺演出队等等各种形式进行宣传。利用各种工具如大字报、大标语、有线广播等深入到工厂、农村、大街小巷挨家挨户分片包干广泛宣传，反复贯彻，做到家喻户晓、人人皆知。要使毛主席的声音深入人心，把广大群众武装起来。

二、宣传贯彻"七·三"布告，就是要求我们更高地举起毛泽东思想伟大红旗，坚持毛主席的无产阶级革命路线，牢牢掌握斗争大方向，严格区分两类不同性质的矛盾，团结一切可以团结的力量，向那些破坏无产阶级专政，破坏无产阶级文化大革命负隅顽抗死不悔改的阶级敌人发起主动地、不停顿地、猛烈地进攻。

目前要在广泛发动群众的基础上，就是说在发动群众"一批、三查"运动的基础上，抓住重点，抓住重点就是要挖那些隐藏很深的、钻入党内、钻入要害部门、钻入领导层的叛徒、特务、死不悔改的走资派和有现行破坏活动的一切反革命分子，以彻底打胜对敌斗争这一仗。这意思就是说现在的"一批、三查"运动取得了很大的成绩，应该在发动群众进行揭发的基础上再深入一步。也就是说有数量问题，更重要的是有质量问题，抓主要的，抓重点，在深挖阶级敌人的斗争中要根据毛主席的一贯教导，善于利用矛盾，区别对待，分化瓦解，争取多数，反对少数，各个击破。必须根据党的坦白从宽、抗拒从严、首恶必办、胁从不问、受蒙蔽无罪、反戈一击有功的一贯政策，这在毛主席亲自批转的"七·三"布告中间重申了我党的一贯政策。

首先严格区分两类不同性质的矛盾，就是中央在布告中讲的，要分清敌我，要区分两类不同性质的矛盾，要分清好人犯错误和坏人干坏事，这一点要加以区别。

对于政治历史问题，现在我们查出来有政治历史问题的大不少，对于政治历史问题，也要区别是大问题还是小问题，要区别大和小，交待过和没交待过，作过结论和没有作过结论，已结论是否正确。对这一些历史问题根据他们大和小交待过和没有交待过，作过结论和没有作过结论以及结论是否正确，进行全面的历史的分析。这样就便于我们抓住主要的。对于坏人也要区别。首恶分子和胁从分子也要区别，有现行破坏活动及没有现行破坏活动，就是说有现行破坏活动的那就要严重，没有现行破坏的就属于历史问题，要区别老实交待和拒不交待抗拒改造，这几个区别在我们对敌斗争方面，在我们对敌斗争策略方面，要注意区别。对于坏人，要区别首恶分子和胁从分子，区别有现行破坏活动和没有现行破坏活动，区别老实交待和拒不交待和抗拒改造，还要把五类分子就是地、富、反、坏、右和他们的子女加以区别。现在我们发现个别单位在批斗五类分子，有的把五类分子的儿子女儿大大小小带到一块去陪斗，这种作法是不好的，要加以区别和区别对待，阶级敌人只要彻底坦白认罪、老实接受改造，都可以从宽处理，都要给予出路，就是说你该判死刑的，只要你彻底坦白认罪、老实交待，死刑还可以判缓期执行，都可以从宽处理，都要给予出路。但是那些执迷不悟，抗拒改造，罪恶极大的顽固分子如果不彻底坦白认罪，一定要严加惩办。这就是我们同志们都知道的，经常交待政策时讲的，坦白交待还有出路，抗拒的死路一条，我们现在告诉他们，只要你坦白认罪，老实接受改造，可以从宽处理，都要给予出路，你执迷不悟，罪恶更大，罪恶严重，执迷不悟，抗拒改造，那从严惩办。也要把这些政策和对敌斗争策略，我们在对敌斗争中间很好的注意。毛主席教导我们："**政策和策略是党的生命，各级领导同志务必充分注意，万万不可粗心大意。**"总而言之，我们要根据毛主席的一贯教导和党的历来的政策，团结一切可以团结的力量，最大限度的孤立和打击极少数最顽固的敌人。我们在对敌斗争方面，要高度重视调查研究，要分清是非轻重，讲究斗争策略，注意斗争方法。确定一个人的问题的性质一定要凭材料，重证据，要允许个人申辩，，要坚决反对逼、供、信和任何主观主义的作法。真理在我们手里，只要我们有材料，有证据，任何敌人想用狡猾的手段翻案是翻不了的，我们有材料，有证据是不怕敌人翻案的，是翻不了的。逼、供、信是不能搞的，没有材料，没有证据最后定案是不好定的。一定要根据毛主席的教导坚持文斗，反对武斗，要强调摆事实、讲道理，进行充分揭露深刻批判。严禁擅自抓人、抄家、封门、私设公堂，搞刑讯逼供，要严禁打人和一切变相体罚。我们发现现有个别单位在批斗坏人的时候仍然有坐飞机、大弯腰、挂牌子、罚跪、到处游斗这么一些做法，这种做法，是违背我们伟大领袖毛主席一贯教导的，应该杜绝这种做法，应该反对这种做法。这是一场严肃的政治斗争，用简单的方法是不能完成这项政治斗争的。只有严格执行毛主席一贯教导，不折不扣的贯彻执行"七·三"布告，才能保护广大人民群众，才能稳、准、狠地打击一小撮阶级敌人，才能巩固无产阶级文化大革命的伟大成果，发展大好形势，夺取无产阶级文化大革命全面胜利。这次在宣传、贯彻、落实"七·三"布告时要注意宣传党的政策，团结一切可以团结的力量，稳、准、狠地打击一小撮阶级敌人。

（下转第三版）

革命职工报

敬祝毛主席万寿无疆

1968年7月30日　第三版

（上接第二版）

三、宣传、贯彻"七·三"布告还要求我们把"七·三"布告精神切实落实到行动中去，我们要逐条对照，认真检查，我们对毛主席最新指示和对敌斗争的政策贯彻、执行、落实情况，没有做到的立即跟上，违背毛主席指示的迅速改正。我们各级革命委员会的根本任务就是要高举毛泽东思想伟大红旗，突出无产阶级政治，坚持活学活用毛泽东思想，坚定的执行毛主席无产阶级革命路线，及时的、准确的、全面的，把以毛主席为首林副主席为副的无产阶级司令部的战斗任务、方针、政策落实到群众中去，变为群众自觉行动，这是革命委员会根本任务。我们根据毛主席伟大战略部署和"七·三"布告精神要进行检查，没有做到的要立即跟上，违背了毛主席指示的我们就迅速改正。"七·三"布告的六条规定，基本精神要对照天津市实际情况要进行检查，我们要认真贯彻执行，这里边有几点：

1、对于现在还有进行一些小型武斗，制造武斗工具等等我们要求一切无产阶级革命派的同志们立即行动起来，坚决杜绝武斗，消除武斗苗头，把武斗消灭在萌芽状态中，所有武斗的工具不论是原来有的，新制造的立即清理，自动上交到各区的清理指挥部，还有没拆除的武斗工事，应该自动拆除，我想这一点好好的发动群众，认真讨论"七·三"布告，把本单位过去各派组织进行武斗工具把它集中起来，这个好办，群众一讨论、集中起来，敲锣打鼓送到清理指挥部报喜去，清理指挥部给以表扬，主动的认真的执行"七·三"布告，见诸行动了，这是立了一大功。你现在还要那东西干啥？古巴刀现在还没交回来，长矛、匕首、土枪、土炮不交干什么？是还准备再打呀，还是干什么！应该交回来了。

2、现在在外地的串连人员要通知限期回到本市，本单位，同时解劝那些外地来津串连的人员限期离开天津回到本地区、本单位去就地闹革命，要相信本单位群众，广大革命群众是能把无产阶级文化大革命进行到底的，不要在那里把手伸得那么长，在那里插手。

3、保证交通运输畅通，严防阶级敌人破坏，特别对当前水上运输状况应该改善，坚决打击投机倒把，流氓分子的犯罪活动，要发动群众保卫运输安全，检举坏人，必要时应加强水上巡逻，各个旅店群众组织要在已经清查旅店取得胜利的基础上提高革命警惕性，继续管理好旅店，防止坏人窝藏到旅店中，发现了坏分子应当立即报告到清理指挥部或公安机关。

4、要无条件的迅速的把非法所得的财物上交公安机关，有些单位把人家自行车给搞跑了，现在借口搞专案调查，还是搞什么也不给人家退，这是不对的！是拿走人家个人财物的就得给人家退回来，占据的公私财物应当退回来，要迅速退回来。

5、有些群众组织或个人私藏武器有枪支、弹药、手榴弹等等，还有强行拿走了的军装，在去年武斗时候我们几千套给人拿走了，现在还没交回来，应当无条件地自动送回公安机关，主动送回的免于追究，就宽大处理了，现在私藏的枪支、弹药应该立即上交。

6、上山下乡的青年，支边、支援三线倒流回津的青年，还有应当遣送的"十种人"迅速动员他们返回工作单位、生产单位，对于尚未破获的反革命案件要放手发动群众迅速破案，对现行反革命、流氓盗窃集团破坏无产阶级专政扰乱革命秩序的流氓盗窃活动要狠狠地打击。

四、各级革命委员会要加强宣传落实"七·三"布告的领导，要把宣传、贯彻"七·三"布告当做当前的主要工作、最大的政治，认真的抓起来，各级领导要亲自出马，带头学习、宣传、总结交流经验，进行具体指导，各个群众组织，工代会，农代会，大专院校红代会，中学红代会都要动员起来发挥各级群众组织的战斗作用，组织浩浩荡荡宣传大军，在贯彻"七·三"布告中立新功。这里还需要指出的"七·三"布告矛头是指向一小撮阶级敌人的，决不能利用这、去压制这一部份或那一部份群众，对于混进革命群众组织的坏人必须按照布告规定由两派群众组织各自清理，不要互相揪人。

五、"三支"、"两军"全体同志在宣传、贯彻"七·三"布告方面已经走在了前面，做了大量的工作，现在要根据市革命委员会和支左联络站临时党委统一布署，大力帮助各级革命委员会和各级群众组织，大力宣传、贯彻、落实"七·三"布告的工作。

这方面的问题，还有我们革命委员会的副主任，支左联络站临时党委负责人肖思明同志还要详细讲话。

同志们"七·三"布告在我们天津市的宣传将会产生深远影响，对毛主席亲自批发的"七·三"布告的态度，实质上是对毛主席、对毛泽东思想、对毛主席革命路线的态度；是对毛主席战略部署、紧跟不紧跟的问题，我们必须满怀对毛主席无限忠诚、坚决拥护、热情宣传、勇敢捍卫、认真落实"七·三"布告。同时要提高革命警惕，不许阶级敌人篡改、歪曲布告精神，粉碎他们的一切阴谋诡计。新的进军号吹响了，让我们拿起毛主席给我们的新的战斗武器，在人民解放军的大力支持下向阶级敌人猛烈进攻，发展大好形势，将无产阶级文化大革命进行到底！

肖思明同志在讲話中指出：

伟大领袖毛主席在湖南驻军支左领导小组宣传贯彻"七·三"布告情况汇报的重要批示和中央关于转发湖南驻军支左领导小组宣传贯彻"七·三"布告情况汇报的通知，向我们深刻指出了认真学习、深刻领会、坚决贯彻"七·三"布告的伟大意义。伟大领袖毛主席和中央的亲切督促和教导，是对我们最大的关怀、最大的鞭策。深入学习和贯彻"七·三"布告，是当前最大的政治，是对毛主席、毛泽东思想、毛主席革命路线忠不忠的态度问题。我代表驻津部队和"三支"、"两军"人员坚决执行毛主席的伟大指示，坚决贯彻中央的通知、坚决落实"七·三"布告。并热烈支持今天大会的召开和完全同意解学恭同志的讲话。

伟大领袖毛主席亲自批发的"七·三"布告，是一个极其重要的文献，这是毛主席的伟大战略部署，是加强无产阶级专政夺取无产阶级文化大革命全面胜利的重大措施，是我们作好"三支"、"两军"工作、团结保护广大人民群众，稳、准、狠地打击一小撮阶级敌人的强大的思想武器。坚决贯彻中央"七·三"布告，就能紧跟毛主席的伟大战略部署，全面落实毛主席的最新指示，巩固和发展新生的革命委员会，加强军民团结，加强革命队伍内部的团结，取得对敌斗争的全面胜利，把无产阶级文化大革命进行到底。

一、布告要求我们向一小撮阶级敌人发起猛烈地进攻。布告中指出："更高地举起毛泽东思想伟大红旗，坚定地站在毛主席无产阶级革命路线上，牢牢掌握斗争大方向，向阶级敌人发动猛烈地进攻。"这是对广西提出的要求，也是对我们天津广大无产阶级革命派和广大革命群众、驻天津人民解放军全体指战员、天津广大革命干部的要求。天津市和全国一样，形势大好，越来越好。特别是贯彻中央"二·二一"指示以来，大揭文艺界、公检法的阶级斗争盖子，深入开展"一批、三查"运动，揪出了一批阶级敌人，取得了伟大的胜利。

伟大领袖毛主席教导我们说："**敌人是不会自行消灭的。**""**凡是反动的东西，你不打，他就不倒。**"无产阶级文化大革命越是接近全面胜利，阶级斗争越是复杂、越是深刻。一小撮阶级敌人不甘心他们的失败，一定要进行垂死挣扎，他们有的公开跳出来，制造反革命事件；有的打着红旗反红旗，混入革命队伍内部，从右的或极"左"方面破坏无产阶级文化大革命，妄图颠复动摇新生的红色政权，大刮三右一翻案的妖风。有的装死躺下，更深地隐藏下来。我们越是在大好形势下，越是在接近全面胜利的时刻，越要提高革命的警惕性，我们一定要明白，不把一小撮阶级敌人统统揪出来，隐患不能消除，就不能取得无产阶级文化大革命的彻底胜利，已经取得的胜利也不能巩固。因此，我们要乘胜前进，发展大好形势，向一小撮阶级敌人发起猛烈地进攻，把他们统统揪出来，彻底斗倒斗臭。

二、布告要求我们，严格区分两类不同性质的矛盾，团结一切可以团结的革命力量，巩固和发展革命的大联合，巩固和发展革命的三结合。两年来的文化大革命的经验告诉我们，一小撮阶级敌人所以能够隐藏在革命队伍的内部，是资产阶级派性对他们起了掩护作用，由于资产阶级派性作怪，容易混淆两类不同性质的矛盾，甚至做出亲者痛仇者快的事情来。伟大领袖毛主席教导我们说："**谁是我们的敌人？谁是我们的朋友？这个问题是革命的首要问题。**"我们一定要遵照毛主席的教导，严格区分两类不同性质的矛盾，决不把朋友当敌人，也决不把敌人当朋友。要把一个组织混进了坏人同这个组织严格区别开来，要把犯了错误的群众同阶级敌人区别开来，彻底肃清资产阶级派性的影响。一切革命群众组织决不能以大压小，也不能以小欺大。毛主席教导我们说："**不能由一部分人民去压迫另一部分人民。**"我们只能促进群众联合对敌，决不能激发群众的对立。你大派也罢，小派也罢，在革命大方向一致的前提下，团结一切可以团结的力量，共同对敌。只有这样才能巩固发展革命的大联合，只有这样才能巩固和发展革命的三结合，只有这样才能孤立一小撮阶级敌人，使他们陷于人民战争的汪洋大海之中。

三、布告要求我们，掌握政策、讲究策略，稳、准、狠地打击一小撮阶级敌人。布告中明确指出："党的政策，历来是：坦白从宽，抗拒从严，首恶必办，胁从不问，受蒙蔽无罪，反戈一击有功。"这个政策对天津市的无产阶级文化大革命有着重要指导作用，几个月来，天津"一批、三查"运动取得很大成绩，但是由于经验不足在阶级斗争盖子一时揭不开的情况下，容易产生急躁情绪，在取得成绩时容易产生骄傲自满的情绪和麻痹轻敌思想，在对敌斗争中，容易产生出气解恨的思想。这种出气解恨的思想实际上是以感情代替政策，障碍着"一批、三查"运动的健康发展，影响我们对敌斗争取得更大胜利。伟大领袖毛主席教导我们："**政策和策略是党的生命，各级领导同志务必充分注意，万万不可粗心大意。**"在对敌斗争中我们一定要严格掌握党的政策和斗争策略，及时总结交流经验、反复落实北京新华印刷厂对敌斗争经验，充分发挥党的政策的强大威力，保证"一批、三查"运动深入发展，争取较短时间取得更大成绩。

四、布告要求我们在开展对敌进攻斗争中，巩固和加强军政团结、军民团结，作到军政一致、军民一致。一年多来奋战在"三支"、"两军"前线广大指战员高举毛泽东思想伟大红旗，紧跟毛主席伟大战略部署，始终如一地把学习、宣传、执行、捍卫毛主席的一系列最新指示，作为自己崇高的战斗任务。正确对待群众和群众运动，忠实地站在毛主席革命路线一边，站在决心把无产阶级文化大革命进行到底的无产阶级革命派一边，站在广大人民群众一边，保护广大人民群众、打击一小撮阶级敌人，促进了无产阶级革命派实现了革命大联合，建立革命的三结合开展对敌斗争，全面落实毛主席一系列最新指示。当前各级革委会的普遍建立，斗争形势的迅速发展，向我们"三支"、"两军"部队提出了更高的要求和新的任务。

伟大领袖毛主席教导我们："**军民团结如一人，试看天下谁能敌？**"当前我们正在开展拥军爱民活动，"三支"、"两军"部队一定要认真学习、坚决贯彻布告精神，进一步提高阶级斗争和路线斗争觉悟，加速思想革命化，和革命委员会、全市无产阶级革命派一起落实"七·三"布告，团结一切可以团结的力量，狠狠打击一小撮阶级敌人。巩固发展革命大联合和革命三结合，夺取无产阶级文化大革命全面胜利就是最大的拥军爱民。"七·三"布告是毛主席伟大战略部署，是我们做好各项工作的强大动力。学习和贯彻布告精神将推动革命大批判的群众运动持久地、深入地开展，将促进清理阶级队伍取得更大成效，将推动革命委员会加速革命化建设、精兵简政工作迅速落实。学习和贯彻布告精神，将使全市革命和生产取得更大胜利。

根据中央的通知，根据军区党委的指示，根据解学恭同志报告中学习、贯彻布告的安排，支左联络站党委要求"三支"、"两军"人员：

1、认真学习"七·三"布告。驻津部队和"三支"、"两军"部队都要拿出足够的时间，及时传达和学习伟大领袖亲自批转的"七·三"布告，毛主席"七·一八"的重要批示，中央"七·一九"通知。并结合学习毛主席有关对敌斗争的政策策略和正确处理两类不同性质矛盾的论述。在学习中要认真的联系思想和实际，深刻领会布告精神实质，订出宣传、贯彻"七·三"布告具体措施。

2、热情宣传"七·三"布告。各单位要立即大力开展宣传活动，领导干部带头，部队分片包干，采取有线广播（不要搞高音喇叭）宣讲、演唱、座谈和调查、抓典型，办毛泽东思想学习班等形式。反复宣传，使中央布告家喻户晓、深入人心。宣传中即要轰轰烈烈大造声势、又要扎扎实实保证宣传效果。

3、坚决执行"七·三"布告。所有部队人员，特别是"三支"、"两军"人员要充分相信群众、依靠群众、放手发动群众，向一小撮阶级敌人展开猛烈进攻。同时要帮助支持革命委员会和广大群众，掌握好政策、组织好对敌斗争的各项重大工作，作到稳、准、狠地打击敌人。还要进一步的深入的开展拥军爱民活动，密切军政、军民关系，保证"七·三"布告的各项要求条条落实。

4、勇敢捍卫"七·三"布告。充分发挥人民解放军的支柱作用。坚决支持革委会和广大群众的对敌斗争，对一小撮阶级敌人反革命破坏活动，坚决给予镇压。注意发挥群众专政的巨大威力，提高革命警惕性，对阶级敌人破坏军政、军民团结，搞分裂主义的阴谋，必须予以揭露和反击，大力加强对社会治安的维护工作，保卫无产阶级革命新秩序，保卫无产阶级文化大革命胜利果实。

同志们：让我们更高地举起毛泽东思想伟大红旗，紧跟毛主席伟大战略部署，在市革委会的领导下，向阶级敌人发起猛烈地进攻。为捍卫"七·三"布告、为夺取无产阶级文化大革命的全面胜利而英勇战斗！

革命职工报　敬祝毛主席万寿无疆　1968年7月30日　第四版

毛主席最新指示
說出了我們广大工人阶級的心里話

本报讯　伟大领袖毛主席最近深刻地指出：**"大学还是要办的，我这里主要说的是理工科大学还要办，但学制要缩短，教育要革命，要无产阶级政治挂帅，走上海机床厂从工人中培养技术人员的道路。要从有实践经验的工人农民中间选拔学生，到学校学几年以后，又回到生产实践中去。"**

毛主席的最新指示传到我市之后，激起了最广泛、最热烈的欢呼。毛主席的声音传到那里，那里就响起了毛主席万岁！万万岁！的欢呼声。

天津市工代会，立即召开了全体委员会议，到会的全体委员怀着对伟大导师毛主席的无限热爱、无限崇拜的深厚无产阶级感情，一遍又一遍地认真学习了毛主席的最新指示。从生产第一线上来的委员深有感受的说：毛主席的伟大指示是我们将无产阶级教育革命进行到底的战斗纲领。是反修防修的百年大计。毛主席的话，代表了广大无产阶级的根本利益和要求，句句说出了我们工人阶级的心里话，我们全市的工人阶级热烈拥护，坚决执行，句句照办。

毛主席的最新指示，是把无产阶级教育革命进行到底的战斗纲领，是夺取无产阶级文化大革命全面胜利的强大思想武器。

全体委员在讨论中深刻的领会了毛主席最新指示的伟大意义。一致认为毛主席的伟大号召，是我们将无产阶级教育革命进行到底的战斗纲领。是反修防修的百年大计。毛主席这一光辉指示不但对于学校教育革命，而且对于各条战线深入进行斗批改，夺取无产阶级文化大革命全面胜利，对于造就无产阶级革命事业的接班人，为我国新的工业革命指明了方向，保证我国的无产阶级铁打江山永不变颜色，具有深远的历史意义和现实意义；并表示以最大的决心，最快的速度，认真学习、热情宣传、全面落实、勇敢捍卫。

毛主席最新指示，是彻底摧毁中国赫鲁晓夫反革命修正主义路线的有力武器。

委员们激动的说："毛主席这一最新指示的发表，给了中国赫鲁晓夫的专家治厂，技术第一等修正主义路线一计响亮的耳光。"许多同志例举了本厂大量铁的事实狠批了修正主义建厂路线。第一机床厂的同志说：上海机床厂担任主要设计项目的技术人员，其中有的是在我厂受排挤而调走的，非大学毕业的工程技术人员。长期以来，中国赫鲁晓夫及万张反革命修正主义集团在我厂推行了苏修"一长四师"制的修正主义路线。（厂长、总工程师、总工艺师、总设计师、总会计师）口头上讲实行三结合，实际上还是工程师们说了算。大学生一进厂，先问厂内有多少工程师，看有多少技术员，从思想上就不是面向工农，所以有的技术员连电门都找不到，有的设计好多年连车床都开动不了。接着说：毛主席的最新指示，不仅是教育革命的纲领，也为我们工业革命指明了方向，我们一定要遵循毛主席的最新指示，把中国赫鲁晓夫"专家治厂"的反革命修正主义路线批深批透，把我们的工厂办成红彤彤的毛泽东思想大学校。

毛主席最新指示，是培养无产阶级革命事业接班人的根本方向。全体委员深刻认识到，培养无产阶级革命事业的接班人，开展新的工业革命，就要坚定不移地落实毛主席最新指示，走上海机床厂的道路。交通系统的同志说：上海机床厂培养工程技术人员的道路，将会更大的解放生产力，对新的工业革命将产生巨大的影响，并将波及全世界。上海机床厂在培养技术人员方面闯出了一条崭新的道路，为我们树立了榜样。我们要像上海机床厂的工人同志那样，敢想、敢说、敢干、去大胆探索。对于一切愿意与工农结合的知识分子，我们要热情帮助，给他们一切机会，使他们与工人结合。在毛泽东思想指导下，从阶级斗争和生产劳动中培养一支无限忠于人民，无限忠于党，无限忠于毛主席，无限忠于毛泽东思想，无限忠于毛主席无产阶级革命路线的工程技术队伍。

像解放军那样无限忠于毛主席

（上接第一版）

人民解放军在新形势下遵照伟大领袖毛主席教导发扬"**拥政爱民**"光荣传统，把拥护、支持、帮助、捍卫革命委员会当成神圣职责。努力帮助各级革命委员会建设成为革命的、有无产阶级权威的、密切联系群众的、朝气蓬勃的战斗指挥部。

四十一年来人民解放军所建立的伟大历史功勋使我们深深的感到，枪杆子是我们革命人民的命根子。我们闹革命，总是离不开人民的武装，离不开枪杆子。正如毛主席教导我们的："**整个世界只有用枪杆子才可能改造。**"这是中国无产阶级和世界无产阶级用鲜血换来的经验总结。这是一个马克思列宁主义的普遍真理。

毛主席教导我们："**要相信和依靠群众，相信和依靠人民解放军，相信和依靠干部的大多数。**"毛主席还号召我们"**要拥军爱民**"。这是我们执行毛主席的无产阶级革命路线，巩固和加强革命大联合和革命三结合的思想基础，是夺取无产阶级文化大革命全面胜利的根本保证。

我们无产阶级革命派和广大革命群众要更加坚决相信和依靠人民解放军，热爱和拥护人民解放军，学习和帮助人民解放军。解放军的代表参加各级的革命三结合，为我们学习解放军创造了十分优越的条件。

学习人民解放军，就要象解放军那样，无限忠于人民、无限忠于党、无限忠于毛主席、无限忠于毛泽东思想、无限忠于毛主席的无产阶级革命路线；就要象解放军那样如饥似渴地学习毛主席著作，坚持活学活用，学用结合的优良作风；就要象解放军那样密切联系群众，始终保持劳动人民艰苦朴素的本色，在两个阶级、两条道路、两条路线的斗争中，永远站在毛主席的革命路线一边。就要象解放军那样走政治建军的道路，把工代会建设成为永远突出无产阶级政治的红彤彤的毛泽东思想大学校。

目前，我市和全国一样，形势大好。为夺取无产阶级文化大革命全面胜利，我们要更高地举起毛泽东思想伟大红旗，紧跟毛主席的伟大战略部署，全面落实毛主席一系列最新指示，认真贯彻执行"七·三"布告精神，更大规模的开展热烈的"**拥军爱民**"运动，充分揭露、坚决打击阶级敌人破坏军政、军民团结的阴谋活动，以实际行动发展大好形势，把无产阶级文化大革命推向全面胜利！

喜　　讯

为了紀念党的生日四十七周年，我們怀着对偉大領袖毛主席无限热爱的心情，特印《毛主席去安源》的油画，将随报贈送訂户。

本报编辑部

向英雄四排和李文忠同志学习《支左爱民模范排、支左爱民模范李文忠事迹展览馆》在一宫开幕

天津市革命委员会委托市工代会常委会复制举办的《支左爱民模范排、支左爱民模范李文忠事迹展览馆》于七月二十二日在第一工人文化宫正式展出。

我们伟大统帅毛主席和他的亲密战友林副统帅亲自批准授予某部六连四排以"支左爱民模范排"和排长李文忠同志以"支左爱民模范"的光荣称号，为全党、全军、全国人民树立了学习的光辉榜样。《支左爱民模范排、支左爱民模范李文忠事迹展览馆》是根据英雄四排和排长李文忠同志英雄事迹、根据江西和济南举办的同名展览馆复制而成的。展览馆共分五部分，在展览馆中共有七十八幅画片、七十二幅照片，许多语录、文摘和部分实物。展览在序馆部分回顾了英雄四排的成长过程。在一、二、三部分中具体介绍了英雄四排和排长李文忠同志在伟大的支左斗争中，遵循毛主席关于"**人民解放军应该积极支持左派广大群众。**"和"**要保护左派**"的伟大教导，响应毛主席"**拥军爱民**"的伟大号召，坚定地站在毛主席革命路线一边。他们以模范行动实践了"毛主席热爱我热爱，毛主席支持我支持，毛主席指示我照办，毛主席挥手我前进！"的誓言。并通过典型事例，重点突出了无产阶级专政条件下继续进行革命的无产阶级先进分子的突出代表李文忠。他无限热爱毛主席，如饥似渴地学习毛主席著作、斗私批修、破私立公、改造世界观，实现思想革命化，为我们树立了光辉的榜样。特别是李文忠同志在生命的关键时刻喊道："不要管我、救红卫兵要紧"的豪迈语言，这句话充分表现了英雄李文忠对毛主席的赤胆忠心，展现了英雄李文忠放眼世界的宽广胸怀。展览馆的第四部分，介绍了全国军民、红卫兵小将在李文忠事迹鼓舞下，掀起向英雄四排和李文忠同志学习的情况。

展览馆每天上午八点至十二点，下午二点至五点办理接待手续，本市集体参观持单位介绍信与接待组联系。

星期日休息。

展出地址：第一工人文化宫四楼。

电话号码：办公室：4·1156，接待组：4·0879。

天津市工代会《支左爱民模范排、支左爱民模范李文忠事迹展览馆》

最　高　指　示

我們的责任，是向人民負责。每句話，每个行动，每項政策，都要适合人民的利益……。

通　　告

（第二号）

1、我公安机关军管会收集的无主自行车，于三月十六日认领以来，已接待群众9678人次。按规定，至六月十六日到期，为满足失主要求，特决定延期到九月三十日。希失主持证速往接待站（河北路300号）认领。

2、公安机关军管会号召，凡非法获得自行车或其他公、私财物者，应于八月底以前，主动送交附近公安机关、派出所，如逾期不交或抗拒不交，根据情节依法惩处。

希广大革命群众，大力宣传，协助办理。

中国人民解放軍天津市
公安机关軍事管制委員会
一九六八年七月二十二日

本报通讯地址：天津市解放路120号　电话3局1233　本市各邮局订阅　（零售：二分）

毛主席开創了中国革命和世界革命的胜利道路

——秋收起义故事片断

今年的“八一”，是光荣的中国人民解放军建軍四十一周年紀念日。我們伟大領袖毛主席亲手締造和領导的、林彪副主席直接指挥的、用战无不胜的毛泽东思想武装起来的人民解放军，是无产阶級专政的坚强柱石，是保卫社会主义祖国的鋼铁长城，是毛主席的革命路线和无产阶級文化大革命的英勇捍卫者。值此亿万革命群众，紧跟毛主席的伟大战略部署，掀起更大規模的“拥军爱民”新高潮，怀着无限敬佩、无比自豪的心情，同声欢呼我军四十一年来为人民立下的不朽功勋的时刻，本报特轉載《解放军文艺》刊登的三篇记述秋收起义的文章，以示热烈庆祝。

震撼世界的秋收起义，是我們伟大舵手毛主席高举“武装斗爭”的革命旗帜，扭轉了中国革命的舵輪，发动了中国历史上第一次由共产党領导的农民武装暴动！

震撼世界的秋收起义，在我們的伟大統帅毛主席亲自領导下，建立了中国工农革命军第一师，亲手締造了世界上第一支来自人民、为人民服务的、新型的人民军队！

震撼世界的秋收起义，在我們的伟大导师毛主席的指引下，开辟了“农村包围城市，最后夺取城市，夺取全国政权”的新航道，丰富和发展了馬克思列宁主义。这是中国人民革命胜利的道路，也是全世界被压迫人民和被压迫民族取得解放的胜利之路。

我們最最敬爱的毛主席亲自发动和領导秋收起义的伟大革命实践，为中国人民和全世界人民，树立了一个极其光辉的典范。如今，四海翻騰云水怒，五洲震蕩风雷激，毛主席指出的“枪杆子里面出政权”这个颠扑不破的真理，正日益被越来越广大的人民所掌握，变成了彻底埋葬資本主义旧世界的物質力量。让我們沿着毛主席指引的道路奋勇前进吧！让全世界武装斗爭的革命烈火越烧越旺吧！

編　者

天津新文艺

天津市市級文艺系統委員会
天津新文艺編輯部
1968年8月
第76号　（共4版）

1968年8月　第二版

敬祝毛主席万寿无疆

天津新文艺

伟大的舵手

一九二七年。

反革命的逆流袭击着中国的大地。“四一二”，“五二一”，“七一五”……，一連串用共产党人鮮血凝成的殷紅的日子，一个連着一个出現在中国人民面前。六万多中国共产党員只剩下七八千人，二十八万工会会員驟減到三万多人，一千多万农协会員也大都散落。第一次国内革命战爭的成果被陈独秀断送了，被蔣介石扼杀了。中国的天空黑沉沉，烏云滚，中国的土地上腥风起，血肉飞……

中国的革命航船遇险了！面临着向何处去的抉择关头！

是逃跑退让妥协投降？还是把革命进行到底？

右傾机会主义分子陈独秀认为：現在，中国資产阶級民主革命巳經胜利結束了，蔣介石取得的統治地位是中国資产阶級对于帝国主义和封建势力的胜利。中国社会巳經是資本主义占优势的社会了。現在我們无产阶級只能够进行以“国民会議”为中心口号的合法运动。社会主义革命要等待将来才能举行。

这是些什么話？！是十足的反革命讕言。陈独秀被蔣介石的屠刀吓破了胆，竟公然为蔣介石的反革命罪行唱贊歌，无耻地要我們的党向蔣介石投降了。

他指引的是一条触礁沉船的死亡航道啊！难道中国革命航船就照此前进嗎？不能，絕对不能！

大海航行靠舵手，革命人民在仰望着、等待着一个伟大的声音啊！看！一个高大伟岸的身影在“八七”会議上站起来了。他站起来，像一輪紅日冉冉上升，万丈光焰普照中国的山河；他站起来，像巍巍泰山巋然屹立于东海之滨，俯瞰着中国的土地；一个庄严的洪钟般的巨声在震响，响遍在中国九百六十万平方公里的土地上，响遍了亿万劳苦工农大众的心……

是这庄严的伟大声音明确尖銳而又英明地指出：

第一，革命失败的原因，在主观上是由于陈独秀右傾机会主义路綫，放弃了党对革命的領导权，特别是放弃了党对武装的領导权。陈独秀右傾机会主义路綫为了“照顾国共合作”而百般阻挠、压制五省群众运动，一味迁就資产阶級而犯了投降主义的錯誤。

第二、党对国民党反动派不能再有任何的幻想，对陈独秀右傾机会主义分子也不能有任何幻想，而应当独立地領导中国革命斗爭，党应从失败中吸取經驗教訓，坚决以主要力量来領导武装斗爭，用枪杆子来夺取政权，推动农民土地革命。党应当在群众基础好的湘鄂赣粤地区发动农民举行秋收起义，和国民党反动派进行針鋒相对的斗爭。

第三，迅速整頓党的組织，健全中央机关。

这声音像茫茫夜海之灯塔，指明了中国革命航船的正确航道；这声音是利剑，刺穿了陈独秀的叛徒嘴脸；这声音如春雷，喚醒了革命的共产党人和亿万劳苦大众。

这就是中国革命航船最正确的伟大舵手，我們心中最紅最紅的紅太阳毛主席的伟大声音啊！

以毛主席为代表的正确路綫战胜了陈独秀右傾机会主义路綫。在“八七”会議上，党接受了毛泽东同志的这一个建議，决定了以武裝反抗国民党武裝大屠杀的总方針，决定在湘鄂赣粤等广大地区发动农民进行暴动，进行土地革命。并且决定派毛泽东同志到他亲手发动起来的全国农民运动的中心湖南省去領导秋收暴动。

中国革命航船开始在毛主席的引导下，拨轉航向了！这是一个划时代的伟大轉舵啊！

其实，毛主席从他向旧世界投出第一枪的青年时代开始，他的每一步脚印每一个行动都标記着中国革命的正确道路，他早巳为我們党規定了中国革命的根本問題是农民問題，和必須依靠枪杆子闊革命的伟大航道了啊！

一九一八年四月，正在长沙第一师范讀书的毛主席，創立了一个追求革命眞理的組织新民学会。在討論学会任务目的时，有人說是为了“促进社会进化”，有人說社会不能根本推翻，我們应对各种方法“取研究的态度”。唯独毛主席說，不对！我們的任务目的就是要彻底“改造中国与世界”，中国必須“走俄国式的暴力革命的道路”，必須进行工农革命，建立战斗的共产党！

怀着“改造中国与世界”的伟大思想的毛主席，青年讀书时代就最关心最热爱工农大众。他曾利用学校放暑寒假的机会，数次徒步深入到苦难深重的广大农村去进行大規模的系統的社会調查。一卷紙张、一柄雨伞、一双草鞋、一盏油灯，伴他度过了資水两岸、洞庭湖畔、湘东山区的許多个日日夜夜。

一九二五年春节前夕，为了反对当时同样无視农民运动的以张国燾、陈独秀为代表的“左”、右傾机会主义者，毛主席回到家乡湖南湘潭韶山冲去致力开展农民运动，短短几天，全国最早的农民协会——雪耻会誕生了；全国最早的农民运动讲习所——农民夜校办起来了。毛主席亲自給貧苦农民上課，讲革命道理。这年夏天，毛主席到广州去主办全国农民运动讲习所，把在韶山培育出的农民运动的种籽洒遍全国。日自韶山出，韶山是最早沐浴太阳光輝的地方，韶山的农民斗爭，一直是一面閃耀着太阳光輝的旗帜啊！

一九二七年初春，毛主席在考察湖南省农民运动的过程中来到了湘乡县。他从工、农、商、学、妇女各群众組织那里了解了大量的群众斗爭情况，但是他发現就是沒有“兵”这一行。于是他对县农协委員长說：沒有武裝，农民运动就是空洞的，就沒有根子。你們应該馬上把团防局的三队人三百条枪拿过来！你还記得去年三月二十日广州中山艦事件吧，蔣介石是靠不住的，肯定地說，过不了多久，他还是要变的，还是要反的。

多么英明的伟大預見啊！

当时毛主席还指示湘乡县迅速搞起用梭鏢武装起来的十万农民赤卫队。梭鏢！哪里举起千万支这种垂着紅纓子的銀光閃亮的单尖两刃刀，哪里农民运动的烈火就熊熊燃烧起来，一切貪官污吏、土豪劣紳都将被烧成灰烬！梭鏢所表現的正是毛主席那枪杆子里面出政权和全民皆兵的伟大思想啊！

一芽知春。几个短短的故事雄辯地告訴我們，毛主席早就为中国革命規定了最正确的航道了啊！历史告訴我們，只有毛主席是我們党一貫正确的伟大領袖，我們怎能不从心底千遍万遍地欢呼毛主席万岁！万岁！万万岁啊！

“八七”会議刚刚結束，毛主席伟岸的身影就昂然出現在长沙街头。在这里，短短的十几天，白色恐怖籠罩，特务跟踪盯梢，連毛主席的住处沈家大屋也常常受到监視。但是，为了秋收暴动的胜利，为了挽救中国革命，他冒着一切危险，进行着一系列紧张而艰巨的准备工作。他主持改組了湖南省委，和新省委一起討論了暴动的有关事宜，拟制了暴动大綱，决定成立暴动指揮机构——前敌委員会（毛主席为书記）和行动委員会，决定九月八日举行暴动。在激烈的爭辯中，总是毛主席卓越英明的見解得到絕大多数同志的拥护。討論暴动的中心內容土地革命时，有人說对地主的土地只能作政治上的沒收，有人又說要实行土地国有化，沒收一切土地。毛主席反对了这“左”、右两种意見，明确指出必須也只能沒收一切地主的土地。討論暴动地域时，有人說要举行全省暴动，毛主席根据当时敌我力量之对比，指出只能組织湘鄂赣边界地区的暴动。

在这段日子里，毛主席白天晚上都在开会、談話、工作。有时天不亮就出門，深夜才返回；有时三四天顾不得回住处；有时忙得顾不上吃飯，就是吃飯，手里端着碗，心里却常常想着暴动的事，忘了往嘴里送飯。为了暴动，党籌集了一定的經費，但毛主席却过着极端清苦的生活，粗米青菜，还常常吃了上頓沒錢买下頓。

毛主席就要奔向暴动地区安源、萍乡、浏阳、醴陵一带去具体組织发动暴动了。离长沙前，他向楊开慧同志和两个孩子告别。毛主席說：“你要时时做好出去继續干革命的准备，有机会我一定和你联系。”說罢，像平时外出一样，迈着稳健有力的步子走了。

看啊！一支紅亮紅亮的熊熊火炬就要在湘东点燃了！中国黑沉沉的天空已出現了胜利的曙光！共产党人揩干净身上的血迹从地下爬起来，继續战斗了！

看啊！湘东的风云在翻滚！江河在咆哮！山川在动蕩！梭鏢在揮舞！一場惊天动地的农民武装革命大风暴就要掀起了！人类历史上一个天翻地覆的伟大日子就要到来了！

看啊！中国的革命航船在毛主席的巨手中拨正航向了，开始循着正确的航道破浪前进！

紅旗卷起农奴戟

——文家市会师側記

春雷，炸开了文家市层层密布的黑云……

文家市的天亮了！迎着紅日，一个高大的身影出現了，他的巨手指向了文家市。于是，通向文家市的崎嶇山

（下轉第三版）

天津新文艺

敬祝毛主席万寿无疆

1968年8月 第三版

（上接第二版）

路上和窄小田埂上，一队队火龙般的队伍，像一股股洪流涌向文家市。这是一支人們从未見过的队伍啊！他們高举着火焰般的大紅旗，有的手里拿着短枪，有的肩上扛着梭鏢，短枪上的紅穗子和梭鏢上的紅纓子，像火焰般地在风中飄动，而他們每个人的胸膛里啊，更有一顆燃烧着阶級怒火的紅心。他們，就是我們伟大領袖、伟大統帅毛主席亲手締造的第一支工农武裝——中国工农革命軍第一师。

伟大統帅毛主席亲自率領着这支部队，胜利地到文家市来会师了！文家市的街头立即出現了惊天动地的大字标語：

"暴动！杀土豪劣紳！"

"暴动！打倒国民政府！"

"暴动！农民夺取土地！"

"……"

这一天，就是一九二七年九月十八日，是毛主席发动秋收起义的第十一天。这十一天，是震撼世界的十一天，是天翻地复的十一天。

九月初，毛主席冒着白色恐怖，跋山涉水奔走于安源、浏阳、醴陵和銅鼓等地的工农群众之間。經受了北伐战爭时期轰轰烈烈的工农运动鍛炼的广大工农群众，对蔣介石的大屠杀怀着滿腔仇恨和怒火，但是，却找不到一条正确的前进道路。就在这时候，毛主席高举着革命的火炬，把他們的心照亮了。毛主席向他們指出：必須以武裝发动广大农民群众，进行土地革命，才能狠狠地反击蔣介石的瘋狂屠杀。毛主席亲手把駐在修水的原武汉警卫团，把駐在安源的工人义勇队和駐在銅鼓、浏阳等地的农民义勇队，依次編为中国工农革命軍第一师第一、二、三团，組织了第一支中国工农革命軍，形成了堅强的战斗集体。又是毛主席，他亲自制定了秋收起义的伟大計划，并把它传达到湘东各地党組织中去，把起义的火种撒遍湘东各地。

九月八日，霹靂一声，震惊世界的秋收起义胜利地爆发了！安源响起了暴动的枪声；銅鼓举起了紅色的战旗；浏阳、平江吹响了革命的号角；醴陵弥漫着战斗的硝烟。……革命战士把对蔣介石大屠杀的新仇，把几千年做牛馬的旧恨，一齐貫注进枪膛，凝聚在刀刃上，向蔣介石，向土豪劣紳冲杀过去！"暴动！杀土豪劣紳！""暴动！农民夺取土地！"枪杆子喚起了湘东千百万工农，土地革命的烈火燃遍了湘东各地。

毛主席亲自率領第三团在銅鼓举行起义。义旗高举，旗开得胜。三团一举攻占了浏阳县东門市。按照毛主席繪制的用武裝推动土地革命的秋收起义的蓝图，战士們搭起了三个讲話台，向广大群众宣传土地革命的道理。东門市人民站起来了！迅速形成一股革命洪流。他們和工农革命軍战士一齐动手，砸监獄，打土豪，除貪官，把罪大恶极的大恶霸、伪团总，在群众大会上判处死刑，当即执行。东門市人民起来暴动了！湘、贛边界地区成千上万的奴隶起来暴动了！他們砸断了身上的鐐銬，冲决一切束縛他們的罗网，举起紅旗，揮舞梭鏢、鋤头、扁担，象决了堤的怒潮，向反动統治者冲去！地在动，天在摇，群山怒吼，江河咆哮！他們牢牢記住毛主席的敎导："宗法封建性的土豪劣绅，不法地主阶级，是几千年专制政治的基础，帝国主义、军阀、贪官污吏的墙脚。"現在，千百万奴隶有了自己的武装，他們竭尽全力摧毁这"几千年专制政治的基础"，挖掘着"帝国主义、军阀、贪官污吏的墙脚"！在醴陵，工农革命軍战士，帮助农民，男女老少齐动手，一个夜晚把罪大恶极的土豪劣紳通通杀光！千百年来农民的仇恨爆发了！农民起来武装暴动了！这是多么惊心动魄的事啊！

这就是我們最伟大的領袖毛主席亲自发动和領导的震撼世界的秋收起义。

秋收起义，絕不仅仅是單純的軍事行动，絕不仅仅是軍事上打几仗的問題。它是中国历史上第一次由共产党領导的农民武装暴动！是一場轰轰烈烈的农民革命风暴！

現在，毛主席来到了文家市，革命风暴卷进了文家市。毛主席啊，毛主席！十年前您来文家市进行社会調查时，曾說土地要归种田人所有，这句話还一直响在文家市人民的心头啊！今天，您亲自来領导我們实現这句話了。您眞是咱們心中最紅最紅的紅太阳啊！有您指引方向，有子弟兵的枪杆子撑腰，有湘、贛边界地区广大农友作榜样，文家市人民終于起来造反了！看啊！閻王殿——团防局，被搗毁了！鬼門关——监獄，被砸烂了！几十名受害的革命者和无辜的农民冲出了牢籠，重見天日。看啊！那多年来被土豪劣紳霸占，打着"慈善事业"的招牌而残酷吸吮着农民血汗的"积谷仓"，也被打开了！毛主席早就指出过："土豪劣绅经手地方公款，多半从中侵蚀，帐目不清。"并号召农民通过对他們的淸算，"宣布土豪劣绅的罪状，把土豪劣绅的政治地位和社会地位打下去。"革命軍战士按照毛主席的敎导，把积谷分給貧苦农民，农民揭露了土豪劣紳"慈善"的丑恶嘴脸。大路上，街心里，挑积谷的穷人絡繹不絕。"积谷仓"这条伸向人民的吸血管被彻底斬断了，砸烂了！

看啊！憤怒的人群在工农革命軍战士的带領下，又一齐涌向罪大恶极的土豪劣紳彭伯棠家里。彭伯棠早已吓得逃跑了。人們打开他的谷仓，砸开他的箱柜，分了他从穷人身上搜刮去的財产，然后一把大火，烧了供他荒淫玩乐的"望花楼"。……

文家市农民暴动的烈火越烧越旺，文家市会师的工农革命軍越聚越多。这眞是使人揚眉吐气的日子啊！人們瞧着那被砸烂的牢籠，瞧着那穿梭般的挑谷的人群，瞧着彭伯棠"望花楼"上的烈火，心里无限感念着伟大領袖毛主席。是他，十年前第一次打开了文家市人民的心竅；是他，今天又带着工农革命軍前来文家市胜利会师，解放受苦的穷人。大家都知道，現在毛主席就住在鎭上的里仁学校，白天晚上忙着研究革命大事。深夜了，人們还看到他住的那个小院里透出灯光。他在日夜为貧苦农民操劳。毛主席就是人民的大救星，就是人民心中永远不落的紅太阳啊！

多少人深情地仰望着里仁学校，仿佛看見了毛主席高大的身影！……

东方紅，太阳升，霞光万道暖人心。

九月二十日早晨，工农革命軍在里仁学校操場上开会师大会，不少群众也跟着来了。这不仅是工农革命軍胜利会师的大会，也是革命軍队和人民胜利会师的大会。

驟然，紅光閃耀，天地更加明亮了！"毛委員来了！""毛委員来了！"人們欢呼着，翘望着。看啊，毛主席迈着稳健的大步，微笑着走来了。他穿一身土藍布旧衣服，赤脚草鞋，精神抖擻，多么亲切，多么慈祥！

毛委員啊，毛委員！世界上只有您最看得起我們这些泥巴腿子；只有您最了解我們农民的苦楚；只有您最相信我們人民的力量！世界上只有您培育的軍队才是最好最好的軍队。您是我們心中最紅最紅的紅太阳啊！……

毛主席走到队伍前面的台阶上，亲切地做了个手势，用双手往下按了按，請大家坐下。然后，用他那宏亮的声音对大家說：……我們是一支工农革命軍，我們是工农群众的武装，我們要为工农群众打仗。……要和反动派作斗爭，就一定要有枪杆子，过去我們的失败，就是吃了沒有抓住枪杆子的亏。只要有了革命的武装，什么事情都好办了。……

毛主席用最通俗的語言，說明了枪杆子的伟大作用。一字像一把火炬，把大家的心照得通明透亮。战士們把枪杆子握得更紧，农民們把梭鏢攥得更牢了！枪啊，枪！落到敌人手里，它就是鎭压人民革命运动的凶器；夺到人民手中，它就成了解放人民、改造世界的重要工具啊！

毛主席亲切地望着大家，用充滿无限胜利信心的語調接着說：……我們并不孤立，我們的革命事业受到湘、鄂、赣和全国千千万万人民的拥护，我們的力量是强大的：我

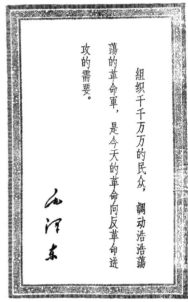

組织千千万万的民众，調动浩浩蕩蕩的革命軍，是今天的革命向反革命进攻的需要。

毛泽东

們好比小石头，这小石头总有一天会打烂蔣介石那个大水缸！最后胜利一定属于我們的！……

听！当着革命力量还是一顆"小石头"的时候，我們伟大領袖毛主席就高瞻远瞩，庄严宣告：革命的"小石头"要战胜反革命的庞然大物——"大水缸"！这是何等英明的預言啊！这是何等伟大的革命气魄啊！

工农革命軍战士从毛主席的話里，获得了最大的信心和勇气，看到了自己这块"小石头"的力量，看到了广大人民和自己并肩作战的无比威力。毛主席的話說得多么正确，我們的部队就是人民的子弟兵啊！战士們回想着：起义以来，多少农民自动冒着生命危险，甚至冲过枪林弹雨給部队遞送情报啊！多少农民在严酷的战火中，把自己最优秀的子弟送来参軍啊！浏阳县上坪的群众听說毛主席率領工农革命軍来了，他們宁愿自己挨餓，却紛紛把米湊起来熬成稀飯，抬到山坳上等着，队伍爬上山坳，正是又饥又渴，农民就把稀飯端上前来。这是普通的大米稀飯嗎？不！这是人民用心血炼制的乳汁啊！部队进駐上坪，十多个农民就自动拿起毛主席高度贊揚过的武器——梭鏢，分布到深山小道去放哨、警戒。……用毛泽东思想武装起来的人民参加了战爭，就是眞正的銅墻鉄壁！在这样英雄的人民面前，敌人如临刀山劍林，寸步难行！我軍則如猛虎上高山，蛟龙入大海！

伟大的統帅，伟大的舵手毛主席，最后在大会上宣布，革命軍要到井岡山去！去建立农村革命根据地，用农村包圍城市，最后夺取城市，取得全国胜利。他說：目前长沙那样的大城市，还不是我們蹲的地方，我們要找个敌人力量薄弱的地方，站住脚跟，养精蓄銳，和敌人干下去。……毛主席接着就詳細地讲述了罗霄山脉中段——井岡山一带的地势，周围的政治、經济和軍事等情况，以及在那里建立根据地的有利条件。这是一个划时代的伟大战略决策！这是中国革命和世界革命通向胜利道路的一个伟大的里程碑！这英明伟大的决策給了工农革命軍战士多么巨大的精神力量啊！在会师前，有些人光看到軍事上打了几个小小败仗，看不到起义喚起了千百万革命的工农，看不到起义点燃的土地革命的星星之火，正在中国黑沉沉的大地上燃烧起来。他們却垂头丧气，武断地說"秋收起义失败了"。个别人甚至当了可耻的逃兵。也有的同志在軍事上受些挫折之后，主张硬拚一場。这是中国革命航船又

（下轉第四版）

1968年8月 第四版

敬祝毛主席万寿无疆

天津新文艺

（上接第三版）

一次面临抉择新航道的关鍵时刻，革命到底走向何处？許多人在心里这样問着。就在这个时刻，我們伟大的舵手毛主席，既反对了"左"傾盲动主义，又反对了右傾逃跑主义，他紧紧把握住革命航船的舵輪，稳稳地轉动了舵輪，拨正了航向，把革命引向了最正确的航道！

工农革命軍告別了文家市的人民，在毛主席最最英明的指引下，高举火焰般的紅旗向井岡山进軍了！

井岡山，快举起你的双臂热烈欢迎吧！你将是这支刚刚誕生的工农革命武装最好的搖籃！你将是中国大地上第一块紅光閃耀的革命圣地！你将是照耀全中国、全世界人民的一座灯塔！

秋收起义——向井岡山进軍，这是中国革命史上一次具有伟大战略意义的进軍！这是全世界无产阶級革命史上空前未有的壮举！这是中国革命走向胜利的起点，世界革命也从此开辟了一个新的伟大的时代！

太阳照耀鉄炉冲

在伟大統帅毛主席亲自发动和领导的秋收起义四十周年的前夕，我們来到起义部队胜利会师的圣地——文家市。我們怀着无限崇敬的深情，观看了毛主席和会师部队駐地——里仁学校（一座在偏僻山区里难得見到的宏伟建筑，可居住上千人）。陪同我們的同志說："毛主席在秋收起义前十年就在这一带作过深入的社会調查，住在离文家市不远的鉄炉冲，还在那里亲手栽培了两棵板栗树哩！"……

我們渴望着及早看到鉄炉冲和毛主席手植的板栗树。第二天，天色才发青，我們就出发了。赶到鉄炉冲，天还沒大亮。这是一个山色秀丽的小山坳。一位六十多岁的大爷接待了我們。我們还沒开口，他就說："你們是来看毛主席亲手栽的板栗树的吧！今年正是毛主席到我們鉄炉冲五十周年哩，你們来得正是时候。"說着，把一件上衣往肩头一披，就兴冲冲引我們出了門。

一出門，走上一条田埂。大爷深情地望了望从山坳里往外伸展的小路，有声有色地对我們說起来了："一九一七年多天，毛主席穿着一件长袍，戴着一頂学生帽，从长沙步行三百里路来到这里。毛主席每天到农民家里訪問、談話；到田头，同农民一起劳动。他看見农民在田壠上种蚕豆，就称贊农民見縫插針，眞勤劳。他和农民像一家人一样。农民們都說：毛先生就是与别人不同，他和我們貧农想在一起，做在一起，眞是个了不起的人。"大爷越說声調越高，那兴奋劲儿，似乎又回到了当年毛主席的身边。我們心里也很激动，仿佛亲眼看見毛主席冒着寒冬的风雪，奔走在文家市山区的农舍里，仿佛亲耳听見毛主席在田埂上、大树下同农民促膝談心。这里，哪一块地里沒有他老人家的脚印，哪一間茅屋沒响过他老人家的声音啊！現在，我們更加理解四十年前秋收起义时，毛主席为什么把部队带到这里来会师了。毛主席不仅熟悉这里的山水地理，而且熟知这里的社会阶級状况。

敬爱的毛主席啊，您曾經說过："认清中国的国情，乃是认清一切革命问题的基本的根据。"而您从青年时代起，就以自己的伟大革命实践，为全党树立了最光輝的典范。就在一九一七年，您不仅利用寒假到文家市进行社会調查，而且利用暑假，冒着盛暑，步行九百里，到宁乡、安化等五县进行了大規模的社会調查。您就是通过社会調查和革命实践，英明地指出中国革命的根本問題是农民問題，以举世罕見的伟大魄力，"喚起工农千百万，同心干"，举行了震撼世界的秋收起义。您眞是脚下走遍千山万水，胸中怀有天下风云。社会調查就是您打开中国革命胜利道路的金钥匙啊！从人类有史以来，有誰在二十三四岁的青年学生时代，就以如此巨大的魄力和决心，进行这样大規模的社会調査呢？沒有！只有您，只有我們的伟大导师，伟大領袖，伟大統帅，伟大舵手！只有您，世界上最最伟大的天才！

大爷接着又說："毛主席对文家市的一山一水再清楚不过了，周围的山山岭岭他都爬上去过。你們看，那座最高的山，主席也上去过。"朝他手指的方向看去，西南面有一座聳立在群山之間的高峰，峰巓直指蓝天。"那时有人問他是干什么的，主席說是地理先生。""嘿！地理先生。"我們一听都笑了。毛主席多风趣啊！可那时，人們怎么会知道，这位"地理先生"是在为中国革命斗爭的需要視察地形。这位"地理先生"就是全中国人民、全世界人民的伟大領袖啊！我凝望着高山，似乎看見毛主席高大魁梧的身躯屹立在山頂上，高擎中国革命、世界革命的大旗，观看天下之风云。

曙光洒滿了山坳，天色明亮了。我們随大爷繞过一个山角，抬头一望，眼前是一座二百公尺左右高的小山，山脚下有一块小小的平地。大爷指着平地說："当年，这儿是毛主席同学的家，毛主席来时就住在这里。"停了停，大爷兴致勃勃地介紹說："主席非常注意鍛炼身体，每天早晨起来，第一打拳，第二爬山，第三用冷水洗脸，不管刮风下雪，天天如此。"大爷边說边兴奋地用手比划着："有一次，我問主席，'毛先生，你每天爬山做什么？'毛主席亲切地說，'鍛炼鍛炼身体嘛！'"

"鍛炼鍛炼身体嘛！"这是多么平常的一句話啊！可是这句話，出自我們伟大領袖毛主席的口，又是多么的不平常啊！为了中国革命事业的需要，毛主席从小就刻苦頑强地鍛炼身体，培养堅强的意志。从秋收起义到二万五千里长征，从抗日战爭到百万雄师横渡大江，您那高大魁梧的身躯总是站在斗爭前列，您总是迈着稳健有力的步伐，引导我們向胜利进軍。今天，在您亲自发动和领导的无产阶級文化大革命的新的长征中，您又以七十三岁的高龄，第七次暢游过波涛浩瀚的长江，历时一小时零五分钟，游程三十华里。毛主席啊毛主席，您的健康就是全中国、全世界人民最大的幸福啊！

我們正沉浸在幸福的回忆中，猛听得一声叫："快看，毛主席种的板栗树！"我們急忙抬头一看，只見山头上聳立着两棵参天大树，迎着朝霞，巍然挺拔，青翠欲滴，亭亭如盖，一片盎盎生气，好不雄伟！我們一陣激动，欢跃着向山上奔去。

站在板栗树下，我們輕輕地撫摸着树身，久久地仰望着碩果累累的板栗树，心头涌起一陣又一陣幸福的激情。我們激动，大爷更是激动，他告訴我們：毛主席在这里一共住了十多天，临走前在这里种下了两棵板栗树。这里原来是一片荒坡，自从毛主席亲手栽下板栗树后，荒坡就变了样。果树越种越多，成了果树林。多少年来，鉄炉冲的人民望着这两棵高大的板栗树和滿山滿坡的果树，无时无刻不在想念着毛主席！

是啊，毛主席，鉄炉冲的人民有多少知心話要对您說，多少的貼心歌儿要对您唱啊！是您，高举人民战爭的大旗，是您，领导了伟大的秋收起义，是您，汇集中国革命的力量，創建了农村革命根据地，是您，引导中国革命走向胜利，取得累累的革命碩果！即使說尽了世界上所有的贊語，都說不尽您的亲切关怀；唱完了世界上所有的頌歌，也难以表达您的英明伟大。

参观結束了，我們以十分难舍的心情告别了大爷，告别了鉄炉冲。可是一顆顆激动的心啊，就像江水一样，一直在滚滚翻騰。这是一堂多么生动的毛泽东思想的教育課啊！下山的路上，我們不禁一次又一次地回头眺望那令人永远难以忘怀的鉄炉冲和板栗树。

看啊！在万朵朝霞之中，那高高的山峰更加巍峨雄伟了，那参天的板栗树更加傲然挺拔了，树立在万頃綠波之中的紅彤彤的毛主席語录牌，更加光彩夺目了。勤劳的鉄炉冲人民巳經在田里劳动了，清亮的、欢快的歌声順风传来，鉄炉冲新的一天又开始了。这是一个多么美丽、多么富有生气的革命的鉄炉冲啊！鉄炉冲，不正像那板栗树一样，五十年来經受了暴风雨的吹打，在毛泽东思想的阳光雨露哺育下，健康地成长起来了，壮大起来了！

其实，鉄炉冲不也正是我們伟大祖国的一个縮影嗎！五十年来，我們的祖国，不也是在伟大的毛泽东思想光輝照耀下，在毛主席的无产阶級革命路綫的正确指引下，也像板栗树一样，从一棵小小的幼苗，在暴风雨中壮大成长为一株参天的大树，巍然屹立在世界的东方！

越想，心里越激动，越看，祖国的山河越壮丽。干脆，我們都停了下来，站在半山腰眺望毛主席居住的伟大祖国的首都——北京。就在这时，一輪火紅火紅的太阳从山頂上升起来了，升起来了！霎时，天空染紅了，大地染紅了。多紅的太阳，多亮的太阳，多么溫暖的太阳啊！

敬爱的毛主席啊，您从青年时代开始，不就像这輪初升的太阳一样，刚跃出地平綫，就放射出金光万道、灿烂夺目的光芒！

"大海航行靠舵手，万物生长靠太阳"，我們仰望着火紅火紅的、永远不落的紅太阳，用渾身的热血在心窝窝里結結实实地刻下了十八个大字："毛主席啊，敬祝您老人家万寿无疆！万寿无疆！！"

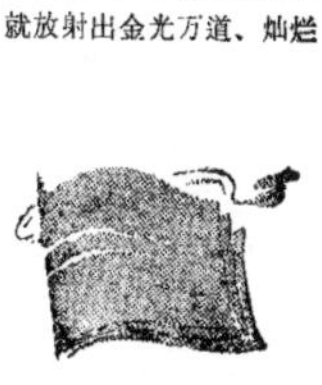

本报地址：天津市烟台道50号　电話：3.3736　訂閱处：全市各大邮局　（每份二分）

天津新文艺

天津市市級文艺系統委員会

天津新文艺編輯部　第77号　(共四版)　1968年8月

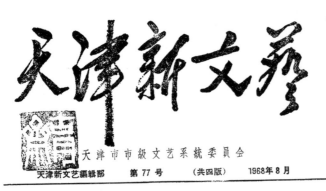

无产阶級的文艺是无产阶級整个革命事业的一部分。革命文艺队伍是一支为政治斗爭为无产阶級专政服务的軍队。

毛泽东

江靑同志論革命新文艺的創作

你們不要以为我在这里搞戏，我是在这里和封建主义、資本主义、修正主义战斗！

一九六四年對京劇演員的談話

我們应当有这个雄心壮志，敢于在世界上推陈出新，标新立异。那种“非驴非馬”的說法是錯誤的，是謬論，它只从形式上看問題。“洋老虎”、“土老虎”都是很厉審的，我們不能受它的束縛。

一九六四年對音樂工作者的一次談話

要推資本主义之陈，出社会主义之新。中央很重視，要敢于标新立异，标社会主义之新，立无产阶級之异，不然不能出东西。

一九六五年一月十七日對革命芭蕾舞劇《紅色娘子軍》的指示

現在全世界被压迫人民，都渴望着我們的革命現代戏。……一切艺术，不为无产阶級服务，就为资产阶級服务。京剧原来是演帝王将相，为封建主义、資产阶級服务的，原封不动地拿来为无产阶級服务是不行的。要改造，要有革命的人，要有披荆斬棘的人。我們要走自己的道路，我們的艺术要在世界上起作用，我們要有雄心壮志，要为全世界还在受压迫的人民着想。

在《智取威虎山》座談會上的講話

試問：旧的文学艺术不能适应社会主义的經济基础，古典的艺术形式不能完全适应社会主义的思想內容，那要不要革命，要不要改革？我相信，大多数同志們和朋友們，会认为需要革命的，需要改革的，只是这是一場严重的阶級斗爭，又是一件非常細致、相当困难的工作。

一九六六年十一月二十八日在文藝界大會上的講話

对京剧演革命的現代戏这件事的信心要堅定。在共产党領导的社会主义祖国舞台上占主要地位的不是工农兵，不是这些历史眞正的創造者，不是这些国家眞正的主人翁，那是不能設想的事。我們要創造保护自己社会主义經济基础的文艺，在方向不清的时候，要好好辨清方向。

《談京劇革命》

我的雄心壮志是：只要我不死，搞二十个戏、二十个电影。

一九六七年四月二十五日接見革命芭蕾舞劇《白毛女》演出團的座談會上的講話

我們要着重塑造先进革命者的艺术形象，給大家以教育鼓舞，带动大家前进，我們搞革命現代戏，主要是歌頌正面人物。

《談京劇革命》

理論队伍很需要，主要是学好馬列主义。現在看来，最好懂的还是毛主席的《在延安文艺座談会上的讲話》。生活是基本功。你們現在缺少两大門基本知識——阶級斗爭和生产斗爭知識。

一九六四年十一月十八日對音樂工作者的一次談話

鋼琴的表現力很强，現在只是沒有群众喜聞乐見的曲目……如果能把京戏、梆子弹出来，群众就听懂了。

同上

这些創作（指八个样板戏）是无产阶級文化大革命的伟大胜利，是毛主席为工农兵服务的文艺思想的伟大胜利。

一九六六年十一月二十八日在文藝界大會上的講話

事实証明：广大的人民是承认我們的成績的。世界上的革命的馬克思列宁主义者和革命人民是給予我們以好的評价的。毛主席和他的亲密战友林彪同志，恩来同志，伯达同志，康生同志，以及其他許多同志，都肯定了我們的成績，給过我們巨大的支持和鼓舞！

同上

历史宣判了方纪的死刑

万山紅

虎踞龙盘今胜昔，天翻地覆慨而慷。

我国无产阶級文化大革命，彻底改变了文艺界的面貌。文化革命的英勇旗手江青同志培育和領导的无产阶級新文艺，轰动了全中国，震惊了全世界，在人类文艺史上揭开了光輝灿烂的新篇章。长期盘踞在文艺陣地上的一小撮牛鬼蛇神，及其总后台中国赫魯晓夫，統統被赶下了台。

天津市文化界，在毛主席一系列最新指示的光輝照耀下，“一批三查”运动正向纵深发展，那些隐藏得很深的叛徒、特务、頑固不化的走資派和变色龙，一个个被揭露出来。

形势一片大好。

但是，“树欲靜而风不止”。一小撮“落水狗”不甘心退出历史舞台，时刻伺机重新爬上岸来咬人。方紀这只被打落水的癩皮狗，近日来，大搞右倾翻案活动。他抓住几根“救命草”，向无产阶級司令部和无产阶級革命派狂吠。

他的第一根“救命草”是所謂“一时錯”，第二是所謂“无意識”，第三是所謂“老革命”。

这是无耻狡辯！

“无論烏鴉怎样用孔雀的羽毛来装飾自己，烏鴉毕竟是烏鴉。”翻开方紀三十年的历史和全部作品，一看就明白，他根本不是什么“一时錯”，而是“一生錯”，是一貫的反对毛主席的革命路綫；他根本不是什么“无意識”，而是自觉的反党反社会主义反毛泽东思想；他根本不是“老革命”，而是老反革命，混入革命队伍的資产阶級代理人。

对于这条“落水狗”，我們决不能怜惜，一定要发揚“痛打”的精神，把他打入十八层地獄，让他永世不得翻身！

（一）

方紀的第一根“救命草”，是所謂“一时錯”論。他詭称：“我在延安时就跟毛主席在一起”，“文化革命我只犯了四十天錯誤”

毛主席教导我們說：**“不是东风压倒西风，就是西风压倒东风，在路线问题上沒有调和的余地。”**

方紀的反党活动究竟是偶然的还是一貫的？他在党內两条路綫的斗爭中到底站在哪一边？这是絕对不容混淆的。

在抗日战爭时期，我們伟大导师毛主席英明指出，阶級和阶級斗爭依然存在，因而提出了抗日民族統一战綫中的独立自主原则和抗日根据地的政权建設原则。

在这国难当头，决定民族存亡的关鍵时刻，中国赫魯晓夫跳出来，伙同老牌机会主义分子王明，鼓吹阶級調和，阶級投降，胡說：“工农反对地主資本家的斗爭，曾經种下了某些深刻仇怨”，“工农”应“抛开私人仇怨”向地主資本家屈膝投降。

无产阶級革命路綫和机会主义反动路綫，針鋒相对。方紀是如何对待这两条路綫的斗爭呢？作为一个“作家”，他在中篇小說《老桑树底下的故事》里，把恶霸地主何恩元、何文祥对貧农赵大山、周小霞一家的阶級迫害，歪曲成为“私人仇怨”，把农民与地主阶級的阶級矛盾描写成为“青年人打架”，心怀叵測地要貧下中农忘記阶級仇，血泪恨，他象神甫似的說教：“过去的事情过去就算了。”說什么：“杀父之仇，夺妻之恨”的阶級矛盾可以調和，让共产党員赵大山同地主汉奸何恩元、何文祥之流“亲密”合作。看，在方紀的作品中，哪里还有阶級和阶級斗爭，有的只是反动的“劳資合作論”。

根据阶級斗爭的客观事实，毛主席提出抗日民族**“统一战线中的独立自主”**原則和在抗日根据地政权建設上**“必须保证共产党员在政权中占领导地位”**的正确主张。而中国赫魯晓夫則是：“一切通过統一战綫”，要共产党人“說国民党、閻錫山的話，文件口号多用国民党与閻錫山的术語”。活現了一付叛徒咀脸。

主唱奴随，在方紀的笔下，把一个老桑树底下的村政权，拱手让給地主汉奸。县农会委员老魏因为“考虑到統一战綫問题”，竟然开辟了一个由地主、富农及其狗腿子当政的村政权。

这样一个国民党反革命政权，在日寇未进占之前，就抗拒我党的减租減息、合理負担的政策，大罵共产党；在日寇进占后，更一头扎进日本帝国主义的怀抱，当了維持会长、皇协軍、联絡員，变成了地地道道的汉奸卖国政权。对于这样一个反动政权，方紀却不但大树特树；而且百般美化，竭力贊賞，誉之为“两面政权”，甚至还让維持会长入了党，簡直岂有此理！

这就不难看出：“說国民党、閻錫山的話”的所謂共产党人，实际上就是挂着共产党員招牌的蔣介石、閻錫山、汪精卫分子。

方紀尾随中国赫魯晓夫兜售阶級投降主义和民族投降主义路綫，直接“援助”了“右翼营垒”，起了亡党亡国的最恶劣的反动作用。

在第三次国内革命战爭时期，方紀又干了些什么呢？这时，伟大領袖毛主席亲自发动了轰轰烈烈的土地改革运动，制定了一整套正确的方針政策。中国赫魯晓夫代表国民党反动派的利益，先盾提出形“左”实右和右傾机会主义的反动路綫，破坏毛主席的伟大战略部署。

方紀紧步中国赫魯晓夫的后尘，忠实貫彻錯誤的土改路綫，他在土改工作队里，不深入貧下中农，不向貧下中农学习，坐在小屋里津津有味地大談資产阶級的大学生活，戴着有色眼鏡四处收集反党“素材”。在他写的几篇反映土改运动的毒草小說里，大肆宣揚中国赫魯晓夫的反动路綫。在这条反动路綫“指导下”，土改运动冷冷清清，共产党員、革命干部倍受打击陷害，貧下中农抬不起头来，阶級敌人則极为猖狂。在《老桑树底下的故事》中，由何虎、大脚三等几个小丑組成的所謂“貧农組”，窜来窜去，导演了一出滑稽丑剧。他們歇斯底里地叫喊：“俺們一定要斗爭到底，打倒旧干部，解散村組织”，“搬石头，整他們的党。”破坏土地改革，破坏根据地，妄图

（下转第二版）

1968年8月 第二版

敬祝毛主席万寿无疆

天津新文艺

历史宣判了方紀的死刑

（上接第一版）

搞垮中国共产党，其用心何其毒也！

“左”傾是右傾的影子。当中国赫魯晓夫的形“左”实右的路綫受到毛主席的严励批判以后，又变为右傾投降主义，大叫“地富三年后就可以改变成分”。方紀这个“作家”也馬上笔鋒一轉，暴露出地主阶級孝子賢孙的本来面目，为地富辯护，喊寃叫屈，在《秋收时节》里說什么：“因为家里沒有劳动力，才剝削”，让富农老婆一把鼻涕一把泪地“控訴”：土改“把我这日子折騰干了。”他还借口“两年半以上沒有僱长工”而为这个富农分子改变了成分。

看，方紀对伟大的土改运动有多么仇恨！土地改革运动就是要彻底消灭封建剝削制度，不剷除封建剝削，貧下中农就不能翻身，生产力就得不到解放。让方紀这条地主阶級的丧家狗躺在封建僵尸上，“难受”去吧！“啼哭”去吧！

新中国建立之后，方紀又是站在哪一边呢？

首先，在“三大改造”中，他鸚鵡学舌般地大肆鼓吹中国赫魯晓夫的“剝削有理”、“剝削有功”的修正主义貨色。还在《秋收时节》里，他就让地主婆“理直气壮”地反攻倒算說：“我雇做活的，雇做活的算什么不好，他吃着熟的，拿着生的，还說我剝削了他，这叫个什么理呀！”雇工不算剝削，地主养活农民，这就是方紀所竭力宣揚的地主阶級的吃人邏輯。只有馬克思主义，毛泽东思想，才把这个旧案翻了过来，使受剝削受压迫的人民彻底认清了地主是靠喝雇工的血，吸农民的骨髓而养肥了自己的。剝削就是无理。

在毒草小說《开会前》中，方紀更进一步学着中国赫魯晓夫“剝削有功”的腔調，大力歌頌资本家，描写他們在抗美援朝中因为“捐献”了一架飞机，而博得了“十五万人——三十万支手的掌声”，于是这个資本家像获得奖章的“英雄”一样，“陶醉了似地站着，享受着这样的掌声。”方紀簡直把資产阶級美化到无以复加的程度！資本家用压榨工人得来的万貫錢財的万分之一搞了点“捐献”，借以捞取政治資本，有什么値得如此頌揚呢？无非是企图把背地里破坏抗美援朝战争，残害志愿軍的资产阶級分子当作“英雄”人物来塑造，从而使他們夺取无产阶級的領导权，实現其資本主义复辟的罪恶阴謀。

方紀是一切剝削阶級的忠实叭儿狗。在毒草小說《晚餐》中，他跟在大腹便便的資本家屁股后边，拖着一尺长的涎水，哼着不成調子的贊美詩，好让主子赠給他几口“焦溜肥腸”。

其次，方紀出于反动阶級本性，跟着中国赫魯晓夫对三面紅旗进行了恶毒的攻击。中国赫魯晓夫說：“由于总路綫，大跃进，人民公社三面紅旗，使得我們的經济临近了崩潰的边緣。”“产生困难的原因是三分天灾，七分人祸。”方紀也应声說：“这几年做了蠢事”，大跃进“破了不少东西，可是立的太少。”更恶毒的是在长詩《大江东去》里，他更学着彭德怀的样子“为民請命”，狂叫：“你身为国家的帝王，不治理自己的家邦”，要求“穆天子”“回到东方，和平地治理家邦，让人人得到衣食”，把攻击的矛头直接指向我們的伟大領袖毛主席；把总路綫，大跃进比做周穆王乘八匹駿馬在天空奔馳，是古代“神話”，是无根据的“空想”。

方紀这个反革命分子是头脚倒置的混蛋，他把“**春风杨柳万千条，六亿神州尽舜尧**”的大跃进景象誣之为“做了蠢事”，把“**红雨随心翻作浪，青山着意化为桥**”的英雄业迹說成是“空想”。真是混帐到家了。

第三，在伟大的社会主义教育运动中，方紀仍然頑固地站在以中国赫魯晓夫为首的资产阶級司令部一边，执行形“左”实右的反动路綫，打击无产阶級革命派，保护一小撮走資派。正象《老桑树底下的故事》里的魏民一样，他和他的黑主子周揚一进村，便一头扎在走資派、富农张凤琴家里，“在一个坑头上滾了半年之久”，残酷鎮压王凤春等革命干部，把富农张凤琴保护起来。直到陈伯达同志到小站，才彻底揭穿了他們的罪恶阴謀，識破张凤琴的反革命眞面目，把这个假劳模揪了出来。周揚一伙貪天之功为己有，方紀急忙替周揚起草給中央的报告，自吹自擂，大捞政治資本。方紀所謂“紧跟无产阶級司令部”，只不过是一个弥天大謊！

至于无产阶級文化大革命中，方紀从来沒有停止过反革命活动。直到此刻，他还在煽阴风，說黑話，蠢蠢欲动，妄图翻案

历史是无情的。翻开方紀的“全部历史”，不論是在新民主主义革命时期，还是在社会主义革命时期，不論是統一战綫，土改运动，还是社会主义教育，文化大革命，方紀都是頑固地站在以中国赫魯晓夫为代表的資产阶級司令部一边，大肆鼓吹反革命修正主义路綫，拼命反对毛主席的无产阶級革命路綫。在无产阶級夺取政权之前，維护蔣家王朝的法西斯統治；在无产阶級夺取政权以后，复辟資本主义制度。方紀的全部历史，就是一貫反党反社会主义反毛泽东思想的历史，让他那“我只犯了四十天錯誤”的謊言見鬼去吧！

（二）

方紀的第二根“救命草”，是所謂“无意識”論。什么“我沒有别的問題，只是改造不彻底，无意識地写了几篇不好小說”。

这眞是欲盖弥彰！

毛主席說：“**利用小说进行反党活动，是一大发明。凡是要推翻一个政权，总要先造成舆论，总要先做意识形态方面的工作。革命的阶级是这样，反革命的阶级也是这样。**”

方紀就是这样一个小小的“发明家”。他的“全部作品”早已將他的“灵魂梟首通衢，挂出了原想竭力隐瞞的丑态”。他根本不是什么“无意識地写了几篇不好小說”；而是自觉地利用小說、詩文反党反社会主义反毛泽东思想。

早在一九四二年，在抗日战争如火如荼的年代，方紀就紧密配合丁玲、王实味之流向党的进攻，炮制了处女作《意識以外》，这是丁玲的大毒草《在医院中》的姊妹篇。它丑化党中央所在地延安“阴森森”，“到处一片黑”；攻击党苛酷无情，把党員折磨得精神分裂，“发出惨叫”；煽动青年“离开这儿”，投向国民党的怀抱。

正当方紀之流反党猖狂之时，毛主席作了《在延安文艺座談会上的讲話》（下称《讲話》）的“引言”，要求文艺工作者解决立場、态度等根本問題，并尖銳指出：“**如果有人要反共反人民，……那我们就要坚决反对。**”毛主席的伟大指示，击中了方紀之流的要害。因此，他对《讲話》极为仇視，当毛主席作《讲話》的“結論”时，他竟拒不参加会議，而去和《意識以外》中那个表面裝得象“布尔什維克”的反党“英雄”談情說爱，鼓动她继續反党。这哪里是什么“无意識”或什么“意識以外”，分明是彻里彻外有意識的反党言論和反党行动。

一九四九年，新中国建立前夕，在石家庄召开的文化工作会議上，方紀又一次跳出来，攻击毛主席的《讲話》。毛主席在《讲話》中，明确指出了无产阶級文艺的工农兵方向，方紀却攻击說：文艺的工农兵方向，“扼煞”了創作。胡說：“这些年我們有什么成績呢？当中一本《讲話》，一边是《白毛女》，一边是《李有才板話》。”毛主席在《讲話》中，明确指示“**对人民群众，对人民的劳动和斗争，对人民的军队，人民的政党，我们当然应该赞扬**”；对于敌人应該“**暴露他们的残暴和欺骗**”。方紀却与毛主席的伟大指示大唱反調，在他那反动思想指导下，一口气炮制了《老桑底树下的故事》、《人民的儿子》、《副排長謝永清》和《不連續的故事》等大毒草，对人民群众、人民軍队、人民政党，不是贊揚，而是丑化；对阶級敌人不是暴露，而是歌頌。

在方紀的笔下，貧下中农的形象丑陋不堪：脸象“茄子”，背弯如“牛”，腿“拐”，眼“瞎”。

在方紀的笔下，貧下中农的品质是：“懶”、“偷”、“私”、“喝”、“浪”。

在方紀的笔下，貧下中农沒有阶級觉悟。不是“整年低着头，呆头呆脑”干活的地主阶級的忠僕；就是被地主霸占了土地，而与自己的阶級兄弟“結仇恨”，“打官司”，“弄的傾家败产”的糊涂虫。

在方紀的笔下，貧下中农在思想上，沒有一点公字观，革命味。不是宣揚“人心是块坏肉”，“沒有个公”的反动哲学，就是鼓吹“吃了是賺头”，“攒下东西挨斗爭”的資产阶級人生观。再不然就是信仰金錢第一，土地万能，所謂有了土地，“傻子”就会变得“聪明”，“懶偷”就会变得“勤快”，“自私”就会变得“大公”，“仇恨”就会“和解”，“浪蕩”就会变得“貞节”……。

在方紀的笔下，人民解放軍的指战員，不是“凈和人家鬧架”的“挑皮鬼”，就是违犯三大紀律、八項注意的“偷窃犯”。不是要东要西的“老婆迷”，就是杀死阶級兄弟而“非常坦然”的“軍閥痞”。

在方紀的笔下，党的各級干部和广大党員被丑化得更不象样子，不是“土匪”，就是“怕死鬼”；不是官僚主义，就是乱搞女人。

相反，在方紀的笔下，恶霸地主却“聪明”、“能干”，是“方园几十里提得着的人物”。地主的“小軍师”也能“收心”，“敗子回头”，改变反动阶級本性，“摸到这个时代大門的钥匙”，当上农会秘书、党支部委員。

一貶一褒，一駡一頌，一恨一爱，方紀地主資产阶級的阶級意識是何等鮮明！世界上哪有这样“无意識”的反革命行动！

一九六一年，在郑州道“八月黑会”上，方紀根据他参加北京黑会的紀录，修改、整理、編輯、再“創造”了一个《文艺学习材料》，經他、王亢之、白樺之流审定，发到全市。并明文規定，把这个周揚的文艺黑貨，作为指导文艺工作的“依据”，而駕凌于毛主席的伟大《讲話》之上，把毛主席的《讲話》列为“参考材料”。其反革命用心多么恶毒！反革命意識又多么明确！

一九六六年，在毛主席《讲話》的指导下，在林彪副統帅的委托下，江青同志召开了“部队文艺工作座談会”，发表了重要的《座談会紀要》，从而点燃了向周揚文艺黑綫、黑网全面进攻的烈火。

周揚死党方紀，对《座談会紀要》既恨且怕。他一方面为周揚辯护，說：“‘国防文学’是历史問題了。”另一方面，恶毒咒駡对周揚的批判是“不分青紅皂白”。同时，还为周揚大鳴不平，肉麻心疼地說：“誰知道周揚还有旁的問題沒有？就是沒有旁的問題，这么烧一下，他那么大干部，那么个身体，也够他喰。”更有甚者，他还一而再地去周揚床前“探病”，鼻涕一把泪一把，发出孤死兎悲的哀鳴。什么“中国文艺界不能沒有周揚啊！”什么“周揚如果死了，誰替他管文艺界啊！”凡此种种，活画出方紀这个周揚死党的丧家狗形象。

周揚垮台了，方紀裝死躺下了。到一九六七年，当社会上資产阶級反动思潮大肆泛濫时，方紀又乘机跳出来，策划了反革命的“黑会”、“黑戏”，公然进行翻案复辟。这种丧心病狂的反党活动，岂止是有“意識”，而且是有組织、有步驟、有綱領的孤注一擲的反革命夺权行径！

从四二年到現在，每到一个历史的关鍵时刻，方紀都跳出来，对抗毛主席的《讲話》，炮制大量毒草，自觉地、主动地、創造性地进行反党活动。毛主席教导我們：“**他们既要反革命，就不可能将其真象荫蔽得十分彻底。**”如果这也叫“无意識”的話，那么这个“无意識”，正是反革命两面派貫用的遁辞，是掩护他們反革命退却的“二花脸艺术”。必須迎头戳穿！

方紀說他“改造不彻底”，不！他的反革命立場、观点、思想意識一絲一毫也沒有改变，而且越来越发展，已經达到包也包不住的程度，于是彻底暴露，彻底垮台。

（三）

方紀的第三根“救命草”，就是所謂“老党員”、“老革命”。什么“我从十几岁就参加了革命，很早就出了名，三几年就入了党”。

这是騙人的鬼話！

列宁說：馬克思主义在理論上的胜利，逼得它的敌人装扮成馬克思主义者，历史的辯証法就是如此。

剝开方紀的画皮，他哪里是什么“老革命”，“老党員”，他連一点共产党員的气味也沒有，他是一个地地道道的精神貴族。他的人生哲学是“六字經”：吃、穿、玩、名、利、官。方紀在家里不是飲酒作乐，以檸檬刺激胃口；就是栽花逗鳥，玩画弄字。在外边不是游山逛水（一趟云南之行就报銷汽車費1200余元！）。就是收“干女儿”，找“姘头”，甚至在西右营四清中也搞男女关系。让方紀自我吹嘘的什么“在西右營是紧跟伯达同志的”鬼話見鬼去吧！

方紀还是个阿巴公式的“財迷”。他摆出一付资产阶級大亨的架式誇耀：“除了資本家有錢，就是作家有錢了。”金錢万能，錢就是方紀的一切。为了錢，他可以板着指头，数着鉛字去向出版社爭稿費；为了錢，他还可以去搞投机倒把生意，搗卖字画，和文物公司工作人員吵个不可开交。他說：“世界上的人都是自私的”，“沒有个公！有公就有私，有私就有弊”。“行私舞弊”就是方紀的反动人生观的写照。

象这样的一个腐烂透顶的坏蛋，要在党內隐藏下来，甚至“复活起来”，就必然借

（下转第三版）

天津新文艺　　敬祝毛主席万寿无疆　　1968年8月 第三版

方紀云南之行内幕

天津工艺美术学校

【前言】偉大領袖毛主席教导我們：“**凡是錯誤的思想，凡是毒草，凡是牛鬼蛇神，都应該进行批判，决不能让它們自由泛濫。**”一九五六年，正当右派分子猖狂向党进攻的前夕，反革命修正主义分子方紀打着“人民日报特約記者”的招牌，以“深入生活”为名，万里迢迢到云南兜了一次风。狗方紀在这次云南之行中，不仅游山玩水肆意揮霍人民的血汗，而且大量炮制毒草，販卖中国赫魯曉夫的黑貨，疯狂攻击党，攻击社会主义，詆毁光焰无际的毛澤东思想。狗方紀出于他反革命的狼子野心，一路上又招降納叛，結党营私，网罗牛鬼蛇神，妄图扩充自己的实力，与党爭夺领导权。今天，讓我們揭开狗方紀云南之行的黑幕，以便广大革命群众进一步把他批倒斗臭！

一、中国赫魯晓夫説：“文艺工作者可以坐着汽車下乡，吃飯、睡覚都可以在汽車上。”方紀对其黑主子的旨意心領神会，身体力行。好一个“体驗生活”，一到昆明他就坐上小轎車，裝滿食品、罐头和各种生活用品，从路南到圭山，从大理到东川，几乎游遍了云南的风景区。

二、狗方紀一路上吃喝玩乐，游山逛水，大肆揮霍人民的血汗。一次为了参观唐代的一根破鉄柱，他竟不惜繞道行車一天。就这样，仅一个月的时間，光汽油費就消耗了一千多元。

三、方紀一伙行至丽江，見一个納西族土司的女儿长得妖艳，便拉来在黑龙潭边照像。方紀还肉麻地为她題了一首詩，什么“眼睛明亮”“牙齿閃光”……低級下流不堪入耳。后来，此詩和該人的照片竟登在《人民画报》上，造成极坏的影响。

四、方紀不仅在云南大量炮制毒草，攻击党，攻击社会主义，并且出于他的反革命需要，結納了当地的一批右派分子、反动文人。方紀极力支持他們把持《边疆文艺》从事反党活动的阴謀，同时还邀請他們到天津来，利用黑刊物《新港》为据点，实现他們复辟資本主义的狼子野心。

五、一九五七年初，伟大的反右斗爭前夕，这一小撮右派分子的反党阴謀业已暴露，方紀見势不妙，慌忙将这群牛鬼蛇神接到天津，躲在他家里，好吃好喝关怀备至。同时，又利用他把持的黑刊物《新港》为这伙右派开辟反党陣地，猖狂向党进攻。

六、伟大的反右斗爭的胜利，宣判了这一小撮坏蛋的死刑。尽管方紀施展反革命两面派手法，暂时混了过去，但在这場史无前例的文化大革命中，广大无产阶級革命派高举毛泽东思想伟大紅旗，終于把方紀揪了出来，彻底清算了他的反革命滔天罪行。让我們继續乘着中央首长“二·二一”指示的东风，穷追猛打，扫尽一切害人虫，把无产阶級文化大革命进行到底。

历史宣判了方紀的死刑

（上接第二版）

助于“机会主义的形态”。他的“形态”有三种：“作家”，“党員”，“部长”。方紀在群众面前是“作家”，在作家面前是“党員”，在党員面前是“部长”。作家，党員，部长，三样貨色齐备，各有各的用途。

方紀利用“作家”的招牌，不仅炮制大量的毒草，而且招降納叛，結党营私，建立“有全体会員和作家，和讀者来来往往的大家庭和参謀部。”这个“大家庭”，就是由叛徒、特务、反动文人、文艺黑綫中的一切牛鬼蛇神“来来往往”組织串連而成的“三家村”，“四家店”，“文艺沙龙”，“裴多菲俱乐部”；这个“参謀部”，就是文艺黑綫中的大小头目、干将和一切反革命修正主义分子的大本营，文艺黑綫的“閻王殿”。方紀之流就是利用这些为資本主义复辟做組织准备，制造反革命輿論。

方紀利用“党員”招牌，不仅掩护自己的地主、資产阶級的反动立場和世界观不受触动，而且拚命鼓吹：“党員作家的世界观問題基本上解决了，”党对他們不要“过多干涉。”好让他們放手大搞修正主义的“自由化”、“职业化”、“艺人治团”。让那些披着“党員”外衣的反动資产阶級的“专家”、“教授”，即資产阶級学閥，继續专无产阶級的政。

“部长”的用处就更大了。虽然方紀裝腔作势地摆出一付“无官一身輕”的样子，有时也假惺惺地說两句“罢了我的官，我倒‘自由’了。”但他內心里却是个爭权夺势的官迷。为了撈取“部长”的头衔，他曾經是多么辛辛苦苦去抱“殿王爷”的粗腿，拍党內走資派的馬屁啊！方紀的“勤奋”，終于博得主子的青睞，于是“荣升”部长。这个部长級的“大人物”，不仅可以去住云南的高級旅館，而且可以直通“閻王殿”的“黑天”，去鎮压革命群众对《来訪者》等大毒草的批判。还可以用它去冒充“革命領导干部”，发声明，开“亮相”会，在文化大革命中把自己“树”起来，妄图鉆进新生的紅色政权，搞右傾翻案，搞反革命夺权，搞資本主义复辟。

“作家”、“党員”、“部长”。“三位一体”，冠冕堂皇。可是剝尽画皮，剩下来的乃是不折不扣的混入党內的資产阶級代表人物。

方紀最近說：“过去我参加革命，沒想到会落到这个地步。”这倒是真話。方紀时时刻刻梦想的就是夺回吸血鬼們失去的“天堂”，梦想复辟資本主义。

一九三七年，他大喊大叫，要为其地主外祖母“报仇”，还要“刻一座大理石雕像”，正是这种反革命梦想的表演！

一九五七年，反右斗爭时，他和右派分子进行反革命串連，要一道破門而出，征服海洋，达到有“理想”的彼岸，也是这种反革命梦想的表演！

一九六七年，他策划“黑会”，导演“黑戏”，决心在天津作出“样板”，建立“全国联絡站”，妄图向以毛主席为首的无产阶級司令部夺权，还是这种反革命梦想的表演：

一九三七——一九五七——一九六七，一連串表演，这就是方紀这个“作家”的反革命三部曲。而資产阶級的野心，理想，梦想，則是方紀三十年来的精神支柱。当他“疲倦的时候”，就是这个反革命复辟的梦想給他以“力量”；当他“犹豫的时候”，就是这个反革命复辟的梦想，給他以“勇敢”；他三十年如一日，“头也不回”地一直为之“战斗”。很明显，假如方紀的“战斗”胜利了，他的梦想实現了，我們就要亡党、亡国、亡头，劳动人民就要重吃二遍苦，中国就会改变顏色，退回到半封建、半殖民地社会。

然而，反革命梦想必败！誰胆敢与共产党爭天下，必将碰得头破血流，成为“不齿于人类的狗屎堆。”方紀的下場就是这样！也只能是这样！“沒想到会落到这个地步”，方紀这只“落水狗”面临灭頂之灾时发出哀鳴，也就是一切反革命分子的悲声！

历史宣判了方紀的死刑。剪断他的“救命草”，纵看，是彻头彻尾的反革命修正主义的路綫；横看，是彻左彻右自觉的資产阶級顽固立場的断面；深看，是彻里彻外的反动丑恶魂灵的大黑点。这种点、綫、面的結合，就构成了方紀这个一貫反党、反社会主义、反毛泽东思想的老反革命。

宜将剩勇追穷寇，让我們更高地举起毛泽东思想的伟大紅旗，彻底发揚“痛打落水狗”的精神，把方紀这个不甘心退出历史舞台的老反革命和一切阶級敌人批倒批臭，把两个阶級，两条道路，两条路綫的斗爭进行到底！迎接无产阶級文化大革命的全面胜利！

1968年8月　第四版　　敬祝毛主席万寿无疆　　天津新文艺

毛主席的革命文艺路线胜利万岁

戳穿电影“百花奬”的内幕

中国最大的走資派刘少奇在电影界的死党周揚、夏衍、陈荒煤一伙，十几年来，积极推行修正主义“三名三高”政策，大搞“和平演变”，妄图把文艺队伍完全拉入修正主义泥坑，进行資本主义复辟。曾經喧嚣一时的电影“百花奖”評奖活动，就是很好的一例。他們打着“群众評选”的旗号，实际搞的是美国好莱塢的一套，从美帝国主义曾把“百花奖”和好莱塢的“奥斯卡金象奖”相提并論，我們就可以知道“百花奖”是什么貨色了。

早在評选“百花奖”之前，他們就搞了几次影片評奖活动，《梁山伯与祝英台》、《秦香蓮》、《哈森与加米拉》、《天仙配》等許多坏影片都得了奖，他們甚至把香港的坏影片也列入評奖之列，并得了奖。到了三年困难时期，他們的反党活动更加猖狂。刘少奇在一九六〇年亲自把两个臭明星請到家里吃飯，肉麻地說：“你們长得很漂亮，又年輕，很有前途。”周揚則按着他的主子刘少奇的旨意，在六一年全国故事片創作会議上，抛出了他的“四好电影”的修正主义黑貨，說：“我們的电影，要有好故事、好演員、好鏡头、好音乐。”又叫嚷：“我們反对明星主义，但还是要有明星。……外国人讲狂热，有些电影狂对某个演員的片子非去看不可；应該培养那些有强烈吸引力的演員，导演应发現这种演員。”会后不久，影协黑党組，根据周揚的讲話，在夏衍、陈荒煤亲自指揮下，决定在全国范围內搞“四好影片”的評选活动——評“百花奖”，大搞好莱塢的“明星主义”。

他們一方面在《电影艺术》、《大众电影》、《电影創作》及《电影文学》上发动討論“四好电影”，做輿論准备，另一方面又叫旧影协处处收集、研究帝、資、修二十三个国际电影节的評奖材料，美其名曰“借鉴”，其实是搬用。一九六一年底反革命修正主义分子蔡楚生（旧影协主席）还亲自出馬，在《大众电影》上发表文章，为“百花奖”大喊大叫。

六二年、六三年、六四年，相继搞了三次（評选的影片是六一、六二、六三年的），三届評选活动有一个共同点，就是都打着群众評选的旗号，而实际上是电影界的黑帮夏、陈、袁、蔡一伙在幕后进行操纵。他們掌握輿論和宣传工具，指揮群众投票。評选一开始，他們就規定了重点影片名单。要群众按照他們的名单去选毒草片。如果評选結果不合他們的意旨，就給群众扣上一頂“不准确”的帽子。

第一届“百花奖”評奖活动是在六二年上半年举行的。为了使評选工作完全按他們的心意进行，他們事先划框框，定調子，大造輿論，并把发票范围控制在知識分子阶层中（因为只有訂閱《大众电影》的才能拿到选票）。評选时为了达到他們把某演員評为最佳演員，以推行“三名主义”的目的，竟把該演員狗父亲的右派帽子摘掉，并发給她三千元錢，謂之“刺激其积极性”。終于把这个演員評上了所謂“最佳女演員”奖。他們把反革命大毒草《革命家庭》、《洪湖赤卫队》、以及美化帝王将相的坏影片《楊門女将》等，評为“最佳”編剧、音乐、戏曲之类的“奖”。发奖时还請了邓拓、田汉、蔡楚生等一伙资产阶級反动“权威”和反党分子来題詞。

第二届是一九六三年举行的。一切活动都是夏、陈、袁、蔡一伙“遙控”的，按他們事先策划好的步驟进行的。在这一届評选中，有一个重大政治事件，这就是他們千方百計地反对解放軍参加評选。

一九六三年初，第二届“百花奖”消息发表后，軍委、总政文化部电影处为了組织部队战士参加評选活动，給《大众电影》一份公函，要求增加五万张选票。对解放軍参加評选他們怕得要死，編輯部根据影协的黑指示，竟以“百花奖”是刊物讀者評选，不能单独发选票为借口从而拒絕。后来总政文化部还是自己印制了选票。为了对付总政，发奖前夕——四月廿九日，影协黑党組召开了个黑会，“采取对策”。会上，陈荒煤提心吊胆地說：“軍委发的票会不会在后十天（指到四月卅日截止前）一下子来的多了，影响評选結果。”袁文殊說：“不会，下次不准他們自己印选票。”陈荒煤还不放心地說：“四月卅日刹住。”并布置道：“統計結果要上海尽速电話报来，要分别統計，然后再加起来，軍委票如果不影响結果，就打个报告給中宣部，引为教訓。如結果发生变化，馬上报中宣部，我們表示个态度——把它作废，不失杂志評奖。”

在这里，我們可以清清楚楚看到夏衍、陈荒煤等一小撮反革命修正主义分子是如何在周揚的指使下，猖狂抵制用毛泽东思想武装起来的中国人民解放軍的。

这次“百花奖”評选工作是瞞着周总理进行的，总理对第一届“百花奖”就有意見。举行第二届时，仍然沒有跟总理打招呼。是在发表評选結果后，周总理看了报紙，才知道此事，叫秘书打电話問袁文殊的。当时袁文殊十分紧张，在等电話时，一边摇着头一边說：“眞沒有办法，你看，我一天都不能动了。”对总理充滿了仇恨。

周总理来电話批評：①不准搞錦标主义；②要到广大工人、农民中去征求意見，……。

总理批評后，他們为了蒙混过关，周揚、林默涵不得不批准签字，給《槐树庄》补发了一个荣誉奖。

第三届是一九六四年搞的。这是对抗毛主席批示和总理批評的一个大阴謀。毛主席指出：**“各种艺术形式——戏剧、曲艺、音乐、美术、舞蹈、电影、诗和文学等等，问题不少，人数很多，社会主义改造在许多部门中，至今收效甚微。许多部门至今还是‘死人’统治着。”“许多共产党人热心提倡封建主义和资本主义的艺术，却不热心提倡社会主义的艺术，岂非咄咄怪事。”**这个伟大的批示，刺中了一小撮反革命修正主义分子的要害。然而他們决不甘心自己的失败，經过一番精心策划之后，又发动了瘋狂反扑。六四年一月，刘少奇亲自出馬，盜用中央名义，召开所謂“文艺座談会”，周揚在会上与刘少奇一唱一和，大摆文艺工作的所謂“成績”，胡說文艺界的問題“大多数人是认識問題”，明目张胆地对抗主席批示。会后，陆定一、周揚、夏衍、陈荒煤、袁文殊一伙四处奔跑，宣揚电影的所謂成績，評功摆好，树新影为“紅旗”。并召开了对抗主席批示的南京黑会。他們搞第三届“百花奖”就是对抗主席批示的一个組成部分。

他們打着“紅旗”反紅旗。一方面扩大了一些发票范围，另一方面却策划在搞“群众性”的評选同时，把“三十年代”的資产阶級臭“权威”、社会渣滓等收买进来，搞所謂“专家評奖”，所謂为群众性評选“作榜样”，就是让群众按他們的意思办事。

他們还制定了《燎原》、《紅日》、《錦上添花》、《南海潮》、《停战以后》、《冰山上的来客》等毒草影片名单，作为各地重点宣传用。

在发奖前夕，陈荒煤还特地提出对《燎原》等片要“进行引导”（即进行吹捧，让观众投它票），又用新华社名义捏造“工农兵喜爱《燎原》等片”的假报导，不择手段地把美化他們黑后台刘少奇的影片評上头奖。

最后，他們还規定了奖品：获奖者：每人給五十元的书卷（可去书店取书）一张，鑲金边的奖状一张和价値上百元的国画一幅。

一九六四年六月二十七日毛主席的又一次对文艺工作的伟大批示，給了周、夏、陈、蔡、袁一小撮反革命修正主义分子以致命的打击，在批示未正式下达之前，周揚的老婆苏××就給陈荒煤通风报信：“現在是检查思想和工作的时候了，发奖是不是合适，請你們考虑。”

陈荒煤就立刻給夏衍、齐燕銘、李琦写了个条子：“百花奖是不是等到明年一起发？”夏衍根据林默涵的意見干脆就說：“不发了。”因此第三届“百花奖”才沒有发出。

敌人的任何垂死挣扎，也逃不脫它的最后灭亡的命运。毛主席亲自发动和領导的无产阶級文化大革命，把周揚、夏衍、陈荒煤等电影界大大小小的牛鬼蛇神及他們的总后台刘少奇揪出来了，我們必須乘胜前进，彻底挖掉反革命修正主义电影黑綫！

（轉載首都大批判材料）

毒草歌曲批判

九九艳阳天

电影《柳堡的故事》插曲。它大写战爭和个人幸福的矛盾。歌曲的主人翁是个准备参加人民解放軍的农民，就在参軍前夕，他产生了剧烈的所謂「內心矛盾」：「哥哥惦記着小英蓮，风向不定車难轉，决心沒下怎么开言？」作者用小調式的、极其纏綿，感伤的曲調，把这种「內心矛盾」渲染得繪声繪色。馬克思列宁主义、毛泽东思想认为，革命战爭是革命人民利益的根本所在，只有枪杆子才能改造旧世界，只有枪杆子才能解放全人类。而这首歌却把革命战爭写成「灾难」，它剝夺了爱情，破坏了个人幸福。这和苏修的《一个人的遭遇》《第四十一》中所宣揚的反动观点有什么两样呢？歌曲甚至这么唱道：「这一去枪如林弹如雨」，「这一去两年三載不回还」。把革命战爭写得恐怖无比。正如江青同志所指出的：「影片的手法、歌曲，都利用了人情味，問題大，很多手法恶毒，反紀律，用艺术手法使人回味，使人感到軍队残酷。」

游击队歌

毛主席在論述抗日民族統一战綫的时候指出：「**阶級和阶級斗爭的存在是一个事实，有些人否认这种事实，否认阶級斗爭的存在，这是错误的。**」而音乐界三十年代的祖师爷吕驥却大叫「不分党派齐奋斗」，老右派賀綠汀也大叫「不分穷，不分富，不分党，不分派」。他們极力否认阶級斗爭，鼓吹阶級投降主义，宣揚王明和刘少奇的右傾机会主义路綫，充当大資产阶級在革命队伍中的代言人。

日夜想念毛主席

作者是反革命分子，国民党上校。他竟敢在这首歌曲中玩弄諧音的鬼把戏，恶毒咒駡我們伟大的領袖毛主席。毛主席是当代最伟大的馬列主义者，是我們心中最紅最紅的紅太阳，誰胆敢反对毛主席，我們就叫他粉身碎骨，彻底灭亡！

清凌凌的水来蓝瑩瑩的天

这是歌剧《小二黑結婚》中的一段。剧中的小芹，是个典型的中間人物，实际上是反面人物。处在烽烟遍地的抗日战爭时期，小芹对民族危亡毫不关心，唯一惦記的是她的二黑哥。作者大肆宣染了她借着洗衣服等二黑的复杂心理状态：「前晌也等，后晌也盼，站也站不定，坐也坐不安」，「忽听得树沙啦啦、沙啦啦啦，好象是二黑哥的脚步声，唉！原来是刮了一陣风。」这种人物完全是爱情至上主义者，是典型的穿着农民衣服的資产阶級小姐。歌頌这样的人物，就是歌頌資产阶級，就是鼓吹資本主义道路。

本报地址：天津市烟台道50号　　电話：3.3736　　訂閱处：全国各省市邮局　　（每份二分）

我国有七亿人口，工人阶級是領导阶級。要充分发揮工人阶級在文化大革命中和一切工作中的領导作用。工人阶級也应当在斗爭中不断提高自已的政治覚悟。

毛泽东

天津新文艺

編

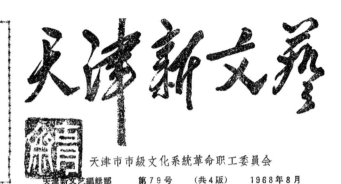

天津市市級文化系統革命职工委員会

天津新文艺編辑部　第79号　(共4版)　1968年8月

批臭毒气薰天的“常氏相声专场”

天津市人民説唱团革命群众

伟大領袖毛主席教导我們說：“阶级和阶级斗爭的存在是一个事实；有些人否认这种事实，否认阶級斗爭的存在，这是错误的。企图否认阶级斗爭存在的理论是完全错误的理论。”

无产阶級文化大革命的英勇旗手江靑同志在《部队文艺工作座談会紀要》中指出：文艺界在建国以来“被一条与毛主席思想相对立的反党反社会主义的黑綫专了我們的政”。天津旧曲艺界正是在国民党反动派代理人王、白、方、李耕涛、娄凝先、楊循、何迟之流的直接控制下，招降納叛，結党营私，进行了一系列的反党反社会主义反毛泽东思想的罪恶活动，使旧曲艺界堕落成为資本主义复辟制造輿論的工具。特别是在我国經济困难时期，王、白、方一伙勾結了市曲艺团走资派赵魁英、王济等举办了京韵、时調、梅花、相声各种专場放毒，大挖大演传統毒草节目，配合国内外阶級敌人向党向社会主义猖狂进攻，1961年12月上旬，天津市曲艺团在音乐厅举办的“常連安一家祖孙三代相声专場”就是一次有組织、有計划地在文艺宣传陣地实行資本主义复辟的罪恶活动。

“烈属”还是“曲霸”

要彻底揭开所謂“常氏相声专場”的黑盖子，必須首先弄清常連安是个什么人？

我們說：常連安是一个在周揚反革命文艺黑綫和万张反革命修正主义集团的庇护、重用下，騙取了“烈属”称号的匪国民党員、曲霸、封建班主，是投靠帝国主义、封建主义、官僚資本主义的忠实走狗，是依附日寇　国民党的权势残酷剝削、压榨艺人的老吸血鬼。

在日寇統治时期，常連安仗着会說一些反动、荒誕、庸俗、低級的传統相声和变戏法，到处钻营，积极为汉奸、特务、地主、資本家、投机商服务，从各方面迎合統治阶級的反动政治需要和生活享乐需要，一时狗运亨通，成为艺人中的剝削者。从1939年他就在北京西单商場开設启明茶社，自任前台經理和后台老板，网罗在京的相声演員，大搞資本主义竞爭式的“相声大会”，集中宣揚封建地主、資产阶級的反动处世哲学，公开美化汉奸、特务，在“說学逗唱”的戏謔声中，麻痺广大人民的阶級觉悟和民族意識，妄图使人們在潜移默化之間，忘記了阶級仇、民族恨。就这样，替日寇搞文化侵略、毒害、奴役我国人民帮了大忙，起到了汉奸、特务所起不到的恶劣作用。

启明茶社是个半封建半殖民地社会的特殊产物，在經济剝削上也十分残酷。当时是論段斂錢，每晚演出結束后集中分份儿，常連安是成班人，除拿演員的“份儿”外还拿“老板份儿”。他的三个小儿子以“少班主”地位出現，学会几段相声便可登台演出，起碼拿“半份儿”，以后逐年增加，十几岁就可拿到“整份儿”。此外，常連安还拿着前台房屋、桌椅板橙的“分帐”，再有經营小卖、茶水等，合計下来，启明茶社整日收入就有一半归了常家。就这样，常連安仍不滿足，他又勾結了匪国民党員、反动艺人侯一尘組织了“常春堂”，专应喜寿“堂会”，供給官僚、地主、資本家、老爷、太太、少爷、小姐寻欢取乐，并残酷地从中盘剝艺人。

当时，外地有些“名望”的演員到京时，常連安都要請吃飯，拉关系，問他們上“堂会”的价碼，告訴他們应“堂会”演出要統一經过“常春堂”，也就是必須通过常連安，这就是說他对曲艺界的剝削、垄断已經“合法化”了！他就是一个拜倒在日寇、汉奸脚下的民族败类！

不但如此，为进一步剝削、牟利，常連安还利用他盘剝、压榨广大劳动人民的血汗錢置了房产，开設了“小安堂”中药店，更暴露了他是个地道的反动資产阶級分子。

抗战胜利后，常連安又参加了匪国民党，还当上了由李宗仁主持的匪国民党北平特別市党部劝募大队第二十一分队长，积极搜刮民财，为国民党反共反人民尽忠报效。

从以上事实来看，常連安就是个曲霸、封建班主、資本家、国民党反动派的残渣余孽！

那么，常連安又是怎样騙取到“烈属”的光荣称号呢？这是因为他的长子常宝堃（艺名小蘑菇　曲霸、封建班主，解放前“兄弟剧团”“五条恶虎”之一。）1951年赴朝慰問演出时，死在朝鲜，經反革命修正主义分子阿英、方紀勾通田汉、胡××等黑帮人物，定为“烈士”，于是乎常連安及其一家也就一变而成为“烈属”了。他們乘机向党提出建立国营曲艺团，經方紀、何迟上窜下跳，以原“兄弟剧团”及常家班子为旧班底建成了“天津市曲艺工作团”（曲艺团前身），并經田汉指名由“烈属”常連安担任团长，“烈士”的“亲密战友”坏分子赵佩如担任副团长。就这样，老混蛋常連安便由“霸主”一跃而为窃取了“烈属”称号的曲艺黑綫中煊赫一时的头面人物。

常連安以“烈属”的光荣称号到处招摇撞騙，公开散布反党言論，当在各种会議場合請这位“烈属”讲話时，他竟說出：“宝堃去朝鲜我不愿意让他去……他这是自投罗网啊！”这不充分暴露了他的反动本质了么？

1957年反右斗爭中，大右派何迟提出一整套在曲艺界全面复辟資本主义的反革命綱領，对此，常連安是鼓掌喝采的，何迟被广大群众揪出后，他还公开的說：“何迟的主张我贊成”，可見他們早就是一条籐上的黑瓜！

就是这样一个极端反动的傢伙，解放以来却一直拒不交待自己的政治历史問題，相反并坚持反动立場，珍重保存匪国民党員的“党証”，这不就是梦想变天嘛！

毛主席教导我們說：**“在地球上全部剝削阶级彻底灭亡之后多少年內，很可能还会有蒋介石王朝的代表人物在各地活动着。这些人中的最死硬分子是永远不会承认他们的失败的。”**常連安就是这样頑固死硬的国民党分子！

还应該指出的是，不論解放前后，常連安的严重道德敗坏問題也都是令人发指，臭不可聞的，他的家庭生活完全是糜烂、骯髒的资产阶級方式，他是个灵魂极端腐朽、阴暗的伪君子。

“专場”的起因

常連安依仗着国民党在天津文化界代理人王、白、方，楊循和曲艺团走資派的保护，历次运动都滑了过来，特别是1961年3月三反分子王济到曲艺团当副团长后，秉承周揚黑綫的旨意，对常連安更是百般的关照、吹捧，維护这个“霸主”在曲艺团的地位，封为名老艺人，并帮助他整理了毒草节目《山东斗法》、《空城計》。1961年天津曲艺演出团赴北京、东北各地旅行演出，常連安都是主要演員。难怪这个老狐狸說：“57年反右搞得我心情不舒暢，这次王济团长处处把我摆在前边，我心里才痛快了。”这不正好說明常連安的反动本质及其与走資派的黑关系了么？正是为了給常氏封建家族树碑立传，于是在常連安找到魯荻提出“要求”，又轉由魯荻之口“提議”后，1961年底“常氏相声专場”便粉墨登台，大张旗鼓出籠了。

常氏专場是在什么政治气候下搞起来的呢？首先应該指出，党內一小撮走資派早就看上了传統相声的毒性，特别是相声的“諷刺特长”，正好用来做他們攻击党、攻击社会主义制度的工具。当时，旧市委宣传部副部长侯苛一借口“病中研究相声”在郑州道高干自修班开放大量传統相声节目，上行下效，赵魁英、王济一伙也把传統相声列为重点。1961年11月以“熟悉常家情况”自居的旧市委文教部副部长、坏分子魯荻，在天津飯店体协举办的一次相声晚会上見到了常連安父子数人同台表演，便一見傾心，当时，他問到常家一些情况，知道常連安父子中有九人搞相声，常連安也向他提出想找机会“爷儿几个聚会聚会”，于是魯荻就提出：“你們一家子可以凑个相声专場嘛。”他这句話正好道出了常連安之流的心声，代表了一切牛鬼蛇神实行反革命复辟的愿望。常連安回团后，向赵魁英等汇报了狗魯荻的“提議”，赵魁英、王济对黑主子的旨意是心領神会的，他們迫不及待地上下串通进行了“专場”的筹备工作。

（下转第三版）

1968年8月 第二版 敬祝毛主席万寿无疆 天津新文艺

革命委員会好

【編者按】伟大領袖毛主席教导我們說："在需要夺权的那些地方和单位，必須实行革命的'三結合'的方針，建立一个革命的、有代表性的、有无产阶級权威的临时权力机构。这个权力机构的名称，叫革命委員会好。"在毛主席一系列最新指示的指引下，在天津市革命委員会的正确领导下，在人民解放军的支持帮助下，话剧院、京剧团、文物公司、艺术館等单位的革命委員会相继成立了。像一面面鮮艳的紅旗，飘揚在天津文艺界的上空。这是毛泽东思想的伟大胜利！是毛主席无产阶級革命路线的伟大胜利！这是天津文化界无产阶級文化大革命形势大好的重要标志，是文化系統无产阶級革命派的大喜事。让我們向这些单位的广大革命群众和人民解放军毛泽东思想宣传队致以最最热烈的祝賀。让我們共同敬祝我們心中最紅最紅的紅太阳毛主席万寿无疆！万寿无疆！万寿无疆！

热烈祝賀話剧院革委会成立

在光焰无际的毛泽东思想照耀下，在天津市文艺界胜利突破"二黑"的凱歌声中，經天津市革命委員会批准同意，天津人民話剧院革命委員会于一九六八年七月二十日正式成立。革命委員会由赵智信、齐殿勋、范志芳、高喆民、常志斌、李凤萍、石光祚等九名同志（暂空二名）組成。由赵智信任主任，齐殿勋、高喆民任副主任。

天津人民話剧院的无产阶級革命派和广大革命群众，在史无前例的无产阶級文化大革命中，紧跟伟大領袖毛主席的战略部署，在与万张反革命修正主义集团及其在文化界的代理人王亢之、白樺、方紀等的斗爭中，在彻底揭露黑戏《新时代的狂人》的斗爭中，作出了应有的貢献。中国人民解放軍駐天津人民話剧院毛泽东思想宣传队，高举毛泽东思想伟大紅旗，突出无产阶級政治，加强了政治思想工作，在支左工作中取得了很大的成績。

我們热烈祝賀天津人民話剧院革命委員会的成立。这是毛泽东思想的伟大胜利！是毛主席革命路綫的伟大胜利！

热烈祝賀文物公司革委会成立

在全国亿万軍民热烈欢呼毛主席《炮打司令部（我的一张大字报）》发表两周年的光輝日子里，經天津市革命委員会批准同意，天津市文物公司革命委員会于一九六八年八月六日正式成立。革命委員会由李文玉、张玉香、肖彩蓮、葛福（暂空一名）五名同志組成。由李文玉同志任副主任。

文物公司的无产阶級革命派和广大革命群众在史无前例的无产阶級文化大革命中，以战无不胜的毛泽东思想为武器，向以中国赫魯晓夫及其在天津的代理人万张反革命修正主义集团和周揚及其在天津文化界的代理人王亢之、白樺、方紀以及隐藏在文物公司内的一小撮阶級敌人进行了坚决的斗爭。在这場激烈的阶級大搏斗中，广大革命群众經风雨見世面，得到了鍛炼，取得了很大的成績。中国人民解放軍駐文物公司毛泽东思想宣传队，高举毛泽东思想伟大紅旗，坚决支持左派广大群众，狠狠打击一小撮阶級敌人，勇敢地捍卫了毛主席的无产阶級革命路綫。

我們热烈祝賀文物公司革命委員会的成立。这是毛泽东思想的伟大胜利！是毛主席革命路綫的伟大胜利！

热烈祝賀京剧团革委会成立

"大海航行靠舵手，干革命靠毛泽东思想"。在毛主席无产阶級革命路綫的指引下，在天津文艺界深入开展一批三查运动的战鼓声中，經天津市革命委員会批准同意，天津市京剧团革命委員会于一九六八年七月二十九日正式成立。革命委員会由李景祥、张庆斌、許世昌、李秉义、张金生 赵子月、王志誠（暂空二名）九名同志組成。由李景祥同志任主任，許世昌、王志誠二同志任副主任。

天津市京剧团的无产阶級革命派和广大革命群众在史无前例的无产阶級文化大革命中，以战无不胜的毛泽东思想为武器，高举"对反动派造反有理"的大旗，向以中国赫魯晓夫及其在天津的代理人万张反革命修正主义集团和周揚及其在天津文化界的代理人王亢之、白樺、方紀以及团内謝国祥等一小撮反革命修正主义分子进行了坚决的斗爭，在斗爭中取得了显著成績，作出了应有的貢献。中国人民解放軍駐京剧团毛泽东思想宣传队积极执行伟大領袖毛主席和林副主席的指示，在支左工作中取得了很大的成績。

我們热烈祝賀天津市京剧团革命委員会的成立。这是毛泽东思想的伟大胜利！是毛主席革命路綫的伟大胜利！

热烈祝賀艺术館革委会成立

在热烈欢呼毛主席亲自主持制定的《十六条》发表两周年的大喜日子里，在天津文化系統文化大革命运动空前大好的形势下，經天津市革命委員会批准同意，天津市群众艺术館革命委員会于一九六八年八月十日正式成立。革命委員会由李春園、刘錫朋、楊添发、楊殿武、李尙学等五名同志組成。由李春圓同志任主任，刘錫朋同志任副主任。

群众艺术館的无产阶級革命派和广大革命群众，在史无前例的无产阶級文化大革命中，以战无不胜的毛泽东思想为武器，向以中国赫魯晓夫及其在天津的代理人万张反革命修正主义集团和周揚及其在天津文化界的代理人王亢之、白樺、方紀以及隐藏在艺术館的一小撮阶級敌人进行了坚决的斗爭。在这場激烈的阶級大搏斗中，广大革命群众經风雨見世面，得到了鍛炼，取得了很大的成績。中国人民解放軍駐天津群众艺术館毛泽东思想宣传队，广泛深入地宣传毛泽东思想，坚决捍卫毛主席的革命路綫，坚定地支持革命左派，狠狠地打击了一小撮阶級敌人。

我們热烈祝賀群众艺术館革命委員会的成立。这是毛泽东思想的伟大胜利！是毛主席革命路綫的伟大胜利！

砸烂封、资、修的艺术教育制度

我們的伟大領袖毛主席最近深刻地指出："大学还是要办的，我这里主要说的是理工科大学还要办，但学制要缩短，教育要革命，要无产阶级政治挂帅，走上海机床厂从工人中培养技术人员的道路。要从有实践经验的工人农民中间选拔学生，到学校学几年以后，又回到生产实践中去。"

毛主席这一最新指示的发表，是对馬列主义的重大发展，把被顚倒了的历史翻过来了，翻得好，好极了，我們文艺界无产阶級革命派一千个欢呼，一万个拥护！这一最新指示，是彻底摧毁资产阶級、修正主义教育路綫，打破旧的教育制度，将无产阶級教育革命进行到底的战斗綱領，是培养无产阶級接班人，巩固无产阶級专政，防止我国改变顏色的根本保証，也是夺取无产阶級文化大革命全面胜利的指路明灯。

教育，作为上层建筑的一个重要組成部分，总是为一定的政治和經济基础服务的，是阶級专政的重要工具。解放十几年来，毛主席的无产阶級教育路綫和中国赫魯晓夫的反革命修正主义教育路綫，始終进行着激烈的斗爭。在天津的艺术教育方面也是这样，文艺黑綫总头目周揚在天津的代理人王、白、方和文化局的走资派黎砂、王血波、韓涛之流，他們不仅是反革命文艺黑綫的吹鼓手，也是地地道道的貫彻修正主义教育路綫的急先鋒。什么"继承传統"呀！什么"拜师收徒"呀！說穿了无非是为封、資、修的艺术传宗接代，为演帝王将相、才子佳人的旧戏班培养接班人。反革命修正主义分子方紀和韓涛合謀炮制的《院团工作条例十四条》中就說什么："各艺术演出团体都要注意二代的培养工作，主要演員、乐师都要积极培养自己的接班人，以使自己的剧种和剧团一代接替一代，并得到发展和提高。"他們念念不忘的是主演、乐师，剧种、剧团，唯独不提无产阶級政治挂帅，不提和工农兵相結合，这就显而易見，他們所提倡的是封、資、修的教育路綫，是全面地、猖狂地向毛主席的无产阶級教育路綫发起的一次又一次的进攻。

回顾我市艺术教育的发展概况，我們可以看出，从1958年起，就掀起了盲目招收戏曲学員的歪风，来了一个所謂的"大跃进、大发展"。当时，市、区普遍增設了培訓机构，如市里有戏校，各剧院有附校，剧团有訓练队和随团学員，全市共計有专业戏校、附校和訓练队15个。有二十多个剧团都带有数量不等的随团学員。京、評、梆、越、豫、曲、杂、馬、歌舞、話剧，甚至北方越剧等无所不包。当时入学人数据不完全統計共达1731人，（市属1090人，区属641人）。

对于这样庞大的艺术队伍，这些走資派們是怎么吸收进来的？又是怎样进行教育的呢？

（一）在吸收人員上，他們根本不貫彻党的阶級路綫。只注意所謂从事艺术工作的"业务条件"，而对学員的政治条件不聞不問。因此，学員的家庭出身較复杂，如1960年以前招收的学員，大部分家庭出身有問題。×××剧团62人中，其中地、富、資子弟12人，反革命，被杀、关、管的子弟7人（非直系亲属另有8人），而眞正工农出身的子女却很少。再如××区曲艺团青年队三十多人，則只有五、六人是工农子女。可見他們是蓄意排斥工农子弟，为封、資、修的艺术培养接班人。

（二）在对戏曲二代的培养教育上，他們从来不提倡学习毛主席著作，不突出无产阶級政治。长期以来，在一些艺术教育单位，政治思想工作根本排不上队。学生入学后首先是练功、排戏。普遍的現象是，团員不开小組会，少先队員不过队日活动。×校1963年以前根本沒有政治課。有的虽安排了政治課，但往往被排戏和演戏所挤掉。当时这些官老爷們看一个学員的好坏，也主要是看他（她）能不能演好戏。若是发現艺术上有些成績的学員，走資派不是从正面加强思想教育，用毛泽东思想去武装他們的头脑，让他們深入火热的斗爭生活中去和工农兵相結合，而是大力吹捧，搞物质刺激，把他們当作"尖子"培养，处处給以特殊照顾。在一些团带学員中問題就更为严重了。我們敬爱的副統帅林彪同志教导我們說："文艺这个陣地，无产阶級不去占領，資产阶級就必然去占領，斗爭是不可避免的。"对培养戏曲接班人来說也是这样，不用毛泽东思想去进行教育，則必然由資产阶級反动艺术权威那种封建带徒弟的口传心授的教育方法取而代之。他們对学生讲的是："宝貝！好好学，学会了誰也要不去，出了名能吃香的、穿好的。"教的是"帝王将相，才子佳人"的貨色。因此，資产阶級的名利思想，以及談情說爱、讲吃讲穿的生活作风就在戏曲学員中大肆泛濫传播。如有的鬧工資，有的为多挣錢中途退学到外地去搭班，有的乱搞男女关系等，把艺术教育陣地搞得烏七八糟。对此情景，曾有的同志惋惜地說："老的戏改对象还沒有改，新的戏改对象又培养出来了。"一句話，这就是中国赫魯晓夫所要培养的精神貴族。

（三）为了把文艺作为他們复辟資本主义的溫床，周揚在天津的代理人白樺、方紀、娄凝先、黎砂、王血波之流，更热衷于拜师收徒的封建行会活动。于是戏曲界拜师收徒之风頗为盛行。諸如：市京剧团的张××、于××、馬××曾分别拜张君秋、赵燕俠、李少春为师，摆宴請客。自然，各路諸"神"皆前往祝賀，方紀还大叫"磕头"。1962年鞍山市原文化局长带人来津拜师，市曲艺团常××、白××、苏××、曹××等各收徒一名，举行仪式后还請客七桌，有好几十人参加。李××收的徒弟有十七、八个，他把这些徒弟按歌詞順序排了号，給改了名字，还給徒弟們續上家譜，告訴徒弟們师祖、师爷、师叔、师伯都是誰。……所以，当时文艺界，結干亲、拜把子、續家譜、收徒弟等封建行会、宗派門戶和迷信神鬼等旧的习慣势力和不良风气曾风行一时，把戏曲艺术接班人引向了封、資、修的歧途。

当我們学习毛主席的最新指示时，我們就更加深刻地认識到中国赫魯晓夫推行的修正主义教育路綫的反动本质。同时，当我們以毛主席的最新指示为武器，憤怒地对阶級敌人进行揭发批判时，我們就对毛主席的革命教育路綫感到无比亲切。我們深信，毛主席的这一最新指示，在现在以至将来都将产生巨大而深远的影响。

毛主席的无产阶級教育路綫胜利万岁！

（天津市文化局机关联委）

天津新文艺　　敬祝毛主席万寿无疆　　1968年8月　第三版

批臭毒气薰天的“常氏相声专場”

（上接第一版）

忙坏了一小撮“走資派”

赵魁英、王济为了把这次复辟活动搞得出封建主义之“奇”，致资产阶級之“胜”，便想出以“紀念常烈士，祝賀常氏父子对相声艺术的新貢献”为名，巧立名目，兜售黑貨。他們首先找到文化局艺术处的刘瑞森提出这个黑計划，刘瑞森也感到这个黑点子在他們共同举办的反党放毒专場中还是別开生面的，当即汇报給旧文化局副局长楊循，楊循听說是魯获的倡議，也忙不迭的点头称是，囑咐李秉千、刘瑞森一定把这項活动搞好。为了显示隆重，楊循还特地請示了他的主子白樺、方紀，由他們頒发了通行証。反革命修正主义分子方紀也和魯获同样是常氏一家的保护人，特别是与常宝堃关系十分密切，所以听到要搞一个这样的黑活动，扶持他們搞复辟的得力走卒，自然是欣喜若狂，滿口答应。楊循还指使刘瑞森出头以文化局名义专电从外地調来常××等六人，这实际上就是串通黑綫、黑网的关系，集中大肆放毒，并为恢复封建家族統治，大树黑样板，以便推行全国。为了給这次反党活动增添色采，楊循、刘瑞森还根据常家的推荐，調来舞蹈演員常××（常連安五女）报幕，又派人联系剧場，在报紙上大登广告，宣传报导，鉛印节目单。还在旧渤海大楼开了专用房間，約請了新华社、报社、电台去訪問，千方百計为这次反党活动造声势、造輿論，这都充分暴露了他們一伙是剥削阶級的孝子賢孙。我們仅从节目单中狗王济起草的前言里就可以看出走資派打着“紅旗”反紅旗的狼子野心了！前言一开始就向观众介紹了这場演出“有着不同一般的特殊意义。”接着，王济把曲霸、封建班主、假烈士常宝堃及其封建家族美化为“相声之家”，“在旧社会飽受反动統治者的凌辱和摧残”。这不完全是顚倒黑白为常氏一家捞取政治资本嗎？王济还竭力为黑綫张目，胡說什么解放后“这个‘相声之家’呈現了一副嶄新的面貌，不仅相声老前輩常連安先生的艺术煥发出了青春的光采，烈士的三位兄弟也在不同崗位上运用相声艺术为社会主义事业服务”。看，王济把这个为資产阶級服务的“相声之家”和黑綫統治下相声演出烏烟瘴气的景象美化到何等地步！更为恶毒的是，他把这項鼓吹封資复辟活动說成是“显示社会主义文艺事业的繁荣兴盛，显示党的文艺路綫政策的光輝胜利。”这不是公开反对、篡改毛主席的革命文艺路綫么？！节目单上还印了以常連安名义給观众写的一封信，竟然让这个封建班主、資产阶級分子忆起旧社会的“苦”来，极尽混淆視听之能事。在这封信中，常連安之流还揚言他們“祖孙三代要展开竞賽”，这是走資派和常連安的黑話，他們就是要让常連安的子孙都走常連安的路，听常連安的，不听共产党的，去和他們的混蛋老子竞賽誰反党放毒的干劲大，放出的毒草多，眞是恶毒之极！

“专場”放出了哪些毒草节目？

“常氏相声专場”出籠后，不仅公开恢复了封建家族在曲艺界的統治地位，也为大量毒草开辟了新陣地。

让我們来看看“常氏专場”都放出了哪些毒草节目吧！

专場的黑“台柱”常連安演出了他的“拿手”节目，即是維护封建制度，极端荒誕、迷信的《山东斗法》；諷刺农民生理缺陷，提倡諛打諛撞、“一步登天”的反动人生哲学的《黃半仙》；美化旧京剧、宣揚等級观念的《空城計》。常連安的二子常××則拋出了一連串久不上演的段子，大肆販卖常家班子的黑貨。他演出的《洋药方》是一段很反动的相声，它站在了地主阶級立場看待劳动人民的“病态”，顚倒黑白地攻击現实，配合鼓吹刘修提倡的“阶級斗爭熄灭論”。他演出的另一株毒草《戏魔》更是露骨地宣揚地主、資产阶級腐朽、堕落的生活方式，常××放肆到連极端庸俗、低級的台詞也原封不动地端出来。而在《学聋哑》等节目中，則借裝聋作哑、指桑罵槐地发洩对現实不滿，美化坏分子。是可忍，孰不可忍！

“专場”演出中还有传統节目《鬧公堂》、《卖布头》、《五紅图》、《黃鶴楼》、《八扇屏》和影射攻击現实，响往資本主义制度的《报菜名》、《打砂鍋》等，都是从历史垃圾堆中搜罗出来，散发着腐臭毒气的破烂貨。这些毒草集反动、荒誕、淫穢、迷信之大成。不論在历史上和現实生活中，都起到了詆毁革命、毒害人民群众的恶劣作用，对党对人民犯下了罪，这笔帐我們必須向一小撮走資派和常連安之流彻底清算！

这次演出中也有几个所謂的現代节目，也都是抵制、攻击毛主席革命文艺路綫的大毒草，如《昨天》就是一顆借“歌頌建国十周年”肆意誹謗、歪曲現实的烈性毒弹，它无中生有地竭力刻划貧下中农疯癲的精神状态，說什么“大爷”1948年在旧社会被逼疯了，到1959年才恢复过来，对新社会的一切都不理解，用“老眼光”看待新事物，因而产生了一系列的“笑話”，这不是公开攻击党的領导，歪曲貧下中农的形象是什么？难道伟大的党所領导的社会主义革命和建設只能通过“疯子”去歌頌么！这眞是对党和社会主义制度的最大誣蔑！此外，这段黑相声还是胡风分子所叫喊过的揭露劳动人民“心灵創伤”的黑样板。再如《不同的风格》也是借“学唱”鼓吹資本主义复辟的大毒草，这段相声拼命叫嚣“对不同的风格流派要发揚”，对封、資艺术奉若神明，頂礼膜拜，并肉麻地吹捧、摹拟、渲染刘宝全、白云鹏、小采舞、刘翠霞、白玉霜等封建班主、汉奸艺人、反动“权威”的臭艺术，夸耀他們的演唱是“什錦水菓糖——各有各味”，乘机宣揚极端反动、腐朽的黑貨如《大西廂》、《探晴雯》、《紅梅閣》、《玉堂春》等，节目的收尾还借大毒草《四进士》麒、馬两派有不同特点，公开替大汉奸、大戏霸、反共老手周信芳、馬連良捧場，替这些国民党反动派的残渣余孽张目。毛主席教导我們說：**“在各个学术部门可以有许多派、许多家，可是就世界观来说，在现代，基本上只有两家，就是无产阶级一家，资产阶级一家。或者是无产阶级的世界观，或者是资产阶级的世界观。”**这段相声抽掉了“百花齐放”的阶級內容，閉口不提风格流派的阶級性，閉口不提文艺如何为工农兵服务，为无产阶級政治服务，这不是攻击毛主席的革命文艺路綫又是什么呢？这不是为刘邓黑司令部全面复辟資本主义制造輿論又是什么呢？

最令人不能容忍的就是常連安和常××共同炮制了現身說法、自吹自擂，借社会主义舞台恢复封建家族統治，直接向无产阶級示威的特大毒草《老少对》，它虽是根据传統三人相声《找七子》改头换面，拼凑而成的，但通过常連安及其子孙以“聊家常”形式出現，不仅大續其封建家譜，而且大肆販卖資产阶級人性論、人情味、和平主义等黑貨。如常連安这个騎在艺人头上的曲霸竟然拍着胸脯髙喊：“我是老头子………咱們翻身过了好日子………你是我的好儿子，你是我的好孙子。”常連安这不是明目张胆地为周揚文艺黑綫歌功頌德，向无产阶級专政示威么！他把共产党所教育、培养成长的子孙們視如私有財产，目的是要他們“把相声世家世世代代传下去”，要他們为周揚文艺黑綫效劳，为封建家族爭光。令人气愤的是，这样的“新”节目竟在赵魁英、刘瑞森亲临旧渤海大楼“审查”后出籠了，于是就象蒼蝇逐臭一样，招来了一些吹捧、贊揚者，曾以新华社名义在全国各大报紙发表的黑文《相声世家》中竟把《老少对》說成是“富有家庭风味的相声，使人听着感觉亲切、有趣”，我們說，走資派和常連安是要在这里販卖一些人性論和“人类之爱”的黑貨，如旧《天津晚报》所鼓吹的“三代同堂”、“天伦之乐”等等，实际上是詛咒社会主义制度破坏了这个“幸福”的家庭，是黑綫巧立名目才使他們一家有了这种“不平常的欢聚”。他們頌揚的是黑綫統治，恨的是无产阶級专政。总上所述，通过整个“专場”所演出的毒草节目，一小撮走資派和常連安之流把攻击的矛头指向党的領导和社会主义制度，指向毛主席的无产阶級革命文艺路綫，蓄意恢复資本主义自由竞爭，恢复私有制和小家族的势力，为中国赫魯晓夫复辟資本主义的阴謀大造反革命輿論，用心何其毒也！

圍繞着“专場”的一些黑活动

走資派为了使这次“专場”演出达到封、資复辟的罪恶目的，围繞着“专場”安排了一系列的黑活动。楊循虽然身在病中，但对“专場”还是积极指揮，明明是調动了旧文化局、曲艺团和外地文艺团体的演員、干部来为封建家族服务，而狗楊循却說什么：“这是常家的演出，票款收入公家不要，要用到这次活动的宣传上。”并指示：“可以用票款請客”。楊循一声令下，經赵魁英一伙策划后，就在“专場”放毒結束后，在原登瀛楼由常連安出面宴請“首长”和他們的“捧哏的老伙伴”，除常氏兄弟外，連他們在京、津的家属也当然地参加了。方紀、魯获、王血波、赵魁英等反革命修正主义分子也都以“党政領导”面目出現为常氏一家捧場助威，魯获并对常家子孙問长問短，百般撫慰。看！他們一伙的黑关系是何等的密切啊！早在1956年电台曲艺团时，就在魯获主持下借播音中搞“相声之家”的机会，以“紀念常烈士”为名，吹捧常連安一家。常連安在历次政治运动中也是由方紀、魯获保护过关的，所以常連安一家对这样的“老領导”是“感恩戴德”的。方、魯也就公然以封建家族保护人登場，他們举杯祝酒，心照不宣，在国家暫时經济困难时期，如此揮霍国家資財，吸吮着劳动人民的血汗，又腐蝕、毒害着劳动人民，乘机策划进行反党活动，眞是嚣张到了极点！正如毛主席教导的：**“敌人是不会自行消灭的。无论是中国的反动派，或是美国帝国主义在中国的侵略势力，都不会自行退出历史舞台。”**

方紀这个披着共产党員外衣的国民党分子，当时正在旧曲艺界为京韵大鼓树立风格流派，他还怕妖风刮得不够，就鼓动說：“相声有沒有流派？你們是不是常派相声啊？”并狗胆包天地給这个在旧社会有着累累罪行的封建家族定調子，贊叹地說什么“你們可称是‘相声世家’嘍！”方紀这不就是公开要在旧文艺界为封建家族爭权夺势么！不就是要提倡資本主义自由竞爭和为封建家族传宗接代么！这和常連安所說：“我們这个相声家庭要一代一代传下去”的黑話眞是如出一轍，表現出同一阶級的复辟愿望。有了方紀这黑封語，也使得赵魁英一伙想为常家挂的牌匾合法化了！于是新华社天津分社記者×××就以“相声世家”为标題写出长篇报道在各报发表，旧《天津晚报》也发表了同一标題的黑文，以大量篇幅鼓吹封建家族，美化常氏父子。特别令人气愤的是，他們还顚倒黑白地让常連安“回忆悲慘生活”，胡說什么：“当年我們含着眼泪去逗人家乐，生活沒依靠，挨打受罵成了家常便飯，干这行伤透了心，……瞧瞧今天，我眞舒心啊！”我們說：这純粹是騙人的鬼話！事实是，正当广大劳动人民深受帝国主义和国民党反动派极端残暴的統治、压榨时，而常連安却蜷縮在日、汪、蔣的脚下，靠献媚取宠爬上了霸主的地位，有权有势，剥削同行，压榨貧苦艺人，极尽損人利己之能事。旧社会使常发家致富，大施淫威，他怎么会“伤透了心”呢！这种卑劣的謊言絕对掩盖不了阶級斗爭的鉄的事实。**“假的就是假的，伪装应当剝去。”**在无产阶級专政的天下，我們絕不允許常連安之류“舒心”！資产阶級、国民党分子舒心了，无产阶級和广大劳动人民就要再吃二遍苦、受二遍罪，我們一千个不答应，一万个不答应！我們和常連安及其黑后台的斗爭是一个阶級压迫一个阶級，是你死我活的阶級斗爭，我們就是要把国民党残渣余孽常連安和使他“舒心”的一小撮走資派、国民党代理人，彻底批倒斗臭，把他們拋进历史的垃圾堆！

在宴会上常連安还得意忘形地說：“我現在是軍烈属、老艺人，我感謝党，但是还有不滿意的，就是我家还缺少几个党、团員，这要靠領导上多‘培养’”，看，常連安竟明目张胆地將了方、魯一軍！常連安这个国民党的頑固分子，他对我們伟大的中国共产党是怀有刻骨仇恨的，但他为了巩固其在文艺界的地位，以便打着“紅旗”反紅旗，所以竟企图让子女不經过立場、世界观的深刻改造，不經过和他这个混蛋老子划清界限就入党，为此又去乞灵于王、白、方、魯获这些修正主义老爷們！他們之間是什么关系不是暴露得再淸楚也不过了么！

經过这样一通折騰之后，“专場”全部收入除去各項开支还剩几百元錢。这时，楊循又从阴沟里爬出来叫嚷：“节目是人家演的，要让人家自己处理。”計議再三，最后由常氏兄弟提議把这笔錢送給了“烈士”的家属×××，原来一小撮走資派就是如此的慷国家之慨，从各方面維护封建家族的利益，这还不是他們阶級本能决定的么！这还不是他們急切复辟資本主义的表現么！

“专場”后，常連安还把全家合影大量加印，分发亲友、同道，外地旅行演出时也隨身携带，到处贈送，并津津乐道于这次“专場”，以此来串連黑綫关系，为資、封复辟大造輿論。

从以上所述事实来看，旧曲艺界完全是被一条又长又粗的資产阶級黑綫专了我們的政，最突出的就是恢复、利用封、資旧班底，包庇、纵容国民党残渣余孽，在革命队伍內部集結黑势力，大搞反革命复辟活动。正如毛主席所指出的：**“他们对于一切牛鬼蛇神却放手让其出笼，多年来塞满了我们的报纸、广播、刊物、书籍、教科书、讲演、文艺作品　电影、戏剧、曲艺、美术、音乐、舞蹈等等，从不提倡要受无产阶级的领导，从来也不要批准。”**

“常氏专場”的出現决不是偶然的，它是一次有組织、有計划的严重政治事件！它的要害是一小撮走資派、封建小家族、国民党残余势力在刘邓黑司令部、万张反革命修正主义集团的支持、鼓动下，代表国民党反动派向无产阶級爭夺思想文化陣地的領导权。巩固和提高了封建势力和資产阶級人物在社会主义文艺团体中的統治地位。这是在思想文化領域內資产阶級和一切剝削阶級向无产阶級所发动的一次猖狂的进攻！

毛主席教导我們：**“蒋介石对于人民是寸权必夺，寸利必得。我们呢？我们的方针是针锋相对，寸土必争。”**既然国民党残余势力，剝削阶級代表人物猖狂地向我們挑战，我們就要給以迎头痛击，彻底揭穿他們实行封、資复辟的大阴謀，砸烂为国民党反动派招魂的“常氏相声专場”，把常連安及一小撮走資派彻底批倒斗臭！揪出他們的黑后台，剷除他們的黑根子！誓将无产阶級文化大革命进行到底！让光焰无际的毛泽东思想永远占領一切思想文化陣地。

敬祝毛主席万寿无疆

天津新文艺

1968年8月 第四版

毒草戏剧批判

【續一】

二进宫（京剧）

通过描写明朝大臣徐延昭、杨波如何維护朝纲，宣揚反动的“君君臣臣父父子子”封建伦理道德，为封建主义大唱贊歌。

一九六一年二月二十一日刘少奇在怀仁堂看中国京剧院演出时，曾“指示”要把《二进宫》好好“改改”，继承下来，保留下来，公开和毛主席的革命文艺路綫唱对台戏，瘋狂抵制毛主席**“推陈出新”**的英明指示，为封、資、修破烂貨大开綠灯，妄图恢复剝削阶級的反动統治。

霸王别姬（京剧）

彭眞在一九六五年底曾說：“项羽是英雄，虞姬也很堅貞不屈，可是打了一辈子仗，出了很大的力，却落得烏江自刎的下場。”彭眞在这里显然是把项羽比作他的反革命老友彭德怀，念念不忘为他翻案。可見此剧是被利用来为哪个阶級服务的。

赵氏孤儿（京剧）

《赵氏孤儿》站在被推翻的剝削阶級立場上鼓吹报仇，大叫“十五年报仇不晚”。这个剧原来由北京京剧团馬連良等演出，后彭眞又让他的反党实験田——北京实験京剧团照原样学了下来，并于一九六三年十一月指示剧团把剧中报赵氏一姓之仇改为“除暴政、平民憤”。彭眞說，“要把报私仇改成为民除害，就有意义了。”强調“要写晉灵公残害老百姓，橫征暴斂。”伟大領袖毛主席深刻指出，**“利用小说进行反党活动，是一大发明。凡是要推翻一个政权，总要先造成舆论，总要先做意识形态方面的工作。革命的阶级是这样，反革命的阶级也是这样。”**反党分子彭眞在这里企图借用封建僵尸之口，为他們的反革命复辟制造輿論，并狗胆包天地把矛头指向我們最最敬爱的領袖毛主席，其用意实在狠毒，罪不容誅！

楊門女将（京剧）

描写連年战爭，楊家男人都死光了，只剩下十二个寡妇，悲悲切切，凄凄惨惨。而彭眞却吹捧說：“《楊門女将》是宣传爱国主义的戏。”他說：“楊家将为国死了不少人，可是《楊門女将》有人不让唱了，我看还可以唱，戏中男的沒有了，女的还能干，楊門女将是爱国的，是忠臣。”

《楊門女将》于一九六〇年經彭眞电話指使，由北京电影制片厂拍成电影，广为散毒。

珠帘寨（京剧）

毛主席曾英明地指出：**“阶级敌人是一定要寻找机会表现他们自己的。”**《珠帘寨》即是一例。

庐山会議之后不久，彭眞去北京市戏校看了久已禁演的坏戏《珠帘寨》。这出戏描写唐代李克用为扶持唐王朝，南征北战，立下汗馬功劳，但唐王听信讒言，罢了他的官，致使唐朝国势日衰。唐王再度起用了李克用，才稳定了局面。彭眞看了这出戏以后，如获至宝，他由李克用想起了彭德怀，因而迫不急待地指令“把《珠帘寨》挖掘出来”，做为向党进攻的一支毒箭，其用心是十分恶毒的。

双阳公主（京剧）

这是一出宣揚屈辱投降的坏戏。这出戏是由汪精卫的宠儿、蔣匪帮的孝子、民族败类尚小云主演的。有一年刘少奇出国前夕，曾指名要看尚小云的《双阳公主》，对这个戏十分感觉兴趣。一心想投降帝、修的党内头号走資派刘少奇，对这类坏戏产生好感，这是一点也不奇怪的。

官渡之战（京剧）

这个戏是在一九六〇年即《海瑞罢官》登台前出籠的。戏中借曹操知人善任，因而在对袁紹的战爭中以少胜多的故事，恶毒地把矛头指向党的領导。

彭眞曾津津乐道官渡之战这个故事，并且說：“用人不要善恶过分明，用人善恶过分明就不能成大业。”公然詆毁伟大領袖毛主席的**“任人唯贤”**的干部路綫，丧心病狂地攻击我們伟大的領袖毛主席，明目张胆地为右倾机会主义翻案。

鎖麟囊（京剧）

描写富戶的女儿薛湘灵把一个装着珠宝的鎖麟袋送給了途中相遇的貧家女赵守貞，后因灾荒，薛破产流落外地，遇上了已經发家致富的赵守貞，二人結为姐妹，共享富貴。这个戏露骨地美化封建地主阶級，鼓吹阶級調和、貧富合二而一。同时还宣揚了反动的宿命論观点。

野猪林（京剧）

該剧取材于《水滸传》，描写林冲受貪官迫害，夫妻离散，家破人亡，最后逼上梁山。这种戏，在解放后的今天，搬到社会主义舞台上，其恶毒用心是同《海瑞罢官》完全一致的。

一九六六年六月三十日，文化大革命之初，刘少奇还向北京京剧院下达“指示”，要京剧院演《野猪林》招待外宾和他自己，为他的反革命复辟阴謀，在国內外大造輿論，影响极为恶劣。

毛主席教导我們說：**“在我国社会主义革命取得基本胜利以后，社会上还有一部分人梦想恢复资本主义制度，他们要从各个方面向工人阶级进行斗争，包括思想方面的斗争。”**《野猪林》就是用“借古諷今”的手法向我們进攻的一个反动剧目。

梅龙鎮（京剧）

又名《游龙戏凤》，是一出地地道道的色情戏，它描写的全部內容是明朝皇帝朱厚照在梅龙鎮客店如何調戏村女李凤姐。

一九五九年刘少奇亲自点名要看李少春主演的《梅龙鎮》。看完以后，同王光美一起接見了演員，并“指示”还要搞全部的《李凤姐》，直到一九六一年还念念不忘要看这出戏，足見刘少奇灵魂是何等丑恶！

恶虎村（京剧）

該剧取材于反动小說《施公案》，把一个为了忠于封建官僚地主阶級而不惜背信弃义、“大义灭亲”的叛徒、走狗、特务黄天霸当作俠气橫溢的“英雄”来歌頌。一九六四年刘少奇大肆鼓吹“《恶虎村》是好的，《恶虎村》里的黄天霸有教育意义。”刘少奇企图通过叛徒黄天霸来推行他的投降哲学、叛徒哲学。

珍　妃（京剧）

一九五八年，在北京旧市委支持下，大毒草《珍妃》出籠了。正在大跃进的一九五八年，在刘少奇、彭眞唆使下，抛出了这株宣揚卖国主义的大毒草，实在恶毒！

《珍妃》是根据电影《清宫秘史》的作者、反动文人姚克的話剧《清宫怨》改編的，由张君秋主演，在排演时还特别聘請了清朝的女官容齡担任“顾問”，在这样的顾問的“指导”下，排演出来的戏究竟为誰服务，可想而知！

戏中对帝国主义的女奴才珍妃美化备至，但这也掩盖不了她的卖国主义的嘴脸。且听她是如何劝光緒于那些丧权辱国的勾当吧，当她听到光緒說：“日本要我們割地賠款”时，竟劝光緒說：“今日里暂忍耐割地賠款，到将来国盛民强再收回主权。”当八国联軍的鉄蹄即将踏入北京时，她再一次无耻地劝光緒，“請皇上把和来讲，保全这錦繡江山万古传揚。”好一付洋奴脸嘴！

毛主席早就明确指出：**“《清宫秘史》，有人说是爱国主义的，我看是卖国主义的，彻底的卖国主义。”**《珍妃》和《清宫秘史》完全是一丘之貉。

曹营十二年（京剧）

一九六一年，日本間諜川島芳子的干儿子、大汉奸、大右派李万春在北京演出了《曹营十二年》，戏中大肆美化了关羽在曹营的叛徒生涯。更为恶毒的是，当时正是中华人民共和国建国十二周年，演出这个戏显然是别有用心的。当时李万春已由北京調至內蒙，而北京旧市委和文化局在此时却把他調到北京来演出此戏，这是个大阴謀，其目地就是为了利用这个反动傢伙的所謂“名望”和“技巧”，充当他們恶毒攻击社会主义的急先鋒。

杜十娘（秦腔）

这是一出反映和歌頌封建社会的畸形社会现象的黄色戏剧。它把封建社会的大地主、大官僚的浪蕩子弟李甲和妓女杜十娘在妓院中乱七八糟的丑事，都当作“佳話”来宣扬，腐朽、庸俗达到了极点。

什么“悽慘慘羞怯怯”之情、“清歌妙舞”之乐、“遺恨終生”之憾、“夺人之美”之恨，統統露骨地搬上舞台，大肆渲染，加以美化。正如毛主席教导我們的：**“被推翻了的资产阶级采用各种方法，企图利用文艺阵地，作为腐蚀群众、准备资本主义复辟的温床。**

就是这样一出充滿毒汁的坏戏，却被塞进社会主义的舞台，其目的无非是想借以喚起一些人們对封建社会的种种畸形的旧风俗、旧习惯、旧道德、旧思想的怀念、响往，麻痹人民群众的斗志，达到中国赫魯晓夫“和平演变”的阴險目的。

拾玉鐲（秦腔）

該剧以庸俗的情調、低級的趣味，着力描写封建社会的統治阶級的公子哥儿傅朋和民女宋巧姣調情的下流行径，厚顏无耻地把一些极为黄色的細节勾画得淋漓尽致，达到使人不堪卒睹的程度。

一九四九年，江青同志曾堅决主张禁演这出毒草戏；但是，旧文化部的反革命修正主义集团，竟公然抗拒江青同志的指示，不但继續上演，反而变本加厉地将《拾玉鐲》拍成了电影，更广泛地进行放毒，眞是罪該万死！今天，我們要堅决执行江青同志的指示，不但要禁止它，还要批倒、批臭它！让它永无抬头之日！

三滴血（秦腔）

《三滴血》在改編过程中，反革命修正主义分子赵伯平（前陝西省委书記）和他們的黑爪牙們就看中了它。他們倒不是因为喜欢那“滴血认子”的荒誕无稽的情节，主要是《三滴血》“尽信书，不如无书”的主题。

这株流传甚广的大毒草，挂着反对“教条主义的牌子，指桑罵槐，恶毒誣蔑我們是晋信书（剧中的反面人物）式的人物，完全和林彪副主席的伟大号召——“讀毛主席的书，听毛主席的話，照毛主席的指示办事，做毛主席的好战士”——唱反調，这是我們絕对不能容忍的。必須把《三滴血》的反动本质揭露出来，彻底进行批判！

陈三两爬堂（秦腔）

这是一出借古諷今、竭力为一切被打倒的阶級敌人鳴冤叫屈，鼓动反革命复辟的黑戏。

它特别狂热地歌頌了陈三两的“复仇主义”和“罵堂精神”。戏中陈三两的父亲被奸臣誣害，她为报杀父之仇，虽然卖身为妓，受尽人世艰辛，但始終念念不忘“报仇雪恨”。在“罵堂”一場戏中，編导者借陈三两之口，对社会主义制度，对无产阶級专政，进行了极为恶毒的攻击。什么“当权者不为百姓办事”，是“忘恩負义的脏官”，什么“北京城无处申寃”等等，含沙射影地为一切右派分子、右傾机会主义分子等被打倒了的阶級敌人和一切牛鬼蛇神击鼓鳴寃，发泄了他們对社会主义、无产阶級专政的刻骨仇恨，长阶級敌人的威风，灭革命人民的志气，其用心又何其毒也！

此戏曾拍成电影，在三年暂时困难时期广为放毒，影响极为恶劣，必須彻底批判。

三娘教子（秦腔）

这是一出典型的宣揚封建礼敎的毒草戏。

三娘是个剝削阶級的姨太太，她极力維护剝削阶級的統治，不遺余力地替封建道德做宣传，是封建社会統治阶級的卫道者。她死了丈夫，执意守“节”，矢志供养儿子乙哥苦钻經籍，以期钻进統治阶級的行列，騎到人民的脖子上，光宗耀祖，发家致富。

这是一出地地道道的为封建社会統治阶級服务的大毒草。它拼命鼓吹封建社会忠孝节义等一套腐朽的道德观念，极力为封建統治阶級培养馴服的奴才，以剝削阶級的“少小讀书不用心，不知书內有黄金”、“朝为田舍郎，暮登天子堂”、“一字值千金”等露骨的名利思想和反动的观点去腐蝕、毒害人民群众，用以巩固剝削阶級的反动統治。就是这样一株浸滿毒汁的大毒草，却被一小撮反革命修正主义分子搬上社会主义的舞台，其用心之恶毒，不是昭然若揭了嗎？

毛主席敎导我們說：**“凡是毒草，凡是牛鬼蛇神，都应该进行批判，决不能让它们自由泛滥。”**把《三娘教子》这株封建大毒草，彻底鏟除掉，不准它再在社会主义的舞台上大放其毒！（待续）

天津新文艺

天津市市級文化系統革命职工委員会

天津新文艺編輯部　第78号　（共四版）　1968年8月

戏剧要推陈出新，不应推陈出陈，光唱帝王将相、才子佳人和他們的丫头和保鏢之类。

毛泽东

毒草戏剧批判

前言

文艺是阶級斗爭的工具，戏剧舞台是无产阶級和資产阶級之間两个阶級、两条道路、两条路线斗爭的一个重要陣地。

我們的伟大领袖毛主席对戏剧革命一向十分关心，早在一九四四年就一針见血地指出："**历史是人民創造的，但在旧戏舞台上（在一切离开人民的旧文学旧艺术上）人民却成了渣滓，由老爷太太少爷小姐們統治着舞台，……**"并号召和鼓励广大革命文艺战士要把这种历史的顛倒再顛倒过来。

建国十七年間，由于周揚反革命修正主义文艺黑线在文艺领域内专了我們的政，瘋狂地仇視和抵制毛主席的革命文艺路线，抗拒江青同志亲自領导的戏剧革命，肆无忌悍地販卖其封、資、修，名、洋、古的黑貨，为中国赫魯晓夫全面复辟資本主义大造反革命輿論，致使戏剧舞台上毒雾弥漫、群魔乱舞、牛鬼蛇神横行无阻。有的戏剧，以整理改编的传統戏为名，大演帝王将相、才子佳人，竭力用封建地主阶級的反动思想毒害观众的心灵；有的戏剧，以新编历史剧为名，假借历史题材，为反党大野心家、大阴謀家树碑立传，实行翻案，甚至把矛头直接指向我們心中最紅最紅的紅太阳毛主席和以毛主席为首的党中央；有的戏剧，则歪曲现实生活，丑化工农兵英雄形象，恶毒地反对社会主义革命和社会主义建设。从卖国主义影片《清宫秘史》的上演到大毒草《海瑞罢官》的出籠，就是他們一整部反对毛主席革命文艺路线、进行資本主义复辟的罪恶史。

我們的伟大领袖毛主席及时地发现和識破了中国赫魯晓夫及其反革命吹鼓手們的狼子野心，一次又一次地发动和领导了文艺战线上的重大斗爭。毛主席多次指示，戏剧必須**推陈出新，不应推陈出陈**，并严厉指斥周揚、夏衍一伙领导的文化部是帝王将相、才子佳人部。毛主席亲自点燃的无产阶級文化大革命的熊熊烈火，终于宣告了政治舞台与艺术舞台上一小撮跳梁小丑的彻底灭亡。

革命的大批判是毛主席的伟大战略部署。为了把我市文艺界的大批判和彻底摧毁周揚反革命修正主义文艺黑线黑网的斗爭不断引向新的高潮，本报根据天津市京剧团、东方紅歌舞剧院、評剧院、戏校、河北梆子一团、豫剧团、越剧团、话剧院等单位提供的批判材料，现将在全国和全市比較有影响的一批毒草剧目，按剧种分类，陆续編排示众。其中不少剧目，是万张集团干将、周揚死党白桦、方紀制定的"挖、整、創、移"四字黑方針的产物。希望文艺界无产阶級革命派战友們和广大工农兵群众，更高地举起革命大批判旗帜，从政治上思想上、理論上继续将它們批深批透，批倒批臭，彻底肃清其流毒。

限于水平和資料不全，此材料肯定会有不少缺点錯误，我們剴切地希望同志們多加帮助指正。

海瑞罢官　（京剧）

一九五九年，在党的庐山会議上，反党大阴謀家彭德怀猖狂叫嚣："我不能沉默了，我要当海瑞了。"在此前后，戏曲舞台上煽起了一陣演海瑞戏的妖风。"三家村"反革命集团急先鋒吳晗于一九六一年一月炮制出籠的《海瑞罢官》就是把矛头指向以毛主席为首的党中央，为被罢了官的右傾机会主义分子鳴冤叫屈，鼓励他們东山再起，主持"朝政"，实行資本主义复辟的一株特大的毒草。

这个黑戏是在旧北京市委的直接指揮下炮制成功的。旧市委书記处书記、反革命修正主义分子陈克寒秉承了反党头子彭眞的旨意，对这株毒草大加栽培。在剧本的初稿写成后，陈克寒亲自找吳晗面授机宜，指点如何把剧本修改得更恶毒。旧市委文化部部长、反革命修正主义分子高戈也說："要帮助他把《海瑞》搞好，强調海瑞的敢想敢說，不去强調改良主义。要扶植吳晗来发展創作，对我們有好处。"高戈并在部务会議上动員："吳晗同志的《海瑞罢官》是重点剧目，要全力帮助搞上去。"正是在他們的一再启发指导下，《海瑞罢官》越改越毒，毒气冲天。

毛主席在一九六五年十二月二十一日指出：**《海瑞罢官》的"要害问题是'罢官'。嘉靖皇帝罢了海瑞的官，一九五九年我们罢了彭德怀的官。彭德怀也是'海瑞'。"**事实正是这样，就連吳晗这个混蛋自己也不得不承认："写海瑞是为右傾机会主义翻案，是反党。""每修改一次剧本，对右傾机会主义分子的同情、惋惜就越明确。"

孙安动本　（京剧）

这个戏是中国京剧院三反分子李和曾于一九五九年底用十几天的时間赶排出来的。戏中恶毒煽动灾民起来鬧事，借鼓吹孙安冒死上本的精神来煽动反党，还安排了徐龙手执黑虎銅鍾大打皇帝，猖狂地为右傾机会主义翻案，与周信芳的《海瑞上疏》一唱一和，南呼北应。

打金枝　（京剧）

彭眞极力推崇《打金枝》这出老戏。这到底是为了什么？下面一段話就暴露了他的狼子野心，他說"《打金枝》是一出好戏，唐代宗很会团結干部，唐朝的天下是郭子仪打的，沒有郭子仪，他的天下是坐不稳的。郭子仪綁子上殿，也很会取得唐代宗的信任，郭子仪掌握兵权，权力很大，如果代宗怀疑他，他是存在不住的。"这段話活活道出了彭眞反对毛主席、妄图为彭德怀翻案的恶毒用心。

伐子都　（京剧）

一九六三年上半年，毛主席对"鬼戏""帝王将相、才子佳人"等提出了尖銳的批評。也正是一九六三年，一向不爱看武戏的彭眞突然对武戏《伐子都》大感兴趣，一連看了三次。露骨地表現出他对伟大領袖毛主席的批評的抵触和反感，并以行动进行瘋狂抵制，眞是狗胆包天！

《伐子都》到底是个什么东西？这是一出早巳禁演的鬼戏，戏中描写副帅子都为了爭功，把正帅顥考叔阴謀刺死，但考叔阴魂不散，夜夜都向子都索命，致使子都精神失常，羞愧而死。彭眞对这样一个坏戏連連贊叹，并指責演出时不应去掉鬼魂的情节，他恶毒地說："考叔是让子都害死的，考叔是冤枉死的，为什么不上鬼魂？可以让鬼魂控訴嘛！"彭眞显然是在煽动被罢官的右傾机会主义分子起来伸冤，起来控訴。更加恶毒的是，他在这里把矛头指向了我們最伟大的領袖毛主席和他的亲密战友林彪同志，眞是丧心病狂，罪該万死！

謝瑤环　（京剧）

这出戏的作者三反分子田汉，从他的反革命立場出发，怀着对三面紅旗的刻骨仇恨，打着反动的"为民請命"的破旗，在剧中含沙射影地汚蔑人民公社是"兼并土地、压抑人民"，"耕者失其田，饥者不得食"。他借剧中人之口大駡我們的社会是"权贵专横，侵夺百姓，酷吏肆虐，志士寒心"。他以为反革命复辟的时刻巳到，狠毒地叫嚷"載舟之水可翻舟"，"人心浮动，不可收拾"。在戏的結尾竟敎訓我們党要"开张視听，采納忠言，若再宠信奸佞，残害忠良，只怕天下从此多事了"。眞是嚣张巳极，反动透頂！

毛主席敎导我們："**反革命分子不是那样笨拙的，他们的这些策略，是很狡猾很毒辣的。一切革命党人决不能轻视他们，决不能麻痺大意，必须大大提高人民的政治警惕性，才能对付和肃清他们。**"不管敌人的反革命策略有多狡猾，也逃不过用毛泽东思想武装起来的广大革命群众的眼睛！彻底砸烂《謝瑤环》！

荒山泪　（京剧）

这是一出程派老戏，戏中极力描繪战爭給人們带来了家破人亡、妻离子散的横祸。戏中唱道："恨只恨楊嗣昌生心苛政，众蒼生尽做了这乱世之民，眼見得十室中九如县磬，眼見得一县中就半死于

（下轉第二版）

敬祝毛主席万寿无疆

天津新文艺

1968年8月 第二版

毒草戏剧批判

（上接第一版）

兵，眼見得好村庄变成灰烬，眼中人俱都是虎口余生，我不如拚一死向天祈請，蒼天哪，愿世間从今后永久和平”看，好一幅凄凄惨惨，悲悲切切的景象！党內最大的一小撮走資派和他們的爪牙們搬出了这个戏，完全是为他們的“三降一灭”修正主义路綫服务的。

四郎探母　（京剧）

这出戏是清末在封建統治者慈禧太后的直接支持下出籠的，剧中对投降辽国的楊四郎极力美化，直接为滿清反动統治阶級服务。

新中国成立以后，党內最大的走資派刘少奇就成为这出叛徒戏的最大吹鼓手。大叛徒彭眞也紧跟刘少奇之后，积极鼓吹这出戏。他們为什么要鼓吹这个戏？以彭眞为例且看他們的咀脸和楊四郎相比，是如何有过之无不及的吧！

楊四郎在被辽邦捕去以后，改姓木易，被招为駙馬；彭眞在被国民党逮捕以后，馬上投敌叛变，招供了自己的眞实姓名和在党內的职务，并出卖了同志。

楊四郎在探母之后，因蕭太后动怒，跪在蕭太后脚下苦苦哀訴；彭眞当敌人揚言要調动軍警来鎮压獄中同志們时，也吓得跪地求饒，說：“我們是絕食，不是暴动，二科长要說我們是暴动，我們就跪下。”

楊四郎因奴顏婢膝而取得了太后和公主的欢心；彭眞因出卖同志，破坏絕食斗爭，对敌屈膝投降而获得敌伪公安局长的称贊，說：“象傅懋功（即彭眞）这样的人才是很少的。”如此等等。彭眞和楊四郎眞是一对难兄难弟，只是彭眞的叛徒本領比楊四郎高得多，連楊四郎也得甘拜下风。彭眞曾說：“楊四郎是个传說人物，改《四郎探母》未尝不可把他写成个好人。”他正是要通过楊四郎来把他自己以及他們一伙大叛徒美化成“好人”。

在刘少奇、彭眞的直接鼓吹下，一九五七年，在庆祝北京京剧工作联合会成立时，演出了大毒草《四郎探母》，掀起了北京市戏曲舞台上大演《四郎探母》的歪风。一九六一年、六二年在国內外敌人大举向党进攻时，又一次出現了大演《四郎探母》的高潮。彭眞一再給这株大毒草开通行証。在《四郎探母》演出时，北京旧市委的黑帮头头們爭相观看，津津乐道，得意忘形，丑态百出。

昭君出塞　（京剧）

《昭君出塞》描写汉元帝的嬪妃王昭君被迫出塞和番，嫁至匈奴，宣揚对敌卑躬屈节的投降主义。

更名修改后的《王昭君》则把传統戏《昭君出塞》中王昭君被迫和番改为王昭君自愿嫁至匈奴。剧中把战爭景象描写得凄惨备至，把“和平”看得高于一切，鼓吹和平主义，反对一切战爭。

刘少奇对这个題材是很欣賞的，他說：“希望把《昭君出塞》改一下，以有利民族团結。”又說：“烏兰夫同志說《王昭君》在內蒙影响很大，对蒙汉团結起了很好作用。”他鼓吹这个題材的目的就是为了販卖他的民族投降主义和阶級投降主义的黑貨。毛主席教导我們：“**民族斗爭，说到底，是一个阶级斗爭问题。**”《昭君出塞》唱的正是反調，大肆頌揚屈节辱国、調和投降等无恥行径，眞是反动到家了！

于　謙　（京剧）

《于謙》这株毒草是原北京文化局副局长、反革命修正主义分子张梦庚奉彭眞之命而炮制出来的，于一九六三年七月正式演出。剧中借写明朝兵部尚书（即国防部长）于謙的“功績”来为一九五九年庐山会議上被罢掉国防部长职务的彭德怀翻案。剧中別有用心地大肆宣揚“社稷为重君为輕”，并借于謙的一首詩“千錘万击出深山，烈火焚烧若等閑，粉骨碎身全不怕，要留清白在人間”来煽动反党情緒。

挂帅出征　（京剧）

一九六五年十月三十日，彭眞在北京市戏剧专科学校看了学生排演的《捧印》（《穆桂英挂帅》中的一折）以后，出于他的反革命政治需要，指令戏校加上“出征”一折，改为《挂帅出征》。彭眞恶狠狠地說：“这个戏要改，去掉穆桂英消极的一面，增强穆桂英积极的一面”，提出要“能够体現出穆桂英的必胜信心。”彭眞的野心是不仅要夺印挂帅，而且要領兵出征。他的“出征”，是以刘少奇为首以彭眞为急先鋒的反革命司令部向党向社会主义的猖狂进攻，是为彭德怀反党集团翻案，复辟資本主义的反革命宣言书。彭眞曾限令这个戏于一九六六年二月份排练出来，以配合他的反革命《二月提綱》的出籠，只因文化大革命运动的开展，才使他的罪恶阴謀未能得逞。

旧市委常委、反革命修正主义分子吳子牧受彭眞之命，亲自修改《挂帅出征》剧本，他按照彭眞的黑意图，把佘太君的念白“自辞朝之后”改成“自罢官之后”，把穆桂英的唱詞“楊家将舍身忘家把社稷定，凱歌还人受恩我回山村”改成“凱歌还人受恩我被弃于朝廷”，把“怎奈他年紀小难把兵排”改成“怎奈他年紀小难登帅台”，一切都围繞着“罢官”、“被弃朝廷”、“登帅台”。在这个戏彩排时，吳子牧还提出“第一，要突出領兵出征；第二，要突出小将，后继有人；第三，要突出里应外合。”彭眞、吳子牧的这些黑指示露骨地暴露了他們时刻伺机进行篡党篡政的狼子野心！

毛主席教导我們說：“**一切反动势力在他们行将灭亡的时候，总是要进行垂死挣扎的。**”《挂帅出征》是彭眞在即将复灭前夕，为了挽救其垂死命运而炮制的另一棵大毒草。它已經随着彭眞反革命集团的灭亡而完蛋，被扔进了历史的垃圾堆。

澶渊之盟　（京剧）

《澶渊之盟》是上海市戏曲界的反党分子周信芳于一九六二年直接参与編写并亲自演出的。北京京剧二团在旧市委支持下，作为建团剧目演出了此戏。

戏中歌頌了宋王朝腐敗朝廷的支柱——寇准，描写寇准在澶渊之役击退了外族侵略，使宋王朝取得暫时稳定的局面后，却遭到宋王室的嫉恨、排斥，受到贬官降职的处分。这是一株为右傾机会主义分子喊寃叫屈的毒草。

五彩轎　（河北梆子）

我們的伟大导师毛主席在庐山会議上指出：“**庐山出现的这一場斗爭，是一場阶级斗爭，是过去十年社会主义革命过程中资产阶级与无产阶级两大对抗阶级的生死斗爭的继续。在中国，在我党，这一类斗爭，看来还得斗下去，至少还要斗二十年，可能要斗半个世纪，总之要到阶级完全灭亡，斗爭才会止息。**”

事情就是这样。中国的赫魯曉夫为了复辟資本主义，大刮翻案妖风，他和他的黑干将周揚，煽阴风，点鬼火，极力地鼓吹所謂“海瑞精神”，为彭德怀反党集团招魂。

1960年冬，周揚死党、天津的老牌反革命修正主义分子李耕涛，馬上提出改編“海瑞戏”《大紅袍》，并提出：要火速！火速！这个剧本交給河北梆子剧院艺术室的文化汉奸李邦佐改編。这个反动傢伙通宵达旦、废寝忘食，仅用了七天功夫，就把剧本改編出来了。彩排时，李耕涛亲自出馬审查，并下达黑指示：“海瑞的形象塑造得不够高大”，“是不是再把海瑞塑造得高大一点？”他还恶毒地說：“对海瑞的塑造要含蓄，要有內在的东西，要讖笑”等等。

李耕涛还把导演、演員請到家里，面授机宜，让演員“多讀海瑞的书”，“搞这个戏要全力以赴，可以多花錢。”并亲自把《大紅袍》改名为《五彩轎》。这就充分地暴露了李耕涛把矛头指向我們伟大的党和无产阶級专政的狼子野心。

經过一番紧张排练以后，《五彩轎》于1961年8月粉墨登場了。这时，正在天津召开“八月黑会”的反革命修正主义分子周揚、林默涵点名要看《五彩轎》。看过以后，周揚兴奋地說：“这个戏很不錯，可以拿到北京去演。”并露骨地說：“这个戏比北京的《海瑞罢官》还要好。”又說：“海瑞的形象还不够高大，演員不是能唱嗎？可以多安几大板唱，叫观众听了也能过癮，海瑞給观众的印象也就更深了。”其用心之恶毒，已到了无以复加的地步。剧中，他們把伟大、光荣、正确的中国共产党比做“狂飇”、“霜雪”，把坚如磐石的无产阶級专政比做“冰山”，并丧心病狂地嚎叫要“笑待春来看尔消”。把国民党反动派和沒有改造好的地、富、反、坏、右分子以及右傾机会主义分子的反革命心声，明目张胆地暴露了出来。

如果說《海瑞上疏》是为右傾机会主义分子向党进攻搖旗吶喊，击鼓助威；《海瑞罢官》是为被罢了官的右傾机会主义分子鳴寃叫屈，鼓励他們东山再起，“重整紀綱”；那么《五彩轎》就是通过海瑞被贬后“整頓紀綱”的作为和“扫奸邪”的大获全胜，鼓励右傾机会主义分子“失敗了再干”，妄图实現他們复辟資本主义的黄粱美梦。

毛主席在一九六五年曾明确指出：《海瑞罢官》的“要害问题是‘罢官’。”《五彩轎》的要害和《海瑞罢官》一样，也是为被罢了官的彭德怀們翻案的大毒草，必須彻底批倒、批臭！

三　喜　图　（河北梆子）

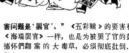

作者是曾写过《买猴》等大毒草的天津的大右派何迟。在我国暫时困难时期，他又恶毒地抛出了反党反社会主义的大毒草《三喜图》。北京青年河北梆子剧团的党內走资派把大右派何迟接到北京，亲自指点排演这个戏。

在这个戏中，針对我国三年困难，大搞“精神会餐”。剧中統治阶級的代表人物員外，淪落为乞丐，在討飯时还念念不忘吃丸子。戏中还利用統治阶級大摆酒宴之机，大报菜名，一个丫头一口气报出了三十九个菜名。舞台上还大肆丑化劳动人民，宣揚統治阶級的血統高貴，鼓吹剝削无罪、造反无理的謬論，疯狂反对伟大的毛泽东思想，是一出地地道道的反革命黑戏。

呼延庆打擂　（河北梆子）

《呼延庆打擂》于一九五九年出籠，一九六二年再度演出，一直演到一九六四年七月。戏中明目张胆地为被推翻的地主資产阶級和被罢官的右傾机会主义分子喊寃叫屈，狂喊“这国恨家仇未能得申”，“为国除奸抒壮志出头为人”，借呼延庆报仇煽动反动阶級的后代起来反对革命，鼓励反动阶級的孝子賢孙东山再起复辟資本主义。毛主席教导我們說：“**要推翻一个政权，必须先抓上层建筑，先抓意识形态，做好舆论准备**”。对《呼延庆打擂》之类坏戏的出籠，我們切不可等閑視之，必須彻底鏟除！

（待續）

最　高　指　示

我们的责任，是向人民负责。每句话，每个行动，每项政策，都要适合人民的利益……。

通　　告

（第二号）

1、我公安机关軍管会收集的无主自行車，于三月十六日认領以来，巳接待群众9678人次。按規定，至六月十六日到期，为滿足失主要求，特决定延期到九月三十日。希失主持証速往接待站（河北路300号）认領。

2、公安机关軍管会号召，凡非法获得自行車或其他公、私財物者，应于八月底以前，主动送交附近公安机关、派出所，如逾期不交或抗拒不交，根据情节依法懲处。

希广大革命群众，大力宣传，协助办理。

中国人民解放军天津市公安机关
軍事管制委員会
一九六八年七月二十二日

天津新文艺

敬祝毛主席万寿无疆

1968年8月 第三版

「曲艺創作学习班」葫芦里装的什么藥

一九六四年，伟大領袖毛主席对文艺工作的两次批示下达后，盘踞在天津旧曲艺界的走資派王焚，出自反动阶級本能，恨得要命，怕得要死，他明知推行黑綫有罪，預感到自己和黑后台都面临着覆灭的命运，所以他就积极配合王、白、方，紧跟刘少奇，按照周揚的調子竭力鼓吹“先立后破”的反革命謬論，疯狂抵制毛主席的伟大指示。王焚叫嚷什么：“現在作品題材不够广泛，应当赶快补充上来”，还向王、白、方提供了天津曲艺队伍、曲目、創作情况的总結报告，拼命夸耀解放后取得的“成績”，为文艺黑綫涂脂抹粉。与此同时，他还与旧《河北日报》共同組织了一部分三名三高人物召开座談会，大肆吹嘘他們“說新唱新”的“成就”。反动“权威”小朵舞及张××、石××都在会上大讲“經驗”，就是这样的发言，居然也經过王焚审查批准在报紙上公开发表。旧《河北日报》还特为写了专題評論《繁荣曲艺創作反映新生活》，狗胆包天地与毛主席的批示大唱反調，为文艺黑綫高唱贊歌。

王焚为了捂着旧曲艺界阶級斗爭的盖子，还和旧市委宣传部、旧文化局走資派上下勾結，以攻为守，狂叫：“要以举办‘曲蓄’为中心，繁荣創作突出成績”。就在八月中旬，由白樺、任朴亲自出馬，王焚坐陣，以旧文化局和旧曲协的名义搞了一个“曲艺創作学习班”，由王焚掌握全盘，他的反党同伙王济、刘××也被塞入領导小組，他們互相勾結，妄图制造功績，掩盖黑綫統治的罪行。

这个学习班名义上是貫彻毛主席两次批示，可它的具体活动从头到尾都是反毛泽东思想的。学习的文件中就有黑帮陆定一、周揚、阳翰笙的黑报告，还确定以学习大党閥彭眞的黑报告为重点，拼命販卖反革命修正主义的黑貨。参加这个学习班的成員又是些什么人呢？大多数是王焚等网罗来的黑綫人物。反革命坏分子于××居然經王焚指名参加了学习班，让他大显反革命身手！坏分子张××也被王焚指名参加学习班，让他得以继續恶毒地攻击党和社会主义。

王焚把一些黑綫人物集結起来的目的，就是为了貫彻周揚搞的假整风，妄图統一用“认識問題”抹煞你死我活的阶級斗爭，抵制即将兴起的无产阶級文化大革命。这在学习班“自我检查”阶段表現得最突出，王焚为保住他和同伙在旧曲艺界的黑綫統治，也是为保王、白、方，保住曲艺界的牛鬼蛇神，所以要了个瞞天过海的伎倆，有意轉移視綫，搞人人过关，普遍检查。王焚首先拋出他个人的“检查”，胡說什么：“过去搞过一些創新演新，貫彻了党的方針政策，但在‘两次反复’中立場不稳，經不住考驗，看不到文艺战綫上的阶級斗爭，大力挖整传統，反映出执行方針政策上的搖摆性。”看！王焚够多么狡猾！“两次反复”是周揚的挡箭牌，王焚紧步其黑主子的后尘，效法其黑主子的口吻，就是說旧曲艺界只是在一九五七年和三年自然灾害时期执行了錯誤路綫，其余的年月里他們还是“正确”的，这是地道的反革命权术。在王焚的指揮下，王济、张××、常××也都按照他定的調子作了假检查。王济把大挖传統相声、“津門曲蓄”、“笑的晚会”等复辟活动統統說成：“思想上对和平演变不理解”，“主观上不是反党，客观上起了这个效果”，这是彻头彻尾反毛泽东思想的黑話！毛主席教导我們：**社会实践及其效果是检验主观願望或动机的标准。**王焚、王济之流故意把动机和效果割裂开来，掩盖他們的反革命本性，公开对抗毛主席的伟大教导，眞是罪該万死！他們还互相包庇、互相吹捧，王济检查后就有人鼓吹什么“很深刻”，“我听着滿意”，甚至肉麻地吹捧为“敢、深、透、严、好”，就这样，王焚、王济的“检查”不到两小时便順利过关。

他們对黑綫人物的大量严重問題也裝聋作哑，根本不进行严肃的批判斗爭，还别有用心地让它們自由泛濫。如評书演員×××解放前后长期說《剑俠图》等坏书，毒害工农兵广大群众；一九五七年他又拋出了大毒草《吕四娘》，攻击什么“朝綱不振”，要靠“俠女刺奸”，煽动右派分子向党进攻；国家經济困难时期又拋出了維护封建統治，鼓吹奸盗淫邪色情凶杀的《小五义》，还大搞自留地，大刮单干风，就是这样的貨色，却一直受到黑綫的包庇、重用，一九六四年初还让他参加了旧中国文联、旧中国曲协举办的曲艺創作座談会，充当了周揚黑邦对抗毛主席批示、鼓吹“先立后破”的急先鋒。另一評书演員×××“检查”中則說了許多困难时期如何分紅，如何搞自留地，特别是一九六二年“三自一包”妖风泛濫时，他根据旧文化局走资派的黑报告具体策划单干，提出了一整套复辟計划……，这足以說明他走資本主义道路的心情何等迫切。这些严重問題虽有革命同志进行了揭发、批判，王焚却有意迴避要害，把尖銳的阶級斗爭說成思想作风問題，变大是大非为小是小非，大要鬼蜮伎倆。王焚对于××更是出自阶級本能地极尽包庇之能事，当革命同志揭发出于××大量反党罪行时，他劝慰于：“不要紧张”，于××在长达六小时的“检查”中，明目张胆替黑綫翻案，替个人翻案，在王焚的授意下，于不交待他的全部反动思想和有代表性的反动书目，却夸夸其談怎样在說书中現抓笑料，什么“笑料”？就是攻击党，攻击社会主义制度，攻击三面紅旗！如他竭力渲染困难时期严冬季节怎样卖小豆冰棍，还公开宣揚“自由市場”买卖票証等，用心十分恶毒。他还狗胆包天地誣蔑毛主席著作，說什么：“我背了不少段，跟背詞儿一样，练习口齿，容易記住，”眞是反动透頂！就是这样一个反革命分子被王焚等保护下楼后，还让他下厂深入生活搞“創作”，結果下去不久就被革命群众揪了回去。

創作班結束后，王焚等又組织創作人員分組下厂下乡，出发前又搬来旧文化局付局长王××讲話，一再强调“带創作任务下去，为汇演准备节目。”毛主席教导我們說：**“中国的革命的文学家艺术家，有出息的文学家艺术家，必须到群众中去，必须长期地无条件地全心全意地到工农兵群众中去，到火热的斗爭中去”**，就是让革命文艺工作者与工农兵結合，长期鍛炼、改造自己，而王焚一伙却安排一批創作人員下去极短时間搞节目，制造創作繁荣假象，为黑綫张目，其疯狂对抗毛主席伟大批示的险恶用心，于此暴露无遗！

借问瘟君欲何往，纸船明烛照天燒。

我們要彻底揭发、批判王焚对抗毛主席伟大批示的滔天罪行，用只爭朝夕的精神活学活用毛主席著作，永远沿着毛主席的革命文艺路綫奋勇前进！

（天津人民說唱团革命群众）

天津黑市委对抗江青同志戏改指示

毛主席教导我們說：**“我们的文学艺术都是为人民大众的，首先是为工农兵的，为工农兵而创作，为工农兵所利用的。”**

一九六四年全国举行了京剧革命現代戏观摩演出大会。这次演出大会是毛主席革命文艺路綫的胜利。它揭开了文艺界文化大革命的序幕，敲响了反革命修正主义文艺黑綫的丧钟。

当时，天津市京剧团排演了反映天津搬运工人阶級斗爭史的現代京剧《六号門》，参加了这次会演。会演期間，文化革命的英勇旗手，我們敬爱的江青同志看了《六号門》的演出，并为此亲自指示天津市委說：“这个戏题材不錯，可作为阶級教育課来演，但看后感到压抑，特别是第三場。你們要把这个戏改好，我建議你們回去以后，是不是写一个《新六号門》即社会主义的六号門，反映搬运工人参加社会主义建設和斗爭的。”江青同志还满怀热情抱以希望地說：“明年用《新六号門》参加会演好嗎？”

天津市委宣传部一小撮反革命修正主义分子和天津市京剧团走資本主义道路的当权派謝國祥，当着江青同志滿口答应，表示遵照执行，但回津后，他們根本沒对《六号門》进行改編、加工和提高，早把江青同志指示拋到九天云外。继續利用戏剧舞台大肆放毒，对抗毛主席的革命文艺路綫。

（天津市京剧团供稿）

越剧曲調为哪个阶級服务

解放十七年間，一小撮反革命修正主义分子、資产阶級太太、小姐、“文人” “学者”們，用尽了在他們认为是最新最美的詞句，疯狂地吹捧越剧的音乐唱腔，說什么“韵味足”啊，“优美动听”啊，“纏綿婉轉”啊，“朴素而又华丽”啊，“余音裊裊，令人难以遺忘”啊，等等，簡直美化到了极点。

毛主席說：**“凡是敌人反对的，我们就要拥护；凡是敌人拥护的，我们就要反对。”**今天，我們就要根据毛主席的教导，高举毛泽东思想伟大紅旗，彻底批臭为資产阶級政治服务的越剧靡靡之音，肃清它的流毒。

越剧，五十多年前发源于浙江紹兴一带的山区，称为“小歌班”。曲調朴实健康，高亢有力（如“四工唱书調”、“南調”、“北調”），是貧苦农民跟地主阶級作斗爭的一种文艺形式。他們唱道：“正月里来眞鬧猛，家家戶戶放炮仗，有錢人家吃魚肉，穷苦人家眞悲伤，我在张家长工做，东家心腸象毒蛇窠，帮他整整做一年，半个工錢也不給我。”歌声激起了貧苦农民对地主阶級的仇恨，歌声象一把利劍刺进了地主阶級的胸膛。地主阶級为了作垂死的挣扎，派了爪牙混进了“小歌班”，后来，又把这种由劳动人民創造的文艺形式带到了十里洋場的上海，配合帝国主义的文化侵略，阴謀污染初生的越剧。反革命修正主义分子袁雪芬的地主父亲就是这样的大坏蛋。

由于資产阶級的捧場，为了迎合資产阶級的需要，原来高亢有力，朴实健康的曲調漸漸染上黄色，颓废的靡靡之音所排挤。至解放前夕，竟形成了袁、范、徐、傅、戚、尹等等流派的唱腔，通过劇場、电台、唱片，为搖搖欲墜的蔣介石反动統治涂脂抹粉，大唱挽歌。

解放以后，周揚、夏衍等一小撮文艺界的反革命头目在党内头号走資本主义道路当权派刘少奇的庇护下，頑固地推行一条与毛主席的文艺路綫相对抗的反革命修正主义文艺黑綫。这一小撮人，利用越剧的靡靡之音，麻醉人民、毒害人民、腐蝕人民，为資本主义复辟作輿論准备。电影《梁祝》在第八屆卡罗維发利电影节上获得了“音乐片”奖，周揚、夏衍、袁雪芬之流得意忘形地大肆宣传，跟国内外的資产阶級一起吹捧，利用电台、唱片日夜播放“梁哥哥我想你，” “賢妹妹我爱你”之类令人肉麻的黄色頹废的臭貨。袁雪芬、范瑞娟、徐玉兰、傅全香、尹桂芳、戚雅仙、王文娟等臭“权威”也拼命地在“黄色”二字上狠下功夫，光是“娘子啊，官人哪”一句起調，也会博得那些資产阶級太太、小姐的喝采，这些臭婆娘吃了飯沒事，一天到晚尽哼这些混帳无聊的东西，有意地搞乱社会风气，发泄对新社会的不滿。三年自然灾害期間，国内外阶級敌人猖狂反华，周揚、夏衍、袁雪芬之流也特别活跃。《梁祝》、《西廂記》、《紅楼梦》、《碧玉簪》、《打金枝》、《北地王》、《則天皇帝》等等，灌了粗紋唱片，还要灌密紋的，灌了全套的，还要灌选段的，灌了徐玉兰的，还要灌尹桂芳的，大肆渲染美化帝王将相、才子佳人，美化嫖客、妓女、歌頌叛徒、卖国賊，猖狂地攻击和恶毒咒罵我們伟大的党，伟大的社会主义制度。反动气焰甚囂尘上。胡野擒、袁雪芬、吳琛之流还号召青年拜远在福建的尹桂芳为师，叮囑要把尹派唱腔继承下来，让那些生龙活虎的男演員去学那軟綿綿，悲切切的唱腔，男不男、女不女，弄得阴阳不分。《三看御妹》是一棵宣揚大胆的色情狂、引誘青年走上犯罪道路的大毒草，作曲者在音乐的主旋律上加了那么一个小小的“井”（升）記号，增加了資产阶級的情調，因此也博得了資产阶級太太、小姐的贊叹声。范瑞娟在大毒草《綉襦記》里挖空心思地引用了“蓮花落”調来表現嫖客郑元和的痴心，也贏得了某些“观众”同情的眼泪，达到了調和阶級矛盾，宣揚資产阶級人性論的恶毒目的。这一切，正迎合刘少奇的心理，这个党内头号走資本主义道路的当权派和他的妖婆王光美在看《紅楼梦》的时候，甚至被王文娟的《黛玉焚稿》唱腔感动得流下了滴滴眼泪，看完后，还上台“祝賀”演出“成功”，为越剧靡靡之音叫好。

毛主席教导我們說，**“不破不立。破，就是批判，就是革命。破，就要讲道理，讲道理就是立，破字当头，立也就在其中了。”**无产阶級革命派的战友們，让我們奋起毛泽东思想千鈞棒，彻底砸烂旧越剧曲調，在文艺界大斗大批大改的新高潮中，創造出眞正为无产阶級政治服务，为社会主义服务，为工农兵服务的革命新文艺。

（摘自上海越剧院大批判材料）

敬祝毛主席万寿无疆

天津新文艺

1968年8月 第四版

大海航行靠舵手，干革命靠毛泽东思想

1＝D 2/4 4/4

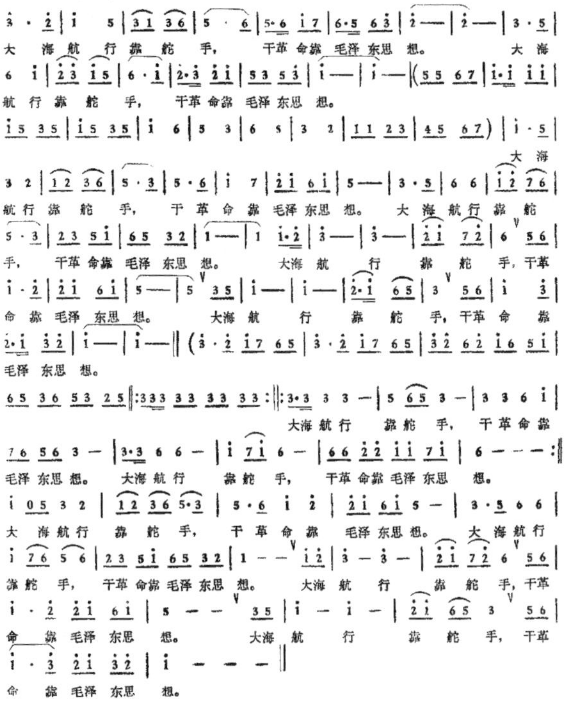

「紅灯」頌

（京东大鼓）

旭日东升遍地紅，
凱歌陣陣战鼓鳴。
无产阶級文化大革命取得了决定性胜利，
鋼琴伴唱《紅灯記》光荣誕生！
越过黄河长江，飞过崇山峻岭，
嘹亮的歌声貫长虹，
鋼琴为京剧来伴唱，
这伟大的創举世界震惊。
这是毛主席革命文艺路綫的新胜利，
是无产阶級革命文艺的新品种，
江青同志是我們最好的榜样，
她率領着革命文艺战士打冲鋒。
毛泽东思想伟大紅旗高高举，
洋为中用，推陈出新，
敢字当头无所畏惧，
披荆斬棘骨硬心紅。
鏟除了资产阶級靡靡之音，
砸烂黑綫横扫妖风，
破除迷信树样板，
「紅灯」一曲四海翻騰！
革命琴声如春雷滚动，
革命歌声充滿了激情，
琴声歌声結成一体，
表現出我們对毛主席的无限忠誠。
毛泽东思想指航向，
用鋼琴塑造无产阶級英雄。
李玉和身在牢房胸怀世界，
召喚着被压迫人民起来斗爭；
李鉄梅继承紅灯永远革命，
誓做无产阶級革命事业的接班人。
毛泽东思想照亮了紅灯，
紅灯照得世界一片紅！
鋼琴艺术获得了新生命，
毛泽东思想威力无穷，
文艺永远为无产阶級政治服务，
永远深入工农兵，
千鈞霹靂开新宇，
这就是破字当头，立在其中。
永远沿着毛主席的革命文艺路綫奋勇前进，
为創造无产阶級革命文艺立新功！
高举「紅灯」再創奇迹，
无限风光在险峰！

（天津人民說唱团）

贊革命油画《毛主席去安源》

（岔曲）

紅日东升光灿烂，
东风浩蕩喜訊传。
紅太阳的金色的光輝，
照亮了革命人民的心田。
江青同志亲自培育，
香花开放朵朵鮮，
紅卫兵小将揮采笔，
美术史上譜新篇，
工农兵万众欢呼齐喝采，
热烈贊揚革命油画《毛主席去安源》。
毛主席頂天立地的伟大形象，
展現在亿万群众的眼前。
在那风云变幻的年代里，
毛主席頂风破雾，亲自步行去安源，
把革命的种子来播种，
把革命的烈火来点燃。
毛主席手拿一把旧雨伞，
身穿一件蓝布长衫，
英姿煥发，风华正茂，
鉄拳紧握，步伐矫健，
染一身风尘，披万道霞光，
革命的豪情冲云天。
頃刻間，山河气壮添新色，
日月增輝光灿烂，
毛主席就是紅太阳，
照亮了安源的水，
照亮了安源的山，
照亮了安源工人的紅心赤胆。
毛主席为中国革命开拓了一条胜利路，
必須用武装夺取政权。
毛主席最最相信群众，
和群众顆顆紅心紧相連，
毛主席来到安源的第二天，
就串茅棚，下矿井，和工人同志把心談，
把革命道理来宣传，
教育工人要擰成一股绳，抱成一个团，
一个心眼跟資本家斗，
坚决要推翻头上的三座大山。
毛主席的話句句是眞理，
毛泽东思想金光閃，
毛主席的丰功伟迹永不忘，
老工人还把歌謠編：
“直到一九二一年，
忽然雾散見晴天。
有个能人毛潤之，
打从湖南来安源。”
毛主席是安源工人运动的开拓者，
領导了罢工运动中外震撼。
可是中国赫魯晓夫这个大叛徒，
他疯狂反对毛主席的革命路綫，
他追随老右傾机会主义者陈独秀，
在安源执行了一条右傾投降主义路綫，
他鼓吹和資本家“共謀幸福”，
他污蔑工人罢工是“鋌而走险”；
他更篡改安源工人斗爭史，
指使黑爪牙，炮制黑书、黑画、黑影片，妄图为他自己树碑立传。
革命油画《毛主席去安源》，
好象光閃閃一把剑，
刺穿了中国赫魯晓夫的黑心肝！
把那块臭不可聞的“功德碑”，
彻底砸了个稀巴烂！
这幅革命的油画，
尽情地歌頌了伟大領袖毛主席，
歌頌了毛主席的革命路綫，
它是“洋为中用”的又一样板，
它开創了油画艺术的新生面。
工农兵越看越爱看，
革命干劲百倍添。
我們要把毛泽东思想伟大紅旗高举起，
把封、資、修的黑貨彻底批判，
以江青同志为榜样，
昂首闊步永向前，
在批判資产阶級旧文艺的基础上，
建設起无产阶級新文艺的百花园。
我們紧跟伟大导师毛主席，
“万水千山只等閑。”
我們紧跟伟大領袖毛主席，
“风卷红旗过大关。”
我們紧跟伟大統帅毛主席，
“不到长城非好汉”。
我們紧跟伟大舵手毛主席，
“敢叫日月換新天。”

（天津人民說唱团）

《毛主席去安源》贊

（山东琴书）

紅太阳普照大地万山紅遍，
一朵大香花开放光輝灿烂，
无产阶級文化大革命开出的艺术之花：
大幅油画《毛主席去安源》。
回顾四十七年前，
我們伟大領袖毛主席，
带着星星之火，
昂首闊步，
踏上安源山。
神采奕奕，
紧握鉄拳，
风尘仆仆，
英姿矫健，
就像一輪火紅的太阳，
光芒四射照亮了万水千山。
毛主席来到了劳动人民中間，
亲自发动把革命的烈火点，
革命风暴起，
地覆天又翻，
吃人的妖魔脚下踩，
“煤黑子”从此見青天。
毛主席呵，
您是我們工人阶級的大救星，
領导我們披荆斬棘勇往直前！
毛主席呵，
我們向您庄严宣誓：
我們革命人民永远忠于您，
永远忠于您的光輝思想，
永远忠于您的革命路綫！
海可枯，
石可烂，
忠于您的紅心永不变！
头可断，
血可流，
您的光輝思想不能丢！
生为您的革命路綫而战，
死为您的革命路綫把身献，
誓夺无产阶級文化大革命的全面胜利，
奋勇向前！

（天津群众艺术館）

毛泽东思想点紅灯

（天津时调）

紅太阳普照大地光芒万丈，
又一朵大香花迎风开放，
革命的鋼琴声传遍四方，
毛泽东思想把紅灯燃得更亮。
「战地黄花分外香」，
一曲「紅灯」鋼琴伴唱，
「洋为中用」放异采，
靡靡之音一扫光。
江青同志好榜样，
紅灯一盞指方向，
披荆斬棘树样板，
頂住妖风战恶浪。
鋼琴伴唱《紅灯記》，
历史揿开新篇章，
紅灯灿烂琴声豪壮，
塑造了无产阶級革命英雄的光輝形象，
百万工农齐鼓掌，
五洲四海风雷激蕩。
革命艺苑百花放，
毛泽东思想光万丈，
伟大舵手毛主席在前面指方向，
革命文艺战士刀山敢上，火海敢闖，
革命的道路无比寬广，
让我們衷心祝愿毛主席
万寿无疆！万寿无疆！

（天津人民說唱团）

←文艺系統毛泽东思想宣传队深入工厂、农村、部队演出鋼琴伴唱《紅灯记》。

本报地址：天津市烟台道50号　电話：3 3736　訂閱处：全国各省市邮局　（每份二分）

敬祝毛主席万寿无疆！

中学红衛兵

天津市中等学校红卫兵代表大会常务委员会机关报

第35期　1968年8月2日　星期五

毛主席批示：照办。

中共中央、国务院、中央军委、中央文革

布　告

我们伟大领袖毛主席亲自发动、亲自领导的无产阶级文化大革命，正在向全面的胜利迅猛发展。全国形势空前大好。陕西省同全国一样正显示出一片欣欣向荣的景象。

但是，以中国赫鲁晓夫为首的党内一小撮最大的走资派及其在西北和陕西的代理人、叛徒、特务、反革命分子和没有改造好的地富反坏右分子，最近以来，在全省一些地方，煽动、蒙蔽、欺骗少数人，不断挑起武斗，组成专业的武斗队，连续制造了一系列极其严重的反革命事件：

一、抢劫国家银行、仓库、商店，

二、烧毁和炸毁国家仓库、公共建筑和人民房屋；

三、抢劫车船，中断铁路、交通、邮电，私设电台；

四、连续冲击人民解放军的机关部队，抢夺人民解放军的武器装备，杀伤人民解放军的指战员；

五、拒不执行中共中央、中央文革历次发布的有关通令、命令、通知和布告。

中央认为，这是属于一小撮阶级敌人破坏无产阶级专政、破坏无产阶级文化大革命、破坏国家社会主义建设的反革命罪行。

为了迅速制止这一小撮阶级敌人这种反革命罪行，中央特再重申：

（一）任何群众组织、团体和个人，都必须坚决、彻底、认真地执行伟大领袖毛主席亲自批准的“七·三布告”，不得违抗。

（二）立即停止武斗，解散一切专业武斗队，教育那些受蒙蔽的人回去生产。拆除工事、据点、关卡。

（三）抢去的现金、物资，必须迅速交回。

（四）中断的车船、交通、邮电，必须立即恢复。

（五）抢去人民解放军的武器装备，必须立即交回。

（六）对于确有证据的杀人放火，抢劫、破坏国家财物，中断交通通讯，私设电台，冲击监狱、劳改农场，私放劳改犯的现行反革命分子以及幕后操纵者，必须坚决实行无产阶级专政，依法惩办。

各级革命委员会、各地驻军、各革命群众组织要向受蒙蔽的群众，做深入细致的政治思想工作，向他们宣传党的政策，启发他们自觉地起来揭发检举坏人。党的政策历来是：坦白从宽，抗拒从严，首恶必办，胁从不问，受蒙蔽无罪，反戈一击有功。在处理这类事件时，要注意区别敌我矛盾和人民内部矛盾，把一个组织的坏头头同这个组织的广大群众区别开来，把屡教不改的现行反革命分子同犯错误的群众区别开来。要提高革命警惕性，严防阶级敌人的破坏和捣乱。在发生反革命事件时，要充分发动广大群众起来和坏人坏事作斗争，坚决保护国家财产和维护革命秩序。

广大无产阶级革命派、广大革命群众、广大人民解放军指战员、广大革命干部同志们！更高地举起毛泽东思想伟大红旗，紧跟伟大领袖毛主席的战略部署，牢牢地掌握革命斗争大方向，同一小撮阶级敌人进行坚决的斗争，在保卫无产阶级专政、保卫无产阶级文化大革命中立新功！

一九六八年七月二十四日

毛主席关于制止武斗問題的指示

七月二十八日凌晨三点半到八点半，我們伟大领袖毛主席和他的亲密战友林彪副主席召見了我們五个人，主席的主要指示精神，是要我們欢迎和支持首都工人毛泽东思想宣传队到少数有武斗的大学宣传毛主席最新指示和“七·三布告”，劝說学生停止武斗，上交武器，拆除工事。要我們支持、尊重人民解放軍。

召见时在座的有总理、伯达、康生、江青、姚文元、谢富治、黄永胜、吴法宪、叶群、汪东兴同志。还有温玉成、吴德、黄作珍等同志。

毛主席身体非常非常健康，他老人家看到了我們进到会场时，一一和我們握手，毛主席叫我們坐下。江青同志說：好久不见了。

毛主席說：**还不是天安门上见过吗？又没有谈话，你们无事不登三宝殿。不过，你们的情况，我是知道的。**

伟大领袖毛主席非常非常关心我們紅卫兵小将和关心学校文化大革命运动。向我們进行了极为重要极为深刻的教导。下面传达主席关于制止武斗問題指示精神的要点，这是根据我們自己的記录整理的，可能記录不够准确。

毛主席說：**今天是找你们来商量制止大学的武斗问题，怎么办？文化大革命搞了两年！你们现在是一不斗，二不批，三不改。斗是斗，你们少数大专学校是在搞武斗。现在的工人、农民、战士、居民都不高兴，大多数的学生都不高兴，就连拥护你那一派的也有人不高兴，你们脱离了工人，脱离了农民，脱离了部队，脱离了居民，脱离了学生的大多数。有些学校搞了些斗黑帮，但很不够，逍遥派那么多，就是因为分了两派、忙于武斗。现在不搞斗批改，而要斗批走，斗批散。我说大学还要办，讲了理工科，但没有讲文科都不办。但旧的制度，旧的办法不行了。学制要缩短，教育要革命。还是要文斗，不要武斗。现在提出四个办法：（一）实行军管；（二）一分为二（就是两派可以分两个学校，住在两个地方）；（三）斗批走；（四）继续打下去，大打，打他十年八年地球还是照样转动。这个问题也不必现在答复，回去你们商量商量，讨论讨论。**

我说你们脱离群众，群众就是不爱打内战。有人讲：广西布告只适用广西，陕西布告只适用陕西，在我们这里不适用，那现在再发一个全国的布告，谁如果还继续违犯，打解放军、破坏交通、杀人、放火，就要犯罪；如果有少数人不听劝阻，坚持不改，就是土匪，就是国民党，就要包围起来，还继续顽抗，就要实行歼灭。

林副主席說：斗走資派是好事情。文艺界的牛鬼蛇神也必須斗。现在有些人不是搞这个，而是要搞学生斗学生，群众斗群众。他們大都是工农子弟。被坏人利用，有的就是反革命。有的人开始是革命的，渐渐地革命性减少了，走向反面。有的人主观上是想革命的，但客观上行动上是相反的，有一小撮人主观客观都是反革命的。

毛主席說：**现在是轮到你们小将犯错误的时候了。不要脑子膨胀，甚至全身膨胀，闹浮肿病。**

希望你们不要分天派地派，搞成一派算了，搞什么两派。

林副主席說：今天是毛主席亲自关心你們，做了最正确的，最重要的，最明确的，最及时的教导，这次如果还置若罔聞，要犯很大的錯誤。你們紅卫兵在文化大革命中起了很大作用，现在全国很多学校实现了革命大联合。大联合的問題，你們有些学校落后了，你們沒有看到文化大革命每个时期需要干什么。希望你們赶上去。

同时，我們的总理、伯达、康生、江青、姚文元、谢富治、黄永胜等同志都给予亲切的批評和勉励。

在长达五个小时的召见中，深深地教育了我們。伟大领袖毛主席对我們紅卫兵和无产阶级革命派无比的关怀和爱护，伟大领袖毛主席最了解我們紅卫兵和广大无产阶级革命派，真是爹亲娘亲不如毛主席亲，天大地大不如党的恩情大。我們的工作过去沒有做好，有許多缺点和錯誤，感到无比的惭愧，有些事是很可痛心的。我們决不辜負伟大领袖毛主席对我們的最大的关怀、鼓舞和期望。我們坚决听毛主席的話，按照毛主席的指示办事。我們热烈欢迎、坚决支持首都工人毛泽东思想宣传队，到大学宣传最高指示和“七·三布告”。认真努力学习毛主席著作，老老实实地向工人、农民、解放軍学习，彻底改造世界观，紧跟毛主席伟大战略部署，坚决执行“七·三布告”和毛主席的一系列指示，将无产阶级文化大革命进行到底！

北京大学　聂元梓、清华大学　蒯大富、北师大　谭厚兰、北京航空学院　韩爱晶、北京地质学院　王大宾

一九六八年七月三十日追印，以此为准。

中学红卫兵　　毛主席万岁　　1968年8月2日　第二版

广阔天地，大有作为

天津市中学红代会《中学红卫兵》报　内蒙古哲三司红代会《东方红》报社论

在夺取无产阶级文化大革命全面胜利的伟大征途中，天津市延安中学和其它中学的一批革命小将，听毛主席的话，坚决走与工农兵结合的道路，在哲里木盟通辽县育新公社安家落户了。

战斗在反修前哨的一百九十二万哲里木盟各族革命人民以无比欢欣鼓舞的革命激情，对来自海河两岸的红卫兵小将，热烈欢迎，亲切关怀，并寄于无限的希望。

本报今天发出的《延安精神永放光芒》的通讯报导，通过记叙了天津延安中学革命小将坚决实行与工农群众相结合的活生生的事例，为我们展示出了一场无产阶级教育革命的壮丽前景。

在上山下乡暂短的时间里，延安中学的革命小将，高举毛主席的“三·七”指示的伟大红旗，和广大贫下中农相结合，经受了农村阶级斗争大风大浪的初步考验和洗礼。他们的革命行动，为天津市和哲里木盟广大革命知识青年树立了光辉榜样，充分证明了伟大领袖毛主席指出的“**农村是一个广阔的天地，在那里是可以大有作为的**”这一伟大真理及其深远的伟大历史意义。

伟大领袖毛主席教导我们：“**革命的或不革命的或反革命的知识分子的最后分界，看其是否愿意并且实行和工农民众相结合。**”又指出：“**我们提倡知识分子到群众中去，到工厂去，到农村去。**”知识青年下乡上山，走与工农相结合的道路，是毛主席无产阶级革命路线的重要组成部分；是巩固我国社会主义制度，逐步消灭“三大差别”的重大措施；是进行教育革命，培养和造就千百万无产阶级革命事业接班人的重要途径；是反修防修的百年大计。知识青年来到农村，边疆安家落户、参加三大革命实践，是响应以毛主席为首、林副主席为副的无产阶级司令部发出的“面向农村，面向边疆，面向工矿，面向基层”伟大号召的具体行动，这决不是什么“权宜之计”，而是我党的一项长期战略方针，也是知识青年实现思想革命化，把自己锻炼成为**有社会主义觉悟的有文化的劳动者**的必由之路。愿意不愿意，实行不实行和工农群众相结合，是检验真革命还是假革命，真马列主义者还是假马列主义者的最后分界和唯一的标准。是忠不忠于毛主席、毛泽东思想、毛主席革命路线的大问题。一切真正忠于毛主席的革命的知识青年，要听毛主席的话，“**斗私，批修**”，坚决走“**愿意并且实行和工农结合的**”革命化道路，到农村去，到火热的斗争中去，拜贫下中农为师，和贫下中农紧密团结、战斗在一起，与天斗，与地斗，与阶级敌人斗，让毛泽东思想在广大农村永放光芒。

在知识青年上山下乡问题上，在青年运动方向上，始终存在着两个阶级、两条道路，两条路线的尖锐斗争，中国赫鲁晓夫及其在天津内蒙地区的代理人万晓塘、张淮三、乌兰夫之流，长期以来抵制、破坏毛主席的无产阶级革命路线，妄想用“读书作官论”“公私溶化论”“吃小亏占大便宜”等资产阶级的生意经和追求名利的资产阶级市侩哲学腐蚀、毒害青年，以达到其把广大青年引向脱离政治、脱离工农群众、脱离实际的反革命修正主义道路，为其培养资产阶级接班人，复辟资本主义的罪恶阴谋服务。毛主席的革命路线则与其相反，是通过三大革命的实践活动，把知识青年培养成无产阶级革命事业的坚强接班人。因此，我们的革命知识青年，要识破中国赫鲁晓夫的一切阴谋诡计，奋起毛泽东思想的千钧棒，继续深入持久地开展革命大批判，从政治上，思想上，理论上彻底批倒批臭中国赫鲁晓夫在知识青年上山下乡问题上所贩卖的反革命修正主义黑货，并肃清其流毒。

无产阶级革命事业的接班人，是在群众斗争中产生的，是在革命大风大浪中成长的。农村是进行三大革命最广阔的场所，是革命的大熔炉。它能磨炼人的意志，改造人的思想。天津市延安中学及其他学校的红卫兵小将上山下乡的实践完全证明了这一点。革命的知识青年按照毛主席的伟大教导，在农村阶级斗争大风大浪中，经受各种考验和锻炼，一定会把无限忠于毛主席的红心锤炼得更红更红；把阶级斗争和路线斗争的觉悟提得更高更高。

毛主席最近深刻指出“**大学还是要办的，我这里主要说的是理工科大学还要办，但学制要缩短，教育要革命，要无产阶级政治挂帅，走上海机床厂从工人中培养技术人员的道路。要从有实践经验的工人农民中间选拔学生，到学校学几年以后，又回到生产实践中去。**”毛主席的伟大号召，是我们将无产阶级教育革命进行到底的战斗纲领，是反修防修的百年大计。

革命在向前迅速发展，伟大的历史潮流，一浪高过一浪，滚滚而来。展望未来，我们无比乐观地深信：在伟大领袖毛主席最新指示的光辉指引下，无论是天津市的红卫兵革命小将，还是内蒙古哲里木盟的红卫兵战友，都将象天津市延安中学的革命小将那样，雷厉风行地行动起来，彻底砸烂资产阶级旧教育制度的枷锁，坚决走与工农兵相结合的革命化道路，在三大革命熔炉中，把自己培养成为坚强可靠的无产阶级革命事业的接班人。

我们满腔热情地讴歌：“**农村是一个广阔的天地，在那里是可以大有作为的。**”革命的青年一代在茁壮成长，我们的事业必胜！

延安精神永放光芒

——天津延安中学在内蒙古通辽县育新公社落户知识青年扎根片断

七月二十一日，我们怀着激动的心情，到育新公社访问了延安中学的革命知识青年。我们高兴地看到，刚刚在农村落户二十多天的延安中学革命小将，思想面貌和精神状态已经起了很大的变化，他们在与贫下中农相结合的道路上，迈出了可贵的坚实的第一步。

让毛泽东思想红遍新农村

落户在育新公社育新大队的延安中学知识青年，把突出无产阶级政治，宣传毛泽东思想，落实毛主席一系列最新指示，放在一切工作的首位。他们主动地和贫下中农青年社员，组织了毛泽东思想宣传队，每到地里劳动的时候，就利用劳动前和休息的时间，组织社员们学习毛主席著作和毛主席的最新指示，演出短小精悍、生动活泼的文娱节目，活跃了农村文化生活，使田间政治空气特别浓厚。

延安中学的革命小将，还帮助社员办起了家庭毛泽东思想学习班。每天收工后，这些知识青年就到贫下中农家里辅导社员们学习毛主席著作，教唱毛主席语录歌曲，使毛主席的一系列最新指示家喻户晓，人人皆知。

丁家窝堡大队是育新公社比较落后的一个生产队。延安中学的革命小将，牢记毛主席“**我们是为着解决困难去工作、去斗争的。越是困难的地方越是要去，这才是好同志。**”的教导，高高兴兴地来到了这个大队。他们决心用毛泽东思想的锐利武器，改变这里的落后面貌，把丁家窝堡建设成大寨式的大队。

进村后，小将们做的第一项工作，就是向贫下中农宣传毛泽东思想和毛主席的最新指示。生产队没有广播器，他们就在房屋顶上建立了毛泽东思想宣传站，每天收工后坚持二十至三十分钟的宣传。知识青年孟庆林积极带头，组织插队青年宣传毛主席的最新指示，受到贫下中农的好评。他们说：这批青年真过硬，每天活计那么重，总忘不了宣传毛泽东思想，真是毛主席的好战士。

扎根在丁家窝堡大队的知识青年，和贫下中农一起积极开展革命大批判和对敌斗争。他们反复学习和宣传毛主席论对敌斗争的语录。有的贫下中农说：天津红卫兵小将来了，狠抓阶级斗争和路线斗争，又积极开展革命大批判，把咱队搞得热火朝天，面貌大大地改变了，政治空气越来越浓了。

毛泽东思想的灿烂阳光照亮了哲里木。战斗在育新公社的天津延安中学知识青年，积极开展“三忠于”“四无限”的革命活动。他们在伟大领袖毛主席“三·七”指示的指引下，决心更高地举起毛泽东思想的伟大红旗，在哲里木的农村扎根一辈子，同贫下中农一道，把育新公社建成红彤彤的毛泽东思想大学校，把自己锻炼成无限忠于毛主席的无产阶级革命事业坚强可靠的接班人。

大办毛泽东思想学习班，树立在农村扎根一辈子的革命思想

毛主席教导我们：“**办学习班，是个好办法，很多问题可以在学习班得到解决。**”延安中学落户在丁家窝堡大队的知识青年，遵照毛主席的伟大教导，“**斗私、批修**”，大办了毛泽东思想学习班，通过学习班亮私、斗私，狠抓自己的思想革命化。

七月八日，他们举办了第一期毛泽东思想学习班。在学习班上，有的知识青年亮私说：刚一到丁家窝堡，我就感到队穷，屯子小，条件也比较差，不如到育新大队好。有的知识青年还希望从育新大队调换几个骨干，来加强丁家窝堡的领导力量。针对这种活思想，他们就在学习班上集体学习了《老三篇》，用张思德、白求恩、老愚公的光辉形象来鞭策对照自己。并以“安什么家？落什么户？”为题，进行反复讨论。经过学习毛主席的最新指示，他们认识到，“公”当头，为革命安家落户，就能在农村扎根一辈子，否则，“私”当头，为个人安家落户，就会复辟资本主义。革命青年能不能在农村扎根一辈子，这是对毛主席忠不忠的大问题。

在学习班上，他们一遍又一遍地学习毛主席“**穷则思变，要干，要革命。一张白纸，没有负担，好写最新最美的文字，好画最新最美的画图。**”等一系列最高指示。通过学习讨论，思想觉悟和认识水平提高了。知识青年纷纷表示决心：“**一定要和广大的工农群众结合在一块，和他们变成一体**”，一辈子安心农村，一辈子为贫下中农服务。我们是毛主席的红卫兵，就要坚定地站在三大革命运动的最前线，在大风大浪中锻炼成长。

情况是在不断地变化。第一期学习班结束后，又出现了新的问题。有的知识青年没干几天农活，就觉得耍锄头没什么，用不着学习了；有的认为自己个子大，有力气能干活，落不到社员后头；有的认为挣工分吃饭，只要技术过得硬就可以了。针对这些活思想，又办了第二期学习班。反复学习了毛主席“**向贫农下中农学习**”“**拜他们做老师，恭恭敬敬地学，老老实实地学。不懂就是不懂，不要装懂。**”的伟大教导。经过学习，他们认识到“**世界观的转变是一个根本的转变**”，只有放下知识分子的臭架子，铲除一切私心杂念，“**到群众里面去，遇事多和群众商量，做群众的小学生，**”才能在农村扎深根，炼红心，为贫下中农服务一辈子。知识青年张宝民说：原先我干活，就知道傻卖力气，现在我明白了，没有毛泽东思想就是糊涂人，干了半天活也不知道为嘛干的。今后，我一定用毛泽东思想指导自己的行动，虚心地拜贫下中农为师，永远做贫下中农的小学生。他的话对大家启发很大。（下转第四版）

中学红卫兵　　毛主席万岁　　1968年8月2日　第三版

无限忠于毛主席　上山下乡志不移

——记首批赴内蒙插队落户的李惠明同学

七月七日，一条振奋人心的喜讯刹那间传遍了十六中：

“经天津市革命委员会批准，市革命委员会委员、中学红代会常委李惠明同学第一批赴内蒙插队落户。”

顿时，十六中沸腾起来了。革命师生纷纷议论：“李惠明真是好样的。”，“李惠明在每个关键时刻都是站在毛主席革命路线一边，这回又走对了。”，“李惠明紧跟毛主席，以身作则，主动要求到革命最需要、最艰苦的地方去。”……第二天，当李惠明即将踏上奔赴内蒙的火车的时候，许多兄弟学校的同学也来高兴地祝贺她，赠给她最珍贵的礼物——《毛主席语录》和毛主席像章。

李惠明同学的革命行动，对广大中学应届毕业生是一个有力的鼓舞。许多报名上山下乡的同学更加坚定信心；许多对上山下乡尚在犹豫的同学，开始下定了决心；许多对上山下乡缺乏认识的同学，思想得到了提高。

（一）坚定地站在毛主席革命路线一边

在史无前例的无产阶级文化大革命中，经过阶级斗争急风暴雨的考验，象千百万革命小将一样，李惠明同学大大提高了阶级斗争和路线斗争觉悟，锤炼了无限忠于毛主席的红心。她明确地认识到：在社会主义条件下，由于阶级斗争最集中地表现为对党内一小撮走资本主义道路当权派的斗争，所以，路线斗争就成了贯穿一切、决定一切的大问题，路线斗争觉悟就成了最根本的革命觉悟；在两条路线斗争的关键时刻过得硬，这是无产阶级革命战士最高贵的品质，最高的智慧，最大的勇敢，最根本的“公”。所以她经常引用林彪同志的一句话说：“站在哪一边，这是头等重要的问题。”

在无产阶级文化大革命之初，当天津市中学无产阶级革命派紧跟伟大领袖毛主席，点燃“六·二一”革命烽火时，李惠明同学是走在前面的一个。她和十六中革命师生一起，向万张反革命修正主义集团发起猛烈进攻，直捣万张巢穴。紧跟着，万张反革命修正主义集团实行残酷镇压，工作队给她扣上一个又一个“反党”、“右派”的帽子。她心里想着毛主席，眼睛明，脚跟稳，坚持到底不动摇，斩钉截铁地说：“我们就不是反党！就是保卫党中央，保卫毛主席！”后来，万张反革命修正主义集团利用万晓塘之死，“以死人整活人”，向革命群众反攻倒算，蒙蔽很多群众去为万鬼送葬，并疯狂叫嚣要“以血还血”。她说：“万晓塘有问题，不能给他去送葬。”她硬是不去。

一九六七年，当“大联筹”资产阶级反动思潮泛滥时，李惠明又紧跟伟大领袖毛主席，英勇地进行反击。阶级敌人挑动围攻三五二七厂，围攻六〇九厂，她就和五代会代表一起，亲临前线指挥护厂。阶级敌人在和平路实行“白色恐怖”，她就挺身到和平路宣传毛泽东思想，与敌人展开面对面的斗争。阶级敌人大反“三红”，她就为捍卫“三红”而英勇战斗。

一九六八年，当中央下达“二·二一”指示，市革委会领导开展“一批、三查”运动，李惠明就不知疲劳地积极宣传中央精神，发动群众，痛击一小撮阶级敌人的右倾翻案妖风，同时特别注意正确对待受蒙蔽的革命小将，团结大多数群众，调动浩浩荡荡的革命大军。

就是这样，在无产阶级文化大革命中，为了捍卫毛主席的革命路线，她赤胆忠心，始终如一，不怕苦，不怕死，不怕打成“反革命”，英勇地进行斗争。

最近以来，毛主席发出上山下乡的伟大号召，李惠明就闻风而动，在思想深处展开激烈斗争。通过学习毛主席著作，她认识到：走不走与工农相结合的道路，这是我国在培养革命事业接班人问题上的两条路线斗争，是跟毛主席走，还是跟中国赫鲁晓夫走的问题。因此，如何对待上山下乡，同样有一个在两条路线斗争中站在那一边的问题。她说：“上山下乡，这是毛主席指引的革命大方向，是毛主席关于保证祖国不变颜色的伟大战略部署，我们应该坚决地去。”当十六中还没有人报名的时候，她就毅然决定到内蒙去插队落户了。

（二）与资产阶级思想作坚决斗争

社会上尖锐复杂的阶级斗争，也必然在上山下乡问题上反映出来。阶级敌人制造了种种流言蜚语，应合一部分同学的落后思想，形成了一股抵制上山下乡的错误舆论。在这股邪风面前，有些同学顶不住，对上山下乡发生了动摇，甚至采取了消极态度。李惠明却说：“对阶级敌人制造的谣言，我们不应该相信。说农村生活苦，是事实，就看我们如何正确对待了。敌人越是反对我们去农村，我们越是要去！”

李惠明自己决定上山下乡了，还要帮助更多同学，一同走这条毛主席指引的革命大路。她串连了一些同学，办了毛泽东思想学习班，帮助大家解决各种思想问题。

在学习班上，她引导大家学习这样一段毛主席语录：**“今后的几十年对祖国的前途和人类的命运是多么宝贵的啊！现在二十来岁的青年，再过二、三十年是四、五十岁的人。我们这一代青年，将亲手把我们一穷二白的祖国建设成伟大的社会主义强国，将亲自参加埋葬帝国主义的战斗，任重而道远。有志气有抱负的中国青年，一定要为完成我们伟大的历史使命而奋斗终生，为完成我们伟大的历史使命，我们这一代要下决心一辈子艰苦奋斗！”**她并且畅谈体会说：“我们毛泽东时代的青年人应该有志气，有抱负，不能赖在安乐窝里贪图享受，而应该到革命最艰苦的地方去，改变祖国一穷二白的面貌，成为建设社会主义的新一代！”

有人说：“下乡当农民，政治生活没保障，没前途。”她说：“跟着毛主席就是前途！上山下乡是防修反修的大事。毛主席指出了与工农相结合的方向，我们应该沿着这个方向闯出一条路来。我们女同学下乡，还要为解放妇女劳动力做出榜样来！”

有人说：“去内蒙不好，经济生活没保障，太艰苦。”她说：“说这种话的人太没出息了！越是艰苦，越能锻炼人。要都建设好了，还要我们干嘛去！”

有人说：“插队落户不如去农场好，内蒙人落后粗野，咱去就被改造了。”她说：“说这话的人，把自己看得太高了。这是对内蒙古贫下中农的污蔑！毛主席说，贫下中农是革命先锋，是革命主力军，内蒙古贫下中农也不例外。我们去插队落户，是和贫下中农结合的最好路子，最便于我们向贫下中农学习！”

有人说：“下乡之前有远大理想，下乡几年，之后也就完了。”她说：“我们立下宏伟志愿，永远不会消沉。什么地方都有左、中、右，我们要做坚定的左派！”

就是这样，李惠明以其广阔的胸怀，远大的理想和坚定的志向，深深地感染着大家。她们学习班的同学，经过认真学习，解决了各种思想问题，全都积极报名去内蒙古插队落户了。

（三）带头到革命最需要、最艰苦的地方去

当李惠明报名之前，有个别同学这样想：“人家是市革委会委员了，才不上山下乡呢！”当她报名之后，又有个别人说：“人家报一报名起个带头作用算了，实际上是走不了的。”但实际上怎么样呢？李惠明是第一批去内蒙插队落户了！

李惠明虽然是市革委会委员、中学红代会常委，但是，她牢记着毛主席“**既当‘官’，又当老百姓。**”“**我们共产党人不是要当官，而是要革命**”的教导，从来都是把自己看成是普通群众中的一员，从来没有特殊过。

在她的《毛主席语录》的扉页上，写下了这样一首被毛主席誉为“**他们创造了第一等工作**”的兴国民歌：

苏区干部好作风，
自带干粮去办公。
日着草鞋干革命，
夜走山路打灯笼。

其实，这首民歌，也是她自己工作作风的写照。

对于上山下乡，她认为：这是毛主席给全体青年指出的道路，自己没有半点理由例外；作为一个委员，就更应该以身作则，带头到革命最需要、最艰苦的地方去！当然，做为一个市革命委员会委员，她能够第一批上山下乡，也是靠着她的坚定决心，闯过了一道道关口的。

首先就是糖衣炮弹，从“关怀”、“爱惜”的角度向她进攻了。有些人对她说：“象你这样的，政治思想条件这么好，完全可以留在城市工作，或者投考绝密专业呀，走了多可惜！”但是她可不吃这一套，立刻就批评了对方。她一个心眼认准了：**“看一个青年是不是革命的，拿什么做标准呢？拿什么去辨别他呢？只有一个标准，这就是看他愿意不愿意、并且实行不实行和广大的工农群众结合在一块。”**

再者，就是市里工作的需要。市革委会的同志们多么希望她留下来完成许多重要的工作呀，一次又一次地劝她留下来。但是她坚定地认准了：到农村去，是毛主席的伟大指示；农村的革命更需要她，而且那里更艰苦；知识青年只有与工农相结合，才能锻炼成坚强的无产阶级革命事业接班人。所以，无论如何，她决心第一批下乡。当市革委会批准她的通知尚未发下来的时候，她已经做好下乡的充分准备，户口、粮食关系都转好了。她还把自己的行李分别打进几个同学的行李中去，准备一旦得不到批准，就经过化妆，挤上火车，直奔内蒙，那时，“生米已经做成熟饭”，就谁叫她也不回来了。

李惠明就是这样无限忠于毛主席，忠于毛泽东思想，忠于毛主席的革命路线，没有半点私心杂念，坚定不移地去内蒙插队落户，走与工农相结合的道路。

十六中　主沉浮

短评

「头头」要带头

本报报道了市革命委员会委员、中学红代会常委姜頡、李惠明同志上山下乡、支边支农的动人事迹。

市、区紅代会还有其他常委、委員，各校还有許多革委会、紅卫兵团的負責同志也已奔赴内蒙插队落户，支边支农。

“榜样的力量是无穷的。”紅卫兵的“头头”一馬当先，广大紅卫兵战士和革命同学万馬奔腾。支边支农、毕业生安排工作出现了一派朝气蓬勃、生动活泼的局面。

但是，我們不能不看到在一些“头头”的脑子里，老是想让領导“照顧”自己，同学体諒自己。自己应該留下来去干一番“大事业”等不正确想法。

理由是：我是“头头”，不能走，学校离不开我；安排在天津市工作的任务得我去，别人干不了；让别人去，让我走，就是排挤革命小将，打击造反派……

毛主席教导我們要“**既当‘官’，又当老百姓。**”我們的同志“造反”，决不是为自己争个一官半职，而是为了保卫毛主席、保卫毛泽东思想、保卫毛主席的革命路线。在我們打倒了走資派并掌了权的今天，更应該紧跟我們的統帅毛主席，做到毛主席揮手我前进。

毛主席又諄諄教导我們：“**不要总是认为只有自己才行，别人什么都不行，好象世界上没有自己，地球就不转了。**”什么“学校离不开我，天津离不开我”，都是站不住脚的。而革命青年支边支农、上山下乡，正是毛主席指引的与工农結合的康庄大道，决不是打击造反派。

林副主席教导我們：“革命也得革自己的命，不革自己的命，这个命是革不好的。”我們一定得同自己头脑中的“私”字斗，做彻底的革命派，不做半截子革命家，永葆革命的青春。

“头头”就意味着带头，走在群众的头里。革命的“头头”們，让我們在支边支农、上山下乡工作中再立新功！

中学红卫兵　毛主席万岁　1968年8月2日　第四版

延安精神永放光芒

（上接第二版）

通过亮私、斗私，大家的干劲更足了，情绪饱满了。他们访贫问苦，主动地接近贫下中农。当他们发现老贫农王焕廷的儿子病了，主动地把自己带来的药送去，并亲切安慰，使老大爷很受感动。有的知识青年病了，贫下中农非常关心，赶紧给他们端来热面汤。七十多岁的贫农老大娘，发现他们的衣服脏了，拿回家去给洗得干干净净。这样一来，知识青年和贫下中农打成了一片，互相之间无话不谈，关系越来越密切了。贫下中农高兴地说：这些青年真中，真虚心！来这么几天，就和咱们搞得这么热呼，感谢毛主席给俺们派来了好青年。

为了学好毛主席著作，树立一辈子为革命种田的思想，他们在第三期学习班上制订了长远计划，提出了“三心、三自觉、三不倒、三头、当好三队、做好三员”的革命措施。三心，即安心在农村呆一辈子，专心活学活用毛主席著作，虚心向贫下中农学习；三自觉，即学习自觉，亮私自觉，斗私自觉；三不倒，即困难大吓不倒，任务重压不倒，时间紧挤不倒；三头，即在地头、坑头、街头宣传毛泽东思想；当好三队，即宣传队、工作队、生产队；做好三员，即贫下中农的勤务员，毛泽东思想的宣传员，毛主席革命路线的战斗员。

毛泽东思想学习班是斗私批修的最好战场，是学习毛泽东思想的大课堂，通过几期学习班，大大地解决了思想问题，从而为他们在农村干一辈子革命打下了坚实的基础。他们决心让毛泽东思想武装每个社员的头脑，掀起一个“**农业学大寨**”新高潮，彻底改变丁家窝堡的落后面貌。

狠抓革命的大批判，把对敌斗争进行到底

天津延安中学下乡知识青年，继续发扬“五敢”精神，高举“**对反动派造反有理**”的大旗，紧跟毛主席的伟大战略部署，在农村深入持久地开展了革命的大批判，决心把对敌斗争进行到底。

落户在丁家窝堡的延安中学革命小将，听大队干部介绍了全村的阶级斗争情况，思想上了阶级斗争的一课。贫下中农介绍说，在文化大革命中，这个大队有个下台的四不清干部，勾结一小撮地、富、反、坏、右分子要夺大队的权；这些乌龟王八蛋，耍阴谋，放暗箭，造谣言，打击贫下中农和贫下中农干部，妄想翻四清的案，反动气焰十分嚣张；有的社员由于亲戚套亲戚，阶级界线比较模糊，弄不清谁是真正的敌人？谁是真正的朋友？……听到这些，每个知识青年无不磨拳擦掌，增强了阶级斗争观念。他们重温了毛主席的教导：“**谁是我们的敌人？谁是我们的朋友？这个问题是革命的首要问题，也是文化大革命的首要问题。**”有的青年说：我原来没想到农村阶级斗争这么复杂，听队里一介绍，阶级敌人不甘心失败，还要作最后的挣扎。我们要以这儿为战场，经受大风大浪的锻炼和考验，为了捍卫毛主席的革命路线而英勇战斗！

延安中学革命小将遵循毛主席的教导，一致表示，坚决站好队，坚决站到贫下中农一边，站在毛主席的革命路线上，在尖锐、复杂的阶级斗争面前，“**切不可书生气十足，把复杂的阶级斗争看得太简单了**”，不把无产阶级反对资产阶级和一切剥削阶级的政治大革命进行到底，誓不罢休！

对毛主席忠不忠，看行动。这些曾经在伟大统帅毛主席率领下，从资产阶级反动路线迫害下冲杀出来的革命小将；这些曾经在两年多文化大革命中立过不朽功勋的毛主席的红卫兵，又继续发扬了“六·二一”和“九·一八”革命造反精神，冲上了农村阶级斗争第一线。首先从哪儿开刀？通过学习北京新华印刷厂开展对敌斗争的经验，按照毛主席的伟大战略方针，要稳、准、狠地打击一小撮阶级敌人，决定先煞一煞阶级敌人的威风，大长贫下中农和无产阶级革命派的志气。

进村的第四天晚上，大队召开了全村社员大会，对几个四类分子进行了批斗，给他们以政治上的压力。斗争开始，阶级敌人还很嚣张，这些坏蛋以为刚进村的知识青年什么也不知道，出乎阶级敌人意料之外，这些革命小将在台上把这些牛鬼蛇神的臭家底和现行反革命活动都兜了出来，把他们揭得体无完肤，把他们批得一败涂地。最后给他们下了三道禁令。还命令他们各自在门口把牌子挂起来，以便分清地主、富农和贫下中农的界线。这样一来，真是大快人心。为了进一步搞臭敌人，这些知识青年还编成歌，教给村里的儿童唱起来。通过这一场战斗，贫下中农看清了阶级敌人的丑恶脸嘴，深深感到这些知识青年对贫下中农有着深厚的无产阶级感情，对阶级敌人有着刻骨仇恨。并赞叹地说，这些青年不愧是毛主席派来的好青年，俺贫下中农的好后代。知识青年也深刻认识到，**在社会主义这个历史阶段中，还存在着阶级、阶级矛盾和阶级斗争，存在着社会主义同资本主义两条道路的斗争，存在着资本主义复辟的危险性。要认识这种斗争的长期性和复杂性。要提高警惕。**从而他们就更加坚定了誓死捍卫毛主席革命路线，在农村干一辈子革命的坚强信念。

落户育新大队的延安中学革命小将，也开了全村批斗五类分子大会，批斗了全队二十多个戴帽的五类分子，大长了贫下中农的志气！他们在全村建立了大批判专栏和黑板报，开大小型批判会，人人口诛笔伐，狠批中国赫鲁晓夫在知识青年下乡上山问题上的修正主义黑货。他们着重批判了中国赫鲁晓夫对知识青年鼓吹和散布的“吃小亏，占大便宜”“下乡升官图”等资产阶级的生意经和“种三五年地回城市当干部”的追求名利的资产阶级思想。延安中学革命知识青年通过大批判认识到，在中国赫鲁晓夫眼里，下乡上山，不是为了革命，而是为了做官；不是要长期落户，而是要镀金捞取，这同毛主席“**知识分子如果不和工农民众相结合，则将一事无成。革命的或不革命的或反革命的知识分子的最后分界，看其是否愿意并且实行和工农民众相结合**”的教导，同毛主席的革命路线是完全背道而驰的。如果按中国赫鲁晓夫那一套去做，就会掉进资产阶级泥坑里，成为资产阶级的接班人，因此，我们决不能上当。他们表示说，我们虽然在同工农相结合的道路上迈开了第一步，由城市到农村安家落户，但我们要继续高举毛泽东思想伟大红旗，彻底批判中国赫鲁晓夫的修正主义谬论，并肃清其流毒，遵循毛主席“**知识分子如果同工农群众结合，和他们做了朋友，就可以把他们从书本上学来的马克思主义变成自己的东西。**”的谆谆教导，永远和广大工农兵群众结合在一起，做一辈子人民的牛，拉一辈子革命的车。

另外，这些知识青年还同本队的青年社员结合在一起，组成了毛泽东思想宣传队和房屋毛泽东思想宣传站。利用一切宣传阵地从政治上、思想上、理论上彻底揭露批判中国赫鲁晓夫、内蒙古“当代王爷”乌兰夫及其在哲盟的代理人石光华、云曙碧之流所推行的反革命修正主义、民族分裂主义路线，并着重批判了他们在农村散布的“剥削有功”“三自一包”“四大自由”等反革命黑货。将革命大批判和对敌斗争结合起来，提高了广大贫下中农和延安中学革命小将的阶级斗争和路线斗争觉悟。他们决心继续高举革命批判的大旗，更加深入、持久地向阶级敌人发起进攻，把阶级敌人统统揪出来批倒、斗臭，把对敌斗争进行到底，为人民再立新功！

一定要把毛主席派来的年青人带好

通辽县育新公社的广大贫下中农怀着对伟大领袖毛主席的一片忠心，热情地欢迎和无微不至地关怀来自首都门户的延安中学知识青年。贫下中农为了使这些年青人不忘阶级斗争，进一步提高阶级斗争和路线斗争觉悟，遵照毛主席“**阶级斗争，一抓就灵**”的教导，一进村就给他们介绍了公社和大队的阶级斗争情况，由贫下中农讲村史和家庭血泪史，给这些革命小将上了一堂生动的政治课。

他们请来余粮堡公社祖辈三代都给牧主当奴隶的蒙族社员白大娘，讲了自己的血泪史。育新公社育新大队和丁家窝堡大队也分别召开了几次忆苦会。育新大队的王心红老大娘，今年六十九岁了，六十七岁时入党，是个苦大仇深、人老心红的老贫农。为了让年青的一代不忘本，永远忠于毛主席，听毛主席的话，和贫下中农一起把社会主义新农村建设得更美好，她含着热泪讲述了自己的血泪史。在万恶的旧社会，她受尽了痛苦和折磨，全家被地主逼得妻离子散，家破人亡。是救星毛主席把她全家从黑暗的地狱里拯救出来，过上了幸福美满的生活。通过忆苦思甜，延安中学革命小将，表示一定要牢记阶级苦，不忘血泪仇，跟着毛主席，永远闹革命。

王心红老大娘还用自己的切身经历，批驳了中国赫鲁晓夫“剥削有功”“造反无理”等等反革命谬论，教育年青人不要听信中国赫鲁晓夫老坏蛋那一套，如果依了他，贫下中农就要走回头路，受二茬苦。

在忆苦会上，王心红老大娘代表育新大队全体贫下中农一再向毛主席他老人家表示，俺们一定把您老人家派来的年青人带好，把他们培养成贫下中农的好后代，革命的接班人！延安中学的知识青年，受到了极大的教育。他们决心牢记毛主席“**千万不要忘记阶级斗争**”的教导，不吃老本，永立新功，誓把农村的无产阶级文化大革命进行到底！

自从延安中学的知识青年落户后，育新大队变化更大了。全村贫下中农下地前、开会前，都要敬祝毛主席万寿无疆，高唱《东方红》，向毛主席请示汇报。好人好事不断出现。现在，在这些青年人的帮助下，育新大队办起了家庭学习班和儿童学习班，丁家窝堡也办起了大队干部学习班。贫下中农怀着对伟大领袖毛主席的无限忠诚，不管干活多累，天气多热，年纪多大，都积极参加学习。王心红老大娘，白天在幼儿园看小孩，业余时间也按时参加学习班。她总是激动地对人们说：是毛主席他老人家解放了我们，又给我们派来了有文化的人，我从心眼里乐。我年纪虽然大了，可学习毛主席著作，我还要积极带头呢！要活到老，学到老！

这一切，对初来农村扎根的延安中学知识青年，是多么大的教育和鼓舞啊！他们都暗暗地下了决心：毛主席啊，毛主席！我们一定牢记您“**没有贫农，便没有革命**”的伟大教导，向贫下中农学习，永远和贫下中农一起走社会主义道路，在科尔沁草原上扎根一辈子！

战地黄花分外香。战斗在育新公社的延安中学革命知识青年，用自己火热的青春，在哲里木的广阔天地，谱写出了闪烁延安革命精神的新凯歌。

他们的革命行动，为天津地区和哲里木盟广大革命青年树立了光辉榜样。我们深信，在伟大领袖毛主席的最新指示指引下，一定会有更多的革命知识青年，走上与工农相结合的道路，在广阔的农村天地里大有作为！

本报记者、内蒙古哲三司红代会《东方红》报记者

最高指示

我們的責任，是向人民負責。每句話，每个行动，每項政策，都要适合人民的利益……。

通　告

（第二号）

1、我公安机关军管会收集的无主自行车，于三月十六日认领以来，已接待群众9678人次。按规定，至六月十六日到期，为满足失主要求，特决定延期到九月三十日。希失主持证速往接待站（河北路300号）认领。

2、公安机关军管会号召，凡非法获得自行车或其他公、私财物者，应于八月底以前，主动送交附近公安机关、派出所，如逾期不交或抗拒不交，根据情节依法惩处。

希广大革命群众，大力宣传，协助办理。

中国人民解放军天津市
公安机关军事管制委员会
一九六八年七月二十二日

欢迎批评　欢迎来稿　本报通讯地址：湖南路（六十一中内）　电话：3·3059　订阅处：全市各大邮局、部分报刊亭（集体去订）

> 林彪同志，毛泽东思想紅旗举得最高，毛主席著作学得最好、用得最好。几十年来，林彪同志一貫最忠实、最坚决、最彻底地执行毛主席的无产阶級革命路綫。
>
> ——《紅旗》杂志一九六七年第十一期社论

红河大

河北大学革命委員会主办

紅 32 号

一九六八年八月三日（星期六） 本期共四版

英明的付帅 光輝的历程

——林彪同志革命实踐活动大事記

一、青少年时代

一九〇七年十二月五日，毛主席最亲密的战友、我们的付统帅林彪同志诞生在湖北省黄岗县林家大湾的一个贫农的家庭里。

林彪同志幼名叫林毓荣。他兄妹六个，排行第二，林彪同志家里有田二亩三分，有房两间。主要靠父母织布维持一家人的生活。他父亲种过田，织过布，当过杂货店的店员，做过小火轮的会计。为人性格刚直，痛恨旧社会，热爱劳动人民，很受村里人的尊敬，人们亲切地称他"毓四爹"，林彪同志的母亲热心帮助穷人，疼爱自己的儿女，也疼爱村里穷人家的儿女，人们亲切地称她为贤良的"毓四婆"。

一九一四年，林彪同志进家乡私塾学习，他勤奋学习，刻苦钻研，即使逢年过节，他也从不间断学习。疲倦了，就到附近的小山上去清醒一下头脑，回来继续学习。林彪同志反对死读书，读死书，自幼喜欢体育活动，积极锻炼身体，每天坚持爬山数次，腿上还绑着沙袋。

一九一六年，林彪同志进濬新小学读书。这所学校是共产主义小组创办的，董必武、恽代英、林毓英同志在这里办学，从事马列主义传播和研究。后来，这里成了湖北革命的策源地和黄岗党组织的策源地。在这里，林彪同志开始接受进步思想影响，从而，在他幼小的心灵上开始播下了革命的种子。

少年时代的林彪同志就富于造反精神，他反对旧思想、旧文化、旧风俗、旧习惯、毫不畏惧地勇猛地向旧世界进行了第一次挑战，他看到庙里的和尚不劳动，靠泥菩萨欺骗，剥削人民，非常气愤，就组织了一群同学用绳子一举拉倒了泥菩萨，丢入泥塘，叫他永世不得翻身。实践了他革命的第一个伟大胜利！村里有人打麻将，搞赌博，敬神仙等活动，小孩子们都围着看，林彪同志看了很脑火，就把他们唤来作游戏，打球，踢毽子捉迷藏……不让孩子们受到不良的影响。在旧社会，孔夫子遗留下来的旧习惯，是被视为神圣不可侵犯的，写过字的纸是不能随意践踏的。可是，林彪同志却把它拿来作手纸，以示对孔夫子的蔑视。这一切举动都表现出幼年时代的林彪同志对旧社会的憎恨和敢于斗争敢于造反的革命精神。

（下转第二版）

以林彪同志为光輝榜样无限忠于毛主席

本 报 編 輯 部

旭日东升，光芒万丈。

在无产阶级文化大革命进入新的阶段，在夺取无产阶级文化大革命全面胜利的大好形势下，在波澜壮阔的革命大批判的新高潮中，在毛主席向我们发出的关于教育革命的最新指示的鼓舞下，在纪念伟大的中国人民解放军建军四十一周年的时候，我们怀着对伟大领袖毛主席无限热爱、无限信仰、无限崇拜、无限忠诚的阶级感情和以林彪同志为光辉榜样的决心，编辑了我们的付统帅——林彪同志的伟大革命实践活动，今天在本报刊登，今后将陆续发表。

林彪同志是我们伟大的导师、伟大的领袖、伟大的统帅、伟大的舵手毛主席亲自培养的，是我党久经考验的最卓越的政治家、军事家、思想家、理论家，是毛主席最亲密的战友，最优秀的学生，最理想的接班人，是我们最好的付统帅。

林彪同志是紧跟伟大领袖毛主席，无限忠于毛主席革命路线的光辉典范。我们的伟大领袖毛主席是中国无产阶级革命和当代世界共产主义运动的英明舵手。他制定了中国革命的总路线，领导中国人民从胜利走向胜利。林彪同志几十年如一日，最忠实、最坚定、最彻底地执行和捍卫毛主席的革命路线。在中国革命每一个重大的历史关头，他总是坚决地站在毛主席革命路线一边。在民主革命时期，大革命失败后，是林彪同志带领南昌起义的部队，毅然决然地奔向井冈山，在毛主席的英明领导下，走农村包围城市，最后夺取城市的这条光辉道路；是林彪同志最坚决、最彻底地执行毛主席的军事路线和整套的战略战术，提出了继续突出无产阶级政治的五项原则，规定了我军各项工作的总方针、总任务，把伟大的中国人民解放军建设成非常革命化、非常无产阶级化、非常战斗化、无坚不摧、百战百胜的新型军队。在社会主义革命和建设时期，是他坚决执行和捍卫了毛主席的社会主义革命、社会主义建设总路线，以及毛主席关于无产阶级专政条件下进行革命的理论、路线、方针和政策。林彪同志为了坚决捍卫毛主席的革命路线，同"左"右倾机会主义及其代理人中国赫鲁晓夫作了不调和的斗争。

林彪同志是无限忠于毛泽东思想，创造性地运用毛泽东思想的光辉典范。毛主席说：**"对于馬克思主义的理論，要能夠精通它、应用它，精通的目的全在于应用。"**林彪同志在几十年的革命实践中始终一贯地、认真刻苦地活学活用毛泽东思想。他学得最好，领会得最深，用得最好，并作了创造性的发挥。在它一系列著作、讲话和指示中，对毛主席的哲学思想全面地、系统地、深刻地、创造性地阐明、运用和发挥。毛主席对这些给予了很高的评价。他指出：**四个第一好，这是个創造。解放軍的思想政治工作和军事工作，经林彪同志提出四个第一、三八作風之后，比較过去有了一个很大的發展，更具体化又更理論化了。**

林彪同志是勇敢地捍卫毛泽东思想最高权威，热情地传播毛泽东思想的光辉典范。林彪同志最全面、最正确、最科学的歌颂了伟大领袖毛主席和战无不胜的毛泽东思想，林彪同志最积极、最认真地领导和组织了毛泽东思想的大普及运动，开创了工农兵直接掌握马克思列宁主义，毛泽东思想的新纪元。是他最全面、最深刻、最精辟地阐述了活学活用毛泽东思想的群众运动的意义。林彪同志这一伟大创举，为全中国和全世界劳动人民掌握毛泽东思想、推动革命发展，立下了不朽的功勋。

总之，林彪同志对毛主席最忠、最忠、最忠，跟毛主席革命路线最紧、最紧、最紧，把毛泽东思想伟大红旗举得最高、最高、最高，把毛主席著作学的最活、最活、最活，领会得最深、最深、最深，用得最好、最好、最好，成绩最大、最大、最大。因此，林彪同志是全国和全世界革命人民学习、贯彻、宣传和捍卫毛泽东思想的最高典范，是全中国和全世界高举毛泽东思想伟大红旗的光辉榜样。

我们高举毛泽东思想伟大红旗，要以林彪同志为光辉榜样。

以林彪同志为光辉榜样，就是要像林彪同志那样对伟大领袖毛主席和伟大的毛泽东思想无限热爱、无限信仰、无限崇拜、无限忠诚；就是要像林彪同志那样对毛主席赤胆忠心，对毛主席革命路线寸步不离。

以林彪同志为光辉榜样，就是要积极响应林彪同志的伟大号召，把活学活用毛主席著作的群众运动提高到更新的阶段，并把它摆在高于一切、先于一切、重于一切的位置，从而把毛泽东思想真正学到手。

以林彪同志为光辉榜样，就是要紧跟毛主席的伟大战略部署，把无产阶级文化大革命进行到底；坚决执行毛主席的无产阶级教育路线把教育革命进行到底。

总之，我们以林彪同志为光辉榜样，就是要高举毛泽东思想伟大红旗，把全国办成红彤彤的毛泽东思想大学校，让毛泽东思想伟大红旗在全球高高飘扬，永远飘扬！

红海大　敬祝毛主席万寿无疆　1968年8月3日　第二版

英明的付帅　光辉的历程

（上接第一版）

一九一七年，俄国十月革命一声炮响，给中国送来了马克思列宁主义。进步的知识分子开始组织起来，学习、传播马列主义。林彪同志在学校里参加了恽代英在湖北组织的《社会福利社》。这是类似于毛主席的《新民学会》的进步组织。

林彪同志不但自己接受马列主义教育，而且还热情地从事宣传活动，学校里的马列主义小组，了解到地富剥削农民，男女不平等等现象，就结合当地情况，编排了一些地方戏，以揭露旧社会的黑暗，唤起农民的觉醒。当时，他们演出了反映地主阶级剥削农民的《九头蛇》，女子不裹足的戏，道出了广大农民的心里话，很受欢迎。林彪同志积极参加“文明”戏的演出，讽刺旧社会，提倡新道德。

一九二一年，林彪同志考进武昌共进中学读书。

一九二二年，因家里生活贫困，不能缴纳学费，只好停学，去当教师，半年后，才又复学。

林彪同志的中学时期，正是中国工人运动蓬勃开展，中国革命由资产阶级领导的旧民主主义革命转变为无产阶级领导的新民主主义革命的历史时期。１９２１年７月１日，中国共产党的成立，标志着中国工人阶级已经作为独立的政治力量，开始登上政治舞台。在中学学习期间，林彪同志一方面同董必武、陈潭秋等同志保持紧密联系，一方面孜孜不倦地阅读《新青年》《响导》等进步书籍，并热情地投身于革命活动，积极地领导组织学生运动。林彪同志讲话从容，作事沉着，认真负责，不畏强暴，勇于牺牲，敢于和特务暗探作面对面的斗争，表现出非凡的组织天才和机智勇敢。当时，湖北的一个军阀特务打入学校，阴谋破坏，林彪同志一眼就识破了敌人的诡计，揪住特务，与之辩论，驳得他体无完肤，哑口无言，狼狈逃走。

中学时代的林彪同志初露锋芒，显示了卓越的见识和远大的政治抱负。他不仅敢于革命，敢于造反，而且善于革命，善于造反。他说：“不仅要使懂得革命的人相信革命，也要使不懂得革命的人懂得革命，相信革命。”

林彪同志经常在街上，在工农中宣传革命的道理。在“五卅”运动中，他积极参加示威游行、罢课，并表现出了天才的组织、宣传工作能力。他组织了革命团体，成立了“自治新村”，创办了《共进阅刊》，以此来指导学生运动和工人运动，批评那些埋头钻业务，不问政治的人，启发他们要关心国家大事。他认为读死书是无用的。他曾经对林习文同志说，政治问题解决不了，发明创造也是搞不成的。在他思想中形成了政治救国的信念。

林彪同志以自己卓越的政治远见，杰出的组织才能和密切联系群众的作风，赢得了群众的信任。在群众中，他很有威信，学校里，每个进步组织的成立和每次政治活动都离不开他。他促使很多“两耳不闻窗外事，一心只读圣贤书”的人，参加了社会活动。在共进中学的革命影响下，大大地推动了武汉地区的学生运动。

从青少年时代起，林彪同志就热爱劳动、艰苦朴素。学校开设的劳动课（当时的共产党组织办的。）他总是最积极的参加，并组织开荒地，种菜园，帮助农民耕作。他平时穿的是土布衣服，吃的是粗茶淡饭，衣服破了，自己补，袜子髒了，自己洗。

二、在民主革命时期
（1924—1949）

（一）第一次国内革命战争时期
（１９２４——１９２７）

一九二五年，林彪同志在武昌共进中学毕业。当时军阀连年混战，劳动人民遭受极大的痛苦。他立志投笔从戎，献身革命。父亲让他继续学习，母亲要他去找一个安稳的职业，他都不肯，他说：“目前，兵荒马乱，中国革命没有三十年不能太平，我要去当兵。”

一九二六年，林彪同志经党组织批准，介绍到黄埔军校学习，成为第四期学员。原名毓荣，改名林彪。四个月后，出师北伐，在叶挺部下当见习排长，（因未毕业）。

一九二七年，部队经过湖北葛店，在春节，林彪同志回家几天。从那次以后，四十年来一直没有再回过家乡。这是一心为党的四十年！这是一心为革命的四十年！这是紧跟毛主席的四十年！

（二）第二次国内革命战争时期
（１９２７——１９３７）

一九二七年，年轻的中国共产党在迅速发展中，遭到了内外敌人的袭击，因而受到严重的挫折。当浩浩荡荡的北伐军挺进到长江两岸时，蒋介石背叛了革命，发动了“四、一二”反革命政变，掉转枪口，镇压革命。此时，由于陈独秀右倾机会主义路线统治着我党，致使我党在轰轰烈烈的大革命中完全丧失了领导权，组织被破坏，共产党人被枪杀，白色恐怖笼罩全国，**“但是，中国共产党和中国人民并没有被吓倒，被征服，被杀絕。他們从地下爬起来，揩干淨身上的血迹，掩埋好同伴的尸首，他們又繼續战斗了。”**血！血！血！革命者的血，教育中国共产党懂得了**“槍杆子里面出政权！”**这个真理。为了挽救中国革命，同年八月一日，由周恩来、林彪等同志率领在我党影响下的北伐军队三万多人在江西南昌举行了武装起义，他们高擎革命的火炬，向国民党反动派开了第一炮。

一九二八年一月，由林彪、陈毅等同志率领一部分起义军，在闽、赣、粤边界地区，进行游击战，并把队伍改编为中国工农革命军第一师。林彪同志任一营二连连长。

一九二八年二月，在湖南宜章地区，他们又广泛地发动农民，举行了年关武装暴动。

在革命军内，林彪同志大无畏的革命精神和超人的才能得到了最充分的发挥。一九二八年三月，在著名的耒阳战斗中，他已经开始熟练地应用毛主席的战略战术，广泛地发动群众，以少胜多，带领一个连的兵力，打退了敌人十二个连，赶跑了敌军两个营，并乘胜追击，攻占了耒阳城，立下了非凡的战功，立即升为营长，充分显示了卓越的军事天才。

当时敌强我弱，如果继续南下对我们很不利，林彪同志全面地深刻地分析了局势，坚决反对贺龙等依靠外援搞暴动的路线。他打听到毛主席在井冈山，于一九二八年四月，毅然带领队伍奔向了井冈山，在那里见到了他早已敬仰的毛主席！从此，林彪同志就来到了我们伟大领袖毛主席身边。在毛主席的亲自指导下，学政治、学军事。林彪同志最忠诚地、最积极地、最坚决地学习、贯彻毛泽东思想。在以后的斗争中，他始终坚定地站在毛主席一边，同一切违反毛主席革命路线的人作斗争，成为毛主席最亲密的战友，最好的学生。

井冈山会师后，毛主席与陈毅的队伍合编为红四军，毛主席任党代表，林彪同志任该军所属的第二十八团团长（当时红军共分五个团，由第二十八团至三十二团组成）。随着红军的发展与壮大，一九二九年，林彪同志担任了第四军军长。

在井冈山，林彪同志抓住一切机会如饥似渴地向毛主席学习。有时骑在马上还在阅读毛主席的书，按照林彪同志自己的话说：“以前看了马列主义的书，就是记不住，用不上。跟着毛主席把马列主义与中国革命具体实践结合起来，通俗易懂，用起来攻无不克，战无不胜。”可见当时林彪同志已经是活学活用毛主席著作的典范！

一九二八年冬天，红军某团开会讨论毛主席提出的**“分兵以發动群众，集中以歼灭敌人”**的战略方针。毛主席也参加了。当时争论很激烈，林彪同志（当时任连长）镇定地站起来，斩釘截铁地说：“我们的军队叫做中国工农红军，是彻底地为人民服务的军队，我们不但要打仗，还要做群众工作，进行生产，我们既是战斗队，又是工作队，也是生产队。我们要到处宣传群众，武装群众，帮助群众建立革命政权。所以，我们坚信毛泽东同志提出的战略方针是完全正确的。这是中国革命走向胜利的唯一正确的道路……。”他的话音宏亮有力，分析得精辟透彻，顿时，全场鸦雀无声。毛主席听了，一面不断点头，一面用赞许的眼光打量这位英姿勃勃的青年军官，并对其他领导同志说：**“这个人將来就是这个团的領导人。”**

在井冈山根据地，林彪同志坚决贯彻毛主席的无产阶级革命路线，屡次击退来犯的敌人。有一次，毛主席领导研究建立罗霄山脉根据地的问题，有人主张乱串（这就是后来批评的流寇主义）。而林彪同志则认为：我们的军队人少，而根据地有广大的群众，军队和群众结合起来，这样力量就大了。可见林彪同志对毛主席思想理解得很深刻。事后，毛主席对当时的政委陈毅同志说：**“林彪是个人才。”**

有一次，三十一团打了败仗，毛主席带领林彪同志去接应，当把三十一团接回来，正在开联欢会时，敌人从后面追来，林彪同志叫三十一团休息，自己带二十八团去迎接敌人，很快就凯旋归来。后来，毛主席不止一次地赞扬这位二十四岁的军团长说：**“这个人能顧全大局，是个將才，將来我们的武装部队就需要这样的人来领导。”**

毛主席给林彪同志率领的第四军以极大的关怀，并且有高度的评价。毛主席在**《井冈山的斗爭》**一文中说：**“經过一年多的时間，創造了富有斗爭經驗的地方武装，这是十分难得的；这个地方武装的力量，加上紅軍第四軍的力量，是任何什么敌人也不能消灭的。”**

一九二九年，红军第四军召开第九次党代表大会，毛主席，林彪等同志被选为大会主席团。毛主席在红四军经过充分的调查研究之后，起草了**《关于糾正党内的錯誤思想》**作为这次会议的决议，十二月底，在古田会议上通过。决议指出：无产阶级的军队**“是一个执行革命的政治任务的武装集团”**，确立了党指挥枪，而决不是枪指挥党的根本原则。决议反对单纯军事观点，指出**“紅軍的打仗，不是單純**

（下转第三版）

红河大　敬祝毛主席万寿无疆　1968年8月3日　第三版

英明的付帅　光辉的历程

（上接第二版）

地为了打仗而打仗，而是为了宣传群众、组织群众、武装群众，并帮助群众建設革命政权才去打仗的……”这一决议，批判了过去红军内部的本位主义，小团体主义，分散主义，非组织观点，极端民主化，自由主义，个人主义等各种错误思想，并总结了红军建设的经验。这部具有划时代意义的光辉文献，是我们建党建军的伟大纲领，它第一次最全面、最正确、最彻底地解决了我党我军建设的方向、路线问题，从而使整个中国红军完全成为眞正的人民军队。三十年来，人民军队中党的工作和政治工作有了很大的创造和发展，但基本路线还是这个决议的精神。这个决议，首先在林彪同志所率领的红四军得到了贯彻，后来，在红军其他部队才先后不等地执行了这一决议。这一历史事实，也说明了林彪同志是最迅速地、最忠实地、最坚决地贯彻毛主席的建军思想和建军路线的。

在古田会议前，彭德怀之流排斥毛主席的正确建军原则，曾经一度否定了毛主席的正确意见，把毛主席挤出了军队。当时只有林彪、罗荣桓等三同志坚决不同意毛主席走。毛主席离开了红军后，林彪同志一方面仍然坚持毛主席的军事路线，保持了战斗力，一方面协助毛主席以极大的耐心教育其他同志。由于军事上的失败，很多同志也逐渐认识了毛主席军事思想的伟大，一致要求毛主席回来，就由陈毅同志把毛主席請了回来，召开了古田会议，通过了毛主席起草的决议。

一九三二年春，红军第一军团决定成立新的领导机构，由原来红四军军长林彪同志担任军团长，聶荣臻同志为政委。随即由红一军团和红五军团的第十五军组成东路军，东征闽南，由毛主席亲自率领，转战闽南，此时，林彪同志已经成为毛主席的得力助手。

林彪同志最坚决地执行毛主席的军事路线，他所率领的第一军团，在战場上，善于用“闪击战”消灭敌人，把敌人打得魂飞胆丧，望风而逃。故有“鉄军”之称。

在第四次反围剿中，敌人分兵几路来进犯。当时，我们佔据了有利地势，打则必胜。可是王明却不让打。林彪同志坚决地抵制了错误领导，当机立断，发起冲锋，歼敌一个师，击溃五个师，这一仗奠定了第四次反围剿的胜利基础。林彪同志身经百战，屡建战功，常胜不败，威震四海，蒋介石曾扬言出十万元来暗杀这位年仅24岁的青年将军。但其阴谋始终不能得逞，林彪同志仍然率领着千军万马，在战火纷飞的疆場上驰骋，为中国人民的解放事业创建着丰功伟绩。

第五次反围剿中，由于“左”倾机会主义路线在中央佔据了统治地位，他们反对毛主席的正确军事路线，排斥打击毛主席和林彪同志，致使反围剿遭到了失败，给红军带来了重大的损失。一九三四年十月，中央红军被迫退出了江西根据地，进行了古今中外历史上空前未有的二万五千里长征。

就在江西突围时，毛主席创建的红军，被王明、博古、彭德怀篡了权，他们恶毒地想把毛主席留在江西，交给敌人，自己逃走。这激起了林彪同志和广大指战员的愤怒，他们的阴谋才沒有得逞。

在长征途中，毛主席一直和林彪同志的一军团一起前进，作开路先锋。很多胜仗就是毛主席亲自指挥的。林彪同志抓住这一时机，认眞学习，更深刻地领会了毛主席的思想。他每次都是坚决执行命令，出色完成任务，表现出了无限忠于毛主席的决心，并经受了许多严峻的考验。

刚进草地的第二天，张国焘背叛革命，不願继续前进，他引诱士兵南下入川吃大米，而且还派两个军来阻止一方面军北上抗日。林彪同志听到后，非常气愤，命令第一军一字排开，架上数十挺机枪，一声雷霆万钧的命令：谁敢阻碍前进就坚决消灭他。张国焘见势不妙，只好撤退。

林彪同志的第一军团成为长征队伍的领导核心，是长征的主力军。他的成绩最大，战绩也最辉煌。

长征刚开始，林彪同志根据毛主席的指示，迂迴作战，回师遵义，消灭了尾随的薛（岳）周（浑元）纵队，取得了长征以来最大的一次胜利，奏起了长征的第一首凯歌。

长征途中的强渡大渡河，是关系到红军存亡的一个战役。国民党反动派扬言：“使共军成为第二个石达开！”林彪同志坚决遵照毛主席的指示，指挥部队，突破难关，一举强渡了大渡河，使全军转危为安，为革命开辟了前进的道路，粉碎了蒋介石妄图使红军成为第二个石达开的黄粱美梦！

在整个长征途中，毛主席经常随第一军团行动，军团的一些重要会议，毛主席都亲自参加，并作了具体指示。一九三五年十一月下旬，中央红军第一军团和西北红军第二十五军团合作打直罗鎮一仗，毛主席指示：“**要的是歼灭战！**”林彪同志就率领红军在黄石咀痛击国民党的骑兵部队，歼敌109师于直罗鎮，赢得了直罗鎮战役的重大胜利，粉碎了蒋匪军对陕甘宁边区的“围剿”，出色地完成了任务。毛主席在《**論反对日本帝國主义的策略**》中称赞说：“**長征一完結，新局面就开始。直罗鎮一仗，中央紅軍同西北紅軍兄弟般的团結，粉碎了卖国贼蔣介石向䧳陕甘边区的‘圍剿’，給党中央把全国革命大本营放在西北的任务，举行了一个奠基礼。**”

林彪同志领导的部队之所以能百战百胜，就是因为他处处事事按毛主席的指示办事，在战斗的紧要关头，能够身先士卒，亲自出马，战場指挥，调查研究，并要求指挥员：“脚杆子要勤——多跑多看，不怕疲劳；咀巴子要勤——多问多调查，不要怕麻烦。”

（三）　抗日战争时期

（1937——1945）

一九三七年七月七日，日本侵略军向中国北平西南芦沟桥的驻军发动进攻，制造了“芦沟桥事变”。守军在中国共产党领导的人民抗日热潮的影响下，奋起抵抗。从此，中国人民伟大的抗日民族解放战争就全面开始了。

当时，蒋介石卖国政府，枪口对内，一心反共，对日寇卑躬屈膝，闻风而逃，将祖国的大好河山拱手相送。日本法西斯猖獗一时，国民党军队丧师失地，一溃千里，不到一个月的时间，失了北平、天津，又失了察哈尔、绥远。日本帝国主义的嚣张气焰，国民党军队的节节溃败，使华北和江南的许多地区，完全陷入了混乱状态，日寇大行烧杀、姦淫抢掠，千百万中国人民遭到空前未有的灾祸，中华民族处于生死存亡的紧要关头。就在这紧要关头，8月25日，党中央在陕北洛川召开了政治局扩大会议。遵循洛川会议所制定的全面抗战路线和放手开展独立自主的游击战的战略方针，挺进华北、华中战場，坚决抗击日寇。中国工农红军改编为八路军。下轄三个师。红一方面军和红十五军团编为一一五师，林彪同志任师长。九月，一一五师在林彪同志率领下，东渡黄河，挺进华北，开赴山西战場作战。

此时，日寇在华北的兵力已由七个师团增至二十个师团以上，约三十万人。平绥线之敌突破南口、张家口之后，又佔归绥、大同，进攻晋东、北雁门关及东西长城各口，企图一举而下太原。日寇兇焰高涨，国民党军队逃之夭夭，战局十分险恶。为阻止敌人进攻太原，打击日寇，林彪同志决定歼灭敌人。毛主席指出：“**在第一第二阶段，敌强我弱，敌之要求在于我集中主力与之决战。我之要求則相反，在选擇有利条件，集中优势兵力，与之作有把握的战役和战斗上的决战。**”林彪同志根据毛主席的指示，决定选择地势险要的平型关作战場。在人民的协助下，一一五师主力预先埋伏在日寇进军的山谷背侧。战前，林彪同志亲自对干部做了政治动员，他说：“我们要在平型关这一带打一个大胜仗，给日军一个打击！给友军一个配合！给人民一个兴奋！”

九月二十五日拂晓，日寇精锐的坂垣师团四千余人大摇大摆地进入我军包围圈内，林彪同志一声令下，满腔怒火的我军将士犹如猛虎下山，横刀策马，扑向敌人，激战终日，全歼被围之敌，缴获大量武器和军用品，取得了抗日以来第一次歼灭战的辉煌胜利，沉重地打击了敌人的反动气焰，有力地粉碎了所谓“皇军不可战胜”的神话，极大地鼓舞了全国人民的抗战热情和抗日信心，给了在抗日暴发后大肆宣扬活命哲学、投降哲学、叛徒哲学的党内最大的走资派一记响亮的耳光，为抗日战争开辟了胜利的道路。同时也使八路军威名远震。这正如毛主席所说的，这一仗“**表示了中国人民不可屈服的精神和英勇頑强的战斗力……。**”此时林彪同志年仅二十九岁。

可是，就在战斗的硝烟未散的时候，国民党军队急急忙忙跑来抢胜利品，并开枪打伤了我们的林彪同志。指战员们气愤填膺，很狠地惩罚了他们一顿。

由于伤势很重，毛主席决定将林彪同志送到苏联去医治。当时，正是德国法西斯大举进犯苏联，林彪同志发扬了崇高的无产阶级国际主义精神，不顾负伤的身体，参加了斯大林同志召集的高级将领军事会议，并提出了与众不同的卓越见解，他认为：“德军直接攻击列宁格勒，其目的在于迂迴进攻莫斯科。大本营要加强力量，根本的是要准备予备力量”（后来证明，事实完全如此。）。讲完了，一些苏联将军都大吃一惊，斯大林同志非常满意，就让林彪同志带领一路红军守卫莫斯科，立下了不朽的功勋。事后斯大林同志一直称赞这件事，50年毛主席到苏联时，斯大林同志曾经很有风趣地说：“我宁願用十个元帅换一个林彪。”

以后，毛主席决定调三个师到敌后开辟根据地，当时邓小平、賀龙之流畏缩不前，不願到中原的心脏山东去，而林彪同志则挺身而出，坚决贯彻毛主席到敌后开辟游击根据地的方针，率领百战百胜的115师插入敌人心脏，运用毛主席的战略战术，连连打胜仗，巩固了山东苏北等根据地。这时，彭德怀在太行山不听毛主席的一再警告，自作聪明，连吃败仗。毛主席在“七大”上把他叫做“败家子”！

一九三六年，我国正由国内革命战争转入抗日民族革命战争。毛主席指出：“**这种轉变是不容易的，需要重新学習。重新訓練干部，成为主要的一环。**”同年六月，中国共产党创办了“中国抗日红军大学”，毛主席任政治委员，并选派林彪同志任校长。一九三七年初，

（下转第四版）

红河大　敬祝毛主席万寿无疆　1968年8月3日　第四版

英明的付帅　光輝的历程

（上接第三版）

“中国抗日红军大学”改名为“中国人民抗日军事政治大学”（简称抗大），毛主席任抗大教育委员会主席，林彪同志任校长兼政治委员。抗大的主要责任落在了林彪同志肩上，可见毛主席对林彪同志是何等的信赖！

毛主席说：**“一个軍事学校，最重要的問題，是选擇校長教員和規定教育方針。”**他不仅为抗大选择了林彪校长，而且为抗大规定了教育方针：**“坚定正确的政治方向，艰苦朴素的工作作風，灵活机动的战略战术。”**林彪同志坚决贯彻执行毛主席的这一方针，并使抗大的师生从各方面都养成毛主席提出的**“团結、紧張、严肃、活潑”**的工作作风。这三句话，八个字，经林彪同志提倡，现在已经成为我军大力发扬的“三八作风”。

抗大究竟要办成什么样的学校？抗大究竟要培养什么样的人？在这个问题上，党内一直存在着尖锐的两条路线的斗争。右倾机会主义分子王明之流一心要把抗大办成“统一战线的学校”，竭力鼓吹“三民主义是抗大团结的旗帜”，妄想夺取党对抗大的领导权，使抗大变成国民党的附庸，企图砍断抗大毛泽东思想的红旗，使抗大变成资本主义的染缸。林彪同志高举毛泽东思想伟大红旗，同王明之流进行了坚决的斗争。他领导抗大始终沿着坚定正确的政治方向前进，始终沿着毛主席的革命路线前进，使抗大成为我党领导下的八路军干部学校，成为革命的熔炉，成为红彤彤的毛泽东思想的大学校！

在林彪同志的领导下，抗大教学以毛主席著作为基本教材，密切联系中国革命的现实斗争，在教学思想、方针、内容、方法上，都是紧跟毛主席的。

在教育思想上，毛主席一贯主张**“少而精”**。林彪同志领导的抗大学制短，一般六至七个月。教学内容**“少而精”**。林彪同志说：“我们的任务是光荣伟大的，时间是比较短促的，以短促的时间学习一些更中心更具体的东西，必须认眞作到‘**理論与实际联系**’‘**少而精**’的两大原则”。又说：“我们的教育计划是根据什么来规定的？我们说是根据‘需要和‘可能’来规定的，‘需要’和‘可能’这两个缺少一个都不行，会变成脱离实际。许多人都想学得许多东西，想学许多的科目，想什么都学得完备，但结果是相反的，学得的东西越少。……‘**少而精**’的原则，要合乎实际的需要和实际的可能，这是我们教育计划的最重要的原则。”

毛主席说：**“讀书是学習，使用也是学習，而且是更重要的学習。”**林彪同志特别强调实际运用，活学活用。他说：“学军事和学别的不同，学军事一定要实地演习，才会熟练，……。不然，光是把军事条令背得怎样流利也是沒有用处的。”抗大的学生，经常到野外练习战略战术。

毛主席说：**“現在一面学習，一面生产，將来一面作战，一面生产，这就是抗大的作風，足以战勝任何敌人的。”**林彪同志说：“我们的学校还有一个沒有列入课目表的重要课目，……这个课目的名称就叫艰苦奋斗。”抗大安排了劳动课，自己挖窑洞，修课堂，做教具，背粮运柴，开荒种地，织布纺纱等，从日常生活里养成艰苦朴素的作风。

早在一九二九年，毛主席就提出教育工作用启发式、讨论式，废止注入式。在林彪同志的领导下，抗大的教育贯彻群众路线，发扬学员的学习主动性，强调启发式，反对注入式，提倡领导、教员、学员三结合。林彪同志亲自担任了“游击战”、“红军建设”等课目的讲授工作。

抗大的校风、教育方针、教育原则、教育制度、教学内容、教学方法等都是最进步、最革命的。至今仍然是全国所有院校的方向和楷模。在短短的几年中，抗大造就了十几万德才兼备的干部，为我军的发展壮大，为中国革命的胜利作出了重大的历史贡献。

一九四一年，解放区人民粉碎了国民党的第二次反共高潮。就此时机，党中央从前方和各个战线抽调了一部分干部到延安，并把各地选出的“七大”大部分代表和来延安的党的负责干部集中到中央党校，并以党校为重点，开展了全党范围的伟大的整风运动。一九四二年二月一日，在党校开学典礼的大会上，毛主席发表**《整頓党的作風》**的重要报告，深刻地批判了装成马列主义者的资产阶级作风。但是党校的某些领导人，张闻天之流顽固地站在机会主义路线一边，对整风运动阳奉阴违，虽然口头上拥护毛主席的革命路线，但是实际上采取了抗拒的态度。为此，中央决定改组党校，由毛主席亲自兼任党校校长，林彪同志任付校长。在这一次重大的斗争中，林彪同志又一次勇敢地捍卫了伟大的毛泽东思想。由于毛主席的正确领导和林彪同志坚决站在毛主席一边，持续三年的整风运动，终于取得了辉煌的成果，大大提高了干部的思想觉悟，使我党我军的面貌焕然一新，为解放战争的胜利奠定了坚实的基础。

一九四二年底至一九四三年七月，林彪同志去重庆参加国共谈判。他同周恩来等同志一起，坚定地站在无产阶级革命立場上，同国民党反动派进行了面对面的针锋相对的斗争。

一九四五年四月，在中国共产党第七次代表大会上，林彪同志当选为中央委员，并作了关于群众路线的发言。在发言里，他高举毛泽东思想伟大红旗，精辟地阐述了我党的群众路线，有力地批驳了形形色色的机会主义的谬论。这时，我们敬爱的林彪同志已经是一个久经革命战争和党内两条路线斗争考验的成熟的马克思列宁主义者，中国共产党杰出的领导者，毛主席最优秀的学生和最得力的助手。他以伟大的无产阶级革命家和军事家的雄姿，迎接着中国人民大决战时刻的到来。

一九四五年八月八日，伟大的苏联红军出兵东北，对日宣战。隔日，毛主席发出命令，最后战胜日寇及其走狗的时刻到了，号召全军大举反攻，消灭法西斯。接着，委任林彪同志为东北抗日联军总司令，出师东北。林彪同志率领十万军队，两万名干部，带着**“建立巩固的东北根据地”**的指示，分别沿北宁路及山东渡海挺进东北，同苏联红军相配合，迅速击溃了日本关东军，彻底解放了全东北。被日本帝国主义奴役了十四年的东北人民又重见了天日。

（未完待续）

※※※※※※※※※※※※※※※※※※※※※※※※※※※※※※※※※※※※

光輝的榜样　不朽的功勳

記林彪同志革命实践活动

枪林彈雨中的英雄指揮員

赣水蒼茫闽山碧，林彪同志曾在这里创建卓绝战绩。

一九三〇年四月，蒋介石不甘心第一次围剿的惨败，又调集二十万军队，发动了第二次疯狂围剿。这一次敌人采取了“稳扎稳打、步步为营”的打法，从江西吉安到福建建宁筑成一道八百里防线，向我中央苏区进犯。

我三万红军，采取集中兵力，各个击破的方针，一举攻破江西吉安后，即挥师向东，林彪同志即率领红四军攻打江西乐安。

敌军一个旅仗恃飞机的掩护，在这里固守顽抗，战斗打得十分激烈，我军阵地得而复失，失而复得，双方形成僵持局面。

林军长站在地图前愼密地思考着，从那紧蹙的浓眉和拿着铅笔微微晃动的手，看得出他还未下决断。

林军长深知，战場上往往在这种关头，指挥员正确的判断，果决的命令便能扭转整个战局，赢得胜利。林军长牢记毛主席的一贯教导：**正确的判斷来源于周到的和必要的偵察。**马上收拾好地图，揹在身上，叫上警卫员，决定亲自到前面去观察敌情。

“您的腿……”警卫员为难地说。

眞的，林军长的腿跌伤了，走起路来还跛呢。

林军长坚决地摇了摇头，大步流星地向前走去。

警卫员知道，每次战斗，军长总是深入第一线指挥，向来是哪里急到哪里，拦也拦不住的，连忙跟上去了。

要到达阵地前沿，必须通过敌人枪炮严密封锁的一片三百米的开阔地。警卫员们争先要为军长开路，但是军长为了侦察敌人的火力情况，坚持要独自第一个通过。

密集的枪弹在耳边呼啸，跌伤的腿絲毫沒有妨碍林军长熟练准确的动作，他灵活地、矫健地匍匐前进，安全通过了开阔地，然后再挥手让警卫员一一通过。

到了前沿阵地，林军长进行了周密的观察。下定了战斗的决心，首先命令炮兵连打三发炮弹袭击敌群。

“轰轰”，炮弹在敌群中开了花，只两发炮弹，敌军便死伤过半，敌人惊魂未定，林师长又率领前沿的两个团趁机掩杀过去，一阵猛冲猛打，敌人一个旅全部被歼！

林军长又率领他的部队继续向东挺进……

（未完待续）

※※※※※※※※※※※※※※※※※※※※※※※※※※※※※※※※※※※※

毛主席论对敌斗争的政策和策略

无产阶级文化大革命，实质上是在社会主义条件下，无产阶级反对资产阶级和一切剥削阶级的政治大革命，是中国共产党及其领导下的广大革命人民群众和国民党反动派长期斗争的继续，是无产阶级和资产阶级阶级斗争的继续。

引自《人民日报》《解放军报》一九六八年四月十日社论《芙蓉国里尽朝辉》

对广大人民群众是保护还是镇压，是共产党同国民党的根本区别，是无产阶级同资产阶级的根本区别，是无产阶级专政同资产阶级专政的根本区别。

引自《人民日报》《解放军报》一九六八年六月二日社论《七千万四川人民在前进》

政策是革命政党一切实际行动的出发点，并且表现于行动的过程和归宿。一个革命政党的任何行动都是实行政策。不是实行正确的政策，就是实行錯誤的政策；不是自觉地，就是盲目地实行某种政策。

《关于工商业政策》《毛泽东选集》第四卷一二二九页

共产党领导机关的基本任务，就在于了解情况和掌握政策两件大事，前一件事就是所謂认識世界，后一件事就是所謂改造世界。

《改造我們的学习》《毛泽东选集》第三卷第七六〇页

全党同志须知，现在敌人已經澈底孤立了。但是，敌人的孤立并不就等于我們的胜利。我們如果在政策上犯了錯誤，还是不能取得胜利。

《关于工商业政策》《毛泽东选集》第四卷第一二二九页

在这样日益走向尖鋭的短兵相接的阶级斗爭的形势之下，无产阶级要取得胜利，就完全要靠他的政党——共产党的斗爭策略的正确和坚决。

《反对本本主义》《毛泽东著作选读》甲种本第二十五页

在我們一些地方的领导机关中，有的人认为，党的政策只要领导人知道就行，不需要让群众知道。这是我們的有些工作不能做好的基本原因之一。

《对晋绥日报编辑人员的谈话》《毛泽东选集》第四卷第一二六一页

善于把党的政策变为群众的行动，善于使我們的每一个运动，每一个斗爭，不但领导干部懂得，而且广大的群众都能懂得，都能掌握，这是一項馬克思列宁主义的领导艺术。我們的工作犯不犯錯誤，其界限也在这里。

《对晋绥日报编辑人员的谈话》《毛泽东选集》第四卷第一二六二——一二六三页

如果不足够地估計到日本反革命势力、中国反革命势力和中国革命势力这几方面的强点和弱点，就不会足够地估計到組織广泛的民族革命统一战綫的必要性；就不会采取坚决的办法去打破关門主义；就不会拿着统一战綫这个武器去組織和团聚千千万万民众和一切可能的革命友軍，向着日本帝国主义及其走狗中国卖国賊这个最中心的目标而攻击前进；就不会拿自己的策略武器去射击当前的最中心目标，而把目标分散，以至主要的敌人没有打中，次要的敌人甚至同盟軍身上却吃了我們的子弹。这个叫做不会择敌和浪费弹药。这样，就不能把敌人驅逐到狭小的孤立的陣地上去。这样，就不能把敌人营垒中被裹胁的人們，过去是敌人而今日可能做友軍的人們，都从敌人营垒中和敌人战綫上拉过来。这样，就是在实际上帮助了敌人，而使革命停滞、孤立、缩小、降落，甚至走到失败的道路上去。

《论反对日本帝国主义的策略》《毛泽东选集》第一卷第一四〇页

我們的策略原则，仍然是利用矛盾，爭取多數，反对少數，各个击破。

《论政策》《毛泽东选集》第二卷第七二二页

对于反动派中的动搖分子和胁从分子，应有宽大的处理。对任何犯人，应坚决废止肉刑，重証据而不輕信口供。

《论政策》《毛泽东选集》第二卷第七二五页

必须坚决地克服許多地方存在着的某些无紀律状态或无政府状态，即擅自修改中央的或上級党委的政策和策略，执行他們自以为是的违背统一意志和統一紀律的极端有害的政策和策略；在工作繁忙的借口之下，采取事前不請示事后不报告的錯誤态度，将自己管理的地方，看成好象一个独立国。

《一九四八年的土地改革工作和整党工作》《毛泽东选集》第四卷第一二七五页

誰是我們的敌人？誰是我們的朋友？这个問題是革命的首要問題，也是文化大革命的首要問題。

引自《中国共产党中央委员会关于无产阶级文化大革命的决定》。

我們的軍队一向就有两条方針：第一对敌人要狠，要压倒它，要消灭它；第二对自己人、对人民、对同志、对官长、对部下要和，要团結。

《在中央留守兵团学习代表时的演说》（一九四四年九月十八日）

只有党的政策和策略全部走上正軌，中国革命才有胜利的可能。政策和策略是党的生命，各級领导同志务必充分注意，万万不可粗心大意。

《关于情况的通报》《毛泽东选集》第四卷第一二四一页

必须坚决地肃清一切危害人民的土匪、特务、恶霸及其他反革命分子。在这个問題上，必须实行镇压与宽大相結合的政策，即首恶者必办，胁从者不問，立功者受奖的政策，不可偏废。

《为爭取国家财政经济状况的基本好转而斗爭》人民出版社第八页

必须严格分别两类不同性质的矛盾：是人民内部矛盾，还是敌我矛盾？不要把人民内部矛盾搞成敌我矛盾，也不要把敌我矛盾当成人民内部矛盾。

引自《中国共产党中央委员会关于无产阶级文化大革命的决定》

政府和左派都不要捉人，发动革命群众組織自己处理。例如，北京大体就是这样做的。专政是群众的专政，靠政府捉人不是好办法。政府只宜根据群众的要求和协助，捉极少数的人。

一个組織里的坏头头，要靠那个組織自己发动群众去处理。

在进行批判斗爭时，要用文斗，不要搞武斗，也不要搞变相的武斗。

引自《毛主席视察华北、中南和华东地区时的重要指示》

革命职工報
天津市革命职工代表会議常务委員会
一九六八年八月三日　第29期　共四版

革命职工报　敬祝毛主席万寿无疆　1968年8月3日　第二版

战斗在"三支"、"两軍"第一綫的津南制鞋厂

駐軍支左爱民的光輝事迹

津南制鞋厂革职会　　皮革公司革职会

"没有一个人民的军队，便没有人民的一切。"

津南鞋厂的广大革命职工每当手捧红色宝书，读到这一条金光闪闪的毛主席语录的时候，就禁不住心潮起伏，久久不能平静。因为我们厂的无产阶级革命派和广大革命群众，在与亲人解放军并肩战斗一年多的时间里，深深体会到毛主席这一伟大而亲切的教导包含着深厚的无产阶级感情，具有巨大的革命力量！

一九六七年五月初，我们厂党内一小撮走资派，顽固推行资反路线，对高举革命造反有理大旗的革命造反派，实行反革命围剿。

就在这两个阶级、两条道路、两条路线生死搏斗的严重时刻，人民解放军响应毛主席"**人民解放军应该支持左派广大群众**"的伟大号召，高举毛泽东思想伟大红旗，介入了津南鞋厂。一年多来，驻津南鞋厂的人民解放，为党为人民作出了卓越的贡献，用自己的实际行动谱写出一曲曲毛泽东思想的胜利凯歌。他们身上，体现了无限忠于毛主席革命路线的好干部——门合同志的坚韧不拔的革命意志和崇高的共产主义精神。

誓死捍卫毛主席革命路线

毛主席在伟大的历史文献——"五·一六"《通知》中英明指出："**混进党里、政府里、军队里和各种文化界的资产阶级代表人物，是一批反革命的修正主义分子，一旦时机成熟，他们就会要夺取政权，由无产阶级专政变为资产阶级专政。**"

解放军刚刚介入津南鞋厂，一小撮走资派妄图混淆阶级阵线，就大造反革命舆论：什么"造反队是牛鬼蛇神大杂烩"啦，什么"造反队造无产阶级的反"啦等等。政治谣言，象一股股阴冷的黑风，不时吹进解放军的耳中。阶级斗争和路线斗争的严重现实，摆在了高举毛泽东思想伟大红旗的人民解放军面前。

津南鞋厂的驻军在这时，根据毛主席的教导，到群众中去，深入车间、班组、股室同革命群众一起学习毛主席在无产阶级专政条件下进行革命的光辉理论，多次召集座谈会，倾听来自各方面的意见。经过充分的调查研究后，解放军掌握了大量的材料，支持了在资反路线的白色恐怖下冲杀出来的革命造反派，并鼓励革命造反派战士"**绝对不要被反动派的其势汹汹所吓倒**"，给了在组织上暂时处于劣势的无产阶级革命派以有力的支持。

毛主席最近教导我们："**无产阶级文化大革命，实质上是在社会主义条件下，无产阶级反对资产阶级和一切剥削阶级的政治大革命，是中国共产党及其领导下的广大革命人民群众和国民党反动派长期斗争的继续，是无产阶级和资产阶级阶级斗争的继续。**"津南鞋厂的走资派和一小撮阶级敌人，他们蒙蔽、挑动不明真相的群众对解放军不断施行围攻和谩骂，妄图动摇解放军支持左派和捍卫毛主席革命路线的决心。面对这种挑战，解放军斩钉截铁地回答："宣传毛泽东思想，支持左派，我们坚定不移，谁反对也不行！"在那与资反路线浴血奋战的日日夜夜里，解放军虽然多次受到围攻和谩骂，但是他们支持左派的决心，毫不动摇更加坚强。

解放军遭谩骂、受围攻，无产阶级革命派感到无比愤怒，许多同志主动地组织起来保卫亲人的安全。解放军对同志们说："支左就是听不见枪声和炮声的战场，我们早就作好了牺牲的准备。"亲人们的一字一句极大地震动了同志们的心弦，激励着他们向一小撮死不悔改的走资派进行更英勇斗争的决心。

一九六七年下半年，以原"大联筹"为代表的资产阶级反动思潮在天津大肆泛滥，一小撮阶级敌人利用资产阶级的派性，蒙蔽了一部分不明真象的群众，在天津大街小巷张贴了许多标语，大反人民解放军，攻击被中央肯定了的五代会，大反"三红"的口号，津南鞋厂内也透出了白色恐怖的气氛。

晚上，解放军杨文友、陈连、曾凡成、吴德龙等同志站立在毛主席像前，背诵着"**这个军队具有一往无前的精神，它要压倒一切敌人，而决不被敌人所屈服。**"的伟大教导，心头热血沸腾、万分激动。握紧拳头，庄严宣誓道："毛主席啊，毛主席，我们誓死捍卫您的革命路线，誓死捍卫您的光辉思想。为了支持革命左派，为了保卫工厂、保卫人民的生命财产，我们不怕上刀山、下火海……。"夜深了，杨文友等同志，为了保护工厂的安全，他们还日日夜夜地巡察警戒着工厂的每一个角落。

津南鞋厂的老工人事后激动地说："没有解放军，我们厂早就不存在了！"

为了壮大无产阶级革命派的队伍，团结一切可以团结的力量，解放军用毛泽东思想给受蒙蔽的群众作了大量的细致的思想政治工作。提高他们的政治觉悟，帮助他们回到毛主席革命路线上来，从而壮大了无产阶级革命派队伍。

心中只有"革命"二字

毛主席教导我们："**这个军队之所以有力量，是因为所有参加这个军队的人，都具有自觉的纪律；他们不是为着少数人的或狭隘集团的私利，而是为着广大人民群众的利益，为着全民族的利益，而结合，而战斗的。**"

高举毛泽东思想伟大红旗的津南制鞋厂驻军，以自己的行动不折不扣地实践了毛主席的这一光辉指示。

一九六七年八月底，解放军就要召开职工大会，公开表态支持无产阶级革命派了，津南鞋厂的走资派和一小撮阶级敌人扬言要对解放军下毒手，广大无产阶级革命派与解放军肩并肩地同一小撮阶级敌人展开了短兵相接的"白刃战"。

就在这时，远从湖南曾凡成同志的家乡，一连寄来了几封信：老曾同志的哥哥病故，爱人、母亲也患重病住了医院。家中希望老曾同志回家探亲。

老曾同志亲人病重、去世的消息被驻军领导和无产阶级革命派同志们知道了。同志们多次找到他关切的慰问，劝他抽时间回家探亲。但是老曾同志说："当前这个厂的阶级斗争这么复杂、剧烈，正是广大革命群众最需要支持的时候。毛主席教导我们要'完全彻底'地为人民服务，我怎能撂下群众回家呢！"他把群众和领导的关怀当作了动力，更加精力充沛地投入了战斗。

解放军在津南鞋厂执行支左任务的一年多的时间里，与广大革命群众同甘共苦、艰苦奋斗，毛主席的"**毫不利己专门利人**"的教导，在他们身上得到了最完美的体现。在津南鞋厂流传着这样两件简单然而都是感人之深的事情：

一九六七年冬，天津地区的气温下降幅度很大，在那北风呼啸、大雪纷飞的日子，解放军为节省燃料投入生产和供应职工取暖，一次又一次劝退来为他们生火的革命群众，竟然整整一个冬天没有生火。

解放军杨文友同志由于日以继夜地工作，身体消瘦了，许多革命群众看在眼里、疼在心上。有一次一位职工关切地对他说："老杨，这些日子你太瘦了，你应该注意身体健康啊！"杨文友同志听后却回答道："支左是毛主席交给我们的光荣任务，为了支持左派我们不怕牺牲生命，身体掉点肉又有什么关系！"

其实，这样的事情何止一、二件！每当革命职工一想到亲人解放军整整一冬在冰冷的房间通宵坚持工作和学习的动人情景，每当一看到老杨同志的身体越来越消瘦、但他的战斗意志却越来越坚强的革命精神，就象有一股暖流流遍全身，就感到有使不完、用不尽的干劲，激励着他们去夺取革命和生产的更大胜利。

"精神变物质"，津南鞋厂的革命职工，在解放军艰苦奋斗精神鼓舞下，大反无政府主义，克服重重困难，使生产逐日上升，目前已赶上和超过了一九六六年同期的水平。他们满怀深情的说："解放军同志，心中只有'革命'二字，个人的一切早已置之度外了。他们不愧是毛主席亲手缔造，林副主席亲自指挥的举世无双的人民子弟兵！"

"大海航行靠舵手，干革命靠毛泽东思想"

津南鞋厂驻军深深懂得，毛主席的一系列光辉指示，是无产阶级文化大革命取得胜利的根本保证。因而不断诚恳告诫无产阶级革命派，对毛主席的指示的态度，是真革命和假革命的试金石、分水岭。必须步步紧跟毛主席的伟大战略部署，才能取得无产阶级文化大革命的全面胜利。

每当同志们赞扬解放军支左工作中的巨大成绩时，解放军就激动地说："'大海航行靠舵手，干革命靠毛泽东思想'，我们工作的每一个胜利，都是光焰无际的毛泽东思想的胜利！都是毛主席革命路线的胜利！"

革命群众纷纷表示决心：一定要向解放军学习，学习他们无限忠于毛主席、无限忠于毛泽东思想、无限忠于毛主席革命路线的坚定的革命意志，发扬无产阶级的彻底革命精神，誓把"一批、三查"运动进行到底，夺取无产阶级文化大革命的全面胜利！

革命职工报　　敬祝毛主席万寿无疆　　1968年8月3日　第三版

政策和策略是党的生命，各级领导同志务必充分注意，万万不可粗心大意。

毛泽东

高举毛泽东思想伟大紅旗，依靠群众，搞好清理阶級队伍的工作

——工代会红桥区工业六片代表在市工代会召开的“贯彻毛主席‘七·一八’批示，清理阶级队伍工作经验交流会”上的发言

毛主席教导我们说：“**无产阶级文化大革命，实质上是在社会主义条件下，无产阶级反对资产阶级和一切剥削阶级的政治大革命，是中国共产党及其领导下的广大革命人民群众和国民党反动派长期斗争的继续，是无产阶级和资产阶级阶级斗争的继续。**”

清理阶级队伍，是全面落实毛主席一系列最新指示的重大措施。我们红桥区工业六片（三条石工业片），广大革命职工在伟大统帅毛主席一系列最新指示的光辉照耀下，在市、区革命委员会的正确领导和驻军毛泽东思想宣传队的大力支持下，清理阶级队伍的工作已全面展开了；特别是毛主席的最新指示，和市工代会《关于清理阶级队伍工作的几点意见》发表后，我们片清理阶级队伍的工作，又深入一步。到目前为止，清查出一个叛徒网；清出一批叛徒、特务、走资派及漏划的地、富、反动资本家及国民党反动派的残渣余孽

以上就是我们片今年以来清理阶级队伍工作中的基本情况。

在清理阶级队伍工作中，我们的具体作法归纳起来是：学、批、议，查，清五个字。

学：学习毛主席的最新指示，武装广大革命群众的头脑，提高政策水平，增强识别阶级敌人的能力，提高阶级斗争和两条路线斗争觉悟，达到尽可能的不折不扣的，贯彻党的对敌斗争的政策，团结一切可以团结的力量，打击一小撮阶级敌人的目的。

每一个阶段，我们都是根据工作中心，遵照毛主席“**办学习班，是个好办法，很多问题可以在学习班得到解决。**”的教导，学习毛主席的一系列最新指示。在清理阶级队伍的工作中，我们首先办起了有各单位革命委员会副主任、革职会全体成员和站在毛主席革命路线上的革命老工人参加的毛泽东思想学习班。在学习班里，着重学习毛主席关于阶级和阶级斗争的论述；学习毛主席的“五·一九”批示；学习北京新华印刷厂对敌斗争的先进经验；学习市革命委员会第二次、第三次扩大会议决议；学习市工代会《关于清理阶级队伍工作的几点意见》等。

在学习中我们始终贯穿“五个结合”：片办学习班与厂办学习班相结合；学习要与解决本单位不同人员的活思想相结合；学习要和抓本单位阶级斗争相结合；学习要与批判、肃清本单位阶级敌人的流毒相结合；学习要与研究、分析本单位阶级敌人的新动向相结合。

片办学习班，采取不定期的形式。学习几天后回到本单位去，引导群众，发动群众，经过一个阶段的实践，带着工作中的实际问题，然后再集中学习。广大革命群众反映：这是不结业的毛泽东思想学习班。

批：用战无不胜的毛泽东思想批判揪出来的活靶子。有目的的，有计划的用活靶子引路，批判中国赫鲁晓夫及其在天津的代理人万张反革命修正主义集团散布的谬论。达到发动群众，激发群众的斗志，树立追穷寇的思想。在这方面，我们采取的方法是：“以训代战”，培养骨干；“靶子”编组，专题批判；班组为主，流动批判；实物展览，现场批判；结合工业特点，狠批修正主义黑货。

在流动批判中，进一步发挥了人自为战，班自为战的威力。形成了事事批，人人批，天天批，处处是战场，人人都做批判家，充分调动了革命职工的积极性。参加批判的职工达十九万多人次。因此，促进了各单位革命大批判的开展和使大批判平衡，持久地向纵深发展。

议：议敌情，用事找靶。我们片在批活靶子以后，引导群众，人人动脑想问题，启发大家议两个问题：想一想本厂有没有这样的流毒；议一议本厂有没有同类型的阶级敌人。

我们在这方面采取“五个一”的办法：学习一段毛主席的有关教导，批判一次活靶子；同中国赫鲁晓夫的谬论挂一次钩，议一次本厂的流毒近而肃清，深挖一次暗藏的阶级敌人。

查：查敌情，摆线索，“顺藤摸瓜”。清理阶级队伍的工作，是一场严肃的阶级斗争，必须掌握党的方针政策，放手发动群众干，使广大革命职工都投入到这一场阶级斗争中来，开展深入细致的调查、研究工作。我们在大学、大批、大议的基础上开展群众性的调查，达到深挖阶级敌人，为及时清理阶级队伍创造条件。我们的作法是三个结合：

专案人员调查与群众性的调查相结合；全厂性的调查与班组调查相结合；正常时间进行调查与业余时间进行调查相结合。那个班组查出来的阶级敌人，基本上以那个班组进行调查。我们认为，班组最有权进行调查，很多老工人就是活的“档案”，对阶级敌人的罪恶活动班组的广大革命群众最清楚。这样充分地调动了人的积极因素，发挥了群众的智慧能够达到“四快”发现问题快，摸敌情线索快，情况落实快，群众专政快。我们认为体现了毛主席“**专政是群众的专政**”的教导，打一个准一个，既扎实，又有群众基础。群众反映说：“群众调查，穷追猛打，‘顺藤摸瓜’，好人冤不了，坏人漏不掉”。

清：清理坏人，纯洁队伍。揭发出来的阶级敌人，桩桩罪证经过核实后，把他从我们工人阶级队伍中清理出去，达到纯洁组织的目的。清理是及时的清理，定性一个清理一个，但也要注意对敌斗争策略，并把清理出去的阶级敌人交给广大革命群众进行批倒斗臭，在批斗中坚决遵照党的政策办事，“坦白从宽，抗拒从严，首恶必办，胁从不问，受蒙蔽无罪，反戈一击有功”。“坚持文斗，不用武斗。”

正当我们深入开展清理阶级队伍工作的时候，中央四大权威的“七·三”布告，传达了毛主席的最新指示。毛主席的“七·一八”批示和“七·三”布告，是伟大领袖毛主席伟大战略部署，是我们当前开展清理阶级队伍，对敌斗争的强大思想武器，我们表示最热烈地拥护、最坚决地贯彻执行，句句照办、字字照办，以毛主席最新指示为纲，深入持久地开展对敌斗争，夺取革命生产双胜利！

最高指示

我們的責任，是向人民負責。每句話，每个行动，每項政策，都要适合人民的利益……。

通　　告

（第二号）

1、我公安机关军管会收集的无主自行车，于三月十六日认领以来，已接待群众9678人次。按规定，至六月十六日到期，为满足失主要求，特决定延期到九月三十日。希失主持证速往接待站（河北路300号）认领。

2、公安机关军管会号召，凡非法获得自行车或其他公、私财物者，应于八月底以前，主动送交附近公安机关、派出所，如逾期不交或抗拒不交，根据情节依法懲处。

希广大革命群众，大力宣传，协助办理。

中国人民解放军天津市
公安机关軍事管制委員会

一九六八年七月二十二日

革命职工报　敬祝毛主席万寿无疆　1968年8月3日　第四版

坚决贯彻“七·三”布告

（对口詞）

甲：渤海之滨红旗展，
乙：海河两岸战鼓鸣。
甲：革命形势无限好，
乙：强劲东风压西风。
甲：“一批、三查”正深入，
乙：生产频传捷报声。
甲：广大人民心欢笑，
乙：敌人落魄胆寒惊。
甲：安不忘危要警惕，
乙：**“千万不要忘记阶级斗争。”**
甲：最近，在广西、柳州、南宁，
乙：一系列反革命事件连续发生。
甲：破坏铁路至今不能通车。
乙：抢劫援越物资拒不还送。
甲：连续冲击军事机关，抢夺武器，杀伤亲人解放军。
乙：中央发出“六·一三”特电，继续顽抗，拒不执行。
甲：明目张胆破坏无产阶级专政。
乙：严重地破坏抗美援越斗争。
甲：这是破坏文化革命的滔天罪行。
乙：这是一小撮阶级敌人垂死前的挣扎，
甲：这是一小撮阶级敌人的现行反革命活动。
乙：这是一小撮阶级敌人的反动本性。
甲：乱只是乱了敌人，
乙：乱，进一步锻炼了革命群众。
甲：对一小撮阶级敌人，决不心慈手软，
乙：对于现行反革命分子，坚决镇压，毫不留情！
甲：毛主席亲自批发的“七·三”布告，
乙：是无产阶级司令部的声音。
甲：是毛主席的伟大战略部署，
乙：我们坚决紧跟，坚决执行。
甲：它是保护人民，镇压敌人的强大思想武器，
乙：它是夺取文化大革命全面胜利的根本保证。
甲：学习宣传“七·三”布告是当前最大的政治，
乙：贯彻执行“七·三”布告是当前工作的中心。
甲：对“七·三”布告的态度。
乙：就是对伟大领袖毛主席的态度。
甲：对“七·三”布告执行不执行，
乙：就是对伟大领袖毛主席忠与不忠。
甲：学习“七·三”布告，
乙：坚决认真。
甲：宣传“七·三”布告，
乙：家喻户晓。
甲：贯彻“七·三”布告，
乙：雷励风行。
甲：落实“七·三”布告
乙：立竿见影。
甲：上缴一切武斗工具，
乙：杜绝武斗事件发生。
甲：外地串连的群众，应立即返回原地，
乙：要“**抓革命，促生产**”，不要再搞派性活动。
甲：狠抓革命，猛促生产，
乙：保证工农业生产与日俱增。
甲：让水上航行畅通无阻，
乙：让陆地运输顺利通行。
甲：立即把打、砸、抢的物资全部上交，
乙：受蒙蔽的群众勿再迟延，应迅速猛醒。
甲：要闻风而动，立即行动起来，
乙：大胆揭发坏人的破坏活动。
甲、乙：党的政策历来是：
甲：坦白从宽，
乙：抗拒从严，
甲：首恶必办，
乙：胁从不问，
甲：受蒙蔽无罪，
乙：反戈一击有功。
甲：高举毛泽东思想伟大红旗，
乙：要念念不忘阶级斗争。
甲：紧跟毛主席的伟大战略部署，
乙：为捍卫毛主席革命路线立新功。
甲：牢牢掌握革命斗争的大方向，
乙：向阶级敌人发动更猛烈的进攻。

清理工作指挥部和平区分部

◇♣◇　◇♣◇　◇♣◇　◇♣◇　◇♣◇

軍民团結如一人，試看天下誰能敌

——为八一建軍节而作

“八一”军旗映天红，
千里一片锣鼓声。
山在欢呼海在笑，
颗颗红心向着毛泽东。

伟大的人民解放军，
浴血奋战四十一年正。
抛头颅走了漫长夜，
洒热血迎来了黎明。

伟大的人民解放军，
高举红旗介入文化大革命，
誓死捍卫伟大领袖毛主席，
“三支”、“两军”建奇功。
军民并肩干革命，
毛泽东思想指路灯，
横扫一切害人虫，
东风万里扫残云。
军民团结齐战斗，
脚踏敌人灭妖风，
资修帝反末日到，
军民个个喜心中。
宝书四卷手中捧，
一轮红日东方升，
军民团结如一人，
革命生产无不胜。

天津锅炉制造厂工人董方印

颂亲人

逢佳节，倍思亲，
「八一」节日颂亲人，
敲锣鼓，奏起琴，
歌颂亲人解放军。

骨肉连，鱼水亲，
军民本是一家人，
民拥军、军爱民，
主席教导记在心。

水有源、树有根，
解放军的思想似海深，
为祖国，为人民，
军民永远一条心。

纺织机械厂　柴天民　刘希舜

解放軍是革命大学校

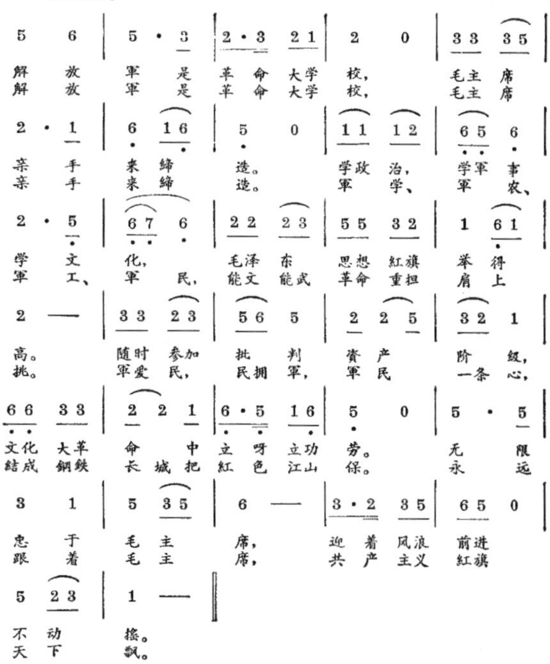

毛主席语录

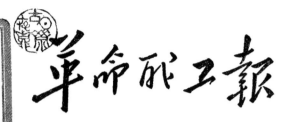

领导我们事业的核心力量是中国共产党。

指导我们思想的理论基础是马克思列宁主义。

革命职工報

天津市革命职工代表会議常务委員会

1968年8月10日　第30期　共四版

贺　电

北　京

首都工农毛泽东思想宣传队

亲爱的同志们:

在纪念毛主席《**炮打司令部**》大字报和《中国共产党中央委员会关于无产阶级文化大革命的决定》发表两周年的大喜日子里，欣闻伟大领袖毛主席亲自赠送给你们珍贵礼物，特大喜讯传来，天津全城立即沸腾。渤海潮在纵情歌唱，海河水在翩翩起舞。“毛主席万万岁”的欢呼声响彻万里晴空，“祝毛主席万寿无疆”的歌声飞遍五洲四海。

伟大领袖毛主席亲自赠送芒果，这不仅是对首都工农毛泽东思想宣传队的最大关怀、最大信任、最大支持，也是对正在以毛主席为首、林副主席为副的无产阶级司令部领导下团结战斗的全国工人阶级和广大工农兵群众的最大鼓舞、最大关怀、最大教育、最大鞭策!

多么幸福，多么激动啊! 毛主席永远和群众心连心。让我们含着无限幸福的泪水，以对伟大领袖毛主席无限忠诚的心，发出共同的激动声音——敬祝毛主席万寿无疆! 万寿无疆! 万寿无疆!

首都工农毛泽东思想宣传队，是根据毛主席的伟大战略部署而组织起来的一支新型的革命化、战斗化的以工人阶级为主体的工农宣传队，是伟大领袖毛主席的英明决策。你们在宣传、捍卫、落实毛主席的最新指示方面，已经取得了很大成绩。今天伟大领袖毛主席送来的珍贵礼物，就是给我们工人阶级送来了战无不胜的毛泽东思想，就是送来了威力无穷的精神原子弹。

让我们代表天津市一百万工人阶级，向你们表示热烈地祝贺! 并表示向你们学习! 向你们致敬!

首都工人阶级紧跟毛主席伟大战略部署，全面落实毛主席最新指示，为全国，特别是为天津树立了学习的榜样。我们天津工人阶级向北京工人阶级学习! 我们一定要高举毛泽东思想伟大红旗，无限忠于伟大领袖毛主席，紧紧团结在以毛主席为首、林副主席为副的无产阶级司令部的周围，在无产阶级司令部的号令下统一意志、统一步伐、统一行动，坚定不移地落实毛主席的最新指示，“只有毛泽东思想的威力，才能把全国人民的思想统一起来。”坚决批判反动的“多中心论”，把这个资产阶级的破烂货扫进历史的垃圾堆，要及时地识破和粉碎一小撮阶级敌人妄图破坏以毛主席为首、林副主席为副的无产阶级司令部的阴谋诡计，夺取无产阶级文化大革命全面胜利。

毛主席万岁! 万岁! 万万岁!

天津市革命职工代表会议常务委员会

一九六八年八月七日

社论

无产阶級文化大革命的总方針总纲領

——纪念毛主席《炮打司令部》的大字报和“十六条”发表两周年

在夺取无产阶级文化大革命全面胜利的时刻，我們广大无产阶级革命派，以无比自豪的心情，热烈庆祝毛主席《**炮打司令部**》的大字报和“十六条”发表两周年。

《**炮打司令部**》的大字报和“十六条”是两篇极其光辉的革命文献，是无产阶级文化大革命的总方針、总綱领，这两篇革命文献的发表，深刻地揭露了以中国赫鲁晓夫为首的反革命资产阶级司令部“**站在反动的资产阶级立场上，实行资产阶级专政，将无产阶级轰轰烈烈的文化大革命运动打下去，颠倒是非，混淆黑白，围剿革命派，压制不同意见，实行白色恐怖，自以为得意，长资产阶级的威风，灭无产阶级的志气，又何其毒也! 联系到一九六二年的右倾和一九六四年形‘左’而实右的错误倾向，岂不是可以发人深醒的吗?**”毛主席的这张大字报，吹响了向资产阶级司令部发起总攻击的号角。全国无产阶级革命派和紅卫兵小将，在以毛主席为首、林副主席为副的无产阶級司令部的统帅下，高举毛泽东思想伟大紅旗，向以中国赫鲁晓夫为首的反革命资产阶级司令部发起了猛烈的进攻。經过两年来的反复較量，胜利地摧毁了妄图复辟资本主义的资产阶级司令部，揪出了他們在各地区的代理人，取得了无产阶级文化大革命的决定性胜利。

最近，伟大领袖毛主席又亲自批发了一系列极其重要的通令、命令、通知和布告，这是毛主席的伟大战略部署，是以毛主席为首、林副主席为副的无产阶级司令部发出的新的战斗号令。广大无产阶级革命派，对毛主席的声音，对无产阶级司令部的战斗号令，向来是认真学习、积极宣传、誓死捍卫、坚决照办。无产阶级文化大革命正以排山倒海之势，雷霆万钧之力，向着全面胜利迅猛发展。

无产阶级文化大革命越是接近全面胜利，两个阶级、两条道路、两条路綫的斗争越是尖銳复杂。一小撮阶级敌人“**还会以各种方式从事破坏和捣乱，他们将每日每时企图在中国复辟。这是必然的，毫无疑义的，我们务必不要松懈自己的警惕性。**”我們决不能有丝毫的麻痹大意。当前在我們天津还有那么几个单位，在一小撮阶级敌人的策划和挑动下，还在制造武斗工具，还在搞武斗。还有相当数量的土枪、土炮、大刀片、长矛等武斗工具至今仍不上交。交通运输还在受到干扰，水上运輸还有被搶劫的现象。在武斗中搶走国家和个人的物资至今仍不送还。凡此种种就是因为一小撮阶级敌人在那里进行破坏和捣乱。这一小撮阶级敌人，对无产阶级文化大革命的伟大胜利怕的要死、恨的要命，他們策划于密室，点火于基层，散播种种蛊惑人心的反动謬論，挑拨离間，制造分裂，竭力把水搅渾，混淆两类不同性质的矛盾，把矛头对准以毛主席为首、林副主席为副的无产阶级司令部，对准新生的革命委員会，对准强大的柱石——人民解放军。我們正告这一小撮阶级敌人，不管你們在幕前或是在幕后，不管你們反革命两面派的手法玩的多么巧妙，你們的如意算盘肯定要破产，你們的罪恶阴謀肯定要失败，你們所干的反革命勾当广大革命群众看得最清楚，可以肯定，彻底鏟除你們这一小撮阶级敌人的日子已經不远了。

对以毛主席为首、林副主席为副的无产阶级司令部发出的战斗号令，是执行还是不执行、是真执行还是假执行，是革命和反革命、是真革命和假革命的試金石。可是就有那么几个单位，那么一少部分人，对毛主席的一系列最新指示不照办，对无产阶级司令部的战斗号令不执行，搞资产阶级的派性活动，热衷于搞武斗。我們提醒这些单位受坏人蒙蔽的一少部分人，别再为一小撮阶级敌人“打头阵”、“当炮灰”了，该是和阶级敌人划清界限的时候了。如果还执迷不悟，继续再干出亲者痛、仇者快的事情来，那是非常危险的，那就要走到反面上去。党的政策历来是：坦白从宽，抗拒从严，首恶必办，胁从不問，受蒙蔽无罪，反戈一击有功。我們希望这些受坏人蒙蔽的人，迅速回到毛主席革命路线上来，大胆揭发一小撮阶级敌人的反革命破坏活动，和全市无产阶级革命派一起，把一小撮阶级敌人統統揪出来，批倒斗臭，实行无产阶级专政。

无产阶级革命派的战友們! 革命的同志們! 让我們在以毛主席为首的无产阶级司令部的领导下团結起来，在夺取无产阶级文化大革命运动全面胜利中立新功。

革命職工報　敬祝毛主席万寿无疆　1968年8月10日　第二版

毛主席的大字报宣判了资产阶级司令部的死刑

我们心中最红最红的红太阳毛主席，两年前，以最伟大的无产阶级革命家的天才和气魄，发表了具有划时代意义的《**炮打司令部**》的大字报。这张大字报，是向全党、全军和全国人民发出彻底摧毁资产阶级司令部的伟大战斗号令，它宣判了以中国赫鲁晓夫为首的资产阶级司令部的死刑。

今天，我们在纪念毛主席这一光辉文献发表两周年的时候，回顾我厂两年多的战斗历程，我们所取得的成绩，无不是这一文献光辉照耀的结果，今天重温这一光辉文献，我们更加觉得亲切英明、伟大。

"忆往昔峥嵘岁月稠。"

两年以前，我们伟大领袖毛主席亲自点燃了无产阶级文化大革命的熊熊烈火，亿万革命群众沸腾起来了，一场万炮猛轰资产阶级司令部的伟大战役开始了！中国赫鲁晓夫凭着他反革命的嗅觉，察觉到人民起来造反之日，就是他彻底完蛋之时，便迫不及待地抛出了资产阶级反动路线，对广大革命人民群众实行资产阶级专政。当时，中国赫鲁晓夫在我厂的代理人，赤膊上阵，蒙蔽一部分群众，按其主子的旨意，大喊："工厂党委没问题，市委和铁道部是红色的。"镇压革命群众，制造白色恐怖，硬要把无产阶级革命派置于死地而后快。

中国赫鲁晓夫在我厂的代理人，造谣言，放暗箭，挑动群众斗群众。多少革命群众被打成"反革命"、"牛鬼蛇神"，多少无产阶级革命派受围攻，遭迫害。抬头望见北斗星，日夜想念毛泽东。多少双手紧捧着金光闪闪的红色宝书，多少张脸仰望着毛主席画像，多少颗红心向着北京跳动。毛主席《**炮打司令部**》的大字报，把我们的红心照亮，使我们不畏强暴，勇敢战斗。

毛主席他老人家给我们撑腰，我们给毛主席他老人家争气。为了国家千秋万代红，我们更高地举起"**对反动派造反有理**"的大旗，大造中国赫鲁晓夫的反，大造铁道部吕、武反革命修正主义集团的反，大造天津市万张反革命修正主义集团的反，大造我厂一小撮走资派的反。我们以"**舍得一身剐，敢把皇帝拉下马**"的大无畏的精神，终于从资产阶级反动路线白色恐怖中"杀"了出来。

后来，这一小撮阶级敌人又利用换汤不换药的卑鄙手段，妄想利用蒙汗药把我们无产阶级革命派蒙蔽住，捂住我们工厂阶级斗争的盖子，企图滑过去，以待有朝一日，伺机反扑，东山再起。可是，毛主席《**炮打司令部**》的大字报，把我们的眼睛擦得雪亮，我们一眼便识破了他们的药方，使他们的阴谋诡计没能得逞！

两年来，我们天不怕，地不怕，神不怕，鬼不怕，就是毛主席《**炮打司令部**》的大字报给了我们无穷无尽的智慧和力量，使我们从胜利走向胜利。

两年来，在汹涌澎湃的群众运动和阶级斗争中，我们无产阶级革命派，经受了严峻的锻炼和考验，增强了我们阶级斗争的观念，提高了我们路线斗争的觉悟。伟大领袖毛主席教导我们："**千万不要忘记阶级斗争。**"我们工厂是一个很老的铁路工厂，解放后，一小撮阶级敌人在中国赫鲁晓夫在我厂代理人的包庇下，乔装打扮，穿上各式各样的外衣，向无产阶级展开了一次又一次的猖狂进攻，妄图复辟资本主义，让我们工人阶级再吃二遍苦，再受二茬罪。我们一千个不答应！一万个不答应！当前，这一小撮阶级敌人，有的被我们揪出来了，但是，他们人还在，心不死，仍在暗中破坏和捣乱，作最后的挣扎；还有的没揪出来，他们故作镇静，装得若无其事，仍在暗中订立反革命攻守同盟，拒不认罪，负隅顽抗。我们坚决在以毛主席为首的无产阶级司令部的领导下，团结起来，紧跟毛主席的伟大战略部署，把我们工厂的这一小撮阶级敌人统统揪出来，打翻在地，再踏上千万只脚，叫他们永世不得翻身！

我们在夺取无产阶级文化大革命全面胜利的凯歌声中，满怀胜利的喜悦心情，重温毛主席《**炮打司令部**》的大字报，万分激动，热血沸腾，从心眼里高呼："毛主席的革命路线胜利万岁！""我们心中最红最红的红太阳毛主席万岁！万岁！万万岁！"

天津机车车辆机械工厂革职会

八月八日，冶金局系统无产阶级革命派、革命群众，隆重举行庆祝大会和盛大游行。最最热烈欢庆毛主席《炮打司令部》大字报和"十六条"发表两周年，热烈欢呼毛主席向首都工农毛泽东思想宣传队赠送珍贵礼物。　冶金局革委会政工组供稿

以实际行动纪念
毛主席"八·一二"指示发表十周年

我们伟大领袖毛主席在一九五八年八月十二日视察天津时，对我们电业职工做了最英明的指示："**这个办法很好。发电厂为什么只能发电而不能制造发电机呢？可以扩大一点，固定一些人，成为发电厂附带的车间。**"然而毛主席的这一光辉指示却被中国赫鲁晓夫及其在天津电业系统内的代理人扣押和封锁起来，不与职工见面。

今天，我们无产阶级革命派在批判中国赫鲁晓夫及其在天津电业系统的代理人所鼓吹的："发电主要就是安全供电""只要汽轮机还转，锅炉上不了天就行"的谬论的同时，把毛主席对电业职工做的这一光辉指示重新发表了，这是我们电业系统广大无产阶级革命派的一件大喜事，广大职工无不奔走相告，热烈欢呼毛主席"八·一二"指示的发表。

日前，电业系统"八·一二"办公室派出了专人访问了河北省饶阳县五公公社。

这个公社使用的一台370瓩发电机是由天津第一发电厂革命职工在一九五八年毛主席"八·一二"指示的光辉照耀下试制成功在一九六三年按装的，至今安全运行达五年之久，没发生任何事故。

这台发电机每天运行二一至二二小时，所发电供给附近四个公社，一万户农民，五万人口的打深井、水利灌溉、机米厂、机械厂和照明用电。

这个公社自从有了电，粮食产量逐年增加，由一九六四年的亩产四百斤发展到七百四十多斤，今年还向国家交售小麦五万斤。棉花也同样增产。

发电厂制造发电机是电业系统面向农村、为五亿农民服务的根本问题，是今后发电行业发展的方向。发电厂制造的发电机利于生产，便利群众，广大贫下中农极其欢迎。

长期被中国赫鲁晓夫及其在电业系统的代理人扣压和封锁的毛主席"八·一二"指示，今天重新发表，这是战无不胜的毛泽东思想的伟大胜利，她一旦掌握了群众，必将产生巨大的物质力量。我电业职工在毛主席的关怀和鼓舞下决心发扬自力更生、奋发图强精神，修复老设备，做出新贡献，抓革命，促生产，以实际行动纪念毛主席"八·一二"指示发表十周年。

天津发电设备检修大队落实毛主席"八·一二"指示学习班全体学员

紧跟伟大领袖毛主席就是胜利

我们最最敬爱的伟大领袖毛主席《**炮打司令部**》的大字报，有力地揭露、批判了以中国赫鲁晓夫为首的资产阶级司令部，是彻底摧毁中国赫鲁晓夫为首的资产阶级司令部的战斗号令。在毛主席《**炮打司令部**》大字报的光辉照耀下，我铁路系统无产阶级革命派和广大革命群众，高举"**对反动派造反有理**"的大旗，向中国赫鲁晓夫及其在天津的代理人万张反革命修正主义集团以及在天津铁路地区的代理人丰、范、史、郭展开了殊死搏斗，猛烈进攻，经过反复较量，终于把这一小撮坏蛋打得落花流水，片甲不留，夺回了他们篡夺了的那部分党、政、财、文大权，建立了"三结合"的各级革命委员会，这是毛泽东思想的伟大胜利！这是毛主席无产阶级革命路线的伟大胜利！

回顾两年来的战斗历程，我们深深体会到：紧跟伟大领袖毛主席就是胜利！紧跟以毛主席为首、林副主席为副的无产阶级司令部就是胜利！毛主席的话句句是真理，字字闪金光。在任何情况下，对毛主席的每一个指示，对无产阶级司令部的每一个战斗号令，我们必须逐字逐句的照办！逐字逐句的执行！紧跟不离，坚决照办，丝毫不走样。理解的要执行，暂时不理解的也要执行，并在执行中加深理解，只有这样，才能实现毛主席的伟大战略部署。

以毛主席为首、林副主席为副的无产阶级司令部，是我们唯一的中心，绝不能有第二个中心。我们必须批判"以我为中心"的错误思想，坚决与其错误行为作斗争。"以我为中心"就是一种资产阶级山头主义，个人主义的反动理论，任其下去，就会使人脑子膨胀，甚至全身膨胀，闹浮肿病，就会滑到脱离以至对抗无产阶级司令部的危险道路上去。

阶级敌人并没有睡觉，他们也决不甘心于他们的灭亡，正在继续进行垂死的挣扎，我们必须给以毁灭性的打击！

我们决心更好地活学活用毛主席著作，更高地举起毛泽东思想伟大红旗，紧紧地团结在以毛主席为首、林副主席为副的无产阶级司令部周围，紧跟毛主席的伟大战略部署，狠抓阶级斗争，深入持久地开展革命大批判，搞好清理阶级队伍工作，把一小撮顽固不化的走资派、叛徒、特务和没有改造好的地富反坏右分子挖出来，批倒批臭，夺取无产阶级文化大革命的全面胜利！

工代会铁路系统委员会津蓟线革职会

革命职工报

敬祝毛主席万寿无疆

1968年8月10日 第三版

永远紧跟毛主席

两年前，全世界人民的伟大导师，我们心中最红最红的红太阳毛主席，以最伟大的无产阶级革命家的天才和气魄，在党的八届十一中全会上发表了具有伟大历史意义的《**炮打司令部**》的大字报。毛主席的大字报，是无产阶级革命派和广大革命人民群众，向以中国赫鲁晓夫为首的党内最大的一小撮走资派进攻的伟大战斗纲领，它宣判了资产阶级司令部的死刑。回顾两年来无产阶级文化大革命的战斗历程，广大革命人民群众在毛主席《**炮打司令部**》大字报和一系列最新指示的光辉照耀下，紧跟毛主席的伟大战略部署，取得了一个又一个震撼世界的伟大胜利！

我们红桥区三条石是华北著名的工业摇篮。可是在旧社会，三条石是工人的一座活地狱，遭受着万恶的资本家世界罕见的折磨，是毛主席他老人家把我们从死亡的边缘上解放出来，从政治上翻了身，成了国家的主人。然而，工人阶级的大工贼、中国赫鲁晓夫和他的爪牙周扬以及天津万张反革命修正主义集团的干将白桦在三条石鼓吹资本家“剥削有功”的黑话，并把三条石工人阶级的血泪史篡改为资本家的发家史，妄图复辟资本主义，叫我们重吃二遍苦，这是万万办不到的。我们红桥区工人阶级和广大革命群众，牢记毛主席“**千万不要忘记阶级斗争**”的教导，在毛主席《**炮打司令部**》大字报的光辉照耀下，高举毛主席“**对反动派造反有理**”的大旗，冲垮了以中国赫鲁晓夫为代表的资产阶级反动路线的围剿，揪出了一小撮叛徒、特务、顽固不化的走资派和没有改造好的地、富、反、坏、右分子及反动的资本家，彻底粉碎了他们复辟资本主义的罪恶阴谋。这是光焰无际的毛泽东思想的伟大胜利！让我们千遍万遍地高呼：“毛主席万岁！”“毛主席万万岁！”

“大海航行靠舵手，干革命靠毛泽东思想”。两年来我们以毛主席一系列最新指示为纲，紧跟毛主席的伟大战略部署，牢牢掌握斗争大方向，在驻区解放军的帮助下，遵照毛主席“**在工人阶级内部，没有根本的利害冲突**”的教导，很快实现了革命大联合。又遵照毛主席“**革命委员会好**”的教导，建立了“三结合”的各级革命委员会，在全市第一个实现了全区一片红。

天上群星朝北斗，葵花开放朝太阳。我们工人阶级和革命人民群众的心里只有一个以毛主席为首、林副主席为副的无产阶级司令部，这是代表我们工人阶级根本利益的唯一的领导中心，绝不允许有第二个中心。两年来文化大革命的斗争实践使我们深深懂得紧跟毛主席，革命无不胜；偏离毛泽东思想的轨道，革命就要夭折。什么“多中心论”，纯属是反毛泽东思想的破烂货！它是不掺假的资产阶级山头主义、个人主义的反动谬论！我们必须彻底批判这种反动的“多中心论”！

我们深深懂得，无产阶级文化大革命越是接近全面胜利，阶级斗争越是复杂，阶级敌人总是千方百计地企图从右的或极“左”的方面干扰毛主席的伟大战略部署，妄图动摇以毛主席为首、林副主席为副的无产阶级司令部。因此我们一定要紧紧地团结在以毛主席为首，以林副主席为副的无产阶级司令部的周围，对毛主席的每一个战斗号令，都要坚决照办、彻底执行。

遵循毛主席《**炮打司令部**》大字报指引的方向，发扬无产阶级彻底革命精神，狠抓阶级斗争，深入持久地开展革命的大批判，搞好清理阶级队伍的工作，把中国赫鲁晓夫反革命修正主义路线的流毒消除干净，完成各条战线上的斗、批、改任务，夺取无产阶级文化大革命全面胜利。

天津市工代会红桥区分会

无产阶级司令部的一切指示我们坚决照办！

两年前的今天，我们伟大领袖毛主席在党的八届十一中全会上，写出了具有划时代意义的革命大字报《**炮打司令部**》。

无产阶级革命派和广大革命群众在以毛主席为首、林副主席为副的无产阶级司令部的统帅下，在中国人民解放军的全力支持下，胜利地摧毁了以中国赫鲁晓夫为首的资产阶级司令部妄图复辟资本主义的社会基础，揪出了他们的代理人，成立了革命三结合的革命委员会，取得了无产阶级文化大革命的决定性胜利。

毛主席在大字报中尖锐地指出：以中国赫鲁晓夫为首的反革命的资产阶级司令部“**站在反动的资产阶级立场上，实行资产阶级专政，将无产阶级轰轰烈烈的文化大革命运动打下去，颠倒是非，混淆黑白，围剿革命派，压制不同意见，实行白色恐怖，自以为得意，长资产阶级的威风，灭无产阶级的志气，又何其毒也！联系到一九六二年的右倾和一九六四年形‘左’而实右的错误倾向，岂不是可以发人深醒的吗？**”

在无产阶级文化大革命中衡量一个革命造反派组织，就是看你是按照毛主席指引的方向阔步前进、还是受资产阶级司令部的干扰，左右摇摆。我们正是按照毛主席所指引的方向迅猛前进的。毛主席《**炮打司令部**》的大字报发表后，我们就向厂内一小撮走资派发起猛攻，一月革命风暴兴起，我们又组织革命造反派夺了他们的权。当驻军表态支持革命造反派时，厂内一小撮阶级敌人就煽动和蒙蔽一部分群众去搞“静坐”示威。还挑起了震惊全市的大型武斗，我们按照毛主席“**千万不要忘记阶级斗争**”的教导，与一小撮阶级敌人展开针锋相对的斗争。

“**革命的根本问题是政权问题**”。当毛主席号召我们建立红色政权的时候，我们又按照毛主席的伟大教导，团结一切可以团结的力量，排除了一切干扰，实现了革命的大联合和三结合，建立了革命委员会。“一元化”的领导，就是要坚决实现以毛主席为首、林副主席为副的无产阶级司令部的领导。我们就按照毛主席的教导率领广大革命群众，稳、准、狠地向一小撮阶级敌人发起猛攻，取得了对敌斗争的伟大胜利，巩固和发展了新生的红色政权——革命委员会。

目前，我厂与全国，全市的无产阶级文化大革命形势一样，一片大好，广大革命职工比以往任何时候都意气风发，斗志昂扬，革命步步深入，生产蒸蒸日上。我们之所以能够取得这样的伟大胜利，就是我们对以毛主席为首、林副主席为副的无产阶级司令部的一切战斗号令，认真学习，立即行动、坚决照办。

无产阶级革命派的战友们！让我们更高地举起毛泽东思想伟大红旗，在以毛主席为首的无产阶级司令部的领导下团结起来。把那些叛徒、特务、顽固不化的走资派及一切反革命分子和没有改造好的地、富、反、坏、右分子统统挖出来，批倒斗臭，把清理阶级队伍工作和“一批、三查”运动搞深搞透，夺取无产阶级文化大革命的全面胜利。

天津煤矿专用设备厂革职会

河西区大营門街烈軍屬、革命残废軍人致天津大专院校革命师生的一封公开信

红卫兵小将和革命师生同志们：

你们在无产阶级文化大革命中，为捍卫伟大领袖毛主席、为捍卫毛泽东思想、为捍卫毛主席的无产阶级革命路线，高举毛泽东思想伟大红旗，大造了中国赫鲁晓夫及其在天津的代理人万张反革命修正主义集团的反，作出了很大贡献。在狠批中国赫鲁晓夫的修正主义教育路线，实行教育革命方面，也做出了大量的有益的工作。在夺取无产阶级文化大革命全面胜利的今天，已有一大批大专院校积极响应伟大领袖毛主席发出的伟大号召，实现了革命的大联合，成立了革命三结合的革命委员会，为全面落实毛主席最新指示，将无产阶级文化大革命进行到底，创造了重要的条件。我们河西区大营门街革命群众，烈军属革命残废军人对此感到万分高兴，为此我们向你们致以无产阶级文化大革命的战斗敬礼！

但是，我们感到十分痛心的是一部分受蒙蔽的同学在一小撮阶级敌人的挑动下，被资产阶级派性蒙住了眼睛，仍然干着亲者痛、仇者快的事情，直到现在，某些大专院校还没有联合，仍然处于分裂状态，整天热衷于打内战，而放弃了对敌斗争。这样做严重地妨碍了毛主席最新指示的落实。影响了无产阶级教育革命的顺利进行。毛主席教导我们说：“**只要两派都是革命的群众组织，就要在革命的原则下实现革命的大联合。**”实现革命大联合正是坚持毛主席的无产阶级革命路线，也是为了更好的团结一切可以团结的力量，最大限度的孤立打击一小撮阶级敌人，彻底批判资产阶级反动路线。毛主席教导我们：“**两派要互相少讲别人的缺点、错误，别人的缺点、错误，让人家自己讲，各自多做自我批评，求大同，存小异。**”如果你们两派革命组织都能按着毛主席教导的去做，多做自我批评一定能够很快在革命的原则下，实现革命的大联合。

革命的师生同志们：今天我们大营门街全体街道革命群众和烈军属残废军人对我们伟大领袖怀着无限忠心，衷心的希望革命师生同志们立即停止武斗，坚决彻底消灭资产阶级和小资产阶级派性，要高举毛泽东思想伟大红旗，以斗私批修为纲，迅速回到毛主席的无产阶级革命路线上来，尽快实现革命大联合和革命三结合。大踏步的赶上当前革命形势的要求，以便和全市广大革命造反派一道，积极投入“一批、三查”火热的阶级斗争中去，你们要向工、农、兵学习。要继续发扬文化大革命初期“红八月”的无产阶级革命造反精神，深入开展革命大批判，把隐藏在我市各个角落里的形形色色的阶级敌人统统揪出来，批深、批透，斗倒、斗臭，积极完成教育革命，誓把无产阶级文化大革命进行到底！

天津市河西区大营门街
烈军属、残废军人
天津市河西区街道革命群众代表大会大营门街分会

革命职工报　敬祝毛主席万寿无疆　1968年8月10日　第四版

以最快速度、最大决心全面贯彻落实“两个”布告

在夺取无产阶级文化大革命全面胜利的关键时刻，我们伟大的领袖毛主席亲自批发了中共中央、国务院、中央军委、中央文革“七·三”、“七·二四”两个布告。市革命委员会召开了贯彻“七·三”布告动员大会，我处革命委员会、革职会，在驻军毛泽东思想宣传队帮助下，及时进行学习讨论，认识到“七·三”布告是毛主席的伟大战略部署，是加强无产阶级专政，夺取无产阶级文化大革命全面胜利的重大措施，是团结保护广大人民群众，稳、准、狠地打击一小撮阶级敌人的强大的思想武器。坚决贯彻“七·三”布告是紧跟毛主席伟大战略部署的具体表现。

在提高认识的基础上，决定以最快速度，最高热情，最大决心宣传、贯彻“七·三”布告。

在革命委员会领导下，由革命委员会主任亲自挂帅，成立了贯彻“七·三”布告清理领导小组。广泛深入地展开了宣传贯彻活动，召开了千余人的大会，进行了全面的发动贯彻，接着组织了三百七十余人的宣传队伍，向全体职工群众进行了全面贯彻和发动。很快在理发业系统掀起了一个大宣传、大学习、大贯彻、大落实的高潮。红星基层店自己翻印了“七·三”、“七·二四”布告，做到人手一份。红岩理发店，在业务时间主动向顾客宣传。

在狠抓学习、宣传、贯彻的同时，我们狠抓了落实工作。

首先革委会、革职会负责人根据“七·三”布告的要求进行了逐条对照，认真检查，全面分析。一致认为过去由于走资派的挑动和原“大联筹”反动思潮的影响，打内战、搞武斗自制了各种武斗工具，联合后这些武器还未集中起来。有的参加社会武斗非法窃据了一些私人和国家财物，有的至今还未交回。通过分析进一步认识到“七·三”布告更具有普遍意义。

从而以最大的决心发动群众，组织群众，深入地宣传落实毛主席的“七·一八”批示和市革命委员会贯彻落实“七·三”布告的要求，进一步用毛泽东思想武装了头脑，许多同志都主动的交出了武斗工具土手枪、匕首、查抄的衣物，有的积极提供了武斗工具的线索。特别是有的人认为别人不知道，过去又没用过，这次交出来怕叫原来“对立面”抓住小辫子，这些思想通过学习，认识到交不交，是对毛主席忠不忠的问题，经过反复学习，这些同志主动的把手枪、匕首皮鞭等武斗凶器交了出来。目前一个群众性的落实“七·三”布告清缴武器、物资的热潮已经形成。到三日不完全统计，已初步交出武斗工具有：土炮六门，长矛五十支，匕首十二个，手枪三支，皮鞭子六个，月牙斧一把，土大枪一支，钢盔二顶，子弹五百发，钩子一把，弹弓子一个，斧柄二十五个，白腊杆一百一十六个，安全帽二百五十六个，除此还交出了一部分衣物靴子等。这些物资在驻军帮助下已敲锣打鼓送到市清理指挥部。

目前，运动发展还不够平衡，有些群众特别是一些知情人还有思想顾虑，有的群众还未充分发动起来。我们要继续高举毛泽东思想伟大红旗，深入地进行学习宣传、狠抓落实，抓好活思想、解除各种思想顾虑，放手发动群众，严格掌握党的政策、团结一切可以团结的力量，稳、准、狠地打击一小撮阶级敌人，为夺取无产阶级文化大革命的全面胜利而奋斗。

天津市理发管理处革委会、革职会

贯彻“七·三”布告要落实在行动上

在全国亿万军民夺取无产阶级文化大革命全面胜利的关键时刻，伟大领袖毛主席亲自批发的“七·三”布告像春雷一样响彻全国。“七·三”布告是誓把无产阶级文化大革命进行到底的进军号令，是伟大统帅毛主席的伟大战略部署，是全国革命人民政治生活中的一项极其重大的事情。

我厂革委会、革职会带领广大革命职工，在驻我厂人民解放军毛泽东思想宣传队帮助下，以最快的速度、最高的热情、最大的决心，掀起一个学习、宣传、贯彻、执行“七·三”布告的热潮。

闻风而动

听了市革委会“紧跟毛主席伟大战略部署、全面贯彻落实‘七·三’布告”动员报告后，在驻厂解放军帮助下，立即召开革委会常委会议，用两天时间深入学习“七·三”布告的伟大意义，并制定了学习贯彻“七·三”布告的八条措施，立即在我厂掀起一个声势浩大的轰轰烈烈的宣传学习“七·三”布告的群众活动，调动了一切宣传工具，大字报、黑板报、革命职工报、广播、听录音、开办毛泽东思想学习班等形式广泛深入地进行宣传。驻厂解放军毛泽东思想宣传队到工人住地、新村、东宿舍、单身宿舍宣传讲解“七·三”布告伟大意义，革委会组织有常委参加的宣传队到车间、班、组，分三班进行宣传讲解。

全厂开展了以贯彻执行“七·三”布告为中心的七个大宣讲活动。大宣大讲“七·三”布告的伟大意义、大宣大讲毛主席伟大战略部署、大宣大讲“三忠于”活动、大宣大讲全国无产阶级文化大革命的大好形势、大宣大讲党的方针政策、大宣大讲“一批、三查”运动取得的伟大胜利、大宣大讲当前阶级斗争的新动向，使伟大领袖毛主席的声音基本做到人人皆知、家喻户晓。

“七·三”布告深入人心

毛主席教导我们：**“革命战争是群众的战争，只有动员群众才能进行战争，只有依靠群众才能进行战争。”**通过大宣传大讲解，使“七·三”布告深入人心。广大革命群众闻风而动，互相宣传、互相启发，查苗头找线索，有的家属动员子女交出抢来的东西，参加过武斗的人回忆寻找武斗凶器，主动拆除残留下来的武斗工事。我厂青年工人王宝珠的父亲（火柴厂老工人）王金昌学习“七·三”布告后，把他儿子去年在外地串连穿来的大棉袄主动交到厂革委会，这位老工人表示：一定教育自己子女听毛主席的话，作革命的接班人。我厂筒摇革职分会把没收外厂原“大联筹”队员武斗凶器三角刮刀送交厂革委会。

为全面落实“七·三”布告，要求由厂革委会、革职会、驻军带领广大革命群众将已经收拣起来的武斗凶器古巴刀、三角刮刀、单刀、匕首、长矛等凶器交到河东区清理指挥部。

广大革命群众激动的说：今后一定听毛主席的话，按“七·三”布告指示那样搞好无产阶级文化大革命。

乘胜前进

目前我厂在学习、宣传、贯彻、执行“七·三”布告过程中虽然取得了一些成绩，但距离毛主席对我们的要求还差得很远。分散在个人手中的武斗凶器还未全部清查出来，有些组织借用的公款、动用的公物也未彻底清查，根据毛主席**“办学习班，是个好办法，很多问题可以在学习班得到解决。”**的教导，我们开始举办落实“七·三”布告专题学习班，及建立落实“七·三”布告、检查执行党的政策小组，把落实“七·三”布告和“一批、三查”运动结合起来，和深入开展革命大批判结合起来。更高地举起毛泽东思想伟大红旗，紧跟毛主席伟大战略部署，团结一切可以团结的力量，稳、准、狠地打击一小撮阶级敌人，夺取无产阶级文化大革命全面胜利。

天津国棉一厂革命委员会、革命职工委员会

学习和宣传「七·三」布告是当前最大政治

听了市区革命委员会“关于贯彻毛主席‘七·一八’重要批示，和认真落实‘七·三’布告动员大会”后，我厂革委会和革职会成员，反复学习了“七·三”布告，进一步提高了我们的阶级觉悟和政策水平，从思想上检查了认为“七·三”布告是针对广西的问题，我们没有发生过破坏铁路、抢劫援越物资、抢夺人民解放军的武器等反革命事件，与我们关系不大的错误认识。这次又重新学习“七·三”布告，越学越觉得差距很大，因为“七·三”布告要求我们向一小撮阶级敌人发起猛烈的进攻；“七·三”布告要求我们严格区分两类不同性质的矛盾；“七·三”布告要求我们掌握党的政策和策略；“七·三”布告要求我们军民团结、军政团结等等，越学越深刻认识到有普遍意义，是毛主席的伟大战略部署。我厂虽然没有发生广西那样的严重的反革命事件，但是我们厂的资产阶级派性的流毒仍未肃清；武斗的苗头仍然存在，生产事故不断发生，最近连续发生有破坏生产，破坏模具的情况。因此认真学习，全面落实“七·三”布告，是紧跟毛主席伟大战略部署，是当前最大的政治，是推动一切工作的动力，是对毛主席忠不忠的态度问题。在提高认识的基础上发动群众利用一切宣传工具展开广泛深入的宣传，使“七·三”布告家喻户晓、人人皆知。同时按车间、班组举办全厂性的贯彻“七·三”布告专题毛泽东思想学习班，逐条逐句的学习对照，联系思想、联系厂内实际，人人查敌情、找线索、交武器、谈危害，进一步提高了阶级觉悟和路线斗争觉悟，纷纷将武斗工具，刮刀、匕首、刺头等送交清理指挥部。广大革命职工决心更高地举起毛泽东思想伟大红旗，紧跟毛主席伟大战略部署，团结广大群众，深入持久地开展革命大批判，以“七·三”布告为武器，彻底揭开我厂老大难问题的盖子，把“一批、三查”运动进行到底。

天津市手电筒厂革职会

本报通讯地址：天津市解放路120号　电话3局1233　本市各邮局订阅　（零售：二分）

革命职工报

一九六八年八月十五日　第三十一期

敬祝毛主席万寿无疆

你们要关心国家大事，要把无产阶级文化大革命进行到底！

毛泽东

天津市工农毛泽东思想宣传队成立誓师大会

給毛主席的致敬电

最最敬爱的伟大领袖毛主席：

在这举国欢腾，隆重纪念您的《**炮打司令部**》大字报和您亲自主持制定的《中国共产党中央委員会关于无产阶级文化大革命的决定》发表两周年的大喜日子里，在您亲自赠给首都工农毛泽东思想宣传队珍贵礼物的特大喜訊传到天津的时候，天津全城立即沸腾了。渤海潮在纵情歌唱，海河水在翩翩起舞，「毛主席万岁！万万岁！」的欢呼声响彻万里晴空，「祝毛主席万寿无疆！」的歌声传遍五洲四海。多么激动，多么幸福！敬爱的毛主席，您最爱护群众，最关心群众，永远和群众心连心。我們含着无限幸福的泪花，怀着对您无限忠誠的感情，敬祝您老人家万寿无疆！万寿无疆！万寿无疆！

「毛主席热爱我热爱，毛主席支持我支持，毛主席指示我照办，毛主席挥手我前进！」在这喜事盈門的日子里，紧紧围绕在您身旁的天津工人阶级和貧下中农向您报告一个振奋人心的消息——天津市工农毛泽东思想宣传队于一九六八年八月八日宣告成立了！

这是您的光辉思想的又一伟大胜利！

这是夺取无产阶级文化大革命全面胜利的伟大进軍中一曲新的凯歌！

敬爱的毛主席，天津市工农毛泽东思想宣传队是以首都工人阶级为榜样，一支高举毛泽东思想伟大紅旗，无限忠于您，紧紧团结在以您为首、林副主席为副的无产阶级司令部的周围，在无产阶级司令部的号令下统一意志，統一步伐，統一行动的新型的革命化、战斗化的以工人群众为主体的工农宣传队伍。

敬爱的毛主席，工农毛泽东思想宣传队，是在夺取我国无产阶级文化大革命全面胜利的伟大进軍中，您发现和支持的新生事物，是在您的伟大思想灿烂阳光下开出的一朵瑰丽的鲜花，我們一定要让她結出丰硕的果实！

敬爱的毛主席，您是灿烂的太阳，我們是葵花，永远紧紧的围繞在您的身旁，在您的阳光下茁壮的成长。

敬爱的毛主席，您是大海中的灯塔，我們是航行在大海中的战舰，永远向着您指引的航向胜利前进！

敬爱的毛主席，我們怀着无限幸福和万分激动的心情，回顾了您一九五八年、一九六○年两次莅临天津时对我們天津工人阶级和貧下中农的最大关怀和亲切教导，回顾了两年来文化大革命的战斗历程，深深体会到，千胜利，万胜利，都是您光辉思想的胜利，都是紧跟您伟大战略部署的胜利，都是坚决执行以您为首、林副主席为副的无产阶级司令部战斗号令的胜利。

敬爱的毛主席，「只有毛泽东思想的威力，才能把全国人民的思想統一起来」。反动的「多中心論」是资产阶级的破烂貨，我們一定要奋起毛泽东思想千鈞棒，把这个反动謬論批倒批臭，彻底砸烂，抛到历史的垃圾堆，彻底粉碎一小撮阶级敌人妄图破坏以您为首的无产阶级司令部的阴謀詭計，坚决夺取无产阶级文化大革命的全面胜利。

敬爱的毛主席，我們天津市工农毛泽东思想宣传队，一定要努力讀您的书，听您的話，照您的指示办事，做您的好战士。我們要学习您亲手締造、亲自领导，林副主席直接指揮的人民解放軍的光荣传統，把林副主席提出的活学活用您的光輝思想，突出无产阶级政治，坚持四个第一，大兴三八作风，发扬三大民主，开展四好連队运动等方针原则学到手。我們一定要做宣传您的光輝思想的先鋒，做貫彻您的革命路线的表率，做落实您的最新指示的模范。

敬爱的毛主席，我們决不辜負您对工人阶级和貧下中农的亲切关怀和殷切期望，一定要向首都工人阶级学习，紧跟您的伟大战略部署，在斗争中鍊炼忠于您的赤胆紅心，把我們鍛炼成一支非常革命化、非常战斗化的坚强的工农宣传队伍。

敬爱的毛主席，在夺取无产阶级文化大革命全面胜利的关鍵时刻，您发出了最新指示：「**大学还是要办的，我这里主要说的是理工科大学还要办，但学制要缩短，教育要革命，要无产阶级政治挂帅，走上海机床厂从工人中培养技术人员的道路。要从有实践经验的工人农民中间选拔学生，到学校学几年以后，又回到生产实践中去。**」您这一英明指示是无产阶级教育革命的战斗網领，像金光四射的灯塔，照亮了我們工人阶级和工农兵群众的胜利航程。您的話，說到我們的心坎里，使我們深深认識到，工人阶级和貧下中农不仅是无产阶级文化大革命的主力軍，也要做无产阶级教育革命的主力軍，这是您对我們工人阶级和貧下中农的最大信任，最大支持，最大关怀，最大鼓舞。我們一定不辜負您老人家的殷切期望，保証坚决沿着您指引的方向，在无产阶级教育革命中同革命紅卫兵小将和革命师生員工井肩战斗，热情宣传和坚决落实您的最新指示，为夺取无产阶级文化大革命全面胜利做出更大的貢献！

敬爱的毛主席，我們天津市工农毛泽东思想宣传队，是用您的光輝思想武装起来的一支新型的革命化、战斗化的以工人群众为主体的宣传队伍，我們有一颗无限忠于您的紅心。我們今天遵照您的伟大战略部署，已經組織起来，馬上就要奔赴大专院校，去宣传和落实您的一系列最新指示，进行深入細致的、耐心的、持久的宣传工作，真正把毛泽东思想化为广大革命群众的实际行动。我們保証在今后的征途中「**下定决心，不怕牺牲，排除万难，去争取胜利。**」和革命的紅卫兵小将、革命师生員工一起，把大学办成紅彤彤的毛泽东思想大学校！坚决把无产阶级文化大革命进行到底！

最后让我們再一次最最衷心地祝愿您，全世界革命人民的伟大导师，我們心中最紅最紅的紅太阳万寿无疆！万寿无疆！万寿无疆！

天津市工农毛泽东思想宣传队成立誓师大会

一九六八年八月十四日

紧跟毛主席伟大战略部署，成立工农毛泽东思想宣传队的

公　告

在全国工人阶级和无产阶级革命派，紧跟毛主席的伟大战略部署，夺取无产阶级文化大革命全面胜利的伟大进军中，在举国欢腾，纪念毛主席《**炮打司令部**》大字报和《中国共产党中央委员会关于无产阶级文化大革命的决定》发表两周年的日子里，伟大领袖毛主席亲自赠给首都工农毛泽东思想宣传队珍贵礼物，这不仅是对首都工农毛泽东思想宣传队的最大关怀，最大信任，最大支持，也是对正在以毛主席为首、林副主席为副的无产阶级司令部领导下团结战斗的全国工人阶级和广大工农兵群众的最大鼓舞，最大关怀，最大教育，最大鞭策！

伟大领袖毛主席送来的珍贵礼物，就是给我们送来了战无不胜的毛泽东思想，就是送来了威力无穷的精神原子弹，它必将产生巨大的物质力量。

首都工农毛泽东思想宣传队，是根据伟大领袖毛主席的伟大战略部署而组织起来的一支新型的革命化、战斗化的以工人阶级为主体的工农宣传队，是伟大领袖毛主席的英明决策。

为了紧跟毛主席的伟大战略部署，积极宣传、捍卫、落实毛主席的最新指示，投身到无产阶级教育革命的洪流中去，把无产阶级文化大革命进行到底，天津市工农毛泽东思想宣传队在夺取无产阶级文化大革命全面胜利的伟大进军中于一九六八年八月八日胜利诞生了。

工农毛泽东思想宣传队，是一支高举毛泽东思想伟大红旗，无限忠于伟大领袖毛主席，紧紧团结在以毛主席为首、林副主席为副的无产阶级司令部的周围，在无产阶级司令部的号令下统一意志，统一步伐，统一行动的新型的革命化、战斗化的以工人群众为主体的工农宣传队伍。

它的成立，反映出天津市工人阶级、贫下中农无限忠于毛主席，誓死保卫毛主席无产阶级司令部，坚定不移的落实毛主席最新指示的赤胆红心。

它的成立，表明了天津市工人阶级和贫下中农坚决批判反动的"多中心论"，坚决把这个资产阶级的破烂货扫进历史的垃圾堆，识破和粉碎一小撮阶级敌人妄图破坏毛主席的无产阶级司令部的阴谋诡计，夺取无产阶级文化大革命全面胜利的钢铁意志。

它的成立，显示了工人阶级和广大工农群众在无产阶级文化大革命和无产阶级教育革命中的主力军作用。

下转第四版

革命职工报　敬祝毛主席万寿无疆　1968年8月15日　第二版

天津市工代会关于贯彻“七·三”、“七·二四”布告的声明

我们伟大领袖毛主席亲自批发的中共中央、国务院、中央军委、中央文革“七·三”、“七·二四”布告，是毛主席的伟大战略部署，是以毛主席为首、林副主席为副的无产阶级司令部发出的新的战斗号令，是团结和保护广大人民群众，稳、准、狠地打击一小撮阶级敌人，加强无产阶级专政的锐利武器，是保证我们乘胜前进，发展大好形势，夺取无产阶级文化大革命全面胜利的战略措施。是否认真贯彻执行“两个布告”，是对毛主席、毛泽东思想、毛主席革命路线的态度问题。目前全市无产阶级革命派、广大革命群众和忠于毛主席革命路线的革命干部已掀起了学习、宣传、贯彻、落实“两个布告”的高潮，革命形势一派大好；但是一小撮阶级敌人，不甘心于他们的灭亡，继续挑动群众斗群众，破坏革命、生产的新秩序，破坏毛主席的伟大战略部署，为此，特发表声明如下：

一、必须全面地、无条件地、不折不扣地贯彻“两个布告”，无论哪一个人、哪一个组织，都要坚决执行无产阶级司令部的战斗号令，绝不能口里说一套，背后干一套，阳一套，阴一套，表面上执行，实际上不执行，那是一套资产阶级政客做法，是反革命两面派的做法，搞这一套的人，绝没有好下场；当前要及时地识破和警惕阶级敌人以极“左”的或右的手段，煽动不明真象的群众寻衅闹事，破坏毛主席的伟大战略部署。

二、必须无条件的迅速的把非法所得的财物（包括非法窃取的私人财物），枪枝、弹药迅速上缴公安机关军管会。现在没有上交的，应当无条件的自动的送到公安机关军管会，主动上缴的免于追究，宽大处理；如再执迷不悟，继续顽抗，要严加处理。

三、对伟大领袖毛主席忠不忠要看行动，广大无产阶级革命派，要立即行动起来，坚决杜绝武斗，立即拆除武斗工事，立即上缴一切武斗工具，坚决维护《六·六》通令，严禁打、砸、抢、抄、抓和私设公堂等违法乱纪行为，如果继续顽抗，拒不执行中央的政策、布告、通令、命令，或别有用心，拨弄是非，就是国民党，就是土匪，就是反革命，对此现象，我们工人阶级不能等闲视之，要采取坚决措施予以有力打击，今日有言在先，勿谓言之不预也！

全市工人阶级和无产阶级革命派战友们，我们一定要高举毛泽东思想伟大红旗，无限忠于伟大领袖毛主席，紧紧团结在以毛主席为首、林副主席为副的无产阶级司令部的周围，在无产阶级司令部的号令下统一意志，统一步伐，统一行动，坚定不移地落实毛主席的最新指示，坚决批判反动的“多中心论”，把这个资产阶级破烂货扫进历史的垃圾堆，要擦亮眼睛，及时地识破和粉碎一小撮阶级敌人妄图破坏毛主席的无产阶级司令部的阴谋诡计，夺取无产阶级文化大革命的全面胜利。

坚决贯彻执行“七·三”、“七·二四”布告！

坚决捍卫《六·六》通令！

要用文斗，不用武斗！

无产阶级文化大革命全面胜利万岁！

伟大的中国人民解放军万岁！

伟大的中国共产党万岁！

战无不胜的毛泽东思想万岁！

毛主席万岁！万岁！万万岁！

天津市革命职工代表会议常务委员会

一九六八年八月七日

紧跟以毛主席为首的无产阶級司令部就是胜利

彻底批判反动的“多中心论”

在纪念我们伟大领袖毛主席《炮打司令部》的大字报和毛主席亲自主持制定的“十六条”发表两周年的时候，回顾两年来无产阶级文化大革命的战斗历程，使我们深刻地认识到：无论任何时候，无论在任何情况下，全党、全军、全国只有一个中心，这就是以毛主席为首、林副主席为副的无产阶级司令部。只有沿着毛主席指引的方向前进，只有紧跟毛主席的伟大战略部署，只有紧跟无产阶级司令部，我们才能沿着革命道路胜利前进。

最近出现了一种极其反动的资产阶级的“多中心论”它完全是一种违背广大革命群众根本利益的资产阶级反动谬论，是资产阶级山头主义、个人主义的具体表现，“多中心论”者，他们对待无产阶级司令部阳奉阴违、口是心非，符合自己利益就执行，不符合自己利益的就拒绝执行。他们对自己掌管的单位，大搞独立王国，“以我为中心”，他们判断是非不是以对待无产阶级司令部抱什么态度作标准，而是以是否拥护自己作为标准，在夺取无产阶级文化大革命全面胜利的关键时刻，这种反动的“多中心论”，在革命队伍里，起着破坏团结，导致分裂，妨碍毛主席的无产阶级革命路线的贯彻落实。

“多中心论”，就是不要以毛主席为首，林副主席为副的无产阶级司令部的领导中心，而要保存或恢复刘少奇为首的资产阶级司令部这个中心，就是妄图把无产阶级政权演变为资产阶级政权。在我们革命队伍里，对那种“以我为中心”的错误思想必须进行彻底批判，不然就会滑到危险的泥坑。革命实践告诉我们一个伟大的真理，我们全党、全军、全国人民唯一的革命思想，就是毛泽东思想，我们唯一的革命路线就是毛主席的革命路线，我们唯一的革命领导中心就是以毛主席为首、林副主席为副的无产阶级司令部。我们要一颗红心永远向着毛主席，无限忠于伟大领袖毛主席，无限忠于毛泽东思想，无限忠于毛主席的革命路线，无限忠于以毛主席为首、林副主席为副的无产阶级司令部，天崩地裂不动摇、海枯石烂不变心，紧跟毛主席，永远闹革命。

工代会天津西站
大联合委员会

彻底埋葬反动的“多中心论”！

反动的资产阶级的“多中心论”，是一种资产阶级山头主义、宗派主义、个人主义、小团体主义的反动理论。它直接对抗林副主席关于“我们要用毛泽东思想统一全党的思想，统一全国人民群众的思想”的伟大指示。它的要害就是妄图颠覆以毛主席为首、林副主席为副的无产阶级司令部。因此，必须对这种反动的资产阶级的“多中心论”展开猛烈进攻！彻底批判！坚决打倒！彻底埋葬！

在两个阶级、两条道路、两条路线的激烈斗争中，持有这种反动的“多中心论”的人，往往打着“革命”的旗号，唱着“造反”的高调，借以蒙蔽群众。反动的资产阶级的“多中心论”以“一贯正确”、“响当当”自居，对以毛主席为首、林副主席为副的无产阶级司令部的战斗号令，不是公开抗拒就是阳奉阴违，拼命地位队伍、搞宗派、占山头，破坏革命的大联合和革命的三结合。他们对毛主席的一系列最新指示和无产阶级司令部的战斗号令，采用了实用主义的恶劣态度，断章取义、各取所需，甚至肆意歪曲篡改，真是狗胆包天，反动已极！这种人利用“多中心论”，在清理阶级队伍的时候，两眼死死盯住对方组织，对自己的一派则招降纳叛、结党营私、把自己掌管的单位和部门搞成水泼不进、针插不进的独立王国。对于群众的批评，根本不接受、不理睬，对于阶级敌人的造谣诬蔑，流言蜚语却视如珍宝，百信百听。分不清敌我，把朋友当敌人，把敌人当朋友。走上了混淆黑白，颠倒是非的邪路。

历史的辩证法是无情的。一切反对以毛主席为首、林副主席为副的无产阶级司令部的人，他们的逻辑就是“捣乱，失败，再捣乱，再失败，直至灭亡。”王明、博古鼓吹“以我为中心”，垮台了！张国焘妄想另立“党中央”，垮台了！号称“中国的刘克思”的党内最大的走资派，也垮台了！答案只有一个：凡是搞“多中心论”的人，决无好下场！

“大海航行靠舵手，干革命靠毛泽东思想”。毛主席是当代最伟大的马克思列宁主义者，是无产阶级的伟大导师，伟大领袖，伟大统帅，伟大舵手。毛泽东思想是把社会主义革命进行到底、胜利过渡到共产主义的指路明灯。以毛主席为首、林副主席为副的无产阶级司令部是我们全党、全军、全国和广大革命群众的唯一领导中心。而全党、全军、全国只能有这样一个中心，绝对不能有第二个中心。革命斗争的实践证明：只要我们坚定不移地执行以毛主席为首、林副主席为副的无产阶级司令部的每一个战斗号令，我们就无往而不胜！无限忠于毛主席是我们工人阶级的本份。我们一定用鲜血和生命保卫伟大领袖毛主席，保卫以毛主席为首、林副主席为副的无产阶级司令部。把妄图颠覆无产阶级司令部的反动的资产阶级“多中心论”批深批臭统统埋葬！

奉劝那些患有反动的资产阶级的“多中心论”病症的人，应该清醒了！如果还不用毛泽东思想改造自己的资产阶级世界观，那就会滑到危险的泥坑，自取灭亡！

国棉二厂工人　杨世安

革命职工报　敬祝毛主席万寿无疆　1968年8月15日　第三版

誓做工农毛泽东思想宣传队坚强后盾

在纪念伟大领袖毛主席《**炮打司令部**》大字报和“十六条”发表两周年的大喜日子里，伟大统帅毛主席向首都工农毛泽东思想宣传队赠送了珍贵礼物，这是毛主席给我们全国工人阶级和广大工农兵群众送来了战无不胜的毛泽东思想，送来了威力无穷的精神原子弹。

毛主席教导我们：“**人民，只有人民，才是创造世界历史的动力。**”我们伟大领袖毛主席最信任群众，最依靠群众，最支持群众的首创精神。毛主席给首都工农毛泽东思想宣传队赠送珍贵礼物，就是对首都工农毛泽东思想宣传队的最有力的支持，最充分的肯定，也是对我们天津市的工人阶级最大的鼓舞，最大的鞭策。伟大领袖毛主席亲切关怀和支持首都工农毛泽东思想宣传队，这是毛主席的伟大战略部署。

天津市广大工农群众在市革命委员会的领导下，紧跟毛主席的伟大战略部署，立即组织起以工人群众为主体的、新型的、革命化、战斗化的工农毛泽东思想宣传队，这是毛主席无产阶级革命路线的产物，是全面落实毛主席一系列最新指示的重大措施，是紧跟毛主席的伟大战略部署，是全市革命人民政治生活中的一件大事。

它的成立，标志着天津市工人阶级、贫下中农无限忠于毛主席，誓死保卫以毛主席为首的无产阶级司令部，坚定不移的落实毛主席最新指示的赤胆忠心。我们天津钢厂万名钢铁战士热烈拥护，坚决支持，誓做工农毛泽东思想宣传队的坚强后盾。

我们工人阶级最热爱毛主席，最听毛主席的话。在我们钢铁工人心目中只有一个以毛主席为首、林副主席为副的无产阶级司令部这个中心，决不允许有第二个中心。彻底批判反动的资产阶级的“多中心论”。排除一切干扰，紧跟毛主席的伟大战略部署，紧跟以毛主席为首的无产阶级司令部一切战斗号令，乘胜前进。

毛主席教导我们：“**一切反动势力在他们行将灭亡的时候，总是要进行垂死挣扎的。**”中国赫鲁晓夫等党内一小撮走资派，叛徒、特务，以及没有改造好的地、富、反、坏、右分子，是绝不会甘心于他们的失败，他们必然要千方百计地进行造谣，破坏。但是，用毛泽东思想武装起来的钢铁工人早就做好充分准备，誓做工农毛泽东思想宣传队的坚强后盾，不论什么时候，不管发生什么情况，只要一声令下，我们保证立即投入宣传毛泽东思想的前线战场。彻底粉碎阶级敌人一切阴谋诡计，誓把无产阶级文化大革命进行到底。

工代会　天津钢厂革命职工委員会

毛主席給我們撑腰 我們一定給毛主席爭气

我们最伟大的领袖毛主席把珍贵的礼物赠送给首都工农毛泽东思想宣传队，这是对我们工人阶级最大信任、最大关怀、最大支持、最大鼓舞。毛主席他老人家最关心群众，最相信群众，最支持群众的革命行动。

首都工农毛泽东思想宣传队，是根据伟大领袖毛主席的伟大战略部署组织起来的，是伟大领袖毛主席的英明决策。我们天津市的工人阶级在市革委会的领导下，以首都工农毛泽东思想宣传队为榜样，紧跟毛主席的伟大战略部署，已组织起一支新型的革命化、战斗化的以工人阶级为主体的工农毛泽东思想宣传队。它集中地反映了我们天津市工人阶级的意志和要求。我们三条石一万二千多名革命职工，坚决拥护，全力支持，誓做工农毛泽东思想宣传队的坚强后盾。

伟大领袖毛主席早就英明的指出：“**只有工人阶级最有远见，大公无私，最富于革命彻底性。**”伟大领袖毛主席从来就和我们在一起，永远和我们心连心。

伟大领袖毛主席给我们撑腰，我们一定要为毛主席争气。我们三条石的工人阶级永远忠于毛主席，忠于战无不胜的毛泽东思想，忠于毛主席的无产阶级革命路线，永远团结在以毛主席为首、林副主席为副的无产阶级司令部的周围，彻底批判反动的资产阶级“多中心论”。在以毛主席为首的无产阶级司令部的战斗号令下统一意志、统一步伐、统一行动，向以中国赫鲁晓夫为代表的一小撮叛徒、特务、死不悔改的走资派和没有改造好的地、富、反、坏、右分子发起猛烈的进攻，深入开展革命大批判，搞好清理阶级队伍的工作，搞好本地区、本单位的斗批改，狠抓革命、猛促生产，以实际行动支持我市工农毛泽东思想宣传队。以首都工人阶级为榜样，高举毛泽东思想伟大红旗，同全市无产阶级革命派、革命的红卫兵小将和广大革命群众一道全面落实毛主席一系列最新指示，在夺取无产阶级文化大革命全面胜利中充分发挥工人阶级的主力军作用。

红桥区三条石工业六片
全体革命职工

毛主席支持我支持 毛主席挥手我前进

在无产阶级文化大革命夺取全面胜利的关键时刻，在纪念毛主席《**炮打司令部**》的大字报发表两周年的大喜的日子里，我们最最敬爱的伟大领袖毛主席把外国朋友赠送给他老人家的珍贵礼物——芒果，转送给首都工农毛泽东思想宣传队。这是对首都、对全国工人阶级和亿万革命群众的最大关怀、最大鼓舞、最大教育、最大鞭策。

毛主席教导我们：“**人民，只有人民，才是创造世界历史的动力。**”我们最最敬爱的伟大领袖毛主席最关心群众、最相信群众、最支持群众的革命首创精神。毛主席永远同我们心连心。毛主席他老人家为我们撑腰，我们一定为毛主席他老人家争气。

为了紧跟毛主席的伟大战略部署，积极宣传、勇敢捍卫、迅速落实毛主席的最新指示，把无产阶级文化大革命进行到底。天津市工农毛泽东思想宣传队在夺取无产阶级文化大革命全面胜利的伟大进军中胜利诞生了。工农毛泽东思想宣传队，是我们伟大领袖毛主席发现和支持的新生事物。

它的成立是光焰无际的毛泽东思想的伟大胜利。

毛主席热爱我热爱，毛主席支持我支持，我们最热爱工农毛泽东思想宣传队，最支持工农毛泽东思想宣传队的一切革命行动，坚决做工农毛泽东思想宣传队的坚强后盾。我们向首都工人阶级学习，学习他们无限忠于毛主席，无限忠于以毛主席为首、林副主席为副的无产阶级司令部。紧跟毛主席的伟大战略部署，紧跟以毛主席为首、林副主席为副的无产阶级司令部。誓做宣传毛泽东思想的先锋和落实毛主席最新指示的模范，充分发挥工人阶级的主力军作用，要抓好革命，促好生产，夺取革命、生产双胜利。让光焰无际的毛泽东思想占领一切阵地。从而把我们工人阶级锻炼成为一支无限忠于毛主席，无限忠于毛泽东思想，无限忠于毛主席的无产阶级革命路线的无产阶级革命队伍。

以毛主席为首、林副主席为副的无产阶级司令部，最集中地代表了无产阶级的根本利益，是我们唯一的领导中心，是我们最高的司令部。我们要紧紧地团结在以毛主席为首的无产阶级司令部的周围，团结一切可以团结的力量，把反动的资产阶级的“多中心论”彻底批臭，把无产阶级文化大革命进行到底。　天津起重設备厂革命委員会

革命职工报　　敬祝毛主席万寿无疆　　1968年8月15日　第四版

王一同志在工农毛泽东思想宣传队成立誓师大会上的讲话

工农毛泽东思想宣传队的全体同志们：
无产阶级革命派的战友们：
革命的同志们：

我们最最敬爱的伟大领袖毛主席，是当代最伟大的马克思列宁主义者，最伟大、最杰出的无产阶级革命领袖。毛主席最相信群众，最了解群众，最尊重革命群众的首创精神，和广大工农兵群众永远心连心。让我们怀着无限忠于伟大领袖毛主席，无限忠于光焰无际的毛泽东思想，无限忠于毛主席革命路线的深厚的无产阶级感情，敬祝我们心中最红最红的红太阳，我们的伟大统帅毛主席万寿无疆！万寿无疆！万寿无疆！

敬祝毛主席的亲密战友，我们的副统帅林副主席身体健康！永远健康！永远健康！

在夺取无产阶级文化大革命全面胜利的关键时刻，在纪念毛主席《**炮打司令部**》大字报和《十六条》发表两周年的大喜日子里，我们伟大领袖毛主席把国际朋友赠送的珍贵礼品——芒果，转送给首都工农毛泽东思想宣传队。这不仅是对首都工农毛泽东思想宣传队的最大关怀，最大信任，最大支持，也是对正在以毛主席为首、林副主席为副的无产阶级司令部领导下团结战斗的全国工人阶级和广大工农兵群众的最大鼓舞，最大关怀，最大教育，最大鞭策！

首都工农毛泽东思想宣传队是根据毛主席的伟大战略部署组成的一支新型的革命化、战斗化的以工人群众为主体的工农宣传队伍。他们怀着无限忠于伟大领袖毛主席，无限忠于毛泽东思想，无限忠于毛主席革命路线的无比深厚的无产阶级感情，以誓死捍卫毛主席革命路线的赤胆忠心和大无畏的英雄气概，不怕疲劳，艰苦奋战，热情宣传和坚决落实毛主席的最新指示，已经取得了很大成绩，他们用工人阶级的光辉榜样，为无产阶级文化大革命写下了光辉的一页，为夺取无产阶级文化大革命的全面胜利作出了巨大的贡献。为我们天津市工人阶级和广大革命工农群众树立了光辉的榜样，他们不愧是毛主席身边的工人阶级。

首都工农毛泽东思想宣传队的革命行动，突出地显示了以毛泽东思想武装起来的工人阶级和工农群众在无产阶级文化大革命和无产阶级教育革命中的主力军作用。我们天津工人阶级和广大工农兵群众要向首都工农毛泽东思想宣传队学习。学习他们眼光最远大，胸怀最宽广，最富有彻底革命精神，最有革命的组织纪律性，最大公无私，最听毛主席的话，对毛主席最热爱，对毛泽东思想最忠诚，跟毛主席的伟大战略部署最紧，捍卫毛主席革命路线最坚决的革命精神。

我们天津市工人阶级和广大革命工农群众，高举毛泽东思想伟大红旗，在以毛主席为首、林副主席为副的无产阶级司令部的统一号令下，对中国赫鲁晓夫及其在天津的代理人——万张反革命修正主义集团发动了猛烈的进攻，挖掉了中国赫鲁晓夫埋在天津的定时炸弹，夺回了被万张反革命修正主义集团篡夺的党政财文大权，为天津市无产阶级文化大革命的胜利建立了功勋。

在夺取无产阶级文化大革命全面胜利的关键时刻，我们天津工人阶级和贫下中农怀着无限忠于伟大领袖毛主席，无限忠于毛泽东思想，无限忠于毛主席的革命路线的无产阶级感情，紧跟毛主席的伟大战略部署，誓夺无产阶级文化大革命的全面彻底胜利，以首都工农毛泽东思想宣传队为榜样，组成了一支浩浩荡荡的以工人群众为主体的工农毛泽东思想宣传队伍。这是我们天津工人阶级和广大工农革命群众的一件大喜事，也是广大革命师生员工的一件大喜事。我代表天津市革命委员会，驻天津陆海空三军向你们表示最热烈的祝贺，最坚决的支持。

我们天津工农毛泽东思想宣传队，是以首都工农毛泽东思想宣传队为榜样，根据毛主席的伟大战略部署，针对天津市文化大革命的情况建立起来的。宣传队的任务，是向广大革命师生员工宣传毛泽东思想，全面落实，条条落实毛主席一系列最新指示，热情宣传"七·三"，"七·二四"布告和"七·二八"指示精神，做深入、细致、艰苦的思想政治工作，真正把毛泽东思想化为广大革命师生员工的实际行动，促进革命的大联合，建立三结合的革命委员会，和广大革命师生员工一起，开展革命大批判，搞好无产阶级教育革命，把大学办成红彤彤的毛泽东思想大学校。

伟大领袖毛主席教导我们："**加强纪律性，革命无不胜**"，宣传队的任务是很光荣的，也是很艰巨的，这就要求参加工农毛泽东思想宣传队的每一个成员，要更好地活学活用毛泽东思想，学好用好毛主席的一系列最新指示，加速自身的思想革命化，要有高度的无产阶级党性，要有高度的组织纪律性，严格遵守三大纪律八项注意，严格掌握政策，要有无产阶级的整体观念，坚持树立无产阶级党性，反对资产阶级派性，一切行动都要在统一的组织指挥下进行。

我们工农毛泽东思想宣传队的同志，要为毛主席争气，一定要做宣传毛泽东思想的先锋，做贯彻毛主席革命路线的表率，做落实毛主席最新指示的模范。

要把宣传队锻炼成一支无限忠于毛主席，紧跟毛主席的伟大战略部署，落实毛主席最新指示，坚决贯彻无产阶级司令部一切号令的先锋队，锻炼成一支革命化、战斗化的坚强的工人阶级宣传队伍，充分发挥工人阶级和工农群众的主力军作用，为夺取无产阶级文化大革命的全面胜利做出更大的贡献。

没有参加工农毛泽东思想宣传队的广大革命工农群众，要发扬无产阶级的友爱精神，互相帮助，互相照顾，鼓足革命干劲，勇于承担重担，狠抓革命，猛促生产，以实际行动支持天津工农毛泽东思想宣传队。

革命的同志们，在两个阶级、两条道路、两条路线的激烈斗争中，在夺取无产阶级文化大革命全面胜利的重要时刻，无产阶级革命派和广大革命群众，在以毛主席为首、林副主席为副的无产阶级司令部的统一号令下团结战斗，取得了一个又一个的辉煌胜利，我们越是胜利，阶级敌人越感到末路途穷的来临。当前，一小撮阶级敌人从阴沟里刮起了反动的"多中心论"，他们要的是资产阶级的中心，反对的是无产阶级的中心；他们要的是资产阶级司令部，反对的是无产阶级司令部；他们想的是资产阶级山头主义、个人主义的私利，损害的是革命的利益，无产阶级的利益；他们走的是资本主义复辟的道路，反对的是社会主义道路。对资产阶级"多中心论"的反动理论的态度问题，是对伟大领袖毛主席的指示抱什么态度的问题，是对以毛主席为首、林副主席为副的无产阶级司令部抱什么态度的问题，是在两个阶级、两条道路、两条路线斗争中站在那一边的问题，是要不要把无产阶级文化大革命进行到底的问题，对这样一个重大的问题，我们无产阶级革命派，一切革命的同志，必须引起高度的重视，提高阶级斗争和路线斗争觉悟，自觉站在毛主席革命路线一边，彻底肃清中国赫鲁晓夫反革命修正主义路线的流毒；提高革命警惕性，及时地识破和粉碎一小撮阶级敌人妄图破坏和分裂无产阶级司令部的一切阴谋诡计；坚决抵制阳奉阴违的两面派的坏作风；要进一步批判山头主义、个人主义、宗派主义等等资产阶级反动世界观的各种表现。全市无产阶级革命派和广大革命群众，要紧密地团结在以毛主席为首、林副主席为副的无产阶级司令部的周围，统一意志，统一步伐，统一行动，坚定不移地落实毛主席的最新指示，坚决批判右倾分裂主义的"多中心论"，稳、准、狠地打击一小撮阶级敌人，把清理阶级队伍的工作搞深搞透，为夺取无产阶级文化大革命的全面彻底胜利而奋斗！

最后让我们共同高呼：
向工人阶级学习！
向贫下中农学习！
向工农毛泽东思想宣传队学习！
向工农毛泽东思想宣传队致敬！
坚决批判右倾分裂主义的"多中心论"！
无产阶级文化大革命全面胜利万岁！
毛主席的无产阶级革命路线胜利万岁！
伟大领袖毛主席万岁！万岁！万万岁！

一九六八年八月十四日

公　告

上接第一版

工农毛泽东思想宣传队，是在夺取我国无产阶级文化大革命全面胜利的伟大进军中，我们伟大领袖毛主席发现和坚决支持的新生事物，它是在毛泽东思想灿烂阳光下开出了一朵瑰丽的鲜花。它的成立是光焰无际的毛泽东思想的伟大胜利，是我国无产阶级文化大革命奏出的新凯歌！

回顾往昔，我市无产阶级文化大革命的战斗历程，深深体会到，紧跟毛主席的伟大战略部署就是胜利，坚决执行以毛主席为首、林副主席为副的无产阶级司令部的战斗号令就是胜利。

展望未来，任重而道远，因此我们天津市的工人阶级、贫下中农，在今后的革命征途中，一定要做宣传毛泽东思想的先锋，做贯彻毛主席革命路线的表率，做落实毛主席最新指示的模范，把自己锤炼成为一支无限忠于毛主席，无限忠于毛泽东思想，无限忠于毛主席的无产阶级革命路线，紧跟毛主席的伟大战略部署，坚决贯彻执行无产阶级司令部一切战斗号令的革命化、战斗化的先锋队，进一步发挥主力军作用，及时地识破和粉碎一小撮阶级敌人妄图破坏毛主席的无产阶级司令部的阴谋诡计，迅速地全面地落实毛主席的最新指示，团结对敌，把斗争矛头紧紧对准中国赫鲁晓夫、对准万张反革命修正主义团集、对准一小撮叛徒、特务、死不悔改的走资派，把无产阶级文化大革命进行到底！

伟大领袖毛主席给我们撑腰，我们一定要为毛主席争气！

无产阶级文化大革命全面胜利万岁！

伟大的导师、伟大的领袖、伟大的统帅、伟大的舵手，我们心中最红最红的红太阳毛主席万岁！万岁！万万岁！

天津市革命职工代表会议常务委员会
天津市贫下中农代表会议常务委员会

一九六八年八日

通　告

天津市工农毛泽东思想宣传队于一九六八年八月八日正式成立。

办公地址：和平区赤峰道二号
电　　话：3局3605　3548　3258

天津市工农毛泽东思想宣传队指挥部

本报通讯地址：天津市解放路120号　　电话3局1233　　本市各邮局订阅　（零售：二分）

毛主席最新指示

我国有七亿人口，工人阶级是领导阶级。要充分发挥工人阶级在文化大革命中和一切工作中的领导作用。工人阶级也应当在斗争中不断提高自己的政治觉悟。

中学紅衛兵

天津市中等学校红卫兵代表大会常务委员会机关报

第37期　一九六八年八月十六日　星期五

社论

汇成偉大的历史洪流

在举国欢庆毛泽东思想伟大胜利的紅彤彤的八月中，英雄的紅卫兵以最喜悦的心情，迎来了自己的光輝节日——“八·一八”。两年前的这一天，我們的最高統帅、我們的紅司令毛主席，身穿綠軍装，臂带紅卫兵的袖章，接见了刚从东方地平綫誕生的英雄的紅卫兵。是毛主席以无产阶級卓越的革命家的气魄，支持了险些被那黑暗中的动物——中国的赫魯曉夫惨害的紅卫兵。毛主席的支持，紅予紅卫兵以新的生命，予以最大的生命力！从此，紅卫兵响彻九霄环球，遍及世界各地。在毛主席的嘯育下，紅卫兵洒热血，捍江山，向着一切反动派，向着旧世界猛杀猛砍，杀紅了万里江天，表现了誓死保卫毛主席的坚强决心。吓得一切帝、修、反至今魂不附体，心有余惊。英雄的紅卫兵，为无产阶級文化大革命作了开路先鋒，她光輝的历史功勋，将永远記載在革命的史册上。

在无产阶级文化大革命即将取得全面胜利的今天，如何把紅卫兵的大旗越打越鲜艳，是每个紅卫兵都极为关心的大問題。

重温毛主席二十九年前的教导：“**知识分子如果不和工农民众相结合，则将一事无成。**”是多么亲切，多么深刻呵！知識分子是这样，紅卫兵更是这样！

我們伟大領袖毛主席最近深刻指出：“**我国有七亿人口，工人阶级是领导阶级。要充分发挥工人阶级在文化大革命中和一切工作中的领导作用。工人阶级也应当在斗争中不断提高自己的政治觉悟。**”工农民众是历史的創造者，是革命的主力軍，是无产阶级文化大革命的主力軍，也是教育革命的当然的主力軍，他們最听毛主席的話，最懂毛泽东思想，最知道革命、怎样革命，因而，必須尊重工农、相信工农，坚决彻底和他們結合，老老实实、恭恭敬敬地做他們的小学生。

现在的学生青年和紅卫兵中，因为受几千年封资修教育路綫的影响，十几年的修正主义教育制度的統治，他們的思想方法，立场观点，基本屬于小資产阶级范畴。因而在处理問題时，在紧跟毛主席伟大战略部署的过程中，都存在着阶级的偏见，和工农民众有相当大的距离。

随着无产阶级文化大革命的深入发展，小资产阶级的弱点暴露得也就越来越清楚。小资产阶级的动摇性，忽而狂热，忽而消沉的病症，革命的不彻底性，“有的开始可能是革命的，但后来漸漸革命性减弱了。”或者作了革命的叛徒，对头，或者作了同路人；有的則是“私”字大膨胀，視毛主席战略部署而不顾，拉山头、树队伍，甚至挑起事端；以我为核心，各自为政，目中无人，甚至颠倒黑白；矢口否定文化大革命的历史，把羞耻当成光荣……等等。在我們革命的队伍中，已經有不少这样的典型，甚至个别部門及地区被这些迷了心窍，占了上风。一小撮穷途末路的阶级敌人，施展的对抗毛主席的反动的“多中心論”，最容易在知識青年、学生青年中找到市场和温床，我們較比工农民众，也往往最容易上当。因而，如果不痛快下决心，用毛泽东思想改造自己的资产阶级世界观，就会滑到泥坑里去。而工人、貧下中农，是帮助彻底改造这种资产阶级思想的最好的老师。

最近毛主席把珍貴的礼品芒果贈給了工农毛泽东思想宣传队，毛主席象两年前支持紅卫兵一样，又极大地支持了这一伟大的新事物。工人、貧下中农，走进了学校帮助联合，促进革命的三結合，帮助进行教育革命，这是知識青年和工农相結合的新形式，也标志了新阶段。工人、貧下中农最关心教育革命，他們也最知道教育应該如何革命，有些知識分子們还打内战时，工人、貧下中农看在眼里，記在心里。今天，工人、貧下中农走进学校，不仅給革命大联合和革命三結合带来新气象，也必将給教育革命带来崭新的局面。

最近，大批的毕业生，紅卫兵战友要到农村、边疆、工厂中去了，投身到工农民众中去，其中大部分要到农村去，到边疆去，这是无产阶级文化大革命的需要，是社会主义革命和社会主义建設的需要，是毛主席指引的康庄大道，这也是紅卫兵运动的深入发展。

（下转第三版）

中学红卫兵　　毛主席万岁　　1968年8月16日　第二版

工农毛泽东思想宣传队，我们向您学习

·本报评论员·

我市工农毛泽东思想宣传队，在伟大领袖毛主席向首都工农毛泽东思想宣传队赠送珍贵礼物的特大喜訊的鼓舞下，光荣地成立了！胜利地成立了！

主力軍首当其冲，紅小兵万馬奔腾。我們——全市几十万紅卫兵战士、革命师生，热烈欢呼毛主席革命路綫的伟大胜利，纵情歌唱毛主席伟大战略部署的輝煌战果。

工农毛泽东思想宣传队，我們向您学习，向您致敬。回顾无产阶级文化大革命的烽火里程，每个关鍵时刻，都是您們——工人阶级对毛主席最忠，跟毛主席最紧。今天，您們又深入到大学，把战无不胜的毛泽东思想带到革命的大学生之中。可以相信，在榜样的带动下，在毛主席革命路綫的指引下，大学运动必将出现一个生动的嶄新局面，同样，也必将大大推动我們中学运动向前迅猛发展。

工农毛泽东思想宣传队，我們是您的最小最小的学生，您是我們最好最好的先生。今天，您們主动地来到我們知識青年中来，我們更要坚决地遵循伟大领袖毛主席**“知识分子必须与工农相结合”**的諄諄教导，向着您們的行列靠攏。

我們伟大领袖毛主席早就深刻地指出：**“人民民主专政需要工人阶级的领导。因为只有工人阶级最有远见，大公无私，最富于革命的彻底性。整个革命历史证明，没有工人阶级的领导，革命就要失败，有了工人阶级的领导，革命就胜利了。”**随着无产阶级文化大革命的深入进展，知識分子是否与工农相结合，已成为每个青年学生是否能够革命到底的关鍵。因此，誠誠懇懇地欢迎工农毛泽东思想宣传队到学校里来，恭恭敬敬地向他們学习，老老实实地在他們的帮助下，联合对敌，完成人民交給我們的一斗、二批、三改的光荣的历史使命，已成为明确摆在我們面前的大是大非的大問題。

纵观某些大学运动的现实，我們要大声发問：那种“鸡犬之声相聞，老死不相往来”的局面，难道还不需要狠狠打破嗎？那种“只有老子最造反，别人不許碰一碰”的“赵太爷”的臭架子，难道还不需要放下嗎？那种“群众斗群众，走资派高兴”的情况，难道还不需要根本扭轉嗎？那种反动的資产阶级的“多中心論”、“以我为中心論”，难道还不需要批倒批臭嗎？应該联合了！这是夺取无产阶級文化大革命全面胜利的需要，这是广大工农兵的要求，这也是我們中学紅卫兵战士的呼声。

我們伟大领袖毛主席最近深刻指出：**“我国有七亿人口，工人阶级是领导阶级。要充分发挥工人阶级在文化大革命中和一切工作中的领导作用。工人阶级也应当在斗争中不断提高自己的政治觉悟。”**組織工农毛泽东思想宣传队，是发揮工人阶級革命主力軍作用的最好形式，是毛主席的伟大战略部署。毛主席向首都工农毛泽东思想宣传队赠送的珍贵礼物就是威力无比的精神原子弹。毛主席支持我支持，毛主席热爱我热爱。工农毛泽东思想宣传队，我們再一次向您致敬！

工农毛泽东思想宣传队，正在阳光的照耀下成长壮大。让我們紅卫兵战士，以对毛主席伟大战略部署的无限忠誠，来学习它，热爱它，支持它，发展它，捍卫它。在它的推动下，夺取无产阶级文化大革命的新胜利！

把自己的一切献給毛主席

南开中学归国侨生　林　昞

我们伟大领袖毛主席号召我们青年学生到农村去，到边疆去，到祖国最需要的地方去，走与工农相结合的道路，这是毛主席他老人家对我们革命青年的最大关怀，最大爱护，为我们指出了一条通向共产主义的康庄大道。走与工农相结合的道路是保证社会主义的红色江山不变颜色的百年大计，千年大计，万年大计；是革命赋予我们的光荣的历史使命。毛主席教导我们说：**“艰苦的工作就象担子，摆在我们的面前，看我们敢不敢承担。”**我们应该走什么道路？应该为谁服务？这是一个根本的立场问题。怎样才算是对伟大领袖毛主席无限忠诚呢？忠不忠看行动！毛主席挥手我前进！我坚决响应毛主席的伟大号召，到农村去！到边疆去！到内蒙去！到牧区去！到革命最艰苦、最需要的地方去！和广大劳动人民同甘苦，共患难，同呼吸，共命运，虚心向贫下中农学习，干一辈子革命，改造一辈子世界观，做一名永远忠于毛主席，永远紧跟毛主席的无产阶级革命战士。

在我未下决心之前，思想上也是有过多次的反复，开始我想自己是刚归国的侨生，全家回来七、八口人，父母现在尚未给安排工作，因为父母都五、六十岁了，父亲不但不会讲普通话，同时又有高血压病症。母亲还患有十多年不治的糖尿病和严重的贤结石，身体很虚弱，病情较危险，自己的大弟弟又要等一年以后才可以分配，剩下的小弟弟与妹妹就更指不了。母亲还是希望我分配后能帮助家里解决生活问题，当时我是有不少思想顾虑的，我想我要是走了以后，我们吃国家补助还要延续多年。又想到我是刚从印尼赤道线回来的，现在马上就要跑到寒带去，而自己这虚弱的肉体和瘦小的骨架，到那边去是否能够适应呢？不要说是零下三十度的寒带，就是零下十七度的温带我还没有习惯，再加风俗、生活等方面的不习惯，实在是有些困难，开始有点想留在天津的念头。但是，我想到我们全家之所以能回到祖国幸福、温暖的怀抱，是党和毛主席把我们从万恶的印尼法西斯军人集团的铁蹄下抢救出来的，是党和毛主席使我摆脱了水深火热的灾难生活。我能平安地回到社会主义祖国，这是我最大的幸福，天大地大不如党和毛主席的恩情大。毛主席啊！毛主席，是您给了我第二次生命。广阔天宇盛不下您老人家对我们华侨的无限恩情；四海为墨，写不尽广大华侨对您老人家的无限信仰，无限崇拜；千歌万曲唱不尽我们对您老人家的无限热爱；千言万语也倾吐不尽我们对您老人家的无限忠诚。我向您老人家表示：誓把自己的一切献给您，献给革命，献给共产主义。

毛主席教导我们说：**“成千成万的先烈，为着人民的利益，在我们的前头英勇地牺牲了，……”**先烈们为了我们后一代的幸福生活，为了共产主义的早日到来，抛头颅，洒热血，敢于牺牲自己的一切，而我们为了建设社会主义，建设祖国的边疆，难道还有什么个人利益舍不得丢掉，个人私心舍不得抛弃吗？家里的事再大也是小事，国家的事再小也是大事！想到自己回来后对社会主义祖国还没有任何贡献，实在叫人惭愧内疚，我决心听毛主席的话，抛弃个人的小“我”，克服来自各方面的困难，服从祖国的需要，任祖国去挑选，到边疆去，到农村去，到牧区去，到革命最需要、最艰苦的地方去，保卫祖国的神圣领土，誓死捍卫用毛泽东思想打下来的红色江山，使之千秋万代永不变色。

战友讲用会

忠不忠　看行动

✢

为了伟大领袖毛主席和他老人家的革命事业，我们决心忠实地向贫下中农学习，与贫下中农紧紧地结合在一起，战胜一切困难，立志扎根在哲里木盟，做到心在边疆，志在边疆，扎根在边疆，把一生献给边疆，让边疆起宏图，草原换新装。

——天津市汾水道中学在哲盟安家落户青年

✢

毛主席啊毛主席，千条江河归大海，万颗红心向太阳，红卫兵的红心永远向着您，我们决心永远读您的书，听您的话，照您的指示办事，做您的好战士，为了保卫您的革命路线，我们刀山敢上，火海敢闯。海可枯，石可烂，我们红卫兵忠于您的红心永不变！

——天津市南丰路中学四十三名紅卫兵

✢

我们的战斗行动是

毛主席挥手我前进！

我们的战斗口号是

忠不忠看行动！

我们的战斗誓言是

誓将革命进行到底！

——天津市南丰路中学四十三名紅卫兵

毛主席啊毛主席，誓死捍卫您是我们最大的职责，捍卫您的光辉思想和革命路线是我们毕生的战斗任务，读您的红色宝书是我们终身的需要。

——天津市南丰路中学支边青年

我们一定要一辈子高举毛泽东思想伟大红旗，读毛主席的书，听毛主席的话，照毛主席的指示办事，做毛主席的好战士，做贫下中农的好后代！在三大革命运动实践中，不断地锤炼自己，一颗无限忠于毛主席革命路线的红心，誓做坚强可靠的无产阶级革命事业的红色接班人！

——天津市咸阳路中学支边青年

我们决心在火热的阶级斗争、路线斗争中锻炼自己，彻底改造世界观。红在边疆，志在边疆，在农村拜贫下中农为师，在广阔的天地里晒黑皮肤炼红思想，做一个无产阶级革命事业的接班人。

——天津市汾水道中学第一战斗组

我们决心扎根于贫下中农之中，虚心向贫下中农学习，与贫下中农结合在一起，迎着困难上，顶着困难冲，誓把自己的青春献给社会主义新农村。

——天津市南丰路中学支边青年

扎根深千丈，发芽苗又壮，誓作内蒙人，红专在边疆。

——天津市南开中学支边青年

农村是革命的大熔炉，它能磨炼人的意志，它能改造人的思想，我们坚决按照毛主席的教导，在农村这个火热的阶级斗争的战场中，站稳无产阶级立场，用毛泽东思想去分析一切，把无限忠于毛主席的红心锤炼得更红，把阶级斗争、路线斗争觉悟提得更高，永远跟着毛主席，在大风大浪中干革命！

——天津市南开中学支边青年

我们决心一辈子扎根在农村，一辈子扎根在贫下中农之中，做一辈子贫下中农的小学生，当一辈子人民的勤务员。

——天津市延安中学在哲盟安家落户知識青年

中学红卫兵　毛主席万岁　1968年8月16日　第三版

彻底批判反动的资产阶级的"多中心论"

肃清"多中心论"流毒，实现革命的大团结

齐　心

《人民日报》"八·五"社论，传达了毛主席的最新号令。社论告诉我们，在文化大革命节节胜利、步步深入的新形势下，伟大领袖毛主席向我们提出了更高的要求：在无产阶级司令部统一领导下，团结起来！我们必须紧跟，照办！

破坏、妨碍我们在毛泽东思想基础上实现革命大团结的，是为一小撮阶级敌人垂死挣扎所需要的反动的"多中心论"。它是一种山头主义、宗派主义、个人主义的反动谬论。它发源于一小撮阶级敌人，流毒于我们人民内部。

中了"多中心论"流毒的人，头脑膨胀，全身浮肿。对毛主席的每一个战略部署，每一个最新指示，不是步步紧跟，条条照办，而是从个人或小山头、小集团的立场出发，或者断章取义，各取所需，合口胃就干，不合口胃就散，采取实用主义态度；或者口是心非，言行不一，采取两面派手法！

中了"多中心论"流毒的人，眼睛朝天，腰向后弯。学校唯我独革，唯我独左，张口闭口过五关斩六将，只字不提自己的错误和缺点，明明自己犯了错误站错了队，却"老子比你们好得多"，明明自己落了伍，却躺在"功劳薄"上睡大觉，对自己越想越好，对别人越看越不顺眼。

中了"多中心论"流毒的人，派气十足，是非混乱。他们也讲团结的原则，也为了什么原则争吵不休，但他们讲的不是毛泽东思想的大原则，而是个人或小山头的"小原则"；他们划分阶级阵线，他们的是非好坏标准，不是用毛泽东思想，毛主席革命路线去衡量，而是以对"我"或"我的小山头"为依据，以上种种，如果不严重注意，痛下决心改造自己的立场和世界观，就会滑到危险的泥坑中去。

毛主席教导我们说：**"国家的统一，人民的团结，国内各民族的团结，这是我们的事业必定要胜利的基本保证。"**反动的"多中心论"，是阶级敌人在穷途末路中射向我们革命队伍的一支毒箭，是革命大联合和革命三结合的腐蚀剂，是我们实现革命大团结，贯彻毛主席革命路线，夺取无产阶级文化大革命全面胜利的拦路虎。一切决心将无产阶级文化大革命进行到底的同志们，必须刻苦地活学活用毛泽东思想，迅速提高阶级斗争和路线斗争觉悟，确立辩证唯物主义和历史唯物主义观点，加强革命的整体观念，加强革命的组织纪律性，把侵入我们肌体的反动"多中心论"的流毒彻底、干净消灭之。

让我们在以毛主席为首的无产阶级司令部的战斗号令下，统一意志，统一步伐，统一行动！实现革命的大团结！

打倒反动的资产阶级的"多中心论"，坚决捍卫以毛主席为首的无产阶级司令部这个唯一的中心，在以毛主席为首的无产阶级司令部的领导下团结起来，把无产阶级文化大革命进行到底。

彻底批判反动的「多中心論」

两年前，我们伟大领袖毛主席向我们发出了《炮打司令部》的伟大号召，并亲自带领全国亿万革命人民胜利地开展了史无前例的无产阶级文化大革命，彻底摧毁了以中国赫鲁晓夫为首的资产阶级司令部，取得了一个又一个的伟大胜利。广大革命人民对以毛主席为首、林副主席为副的无产阶级司令部更加无限热爱，无限忠诚。《人民日报》八月五日为纪念毛主席的《炮打司令部》发表两周年发表重要社论，号召亿万革命人民在以毛主席为首、林副主席为副的无产阶级司令部的领导下团结起来，批判反动的资产阶级「多中心论」，批判「以我为中心」的错误思想。这对于巩固无产阶级专政，巩固和发展新生的红色政权，夺取无产阶级文化大革命全面胜利，具有极其深刻的极其深远的意义。

「大海航行靠舵手，干革命靠毛泽东思想」，以毛主席为首、林副主席为副的无产阶级司令部，是全党、全军、全国和广大革命群众唯一的领导中心，不能有第二个中心。「多中心论」是反动的资产阶级山头主义，个人主义，是分裂革命队伍的腐蚀剂，我们必须及时识破、坚决粉碎阶级敌人的阴谋。「多中心论」是逆无产阶级革命轨道而行，他们对无产阶级司令部的战斗号令阳奉阴违，口是心非，符合胃口就执行，不符合胃口就置若网闻，拒绝执行。或者断章取义，采取实用主义的态度，他们对无产阶级司令部搞「多中心论」，对自己掌管的单位、部门，则搞独立王国他们判断是非，不是以对待无产阶级司令部抱什么态度作为标准，而是以对自己，或「对我这一派」是否拥护为标准。反动的「多中心论」完全违背全党、全军、全国和广大革命群众的根本利益，如果发展下去，就会走到脱离以致对抗无产阶级司令部的错误道路上去。

当前，阶级斗争是十分错综复杂的，各项工作千头万绪，但是紧跟以毛主席为首、林副主席为副的无产阶级司令部的一切战略部署，就能取得胜利。在我们革命队伍内部，切不可把各项工作对立起来，比如那种开展毕业教育工作就忘了清理阶级队伍的情况，那种实行精兵简政就丢了落实毛主席最新指示的情况……都是单纯军事观点，单纯任务挂帅的症状，都是反动的「多中心论」的表现。必须痛加批判，迅速改正。

实质上，当前我们开展的各项工作都是统一在毛主席革命路线上的，真正认识到这一点，对无产阶级司令部的一切战斗号令都能不折不扣的执行，那么我们就能无敌于天下。我们要同那种只看到小单位、小团体的利益，而置全国、全世界人民的利益于不顾，以「地区特殊」、「条件不同」等等为借口，拒绝执行或消极对抗以毛主席为首、林副主席为副的无产阶级司令部的伟大战略部署的错误思想和行为作坚决的斗争。

从我们革命队伍来说，「以我为中心」思想流毒的出现，是资产阶级思想在我们革命队伍内部的反映，是阶级敌人用糖弹向我们进攻的结果，热衷于搞山头主义的人，就是因为头脑膨胀，自以为是，成天老是「名誉」、「地位」之类的龌龊东西，有了这种资产阶级龌龊东西，就爱听捧场恭维话，对善意地规劝，则听不进，这样怎能不犯大错误呢？

红卫兵是文化大革命的先锋，过去我们紧跟毛主席的伟大战略部署，造了资产阶级司令部的反，造了资产阶级反动路线的反。今天我们在无产阶级司令部的领导下，统一意志，统一步伐，统一行动，坚决贯彻、执行、全面落实毛主席的一系列最新指示，彻底批判反动的「多中心论」，继续发扬不到长城非好汉的革命造反精神，在捍卫毛主席为首、林副主席为副的无产阶级司令部和保卫毛主席的斗争中，在夺取文化大革命全面胜利的过程中，再为人民立新功！

向阳

汇成伟大的历史洪流

（上接第一版）

我們高兴地看到許多优秀的紅卫兵和紅卫兵的头头、骨干，紛紛爭先恐后地到了边疆、农村。但也有些人被資产阶級世界观迷住了心窍，总想鉆一条与毛主席指出的青年运动方向相对抗的死道。和工农相結合，是毛主席提出的青年运动方向，在社会主义时期，毛主席又极大地丰富和发展了青年运动方向，提出：**"一切可以到农村中去工作的这样的知识分子，应当高兴地到那里去。农村是一个广阔的天地，在那里是可以大有作为的。"**但有些人却拼死命地抵制这一伟大教导，打出种种借口。例如：有的人整天打与工人結合的幌子，鄙弃到农村去的方向，还振振有詞，实质上就是想带着顽固的資产阶級世界观鉆进工人队伍之中。

一切毕业生都应該努力学习毛主席对青年的一貫教导，高高兴兴地自觉与工农相結合，到农村去，到边疆去。紅卫兵和一切革命青年，应該彻底与旧的习惯势力决裂，与旧的势力作斗爭。伟大舵手毛主席一直給我們开辟着与工农相結合的广闊道路，只要我們老老实实地按毛主席的指示办事，革命的先鋒和主力軍相結合，必将汇成伟大的历史洪流。

紅卫兵是阶級斗爭的产物，从她誕生到发展，始終存在着两条路綫的斗爭，各种非无产阶級思想无不影响到紅卫兵队伍中，因而必須鏟除各种非无产阶級思想，建設一支永远朝气勃勃的解放軍化的队伍。

毛主席一再一再地教导我們：无产阶级**"只有解放全人类才能最后解放无产阶级自己"**。让我們**"团结一切可以团结的人们，"**每个紅卫兵負責人尤其应該注意，要說服群众，要把一切可以团結的力量和人，尽自己最大的努力統統地团結在毛主席的周围。尤其是要注意团結那些**"和自己意见不同的人，还要善于团结那些反对过自己并且已被实践证明是犯了错误的人。"**不能感情代替政策，要严格区别两类不同性质的矛盾，不能把同志推到敌人一边，壮大敌人的陣营。

紅卫兵的两年历史，使我們深深地尝到了**"对反动派造反有理"**的甜头，继续高举**"对反动派造反有理"**的大旗，向着旧世界继续猛杀猛砍。帝国主义还存在，修正主义、各国反动派还很嚣张，就是那些被打倒的落水狗走資派，地、富、反、坏、右，这些人賊心不死，我們怎能松劲手軟，或刀枪入庫，馬放南山？要干，要继续干，永远对反动派、帝修反造反！

毛主席教导我們：**"向解放军学政治，学军事，学四个第一，学三八作风，学三大纪律八项注意，加强组织纪律性。"**伟大的中国人民解放軍在毛主席的教导下，林副主席亲自提出了一整套政治工作的經驗，对于这一整套政治工作經驗，紅卫兵小将必須真正学到手，虚心向解放軍学习　要着重政治建設紅卫兵的各級組織，真正把紅卫兵办成一支无限忠于毛主席，非常革命化、战斗化的优秀青年的先鋒队伍，要真正做到令能动，禁能止的象样的解放軍的后备軍。

同志們，紅卫兵战友們，坚决鏟除我們队伍中的一切剝削阶級思想，象反对資产阶級流派一样，造成一个浩浩蕩蕩的声势，反对并彻底批判反动的資产阶級"多中心論"，沿着毛主席指引的航向，老老实实地做工农民众的小学生，与工农民众汇成伟大的历史洪流，英雄的紅卫兵要在新形势下为人民再立新功！

中学红卫兵　　毛主席万岁　　1968年8月16日　第四版

毛主席的紅卫兵万岁！

跟着您啊毛主席

·颂东兵·

朝霞激浪映红日，
旗海人潮伴歌声。
山在欢呼呵，
海在歌唱，
欢呼这伟大的日子，
歌唱东升的红太阳。

两年前的今天呵，
伟大领袖穿军装。
领章、帽徽霞光放呀，
神州七亿歌声扬；
草原乐来雪山笑，
江河奏起新乐章。

伟大的领袖啊毛主席，
革命航道您开辟。
安源工潮您发动呵，
井冈烈火您燃起，
延安烛光指航向呀，
北京掀开新世纪。

伟大的领袖啊毛主席，
亿万人民仰望您。
韶山的旭日呵，
照亮革命途万里，
今天的艳阳中天照呵，
喜看全球风雷激。

跟随着您啊毛主席，
革命高擎造反旗，
百万大军捣魔穴呵，
刘邓、万张魂去矣。

跟随着您啊毛主席，
四旧尘埃皆荡涤。
八月风暴狂涛猛呵，
地、富、反、坏阴中泣。

跟随着您啊毛主席，
战天斗地走万里。
革命火种我传播呵，
红军故道新篇起。

跟随着您啊毛主席，
横刀策马鏖战急。
斩妖戳怪流血汗呵，
为保三红无所惜。

跟随着您啊毛主席，
迎来曙光万杆旗。
您挥巨臂我前进呀，
革命路上永无敌。

伟大的领袖啊毛主席，
我们永远忠于您。
心坚胆壮骨头硬呵，
革命到底志不移！

大海航行靠舵手

1＝C　2/4
中速　稍快

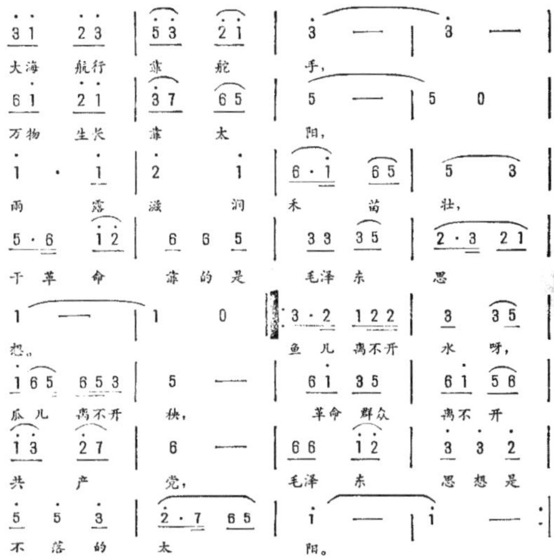

献给英雄的红卫兵

——纪念毛主席"八·一八"接見紅卫兵两周年

天津钢厂丝绳分厂　邹春明

山还是那样高，
　天还是那样蓝，
水还是那样清，
　花还是那样妍……
可是我伟大的祖国啊，
却发生了如此的——
巨变！

无产阶级文化大革命——
是毛主席亲自点燃！
虽不曾听到隆隆的炮声，
虽不曾见到滚滚的硝烟；
然而咱分明知道：
这是一场尖锐的阶级斗争，
这是一场激烈的鏖战！

两年啊，并不长，
只不过是历史长河中——
一个小小的波澜！
两年啊，并不短，
因为在世界上——
开创了毛泽东思想的新纪元！

（一）

红卫兵的战旗啊，
映红了祖国的——
　江河，山川……
红卫兵小将啊，
遍布祖国的——
　城镇、边关……

为了保卫毛主席，
红卫兵啊，
象旭日出现在——
东方的地平线！

红卫兵的功绩，
——谁不为之赞叹？
红卫兵的威力，
——吓坏了帝、修、反……

曾记否？
那激动人心的场面：
手捧宝书，敢造反！
"造反有理"的大旗，
——迎风展！
管它什么旧思想、旧风俗，
　旧势力、旧习惯……
——彻底把它砸烂！
用毛泽东思想做武器，
杀向社会啊，
打倒中国的赫鲁晓夫！
把资产阶级司令部，
——彻底戳穿！
让它们永世不得把身翻！

为了保卫毛主席！
你看那"红卫兵"袖章，
——放光焰！
你看那"造反"的脚步，
——不停闲！

你看那颗颗红心，
——永向毛主席！
粉身碎骨啊，
——也情愿。
毛主席的接见，
是最大的支持！
是巨大的鼓舞！
更坚定了红卫兵——
保卫毛主席的信念！

诗人啊！
这激动人心的场面，
不必构思，不必挑选，
就是一首壮丽的诗篇。

（二）

天——
是父辈劈开的天，
路——
是父辈踏出的路，
"红卫兵"战旗哟——
是父辈的热血染……

为了捍卫这壮丽的河山，
为了珍惜这生活的甘甜；
红卫兵小将啊，
高举"长征"的大旗，
——**"不怕远征难"**！

重登上那——
巍巍的井岗山，
更牢记了：
"星星之火，可以燎原"，
重访那——
延安、枣园……
一轮红日啊，
——永远温暖心田。

踏上广阔的天安门广场，
来到毛主席的身边！
举手庄重发誓言：
"红卫兵无限忠于您！
跟着您干革命，
——直到那世界红遍！"

（三）

"红卫兵"战旗哟，
——旗更艳！
红卫兵小将啊，
　——任重而道远！
咱工人阶级，
最支持你们！
和你们共同战斗，
——肩并肩！
在这红八月里，
把这朴素的诗篇啊，
——向你们奉献！
愿你们无限忠于毛主席！
无限忠于毛主席的革命路线，
——接好革命班！

欢迎批评　欢迎来稿　本报通讯地址：湖南路（六十一中内）　电话：3·3059　订阅处：全市各大邮局、部分报刊亭（集体去订）

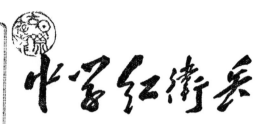

“七·三”布告是毛主席的伟大战略部署。广泛、深入地向群众宣传“七·三”布告，造成浩大的声势，是分清敌我，团結、教育和保护广大革命群众，彻底孤立阶級敌人，揭露和打击一小撮叛徒、特务、死不悔改的走資派和沒有改造好的地、富、反、坏、右分子的反革命破坏活动的一項极其重要的措施。望你們立即检查一下宣传工作的情况，沒有抓紧的要抓紧，領导不得力的要迅速加强。此种宣传，应当同拥軍爱民联系起来，同当地开展对敌斗争的具体情况联系起来，同清理本地本单位的阶級队伍、开展革命大批判等項工作結合起来，力求深入人心，家喻戶晓。

——摘自中共中央、国务院、中央軍委、中央文革关于轉发湖南駐軍支左領导小組《宣传貫徹“七·三”布告情况》的通知

中学红衛兵

天津市中等学校红卫兵代表大会常务委员会机关报

第38期 1968年8月21日 星期三

萧思明同志在天津市革命委员会第四次全委扩大会议上

关于宣傳、貫徹“七·三”、“七·二四”布告情况和下一步部署的汇报

編者按：目前天津市无产阶级文化大革命的形势和全国一样空前大好。广大的革命群众、广大的红卫兵小将充分地发动起来了，一小撮阶级敌人穷途末路，越来越孤立了。

但是，在大好形势下我们也必须清醒地看到：国外，帝国主义依然存在，现代修正主义还在嚣张；国内，一小撮被推翻了的阶级敌人，他们人还在心不死，他们还在做着最后的、拼死的挣扎。最近在一些地方，这一小撮人还连续地冲击解放军，抢夺武器弹药；破坏铁路、桥梁，切断交通；破坏抓革命、促生产，扰乱社会治安。所有这一切都是为了实现他们颠复无产阶级专政，妄图复辟资本主义的狼子野心。对于这一小撮死心塌地与人民为敌到底的阶级敌人，我们的态度就是镇压！镇压！！毫不留情地坚决彻底地镇压！！！直到把他们最后消灭。

“七·三”、“七·二四”布告，是毛主席的又一伟大战略部署，是组织起浩浩荡荡的革命大军，向一小撮阶级敌人发动全面总攻的信号弹。广泛、深入地向群众宣传“七·三”、“七·二四”布告，造成浩大的声势，是分清敌我，团结、教育和保护广大革命群众，彻底孤立阶级敌人，揭露和打击一小撮叛徒、特务、死不悔改的走资派和没有改造好的地、富、反、坏、右分子的反革命破坏活动的一项极其重大的措施。“七·三”、“七·二四”布告“七·二四”布告，是当前最大的政治，最大的中心，是最主要的工作。我们必须紧跟无产阶级司令部，统一意志，统一步伐，统一行动！

同志们：

最近以来，伟大领袖毛主席发出了一系列最新的重要指示，向首都工农毛泽东思想宣传队赠送芒果，接见首都工农毛泽东思想宣传队、首都工人毛泽东思想宣传队和首都工人代表，接见几大军区代表，喜讯一个接一个传来。这是伟大领袖毛主席对工人阶级和全国工农兵群众的最大关怀，最大信任，最大支持，最大鼓舞，最大鞭策！让我们衷心地祝愿伟大万寿无疆！万寿无疆！

敬祝毛主席的亲密战友，我们的副统帅林副主席身体健康！永远健康！永远健康！

我们这次全委扩大会议，中心议题，就是学习、研究如何进一步宣传、贯彻伟大领袖毛主席亲自批准的“七·三”布告、“七·二四”布告、“八·四”通知和毛主席“七·一八”重要批示，以便把革命大批判和清理阶级队伍的工作进一步引向深入，团结一切可以团结的革命力量，进一步狠批、深挖一小撮阶级敌人。

现在，我把天津市前一段宣传、贯彻“七·三”布告和“七·二四”布告的情况和下一步部署的建议，作如下汇报，请同志们讨论，提出意见。

自从七月二十五日，市革委会召开传达毛主席“七·一八”重要批示，宣传、贯彻“七·三”布告动员大会以后，全市军民积极行单位、各革命群众组织、“三支”“两军”各部队组织了不小的力量，军民合作，广泛开展了宣传、贯彻“七·三”布告和“七·二四”布告的活动，取得了很大成绩。

（下转第三版）

在“七·三”、“七·二四”布告指引下，夺取新胜利！

社论

“七·三”、“七·二四”布告是毛主席的伟大战略部署，从“七·三”布告以来，以毛主席为首的党中央对文化大革命作了极其严密的战略部署。“七·三”布告、“七·一八”批示、“七·二四”布告、“七·二八”召见北京大专红代会核心组的指示、“八·四”批示，到最近毛主席对工人阶级的最新指示和接见工农毛泽东思想宣传队，充分地说明了毛主席已经把文化大革命对敌斗争提到了一个新阶段，作了新的部署。党中央毛主席要求我们团结一切可以团结的力量，毫不留情地打击一小撮阶级敌人。

毛主席这一战略部署不但适用于广西、陕西、芜湖、清华，而且适用于全国；不但适用于武斗的地方，而且适用于没有武斗的地方；不但适用于未成立革命委員会的地方，而且适用于成立革命委員会的地方。

这是一个关键的时刻，又是一个新的考验，新的站队时刻，每个红卫兵战士在这个关键时刻，必须挺身站出来，坚决站在毛主席革命路线一边，紧跟毛主席这一伟大战略部署，紧紧跟上以毛主席为首的党中央！

要紧紧跟上以毛主席为首的党中央，就必须彻底批判反动的“多中心论”，在毛主席这一战略部署的统一布置下，统一意志，统一步伐，统一行动，和本单位的清理阶级队伍和查收物资运动结合起来。以“七·三”、“七·二四”布告作为对敌斗争的武器，狠狠地向一小撮阶级敌人开火。

中等学校的干部和教职员工的队伍，是很复杂的，混进了大批的国民党残渣余孽，没有改造好地富反坏右分子，还有相当数量的乱七八糟的人，虽不够敌我矛盾，但也不够当一名人民教师的条件，所以教职員工清理阶级队伍的工作之重，任务之大，情况之复杂，都是其它许多行业所不能比拟的。为此，各级红卫兵组织要全力抓好清理教职工队伍的工作，并根据“七·三”布告讲的党的历来的政策，坦白从宽，抗拒从严，首恶必办，胁从不问，受蒙蔽无罪，反戈一击有功的原则，严格区分两类不同性质的矛盾，团结一切可以团结的力量，打击一小撮阶级敌人。这就需要坚决执行党的政策，坚决执行“七·三”、“七·二四”布告，要文斗，不要武斗，不许随便打人，随意抓人，随意扣压。今天有的单位还屡屡出现这些现象，是绝对不允许的，要进行处理。对广大的红卫兵要反复进行“七·三”、“七·二四”布告的教育，不但要敢于斗争，还要善于斗争，要培养广大红卫兵善于学习，善于开动机器的习惯，不要惯宠一些不读书，不看报，头脑简单，只会动手动拳的坏习气。以防止阶级敌人挑动群众，打击有不同意见的无产阶级革命派，把水搅混，放过了真正的敌人。

对于确有证据的杀人或欧打成性的人，要抓住典型处理。

同时必须指出，中等学校之中也存在着极少数联动式的败类和一些流氓，在扫四旧和“大联筹”猖狂时期，混水摸鱼，进行打、砸、抢，大发其财。有的是资产阶级思想影响。更有一批“大联筹”的个别铁杆中，存有不少武斗凶器。总之，有不少武器财物，漂流于上述人之中。对此，各校要尽快组织人力，按照“七·五”布告进行清理。要教育这些人把东西交出来。但值得指出的是，犯错误的人大多数还是人民内部矛盾，因此要以教育为主，发扬自我革命精神。但对一小撮情节严重的刑犯，要严肃处理。

学校清理的重点，仍然是一小撮阶级敌人。不能把重点引向广大同学，这是不能动摇的。

同志们，让我们在毛主席一系列最新指示的指引下，按照毛主席新的战略部署，坚决彻底地清理阶级队伍，团结一切可以团结的力量，毫不留情地打击一小撮阶级敌人，在“七·三”“七·二四”布告指引下，夺取新胜利！

中学红卫兵　　毛主席万岁　　1968年8月21日　第二版

社论

青年运动唯一正确的方向

——学习人民日报社論《坚定地走上同工农兵相結合的道路》

人类历史上沒有先例的无产阶级文化大革命，正沿着我們伟大統帅毛主席开辟的航道，向着全面胜利勇猛前进。革命带来的伟大变革正在深刻显示，工人阶级革命主力軍的作用正在充分发揮，我們知識青年、学生青年的小资产阶级革命不彻底性，正在逐漸暴露。

今日向何方？是紧跟亿万人民的雄伟步伐，将革命进行到底？还是脱离火車头的軌道，走向革命的反面？这个不可避免的問題已刻不容緩地等待着我們每个人，尤其是毕业生的答复。

人民日报八月十八日社論，又一次响亮地向我們紅卫兵战士、革命学生传达了以毛主席为首、林副主席为副的无产阶级司令部的战斗号令：坚定地走上同工农兵相結合的道路。

在知識青年与工农兵相結合的空前寬广的道路上，成千成万的革命战友正大踏步挺进。但是，我們也必須看到，在革命跨入新阶段的阶梯上，在继续革命，还是半途而废的路口前，一些人在徘徊，在犹豫，在观望，正畏缩不前。看看吧！他們中的某些人，状态是多么丑恶，多么可鄙。他們有的还在被“万般皆下品，唯有讀书高”的桎梏鎖住手脚；有的正在反来复去地为中国赫魯晓夫上山下乡“吃小亏，占大便宜”，披上“紅色外衣”；有的正伸着脖子，朝天窺测，“我的十几年学历，我的大学文凭，可别丢呀！”他在咿咿呀呀地咀咒；有的则沒完沒了地吃着，左手拿着的是资历，右手捏着的是本錢，嘴中哼哼的是“老子两年前……”。这些形形色色的样子，难道还不够丑嗎？这些停滞不前的倾向，难道还不够危险嗎？請問这些人，在教育陣地发生翻天复地变化的今天，你怎么还墨守封、资、修的那一套章法？你怎么竟看不見无比宽闊的青年运动唯一正确的方向？是“私”字絞住了脚步，是“我”字遮住了眼睛，你中了“刘毒”！

你嫌工人、貧下中农身上有油污、有泥巴嗎？可你知道衣服是工人用劳动制成的嗎？粮食是貧下中农用汗水浇灌的嗎？每天吃着工农的飯，却不与工农相結合，这是哪家的道理？！“**拿未曾改造的知识分子和工人农民比较，就觉得知识分子不干净了，最干净的还是工人农民，尽管他们手是黑的，脚上有牛屎，还是比资产阶级和小资产阶级知识分子都干净。**”

你說“老子过去造反，今天可以挑拣”嗎？你真有着被革命列車甩下去的危险。历史的教訓将会回答：你至多是个革命的同路人，寬闊的大道上，你走的是边道。“**革命的或不革命的或反革命的知识分子的最后的分界，看其是否愿意并且实行和工农民众相结合。**”这是一条千真万确的真理。奉劝同志，千万别在最后分界綫上被淘汰啊！

伟大統帅毛主席早就为我們指出了青年运动唯一正确的方向。他說：“**根本的革命力量是工农，革命的领导阶级是工人阶级。**”“**看一个青年是不是革命的，拿什么做标准呢？拿什么去辩别他呢？只有一个标准，这就是看他愿意不愿意、并且实行不实行和广大的工农群众结合在一块。**”想脫离这个大方向，另找出路，只能陷入资产阶级的方向。注意，小心泥坑！

我們伟大领袖毛主席最近深刻指出：“**我国有七亿人口，工人阶级是领导阶级。要充分发挥工人阶级在文化大革命中和一切工作中的领导作用。**”历史是工农創造的，工农是历史的主人。在我們无产阶级专政的国家，一切要革命的知識分子，都必須向着工农靠攏，在毛主席的无产阶級司令部的統帅下，和工农汇成一支伟大的历史洪流，这支洪流是不可抗拒的。那种輕視工农，沒有知識却又自以为了不起的“知識分子”們，快快放下臭架子吧！在此也奉劝那一小部分一心惦记躂着高中文凭爬入大学的人們，死了心吧。让头脑中的污秽見見太阳，走上海机床厂的道路，走同工农兵相結合的道路。

工农兵是我們知識青年最好最好的先生，农村、边疆、工矿、基层，是鍛炼青年一代的革命大熔炉。战友們，让我們沿着毛主席指引的青年运动唯一正确的方向，前进，不停顿地前进！

彻底批判反动的「多中心论」，到祖国最艰苦的地方去！

·赤　号·

海河在唱，红旗在笑。

一批肩负着祖国人民的重托，背负着历史所赋予我们的伟大使命的革命青年，正在任祖国挑选，即将投入新的战斗岗位，奔向新的战场。这就是祖国的前途，世界的希望。在此向这些革命战士致以最崇高的战斗敬礼！向你们学习！向你们致敬！

忆往昔峥嵘岁月稠。

在大风大浪中击水，在阶级斗争的旋涡中翻滚，在史无前例的文化大革命中冲锋陷阵的革命战士，在那充满着撕与杀、烟与火、血与汗的战斗洗礼中度过了终生难忘最有意义的两个春天。想我们伟大领袖毛主席之所想，急我们伟大领袖毛主席之所急。为了保卫毛主席，保卫战无不胜的毛泽东思想，保卫毛主席的无产阶级革命路线，毛主席吹号我们冲，毛主席发令我们行！

今天，以我们伟大领袖毛主席为首的无产阶级司令部又向我们发出了“四个面向”的伟大号令，给我们指出了与工农相结合的前进方向。毛主席指出：“**一切可以到农村中去工作的这样的知识分子，应当高兴地到那里去**”。还说：“**中国广大的革命知识分子应该觉悟到将自己和广大农民结合起来的必要。农民正需要他们，等待他们的援助。**”这就是对我们的一个新的考验，严峻的考验！

是贪图城市生活享受呢？还是听毛主席的话，任祖国挑选呢？

回顾以往所走的战斗历程，使我们深深体会到，每当我们坚决执行毛主席的无产阶级司令部的命令，坚决按照毛主席指示办事的时候，就感到心明眼亮，有方向，革命斗争就能顺利发展，不断取得胜利；每当我们对毛主席指示学的不认真，贯彻执行不坚决的时候，就感到心无主张，没有方向，革命斗争就会受到挫折和失败，就会堕入泥坑！实践告诉了我们当今时代的一个伟大真理：紧跟毛主席就是胜利！

同志们，让我们永远忠于伟大领袖毛主席，永远忠于以毛主席为首的无产阶级司令部，紧跟无产阶级司令部的每一个伟大战略部署，毛主席怎样说我们就怎样做！到农村去，到边疆去，沿着与工农兵相结合的革命道路奋勇前进！

但是，无产阶级文化大革命越是向前发展，阶级斗争，两条路线的斗争越是尖锐复杂，所谓反动的资产阶级“多中心论”也又重新冒了出来，继续干扰毛主席的伟大战略部署，妨碍了毛主席无产阶级革命路线的贯彻执行。“多中心论”其实就是我们伟大领袖毛主席早已批判过的“以我为核心”的论调，其流毒不小，应该彻底批判，彻底肃清。

一些人受了“多中心论”的影响，不执行毛主席司令部的伟大号令，却迷恋城市生活，留恋自己的小家庭，紧紧地抱住什么“个人理想”、“个人前途”、“个人利益不放，大搞什么“要照顾个人”，“要为着我想”。这些人把个人利益，小集团的利益摆在无产阶级整体利益之上，对毛主席无产阶级司令部的声音，符合自己胃口的就执行，不符合的就听不进去，事事以我为标准，他们有时也加上一些美妙的词语，装上一些好看的门面，但这些都不过是反毛泽东思想的修正主义货色，这样就很容易使阶级敌人趁机造谣惑众，挑拨离间，破坏革命群众在以毛主席为首的无产阶级司令部领导下的团结，破坏我们走与工农相结合的革命道路！

同志们，沿着以我为核心搞下去就会中了阶级敌人的奸计，走上斜路！今天在纪念毛主席《**炮打司令部**》和《十六条》发表两周年和毛主席第一次接见红卫兵两周年节日里，我们应决心更紧密地团结在唯一的领导中心——以毛主席为首、林副主席为副的无产阶级司令部周围，统一意志，统一步伐，统一行动，全面落实毛主席一系列最新指示，将革命进行到底！听！战斗命令下达了！冲锋号吹响了！同志们，让我们迈起雄壮的步伐，在以工农兵相结合的革命大道上勇猛前进！

原载五十三中《卫三红》报

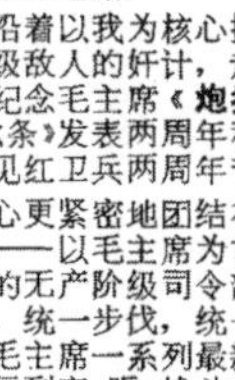

离了工农，一事无成

应届毕业生　黎　钟

毛主席最近教导我们说：「**大学还是要办的，**」我**这里主要说的是理工科大学还要办，但学制要缩短，教育要革命，要无产阶级政治挂帅，走上海机床厂从工人中培养技术人员的道路。要从有实践经验的工人农民中间选拔学生，到学校学几年以后，又回到生产实践中去。**」伟大领袖毛主席最集中地代表了广大革命人民群众的根本利益，毛主席他老人家的教导说出了广大工农民众的肺腑之言！

最近，毛主席他老人家又向北京工农毛泽东思想宣传队赠送珍贵礼物，这是全国工人阶级、贫下中农的最大爱护、最大鞭策！一个国家的最高统帅，向普通的工人农民赠送珍贵礼物，自从盘古开天地，历史上有过这种事情吗？没有，绝对没有的！工农民众，这在历史上一直被剥削，受压迫的卑贱者，今天成了伟大社会主义祖国的主人，颠倒的历史被我们的最高红司令毛主席亲自颠倒过来了！

「**群众是真正的英雄**」！我们——经历了两年文化大革命战斗洗礼的毛主席的最忠实的红小兵，在面临毕业，即将走向工农民众的今天，重温伟大领袖毛主席的教导，感到格外的亲切！

「**和工农民众相结合。**」这是毛主席向我们革命青年发出的伟大号召，也是毛主席他老人家几十年革命实践的最集中、最正确的高度概括。从手拿旧雨伞去安源，到率领起义军上井岗山，从指挥红军取得四次反围剿、二万五千里长征的胜利，到统帅千军万马彻底推翻了压在中国人民头上的三座大山，毛主席他老人家为我们树立了和广大的工农民众相结合的最光辉的榜样，毛主席最相信群众，最尊重群众，最能代表人民群众的根本利益，群众最热爱毛主席，最拥护毛主席！

没有人民群众，我们的衣食住行就得不到保证，离开了工农民众，我们的思想感情就起变化，脱离了工农民众，就会出修正主义，红色政权就会改变颜色，没有人民群众，就没有世界上的一切！正如毛主席所说：「**不和工农民众相结合，则将一事无成。**」

现在，我们将要毕业了，就要投身到工农民众中去了，我们的心情格外激动！想想看，我们上学读书，是广大的工农民众创造的良好条件，我们的知识，是工农民众所给的。今天，我们又回到工农群众中去，把人民给我们的知识还给人民，这是理所当然的事情！我们就是要逆刘邓、万张之道而行，就是要响应无产阶级司令部「四个面向」的伟大号召，到工农民众中去，和他们相结合，在三大革命的泥沙油污中磨炼自己，做无产阶级革命事业的坚强可靠的接班人！

中学红卫兵　毛主席万岁　1968年8月21日　第三版

关于宣传、贯彻“七·三”“七·二四”布告情况和下一步部署的汇报

（上接第一版）

第一，广大革命群众受到了深刻的教育和极大的鼓舞，提高了阶级斗争和两条路线斗争的觉悟。毛主席亲自批发的两个布告，大长了无产阶级的志气，大灭了阶级敌人的威风。革命群众说：“布告是为我们撑腰的。”有的工人同志说：“我们单位前一段没有紧跟毛主席伟大战略部署，对不起毛主席，我们一定要狠斗私心，紧紧跟上，决不上敌人的当。”第一塑料厂，在驻厂解放军毛泽东思想宣传队的帮助下，经过宣传两个“布告”，发动了群众，揪出了黑手，揭开了阶级斗争盖子，进一步巩固了革命大联合，革命三结合。

第二，“布告”同群众见面以后，发挥了巨大的威力，推动了对敌斗争。如有的单位揪出了隐藏的反革命分子，有的揭发了阶级敌人的破坏活动，有的破获了重要案件，象棉纺二厂就抓住了书写和投寄反革命匿名信的现行反革命分子。在两个“布告”的强大攻势下，有的阶级敌人交代了自己的罪恶，还有不少人交代了问题。红桥区塑料六厂就有十二人交代了自己的问题，其中有七人属于政治历史问题。河西区有人交出了隐藏的手枪和子弹。

第三，收交了一批武斗工具、器材和打砸抢来的财物。据初步统计，截至目前共收交武斗工具、器材一万二千二百多件，其中有土炮、土枪、大刀、匕首、长矛、土地雷、雷管、自制手榴弹、小口径步枪、硫酸、火碱、自制催泪弹等等。还交出各种财物约一万六千六百余件，内有汽车轮胎、打字机、电话机、棉毯、棉被、衣服、军装以及金戒指和现款。天津造纸七厂、天津实验厂等单位交出的大刀、古巴刀、长矛、信号枪、匕首等武斗工具、器材，就有三百多件。××厂一些人交出了从三五二七厂抢来的棉被、桌子、自行车、电话机十余件，现款一千余元。东风绒布厂一些人交出了土炮七门、炸药二十一斤、大刀二十六把、短刀八把、火枪二十五支、扎枪三十支，也有的单位自动拆除了武斗工事。上述例子还有很多。

第四，进一步促进、巩固和发展了革命的大联合和三结合。例如，和平区一片，有十二个厂过去联合的不好，经过宣传“布告”，十一个有明显的进步，其中有三个所谓“钉子户”，已有两个建立了革命委员会。六所尚未联合的大学，已有两所达成了建立革命委员会的协议。其他大学，也都有进步。

但是，按照毛主席的最新指示、“七·一八”重要批示和中央通知来检查，我们宣传、贯彻两个“布告”的工作还是有很大距离的。我们的宣传、贯彻工作，还没有完全造成浩大的声势，没有形成一个大规模的、持续不断的高潮。主要是我们还抓得不紧，抓得不狠，没有完全把宣传、贯彻两个“布告”当作一个强大动力，摆在一切工作的中心位置上来抓；群众发动的深度和广度还不够，发展也很不平衡；比如在郊区、市区的一些地方，还有的群众不知道有“七·三”布告和“七·二四”布告；狠抓落实不够，一是宣传、贯彻工作的组织措施还不落实，一是宣传两个“布告”同本单位、本部门阶级斗争实际结合得不够紧密，对一些重点单位和重点问题，抓得不够有力，有些老大难问题没有从根本上得到解决。

我们必须采取有力措施，遵照毛主席指示和中央通知，进一步加强领导，把宣传、贯彻“七·三”和“七·二四”布告，在全市掀起一个新高潮。

我们当前的中心任务，就是高举毛泽东思想伟大红旗，在以毛主席为首、林副主席为副的无产阶级司令部的英明领导下，统一意志，统一步伐，统一行动，坚决贯彻毛主席一系列最新指示，彻底批判反动的资产阶级“多中心既无中心论”，集中力量，把宣传、贯彻毛主席最新指示和“七·三”、“七·二四”布告，作为当前一切工作的中心。要持续地开展强大的宣传攻势，放手发动群众，作为深入细致的政治思想工作，使“七·三”布告和“七·二四”布告，深入人心，家喻户晓。以此为动力，推动革命大批判，清理阶级队伍，团结一切可以团结的力量，狠批深挖一小撮阶级敌人，把对敌斗争引向深入，推动我市无产阶级文化大革命迅猛发展。

第一，必须进一步提高对“七·三”布告和“七·二四”布告的认識

“七·三”布告和“七·二四”布告，是毛主席的伟大战略部署。是以毛主席为首、林副主席为副的无产阶级司令部，在全国无产阶级文化大革命接近全面胜利的大好形势下，发布的新的战斗号令。七月十八日，毛主席又对湖南驻军支左领导小组的报告做了重要批示，中央根据毛主席的批示，对宣传、贯彻“七·三”布告的工作发出了重要通知。八月四日，毛主席又批发了中央关于转发安徽省革委会、××军党委《处理芜湖问题的综合报告》的通知。中央在通知中指出：“‘七·三’布告、‘七·二四’布告是毛主席的伟大战略部署，它是推动各地区无产阶级文化大革命向前迅猛发展的有力武器，对全国各地都有普遍指导意义。只要把‘七·三’布告、‘七·二四’布告的宣传同本地区、本部门、本单位的阶级斗争结合起来，同拥军爱民结合起来，持续地开展强大的宣传攻势，放手发动群众，充分作好政治思想工作，就能使‘七·三’布告、‘七·二四’布告深入人心，家喻户晓，收到立竿见影的效果。”

我们对“七·三”布告、“七·二四”布告伟大意义的认识，在宣传、落实过程中，不断地提高和加深。但总的来说，还是不够的。前一段我们宣传运动声势不大，主要是由于我们对“布告”的伟大意义认识不够，同时，也由于我们存在着自满情绪，满足于天津市基本上没有武斗，满足于清理阶级队伍、对敌斗争有成绩，满足于天津形势好。对布告的精神，我们必须重新学习，反复学习，深刻领会，狠抓落实。

“布告”是具有普遍指导意义的。有的同志到现在还认为，“布告”是对广西和陕西的。这是错误的。“布告”的主要精神，就是团结一切可以团结的力量，稳、准、狠地打击一小撮阶级敌人，这就是毛主席的伟大战略部署。不论什么地区、什么单位，都是普遍适用的。“布告”要求把斗争矛头对准破坏无产阶级专政、破坏无产阶级文化大革命、破坏国家社会主义建设的一小撮阶级敌人；“布告”要求深入、细致地作好政治思想工作，启发受蒙蔽的群众起来检举、揭发坏人；“布告”要求认真贯彻执行党的坦白从宽、抗拒从严，首恶必办、胁从不问，受蒙蔽无罪、反戈一击有功的政策；“布告”要求严格区分两类不同性质的矛盾，充分发动群众起来和坏人坏事作斗争。所有这些，都具有普遍指导意义。不仅适用于没有实现大联合的单位，而且适用于已经联合的单位；不仅适用于尚未建立革委会的单位，而且适用于已经建立革委会的单位；不仅适用于还没揭开阶级斗争盖子的单位，而且适用于已经揭开阶级斗争盖子的单位；不仅适用于发生武斗的单位，而且适用于没有武斗的单位。总之，适用于一切单位。谁要是离开“布告”的精神，就会走到邪路上去。这一段实践也充分证明：“布告”对于我们正在深入开展的革命大批判，进一步做好清理阶级队伍的工作，是十分强大的武器。凡是认真宣传、贯彻两个“布告”，充分运用毛主席给我们的这个强大武器，清理阶级队伍和对敌斗争的工作，就收到立竿见影的效果。

“布告”绝不是单纯为解决武斗问题的，而是夺取无产阶级文化大革命全面胜利的伟大战略部署。那种把“布告”仅仅看作解决武斗问题，或者看成仅仅是收交武斗工具、拆除武斗工事的认识，是错误的。我们要看到，无产阶级文化大革命越是接近全面胜利，形势越是大好，一小撮途穷末路的阶级敌人，越是要进行绝望的挣扎。要夺取无产阶级文化大革命的全面胜利，就必须根据毛主席的最新指示，广泛地、深入地、持久地发动群众起来和阶级敌人作斗争，做好清理阶级队伍的工作，稳、准、狠地打击一小撮特务、叛徒、死不悔改的走资派和一切反革命分子，坚决保护国家财产，维护革命秩序，揭发清查坏人。“布告”就是我们做好这些工作的强有力的武器和极为重要的措施。它不仅从根本上解决武斗问题，而且是加强军民的革命团结、军政的革命团结、革命群众组织之间的革命团结，巩固和发展革命大联合，巩固和发展各级革命委员会，加强无产阶级专政，深入开展对敌斗争，抓革命、促生产等工作的强大动力。

宣传、贯彻两个“布告”，是我们当前一切工作的中心。伟大领袖毛主席教导我们：**“在任何一个地区内，不能同时有许多中心工作，在一定时间内只能有一个中心工作，辅以别的第二位、第三位的工作。”**现在我们工作很多，比如清理阶级队伍、开展对敌斗争、精兵简政、整顿党的组织、拥军爱民、整顿民兵组织、教育革命、毕业生分配、抓革命促生产、学北京赶上海，等等。这些工作都很重要，都要作好。但是，必须有一个中心，也只能有一个中心，才能把各项工作带动起来。当前的中心，就是宣传、贯彻毛主席亲自批发的“七·三”和“七·二四”布告，落实毛主席的最新指示，狠批深挖一小撮阶级敌人，在以毛主席为首、林副主席为副的无产阶级司令部的统一号令下，夺取对敌斗争的彻底胜利。没有中心，就没有一般；不突出这个中心，就不能带动其他工作。抓住了这个中心，就是抓住了发展大好形势，乘胜前进，夺取无产阶级文化大革命全面胜利的根本。

必须指出：对待“七·三”、“七·二四”布告的态度，实质上就是对待以毛主席为首、林副主席为副的无产阶级司令部的态度问题。做好两个“布告”的宣传、贯彻工作，加强对敌斗争，就是紧跟毛主席的伟大战略部署，就是坚决执行以毛主席为首、林副主席为副的无产阶级司令部的战斗号令，就是忠于毛主席，忠于毛泽东思想，忠于毛主席的无产阶级革命路线，就是在两个阶级、两条道路、两条路线的斗争中，站在毛主席一边。对毛主席的指示，对以毛主席为首、林副主席为副的无产阶级司令部的战斗号令，不坚决执行，甚至充耳不闻，阳奉阴违，断章取义，另搞一套等等，都是对毛主席伟大战略部署的干扰，都是反动的资产阶级“多中心论”的表现。

“多中心论”是一种资产阶级反动思想，是资产阶级唯我主义世界观的表现，是资产阶级派性的恶性膨胀。我们必须彻底批判反动的资产阶级“多中心即无中心论”。（下转第四版）

中学红卫兵　　毛主席万岁

1968年8月21日　第四版

关于宣传、贯彻“七·三”“七·二四”布告情况和下一步部署的汇报

（上接第三版）我们一定要肃清中国赫鲁晓夫反革命修正主义路线的流毒，一定要及时地识破和粉碎一小撮反革命分子妄图破坏和分裂无产阶级司令部的一切阴谋诡计，一定要坚决批制阳奉阴违的两面派的坏作风，一定要进一步批判山头主义、个人主义、宗派主义等等资产阶级反动世界观的各种表现。在以毛主席为首、林副主席为副的无产阶级司令部的领导下，紧密团结起来，紧跟毛主席的伟大战略部署，朝着夺取无产阶级文化大革命的全面胜利迅猛前进！

第二，迅速掀起一个大宣传、大貫彻“七·三”布告、“七·二四”布告的新高潮

过去我们对布告的精神领会不够，现在有了比较深刻的认识，就要以**“只争朝夕”**的精神，立即行动，迎头赶上。从现在起，要集中力量，集中时间，大造声势，大造舆论，迅速掀起一个宣传“七·三”布告、“七·二四”布告的新高潮。要组织浩浩荡荡的宣传大军，各条战线全面行动。驻津陆海空三军和所有“三支”“两军”人员，要全面动员，全力以赴；各区革命委员会、各级工代会、各口，要把全市工人阶级动员起来，把所有工厂、商店的基层组织发动起来，投入宣传；公安系统军管会负责组织所有街道革命群众学习和宣传；中小学革命师生要作为一支重要的宣传力量；各郊区革命委员会、各级农代会，要依靠贫下中农，作好农村的宣传工作；专业和业余的文艺团体要立即组织编演宣传“七·三”布告和“七·二四”布告的文艺节目。各级领导、各级革命委员会全体委员、各革命群众组织负责人，都要以身作则，带头宣传。要把全市工厂、农村、机关、学校、商店、街道、家庭、公共场所、车站码头、汽车电车等，都变成宣传“七·三”布告和“七·二四”布告的阵地。把除了高音喇叭和广播车以外的一切宣传工具统统调动起来，使报纸、幻灯、电影、厨窗、墙报，都为宣传贯彻“七·三”布告、“七·二四”布告服务。从工厂到农村，从机关到学校，从街道到家庭，从领导到群众，到处宣传两个“布告”，人人谈论、贯彻两个“布告”，真正形成一个强大的宣传攻势。必须把它作为一个战役来打，只能打好，必须打好。要大抓几次，搞几个高潮，使这个宣传运动一浪高一浪，波澜壮阔地发展下去。

大造声势，就是用“布告”的精神武装群众，用“布告”的威力震慑敌人，灭阶级敌人的威风，长无产阶级的志气。

要大力办好各种类型的毛泽东思想学习班，反复深入学习，认真讨论和研究，逐条领会精神，深刻理解两个“布告”的伟大意义，坚决落实两个“布告”。

第三，狠抓两个“布告”的落实

宣传、贯彻“七·三”布告和“七·二四”布告，没有强大的宣传声势是不行的。但是，这个宣传，必须同本部门、本单位的阶级斗争实际结合起来，使“布告”的精神在本部门、本单位落实。

落实两个“布告”，就要团结一切可以团结的力量，狠批深挖一小撮阶级敌人，也就是保护人民群众，坚决镇压阶级敌人。镇压敌人，就是对人民的最大保护，就是代表了人民群众的最大利益；保护广大人民，使广大人民团结起来，联合起来，才能更加稳、准、狠地打击阶级敌人。落实两个“布告”，就是要把斗争矛头集中指向一小撮特务、叛徒、死不悔改的走资派和一切反革命分子，深入开展革命大批判，认真做好清理阶级队伍的工作。

在宣传、贯彻“七·三”、“七·二四”布告，搞好对敌斗争这个总的要求下，不同的单位要有不同的要求。要发动群众，学习文件，分析情况，找出差距，订出措施。通过宣传、贯彻两个“布告”，尚未大联合的单位，要迅速实现革命大联合；已经实现革命大联合的单位，要进一步克服资产阶级派性，从思想上巩固和发展革命大联合。尚未建立革委会的单位，要迅速建立革命委员会；已经建立革命委员会的单位，要不断加强革命委员会核心的革命团结，在对敌斗争中巩固革命委员会。尚未揭开阶级斗争盖子的单位，要充分发动广大群众起来和阶级敌人作斗争，揭发清查坏人；已经或基本上揭开阶级斗争盖子的单位，要发扬**“宜将剩勇追穷寇”**的彻底革命精神，狠批深挖阶级敌人。总之，不论是那种情况的单位，都要集中一切力量搞阶级敌人。后进单位，应当急起直追，迎头赶上。先进的单位要更加先进。

狠批深挖阶级敌人，要在“深”字上下功夫。只有狠批敌人，才能提高群众的阶级斗争和两条路线斗争觉悟，擦亮眼睛，把隐藏很深的敌人挖出来，把敌人彻底搞臭；对敌人挖得越深，革命大批判的内容越丰富，批得就越有力。当前要克服“一揪二斗三不管”的现象。要以班组为主要阵地，开展专题批判，提高批判的质量。

要深挖阶级敌人，特别要挖那些隐藏得很深，钻进党内、钻进要害部门、钻进领导层的特务、叛徒和现行反革命分子；这些家伙，都有着长期反革命的经验，伪装得很巧妙，是十分凶恶的敌人。因此必须特别强调放手发动群众，加强调查研究，开展内查、外调、查证落实，要重证据，不轻信口供，切实掌握敌人的真凭实据。也就是说，要除恶务尽，又要把深挖敌人建立在调查研究、实事求是的基础上。

伟大领袖毛主席教导我们：**“政策和策略是党的生命，各级领导同志务必充分注意，万万不可粗心大意。”**要狠批深挖敌人，就必须反复学习毛主席“五·一九”重要批示和北京新华印刷厂开展对敌斗争的经验，严格区分两类不同性质的矛盾，要根据党的政策，是敌人坚决打击；不是敌人，绝对不能按敌人对待；问题尚未查清，性质暂不能定的，先按人民内部矛盾对待，经群众揭发和查证核实，是敌人的，再按敌我矛盾处理。对于犯有严重错误，但还不是敌人的，需要严格要求，也要注意团结；只要他检查、认识了错误，就应该解脱他们，使他们轻装上阵，共同对敌，以便团结一切可以团结的力量，最大限度地孤立和打击真正的敌人。

要坚持文斗，反对武斗。坚决反对逼供信，禁止体罚和变相体罚。

整党、整顿民兵组织的工作，继续搞试点，暂不全面铺开。

第四，切实加强领导

毛主席教导我们说：**“党委对主要工作不但一定要‘抓’，而且一定要‘抓紧’。什么东西只有抓得很紧，毫不放松，才能抓住。抓而不紧，等于不抓。”**

各级革命委员会、各部门主要负责人，都要把宣传、贯彻两个“布告”的工作真正摆到中心的位置上来，主要负责人要亲自抓，而且要一定抓好。

各级领导，要调查研究，分析情况，制定行动计划。要狠抓重点，以点带面，点面结合，及时总结经验，把宣传、贯彻两个“布告”的活动，不断引向深入。

各区、各系统、各代会、各部门都要统一规划，统一部署，具体安排，要分片包干，责任到人，经常督促检查。对本单位、本部门存在的问题进行调查研究，分类排队，集中力量解决老大难问题。

主要领导同志，都要亲自宣传，亲自组织力量，亲自到难点去，从难点取得经验，指导全盘。

各级革命委员会都要坚决贯彻执行毛主席的无产阶级革命路线，相信群众，依靠群众，放手发动群众，尊重群众的首创精神，坚决保护广大人民群众。要坚持用毛泽东思想武装群众，深入地、耐心地、细致地做好群众的思想政治工作。

毛主席最近指出：**“我国有七亿人口，工人阶级是领导阶级。要充分发挥工人阶级在文化大革命中和一切工作中的领导作用。工人阶级也应当在斗争中不断提高自己的政治觉悟。”**天津市工人阶级，紧跟毛主席的伟大战略部署，在文化大革命中发挥了主力军的作用。在实现革命大联合，建立革命委员会，抓革命、促生产，开展革命大批判，清理阶级队伍，对敌斗争中，都走在了前面，以自己的模范行动，显示了工人阶级在无产阶级文化大革命和一切工作中的领导作用。最近，又紧跟毛主席伟大战略部署，以首都工人阶级为榜样，组织起了万余人的工农毛泽东思想宣传队，即将进入大专院校，宣传、落实毛主席一系列最新指示，宣传、贯彻两个“布告”，同红卫兵小将、广大革命师生并肩战斗，促进革命大联合和革命三结合，进行斗、批、改，在教育革命中发挥工人阶级的领导作用。在全市宣传、贯彻“七·三”布告和“七·二四”布告中，必须突出工人阶级的作用。

同志们！

宣传、贯彻“七·三”布告和“七·二四”布告，本身就是一场尖锐的阶级斗争。现已发现，有人阻止上交武斗工具，甚至有的对揭发问题的人公然进行威胁。这说明一小撮阶级敌人是不甘心失败的。我们必须百倍提高革命警惕，坚决粉碎阶级敌人的一切阴谋诡计。

我们一定要更加紧密地团结在以毛主席为首、林副主席为副的无产阶级司令部的周围，用毛泽东思想统一意志，统一步伐，统一行动，彻底批判反动的“多中心论”，狠批深挖一小撮阶级敌人，夺取对敌斗争的彻底胜利，夺取无产阶级文化大革命的全面胜利！

最后让我们共同高呼：

无产阶级文化大革命全面胜利万岁！

毛主席的无产阶级革命路线胜利万岁！

充分发挥工人阶级的领导作用！

向工人阶级学习！向工人阶级致敬！

无产阶级专政万岁！

战无不胜的毛泽东思想万岁！

伟大的领袖毛主席万岁！万岁！万万岁！

一九六八年八月十七日

重要启事

（一）为及时宣传、贯彻市革委会第四次全委扩大会议精神，本报此期（38期）特提前出版。以后仍为周五出版。

（二）本报上期《汇成伟大的历史洪流》一文，第九行应为：“给予红卫兵以新的生命”；《把自己的一切献给毛主席》一文，第二栏第一行应为：“天大地大不如党和毛主席的恩情大。”特此更正。

欢迎批评　欢迎来稿　本报通讯地址：湖南路（六十一中内）　电话：3·3059　订阅处：全市各大邮局、部分报刊亭（集体去订）

毛主席语录

我国有七亿人口，工人阶级是领导阶级。要充分发挥工人阶级在文化大革命中和一切工作中的领导作用。工人阶级也应当在斗争中不断提高自己的政治觉悟。

革命职工报

天津市革命职工代表会議常务委員会

1968年8月23日　第32期　共四版

坚决、彻底、全面落实中央两个《布告》

萧思明同志在天津市革命委员会第四次全委扩大会议上关于宣传、贯彻"七·三"、"七·二四"布告情况和下一步部署的汇报

同志们：

最近以来，伟大领袖毛主席发出了一系列最新的重要指示，向首都工农毛泽东思想宣传队赠送芒果，接见首都工农毛泽东思想宣传队、首都工人毛泽东思想宣传队和首都工人代表，接见几大军区代表，喜讯一个接一个传来。这是伟大领袖毛主席对工人阶级和全国工农兵群众的最大关怀，最大信任，最大支持，最大鼓舞，最大鞭策！让我们衷心地祝愿伟大领袖毛主席万寿无疆！万寿无疆！万寿无疆！

敬祝毛主席的亲密战友，我们的副统帅林副主席身体健康！永远健康！永远健康！

我们这次全委扩大会议，中心议题，就是学习、研究如何进一步宣传、贯彻伟大领袖毛主席亲自批准的"七·三"布告、"七·二四"布告、"八·四"通知和毛主席"七·一八"重要批示，以便把革命大批判和清理阶级队伍的工作进一步引向深入，团结一切可以团结的革命力量，进一步狠批、深挖一小撮阶级敌人。

现在，我把天津市前一段宣传、贯彻"七·三"布告和"七·二四"布告的情况和下一步部署的建议，向全委扩大会议作如下汇报，请同志们讨论，提出意见。

自从七月二十五日，市革委会召开传达毛主席"七·一八"重要批示，宣传、贯彻"七·三"布告动员大会以后，全市军民积极行动，各区、各系统、各单位、各革命群众组织、"三支""两军"各部队组织了不小的力量，军民合作，广泛开展了宣传、贯彻"七·三"布告和"七·二四"布告的活动，取得了很大成绩。

第一，广大革命群众受到了深刻的教育和极大的鼓舞，提高了阶级斗争和两条路线斗争的觉悟。毛主席亲自批发的两个布告，大长了无产阶级的志气，大灭了阶级敌人的威风。革命群众说："布告是为我们撑腰的。"有的工人同志说："我们单位前一段没有紧跟毛主席伟大战略部署，对不起毛主席，我们一定要狠斗私心，紧紧跟上，决不上敌人的当。"第一塑料厂，在驻厂解放军毛泽东思想宣传队的帮助下，经过宣传两个"布告"，发动了群众，揪出了黑手，揭开了阶级斗争盖子，进一步巩固了革命大联合，革命三结合。

第二，"布告"同群众见面以后，发挥了巨大的威力，推动了对敌斗争。如有的单位揪出了隐藏的反革命分子，有的揭发了阶级敌人的破坏活动，有的破获了重要案件，象棉纺二厂就抓住了书写和投寄反革命匿名信的现行反革命分子。在两个"布告"的强大攻势下，有的阶级敌人交代了自己的罪恶，还有不少人交代了问题。红桥区塑料六厂就有十二人交代了自己的问题，其中有七人属于政治历史问题。河西区有人交出了隐藏的手枪和子弹。（下转第二版）

不折不扣地执行中央两个《布告》

社论

七月二十五日市革委会召开传达毛主席"七·一八"重要批示、宣传贯彻"七·三"布告动员大会以后，全市军民积极行动起来，广泛开展了宣传、贯彻"七·三"和"七·二四"布告的活动。广大革命群众受到了深刻的教育和极大的鼓舞，推动了对敌斗争，收交了一批武斗工具、器材和打砸抢来的财物，进一步促进、巩固和发展了革命的大联合和三结合，取得了很大成绩。

但是，按照毛主席的最新指示"七·一八"重要批示和中央通知来检查，在宣传、贯彻两个"布告"的工作方面还有很大距离。对两个"布告"有的单位至今没有宣传贯彻，群众还不知道"布告"是什么内容；有的仍然看作是地区性的文件，和天津市关系不大；有的认为我们那里没有发生象广西那样严重的反革命事件，了解"布告"的精神就行了；也有个别单位反动的"多中心论"的流毒很深，对以毛主席为首、林副主席为副的无产阶级司令部的战斗号令置若罔闻，阳奉阴为，口头上喊宣传贯彻"布告"，而暗地里在那另搞一套，拉山头，搞分裂，拒不收交武斗工具、器材和打砸抢来的财物。因此，市革命委员会召开第四次全委扩大会议，这是全面落实以毛主席为首、林副主席为副的无产阶级司令部的一切战斗号令、夺取无产阶级文化大革命全面胜利的重要会议。作出关于深入宣传、贯彻"七·三"和七·二四"布告的部署。

全市无产阶级革命派和广大革命群众，要立即行动起来，在市革命委员会的领导下，遵照毛主席的指示和中央通知，进一步提高对两个"布告"的认识，采取有力措施，把宣传、贯彻"七·三"和"七·二四"布告，在全市掀起一个新高潮。

"七·三"和"七·二四"布告，是以毛主席为首、林副主席为副的无产阶级司令部，在夺取无产阶级文化大革命全面胜利的关键时刻，动员亿万革命人民乘胜前进，发展大好形势的英明决策；是团结教育、保护人民，稳、准、狠地打击一小撮阶级敌人，加强无产阶级专政的最锐利的武器；是毛主席的伟大战略部署。两个"布告"对全国各地、各单位、各部门都有普遍指导意义。毛主席教导我们："**在任何一个地区，不能同时有许多中心工作，在一定时间内只能有一个中心工作，辅以别的第二位、第三位的工作。**"宣传、贯彻两个"布告"是当前一切工作的中心。各级革命群众组织，必须以宣传、贯彻两个"布告"为动力，推动革命大批判、清理阶级队伍、开展对敌斗争、抓革命促生产等项工作。抓住了这个中心，就抓住了夺取无产阶级文化大革命全面胜利的根本。

对"布告"照办不照办，是忠不忠于毛主席、毛泽东思想、毛主席的革命路线的根本态度问题，是紧跟不紧跟以毛主席为首、林副主席为副的无产阶级司令部的根本立场问题，是在两个阶级、两条道路、两条路线的斗争中站在那一边的问题。

每个无产阶级革命战士、革命群众和革命干部，都将在这个问题上受到严峻的考验。各级革命群众组织，特别是各级群众组织的头头要自觉地不折不扣地执行中央两个"布告"，要以"布告"为武器，检查本单位、本部门的工作，带领广大革命群众向一小撮阶级敌人猛烈进攻，向一切违抗"布告"的坏人坏事作坚决的斗争。

毛主席最近指出　**"我国有七亿人口，工人阶级是领导阶级。要充分发挥工人阶级在文化大革命中和一切工作中的领导作用。工人阶级也应当在斗争中不断提高自己的政治觉悟。"**

遵循伟大领袖毛主席的教导，要有计划、有领导地组织工人毛泽东思想宣传队，广泛深入地宣传落实毛主席一系列最新指示。团结广大革命群众，掌握党的政策，持续地开展强大的宣传攻势，狠批深挖一小撮阶级敌人，工人阶级一定要发扬革命的英雄气概，敢于摸老虎屁股，认真解决一批"老大难"单位的问题。在全市宣传落实两个"布告"中充分发挥工人阶级的领导作用。

全面落实两个"布告"之时，就是一小撮阶级敌人彻底完蛋之日。我们一定要更加紧密地团结在以毛主席为首、林副主席为副的无产阶级司令部的周围，彻底批判反动的"多中心论"，向一切胆敢顽抗的阶级敌人发起更猛烈的进攻，再进攻！

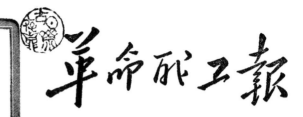

革命职工报　敬祝毛主席万寿无疆　1968年8月23日　第二版

关于宣传、貫彻“七·三”、“七·二四”布告情况和下一步部署的汇报

（上接第一版）

第三，收交了一批武斗工具、器材和打砸抢来的财物。据初步统计，截至目前共收交武斗工具、器材一万二千二百多件，其中有土炮、土枪、大刀、匕首、长矛、土地雷、雷管、自制手榴弹、小口径步枪、硫酸、火碱、自制催泪弹等等。还交出各种财物约一万六千六百余件，内有汽车轮胎、打字机、电话机、棉毯、棉被、衣服、军装以及金戒指和现款。天津造纸七厂、天津实验厂等单位交出的大刀、古巴刀、长矛、信号枪、匕首等武斗工具、器材，就有三百多件。××厂一些人交出了从三五二七厂抢来的棉被、桌子、自行车、电话机十余件，现款一千余元。东风绒布厂一些人交出了土炮七门、炸药二十一斤、大刀二十六把、短刀八把、火枪二十五支、扎枪三十支，也有的单位自动拆除了武斗工事。上述例子还有很多。

第四，进一步促进、巩固和发展了革命的大联合和三结合。例如，和平区一片，有十二个厂过去联合的不好，经过宣传“布告”，十一个有明显的进步，其中有三个所谓“钉子户”，已有两个建立了革命委员会。六所尚未联合的大学，已有两所达成了建立革命委员会的协议。其他大学，也都有进步。

但是，按照毛主席的最新指示、“七·一八”重要批示和中央通知来检查，我们宣传、贯彻两个“布告”的工作还是有很大距离的。我们的宣传、贯彻工作，还没有完全造成浩大的声势，没有形成一个大规模的、持续不断的高潮。主要是我们还抓得不紧，抓得不狠，没有完全把宣传、贯彻两个“布告”当作一个强大动力，摆在一切工作的中心位置上来抓；群众发动的深度和广度还不够，发展也很不平衡；比如在郊区、市区的一些地方，还有的群众不知道有“七·三”布告和“七·二四”布告；狠抓落实不够，一是宣传、贯彻工作的组织措施还不落实，一是宣传两个“布告”同本单位、本部门阶级斗争实际结合得不够紧密，对一些重点单位和重点问题，抓得不够有力，有些老大难问题没有从根本上得到解决。

我们必须采取有力措施，遵照毛主席指示和中央通知，进一步加强领导，把宣传、贯彻“七·三”和“七·二四”布告，在全市掀起一个新高潮。

我们当前的中心任务，就是高举毛泽东思想伟大红旗，在以毛主席为首、林副主席为副的无产阶级司令部的英明领导下，统一意志，统一步伐，统一行动，坚决贯彻毛主席一系列最新指示，彻底批判反动的资产阶级“多中心既无中心论”，集中时间、集中力量，把宣传、贯彻毛主席最新指示和“七·三”、“七·二四”布告，作为当前一切工作的中心。要持续地开展强大的宣传攻势，放手发动群众，作好深入细致的政治思想工作，使“七·三”布告和“七·二四”布告，深入人心，家喻户晓。以此为动力，推动革命大批判，清理阶级队伍，团结一切可以团结的力量，狠批深挖一小撮阶级敌人，把对敌斗争引向深入，推动我市无产阶级文化大革命迅猛发展。

第一，必須进一步提高对“七·三”布告和“七·二四”布告的认識

“七·三”布告和“七·二四”布告，是毛主席的伟大战略部署。是以毛主席为首、林副主席为副的无产阶级司令部，在全国无产阶级文化大革命接近全面胜利的大好形势下，发布的新的战斗号令。七月十八日，毛主席又对湖南驻军支左领导小组的报告做了重要批示，中央根据毛主席的批示，对宣传、贯彻“七·三”布告的工作发出了重要通知。八月四日，毛主席又批发了中央关于转发安徽省革委会、××军党委《处理芜湖问题的综合报告》的通知。中央在通知中指出：“‘七·三’布告、‘七·二四’布告是毛主席的伟大战略部署，它是推动各地区无产阶级文化大革命向前迅猛发展的有力武器，对全国各地都有普遍指导意义。只要把‘七·三’布告、‘七·二四’布告的宣传同本地区、本部门、本单位的阶级斗争结合起来，同拥军爱民结合起来，持续地开展强大的宣传攻势，放手发动群众，充分作好政治思想工作，就能使‘七·三’布告、‘七·二四’布告深入人心，家喻户晓，收到立竿见影的效果。”

我们对“七·三”布告、“七·二四”布告伟大意义的认识，在宣传、落实过程中，不断地提高和加深。但总的说来，还是不够的。前一段我们宣传运动声势不大，主要是由于我们对“布告”的伟大意义认识不够，同时，也由于我们存在着自满情绪，满足于天津市基本上没有武斗，满足于清理阶级队伍、对敌斗争有成绩，满足于天津形势好。对布告的精神，我们必须重新学习，反复学习，深刻领会，狠抓落实。

“布告”是具有普遍指导意义的。有的同志到现在还认为，“布告”是对广西和陕西的。这是错误的。“布告”的主要精神，就是团结一切可以团结的力量，稳、准、狠地打击一小撮阶级敌人，这就是毛主席的伟大战略部署。不论什么地区、什么单位，都是普遍适用的。“布告”要求把斗争矛头对准破坏无产阶级专政、破坏无产阶级文化大革命、破坏国家社会主义建设的一小撮阶级敌人；“布告”要求深入、细致地作好政治思想工作，启发受蒙蔽的群众起来检举、揭发坏人；“布告”要求认真贯彻执行党的坦白从宽、抗拒从严，首恶必办、胁从不问，受蒙蔽无罪、反戈一击有功的政策；“布告”要求严格区分两类不同性质的矛盾，充分发动群众起来和坏人坏事作斗争。所有这些，都具有普遍指导意义。不仅适用于没有实现大联合的单位，而且适用于已经联合的单位；不仅适用于尚未建立革委会的单位，而且适用于已经建立革委会的单位；不仅适用于还没揭开阶级斗争盖子的单位，而且适用于已经揭开阶级斗争盖子的单位；不仅适用于发生武斗的单位，而且适用于没有武斗的单位。总之，适用于一切单位。谁要是离开“布告”的精神，就会走到邪路上去。这一段实践也充分证明：“布告”对于我们正在深入开展的革命大批判，进一步做好清理阶级队伍的工作，是十分强大的武器。凡是认真宣传、贯彻两个“布告”，充分运用毛主席给我们的这个强大武器，清理阶级队伍和对敌斗争的工作，就收到立竿见影的效果。

“布告”绝不是单纯为解决武斗问题的，而是夺取无产阶级文化大革命全面胜利的伟大战略部署。那种把“布告”仅仅看作解决武斗问题，或者看成仅仅是收交武斗工具、拆除武斗工事的认识，是错误的。我们要看到，无产阶级文化大革命越是接近全面胜利，形势越是大好，一小撮途穷末路的阶级敌人，越是要进行绝望的挣扎。要夺取无产阶级文化大革命的全面胜利，就必须根据毛主席的最新指示，广泛地、深入地、持久地发动群众起来和阶级敌人作斗争，做好清理阶级队伍的工作，稳、准、狠地打击一小撮特务、叛徒、死不悔改的走资派和一切反革命分子，坚决保护国家财产，维护革命秩序，揭发清查坏人。“布告”就是我们做好这些工作的强有力的武器和极为重要的措施。它不仅从根本上解决武斗问题，而且是加强军民的革命团结、军政的革命团结、革命群众组织之间的革命团结，巩固和发展革命大联合，巩固和发展各级革命委员会，加强无产阶级专政，深入开展对敌斗争，抓革命、促生产等工作的强大动力。

宣传、贯彻两个“布告”，是我们当前一切工作的中心。伟大领袖毛主席教导我们：**“在任何一个地区，不能同时有许多中心工作，在一定时间内只能有一个中心工作，辅以别的第二位、第三位的工作。”**现在我们工作很多，比如清理阶级队伍、开展对敌斗争、精兵简政、整顿党的组织、拥军爱民、整顿民兵组织、教育革命、毕业生分配、抓革命促生产、学北京赶上海，等等。这些工作都很重要，都要作好。但是，必须有一个中心，也只能有一个中心，才能把各项工作带动起来。当前的中心，就是宣传、贯彻毛主席亲自批发的“七·三”和“七·二四”布告，落实毛主席的最新指示，狠批深挖一小撮阶级敌人，在以毛主席为首、林副主席为副的无产阶级司令部的统一号令下，夺取对敌斗争的彻底胜利。没有中心，就没有一般；不突出这个中心，就不能带动其他工作。抓住了这个中心，就是抓住了发展大好形势，乘胜前进，夺取无产阶级文化大革命全面胜利的根本。

必须指出：对待“七·三”、“七·二四”布告的态度，实质上就是对待以毛主席为首、林副主席为副的无产阶级司令部的态度问题。做好两个“布告”的宣传、贯彻工作，加强对敌斗争，就是紧跟毛主席的伟大战略部署，就是坚决执行以毛主席为首、林副主席为副的无产阶级司令部的战斗号令，就是忠于毛主席，忠于毛泽东思想，忠于毛主席的无产阶级革命路线，就是在两个阶级、两条道路、两条路线的斗争中，站在毛主席一边。对毛主席的指示，对以毛主席为首、林副主席为副的无产阶级司令部的战斗号令，不坚决执行，甚至充耳不闻，阳奉阴违，断章取义，另搞一套等等，都是对毛主席伟大战略部署的干扰，都是反动的资产阶级“多中心论”的表现。

“多中心论”是一种资产阶级反动思想，是资产阶级唯我主义世界观的表现，是资产阶级派性的恶性膨胀。我们必须彻底批判反动的资产阶级“多中心即无中心论”。我们一定要肃清中国赫鲁晓夫反革命修正主义路线的流毒，一定要及时地识破和粉碎一小撮反革命分子妄图破坏和分裂无产阶级司令部的一切阴谋诡计，一定要坚决抵制阳奉阴违的两面派的坏作风，一定要进一步批判山头主义、个人主义、宗派主义等等资产阶级反动世界观的各种表现。在以毛主席为首、林副主席为副的无产阶级司令部的领导下，紧密团结起来，紧跟毛主席的伟大战略部署，朝着夺取无产阶级文化大革命的全面胜利迅猛前进！

第二，迅速掀起一个大宣传、大貫彻“七·三”布告、“七·二四”布告的新高潮

过去我们对布告的精神领会不够，现在有了比较深刻的认识，就要以“**只争朝夕**”的精神，立即行动，迎头赶上。从现在起，要集中力量，集中时间，大造声势，大造舆论，迅速掀起一个宣传“七·三”布告、“七·二四”布告的新高潮。要组织浩浩荡荡的宣传大军，各条战线全面行动。驻津陆海空三军和所有“三支”“两军”人员，要全面动员，全力以赴；各区革命委员会、各级工代会、各口，要把全市工人阶级动员起来，把所有工厂、商店的基层组织发动起来，投入宣传；公安系统军管会负责组织所有街道革命群众学习和宣传；中小学革命师生要作为一支重要的宣传力量；各郊区革命委员会、各级农代会，要依靠贫下中农，作好农村的宣传工作；专业和业余的文艺团体要立即组织编演宣传“七·三”布告和“七·二四”布告的文艺节目。各级领导、各级革命委员会全体委员、各革命群众组织负责人，都要以身作则，带头宣传。要把全市工厂、农村、机关、学校、商店、街道、家庭、公共场所、车站码头、汽车电车等，都变成宣传“七·三”布告和“七·二四”布告的阵地。把除了高音喇叭和广播车以外的一切宣传工具统统调动起来，使报纸、幻灯、电影、厨窗、墙报，都为宣传贯彻“七·三”布告、“七·二四”布告服务。从工厂到农村，从机关到学校，从街道到家庭，从领导到群众，到处宣传两个“布告”，人人谈论、贯彻两个“布告”，真正形成一个强大的宣传攻势。必须把它作为一个战役来打，只能打好，必须打好。要大抓几次，搞几个高潮，使这个宣传运动一浪高一浪，波澜壮阔地发展下去。

大造声势，就是用“布告”的精神武装群众，用“布告”的威力震慑敌人，灭阶级敌人的威风，长无产阶级的志气。

要大力办好各种类型的毛泽东思想学习班，反复深入学习，认真讨论和研究，逐条领会精神，深刻理解两个“布告”的伟大意义，坚决落实两个“布告”。

第三，狠抓两个“布告”的落实

宣传、贯彻“七·三”布告和“七·二四”布告，没有强大的宣传声势是不行的。但是，这个宣传，必须同本部门、本单位的阶级斗争实际结合起来，使“布告”的精神在本部门、本单位落实。

落实两个“布告”，就要团结一切可以团结的力量，狠批深挖一小撮阶级敌人，也就是保护人民群众，坚决镇压阶级敌人。镇压敌人，就是对人民的最大保护，就是代表了人民群众的最大利益；保护广大人民，使广大人民团结起来，联合起来，才能更加稳、准、狠地打击阶级敌人。落实两个“布告”，就是要把斗争矛头集中指向一小撮特务、叛徒、死不悔改的走资派和一切反革命分子，深入开展革命大批判，认真做好清理阶级队伍的工作。

在宣传、贯彻“七·三”、“七·二四”布告，搞好对敌斗争这个总的要求下，不同的单位要有不同的要求。要发动群众，学习文件，分析情况，找出差距，订出措施。通过宣传、贯彻两个“布告”，尚未大联合的单位，要迅速实现革命大联合；已经实现革命大联合的单位，要进一步克服资产阶级派性，从思想上巩固和发展革命大联合。 （下转第三版）

革命职工报

敬祝毛主席万寿无疆

1968年8月23日　第三版

关于宣传、貫彻“七·三”、“七·二四”布告情况和下一步部署的汇报

（上接第二版）尚未建立革委会的单位，要迅速建立革命委员会；已经建立革命委员会的单位，要不断加强革命委员会核心的革命团结，在对敌斗争中巩固革命委员会。尚未揭开阶级斗争盖子的单位，要充分发动广大群众起来和阶级敌人作斗争，揭发清查坏人；已经或基本上揭开阶级斗争盖子的单位，要发扬“**宜将剩勇追穷寇**”的彻底革命精神，狠批深挖阶级敌人。总之，不论是那种情况的单位，都要集中一切力量搞阶级敌人。后进单位，应当急起直追，迎头赶上。先进的单位要更加先进。

狠批深挖阶级敌人，要在“深”字上下功夫。只有狠批敌人，才能提高群众的阶级斗争和两条路线斗争觉悟，擦亮眼睛，把隐藏很深的敌人挖出来，把敌人彻底搞臭；对敌人挖得越深，革命大批判的内容越丰富，批得就越有力。当前要克服“一揪二斗三不管”的现象。要以班组为主要阵地，开展专题批判，提高批判的质量。

要深挖阶级敌人，特别要挖那些隐藏得很深，钻进党内、钻进要害部门、钻进领导层的特务、叛徒和现行反革命分子；这些家伙，都有着长期反革命的经验，伪装得很巧妙，是十分凶恶的敌人。因此必须特别强调放手发动群众，加强调查研究，开展内查、外调、查证落实，要重证据，不轻信口供，切实掌握敌人的真凭实据。也就是说，要除恶务尽，又要把深挖敌人建立在调查研究、实事求是的基础上。

伟大领袖毛主席教导我们：“**政策和策略是党的生命，各级领导同志务必充分注意，万万不可粗心大意。**”要狠批深挖敌人，就必须反复学习毛主席“五·一九”重要批示和北京新华印刷厂开展对敌斗争的经验，严格区分两类不同性质的矛盾，要根据党的政策，是敌人坚决打击；不是敌人，绝对不能按敌人对待；问题尚未查清，性质暂不能定的，先按人民内部矛盾对待，经群众揭发和查证核实，是敌人的，再按敌我矛盾处理。对于犯有严重错误，但还不是敌人的，需要严格要求，也要注意团结；只要他检查、认识了错误，就应该解脱他们，使他们轻装上阵，共同对敌，以便团结一切可以团结的力量，最大限度地孤立和打击真正的敌人。

要坚持文斗，反对武斗。坚决反对逼供信，禁止体罚和变相体罚。

整党、整顿民兵组织的工作，继续搞试点，暂不全面铺开。

第四，切实加强领导

毛主席教导我们说：“**党委对主要工作不但一定要‘抓’，而且一定要‘抓紧’。什么东西只有抓得很紧，毫不放松，才能抓住。抓而不紧，等于不抓。**”

各级革命委员会、各部门主要负责人，都要把宣传、贯彻两个“布告”的工作真正摆到中心的位置上来，主要负责人要亲自抓，而且要一定抓好。

各级领导，要调查研究，分析情况，制定行动计划。要狠抓重点，以点带面，点面结合，及时总结经验，把宣传、贯彻两个“布告”的活动，不断引向深入。

各区、各系统、各代会、各部门都要统一规划，统一部署，具体安排，要分片包干，责任到人，经常督促检查。对本单位、本部门存在的问题进行调查研究，分类排队，集中力量解决老大难问题。

主要领导同志，都要亲自宣传，亲自组织力量，亲自到难点去，从难点取得经验，指导全盘。

各级革命委员会都要坚决贯彻执行毛主席的无产阶级革命路线，相信群众，依靠群众，放手发动群众，尊重群众的首创精神，坚决保护广大人民群众。要坚持用毛泽东思想武装群众，深入地、耐心地、细致地做好群众的思想政治工作。

毛主席最近指出：“**我国有七亿人口，工人阶级是领导阶级。要充分发挥工人阶级在文化大革命中和一切工作中的领导作用。工人阶级也应当在斗争中不断提高自己的政治觉悟。**”天津市工人阶级，紧跟毛主席的伟大战略部署，在文化大革命中发挥了主力军的作用。在实现革命大联合，建立革命委员会，抓革命、促生产，开展革命大批判，清理阶级队伍，对敌斗争中，都走在了前面，以自己的模范行动，显示了工人阶级在无产阶级文化大革命和一切工作中的领导作用。最近，又紧跟毛主席伟大战略部署，以首都工人阶级为榜样，组织起了万余人的工农毛泽东思想宣传队，即将进入大专院校，宣传、落实毛主席一系列最新指示，宣传、贯彻两个“布告”，同红卫兵小将、广大革命师生并肩战斗，促进革命大联合和革命三结合，进行斗、批、改，在教育革命中发挥工人阶级的领导作用。在全市宣传、贯彻“七·三”布告和“七·二四”布告中，必须突出工人阶级的作用。

同志们！

宣传、贯彻“七·三”布告和“七·二四”布告，本身就是一场尖锐的阶级斗争。现已发现，有人阻止上交武斗工具，甚至有的对揭发问题的人公然进行威胁。这说明一小撮阶级敌人是不甘心失败的。我们必须百倍提高革命警惕，坚决粉碎阶级敌人的一切阴谋诡计。

我们一定要更加紧密地团结在以毛主席为首、林副主席为副的无产阶级司令部的周围，用毛泽东思想统一意志，统一步伐，统一行动，彻底批判反动的“多中心论”，狠批深挖一小撮阶级敌人，夺取对敌斗争的彻底胜利，夺取无产阶级文化大革命的全面胜利！

最后让我们共同高呼：

无产阶级文化大革命全面胜利万岁！

毛主席的无产阶级革命路线胜利万岁！

充分发挥工人阶级的领导作用！

向工人阶级学习！向工人阶级致敬！

无产阶级专政万岁！

战无不胜的毛泽东思想万岁！

伟大的领袖毛主席万岁！万岁！万万岁！

一九六八年八月十七日

决不辜負毛主席的期望

六四一厂活学活用毛泽东思想讲用团　王寅初　凌远奇　曹海坤　乔振友

正当全国亿万军民夺取无产阶级文化大革命全面胜利的凯歌声中，云南省革命委员会光荣诞生了！伟大的领袖毛主席又向我们工人阶级发出了最新的战斗号令：**“我国有七亿人口，工人阶级是领导阶级。要充分发挥工人阶级在文化大革命中和一切工作中的领导作用。工人阶级也应当在斗争中不断提高自己的政治觉悟。”**这是毛主席他老人家对我们工人阶级的最大支持！最大鼓舞！最大鞭策！最大希望！让我们千万遍高呼：毛主席万岁！毛主席万万岁！

我们无限忠于伟大领袖毛主席的石油工人，对毛主席的最新指示，坚决执行！坚决照办！毛主席给我们工人撑腰，我们一定给毛主席他老人家争气。

在民主革命时期，我们工人阶级在伟大领袖毛主席的领导下，团结全国革命人民推翻了三座大山，起到了先锋队的领导作用。在社会主义条件下，在史无前例的无产阶级文化大革命运动中伟大领袖毛主席再一次强调我们工人阶级的领导作用。我们决不辜负伟大领袖毛主席的亲切关怀和期望。毛主席教导我们：**“工人阶级是领导阶级。要充分发挥工人阶级在文化大革命中和一切工作中的领导作用。”**这不仅是对我国工人阶级，也是对世界各国工人阶级的最大支持！最大鼓舞！对蓬勃发展的世界各国的工人运动将起着巨大的推动作用，对帝国主义和现代修正主义将是又一沉重的打击。

毛主席教导我们：**“工人阶级也应当在斗争中不断提高自己的政治觉悟。”**我们一定遵照毛主席的教导：**“谦虚，谨慎，戒骄，戒躁，全心全意地为中国人民服务，…”**象林副主席指示的那样：“我们要把自己当作革命的一份力量，同时又要不断地把自己当作革命的对象。”在当前复杂尖锐的阶级斗争中，不断地提高自己的政治觉悟，加强革命的组织纪律性，彻底批臭反动的资产阶级的“多中心论”，及时识破一切阶级敌人企图破坏无产阶级文化大革命的阴谋诡计，在无产阶级司令部的号令下，统一意志，统一步伐，统一行动，夺取无产阶级文化大革命的全面胜利。我们毛泽东思想讲用团的全体战士，坚决响应毛主席的这一最新指示，在无产阶级文化大革命运动中，在一切工作中，充分发挥我们工人阶级先锋队的作用，走彻底革命的道路。努力活学活用毛泽东思想，理论联系实际，学了就用。我们保证做到对毛主席的指示，对无产阶级司令部的每一个战斗号令，理解的坚决执行，暂时不理解的也坚决执行，在执行过程中加深理解。誓死捍卫新生的红色政权，在夺取无产阶级文化大革命全面胜利的战斗中立新功。

毛主席指示我们坚决照办

第二皮鞋厂革命职工委员会

在热烈欢呼云南省革命委员会成立的中央两报社论上我们伟大领袖毛主席又发表了极其重要的最新指示：**“我国有七亿人口，工人阶级是领导阶级。要充分发挥工人阶级在文化大革命中和一切工作中的领导作用。工人阶级也应当在斗争中不断提高自己的政治觉悟。”**毛主席这一最新指示，对于我们完成面临的各项任务有极其深远的重大意义。我们一定要认真学习、热情宣传、坚决执行，使毛主席这一最新指示迅速落实、句句落实、全面落实。

当这个振奋人心的喜讯传到我厂后，全厂工人阶级一片欢腾，敲锣打鼓，鞭炮齐鸣，热烈庆祝毛主席最新指示的发表。老工人毛泽东思想宣传队在广播站进行了反复的宣传。全厂各班组利用中午休息时间，立即组织了学习会、座谈会，畅谈了毛主席最新指示发表的伟大意义。许多老工人说：“毛主席的最新指示是对我们工人阶级最大信任、最大关怀、最大教育、最大鼓舞，又给我们提出了更高的要求，指明了前进的方向”。表示决不辜负毛主席对我们的亲切关怀和殷切希望。正在生产“红宝书”皮革封面兴无皮件组下午就召开了庆祝毛主席最新指示发表，坚决完成“红宝书”封面光荣任务，决心提前半个月完成十万册“红宝书”封面的光荣任务，来报答毛主席对我们工人阶级的亲切关怀。

全厂工人阶级决心以北京、上海工人阶级为榜样，无限忠于毛主席，无限忠于毛泽东思想，无限忠于毛主席革命路线；紧密地团结在以毛主席为首、林副主席为副的无产阶级司令部周围，彻底批判反动的资产阶级的“多中心论”，坚决在无产阶级司令部号令下统一意志、统一步伐、统一行动。继续深入持久地开展班组革命大批判、粉碎一小撮阶级敌人妄想破坏无产阶级司令部的阴谋诡计，做好清理阶级队伍的工作，将“一批、三查”运动进行到底。夺取无产阶级文化大革命的全面胜利。

革命职工报

敬祝毛主席万寿无疆

1968年8月23日 第四版

把反动的"多中心論"批的臭上加臭

天津市食品二厂老工人批判组

"树欲静而风不止"。在夺取无产阶级文化大革命全面胜利的关键时刻，反动的"多中心论"又从阴沟里冒出来了。是阶级斗争的新动向，我们无产阶级革命派决不能等闲视之，必须引起严重注意。

毛主席教导我们："**中国共产党是全中国人民的领导核心。没有这样一个核心，社会主义事业就不能胜利。**"我们唯一的革命领导中心就是久经考验的以毛主席为首、林副主席为副的无产阶级司令部这个中心，反动的"多中心论"并非什么新鲜玩艺，而是中国赫鲁晓夫的修正主义破烂摊上，早已叫卖过的货色！

在我们食品二厂阶级斗争中的大量触目惊心的事实证明，反动的"多中心论"的要害，是适应了阶级敌人的需要。过去，我厂走资派利用反动的"多中心论"，大搞"以我为中心"，顺我者昌，逆我者亡。兜售"黑修养"，利用这种反动的"多中心论"，从思想上麻痹广大革命群众；同时，招降纳叛、结党营私，叛党反党，大造复辟资本主义的思想准备和舆论准备，把食品二厂变为水泼不进、针插不进的独立王国。

在这次史无前例的无产阶级文化大革命运动中，我厂无产阶级革命派也和全国亿万军民一道向中国赫鲁晓夫及其大小爪牙展开了猛烈的进攻。按照毛主席的伟大战略部署，把食品二厂的走资派揪了出来，在亲人解放军的耐心帮助下实现了革命大联合，组成了革命三结合，建立了新生的红色政权——革命委员会。在战无不胜的毛泽东思想指导下，取得了一个又一个的伟大胜利。

但是，一小撮阶级敌人并不甘心于他们的失败，他们躲在阴暗的角落里，煽阴风，点鬼火，利用反动的"多中心论"，蒙蔽一些不明真像的人，在群众中煽动资产阶级派性和无产阶级党性相对抗，和无产阶级革命路线相对抗。

在"一月革命风暴"中，一小撮阶级敌人利用"以我为中心"这个反动理论，蒙蔽不明真像的人，污蔑无产阶级革命派紧跟毛主席的伟大战略部署，向走资派夺权斗争，是"反革命夺权"，是"牛鬼蛇神翻天"；

在按照毛主席伟大战略部署，实现革命大联合和革命三结合之时，一小撮阶级敌人利用"以我为中心"这个反动理论，蒙蔽一些不明真像的人，拉山头，闹分裂，争"核心"，争"席位"打"内战"，鼓噪一时；

在"抓革命，促生产"中，一小撮阶级敌人利用"以我为中心"这个反动理论，蒙蔽一些不明真像的人，大刮无政府主义妖风，消极怠工，擅离生产岗位。使生产受到了很大损失。

在新生的红色政权建立之后，一小撮阶级敌人利用"以我为中心"这个反动理论，拚凑地下黑司令部，与新生的红色政权分庭抗礼，妄图颠复新生的革命委员会。

更恶劣的是，有些糊涂人，头昏脑胀，被一小撮阶级敌人所利用，对毛主席的一系列最新指示和无产阶级司令部的号令，阳奉阴违，或公开抗拒，热衷于"小道消息"、"马路新闻"，道听途说，成为一小撮阶级敌人恶毒攻击无产阶级司令部的应声虫。

八月五日人民日报社论敲响了反动的"多中心论"的丧钟，无产阶级司令部的声音传到了食品二厂，广大革命群众闻风而动，在驻厂解放军和革命委员会的统一指挥下，对反动的"多中心论"展开了一场人民战争。在毛泽东思想的光辉照耀下。

通过对反动的"多中心论"的批判，使我们进一步深刻地体会到：在无产阶级文化大革命更加深入发展的情况下，对伟大领袖毛主席的指示是不是坚决执行，对以毛主席为首、林副主席为副的无产阶级司令部的战略部署是不是紧跟，是要不要将无产阶级文化大革命进行到底的大问题。

毛主席最近指出："**我国有七亿人口，工人阶级是领导阶级。要充分发挥工人阶级在文化大革命中和一切工作中的领导作用。工人阶级也应当在斗争中不断提高自己的政治觉悟。**"这是伟大领袖毛主席对我们工人阶级最大鼓舞、最大支持、最大关怀、最大鞭策，毛主席为我们撑腰，我们一定要给毛主席争气。我们工人阶级永远高举毛泽东思想伟大红旗，紧紧团结在以毛主席为首、林副主席为副的无产阶级司令部的周围，集中在毛主席的指示和无产阶级司令部的号令下，统一意志、统一步伐、统一行动，把反动的"多中心论"批的臭上加臭，夺取无产阶级文化大革命的全面胜利！

* * *

批臭反动的"多中心论"

《新日化》编辑部

以毛主席为首；林副主席为副的无产阶级司令部，是我们唯一的领导中心。对这个领导中心，我们一切服从，一切紧跟。这个领导中心发出的一切战斗号令，我们坚决照办，彻底执行。

正当我们高举毛泽东思想伟大红旗，紧跟毛主席伟大战略部署，在以毛主席为首、林副主席为副的无产阶级司令部的统一领导下，夺取无产阶级文化大革命全面胜利的关键时刻，一些个人主义野心家，拚命兜售反动的"多中心论"，妄图以此涣散革命队伍在毛泽东思想基础上的团结，干扰毛主席的伟大战略部署，妨碍毛主席革命路线的贯彻执行。

反动的"多中心论"是资产阶级山头主义、个人主义的变种。它名叫"多中心论"，其实是"以我为中心论"，是"独立王国论"。搞"多中心论"的人对上"多中心"，对下"以我为中心"。两种反动论调，服务于一个反动目的！对抗无产阶级司令部，镇压无产阶级革命派和广大革命群众。

搞"多中心论"的人，对毛主席和以毛主席为首、林副主席为副的无产阶级司令部，阳奉阴违，口是心非，很不老实。他们对毛主席的著作，一不学，二不用；对毛主席的最新指示，一不贯彻，二不执行。无产阶级司令部发出的战斗号令，他们不听，不服从，说什么"我们有我们的部署"，向无产阶级司令部闹独立性，同毛主席的伟大战略部署抗膀子。"他们口头上虽然也说尊重党，但他们在实际上却把个人放在第一位，把党放在第二位。"

搞"多中心论"的人，认为自己"老正确"、"一贯对"，"老子天下第一"、"老子天下独左"，似乎他就是真理的化身，真理就是他，他就是真理。他自封"左派"，你不承认还不行；他自吹自擂，你不捧场也不行；他自作聪明，自搞一套，你不赞赏、不追随更不行。他霸道得很，一切他说了算，一切都要以他为中心。他甚至公开叫嚷"要排除来自上面的、下面的各种干扰"。

搞"多中心论"的人，把自己所在的单位、部门、组织说成是无产阶级司令部，搞成一个针插不进，水泼不进的独立王国。他的观点，你只有同意的义务，没有不同意的权利。谁不同意他的观点，谁就是炮打"无产阶级司令部"。明明他违反了毛泽东思想，对抗了毛主席的革命路线，明明他贪污了无产阶级司令部的指示精神，但不许别人提出批评，更不许别人向上级机关反映。谁向他提出批评，谁向上级机关反映他的情况，他不仅拿出一堆"大帽子"压人，还采用各种恶劣手法，进行打击报复。他把党的政权、阶级的政权，变为他个人的政权、变为一个小山头的政权，变为资产阶级的政权，变为镇压无产阶级的政权。

毛主席教导我们："**中国共产党是全中国人民的领导核心。没有这样一个核心，社会主义事业就不能胜利。**"当前，无产阶级文化大革命正接近全面胜利，越是接近全面胜利，两个阶级、两条道路、两条路线的斗争越是深刻、越是复杂。斗争越深刻、越复杂，就越需要我们对以毛主席为首、林副主席为副的无产阶级司令部无限忠诚，越需要我们紧紧地团结在无产阶级司令部的周围，越需要我们坚决服从无产阶级司令部的领导，在无产阶级司令部的号令下，统一意志、统一步伐、统一行动。

以毛主席为首、林副主席为副的无产阶级司令部，是在斗争中形成的领导中心，是久经考验的领导中心，因而是战无不胜的。那些热衷于搞"多中心论"、"以我为中心论"、"独立王国论"的人，总认为自己聪明绝顶，老想在无产阶级司令以外，再搞一个所谓"中心"，殊不知，这是最愚蠢不过的。他们的老祖宗张国焘、王明、博古、搞过"多中心"，和"以我为中心"，结果统统滚进了历史的垃圾堆。他们的祖师爷刘少奇指使大党阀彭真搞过"独立王国"，结果是彻底完蛋。现在他们非要走一走混蛋前辈的老路，仿效"座山雕"、"胡传奎"的样式，搞搞"以我为中心"，其结果必然会成为一堆不齿于人类的狗屎堆。这是不以他们那个"我"字为转移的客观规律。所有个人野心家，统统不会有好下场！

"多中心论"是反动的资产阶级理论，是腐朽的资产阶级意识形态。它的出现不是偶然的，它是适应一小撮阶级敌人的反革命需要而产生的，是夺取无产阶级文化大革命全面胜利的绊脚石，必须狠狠批判，彻底批臭，以便全党、全军、全国和广大革命群众在以毛主席为首、林副主席为副的无产阶级司令部的统一号令下，把无产阶级文化大革命进行到底！

彻底粉碎反动的「多中心论」

工代会天津毛织厂革职会

我厂的革命职工、革命干部和全国亿万革命群众一样满怀革命的激情，在以毛主席为首、林副主席为副的无产阶级司令部的领导下，向着反动的"多中心论"展开了猛烈的进攻。"多中心论"实际上就是"以我为中心"的"私"字论。闹"多中心论"的人，他们处处把自己提在别人的前头，在成立群众组织时，要以他那个组织为中心，现在掌管了一个单位以后就强调要以我这个单位和部门为"中心"。总之，处处以我自居，这样的人是没有不跌跤的。

实际上"多中心论"是不存在的，在现实只有两个中心，一个中心是以毛主席为首、林副主席为副的无产阶级司令部。一个中心是以中国赫鲁晓夫为首的资产阶级司令部。我们就是要在无产阶级司令部的领导下，统一意志、统一步伐、统一行动，彻底摧毁以中国赫鲁晓夫为首的资产阶级司令部。

"多中心论"是阶级敌人向无产阶级射来的一只毒箭。他们要的是资产阶级的中心，反对的是无产阶级的中心；他要的是资产阶级的司令部。反对的是无产阶级的司令部。他们想的是资产阶级山头主义、个人主义的私利，损害的是无产阶级的利益、革命的利益；他们走的是资本主义道路，反对的是社会主义道路。我们就是要在无产阶级司令部的领导下，彻底砸烂反动的"多中心论"，永远忠于毛主席，团结在无产阶级司令部的周围，紧跟毛主席的伟大战略部署，夺取文化大革命的全面胜利。

反动的"多中心论"，与无产阶级的意识形态是水火不相容的。无产阶级世界观的核心是一个"公"字，想的是怎样更好地为大多数人服务。而"多中心论"的核心是一个"私"字，是怎样更好地满足自己个人的私欲。因此，无产阶级必然是"多中心论"的反对者，我们要坚持无产阶级的党性原则，坚决反对反动的"多中心论"，把我们的一言一行都纳入无产阶级司令部的轨道。

革命职工、革命干部同志们：

我们要高举毛泽东思想伟大红旗，紧紧团结在以毛主席为首、林副主席为副的无产阶级司令部的周围，使我们在我厂革委会和驻厂解放军的正确领导下，加强革命的组织纪律性，在无产阶级司令部的号召下，统一意志、统一步伐、统一行动，彻底粉碎反动的"多中心论"！

本报通讯地址：天津市解放路120号　电话3局1233　本市各邮局订阅　（零售：二分）

毛主席语录

必須在各个工作部門中保持高度的警惕性，善于辨别那些伪装拥护革命而实际反对革命的分子，把他們从我們的各个战綫上清洗出去，这样来保卫我們已經取得的和将要取得的偉大的胜利。

革命大批判报

中共河北省委机关无产阶级革命派联合总部

第2期　1968年8月24日　星期六

反革命两面派是最危險的敌人

社论

我省无产阶级文化大革命形势一片大好。广大无产阶级革命派和革命群众，高举毛泽东思想伟大红旗，在毛主席一系列最新指示的指引下，正以排山倒海之势，雷霆万钧之力，向一小撮阶级敌人深入展开猛烈进攻。在这个时候，本报公布了河北省二号走资派、反革命两面派阎达开反党反社会主义反毛泽东思想的滔天罪行。这是对以林铁、阎达开为首的一小撮走资派的沉重打击。这是战无不胜的毛泽东思想的伟大胜利。

反革命两面派阎达开，早就是中国赫鲁晓夫和国民党大党阀彭真的忠实门徒。但是，他却把自己装扮成“革命”的样子，俨然以“左派”自居，到处招摇撞骗。当他在无产阶级文化大革命中，被革命群众揪出来之后，还在为自己涂脂抹粉，胡说什么“深信自己是毛主席的共产党员”。真是无耻到了极点。**“假的就是假的，伪装应当剥去。”**本报揭发的大量事实证明，阎达开在各个历史转折关头总是站在中国赫鲁晓夫一边，卖力地推行其黑主子的反革命修正主义路线，从右的方面或从“左”的方面对抗和破坏毛主席的无产阶级革命路线。他决不是什么“毛主席的共产党员”，而是中国赫鲁晓夫安插在河北省的代理人，是老右派林铁的死党，是党

色，变换着反革命策略。他善于接过革命口号，按其反革命需要，任意加以歪曲，蒙蔽群众，时而右得要命，时而“左”得出奇，但万变不离其宗，本质就是个右派。早在土改时期，他竭力推行中国赫鲁晓夫的形“左”实右的反动路线，疯狂地破坏冀东地区的土改运动。当毛主席批评土改工作中“左”倾错误之后，他立即装作“认错改悔”的样子，“痛哭流涕”地作了“检查”，蒙混过关。但事过十七年之后，他又按中国赫鲁晓夫的黑旨意，为他们和他的黑主子在土改时推行的形“左”实右的反动路线翻案。这个家伙总是这样，当他认为有机可乘的时候，就向党发动猖狂进攻；当他感到形势对自己不利的时候，立即变进攻为退却，甚至**“装死躺下”**，以便**等待时机“反攻过去”**。我们必须擦亮眼睛，识破他这一套诡计，千万不要上当。

反革命两面派阎达开惯于打着“红旗”反红旗，阳一套，阴一套，进行反党反社会主义反毛泽东思想的罪恶勾当。明明是他，在农业社会主义改造时期，与老右派林铁一唱一合，狼狈为奸，大反“冒进”，大砍合作社。但当他得知批判反“冒进”的风声之后，[illegible]又装作不同意反“冒进”的样子，以标榜自己是“正确”的。

李立三，借一九六二年“鸣放”之机

军队之间，肆意挑拨离间，制造混乱。分裂伟大的中国人民解放军，炮打无产阶级司令部，破坏毛主席的伟大战略部署，破坏革命的大联合和革命的“三结合”，妄图建立以他为核心的反革命政权。这就充分暴露了反革命两面派阎达开是赫鲁晓夫式的个人野心家、阴谋家。

伟大领袖毛主席教导我们说：**“必须在各个工作部门中保持高度的警惕性，善于辨别那些伪装拥护革命而实际反对革命的分子，把他们从我们的各个战线上清洗出去，这样来保卫我们已经取得的和将要取得的伟大的胜利。”**无产阶级文化大革命越是接近全面胜利，两个阶级、两条道路、两条路线的斗争越加尖锐、深刻，资产阶级复辟与无产阶级反复辟的斗争越加激烈。我们无产阶级革命派要进一步提高阶级斗争和路线斗争觉悟，在当前开展革命大批判和清理阶级队伍的斗争中，必须善于用毛泽东思想的显微镜和望远镜，**“辨别那些伪装拥护革命而实际反对革命的分子”**，识别那些伪装得很巧妙，隐藏得很深的反革命两面派。只要我们掌握了毛泽东思想这个最锐利的武器，站稳无产阶级立场，运用[illegible]分析的方法，不但看[illegible]

鲁晓夫一边，实力地推行其黑主子的反革命修正主义路线，从右的方面或从"左"的方面对抗和破坏毛主席的无产阶级革命路线。他决不是什么"毛主席的共产党员"，而是中国赫鲁晓夫安插在河北省的代理人，是老右派林铁的死党，是党内的走资派，是全省人民的死敌。我们同他的斗争，**"是中国共产党及其领导下的广大革命人民群众和国民党反动派长期斗争的继续，是无产阶级和资产阶级阶级斗争的继续。"**

"马克思主义在理论上的胜利，逼得它的敌人装扮成马克思主义者，历史的辩证法就是如此。"在无产阶级专政条件下，在马克思列宁主义、毛泽东思想已为广大革命群众掌握的今天，迫使阶级敌人采用反革命两面派手法同我们作斗争。他们善于欺骗、蒙蔽一些人，千方百计地要钻进领导核心，兴妖作怪。这是当前阶级斗争的一个特点。反革命两面派阎达开，就是这样一个钻进我们党内的最危险的敌人。

反革命两面派阎达开是一个地地道道的变色龙。他凭借其反革命嗅觉，随着政治气候的变化，不断地改变着表面颜色[illegible]狼狈为奸，大反"冒进"，大砍合作社。但当他得知批判反"冒进"的风声之后，见势不妙，又装作不同意反"冒进"的样子，以标榜自己是"正确"的。明明是他，伙同老右派李立三，借一九六二年"鸣放"之机，煽动一小撮右派，向党和毛主席发动猖狂进攻；但事后却极力把自己打扮成同李立三作过斗争的"英雄"，甚至反咬一口，嫁祸于革命领导干部。明明是他，同老右派林铁共同主持炮制了反党黑纲领《四年总结》，恶毒攻击三面红旗，否定整风反右和整风整社运动，妄图实现资本主义复辟；但事后他却说什么"《四年总结》不知是谁起草的。"妄图推卸罪责，逃之夭夭。阎达开在"黔驴技穷"的时候，就是这样颠倒是非，混淆黑白，无中生有，当面造谣。真是一个典型的反革命两面派。

特别是阎达开在这次无产阶级文化大革命中的疯狂表演，彻底地暴露了他反革命两面派的丑恶嘴脸。他**"阳奉阴违，口是心非，当面说得好听，背后又在捣鬼。"**他为了实现篡权复辟的政治野心，耍阴谋，放暗箭，施展反革命两面派的卑鄙伎俩，在群众组织之间、群众与军队之间、军队与[illegible]命两面派。只要我们掌握了毛泽东思想这个最锐利的武器，站稳无产阶级立场，运用阶级分析的方法，不但看他们一时一事，而且审查他们的全部历史；不但看他们的平时表现，更要观察他们在两个阶级、两条道路、两条路线斗争的关键时刻，打的什么旗，走的什么路，站在那条路线一边。这样，不管他们怎样玩弄右的或极"左"的反革命伎俩，都能抓住他们的狐狸尾巴，识破反革命两面派的反动本质，把他们从革命队伍中统统揪出来。

反革命两面派阎达开之流，已成为"落水狗"。但是，他们决不会甘心于自己的失败，必然还会玩弄各种反革命两面派的鬼花招同我们较量。无产阶级革命派和广大革命群众，必须遵循伟大领袖毛主席的指示，坚定不移地紧跟毛主席的伟大战略部署，及时戳穿他们的一切翻案复辟阴谋。要发扬痛打落水狗的彻底革命精神，从政治上、思想上、理论上彻底把他们打倒批臭，肃清他们在各个方面所散布的反革命修正主义流毒，夺取无产阶级文化大革命的全面胜利。

彻底清算反革命两面派阎达开的滔天罪行

伟大的无产阶级文化大革命，如疾风骤雨，横扫害人虫。在这场**"无产阶级反对资产阶级和一切剥削阶级的政治大革命"**中，广大无产阶级革命派和革命群众，高举毛泽东思想伟大红旗，揪出了河北省党内二号走资派阎达开，彻底粉碎了他篡党篡政、复辟资本主义的罪恶阴谋。这是战无不胜的毛泽东思想的伟大胜利。

原河北省委书记处书记阎达开是长期隐藏在我们党内的变色龙。在无产阶级文化大革命中，撕破了他的反革命两面派的画皮，充分地暴露了这个阴谋家、个人野心家的反动面目。在天津市，他为了篡夺党政大权，复辟资本主义，耍阴谋，放暗箭，极力挑拨群众组织之间、军民之间、军队之间的关系，破坏革命的大联合和革命的三结合，大反中国人民解放军，炮打无产阶级司令部，破坏毛主席的伟大战略部署，干扰斗争大方向，对抗毛主席的革命路线，严重地破坏了天津市的无产阶级文化大革命。

阎达开是一个混入党内的反革命两面派、伪君子、阴谋家、野心家。在两个阶级、两条道路、两条路线的长期斗争中，他打着"红旗"反红旗，时而右得要命，时而"左"得出奇，但万变不离其宗，"左"是右的影子，本质是个右派，是个地地道道的反革命修正主义分子。早在冀东土改运动中，他就忠实地推行中国赫鲁晓夫刘少奇一整套形"左"实右的机会主义路线，疯狂破坏土地改革运动，在唐山市民主改革运动中，又极力推销右倾投降主义路线，包庇一小撮阶级敌人；在农业合作化运动中，他伙同老右派林铁，大反"冒进"，大砍合作社，在大跃进期间，他以极"左"面目出现，破坏社会主义建设。在国民经济处于暂时困难的时候，他竭力鼓吹"三自一包"，大刮单干风；他勾结老右派李立三，利用"鸣放"之机，把矛头指向党中央和毛主席，掀起一股反党的妖风；他还伙同老右派林铁之流，借搞《四年总结》之名，恶毒地攻击三面红旗、攻击党中央和毛主席，大造复辟资本主义的反革命舆论；他操纵和指挥唐山杨远、白芸反革命修正主义集团，进行反革命政变，妄图把唐山变成复辟资本主义的黑据点。

事实证明，阎达开决不是象他自己所标榜的"是毛主席的共产党员"，而是地地道道的中国赫鲁晓夫刘少奇、国民党大党阀彭真的忠实门徒，是伪装"革命"、自封"左派"的陶式人物。他在各个历史转折的重要关头，紧跟中国赫鲁晓夫，顽固推行修正主义路线，疯狂反对毛主席的无产阶级革命路线，犯下了滔天罪行。我们和他的斗争，实质上**"是中国共产党及其领导下的广大革命人民群众和国民党反动派长期斗争的继续。"**反革命两面派阎达开是全省人民最危险的敌人。必须坚决把他打倒，彻底清算他的反党反社会主义反毛泽东思想的滔天罪行。

炮打无产阶級司令部 破坏天津文化大革命

毛主席教导说：**"党政军民学，工厂，农村，商业内部，都混入了少数反革命分子，右派分子，变节分子。此次运动中这些人大部自己跳出来，是大好事。应由革命群众认真查明，彻底批判，然后分别轻重，酌情处理。"**反革命两面派、野心家阎达开，按捺不住他反革命的本性，在文化大革命中终于跳了出来。他利令智昏，抗拒毛主席的伟大战略部署，妄图搞一个以他为核心的反革命政权，继承中国赫鲁晓夫及其代理人万张反党集团对天津市的反革命修正主义统治，复辟资本主义。为实现其罪恶目的，他施尽反革命两面派贯伎，伸出黑手，挑拨离间，制造混乱，转移斗争大方向。并同以老右派李立三为首的华北局一小撮走资派上呼下应，紧密配合，肆无忌惮地破坏天津市的无产阶级文化大革命，炮打以毛主席为首、林副主席为副的无产阶级司令部。他的狂热表演，最充分、最集中地暴露了他的伪君子、反革命两面派、野心家的原形。

抗拒毛主席的战略部署，对抗毛主席的革命路线，瘋狂炮打无产阶級司令部

一九六六年六月，毛主席批转广播全国第一张马列主义大字报，亲自点燃了无产阶级文化大革命的熊熊烈火。正当天津市红卫兵小将和广大革命师生高举**"对反动派造反有理"**的大旗，掀起革命高潮的时候，反革命两面派阎达开以其篡夺的天津市文化大革命的领导成员的身份，把黑手伸进了大专院校，煽风点火，挑动事端，破坏文化大革命。在某大学，他公开拉甲派打乙派，背后又拉乙派打甲派。（下转第二版）

1968年8月24日 星期六 第二版

敬祝毛主席万寿无疆

彻底打倒反革命两面派阎达开

（上接第一版）挑动两派群众组织严重对立。在另一所大学，逢甲说乙，某组织“人员复杂，有右派，有反革命，靠你们去分化他们”；逢乙说甲：某组织“背后有人操纵，靠你们去瓦解他们”。当面称赞某组织“你们革命大方向正确”，背后又散布“他们是反革命行动”。阴一套，阳一套，挑动群众组织之间的武斗。

一九六七年，上海“一月革命”风暴席卷全国，无产阶级文化大革命发展到“无产阶级革命派联合起来，向党内一小撮走资本主义道路当权派夺权”的新阶段。我们伟大领袖毛主席非常关心天津市的无产阶级文化大革命，亲自派李雪峰同志到天津市促进革命的大联合和革命的三结合，筹备建立革命委员会，向万张反革命修正主义集团夺权。三月，天津出现革命大联合的大好形势。反革命两面派阎达开，对毛主席的伟大战略部署恨得要命，怕得要死，千方百计地进行抗拒和破坏。他与钻进某些群众组织中的一小撮坏人互相勾结起来，大造“天津的大联合不是依靠造反派”的反动舆论，极力混淆革命势力和复辟势力的界限。竭力煽动无政府主义和反动的极“左”思潮，把矛头指向无产阶级司令部，指向天津市革筹小组，大刮反李雪峰同志的妖风，妄图加厉地破坏毛主席的伟大战略部署。

中央首长在一九六七年四月十日接见天津代表时，陈伯达同志明确指出：“天津的主要矛盾是广大革命群众同万张反党集团的矛盾，斗争的锋芒应针对万张反党集团，而不是针对李雪峰同志。”周总理进一步指出：李雪峰同志到天津“是毛主席和中央派他去推动工作的。”“中央和毛主席认为李雪峰同志的检查（指一九六六年十二月二十九日根据毛主席的批示批转的李雪峰同志的检查）‘是好的，诚恳的’。”但利欲熏心的反革命两面派阎达开，凶相毕露，不顾一切地竟于一九六七年四月、六月、七月连续编造数十份长达十余万言的黑材料，继续恶毒地攻击陷害李雪峰同志，梦想达其阴谋篡权目的。他并借反李雪峰同志攻击我们的伟大领袖毛主席。他在群众中公开散布什么：毛主席对李雪峰检查的批示，是“毛主席受了骗，毛主席不了解具体情况。”真是狗胆包天，罪该万死！他在四月二十五日“上书”中央“报送”陷害李雪峰同志的黑材料时，给总理、伯达、康生同志你们造反派”的反军舆论，极力挑拨军队与群众组织的关系，为反军的反动思潮纵火浇油。并别有用心的散布：“天津驻军是北京军区领导的，李雪峰是政委”，妄图把反军矛头进一步引向北京军区。特别是在一九六七年四月份江青同志指出：“天津驻军是最好的，爱护革命左派”，“他们作了大量的工作，满腔热忱地作群众工作，有很大成绩”之后，阎达开反军的气焰不仅没有收敛，反而更加猖狂地煽动反军思潮，进一步破坏天津驻军的支左工作，冲击军管机构和军事机关。同时，反革命两面派阎达开，还极力在两军之间大搞分裂活动，罪行累累。

同革命力量拚死斗争，分裂五代会，向无产阶级夺权，阴谋复辟资本主义

一九六七年四月份，天津市五个代表会相继成立，革命形势大好。四月十日中央接见天津代表，周总理指示：“要扩大和巩固革命的大联合和革命的三结合。”还指出：革命委员会的建立，应走在北京前头，争取第五位。中央对五代会的肯定和支持，给了反革命两面派阎达开当头一棒。但是“阶级敌人是一定要寻找机会表现他们自己的。”“不管共产党怎样事先警告，把根本战略方针公开告诉自己的敌人，敌人还要进攻的。”反革命两面派阎达开撕破画皮，孤注一掷，更加明目张胆地把矛头指向五代会，猖狂地向无产阶级司令部反扑。他“或策划于密室，或点火于基层”，利用某些革命群众组织的无政府主义思潮，掀起一股砸烂五代会、改组五代会的逆流。反革命两面派阎达开赤膊上阵，借“检查”之名，到已参加五代会的某些群众组织中，大搞分化瓦解，煽动争核心，闹分裂，鼓动他们与“大联筹”组织搞联合，妄图以“拉出来”的手段，拆散五代会。他的这一阴谋破产之后，又同“大联筹”中的某些人密谋，策动他们，“参加到五代会中去起作用”，阴谋以“打进去”的手法，篡夺五代会的领导权。他与“大联筹”中的某些头头、曾多次密谋策划反革命夺权。“大联筹”的某些头头称他是“革命的领导干部”，表示要把他“树起来”掌权。他则表示“愿向全市‘造反派’作检查”，竟是“人民意愿的代表”，拚命地贩卖其黑主子的形“左”实右路线，并要冀东干部“接受这一思想”。在土改期间，阎达开以刘少奇的化身自居，盛气凌人、独断专行，他利用窃取的土改领导权，以个人名义乱发违抗党的政策的“指示”，疯狂地抗拒毛主席的革命路线。反革命两面派阎达开看到以张明远为代表的右倾投降主义路线“人命危浅”时，即勾结大叛徒刘慎之，施展反革命两面派手法，以极“左”的面目出现，推行“左”倾机会主义路线，破坏土改运动，致使冀东地区的土改运动受到严重损失。

特别是在整顿党的基层组织，解决党内成份不纯和作风不纯问题上，反革命修正主义分子阎达开公开与毛主席的指示相对抗。毛主席明确指示：“既反对忽视成份、又反对唯成份论”。“首先重要的，是在党内展开批评和自我批评，彻底地揭发各地组织内的离开党的路线的错误思想和严重现象。”而反革命修正主义分子阎达开却忠实地按照中国赫鲁晓夫刘少奇的黑旨意，在干部中大肆推行“搬石头”的反动政策。阎达开对解放区的干部全盘否定，诬蔑“遵化二、三区的干部没有一个好的。”并威胁说：“要死狗的拉出去（枪毙）！”在这种错误路线的指导下，我很多干部和党的基层组织遭受了严重地打击和破坏。冀东全区有许多好干部或比较好的干部被当作“石头”搬掉了。其中不少干部，因“查三代”而错戴上了地主、富农的帽子。他全部否定了基层党支部，一脚踢开了基层干部和共产党员。这就大大地助长了阶级敌人的反动气焰，使不少地方的地、富、反、坏分子乘机进行阶级报复，打击了贫下中农和无产阶级，保护了地富和资产阶级，给革命事业造成了严重的损失。直到党中央派干部去冀东纠正了这条形“左”实右的路线以后，土改运动才健康地向前发展。

反革命修正主义分子阎达开，在土改运动中卖力地推行形“左”实右路线，受到了中国赫鲁晓夫的“表扬”，也深受其另一个黑主子高饶反党集团头子高岗的赏识。一九四七年十一月，高岗当面大加赞扬阎达开，给他封官许愿说：阎达开“可以当区党委副书记”，并指定他参加了冀东区党委的领导核心。阎达开对于黑主子的“提拔”十分心急，朝思夜盼，可是过了一段时间提职的“批示”仍没有下来，于是就伸难，刁难我人民政府，故意几个月停发工资，把不开工资的责任转嫁到我人民政府的头上，挑拨工人和人民政府的关系，一九五〇年煽动工人三次罢工。对于帝国主义分子和大资产阶级的这种挑衅本应进行坚决还击。但是，反革命修正主义分子阎达开却遵照中国赫鲁晓夫“要安定资本家”的黑旨意，不但不发动群众进行反击，反而派出干部替帝国主义分子、反动资本家进行解释调停，大搞阶级投降。这样就大大地助长了帝国主义分子和资产阶级分子的反动气焰，使阶级敌人一次又一次地向我人民政府发动猖狂进攻。

一九五二年开滦煤矿开展了一场轰轰烈烈的民主改革运动。这场斗争本应把矛头指向帝国主义分子、大资本家及其代理人和国民党残渣余孽。但是，窃踞开滦煤矿民主改革运动领导大权的阎达开，在这场斗争中闭口不提对帝国主义分子、大资本家和国民党反动势力作斗争，而是把打击对象仅仅限于“封建把头和旧官僚机构”，说“这是主要解决的问题”，竭力保护一小撮最主要的阶级敌人。在这次运动中，阎达开卖力地推行中国赫鲁晓夫刘少奇的投降主义路线，疯狂地镇压群众运动。运动一开始，他定调子，划框框，制定种种清规戒律和所谓加强“组织与纪律性”来束缚群众手脚。同时，极力散布“在运动中抓紧解决职工福利问题”，妄图用反革命经济主义腐蚀工人群众的革命斗志，把运动引上斜路。

反革命修正主义分子阎达开同中国赫鲁晓夫一唱一合，还百般包庇、重用帝国主义分子、资本家及他们的代理人。中国赫鲁晓夫在冀东区党委扩干会上叫喊：“资本主义在今天”是“进步的、革命的”，应使“资本家积极起来”，应让资本家“当厂长”。阎达开则嚷叫：“工人应当首先主动团结资本家……让资本家有信心来生产”。中国赫鲁晓夫胡说什么：把“资产阶级当作斗争的对象是不对的，把职员（注：实际上是指帝国主义、资本家的代理人。下同）当作斗争对象更是不好”，职员“和工人亲如兄弟”。阎达开则说：开滦的“资本家的代理人”是工人阶级的“朋友”，“职员是工人阶级的一部分，不管他赚钱多少，地位多高，一样是工人阶级”。正是在这种反动路线的指导下，保护了不少[illegible]帝国主义分子、资本家及其代理人。英帝国主义分子裘利叶（总经

[illegible]。"真是狗胆包天，罪该万死！他在四月二十五日"上书"中央"报送"陷害李雪峰同志的黑材料时，给总理、伯达、康生同志写信说："最近看到伯达同志讲话：'……斗争锋芒应针对万张反党集团，而不是针对李雪峰同志'，但是考虑到李雪峰的问题，……觉得应当反映"，"如果认为可以写成大字报张贴，我马上公布，特向总理请示"。伪君子阎达开一片撒谎！其实，他"报送"的那些颠倒是非，无中生有的攻击革命领导干部的黑材料，早已通过某些人之手在全市散发。所谓"请示"，只不过是妄想欺骗中央，掩盖罪责的一种卑鄙手段。在这些黑材料中，他极力混淆河北省委内两条路线斗争的实质；他贪天之功窃为己有，把自己打扮成"一贯正确"的"革命左派"，借以掩饰自己的滔天罪行。戳穿了，他的"上书"，就是明目张胆地给中央施加压力，妄图迫使中央改变对天津市的战略部署，实现其反革命篡权复辟的阴谋野心。

煽动反军思潮，挑拨军民之间、军队之间的关系，妄图分裂伟大的中国人民解放军

反革命两面派阎达开，为了达到反革命复辟的目的，采取种种卑鄙手段，进行了一系列地大反中国人民解放军的罪恶活动。

天津驻军介入无产阶级文化大革命初期，反革命两面派阎达开，就以编造假材料的手段，把自己打扮成"革命左派"，企图骗取解放军的支持和信任，阴谋把解放军的支左大方向引向邪路。在其诡计未得逞时，就当面一套，背后一套，大搞反对人民解放军的罪恶活动。在北京饭店，他当众大讲天津驻军"支左大方向非常正确，成绩伟大"；背后则污蔑，天津驻军支"右"不支"左"。在中央决定让阎达开回河北省检查，不参加天津市革命委员会筹备小组时，他怀疑是天津驻军排挤他，咬牙切齿地发泄对天津驻军的仇恨。到处宣扬"天津驻军对我有看法了"，"打电话不接了，想反映情况不行了"，等等。挑拨军民关系，煽动反军思潮，大刮反军妖风。

一九六七年二月份，天津驻军奉命宣布：取缔被万张反党集团操纵的反动组织"天津政法公社"。阎达开却公开跳出来为"天津政法公社"翻案。他公开叫嚷："公安局夺权性质未定"，"说政法公社是反动组织是天津某负责人定的，材料是天津驻军和警备区负责人汇报的"，制造混乱。还纠集无政府主义和极"左"思潮的代表——"大联筹"中的一小撮坏人，把矛头对准伟大的中国人民解放军，围攻揪斗解放军首长，向解放军游行示威，大刮反军黑风。他还在"大联筹"的一些人中散布"天津驻军支'右'，不支持头头、曾多次密谋策划反革命夺权。"大联筹"的[illegible]些头头称他是"革命的领导干部"，表示要把他"树起来"掌权。他则表示"愿向全市'造反派'作检查"；并示意"大联筹"向中央请示把他"树"起来。这就充分暴露了他的反革命篡权复辟的狼子野心。

反革命两面派、阴谋家阎达开在破坏天津市无产阶级文化大革命的罪恶活动中，同华北局以李立三为首的一小撮特务、叛徒、顽固不化的走资派，进行了紧密配合。无产阶级文化大革命中，里通外国的大特务、老牌反革命修正主义分子李立三，以及大叛徒彭真、乌兰夫、万晓塘和张淮三等反革命修正主义集团安插在华北局的死党，纷纷跳了出来，煽动、操纵代表资产阶级反动思潮的保守势力"一联总部"，把黑手伸向天津市，串连、组织、指挥保阎达开上台的复辟势力，同"大联筹"中一小撮坏人相勾结，大造反革命舆论，进行阴谋破坏活动。反革命两面派阎达开，曾伙同反革命修正主义分子张帮英（原华北局候补书记），插手破坏天津市某大学的文化大革命；给保守组织"一联总部"提供"材料"，为破坏天津市文化大革命打气、鼓劲，真是鼓噪一时。**"但反动的逆流终究不会变为主流。"**他们的一切阴谋诡计统统被用毛泽东思想武装起来的革命群众所粉碎，成了一伙不齿于人类的狗屎堆。

反革命两面派阎达开，在无产阶级文化大革命中犯下的滔天罪行，绝不是偶然的。纵观其历史，他从来就是中国赫鲁晓夫的忠实门徒。

极力推行中国赫鲁晓夫的形"左"实右路线，疯狂地破坏冀东地区的土改运动

我们伟大领袖毛主席亲自制定的土地革命的总路线是：**"依靠贫农，巩固地联合中农，消灭地主阶级和旧式富农的封建的和半封建的剥削制度。"**中国赫鲁晓夫刘少奇极力反对毛主席的正确路线，抛出了一条形"左"实右的"贫雇农路线"，其实质是分裂和孤立贫下中农阶级队伍，保护地主、富农。窃踞冀东区党委民运部长、组织部长的阎达开，在一九四七年全国土地会议上对这条形"左"实右的路线十分赞赏，百般吹捧"刘少奇的贫雇农路线就是群众路线"。更有甚者，他竟敢把中国赫鲁晓夫刘少奇与我们的伟大领袖毛主席相提并论，说什么"毛主席的政治路线，刘少奇的群众路线"，借以抬高其黑主子的身价，恶毒攻击伟大领袖毛主席。当时他就受到中国赫鲁晓夫刘少奇的表扬，并单独召见，面受机宜。阎达开在冀东土地会议上更无耻地吹捧中国赫鲁晓夫刘少达开，给他封官许愿说：阎达开"可以当区党委副书记" 并指定他参加了冀东区党委的领导核心。阎达开对于黑主子的"提拔"十分心急，朝思夜盼，可是过了一段时间提职的"批示"仍没有下来，于是就伸手要"区党委副书记"的头衔。这就充分暴露了他的个人野心家的丑恶嘴脸。

反革命两面派阎达开以土改"功臣"自居，趾高气扬，不可一世。当我们伟大领袖毛主席批评土改工作中"左"倾错误之后，这个反革命两面派大耍"变色龙"的本领，装出一副"认错悔改"的假相。一九四八年八月在半壁山会议上，他"痛哭流涕"，作了"检查"，表示要接受"沉痛教训"。但到一九六四年七月，中国赫鲁晓夫刘少奇到天津向阎达开面授机宜说："河北这个问题（指土改搬石头）要解释，进行澄清和统一认识。"反革命两面派阎达开又按照中国赫鲁晓夫的黑旨意，竟胡说什么"有些同志把'搬石头'当成错误，说是'左'了！现在看来，是对这个问题有糊涂观念，并不是'搬石头'本身错了……"。阎达开在这里不仅又一次暴露了他阳奉阴违、口是心非的反革命两面派丑恶嘴脸，而且明目张胆地为其黑主子刘少奇的形"左"实右路线翻案，把矛头直接指向我们伟大领袖毛主席。真是狂妄至极！

竭力贩卖中国赫鲁晓夫右倾投降主义的黑货，包庇帝国主义者、资产阶級和国民党的残渣余孽

一九四九年三月，我们伟大领袖毛主席在党的七届二中全会上指出：**"必须学会在城市中向帝国主义者、国民党、资产阶级作政治斗争、经济斗争和文化斗争，并向帝国主义者作外交斗争"。**而反革命修正主义分子阎达开，却紧跟中国赫鲁晓夫刘少奇，抗拒毛主席的指示，竭力贩卖右倾投降主义的黑货，反对向帝国主义者、国民党和资产阶级进行斗争。

一九四九年五月——党的七届二中全会刚刚结束不久，中国赫鲁晓夫刘少奇为了把中国引向资本主义的邪路，就迫不及待地跑到唐山开滦"视察"。他到处放毒，进行反革命的罪恶活动。他在冀东区党委扩大干部会议上的报告中，大肆散布"剥削有功"、"阶级斗争熄灭"论，无耻吹捧资产阶级，歌颂剥削制度，大力兜售右倾投降主义的黑货。当时，窃踞唐山市委副书记、军管会主任要职的反革命修正主义分子阎达开，对于中国赫鲁晓夫刘少奇的黑旨意，视如圣经，忠实推行。

那时，开滦煤矿还控制在英帝国主义分子和中国大资产阶级的手里。这些反动的家伙，不甘心于他们的失败，利用他们控制的企业，千方百计地制造困"朋友"，"职员是工人阶级的一部分，不管他赚钱多少，地位多高，一样是工人阶级"。正是在这种反动路线的指导下，保护了不少[illegible]帝国主义分子、资本家及其代理人。英帝国主义分子裘利叶（总经理）、大资本家魏吨（开滦矿主管）等借口煤卖不出去，刁难我人民政府，破坏生产，几个月不发给工人工资，制造罢工事件，而阎达开对这些凶恶的敌人，却百般开脱罪责，不做处理。赵各庄矿矿长袁通（袁世凯的儿子），长期欺压工人，罪大恶极，群众称之为"阎王"，因效忠日寇追煤"有功"，曾得"日本天皇"的奖状，是个日本帝国主义的走狗。阎达开不但不发动群众清算其罪行，反而安置到某矿冶学院"教书"，包庇起来。还封外国特务薛聿龙为"主任工程师"，加以重用。过去压在工人头上作威作福的"包工大柜头"之类的狗奴才，有的被安排为科长，有的安排为井下生产区区长。使这些反动家伙，继续骑在工人头上为非作歹。

我们的伟大领袖毛主席在党的七届二中全会上明确指出，在城市斗争中，**"必须全心全意地依靠工人阶级"**。但反革命修正主义分子阎达开却反其道而行之，他遵照其黑主子刘少奇的黑旨意，大搞阶级调和，建立"劳资协商会"，反对依靠工人阶级。在唐山市较大的私营工商业中，都建立了所谓"劳资协商会"，由军代表、工会和资本家一起"协商管理"企业的大事。在开滦煤矿还让英帝国主义的代理人、资本家、高级员司等参加了这个矿的"劳资协商会"，让这些人与我们的军代表、工人代表平起平坐，"共商大事"。这是明目张胆地对抗毛主席的指示，放弃工人阶级领导权的铁证。正因为这样，受到了资本家的喝采，他们高喊："新民主主义万岁！"

反革命修正主义分子阎达开，大肆贩卖中国赫鲁晓夫"全民工会"的黑货，千方百计地把资本家的代理人拉入工会，妄图改变工会的性质。中国赫鲁晓夫刘少奇在冀东区党委扩干会上说："只要是出卖劳力挣工资，无论是中国人、外国人，不管……信仰、进步、落后，都可以加入工会。"反革命修正主义分子阎达开则说："有工薪收入者即可入工会"，"高级员司也可以入工会"。根据这个黑旨意，不少工会组织混进了特务、叛徒、国民党残渣余孽、资产阶级分子及其代理人。在开滦，表面上拿工资而实际是资产阶级分子的"高级员司"，也钻进了工会。有一个名叫胡思宏的"员司"，是国民党的接收大员，任过安源煤矿"工程师"，自称"这边和刘少奇认识，那边和孙科是朋友"，一九四九年中国赫鲁晓夫刘少奇到唐山"视察"时，还接见了他，后来也混进了开滦工会。这样，使党的阶级斗争工具——工会变成了阶级敌人的防空洞。

反革命修正主义分子阎达开，如此卖力地推销中国赫鲁晓夫的右倾投降主义路线，（下转第三版）

敬祝毛主席万寿无疆　　1968年8月24日　星期六　第三版

彻底打倒以林、阎为首的一小撮走资派！

（上接第二版）疯狂地破坏民主改革运动，放弃工人阶级领导，大搞全民工会，极力保护一小撮阶级敌人，其罪恶目的就是维护资产阶级剥削制度，抗拒社会主义革命。用心何其毒也！

大砍合作社、大反“冒进”，破坏农业的社会主义改造

正当我国进入社会主义改造，两个阶级、两条道路、两条路线激烈斗争的关键时刻，老右派林铁在一九五四年调阎达开任河北省委副书记。从此，反革命两面派阎达开又同中国赫鲁晓夫在河北的头号代理人林铁勾结在一起，他们结党营私，狼狈为奸，大砍合作社，大刮反“冒进”的妖风，妄图阻止历史车轮前进。

在我们伟大领袖毛主席“**组织起来**”的号召下，我省农业合作化在一九五三年和一九五五年两次出现农业合作化高潮。到一九五五年春，全省农业合作社发展到十万多个，入社农户达到了百分之三十八。这时，党内一小撮走资派，被农业合作化高潮吓破了胆，中国赫鲁晓夫刘少奇急忙两次派大员到河北“坐镇”，要农业社赶快“下马”。胡说什么“合作化运动中产生的问题，是造成农村紧张形势的根本因素。”指责：“河北省合作化走的太快了，搞的太多了，超过了实际可能……办不好、巩固不住，要坚决收缩。”反革命修正主义分子阎达开，按照中国赫鲁晓夫刘少奇的黑指示，伙同老右派林铁、马国瑞炮制了全年“坚决停止发展、合理进行收缩”的砍社方针。结果，以“整社”为名，在一九五五年春夏就被他们砍掉了八千多个农业社，使二十九万多户社员回到了单干的老路。一九五五年七月毛主席在《关于农业合作化问题》的光辉著作中，尖锐地批判了象“**小脚女人**”走路的右倾机会主义后，老右派林铁、马国瑞、阎达开，对抗毛主席指示，不仅拒不检查错误，反而胡说“我们顶住了”，借此掩盖他们砍社的罪行。

在我们伟大的领袖毛主席的英明领导下，我省在一九五六年春，实现了农业高级合作化，大大鼓舞了广大农民的生产积极性，掀起了波澜壮阔的社会主义生产新高潮。但是，中国赫鲁晓夫对大跃进的新形势抬得要死，捧得要命，急忙下达了“反冒进”的黑指

余力地保存、发展复辟资本主义的经济基础，真是反动透顶！

反革命两面派阎达开不仅制造了种种单干谬论，而且还明目张胆地在全省推行单干。一九六一年五月，他鼓吹“‘小包工’是个好办法，……是经营管理的方向”。他在全省电话会议上，大肆宣传什么“农活包工到户，没有什么危险可怕的”，极力推销单干的黑货。同年冬天，在全省电话会议上再一次贩卖包工到组，包工到户的黑货，说什么：“田间管理可以实行包工到组、到户、到人，有的以包工到组为主，辅之以包工到户、到人；有的以包工到户、到人为主，结合包工到组”。在改善经营管理的幌子下，大刮单干黑风。他还伙同老右派林铁，积极推行“保命田”、“借地”等单干主张。一九六一年七月，老右派林铁从外地贩来“保命田”的单干黑货，同反革命两面派阎达开进行了密谋策划，得到阎达开的支持后，才向省委公开提出推广“保命田”。同年，沧州地区遭受了严重的水灾。阎达开还支持老右派林铁提出的灾区“借地”渡荒的单干主张，并亲自批准了沧州灾区“借给社员少量地，种胡萝卜”。同时宣布：“今后发生这样问题，县委批准，地委备案”，为复辟资本主义大开方便之门。反革命两面派阎达开还横加阻拦有些地方要纠正单干风的革命行动。一九六二年春，有的地委提出要纠正包产到户，阎达开大加反对说：“纠正包产到户问题，要慎重考虑”。妄图在所谓“慎重考虑”的幌子下，让单干风继续自由泛滥。

反革命修正主义分子阎达开还用他的反革命两面派的贯伎，疯狂地进行资本主义复辟活动。一九六二年，省委“五月会议”期间，他同原承德地委第一书记、老右派王克东密谋策划大刮单干风。王克东提出：“在承德北部地区允许户养毛驴”，阎达开说：“我同意这个办法，可以办。”王克东还提出：“利用山沟牧场，允许户养大牲畜。”阎达开连声赞扬：“这是个好办法”，还提出对养母畜的给以“奖励”。王克东提出：“耕地减少百分之十，主要是山沟地扔荒。”阎达开说：“社员上山可以包产到户。”他同王克东进行了一系列策划后，承德地区的单干风越刮越大。当广大革命干部和群众揭发批判王克东大刮单干风的罪行时，阎达开唯恐暴露出他和王克东的黑关系，便假惺惺地说：“我们同王克东的矛盾是路线斗争！”但当老右派林铁、张仲山为王克东翻案时，阎达开又带

我完全同意。”由于他们的煽动，一小撮右派的反动气焰十分嚣张，肆无忌惮地向我们伟大领袖毛主席猖狂进攻。当整理“鸣放意见”时，有人把有关攻击毛主席的字样删掉后，阎达开暴跳如雷，说：“不管对什么人有意见，有闻必录，不能勾，立三同志特别讲了，对华北局、中央，对某个人也好，有意见，专门搞一份，要如实地反映情况。”看！他们煽动攻击我们伟大领袖毛主席配合得多么紧密！

在“鸣放”中，老右派李立三和反革命两面派阎达开，还极力煽动右倾机会主义分子和受过批判对党不满的人放毒。老右派李立三说什么：“被批判的人讲话多了……是我们会议到了什么程度的一个重要标志”。反革命两面派阎达开也说：“过去受批判的同志……让他们把心里的话，心里的压抑讲出来，这是民主生活正常不正常的标志。”为了让这些被批判过的右派分子、右倾机会主义分子、反革命分子讲出反党的“心里话”，老右派李立三一再强调要他们“敞开思想”，“讲得不恰当也不要紧”。反革命两面派阎达开也竭力鼓动，要“敞开思想，把问题全部讲出来”，要“达到敢说，敢说了，自然就愉快了”。老右派李立三唯恐他们不能把毒放完，还要求各口，找被批判的人“谈谈”，“有些人，省委找他们谈谈。”阎达开立即赞同说：“要给被批判的同志讲……要鼓励他们在会上谈。”他们一唱一合，为右派放毒大开绿灯。

在老右派李立三和反革命两面派阎达开的煽动下，省直机关群魔乱舞，牛鬼蛇神纷纷出笼。有的攻击“三面红旗不正确”，有的污蔑“人民公社办早了”，还有的反革命分子趁机直接攻击我们伟大领袖毛主席。对这些反动言行，他们欣喜若狂。老右派李立三说什么：不能“最后对不同意见加以批判”，“那样的做法很不好。”阎达开立即表示“同意立三同志的意见”。这就充分暴露了他们网罗牛鬼蛇神，妄图反党篡政的阴险用心。

老右派李立三和反革命两面派阎达开，所以这样做，其目的是企图通过河北省直机关的所谓“鸣放”，打开缺口，煽动各地牛鬼蛇神向党进攻。

反革命两面派阎达开同老右派李立三干尽了反革命的罪恶勾当后，在无产阶级文化大革命中唯恐露出马脚，却又把自己打扮成同李立三作过斗争的“英雄”。他大言不惭地说“对李立三来河北主持鸣放

说：“我们目前正处在一个非常时期，也是我省建省以来最困难的时期”，“这种困难状况是不容易在短时期内改变的。”阎达开则说：“生产力已经遭到严重的破坏，要想在短时期内把全省的农业生产力恢复到一九五七年的水平是不容易的。”他还攻击大跃进说：“基本建设的发展肯定是弥补不上已有的破坏”，这是地地道道的“得不偿失”论。他胡说大跃进“过分夸大了生产关系对生产力的促进作用”，把“生产力的发展估计过高、过快了”，“造成严重的混乱”，等等。公然反对毛主席关于形势开始好转、前途光明的英明论断。

老右派林铁在反党纲领中胡说：“大跃进破坏了工农业的比例，造成了国民经济的严重失调。”阎达开也说：“工业与农业严重失调”，“工业比重过分突出”，“农业生产力遭到了严重破坏”，“在国家与集体、国家与农民的关系方面，目前依然是很紧张的，在这方面，最根本的原因，是几年工农业严重失调所造成的”。他还胡说什么“比例搞不好，一连串的问题就来了”，“工业压倒农业，棉花压倒粮食，粮食征购压倒农民”，等等。他把大跃进的伟大成绩全盘否定。

反革命修正主义分子阎达开还同老右派林铁一唱一合，恶毒攻击人民公社。老右派林铁攻击说：“成立人民公社犯了错误”，“损害以至破坏了工农联盟。”阎达开恶毒攻击诽谤说：“人民公社、所有制很不巩固，……革命革红了眼，进行废除小集体所有制，发展集体和个人平调”；他胡说什么“现在看，公社搞慢一点，不搞那么急、那么快是会好一些的。”他还胡说什么“在人民公社化以后，生产关系改变一次，所有制动荡一次，一次又一次地严重破坏着和削弱着农业生产力，并严重地打击了群众集体生产的积极性。”阎达开从根本上否定了人民公社的优越性和社会主义制度，把矛头指向了我们伟大领袖毛主席。

老右派林铁和反革命两面派阎达开，在炮制《四年总结》中，公然反对党中央和毛主席提出的“**以钢为纲**”的方针。林铁说：“以钢为纲的方针是否正确，我怀疑。”阎达开说：“以钢为纲的口号可以不提，河北在这个口号下特别吃亏”。他大肆攻击大炼钢铁的群众运动是“工农业失调的第一个教训”，特别是“……一九六〇年还在保钢，把赶日本、赶法国

在我们伟大的领袖毛主席的英明领导下，我省在一九五六年春，实现了农业高级合作化，大大鼓舞了广大农民的生产积极性，掀起了波澜壮阔的社会主义生产新高潮。但是，中国赫鲁晓夫对大跃进的新形势怕得要死，恨得要命，急忙下达了“反冒进”的黑指示，阎达开马上暴露出右倾机会主义的原形，伙同老右派林铁、马国瑞紧跟其黑主子，上呼下应，大反“冒进”。这次反“冒进”在一九五六年七月河北省第一届第一次党代会上达到了高峰。老右派林铁在党代会的报告中首先提出“反冒进”。胡说什么“在大反右倾保守以后，产生了急躁冒进情绪”。反革命两面派阎达开立即表示赞同，并大叫大喊说：“我们必须深刻地、正确地认识林铁同志在报告中所指出的急躁冒进情绪，……。”“为了很好地克服盲目冒进的偏向，要批判任何地区、任何部门和单位存在的冒进！”因此，使反“冒进”的妖风吹遍全省，严重挫伤了广大干部和农民群众的革命干劲，破坏了集体经济的发展。

反革命两面派阎达开在一九五六年充当了反“冒进”的急先锋，而一九五七年，当他听到批判反“冒进”的风声时，就又施展反革命两面派的鬼把戏，摇政治投机，假惺惺地提出“五六年反‘冒进’是错误的”。一年前，阎达开和老右派林铁一唱一合，说：“要批判任何地区、任何部门和单位存在的冒进”，可是，一年后，他又把自己打扮成是向反“冒进”的人作了斗争的“英雄”。看！“变色龙”阎达开就是这样扮演的贼喊捉贼的丑恶角色！

大刮单干黑风，妄图复辟资本主义

当人民公社象一轮红日，在东方的地平线上升起后，我们的伟大领袖毛主席就热情地赞誉说：**“还是办人民公社好。”**但是，反革命修正主义分子阎达开却极端仇视人民公社，他紧跟中国赫鲁晓夫刘少奇，伙同老右派林铁，大刮单干妖风，妄图瓦解集体经济，复辟资本主义。

阎达开是歌颂“小自由”的老吹鼓手，是炮制复辟资本主义谬论的批发商。为了破坏人民公社，他在一九五九年七月到易县专门调查了“小自由”问题，炮制了发展“小自由”的一系列谬论。在他给老右派林铁的一封信中，大肆宣扬“小自由经济收入，远远大于集体经济的收入”，“小自由大有可为”。接着就为发展“小自由”提出了所谓“理论”根据，把本来属于资本主义性质的社员个体小自由经济硬说成“是农村社会主义经济不可缺少的一部分，是属于社会主义范畴的”。他还提出：“一条腿是生产队经济，另一条腿是个体小自由经济”的“两条腿走路的方针”，胡说什么：“只注意集体生产，不注意小自由生产是片面的社会主义观点”。于是，便要求各级领导，对发展“小自由”要给以“保证”，“在组织领导上，生产队、生产小队都有一个队长主管‘小自由’这件事，并要具体帮助各户解决‘小自由’生产中的困难和问题”。反革命修正主义分子阎达开竟这样不遗进行了一系列策划后，承德地区的单干风越刮越大。当广大革命干部和群众揭发批判王克东大刮单干风的罪行时，阎达开唯恐暴露出他和王克东的黑关系，便假惺惺地说：“我们同王克东的矛盾是路线斗争！”但当老右派林铁、裴仰山为王克东翻案时，阎达开又带头给王克东道歉，胡说什么：“王克东是内部问题。”

在一九六二年省委“五月会议”上，老右派林铁之流炮制了复辟资本主义的黑纲领“十项小自由”政策。反革命两面派阎达开与老右派林铁一唱一合，极力主张“大牲畜允许户养”。当受到刘子厚同志的批判后，阎达开表面假装有所收敛。但老右派林铁向刘子厚同志进攻时，阎达开立即倒向林铁，又完全同意了“十项小自由”政策，并且亲自修改，同意签发。阎达开就是这样使用反革命两面派手法，顽固地坚持走资本主义道路。

伙同老右派李立三、林鉄煽动一小撮右派，向党猖狂进攻

一九六二年三月，正当国际上帝、修、反联合大反华，国内牛鬼蛇神纷纷出笼的时候，老右派李立三伙同反革命两面派阎达开，经与在外进行反革命串连的老右派林铁密谋，借贯彻中央“七千人大会”精神之机，以“鸣放”为名，在省直机关煽起了一股攻击三面红旗、攻击党中央、攻击毛主席的妖风。

反革命两面派阎达开在省直机关“鸣放”之前，就别有用心地拖延传达毛主席极其重要的指示，首先传达了中国赫鲁晓夫刘少奇在“七千人大会”上的“报告”和“讲话”，妄图按照刘少奇的“口径”，为“鸣放”定下反党、反社会主义、反毛泽东思想的基调。

“鸣放”一开始，老右派李立三伙同反革命两面派阎达开，就明目张胆地把矛头指向三面红旗。老右派李立三听了省直各口汇报“鸣放”情况后，煽动说：“对错误的看法如何？是否三七开？”“产生错误的原因，天灾是主要的，还是人祸是主要的？”反革命两面派阎达开紧相呼应，说：“过去这几年没有人说是‘左’的，思想病是主要的，说三七开不行，讲出来很好。”他还学着李立三的腔调，煽动右派攻击整风反右运动说：“要不要反右？这个问题是要认真考虑的。”李立三立即对阎达开大加赞扬：“达开同志讲得很好，传达达开同志的讲话，我很自由！”

这一对反党老手竟公然煽动“鸣放”党中央和毛主席。当那些牛鬼蛇神一个个跳将出来，凶相毕露地攻击党中央时，老右派李立三得意忘形地为之拍手叫好，说：“敢对中央提意见了，好！”阎达开马上为之擂鼓助威，说：“同意立三同志的意见”。更有甚者，他们竟然狗胆包天，把“鸣放”的目标，引向我们最最敬爱的伟大领袖毛主席。老右派李立三别有用心地煽动说：首先“鸣放”中央的“某些负责同志”，“我参加几次小组会，提到中央的很少”，“这不符合实际”。阎达开立即呼应说：“立三同志的指示，打开缺口，煽动各地牛鬼蛇神向党进攻。

反革命两面派阎达开同老右派李立三干尽了反革命的罪恶勾当后，在无产阶级文化大革命中唯恐露出马脚，却又把自己打扮成同李立三作过斗争的“英雄”。他大言不惭地说：“对李立三来河北主持‘鸣放’，有反感，有怀疑”，“有警惕”，“始终认为他不怀好意”，“特别多心他把‘鸣放’矛头引向中央”，甚至和李立三“顶起来”，等等，妄图逃脱罪责，蒙混过关。

更为恶劣的是反革命两面派阎达开竟颠倒是非，嫁祸于人。当李雪峰同志发觉老右派李立三在河北煽动右派“鸣放”时，马上在电话中对他进行了严厉的批评，并责令其立即回北京。但反革命两面派阎达开却给李雪峰同志栽赃，硬说他把李立三“这条疯狗放出来到处行凶作恶”，真是卑鄙至极！这就又一次暴露了阎达开反革命两面派的狰狞面目。

炮制反党黑綱領《四年总結》，恶毒地攻击三面紅旗

《中共河北省委关于四年来工作的初步总结》（简称《四年总结》），是河北省党内以林铁、阎达开为首的一小撮走资派打着“总结工作”的招牌，恶毒攻击三面红旗、攻击党中央和毛主席的铁证，是反党、反社会主义、反毛泽东思想的黑纲领，是复辟资本主义的宣言书。

这个《四年总结》是一九六二年老右派林铁伙同阎达开，紧密配合国内外阶级敌人向党进攻，按照中国赫鲁晓夫刘少奇的黑旨意，在大党阀彭真的直接授意下，以前北京市委的反党黑纲领为样板，精心炮制出来的。

为了炮制反党黑纲领《四年总结》，老右派林铁，亲自指定反革命两面派阎达开任起草小组组长。阎达开按照中国赫鲁晓夫刘少奇和老右派林铁的调调，首先策划炮制了《四年总结》提纲。他还盗用省委名义说：“省委委托我把总结抓一下。”把这个《四年总结》提纲，发给了各口，为炮制反党黑纲领《四年总结》作了准备，划了框框，定了调子。一九六二年“五月会议”期间，阎达开的所谓“检查”发言和他在小组会上的几次“讲话”，是修改《四年总结》的重要根据之一。《四年总结》七次讨论，是林铁亲自主持，阎达开参加讨论和修改的。连老右派林铁也供认不讳：这个《四年总结》是按照彭真的意见我和阎达开共同搞的。

反党黑纲领《四年总结》的要害，是把当时已经好转的形势说得一片漆黑，恶毒地攻击三面红旗，全盘否定整风反右和整风整社运动，大刮“形势黑暗”风、翻案风、单干风，这是一个全面复辟资本主义的黑纲领。

在讨论《四年总结》中，反革命修正主义分子阎达开同老右派林铁唱的是一个调子。林铁攻击大跃进确，我怀疑。”阎达开说：“以钢为纲的口号可以不提，河北在这个口号下特别吃亏”。他大肆攻击大炼钢铁的群众运动是“工农业失调的第一个教训”，特别是“……一九六〇年还在保钢，把赶日本、赶法国看得太容易了”，等等。他把攻击矛头又一次指向党中央和毛主席，真是反动至极！

反革命两面派阎达开，在攻击三面红旗的同时，还伙同老右派林铁攻击一九五九年整风反右和一九六〇年整风整社运动，公开为右倾机会主义分子喊冤叫屈，煽动翻案。阎达开公开叫嚣说：“这两个运动在斗争方式方法上是重复地沿袭了自土改以来的‘三反’、‘五反’、机关肃反、反右派等那一套过火斗争。”为地、富、反、坏、右翻案大造舆论。

反革命两面派阎达开借搞《四年总结》之名，恶毒攻击三面红旗，反对毛主席，反对毛泽东思想，犯下了滔天罪行；可是无产阶级文化大革命一开始，这个三人起草小组的组长却把罪责推得一干二净，他甚至撒谎说：“《四年总结》不知是谁起草的。”请看阎达开这个反革命两面派的嘴脸多么丑恶！

唐山楊、白反革命修正主义集团的一个黑后台，密謀策划改組地委，妄图实現右派篡权的阴謀家

唐山以杨远、白芸为首的反革命修正主义集团，在反革命修正主义分子李运昌、大叛徒李楚离和河北省党内一小撮走资派林铁、阎达开、裴仰山的操纵下，长期进行反党反社会主义反毛泽东思想的罪恶活动。中国赫鲁晓夫及其代理人，妄图通过杨、白反革命修正主义集团，把唐山变成在全省复辟资本主义的一个重要基地。这场斗争的实质，**“是中国共产党及其领导下的广大革命人民群众和国民党反动派长期斗争的继续，是无产阶级和资产阶级阶级斗争的继续。”**斗争的焦点是政权问题。反革命两面派阎达开就是策划唐山反革命政变的一个阴谋家。

唐山解放以来一直存在着两个阶级、两条道路、两条路线的斗争，而在一九五九年反右整风运动中突出地暴露出来了。反革命修正主义分子刘汉生（原唐山地委书记）、杨远（原唐山市委书记）、常立木（原秦皇岛市委书记）在反右整风时被批判后，他们的反革命野心并没有收敛，而是更加隐蔽，等待时机，东山再起。一九六一年借国民经济暂时困难和甄别平反之机，公开跳出来进行反攻倒算。刘汉生、杨远、白芸、张伯英、常立木、冀华、张文浩、张撰宇等党内一小撮走资派，抓住唐山地区大跃进和反右整风运动中的某些缺点错误，煽起了一股反党、反社会主义的妖风。他们恶毒地攻击说：“唐山发生困难的原因，不是天灾而是人祸”，攻击大跃进：

（下转第四版）

1968年8月24日 星期六 第四版

敬祝毛主席万寿无疆

彻底肃清中国赫鲁晓夫反革命修正主义的一切流毒！

（上接第三版）"成绩和缺点错误是倒三七"，"犯了'左'倾路线错误"，胡说什么"比王明路线还严重"；叫嚣一九五九年整风反右是"宗派主义打击"等等。他们还阴谋策划改组唐山地委领导，抓住革命领导干部马力同志的某些缺点错误，攻其一点，不及其余，企图把他赶走，实现右派篡权。为了密切配合这一反革命政变的阴谋活动，老右派张达等还抛出"三人上书"，恶毒攻击反右整风运动，陷害革命领导干部刘子厚同志。这伙右派攻击的目标不仅限于唐山，而是以马力等同志为靶子、以唐山为靶场，恶毒地攻击三面红旗，攻击我们伟大领袖毛主席，攻击毛主席的革命路线。这实际上是以中国赫鲁晓夫刘少奇为代表的资产阶级司令部向以毛主席为首的无产阶级司令部疯狂进攻的一个据点。

反革命两面派阎达开，表面上曾表示同意刘子厚、马力等同志的看法：唐山不是路线错误，一九五九年整风反右是必要的、正确的。但是，他又暗中搞鬼，支持杨、白反革命修正主义集团搞翻案复辟的阴谋活动。一九六二年三月十二日，张达、白芸在河北宾馆当着阎达开的面，大肆攻击三面红旗，胡说大跃进"三瘦最突出……，贫病交加"；诬蔑整风反右运动"混淆了是非，颠倒了黑白"。阎达开听了这些恶毒的攻击极表同情，大加鼓动说："几年来工作有严重错误……损失很严重"，"有气就出"！还当面答应杨远、常立木"平反"后，回原地区"官复原职"。紧接着在一九六二年省委"五月会议"上，阎达开在讨论反党纲领《四年总结》时，根据杨、白反革命修正主义集团提供的材料，恶狠狠地宣布："唐山粮食基地的的确确是垮了"，并且拟成电文上报下达。阎达开这个"结论"是有意放了一把反党的大火，是指挥杨、白反革命修正主义集团向党进攻的信号弹，是对唐山地区大跃进成果的全盘否定，是对杨、白反革命修正主义集团猖狂反扑在省委内部的有力配合。当时，在北京开会的刘子厚同志得知这个电报，立即在电话里追问、批评时，阎达开这个伪君子又借口说是"为了向中央要粮食"，进行欺骗。阎达开的火没有白放，在杨、白反革命修正主义集团的煽动下，一小撮走资派、牛鬼蛇神、叛徒、特务都跳出来，更加恶毒地攻击三面红旗，向党猖狂进攻。

一九六二年六月在唐山地委常委扩大会议期间，

招降納叛，結党营私，包庇牛鬼蛇神

反革命修正主义分子阎达开，多年来利用窃踞的职权，招降纳叛，网罗亲信，结党营私，包庇党内一小撮走资派，保护复辟资本主义的社会基础，极力推行中国赫鲁晓夫刘少奇的修正主义组织路线。

反革命修正主义分子阎达开，调省后就和老右派林铁结成死党。每当历史转折的关键时刻，他总是包庇河北省党内头号走资派林铁蒙混过关，并勾结起来干着反党反社会主义反毛泽东思想的罪恶勾当。一九五二年"三反"运动中，揭发出老右派林铁同他的臭妖婆、反革命分子弓彤轩，接受大贪污犯刘青山、张子善的大量贿赂，弓彤轩因贪污受贿一千余万元（旧币）被开除党籍。阎达开一九五四年调省不久，就同老右派林铁合谋，为弓彤轩翻案。老右派林铁出面作证说："只受贿五百万元"（折现在五百元）。阎达开亲自出马，利用职权，百般为弓彤轩的罪行狡辩，胡说："张子善的话不可全信，弓彤轩的话不可不听"，"五百万元数目不小，是一大包，如有此事，一定有别人见到。"还胡说什么："这五百万元是他自己背走的，还是别人帮助背走的！？"后阎达开等即以"找不到旁证"为借口，取消了弓彤轩受贿五百万元的罪行，作出由开除党籍改为留党察看的决定，企图把弓彤轩仍拉回党内。因上级不同意改变原来决定，老右派林铁和阎达开的阴谋才未得逞。

在一九六三年"五反"中，老右派林铁深知阎达开能保他过关，又指定他为省直机关"五反"领导小组组长。阎达开唯恐广大干部揭发老右派林铁和他的臭妖婆弓彤轩腐化享受、贪污盗窃等罪行，对有关单位的"五反"运动，亲自掌握，刘框子，定调子，并派亲信坐镇，压制群众揭发问题。他胡说："五反"运动主要是搞本单位的，不许涉及领导的问题。他威胁在小招待所搞"五反"的干部说："你们发动群众查账，矛头是指向省委的，想干什么！""是和省委唱对台戏！"他让老右派[illegible]口，不许揭发林铁的罪行。他对揭发出的有关林铁的问题，封锁消息，上欺中央，下瞒群众，把反映"五

丹，阎达开如伤手足，利用他冀东民运部长的职权，责令县委把领导群众斗争的区委书记、区长撤了职，扣压了村支部书记和办事员，强逼贫下中农退回清算刘子丹的胜利果实。一九四七年土改复查时，阎达开唯恐群众再次触动他的"亲人"，急忙派警卫员骑马星夜赶到该村，以冀东区党委名义下黑指示："保护刘家的生命安全"，使这个地主分子在他的庇护下逃避了群众斗争，破坏了土改复查运动。唐山解放后，阎达开为报恩地主阶级，主动把刘子丹的女儿、儿媳、侄女等人安排到我们的工厂工作。对刘子丹这个剥削阶级的寄生虫，阎达开在调到省委后还从生活上百般照顾，亲自给唐山市委打电话，要市委"予以照顾，安排工作"。当有人提出：刘子丹表现不老实，重新给他戴上了地主分子帽子，不应再长期照顾。阎达开竟胡说："政治上的处理和生活上的照顾要分开"，"人家过去对咱们有帮助，不要忘记！"并威胁说："如果市委实在不同意，省委解决也可以，不过这样对唐山市来说也不合适"。在他的压力下，唐山市每月供给刘子丹十五元。他真不愧是地主阶级的孝子贤孙！

这些罪恶事实证明：反革命修正主义分子阎达开，是一个伙同老右派林铁篡夺河北省党政大权的政治野心家。他既是老右派林铁的死党，又是地富反坏右的代理人。

中国赫鲁晓夫的忠实門徒，国民党大党閥彭眞的亲信

反革命两面派阎达开长期紧跟中国赫鲁晓夫刘少奇，进行反党反社会主义反毛泽东思想的罪恶活动，决不是偶然的。早在"七七"事变前，阎达开就对中国赫鲁晓夫刘少奇发表的黑文章百般赞赏，并吹捧刘少奇是"白区党的正确路线代表"，"党的第二个领导人"，崇拜得五体投地。当一九三六年大党阀彭真到冀东活动时，在京东特委的阎达开就竭力为彭真推行王明路线拍手叫好，吹捧彭真"有办法"，"北方局除了刘少奇就是彭真"。抗日战争期间，阎达开到延安中央党校后，深受彭真的重用和提拔，并介绍他和中国赫鲁晓夫刘少奇当面"谈话"，深受其黑主子的

断和以势压人"的大党阀，别有用心地对阎达开说："你告诉刘子厚，毛主席表扬了他，不要骄傲！"主子授意，奴才照办，阴谋策划了一场丑剧。一九六三年五月，在华北局召开传达贯彻杭州会议精神的会议上，刘子厚等革命领导干部坚持要以"十条决定"为武器，批判一九六二年"鸣放"中的反党言行，揭开河北省委阶级斗争盖子。李雪峰同志指示林铁召开一次法定的省委书记处会议，认真作一次检查。老右派林铁、阎达开见势不妙，就串通一气，大搞阴谋活动，竭力扭转会议的方向。大党阀彭真幕后指挥，老右派林铁压阵，阎达开充当急先锋，跳梁小丑肖风为其"通风报信"，搜集"情报"。阎达开和肖风以散步为名，"交流情况"，"集中材料"，准备反攻。结果，在省委书记处会议上，林铁不仅抗拒李雪峰同志的指示，根本不作检查，反而大整刘子厚同志。林铁首先定调子，说什么"我总觉得你们有自满情绪"，阎达开马上助阵，叫喊："不能麻痹！不能自满！"这样，就使会议转向大整所谓"骄傲自满"，使老右派林铁逃之夭夭。

反革命两面派阎达开还百般吹捧和竭力贩卖中国赫鲁晓夫刘少奇在四清中推销的黑货。一九六四年四清初期，中国赫鲁晓夫刘少奇抛出了一个大搞人海战术的"建议"信，即臭名昭著的形"左"实右的资产阶级反动路线。阎达开对中国赫鲁晓夫刘少奇的这个黑货大力支持和极为赞赏，说什么："从信上看它的精神，还是桃园经验"，"我们没有理由不同意少奇同志的信"，"河北象抚宁那样的县委都不能领导四清，其他县委也不能领导。"同时，阎达开对中国赫鲁晓夫刘少奇一九五九年的一次讲话和一九六四年七月到天津的放毒，吹捧为"精辟地阐明了如何掌握群众运动的客观规律等根本问题。"他竟提出要以刘少奇的"讲话为武器，提高认识，统一思想"。不久，阎达开又一次无耻地吹捧中国赫鲁晓夫刘少奇给顽固走资派江渭清的黑信"是我们的指路明灯"。他责令农业蹲点工作组学这"一本经"，而根本不提活学活用毛主席著作。由此可见，反革命两面派阎达开，对他的黑主子是多么效尽忠心！

反革命两面派阎达开反党反社会主义反毛泽东思想的罪行累累，罄竹难书。他在两个阶级、两条道路、两条路线激烈搏斗的关键时刻，作为刘、邓资产

毒地攻击三面红旗，向党猖狂进攻。

一九六二年六月在唐山地委常委扩大会议期间，反革命两面派阎达开亲自到北京密邀杨、白反革命修正主义集团在中央的一个黑后台大叛徒李楚离去唐山，他们以“帮助解决问题”之名，直接指挥和参与了杨、白反革命修正主义集团的一系列阴谋活动。阎达开先以听取意见为名，召集反革命修正主义集团的骨干杨远、白芸、张伯英、冀华、孔祥均“座谈”。一开始他们就攻击三面红旗，胡说“唐山问题严重，生产力损失很大，短期很难恢复，浮肿死人比打日本鬼子时还多”，把形势说得一片漆黑。接着杨、白反革命修正主义集团的头子就对阎达开说：“你是唐山的老领导，五九年整风反右搞成这个样子，你一句话也不说”等等。阎达开听了这些反党言论，深表同情，竟痛哭流涕地说：“提的对，提的好！这几年确实听别人的多了，听你们的少了。”阎达开自己撕去了画皮，充分暴露了他的反动原形。在另一次密谈中，杨、白反革命修正主义集团赤裸裸地提出了蓄谋已久的右派篡权计划，叫嚣“周振华要调离唐山，马力不能再当第一把手！”接着他们又以“试探”的口吻问阎达开：“考虑到目前农村工作的需要，马力也可以晚调或者不调。”阎达开当即表示：马力“不能再在唐山地区工作了，与其晚调不如早调。”并说：“谁当唐山地委第一书记，你们可以考虑，提出意见。”最后阎达开还示意让杨、白反革命修正主义集团整理马力同志的黑材料报省。这是他直接参与唐山右派夺权的罪恶铁证。

反革命两面派阎达开不仅背后策划，他还在唐山地委常委扩大会议上，以省委书记的身份，公开为杨、白反党集团撑腰。他在“讲话”中，不但全盘否定了刘汉生、杨远这一小撮右派的滔天罪行，并向他们赔礼道歉，胡说：“汉生、杨远同志在整风反右中坚持了正确的意见，是很好的风格”。接着他向这一伙右派检讨说：“我过去所以同意刘子厚同志所讲的五九年整风反右是正确的、必要的，是由于我当时没管甄别平反工作，不知道这方面存在着什么争论”。他撕掉了伪君子的遮羞布，又一次露出了反革命两面派的真相。阎达开还把这次右派翻天的黑会，吹捧为“是健康的、严肃的，收获很大。”并对杨、白反革命修正主义集团骨干逐个点名，大加赞扬，说他们的发言“都很好”。阎达开一面对右派大力吹捧，一面对革命领导干部施加压力，要马力同志承认“错误”，向反党集团的头子刘汉生、杨远“学习”。会后马力同志追问他：“我向他们学什么？”阎达开又诡辩说：“这个讲话不完整。”经过阎达开这番策动，杨、白反革命修正主义集团的反动气焰更加嚣张！

在唐山这场你死我活的两个阶级大搏斗中，反革命两面派阎达开从煽风点火、阴谋策划到参与右派夺权，从始至终充当了杨、白反革命修正主义集团的一个黑后台。

口，不许揭发林铁的罪行。他对揭发出的有关林铁的问题，封锁消息，上欺中央，下瞒群众，把反映“五反”情况的简报，由原发省直各单位改为只发省委常委，直至林铁的问题不许登简报。他还施展“打不住老虎，打苍蝇”的阴谋，把“五反”的矛头指向一般干部、群众，扭转运动的大方向。在他千方百计地包庇下，老右派林铁贪污腐化、明偷暗盗、假公济私、挥金似土等严重罪行，毫无触动。

反革命修正主义分子阎达开，为了包庇老右派林铁，还死保原卫生厅厅长、三反分子韩启民过关。韩启民利用职权，滥用公款，为老右派林铁延长狗命和过荒淫无耻的生活提供了大量贵重药品，价值七、八万元，其中只人参就六十八两，值六千九百余元。因而得到老右派林铁的宠爱和重用。“五反”中老右派林铁唯恐从卫生厅揪住他的狐狸尾巴，就急忙定调子说：“韩启民问题的性质，是思想作风问题，要保护过关”。阎达开则言听计从，百般为韩启民开脱罪责，胡说：“韩启民是思想作风问题，大家不要抓住不放”，“韩启民的检查我看了，检查的可以了”，甚至威胁说：“卫生厅反韩启民有一股反省委的风”，以势压人。后又派某负责人去卫生厅“做工作”，“搭梯子”保护韩启民“下楼”。五反运动后期，他对韩启民的问题不仅未作处理，反而同林铁合谋，提韩启民为人大代表。这就把他们结党营私的黑关系更紧密地拉在一起。

反革命修正主义分子阎达开，窃踞河北省委书记大权之后，不仅和老右派林铁结成死党，狼狈为奸，干尽坏事。他还网罗老冀东同伙，招降纳叛，在省委和省直单位安插亲信，为进一步篡夺河北省党政大权，全面复辟资本主义作组织准备。老右派裴仲山，就是由阎达开提名推荐，一九五六年从唐山调来，安插在省监委掌握大权的，进而林铁提名又把他提拔为省委候补书记，拉入林、阎黑店，成为右派阴谋篡权的急先锋。经阎达开同意，一九六〇年又把唐山杨、白反革命修正主义集团的骨干孔祥均调省，安插为原省委宣传部副部长。这个家伙，恶毒攻击一九五九年整风反右运动，是杨、白反革命修正主义集团搞翻案复辟的急先锋。他窃踞省委宣传部要职后，一贯贩卖中国赫鲁晓夫刘少奇的修正主义黑货，是个地地道道的老右派。裴仲山、孔祥均，都是阎达开早在冀东一手培植起来的黑干将。他们在无产阶级文化大革命中，都是为河北省党内一小撮走资派及杨、白反革命修正主义集团翻案复辟的黑后台。

反革命修正主义分子阎达开，是地富反坏右的代理人。*他包庇地主分子、反革命分子刘子丹的罪行就*是一个铁证。刘子丹曾当过日寇的维持会长、大乡长，罪大恶极。其子是国民党县党部委员，解放后逃往台湾。阎达开解放前曾在刘子丹家中隐蔽过，拜认刘的伯父地主分子刘宗正为干爹，关系十分密切。阎达开对这个地主、反革命分子，在政治上极力保护，在经济上关怀备至。土改时，贫下中农清算斗争了刘子

除了刘少奇就是彭真”。抗日战争期间，阎达开到延安中央党校后，深受彭真的重用和提拔，并介绍他和中国赫鲁晓夫刘少奇当面“谈话”，深受其黑主子的赏识。刘少奇夸奖阎达开“了不起”，“现在你才三十岁，艾登不是四十岁当了外交部长吗？还算个青年外交家呢，要好好锻炼！”主子如此夸奖，奴才万分感激。从此，阎达开就更加死心塌地地拜倒在刘、彭的脚下，成了中国赫鲁晓夫的忠实门徒。在一九四五年党的第七次代表大会期间，当有人揭发刘澜涛被捕叛变问题时，大叛徒刘澜涛慌了手脚，急忙授意阎达开去替他“辩解”。他卖力地给这个大叛徒涂脂抹粉。

解放后，反革命两面派阎达开，对中国赫鲁晓夫刘少奇和大叛徒彭真更是百般吹捧，千方百计地为其黑主子脸上贴金，而对我们最最敬爱的伟大领袖毛主席，对战无不胜的毛泽东思想却竭力贬低和反对。阎达开主办的“河北抗洪抢险斗争展览”，就赤裸裸地暴露了他的反革命狰狞面目。一九六三年河北省遭受特大水灾，在我们伟大领袖毛主席的亲切关怀和领导下，在伟大的中国人民解放军和全国广大革命人民群众大力支持下，我省人民战胜了洪水灾害，取得了伟大胜利。毛主席还亲笔题词，发出“**一定要根治海河**”的伟大号召，给我省人民指明了根治水患的正确方向，极大地鼓舞了全省人民向水灾作斗争。但是，反革命修正主义分子阎达开，在他总结的六条抗洪斗争“基本经验”中，却闭口不谈毛主席的关怀，不谈高举毛泽东思想伟大红旗是夺取抗洪斗争胜利的最根本的经验。经他反复审查的整个“展览”中，除了“**一定要根治海河**”的题词外，没有一条毛主席语录，除了一张“毛主席观看河北水灾示意图”的照片外，没有一张伟大领袖毛主席的像，更没有突出宣传毛主席关怀全省四千三百万人民的解说词。相反，反革命两面派阎达开，却千方百计地为他的黑主子歌功颂德，树碑立传。他比狗陶铸早三年施展了“换头术”的鬼把戏，把中国赫鲁晓夫刘少奇和老右派林铁根本不是谈抗洪救灾的狗头像拿来，放大到一米宽，两米高，突出在展览馆最显要的地位；他把国民党大党阀、大叛徒彭真和老右派林铁到灾区捞取政治资本的照片，放大到两米多，安排在“中央亲切关怀”大字标题下，标榜他们是“党的化身”，“中央的代表”，借此抬高黑主子和老右派林铁的身价。阎达开还大肆吹捧北京旧市委的“共产主义风格”，给其黑主子彭真涂脂抹粉。从这个“展览”的鲜明对照来看，反革命两面派阎达开同中国赫鲁晓夫刘少奇、大叛徒彭真以及老右派林铁的黑关系就更加清楚了。

一九六三年五月，在伟大领袖毛主席亲自主持召开的杭州会议上，制定了具有伟大历史意义的“十条决定”，这是我国人民进行社会主义革命的纲领性文件。在中央一次会议上，毛主席表扬了刘子厚同志滔滔不绝的讲阶级斗争。一九六三年五月，大党阀彭真把阎达开召到北京，面授机宜，对抗毛主席，包庇老右派林铁，打击陷害刘子厚同志。彭真这个“专靠武

反革命两面派阎达开反党反社会主义反毛泽东思想的罪行累累，罄竹难书。他在两个阶级、两条道路、两条路线激烈搏斗的关键时刻，作为刘、邓资产阶级司令部在河北的代理人，始终顽固推行中国赫鲁晓夫的修正主义路线，从右的方面或极“左”的方面，抗拒和破坏毛主席的无产阶级革命路线。阎达开这个“变色龙”，善于伪装，贯弄权术，阳奉阴违，口是心非。他既有反革命两面派的贯伎，又有伪君子的假象；既有野心家的欲望，又有阴谋家的“特长”；既要反革命，又要装“左派”。这是一个长期隐藏在党内的赫鲁晓夫式的危险敌人。

反革命修正主义分子阎达开，是一个野心勃勃的资产阶级代表人物。揭开他的精神世界，可以看到腐朽透顶的资产阶级丑恶灵魂。阎达开在政治上，为了追求“升官、晋级、保权、保位”，篡夺更大的领导权，拜倒在中国赫鲁晓夫刘少奇、国民党大党阀彭真的脚下，伙同老右派林铁，疯狂地反党反社会主义反毛泽东思想。阎达开在生活上，伪装艰苦朴素，道貌岸然；而家藏纯金锭，英、美、德、日和墨西哥的银元、银币，清朝和印有袁世凯、黎元洪狗头像的大洋钱，还有宝石、翡翠、大珍珠等金银财宝，是个继承封建官僚剥削遗产的贪财奴，资产阶级的铜臭商。在无产阶级文化大革命初期，阎达开又密谋策划，转移隐藏了这笔凝结着劳动人民血汗的不义之财。这就清楚地表明：守财如命的阎达开，在政治上已经“修”透了。他精通的是“升官发财”、复辟资本主义之道，是个典型的资产阶级政客！

伟大领袖毛主席教导我们：“**必须在各个工作部门中保持高度的警惕性，善于辨别那些伪装拥护革命而实际反对革命的分子，把他们从我们的各个战线上清洗出去，这样来保卫我们已经取得的和将要取得的伟大的胜利。**”我们无产阶级革命派，用战无不胜的毛泽东思想，揭露了反革命修正主义分子阎达开的反动原形，这是毛主席的革命路线又一伟大胜利。但是，阶级敌人决不会甘心失败，还要作垂死挣扎，我们必须遵照毛主席的教导，“**宜将剩勇追穷寇，不可沽名学霸王。**”要乘胜追击，以痛打落水狗的彻底革命精神，坚决把中国赫鲁晓夫及其在河北的代理人阎达开之流，从政治上、思想上、理论上批深批透，斗倒斗臭，彻底肃清其反革命修正主义流毒，誓夺无产阶级文化大革命的全面胜利！

打倒刘、邓、陶！

打倒彭、罗、陆、杨！

打倒杨、余、傅！

打倒林铁、阎达开、裴仲山、胡开明、杨一辰！

无产阶级文化大革命胜利万岁！

无产阶级专政万岁！

毛主席的无产阶级革命路线胜利万岁！

战无不胜的毛泽东思想万岁！

伟大的领袖毛主席万岁！万岁！万万岁！

毛主席最近指出：实现无产阶级教育革命，必须有工人阶级领导，必须有工人群众参加，配合解放军战士，同学校的学生、教员、工人中决心把无产阶级教育革命进行到底的积极分子实行革命的三结合。工人宣传队要在学校中长期留下去，参加学校中全部斗、批、改任务，并且永远领导学校。在农村，则应由工人阶级的最可靠的同盟者——贫下中农管理学校。

毛主席最近指出：建立三结合的革命委员会，大批判，清理阶级队伍，整党，精简机构、改革不合理的规章制度、下放科室人员，工厂里的斗、批、改，大体经历这么几个阶段。

坚决服从工人阶級的領导

社论

北京城里传来了我们伟大领袖毛主席的伟大号召，《红旗》杂志发表了姚文元同志的重要文章《工人阶级必须领导一切》。听到这东方的最强音，看到那如宣判书的战斗檄文，我们欢呼，我们歌唱。欢呼生长在伟大的毛泽东思想时代的幸福，欢呼毛主席为无产阶级教育革命作了最新最有力的指示，欢呼对封、资、修教育路线的彻底宣判！我们纵情地歌唱：历史的主人登上了一切阵地，杀上了一切政治舞台！

我们毛主席的红卫兵坚决言行一致地接受工人阶级的领导。我们热烈欢迎工人毛泽东思想宣传队进入各校，急切要求建立有工人阶级领导的革命三结合，同时也强烈要求工人毛泽东思想宣传队进入红卫兵代表大会的市、区领导。红卫兵坚决服从工人阶级的领导。

今天的形势多么象当年“**百万雄师过大江**”，彻底捣毁蒋家老巢的形势啊！

一个波澜壮阔的斗、批、改高潮的信号已经发出，冲锋号已经吹响，亿万人民已经迈出惊天动地的雄伟一致的步伐。

谁如果在这个时刻，还象小脚女人一样，抱着自己的“山头”、“宗派”、“多中心”这些大石头不放，死守着自己的“小天地”不离，要么他就要被历史洪流冲击，陷入被动，甚至被抛进历史的垃圾堆里。至于那一小撮顽固不化的阶级敌人，今天就是冲着你们去的，有本事就出来较量，历史一定把你们彻底埋葬！

毛主席最近极深刻地指出：“**实现无产阶级教育革命，必须有工人阶级领导，必须有工人群众参加，配合解放军战士，同学校的学生、教员、工人中决心把无产阶级教育革命进行到底的积极分子实行革命的三结合。工人宣传队要在学校中长期留下去，参加学校中全部斗、批、改任务，并且永远领导学校。在农村，则应由工人阶级的最可靠的同盟者——贫下中农管理学校。**”

不少的人也整天在为无产阶级教育革命绞尽脑汁，今天看到了正确的道路和方向！

几千年的封、资、修的传统教育，根深蒂固，很多不合理的东西，反动的东西，因为是“传统”，便“合法化”，被许多人所推行，所接受。党内一小撮走资派出于复辟的本能，极力招降纳叛，结党营私，加之旧中国造成劳动人民不能上学，教育事业就是被资产阶级分子和资产阶级思想所垄断，解放后也基本如此。我们中的大多数都是资产阶级、修[illegible]的学者，过去那种教育制度，为无产阶级哪点能取，哪点能用？！我们学了半天学了些什么？学了半天资产阶级的东西。今天毛主席给我们撑腰，就是要冲决几千年的封、资、修的罗网，把反动的教育制度打个底朝天，来个彻底革命！

在教育系统无产阶级专资产阶级的政，这样伟大的革命，只有在伟大的毛泽东时代才能进行。这样的大革命依靠谁？只有依靠工人阶级领导才能完成！单依靠学校学生、知识分子们根本不可能完成！

有些人至今对于学校的形势看法右得很，他们缺乏工农感情，所以也看不清问题的严重性，他们一听“学校基本是被资产阶级知识分子统治着”就不高兴，从心眼里抵触、发恨。我们说：“中等学校的干部和教职员工的队伍是很复杂的，混进了大批的国民党残渣余孽，没有改造好的地富反坏右分子，还有相当数量的乱七八糟的人，虽不够敌我矛盾，但也不够当一名人民教师的条件”，这些人则大为不满，很是反感，总是先把自己洗清。我们这个估计是在和其他各行各业的队伍相比之下得出的“一大批”和“相当数量”的结论，并没有否定大多数是好的这个基数。难道不是这种情况吗？我们还是希望有些人好好地调查调查，研究研究！就拿大多数是好的来说，和工农比较也还是有很大的距离！

某学校一个英文教研组，有二十二名教员，其中就有十个资本家，一个漏划地主，五个旧职员，三个伪官吏、买办资产阶级家属。这是一些外贸第一线根本用不得的家伙，他们在走资派的庇护下，钻进了教育阵地，在社会主义讲坛上，大肆攻击无产阶级专政，毒害青年一代。这些家伙不但垄断了这个学校的英文教学，而且还控制了本教研室的三名留校学生教师。请问，这样惊心动魂的阶级斗争的事实，这样触目惊心的典型，难道还少吗？

仅从这一点，就无可辩驳的说明教育部门必须依靠工人阶级。“**资产阶级知识分子统治我们学校的现象，再也不能继续下去了！**”

依靠工人阶级，不仅有优秀的工人代表参加学校领导核心，掌管学校的党、政、财、文大权，而且要有相当数量的工人毛泽东思想宣传队战士长期留在学校，从根本上扭转资产阶级知识分子统治我们学校的现象。

姚文元同志的文章有力地驳斥了种种反对工人阶级领导学校的谬论。在我们的队伍中抵制工人阶级领导的现象少吗？希望同志们好好地学一学，想一想。对工人阶级的领导抱什么态度是个根本立场问题！是积极欢迎，紧密配合工作呢？还是用消极的态度来抵制、对抗呢？

有些人采取极为错误的态度，他们表面上也拥护宣传队，但在实际工作中就另是一样，划圈圈，设障碍，制造种种困难；他们在文化大革命中插上小目的，在服从大中心的幌子下，挤进自己的“小中心”；有些则以前是积极掌权者，以后撂摊子不干了。这绝不是正确的态度，这是消极对抗！

我们希望，现在已进驻或还未进驻宣传队的学校都要注意这个问题，特别警惕敌人从右的方面来袭击工人阶级的领导！

过去各校建立的“三结合”的革命委员会是毛主席指引的方向，是红色政权，她比起文化大革命前各校的政权，无论是革命性、权威性、代表性，有极大的提高！但是事实已证明，就是这样一个机构也无法完成教育革命这一使命。实现无产阶级教育革命，必须有工人阶级领导！这是教育革命的需要。一切组织形式，都是为政治目的服务的，当组织形式不适应政治需要时，就得改变，这不足为怪！

（下转第二版）

中学红卫兵

天津市中等学校红卫兵代表大会常务委员会机关报

第39期　1968年8月30日　星期五

中学红卫兵　　毛主席万岁　　1968年8月30日　第二版

革命的红卫兵坚决接受工人阶级的领导

毛主席最新指示紅卫兵坚决照办
在工人阶級領导下，搞好学校斗、批、改

本报讯　姚文元同志的《工人阶级必须领导一切》重要文章里传达了我们心中最红最红的红太阳、最敬爱的伟大领袖毛主席英明的最新指示："**实现无产阶级教育革命，必须有工人阶级领导，必须有工人群众参加，配合解放军战士，同学校的学生、教员、工人中决心把无产阶级教育革命进行到底的积极分子实行革命的三结合。工人宣传队要在学校中长期留下去，参加学校中全部斗、批、改任务，并且永远领导学校。在农村，则应由工人阶级的最可靠的同盟者——贫下中农管理学校。**""**建立三结合的革命委员会，大批判，清理阶级队伍，整党，精简机构、改革不合理的规章制度、下放科室人员，工厂里的斗、批、改，大体经历这么几个阶段。**"喜讯传来，全市广大红卫兵小将个个欢喜若狂，满怀无限忠于伟大领袖毛主席的深厚阶级感情，最最热烈地欢呼毛主席这一最新指示的发表，他们一遍又一遍地朗读毛主席的最新指示，越读越觉格外亲切，心情万分激动，不断高呼"毛主席万岁！毛主席万万岁！

革命的红卫兵小将和广大革命师生员工激动地说："毛主席最新指示的发表，是对我们的最大关怀、最大鼓舞、最大鞭策、最大教育，说出了我们的心里话。毛主席的最新指示，为我们指明了学校教育革命的方向，指出了学校斗、批、改的光辉道路。它是彻底摧毁资产阶级教育制度的锐利武器。对毛主席的最新指示，我们一定要认真学习，深刻领会，坚决照办。"

对伟大领袖毛主席无限热爱、无限信仰、无限崇拜、无限忠诚的我市中等学校的广大红卫兵战士、革命的师生员工，他们夜晚得喜讯，无不欢欣鼓舞，奔走相告，顿时间到处是一片欢腾。广大革命师生、红卫兵战士聚在收音机前、广播喇叭底下，聚精会神，一个字一个字地记，一个字一个字地背，一个字一个字地学。听完广播，立刻爆发出一片欢呼：伟大领袖毛主席万岁！祝毛主席万寿无疆！万寿无疆！许多学校的红卫兵小将夜间就立即行动，高举毛主席画像和热烈欢呼毛主席最新指示发表的横标，手捧红彤彤的毛主席语录，敲锣打鼓，上街游行，游行队伍通夜不断。许多红卫兵小将为了更快地把毛主席最新指示宣传出去，家喻户晓，通夜刻印毛主席最新指示，四处散发、张贴。热烈欢呼毛主席最新指示发表的大字标语贴满整个校园和街头，红卫兵表示，毛主席有令我立即行，毛主席部署我坚决紧跟，象门合同志那样，宣传毛主席指示，分秒不停。

毛主席最新指示传到了中学红代会河东区分会和河北区分会，他们连夜刻印成千上万份毛主席最新指示，并组织部分学校夜间游行和宣传。转天上午，中学红代会南开分会、红桥分会、和平分会、河西分会，都举行盛大的集会游行，热烈欢呼毛主席最新指示的发表。广大革命小将说，毛主席早就教导我们："**人民民主专政需要工人阶级的领导。因为只有工人阶级最有远见，大公无私，最富于革命的彻底性。**"毛主席近来还教导我们："**要充分发挥工人阶级在文化大革命中和一切工作中的领导作用。**"现在又在最新指示中指出："**实现无产阶级教育革命，必须有工人阶级领导**"。毛主席一再肯定了工人阶级在一切工作中的领导作用，而且非常关心教育革命，我们——毛主席的红卫兵坚决听毛主席的话，热烈欢迎工人阶级占领学校阵地，参加斗、批、改，并且永远领导学校，我们绝对服从工人阶级的领导。

市中学红代会听到毛主席最新指示发表的特大喜讯，闻风而动，立即召开常委和工作人员座谈会，认真学习、深刻领会毛主席最新指示。通过学习认识到，学校的教育革命有工人阶级领导并参加，配合解放军，同学校中革命的学生、教员工人实行革命三结合，可以打破知识分子独霸的一统天下，占领那些大大小小的"独立王国"，占领那些"多中心即无中心"论者盘踞的地方，彻底改变资产阶级知识分子统治我们学校的现象。他们表示说，毛主席说出了我们心里话，说透了亿万人民长期想往的心声，我们革命的红卫兵坚决拥护，坚决照办！坚决接受工人阶级的领导。召开常委会议，作了决议，要求全市红卫兵认真学习和领会毛主席的最新指示和姚文元同志的文章，希望全市红卫兵都要成为宣传、执行毛主席最新指示的模范。并强烈要求工农毛泽东思想宣传队进驻中学红代会各级领导，进驻中等学校参加斗、批、改，迅速掀起全面落实毛主席最新指示的新高潮，将无产阶级教育革命进行到底！

紧跟伟大舵手毛主席，在教育革命中创建功绩的延安中学红卫兵小将和革命师生及驻校解放军，听到毛主席最新指示后，心潮澎湃波浪滚，热血沸腾喜泪流，他们立即组织同学学习，召开了庆祝大会，热烈欢呼毛主席最新指示发表，并表示决心进一步紧跟毛主席的伟大战略部署和最新指示，在有工人阶级领导的无产阶级教育革命中再立新功！

毛主席最新指示传到西南楼中学、一中、机械工业学校、抗大药校等学校，革命的红卫兵和革命师生员工，个个心潮激荡，热血沸腾。西南楼中学住校同学当夜游行，回来又学习、座谈到三点钟。他们兴奋地说，我们真没想到，工人阶级和我们一块搞斗、批、改，那太好了，我们这次要在教育革命中继续打冲锋，和工人肩并肩，携起手来搞好学校斗、批、改。一中、机械工业学校、抗大药校等学校也纷纷召开座谈会和集会游行。革命的红卫兵和师生员工纷纷表示要向工人阶级学习，学习他们最听毛主席的话，无限忠于毛主席，无限忠于战无不胜的毛泽东思想，无限忠于毛主席的无产阶级革命路线，坚决表示要永远在工人阶级的领导下，永远甘当工人阶级的小学生，决心在毛主席最新指示的指引下，紧紧团结在以毛主席为首、林副主席为副的无产阶级司令部的周围，打倒反动的"多中心论"，坚决贯彻"七·三"、"七·二四"布告，进一步狠批深挖一小狠阶级敌人，彻底清理阶级队伍，搞好学校的斗、批、改，誓将无产阶级教育革命进行到底，夺取无产阶级文化大革命的全面胜利。

（综合来稿）

紧跟统帅奋勇向前

解放军战士　陈双臣

革命的洪流滚滚向前，
毛泽东思想普照海河两岸，
两个《布告》威力无比，
积极贯彻捷报频传。
在全国一片大好形势下，
毛主席最新指示发表了！
毛主席万岁！毛主席万万岁！
亿万人民欢欣鼓舞，
举国上下锣鼓喧天。

一切紧跟毛主席，
一切服从毛主席；
毛主席挥手我前进，
毛主席指示我照办。
毛主席最新指示的发表，
是对工人阶级的最大信任，
毛主席的最新指示，
说出了亿万革命人民的心愿。
我们努力学习、热情宣传，
积极贯彻、坚决照办。

工人阶级是领导阶级，
工人领导是教育革命的关键，
一切资产阶级老爷们统统滚下去！
誓把旧的教育制度彻底砸烂，
充分发挥工人阶级的领导作用，
夺取无产阶级教育革命的领导权。

战斗的号令吹响了，
光荣任务摆在工人阶级面前，
整装待发，中华民族的优秀儿男，
打起背包，奔赴教育革命第一线。
热情宣传毛泽东思想，
坚决执行毛主席的革命路线。

那怕困难万千重，
何惧所谓"老、大、难"，
有战无不胜的毛泽东思想，
有忠于毛主席的红心赤胆，
敢上刀山火海，
敢闯虎穴龙潭。
誓死捍卫毛泽东思想，
誓死捍卫毛主席的革命路线，
全面落实毛主席最新指示，
紧跟统帅奋勇向前。

坚决服从工人阶级的领导

（上接第一版）

这样组成的三结合，就是为了保证工人阶级的绝对领导。我们考虑一切工作和组织形式统统要从保证工人阶级领导这点出发。工人、解放军的代表应该在三结合中占优势。

学校的干部也同样较其他行业复杂。因此在审查干部时要严。有些人虽然不是叛徒、特务，但是十几年来推行的一整套修正主义教育路线，如不接受彻底的批判，也会阻碍教育革命。但我们不是把所有的干部"一锅熬"。真正的代表无产阶级利益的干部，是工人阶级的先进分子，在三结合中也必须突出他们的作用。

毛主席最近指出："**建立三结合的革命委员会，大批判，清理阶级队伍，整党，精简机构、改革不合理的规章制度、下放科室人员，工厂里的斗、批、改，大体经历这么几个阶段。**"毛主席把下一步运动极细、极严密地作了英明部署，工厂是这样，学校也同样是这样。

毛主席一系列的最新指示，都为学校的成份（无论是学生、教员还是干部）、学制、办校方向作了极英明的指示。从各个方面坚决打倒资产阶级知识分子统治我们学校的现象，实现毛主席的伟大教导，就必须有工人阶级的领导，必须无条件地服从这个领导！

中学红卫兵　　毛主席万岁　　1968年8月30日　第三版

对于犯了严重错误的干部，只要他们不再坚持错误，认真改正，并为广大革命群众所谅解了之后，仍然可以站起来，参加革命行列。

毛泽东

现在仍然要抓住解放干部这个关键

本报评论员

毛主席教导我们：**“正确地对待干部，是实行革命三结合，巩固革命大联合，搞好本单位斗、批、改的关键问题，一定要解决好。”**在什么时候都不能忘记这个关键，在文化大革命深入发展的今天更是这样。

原天津市委第二书记赵武成同志最近跟中学代表的一次座谈和在全市中学系统一次检查中，态度是诚恳的，问题认识也较为深刻。我们表示，支持他参加到我们的革命行列中来！支持赵武成同志参加天津市革命委员会的工作！

继续解放一批革命的领导干部充实到我们的“三结合”中来，是巩固、发展红色政权的关键！

要解放革命的领导干部，首先必须狠狠地打击那一小撮顽固不化的走资派、叛徒、特务，从政治上、思想上把他们批倒、批臭。而有些单位则不是这样，他们对走资派是一斗、二批、三不管，走资派整天舒舒服服，养得肥头大耳；而对于犯有错误或严重错误并表示愿意改正的干部则是不闻不问。两个都是不管，那里还有半点革命事业责任心。

轰轰烈烈的文化大革命最能考验人，也最能暴露一个人的错误、弱点；世界上错误纵有千千万万，但是总起来就是一个根本的东西：对毛主席和毛泽东思想的态度问题。一些具休问题有些干部一时还认识不上去，可以让他们在实践中逐步认识，要给他们机会，让他们在实践斗争中得到新的考验，这是检验一个干部的最好方法。

帮助干部，应该首先建立在对他们错误批判的基础上。解放干部要主动，要关心干部。一看二帮，就是说对干部要采取积极主动的态度，要给他们创造条件，不能置之不理。主动地解放干部，就是在和阶级敌人争夺干部！

有些干部一时还看不准，我们认为可以先让他们工作，在实践中考查他们。事物总是发展的，总是一分为二的，有些干部现在对毛主席，对群众还有些认识，但他们当了权，就又变了，又变得坏了。这也不是什么坏事，充分暴露了他们自己，而锻炼了群众。他变了，群众还可以把他揪出来。相反，如不在疾风暴雨的实践中考查他们，他们的问题就要“冬眠”了。问题迟早总要暴露，早暴露比晚暴露好。

有些干部站不出来，则是因为资产阶级、小资产阶级派性和反动的“多中心论”发作。他们错误地把干部看作是我这个“小中心”、“小山头”的附属品。他们心目中，没有毛主席干部路线这个大中心，这样做对革命是极为有害的，这种“病”往往害在有些头头的身上，广大群众要发动起来，造这个“私”字的反。

同时我们也希望，革命的领导干部，主动按照毛泽东思想检查自己，取得群众的谅解，在革命中立新功。要群众谅解，要立新功，也应该主动。

在此，我们对已经站出来的革命领导干部，尤其是对我们刚表示支持站出来的赵武成同志，提出以下几点：

1、要进一步加深对以毛主席为首、林副主席为副的无产阶级司令部的无产阶级感情。有些人犯了许多错误，甚至是很严重的错误，是毛主席的革命路线拯救了你们（也教育了广大群众）。应该记住这条真理：不管在什么情况下，不管有多大风浪，永远忠于伟大领袖毛主席！永远忠于战无不胜的毛泽东思想！这是革命至胜的法宝。

有些干部因为犯了错误，运动中有一段靠边站了，这就缺少文化大革命全部过程的洗礼，较广大人民群众，尤其是较工人阶级对毛主席的感情还有距离，希望你们好好补上这一课。

2、**“群众是真正的英雄，而我们自己则往往是幼稚可笑的”**。革命干部要坚决相信群众，依靠群众，放手发动群众，尊重群众的首创精神。

史无前例的文化大革命，在干部问题上的伟大历史意义和历史功勋越来越明显，越来越突出。解决了反修、防修的一个重要问题。在伟大的毛泽东思想指引下的群众运动，好得很！好极了！

如果说革命干部对自己以前犯的错误有了认识，那么，这里有广大革命群众一大功，尤其是那些敢于冲杀、敢于造反的人，他们具有特殊的功勋。因此，站出来的干部应感谢革命群众的帮助，和他们在斗争中共结战斗友谊，而不应该有其他任何错误情绪。

干部站出来后，根本一条就是要放下架子，到群众中去，在群众运动中加深对毛主席革命路线的理解。

3、对自己的问题认识不足的干部要在群众斗争中加深认识、加深理解，要记取历史的教训，引以为戒。

4、你们犯了这样或那样的错误，群众还是把你们同走资派、同万张反党集团区别开来。你们应该大胆揭发、彻底批判刘邓及其在天津的代理人万张反革命修正主义集团和一切阶级敌人的罪行，勇敢地和他们作斗争，并且在这一斗争中立新功！

毛主席的干部路线胜利万岁！

纪念“八·二六”，誓做决心将无产阶级文化大革命进行到底的革命派

正当我市革命的红卫兵战士和全市无产阶级革命派热烈庆祝“八·二六”革命造反两周年的欢庆时刻，又传来了我们伟大领袖毛主席的最最最新指示：**“实现无产阶级教育革命，必须有工人阶级领导，必须有工人群众参加，配合解放军战士，同学校的学生、教员、工人中决心把无产阶级教育革命进行到底的积极分子实行革命的三结合。工人宣传队要在学校中长期留下去，参加学校中全部斗、批、改任务，并且永远领导学校。在农村，则应由工人阶级的最可靠的同盟者——贫下中农管理学校。”“建立三结合的革命委员会，大批判，清理阶级队伍，整党，精简机构、改革不合理的规章制度、下放科室人员，工厂里的斗、批、改，大体经历这么几个阶段。”**对毛主席极其重要的最新指示，我们一定要深刻领会，坚决贯彻，彻底执行。

毛主席的最新指示，是最新最伟大的战略部署，是在工人阶级领导下进行斗、批、改的最新动员令，是对两年来无产阶级文化大革命的最精辟、最全面的总结。毛主席的最新指示，为教育革命指明了方向和道路，是彻底摧毁资产阶级教育制度，将无产阶级文化大革命进行到底的锐利武器，是将无产阶级文化大革命进行到底的最最可靠最确实的保证。

毛主席指示我照办，毛主席挥手我前进！伟大领袖毛主席最新指示鼓舞我们奋勇前进，工人阶级必须领导一切，应该领导一切，能够领导一切，我们一定要紧密地团结在以毛主席为首、林副主席为副的无产阶级司令部的周围，**“充分发挥工人阶级在文化大革命中和一切工作中的领导作用。”**

在以毛主席为首、林副主席为副的无产阶级司令部绝对领导下的工人阶级，掌握一切领域，一切阵地的领导权，是保证我国千秋万代永不变色的确实保证。工人阶级在无产阶级专政下继续革命的彻底性和坚定性，最懂得巩固无产阶级专政的重要意义。两年来无产阶级文化大革命雄辩地证明了工人阶级对毛主席最亲，对毛泽东思想最爱，对毛主席的革命路线最忠，对毛主席的伟大战略部署跟得最紧，在两个阶级、两条道路、两条路线的殊死搏斗中，立场最坚定，旗帜最鲜明，始终把无产阶级专政的命运，把无产阶级文化大革命的命运，把社会主义经济的命运，牢牢掌握在自已的手里。一切决心把无产阶级文化大革命进行到底的革命红卫兵小将，都必须自觉地接受工人阶级的领导，都必须拜工人阶级为老师，“恭恭敬敬地学，老老实实地学”坚决走毛主席指引的同工农兵相结合的道路，在三大革命运动中不断地提高自已的阶级斗争和路线斗争的觉悟。

当前深入学习、热情宣传、坚决落实无产阶级司令部的战斗号令、通知、布告和战略部署，是我们的中心任务。对待这个问题的态度，实质上就是对待以毛主席为首的无产阶级司令部的态度。我们一定要紧跟毛主席的伟大战略部署，全面落实毛主席极其重要的最新指示，在工人阶级的领导下，深入开展革命的大批判，搞好清理阶级队伍的工作，整顿党的组织，加强党的建设，夺取无产阶级教育革命的伟大胜利，夺取无产阶级文化大革命的彻底胜利！

毛主席极其重要的最新指示，显示出一个以工人阶级领导的伟大的斗、批、改的革命群众运动的新高潮，在国际、国内一片大好形势下到来了。

一切想着毛主席，一切服从毛主席，一切紧跟毛主席，一切为着毛主席，是我们的统一意志；毛主席指示我照办，毛主席挥手我前进，是我们的统一步伐；跟着毛主席永远干革命，跟着毛主席世界一片红，是我们的统一行动。

我们在毛主席的无产阶级司令部的领导下胜利前进！

“看万山红遍，层林尽染。”让我们高举双手热烈地迎接无产阶级文化大革命全面胜利的时刻到来吧！

天津市劳动局第二半工半读技术学校革命委员会

欢迎批评　　欢迎来稿　　本报通讯地址：湖南路（六十一中内）　　电话：3·3059　　订阅处：全市各大邮局、部分报刊亭（集体去订）

中学红卫兵　　毛主席万岁　　1968年8月30日　第四版

彻底砸烂"读书做官論"

碧空蓝天传喜讯，山山水水齐欢腾。在夺取无产阶级文化大革命全面胜利的关键时刻，从伟大祖国的心脏——北京，又一次传来了我们最伟大的导师毛主席的最新指示："**大学还是要办的，我这里主要说的是理工科大学还要办，但学制要缩短，教育要革命，要无产阶级政治挂帅，走上海机床厂从工人中培养技术人员的道路，要从有实践经验的工人农民中间选拔学生，到学校学几年以后，又回到生产实践中去。**"毛主席的这一最新指示，为把无产阶级教育革命进行到底开辟了胜利航向，为培养无产阶级革命事业的接班人指明了道路。最有力的宣判了中国赫鲁晓夫及其在天津的代理人万张集团所推行的反革命修正主义教育路线的死刑，是反修防修的百年大计。因此，我们无产阶级革命派，坚决拥护，认真学习，深刻领会，句句照办，字字执行。

毛主席教导我们："**无产阶级要按照自己的世界观改造世界，资产阶级也要按照自己的世界观改造世界。**"解放十几年来中国赫鲁晓夫及其在天津的代理人万张反革命修正主义集团就是在教育系统培养它们的接班人。到处宣扬什么读书是为了做"官"，这就是说要按照他们安排的黑道走，将来当"社长"，"县长"，"省长"……。它们对学生经常送着三个条件，一种上三五年地，二下去你们有文化，农民没有，三搞好群众关系。就能当部长还可以当中央委员。

看中国赫鲁晓夫和天津的代理人万张反革命修正主义集团装着一副关心学生前途的样子贩卖修正主义的货色。宣扬怎样当官做老爷的反动谬论，处处给学生推销"吃小亏，占大便宜"的市侩哲学，想把我们青年一代引向反革命修正主义的死胡同。

伟大领袖毛主席教导我们："**我们共产党人不是要做官，而是要革命。**"我们革命的青年读书是为了为人民服务，并不是为了做"官"当老爷，骑在劳动人民的头上，而是更好的受到锻炼，更好的与工农兵相结合，改造自然，把我国"一穷二白"的面貌变为富强美丽的大地。

我们青年人虽然得到了一些基本知识，但却是空理论，没有与实际相结合。所以，现在我们就是要老老实实、恭恭敬敬的做劳动人民的小学生，全心全意地为劳动人民服务。

长期以来中国赫鲁晓夫以及在天津的代理人万张反革命修正主义集团在教育战线上大力推行学生读死书，"两耳不闻窗外事，一心只读圣贤书"。阻挠学生和工农相结合，而宣扬什么"个人奋斗"、"成名成家"、"升官发财"的腐朽的资产阶级思想。要求学生毕业之后，到农村认真的种上三、五年地，取得农民资格，挣得一个好的农民成份，将来就可以当"社长"、"县长"、"省长"，再有能力还可以到中央来等等反动谬论。他们的这一套和剥削阶级"吃尽苦中苦，方为人上人"的生活哲学有什么区别呢？

思想不同，立场也就不同，对一个事物的理解也就截然相反。中国赫鲁晓夫和天津的代理人万张反党集团鼓吹什么"万般皆下品，唯有读书高"，"学而优则仕，读书好做官"。因此，它们散布，让学生往上爬，将来当"社长"、"县长"、"省长"。呸！什么阶级说什么话。中国赫鲁晓夫和天津的代理人万张反革命修正主义集团一贯站在资产阶级的反动立场上，替一小撮骑在劳动人民头上的资产阶级老爷、叛徒、特务、地富反坏右和死不改悔的走资派说话。他们把这一伙坏人连提代拔一下子上升一级、二级、三级，当上大干部，让这些老爷们不劳而获，欺压群众。真是反动透顶，罪该万死！

宜将剩勇追穷寇，不可沽名学霸王。我们无产阶级革命派，坚决要把中国赫鲁晓夫和天津的代理人万张反革命修正主义集团所推行的这套"读书做官论"的资产阶级破烂货连同他们本人一起丢进历史的垃圾箱，让他们千秋万代不得翻身，使我国无产阶级的铁打江山永不变色。

兰天白云寄红心，红心颗颗向北京。巨手指处方向明，我跟统帅向前进。让我们更高地举起革命批判大旗，彻底砸烂修正主义教育制度，让我们青年一代沿着"面向农村、面向边疆、面向工矿、面向基层"的康庄大道，永远前进！

驻津某部　于来生

彻底批判反动的资产阶级"多中心论"

三十五中《卫三红》批判组

在夺取无产阶级文化大革命全面胜利的关键时刻，反动的资产阶级"多中心论"又从阴沟里跑了出来。

在新的形势下，一小撮阶级敌人抛出反动的"多中心论"是为了对抗以毛主席为首的无产阶级司令部的正确领导，从而达到他们分裂和颠复新生的红色政权，以至复辟资本主义的罪恶目的。我们队伍中某些人由于私字缠身，"多中心论"在他们身上用各种形式顽强地表现出来，资产阶级小团体主义就是一例。

以毛主席为首、林副主席为副的无产阶级司令部，是全党、全军、全国和广大的革命群众唯一的领导中心，它发出的每一个伟大战略部署，每一个战斗号令，都最集中地代表了无产阶级和广大革命人民群众的根本利益。每一个革命同志都胸怀对毛主席一个"忠"字，坚定不移紧跟毛主席的伟大战略部署，坚决执行无产阶级司令部的每一个战斗号令。可是小团体主义者，置无产阶级司令部的伟大战略部署于不顾，他们只看局部，不看全局；只看自己的小单位、小集体的利益，而对全国、全世界革命人民的利益全然抛到脑后；在他们掌管的工作中，总以我的"工作重要"、"任务特殊"为借口突出到第一位，而拒不执行或消极对抗以毛主席为首、林副主席为副的无产阶级司令部的伟大战略部署。

小团体主义者，他们不是紧紧地团结在以毛主席为首、林副主席为副的无产阶级司令部的旗帜下，不是在无产阶级司令部的号令下统一意志，统一步伐，统一行动；对无产阶级司令部的声音，不是理解的要执行，暂时不理解的也要执行，在执行过程中加深理解；而是采用反动的实用主义的态度，或是阳奉阴违，当面说得好听，背后又在捣鬼，甚至为了达到他们小团体的私利，实现他们不可告人的目的，不是把矛头对准一小撮阶级敌人，而是采用造谣言，拨弄是非的恶劣手法，破坏群众之间的团结，分裂新生的革命委员会。革命利益受不受损失，他们是统统不顾的。

小团体主义者，不是把毛主席的声音当作指导一切行动的纲领、一切是非的准则；他们的团结也不是建立在毛泽东思想基础上的，他们"团结"的思想基础是资产阶级个人主义，是私字，所以他们互相吹捧，甚至伪造历史进行吹捧，真是恶劣之极。有了错误互相包庇，你受了批评，我就"为你出气""打抱不平"，"我们就是真理，真理就在我们手中"，就是这些人的逻辑，为了抬高身价，资产阶级吹吹拍拍，拉拉扯扯的庸俗作风；为了他们的私利，哥们义气、姐妹之情的资产阶级思想在他们那里很盛行。甚至有些人犯了错误，将要滑到危险的泥坑还不自知，行若无事。小团体主义的种种表现还可以举出一些，上述表现难道在我们学校的学生、教职工队伍中，不是大有人在吗？

反动的"多中心论"是当前我们落实"七·三"、"七·二四"布告，清理阶级队伍的绊脚石，是我们贯彻执行毛主席一系列最新指示，夺取无产阶级文化大革命全面胜利的大敌。大敌当前必须痛加批判。

革命的同志们：让我们高举毛泽东思想伟大红旗，彻底批判反动的资产阶级"多中心论"。

原载《新三十五中》报第三十期

历史将宣判苏修叛徒的死刑

卫东漆包线厂半工半读《挺进兵》

世界人民的伟大导师毛主席说：「**美国垄断资本集团如果坚持推行它的侵略政策和战争政策，势必有一天要被全世界人民处以绞刑。其他美国帮凶也将是这样。**」

今天，苏修叛徒集团竟悍然出兵武装占领捷克斯洛伐克，就是苏修背叛马列主义、背叛世界共产主义运动，背叛世界革命人民的叛徒嘴脸大暴露，这是修正主义集团狗咬狗丑剧的大暴露。这个大暴露将使全世界革命人民再次看清修正主义者狰狞面目，这一大暴露也将促使全世界革命人民决心将反修斗争进行到底！

苏修集团的这一行动，决非偶然。修正主义集团之间尔虞我诈的矛盾发展到极其尖锐，不可调合的地步，必将以战争代替之。他们违背本国人民的愿望，打着「保卫社会主义成果」、「保卫和平」的幌子，以修正主义的统治奴役千百万革命人民，尽管苏修集团喊得再好但丝毫也掩盖不住叛徒、走狗的可耻面目。「**他们对革命人民所作的种种迫害，归根结底，只能促进人民的更广泛更剧烈的革命。**」敌人的每一声罪恶枪声，都埋下了仇恨的种子；人民的每一滴鲜血，都铸成重磅的炸弹。苏修对于人民的迫害，只能是自掘坟墓！有朝一日，仇恨的种子要发芽，血铸的炸弹要爆炸！累累血债，要向苏修集团讨还！历史的教训，使伟大的列宁的故乡的布尔什维克人逐渐清楚地认识到，对于凶残的苏修统治集团，对于勃列日涅夫、柯西金之流，不能抱有丝毫的幻想，只能用革命的武装打击反革命的武装，用革命的政权代替反革命的政权，除此以外，别无出路。

毛主席教导我们：「**一切所有号称强大的反动派统统不过是纸老虎**」，又说：「**枪杆子里面出政权**」，苏联的革命人民，捷克斯洛伐克和一切被修正主义集团统治的国家的革命人民，起来战斗吧！武装起来重夺政权！武装起来捍卫政权！苏修集团再穷凶恶极，也逃脱不了历史的裁判，最后必将象墨索里尼、东条英机一样，被推上历史的绞刑架。玩火者自焚，这是历史的必然！

「**独有英雄驱虎豹，更无豪杰怕熊罴。**」我们用毛泽东思想武装起来的中国红卫兵，就是天不怕，地不怕！就是敢造帝国主义、修正主义和一切反动派的反！我们毛主席的红卫兵，牢记毛主席的教导：「**实行马克思所说，只有解放全人类，才能最后解放无产阶级自己**」，我们坚决支持全世界各国人民的反帝、反修的一切革命行动，誓做全世界革命人民的坚强后盾！我们坚信，马列主义、毛泽东思想的伟大红旗，必将重新高高飘扬在莫斯科红场上！必将高高飘扬在世界各国的上空！

伟大舵手毛主席万岁！

毛主席最近指出：实现无产阶级教育革命，必须有工人阶级领导，必须有工人群众参加，配合解放军战士，同学校的学生、教员、工人中决心把无产阶级教育革命进行到底的积极分子实行革命的三结合。工人宣传队要在学校中长期留下去，参加学校中全部斗、批、改任务，并且永远领导学校。在农村，则应由工人阶级的最可靠的同盟者——贫下中农管理学校。

毛主席最近指出：建立三结合的革命委员会，大批判，清理阶级队伍，整党，精简机构、改革不合理的规章制度、下放科室人员，工厂里的斗、批、改，大体经历这么几个阶段。

社论

必须在学校等意識形态的一切領域内实行无产阶級专政

在毛泽东思想灿烂阳光照耀下，长城内外，大江南北，以北京工人阶级为榜样组成浩浩荡荡的产业工人大军，正在向学校和一切没有搞好斗、批、改单位进军。工人阶级必须领导斗、批、改，工人阶级必须占领上层建筑一切领域，工人阶级必须领导一切，工人阶级就是要用自己的面貌改造世界。

毛主席最近指出：**“实现无产阶级教育革命，必须有工人阶级领导，必须有工人群众参加，配合解放军战士，同学校的学生、教员、工人中决心把无产阶级教育革命进行到底的积极分子实行革命的三结合。工人宣传队要在学校中长期留下去，参加学校中全部斗、批、改任务，并且永远领导学校。在农村，则应由工人阶级的最可靠的同盟者——贫下中农管理学校。”**

“建立三结合的革命委员会，大批判，清理阶级队伍，整党，精简机构、改革不合理的规章制度、下放科室人员，工厂里的斗、批、改，大体经历这么几个阶段。”

毛主席的最新指示，有极其伟大的战略意义，为我们完成无产阶级教育革命和一切领域斗、批、改的伟大历史任务，指出了根本的方向和前进的道路，这是夺取无产阶级文化大革命全面胜利的伟大战略部署，这是我们伟大领袖毛主席对马列主义的极其光辉、极其伟大的发展。

工人毛泽东思想宣传队，是我们伟大领袖毛主席发现并热情培育的放射着毛泽东思想灿烂光辉的新生事物，是毛主席提出的在意识形态等一切上层建筑领域中实行无产阶级专政的新的组织形式，它必将在全国各个阶层，各个领域起深刻的变革，它对培养无产阶级革事业接班人，对我国和全世界走向共义有不可估量的极其深远、极其伟大的意义。

马克思主义产生后的一百二十年的国际共产主义运动的历史，就是坚持工人阶级领导，实行无产阶级专政，还是放弃工人阶级领导，否定无产阶级专政这一个极其尖锐的斗争历史。

无产阶级取得政权后，是无产阶级对资产阶级实行全面专政，还是让资产阶级篡权复辟后对无产阶级实行专政，这是毛泽东思想和修正主义的根本分歧。学校是培养接班人的地方，是造舆论、出意识形态的地方，全部问题，就在于由那个阶级领导，为那个阶级服务。自古以来学校和一切意识形态领域都是为剥削阶级培养人才，为剥削阶级效劳的地方。一切新老修正主义者，也是利用学校和意识形态领域为其出卖工人阶级利益复辟资本主义服务。无产阶级取得政权以后，文权被篡，意识形态领域就成为修正主义的滋生地。

教育权、文权工人阶级不拿过来，如果仍掌握在资产阶级手里，资产阶级知识分子仍继续统治学校，党权政权就仍然有丧失的危险。对于这个问题，马克思没有接触到，列宁没有来得及解决，斯大林没解决了，只有毛主席总结了无产阶级专政的历史经验，研究了苏联等国资本主义复辟的历史教训，第一次把无产阶级专政由政治上的统治推广到意识形态领域。只有毛主席才彻底粉碎了“劳心者治人，劳力者治于人”的反动谬论，指出了工人阶级必须领导一切，必须在学校和意识形态等一切领域中实行无产阶级专政，从而保证社会主义江山永不变色的根本道路，这是毛主席对马列主义无产阶级专政学说的光辉发展。

工人阶级必须领导一切，用工人阶级的世界观改造世界，按照工人阶级的面貌改造一切，改革教育，改革文化，改革一切不适应社会主义经济基础的上层建筑，中国是如此，全世界都得如此。工人阶级的领导，就是毛主席的领导，就是毛泽东思想的领导，就是以毛主席为首、林副主席为副的无产阶级司令部的领导。只有工人阶级才能打破知识分子独霸的一统天下，占领那些大大小小的“独立王国”，占领那些“多中心即无中心论”盘踞的地方，只有工人阶级才能猛烈冲击一切不适应社会主义经济基础的上层建筑，消灭资产阶级思想，从而在政治领域和意识形态领域实行无产阶级专政，让毛泽东思想占领学校教育和一切阵地。

工人阶级必须领导一切，**“要充分发挥工人阶级在文化大革命中和一切工作中的领导作用。”**

这是毛主席对工人阶级世界历史使命所做的最高度的概括，是毛主席把工人阶级在无产阶级专政条件下的地位提高到前所未有的高度，这是毛主席给我们工人阶级的伟大的历史任务。我们工人阶级决不辜负毛主席的期望，毛主席给我们撑腰，我们一定要为毛主席争气。

为了完成这个历史任务，工人阶级必须认真学好毛泽东思想，锤炼对毛主席的赤胆忠心，必须学习毛主席历来教导的群众路线和调查研究的作风，

（下转第二版）

革命职工報

天津市革命职工代表会議常务委員会

1968年8月31日　第33期　共四版

革命职工报　　敬祝毛主席万寿无疆　　1968年8月31日　第二版

市革命委員会召开常委扩大会議确定当前中心任务

认真学习、宣传、落实毛主席最新指示 在工人阶级领导下掀起斗、批、改高潮

会議强調指出，当前中心任务就是学习、貫徹、落实毛主席最新指示和以毛主席为首、林副主席为副的无产阶級司令部的一切战斗号令，組織浩浩蕩蕩的产业工人大軍，有領导、有步驟地开进学校和其他一切还沒有搞好斗、批、改的单位，迅速掀起斗、批、改高潮。

本报讯　市革命委员会于二十七日晚召开常委扩大会议，总结了这一段宣传、贯彻、落实"七·三"、"七·二四"布告的情况，确定了全市当前的中心任务：高举毛泽东思想伟大红旗，认真学习、大力宣传、全面落实毛主席的最新指示和以毛主席为首、林副主席为副的无产阶级司令部的一切战斗号令，组织浩浩荡荡的产业工人大军，有领导、有步骤地开进学校和其他一切没有搞好斗、批、改的单位，迅速掀起斗、批、改高潮。

会议开始大家认真学习了毛主席八月五日发出的最新指示和一系列最新指示，参加常委扩大会议的同志怀着对伟大领袖毛主席无限忠诚的深厚阶级感情，最最衷心地敬祝伟大领袖毛主席万寿无疆！万寿无疆！万寿无疆！

会上解学恭同志作了学习、宣传、贯彻、落实毛主席最新指示的具体部署。萧思明同志作了重要讲话。

解学恭同志首先向全委扩大会议汇报了市革命委员会第四次全委扩大会议后，全市宣传、贯彻两个"布告"的情况，接着部署了学习贯彻毛主席最新指示的安排。

会议指出：在全国军民紧跟毛主席的伟大战略部署，夺取无产阶级文化大革命全面胜利的关键时刻，在我们大力宣传贯彻两个"布告"的高潮中，伟大领袖毛主席又发出极为重要的最新指示，毛主席最近指出："**实现无产阶级教育革命，必须有工人阶级领导，必须有工人群众参加，配合解放军战士，同学校的学生、教员、工人中决心把无产阶级教育革命进行到底的积极分子实行革命的三结合。工人宣传队要在学校中长期留下去，参加学校中全部斗、批、改任务，并且永远领导学校。在农村，则应由工人阶级的最可靠的同盟者——贫下中农管理学校。**

建立三结合的革命委员会，大批判，清理阶级队伍，整党，精简机构、改革不合理的规章制度、下放科室人员，工厂里的斗、批、改，大体经历这么几个阶段。"毛主席最新指示的发表，组织浩浩荡荡的产业工人大军开进学校和知识分子成堆的地方，及没有搞好斗、批、改的单位，用无产阶级的彻底革命精神，促进那里的斗批改，这是中国工人阶级当前一项伟大的历史使命。在这个过程中，工人阶级本身会受到深刻的阶级斗争锻炼，涌现出一批优秀的工人干部，充实到国家机关的各个方面以及各级革命委员会里去。这对于巩固无产阶级专政，保证红色江山永不变色有着非常深刻的意义。伟大领袖毛主席以当代马克思列宁主义的伟大天才把工人阶级领导作用提到前所未有的高度。把马克思列宁主义无产阶级专政的学说作出划时代的发展。

会议指出：工人毛泽东思想宣传队是毛主席亲自发现和培育起来的新生事物，是实现工人阶级领导最重要最好的组织形式。对待工人阶级领导一切，工人阶级占领文化教育上层建筑各领域一切阵地，对待工人毛泽东思想宣传队这一新生事物的态度，不是小问题，是个大问题，是一个方向路线问题，是对毛主席忠不忠的问题，是在两个阶级、两条道路、两条路线斗争中站在那一边的问题。任何怀疑贬低工人阶级的领导作用，抵制工人毛泽东思想宣传队的言论和行动都是错误的，都是同毛主席的革命路线相对抗的反动的"多中心即无中心论"的表现，必须彻底批判。

工人阶级最热爱毛主席，最听毛主席的话，革命最彻底，最能团结广大群众，最仇恨阶级敌人，所以，工人阶级应该领导一切，工人阶级必须领导一切，工人阶级能够领导一切。

报告指出：我们当前的中心任务：就是认真学习、大力宣传、全面落实毛主席的最新指示和以毛主席为首、林副主席为副的无产阶级司令部的一切战斗号令，组织浩浩荡荡的产业工人大军，有领导、有步骤地开进学校和其他一切没有搞好斗、批、改的单位，立即掀起斗、批、改高潮。

会议要求各级革命委员会，各级领导，各革命群众组织对这个中心任务要有个明确的认识，坚定的态度，最大的决心学习贯彻毛主席最新指示。在这个问题上犹豫、观望、动摇就要落后形势，就要迷失方向，就要犯右倾机会主义错误。

要求全市军民，以"**只争朝夕**"的革命精神立即掀起学习宣传贯彻毛主席最新指示和姚文元同志重要文章的高潮。学习宣传的声势和规模要大大超过宣传、贯彻两个"布告"的声势。各级革命委员会立即举办各种类型的毛泽东思想学习班，反复学习毛主席最新指示和姚文元同志的文章，彻底批判中国赫鲁晓夫及其在天津的代理人万张反革命修正主义集团反对工人阶级领导的滔天罪行，彻底批判反动的"多中心即无中心论"。要达到对毛主席最新指示和以毛主席为首、林副主席为副的无产阶级司令部的战斗号令统一认识，统一步伐，统一行动，使毛主席最新指示迅速的深刻贯彻。以实际行动迎接斗、批、改的高潮。

会议决定，迅速组织以产业工人组成的，有解放军参加的工人毛泽东思想宣传队，有组织，有领导，有计划的分期、分批进入大、中、小学校，上层建筑各个领域和一切没有搞好斗、批、改的单位，以毛泽东思想为指针，团结那里的革命积极分子，团结大多数群众（包括有可能改造好的知识分子），完成那里的斗、批、改。工人毛泽东思想宣传队由市工代会领导，工代会在市革命委员会领导下进行工作，在工代会以外不另成立全市性的指挥部。同时要求各工厂要建立本单位不脱离生产的工人毛泽东思想宣传队，抓好本单位清理阶级队伍工作和不失时机地认真地搞好本单位的斗、批、改。

会议最后指出：前段宣传贯彻两个"布告"狠批深挖阶级敌人已取得很大胜利。毛主席最新指示向我们提出新的战斗任务，我们必须跟好，以学习贯彻毛主席最新指示为中心，巩固前段宣传贯彻"布告"的成果，把革命大批判和清理阶级队伍工作推向更加深入。

同时指出工人毛泽东思想宣传队进入学校、上层建筑各领域促进那里的斗、批、改，这是一场尖锐的阶级斗争，一定要提高革命警惕，随时揭露和粉碎一小撮阶级敌人的破坏和捣乱。要求全市工人阶级在当前学习宣传贯彻毛主席的最新指示，和以毛主席为首、林副主席为副的无产阶级司令部发出的一系列战斗号令中，充分发挥领导作用，和全市广大军民一道，为夺取无产阶级文化大革命全面胜利立新功。

我们工人阶级能领导一切

天津市无缝钢管厂革委会政工宣传组

正当我厂广大革命职工满怀革命豪情和胜利的喜悦，全面落实毛主席亲自批准的全国冶金工业抓革命促生产会议精神，以优异的成绩向毛主席献礼的大喜日子里，伟大领袖毛主席又向我们发出了新的指示："**实现无产阶级教育革命，必须有工人阶级领导，必须有工人群众参加，配合解放军战士，同学校的学生、教员、工人中决心把无产阶级教育革命进行到底的积极分子实行革命的三结合。工人宣传队要在学校中长期留下去，参加学校中全部斗、批、改任务，并且永远领导学校。在农村，则应由工人阶级的最可靠的同盟者——贫下中农管理学校。**""**建立三结合的革命委员会，大批判，清理阶级队伍，整党，精简机构、改革不合理的规章制度、下放科室人员，工厂里的斗、批、改，大体经历这么几个阶段。**"

毛主席这一指示，负予我们工人阶级的伟大历史任务就是：工人阶级必须领导一切，必须占领上层建筑一切阵地，充分发挥工人阶级领导作用，打好斗、批、改这一仗，夺取无产阶级文化大革命全面胜利。这是毛主席对我们工人阶级最大信任，最大鼓舞，最大鞭策。

这个特大的喜讯传到我厂后，全厂一片欢腾，振臂高呼：毛主席万岁！毛主席万万岁！各班组连夜学习座谈毛主席最新指示，广大钢铁战士激动地说："过去被资产阶级老爷们统治的大学，不要说由工人去领导，工人连大学门都不敢进。今天毛主席给我们工人阶级撑腰，工人阶级才真正成为国家的主人。我们工人阶级一定为毛主席他老人家争气，在以毛主席为首、林副主席为副的无产阶级司令部领导下，我们工人阶级应该领导一切、必须领导一切、能够领导一切，把上层建筑一切领域都建设成红彤彤的毛泽东思想大学校，让我们伟大祖国永不变色。

毛主席的最新指示，是代表我们工人阶级、贫下中农的根本利益，我们句句都听，字字照办，把毛主席他老人家的关怀化为实际行动。狠抓革命猛促生产，认真打好本厂斗、批、改这一仗，以生产更多更好的优质钢材来报答毛主席对我们工人阶级的信任。穿轨工段中班的全体工人，在毛主席最新指示鼓舞下，下了中班不回家，继续上夜班开车生产。冷拉三工段提前四天完成八月份生产任务。各班组的生产指标打破了建厂以来的历史纪录。全厂提前三天超额完成八月份生产任务。广大钢铁战士，共同的语言是：忠不忠看行动。我们一定遵照毛主席"**要充分发挥工人阶级在文化大革命中和一切工作中的领导作用。工人阶级也应当在斗争中不断提高自己的政治觉悟。**"的教导，认真学好用好毛主席一系列最新指示，紧跟毛主席的伟大战略部署，加强我们队伍革命组织纪律性，团结一切可以团结的革命力量，深入开展革命大批判，搞好清理阶级队伍工作，狠批深挖阶级敌人，夺取革命生产双胜利。

（上接第一版）在斗争中不断提高自己的政治觉悟，加强革命的纪律性，不断批判工人阶级内部各种资产阶级腐朽作风的侵蚀和影响。我们的任务不只是战胜资产阶级在政治上的反抗，而且要战胜资产阶级在思想方面的最深刻、最强烈的反抗。我们一定要深刻地认识到：垂死的阶级自愿放弃自己的阵地而不企图组织反抗，这样的怪事在世界上从来是没有的，也永远不会有。必须明确的认识到，资产阶级被打倒的时候，"**它的死尸是不能装进棺材、埋入坟墓的。它在我们中间腐烂发臭并且毒害我们。**"对此必须有高度的警惕。必须保持坚定的无产阶级立场。必须警惕糖衣炮弹或其他形式的手段对工人队伍的袭击。

一个伟大的斗、批、改高潮就要到来，全市工人同志们，一定要努力赶上发展着的形势。我们工人阶级应该领导一切，必须领导一切，能够领导一切。与此同时，要认真做好清理阶级队伍工作，抓革命，促生产，搞好工厂企业的斗、批、改。认真打好一切领域的斗、批、改这一夺取无产阶级文化大革命全面胜利的极为重要的一仗，紧跟毛主席的伟大战略部署，乘胜前进！

必須在学校等意識形态的一切領域內实行无产阶級专政

革命职工报　敬祝毛主席万寿无疆　1968年8月31日　第三版

毛主席指示我照办，毛主席挥手我前进

在无产阶级文化大革命夺取全面胜利的凯歌声中，正当我们热烈欢呼伟大领袖毛主席一系列最新指示发表的大喜日子里，姚文元同志的重要文章又传达了我们最最敬爱的伟大领袖毛主席的最新指示：“**实现无产阶级教育革命，必须有工人阶级领导，必须有工人群众参加，配合解放军战士，同学校的学生、教员、工人中决心把无产阶级教育革命进行到底的积极分子实行革命的三结合。工人宣传队要在学校中长期留下去，参加学校中全部斗、批、改任务，并且永远领导学校。在农村，则应由工人阶级的最可靠的同盟者——贫下中农管理学校。**”毛主席最近还指出：“**建立三结合的革命委员会，大批判，清理阶级队伍，整党，精简机构、改革不合理的规章制度、下放科室人员，工厂里的斗、批、改，大体经历这么几个阶段。**”我激动得喜泪盈眶，一连读了十几遍，一字一句地学习，深刻领会，越学越无限热爱伟大领袖毛主席。毛主席的最新指示，是对我们工人阶级的最大关怀，最大信任，最大支持，最大鼓舞，最大鞭策。让我们怀着无限忠于毛主席的无产阶级感情，千遍万遍高呼：“毛主席万岁！”“毛主席万万岁！”

毛主席的最新指示，是夺取无产阶级文化大革命全面胜利的伟大战略部署，是“**实现无产阶级教育革命**”，“**认真搞好斗、批、改。**”的战斗纲领和指路明灯；毛主席的最新指示，发展了无产阶级教育革命的理论，是彻底摧毁资产阶级教育路线的锐利武器，是培养无产阶级革命事业接班人，是反修防修的战略措施。毛主席的最新指示说出了我们工人阶级的心里话，我们工人阶级必须领导一切，应当领导一切，能够领导一切。

三条石的工人阶级，在旧社会深受帝国主义，资产阶级和封建势力的残酷压迫和剥削，有多少阶级兄弟活活累死、饿死、冻死或被资本家打死，在那暗无天日的旧社会，我们工人阶级根本就没有人生的权利，是毛主席他老人家把我们从三条石这个活地狱里解救出来，成为国家的领导阶级。可是，中国的赫鲁晓夫为万恶的资产阶级歌功颂德，极力鼓吹“阶级斗争熄灭”论，“剥削有功”论，妄图把三条石变成复辟资本主义的黑窝，叫我们工人阶级重受二遍苦，这是绝对办不到的，我们工人阶级最痛恨为剥削阶级服务的旧教育制度，坚决粉碎资产阶级教育路线，用我们三条石工人阶级的亲身经历，诉旧社会资本家压迫剥削我们的苦，把中国赫鲁晓夫颠倒的历史重新颠倒过来。

毛主席为我们撑腰，我们要为毛主席争气，在以毛主席为首、林副主席为副的无产阶级司令部的领导下，统一意志，统一步伐，统一行动，彻底粉碎反动的资产阶级“多中心即无中心论”，彻底摧毁大大小小的“独立王国”，向着一切不适应社会主义经济基础的上层建筑和没有搞好斗、批、改的单位进军，把资产阶级知识分子统治的学校夺回来，掌握在工人阶级手里，办成红彤彤的毛泽东思想的大学校，同时要“……**在斗争中不断提高自己的政治觉悟**”，为夺取无产阶级文化大革命的全面胜利立新功，

三条石老工人　陈春阳

彻底粉碎反动的“多中心论”

天津铁路机务段工人　杨东海

“**全国的无产阶级文化大革命形势大好，不是小好。整个形势比以往任何时候都好。**”在我们广大革命人民群众紧跟毛主席伟大战略部署，落实毛主席一系列最新指示，夺取无产阶级文化大革命全面胜利，深入持久地开展革命大批判，进行清理阶级队伍的战斗中，广大革命人民群众，精神振奋，斗志昂扬，意气风发，向以中国赫鲁晓夫为代表的一小撮阶级敌人展开了激烈的搏斗。一小撮叛徒、特务、死不悔改的走资派和没有改造好的地、富、反、坏、右分子已陷于“人民战争”的汪洋大海之中。这一小撮穷途末路的阶级敌人，不甘心他们的失败，进行垂死挣扎，从阴沟里刮起一股“多中心论”的妖风，妄图挽救他们的灭亡。

反动的资产阶级的“多中心论”，涣散革命队伍在毛泽东思想基础上的团结，妨碍无产阶级革命路线的贯彻执行。它是不要我们紧密团结在以毛主席为首、林副主席为副的无产阶级司令部领导中心的周围，而是要各部门、各单位“以我为中心”，搞独立王国、各自为政的资产阶级的中心。以毛主席为首、林副主席为副的无产阶级司令部是我们广大革命群众利益的集中代表者，是全党、全军、全国和广大革命人民唯一的领导中心。我们对以毛主席为首的无产阶级司令部就是要无限忠诚、赤胆忠心、誓死保卫，坚决执行无产阶级司令部的一切战斗号令，海枯石烂不变心。

我们在两年来的无产阶级文化大革命的战斗中，深深体会到紧跟以毛主席为首、林副主席为副的无产阶级司令部就是胜利；如背离无产阶级司令部的战斗号令，就要跌跤，走向邪路，甚至滑到泥坑。我们您能忘记过去，由于走资派和极少数坏人的挑动及无政府主义泛滥的影响，被资产阶级和小资产阶级派性蒙住了眼睛，使我们工人阶级分裂成为两大派，各自抱着自已的小山头不放，争“席位”，搞“以我为核心”，今天反动的资产阶级的“多中心论”又冒了出来，企图分裂我们革命的大联合和革命的“三结合”，动摇新生的革命委员会。我们必须迎头痛击反动的“多中心即无中心论”，“**人民得到的权利，绝不允许轻易丧失，必须用战斗来保卫。**”要彻底粉碎反动的资产阶级的“多中心即无中心论”，彻底摧毁大大小小的“独立王国”。

在夺取无产阶级文化大革命全面胜利关键时刻，我们要紧紧地团结在以毛主席为首、林副主席为副的无产阶级司令部的周围，在无产阶级司令部的号令下，统一意志，统一步伐，统一行动。为夺取无产阶级文化大革命的全面胜利奋勇前进。

大摆敌情深挖敌人

我线广大革命职工在贯彻落实“七·三”、“七·二四”布告中，挖出了隐藏很久、隐避很深、伪装很巧妙的阶级敌人。他假装积极，自称“老工人”，表面上老老实实，暗地却用低级趣味的话和神鬼故事来腐蚀青年职工。在全面落实“七·三”、“七·二四”布告的战斗中，广大革命职工大议怪事，大摆敌情，深挖敌人。这个坏蛋一看不好，耍了个花招，在班组会上避重就轻地进行假检讨。阶级敌人总是“**以伪装出现的反革命分子，他们给人以假象，而将真象荫蔽着。但是他们既要反革命，就不可能将其真象荫蔽得十分彻底。**”职工一眼便看穿了这个坏蛋妄想蒙混过关的鬼花招。通过广大革命群众揭发和内查外调，终于查明这个反革命分子是还乡团的骨干，亲手枪杀我革命干部×人，胁从参预枪杀我村干部×人。这个反革命分子，在确凿的事实面前，不得不低下他的狗头。

工代会铁路系统　津蓟县革职会

* * *

把反动的“多中心論”批倒批臭

塘沽盐场六分场工人　吕明岩

伟大领袖毛主席教导我们：“**凡是错误的思想，凡是毒草，凡是牛鬼蛇神，都应该进行批判，决不能让它们自由泛滥。**”在夺取无产阶级文化大革命全面胜利的关键时刻，一小撮穷途末路的无产阶级的敌人不甘心灭亡，制造反动的资产阶级的“多中心即无中心论”，妄图蒙骗群众，离开毛主席的伟大战略部署，对抗以毛主席为首、林副主席为副的无产阶级司令部。我们必须以战无不胜的毛泽东思想为武器，彻底粉碎反动的“多中心论”，坚决粉碎阶级敌人的破坏阴谋。

“**领导我们事业的核心力量是中国共产党。指导我们思想的理论基础是马克思列宁主义。**”毛主席是当代最伟大的马克思列宁主义者，是全世界无产阶级最伟大的导师，最敬爱的领袖，最杰出的统帅，最英明的舵手。毛泽东思想是最高最活的马克思列宁主义。以毛主席为首、林副主席为副的无产阶级司令部，是全党、全军、全国唯一的领导中心。这个中心，是工人阶级、贫下中农的命根子、心尖子。紧跟这个中心，我们的革命事业就前进、就胜利。我们对毛主席的无产阶级司令部发出的每一个战斗号令，就是要步步紧跟，坚决照办；跟得越紧，方向越明，胜利越大。

“多中心即无中心论”者，大搞“以我为中心”，大搞山头主义、个人主义，对毛主席的一系列最新指示和伟大战略部署，对无产阶级司令部的各项战斗号令，或公开抗拒，或阳奉阴违。他们实质上是在为已经垮台的资产阶级司令部招魂，为一小撮阶级敌人翻案。凡是搞“多中心即无中心论”的人，都不会有好下场。

我们要向抱着“多中心论”不放的人大喝一声：赶快猛醒吧！你们离开毛主席的无产阶级司令部这个中心，正路不走走邪路，就会滑到危险的泥坑里去。

无产阶级革命派一定要加强无产阶级整体观念，加强革命组织纪律性。我们的一言一行，一举一动都不能离开毛主席的无产阶级司令部。一定要做到：手中要有一面旗——毛泽东思想伟大红旗，胸中要有一条纲——阶级斗争的纲，心中要有一条线——毛主席无产阶级革命路线。紧紧地团结在以毛主席为首、林副主席为副的无产阶级司令部周围，紧跟毛主席的伟大战略部署，深入持久地开展革命大批判，搞好清理阶级队伍工作，把一小撮叛徒、特务、死不改悔的走资派，以及没有改造好的地、富、反、坏、右分子统统挖出来，斗倒斗臭，夺取无产阶级文化大革命的全面胜利。

革命职工报　敬祝毛主席万寿无疆　1968年8月31日　第四版

以两个“布告”为武器狠狠打击现行反革命分子

我们伟大领袖毛主席亲自批示的“七·三”、“七·二四”布告，是毛主席的伟大战略部署，是以毛主席为首、林副主席为副的无产阶级司令部发出的新的战斗号令，是夺取无产阶级文化大革命全面胜利的强大武器。坚决贯彻、彻底执行两个“布告”，就是对毛主席最大的忠，就能在对敌斗争中，狠批深挖一小撮阶级敌人，巩固和加强无产阶级专政。

“七·三”、“七·二四”布告的主要精神，就是坚决团结教育、保护广大人民群众，彻底孤立、打击一小撮阶级敌人。因此“布告”对任何地区、任何单位都有普遍的指导意义。我们在驻厂解放军的大力帮助下，通过大力宣传，认真贯彻“七·三”、“七·二四”布告，放手发动群众，狠抓对敌斗争，充分发挥群众专政的巨大威力，在很短的时间内就破获了“六·二〇”现行反革命案件。

伟大领袖毛主席教导我们说：**“阶级敌人是一定要寻找机会表现他们自己的。他们对于亡国、共产是不甘心的。”**无产阶级文化大革命越是接近全面胜利，阶级斗争就越是深刻，越是复杂，越是激烈。一小撮阶级敌人对于他们的灭亡是决不会甘心的，他们还是要做最后的垂死挣扎。长期隐藏在我厂的一个一贯极端仇视社会主义、仇视无产阶级专政的反革命分子，在今年六月二十日向周总理投递了一封恶毒诬蔑我们伟大领袖毛主席、疯狂攻击无产阶级文化大革命的极其反动的反革命信件。这个阴险狡猾的反革命分子，为了转移目标，又连续投递了三封反革命匿名信。看！这个反革命分子是何等的猖狂！何等的嚣张！真是十恶不赦，罪该万死！当我们接到市公安机关军管会关于破获这个反革命案件的指示后，马上向全厂革命群众进行传达。我厂无产阶级革命派和广大革命群众，怀着对伟大领袖毛主席的无限热爱、无限忠诚的无产阶级感情和对阶级敌人的仇恨，闻风而动，以贯彻“七·三”、“七·二四”布告为动力，立即掀起了一个人人找线索、查证据、分析敌情的高潮。对那些一贯反党、反社会主义、反毛泽东思想，在文化大革命中有公开反动活动和伪装的很“老实”的阶级敌人进行了分类、排队。越分析敌情越清，越查对线索越明。经过群众性的揭发检举核实查证材料，终于查出了这个投递反革命信件的现行反革命分子，原来是一个干着倒卖黄金，自称“数学专家”被万张反革命修正主义集团保护下来的老牌右派分子，在文化大革命中强占公房，写过“绝食自杀书”威吓革命群众，大搞翻案活动的臭资本家的孝子贤孙。当把这个反革命分子揪出来时，广大革命群众无不拍手称快，共同高呼这是毛主席革命路线的伟大胜利！是贯彻“七·三”、“七·二四”布告的伟大胜利！

通过这场严重的阶级斗争的事实，广大革命职工群众的阶级斗争和路线斗争觉悟空前提高。决心更高地举起毛泽东思想伟大红旗，紧跟毛主席的伟大战略部署，深入宣传、贯彻“七·三”、“七·二四”布告，在夺取文化大革命全面胜利中“充分发挥工人阶级的领导作用。”彻底批判反动的“多中心即无中心论”，在以毛主席为首、林副主席为副的无产阶级司令部的领导下，一定努力跟上发展的形势，充分发动群众及时总结经验，深入开展革命的大批判，进一步做好清理阶级队伍的工作，加强对敌斗争，集中火力，集中目标，把一小撮隐藏很深的阶级敌人统统挖出来，批倒斗臭，夺取无产阶级文化大革命全面胜利！

国棉二厂革委会、革职会

充分发动群众　深挖阶级敌人

在贯彻落实“七·三”、“七·二四”布告战斗中，我场广大革命职工在场革委会领导下，在驻场解放军的帮助下，揪出了暗藏多年的特务分子李××，真是大快人心。全场广大革命职工热烈欢呼：这是文化大革命的伟大成果！是毛泽东思想的伟大胜利！

李××是日伪某特务机关的骨干。国民党来了，摇身一变，又成了国民党某情报机关的负责人。他做尽了坏事，罪大恶极。解放十几年来，他伪造历史，假装积极，施展小恩小惠，不仅逃脱了人们对他的怀疑，而且还当了生活管理员。在文化大革命中，他又混入革命群众组织，吹嘘自己是什么“造反派”，蒙蔽群众。

在贯彻落实“七·三”和“七·二四”布告战斗中，我场大办了各种类型的毛泽东思想学习班，连退休的老工人也组织起来，学习毛主席有关阶级、阶级斗争的指示，提高广大革命职工的阶级觉悟。然后引导大家忆怪事查敌情，深挖敌人。

李××所在的小组是个落后组，在工人们分析落后原因时，发现李××表面上老讲团结，暗中却挑拨离间；他给治保委员修房，替党小组长买房，表面上对他们很关心，暗中却又说他们的坏话，破坏他们的威信。他说他在解放前是个打盐工，可又说是做小买卖的；他说他是贫农出身，可是他在解放前穿的挺阔气。这就引起了人们对他的怀疑，从多方面进行调查，并对他开展了斗争，向他交待党的政策，指明出路，结果迫使他交待了特务身份，坦白了罪行。

工代会汉沽盐场革职会

毛主席最新指示

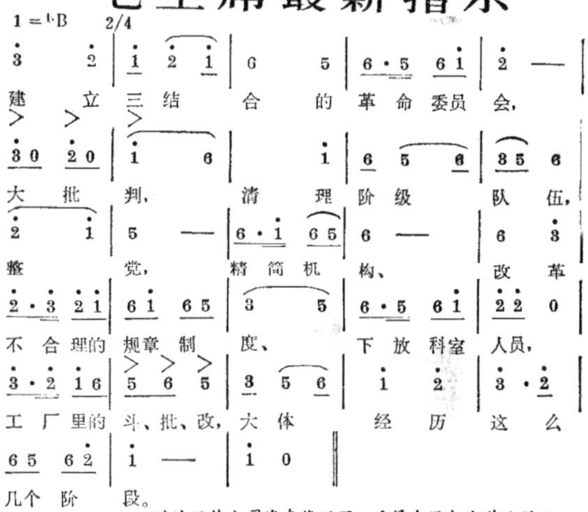

塘沽运输公司汽车修理厂　毛泽东思想宣传队谱曲

最高指示

千万不要忘记阶级斗争。

假的就是假的，伪装应当剥去。

通告

根据上级指示和广大革命群众的要求，我市开展的清理工作得到了全市广大革命群众的积极支持和热烈拥护。但一小撮阶级敌人并不甘心他们的失败，有的竟冒充清理工作队伍到处进行造谣诈骗，千方百计破坏、捣乱。为保护广大人民群众，坚决打击阶级敌人的一切阴谋破坏，特通告如下：

一、天津市清理工作指挥部是我市进行清理工作的唯一合法组织，任何组织或个人绝不允许盗用清理工作指挥部的名义进行非法活动。如有冒名活动，定予严惩；

二、提高革命警惕，及时识破，并坚决揭露和打击阶级敌人的破坏活动。

中国人民解放军天津市公安机关军事管制委员会

天津市清理工作指挥部

一九六八年八月二十七日

热烈欢呼毛主席最新指示的发表

毛主席最新指示传到我厂，
句句话儿说在我们工人阶级的心坎上，
人们千遍万遍的高呼毛主席万岁！
衷心敬祝毛主席万寿无疆！

毛主席最新指示传到我厂，
咱工人越学心里越亮堂，
这是毛主席的伟大战略部署，
是在工人阶级领导下进行斗、批、改的动员令。

毛主席最新指示传到我厂，
把毛主席的无比信任化为力量，
我们庄严向您宣誓：
决心把伟大的历史任务担在肩上。

毛主席最新指示传到我厂，
认清形势不转向，
工人阶级领导一切战线上的斗、批、改，
不适应社会主义经济基础的上层建筑全扫光。

毛主席最新指示传到我厂，
指出了教育革命的道路和方向，
工农兵要占领学校一切阵地，
彻底砸烂资产阶级统治学校的现象。

毛主席最新指示传到我厂，
阶级斗争永不忘。
在斗争中不断提高政治觉悟，
彻底清除各种资产阶级作风的侵蚀和影响。

毛主席最新指示传到我厂，
人换思想厂换装，
狠抓革命猛促生产，
为夺取文化大革命全面胜利贡献新的力量。

毛主席最新指示传到我厂，
句句话儿说在我们工人阶级的心坎上，
千言万语汇成一句：
敬祝毛主席万寿无疆！

天津锅炉制造厂工人董方印

本报通讯地址：天津市解放路120号　电话3局1233　本市各邮局订阅　（零售：二分）

毛主席语录

革命委員会的基本經驗有三条：一条是有革命干部的代表，一条是有軍队的代表，一条是有革命群众的代表，实現了革命的三結合。革命委員会要实行一元化的領导，打破重疊的行政机构，精兵簡政，組織起一个革命化的联系群众的领导班子。

华北民兵

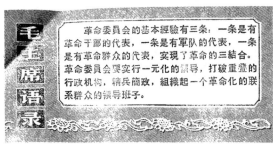

一九六八年九月七日
农历戊申年闰七月十五

第8期

中国人民解放军
北京部队政治部出版

无产阶級文化大革命的全面胜利万岁！

——热烈欢呼全国(除台湾省外)各省、市、自治区革命委员会全部成立

《人民日报》《解放軍报》社論

天山南北凯歌嘹亮，西藏高原阳光灿烂。正当全国亿万军民在毛主席最新指示鼓舞下乘胜前进的时候，地处我国西南、西北反帝反修前哨的西藏自治区革命委员会和新疆维吾尔自治区革命委员会同时胜利诞生了！

至此，全国除台湾省以外的省、市、自治区全部成立了革命委员会。全国山河一片红，这极其壮丽的一幕，是夺取文化大革命全面胜利进程中的重大事件，它标志着整个运动已在全国范围内进入了斗、批、改的阶段。这是战无不胜的毛泽东思想的伟大胜利，是毛主席无产阶级革命路线的伟大胜利，是我国七亿人民政治生活中的一件大喜事！

我们向西藏和新疆各族革命人民，向中国人民解放军驻西藏和新疆部队全体指战员，以及新疆军区生产建设兵团军垦战士，致以热烈的祝贺！

我们向两年来紧跟毛主席的革命路线奋勇前进的全国广大无产阶级革命派的战友们，致以热烈的战斗的敬礼！

在无产阶级文化大革命中，西藏和新疆的无产阶级革命派和各族革命群众，坚定地站在毛主席革命路线一边，认真落实毛主席一系列最新指示，在人民解放军的坚強支持下，同阶级敌人进行了反复较量和顽強斗争，终于把中国赫鲁晓夫在新疆的代理人武光、吕剑人、张仲瀚、伊敏诺夫、包尔汉和在西藏的代理人周仁山、王其梅等一小撮叛徒、美蒋特务、苏修特务、英国特务、反革命修正主义分子、民族分裂主义分子挖了出来，彻底粉碎了他们复辟资本主义、分裂祖国统一的迷梦，给了帝、修、反在西藏和新疆地区的颠覆破坏阴谋以沉重打击。

从上海"一月革命"风暴的兴起，到西藏和新疆两个革命委员会的成立，经过二十个月伟大的斗争，全国军民实现了毛主席发出的**"无产阶级革命派联合起来，向党内一小撮走资本主义道路当权派夺权"**的伟大号召，在全国范围内赢得了无产阶级文化大革命的决定性胜利。

毛主席教导我们：**"世界上一切革命斗争都是为着夺取政权，巩固政权。"**无产阶级专政下的阶级斗争，在本质上依然是政权问题。资产阶级要推翻无产阶级专政，无产阶级则要巩固无产阶级专政。党内一小撮走资派就是资产阶级在党内的代表人物。把被他们篡夺了的那一部分党、政、财、文大权夺回到无产阶级的手中，这是一場资产阶级企图复辟和无产阶级反复辟的严重斗争，是无产阶级革命的继续，是无产阶级反对资产阶级和一切剥削阶级的一場政治大革命。

全国各省、市、自治区革命委员会的全部成立，宣告了中国赫鲁晓夫及其在各地区的代理人变无产阶级专政为资产阶级专政的反革命阴谋的彻底破产，把美帝、苏修的一切反革命谣言击得粉碎，使帝国主义和现代修正主义在中国实现"和平演变"的痴心妄想化为泡影。

全国各省、市、自治区革命委员会的全部成立，显示了战无不胜的毛泽东思想掌握了亿万革命群众的无比威力，大大加強了无产阶级专政，大大地丰富和发展了马克思列宁主义。

我们尽情地热烈欢呼在以毛主席为首、林副主席为副的无产阶级司令部的领导下革命人民所取得的这个伟大胜利！

我们坚决地发扬无产阶级的彻底革命精神，紧跟毛主席的伟大战略部署，用坚持不懈的战斗，巩固这个胜利，发展这个胜利！

毛主席最近向全国发出了认真搞好斗、批、改的伟大号召，并且指出：**"建立三结合的革命委员会，大批判，清理阶级队伍，整党，精简机构、改革不合理的规章制度、下放科室人员，工厂里的斗、批、改，大体经历这么几个阶段。"**

毛主席的最新指示，反映了无产阶级文化大革命发展到斗、批、改阶段的客观规律，集中地表现了工人阶级和广大革命群众的迫切要求，明确地指出了各级革命委员会面临的中心任务。

搞好本单位、本部门的斗、批、改，是社会主义革命、社会主义建设的"基本功"，是防止资本主义复辟、巩固和发展无产阶级专政的百年大计。这是夺取无产阶级文化大革命全面胜利的一仗。各级革命委员会，一定要狠抓斗、批、改，并在完成这个伟大的历史任务中，使革委会发挥更大的革命威力，得到巩固和发展。

打好斗、批、改这一仗，必须坚持工人阶级领导，**充分发挥工人阶级在文化大革命中和一切工作中的领导作用**，保证伟大领袖毛主席的每一项指示和无产阶级司令部的每一个号令，都能迅速地畅通地贯彻执行，坚决反对反动的资产阶级的"多中心即无中心论"，在以毛主席为首、林副主席为副的无产阶级司令部的号令下，统一认识，统一步伐，统一行动。同时，要用战无不胜的毛泽东思想武装工人群众，不断提高工人阶级的政治觉悟，使工人阶级在教育革命和上层建筑各个领域的斗、批、改中，在贯彻毛主席伟大战略部署的每项工作中，更好地肩负起领导一切的伟大历史使命。

打好斗、批、改这一仗，必须加強思想政治工作，必须认真做调查研究工作，抓好典型。各级革命委员会要坚决执行九月五日报上发表的红旗杂志编者按中提出的各项无产阶级的政策。这是伟大领袖毛主席的声音。革命委员会负责人必须亲自选择一些点，从中吸取经验，指导面的工作 并向中央作报告。要密切联系群众，听取广大群众意见，十分注意克服各种脱离群众的倾向。

毛主席指出：**"我们决不可因为胜利，而放松对于帝国主义分子及其走狗们的疯狂的报复阴谋的警惕性"**。我们一定要深入地持久地开展革命的大批判，主动地向阶级敌人发动猛攻，认真清理阶级队伍，稳、准、狠地打击一小撮叛徒、特务、死不悔改的走资派和没有改造好的地、富、反、坏、右分子，把隐藏在阴暗角落里从事捣乱和破坏的一切反革命分子统统挖出来。一定要加強军民团结，加強战备，加強边防、海防和空防，随时准备解放台湾，保卫祖国的社会主义革命和社会主义建设。敌人如果胆敢碰一碰我国的神圣领土，发动武装侵犯，就坚决、彻底、干净、全部地将它们歼灭。

让我们紧跟伟大领袖毛主席的伟大战略部署，为胜利完成斗、批、改的伟大历史任务，阔步前进！毛泽东思想阳光普照的伟大的社会主义祖国，一定会以更加雄伟的面貌出现在全世界人民的面前！

毛主席的无产阶级革命路线胜利万岁！

无产阶级文化大革命的全面胜利万岁！

敬祝毛主席万寿无疆

1968年9月7日 第二版 華北民兵

从上海机械学院两条路綫的斗爭看理工科大学的教育革命

——调查报告

紅旗杂志編者按：这是上海市的又一个调查报告，现发表，供参考。全国各大、中、小工业城市所属各工厂的工程技术干部情况如何，各理工科高等、中等学校教育革命的情况如何，希望各地革命委员会组织一些人做些典型的调查，报告中央，本刊将择要予以发表。这里提出一个问题，就是对过去大量的高等及中等学校毕业生早已从事工作及现正从事工作的人们，要注意对他们进行再教育，使他们与工农结合起来。其中必有结合得好的并有所发明创造的，应予以报导，以资鼓励。实在不行的，即所谓顽固不化的走资派及资产阶级技术权威，民愤很大需要打倒的，只是极少数。就是对于这些人，也要给出路，不给出路的政策，不是无产阶级的政策。上述各项政策，无论对于文科、理科新旧知识分子，都应是如此。

从有实践经验的工人农民中间选拔学生就是好

在《从上海机床厂看培养工程技术人员的道路》那篇调查报告中，曾经提到上海机器制造学校。它是现在上海机械学院的前身。它创办于一九五二年，直属中央人民政府第一机械工业部。后来，搞“正规化”，变成机械学院。从这个学校的变化过程中，有许多发人深省的东西。

学校创办的时候，为了从劳动人民中培养技术人才，适应祖国大规模经济建设的需要，第一届招收的二千一百八十一个学生，全是从工人农民和一部分农村基层干部中选拔的。这批工农学生经受了“三反”、“五反”和土改等阶级斗争的锻炼，又有一定的生产实践经验。这批从有实践经验的工人农民中间选拔的学生有如下几方面的优点：

第一，工农学生的学习目的性明确。他们说：“资产阶级知识分子骂我们，‘工农文化低，不懂ＡＢＣ，那能学设计’，我们要听毛主席的话，劳动人民要成为科学文化的主人。”他们进校后提出了“要为毛主席争气”，“不让一个阶级兄弟掉队”的战斗口号，自觉地组织“互助组”，提倡“小先生”，三人一组，能者为师，互相帮助，互相学习。比如教化学，许多学生记不住元素符号，大家编起了化学元素歌，又唱又背，很快就记牢了。

第二，工农学生阶级觉悟高，敢于藐视资产阶级知识分子和资产阶级学术“权威”。学校里有一个留德的电学“博士”，曾被一些迷信洋教条的教师当作偶像来崇拜。一次这位“博士”带了厚厚一叠书来教电学，他照本宣科，严重脱离生产实际，工农学生不要听，就向这位“博士先生”提出了两个有关电动机的生产实际问题，将了“博士先生”一军。他为了维护自己的面子，就用那套别人听不懂的“理论”企图把工人提出的问题搪塞过去。但工农学生不买他的账，继续追问，结果这位“博士先生”只得吞吞吐吐地说：“我已经有十多年没有看技术杂志了！”后来，工农学生把这个“庞然大物”轰下了讲台。

第三，冲击了旧的教育制度、教学内容和教学方法。当时教育制度、教学内容及方法还是旧的，教育大权基本上被一批资产阶级知识分子操纵着。但是，由于当时工农学生数量多，占全院师生员工百分之九十以上，资产阶级知识分子处于工农学生包围之中，所以旧的一套教育制度还是受到了不断冲击。当时，学校领导设立了班主任制度，企图用这一套把工农学生管起来。工农学生不吃那一套，结果班主任制度等于虚设。而在学校中最有威信的却是学生党团支部和学生会组织。一次全校数学期中考试，资产阶级知识分子采用出难题怪题的办法，使全校二千多学生有近半数不及格，工农学生很气愤，各班级都派代表到教导处去说理斗争，迫使校方宣布这次考试作废。

第四，学以致用。这个学校的工农学生到无锡某工厂进行生产实习，一到工厂就穿起油腻的工作服和工人一起劳动，讨论生产技术问题，很快就把学到的理论知识运用到生产上去，帮助该厂提出了一百二十多项技术革新建议，其中立即被工厂采纳的就有三十多项。而同时在该厂参加生产实习的上海某大学的一批学生，却整天拿着本本到处抄录一大堆工艺操作规程，无所创造。该厂的工人反映：“工人学生学了就是顶用。”他们回到生产单位后还有许多创造发明。上海机床厂主持设计具有国际水平的大型平面磨床的王德法同志就是该校的毕业生；在上海机床厂对精密磨床的液压操纵箱进行了第四次重大技术革新的工人技师，也是这个学校的毕业生；负责试制我国第一台二十万倍电子显微镜工作的，也是该校工农班的毕业生。

一场两条路线的尖锐斗争

但是，从有实践经验的工人农民中间选拔学生，培养工人阶级的知识分子，击中了中国赫鲁晓夫修正主义教育路线的要害。十多年来，围绕着如何对待工农学生的问题，在教育阵地上展开了两个阶级、两条道路、两条路线的生死搏斗。

（下转第三版）

华北民兵　　敬祝毛主席万寿无疆　　1968年9月7日　第三版

从上海机械学院两条路线的斗争看理工科大学的教育革命

（上接第二版）

一九五二年，当第一批工农学生进校时，上海工人阶级一片欢腾。他们说："我们工人阶级不但要在政治上翻身，而且要成为科学技术的主人，我们要培养工人阶级自己的知识分子。"当时，几乎每一个工人到学校来，工厂都要敲锣打鼓开欢送会，给他们戴了大红花，象参军一样光荣。

可是，学校里一小撮走资派和资产阶级知识分子跳了出来，狂叫"糟得很"，"这样做不可思议"，大放厥词，说什么"工农学生脑子笨，入学程度又不一致，难以培养"、"工农学生好提意见，对师长不尊敬"、"培养工农学生得不偿失"，等等。他们利用手中的教育大权，猖狂地推行中国赫鲁晓夫的修正主义教育路线，对工农学生实行资产阶级专政。

这些走资派千方百计反对和限制工人、农民入学。这个学校一共只有三次招收工农学生，一九五二年招收了二千一百八十一人。一小撮走资派和资产阶级知识分子把它当成"包袱"，在一九五五年三月的一份工作总结中，百般攻击和诬蔑工农学生。于是采取了"大大收缩"的方针，这一年工农学生只招了一百七十三名。一九六〇年，在"以考试成绩入学，一视同仁"的幌子下，实际上对工农子女关门、为资产阶级子女开门，仅招收了十七名工农学生。从此，有实践经验的工人农民要想入学比登天还难。

他们在教学上故意刁难、打击、迫害工农学生。例如制图课，这对于机械工人来说应该是容易掌握的。可是这班资产阶级老爷们硬要工农学生先学习投影几何，用玄妙的相贯体、相贯线来刁难工农学生，在一九五七年的一次考试中，使一百七十多位工农学生有四十多位留了级。有一位来自湖南的劳动模范、五级技工的学生，资产阶级老爷们费尽了心机，给他批了五十九分，硬是以"一分之差"要他留级。工农学生说："分数线，分数线，是对工农的封锁线，是资本主义的复辟线。"一九六〇年入学的十七名学生，受资产阶级的考试制度的迫害，先后有十四名学生被迫退学，他们怀着对修正主义教育制度的深仇大恨，愤然离校。市印三厂一位优秀工人，入学才一年半，因为体育、外文、物理三门课不及格留了级，后来又被迫退了学。他曾向学校领导提出对升留级制度的意见，可是学校的走资派恶狠狠地说："升留级制度对任何人一视同仁，工农学生不能例外。"但是，另一个资产阶级家庭出身的青年学生，有五门课不及格，学校走资派却用种种手法准其升级。

一九五八年，在毛主席教育革命思想的光辉照耀下，这个学校的革命师生向修正主义教育路线发起了猛烈的冲击，学校里出现了许多革命的新事物，如工人上讲台，工人、教师、学生三结合搞教学，学校办工厂等。十一月十二日，康生同志来校视察。他强调指出，工人要上讲台。学校里真正可以依靠的力量，是他们；真正有本事的，是他们。有些大学毕业生，只会动口，不会动手。柯庆施同志在这一年对从工人中培养技术人才也作过重要指示，并指示从工人中抽一批人去搞尖端的科学研究。这些指示，都大长了工农学生的志气。但是，就在轰轰烈烈的教育革命高潮中，中国赫鲁晓夫在上海的代理人陈丕显到这个学校大发黑指示，为校内的走资派和资产阶级知识分子张目，鼓励他们胆敢拒不执行以毛主席为首的无产阶级司令部的重要指示。他们不让工人上讲台，仍然让资产阶级知识分子专我们的政。他们疯狂地对抗柯庆施同志的指示，反对抽调政治业务兼优的工农学生去搞科学研究，从已调去的三十名学生中，强行调回了十名。一九五九年毕业留校的二十一名工人学生，都是党团员，而只有一名当教师，绝大多数到附属工厂当工人。党员学生李复兴入学前已是五级技工，学了四年却分配在工艺实验室当辅助人员，连当实验员都没资格，更谈不上教学工作了。

同时，他们排挤工农干部。一九五六年留校的四十四个工农毕业生，大部分是党员，后来被排挤出去的竟有二十九个，走资派指着毕业后在校当政治指导员的工农干部说："你们中专毕业的不行啊，大学生指导员要大学毕业的才行。"

在教育制度方面，他们还照搬苏联修正主义那一套，妄图将工农学生推入修正主义泥坑。从一九五四年起，他们请来了不少外国专家，全面学苏联修正主义那一套。他们根据中国赫鲁晓夫"把它统统搬过来再说"的黑指示，从专业设置、培养目标、教学计划、教学大纲、教材、教学方法、教学组织、规章制度，统统照搬苏修那一套，什么"六个环节"，"七种计划"，"二十四种表格"，"升留级制度"等等。最典型的是体育课，学苏联后，大跳其交谊舞，硬把工农学生往修正主义道路上拉。

同时，他们紧跟黑主子陆定一的旨意，提出"学交大，赶哈工大"，学习资本主义、修正主义的所谓"办学传统"，强调"高精尖"、"大洋全"，把学生培养成为"三脱离"的资产阶级工程师和设计师。这些家伙又以"求大、求全、求新"为名，把机构体制搞得庞大、臃肿、官僚化。学生同样是二千多，机构从一九五二年只有二处二室到一九六〇年增加到七个部、处，二个室，二十二个教研室；教职员工从原来三百多人，猛增到八百多人；教学设备从价值一百万元骤增到八百多万元；学校的附属工厂，在一九五八年教育革命中，是为教学、为工农业生产服务，以后大搞资本主义经营，利润挂帅，成为走资派挥霍浪费的摇钱树。

怎样走上海机床厂的道路

上海机械学院建校以来的两个阶级、两条道路、两条路线的激烈斗争是一场资产阶级复辟与无产阶级反复辟的斗争。斗争的中心问题是政权问题。

最近，部分当年从这个学校毕业的上海机床厂工程技术人员以及这个学校附属工厂的工人同志和广大革命师生，在总结了建校以来的正反面经验以后，对理工科大学的教育革命提出了一些看法和设想：

一、毛主席最新指示"**大学还是要办的，我这里主要说的是理工科大学还要办，但学制要缩短，教育要革命，要无产阶级政治挂帅，走上海机床厂从工人中培养技术人员的道路。要从有实践经验的工人农民中间选拔学生，到学校学几年以后，又回到生产实践中去**"，为理工科大学实行无产阶级教育革命指出了根本方向。他们认为，理工科大学要走上海机床厂的道路，必须解决由那个阶级掌握领导权的问题。首先，是政治上组织上的"权"。毛主席派工人阶级进大学，占领教育阵地，这是保证学校领导大权永远掌握在工人阶级手里的关键，是保证有实践经验的工人农民不断进入大学的关键。上海机械学院曾经从有实践经验的工人农民中招收学生，后来为什么向工农关门？就是因为没有解决"权"的问题。这个教训必须吸取。其次，是思想上的"权"。不用毛泽东思想占领教育阵地，资产阶级思想势必会泛滥。上海机械学院党内一小撮走资派长期以来对工农学生实行资产阶级专政的教训说明，必须深入开展对修正主义教育路线的革命大批判，批判资产阶级知识分子统治学校的罪行，批判轻视工农、轻视实践的反无产阶级思想，批判资产阶级名利思想。要确立毛泽东思想在学校的统治地位。否则，教育阵地会得而复失。

二、理工科大学的学制以二至三年为宜。课程设置要打破过去基础课、技术基础课与专业课的界限，可以采用实际生产中的典型机械、典型零件作教材，把三者有机地结合起来。彻底废除脱离生产实践的空洞理论和烦琐哲学。教学内容贯彻少而精的原则，抓住精华，学得精通。广泛开展现场教学，使教育与生产劳动相结合。改革后的理工科大学，既是一个学校，又是一个工厂，也是一个科研单位。学生应当带着生产实践中碰到的各种难题进入学校，生产部门和科研单位也要从教育的角度出发，有计划有目的地向学校提出课题，使学生在边生产、边学习、边研究中着重提高分析问题和解决问题的能力，做到教育为生产劳动服务。

三、理工科大学还要担负起办好业余技术教育的任务，方针是厂校合作，厂办校助。这是坚持群众路线，大量培养工人阶级工程技术队伍的另一个重要途径。根据无产阶级工业革命的需要，从生产实际出发，采取"要什么办什么，做什么学什么，缺什么补什么"的教学原则，大量地办好各种形式的业余技术学校和短期训练班。

四、建立一支无产阶级的教师队伍。他们认为，现有的教师队伍不能担当起教育有实践经验的工农学生的任务，必须加以整顿、改造、重建。今后的教师队伍应当采取有高度无产阶级政治觉悟的、有实践经验的工人，有实践经验的工农学生和革命知识分子三结合的形式。社会上一大批在实践中有发明创造的工人，技术人员，要有计划地定期地深入学校讲课。这一批担任教育任务的工人可以是专职的，也可以是兼职的，但绝大部分是兼职的。专职教师的主要作用应当体现在组织学校和工厂、科研部门的有机结合上，帮助学生把实践上升为理论，再回到实践中去。学生们也都有实践经验，可以走上讲台、互相交流。现有的教师应该分期分批地到工农中去，走与工农相结合的道路。

（载《红旗》一九六八年第三期）

1968年9月7日 第四版

敬祝毛主席万寿无疆

华北民兵

紧跟毛主席的战略部署 坚决搞好斗批改

出席河北省軍区民兵活学活用毛泽东思想讲用会的代表热烈欢呼西藏、新疆革委会成立

当西藏自治区、新疆维吾尔自治区革命委员会成立的特大喜讯和《人民日报》《解放军报》发表重要社论的消息传到河北平原后，出席河北省民兵活学活用毛泽东思想讲用会的全体代表，奔走相告，热烈欢呼。来自坝上高原，渤海之滨、冀中平原的全省民兵代表，怀着对伟大领袖毛主席无比深厚的无产阶级感情、怀着无比激动的心情，千遍万遍地高呼：“伟大领袖毛主席万岁，万万岁！”代表们一致表示：决心在全国山河一片红的大好形势下，紧跟毛主席的伟大战略部署，落实毛主席一系列最新指示，坚决打好斗、批、改这一仗，提高警惕，加强战备，随时准备解放台湾，他们决心再接再厉乘胜前进，再立新功。河北省石家庄市印染厂民兵团机动车间民兵连长张玉山说：“盼望已久的大好喜讯终于来到了！西藏、新疆革命委员会的成立，这是战无不胜的毛泽东思想的伟大胜利，是毛主席无产阶级革命路线的伟大胜利！全国山河一片红，宣告了中国赫鲁晓夫及其代理人企图在中国复辟资本主义阴谋的彻底破产，彻底粉碎了帝国主义、现代修正主义妄图在我国实现和平演变的美梦，它标志着无产阶级文化大革命在全国已进入了斗、批、改的新阶段。毛主席说‘**我国有七亿人口，工人阶级是领导阶级。要充分发挥工人阶级在文化大革命中和一切工作中的领导作用。工人阶级也应当在斗争中不断提高自己的政治觉悟。**’在新的战斗任务面前，作为工人阶级的成员，我一定要更高地举起毛泽东思想伟大红旗，活学活用毛泽东思想，不断提高自己的政治觉悟和路线斗争觉悟，肩负起我们工人阶级的伟大历史使命，紧跟毛主席的伟大战略部署，搞好斗、批、改，为夺取无产阶级文化大革命的全面胜利立新功。同时，我们也要充分发挥民兵组织的作用，充分发挥民兵的“三队”作用，坚决执行毛主席‘**抓革命，促生产，促工作，促战备**’的指示，和解放军紧密团结在一起，结成牢不可破的钢铁长城，誓死保卫无产阶级文化大革命，巩固和发展革命的大好形势，为夺取无产阶级文化大革命的全面胜利贡献一切力量。”

郭庄红旗民兵营教导员陈进友同志说：“全国山河一片红，这个全国人民日夜盼望的大喜事终于来到了，这一重大胜利显示着在以毛主席为首、林副主席为副的无产阶级司令部的领导下的中国七亿人民钢铁般的团结，显示着我国无产阶级专政的空前巩固和发展。在这万众欢腾、举国同庆的时刻，我们郭庄红旗民兵营的全体民兵千遍万遍地高呼：毛主席万岁！万万岁！几十年的战斗历程告诉我们，紧跟毛主席就是胜利，今天《人民日报》、《解放军报》发表了重要社论《无产阶级文化大革命全面胜利万岁》，又传达了以毛主席为首、林副主席为副的无产阶级司令部的战斗号令，我们民兵一定要牢记毛主席的教导，更高地举起毛泽东思想伟大红旗，大办毛泽东思想学习班，更深入地开展革命大批判，坚决打击阶级敌人的捣乱和破坏，誓做‘**抓革命，促生产**’的闯将，认真搞好斗、批、改，坚决巩固和发展全国一片红的大好形势。”

乐亭县赵滩民兵连副指导员赵守兰同志说：西藏、新疆两个自治区革命委员会的诞生，是全国人民政治生活中的一件大喜事，它标志着全国无产阶级文化大革命已经进入了斗、批、改的新阶段，这是战无不胜的毛泽东思想的伟大胜利，是毛主席无产阶级革命路线的伟大胜利。目前，摆在我们面前的任务就是要紧跟伟大领袖毛主席的伟大战略部署，认真落实毛主席一系列最新指示，提高革命警惕，狠抓阶级斗争，狠抓革命大批判，及时粉碎阶级敌人的阴谋诡计，坚决支持工人阶级在文化大革命中和一切工作中的领导，真正打好斗、批、改这一仗，为夺取无产阶级文化大革命全面胜利立新功。

临汾县郭家庄民兵营 热烈欢呼毛泽东思想的伟大胜利

本报消息：九月六日晚，当广播里传出西藏自治区、新疆维吾尔自治区革命委员会成立和《人民日报》《解放军报》重要社论——《无产阶级文化大革命全面胜利万岁》这一特大喜讯时，山西省临汾县郭家庄大队民兵营里，敲锣打鼓，一片欢腾。他们在广播喇叭下，聚精会神的静听，一遍又一遍地高呼：“战无不胜的毛泽东思想万岁！”“毛主席的无产阶级革命路线胜利万岁！”“伟大的领袖毛主席万岁！万万岁！”在《大海航行靠舵手》的一片歌声中，这个民兵营立即利用有线广播向全体民兵和贫下中农一次又一次地传达这一振奋人心的大好消息，连夜书写大幅标语，编排文艺节目，举行座谈会，热烈庆祝。

在座谈会上，民兵们一致认为，西藏自治区、新疆维吾尔自治区革命委员会的胜利诞生，是全国人民的一件大喜事。这一震撼世界的重大胜利，是毛泽东思想的伟大胜利，是毛主席无产阶级革命路线的伟大胜利，是对世界革命人民一个巨大的支援和鼓舞，是对帝修反一个沉重的打击，宣告了中国赫鲁晓夫及其代理人妄想在中国复辟资本主义罪恶阴谋的彻底破产。民兵营长史佐银激动地说：“《人民日报》《解放军报》的社论好得很，它传达了我们最敬爱的领袖毛主席的声音，说出了我们广大民兵的心里话，它标志着无产阶级文化大革命进入了一个更新的阶段，给我们提出了新的战斗的任务，指出了光辉的前程，我们一定要沿着毛主席所指引的航向前进，前进，再前进。”民兵副教导员许文奎说：“西藏、新疆两个自治区革命委员会的成立，是毛泽东思想的又一伟大胜利，是对帝修反一个响亮的耳光，《人民日报》《解放军报》的社论，是夺取无产阶级文化大革命全面胜利的动员令、进军号，我们一定要紧跟毛主席的伟大战略部署，以工人阶级为榜样，认真搞好斗、批、改，誓将无产阶级文化大革命进行到底。五好民兵张云霞、许文学等同志说：我们在欢庆胜利的时候，一定要百倍提高革命警惕，严防帝修反和一切阶级敌人的破坏和捣乱，擦亮眼睛，加强战备，用鲜血和生命，誓死捍卫毛主席的革命路线，誓死捍卫新生的红色政权，随时做好准备，一定要解放我国的领土台湾。

郭家庄大队革命委员会和民兵营还决定：立即在全营民兵中掀起一个活学活用毛泽东思想，落实毛主席最新指示的新高潮，举办专题学习班，认真学习毛主席的最新指示和《人民日报》《解放军报》社论，进一步开展革命大批判，彻底清理阶级队伍，搞好斗、批、改，誓夺无产阶级文化大革命的全面胜利！（晋南军分区通讯组）

誓把祖国北部边疆建成钢铁长城

本报消息 在伟大的毛泽东思想光辉照耀下，西藏、新疆革命委员会胜利诞生了！至此，全国除台湾省外，各省、市、区革命委员会已全部成立。全国山河一片红！这是战无不胜的毛泽东思想的伟大胜利，是毛主席的无产阶级革命路线的光辉成果。

喜讯传来，地处反修防修前哨的内蒙古广大民兵，无比兴奋，无比激动，他们彻夜举行集会座谈，千遍万遍地高呼：毛主席万岁！万万岁！敬祝毛主席万寿无疆！万寿无疆！呼和浩特市的广大民兵，昨天深夜同解放军广大指战员和无产阶级革命派一起，在新华广场隆重举行庆祝大会，热烈欢呼全国山河一片红，欢呼毛主席革命路线的伟大胜利。呼伦贝尔大草原上的广大民兵，从收音机里听到《人民日报》《解放军报》的重要社论和西藏、新疆革命委员会成立的特大喜讯后，无限激动，骑马奔走相告，迅速把这一特大喜讯传到了每一个蒙古包。乌兰察布盟图木尔台的民兵和驻军，昨天晚上联合组成宣传队，星夜出动，向广大社员牧民传达特大喜讯，宣传《人民日报》《解放军报》重要社论。

广大民兵在欢庆全国山河一片红的时刻，决心紧跟以毛主席为首、林副主席为副的无产阶级司令部，打好斗、批、改这一仗。提高革命警惕，加强战备，配合解放军，把祖国北部边疆，建设成为反修防修的钢铁长城。

坚决打好斗批改这一仗

青县邓庄子公社革命委员会主任、武装部长 **李玉茹**

西藏、新疆两个自治区革命委员会的成立，实现了全国山河一片红，这标志着无产阶级文化大革命进入了斗、批、改的新阶段。斗、批、改是我们夺取无产阶级文化大革命全面胜利的重要一仗，是摆在我们各级革命委员会面前的重要任务。在这一场战斗中，一定要勇敢战斗，冲锋陷阵，不获全胜，决不收兵。我决心遵照毛主席“**国家机关的改革，最根本的一条，就是联系群众**”的教导，拜贫下中农为师，做群众的小学生，做好调查研究，抓好典型，虚心听取贫下中农的意见。在我们公社建立革命委员会以后，我依靠群众，坚持“五同”，发现了过去很多没有发现的问题，解决了过去很多没有解决的问题。前些时候，我在一个大队经过二十九天的调查研究，发动群众深入开展革命的大批判，终于挖出了混进党内二十多年的阶级敌人，还交出了很多私藏的武器。“**群众是真正的英雄**”，今天搞好斗、批、改也必须相信群众、依靠群众，充分发挥群众的积极性、创造性，这样，再大的问题也能解决，再重的任务也能完成，再多的困难也能克服。要打好斗、批、改这一仗，就更要紧跟上头，紧跟毛主席的伟大战略部署，落实毛主席的一系列最新指示，坚决反对“多中心即无中心论”，在以毛主席为首林副主席为副的无产阶级司令部的号令下，虚心向工人阶级学习，统一认识、统一步伐、统一行动，我们就一定能够打好斗、批、改这一仗，夺取无产阶级文化大革命的全面胜利。

紧跟毛主席 掀起斗批改的新高潮

忻县奇村民兵营副教导员 王银娥

无产阶级文化大革命群众运动的伟大胜利锐不可挡，毛泽东思想的春风，吹遍祖国大地。西藏自治区、新疆维吾尔自治区革命委员会的建立，使全国除台湾省以外，各省、市、自治区全部建立了革命委员会，这是全国革命形势大好，而且越来越好的重要标志，这是夺取无产阶级文化大革命全面胜利进程中的重大事件。至此，帝修反和中国赫鲁晓夫及其代理人妄图在我国复辟资本主义的美梦彻底破产了。伟大的社会主义祖国山河一片红，祖国的红色江山更加巩固。我们伟大的祖国从来没有象今天这样欣欣向荣，战无不胜的毛泽东思想从来没有象今天这样深入人心。在这大喜大庆的日子里，我们千遍万遍地高呼：毛主席万岁！万万岁！

全国山河一片红，标志着我国无产阶级文化大革命进入了一个新的阶段，斗、批、改的高潮已经到来。我们无限忠于伟大领袖毛主席的民兵，一定要牢记：「**夺取全国胜利，这只是万里长征走完了第一步**」的教导，要团结在以毛主席为首、林副主席为副的无产阶级司令部的周围，紧跟伟大领袖毛主席的伟大战略部署，全面落实毛主席的一系列最新指示，坚决支持和拥护工人阶级的领导，发扬无产阶级的彻底革命精神，搞好大批判，彻底清理阶级队伍，认真搞好斗批改。同时，要自觉地斗私批修，彻底地破私立公，紧跟毛主席，永远干革命，掀起斗、批、改的新高潮，夺取无产阶级文化大革命的全面胜利！

毛主席语录

尽管斗爭道路是曲折的，但是日本人民的前途是光明的。

毛泽东

革命职工報

天津市革命职工代表会議常务委員会

1968年9月20日　第36期　共四版

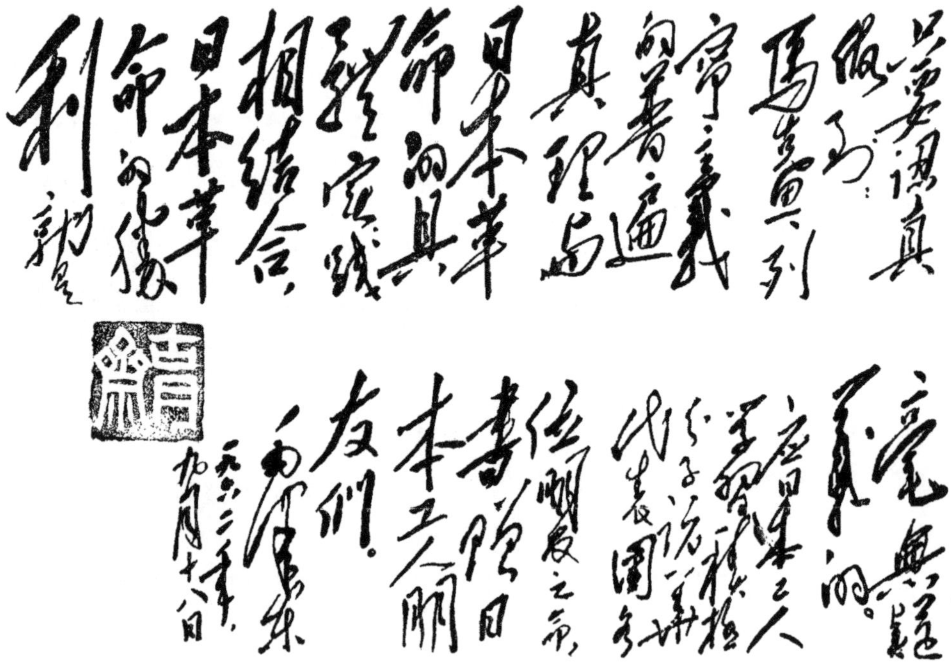

毛主席給日本工人朋友們的重要題詞

新华社北京十七日电　毛泽东主席于一九六二年九月十八日，接见“日本工人学习积极分子访华代表团”，为日本工人朋友们做了重要题词。明天是毛主席题词六周年，现在发表毛主席的这一题词。

题词的全文是：

“只要认眞做到：馬克思、列宁主义的普遍眞理与日本革命的具体实践相結合，日本革命的胜利就是毫无疑义的。

应日本工人学习积极分子訪华代表团各位朋友之命，书贈日本工人朋友們。

毛泽东

一九六二年，九月十八日”

革命工人报　敬祝毛主席万寿无疆　1968年9月20日　第二版

天津市工代会热烈庆祝毛主席给日本工人朋友重要题词大会

《給日本革命工人的支持电》

日本，日本革命工人同志们，战友们：

“四海翻腾云水怒，五洲震荡风雷激。”

在全世界进入以毛泽东思想为伟大旗帜的新时代里，在国际上炮声隆隆、硝烟瀰漫的武装斗争烽火遍地燃烧的大好形势下，在我国（除台湾省）全国山河一片红、无产阶级文化大革命取得全面胜利的凯歌声中，我们今天在这里隆重集会，热烈庆祝毛主席给日本工人朋友赠亲笔重要题词，真是喜上加喜，激情如潮涌。

“只要认真做到：马克思、列宁主义的普遍真理与日本革命的具体实践相结合，日本革命的胜利就是毫无疑义的。”这金光闪闪的四十五个大字，是对战斗的日本革命工人、日本人民、对全界工人阶级和被压迫人民的最大支持和最大鼓舞，它是日本和世界人民争取革命胜利的战斗纲领，它象光芒四射的灯塔，照亮了日本人民和世界人民的革命斗争走向胜利的航程，它是彻底摧毁美帝、苏修、日本佐滕反动政府和宫本修正主义叛徒集团以及世界上一切剥削制度的威力无穷的精神原子弹。它大长了世界革命人民的志气，大灭了帝国主义、现代修正主义和各国反动派的威风。因此，这一光辉题词具有极其重大、极其深远的意义。

让我们怀着无比真挚的阶级感情，向你们表示最热烈地祝贺！

让我们怀着无比激动的心情，共同敬祝世界工人阶级的伟大领袖，全世界革命人民心中最红最红的红太阳毛主席万寿无疆　万寿无疆！万寿无疆！

马列主义、毛泽东思想是放之四海而皆准的真理。没有革命的理论就不会有革命的群众运动，但这种理论必须是真正的马列主义理论。马列主义与中国革命的实践相结合是取得革命胜利的最根本保证。各国的无产阶级政党，一方面必须坚持马克思列宁主义的普遍真理，同时，必须从实际生活出发，密切联系群众，不断总结群众斗争经验，独立地制定和实行符合本国情况的政策和策略。马列主义与中国革命实践相结合就是毛泽东思想。战无不胜的毛泽东思想适用于中国革命，也适用于日本和一切国家的革命。赫鲁晓夫修正主义集团，借口什么“创造性地发展马克思列宁主义”，而抛弃了马克思列宁主义的普遍真理，那是十足的机会主义，即现代修正主义！

同志们，战友们：

在以毛主席为首、林副主席为副的无产阶级司令部领导下，中国几十年的革命斗争实践，充分证明了一个真理，这就是“**枪杆子里面出政权。**”也就是说：“**革命的中心任务和最高形式是武装夺取政权，是战争解决问题。这个马克思列宁主义的革命原则是普遍地对的，不论在中国在外国，一概都是对的。**”这个伟大理论，已被中国革命实践完全证实了它的无比正确，同时，它已被世界革命证明是放之四海而皆准的颠扑不破的真理。

同志们，战友们：

我们完全相信，毛主席的光辉题词必将给你们以巨大的鼓舞和深刻的教育，它一旦掌握了日本革命群众必将产生巨大的物质力量。相信你们会继续高举马列主义毛泽东思想伟大红旗，彻底摒弃宫本修正主义叛徒集团，坚决抛弃他们的不要革命，背叛革命，反对革命的所谓“和平革命”和“议会道路”，坚决反对美帝、苏修和日本佐滕反动派，取得革命斗争的最后胜利。

“**海内存知己，天涯若比邻**”。中日两国人民虽远隔重洋，但我们的心是连在一起的。我们是你们的真正朋友，我们坚决支持你们，你们的斗争就是我们的斗争，天津市工人阶级、天津市四百万人民是你们的坚强后盾。当前我们的祖国台湾尚未解放，但我们一定要解放台湾！我们中国工人阶级“**要和一切资本主义国家的无产阶级联合起来，要和日本的、英国的、美国的、德国的、意大利的以及一切资本主义国家的无产阶级联合起来，才能打倒帝国主义，解放我们的民族和人民，解放世界的民族和人民。**”“**马克思说，无产阶级不但要解放自己，而且要解放全人类。如果不能解放全人类，无产阶级自己就不能最后地得到解放。**”

让我们中日两国人民携起手来，让我们中日两国人民和世界人民团结在一起，为夺取世界社会主义革命的胜利而英勇战斗！

同志们，战友们：

我们现在正处于世界革命的一个新的伟大时代，中国无产阶级文化大革命已经取得全面的伟大胜利。文化大革命的洪流，亚非拉美的革命风暴，定将给整个的旧世界以决定性的摧毁性的打击。欧洲、北美和大洋洲的无产阶级和劳动人民正处于新的觉醒之中，全世界工人阶级和革命人民已经认识到战无不胜的毛泽东思想是他们求得解放获得革命胜利的唯一法宝，是他们手中的精神原子弹。“**美帝国主义和其他一切害人虫已经准备好了自己的掘墓人，他们被埋葬的日子不会太长了。**”

我们坚信，一个马克思列宁主义武装起来的日本真正革命党，一定会在革命斗争的烈火中诞生。它将领导日本无产阶级和广大人民，“**下定决心，不怕牺牲，排除万难，去争取胜利。**”我们坚信，你们一定会沿着伟大领袖毛主席在题词中所指引的方向，乘胜前进！

日本，是日本人民的，你们的目的可以达到，你们的目的一定能够达到。你们的前途是光明的，最后的胜利必定属于日本的革命人民。

中日两国人民的战斗友谊万岁！

战无不胜的毛泽东思想万岁！

全世界人民的伟大导师，伟大领袖，伟大统帅，伟大舵手毛主席万岁！万岁！万万岁！

一九六八年九月十八日

社论

坚决实行无产阶级的政治领导

“**要充分发挥工人阶级在文化大革命中和一切工作中的领导作用。**”工人毛泽东思想宣传队开进文教领域，开进一切不适应社会主义经济基础的上层建筑领域以后，如何发挥其领导作用呢？实践证明，必须对这些单位实行无产阶级的政治领导。实行无产阶级的政治领导，就是阶级的领导，就是毛泽东思想的领导，就是以毛主席为首、林副主席为副的无产阶级司令部的领导，就是用毛泽东思想统帅一切、指导一切、改造一切。

以毛主席为首、林副主席为副的无产阶级司令部，是工人阶级、贫下中农和广大劳动人民唯一的领导中心。坚持工人阶级的领导，实行无产阶级的政治领导，首先就是要保证工人阶级的伟大领袖毛主席的每一个指示，工人阶级的最高战斗指挥部的每一个号令，都能迅速地畅通无阻地贯彻执行。

“大海航行靠舵手，干革命靠毛泽东思想”。

“毛泽东思想是马克思列宁主义发展的一个崭新阶段，是当代最高水平的马克思列宁主义，是当代改造人们灵魂的马克思列宁主义，是无产阶级最强大的思想武器。”广大革命人民最听毛主席的话，最热爱毛泽东思想，最忠于毛主席，毛泽东思想就是精神原子弹，毛泽东思想掌握了群众就将产生巨大的物质力量。因此要实现无产阶级的政治领导，最根本、最重要的问题，是活学活用毛泽东思想。“**在斗争中不断提高自己的政治觉悟。**”工人毛泽东思想宣传队的革命实践证明了，宣传队员毛泽东思想学用得愈好、政治觉悟程度愈高，那么工作水平愈高，在战胜资产阶级反抗方面成效愈大，工作底结果也愈有效力。因此，宣传队的所有同志，要狠抓根本不转向，不要陷于事务主义，要防止包办代替。警惕敌人和别有用心的人，用烦琐的事务工作缠住宣传队。要加强宣传队的政治思想建设。

要实行无产阶级政治领导，工人毛泽东思想宣传队，必须走伟大的人民解放军的政治建军道路，要把林副主席提出的活学活用毛泽东思想，突出无产阶级政治，坚持四个第一，大兴三八作风，发扬三大民主，开展四好连队运动等方针原则学到手。

要实行无产阶级的政治领导，就必须发扬党的三大作风——“**理论和实践相结合的作风，和人民群众紧密地联系在一起的作风以及自我批评的作风。**”

身教胜于言教，榜样的力量是无穷的。工人阶级有阶级斗争、生产斗争、科学实验三大革命运动的丰富经验，因此工人毛泽东思想宣传队必须把工人阶级的模范作用和光荣传统带到被开进的单位，在斗争、学习、工作、生活等各个方面，都要把工人阶级对伟大领袖毛主席的赤胆忠心和优秀品质显现出来，要把工人阶级的学用一致的好学风，在斗争中发扬起来。

要联系群众，必须首先相信群众的大多数，相信毛泽东思想的巨大威力，相信大多数群众一定会站到毛主席革命路线上来。毛主席最新指示中教导我们说：“**从旧学校培养的学生，多数或大多数是能够同工农兵结合的，有些人并有所发明、创造，不过要在正确路线领导之下，由工农兵给他们以再教育，彻底改变旧思想　这样的知识分子，工农兵是欢迎的。**”我们宣传队的每一个队员，都必须学会调查研究工作，要充分发扬积极因素，尽可能把消极因素转化为积极因素，鼓励和促使他们在革命化、劳动化的道路上迅速前进，走上同工农兵相结合的道路，要坚决执行毛主席对知识分子的一系列无产阶级政策。

“**要用自我批评的武器和加强学习的方法，来改造自己，使适合于党与革命的需要。**”

工人毛泽东思想宣传队要完成毛主席交给的伟大历史任务，必须不仅把自己当作革命的动力，而且要把自己当做革命的对象，要不断的提高自己的政治觉悟，加强革命的纪律性，不断批判工人阶级内部各种资产阶级腐朽作风的侵蚀及影响，必须保持工人阶级的本色，坚定无产阶级立场，警惕糖衣炮弹或其他形式的手段对工人阶级的袭击。总之，要坚决战胜资产阶级在政治上、思想上的一切反抗。要牢牢记住毛主席的教导：“**工人阶级要在阶级斗争中和向自然界的斗争中改造整个社会，同时也就改造自己。工人阶级必须在工作中不断学习，逐步克服自己的缺点，永远也不能停止。**”

工人阶级必须领导一切，无产阶级必须实行政治领导，这是社会主义革命发展的必然规律，虽然会遇到这种或那种阻力，但“**重要的是，坚冰已经开通，道路已经指明。**”让我们更高的举起毛泽东思想伟大红旗，紧跟毛主席的伟大战略部署，为把工人毛泽东思想宣传队建设成一支非常革命化、战斗化的工人阶级新型队伍，为夺取无产阶级文化大革命全面胜利而英勇战斗吧！

革命职工报　　敬祝毛主席万寿无疆　　1968年9月20日　第三版

在第三次“高举毛泽东思想伟大红旗，坚决镇压反革命分子宣判大会”上

刘政同志的讲话

一九六八年九月十七日

无产阶级革命派的战友们，革命的同志们：

首先，让我们共同敬祝我们心中最红最红的红太阳，我们最最敬爱的伟大领袖毛主席万寿无疆！万寿无疆！万寿无疆！

敬祝伟大领袖毛主席的亲密战友，我们的副统帅林副主席身体健康！永远健康！永远健康！

伟大领袖毛主席教导我们：“**夺取了国家权力的工人阶级和人民大众，必须镇压一切反革命阶级、集团和个人对于革命的反抗，制止他们的复辟活动，……**”

在学习、宣传、落实毛主席最新指示的群众运动高潮中，中国人民解放军天津市公安机关军事管制委员会，今天在这里召开了第三次“高举毛泽东思想伟大红旗，坚决镇压反革命分子宣判大会”。处决了一批罪大恶极、恶贯满盈不杀不足于平民愤的反革命分子；宣布了一批判处死刑缓期执行、无期徒刑和有期徒刑的反革命分子和坏分子，充分显示了无产阶级专政的强大威力，大长了无产阶级的志气，大灭了阶级敌人的威风。这是战无不胜的毛泽东思想的伟大胜利，是毛主席革命路线的伟大胜利。

“**虎踞龙盘今胜昔，天翻地复慨而慷。**”在我国无产阶级文化大革命取得全面胜利的进程中，我国西南和西北边疆，反帝反修前哨，传来了令人鼓舞的喜讯：西藏自治区和新疆维吾尔自治区革命委员会同时诞生了。至此，我们祖国除台湾以外，全国山河一片红，万里江山红旗飘。这喜讯，是一声惊空的巨雷，一声震天的号角。它宣告，中国赫鲁晓夫及其在各地的代理人，在我国复辟资本主义美梦的彻底破产；它宣告，帝、修、反破坏我国无产阶级文化大革命的罪恶阴谋遭到了又一次沉重打击；它宣告，整个无产阶级文化大革命运动，已在全国范围内进入了斗、批、改的伟大新阶段。这极其壮丽的一幕，是无产阶级文化大革命中的重大事件，是我国七亿人民政治生活中的一件大喜事！

毛主席最近向全国发出了“**认真搞好斗、批、改**”的伟大号召。并且作了一系列最新指示，极为英明地指出，“**要充分发挥工人阶级在文化大革命中和一切工作中的领导作用**，”“**对过去大量的高等及中等学校毕业生早已从事工作及现正从事工作的人们，要注意对他们进行再教育**。”这是毛主席的伟大战略部署，是对马列主义理论宝库的最新贡献，是加强无产阶级专政，团结各阶级、各阶层人民群众，向一小撮阶级敌人发动猛烈进攻的强大思想武器，是夺取无产阶级文化大革命全面胜利的伟大战略措施，是乘胜前进，巩固和发展无产阶级文化大革命成果的强劲东风和巨大动力。

在毛主席一系列最新指示的指引下，在全国大好革命形势的鼓舞下，天津市和全国一样，无产阶级文化大革命形势洪流滚滚，奔腾向前。浩浩荡荡的产业工人大军，有领导、有步骤地开进了大专院校、知识分子成堆的地方和一切“老大难”单位。他们以敢捅“马蜂窝”的大无畏革命精神，有力地批判着“多中心论即无中心论”的资产阶级反动倾向，占领着大大小小的“独立王国”，正在打破资产阶级知识分子独霸的一统天下，发挥着主力军和领导一切的作用，推动着无产阶级教育革命的迅猛发展；学习、宣传、落实毛主席亲自批发的“七·三”、“七·二四”布告的群众运动，已经形成高潮。它丰富了革命大批判内容，有力地推动了清理阶级队伍工作的深入开展。全市军民，在以毛主席为首、林副主席为副的无产阶级司令部号令的统帅之下，统一认识，统一步伐，统一行动，消除了资产阶级派性，交出了长期未交的武斗工具，团结起来，共同对敌，向一小撮阶级敌人发动了更加强大的政治攻势，稳、准、狠地打击着一小撮阶级敌人。党的政策发挥了巨大威力，一小撮埋得很深、藏得很久的叛徒、特务、顽固不化的走资派和一切反革命分子，陷入了“人民战争”的汪洋大海，已经和正在一个个被揪了出来；清理工作取得了显著成绩，特别是最近发动广大人民群众，进行的几次大清查，有效地打击了阶级敌人的各种反革命活动和流氓、盗窃等犯罪活动，清查出一批坏人坏事。促进了“十种人”的遣返工作。向无户口人员，上山下乡、支援三线建设倒流人员，外地来津串连人员进行了思想政治工作，并收到了较好的效果。推动了一切非法所得公私财物，者（诸）如抢占和隐藏的武器、弹药等军用物资的上缴。广大人民群众阶级斗争、路线斗争觉悟有了进一步提高，加强了革命警惕性，擦亮了眼睛，纷纷起来揭发检举坏人坏事，积极协助专政机关破获各种反革命政治案件和刑事案件，保证了社会治安和革命秩序良好；精神转化物质，革命带动了生产。全市工农业生产蒸蒸日上，涌现出不少新事物，有的单位开始吹响了蓬蓬勃勃技术革命和生产大跃进的号角。

但是，阶级斗争的规律告诉我们，无产阶级文化大革命越是接近全面胜利，两个阶级、两条道路、两条路线斗争就越尖锐，越深刻。形势越是大好，一小撮穷途末路的阶级敌人，就越要进行绝望的挣扎。正如我们伟大领袖毛主席所教导的那样：“**帝国主义者和国内外反动派决不甘心于他们的失败，他们还要作最后的挣扎。在全国平定以后，他们也还会以各种方式从事破坏和捣乱，他们将每日每时企图在中国复辟。**”从今天公判的一批反革命分子和坏分子所进行的犯罪活动可以看出，这一小撮阶级敌人，疯狂地书写反动标语，散发反动传单、编写反动诗歌，恶毒攻击我们伟大领袖毛主席，肆意篡改革命宝书毛主席著作，疯狂反对光焰无际的毛泽东思想。攻击以毛主席为首，以林副主席为副的无产阶级司令部，污蔑史无前例的无产阶级文化大革命运动；他们狗急跳墙，公开抗拒毛主席的伟大战略部署，拒不坦白交待他们的罪行，公然对揭发检举他们的革命群众进行威胁，甚至行凶杀人，进行阶级报复；他们怀着对社会主义制度的刻骨仇恨，网罗牛鬼蛇神，组织反革命集团，进行各种反革命活动。他们以扫氓为名，采用法西斯手段，非法绑架、残酷折磨革命群众，抢劫财物，轮奸妇女，破坏生产，破坏革命秩序，坑拐撞骗无所不用其极。他们这一切反革命破坏活动，归根结底，就是妄图破坏无产阶级文化大革命运动，颠覆红色政权，颠覆无产阶级专政，复辟资本主义。对于这一小撮罪大恶极、反动透顶、死心踏地的阶级敌人，我们就是要坚决镇压，严厉惩办，狠狠打击。

毛主席教导我们：“**无产阶级文化大革命，实质上是在社会主义条件下，无产阶级反对资产阶级和一切剥削阶级的政治大革命，是中国共产党及其领导下的广大革命人民群众和国民党反动派长期斗争的继续，是无产阶级和资产阶级阶级斗争的继续。**”今天判处的这些反革命分子和坏分子，就是国民党反动派的残渣余孽，就是中国赫鲁晓夫等党内最大的一小撮走资派及其在天津的代理人万张反革命修正主义集团推行反革命修正主义路线，复辟资本主义的社会基础。其中有的就是他们直接包庇或多次放纵的阶级敌人。中国赫鲁晓夫等党内最大的一小撮走资派及其在天津的代理人万张反革命修正主义集团是这些反、坏分子的总代表和总根子。我们同他们的斗争，就是和国民党反动派长期斗争的继续，就是和资产阶级阶级斗争的继续，就是一个阶级推翻一个阶级的政治大革命。

“**宜将剩勇追穷寇，不可沽名学霸王。**”今天虽然公判了一批反、坏分子，在清理阶级队伍中挖出了一批敌人，但必须明确看到，还有一批埋得很深，藏得很久的阶级敌人还远未触动他们，有的单位甚至阶级斗争的盖子还没有真正揭开。阶级敌人还在那里煽阴风，点鬼火，猖狂破坏毛主席的伟大战略部署，破坏无产阶级文化大革命运动。特别是最近毛主席一系列最新指示发表后，他们预感到末日的来临，这种破坏活动看得尤其明显。我们一定要更高地举起毛泽东思想的伟大红旗，随着斗、批、改高潮的形成，“七·三”、“七·二四”布告继续贯彻落实，稳、准、狠的打击一小撮阶级敌人，把清理阶级队伍的战斗打到底，把一小撮叛徒、特务、死不悔改的走资派和一切反革命分子统统揪出来。

要把对敌斗争的战斗打到底，就要更好地发动群众，依靠群众。毛主席教导我们：“**阶级斗争越是紧张，无产阶级越是要采取最坚决最彻底的态度，依靠广大人民群众，动员他们的革命积极性来战胜反革命力量。**”只有最大限度地团结一切可以团结的力量，才能最大限度地孤立和打击一小撮阶级敌人。只有把广大群众充分发动起来，才能筑起群众专政的铜墙铁壁，撒下天罗地网，才能把已揪出的敌人真正批深批透，斗倒斗臭，才能使敌人无藏身之处，落入无产阶级专政的法网。

要把对敌斗争的战斗打到底，就要紧紧掌握革命斗争的大方向。毛主席教导我们：“**对广大人民群众是保护还是镇压，是共产党同国民党的根本区别，是无产阶级同资产阶级的根本区别，是无产阶级专政同资产阶级专政的根本区别。**”斗争矛头，只能对准一小撮叛徒、特务、死不悔改的走资派和一切反革命分子。无论任何时候，决不能以任何借口把斗争矛头指向人民群众。否则，就要犯方向路线错误。工人阶级要为自己领导的各阶级、各阶层人民指明出路，尽可能化消极因素为积极因素。要通过细致耐心的政治思想工作、使那些犯有严重错误的人、勇敢地交待自己的错误，站起来革命。

要把对敌斗争的战斗打到底，就要认真贯彻执行党的政策。毛主席教导我们：“**在这样日益走向尖锐的短兵相接的阶级斗争的形势之下，无产阶级要取得胜利，就完全要靠他的政党——共产党的斗争策略的正确和坚决。**”要善于运用自己的策略武器，去深挖那些埋得很深，藏得很久，钻入党内，钻入要害部门，钻入领导层的和有现行破坏活动的最危险的阶级敌人。要善于利用矛盾，区别对待、分化瓦解、孤立少数，各个击破。必须坚决执行党的“坦白从宽，抗拒从严，首恶必办，胁从不问，受蒙蔽无罪、反戈一击有功”的一贯政策。要严格区分两类不同性质的矛盾，把好人犯错误和坏人干坏事相区别；对于政治历史问题，要把交待和隐瞒，有结论和没结论，结论是否正确相区别，要作全面的历史的阶级的分析；对于坏人，也要把首恶和胁从，有现行活动和没现行活动，坦白交待，接受改造和拒不交待，抗拒改造相区别，只要彻底坦白认罪，老实接受改造，都可以从宽处理，都要给出路，不给出路不是无产阶级的政策。要加强调查研究，讲究斗争策略，注意斗争方法。确定一个人问题的性质，要凭材料，重证据，允许本人申辩，反对逼供信和任何主观主义的做法。批斗坏人，也要坚持文斗，反对武斗，不要采用坐飞机、挂牌子、弯腰、罚跪和到处游斗等体罚和变相体罚的错误做法；强调摆事实，讲道理，充分揭露，深刻批判。严禁擅自抓人、抄家、砸封。充分发挥党的政策的巨大威力。

我们严厉警告一小撮阶级敌人，今日的政权，是红色的革命政权，今日的天下，是无产阶级专政的天下，只许你们规规矩矩，不许你们乱说乱动，如要乱说乱动，立即取缔。谁要胆敢以身试法，必将被历史的车轮轧得粉身碎骨。

同志们，让我们更高地举起毛泽东思想的伟大红旗，紧跟毛主席的伟大战略部署，在以毛主席为首、林副主席为副的无产阶级司令部的统一号令下，提高阶级斗争和路线斗争觉悟，擦亮眼睛，百倍提高阶级警惕，乘胜前进，积极发展大好形势，为迎接祖国伟大的节日——国庆节，为掀起斗、批、改高潮，为夺取无产阶级文化大革命的全面胜利而斗争！

最后，让我们共同高呼：

坚决镇压一切反革命！

无产阶级专政万岁！

无产阶级文化大革命全面胜利万岁！

伟大的、光荣的、正确的中国共产党万岁！

誓死捍卫以毛主席为首、林副主席为副的无产阶级司令部！

誓死捍卫中央文革！

向江青同志学习！向江青同志致敬！

毛主席的无产阶级革命路线胜利万岁！

战无不胜的毛泽东思想万岁！

伟大领袖毛主席万岁！万岁！万万岁！

革命职工报　敬祝毛主席万寿无疆　1968年9月20日　第四版

工人阶级夺回了技术大权

伟大领袖毛主席教导我们：**“我国有七亿人口，工人阶级是领导阶级。”“卑贱者最聪明，高贵者最愚蠢。”**但是我们纺织机械厂一小撮走资派却按照其黑主子中国赫鲁晓夫和万张反革命修正主义集团的旨意，大搞“专家治厂”，把生产技术大权双手奉送给那些资产阶级反动技术“权威”、“专家”，他们互相勾结，狼狈为奸，极力反对工人阶级的领导，把工人排斥在生产技术大门之外。这些“权威”、“专家”更是自命“高贵”，得意忘形，极力贬低工人阶级。他们说：“工人提拔的技术干部只能跑跑颠颠，遇事没有分析能力”。“工人只能干活当工人”还拼命叫喊：“非把工段长以上干部全部换上大学生不行！”真是他妈的一群混蛋！

这邦“权威”、“专家”到底都是些什么玩艺儿呢？文化大革命中我们工人阶级造了他们的反，扒下了他们的画皮。原来厂里那个被万张命为技术人员中的“左派”、被厂内一小撮走资派奉为“总工程师”、并拉进了党内提为付厂长的头号技术“权威”王传钰，是个“国民党接收大员”，是镇压工人罢工斗争的刽子手。还有那些“总工艺师”、“总铸冶师”、“总会计师”，也都是些反动资本家和国民党反动派的残渣余孽。这群乌龟王八蛋，凑到一块，拼命地反对工人阶级领导就是妄图长期控制生产技术大权，以便搞资本主义复辟，这一点我们算是看透了，因此我们首先夺了他们的权，专了他们的政。

这些“权威”、“专家”最会装腔作势，看来似乎真有两下子，其实他们是“偷名窃誉”的“专家”，工人搞革新他们写“论文”、照像登报，在工人面前吹不响，就到厂外去吹，搞他个“名声在外”这就是他们当“权威”的捷径、绝技。实际上在技术上他们是一群不学无术的、真正“没有分析能力”的蠢货、笨蛋。一碰到实际问题不是现丑就是束手无策了。就拿我们厂的墩母机来说吧，这台机器是一九五八年从苏联进口的，价值十几万元，但一开箱就发现说明书与机床结构不一样，不仅缺许多另件，而且模具上下就差三毫米，根本不能用，是台废物机。这伙资产阶级技术“权威”、“专家”们整天围着这台机器转悠，整整在这台废物机旁转悠了八年不敢捅也不敢摸，最后竟以工人技术水平低不能掌握为借口把这台大型墩母机封存起来打算退交纺织工业部。这帮技术上的假“洋鬼子”就是这样，自己不革命，也不许工人革命。工人们早就因为生产上急需，要把这台废物机救活，让它为社会主义服务、粉碎苏修的政治阴谋。这些“权威”、“专家”们却说：“我们都弄不了，工人弄更没门了。”后来我们工人起来造反了，一定要亲手修这台机器，他们又百般刁难、大泼冷水，说什么“这是部管机床，我们作不了主。”“搞这玩艺可得有点水平”等等。我们工人根据毛主席的教导：**“帝国主义者就会吓人的那一套，殖民地有许多人也就怕吓。他们以为所有的殖民地的人都怕吓，但是不知道中国有这么一些人是不怕那一套的”**不管他三七二十一，撕开他们的“封条”就把这台机器进行了大拆大改，经过数十次试验，改进了这台机器的结构，重新设计制造了全套工具，并通过工人之间的大协作，突破了资产阶级反动技术“权威”们认为无法解决的难关——模具热处理问题，仅用了三个月的时间就治活了这台墩母机。墩母机开车了，发挥了它的威力，从而彻底解决了我厂螺丝生产用自动车床“切母”供不上下道工序生产的关键。

在革命大批判中，我们工人把厂内死不改悔的走资派和那些“权威”、“专家”揪到这台墩母机旁边，彻底批判了他们的“专家治厂”、“洋奴哲学”的反革命修正主义路线。大家坚决表示：“厂里的技术大权我们工人阶级夺定了，厂里的技术阵地我们工人阶级占定了”。

工代会纺织机械厂革职会

走政治建队的道路，狠抓思想教育

姚文元同志的“工人阶级必须领导一切”重要文章的发表标志着全国斗、批、改高潮的到来。遵照伟大领袖毛主席的教导，红桥区工人毛泽东思想宣传队于九月二日前已全部进驻了大、中、小学校和上层建筑的一切领域及没有搞好斗、批、改的单位。

区工人毛泽东思想宣传队由组织起来到进驻时间短促，没有来得及做好思想上和组织上的充分准备。因此在进驻的一周时间里，在取得很大成绩的同时，也存在着很多活思想。总的看是突出无产阶级政治、抓思想政治工作不够。

毛主席教导我们说：**“我国有七亿人口，工人阶级是领导阶级，要充分发挥工人阶级在文化大革命中和一切工作中的领导作用，工人阶级也应当在斗争中不断提高自己的政治觉悟。”**毛主席的这一教导给我们指明了方向，工人毛泽东思想宣传队要起到领导一切的作用就必须在斗争中不断提高自己的政治觉悟。所以摆在工人毛泽东思想宣传队面前的任务是如何把自己建设成为一支突出无产阶级政治，坚持四个第一，大兴三八作风的连队。这是落实毛主席一系列最新指示，完成工人阶级领导一切的历史使命的关键。

区工人毛泽东思想宣传队办公室了解到，工人毛泽东思想宣传队，连指导员以上的政工干部普遍地存在着职责不明确，重点不突出的胡子眉毛一把抓的倾向，我们感到这是个普遍性的严重问题，这个问题不及时解决必然影响连队建设。毛主席教导我们说：**“政治路线确定之后，干部就是决定因素”**。因此区工人毛泽东思想宣传队按着毛主席教导：**“办学习班，是个好办法，很多问题可以在学习班得到解决。”**于九月十日开办了历时三天的短期工人毛泽东思想宣传队连指导员以上政工干部学习班。

这次学习班是通过一讲、二摆、三议、四落实来解决问题的。

一讲：由办公室解放军同志讲“高举毛泽东思想伟大红旗，狠抓根本，做好政治思想工作”的第一课：工人毛泽东思想宣传队是我们伟大领袖毛主席发现并热情培育的放射着毛泽东思想灿烂光辉的新生事物，是毛主席提出的在意识形态等一切上层建筑领域中实行无产阶级专政的新的组织形式，它将在全国各个阶层、各个领域引起深刻变革，对保证我国铁打江山永不变色有不可估量的极其深刻、极其伟大的意义。

摆在我们面前的任务是光荣的、艰巨的，要胜利地完成任务就必须高举毛泽东思想伟大红旗，活学活用毛主席著作，突出无产阶级政治，坚持四个第一，大兴三八作风，搞组织革命化、思想革命化，做好连队的政治思想工作。

毛主席教导我们说：**“掌握思想教育，是团结全党进行伟大政治斗争的中心环节。”**指导员一定要掌握每个宣传员的活思想，经常不断地加强思想政治工作，搞好连队革命化。目前应该反复学习红旗杂志九月五日编者按和毛主席一系列最新指示及姚文元同志的重要文章，深刻理解、高度认识、明确己任、增强精神力量。

二摆：大摆连队的活思想和指导员以上政工干部的活思想。

毛主席教导我们说：**“调查就象‘十月怀胎’解决问题就象‘一朝分娩’调查就是解决问题。”**通过大家摆、共同分析一致认为：如果我们整天忙于“业务”不突出无产阶级政治，不坚持做每个宣传员周密、细致的思想政治工作，那就会问题四起，漏洞百出，对资产阶级思想的侵蚀就会失去警觉，就有被“拉过去”的危险，给革命带来不可估量的损失。有个指导员说：“我们宣传队一进去事就来了，今天这个找你表态，明天那个找你解决问题，甚至连请假、出差都找你“批示”，自己还感到责任重大，东一把、西一把，忙个不停大脑都发涨。今天这么一摆、一分析问题就清楚了，不能胡子眉毛一把抓，千条万绪，只能抓根本，否则就一事无成。

三议：就是大议形势和任务、大议突出无产阶级政治的必要性，重要性及其重大意义。

有的同志说：现在全国一片红，形势无限好，我们工人毛泽东思想宣传队必须跟上形势对我们的要求。我们的工作不是抓“业务”而是突出无产阶级政治。我们必须坚持无产阶级的政治领导，也就是毛泽东思想的领导。如果整天陷于事物之中就会头脑发涨，就要犯错误，这不是什么芝麻、西瓜之差呀，乃是方向、路线问题。四营一位同志说：“你不突出无产阶级政治，不作队员的政治思想工作，你千忙万忙，最后你也是瞎忙，你千抓万抓，最后你也是胡抓”。林副统帅指出：“忽视政治就要落后，凡是政治落后的人就要迷失方向。”一位指导员说：不摆不议不知道，一摆一议吓一跳。不突出无产阶级政治就会被糖衣炮弹所打中，就会被各种形式的资产阶级思想手段所侵袭。这样一议在对加强政治思想工作认识上提高了。

通过议，大家一致认为，毛主席最新指示是伟大战略部署、是掀起斗、批、改高潮的动员令，是夺取无产阶级文化大革命全面胜利的最伟大的纲领和最锐利的武器，毛主席是伟大的天才，把工人阶级的地位、作用提高到前所未有的高度，我们必须高举毛泽东思想伟大红旗，突出无产阶级政治，坚持四个第一，毛主席他老人家给我们撑腰，我们一定为毛主席争气，不完成工人阶级历史使命誓不罢休。

四落实：就是突出无产阶级政治，要落实到人的思想革命化，学习班的同志对突出无产阶级政治，对搞好政治思想工作的重大意义和巨大作用有了深刻的认识。一致认为：突出无产阶级政治必须落实到人的思想革命化上。在连队则要坚持四个第一，大兴三八作风，立即掀起创四好宣传队，争五好宣传员的高潮。开展一帮一，一对红活动。大家纷纷表示一定要把这次学习班的精神带下去，落实在连队，决心把工人毛泽东思想宣传队建设成为一支高举毛泽东思想伟大红旗，突出无产阶级政治的宣传队、工作队、战斗队。

我们认为这次学习班，方向明确，方法对头，时间短，效果好。正如一位指导员同志所说：“这次学习班给我们连队政治干部下了一场及时雨，为连队建设指明了方向，使我们的工作清楚了，回去以后一定搞好连队建设。”这次学习班为我区工人毛泽东思想宣传队进一步落实毛主席一系列最新指示，全面掀起斗、批、改新高潮打下了良好的政治基础。

红桥区革命委员会工人毛泽东思想宣传队办公室

耐火器材厂广大革命职工，打破洋框框，实现一項創举

不经高温烧结的耐火砖试制成功并投人生产

在无产阶级文化大革命运动中，耐火器材厂广大革命职工，打破洋框框，创造了不烧结的耐火砖新工艺。

耐火砖不经高温烧结，在耐火材料中是一项创举，也是一项重大的工艺革命。早在五八年，少数技术“权威”闭门造车搞过试验，由于没有走与工农兵相结合的道路，搞了多年没有成功。

经过无产阶级文化大革命锻炼的耐火器材厂广大革命职工，怀着无限忠于毛主席，无限忠于毛泽东思想，无限忠于毛主席革命路线的无产阶级感情，遵照伟大领袖毛主席**“中国人民有志气、有能力、一定要在不远的将来，赶上和超过世界先进水平。”**的教导，狠批了“古今中外都是高温烧结，不烧不符合科学道理”的种种谬论，打破了技术“权威”出配方的旧框框，充分发挥工人阶级主力军作用，和革命的技术人员在一起，吸取了兄弟单位的资料和先进经验，**“发扬勇敢战斗、不怕牺牲、不怕疲劳和连续作战（即在短期内不休息地接连打几仗）的作风。”**排除万难，终于在很短的时间内试制成功，并在质量上达到了用户的要求。

不经烧结耐火砖的试制成功，正是那些从前被看做“卑贱者”的钢铁工人闯出来的。这就雄辩地证明了我们伟大领袖毛主席关于**“卑贱者最聪明，高贵者最愚蠢”**的教导是颠扑不破的伟大真理。

工代会冶金系统革职会供稿

本报通讯地址：天津市解放路120号　电话3局1233　本市各邮局订阅　（零售：二分）

毛主席最新指示

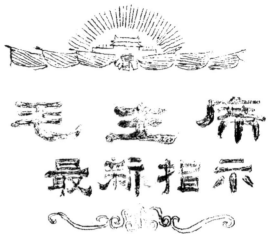

全国的无产阶級文化大革命形势大好，不是小好。整个形势比以往任何时候都好。形势大好的重要标志，是人民群众充分发动起来了。从来的群众运动都没有象这次发动得这么广泛，这么深入。

摘自《解放军报》1967.11.9社论《抓好形势教育》。

再有几个月的时间，整个形势将会变得更好。

摘自《人民日报》、《红旗》杂志、《解放军报》一九六八年元旦社论。

要斗私，批修。

摘自林彪同志在中华人民共和国成立十八周年庆祝大会上的讲话。

军队办学习班要有战士参加。

摘自《解放军报》一九六七．十二．十三日社论《永远做群众的小学生》。

在工人阶级内部，没有根本的利害冲突。在无产阶级专政下的工人阶级内部，更没有理由一定要分裂成为势不两立的两大派组织。

摘自《人民日报》一九六七．九．十四社论《在革命大批判中大力促进革命的大联合》。

革命的红卫兵和革命的学生组织要实现革命的大联合，只要两派都是革命的群众组织，都要在革命的原则下实现革命的大联合。

摘自《人民日报》、《红旗》杂志、《解放军报》一九六七．十一．一日编辑部文章

各工厂、各学校、各部门、各企业单位，都必须在革命的原则下，按照系统、按照行业、按照班级，实现革命的大联合，以利于促进革命三结合的建立，以利于大批判和各单位斗批改的进行，以利于抓革命促生产，促工作，促战备。

摘自中共中央、国务院、中央军委、中央文革小组

关于接班系统实[illegible]

不要老拍少讲别人的缺点、错误，别人的[illegible]，[illegible]已讲，各自多做自我批评，求大同，存小异。

摘自《人民日报》一九六七，十二[illegible]二十[illegible]社论《大办[illegible]毛泽东思想学习班》

自己有了错误，要做自我批评。

摘自《人民日报》一九六七年十二月二十日社论

《大力办好毛泽东思想学习班》

不要总以为自己对，好象真理都在自己[illegible]上；不要总是认为只有自己才行，别人什么都不行，好象世界上没有自己，地球就不转了。

摘自《人民日报》一九六七、十二、二十社论《大力办好毛泽东思想学习班》。

团结——批评和自我批评——团结。

摘自《红旗》一九六七年十四期社论《进一步贯彻毛主席"抓革命促生产"的伟大方针》

正确地对待干部，是实行革命三结合，巩固革命大联合，搞好本单位斗批改的关键问题，一定要解决好。我们党[illegible]整风，教育了广大干部，团结了全党，保证了抗日战争和解放战争的胜利。这个传统，我们要发扬。

摘自《人民日报》《红旗》杂志《解放军报》一九六八年元旦社论。

干部问题，要从教育着手，扩大教育面

摘自《解放军报》一九六七年[illegible]十社论《从教育着手解决干部问题》。

对于犯了严重错误的干部，只要他们不再坚持错误，认真改正，并为广大革命群众所谅解之后，仍然可以站起来参加革命行列。

摘自《解放军报》一九六七年七月三十日社论《新的考验》。

要很好地解决上下级关系问题，搞好干部和群众的关系。以后干部要分别到下面去走一走，看一看，要坚持群众路线，遇事多和群众商量，做群众的小学生。在某种意义上来说，最聪明、最有才能的，是最有实践经验的战士。

摘自《人民日报》一九六七[illegible]编者按。

人们的工作有所不同，职务有所不同，但是任何人不论官有多大，在人民中间都要以一个普通劳动者的姿态出现，决不许可摆架子。

摘自《人民日报》一九六七、十一、十九社论《干部要到群众里面去》

指点江山

天津師范学院八一八紅卫兵团主办

《指点江山》編輯部

第[illegible]期　本期三版　68.10

社会主义阶段始終貫彻着資产阶級复辟和无产阶級反复辟的斗爭

一九四九年十月一日中华人民共和国的成立，标志了新民主主义革命阶段的基本結束和社会主义革命阶段的开始。

轉自一九六七年第五期《紅旗》杂志刊登的文章《爱国主义还是卖国主义？》

社会主义社会是一个相当长的历史阶段。在社会主义这个历史阶段中，还存在着阶級、阶級矛盾和阶級斗爭，存在着社会主义同資本主义两条道路的斗爭，存在着資本主义复辟的危險性。要認識这种斗爭的长期性和复杂性。要提高警惕。要进行社会主义教育。要正确理解和处理阶級矛盾和阶級斗爭問題。正确区别和处理敌我矛盾和人民內部矛盾。不然的話，我們这样的社会主义国家，就会走向反面，就会变質，就会出現复辟。我們从現在起，必須年年講，月月講，天天講，使我們对这个問題，有比較清醒的認識，有一条馬克思列宁主义的路綫。

轉引自一九六七年第十期《紅旗》杂志社論《无产阶級专政下进行革命的理論武器》

一九六三年五月，毛主席亲手主持制定了《中共中央关于目前农村工作中若干問題的决定（草案）》，向全党和全国人民提出，如果忘記了社会主义社会里的阶級和阶級斗爭的話，"那就不要很多时間，少則几年、十几年，多則几十年，就不可避免地要出現全国性的反革命复辟，馬列主义的党就一定会变成修正主义的党，变成法西斯党，整个中国就要改变顏色了。請同志們想一想，这是一种多么危險的情景啊！"

（同上）

一九六三年六月十四日，《关于国际共产主义运动总路綫的建議》，即二十五条，这个光輝灿爛的馬克思列宁主义的文件发表了。这是当代国际共产主义运动的偉大綱領，通篇閃耀着毛泽东思想的光芒。在毛主席亲自主持制定的这个文件中指出：

“在无产阶級获得政权以后的一个长的历史时期中，阶級斗爭的継續，仍然是不以人們意志为轉移的客观规律，只是阶級斗爭的形式不同于无产阶級取得政权以前。

在十月革命以后，列宁多次指出：

1．被推翻的剥削者，总是千方百計地企图恢复他們被夺去的“天堂”。

2．小資产阶級自发势力經常产生新的資本主义分子。

3．在工人阶級队伍中，在国家机关职員中，由于資产阶級的影响和小資产阶級自发势力的包围和腐蚀作用，也会产生一些 化变质分子，新的資产阶級分子。

4．国际資本主义的包围，帝国主义武装干 的威胁以及和平瓦解的阴謀活动，是社会主义国家里阶級斗爭継續存在的外部条件。

实际生活証明了列宁以上的論断。

任何一个社会主义国家，即使在实现了社会主义工业化以后的几十年，甚至更长的时間，都不能說，那里已經完全沒有象列宁所反复痛斥过的資产阶級食客、寄生 、投机倒把者、騙子、懒汉、流氓、盜窃国庫者这类分子；也不能說，社会主义国家不需要或者可以放弃列宁所提出的“消除这些由資本主义遺留給社会主义的傳 病、 疫和 ”的任务。

在社会主义国家里，社会主义和資本主义誰战胜誰的問題，需要一个很长的历史时期才能逐步解决。

社会主义和資本主义两条道路的斗爭，貫穿着整个历史时期。这种斗爭时起时伏，是 浪式的，有时甚至是很激烈的。斗爭的形式是多种多样的。

一九五七年宣言說得好：“对于工人阶級來說，取得政权只是革命的开始，而不是革命的終結。”

否認无产阶級专政时期中的阶級斗爭，否認在經济战綫上、政治战綫上和思想战綫上彻底完成社会主义革命的必要性，是錯誤的，不符合客觀实事的，違背馬克思列宁主义的。”

一九六四年七月，我們偉大的領袖毛主席又教导我們說：“在政治思想領域內，社会主义同資本主义之間誰勝誰負的斗爭，需要一个很长的时間才能解决。几十年內是不行的，需要一百年到几百年的时間才能成功。在时間問題上，与其准备短些，宁可准备长些；在工作問題上，与其看得容易些，宁可看得困难些。这样想，这样做，較为有益，而較少受害。”

（同上）

毛主席再三向我們指出：整个过渡时期存在着阶級矛盾、存在着无产产阶級和资产阶級的阶級斗爭、存在着社会主义和资本主义的两条道路斗爭。忘記十几年来我党的这一条基本理論和基本实踐，就会要走到斜路上去。

轉引自一九六七年五月六日《人民日报》刊登的文章《共产党就是要搞阶級斗争》

一九六二年九月，毛主席在党的八届十中全会上，发出了“千万不要忘記阶級斗爭”的偉大号召。

轉引自一九六六年六月六日《解放軍日报》刊登的宣傳教育要要点《高举毛泽东思想偉大紅旗，把无产阶級文化大革命进行到底》

阶級斗爭，一抓就灵。

轉自一九六六年十月一日《人民日报》社論《用毛泽东思想武装七亿人民》

阶級敌人是一定要寻找机会表現他們自己的。他們对于亡国、共产是不甘心的。不管共产党怎样事先警告，把根本战略方針公开告訴自己的敌人，敌人还要进攻的。阶級斗爭是客观存在，不依人的意志为轉移的。就是說，不可避免的。人們隨意志想要避免，也不可能。只能因勢利導，奪取勝利。

《文汇报的資产阶級方向应該批判》，一九五七年七月一日《人民日报》

近几年，毛主席又多次指出：要警惕出修正主义，特別要警惕在中央出修正主义。

轉引自一九六七年第七期《紅旗》杂志評論員文章《抓住主要矛盾，掌握斗爭大方向》

毛主席教导我們："各种剝削阶級的代表人物，当着他們处在不利的情况的时候，为了保护他們現在的生存，以利将来的发展，他們往往采取以攻为守的策略，或者无中生有，当面造謠；或者抓住 干表面現象，攻击事情的本質；或者吹 一部分人，攻击一部分人；或者 題发揮，"冲破一些缺口"使我們处于困难地位。总之，他們老是在研究对付我们的策略" 方向"，以求一 。有时他們会"装死 下"，等待时机，"反攻过去"。他们有长期的阶級斗爭經驗，他们会做各种形式的斗爭——合法的斗爭和非法的斗爭。我們革命党人必須懂得他們这一 ，必須研究他們的策略，以便战胜他們。切不可书生气十 ，把复杂的阶級斗爭看得太簡单了。

轉自一九六七年三月二日《人民日报》社論《革命的"三結合"是夺权斗爭胜利的保証》

我們必須牢記毛主席的教导，用阶級和阶級斗爭的观点，用阶級分析的方法去看待一切、分析一切。

轉引自一九六七年六月二十五日《解放軍报》編者按語

党内一小撮走资本主义道路的当权派是

无产阶級专政条件下革命的主要对象

毛主席指出：誰是我們的敵人？誰是我們的朋友？这个问題是革命

的首要問題，也是文化大革命的首要問題。

轉引自一九六六年六月一日《紅旗》杂志《人民日报》社論《偉大的战略措施》

一九六五年，偉大的四清运动开展时，毛主席明确指出：四清运动要解决的是社会主义和資本主义的矛盾。

轉引自一九六七年五月六日《人民日报》刊登的文章《共产党就是要搞阶級斗爭》

一九六五年一月，毛主席亲自主持制定的《农村社会主义教育运动中目前提出的一些問題》即二十三条，是一个非常重要的馬克思列宁主义的文件。

毛主席在二十三条中，第一次提出了一个极其重要的原理：“这次运动的重点，是整党內那些走資本主义道路的当权派”。“那些走資本主义道路的当权派，有在　前的，有在　后的。”支持这些当权派的，“在“在上面的，有在社、区、县、地、甚至有在省和中央部門工作的一些反对搞社会主义的人。”

轉引自一九六七年第十期《紅旗》杂志社論《无产阶級专政下进行革命理論的武器》

无产阶級对資产阶級斗爭，无产阶級对資产阶級专政，无产阶級在上層建筑其中包括在各个文化領域的专政，无产阶級継續清除資产阶級鉆在共产党內打着紅旗反紅旗的代表人物等等，在这些基本問題上，难道能夠允許有什么平等嗎？几十年以来的老的社会民主党和十几年以来的現代修正主义，从来就不允許无产阶級同資产阶級有什么平等。

他們根本否認几千年来的人类历史是阶級斗爭史，根本否認无产阶級級对資产阶級的阶級斗爭，根本否認无产阶級对資产阶級的革命和对資产阶級的阶級专政。相反，他們是資产阶級、帝国主义的忠实走狗，同資产阶級、帝国主义一道，坚持資产阶級压迫、剝削无产阶級的思想体系和資本主义的社会制度，反对馬克思列宁主义的思想体系和社会主义的社会制度。他們是一羣反共、反人民的反革命分子，他們同我們的斗爭是一場你死我活的斗爭，絲毫談不到什么平等。因此，我們对他們的斗斗爭也只能是一場你死我活的斗爭，我們对他們的关系絕对不是什么平等的关系，而是一个阶級压迫另一个阶級的关系，即无产阶級对資产阶級实行独 或专政的关系，而不能是什么別的关系，例如所謂平等关系、被剝削阶級和剝削阶級的和平共处关系、仁义道德关系等等。

引自中共中央一九六六年五月十六日通知

这場大斗爭的目的是对吳 及其他一大批反党反社会主义的資产阶級代表人物（中央和中央各机关，各省、市、自治区，都有这样一批資产阶級代表人物）的批判。

（同上）

混进党里、政府里、軍队里和各种文化界的資产阶級代表人物，是一批反革命的修正主义分子，一旦時机成熟，他們就会要夺取政权，由无无产阶級专政变为資产阶級专政。这些人物，有些已被我們認破了，有些則还沒有被認破，有些正在受到我們信用，被培养为我們的接班人，例如赫魯曉夫那样的人物，他們現正睡在我們的身 ，各級党委必須充分注意这一点。

（同上）

他們对于一切牛鬼蛇精却放手讓其出 ，多年来 滿了我們的报紙、广播、刊物、书籍、教科书、讲演、文艺作品、电影、戏剧、曲艺、音乐、舞 等等，从不提倡要受无产阶級領导，从来也不要批准。这一对比，就可以看出，提綱的作者們究竟处在一种什么地位了。

引自中共中央一九六六年五月十六日通知

其实，那些支持資产阶級学閥的党內走資本主义道路的当权派，那些鉆进党內保护資产阶級学閥的資产阶級代表人物，才是不讀书、不看报、不接触羣众，什么学問也沒有、专靠“武断和以势压人”，窃取党的名义的大党閥。

（同上）

以伪装出现的反革命分子，他們給人以假象，而将眞象隐蔽着。但是他們旣要反革命，就不可能将其眞象隐蔽的十分徹底。

轉引自一九六七年六月二十六日《人民日报》观察家文章《苏修堅持叛变政策的黑宣言》

必须在各个工作部門中保持高度的警惕性，善于辯别那些伪装拥护革命的而实际反对革命的分子，把他們从我們各个战綫上淸洗出去，这样来保卫我們已經取得的和将来取得的偉大的胜利。

轉引自一九六六年七月二十九日《解放軍报》

全国第一張馬列主义的大字报和人民日报評論員的評論，写得何等好！請同志重讀一 这張大字报和这个評論。可是在五十天里，从中央到地方的某些領导同志，却反其道而行之，站在反动的資产阶級立場上，实行資产阶級专政，将无产阶級轰轰烈烈的文化大革命运动打下去，倒是非，混淆黑白，圍 革命派，压制不同意見，实行白色恐怖，自以为得意，长資产阶級的威风，灭无产阶級的志气，又何其毒也！联系到一九六二年的右傾和一九六四年形“左”而实右的錯誤傾向，不是可以发人深醒的嗎？

轉引自一九六七年六月一日《紅旗》杂志《人民日报》社論《偉大的战略措施》

要抓意識形态領域里的阶級斗爭

一九六二年，在党的八屆十中全会上，毛主席提出了要抓意識形态領域里的阶級斗爭。

轉引自一九六六年十一月二十八日 伯达在首都举行的文艺界无产阶級文化大革命大会上的讲話，一九六六年十二月四日《人民日报》

一　一九六五年九月，毛主席在一次党中央的会議上，指出必須批判資产阶級的反动思想。

轉引自一九六六年六月六日《解放軍报》刊登的宣傳教育要点《高举毛澤东思想偉大紅旗，把无产阶級文化大革命進行到底》

毛主席在党的八屆十中全会上，述了社会主义社会的矛盾、阶級和阶級斗爭的理論时指出：利用小說進行反党活动，是一大发明。凡是要推翻一个政权，总要先造成与論，总要先做意識形态方面的工作。革命的阶級是这样，反革命的阶級也是这样。

轉引自《紅旗》杂志一九六七年第九期社論《偉大的眞理，銳利的武器》

毛主席說：要推翻一个政权，必須先抓上层建筑，先抓意識形态，做好与論准备。

轉引自一九六七年二月八日《人民日报》刊登的文章《一月革命的号角》

我們偉大的領袖毛主席教导我們：被推翻了的資产阶級采用各种方法，企图利用文艺陣地，作为腐　群众、准备資本主义复辟的　床。

轉引自新華社北京一九六七年五月三十日电《京剧舞台的春官》

毛主席在一九六五年十二月二十一日又明确指出：《海瑞　官》的"要害問題是"罢官"。嘉靖皇帝罢了海瑞的官，一九五九年我們罢了彭德怀的官。彭德怀也是"海瑞"。"

轉引自一九六七年第九期《紅期》杂志社論《两个根本对立的文件》

毛主席严正指出：《清宫秘史》是一部卖国主义的影片，应該进行批判。他还說过：《清宫秘史》，有人是爱国主义的，我看是卖国主义的，彻底的卖国主义。

轉引自一九六七年第五期《紅旗》杂志刊登的文章《爱国主义还是卖国主义？》

特别值得注意的，是一些号称学得了馬克思主义的共产党員。他們学得了社会发展史——历史唯物論，但是一迂到具体的历史事件，具体的历史人物（如象武訓），具体的反动史的思想（如象电影《武訓傳》及其他关于武訓的著作），就丧失了批判的能力，有些人則竟至向这种反动思想投降。資产阶級的反动思想侵入了战斗的共产党，这难道不是事実嗎？一些共产党員自己已經学得的馬克思主义，究竟跑到什么地方去了呢？

《应当重視电影〔武訓傳〕的討論》（一九五一年五月二十日

在許多作者看来，历史的发展不是以新事物代替旧事物，而是以种种努力去保持旧事物使它得免于死亡；不是以阶級斗爭去推翻应当推翻的反动的封建統治者，而是象武訓那样否定被压迫人民的阶級斗爭，向反动的封建統治者投降。我們的作者們不去研究过去历史中压迫中国人民的敌人是些什么人，向这些人投降並为他們服务的人是否有值得称赞的地方。我們的作者們也不去研究自从一八四〇年鴉片战爭以来的一百多年中，中国发生了一些什么向着旧的社会經济形态及其上层建筑（政治、文化等等）作斗爭的新的社会經济形态，新的阶級力量，新的人物和新的思想，而去决定什么东西是应当称赞或歌頌的，什么东西是不应当称赞或歌頌的，什么东西是应当反对的。

（同上）

一九六四年八月，毛主席在关于公开放映和批判电影《北国江南》、《早春二月》的报告上批示：

"不但在几个大城市放映，而且应在几十个至一百多个中等城市放映，使这些修正主义材料公之于众。可能不只这两部影片，还有别的，都需要批判。"

轉引自一九六七年五月三十一日《人民日報》評論員文章
《高举革命红旗批判彻底批判修正主义影片》

各种艺术形式——戏剧、曲艺、音乐、美术、舞　、电影、詩和文化等等，問題不少，人数很多，社会主义改造在許多部門，至今收效甚　。許多部門至今还是死人統治者。不能低估电影、新詩、民歌、美术、小說的成績，但其中的問題也不少。至于戏剧等部門，問題就更大了。社会經济基础已經改变了，为这个基础服务的上层建筑之一的艺术部門，至今还是大問題。这需要从調查研究着手，認真地抓起来。

許多共产党人热心提倡封建主义和資本主义的艺术，却不热心提倡社会主义的艺术，　非咄咄怪事。

《关于文学艺术的两个批示》，一九六三年十二月十二日批示

这些协会和他們所掌握的刊物的大多数（據說有少数几个好的），十五年来，基本上（不是一切人）不执行党的政策，当官做老　，不去接近工农兵，不去反映社会主义的革命和建設。最近几年，竟然　到了修正主义的边　。如不認真改造，势必在将来的某一天，要变成象　牙利　少　俱乐部那样的团体。

《关于文学艺术的两个批示》一九六四年六月二十七日批示

历　历史是人民創造的，但在旧戏舞台上（一切离开人民的旧文学旧艺术上）人民成了　　，由老　太太少　小姐統治者舞台，这种历史的颠倒，現在由你們再顛倒过来，恢复了历史的面目，从此旧戏开了新生面，所以值得庆賀。你們这个开端将是旧剧革命的划时期的开端，我想到这一点就十分高兴，希望你們多編多演，　成风气，推向全国去！

《看了（逼上梁山）以后写給延安評剧团的信》

（一九四四年一月九日）

这是三十多年以来向所謂紅楼　研究权威作家的錯誤观点的第一次認眞的开火。作者是两个青年团員。他們起初写信給《文艺报》，請問可不可以批評　平伯，被置之不理。他們不得已写信給他們的母校——大

山东大学的老师，获得了支持，並在該校刊物《文学哲》上登了他們的文章駁《紅樓　簡論》。

問題又回到北京，有人要求此文在《人民日报》上轉載，以期引起爭論，展开批評，又被某些人以种种理由（主要是“小人物的文章”，“党刊不是自由辯論的場所”）給以反对，不能实現；結果成立　协，被允許在文艺报轉載此文。　后，《光明日报》的《文学遗产》栏又发表了这两个青年的駁《紅樓　簡論》一书的文章。看样子，这个反对在古典文学領域毒害青年三十余年的胡氏派資产阶級唯心論的斗爭，也許可以开展起来了。事情是两个“小人物”做起来的，而“大人物”往往不注意，並往往加以阻栏，他們同資产阶級作家在唯心論方面的統一战綫，甘心做資产阶級的俘虏，这同影片《清宫秘史》和《武訓傳》放映时候的情形几乎是相同的。被人　为爱国主义影片而实际是卖国主义影片的清宫秘史，在全国放映之后，至今没有批判。《武訓傳》虽然批判了，却至今沒有引出教訓，又出現了容忍　平伯唯心論和阻栏“小人物”的很有生气的批判文章的奇怪事情，这是值得我們注意的。

《关于紅樓　究竟問題的信》（一九五四年十月十六日）

革命的根本問題是政权問題无产阶級派大联合

夺党内一小撮走資本主义道路当权派的权

世界上一切革命斗爭都是为着夺取政权，巩固政权。而反革命的死同革命勢力斗爭，也完全是为着維持他們的政权。

轉引自一九六七年一月二十二日《人民百报》

无产阶級专政，正如毛主席指出的：“对于胜利了的人民，这是如同布　　　一样地不可以須　离开的东西，是一个护身的法宝，是一个傳家的法宝，直到外国的帝国主义和国内的阶級敌人完全地干　地消灭之日，这个法宝是万万不能弃之不用的。”

轉引自一九六七年五月二十一日《光明日报》刊登的文章

《无产阶級专政是我們的命根子》

我們　看历史，历史上的运动不論是那一种，无不是出于一些人联合。較大的运动，必有較大的联合。最大的运动，必有最大的联合。

《民众的大联合》（一九一九年七月）

……什么力量最强？民众联合的力量最强。

《（湘江評論）創刊宣言》（一九一九年七月十四日）

毛主席說：紅卫兵的革命行动，"說明对一切剝削压迫工人、农民、革命知識分子和革命党派的地主阶級、資产阶級、帝国主义、修正主义和他們的走狗，表示憤　和申討，說明了对反动派造反有理，我向你們表示热烈的支持。"

毛主席又說："我們支持你們，我們又要求你們注意爭取团結一可以团結的人們。对于犯了严重錯誤的人們，在指指出他們的錯誤以后，也要給以工作和改正錯誤重新作人的出路。馬克思說，无产阶級不但要解放自己，而且要解放全人类。如果不能解放全人类，无产阶級自己就不能最后地得到解放。这个道理，也請同志們　以注意。"

轉引自姚文元同志一九六七年六月二十六日在　　巴尼劳动青年联盟第五次代表大会上的賀詞

革命不分先后。

轉引自一九六七年二月十日《人民日报》刊登的文章《在两条路綫斗爭中爭取和团結大多数》

高举无产阶級文化革命的大旗，彻底揭露那批反党反社会主义的所謂"学术权威"的資产阶級的反动立場，彻底批判学术界、教育界、新　界、文艺界、出　界的資产阶級反动思想，夺取在这些文化領域中的領导权。要做到这一点，必須同时批判混进党里、政府里、軍队里和文化領域的各界里的資产阶級代表人物，清洗这些人，有些则要調动他們的职务。尤其不能信用这些人去做領导文化革命的工作，而过去和现在确有很多人是在做这种工作，这是异常危险的。

引自中共中央一九六六年五月十六日通知

毛主席提出，在需要奪权的那些地方和单位，必須实行革命的"三結合"的方針，建立一个革命的、有代表性的、有无产阶級权威的临时权力机构。这个权力机构的名 ，叫革命委員会好。

轉引自一九六七年第五期《紅旗》杂志社論《論革命的"三結合"》

毛主席指出：这是一个大革命，是一个阶級推翻一个阶級的大革命。这件大事对于整个华东，对于全国各省市的无产阶級文化大革命运动的发展，必將起着巨大的推动作用。

轉引自一九六七年一月十九日《人民日报》社論《让毛泽东思想占領报紙陣地》

敢于革命 敢于胜利

馬克思列宁主义的道理千条万緒，归根結底，就是一句話："造反有理。"几千年来总是說：压迫有理，剝削有理，造反无理。自从馬克思主义出來，就把这个旧案翻过来了。这是一个大功劳。这个道理是无产阶級从斗爭中得来的，而馬克思作了結論。根据这个道理，于是就反抗，就斗爭，就干社会主义。

《在延安各界庆祝斯大林六十寿 大会上的講話》轉引自一九六六年八月二十六日《人民日报》

毛主席經常說，不破不立。破，就是批判，就是革命。破，就是講道理，講道理就是立，破字当头，立也就在其中了。

引自中共中央一九六六年五月十六日通知

毛主席教导我們：革命政党和力量，在开始时都是处于少数地位，但最有前途的就是他們。

轉引自一九六七年第六期《紅旗》杂志刊登的文章《坚定同无产阶級革命派站在一起》

一九五七年，毛主席第四次横渡长江的前後，曾經教导过我們：长江，別人都說很大，其实，大，并不可怕。美帝国主义不是很大嗎？我們頂了他一下，也沒有　。所以，世界上有些大的东西，其实並不可怕。

轉引自一九六六年七月二十五日《人民日报》刊登的文章

《毛主席　游长江》

长江水深流急，可以鍛炼身体，可以鍛炼意志。

（同上）

毛主席历來教导我們，一个无产阶級战士首先要有敢于斗爭的革命精神。毛主席說："青年人要敢想、敢說、敢干，振奋大无畏的創造精神，不要被名人、权威吓倒。"

轉引自一九六七年四月十二日《光明日报》刊登的文章

《批判資产阶級"修养"，保卫无产阶級专政》

毛主席在一九五八年五月十八日，为　东五一八拖拉机配件厂試制拖拉机成功題詞："卑　者最　明！高貴者最愚蠢"。

轉引自一九六七年五月三十日《辽宁日报》社論《卑　者最明高貴者最愚蠢》

毛主席早在一九五八年六月就指出：搞一点原子弹、　弹，我看有十年功夫完全可能。

轉引自一九六七年六月十七日我国第一　　弹爆炸成功的《新聞公报》，一九六七年六月十八日《人民日报》

部队在三支两軍工作中，有缺点和錯誤，就遵照毛主席关于"实行公开的群众性的自我批評（各方面只批評自己，不批評对方），而徹底改正之"的指示。

一九六七年十月四日《人民日报》

人民解放軍应該积极支持左派广大群众

我們的偉大統帥毛主席向全軍發出了战斗号召：人民解放軍应該积极支持左派广大群众。

轉引自一九六七年一月二十六日《解放軍报》社論《周史席

行动全力支援无产阶級革命派》

毛主席号召人民解放军积极地支持和援助眞正的无产阶級革命派，坚决地反对右派。

轉引自一九六七年第三期《紅旗》杂志社論《給无产阶級革命派的夺权斗爭》

毛主席在开始发动这場史无前例的无产阶級文化大革命的时候，就多次指出，要保护左派，支持左派，建立和扩大左派队伍。

轉引自一九六七年六月十一日《人民日报》刊登的文章《（二月提綱）是资产阶級专政的黑綱領》

毛主席指示我們：派军队干部輪訓革命师生的方法很好。訓練一下和不訓練大不一样。这样做，可以象解放军学政治，学军事，学四个第一，学三八作風，学三大紀律八項注意，加強組織紀律性。

轉引自一九六七年五月十六日《人民日报》社論《軍政訓練好》

毛主席还指示：军队应該分期分批对大学、中学和小学高年級实行军訓，并且参于关于开学、整頓組織、建立三結合領导机关和实行斗、批、改的工作。先作試点，取得經驗，逐步推广。

（同上）

还要說服学生，实行馬克思所說只有解放全人类才能最后解放无产阶級自己的教导，在军訓中不要 斥犯錯誤的教师和干部。除老年和生病的以外，要让这些人参加，以利改造。

轉引自一九六七年六月二十七日《人民日报》評論員文章《中学无产阶級革命派大联合的好形式》

军队不但要协同地方管农业，对工业也要管。

轉引自一九六七年第六期《紅旗》杂志刊登的文章《发揚人民军队的光荣傳統，在无产阶級文化大革命中立新功》

最近毛主席又指示我們：“犯錯誤是难免的，只要认眞改了，就好了。”犯了错误要“实事求是地公开向群众承认错误，並立即改正。”“不要怕批评，全军在这种批评过程中，将会正确的认识世界，並改造世界。”

摘引自一九六七年六月十六日《解放军报》编者按

目前，各地方部队正在遵照伟大领袖毛主席的指示，总结前一阶段支左斗争的经验，发扬成绩，纠正错误，以利再战。

摘引自一九六七年六月十五日《解放军报》社论《为人民的利益坚持好的改正错的》

在毛主席光辉思想的指导下，这个军既一方面打仗，一方面生产，同时又作群众工作；既是一个战斗队，又是一个工作队。正如毛主席所指出的：人民解放军已经这样做了几十年，不过现在更要有所发展罢了。

摘引自一九六七年五月七日《人民日报》社论《一定要把全国办成毛泽东思想的大学校》

要相信和依靠群众，相信和依靠人民

解放军，相信和依靠干部的大多数

最近，毛主席指示我们：要相信和依靠群众，相信和依靠人民解放军，相信和依靠干部的大多数。

摘引自一九六七年第六期《红旗》杂志社论《热烈响应拥军爱民的号召》

毛主席历来教导我们：要坚决相信大多数群众是好的，坏人是极少数。

摘引自一九六七年六月二十九日《人民日报》刊载文章《正确对待受蒙蔽的群众》

应当根据毛主席的指示，把“怕”字换成“敢”字，把“私”字换成“公”字，把“相信自己”换成“相信群众”。

摘引自一九六六年第十四期《红旗》杂志社论《以毛主席为代表的无产阶级革命路线的胜利》

毛主席在"[illegible]鋼[illegible]法"中指出，要大搞群众运动，反对那种"只信任少数人冷冷清清去干"的错誤傾向。

摘引自一九六七年六月五日《解放日報》

毛主席說："相信大多數干部和群众，这是基本的一条。

摘引自一九六七年六月二十七日《解放军報》社論

《正确对待[illegible]众》

向解放軍學習，是毛主席向全國人民發出的偉大号召。

摘引自一九六六年八月二十八日《人民日報》社論《二十一个

少年[illegible]向解放軍學习》

擁軍愛民。

摘引自一九六七年第六期《紅旗》杂志社論《[illegible]拥軍

愛民的偉大号召》

軍民團結如一人，試看天下誰能敵？

摘引自一九六七年五月十二日《人民日報》社論《进一步

拥軍[illegible]》

正确处理人民内部矛盾

解决人民内部矛盾，不能用[illegible]，也不能用[illegible]斗，更不能用刀槍，只能用討論的方法，說理的方法，批評和自我批評的方法，一句話，只能用民主的方法，让群众說話的方法。

摘引自一九六七年五月二十二日《人民日報》社論《立即

制止武斗》

毛主席教导我們：让人說話，天不会[illegible]下来，自己也不会垮台。不让人說話呢？那就难免有一天要垮台。

摘引自一九六七年六月二十一日《人民日報》社論

《团結——批評——团結》

对犯了錯誤的同志，我們的政策是"懲前毖后，治病救人""一看二樣”，“团結——批評——团結”。

（同上）

毛主席說过：对待犯錯誤的同志，究竟是采取敌視态度还是采取幫助态度，这是区别一个人是好心还是坏心的一个标准。

（同上）

只要不是反党反社会主义分子而又坚持不改[illegible]不改的，[illegible]并[illegible]，[illegible]的[illegible]。

[illegible]一九六七年第四期《紅旗》[illegible]《[illegible]》

毛主席[illegible]，开展谈心活动，这个[illegible]。

[illegible]一九六七年六月二十九日《人民日報》[illegible]文章

《正确对待[illegible]》

毛主席最近指示我們：凡[illegible]

只要[illegible]

[illegible]

[illegible]一九六七年七月[illegible]日《人民日報》[illegible]

[illegible]

[illegible]

[illegible]

毛主席[illegible]

[illegible]无产阶級[illegible]，[illegible]无产阶級文化大[illegible]

[illegible]。

摘引自一九六七年六月[illegible]日《人民日報》[illegible]

[illegible]

統一紀律，[illegible]

摘引自一九六七年六月十六日《人民日報》[illegible]文章《

打倒奴隸主义，严格遵守无产阶級的革命紀律》

我們有些同志，听不得相反意見，批評不得。这是很不对的。

轉引自一九六六年四月六日《解放軍報》

要用自我批評的武器和加强学习的方法，来改造自己，使适合于党与革命的需要。

轉引自一九六六年七月十三日《解放軍报》社論《学习最高指示，执行最高指示，宣傳最高指示，捍卫最高指示》

一切犯有思想上和政治上錯誤的共产党員，在他們受到批評的时候，应該采取甚么态度呢？这里有两条可供选择的道路：一条是改正錯誤，做一个好的党員；一条是　墮下去，甚至　入反革命坑內。这后一条路是确实存在的，反革命分子可能正在那里招手呢！

《关于胡风反革命集团的第三批材料》按語，一九五五年六月十日《人民日報》

看起来，我們有些同志，对于馬克思、列宁所說的民主集中制，还不理解。……他們怕群众，怕群众講話，怕群众批評。那有馬克思列宁主义者怕群众的道理呢？有了錯誤，自己不講，又怕群众講。越怕，就越有鬼。我看不应当怕。有什么可怕的呢？我們的态度是：坚持眞理，隨时修正錯誤。

轉引自一九六六年五月十六日《解放軍报》

我們共产党不是要做官，而是要革命，我們人人要有彻底革命的精神，我們不要有一时一刻脫离群众，我們就一定会胜利。

轉引自一九六七年六月八日《人民日报》刊登的上海市革命委員会决議《为加強无产阶級专政而斗爭》

既当"官"，又当老百姓

轉引自一九六七年六月八日《人民日报》刊　的上海市革命委員会决議《为加強无产阶級专政而斗爭》

不要　　官僚主义作风。

毛主席在一九五〇年二月二十七日为黑龙江省人民題詞。引自一九六七年二月二十八日《黑龙江日报》

毛主席說：老干部过去有功劳，但是不能靠吃老本，要很好地在无产阶級文化大革命中鍛炼改造自己，要立新功，立新劳。

轉引自一九六七年六月一日《人民日报》刊登的文章《让孩子們經风雨見世面》

編輯和記者中有許多人原在旧軌道上生活慣了的，一下子改变，大不容易。

《文汇报的资产阶級方向应当批判》，一九五七年七月一日《人民日报》

毛主席教导我們說，人民新聞工作者"必須具有为人民服务的精神，从事艰苦的工作"。

轉引自一九六七年六月十八日《人民日报》社論《亚非新聞工作者團結起來堅持反帝反修的革命路綫》

抓革命　促生产

抓革命，促生产

轉引自林彪同志在毛主席一九六六年十一月三日接見全国各地来京革命师生大会上的讲話，一九六六年十一月四日《人民日报》

要节約闹革命。

轉引自一九六七年一月二十六日《人民日报》社論《节約闹革命，保护国家財产》

备战、备荒、为人民。

轉引自周恩来同志在北京市革命委員会成立和庆祝大会上的讲話，一九六七年四月二十一日《人民日报》

一九六〇年三月，我們偉大的領袖毛主席，亲自总結了三年大跃进

[illegible]过的经验，提出了著名的"　纲　法"，确定了他的五项大原则，就是：坚持政治挂帅，加强党的领导，大搞群众运动，实行两参一改三结合，开展技术革命。

——引自一九六七年六月五日《解放日报》

你们要关心国家大事

要把无产阶级文化大革命进行到底

你们要关心国家大事，要把无产阶级文化大革命进行到底！

一九六六年八月十日在中共中央所在地的群众接待站的谈话，一九六六年八月十二日《人民日报》

这个运动规模很大，确实把群众发动起来了，对全国人民的思想革命化有很大的意义。

一九六六年八月十八日在首都庆祝无产阶级文化大革命大会上的讲话，一九六六年八月十九日《人民日报》

你们要政治挂帅，到群众里面去，和群众在一起，把无产阶级文化大革命搞得更好。

一九六六年十一月十日在第七次检阅文化革命大军时的谈话，一九六六年十一月十二日《人民日报》

毛主席反复地告诉我们，无产阶级文化大革命是一场触及人们灵魂的大革命。又说，实现这一场大革命，要用文斗，不用武斗。

——引自一九六六年九月五日《人民日报》社論《用文斗，不用武斗》

毛主席常常教导我們：危害革命的錯誤領导，不应当无条件接受，而应当坚决抵制。

——引自《人民日报》《紅旗》杂志一九六七年元旦社論《把无产阶级文化大革命进行到底》

[illegible]

的余地。

《文汇报的资产阶級方向应該批判》，一九五七年七月一日《人民日报》

我們轉述毛主席的教导：現在的文化大革命，仅仅是第一次，以后还必然要进行多次。革命的誰胜誰負，要在一个很长的历史时期内才能解决。如果弄得不好，资本主义复辟将是随时可能的。全体党員，全国人民人民，不要以为有一二次、三四次文化大革命，就可以太平无事了。千万万注意，决不可丧失警惕。

轉引自一九六七年五月二十三日《人民日报》社論《无产阶級文化大革命的指路明灯》

人民解放军应該是一个大学校。这个大学校，要学政治，学軍事、学文化，又能从事农付业生产，又能办一些中小工厂，生产自己需要的干产品和与国家等价交换的产品。这个大学校，又能从事群众工作，参加加工厂、农村的社会主义教育运动；社会主义教育运动完了，随时都有群众工作可做，使軍民永远打成一片；又要随时参加批判资产阶級的文化革命斗争。这样，軍学、軍农、軍工、軍民这几項都可以兼起来。当然，要调配适当，要有主有从，农工民三項，一个部队只能兼一項或二項，不能同时都兼起来。这样，几百万軍队所起的作用就是很大的了。

轉引自一九六六年八月一日《人民日报》社論《全国都应該成为毛泽东思想的大学校》

工人以工为主，也要兼学軍事、政治、文化。也要搞社会主义教育运动，也要批判资产阶級。在有条件的地方，也要从事农付业生产，例如如大庆油田那样。

公社农民以农为主（包括林、　、付、魚），也要兼学軍事、政治、文化。在有条件的时候，也要由集体办小工厂，也要批判资产阶級。

学生也是这样，以学为主，兼学别样，即不但学文，也要学工、学农、学军，也要批判资产阶級。学制要縮短，教育要革命，资产阶級知識分子統治我们学校的現象，再也不能継續下去了。

商业、服务行业、党政机关工作人員，凡有条件的，也要这样做。

（同上）（原载一九六七年十月十四日
《吉林日报》）

在工人阶級内部，没有根本的利害冲突。在无产阶級专政下的工人阶級内部，更没有理由一定要分裂成为势不两立的两大派组織。

一九六七年《紅旗》第十四期社論

☆☆☆☆☆☆☆☆☆☆完☆☆☆☆☆☆☆☆☆☆☆

天津农业机械制造学校
《为人民立新功》翻印
一九六七年十月二十七日

肃清《修养》流毒
埋葬资反路线

战斗报

1967
第11期

工代会工农兵商场毛泽东思想战斗团·风雷激·

彻底批判资反路线
大会绘编(1)

人民靠我们去组织。中国的反动分子，靠我们组织起人民去把他打倒。凡是反动的东西，你不打，他就不倒。这也和扫地一样，扫帚不到，灰尘照例不会自己跑掉。——毛泽东

编者按

毛主席教导我们说：马克思主义的道理千条万绪，归根结底就是一句话："造反有理"。

我团全体战斗员按照毛主席造反有理的教导，在指挥部动员令的号声中，高举毛泽东思想伟大红旗，高举革命批判旗帜，向资反路线展开了猛烈的全面进攻，杀得它人仰马翻，对我场以宋凯芸为首的党内一小撮走资本主义道路的当权派推行的资反路线来个大清算大扫除，彻底肃清资反路线在我场的流毒。

林彪付统帅指示说："我们要把自己当做革命的一份力量，同时又要不断地把自己当做革命对象。"在这个战役中我们不但大造资反路线的反，同时也要大造自己头脑中"私"字的反，与私字彻底决裂。大立公字，让光焰无际的，战无不胜的毛泽东思想占领一切阵地。

下面是战斗员在批判资反路线大会上的发言：

一：誓与资产阶级反动路线决一死战 ———— 张之琪
二：彻底揭发批判资产阶级反动路线 ———— 谢凤鸣
三：向资产阶级反动路线进攻的号角吹响啦 ———— 师　文
四：彻底肃清刘邓资反路线在我场的流毒 ———— 崔文革
五：向资反路线开战！———— 赵维跃

誓与資产阶级反动路线决一死战！

战鼓隆々、怒涛吼、全国到処批刘冠。

我场党内走資本主义道路当权派宋嚐会也正是推行黑《修养》的急先鋒，他为了达到在工农兵商场篡党篡政的目的利用了我们对党对毛主席的热爱极力按黑《修养》培养他的"奴隶"和"阿斗"他妄图先从我们头脑中夺掉"公"字的权，再夺去党政大权进一步达到复辟资本主义的目地，几年来的事实已经证明了这一点。我是在五三年在百货大楼提升的组长，五七年调工农兵商场的，由于我出身在伪职员家庭中，父亲在旧社会有一些历史问题，就因为我不是在本商场提升的，就因为我有这样的一个家庭，再加上我爱给领导上提意见，因此从我到工农兵商场那一天起从表面上拿我当骨干实际把我当成危险人物，从宋凱会为首的一伙人，千方百计的压制我，甚至於有人随时在监督我，仅举两例足可以说明。

六五年的一天我在二部办公室有几位同志在一起议论当时天津市青年有把辫子剪成了短发的风气，我当时说了一句："听说两个小辫是从苏联兴过来的，中国妇女过去都是一个辫子"。可是就因为这一句話，不知是那一位同志反映了刘双印和宋嚐会他们指使专政部专政部门保卫科追查是什么目的。就这样反映我的人从"政治上"又进了一步而我呢从政治上受到陷害。

从六三年我开始几次提出入党申请总想有一天支部书记找我个别谈々話，给我指々前进中的缺点，指々方向，这一天终于来到了刘双印找我谈話原来他们利用你入党的心情向你會揄别人的缺点和错误，挑拨你和党员的关係，拒你于党门之外，刘双印对我说："我看你还是晚一点入党好，在党外可以把缺点错误克服掉再进来不是更好吗？你看党员李××王××入党早了，结果还是犯了错误，这给党造成了很大的损失，你应该在政治开展一些"。

我认为宋嗜会和他的忠实打手，是对我们光荣而伟大的党的污蔑，只有他们自己是：无缺点无错误的老子党，所谓"政治开展"也不外乎让我出卖同志，还想利用我入党心情打击出卖有缺点错误的党员的目的，同志们想一想？

文化大革命初期由于我在会议上发言说了一句："把群众的劲头应引向揭发党总支"。因而触犯了宋嗜会的灵魂他们为了压制我起来造反把我调到毛织组，想利用我业务不熟，人员不熟来缚住我。散布什么"张之谌犯了错误啦""闹情绪啦"等等流言非语给我造成思想压力。

通过以上几件事情可以看出资产阶级反动路线怎样的迫害人，以宋嗜会为首的也飞是採取顺我者存逆我者亡，随时随地在一句话上都要捞到政治陷害的资本，只要不听话的随时都有大难临头的危险。尽管我是资产阶级反动路线的受害者，但是由于我对党和毛主席的热爱以宋嗜会为首的也飞是利用了这一关，让你听党的话换句话说也就是听他的话，听支部书记的话，在这一点我确实当了他们的"奴隶"，也为他们推行资产阶线反动路线效过劳出过力。表现在对群众的态度上。六六年五月份祁纪和潘少年同志有些缺点，宋嗜会布置指导员让组长整他们的材料准备开大会所谓帮助他们在不得已的情况下我和王俊卿同志搜集了这二位同志的言行虽然会没开成我们认为这是错误的是资反路线表现形式同时在从宋嚐会李恒祥挑起的小集团问题上我也帮助青年出谋划策让他们贴大字报。同时听说潘少年同志曾和小集团成员到公园去过，在部内授意下找小潘谈过话想把他列入所谓小集团。

宋嚐会对犯过错误的同志不是惩前毖后治病救人的态度而是採取一棍子打死，让你永世不得翻身，刘双印向我布置不让焦玉明进柜台，要看着他，我也拿这个当成了圣旨向小组布置发动大伙监督他使这个同志一天到晚灰溜溜的，可是问题到现在还不给结论。

在运动初期大字报排队，事前从宋嚐会一小撮已经有了准备他们准备对一些人进行大字报汇编，列为有严重问题的，我们学习小组有三个重点人边敬容 王丽荣、潘绍年他们见到有些人大字报极少在开会前背着人再多写，当时潘少年同志记得有十几张结果写了二十多张，让数字超过一般同志我在这里也发动了小组同志给小潘补写了小字报，自己也写了在开会通过前是作好工作的，当时决定姚文华学习组长念每个人的小字报，没问题的马上通过当念到有"严重问题"的同志时不等念完就表态，就这样把这三位同志搞成了有严重问题。在这个问题上我上了宋嚐会的当帮助他镇压了群众。使这些同志运动一开始就背上了有严重问题的沉重包袱。

仅从上几例那一件事和党内走资本主义道路当权派宋嚐会无关呢？难道这些不是刘邓路线在我场的流毒吗？由于我们受了臭修养的毒害有奴隶主义思想党内走资本主义道路当权派宋嚐会正是利用了这一点

借我们之手打了一些好同志，执行了资反路线　压制了革命必须用事实揭穿宋嘯会一小撮人的鬼把戏，用我们的经历来揭发它，控诉它、批判它，用光焰无际的毛泽东思想武装我们的头脑，大造宋嘯会、桑册奎、周雅璧的反把他们批倒斗臭和资反路线誓不两立，实现我校大联合，把我校文化大革命进行到底！

反到底战斗队—張之琪

彻底揭发批判资产阶级反动路线

一看人一程不变，事事无限上纲，迫害革命群众

1.看人一程不变：

六二年宋嘯会，篡夺党总支大权之后经历了"五反"党员登记和阶级登记等各项政治工作，在这些工作中宋嘯会大权在手是查人的为此被他查了不少人。他用了何等卑鄙，何等毒辣的手段把人查了就是不查司令部成员，就是不查自己。

宋嘯会把那些已被实践证明犯了错误改正好的同志恨不得一棒子打死，看作一程不变有好也没好，极力贬低他们看不起他们，而且不断地找喷来压抑他们，政治上歧视他们，经济上控制他们，生活上蔑视他们，更恶毒地是处处压制他们，长年端不过气来，使同志们常常受到压抑实可忍孰不可忍。

2.事事无限上纲：

六六年六月一日毛主席批准了第一张马列主义的大字报，点燃了史无前例的文化大革命，烈火熊熊地燃烧起来了，从刘邓为首的

反革命修正主义慌了手脚，万张反党集团积极为其主子卖命抛出"乱箭齐发"的黑指示。以李恒祥为代表的团总支贴出了"可疑的小集团"的大字报之后，去一个星期挑起了一场严重的群众斗群众混乱局面，为了扭转斗争的大方向唆使青年团一分支向小集团发起了总攻击，所以把所谓的小集团主要成员精神受到很大的挫折，当我们和他们谈句话也引起了当权派老爷们注意和怀疑，扩大打击面，抓住说句话的时机，大作文章，无限上纲说什么"你和他们走一条道了"又说什么"你和他们同流合污了"等等的大帽子大造舆论迷惑群众。这时时刻了不少言论心里非常难过找到支部书记王××说明后六次才接见了我，这事本来他是早知道的当我向他说明了情况之后他怎么说的呢？"这是群众运动嘛，这是群众的意见"一个劲的往外推，他们这样做的目的不是为了别的，压制别人，保其蒙混过关，何其毒也。

二、不是以理服人，而是以力服人，压成驯服工具：

宋嚅会从六二年以来，用独裁代替了民主，用一言堂代替了群言堂。他在进行任何一项工作的时候不是以理服人，而是以力服人。

宋嚅会几年来压人的手段是：第一，极力宣扬黑修养培养他们的驯服工具；第二，打起总支的旗号把群众压成奴隶主义；第三，把自己当成了党的化身。使我校职工服々贴々的成为他们的驯服工具。

九年来我们确实是处々任凭宋嚅会随意摆布与其所用的顺手工具九年来的政治思想工作处々是用组织手段和总支决定压人的，不管是谁提意见，对的、不对的一概不听，只有老々实々按照宋嚅会划的框框订的调子办事才是唯一的，否则是顺我者生，逆我者亡，在这种高压之下出于我们对党对毛主席的无限热爱因此就成了宋嗒层的训服工具。由于宋嗒层的影响甚至被他们所指使，中层领导干部也这样做了他们也经常打起总支的旗号并有所发挥的为了制服一个人，不向领导请示独断专行　为了显示自己，表现自己的能干累自上辟独压包报，如二部刘双印在对待范立人混乱情进行打击，打击报复压队，财阵不饶人。因此久而久之天长日久自然流传到下层我也学着那样肆意到在前一段时间里即是受害者又是执行者，六三年科学部当书记时他曾有计划的在付全祥和我，把付全祥在的量头转向搞不出头来，由于我回家探亲才脱了一场灾难。六四年一次评比综合奖一位同志由于没有按小组要求及时补出各项指标我在会上大发雷霆不让评比资格控制了同志们的自由。在这里向当时受压制的同志赔礼道歉，但也不能不看到这个问题的实质是宋嗒层一言堂的具体表现，看来我们受的毒害不浅，我们要彻底肃清这种流毒在我两坊的恶劣影响。

三不相信群众，不依靠群众，绝对尊重他自己

六四年三季度先进工作者评比的时候是以五好条件为标准的，当时我组有的同志被提名了，根据三上三下的进行步骤，了的通过了。但是使我没有想到的，在总支总评时，因为这个同志讲文茶有个问题不清，不予评比就打下来了。当时我是小组评比主持者，当时是不通的，我想：先进工作者评比，不过是为了鼓舞本人，教育别人一切按五好要求去做，工作中的指导大胆积极[illegible]，为了使

多快好省地建设社会主义的总路线，总政策，总方针贯彻以更好改变人的精神面貌为共产主义建设事业奠定物质基础。后来我们才知道这一问题的出现是有原因的，知道他们有两套评比条件，一条是出身好，另外一条才能是人的条件，以出身不好不评，以社会关系不好不评，以犯了错误的不评。这样以来就给工作带来了不好影响和困难。最使人不能容忍的是破坏了同志之间的团结，甚至使这种怨恨持续二年之久，直到文化大革命以来才得到了缓和。这种资产阶级反动路线必须彻底决战，认真贯彻以毛主席为代表的无产阶级革命路线，让毛泽东思想占领我们思想阵地永放光芒。

四、贯彻刘邓资反路线，抵制党的阶级路线：

宋嘻会、桑开奎、所走的是资产阶级反动路线。我们所要贯彻执行的是毛主席的革命路线，他们为了达到反对这条路线的目的，采用了形"左"而实"右"的"高贵血统论"~~[illegible]~~心思任人为亲反动路线。如，宋嘻会在文化大革命以前就提拔来了个大~~[illegible]~~，不就是铁的事实吗？政治宣传员出身不好，爱人的出身不好，通过调换撤了他们的工作，让他们抓业务、~~[illegible]~~表面看来是分工的不同，而实际是宋嘻会在搞鬼。对出身好的政治宣传员有所利用暗下指示，这不正是~~刘少奇~~，~~邓小平~~的资产阶级反动路线的具体反应吗？

桑开奎从掌握业务~~大权~~之后利用他的心腹的人，这必然是的炮制了"五朵金花"为其走资本主义道路歌功颂德处处叫好，以达到其复辟资本主义的目的。　　反到底战斗队一 谢凤[illegible]

最高指示

敌人是不会自行消灭的，无论是中国的反动派，或是美国帝国主义在中国的侵略势力都不会自行退出历史午台。

我毛泽东思想战斗团，向资产阶级反动路线发起总攻击的号角吹响了。让我们更高的举起毛泽东思想的伟大红旗，高举起革命的批判旗织，向资产阶级反动路线垂炮猛轰，彻底肃清刘，邓路线在我商场的流毒。

我商场党内走资本主义道路的当权派协开会，多年来就是忠实推行刘氏黑修养，是资反路线积极推行者。排挤和打击革命干部，疯狂的镇压革命群众，实行顺者存，逆者亡。对敢于给领导提意见的同志就是大肆进行打击陷害。在这场史无前例的无产阶级文化大革命中，我通过反复的学习和思考，及通过这场实际斗争，回想起来我本人在这五年多的过程中，既是资反路线的受害者又是忠实的执行者，我要大造这条资反路线的反！

我出身于工人阶级的家庭里，是在红旗下長大的，是在毛主席哺育下成長起来的革命青年，自六一年参加工作后，我一贯热爱党，热爱毛主席的，按照党和毛主席的教导勤勤垦垦的工作，从没计较个人得失。可没想到在六三年，我单位开展五反运动时，也把自已划为重点，当时是怀疑我帮助食品组的×××进行了贪污，因此进行打击和围攻。白天组织围攻，晚上就个别找我叫我交待问题，当时压的我，头抬不起来。我究竟犯了什么罪呢？我並没有对党对人民犯下罪过，受到了这样的折磨，老职工不理我，青年不敢接近我，使我很长时间没有抬起头来。这是谁给我的迫害？是谁给我的极大耻辱呢？就是顽固地忠实的推行资反路线的宋长岳，李恒祥，就是你们迫害的我，你们已经背离了毛主席的革命路线，顽固地站在反动的资产阶级立场上忠实地推行着资反路线，多年来在我商场就是执行一言堂，眼无广大革命群众。作为一个革命青年考虑到前途问题，因此我就不断地找团总支，党总支进行交心，取得领导的帮助，就在六五年先后加入了共青团，提拔为袜子组小组长。由于主席著作学的不好，受了刘氏黑修养的流毒很深，我总是这样想，做为一个革命青年，要有远大的理想要把青春献给美好的祖国必须听党的话，听毛主席的话。领导怎么说我就怎么做，百依百顺，从不敢反驳，就把领导当做党的化身。运动一开始以宋长会为首的当权派你们为了把斗争矛头指向群众，转移斗争大方向。当時因为我对这次运动很不理解，就问到支部书记，什么叫牛鬼蛇神，那些人称牛鬼蛇神呢？支部书记就亲自指出名子，如田淑华，馮淑琴都可以称。通过这一提我感觉心里有了底。時间不長在六月份党支部副书記又貼出了一張《一个可疑的小集团》的大字报。因为这个小集团的人在一部较多党总支就发动了我们一部青年去看这張大字报，回来后就发动青年揭发小集团问题当时，我只知道有个小集团可都是什么事我並不清楚团支部就连续开了几次支部会议，团支部书記給講小集团的问题那时党支部付书記李恒祥亲自抓这项工作。通过这一介绍我才知道我袜子组蔡岐还是小集团的主谋因此也处处监視团员此夹打先鋒进行围攻給他们进行压力。在8.23这天我资本家的

大会上又把小集团的这些青年也都揪了出来让他们也陪着吴资本家州了爽孟，一起斗了亍

通过自己一段时间的学习回忆自己所作的这一切，我只越觉的心里难过，越觉得对不起自己的阶级兄妹。因此在批判资产阶级反动路线的同时，也要肃清自己思想中的流毒。

让我们高举毛泽东思想伟大红旗，彻底揭露和批判党内走资本主义道路的当权派在我商场犯下的滔天罪行，彻底肃清资产阶级反动路线在我商场的流毒。

战斗员 师文

高举毛泽东思想的批判旗帜彻底肃清我场刘邓资反路线的流毒！

在我场十几年以来对我们伟大的领袖毛主席指示的革路线，方针政策等一系列重要的指示，为什么贯彻不了呢？这是因为我场走资本主义道路当权派宋凯会这个大混蛋，窃取了党的领导权，[illegible]制和对抗毛主席的革命路线，如果我们不高举无产阶级文化大革命的批判旗帜，肃清我场资产阶级反动路线的恶劣影响，就不可摧毁思想领域阵地上的反革命修正主义的统治，就不能巩固无产阶级专政，[illegible]们必须坚决砸烂我场资产阶级反动路线，彻底肃清刘邓反动路线的恶劣影响。

控诉在五反运动中对我的迫害：

今天我揭发控诉以宋凯会为首的这个走资本主义道路的当权派，忠实执行刘邓和彭[illegible]反革命集团的资产阶级反动路线对我们职工迫害的滔天罪行。我是五一年参加本场工作的从来没有犯过错误，但是做梦也没想到的问题，在五反运动中遭受了资产阶级反动路线的迫害妄想把我打成反革命贪污分子，以邢汝葱为首在党总支受意下，培训所谓红人亲信为骨干，在缩舍设立了审问公堂大搞围攻，我好象刀子似心那样难受（当时我是负责搞宽留的一天不下班就久业久别人对我不了解支部书记邢汝葱对我还不了解吗？为什么这样对待仝志）邢汝葱训练的骨干打手一看，老崔楞神一定有问题为什么楞神呢？我说我没有问题你叫我交待什么问题，从此我在思想上对运动就产生了抵触情绪，对我几次进行逼供信，后来我叫他们提根据 他们也没有什么问题把我给掛起来，他们在运动中这样对待仝志。

二、谁要乘给宋凯会提意见谁会遭到报复：

宋凯会是怎样反对毛主席教导的，是怎样对待职工生活的，是怎样对待给提意见的人的呢？在六五年我要求公司解决住房问题，我家节有四口人住着一小间，屋内有水管、五尺宽七尺长的小厨房，进门一只大就得上炉，屋内还有水管子滴水衣服生白毛，地面起潮湿，睡觉伸不开脚，孩子你压我、我压你，工人劳动一天得不到很好的睡眠在思想上成了心思病，今天反映党支部书记(刘双印)他说没办法，明天反映党总支，经理室梁世奎说：这是社会问题都是这样。反映情况数次没人管，没有人问，当时气得我给市委写了一封，市委接到封后又转回本公司，这时党总支宋凯会为首才不得不派(李占明、王景贤李竹堂)深入我家调查了解，房子才给解决了，不幸的是因此便得罪了了党总支的老爷们，事后宋凯会指使党支部书记刘双印便不择手段的对我进行打击报复，有一天刘双印对我进行训示质问，有问题不可以越级反映，应当通过党总支，如果都向你一样，这样做给市委领导找多大的麻烦刘双印就大发雷霆用搞运动查人的态度叫我交待问题，就大发度气说：可惜你这些年的干部给我加上了一顶帽子"对党不忠诚不老实"这样我顶闯了刘双印两句，我说如果认为我不忠诚不老实可以对我处分，然后刘双印向他的主子汇报，说我不讲理，不久采取偷杂顿须俗之加，撤了我的职由原来我负责小组的全面工作已十四年叫我当副手抓业务，提拔六二年参加工作的赵金英负责全面工作、宋凯会这了走资本主义道路的当权派在使用干部上只要违背了这了官老爷的尊颜就采取顺着存逆着亡把你打翻在地一辈子不能翻身抬头。

三、我也受蒙蔽当了奴隶执行了资产阶级反动路线：

在这场史无前例的文化大革命当中使我深深体会到我即是资产阶级反动路线的受害者，又是在当权派授意下贯彻执行者，我也是受黑修养的余毒之一充当了奴隶，在运动中执行了资产阶级反动路线，在了群众的材料，在文化革命一开始以宋凯会，李恒祥他们为了保护党内走资本主义道路的当权派，阻挠无产阶级文化大革命的洪流。他们则蒙蔽群众，转移斗争的大方向，把斗争矛头指向革命群众疯狂的镇压群众运动不择手段挑动群众斗群众，挑斗群众斗干部，把革命群众打成"反革命"，蒙蔽党团员组长充当他们的炮灰。宋凯会公开对抗毛主席的革命路线压制革命群众运动，扭转斗争的大方向把矛头指向革命群众，（他们根据黑市委头子万晓棠的黑指示暗中训三员（党、团和政治宣传员），各部指导员也分头招开了会议交待了意图，让阿起好骨干作用，并说在各项运动中都是对每一个人的考验，因此自己在这资产阶级反动路线和黑修养的流毒下，使自己充当了他们在群众的炮灰，于是就根据党总支的意图，我对有缺点错误的全志就帮助地写大小字报进行鸣放，用大字报的形式围攻革命群众。

(2) 组织骨干暗地策划点名，石春元在总支的授意下召开了骨干会议进行点名，搞重点围攻的大字报，第二商品部并得到党总支的赞扬。

(3) 定重点各部串连，在第一步计划完成后，进一步蒙蔽了群众，研究重点人，采取了骨干走访调查研究，并对知情人召开了座谈会，经我手就整理了李某城，李祥生 [illegible] 材料，从而给八十来件做了舆论工作，[illegible]

资产阶级反动路线的蒙蔽下，充当了他们的御用工具，通过这场文化大革命，使我受到了深刻的教育，使我更加憎恨资产阶级反动路线。今后要用毛泽东思想来武装我们的头脑，誓死捍卫以毛主席为代表的无产阶级革命路线，彻底砸烂刘、邓资产阶级反动路线，彻底清除他的恶劣影响

反到底战斗队

崔文革

向资反路线开战！

——"向资反路线猛烈开炮"大会纪实

向资产阶级反动路线猛烈开炮！
开炮！开炮！开炮！
吼声震地，万臂齿天，
大揭发，大控诉，大批判。
亲身的体会，真实的思想，
一字字，一句句，
触动人们的心弦。
肃清黑"修养"的流毒，
砸烂刘、邓反动路线，
炮口对准共同的敌人，
千仇万恨要和刘、邓清算。
高举毛泽东思想伟大红旗，
坚决向资反路线猛烈开战，
用鲜血和生命保卫毛主席，
绝不让苏联的悲剧在中国重演！

红心向党战斗队

赵维贤

毛主席语录

广大干部下放劳动，这对干部是一种重新学习的极好机会，除老弱病残者外都应这样做。在职干部也应分批下放劳动。

中学红卫兵

天津市中等学校红卫兵代表大会常务委员会机关报

第45期　1968年10月11日　星期五

打好清理阶級队伍这一仗

社论

《人民日报》、《红旗》杂志、《解放军报》国庆社论《在胜利的大道上奋勇前进》向我们提出了一个当前非常重要的问题，要认真搞好清理阶级队伍的工作，并且特别指出："认真地清理阶级队伍，是我们整党、建党的基础。"

清理阶级队伍，开展对敌斗争，这是毛主席的伟大战略部署，这是无产阶级教育革命的主要内容，是无产阶级文化大革命的主要内容。毛主席指出："**建立三结合的革命委员会，大批判，清理阶级队伍，整党，精简机构、改革不合理的规章制度、下放科室人员，工厂里的斗、批、改，**大体经历这么几个阶段。"广大革命师生、红卫兵战士应该迅速行动起来，在工人阶级的坚强领导下落实毛主席的最新指示，认真进行清理和整顿阶级队伍的工作，适合斗、批、改高潮到来的急切需要，为我们整党、建党以及整顿共青团和红卫兵组织的工作打下牢固的基础。

在前一阶段开展"一批、三查"运动和宣传落实"七·三"、"七·二四"布告以来，我们已经在开展革命大批判中作出了一些成绩，并且查出了大量的隐藏的一小撮阶级敌人。但是还必须指出一些学校中还存在着"老大难"的问题，一小撮阶级敌人还没有被彻底挖出来，甚至在工人毛泽东思想宣传队进校以后，他们还企图瞒天过海，蒙混过关，耍两面派手法，欺骗工人阶级，这样下去是不行的！我们必须炸开"老大难"单位的阶级斗争盖子，捅掉"马蜂窝"，彻底把这一小撮阶级敌人暴露在光天化日之下，把他们清除出去！

伟大领袖毛主席教导我们："**革命战争是群众的战争，只有动员群众才能进行战争，只有依靠群众才能进行战争。**"进行清理阶级队伍的工作，必须广泛地发动和依靠学校中广大革命的红卫兵和革命的学生，我们坚决反对"只信任少数人冷冷清清去干"的错误倾向。

一些学校，在摆解放十七年来和两年文化大革命的"怪人"、"怪事"、"怪现象"的斗争中，只依靠一些教职员工在办公室里摆，而广大的红卫兵战士和革命同学却成了"门外汉"，甚至有些人说："学生不了解情况，干这个还就得靠这帮老师！"这些都是非常错误的！我们必须彻底打开这种"冷冷清清"的局面，调动起一支浩浩荡荡的革命大军，打一场人民战争。这次清理的根本重点就是要放在教职员工的队伍上，就是要揪出隐藏在教职员工队伍中的一小撮叛徒、特务、顽固不化的走资派及一切反革命分子。这一小撮阶级敌人，在这场史无前例的无产阶级文化大革命运动中，利令智昏，自以为时机已到，纷纷跳出来表演，我们红卫兵小将看得最清楚，最有发言权。毛主席的红卫兵应该重整旗鼓，再振神威，发扬敢革命、敢造反的大无畏精神，对阶级敌人再刮它一场红色风暴。

工人毛泽东思想宣传队根据毛主席"**工人阶级必须领导一切**"的伟大教导，开进了学校，真是好得很！毛主席教导我们："**无产阶级必须在上层建筑其中包括各个文化领域中对资产阶级实行全面的专政。**"工人阶级心红眼亮，对阶级敌人看得最清，恨得最深，我们决心在工人阶级的领导下，以战无不胜的毛泽东思想和毛主席一系列最新指示为武器，开展革命的大批判，以大批判来促进清理阶级队伍的工作，把隐藏在我们革命队伍内的一小撮叛徒、特务、死不悔改的走资派和一切反革命分子统统揪出来，坚决实行无产阶级专政。同时，通过清理、整顿阶级队伍，还要建立起一支无限忠于毛主席，无限忠于毛泽东思想，无限忠于毛主席的无产阶级革命路线的阶级队伍，为下一阶段的整党、建党工作打下牢固的基础。在进行清理阶级队伍的工作中，我们一定要提高警惕，严防一小撮阶级敌人把这项工作同大批判、整党、精兵简政等对立起来，要严防一小撮阶级敌人混淆两类不同性质的矛盾。

林副主席在首都庆祝建国十九周年大会上的讲话，代表以毛主席为首的无产阶级司令部向我们发出号召："号召全国无产阶级革命派，紧跟毛主席的伟大战略部署，全面落实毛主席的最新指示，在夺取无产阶级文化大革命的全面胜利中，不断地立新功。"

我们一定要在工人阶级的领导下，打好清理阶级队伍这一仗，为完成斗、批、改的伟大历史使命，夺取无产阶级文化大革命的全面胜利不断地立新功！

反修、防修的战略决策

红代会七十九中红卫兵总部

山在欢呼，海在欢笑，热血在沸腾，心潮逐浪高。毛主席最新指示发表了，让我们千遍欢呼，万遍歌唱，纵情高呼："毛主席万岁！万万岁！""敬祝毛主席万寿无疆！"

毛主席最近深刻指出："**广大干部下放劳动，这对干部是一种重新学习的极好机会，除老弱病残者外都应这样做。在职干部也应分批下放劳动。**"这是对广大干部及全国人民的最大关怀，最大鼓舞。毛主席这一英明指示，对反修、防修，巩固无产阶级专政，对实现机关革命化、干部思想革命化都有十分重要的意义，是反修、防修，搞好斗、批、改的战略决策。我们全校革命师生、红卫兵战士及广大干部坚决照办，立即执行。

过去我们有不少干部由于缺乏自我革命精神，受刘邓修正主义干部路线的毒害，长期脱离劳动，脱离工农，在很多地方由好变坏，滋长了高高在上，当官做老爷的作风，甚至蜕化变质，有的就成了阶级敌人的俘虏，陷进了修正主义的泥坑。我校部分干部就是如此。就是现在在我校革委会中，在过去有的本来很好的干部，可是后来在刘邓修正主义路线的毒害下，在我校走资派的拉拢下，慢慢地发生了变化。开始讲吃、讲穿，生活上讲起排场来。在工作上，丢掉了毛主席历来倡导的三大作风，开始变得整天指手划脚，高高在上，当官做老爷，不关心群众痛痒，严重地脱离了群众。在文化大革命开始后，他们很不理解，领导不得力，致使我校无产阶级文化大革命受到了一些挫折。

毛主席的最新指示，真是及时雨，解决了目前最关键的问题。给我们广大干部指明了唯一光明的大道，干部应立即高兴地下放劳动，放下臭架子，虚心向工农兵学习，好好地接受再教育，坚决树立起革命的好作风。目前，我校广大干部已积极行动起来，纷纷向党表忠心，我们红卫兵坚决支持。我们红卫兵战士及全校革命师生也坚决响应伟大领袖毛主席的号召，坚定不移地走与工农兵相结合的道路，这是我们革命知识青年唯一的革命道路。

让我们在毛主席指引的光明大道上阔步前进吧！在斗、批、改中为人民再立新功！

（原载《新七十九中》报第十八期）

本报有删改

中学红卫兵　　敬祝毛主席万寿无疆　　1968年10月11日　第二版

遵循毛主席教导，支持子女走和工农兵結合的道路，接受工农兵再教育

——給我市革命家长的一封信

天津市工代会常务委员会　天津市中学红代会常务委员会

革命家长同志们：

大海航行靠舵手，干革命靠毛泽东思想！在这举国欢庆十九周年国庆的大喜日子里，让我们怀着深厚的无产阶级感情，衷心祝愿我们心中最红最红的红太阳毛主席万寿无疆！万寿无疆！万寿无疆！并祝愿毛主席的亲密战友，我们的副统帅林彪同志身体健康！永远健康！

革命的家长同志们，我们伟大领袖毛主席教导我们说：**“一切可以到农村中去工作的这样的知识分子，应当高兴地到那里去。农村是一个广阔的天地，在那里是可以大有作为的。”**

具有光荣革命传统的我市工人阶级和贫下中农，无限忠于毛主席，无限忠于毛泽东思想，无限忠于毛主席的革命路线，积极支持子女走与工农相结合的革命道路，鼓励子女扎根于农村，扎根于边疆！我们向这些革命家长致以文化大革命的战斗敬礼！

青年人到工农中去，这是毛主席的伟大战略部署，是革命的需要，是无产阶级革命事业的需要，是保证我们国家社会主义江山永不变色的百年大计，千年大计，万年大计。**“是关系我们党和国家命运的生死存亡的极其重大的问题。”**因此，革命家长要坚决支持子女走毛主席指引的正确道路。在战火粉飞的年代里，有多少革命父母为了打败帝国主义和国民党反动派，积极把子女送到前线，为解放全中国，作出了巨大贡献。今天又有多少工人、贫下中农把他们从大学、中学毕业的子女送去当普遍工人、农民，让子女诚心诚意地接受工农群众的再教育；多少革命父母把自己当年讨饭的碗，打狗的棍交给子女，教育子女不忘阶级苦，牢记血泪仇，让子女当一辈子革命的牛，拉一辈子革命的车，做革命事业可靠的接班人。

但是也有些家长很溺爱自己的子女，生怕子女上山下乡过艰苦生活，离家远了没人照顾，于是想方设法拖儿女后腿，这是十分糊涂的观点。他们找出种种要求照顾的“理由”。什么“孩子还小，离不开家”，什么“父母有病没人照顾”，“奶奶就这么一个孙女”。总之一句话，就是被私字迷住了心窍，做了私字王国的俘虏，要“以我为中心”。毛主席说：**“无产阶级革命事业的接班人，是在群众斗争中产生的，是在革命大风大浪的锻炼中成长的。”**猪圈岂生千里马，花盆难栽万年松。把子女关在家里，不经风雨，不见世面，不到工农中去接受工农兵给他们的教育，是永远也成不了革命事业接班人的。姑息之爱，名曰爱之，实则害之。孩子走了，在外面果真没人照顾吗？否！工人阶级、贫下中农最懂得从政治思想上照顾知识青年。红卫兵小将说：“我们离家、离妈妈远了，但离北京，离红卫兵的红司令毛主席近了，离工人阶级、贫下中农近了；离家近了，就离革命事业远了，离毛主席、离工人阶级、离贫下中农远了。”因此，积极鼓励子女坚持四个面向，坚决走与工农相结合的革命道路，这是对子女最大的关心和爱护。

做父母的，总是希望自己的子女有“出息”。对于这一点，不同的阶级有不同的理解。剥削阶级历来宣扬“学而优则仕”“劳心者治人，劳力者治于人”，中国赫鲁晓夫也要尽一切花招，拼命鼓吹什么“你们要安心学习，‘两耳不闻窗外事，一心只读圣贤书’，窗外事可以问一问，但不要因此不安心。”什么知识青年“是中国第一代有文化的农民。第一代要讨便宜的。”什么“他们可以当党委书记，市、县长、中央委员”，万变不离其宗，实质就是一句话，要青年人走“读书做官”这条资本主义的邪路！这是一条让我们工人阶级、贫下中农再吃二茬苦的复辟路，我们能走吗！！！不能！坚决不能！革命家长越来越懂得“愿意并且实行和工农结合的是革命的”，读一辈子毛主席的书，走一辈子革命的路，一辈子改造思想，一辈子为人民服务，按毛主席提出的无产阶级革命事业接班人的条件要求自己，才是中国青年的唯一标准。

革命家长也应该遵照毛主席“**要斗私，批修**”，要“**把我们队伍中的小资产阶级思想引导到无产阶级革命的轨道**”的教导，从私字王国的桎梏下解放出来，在斗争中不断提高自己的政治觉悟，争当支持子女上山下乡的模范。

我们要牢记毛主席的“**千万不要忘记阶级斗争**”的教导，警惕一小撮死不悔改的阶级敌人从极“左”或右的方面来干扰毛主席的伟大战略部署。我们要把封建主义私有观念的“养儿防老”的口号变为无产阶级战斗的最强音“养儿防修”！

革命家长同志们，毛主席说：“**我们提倡知识分子到群众中去**”最近又教导我们：“**从旧学校培养的学生，多数或大多数是能够同工农兵结合的，有些人并有所发明、创造，不过要在正确路线领导之下，由工农兵给他们以再教育，彻底改变旧思想。这样的知识分子，工农兵是欢迎的。**”革命的家长同志们，支持子女走革命的道路是自己的本份。我们恳切希望革命家长与旧私有观念决裂，坚决支持自己子女上山下乡，真正做到“毛主席支持我支持”，在三大革命运动中把子女培养锻炼成无产阶级革命事业可靠的接班人，打好这场政治仗！

一九六八年十月五日

革命群众来信

坚决留在內蒙干革命

天津市中等学校毕业生分配办公室负责同志：

首先，让我们怀着无限深厚的无产阶级感情，衷心祝愿伟大领袖毛主席万寿无疆！万寿无疆！万寿无疆！

毛主席教导我们说：“**知识分子如果不和工农民众相结合，则将一事无成。**”最近又教导我们：“**从旧学校培养的学生，多数或大多数是能够同工农兵结合的，有些人并有所发明、创造，不过要在正确路线领导之下，由工农兵给他们以再教育，彻底改变旧思想。这样的知识分子，工农兵是欢迎的。**”

我是天津市首批（六月二十八日）赴蒙战士，原天津市三十中学学生，现正在哲盟科左后旗协尔苏公社大崴子大队。

九月十八日我接到了旗革委会安办电话，叫我带着户口和粮食关系返回天津，这突然发生的事情使我十分焦急，我知道，这是因为我的身体关系（我有肝炎病）。当既赶快去找公社，找旗安办田同志，坚决要求留在内蒙战斗一生。田同志说：“经旗革命委员会和天津市革命委员会商量讨论决定，为了照顾你的身体，让你返回天津。”这是党和毛主席，是红色政权，对我们上山下乡知识青年的巨大关怀，我一定把她化为巨大的动力，更好地为贫下中农服务。我是坚决不走的！既来之，则安之。毛主席一系列最新指示的发表，为我们——从被修正主义教育路线控制下的学校培养出来的学生指明了前进的方向：走和工农兵相结合的道路，接受工农兵的再教育。毛主席为我们撑腰，我们一定要为毛主席争气！天大的困难吓不倒我，超级的台风也动摇不了我在农村干一辈子革命的决心！我深深感到：身体好点坏点问题不大，思想得不到改造可就成问题。

请红色政权放心，请天津市四百万革命人民放心，我一定在毛主席为我们青年指出的彻底革命化的大道上奋勇前进，努力学习毛主席著作，老老实实、恭恭敬敬地向贫下中农学习，接受贫下中农的再教育，为贫下中农服务一辈子！誓作贫下中农的好后代！

在全国一片红的大好形势的鼓舞下，我大队正掀起“**农业学大寨**”的高潮，我决心和广大贫下中农一起为建设大寨式的社会主义新农村而奋斗终生！

愚公精神记心中，千难万险能战胜，
困难、苦中炼红心，红心永向毛泽东。

此致

革命的敬礼！

内蒙哲里木盟科左后旗协尔苏公社大崴子大队
天津下乡知识青年（原三十中）陈家荣
六八年九月二十二日

编者的话

上面刊登的陈家荣同志的来信，充分体现了用毛泽东思想武装起来的革命青年誓与工农结合一辈子的决心。我们为有这样的革命同志而自豪。“天大的困难吓不倒我，超级的台风也动摇不了我在农村干一辈子革命的决心！身体好点坏点问题不大，思想得不到改造可就成问题。”只有决心彻底革命的青年才能说出这样的豪言壮语。

林副统帅教导我们说：“毛泽东思想为广大群众所掌握，就会变成无穷无尽的力量，变成威力无比的精神原子弹。”革命青年的战斗力量来自伟大的毛泽东思想。

在我们有些人身上还存在着与走工农相结合道路截然不同的态度。他们有着种种巧妙的借口，往自己身上拼命贴五颜六色的护身符。必须严肃指出：这是拒绝接受工农兵再教育的严重问题，是做那个阶级接班人的问题，是考验我们每个知识青年无产阶级立场是否坚定的试金石，是对毛主席忠不忠的大节。我们衷心希望这些资产阶级思想严重的同学，向战斗在边疆、用血汗浇灌祖国田园、用双手建设社会主义祖国，用毛泽东思想捍卫无产阶级文化大革命丰硕成果的革命知识青年学习。“**要斗私，批修**”，切莫与毛主席革命路线背道而驰！

中学红卫兵　　敬祝毛主席万寿无疆　　1968年10月11日　第三版

农村是一个广阔的天地，在那里是可以大有作为的。

本报讯 已经到内蒙、黑龙江参加支边建设，光荣走上与工农相结合道路的，我们的亲密战友李慧明、姜颉、牛翠琴、杨保和、孟庆林、张作民和徐庆祯等七同志，受到我市革委会及四百万人民的热烈欢迎。

十月五日下午，在人民礼堂召开了"天津市革命委员会欢迎支边青年国庆观礼代表大会"，市革委会、驻津部队首长肖思明、杨银声、刘政等同志出席了大会。

会上，首先由杨银声同志代表市革委会向支农支边的革命知识青年的代表，向战斗在我国农村和边疆的支边的革命知识青年致以节日的祝贺和战斗的敬礼！并向全市支农支边知识青年的革命家长表示亲切的问候！

支边知识青年代表李慧明同学在大会上讲了话。市中学红代会代表和国棉一厂工人、支边知识青年革命家长代表也都分别在大会上讲话。他们在发言中都表示坚决支持赴内蒙、黑龙江的广大知识青年的革命行动，并表示最最热烈欢迎回津参加国庆观礼的代表。会上市革委会向这些支边青年代表赠送了最珍贵的礼品：赠送每个代表毛泽东选集袖珍合订本一套，最高指示五本，毛主席语录十本，毛主席像章一枚，毛主席和林副主席立体像一个，会场顿时一片欢腾，共同高呼：读毛主席的书，听毛主席的话，照毛主席的指示办事，做毛主席的好战士！祝毛主席万寿无疆！万寿无疆！驻医学院工人毛泽东思想宣传队为了表达他们对支边青年的无限关怀、热情支持的心愿，将市革委会赠送的花生转送给支边青年代表，代表们不断高呼：恭恭敬敬地向工人阶级学习，向工人阶级致敬！工人阶级必须领导一切！伟大领袖毛主席万岁！万万岁！晚上，市革委会在人民礼堂还举行了联欢晚会，赴津代表和革命师生一起观看了革命样板京剧《红灯记》。

工人阶级欢迎你们

国棉一厂工人、支边青年家长　张宝海

在实现全国山河一片红的大好革命形势下，全国亿万人民共同欢渡国庆的大喜日子里，市革命委员会邀请了已经到内蒙、黑龙江支边的知识青年代表回津参加建国十九周年国庆观礼，我们工人阶级为你们感到高兴和光荣，并致以最热烈的欢迎，最亲切的慰问！

革命小将最听毛主席的话。回想起在无产阶级文化大革命中，你们为了保卫毛主席的无产阶级革命路线，为了紧跟毛主席的伟大战略部署，天不怕，地不怕，顶恶风，战恶浪，冲杀了资产阶级反动路线，大造特造了党内一小撮走资派的反，为无产阶级文化大革命立下了丰功伟绩。在无产阶级文化大革命的大好形势下，你们又不为名，不为利，不怕苦，愉快地到祖国最需要的地方去安家落户，坚决走与工农相结合的道路。在上山下乡工作中，你们起带头作用，这是你们活学活用毛主席著作，紧跟毛主席的伟大战略部署的具体表现，你们这个革命行动好得很！我们工人阶级，革命的支边、支农知识青年家长一千个支持，一万个支持！

革命的红卫兵小将们，我们都是劳动人民的子女，是党和毛主席一手把我们培养起来的，我们可不能忘本。回想起在豺狼当道的旧社会里，劳动人民被压在最底层，哪个穷人没有一部血泪斑斑的家史。吃人的旧社会，是穷人的地狱，富人的天堂。有多少个阶级兄弟被活活地夺去了生命，有多少穷人被逼得卖儿卖女，有多少儿童拿着卖身契给资本家当牛作马。在无产阶级专政下的今天，是毛主席他老人家把我们劳动人民解放了，是毛主席他老人家给我们撑腰，我们当了国家的主人，你们这些劳动人民子女，才有条件上了小学、初中和高中，就在你们走向支边、支农的工作以后，你们又受到了无微不至的关怀，不是党和毛主席，我们哪有今天的幸福呀！

回顾旧社会，看看现在，使我们深深地感到党的恩情最大，毛主席最亲，社会主义最好，阶级友爱最深！革命的知识青年同志们，只要你们紧跟毛主席干革命，我们工人阶级就是支持，就是欢迎。毛主席最近又教导我们：「**从旧学校培养的学生，多数或大多数是能够同工农兵结合的，有些人并有所发明、创造，不过要在正确路线领导之下，由工农兵给他们以再教育，彻底改变旧思想。这样的知识分子，工农兵是欢迎的。**」希望你们彻底改变自己的资产阶级世界观，读毛主席的书，听毛主席的话，在边疆，在农村安家落户，扛一辈子锄头，做一辈子人民的牛，拉一辈子革命的车，成为工农兵所欢迎的知识分子，为毛主席争气，为工人阶级争气，为贫下中农争气，为天津市四百万人民争气！

（此稿系张宝海同志在「天津市革命委员会欢迎支边青年国庆观礼代表大会」的发言摘要　本报整理）

贫下中农是我们最好的政治老师

十月五日上午，由天津驻军首长肖思明、杨银生、王元和、刘政等同志，市革委会常委巴木兰、于泽光、任学明同志，以及赵武成同志，与天津下乡知识青年赴津学习小组姜颉等七同志进行了亲切的座谈，座谈会上高举毛泽东思想伟大红旗，气氛活跃，热情。

赴津学习小组的成员纷纷畅谈自己和战友们接受工农兵再教育的巨大收获，"在农村、边疆，贫下中农给我们上了生动的教育课"，姜颉同志深有感触地讲了一个极其动人的故事。贫下中农对伟大领袖毛主席那样深切地热爱，使下乡知识青年从中吸取了巨大的力量。

有一位白发苍苍的贫农老大娘，无儿无女，把下乡知识青年当成自己的亲儿女，知识青年也象对待自己最亲的人一样热爱贫农老大娘。她们经常请贫农老大娘讲阶级斗争，并帮助老大娘拆洗被褥。贫农老大娘深为毛泽东思想培育起来的这样的青年人而高兴。老大娘经常把最好的饺子、馒头摆在毛主席像前，衷心祝愿毛主席万寿无疆！仰望毛主席慈祥的笑脸，无限感慨地说："有了毛主席他老人家的英明领导，我才有了幸福的今天，才有了这样的晚年！"

李慧明同志也讲，她们在内蒙的时间虽不长，却深深感到贫下中农是最好的政治老师。在她赴津学习临行前，一位贫农老大娘恋恋不舍地说："丫头，回来啊！"话虽然短，但语重心长。它凝聚着老一辈对下一代的无限期望。

座谈会上驻军首长鼓励小将在阶级斗争的大风大浪里要好好锻炼自己，把自己置身于贫下中农之中，培养劳动人民的阶级感情，很好地向政治教师贫下中农学习，接受贫下中农的再教育，在革命熔炉里百炼成钢。

最后孟庆林代表赴津学习小组的成员表示："一定要把天津市四百万人民、工人阶级、驻军首长和红卫兵战友的深切关怀带回内蒙、黑龙江。一定要努力活学活用毛主席著作，很好和贫下中农结合，完成斗、批、改任务，为人民再立新功！"

一盒花生寄深情

在天津市革命委员会欢迎支边知识青年国庆观礼大会上，市革命委员会向天津支边知识青年赴津学习小组赠送毛主席语录和毛泽东选集四卷（袖珍合订本）等珍贵礼物后，在雷鸣般掌声和"毛主席万岁"的欢呼声中，驻军首长又转送给他们一盒引人注目的花生。这是天津工人毛泽东思想宣传队驻医学院全体工人同志送给支边红卫兵小将的。这盒花生的来历不平凡，礼物虽小寄深情。

原来事情是这样的。

驻津某部解放军指战员为了表示对新生红色政权的热爱，把自己用血汗浇灌的果实——花生，送给了天津市革命委员会。最近，毛主席最新指示发表了："**实现无产阶级教育革命，必须有工人阶级领导……工人宣传队要在学校中长期留下去，参加学校中全部斗、批、改任务，并且永远领导学校。**"我市产业工人大军浩浩荡荡开进上层建筑和一切没有搞好斗批改的单位。市革命委员会就把这珍贵的礼物，又送给了我市工人毛泽东思想宣传队。驻医学院工宣队得到了这盒珍贵的花生，他们很仔细地把花生保存起来。当他们听到我市支边红卫兵小将代表回津参加国庆观礼的消息后，工人同志们展开了热烈地讨论。会上有人提出："红卫兵小将紧跟毛主席的伟大战略部署，积极响应毛主席的伟大号召，怀着对毛主席无限忠诚的赤胆忠心走上了与工农相结合的这条彻底革命的大道。（下转第四版）

中学红卫兵　敬祝毛主席万寿无疆　1968年10月11日　第四版

跟毛主席走，接受工农兵再教育

天津支边知识青年回津参加国庆观礼代表　原延安中学革委会副主任　孟庆林

我是个初三毕业生，一九六八年五月份我们学校就开始了毕业分配工作，当时说去内蒙的分配任务，我听到这个消息以后，特别高兴，下定决心要走与工农相结合的道路，到三大革命运动中去锻炼和改造。我满怀豪情地打开了毛主席语录，在语录本上写下了庄严的誓言，向我们心中最红最红的红太阳献上忠心：决心要到内蒙去，到最艰苦的地方去，到最远的地方去。我一遍又一遍地学习毛主席的伟大教导，毛主席他老人家说**“看一个青年是不是革命的，拿什么做标准呢？拿什么去辨别他呢？只有一个标准，这就是看他愿意不愿意、并且实行不实行和广大的工农群众结合在一块。愿意并且实行和工农结合的，是革命的，否则就是不革命的，或者是反革命的。”**越学习，自己就越感到毛主席的教导句句是真理，一句顶一万句。毛主席给我们指出了一条革命大道，我们不走谁走？！过去以中国赫鲁晓夫为首所推行的修正主义教育路线，把学生毒害成五谷不分的书呆子，鼓吹“万般皆下品，唯有读书高”的资产阶级谬论，在毕业分配问题上，采取了种种手段，什么“物质刺激”、“升官镀金”论、“吃小亏占大便宜”、“资产阶级利己主义”，企图把新中国的第二代培养成为资产阶级接班人。现在是毛主席的无产阶级革命路线指引我们同工农结合干革命去！为解放全人类而斗争去！这条路线是使我们国家千秋万代永不变色的根本保证。我一定要走！坚决地走！刻不容缓地走！用实际行动来捍卫毛主席的革命路线，毛主席挥手我前进！伟大统帅英明的教导，照亮了知识青年革命的航程！我们积极地开展革命大批判，狠批修正主义教育路线，控诉修正主义教育路线对我们的毒害，谈心，串联，用各种方式展开思想政治工作。主要帮助革委会一些领导同志做思想工作，我们在思想方面互相帮助，互相关心，终于一起走上了与工农结合的大道，现在一起战斗在我们公社。

后来问题出现了，我原是延安中学革委会副主任，负责一部分工作，去内蒙插队落户不批准我。我听到这个消息以后，思想上展开了激烈的斗争，学校驻军找我谈，革委会主任找我谈，老师也找我谈，动员我安心工作。怎么办？一系列问题在我头脑里展开。是去还是不去？不去？这是执行捍卫毛主席革命路线的大节问题，我是个头头应该带头走；去？学校确实有一些实际工作需要作，二月征兵时，我是合格的都没批准走，这次上山下乡难道就走得脱？面临这个问题，怎么办？自己又反复学习毛主席的教导：**“知识分子如果不和工农民众相结合，则将一事无成。”“越是困难的地方越是要去，这才是好同志。”**左思右想，毛主席的话就是千真万确的真理，只有走与工农相结合的道路才是唯一正确的光明大道。千重要，万重要，到工农群众中去接受再教育最重要；千负责，万负责，捍卫毛主席的革命路线，是对毛主席、对人民的最大负责，我是毛主席的红卫兵，就要坚定地站在保卫毛主席的最前列。于是我就连续向革委会请示、申请、讲道理、做工作但还是没批准，这没关系，毛主席批准我了，这条路走定了。于是我就暗暗下决心，采取跑的方法。这时有的同学说：“小孟，你这次走不了，参军都没让你走，这次更不让你走啦”。还有的同学说：你走不了，又是学毛著积极分子，又是副主任。对这些话，我都一一作解释，讲道理。参军不走是革命的需要，现在走与工农相结合道路更是革命的需要，越是学毛著好，才越要带头响应毛主席的号召，更应当到艰苦的地方去锻炼和改造。同学的话不但没使我动摇，反而更加坚定了我跟毛主席干革命的信心。后来，我就把户口、粮食关系都迁了，办完手续才跟家里讲，家里也同意让我走。妈妈说：“好，你走吧，跟着毛主席好好干，道路没有错就行。”确实，我走的道路没错。越走越离毛主席近，越干越觉毛主席亲。

在六月二十八日上火车这天，由于我有着到农村广阔天地去锻炼的迫切心情，在毛泽东思想的指引下，我终于胜利地踏上了接受工农兵再教育的康庄大道，列车朝着内蒙古大草原飞驰而去，朝着毛主席指引的方向飞速前进！

终于胜利到达科尔沁大草原，在哲蒙通辽县育新公社丁家窝堡大队安家落户，……。

毛主席最近指出：**“从旧学校培养的学生，多数或大多数是能够同工农兵结合的，有些人并有所发明、创造，不过要在正确路线领导之下，由工农兵给他们以再教育，彻底改变旧思想。这样的知识分子，工农兵是欢迎的。”**我想，我走的道路没有错，是去接受再教育的。毛主席最新指示给我们知识分子指出了一条革命化大道，是使我国千秋万代永不变色的可靠保证。对上山下乡抱什么态度，就是对毛主席、对毛泽东思想、对毛主席最新指示抱什么态度的大问题，在这个问题上我们决不能含糊，一定要记住：紧跟毛主席就是胜利，紧跟毛主席就是前途！

现在使我更加认识到，什么叫路线斗争觉悟。对毛主席的各项最新指示坚决落实，毫不走样，这就叫最高的路线觉悟，就叫最忠于伟大领袖毛主席。

通过在内蒙几个月的实践完全证明了这样一个伟大真理：**“一切可以到农村中去工作的这样的知识分子，应当高兴地到那里去。农村是一个广阔的天地，在那里是可以大有作为的。”**我一定遵照毛主席教导，在农村扎根一辈子，接受好贫下中农再教育，永做革命人。

绝不能放过对敌人的批判

十六中 主沉浮

在工人毛泽东思想宣传队进校前，十六中群众专政小组的工作虽然取得了一些成绩；但是由于革委会内某些主要领导干部的右倾，对他们不支持，他们的工作就存在着不少问题，甚至有人斗志消沉，不想干了。

工人宣传队一进校，局面立刻大变。群众专政小组第一次召开批斗现行反革命分子大会，工人宣传队就积极领导，大力支持。他们在会场两旁写了“无产阶级专政万岁！”，“群众专政好得很！”的大幅标语，并在批斗会上讲了话。会后，工人宣传队还参加了群众专政小组的整风，通过“忆苦”让我们牢记阶级苦，还和群众专政小组成员一起分析学校形势，帮助他们提高阶级斗争观念，告诉他们**“千万不要忘记阶级斗争”**。有一个同学被资产阶级糖衣炮弹所打中，拉下了水，专政小组的同志就想根据他的问题草草定案作罢，但是工人宣传队同志指出：“**‘谁是我们的敌人？谁是我们的朋友？这个问题是革命的首要问题’**。我们不能只看到这个学生犯罪，更应该看到这是中国赫鲁晓夫修正主义教育路线长期毒害和资本家×××严重腐蚀的结果，我们绝不能放过对阶级敌人的大批判。”工人宣传队对毛泽东思想学得多么好啊！短短的几句话，对他们的启发极大，使他们感到工人阶级看得就是远。于是他们立刻组织同学对资本家×××进行了批斗。这次批斗会的活生生的事实，说明了资产阶级在怎样猖狂地与无产阶级争夺接班人，谁如果放松了对毛主席著作的学习，放弃了思想改造，那就会被阶级敌人腐蚀。这件事使同学们受到了一次深刻的阶级斗争教育。

现在，十六中群众专政小组在工人阶级领导下，正充满信心，热情地和广大同学一起狠抓我校的阶级斗争……

一盒花生寄深情

（上接第三版）我们应把这盒花生送给红卫兵小将。”这一建议得到了工人同志的赞许。大家纷纷表示：红卫兵小将明知农村苦，却要自觉去农村扎根，接受工农兵再教育，这是我们应该学习的。把这花生送给内蒙青年，让它在内蒙古大草原生根、开花、结果，把祖国建设得更加繁荣富强。

转天，由工人毛泽东思想宣传队指挥部和各连代表，组成一个慰问团。扎上彩车，高呼：“坚决支持红卫兵小将上山下乡！”“毛主席万岁！万万岁！”的口号，来到市中等学校毕业生分配办公室，请他们代替工人阶级向红卫兵小将表示一片深心。并附一封热情洋溢的慰问信。信里希望红卫兵小将要永远扎根在农村，同贫下中农团结在一起，完成毛主席交给的任务，将革命进行到底。我们工人阶级要向你们学习，一定要在尖锐复杂的阶级斗争面前，站稳立场，搞好教育革命，完成毛主席交给我们的光荣任务，把斗、批、改进行到底，夺取无产阶级文化大革命全面胜利！

一盒花生来之不易！礼物虽小情谊深！

本报记者

最高指示

我们的责任是向人民负责。……如果有了错误，定要改正，这就叫向人民负责。

重要更正

本报四十三期第四版《工人阶级最听毛主席话》一文第三十六行应为“农村是一个广阔的天地”；四十四期第四版编者按中第十四行应为“下面的几个小故事”。由于我们政治责任心不强，校对马虎，以至出现上述错误，特此更正，并向读者致歉。

本报编辑部

欢迎批评　欢迎来稿　本报通讯地址：湖南路（六十一中内）　电话：3·3059　订阅处：全市各大邮局、部分报刊亭（集体去订）

认真学习，坚决贯彻

社论

喜讯！特大喜讯！伟大领袖毛主席的又一最新指示发表了！让我们千言万语、万语千言汇成一支时代的最强音：「伟大、光荣、正确的中国共产党万岁！」「伟大统帅毛主席万岁！万万岁！」

《红旗》杂志第四期社论《吸收无产阶级的新鲜血液》传达了伟大领袖毛主席又一最新指示。伟大导师毛主席最近深刻指出：「一个人有动脉、静脉，通过心脏进行血液循环，还要通过肺部进行呼吸，呼出二氧化碳，吸进新鲜氧气，这就是吐故纳新。一个无产阶级的党也要吐故纳新，才能朝气蓬勃。不清除废料，不吸收新鲜血液，党就没有朝气。」毛主席最近又教导我们：「我们的权力是谁给的？是工人阶级给的，是贫下中农给的，是占人口百分之九十以上的广大劳动群众给的。我们代表了无产阶级，代表了人民群众，打倒了人民的敌人，人民就拥护我们。共产党基本的一条，就是直接依靠广大革命人民群众。」

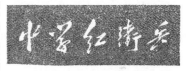

伟大导师毛主席这两段极为重要、极为深刻的最新指示，是胜利完成整党工作，彻底挖掉修正主义根子的最可靠保证，是把无产阶级文化大革命进行到底的最根本保证。毛主席最新指示的发表，彻底粉碎了中国赫鲁晓夫所推行的「阶级斗争熄灭论」、「驯服工具论」、「群众落后论」、「入党做官论」、「党内和平论」、「公私溶化论」的流毒。全面清算了中国赫鲁晓夫反革命修正主义建党路线。

伟大领袖毛主席的最新指示，深刻的指出了无产阶级专政强大威力的群众基础。毛主席历来提倡相信群众、依靠群众、发动群众。这也是毛主席无产阶级革命路线最根本的一点，伟大领袖毛主席早就指出：「人民，只有人民，才是创造世界历史的动力。」革命斗争的实践早已证明、正在证明、并将继续证明了毛主席这一颠扑不破的革命真理的英明正确。

在毛主席最新指示的鼓舞下，让我们红卫兵战士以实际行动支持、推动整党工作的胜利进展，为在工人阶级领导下，搞好斗、批、改而奋斗！

认真学习迅速落实毛主席最新指示
吸收无产阶级新血液搞好整党建党

本报十五日夜讯 毛主席关于整党、建党的最新指示，及红旗杂志重要社论《吸收无产阶级的新鲜血液》，极大地鼓舞了正在工人毛泽东思想宣传队的领导下认真进行斗、批、改的我市广大红卫兵战士，及广大党员、干部、革命师生员工。

最新指示和重要社论刚一播送，战友们就相互奔告，上街游行，张贴大字报，充分显示了对毛主席的指示，对毛主席的无产阶级司令部战斗号令闻风而动的革命精神。

毛主席的最新指示是及时雨。已经开展整党、建党工作的唐口三中广大教职员工、红卫兵战士，在前进的道路上更坚定了方向，更明确了目标，更增添了力量。

延安中学的战友们，很晚没有回家，认真讨论毛主席的最新指示，一个新生连在回家过程中，举行了游行，一路上宣传。大家纷纷表示：毛主席的最新指示为我们今后整党、建党指出了方向，为斗、批、改开辟了新的道路。很多人都兴奋地流下热泪，高呼：毛主席万岁！万万岁！

机械工业学校全体革命师生在工人毛泽东思想宣传队的带领下，连夜举行了游行。很多同学立刻将最新指示付印出来，敲锣打鼓送到每个宿舍，并且到工人新村进行宣传，受到了热烈欢迎。在农村参加劳动的教工们，也和贫下中农游行，并进行了讨论。工人毛泽东思想宣传队的同志及正在开门整风的革委会同志们坚决表示：一定猛乘东风，迅速地将最新指示在学校全面落实，彻底完成斗、批、改的伟大历史使命。

各区红代会常委会及市红代会常委会也都带头学习了最新指示和重要社论。他们决心一定以最新指示为纲，以实际行动积极支持、推动整党、建党工作的胜利进展。进一步加强红代会的思想作风革命化，使红代会成为学习、宣传、贯彻、捍卫毛主席最新指示的坚强阵地！

毛主席最新指示

一个人有动脉，静脉，通过心脏进行血液循环，还要通过肺部进行呼吸，呼出二氧化碳，吸进新鲜氧气，这就是吐故納新。一个无产阶級的党也要吐故納新，才能朝气蓬勃。不清除废料，不吸收新鲜血液，党就沒有朝气。

我們的权力是誰給的？是工人阶級給的，是貧下中农給的，是占人口百分之九十以上的广大劳动群众給的。我們代表了无产阶級，代表了人民群众，打倒了人民的敌人，人民就拥护我們。共产党基本的一条，就是直接依靠广大革命人民群众。

中学红卫兵

天津市中学红代会常务委员会机关报

第46期 1968年10月17日 星期四

肖思明同志在市革委会第六次全委扩大会議上讲話

发扬党的三大作风，搞好思想革命化

搞好思想革命化，也就是用党的三大作风去克服形形色色的资产阶级思想作风，把我们的阶级觉悟和路线觉悟提高一步。

……

为什么要以主要的时间搞思想革命化呢？我个人的看法有以下几点：

毛主席教导我们：**“无产阶级和革命人民改造世界的斗争，包括实现下述的任务：改造客观世界，也改造自己的主观世界”**。资产阶级思想是产生修正主义的土壤，也是产生修正主义的根源。无产阶级文化大革命，要打倒党内一小撮走资本主义道路的当权派和一切阶级敌人，也要改造人们的世界观。这是巩固无产阶级专政，防止资本主义复辟的不可分割的两个方面。我们伟大领袖毛主席亲自主持制定的“十六条”开宗明义第一句，就深刻地指出：“无产阶级文化大革命，是一场触及人们灵魂的大革命。”接着，又指出：“在当前，我们的目的是斗垮走资本主义道路的当权派，批判资产阶级的反动学术‘权威’，批判资产阶级和一切剥削阶级的意识形态，改革教育，改革文艺，改革一切不适应社会主义经济基础的上层建筑，以利于巩固和发展社会主义制度。”随着无产阶级文化大革命的深入发展，这个批判资产阶级和一切剥削阶级意识形态的任务，也就是改造人们的世界观的任务，越来越提到重要的日程上来。如果不抓世界观的改造，那么，已经取得的胜利，就不能最后地得到巩固，出现修正主义，出现资本主义复辟的危险性，就仍然存在。这是第一点。

毛主席又教导我们：**“我们要完成打倒敌人的任务，必须要完成这个整顿党内作风的任务。”**作风是世界观的体现，阶级本质的体现。无产阶级的作风，是无形的巨大的革命力量。不用无产阶级的思想作风去克服形形色色的资产阶级思想作风，就不能进一步提高革命队伍的战斗力，因而也就不能顺利地完成摆在我们面前的各项艰巨任务。对资产阶级思想作风的批判和改造，是斗、批、改的一项极为重要的内容，同时，又是顺利地进行斗、批、改的重要保证。不树立起无产阶级的思想作风，不搞思想作风的革命化，就不能顺利地完成斗、批、改的伟大历史任务。这是第二点。

从“一月风暴”，到全国除台湾省外全部建立革命委员会，经历了二十个月的激烈斗争。在这二十个月当中，出现了种种复杂的现象，但是，归根到底，是资产阶级复辟与无产阶级反复辟的斗争。这就是二十个月激烈斗争的实质。而形形色色的资产阶级思想作风登台表演，阶级敌人加以利用，则是这场斗争的基本特点。随着斗、批、改的深入发展，更加触及到每一个人的灵魂，无产阶级和资产阶级两种世界观、两种思想作风的斗争，必然更加深刻、更加尖锐。一小撮不甘心死亡的阶级敌人，也必然还会利用革命队伍内部的资产阶级思想作风，进行垂死挣扎。因此，搞思想作风的革命化，也是对敌斗争的需要。这是第三点。

思想作风的革命化，是巩固和提高新生的革命委员会的根本。各级革命委员会的领导成员包括它的办事机构，如果不搞好思想作风的革命化，那末，它就不可能率领广大群众沿着毛主席指引的航向大踏步前进，就不可能成为坚强的战斗指挥部。这是第四点。

总之，搞思想作风的革命化，是反修防修的需要，是搞好斗、批、改的需要，是搞对敌斗争的需要，也是巩固和提高新生的革命委员会的需要。它既有巨大的现实意义，又有深远的战略意义。

（下转第四版）

中学红卫兵　敬祝毛主席万寿无疆　1968年10月17日　第二版

战友，幸福請你分享

——訪我市赴京参加国庆观礼工人代表团

十月十一日，我市二十余万军民参加的《热烈欢迎参加首都国庆观礼工人代表团光荣归来大会》刚结束，正当“**工人阶级必须领导一切**”！“敬祝毛主席万寿无疆！”的欢呼声还在海河上空回响的时候，我们肩负着全市广大红卫兵战友的重托，来到了工人代表团驻地，和最最敬爱的人在一起，分享了人间最大最大的幸福……

（一）

一走进雄伟的河北宾馆，我们事先做好的一切准备就全都乱了营。我们被眼前的场面整个吸引过去。

电话机旁，排了一长队人。这是代表们在向自己的工厂、自己的亲人讲诉着在北京见到毛主席的幸福情景，表达着永远忠于毛主席的钢铁决心。接话的第一句是：“毛主席万岁！我见到毛主席啦！”嗓子喊哑了，但声音却是那么有力，那么高亢，犹如天安门广场上刺破云天的欢呼。

楼道里，到处是来访、祝贺的人群。看那欢腾的人们，与代表们手拉手的亲热劲，有谁能知道很多人与代表根本不相识呢？……

费了好大劲，我们才将满腔的激情稍微平静下来，准备找代表们座谈。找谁呢？瞧瞧来往的代表同志，我们都不认得，可他们都是我们最敬慕的老师。

代表们真了解我们红卫兵战士的心啊！当一位工人听了我们的来由后，就热情地建议我们先找蔡树梅同志，请她帮助我们找工人座谈。蔡树梅，多么熟悉的名字。就是她，“十·一”登上了天安门城楼，在毛主席身边观礼。我们来到了蔡树梅同志工作的地方，看到她很忙，我们在门前站住了，不忍心打扰她。可蔡树梅听到那位工人说有人找时，就主动地走出来迎我们。她和我们热情地握了手。我们知道，在解放前，蔡树梅八岁就给资本家当童工，做牛做马，饱经人间风霜，尝遍天下苦难。可在阳光普照的今天，她却显得越来越年青了。因为她现在是生活在毛泽东的伟大时代，因为她见到了世界革命人民心中最红最红的红太阳！

激动的心情，象钢水在沸腾。我们盼望着与我们座谈的老工人的到来。

（二）

和我们座谈的四位老工人是：中原制镜厂的刘印杭，水泥厂的魏福合、栗怀群，动力机床厂的贾秀和。随着老工人们的朴实情感，我们再也不拘束了；随着老工人们扣人心弦的言谈，展现在我们面前的，是毛主席红光满面、神采奕奕向工人招手致敬的盛大场面，是工人阶级无限忠于毛主席的颗颗赤胆忠心。

刘印杭老师傅操着早已沙哑的嗓门，兴奋地讲着。热泪禁不住又在眼眶中翻滚起来。“毛主席身体非常非常健康，这是我们工人阶级、是全世界革命人民的最大最大的幸福。”和无数代表一样，一开始，他就向我们报告了这个振奋人心的特大喜讯。紧接着，他就滔滔不绝地讲起了在毛主席身旁的日子里……

我们带着天津市四百万人民的委托，带着替全市人民多喊几遍“毛主席万万岁！”“敬祝毛主席万寿无疆！”的重任，到了北京。在首都，无论是从小孩还是到白发苍苍的老工人，都称呼我们为毛主席、林副主席请来的客人。我们作梦也想不到的是，毛主席请我们住进了中南海。我们一到了中南海，就好象孩子回到了母亲的怀里。中央首长在怀仁堂为我们开了欢迎大会。邓颖超同志和我们拉了很多家常，我们这些“大老粗”都哭了。她说：解放十九年来，中南海这个地方从来没住过工人。刘少奇这个王八蛋，瞧不起咱们工人、贫下中农，毛主席的指示他拼命篡改。今天，在我们伟大领袖毛主席亲自发动和领导的无产阶级文化大革命中，工人住进了中南海，这是件了不起的大事，她标志着刘少奇这些坏家伙们的彻底完蛋。我们和你们这么多的好同志做邻居，感到很幸福，很光荣……

刘师傅也争先恐后，讲起了毛主席的警卫战士在毛主席的倡导下，种菜养鱼的事迹。“警卫战士种的大冬瓜最重的一个有一百零八斤。”他们你一言、我一语地赞叹着，充满了警卫战士在中南海获得大丰收的无限喜悦。魏师傅猛地想起什么，他细心地打开了手提包，从中拿出了一个用红纸包得严严实实的圆团。他一层一层地剥开，原来是一个青里透红的大苹果。他双手捧着，又讲了起来：“这个苹果是中南海的土地长出来的，我们谁都舍不得吃，也吃不下，因为这是毛主席给我们的呀！”我们睁大了双眼，瞻仰着不寻常的大苹果。瞧呀，瞧呀，总是看不够。

和老师傅们一样，我们也完全沉浸在无比幸福之中。“十月一号，是我们最最幸福、最最难忘的一天。”刘印杭师傅又接着讲了下去……

这一天，我们早晨四点钟就起了身。我们在观礼台上焦急地等待着，一分一秒地计算着时间。可盼来了！十点来钟，就听着“毛主席万岁！”的欢呼声沸腾起来。毛主席来了！毛主席到我们工人中间来了！毛主席的身体可好啦，满面红光，脸上没有一点皱纹，挺着胸，步伐特别大，根本不象七十多岁的老人。不知怎的，看到了毛主席，我这一肚子话反倒说不出来了，只知道一个劲地喊毛主席万岁！过了一会儿，林副主席讲话，讲得特别带劲有力。说也怪，这阵子竟过得这么快，不知不觉到了晚上。

这天晚上，我们代表都来看焰火。大家都盼望着毛主席和我们一块看。大家又想：毛主席他老人家整天操劳着世界、国家大事，没时间呀！可又说：“毛主席他老人家一定会来的，一定会来看望我们的。”就这样议论着，猜测着，根本没心思看花。九点多，只看见台上的人都转过身去。这时，毛主席来啦！大家挥动着毛主席语录，踮着脚看毛主席，可是大家一转身，这样原来在下面阶梯上的代表就看不到主席了。这种情况毛主席全都看到了。他老人家告诉了旁边的同志。过了一会儿，就听到主持会场的同志让我们重新整队，看台转向了主席那面。我们又一次幸福地看到了毛主席！……

刘师傅越讲越激动，恨不得一下子将那幸福的情景都倾吐出来。

“中央首长身体都特别健康，江青同志也健壮多了，林副主席的身体也格外好，主席在前面走，他在后面紧跟。”师傅们相互补充，又向我们介绍了十月五日在人民大会堂非常清楚非常清楚地看到了毛主席的盛况。

师傅们讲的那个“苏修滚蛋”的场面，给了我们深刻的印象……

九月三十日，总理在人民大会堂举行国宴。我们含着热泪参加了。我们工人的桌席紧挨着主席台。会上，大家高唱革命歌曲，整个大厅热气腾腾。过了一段时间，总理讲话。在讲话后，我们都跟随总理高呼口号，当喊到“打倒美帝！打倒苏修！”时，只见会场角落里，有几个苏修混蛋向外一个个溜。这时，大家的劲头就更大了，都站了起来，握紧拳头，就象打耗子一样，吓跑了那些苏修们……

师傅们活龙活现地比划着，绘声绘色地描述着，是那样开心。

师傅们啧啧不倦地给我们一件件地讲了首都工人阶级的事迹。新华印刷厂“**抓革命，促生产，促工作，促战备**”的翻天复地的变化；国棉三厂从职工到家属冒雨欢迎赴京代表团，自己挨淋，为代表们用雨伞搭起走廊所反映出的精神面貌；铁道兵的“外国人能干的，我们能干，外国人不能干的，我们也能干”的豪迈誓言……，集中体现了这样一个时代的最强音：紧跟毛主席就是胜利！凝结成了一个对伟大领袖毛主席的鲜红鲜红的忠字！

熬过寒冬的人，最知太阳的温暖。刘印杭师傅含着泪，向我们讲述了他的苦难史。听着刘师傅对万恶的旧社会的控诉，更激起了我们对中国赫鲁晓夫妄图复辟资本主义，让我们受二茬苦的狼子野心的仇恨满腔。“是毛主席他老人家解放了我，并且将我们工人阶级提到了领导一切的地位。我要一个心眼地跟着毛主席。”刘师傅发自心底的这几句话，说出了所有师傅的心愿。大家挥舞毛主席语录高呼：“不忘阶级苦，牢记血泪仇！”“跟着毛主席，永远干革命！”……

五彩缤纷的灯火突然亮了，我们这才恍悟，天已黑了。我们和老师傅们紧紧握手，恋恋不舍地告别。师傅们和我们手拉手，走了很远。他们谦虚地说：“我们做的很不够。我们还要尽最大的努力，让全市四百万人民都分享到我们的幸福，让兄弟地区的先进经验、毛主席的战斗号令在我们天津扎根、开花、结果。”我们也默默地想着：最最敬爱的人啊，您们给我们上了一堂生动的政治课。我们红卫兵一定老老实实地接受您们的再教育，在斗、批、改的战斗中，紧随您，为人民立新功。

我们之间互相议论着巨大的收获，决定明天还来。

（三）

第二天，我们抱着强烈的学习欲望，又来到了代表团驻地。这次和我们座谈的是纺织机械厂工人工程师武玉璞同志。

我们和武玉璞同志热烈握过手后，仔细端详着这位老人。他那黑里透红的脸膛，朴素的服装，和那些头发流油，皮鞋净亮，西服笔挺的资产阶级臭知识分子形成了鲜明的对照。

很快，我们之间就拉开了话匣子。他向我们谈起了纺织机械厂打破洋奴哲学，破除迷信，“大老粗”搞技术革新的翻天复地的变化……

听着武师傅的讲述，在我们眼前出现了这样一幅幅场面：工人同志们正在毛主席像前庄严宣誓；白天，他们挥汗奋战；夜间，他们蹲在一块搞设计，地面就是他们的图纸，（下转第四版）

中学红衛兵　　敬祝毛主席万寿无疆　　1968年10月17日　第三版

狠抓对敌斗争　认眞清理教师队伍

——毕建章同志在市革委会文教組等四单位联合举办的清理阶级队伍学习班上的讲話

（一九六八年十月十日）

本报讯　最近，市革委会文教组、市教育系统革委会、军训联指和中学红代会联合举办“清理阶级队伍学习班”。学习班上，教育系统革委会主任、军训联指负责人毕建章同志作了讲话，现将讲话记录的第一和第二部分发表，供大家学习。

一：目前教育战线清理阶级队伍的形势

形势一片大好。遵循毛主席清理阶级队伍的教导，按北京新华印刷厂的经验，特别是在工人宣传队进校后与中国人民解放军、学生、教师一起，活学活用毛主席著作，广泛发动群众，大兴调查研究之风，掌握切实情况，开展革命大批判，提高阶级觉悟和路线觉悟。针对学校的阶级斗争情况，展开了面对面、背靠背的斗争。有的单位阶级斗争盖子已经揭开，有的正在揭开。据不完全统计我市大、中、小学共清理出一万三千多名走资派、叛徒、特务、地、富、反、坏、右和一切反革命分子。对阶级敌人进行了严重的打击，为改变资产阶级知识分子统治学校的现象开辟了广阔的道路。这是清理阶级队伍的主流。

但同时也存在一些问题。有的单位阶级斗争的盖子还没有揭开，有的单位对埋藏很深的阶级敌人还没有挖出来，有的单位对区别两类不同性质的矛盾掌握的还不够好，某些极少数、极个别单位还有违反政策的现象。因此，摆在我们面前的主要问题是：

一、如何进一步搞好清理阶级队伍工作？

二、清理出来后具体怎么办？

这就是根据教育战线的特点，根据毛主席为首、林副主席为副的无产阶级司令部所制订的方针、政策如何结合教育战线的实际情况具体化。

二、开办这期学习班的目的意义和需要解决的问题

首先谈一谈清理阶级队伍的意义。

清理阶级队伍，开展对敌斗争是毛主席的伟大战略部署，是无产阶级文化大革命的重要内容，是全面落实毛主席有关教育革命一系列最新指示，夺取无产阶级文化大革命全面胜利的重大措施；是彻底摧毁中国赫鲁晓夫复辟资本主义社会基础，是防止资本主义复辟的英明决策；清理阶级队伍是向阶级敌人，是对刘邓、万张反革命修正主义集团招降纳叛、结党营私、包庇坏人的反动路线和“阶级斗争熄灭论”反动谬论全面地大批判、彻底地大清算，是一场尖锐、复杂的阶级斗争。通过清理阶级队伍，把一小撮国民党反动派的残渣余孽，混入党内的叛徒、特务、死不悔改的走资派，以及没有改造好的地、富、反、坏、右和一切反革命分子统统清理出去，特别是要把那些钻得很深，藏得很久，伪装得很妙的阶级敌人清理出去，实行群众专政。纯洁我们的队伍，巩固和发展文化大革命的伟大胜利，巩固新生的革命委员会，建立起一支“四无限”，“三忠于”的无产阶级队伍，彻底结束资产阶级知识分子统治我们学校的现象。要工人阶级领导一切，把教育革命进行到底，把学校都办成红彤彤的毛泽东思想大学校。

天津市，过去长期受帝国主义和国民党反动派的反动统治，封、资、修、帝在教育界影响很深。解放后，万张反革命修正主义集团积极推行刘邓反革命修正主义路线，结党营私，招降纳叛，网罗社会上的牛鬼蛇神，把许多阶级敌人塞进教职员工队伍，妄图达到复辟资本主义的罪恶目的。因此，教职员工队伍是比较复杂的，阶级斗争也是尖锐、复杂的。在这次清理阶级队伍中必须把这一小撮阶级敌人清理出去，对于那些虽不属敌我矛盾，但确不适合做教师工作的人也必须适当地整顿和调整。我们这次办学习班，就是要统一思想，统一认识，遵循毛主席的教导，学好党的方针、政策，研究清理阶级队伍的共同问题，制定出一个符合我市教育界清理阶级队伍的“意见”，以便指导运动深入、健康地向前发展。具体讲这次学习班的任务有三个：

1、学习以毛主席为首、林副主席为副的无产阶级司令部有关清理阶级队伍的方针和政策。

2、交流各单位清理阶级队伍的好经验。

3、根据中学红代会经过调查、研究，初步提出的《关于清理教师队伍的几点意见（草案）》，制定出一个适合我市教育界清理阶级队伍的“意见”，报上级革命委员会批准、试行。

参加市革委会第六次全委扩大会議的中学紅代会全体常委通过学习，认識到由于过去的資产阶級作风的影响，使紅代会工作受到影响，毛主席的最新指示不能不折不扣地迅速落实，他們表示接受工农兵的再教育，决心——

大兴党的三大作风，把红代会办成红彤彤的毛泽东思想大学校

本报十四日讯　天津市革命委员会第六次全委扩大会议正在胜利进行，中学红代会全体常委参加了学习。

当前，学习正进入全面对照检查。在交谈到紧跟毛主席伟大战略部署时，许多同志检查了对毛主席最新指示，缺乏认真学习，深刻领会精神，单纯地造造声势，开个大会，写个决议就算完成任务，而在贯彻执行中缺乏扎扎实实的工作。有的同志检查运动初期本组织造黑市委的反，紧跟毛主席的伟大战略部署，最重要的一条就是对毛主席有无限深厚的阶级感情，毛主席的指示句句照办，一字一句认真学习。而今天，由于地位变了，放松了自我改造，不用三大作风克服资产阶级作风，队伍越带越垮。学习首长讲话，各取所需，断章取义，从思想上对无产阶级司令部的感情淡漠了，理论脱离实际，造成不能紧跟毛主席的后果，感到非常痛心。

还有一个同志，在检查密切联系群众时说：“随着地位的变化，架子大了，脑袋膨胀，总以为自己懂得多，听不进相反意见，不是把自己置于群众之中，而是把自己摆在群众之上，长期不到班里去，不跟同学交心，感情逐渐疏远了，脱离了群众。”

许多同志积极联系思想踊跃发言。一致认为紧跟不紧跟毛主席的伟大战略部署，是检验我们三大作风好坏的标准。搞好思想作风革命化，是反修防修，培养无产阶级革命事业接班人的需要，是搞好斗、批、改的需要，是对敌斗争的需要，也是巩固、发展新生革命委员会的需要。她既有巨大的现实意义，又有深远的战略意义。

全体常委同志下定决心，一定努力接受工农兵的再教育，带头搞好思想革命化，大兴党的三大作风，把红代会办成红彤彤的毛泽东思想的大学校！

清理阶級队伍，搞好斗、批、改

市革委会文教组，军训联指，教育系统革委会、中学红代会联合举办学习班，效果显著

本报讯　伟大领袖毛主席教导我们说：**「建立三结合的革命委员会，大批判，清理阶级队伍，整党，精简机构、改革不合理的规章制度、下放科室人员，工厂里的斗、批、改，大体经历这么几个阶段。」**

天津市革委会文教组，天津市军训联指，天津市教育系统革命委员会，天津市中学红代会常务委员会，遵照毛主席的一系列最新指示联合举办了一期清理、整顿教育界阶级队伍的毛泽东思想学习班。参加学习班的有驻校工人宣传队的代表，解放军战士，红卫兵小将，革命教师和市、区革委会文教组，市、区红代会的负责人，他们从不同的岗位上来到一起，共同完成一项光荣而重大的政治任务。

这期学习班主要任务是学习毛主席有关清理阶级队伍的一系列指示和党的有关清理阶级队伍的方针政策，交流各单位清理阶级队伍的经验，制定一个适合我们中等学校清理、整顿阶级队伍的意见

大家一致认为这期学习班办得好，办得及时，对紧跟毛主席伟大战略部署，搞好清理阶级队伍工作有很大帮助。

学员们都以高度的无产阶级革命责任感，认真地、全面地，逐字逐句地学习，来加深理解毛主席的指示和党的方针政策。大家谈到：没有政策就谈不到对敌斗争的稳、准、狠，不统一政策就不能很好地完成学校的斗、批、改。我们如果不好好学习党的方针政策，不吃透党的政策的精神实质，就根本无法制定适合我市中学系统的具体政策来。

「十·一」社论中指出了今后非常重要的一个任务就是：整党、建党，要想完成这项任务就必须搞好清理阶级队伍工作。目前教育系统清理阶级队伍的工作在驻校工人毛泽东思想宣传队的领导下和广大革命师生的努力下，取得了很大成绩。但还没有跟上形势发展的要求，因而任务仍然是艰巨的。但我们有一颗忠于毛主席的红心，一定要胜利地完成教育界清理阶级队伍的任务，将无产阶级教育革命进行到底，取得无产阶级文化大革命的全面胜利。

（学习班服务组供稿）

中学红卫兵　　敬祝毛主席万寿无疆　　1968年10月17日　第四版

从下面这篇大字报谈起……

本报评论员

今天刊登的这篇大字报提出了一个当前中等学校反映比较强烈的问题。

浩浩荡荡的产业工人，开进了学校，给教育革命带来了新气象。中等学校中，要彻底实现教育革命，除对广大红卫兵小将、革命学生进行再教育外，尤其要注意对教职员工队伍的再教育工作。某种意义上讲，教职员中，无论是受修正主义毒害和资产阶级世界观方面，还是对旧世界的保守性方面都比学生严重的多，或者说，他们缺少红卫兵小将的许多优秀品质！

革命的教职员应该首先把自己摆在接受工农兵再教育的位置上，老老实实接受工农兵的再教育！彻底改造世界观，不能再用自己的资产阶级世界观毒害青年。

而现在却有些怪现象：有些教师极尽手段要恢复“师道尊严”，大讲特讲要听老师的话，对学生理所当然是一个“管”字，搞不好就是一顿训斥，拿出一套国民党的训政对待学生。更有甚者：个别教师，利用毕业分配之际，大施报复手段。对于运动中的不同意见的学生，对于不能“顺从”自己的人，百般刁难，他们将毕业分配中，国家接人单位的一些具体条件当成施展打击报复或给某些亲近人以服侍、讨好的机会。这是一部分教职员中资产阶级世界观的大暴露。他们向群众显示：我这个资产阶级知识分子要顽固下去了！

我们正告这些人，这样下去等待你们的只能是彻底垮台。工人阶级、工人宣传队不答应你们，解放军不答应你们，广大革命的红卫兵小将也不答应你们！

在进行无产阶级教育革命中很重要的一环，就是如何建立一个无产阶级的‘师生关系”。要彻底砸烂过去的“师道尊严”，老师“管”学生的旧制度，师生之间在工人阶级领导之下，建立真正的革命同志感情，互相学习，互相促进！要将教育革命进行到底就必须正确地依靠学生、教员、工人中的积极分子！结合现在的具体情况，特别要注意发挥革命红卫兵小将的作用！

革命大字报选

必须真心实意接受工农兵再教育

“十·一”社论指出：“认真地清理阶级队伍，是我们整党建党的基础。一定要切切实实做好清理阶级队伍的工作”。我们学校过去是美国教会学校，学校中教职员的成份非常复杂。就清理阶级队伍来说，学校里有两部分群众，一部分是学生群众，一部分是教师群众。我们认为，学校清理阶级队伍的任务重点是在教职员中，要彻底改变教职员的成份，清除其中混进来的一批阶级敌人。使其大多数人能在工农兵中接受再教育，去掉剥削阶级的旧思想，彻底改造世界观。这是一个很重要的问题，如果这个问题不解决，教职员不把自己摆在受教育的行列之中，而是当然的“学生上司”，那你们还会用执行的修正主义路线来毒害学生。

现在有的教师没有把自己摆在受教育的行列中，而是当然的“学生上司”，在班里独揽大权，不依靠决心把无产阶级教育革命进行到底的积极分子，不依靠广大群众，而是依靠他认为听他摆布的几个人。在上面发号施令，还说什么：“谁反对我，谁就是反对工人宣传队，谁就是立场错了，站在和工人宣传队对抗的立场上去了。”是谁在挑拔红卫兵小将和工人宣传队的关系呢？这些人对工宣队的指示是“阿谀奉承”、“两面三刀”、“口是心非”，嘴里讲一套，行动上另一套，心里窝一套。抓住红卫兵小将的一些缺点，不择手段地实行资产阶级报复主义和资产阶级惩罚主义。警惕啊！一小撮阶级敌人破坏毛主席的伟大战略部署，我们要把这一小撮阶级敌人揪出来，彻底粉碎他们的阴谋诡计。

毛主席教导我们说：“**在阶级社会中，每一个人都在一定的阶级地位中生活，各种思想无不打上阶级的烙印。**”我们学校的教师，有的是从美国教会学校出来的，大都是从旧学校培养出来的旧知识分子，刚出学校门又进学校门，他们受的毒害要比我们深得多，头脑里的旧思想，比我们深得多。因而，他们接受工农兵的再教育，也就比我们更难一些。可是现在恰恰相反，似乎教师从表面上看都是愿意接受工农兵再教育的，真是有点“红得发紫”；而广大的红卫兵在这些老师眼中都是不愿接受工农兵再教育，是别有用心的。请同志们想一想，难道受毒越深，接受工农兵的再教育就越容易吗？这观点符合阶级斗争的规律吗？

毛主席最近又指出：“**广大干部下放劳动，这对干部是一种重新学习的极好机会，除老弱病残者外都应这样做。在职干部也应分批下放劳动。**”我们衷心地希望老师们能眼睛向下，真心实意地，老老实实地，向领导阶级——工人阶级学习，放下知识分子的臭架子，到工农中去彻底改造自己的旧思想，不要再玩弄那套资产阶级政客作风和知识分子那种虚情假意的鬼玩意了，不要在拨拉你那如意“算盘”了。学校进行教育革命其中就包括彻底砸烂过去旧的师生关系，砸烂“师道尊严”，彻底砸烂“老师管学生，学生被老师管”的旧制度。我们要采取**官教兵，兵教官，兵教兵**”的办法，建立一个无产阶级新型的师生关系。恢复旧的师生关系，就是“复旧”，就是对教育革命的对抗。就当前的教育来说，从经济地位和政治地位，广大红卫兵小将较比教师有更大的革命性，最少保守思想，这是一支可贵的教育革命的先锋力量，不允许任何人压制这支力量。我们在此正告：投机成性“三开”式的人物（美国教会时吃得开、走资派××时期吃得开，现在表面也吃得开的人物），胆敢用投机商的嘴巴破坏毛主席的伟大战略部署，抹杀红卫兵小将运动初期、中期的功绩决无好下场！

我们和工人阶级之间，有着深厚的阶级感情，我们的心和工人阶级紧紧地贴在一起，我们决心老老实实地向工人阶级学习，坚决地走与工农兵相结合的道路，做工农兵的小学生。并衷心希望革命的教师们，放下旧知识分子臭架子，真心实意地，老老实实地接受工农兵的再教育，虚心向工农兵学习，在伟大的斗、批、改运动中，在教育革命中再立新功。

让我们共同携起手来，为工人阶级真正领导我们学校而努力奋斗。

长征中学红卫兵

王红、姜建华、孙爱兵、李绍峰

一九六八年十月十五日

战友，幸福請你分享

（上接第二版）木棍就是他们的墨笔。通宵达旦，夜以继日，我们的工人阶级凭着一颗对毛主席无限忠诚的红心，在谱写着人类最壮丽的凯歌。武师傅以无比振奋的激情，给我们介绍了他们厂目前大批走资派及资产阶级技术权威，大改不合理的规章制度，大创新产品的情况。

我们为纺织机械厂生气勃勃的局面感到痛快。紧接着，武师傅又举了一些实例，说明了这样一个真理：“**从旧学校培养的学生，多数或大多数是能够同工农兵结合的，有些人并有所发明、创造，不过要在正确路线领导之下，由工农兵给他们以再教育，彻底改变旧思想。这样的知识分子，工农兵是欢迎的。**”

“我们厂一些技术人员，在毛主席最新指示的鼓舞下，白天与工人一起劳动，不怕脏，不怕累，夜间和工人们一起搞革新。象这样的知识分子，我们欢迎。”这是所有工人的心里话呀！

说也怪，武师傅讲了这么多，我们还是嫌少。我们特别想了解他的一些事迹。

“一个人的能力是大海中的一滴水，搞了这么多事，没有一项是个人搞出来的。只要掌握了毛泽东思想，精神力量就能变成巨大的物质力量。”当我们试探着，请他谈一下自己时，他是这样答复的。

“毛主席身体可好啦！”武师傅兴奋地向我们谈起了在北京见到毛主席的情况。“十月一日那天，我们天津十八位工人代表登上了天安门城楼。我们的位置可好哩，毛主席一来就能看到。毛主席来了！我和毛主席距离只有一米，他老人家对我们工人阶级特别的爱。”

讲着，讲着，武师傅的眼圈红了。这时，我们又想起了昨天和那四位老师傅座谈的情景。是呀，一提起在毛主席身边的日子里，谁不幸福地流下热泪呢？

座谈整进行了半天，我们又上了生动的一课。我们更清楚地体会到了：在伟大的毛泽东时代，**卑贱者最聪明！高贵者最愚蠢。**

“**灿烂的思想政治之花，必将结成丰满的经济之果，这是合乎规律的发展。**”幸福的种子，正在海河两岸的大地上散播，露浴着毛泽东思想的阳光，茁壮成长。

让我们红卫兵庄严宣誓：把分享到的幸福，化为我们不断革命、永远前进的动力！

本报记者

发扬党的三大作风，搞好思想革命化

（上接第一版）

怎么搞思想作风的革命化呢？就是要以整风的方式，认真学习毛主席的有关论述和《解放军报》九月二十三日社论《大兴党的三大作风》。在深刻领会，提高认识的基础上，以党的三大作风为武器，联系个人的思想实际和工作实际，进行对照检查，开展自我批评。这里的关键，是敢于敞开思想，敢于触及灵魂，敢于用党的三大作风来改造自己。谁能够做到这一点，谁就一定有较大的收获。这也是忠于毛主席、忠于毛泽东思想、忠于毛主席革命路线的表现。

必须承认，用党的三大作风为标准来衡量我们自己的思想作风，我们每个人都是有差距的，只是差距的大小不同而已。拿我个人来说，在理论结合实践方面也好，在紧密联系群众方面也好，在自我批评方面也好，都存在着一些问题。譬如：直到目前为止，总是在上面忙得多，深入到群众中去的时间少，更谈不上拿出一定的时间到基层去参加劳动。这是一个很小很小的例子，但是，也说明了我的思想作风还有问题。我愿意跟同志们一道，通过这次会议，使自己的思想作风得到进一步的改造和提高。

……

（一九六八年十月七日）

启事 为更好地宣传毛主席的最新指示，及时出版。本报自此期以后改为周四出版。　电话：3·3059　订阅处：全市各大邮局、部分报刊亭（集体去订）

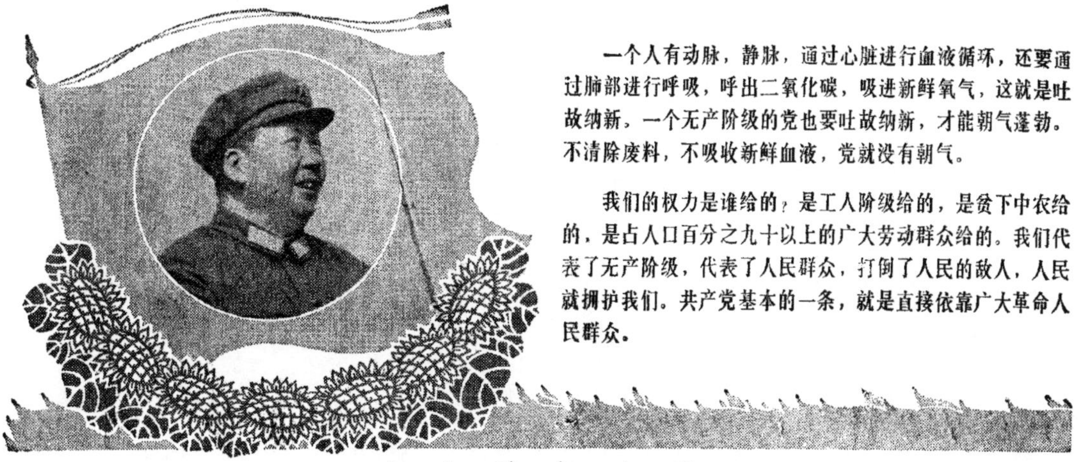

一个人有动脉，静脉，通过心脏进行血液循环，还要通过肺部进行呼吸，呼出二氧化碳，吸进新鲜氧气，这就是吐故纳新。一个无产阶级的党也要吐故纳新，才能朝气蓬勃。不清除废料，不吸收新鲜血液，党就没有朝气。

我们的权力是谁给的？是工人阶级给的，是贫下中农给的，是占人口百分之九十以上的广大劳动群众给的。我们代表了无产阶级，代表了人民群众，打倒了人民的敌人，人民就拥护我们。共产党基本的一条，就是直接依靠广大革命人民群众。

天津市革命委員会
第六次全委扩大会議决議

（一九六八年十月十七日）

天津市革命委员会于十月七日至十七日，举行了第六次全体委员扩大会议。会议在着重解决思想作风革命化的基础上，研究了天津市斗、批、改的形势和任务，并决议如下：

形　　势

天津市革命委员会建立十个月来，遵照伟大领袖毛主席的指示，遵照以毛主席为首 林副主席为副的无产阶级司令部的号令，在人民解放军的大力支持下，充分发挥工人阶级的主力军作用，率领全市广大革命群众，进行了大量的斗、批、改的工作，取得了很大成绩。

各级革命委员会普遍建立。大多数革命委员会，发挥了宣传、捍卫、执行毛泽东思想和毛主席革命路线的战斗指挥部的作用，树立了无产阶级的革命权威。

革命的大批判紧密结合斗、批、改的各项任务，经历了几个高潮，形成了"人民战争"。

清理阶级队伍的群众运动，声势浩大，步步深入，取得了重大战果。

全市半数以上的单位，工厂企业百分之八十以上的单位，精简了机构，下放了干部。广大革命群众正在积极改革一切不合理的规章制度。

工人阶级登上上层建筑各个领域斗、批、改的政治舞台以后，我市斗、批、改的群众运动进入了一个新的阶段。长期被资产阶级知识分子统治的教育阵地，夺回到工人阶级手中；一批"老大难"单位，迅速打开了局面。在工人阶级领导下，上层建筑的各个领域，正在迅速地改变着面貌。全市活学活用毛泽东思想的群众运动，从来没有象今天这样广泛深入；毛主席的指示和无产阶级司令部的号令，从来没有象今天这样迅速畅通地贯彻执行；革命和生产，从来没有象今天这样欣欣向荣，蒸蒸日上。伟大领袖毛主席亲自接见赴京参加国庆观礼的工人代表团，是对天津市工人阶级和四百万革命人民的最大关怀、最大鼓舞，是推动我市斗、批、改和各项工作的巨大动力。一个斗、批、改的新高潮，正在全市范围内兴起。

形势越是大好，越是不要麻痹松懈。我们切切不可忘记，天津曾经是一个帝、封、资长期统治的城市，解放后，中国赫鲁晓夫的代理人万张反革命修正主义集团又盘踞多年，坏人麇集，有的隐藏很深。我们一定要保持高度的革命警惕，在任何情况下，进行任何一项工作，都不要放松对敌斗争。

任　　务

当前，摆在全市军民面前的中心任务，就是遵循毛主席的教导，为完成斗、批、改的伟大历史使命而奋斗。

毛主席教导我们："**建立三结合的革命委员会，大批判，清理阶级队伍，整党，精简机构、改革不合理的规章制度、下放科室人员，工厂里的斗、批、改，大体经历这么几个阶段。**"林副主席最近指出，认真搞好斗、批、改，"这就是要巩固和发展革命委员会，搞好大批判，搞好清理阶级队伍，搞好整党建党，搞好教育革命，搞好精简机构，改革不合理的规章制度，**抓革命、促生产**，把无产阶级文化大革命进行到底！"

毛主席的教导和林副主席的指示，为一切单位、一切部门、一切机关搞好斗、批、改，指明了基本内容和根本途径。

根据天津市文化大革命的进程，从全市范围来讲，整党建党是当前斗、批、改工作的重点。按照各单位的不同情况，整党建党工作要分批分期，梯次展开。

凡是革命大联合巩固、革命委员会已经树立起无产阶级权威、阶级阵线基本分明的单位，要立即把整党工作开展起来。同时，要继续狠批深挖，做好清理阶级队伍的查证落实工作。

凡是阶级斗争盖子基本揭开，但对敌斗争任务还很繁重的单位，当前主要是狠批深挖，并积极作好准备，陆续展开整党工作。

凡是阶级斗争盖子还没有揭开的单位，要集中力量开展对敌斗争，清理阶级队伍，迎头赶上迅速发展的革命形势。

（下转第二版）

中学红衛兵

天津市中等学校红卫兵代表大会常务委员会机关报

第47期　1968年10月22日　星期二

中学红卫兵　敬祝毛主席万寿无疆　1968年10月22日　第二版

天津市革命委員会第六次全委扩大会議决議

（上接第一版）

毛主席教导我们：**"党组织应是无产阶级先进分子所组成，应能领导无产阶级和革命群众对于阶级敌人进行战斗的朝气蓬勃的先锋队组织。"**

毛主席最近指出：**"一个人有动脉，静脉，通过心脏进行血液循环，还要通过肺部进行呼吸，呼出二氧化碳，吸进新鲜氧气，这就是吐故纳新。一个无产阶级的党也要吐故纳新，才能朝气蓬勃。不清除废料，不吸收新鲜血液，党就没有朝气。"**

毛主席又指出：**"我们的权力是谁给的？是工人阶级给的，是贫下中农给的，是占人口百分之九十以上的广大劳动群众给的。我们代表了无产阶级，代表了人民群众，打倒了人民的敌人，人民就拥护我们。共产党基本的一条，就是直接依靠广大革命人民群众。"**

毛主席这一系列最新指示，是我们整党建党的伟大纲领和根本方向。

我们必须遵照毛主席的伟大建党纲领，整顿党的组织，加强党的建设。要反对复旧，反对保守主义；要**直接依靠广大革命人民群众**，开门整党；要紧密结合阶级斗争实际，狠抓两条路线斗争教育；要**"清除废料"**，**"吸收新鲜血液"**，把我们党的组织建设得更加纯洁，更加坚强，更加朝气蓬勃。

整党建党的基本路子，首先是大办毛泽东思想学习班，发动广大党员和广大非党群众，共同学习毛主席的无产阶级建党路线，学习毛主席关于无产阶级专政条件下继续革命的理论，学习毛主席关于党的性质和任务的理论；共同批判中国赫鲁晓夫的反革命修正主义建党路线，批判"阶级斗争熄灭论""驯服工具论"，以及"群众落后论""入党做官论""党内和平论""公私溶化论"等反动谬论；共同提高阶级斗争和两条路线斗争的觉悟，把党员和广大非党群众的思想，统一到毛泽东思想的原则基础上来。这是整党建党的中心环节，必须抓紧抓好。在思想整顿和思想建设的基础上，进行组织整顿和组织建设。要把证据确凿的叛徒、特务、一切反革命分子、顽固不化的走资派、阶级异己分子、蜕化变质分子坚决清除出党，对死气沉沉、革命意志衰退的人，则应劝其退党。要积极地吸收一批经过文化大革命锻炼和考验的优秀的无产阶级革命造反派战士，首先是产业工人中的先进分子参加党的组织。要选拔在文化大革命中坚定站在毛主席无产阶级革命路线上的共产党员，有坚定的无产阶级立场和革命朝气的革命干部，参加党的基层组织和各级党委的领导工作。

整党建党工作的领导，市、区、局由革命委员会核心小组负责；基层单位，要组织一个坚决执行毛主席革命路线的经过更新的革命三结合的整党领导小组负责。在整党领导小组中，新生力量要占多数，而不能统统是原班人马。整党领导小组，要采取自上而下、上下结合、内外结合、反复酝酿、充分协商的方法产生，并报上级审批。

各单位都要以毛主席的建军思想为指针，学习天津市人民汽车三厂的经验，走政治建厂的道路。彻底批判"专家治厂""技术第一""生产第一""物质刺激""利润挂帅"等修正主义办厂路线，坚决破除一切不合理的规章制度，积极建立、敢于维护符合毛泽东思想的规章制度和反映生产规律的工艺规程。在郊区农村，要进一步贯彻毛主席**"农业学大寨"**的指示，走政治建社、政治建队的道路。

要坚决落实毛主席关于干部下放劳动的最新指示。广大干部，除已经下放的以外，力争在今年年底下放完毕。在职干部，也要迅速订出分批下放的计划，立即执行。各级领导要加强下放干部的政治思想工作。下放的干部要在劳动过程中重新学习，继续搞好斗、批、改　此外，规定每星期四为全市干部的劳动日。

各大、中、小学校，除按照上述三种类型的要求，进行精理阶级队伍和整党建党工作外，还要继续贯彻落实毛主席关于教育革命的指示。以毛主席的无产阶级教育路线为武器，大破中国赫鲁晓夫的反革命修正主义教育路线，彻底批判资产阶级反动学术"权威"；要贯彻党的各项无产阶级政策，由工农兵对广大知识分子进行再教育，首先是党的三大作风的教育；要彻底改革旧的教育制度，改革旧的教学方针和方法。

工农业等各条战线所有单位，都要进一步贯彻落实毛主席**"抓革命，促生产，促工作，促战备"**的伟大方针，放手发动群众，大挖生产潜力，大反铺张浪费，大搞技术革新，大战第四季度，鼓足干劲，力争上游，多快好省地完成各项生产任务。农业战线要搞好秋收，完成征购任务。

不论进行哪一项工作，都要突出无产阶级政治，以阶级斗争为纲，以革命大批判开路，把革命大批判贯彻始终。

领　导

我市各区、各系统之间，斗、批、改的发展是不平衡的，在一个区、一个系统内部，发展也是不平衡的。我们要敢字当头，狠抓落实，发展先进，猛促后进，带动中间，又快又好地完成斗、批、改的各项战斗任务。

必须坚持工人阶级领导，大搞群众运动。

工人阶级的领导，是搞好斗、批、改的根本。工人阶级的领导，就是毛泽东思想的领导，就是按照毛泽东思想统一认识，统一政策，统一步伐，统一行动。

一切部门、一切单位，都要发动群众，根据毛主席提出的斗、批、改的各项任务，对照本单位的情况，逐项进行检查：看哪些工作完成较好，哪些工作做得较差；哪些需要补课，哪些需要急起直追。肯定成绩，找出差距，制订规划。从制订斗、批、改规划，到开展斗、批、改斗争，到验收斗、批、改成果，都要由广大革命群众出主意，想办法，动口、动手，开路、把关。

在无产阶级文化大革命的现阶段，必须十分注意贯彻党的各项无产阶级政策，团结百分之九十五以上的群众，团结百分之九十五以上的干部。要集中力量打击一小撮阶级敌人，特别要狠狠打击现行反革命分子。对于那些犯过严重错误的人，只要他们还不是叛徒、特务、顽固不化的走资派和没有改造好的地、富、反、坏、右分子，还不是现行反革命分子，在他们检查错误之后，要敢于把他们解放出来。以便调动一切积极因素，并且尽可能地把消极因素转化为积极因素，投入斗、批、改的伟大斗争。

必须加强调查研究，认真抓好典型。

各级领导同志，要经常深入群众，了解情况，发现问题，总结经验，把群众中的好思想、好经验、好办法，集中起来，坚持下去。要善于发现典型，培养典型，树立样板，用典型指导一般。要特别注意发现群众中的新生事物，大胆地给予支持，满腔热情地帮助它成长。不进行调查研究，不抓好先进典型，就不能有效地实施领导，就不能很好地率领群众前进。

必须大兴党的三大作风，狠抓思想革命化。

毛主席教导我们：**"我们要完成打倒敌人的任务，必须完成这个整顿党内作风的任务。"**用毛主席亲自培育的党的三大作风武装群众，搞好思想作风的革命化，是斗、批、改的一项极为重要的内容，又是顺利进行斗、批、改的重要保证。一切担负领导责任的同志，都要作理论联系实际的模范，作密切联系群众的模范，作自我批评的模范，搞好自身的思想革命化。要组织广大群众，活学活用毛泽东思想，大兴党的三大作风，用理论联系实际的作风，去克服言行不一、华而不实的作风；用密切联系群众的作风，去克服脱离群众的种种倾向，特别是山头主义、宗派主义、官僚主义、事务主义的作风；用自我批评的作风，去克服文过饰非的作风。这不仅是斗、批、改的需要，也是反修防修的需要。

让我们更高地举起毛泽东思想伟大红旗，坚持不懈地落实毛主席的各项指示，紧密地团结在以毛主席为首、林副主席为副的无产阶级司令部周围，在胜利的大道上阔步前进！

毛主席语录

领导我们事业的核心力量是中国共产党。

指导我们思想的理论基础是马克思列宁主义。

中学红卫兵
天津市中等学校红卫兵代表大会常务委员会机关报
第71期　1969年4月10日　星期四

毛主席是中国共产党的伟大缔造者和培育者

——党的八次全国代表大会情况简介

第一次全国代表大会

一九二一年七月一日在上海举行。我们的伟大导师、伟大领袖、伟大统帅、伟大舵手毛主席出席了这个大会。出席大会的还有各地共产主义小组代表董必武、陈潭秋、何叔衡等十二人，代表着五十七名党员。共产国际曾派代表参加。

大会进行了五天。在会上毛主席把马克思列宁主义和中国革命的实践相结合，彻底批判了李汉俊、李达企图把党变成合法的马克思主义研究会性质的无组织无纪律团体的取消主义路线；同时又批判了以张国焘、刘仁静为首的拒绝革命的知识分子入党的"左"倾关门主义路线。在毛主席建党思想的统帅下，大会通过了中国共产党的第一个党章，选举了党的领导机关，组成了中国无产阶级最有组织的部队——中国共产党。从此，在中国出现了完全新式的、以民主集中制为组织原则 以共产主义为目的、以马克思列宁主义为行动指南的、统一的工人阶级的政党。

毛主席是中国共产党的伟大缔造者和培育者。早在青年时代，毛主席就全力探索中国革命的正确道路，建立了"马克思主义研究会"、"俄罗斯研究会"等最先进的共产主义小组，为中国共产党的建立做了最好的思想准备和组织准备。一九二〇年十月，毛主席组织中国共产党的预备队伍——社会主义青年团，毛主席亲自担任团的书记。同年，毛主席在给蔡和森的信中指出要"**改造中国与世界**"，必须建立一个以马克思列宁主义为指导思想的、有严格的组织原则和铁的纪律的共产党。党的任务是领导中国人民武装夺取由帝国主义所操纵的地主、军阀的政权，实行无产阶级专政。这样，毛主席就为中国共产党的建立提出了一条最正确的建党路线。

中国共产党的建立是毛主席无产阶级建党路线和毛泽东思想的伟大胜利！

中国共产党是伟大的，光荣的，正确的党，毛主席是党的天才领袖，最杰出的代表。"**中国产生了共产党，这是开天辟地的大事变**"，"**自从有了中国共产党，中国革命的面目就换然一新了。**"

第二次全国代表大会

一九二二年七月在上海举行。出席大会的代表十二人，代表着一百二十三名党员。大会制定了党的宣言。宣言中提出了党的最高纲领和民主革命纲领，批判了当时资产阶级的各种改良主义思想，指出了中国人民当时的基本任务是：消除内战，打倒军阀，建设国内和平；推翻国际帝国主义的压迫，达到中华民族完全独立，统一中国为真正民主共和国；然后进一步创造条件，以实现社会主义和共产主义。这样，中国共产党就在全国人民面前，破天荒地提出了真正革命的民主主义口号。大会还通过了参加共产国际的决议。

我们天才的领袖毛主席早就认识到："**人民民主专政需要工人阶级的领导。因为只有工人阶级最有远见，大公无私，最富于革命的彻底性。**"必须武装夺取政权，非得政权则不能发动革命。而以陈独秀为首的右倾机会主义集团拚命歪曲毛主席的伟大思想，在大会宣言中不提中国民主革命必须由无产阶级领导，不提夺取政权和解决农民的土地问题，给中国革命带来了严重的损失。

这些领导中国革命的根本问题，是由我们伟大领袖毛主席解决的。

我们的党，一直是沿着毛主席的革命路线朝气蓬勃地发展起来的。

第三次全国代表大会

一九二三年六月十日至二十日在广州举行。出席大会的代表二十七人，代表着四百三十二名党员。我们的伟大舵手毛主席出席了大会，并当选为中央委员。

在党的第三次代表大会上，以陈独秀为代表的右倾机会主义者认为"中国资产阶级的力量比农民集中，比工人雄厚"，因而，资产阶级民主革命应当由资产阶级来领导，"一切工作归国民党"，从而取消无产阶级及其政党在革命统一战线中的独立性和领导权，并且认为无产阶级只有等资产阶级共和国成立后，再进行二次革命；而以张国焘为代表的"左"倾关门主义则反对建立革命统一战线，反对与国民党合作，认为只有无产阶级才能革命，农民、小资产阶级、民族资产阶级都不能革命，尤其看不到农民这一中国革命的最广大的动力。毛主席与这两种错误主张作了坚决的斗争，彻底批判了陈独秀、张国焘在统战问题上的"左"右倾机会主义，为党确定了正确的革命统一战线的策略。在毛主席伟大统战思想的指导下，大会讨论了同孙中山领导的国民党建立革命统一战线的问题，正确地估计了孙中山对帝国主义和封建军阀的民主主义立场。大会通过了《关于国民运动及国民党问题的决议案》，决定与国民党合作，共产党员加入国民党，联合一切革命力量，建立革命统一战线。同时，必须保持共产党在政治上和组织上的独立性，牢牢掌握统一战线的领导权，使党能够团结并领导各民主阶级的力量，开展反对帝国主义和封建军阀的革命斗争，从而大大加速了中国革命的步伐，推动了第一次国内革命战争的深入发展。

但是，由于陈独秀把持了大会的领导权，大会没有完全接受毛主席的革命路线，没有解决农民问题和革命军队的问题。

第四次全国代表大会

一九二五年一月在上海举行。出席大会的代表二十人，代表着九百五十名党员。

当时，围绕着中国革命的中心问题，实际上也就是无产阶级领导权的问题展开了激烈的斗争，以陈独秀为首的机会主义分子极端仇视农民运动，反对武装农民，反对农民夺取地主政权。

伟大领袖毛主席针对陈独秀对农民运动的进攻进行了坚决的斗争，明确地指出："**农民问题乃是国民革命的中心问题**"，革命的根本问题是政权问题。在毛泽东思想的照耀下，在毛主席直接领导的湖南农民运动，迅猛异常的发展，推翻地主政权，建立农村革命武装和革命政权；湖北、江西和其它各省农民革命斗争烈火的熊熊燃起，大大动摇了帝国主义、封建主义在中国的基础的巨大影响下，大会发表了宣言：号召工人、农民和其他被压迫人民起来反对帝国主义的侵略，反对军阀的压迫。并通过了关于民族革命运动、工人运动、农民运动、妇女运动和青年运动等决议案，为迎接革命运动的新高潮作了组织上和思想上的准备。

第五次全国代表大会

一九二七年四月二十七日在武汉举行。出席大会的代表八十人，代表着五万七千九百多名党员。

这次大会是在蒋介石举行"四·一二"反革命政变，中国革命陷入严重危机的紧急关头召开的。

毛主席为挽救革命采取了一系列革命措施，主张深入地开展土地革命，并制定了立即迅速加强农民的土地革命斗争、大力武装广大农民、建立农村革命政权等方案，提交大会讨论。

但大会在顽固坚持反动路线的陈独秀之流的控制下，拒绝讨论毛主席的英明意见，排斥毛主席于大会领导之外，剥夺毛主席的表决权。

毛主席坚持的正确意见，与陈独秀机会主义集团进行了坚决的斗争。大会在毛主席的带领下通过了斥责陈独秀集团的决议和没收大中地主土地，发展工人运动等决议。

但是，会上由于很多人对投降主义的危害性没有深刻的认识，使陈独秀仍窃踞了中央总书记的职务，刘少奇和陈独秀臭味相投，也被塞进了这次大会中央委员会。

革命危机更加严重。

在这千钧一发的时刻，毛主席做出挽救革命的伟大决策，发动群众，揭露敌人，号召革命群众拿起武器，武装保卫革命，并要中央常委会作出军事计划。

陈独秀置毛主席的英明决策于不顾，伙同刘少奇下令解散工人武装，向国民党武汉反革命政府缴枪投降，无耻地叛卖了革命，造成了第一次国内革命战争的失败。

第六次全国代表大会

一九二八年六月十八日至七月十一日在苏联莫斯科举行。出席大会的正式代表八十四人，候补代表三十四人，代表着四万多名党员。

大会通过了政治决议案、苏维埃政权组织问题决议案、土地问题决议案、农民问题决议案和职工运动决议案，修改了党的章程，选举了新的中央委员会。毛主席没有出席这次大会，在会上仍被选为党的中央委员。 （下转第四版）

中学红卫兵　敬祝毛主席万寿无疆　1969年4月10日　第二版

唐口三中三连坚决落实各项无产阶级政策

对可以教育好的子女突出一个"帮"字

唐口三中三连针对本连的具体情况，反复学习了北京清华大学对可以教育好的子女的经验。各种不同出身的同学都受到了很大教育，思想觉悟有很大提高。他们的具体作法是：

一、以清华大学的经验为动力，团结一切可以团结的力量

三连共有四个排，其中有的排原省、市、区委领导干部的子弟多，在修正主义教育路线的毒害下，这些同学对工人子弟说话是天津味瞧不起；穿衣服不好看瞧不起；父母是普通工农劳动群众瞧不起。干部子弟有很强的"优越感"。

毛主席亲自发动并领导的无产阶级文化大革命开始了，广大革命群众触及了原省、市、区委的"领导干部"。有的老子出了问题。这样一来，"革干"子弟起了变化。而工农子弟认为自己的父母是工人、贫下中农，当然的领导阶级，又翻过来瞧不起老子出了问题的子女了。连里搞"一对红"活动，谁也不愿跟老子有问题的子弟及出身不好的同学结成"一对红"。认为跟他们搞"一对红"，一辈子也红不了，弄不好反而得黑一半。见面也不靠近，更不愿在一起说话。通过学习清华大学的经验，同学们受到了很大的教育和启发，出身好的同学深有感触地说：过去认为家庭出身不好的同学不可靠，不能接近，唯恐别人说自己划不清界线。学习了清华大学的经验后，使同学们更加懂得了，对于家庭有问题的同学，我们不去团结、争取，阶级敌人就要把他们拉过去，团结一切可以教育好的子女是两个阶级的争夺战。他们表示一定要坚决落实毛主席的各项无产阶级政策，对出身不好的子女，**不是轻视他们，看不起他们，而是亲近他们，团结他们，说服他们，鼓励他们前进**。三连的红卫兵和出身好的同学，通过学习，思想有了很大提高，主动找可以教育好的同学结成"一对红"，经常在一起互亮私心，共同进行斗私批修。"一帮一"、"一对红"活动在三连已蔚然成风。

二、对可以教育好的子女突出一个"帮"字

有个同学，自从父母被揪出来以后，使产生了不正确的想法，觉得自己过去是高干、革干子弟，现在却成了黑帮子弟、从"自来红"到"自来黑"，总觉得比别人矮了一块，自己威风扫地，什么红卫兵、积极分子都当不上了，情绪非常低沉。清华大学的经验，好似及时雨，连委会马上召集同学们反复学习、讨论，并针对出身不好的同学"一落千丈"的活思想，召开了学习清华大华经验，落实无产阶级政策的讲用会。学习了清华大学的经验后，各种活思想都讲了出来；广大同学向他们伸出了热情的手，连委会也向他们做了耐心、细致的思想工作，他们的思想终于搞通了，很多同学在讲用中说：刘×是党内最大走资派、大叛徒、大内奸、大工贼刘少奇的女儿，而刘×能和她的反动老子划清界限，跟毛主席干革命，自己又为何不能呢？在学习讲用中，使这些同学进一步认识到，家庭出身是不能选择的，可是举什么旗，走什么路，接什么班则完全靠自己。家里父母有问题，难道自己就不革命、不求进步了吗？

工人出身的赵秀英，认为自己出身好，小学是红小兵，现在是班干部，一直认为"自来红"。通过学习认识到，出身好是要求进步的有利条件，但绝不是自来红，"自来红"、"自来黑"都是错误的。只有努力学习毛泽东思想，不断加强自身思想革命化，才能紧跟毛主席永远干革命。讲用后，端正了对出身不好同学的态度，加强了同学之间的团结。由过去不敢沾边到主动接近他们，由讽刺打击到热情帮助、互相学习。主动和家庭有问题的同志结成"一对红"。

通过对清华大学经验的反复学习和讲用。同学们一致认为，今后应当认真学习毛主席的各项无产阶级政策，努力活学活用毛主席著作，不断改造世界观，自觉抵制资产阶级思想的侵蚀，在思想上筑起一道坚固的反修、防修长城，只有这样才能成为无产阶级革命事业的可靠接班人。

天津市中学红代会落实政策学习组

用毛泽东思想教育、改造、团結教师的大多数

駐二十三中工、軍宣傳队和革委会，坚决貫徹毛主席对知識分子的各項无产阶級政策

本报讯　驻二十三中工宣队、军宣队和革委会遵照伟大领袖毛主席关于"**我国绝大部分的知识分子是愿意进步的，愿意改造的，是可以改造的。**"教导，对原有教师（特别是出身在剥削阶级家庭，或有历史问题的教师）进行了反复的政治教育，做了大量的、深入细致的政治思想教育工作，充分调动了全体教职员工的革命积极性，促进了思想革命化，有力地推动了教育革命的开展。

用无产阶级政策武装头脑，落实毛主席对知识分子的政策

这所学校解放前是教会学校，解放后不仅未得到根本改造，反而教育阵地继续被资产阶级知识分子所统治，封、资、修的东西流毒甚广。在教工一百零五人中，非劳动人民家庭出身的、有政治历史问题的、犯这样或那样错误的占大多数，不少人背上了包袱，思想负担重、情绪消沉、工作"怕"字当头，等着斗、批、走。对这些人扒拉过来，又扒拉过去，觉得都不能依靠，因而对团结、教育、改造教师工作存有种种顾虑。双宣队认为这是落实政策的障碍，必须铲除。他们针对现实问题及时组织全体队员、学校骨干学习毛主席关于知识分子问题的英明论述和各项无产阶级政策，用毛泽东思想对教师队伍进行了全面地、阶级地、历史地、辩证地分析，从而统一了思想，认识到："**从旧学校培养的学生，多数或大多数是能够同工农兵结合的**""**我国绝大部分的知识分子是愿意进步的，愿意改造的，是可以改造的。**""毛主席的教导，我们工人阶级句句照办，字字照办。"通过反复学习，使每个同志增强了贯彻执行毛主席对知识分子政策的自觉性和无产阶级的责任感。工人师傅深有体会地说："要把党的政策变为群众的行动，首先要把党的政策变为自己的自觉行动，要教育知识分子，首先要对知识分子有一个正确的看法。"

正确对待出身在剥削阶级家庭和有历史问题的教师

如何正确对待剥削阶级家庭出身（包括有政治历史问题）的教师，这是能否教育、改造、团结教师大多数的重要问题。二十三中双宣队的做法是：一是"**再教育**"，二是要注意团结，三是有了变化就使用。有人说："出身有问题的统统请走。"双宣队认为这是不符合毛泽东思想的，是错误的。对于出身问题，党的历来政策是："有成份论，不唯成份论，重在政治表现"。二十三中双宣队按照毛主席的英明论断，针对师生的活思想，反复学习和宣传党的"有成份论，不唯成份论，重在政治表现"和对知识分子"**再教育**""**给出路**"等一系列无产阶级政策。同时双宣队又遵照毛主席"**开展谈心活动，这个方法很好**"的教导，迈开双脚，到办公室、宿舍、家庭，做深入细致的思想教育工作。以自己亲身经历、苦难家史进行阶级教育，提高教师的阶级斗争、路线斗争觉悟，帮助他们与家庭划清界限，转变立场。这样从思想上、政治上解决了一个恨谁、爱谁、跟谁走的问题。一个教师深有感触地说："只能恨工农之所恨，爱工农之所爱，坚定不移地永远紧跟毛主席干一辈子革命，才能成为工农兵所欢迎的知识分子。"在具体做法上：双宣队对在政治上表现好的，就给以充分的使用，大胆交给他们工作，把他们推到教学第一线，在轰轰烈烈的教育革命中锻炼、改造。当他们做了符合毛泽东思想的事，就坚决支持；接受工农兵"**再教育**"中有进步、有成绩，就表扬、鼓励；工作中遇到困难就帮助解决；有了缺点、错误就给以热情批评帮助；当他们思想改造出现反复时，坚持耐心教育。这样变教师的消极因素为积极因素，他们深深感到：双宣队就是按照毛主席革命路线办事的。一个出身在剥削阶级家庭的教师，有人认为"不宜使用"，她自己也感到"政治上没前途，思想上低人一等，只有下农村劳动。"双宣队根据党的政策，对这个教师进行了全面历史地分析，认为她是愿意革命的，愿意进步的，针对她的问题多次主动找她促膝谈心，耐心帮助她领会毛主席对知识分子的政策，正确对待群众，正确对待自己，正确对待家庭。通过多方面工作，使她觉悟提高了，上进心强了，决心大了。后来她以积极的态度投入到教育革命中去，和革命师生一道，在数学课如何突出无产阶级政治、突出阶级斗争教育上取得了一定成绩。双宣队就抓住了这个典型，在教师中进行了表扬，表示大力支持。在全校讲用会上她讲用了"放下包袱，去掉怕字，大搞教育革命的体会"，这样不仅对本人是一个极大的鼓舞教育，而且给其他教师做出了榜样。有个出身在资产阶级家庭的教师，原来认为自己没有什么前途，做对了没人支持，做错了倒霉。通过这个同志讲用，很受感动，他激动地说："自己过去的思想是错误的，出身不能选择，可是走什么路却由自己决定。只要跟着毛主席干革命，照毛主席的指示办事，就有前途。"

这样，不少背着家庭出身不好，或本人有问题包袱的教师，解除了思想顾虑，轻装上阵　积极投入到教育革命第一线。不少人成了教育革命的骨干。调动了教师的积极性，有力地推动了教育革命的深入开展。

目前，一场轰轰烈烈的教育革命的高潮正在学校蓬蓬勃勃地开展。双宣队通过这一段工作深深体会到：只要坚决落实毛主席对知识分子的无产阶级政策，坚持用毛泽东思想对知识分子进行再教育，就能变消极因素为积极因素，就能教育、改造、团结教师的大多数。

二十三中报道组

中学红卫兵　敬祝毛主席万寿无疆　1969年4月10日　第三版

向北京六厂一校学习　坚决落实党的政策

更加深入地向北京六厂一校学习
认真总结經驗，坚决落实政策

——市革委会负责同志在“天津市向北京六厂一校学习经验交流大会”上的总结发言

（一九六九年四月八日）

本报讯　市革委会于本月八日召开了“天津市向北京六厂一校学习经验交流大会”。市革委会首长杜文达、王一、王元和等同志出席了大会。会上和平区革委会、天津医学院附属医院、上海道小学、河北大学、天津碱厂等单位介绍了他们学习北京六厂一校，坚决落实毛主席的知识分子政策、干部政策、对敌斗争政策的经验体会。市革委会负责同志最后作了总结发言，他说：

同志们：

在夺取无产阶级文化大革命全面胜利的伟大进军中，伟大的、光荣的、正确的中国共产党第九次全国代表大会胜利召开了。这是全党、全军、全国人民政治生活中的特大喜事。伟大领袖毛主席亲自主持这次会议，并做了极其重要的讲话，林副主席代表中央委员会做了政治报告。这次会议，是朝气蓬勃的大会，是团结的大会，是胜利的大会。这次大会必将在我党的历史上产生深远的影响。在我们怀着无比喜悦的心情，热烈欢呼党的第九次全国代表大会胜利召开的时候，以无比深厚的无产阶级感情，共同敬祝我们心中的红太阳，我们党的缔造者，我们的伟大领袖毛主席万寿无疆！万寿无疆！万寿无疆！

敬祝毛主席的亲密战友，我们敬爱的林副主席身体健康！永远健康！永远健康！

今天的大会，是向北京六厂一校学习的经验交流大会。会上介绍的几个单位的经验，是向北京六厂一校学习，落实毛主席关于知识分子政策、干部政策和对敌斗争政策的经验。推广这些经验，有利于我们把向北京六厂一校学习，总结经验，落实政策的群众运动进一步推向深入。会议开得很好。这次会议的目的，就是为了把向北京六厂一校学习、落实政策的战役引向深入，就是为了更快、更好地落实北京六厂一校的先进经验，落实毛主席的各项无产阶级政策。当前主要是坚决落实毛主席的知识分子政策、干部政策、对敌斗争政策。

这次落实政策的战役，从市革命委员会第十次全委会议算起，已近半月，从基层骨干四万人大会算起，也已经十天了。十天来，运动进展较快，步步深入，发展健康，也比较扎实。表现在各级领导高度重视，决心大，抓得紧，注意了掌握全局，狠抓典型；运动的声势大，范围广，群众发动的比较充分；大办了学习班，以学习北京六厂一校先进经验为中心内容的各种类型的学习班遍及全市各个角落，以北京六厂一校为榜样，学先进，找差距，定措施的群众活动迅速形成高潮。这次战役特别突出的是大办毛泽东思想学习班，把毛主席的各项无产阶级政策，把北京六厂一校的先进经验原原本本地交给广大革命群众，大抓活思想，切实解决各类人员的思想问题，大大提高了广大革命群众对落实毛主席各项无产阶级政策的伟大意义的理解和认识，大大增强了执行毛主席各项无产阶级政策的自觉性，不少单位出现了人人学政策，人人讲政策，人人用政策的大好局面，涌现了一些落实政策的先进单位。

但是，也必须指出，落实政策的工作还非常艰巨，当前摆在我们面前的任务，就是要狠抓落实，狠抓北京六厂一校先进经验的落实，狠抓知识分子政策、干部政策和对敌斗争政策的落实。总之，是狠抓活学活用毛泽东思想的落实。

一、落实毛主席的各项无产阶级政策，必须继续活学活用毛泽东思想，提高认识

进一步加深对毛主席各项无产阶级政策伟大意义的理解，对学习北京六厂一校先进经验的伟大意义的理解。伟大领袖毛主席教导我们：“**无产阶级文化大革命的斗、批、改阶段，要认真注意政策。**”在革命斗争中必须注意政策，这是毛主席的一贯思想。在无产阶级文化大革命中，毛主席发出的关于政策性问题的一系列最新指示，最科学、最精辟、最深刻地指出了落实政策的伟大意义，明确规定了一整套无产阶级的政策和策略，并且亲自为我们树立了落实政策的活的样板。落实毛主席的各项无产阶级政策，对于夺取无产阶级文化大革命的全面胜利，有着决定性的意义。落实政策的根本目的，在于正确区分两类不同性质的矛盾，分清敌、友、我，最大限度地壮大我们自己，最大限度地孤立和打击一小撮死心踏地的阶级敌人，化消极因素为积极因素，包括把那些敌人营垒中的动摇分子拉出来，改造成为新人。

落实政策，是积极的、进攻的，而不是消极的。只有落实政策，才能真正使广大革命群众在毛主席革命路线的原则基础上，巩固和发展革命大联合，团结起来，共同对敌，在毛主席各项无产阶级政策的轨道上，充分发挥积极性和创造性，不断地夺取新的胜利；只有落实政策，才能正确对待知识分子，正确对待犯了严重错误的干部，达到团结两个百分之九十五的目的；只有落实政策，才能打乱敌人的阵脚，最有效地分化瓦解敌人，迫使敌人营垒中的动摇分子向无产阶级缴械投降，最大限度地争取一切可以争取的力量，为建设社会主义的伟大事业服务，才能狠狠打击那些隐藏最深的最顽固的阶级敌人，把一小撮阶级敌人统统挖出来。落实毛主席的各项无产阶级政策，反映着我们无产阶级眼光远大和坚信自己能够改造世界的伟大气魄，表现了我们无产阶级的雄图大略和革命的远见，那种认为落实政策是“纠偏”的说法，完全是误解，怕这怕那的“不担风险”论是私字作怪，把落实政策说成是否定清队成绩的“前功尽弃”论是错误的，怨这怨那的“算帐派”也是不对的。

二、在学习中落实，在落实中再学习

学习是为了落实，落实是在实践中进一步学习。落实就是要以北京六厂一校为榜样，结合本单位的具体情况，运用毛主席的各项无产阶级政策和北京六厂一校先进经验，正确地具体地处理政策性的问题。要一个单位一个单位地抓，一个工厂一个工厂地抓，一个公社一个公社地抓，一个学校一个学校地抓；在工厂和公社，要一个车间一个车间地抓，一个大队一个大队地抓；在一个单位，要一个问题一个问题地抓。一定要抓深、抓紧、抓扎实，一步一个脚印，抓一个问题就要解决一个问题。一定要注意通过总结经验，落实政策，尽快地解决老大难单位的问题。在抓落实中，最根本的是要进一步活学活用毛主席关于政策和策略的论述，进一步学习北京六厂一校的先进经验。要边学习、边落实，反复学习、反复落实。要深入开展革命大批判，要用政策宣传群众，用政策武装群众，用政策发动群众，真正把党的政策原原本本地交给广大革命群众，变为群众的自觉行动，扎扎实实地打一场落实政策的人民战争。

三、掌握全局，狠抓典型

胸中有全局，手中有典型，才能够取得领导运动的主动权。上面一般化，下面就会各行其事，结果，政策还是不能落实。各级领导，凡已经注意了抓典型的，要一抓到底，抓出成效；凡注意抓典型不够的，要立即行动起来，急起直追。一定要在“点”上下功夫，在“面”上见效果。在“点”上，要紧紧抓住正确处理两类不同性质的矛盾，总结出落实对知识分子政策、干部政策和对敌斗争政策的具体经验；在“面”上大力推广。总结经验，要抓住关键性的单位，关键性的人物，关键性的问题，总结那些最有代表性、最有指导意义的经验。“面”上的工作，一定要及时掌握运动动态，经常分析形势，抓好各种人员的活思想。有计划、有预见地搞好落实政策的战役指挥，把运动步步引向深入。

现在我们党的第九次全国代表大会正在胜利进行。让我们高举毛泽东思想伟大红旗，紧跟毛主席的伟大战略部署，积极行动起来，用向北京六厂一校学习，总结经验，落实政策的新成绩，用斗、批、改的新成绩，用**抓革命，促生产，促工作，促战备**的新成绩向党的第九次全国代表大会献礼！　（口号略）

中学红卫兵　　敬祝毛主席万寿无疆　　1969年4月10日　第四版

党最光荣最偉大

驻二十六中工、军毛泽东思想宣传队

盼望九大迎九大，
北京电波传天下，
四月一日九大开，
举国欢呼党伟大。

毛主席主持开九大，
特大喜讯传天下，
爹亲娘亲不如毛主席亲，
天大地大不如党的恩情大。

国家伟大党伟大，
敬爱的领袖最伟大，
毛主席万岁！万万岁！
毛主席他老人家最伟大。

全国人民庆九大，
世界人民庆九大，
无产者要团结紧，
帝修反它最害怕。

让苏修发抖吧！
让美帝嚎叫吧！
冻死苍蝇未足奇！
世界人民笑开花。

九大公报象灯塔，
光辉照跃普天下，
照的世界红彤彤，
帝修反末日来临啦！

紧跟毛主席，永远向前进

河北分会

天津城内红旗飘，海河两岸尽朝晖。

「千万颗红心在激烈地跳动，千万张笑脸迎着红太阳。」抚摸着红卫兵的战旗，仰望着毛主席的巨幅画像，我们热血沸腾，心潮激荡。在「九大」召开的大喜日子里，我们热烈欢呼，纵情歌唱，衷心地祝愿我们红卫兵的红司令毛主席万寿无疆！万寿无疆！万寿无疆！

海河两岸红旗如画，渤海之滨人潮似海。天津市四百万人民满怀胜利的豪情，隆重庆祝党的第九次全国代表大会的胜利召开。使我们每个红卫兵战士感到特别高兴的是我们红卫兵的代表也光荣参加了这次大会。当红卫兵这一新生事物刚刚出现在东方地平线上的时候，就得到我们伟大领袖毛主席的支持。今天我们红卫兵的代表又参加了这次震撼世界的中国共产党第九次全国代表大会，毛主席他老人家对我们红卫兵多么信任，多么关怀，多么支持呀！我们千万遍地高呼：毛主席万岁！毛主席万万岁！！

我们毛主席的红卫兵永远忠于我们的红司令，对毛主席的伟大战略部署要步步紧跟，永远紧跟。目前，我们一定要落实毛主席的各项无产阶级政策，一定要做到「毛主席挥手我前进，上山下乡干革命」，一定要继续发扬红卫兵的革命造反精神，为捍卫毛主席的无产阶级革命路线，刀山敢上，火海敢闯。

让我们在党的「九大」旗帜的指引下，紧跟毛主席，永远向前进！

（上接第一版）

随着革命斗争的深入发展，人们越来越清楚地认识到只有毛泽东思想才是党的唯一指导思想。会上陈独秀的投降主义遭到了彻底清算。在此基础上确定了中国革命的性质，制定革命的总任务是：建立反帝、反封建的工农民主专政。并且规定了工农民主革命的各项纲领，提出了建立红军，建立农村革命根据地，实行分配土地的任务。

毛主席在一九四四年四月十二日《**学习和时局**》的报告中指出：“**第六次全国代表大会的路线是基本上正确的，因为它确定了现时革命的资产阶级民主主义性质，确定了当时形势是处在两个革命高潮之间，批判了机会主义和盲动主义，发布了十大纲领等，这些都是正确的。第六次全国代表大会亦有缺点，例如没有指出中国革命的极大的长期性和农村根据地在中国革命中的极大的重要性，以及还有其他若干缺点或错误。但无论如何，第六次全国代表大会在我党历史上是起了进步作用的。**”

第七次全国代表大会

一九四五年四月二十三日至六月十一日在延安举行。出席大会的正式代表五百四十七人，候补代表二百零八人，代表着一百二十一万名党员。

毛主席致大会开幕词，作了《**论联合政府**》的政治报告和《**愚公移山**》的闭幕词。

毛主席指出，中国人民面前摆着两种命运，两个前途，全党和全国人民应力争光明的前途。为了实现这个光明的前途，毛主席为党规定了一一条正确的政治路线：“**这就是放手发动群众，壮大人民力量，在我党的领导下，打败日本侵略者，解放全国人民，建立一个新民主主义的中国。**”这条路线为全党和全国人民指明了奋斗目标，在彻底打败侵略者以后，应该“**建立一个以全国绝对大多数人民为基础而在工人阶级领导之下的统一战线的民主联盟的国家制度**”，即“**新民主主义的国家制度**”。毛主席这个彻底的革命路线不仅击溃了蒋介石国民党妄图在中国建立大地主大资产阶级专政的反革命阴谋，也无情地反对了刘少奇、邓小平之流向蒋介石国民党出卖抗战胜利果实，妄图在中国建立资产阶级专政的反动梦想。

加强党的领导是实现党的路线的根本保证。毛主席在报告中总结了我党的理论联系实际、密切联系人民群众、批评和自我批评三大优良作风，创造性地发展了马列主义的建党学说。

毛主席的《**论联合政府**》的政治报告以及他在会上的其它报告，总结了党领导八年抗战和二十四年新民主主义革命的经验，进一步全面系统地阐明了世界人民无产阶级革命、特别是殖民地半殖民地革命的规律，进一步清算了第一、二次国内革命战争和抗日战争中党内右倾和“左”倾机会主义的路线，更加牢固地树立起无产阶级革命路线在全党的统治地位。毛主席在这次会上所作的一系列英明指示，不仅保证了中国抗日战争和民主革命的彻底胜利，而且成为全党和全国人民在民主革命胜利后大踏步走向社会主义道路的指路明灯。

林彪同志在会上作了关于群众路线的发言，发言中他高举毛泽东思想伟大红旗，精辟地阐述了我党的群众路线，有力地批驳了形形色色的机会主义谬论。

大会选举了新的以毛主席为首的中央委员会，林彪同志当选为中央委员。

党的第七次代表大会是团结的大会，胜利的大会，这个团结是在毛主席革命路线上的团结，这个胜利是战无不胜的毛泽东思想的伟大胜利。

毛泽东思想是我党的灵魂，是革命胜利的根本保证。这次大会明确规定毛泽东思想是党的指导思想，是全党一切工作的指导方针。

但是，在“七大”会议上，两条路线、两个司令部的斗争仍然是很激烈的。

刘少奇在会上作了《关于修改党章的报告》，大肆美化资产阶级，鼓吹阶级合作、阶级调和，极力贬低武装斗争的重要性，鼓吹“和平过渡”，篡改党章，反对毛主席的建党思想。

在起草《关于修改党章的组织报告》时，刘少奇等人妄图写上“有变节、自首行为的人也可以做中央委员”，后因康生等同志坚决反对，才未写上。

彭德怀参加了党章修改小组的讨论，他反对党章党纲里写上“中国共产党以毛泽东思想作为自己一切工作的指针”这一条，他猖狂地说：毛泽东思想“百分之九十九点九是对的，百分之零点一是不对的。”由于遭到反对，他的阴谋才未得逞。

在“七大”会上，刘少奇耍尽了反革命两面手法，骗取了中央政治局委员、书记处书记、军委第一副主席等要职，并把大叛徒彭真、薄一波、安子文、刘澜涛等拉入中央委员会。

邓小平在“七大”会上窃取了中央委员职务。

第八次全国代表大会

一九五六年九月十五日至二十七日在北京举行。出席大会的正式代表有一千零二十六人，候补代表一百零七人，代表着一千零七十三万名党员。

大会是在社会主义革命和社会主义建设的大好形势下召开的。我们伟大领袖毛主席在大会开幕词中指出：“**这次大会的任务是：总结从七次大会以来的经验，团结全党，团结国内外一切可能团结的力量，为了建设一个伟大的社会主义的中国而奋斗。**”

周总理根据毛主席指示，作了《关于发展国民经济的第二个五年计划的建议的报告》，并向全党提出了在毛主席的领导下，加倍努力，团结一切可以团结的力量，克服各种困难，为把我国建设成为一个伟大的社会主义工业强国而奋斗的伟大任务。

刘少奇和邓小平配合苏修叛徒集团的反革命阴谋，在他们所作的政治报告和关于修改党章的报告中，大反毛主席和毛泽东思想，篡改“七大”的规定，妄图抹杀我们伟大领袖毛主席的英明领导、伟大毛泽东思想的指导作用，并塞进了他们“阶级斗争熄灭论”的私货，胡说我国“社会主义与资本主义谁战胜谁的问题现在已经基本解决了”，完全暴露了他们反革命修正主义的嘴脸。毛泽东思想是战无不胜的，他们胆敢冒天下人民之大不韪，反对毛主席和毛泽东思想，是搬起石头砸自己的脚，自取灭亡！无产阶级文化大革命的胜利，宣判了刘邓司令部的彻底垮台，这是战无不胜的毛泽东思想的伟大胜利！

欢迎批评　欢迎来稿　本报地址：浙江路十八号（电话：3·3059）　本市邮局办理订阅与零售（电话：2·5145　4·1106）

北京红衛兵
第七十二期　一九六九年四月十七日

毛主席最新指示

我們希望这一次代表大会，能够开成一个团結的大会，胜利的大会，大会以后，在全国取得更大的胜利。

中国共产党第九次全国代表大会主席团秘书处新聞公报

一九六九年四月十四日

中国共产党第九次全国代表大会在四月十四日下午举行的全体会议上，一致通过了林彪同志代表中国共产党中央委员会作的政治报告，一致通过了中国共产党章程。

伟大领袖毛泽东主席和他的亲密战友林彪副主席进入主席台时，全场欢声雷动，掌声不绝。

毛主席主持了今天的会议。当这两个文件一致通过的时候，全场长时间地高呼："无产阶级文化大革命胜利万岁！""中国共产党万岁""战无不胜的毛泽东思想万岁！""毛主席万岁！万岁！万万岁！"

中国共产党第九次全国代表大会开幕以后，四月二日起，全体代表进行了分组讨论。

全体代表认真地讨论和学习了毛主席在开幕会上的极其重要的讲话，受到了深刻的教育，表示热烈拥护，坚决照办。代表们遵照毛主席的教导，回顾了党的历史。一九二一年，党的第一次全国代表大会，只有几个小组、几十个党员；在毛主席正确路线指引下，今天，我们党发展成为强大的中华人民共和国的领导者。代表们说，这就是历史对我们党四十八年的 勇奋斗获得伟大胜利所作的结论，也是历史对陈独秀、王明等曾经对中国革命造成极大危害的"左"右倾机会主义彻底破产所作的结论。只有懂得党的历史，才能懂得毛主席是怎样继承、捍卫和发展了马克思列宁主义的，才能懂得毛主席的伟大，才能懂得毛泽东思想的伟大，才能懂得毛主席的无产阶级革命路线的正确。毛主席在讲话中说：**"我们希望这一次代表大会，能够开成一个团结的大会，胜利的大会，大会以后，在全国取得更大的胜利。"**代表们一致激动地表示：坚决响应毛主席的伟大号召。大家充满信心地说：在摧毁了以刘少奇为首的资产阶级司令部以后，我们党空前地团结起来了。我们这次大会，在毛主席的直接领导下，开得很顺利，很团结，很好，它一定是一个团结的大会，胜利的大会，是一个夺取全国更大胜利的誓师大会。

全体代表认真地逐段、逐句地反复地讨论了林彪副主席的政治报告。代表们认为，这个报告高举马克思主义、列宁主义、毛泽东思想伟大红旗，深刻地阐明了毛主席关于在无产阶级专政下继续革命的理论，系统地总结了我国无产阶级文化大革命的经验，分析了国内外形势，提出了全党、全军、全国人民今后的战斗任务，是指导我国社会主义革命和社会主义建设的伟大纲领。来自各个战斗岗位的代表说，林彪同志的报告，把我们想要说的，都概括进去了，我们越读越高兴，越读越亲切。代表们还对报告提出了许多很好的补充和修改意见。

全体代表认真地逐章逐条地讨论了中国共产党章程修改草案。代表们认为，这个修改草案，是全党、全国革命群众共同起草的，是伟大领袖毛主席英明领导和广大群众相结合的产物，是党的民主集中制和党的群众路线的生动表现。代表们认为，这个党章草案，重新明确规定了党的指导思想的理论基础是马克思主义、列宁主义、毛泽东思想，同时明确规定林彪同志是毛主席的接班人，这是无产阶级文化大革命的伟大胜利，这是马克思主义、列宁主义、毛泽东思想的伟大胜利。我们的党一定能够按照新党章的规定，建设得更加伟大、更加光荣、更加正确。

在四月十四日的全体会议上，伟大领袖毛主席作了极其重要的鼓舞人心的讲话。林彪同志作了重要讲话。周恩来、陈伯达、康生、黄永胜、王洪文、陈永贵、孙玉国、尉凤英、纪登奎等同志发了言。发言的同志一致表示拥护伟大领袖毛主席极其重要的讲话，拥护林彪同志的政治报告，拥护中国共产党章程草案。他们发言过程中，全场不断响起了热烈的掌声和口号声。大会在通过了林彪副主席的政治报告和中国共产党章程以后，决定将这两个文件委托大会主席团秘书处作文字上的校正以后发表。

今天在主席台前列就座的，有：周恩来、陈伯达、康生、江青、张春桥、姚文元、谢富治、黄永胜、吴法宪、叶群、汪东兴、温玉成。

还有：董必武、刘伯承、朱德、陈云、李富春、陈毅、李先念、徐向前、聂荣臻、叶剑英。

中国共产党第九次全国代表大会开幕以来，举国上下，一片欢腾。各族亿万革命群众，举行了盛大游行和集会，欢庆这次代表大会的召开，这是中国共产党历次代表大会所没有过的。一个活学活用毛泽东思想群众运动的新高潮，抓革命、促生产、促工作、促战备的新高潮，正在兴起。

中国共产党第九次全国代表大会开幕以来，收到了阿尔巴尼亚劳动党中央委员会，许多马克思列宁主义兄弟党、兄弟组织，许多友好国家、外国进步组织、友好团体和人士发来的贺电、贺信共一千九百七十七件。他们对我们党的这次代表大会表示热烈祝贺。中国共产党第九次全国代表大会对他们的祝贺和支持表示深切的感谢。

中国共产党第九次全国代表大会，自四月十五日起，进入第三个议程：选举党的中央委员会。全体代表并将继续分组讨论，结合本地区、本系统、本单位的实际情况，进一步落实大会提出的各项战斗任务。

（新华社北京十四日电）

中学红卫兵 敬祝毛主席万寿无疆 1969年4月17日 第二版

毛主席是中国共产党的伟大缔造者和培育者

——中国共产党历史上一些重要会議簡介

"八七"会議

一九二七年八月七日党中央在九江召开的紧急会议。会上，毛主席提出了"**枪杆子里面出政权**"的英明论断，彻底粉碎了陈独秀右倾机会主义，撤消了陈独秀的总书记职务。会议确定实行土地革命和武装反抗国民党屠杀政策的总方针，决定发动农民进行武装起义。

在这次大会上，毛主席当选为政治局候补委员。

会后，伟大领袖毛主席亲自领导了"秋收起义"和向井冈山进军，创建了世界上第一支新型的人民军队和世界上第一个农村革命根据地。在国际共产主义运动史上，第一次提出以农村包围城市，在农村建立革命根据地，积聚革命力量，最后夺取城市，夺取全国胜利的光辉思想，为中国革命和世界革命开辟了胜利的道路。

古田会議

一九二九年十二月，在毛主席领导下，于福建上杭县古田村召开的具有伟大意义的红四军第九次党代会。会上，以毛主席为代表的无产阶级军事路线战胜了资产阶级反动军事路线。大会通过了毛主席起草的《关于纠正党内的错误思想》的决议。这是一部具有划时代意义的光辉文献，是建党建军的伟大纲领。

遵义会議

一九三五年一月红军长征途中，党中央在贵州遵义召开了政治局扩大会议。这次会议结束了以王明、博古为代表的"左"倾机会主义路线在中央的统治，确立了伟大领袖毛主席在全党的最高领导地位，在中国革命最紧急的关头挽救了党，挽救了革命。

遵义会议的伟大历史功绩在于：经过长期革命斗争实践的考验，为全党、全国和全世界革命人民推举出了伟大导师、伟大领袖、伟大统帅、伟大舵手，我们心中最红最红的红太阳毛主席。从此，中国人民和世界革命人民的革命斗争，就在无产阶级最杰出的领袖毛主席的英明领导下，从胜利走向胜利。

瓦窑堡会議

一九三五年十二月二十五日，在陕北瓦窑堡召开了中央政治局会议。这次会议在毛主席的领导下，讨论了当时国内外的政治形势，分析了阶级关系的变化，批评了党内那种认为中国民族资产阶级不可能和中国工人农民联合抗日的错误观点。决定了建立民族统一战线的策略，指出了中国革命的长期性，批判了党内在过去长时期内存在着的"左"倾机会主义路线的狭隘的关门主义和对于革命的急性病。会议通过了《关于目前政治形势与党的任务决议》。这是一次极其重要的中央会议。

全国代表会議

一九三七年五月，党中央在延安召开了党的全国代表会议，会上毛主席作了《中国共产党在抗日时期的任务》的报告，和"为争取千百万群众进入抗日民族统一战线而斗争"的结论。

会议讨论和批准了毛主席的报告，同时讨论和批准了党在一九三五年以来的政治路线，这次会议为即将到来的抗日战争作了政治上和组织上的充分准备工作。

（下转第四版）

天津市中学红代会第四次全委扩大会議

关于认真学习、大力宣传、坚决贯彻"九大"精神的决定

伟大、光荣、正确的中国共产党第九次全国代表大会即将胜利闭幕了，红色电波又传来了我们伟大领袖毛主席的最新指示："**我们希望这一次代表大会，能够开成一个团结的大会，胜利的大会，大会以后，在全国取得更大的胜利。**"在这光辉的日子里，天津市中学红代会于四月十五日举行了第四次全委扩大会议。与会同志畅谈了"九大"胜利召开的伟大意义。一致认为中国共产党第九次全国代表大会是在无产阶级文化大革命取得了伟大胜利的大好形势下召开的，这次大会是一次朝气蓬勃的大会，团结的大会，胜利的大会，是关系到中国革命和世界革命胜利前进的大会。毛主席亲自主持制定的大会重要文献，都是世界共产主义运动的伟大纲领。会议还认为，红卫兵中的党员代表首次参加党的全国代表大会，这是毛主席和以毛主席为首、林副主席为副的无产阶级司令部对我们红卫兵战士的最大关怀，最大信任，最大鼓舞。我们一定要紧跟毛主席的伟大战略部署，迅速掀起学习、宣传、贯彻落实"九大"精神的高潮。并通过决定如下：

一、认真学习

"九大"的重要文献发表后，各级红卫兵组织要连夜组织学习班，集中人员，集中精力，集中时间，反复学习，深刻领会，并结合本校实际情况找出差距，订出措施，坚决贯彻执行。要学出新水平，用出新水平。

各级红卫兵组织的负责人要带头学，亲自抓，要把这一工作放在一切工作的首位，并以此统帅其他各项工作。

二、大力宣传

"九大"胜利闭幕的特大喜讯传来后，全市红卫兵要立即掀起一个声势浩大的、前所未有的大庆祝、大宣传的高潮，要立即举行集会、庆祝游行。市红代会要及时组织全市红卫兵召开庆祝大会和游行（具体事宜，另行通知），同时各级红卫兵组织要以最大的决心，最快的速度，组织庞大的宣传队伍，调动一切宣传力量，运用各种宣传形式大力宣传"九大"的伟大意义和深远影响；宣传"九大"发表的重要文献；热烈赞颂伟大领袖毛主席的无比英明、无比伟大；赞颂毛泽东思想、毛主席革命路线的伟大胜利；赞颂以毛主席为首、林副主席为副的无产阶级司令部的丰功伟绩；赞颂无产阶级文化大革命的伟大胜利；赞颂伟大、光荣、正确的中国共产党。做到家喻户晓，人人皆知。

《中学红卫兵》报和各区分会的战报要全力以赴，紧跟形势，抓好典型报道。

三、贯彻落实

各级红卫兵组织要带领广大红卫兵战士，坚决地、不折不扣地贯彻执行"九大"提出的各项战斗任务。紧密配合校革委会扎扎实实地搞好当前清队工作、复课闹革命、教育革命、下乡上山等各项工作。进一步落实毛主席的一系列最新指示和各项无产阶级政策。乘"九大"的强劲东风，掀起我市红卫兵活学活用毛泽东思想的新高潮，推动我市中学斗、批、改运动的深入发展。各级领导要做到胸中有全局，手中有典型。

四、加强领导

为搞好上述工作，市、区红代会要分别建立"学习、宣传、落实'九大'精神指挥部"，主要负责人要亲自抓。各区指挥部和各校红卫兵团，要及时召开学习、宣传、落实"九大"精神的经验交流会。要抓好典型、树立样板、总结经验。并及时将学习、宣传、贯彻落实情况报市红代会指挥部。

各级红卫兵组织要积极主动向各级革委会和工、军宣传队请示、汇报工作，做到紧密配合。

一九六九年四月十五日

中学红卫兵　　敬祝毛主席万寿无疆　　1969年4月17日　第三版

落实政策　庆祝「九大」

——八十九中学革命教师文章选登

本市八十九中革委会在工人、解放军毛泽东思想宣传队的帮助下，执行毛主席的关于知识分子政策取得了成绩。他们对知识分子分别情况，加以教育和任用。做法是：一、根据党的“有成份论，不唯成份论，重在政治表现”的政策，正确对待出身不好的知识分子。二、对“可以教育好的子女”多作教育工作，允许其思想反复。三、对有政治历史问题的知识分子，重在看其现实表现。四、把犯严重错误的知识分子拉回到毛主席革命路线上来。五、帮助出身好的知识分子放下“自来红”的包袱。

以下三位教师的文章，从不同角度体现了上述一些做法的效果。

◇ ◇

毛主席的知识分子政策

使我看到了光明的前途

徐　法

我是个“可以教育好的子女”。

工人阶级最听毛主席的话。负责我们学习班的沙师傅在与我谈话中，对我进行了深刻的阶级斗争教育。

沙师傅带着强烈的无产阶级感情，痛斥日本帝国主义的滔天罪行。使我认识到我父亲这个汉奸走狗就是帮助日本帝国主义残害中国人民的杀人不见血的刽子手，从而使我进一步认识了他的反动本质。在工人阶级的帮助下，使我进一步从思想上与阶级敌人划清界限。工人阶级对我的教育帮助使我感到有了希望，有了前途。

可是，就在这以后不久，我思想上产生了很大的反复。原因是，元旦以后我爱人来信，告诉我由于他在文化大革命中站错了队，犯了不少错误，正在接受革命群众审查和批判，这一个突如其来的消息给了我当头一棒。我思想上产生的第一个念头就是这次我算是彻底完了，全都摊上了，不仅我完了，就连我的小孩也完了，我越想越悲观，不知偷偷地哭了多少次。

正在我胡思乱想往错路上走的时候，第一个出来帮助我的还是工人师傅。最初我只是哭，工人师傅耐心地对我进行教育，教育我以正确态度对待我爱人的问题。后来我给我爱人写了信，给他讲政策，帮助他认识错误。

元旦后，我爱人回到了天津，当我爱人来津之后，我们立即通宵办了学习班，学习党的政策。第二天沙师傅利用星期日休息的时间，又给我们办起了学习班，沙师傅给我们忆旧社会劳动人民的苦，讲政策，宣传毛泽东思想。使我们都深受教育，我们都这样想：“过去我的父母都是压迫剥削劳动人民的，现在咱们犯了错误，工人师傅这样拉咱们，把咱们拉到毛主席革命路线上来，就是让咱们改造成无产阶级的接班人”。当时感动的我爱人拉着沙师傅的手痛哭着说：“工人阶级真伟大，我一定听您的话，回去以后一定好好交待问题。”现在，我爱人得到群众的谅解，前几天我爱人来信，还说：“五一来津非常希望能见到沙师傅。”

我深深地体会到刘少奇的反动路线害了我，只有我们伟大的工人阶级听毛主席的话，才拯救了我。我决心做一名工农兵欢迎的知识分子，永远跟着伟大领袖毛主席干一辈子革命。

按：徐法同志的思想变化是一个很有力的证明，只要认真去执行毛主席的各项无产阶级政策，“可以教育好的子女”的绝大多数，确实是可以教育好的。

＊＊＊

毛主席的知识分子政策

給了我写新历史的勇气

黄敏厚

我在四六年参加过反动组织三青团，在文化大革命中站错了队。“一批三查”开始后，我感到压力很大，认为这一回新账老账一齐算，包袱就更重了。工宣队进校后，坚决落实毛主席的无产阶级政策，不是疏远我、歧视我，而是亲近我、信任我，向我宣传了党的政策：家庭出身看本人，历史问题看现在，鼓励我放下包袱。还说，工宣队来校就是落实毛主席关于斗、批、改一系列最新指示，团结一切可以团结的力量共同对敌。

在工人师傅的帮助下，使我对自己的历史问题有了进一步的批判认识，我逐步卸下了包袱，明确了应该用自己的革命行动来写自己的新历史。

工人师傅相信我是愿意革命的，让我担任一个排的副排长的工作，我下决心要好好接受再教育，彻底改造世界观，跟毛主席干一辈子革命。

今年一月份，我带着同学下厂劳动时，我向厂领导同志主动提出，让我把自己的问题向工人师傅们介绍一下，以便更好地取得工人师傅对我的教育和帮助。毛主席的知识分子的政策极大地调动了我的积极性，使我产生了用不完的干劲，现在只要是符合毛泽东思想的事我就大胆去干。

有一次，我排同学在一次揭发不符合毛泽东思想言行的会上，由于感情用事，没有注意政策，错误地对待了一位犯错误的同学。我就站起来谈自己的看法。同学和我辩论，我就对主持会的宣传员说：“要按毛主席的政策办事。”这时有的同学说我包庇。我向同学们说：“这不是包庇问题，而是要执行毛主席的政策。”然后向工人师傅汇报了情况，向工人师傅请示，最后在工人师傅的帮助下解决了问题。

现在我深刻体会到，是毛主席的知识分子政策指引着我用新的思想，写自己新的历史！我有千言万语表达不尽我对我们伟大领袖毛主席的热爱！我的心永远向着毛主席！

按：黄敏厚同志讲，是毛主席的知识分子政策指导着他用自己新的思想写自己新的历史，这就充分表现了毛主席的知识分子政策的巨大威力！我们按照毛主席的知识分子政策，不仅对有一般历史问题的教师，在教育改造中，大胆使用。就是对于有重大政治历史问题的人我们也是按照毛主席的政策，只要他过去没有多大罪恶，解放后又无现行活动的，根据其现实表现，也按人民内部矛盾处理。现在我们正在着手做这项工作。

（此按由八十九中工军宣传队、革委会所加）

＊＊＊

毛主席的知识分子政策

促进了我勇敢背叛剝削阶級家庭

隋文德

我是一个出身于剥削阶级家庭的知识分子。在文化大革命运动前，就背着家庭出身不好的包袱，总认为在政治上比出身好的人「矮一节」。因此，产生了「政治上过得去」的消极情绪，在运动中又站错了队。「一批三查」运动开展之后，自己思想包袱更重了，悲观情绪很厉害。正在我思想斗争最激烈、思想包袱最沉重的时候，毛主席他老人家派工宣队进驻了我校。工军宣传队把党的知识分子政策的温暖带到我们每一个人的心坎上。工军宣传队遵照毛主席「**我国绝大部分的知识分子是愿意进步的，愿意改造的，是可以改造的。**」教导，反复宣传党的知识分子政策，宣传党的阶级路线，帮助我自觉地放包袱。工军宣传队首先抓住了阶级教育这一门主课，作为对我们再教育的基础课，我自己听工、军宣传队苦大仇深的老工人作忆苦思甜报告，就有五次。大大激发了我对毛主席的热爱，对剥削阶级的憎恶，从而提高了我的阶级觉悟，认清了自己家庭的剥削本质，逐步划清了界限。工人师傅还深入到学习班进行深入细致的思想工作，和我们一起学习毛主席著作。在工人师傅教育帮助下，我认识到：「走什么路，不靠出身，而是靠自己。」工人师傅深刻地指出：「跟着走，做革命的同路人，就是不想继续革命，「怕」字当头，背包袱，就是没有真正从刘少奇资反路线中站过来，这样下去，你怕犯错误，将来可还得犯大错误啊！」工人师傅的话，对我触动很大。要跟着毛主席干革命，就得放下包袱，好好接受再教育。与此同时，工人阶级还把我推上阶级斗争第一线，让我经受锻炼和考验。我想：毛主席这样关怀我，工人阶级这样信任我，群众这样支持我，我一定要脱胎换骨地改造自己的旧思想，永远跟着毛主席，干一辈子革命。

按：像隋文德同志这样的例子学校里还很多，出身不好的教师都能放下包袱，轻装前进。我们坚持按照党的阶级路线「有成份论，不唯成份论，重在政治表现」，正确对待这些出身不好的教师，充分发挥他们的积极性。现在，这些教师的共同反映是：毛主席的知识分子政策落实到我们身上，毛泽东思想的光辉照在我们心坎上！（八十九中工军宣传队、革委会）

中学红卫兵　敬祝毛主席万寿无疆　1969年4月17日　第四版

伟大、光荣、正确的中国共产党万岁！

（上接第二版）

洛川会議

一九三七年八月，党中央在陕北洛川召开了政治局会议。

会议充分地分析了当时的形势，正确地估计了国民党反动派片面抗战的危险，以及可能由此发生的挫败、退却、内部分化叛变、暂时局部妥协等不利情况，会议通过毛主席写的《为动员一切力量争取抗战胜利而斗争》的宣传鼓动提纲，使已经发动起来的抗战发展成为全面的抗战。会议根据毛主席的提议，通过了"抗日救国十大纲领"。

在洛川会议上，伟大领袖毛主席同王明投降主义路线主要代表者之一博古和投降主义路线的干将彭德怀展开了尖锐的斗争。

六届六中全会（扩大）

一九三八年十月在延安举行。会上，毛主席代表中央政治局作了政治报告。这次会议批准了以毛泽东同志为首的中央政治局对于抗日战争和抗日民族统一战线的路线，确定在贯彻党的统一战线政策中，必须坚持独立自主的原则和"有斗争，有团结，以斗争求团结"的方针，彻底批判了以王明为代表的右倾投降主义路线。

七届二中全会

一九四九年三月五日至十三日在河北省平山县西柏坡村举行。这次会议是在中国人民革命取得全国胜利前夜召开的，是一次极其重要的会议。毛主席在会上作了重要的政治报告，深刻地批判了刘少奇右倾机会主义路线，提出了促进革命迅速取得全国胜利和组织这个胜利的各项方针和政策，提出了由新民主主义革命转变为社会主义革命的总任务和主要途径。毛主席天才地预见到社会主义时期国内的基本矛盾是"**工人阶级和资产阶级的矛盾**"，并及时地警告资产阶级的"糖衣炮弹"将成为对于无产阶级的主要危险，创造性地发展了马列主义关于社会主义革命和建设的理论。这次会议，为夺取全国胜利，由民主革命转变为社会主义革命作了准备。

中央政治局全体会議

一九五三年六月在北京召开。毛主席彻底粉碎了刘少奇妄图"巩固新民主主义秩序"的右倾机会主义路线，制定了党在过渡时期的总路线："**从中华人民共和国成立，到社会主义改造基本完成，这是一个过渡时期。党在这个过渡时期的总路线和总任务，是要在一个相当长的时期内，逐步实现国家的社会主义工业化，并逐步实现国家对农业、对手工业和对资本主义工商业的社会主义改造。**"这条总路线是照耀我们各项工作的灯塔，各项工作离开它，就要犯右倾或"左"倾的错误。

七届四中全会

一九五四年二月六日至十日召开。在我国社会主义革命正在胜利开展的时候，刘少奇资产阶级司令部的急先锋高岗、饶漱石猖狂进行反党活动。在我们伟大领袖毛主席领导下，及时地揭露和粉碎了高饶反党集团。全会通过了毛主席提议的《关于增强党的团结的决议》，给反党阴谋集团以致命的打击。由于刘少奇的包庇，高饶反党集团的主将彭德怀却蒙混过关，他们继续暗地里干着反党反社会主义反毛泽东思想的罪恶勾当。

八大二次会議

一九五八年五月在北京召开。这是一次具有伟大历史意义的代表大会。大会一致通过了伟大领袖毛主席制定的"**鼓足干劲、力争上游、多快好省地建设社会主义**"的总路线。这条总路线，是毛泽东思想的新发展，是毛主席的无产阶级革命路线战胜刘少奇资产阶级反动路线的产物，是中国人民和世界革命人民进行社会主义革命和社会主义建设的指路明灯。

庐山会議（八届八中全会）

一九五九年八月二日至十六日在江西庐山召开的党的八届八中全会，是一次具有重大历史意义的中央全会。在这次会议上，刘少奇资产阶级司令部的急先锋彭德怀，抛出一个彻头彻尾的反革命纲领，恶毒攻击伟大领袖毛主席，疯狂反对党的三面红旗。在毛主席的亲自领导下，会议揭露了彭黄张周反党集团篡党的大阴谋，"胜利地粉碎了右倾机会主义即修正主义的进攻，维护了党的路线和党的团结"，维护了以毛主席为首的无产阶级司令部。庐山会议之后，毛主席的亲密战友、一贯高举毛泽东思想伟大红旗的林彪同志主持了中央军委工作，从而大大地加强了无产阶级司令部，巩固了无产阶级专政。

八届十中全会

一九六二年九月二十四日至二十七日在北京举行。这次全会是在伟大领袖毛主席的亲自主持下进行的。毛主席在会上再一次强调了关于社会主义社会的矛盾、阶级和阶级斗争的理论，向全党和全国人民发出了"**千万不要忘记阶级斗争**"的伟大号召。这次会议有力地打击了党内最大的走资派刘少奇利用国民经济暂时困难、配合国内外阶级敌人对党对社会主义进行的猖狂进攻。全会以后，全国人民在毛主席关于阶级和阶级斗争的伟大理论的指导下，奋起战斗，煞住了刘少奇所煽起的资本主义复辟的阴风。在毛主席的亲自领导下，全国城乡开展了轰轰烈烈的社会主义教育运动，取得了辉煌的成果，为无产阶级专政下的革命提供了宝贵的经验。

中央政治局扩大会議

一九六六年五月在北京举行。经过批判反党反社会主义的吴晗及其大毒草《海瑞罢官》，揭开了无产阶级文化大革命的序幕。在我们伟大领袖毛主席的亲自领导下，中共中央召开了政治局扩大会议，揭露和批判了以彭真为代表的反党集团。一九六六年五月十六日，中央政治局扩大会议通过了中共中央的《通知》。这是由我们伟大领袖毛主席亲自主持制定的伟大历史文献。它全面地、系统地提出了无产阶级文化大革命的理论、路线、方针和政策，彻底地粉碎了彭真反革命集团复辟资本主义的罪恶阴谋，吹响了无产阶级文化大革命的进军号。

八届十一中全会

一九六六年八月一日至十二日在北京举行。这是在我国无产阶级文化大革命的关键时刻召开的一次极其重要的中央全会。这次会议标志着我国社会主义革命进入一个崭新的阶段，标志着国际共产主义运动进入一个崭新的阶段。会议始终在毛主席的亲自主持下进行。会议高举毛泽东思想伟大红旗，科学地、全面地、深入地阐明了毛泽东思想在马克思列宁主义发展史上的意义和地位。会议通过了毛主席亲自主持制定的无产阶级专政下革命的纲领性文件《中国共产党中央委员会关于无产阶级文化大革命的决定》。会议期间，伟大领袖毛主席亲自写出了《**炮打司令部**》的大字报，对刘少奇、邓小平为代表的资产阶级反动路线作了彻底的批判。这次全会是毛主席无产阶级革命路线的伟大胜利，宣告了刘少奇资产阶级反动路线的可耻破产。全会一致确认林彪同志为我们统帅毛主席的接班人和副统帅。从此之后，在以毛主席为首、林副主席为副的无产阶级司令部的英明领导下，全国无产阶级文化大革命胜利地向前发展。

八届扩大的十二中全会

见一九六八年十一月二日《人民日报》十二中全会公报

欢迎批评　欢迎来稿　本报地址：天津市浙江路十八号（电话：3.3059）　本市邮局办理订阅与零售（电话：2.5145　4.1106）

精

中学红衛兵

天津市中等学校红卫兵代表大会常务委员会机关报

第78期　1969年5月22日　星期四

毛主席语录

无产阶级是人类历史上最伟大的一个阶级。是思想上、政治上、力量上最强大的一个革命阶级，它可以而且必须把绝大多数的人团结在自己的周围，最大限度地孤立和打击一小撮敌人。

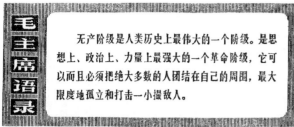

总是多团結一点人好

团結一切可以团結的力量

落实对「可以教育好的子女」的政策

天南大附中“**可以教育好的子女**”比较多，而且都是一些所谓有“名望”、“地位”的教授、讲师、干部子女。这些人在文化大革命前表现了一种强烈的优越感，总觉得自己高人一等；后来父母出了问题，又觉得一落千丈，背上了沉重的包袱。而我们中的许多人，对他们也不重视，瞧不起。

毛主席教导我们：“**调动一切积极因素，团结一切可能团结的人，并且尽可能地将消极因素转变为积极因素，为建设社会主义社会这个伟大的事业服务**”。对“**可以教育好的子女**”，表面看是对几个人的问题，实质上是体现我们忠不忠于伟大领袖毛主席，是能否一丝不苟地执行毛主席的无产阶级政策的大问题。我们对他们进行了阶级的、历史的、辩证的分析之后，在毛泽东思想的基础上，统一了认识。对这些子女从团结的愿望出发，开展艰苦、细致的政治思想工作。

我校有一个“**可以教育好的子女**”，他父亲被揪出来之后，畏罪自杀了，母亲也正在被审查中。这个同学很苦脑，情绪很低沉，总感到自己比别人低一等。我们从生活上关心他，体贴他；更重要的是从思想上帮助他，多次给他讲党的政策：一个人的出身是不能选择的，父母是不能选择的，但做什么人、走什么路是完全可以由自己选择的。经过反复的工作，使这个同学很受感动，他激动地说：“师傅和我谈心太好了！谈一谈心里就豁亮一大块。”接着，他主动办起了家庭学习班，促使母亲交代了问题，走上了坦白从宽的道路。

还有许多同学，通过学习，都有不同程度的提高。有的说：“以前我总认为老子出问题儿子倒霉；现在认识到：如果不是通过学习，提高自己的政治思想觉悟，那才是真正倒霉呢！”

对“**可以教育好的子女**”必须立足于一个“拉”字，突出一个“帮”字。最根本的就是用毛泽东思想武装他们的头脑，解决恨谁、爱谁、跟谁走的大问题。老工人通过忆苦思甜，对他们进行了阶级教育。

通过学习，这些人的精神面貌都发生了很大变化，都普遍办起了家庭学习班，促使父母交代了问题。

通过学习，这些子女阶级觉悟提高了，不论在上山下乡问题上，还是在斗、批、改中，都发挥了一定的作用。有的还光荣地加入了红卫兵。

通过办学习班和做这些人的工作，使我们深深体会到，我们必须坚定不移地、不折不扣地落实对“**可以教育好的子女**”的政策，团结一切可以团结的人，推动斗、批、改的不断向前发展。

天南大附中　**革委会　双宣队**

坚定不移地去做工作

我们七连一排「**可以教育好的子女**」比较多，他们大都背着一个沉重的家庭包袱，说话做事格外小心，唯恐错了与老子挂上钩。他们的积极性受到压抑，严重影响着我们班集体的前进步伐。做不做他们的工作呢？我们想：做这个工作会遇到想象不到的困难，做不好说不定给自己扣上什么「帽子」。但是我们又想：如果把他们争取过来，就会给革命增添一份力量，如果不管，敌人就会把他们拉过去，壮大了敌人的力量，这究竟对谁有利呢？毛主席说：「**组织千千万万的民众，调动浩浩荡荡的革命军，是今天的革命向反革命进攻的需要。**」我们是毛主席的红卫兵，最听毛主席的话，我们应该立即做团结、教育他们的工作。可是，有个出身好的同学说：「老子坏了，儿子也不咋的。做他们的工作简直是瞎子点灯白费蜡。」我们则说：「老子坏子，儿子不一定坏。尽管他们受了家庭的不好影响，但他们生在新社会，长在红旗下，毛泽东思想的阳光雨露哺育着他们，他们大多数是愿意革命的。」

我们怀着一颗火热的心埋头工作，一方面做「**可以教育好的子女**」的工作，一方面帮助出身好的同学正确对待「**可以教育好的子女**」。还没见多大效果，风言风语就出来了，我们感到很委屈。心想：做下去肯定会出更多意见，到此结束吗？简直是对毛主席的不忠。毛主席的教导「**彻底的唯物主义者是无所畏惧的**」激励着我们，我们又积极投入了战斗。

这次我们采取了抓典型的办法。有个同学上课精神不集中，沉默不语。经过调查研究，找到他的活思想，就和他一起学习最高指示，终于提高了他的觉悟。他主动写了对家庭的认识，我们在班上表扬了他。这样一来震动很大，不少人主动写了对家庭的认识。有的出身好的同学说：「出身不好的人特别滑，写点对家庭的认识是装样子，他们是假积极，捞稻草。」我们就把这些同学找来，向他们大讲毛主席的无产阶级政策，大讲做这个工作的重要意义，并在全班讨论了这个问题。从此冷言冷语就少多了。

经过一段工作，「**可以教育好的子女**」的觉悟提高了，他们纷纷揭发父母的问题，表示要与父母划清界限，积极开展革命大批判。对他们的这些革命行动我们积极支持，大力表扬。但是有人说：「表扬的都是什么人？」我们说：「他们做的事符合毛泽东思想，为什么不可以表扬？他们确实与家庭划清了界限，坚决跟着毛主席干革命，不仅应该表扬，还可以当红卫兵，做为班上的骨干。」

通过这一段工作，我们体会到，要想做好「**可以教育好的子女**」的工作，首先要高度重视，从战略意义上去认识，从落实党的政策，捍卫党的生命去考虑；同时还要端正对「**可以教育好的子女**」的态度，积极热情地帮助他们，用毛泽东思想武装他们的头脑，解决他们爱谁、恨谁、跟谁走的问题。

只要我们按毛主席的指示办事就无往而不胜。

天南大附中七连一排　学生辅导员 **杨秀芝**　排长 **冯继军**

紧跟毛主席干革命

在排里学习“九大”文献时，同学们都积极把自己的活思想亮出来，可我却坐在那里一句话也不讲。总觉得自己出身不好，说不说无关紧要，若讲错了可不得了。再一想，自己父亲的问题还没定性，以后究竟如何还不晓得。思想上的包袱一天比一天沉重，经常默默不语，遇事总以“老好人”的姿态出现，生怕别人抓住小辫子不放。

近来，通过学习毛主席的各项无产阶级政策，林副主席的政治报告和同学们的帮助，使我的思想逐步转变过来。我经常这样问自己：刘×是党内最大走资派刘少奇的女儿，她能和自己的反动老子划清界限，跟毛主席干革命，我为什么不能呢？为什么老子出了问题，自己却背这样大的包袱，停滞不前呢？通过学习使我进一步提高了对家庭的认识。我认为出身的好坏，由不得自己选择，但选择什么路，走什么路，接什么班则完全靠自己。难道出身不好，就从此背一辈子包袱，不求上进了吗？想到这里，我感到自己实在对不起党和毛主席他老人家。毛主席教导我们说：“**在阶级社会中，每一个人都在一定的阶级地位中生活，各种思想无不打上阶级的烙印。**”我决心和剥削阶级家庭划清界限，并要帮助父亲彻底交待问题，改造思想，重新做人。

我生长在新中国，是毛主席他老人家的光辉思想哺育我成长的。今后我要不断提高阶级和阶级斗争觉悟，紧跟毛主席不断革命，永远革命。

九十四中　**吕植华**

中学红卫兵　　敬祝毛主席万寿无疆　　1969年5月22日　第二版

站在最前线
文化大革命的英勇旗手——江青

☆　☆　☆

编者按：我们怀着无比激动的心情，刊登歌颂无产阶级文化大革命英勇旗手江青同志的特写片断——《站在最前线》。

敬爱的江青同志，几十年如一日，步步紧跟毛主席，始终站在阶级斗争的最前线，顶逆流，破迷雾，战恶风，为捍卫毛主席的革命路线立下了不朽的功勋！

我们向江青同志学习，就要学好毛主席关于在无产阶级专政条件下继续革命的理论，在阶级斗争中站在最前线，敢于斗争，善于斗争，搞好斗、批、改，夺取新胜利！

我们向江青同志学习，就是要坚决响应毛主席"知识青年到农村去"的伟大号召，做革命的硬骨头，站在下乡上山的最前线，滚一身泥巴，炼一颗红心，跟毛主席干一辈子革命！

全文共分十八个部分，本报将连续刊载。

站在最前线

"暮色苍茫看劲松，乱云飞渡仍从容。天生一个仙人洞，无限风光在险峰。"每当我们回顾三年来阶级斗争的惊涛骇浪，欢庆文化大革命伟大胜利的时候，我们心中总是出现一个伟大、崇高的形象——无产阶级文化大革命的英勇旗手，敬爱的江青同志。

"忆往昔峥嵘岁月稠"，在三年来艰苦卓绝的斗争中，江青同志时刻站在最前线，和我们红卫兵战士团结、战斗在一起，带领我们高举毛泽东思想伟大红旗，将无产阶级文化大革命进行到底！

（一）

一九六六年，这是多么难忘的一年啊！

五月十六日，我们最最敬爱的伟大领袖毛主席亲自主持制定的伟大的划时代的历史文献——中共中央《五·一六通知》，宣判了彭真反革命集团的死刑，吹响了无产阶级文化大革命的进军号！就在这一天，中央文革小组光荣诞生了！

六月一日，我们伟大领袖毛主席亲自决定广播全国第一张马列主义的大字报，无产阶级文化大革命的熊熊烈火燃遍了全中国。

"一从大地起风雷，便有精生白骨堆。"党内最大的一小撮走资派为了挽救其灭亡的命运，**"站在反动的资产阶级立场上，实行资产阶级专政"**，抛出了资产阶级反动路线，派出了大批镇压革命群众运动的工作组。用毛泽东思想武装起来的红卫兵小将心红眼亮，敢革命、敢造反。六月二十日，师大一附中红卫兵小将向刘少奇一手控制的工作组轰出了第一炮，展开了针锋相对的斗争；六月二十四日，清华附中的红卫兵又贴出了《无产阶级的革命造反精神万岁》的革命大字报。革命烈火把党内最大的一小撮走资派烧得心惊肉跳，他们凶相毕露，赤膊上阵，公然将革命小将打成"反党分子"、"假左派真右派"，把《无产阶级的革命造反精神万岁》等大字报骂成"大毒草"，实行残酷镇压。"黑云压城城欲摧"的五十天啊！我们多次地"抬头望见北斗星，心中想念毛泽东"；我们多少遍地遥望中南海，高声背诵：**下定决心，不怕牺牲，排除万难，去争取胜利。**在这白色恐怖的五十天中，敬爱的江青同志始终和我们心连心，江青同志说："我们发现你们革命组织受迫害，受压抑，甚至被打成'反革命'，我就心里愤怒、难过。我们坚决支持你们，学习你们的革命造反精神"。自六月一日起，江青同志遵循毛主席的教导，用了一个多月的时间分析形势，观察形势，敏锐地感觉到运动出现了不正常的现象。七月二十日，江青同志刚回到北京，一天也没休息，就来倾听我们的呼声。她尖锐地指出："派工作组这个形式是错误的，他们的工作内容尤其是错误的。"有力地抨击了刘邓资产阶级反动路线。

东方红，太阳升，驱散乌云见光明。七月十八日，在文化大革命面临夭折的关键时刻，伟大舵手毛主席回到了北京。从七月二十二日起，江青同志和总理、伯达、康生等同志一起，带着毛主席的委托先后到北大、二外、广播学院、师大等学校深入群众，调查研究，传达了毛主席的声音。江青同志说："毛主席很关心你们的革命事业。毛主席他老人家说过：**马克思主义的道理千条万绪，归根结底，就是一句话：'造反有理。'**坚决支持你们奋起造反。"江青同志的讲话是对我们无产阶级革命派最大的信任，最大的鼓舞，最大的支持，最大的鞭策。

八月初，我们伟大领袖毛主席主持召开了具有伟大历史意义的八届十一中全会，制定了无产阶级文化大革命的纲领——《十六条》，拨正了船头，扭转了航向，挽救了无产阶级文化大革命，挽救了我们受迫害、遭打击的红卫兵小将，吹响了彻底摧毁资产阶级司令部的进军号角！

（二）

在战无不胜的毛泽东思想的光辉照耀下，首都中学革命小将团结起来，共同战斗，成立了革命的组织——红卫兵。红卫兵，这是无产阶级文化大革命的必然产物，这是二十世纪六十年代国际共产主义运动的伟大创举。红卫兵，从她诞生的第一天起，就在伟大领袖毛主席的哺育下，在中央文革和江青同志的关怀下，以其大无畏的革命造反精神震撼着全世界！

当中国赫鲁晓夫刘少奇伸出罪恶的黑手，狂吠红卫兵是"非法的""反动组织"，企图将这个新生事物扼杀时，毛主席以无产阶级革命家最伟大的胆略和气魄，肯定和支持了红卫兵；面对着阶级敌人一片"乱"、"糟"的叫嚣，江青同志理直气壮，痛加驳斥："这样的乱，越乱越好，革命的大乱才能搞出革命的大治来！我们中央文革小组的同志拍手称快！"何等鲜明的爱憎，何等伟大的气魄！

当刘邓等党内一小撮最大的走资派用新的形式顽固推行资产阶级反动路线，挑动群众斗群众，利用"老子英雄儿好汉，老子反动儿混蛋"的口号蒙蔽小将时，江青同志又以无产阶级革命家的远见卓识，帮助我们辨明方向，领导我们进行不调合的斗争。八月六日江青同志在天桥剧场接见了中学红卫兵，严正指出："怀疑一切的口号，这是极其错误的！"她深刻地批判了危害极大的反动血统论，说："阶级路线是党的生命，同志们应该关心，重视。"并且亲自将'对联'进行了修改。江青同志一次又一次地阐述了毛主席的阶级路线，一再强调我们红卫兵要坚决依靠群众，团结大多数，并领导我们彻底批判了谭立夫反动思潮。

善有善报，恶有恶报；不是不报，时候未到；时候一到，一切全报。林副主席"十·一"讲话和《红旗》杂志十三期社论向我们发出了炮打资产阶级司令部、彻底批判资产阶级反动路线的战斗号令，正如江青同志所说："现在不是他们算我们的账，而是我们要算他们的账！"江青同志大义凛然，义正辞严地指出："在全国进行的反对资产阶级反动路线的斗争，是资产阶级挑起来的。……现在他们既然挑起来了，那我们就坚决应战！"在毛主席的亲切关怀下，在中央文革和江青同志的直接领导下，红卫兵小将和全国无产阶级革命派一起，击退了资产阶级反动路线一次又一次的进攻，刘邓资产阶级反动路线彻底完蛋了，毛主席的无产阶级革命路线取得了伟大胜利！

（三）

历史的车轮滚滚向前，一月革命风暴冲天而起！我们的伟大领袖毛主席又一次亲自决定广播又一张马列主义大字报——《告上海全市人民书》和《紧急通告》，发出了"无产阶级革命派联合起来，向党内一小撮走资本主义道路当权派夺权！"的伟大号召。江青同志坚决响应毛主席的最新号令，积极支持和帮助无产阶级革命派实现革命的大联合，胜利地进行夺权斗争。江青同志说："革命左派在大是大非一致的前提下实现大联合，要在革命斗争中实现大联合，只有联合才能揭穿一小撮走资本主义道路当权派和顽固坚持资产阶级反动路线的人的阴谋，才能打退资产阶级反动路线的新反扑。"

（下转第四版）

中学红卫兵　　敬祝毛主席万寿无疆　　1969年5月22日　第三版

农村是一个广阔的天地，在那里是可以大有作为的

一切为了落实毛主席的最新指示

六七届毕业生顾学莲、李玉英等被光荣批准去农村插队落户了。正当他们整装待发之际，李玉英的父亲去世了。李玉英的父亲长期有病，她家生活有困难，再加上父亲去世，给她去农村安家落户造成了物质上的困难。

顾学莲同学是个独生女，这次积极响应毛主席的伟大号召，经受了考验。李玉英家里的情况被她知道后，她想：毛主席教导我们：**"我们的干部要关心每一个战士，一切革命队伍的人都要互相关心，互相爱护，互相帮助。"**毛主席的最新指示：**"知识青年到农村去，接受贫下中农的再教育，很有必要"**，我不但要自己贯彻落实，而且有责任帮助阶级姐妹落实毛主席的最新指示。

回家后，顾学莲把李玉英的困难和自己的想法向父母说了，表示要用实际行动帮助李玉英解决困难，同走毛主席指引的革命道路，父母都很支持她。于是一天晚，顾学莲和父亲带着一床被子和褥子，有人民币、棉花票，给李玉英家送去。

当这些东西送到李玉英母女面前时，们感动得热泪盈眶。李玉英母亲觉得这工作来了：李玉英和我是阶级姐妹，走毛主席指引的与贫下中农相结合的道路是我们的共同心愿，她的困难就是我的困难，我们要互相关心，互相爱护，互相帮助，一切都是为了落实毛主席的最新指示！

"一切都是为了落实毛主席的最新指示！"这发自肺腑的声音，多么激昂豪迈，是全面落实毛主席最新指示的战歌！在场的人都是那么激动，毛主席的最新指示把人们的心连在一起了，他们心中共同高呼：毛主席万岁！毛主席万万岁！

战无不胜的毛泽东思想灿烂阳光照耀着知识青年前进的道路，顾学莲、李玉英和她们的战友们，沿着毛主席指引的方向，胜利地踏上了与贫下中农相结合的革命征途……

《新三十一中》编辑组

「头头」带头

抗大五中六八届毕业分配开始了。校红卫兵团负责人、应届毕业生张红秀心潮起伏，许多活思想一古脑地冒了出来，她觉得自己运动中表现不错，存在着可以不到农村插队落户的思想。

带着活思想，她反复学习了毛主席的光辉著作《青年运动的方向》和「**知识青年到农村去**」等一系列最新指示。毛泽东思想的阳光雨露滋润着她的心田，给她指明了方向，她认识到，毛主席发出了「**知识青年到农村去**」的伟大号召，我们毛主席的红卫兵就是要坚决响应，走毛主席指引的道路，才能做彻底的革命派。她下定决心，「**到农村去，接受贫下中农的再教育**」，做上山下乡的带头人，关键时刻不掉队。

战无不胜的毛泽东思想指明了张红秀前进的方向，她认识提高了，更足了，**积极要求到最艰**地方去，到祖国最需要的去。她被批准到呼伦贝尔**插队落户了！**

张红秀四月二十五日就要出发了。二这天，当她准备退掉户口办理插队落户手时候，她的奶奶病故了，家里十分紧张。是「退」还是「拖」？在这一闪念中，她马到的是：紧跟毛主席要寸步不离，落实毛最新指示要争分夺秒，走与贫下中农相结道路一天也不能推迟。于是，她毅然决然当天把自己的户口退掉了。

现在，张红秀已经是一名社会主义的民了，她在回忆自己上山下乡的过程时，感触地说：「今后永远高举毛泽东思想伟旗，不断革命，是多么重要啊！」我们红战士高举毛泽东思想伟大红旗，不断革命是要永远沿着毛主席指引的与工农相结合命道路奋勇前进，永不停顿。

抗大五中上山下乡办公室

同走革命路

毛主席向我们发出了**"知识青年到农村去，接受贫下中农的再教育，很有必要"**的伟大号召，很早就立志到农村去安家落户的延安中学红卫兵蓝会英决心更大了，接受贫下中农再教育的要求更迫切了。

六八届毕业分配工作开始了。蓝会英毫不犹豫地要求到内蒙古去插队落户，她多次表示，一定要到斗争最艰苦、革命最需要的地方去。学校批准了她的要求，蓝会英是多么高兴啊，她是多么希望立刻到内蒙去投向贫下中农的怀抱啊！

可是蓝会英没有去为自己的物质准备而奔走，而是为全面落实毛主席的最新指示而忘我地战斗着。她想，上山下乡工作是一场尖锐激烈的阶级斗争，毛主席的最新指示不但要我自己不折不扣地落实，还有责任帮助更多的同志落实。她遵照毛主席**"来一个动员"**的伟大教导，和几个同学一起，倡议组成了"三七草原战斗连'。在倡议书中她豪迈地写道："三七草原战斗连，将为学习、宣传、落实毛主席关于**"知识青年到农村去"**的最新指示，为帮助更多的同志坚定地走上与工农相结合的革命大道而战斗！"

蓝会英是这样说的，也是这样做的。从毕业分配工作开始直到向内蒙古大草原进发，她没有一天在家忙过自己的事。她和她的战友们反复认真地学习毛主席的最新指示，并通过谈心、家访等各种形式，积极热情地宣传毛主席的最新指示，为全面落实毛主席的最新指示贡献自己的力量。

毛主席最新指示的灿烂阳光照耀着她们前进的道路，"三七草原战斗连"积极地为落实毛主席的最新指示而战斗，受到了革命师生的称赞。战斗连很快从几个人发展到四十多人，许多同学在她们的热情帮助下，走上了与工农相结合的革命道路。

延安中学红卫兵团

解放軍支左支到了家

王佰嗣同学是人民中学六八届毕业生，也可以说他现在已经是一个名副其实的内蒙古大草原的新型农民了。

在毕业分配以前，市里下达了征兵任务，小王怀着满腔热情积极报名参军。他觉得自己各方面的条件不错，有充分的把握。但出乎小王的预料，他没有被批准。这时上山下乡任务下达了，动员工作开始了。小王的思想出现了波动，他面临着一个是否能够紧跟毛主席伟大战略部署的严重考验。

正巧，小王参军的哥哥回家来看望。他发现了小王的思想问题，就主动办起了家庭毛泽东思想学习班，在学习班里全家认真学习、深刻领会伟大领袖毛主席关于知识分子必须同工农兵相结合的教导以及**"知识青年到农村去"**的最新指示。小王的哥哥怀着无限忠于毛主席的深厚感情说：听毛主席的话，到反修防修的第一线内蒙古大草原安家落户，这是祖国的需要、革命的需要，是无尚光荣的事。毛主席教导我们：**"知识青年到农村去，接受贫下中农的再教育，很有必要。"**这是毛主席为我们革命青年指出的光明大道，我们不去谁去，我们要毫不犹豫地、自觉地到农村去接受贫下中农的再教育，在贫下中农的教育帮助下，锤炼成为无产阶级革命事业的可靠接班人……。

通过学习班的学习，小王和全家人的思想都很快想通了，全家联名写了坚决支持小王上山下乡的决心书，小王也坚决表示一定要到祖国最需要、最艰苦的地方去插队落户，做一名不穿军装的战士，做党和人民的一颗永不生锈的螺丝钉。现在，小王已经走上了与贫下中农相结合的光辉道路，去**"接受贫下中农的再教育"**了。

广大群众都赞扬说：这真是解放军支左支到了家！

务农

中学红卫兵

敬祝毛主席万寿无疆

1969年5月22日　第四版

站　在　最　前　綫

（上接第三版）

江青同志针对革命队伍中存在的各种非无产阶级思想，多次指出：“所有左派都要在革命斗争中实现大联合，左派内部极端民主化、自由主义要内部整风，除了斗争走资本主义道路当权派外，对自己思想上的阴暗面也要斗，对自己也要一分为二，正确对待自己，去掉私心杂念，去掉风头主义，这不就团结了吗？”江青同志还强调指出，克服各种非无产阶级思想“最锐利的武器就是学习毛主席的老五篇。”

满怀激情忆往事，不忘披荆斩棘人。江青同志为人民立下了多少丰功伟绩，伟绩丰功！将永远激励着我们前进，鼓舞着我们战斗。“**暮色苍茫看劲松，乱云飞渡仍从容。天生一个仙人洞，无限风光在险峰。**”亿万红卫兵永远向江青同志学习，向江青同志致敬！

打 倒 譚 震 林

夺权！夺权！夺权！

无产阶级革命派联合起来，夺党内一小撮走资本主义道路当权派的权！

黄浦江畔，上海工人阶级打响了第一炮，吹响了“一月革命”的号角，无产阶级革命派要把文化大革命的命运，要把社会主义经济的命运，操在自己手中。

伟大的“一月风暴”，席卷全中国，震撼全世界。

敌人是不甘心于他们的灭亡的！以中国赫鲁晓夫刘少奇为首的一小撮叛徒、特务、死不改悔的走资派垂死挣扎，反攻倒算。刘邓司令部的马前卒、大叛徒谭震林伙同一些人迫不及待地跳了出来，在全国掀起了一股自上而下的资本主义复辟逆流——“二月逆流”。

谭震林这个老混蛋，竟敢在中央工作会议上拂袖而去，说：“砍掉脑袋、坐牢也要斗争到底。”真是狂妄已极。旧账未清，新恶又添。他和那些“二月逆流”的干将们疯狂叫嚣：“中央文革一切皆错了，文化大革命一切皆错了。”真是狂犬吠日！他们妄图否定毛主席几十年的英明领导，为刘、邓、陶翻案，为王明翻案。**蚍蜉撼树谈何易！**

我们伟大领袖毛主席高瞻远瞩，一针见血地指出：“**从上到下，各地都有这种反革命复辟现象。**”“**二、三、四月是决战时期。**”

在伟大领袖亲自统帅下，在中央文革直接指挥下，无产阶级革命派横戈跃马，杀上战场。敬爱的江青同志除了和谭震林展开面对面的斗争以外，又大力支持革命小将的果敢行动。她向红卫兵小将尖锐指出：“当前有一股逆流，反夺权风和翻案风，保守势力要从无产阶级革命派手中夺权”，“他们妄图把无产阶级文化大革命成绩一笔抹杀，也就是抹杀革命群众和红卫兵小将的功劳，主要矛头是指向毛主席的司令部。”

江青同志在四月四日接见大专院校革命派代表时说：“对谭震林……你们要打开局面。”“要坚定不移地支持农口革命左派。”

江青同志谆谆告诫我们：“不反击‘二月逆流’，就有亡国、亡党的危险。”

她质问保余××的人：“反击‘二月逆流’，炮打谭震林，难道不对吗？”“事实上余××是贺龙的心腹，但是毛主席宽宏大量，对他是一批二保，有的人不批就保，还说他一贯正确，这对不对呀？”“谭震林就该打倒，他反对毛主席就该打倒！”

谭派人到河北等地搜集“材料”，妄图整垮中央文革，江青同志立即做了坚决地斗争。

在那妖风迷漫，恶浪逆行的日子里，江青同志真象一个无畏的哨兵，站在毛主席的革命路线上，艰苦卓绝，英勇斗争，带领广大无产阶级革命派和红卫兵经过几次反复冲杀，夺取了无产阶级文化大革命又一个回合的伟大胜利！狗胆包天的大叛徒、刘邓司令部的马前卒谭震林被推上了历史的断头台。

横 扫 王 关 戚

前年八月下旬，彭罗陆杨的黑秀才、刘邓安插在我们队伍里的黑钉子王、关、戚活跃起来。他们从极“左”的方面，向我们革命队伍进攻。在社会上泛滥着一种极“左”思潮，以黑匪“五·一六”兵团为代表的极“左”势力，疯狂炮打伟大的“三红”——以毛主席为首林副主席为副的红色司令部、红色长城——人民解放军、红色政权——革命委员会。各地出现了一些不正常的现象，许多地方两派斗争加剧了，武斗升级了，一些别有用心的人到处大揪“军内一小撮”，或者四处流窜，包打天下，破坏新生红色政权。王、关、戚则对中央搞封锁，不请示，不汇报，想把中央和中央文革架空起来。

江青同志以明察秋毫的政治敏感，识破了王、关、戚的阴谋。在内部，曾多次向他们作斗争，最后，则采取了坚决的行动：把王、关从中央文革端出去，挂起来，而把戚本禹抛开，让他再表演表演。

在九月一日北京市革委会扩大会议上，江青同志反复指出：“用极‘左’的面目制造混乱，这就是‘五·一六’兵团。‘五·一六’是有人在后面搞的。‘五·一六’是从极‘左’和右的方面企图动摇毛主席的革命路线”，“有人到处揪军内一小撮，这是有阴谋的。……这样打乱了军队，就是自毁长城。”

在九月五日接见安徽两派代表的重要讲话中，进一步指出：“要有以毛主席为首的党中央来领导，这是重要的条件；要有中国人民解放军这个无产阶级专政的坚强柱石，保卫无产阶级文化大革命；要逐步成立地方上的革命委员会，实行革命的大联合，革命的三结合。这样才能够进行斗批改，才能保证全国范围的革命大批判运动。”并且告诉革命群众：“黑手藏在背后，你们不容易识破。”“我们要成为用毛泽东思想武装起来的革命派，不要成为张家派，李家派。”

九月十六日接见大学代表时，江青同志批评那些跟着坏人跑的学生：“你们不能正确估计形势，和中央估计的形势大好不一样……你们到全国各地揪军内一小撮，这不就是自毁长城吗？……你们不跟毛主席革命路线走，我们依靠别人，依靠工农兵，只要毛主席一声令下，军队马上会跟着走，不会象你们那样摇来摆去。”

关王庙反革命集团已经败了，戚本禹装成一副造反者的姿态，负隅顽抗　并且在师大和学部搞了第二套班子，表面接受江青同志的批评，暗中又整江青同志的黑材料。江青同志在十一月九日、十二日两天的北京文艺座谈会上指出：“敌人是很狡猾的，他们有一套一套的班子，你搞掉他一套他又上一套。”戚本禹真是不见棺材不落泪，终于把自己推上了绝路，妄图扭转历史潮流的野心家，不过是不齿于人类的小丑。

“一拔何亏大圣毛”，江青同志把戚本禹端出来了，中央文革更坚强了。

揪 出 杨 余 傅

王关戚被揪出，反对派们以为捞到一根救命的稻草，他们狂妄非难无产阶级司令部，要“重新评价中央文革”。王关戚的黑后台杨余傅跳了出来，恶毒攻击以毛主席为首、林副主席为副的无产阶级司令部，攻击中央文革，攻击文化大革命的英勇旗手江青同志。他们勾结起来，要夺空军的大权，要搞垮谢副总理，颠复北京市革委会……他们要为刘邓陶翻案，要为“二月逆流”翻案，要为王关戚翻案！

这是无产阶级反复辟与资产阶级和一切剥削阶级复辟的生死斗争！

江青同志敏锐地看出了这个形势，她在六八年二月二十一日接见天津革命委员会成员时说：一个黑会，一个黑戏，“他们赤裸裸地说他们要夺权呀！”“出现这样一些事情，不是简单的，不是偶然的。”

三月十五日，江青同志明确指出：“目前在全国，右倾翻案是主要危险”。三月十八日又进一步指出：“右倾不是苗子，已有行动了，已经有好几个月了。”

三月二十七日，在北京革命群众大会上，江青同志指出：“目前，右倾保守主义、分裂主义是在反动方面占优势，要击溃他们。”“为‘二月逆流’翻案是错误的，谭震林是叛徒……打倒谭震林！”

江青同志和杨余傅的斗争早就开始了：

当杨成武要登“大树特树”的文章时，江同志几次反对，不同意刊登。

当傅崇碧带人冲进中央文革驻地时，江青志挺身而出，厉声斥责，坚决斗争！……

毛主席亲自召集了四次会议，作出了英决定：撤消杨余傅的一切职务，逮捕法办余立解决了这个“**不很大也不很小的问题**”。

无产阶级文化大革命的胜利是不可阻挡的穷途末路的阶级敌人逃不脱历史的惩罚，我们利地进行了又一个回合的战斗，新胜利的曙光经出现在地平线上了。

全 国 一 片 紅

一个光辉的日子：一九六八年九月五日，将永远载入史册。

我们伟大的祖国除台湾省外全部成立了革命委员会！

全国山河一片红，神州大地尽东风！

在九月七日的北京市革命群众庆祝大会上，江青同志异常激动地说：“我想不出什么好的语言来形容我心中的喜悦。”

是啊，从三十年代起就和叛徒们作坚决斗争的江青同志，为无产阶级文艺革命，为无产阶级文化大革命，立下了不朽功勋。江青同志立场最坚定，目光最锐利，革命性最强，斗争最英勇。林彪同志说：“江青同志是我们党内的女同志中间最杰出的同志，是我们党内的干部中间很杰出的干部！……她有她独特的作用，始终站在这个运动的最前线。”

经历了人类历史上最伟大的革命，取得了最辉煌的胜利，这个喜悦是怎么能用语言来形容呢？

“**暮色苍茫看劲松，乱云飞渡仍从容。天生一个仙人洞，无限风光在险峰。**”

毛主席的红卫兵，永远向无产阶级硬骨头江青同志学习，永远站在革命斗争的最前线！

（待续）

欢迎批评　欢迎来稿　本报地址：天津市浙江路十八号（电话：3.3059）　本市邮局办理订阅与零售（电话：2.5145　4.1106）

毛主席语录

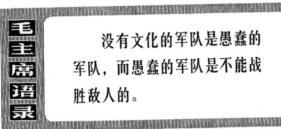

没有文化的军队是愚蠢的军队，而愚蠢的军队是不能战胜敌人的。

中学红卫兵

天津市中等学校红卫兵代表大会常务委员会机关报

第79期　1969年5月25日　星期日

树立为革命读书的思想

驻津某部　杨志华

思想评论

现在，有一种论调是“读书无用”。赞成或倾向这种说法的大有人在。这些人中有的是鼓吹的，有的是人云亦云，随声附和的。因此，“读书无用论”这股反动思潮市场甚广，流毒不小。它直接冲击着无产阶级教育革命，干扰着毛主席的无产阶级教育革命思想的迅速落实。一切革命的同志必须充分注意在教育革命中的这一阶级斗争新动向，坚决批倒“读书无用论”。

“读书无用论”究竟是什么货色呢？是大叛徒、大内奸、大工贼刘少奇长期推行的反革命修正主义教育路线的“读书做官论”的翻版。旧学校读书为了做官，这种流毒虽经过批判，但未彻底肃清。有人以为读书只有一个“做官”的目的，除了这个目的外就没有别的目的了；既然读书做官是错误的，那读书就没用了。这种想法，实际上是同刘少奇的反革命修正主义路线藕断丝连，对“读书做官”还是留恋的，向往的。这是值得引起注意的。我们要警惕在我们思想上的刘少奇！刘少奇的政治僵尸虽然已扔到历史的政治垃圾堆里去了，但至少在目前刘少奇所推行的一整套修正主义路线的阴魂还未散，有时还在人们头脑中作祟。“读书无用论”，是刘少奇的反革命修正主义教育路线在新情况下的一个新戏法，新表演。革命的同志要监视这个阴魂，抓住它，揭露它，批判它。彻底肃清“读书无用论”的流毒，树立为革命而学的思想。

“读书无用论”是抹杀阶级和阶级斗争的一种反动论调。毛主席教导我们：“**在现在世界上，一切文化或文学艺术都是属于一定的阶级，属于一定的政治路线的。**”一切剥削阶级对于读书从来是宣扬什么“劳心者治人，劳力者治于人”，什么“万般皆下品，唯有读书高”的反动论调。这种种反动论调总算还是比较隐讳，用以麻痹、愚弄和欺骗广大劳动群众。刘少奇作为剥削阶级的总代表，对上述种种说法并不满足，因为还不足以表达他的反革命本质，他直言不讳地、猖狂地提出了什么“读书做官论”。这是一切剥削阶级为了剥削、压迫广大人民群众提出的读书目的：“做官”。无产阶级对读书也有无产阶级的目的，无产阶级的根本任务是解放全人类，办法就是革命，不断革命，永远革命。因此，无产阶级的一切活动都是“**为人民服务**”。显然，无产阶级对于读书的目的，就必定是为革命而读书，为更好的**为人民服务**而读书。我们在读书的目的上一定要“念念不忘阶级斗争”，批倒“读书无用论”，树立为革命而学的思想。

“读书无用论”同毛主席的无产阶级教育方针唱对台戏。毛主席教导我们：“**我们的教育方针，应该使受教育者在德育、智育、体育几方面都得到发展，成为有社会主义觉悟的有文化的劳动者。**”“读书无用论”是违背毛泽东思想的。我们在毛泽东思想指引下，一定要把我国建设成一个社会主义强国，建设这样一个国家要求广大革命群众既要有很高的毛泽东思想觉悟，阶级斗争觉悟，路线斗争觉悟，又要有相当水平的文化科学知识，有的人还必须掌握世界上最先进的科学技术。现在，有的同学讲：“只要思想好就行，文化知识学不学不吃劲。”这种想法是不正确的。“**红与专、政治与业务的关系，是两个对立物的统一。**”“**一方面要反对空头政治家，另一方面要反对迷失方向的实际家。**”作为无产阶级革命事业的接班人应该是德、智、体全面发展的有社会主义觉悟、有文化的劳动者。

“反正是上山下乡，读书有什么用。”这是“读书无用论”的又一种错误想法。这也是同毛主席的知识分子必须同工农兵相结合的教导相对抗的。有这种思想的同学，往往是在为什么必须同工农兵相结合上想不通。毛主席对青年一代无比关怀，发动全国广大革命群众，认真做好对知识青年的再教育工作，给知识分子同工农兵结合创造了优越的条件。这就是从无产阶级的利益出发，把成千上万的知识青年送到广阔的三大革命实践斗争中去，锻炼成为无产阶级革命事业的可靠接班人。因此，我们应当大力提倡为革命读书，为参加三大革命实践做好各方面的准备。

“参加农业劳动，有个好身体就行了。”有这种思想的同学，很注意锻炼身体，但对上文化课不大感兴趣。这实际上是轻视农业的一种表现。参加农业劳动不需要文化知识吗？不对。二十四节气是什么？是农业科学。毛主席总结的“八字宪法”是伟大的发明，……。这是从大的方面讲，具体到一些技术革新、改革的事一言难尽。有人说：“有的老农一辈子不识几个字还不是一样干。”文化知识有上书的，有的没上书，不少老农确实有不少科学知识，装在脑子里未上书，新的一代有文化的农民的任务之一，就是要将前辈在各方面的好经验接过来，传下去。再说，我们正在进行伟大的社会主义建设，我国的农业在技术上将逐步实现机械化、水利化、电气化、化肥化，实现现代化的农业技术普及。文化知识对于建设社会主义的农业是不可缺少的。为了建设社会主义的新农村，必须读好书。

彻底批判“读书无用论”，树立为革命而读书的思想！

读书真的「无用」吗？

南开中学　马芝敏

目前，在我们学校中刮起了一股刘少奇的「读书做官论」的变种「读书无用论」的妖风，它散布什么：「读到大学不也是到农村去吗？」「毕业不毕业早晚得去农业」等等错误说法。

读书真的「无用」吗？解放二十年来的实践证明，阶级敌人很重视用「笔杆子」在意识形态领域里进行资本主义复辟活动。毛主席曾经说过：「**利用小说进行反党活动，是一大发明。**」我们又怎能不在牢牢握紧「枪杆子」的同时，牢牢掌握「笔杆子」这个武器，保卫毛主席，保卫毛泽东思想，保卫无产阶级的江山呢？这怎么能说读书无用呢？

还有一种极为错误的说法：「现在没必要学什么基本知识，以后在「干中学」也不晚。」毛主席教导我们：「**学生也是这样，以学为主，兼学别样**」。我们现在必须在学校里抓紧时机，学政治，学文化，把学到的理论知识运用到实践中去，与天斗，与地斗，与人斗，使我们伟大祖国建设得更加伟大，更加富强。

又有人讲：「到农村修地球，扛锄头是力气活，用不着知识。」这也是非常错误的。毛主席教导我们：「**知识青年到农村去，接受贫下中农的再教育，很有必要。**」而认为到农村去是「修地球」「毕业不毕业也得上农村」，有这种错误思想的人，请你们想一想毛主席的教导。贫下中农跟毛主席最紧，「**没有贫农，便没有革命。**」我们到农村去是为了接受贫下中农的再教育，而决不是无可奈何地「到农村修地球」。我们在农村这个广阔的天地里，滚一身泥巴，做一个新型的普通劳动者，是为了炼一颗红心，为革命做出自己的贡献。

战友们，让我们狠批刘少奇的「读书做官论」，肃清「读书无用论」的流毒，踢开复课闹革命的绊脚石，夺取教育革命的新胜利。

中学红卫兵　　敬祝毛主席万寿无疆　　1969年5月25日　第二版

革命青年要一不怕苦，二不怕死

两个十五岁

在伟大领袖毛主席**"知识青年到农村去，接受贫下中农的再教育，很有必要"**的最新指示指引下，我那十五岁上初中的大男孩金铭，先后写了三次决心书，他在第三次的决心书里写道："毛主席挥手我前奔，建设社会主义新农村，接受贫下中农的再教育，一辈子革命不变心。"在他的坚决要求下，今年年初学校终于批准他奔赴农业生产第一线。他高兴得又蹦又跳。我在送给他的那套革命宝书《毛泽东选集》首卷扉页上写道："手捧宝书迈大步，广阔农村去落户，接受贫下中农的再教育，一辈子走毛主席指引的胜利路。"

在金铭出发之前，我家可热闹了。邻居们争先恐后地赶来为孩子拆洗被褥、缝补衣服。老师和同学也成群结队到我家来祝贺，同学们说："杨金铭给我们做出了榜样，他虽然走了，我们都是杨金铭，以后家里有什么活，在我们没出发之前，您就放心交给我们来干。"粮店服务员也热情地说："今后买什么粮食，我们给您送家去。"……人来人往，接连不断，跟参军一样，真是一人下乡全家光荣。

金铭出发时，邻居、老师、同学和学校负责人都来欢送。到农村后，金铭来信介绍说，广大贫下中农敲锣打鼓欢迎他们，一位老贫农流着眼泪激动地说："盼了你们好久，孩子们，这回可算把你们盼来啦，感谢毛主席他老人家对俺贫下中农的关心啊！"在那落户后，广大贫下中农对他们这些知识青年关怀备至，不管是在政治思想上，还是劳动生活上，都注意对他们进行教育，和他们一起开忆苦会、联欢会、批判会，共同批判叛徒、内奸、工贼刘少奇的"三自一包""下乡镀金论""读书做官论""阶级斗争熄灭论"等反革命修正主义黑货，以便提高这些青年的阶级觉悟和毛泽东思想觉悟。生活上，金铭在农村不到一个月，体重增加十斤；尽管他们睡的是热炕，睡觉时盖的是一床棉被，早晨醒来却变成了三床棉被，……。所有这些感人情景，使我联想起在那"朱门酒肉臭，路有冻死骨"的黑暗的人吃人的旧社会，想起了在我十五岁时的苦难生活。

我十五岁那年，在一家果子铺当小伙计，成天价挨打、挨骂，冬天挨冻，夏天挨烫，起五经睡半夜地为资本家卖命。那时我的个子很矮，捞果子时，脚下还踩着个凳子，手被冻得抽筋，捞不了果子，可是在资本家的赶面棍下还得忍着干。有一次滚烫的油从锅里溅到我的脚面上，痛得我直打蹦，豆大汗珠往下流，可是到哪里去上点药呢？狠心的资本家不但不给看病，不准休息，反而却骂我"装蒜"，硬逼着我继续给他卖命，……。我四岁时就失去了母亲，从此成了无家可归的流浪儿，过着缺衣少食、饥寒交迫的生活，终日在死亡线上挣扎，到十五岁才找到了这个鬼差事，过着牛马不如的生活。至今我的脚面上还留下了一块伤疤。

两个十五岁，在两个不同的社会里就有不同的经历和不同的结果，一个是在地狱里，一个是在天堂上。只有在人类的救星毛主席和伟大、光荣、正确的中国共产党领导下的新中国，一个普通的革命知识青年下乡才会受到社会上各方面的欢送、欢迎、支持、帮助和无微不至的关怀。作为我们知识青年的家长，新社会的主人，只有以自己的实际行动，为子女的革命行动大开方便之门，积极支持自己的子女**到农村去，接受贫下中农的再教育**，才是对伟大领袖毛主席的忠。想想过去，看看现在，决不能好了伤疤忘了疼，我们支持孩子走毛主席指引的道路，把孩子交给工人阶级最可靠的同盟者——贫下中农，我们是一百二十个放心。

驻天津大学工宣队
队员、老工人　**杨松琦**

谈「苦」与「乐」

峰锐

在毛主席**「知识青年到农村去，接受贫下中农的再教育，很有必要」**的最新指示光辉照耀下，广大知识青年和红卫兵战士上山下乡的伟大进军如同汹涌澎湃的洪流，势不可挡。

但也有为数不多的一小部分人还在上山下乡的十字路口上犹豫徘徊，「农村生活苦」——这些人说，他们怕去**农村吃苦**，而希望在城市享乐，这里就存在着一个「苦」与**「乐」的**问题。

什么是「苦」？什么是「乐」？在阶级社会中，不同的阶级有不同的「苦乐观」。在剥削阶级看来，能够凭据他们掌握的权力对劳动人民进行敲骨吸髓的剥削压榨，过上不劳而获的寄生虫生活这是快乐与幸福。

而无产阶级认为：**与天奋斗，其乐无穷！与地奋斗，其乐无穷！与人奋斗，其乐无穷！**为了解放全人类，一不怕苦，二不怕死，才是我们的最大快乐和幸福。

「苦」与「乐」不是绝对的，而是相对的，是比较出来的。就生活条件而言，农村是比城市艰苦些，但是同万恶的旧社会劳动人民政治上受压迫、经济上受剥削，终日劳动而不得温饱的牛马般的生活相比又是怎样呢？难道今天我们到社会主义新农村去生活战斗，不感到莫大的幸福和快乐吗？我们不能忘记旧社会的苦，反之就会是非颠倒，把今天的甜也误认为苦，那是多么危险啊！

贫下中农长年地在农村搞三大革命，改天换地，那些极少数认为「农村苦」而不愿上山下乡的人，和贫下中农相比难道不脸红，不觉得自己渺小和可耻吗？这些人认为自己读了几年书，有资本了，不该去农村。在新社会，广大劳动人民的子女哪一个不读几年书，我们要问：难道以后为了有人务农，还要保留一批文盲吗？

在那烽火连天的战争年代里，革命先辈为革命一不怕苦，二不怕死，吃草根啃树皮，艰苦奋斗，用鲜血和生命打下了社会主义江山，使我们过上了今天的幸福生活。而今天党和人民需要我们去建设社会主义新农村的时候，你们那些认为「农村苦」不愿到那里去为社会主义贡献力量的人，对得起谁呢？现在如果为逃避农村的艰苦而拒绝走与贫下中农相结合的道路，将来有一天，当革命需要你献身流血的时候，难道你能够像黄继光堵枪眼那样挺身而出吗？无产阶级的革命战士就是一不怕苦，二不怕死；而既怕苦又怕死的只有那些敌人、叛徒或逃兵！

「知识青年到农村去，接受贫下中农的再教育」，这是时代的要求，革命的需要。走与贫下中农相结合的革命化道路已经指明，上山下乡干革命的战鼓已经擂响，让我们投身于农村的三大革命中去，在那里享受革命者真正的幸福和快乐！

* * * *

身在城市长大　心在农村炼红

塘沽四中六八届毕业生张广智响应毛主席**"知识青年到农村去，接受贫下中农的再教育"**的伟大号召，要求支边终于被批准了。他手捧红宝书，望着毛主席像，心潮澎湃，一件件往事浮现在眼前……

三月中旬，当驻校工宣队师傅传达了六八届毕业分配精神时，张广智想：姐姐六二年上山，哥哥六八年支边，我也要响应毛主席的号召，到农村去接受贫下中农的再教育，但家庭的情况……

张广智的父亲是港务局工人，成年有病，两个弟弟也连续住院，生活有困难。母亲早就和他说过，等他毕业了，一定要留在工矿。张广智想着自己的家庭情况，觉得母亲的话也有理。随着毕业教育的发展，张广智认真学习了毛主席的最新指示，越来越觉得母亲的话是从"私"字出发，是小道理，应该服从紧跟毛主席这个大道理。他坚定地表示："响应毛主席的号召，到边疆去！"

决心下定了，张广智遵照毛主席**"办学习班，是个好办法，很多问题可以在学习班得到解决"**的教导，办起了家庭学习班。这一天，学习班学习了，全家人坐在一起，父亲首先回忆了旧社会的苦：他十四岁给地主放牛，早晨顶星去，晚上披星回，吃的是糠菜饭，住的是牛马棚，苦难的生活糟塌了他的身体。今天，在毛主席的领导下，过上了幸福生活，我们可不能好了伤疤忘了疼呀。父亲的回忆勾起了母亲的心思，母亲也回忆了自己在旧社会的悲惨遭遇。接着，全家人又批判了"养儿防老"、"望子成龙"等封、资、修黑货。通过学习，母亲终于同意张广智——她的第三个孩子到边疆去了。

父亲对张广智说："去吧！身在城市长大，心在边疆炼红。等你的弟弟长大了，也到边疆去。"

母亲望望全家人，会意地笑了："到那时，看你们的心，究竟谁炼得最红。"

天津市塘沽运输公司革命委员会政工组

中学红卫兵　敬祝毛主席万寿无疆　1969年5月25日　第三版

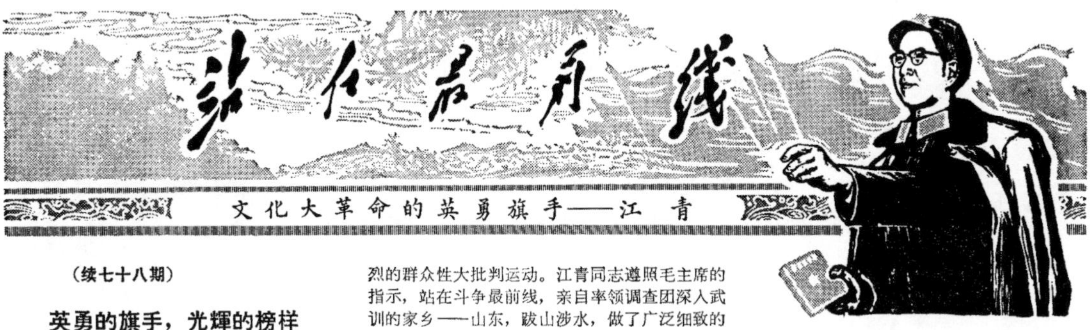

文化大革命的英勇旗手——江　青

（续七十八期）

英勇的旗手，光辉的榜样

我们敬爱的江青同志，几十年如一日，坚定不移地站在毛主席无产阶级革命文艺路线一边，为捍卫毛主席的光辉的文艺思想，举红旗，反逆流，顶妖风，战恶浪，与中国赫鲁晓夫刘少奇及其在文化界的代理人周扬之流进行了艰苦卓绝的斗争。开辟了广大工农兵掌握革命文艺的新时代，为建设一支崭新的无产阶级革命文艺队伍创立了丰功伟绩！

江青同志亲自培植的八个革命样板戏，是我们无产阶级革命文苑中，闪耀着毛泽东思想光辉的八颗璀灿夺目的艺术明珠。她给我们无产阶级革命文艺带来了百花盛开的春天，将对我们的整个无产阶级革命文艺事业的发展起着不可估量的影响和作用。

早在三十年代，我们敬爱的江青同志，当她还是个初期党员的时候，就勇敢地投身于两条路线斗争的生涯，坚定地站在毛主席革命路线一边，和伟大的革命家、思想家、文学家鲁迅先生一起，向那些文坛鬼域、遗老遗少、国民党特务、托洛斯基分子、假共产党员开展了不可调和的斗争。写下了大量的、革命的、红色的战斗好文章。并从那时候起，就在革命圣地——延安，从事京剧革命的大胆尝试，排演了革命现代京剧《平型关》，深受广大革命群众热烈欢迎。这就开始触怒了刘少奇这个无产阶级革命的大叛徒及其爪牙周扬之流。从此，他们对江青同志怀恨在心，百般迫害。直到一九五六年，反革命修正主义分子田汉仍恶狠狠地说："在老解放区，延安曾经有些人做过不恰当的尝试，也可以说是一些怪事情。例如就抗日斗争的京剧，把日本人、老百姓都戏剧化了。……在台上拿了大刀打日本人，这当然是一条错误的路线，要加以否定的。"看，这般恶煞凶神是多么猖狂！在他们眼里，工农兵根本是不能走上戏剧舞台的，只有那些帝王将相、才子佳人，才是理所当然的舞台的主人。倘若你碰一碰，他们就骂你大逆不道。可是我们伟大领袖毛主席对当时的京剧革命却给以极高的评价，报以热情的赞扬。他说：**"历史是人民创造的，但在旧戏舞台上（在一切离开人民的旧文学旧艺术上）人民却成了渣滓，由老爷太太少爷小姐们统治着舞台，这种历史的颠倒，现在由你们再颠倒过来，恢复了历史的面目，从此旧剧开了新生面，所以值得庆贺。……我想到这一点就十分高兴，希望你们多编多演，蔚成风气，推向全国去！"**

我们敬爱的江青同志，就是一个顶天立地的英雄，她以无产阶级革命家的气魄和胸怀，力挽狂澜，从事着把"**历史的颠倒**"，重新"**再颠倒过来**"的这项伟大的革命事业！

我们敬爱的江青同志对封、资、修文艺十分仇恨。当宣扬资产阶级改良、投降、奴才主义的《武训传》上演之后，毛主席气愤地指出：**"文化界的思想混乱达到了何等的程度！""一些共产党员自称已经学得的马克思主义，究竟跑到什么地方去了呢？"**这是开国以来的第一次轰轰烈烈的群众性大批判运动。江青同志遵照毛主席的指示，站在斗争最前线，亲自率领调查团深入武训的家乡——山东，跋山涉水，做了广泛细致的调查，并和周扬派去搞破坏活动的钟店袭之流作了坚决斗争，终于在《人民日报》五一年七月二十三日到七月二十八日连篇发表了《武训历史调查记》。文章以大量的铁的事实揭穿了武训这个大地主、大债主、大流氓的反动面目。取得了这次大论争的伟大胜利，给了周扬之流一个沉重的打击。

早在一九四九年，江青同志就组织批判梅兰芳的文章，着手搞京剧革命了。但立刻就遭到了中国赫鲁晓夫刘少奇的疯狂抵制。这个大叛徒、大内奸、大工贼刘少奇就是京剧革命的一只拦路虎。长期以来，他顽固地反对京剧革命，大肆宣扬什么"老戏很有教育意义"，肉麻地吹捧宣扬叛徒哲学、活命哲学的《四郎探母》，说什么这出戏"唱唱也不要紧，唱了这么多年，不是唱出了新中国吗？"他把极力美化封建地主走狗黄天霸之流的《恶虎村》，吹捧为"改得好的剧目"。他甚至向人们推荐下流淫荡的京剧《游龙戏凤》、《梅龙镇》等。公然下令说，"宣传封建，不怕！"拍着胸脯叫嚷："历史传统不可偏废"，"要保留！""可以演！"看，反革命气焰是何等嚣张！于是就在他的直接支使下，他的黑爪牙彭真、陆定一、周扬之流便四出活动，丧心病狂地诬蔑和攻击革命现代戏"粗暴"；是"穿开当裤"，"吃手指头"；是"洋教条"，"不中不西"，"非驴非马。"……真是恶毒之极！一时间，乌云翻滚，群魔乱舞，毒草丛生，大有黑云压城城欲摧之势。主唱奴合，一个目的，这就是围攻和迫害江青同志，阻止京剧革命。**"企图利用文艺阵地，作为腐蚀群众、准备资本主义复辟的温床。"**

"暮色苍茫看劲松，乱云飞渡仍从容"面临当时文艺界这般混乱局面，我们敬爱的江青同志没有被他们的气势汹汹的样子所吓倒。她岿然不动，横眉冷对，坚持原则，据理相争，力排众议。严正驳斥了他们的种种谬论。坚决禁演坏戏，铲除毒草。公开宣告："不能演老戏"，"我们对这些戏决绝了"。明确指出："旧的文学艺术已不能适应社会主义的经济基础，古典的艺术形式已不能完全适应社会主义的思想内容"，对于这些坏东西，我们就是需要革命，需要改革。江青同志愤怒斥责那些乌龟王八蛋："解放十几年，还是演地主头子、地主婆，不可耻吗？""十几年功夫还搞古时的感情，是个立场问题"，"你们常说的艺术家的良心何在？"

对于彭真、周扬之流的恶毒攻击，江青同志坚持原则，针锋相对，分毫不让。一针见血指出"这是一场严重的阶级斗争"，"是在和封建主义、资本主义、修正主义战斗。"她义正辞严回答，我们就是要坚持毛主席革命文艺思想，让工农兵占领文艺舞台；就是要"古为今用"、"洋为中用"、"百花齐放，推陈出新"；就是要允许一些"非驴非马的东西"。江青同志向他们严正指出，要说粗暴，"资本主义对我们的东西就更粗暴，我们那么一点点的小苗苗他们就硬是不许！"

伟大领袖毛主席尖锐指出：**"社会经济基础已经改变了，为这个基础服务的上层建筑之一的艺术部门，至今还是大问题。这需要从调查研究着手，认真地抓起来。"**我们敬爱的江青同志对此十分敏感。早在六二年，就一针见血地指出，《海瑞罢官》有严重的政治问题，下令禁演这出戏。后来在张春桥同志的帮助下，由姚文元同志主笔，冒着风险，冲决资产阶级司令部的种种迫害，经过整整八个月的日夜奋战，终于在一九六五年十一月发表了《评新编历史剧〈海瑞罢官〉》，拉开了波澜壮阔的无产阶级文化大革命的战斗序幕。

资产阶级黑司令部预感到自己末日的来临，就垂死挣扎，拼命反抗。彭真这个十恶不赦的大叛徒在他的黑主子刘少奇的包庇和纵容下，瞒着毛主席，盗用中央名义，抛出了《二月提纲》，流毒全国，妄图扼杀刚刚兴起的无产阶级文化大革命。

就在这时候，江青同志受林副主席委托，在上海召开部队文艺工作座谈会，高举毛泽东思想伟大红旗，用毛主席阶级、阶级斗争的观点，正确地回答了当前文艺界阶级斗争的许多根本问题，写出了光辉灿烂的《座谈会纪要》。《纪要》尖锐指出："两个阶级、两条路线的斗争，即无产阶级和资产阶级在文化界争夺领导权的斗争……这是关系到我国革命前途的大事，也是关系到世界革命前途的大事。"与彭真之流进行针锋相对的斗争。

就这样，我们敬爱的江青同志，高举毛泽东思想伟大红旗，以高度的政治责任感、深厚的无产阶级感情，不顾个人安危，勇敢地投身到了两个阶级、两条路线的激烈搏斗之中。尤其在京剧革命方面，我们敬爱的江青同志是有着特殊贡献的。江青同志虽然经常身体不好，但她一直坚持工作，坚持斗争，与中国赫鲁晓夫刘少奇及其代理人进行了不屈不挠的斗争。

我们敬爱的江青同志身负毛主席交给的伟大使命，高举无产阶级文化大革命的旗帜，天不怕，地不怕，鬼不怕，神不怕，不顾个人安危，不管病魔缠身，以"**压倒一切敌人**"的英雄气概，率领广大革命文艺战士，顶逆流，战恶浪，疾呼猛进，向着旧世界勇猛杀去。终于在与叛徒、内奸、工贼刘少奇及其同伙的顽强斗争中攻克了戏剧艺术上素称最顽固的京剧"堡垒"，不可逾越的芭蕾"高峰"，和玄妙神秘的"交响音乐"，创造出了具有革命的政治内容和完美的艺术形式相结合的八个革命样板戏。"你们想攻坚？"一小撮走资本主义道路当权派带着叽笑的口气说。是的，我们就是要攻坚！"明知山有虎，偏向虎山行"。我们敬爱的江青同志就凭着这种英雄气概，这种大无畏的无产阶级革命精神，闯过了曲折漫长的斗争道路，经历了惊涛骇浪的激烈战斗，终于使古老的京剧发射出光焰夺目的新曙光。"无论如何，总要改革才好。但改革最快的还是火与剑……。"（鲁迅）　（下转第四版）

中学红卫兵　　敬祝毛主席万寿无疆　　1969年5月25日　第四版

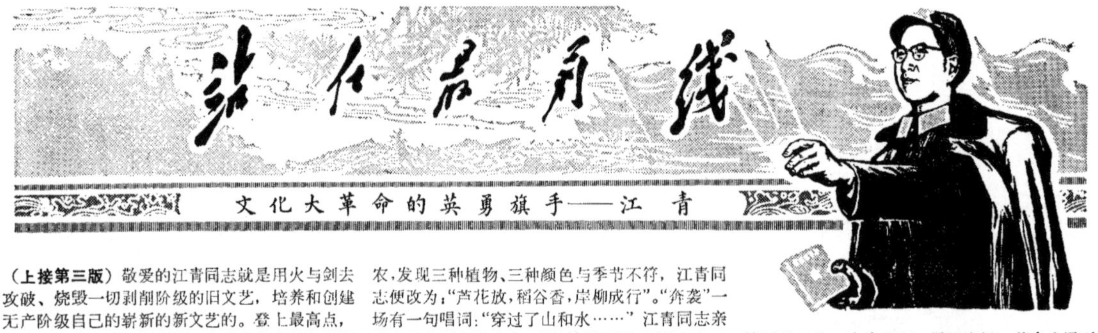

站在最前线

文化大革命的英勇旗手——江青

（上接第三版）敬爱的江青同志就是用火与剑去攻破、烧毁一切剥削阶级的旧文艺，培养和创建无产阶级自己的崭新的新文艺的。登上最高点，一览众山小。看，还有哪一个“文艺高峰”不踩在我们无产阶级的脚下！无产阶级在文化上的彻底翻身，扬眉吐气的日子终于来到了！

革命样板戏在东方地平线上出现以后，立即轰动了全中国，震惊了全世界，在人类文艺史上揭开了光辉灿烂的新篇章，开辟了广大工农兵掌握革命文艺的新时代，给我们无产阶级革命文艺带来了百花盛开的春天。

如果说阿芙乐尔的炮声向全世界宣告了无产阶级革命新纪元的开始，那么，京剧革命的第一阵惊天动地的锣鼓，拉开了二十世纪六十年代伟大革命的序幕。“革命经常是由一个地方打开缺口。现在的文化大革命是由京剧(革命)打开缺口的。”

紅灯高举閃閃亮

一九六三年十一月，经过多次深入调查，精心研究，江青同志从十二种《红灯记》中，选了一个最好的本子，亲手交给中国京剧团，她教导演员：“要突出以共产党员、工人阶级代表李玉和为主的英雄形象，……要教育青年一代知道无产阶级江山得来的不易。”

江青同志带病坚持看排练，从剧本改编到导演、表演，直到每一个动作，每一句台词，每一个音符、灯光、美工、化妆都要反复修改，反复推敲，常常为了直接关系到树立工农兵英雄形象的某一个唱词，某一场布局，而彻夜不眠，呕心沥血。

“演出就是战斗。”京剧团走资派疯狂抵制江青同志的指示，用各种卑劣手段来丑化英雄形象。江青同志不屈不挠与敌人斗争，寸步不让。她用成套的唱腔、高亢的音乐、最美的形象，集中刻划了无产阶级大无畏的英雄李玉和，肝胆如是，光可鉴人。原有一句台词：“救孤儿东奔西藏，”江青同志根据群众意见改为：“为革命东奔西忙。”使李玉和形象更加光辉！刑场斗争一场，走资派们极力描写严刑拷打，儿女情长，丑化英雄形象，江青同志严厉斥责了他们，把这场表现钢强铁汉李玉和的形象烘托了出来。

《红灯记》从旧文艺营垒中杀出来了！一切封、资、修的陈腐文艺顿时黯然失色。迎着迷漫妖雾、扑窝风雨，“高举红灯闪闪亮，前仆后继走向前……”

要学那泰山頂上一青松

六三年底，江青同志亲自领导北京京剧团改编《芦荡火种》为《沙家浜》。

江青同志具体指出：要删掉“三茶馆”、“假报”等几场戏，削减反面人物，腾出篇幅加强新四军，突出指导员郭建光。经过和彭真走卒李琪四个月的斗争，才得以实现。

江青同志不怕阶级敌人的暗算，一次又一次冒着严寒带病审查唱腔。她逐字逐句地琢磨词意，使之尽可能尽善尽美。原来郭建光一段唱词是“芦花白，稻谷黄，柳绿成行。”经访当地老农，发现三种植物、三种颜色与季节不符，江青同志便改为：“芦花放，稻谷香，岸柳成行”。“奔袭”一场有一句唱词：“穿过了山和水……”江青同志亲自去常熟看有没有山。真是披肝沥胆，呕尽心血。

彭真黑帮不甘心失败，一方面搞了表现中间人物的假现代戏《海棠峪》来对抗，一方面疯狂大演旧戏。江青同志高举毛泽东思想伟大红旗，给了黑帮头子彭真之流以迎头痛击！她和演员们坚定有力地说：“你们不要以为我在这里搞戏，我是在这里和封建主义、资本主义、修正主义战斗……。我们一定要打胜！”“解放十几年，还是演地主头子、地主婆，不可耻吗？我对这些戏是决绝了！”

伟大领袖毛主席非常关怀《沙家浜》，亲切指示：“**要突出武装斗争的作用，强调武装的革命消灭武装的反革命，戏的结尾要正面打进去。加强军民关系的戏，加强正面人物的音乐形象。**”《沙家浜》越战越强。武装斗争的枪声，如雷鸣电闪，镇住鬼哭狼嚎，扫除乱舞群魔，第一个闪耀毛泽东思想的革命现代京剧象数九严冬的梅花，横枝傲立冰天雪地，报来无产阶级新文艺百花盛开的绚烂春天！

“要学那泰山顶上一青松，风吹雨打叶更青。”

霞　光　万　道

一九六四年，江青同志看了淮剧《海港的早晨》这出表现六十年代码头工人斗争生活的戏，满腔热情地肯定了它的可贵之处。她亲自在码头工人中间进行调查，建议上海京剧院改编为京剧。并指出：要突出新中国工人的国际主义和爱国主义精神，要着重塑造方海珍和高志扬这两个工人阶级英雄形象。对青年工人韩小强要写得单纯可爱，他不安心工作只是思想认识问题。

此时，刘少奇恰好到上海，他看了这个戏，借题发挥，大讲黑话，把当年码头工人污蔑成一群冒领救济款的愚昧自私的群氓。要这个戏专演中间人物。当时，窃踞改编大权的上海旧文化局反革命修正主义分子×××按照黑主子指示，大砍大杀，粗暴地把支部书记写成软弱无能，装卸组长作风粗暴，那个落后青年白天要听评弹旧调，晚上要看《不夜城》，象幽灵似地渐隐渐现……江青同志尖锐指出：“哪里是革命现代戏！”六五年，她组织全团革命同志辩论，进行夺权斗争，调整了演出人员，增强创作力量，亲自领导改编工作。

阶级敌人极尽攻击谩骂之能事，在社会上散布反革命舆论。江青同志全然不惧。她说：“京剧艺术原封不动地拿来为无产阶级服务是不行的，这就需要有改革京剧艺术的披荆斩棘人。”

在江青同志指导下，剧组全体同志深入码头体验生活，改造思想。划时代的塑造新中国工人阶级英雄形象的革命现代戏《海港》终于诞生了。

霞光万道，革命者伟大胸怀，壮丽青春……

“革命是成功的”

芭蕾舞，这贵族宫庭的宠儿，千古以来就是演王子公主、牛头马面、男妖女怪，革命人民对之深恶痛绝。

“**洋为中用**”，“**推陈出新**”。六三年，江青同志建议中央歌舞剧团把《红色娘子军》改编成芭蕾舞，指示：要宣传毛主席的人民战争思想，描写毛泽东思想哺育下吴庆华的成长过程。

黑线干将林默涵“偷梁换柱”，要歌舞团搞了充满人情味的《达吉和她的父亲》。这个阴谋破产后，又强调要搞一人一事，宣扬个人英雄主义。中国赫鲁晓夫刘少奇说：“反映现实生活不能勉强。”“《天鹅湖》可以提高兴致。”江青同志严厉斥责，“要树立雄心壮志，要敢于标新立异。”“世界上许多国家的芭蕾舞已经走上了没落颓废的道路，我们不能走那一条路。我们要为工农兵服务。”江青同志指示演员要到工农兵中去体验生活，“脑子里没有一点革命气质不行。”

革命是豪迈的，不可战胜的。江青同志直接指导，革命文艺战士努力革新，第一个为工农兵服务的无产阶级芭蕾舞艺术剧目——《红色娘子军》终于诞生了！

一小撮反革命修正主义分子大为惊慌，周扬恶毒攻击它是“见不得人的丑媳妇”，走资派赵讽更诬之为“还没出笼的窝窝头”。

乌云毒雾遮不住太阳。伟大领袖毛主席一九六四年十月八日观看了《红色娘子军》，和演员一一握手，合影留念，并给予很高评价；“**方向是对的，革命是成功的，艺术上也是好的。**”

“奴隶要翻身，奴隶要翻身，共产是主义，党是领路人……”

紅旗飘　軍号响

六五年一月，带着明媚的春天气息，江青同志风尘扑扑来到中央乐团。

她听了各种乐器演奏之后，指出：“资本主义的交响乐已经死了，你们为什么要跟着洋人去死呢？”“要走自己的路！”

交响乐最初是欧洲民间一种音乐形式，产生不久即被圈入宫庭，成为封建贵族消遣品。江青同志带领革命战士向它发动了进攻。

江青同志具体指示，在京剧《沙家浜》的基础上加工移植成交响乐。“要自己摸索出一条路来，我们要有自己的民族风格。”

旧中宣部，旧文化部和乐团一小撮走资派拼命抵制。他们开始“拖”，拖了三个月，拖不下去了，又搞“纯音乐”，要拉上邪路。他们嚣张极了：“我就是不同意搞京剧，宁可做个保守派。”学京剧，不给条件，要排练，不给演员，要公演，不给服装。

千难万险何所惧，雄心壮志冲云天！敬爱的江青同志率领无产阶级文艺大军奋勇战斗，终于为无产阶级文艺宝库又增添了一颗光辉灿烂的明珠——第一部无产阶级的交响乐《沙家浜》！

气势磅礴，波澜壮阔，激越飞腾，“红旗飘，军号响，山河震荡！……”　　（待续）

欢迎批评　欢迎来稿　本报地址：天津市浙江路十八号（电话：3.3059）　本市邮局办理订阅与零售（电话：2.5145　4.1106）

中学红卫兵

天津市中等学校红卫兵代表大会常务委员会机关报

第81期　1969年6月5日　星期四

毛主席语录

我们希望这一次代表大会，能够开成一个团结的大会，胜利的大会，大会以后，在全国取得更大的胜利。

天津市中学红代会常务委员会

落实“天津市斗、批、改规划綱要”的措施

（一九六九年六月一日）

在我们伟大领袖毛主席一系列最新指示和党“九大”的鼓舞和指引下，我市广大红卫兵和市军民一道，高举毛泽东思想伟大红旗，充满利的信心，紧跟毛主席奋勇前进。

当前一个以学习、宣传“九大”文献，落实九大”精神为中心的活学活用毛泽东思想群众动正在我市红卫兵运动中出现新的高潮。

几年来，我市中学红卫兵运动在伟大领袖主席的亲切关怀下和英明统帅下，高举“**对反派造反有理**”的大旗，在运动的初期和中期立了丰功伟绩。工作的大方向始终是正确的。这成绩和胜利的取得，是战无不胜的毛泽东思想伟大胜利。

但革命还在前进，无产阶级还要继续革命。

历史的经验告诉我们：一个时期总有一种主倾向，但它又掩盖着另一种倾向。我们必须用主席的唯物辩证法去分析矛盾，解决矛盾。们的工作还存在着这样或那样的缺点错误，我必须更高地举起毛泽东思想伟大红旗，紧跟主席，不断干革命。

为了坚决贯彻“九大”精神和落实“天津市、批、改规划纲要”，结合我市中学系统运动实际情况，制定措施如下：

一、突出无产阶级专政下继续革命这个纲

“九大”文献深刻地阐述了毛主席关于在无产阶级专政下继续革命的伟大学说，系统地全面地总结了我国无产阶级文化大革命的基本经验，分析了国内外形势，是指导我国社会主义革命和社会主义建设的伟大纲领，是增强团结夺取更大胜利的根本保证，也是“破私立公”，改造世界观，进一步提高毛泽东思想觉悟的最强大的思想武器。各级红卫兵组织，各校红卫兵团要把学习、宣传、贯彻“九大”文献作为一项政治任务，经常学，经常用，在当前要继续办好学习“九大”文献的学习班。

在学习中要加深理解继续革命、团结、落实政策的伟大意义，深刻理解加强团结、落实政策与继续革命、争取更大胜利的关系。要树立理论联系实际的好学风，在领会文件精神实质的基础上，摆问题、挖根源、找差距、订措施。

通过学习，认清形势，明确任务，增强无产阶级专政下继续革命的自觉性，树立一不怕苦，二不怕死的革命精神，发扬红卫兵的光荣传统，紧跟毛主席，永远干革命。

二、加强革命的团结

伟大领袖毛主席教导我们：“**无产阶级是人类历史上最伟大的一个阶级。是思想上、政治上、力量上最强大的一个革命阶级，它可以而且必须把绝大多数的人团结在自己的周围，最大限度地孤立和打击一小撮敌人。**”党的团结是党的生命，加强革命的团结是我们贯彻“九大”文献，争取更大胜利的根本保证，要革命就必须团结，团结和革命缺一不可。不要团结，就是不要革命。每个红卫兵战士必须深刻地认识这一点，把加强团结提高到无产阶级专政下继续革命的高度来认识。

加强团结的关键是领导班子的团结，只有领导班子的团结搞好了，才能把广大红卫兵战士团结起来。红卫兵战士之间也要加强团结。团结必须建立在毛泽东思想、无产阶级政治的基础上。同志之间有意见，这是正常现象，要用“**团结——批评和自我批评——团结**”的方法解决，开展积极的思想斗争，不要背后讲，不要搞小动作，更不要互相拆台。坚决反对和克服各种不利于团结的错误思想和错误倾向。

同时还要搞好其它方面工作关系的团结。

三、认真落实党的政策

林副主席政治报告中指出：“为了继续进行上层建筑领域中的革命，必须认真执行毛主席的各项无产阶级政策。”“当前的主要问题是落实。”毛主席的各项政策，是毛主席无产阶级革命路线的具体体现，最集中地代表了无产阶级和广大人民群众的根本利益，是我们在无产阶级专政下继续革命、克敌制胜的强大思想武器。各级红卫兵组织，各校红卫兵团在学习“九大”文献中要狠狠地抓住落实政策这个关键的问题。深刻领会落实政策的伟大意义，增强落实政策的自觉性。在当前，坚决反对和克服“宁‘左’勿右”、“宁推勿拉”、“宁严勿宽”等错误思想和种种违反政策的错误倾向。

在学习、提高认识的基础上，结合本校的实际，订出落实政策的措施。尤其是对“**可以教育好的子女**”的政策和知识分子的政策。对“**可以教育好的子女**”的工作一定要用毛泽东思想去帮助、教育和团结他们，对教师要坚信大多数是革命的，在工人阶级领导下，是能改造好的，要树立无产阶级的新型师生关系。各区分会对这一工作要抓狠、抓紧。要深入基层，掌握情况，总结经验，做到胸中有全局，手中有典型。

四、关于认真搞好教育革命

毛主席教导我们说：“**教育要革命。**”

进行无产阶级教育革命是这场无产阶级文化大革命的一个重要内容，也是当前斗、批、改运动的一个重要环节。我们必须坚决贯彻毛主席的教育方针，在工人阶级领导下，以“五·七”指示为纲，学生“**以学为主，兼学别样**”。坚决走政治建校的道路，认真搞好教育革命。各校红卫兵团要紧密地配合校革命委员会，充分发动广大群众进行教育革命的讨论。要大胆创造，要以“**只争朝夕**”的精神，迅速拿出我市中学教育革命大纲。要继续深入持久地开展革命的大批判，当前要彻底批判刘少奇的修正主义教育路线，坚决批判无政府主义、“多中心即无中心论”，彻底批判刘少奇的“读书做官论”和当前泛滥着的“读书做官论”的翻版“读书无用论”，要彻底肃清其流毒。要进一步搞好复课闹革命，革命的红卫兵要在复课闹革命中作出榜样。

要正确地对待教师，充分发挥他们在教学工作中的积极作用。要协助教师搞好工作，要遵照毛主席“**应开展官教兵、兵教官、兵教兵的群众练兵运动**”的教导，树立新型的革命师生关系。

毛主席教导我们：“**知识青年到农村去，接受贫下中农的再教育，很有必要。**”“**备战、备荒、为人民。**”知识青年上山下乡，是反帝、反修的需要，是社会主义革命、社会主义建设的需要，也是教育革命的一个重要的组成部分。革命的红卫兵战士和革命的知识青年要坚决响应毛主席的伟大号召，上山下乡，走毛主席指引的与工农兵相结合的革命道路，在三大革命运动中，把自己锤炼成为革命事业的接班人。每个红卫兵团的负责人和革命的红卫兵都要带头走毛主席指引的革命大道，要带革命之头，要做出革命的榜样。各校红卫兵团要紧密配合革委会做好应届毕业生的动员工作，要抓好他们的活思想，对批准以后不走的同学，要进行艰苦细致的思想政治工作，要组织他们办学习班，通过学习，提高他们的阶级觉悟和路线斗争觉悟，使他们尽快地踏上毛主席指引的革命大道。要抓好典型，及时总结，上报到红代会。市红代会准备召开上山下乡讲用会。

五、提高革命警惕性，树立准备打仗的思想

毛主席教导我们说：“**备战、备荒、为人民。**”

经过无产阶级文化大革命锻炼的红卫兵是中国人民解放军的强大后备军。革命的红卫兵要向解放军学习。我们要遵照伟大领袖毛主席的指示，总结经验，落实政策，认真地做好当前各项工作，认真搞好斗、批、改，用夺取文化大革命的伟大胜利来回击美帝、苏修。

各校红卫兵团，要在广大红卫兵中积极地、经常地进行战备教育，要积极地经常地进行国际形势的教育，要充分地认识和揭露美帝、苏修的侵略本质，认清形势，了解敌情，在思想上要牢固地树立一不怕苦，二不怕死和准备打仗的思想，提高革命警惕，随时准备参军参战。

要一切立足于打，各校红卫兵团要组织红卫兵进行必要的军事训练活动。

六、关于红卫兵组织革命化的建设

当前各级红卫兵组织的建设还必须抓紧、抓好。针对当前存在的各种问题，有的放矢的进行一次整顿。重点是思想上的整顿，通过整顿增强革命的“三性”。

要继续开展四好连队、五好战士运动，并把这一运动提高到新的水平。市红代会预计在今年八月份召开创四好、争五好经验交流大会。希望各区分会、各校红卫兵团积极配合开好这次大会。

根据当前形势的需要和广大红卫兵的要求，重新将“红卫兵章程”进行一次修改。这次修改要充分发动群众，自下而上地进行。

市红代会决定，准备在今年适当的时候召开我市第二届红卫兵代表大会。

红卫兵战友们，让我们更高地举起毛泽东思想伟大红旗，坚紧地团结在以毛主席为首、林副主席为副的党中央的周围，继续前进，去争取更大的胜利。

中学红卫兵　　敬祝毛主席万寿无疆　　1969年6月5日　第二版

要重视课外阵地的阶级斗争

短评

伟大领袖毛主席教导我们："**千万不要忘记阶级斗争！**"现在我市一些中学只上半日课，课余时间比较充足，如果不注意用毛泽东思想占领课外阵地，便使阶级敌人有机可乘，那是很危险的。因此，我们千万不要忘记课外阵地的阶级斗争。

课外阵地存在着激烈复杂的阶级斗争。无产阶级要占领课外阵地，使之为培养革命事业接班人服务；阶级敌人也企图利用课外阵地腐蚀拉拢青少年，培养他们的接班人。课外阵地我们不占领，阶级敌人就必然要去占领，这是必然的。正如毛主席所指出的那样："**阶级斗争是客观存在，不依人的意志为转移的。就是说，不可避免的。人的意志想要避免，也不可能。只能因势利导，夺取胜利。**"

我们要充分重视课外阵地的阶级斗争。阶级敌人和我们争夺课外阵地，我们岂能熟视无睹、置之不理？课外阵地就是要用毛泽东思想占领，我们只有坚守的责任，没有放弃的权利。

红卫兵战士要做用毛泽东思想统帅课外时间的模范。红卫兵团应充分利用课外时间。毛主席说："**必须坚决地克服许多地方存在着的某些无纪律状态或无政府状态，……。**"团结是革命的无价之宝。反对无政府主义，克服无组织状态，我们在毛泽东思想伟大红旗下组织起来，就能克敌制胜，取得课外阵地上反对资产阶级和一切剥削阶级斗争的胜利！

课外时間要把紅卫兵战士組織起来

二十六中学现在上半日课。怎样利用无课的半天时间呢？全校红卫兵战士在驻校工宣队师傅的帮助下，认真学习了毛主席关于阶级和阶级斗争的教导，学习了毛主席光辉的"五·七"指示，提高了阶级斗争和路线斗争觉悟，认识到：课外时间我们不利用，阶级敌人就必然利用，我们不向阶级敌人进攻，阶级敌人就必然向我们进攻。红卫兵团把全校红卫兵战士组织起来，利用课外时间执行战斗任务，热情地宣传毛泽东思想。通过红卫兵活动，大大提高了红卫兵战士的革命性、科学性和组织纪律性，好人好事不断涌现。广大红卫兵战士深有体会地说：我们利用课外时间宣传毛泽东思想，执行战斗任务，这太好了，我们红卫兵就是要组织起来，占领课外阵地！

二十六中报道组

红卫兵来信

学校领导应重视课外时间

编辑同志：

现在我市一些中学只上半日课，由于组织领导不够，有些同学无课时间就不到校了，课外时间的无组织状态影响着一部分人的政治思想。值得指出的是有些红卫兵战士中也存在着"上课我到校，无课家中泡"的错误思想，这实质上是不关心国家大事，不关心无产阶级政治，发展下去是很危险的。

我们认为，如何利用课外时间应引起各校领导的充分重视和注意。我们毛主席的红卫兵，更应该做关心国家大事的模范，发扬红卫兵的光荣传统，用毛泽东思想占领课外阵地。

我们建议各校红卫兵团，高举毛泽东思想伟大红旗，在工人阶级的领导下，组织广大红卫兵战士，占领课外阵地，积极利用课外时间开展红卫兵活动，如：参加学校斗、批、改，搞革命大批判，政治学习，军事训练和组织整顿等等。有些学校正是这样做的。我们希望各校领导都这样做，足够重视，加强领导，确实抓好。

一红卫兵战士

加强团结，朝气蓬勃

在认真学习"九大"文献的热潮中，我们高举"九大"团结胜利的旗帜，充分利用课余时间，举办了各种类型的毛泽东思想学习班。我们遵照林副主席"全党全国人民团结起来，夺取更大胜利"的伟大号召，展开了积极的思想斗争，坚持原则，加强团结，促进了斗、批、改的前进步伐。

开展火线整风，加强领导班子革命化

我校有的连排自复课来，由于刘少奇修正主义路线以及"读书做官论"的余毒还没有彻底肃清，在一些干部的头脑里还存在着影响，连委会、排委会造成了不团结，干部之间产生了隔阂。

当"九大"胜利闭幕喜讯传来后，他们无比激动，立即办起了毛泽东思想学习班，三连的红卫兵战士们学习了毛主席的教导和林副主席的政治报告后，激动地说："过去我们为了一点小事就闹纠纷、打内战、搞派性，存在着冤气、怨气、不服气，闹不团结，这给革命带来了不小的损失。"还有的说："因为不团结就产生了互相拆台的错误行为。"通过反复学习毛主席关于团结的教导，大家都纷纷表示：团结是胜利的保证，革命的需要，为了革命，我们一定要坚强地团结起来，勇敢地团结起来，共同对敌，把无产阶级文化大革命进行到底。五连的整风学习班一共办了十四天，在工人阶级的领导下，在"九大"文献的指导下，经过反复的激烈的思想斗争，赢得了一个又一个的胜利。他们勇敢地亮出了活思想，个个深有感触地说："过去我们这个连队搞得不好，就是我们的思想觉悟不高，人的因素第一，要靠毛泽东思想来武装。"他们说："私字是修字的根苗，是紧跟毛主席伟大战略部署的障碍，我们一定要把它消灭在萌芽之中。"通过这次学习，干部的思想觉悟提高了，在毛泽东思想原则基础上，达到了五个统一。

团结起来干革命，"一对崩"变成"一对红"

四连的红卫兵战士张长国和李国栋自小学就是一对"仇人"，到中学还一直对立。"九大"胜利闭幕后，他们心潮澎湃，热血沸腾，怀着激动的心情共同学习了"九大"文献后，很痛心地在一起进行了亮思想、挖根源、谈危害，自觉地进行了斗私批修。他们认识到：我们不团结就是让阶级敌人高兴，团结是革命的需要、备战的需要，我们有什么理由不团结呢？我们一定要团结起来，共同把排里工作搞好，携起手来，跑步紧紧跟上毛主席的伟大战略部署，让帝、修、反的美梦见鬼去吧！他们越谈越激动，最后含着幸福的泪花，把手紧握在一起。

五连的王志珍和季秀珍在小学是干部，到了中学还是干部。她们两个都是以冷对冷、以热对热，互不服气；各自都率领着"人马"，占山头，闹派性。在五连抗大学习班里，在工人、解放军的耐心帮助下，认真学习了毛主席关于在全国夺取更大胜利的教导。两个人都以高姿态、严要求的态度，找出了自己的缺点，敞开了思想。他们深有体会地说："毛主席给我们撑腰，我们要为毛主席争气。毛主席现在让我们搞好团结，我们如果不团结起来，怎能为毛主席争气呢？我们一定要紧密地团结起来，把斗、批、改进行到底，彻底挖掉我们头脑里资产阶级寄予复辟希望的定时炸弹——私字，我们要结成'一对红'，永远红下去。"

目前，我校在学习"九大"文献中，在毛主席关于团结的教导下，正出现了一个朝气蓬勃的崭新局面。

二十八中红卫兵团

斗争和团结

钟红兵

如何正确认识斗争和团结两者之间的关系，对于落实毛主席的「**调动一切积极因素，团结一切可能团结的人，并且尽可能地将消极因素转变为积极因素，为建设社会主义社会这个伟大的事业服务**」的伟大教导，是很有必要的。

斗争和团结的关系是对立的统一，毛主席的关于正确处理人民内部矛盾的教导：「**团结——批评——团结**」，在某种意义上，已十分明确地说明了这条马克思主义的原理。

斗争包含着两个内容：一种是向无产阶级的死敌——资产阶级及其它一切剥削阶级进行斗争，即敌我矛盾之间的斗争；另一种是革命队伍内部的无产阶级思想和资产阶级思想及资产阶级在无产阶级队伍中其它表现形式的斗争，即人民内部矛盾之间的斗争。

斗争就是生活的唯一中心，生活就是斗争。无产阶级要最大限度地孤立一小撮阶级敌人，就必须将绝大多数人团结在一道。而取得真正的团结，又必须经过斗争。这里就将人民内部之间的思想认识上的斗争提出来了。

我们认为，革命队伍中出现的对某些问题的意见分歧是完全正常的现象，对于统一认识、提高路线斗争觉悟是有益的。譬如在落实对敌斗争政策的工作中：你认为某人从历史上到现在一直与人民为敌，至今没有悔悟，必须坚决打倒，他认为该人问题性质虽然严重，但对罪恶有所交代，有所认识，可以考虑从宽处理；或者是从同一现象中得出了不同的结论。由于这种原因，在定案中必然要有分歧。问题是有了分歧怎么办？应该在毛主席的无产阶级政策的武装下，根据该人的客观表现，进行心悦诚服的统一，这样就达到了打击敌人、团结同志的目的，达到了提高政策水平的目的。如果不是这样，而是各执己见，互相「开炮」。你贴他的大标语：某某死保走资派罪该万死，他糊你的大字报：谁谁不落实政策死有余辜。就不能达到双方真正的共同目的了。

我们应该这样认识问题：不将与自己意见不同的群众都推向自己认为是必须坚决打倒的敌人一边去；同样如此，也不要将与自己认为是应该解放的，而对方认为必须「坚决打倒」的群众都看为是不落实政策。毛主席的这段话：「**对于人民的缺点是需要批评的，**……

（下转第二版）

中学红卫兵　敬祝毛主席万寿无疆　1969年6月5日　第三版

革命青年斗志高　农业战綫逞英豪

本报评论员

目前，正是我市郊区农村人民公社农业生产大忙季节，广大贫下中农遵照伟大领袖毛主席“**要抓革命促生产，促工作，促战备**”和“**备战、备荒、为人民**”的教导，为夺取农业生产的新胜利，英勇奋战。

眼下，小麦即将开镰收割，大家都知道抢收小麦是与天夺粮，是时间性很强的农活，稍有耽搁就会给小麦归仓带来极大的损失。还有关系到全市四百多万人民吃菜问题的园田生产也越来越忙。更重要的是眼前已到水稻的插秧季节。

我市郊区的水稻生产，在我国占有很重要的地位。我市郊区盛产的水稻名扬中外，它不但供全市、全国人民食用，而且还有很重大的出口任务，支援世界上被压迫的民族和人民，并还能为我国换回发展我国工农业生产的必需品，所以水稻生产有极为重大的意义。对此，我们必须有足够的认识。

小麦收割也罢，园田生产也罢，稻田插秧也罢，都是季节性很强的农活，俗话说：“季节不等人”，错过农时，将给农业生产带来很难挽回的损失。

战斗在农业生产最前线的广大社员，深知自己的劳动与我国革命、世界革命的重大关系，正以“一不怕苦，二不怕死”的革命精神，挥汗如雨，与天夺粮。

处在这样的紧急关头，我市中学系统的广大革命师生和红卫兵战士，要当仁不让，到农业生产第一线去，为夺取今年农业生产的更大胜利，贡献自己的一份力量。

我们到农村去参加支农劳动，要首先明确其重大的政治意义，提高到“**备战、备荒、为人民**”的高度来对待这一问题。决不能把自己摆在“支援别人”的地位和存有可去可不去、可干可不干的思想。

毛主席教导我们：“**知识青年到农村去，接受贫下中农的再教育，很有必要。**”我们到农村去，决不是单单参加生产劳动，而更重要的是要“**接受贫下中农的再教育**”，向贫下中农学习，彻底改变旧思想，严防单纯劳动观点和单纯任务观点。

毛主席光辉的“五·七指示”指出：学生“**不但学文，也要学工、学农、学军，也要批判资产阶级。**”我市许多中学是“工厂办校”或“厂校挂钩”，学生在工厂有一定的时间“**学工**”，但很多学校的同学没有机会到农村去“**学农**”，这次我们到农村去劳动，正是“**学农**”的极好机会。

革命的战友们，让我们迅速行动起来，到农业生产第一线去，在广阔的天地里，滚一身泥巴，炼一颗红心！

急贫下中农之所急

这一天早晨，原九十中学在内蒙开鲁县北兴公社增盛大队第二生产队插队的知识青年们，正要吃早饭，听说贫农社员周启山的爱人在县城动了手术，需要立即去输血。

同学们听到这突如其来的消息，很快想起毛主席的伟大教导：“**我们都是来自五湖四海，为了一个共同的革命目标，走到一起来了。……一切革命队伍的人都要互相关心，互相爱护，互相帮助。**”她们毫不犹豫地决定马上出发，抢救阶级姐妹要紧。八个同学饭也没顾得吃，随车赶去县城。路上赶上下大雨，又冷又饿，可是谁也不吭声，八颗火热的心恨不得一个箭步赶到县城。到了医院，大夫说十八岁以上的人才能抽血。王津会、范志肇、谷美静三个人验了血，范志肇向大夫要求说：“我身体好，多抽点没关系！”谷美静痢疾刚好，身体虚，但她想到的是贫下中农的生命。年龄不满十八周岁的卢顶暹、冯英听到说不让她们俩输血，可急坏了，非得虚报两岁不可。当大夫一再解释血够了时，她俩坚决要求把血抽出来，存放在血库里。后来因为病人不需要血了，没输成。

回村后，同学们还十分惦念着周启山家的病人，她们凑了十元钱，并拿着贫下中农送的、她们舍不得吃的十七个鸡蛋，给周启山家送去了。周启山一家感动得热泪盈眶，一再表示感谢。同学们一致表示：不要谢我们，应该感谢伟大领袖毛主席，是毛主席叫我们这样做的，是我们接受贫下中农再教育的结果。　**向阳红**

在关鍵时刻

按：张汝帮同学（原来四十中学学生）一只眼从小失明，他并未因为自己只有一只眼而要留在城市，是毛主席光辉的老三篇使他心明眼亮方向明，毅然奔赴艰苦的农村坝县南孟公社插队落户。下面是他在贫下中农的再教育下茁壮成长的一例。

张汝帮不但是队里的「新车把式」，而且还是第五小队的记工员。一次，他正在给贫下中农分小米，突然有人喊：「驴下驹了！」他怀着好奇的心，「腾」的一下跑了出去。只见新下的驴驹在牲口棚里的粪上蠕动着。这时，后边正赶过来的贫下中农着急地喊到：「快抱出来！别叫大牲口踩死！快点，快！」这喊声像雷电一样击打在他的心上，他不知所措，只是用手抓揉着自己的衣服，心咚咚地直跳。是去？还是不去？去吧，棚里拴着骡、马、驴五六头大牲口，会不会踢着？地上又是马粪又是驴尿，新下的驴驹身上粘粘糊糊的又腥又脏，不去吧，几头大牲口抬腿扬蹄的，慢一点就会踩死。就在这一刹那间，头脑里「公」与「私」激烈地搏斗着。「快抱出来！别叫牲口踩着！」这果断的毫不犹豫的喊声，又一次鞭策着他，激励着他。此时，毛主席的「**完全**」「**彻底**」「**为人民服务**」的教导，象一盏明灯一样照亮了他的心头，王杰、刘英俊一不怕苦、二不怕死的英雄形象展现在面前。顿时，他心明眼亮，精神振奋。他不顾腥臭，不顾危险，上前几步，抱起了满身是胎液的驴驹走了出来，抱进了屋里。贫下中农爱抚地擦小驴驹身上的脏东西，小张也疼爱地用顺手拣来的碎纸烂套给小驴擦着。可是，由于天寒地冻，驴驹浑身打着哆嗦，软绵绵的站不起来。小张赶紧脱下自己的棉袄盖在小驴驹身上，贫下中农的小弟弟怕他冻着，赶紧把棉袄抢了过来……。饲养员赶紧抱来秫秸，点火给小驴驹烤身取暖。一会儿，冻得瘫软的小驴驹慢慢站起来了，张汝帮同学看见贫下中农的小驴驹得救了，乐得合不拢嘴。这时他感到无比幸福和快乐，他更感到贫下中农可亲可敬。在抢救贫下中农财产的关键时刻，是贫下中农在他的灵魂深处点了一把革命的火，促使他向「公」的世界勇敢地跨进了一大步，促使他在毛主席指引的革命化大道上，更有信心地向前迈进！在新的胜利的起点上，攀登新的高峰，夺取思想革命化的更大胜利！

红　桥

（上接第二版）**但必须是真正站在人民的立场上，用保护人民、教育人民的满腔热情来说话。如果把同志当作敌人来对待，就是使自己站在敌人的立场上去了。**」要经过统一认识达到不折不扣地落实政策的效果，即团结起来，共同对敌的效果。

人民内部之间要「斗争」，是以斗争求得真正的团结。但是，这种斗争，不应是对付阶级敌人那样的「酷若严寒」，而应是「和风细雨」。这是因为，我们进行「斗争」的目的是不同的：一个是为了同志间的坚强团结而斗争，经过斗争达到了团结一致，共同对敌的目的；另一个是为了向阶级敌人作斗争，最后彻底消灭这个反动阶级。正是这样，取决了两种「斗争」形式根本不同的不同态度。正如毛主席指出的那样：「**矛盾和斗争是普遍的、绝对的，但是解决矛盾的方法，即斗争的形式，则因矛盾的性质不同而不相同。**」

团结的目的是为了有力地消灭阶级敌人，即有力地与阶级敌人「斗争」。所以我们希望团结得人越多越好，只要是拥护革命，有要革命的一方面因素存在，就要团结。但是，这种团结决不是无原则的「和平共处」，更不是敌我混淆地搞什么「和平竞赛」。

在强调对敌斗争时，要注意有坚强的团结；在讲团结时，要注意不能脱离斗争。反「左」防右，反右防「左」，所谈的斗争和团结之间关系的目的，也正是在这里。

中学红卫兵　　敬祝毛主席万寿无疆　　1969年6月5日　第四版

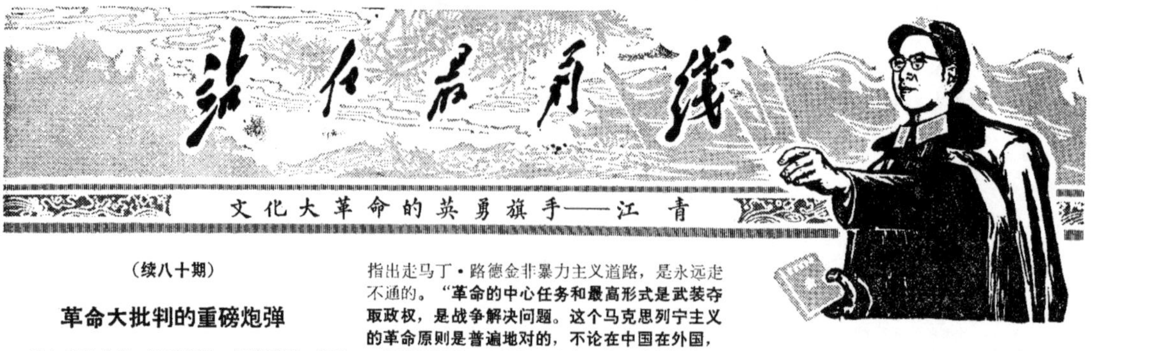

站在最前线
文化大革命的英勇旗手——江青

（续八十期）

革命大批判的重磅炮弹

革命样板戏是一组用京剧、芭蕾舞剧、交响音乐等艺术形式对我国人民在毛泽东思想指引下英勇斗争的热情赞歌，也是一排轰向叛徒、内奸、工贼刘少奇狗头的革命大批判的重磅炸弹。

叛徒、内奸、工贼刘少奇不是热衷于“议会道路”吗？他是中国最大的“议会迷”。早在一九四六年他就胡说“中国革命主要斗争形式已变为和平的、议会的，斗争是合法的群众斗争和议会斗争”，要“以非武装斗争为主”，要向国民党交枪，并举例说什么：“平津我们靠枪杆子未能打进去，只要议会斗争弄得好就可以选票进去。”为了推销他那套反革命修正主义黑货，他竭力主张把《芦荡火种》改编成为所谓搞“地下斗争”的范本，而我们伟大领袖毛主席针锋相对指出，应该以武装斗争为主，因此，《沙家浜》、《红色娘子军》的登台，给了叛徒、内奸、工贼刘少奇这个最大的“议会迷”一记响亮的耳光。毛主席教导我们：**“枪杆子里面出政权”**。**“在中国，离开了武装斗争，就没有无产阶级的地位，就没有人民的地位，就没有共产党的地位，就没有革命的胜利。”**搞武装革命，这是唯一正确的道路。而离开武装革命，去谈什么“议会斗争”、“地下斗争”、“选票竞争”，这是十足的机会主义路线，是注定要失败的。前些时候，我们最敬爱的伟大领袖毛主席在支持美国黑人抗暴斗争的声明中，再次深刻地阐明了这个真理。指出走马丁·路德金非暴力主义道路，是永远走不通的。**“革命的中心任务和最高形式是武装夺取政权，是战争解决问题。这个马克思列宁主义的革命原则是普遍地对的，不论在中国在外国，一概都是对的。”**从这点出发，整个世界只有依靠枪杆子才能改造。试看，亚非拉如火如荼的民族解放运动的蓬勃发展，就是一个证明。让反革命修正主义“议会道路”的谬论见鬼去吧！

除了非常热衷于“议会道路”外，中国赫鲁晓夫还大肆宣扬“叛徒哲学”和“活命哲学”，极力鼓吹什么“人自初生一直到衰老死亡，一直和死斗争着，是死的不断克服。”“凡是被捕入狱的人，都会考虑到死不死的事。”因为“我们并不愿意杀头流血”，叛变“也是一念之差”等等，真是无耻之极！你看，《红灯记》中李玉和、《红色娘子军》中洪常青，这两个无产阶级先锋战士的英雄形象，就是对叛徒头目——中国赫鲁晓夫的最大的批判。面对敌人带血的刺刀，面对他们燃起的通天大火，李玉和、洪常青这两位党的优秀儿子脸不变色，心不跳，大义凛然，迈着稳健的步伐，从容走向刑场。这时候，他们心里想到的是必胜的共产主义事业，眼睛看到的是即将到来的革命胜利的曙光，耳朵听到的是自己的战友们在战场上奋勇杀敌的冲锋号角。“砍头不要紧，只要主义真，杀了我一个，还有后来人。”最后在一片高呼中国共产党万岁！打倒日本帝国主义口号声中，他们为革命，含着笑容，献出了自己宝贵的生命。充分表现出一个共产党员对党、对人民赤胆忠心，视死如归的大无畏英勇气概。这对中国赫鲁晓夫的叛徒哲学、活命哲学是强有力的批判，对他们的叛徒集团是个最无情的鞭挞。**“为有牺牲多壮志，敢教日月换新天”**。正是由于象李玉和、洪常青这样的无数革命先烈抛头颅，洒热血，前仆前继，英勇奋斗才赢得了我们今天革命的胜利、新中国的诞生。伟大领袖毛主席教导我们：**“成千成万的先烈，为着人民的利益，在我们的前头英勇地牺牲了，让我们高举起他们的旗帜，踏着他们的血迹前进吧！”**

中国赫鲁晓夫鼓吹“剥削无罪，造反无理”，兜售“驯服工具”论。他希望《白毛女》中的杨白劳能够“忍辱负重”，“委屈求全”，不反抗、不斗争，忍气吞声，含着眼泪生活，甘心情愿受地主阶级残酷的政治压迫和经济剥削，最后只好喝盐卤死去。以为这样才合符情理，才“感人”，才算得上是全剧的“精华”。但是出现在今天舞台上的杨白劳却反其道而行之。面对地主阶级残酷的政治压迫和经济剥削，杨白劳无比愤怒，他要造反、要斗争、要反抗——他怀着对地主阶级的深仇大恨，高高举起扁担，劈头就向黄世仁打去，他要打倒这个恶霸地主，把一切剥削人压迫人的豺狼统统打翻在地，把那万恶的旧社会打个稀巴烂，这是多么振奋人心的情景啊！正如伟大领袖毛主席所指出的**“地主阶级对于农民的残酷的经济剥削和政治压迫，迫使农民多次地举行起义，以反抗地主阶级的统治。……在中国封建社会里，只有这种农民的阶级斗争、农民的起义和农民的战争，才是历史发展的真正动力。”**同样，今天我们广大的贫下中农，继续发扬这种大无畏的革命精神，高举**“对反动派造反有理”**的大旗，奋起毛泽东思想千钧棒，大造了一切帝国主义、修正主义和各国反动派的反，向着中国赫鲁晓夫及其各条战线的代理人，猛烈击去，彻底粉碎了他们企图在中国复辟资本主义的罪恶阴谋。打出一个红彤彤的毛泽东思想的新世界来，这就是我们广大贫下中农顽强彻底的革命精神。**“马克思主义的道理千条万绪，归根结底，就是一句话：‘造反有理’。”**

革命样板戏的成功，充分显示了毛泽东思想的无比威力，显示了我们敬爱的江青同志的伟大天才。对中国赫鲁晓夫及其反革命修正主义文艺路线是一个致命的打击。

“暮色苍茫看劲松，乱云飞渡仍从容。天生一个仙人洞，无限风光在险峰。”这是毛主席在一九六一年九月九日为江青同志所摄庐山仙人洞照题的七绝。毛主席这首气势磅礴、震撼三山五岳的千古绝章抒发了一个无产阶级革命家最伟大的胸怀。同时，也是对江青同志最全面、最完美、最深刻、最形象的写照。今天，重读这首气贯长虹的诗句，浮想联翩，心潮澎湃，久久不能平静对江青同志无限崇敬的心情。

江青同志的丰功伟绩永放光芒！

永远激励我们红卫兵紧跟毛主席奋勇前进！

向无产阶级革命硬骨头江青同志学习、致敬！

（全文完）

学习江青同志　一不怕苦　二不怕死

·群学青·

今天，我们怀着无比激动的心情读完了这篇歌颂无产阶级文化大革命英勇旗手江青同志的特写片断——《站在最前线》，我们心潮澎湃，思潮起伏。红卫兵战士要永远向为无产阶级文化大革命立下了不朽功勋，“始终站在这个运动的最前线”的江青同志学习！

在革命斗争中，不论道路多么漫长、曲折，不论遇到多少艰难险阻，江青同志丝毫没有表示过犹豫徬徨的怯意，而是始终站在革命斗争的最前线，坚韧不拔，顽强战斗。江青同志所表现出的无产阶级革命家的气魄和胸怀是十分惊人的。她立场之坚定，斗争之顽强，正象毛主席热情地赞誉鲁迅时说过的那样，他在黑暗与暴力的进袭中，是一株独立支持的大树，不是向两旁偏倒的小草。他看清了政治的方向，就向着一个目标奋勇地斗争下去，决不中途投降妥协。

我们除了向江青同志学习站在革命斗争最前线，敢于斗争，善于斗争的精神，还要学习“江青同志非常严格地要求自己，对同志满腔热情”的精神。我们要把为革命的胜利多团结一点人看成是毛主席负于我们的重任，看成是我们义不容辞的责任，对犯错误的干部和**“可以教育好的子女”“不是轻视他们，看不起他们，而是亲近他们，团结他们，说服他们，鼓励他们前进。”**

为了捍卫毛主席的无产阶级革命文艺路线，我们敬爱的江青同志虽然经常身体不好，但她在要**“压倒一切敌人”**的大无畏精神下，同大叛徒刘少奇及其在文化界的代理人周扬之流进行了激烈的搏斗，直至最后胜利。同志，难道你不为我们敬爱的江青同志这种“一不怕苦，二不怕死”的革命精神所感动吗？然而，有一些同学却不是这样的，他们惧怕艰苦，不愿到农村过艰苦的生活，他们只喜欢躲在安乐窝里过着舒舒服服的生活，在轰轰烈烈的上山下乡运动中，躲躲闪闪，犹疑徘徊。我们不禁向这些人发问：当你们读了歌颂江青同志这篇文章的时候，当你们读到江青同志“一不怕苦，二不怕死”的革命硬骨头精神的时候，你们不觉得为我们有这样一位学不尽的光辉榜样而骄傲、自豪吗？相比之下，你们又不觉得自己应该抖擞精神，奋勇前进吗？

无产阶级文化大革命发展到了今天，革命的大好形势就更需要我们树立起这种“一不怕苦，二不怕死”的革命硬骨头精神。不论我们搞什么工作，做什么事情都必须有这种精神，革命才会前进。我们深信：**“灿烂的思想政治之花，必将结成丰满的经济之果，这是合乎规律的发展。”**

欢迎批评　欢迎来稿　本报地址：天津市浙江路十八号（电话：3.3059）　本市邮局办理订阅与零售（电话：2.5145　4.1106）

毛主席语录

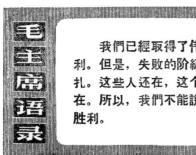

> 我們已經取得了伟大的胜利。但是，失敗的阶級还要掙扎。这些人还在，这个阶級还在。所以，我們不能說最后的胜利。

天津红卫兵

天津市大专院校红卫兵代表大会主办

第21期　1969年6月27日　星期五

天津纺织工学院广大红卫兵战士不断提高无产阶级专政条件下继续革命的觉悟

在整党建党工作中立新功

本报讯　天津纺院广大红卫兵战士在工人阶级的领导下，活学活用毛主席关于无产阶级专政下继续革命的伟大学说，加强了思想革命化，继续发扬革命造反精神，在整党建党工作中又立了新功。

他们的做法是：带头活学活用毛主席著作，带头批判反动的"三党"、"六论"，带头亮私斗私，带头做好各项工作。

整党刚开始，有些红卫兵认为：斗批完了，该走了，整党建党不是我们的事；也有人觉得，吐故吐不到我头上，纳新纳不到我份上，与我无关。针对这些活思想，各级红卫兵组织在工人、解放军宣传队指导下，举办了学习班。在学习班上，广大红卫兵联系自己的活思想，深入学习"九大"文献，学习毛主席关于继续革命的伟大理论，学习毛主席的建党学说和五十字大纲，反复批判大叛徒刘少奇的修正主义建党路线，积极开展阶级教育，从而大大提高了红卫兵的阶级斗争、两条路线斗争和继续革命的觉悟，明确了整党建党工作的伟大意义，增添了革命干劲。

在整党过程中，广大红卫兵战士遵照毛主席"**要斗私，批修**"和林副主席"革命也要革自己的命"的教导，主动亮私斗私，在灵魂深处爆发革命。二连一个红卫兵战士（共青团员）在整党学习班上主动斗私批修，他说："我过去入团时就想以后入党容易，也容易考个好学校，处处受重用。这正中了刘少奇的'入党做官论'和'读书做官论'的毒害。"并从思想上深挖了根源，许多党员听了很受感动，连原来亮私有顾虑的党员也放下了包袱，并说："红卫兵小将都能亮私不怕丑，斗私不怕痛，我作为一个共产党员更应该这样。"

红卫兵和党员同志结成一对红、一串红，互相学习，互相帮助，共同提高，一起忆苦思甜，一起声讨大叛徒刘少奇，一起学习毛主席著作，斗私批修。贫农出身的桑桂英用文化大革命中揭发出来的党内两条路线斗争的事实帮助一个党员提高阶级斗争和两条路线斗争觉悟，而这个党员又用自己十多年犯错误的沉痛教训教育她，这样，他们在无产阶级专政下继续革命觉悟都提高得很快。

现在这个学校的整党建党工作、教育革命工作正蓬蓬勃勃地向前发展。广大红卫兵战士一致表示，要在伟大领袖毛主席领导下，**团结起来，争取更大的胜利。**

气可鼓不可泄

河北大学红卫兵　**文　锋**

在无产阶级文化大革命取得伟大胜利的今天，我们红卫兵队伍中的一些同志却存在着这样一种糊涂认识，妨碍着我们继续革命。他们认为：工人阶级掌握了学校大权，斗、批、改搞的也差不多了，红卫兵的历史使命完成了。一句话，政权到手，革命到头，可以松口气了了。

红卫兵的历史使命完成了吗？没有，远远没有。红卫兵是文化大革命中诞生的一支生力军，她负有把文化大革命进行到底、把中国革命和世界革命进行到底的历史重任。工人阶级掌握了学校大权，领导学校的斗、批、改，使我们的学校发生了翻天复地的变化。"**但是，失败的阶级还要挣扎。这些人还在，这个阶级还在。**"思想政治领域中的阶级斗争是决不会停止的。决不因为我们夺了权，无产阶级同资产阶级的斗争就消失了。刘少奇修正主义教育路线的死尸还在我们中间腐烂发臭，并且毒害着我们。林副主席在政治报告中指出："无产阶级能不能把文化教育阵地牢固地占领下来，用毛泽东思想把它们改造过来，是能不能把无产阶级文化大革命进行到底的关键问题。"把上层建筑领域的革命进行到底，还有很多事情要做，把斗、批、改各个阶段的任务在一个一个学校，一个一个单位认真细致地做好，还要作很大的努力。红卫兵的历史使命不仅没完成，而且任重道远，还要作艰苦卓绝的斗争。

认为"红卫兵的历史使命完成了"、"可以松口气了"的人，一方面对毛主席无产阶级专政下继续革命的理论学习不够，领会不深，另一方面则是头脑里私字作怪，滋长了"**停顿起来不求进步的情绪，贪图享乐不愿再过艰苦生活的情绪**"。因此，我们必须深入学习"九大"重要文献，用毛主席无产阶级专政下继续革命的伟大思想武装头脑，必须狠斗"私"字，在灵魂深处爆发革命。只有这样，才能永葆革命青春。

气可鼓而不可泄。红卫兵战友们，让我们在毛主席领导下，团结起来，鼓足干劲，继续革命，继续前进，不断地为人民立新功。

红卫兵论坛

「等」不得

天津大学东方红红卫兵　**奔　腾**

现在在我们红卫兵中有一些人对学校的斗、批、改不那么热心，他们到处探听风声，坐等毕业分配。他们说：「赶紧毕业到工农兵中去接受再教育，我们要走。」有迫切要求到工农兵中去的愿望是好的，但是把接受再教育同目前学校的斗、批、改运动对立起来的看法是片面的，形而上学的。轰轰烈烈的斗、批、改运动，就是我们接受再教育的一个好课堂，工人、解放军毛泽东思想宣传队就是对我们进行再教育的最好的老师。口头上喊着接受再教育，思想上却不求进展，行动上消极地坐等毕业，这样的接受再教育岂不成了一句空话？

走是要走的，关键在于以什么样的态度来对待。什么时候走，唯毛主席的号令是从，在没走之前，仍然坚守岗位，继续战斗，这才是我们应取的态度。然而有些人不是这样，他们对学校的斗、批、改不感兴趣，他们整天考虑着「走」，等着走。我们要向这些人大喝一声：同志，等不得！上层建筑领域的斗、批、改这一仗能否打好，是能否把无产阶级文化大革命进行到底的关键问题，这是国家的大事，世界革命的大事。毛主席指出：「**进行无产阶级教育革命，要依靠学校中广大革命的学生，**……」他老人家把这么重大的任务交给我们，我们没有半点理由打退堂鼓，而有千条理由继续革命，做到「心不忘革命，手不丢工作」，以「**只争朝夕**」的革命精神，在校一天就踏踏实实地工作一天，为创造崭新的无产阶级教育制度作出自己的贡献。

坐等毕业分配是与毛主席的继续革命的伟大思想相违背的，与红卫兵的革命造反精神也是不相称的。此风不可长。因为它使我们斗志松懈，工作消极，它妨碍我们继续革命，妨碍我们「**争取更大的胜利**」，必须克服。在深入学习「九大」重要文献的高潮中，我们要狠抓继续革命这个根本，用毛主席关于无产阶级专政下继续革命的伟大学说武装起来，继续发扬红卫兵的革命造反精神，不但要大造帝、修、反的反，而且要大造自己头脑里的「私」字的反，「**要斗私，批修**」，「**把我们队伍中的小资产阶级思想引导到无产阶级革命的轨道**」，朝气蓬勃地沿着毛主席的革命路线继续前进！

天津红卫兵　　敬祝毛主席万寿无疆　　1969年6月27日　第二版

贯彻知识分子政策的光辉指南

——学习毛主席诗《七律·和柳亚子先生》

伟大领袖毛主席教导我们：“**全党同志必须认识，对于知识分子的正确的政策，是革命胜利的重要条件之一。**”

一九四九年春，在我国新民主主义革命向社会主义革命胜利转变的历史关头，毛主席挥动如椽巨笔写下了金光闪闪的不朽诗篇——《七律·和柳亚子先生》。这首诗最具体最生动地体现了党对知识分子的政策，是我们贯彻知识分子政策的光辉指南。

这首诗是毛主席写给柳亚子先生的。柳亚子是近代诗人，爱国的旧知识分子。在革命刚刚取得胜利的时候，由于资产阶级世界观没有得到改造，他于一九四九年三月份写了一首有严重错误的律诗《感事呈毛主席》，暴露了知识分子的革命不彻底性。对此，毛主席利用“**团结人民、教育人民**”的革命文艺武器，对柳亚子进行再教育，为全党、全军和全国人民树立了对知识分子“**采取慎重态度**”，“**分别情况，加以团结、教育和任用**”的最高典范。

怎样正确对待知识分子？毛主席指出：“**我国绝大部分的知识分子是愿意进步的，愿意改造的，是可以改造的。**”毛主席具有最博大的革命胸怀，经常教导我们不要忘记那些“**在人民还有困难的时期内确实帮了忙，做了好事，并且是一贯地做下去**”的人们。对待柳亚子就是如此，在前四句诗中，毛主席从团结的愿望出发，以抓积极因素为主，循循善诱，谆谆教诲，对柳亚子作了全面的历史的辩证的分析。这里，毛主席高度凝炼地记叙了处在革命发展的历史转折关头和柳亚子的三次交往。一九二六年春大革命如火如荼地展开的时候，毛主席和他初次在广州聚会，过后，柳亚子写道：“云天倘许同忧国，粤海难忘共品茶。”当时，他拥护孙中山的新三民主义，反对帝国主义和封建军阀，毛主席用“**饮茶粤海未能忘**”的诗句表扬了他反帝反封的进步性。一九四五年秋抗日战争胜利后，毛主席和柳亚子在重庆第二次聚会。那时，他痛恨反共反人民的蒋介石，欢迎毛主席去重庆谈判，并向毛主席索要诗句，听以教益，“**索句渝州叶正黄**”，毛主席肯定了他反对蒋介石的进步性。一九四九年春末解放战争基本胜利后，毛主席和他在北京第三次聚会，他应毛主席电召来到北京准备参加第一次全国政协会议，这时却暴露了旧知识分子的恶劣思想倾向。毛主席在第三、四句诗中非常含蓄地指出了这一点。短短四个诗句，分析了柳亚子三十一年中的表现，以表扬和肯定为主，鞭策寓于表扬之中，具有无限的感召力量。毛主席的这种无与伦比的辩证分析和艺术概括，为我们正确对待知识分子提供了最强大的思想武器。

怎样对知识分子进行再教育？伟大领袖毛主席为我们做出了最正确的言教和身教。毛主席指出：“**从团结他们出发，对他们的错误和缺点进行认真的和适当的批评或斗争，达到团结他们的目的。对他们的错误或缺点采取迁就态度，是不对的。对他们采取关门态度或敷衍态度，也是不对的。**”毛主席正是这样对待柳亚子先生的。像柳亚子先生这样的爱国的旧知识分子，虽然为革命出过力，但世界观是资产阶级的，“**一遇风浪就会左右摇摆**”，暴露出“**主观主义和个人主义的倾向**”，因此，必须“**在正确路线领导之下，由工农兵给他们以再教育，彻底改变旧思想**”。毛主席电召柳亚子先生来北京参加政协，本是党和人民对他的重视，但是，他却沽名钓誉，大发牢骚，在那篇律诗中把自己比作汉朝有“才学”的朱云，瞒怨自己被置于战国时期在齐国享有劣等待遇的冯驩的地位，声言等家乡分湖解放以后，要学东汉的严子陵去隐居钓鱼。针对柳亚子先生思想上出现的反复，毛主席语重心长地给他敲了警钟：“**牢骚太盛防肠断。**”计较个人得失，贪图名誉地位，政治躯体中的肠道必然断折，甚至会有丧失政治生命的危险！毛主席诲人不倦地去告诫他：“**风物长宜放眼量**”。要他跳出“私”字的圈子，攀登“公”字的高峰，从中国革命乃至世界革命的长远利益考虑问题。在这金光夺目的十四个大字中，饱含着伟大领袖毛主席的最真挚的团结的愿望，读来何等感人肺腑！这千古不灭的警句，是一切革命知识分子永葆革命青春的座右铭！

怎样恰当地使用知识分子？伟大统帅毛主席为我们树立了最光辉的榜样。毛主席的最后两句诗最集中地体现了这样的伟大思想：“**对于一切多少有用的比较忠实的知识分子，应该分配适当的工作，应该好好地教育他们，带领他们，在长期斗争中逐渐克服他们的弱点。**”这就是说，对柳亚子这样的知识分子，要想在使用以前就把他长期形成的旧思想百分之百地改变过来是完全不可能的，而应该在斗争中大胆地恰当地使用他们，在使用中对他们进行再教育。毛主席亲自电召柳亚子参加政协，就是对他的大胆使用。毛主席用昆明池同富春江作鲜明的对比——“**莫道昆明池水浅，观鱼胜过富春江**”，既为柳亚子指出了走脱离政治之路的危险性，又为他指明了一条革命化的出路。留在北京参加政协，继续为革命出力，才有无限光明的前途；回乡隐居钓鱼是很危险的。如果柳亚子真的回到分湖，那么，他决不可能“隐居”于阶级斗争之外，总有一天要掉入不问政治甚至反对政治的“富春江”里，被历史所淘汰。最后这两句诗，寓意深远，余味无穷，它反映了毛主席“**团结绝大多数人一道工作**”的无产阶级革命家的伟大胸怀。

伟大领袖毛主席的光辉诗篇《七律·和柳亚子先生》，照亮了知识分子革命化的道路。“**风物长宜放眼量**”，一切革命的知识分子，让我们沿着毛主席指引的与工农兵相结合的光明大道，阔步奔向共产主义前方！

方延良

七　律
和柳亚子先生

一九四九年四月二十九日

饮茶粤海未能忘，
索句渝州叶正黄。
三十一年还旧国，
落花时节读华章。
牢骚太盛防肠断，
风物长宜放眼量。
莫道昆明池水浅，
观鱼胜过富春江。

毛泽东

评「有他五八，没他也四十」

解放军驻津某部　徐自宽

在当前落实知识分子政策中，有这样一种论调，叫做「有他五八，没他也四十」。意思是说，对于那些知识分子来说，有他也好，没他也行，团结不团结都一个样。

这种论调乍听起来，似乎有些道理：多一个人少一个人无关大局，地球照样转动，革命照样前进。然而仔细分析起来，这个观点却很模糊。

诚然，多一个人少一个人，并不妨碍「地球照样转动」，然而辩证唯物主义告诉我们：「**任何质量都表现为一定的数量，没有数量也就没有质量。**」「浩浩荡荡」、「千千万万」怎么组成的？还不是一个一个地加起来的，没有「一个一个」，也就无所谓「浩浩荡荡」。五个指头合拢来才能握成一个拳，少一个指头就不行。林副主席在政治报告中教导我们要「一个一个工厂，一个一个学校，一个一个公社，一个一个单位」地落实党的政策。为什么要强调「一个一个」，就是因为只有具体到一个一个问题去解决，才能不折不扣地落实党的政策。有些人总不愿意一个人一个人地做深入细致的思想工作，并以「有他五八，没他也四十」为其借口，他们想不用一个一个地做工作，就可以团结起绝大多数人，显然这只是一种幻想。

人有社会性。多团结一个人，少团结一个人，有时候也决不是无关大局的，清华大学团结知识分子的经验中，其中有一条叫做「拨亮一盏灯，照亮一大片」。这就告诉我们，因为我们团结了一个人，结果就使更多的人向我们靠拢了。相反，我们也看到，由于某些单位该团结的一些人没有团结过来，因而影响了党的知识分子政策的落实。

干革命总是多团结一点人好。毛主席早就教导我们，团结、改造知识分子的绝大多数，「**是革命胜利的重要条件之一**」。我们要坚信绝大多数知识分子是愿意革命的，我们要尽一切可能争取他们，团结他们。这决不是一个人两个人的问题，这是要不要落实党的政策，要不要争取更大胜利的大问题。我们要坚决反对以感情代替政策，要「**站在党的立场，站在党性和党的政策的立场**」，要在「一个一个」上狠下功夫。只有这样，我们才能团结一切可以团结的人，组成浩浩荡荡的革命大军，夺取新的更大的胜利。

天津红卫兵　　敬祝毛主席万寿无疆　　1969年6月27日　第三版

"团結"乎?"反帝"乎?

——评莫斯科黑会

·本报评论员·

物以类聚，人以群分。最近，以苏修为首的世界闻名的丑角麕集莫斯科，在紧锣密鼓声中纷纷粉墨登场，演出了一场令人作呕的丑剧。

既然是演戏，就一定要装腔作势。既然是演丑剧，就一定要有一张扎一锥子不流黄水的厚脸皮。勃列日涅夫之流就是这样一批角色。你看，他们明明是国际共产主义运动的无耻叛徒，是破坏无产阶级国际团结的罪魁祸首，是帝国主义的帮凶，然而在这场丑剧中，摇身一变，却成了"团结"的模范，"反帝"的英雄，并扯着嗓子，鼓着肚皮高唱"团结"、"反帝"，简直是婊子立贞节牌，死不要脸！

恩格斯教导我们："**最大的宗派主义者、争论成性者和恶棍，在一定的时机会比一切人都更高声地叫喊团结。**"但"**那些口头上喊这个口号喊得最多的人，恰好是煽动分裂的罪魁**"。以苏修为首的现代修正主义正是这样的货色。

勃列日涅夫们口口声声要"团结"，那末他们的"团结"究竟是什么货色呢？

他们对一贯高举马列主义大旗的中国共产党、阿尔巴尼亚劳动党和所有的马列主义政党视为寇仇，千方百计、不择手段地进行攻击、诽谤。在这次丑剧表演中，高唱"团结"的勃列日涅夫竟象泼妇骂街一样地攻击伟大、光荣、正确的中国共产党。这就是他们的"团结"！

他们在中苏边界开枪、开炮，杀人放火，把侵略魔爪伸向我们伟大的祖国。这就是他们的"团结"！

他们除了在国内实行资产阶级专政，镇压无产阶级革命，还勾结美帝同各国反动派，到处镇压世界各国人民的革命运动。对其他国家实行政治控制、经济掠夺。这就是他们的"团结"！

把几十万军队从苏联开到捷克斯洛伐克，横行霸道，无恶不作。这就是他们的"团结"！

在丑剧表演中，主子丢尽了"尊颜"，暴跳如雷，大发雷霆。奴才失去了"理智"，硬顶硬碰，冒犯"虎威"。结果是吵吵嚷嚷，争执不休。这就是他们的"团结"。

……

"团结"，简直是胡说八道！这一群丑类象强盗一样，不但和人民根本谈不上什么"团结"，就是强盗之间也绝没有什么"团结"可言。拦路抢劫、谋财害命时，尚能互相呼应，狼狈为奸，一触及到各自的利益时，便同时撕破了脸皮，象一群恶狗一样，互相狂吠，互相乱咬起来。

勃列日涅夫之流高唱"团结"，只不过是虚张声势，打肿脸充胖子。只不过是掩盖其四分五裂，土崩瓦解的残局。他们不是要"团结"，而是要"勾结"，要"勾结"仅仅占人口百分之几的一小撮反动派，共同反华、反共、反人民。但是，这种反革命"勾结"，决没有什么好下场，迟早是树倒猢狲散，是奴才为主子殉葬。

勃列日涅夫还口口声声要"反帝"，果真是这样吗？

难道有这样的"反帝"英雄：猖狂地勾结美帝和各国反动派拼凑"反华包围圈"，把炮口对准坚决反帝、反修的中华人民共和国？

难道有这样的"反帝"英雄：在越南问题上，和美帝明来暗往，为美帝国主义的"和谈"骗局奔走效力，出卖越南人民的抗美救国斗争？

难道有这样的"反帝"英雄：在中东问题上，同美帝紧密勾结，处心积虑地策划"慕尼黑"阴谋，妄图扑灭巴勒斯坦人民武装斗争的烈火？

难道有这样的"反帝"英雄：在柏林问题上，向反动派屈膝投降，迎合美帝国主义？

难道有这样的"反帝"英雄：同尼克松坐在白宫的"玫瑰园"里，欣赏美国乐队的表演，并眉来眼去，鼓吹美苏是"天生的朋友"？

……

"反帝"！岂不令人笑掉牙齿！简直是无稽之谈！苏修叛徒集团早已堕落为社会帝国主义，成为帝国主义镇压世界各国人民、瓜分世界的可耻帮凶。这帮子无耻叛徒，在美帝国主义面前是奴才，是孙子，低三下四、摇尾乞怜还怕主子不赏脸，哪里还敢说半个"不"字！以苏修为首的叛徒集团，妄图用美丽的词藻来掩盖其丑恶嘴脸，实在是欲盖弥彰，枉费心机。斯大林说得好："**无论乌鸦怎样用孔雀的羽毛来装饰自己，乌鸦毕竟是乌鸦。**"

以苏修为首的现代修正主义高唱"反帝"的滥调，只不过是挂羊头，卖狗肉。他们"反帝"是假，"亲帝"、"媚帝"，勾结帝国主义反华、反共、反人民，瓜分世界是真。这一伙无耻之徒，早已成为"**跪倒在帝国主义面前的奴仆和爪牙**"。

现在，莫斯科的丑剧已经草草收场了。丑剧中扯起的"团结"、"反帝"的破旗业已为世界人民撕得粉碎。这次丑剧演出，并没有使勃列日涅夫之流脸上增添什么光彩，只是在他们丑恶的脸谱上又多了几个不伦不类的插图。勃列日涅夫和他的同僚看着各奔东西的伙伴，回味着演出时乌七八糟的情景，想到自己的未来，真是不寒而栗，不胜悲伤。

伟大领袖毛主席教导我们："**苏修、美帝狼狈为奸，做了这么多的坏事、丑事，全世界革命人民是不会饶过他们的。世界各国人民正在起来。一个反对美帝、苏修的历史新时期已经开始。**"不管勃列日涅夫之流怎样苦心经营，垂死挣扎，都无法摆脱他们土崩瓦解、彻底完蛋的命运！

资料　莫斯科黑会简介

有七十五个国家参加、于六月五日在莫斯科开场的，由赫鲁晓夫提出又经勃列日涅夫集团多年策划的修字党黑会在十七日草草收场。

这次黑会经过五年准备、七次筹备、三次延期。

六四年七月三十日赫鲁晓夫提出在同年十二月十五日召开六〇年莫斯科会议的「起草委员会会议」，筹备在六五年七月召开「共产党、工人党新的国际会议」。但其计划未能实现就下台了。

勃列日涅夫等上台后，继承赫秃衣钵，于六四年十一月二十四日提出把「起草委员会会议」改为六五年三月一日举行。是年苏、保、印、蒙等十九家不顾一些党的坚决反对召开了「三月会议」，并发表公报声称召开「八十一党代表予备性协商会晤」，「讨论新的国际会议问题。」

六六年十一月，勃列日涅夫在宣称黑会召开「条件日益成熟」的同时，又与许多党进行了频繁的双边和多边接触。在十月革命五十周年时拼凑了发起党班子，并于六七年十二月二十五日发表公报，提出六八年二月举行「协商会晤」，委托匈修为东道主。

从六八年二月到黑会召开前又开了六次筹备会议。

第一次会议于二月十六日至三月五日在布达佩斯举行。原邀请的七十四个国家中只有六十七个到会。会上罗党与苏修争吵而中途退场；留尼汪在通过公报时弃权。会晤公报提出四月再开一次筹备会，十一月或十二月在莫斯科召开正式黑会。

第二次会议于四月二十四日至二十八日在布达佩斯举行。到会者五十四家。会议「研究了一些文件草案的内容和起草的办法」，并成立了工作小组；决定在十一月二十五日于莫斯科召开正式黑会，会前再举行一次筹备会。

第三次会议于九月二十七日至十月一日在布达佩斯举行。到会五十八家。会议取消了原定开会日期，由各党代表「同自己的党中央进行商磋」后，在十一月十七日召开再次筹备会议，讨论开会日期和「进一步准备的程序」。

第四次会议于十一月十八日至二十一日在布达佩斯举行。到会六十七家。会议决定六九年五月在莫斯科召开正式黑会，讨论「现阶段反帝斗争的任务和共产党、工人党以及一切反帝力量的统一行动」，决定在六九年三月十七日于莫斯科再举行一次筹备会，研究文件草案和商定黑会的确切日期以及组织问题。

第五次会议于三月十八日至二十一日在莫斯科举行。到会者六十六家。会上讨论了黑会的主要文件，决定把此草案提交各党中央，其它文件另定，会议还决定六月五日召开正式黑会。

第六次会议于五月二十三日至三十日在莫斯科举行。到会七十家。会上，苏修代表报告了同会议有关的「一切问题」，各代表团叙述了党中央对「反帝团结」文件草案的意见，一些代表团主张删掉有争议的部分，罗党对党与党关系部分提出了一百条修正意见。会议还讨论了「和平呼吁书」、「声援越南」的声明和关于纪念列宁诞辰一百周年的决定。由于意见分歧最后商定将文件草案及修改意见一并提交黑会作为「工作基础」。

经过多次策划于六月五日下午三点在克里姆林宫的格奥尔基大厅黑会正式开场。会上，吵吵嚷嚷，丑态百出。黑头目勃列日涅夫在他的黑报告中攻击中国就花了十五分钟。对此，许多修字党从各自的利害出发，表示不满和反对，并多次要提苏修再三回避的苏军占领捷克问题。对于黑会的主要文件争执不休，英国和挪威受其中央指示不签字，多米尼加拒绝签字，澳大利亚、意大利、圣马力诺和留尼汪只签具有反帝内容的第三章，古巴和瑞典作为观察员不签字，罗党、瑞士虽行签字，但表示应把它们的意见写进会议报告中，摩洛哥、苏丹表示保留意见后才签字。这种种现象使人们认识到勃列日涅夫的所谓「在马列主义和无产阶级国际主义原则基础上团结」只不过是欲盖弥彰，自欺欺人。

天津红卫兵

敬祝毛主席万寿无疆

1969年6月27日　第四版

把"左"右倾机会主义分子揪出来示众

编者按　为了帮助大家学习党内两条路线斗争的历史，现将林副主席《政治报告》中提及的一些党内历史上右的和"左"的机会主义路线的代表人物，作一简略介绍，以供批判。

陈独秀　党内资产阶级反动路线的鼻祖，老右倾机会主义者，中国托匪的头子。安徽怀宁人。由于党在初创时期的幼稚，在第一次党代会上，陈独秀窃据了党的总书记职务，篡夺了领导权。

第一次国内革命战争时期，以陈独秀为代表的右倾机会主义者排斥毛主席的革命路线，鼓吹所谓"二次革命论"，叫嚷当时的革命应由资产阶级领导。一九二七年蒋汪叛变革命后，他竭力压制农民运动、工人运动，自愿交出领导权，使革命遭到失败。党的"八·七"会议坚决纠正和克服了陈独秀的投降主义，撤除了他的总书记职务。陈独秀这时逐渐变成了取消主义者，采取反动的托洛茨基立场，反对党所进行的各种革命斗争，并同反动的托洛茨基分子相结合，成立反党小集团，因而在一九二九年被驱逐出党，接着便堕落为反革命。

瞿秋白　中国革命的可耻叛徒，机会主义分子。江苏武进人。一九二三年参加党的第三次全国代表大会，窃据了党的中央委员。一九二七年在党的"八·七"会议后窃据党中央书记职务。这次会议后，以瞿秋白为代表的"左"倾盲动主义者，错误估计当时的革命形势，把主要希望寄托于大城市的武装起义，疯狂反对、抵制毛主席的"**以农村包围城市**"的正确路线，给中国革命带来巨大的损失。

红军长征时，瞿秋白留在江西根据地。一九三五年三月在福建游击区被捕，随即叛变革命，向敌人密告了江西根据地的情况，并写了叛变投敌的自白书——《多余的话》，同年六月被毙于福建长汀。

李立三　老牌机会主义分子。湖南醴陵人。一九三〇年五月李立三窃据了党中央政治局领导后，以他为代表的第二次"左"倾路线统治了党中央，李立三竭力排斥以毛主席为代表的革命路线，不顾中国革命的实际情况，定出了组织全国中心城市武装起义和集中全国红军进攻中心城市的冒险计划，致使党和革命力量受到了损失。一九三〇年九月党的六届三中全会基本结束了李立三"左"倾路线在全党的统治。

王　明　老牌机会主义者，中国革命的可耻叛徒。安徽六安县人。一九二五年混入党内，并在一九三一年窃据了党的总书记职务。

党的六届四中全会后，以王明为代表的"左"倾机会主义者，声称当时党内的主要危险不是"左"倾机会主义，而是所谓右倾机会主义，提出了一个在新的形势下继续、发展立三路线的新的政治纲领，反对毛主席的革命路线，从而给党的事业带来了极严重的损失，使党和红军损失了百分之九十左右，白区党的组织几乎百分之百被破坏。一九三五年具有伟大历史意义的遵义会议结束了"左"倾路线在党内长达四年之久的统治。抗日战争后，王明又伙同刘少奇推行一条右倾机会主义路线。解放后，王明跑到了苏联，死心塌地投靠赫鲁晓夫修正主义集团，恶毒攻击伟大领袖毛主席和我们伟大的党，完全堕落为苏修叛徒集团的一条忠实走狗。

张国焘　中国革命的叛徒。江西吉水县人。早年投机革命，一九二一年在陈独秀的庇护下，混入了第一次党代会，并窃据了组织部长要职。第一次国内革命战争时期，以他为代表的左倾关门主义认为共产党不应当和国民党合作，他们只注意工人运动，反对农民运动。一九三五年他反对红军北上，采取逃跑主义的路线。长征途中，他违抗中央命令，擅自率领被其欺骗的部队南下，分裂红军，甚至另立中央，揭出叛党黑旗。一九三七年四月的延安会议对张国焘的机会主义、军阀主义、叛党行为进行了系统的批判。然而张国焘终不可救药，一九三八年四月只身逃出陕甘宁边区，投入国民党特务集团，同年，被开除党籍。

彭德怀　大野心家，阴谋家，老牌机会主义分子。湖南湘潭人。一九二八年混入党内。三十多年来，每逢重要历史关头，他就跳出来疯狂反对毛主席的革命路线。在十年内战时期，他忠实执行李立三、王明的冒险主义机会主义路线；在抗日战争时期，他顽固地推行刘少奇、王明的右倾投降主义路线。解放后，彭贼利用窃据的党政军大权，伙同大野心家高岗、饶漱石结成反党联盟，更加疯狂地进行反党活动。在国际上，彭贼同赫秃、铁托之流暗地勾结，进行里通外国的罪恶活动，阴谋篡党篡军，复辟资本主义。

一九五九年，彭贼在刘少奇的支持下，伙同黄、张、周等反党分子，抛出了向党猖狂进攻的反革命纲领《意见书》，挑起了庐山的一场惊心动魄的斗争。毛主席领导全党粉碎了彭德怀反党集团，罢了他们的官。

高　岗　高饶反党联盟的首脑，陕西横山人。早年投机革命，混入党内。解放后曾窃据东北人民政府主席、解放军东北军区司令员兼政委、中央人民政府副主席、军委副主席等要职。

高岗的反党活动，有相当长久的历史，从一九四九年起，他就以夺取党和国家的权力为目的进行阴谋活动。他在东北地区制造散布污蔑党中央和吹嘘自己的谣言，破坏党的团结和统一，进行分裂党的活动，妄图把东北地区变成他的独立王国。一九五三年被调至中央后，高岗的反党活动更为猖獗，公然提出"轮流坐庄（执政）"的反动口号。一九五五年党的全国代表会议一致决议：开除高岗的党籍，并撤消其党内外的一切职务。

饶漱石　高饶反党联盟的另一首脑。江西临川人。早年投机革命，混入党内，从事工运活动。解放后曾窃据中央华东局书记兼上海市委书记、中央组织部长等要职。

饶漱石为了夺取党的权力，曾对党使用一系列可耻的欺骗手段。他在华东工作期间，采取向资本家、地主、富农投降的右倾政策，并违抗中央政策，竭力保护反革命分子。一九五三年被调至中央后，同高岗结成反党联盟，利用他窃取的中央组织部长的要职，猖狂进行分裂党的阴谋活动。一九五五年的全国代表会议一致决议：开除饶漱石的党籍，并撤消其党内外的一切职务。

刘少奇　大叛徒、大内奸、大工贼，党内最大的走资派，修正主义的总根子。一九〇五年出生在湖南湘潭的一个地主家庭。

刘少奇是我党历史上最大的机会主义者，在新民主主义革命和社会主义革命的许多重大历史关头，他都代表帝、修、反的利益，抛出右的或形"左"实右的修正主义路线，猖狂反对毛主席的革命路线。在新民主主义革命时期，他反对无产阶级用暴力夺取政权；在社会主义革命时期，他反对无产阶级专政，反对无产阶级专政下继续革命。其目的就是复辟资本主义，变中国为帝国主义、修正主义的殖民地。多年来，刘少奇为了实现他这个狼子野心，在组织上，招降纳叛，搜罗了一帮子叛徒、特务、走资派，互相包庇，狼狈为奸，窃取党和国家的重要职务，控制了从中央到地方许多单位的领导权，组成了一个地下的黑司令部，在思想战线上，他疯狂地反对战无不胜的毛泽东思想，贩卖黑《修养》，鼓吹黑"六论"，为复辟资本主义大造反革命舆论。刘少奇是罪恶累累的帝国主义、现代修正主义和国民党反动派的忠实走狗。

毛主席最早察觉了刘少奇一伙的反革命阴谋活动。一九六六年，毛主席亲自发动和领导了无产阶级文化大革命，率领亿万革命群众，摧毁了刘少奇的黑司令部，把刘少奇押上了历史的审判台。党的八届十二中全会一致通过决议：把刘少奇永远开除出党，撤消其党内外一切职务，并号召继续清算刘少奇及其同伙叛党叛国的罪行。

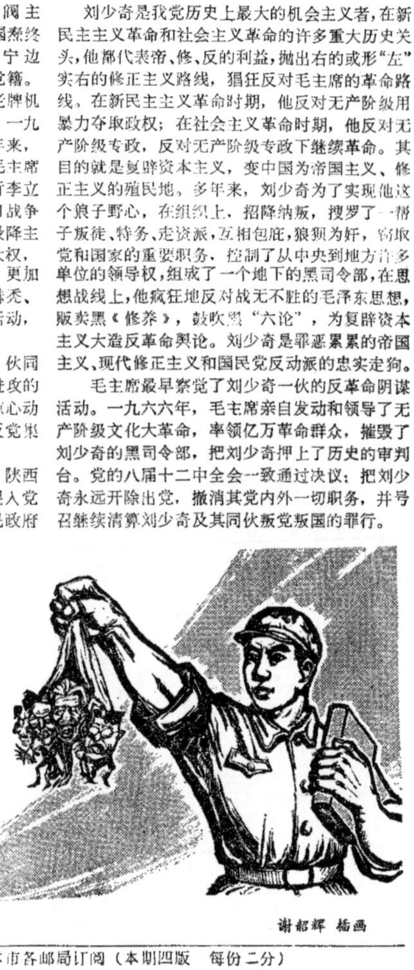

谢韶辉 插画

本报通讯地址：成都道99号　电话：3.2190　3.6036　3.6259　本市各邮局订阅（本期四版　每份二分）

毛主席语录

每一个支部，都是要重新在群众里头进行整頓。要經过群众，不仅是几个党員，要有党外的群众参加会議，参加評論。

中学红衛兵

天津市中等学校红卫兵代表大会常务委员会机关报

第86期　1969年7月10日　星期四

事情没有做完　革命还要继续

黄河道二中和咸水沽公社中学，认真学习毛主席最新指示，决心克服“大功告成”、“革命到头”的错誤思想，继续革命，夺取斗、批、改新胜利

本报讯　在庆祝中国共产党成立四十八周年的光辉节日里，中央两报一刊“七一”社论传达了毛主席的最新指示。驻黄河道二中工军宣传队、革委会和红卫兵团的一些同志进行了学习座谈。这个学校整党整团的工作大体已结束。他们在学习中特别批判了“大权在握、大功告成”、可以“歇一歇”的错误想法。

校革委会副主任王国梁同志说：毛主席教导我们：**“无产阶级文化大革命，还有些事没有做完，现在还要继续做，譬如讲斗、批、改。”**毛主席的最新指示和中央两报一刊“七一”社论，向我们提出了在无产阶级文化大革命的大好形势下继续革命的问题。在胜利的形势下必须继续前进，这对我们是一个严骏的考验。过去自己认为学校的工作不好做，现在已经做得“差不多”了，有保持现状的想法，实际上就是要停顿不前，这样就不能继续这种想法是错误的，做为一个领导干部更应该紧张地工作，坚定不移地紧跟毛主席永远革命。

工宣队员、校革委会常委杨梦东同志负责抓红卫兵团工作，他说：不断革命、彻底革命是毛主席的一贯思想。毛主席要求我们要继续革命，可是自己在工作中却产生了“差不多”的想法，心想：开始全校红卫兵只有四十几人，现在发展到二百多人；红卫兵第一次集合开会只到十几人，现在集合号一响，一、二分钟二百多人就集合起来了，红卫兵活动开展得热火朝天，工作做得“差不多”了，可以“歇一歇”了。学习了毛主席的最新指示认识到，许多事情还没有做完，还需要继续做，“大功告成”可以“歇一歇”的想法，是极其有害的。今后在工作中，一定要狠抓根本，用毛泽东思想武装红卫兵战士的头脑，认真开展四五好运动，把红卫兵团办成红彤彤的毛泽东思想大学校。

驻校解放军刘八虎同志说：当前，那种认为“大权在握、大功告成”、可以“歇一歇”的想法都是极其错误的，是障碍我们在无产阶级专政下继续革命的绊脚石，我们一定要认真学好毛主席的最新指示，学好《关于纠正党内的错误思想》，学好《关于正确处理人民内部矛盾的问题》，学好毛主席关于无产阶级专政条件下继续革命的伟大理论，出色地完成毛主席交给我们的“三支”“两军”的光荣任务。

红卫兵战士邢新民同学说：学习了毛主席的最新指示和“七一”社论，检查前一段的工作，觉得有许多工作没有做好，可是自己却存在着骄傲情绪，因而只愿做出头露面的工作，不愿做深入细致的工作，这是错误的。我反复学习了毛主席的最新指示，觉得毛主席的最新指示真是太英明了！现在阶级斗争并没有结束，还有许多事需要我们去做，我们只能继续前进，绝不能停滞不前，更不能向后倒退。我一定要认真学习毛泽东思想，做紧跟毛主席永远革命的红卫兵。

学校党支部委员、革委会常委孙玉民在学习座谈中说：过去自己也有“大功告成”可以“歇一歇”的错误想法，检查起来，存在这些想法的原因主要是自身思想革命化太差，对继续革命的思想认识不足，这样就不能成为在无产阶级专政条件下对阶级敌人进行战斗的无产阶级先锋战士。我们一定要学好毛主席在无产阶级专政条件下继续革命的伟大理论，牢固地树立起“一不怕苦，二不怕死”的彻底革命精神，把没有做完的事做下去，把教育战线上的斗、批、改进行到底！

红卫兵战士齐玉群说：自从我们排被评为四好排后，我感到工作做得“差不多”了，该“歇一歇”了，因此有一段工作放松了，不能在思想上、工作上严格要求自己，通过学习我认识到自己的这种“大功告成”的想法是完全错误的，我们的事情还没有做完，阶级斗争依然存在，因此必须继续革命，我们红卫兵战士人人要有彻底革命的精神，**“团结起来，争取更大的胜利”**，为完成党的“九大”提出的各项战斗任务而奋斗！

又讯　我市南郊区咸水沽公社中学在毛主席最新指示和中央两报一刊“七一”社论发表后，召开了有农军宣传队、革命师生、红卫兵参加的“落实最新指示座谈会”。在座谈中，农宣队员、老贫农韩大爷激动地说：“学习了毛主席的最新指示，我的劲头更足了，我一定克服松劲思想，继续革命，永远革命，为革命掌好文权。”红卫兵战士也检查了自己“革命到头”和“整党建党与我们关系不大”的错误思想，表示决不辜负毛主席的期望，积极投入学校整党运动中去，在整党运动中立新功。

学校还举办了以落实毛主席最新指示为中心的毛泽东思想学习班。在学习班里，广大红卫兵战士和革命师生决心以毛主席最新指示为武器，树立“一不怕苦，二不怕死”的彻底革命精神，夺取斗、批、改运动的新的更大的胜利！

不是“与己无关”，而是“人人有责”

·赤　兵·

目前，多数学校已进入整党阶段。在一部分人中存在这样一些活思想。即：「文化大革命就要结束了，革命已胜利了，红卫兵的历史任务完成了，可以松口气了，整党工作与我无关。」「整党建党是党員和积极分子的事，顶多是教师、干部的事，与我无关。」「我条件差，吐故没我份，纳新也轮不上我，与我无关。」「与己无关」的思想的确大有人在。

这种「与己无关」论的产生，主要是由于对整党建党的伟大意义认识不足的原因。大家知道，我党四十八年来，在毛主席的英明领导下，粉碎了党内各种「左」右倾机会主义，战胜了国内外强大的敌人，使中国革命取得了一个又一个的伟大胜利。历史经验证明，紧跟毛主席，照毛泽东思想办事，坚持毛主席的革命路线，革命就胜利，党就发展壮大，中国就走向光明；否则革命就受挫折，党就遭到损失，中国就走向黑暗。总之，没有毛主席就没有新中国，**离开了中国共产党的领导，任何革命都不能成功。**我们的党就是在不断整顿、不断「吐故纳新」中发展起来的，如果党内没有斗争、没有「吐故纳新」，党的生命就停止了。「与己无关」论者要好好学习一下党的历史。

无产阶级夺取政权以后，无产阶级政党如果不搞阶级斗争，不搞无产阶级专政，不进行「吐故纳新」，那么就一定要变修，广大劳动人民就会重新陷入痛苦的深渊，苏联出现党变修、国变色、劳动人民重受压迫的沉痛教训，难道能忘记么？

文化大革命发展到今天，取得了伟大的胜利。揪出了隐藏在党内的一小撮叛徒、特务、死不改悔的走资派，摧毁了以刘少奇为首的资产阶级司令部，粉碎了他们企图在中国复辟资本主义的阴谋。但是，斗争并未结束，刘少奇的修正主义建党路线及其黑「六论」、黑《修养》的流毒远远未肃清。中央两报一刊「七一」社论号召我们进一步开展革命大批判，彻底批判刘贼的黑「六论」和黑《修养》，肃清其余毒。「与己无关」论者，你的任务并未完成，「刘毒」还未肃清，怎能就「与己无关」了呢？当心，「刘毒」肃不清，仍会中毒的。

毛主席最近教导我们：「**每一个支部，都是要重新在群众里头进行整顿。要经过群众，不仅是几个党员，要有党外的群众参加会议，参加评论。**」这就是说要进行开门整党。毛主席这样相信我们、信任我们，给我们这么高的权力，我们怎能不为此而感到无比自豪！你是革命造反派么，就应该不吃老本，在整党建党运动中立新功。如果你是逍遥派，就请不要再「逍遥」了，要急起直追，跟上形势，革命不分先后。这场整党运动，是直接关系到我们党和国家的各级领导是否掌握在真正的马克思主义者手中的大问题，是关系到国家命运与前途的大事，怎么能说「与己无关」呢？我们说不是「与己无关」，而是「人人有责」。我们要不辜负毛主席对我们的信任和期望，以高度的革命责任感，积极投入到整党建党运动中去，人人都要把整党工作看作是「份内」事，认真「**参加会议**」，「**参加评论**」，对党员热情帮助，共同把党组织建设成「**应是无产阶级先进分子所组成，应能领导无产阶级和革命群众对于阶级敌人进行战斗的朝气蓬勃的先锋队组织。**」

中学红卫兵　　敬祝毛主席万寿无疆　　1969年7月10日　第二版

谈心活动是加强团结的好方法

河东区诚友庄一中驻军　徐自宽

“开展谈心活动，这个方法很好。”毛主席的这个伟大教导，是加强团结，争取更大胜利的基本保证。作团结的模范，就要经常地互通情报，交心通气，模范执行毛主席**“团结——批评和自我批评——团结”**的教导，有了不同意见，同志之间有隔阂，要把问题摆到桌面上，通过谈心得到解决。

应该指出的是，在我们队伍中的一些人，他们对于同学之间、同志之间的一些完全可以通过谈心活动可以解决的矛盾却不是采取热情地、积极地态度，通过斗私批修，**“把问题摆到桌面上来”**，而是**“当面不说，背后乱说；开会不说，会后乱说。”**热衷于搞那些见不得人的“小动作”。可以断言，这些人到头来是得不到什么好结果的。

还有的人把高姿态看成是低三下四，是软弱的表现，认为：“你不找我谈，我也不在你面前低三下四求你。”这些人错误地把为了增强革命的团结，而对一

命高姿态精神视之为：低三下软弱无能。我们认为：这只能说明持有这种观点的人，心胸狭窄，目光短浅，这样发展下去，就会成为阻碍革命前进，危害革命团结的绊脚石。

实践证明：开展谈心活动，是增强团结的好方法，通过谈心，可以使矛盾得到解决，使误会得到消除，使“死对头”变成“一对红”，使一切不利于团结的因素变成促进团结的动力。

谈心活动目的是通过批评和自我批评，消除隔阂，增强革命团结，对别人有意见，找他个别谈，有话当面说，才能有利于团结、有利于革命。把芝麻说成西瓜，把人家工作中的缺点错误任意扩大，无限上纲，就会使**“党所领导的群众发生隔离”**，正确对待谈心活动，应该是老老实实地办事，这样才能求同存异，在毛泽东思想的基础上达到新的团结。

团结起来，巩固无产阶级专政，争取更大胜利，是广泛开展谈心活动的目的。广泛开展谈心活动，才能有力地促使“三赛”活动进一步深

虎、朝气蓬勃的新局面，看谁革命事业心强，看谁革命干劲大，看谁团结姿态高，看谁两条路线斗争觉悟高。

八十二中九连十一排的两个排长以前没有团结起来，影响了排内各项工作的开展，驻校工宣队热情帮助他们——

消除隔阂　加强团结

十一排同学过去总是坐不到一块，谈不到一起，排内无政府主义十分严重，出勤也很不好。问题在哪里呢？原来这个排排长张学军、副排长梁明广从小学就闹意见、不团结，五年不说话。升中学后又在一个排担任正副排长。他俩各揣小算盘，怕对方看自己工作的笑话，又想挑对方的错误。他俩各拉一部分同学，使得同学们之间的对立情绪很严重。这样，就直接影响了排内各项工作的开展。

驻校工宣队和九连连委会发现了这个问题，首先抓住领导核心，办起「高举『九大』的团结旗帜，争取更大胜利」毛泽东思想学习班，组织他们学习毛主席的伟大教导：**「如果这『一班人』动作不整齐，就休想带领千百万人去作战，去建设。」**并对他们作了耐心细致的政治思想工作，指出他俩不团结的危害。从此，他们开始感到责任重大，回顾自己前进的历程，开始有斗私、批修的要求。伟大领袖毛主席在党的第九次全国代表大会上向全国人民发出：**「团结起来，争取更大的胜利」**的伟大号召。他俩反复学习，对照自己，深深感到没有革命的团结，就不能争取更大的胜利。他俩表示：「毛主席的红卫兵最听毛主席的话，搞好团结，继续革命，夺取更大胜利。」遵照毛主席**「自己有了错误，要作自我批评」**的教导，主动亮私，斗私，在灵魂深处爆发革命。主动承担责任，解除隔阂，搞好团结，做好排内各项工作。主动做群众工作，虚心听取群众意见，使全排同学行动起来，争做四好排。工人师傅鼓励他俩说：「领导班子团结好，就能带领全排把各方面工作做得更好，我们工宣队做你们的坚强后盾。」

毛主席教导我们说：**「国家的统一，人民的团结，国内各民族的团结，这是我们的事业必定要胜利的基本保证。」**战无不胜的毛泽东思想使五年不说话的「一对崩」结成了「一对红」，使全排呈现一派空前团结的革命景象。

河东分会供稿

“十三对崩”到全排一片红

毛主席**“团结起来，争取更大的胜利”**的最新指示刚一发表。七连一排排委会和红卫兵结合本排成立了团结问题调查小组，深入群众，经过反复细致的调查研究，发现排里有“十三对崩”的情况。根据排里不团结的现象，排委会立即组织全排同学认真学习了毛主席的最新指示，逐字逐句深刻领会，边学边落实。

以前在排里乱打乱逗，组织性纪律性非常差的王光祖同学，通过学习毛主席最新指示，思想觉悟有了显著提高。毛主席最新指示发表的第二天他就主动找自己的“对头”原三班的班长田耀新同学谈心。以前他们俩是很好的朋友，后来因为王光祖同学的纪律性很差，受到班长田耀新的批评，当时他不虚心，因此两人就成了“对头”。这一次，他们俩共同学习了毛主席的最新指示，各自作了自我批评，大大增强了革命的团结。并在排里实现了“一对红”。

排委会急时抓住了典型，开展了讲用，以点带面。热情宣传加强革命团结的伟大意义。使排里的“十三对崩”很快地促进了“八对崩”成为“八对红”。可是还剩下“五对崩”，排委会分析了情况，发动群众，办起了团结问题的学习班。还利用课余时间和他们谈心。终于又使“三对崩”成为“三对红”。为了在全排实现一片红，可是最后这“两对崩”又怎么办呢？排委会和红卫兵战士，又反复学习毛主席的最新指示，坚决表示：“一定要使毛主席的最新指示在我排不折不扣的落实。”王光祖同学主动挑重担，不怕困难，不怕辛苦，利用中午和晚上，多次办起了家庭学习班，革命教师也深入下去，和他们一起办。同时也得到了革命家长的大力支持。最后使“两对崩”变成了两对红，实现了全排的一片红。

古田中学红卫兵团

教师团结起来了，她们俩的做法是——

在谈心活动中狠斗私心

大沽路中学的王淑兰和一个长期跟自己闹「对立」的

我校有一个教师，她以前长期执行修正主义教育路线，排斥工农子女，经过广大革命师生的帮助教育，对问题有了比较深刻地认识，是属于人民内部矛盾。学校办起了落实政策学习班，我当时就想不通，“以前我是管她的，她现在还想管我？我才不听她的呢？”在学习班看到这个教师交待问题，对她非常气愤，所以在她开始教课的时候，我自己不但不听，还找了一些女同学，对她们讲了这个教师所犯的错误，激起了同学们对她的愤恨，我上课带头骂她，已经听懂的问题也说不会，所以给复课闹革命带来了很大的影响。

在工人师傅的帮助下，我第一次登上了讲台，心里很高兴。在讲课中　有的同学说闲话，自己接受不下去，我又看到这，教师在课堂也不管，心里就又结了一了疙瘩，当时想：“为什么她讲课时管的那么严，我讲课她就不管呢？我也不管了，我为什么替她讲呢？”我越想越生气，同时还和排里的老师要求换教师。可是，工人师傅不但没同意，还对我说：“要严格要求自己，按照毛主席教导，搞好师生关系”，可是自己心里总是别别扭扭，脑子一时转不过弯来。

——毛主席**“团结起来，争取更大的胜利”**的最新指示，给我在继续革命的道路上指明了方向。通过学习，思想疙瘩解开了，我想：自己是排委会的成员，更要听毛主席的话，遵照毛主席**“开展谈心活动，这个方法很好”**的教导，在工人师傅的热情帮助下，我下定决心，主动找这个教师谈心，斗私批修。在和这个教师的谈心过程中，我们都争先恐后地检查自己的错误，互相斗私心，彼此互相谅解。最后，我们俩终于在毛泽东思想的基础上又团结起来了。通过这次谈心，使我受到一次深刻的教育。今后，我们要团结一致，同心协力，共同搞好教育革命，完成毛主席交给我们的斗、批、改任务。

大沽路中学六连三排红卫兵　王淑兰

最　高　指　示

无产阶级专政是群众的专政。

通　告

天津市“群众专政展览会”现已筹备就绪，定于本月十日开始展出。“群众专政展览会”的主要内容是宣传我们伟大领袖毛主席关于**“无产阶级专政是群众的专政”**的光辉思想，以及我市广大革命群众落实毛主席这一伟大指示所取得的成就和经验。用活生生的阶级斗争事实，批判叛徒、内奸、工贼刘少奇及彭真、罗瑞卿一伙在专政问题上的反革命修正主义路线。

参观办法：一律凭本单位革委会介绍信事先联系登记，领取参观证，按约定人数、时间集体参观。

展览会办公时间　每日上午九点至十二点，下午两点至六点，星期一休息。

地点：解放北路77号（原艺术博物馆）　（电话：3·1127）

主办单位：市革命委员会人民保卫组　市公安机关军管会　市清理工作指挥部

一九六九年七月八日

中学红卫兵　　敬祝毛主席万寿无疆　　1969年7月10日　第三版

河西分会召开活学活用毛泽东思想讲用会，到会的全体红卫兵战士一致表示

紧跟伟大领袖毛主席夺取新的更大的胜利

本报讯　在党的第九次全国代表大会的精神鼓舞下，在全国亿万军民普天同庆，欢呼伟大导师、伟大领袖毛主席亲自缔造和领导的中国共产党诞生四十八周年和毛主席最新指示发表的大喜日子里，河西区红代会于七月五日下午召开了"活学活用毛泽东思想讲用大会"。

全体到会的红卫兵战士共同学习最高指示："**我们希望这一次代表大会，能够开成一个团结的大会，胜利的大会，大会以后，在全国取得更大的胜利。**"

区红代会负责同志首先致开幕词。开幕词说："这次讲用会的召开，将更好地落实"九大"精神和毛主席一系列最新指示，进一步掀起"三赛"高潮，推动活学活用毛泽东思想的群众运动。这是毛泽东思想的伟大胜利。"

人民公园中学、土城中学红卫兵团的代表在大会上发言，介绍了他们活学活用毛泽东思想，突出政治，走政治建校道路，大力开展四、五好运动，大力开展"红哨兵"活动的好经验。

卫东彪中学红卫兵干部白金娥同学，四中红卫兵战士孟彩琴同学，一〇五中唐兴等三位同学都分别向大会汇报了他们落实毛主席最新指示和各项无产阶级政策，加强团结，搞好思想革命化的经验体会。他们的发言，使到会的红卫兵战士受到很大的鼓舞和教育。

长江滚滚向东方，葵花朵朵向太阳。红卫兵战士的红心永远忠于毛主席。

这次大会是红卫兵战士赛革命、赛团结、赛进步的竞赛大会；是创造四、五好运动，走政治建校，政治建红卫兵道路的经验交流大会；是"**团结起来，争取更大的胜利**"的誓师大会；是落实毛主席最新指示，掀起活学活用毛泽东思想新高潮的动员大会。

大会自始至终洋溢着热烈的气氛。区工代会、街代会、南开分会及很多学校的革委会、双宣队、红卫兵团、红小兵团敲锣打鼓为大会送了贺信和决心书。

市红代会负责同志参加了大会，并讲了话，表示对大会最热烈的祝贺和最坚决的支持。

区分会常委在大会上讲话。她指出：目前红卫兵中也存在着"革命到头""可以松口气"的思想，这是十分错误的。毛主席最近教导我们："**无产阶级文化大革命，还有些事没有做完，现在还要继续做，譬如讲斗、批、改。**"红卫兵战士要继续革命，继续前进，团结起来，为人民再立新功。

军训团的负责同志出席大会并讲了话。他说："这个大会开的及时，开的必要，开的好，到会的同志要把兄弟单位的好经验带回去，完成斗、批、改的伟大任务。"他着重讲，当前，要搞好复课闹革命，狠批"读书无用论"，认真学习毛主席"**教育要革命**"的伟大教导，将教育革命进行到底。

最后，全体红卫兵战士高举红彤彤的毛主席语录，向毛主席庄严宣誓：永远读毛主席的书，听毛主席的话，照毛主席的指示办事，做毛主席的好战士。

紧跟红司令毛主席奋勇前进，

夺取新的更大的胜利！

过一个有意义的暑假

本报评论员

根据中央指示精神，我市各中学即将放暑假。暑假期间怎么办？这是个大问题，应引起全体革命师生和学校领导的高度重视。

为期一月的假期，学生脱离了学校，回到了家庭，走向了社会，遇到比学校复杂得多的环境。家庭、学校、街道都要遵照毛主席"**思想政治工作，各个部门都要负责任**"的教导去做。如果配合密切，引导得好，假期生活对学生是一个很好的锻炼机会；反之，放其自流，不闻不问，一些人很可能受到资产阶级"香风"、臭气的袭击，沾染上资产阶级坏思想，犯错误，甚至走上犯罪的道路。各级领导和革命家长切不可等闲视之。

革命的红卫兵和各级红卫兵组织要起模范带头作用，协助学校领导组织好同学的假期生活，一定要在假期活动中发挥红卫兵的先锋作用、骨干作用、桥梁作用。

"**办学习班，是个好办法，很多问题可以在学习班得到解决。**"暑假期间要大办、办好毛泽东思想学习班，学习毛主席的最新指示，继续贯彻、落实"九大"精神，解决在我们同学中存在的思想问题，团结起来，去争取更大的胜利。

凡是有条件的地方，都应组织同学参加适当的工、农业生产劳动，在劳动中接受工人阶级和贫下中农的再教育，彻底改变旧思想。

暑假期间，同学们应自动地组织起来，复习功课，巩固已学得的文化知识，为新学期作好准备。

要有组织地集体参加革命的文化活动，譬如看革命戏剧、革命影片，参观革命的展览会等活动，要作到即有革命教育意义，又适合青少年的特点。

同学们要自动组成毛泽东思想文艺宣传队，或采用其他各种方式宣传毛泽东思想，要积极参加清理工作，维护革命秩序的工作，并开展革命大批判，坚决同资产阶级的思想侵蚀做斗争！

学生放暑假这是以毛主席为首、林副主席为副的无产阶级司令部对我们的亲切关怀，革命红卫兵和革命学生都不要辜负毛主席、党中央的期望，过一个革命的有意义的暑假！

简讯

根据中央指示，为了搞好学校的斗、批、改，保证中、小学校学生的身体健康，城市中学放暑假三十天，即七月十五日——八月十四日；小学放暑假四十天，即七月十五日——八月二十四日　城市中、小学教职员工不放暑假，继续进行本单位的斗、批、改，并做好招生工作。

主要抓住　支流也不放

西青道中革委会在驻校工、军宣传队的帮助下，积极响应伟大领袖毛主席「**团结起来，争取更大的胜利**」的伟大号召，举办了以加强革命团结」为中心内容的学习班。在学习班里，他们牢毛主席「**一分为二**」的伟大教导，克服骄傲自满情绪，提高续革命的自觉性，主动揭示矛盾，从成绩中找问题，从团结找不利于团结的因素，作到了即抓住主流，又能抓住支流，效地加强了革命团结，有力地推动了斗、批、改运动的深入展。

学习班一始，革委会部分成员认为：学校工作开展得轰轰烈烈，内部盾不大，团结搞得不错，感觉没有什么可谈的。但却忽视了另一个侧面——不团结的因素。根据这种情况，宣传队引导大学习毛主席「**对于任何一个具体的事物说来，对立的统一是条件的、暂时的、过渡的，因而是相对的，对立的斗争则是绝对的**」教导。通过学习大家充分认识到，团结是相对的，矛盾和斗争是绝对的。

团结搞得好，这固然是主要倾向，团结是主流，但是必须看到在这种主倾向之下，也掩盖着另一种倾向即不团结的支流，看不到这种倾向就不可能加强、巩固和发展革命的大团结，就不可能更好地继续革命。大家认识统一了，端正了态度，主动地自我「一分为二」，从团结中找不团结的因素，谈出了真心话，谈出了多年来压在心里的话。

革委会副主任徐国良和常委李克勤，在文化大革命以前都是共青团里干部，他们朝夕相处战斗在一起，团结的很好。在文化大革命初期由于资反路线，徐国良同志受到了冲击，他怀疑是李克勤在里面起了作用。因此徐对李有看法，处处提防；而李因徐不信任自己，也有自己的打算。这次在学习班里，徐国良同志首先作了自我批评，带头检查自己的问题，主动承担不团结的责任，认识到自己的不足。李克勤同志也推心置腹谈出了自己的真心话。这样很快矛盾解决了，隔阂消除了，从此他们又团结起来了。

还检查了革委会互通情报不够，工作上产生误会；不同意见不能拿到桌面上来，革委会听取群众意见不够等等。这样一来，大家深深认识到，革委会内部不是没有矛盾，而是很多，这些矛盾不解决，就不利于团结，革委会就拧不成一股绳，形不成一个拳头，也休想带领群众去战斗。

大家在学习班里还批判了「团结基本上过的去，有点不团结的因素也无关大局」的错误认识。

矛盾是相互转化的。当前，在革命团结的大势所趋下被掩盖着的不团结的因素，故然当时「无关大局」，但遇到风浪一起，气候一变，不团结的因素将变成有碍团结、分裂革命队伍的毒蛇。不可轻视，要把不团结的因素消灭在萌芽时期。

革委会成员通过这次学习班还深深认识到：在革命的大道上，只有运用毛主席「**一分为二**」的唯物辩证法分析我们的工作，主动揭露矛盾，自觉地解决矛盾，才能作到既能抓住主流，又能抓住支流，才能搞好团结，夺取更大的胜利。

西青道中学革命委员会

中学红卫兵　敬祝毛主席万寿无疆　1969年7月10日　第四版

“一不怕苦，二不怕死”的革命精神万岁

“一不怕苦，二不怕死”就无往而不胜

——記二十八中革命师生支援“三夏”中的一場灭火战斗

“喜看稻菽千重浪，遍地英雄下夕烟。”二十八中学革命师生支援“三夏”，来到东郊区小东庄公社。

火光就是命令

六月十四日清晨，卧河大队镜架工厂突然起火，黑烟滚滚，火光冲天。“火光就是命令！”正在这里进行劳动的二十八中八连二百名革命师生，放下手里的农活，从四面八方急速奔赴火场……。

在第四生产队劳动的师生正在地里栽大葱，见到火光后，立即奔往火场。不好！齐腰深的水沟拦住了去路，绕道吗？要耽误时间！分分秒秒逼煞人，同学们不顾一切跳进河沟，淌水过河奔向火场。在一队劳动的同学为了争分夺秒，也是淌过深水沟奔赴火场，个子矮小的谭宪林同学，倒在河沟里，喝了几口水，爬起来继续前进。在距离火场三、四里地之外在五队劳动的同学闻讯也奔向火场。……

[illegible]围了火场。

在泥窝大队劳动的七连革命师生，见到火光后，在工宣队张金华师傅的带领下，紧急集合，直奔卧河大队。到达火场后，立即与八连战友并肩作战。

越是艰险越向前

起火的镜架工厂有相连的五间房子，存放着前一天刚刚运进的化学原料和准备即将运走的眼镜框，所有这些都是化学易燃品，开始着火的几分钟内就全部燃烧起来，烈火、浓烟从门上、前后窗口向外喷射，化学物品燃烧所产生的强烈气味，使人头昏、恶心。用毛泽东思想武装起来的革命师生是无所畏惧的，立即对烈火展开强大的攻势。

“这个军队具有一往无前的精神，它要压倒一切敌人，而决不被敌人所屈服。”“越是艰险越向前”，同学们挑选最艰苦、最危险的阵地。有的抢在了火场的第一线，不怕烟熏，不怕火烤，奋勇作战。灭火急需的是大量的河水，马洪斌、李丽萍等同学不顾早晨河水寒气袭人，跳进齐腰深的河沟里，为第一线的同学掏水，其余的同学就自动组成一道道运输线，一盆盆、一桶桶的河水源源不断地送到第一线同学的手里。

当一部分同学在屋内灭火的时候，屋顶的油毡、檩条开始燃烧，有的地方已经开始塌陷下去，急需到屋顶上拆顶灭火。当时房顶经过泼水，已松软发滑，屋里是烟火弥漫，一旦掉下去是很危险的，**“越是困难的地方越是要去”**，陈怀和同学奋不顾身地爬上房顶，发滑的房顶使他没有来得及站住脚就掉了下来，他猛一伸手抓住了窗框，但是窗框已烧坏，窗框同陈怀和一起掉了下来，正摔在一块铁板上，当场晕了过去。经过抢救陈怀和醒了过来，他第一句话就是：“别管我，快去救火！”

陈怀和由屋顶摔下来后，吕汉仲同学手提“四齿”又爬上了屋顶，拆除正在燃烧的油毡和房檩。生产队长发现后，看到情况十分危险，劝他下来，但“一不怕苦，二不怕死”的精神鼓舞他，使他继续战斗下去，直至把火彻底扑灭。

失火工厂的旁边停放着卧河大队仅有的一部卡车，它是大队主要的交通工具。由于起火突然，火势凶猛，汽车来不及开走。汽车靠近火场一侧的车轮已经烤坏了一个，汽车有立刻燃烧的危险，汽车油箱还有爆炸的可能。在千钧一发的时刻，王庆祥、李文华等同学和当地贫下中农冒着生命危险一起冲了进去，把汽车推到安全的地方。

[illegible]边熄灭了，保住了集体的财产。

革命团结的胜利

在这场灭火战斗中，二百名革命师生在工宣队的带领下，“统一指挥，统一行动’，英勇奋战，克敌制胜，充分体现了革命大团结的巨大威力。

驻二十八中工宣队李永建师傅和校革委会副主任张春山同志最早来到火场，他们亲身冲入火场，并组织和指挥这场灭火战斗。七连指导员、工宣队张金华师傅赶到后，就把救护伤员的工作组织起来，工宣队和革委会同志的坚强领导是取得这次战斗胜利的重要保证。

广大革命师生遵照毛主席**“团结起来，争取更大的胜利”**的教导，在战斗中，连排之间、师生之间、同学之间、师生与当地贫下中农之间表现了空前团结，为了达到扑灭烈火、保卫集体财产的共同目标，齐心协力，共同战斗。遇到困难，互相帮助；碰到险情，互相提醒；发生事故，互相抢救。

为了上房灭火，陈怀和同学从房顶上摔下来，当场昏了过去，正在救火的朱明泉同学看到后，马上把他背起来送宿舍抢救。工宣队师傅当机立断，决定把他送往医院。要救护车吗？时间[illegible]的帮助下，用消防汽车把[illegible]。

通过学习“九大”文献，革命师生所焕发出来的无产阶级专政下继续革命和“一不怕苦，二不怕死”的革命精神，使他们夺取了这场灭火战斗的胜利！战斗结束后，革命师生决心，进一步活学活用毛泽东思想，攀登为革命“一不怕苦，二不怕死”的更高精神境界！

二十八中革委会政工组

革命英雄譜（1）

按：为配合目前学校中“一不怕苦，二不怕死”革命精神的教育，特编选革命先烈为革命“一不怕苦、二不怕死”的英雄事迹，陆续登载，供同志们学习。

王尽美

中国共产党第一次全国代表大会十二名代表之一的王尽美同志，一八九八年生于山东莒县北吉村的一家佃户中。一九一八年秋，王尽美同志考入济南山东省立第一师范学校。

王尽美同志是中国共产党山东党组织的创始人之一。在党的初期革命活动中有着重要的贡献。在反帝反封建的民主革命中，王尽美同志始终站在对敌斗争的最前列，成为党在民主革命中坚强不屈的战士。

王尽美同志在济南读书的第二年，“五四”运动爆发。不久，以他为首的一些进步学生组织了一个群众性的学术团体“励新学会”。一九二〇年夏，王尽美和邓恩铭等人，在济南成立了“马克思主义学说研究会”，从事马克思主义学说的研究。不久，他们又建立了社会主义青年团的组织，继而成为共产主义小组——这是在山东境内出现的第一个共产主义小组。一九二一年七月一日，各地共产主义小组选派代表在上海举行了党的第一次全国代表大会，正式建立了中国共产党，王尽美和邓恩铭作为山东共产主义小组代表参加了这次会议。

中国共产党诞生后，根据中央的指示，建立了山东支部。不久，山东支部改为中共山东省地方执行委员会，王尽美同志在很长的时间内，都是担负了书记的职务。一九二一年下半年，王尽美同志被反动派开除出山东第一师范，从此即从事职业的革命活动。

一九二一年冬，王尽美同志赴莫斯科参加一九二二年一月共产国际召开的远东各国共产党及民族革命团体代表大会。一九二二年七月回国后，在中国劳动组合书记部负责领导全国工运工作。不久，王尽美又被分配到山海关铁路工厂搞工运工作，直到一九二三年“二七”惨案发生后，根据形势和工作需要，重新调回山东担负党的领导工作。由于长期从事艰苦的革命活动，最后终于积劳成疾，于一九二五年夏病逝于青岛医院。

欢迎批评　欢迎来稿　本报地址：天津市浙江路十八号（电话：3.3059）　本市邮局办理订阅与零售（电话：2.5145　4.1106）

天津工人

敬祝毛主席万寿无疆

1969年7月25日 第三版

社论 不抓不判不杀不行

七·二五宣判大会好得很！市公安机关军管会，在二十五日召开的宣判大会上，分别对二十一名破坏革命新秩序的罪大恶极的犯罪分子的宣判，给一小撮垂死挣扎、穷途末日的阶级敌人当头一棒，使他们闻风丧胆，威风灭尽！这一宣判，大长了革命人民的志气，真是大快人心，人心大快！我们全市工人阶级和广大革命群众一万个拥护，一万个支持！对这些穷凶极恶的反革命分子，就是该抓的抓，该判的判，该杀的杀，毫不手软，坚决镇压！

这二十一名罪犯，是一伙政治上极端反动，思想上腐朽透顶，手段阴险毒辣的亡命徒，是一群地地道道的社会渣滓、政治垃圾。他们无孔不入，无恶不作，或赤膊上阵，大肆进行投机倒把、流氓盗窃、拦路抢劫、强奸妇女，甚至杀人放火等犯罪活动；或藏在阴沟、退居幕后，猖狂散布反动言论，造谣惑众，极力宣扬资产阶级利己主义毒素，煽动极端民主化、无政府主义思潮，千方百计地腐蚀、拉拢、威胁、教唆意志薄弱的青少年，使他们变成资产阶级接班人。这些家伙人数不多，但危害性很大，对社会的腐蚀作用很大。对这样罪大恶极、死不改悔的犯罪分子，就是要抓、要判、要杀！不这样，不足以平民愤；不这样，不利于巩固无产阶级专政；不这样，就是在敌人进攻面前示弱，放弃了无产阶级专政的基本职能。教育不是万能的，对屡教不改的反革命分子，只有狠狠打击，才能教育争取犯罪分子的大多数。

在以毛主席为首、林副主席为副的党中央委员会的领导下，天津市同祖国各地一样，形势是大好的。在毛主席关于无产阶级专政下继续革命的伟大学说的光辉指引下，各级革命委员会狠抓了阶级斗争，狠抓了红色政权的巩固和建设工作，我们的无产阶级专政一天比一天强大。光辉灿烂的大好形势，十分振奋人心。

[redacted]门已经取得了伟大的胜利。但是，失败的阶级还要挣扎。这些人还在，这个阶级还在。”毛主席的这一伟大教导 象光芒万丈的灯塔，照亮我们继续革命的路程，使我们胜利面前头脑清醒，大好形势不忘阶级斗争。我们越是胜利，敌人越要挣扎。他们对无产阶级专政极端仇视，无时无刻不在梦想翻天，疯狂地进行破坏活动和翻案活动。最近，一小撮阶级敌人钻到商店、花园、汽车、电车等公共场所，进行破坏活动，妄图以此制造混乱破坏革命新秩序，其目的就是要动摇和颠覆无产阶级专政。维护革命新秩序同破坏革命新秩序的斗争，仍然围绕着一个“权”字。我们肃清了一批反革命分子，还可能出现新的反革命分子。狗走千里吃屎，狼走千里吃羊，反动阶级的本性绝不会改变。我们千万不能丧失警惕，必须注意研究阶级斗争的新动向、新特点，主动地向阶级敌人进攻，向资产阶级和一切剥削阶级的意识形态进攻。

无产阶级的哲学就是斗争的哲学，进攻的哲学。我们取得的胜利，都是在向敌人进攻中取得的，也只有在进攻中，才能巩固政权，发展胜利。阶级斗争的规律就是这样，你不斗他，敌人就要斗你；你松一松，敌人就攻一攻；你不革他的命，敌人就要革你的命。所以，要继续革命，就要继续主动地向阶级敌人进攻。

遵照毛主席“**革命战争是群众的战争，只有动员群众才能进行战争，只有依靠群众才能进行战争**”的伟大教导，我们要放手发动群众，继续大造革命舆论，打一场围歼反革命分子和刑事犯罪分子的“人民战争”。每个工厂、机关、商店、学校、街道都要动员起来，在各级革委会、工宣队和军宣队的领导下，在专政机关的协助下，到处摆开战场，充分发挥群众专政的威力。哪里发现犯罪分子，就在哪里把他们斗倒斗臭，使他们如同过街老鼠，人人喊打，把他们淹没在“人民战争”的汪洋大海之中，不给他们一点喘息放纵之机。要注意把那些被阶级敌人腐蚀、拉拢和引诱而走上犯罪道路的人，同罪大恶极、民愤极大的犯罪分子和他们的“长胡子”后台相区别，对前者一方面要坚决斗争和批判，一方面要通过思想教育，尽量挽救他们，使他们悔过自新，重新做人。

[redacted]是伟大祖国首都的门户。搞好革命新秩序，用实际行动保卫毛[redacted]保卫林副主席，保卫以毛主席为首、林副主席为副的党中央，是我们工人阶级和广大革命群众义不容辞的光荣责任。让我们挥起无产阶级专政的铁扫帚，来个大扫除，把那些政治垃圾打扫干净，用革命新秩序的崭新面貌，迎接伟大祖国建国二十周年。

維护革命新秩序 坚决鎮压反革命

市公安机关军管会召开宣判大会，对张廷海等二十一名罪大恶极的反革命分子和刑事犯罪分子分别判处死刑和有期徒刑

本报讯 市公安机关军管会今日上午召开了“高举毛泽东思想伟大红旗，坚决镇压反革命分子宣判大会”，宣判了反革命杀人纵火犯张廷海等二十一名罪犯。

我市工人、贫下中农、人民解放军指战员、红卫兵小将等各方面代表近七万人参加了大会。市革命委员会负责同志出席了大会，并作了讲话。

宣判开始，二十一名反革命分子和刑事犯罪分子被押上审判台。根据我市广大革命群众的强烈要求，市公安机关军管会的代表，对反革命杀人纵火犯张廷海等五名一贯坚持反动立场，进行阶级报复的罪大恶极、民愤极大的死反革命分子，依法判处死刑，立即执行。对张洪升等四名罪大恶极、民愤极大的反革命分子判处死刑，缓期执行。其余十二名反革命分子和刑事犯罪分子，根据罪恶不同，分别判处有期徒刑。到会的广大革命群众对这一判处，无不拍手称快，不断振臂高呼：“坚决拥护无产阶级专政机关的判决！”“加强无产阶级专政，坚决镇压反革命！”

判决后，市革委会负责同志讲了话。讲话中指出：当前，我市和全国一样，革命形势一派大好。在大好革命形势下，一小撮阶级敌人，不甘心他们的失败。正象伟大领袖毛主席指出的一样：“**我们已经取得了伟大的胜利。但是，失败的阶级还要挣扎。这些人还在，这个阶级还在。**”这些阶级敌人，有的公开跳出来杀人放火，有的拦路抢劫，强奸妇女；有的利用我们落实政策之机进行翻案，搞反攻倒算；有的利用资产阶级的极端糜烂、腐朽的反动思想，千方百计地腐蚀、引诱、教唆一些青少年走上犯罪的道路；有的造谣惑众，扰乱人心，破坏革命秩序；有的煽动资产阶级派性，破坏革命的大联合和革命的三结合，破坏**抓革命，促生产，促工作，促战备**。对于那些破坏革命秩序，扰乱社会治安的罪恶活动，我们必须彻底揭露，狠狠打击。

讲话中进一步指出：我党对反革命分子的政策，历来是“镇压与宽大相结合”。对极少数罪大恶极、民愤极大的反革命分子，必须坚决镇压，对那些能够坦白交待，低头认罪，并有悔改表现的，可予以从宽处理。

大会严正警告那些反革命分子和刑事犯罪分子，必须赶快回头，停止作恶，向人民低头认罪，只有这样，才有出路。否则，将是死路一条。

大会最后号召全市广大革命群众，立即动员起来，乘这次宣判大会的大好时机，广泛深入地宣传党的政策，宣传镇压反革命分子和刑事犯罪分子的必要性和重大意义。大造舆论，做到家喻户晓，人人皆知。造成一个揭发检举犯罪分子，与一切破坏社会主义建设，扰乱社会治安的阶级敌人作斗争，维护革命新秩序，坚决打击阶级敌人破坏活动的群众专政热潮。组成一个群众专政的天罗地网，使一小撮阶级敌人陷于群众专政的汪洋大海之中。

群众组织代表在大会上发言说：今天的宣判大会，完全代表了全市革命人民的利益，对于保卫无产阶级文化大革命的伟大成果，维护我市革命新秩序是完全必要的。这个大会开得及时，开得好！我们坚决拥护，坚决支持！对一小撮死反革命分子和刑事犯罪分子，必须狠狠打击，坚决镇压。如果阶级敌人胆敢继续破坏和捣乱，必将被无产阶级专政的铁拳砸得头破血流，粉身碎骨。

大会在一片掌声和口号声中胜利结束。

专政是群众的专政。本市公安机关军事管制委员会，召开近七万名革命群众大会，公开宣判、处理了一小撮反革命杀人、盗窃、流氓犯罪分子。图为大会会场。

天津工人

敬祝毛主席万寿无疆

1969年7月25日 第四版

严正宣判 大快人心

市公安机关军管会，今天召开的宣判大会，大长了无产阶级革命派的志气，大灭了一小撮阶级敌人的威风。对张廷海等二十一名罪犯，就是要坚决镇压。

盗窃、投机倒把犯白竹泉，是我厂的一个反动资本家。出于其反动的阶级本性，多年以来为非作歹，无恶不作。早在一九五七年因大搞流氓活动，被定为坏分子。但恶习不改，继续作案，在刘贼的“阶级斗争熄灭论”的掩护和万、张反革命修正主义集团的包庇下，一直逍遥法外，为所欲为，到处鸣冤叫屈，上窜下跳，为自己翻案。与此同时还盗窃了厂内的大批物资，非法获利万余元，并用这笔赃款大吃大喝，与流氓分子鬼混，严重地破坏了社会主义经济，扰乱了社会治安。在群众专政的威力下，这个一贯为非作歹的坏蛋，终于被揪上了人民的审判台，受到了应得的制裁。

今天的宣判大会表明：无产阶级专政的铁拳是无比强大的，谁敢来碰，就要头破血流。同时警告一小撮阶级敌人，只有彻底坦白交待你们的罪行，才是唯一的出路。否则，将以张廷海之流的下场而告终。

我们要牢记毛主席“**千万不要忘记阶级斗争**”的伟大教导，提高革命警惕，狠狠打击阶级敌人的破坏活动。为保卫毛主席，保卫毛主席为首、林副主席为副的党中央，为巩固和加强无产阶级专政，战斗到底。

天津钢锉厂革命群众

坚决拥护军管会的判决

在当前一片大好形势下，市公安机关军管会召开了「高举毛泽东思想伟大红旗，坚决镇压反革命分子宣判大会」。这个大会大长了革命人民的志气，大灭了一小撮阶级敌人的威风。我们国棉二厂全体革命工人坚决支持、坚决拥护军管会对张廷海等二十一名反革命罪犯的严正判决。

伟大领袖毛主席教导我们说：「**社会主义社会，还存在着阶级和阶级斗争**」。我厂活生生的阶级斗争事实，充分证明了毛主席这一英明论述无比正确。

我厂出现的触目惊心的反革命阶级报复行凶杀人案，就是一例。凶手岳永晨出身于反动资本家，一贯站在反动立场上，与人民为敌，恶毒攻击党和社会主义，时刻梦想变天。在文化大革命中被群众揪出批判。岳犯不但不低头认罪，而且死心塌地的与人民为敌，竟于去年九月手持铁棍猛击曾揭发过他罪行的两个革命同志，当场把一名同志打昏在地，另一名同志发扬不怕死的革命精神，赤手空拳和阶级敌人进行英勇搏斗，在广大革命群众的包围下，当场把这个反革命分子捕获。

「**树欲静而风不止**」。通过这一阶级斗争事实，清楚表明，失败的阶级并不甘心于自己的灭亡，他们还要作最后的挣扎，他们还会以各种方式向无产阶级进攻。我们绝不能麻痹大意，不能丧失警惕。阶级斗争要年年讲，月月讲，天天讲。革命在前进，斗争在继续。我们一定要用毛主席关于无产阶级专政下继续革命的伟大理论武装头脑，以战无不胜的毛泽东思想为武器，洞察阶级斗争的新动向，分析阶级斗争的新特点，勇敢地站在阶级斗争的风口上，主动地向一小撮阶级敌人展开猛烈进攻，誓死保卫无产阶级专政，保卫无产阶级文化大革命的胜利成果，坚决把反对帝、修、反的伟大斗争进行到底！

国棉二厂革委会

反革命杀人犯张廷海，二十三岁，天津市人。[illegible]进行阶级报复，杀害贫农女儿刘树英同志。被判处死刑，立即执行。

反革命杀人犯刘宗怡，男，十九岁，河北省宁河县人。因阶级报復杀人案被判处死刑，立即执行。

反革命杀人犯鲁文俊，男，二十九[redacted]津市人。因阶级报复杀人案被判处死刑，立即执行。

一贯道反革命复辟集团首犯刘玉琪，男，六十八岁，天津市人。[illegible]一贯道，发展反革命势力，攻击、诬蔑伟大领袖毛主席。被判处死刑，立即执行。

反革命杀人犯邢兰芳，男，四十一岁，天津市人。一贯[illegible]投机倒把罪恶活动，罪行被揭发后，杀害革命群众，进行阶级报复，被判处死刑，立即执行。

现行反革命张洪升（张犯廷海之父），男，五十[illegible]阶级报复，唆使其子杀害贫农女儿刘树英，被判处死刑，缓期执行。

反革命杀人犯岳永晨，男，三十一岁，天津市人。因反革命阶级报复，杀害共产党员姚××、索××。姚、索二人经抢救脱险。岳犯被判处死刑，缓期执行。

反革命流氓犯于培德，男，四十五岁，河北省青县人。因为右派分子翻案，侮辱伟大领袖毛主席像，并奸污、侮辱妇女和生女和鸡奸幼童等罪行，被判处死刑，缓期执行。

强奸杀人犯李志强，男，十八岁，天津市人。因奸污、猥亵妇女，灭绝人性地用砖头将神经不健全的妇女宋××砸晕后强行奸污之后抢夺宋的粮票、现款，被判处死刑，缓期执行。

一贯道反革命复辟集团骨干王凤梧，男，五十八岁，天津市人。因进行一贯道反革命复辟活动，恶毒诬蔑伟大领袖毛主席。被判处徒刑二十年。

一贯道反革命复辟集团骨干阎文元，男，五十九岁，天津市人。因进行反革命复辟活动，发展道徒，编写反动传单，被判处徒刑二十年。

反革命盗窃犯牛宗启，男，五十二岁，河北省高阳县人。被判处徒刑二十年。

强奸、抢劫犯史宝起，男，三十一岁，天津市人。被判处徒刑二十年。

流氓犯许志成，男，三十七岁，广东省中山县人。被判处徒刑二十年。

盗窃犯冯绍文，男，四十四岁，黑龙江省尚志县人。被判处徒刑二十年。

现行反革命犯张淑萍，女，五十九岁，富农分子。因蓄意教唆其子张廷海杀害贫农女儿，被判处徒刑十五年。

反革命流氓犯张允超，女，四十七岁，河北省丰润县人。被判处徒刑十五年。

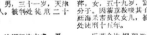

反革命诈骗集团首犯元以馨，男，二十七岁，天津市人。被判处徒刑十五年。

盗窃、投机倒把犯白竹泉，男，四十一岁，河北省南皮县人。被判处徒刑十五年。

流氓盗窃犯叶国胜，男，二十二岁，上海市人。被判处徒刑十年。

盗窃犯吴明光，男，十八岁，天津市人。被判处徒刑十年。

毛主席语录

无产阶級文化大革命还有些事没有做完，现在还要继续做，譬如讲斗、批，改。

中学红衛兵

天津市中等学校红卫兵代表大会常务委员会机关报

第90期　1969年8月7日　星期四

我赞成这样的口号，叫做“一不怕苦，二不怕死”。

要过細地做工作。要过細，粗枝大叶不行，粗枝大叶往往搞錯。

不怕苦、不怕死　痛击帝、修、反

——八十九中座談紀要

在欢庆伟大的中国人民解放军建军四十二周年这个光辉的节日里，伟大领袖毛主席的最新指示，飞进八十九中学，校园顿时一片欢腾。人人欢呼跳跃、个个奔走相告，锣鼓喧天、鞭炮齐鸣。校革委会马上组织队伍庆祝游行，并连夜组织了各种类型的座谈会。

会上，广大革命教师和红卫兵小将，怀着无比激动的心情，纷纷以自己接受工农兵的“再教育”而健康成长的亲身感受，纵情畅谈了毛主席最新指示的伟大意义，热烈赞颂了解放军在“三支”、“两军”工作中建立的丰功伟绩。一句句钢铁般的誓言，都表达着革命师生对伟大统帅毛主席的赤胆忠心。

革委会副主任**戴锐生**：

毛主席的最新指示好象及时雨，句句说在我的心坎上。八年抗战打败了日本鬼子，解放战争消灭了蒋介石的几百万军队，打出了一个新中国，全靠用毛泽东思想武装起来的人民解放军发扬“一不怕苦、二不怕死”的彻底革命精神，今后还要用枪杆子打出一个红彤彤的新世界，靠什么？还是要靠继续发扬“一不怕苦、二不怕死”的彻底革命精神！我校红色政权就是在解放军坚强支持下更加巩固的。我一定朝着毛主席指出的航向，以亲人解放军为光辉榜样，“一不怕苦，二不怕死”，“**要过细地做工作**”，加速思想革命化，用党性掌好权、用好权，自觉地为毛主席的革命路线放好哨，站好岗，打好仗！

工宣队员老工人**沙源海**：

解放军是人民自己的队伍，是我们的坚强后盾，跟我们的关系像血和肉一样分不开。在“三支”、“两军”工作中立下了很大功劳。解放军坚持四个第一，发扬三八作风，给群众做过细的工作，是我们的标杆，我要好好向亲人学习。

青年教师、女民兵**高玉珍**：

和毛主席最新指示一对照，检查自己相差的很远。以前认为我校取得了很大成绩：清队、整党、整团、整顿民兵都已经基本胜利完成了，因此头脑中闪出了“松口气”的念头，这是非常危险的！今天，传来了毛主席的伟大战斗号令，我一定要紧紧跟上。我是个女民兵，一定要擦亮眼睛，念念不忘阶级斗争，一面搞好教育革命，一面练好杀敌本领，来回击美帝、苏修的挑衅！

红卫兵小将**苗金钟**：

我有怕苦思想，作风有时松松垮垮，在执行任务中由于粗枝大叶常出错儿。今天毛主席给我指明了方向，我决心向邱少云叔叔学习，加强革命纪律性，执行党的政策一丝一毫不走样。

过细地做工作　搞好教育革命

——毛主席最新指示傳到志成道中学以后

本报讯：「八一」社论，传达了我们伟大领袖毛主席的最新指示：「**我赞成这样的口号，叫做『一不怕苦，二不怕死』**」，「**要过细地做工作。要过细，粗枝大叶不行，粗枝大叶往往搞错。**」特大喜讯传来，我校革命师生无不欢欣鼓舞，热血沸腾，顿时寂静的校园一片欢腾，九百多革命师生纷纷组织起来，全神贯注地听着来自北京的声音，庄严地接受着毛主席发出的战斗号令。

宣传组的同学们在工人师傅带领下，他们立即刻版，一口气印出了四千份毛主席最新指示。革命师生手捧毛主席的最新指示，立即组织了学习讨论。全校共举办了四十二个学习班。分校革委会，工宣队也组织了座谈讨论。在会上，工宣队的师傅们带头发言，他们满怀无比豪迈和崇敬的革命豪情，热情歌颂了人民解放军在革命斗争中立下的丰功伟绩。颂扬了人民子弟兵在毛泽东思想的革命大熔炉里百练成钢，锻炼的无比坚强。他们一不怕苦，二不怕死的硬骨头精神是我们学习的好榜样。分校在师生举行的座谈会上，红卫兵小将张占勇激动的说：「只有平时做到一不怕苦、二不怕死，到关键时刻才能捍卫毛主席革命路线挺身而出，我今后一定向解放军学习这种一不怕苦，二不怕死的硬骨头精神，努力把自己培养成生为公字打天下，死为公字而献身。的共产主义战士」工宣队的一位师傅说：「我一定遵照毛主席的伟大教导：『**要过细地做工作**』」把红卫兵工作搞好。为无产阶级培养坚强可靠的革命接班人。通过学习，提高了认识，统一了思想，大家一致认为：「坚决以解放军为榜样，发扬一不怕苦，二不怕死的革命精神，做过细的工作，搞好我校教育革命，搞好斗批改，搞好团结工作，打好防汛抗险这一仗。」近临毕业分配的同学，也按时到校收听，而且还进行了热烈的讨论，他们豪迈地表示：「向解放军学习，彻底发扬『一不怕苦，二不怕死』的革命精神，坚决走与工农兵相结合的革命道路，到祖国最需要的地方去。」负责毕业分配的教师们也表示：「**要过细地做工作。**」搞好毕业分配。

二连的革命小将围在毛主席塑像前，展开了热烈的讨论，他们说：「只有做过细的工作，才能把斗、批、改进行到底。」三连三排的红卫兵小将深刻的认识到没有一不怕苦，二不怕死的革命精神，就不能坚持在无产阶级专政下继续革命，他们表示：「坚决向党的好儿女——毕英兰同志学习，做一个可靠的无产阶级革命事业的接班人。」红卫兵小将发出了钢铁的誓言：坚决继承和发扬解放军的光荣传统，培养一不怕苦，二不怕死的硬骨头精神，加强战备，准备打仗，随时准备消灭一切敢来犯的侵略者，誓死保卫我们祖国的神圣领土。

简讯

▲八月五日，在热烈欢庆毛主席《炮打司令部——我的一张大字报》发表三周年的日子里，在毛主席的最新指示光辉照耀下，和平区分会、汉沽区分会，分别召开了“活学活用毛泽东思想，创四好、争五好经验交流大会。”和平区的七个集体和个人，汉沽区四个集体和个人介绍了他们活学活用毛泽东思想，创四好、争五好的先进事迹。

▲日前，北大港区红代会召开了“活学活用毛泽东思想经验交流大会”。这次大会是一次赛革命、赛进步、赛团结的大会。

中学红卫兵　　敬祝毛主席万寿无疆　　1969年8月7日　第二版

加强紀律性　革命无不胜

一〇五中一連九排在解放軍帮助下，开展“小民兵”活动，大大加强了同学的革命性、科学性和組織紀律性

本报讯　当前，一个大讲革命纪律、巩固红色政权的高潮正在全国兴起。人民解放军驻津某部三连，在繁忙的战备训练中抽调战士到河西区一〇五中帮助革命师生军训。军训战士用毛主席关于加强革命纪律的伟大指示武装革命师生，从思想教育入手，开展革命的大批判，大大提高了革命师生执行无产阶级纪律的自觉性，促进了人的思想革命化和其他各项工作的开展。

在党的“九大”精神鼓舞下，一〇五中一连九排的革命小将为了响应毛主席准备打仗的伟大号召，自动组成“小民兵”，开展军事训练，随时准备参军参战。“小民兵”组成后，大家劲头十分高涨。但是，由于社会上无政府主义思潮的影响和缺乏革命纪律教育，训练一直不能很好开展，复课闹革命也不能顺利进行。“小民兵”的负责人就到附近驻军某部三连请求帮助。三连党支部认为这是找上门来的群众工作，经请示上级，派邱炳才同志利用部队课余时间帮助他们训练。

邱炳才同志接到命令后，就一早一晚和小将们投入了战斗。他首先从思想教育入手，启发同学执行革命纪律的自觉性。在排务会上，“小民兵”的负责人由于一时急躁，提出两条整顿意见：一是将“小民兵”全部解散，重新组织，吸收遵守纪律好的人参加；一是开除几个调皮捣蛋‘冒尖’的，‘杀鸡给猴看’，严肃纪律。有的同志不同意“解散”、“开除”，主张加强教育。两种意见争论不休，各讲各有理。邱炳才同志仔细听了大家的发言，他想起了毛主席要做艰苦细致的思想政治工作的教导，支持了后一种意见。主张“解散”、“开除”的同学一时想不通，他就会上会下反复找他们促膝谈心，帮助他们分析了全排的情况，使他们一致认识到：大家积极要求参加民兵，是紧跟毛主席的伟大战略部署，本质上是好的；纪律不好主要是受了无政府主义思潮的影响，同学们的缺点或者错误，经过适当的思想政治工作，是能够加以克服或者改正的。如果我们解散或“开除”几个，就会挫伤大家的积极性，不利于团结大多数，不利于落实毛主席“**大办民兵师**”的指示。邱炳才同志说服了不同意见，排务会统一了认识，就决定利用晚上时间进行纪律整顿。

邱炳才领导全排同志反复学习了毛主席“**加强纪律性，革命无不胜**”等有关革命纪律的指示，还给他们讲了邱少云烈士和珍宝岛边防战士坚守革命纪律，战胜美帝、苏修的动人事迹。同学们在一起大谈了遵守无产阶级纪律的重要意义，大摆破坏革命纪律的严重危害。通过学习，大家一致认识到了纪律是革命胜利的必要条件，是巩固无产阶级专政的重要保证。加强革命纪律，是战备的需要，是“**复课闹革命**”、“**认真搞好斗、批、改**”的需要。他们决心以解放军战士为光辉榜样，严格遵守革命纪律。张伏玲同志说：“邱少云烈士为了战胜敌人，宁愿自己被烈火烧死，也不动一动；珍宝岛边防战士为了反击苏修狗豺狼连续在冰雪中卧几十个钟头。没有高度的革命纪律观念，他们决不能这样做。我们一定要向他们学习。”许多同学对照毛主席的教导，还认真地作了自我批评。排长刘志良同志家离学校很远，有时迟到。学习后，他想自己是排长，要把大家带好，必须严格要求自己，以身作则。思想重视了，迟到现象也就消灭了。在大家认识普遍提高的基础上，邱炳才还帮助排务会发动群众，制定了“小民兵纪律”。同学们还经常逐条对照自己定的纪律，看自己作的够不够，不断克服违犯革命纪律的现象。

邱炳才同志在组织革命师生整顿纪律时，还善于抓住群众中出现的活思想，及时端正同学的认识，教育大家树立**一不怕苦，二不怕死**的革命精神。在一次训练中他偶尔听到有人说：“遵守纪律是为了保存自己，打起仗来死不了。”他立刻意识到这是叛徒、内奸、工贼刘少奇的“活命哲学”还在个别同学的头脑中作祟。若不纠正这种糊涂观念，大家对无产阶级纪律就没有正确认识，军事训练也会走到邪路上去。他立即组织大家学习《为人民服务》这篇光辉著作，批判刘修“活命哲学”。通过学习，同学们认识逐步明确。他们说：我们执行革命纪律是为了“**完全**”“**彻底**”为人民服务，是为解放全人类。邱少云烈士如果为了“保存自己”，他当时也就不会遵守革命纪律了。在训练中，我们一定发扬一不怕苦，二不怕死的革命精神。原来讲错话的同学也说：自己那种认识是上了大叛徒刘少奇“锤爱自己”的当。如果打仗光顾保全自己，在关键的时刻必然成为逃兵和象“王连举”那样的无耻叛徒。革命大批判进一步提高了同学执行无产阶级纪律的自觉性，推动了军事训练。在训练中，同学们严格按口令行动，动作十分认真。许多女同学上穿白褂，下着裙子，也不怕脏，不怕累，跟大家一样，说卧倒，一趴就是一个来小时，在地上练习射击。有一天早晨，夜里刚下过雨，大家踩着水，滚着泥，坚持操练没有一个叫苦的。同学说，严守革命纪律，就是要磨炼我们吃大苦、耐大劳的革命意志，磨炼我们忠于伟大领袖毛主席的红心。毛主席挥手我前进，随时准备参加埋葬帝、修、反，解放全人类的战斗。

毛主席制定的无产阶级纪律，不仅是我们战胜拿枪的敌人的重要保证，也是粉碎不拿枪的敌人糖衣炮弹攻击的有力武器。“**我们已经取得了伟大的胜利。但是，失败的阶级还要挣扎。这些人还在，这个阶级还在**”，被打倒的资产阶级进行反革命复辟的重要手段之一，就是猖狂地同我们争夺青少年一代，拉拢腐蚀，妄图把他们“和平演变”成为破坏无产阶级纪律的“少年罪犯”。在邱炳才同志帮助下，一连九排还大抓阶级教育，教育学生遵守无产阶级纪律。九排有个工人出身的同学，父母从小遭受地主、资本家的残酷压迫。解放了，才过上了今天的幸福生活。但是由于一小撮社会渣滓的拉拢，这个同学沾染了小偷小摸的恶习。排务会就发动群众，与他一起学习《三大纪律，八项注意》，反复说服教育，帮助他认清阶级敌人腐蚀青少年一代的罪恶目的。这个同学的母亲还到学校忆苦思甜。她说：“不把孩子教育好，不教育孩子从小遵守无产阶级纪律，就对不起毛主席，就是忘本。”大家狠批了刘贼“阶级斗争熄灭论”，大摆了社会上一小撮阶级敌人、社会渣滓拉拢腐蚀青少年一代的惊心动魄的事实。同学们纷纷挥笔疾书，大字报贴满了教室。他们表示，坚决遵守毛主席亲手制定的《三大纪律，八项注意》，树立共产主义的道德风尚，提高阶级警惕，决不上一小撮阶级敌人的当，永作无产阶级革命事业可靠的接班人，让毛主席他老人家放心！通过反复教育，这个同学丢掉了沾染的恶习，思想转变很快。大家从这个同学的转变中也受到了深刻的阶级教育和纪律教育。

在邱炳才同志短短一个多月的帮助下，一〇五中一连九排迅速扭转了原来的局面。同学们以遵守无产阶级纪律为荣，大大促进了人的思想革命化和“**复课闹革命**”等各项工作的开展。在初评中，一连九排被评为全校的四好排。目前，虽然学校已放了暑假，但九排同学依然保持着解放军战士留下的光荣传统。学校要组织同学到郊区参加集体生产或开展其他活动，他们都能闻风而动，赶到学校，圆满完成任务。

杨军　南中

为革命而读书

现在，在广大青少年中，还有一些人存在「读书无用」的思想。「读书无用」这种论调，看起来是和刘少奇的「读书做官论」相反，但是，实质上它就是读书做官论」的变种，就是「读书做官论」的一种翻版。

过去，刘少奇的「读书做官论」，毒害我们，让我们「两耳不闻窗外事、一心只读圣贤书」，散布读书是为了做官的流毒。现在，通过革命的大批判，那种「读书做官论」已批臭，有的人认为：「既然读书做官是错误的，那读书就没用了」，「读书无用论」仍然是刘少奇的流毒。

「读毛主席的书也没有用吗？」毛主席的书是革命人民的命根子，是我们各项工作的最高指示，是是我们前进的行动指南，是我们夺取文化大革命全面胜利的最可靠的保证。这样再看「读书无用」这种论调，是何等的恶毒，又是何等的反动。世界上，只有美帝、苏修、刘少奇一伙最害怕毛主席的书，刘少奇散布「读书无用」论的实质就是不让我们读毛主席的书，从而在思想上、政治上解除武装，没有政治头脑，分辨不出敌友我，以至成为资产阶级的接班人。

无产阶级教育革命，彻底砸烂了刘少奇的修正主义教育路线，砸烂了旧的教育制度和旧的教学方法，从此，青少年在修正主义教育路线的统治下解放出来了，现在学习的文化知识，是工农业生产所需要的基本文化和基本常识，这些知识，是建设我们伟大祖国的需要，是当好革命接班人的需要，是毛主席他老人家对我们的希望。毛主席教导我们：「**没有文化的军队是愚蠢的军队，而愚蠢的军队是不能战胜敌人的。**」只有用毛泽东思想统帅一切，只有掌握文化知识、工农业基本常识，才能成为有社会主义觉悟的，有文化的劳动者，成为无产阶级革命事业的接班人，才能更好地为工农服务。刘少奇散布「读书无用论」来腐蚀我们青少年，使我们成为没有政治头脑的，没有文化知识的糊涂虫，来适应他复辟资本主义的需要，用心何其毒也！

刘贼余毒要肃清，教育革命打先锋。我们要狠批刘贼的谬论，把它连同它的黑货一同扔进历史的垃圾堆。用毛主席的无产阶级教育思想武装头脑，在教育革命、在三大革命运动中，锤炼成为真正的无产阶级革命事业的接班人。

四十五中　**李玉宝**

中学红衛兵　敬祝毛主席万寿无疆　1969年8月7日　第三版

在广闊的天地里成长

——記我市在霸县插队落户知識青年

“农村是一个广阔的天地，在那里是可以大有作为的。” 我市在霸县插队落户的知识青年，在毛泽东思想的哺育下，在贫下中农的再教育下，正茁壮成长。这里记叙的，是他们接受贫下中农再教育的几例。

不要不好意思

六月初夏，金色的田野麦浪滚滚，贫下中农和插队落户的知识青年为即将获得的大丰收忙碌起来了。

开镰了，贫下中农社员捋袖舞镰，只听“嚓嚓”声响，一拢拢麦子倒下了。知识青年王淑桂心想，割麦子这件事还不容易，只要镰刀快，割它一大片麦子不成问题？于是她既不向贫下中农请教，也不仔细看看贫下中农是怎么割的，就动手割起来。谁知刚一动手，飞快的镰刀就把左手腕割破了一个一寸长的口子，鲜血直流。事后她还不知道自己是怎么闯的祸。当贫下中农发现后，才告诉她闯祸的原因：原来她在割麦子时，左手握着麦子的根部，割上边的麦杆，致使镰刀割伤了手腕。贫下中农亲切地对她说：“农业活儿不懂得就问，不会的就学，不要不好意思。”王淑桂深深地体会到“不要不好意思”这句话，是贫下中农对她最亲切的帮助，最好的再教育。

冲向烈火

“脑子里得有毛泽东思想，心里得有贫下中农，眼里才看得见活儿。”这是原一一五中毕业生刘观成接受贫下中农再教育的深刻体会。他是这样说的，也是朝着这个方向做的。

一天傍晚，刘观成下工之后，刚端起饭碗吃饭，忽听有人高喊：“着火啦，新房子着火了！”刘观成顾不得一天的劳累和饥饿，推开饭碗，箭一样地奔向屋外，着火的房子是贫下中农新盖的三间砖房。烈火同时从三间房的顶棚上燃烧起来，浓烟和火舌从三间房的门口和窗口喷吐出来。刘观成生平第一次看到房子着火，他有点害怕，不知该怎么下手。但是他看到火舌卷着浓烟在噬吞着贫下中农的劳动成果，他很心疼。木料燃烧的噼噼啪啪的声音像一块块石头一样砸在他的心坎上……

这时全村的贫下中农听到救火的声音都跑来救火了。有个贫下中农社员端着一盆水冲进了火场，刘观成被他的行为所感动，就在这一刹那间，伟大领袖毛主席“**要奋斗就会有牺牲**”的伟大教导给了他无穷的力量，他顾不得下工前做木工活被铁钉弄伤的左手掌，转身从别人手中抢了一盆盛满水的脸盆，冲进火场。蒸气和浓烟一下弥漫了整个房内，什么也看不见，呛得他鼻子发酸，眼睛流泪。忽然，他的右臂碰在了社员正在使劲往上泼水的脸盆上，顿时，右臂关节麻木得失掉了知觉，他忍住相继而来的剧烈疼痛，高喊“**下定决心，不怕牺牲，排除万难，去争取胜利。**”

在毛泽东思想的指挥下，火，终于被扑灭了。

事后，大队革委会寻找在救火的关键时刻用毛主席语录鼓舞广大社员救火的人。刘观成认为用毛泽东思想统帅一切，这是天经地义的事，没有必要表扬，一直默不做声。

毛主席教导我这样做的

刘家林原是四十中学的学生，他到霸县南孟公社五村大队插队落户。到农村不久，他看到大叛徒刘少奇推行修正主义路线的严酷现实：农村里缺医少药，贫下中农得了疾病得不到及时治疗。

刘家林在农村插队落户之前，曾经学过解放军的新针疗法，但他从来也没有给人扎过针，看过病。

怎么办？是给贫下中农解除痛苦，还是看贫下中农受疾病的煎熬？他有心给贫下中农治病，但又怕自己技术不高，扎不好出乱子，怕别人有看法，影响自己与群众的关系……。

他又问自己：怕这怕那，怎么就不怕贫下中农受痛苦呢？贫下中农热情鼓励他，大队干部热情帮助他，使他勇敢地拿起了银针……。

贫下中农社员滕大爷患左半身瘫痪五年之久，不能参加劳动，生活不能自理。虽经多次治疗，但未治好，卧床不起，非常痛苦。刘家林和另一位学过新针疗法的知识青年，怀着为贫下中农治病的心愿，到滕大爷家里扎针。由于滕大爷长年患病，身上很脏，他一看有些“腻歪”，便让滕大爷的老伴和儿子给他脱裤脱袜，自己站在旁边只等扎针。针扎完了，滕大娘给打了一盆水，让他洗手。他的脸立刻红了，他立刻觉察到自己的思想感情离贫下中农是多么远，自己的心和贫下中农的心是多么不贴近！“为什么滕大娘让我洗手，而不让他的儿子洗手呢？”拿“完全”“彻底”“为人民服务”这把尺子衡量自己，他就觉得自己很成问题。“**拿未曾改造的知识分子和工人农民比较，就觉得知识分子不干净了，最干净的还是工人农民，尽管他们手是黑的，脚上有牛屎，还是比资产阶级和小资产阶级知识分子都干净。**”从此以后，他就在破私立公上狠下功夫，以后再扎针，自己动手给贫下中农社员脱衣服、脱袜子；没有酒精消毒，他就自己拿钱买酒精；针扎弯了，拨直了再扎；怕针穴扎不准，就在自己身上练。

经过他和另一位知识青年的治疗，滕大爷的瘫痪好转了。贫下中农看在眼里，喜在心上，高兴地说：“你们真是毛主席教育出来的好学生，待我们真比自己的亲儿子还好。”

为革命搞科学試驗

霸县信安公社新立大队贫下中农说：“国栋在科学试验中，不含糊”。这是贫下中农打心眼里喜欢和赞扬赵国栋的一句话。小赵原是一一五中毕业生，到了农村，贫下中农就把他放在三大革命运动中去锻炼，让他参加了“山芋下蛋”科学实验小组。种山芋，历来都是育秧子，现在根据先进经验，直接种完整的山芋块，产量要比老法子种的山芋多产几倍。新生事物的出现，总会遇到一些人的反对，大队革委会和科学实验小组用毛泽东思想说服那些具有保守思想的人，赵国栋也念着毛主席语录参加战斗……使有的人终于同意了。但在种的亩数多少上又发生了分歧，一些人主张多种，一些人主张少种，赵国栋根据临近公社大面积种植获得高产丰收的情况，也主张多种。后来，一下种了五十亩‘实验田是种了，但赵国栋心里却捏着一把汗，他想：“万一要失败了，别人好说，我可不好办，因为我是一个接受再教育的对象，……”私心一来，思想上就有些压力，但毛主席的伟大教导：“**我们能够学会我们原来不懂的东西。我们不但善于破坏一个旧世界，我们还将善于建设一个新世界。**”鼓舞了他，坚定了他和贫下中农社员一起搞实验田的信念。

种山芋开始了，赵国栋被分配担水，由于水源较远，再加上深耕的土地非常松软，肩上挑着近百斤重的水，非常吃力，每迈一步，脚就陷入土中很深，脚腕走肿了，赵国栋高读着“**下定决心，不怕牺牲，排除万难，去争取胜利。**”继续挑，腰酸腿疼咬咬牙坚持下去。

山芋种完了，赵国栋刚想松一口气，谁知没过几天，刮起了大风，刮得山芋块露出来了。这时有的人又说闲话了：“我说当初别种那么多吗。”贫下中农和赵国栋不后悔不泄气，卷起裤管，捋起袖口，又下地了。一棵种苗一棵种苗又重新种好，累了顾不得休息，渴了顾不得喝口凉水。就这样，一棵棵，一行行，又重新把五十亩山芋田抢救出来了。

山芋发芽了，他们不松一口气，精心加强管理，现在长势都好，每棵都下了“一窝蛋”。他们决心用科学实验田的优异成绩向毛主席献忠心。

扎根农村　永远革命

万俊华从天津一一五中到霸县石沟公社北楼大队插队落户后，由于不适应当地的水土，浑身起了红斑和疙瘩。但她没有被这种疾病吓倒。到农村的第二天，就和贫下中农抬土打堤。腿上和脚板上疙瘩化了脓。她到卫生室裹上纱布，咬着牙照样干。

和贫下中农耪地，腰不直一直，头不抬一抬，握紧锄把拚命往前追。但由于初学乍练，虽然累得腰酸腿疼，仍然落在后边。生产队长看她满脸汗水，走过来说：“俊华，来，我教你耪地！”于是手把手地教她，一边教一边鼓励：“不会不要紧，手勤就能会，耪地虽是个平常事，可一定要带着阶级感情耪，每一锄都要耪在帝、修、反的身上！”这简单的几句话，使万俊华受到很深刻的教育，从此更坚定了她接受贫下中农再教育的决心。

有一天耪地回来，她点火做饭，刚把面疙瘩放进锅中，忽然刮起了五、六级大风，把刚种的蒜种吹露出了表土。她闻讯后，顾不得做了半截的饭和饥饿，往灶里塞了把柴火就和社员去抢救蒜种去了，等抢救完回来，揭开锅一看，一锅面疙瘩全“糊”了，她一不声张，二不心疼，拿起碗盛起来照样吃，而且吃起来觉得分外香甜。因为她觉得自己又向“公”字的世界迈进了一进。

贫下中农信得过她，大队革委会让她业余时间教民校，她有些“怕”，怕教不好，怕讲错了让人抓辫子，贫下中农给她讲因为不识字而丧失“权”的苦。于是她一甩辫子走上了讲台，……

过春节的时候，队里给每个知识青年发了点零用钱，万俊华一不买吃的，二不买穿的，她用自己第一次得到的劳动报酬，买了四卷金光闪闪的毛泽东选集，送给了贫下中农……

（红山乡）

中学红卫兵　　敬祝毛主席万寿无疆　　1969年8月7日　第四版

> **要过细地做工作。要过细，粗枝大叶不行，粗枝大叶往往搞错。对犯错误的好人，要多做教育工作，……**
>
> 毛泽东

做过细的工作
在教育上下功夫

伟大领袖毛主席号召我们："**团结起来，争取更大的胜利。**"最近，我们遵照毛主席这一伟大教导，高举"九大"团结、胜利的旗帜，对两个犯了错误的青年，从教育人手，做耐心的细致的思想政治工作，从而，把这两个处在错误边缘的青年，拉回到毛主席的无产阶级革命路线上来，走向了与工农相结合的光荣道路。事实正如伟大领袖毛主席所英明指出的："**实践结果，会有少数人坚持顽固态度，但多数是肯定可以争取的。**"

走　入　歧　途

五月十二日的上午，在南市的一家委托店里，售货员正在照应着营业。突然，有两个青年拿着一件潮湿不干的绿色华达呢上衣来到委托店，声称因家庭生活困难，要把这件衣服卖掉。其中一个并自我介绍说："我叫颜红，是××中学的学生，这件衣服是我自己的；他叫任强，是我的邻居，在××路中学上学。"

为什么卖衣服卖一件既不合体又潮湿的呢？解放军和民警发现这件事后，提出了这样一个问题。于是，他们遵照毛主席"**要了解情况，唯一的方法是向社会作调查，**……"的教导，带着这个问题，作了一次家访，从而发现颜红的家庭生活并不困难，他的父母也从来没有给他们做过绿色华达呢上衣。很显然，这两个青年沾染了资产阶级自私自利的恶习，在外边干了错事。

过细地做好教育工作

对于这两个犯了错误的青年怎么办？是用毛泽东思想对他们进行思想教育，还是单纯惩办？军代表和民警带着这个问题，反复学习毛主席的教导。毛主席说："**对犯错误的好人，要多做教育工作**""**除了不可救药者外，不是采取排斥态度，而是采取规劝态度，使之翻然改进，弃旧图新**"。这个派出所的军代表和民警从毛主席的教导中吸取了力量和信心。大家说："对犯了错误的青少年，必须从关心他们的成长出发，立足于一个'拉'字，着眼一个'教'字。他们犯错误，固然给人民造成危害，给社会治安带来影响，但他们是一小撮阶级敌人的受害者，是大叛徒刘少奇的利己主义的反动思想毒害了他们，因此，我们必须用毛泽东思想把他们从斜路上拉回来。"有的同志还说："拉不拉他们，这是和资产阶级争夺青少年的斗争，我们不拉，资产阶级就拉，我们把他们划到'圈外人'，资产阶级就把他们划到'圈里人'。"于是，和资产阶级争夺青少年一代的战斗打响了。军代表、民警遵照毛主席"**办学习班，是个好办法，很多问题可以在学习班得到解决**"以及"**思想政治工作，各个部门都要负责任**"的教导，用战无不胜的毛泽东思想对这两个犯错误的青年，进行了耐心细致地教育再教育。

开始，当军代表和民警把学习班办到这两个青年的家里时，就遇到了问题，颜红的母亲听到儿子在外边做了错事，认为给自己丢了脸，想用"打"来解决问题，而任强的家长则缺乏信心，认为任不听管教，给他办不了学习班，要求把任送监狱。针对他们家长的活思想，民警及时和他们一起学习了毛主席有关学习班和"**多做教育工作**"的指示，搞通了他们的思想，两家马上办起毛泽东思想学习班。在学习班上，民警耐心地和颜红一起学习"老三篇"和毛主席有关"**犯了错误则要求改正，改正得越迅速，越彻底，越好**"等教导，启发他用"完全"、"彻底"，"毫不利己，专门利人"四句话和"五种人"的尺子，找出自己的差距，颜开始有了觉悟，他流着眼泪说："我对毛主席不忠，我上午偷了人家一件衣服卖了五元钱。"说着，从口袋里掏出五元钱放在桌子上。我们发现他肯于学习，有"翻然改进，弃旧图新"的思想，就又和他继续学习了"老三篇"。这时，他的五岁小妹妹对他说："犯了错误就要向毛主席承认错误。"颜的母亲也帮助他："承认错误、改正错误是为了忠于毛主席，你要忠于毛主席，就要把错误都检查出来。"在解放军，民警和他母亲、妹妹的帮助下，颜红又交待了还和任强一起干了一些坏事，并把偷来的湿裤和布裤交了出来。任强在军代表和民警、家长的帮助下，也承认了错误，并揭发了一些坏人坏事。

两个青年虽然承认了错误，但是军代表、民警并没因此而放松了对他们再教育。他们分析了这两个人犯错误的主要原因是受了资产阶级思想的影响，要彻底改正他们的错误，就必须遵照毛主席"**过细地做工作**"的教导，从阶级教育人手，帮助他们用毛泽东思想挖根源，找危害，提高阶级觉悟，接好革命的班。于是解放军和民警又给他俩单独办了学习班，在和他们一起学习毛主席关于阶级和阶级斗争、继续革命以及有关对青年希望的教导，武装他们的头脑的同时，还请来一位因来津看病把钱丢失的贫农老大娘，给他俩进行忆苦思甜的阶级教育。这位老大娘用亲身的经历控诉了万恶的旧社会，老大娘语重心长地对他俩说："你们生在新社会，长在红旗下，不知道旧社会的苦，现在有了毛主席的英明领导，劳动人民才过着幸福生活。在旧社会，劳动人民丢了几元钱，就要了一家人的命啊！"老大娘的忆苦，给这两个青年上了一课生动的阶级教育课。颜红含着眼泪，痛恨地说："我这样下去怎能接无产阶级革命事业的班啊！以前我哥哥教育我警惕社会上的阶级斗争，不要上阶级敌人的当，我却不相信，现在认识到不但有阶级斗争，而且在自己身上就有反映。"第二天这两个青年为了彻底改正错误，把衣物发还给失主，便主动地到偷东西的地方记了一下门牌地址，告诉给民警。

颜红和任强的每一点进步和转变，都是战无不胜的毛泽东思想的伟大胜利。为了对他俩的教育负责到底，遵照毛主席关于："**没有正确的政治观点，就等于没有灵魂**"的教导，帮助他们用毛主席的一个观点，狠批刘贼的一个反革命谬论，联系自己的世界观，挖根源、找危害，开展了革命大批判。在大批判中，任强痛恨地说："我犯这些错误的根源是什么呢？一句话，就是头脑里毛泽东思想太少了，'私'字太重了，'占小便宜'的思想太多了，这就是中了大叛徒刘少奇'吃小亏占大便宜'的毒，我要坚决和这个'毒瘤'决裂。"从此，任强坚持天天读毛主席的书，他的阶级觉悟也在不断提高。一天晚上，有几个坏人以打骂威胁他去干坏事，他拒绝说："我再也不去危害人民，再也不犯错误了。"并坚定地说："你们就是打死我，我也不去干坏事，我要走毛主席的革命路线。"

毛泽东思想的哺育，不仅使这两个青年转变了，而且也使他们的家长受到了深刻的阶级斗争的教育。颜红的母亲感动地说："通过这一件事，给我上了一堂非常深刻的阶级教育课。过去我认为单位有阶级斗争，在家看不见阶级斗争，现在我才认识到任何时候、任何地方都不能放松警惕，都不能忘记阶级斗争。"任强的父母也感激地说："过去我们对他已失去信心，就等着他进监狱了。现在，民警用毛泽东思想教育了他，也教育了我们。"他们表示：今后要永远读毛主席的书，既用毛泽东思想改造自己，也要用毛泽东思想教育子女，把子女培养成为无产阶级革命事业的接班人。

走上与工农结合的光明大道

通过教育，使这两个青年和我们的关系更加密切了。他们把解放军和民警看成是"业余的老师"，经常到派出所汇报活思想。而我们也把培养青年一代的成长当作党和人民赋予我们的光荣职责，不厌其烦地帮助他们学习"老三篇"和毛主席关于《青年运动的方向》等文章，使他们不断地成长和进步。一次，他俩在学习了毛主席关于《青年运动的方向》一文后，非常受教育。他们说："我们过去怕艰苦，不愿到农村去，学习了毛主席的教导，才认识到要做一个可靠的无产阶级接班人，就要接受贫下中农的再教育，学习贫下中农的优秀品质，改造自己的世界观。"表示："一定要走与工农相结合的道路，到农村去，滚一身泥巴，永远站在毛主席的革命路线上，干一辈子革命。"他们这样说了，也是这样做的。

六月七日和十日，这是颜红和任强一生最难忘的大喜日子，他俩坚决响应伟大领袖毛主席"**知识青年到农村去**"的伟大号召，光荣地被先后批准去黑龙江和内蒙古这两个农村广阔的天地插队落户。出发前，这两个青年以万分激动地心情说："我们已经走上了与工农相结合的革命道路，没有辜负同志们的希望。到了新的劳动岗位上，我们一定要认真活学活用毛泽东思想，接受贫下中农的再教育，在农村这个广阔的天地里，改造世界观，接受党的考验。"

和军公

欢迎批评　欢迎来稿　　本报地址：天津市浙江路十八号（电话：3·3059）　　本市邮局办理订阅与零售（电话：2·5145　4·1106）

毛主席语录

我們希望这一次代表大会，能够开成一个团結的大会，胜利的大会，大会以后，在全国取得更大的胜利。

中学红卫兵

天津市中等学校红卫兵代表大会常务委员会机关报

第95期　1969年9月11日　星期四

海河两岸红旗飘

——热烈祝贺我市首届活学活用毛泽东思想积极分子代表大会胜利召开

社论

“风展红旗如画”。在我们伟大的社会主义祖国成立二十周年的前夕，我们红卫兵战士和四百万人民一道，满怀革命的激情，迎来了我市首届活学活用毛泽东思想积极分子代表大会的胜利召开。这次大会是我市人民政治生活中一件大喜事！是我市无产阶级文化大革命的又一丰硕成果！是战无不胜的毛泽东思想的又一伟大胜利！

尤其值得我们高兴的是，来自祖国反修前线、边疆、农村的上山下乡红卫兵代表也应邀参加了这次大会。他们在反修前线和广阔的天地里用自己的实际行动所谱写的英雄篇章，将为这次大会增添极其光辉的一页。

这次大会的召开，是检阅我们学习和落实“九大”文献　活学活用毛泽东思想伟大成果的大会；是我们更加深入地贯彻“九大”精神的重要措施；也是加强团结，落实政策，**“准备打仗”**和提高我们在无产阶级专政下继续革命自觉性的强劲东风。它对于我们贯彻落实毛主席一系列最新指示，胜利完成斗、批、改各项任务，把革命进行到底是有深远意义的。

回顾三年来无产阶级文化大革命所走过的路程，我们所取得的每一个胜利，都是靠战无不胜的毛泽东思想指引的结果。“因此，永远高举毛泽东思想伟大红旗，用毛泽东思想武装全国人民的头脑，坚持在一切工作中用毛泽东思想挂帅，是我党政治思想工作最根本的任务。”广大红卫兵战士从亲身经历的两个阶级、两条道路、两条路线的激烈搏斗中，也更加深刻地理解了这个千真万确的真理。

要革命，就要自觉树立**“一不怕苦，二不怕死”**的革命精神，这也是国际、国内阶级斗争现实对我们的要求。林副主席指示我们：“什么是最好的武器？不是飞机，不是大炮，不是坦克，不是原子弹，最好的武器是毛泽东思想。什么是最大的战斗力？最大的战斗力是毛泽东思想武装起来的人，是勇敢，不怕死。”因此，做好精神准备是**“准备打仗”**的最好的准备。

要革命，就必须团结。对待团结的态度也是对待革命的态度，要“坚决反对一切分裂活动，反对一切破坏团结的行为，反对资产阶级派性”，人民内部存在矛盾是正常的，我们应本着求大同，存小异的精神，以斗私批修为纲，在毛泽东思想基础上团结起来，为了革命，我们要团结得象一个人一样，这是继续革命的需要，是**“准备打仗”**的需要，万万不可掉以轻心。

革命大批判是无产阶级文化大革命的重要组成部分。三年来的实践证明，革命大批判是革命的最好武器。坚持不懈地开展革命大批判，对于批臭大叛徒刘少奇的反革命修正主义路线，提高我们在无产阶级专政下继续革命的觉悟是有着直接关系的。我们这一次大会就是一次热情宣传毛泽东思想、毛主席革命路线，狠批大叛徒刘少奇反革命修正主义路线，尤其是狠批刘少奇和万张反革命修正主义集团反对我们活学活用毛泽东思想滔天罪行的大会。

“灿烂的思想政治之花，必然结成丰满的经济之果，这是完全合乎规律的发展。”

我们坚信：这一次大会将迅速地掀起一个波澜壮阔的活学活用毛泽东思想群众运动的新高潮，大大增强我们在无产阶级专政下继续进行革命的自觉性，增强革命队伍的大团结，进一步推动**“抓革命，促生产，促工作，促战备”**的迅猛发展。

大海航行靠舵手　干革命靠毛泽东思想

市活学活用毛泽东思想积极分子代表大会隆重开幕

全市各条战线五千多名代表，满怀豪情，大赞大颂偉大領袖毛主席的英明領导，大贊大頌战无不胜的毛泽东思想的偉大胜利。决心把以学习和落实“九大”精神为中心内容的活学活用毛泽东思想群众运动推向新高潮，以优异成績迎接建国二十周年

本报讯　**“春风杨柳万千条，六亿神州尽舜尧”**。在党的“九大”精神鼓舞下，在全市军民坚决贯彻落实党中央的最新号令，加强战备，准备打仗的战斗气氛中，在活学活用毛泽东思想群众运动的新高潮中，我市首届活学活用毛泽东思想积极分子代表大会昨天上午隆重开幕。

来自全市各条战线五千多名代表，满怀革命豪情；欢聚一堂，大赞大颂伟大领袖毛主席的英明领导，大赞大颂毛泽东思想的伟大胜利。决心更高地举起“九大”团结、胜利的旗帜，把以学习和落实“九大”精神为中心内容的活学活用毛泽东思想群众运动推向新高潮，以**“抓革命，促生产，促工作，促战备”**的优异成绩，迎接建国二十周年。

在开幕会上，市革委会负责同志致开幕词。他在讲话中回顾了全市军民在三年无产阶级文化大革命中活学活用毛泽东思想的丰硕成果后指出，我们要继续认真学好毛主席关于无产阶级专政下继续革命的伟大理论，学好林副主席在“九大”的政治报告，突出无产阶级政治，把活学活用毛泽东思想的经验认真总结好。把这次大会开成一个团结的大会，胜利的大会，进一步加强战备的大会，革命化的大会，以更大的成绩向伟大的建国二十周年献礼！

在开幕会上，工农兵代表愤怒揭发批判了刘少奇及其在天津的代理人万张反革命修正主义集团反对毛主席，反对毛泽东思想，破坏和镇压群众活学活用毛泽东思想的滔天罪行。

下午，代表们进行了分组讨论。

会议将继续进行。

图为大会会场

中学红卫兵　　敬祝毛主席万寿无疆　　1969年9月11日　第二版

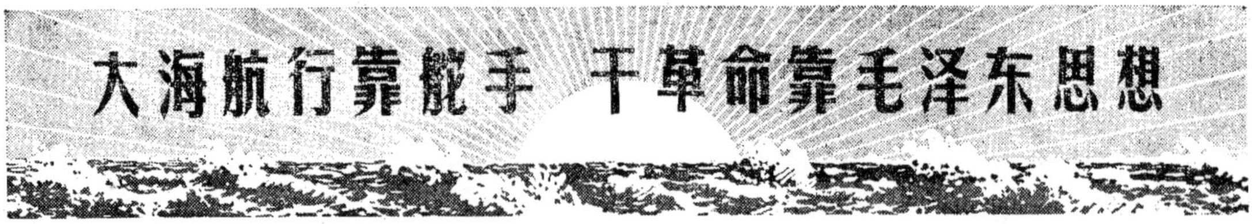

朵朵葵花向太阳

——大沽中学十連活学活用毛泽东思想的事迹

大沽中学十连红卫兵和革命师生，在工人阶级领导下，沿着毛泽东思想的革命航道，乘风破浪，勇往直前。

我们的队伍向太阳

一九六八年十一月，这个连的同学从小学来到大沽中学。当时无政府主义非常严重，有些同学整天胡打乱闹，给老师起哄，顶撞工人师傅，有的在街道上摔跤练武，甚至偷盗、搞流氓活动。

"大海航行靠舵手，干革命靠毛泽东思想。"工人师傅领导革命师生大办各种类型的毛泽东思想学习班，开展革命大批判，开展谈心活动。学习班不仅校内办，校外也办。校外家庭学习班请工农家长做辅导员，进行阶级教育。

十连二排开始比较乱，同学之间不团结，女同学就分成六拨，有意见当面不提，暗地里搞小动作。杨永兰和刘建霞、李建顺从小学到现在七年没说话了。工人师傅和革命家长互相配合，引导他们学习毛主席著作，和他们促膝谈心，最后在学习班中主动亮私，斗私，谈出了心里话，达到了真正的团结。讲用会上他们共同批判刘少奇，七年的"冤家对头"变成了亲姐妹。排里干部原来互相瞧不起，搞小团体主义，通过学习和谈心，主动做自我批评，大大推动了排里的工作。

挑亮一盏灯，照亮一大片。全连"天天读"面貌大大改变，各排都能少而精地带着问题活学活用毛主席著作，并掀起讲用高潮。各排讲用比较好的，连里组成讲用团，到各排巡回讲用，推动活学活用毛泽东思想群众运动蓬蓬勃勃地开展起来。十连二排的乔凤康同学，以前非常调皮，通过学习班学习，认识到无政府主义是通向反革命的政治桥梁。以后他每天早晨来校扫厕所，现在已坚持两个半月了。十连一排李建民同学以前很散漫，过去每天早晨、晚上摔跤练武，现在每天做好事，期末被评为五好战士，光荣地加入了红卫兵组织。

团结就是力量，革命团结是革命胜利的保证。十连在毛泽东思想的阳光雨露滋润下，在"九大"强劲东风的鼓舞下，团结一心，向着毛主席指引的方向迈进。

在校外学习班里

思想政治领域中的阶级斗争是决不会停止的。社会上泛滥的"读书无用论"的反动思潮，必然反映到同学中来。

在校外家庭学习班里，十连二排革命家长王金茹同志开始给同学们上家庭课了。她首先向同学们提出问题：你们为什么到学校学习？每天有什么收获？学生张福俊和刘同春一齐回答："吃、喝、拉、撒、睡！"全屋子同学哄堂大笑。可是，王金茹同志伤心地哭了。她语重心长地说："你们生在新 [illegible] 是多么幸福啊！可是，你们 [illegible] 给工人阶级争气，我们 [illegible] 她沉痛地讲述了自己在旧社会如何讨饭，受尽了痛苦和折磨。同学们一个个渐渐低下了头，接着一个个放声大哭。她又讲述了在农村如何打日本，多少人为新中国献出宝贵生命，今天阶级敌人搞资本主义复辟，苏修不断侵犯我国神圣领土，你们能天天胡混吗？"小屋里爆发出："打倒刘少奇！""打倒苏修社会帝国主义！"的愤怒吼声，同学们喊出了"牢记阶级苦，不忘血泪仇"的钢铁誓言。

工宣队正确引导，革命家长积极支持，全连普遍请了革命家长在校外学习班中给同学们上课。并且把家长请进学校里来，全连开展革命大批判，掀起批判"读书无用论"的高潮。二排批判会上，同学从野外采来野菜，在家里做好麸子团子，大家都拿到教室里来。工人、家长、老师、同学边吃边忆苦，边忆苦边批判。越批越恨旧社会，越批越恨刘少奇，越批越恨帝、修、反；也就越热爱毛主席，越感激毛主席。同学们又一次流下热泪，决心彻底批臭"读书无用论"，树立为革命而读书的思想。

革命大批判的烈火熊熊燃烧，全连讲用会开得热火朝天，各排都是一片朝气蓬勃的革命景象。工人教师和革命家长连续几次找张福俊和刘同春谈心，他们感动地哭了。张福俊说："过去我总认为自己'自来红'，大错不犯，小错不断，没关系。现在认识到这是上了刘少奇的当，这样下去会被阶级敌人拉上邪路，接资产阶级的班。"一次连干部会上，张福俊勇敢地提出："我认为我做这个小班的班长合适，我有信心做好这个班的工作。"同学们表扬了他的进步，但是大家一致认为还要考验一个时期。张福俊丝毫没有闹情绪，他说："干革命，不为名不为利，一切为着毛主席。"因此，他积极性更高了。刘同春同学过去"天天读"不读，甚至连《毛主席语录》都不带。现在经常做好事，热情参加宣传，积极投入革命大批判，主动斗私批修，被光荣地批准为红卫兵战士。

大风大浪炼红心

"无产阶级革命事业的接班人，是在群众斗争中产生的，是在革命大风大浪的锻炼中成长的。"在工宣队和学校革委会的领导和支持下，十连四个排以校外学习班为基础，建立了二十二个毛泽东思想宣传站，用毛泽东思想占领校外阵地。

二十二个战斗组活跃在街道上，他们和市民一起学习，给他们读报，帮他们识字，宣传毛主席的指示和无产阶级司令部的号令。他们在街道大搞社会调查，参加街道革命大批判，投入火热的阶级斗争第一线，狠狠打击了一切反革命分子和一切搞破坏活动和翻案活动的人。受到了街道革命群众的热情赞扬。

旧学校培养的学生"一年土，二年洋，三年不认爹和娘。"工人阶级领导学校培养出的学生永远保持劳动人民的本色。同学们和街道居民一起搞卫生，不怕脏不怕累，全心全意为人民服务。马路上有粪他们拾粪，副食部门前菜车来了，他们就帮助卸车。一天中午放学，瓢泼似的暴雨突然下起来，百货店门口停着一辆棉花车，同学们想得不是跑进去避雨，而是顶雨抢卸大车，一大车棉花抢进仓库，使国家财产减少了损失，商店职工送来表扬信，市民齐声赞扬："你们真不愧是毛主席的红卫兵！"

每当毛主席和党中央的最新号令传下来，同学们马上来到学校集合。各个毛泽东思想宣传站的小分队，马上奔赴工厂、街道、农村，热情宣传无产阶级司令部的战斗号令。十连二排的学习班步行十几里来到盐场第五分场和坨地宣传。他们组织家属办学习班，结合回忆对比，忆苦思甜进行革命大批判，受到工人和家属的好评。第二天，他们又踏上红卫兵长征时走过的道路，长途跋涉三、四十里，到海边偏僻的渔村去宣传，让毛主席的声音传遍祖国四面八方。

十连和家庭、街道结合，用毛泽东思想占领校外阵地，走向社会大搞教育革命，为学校教育革命开辟了宽广的道路，提供了宝贵的经验，为建立红彤彤的毛泽东思想大学校立下了新功。

坚定不移向前进

渤海湾边红烂熳，百里盐滩齐欢腾。在产盐的黄金季节，十连二百多名红卫兵和革命师生来到塘沽盐场参加劳动，走和工农兵相结合的光辉道路。

在三大革命的熔炉中，在工人阶级的领导、教育下，同学们克服了一道道难关，晒黑了皮肤炼红了心。工人们豪迈地说："多产盐、产好盐，狠狠打击帝、修、反。""盐场就是战场，一吨盐就是射向新沙皇的一发炮弹。"他们发扬**"一不怕苦，二不怕死"**的革命精神，把万里海疆建设成为埋葬帝、修、反的阵地。同学们听了老工人的报告，更加仇恨帝国主义，仇恨苏修新沙皇，仇恨叛徒刘少奇。

阶级感情似海深　工人学生鱼水亲。同学们牺牲星期日休息时间，帮助食堂作饭，给工人洗衣服，支援工人**"抓革命，促生产"**。一个老工人发现自从学生来场后厕所天天非常干净，可是这个组没有分配男同学来呀？一天午饭后他看到几个女同学走到男厕所前边，问："有人吗？"见没人回答就进去打扫。老工人心潮澎湃，热血沸腾："多好的革命后代呀，只有伟大的毛泽东时代才能培养出这样纯洁高尚的人。"

朵朵葵花向太阳，百花争艳春满园。十连沐浴着毛泽东思想的灿烂阳光，在革命化的大道上高歌猛进，光荣地出席了我市首届活学活用毛泽东思想积极分子代表大会，为我们学校连队建设树立了好榜样。

塘沽盐场大沽中学报道组

中学红卫兵　　敬祝毛主席万寿无疆　　1969年9月11日　第三版

抓紧革命大批判

彻底批判反动的无政府主义

无政府主义是对奴隶主义罪过的一种惩罚

钟红兵

无政府主义和奴隶主义从来就是一根黑滕上的两个毒瓜，都是大叛徒、大内奸、大工贼刘少奇向无产阶级专政进攻的"修字经"的货色。当前，某些中了"刘毒"的同志，往往以反对奴隶主义而抵制对无政府主义的批判。既然是这样，就有必要将无政府主义和奴隶主义相依为命的黑关系狠狠揭露。

无政府主义和奴隶主义是对立的吗？根本不是！

我们知道，无政府主义是以极"左"面目出现的，奴隶主义则是以右的面目出现的。右的倾向掩盖着极"左"的倾向，极"左"的倾向掩盖着右的倾向。

在无产阶级文化大革命以前，以刘少奇为首的党内一小撮走资本主义道路的当权派，篡夺了我们一部分权力。为了维持他的统治，并且继续向更大范围扩展，在他的那个单位，极力推行奴隶主义。实行他的"有政府主义"，即有资产阶级政府。当我们在伟大领袖毛主席的统帅下，戳穿了他复辟资本主义阴谋的时候，他又射出了无政府主义的毒箭，叫嚣"打倒一切，反对一切政权。"在无产阶级专政空前巩固以后，他又煽动人们不去服从无产阶级司令部的领导，从而腐蚀我们的斗志，瓦解我们的政权。

一具奴隶主义的丑态，一副无政府主义的脸谱，不正把刘少奇的反革命两面派的无耻面目，活龙活现地展现在我们眼前了吗？

伟大的导师列宁曾一针见血地指出：**"无政府主义往往是对工人运动中机会主义罪过的一种惩罚。这两种畸形东西是互相补充的。"**无政府主义和奴隶主义这两种畸形的东西正是互相补充的。它们之间补充什么呢？在不同的历史阶段，无政府主义就是要"补充"奴隶主义所不能达到的罪恶目的；同样，在不同的历史阶段，奴隶主义又要"补充"无政府主义所不能达到的罪恶目的。

目前，无政府主义钻进了我们革命队伍内部。请高度注意，某些心怀鬼胎，声嘶力竭地狂叫什么："你有你的政府，我有我的政府"的家伙，在无产阶级文化大革命以前，不正是奴隶主义的推崇者吗？

当然，在无产阶级专政空前巩固的今天，我们也决不提倡奴隶主义，并且坚决地反对它！但是，同样不能将奴隶主义和革命的组织纪律相提并论。奴隶主义是资产阶级货色，革命的组织纪律是无产阶级的法宝，黑与红岂能混淆？！

无政府主义是对奴隶主义罪过的一种惩罚，只要我们认识到这一点，就能自觉地在我们头脑里肃清无政府主义，并且防止走向另一个极端。

无政府主义是继续革命的大敌

五十五中二年级毛泽东思想学习班

在我们革命队伍内，有些人中了无政府主义的"刘毒"，极大地阻碍着我们继续革命，极大地阻碍着斗、批、改继续深入，并成为我们生活中的腐蚀剂。

闹无政府主义的人，对毛主席的最新指示，对党中央的各项战斗号令，对毛主席各项无产阶级政策，不是积极宣传、积极贯彻，而是采取随便的态度，甚至庆祝游行也可不来参加。这是第一种。

闹无政府主义的人，政治上属中游，不求上进，什么祖国的前途、人类的理想、无产阶级的革命事业，根本不想，或者很少想，想的只是自己的享受和安逸。这是第二种。

闹无政府主义的人，工作消极，组织纪律松松垮垮，自由散漫，吊儿郎当，同志的帮助，领导的批评，不能真正接受，总是"常有理"。这是第三种。

闹无政府主义的人，对工作稍不称心，不合兴趣就不干，不听指挥，不服调动，即便是调动了，也是别别扭扭，即使听了指挥心里也不服。这是第四种。

闹无政府主义的人，对人对事，不是以对毛主席忠不忠为标准，而是以对自己的态度为标准，谁和自己的脾气相投，就和谁亲，谁表扬自己，就和谁亲，否则就冷淡，甚至搞小动作。这是第五种。

闹无政府主义的人，生活上不艰苦，总是和高标准看齐，想的是贪图安逸，比的是生活待遇，讲的是吃、喝、穿、住，干的是无组织纪律。这是第六种。

如此之类，等等。

在我们年级政治上要求不高，是一个突出存在的问题。由于有"最保险"的中游思想，就出现一些为革命纪律所不能容许的现象。

归根结底，当前我们同无政府主义的分歧，是要不要在灵魂深处闹革命的分歧，是要不要在无产阶级专政条件下继续革命的分歧，是要不要把斗、批、改进行到底的分歧。

如果头脑里真正有毛泽东思想，这样的同志就不会容许无政府主义存在。

如果头脑里时时刻刻牢记无产阶级要解放全人类的伟大历史使命，并为完成这一使命而战斗，这样的同志就不会容许无政府主义存在。

如果头脑里时刻牢记无产阶级司令部要把斗、批、改任务进行到底的战斗号令，并不折不扣地执行这一战斗号令，这样的同志就不会容许无政府主义存在。

如果一心想到"**完全**""**彻底**""**为人民服务**"，并踏踏实实，任劳任怨地干，这样的同志就不会容许无政府主义存在。

如果在政治上高标准要求自己，并决心在无产阶级专政下继续革命，这样的同志就不会容许无政府主义存在。

"大海航行靠舵手，干革命靠毛泽东思想。"我们要用毛泽东思想把自己武装起来，加强无产阶级的铁的纪律，以"老三篇"为座右铭，狠斗私心，狠批无政府主义，做无产阶级专政下继续革命的坚强战士！

坚决与无政府主义作斗争

为了搞好复课闹革命，我校展开了对无政府批判。

当前，无政府主义思潮还有一定的社会市场人不遵守革命纪律，复课闹革命想来就来，想走迟到早退，上课说说笑笑，打打闹闹，不听讲，写不写，让念不念，张口骂街，动手打人。学校参加，在家里搞一些没意义的活动。这是一些不能的现象，在这场轰轰烈烈的革命大批判中，我们要拿起笔做刀枪，把无政府主义彻底批倒批臭！

无政府主义是无产阶级专政下继续革命的大敌，无政府主义是通向反革命的桥梁。一小撮阶级敌人拼命煽动无政府主义，目地就是要颠复无产阶级专政。

「你管得着吗？你算老几？」那些闹无政府主义的人常常采取这种态度。当他犯错误别人管他时，他却说：「你管不着，你算老几。」不，我们对不符合毛泽东思想的言行就是要管，对无政府主义反动思潮就是要批判，要斗争！对闹无政府主义的人就是要用无产阶级革命的纪律约束他，管他。我们要向闹无政府主义的人大喝一声：「你如不赶快猛醒，继续沿着无政府主义的危险道路滑下去，就要走向反面。」

加强纪律性，革命无不胜。每个革命的同志都要不断培养自己高度自觉的革命纪律性，以毛泽东思想为指导思想，向各种无政府主义现象作坚决斗争。

一〇五中学宣传组

「平时」与「战时」

许多革命先烈的英雄事迹告诉我们：一不怕苦、二不怕死的彻底革命精神，是一点一滴锤炼而成的。由小到大，组成了雄壮的革命诗篇。

但是，有的同志却说：「平时松松垮垮，到战争时期也能勇敢地打。」

不可设想：一个平时自由散漫、唯我所欲的人，在战时不怕火烧、不畏严寒，置个人安危于不顾而严守革命纪律？

不可设想：一个一贯怕苦怕累、饱食终日的人，在战时，能忍饥耐苦，在雪地里奋战三十多小时？

这些都是不可能的！这种说法是错误的。

「平时」与「战时」并不是完全对立的，而是相辅相成的。

「涓涓之水汇成巨流。」千万个水滴汇成了长江大河。英雄们一不怕苦，二不怕死的彻底革命精神，是从平凡和严峻的环境中锻炼而成的，是从破私立公的征途上跋涉出来，而达到「公」字的高峰的！

平时不从小事上严格要求，战时必然败坏大事。

我们每个同志平时就要严格要求，加强革命的纪律性，树立起一不怕苦、二不怕死的彻底革命精神，战时，才能勇敢战斗，不怕牺牲。

八十九中五连　一战士

中学红卫兵　　敬祝毛主席万寿无疆　　1969年9月11日　第四版

提高警惕 加强战备 准备打仗

短评　百倍警惕敌人的突然袭击

伟大领袖毛主席谆谆教导我们：**"历史的经验值得注意。"**历史雄辩地证明：帝国主义就是战争。而突然袭击，则是帝国主义和一切反动派发动侵略战争惯用的伎俩。

帝国主义经常以突然袭击来发动战争，这是他们的战争的非正义性、反动统治的虚弱性和唯武器论所决定的。一方面，他们所发动的侵略战争，必然要遭到本国人民和全世界人民的反对；另一方面，他们把战争的胜负全寄托在"优"势的武器装备上。所以，他们总是以突然袭击的手段，在很短的时间内，靠飞机、大炮、"乌龟壳"等现代化武器装备，摧毁对方的重要目标和军事设施，妄图先发制人，达到战略上的速战速决，取得侵略战争的胜利。因此，我们必须随时准备对付敌人的突然袭击。

从许多战例中，我们可以看到，帝国主义和社会帝国主义在发动侵略战争之前，总是要进行一系列的政治欺骗活动：或大喊"和平"，或制定"互不侵犯条约"，或在某些问题上佯装让步，或以"演习"为名向边境集结军队，……这些，都是为了隐蔽自己，麻痹对方。因此，当敌人磨刀霍霍之时，我们要随时准备消灭来犯之敌，我们也要磨刀；当敌人大喊"和平"之时，我们要切记敌人的侵略本性，及时识破敌人的一切阴谋诡计，千万不要上敌人的当！

帝国主义和社会帝国主义发动突然袭击，常常选择对方容易麻痹的时机，如深夜、凌晨、节日、星期天等等。袭击的地点，他们往往选择对方认为"最安全"、防御最薄弱的地区。因此，我们必须树立常备不懈的思想，在任何时候都**绝对不可以稍微松懈自己的战斗意志**，要彻底肃清我们队伍中认为"备战、备战、备而不战""打起仗来，有解放军顶着，用不着我"等和平麻痹思想。否则，就会给敌人的突然袭击以可乘之机，给国家和人民带来重大损失。

当前，苏修社会帝国主义已成为当代又一战争策源地。它加紧勾结美帝，疯狂扩军备战，妄图对我国发动一场大规模侵略战争，因此，我们要作好充分准备，准备他们大打、早打、打常规战争，也准备他们打核大战。**总而言之，我们要有准备。**只要我们切实作好了充分的思想上和物质上的准备，我们就能够对付来自苏修的突然袭击，对付美帝及一切反动派的突然袭击，我们就一定能把一切敢于来犯的敌人**坚决彻底干净全部消灭之！**

德国对苏联的突然袭击

一九四一年夏天，法西斯德国为了达到称霸世界的罪恶目的，以「闪电式」的突然袭击，发动了侵苏战争。

德国在发动侵苏战争前，和苏联签订了「互不侵犯条约」。在这个条约掩饰下，希特勒进行了一系列的阴谋活动。如：煽动苏联周围的资产阶级国家反对苏联，建立袭击苏联的基地，构成对苏联的半月形战略包围。到一九四一年六月中旬，德国已在苏联西部边境隐蔽和驻扎了德军和仆从国军队，基本上完成了进攻的一切准备。

当时，苏军对希特勒发动突然袭击缺乏思想上和物质上的准备。战争爆发前一天，苏军许多边防战士还在城内的大广场，配着乐队的演奏进行班教练，呈现着一派「和平」景象。

一九四一年六月二十二日（星期天）晨四时，德国突然对苏联发动了进攻。首先以大量航空兵集中对苏联西部重要城市和军事基地进行了猛烈的炮火袭击，并在苏联国境降下伞兵。接着，德军集中一百七十几个师五百余万人，在五千一百余架飞机和几千辆坦克掩护下，从三千公里的正面猛烈突击。战争头一天，苏军第一道防线被突破，十五天后，德军在苏联西部推进了四百公里，占领了一大片苏联领土，使苏联人民遭受了重大的损失。后来，苏联军队在斯大林同志的指挥下，同广大人民一起，艰苦奋战，在斯大林格勒保卫战中消灭了大量敌人，然后于十一月间转入反攻，扭转了整个战局。

◇

德国袭击波兰

德国法西斯在袭击波兰之前，采取了一系列欺骗措施。在发动战争的前几天，德国还派遣一个"军事友好代表团"访问波兰参谋部。临战前几个小时，德国外交部长还假装亲热，接见了波兰驻柏林大使，制定了和谈提案，并立即在电台广播，与此同时，希特勒却以"演习"为名，在德波边境集结了大量军队和作战物资，做好突然袭击的一切准备。

一九三九年九月一日四时五十分，波兰军队还在睡大觉的时候，德国不宣而战，出动二千五百架飞机和上万门大炮，突然向波兰全国猛烈轰炸和炮击。几个小时内，波兰全国重要军事目标和多数城市成了一片火海。紧接着，德军又以坦克和机械化部队高速推进，在第一周内，德军就深入波兰腹地，威胁波兰首都华沙。仅三十五天，波兰全军复没，国家灭亡。

◇　◇　◇

苏修侵占捷克斯洛伐克

长期以来，以杜布切克为首的捷修亲美派集团极力想摆脱苏修的控制，直接和美帝勾结。苏修眼看它的指挥棒越来越不灵，非常脑火，不断对捷修施加政治、经济和军事压力。它纠集波兰、东德、保加利亚、匈牙利等修正主义集团的头目举行多次会议，策划武装干涉捷克斯洛伐克的阴谋，并用华沙条约组织的名义，迫使捷修同意于六月下旬在捷克斯洛伐克境内进行"联合军事演习"。他们还在捷境附近举行了一系列其他各种名目的军事演习，完成了进攻捷克斯洛伐克的军队集结。但捷修没有想到，苏修竟会对它的"社会主义大家庭"的"兄弟国家"发动突然袭击，因此，对战争毫无准备。

一九六八年八月二十日深夜，苏修纠集波、德、匈、保修正主义集团，出动大批的军队和飞机、坦克、装甲车，从苏、波、德、匈四国同时突然侵入捷克斯洛伐克，迅速控制了布拉格的交通要道，包围、占领了捷修党、政、军的要害部门，逮捕了捷修党政头目。

◇

美帝侵略朝鲜

战争的主使者美帝国主义，对于这次战争是早已准备了的。第二次世界大战结束以后，美帝在南朝鲜留下了一个庞大的军事顾问团。它直接训练着南朝鲜李承晚伪军，并掌握着对伪"国防军"和警察的指挥权。积极准备发动侵朝战争，妄想以朝鲜作跳板，进而侵略中国，独霸世界。

一九五〇年六月二十五日（星期天）拂晓，在美帝国主义的指使下，南朝鲜李承晚匪帮越过三八线，突然全线进攻朝鲜民主主义人民共和国，美帝并纠合仆从国家军队，发动大规模战争，把战火烧到鸭绿江边。

刚刚建国不久的新中国，在伟大领袖毛主席的领导下，发扬国际共产主义精神，掀起轰轰烈烈的抗美援朝运动，组成中国人民志愿军，与朝鲜军民并肩作战，给侵略者以致命打击，美李匪帮被迫停战。

苏修对我国珍宝島突然襲击

珍宝岛，是我国的神圣领土。

近年来，苏修叛徒集团为了适应其领土扩张的野心，一再出动直升飞机、坦克、装甲车，侵入我国领土珍宝岛，猖狂进行武装挑衅。自今年二月以来，苏修远东边防军进入了一级战备状态。三月二日（星期天），苏修叛徒集团指使军队乘坐装甲车和汽车，从下米海洛夫卡和库列依内两个方向侵入中国宝岛地区，突然袭击正常巡逻任务的中国边防员，首先开枪开炮，打我边防战士多名。我边忍无可忍的情况下，被迫进行击，给入侵者以应得的惩罚，胜利地保卫了祖国的神圣领土。

日本偷袭珍珠港

珍珠港位于太平洋夏威夷群岛所属阿胡岛南岸，是美国在太平洋最大的海空军基地之一，也是日本向东南亚侵略的主要障碍。在第二次世界大战期间，日本在偷袭珍珠港前，为了麻痹美国，曾放了许多"和平"烟幕。如日本主动与美国就"太平洋利益"问题举行会谈。半年多的时间，会谈达六十次之多。日本还派特使来栖三郎到华盛顿"和平谈判"。在这同时，日本派遣大量间谍潜入珍珠港作了详细的侦察，做好了偷袭的准备。而日军却在本国两个非常次要、不便出击的港湾进行公开训练，使美国觉得日本的动态正常。

一九四一年十二月七日（星期天）**四点半**钟，日军突然袭击珍珠港，仅用了九十五分钟，以微小的代价炸沉和炸伤美国大、中、小型舰艇三十九艘，击毁美机二百六十架，毙伤美官兵四千五百七十五名，停泊在珍珠港的美国太平洋舰队几乎全军复没。

續

中学红衛兵

天津市中学紅代会主办

第 122 期　1970年3月19日　星期四

毛主席语录

不破不立。破，就是批判，就是革命。

集中火力 发起猛攻

本报评论员

当前，为世界革命争夺青少年的斗争，正在我市迅速展开。

能不能将这场斗争引向深入，并取得胜利的一个关键问题，就是要深入持久地、扎扎实实地开展革命大批判。

阶级斗争的实践使我们认识到，一小撮阶级敌人在青少年身上打主意的罪恶目的，绝不只是吃、喝、玩、乐，拉几个人。而是在意识形态领域里向无产阶级发起的猖狂进攻。我们对他们的斗争，也决不单纯是抓几个教唆犯，揪几个反革命。这是政治思想领域里腐蚀反腐蚀、争夺反争夺、复辟反复辟的尖锐、复杂、激烈的阶级斗争。是为了防止资本主义复辟，巩固无产阶级专政，将中国革命和世界革命进行到底。

然而，有一些学校对毛主席“**要抓意识形态领域里的阶级斗争**”不能深刻理解，对这场斗争的伟大意义认识不足，存在着单纯的军事观点。形成了“少数人员搞专案，一心想抓教唆犯，多数同学不参战”的局面。教唆犯是必须要狠狠打击的，把矛头对准犯错误的学生也是不正确的。但是，如果只抓敌人，而忽视了革命的大批判，这样，虽然费劲不小，但并未把劲儿使到点子上，歪风邪气仍然会有市场。结果是：一些阵地占领了，但不能巩固；一些敌人挖出来了，但并不老实；一些坏事、坏思想揭发了，但还不臭。其原因就是没有搞好革命大批判。

不破不立。破，就是批判，就是革命。要把革命大批判提到新水平，就要在“广”和“深”上下功夫。所谓“广”，就是用党中央最新的战斗号令去组织群众、发动群众、武装群众，变为广大革命师生的自觉行动。所谓“深”，就是用毛泽东思想去分析批判。分清什么是马克思主义、列宁主义、毛泽东思想，什么是帝国主义、资本主义、修正主义·什么是革命，什么是反革命；什么是香花，什么是毒草。把各种社会现象提到毛泽东思想的高度去认识。革命大批判它**不但将排除敌人的毒焰，也将清洗自己的污浊。**通过批判，震慑敌人，教育群众。在革命大批判中，狠狠打击敌人，提高广大群众的阶级斗争和路线斗争觉悟，促进革命师生的思想革命化。

武器的批判不能代替批判的武器，精神的力量必须用精神的力量去摧毁。我们要集中革命大批判的火力，向资产阶级猛烈进攻，让革命大批判的烈火越烧越旺。

阶级斗争是客观存在的
——驳「农村特殊論」——

当前，我校革命师生、红卫兵战士，遵照毛主席“**千万不要忘记阶级斗争**”的伟大教导，向一小撮阶级敌人发起了猛烈进攻。革命步步深入，形势一片大好。

在这大好形势面前，有的人存在着和平麻痹思想。只见红旗处处飘，不见敌人在磨刀；只看敌人在台上把头低，看不到敌人在台下搞复辟。

有的人一谈到别的单位阶级斗争情况，口里滔滔不绝，认为问题大，有搞头。但联系本单位，总觉得我们这里是农村，“池浅水清”，没有“油水”。

有的人认为，“我校在郊区农村，关于争夺青少年的问题，我们这里不如城市那么厉害”。

毛主席教导我们说：“**阶级斗争是客观存在，不依人的意志为转移的。**”远的不说，就拿我校揭发出来的阶级斗争事实，就可以充分说明这一点。

有个地主子弟，竟然公开跳出来，为其狗父翻案；有个下台干部子弟，竟敢在光天化日之下，人群广众之中，大喊大叫，为其父打抱不平，鸣冤叫屈。

有的人长期不到校参加复课闹革命，每天却拚命地拾草、捞鱼；有的一头栽进了赌博场，成天耍钱赌博。

一小撮阶级敌人，躲在阴暗角落里，施放糖衣炮弹，给青少年讲什么“封神榜”等毒草书籍，黄色故事，以达到拉拢腐蚀青少年的目的。

以上仅举几例，就充分说明阶级斗争是客观存在的，城市有，农村也有，革命征途上处处有阶级斗争。因此，农村“特殊论”是非常错误的。

红卫兵战友们，革命师生同志们！行动起来，狠批刘贼的“阶级斗争熄灭论”，狠批农村“特殊论”的错误思想，向阶级敌人发起猛烈进攻，打好争夺青少年这一仗，不获全胜，决不收兵！

军粮城中学红卫兵团

▷✡◁　▷✡◁　▷✡◁

評「再想看」和「多可惜」

目前，我校正在开展交黑书、锄毒草、肃流毒的革命群众运动。许多革命师生，怀着对阶级敌人的刻骨仇恨，交出了坏书、坏画、坏歌本、坏唱片，“杀了回马枪”，冲上了革命大批判的战场，给一小撮阶级敌人以沉重的打击。这种革命行动好得很。

但是，也有一些人，他们口袋里装着的坏书，就是不肯交出来。说什么“交出去，再想看，往哪去找？多可惜呀！”

好一个“再想看”，好一个“多可惜”！说这种话的人，立场站在哪个阶级一边，不是一目了然了吗？

坏书，坏画，坏唱片，坏就坏在它是裹着糖衣的砒霜，是阶级敌人杀害青少年的软刀子。谁要是看坏书入了迷，谁就会丧失无产阶级立场，舒舒服服地被阶级敌人拉过去。有的青少年，不就是上了阶级敌人的当，整天迷恋在资产阶级黄色书刊里，走上了犯罪的道路吗？这个惨痛的教训，难道还不足以引起我们的高度警惕吗？

交坏书，锄毒草，肃流毒，是巩固无产阶级专政的革命行动，是对青少年的最大关怀。这对于无产阶级来说是好得很，决不是什么“可惜”。只是一小撮阶级敌人，才反对交坏书。因此，那种“可惜论”者，正是上了阶级敌人的当，成了他们的应声虫。这是多么危险啊！

毛主席教导我说：“**凡是敌人反对的，我们就要拥护；凡是敌人拥护的，我们就要反对。**”阶级敌人反对我们交坏书，我们就要快交、交完、交净，狠批、批深、批臭，给阶级敌人以迎头痛击！希望那种认为交坏书“可惜”的人立即猛醒，反戈一击，迅速投入到交黑书、锄毒草、肃流毒的人民战争中去，在革命大批判的烈火中，锻炼自己，改造自己。

一〇二中四连二排
评论组

可怕的政治“近視”

近视眼有先天性的，但绝大部分是后天形成的。得这种毛病的人，大都是因为读书时离得太近，久而久之，眼球就突出来了。眼球一突出，远的东西就看不清楚，只有放到眼前，才能分出子、丑、寅、卯来。

不幸的是，这种生理现象竟然扩而大之，传染到社会领域，出现了政治「近视」。患这种病的人，只认得站在台上的阶级敌人，看不到幕后的妖魔鬼怪；只认得拿枪的敌人，看不见糖衣裹着的「炮弹」。阶级敌人天天在煽风点火，兴风作浪，可他硬是视而不见，听而不闻。当你把怵目惊心的阶级斗争事实摆在他眼皮底下的时候，他这才哎哟一声，「啊！原来天下并不太平」。

政治「近视」的原因是多方面的，但最主要的是没有阶级、阶级斗争观点。这些同志往往只注意自己那块个人主义小天地，至于那块小天地以外的大天地，他是不怎么看的。久而久之，就形成了一种很大的局限性，对国家的大事漠不关心，麻木不仁。井底之蛙不知道外界的风雨，政治「近视」又怎能看到复杂的阶级斗争？

生理上的近视，虽然给人们带来了不便，但它顶多不过是妨碍学习和工作。政治上的「近视」可就不同了，它不仅是不便的问题，而且简直就是祸害，搞不好甚至会葬送一个人的政治生命，给革命事业带来巨大的损失。

生理上的近视，配一付眼镜，视力就可以矫正过来，新针疗法还可以除根。政治「近视」却非得在头脑中「开刀」不行，除此之外别无它法。生理上的近视容易发觉，也容易为人们所重视。政治「近视」则不然，它既不易被人们发觉，又往往为人们忽视，实在危险得很。

政治「近视」危害这样大，又这样难以治疗，我们万万不可等闲视之。奉劝那些患有政治「近视」的人赶快猛醒，对症下药，迅速治疗，自觉地在头脑里「开刀」。

唐武中

中学红卫兵

1970年8月19日　第二版

红卫兵在继续革命的道路上奋勇前进

紧跟統帅毛主席　再为人民立新功

十八中红卫兵团

在我市中学红代会成立三周年的日子里，我们红卫兵战士，回顾过去，豪情满怀心潮澎湃；展望未来，红心向党意志更坚。

红卫兵运动刚刚兴起的时候，伟大领袖毛主席就坚决支持这个具有无限生命力的新生事物。红卫兵在毛泽东思想的阳光雨露滋润下，茁壮地成长起来。

红卫兵，这支浩浩荡荡的革命大军，在红司令毛主席的统帅下，高举"**对反动派造反有理**"的大旗，在阶级斗争的惊涛骇浪中锻炼、成长。我们每一个胜利，都归功于毛主席，归功于毛泽东思想，归功于毛主席的无产阶级革命路线。

革命在发展，人民在前进。成绩只能说明过去，不能说明现在，更不能说明将来。伟大领袖毛主席无产阶级专政下继续革命的理论武装我们，我们就不断革命，永远前进。

当前，以毛主席为首、林副主席为副的党中央发出了最新战斗号令，我们红卫兵要坚定不移地继续紧跟毛主席的伟大战略部署，在政治、经济、思想领域里向阶级敌人猛烈进攻，狠狠打击现行反革命，反对贪污盗窃、投机倒把、铺张浪费。每个红卫兵战士，决不能忘记无产阶级无权的痛苦，夺权的艰难，掌权的重要，为巩固国防、巩固社会主义经济基础、巩固无产阶级专政而英勇战斗！

新党章中明确指出："红卫兵及其他革命群众组织，都必须接受党的领导。"我们要继续增强党的观念，自觉接受党的领导，捍卫党的政策，遵守党的纪律，做党的忠实助手。革命红卫兵要坚决与一切削弱党的领导的"工团主义"等极"左"思潮作不调合的斗争，把它扫进历史的垃圾堆。

让我们继续高举"**对反动派造反有理**"的大旗，发扬"五敢"精神，深入持久地开展革命大批判，彻底砸烂刘少奇、凯洛夫、孔老二的封、资、修的教育路线，彻底改变资产阶级知识分子统治我们学校的现象。

我们和革命老师是同一条战壕里的战友，让我们共同团结起来，在党的领导下，夺取教育革命的更大胜利！

红卫兵战友们，让我们在毛泽东思想的光辉照耀下，永葆革命青春，为中国革命和世界革命做出新贡献！

继续革命不掉队　永做毛主席的红卫兵

五十五中红卫兵　张雷

当前，全国亿万革命人民在党中央的最新战斗号令指引下，向一小撮阶级敌人发起了总攻，一个大揭发、大检举、大清查、大批判的群众运动正在步步深入。

许多红卫兵战士在这场斗争中，带头向阶级敌人发动猛烈进攻，但也有一些人，却是未老先衰，革命造反精神消失。他们说什么："现在的红卫兵，还搞什么红卫兵运动"，又说："过去的红卫兵多棒！砸「四旧」，看「牛棚」。现在不就搞教育革命吗？多不带劲。"总之一句话："红卫兵运动过时了。"

红卫兵运动真的「过时了」吗？不是，绝对不是。伟大领袖毛主席教导我们：**「我们已经取得了伟大的胜利。但是，失败的阶级还要挣扎。这些人还在，这个阶级还在。所以，我们不能说最后的胜利。」**虽然，文化大革命初期，社会上的「四旧」、「牛鬼蛇神」受到了红卫兵的沉重打击，但是他们人还在，影响还在。老的「牛鬼蛇神」并没有消灭，而新的「妖魔鬼怪」还要产生。它们越是接近灭亡，就越要进行垂死挣扎，阶级斗争就越尖锐、复杂。你没有看到，它们不是正在利用种种卑鄙手段，拉拢、腐蚀青少年，妄图把革命青少年演变成它们的接班人吗？而对这种没有枪声，没有炮声，没有冲杀声的阶级斗争新形势，一些人却说红卫兵运动过时了，这不是在向阶级敌人缴枪吗？

「过去的红卫兵多棒！砸「四旧」，看「牛棚」。现在不就是搞教育革命吗？多不带劲。」这是一种糊涂观念。一些红卫兵总觉得「大清查」抄鸡窝」，才是红卫兵的任务，而教育革命则是戴眼的文人干的。这种想法是非常错误的。「大清查」固是向阶级敌人进攻的一种有力手段，但更重要的是把意识形态领域里的进攻战打好。否则，一、两本毒黑书，三、四颗「糖弹」就能被打倒的人，怎么能通「大清查」向阶级敌人进攻呢？

搞好教育革命，是保证使教育阵地为无产阶级革命事业培养接班人以我们人不变修、国不变色。这是革命事业的百年大，千年大计，万年大计。怎么能把教育革命的重担给别人，而自己不管呢？

当前，美帝、苏磨刀霍霍，准备对我国发动一场大规模的侵略战争，而有的人却认为「红卫兵没当头了」，我们不禁要问 你是要保卫毛主席，还是要当可耻的逃兵？宜暂时得那么好，现在到保卫毛主席的时刻，却说「红卫兵没当头了」，难道这就是你保卫毛主席的决心吗？望这些人好好挖挖头脑里的毒素，跟上发展着的革命形势，做一名名符其实的毛主席的红色卫兵。

红卫兵战友们，们要努力学好毛主席关于无产阶级专政下继续革命学说，克服「革命到头」的思想，用毛泽东思想统自己的一言一行，在同学中起到先锋作用。一句话继续革命不掉队，永做毛主席的红卫兵。

把红卫兵运动推向新水平

——驳"红卫兵运动过时论"

当前，在我们队伍里刮起了一股"红卫兵运动过时论"的歪风，这是当前红卫兵组织内部的阶级斗争新动向，是社会上阶级斗争在红卫兵组织内部的反映。

红卫兵运动，是毛主席亲自发现、热情支持的。无产阶级文化大革命运动初期，她"杀"上社会，大破"四旧"，大立"四新"，立下了不朽的功勋。现在，许多红卫兵战士遵照毛主席"**不要吃老本，要立新功**"的伟大教导，在各项革命工作中，继续发扬了"五敢"精神，不愧是革命的小闯将，毛主席的红色卫兵。可是有人却说："红卫兵运动过时了。"这种动向不能不引起我们的高度警惕。红卫兵运动过时了吗？不，绝对不是！这种论调实际是极"左"思潮、无政府主义的一种反映。

毛主席教导我们说："**现在的文化大革命，仅仅是第一次，以后还必然要进行多次。革命的谁胜谁负，要在一个很长的历史时期内才能解决。如果弄得不好，资本主义复辟将是随时可能的。全体党员，全国人民，不要以为有一二次、三四次文化大革命，就可以太平无事了。千万注意，决不可丧失警惕。**""红卫兵运动过时论"者实际上患了政治上的伤风感冒，听不见敌人的磨刀声，闻不到火药味，看不到一小撮阶级敌人在意识形态领域里向我们发动的猖狂进攻和用糖衣裹着的炮弹向我们袭击。当前一小撮阶级敌人就是妄图从思想上使我们解除武装，使他们有可乘之机，来争夺我们的战友，培养资产阶级的接班人。

大喊"红卫兵运动过时论"的人，不是敌人在恶意挑动，就是政治上的糊涂虫。

红卫兵必须接受党的领导。在批判"红卫兵运动过时论"的同时，也必须狠批否认党的领导的错误倾向。现在有的人以"红卫兵是自己闯出来的"为借口，去否认党的领导，这是极端错误的。这样下去势必会堕入"工团主义"的泥坑。

红卫兵要乘党中央最新战斗号令的东风，冲上阶级斗争的风口浪尖，做对敌斗争的尖兵，教育革命的先锋，革命大批判的闯将。不断提高阶级斗争觉悟和路线斗争觉悟，增强党的观念，接受党的领导，永远发扬红卫兵的光荣传统，把红卫兵运动推向新水平。

革命在发展，红卫兵在前进。我们说红卫兵运动不但没有过时，而应大大发挥战斗作用。紧跟統帅毛主席，在党的领导下，做好党的革命助手，在继续革命的大道上胜利前进。

杨庄子中学　红一兵

中学红卫兵　1970年3月19日　第三版

深入开展教育领域的革命大批判

十七中党支部在无产阶级教育革命中
放手发动群众　深入开展革命大批判

本报讯　十七中红卫兵小将在五十五中红卫兵小将革命大批判文章的启发下，贴出了“教育革命几个问题”的大字报。向刘少奇、凯洛夫、孔老二发动了猛烈进攻，在全校引起了强烈反映。红卫兵战士为之拍手称快，迅速挥笔上阵；一部分教师认为红卫兵小将的大字报，符合革命大方向，应该坚决地支持；也有的教师沉默不语，观望事态的发展。

党支部认识到这是一场意识形态领域里的阶级斗争，遵循伟大领袖毛主席“**要让群众在这个大革命运动中，自己教育自己，去识别那些是对的，那些是错的，那些做法是正确的，那些做法是不正确的**”教导，肯定红卫兵小将大字报革命大方向是正确的，决定放手发动群众，并贴出了支持的大字报。全校立刻沸腾起来，革命大字报一时贴满校园。革命小将朝着封、资、修反动的“师道尊严”，凯洛夫的“教师中心人物论”猛烈开火，对旧的教学秩序进行了猛烈地冲击。在这一派大好形势下，有的教师产生了抵触情绪和撂挑子的思想，甚至有的摆出一付挨整的架式。党支部针对这种情况，又立即组织大家一起学习毛主席“**教改的问题，主要是教员问题。**”和“**办教育也要看干部。一个学校办得好不好，要看学校的校长和党委究竟是怎么样，他们的政治水平如何来决定**”的伟大教导。在工人、解放军毛泽东思想宣传队的帮助下，一方面对教师做过细的政治思想工作，鼓励教师对修正主义教育路线反戈一击，在“**排除敌人的毒焰**”的战斗中“**清洗自己的污浊**”。一方面又引火烧身，党支部书记带头在全体教师大会上作斗私批修发言。主动检查自己对教育革命的态度，并且明确提出：教改的问题，主要是教员问题，而教员的问题又主要是领导班子问题。要把教育革命深入下去，首先需要解决领导班子的思想革命化问题。

在党支部的正确领导下，在领导班子成员的模范带动下，教师解除了思想顾虑，师生充分发动起来了，无产阶级教育革命又出现了一个新的高潮。全校革命师生在全面检查学校教育革命情况后，集中全部力量，猛批无产阶级教育革命的“拦路虎”——“教书倒霉论”和“读书无用论”。大列其破坏无产阶级专政的罪状，大挖其反动的阶级根源。通过革命大批判，出现了“为革命而教”、“为革命而学”的新气象。在大破反动的“师道尊严”中，彻底批判了“教师说了算”和“学生说了算”的两种错误倾向，在毛泽东思想的基础上，建立了新型的师生关系；在大破封、资、修的教学体系中，提出了许多无产阶级教育革命的新方案。毛主席的无产阶级教育思想深入人心，革命的大批判进一步推动了全校师生活学活用毛泽东思想的群众运动。

在党支部的领导下，在工人、解放军毛泽东思想宣传队的热情帮助下，全校革命师生以毛主席新式整军运动的光辉思想为武器，深入开展了“两忆三查”教育运动，上了一堂生动的阶级教育课。进一步提高了师生的阶级斗争觉悟、路线斗争觉悟，使革命教师勇敢地肩负起培养无产阶级革命事业接班人的重担；学生自觉地抵制资产阶级思想的侵蚀；红卫兵在党支部的领导下，起到革命助手作用。正在向阶级敌人发起一场更猛烈地进攻！

十七中党支部决心今后更高地举起毛泽东思想伟大红旗，继续放手发动群众，深入持久地开展革命大批判，把刘少奇、凯洛夫、孔老二批得体无完肤，臭不可闻，把教育革命坚持下去，深入下去。把意识形态领域里的阶级斗争进行到底！　　（十七中报导组）

砸碎精神枷锁　做教育革命闯将

当前，无产阶级教育革命的滚滚洪流，正以排山倒海之势，荡涤着反革命修正主义教育制度的一切污泥浊水。

但是，面对“**天翻地覆慨而慷**”的教育革命形势，仍有一些人观望徘徊，无动于衷，并继续制造和散布种种奇谈怪论，为其错误进行辩解。

“教改不教改，照样上讲台。”这是一种极其错误的论调。伟大领袖毛主席亲自主持制定的《十六条》中指出：“**改革旧的教育制度，改革旧的教学方针和方法，是这场无产阶级文化大革命的一个极其重要的任务**”，而“不改”却要“上讲台”的人，正是反其道而行之。这种人不是别有用心，也是个政治糊涂虫。

“为世界革命培养接班人！”“争当批判凯洛夫的‘爆破手’！”“坚决炸毁剥削阶级传宗接代的温床！”这是决心把无产阶级教育革命进行到底的积极分子，共同发出的钢铁誓言。看，两种根本对立的教育观是何等的鲜明！“改”与“不改”，是两个阶级、两种思想激烈斗争的反映，是革命与不革命、复辟和反复辟的大问题，切不可等闲视之。

“咱既没见过凯洛夫，又没读过他的书，无毒可肃！”诚然，没读过凯洛夫《教育学》的人，中毒的机会可能会少些，但旧教育制度是在几千年封建教育的基础上建立起来的，大叛徒刘少奇为了对抗毛主席的无产阶级教育路线，所炮制的反革命修正主义教育制度，完全是抄袭欧美、仿效苏修的那一套。他们贴上“社会主义”标签，到处兜售，无缝不塞。因此，从旧学校出来的知识分子，竟然标榜自己“出污泥而不染”，岂非咄咄怪事！请看：有人上课时，对“满堂灌”不是那样驾轻就熟、津津乐道、随心所欲吗？不是有的人在“副排长”或“辅导员”的名义下，而大搞变相的“以教师为中心”吗？奉劝那些自称“无毒可肃”者，还是先正视一下自己的现实吧！

“学生乱开炮，自己准挨揍。”此话显然是“学生落后论”的翻版。红卫兵小将心红眼亮，对旧教育制度恨得深、看得透，敢造反、敢冲杀。小将上讲台，师生并肩战斗，“**官教兵、兵教官、兵教兵**”，共同斗私批修，“一言堂”变成“群言堂”……。生动活泼的新局面，多么鼓舞人心啊！如果硬说是“乱”，那只能是乱了旧的教育制度，在这种革命的“乱”中，烧掉教师身上一些封、资、修的余毒，岂不是天大的好事吗？

“出风头太危险！”这是资产阶级个人主义者“市侩哲学”的表露。这种人灵魂深处盘踞着“私”字的王国，在他们眼里，“风头”就是沽名钓誉最好的手段。因此，当其窥测教育革命中无多少油水可捞，于是便放出“风头”、“危险”的空气，企图以此安慰自己，并用来蛊惑他人。我们无产阶级一向鄙弃那种个人主义的“风头”，但从来是主张和赞扬出革命的“风头”的。“明知征途有艰险，越是艰险越向前”才是革命者斗争的哲学。

战斗早已打响，“枪声”就是命令。彻底砸烂形形色色的精神枷锁，“杀”向烽火连天的疆场，在硝烟弥漫的“火药味”中，迎接崭新的无产阶级教育制度的诞生！

八十九中　程宏明

红卫兵革命行动好得很

毛主席教导我们：「**教改的问题，主要是教员问题**」。读了五十五中几位红卫兵小将两篇革命大批判的好文章，我校革命的教师无不拍手称快。

这是一颗射向刘少奇、凯洛夫、孔老二封、资、修教育路线的重型炮弹，是把教育革命推向高峰的激流巨浪。一切革命的教师都要为小将的革命行动大喊大叫，鸣锣开道！我们认为对待革命小将的行动采取什么态度，是同他们并肩战斗呢？还是站在他们的背后指手划脚地批评他们呢？还是站在他们的对面反对他们呢？这是两个立场、两种世界观的鲜明反映！是对毛主席无产阶级教育路线的根本态度。

史无前例的无产阶级文化大革命，特别是工人阶级登上上层建筑以来，广大教师的面貌发生了翻天复地的变化，但也应当看到，个别教师中确实存在着「混事由」的思想。这种精神面貌不能适应飞速发展的革命形势，障碍着党中央、毛主席最新战斗号令的贯彻落实，也阻碍了教育革命的深入发展。林副主席指出：「**无产阶级能不能把文化教育阵地牢固地占领下来**，用毛泽东思想把它们改造过来，是能不能把无产阶级文化大革命进行到底的关键问题。」学校历来是两个阶级激烈搏斗的战场，青年学生历来是两个阶级争夺的对象。党和毛主席把这些接班人交给了我们，是对我们最大的信任。我们的工作紧连着世界风云啊！

革命的老师们：让我们行动起来吧！和革命小将战斗在同一条战壕里，向刘少奇、凯洛夫、孔老二发起猛烈进攻，人人争当教育革命的「爆破手」，为党的无产阶级教育事业奋斗终生！

诚友庄一中　**郑辉**

中学红卫兵　1970年3月19日　第四版

狠抓意识形态领域的阶级斗争

赞小評論

革命大字报是一种新式武器，而小评论则是这种新式武器中的原子弹。革命大批判是一把刺中敌人心脏的匕首，而小评论则是这匕首上的利刃。

它短小精悍，立场坚定，感情强烈；它没有那种华丽的词藻；它没有那些动听的词句；它通俗易懂，为人民群众喜闻乐见。

小评论威力大，阶级敌人最害怕。小评论战斗性强，使资产阶级歪风邪气无处藏。小评论，有说服力，使广大群众受到毛泽东思想的教育。

我们希望红卫兵战士发扬“五敢”精神，运用小评论的武器，在狠狠打击敌人的斗争中为人民立新功。

三十二中五连二排　**周　军**

大风浪中无中游

“甘居中游”的思想，拖着某些同志的腿，他们停滞或放慢了前进的步伐，落后于飞速发展的革命形势。“甘居中游”论者，没有把世界革命的重任担在肩上，没有把祖国的前途放在心上，而是研究自己如何安稳、痛快。一曰：“我不抽烟喝酒、行凶闹事，不会出大问题。”二曰：“咱不瞎逞能，冒尖子，中游最保险”。于是，见坏人坏事不揭发检举，不坚决斗争，任其自由放任。置你死我活的阶级斗争于不顾，“私”字作怪，“怕”字当头，在意识形态领域尖锐、复杂、激烈的阶级斗争中，做了可耻的逃兵。

让我们戳穿“甘居中游”论的画皮，其实只不过是资产阶级的处世哲学，以“私”字为核心“明哲保身”的翻版。

甘居中游者，决不可能稳居中游，正如逆水行舟，不进则退。越是怕风浪，越是要被风浪无情地吞没。在阶级斗争的大风大浪中，要么迎着风浪前进，要么被风浪冲泄而下。“甘居中游”就是甘居下游，就是不革命。在阶级社会中，不是有益于人民，就是有益于敌人，绝无中游停留，绝无中间道路可走。

毛主席教导我们说：“**大风大浪也不可怕**”，我们要在阶级斗争中，迎着风浪向前闯，在风浪中力争上游，在风浪中锻炼成长。

二十中　**王　新**

老好人当不得

我排有一些“老好人”，他们对阶级敌人的反动言论，对形形色色的资产阶级思想漠然置之，敌我不辨，是非不分，“团结”就是一切。毛主席教导我们说：“**在阶级社会中，每一个人都在一定的阶级地位中生活，各种思想无不打上阶级的烙印**”，在两个阶级的激烈搏斗中，必然要站在一边，中间道路是没有的。

好人主义的原则是“不得罪”人，其实是和资产阶级“和平共处”，不得罪资产阶级，是中了“阶级斗争熄灭论”的毒，客观上帮了资产阶级的忙。

“老好人”对资产阶级是“老好人”，对无产阶级就是“老坏人”，这样的“好人”绝对当不得，这样的“好人主义”绝对要不得。（十中二连一排**苏国华、彭利雯**）

煤球是「白的嗎？」

最近我排为一个原则问题发生了一场争论，有个同学在旁边说：「别说了，他说什么就是什么吧！他说煤球是白的，你就跟着说白的就得了。」

煤球是白的吗？连刚懂事的孩子都知道煤球是黑的。这个同学糊涂吗？不！这是因为他怕得罪人，怕说错话，保持一团和气，维护无原则的团结，受了资产阶级处世哲学的影响，充当了和事佬，老好人。

毛主席在《反对自由主义》一文中指出：「**听了不正确的议论也不争辩，甚至听了反革命的话也不报告，泰然处之，行若无事。**」一个人的言行都是有阶级性的。如果原则问题不争辩下去，甚至听了反革命的话也不报告，那就会误入岐途，甚至会和阶级敌人同流合污，站到了一个立场上。这样做只会为阶级敌人所喜欢。我们要经常开展积极的思想斗争，在斗争中求团结，这样团结起来，才能争取更大胜利。

延安中学　**李春菊**

驳“大错不犯，小错不断”

我排有一种“大错不犯，小错不断”论者，他们整天七个不含糊，八个不在乎。干部批评他，他说：“官大脾气长”。同学帮助他，他说：“吃河水长大的，管得倒挺宽”。斗私批修会上他轻描淡写、嘻嘻哈哈，会下却又是一套。当别人找他谈心，指出错误严重性时，他马上说：“这点小错误没嘛了不起”。是没嘛了不起吗？不对，“大”和“小”总是相对的，大和小是互相联系着的，小错发展下去，就会成大错误，小错不断，就会由量变到质变。无数事实已经证明，不少持有“大错不犯，小错不断”思想的人，最后就会滑向反革命道路。我们认为，一个人的言行决不能以不犯大错为满足，而要争取更大的进步，**应当对于人类有较大的贡献**。

“大错不犯，小错不断”，实际是无政府主义的一种表现。我们要向这些人大喝一声，同志，不要执迷不悟了，应该赶快猛醒，阶级敌人正向你招手呢！不要陷入深渊绝路。

要武中学　**门广菊**

只有自觉紅

“我出身好，犯不了大错误，整也整不到我头上”，在当前这场斗争中，一些出身好的同学持有这种糊涂观念。这是“阶级斗争熄灭论”余毒未肃清的一种反映。

事实证明：出身好并不保险，阶级敌人就是专门找那些放弃思想斗争，阶级斗争观念不强，背上“自来红”包袱，解除思想武装的人，见缝下蛆。

认为出身好，犯不了大错误的同学，恰恰是忘记了旧社会的苦，忘记了今日江山来之不易，忘记了要永远紧跟毛主席干革命，丧失了革命的警惕性，缺乏革命的自觉性。

以“自来红”自居，把自己装进“红色保险箱”，其实也不保险，自认为“保险箱”，其实是“危险箱”。如果被敌人腐蚀、拉拢，背叛自己的阶级走向反面，就会成为不齿于人类的狗屎堆，这样的“危险箱”，就会变成“垃圾箱”。

只有“自觉红”，没有“自来红”。希望那些出身好的同学，要遵照毛主席“**千万不要忘记阶级斗争**”的伟大教导和无产阶级专政下继续革命的伟大理论，翻身不忘毛主席，紧跟毛主席，做自觉革命的先锋战士。

本报通讯员

评「盖了」

「盖了」，这个词，现在甚为流行，有人觉得新鲜，人云亦云，成了口头禅。有的人一说话就是「盖了」。

「盖了」这个用语不是劳动人民的语言，它原是出于流氓之嘴的「黑话」，传播开来，造成了祖国语言的混乱，损坏了祖国语言的纯洁和健康。伟大领袖毛主席在《反对党八股》这篇光辉文献中教导我们：「**要向人民群众学习语言。人民的语汇是很丰富的，生动活泼的，表现实际生活的。**」用毛主席的教导衡量、辨别「盖了」这个用语，它意义含混不清，既不生动，又不能表现实生活。这种语言既不能学习，又不能运用，谬种流传，是会损坏革命的。希望把「盖了」和其他「黑话」挂在嘴边上的同志，不要再说下去了。

延安中学　**李德元**

更正：本报第一二一期第三版「扫除思想障碍，杀向阶级斗争第一线」一文中第十段第六行，「会社」应为「社会」。

欢迎批评　欢迎来稿　本报地址：天津市和平区浙江路十八号（电话　3·3059）　本市邮局办理订阅与零售（电话　2·5145　4·1106）

中学红衛兵

天津市中学红代会主办

第 132 期 1970年5月28日 星期四

毛主席语录

全世界人民团结起来，打败美国侵略者及其一切走狗！

美帝国主义必败！全世界人民必胜！

庄严的声明 战斗的号令

我们小东庄中学的全体红卫兵战士，怀着无比激动地心情静耳聆听了全世界革命人民的伟大导师，我们红卫兵的最高红司令毛主席的庄严声明。全体红卫兵战士和全校革命师生个个心潮澎湃，激情满怀。"热烈拥护毛主席的庄严声明！""坚决支持柬埔寨人民的反美斗争！""誓作印度支那三国人民的坚强后盾！""我们的伟大领袖毛主席万岁！毛主席万万岁！"的口号声此起彼伏响彻夜空。

毛主席的庄严声明是对印度支那三国人民和全世界革命人民反美斗争的最大支持！最大鼓舞！**我们小东庄中学全体红卫兵战士和革命师生最最热烈地拥护毛主席的庄严声明。**

我们伟大领袖毛主席的庄严声明，是我们红卫兵战士誓把中国革命和世界革命进行到底的导航灯，是指引世界人民革命的光芒万丈的灯塔。

毛主席的庄严声明是鼓舞全世界人民为彻底埋葬帝、修、反而战斗到底的最强大的思想武器，是对亚洲、非洲、拉丁美洲各国人民的民族解放斗争，北美、欧洲、大洋洲人民的革命斗争和印度支那三国人民反对美帝及其走狗的革命斗争的极大鼓舞，巨大的支持！

美帝国主义从第二次世界大战以来，到处横行霸道，张牙舞爪地不断地发动侵略战争。走投无路的尼克松政府，最近又公开地把侵略战争扩大到柬埔寨，阴谋策动朗诺—施里玛达集团反动政变，悍然出兵柬埔寨，恢复轰炸越南北方，激起了印度支那三国人民的愤怒反抗。美帝国主义及其追随者彻底灭亡的日子已经为期不远了！胜利一定属于英雄的印度支那三国人民！胜利一定属于全世界一切反美斗争的各国革命人民！

四海翻腾云水怒，五洲震荡风雷激。

在战无不胜的毛泽东思想的指引下，世界革命出现了空前蓬勃发展的新局面，革命斗争的熊熊烈火燃遍五洲四海，抗议美帝国主义侵略柬埔寨的群众运动席卷全球！

伟大领袖毛主席教导我们："**已经获得革命胜利的人民，应该援助正在争取解放的人民的斗争，这是我们的国际主义的义务。**"我们毛泽东时代的青年，革命的红卫兵战士，肩负着世界革命的重任。我们决心高举无产阶级国际主义的大旗，团结全世界无产阶级，团结全世界被压迫人民和被压迫民族，为彻底埋葬帝、修、反而奋斗终身！我们无限忠于毛主席的红卫兵战士对帝、修、反的深仇大恨犹如黄河滚滚的怒涛！我们已经做好了反侵略战争的一切准备，只要伟大领袖毛主席一声令下，我们就立即奔赴反帝、反修的最前线，为彻底埋葬帝、修、反，打出一个红彤彤的新世界，贡献出我们的一切力量！**我们的目的一定要达到。我们的目的一定能够达到。**

全世界人民团结起来，打败美国侵略者及其一切走狗！

小东庄中学红卫兵团

把反对帝、修、反的伟大斗争进行到底

正当全中国人民和全世界人民高举马克思主义、列宁主义、毛泽东思想伟大红旗，向风雨飘摇的旧世界发起进攻的时刻，我们伟大领袖毛主席发表了支持世界人民反对美帝斗争的庄严声明。这个声明，象一把利剑，刺向帝、修、反的心脏；象一盏明灯，把全世界革命人民的心坎照亮！它敲响了帝、修、反的丧钟。

毛主席的声明对正在争取民族独立和彻底解放的亚洲、非洲、拉丁美洲革命人民是一个巨大的鼓舞和支持！特别是对正在进行抗美救国斗争的印度支那三国人民、阿拉伯人民、美国人民是一个巨大的鼓舞和支持。

美帝国主义这个到处碰壁的纸老虎，受到全世界革命人民的打击后，仍不甘心自己的失败和灭亡，它阴谋策动朗诺—施里玛达集团的反革命政变，悍然出兵侵略柬埔寨，扩大印度支那战争；悍然恢复对越南北方的野蛮轰炸；它积极复活日本军国主义，妄图重新发动新的侵略战争。美帝国主义的侵略罪行，激起了印度支那三国人民和全世界人民的愤怒反抗和声讨！

伟大领袖毛主席英明地指出：「**美国是只纸老虎，你们不要相信它，一戳就穿了的。修正主义苏联也是纸老虎。**」美帝国主义每侵略一个地方，就在它自己的脖子上加上了一道绞索，这些绞索被全世界人民越勒越紧了！帝、修、反的寿命不会太长了！

我们每一个红卫兵战士都要胸怀祖国，放眼世界，坚决支持全世界人民的革命斗争，坚决支持印度支那三国人民的革命斗争，把中国革命和世界革命进行到底！把反对帝、修、反的伟大斗争进行到底！

河北中学红卫兵 **向东**

帝、修、反的判决书

环球响彻「东方红」，白宫噪乱一窝蜂；革命人民跨骏马，碰壁苍蝇叫哀鸣。

正当世界人民遵循毛主席「**枪杆子里面出政权**」的伟大教导，坚持武装斗争，革命洪流汹涌澎湃，沿着毛主席指引的航向滚滚向前的大好形势下，毛主席又发表了支持世界各国人民反对美帝斗争的庄严声明，发出了「**全世界人民团结起来，打败美国侵略者及其一切走狗**」的战斗召令。我校革命师生、红卫兵小将，无不欢欣鼓舞，热血沸腾。

全校革命师生聚精会神地收听广播，并把毛主席的庄严声明字字句句记在「红心本」上。大家高举红旗，手擎毛主席像和语录牌，在工人阶级的带领下，沿着津京公路游行。大家反复学习，深刻领会毛主席的声明。工人师傅说：毛主席向我们发召令，我们要带头坚决来执行。亲人解放军说：毛主席要小国人民「**敢于拿起武器，掌握自己国家的命运**」。我们一定紧握枪杆子，做他们的坚强后盾。时刻准备消灭帝、修、反，保卫祖国，解放全世界人民。刚刚吃完忆苦饭的红卫兵小将们说：毛主席是我们的红司令，我们是毛主席的红卫兵，毛主席挥手指航向，我们要紧跟毛主席，用「**一不怕苦，二不怕死**」的革命精神，与世界人民并肩战斗，打出一个红彤彤的毛泽东思想的新世界！

毛主席的庄严声明代表了世界各国革命人民的最大利益，宣判了美帝及其追随者的死刑。毛主席的声明是指引世界革命的方向盘，是埋葬帝、修、反的动员令。我们决心以革命加拚命的革命精神，以「**抓革命，促生产，促工作，促战备**」的优异成绩，向世界人民的伟大导师毛主席表忠心，为中国和世界革命贡献自己的一切！

南仓中学**政工组、红卫兵团**

中学红卫兵

1970年5月28日 第二版

人民解放军用訴苦和三查方法进行了新式整軍运动，将使自己无敌于天下。

毛泽东

从雷鋒的伤疤談起

思 权

共产主义战士——雷锋生前手上有块伤疤。不是摔的，不是碰的，是狠毒的地主婆用刀砍伤的。当时不满八岁的雷锋，忍着痛，愤愤地说："总有一天我要报仇！"从那时起，在雷锋幼小的心灵上，深深地埋下了阶级仇恨的火种。

好了伤疤就能忘了疼吗？不能！十多年来，雷锋不仅时刻牢记着这块伤疤，而且在党和毛主席的培养教育下，他对这块伤疤有了更深刻地认识：这不是他一个人的伤疤，是整个阶级的伤疤；不是他一个人的苦，是整个阶级的苦。

小小的伤疤，把它忘掉是很容易的，但牢记着它，就会焕发出强烈的无产阶级感情，产生巨大的革命力量。

当雷锋的家乡建立了红色政权，掀起反封建的斗争时，雷锋想起了这块伤疤："是毛主席救了我……"，于是他怀着对地主恶霸的深仇大恨，积极投入了家乡的反封建斗争。

当祖国需要他拿起枪杆子保卫红色江山的时候，雷锋想起了这块伤疤："为了人们永远不再有这样的疮疤，我才要求参军！"

当阶级敌人在阴暗角落里妄图挖社会主义墙脚时，雷锋想起了这块伤疤，"爹、娘、哥、弟都死在民族敌人和阶级敌人的手里，这血海深仇永远铭记在心。"于是他怒火冲天，对敌斗争浑身是劲。

记着这块伤疤，他就能"时刻准备为党和阶级的最高利益，牺牲个人的一切，直至生命。"

记着这块伤疤，他就能干一行爱一行，干一行专一行。在农业战线上，他是治水模范；在工业战线上，他是先进生产者。他为社会主义革命和社会主义建设，做到了有一分热发一分光。

记着这块伤疤，他就能艰苦朴素、克己奉公。一双袜子，补了又补；破铜烂铁，积少成多；津贴费舍不得花，捐献给公社……

有人说，"我身上没有伤疤"。人的经历当然不可能都是一样。象雷锋身上的伤疤，更不会人人都有。但是，在旧社会，我们劳动人民，哪家没有一部血泪史？我们的父兄身受三座大山的压迫，谁身上没有地主、资本家的鞭痕、刀印？旧社会给我们祖国、民族和劳动人民带来的伤疤还算少吗？今天在毛主席的英明领导下，经过全国人民的艰苦奋斗，创伤基本医治好了。但我们做为无产阶级革命事业的接班人，誓将中国革命和世界革命进行到底，就能把这些阶级恨、民族苦忘掉吗？

有的同学认为，"现在世界已进入了二十世纪七十年代，为什么老看过去呢？应当看现在和将来啊！"是的，应当看现在和将来，但是，看清过去不正是为了看清现在和将来吗？一个人不了解过去的苦，就无法理解今天的甜，甚至会把今天的甜也误认为是苦。

也有的同学说，"我们生在新社会，长在红旗下，没有亲身经受过压迫和剥削，缺乏阶级斗争的锻炼。"这是事实。正因为此，所以我们对于旧的东西，对于资产阶级思想、生活方式的认识、批判、抵制的能力较弱。但是，这并不决定我们的阶级觉悟就不能提高了，[illegible]是完全可以弥补的，这就是：我们不但要积极投入当前的阶级斗争，还要了解一下过去。当前正在开展的"两忆三查"，就是了解过去的最好方法。林副主席指出："'两忆三查'是最好的最深刻的政治教育，是提高部队阶级觉悟的好办法。"在万恶的旧社会里，普天下被压迫的人民都有一本血泪账。这些都是很好的教材。从这些血泪史中，我们可以懂得如何用无产阶级的立场观点去观察分析问题，明辨是非，自觉地抵制资产阶级思想的侵蚀，积极地参加当前激烈的阶级斗争，并在斗争中不断提高我们的阶级斗争、路线斗争觉悟。总之，我们青少年学生要成为无产阶级革命事业的接班人，成为无限忠于毛主席的革命战士，除了要积极投入当前激烈的阶级斗争，在大风大浪中不断提高自己的政治觉悟外，还必须经常了解过去剥削阶级是怎样剥削和压迫劳动人民的，我们的革命前辈是怎样跟剥削阶级进行斗争的。只有这样，我们才能不忘本，永远踏着革命先烈的血迹前进。

我们必须强调指出，在社会主义革命和社会主义建设时期，始终贯穿着两个阶级、两条道路的激烈斗争。正如伟大领袖毛主席指出的："**社会主义社会是一个相当长的历史阶段。在社会主义这个历史阶段中，还存在着阶级、阶级矛盾和阶级斗争，存在着社会主义同资本主义两条道路的斗争，存在着资本主义复辟的危险性。**"在我国无产阶级文化大革命中，无数惊心动魄的阶级斗争事实，不就完全证明了毛主席这一英明论断的伟大、正确吗？我们必须看到，当前阶级敌人在政治上遭到打击后，不仅在政治上伺机反扑，而且妄图从经济上打开缺口，向无产阶级猖狂进攻。不正是由于一些青少年学生看不到这种斗争，又忘记了过去，而被阶级敌人拉下水，走上了犯罪道路吗？活生生的阶级斗争事实告诉我们：如果我们只见红旗处处飘，不见敌人在磨刀，只看现在不看过去，红色政权就保不牢，国家就会改变颜色，劳动人民就会受二遍苦。[illegible]，伟大的革命导师列宁[illegible]教导我们，要经常以革命的名义想想过去，并且告诫我们忘记过去就意味着背叛。我们应当把列宁的话牢记在心头，并照列宁的话努力去做。

伟大领袖毛主席教导我们："**革命的根本问题是政权问题。有了政权就有了一切，没有政权就丧失一切。**"过去，劳动人民苦就苦在没有权，今天，劳动人民幸福就幸福在有了权。因此，政权是我们的命根子。古今中外的阶级斗争都是为了一个"权"字，革命的阶级是这样，反革命的阶级也是这样。现在我们开展"两忆三查"就是为了巩固、加强无产阶级专政，使无产阶级的铁打江山，千秋万代永不变色。

千年的苦根是毛主席给我们拔掉，幸福的源泉是毛主席给我们开拓。我们要誓死保卫毛主席，誓死捍卫无产阶级专政。为达此目的，我们必须象雷锋那样，"不能好了伤疤忘了疼"，要时时忆苦思甜，处处忆苦思权。

不给「私」字开绿灯

在一次连里"两忆三查"讲用会上，二排排长陈爱民同学手中拿着一张黄纸，很激动地讲述了它的来历：

在几个月前，她从连里在家里带了几张写大字报用的黄纸。有一天，当她看到压在玻璃板下的绿纸已经旧了，就想拿写大字报剩下的这张黄纸换下旧绿纸，当时认为一张黄纸算嘛？就是用了也不会有人知道。事隔不久，开展了"两忆三查"运动，运动中，连里提出，人人要翻箱倒柜，作到"清思想、挖黑根、论危害、交实物、见行动"。她觉察到这张黄纸，虽不值几分钱，但是里面就有阶级斗争！毛主席的话在耳边响起："**一个共产党员，应该是襟怀坦白，忠实，积极，以革命利益为第一生命，……**"她认识到公物为己有，这是中了大叛徒刘少奇"公私溶化论"的流毒，如不从思想上查清其危害，就可能变修，敢不敢亮私，是检验真革命假革命的试金石。她说："要以李文忠同志为榜样，敢于主动'将'自己的军，只有这样才能在继续革命的道路上不断前进。"

一张黄纸，价值不大，但这里有大方向，是无产阶级世界观和资产阶级世界观斗争的大问题。"榜样的力量是无穷的"。陈爱民的革命行动，得到了全连广大革命师生的赞扬。这件事也教育了广大同学，促使了连队掀起一个"清思想、挖黑根、论危害、交实物、见行动"的高潮。

◇◇ ◇◇ ◇◇

一块钱

一排排委耿金花同学听到二排排长陈爱民在三查中，以李文忠同志为榜样，斗私斗到灵魂深处，把一张黄纸交给国家的革命精神，受到很大教育，自己再也坐不住了。第二天就交上一块钱。原来，一天耿金花同学去买东西，找钱的时候，多找了一块钱，由于大叛徒刘少奇鼓吹的「公私溶化论」的毒害，当时并没有退还，也没有和别人讲。这次，她想到帝、修、反把复辟的希望寄托在中国第三代、第四代身上，国内一小撮阶级敌人也千方百计利用资产阶级思想，腐蚀毒害青少年。自己多拿了国家的钱，占国家的便宜，这就是变修的开始。如果这样下去多么危险啊！再说自己是劳动人民的子女，没有党和毛主席，就没有自己的一切，干革命，就要把自己当做革命的对象，不断革自己头脑中资产阶级思想的命，堵塞资产阶级侵蚀的防空洞，将革命进行到底。想到这里，她不仅把钱交了，而且主动亮私斗私，检查了自己的错误思想。耿金花同学的革命行动，使广大同学受到了很大教育。

（本栏人民中学政工组供稿）

两忆三查 小故事

中学红卫兵 1970年5月28日 第三版

自力更生 艰苦奋斗

节約光荣 浪費可耻

姚文蓉

伟大领袖毛主席说：**"贪污和浪费是极大的犯罪。"**但是在日常生活中，有些人却对于一块煤、一度电、一滴水、一张纸不以为然，认为"浪费一星半点的没关系。"这种论调是资产阶级思想的表现。我们应当看到：浪费同样是资产阶级向无产阶级进攻的一种手段，必须反对。

"浪费一星半点的"不是"没关系"，而是大有关系。一块煤、一度电、一滴水、一张纸，看起来"微不足道"，其实呢？如果我们不注意，随便浪费一度电或其它东西，就会给社会主义建设带来很大的损失。如果我们对浪费现象熟视无睹，习以为常，采取无所谓的态度，积累起来，那将是一个很惊人的数字。如果人人节约、处处节约，那就不是"一星半点"了，而将对社会主义革命和社会主义建设起着巨大的作用。

毛主席教导我们：**"要节约闹革命。"**每一个人都应该认识到，节约没有大小、多少之分，俗话说："大海之水，是一滴一滴汇聚而成的，高楼大厦是一砖一瓦垒起来的"。"大"是由"小"而发展的，点滴的东西看起来不显眼，微不足道，但是要经常注意节约，就能聚沙成塔，积少成多。再说，注意点滴节约，不只是为了几个钱的问题，而是举什么旗，走什么路的大问题，是贯彻落实毛主席**"备战、备荒、为人民"**的伟大战略方针的大问题，是支援世界革命，打击帝、修、反的大事。因此，我们每个革命的同志决不可等闲视之。

我们一定要遵照毛主席的伟大教导，树立节约为荣，浪费可耻的革命思想，把节约每一块煤、一度电、一滴水、一张纸看成是为社会主义添砖添瓦，看成是为打击帝、修、反增加炮弹，为中国革命和世界革命做出伟大的新贡献。

要珍惜一只小小的粉笔

有些同学常常从讲桌上拿起一只粉笔，到处乱写乱画。这样做不只是影响了学校环境卫生，更重要的是浪费了国家财物。

拿粉笔乱写乱画的同学也许会说：一只小小的粉笔算得了什么？我们说，你那种「算不了什么」的想法应当受到批判，这是资产阶级思想，是错误的。我们知道，一只粉笔的制成要经过多少人的劳动，要付出多大的代价，一只粉笔又能写出多少社会主义文化科学知识？它能为我们的学习出多大力？可是你白白地把它画掉了，使它不能为我们服务，你不觉得可惜吗？这不是浪费是什么呢？毛主席教导说：「**贪污和浪费是极大的罪犯。**」我们要牢记毛主席的伟大教导，万万不可浪费！

我们还可以想一想，你浪费一只粉笔认为「没有什么」，他浪费一只粉笔认为「无所谓」，今天浪费一只「不算啥」，明天浪费一只「没关系」，如果同学们都这样想，这样做，那么粉笔的浪费将是个多么惊人的数字，给国家造成的损失将是多大啊！我们每个同学都应该珍惜一只小小的粉笔，不能把它随便画掉，让它很好地为我们的学习服务。

我们要遵照毛主席「**我们六亿人口都要实行增产节约，反对铺张浪费**」的教导，树立节约光荣、浪费可耻的好风尚。

同学们，行动起来，同浪费国家财物的不良现象进行坚决地斗争！

九十二中三连二排 刘宝华

两元錢的助学金

这个月的助学金发下来的第二天，二年级的王庭胜同学又把它退给了学校。这件事引起了大家的纷纷议论，有的甚至怀疑地问："他过去那么散漫，这回能把两元钱白白退给国家吗？"

说起小王退助学金的前前后后，思想上可有一番深刻变化的过程呢！

事情是这样的：

王庭胜过去确实比较散漫，上课也不能很好地遵守纪律，批准他享受人民助学金以后，他觉得我家里困难，理所当然。

伟大领袖毛主席的最新战斗号令下达后，全校革命师生在党支部的领导下，向一小撮隐藏很深的阶级敌人和形形色色的资产阶级思想发起了猛烈进攻。小王也随着轰轰烈烈的群众运动投入了革命大批判，大家课上批，课下批，走路也批，校内外处处是革命大批判的战场，人人是革命大批判的先锋。群众斗争的烈火，锻炼了小王，提高了他的思想觉悟。在狠批刘贼"阶级斗争熄灭论"以后，他明白了：**"要用阶级和阶级斗争的观点，用阶级分析的方法去看待一切、分析一切。"**今天当他领到助学金时，想到了过去没有想到的许多道理。他激动地说："这不仅是钱啊！这是国家和人民对我的关怀，这是党和毛主席给我的温暖。"正在这时，他姐姐响应毛主席的伟大号召，上山下乡接受贫下中农再教育走了，王庭胜想到的不是自己家里负担轻了，生活宽裕了些，而是想到世界上还有很多的阶级兄弟没有解放，我应该**"节省每一个铜板为着战争和革命事业"**。转天他立即把助学金退给了学校，并且表示，今后不再要助学金，让这一份助学金为中国革命和世界革命发挥应有的作用。

王庭胜同学的进步，极大地教育了同学们，大家说："两元钱的助学金中，也有'公'和'私'的斗争啊！"

看！原来有怀疑的同学，正在和王庭胜谈心，表示向他学习呢！

十四中通讯组

炉灰堆前

锅炉房前经常堆放着一些炉灰。一天，三连一排刘爱平同学看见了这堆炉灰上有几块还没有燃烬的小小煤块，顺手拣起来扔在煤堆上了。

当天天读时，她学习《为人民服务》，读到**"完全""彻底"**这句话时，脸不由得红了起来。她想：我为什么不扒开炉灰仔细地拣一拣呢？下课以后，她跑到这堆炉灰前，一层层地扒着、拣着……

刘爱平的行动，被排里其他几个同学看到了。她们在一起学习了毛主席关于**"节省每一个铜板为着战争和革命事业"**的教导。从此，她们十位同学到校后总要蹲在炉灰堆前，用小铲一层层地扒开，把煤一块块地拣出来。

一次，她们在炉灰堆前拣煤时，不小心弄得满身都是炉灰，被路过的一位同学看到了，就说："还是算了吧！"刘爱平她们立即回答："如果今天算了，今天炉灰堆里的煤不是就浪费了吗？一块小小的煤不仅渗透着工人的汗水，这也是国家的财富啊！"

就这样，她们十位同学，经过一个多月时间，就在这锅炉房前的炉灰堆上，拣出了一百五十余斤还没有燃烬的小小煤块。

天津纸板厂学校 **王维芳**

为革命修理桌椅

开学以后，桌椅差得很多，上级一时又发不下来，怎么办？人民公园中学革委会一方面向上级反映情况，另一方面遵照毛主席「**自力更生**」、「**艰苦奋斗**」的教导，发动革命师生想办法来解决。

三连红卫兵战士知道这件事以后，认真学习了毛主席「**节省每一个铜板为着战争和革命事业**」和有关艰苦奋斗，勤俭建国的伟大教导。在校革委会的领导下，成立了木工组，修废利旧，自力更生，自己修理桌椅。

为了尽快修好桌椅，他们发扬了「**一不怕苦，二不怕死**」的革命精神，每天利用课余时间集体修理到晚上八点多，有时甚至到更晚。他们不怕苦，不怕累，早来晚走，星期天也不休息，为革命修理桌椅，为人民废寝忘食。有的同学手划破了，鲜血直流，当别人劝他休息时，他说：「为了国家和人民的利益，就是手掉了也心甘。」有的同学家中有病人，但想到毛主席的教导，认为个人的事再大也是小事，集体的事再小也是大事，坚持和同学们共同战斗。他们遵照毛主席「**要节约闹革命**」的伟大教导，充分利用旧料、废料，把废钉子拾起来砸直，把旧螺丝一个个地起下来再用，工具不够从家里带来。自力更生，艰苦奋斗，不浪费国家一分钱。经过二十多天的战斗，他们用自己的双手，修好桌椅一百四十四个，为学校节约开支八十多元，受到全校革命师生的赞扬。他们决心继续努力，为人民再立新功。

人民公园中学通讯员

中学红卫兵

1970年5月28日　第四版

大海航行靠舵手　干革命靠毛泽东思想

为革命努力学好社会主义文化课

五十五中红卫兵　赵　津

进入中学以来，在毛泽东思想的哺育下，我的思想觉悟有了一定的提高，立志要做无产阶级革命事业接班人。要做革命接班人，不但要学好毛泽东思想，还要学好社会主义文化课。

时刻想着林副主席的指示，活学活用毛主席著作，越学方向越明

林副主席指示我们："大海航行靠舵手，干革命靠毛泽东思想"。我深深体会到毛泽东思想是力量的源泉，行动的指南，前进的方向，革命的动力。

我觉得中学和小学不一样，社会工作多，特别是同学选我当排长以后，我更感到忙得不可开交。但是无论多忙，我始终牢记要把学好毛主席著作放在第一位。我想，"忙"是革命工作的正常规律，只有越忙越学好、用好毛泽东思想，才能忙出个道道儿来，否则忙了半天，方向不对，就是瞎忙。

有一天，我从学校回到家已经是晚上九点多钟了，吃过晚饭，妈妈催我赶快睡觉。这时，我想工作一天了有收获，也有问题，到了晚上，应该象焦裕禄同志那样"过过电影"，用毛主席著作对照检查一下，这样明天工作、学习起来才有方向。于是，我没睡觉，拿出毛主席著作反复学习、对照，直到深夜。

去年，我们到东郊新立村去学农。一次拷稻子时，贫下中农发现有的稻穗没脱净，很心疼，很气愤，当场召开了批判会。对照检查自己，为什么我看到这种现象不以为然，而贫下中农看到这种现象很心疼、很气愤呢？这就是我与工农群众在思想、立场、感情上的差距，这件事儿使我深深体会到：作一个革命青年，不好好走与工农相结合的道路，老老实实的向工农兵学习，实在不行啊！

毛主席教导我们："**阶级斗争是青年的一门主课**"，我就下决心在阶级斗争的大风大浪里锻炼成长。在斗争中经风雨、见世面，深揭狠批阶级敌人，自觉抵制资产阶级的思想侵蚀。

一年多来，我深深体会到，只有首先学好用好毛泽东思想，才能把自己培养成为无产阶级革命事业的可靠接班人。

时刻想着中国革命和世界革命，为革命而学，越学劲头越足

什么是无产阶级革命事业的接班人呢？我理解就是毛主席在教育方针中指出的德、智、体全面发展的、有社会主义觉悟的、有文化的劳动者。

毛主席在《五·七指示》中说：学生"**以学为主，兼学别样**"。为革命学好社会主义文化科学知识，这是当好无产阶级革命事业接班人必须具备的一个重要条件。进入中学以后，我一直把毛主席提出的德、智、体几方面都得到发展的指示牢记心间，始终坚持以毛泽东思想为统帅，努力学好社会主义文化课。

上学期末，工业课考核的时候，老师让我们自己编写一道反映压力压强的题目。一抬头，我看见桌上摆的铅笔盒，就拿起铅笔盒比划了一阵，根据铅笔盒对桌子的压力压强关系，编了一道题，算完后就交了。事后，我越想越觉得不对劲儿。这种题，一无政治内容，二无实用价值，这和文化大革命前学的旧物理有什么两样？为什么我会这样草率地对待文化课的考核和学习呢？带着这个问题，我反复检查自己的学习态度和目的，觉得自己为革命而学的自觉性还不高。带着这个问题，我学习了毛主席"**中国应当对于人类有较大的贡献**"的伟大教导，更感到自己不认真的态度是非常错误的。为了对人类有较大的贡献，为了将中国革命和世界革命进行到底，就要发奋学习。考核不只是考核我知识学得好不好，更重要的是考我毛泽东思想觉悟高不高。要学好社会主义文化课，就要用毛泽东思想对待每一道计算题。于是，当天我在自己的日记本上又重新编写了一道题："在黑暗的旧中国，穷苦的码头工人，在帝国主义、封建主义、官僚资本主义三座大山的压迫下，过着牛马不如的生活，为资本家流尽了血和汗。一位老大爷累弯了腰，驼着背，背上背着一个一百多公斤重的大货箱，箱子与老大爷后背的接触面积仅有二平方尺，他几次被压得跌倒了，但又不得不一次又一次地从地上爬起来，艰难地向前迈进。我们算算货箱对老大爷的压强究竟是多少？"计算之后，我在答案后边写道："这个数字不是货箱对老大爷的压强，这是旧社会压在劳动人民头上的三座大山啊！现在世界上还有几十亿劳苦大众没有解放，仍然挣扎在死亡线上，我要为他们的彻底解放而战斗，为中国革命和世界革命而努力学习。"做完了这道题，我觉得不仅学会了工业知识，同时也坚定了我要解放全人类的钢铁决心！

还有一次我从学校回到家就够晚了，吃过晚饭，又写完讲用材料，当时我特别困，一低头就会睡着。这时我猛地想起还有地理作业没有做完，这么晚了还做不做呢？这时白求恩同志的高大形象展现在我眼前。白求恩同志为了中国和世界革命，对工作认真负责，精益求精。我呢？时间稍晚一点，就连作业也不想做了，这还叫什么为革命而学？为革命而学就不能怕苦！于是我的决心战胜了疲劳，认真负责地把作业完成了。

时刻想着学是为了用，学用结合，越学知识越活

一次，《工业基础》课讲照明电路，老师把电路图从书本上搬到黑板上，讲得很是用心，可是同学们越听越糊涂，离开了书本和黑板就更糊涂。我想，这种从书本到黑板，从黑板又到笔记本的教学方法是脱离实际的，是不符合人们的认识规律的。将来我们到工厂或农村去从事社会主义革命和建设，需要安装照明设备，现在不接触实际怎么能行呢？觉得自己有责任主动配合老师把课上好。我就举起手来，站起来讲。感到还讲不清，又走到教室前面，指着教室里的电路讲。经过一番解释，同学们都说："这下子可明白了！"

《工业基础》讲杠杆原理时，老师说："利用杠杆可以省力。"随后，她顺手拿起一把墩布比划着说："比如我们扛墩布，如果墩布头紧挨着肩膀扛起来就省力，离肩膀远了，扛起来就费力。我听了以后，觉得这种讲法对实际没有什么指导意义，谁不知道扛墩布应该怎么扛呢？前些日子，我们排里成立了红色图书角，我们自己动手钉书箱，在钉木板起钉子时，我用镩头起废钉子很省力，这不就是杠杆原理吗？我想老师讲杠杆原理时，举出这样实例，同学们会一听就懂，一学就会，这样就会[illegible]学生将来参加社会主义建设事业。

理论联系实际，是我们伟大领袖毛主席一贯倡导的革命学风，我们在学习社会主义科学知识的时候，只有遵循这个真理，才能把知识真正学懂，学活。

时刻想着要批判资产阶级，在批判中学，越学辨别是非能力越强

伟大领袖毛主席教导我们说："**要批判资产阶级**"。有一次，生理课的老师给我们讲晒太阳对身体的作用。他说："晒太阳对人的身体是有好处的，但是，不能总晒，特别是夏天总在太阳底下晒容易得皮炎，会中暑……"听完他讲的这段话，顿时使我想到贫下中农常年累月在地里干活，夏天无论多热也不叫苦，也没听说过得什么皮炎。老师这样讲，实际上告诉我们要保护自己的身体，少经风吹雨打烈日晒，这不就有意无意地宣扬了刘贼的"活命哲学"和资产阶级的人生观吗？我们是革命事业接班人，不经艰苦环境的锻炼，怎么能接好革命的班呢？后来，我找到了这位老师，诚恳地提出了我的意见，并和他一起研究如何上好今后的课程，如何突出毛泽东思想。我觉得老师是旧学校培养的学生，思想上的旧东西一时还去不净这是必然的，讲得对的要虚心地"学"，讲得不对时要热心地"帮"。这样，不仅能使我们提高辨别是非的能力，提高我们的政治敏感性，同时也帮助了老师进行世界观的改造。事实证明，为革命学文化，时刻想着要批判资产阶级，在批判中学，越学辨别是非能力越强。

今后，我决心更自觉地活学活用毛主席著作，进一步树立为革命而学习的目的，争取做一个德、智、体全面发展的有社会主义觉悟的有文化的劳动者，做无产阶级革命事业的可靠接班人！

欢迎批评　欢迎来稿　本报地址：天津市和平区浙江路十八号（电话3.3059）　本市邮局办理订阅与零售（电话2.5145　4.1106）

毛主席关于路线斗争的指示

在全党进行一次思想和政治路线方面的教育。

转摘自《人民日报》、《红旗》杂志、《解放军报》一九七一年元旦社论《沿着毛主席革命路线胜利前进》

一个政党要引导革命到胜利，必须依靠自己政治路线的正确和组织上的巩固。

《矛盾论》（一九三七年八月）《毛泽东选集》第一卷第二七八页

我们从现在起，必须年年讲，月月讲，天天讲，使我们对这个问题，有比较清醒的认识，有一条马克思列宁主义的路线。

转摘自一九六七年《红旗》杂志第十期社论《无产阶级专政下进行革命的理论武器》，一九六七年六月二十日《人民日报》

团结起来，争取更大的胜利。

团结起来，为了一个目标，就是巩固无产阶级专政，要落实到每个工厂、农村、机关、学校。

我们讲胜利，就要保证在无产阶级领导之下，团结全国广大人民群众，去争取胜利。

转摘自《人民日报》、《红旗》杂志、《解放军报》社论《高举"九大"的团结旗帜，争取更大的胜利》，一九六九年六月九日《人民日报》

总路线是照耀我们各项工作的灯塔，各项工作离开它，就要犯右倾或"左"倾的错误。

转摘自《红旗》杂志编辑部、《人民日报》编辑部文章《走社会主义道路，还是走资本主义道路？》，一九六七年八月十五日《人民日报》

历史告诉我们，正确的政治的和军事的路线，不是自然地平安地产生和发展起来的，而是从斗争中产生和发展起来的。一方面，它要同"左"倾机会主义作斗争，另一方面，它又要同右倾机会主义作斗争。不同这些危害革命和革命战争的有害的倾向作斗争，并且彻底地克服它们，正确路线的建设和革命战争的胜利，是不可能的。

《中国革命战争的战略问题》（一九三六年十二月），《毛泽东选集》第一卷第一七九页

十七年来，我们的党，一般地已经学会了使用马克思列宁主义的思想斗争的武器，从两方面反对党内的错误思想，一方面反对右倾机会主义，又一方面反对"左"倾机会主义。

《中国共产党在民族战争中的地位》（一九三八年十月），《毛泽东选集》第二卷第五一八页

不是东风压倒西风，就是西风压倒东风，在路线问题上没有调和的余地。

《文汇报的资产阶级方向应当批判》，一九五七年七月一日《人民日报》

我们的党已经从两条战线斗争中巩固和壮大起来了。

《中国共产党在民族战争中的地位》（一九三八年十月）《毛泽东选集》第二卷第四九七页

历史的经验值得注意。一个路线，一种观点，要经常讲，反复讲。只给少数人讲不行，要使广大革命群众都知道。

转摘自《人民日报》、《红旗》杂志、《解放军报》社论《认真学习两条路线斗争的历史》，一九六八年十一月二十五日《人民日报》

庐山出现的这一场斗争，是一场阶级斗争，是过去十年社会主义革命过程中资产阶级与无产阶级两大对抗阶级的生死斗争的继续。在中国，在我党，这一类斗争，看来还得斗下去，至少还要斗二十年，可能要斗半个世纪，总之要到阶级完全灭亡，斗争才会止息。

转摘自一九六七年《红旗》杂志第十三期社论《从彭德怀的失败到中国赫鲁晓夫的破产》

党內不同思想的对立和斗争是经常发生的，这是社会的阶级矛盾和新旧事物的矛盾在党內的反映。党內如果没有矛盾和解决矛盾的思想斗争，党的生命也就停止了。

《矛盾论》（一九三七年八月），《毛泽东选集》第一卷第二九四页

天津市中学红代会主办

第165期 197[illegible] 星期三

革命的谁胜谁负，要在一个很长的历史时期內才能解决。如果弄得不好，资本主义复辟将是随时可能的。全体党员，全国人民，不要以为有一二次、三四次文化大革命，就可以太平无事了。千万注意，决不可丧失警惕。

转摘自《人民日报》编辑部、《红旗》杂志编辑部文章《伟大的历史文件》，一九六七年五月十八日《人民日报》

要教育干部懂得一些马列主义，懂得多一些更好。就是说，要搞马列主义，不搞修正主义。

转摘自《人民日报》、《红旗》杂志、《解放军报》社论《共产党员应是无产阶级先进分子——纪念中国共产党成立四十九周年》，一九七〇年七月一日《人民日报》

修正主义是一种资产阶级思想。修正主义者抹杀社会主义和资本主义的区别，抹杀无产阶级专政和资产阶级专政的区别。他们所主张的，在实际上并不是社会主义路线，而是资本主义路线。

《在中国共产党全国宣传工作会议上的讲话》（一九五七年三月十二日），《毛泽东著作选读》甲种本第三七九页

我们现在思想战线上的一个重要任务，就是要开展对于修正主义的批判。

《在中国共产党全国宣传工作会议上的讲话》（一九五七年三月十二日）《毛泽东著作选读》甲种本第三七九页

无产阶级和革命人民改造世界的斗争，包括实现下述的任务：改造客观世界，也改造自己的主观世界——改造自己的认识能力，改造主观世界同客观世界的关系。

《实践论》（一九三七年七月），《毛泽东选集》第一卷第二八五页

要斗私，批修。

转摘自林彪同志在中华人民共和国成立十八周年庆祝大会上的讲话

要用自我批评的武器和加强学习的方法，来改造自己，使适合于党与革命的需要。

转引自一九六六年七月十三日《解放军报》

中学红卫兵

1971年1月13日　第二版

认真学习和贯彻执行两个"决议"
一定要把毛泽东思想真正学到手

要善于用毛泽东思想来回答各种现实问题，打好兴无灭资的思想仗，用正确思想克服错误思想。善于掌握群众生活的脉搏，掌握思想的变化规律，从现实情况出发进行思想工作。

——一九六〇年军委扩大会议决议

一个"排球"引起的爭論

大沽中学报道组

事情的发生：一天，六九一连一排的同学在校门口玩排球，二排有一个同学抢过球就往一排的一个同学头上砸去。恰巧，球弹到马路上被一辆急驶而过的汽车压破了。一排没有球玩，矛盾发生了。

如何解决这个矛盾呢？他们决心遵照军委扩大会议决议中"要善于用毛泽东思想来回答各种现实问题"的指示，见物首先要见人，见思想。对"排球"的事进行一次理论联系实际的路线分析会。

在二排的争论会上：排委会带领大家首先学习了两个"决议"。紧接着，有的同学说："一排如果不在校门口玩球，就不会发生这样的事了。"大家不同意他的意见："用球砸人是错误的，这是无政府主义的表现，我们不应该强调外因。应该找我们思想上的原因。"这时，用球砸人的同学也做了自我批评，最后大家一致同意应该赔一排的球。

怎么赔呢？"应该把咱排的球给一排"。有的同学不同意："把咱排的球给一排，咱们可就没有球玩了，还是两个排合玩一个球好。"话音刚落，一个同学霍地站起来说："我不同意这种作法，毛主席指示我们损坏东西要赔，我们要不折不扣地执行最高指示。两排合玩一个球是可以的，但我们要看到这种想法的背后掩盖着的其他的东西。"另一个同学马上站起来接着说："毛主席教导我们**看事情必须要看它的实质，而把它的现象只看作人门的向导**，两个排合玩一个球的作法，表面看来是解决了矛盾，但却掩盖了"私心"，为"私"字留了后路。这不是真正地突出了政治，而是刘少奇的'公私溶化论'的流毒在我们头脑里的反映，调和了我们头脑中公私之间的矛盾，使公与私在我们头脑中合二而一了。"有的同学一时想不通，认为上纲太高了。在场的工人师傅对大家说："毛主席教导我们要**毫不利己专门利人**，王杰同志为了抢救阶级兄弟，把自己的生命都献出来了，我们可要在'毫'字和'专'字上多想想啊！"

一排的风格：二排的同学们还在激烈地争论着，一排的代表来了，他们说："听说你们要把排里的球给我们，大家很受教育，我们一定要学习你们的精神。球，我们不要了。毛主席教导我们'**关心他人比关心自己为重。**'林副主席指示我们'人的因素第一'。我们没有排球，开展玩小球，跳绳等活动同样可以达到锻炼身体的目的……。"听着一排同学的发言，二排的同学非常感动，大家越琢磨越觉得一排做到了**毫不利己专门利人**，是真正地突出了无产阶级政治。无产阶级思想和资产阶级思想不能和平共处，头脑中的"公"字与"私"字更不能搞调和，不能搞"合二而一"。必须一分为二，把私字分出去

团结的新局面：二排的干部在广大同学活学活用毛泽东思想和两个"决议"，突出无产阶级政治，提高路线斗争觉悟的基础上，带着排球和感谢信来到一排，表示学习一排事事突出无产阶级政治的高风格、高姿态，一排的同学立即把球交到了连部。球，谁也没有要，可是两个排的同学都走在了毛主席的革命路线上，团结在毛泽东思想的原则基础上了。

通过"排球"的争论，两个排的同学都受到很大教育，上了一堂什么叫突出无产阶级政治的课，二排全体同学纷纷表示：一定要活学活用毛主席著作，破私立公，遵照"决议"中指出的"要善于用毛泽东思想来回答各种现实问题"的指示，找出自己排在突出政治方面的差距，打一场灭资兴无的思想仗。

◇　*◇*　*◇*　*◇*　*◇*

突出百分之九十九点九都不行

以前，我排发电影票时，虽然也讲要斗私批修，可是因为没有抓住处处事事要用毛泽东思想教育人这一条，所以总是出现个别同学争"正"座的现象。

最近，在学习两个"决议"和四好总评的前夕，我排组织了一场电影，排委会的同志们一致认为，发票是小事，但在发票中体现什么思想可是个大问题。于是，大家决定这次发票一定要落实两个"决议"的精神，突出无产阶级政治，做好思想工作。

票分到各小组以后，组长认真学习了毛主席的教导：**"政治工作是一切经济工作的生命线。"**学习军委扩大会议决议中关于"政治工作做好了，人的积极性和创造性发挥起来了，各种工作就都可以做好。从这一环着手，一通百通"的指示，带领大家狠批了刘贼的"公私溶化论"，同学们纷纷表示一定要斗私批修。有的同学说："座位有正有偏，但思想决不能"偏"在"私"字上。"当组长把票刚摆到桌子上，全组同学又"争"了起来。然而，这次却"争"的是偏座，抢的是偏座。正座的票让来让去，谁也不肯要。有的同学无可奈何地拿起了正座票，到了电影院，他们却又坐在偏座上了。大家都高兴地说："突出政治与不突出政治真是大不一样啊！不突出政治就出歪风邪气，突出政治就出好人好事好风格，发票事虽小，我们就是要从小事中培养自己毫不利己专门利人的思想。"

过了一些时间，排里又组织了一场电影，有一个小组长认为，我们上次突出了政治，已经差不多了，这回保证不会出问题。于是他们没有作深入细致的思想工作，结果，又出现了个别同学争好票的现象。这件事对排里震动很大。排委会认为，事情虽然发生在一个组的个别人身上，却反映了无产阶级政治是突出一阵子，还是突出一辈子的两条路线的斗争。决定立即抓住这个典型事例展开路线分析。

分析会上，大家共同学习了毛主席的教导：**"思想和政治又是统帅、是灵魂。只要我们的思想工作和政治工作稍为一放松，经济工作和技术工作就一定会走到邪路上去。"**有的同学说："不比不知道，一比全明了，前一次突出政治，没有人争好票；这次政治工作稍一放松，就使私字冒了头。突出无产阶级政治一点也松不得呀！"有的同学说："军委扩大会议决议中指出'思想工作要不间断地进行。'活生生的事实告诉我们突出无产阶级政治，决不能满足于一得之功，一孔之见。无产阶级政治突出百分之九十九点九都不行，我们一定要让它在百分之百的时间里起作用。"

那位组长深有感触地说："军委扩大会议决议中指出'在一定的物质基础上，思想掌握一切，思想改变一切'。我所以没有把好突出政治的关，就是因为有'差不多'的思想，事实教育了我，今后，我一定好好学习两个'决议'，事事、处处突出无产阶级政治，增强执行毛主席革命路线的自觉性"。争好票的同学也提高了觉悟，主动斗私批修。

大家一致感到，这样的路线分析会就是好，比出了真理，敲起了警钟，明确了方向。要想坚决执行毛主席的无产阶级革命路线，就必须学好两个"决议"，坚定不移地走突出无产阶级政治的道路。

四中五连三排　**排委会**

中学红卫兵

1971年1月13日　第三版

把教育革命坚持下去，深入下去

毛主席的哲学思想是语文教材的灵魂

河北区小树林学校　师宣兵

编者按：语文教材如何划分单元？这篇文章提出了与刘清澜同志不同的看法，即以政治观点划分单元为好。希望革命师生继续深入进行讨论，把你们的看法报寄本报。

语文教材的编写是按文章体裁划分单元呢？还是按政治内容划分单元呢？我认为，按后一种划分方法好得多。

在过去，语文教材是按文章体裁划分单元的。教师用不少的时间去讲各种体裁的定义、区别、特点，过多地注意了文章的章法、层次结构、写作技巧，从而忽视了政治思想教育，单纯地为"文"而文。

目前，编写的语文教材远远不能适应今天国内外大好革命形势的需要，必须急起直追，赶上形势。

学习语文这一工具，是为学习和宣传毛泽东思想，为社会主义革命和社会主义建设服务的，是为了转变学生的思想，提高执行毛主席革命路线的觉悟，形成辩证唯物主义世界观，能动地改造主观世界和客观世界，把中国革命和世界革命进行到底。离开了这一总目的，离开了它的"阶级性"和"实践性"片面强调语文本身的特点，就会把语文教学引向邪路上去，甚至会走回头路！

以政治内容为标准，不同体裁的文章放在一个单元里，有如下好处：

一、"**我们的要求则是政治和艺术的统一，内容和形式的统一，革命的政治内容和尽可能完美的艺术形式的统一**。"对一篇文章、文学作品是这样要求，对一个单元也要这样要求。每个单元突出毛主席的一个基本观点，然后选取不同体裁文章来证明这一论断的英明。比如，选一篇毛主席哲学著作，再选一些工农兵学哲学用哲学的文章，选一些歌颂毛主席，歌颂毛泽东思想，歌颂毛主席革命路线的散文、诗歌，不是对**转变学生的思想**，提高学生的路线斗争觉悟更好吗？

二、文章体例多，对学生鉴别能力的培养是有益的。"**有比较才能鉴别**。"同一单元里有政论文推论说理，有诗歌散文表彰歌颂，有革命故事颂扬先进人物，还有短小泼辣的小评论，几种不同体裁，说明一个基本观点，从不同的角度，用各种的写法，**说明表达同一思想**。一个单元里，内容丰富，尖锐泼辣，有朝气，反映伟大的群众斗争，这对学生认识能力的提高，写作能力的培养是有好处的。

通过语文字、词、句、篇章结构的教学，进行深入细致的思想教育。字、词、句教学与思想教育结合起来，融汇贯通，防止"两张皮"。这样日积月累，循序渐进，对形成学生无产阶级世界观是起着重大作用的。

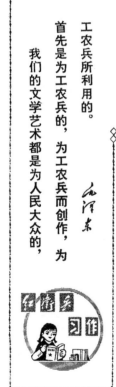

当然，语文课有着它的特点，但不外乎是"语言（读）"和"文字（写）"，工农兵"攻下文化关，攀登理论山"的方法，为我们提供了语文教学的好经验。如果语文教师离开了政治思想教育去"说文解字"，那么势必不会收到予期的效果，反而造成了危害。

"**政治是统帅，是灵魂。**"编写语文教材必须以毛主席哲学思想为灵魂，以毛主席的革命路线为教材的生命线。

我们的文学艺术都是为人民大众的，首先是为工农兵的，为工农兵而创作，为工农兵所利用的。

毛泽东

从本期起，本报设《红卫兵习作》专栏。在这个专栏里，发表红卫兵自己写的（作文或其他）歌颂工农兵、描写学校生活等方面，各种体裁的文章，欢迎广大红卫兵战士踊跃来稿。

——编者

在风雨中

南郊徐庄子公社"五·七"红校　陈秀敏

"立秋"以后，一天傍晚，天空阴沉沉的，东北风呼呼地刮着。

饲养棚里，牲畜发出一阵不安的骚动，饲养员李宝深，凭着他多年的经验，立即意识到一场大雨就要来临。他和老饲养员李宝珠一起堵好窗户，添好草料，又把圈棚门口结结实实地挡好，这才回到屋里。

忽然，一道闪电划破漆黑的夜空，紧接着，一声炸雷震得窗户纸直咕咚，大雨哗的一声从天上倒下来，象炒豆似地打在门窗上。

两个饲养员坐在明亮的电灯下，嘴里叼着烟袋杆，屏声静气地听着窗外的雨声，脸上露出了笑容。

雨声越来越大，两个饲养员心里乐开了花。李宝深使劲地拍了一下大腿，格格格地笑起来，放开他那洪钟似的嗓门，朝着李宝珠大声说："我的老伙计，这可真叫'及时雨'呀！"老饲养员李宝珠一下子明白了他的意思，放声大笑："哈哈，看把你美的！"李宝深紧接着说："这场雨好哇！正好耩麦子。萝卜、白菜也长好了！"说完，还得意地攥着烟袋嘴，把烟袋抡了一圈。五十来岁的人了，活象个小伙子。小屋里洋溢着一片欢乐。

电光闪闪，惊雷轰鸣，风雨一阵比一阵猛烈。

突然，李宝深把烟袋一摔，嗖的一步从炕上跳到地下，披上一条麻袋，从门后抄起一把铁锨就要往外闯。老饲养员李宝珠，一把抓住他，瞪大了眼睛，急切地问："我的老天爷，你这是唱的哪出戏，你要干什么？"李宝深认真地说："我去西坑，把道口扒开，让水都流到坑里去，往后饮牲口就有水了。"李宝珠着急地说："不行啊！风雨太大呀，看把你冻病了。"李宝深毫不犹豫地说："没关系！"猛地拉开房门，一个箭步冲出门外。风雨中传来了洪钟似的声音："**下定决心，不怕牺牲，排除万难，去争取胜利。**"

……☆……

这一冲，显示了李宝深大公无私的思想境界，一个心眼干革命的决心；这一冲，是对大叛徒刘少奇"活命哲学"的有力回击。什么"锺爱自己"，统统见鬼去吧！

老饲养员李宝珠，无限深情地望着李宝深的背影，心潮翻滚，热血沸腾，心想："宝深啊，是毛主席救了你，你才有今天。你常说，豁出命来干革命，扑下身子拉直套！现在你，你……"

风还在刮，雨还在下，老饲养员李宝珠望着门外出神。眼前浮现出一桩桩往事：谁能忘记，小骡驹肚脐流血，你疼的眼里含着泪，不管白天黑夜，总是守着它，一碗水一把料，还把自己的棉被盖在骡驹身上。十二天精心护理，骡驹欢蹦乱跳，可你啊，却象生了一场大病。谁能忘记，老马得了"结症"，你骑在马背上，用自己的胸脯推搡马背，老马"结症"解除了，宝深啊，你却断了一根肋骨；……

也不知过了多长时间，风雨中又传来洪钟似的声音："**下定决心，不怕牺牲，排除万难，去争取胜利。**"

老饲养员李宝珠，眼里噙着泪花，将李宝深一把拉进屋里，望着他那湿漉漉的衣裳，心疼地说："看把你冻成这个样子，快上炕暖和去！"

电灯把小屋照得雪亮。灯光下两个饲养员一字一句地朗读毛主席的教导："**我们这个队伍完全是为着解放人民的，是彻底地为人民的利益工作的。**"伟大的声音温暖着饲养员的心，伟大的声音从小屋里传出去，盖过雨声，在夜空回旋荡漾。

中学红卫兵

1971年1月13日 第四版

一个小鋁缸子的故事

浩 英

谁想得到啊，一件意外的事情，发生在我们排的忆苦报告会上。

今天，我们请来了驻校工宣队长刘师傅给作忆苦报告。刘师傅刚座下，就从挎包里拿出一个又小又旧瘪了好几块地方的小铝缸子。唉，刘师傅喝水怎么用这么个小缸子呢？

刘师傅两眼含泪，用抖动的双手把小铝缸子高高地举起，悲痛地说："你们看，这不是一个普通的水碗，它记载着咱们劳动人民在旧社会的仇和恨呀！我的老家在大城县西府村。在那万恶的旧社会里我们一家四口人，都曾用它要过饭……"

我强忍住眼泪，继续听着刘师傅控诉吃人的旧社会：

"我的爸爸，受尽了黑心地主的折磨，临死，没有吃到一口净面的饽饽，他给我们娘儿仨留下来的，就是这个唯一的小铝缸子。我们娘儿仨，拾一些又碎又烂的稻草，蜷缩在人家的柴窑里，睡在人家的过道里，缺衣少食，饥寒交迫。有时妈妈要来一小口一小口的糠饽饽，就用这个小铝缸子沏一点盐水，我们娘儿仨蘸着吃。我十四岁那一年，害了一场大病。可怜的妈妈为了给我治病，背着我，忍痛把我那八岁的小妹妹卖给人家当了童养媳。没过多久，妈妈想妹妹得了重病。妈妈临死时，把我叫到身边，抓着我的两只小手，痛苦地、断断续续地说："好孩子，你可别忘了你爸爸是怎样叫地主活活地折磨死的呀！千万要找到你那可怜的小英妹妹，可要好……好好地疼她呀！……"我一头扑在妈妈身上，哭不出声音来了。

"不忘阶级苦，牢记血泪仇！打倒叛徒、内奸、工贼刘少奇！"老师和同学们愤怒的吼声冲出教室，响彻整个校园。

刘师傅擦擦眼泪继续说："解放后，我到处打听，可是直到现在没有找到妹妹的下落。要是她还活着，今年三十六岁了。我还能认的出，她的左眼皮上有颗黑痣……"听着刘师傅痛述家史，使我联想到我妈妈在旧社会的悲惨遭遇，妈妈经常讲，她也是八岁当了童养媳，离开了她的妈妈和哥哥。一直熬到解放，才翻了身，进纱厂当了工人。对！妈妈的那颗黑痣，也是长在左眼皮上！妈妈今年也正是三十六岁呀！啊？这位刘师傅，也许正是妈妈多年没有找到的舅舅吧？想到这里，嗯地，一股热血直冲上我的心头，我再也坐不住了，挪蹭着走出教室，撒腿就往家里跑。

"光当"一声，我推开家门。正巧妈妈刚刚下班回来。我上前一把拉住妈妈的手，大声说："妈妈！快……快走，给我们排作忆苦报告的刘师傅准是舅舅！"自从解放后，妈妈多年来没有找到被旧社会拆散的亲人，如今这突如其来的喜讯，把她惊呆了。她楞楞地站在屋里，泪水呼呼地往下直淌。我的嚷声，惊动了邻居张大娘、王二婶，她们也跑进屋来。听我述说了刘师傅的家史后，也齐声催促妈妈赶快到学校认认是不是自己的亲人。

我拉着妈妈一溜小跑儿来到学校。当妈妈出现在教室门口的时候，报告会快要结束了，会场上所有的人都惊奇地望着她。我看看刘师傅，又看看妈妈，哎呀，长得真象啊！妈妈近前一步说："刘师傅，你是哪里的老家？"刘师傅走近妈妈说："大城县，西府村。"当他一眼看到妈妈左眼皮上那颗黑痣，突然激动地大声问："你是小英妹妹！"妈妈还没来得及回答，就一眼瞥见讲桌上自己童年要饭用过的那个小铝缸子，她急忙上前，一把抓在手里，眼里拥出了泪水，激动地喊着："大哥！大哥！"

整个会场在沸腾。老师和同学们都眼里含着热泪，齐声鼓掌。刘师傅带头振臂高呼："毛主席万岁！万万岁！"妈妈也情不自禁地大声高呼："祝毛主席万寿无疆！万寿无疆！"妈妈突然转过头来，一把将我推到刘师傅跟前说："玲玲，快叫舅舅！""舅舅！"我抓住舅舅的衣襟，激动得使我再也说不出话来了。舅舅用他那粗糙的大手，亲切地抚摸着我的头。转眼间，他从妈妈手里拿过那个小铝缸子，好象对我，也好象对我的老师和同学们，意味深长地说："这个小铝缸子，它跟了我们一家子几十年，它是我们劳[illegible]民在旧社会受苦受难的铁证！如今，我把它送给玲玲，留作纪念。希望它永远保留在你身边！你要听毛主席的话，'好好学习，天天向上'！"

我庄重地接过小铝缸子，快步走到毛主席像前，大声宣誓："毛主席呀毛主席，李玲玲永远忠于您，海枯石烂不变心，山崩地裂志不移！"

会场上，响起了嘹亮的《东方红》歌声。革命师生把内心深处的千言万语，都倾注在这幸福的歌声里面。我大声唱着，把舅舅的小铝缸子紧紧贴在心窝上，仰望着毛主席慈祥的笑脸，幸福的泪水模糊了我的眼睛……

（本文插图由四十七中宣传组供稿）

这里向大家介绍一个志愿军炊事员老王叔叔在朝鲜战场上用一根扁担活捉了十二个美国鬼子的故事。

一个大雾天，老王叔叔送完早饭，挑着担子下山。

突然，发现一队美国鬼子爬上山来。

欢迎批评 欢迎来稿 本报地址：天津市和平区浙江路十八号 电话：3.3059 本市邮局办理订阅和零售（电话：2.5145 4.1106）

中学红卫兵

天津市中学红代会主办

第167期　1971年1月27日　星期三

毛主席语录

虚心使人进步，骄傲使人落后。

谦虚与骄傲

赵金水

最近听到一些这样的话："我是老红卫兵了"，"我是团员了"，"我出身工人，我爸爸是党员，我是红旗下长大，对毛主席感情深，犯不了错误。"这是"自来红"思想、盲目骄傲自满情绪的流露。

出身好，成份好，这是一个青年容易接受毛泽东思想的有利条件。但是，出身好，不等于就有了毛泽东思想；出身好，不能代替改造世界观；出身好，不能保证不犯错误。有的红卫兵以为"根正苗红"，就可以不学习，不改造，这是错误[redacted]毛主席的深厚无产阶级感情倾注在刻苦地活学活用毛泽东思想上，认真改造世界观，才能继续革命永向前。

"自来红"思想是继续革命的"拦路虎"。有了"自来红"思想，就会看自己"一朵花"，看别人"豆腐渣"。只当革命的动力，不当革命的对象；只革别人的命，不革自己的命；只做别人的思想工作，不用毛泽东思想斗自己头脑中的"私"字；愿听奉承话，不愿听批评，不能一分为二地对待自己，在继续革命的征途上固步自封，停止不前。

"自来红"思想是形而上学的观点。如果满足于"根正"，结果可能会"走不正"；满足于"苗红"，结果也可能"心不红"。其实没有"自来红"，改"观"才能"自觉红"。无产阶级革命事业的接班人不是天生的，而是靠活学活用毛泽东思想成长起来的。革命青年就象小树，要想成材，必须有毛泽东思想阳光雨露的哺育，必须随时接受工农兵的精心培育。

"自来红"思想是骄傲自满的根源之一。伟大领袖毛主席教导我们说："**虚心使人进步，骄傲使人落后。**"骄傲自满是前进路上的"绊脚石"。思想上有了骄傲自满情绪，看问题就必然是"一点论"，眼睛光盯着自己的长处，越看越觉得自己不错，这是很危险的。革命路上不反骄，早晚都要摔大跤；只有谦虚、谨慎、戒骄、戒躁，才能不断革命，永远前进！

谦虚谨慎是无产阶级世界观，是从"公"字出发的；骄傲自满是资产阶级世界观，根子是个"私"字。毛主席的无产阶级革命路线，是建立在无产阶级世界观基础上的。要让毛主席革命路线在头脑里深深扎根，要使骄傲转化为谦虚，必须不断斗私破满，彻底改造世界观。

反骄破满继续革命

去年，我参加了和平区第二届活学活用毛泽东思想积极分子代表大会。会上，听了许多代表的发言，使我受到很大教育。后来我又做了区红代会常委。可是因为我违背了毛主席**虚心使人进步，骄傲使人落后**的伟大教导，在一片赞扬声中，产生了骄傲情绪，在荣誉面前转了向，背上了成绩的包袱。

我的这种思想刚一露头，就被广大革命师生发现了。大家满腔热情地找我谈心，对我进行耐心的帮助。但是我并没有把这些帮助看成是政治上的关心和爱护，而是认为别人盯着我。心里却一页一页地翻着自己的功劳簿：我整天黑天白夜的拚命干，在学生干部中，论资格我最老，论年龄我最小，论工作我干得最多，论贡献我最大，我比谁都高明。我现在保持现状就够用了。骄傲情绪越来越严重。工宣队和师生们废寝忘食的找我谈心，帮助我一起学习毛主席的伟大教导。毛主席教导我们说：**无产阶级和革命人民改造世界的斗争，包括实现下述的任务：改造客观世界，也改造自己的主观世界——改造自己的认识能力，改造主观世界同客观世界的关系。**林副主席也教导我们说：「对自己应该怎么看法呢？应该一分为二。可能有些长处，但是一定有缺点。对自己的长处，要充分发挥，来为革命尽力。对自己的缺点，要不断地进行斗争，来适合革命的需要。我们要把自己当作革命的一份力量，同时又要不断地把自己当作革命的对象。」用毛主席和林副主席教导对照检查自己，我感到十分惭愧，觉得对不起党，对不起伟大领袖毛主席。回想起自己的进步，都是靠战无不胜的毛泽东思想，靠群众的帮助。但是我却把「账」记在自己的本上。心里有了个人的小账，就忘了革命的大「账」，就会觉得自己高人一等，脱离群众。我深深感到骄傲自满是继续革命的大敌，革命路上不反骄，早晚都要摔大跤。骄傲自满，就不能正确地执行毛主席的革命路线，坚定不移地按照毛主席的教导办事。我越想越觉得自己的思想是错误的，越想越觉得只有在革命路上不断地反骄破满，不断地一分为二，才能永远沿着毛主席革命路线胜利前进。我提高了认识，增强了继续革命的信心，决心进一步活学活用毛主席著作，不断革命，永远革命，争取更大的胜利。

抗大红一中　**贺勇**

对自己永远要一分为二

我在工作上取得了一点成绩，得到老师和同学们的表扬。在成绩面前产生了骄傲自满情绪，对排里工作也不那么关心了。毛主席教导我们："**即使我们的工作得到了极其伟大的成绩，也没有任何值得骄傲自大的理由。虚心使人进步，骄傲使人落后，我们应当永远记住这个真理。**"我感到毛主席好象在批评我。认识到：对自己要永远一分为二，既要看到成绩又要看到不足。即使取得了很大的成绩，也要看到是战无不胜的毛泽东思想的胜利。

要把成绩当做"起点"，只有这样，才能永远朝着继续革命的道路前进。要当好革命的动力，首先要当好革命对象。继续革命是永远没有终点的。今后，我一定读毛主席的书，听毛主席的话，照毛主席的指示办事，做毛主席的好战士。

四十中学　**贾兰**

学习胡业桃革命干到底

十六中　李宪蕙

自从我加入共青团以后，产生了革命到头的思想。认为中学加入共青团就算顶头了。所以在工作中，能干多少，就干多少。学习了模范共青团员胡业桃同志的英雄事迹，使我受到了很大教育，我这种思想实质就是骄傲自满。毛主席教导我们说："**共产党人要具有无产阶级的彻底革命精神。**"革命到头就是不革命的思想。要把入团当做继续革命的新起点。在组织上入了团，并不等于在思想上入了团。事事联着"线"，"线线"联着"观"，我要向胡业桃同志学习，不断刻苦地改造世界观，为共产主义奋斗终生，为人类做出更大的贡献。

加入紅卫兵以后

我认识到这个问题后，就找一些加入红卫兵后模范作用发挥不够好的同学谈心。和他们一起学习毛主席《将革命进行到底》这篇光辉著作，学习胡业桃同志的英雄事迹，批判骄傲自满和革命到头的思想。是骄傲自满还是谦虚谨慎，是革命到头，还是革命到底，这是两种世界观的反映，是忠于不忠于毛主席革命路线的大问题。通过学习，这些红卫兵有了进步，发挥了模范作用了，做了不少为人民服务的好事。我们共同前进在继续革命的大道上。

红卫兵组织批准我加入了红卫兵，我心里十分高兴。但同时，产生了一个错误想法：认为加入了红卫兵，算是完事大吉了，努力不努力没关系了。

后来，我带着这个问题学习了毛主席的教导："**矛盾着的对立的双方互相斗争的结果，无不在一定条件下互相转化。**"毛主席在这里告诉我们，事物都是在变化的，坏可以变好，好也可以变坏。加入红卫兵，这是一件好事。但因此而沾沾自喜，以为大功告成，不再继续努力了，那就非变坏不可；如果把加入红卫兵看做是万里长征的第一步，是进步的开始，那么，就会朝着更好的方面转化，就会在革命的大道上继续前进。

通过学习毛主席的哲学思想，使我提高了认识，进一步查找了思想革命化上的差距，端正了加入红卫兵的动机。今后，我一定以毛泽东思想为锐利武器，不断地改造自己，把每一个进步，都看作是继续革命的起点和加油站，在继续革命的大道上永不停步。

汉沽区红兵中学

孟令军

中学红卫兵

1971年1月27日　第二版

冰河水底暖气吹

——记一次抢救落水儿童的战斗

清晨，孙春生和韩宝勤背着书包，高唱着“东方红，太阳升……”，手拉着手，蹦蹦跳跳地上学去了。看着他们天真活泼地走在洒满阳光的大道上，怎能忘记不久前一场抢救小宝勤的战斗呢！

去年十二月十六日，数九寒冬的季节，河面上冰层复盖。从钢厂拉出来的热炉渣倒在冰面上，冰层溶化，不时地发出滋滋的响声。红小兵孙春生和韩宝勤正兴高彩烈地在仓库外护城河上滑冰，突然冰面破裂，小宝勤来不及煞住冰排，一下子掉进了一丈多深的冰河里。

附近工厂里的工人、正在仓库值勤的解放军、过路的群众和红小兵从四面八方向出事地点涌来，一场抢救落水儿童的战斗开始了。

◇　◇

急令冰雪化春水

在这场战斗中，第一个跳下去抢救的是十岁的红小兵孙春生。

小春生平时活学活用毛主席著作，连续两年被评为五好战士。现在看到自己的阶级弟兄遇险心急如火，**我赞成这样的口号，叫做“一不怕苦，二不怕死。”**毛主席的伟大教导顿时响在耳边。他立刻跑到冰边，叫宝勤拉着自己的手上来。可是，宝勤怎么也游不到边上来，怎么办呢？春生想到，我是毛主席的红小兵，一定要做到**关心他人比关心自己为重**。只见他纵身一跃，跳进冰水之中，游到宝勤身边，鼓励他：“别害怕，下定决心，我们一定能上去。”说着拉起他的手，踩着水，游到冰边，向冰面上爬去，刚爬到半截，冰面塌陷了，扑通一声，两个人一块掉到水里。春生又一次拉住宝勤的手，心想，两个人上去太重，还得把冰面压裂，于是，他脚下踩着水，两手使劲往上托着宝勤，还是上不去。

这时，春生脑子一闪，自己爬到冰面上，把腿伸到冰河里，叫着：“宝勤，拉着我的腿上来。”宝勤的手脚已经麻木了，怎么也游不到冰边。杨子荣叔叔“明知征途有艰险，越是艰险越向前”的高大形象和董存瑞叔叔舍身炸碉堡的英雄行为出现在春生的面前。他又毫不犹豫地跳进冰河，使劲地把宝勤拉到冰边，冰面又一次塌陷了。小宝勤开始下沉了，春生也精疲力尽，冰冷的河水使他连话都说不出来，浑身象针扎一样难受。他使尽全身力气，拚命踩水，一手抓着冰排，一手拉着宝勤，默默地背诵着“**下定决心，不怕牺牲，排除万难，去争取胜利**”。暗暗想：不救出小宝勤，死也不撒手。他紧紧地拉着已经昏迷的宝勤，高呼着“毛主席万岁！毛主席万万岁！”象一个无畏的战士奋战在激流之中。

◇　◇

胸怀朝阳何所惧

正在仓库执勤的亲人解放军、五好战士靳福巨听到“毛主席万岁”的呼声，纵身跳下四米高的围墙，向出事地点奔去，还差几米远的时候，冰面塌陷，靳福巨也掉到冰河里。

他本来就不太会水，看到毛主席的红小兵生命受到威胁，那里顾得上这些。只见他沉着地拨水，好一会儿，才蹬上冰面，一面脱下棉衣，一面更急速地向前奔跑。

到了冰边，他一下子跳到水里，扑腾着，奋力向春生游去。身体被冰块划破了，刺骨的冰水呛得他喘不过气来，但他紧紧地拉着春生，“不要管我，救红卫兵要紧！”爱民模范李文忠的声音响在耳边。他牢记毛主席的伟大教导：“**成千成万的先烈，为着人民的利益，在我们的前头英勇地牺牲了，让我们高举起他们的旗帜，踏着他们的血迹前进吧！**”心中只有一个念头：豁出自己的性命，也要救出毛主席的红小兵！毛主席的声音似春雷，冰河水底暖气吹；胸怀朝阳何所惧，心红似火志更坚。亲人解放军在冰河里一沉一浮地顽强战斗着。岸上的人们纷纷拿来绳子，抬来沙槁，齐声高喊：“解放军同志，快，快扶沙槁！”靳福巨一手抓住沙槁，一手拉着小春生，在同志们的协助下，小春生和解放军上岸了。

靳福巨脚跟还没有站稳，急忙问：“红小兵怎么样了？”春生也急着说：“我不要紧，还是去看看宝勤吧！”“放心吧！他已经脱险了。”这时，春生和解放军同志的脸上露出了宽慰的笑容。

大家含着热泪拉着亲人解放军的双手，让他到附近铁厂里暖和暖和，解放军同志笑着说：“毛主席教导我们要提高警惕．我不能离开战斗岗位呀。”说着，他在挂着冰柱的衣服上，套上了那件已被革命群众烤的半湿不干的棉大衣，系上武装带，英姿勃勃地回到了自己的工作岗位上。……

一颗红心似火焰

就在解放军跳入冰水中的同时，电解铜厂的工人孙富新也从河对岸直向出事地点跑去，刚踏上冰面，也被陷了下去。几寸厚的冰层挡住了他的去路。「**这个军队具有一往无前的精神，它要压倒一切敌人，而决不被敌人所屈服。**」几行金光闪闪的大字展现在他的眼前，只见他挥起两只铁臂，向冰层猛地砸去。顿时，两个胳膊和胸部鲜血直流，伤口浸泡在冰水里，钻心地痛。但他一颗红心似火焰，仍然继续破冰前进。转眼间，一道冰糟终于被孙富新同志的铁臂打开了。

孙富新同志迅速游到两个孩子身边。春生已有些支持不住了，但仍紧紧地拉着宝勤。两个孩子同时上去是不可能的，先救谁呢？孙富新有些犹豫了。就在这一刹那，孙春生毅然决然地把宝勤推到孙叔叔的怀里。这一推，闪烁着毛泽东思想的光辉，这一推，给刘少奇「活命哲学」一记响亮的耳光。孙富新看到新一代在成长，心潮澎湃，热血沸腾，他向小春生投去爱抚，敬佩的目光，抱起宝勤，急速向岸边游去。宝勤得救了。

第二天清晨，阳光普照。浑身缠满纱布的孙富新同志，迎着朝阳，奔向自己的工作岗位。当别人问到他的伤口时，他漫不经心地说：「走路不小心摔破了」。直到部队和学校到工厂后，同志们才恍然大悟。大家不约而同地想到，这位曾经在战备劳动中，用身体挡住塌方的英雄，又为人民立下了新功……。

汪庄子小学报道组
本报通讯员

四颗红心

一天夜晚，天气突然变化，刮起了西北风，狂风卷着树叶在天空旋转，大街小巷，除了夜班工人在操作，解放军战士紧握钢枪警惕地巡逻外，大家都在暖烘烘的屋子里进入了梦乡。

崔润明同学趴在桌子上，习惯地打开了金光闪闪的《毛泽东选集》，学习《为人民服务》，对照检查着自己一天的工作。时钟敲了十下，他合上了日记本，准备睡觉，猛然想起，连里的大批判专栏明天就得出刊，但是稿子还没有抄完。这是捍卫毛主席革命路线的一场战斗啊！毛主席“**全心全意地为人民服务**”的伟大教导响在他的耳边。他站起身来，整了整衣服，准备找靳润祥同学去。

刚一出门，一阵西北风迎面扑来，小崔不由得打了个寒战，后退了一步。这时，张思德、白求恩、老愚公，三个光辉形象出现在他的眼前，一股暖流涌上了心头，他猛地推开门，冲进了狂风之中。

刚一出院子，看见一个黑影，走进一看，正是他要找的连里大批判小组的组长靳润祥。崔润明忙说：“润祥，咱们一同把大批判搞完吧！”说着，两个人向通往学校的大道上走去。突然，前面的胡同里闪出一个人影，小靳说：“你看，那不是左涛吗？……”

三个红卫兵战士此时此刻想到的不是睡觉，而是集体，是革命工作。这时，他们不由地加快了步子，直朝学校奔去。到了学校，连部里早已亮起了电灯，这灯光映红了一个人的笑脸，这灯光照亮了崔润明、靳润祥、左涛的心窝，三个人不约而同地喊出：“孙长明……”。

夜深了，四处一片漆黑，红卫四连连部的灯光显得格外明亮，它映红了红卫兵战士一心为“公”的高大形象，它映红了四颗红卫兵战士无限忠于毛主席的红心。

七十九中　崔玉中

欢迎批评　欢迎来稿　本报地址：天津市和平区浙江路十八号　电话：3.3059　本市邮局办理订阅和零售（电话：2.5145　4.1106）

中学红卫兵　　1971年1月27日　第三版

从一个糠饽饽說起

油墨厂老工人　杨松琦

学校开了忆苦会，会后吃了忆苦饭，小华就是咽不下，光在嘴里打转转。捎个饽饽回家去，请妈妈帮他找根源："这糠饽饽真难看，又难吃来又难咽，到底毛病在哪里？请您帮我找根源。"

妈妈一见糠饽饽，又是高兴又心酸，高兴今天多幸福，心酸过去受熬煎……

"在那黑暗的旧社会，你爸爸四岁就要饭，终年缺吃又少穿，孩子你现在是解放加幸福，你爸爸过去是流浪加黄连。孩子你今天多幸福，从小没有受过苦和难，出了幼儿园，学校把书念。毛泽东思想育新人，为了江山永不变。

"在那万恶的旧社会，你姥姥生我十三天。家中没有一粒米，烟囱一连几天没冒烟；一家人大眼瞪小眼。有钱人生儿养女是大喜，张灯结彩吃喜面；穷人家添嘴养不起，全家人哭声连一片。为了让我逃活命，别跟妈妈受熬煎，十三天就把我给了人，妈妈的眼泪一串串：'孩子，不是妈妈的心太狠，是旧社会太黑暗，逼得咱走投无路，一家子人不得团圆，深仇大恨要记住，有朝一日要清算，吃人的社会要打倒，把豺狼虎豹都砸烂。'自从把我给人后，妈妈给人去当'老妈子'，饥寒交迫苦难言。

一唱雄鸡天下白，共产党毛主席领导咱穷人闹革命，推翻头上的三座山。有了毛主席，才有咱今天，毛主席的恩情大无比，我几天几夜说不完。苦有根，甜有源，关键就是一个'权'，没'权'祖祖辈辈受苦难，有'权'幸福万万年。"

听了妈妈忆苦后，小华连连把头点："我有个建议给您提，春节咱再吃一顿忆苦饭，我请来同班小朋友，您再把过去劳动人民没'权'的痛苦给谈谈。"

不懂得什么是阶级，不懂得什么是剥削，就不懂得革命。不弄清过去的苦，就不知道今天的甜，还会把今天的甜也误认为是苦。

林彪

由「面包」想起的……

刘金林

一个星期天的下午，我在家里正写"驳教书倒霉论"的大批判材料，五岁的女儿刘芳非让我带她去买面包。我顺手掰了块馒头哄她，可她还是又哭又闹，见此情景，引起我把往事回想。……

"小芳，我先给你讲个故事好不好？""好，讲完了可就去给我买面包啊。"这时她的小圆脸上才有了一点笑容，我把她搂在怀里，对她讲：

在三十年前，有个小孩和你一样大，也是五岁，他爸爸给地主做长工，辛辛苦苦地干了一年，打下的粮食都得给地主交了租，一家人一年到头起早贪黑，累弯了腰也还是吃不饱，穿不暖。

有一年春天，正是青黄不接的时候这孩子得了重病，发高烧，又病又饿，躺在炕上喊："妈妈我想喝小米粥，妈妈……我想……"妈妈看着孩子病成这个样子，心如刀割地对孩子说："乖孩子咱家里没有一粒米，我几次捎信叫你爸爸回来想想办法，可狗地主就是不让来呀。"停了一会妈妈又安慰他说："等着吧，东北解放了，咱们这儿也快了，等共产党毛主席来了，斗垮了狗地主，咱们穷人就会翻身过好日子了。"

刘芳，我们现在吃白面馒头都不乐意吃。可是在过去，劳动人民的孩子偶尔能吃块玉米面饽饽就比现在吃馒头还香。要是过上灾荒年连树皮草根都吃光了。粮食一天涨三次价钱，家里哪有钱买粮食呀，那时的小孩子们都会说这样一首歌谣：小雨哗哗下，粮食要涨价，孩子要喝粥，爹娘直发愁。为什么孩子要喝粥爹娘直发愁呢？因为在那黑暗的旧社会，盖房子的工人没有房子住，种地的农民没有粮食吃。现在我们小朋友都恨狗地主，为什么呢？就是因为狗地主是剥削农民的大坏蛋。

一九四七年，一声春雷震天响，毛主席共产党领导的八路军来了，领导咱们广大劳动人民，斗地主，分田地，家乡解放了。那个孩子参加了儿童团，站岗放哨，查路条，监视坏人。后来在党的培养教育下，他加入了共青团，当了人民的教师，成为他们家祖祖辈辈第一个有文化的人……

现在他已经是大人了，他的闺女五岁了，是在新社会红旗下成长的，不知道旧社会的苦，……讲到这里，刘芳机灵地说："爸爸，我不吃面包了，你还给我讲个故事。"我说："咱们学一首儿歌吧。""好，你教我学。"刘芳拍手欢迎。儿歌的内容是这样的：

过去苦，记心上，
阶级仇，永不忘；
党给人民谋幸福，
人民永远心向党。
步步紧跟毛主席，
革命到底意志强。

（插图　健民药厂　孙志礼）

如今咱工人阶级掌大权，
扬眉吐气把家当，
翻身不忘过去的苦，
时时想着肩上革命担子有份量。
（刘希舜）

我和赵伯伯比童年

——看幻灯片《赵劳柱家史》有感

刘忠东

擦掉悲愤的眼泪，
我大步走到台前：
"**千万不要忘记阶级斗争**"，
我和赵伯伯比童年！

同学们，看一看：
我们穿的新棉衣；
同学们，想一想：
我们吃的大米白面！

你们可知道，
旧社会罪恶滔天，
地主逼死我爷爷，
我们家也曾要过饭！

为什么赵爷爷死在破庙？
为什么赵老爹含恨离人间？
为什么把两岁的弟弟卖掉？
为什么妹妹冻死在娘身边？

为什么姐姐当了童养媳？
为什么妈妈饿死在风雪天？
这一切都是因为一个"字"啊，
旧社会咱劳动人民没有"权"！

"**一唱雄鸡天下白**"，
"**换了人间**"。
毛主席领导咱武装斗争闹革命，
劳动人民从此有了权！

我爸爸开起龙门吊车，
为世界受苦人拚命干；
妈妈为革命织壁毯，
把一颗红心绣上边！

哥哥是英雄海军，
守卫在福建前线；
姐姐报名到农村，
誓为革命种好田！

姐姐赠我金光闪闪的毛主席像章，
哥哥寄来毛主席的哲学论文选；
妈妈亲手给我缝一套绿军装，
爸爸经常给我进行忆苦思甜！

毛主席给我革命的思想，
毛主席给我智慧和温暖；
毛主席给我光明的前途，
毛主席给我力量和勇敢。

我和赵伯伯比童年，
一个在"地狱"，一个在天；
越比越知道旧社会苦，
越比越感到新社会甜。

不忘阶级苦啊，
要彻底埋葬帝、修、反；
牢记血泪仇啊，
愿革命红旗五洲四海全插遍！

春节话今昔

——一个老工人的回忆

抬头看见毛主席像，
心中升起了红太阳，
仰望着亲人心激动，
心酸的往事涌心上。

旧社会受尽牛马累，
一年四季吃菜糠，
富人过年，穷人过「关」，
家中没有一粒粮。

地主逼债催得紧，
父亲着急没法想。
地主抢去妹妹来抵债，
母亲气得一命亡。

中学红卫兵　　1971年1月27日　第四版

补课

李云华

熄灯号响过了十分钟，班长陈英和同学们散会才回来。魏大娘听到脚步声，急忙开门，凛冽的寒风，绞着皑皑的雪片扑进屋来。“好闺女，快进屋暖和暖和。”

“唉！”陈英答应着走进东屋。一进屋，发现炕上多了一条棉被。

“大娘啊，我们一点也不冷！”陈英抱起被子就送到西屋。

“傻孩子，还有不冷的！”大娘拦住她说，“这条被子可不平常，说啥也得盖！你看这是条啥好被子？”

只见土黄色的小粗布被子，分不出哪是被里，哪是被面，几乎全被一块块旧补钉盖了个严严实实。陈英一看，立刻收敛了刚才活泼的笑脸，小心翼翼地把被子放在炕上。

“你们瞅瞅这里。”大娘笑哈哈地打开炕西头的被阁子，指着好几条崭新的花被窝说，“大娘有新被窝不给你们盖，专挑破被给你们盖，为的是暖暖你们的心。别看它破……”说着渐渐锁住双眉，老泪横流的眼睛喷射着仇恨的烈火。

陈英和同学们顿时楞住了。

大娘突然撕开被角上的一个大补丁，灯光下露出一片烧焦过的痕迹。满腔的阶级仇、血泪恨，从大娘的嘴里倾泄而出：

这是条祖传三代，用过几十年的旧被。旧社会，穷人一根头发顶着一颗汗，祖孙拼了三辈儿，除了多添上几个补丁之外，一无所得。大娘一家就靠着它熬过一个又一个数九隆冬。

四六年冬天，国民党的土匪兵闯进这个小村庄，说大娘家里有八路，连骂带打，临走还要抢走大娘的唯一财产——破棉被，大娘挺身反抗，狠心的匪兵一枪托子把大娘捣在地上，又狠狠戳了一刺刀，鲜血流在被上，“我叫你不给！”匪兵一把火点着了破草屋，鼠窜而去。大娘两只手攥得嘎嘎作响：“狗东西！你们逃不了这笔账！”

陈英听着，按不住怒火心中烧，猛地从内衣口袋里掏出一个小包包，一层一层地打开，里面是一块带血的衣襟。

“这就是蒋介石反动派犯罪的铁证！”陈英把血襟紧紧握在手心，挥动着拳头控诉道，“那一年，姥爷欠下一笔驴打滚的阎王债，地主逼债上门说：‘欠债还钱，没钱拿人顶！’他们说着就要抢走妈妈去顶债！这是哪家的天理？！姥爷决不能眼看着妈妈进狼窝，抄起扁担就追上去，狗地主仗着有几个狗‘腿子’，抡起拐棍劈头盖脸地向姥爷打来，穷哥们儿闻声赶来，狗腿子撤腿跑了，可是……”陈英哽咽着悲愤地继续说：“可是，姥爷的眼睛打瞎了，鲜血淋漓，颤抖着撕下一块衣襟，敷在他那血肉模糊的眼上。蒙住了眼睛，遮不住恨啊，姥爷使尽最后的力气，迸出几个字：‘记住……这……仇！！’”

“打倒蒋介石！”“一定要解放台湾！”屋里迸发出同学们的怒吼！

“解放后，”陈英拭了拭泪水，继续说道，“毛主席来了，妈妈才找到了娘，我也从妈妈手里接过了这块血衣襟。”

“是啊！没有毛主席就没有咱们今天。”大娘转悲为喜说，“有了今天，可别忘了昨天，这条被子我天天看，日日摸，今天盖在你们身上，就是为了让你们‘**千万不要忘记阶级斗争**’，接好革命班！”

“这条血襟，我时时贴在心口窝，时时想着过去，想着全世界被压迫的劳动人民。您的被，姥爷的血襟，记得都是一笔债！”陈英说着，展开被子，把血衣襟缝在被头上，一边缝一边激动地说：“补的不是被，是阶级教育课，路线教育课！”

“对！要补上这堂课！”同学们纷纷抢上缝几针。

陈英盖着魏大娘的血泪被，[illegible]去的苦、今日的甜想到政权，又[illegible]权想到路线，从路线想到世界观，心潮翻腾，久久不能入睡……

毛主席在军舰上　（转自《人民画报》）

拥軍爱民小故事

把关

在教材组编写的算术题中，有一道应用题引起了驻军小朱的深思。

这道题说的是：旧社会有个地主利用出租土地剥削农民，最后的提问是每年地主从农民身上“获得”多少粮食。小朱心想，旧社会，地主的算盘珠一响，不知有多少贫下中农被算得倾家荡产。地主家的大仓小囤里，哪一粒粮食不是贫下中农的血和汗？怎么能说是“获得”呢？

“算术课要算地主对贫下中农的剥削账，这是编写新教材的政治关口。”想到这儿，小朱决心为无产阶级教育革命把住这一关。

小朱和工宣队师傅研究后，同编写组人员一起学习了毛主席的《中国社会各阶级的分析》等光辉著作，又组织大家参观了三条石阶级教育展览。然后，召开了专题的讨论分析会。通过分析大家认识到：怎么算这笔账，是两种思想，两种世界观在教育战线上的反映。“**为什么人的问题，是一个根本的问题**”，我们教材编写人员一定要经常开展革命大批判，坚定不移地突出无产阶级政治。

小朱和大家一起把原题的提问改为：农民一年被地主“剥削”去多少粮食。　（南军）

六十支圆珠笔

一天，西藏路小学军训组赵守业到后勤组了解情况。一进门，发现后勤组组长周娟的办公桌上放着六十支圆珠笔。小赵心想，周娟同志自担任后勤组长以来，勤俭建校，从不乱花一分钱，今天为什么买了这么多圆珠笔呢？于是小赵便问起了圆珠笔的来历，周娟同志说：“现在年终结算，我一看节余的钱不少，就想发给每个教师一支圆珠笔。”小赵一听，意识到周娟办的这件事违背了毛主席的教导。于是，他便和周娟同志一起学习毛主席关于节约闹革命的教导，共同批判了叛徒、内奸、工贼刘少奇的“公私溶化论”。并语重心长地对她说：“毛主席教导我们：‘**财政的支出，应该根据节省的方针**’，咱掌财权得要时时不忘‘权’和‘线’，想着中国革命和世界革命，决不可只顾一时，滥用浪费呀！”

听到这里，周娟同志再也坐不住了，激动地说：“小赵同志，谢谢你给我敲响了警钟，帮我提高了路线斗争觉悟，今后我要把每一分钱都用在毛主席的革命路线上。眼见这件事的老师们说：“小赵爱民爱在了根本上。”

（和平区双宣队报道组）

“你们真是毛主席的好孩子！”

沐浴着灿烂的阳光，迎着扑面的寒风，一支英姿飒爽，斗志昂扬的红小兵队伍走在大路上。他们高唱着：「**军民团结如一人，试看天下谁能敌**」的革命歌曲，来到军属李大娘家。

他们进门后，向李大娘表示了亲切的慰问，接着有的担水，有的扫地，有的去买东西，你争我抢地忙了起来。他们越干越欢，个个汗流满面，有几个红小兵唱着：「我们是工农子弟兵……」，并把他们平时节省下来的钱，买了革命样板戏的画，给大娘挂在墙上。

李大娘被同学们的革命热情和冲天干劲深深感动，激动地说：「你们真是毛主席的好孩子！」红小兵微笑着齐声说：「这是我们应该做的！」

（建国道小学报道组）

中学红卫兵

天津市中学红代会主办

第171期　1971年2月24日　星期三

毛主席语录

虚心使人进步，骄傲使人落后，我们应当永远记住这个真理。

反驕破滿　謙虛謹慎立新功

塘沽一中革委会副主任、军队代表　白万庆

中央两报一刊元旦社论指出：“要根据毛主席的指示，在全党**进行一次思想和政治路线方面的教育**，把改造世界观，提高执行毛主席革命路线自觉性，作为干部学习的主要课题，以此来带动各项工作的前进。”我结合学习中央两报一刊社论，反复学习了毛主席“**务必使同志们继续地保持谦虚、谨慎、不骄、不躁的作风，务必使同志们继续地保持艰苦奋斗的作风**”和“**事物都是一分为二的**”教导，从两条路线斗争的高度，来认识骄傲自满的危害，从世界观上查骄傲自满的根源，狠斗自己头脑中的“骄”、“满”二字，使我深深认识到：毛主席革命路线指方向，一分为二来武装，反骄破满斗私心，继续革命不迷航。

破“自来红”，立自觉“改造红”

过去在我思想上一直背着“自来红”的包袱，认为自己出身苦大仇深根子正，红帽徽、红领章，当了干部入了党。文化大革命在三支两军第一线受到了阶级斗争的锻炼，“差不多了”，思想上自满起来。因此，在学习毛主席著作中，出现了“两多两少”。即带着别人问题多，带着自己问题少；带着工作问题多，带着思想问题少，一度忽视了自身思想革命化。

究竟怎样认识自己？我带着这个问题反复学习了毛主席**事物都是一分为二的**教导，和林副主席：“革命，也得革自己的命。不革自己的命，这个革命是搞不好的。”指示，对自己进行了分析。过去我只看到家庭出身给予好的影响的一面，而没有看到社会上两个阶级、两条路线、两种思想斗争必然反映到自己身上的一面；只看到自己年轻、能干、进步快的一面，而没有看到还存有后退的可能性的一面。因而，产生了片面性和盲目性。

出身好，根子正。对毛主席有朴素的无产阶级感情，是紧跟伟大领袖毛主席，学好用好毛泽东思想，执行毛主席革命路线的有利条件，但决不能代替先进思想，不能代替高度的路线斗争觉悟。干革命靠毛泽东思想。头脑中的毛泽东思想决不是自发地产生的，必须下一番苦功夫学习，这就是说要靠灌输。要做无产阶级专政下继续革命的坚强战士，紧紧跟上革命形势的发展，就一定要刻苦地活学活用毛泽东思想和毛主席的哲学著作。用辩证唯物主义正确对待自己，不断破“自来红”，立自觉“改造红”的思想，把毛泽东思想化为自己的灵魂，自觉地为执行、捍卫毛主席革命路线站好岗、放好哨、打好仗。

破主观主义，立群众是真正英雄的观点

主观主义是我继续革命的又一障碍。过去同志们对我工作主观曾多次提出批评，我也下决心斗了多次，但成效不大，原因究竟在什么地方呢？这次总评中，把这个问题提高到路线斗争的高度来认识，使我受到了很大的教育。

军宣队刚到塘沽一中时，在工作中，我注意和同志们一起商量，大家心情舒畅，团结一致干革命，使一中面貌很快发生了变化。在一派大好形势下，我产生了“差不多”的自满情绪，有些事情不和同志们商量就主观决定，和分到各连去的同志也很少谈心。出现了思想不见面，工作无重点，平推一般化的局面。群众对我提出了批评。带着这个问题反复学习了毛主席一定要抓好典型的有关教导，认识到不会和不懂得抓典型的领导，不是好的领导。于是我就和同志们一起商量，集中兵力打歼灭战，一个赛革命、赛团结、赛进步的高潮又掀起来了。

我为什么要主观呢？学习毛主席一分为二和有关群众路线方面的教导，使我进一步认识到：

产生主观主义的根本原因就是不能正确对待自己，不能正确对待群众，过高地估计了自己，忽视了群众的力量。毛主席教导说：“**人民，只有人民，才是创造世界历史的动力**”“**群众是真正的英雄**”。是相信、依靠群众，还是相信自己；是把群众看成英雄，还是觉得自己比别人高明，这是两条路线斗争的焦点。实践告诉我们：无产阶级革命事业是亿万人民群众的宏伟事业。那种看不到群众力量的人，必然被群众运动的滚滚洪流所淘汰。主观主义就是骄傲自满。根子是个“私”字，实质是个“官”字，主观主义必然脱离群众。

为了斗骄满、防主观、彻底改造世界观。我在领导班子中，自觉带头斗骄满，到群众中自觉改造斗骄满，时时处处斗骄满。发动群众把骄傲自满，主观主义搞得臭臭的。同时我还给自己规定了几条：工作上取得成绩时，首先想到毛主席，牢记毛主席群众是真正英雄的教导，防止居功骄傲；工作上遇到困难时，发动群众破难关，防止主观武断；工作上有了分歧，要尊重别人意见，不能自以为是地发号施令。斗争实践使我深深认识到：任何时候脱离群众，眼睛变“瞎”，耳朵变“聋”，就会寸步难行。只有虚心向群众学习，反骄破满，才能自觉地执行、捍卫毛主席的革命路线。

破松劲情绪，立为实现共产主义大目标长期支左的思想

在毛主席革命路线指引下，塘沽一中教育革命取得了一定的成绩。天津市教育局在塘沽区召开了教育革命现场会，全国各地不少兄弟单位到塘沽一中进行参观学习。在大好的形势下，我滋长了骄傲和松劲情绪，脑中少了“纲”、心中少了“线”，认为学校经过清队、整党阵线清，教材红，思想新，我支左已经四年了，也该回部队了。可是一件事触动了我。一次有位语文教师在课堂上讲“才子佳人”一词时，抽掉阶级内容，以词解词，散布了封、资、修的东西。为什么出现这种问题呢？学习了毛主席关于阶级斗争的论述，使我认识到：阶级、阶级斗争，两条路线的斗争是长期的。出现这种问题并不奇怪，这说明叛徒刘少奇修正主义路线流毒还远没有肃清。形势大好，并不等于阶级斗争和两条路线斗争结束了；支左时间长，不等于路线斗争觉悟提高了，不等于支左任务完成了；学校面貌改变了，不等于巩固无产阶级专政的伟大目标在学校落实了。因此，胜利面前骄不得，成绩面前满不得，继续革命的脚步停不得。

林副主席在“九大”政治报告中指出：无产阶级能不能把文化教育阵地牢固地占领下来，用毛泽东思想把它们改造过来，是能不能把无产阶级文化大革命进行到底的关键问题。我决心更高地举起“九大”团结胜利的旗帜，努力活学活用毛泽东思想，认真学习毛主席哲学著作，不断地用一分为二的观点看待自己、改造自己。牢记**虚心使人进步，骄傲使人落后**的伟大教导，为将中国革命和世界革命进行到底。树立长期支左的思想，谦虚谨慎，自觉地为执行、捍卫毛主席的革命路线立新功。

打开思想的“門窗”

塘沽五中　郑公卒

小评论

一间门窗紧闭的房子，过不了多久，空气就会污浊起来。

我们把这个道理推广开来，运用到思想领域中去，也是很有益处的。

那种骄傲自满的人不就等于把自己思想的「门窗」都关上了吗？

「你的看法不正确，」他的看法不对头，我的看法保准错不了。」这是跟别人研究工作的时候。

「你算老几，也说起我来了。老子说话叮当响，做事呱呱叫，用不着你来管。」这是听到了别人批评的时候。

……好家伙！真是水泼不进，针插不进，风吹不进，这「门窗」关得多严哪！

但他哪里知道，「**流水不腐，户枢不蠹**」，**是说它们在不停的运动中抵抗了微生物或其他生物的侵蚀**。关上了这个「门窗」，思想就要发霉，长期关下去，思想就会变质。

如果是一个真正聪明的人，他就应当把思想的「门窗」打开，让新鲜空气不断地进入，让毛泽东思想的春风尽情地吹拂。这样，他就能朝气蓬勃，永葆革命的青春。

中学红卫兵

1971年2月24日　第二版

反对骄傲　提倡謙虚

周　自　厚

有什么样的世界观就执行什么样的路线。无产阶级世界观是执行毛主席革命路线的思想基础，资产阶级世界观是接受修正主义路线的思想根源。路线是关系到革命成败和政权性质的关键。当前反对骄傲自满，提倡谦虚谨慎，对于执行毛主席的革命路线，巩固无产阶级专政，坚持无产阶级专政下继续革命，具有十分重大的意义。

有的人说"骄傲一点只是一般缺点，不是什么大不了的问题，没嘛。"这是"骄傲无害论"。早在二十多年以前，伟大领袖毛主席就指出，过去在党的历史上几次大的骄傲，结果都犯了"左"、右倾机会主义路线的错误，使革命遭受了巨大的损失。历史的经验证明，骄傲自满的存在与发展必然要导致路线性的错误。无产阶级专政下继续革命的经验进一步证明，"骄"字现，路线偏，路线偏，政权变。每当革命取得胜利，历史出现转折的关头，毛主席总是告诫我们要谨慎，**不要重犯胜利时骄傲的错误**。正当无产阶级文化大革命更加深入地发展，社会主义革命和建设取得节节胜利的今天，重温毛主席的伟大教导，我们感到更加亲切。

有的人说"工作有成绩，思想有进步，骄傲点也是有本钱的"。这是"骄傲有资本论"。他们错误地认为自己"有本事"，比别人"高明"，对革命有功，对人民有功。请问你的那点"本事"，那点"聪明"是从哪儿来的？是从天上掉下来的？还是自己头脑里固有的呢？应当明白：我们的一切觉悟进步、聪明才智都是毛泽东思想哺育的结果，都是在毛主席的英明领导下，在革命斗争中锻炼出来的。离开了毛泽东思想指引下的人民革命，就不能产生无产阶级的觉悟和有利于革命的聪明才智。路线是毛主席制定的，方向是毛主席指明的，工作方法是毛主席教给的。如果我们取得了一些成绩，那也是照毛主席指示办事的结果，应当归功于伟大领袖毛主席。实际上我们一定还有许多不符合毛主席革命路线的地方，有什么值得夸耀的呢？"骄傲有资本论"正是把功劳记在了自己的小帐本上，是资产阶级个人主义的顽强表现。

有人说："骄傲自满我有，你有，他也有，要是着真儿就没完了"。这是一种"骄傲人人有份论"。如前所说，骄傲自满是资产阶级世界观的反映，谦虚谨慎是无产阶级世界观的表现。把骄傲自满说成"人人有份"是主观主义和形而上学的。无数事实证明用毛泽东思想化灵魂，以辩证唯物主义与历史唯物主义为自己世界观的无产阶级先锋战士都具有谦虚谨慎的优秀品质。

对骄傲自满应该抱什么态度？是自我欣赏、自我宽容呢？还是严格要求、坚决改正呢？这是举什么旗，走什么路、坚持什么路线的根本立场问题。**"自己错了，也已经懂得，又不想改正，自己对自己采取自由主义"**，这是违背毛主席教导的。

"虚心使人进步，骄傲使人落后，我们应当永远记住这个真理。" 骄傲使人落后，问题在个"满"字。满字当头，思想就会右倾保守，迷失方向，心中没有党，目中无群众，老子天下第一，自以为一贯正确，发展下去，势必走向革命的反面。虚心使人进步，主要是个"虚"字。虚怀若谷，才能头脑清醒，目标远大。胜利面前不骄傲，成绩面前找差距，赞扬声中更谦虚，在继续革命的大路上，永远爬陡坡，迈大步，不停歇。

骄傲的人注视着自己的名字，虚心的人注视着祖国的事业。"骄"字当头，就是私字当头，就是唯心主义和形而上学在头脑中作怪；公字挂帅，用唯物辩证法观察问题和处理问题，才能正确对待成绩和荣誉，正确对待群众和自己。谦虚谨慎，戒骄戒躁，永远沿着毛主席的革命路线胜利前进！

「骄傲有资本论」的思想要不得

在一些同志中存在着「骄傲有资本论」的思想。他们想着过去的成绩，当做自己的「资本」，骄傲自满，沾沾自喜，尾巴翘到天上去了，看不到别人的长处，更看不见自己的短处。动不动就搬出所谓「资本」来。别人向他们提出劝告，他们不以为然。应该指出：抱着这种「资本」迟早要跌跤子的。要看到：我们的进步，我们的成绩，是靠战无不胜的毛泽东思想取得的，应归功于战无不胜的毛泽东思想，归功于伟大领袖毛主席，怎么能记在个人的账上呢？我们的一点成绩，与共产主义大目标比起来，是多么微不足道啊！做为一个革命者，为人民立功是本份，怎么能做为自己的「资本」呢？毛主席教导我们：**「一切矛盾都依一定条件向它们的反面转化着。」** 过去的成绩，只能说明过去，不能代表现在，过去革命，不能说明今后永远革命，如果停止革命，就会从执行毛主席革命路线转化为背离毛主席革命路线，就会从前进转化为后退。「骄傲有资本论」的思想要不得！

「骄傲有资本论」的思想是不革命的思想。它被成绩蒙住了眼睛，认不清方向，被所谓「资本」挡住了道路停步不前。正如有的同志所说：「骄傲有资本论」，就会看先进不服气，[illegible]松口气，继续革命没勇气，这是革命队伍中的一股邪气。

伟大领袖毛主席教导我们：**「虚心使人进步，骄傲使人落后，我们应当永远记住这个真理。」** 谦虚，谨慎，才能革命到底；不骄，不躁，才能自觉沿着毛主席革命路线前进。胸怀共产主义大目标，放开眼界看未来，紧跟毛主席，在继续革命的大道上，反骄破满，谦虚谨慎，永远革命，奋勇向前！

古田中学　王宝星

带头人要带头反骄破满

轰轰烈烈的「反骄破满」的自我教育运动，正在深入发展。在这场运动中，红卫兵的各级带头人能否带头「反骄破满」，是一个很重要的问题。

在一些带头人的头脑中，「骄傲自满」是比较突出的。他们有的自认为当上了干部高人一等，一贯正确比别人高明；有的则认为加入了红卫兵，参加了共青团，进步够大的了；有的则躺在荣誉簿上吃老本，不再继续前进。总之看自己一朵花，看别人豆腐渣。骄傲自满是腐蚀剂，你不去克服它，它就要偷偷摸摸地战胜你。骄傲自满对执行毛主席革命路线妨碍极大，我们必须彻底反掉它。

带头人为什么要带头「反骄破满」呢？毛主席教导我们：**「政治路线确定之后，干部就是决定的因素」**，群众在看着我们，我们的一言一行都要给群众以影响，同时群众的革命积极性也要靠我们去组织。林副主席指示我们：「革命，也得革自己的命。不革自己的命，这个革命是搞不好的。」带头人要带领群众前进就必须搞好自身的思想革命化。「反骄破满」就是改造世界观的一个重要思想仗，这一仗不取胜，就不能沿着毛主席革命路线继续前进。

毛主席教导我们：**「事物都是一分为二的」**，成绩再大也有不足之处。骄傲的人天天吃「老本」，虚心的人天天立新功。革命路上不反骄，早晚都要摔大跤，革命路上不破满，早晚都要往回返。骄傲一定失败，虚心就能胜利。我们决心遵照毛主席关于：**「谦虚，谨慎，戒骄，戒躁」** 的教导，打好反骄破满的思想仗，沿着毛主席革命路线胜利前进。

（一号路中学四连四排排委会）

反驕破满　继续革命

自从进入中学以来，在毛泽东思想的哺育下，在学校党团组织的培养教育下，在老师和同学们的耐心帮助下，我有了一点点的进步。大家反映："宫敏进步真快。"

耳边赞扬声多了，批评话少了，也就飘飘然了。嘴里不说什么，心里却产生了骄傲自满的思想，认为差不多了。所以看自己的优点多了，缺点少了，同学们的意见也听不进去了。爱听恭维话，怕别人说自己不好，自己也怕得罪别人。

在红卫兵团部整风中，同学们说："宫敏对同学不象以前那么亲热，架子大了。"听了同学们尖锐的批评，我脸上火辣辣的。毛主席关于 **"谦虚，谨慎，戒骄，戒躁"** 的教导展现在我的眼前。八个金光闪闪的大字使我明白了：谦虚谨慎和骄傲自满是一对矛盾，谦虚谨慎就能促使先进向更先进的方面转化。骄傲自满则使先进转化为后进。张思德、白求恩同志对人民的贡献那么大，为什么没有丝毫的自满呢？是因为他们头脑里没有"我"字。对照英雄崇高的思想境界，我有什么值得骄傲自满的呢？

骄傲自满，表现是个"骄"字，实质是个"官"字，根子是个"私"字。毛主席教导我们说：**"即使我们的工作得到了极其伟大的成绩，也没有任何值得骄傲自大的理由。"** 学习了我党两条路线的斗争史，我深深感到反骄破满这不仅是两种思想、两种世界观的斗争，也是能否自觉地贯彻执行毛主席革命路线的极其重要的问题，我决心自觉地斗"满"打"骄"，改造世界观，为中国革命和世界革命做出更大贡献。

反修中学红卫兵团　宫敏

中学红卫兵

1971年2月24日　第三版

把教育革命坚持下去，深入下去

对数学教材边教边改的几点体会

九十八中五连

伟大领袖毛主席指示我们：“**教材要彻底改革**”。现行教材是落实这一指示的成果，但是离毛主席指示要求尚有一定差距。我们对新教材的态度是：运用毛主席的哲学思想，指导教学实践，发挥人的主观能动性，在使用中边教边改。下面通过集体准备的一节关于三角形性质的数学课，谈几点体会。

一、利用三大革命运动中的生动实例引出概念和编写习题，是突出政治的重要途径之一

研究问题必须“**要从客观存在的事实出发**”。因此，关于如何引出概念，我们在选材上确定了三个原则：1、富有教育意义的材料（现实的、历史的和文艺中的生动情节）；2、生产中的实际经验；3、同学熟知的事实和直接经验。

结合同学都看过电影《南征北战》的情况，我们决定用电影中抢占凤凰山的情节引出三角形的性质二（三角形中的角边关系）：英雄的解放军用两条腿追击坐汽车逃命的蒋匪军，终于同时到达凤凰山脚下，接着双方抢占山头，我军越过陡壁悬崖先到顶峰，歼灭了机械化的敌人。这一事实说明了一个伟大的真理，战争胜负的“**决定的因素是人不是物**”。然后结合示意图提问同学：我军为啥能抢先占领山头？经过启发，同学能从两方面回答：主要因素是解放军觉悟高和勇敢顽强；次要因素是坡陡的一面距离较小。这样引出概念，不仅自然可信，印象深刻，更重要的是增强了同学克服困难的决心和信心，也配合了战备教育。我们还对教材中的练习题进行了改编，加进了挖地道炸碉堡和校办小工厂生产的内容。

二、对毛主席认识论的基本观点经常讲、反复讲，是用毛泽东思想统帅文化课的一个重要方面

学生在学校学到的知识，在数量上是很有限的，如果让同学掌握了毛主席的哲学思想，就等于有了打开科学知识大门的金钥匙，将在三大革命运动中学到无穷无尽的真知。因此，在数学课里要经常地、反复地、有机地学习运用毛主席的认识论和方法论（一节课突出一个观点）。得出“坡陡路短”的结论后，启发同学自己得出性质二（三角形中大角对大边）。当同学一时难于回答“一般三角形是否都具有性质二”这个问题时，按照“**通过实践而发现真理，又通过实践而证实真理和发展真理**”，引导同学进行证实概念、巩固概念、发展概念和运用概念等一系列实践认识活动。事实证明，在实践中学习哲学观点，不仅能加深对观点的理解和记忆，并且有助于把知识讲深讲透。同学反映，这节课哲学思想用得活，教学过程实践多，老师虽然讲得少，同学听懂又会做。

三、直观性和实践性较强的证明活动，是培养同学分析问题和解决问题能力的一种有效办法

毛主席要求我们：“**要把精力集中在培养分析问题和解决问题的能力上**”。怎样培养呢？把书本知识和实践知识有机地结合起来，在使用判断和推理的方法，产生合乎理论的结论的认识过程中，尽量增加推理的直观性和实践性，是一种有效办法。教材对两个性质都未加证明，我们直观的证明：性质二是把两角公共边对折起来，直观看出角的大小。认识性质三的过程分为三步，先由人字形房架启发同学产生等角等边的设想，再用等腰直角三角板肯定等角等边的存在，最后每人用“对折裁角”的方法制作一个纸制等腰三角形——制作过程便是性质三的证明过程。

对用毛主席哲学思想统帅语文教材的一点看法

语文教学最根本任务是学习、宣传、捍卫毛泽东思想和毛主席革命实践，是为了歌颂工农兵，批判资产阶级的；同时也肩负语文基础知识教学的特殊任务。通过实践我们认为，根据客观形势的发展，阶级斗争、生产斗争、科学实验的需要，以及同学存在的活思想，按观点或按体裁划分单元都是可以的，同时交插进行也会增加语文教材的多样化，这是有百利而无一害的。

我们在“不忘阶级苦，牢记血泪仇”单元里，为了帮助同学了解劳动人民在旧社会受压迫、受剥削情况，不忘阶级苦牢记血泪仇。我们编选了《收租院解说词》和《牢牢记住昔日苦，继续革命不停步》两篇课文。虽然它们体裁不同，一篇是解说词，一篇是老工人家史，但内容都突出了毛主席关于阶级和阶级斗争观点。随后，我们又开展了访贫问苦和工、贫、下子女访爹问娘写家史活动。激发了同学的阶级觉悟，同时也初步掌握了家史的具体写法。这说明体裁不同的教材按排在一个单元里效果是好的。

而我们在“歌颂工农兵先进人物”单元里，我们编选了体裁相同的《工人阶级的硬骨头——王芝桐》等四篇文章，它们的体裁都是人物通讯，通过分析、比较、总结了人物通讯这种体裁写法的规律性东西。我们又通过走出课堂，到工厂、农村、部队体验生活，采访整理工农兵先进人物的事迹，同学们普遍受到一次毛泽东思想教育，也提高了同学歌颂工农兵、宣传毛泽东思想的能力。这说明体裁相同的教材按排在一个单元里，效果也是很好的。

毛主席教导我们：“**我们是马克思主义者，马克思主义叫我们看问题不要从抽象的定义出发，而要从客观存在的事实出发，从分析这些事实中找出方针、政策、办法来。**”综上所述，我们觉得单纯强调一种作法容易陷入绝对化。文章的思想内容和体裁关系应是辩证的。必须根据单元的不同目的、形势的不同要求，来决定可否。这样才能更好地起到学习、宣传、捍卫毛泽东思想作用，也才能更好地完成语文教学的特殊任务。

二十三中　曾开正

编写教材必须坚持政治思想教育同文化教育相结合的原则

毛主席教导我们：「**对于物质的每一种运动形式，必须注意它和其他各种运动形式的共同点。但是，尤其重要的，成为我们认识事物的基础的东西，则是必须注意它的特殊点，……科学研究的区分，就是根据科学对象所具有的特殊的矛盾性。**」语文课是为三大革命斗争服务的一门工具课。我们必须注意到它和其他各门课的共同点，那就是都担负着用毛泽东思想教育人的总任务。这是语文课的灵魂和方向，这就是矛盾的普遍性。编写语文教材如果忽视了这一矛盾的普遍性，就会迷失方向，就会陷入修正主义的泥坑。但是，语文课作为一门社会科学，作为一门工具课，它又有其特殊的教学内容和教学任务（例如，为培养学生读写能力所必需的语文基础知识和基本技能等），这些就是语文课的矛盾的特殊性。编写语文教材，如果忽视了这个矛盾的特殊性，也就不能很好地使学生掌握语文这门工具课，也就不能很好地为三大革命斗争服务。因此，编写语文教材，不仅在内容上，而且在编写体例上，把政治思想教育同语文教育二者结合起来，统一起来，是一个很重要的问题。刘清澜同志提出的以文章体裁为标准划分单元，同时把政治思想教育的重心适当地安排在各单元的编写体例，我认为是比较有利于把政治思想教育同语文教育统一起来的。因为这种编写体例能够把各种体裁的文章，依照一定的顺序排列起来，集中地进行学习和训练，这就有利于革命师生在反复分析和解决语文课的特殊矛盾的过程中，充分理解和认识毛泽东思想这个普遍真理的伟大意义，从而能够更具体、更生动、更有效地对革命师生进行毛泽东思想的教育。

编写教材，如果忽视了或者离开了各门课程本身具体的特殊的矛盾性，去对学生进行政治思想教育，那就不会收到好的效果。其结果，不但不能有效地进行政治思想教育，同时也就抹煞了各门课的特点，不能使学生很好地掌握各门科学知识，也就达不到把学生培养成「**有社会主义觉悟的有文化的劳动者**」的目的。由此可见，不仅编写语文教材，而且包括各科教材，都有一个把矛盾的普遍性和矛盾特殊性相结合，把政治思想教育同文化教育相结合的问题。

七号路中学　曹增义

中学红卫兵

1971年2月24日　第四版

革命故事

·红号手·

人桥

夜色浓浓，伸手不见五指，朔风凛冽，寒气袭人。突然，营指挥部来了紧急通知：命令二连火速赶到某地，与兄弟连队配合，围剿一小股"空投敌特"。片刻，二连全体指战员从分宿在方园相距五、六里的各村落，飞速赶到。

集合场地上，格外肃静。工人教师、连指导员王仓同志扼要地介绍了"敌情"，下达了战斗任务，二百六十余名革命战士全付装备，个个雄赳赳、气昂昂，旋即消逝在茫茫的夜幕中……

他们时而在大道上奔驰，时而在崎岖坎坷的羊肠小道上急行，有人被田埂绊倒，有人滑下河坡，立即被战友的手臂扶起，有人的脸划破磕青，然而却没有一个人掉队。一支单行的队伍，穿梭似的通过树丛，跃过河沟。忽然一条十三、四米宽的冰河横在眼前，河上有一座不很牢固的独木桥。杨连长带着四排战士刚刚通过，突然"咔喳"一声巨响，独木桥断了。对这突然意外的事故，毫无准备的五排战士一时不知如何解决。……

"五排同志们，现在桥断了，绕道走，就耽误了时间，不能准时与兄弟连队集结，就直接影响战斗任务的完成，影响了全局，大家想想怎么办？"身材魁梧的王指导员那铜钟般洪亮的声音激励着五排的每个战士："毛主席教导我们：**'在共产党领导下，只要有了人，什么人间奇迹也可以造出来。'**"他的话音刚落，从队伍里蹬蹬蹬地急步跑出几个虎虎势势的战士，不约而同地响亮回答：

"桥断了，我们有肩膀！

"人在，桥在！"

"对！"王指导员说着，扭转身，十几名战士早已抢先，刷刷刷一跃三跳地就下了河坡，争先恐后把断桥上的木板扛搭在肩上。刹那间，一条平坦、笔直、牢固的"人桥"出现了。王指导员试走以后，马上命令："五排迅速前进！"在这坚定的命令声中，六、七十名战士怀着对桥下战友无限钦佩的心情，安全顺利地通过了这条确有实战意义的"人桥"，保证了实现全局的战斗部署。

代替桥墩的每个战士肩上承受几百斤的重量，桥板仿佛有如刀尖锯齿，生生地硬压着肩头，脚下踩的结冰的河面，咔吱咔吱地直响，随时都有破裂下陷的危险，然而搭"人桥"的每个战士犹如铜浇钢铸，毅然挺立，眉头不皱一下，脚步没移一分。他们耳边响起时代的最强音：**"我赞成这样的口号，叫做'一不怕苦，二不怕死'。"**巍巍屹立在他们脑海里的是黄继光、董存瑞、王杰这些革命英雄的光辉形象。此时此刻，他们只有一个念头："为了保证战斗的胜利，甘愿献出自己的一切。"

经过激战，二连与兄弟连队胜利地把"空投敌特"一网打尽。营指挥部首长在战斗总结时，特别表扬了五排战士。他说："毛主席教导我们：**'在某种意义上来说，最聪明、最有才能的是最有实践经验的战士。'**这次军训活动中，二连五排战士机智勇敢搭起的是富有实战意义的'人桥'，呈现在党和人民面前的是无限忠于毛主席的赤胆红心，这是一曲以**'一不怕苦，二不怕死'**革命精神谱写的凯歌。"

顿时，欢呼声似春雷响彻大地：

"毛主席万岁！""毛主席万万岁！"

为什么世界各地都能看到我国第一颗人造地球卫星

一九七〇年四月二十四日，红色电波传来了特大的喜讯，我国第一颗人造地球卫星成功地发射了！伟大领袖毛主席提出**"我们也要搞人造卫星"**的伟大号召实现了！

我国第一颗人造地球卫星的发射成功，是中国人民在伟大领袖毛主席和以毛主席为首、林副主席为副的党中央领导下，高举"九大"团结、胜利的旗帜，坚持**独立自主、自力更生**"方针，贯彻执行"**鼓足干劲，力争上游，多快好省地建设社会主义**"总路线，以实际行动"**抓革命　促生产，促工作，促战备**"所取得的结果。

我们知道，地球是绕着一根假想的自转轴，不断地自西往东自转的，赤道所在的平面同地球自转轴垂直，叫做赤道平面。人造地球卫星运行轨道所在的平面，这个平面叫做轨道平面。卫星轨道平面同地球赤道平面的夹角，通常称为轨道倾向，也简称为倾角。

我国第一颗人造地球卫星的倾角是68.5度。如果不考虑人造卫星的高度，我们看一看世界地图，就可以知道，地球上的大陆大多数都在从北纬68.5度到南纬68.5度这个广阔的地区里，由于我国第一颗人造卫星的倾角是68.5度，因此这个广阔地区当然都能看到我国的红色卫星了。事实上，能看到红色卫星的地区，比这个区域还要大一些。如果卫星位于北纬68.5度某地天顶上，高度在一千七百公里以上的高空，那么，在北极地区也可以看到我国卫星，对南极地区来说，也是一样。因此地球上任何地区的人们，都能经常有机会幸福地看到我国的人造地球卫星。

我国第一颗人造地球卫星的倾角就达到了68.5度，这是一件很了不起的事情。苏修第一颗卫星的倾角比我国的小，只有六十五度，美帝第一颗卫星的倾角更小的可怜，只有三十三度三。人造地球卫星的倾角越大，发射时所需要的推力也越大，从卫星的倾角来看，就可以知道我国的第一颗人造地球卫星，大大地超过了苏修、美帝第一颗卫星的技术水平，真是"红色卫星水平高，气死苏修美国佬！"

科学小常识

用蓝黑墨水写的字，为什么会由蓝变黑

用蓝黑墨水写日记，我们就会看见，今天写的日记，每个字都是蓝色的，而昨天写的那页，每个字却是带黑色的。这是什么道理？

这是由于起了一场化学变化的结果，蓝黑墨水的主要成分是鞣（róu）酸亚铁。鞣酸亚铁既不是蓝色的，也不是黑色的，而是浅绿色的。当然，这样的墨水写起字来很不明显，于是，人们又往蓝黑墨水里加了一种蓝色的有机染料。这样，蓝黑墨水就呈蓝色了。

但是，当你把它写到纸上时，蓝黑墨水里的鞣酸亚铁就与空气中的氧气起化学作用，变成了鞣酸铁。鞣酸铁是一种黑色的沉淀，所以，昨天写的字迹就带黑色了。

有的人有这样一个习惯：把自来水笔往墨水瓶里一插咕嘟咕嘟地让它喝饱墨水以后，扭身就跑了，忘掉了一件重要的事——把墨水瓶盖盖上。这样，有两个坏处：第一，水分很快就会蒸发掉，墨水变得越来越少。第二，蓝黑墨水里的鞣酸亚铁与空气接触了，在瓶子里变成鞣酸铁，就会产生沉淀，结果，墨水里出现了渣子，把自来水笔堵得连字都写不出来，自来水笔「感冒」了。

（本栏均摘自一九七〇年版《十万个为什么》）

印度支那三国人民的光辉胜利

越南、老挝、柬埔寨三国人民，有着长期团结反帝的历史。去年四月，印度支那三国人民举行了三国四方印度支那人民最高级会议。这是一次具有重大历史意义的会议。会议高举抗美救国斗争的光辉旗帜，决心进一步加强团结，彻底打败美国侵略者，充分表达了印度支那三国人民团结反帝的共同愿望和坚强决心，把抗美救国斗争推向新阶段。一年来在印度支那战场上，越南人民、老挝人民和柬埔寨人民并肩战斗，狠狠打击了美国侵略者及其一切走狗，夺取了一个又一个的光辉胜利。下面公布的这些数字就是印度支那人民对美帝国主义侵略最有力的回答：

一九七〇年的光辉战绩

	歼灭敌人	击落击毁敌机	击毁敌军车
越南南方	420000人	5900架	14100辆
老　挝	20000人	377架	338辆
柬埔寨	150000人	500架	5000辆

（柬埔寨从一九七〇年三月十八日到年底）

新闻地理

印　度　支　那

印度支那位于亚洲大陆东南部的中南半岛地区，因它介于中国和印度之间而得名。我们通常所说的印度支那，就是指越南、老挝和柬埔寨三国。

印度支那三国总面积共有七十四万多平方公里，人口约五千万。这一地区北面与我国相连，西部与缅甸、泰国接壤，在东南亚具有重要战略地位。

具有悠久文化和历史的印度支那三国之间有着一条长山山脉紧紧把三国连接在一起。过去，印度支那三国人民共同抗击过法国殖民者和日本帝国主义。今天又在反对共同敌人美帝国主义的斗争中紧密团结，并肩战斗。

欢迎批评　欢迎来稿　本报地址：天津市和平区浙江路十八号　电话：3.3059　本市邮局办理订阅和零售（电话：2.5145　4.1106）

毛主席语录

教育要革命

中学红卫兵

天津市中学红代会主办

第201期　1971年9月23日　星期四

把无产阶级教育革命进行到底

毛泽东思想阳光照　教育革命展新貌

我市中、小学教育战线形势一派大好

在毛主席教育思想的光辉照耀下，今年我市中、小学的教育革命取得新成绩

本报讯　在毛主席“**教育要革命**”光辉思想指引下，在中共天津市委、市革命委员会的正确领导下，在工人、解放军毛泽东思想宣传队的直接参加下，经过全市广大革命师生的共同努力，我市中、小学教育革命取得了新的成绩，形势一派大好。

一、活学活用马克思主义、列宁主义、毛泽东思想的群众运动不断深入，促进了广大革命师生的思想革命化

党的九届二中全会公报发表以后，我市教育战线的广大党员、革命干部和革命师生，认真读马列的书，认真读毛主席著作的自觉性有了很大提高，特别是各级领导干部带头学、带头用，进一步推动了活学活用马克思列宁主义、毛泽东思想群众运动的蓬勃开展。涌现出一批活学活用毛泽东思想的先进集体和先进个人。去年，全市中、小学出席市二届“积代会”的先进集体二十三个，先进个人八十五名。优秀工宣队员纪玉梅，好党员、好教师向文海，优秀下乡知识青年孙连华、张勇、张淑芬等同志的英雄模范事迹，鼓舞着广大革命师生决心沿着毛主席指引的航向胜利前进。

全市中、小学还以两个“决议”为指针，以路线教育为主要内容，更加广泛地开展了“四好运动”。今年四好初评又涌现出许多四好集体和五好个人。我市延安中学在四好运动中，大学解放军，坚持四个第一，大兴三八作风，政治建校，政治建连，用毛泽东思想育人，又取得很大成绩。

五十五中领导班子狠抓教育革命，认真落实党的知识分子政策。图为领导成员在和教师谈心。

天津日报记者摄

二、遵照毛主席关于在全党“进行一次思想和政治路线方面的教育”的伟大教导，深入开展了路线教育和批修整风运动

广大革命师生认真读马列的书，认真读毛主席著作，学习我党在整个社会主义历史阶段的基本路线和党内两条路线斗争史，批判了刘少奇一类政治骗子散布的唯心论的先验论、反动的唯生产力论、地主资产阶级的人性论和阶级斗争熄灭论，进一步分清了什么是毛主席的革命路线，什么是反革命修正主义路线，什么是唯物论，什么是唯心论。从而提高了广大党员、干部和革命师生的阶级斗争、路线斗争和继续革命的觉悟，增强了执行和捍卫毛主席革命路线的自觉性。

三、学习毛主席光辉的《五·七指示》，狠抓了社会主义文化知识的学习，提高了教学质量

遵照毛主席关于学生“**以学为主，兼学别样**”的教导，发动师生深入批判“教书倒霉论”、“读书做官论”及其翻版“读书无用论”，广泛地开展了用毛泽东思想统帅文化课的教学研究活动。自去年在塘沽区召开了开展教学研究活动、上好社会主义文化课的现场会以后，许多学校的领导同志丢掉“怕”字，换上“敢”字，敢于抓教育革命，敢于组织学生学好社会主义文化知识，涌现出许多好的典型。如，和平区五十五中党支部、革委会、工、军宣传队为革命敢于抓好教育革命，教师为革命敢于教好社会主义文化课，学生为革命敢于学好社会主义文化知识，使全校教育革命开展得更广泛、更深入，教学质量有了很大的提高。

全市各中、小学普遍开展了学工、学农、学军活动，许多学校还结合教育教学，开展社会调查活动，把大课堂和小课堂结合起来，学习工农兵的好思想、好品质、好作风，逐步克服着“三脱离”的现象。

四、落实党的知识分子政策取得了一定的成绩

许多学校克服了对知识分子“只使用不改造”和“只讲改造，不敢使用”的错误倾向。大沽中学、河大附中认真落实伟大领袖毛主席制定的对知识分子的无产阶级政策，坚持在使用中改造原有教师队伍，取得一定成绩。有的学校还注意了培养以工人教师为骨干的无产阶级教师队伍。广大教师在不断破私立公的斗争中，逐步树立“**忠诚党的教育事业**”的思想，决心为培养革命事业接班人奋斗一生。

五、学校办工厂有了进一步的发展，并初步改革了教材

为了全面落实毛主席关于“**教育必须为无产阶级政治服务，必须同生产劳动相结合**”的方针，全市教育战线共办起校办工厂八百多个，还有二十个学校办起了小农场。这些校办工厂、农场，为彻底破除“三脱离”的旧教育制度，建立崭新的无产阶级的教育制度，打下良好的基础；为广大革命师生参加劳动，改造世界观，培养有社会主义觉悟、有文化的劳动者创造了有利条件。

遵照毛主席关于“**教材要彻底改革，有的首先删繁就简**”的教导，今年上半年编写了中、小学教材十八科，共计四十二本。目前，各校基本上以使用新教材为主，也有的结合形势选编了一些辅助材料。新教材注意了突出无产阶级政治，联系三大革命斗争的实践，坚持了“少而精”的原则，对彻底改革旧教材，摸索出一些经验。

毛泽东思想阳光照，教育革命展新貌。特别是在最近市委召开了文教工作会议之后，我市中、小学教育革命，出现了更加朝气蓬勃的景象，广大革命师生，决心乘市文教工作会议的东风，**团结起来，争取更大的胜利。**

中学红卫兵　　1971年9月23日　第二版

认真落实党的知识分子政策

骆实　郑策

思想评论

早在三十多年前，毛主席就深刻指出：**“全党同志必须认识，对于知识分子的正确的政策，是革命胜利的重要条件之一。”**今天，认真落实党的知识分子政策，对于推动社会主义革命和社会主义建设事业的向前发展，实现无产阶级在上层建筑其中包括各个文化领域中对资产阶级的全面专政，具有重大的意义。

当前，我们在落实党的知识分子政策、正确对待教师方面，取得了很大的成绩。但是，在部分同志中间也存在一些值得注意的问题。

不能正确认识知识分子的现状。有的人说：“知识分子从头臭到脚，要想改造难上难。”另一些人则说：“知识分子已经改造了二十多年，现在已经劳动化了，改造得差不多了。”这两种认识都不符合客观实际。

毛主席指出：**“由于我国的社会制度已经起了变化，资产阶级思想的经济基础已经基本上消灭了，这就使大量知识分子的世界观不但有了改变的必要，而且有了改变的可能。”**事实正是这样。目前，在教师队伍中，比较熟悉马克思主义，并且站稳了无产阶级立场的，是少数；大多数是拥护社会主义，愿意为人民服务的，但是世界观基本上是资产阶级的；对我国抱着敌对情绪的是极少数。经过无产阶级文化大革命，广大教师阶级斗争、路线斗争觉悟有了提高，并且涌现出一批决心把无产阶级教育革命进行到底的积极分子。那种“从头臭到脚，要想改造难上难”的说法，看不到广大教师改造的可能性，否定了他们的革命积极性和思想改造的积极效果；那种“现在已经改造得差不多了”的说法，则看不到他们思想改造的长期性和艰巨性，否定了要继续改造的必要性。两种说法虽然不同，但都是不分左、中、右，都是认识上的片面性。

不能正确处理使用与改造的关系。有的人说：“要上课，先下放，现在可别出洋相。”主张“改造好了再使用”。另一些人则说：“教师能上课就行了，思想改造慢慢来。”放松对教师的教育改造。这两种倾向都是把使用与改造对立起来了，都不利于改造教师的世界观和充分调动他们的积极性。

毛主席指出，知识分子要**“在自己的工作和学习的过程中，逐步地树立共产主义的世界观”**。这就要求我们在重视教师下放劳动锻炼的同时，也要十分重视把他们放在教学实践中进行教育改造。教学过程是教师世界观的“亮相”。教师的世界观必然在教学实践中充分暴露出来。通过教学实践，教师的旧思想可以得到批判和纠正，使他们克服错误的东西，发展正确的东西，促进世界观的改造。所谓“改造好了再使用”，岂不是说世界观的改造可以“一次完成”、可以“到头”吗？

但是，如果只强调上课而放松了教育改造，教师的旧思想就会继续存在和发展，就会毒害青少年一代。所以，一定要抓紧教师世界观的改造，使他们上革命课，教革命书，育革命人。

对教师的使用与改造是辩证的统一。改造是为了使用，在使用中才能更好地改造。因此，我们必须坚持边使用、边改造、边提高的方针。

不能正确处理团结与斗争的关系。有的人看到教师上课出了一点问题或者思想上出现反复，就不加分析地一概说成是“阶级斗争新动向”，便“无情批判”、“无限上纲”。又有的人对教师出现的错误思想不敢进行批评教育，说什么“怕影响团结”。这两种倾向都是把团结和斗争对立起来了，都不符合党的知识分子政策。

毛主席指出：**“知识分子的问题首先是思想问题，对于思想问题采取粗暴的办法、压制的办法，那是有害无益的。”**因此，思想改造的工作，粗枝大叶是不行的，急于求成也是不行的。必须把革命大批判的矛头始终对准反革命修正主义教育路线，对准刘少奇一类假马克思主义政治骗子，坚持用民主的、说服教育的方法，进行耐心的、细致的思想工作，才能使他们分清是非，心悦诚服。“无情批判”、“无限上纲”的做法，只能使教师谨小慎微，挫伤他们的革命积极性。

担心对教师的旧思想进行批评教育会“影响团结”，这是对党的知识分子政策的片面理解。我们对知识分子讲团结是有斗争的，这就是：**“从团结的愿望出发，经过批评或者斗争使矛盾得到解决，从而在新的基础上达到新的团结。”**只有经过积极的思想斗争，才能达到在毛泽东思想基础上的团结。当然，也只有从团结的愿望出发，才能达到教育、改造的目的。不能正确处理团结与斗争的关系，就谈不到对教师进行教育改造，就谈不到落实党的知识分子政策。

落实党的知识分子政策的过程，充满着两个阶级、两条路线的激烈斗争。上述种种错误倾向就是这种斗争在我们革命队伍内部的反映。我们必须**“认真看书学习，弄通马克思主义”**，克服头脑中的唯心论和形而上学，提高落实党的知识分子政策的自觉性。

红卫兵要做落实党的知识分子政策的模范

在我们的学校中有一些老教师，他们在解放前就教书多年，受封、资、修影响较深。文化大革命前，又执行了修正主义教育路线。文化大革命中，虽然受到了很大教育，但由于世界观没有得到根本的改造，所以在教学工作中出现了一些问题。对待这些教师怎么办呢？河大附中党支部发动革命师生，认真学习党的知识分子政策，坚决落实党的知识分子政策，出现了许多动人事迹。下边向大家介绍红卫兵帮助老教师的两个小故事。

——编　者

咱俩结成“一对红”吧！

老教师老芸香被分配到五连教课。开始有些红卫兵不愿意听她讲课。特别是后来，她在讲课中又几次出现了问题，同学们反映更强烈了。认为这样的教师根本不能教课，一心想把她“哄走”。这时，这位老教师压力很大。党支部发现了这个问题，决定在五连开展“评教评学”活动，领导上号召同学用毛泽东思想评论教师的思想和工作，使教师树立为革命而教的思想。

同时，也要求同学们认真学习党的知识分子政策，红卫兵要带头落实党的知识分子政策。红卫兵小将、二排排长李金忠，原来对这位老教师意见很大，曾多次在课堂上顶撞这位老教师，师生关系搞得很僵。“评教评学”中，李金忠同学带着这个问题，认真学习了党的知识分子政策，深刻领会毛主席关于**“我国的艰巨的社会主义建设事业，需要尽可能多的知识分子为它服务。凡是真正愿意为社会主义事业服务的知识分子，我们都应当给予信任，从根本上改善同他们的关系，帮助他们解决各种必须解决的问题”**的教导。通过学习感到自己对待这位老教师态度不对头，便主动找这位老教师谈心，谈出自己过去没有很好地按党的政策办事，今后一定改正。之后，他又诚恳地给这位老教师提了一些意见。最后他说：“为了咱们共同进步，团结起来，搞好教育革命，咱俩结成‘一对红’吧！”这位老教师听了很受感动，马上答应了下来。

从此，两人经常在一起学习毛主席著作，一起谈心，一起开展批评与自我批评，一起研究教学工作……。这位老教师有了进步小李就鼓励，有了优点就学习，有了缺点就帮助。这位老教师通过学习毛主席著作和同红卫兵开展思想互助，思想上有了很大提高，教学上有了很大改进，同学们都反映说：“老老师变了！”

师生同批修正主义教育路线

九连要开批判修正主义教育路线大会了，大家都想叫老教师张庄荣联系实际进行批判。这位老教师当时产生了活思想：这一联系实际，把自己的老底儿都兜出去，今后同学不信任，就没法上课了。后来在连队同志和红卫兵的帮助和热情鼓励下，写了一个批判稿，当主持会的同志宣布，这位老教师今天也和红卫兵一块批判修正主义教育路线时，会场响起了热烈的掌声。红卫兵带头高呼：「向革命教师学习，彻底批判修正主义教育路线！」红卫兵的口号声给了这位老教师很大的鼓舞，她联系实际的批判发言，激起了大家对修正主义教育路线的无比仇恨，同学们不断高呼：彻底批判修正主义教育路线！打倒刘少奇！

当这位老教师最后讲到：心中升起红太阳，革命路上无阻挡。表示今后要跟着毛主席干一辈子革命，积极投入到教育革命中去的时候，会场再一次响起热烈掌声。会后指导员孙富平、排长刘祖岭和许多红卫兵，找到这位老师说：「你讲得太好了！不仅你受教育，我们也受到了教育。你是修正主义路线的受害者，我们红卫兵要把这笔账记在刘少奇的身上，记在修正主义路线上。」红卫兵的支持和信任，使这位老教师解除了思想顾虑。

从此，她带病坚持和革命师生一起搞教育革命，坚持理科教学理论联系实际，改革旧的考试制度。效果很好，受到全校师生的好评。

（河大附中报道组）

启　事

天津市中学红代会、中学红卫兵报编辑组，已迁到和平区解放路七十四号办公，有事请到新址联系。

中学红卫兵　　1971年9月23日　第三版

要象阿福那样

——越南故事片《阿福》观后

看了越南故事片《阿福》，使我们很受教育，阿福是千百万越南儿童的代表，是千百万越南儿童的象征，是战斗在反帝前线的小战士，是我们学习的好榜样。

在影片中，我们可以看到：在美丽富饶的越南，美帝国主义的铁蹄践踏在南方肥沃的土地上，魔爪伸进越南南方，烧杀抢掠，无恶不作，激起了越南人民的无比愤恨，在胡志明主席："**保卫北方，解放南方，实现祖国的统一**"的伟大号召下，越南人民不断用革命战争反对侵略战争。阿福和他的小战友们团结一致，和敌人进行了英勇的斗争。残暴的敌人逮走了阿福的母亲，阶级仇，民族恨铭刻在阿福及小战友的心里，他们团结一致，不畏强暴。看！他们机智勇敢、夺枪支、埋地雷，用敌人的弹药炸毁敌人的军火。只见敌营烟雾弥漫，火光冲天，这震天动地的爆炸声，炸得敌人心胆寒，吓得帝、修、反心发慌，阿福和他的小战友们心欢笑，美帝国主义将要随着这爆炸声而完蛋。越南人民高举"**决战决胜**"的旗帜　一定能解放南方，统一祖国。

看了越南故事片《阿福》，使我的心久久不能平静。我要学习阿福"**一不怕苦，二不怕死**"的彻底革命精神，象他那样，团结广大同志共同战斗；象他那样，眼望五洲风云，胸怀四海碧波，随时准备战斗。我决心在今后用实际行动支援世界革命人民的斗争，用实际行动打击帝、修、反，让我们共同战斗吧！为迎接全人类的新曙光而奋斗终生！

十中赵洪平

阿福和小战友们看见美国鬼子走过来了，恨不得把他们全部炸掉。

誓与美帝侵略者血战到底

在庆祝越南民主共和国成立二十六周年的大喜日子里，我市上映了越南故事片《阿福》。这部影片生动地描绘了越南少年儿童，不屈不挠与美帝侵略者进行战斗，把它们全部赶出去的钢铁决心。

阿福是成千上万个英勇机智与美帝侵略者斗争中的一个小英雄。阿福懂得拿起枪杆子的重要性，他决心要参加越南人民军，拿起枪杆子，把美国鬼子赶出国土，为死去的父亲与先烈们报仇。但因为年龄小，组织上没批准。然而任何障碍都阻止不了他那复仇的决心。他为了拿起枪来武装自己，冒着生命危险，到美国鬼子那里去偷枪，但不慎被美国鬼子抓住，打得遍体鳞伤，但他不向敌人屈服，不说一个痛字。

这部电影充分说明，尼克松政府推行的「越南化」政策，不但挽救不了他在印度支那的彻底失败，而且越来越激起了全世界人民的强烈反抗，连十几岁的少年儿童都拿起武器，站到了为争取国家独立、自由、民主，捍卫国家主权的行列，我们为越南人民在反美斗争中，取得伟大的胜利而感到无比高兴。

目前，美帝国主义依然在印度支那坚持推行侵略政策。它拒绝宣布从越南南方撤出美国侵略军队的日期，继续实施它的「越南化」阴谋，推行用亚洲人打亚洲人的「尼克松主义」，但是美帝国主义的阴谋是不能得逞的。越南人民决心实现胡志明主席的神圣遗嘱：「**只要在我国土地上还有一个侵略者，我们就要继续战斗，把它全部赶出去。**」我们坚信英勇的越南人民一定能够取得抗美救国战争的胜利。越南人民必胜！美帝国主义必败！

（七十九中红卫兵通讯组）

时事讲话

日本反动派疯狂加紧扩军备战

日本反动政府在美帝国主义的支持下，加紧复活日本军国主义，疯狂进行扩军备战。

四次扩军计划

从一九五八年到现在，日本已经实行了三次扩军计划。今年，佐藤政府又公布了从一九七二年到一九七六年的第四次扩军计划。日本反动派的这四次扩军计划，军费支出直线上升，从这里可以看出日本反动派扩军备战多么疯狂！

第一次扩军计划（一九五八——一九六〇年）：直接军费开支四千五百三十二亿日元（约合十二亿五千八百多万美元）。

第二次扩军计划（一九六二——一九六六年）：直接军费开支一万一千六百三十五亿日元（约合三十二亿三千多万美元）。

第三次扩军计划（一九六七——一九七一年）：直接军费开支二万三千四百亿日元（约合六十五亿美元）。

第四次扩军计划（一九七二——一九七六年）：直接军费开支五万八千亿日元（约合一百六十多亿美元），等于第三次扩军计划的二倍多，超过前三次扩军计划的军费总和。

强化侵略军骨干队伍

从一九五〇年起，日本反动派以旧法西斯军人为骨干，先后建立了"警察预备队"（后改称"陆上自卫队"）、"海上警备队"（后改称"海上自卫队"）和"航空自卫队"。所谓"自卫队"，实际上就是正规军，它的军官和军士占一半以上，一旦发生战争，可以迅速扩大。美、日反动派以"自卫队"为幌子，精心培植的日本陆、海、空三军，人数已达二十八万名，拥有十三个陆军师、总吨位约十五万吨的舰艇和一千二百多架飞机。

除"自卫队"外，日本反动政府还在各种名义下，支持、组织许多军国主义团体以储备兵员，这类军国主义团体在日本已有近百个。

不断扩大军火生产

日本是美帝的"亚洲兵工厂"。从美帝侵朝战争起，日本军火工业就接受美国"特需"订货。一九五三年开始生产潜水艇、水雷、鱼雷和海上飞机，一九五五年开始生产坦克、九十毫米口径的坦克炮、反坦克导弹等武器，一九五九年开始生产军用喷气飞机。一九六〇年美帝发动侵越战争后，日本财团在美帝"特需"订货和武器出口刺激下，军火生产规模更不断扩大，除可生产军舰、飞机、坦克、火炮、导弹、火箭等现代化武器装备外，并正加紧发展原子工业，研制尖端武器，计划发展洲际导弹。

近几年来，日本垄断财团加紧与美帝勾结，进行日美军火生产"合作"。如日本最大的军火制造商三菱重工业公司同美国的道格拉斯飞机公司"合作"在日本生产F4E鬼怪式战斗轰炸机和"奈克"导弹；同时还和美国军火企业威斯汀豪斯公司"合作"搞原子能工业。目前日本已拥有可以制造五十到六十颗原子弹的铱。第一艘八千三百五十吨的核动力船"陆奥号"已于一九六九年下水。

"九一八事变"

资料

四十年前发生的"九一八事变"，是日本帝国主义为了吞并中国、称霸亚洲而采取的一个重要的侵略步骤。

一九三一年九月十八日晚，盘踞在我国东北的日本关东军命令它的"守备队"炸毁了沈阳附近柳条沟的南满铁路路轨后，却贼喊捉贼地说这是中国国民党军队干的，并以此为借口，突然向驻守在沈阳北大营的中国国民党军队发动进攻。当时蒋介石正集中力量进行内战，对日本侵略采取不抵抗政策，驻守沈阳及东北各地的国民党军队奉蒋介石不准抵抗的密令，撤退到山海关内，于是，日本侵略军在十九日占领了沈阳，接着分兵进占辽宁、吉林、黑龙江等地。一九三一年内东北大部沦陷。

"九一八事变"的发生并不是偶然的。早在一九二七年，日本内阁召开"东方会议"，就确定了以武力侵占我国东北的方针，并且炮制了"欲征服中国，必先征服满蒙；欲征服世界，必先征服中国"的臭名昭著的"田中奏折"（亦称"大陆政策"）。从一九二九年起，日本陆军参谋本部和关东军在中国东北三省先后秘密组织了四次"参谋旅行"，侦察情况，制定侵略中国东北三省的作战方案。一九三一年六月，日本陆军参谋本部和陆军省制定"满蒙问题解决方案大纲"，确定了以武力侵占我国东北三省的具体步骤；七月，陆军参谋本部把攻城重炮秘密调运沈阳，对准中国国民党军队驻地北大营；八月，日本反动政府的陆军大臣南次郎在日本全国师团长会议上叫嚷：满蒙问题只有用武力解决。随后进一步做了发动侵略战争的各种准备。这样，日本帝国主义经过长期精心策划终于发动了"九一八事变"。这次事变是日本帝国主义推行其"大陆政策"的一个重要步骤。五年多以后，它又在一九三七年七月七日制造了"芦沟桥事变"，悍然发动了全面侵华战争，野蛮地推行烧光、杀光、抢光的"三光政策"，对中国人民犯下了滔天罪行。

日本帝国主义的侵略暴行和蒋介石的不抵抗主义，点燃了全中国人民的抗日救国的怒火。在中华民族生死存亡的危急关头，我国各族人民在伟大领袖毛主席和中国共产党的领导下，奋起抗日，经过长期的人民战争，与国际反法西斯力量结合在一起，在一九四五年八月打败了日本帝国主义，取得了抗日战争的伟大胜利，并且为全世界人民的反法西斯战争作出了重大贡献。

今天，日本军国主义在美帝的扶植下正在重新抬头，应当引起我们的高度警惕。中国人民决心同日本人民、朝鲜人民、印度支那三国人民和亚洲各国人民进一步团结起来，积极开展反对美日反动派复活日本军国主义的斗争，绝不许日本军国主义重走侵略和战争的老路。

（新华社电）

中学红卫兵　　1971年9月23日　第四版

革命现代京剧《沙家浜》彩色电影剧照

在毛主席革命文艺路线指引下，北京京剧团演出的革命现代京剧《沙家浜》，最近已由长春电影制片厂拍摄成彩色影片。这部电影，还原舞台，高于舞台，为普及和提高革命样板戏作出了新的贡献。下面介绍的就是这部影片的一部分主要场面。

⇧ 新四军某部连指导员郭建光（第一场《接应》）。

⇧ 党的秘密工作者、沙家浜镇党支部书记阿庆嫂（第六场《授计》）。

⇩ 第二场《转移》中的一个场面：军民鱼水情。

⇨ 第八场《奔袭》中的一个场面：突击排兼程前往沙家浜。

⇩ 第十场《聚歼》中的一个场面：沙家浜重见光明。

⇧ 第四场《智斗》中的一个场面：凭智慧同敌人巧周旋。

（本版照片均为新华社稿）

会议典型材料之六

刻苦攻读　持之以恒

中共天津第二毛纺织厂委员会

天津市学习马列和毛主席著作经验交流会

会议秘书处　　　　　　　　　　一九七四年十二月

刻苦攻读　持之以恒

我们厂从一九五八年建立第一个工人学习毛主席哲学著作小组开始，到现在已经坚持学习十六年了。在这十六年中，我厂职工，在阶级斗争和路线斗争的大风大浪里，学习马列主义、毛泽东思想，运用马克思主义的立场、观点、方法去认识、观察和处理问题，提高了阶级斗争、路线斗争和继续革命的觉悟，推动了各项工作的前进，使我们尝到了许多甜头。回顾我们十六年学习的过程，对毛主席关于“**坚持数年，必有好处**”的教导，感到特别亲切。

（一）

在这十六年中，我们先后战胜了刘少奇和林彪的干扰、破坏，冲破了重重阻力和困难，斗争是曲折的、复杂的。我们是怎么坚持下来的呢？主要是抓了三个环节：

一、在斗争中不断提高学习马克思主义理论的自觉性。

学习能不能坚持，根本的问题在于学习的目的性是不是明确，学习的自觉性高不高。而这些，又取决于对学习马克思主义理论的重大意义和必要性是否认识清楚。回顾这十六年，我们大体上经历了四个阶段：

第一阶段是从一九五八年开始学习毛主席哲学著作的初期阶段。

当时，李长茂同志等十几位老工人为什么要成立工人学哲学小组？就是在一九五七年反右派斗争中，工人们听到右派向党进攻的反动言论，非常气愤，但只能用事实驳他们，从理论上批，却说不出更多的道理来。这就使工人们意识到，干革命光有朴素的无产阶级感情不行，必须掌握马克思主义理论这个强大的思想武器。就这样，工人们开始学习毛主席哲学著作。但是，刘少奇和他在哲学界的代理人杨献珍之流，拚命反对工人学哲学，杨献珍还窜到天津疯狂地进行破坏，诬蔑工人学哲学是"胡闹"，"不叫哲学"。一个要学，一个要压，斗争很尖锐。斗争的实质是：他们要利用唯心论的先验论，为复辟资本主义制造舆论；而我们要运用唯物论的反映论，推动社会主义革命和社会主义建设。工人们在以毛主席为首的无产阶级司令部的亲切关怀和帮助下，不怕冷风吹，不怕刘少奇、杨献珍之流的大棒打，高举哲学解放的大旗，刻苦学习《矛盾论》、《实践论》等毛主席的光辉哲学著作。"为革命而学习理论"的口号，就是这时侯提出来的。有一个时期，工人们学哲学很困难。在厂里没有时间和地方学习，工人们就自动利用业余时间，坐在厂内的白杨树下学，或者聚在家里学。遇到有人泼冷水，他们就硬着头皮顶住。就这样，他们冲破重重困难和阻力，坚持学习，百折不回，终于使我厂工人学哲学没有中断。

第二阶段，是从文化大革命开始。伟大的无产阶级文化大革命，首先摧毁了刘少奇资产阶级司令部。刘少奇、杨献珍之流疯狂反对毛泽东思想，破坏学习马克思主义理论的罪行，也遭到了猛烈的彻底的批判。在这种形势下，我厂工人学哲学的运动又重新发展起来。但是，林彪这个叛徒、卖国贼，打着"红旗"反红旗，抛出所谓"学习"的黑方针，极力干扰和破坏学习马列主义、毛泽东思想的群众运动。由于林彪的干扰破坏，我厂的学习热潮虽然起来了，但是学习多是零碎的、片断的，深度还很不够。

第三阶段是在九届二中全会以后。伟大领袖毛主席在党的九届二中全会上，发出了“**认真看书学习，弄通马克思主义**”的伟大号召，为我们的学习指明了方向。我们积极响应毛主席的号召，在批林整风运动中，深入批判了林彪在学习上散布的各种反动谬论，批判林彪把学习马列著作和毛主席著作割裂开来、对立起来的罪行，戳穿他反对和破坏学习马列主义、毛泽东思想的阴谋诡计，使我们对学习重要性的认识有了新的提高。特别是联系第九次、第十次路线斗争的经验，反复领会毛主席关于“**要搞马克思主义，不要搞修正主义；要团结，不要分裂；要光明正大，不要搞阴谋诡计**”三项基本原则，使我们进一步认识到学不学马列主义、毛泽东思想是关系到执行什么路线的大问题，关系到是搞马克思主义，还是搞修正主义的大问题。只有认真看书学习，努力掌握马克思主义的立场、观点、方法，才能不断提高路线斗争觉悟，提高识别真假马克思主义的能力，提高执行毛主席革命路线的自觉性。由于学习自觉性有了新的提高，学习也就有了新的进步。这个阶段的学习出现了两个显著特点：一是把学习马列著作和毛主席著作结合起来；二是坚持比较系统地学习原著，在弄懂弄通上用气力，在掌握立场、观点、方法上下功夫。从一九七一年起，我厂工人和干部除坚持参加全厂统一安排的学习外，部分群众还自愿组织起来，利用业余时间学习。到一九七三年底，我厂的业余学习小组发展到三十五个，四百五十八人。全厂职工先后有计划地比较系统地学习了毛主席的《实践论》、《矛盾论》、《人的正确思想是从那里来的？》、《关于正确处理人民内部矛盾的问题》等著作。一部分工人和干部还学习了《共产党宣言》、《唯物主义和经验批判主义》、《马克思主义的三个来源和三个组成部分》、《反杜林论》等马列的著作。

第四阶段是在今年的批林批孔运动中，使我们对学习马克思主义理论的认识又有了新的提高。广大干部、职工深入学习毛主席和党中央关于批林批孔的一系列指示，不断加深了对这场斗争深远历史意义和伟大现实意义的理解。大家说：批林批孔是上层建筑领域里马克思主义战胜修正主义、无产阶级战胜资产阶级的政治斗争和思想斗争。我们工人阶级是这场斗争的主力军。只有认真看书学习，努力掌握马克思主义的立场、观点、方法，才能发挥主力军的作用，才能占领上层建筑的各个领域，才能战胜修正主义和资产阶级。这是我们工人阶级的伟大历史使命。我厂老工人刘景瑛同志说得好："过去，我们学习马列著作和毛主席著作，考虑的是要提高自己的理论水平，指导自己的思想和行动，这样想也是对的，但是，现在看来，境界还不算高，要提高到不仅是解决自己的问题，而且要占领上层建筑，要解决在政治思想战线上战胜资产阶级的问题。这个历史任务，我们工人阶级不承担谁承担？我们不但是经济领域里的主人，也一定要做上层建筑领域的主人。"为把上层建筑领域的社会主义革命进行到底而学习，为战胜资产阶级和修正主义而学习，为担负起工人阶级的历史使命而学习，这就是我们经过批林批孔运动对学习马克思主义理论在认识上的又一次飞跃。为此，厂党委决定，在批林批孔中要做到三个坚持：坚持系统读马列原著，坚持办好培养理论辅导员的政治业校，坚持业余学习小组的活动。今年，全厂工人和干部系统学习了《帝国主义是资本主义的最高阶段》、《哥达纲领批判》，还重新学习了《关于正确处理人民内部矛盾的问题》有关章节。业余学习小组学的内容还要多一些。大家说："今年是我们厂学习马列著作和毛主席著作最多的一年。批林批孔确实是马克思主义大普及的运动。"

实践使我们深刻认识到：学习一阵子并不难，永远学习下去才是难的；在学习高潮中跟着学一学并不难，在遇到冷风吹或业务冲的情况，仍然学习下去才是难的。而学习马克思主义，运用马克思主义，对于一个人来说是一辈子的任务，对整个无产阶级革命事业来说，是贯彻始终的根本任务。所以，学习贵在坚持。坚持才能成功，半途而废就前功尽弃，时紧时松也不能学到好处。要坚持，就要有一个恒心，有一种毅力，有一股子百折不挠的劲头。这种恒心、毅力、劲头，都只能是建立在觉悟的基础上。没有为革命而学的觉悟，凭个人喜好，凭一时兴趣，或为应付一时之需，学上几段用上几下就满足起来，那是根本不可能坚持下去的。

二、要使学习运动持久发展，就得下功夫培养一支马克思主义理论队伍。

我们厂的理论队伍是在两个阶级和两条路线斗争中发展壮大的，对于建设一支马克思主义理论队伍的现实意义和深远意义的认识也是在斗争中提高的。

我们原来对于培养马克思主义理论队伍的重要性，是从开展学习运动的实际需要认识的。学习运动也同其他群众运动一样，只有广大群众的积极性还不行，还必须有领导骨干的积极性，并且把这两种积极性结合起来。从实践中我们深深体会到：没有理论骨干，学习运动不容易普及，不容易持久，不容易提高。有了理论骨干，他们可以起三种作用。（1）普及的作用。工人学马克思主义理论，有十分有利的条件。首先，马克思主义是工人阶级的革命理论，工人学习起来，不但没有阶级局限性的障碍，而且特别亲切，特别爱学；其次，工人有三大革命斗争的实践经验，同马克思主义理论联系起来学，更容易学懂弄通。但是，工人学马克思主义理论，也有一些困难，其中主要的是受文化水平的限制，读书吃力。因此，在开展工人学习运动时，就需要有人做些辅导，引一引路，扫一扫文字方面的障碍。由谁来作辅导好呢？当然，领导干部、知识分子可以做辅导，但是，领导干部，不可能经常同每个工人小组一起学；高等院校的师生对厂里的情况缺乏了解，所以，培养工人自己的理论骨干就很重要。他们做辅导工作，有方便条件，还能在理论联系实际和通俗化方面，起到知识分子起不到的作用。（2）坚持的作用。广大群众都来学习，就要有组织有领导地进行。没有一支工人理论队伍，就不容易把学习组织好、领导好。特别是学习遇到困难，有人吹冷风，有人泄了气的时候，就更需要有那么一把子人作中流砥柱，硬是顶住冷风，硬是迎着困难上，这样，才能战胜困难，把学习运动坚持下去。我厂有些业余小组，之所以能坚持多年，不但不散，而且几经波折，一步一步发展扩大，是同骨干的坚持作用分不开的。（3）提高的作用。学习中，总会不断提出一些问题需要解决，也会创造出新的经验需要总结。这就需要有一些人学得更多一些，理解得更深一些，对学习经验研究得更细一些，这样才能帮助大家不断提高。这种帮助提高的工作，也要依靠理论骨干来作。总之，要使群众的学习运动普及、深入、持久地发展，就必须有一支理论骨干队伍。

批林批孔运动中，我们经过反复学习毛主席有关建设理论队伍的教导，对这个问题的重大意义，又有了新的认识。我们认识到，建设一支宏大的马克思主义理论队伍，不仅是为了搞好学习运动，而且是坚持马克思主义、反对修正主义的百年大计，是在上层建筑领域里无产阶级战胜资产阶级的战略措施，这就使我们党委更加提高了抓好理论队伍建设的认识和自觉性。

这几年，我们采取举办短期培训班、读书班，派人到纺织局学习班和市委党校学习等多种办法，培训班组的理论骨干，收到了一定的效果。从一九七一年七月起，我们又下决心办起了政治业校，为班组培养学习辅导员。一般的作法是全厂将要学那一本书，就提前从班组抽调骨干到业校先学一步。业校的教员，我们坚持从工人理论骨干中选拔。今年业校在学习《帝国主义是资本主义的最高阶段》时，先后有十五名工人理论骨干登台讲课。他们按分工集体备课，弄通所讲章节的基本观点，研究讲解、辅导的重点和方法，然后组织试讲，集体把关。大部分工人教员的讲课都很受欢迎，都有观点鲜明、通俗易懂、紧密联系实际的特点。五十六岁的老工人杜久清同志担任第八章“资本主义的寄生性和腐朽”的辅导，这是他生平第一次上台讲课。他联系天津在旧社会时的八国租界，用亲身经历的受帝国主义侵略者压迫和凌辱的事实，帮助大家加深对资本主义寄生性和腐朽的认识，使大家印象很深刻。青年工人刘文玉同志在讲第九章“对帝国主义的批评”时，抓住列宁对考茨基“超帝国主义”论的批判，联系批判林彪效法孔老二“克己复礼”的反动纲领，使大家更深刻地认识到：搞倒退，搞复辟，是一切反动派和机会主义路线头子共同的特点，这是阶级斗争、路线斗争的一条规律，从而加深了大家对于林彪反革命修正主义路线极右实质的认识。我们在最近三年中，通过政治业校为全厂一百二十个班组培养了一百八十多名理论学习辅导员。他们在业校里刻苦学习，回到班组为群众作辅导，都起到很好的作用。补呢工段的女工多，很多人文化程度不高，刚一开始学习《帝国主义是资本主义的最高阶段》的时候，有些人认为是“远水解不了近渴”，同批林批孔“联不上，用不上”。经过工段理论辅导员的辅导，大家明白了认识帝国主义经济特征同认清帝国主义本质的关系，认清帝国主义本质同反对修正主义的关系，反对修正主义同批林批孔的关系，批林批孔同巩固无产阶级专政的关系。这样一来，大家感到不是联不上，而是联系得很紧密，调动了大家的学习积极性。很多工人把考茨基、林彪、孔老二串在一起，归纳他们有三个一样：反动的本性一样，开历史的倒车一样，两面派的反革命手法一样。并且进而认识到当前时代没有变是指三个没有变：帝国主义的本性没有变，时代的基本矛盾没有变，无产阶级的历史使命没有变。大家从当前时代是帝国主义和无产阶级革命的时代，看到中国工人阶级的历史使命，不但要搞好我国的社会主义革命和社会主义建设，发展国内的大好形势，还要有解放全人类的胸怀，努力支援世界革命。

今年六月，我们在研究儒法斗争和整个阶级斗争历史的时候，在原有理论队伍的基础上，很快组成了厂和车间两级的理论研究小组，共二十个，参加的有二百一十一人。这些同志在推动批林批孔普及、深入、持久的发展，起了很好的作用。

三、长期坚持，要有典型引路。

“榜样的力量是无穷的”。我们所以能够坚持学习十六年，是和抓典型、注意培养典型、发挥典型的引路作用分不开的。在抓典型的工作中，我们体会比较深的有三点：

第一，在风口浪尖上培养典型。先进的典型，是在群众斗争中涌现出来的，也必须在群众斗争中培养提高。我们体会到，典型的发现和培养，都要靠党委下力量去抓。党委工作不深入，就发现不了好的典型、好的苗子；发现以后，不下力量培养，就会自生自灭。因此，对于发现的好典型，必须十分关心和爱护，下力量帮助他们成长。我们的办法是把他们推到三大革命斗争的第一线上去锻炼，让他们在斗争中学习，在斗争中锻炼，并且不断地向他们提出新的要求，帮助他们进步。例如，一九七一年时，我厂生产的出口产品，因为热定型的后处理质量不好，不受国外市场欢迎，影响国家的外汇收入。当时国内不生产热定型机。是伸手要，还是自己制造？我们感到应该坚持自力更生的方针，于是，厂党委决定派一位老的先进典型人物去参加和领导热定型机的试制工作。这位老同志在保全工人中大讲“实践出真知”的观点，大讲两个飞跃的辩证关系，用毛主席光辉哲学思想指导试制工作。大家坚持反复实践，积累经验，摸索规律，很快搞成了。后来，这位老工人同志又参加了厂里的锅炉改造会战、喷气织机的试制，参加了工宣队占领上层建筑领域的实践，使他的政治理论水平不断提高，在群众中的影响也越来越大。

第二，给先进典型人物多创造一些学习和提高的条件。这些年来，我们除了严格要求他们自己认真刻苦学习以外，还送他们到读书班、党校去系统地攻读马列著作和毛主席著作。一九七二年，我们派一位先进典型人物到市委党校学习《唯物主义和经验批判主义》。他回厂后就大讲思想路线问题，使大家认识到，人们在认识问题的时候，总有个唯物论和唯心论之分，这就是两条思想路线的斗争。要端正我们的思想路线，树立辩证唯物主义和历史唯物主义的思想路线，就得系统地学习马克思主义哲学。他的宣传和讲解，对全厂的学习起了很大的促进作用。

我们还把学习典型人物和一部分比较突出的学习积极分子单独组织成一个学习小组，要求他们比职工学得多些，学得深些。这个小组长期以来在全厂职工中起着引路的作用。在研究儒法斗争史的时候，他们比较系统地学习了历史唯物主义，弄清了社会存在和思想意识、上层建筑和经济基础、阶级和阶级斗争、国家与革命、领袖人物和群众在历史上作用等基本观点，用以指导儒法斗争和整个阶级斗争史的研究，使马克思主义哲学在全厂又得到了一次普及。

第三，不断团结和推广先进典型的经验，把他们的收获变成全厂的共同精神财富。我们既固定每年都要召开学习经验交流会，同时，又注意平时的总结交流。比如，刘景瑛同志在研究儒法斗争史的时候，用马克思主义哲学观点解释和回答问题，很有体会。我们就帮助她总结了这方面的体会，在全厂理论骨干队伍中推广。这样随时总结推广典型经验，对推动学习运动的发展很起作用。

（二）

毛主席说：**“坚持数年，必有好处”**。我们坚持学习十六年 尝到的甜头很多。最重要的好处是以下三个方面：

一、提高了干部和群众阶级斗争、路线斗争和继续革命的觉悟，增强了识别真假马克思主义的能力，提高了执行毛主席革命路线的自觉性。

经过多年的学习，我们深深体会到：马列主义、毛泽东思想是毛主席革命路线的理论基础，懂得还是不懂得马克思主义理论，对毛主席革命路线理解的深浅程度就大不一样，识别正确路线和错误路线的能力也大不相同。拿近几年来，我们对于用国产羊毛代替进口羊毛问题的认识问题，就可以证明这一点。过去，我们厂一向使用的是进口毛，开始换用国产毛时，有很多实际困难，我们的设备条件和工艺都不适应。当时，我们只从经济上、技术上看待这个问题，没有运用马克思主义的立场观点来分析，没有看到这实质上包含着路线问题，因而推行的自觉性不高，进展相当缓慢。经过批林批孔，我们党委意识到这里有路线问题，便运用马克思主义的立场、观点、方法来重新分析。原来换用国产毛进展慢的一个原因，是有些同志嫌国产毛质量差、价格高，影响到我厂产品的产值、成本和利润。这种想法是一种什么思想呢？经过分析，我们认为实质上是只算经济帐不算政治帐。产值、成本、利润，都是经济问题，而单靠从外国进口原料，不去积极走独立自主，自力更生的道路，则是一个政治问题、路线的问题。只看经济合算不合算，不去考虑执行什么路线，这就把政治与经济的关系弄颠倒了。再挖得深一点，实质这里有“产值第一利润挂帅”的思想，是一种资本主义倾向，是修正主义办企业路线的流毒。认识提高以后，我们党委下定决心，一定要走自力更生的道路，自觉地大“吃”国毛。不但现在“吃”，今后也要继续“吃”，社会主义道路，我们是走定了。我们又运用辩证唯物主义和历史唯物主义的观点，来重新分析“吃”国毛的实际困难。根据辩证法的观点，一切事物都是可以转化的，困难可以转化为顺利，不利条件可以转化为有利条件。这种转化又是通过斗争实现的。困难只有经过斗争才能克服，有利条件只有通过斗争才能创造出来，等是等不来的。根据唯物论的实践第一的观点，从必然王国到自由王国的飞跃，只有通过实践才能完成。对于“吃”国毛不适应，这说明我们还没有掌握“吃”国毛的规律性，“吃”国毛对我们说来还是处于“必然王国”的状态，要转化到自由王国去，得心应手地“吃”国毛，没有别的办法，只有勇于实践。通过实践，积累经验，摸出规律，就一定能够用国毛生产出好的产品来。根据历史唯物主义的观点，**“群众是真正的英雄”**。因此，要克服困难，就必须发动群众，走群众路线。经过这样分析和认识，大家的信心和劲头足了，于是党委决定，组成有工人、领导干部和技术人员参加的“二结合”小组，从国毛的选择、精纺、织呢到染整，道道工序都精心搞试验，制订新工艺，使得我们厂在“吃”国毛中取得了越来越大的自由。今年“吃”国毛的比重已经从去年的百分之三十五点三一增加到百分之八十五点三七。用国毛生产出了毛涤纶、中厚花呢、啥味呢、华达呢、吡叽、派力司、混纺花呢等产品，还用国毛初步试制了具有色泽鲜艳、花色多样的女装品种，其中有十个品种出口到国外，受到国际市场的欢迎。

二、提高了广大干部和群众应用马克思主义解决实际问题的能力，指导了革命、生产和各项工作。

经过十六年来坚持学习马克思主义哲学，唯物主义和辩证法的一些基本观点，在我厂已经深入人心。干部和工人经常用这些观点分析问题、处理问题，对于指导和推动革命、生产和各项工作越来越发挥了重大作用。

批林批孔开始以来，工人们运用过去学习马列著作和毛主席著作的成果，以对立统一规律为武器进行批判，对林彪反革命修正主义路线的极右实质，和反动没落阶级的意识形态——孔孟之道，认识得就比较深刻。譬如，工人们用唯物辩证法的发展观点来分析“克己复礼”的本质，就清楚地看到，它是反动的倒退的，是违背事物发展的客观规律的，其罪恶目的在于妄图改变党的基本路线，颠覆无产阶级专政，复辟资本主义，把社会主义的新中国拉回到半殖民地半封建的万恶的旧社会去。工人们用新陈代谢的规律来分析林彪攻击污蔑社会主义新生事物的谬论和罪行，就更加清楚地看到，林彪是站在一切反动势力的立场上，妄想扼杀一切新生事物，极力维护反动腐朽没落的东西，对抗社会发展的规律。总之，掌握了马克思主义的基本观点，批判就能不断深入，水平就能不断提高。

我们还体会到，学习和应用，两者是互相促进的。学得越好，运用得就越好；运用得越好，学习的自觉性也就越高。我们有很多同志的学习积极性之所以不断提高，就是因为在应用中尝到了甜头，真正感到不学革命理论不行，马马虎虎地学也不行，而必须认真刻苦地学。学习和运用两者必须密切结合，而且都要经过反复。多次的反复，才能从感性认识上升到理性认识，不但知道马克思主义观点是正确的，还知道为什么是正确的，并且学会了如何运用这些基本观点。达到这种程度，才是真正具有了从理论和实践的结合上解决问题的能力。在批判孔老二反动思想核心“仁”的时候，染整车间老工人李宝玲同志运用去年学习列宁的《马克思主义的三个来源和三个组成部分》时，学懂的剩余价值学说，联系二毛前身“仁立”的名字，对“仁”进行了深入的批判。她说，地主资产阶级也是孔老二的忠实信徒，不但鼓吹孔孟之道的“仁”，而且给工厂起名叫“仁立”。难道厂子真是靠“仁”“立”起来的吗？不是，是靠残酷剥削我们工人创造的剩余价值“立”起来的。从建厂到公私合营前的二十三年中，资本猛增了三十倍，都是工人的血汗。这就说明孔老二、林彪和地主资产阶级鼓吹的“仁”，原来就是“吃人”。这样一批，戳穿了“仁”的画皮，使大家进一步认清了林彪鼓吹孔老二"仁"的反动本质。

三、为革命培养和造就了一批人才。

毛主席历来十分重视培养和造就无产阶级革命事业接班人的问题，而且亲自规定了五条标准，其中第一条就是："**他们必须是真正的马克思列宁主义者**"，接班人用什么来培养？靠什么才能真正接好班？我们体会，必须用马克思主义来培养，必须靠掌握马克思主义来接班。因此，我们特别注意从坚持学习马克思主义理论中培养和造就人才。这十六年，既是我们厂坚持学习的十六年，也是人才倍出的十六年。粗略统计，在十六年中我们从理论骨干里就发展了一百六十七名党员，有一百零一人被提拔到车间主任、支部书记、科长和厂级等各级领导岗位，还向上级机关输送了五十八名干部。

现在担任精纺车间总支书记的尚丽琴同志，原来是档车工。她几年如一日地坚持刻苦学习马克思主义理论，思想政治水平不断提高。一九七一年底，厂党委决定调她担任条染车间支部书记。这个车间是新组建的，人员都是从各车间新抽调来的，操作技术不熟练，思想问题比较多，生产也非常被动，甚至影响了全厂计划的完成。在这种情况下，尚丽琴同志联系刚刚学过的《共产党宣言》和《矛盾论》的基本观点，意识到，要把生产搞好，必须抓路线，抓政策，抓意识形态领域里的阶级斗争。把这个主要矛盾抓住了，就可以改变车间的后进面貌。于是她组织全车间职工认真学习《矛盾论》，用毛主席的光辉哲学思想武装大家的头脑，提高了大家的路线斗争觉悟，调动了大家的积极性。她还认真贯彻党的知识分子政策，给两名技术员安排了适当的工作，使他们发挥了技术专长。她又抓住一个在文化大革命中疯狂进行过反革命阶级报复的坏家伙的现实反动言论，对群众进行活生生的阶级斗争教育，组织群众针锋相对地向这个坏家伙进行了揭发批判和斗争。经过这样一系列的工作，全车间的政治空气变了，人的精神面貌变了，促进了生产的发展。从此这个车间月月提前超额完成生产任务，成了全厂的先进车间。一九七三年底，厂党委又调尚丽琴同志担任了精纺车间的总支书记，这是个全厂关键性的大车间，原来的工作和生产一直比较被动。尚丽琴同志继续坚持以纲带目，抓路线，抓意识形态领域里的阶级斗争，抓总支领导班子的看书学习。经过批林批孔运动，现在，这个车间的面貌也发生了比较显著的变化。象这样的例子还有不少，充分说明，在斗争中学习马克思主义理论，是培养造就无产阶级革命人材的根本途径。只要坚持这样做，一批一批的人材就会不断涌现出来。

以上是我们学习情况的汇报。我们的学习虽然取得了一些成绩，但是缺点还很多。我们要虚心地学习大会介绍的先进经验，在全厂掀起学习马列著作和毛主席著作的新高潮，使批林批孔运动沿着普及、深入、持久的方向发展，推动生产和各项工作，在一九七五年新的一年里，夺取更大的胜利。

《文革史料叢刊》六冊

李正中編著 古月齋叢書3-5

第一輯共六冊，圓背精裝
ISBN：978-986-5633-03-5

第二輯共五冊，圓背精裝
ISBN：978-986-5633-30-1

第三輯共五冊，圓背精裝
ISBN：978-986-5633-48-6

文革史料叢刊 內容簡介

《文革史料叢刊第一輯》共六冊出版了。文革事件在歷史長河裡，是不會被抹滅的，文革資料是重要的第一手歷史資料。其中主要的兩大類，一是黨的內部文宣品，另一是非黨的文宣品，本套叢書搜集了各種手寫稿，油印品，鉛印文字、照片或繪畫，或傳單、小報等等文革遺物，甚至造反隊的隊旗、臂標也不放過，相關整理經過多年努力，台灣蘭臺出版社出版《文革史料叢刊》，目前已出版第一輯六鉅冊，還在陸續出版中。

蘭臺出版社書訊

第一輯－第三輯（三輯）目錄

文革史料叢刊第一輯

第一冊	頁數：758
第二冊	頁數：514
第三冊	頁數：474
第四冊	頁數：542
第五冊	頁數：434
第六冊	頁數：566

20000
9 789865 633035
古月齋叢書 3　定價　20000元

文革史料叢刊第二輯

第一冊	頁數：188
第二冊㈠	頁數：416
第二冊㈡	頁數：414
第二冊㈢	頁數：434
第三冊	頁數：470

9 789865 633301　20000
古月齋叢書 4　定價　20000元

文革史料叢刊第三輯

第一冊	頁數：239
第二冊	頁數：284
第三冊	頁數：372
第四冊㈠	頁數：368
第四冊㈡	頁數：336

9 789865 633486　25000
古月齋叢書 5　定價　25000元

100 台北市中正區重慶南路1段121號8樓之14
TEL：（8862）2331-1675 FAX：（8862）2382-6225
E-mail：books5w@gmail.com
網址：http://bookstv.com.tw/